SÆCULUM XI.

OTHLONI

MONACHI S. EMMERAMMI,

OPERA OMNIA,

AD FIDEM EDITIONUM MELIORIS NOTÆ RECOGNITA EXPRESSA ET EMENDATA.

ACCEDUNT

ADAMI CANONICI BREMENSIS,

GUNDECHARI EISCHTETTENSIS EPISCOPI

LAMBERTI HERSFELDENSIS, PETRI MALLEACENSIS.

ANNALES ET CHRONICA.

INTERMISCENTUR

ALEXANDRI II PAPÆ, S. JOANNIS GUALBERTI ABBATIS VALLUMBROSANI, S. LIET-
BERTI CAMERACENSIS, HUGONIS I TRECENSIS, DEODUINI LEODIENSIS, GUIDONIS
AMBIANENSIS,

OPUSCULA, DIPLOMATA, EPISTOLÆ.

ACCURANTE J.-P. MIGNE,

BIBLIOTHECÆ CLERI UNIVERSÆ,

SIVE

CURSUUM COMPLETORUM IN SINGULOS SCIENTIÆ ECCLESIASTICÆ RAMOS EDITORE.

TOMUS UNICUS.

VENIT 7 FRANCIS GALLICIS.

EXCUDEBATUR ET VENIT APUD J.-P. MIGNE EDITOREM,
IN VIA DICTA *D'AMBOISE*, PROPE PORTAM LUTETIÆ PARISIORUM VULGO *D'ENFER* NOMINATAM,
SEU PETIT-MONTROUGE.

1853

ELENCHUS

AUCTORUM ET OPERUM QUI IN HOC TOMO CXLVI CONTINENTUR.

OTHLONUS MONACHUS S. EMMERAMMI.

	col.
Libellus de suis tentationibus, varia fortuna et scriptis.	25
Dialogus de tribus quæstionibus.	61
Epistola de permissionis bonorum et malorum causis.	137
Liber de cursu spirituali.	139
Narratio Othloni de miraculo quod nuper accidit quidam laico.	242
Liber de admonitione clericorum et laicorum.	243
De doctrina spirituali liber metricus.	263
Liber proverbiorum.	299
Sermo in natali apostolorum.	337
Liber visionum.	341
Fragmentum relationis de translatione S. Dionysii e Francia in Germaniam ad monasterium S. Emmerammi.	387
Vita S. Wolfkangi.	389
Vita S. Bonifacii.	427
Precatio Theodisca	427

ADAMUS CANONICUS BREMENSIS.

Gesta Hammaburgensis Ecclesiæ pontificum.	451
Descriptio insularum Aquilonis.	619

S. JOANNES GUALBERTUS.

Preces.	969
Epistolæ ad fratres.	979

GUNDECHARUS EISCHTETTENSIS EPISCOPUS.

Liber pontificalis Eischtettensis.	985

LAMBERTUS HERSFELDENSIS.

Annales.	1053

PETRUS MALLEACENSIS MONACHUS.

De cœnobio Malleacensis insulæ.	1249

ALEXANDER II PAPA.

Epistolæ et decreta.	1279

HUGO I TRECENSIS EPISCOPUS.

Epistola Hugonis ad Bartholomæum archiepiscopum Turon.	1435

DEODUINUS LEODIENSIS EPISCOPUS.

Epistolæ et privilegia.	1439

S. LIETBERTUS CAMERACENSIS EPISCOPUS.

Charta de constituendis canonicis regularibus in ecclesia S. Autberti.	1484

ROGERIUS JURISCONSUSTUS ITALUS.

De diversis præscriptionibus.	1485
Dialogus de præscriptionibus.	1495

GUIDO AMBIANENSIS EPISCOPUS.

Epistolæ et chartæ.	1507
Versus de Angelranno abbate Centulensi.	1509

PATROLOGIÆ

CURSUS COMPLETUS

SIVE

BIBLIOTHECA UNIVERSALIS, INTEGRA, UNIFORMIS, COMMODA, OECONOMICA,

OMNIUM SS. PATRUM, DOCTORUM SCRIPTORUMQUE ECCLESIASTICORUM

QUI

AB ÆVO APOSTOLICO AD INNOCENTII III TEMPORA

FLORUERUNT;

RECUSIO CHRONOLOGICA

OMNIUM QUÆ EXSTITERE MONUMENTORUM CATHOLICÆ TRADITIONIS PER DUODECIM PRIORA
ECCLESIÆ SÆCULA,

JUXTA EDITIONES ACCURATISSIMAS, INTER SE CUMQUE NONNULLIS CODICIBUS MANUSCRIPTIS COLLATAS,
PERQUAM DILIGENTER CASTIGATA;
DISSERTATIONIBUS, COMMENTARIIS LECTIONIBUSQUE VARIANTIBUS CONTINENTER ILLUSTRATA;
OMNIBUS OPERIBUS POST AMPLISSIMAS EDITIONES QUÆ TRIBUS NOVISSIMIS SÆCULIS DEBENTUR ABSOLUTAS
DETECTIS, AUCTA;
INDICIBUS PARTICULARIBUS ANALYTICIS, SINGULOS SIVE TOMOS, SIVE AUCTORES ALICUJUS MOMENTI
SUBSEQUENTIBUS, DONATA;
CAPITULIS INTRA IPSUM TEXTUM RITE DISPOSITIS, NECNON ET TITULIS SINGULARUM PAGINARUM MARGINEM SUPERIOREM
DISTINGUENTIBUS SUBJECTAMQUE MATERIAM SIGNIFICANTIBUS, ADORNATA;
OPERIBUS CUM DUBIIS TUM APOCRYPHIS, ALIQUA VERO AUCTORITATE IN ORDINE AD TRADITIONEM
ECCLESIASTICAM POLLENTIBUS, AMPLIFICATA;
DUOBUS INDICIBUS GENERALIBUS LOCUPLETATA : ALTERO SCILICET RERUM, QUO CONSULTO, QUIDQUID
UNUSQUISQUE PATRUM IN QUODLIBET THEMA SCRIPSERIT UNO INTUITU CONSPICIATUR; ALTERO
SCRIPTURÆ SACRÆ, EX QUO LECTORI COMPERIRE SIT OBVIUM QUINAM PATRES
ET IN QUIBUS OPERUM SUORUM LOCIS SINGULOS SINGULORUM LIBRORUM
SCRIPTURÆ TEXTUS COMMENTATI SINT.
EDITIO ACCURATISSIMA, CÆTERISQUE OMNIBUS FACILE ANTEPONENDA, SI PERPENDANTUR : CHARACTERUM NITIDITAS,
CHARTÆ QUALITAS, INTEGRITAS TEXTUS, PERFECTIO CORRECTIONIS, OPERUM RECUSORUM TUM VARIETAS
TUM NUMERUS, FORMA VOLUMINUM PERQUAM COMMODA SIBIQUE IN TOTO OPERIS DECURSU CONSTANTER
SIMILIS, PRETII EXIGUITAS, PRÆSERTIMQUE ISTA COLLECTIO, UNA, METHODICA ET CHRONOLOGICA,
SEXCENTORUM FRAGMENTORUM OPUSCULORUMQUE HACTENUS HIC ILLIC SPARSORUM,
PRIMUM AUTEM IN NOSTRA BIBLIOTHECA, EX OPERIBUS AD OMNES ÆTATES,
LOCOS, LINGUAS FORMASQUE PERTINENTIBUS, COADUNATORUM.

SERIES SECUNDA,

IN QUA PRODEUNT PATRES, DOCTORES SCRIPTORESQUE ECCLESIÆ LATINÆ
A GREGORIO MAGNO AD INNOCENTIUM III.

ACCURANTE J.-P. MIGNE,

BIBLIOTHECÆ CLERI UNIVERSÆ,

SIVE

CURSUUM COMPLETORUM IN SINGULOS SCIENTIÆ ECCLESIASTICÆ RAMOS EDITORE.

PATROLOGIA BINA EDITIONE TYPIS MANDATA EST, ALIA NEMPE LATINA, ALIA GRÆCO-LATINA. —
VENEUNT MILLE FRANCIS DUCENTA VOLUMINA EDITIONIS LATINÆ; OCTINGENTIS ET
MILLE TRECENTA GRÆCO-LATINÆ. — MERE LATINA UNIVERSOS AUCTORES TUM OCCIDENTALES, TUM
ORIENTALES EQUIDEM AMPLECTITUR; HI AUTEM, IN EA, SOLA VERSIONE LATINA DONANTUR

PATROLOGIÆ TOMUS CXLVI.

OTHLO MONACHUS S. EMMERAMMI, ADAMUS CANONICUS BREMENSIS, S. JOANNES GUALBERTUS ABBAS VALLUMBRO-
SANUS, GUNDECHARUS EISCHTETTENSIS EPISCOPUS, LAMBERTUS HERSFELDENSIS, PETRUS MALLEACENSIS MO-
NACHUS, ALEXANDER II, HUGO I TRECENSIS EPISCOPUS, DEODUINUS LEODIENSIS EPISCOPUS, S. LIETBERTUS CA-
MERACENSIS EPISCOPUS, ROGERIUS IC. ITALUS, GUIDO AMBIANENSIS EPISCOPUS.

TOMUS UNICUS.

EXCUDEBATUR ET VENIT APUD J.-P. MIGNE EDITOREM,
IN VIA DICTA *D'AMBOISE*, PROPE PORTAM LUTETIÆ PARISIORUM VULGO *D'ENFER* NOMINATAM,
SEU PETIT-MONTROUGE.

1853

ANNO DOMINI MLXXIII.

OTHLONUS

PRESBYTER ET MONACHUS COENOBII S. EMMERAMMI RATISBONENSIS.

DE VITA ET SCRIPTIS OTHLONI DISQUISITIO.

(Apud R. P. Bernardum Pezium, *Dissertatio isagogica in tom. III Thesauri Anccd.*, pag. x.)

Res Othloni vel Othlohi apud plerosque recentiores, Browerum putamus, Oudinum, Pinium, Mabillonium aliosque, quotquot ejus mentionem injecerunt, obscurissimæ sunt, licet eas ipse Othlonus amplissime candidissimeque perscriptas ad posteros transmiserit. Paucis omnia complectimur: ille ipse Anonymus Ratisponensis, cujus *libellum de suis tentationibus, varia fortuna et scriptis* Joannes Mabillonius ex codice Emmeramensi in tomo Analectorum a pag. 404 in lucem extulit, hic noster Othlonus, monachus et Decanus imperialis monasterii S. Emmerami fuit. Idem conjecit quidem acutissimus Mabillonius in Admonitione prævia ad dictum Anonymum, nihil tamen certi pronuntiare ausus est, non visis omnibus, quæ a se edita fuisse commemorat Anonymus, opusculis, præsertim *Dialogo de tribus quæstionibus*, in quo personam et suam et Henrici monachi Augiensis patefecisse se scribit. Sed omne, si quod esse potuit, dubium sustulere duo insignes manu exarati codices, ambo quingentorum annorum, quorum unum in bibliotheca Lambacensi in-4°, alterum in Sanct-Crucensi in-folio reperimus, in quibus ille Dialogus, expressis interlocutorum nominibus, Henrici videlicet et Othloni, conservatus est. Ut adeo nihil certius esse possit quam Anonymum illum Ratisponensem *De tentationibus, varia fortuna et scriptis suis* a Mabillonio evulgatum, unum eumdemque esse atque Othlonum monachum Emmerammensem. Itaque qui ejus vitæ historiam nosse cupit, citatum tomum 4 Analectorum Mabillonii evolvat. Ne tamen quibus Analecta ad manum non sunt, nihil de Othloni vita dedisse videamur, en ejus veluti epitomen. Editus in lucem fuit Othlonus circa annum 1013, in diœcesi Frisingensi, ut ex variis scriptorum ejus locis intelligitur. Ingenium docile ac facile nactus a prima pueritia singularis diligentiæ specimina dedit, artem litteras eleganter pingendi sine magistri ope ac institutione discere aggressus. Rem ipse Othlonus in libro *De tentationibus et scriptis suis* in hunc modum enarrat: « Cum parvus scholari disciplinæ traditus fuissem, « litterasque celeriter didicissem, cœpi etiam longe « ante solitum tempus discendi, sine jussu magistri, « artem discere scribendi. Furtivo enim et insolito « modo, nec non sine docente nisus sum eamdem « artem scribendi apprehendere. Qua de re contigit « ut pennam ad scribendum inrecto usu retinere « consuescerem, nec postea ab ullo docente super « hoc corrigi valerem. Nimius namque usus pro- « hibuit me emendare. Quod cum viderent plures, « dixerunt omnes nunquam me bene scripturum. « Sed aliter evenit ex gratia Dei, sicut plurimis « notum est. Nam cum in pueritia ipsoque tempore « quo tabula mihi data est cum aliis pueris, ad « discendam scripturam viderer aliquid scribere « nosse, miraculum non parvum præbui videntibus. « Deinde vero non post longum tempus tam bene « scribere cœpi, tantumque affectum ad hoc habui, « ut et in loco illo, quo talia didici, id est in cœ- « nobio Tegernsee dicto, multos libros scripsissem, « et in Franciam (*Orientalem seu Franconiam*) « translatus adhuc puer, ibique in tantum multa « scribendo laborassem, ut inde rediens pene visu « privatus fuissem. — Quæ ideo, » subjungit Othlonus, « proferre decrevi, ut aliquos incitarem ad « similem affectum laborandi, gratiamque Dei, quæ « tanta mihi beneficia præbuit, aliis narrans, eos « ad magnificandam eamdem gratiam Dei mecum « traham. » Et profecto tot volumina juvenis diligentissimus conscripsit, ut, nisi ipse sub finem citati libri singula recenseret, nemo facile ut credat animum posset inducere. Quædam ipsi in bibliotheca Tegernseensi et Emmerammensi spectavimus in manus et litterarum elegantiam et accuratissimam conformationem defixi. Cæterum Othlonus e Francia reversus paulo post liberalium artium disciplinis se imbuendum magistris præbuit, adeo annuentibus Musis ut contentionis laude omnes sodales facile anteiret. Poeticis præcipue, ut ipse testatur, delectabatur, ardebatque tanto proficiendi æstu, ut Deum constanter rogaret ut sibi « locum præstaret, in quo copiam haberet librorum. » Inde e scholis egressus clericali militiæ ascriptus est, patre filium opulento cuidam sacerdotio devovente. Sed Othlonus « libentius inter studiosos quosque et doctiores clericos quam inter villanos versari sæpe desiderabat. » Quæ desideria et consilia, ut quantocius expleret ac exsequeretur stimulos ei addidit permolesta quædam cum Werinhario archipresbytero, « in episcopatu Frisingensi præstantissimo, » controversia, quam ipse in *libro Visionum*, visione 3, late ac aperte denarrat. A qua ut se expediret, « relictis, « ait, ad tempus meis omnibus, perrexi ad Ratispo- « nam civitatem, ibique Burchardum venerandum « abbatem cœnobii S. Emmerammi pro mei susce- « ptione rogans, cito impetravi rogata, pro eo scili- « cet quod cœnobii ejusdem monachi profectuosum « sibi fore arbitrabantur meum scire in scribendo « vel in docendo canonicos quoslibet. » Præfuit Burchardus, ex monasterio Augiæ Divitis ad abbatiam Emmerammensem assumptus, ab anno 1030 usque ad 1037 sub quo omnium loci *censuum et redituum descriptio* facta est anno 1031, Arnoldo seu Arnolpho, ex comite monacho et præposito singula *disquirente*, quam integram habes hujusce Thesauri tom. I, part. III, col. 67. Sub eodem Burchardo studia pietatis et litterarum egregie in monasterio Emmerammensi floruisse mox memoratus Arnoldus gravissimus testis est, qui eum « tali loco destinatum esse ait, in quo hactenus ipso, donante et sanctissima Virgine Maria adjuvante, abundant Patres et fratres sive apud Deum, sive apud sæculum valde nobiles. » Ipse Othlonus in lib. *De tentationibus suis* testatur, « in eo loco, quo (anno 1032) monachus fa- « ctus est, cum plurimos diversæ qualitatis homines « invenisset, quosdam libros quidem gentiles, quos- « dam vero sacram Scripturam legentes, se cœpisse « illos solummodo imitari, quos videbat divinæ insi- « stere lectioni. » Quibus sacris studiis dum se totum Othlonus immergit, incredibile est in quantas, machinante malo dæmone, tentationes et animi cruciatus inciderit. Exstat de iis singularis liber, ut supra jam diximus, a Mabillonio editus. Eamdem calamitatum suarum historiam totidem fere verbis pertexit in libro *De cursu spirituali*, a cap. 21, usque ad 26, et in libro metrico *De doctrina spirituali*, a cap. 14 ad 19. Othlonum scholis Emmerammensibus præfectum fuisse discimus ex lib. *De tentationibus suis*, pag. 449, ubi postquam narrasset, se « mox a « suscepto monastico habitu, quorumdam prece « pulsatum, tanto iterum scribendi studio fuisse oc- « cupatum, ut raro nisi in festivis diebus aut in aliis « horis incompetentibus ab hoc opere cessaret, » subjungit, « interea successisse et alium laborem. Nam « pro eo, ait, quod sæpius legere, aut scribere, aut « dictare videbar, scholasticorum cura mihi com- « missa est; ex quib———— in omnibus ita per gra- « tiam Dei constringeba... sæpe corpus quieti ne- « cessariæ non permitterer tradere. Cumque dictandi « studium inesset, ad hoc sæpissime non habui tem- « pus, nisi in festivis diebus, aut noctibus, constri- « ctus videlicet et puerorum cura ad docendum, et « illorum petitione, quibus scribere cœpi, ad scri- « bendum. » Hæc ipse Othlonus, qui quid sibi, dum quemdam discipulorum acrius castigasset, evenerit, in *libro Visionum*, visione tertia, describit, quod iis puerorum magistris terrori esse possit, qui nullum in puniendis eorumdem erratis modum servare consueverunt. Circa annum 1055 decaniam Emmerammensis monasterii administravit in qua « abbate Re- « ginhardo non juxta regulæ sanctæ instituta, sed « secundum episcopi præceptum, vel juniorum quo- « rumdam affectum plurima illuc disponente, Othlo- « nus jugiter, quantum potuit, præceptis hujusmodi « consentire noluit. Qua de re inter ipsum et abba- « tem discordia magna exorta est, cum neque ille « sua, nec ego (*verba Othloni sunt ex* LIBRO VISION., « *visione* 4,) mea vota mutare vellem. Interea vero « sæpe per memetipsum, sæpe per alios illum ro- « gans, ut quia mores mei sibi omnino displicerent, « me a decania commissa absolveret, nec hoc per « tempora multa obtinere valui. Unde factum est ut « quia nulla apud eum impetrare potui, zelo plus « justo ductus aspera incautaque dicta quædam ita « contra eum proferrem, ut me quoque maledictione « connecterem. » Quem impetum animi qua ratione luerit lege citatam Visionem quartam, quæ gravitate sua omnes viros religiosos permoveat, ut vitia suorum præfectorum ferocius et impotentius ne ferant. Porro ex pœnis sibi divinitus inflictis emergens anno 1062 Fuldam secessit. « Cum enim, » inqui in lib. *De tent.*, pag. 441, « monasterium nostrum, « in urbe Ratisbona constitutum, varia episcopo- « rum persecutione destrui viderem, ibique per tri- « ginta annos meliora sperans subsisterem, occulto « Dei judicio longe aliter quam sperarem evenit. « Qualiter autem destructio tanta evenerit, quia nec « breviter proferri valet, nec ineptias tantas hic ex- « ponere libet, aliis proferenda relinquo, hoc solum- « modo enarrans quia cum exteriora monasterii no- « stri commoda penitus destrui sensissem, et contra « hæc nil prævaluissem; quin imo a fratribus qui- « busdam juvenibus, quibus displicebam, apud epi- « scopum accusatus, varias mihi minas ab illo illius- « que familiaribus agi sæpius audissem, tunc petita « ab abbate licentia, ad monasterium Fuldense quasi « cito reversurus perrexi. Verumtamen non dubito « quin tantam destructionem nemo in nos agere pos- « set, nisi justo Dei judicio peccatisque nostris exi- « gentibus permissus; quod scilicet exinde palam « datur intelligi quia in ipso discessionis meæ anno, « qui erat ab incarnatione Domini 1062 miserando « semperque lugendo igne combustum est cœnobium « nostrum. » Jam vero quo anno Ratisponam reversus sit, nullibi sat clare explicat Othlonus. Si ratio habeatur opusculorum et variorum ejus diverticulorum quæ in eodem *De tentationibus suis* libro tam in accessu quam recessu Fuldensi fecisse se scribit, ante annum 1068, is reditus vix contigerit. Peræque incertum est ad quem Christi annum vitam produxerit; vero tamen simillimum est eum intra annum 1083 vita defunctum fuisse. Ejus nullam in monasterio Emme- rammensi memoriam superesse novimus, præter solos ab eo relictos libros, quorum tamen major pars nomine auctoris destituta est, nec id adeo facile sciri potuisset, nisi Anonymus Mabillonianus quis sit, jam ante ex detecto a nobis Othloni dialogo *De tribus quæstionibus* constitisset. Deprehendimus autem postea nomen Othloni etiam in ejusdem libro metrico *De doctrina spirituali* diserte sic exprimi in fine prologi :

Lector ad extremum precor hoc quam maxime solum,
Quatenus Othloni quandoque velis memorari,
Qui licet indoctus hæc sum componere nisus.

Qui versus si vel a Mabillonio vel ab Anselmo Grabnero, qui Anonymum *De tentationibus suis* cum illo communicavit, animadversi fuissent, nullum cuiquam dubium reliquissent illum Anonymum esse Othlonum. Nam et easdem tentationes Othlo in libro metrico *De doctrina spirituali* canit, quas in libro *De tentationibus suis* soluta oratione Anonymus Ratisponensis exponit ; et utrumque opus uno eodemque codice membraneo in-8°, quem autographum esse dubitari non potest, continetur. Sed jam Opera Othloni recenseamus, non eo quidem ordine quo Othlonus in libro *De tentationibus suis* ea retulit, sed quo hic a nobis publicata sunt, strenue nos adjuvantibus ven. P Leopoldo Wydemanno, R. P. Casparo Aldehner, qui maxima sedulitate Othloniana pleraque prelo paravit, et R. P. Reinero Reither, contubernali nostro, cui etiam brevi longe maximum Gerhohi præpositi Reicherspergensis opus *De Antichristo et schismate*, e membranis ejusdem manu exscriptum, debebunt eruditi.

1. *Dialogum Othloni de tribus quæstionibus* ex codicibus Sanct-Crucensi ordinis Cisterciensis et Lambacensi ordinis S. Benedicti nos edere ex supra dictis facile omnes cognoscunt. Illum nobis reverendissimus et perillustris dominus Gerardus, præsul optimus, quem propterea Vindobonæ convenimus, ex bibliotheca sua, præstantibus mss. codicibus adhuc referta ; hunc vero reverendissimus et perillustris dominus abbas Maximilianus ὁ φιλομαθέστατος utendum benignissime præbuit. Operis sui sane præstantis et sacra eruditione pleni occasionem et rationem ipse Othlonus in libro *De tentationibus suis*, apud Mabillonium pag. 445, his verbis exponit : « Tertium « vero libellum, quem ante annos xv, ut reor, scripsi, « cum in extremo ordine posuerim, primo dicendum ; « deinde qua causa scriptus fuerit, subnectendum. « Quia enim multorum accuratis epulis cœnantium « mos est ut in prima et secunda vice viliora quæ- « que fercula (quæ non ideo viliora dicimus, quasi « sint vilia, sed quod sint inferiora,) in extrema vero « lautiora, et aliqua arte præcipua cocta sibi appo- « nere jubeant, cupientes in hoc non tam suæ gulæ « quam aliorum qui forte invitati sunt ad convi- « vium, delectationi et honori deservire ; ego econ- « tra simile aliquid inoliter volui in extrema aliqua « lautioris sententiæ verbula ante faciem legentium, « quasi ad mensam convescentium ponere, quæ cui-

« libet lector avidus, licet indigno stylo edita, gene- « rosæ tamen materiæ dignitatem retinentia, pro « dapibus lautis potuisset gustare. Nam quæ senten- « tia lautior et suavior valet esse quam de gratia « Dei, et cur credenda dicendaque sit gratia ; judicia « quoque quam vera justaque et necessaria sint : « sed et quantam bene agendi facultatem a nobis « concessam habeamus, nisibus totis inquirere at- « que pluribus testimoniis approbare? Hæc quippe « tria per trium quæs ionum solutiones in illo libro, « quem in tertio locavi ordine, stylo quo potui per « dialogum protuli, numero scilicet et ordine tali « desiderans sanctam Trinitatem venerari. Sed « ei in hoc eamdem Trinitatem venerari studebam, « quia in tertia quæstione, quam velut fercula « quædam præcipua ritu sagaci contexta et allata « in extremo ad lectionis cœnam consideantibus ap- « posui, de ipsa sancta Trinitate et Unitate, juxta « intelligentiæ meæ vires, brevi et aperta probata- « que, ut spero, variis exemplis et argumentis ra- « tione disserui. Spero etiam me in eodem libello « omnibus tam in sæculari quam in spirituali vita « positis aliqua ædificationis verba protulisse, per « quæ quilibet esurientes et sitientes justitiam re- « fici possunt. Hæc quidem de libri extremi ordine « sint dicta, cui titulum imposui *De tribus quæstio- « nibus*, id est : de divinæ pietatis agnitione judicio- « rumque divinorum diversitate, nec non de varia « bene agendi facultate. Deinde vero subjungimus « qua causa fuerit scriptus. Quidam namque mona- « chus de Augiensi cœnobio, nobilissima Alemanno- « rum stirpe ortus, nomine Heinricus, cum ab Jeru- « salem reverteretur, apud nos aliquandiu hospita- « tus est. Hic ergo quia in sacra Scriptura satis « studiosus fuit, me frequenter quasi doctorem « adiit, suppliciter rogans pro quibusdam sacræ « Scripturæ sententiis, ut eas sibi exponerem. Ego « autem, humilitatem atque importunitatem peti- « tionis ejus attendens, prout potui ad quæque ro- « gata respondi. Cumque hæc collatio sæpius inter « nos habita sibi placeret, postremo illud deposcere « cœpit ut eamdem collationem litteris exciperem. « Quod licet diu tam pro desidia quam pro ignoran- « tia differrem, aggressus sum tandem, scribens « quidem per dialogum, sed sine titulo auctoris et « absque personarum notarum litteris, ne facile « pateret cujus opus esset. Inter hæc vero ille ad « monasterium suum vocatus proficiscitur, et post « non multum tempus ad nos iterum revertitur. « Tunc videns quæ scribere cœpi, qualiterque ea « adumbravi, unice petiit ut et causam scribendi « illustrarem Prologo, et utriusque personæ, mei « videlicet ac sui, memoriam patefacerem in dialogo, « quod mox, ut poteram, scribens implere stude- « bam. Hæc igitur causa Dialogum me scribere fe- « cit ; quam idcirco reservavi, ne videar frustra scri- « ptis alia addere scripta, utque cognita charitate « qua impellebar ad scribendum, quilibet, in quo- « rum manus iste liber venerit, eadem charitate

« incitentur ad legendum. » Hucusque de *Dialogo* « trium quæstionum » ipse Othlonus, quibus quidquam superaddere supervacaneum fuerit.

2. *Epistola de permissionis bonorum et malorum causis.* — Othlonum epistolas quasdam et sermones scripsisse constat ex iis quæ in libro *De tentationibus et scriptis suis* prodidit. « Inter hæc, inquit, et « sermones quosdam nec non epistolas pro communi « utilitate scripsi; quas si quis forte legere volue- « rit, apud nos invenire poterit. » Ex his non nisi hanc unicam, ipsius Othloni manu exaratam in codice membraneo in-4° reperimus, in qua doctrinam in præcedenti Dialogo traditam veluti compendio jam senex repetit et inculcat.

3. *Liber de cursu spirituali.* — Librum hunc Othlonus collegit postquam Fulda reversus pluscula alia opuscula edidisset. De eo ita ipse loquitur in libro *De tentationibus et scriptis suis :* « Post hæc « autem, cum viderem simul et audirem undique « Christianæ religionis destructionem, rectorum et « principum negligentiam in subditos, tam in spiri- « tuali quam sæculari vita positos, doleremque jugi- « ter pro talibus, cogitare cœpi ut quia nullus digna- « retur me audire communi sermone loquentem, « pro miseraque tanta condolentem, vel scribendo « aliqua sacræ Scripturæ verba proferrem unde « aliquos ædificare possem. Hac igitur causa scripsi « librum mei quoque operis novissimum, cui titulum « imposui De cursu spirituali. In quo videlicet libro « quantum per sacræ Scripturæ, maximequeper Psal- « terii et Evangelii, campum currere potui, scribendo « protuli. » Quæ fere eadem repetit in prologo præsentis libri, eruti ex autographo codice in-4°, quem adhuc bibliotheca Emmerammensis possidet. Aliud ejusdem operis exemplum in codice Tegernseensi in-8° vidimus, ab ipso etiam Othlono exaratum, et grati animi causa Tegernseensibus cum *Proverbiorum libro*, etc., donatum.

4. *Narratio de quodam miraculo,* etc. — Narratio hæc in eodem codice unde librum *De cursu spirituali* accepimus, exstat, et quidem una eademque manu, id est Othloni, perscripta. Hæc etsi brevis sit, quædam tamen continet quæ veteris disciplinæ consuetudines egregie illustret. Primo enim luculentum hic habes exemplum, homines de crimine suspectos *judicio aquæ* probandi. Alterum est, hominem licet ejus criminis, cujus causa judicio aquæ commissus fuerat, purum ac innocentem, tamen succubuisse, ob aliud scilicet crimen, quod necdum pœnitentia eluisset; atque adeo judicium illud aquæ ferventis vel frigidæ ad convincendum de certo quopiam et controverso crimine reum, nequaquam fuisse ejusmodi, ut innocens damnari non posset, nisi is non solum ab eo delicto de quo suspicio erat, sed et ab omnibus prorsus etiam alius generis peccatis immunis esset. Postremo ex hac historia discere licet undecimo sæculo laïcis barbam radere, clericis vero eamdem nutrire nefas fuisse, cujus rei exempla forte alibi plura occurrunt. Narrationi huic ex eodem codice adjunximus *fragmentum Relationis de translatione corporis S. Dionysii e Francia in Germaniam ad monasterium S. Emmerammi*, de quo argumento plura dicemus, ab eruditis viris haud spernenda, post integram Othlonianorum opusculorum recensionem.

5. *Liber de admonitione clericorum et laicorum.* — Hic est ille libellus Othloni, quem appellavit *Manualem pro ammonitione clericorum et laicorum,* ab eo adhuc Fuldæ posito scriptus et editus, ut ipse testatur in libro *De tentationibus et scriptis suis*. In eo saluberrima sanctioris vitæ documenta e divinis Scripturis depromit Othlonus, modumque tradit in omni vitæ conditionisque genere probi ac perfecti Christiani officia excolendi. Prodit ex autographo Emmerammensi codice in-4°.

6. *Liber metricus de doctrina spirituali.* — De hujus opusculi scribendi occasione nemo accuratius disseruerit quam ipse Othlonus, cujus in libro *De tentationibus et scriptis suis* hæc memoria et consideratione dignissima verba sunt : « Primum libel- « lum, metrice prolatum, cui imposui titulum *De « spirituali doctrina,* scribere hujusmodi erat causa. « Cum enim quondam, ex infirmitate maxima con- « valescens, ad monasticæ professionis vitam venis- « sem, tunc in brevi, plus quam credibile sit, factus « sum sospes. Ex qua sospitate veritus ne aliquod « damnum spirituale mihi oriretur, prece Dominum « intima rogavi ne me in tanta sospitate positum « otio inutili torpescere, sed aliqua tentatione, « quam mihi congruere sciret, pulsari permitteret. « Post hanc orationem non multum temporis fluxit; « et ecce variæ tentationum molestiæ accedentes in « tantum me circumdederunt, ut et incaute me « orasse et magis ad interitum quam ad proventum « exauditum esse aliquando vererer. Sed sæpius re- « tractans illud apostolicum : *Fidelis Deus, qui non « patietur vos tentari supra id quod potestis, sed fa- « ciet cum tentatione proventum, ut possitis susti- « nere,* laboravi, non quantum debui, sed quantum « fragilitate mea permittente, ipsoque Domino ad- « juvante, potui, ne in conspectu adversariorum « meorum corruerem. Ideoque in tanta molestia « tentationis, quæ eo magis imminebat, quo major « sospitas corporalis inerat, omnimodo tractare cœpi « quali studio qualique labore corpus spiritui sub- « jicerem. Nam ea quæ communiter cum cæteris « fratribus in cœnobio agere docebar, sed et illa « quæ speciali devotione scribendo aut legendo, seu « etiam jejunando sponte subii, non satis affligere « corpus videbantur. Cumque diu tractarem quo « potissimum studio memet in tantis periculis con- « stitutum aptissime jugiterque constringerem, oc- « currit animo ut in dictamine me occuparem ali- « quo; quod et sæpe expertus sum mentem lasci- « vam cujuslibet scholastice instructi in nullo posse « magis constringi quam studio dictandi. Hujus- « modi igitur occasione accepta, libellum primum « scribere cœpi metrico scilicet stylo quo maxime

« in sæculari vita positus me exercebam, ponens « in eo varias spiritualis doctrinæ sententias, quibus me solummodo contra tentationes imminentes instruens roboravi, aut pravitatis meæ quantitatem, quam cum cæteris clericis communiter in mundo exercebam, pertinaciamque, quam specialiter præ multis ibidem retinebam, magis attenderem, atque litteris expositam majori pœnitentia diluendam agnoscerem. Inserui in eodem etiam libello sermonem quemdam lamentabili stylo editum, prius quidem disputans de diversa clericorum negligentia nec non avaritia; deinde narrans de miserabili improbitatis meæ vindicta, tam spiritualiter quam corporaliter patrata. Ignorabam enim tunc si quo loco proferenda forent hujusmodi dicta, quæ licet in modo sint posita, post cætera tamen, cum me aliquid perspicaciori intuitu agnoscere cœpissem, a me constant edita, quia metricis prolatus est verbis, quæ puris et intrantibus ad discendas litteras a multis primitus exhiberi solent. Inprimis quoque ponere decrevi ut ex hoc quilibet ad veritatis viam conversus sumat quasi prandium conversionis suæ congruum, sicque leviori cibo refectus ad lautiores dapes sacræ doctrinæ capiendas aptior accedat. » Hunc libellum ex codice autographo in-8°, in bibliotheca Emmerammensi servato, edidimus, adjectis varii argumenti sacris odis, epigrammatis et pœmatis, quæ omnia manu Othloni exarata in laudato codice sparsim habebantur.

7. *Libri Proverbiorum* non nisi paucissimis in libro *De tentationibus et scriptis suis* Othlonus meminit. « Item libellum Proverbiorum, inquiens, in eodem monasterio Fuldensi positus, scribere cœpi. » Et sub finem ait, præter alia « multis dedisse se aut misisse aliquando sermones aut proverbia, seu aliqua ædificationis scripta. » Proverbia hæc sine dubio, diversis temporibus edita, post ipse in hoc, quod hic vides, corpus collegit redegitque, ex quo adolescentuli « possent apte instrui post lectionem Psalterii. « Sunt enim, » ut affirmat Auctor in prologo, « multo « brevioris et planioris sententiæ quam illa fabulosa « Aviani dicta, sed et utiliora quam quædam Catonis verba; quæ utraque omnes pene magistri legere « solent ad prima puerorum documenta, non attendentes quia tam parvulis quam senioribus Christi « fidelibus sacra potius quam gentilia rudimenta primitus sint exhibenda, ut in his aliquatenus instructi, postea sæculares litteras arti Grammaticæ « congruas securius discant, » etc. Opus hoc extulimus ex autographo Emmerammensi in-4°. Exstat et aliud autographum in bibliotheca Tegernseensi, sed principio mutilum. Porro in eadem Tegernseensi bibliotheca reperitur etiam alius codex membraneus in-8°, sub finem sæculi XII exaratus, continens cujusdam *Henrici proverbia centum*, hoc init : *Pax sit Henrico Dei amico*, etc.; qui Henricus non videtur diversus ab illo Henrico Septimellensi, de quo erudite agit Polycarpus Leyserus in *Historia Poetarum medii ævi*, recentissime edita, ad annum Christi 1092, a pag. 450. Ubi tamen monendus est vir antiquitatum studiosus ejusdem Henrici *Elegiam de diversitate fortunæ et philosophiæ consolatione*, jam circa annum 1550, atque adeo maximo ante Daumium tempore, integram typis excusam fuisse, cujusmodi exemplar in-4° hisce oculis in bibliotheca Tegernseensi vidimus. Addimus præterea in opere Leyseri magnam vim medii ævi poetarum desiderari, quam nobis nostra collectanea suggerunt. Imo si nobis otium esset, facillimum foret Leyserianam Historiam duplo vel amplius auctiorem reddere. Laudandus tamen vir egregius quod vastissimum argumentum adeo luculento specimine illustrare saltem aggressus sit. Sed hæc incidenter dicta sunto : ad Othloni opera revertamur.

8. *Sermo in Natali apostolorum*. — Othlonum sermones scripsisse satis ex dictis præcedente numero constare potest. Ex his tamen non nisi hunc unicum in autographo codice in-4° posteris bibliotheca Emmerammensis servavit. Forte in aliis Bavariæ bibliothecis plures supersunt, quos ob Othlonianæ manus elegantiam et rotunditatem ab aliis discernere nobis non admodum difficile foret.

9. *Liber Visionum*. — Hunc insignem librum, ex quo multa egregia, historiam sæculi XI spectantia, nec ullibi alias obvia intelligimus, Othlonus post librum *De spirituali doctrina* et dialogum *De tribus quæstionibus*, Fuldæ agens composuit. Qua de re ita ipse in libro *De tentationibus et scriptis suis* disserit : « Librum vero Visionum, licet post duos scripserim, « in ordine tamen secundum ideo posui, ut illa doctrina, quæ in priori libello (*De tribus quæstionibus*) variis prolata est sententiis, in hoc quoque « variis corroboraretur exemplis; eaque tenacius « præmissa amico inhæreant verba, quæ majori testimonio tam pietatis quam severitatis divinæ in « subsequentibus commendantur, in morem videlicet « lautioris cibi, qui primo aqua pura coctus, deinde « aliqua aceti vel etiam piperis adjectione accuratius « præparatur. Sola enim lenitatis verba in docendo « prolata, quasi quidam cibi in sola aqua excocti « possunt intelligi. Sed cum dehinc aliqua severitatis « exempla admiscentur, velut amaro aceti seu piperis additamento condita fercula, ut suaviora efficiantur, non incongrue intelliguntur. Apparet « igitur quia sicut cibus tam amaris quam suavibus « condimentis coctus avidius sumitur, ita et doctrina « blandimentis quidem inchoata, sed deinde alicujus « severitatis commissa exemplis studiosius auditur. « Unde et Apostolus doctorem quemlibet instruens « ait : *Argue, obsecra, increpa*, id est, blandimenta « terroribus admisce. — In Fuldensi igitur monasterio positus, et optatæ tranquillitatis atque charitatis dono ibidem potitus, frequenter tractavi « qualiter pro ejusdem tranquillitatis gratia Deo, a « quo mihi data est, grates referrem. Magnum quippe « mihi tunc videbatur in eodem monasterio pacifico « incessu posse deambulare. Quapropter animum ad

« deferendas Deo gratias omnimodo convertens, et
« si qua dictandi materia apte occurrerit, diutius
« exquirens, reperi tandem quamdam dictandi oc-
« casionem, *visiones* videlicet, quas et ego quondam
« vidi, et ab aliis per loca diversa profectus audivi.
« Has namque ad multorum notitiam deferre ideo
« utile esse arbitrabar, quia credo ad omnes homi-
« nes pertinere, quoties quilibet visitatur a Deo aut
« per castigationem, aut per consolationem, sicut
« et ipse in Evangelio dicit : Quod uni dico, omni-
« bus di o. Incitabar etiam ex hoc ad scribendum,
« quia cum olim libellos duos ediderim, tertium pro
« sanctæ Trinitatis honore, si ipsa Trinitas digna-
« retur inspirare, sæpius optavi addere. Tali itaque
« causa incitatus *librum Visionum*, de quo jam locu-
« tus sum, scribere studui. » Hucusque Othlonus
de isthoc suo opere, quo ex coævo et forte etiam
autographo codice Emmerammensi in-4°. R. P. Ludovicus Moidings, solertissimus et in his studiis,
quoad ei per sacræ obedientiæ munia, quæ cum laude
obit, licet, studiosissimus sodalis noster exscripsit.
Dolendum sane, codicem a principio, nescimus qua
causa, mutilatum uno folio destitui. Si libri mss.
monasterii Prueleusis prope Ratisponam, qui anno
1547 ibidem exstiterunt, adhuc habentur, ex eorum
quopiam nostra editio aliquando resarciri poterit.
Inter illos enim *librum Visionum Othloni* recensitos
fuisse, discimus ex eorumdem Catalogo, prædicto
anno satis accurate confecto. Ea vero recensio sic
habet : « Sententiæ divinæ de Trinitate et substantia
Trinitatis et alia hujusmodi. Item sententiæ divinæ
quarum et sic sciendum est (*ita cod.*), quod Deus
hominem formatum, et in eodem quædam de Rhe-
torica. Cronica Bonitonis, et in eodem liber sancti
Ambrosii De vita episcoporum. Constitutio Gelasii,
qualis debeat esse pastor Ecclesiæ. Exceptum de
Vita solitariorum. Sermo cujusdam in laude sanctæ
Mariæ. Liber Holdeberti [*sic cod.; leg.* Hildeberti]
de Maria Ægyptiaca, et alia quædam. Liber Bedæ
De natura rerum. Idem de diversis fructibus. Pa-
therius. Duo Abecedarii. Libellus de Petro puero.
Liber Visionum, » etc.

10. *Vitam sancti Nicolai, nec non sancti Wolfgangi
emendans, sicut in utriusque Vitæ prologo intimatur,
scripsi antequam proficiscerer ad monasterium Fuldense*, inquit ipse Othlonus lib. *De tentat. et scriptis
suis*. Harum altera edita est apud Mabillonium Sæ-
cul. Benedictini V, a pag. 812, sine Othloni tamen
præfatione, quam hic cum analectis quibusdam, quorum auctor nos latet, ex codice Mellicensi exhibemus.
Præterea in gratiam eruditissimorum Patrum Bol-
landianorum notamus diversas egregias et accuratas
collectiones Miraculorum S. Wolfgangi tum mss.
tum typis editas in monasterio Lunælacensi seu
Monseensi haberi, ex quibus ea præstat quæ Pataviæ
vernacula lingua apud Georgium Holer anno 1655 in-
8°sat spisso volumine prodiit auctore reverendissimo
domino Simone, ejusdem monasterii abbate. Sed
opiabunt vicissim doctissimi Patres, ut ab erudito

quodam cœnobita Lunælacensi ea aliaque omnia S.
Wolfgangi miracula idiomate Latino conscribantur,
hoc, non alio, modo in amplissimum opus de *Actis
Sanctorum* inserenda.

11. Passim in bibliothecis Germaniæ occurrit *Vita
S. Nicolai ep. Myrrhensis* auctore Joanne diacono,.
qui se in prologo *servum S. Januarii* vocat. Ac hæc
Vita duplicis generis est. Una enim singulis capitibus
metrica lemmata præfixa habet, quorum primum
hujusmodi est :

Hic liber ingenui Vitam narrat Nicolai,
Græcia quem novit, Domini nec gratia sprevit.

Altera his lemmatibus caret, eodemque modo quo
prior, nempe his verbis incipit : *Gloriosa quidem
acta sanctorum, quibus ab ortu nativitatis*, etc. Quam
harum Othlonus emendaverit incertum nobis est.
Conjicere tamen vel ex versibus licet priorem esse
in qua exornanda suum Othlonus studium colloca-
verit. Forte etiam non nisi arbitrio scribarum ge-
nuinas Othloni prologus, in quo suam *emendationem
intimari* ait, prætermissus in scriptis libris fuit. Sed
hæc conjectura tantum est. Cæterum etiam a Rei-
noldo episcopo Eystetensi quamdam *Historiam de S.
Nicolao* editam fuisse, jam in Itinere nostro Bavarico
meminimus, quod vide.

12. Scripsit etiam Othlonus *Vitam S. Altonis*,
*una cum quibusdam carminibus ad eumdem sanctum
pertinentibus*, quod ipsius testimonium est in lib. *De
tentat. et script. suis*. Porro autem ubi hæc Vita deli-
tescat nos nondum comperimus. Forte Vita Altonis,
a Bollandianis ad diem 9 Februarii et a Mabillonio.
Sæc. Bened. III, p. II, a pag. 217, edita et illustrata,
ab opere Othloni distincta non est, præsertim cum
fine, quem *varia carmina* consequi potuerunt, truncata sit, et ejus initium eodem fere modo, quo Vitæ S.
Wolfgangi principium, concinnatum sit. Nec quemquam moveat quod auctor editæ Altonis Vitæ aperte
se monachum Alomonasteriensem fuisse et sæculo
undecimo ingrediente (apud Mabillonium typogra-
phorum vitio sæculum IX pro XI excusum est) floruisse
innuat, quod ab ætate Othloni alienum sit. Nam more
suo Othlonus ejusmodi Vitarum non primus auctor,
sed interpolator duntaxat fuit, qui stylum emendasse, aut aliqua dempsisse vel addidisse contentus reliqua omnia dissimulavit, ut ut a suo tempore ac loco
abhorrentia. Illustre hujus exemplum, ne longius
abeamus, nobis suppetit Vita S. Wolfgangi in Actis
SS. Benedict. Sæc. V, pag. 814, edita, quam genuinum Othloni fetum esse supra demonstravimus, licet
advertente Mabillonio, ejus auctor *multa ab ore ejus*,
sancti scilicet Wolfgangi, accepisse se testetur, quod
Othlono, centum fere annis S. Wolfgango posteriori,
convenire non posse viro docto visum fuit. Sed ea
veteris auctoris verba retinuit Othlonus, operis
emendator tantum et interpolator, non primus conditor.

Sed quid sus Minervam ?

13. Postquam Fulda Othlonus rediit, scripsit præterea *Vitam S. Magni*, « compulsus fratrum duorum,

« precibus intimis et assiduis, Wilhelmi scilicet ex
« congregatione nostra, » inquit in libro De tentat.
« et scriptis suis, « et alterius, qui ad nos discendi causa
« ex monasterio S. Magni venit, Adalham dictus,
« quique nunc in sanctæ Afræ cœnobio abbas est
« constitutus. » Opus adhuc latet alicubi. Nam libri
duo de Vita S. Magni auctore quodam Pseudo-Theodoro eremita, ab Ermenrico Elewangensi monacho
emendati et distincti a Goldasto dicuntur, qui eos
primum in lucem protulit tom. I, part. II, rerum
Alamannicarum. Cæterum ex citato Othloni loco
supplendi sunt abbatum S. Udalrici et Afræ Augustæ
Vind. catalogi, in quibus toto undecimo sæculo nullus Adalham occurrit.

14. Omnium Othlonianorum hactenus recensitorum operum præstantissimum est De Vita S. Bonifacii episcopi Moguntini et martyris, cujus hanc nobis
historiam texit in lib. De tent. et script. suis : « Cum
« igitur persecutionem quam in monasterio nostro
« passus eram fugiens ad Fuldense monasterium
« venirem, ibique per annos quatuor cum tranquillitate magna commoratus viderer, dictandi scribendique studium frequentare postulabar a quibusdam ejusdem monasterii fratribus, ut S. Bonifacii Vitam, difficili stylo editam, aliquid facilius
« ederem. Quam petitionem licet diu denegarem,
« postremo tamen compulsus importunis precibus,
« ut potui, quod petitus eram implevi. Causa ergo
« tali librum sancti Bonifacii promptus scripsi. »
Opus hoc, in duos libellos ab ipso Othlono divisum,
quos junctim librum hic vocat, ab Henrico Canisio,
Gretsero, Bollandianis, et postremo a Mabillonio
editum est in Actis SS. or. S. Bened. Sæc. III, parte
II, a pag. 28, cujus vel sola præfatio, si cum hactenus de Othlono relatis conferatur, evidentissime ac
planissime demonstrat illud nullius alterius Othloni
esse posse quam Emmerammensis, Fuldæ hospitis,
et S. Bonifacii, Fuldensium patroni, aliquot annis
alumni.

15. Browerus in Sideribus illustrium et sanctorum
virorum, qui Germaniam, præsertim magnam, olim
rebus gestis ornarunt, etiam Vitam S. Pyrminii
chorepiscopi publicavit, præfixo Othloni cœnobitæ
Fuldensis nomine. Verum eam lucubrationem Othloni
esse non posse, sed Warmanni ex monacho Augiensi
episcopi Constantiensis, jam erudite ac solide ostendit Mabillonius Sæc. Bened. III, part. II, a pag. 136.
Et vero quis credat ipsum Othlonum in libro De
tentat. et script. suis, ubi minutissima quæque
opuscula persequitur, Vitam S. Pirminii solam silentio prætermissurum fuisse, si re vera quid ejusmodi
olim condidisset? Igitur aut conjectura, aut pseudoepigraphus codex Browero imposuit.

16. Certum autem aliud est opusculum Othloni :
Quomodo legendum sit in rebus visibilibus, quod tamen
a nobis hactenus nullibi repertum est. Id his verbis
describit Othlonus in lib. De tent. et script. suis :
« Ad monasterium nostrum prius pervenire nolui
« quam indiciis aliquibus explorarem qualiter omnia
« agerentur ibidem. Qua de re ad monasterium
« Amerbach dictum perrexi, cupiens illic exspectare
« quousque certus fierem de monasterii (Emmerammensis) qualitate. Cumque ab ejusdem monasterii
« abbate susceptus omni humanitate et pietate retinerer, et de sacræ Scripturæ quæstionibus multis
« inter nos sermo assiduus ageretur, placuissetquo
« ei sæpissime responsio mea, accidit ut juxta
« Paschalia festa dixisset ad me : Credite mihi, quod
« si vobis præcipere aliquid possem, absque dubio
« præciperem ut in hac solemnitate proxima sermonem
« faceretis ad populum. Cui ego respondi dicens :
« Cur talia dicitis ad me, qui nihil hujus rei scio, qui
« nunquam consuevi populum alloqui in publico? Illo
« vero eadem repetente, cœpi mox cogitare intra
« me dicens : Quid facerem, si aliquis, cujus jussa
« transgredi non præsumerem, talia mihi præciperet?
« Unde hujusmodi opus assumendum est mihi sponte,
« priusquam ab aliquo compellar potente, ut sic
« probem quid facturus essem. Continuoque stylo
« accepto, scribere cœpi in modum sermonis, sumens
« exordium de Psalmistæ dictis : Dominus de cœlo
« prospicit super filios hominum. Quæ nimirum dicta,
« quantum potui, similitudinum argumentis roboravi, credens per hæc aliquos ædificari. Cui videlicet operi titulum imposui : Quomodo legendum sit
« in rebus visibilibus. Cum autem in eodem loco unum
« pene annum manerem, venerunt nuntii ex monasterio nostro missi, cum quibus exinde ad patriam
« reversus sum, » etc. Ex dictis Othloni habemus
opusculum hoc in modum sermonis contextum fuisse.
Forte id adhuc in Franconico monasterio Amorbacensi, cujus bibliotheca egregia esse fertur, adhuc
asservatur.

17. Ex toties citato libro De tentat. et script. suis,
pariter patet Othlonum etiam scripsisse librum De
confessione actuum suorum. « At si qua, inquit, infirmitas vel subitanea mors me in extremis impediret a debita confessione, saltem per scripta patefacerem, quis ex memetipso, quis ex Dei gratia
« essem. » Hunc librum nondum reperimus, nisi
forte is ipse sit quem De tentationibus et scriptis suis
conscriptum Mabillonius edidit.

18. In tomi nostri I parte I publicavimus orationem seu precationem Othloni, idiomate Latino et
Theodisco scriptam, quæ sine dubio illæ duæ orationes sunt de quibus in libro De tentat. et scriptis suis
ita loquitur : « Adhuc proferre libet duarum orationum verba. Attendens enim sæpius quia plurimos
« exemplis pravis seduxi, talia orationis verba scribere studui, in quibus unusquisque satis doceri
« potest quomodo pro se et pro aliis orare debeat.
« Quæ scilicet orationes cum a quibusdam jam habeantur, in hoc opusculo describere nolui. Hæ
« autem orationes, aliaque superius de dictandi dono
« prolata, tanto magis pietati divinæ constant referenda, quanto amplius notum est me vitiis plurimis quondam deditum nihil horum meruisse. »
Orationes prædictas eruimus ex codice autographo

Emmerammensi, cui simillimum etiam in bibliotheca Tegernseensi conspeximus.

19. De libro Othloni *De tentationibus, varia fortuna et scriptis suis satis hactenus prædicavimus.*

20. Promisimus supra ad quartum Othloni opusculum nos hic de magni momenti *fragmento relationis de translatione corporis S. Dionysii in Germaniam ad monasterium S. Emmerammi acturos.* Quocirca primum omnium vide notulam nostram ad eam laciniam, unde constat dictum fragmentum aut Othlono multo antiquius, aut saltem certissime Othlono coævum vel ipsius omnino Othloni esse, id quod in celebri illa de translatione corporis S. Dionysii ad monasterium Emmerammense controversia momenti afferat, nemo ignorat, qui præcipuum Mabillonii argumentum, a silentio Arnolphi seu Arnolphi comitis in dialogo *De miraculis S. Emmerammi*, etc., petitum recte unquam expendit. Verum id argumentum hoc fragmento nimium quantum infirmatur. Cum enim ipse Mabillonius tom. IV Analect., pag. 403, fateatur, Othlonum Arnolpho æqualem exstitisse, quid traditioni Emmerammensium obsit silentium Arnolfi de præsentia corporis S. Dionysii, quam Arnolpho synchronus, pietateque ac doctrina si non major, certe par Othlonus adeo aperte prædicat? Et profecto Othlono, corpus S. Dionysii in suo monasterio Emmerammensi adesse præsens, persuasissimum fuisse, ex monumentis ab eo relictis nullo negotio confici potest. In Paraphrasi Latina orationis Theodiscæ rogat Deum ut sibi succurrat *per SS. martyrum Stephani atque Laurentii, Viti et Pancratii, Georgii et Emmerammi, Quirini et Castuli, Sebastiani et Vincentii, nec non per Mauritii et Dionysii*, etc., *merita;* ubi nullo alio titulo *Dionysium* nominat quam quod ejus corpus in Ecclesia Emmerammensi asservari minime cum sodalibus suis dubitet. Nec opponi potest consequi ex invocatione Othloni, etiam corpora SS. Stephani, Laurentii, Viti, etc., in monasterio S. Emmerammi quiescere, quod certo falsum sit. Nam ratio cur alios sanctos invocaverit Othlonus, facile ista reddi potest quod in iis locis in quibus illorum sanctorum aut celebris veneratio aut reliquiæ fuerint, aliquandiu vitam exegerit, atque adeo eorum sibi cultum familiarem fecerit, quod ex libro ejus De tentationibus suis confirmatur. Verum hoc de S. Dionysio dici haud posse constat ex recensione monasteriorum omnium, ad quæ se adiisse, aut cum quibus sibi amicitiam singularem intercessisse in citato libro testatur, in quorum nullo præcipuus S. Dionysio cultus exhibetur, saltem quod nos sciamus.

Nullus igitur alius titulus nominatim S. Dionysii merita implorandi Othlono erat, quam firma persuasio de ejusdem corporis in monasterio Emmerammensi præsentia. Idem spectat codex alius membraneus in fol. bibliothecæ Emmerammensis, cui opera S. Dionysio vulgo attributa complectens manu Othloni exaratus est, ut probant sequentes in fine versiculi:

En ego tantillus Othloh vulgo vocitatus
Quamvis omnigenis corruptus sim malefactis,
Sat tamen istud opus scribendo tuum tibi promptus
Sancte Dionisi martyr celeberrime Christi.
Unde mei quæso precibus sacris memor esto.
Vos quoque qui legitis, veniam mihi posco petatis.

Ubi vides Dionysium *celeberrimum martyrem* dici ab Othlono, quod de ejus corporis possessione ac recentissima inventione, quæ circa 1063 contigerit, omnis late Bajoaria gloriaretur. Nec videtur Othlonus Opera Dionysii alio animo exarasse quam ut recentem tutelaris sui gloriam et venerationem, ostensa ejusdem doctrina et eruditione, apud suos augeret et confirmaret, quamvis ipse circa hæc tempora Ratisbona abesset. Sed et ante inventionem corporis S. Dionysii Emmerammenses idem sensisse constat ex alio codice membraneo in-4°, qui libros quatuor Dialogorum S. Gregorii papæ continet, ad quorum calcem hos versus legas:

Voti cepta mei calamo currente peregi.
Spondet Udalrico mihi Suevo meta laboris
Præmia fixa polis, non lubrica dona favoris.
Emmeramme, Dyonisi, Wolfgange, Gregori,
Vestro scriptori, dum mors premet, este patroni.
Spes non confundet, quamquam rea vita repugnet.
Pax sit Berngero, sub quo Patre vivere quæro.

Quocirca observandum duos Peringeros diversis temporibus regimen Emmerammensis abbatiæ gessisse. Prior ab anno circiter 1046 usque ad 1049, alter ab anno 1187 usque ad 1201 monasterio præfuit. Itaque cum characterum quibus codex perscriptus est forma sæculum undecimum innuat, is circa annum 1047 atque adeo plusculis ante prædictam inventionem annis exarari debuit. Quæ autem, quæso, scribæ alia ratio esse potuit opem S. Dionysii uti et SS. Emmerammi atque Wolfgangi implorandi, nisi certa persuasio de possessione corporis ejusdem divi? Nihil itaque agunt qui unius Arnolphi de S. Dionysii reliquis, e Gallia ad monasterium Emmerammense translatis, silentium Emmerammensibus opponunt, cum alii Arnoldo seu Arnolpho coævi testes non desint qui veterum illorum traditionem corroborent. Sed ad hanc universam rem accurate pertractandam non tumultuaria quædam observatio, sed vix integrum volumen satis fuerit.

DE VITA ET SCRIPTIS OTHLONI
NOTITIA ALTERA.

(Apud Pertz, *Monumenta Germaniæ historica*, IV Script., 521, in proœmio ad Vitam S. Volfkangi.)

Othlonus (1), primis sæculi XI annis in episcopatu Frisingensi a parentibus liberis et honestis natus, jam puer litteris ed'scendis destinatus est; quas tum in Tegernseensi (2) tum in Hersfeldensi coenobio (3), ubi anno 1024 morabatur (4), doctus est. Magna enim discendi facilitate præditus et singulari studiorum amore repletus (5), in disciplinis liberalibus celeriter profecit (6), et jam adolescens non vulgarem sibi conciliavit famam. Nam a Meginhardo « scribendi causa » invitatus Wirzburgum venit (7); postea in patria vixit, sed cum archipresbytero Werinhario inimicitiis conflatis, Ratisbonam concessit, ubi a Burchardo S. Emmerammi abbate libenter susceptus, postquam bis morbo depressus fuerat, anno 1032 (8) monachum professus est (9); id quod, jam puer voverat, sed patris precibus cedens distulerat (10). Scriptoribus sæcularibus, quibus antea delectatus erat (11), rejectis, jam in sacra Scriptura atque auctoribus ecclesiasticis legendis atque explicandis versabatur (12); semper vero eodem litterarum studio infatigabili excellebat. Quo factum est ut ei « licet immaturo doctori invisa puerorum disciplina » committeretur (13). Circa annum 1055 decanus constitutus est (14). Primum librum in monasterio ut varias tentationes effugeret se dictasse, id est composuisse ipse dicit (15); postea vero tum ab aliis rogatus, tum proprio instinctu motus, variis conscribendis operibus incubuit. Cum doctis viris sui temporis quam plurimis conjunctus fuisse videtur. Etiam Victorem papam et Humbertum cardinalem anno 1036 Ratisbonæ præsentes vidit (16). Sed cum monasterium ab episcopis Gebehardo (17) et Ottone depressum seque Ottoni odio esse videret, anno 1062 Ratisbonam reliquit et Fuldam secessit (18). Ubi per quatuor annos commoratus, præter S. Bonifacii Vitam et Visionum librum (19) alia plura scripsit. Post a fratribus ut in monasterium reverteretur invitatus est, sed inte-

(1) Sic plerumque nomen scripsisse videtur, nam ita *in dialogo de tribus quæstionibus* occurrit (v. Pez III, p. x); genitivus *Othloni* Pez III, II, p. 433, vocativus *Othlone* ib., p 147. At *Othloh* in inscriptione quadam ab ipso exarata (Pez III, p. xix) et in cod. Windberg. Vitæ S. Wolfkangi legitur. — De vita et rebus suo tempore gestis tam in *Visionum* libro (Pez, Thes. III, n. p. 547-613) quam in altera libri quem *De tentationibus* scripsit parte (Mabillon. Anal. ed. 2, p. 116-119) multa notatu digna tradidit.

(2) *De tent.*, p. 119. Postea quoque hoc monasterium sæpius adiit. Visio 8, 9.

(3) Visio 5.

(4) *De tent.*, p. 119. Cum Franciam dicit, Hersfeldense monasterium intelligit.

(5) *De tent.*, p. 111 : *Qui igitur ille erat, quem tu (de ipso Othlono sermo est) — unice pro discendi facilitate invocasti;* — p. 110 : *Rogasti etiam tibi talem præstari locum, in quo copiam haberes librorum.*

(6) *De tent.* p. 119 ; cf. ibid. p. 111. Visio 1, pag. 552, V. 2, pag. 555.

(7) Visio 6.

(8) Post triginta annos a. 1062 Ratisbonam reliquit, *De tent.* p. 117.

(9) Visio 5; cf. *De doctrina spirituali*, c. 14.

(10) L. l. *De doctrina spirit.* c. 15, *De cursu spirit.*, c. 21. Tunc etiam invitis parentibus vota solvit ; *De tent.* p. 112 : *Arbitraris namque interdum, eamdem professionem te frustra assecuturum esse pro eo scilicet quia hanc et sine consilio omnium affinium parentumque tuorum et absque consideratione fragilis ac lubricæ ætatis immaturæque ad tantum studium aggressus fueris.*

(11) *De doctrina spirituali*, c. 14 :

Nam perscrutari cupiens subtilia quæque,
Quorum notitiam multos gestire videbam,
Charus ut in mundo necnon præstantior essem,
Omne lucrum statui gentilibus associari,
Cum quibus est major studiis liberalibus ardor.
Quid mihi tunc Socrates vel Plato Aristotilesque,
Tullius ipse rhetor, mundanæ dogmatis auctor?...
Quos si non legi, per tempora multa cupivi;
Affectuque ipso discendi adii loca quædam,
Quæ pro mundanis mihi cultibus optima duxi...
Illa tripertita Maronis et inclyta verba,
Lectio Lucani, quam maxime tunc adamavi,
Et cui jam nuper, divinæ legis adulter,
Sic intentus eram, quo vix agerem reliquum quid...
Quam veniæ causam qualemque dabant medicinam,
Cum nec signa crucis potuissem ponere fronti?

De Lucano cf. vis. 5. Juvenalem affert Vitæ Wolfkangi c. 7.

(12) *De tent.*, p. 108 : *In eo autem loco quo monachus factus est cum plurimos diversæ qualitatis homines invenisset, quosdam libros quidem gentiles, quosdam vero sacram Scripturam legentes, ipse cœpit illos solummodo imitari quos videbat divinæ insistere lectioni;* cf. *De tribus quæstionibus* prol. : *Major enim cura mihi est legendo vel scribendo sequi sanctorum dicta quam Platonis vel Aristotelis ipsiusque etiam Boetii dogmata.* Hunc jam vituperat, quod Lucanum gentilem familiarem suum dixerat.

(13) Visio 5. *De tent.*, p. 119.

(14) Visio 4, *ante decennium*, quod scripsit inter annos 1062-1066.

(15) *De tent.*, p. 117.

(16) Visio 15.

(17) Cf. vis. 10.

(18) *De tent.*, p. 117.

(19) F am in hoc opere Bonifacii epistolis usus est, vis. 18, 19. Præterea ex Bedæ Hist. eccles. multa hausit 19 seqq.

grum annum in Amerbacensi cœnobio vixit, « quousque certus fieret de monasterii sui qualitate; » quo finito, a nuntiis evocatus Ratisbonam rediit (20); id quod anno 1067 vel 1068 factum sit oportet. Ibi reliquum vitæ tempus in libris describendis (21) ei componendis exegit. Denique vero « senectus, inquit (22), et infirmitas me prohibuit, maximeque inquietudo diuturna, quæ mihi ex variis curis et mœrore pro monasterii nostri destructione exorta per tempora inolevit multa. » Senectute confectus (23) quo anno mortuus sit non constat.

Othlonus vir fuit pii et severi animi, morbis variis debilitatus, sed acri litterarum amore recreatus et delectatus; religiositati, imo superstitioni, nimiæ se dedit, somniis fatigatus ubique visiones et diabolicas tentationes conspicere sibi visus est (24); neque tamen vitæ officia neglexit, sed docendo, scribendo, monendo, castigando numquam destitit. Quamvis plerosque ejus temporis clericos et monachos scientia et doctrina a se superari bene sciret, neque alios hæc celare studeret, modestum tamen ostendit animum et nusquam vana se extollit gloria (25). Cogitationes et res suas proferre Othlono fuit voluptati, ita ut, Augustinum fortasse imitatus, libris suis sæpius confessiones ederet, « ut, inquit (26), si qua infirmitas vel subitanea mors me in extremis impediret a debita confessione, saltem

(20) *De tent.*, p. 118.
(21) Libros a se scriptos variisque donatos ipse recenset, *De tent.* p. 119; cf. Pez III, p. x-xix, qui plures in Tegernseensi et S. Emmerammi monasteriis se vidisse testatur.
(22) l. l., p. 119.
(23) Cf. epist. ad amicum ap. Pez l. l., p. 253 : *Quoniam ætati meæ advesperascit et inclinata est jam dies, quam in scribendi atque dictandi notitia ex Dei gratia quondam habui.*
(24) Vis. 5 : *Pene per omne tempus, quo extra monasterium convalescendi gratiam præstolabar, visione varia in somniis inquietabar;* cf. *De doctr. spirit.* c. 14-18, librum *De tent., de cursu spirit.*, ubi c. 21-25 primam libri *De tent.* partem reddunt.
(25) Cf. præfationes Vitæ S. Bonifacii et Wolfkangi; *De tribus quæstion.* c. 49 : *Non pro nulla verborum rusticitate vel mea vilitate respuantur;* Vision. præf. : *Ne quis vel propter vilitatem meam*

per scripta patefacerem quis ex memet ipso, quis ex Dei gratia essem.

Opera ab Othlono confecta et ab ipso indicata quam brevissime recensebo. Paulo post annum 1032 in S. Emmerammi monasterio scripsit : *De spirituali doctrina* librum hexametris (27) compositum (Pez, Thes. III, II, p. 431-475); ibidem inter annos 1032-1062 : Vita S. Nicolai (28), Altonis (29), Wolfkangi, librum *De tribus quæstionibus* (Pez, p. 143-256), fortasse etiam librum *De confessione actuum meorum* (prima pars operis *De tentatione* esse videtur, Mabillon, Anal., p. 108-116); Fuldæ inter annos 1062-1066 : Vitam S. Bonifacii (Mon. SS. II, p. 357), Visiones (Pez, p. 547-615), libellum quem dicit *manualem de ammonitione clericorum et laicorum* (Pez, p. 405-428), *Proverbiorum* librum (Pez, p. 485-556); anno 1067 in Amerbacensi monasterio : sermonem cui titulus : *Quomodo legendum sit in rebus visibilibus;* post annum 1067, cum iterum Ratisbonæ constitutus esset : Vitam S. Magni (Acta SS. *Sept.* II, p. 701), *De cursu spirituali* (Pez, p. 259-398), orationes et sermones varios Latino et Theotisco quoque sermone scriptos (Pez I, 1, p. 417-426), quæ de vita et scriptis suis libro *De tentatione* (Confessione) adjecit (Mabillon, p. 116-119), epistolam ad amicum (Pez, p. 253-256) et alia fortasse minora (30).

vel propter relationis ipsius rusticitatem hæc parvipendat, sed — quocunque impolito sermone a me prolata fuerint.
(26) *De tent.*, p. 119.
(27) Fortasse etiam versus quos Pez p. 475-482 edidit in hoc tempore collocandi sunt.
(28) Cf. Pez III, p. xvi.
(29) Ab illa diversa quæ edita est Mabill. Act. III, II, p. 217, nisi cum Pezio (III, p. xvii) dicas, quod Othlonus eodem modo quo in Wolfkangi Vita auctoris antiquioris verba retinuerit. — Minus recte Brower Vitam S. Pirminii, quam edidit, Othlono tribuit; Mab. l. l., p. 156.
(30) Exempli gratia, narratio de miraculo quodam. Pez p. 598. Quod ibidem p. 599 legitur fragmentum de translatione corporis S. Dionysii nescio an recte Othlono tribuatur. Multo minus historia quam edidit J: B. Kraus de transl. S. Dionysii, p. 169 illi ascribi potest.

OTHLONI

LIBELLUS

DE SUIS TENTATIONIBUS, VARIA FORTUNA ET SCRIPTIS [31].

(Apud Mabill. *Analect.* nov. edit., p. 107.)

MONITUM.

In subjecto libello auctor, monachus utique Ratisponensis ad S. Emmerammum, suppresso nomine proprio, varias tentationes suas spirituales variamque fortunam suam describit. Opusculum istud dividi

(31) Titulus apud Mabillonium : *Anonymi monachi Ratisponensis libellus de ipsius tentationibus, varia fortuna et scriptis.*

potest in duas partes, quarum in priori varias tentationes suas, in posteriori scripta sua commemorat. In his Vitam S. Nicolai, itemque S. Wolfgangi, et S. Magni se emendasse dicit. Sed et Vitam S. Bonifacii episcopi et martyris, *difficili stylo editam*, faciliori reddidit rogatu fratrum ex Fuldensi monasterio, in quod procella nescio qua exagitatus secesserat anno 1062. Ex hoc unico opusculo (nam alia reperire non potuimus) conjicere licet hunc esse Othlonum qui acta S. Bonifacii novo stylo donavit amplificavitque. Nam et tempus recte congruit, et Othlonus ipse non ex Fuldensi, sed ex alio grege erat. Unde miratur se hac de re a Fuldensibus fuisse interpellatum, *tot Patribus peritis tam inter vos*, ait Fuldenses ipsos alloquens, *quam circumquaque commorantibus hucusque relictis*. Quo minus tamen huic sententiæ nimis quam fidenter inhæream, illud occurrit quod monachus ille, quisquis est, Ratisponensis Vitam S. Bonifacii *faciliori* tantum stylo donaverit, Othlonus vero epistolis, actis conciliorum, aliisque multum eam auxit, atque in duos libros Willibaldi unicum distinxit. Lectoris erit hac de re ferre judicium.

Eodem tempore quo sequentis libelli scriptor, Arnolfus ex comite monachus ad S. Emmerammum, ex cœnobio suo in Saxoniam abire coactus est, fratrum suorum invidiæ, nempe quod acta S. Emmerammi depravata emendare vellet, cedendum ratus. Sed is, ante conversionem non clericus sed comes, non videtur esse auctor sequentis libelli, cujus exemplum nobis flagitantibus religiosus vir Anselmus Grabnerus jam supra laudatus a se descriptum nobis humanissime transmisit. Vetus codex hunc titulum præfert: *Incipit liber de tentatione cujusdam monachi.*

PARS PRIMA.

Fuit quidam clericus vitiis multis modis deditus, qui cum sæpius a Domino commoneretur pro emendatione sua, conversus tandem venit ad monasticam professionem, nullis suorum amicorum scientibus. In eo autem loco quo monachus factus est, cum plurimos diversæ qualitatis homines invenisset, quosdam libros quidem gentiles, quosdam vero sacram Scripturam legentes, ipse cœpit illum solummodo imitari, quos videbat divinæ insistere lectioni. Quanto autem frequentior erat in hujusmodi lectione, tanto magis molestias diabolicæ tentationis sextiebat sibi inolescere; sed ille in Domino confidens gratiæque Dei se jugiter committens, eo animo quo cœpit, in sacra lectione perseverare studuit. Cumque post multum temporis ab hac impugnatione eriperetur, cogitans qualiter per ea quæ passus erat tam ipse quam alii ædificari possent, scripsit non solum illatas tentationis molestias, sed etiam sacræ Scripturæ verba, quæ ex divina inspiratione sibi provenerant, ex quibus interea fraudi diabolicæ respondendo utebatur pro clypeo. Sic quippe incipit scribere de tentationum suarum molestia:

Delusiones Satanæ varias vigilans ac dormiens pertuli, quas licet universas nequeam promere, aliquas tamen memoriæ insitas, prout possum, volo referre : et reor hoc primum de fraudibus his perhibendum quod et ante monachalis vitæ professionem, et postea diu perpessus sum, quod scilicet satis stolida improvidaque etiam inesset voluntas conversionis; quia contra Scripturam quæ dicit : *Omnia fac cum consilio*, sine consilio parentum et amicorum quamque in maximo juventutis fervore positus subito vellem adire, nimisque foret inconsultum ut hujusmodi homo quisquam [tam periculosum susciperet votum; ideoque multo melius esset ut præstolans usque ad ætatis maturioris perfectionem, tunc tandem cum se virtus ingesseret omnis, sponte pro desiderata tractem conversione. Hæc ergo et his similia inprimis etiam quasi compatiendo et consulendo intulit illusio diabolica.

Deinde vero cum talia ad plenum voluntatis suæ effectum, Dei gratia resistente, non potuisset tentator nequissimus in me obtinere, ad majoris excitatus est pugnam nequitiæ. Nam arte solita ad desperationem me pertrahere studuit, inspirans scilicet incassum, me talem velle reverti, qui tantis criminibus sum implicatus ut non solum principibus, sed etiam multitudini cæteræ, ipsisque simul parentibus et cognatis exosus essem. Putasne, inquit, ut tam sceleratus homo apud Deum judicem districtissimum veniam possit promereri? quandoquidem, sicut scriptum est : *Vix justus salvabitur*. Ne cupias ergo quæ non sunt cupienda, sed potius ad ea laboris tui studium converte quæ amodo possis obtinere. Si enim ita, ut tu studiosissime æstimas, omnibus concessa foret hujusmodi facultas, ut scilicet ad regna cœlestia tam perversus quam justus homo pertingere posset, nequaquam Apostolus ille excellentissimus Paulus diceret : *Non enim est omnium fides*. Et iterum idem dicit : *Non omnes obediunt Evangelio*; ipseque Salvator et veracissimus auctor hæc rudimenta suis mundoque dedit omni : *Qui potest capere capiat*. In qua procul dubio sententia innotuit, quod non omnis bona possit. Cum ergo delusionibus torquerer talibus, quis putas etiam tunc erat animus? nil aliud certe tunc prævalui nisi flere, et juxta Psalmistam *fuerunt lacrymæ meæ panes die ac nocte*. Fateor nimirum ex intimo corde quod nullus, nisi per gratiam Domini solam, talia potest vincere.

Postquam autem insidiator calidissimus me ad desperationis illatæ consensum nequivit pertrahere, conatus est per alia fraudis suæ argumenta ad justitiæ divinæ blasphemiam me deflectere, non deterrendo et improperando, sed quasi condolendo et compatiendo afflictioni meæ, suggerens videlicet cordi meo hujusmodi cogitationes. O quam miserande juvenis, cujus dolorem nullus hominum dignatur attendere! Quis autem hominum vel excogitare potest tanta te jam depressum afflictione? Unde nec illis debes imputare; quia quod nequeunt scire, in eo non possunt subvenire. Novit enim Dominus solus omnia. Ideoque illi soli constat imputandum, quidquid videtur ineptum et inordinatum. Cum ergo sciat et possit omnia, quare non adjuvat te in tribulatione tua, qui pro ejus amore reliquisti et prius sæculum et jam diu inæstimabilem sustines cruciatum? Quæ rogo ista erit ratio districtionis, quæ ad se jugiter clamantes omnibus cruciat modis? Fac quod facturus eris; depone supervacuas preces et luctus, quia ille in hac severitate, in qua hactenus erat, amodo etiam perseverat. Nam nimis stultum est ea precibus attentare, quæ te scias non posse impetrare. Verumtamen noli timere, quia nunquam unius potentis injustitia omnes permittit perdere. Quomodo enim posset fieri ut homo quisquam mereretur semper affligi? vel quis mortalium sine peccato valet esse ab initio usque ad finem vitæ? aut parvuli innocentia qualiter acquiri potest in senecta? sicut Christus docet: *Nisi, inquiens, conversi fueritis et efficiamini sicut parvuli, non intrabitis in regnum cœlorum.* Nunquid et hoc te non movet quod Ezechiel propheta comminatur dicens: *Anima quæ peccaverit, ipsa morietur?* Si enim omnis qui peccat morietur, profecto nullus homo salvus erit, quia nemo absque peccato inveniri potest. Nonne similiter et illam mirabilem sententiam, quam paulo post idem propheta dicit, tua mens attendit? Ait ergo: *Si averterit se justus a justitia sua et fecerit iniquitatem, omnes justitiæ ejus erunt in oblivionem.* Hinc est quod ille Judas proditor Domini, cum hoc unum traditionis crimen admisisset, post multimoda justitiæ opera damnatus est. Attende adhuc et alia duo maxima hujus rationis exempla, in quibus probari et definiri potest omnis nostra sententia. Legitur enim in Exodi libro, quia dixerit Dominus ad Moysen: *Miserebor cui voluero, et clemens ero in quem mihi placuerit;* rursumque in Evangelio scriptum est, quia volens quidam discipulus ejus fieri, ac dicens: *Sequar te quocunque ieris,* repulsus est ab eodem Domino dicente: *Vulpes foveas habent, et volucres cœli nidos, Filius autem hominis non habet ubi caput suum reclinet.* O indiscreta severitas! o miseranda æquitas! quæ tantummodo voluntatis suæ arbitrium sequitur, et ad se confugientes suscipere dedignatur. Intolerabilis certe talis est disciplina nullique merito placitura. Hujusmodi quoque delusiones diu perturbaverunt cogitationes meas, in quibus satis probari valet quantis periculis mens mea subjaceret.

Ad easdem delusiones videtur pertinere quod subsequenter volo referre. Sæpe namque contigit ut quia matutinis horis ad signum primum, sicut regula sancta docet, volui exsurgere, phantasmatico aliquo signo longe ante tempus surgendi excitatus, ad oratorium venirem festinus. Hoc etiam tandiu credidi opus esse divinum, quousque ex tempestivi soporis impedimento coactum me sentirem ad intempestivum. Patiebar et hoc per aliquot annos in nocturnis horis, ut licet admodum sanus in lectulo dormiens jacerem, cum ad matutinas laudes surgere deberem, quasi compede quodam membrorum omnium constringerer debilitate: sicque ad ecclesiam nutanti et difficillimo gressu pervenirem.

Proferenda est adhuc tentatio et delusio una, quam tanto difficilius intimare queo, quanto minus unquam aliquid hujusmodi legebam aut audiebam ab ullo. Postquam enim suprascriptis et aliis multis tentationibus (quarum quasdam minime in memoria habeo, quasdam vero, ne legentibus sim tædio, hic præferre nolo,) sum impulsus, sed per Dei gratiam a fide et spe cœlestis auxilii nequaquam evulsus, tunc impugnatione tali diutius torqueri me sentiebam, per quam et de Scripturæ sacræ scientia et ipsius Dei essentia prorsus dubitare compellebar. In aliarum quidem tentationum discrimine aliquid refrigerii intervallum, aliquid spei præstabatur refugium; in istis vero per horas continuas omnis fere solatii privabar cognitione. In aliis per sacræ documenta Scripturæ aliquatenus roboratus, contra illata mortis jacula fidei speique armis decertavi; in ista autem omni dubitatione et mentis cæcitate circumseptus, si aut ulla in Scripturis sacris veritas sit ac profectus, aut si Deus omnipotens constet prorsus dubitavi. In aliis, inquam, tolerabilis aliquo modo et temperata fuit impugnationis causa; in ista autem talis erumpebat violentia ut non solum spirituales, sed etiam corporales mei sensus vigore solito destituerentur. Videbatur enim mihi interdum, ut quasi obvelato visu et auditu nil juxta vires solitas videre aut audire possem. Interim ego quasi cujusdam mecum colloquentis et ore etiam apposito verba meis auribus susurrando immittentis audirem dicentisque: Cur labore casso tandiu fatigaris? ubi est illa spes tua quam usque modo retinebas in Scriptura? Nonne, omnium mortalium stultissime, casibus propriis poteris probare, quia et Scripturarum testificatio, et totius creaturæ imaginatio absque ratione constat et sine rectore? nunquid experimento non cognoscis quia aliud librorum relatio divinorum et aliud vita moresque probantur esse hominum? Putasne tot millia hominum errare, qui, ut ipse quoque hactenus cernebas, nec observare seu nec suscipere curant documenta librorum? Cumque super his mœstus in corde tractarem sæpius, quasi interrogando et objiciendo: Si ita est, inquiens, cur tanta convenientia est in omnibus fere Scripturis divinitus inspiratis, ut ratione pari et de conditore Deo et de mandatorum ipsius observantia enarrent? Visum est hujusmodi verba iterum quasi respondendo mihi inspirari: Ideo utique, o insensate, Scriptura in qua confidis de Dei persona et de religione multiplici verba profert quomodo homines illi qui Scripturæ ejusdem auctores olim exstiterunt, eodem modo quo etiam in tempore præsenti vivunt, ipsi tunc vixerunt. Modus autem vivendi in tempore præsenti, sicut tu quoque scis, constat talis, ut honeste quidem et religiose satis homines loquantur, aliter vero longe sint actus eorum, sicut scilicet expedit et fragilitas humana permittit. Nunne ergo hæc ita esse quotidie potes probare? Unde putes et auctores scripturarum antiquarum religiosa quidem honestaque dicta composuisse, sed non secundum eorumdem dictorum qualitatem vixisse. Igitur secundum talem modum omnes legis divinæ libros intellige conscriptos, ut videlicet religiositatis et virtutis superficiem quamdam exterius habeant, interius vero rationem aliam et intellectum exquirant. Sicut in plurimis maximeque in divinis codicibus facile reperiuntur sententiæ, aliam in littera, aliam in intelligentia rationem retinentes. Hæc autem omnia ita esse uno Pauli testimonio approbo : *Littera enim,* inquit, *occidit, spiritus autem,* id est sensus, *vivificat.* Nonne satis aperte per hæc Apostoli verba doceris quia, si librorum dicta sequeris, maxima pericula patieris? Idem quoque de Dei essentia intelligendum est. Alioquin si aliqua persona aut virtus Dei omnipotentis esset, nequaquam tanta confusio atque diversitas in rebus cunctis appareret. Sed neque tibi discrimina tanta contingerent, talisque dubitatio, quam modo pateris, minime immineret.

Cumque hujusmodi delusionibus plusquam credibile sit impugnarer, et propter inauditam ipsius impugnationis qualitatem ulli fratrum aperte indicare vererer (nullum enim talia posse credere aut audire arbitrabar); tunc solo prostratus, et præ amaritudine suspiria longa trahens et vires animi colligens, emisi talem labiis et pectore vocem : O si quis es, Omnipotens, et si sis undique præsens, sicut et in libris legi sæpissime mult s, jam precor ostende quis sis et quid possis, eripiens citius me a periculis imminentibus; nam sufferre magis nequeo discrimina tanta. Nulla dehinc mora : et ablata est per Dei gratiam non solum omnis illa dubitationis supradictæ nebula, sed etiam scientiæ lux tanta in corde meo emicuit ut et nunquam postmodum tales dubitationis mortiferæ tenebras sustinerem, et ea quæ minus antea cognovi intelligere cœpissem. Cujus etiam intelligentiæ gratia in tantum per idem tempus mihi augebatur, ut non eam facile possem occultare. Instinctu enim quodam ineffabili et fervore insolito succensus, aliquam laudis divinæ operam pro gratia collata assumere incitabar. Cumque eamdem intelligentiæ gratiam nec prorsus tacere nec convenienti ratione possem perhibere, tractare cœpi, quia forsitan dictando et scribendo fervor insitus liceret proferri. Hoc itaque modo occasionem scribendi sumens, et ea quæ superius de illusione diabolica proferebam, et quæ adhuc proferre volo, de divinæ inspirationis colloquio scripsi, ita incipiens.

Quoniam igitur delusiones diabolicas peccatorum meorum causa exortas atque contra me suscitatas aliquantulum protuli, consequens profecto et rationabile videtur, ut etiam divinæ inspirationis modos, quibus mens mea ad repugnandum instruebatur, scribendo aperiam, ne forte aliquis delusiones easdem hic tantummodo scriptas, et non protinus cœlestis adjutorii instrumenta ex lectione pari agnoscens; aut me victoriam adeptam, quæ mea nunquam est, mihimet deputasse arbitretur; seu etiam, quasi mihi defuisset protectio divina in meis, in suis pariter tentationibus idem sibi venturum vereatur. Cui suspicioni nullum dans locum, fateor me contra diaboli insidias omni modo per gratiam divinam instructum, seu desidia lasciviaque animi torpentem nullo unquam certamine debito, aut vigiliarum, aut jejunii, seu cujuscunque continentiæ pro viribus datis pugnasse. Nam ut prætercam collata scientiæ liberalis dona quæ circumspectionis instrumenta constant maxima, memini me frequenter, et maxime cum primum de stratu meo in matutinis exsurgerem horis, mox a quodam quasi mecum surgente, mecumque simul gradiente, per ineffabilem modum nunc increpari, interdum leniter admoneri, crebro etiam humillimo nisu obsecrari pro emendatione morum et vitiorum, eorum quidem inprimis quæ hesterno forsitan die ignoranter committens pro nihilo duxi; deinde vero pro eorum emendatione, quæ in quocunque tempore admisi, aut inepte ridendo, aut incaute loquendo, seu etiam inutilia cogitando : postremo pro emendatione cujuslibet vitii, quod longe jam antea perpetratum vix memini.

Cumque hujusmodi inspiratione et instinctu circumventus ecclesiam intrassem, et ad orationis studium me suppliciter inclinassem aut prostravissem, Deus scit quod non mentior, videbantur mihi quod aliquid a me deposceret eodem studio orandi, dicens : Sicuti igitur tibi gratum est ut a me rogata consequaris, ita quoque mihi pretiosum constat, si tu precibus obedias meis. Nonne ergo tu, quem sæpe rogavi, ut ne hoc aut illud vitium geras, adhuc in illis perseveras? nunquid non adhuc in te resident carnalium rerum desideria, servitutis divinæ negligentia, jactantiæ et arrogantiæ, nec non vestitus superflui studium, illius hominis odium, quem scis a te non esse odiendum, dicente Scriptura : *Omnis qui odit fratrem suum, homicida est.* Si enim ille te frustra persequens iniquus est, quid ad te pertinet ut eum similiter persequaris? Nonne scis scriptum : *Mihi vindictam, ego retribuam, dicit Dominus?* Si vero talis est ut eum convertere possis, cur hoc negligis? nonne ad hoc unicuique ingenium liberalisque scientia a Deo præstatur, ut alios ædificare moliatur? An arbitraris ut te tantummodo in alios peccantem velim tolerare, nec similiter alios in te delinquentes usque ad pœnitentiam expectare? quin potius attende, quia sicut omnium unum patientiæ et paternitatis habeo affectum; vos autem homines hoc decet omnimodo providere ut tanta pietatis meæ devotio vobis valeat prodesse. Ubi ergo nunc est patientia et constantia, nec non illa perfectio quam sæpe Deo promisisti, si ille te eripiens a periculis imminentibus constitueret in habitu monasterio? En Deus effecit quod mens tua sæpe rogavit; tu quoque quare tuum tardas persolvere votum? Rogasti etiam tibi talem præstari locum, in quo copiam haberes librorum. Ecce auditus es, ecce libros retines diversum dogma ferentes, in quibus æternam poteris cognoscere vitam. Cur rebus variis mentem per inania spargis et minus optatum festinas sumere donum? Ad hæc etiam rogare studuisti, ut quia te ad toleranda adversa præparatum et promptum existimasti, aliquam super te permitterem venire molestiam tentationis, per quam meruisses aliquatenus expurgari a peccatis. Ecce et hoc ita exaudivi, ut non secundum nequissimi tentatoris vota, sed potius juxta vires tibi concessas ab eo fatigareris: et tamen cum ab hujusmodi compugnantia attingeris, mox velut ignarus vel inermis victus abibis? Constat ineptus homo, qui se scit subdere neutro, nec paci videlicet nec bello. Paci quidem, quia cum nulla aderit pugna, se tanquam validum et promptum sponte offert ad pugnandum; bello autem, quia quam primum insonuerit clangor pugnæ, mox depositis armis fugit ad solatia pacis. Quem ergo sanctorum Patrum in Veteri aut in Novo Testamento degentium tam gratum mihi tamque pretiosum esse unquam legisti, ut cum in tribulationis alicujus fornace noluissem probari? In quibuscunque igitur libris divinæ legis placeat hoc quod jam dixi exquirere, et invenies procul dubio mihi non in sua voluntate delicatos, sed magis in tribulatione ac persecutione probatos semper placuisse. Unde in Evangelio dicitur: *Beati qui persecutionem patiuntur propter justitiam, quoniam ipsorum est regnum cœlorum.* Id item evangelica verba testantur: *Regnum cœlorum vim patitur, et violenti rapiunt illud.* Item scriptum est in Evangelio: *Ardua et angusta est via quæ ducit ad vitam.* Hinc etiam Paulus apostolus dicit: *Nemo coronabitur nisi qui legitime certaverit.* Cum ergo hæc et his similia multa in Scripturis sacris scis esse scripta, quare tu, si aliquam vitæ perennis coronam vis percipere, nil tribulationis aut molestiæ pro criminibus saltem commissis cupis sustinere? Attende itaque diligenter ad ea quæ jam dicere volo, quoniam legisti talia crebro. Plurimi namque sanctorum non tantum pro emendatione seu correctione peccatorum, quantum propter probationem aut perpetuæ felicitatis compensationem tormenta in hoc mundo pertulerunt, sicut sancti Job, Daniel, Isaias, Jeremias in Veteri; in Novo autem Testamento omnes pene martyrum chori leguntur ideo magis passi, ut velut aurum in fornace probatum puriores effecti, æterna perfruerentur requie, quam ut pro sceleribus puniri reatum persolverent illata tribulatione. Tu vero nihil horum merito tibi vindicare potes, ut scilicet magis ad probationem quam ad peccatorum absolutionem amodo affligaris; sed ad hoc tribulationes omnimodas tibi opus est tolerare, ne pro reatibus tuis æternas pœnas cogaris subire. Hoc quoque oportet ut jugiter recorderis, quia plurimi pro peccatis multo levioribus quam tua sint, justo Dei judicio aut tor-

mentis gravibus, aut inhonesta membrorum amissione vix præsentem vitam redimere meruerunt, seu etiam (quod miserabilius est) aut gladiis, aut bestiis, aut igne, sive aquis consumpti mortem repentinam subierunt. Quæ omnia licet multis criminibus sæpe meruisses, non solum pietate divina protectus evasisti; verum etiam ingentia dona, quæ mortalibus plurimis sunt negata, tu velut ex meritis aliquibus acquisita, ab annis puerilibus usque in præsens tempus semper tenuisti. Nonne ergo hæc tanta recordatione sunt digna? nunquid ullam in Deum habes justæ querimoniæ causam? Scio utique te eo majorem pro tribulatione quacunque recenti querimoniam habere, quo minus in tempore præcedenti adversa solitus eras ulla sustinere. Ideoque contra Domini flagella peccatis tuis abolendis nimis necessaria tanto magis modo murmurare soles, quanto majore clementia patientiaque ille hactenus iniquitates tuas sustinuit omnes. Sed hæc est injustissima hominum recompensatio ut cum a pueritia usque ad senectutem omnigenis peccatorum sordibus involuti mira Dei pietate sustineantur, et postea ne æternis deputentur suppliciis, pro eorumdem peccatorum ablutione aliquatenus affligantur; nullas ei grates studeant impendere, aut pro exhibita compassione, aut pro emendatione. Noli ergo mirari, quia mihi placet omnes probari: nam nec sibi, nec aliis cogniti forent, nisi eos tentamenta aliqua certos ac probatos facerent. Quis enim miles nullum prælii periculum expertus, præliandi socius erit certus? ideoque multi in otio et in pace inutili nutriti, quamvis fortes se esse credant, quando venerint ad bellum, continuo fugæ quærunt præsidium. Sic etiam tu arbitratus es temet ante tentationis tempus validum ad omnia: et ecce quam infirmus sis ex tentatione apparet illata. Nunquid adhuc nescis quantum sit noscere quid sis. Certe si needum tentatio aliqua fortiorem, tui tamen te fecit certiorem, quia prius te (quod non eras) credebas validum; nunc veritatem propriæ fragilitatis expertus, agnoscis te infirmum. Hæc est namque illius agnitio infirmitatis de qua Apostolus dicit: *Virtus in infirmitate perficitur.* Igitur Deo gratias age, quia, quamvis invitum, te fecit jam tibi notum et propriæ fragilitatis conscium: consideraque simul, quia tanto majore devotione ac fide regimini divino debes amodo obtemperare, quanto pluribus experimentis jam probasti omnia in Deo tuta esse. Sufficere namque tibi pro fide et spe retinenda deberet, quod sæpe in Psalmista legis et audis: *Quomodo miseretur pater filiorum, misertus est Dominus timentibus se, quoniam ipse cognovit figmentum nostrum.* Et iterum: *Fidelis Dominus in omnibus verbis suis, et sanctus in omnibus operibus suis.* Itemque: *Custodit Dominus omnes diligentes se,* multaque his similia et in psalmis et in aliis codicibus inveniuntur scripta, ut in Isaia propheta, qui ex Domini persona dicit: *Convertimini ad me, et salvi eritis, omnes fines terræ.* Et iterum idem propheta dicit: *Derelinquat impius viam suam, et* vir iniquus cogitationes suas, et revertatur ad Dominum, et miserebitur ejus; et ad Deum nostrum, quoniam multus est ad ignoscendum. In Ezechiele quoque invenies similia verba; scribit enim : *Vivo ego, dicit Dominus Deus, nolo mortem impii, sed ut convertatur et vivat.* Et paulo post profert sententiam, quæ licet justis, ne de se aliquid præsumant, pavorem ingerat, injustos tamen verbis omnem humanæ clementiæ usum excedentibus consolatur dicens : *Etiamsi justo dixero : Vita vivat, et confisus in justitia sua fecerit iniquitatem, omnes justitiæ ejus oblivione tradentur. Si autem dixero impio : Morte morieris, et egeris pœnitentiam a peccato suo, feceritque judicium et justitiam, vita vivet et non morietur.* In aliis etiam prophetis invenitur scriptum, quanta Dei gratia sit super omnes qui invocant illum. Joel quoque propheta dicit : *Convertimini ad Dominum Deum vestrum, quia benignus et misericors est, et præstabilis super malitia.* Item Amos propheta dicit : *Quærite Dominum, et vivite.* Non minorem quoque fidei atque spei doctrinam in Jona propheta invenies, in quo commemoratur benignitas Dei immensa circa Ninivitas delinquentes. Eadem itaque rudimenta ac solatia in omnibus sacræ Scripturæ libris reperiuntur, sicut et apostolus Paulus testatur dicens : *Omnis scriptura divinitus inspirata utilis est ad docendum.* Item Paulus inter innumera Epistolarum suarum documenta specialiter quali clementia Deus in tribulatione aut tentatione positos tueatur, profert dicens : *Fidelis Deus, qui non patietur vos tentari supra id quod potestis, sed faciet cum tentatione proventum, ut possitis sustinere :* illud scilicet proventum vocans, quod variis tentationibus fatigati, sed ad Dominum clamantes liberati discimus quanta nequitia sit diaboli nos impugnantis, quantaque Dei gratia nos exinde liberantis.

Sed si de omnibus documentis quæ jam ex Scripturis sanctis prolata sunt aliquid diffideres, aut quia ex legis umbra, seu quia ex puris hominibus sunt dicta; saltem ea quæ dicta sunt a Domino Jesu Christo, qui Deus et homo est, firmiter credere debuisses. Dicit enim, Matthæo evangelista narrante : *Non veni vocare justos, sed peccatores.* Item eodem, narrante : *Venite,* inquit, *ad me omnes qui laboratis et onerati estis, et ego vos reficiam.* Luca enim perhibente, discipulos suos pro quadam ratione increpat dicens : *Nescitis cujus spiritus estis. Filius hominis non venit animas perdere, sed salvare.* Item per eumdem evangelistam ait : *Majus gaudium erit in cœlo super uno peccatore pœnitentiam agente, quam super nonaginta novem justis qui non indigent pœnitentia.* Joanne quoque perhibente dixit discipulis suis : *Amen, amen dico vobis, quia qui verbum meum audit, et credit ei qui misit me, habet vitam æternam, et in judicium meum non venit, sed transit a morte in vitam.*

Quia igitur tibi datum est nosse legendo et meditando hujusmodi documenta, cur quæso non sufficiunt, tibi pro fidei et spei salutiferæ constantia? Nunquid pro munere parvo, aut sine causa datam tibi litterarum scientiam existimas? O quanti pretii pensarentur ista apud multos quæ tu pro nihilo deputas. Proinde vero quia non solum supra memorata scientiæ liberalis gratia, sed etiam ea quæ ex ingenio naturali ipsoque usu communis vitæ velut certissima de Deo prius sentiebas, nunc in oblivionem et in errorem ducto tibi minime suppetunt, pro retinenda inter tentationis illatæ molestias fidei speique constantia, libet illa referre Dei beneficia, quæ expertus es in pueritia : ut dum hoc quod modo, licet plurimis documentis instructus, utpote in ætate maturiori constitutus ignoras, te olim in ætate puerili satis nosse probavero, aut sic confusus ad cor redeas, et de Dei misericordia patientiaque nunquam diffidas, quolibet modo afflictus videaris, qualicunque tentatione impugneris. Diabolo enim justo Dei judicio fatigare te ad tempus permittitur; sed sollicitudo tua nisibus omnimodis hoc debet perpendere, ne ille delusione sua te valeat subvertere. Quis igitur ille erat, quem tu quondam, cum nuper ad scholam pro litteris discendis traditus esses, et sæpe inter coævulos ac scholasticos residens ne verberibus ullis castigareris timuisses, unice pro discendi facilitate invocasti et exaudivit te? Quem, quæso, tunc credideras tam pium ut te parvulum a virgularum plagis defenderet, tamque potentem ut capacitatem sensus nec non ampliorem scientiæ facultatem concedere tibi posset? Nonne Deum solum creatorem et provisorem universorum? nunquid non tuis tunc satisfactum precibus, quamvis tu necdum ad proferendas orationes sinceras existeres gnarus? Certe temetipso consentiente, nisi forte oblivionis aut mœroris causa impediaris, testor, quia non solum præmonstratas a doctore, sed etiam nondum reseratas lectiones et cantica tam capaci celerique effectu didiceras, ut non parvum miraculum cæteris simul discentibus exhiberes. Quoniam igitur adhuc parvulus, et in scholis positus, tantam Dei gratiam potentiamque expertus es, cur etiam modo, cum viriles annos retinere videaris, cum per dona scientiæ plura, nec non per experimenta multa pietatis divinæ notitia potiaris, dissimilia de Deo credis? O qualis vir, qui aliquantulum proficiens in puerili, ad nihilum tendit fungens ætate virili! cum congruentior ordo humani profectus sit de puerili in virilem animum proficere, de magnis ad majora conscendere, sicut et Apostolus dicit : *Cum essem parvulus, cogitabam ut parvulus, sapiebam ut parvulus; quando autem factus sum vir, evacuavi quæ erant parvuli.* Attende ergo quanta pietatis divinæ experimenta teneas, et a fidei speique constantia deficere noli; sed recordare jugiter quia scriptum est : *Justus ex fide vivit.* Et : *Omnia possibilia sunt credenti.* Sed et illud quod beatus Petrus apostolus admonet dicens : *Sobrii estote et vigilate, quia adversarius vester diabolus tanquam leo rugiens circuit quærens quem devoret, cui resistite fortes in fide.* Quare autem adhuc dubitas de ineffabili Dei clementia, et de præcavenda diabolicæ fraudis astutia? Hostis namque tanti insidias nullatenus vales evadere, nisi firmiter credas quia nihil impossibile est apud Deum, et quoniam salvat omnes sperantes in eum.

Huic vero fidei licet tenacissima diaboli invidia te impediat inhærere, suggerens videlicet cordi tuo obtinendæ remissionis aut salutis difficultatem nec non judicii divini auctoritatem; tu tamen supradicta sacræ Scripturæ documenta ac pietatis divinæ experimenta sub tenaci memoria repone; et procul dubio ab omni diabolica liberaberis delusione. Diabolus enim nullo modo magis convincitur et confunditur, quam cum ei a fidelibus Scriptura sacra objicitur, quod etiam ex Jesu Christi testimonio manifestissime comprobatur. Nam quamvis sibimet maxima verborum scientia inesset, tentatori tamen cum nullis aliis, nisi quæ ex sacra pagina protulit, respondere voluit dicens: *Scriptum est: Non tentabis Dominum Deum tuum.*

Inter hæc vero scire te convenit, quoniam pro causis variis tentationes diaboli perferre proderit. Primo ut illius inæstimabilis malitia et versutia detegatur: deinde ut uninscujusque hominis tentati fragilitas et constantia agnoscatur, ac per hoc fragilis quidem et lapsus cum conversus fuerit, aliis in tentatione et fragilitate quacunque adhuc positis condolere compatique sciat, sicut de beato Petro legitur, quia idcirco in peccatum fragilitate propria urgente cecidit, ut aliis peccantibus misereri didicisset. Constans autem, et perfectus ideo in tentatione probatur, ut adhuc stantibus in exemplum, et cadentibus in venerationem assumatur, sicut et beati Job perfectio atque constantia cunctis est imitanda nec non veneranda. Ille enim ita pro Domino, et propriæ carnis ulcera gravissima, et filiorum invisam mortem universæque substantiæ perditionem sustinuit, uxoris quoque convicta, nec non amicorum opprobria invectionesque plurimas contempsit, ut in nullo Deum offenderet, sicut de eo Scriptura commemorat dicens: *In omnibus his non peccavit labiis suis, neque stultum aliquid contra Deum locutus est.* Nonne ergo utilis exstitit tanta beati Job tentatio, in qua et ipsius constantia, et diversa Satanæ reserata est malitia? Eadem utilitatis causa, eadem pietatis cura semper fuit, et semper erit Deo super omnes quos tentari permittit, quamvis vos homines, efficiente diaboli invidia infidelitate et desperatione obcæcati, inutilia et impia de Deo arbitremini.

Relinque igitur varium opinionis errorem, et ad susceptam monasticæ religionis fide moribusque congruis temet præpara professionem. Arbitraris namque interdum eamdem professionem te frustra assecutum esse, pro eo scilicet quia hanc et sine consilio omnium affinium parentumque tuorum, et absque consideratione fragilis ac lubricæ ætatis immaturæque ad tantum studium aggressus fueris. Sed quam facile dubitationem talem evadere valeas oportet ut attendas. Et primo quidem de consilio, dehinc de cæteris aliquo promere cupio. Consilium namque in bono et in malo potest fieri; sed cum sit in bono, hoc est propter utilitatem animæ seu corporis, omnimodo amplectandum est: ubi vero in malo, hoc est propter carnalia solummodo vota implenda, aut commoda hujus vitæ noxia acquirenda, non solum fugiendum, sed etiam detestandum est. Unde Psalmista utriusque qualitate insinuans postquam dixit: *Dominus dissipat consilia gentium, reprobat autem cogitationes populorum, et reprobat consilia principum,* statim subjunxit dicens: *Consilium autem Domini manet in æternum.* Item de bono in Parabolis Salomonis Sapientia fatur: *Ego habito in consilio.* Rursum in eodem Salomonis libro de consilii boni qualitate dicitur: *Audi consilium et suscipe disciplinam.* Cum enim præmittitur: *Audi consilium,* et mox subjungitur, *et suscipe disciplinam,* patet profecto, quia hoc est verum rectumque consilium, suscipere disciplinam. Sed ut vulgari etiam more de consilii qualitate disputemus, nunquid tu semper amicorum aut parentum consilia quæsiisti, quando aliqua flagitia perpetrare voluisti? Veritusne ergo es tunc ideo Deum offendere, quia talia sine consilio solebas facere? Ecce vides quam superfluum sit te ex hoc arbitrari Deum offendisse, quod sine consilio amicorum utilitatem tractares animæ: quandoquidem pro explenda carnis nugacitate nullum consilium requirens, minus offendere putasti. Quod autem propterea animo sæpius nutanti incedis, quia in fervore juvenili immaturaque adhuc ætate positus, tam difficilem monasticæ vitæ religionem, quasi inconsiderata laboris tanti difficultate assumpsisti; scias procul dubio nihil aliud esse nisi causam illusionis diabolicæ; quia sicut expedit omnibus ad me conversis, et ut tu quoque rogasti, diabolus juste permittitur te tentando fatigare, siquidem tam in juvenili quam in proveciore ætate debere et posse ad viam meliorem converti, testantur et exempla multorum et librorum scripta sacrorum. Dicit enim Ecclesiastes: *Memento Creatoris tui in diebus juventutis tuæ.* Item in libro Jesu filii Sirach legitur: *Non tardes converti ad Dominum, et ne differas de die in diem.* In eodem quoque libro scriptum invenitur: *Quæ in juventute tua non congregasti, quomodo invenies ea in senectute tua?* Hinc et propheta dicit: *Puer aut propheta centum annorum maledictus erit.*

Ad hæc etiam rogo, cui validior et præstantior ætas magis congruit servire? Deo, an diabolo? nunquid priusquam vires defecerint corporis, nullus homo viam debet arripere perfectionis? Est et alia causa super molestia passionum tuarum tractanda, quam decet ut mente perpendas intima. Nam quanto majoribus beneficiis ditatus, et longiori patientia hactenus a me es supportatus, tanto difficiliorem conversionis viam sustinere debes. Scio namque in juventute difficillimam esse cujuslibet conversionem. Sed et te convenit scire quam difficile, quam laboriosum mihi quodam modo erat per illorum scandala qui per te depravati sunt : quod tu plurimis in utroque homine laureatus beneficiis, pene omne tempus præteritum consumpsisti in flagitiis. Finitis igitur flagitiis, finitis igitur solutionibus, quas pro rebus quibusdam, in quibus dubitando laborabas, protuli; nunquid adhuc, o amator dubitationis totius, aliquid certum et definitum probatione ulla accepisti? An ignoras quoniam documenta tanta, quacunque ratione aut meditatione concepta, nequaquam adeptus es frustra? Ideoque in eorumdem documentorum cognitione stabilem mentis retine intentionem, et per hoc præpara animum tuum ad tentationem. Nam quanto majore inspirationis divinæ gratia jam præmonitus instructusque es, tanto validiorem tentationis molestiam patieris. Iterum atque iterum eadem repetens admoneo, ne forte inter eos deputeris qui, ut scriptum est, ad tempus credunt, et in tempore tentationis recedunt.

Mirari itaque noli si quid passurus es novi : veruntamen præscio quanta infirmitate et ambiguitate inter novas tentationis molestias dissolvaris, arbitratus scilicet me ipsum Deum omnipotentem non esse, et hæc omnia quæ de me percepisti apud te quasi somnia videri. Recede ergo, miser, ab hac dementia; quia, sicut sæpissime tibi patefactum est, delusione circumvallaris diabolica. Attende, o captive, ne tu sis ille de quo dicit Psalmista : *Dixit insipiens in corde suo : Non est Deus.* Diabolus quippe satis agnoscens universos confugientes ad me veniam promereri posse, omnigenis delusionibus retrahit eos ab ipsius aditu veniæ, hoc est a fide, immittens videlicet fraude solita hujusmodi cogitationes, ut aut indignum mihi videatur sceleratos quosque justificare; seu austeritatem tantam mihi inesse quam nullus homo peccator, etiamsi pro pœnitentia semper castigetur, valeat minorare; sive ut de justorum retributione perpetua et de impiorum perenni dubitent pœna aut etiam judicia blasphemare audeant mea; seu ut Scripturæ sacræ dicta intentione subvertant sinistra : ad extremum vero ut, sicut tu quoque modo delusus privaris, de certissima substantiæ meæ priventur agnitione.

Sed quia insipientiam animi tui huc usque præ mortalibus multis sustinui admonendo et instruendo, cur etiam talia permittam contingere aliquatenus te volo instruere. Nunquid ignoras angelos et archangelos omnesque cœlicolas, qui longe sublimior natura constant humana, in eo voluntatis suæ arbitrio relictos, ut sive mecum, sive cum principe diabolo vellent, permanerent? Sic quoque oportuit eos probari, ut et quid in me et quid in se essent posset denudari. Unde cum quidam probati sine me nihil esse, alii vero in se aliquid esse et posse crederent : hi qui in me suum tantummodo esse decernebant, electione et felicitate perpetua videbantur digni; illi autem qui se viribus propriis commendabant, ut patefieret quid sine me possent, irremediabili judicio sunt puniti, sicut in Epistola beati Petri apostoli legitur : *Deus,* inquit, *angelis peccantibus non pepercit.* Et in Epistola Judæ : *Angelos qui non servaverunt suum principatum, sed reliquerunt suum domicilium in judicium diei magni, æternis vinculis reservavit.* Nota quoque et illud, quia si iidem angeli in exordio creationis suæ ita probati non essent, licet natura præclarissima potirentur, per se tamen aliquid posse existimantes, tanto nequius quandoque superbiendo caderent, quanto jam diutius se viribus propriis stetisse crederent : et in hujusmodi dilatione non tantum angelicæ, sed etiam humanæ damna evenirent naturæ; quia cum districtio divina angelis superbientibus in initio minime resisteret, humana profecto superbia impunitatis tantæ causa magis ac magis Deum contemnens, graviori demum supplicio prosternenda caderet. Quam ob rem quid aut angelica, aut humana natura per se posset, mox in utriusque initio apparere oportuit, ut eorum casus non tam sibi cæterisque videretur detrimentum quam doctrinæ exemplum; et eo fortius postmodum starent mihique tenacius inhærerent quo majori experimento per semet nihil posse didicissent. Cæterum hi angeli, qui arbitrii libertate data probati, a consortio subjectionis meæ sponte discesserunt, ideo veniæ remedium non meruerunt, quoniam extrinsecus nulla rerum necessitate, nulla intrinsecus naturæ suæ ad hoc coacti sunt imbecillitate, sed vitio tantummodo superbiæ ex ipsa libertatis claritatisque suæ excellentia inflati, potentiæ meæ præsumebant resistere. Homo autem primus licet sapientia multiplici et conditione spirituali ita esset adornatus ut diceretur ad imaginem et similitudinem Dei factus; quia tamen compositus erat ex carne lutea, et diaboli præventus seductione atque astutia, præcepti mei transgressione veniam meruit, ea tamen ratione ut ejectus de paradiso voluptatis operaretur terram, de qua sumptus esset, in sudore vesceretur pane. Quod scilicet et juxta litteram de corporali, ut ea quæ in hoc exsilio corpori essent necessaria cura excoleret varia, et de spirituali pane, id est Christo, potest intelligi ; ut cui prius facillimo liberi arbitrii nisu inhærere, et in quo omnia habere posset, ad eum postmodum lapsus cum sudore maximo pœnitentiæ rediret atque ejusdem arbitrii ingeniique vires, quas ante transgressionem absque sensus torpore ad cuncta bonitatis jura retinuerat, postea carnis fragilitate præpediente cum labore gravi obtineret. Cum ergo hac ratiocinatione agnoscas non solum eumdem primum hominem singulari conditionis humanæ primatu sapientiaque laureatum, sed etiam omnes cœlicolas, quorum excellentiæ creatura nulla comparatur, absque probatione congrua non posse mihi firmiter inhærere nec non sui meique differentiam pervidere : quem deinceps hominum cæterorum a primi hominis prudentia insita aliquid distantium arbitraris esse tam perfectum, ut sine tentatione meæ magnificentiæ suæque fragilitatis certum capere possit experimentum!

Quod si tentationis insolitæ molestias super te irruisse causaris, attende quoque quia tu pene insolito more gratiam meam huc usque magis quam alii plures adeptus sis. Nonne tibi insolitum videtur, a pueritia usque in præsens omnimodis te sceleribus implicatum, non solum pœnas condignas evasisse, sed etiam quasi vice versa hæc quæ multis denegata sunt religiosis, et (quod non absque admiratione magna pensari valet) cum labore magno exquirentibus, ea nisu facillimo dona pietatis meæ ingentia percepisse? Recordare, quæso, quid tu absque labore solito beneficiorum, et quid cæteri plures mei electi experirentur angustiarum, priusquam pacem et requiem ullam, non dico futuræ sed præsentis vitæ, obtinerent, quamvis nonnulli inter beneficia sibimet collata afflictiones varias perferrent. Et ut hæc apertius tuo innotescant animo, quosdam qui hujusmodi vitam ducebant, tam in Veteri quam in Novo Testamento per nomina recitare cupio. Scisne quantos labores et tribulationes Jacob patriarcha pertulerit, priusquam ullam benedictionis perceptæ a patre suo Isaac gratiam promereri potuerit? nam, ut Genesis liber testatur, oderat semper Esau Jacob pro benedictione qua benedixerat ei pater; ideoque, matre suadente, idem Jacob propter fratris metum profectus est in exsilium, ubi avunculo suo 14 annos serviens, ignobilis personæ sortitus est negotium. Postea vero cum rediret ad patriam, in tantum adhuc fratris expavit iram, ut pro reconciliatione nuntios præmittens, non solum jam fratrem, sed et dominum appellaret, dicens: *Sic loquimini domino meo Esau: Hæc dicit frater tuus: Mitto nunc legationem ad dominum meum, ut inveniam gratiam in conspectu tuo.* Cum autem advenientem fratrem procul vidisset, præ timore in terram cadens septies adoravit donec appropinquaret. Videsne ergo quantas afflictiones ille tantus vir sustinuerit, antequam gaudia aliqua benedictionis promissæ gustaverit? At si gustavit, magnus timor hæc superavit. Eadem quoque de filio suo Joseph proferri possunt; quem cum somnia patefacta fratres sui magnum quemdam sibique præponendum arbitrarentur, mox obliti totius fraternitatis, contra eum omnimoda succensi sunt invidia, adeo ut vix ab illius interfectione sese cohibentes venumdarent eum Ismaelitis: a quibus translatus in Ægyptum, tantam ibi contritionem pressuramque sustinuit, ut sicut de eo Psalmista commemorat, *ferrum pertransiret animam ejus, donec veniret verbum ejus* (Psal. CIV, 18), id est, antequam perciperet prædestinatam et revelatam potestatem, quam non solum super omni Ægypto, sed etiam super cunctis fratribus suis ad se pro inopia confugientibus possessurus erat. Similia etiam invenire vales de præcipuo viro Moyse, et de famulo meo David, et de sancto Daniele: qui omnes, licet disparibus modis, ante et post susceptam dignitatem tribulationes periculaque maxima pertulerunt.

Tales etiam viri multi inveniuntur in Veteri, sed multo plures in Testamento Novo, qui tanto majora passi sunt discrimina, quanto non jam præsentia ulla, sed tantummodo futura et æterna desiderabant præmia. Illi namque qui ante legem aut sub lege religiose vixerunt, licet justi sanctique essent, magis tamen ab aliis quam a semetipsis illatas tribulationes sustinuerunt; isti autem quibus exortus est verus justitiæ Sol, id est Christus, qui dixit: *Si quis vult post me venire, abneget semetipsum, et tollat crucem suam et sequatur me;* et iterum: *Qui amat animam suam, perdet eam;* hujusmodi rudimentis incitati semetipsos offerebant tortoribus; et si tortor alius defuisset, sese cum vitiis et concupiscentiis semper crucifigebant. Ideoque non facile terrenam sortiti sunt dignitatem, sed jugiter intendebant ad spiritualem: ut videlicet ipsi semet contra diabolicas tentationes fortiter munirent, aliosque exemplis suis erudirent. Verumtamen priusquam passionum propriarum victoria et pace fruerentur, aut aliquibus regendis præponerentur, plurima pertulerunt pericula, multa transierunt tempora. Quidam etiam in spirituali dignitate jam constituti, præter afflictiones spontaneas, ægritudinis aut persecutionis variæ flagella ob humilitatis custodiam a me transmissa, usque ad finem vitæ præsentis sunt passi. Quamvis ergo hujusmodi viros innumerabiles, ut supradictum est, in Testamento Novo possis invenire, aliquos tamen exempli gratia nominare volo ut, cum hos in testimonium sumpsero, facilius agnoscas qualitatem cæterorum. In primis itaque apostolos Domini Jesu Christi attende quid laboraverint, quid pertulerint antequam aliquem laboris sui fructum, antequam sublimitatis percipiendæ gradum, non dico in futura, sed in præsenti tantum vita, ubi Ecclesiæ universæ præferendi erant, possederint. Dicit enim, ut evangelica verba repetam, ipse primus apostolorum Simon Petrus ad Jesum: *Ecce nos reliquimus omnia, et secuti sumus te, quid ergo erit nobis?* Quid autem in his verbis, ubi beatus Petrus se suosque coapostolos omnia reliquisse dicit, intelligendum putas, nisi (quod maximæ difficultatis est) parentes, propinquos, dulcia matrimonii jura, filios, prædia, domos, postremo voluntatem propriam omniaque carnis desideria? Quam ob rem licet apostoli, relictis omnibus suis, Dominum Jesum comitarentur jugiter et mente fideli, manifestum est tamen eosdem pro rerum suarum dimissione, nec non pro humanæ fragilitatis occasione diutius a diabolo tentari et fatigari, maxime cum et ipse Dominus tentationes ejus voluerit pati. Unde ad eosdem apostolos dicit: *Vos estis qui permansistis mecum in tentationibus meis.* Præterea tribulatione premebantur maxima, cum ipsum Dominum, in quo omnem spem suam ponebant, comprehendi ab hominibus pessimis, et flagellari morteque turpissima condemnari viderent. Huic autem tribulatione successit et altera, quia scilicet propter inusitatam sibique invisam tanti Magistri passionem, licet argumentis multis patefactam, vix ejus credebant resurrectionem. Inter hæc quoque nihilominus persecutione ac metu Judæorum afficiebantur. Tantis igitur tribulationibus apostoli sunt afflicti nec non probati, priusquam in illo quo ponendi erant totius Ecclesiæ fundamento collocarentur, priusquam ullum laboris sui fructum aut potestatem in animabus lucrandis meruissent adipisci.

Sed his generaliter de apostolis omnibus prolatis, nunc libet de aliquo illorum cæterorumque Patrum specialiter, exempli gratia, mentionem facere, quid uniuscujusque eorum tribulationis et angustiæ ante aut post perceptam spiritualis gratiæ sublimitatem pertulerit ; ut cum tam præcipuos Patres innumeris tribulationibus afflictos agnoveris, insolitam magis gratiam quam molestiam ullius tentationis hactenus esse tibi collatam probare possis. Attende ergo ad sanctum Paulum et considera quot perpessus fuerit genera persecutionum. Nam sicut in libro Actuum apostolorum et in ipsius Epistolis valet agnosci, postquam Christo Jesu vocante ad conversionem venit, nunquam fere sine adversantium persequentiumque periculis exstitit. Ejus quoque collegam in persecutionum duntaxat numerositate Athanasium Alexandrinæ Ecclesiæ præsulem accipe, qui, sicut in Historia ecclesiastica legitur, mox post susceptam præsulatus dignitatem, pro catholicæ fidei defensione laborans immensis hæreticorum persequentium insidiis pene usque ad vitæ suæ finem afficiebatur. Sic quippe de eo sacra Scriptura refert : Hujus, inquit, tanti in Ecclesia pro fidei integritate agones fuerunt ut etiam de hoc dictum esse videatur, quod scriptum est : *Ego enim ostendam ei quanta oporteat eum pati pro nomine meo.* In hujus namque persecutionem universus conjuravit orbis, et commoti sunt principes terræ, gentes, regna, exercitus convenerunt adversus eum. Ille autem divinum illud conferebat eloquium dicens : *Si consistant adversum me castra, non timebit cor meum; si exsurgat prælium, in hoc ego sperabo.*

Isti igitur duo viri in exemplum humanæ persecutionis sufficiant tibi, ut non solum nihil insolitum, nihil inauditum te aliquando ab homine quoquam pertulisse arbitreris, sed nec particulam minimam earum persecutionum quas alii pertulerunt te passum esse noveris. Tu enim pro eo quod aliquantulum adversitatis et persecutionis prius in sæculo constitutus pertulisti, et nunc in monasterio positus parvissimis tentationum stimulis, quibus etiam Christianus omnis probandus erit, fatigaris; majoribus quam alii persecutionum tentationumque periculis afflictum te frequenter arbitraris; sed hæc longe aliter quam tibi videantur invenies, si veritatem consideres. Nam quod in persecutionibus violentia humana illatis nil simile aliis pluribus pertuleris, jam satis demonstratum est exemplis. Deinde vero oportet considerare quantum aliis in afflictione carnis et in omni contemptu vitæ hujus sponte laborantibus succumbas. Attende itaque in duos venerandos Patres et spiritualis vitæ doctores, sanctum videlicet Antonium ac beatum Benedictum,

quorum tanto facilius potes recordari, quanto magis ex lectione assidua tibi sunt noti. Illorum ergo vitam legens, cito potes cognoscere quantam uterque pertulerit afflictionem pro Dei amore, quam devote, inprimis cum adhuc juvenilis essent ætatis, mundana reliquerunt omnia ; quantas deinde diaboli sustinuerint insidias et tentamenta. Unus namque eorum, id est beatus Antonius, a quo etiam omnis fere exorta est eremitarum et cœnobitarum institutio, tanta conversationis sanctitate pollere cœpit, ut ex hoc antiquus hostis invidiæ facibus omnimodis accensus non solum spiritualibus et invisibilibus eum impugnaret insidiis, verum etiam corporalibus atque apertis afficeret plagis. Sed et alter nihilominus Dei gratia repletus, maxima sanctitatis suæ monimenta tam scriptis quam moribus reliquit. Quid multa? Quidquid afflictionis, quidquid constat laboris in vigiliis et in jejuniis, aut in solitudinis horrore, et in pretiosi vestimenti abjectione, seu in desideriorum carnalium devincenda passione, aut in omnigenis invidiæ diabolicæ dolis superandis, eosdem invenies diu tolerasse, antequam ad arcem perfectionis qua plurimis præferendi erant, pervenirent.

Hæc igitur, quæso, diligenter adverte, et tantas Patrum prænominatorum afflictiones ad tuas, quas tu interdum insolitas arbitraris, confer tribulationes : et tunc procul dubio cognosces quia parvi sunt quos modo aut unquam pertulisti dolores, quantumvis iidem Patres nullatenus, sicut tu, pro criminum capitalium pœnitentia merecrentur affligi. Præterea tibi in ætate primæva multo majora quam illis humani solatii adjumenta ; multoque plura quam illis impensa sunt a me exterioris hominis solatia; quibus jure incitatus, fide atque devotione magna properare debuisses ad obtinendam interioris hominis puritatem, quæ non nisi per magnam carnis acquiritur afflictionem. Si enim illi beneficiis parvis adjuti ita sunt inflammati, ut labores maximos pro consequenda vitæ spiritualis puritate sustinerent, cur tibi, qui parvus adhuc dona adeptus es ingentia, videtur grave tribulationem saltem aliquam pro puritate eadem tolerare ? Dic, rogo, quis tibi videris, ut nec pro subsidiis præsentibus, nec pro futura et perenni mercede molestiam ullam perferre velis? Quid ergo olim, cum in schola positus esses, pro capacitate magna discendi laborasti? Quod deinde in sæculari vita positus habuisti studium, ut ejus inanem noxiumque evaderes luxum? Quid etiam nunc cum ad monasterium venires, jejunando, vigilando, orando, seu in qualicunque disciplina regulari insistendo plus aliis laboras, ut et pro præteritis criminibus consequaris veniam, et de futuris habeas cautelam? Denique qui præterita rite emendare, et futura mala cupit devitare, necesse est ut in vigiliis, jejuniis et orationibus nec non in aliis bonis operibus carnem studeat edomare. Sed tamen quantum conversionis novitas et laboris tui permittit exiguitas, curam assiduam tibi inesse pro his omnibus assequendis non denego. Unde et ego eadem pietatis meæ beneficia, quæ hactenus tibimet exhibui, amodo non auferam a te; tu tantum *viriliter age, et confortetur cor tuum, et sustine Dominum* (*Psal.* XXVI, 14).

Adhuc restat afflictio et tentatio una, id est passio concupiscentiæ carnalis diuturna, in qua quia te specialiter vexatum esse credis, ideoque in hac assumenda sunt aliquorum Patrum exempla ut in cæteris. Sed hoc in primis pensandum est quia is qui nunquam, et qui sæpius carnis corruptionem expertus est, nulla possunt colluctatione coæquari. Quamvis enim uterque impugnatione gravi affligatur, is tamen qui hujusmodi viro fragilitate humana devictus sæpe succubuit, tanto longiora et graviora passionum cardinalium certamina sustinebit, quanto frequentius eisdem passionibus consentiens semet subjecit. Hac igitur re considerata, aliquos jam utriusque qualitatis homines ex Scriptura sacra probatos ad exemplum assume, ut perspecta aliorum tentatione atque labore facilius impugnationis et laboris tui quantitatem agnoscas. Et primum quidem illi qui pro castitatis intimæ perseverantia, deinde vero hi qui pro corruptionis luxuriosæque vitæ pœnitentia agenda certaverunt, proponantur. Sicut ergo Dialogorum liber narrat, sanctus Equitius cum in juventutis suæ tempore nimio carnalium desideriorum certamine fuisset fatigatus, ipsis suæ tentationis angustiis ad orationis studium solertior est factus. Cumque hac in re ab omnipotente Deo remedium continuis precibus quæreret, nocte quadam assistente angelo, eunuchizari se vidit. Ecce quantum sanctus iste laboravit, qui quanto magis impugnabatur, tanto studiosius oravit ne vinceretur. In collationibus quoque Patrum de quodam abbate eximio, qui dictus est Serenus, legitur quia, cum pro interna corporis et animæ castitate nocturnis diurnisque precibus, jejuniis, etiam ac vigiliis infatigabiliter insisteret, adveniens ad eum in visione nocturna angelus Domini ejusque velut aperiens uterum, quamdam ignitam carnis strumam de ejus visceribus avellens atque projiciens, suisque omnia, ut fuerant, locis intestina restituens : « Ecce, inquit, incentiva carnis tuæ abscissa, et obtinuisse te noveris hodierna die perpetuam corporis puritatem quam fideliter poposcisti. » Ecce vides quantos sit passus et iste labores. Quapropter ut nemo excusationem aut diffidentiam habeat ea quæ fideliter poscit impetrare non posse, quod uterque constanter petiit assequi meruit.

Et ut hujusmodi exempla non solum in fortiori, sed etiam in sexu habeas infirmiori, in Vita Patrum narratur quoniam abbatissa quædam sancta, nomine Sara, 13 annis fortiter a fornicationis dæmone sit impugnata, et nunquam rogaverit ut discederet ab ea hujusmodi pugna, sed hoc solum dixerit : « Da mihi fortitudinem, Deus. » Ecce fides qualis et quantus amor pietatis; ecce quid uterque sexus laboraverit pro virtute castitatis. De quorum omnium pu-

ritatis constantia sicut procul es effectus, ita etiam eorum laborem et impugnationem nunquam fueras expertus.

Quam ob rem quia perfectorum et in castitate perseverantium omnimodo discrepas meritis atque labore, videamus si aut eorum, quorum impudicitiæ et irreligiositati minus discrepare videris, tribulationi et impugnationi, quam pro pœnitentia agenda pertulerunt, aliquatenus assimileris. Legitur quippe in supradicta Vita Patrum quia fuerit quidam vir vitam turpissimam super omnes vicinos suos ducens, ita ut opinatissimus in flagitiis haberetur. Hic aliquando Dei miseratione compunctus ad pœnitentiam convertitur, et intra sepulcrum quoddam se concludens, priorum scelerum pollutiones lacrymarum fontibus diluebat. Cumque in his posito hebdomada transisset, nocte veniunt ad eum dæmones in sepulcro clamantes et dicentes : « Quid est quod agis, o impurissime et flagitiosissime? Postquam omni spurcitia satiatus es, nunc a nobis castus et religiosus effugere cupis? Nolis, velis, amodo unus ex nobis eris. » Hæc et hujusmodi plura exprobrantibus eis ille jacebat immobilis, ne auditum quidem suum convertens ad eos, nec ullo penitus sermone respondens. Cumque illi sæpius eadem repeterent, nec ille omnino moveretur, tunc in furorem commoti dæmones, verberibus eum afflixerunt multisque cruciatum suppliciis semivivum reliquerunt. Ille tamen tot cruciatibus nec moveri potuit a loco in quo orationis causa jacuerat. Sequenti vero nocte dæmones iterum venientes gravioribus eum verberibus cruciabant; sed nec tunc quidem moveri valuit a loco, melius esse dicens mortem subire quam ultro dæmonibus obedire. Nihilominus tertia nocte multitudo dæmonum convenit, et absque ulla miseratione in eum irruentes, omnibus pœnis cruciatibusque afficiunt. Cumque jam corpus defecisset in suppliciis, extremus tamen spiritus obsistebat imperio dæmonum. Quod ubi viderunt, exclamantes voce magna : Vicisti, inquiunt, vicisti! Quid ergo tibi in hujusmodi impugnatione videtur? Nunquid quia te supra multos occultis et manifestis tribulationibus oppressum esse sæpius æstimabas, tale aliquid unquam passus eras? Quinimo longe minoribus subjacebas tentationibus.

Sed licet exemplo satis hoc sis victus ab uno, pro eo tamen quod in occultis et spiritalibus tentationibus maxime te vexatum arbitraris, aliud in quo spiritalis tantum impugnatio declaratur, proferre libet exemplum. Legitur namque de Maria Ægyptiaca, quoniam inter cætera quæ Zozimo abbati de vitæ conversionisque suæ qualitate referebat, dixit : « Crede mihi, abba, septemdecim annis feris et irrationabilibus luctabar desideriis. » Et post pauca : « Cogitationes autem quæ ad fornicationem iterum compellebant me quomodo tibi enarrare possum? Ignis interim infelix corpus meum nimius succendebat et me per omnia exurebat, et ad desiderium commistionis trahebat. Dum ergo talis accenderet cogitatio, prosternebam me in terram, et lacrymis eam infundens ipsam, mihi veraciter adstare sperabam quæ me fide jusserat, id est sanctissimam Dei Genitricem : et sic per septemdecim annos periculis multis, ut dixi, luctabar. » Ecce vides quantum non solum virilis, sed etiam femineus sexus laboraverit et pro integritatis constantia, et pro corruptionis pœnitentia. Nunquid ergo septemdecim annis jam laborasti pugnans contra cogitationes desideriorum carnalium? Quid autem tot annos dico, qui nec uno passus es tanto anno integro? Nondum igitur laboris viam cœpisti, et tamen velut ex labore nimio jam fatigatus defecisti. Sed et si quas tentationis et adversitatis molestias perferres, nunquid propterea patientiæ et spei solatia deponere debes? Nonne et ex supra commemoratis sanctorum Patrum exemplis, et ex aliis Scripturæ sacræ sententiis agnoscere potes, utile esse ac necessarium perferre tentationes? Petrus namque apostolus dicit : *Charissimi, nolite peregrinari in fervore, qui ad tentationem vobis sit, quasi aliquid novi vobis contingat; sed communicantes Christi passionibus gaudete.* Jacobus etiam apostolus docet dicens : *Omne gaudium existimate, fratres mei, cum in tentationes varias incideritis, scientes quod probatio fidei vestræ patientiam operatur, patientia autem opus perfectum habet, ut sitis perfecti et integri, in nullo deficientes.* Item apostolus idem dicit : *Beatus vir qui suffert tentationem, quoniam, cum probatus fuerit, accipiet coronam vitæ, quam repromisit Deus diligentibus se.* Hinc et Paulus apostolus ait : *Gloriamur in tribulationibus, scientes quod tribulatio patientiam operatur, patientia autem probationem, probatio vero spem, spes autem non confundit.* Hujusmodi ergo documenta et in Novo et in Veteri Testamento inveniuntur multa : quibus si jugiter intendis, non solum tentationes quaslibet advenientes facilius devincis, sed et majoris intelligentiæ dona consequeris. *Vir enim, ut scriptum est, in multis expertus cogitabit multa; et qui multa didicit, narrabit intellectum.* Cujus videlicet rei indicium in temetipso probare vales, quia, nisi varia tentationum molestia et cura exercitatus esses, nequaquam tanta Scripturarum documenta aut testimonia tractare studuisses. Plura quippe prius incognita jam indagationi tuæ sunt reserata.

Illud quoque summopere notandum tibi est quia, si absque tentatione et tribulatione aliqua diutius remaneres, gravius periculosiusque de beneficiorum meorum largitate superbiendo caderes, quam cum sceleribus omnimodis quondam deditus esses. Quanto enim excellentioribus quisque dotatur donis, tanto magis pulsatur vitio elationis. Unde et ille præstantissimus angelorum non sustinens dignitatis suæ domum, eo gravius superbiendo cecidit quo sublimior cæteris exstitit. Saul quoque, ut liber Regum narrat, cum ante perceptam regni dignitatem humilis mihique esset acceptus, postea vero ex eadem dignitate superbiens a me est repulsus. Ipse etiam David, licet regum eximius et pietati meæ placitus esset, prius tamen quam ad regni elevaretur fastigia majori se constrinxit religionis cura. Nam antea bona pro malis, postea vero mala reddidit pro bonis : ideoque iniquitatis suæ non immemor, in centesimo primo psalmo gemebundus ad me ait : *Quia elevans allisisti me*; ac si aperte diceret : Quanto sublimiore me dignitate elevasti, tanto majoribus peccatis me implicari permisisti. Præterea quantæ ruinæ is, qui præ cæteris elevatur, pateat, liber Paralipomenon indicat. De Joas namque rege Juda refert, quia post mortem Joiadæ sacerdotis, qui eum ad regnum provexit, in tantam elationem venerit ut, relicto cultu Dei, a suis se permiserit adorari. Pro quo superbiæ flagitio quod regi eidem evenerit Scriptura subjungit, dicens : *Cumque volutus esset annus, ascendit contra eum rex Syriæ, venitque in Judam et Jerusalem, et interfecit cunctos principes populi, et universam prædam miserunt regi Damascum. In Joas quoque ignominiosa exercuerunt judicia, et abeuntes dimiserunt cum in languoribus magnis.* Ex quibus omnibus sentiri valet, quia nemo aut virtutis aut dignitatis alicujus excellentia sublimatus, mortiferæ superbiæ ruinam absque magna contritione evadet. Sed et beatus Paulus hoc attestatur, qui patefactis quibusdam virtutibus sibi concessis subjungit, dicens : *Et ne magnitudo revelationum extollat me, datus est mihi stimulus carnis meæ angelus Satanæ ut me colaphizet.* Si enim tantus vir stimulis ideo premebatur carnalibus, ne pro concessis extolleretur virtutibus, putasne tibi opus est aliqua adversitate fatigari, ne de perceptis beneficiis præsumas gloriari?

Quam ob rem perpende, quæso, tentationis tuæ causam et ordinem, exordium et finem, ut agnoscere possis, cui postremo amariori quam primitus et illa, quam tu insolitam vocasti tentationem, vexatus fueris. In primis namque ideo levioribus solitisque permissus es fatigari tentationibus, ut quasi per gradus quosdam ad altiora paulatim ascenderes et disceres congredi quandoque cum gravioribus. Sed cum in tam levi et temperata impugnatione aliquantulum proficiens, ea quæ in te gratia mea operabatur, magis ac magis viribus meritisque tuis attribueres; in talem te tandem permisi tentationem incurrere, cujus impugnationis magnitudine depressus, agnosceres cui instantem defectum, et cui præteritum omnemque laboris tui profectum debuisses imputare : ac per hoc tanto certior de gratiæ meæ beneficiis existeres, quanto minus de meritis tuis præsumeres.

PARS SECUNDA.

Hoc ideo clericus supradictus ideo scripsit, ut his qui in conversionis initio sacram Scripturam legere cupiunt, ostenderet qualiter immensam diabolicæ fraudis astutiam, qua omnes eamdem Scripturam legentes impugnare solet, agnoscere et præcavere, qualiterque etiam divinæ inspirationis gratiam agnoscere et invocare debeant. Scripsit et idem clericus multa alia, quædam quidem dictando, quædam autem alio modo, quæ scilicet utraque subsequenter pandere volo; sed dictata prius, post hæc quoque cætera pandam. Sic ergo incipit scribere de librorum dictamine. Quia igitur alternis uti delectabile est, non solum ob depellendam tædii molestiam, sed etiam ob recreandas animæ et corporis vires studui quondam dicta diversæ qualitatis scribere, sed nunc reserare libet quæ scripserim. Tres namque libellos diverso tempore diversoque stylo edidi in primis, quos volui in unum volumen, quasi ad unam convescentium mensam colligere, instar videlicet trium pulmentorum, quæ nobis sanctus Pater Benedictus cœnantibus largiri jubet in regula, ut qui ex uno nequiverit refici, ex alio reficiatur. Confido itaque in Domino, quia omni spirituali cibo delectatus in aliquo illorum inveniat, per quod spiritualiter refici valeat. Sed hæc de omnibus generaliter sint dicta. Nunc vero reserare cupio quæ causa fuerit singulos scribere, ut lector aliquatenus exinde instructus noverit me nequaquam frustra in talibus desudasse.

Primum ergo libellum metrice prolatum, cui imposui titulum: *De Spirituali doctrina*, scribere hujusmodi erat causa. Cum enim quondam ex infirmitate maxima convalescens ad monasticæ professionis vitam venissem, tunc in brevi, plusquam credibile sit, factus sum sospes: ex qua sospitate veritus ne aliquod damnum spirituale mihi oriretur, prece Dominum intima rogavi ne me in tanta sospitate positum otio inutili torpescere, sed aliqua tentatione, quam mihi congruere sciret, pulsari permitteret. Post hanc orationem non multum temporis fluxit: et ecce variæ tentationum molestiæ accedentes in tantum me circumdederunt, ut et incaute me orasse et magis ad interitum quam ad proventum exauditum esse aliquando vererer. Sed sæpius retractans illud apostolicum: *Fidelis Deus, qui non patietur vos tentari supra id quod potestis, sed faciet cum tentatione proventum ut possitis sustinere*; laboravi non quantum debui, sed quantum fragilitate mea, permittente ipsoque Domino adjuvante, potui, ne in conspectu adversariorum meorum corruerem. Ideoque in tanta molestia tentationis, quæ eo magis imminebat, quo major sospitas corporalis inerat, omnimodo tractare cœpi, quali studio, qualique labore corpus spiritui subjicerem. Nam ea quæ communiter cum cæteris fratribus in cœnobio agere docebar, sed et illa quæ speciali devotione scribendo aut legendo, seu etiam jejunando sponte subii, non satis affligere corpus videbantur. Cumque diu tractarem quo potissimum studio memet in tantis periculis constitutum aptissime jugiterque constringerem, occurrit animo ut in dictamine me occuparem aliquo: quod et sæpe expertus sum mentem lascivam cujuslibet scholastice instructi in nullo posse magis constringi quam studio dictandi.

Hujusmodi igitur occasione accepta, libellum primum scribere cœpi metrico scilicet stylo, quo maxime in sæculari vita positus me exercebam; ponens in eo varias spiritualis doctrinæ sententias, quibus me solummodo contra tentationes imminentes instruens roboravi; aut pravitatis meæ quantitatem, quam cum cæteris clericis communiter in mundo exercebam, pertinaciamque quam specialiter præ multis ibidem retinebam, magis attenderem atque litteris expositam majori pœnitentia diluendam agnoscerem. Inserui in codem etiam libello sermonem quemdam lamentabili stylo editum, prius quidem disputans de diversa clericorum negligentia nec non avaritia: deinde narrans de miserabili improbitatis meæ vindicta tam spiritualiter quam corporaliter patrata. Ignorabam enim tunc, si quo loco preferenda forent hujusmodi dicta, quæ licet in modo sint posita, post cætera tamen, cum me aliquid perspicaciori intuitu agnoscere cœpissem, a me constant edita; quia metricis prolatus est verbis quæ pueris et intrantibus ad discendas litteras a multis primitus exhiberi solent. In primis quoque ponere decrevi ut ex hoc quilibet ad veritatis viam conversus sumat quasi prandium conversioni suæ congruum, sicque leviori cibo refectus ad lautiores dapes sacræ doctrinæ capiendas aptior accedat. Librum vero visionum, licet post duos scripserim, in ordine tamen secundum ideo posui, ut illa doctrina, quæ in priori libello variis prolata est sententiis, in hoc quoque variis corroboraretur exemplis; eaque tenacius præmissa animo inhæreant verba, quæ majori testimonio tam pietatis quam severitatis divinæ in subsequentibus commendantur, in morem videlicet lautioris cibi, qui primo aqua pura coctus, deinde aliqua aceti vel etiam piperis adjectione accuratius præparatur. Sola enim lenitatis verba in docendo prolata, quasi quidam cibi in sola aqua excocti possunt intelligi; sed cum dehinc aliqua severitatis exempla admiscentur, velut amaro aceti seu piperis additamento condita fercula ut suaviora efficiantur, non incongrue intelliguntur. Apparet igitur quia, sicut cibus tam amaris quam suavibus condimentis coctus avidius sumitur, ita et doctrina blandimentis quidem inchoata, sed deinde alicujus severitatis commista exemplis studiosius auditur. Unde et Apostolus doctorem quemlibet instruens ait: *Argue, obsecra, increpa*, id est blandimenta terroribus admisce.

Illis igitur prælibatis de secundi ordinis libelli, jam vero subjungere volo ubi et qua occasione scriptum fuerit. Cum ergo monasterium nostrum in urbe Ratisbona constitutum varia episcoporum persecutione destrui viderem, ibique per triginta annos meliora sperans subsisterem, occulto Dei judicio longe aliter quam sperarem evenit. Qualiter autem destructio tanta evenerit, quia nec breviter proferri valet, nec ineptias tantas hic exponere libet, aliis proferenda relinquo : hoc solummodo enarrans, quia cum exteriora et interiora monasterii nostri commoda penitus destrui sensissem, et contra hæc nil prævaluissem, quin imo a fratribus quibusdam juvenibus quibus displicebam apud episcopum accusatus, varias mihi minas ab illo illiusque familiaribus agi sæpius audissem; tunc, petita ab abbate licentia, ad monasterium Fuldense quasi cito reversurus perrexi. Verumtamen non dubito quin tantam destructionem nemo in nos agere posset, nisi justo Dei judicio peccatisque nostris exigentibus permissus : quod scilicet exinde palam datur intelligi, quia in ipso discessionis meæ anno, qui erat ab incarnatione Domini 1062, miserando semperque lugendo igne combustum est cœnobium nostrum.

In Fuldensi igitur monasterio positus, et optatæ tranquillitatis atque charitatis dono ibidem potitus, frequenter tractavi, qualiter pro ejusdem tranquillitatis gratia Deo, a quo mihi data est, grates referrem. Magnum quippe mihi tunc videbatur in eodem monasterio pacifico incessu posse deambulare. Quapropter animum ad deferendas Deo gratias omnino convertens, et si qua dictandi materia apte occurreret diutius exquirens, reperi tandem quamdam dictandi occasionem, visiones videlicet, quas et ego quondam vidi et ab aliis per loca diversa profectus audivi. Has namque ad multorum notitiam deferre ideo utile esse arbitrabar, quia credo ad omnes homines pertinere quoties quilibet visitatur a Deo, aut per castigationem aut per consolationem, sicut et ipse in Evangelio dicit : *Quod uni dico, omnibus dico.* Incitabar etiam ex hoc ad scribendum, quia, cum olim libellos duos ediderim, tertium pro sanctæ Trinitatis honore, si ipsa Trinitas dignaretur inspirare, sæpius optavi addere. Tali itaque causa incitatus, librum visionum, de quo jam locutus sum, scribere studui.

Tertium vero libellum, quem ante annos 15, u. reor, scripsi, cur in extremo ordine posuerim primo dicendum, deinde qua causa scriptus fuerit subnectendum. Quia enim multorum accuratis epulis cœnantium mos est, ut in prima et secunda vice viliora quæque fercula (quæ non ideo viliora dicimus, quasi sint vilia, sed quod sint optimis inferiora); in extrema vero lautiora, et aliqua arte præcipua cocta sibi apponere jubeant, cupientes in hoc non tam suæ gulæ, quam aliorum, qui forte invitati sunt ad convivium, delectationi et honori deservire : ego econtra simile aliquid inoliter volui in extremo alijqua lautioris sententiæ verbula ante faciem legentium, quasi ad mensam convescentium ponere, quæ quilibet lector avidus, licet indigno stylo edita, generosæ tamen materiæ dignitatem retinentia, pro dapibus lautis potuisset gustare. Nam quæ sententia lautior et suavior valet esse quam de gratia Dei, et cur credenda dicendaque sit gratia; judicia quoque quam vera justaque et necessaria sint; sed et quantam bene agendi facultatem a Deo concessam habeamus nisibus totis inquirere atque pluribus testimoniis approbare ? Hæc quippe tria per trium quæstionum solutiones in illo libro, quem in tertio locavi ordine, stylo quo potui per dialogum protuli, numero scilicet et ordine tali desiderans sanctam Trinitatem venerari. Sed et in hoc eamdem Trinitatem venerari studebam, quia in tertia quæstione, quam velut fercula quædam præcipua ritu sagaci contexta, et allata in extremo ad lectionis cœnam considentibus apposui; de ipsa sancta Trinitate et Unitate, juxta intelligentiæ meæ vires, brevi et aperta probataque (ut spero) variis exemplis et argumentis ratione disserui. Spero etiam me in eodem libello omnibus tam in sæculari quam spirituali vita positis aliqua ædificationis verba protulisse, per quæ quilibet esurientes et sitientes justitiam refici possunt. Hæc quidem de libri extremi ordine sint dicta, cui titulum imposui : *De tribus quæstionibus*, id est de divinæ pietatis agnitione judiciorumque divinorum diversitate, nec non de varia bene agendi facultate. Deinde vero subjungimus qua causa fuerit scriptus.

Quidam namque monachus de Augiensi cœnobio, nobilissima Alemannorum stirpe ortus, nomine Henricus, cum ab Jerusalem reverteretur, apud nos aliquandiu hospitatus est. Hic ergo quia in sacra Scriptura satis studiosus fuit, me frequenter quasi doctorem adiit, suppliciter rogans pro quibusdam sacræ Scripturæ sententiis ut eas sibi exponerem. Ego autem humilitatem atque importunitatem petitionis ejus attendens, prout potui, ad quæque rogata respondi. Cumque hæc collatio sæpius inter nos habita sibi placeret, postremo illud deposcere cœpit, ut eamdem collationem litteris exciperem. Quod licet diu tam pro desidia quam pro ignorantia differrem, aggressus sum tandem, scribens quidem per dialogum, sed sine titulo auctoris et absque personarum notarum litteris, ne facile pateret cujus opus esset. Inter hæc vero ille ad monasterium suum vocatus proficiscitur, et post non multum tempus ad nos iterum revertitur. Tunc videns quæ scribere cœpi, qualiterque ea adumbravi, unice petiit ut et causam scribendi illustrarem prologo, et utriusque personæ, mei videlicet ac sui, memoriam patefacerem in dialogo : quod mox, ut poteram, scribens implere studebam. Hæc igitur causa Dialogum me scribere fecit : quam idcirco reservavi, ne videar frustra scriptis alia addere scripta; utque cognita charitate qua impellebar ad scribendum, quilibet in quorum manus iste liber venerit, eadem charitate incitentur ad legendum. Hæc sint dicta de supradictis libris, quos in unum componere volui. Nunc etiam libet pandere qua causa studuerim alios libellos scribere.

Cum igitur persecutionem quam in monasterio nostro (ut supradictum est) passus eram, fugiens ad Fuldense monasterium venirem, ibique per annos quatuor cum tranquillitate magna commoratus viderer; dictandi scribendique studium frequentare postulabar a quibusdam ejusdem monasterii fratribus, ut sancti Bonifacii Vitam difficili stylo editam, aliquid facilius ederem. Quam petitionem, licet diu denegarem, postremo tamen compulsus importunis precibus, ut potui, quod petitus eram implevi. Causa ergo tali librum sancti Bonifacii promptus scripsi: alium quoque libellum quem appellavi Manualem, pro admonitione clericorum et laicorum scriptum ibidem positus edidi. Item libellum Proverbiorum in eodem monasterio positus scribere cœpi. Cum autem assiduis epistolis per monasterii nostri fratres quosdam revocatus ad patriam nollem cito reverti propter illorum fratrum, inter quos tunc commorabar, petitionem (omnimodis enim precibus ut illos non desererem efflagitabant), vix tandem ab illis remeandi licentiam obtinui.

Verumtamen ad monasterium nostrum prius pervenire nolui, quam indiciis aliquibus explorarem qualiter omnia agerentur ibidem. Qua de re ad monasterium *Amerbach* dictum perrexi, cupiens illic exspectare quousque certus fierem de monasterii nostri qualitate. Cumque ab ejusdem monasterii abbate susceptus omni humanitate et pietate retinerer, et de sacræ Scripturæ quæstionibus multis inter nos sermo assiduus ageretur, placuissetque ei sæpissime responsio mea, accidit ut juxta paschalia festa dixisset ad me: Credite mihi quod si vobis præcipere aliquid possem, absque dubio præciperem ut in hac solemnitate proxima sermonem faceretis ad populum. Cui ego respondi dicens: Cur talia dicitis ad me, qui nihil hujus rei scio, qui nunquam consuevi populum alloqui in publico? Illo vero eadem repetente, cœpi mox cogitare intra me dicens: Quid facerem, si aliquis, cujus jussa transgredi non præsumerem, talia mihi præciperet? Unde hujusmodi opus assumendum est mihi sponte, priusquam ab aliquo compellar potente, ut sic probem quid facturus essem. Continuoque stylo accepto scribere cœpi in modum sermonis, sumens exordium de Psalmistæ dictis: *Dominus de cœlo prospicit super filios hominum*: quæ nimirum dicta, quantum potui, similitudinum argumentis roboravi, credens per hæc aliquos ædificari; cui videlicet operi titulum imposui: *Quomodo legendum sit in rebus visibilibus*. Cum autem in eodem loco unum pene annum manerem, venerunt nuntii ex monasterio nostro missi, cum quibus exinde ad patriam reversus sum.

His igitur dictis, dicam quoque qua de causa cæteros scripserim libellos. Ex petitione namque fratrum nostrorum, Vitam sancti Nicolai nec non sancti Wolfgangi emendans, sicut in utriusque vitæ prologo intimatur, scripsi antequam proficiscerer ad monasterium Fuldense. Sed et Vitam sancti Altonis, una cum quibusdam carminibus ad eumdem sanctum pertinentibus. Postquam vero redii, Vitam sancti Magni scripsi, compulsus fratrum duorum precibus intimis et assiduis, Willhelmi scilicet ex congregatione nostra, et alterius qui ad nos discendi causa ex monasterio sancti Magni venit, Adalham dictus, quique nunc in Sanctæ Afræ cœnobio abbas est constitutus.

Post hæc autem cum viderem simul et audirem undique Christianæ religionis destructionem, rectorum et principum negligentiam in subditos, tam in spirituali quam sæculari vita positos, doleremque jugiter pro talibus, cogitare cœpi, ut quia nullus dignaretur me audire communi sermone loquentem, pro miseriaque tanta condolentem, vel scribendo aliqua sacræ Scripturæ verba proferrem, unde aliquos ædificare possem. Hac igitur causa scripsi librum mei quoque operis novissimum, cui titulum imposui: *De cursu spirituali*. In quo videlicet libro quantum per sacræ Scripturæ, maximeque per Psalterii et Evangelii campum currere potui, scribendo protuli. Inter hæc et sermones quosdam nec non epistolas pro communi utilitate scripsi: quas si quis forte legere voluerit, apud nos invenire poterit. Scripsi etiam ante plures annos librum *De confessione actuum meorum*, ut si qua infirmitas vel subitanea mors me in extremis impediret a debita confessione, saltem per scripta patefacerem quis ex memetipso, quis ex Dei gratia essem.

Adhuc proferre libet duarum orationum verba. Attendens enim sæpius, quia plurimos exemplis pravis seduxi, talia orationis verba scribere studui, in quibus unusquisque satis doceri potest quomodo pro se et pro aliis orare debeat: quæ scilicet orationes cum a quibusdam jam habeantur, in hoc opusculo describere nolui. Hæ autem orationes aliaque superius de dictandi dono prolata, tanto magis pietati divinæ constant referenda, quanto amplius notum est me vitiis plurimis quondam deditum nihil horum meruisse. Ideo autem hæc protuli, ut juxta hoc quod ipse Dominus in Evangelio cuidam dæmoniaco a se liberato præcepit dicens: *Vade in domum tuam, et narra quanta fecerit tibi Deus*, ego quoque narrarem quanta mihi beneficia Deus exhibuerit.

Unde adhuc libet enarrare, quanta scientia quantaque facultas scribendi mihi data fuerit a Domino in primæva ætate. Cum igitur parvus scholari disciplinæ traditus fuissem litterasque celeriter didicissem, cœpi etiam longe ante solitum tempus discendi, sine jussu magistri, artem discere scribendi. Furtivo enim et insolito modo, nec non sine docente nisus sum eamdem artem scribendi apprehendere. Qua de re contigit ut pennam ad scribendum in recto usu retinere consuescerem, nec postea ab ullo docente super hoc corrigi valerem. Nimius namque usus prohibuit me emendare. Quod cum viderent plures, dixerunt omnes nunquam me bene scripturum. Sed aliter evenit ex gratia Dei, sicut plurimis notum est. Nam cum in pueritia, ipsoque tempore quo tabula mihi data est cum aliis pueris ad discendam scripturam viderer aliquid scribere nosse, miraculum non parvum præbui videntibus : deinde vero non post longum tempus tam bene scribere cœpi, tantumque affectum ad hoc habuit ut et in loco illo quo talia didici, id est in cœnobio *Tegernsee* dicto, multos libros scripsissem; et in Franciam translatus adhuc puer, ibique in tantum multa scribendo laborassem, ut inde rediens pene visu privatus fuissem. Hæc ergo ideo proferre decrevi ut aliquos incitarem ad similem affectum laborandi; gratiamque Dei, quæ tanta mihi beneficia præbuit, aliis narrans eos ad magnificandam eamdem gratiam Dei mecum traham. Et, ut hoc amplius faciam, proferre libet quantum laboraverim scribendo postea, cum reversus fuissem de Francia : ibi quippe fueram quando obiit Cæsar Henricus, et factus est rex Conradus.

Postquam igitur in sancti Emmerammi cœnobium ad conversionem veni, mox quorumdam prece pulsatus, tanto iterum scribendi studio occupabar, ut raro, nisi in festivis diebus aut in aliis horis incompetentibus, ab hoc opere cessarem. Interea successit et alius labor. Nam pro eo quod sæpius legere, aut scribere, aut dictare viderer, scholasticorum cura mihi commissa est : ex quibus nimirum omnibus ita per gratiam Dei constringebar, ut sæpe corpus quieti necessariæ non permitterer tradere. Cumque dictandi studium inesset, ad hoc sæpissime non habui tempus, nisi in festivis diebus, aut noctibus, constrictus videlicet et puerorum cura ad docendum, et illorum petitione, quibus scribere cœpi, ad scribendum. Ergo præter libellos a me dictatos, quos tam sponte quam petitus pro aliorum ædificatione dandos scripsi; uno minus XX libros Missales scripsi, decem quidem abbatibus aut fratribus in monasterio nostro positis; quatuor autem fratribus Fuldensibus, et quinque in aliis locis commorantibus; tres quoque libros Evangeliorum, et duos cum Epistolis et Evangeliis, qui Lectionarii vocantur. Ad hæc etiam scripsi quatuor matutinales libros. Postea senectus et infirmitas varia me prohibuit, maximeque inquietudo diuturna, quæ mihi ex variis curis et mœrore pro monasterii nostri destructione exorto per tempora inolevit multa. Ei autem qui omne bonum præstat, et solus cuncta gubernat, quique mihi indigno concessit plurima dona, sit laus æterna, sit honor per sæcula cuncta.

Libet etiam proferre, quantum reminisci valeo, quot libros quibusdam cœnobiis aut amicis tradiderim. Et primo quidem fratres Fuldenses nominare volo, quia pro eo quod apud eos maxime laboravi, scribens libros multos, quos monasterio nostro tradebam; ideo apud nos quoque scripsi libros, quos ipsi non habebant. Tradidi namque eis sicut memini, VII libellos, Herveldensibus autem duos libros. Cumque ex partibus illis remeassem, et ad *Amarbach* venissem, tradidi ejusdem loci abbati unum librum. Postea vero cum fratre nostro Wilhelmo profectus, dedi ei quatuor libros, inter quos erat Missalis liber satis pretiosus : Abbati de *Lauresheim* unum librum; abbati de *Ebersperg* unum librum; amicis quibusdam in Boemia positis quatuor libros; amico cuidam in Patavia posito unum librum; ad monasterium *Tegernsee* duos libros; ad Pryelense cœnobium prope nos positum volumen unum, in quo tres libri erant. Sed et filio sororis meæ ibidem posito unum librum, variasque epistolas dedi. Ad Superius (*Obermunster*) quoque monasterium tres libros; ad Inferius (*Nidermunster*) monasterium unum librum dedi. Præterea multis aliis dedi aut misi aliquando sermones aut proverbia, seu aliqua ædificationis scripta. Talia autem laboris mei indicia hic ideo protuli, ut aliquos monachos otiositati deditos converterem, et ad aliquod opus monasticæ vitæ congruum incitarem. Si enim tam magna nequeunt, faciliora agere possunt.

VENERABILIS OTHLONI
MONACHI SANCT-EMMERAMMENSIS
DIALOGUS DE TRIBUS QUÆSTIONIBUS,
Id est :
De divinæ pietatis agnitione, judiciorumque divinorum diversitate, et de varia bene agendi facultate.

Prodit nunc primum in lucem ex codd. mss. inclytorum monasteriorum S. Crucis ord. Cist. et Lambacensis ord. S. Bened. in Austria, opera et studio Ven. D. P. Leopoldi Wydemanni, Carthusiani et bibliothecarii Gemnicensis.

Apud R. P. Bernardum Pezium, *Thesaurus Anecd.*, III, II, pag. 141.)

INCIPIT
DIALOGUS DE TRIBUS QUÆSTIONIBUS
PROLOGUS LIBELLI HUJUS.

Appetis, Heinrice, mihimet specialis amice, ut illam confabulationis nostræ ratiunculam, quam de pietate divina rebusque aliis fecimus quondam, litteris more dialogi inter nos habiti exponam. Quam petitionem ex parte devotus, et ex parte studeo implere invitus : devotus quidem, ideo quia præ mortalibus multis charitati tuæ gestio parere ; invitus autem, quia, sicut a me accepisti ipseque legendo probasti, eamdem rationem sine præmio, sine auctoris titulo volui proferre, ut, si forte quispiam invidiæ vel detractionis peste captus, dicta hujusmodi rugosa, ut solet, fronte torvaque facie [*cod. S. Cruc.* acie] legendo adiret, nesciens quem operis hujus auctorem persequeretur invidendo vel detrahendo levius insaniret. Invidis namque et superbis pene erit inevitabile [*cod. Lamb.* pœna erit inevitabilis], ut cujusquam notæ vilisque personæ scripta vel dicta absque irrisione possit agnoscere.

Unde precor ut, quia votis tuis obtemperans per alternantes dialogi personas nominis mei mentionem cogor facere, tu quoque digneris hoc omnino providere ne parvitatis meæ verbula, ad ædificationem humilium solummodo prolata invidorum et superborum fiant ludibria.

Hæc igitur dixi propter quorumdam insolentiam. Si quid vero in his desipui, ignoscant, quæso, mihi. Deinde omnes, qui hæc legere vel audire dignantur, obsecro unice ut, si quid hic sapientiæ sale conditum reperiant, Deo gratias referant, qui, quando vult, brutis quoque animalibus loquelam præstat congruam ; mihique, qui nil ex me, sed ex ejus dono hæc protuli, hoc beneficii munus impendant ut pro peccatis meis intercedant. At si quid inepte vel inique prolatum agnoverint, quod etiam sanctis Patribus legitur evenisse, imperitiæ magis quam malitiæ meæ deputent, ideoque sic noxia resecent ut utilia non condemnent. Scio enim quia tam sanctam tamque arduam materiam nullo stylo aut sermone congruo promere potui ; verumtamen ideo, utcunque proferre studui, ut a peritis aliquibus proferretur in melius.

Peritos autem dico magis illos qui in sacra Scriptura quam qui in dialectica sunt instructi. Nam dialecticos quosdam ita simplices inveni ut omnia sacræ Scripturæ dicta, juxta dialecticæ auctoritatem, constringenda esse decernerent magisque Boetio quam sanctis scriptoribus in plurimis dictis crederent. Unde et eumdem Boetium secuti me reprehendebant quod personæ nomen alicui, nisi substantiæ rationali ascriberem. Quæ reprehensio si justa est, justum est etiam ut alia nomina et verba, quæ in litteris sacris inveniuntur aliter posita quam dialectica doceat, reprehendantur, ut substantia, species, genus, sentire, et habere, aliaque plura.

Hæc igitur omnia, secundum dialecticam, singula solummodo interpretationis habent ; sed, juxta sacræ Scripturæ usum, variis modis ponuntur : nunc quidem, ut in dialectica ; interdum vero, aliter. Unde et sanctus Augustinus, tam in divinis quam in sæcularibus litteris doctissimus, in libro Retractationum non erubuit confiteri se errasse in hoc quod, juxta quosdam, sensibilia solummodo de corporalibus accipienda quondam scripsisset. Est, inquit, sensus et mentis.

Cum ergo reprehensores mei hæc omnia, quæ dixi, in sacra Scriptura emendaverint, tunc et illam rusticitatem, quam in personæ dicto scribens protuli, simul corrigant. Ad hæc, quæso, dignentur attendere quia Deus omnipotens, sicut dialecticos et grammaticos ad agnitionis suæ gratiam trahere solet, ita amborum dicta vel scripta accipere dignatur, dummodo veritatem fidemque sacram observare studeant. Sed si forte sæcularium litterarum eloquentia inflati hæc non credderint, contenderintque Deum elegantia sermonis sui magis delectari quam rusticitate nostri, attendant, precor, quod Apostolus dicit : *Sapientia hujus mundi stultitia apud Deum* (*I Cor.* III); et : *Infirma mundi elegit Deus, ut confundat fortia* (*I Cor.* I).

Inter hæc quoque pensandum est quia nomina et verba quædam, nunc quidem abusive, nunc vero proprie ponuntur. Ut in Psalmis verbum *persequor*. In uno enim loco dicitur : *Inquire pacem et persequere eam* (*Psal.* XXXIII). Alibi vero alio sensu ponitur, ut : *Detrahentem secreto proximo suo hunc persequebar* (*Psal.* C). Quorum videlicet unum necesse est abusive, aliud vero proprie positum dici, nisi forte, pro eo quod, vel pacem quærentes, vel hominem lædere volentes (hoc enim persequentes significat), utrumque sequendo agimus, utrumque etiam uno eodemque verbo proferre possimus. Quod si ita est, idem de *persona* datur intelligi. Nam et Latinum nomen est et ejus origo, juxta grammaticæ regulam, facile potest agnosci. De verbo enim *persono, personas* derivatur nomen quod est *persona*, penultima syllaba, discretionis causa, producta, ne imperativus esse putetur persona. Unde, sicut verbum *persono* non propterea dicitur quod aliquam rem, vel substantiam proprie, sed indifferenter quamlibet rem personet, sive nominet, ita et persona pro cujuslibet rei agnomine, vel demonstratione dici potest.

Quod, nisi fallor, tam sacræ Scripturæ quam sæcularium litterarum traditione invenitur ita esse. Nam sacra Scriptura nomen et personam idem significare perhibet, cum pro tribus personis, Patris, et Filii, et Spiritus sancti, quas sæpissime legimus, tria nomina interdum ponit, ut : *Euntes docete omnes gentes, baptizantes eos in nomine Patris, et Filii, et Spiritus sancti* (*Matth.* XXVIII). Quibus verbis colligitur quia, et nomen, et persona communione quadam junguntur. Cum enim nomen pro persona ponitur, nomen autem variis rebus ascribitur, persona quoque variis rebus ascribi valet.

Sæculares vero litteræ, quas etiam plurimi spirituales viri sequuntur, simile quid tradunt. Cum in grammaticæ pronomini et verbo tres personas ascribunt, ut : ego, tu, ille; et : lego, legis, legit. Quarum prima et secunda persona proprie rationali substantiæ conveniunt, quia nemo potest dicere : Ego; nemo potest intelligere : Tu, nisi rationalis. Tertia vero persona, quæ dicitur ille, illa, illud, ad quamlibet irrationalem et insensibilem creaturam, dici valet, ut : ille fons, illa aqua, illud æquor fluit.

Hæc igitur omnia dialectici, quæso, attendant mihique non imputent si, in opusculis meis, aliud quid quam dialectica doceat invenerint. Major enim cura mihi est legendo, vel scribendo, sequi sanctorum dicta quam Platonis, vel Aristotelis ipsiusque etiam Boetii dogmata. Qui, licet in dictis plurimis orator fuerit excellentissimus, in quibusdam tamen errasse invenitur. Inter quæ illud est quod, ex persona philosophiæ loquens, Lucanum gentilem et infidelem familiarem suum appellat, dicens : Et familiaris meus Lucanus. Quod enim nulli conveniat dicere gentilem aliquem veræ philosophiæ, id est divinæ sapientiæ familiarem esse, fidelis quilibet advertere valet.

Venerandus est ergo Deus omniaque simul divina laudanda sunt pro capite; et post hæc possunt laudari cætera quæque.

Explicit prologus.

INCIPIT
DIALOGUS DE TRIBUS QUÆSTIONIBUS,

ID EST :

De divinæ pietatis agnitione, judiciorumque divinorum diversitate, nec non de varia bene agendi facultate.

Quam pius et justus Dominus, vel quanta facultas
Omnibus existat, bona niti discere nisus,
Huc humilis veniat, et cuncta legens sibi discat (32).

CAPUT PRIMUM.

In divinis Scripturis homo abunde docetur quæ scitu ad salutem necessaria sunt.

Heinr. Cur non, Othlone, cum convenimus, apte de salute nostra aliquid tractamus?

Othl. Quasi cuiquam aliud gerendum sit dicis.

H. Non ita, sed quoniam continuis tentationum et perturbationum molestiis adeo afficior ut quid ad salutem nostram pertineat providere interdum prorsus ignorem.

O. Molestiis, quæ quacunque inimici circumventione inferuntur, omnigenis tam Veteris quam Novi

(32) In codice Crucensi hi versus prologo præmittuntur.

Testamenti rudimentis ita divina jam satisfecit gratia ut nihil doctrinæ nobis sit opus addere nihilque aliud tractare, nisi quæ ex eorum edocemur lectione.

H. Proverbii cujusdam reminiscor, cujus et te mecum reminisci precor. *O.* Cujus, quæso? *H.* Quia scilicet omnes pene doctores indoctis quibuslibet aut ignorant, seu dedignantur compati.

O. Cur ista inquis? *H.* Quoniam ignorantiæ meæ molestiis nihil addendum esse dixisti, nisi ut ea quæ jam scripta sunt legere conarer, quasi amodo nullus, nisi antea discussi erroris, oriri valeat causa, vel enucleare per me possim universa sacræ Scripturæ dicta. Unde precor inscitiæ meæ paulisper condescendas et, si qua indiscussa, vel ignota exquisiero, reserare studeas.

O. Miror quid de his quæ duntaxat discutienda et requirenda [*cod. Cruc.* exquirenda] sunt exquirere cupias, quid non exquisitum atque discussum alicubi reperire valeas? Sed cur moraris proferre quid velis?

CAPUT II.
Quomodo misericordia plena dicatur terra, cum tot malis affligantur homines.

Heinr. Quod igitur paulo ante dixisti divinam gratiam in omnibus rudimentis satisfecisse nobis, ita esse fateor. Movet autem me aliquantum, quia, cum scriptum sit : *Misericordia Domini plena est terra* (*Psal.* XXXII), et per eam vivere et esse nos credamus, multis tamen molestiis et miseriis in hoc sæculo, ab initio usque ad finem vitæ, gravamur. Verum namque esse non ambigo quod exquiro. Sed, quomodo verum sit quod in tanta diversitate versatur, ignorans si quidquam exinde præter fidem ratiocinari liceat, intimari posco. Multa enim legi, sed nusquam hujusmodi quæstionem resolutam invenire potui.

O. Rem a me exigis, quam lingua et mens protestari nequit ulla.

H. Cur hoc modo objicis, qui prius, quasi nil cuiquam fideli quæstionis amodo movendæ remaneret, loquebaris? suscipe igitur interrogata compatienti animo, et quæ hinc scienda censes edicito. Neque enim gratiam divinam, qua terra plena esse describitur quaque etiam cœlestis patria constare creditur, ita incircumscriptam esse arbitror ut nulli sermonem, nulli saltem ratiocinationem hinc agitare liceat.

O. Licet absque dubio omnibus, prout possibile est, optima quæque de Deo ratiocinari et investigare, Psalmista ex persona Domini attestante : *Vacate et videte quoniam ego sum Deus* (*Psal.* XLV). Quia igitur charitas est Deus, gratia autem Dei charitas ; Dei gratia ergo Deus est. Quam ob rem cum vacare et videre præcipiamur quod Deus sit, inquirere profecto præcipimur gratiam Dei. Verumtamen omnia divina sic inquirenda sunt ut digne ac perfecte a nullo dici vel percipi posse credantur.

H. Hac nimirum fide arbitror me satis imbutum.

Et ut cognoscas quam firmiter hanc teneam, similitudinem quamdam rationi huic aptam subjungo.

Credo namque quia, sicut impossibile est maris abundantiam ita exhauriri ut quidquam videatur minui, ita etiam divinitatis supernæ majestas ab humana ratione, juxta dignitatem, vel usque ad punctum, nequeat exponi. Mare enim juxta haurientis vires hauriri quidem valet, sed post haustum nulla prorsus diminutionis signa præbet. Haud aliter quoque de Deo aliquantulum potest disputari ; sed profunditas et magnitudo sapientiæ ejus disputatione nulla ita valet comprehendi ut quidquam patiatur exhauriri. Ecce credulitas, quam de Deo per similitudinem prolatam indubitanter retinere me scias : unde precor mihi aliquatenus ea quæ superius expetii operias, qualiter videlicet, juxta Psalmistam, « Misericordia Domini plena sit terra : » cum tanta afflictionum miseriarumque, nec non fragilitatis humanæ molestia omnis pene mundus laboret.

O. De hac quæstione, licet primum exhorruerim, jam delectari incipio, cum te tanta fide præmunitum sentio. Sed sicut tu, ut apertius intimares te fide sancta imbutum, assumpsisti similitudinis argumentum, ita quoque, quia tanta quæstio non, nisi per similitudines, exponi valet, me eadem facturum patienter audi. Res enim obscura explananda similitudine indiget aliqua.

Igitur instar scholæ, in qua sapientia omnimoda exstat discenda, præsens a superno summoque Magistro constituta est vita. Sicut autem in schola necesse est esse varia disciplinæ genera, non ob hoc ut, vel quisquam per hæc afflictus intereat, vel omnes pariter, sed ut, prout ætas aut meritum cujusque postulat, exhibeantur ; ita in hac vita, quæ schola maxima est, plurimis opus erit disciplinæ instrumentis, nulli ad interitum, sed ad profectum præparatis. Qua de re hæc est prima pietatis divinæ dispensatio ut, quia fragilitas humana per se nullatenus valet subsistere, nutanti omnimoda occurrat, aut lenitate, vel asperitate ; multo enim melius clementiusque est ad præcipitia properantem aliquo modo impedire quam consentire.

CAPUT III.
Deus singulari quadam pietate permisit ut homo in bono et gratia non esset stabilis.

Heinr. Cur ergo Deus, cum sit omnipotens omniaque, ut scriptum est, quæ voluit fecerit (*Psal.* CXIII), non adeo stabilem ac robustum hominem condidit ut absque hac, quam dicis, necessaria disciplinæ molestia stare posset ? videtur enim aliquod impotentiæ hoc esse indicium.

O. Non omnia, ita ut videntur, sunt pensanda. Deus namque, sicut omnipotens, ita et justus simul et bonus est, ideoque, quoniam voluntas ejus nulla, nisi justa et bona, amplectitur, merito omnia, quæ Deus vult, facere dicitur. Cum ergo dictum sit quomodo omnia, quæ Deus velit, facere possit, considerandum est quæ in homine voluerit, eaque justissima et optima sunt dicenda. Legitur namque quia Deus omnipotens, omnibus creaturis imperativo tantum verbo conditis, ita ipso dicente : *Fiat* (Gen. 1) hoc et illud ; hominem autem facturus, quasi consulendo et tractando ejus excellentiam, præveniens dixerit : *Faciamus hominem ad imaginem et similitudinem nostram.* Et post pauca, Scriptura refert : *Et creavit,* inquiens, *Deus hominem ad imaginem suam (Ibid.).* Quæ nimirum dicta omnimodo sunt pensanda, quia ex his colligitur quanta Deus hominem conditionis dignitate extulerit quoque modo cum vivere voluerit.

Sed ut omnigenarum virtutum, quas profecto imagini divinæ, id est homini insitas esse credimus, scientiam facultatemque prætermittamus, de arbitrii libertate solummodo aliqua dicamus, quam accepisse creditur cum cæteris virtutibus. Alioquin Dei, qui libero arbitrio utique perfruitur, minime exprimeret imaginem. Attestatur etiam hoc Scriptura, cum de Deo præcipiente refert talia : *Ex omni,* inquit, *ligno paradisi comede; de ligno autem scientiæ boni et mali ne comedas* (Gen. 11). Cum enim homini condito quædam concedantur, quædam vero interdicantur, patet profecto quia libero præditus fuerit arbitrio. Liber autem factus ejus jussa implere debuit, a quo et libertatem accepit. Hoc igitur cum justum esset, voluntas Dei fuit ad implendum. Unde satis claret quia quod non est impleta hujusmodi voluntas non ad libertatis Datorem, sed ad præcepti divini referendum est transgressorem.

H. Cum verborum tuorum seriem attendo, quorsum tendant miror.

O. Ut interrogationibus tuis satisfaciam. Interrogabas namque in primis quare Deus afflictiones tantas in mundo permiserit; deinde, cur hominem tam fragilem condiderit. Quæ utraque quia ex primi hominis conditione orta esse videntur, ejusdem quoque hominis originem replicare libuit, ut, dum in ortu causa fieret cognita, nulla deinceps quæstio agreretur superflua.

H. Esto ut ista quæstio, quasi superflua, abjiciatur, quid, quæso, divinæ gratiæ, qua plena esse terra describitur, in ejusdem primi hominis conditione deputatur?

O. Nulla rerum qualitas, nisi per *anticimena,* id est contraria, valet agnosci. Ideoque si gratiam Dei cupis agnoscere, ejusdem gratiæ oppositum, vel contrarium quid sit prius debes attendere. Necesse est enim cujuslibet rei agnitionem esse. Agnitio autem hujusmodi esse videtur distantia, vel diversitas, quæ inter quælibet opposita et contraria reperitur, ut inter album et nigrum. Album enim in albo, vel nigrum in nigro pictum facile agnosci nequit ; sed utrumque per oppositum, vel diversum colorem agnoscitur. Ita et gratia divina consideranda est per ejus oppositum, quod est divinum judicium. Iis namque duobus oppositis, vel collatis, utrumque intelligitur. Sic etiam bonum mali, virtusque omnis vitii contrarii oppositione clarescit. Quomodo ergo humilitas sine superbia, charitas sine odio, castitas sine luxuria, abstinentia sine gula, lenitas sine crudelitate, patientia sine injuria, veritas sine falsitate, cæteræque virtutes sine vitiis contrariis vel agnosci, vel aliquid meriti habere potuissent ? Si enim nulla rerum contrarietas vel diversitas esset, nec se quisquam exercere, nec cujuslibet meritum probari potuisset. Ad hæc etiam si nulla pugna, nulla esset et victoria. Si vero nulla victoria, nulla quoque speranda esset gloria his quibus est certandum. Sed nec luciferi diei claritas sine tenebrosæ noctis oppositione grata, vel pretiosa esset. Nam nihil gratum, vel pretiosum habetur, nisi quod comparatum alteri excellentius videtur. Sed quia comparatio non minus quam in duobus agitur, ubi comparandæ alteritatis copia deerit, gratia simul et pretiositas deficit. Quia ergo per hujusmodi comparationem, vel oppositionem gratia Dei etiam consideranda est ; angelicæ naturæ dignitatem ejusque ruinam exitiabilem, in qua Dei judicium primum apparuit ; nec non primi hominis lapsum veniabilem, in quo etiam in homines facta prima Dei gratia apparuit ; sed et multimodas Dei miserationes, postea omnibus [*cod. Lamb.* hominibus] exhibitas, invicem conferens animo, quantum possibile est, pertracta. Cumque hæc animo revolveris et quibuslibet culpis pœnarum merita objeceris, fateberis procul dubio « misericordia Domini plenam esse terram. »

Quamvis enim plurimæ sæculi generationes, culpis exigentibus, judicio Dei justissime sint damnatæ, idem tamen judicium evenisse creditur pro aliorum salute, sicut et salus gentium damnatione evenit Judæorum. Nam tantæ scholæ disciplina non sine aliquorum fieri potest ruina, sicut nec granum absque palearum excutitur tritura, quamvis quosdam, quos in hac vita damnatos videmus, in futura salvandos esse speremus.

H. Jam satis declarasti quia flagella divina sint necessaria quodque gratiæ magis quam sint supplicio deputanda. Sed et primi hominis lapsum, quem imperitorum vulgus refert ad Conditorem, tu quidem apertissime docuisti ad ejusdem hominis referendum esse inobedientiam.

CAPUT IV.

In damnatione angelorum apostatarum justum Dei judicium; in reparatione hominis lapsi divina pietas apparet.

Heinr. Nunc ergo precor ut, quia paulo superius maximam pietatis divinæ dispensationem humano generi exhibitam in angelicæ et humanæ naturæ collatione sentiri posse dixisti, de his etiam aliquid planius disputare coneris.

O. Obscura sunt valde quæ quæris et eo ad proferendum difficiliora quo in quæstione rariora. Sed quia, ut Apostolus dicit : *Invisibilia Dei a creatura mundi per ea quæ facta sunt intellecta conspiciuntur* (Rom. 1), aggrediamur aliqua, quæ vel Dei gratia, de qua loquimur, vel fides sancta suggerit, hinc propalare. In quibus tamen, ne quis nos temeritatis possit arguere, si quid inepte vel incerte [*cod. Cruc.* inrecte*]* proferimus, omni homini meliora sentienti ad emendandum nos subjicimus. Videtur namque divinæ gratiæ merito referendum quidquid pietatis excogitari potest actum erga genus humanum. Quidquid autem severitatis et districtionis judicio Deus in mundo statuerit, non ut in hoc delectetur quasi crudelis, sed ut ejus gratia et potentia appareat, statutum credo, quia judicii sine oppositione, ut supra dictum est, nulla gratia valet apparere.

Ut ergo et nos gratiam judiciumque Dei possimus aliquatenus attendere, conferamus utramque in angelica et humana conditione. Si igitur ad angelicam respicias, quid ea in creatura præclarius? et tamen post transgressionem, nec veniam habere meruit nec quidquam boni, vel velle potuit, attestante sancto Augustino qui, in libro xiv *De civitate Dei*, ita scribit: Propter meritum, inquit, primæ malæ voluntatis suæ ita damnatus atque obduratus est angelus malus ut jam voluntatem bonam ulterius non haberet. Rursum si humanæ conditionis jura post transgressionem imposita attendas, quid ea vilius excogitare potes? Verumtamen post culpam, et veniam et eligendi boni arbitrium habere meruit. Quæ utriusque naturæ conditio si summopere conferatur, altera ab altera declaratur. Nam in angelis peccantibus, quam tremendum horrendumque judicium Dei sit valet agnosci. In hominis vero culpa, quamvis pœna gravis et metuenda sentiatur, maxima tamen gratiæ argumenta, si judicio angelicæ naturæ conferantur, inesse videntur. Multo enim clementius est ab infimis, ubi spes omnis est veniæ, ad summa quemlibet provehi quam in summis constitutum, ubi locus nullus est pœnitentiæ, ad infima dejici.

Hæc igitur utraque maxima nobis pensanda sunt humilitate et pro continua divinæ pietatis conferenda admonitione, ac si ipsis rebus collatis Deus homines admonens loqueretur, dicens: Attendite quæ peccando meruistis et quantum postea gratiam exhibui vobis; et si hæc alias pensare nequitis, angelici reatus ultionem recordamini, quia quidquid huic dissimile pro peccatis vestris est factum, gratiæ solummodo meæ constat deputandum. Illis namque post lapsum, nec venia, nec boni eligendi facultas ulla relicta est. Vobis autem non solum hæc reliqui; sed et, ut vos de terrenis ad cœlestia, unde iidem maligni angeli depulsi sunt, transferrem, humanitatis vestræ carnem assumpsi. In qua etiam, ut ostenderem quanta mihi obedientia deberet homo subdi, ego hominibus omnimodo subjectus exempla præbui. Scio denique quia cunctis hominibus esset incredibile quid homo deberet Deo, nisi ipse tali probarem exemplo. Proinde si quid vos moveat quod ex tam fragili massa origo humana procedat, considerate in primis hoc modo esse punitam protoplasti inobedientiam; dum enim præceptis meis noluit obedire, merito aliquam carnis contumeliam debuit inevitabiliter sentire. Deinde non quæ sit massa, sed qualis sit artifex, ex ea quid facturus, attendentes credite quia majoris potentiæ est ex rebus infimis maxima quam ex magnis facere magna. Sic et majoris est clementiæ magnam quam parvam lapso dimittere culpam. Ad hæc etiam perpendite quia necesse est in aliquo probari argumento quid de suis meritis sit homo et quid de gratiæ divinæ dono.

CAPUT V.
In peccato originali facto hominis meritum; in dimisso divinæ pietatis donum probatur.

Argumentum autem tale peccatum constat [*f. leg.* monstrat] originale, quoniam in hoc uno eodemque probatur utrumque: in facto quidem hominis meritum; in dimisso autem per baptismum, divinæ pietatis donum. Hæc est igitur causa originalis culpæ merito reputanda pro antidoto contra omnes morbos superbiæ quæ, vel ex naturæ excellentia, sicut et angelis contigit, vel ex natorum profectu hominibus oriri posset, quia superbiam latentem nil magis comprimit quam culpa patens.

Quod si superbia, vel infidelitate aliqua obcæcatis minus patet ex supradicto argumento velut obscuro, quia in una eademque re, et pœna probatur, et gratia inesse, addam aliud argumentum planius. Multi denique vestrum, dum servos, vel quoslibet sibi commissos a nequitiis suis nullo pietatis moderamine cohibere possunt, dolentes eos perire penitus, aut cæcitate, aut alicujus membri detruncatione ab incœptis reprimunt. Cumque hæc fecerint, a cunctis sapientibus plus eorum salutis quam perditionis causa fecisse creduntur attendentibus, quia, juxta evangelica verba, *melius est ad vitam ingredi debilem vel claudum, quam duas manus vel duos pedes habentem mitti in ignem æternum* (*Matth.* xviii). Si ergo talia unius forsitan hominis utilitati consulens homo novit agere, quare etiam non me in homine primo, sapientia omnimoda a me imbuto et ob hoc ad inobedientiæ præsumptionem contra me elevato, totius humani generis salutem portendere arbitramini, dum ejus dignitatis partem quamdam in ipso mox initio elationis tantopere abscindendam decrevi? Ut enim hominis est delicta solummodo præterita punire, sic Dei omnipotentis est futura, ne eveniant mala, occasione omnigena, præcavere.

Hæc igitur, o mortales, de originali macula pensantes, *sentite*, ut scriptum est, *de Domino in bonitate* (*Sap.* 1). Recordamini quoque quod Psalmista dicat: *Quomodo miseretur pater filiorum, misertus est Dominus timentibus se, quoniam ipse cognovit figmentum nostrum* (*Psal.* cii); et iterum: *Fidelis Dominus in omnibus verbis suis* (*Psal.* cxliv).

Et ut nemo suspicetur quia pro crudelitate aliqua diabolum permiserim in multis dominari, attendite quod ad Job me dixisse scriptum est: *Non quasi crudelis suscitabo eum* (*Job* xli), subintellige diabolam. Inter hæc etiam libet memorare quia de judiciorum meorum austeritate multi solent murmurare. Sed eadem austeritas quam necessaria sit mundo ex hoc maxime probare potestis quia, cum plurimos, ut et ipsi perpessis, et alii auditis flagellis convertantur, affligam, nihilominus tamen in nequitia sua perseverant. Quod si eadem judiciorum meorum austeritas penitus cessaret, quanta, putatis, præsumptio quantusque exitiabilis conflictus inter homines sæviret? Hoc autem habeant argumentum qui districtioni meæ derogare conantur.

CAPUT VI.
Divina pietas et severitas sunt duo retia quibus Deus salvandos ad se trahere consuevit.

Hujusmodi igitur dicta, utcunque prolata, ideo personæ divinæ rationi assimilanda statui, quia super his plurima imperitorum turba, indignatione nunc tacita, nunc etiam prolata eum incusare studet. Sunt præterea alia innumerabilia tam districtionis et potentiæ quam gratiæ ejus indicia, quorum quædam in sacræ Scripturæ libris, quædam in quotidianis inveniuntur experimentis. Ex quorum omnium collatione aliquatenus inspici valet quia, quasi quibusdam retibus, eos quos Deus salvandos esse prævidet, ad se trahere solet. Unde et in Evangelio voce Domini nostri dicitur : *Nemo potest venire ad me, nisi Pater meus traxerit eum* (Joan. vi). Si ergo quæris quomodo ad salutem traharis, intuere, juxta Apostolum, pietatem simul et severitatem Dei easque procul dubio retia salutis tuæ esse scito. Nam si solummodo severitatem Dei attenderis, nil ab eo præmii pro labore tuo sperans accepturum, pavidus, velut a facie ignis cera, liquescis. Si vero de sola pietate ejus ita præsumpseris, ut pro nullis sceleribus perpetratis districte judicandum te verearis, eodem modo remissus deficis.

Hæc igitur utraque conferenda simul et amplectenda esse Psalmista considerans psallebat, dicens : *Misericordiam et judicium cantabo tibi, Domine* (Psal. c). Hinc iterum dicit : *Virga tua et baculus tuus ipsa me consolata sunt* (Psal. xxii). Sed quia cum virga flagellari, baculo autem inniti et sustentari solemus, congrue per virgam Domini, ejus severitatem; per baculum vero divinam pietatem designavit, eaque conjungens, neutrum sine altero sibi sufficere consideravit, ac si aperte diceret : Severitas et pietas tua, simul collatæ, salutis meæ existunt causa.

CAPUT VII.
Afferuntur ex Veteri Testamento divinæ pietatis, et severitatis exempla.

Sed hujusmodi collationem hoc modo in libris sparsim scrutare. Memorare in primis primi parentis maledictionem et diluvii generalis horrendam inundationem, nec non urbium Sodomæ et Gomorrhæ tremendam subversionem; illaque omnia judicii, vel districtionis divinæ signa fore crede. Quæ quia per se nihil operantur, nisi pavorem vel desperationem, attende mox divinæ pietatis indicia, id est ejusdem protoplasti redemptionem, licet seram, Enoch translationem, Noe filiorumque ejus conversationem, nec non Abrahæ, Isaac et Jacob memorandam venerandamque promissionem. Sicque conferens et permiscens utraque timere simul et sperare in Domino doceris.

Deinde considerans famem, quam prædixit Joseph in Ægypto, pressuramque filiorum Israel ab Ægyptiis illatam, nec non plagas Ægyptiorum et eorum demersionem in mari Rubro factam, hæc omnia potentiæ divinæ signa fore scito; attestante Scriptura, quæ Deum narrat ad Pharaonem dixisse quia *ad hoc ipsum excitavi te, ut ostendam in te virtutem meam, et annuntietur nomen meum in universa terra* (Exod. ix; Rom. ix). Licet enim de quibusdam hæc Dei verba taceantur, credenda sunt tamen. Quibus potentiæ et judicii signis si mox conferas tritici copiam, quæ facta est ante famem prædictam, Israelitici populi ereptionem, Ninivitarumque conversionem, necessariam iterum facis collationem, quæ te docet timere pariter et sperare in Domino.

Iterum si attendas Esau et Saulis regis abjectionem, Core, Dathan et Abiron, Holofernis et Aman hostis Judæorum mirabilem exstinctionem, et gentium illarum, quas filii Israel deleverunt, internecionem, et hæc omnia divinæ tantum districtionis judicia esse credens, mox adhibes Job et Eliæ sanctitatem, David regis electionem, Moysis, et Aaron et Josue dignitatem, filiorum Israel in terram promissionis introductionem, Judaicæ plebis, nec non gentium illarum, quæ adhuc paganismi ritu detinentur, infidelitatem conferas ad latronis et centurionis evangelici fidem et sanctorum infantium pro Christi nece occisorum dignitatem et ad gentium plurimarum religionem magnam, profecto ex eis concipies timoris et amoris divini compunctionem.

Sed ut brevissimam efficacissimamque omnium, quæ in sacra Scriptura continentur, collationem facias, Testamentum Vetus confer ad Novum, in Veteri quidem judicium, in Novo autem gratiam intelligens. Quamvis enim in utroque utraque inveniantur, nullatenus tamen coæquari possunt, quia in Veteri habes Latorem legis de gravitate judiciorum maxime dictantem, eo videlicet modo : Si, quis, inquit, illud vel illud fecerit, morte moriatur. In Novo autem ineffabilem Domini nostri Jesu Christi gratiam, dicentis : *Venite ad me omnes qui laboratis* et onerati estis, et ego reficiam vos (Matth. xi). De qua nimirum collatione in Joannis Evangelio dicitur: *Lex per Moysen data est, gratia et veritas per Jesum Christum facta est* (Joan. i). Cum igitur audis gratiam et legem, scito quia lex gratiæ est opposita ideoque pro judicio posita.

Hinc et Apostolus dicit: *Peccatum in vobis non dominabitur; non enim estis sub lege, sed sub gratia* (Rom. vi). Hinc et Ezechiel propheta ex Domini persona dicit: *Dabo eis præcepta non bona; et judicia mea, non in quibus vivent* (Ezech. xx), legis videlicet præcepta volens intelligi, quæ quamvis sancta et mandatum sanctum et bonum, in comparatione tamen gratiæ non bona, attestante Apostolo, qui legis et gratiæ gloriam conferens dicit: *Nam nec glorificatum est quod claruit propter excellentem gloriam* (II Cor. iii). Omnis enim gloria, et bonitas et virtus in comparatione majoris minus claret. Unde etiam in comparatione Dei nemo bonus, sicut scriptum est: *Nemo bonus, nisi solus Deus* (Luc. xviii). Multa quoque his similia inveniri possunt de collatione Veteris Novique Testamenti. Quæ si diligenter ad se invicem conferantur, quam inæstimabilis sit gratia Dei circa homines consideratur.

CAPUT IX.

Ex quotidiana etiam vita ostenditur mira divinæ severitatis pietatisque conjunctio, qua hominis salus consistit.

His igitur de Scriptura prælibatis, libet etiam aliquantisper declarare quomodo in quotidianis vitæ hujus experimentis justitiæ pietatisque divinæ collationem valeas facere, ut per hæc dicas quia *Misericordia Domini plena est terra* (Psal. xxxii), quandoquidem tam districtione quam pietate salus consistit humana.

Attende ergo aeris intemperiem, famem, pestilentiam, mortalitatem tam animalium quam hominum, incursionem hostium, venenosas mortiferasque herbarum vires, rapacitatem luporum cæterarumque bestiarum, morsus serpentum, draconum, scorpionum, muscarum, aranearum, edacitatem vermium minutorum, nobis jugiter adhærentium, seu ex nobis nascentium, incertam et difficilem piscium capturam, locorum præcipitia, multarum demersionem navium, ignis exustionem, aquarum inundantium irruptionem, infinita paupertatis, et infirmitatis et fragilitatis humanæ damna, nec non principum pravitatem; hæc, inquam, omnia attende, et in his judicii divini severitatem ob peccatorum nostrorum merita demonstranda et compescenda intonantem, cognosce, sicut scriptum est: *Pugnabit orbis terrarum contra insensatos* (Sap. v). Et rursum: *Revelatur ira Dei super omnem impietatem et injustitiam hominum* (Rom. i).

Quorum terrore quia ad timorem Dei, qui est initium salutis nostræ, solummodo instruimur, necesse est ut etiam ea attendas quibus ad amorem Dei trahimur, id est, aeris temperiem, frugum copiam, corporum sanitatem, pacis gaudium, plurima salutarium herbarum medicamenta, canum vigilem custodiam et multiplicem in venationibus solertia catarum circa mures capiendos peritiam, variarum animalium et bestiarum utilitates, dulcem mellis liquorem, incomparabilem vini saporem, aliaque potionum confectarum genera, miram aromatum variorum fragrantiam, auri et argenti gemmarumque decorem, cæteraque metalli supplementa necessaria, structuræ lapideæ munimenta aliaque perplura terrenæ felicitatis commoda. Sicque ex utrisque, collatione facta, intelligere potes quid severitas, quidque sit pietas divina.

Agenda est etiam unicuique collatio inter se et quoslibet alios, attendendo videlicet jugiter quantum spiritualis seu corporalis gratiæ minus, vel majus illis, a Domino acceperit. Nullus enim semetipsum satis metiri prævalet, nisi alterum consideret, et in ejus qualitate discat quid vel sibi desit, vel quæ dona jam sufficienter habeat. Unde necesse est ut, cum videmur nobis tam mente quam corpore pauperes et infirmi, servitio nimio depressi, vel quacunque miseria implicati, mox revocemus ad memoriam plurimos in utroque homine pauperiores, infirmiores, servitute et miseria majori gravatos.

Cumque ita miserias alienas, collatas nostris, majores senserimus, facile quia nobiscum sit gratia Dei major quam cum illis scire poterimus.

Similiter cum superbia nostra hoc suggesserit ut credamus nos sanctos, sapientes, perfectos, recordemur mox multorum Patrum tam præsentium quam absentium; in quorum comparatione inveniemur stolidissimi. Sicque fit ut ab hujusmodi collatione humiliemur, et de judicii pietatisque divinæ consilio minus causemur. Nam quod non habemus, justo judicio Dei; quod vero habemus, pietati solummodo divinæ referendum est.

CAPUT X.

In æternis damnatorum suppliciis et beatorum gaudiis eadem Dei severitas et pietas relucet.

Potest adhuc agi magna collatio, quæ videtur etiam omnium conclusio, si inferni scilicet æterna supplicia, et regni cœlestis beatitudo sempiterna conferantur. Quæ utraque sine fine idcirco pariter permansura esse credo, ut, sicut præsentis vitæ dona, collatione præsentium judiciorum censantur, sic etiam futuræ perennisque vitæ gaudia, damnationis æternæ judicio collata, quæ et quanta sint, attendantur. Quibus verbis beatus Gregorius in libro Dialogorum quarto concordat, dicens: Iniqui omnes æterno supplicio sua iniquitate puniuntur; sed tamen ad aliquid ardebunt, scilicet, ut justi omnes et in Deo videant gaudia, quæ percipiunt, et in illis respiciant supplicia, quæ evaserunt.

Neutrum enim, id est, nec malum nec bonum sine altero declaratur, et utrumque miro modo alteri famulatur. In illo namque malo bonum serviebat, qui, juxta evangelica verba, abiit in regionem longinquam, et ibi luxuriose vivens dissipavit substantiam suam. Cumque consummasset omnia, et egestate laboraret multimoda, in se reversus dixit: *Quanti mercenarii in domo patris mei abundant panibus, ego autem hic fame pereo? Surgam, et ibo ad patrem meum* (*Luc.* xv). Qui nimirum, ne consumeretur malis, respectus est spe paternæ pietatis. Econtra vero malum bono in beato Paulo apostolo, qui dicit: *Ne magnitudo revelationum extollat me, datus est mihi stimulus carnis meæ, angelus Satanæ, ut me colaphizet* (*II Cor.* xii). Qui nihilominus ne extolleretur in bonis, depressus est stimulo pravitatis. Utrumque ergo famulamen quoddam dico, et hoc, quo egens refectus est, ne desperaret; et illud, quo abundans depressus est, ne se extolleret.

Cumque hæc et his similia in tuo contuleris animo, perpendens videlicet quam potens et districtus sit Deus in exercendis judiciis, quæ ideo mala videntur stolidis, quia aspera sentiuntur et amara, nihil enim est malum, sed abusive pro pœna dicitur, eo utique genere loquendi quo flagella solent mala vocari; quamque benignus et promptus in exhibenda gratia, nulla præteritorum criminum, quæ confessione et pœnitentia diluuntur, indignatione retractus, nulla personnarum acceptione impeditus, confiteberis procul dubio juxta Psalmistam, quia *Domini est salus* (*Psal.* iii); et juxta Apostolum, quia *non volentis neque currentis, sed miserentis est Dei; cujusque vult, misereatur; et quem vult, indurat* (*Rom.* ix).

Ubi notandum est quia hoc est Dei misereri, quemlibet castigatione, vel inspiratione aliqua a malis operibus convertere; hoc autem ejus judicare, quemlibet in nequitiis suis derelinquere. Omnis enim homo, tam doctus quam indoctus, tandiu in infimis, quasi quidam ægrotus jacet, donec cum gratia superna exinde aliqua occasione elevet. Sed quæ ratio, vel lingua de pietate et severitate divina explicare potest condigna? prorsus nulla. Unde et ea quæ sunt dicta, habeo pro debitæ rationis scintilla.

H. Cum audio talia, et expavesco, et gaudeo. Expavesco quidem, quia de immensa Dei potentia vilia et superflua unquam cogitavi; gaudeo autem, quia tanta pietatis divinæ beneficia nos jugiter circumdare agnosco. Si enim omnia, quæ tu protulisti de Dei gratia, rationi debitæ comparata, sunt quasi scintilla, quid putas perfecta erit scientia?

O. Cujus rei notitiam ut apertissime et citissime comprehendas, recordare quid Apostolus dicat: *O altitudo divitiarum sapientiæ et scientiæ Dei! Quam incomprehensibilia et innumerabilia sunt judicia ejus, et investigabiles viæ illius!* (*Rom.* xi.)

CAPUT XI.

Quomodo unius hominis culpa totum genus humanum perierit. Difficultas quæstionis.

Heinr. Nolo te in his amplius immorari, quia satis declaratum est nihil posse Deo dignum dici. Restant autem alia, quæ ex occasione præcedentium ad quæstionem meum commoverunt animum. Nam cum recolo quam plura utilia de originalis culpæ causa protulisti, et quam variis collationibus, nec non argumentis ad gratiæ divinæ agnitionem me instruxisti, spe magna accendor et illud a te exquirere: qualiter uno homine peccante genus omne humanum damnationis sententiam meruerit, sicut sæpissime sacra Scriptura prodit, ut est illud Apostoli: *Sicut per unius delictum omnes homines in condemnationem,* etc. (*Rom.* v). Non enim ambigo de justo Dei judicio in nobis facto, sed valde miror quomodo per unum peccantem omnes meruerimus damnationem. Unde precor ut, sicut superius obscura reserasti per argumenta plura, ita etiam quæstionis hujus mysterium, si non alias valeat denudari, argumento aliquo studeas reserare.

O. Quod quæris, tam magnum, et obscurum arduumque est ut verear in eo quidquam vel meditando immorari. Scriptum est enim: *Altiora te ne scrutatus fueris; sed quæ præcepit tibi Deus, illa cogita semper; et in pluribus operibus ejus ne fueris curiosus* (*Eccli.* iii).

H. Fateor ita esse ut dicis. Sed quia e contrario scriptum est: *Omnia possibilia sunt credenti* (*Marc.* ix); et rursum: *Virtus Dei est in salutem omni credenti* (*Rom.* 1), egoque credo te posse per inspirationem divinam animari ad hujusmodi quæstionem solvendam: precor ut ea quæ exquiro, quantum possis, intimare coneris.

O. Quacunque fide quæras, magna sunt mihique difficilia absolvere quæ rogas. Sed verbi illius memor, quod dicitur a Domino cuidam credenti: *Magna est fides tua; fiat tibi; sicut vis* (*Matth.* xv), accepta hinc fiducia aggredior exquisita, magis fidei tuæ quam scientiæ meæ viribus roboratus. Et hoc inprimis dico quia prius opus est tibi multis verborum instrumentis, ut per hæc ad tantæ quæstionis sublimitatem agnoscendam gradatim ascendens, tanto aptior demum, quanto magis instructus introducaris.

CAPUT XII.

Deus severitate improbos et superbos compescit; lenitate humiles in spem erigit. Ostenditur id pluribus exemplis.

Judex igitur et rector providus quodcunque agit, doctrina erit. Nam ne aliquibus præsumptionis, vel superbiæ occasionem lenitas ipsius pariat, severus et districtus interdum in judicio suo exstat, non utique delectatus in districtione tali, sed saluti prospiciens communi, quæ sine districtione aliqua nequit provideri. Rursum, ne aliqui severitatis ejus nimietatem plus justo formident seseque sub ejus potentia salvari posse desperent, misericordia inopinata refovet et consolatur, non tantum illorum specialem quantum consolationem attendens generalem.

Cum ergo hæc multi mortales noverint et egerint, quid, putas, Arbiter omnipotens in unoquoque gerit? Denique non solum verbis, sed etiam operibus omnes instruit, nunc quidem deterrens, nunc autem demulcens; sic, verbi gratia, in Nabuchodonosor regis suique ducis Holofernis elati compressione, omnes elatos principes edocet comprimendos, et nihilominus in David regis humilis exaltatione, omnes humiles nuntiat sublevandos; ut, in murmurantium ac impatientium filiorum Israel contritione, omnes impatientes indicat conterendos; et iterum in sancti Job et Joseph patientium corona, omnes patientes denuntiat coronandos; ut, in Sodomitarum et Gomorrhæorum lascivientium subversione, omnes in eodem crimine perdurantes, licet in hoc sæculo minime, in futuro tamen ostendit puniendos.

Similiter in Heli sacerdotis negligentis casu, qui filios peccantes non quanta debuit invectione corripuit, omnes simul pastores negligentes arguit. Et econtra omnes zelo divino ferventes in laudato Phinees zelo, quem, ut in libro Numeri legitur, in cæde explevit fornicantium, collaudat. Eodem modo in Salomonis regis sapientissimi apostasia admonet ne quis prudentiæ suæ confidens innitatur, sed semper suspectus sit, ne in errorem aliquem cadere permittatur.

In Absalone nihilominus et duorum judicum contra Susannam falsum testimonium proferentium damnatione, omnes filios et judices terribiliter instruit. Filios quidem, ne quam malitiam, vel injuriam in parentes perpetrare præsumant; judices vero, ne quod falsitatis crimen excogitare in subditos impune sibi licere credant. Sed et in eadem Susanna divinum auxilium invocante citiusque obtinente, et generaliter omnibus invocantibus eum in veritate sese adfuturum promittit, et specialiter conjugibus cunctis fidem castitatemque debitam conjugii servantibus magnam spem beatæ remunerationis ingerit.

In utroque etiam Tobia, patre scilicet et filio, magna documenta sæcularibus cunctis in conjugio positis exhibet. In patre quidem docens ut, sicut ipse filium suum summopere præceptis divinis instruxit, ita omnes patres filios suos instruere studeant; in filio autem promittens quia, sicut ipse patris sui monita sancta implere satagens, angelico comitatu, non solum ad destinatam profectionem duci, sed etiam ad ipsius conjugii jura peragenda edoceri; postremo quoque cum plurimis divitiis nuptialibus ditatus, ad patrem meruit sospes reduci, ita omnes filii justis parentum suorum admonitionibus obedientes, et præsentis vitæ subsidia, et æterna gaudia angelico ductu mereantur adipisci. In quo simul et illud intimatur ne quis legitimis nuptiis detrahat, quas sic angelico consilio peragi consideret. Neque enim propter superfluos et illicitos hominum appetitus institutio divina reprehendenda est.

In Moyse quoque plurima exhibet documenta, humilitatis scilicet et sapientiæ, justi zeli et providentiæ, pietatisque immensæ. Humilis namque nimis exstitit, quando Jethro consilium dante super rebus quibusdam, ipse quamvis cum Deo jugiter loqueretur, mox consensit. Quoties vero sapientiæ cæterarumque virtutum prænominatarum indicia in eo claruerint, quia breviter memorari nequeunt, prætereo, maxime cum et in Pentateucho legentibus plana sint, pietatis solummodo ejus aliqua hic documenta ponens. Hæc igitur quanta in illo fuerit, ibi dignosci poterit, cum sibi in monte constituto Dominus filiorum Israel delicta nuntiaret, dicens: *Descende; peccavit populus tuus*, etc. (*Exod.* xxxii), illic quippe se districtioni divinæ primo objiciens, quasi quidam defensor respondit, dicens: *Cur, Domine, irascitur furor tuus contra populum tuum quem eduxisti de Ægypto in fortitudine magna et in manu robusta? Ne, quæso, dicant Ægyptii: Callide eduxit eos,* etc. (*Ibid.*). Deinde paulo post eadem fecit. Tertio quoque, cum iidem filii Israel murmurassent contra ipsum et Aaron dicentes: *Utinam mortui essemus in Ægypto, et non in hac vasta solitudine,* etc. (*Num.* xiv). Ubi videlicet apparuit gloria Domini videntibus cunctis filiis Israel, et dixit Dominus ad eumdem Moysen: *Usquequo detrahet mihi populus iste?* (*Ibid.*) Mira ac placabili oratione iram Domini mitigavit. Quæ omnia, licet exterius et juxta litteram, Moysi deputentur clementiæ, intima tamen fide ad pietatis divinæ dispensationem referenda sunt, ut in his pastores discant quantum subditis misereri debeant.

Adhuc etiam res alias satis memoranda in Moyse videtur pensanda. Nam quamvis eum Dominus miraculis et signis præ mortalibus cunctis magnificaret, ipsique inter cætera familiaritatis verba dixisset: *Invenisti gratiam coram me, et te ipsum novi ex nomine, et omne bonum ostendam tibi* (*Exod.* xxxiii); exaltaque hujusmodi, tamen absque peccato non est inventus coram eo, ut Scriptura testatur de illo et Aaron. *Quia*, inquit, *non credidistis mihi, ut sanctificaretis me coram filiis Israel, non introducetis hos populos in terram quam dabo eis* (*Num.* xx), ut impleretur quod scriptum est: *Quia non justificabitur in conspectu ejus omnis vivens* (*Psal.* cxlii); et iterum: *Non est homo justus super terram, qui faciat bonum et non peccet* (*Eccle.* vii); Deoque soli anamarteton, id est, *impeccantia* aptaretur, ut de eo legitur: *Qui peccatum non fecit, nec inventus est dolus in ore ejus* (*I Petr.* ii). Nemo autem in his moveatur, cum scriptum sit: *Quia cœli non sunt mundi in conspectu ejus* (*Job* xv); sed attendat aliquam merito esse differentiam inter Deum et hominem.

CAPUT XIII.

Eadem doctrina Novi Testamenti exemplis confirmatur. Quomodo dæmonum tentationibus resistendum, etc.

Hujusmodi itaque exemplis de Veteri Testamento prolatis, jam vero de Novo proferamus aliqua, ubi imprimis eos qui etiam primitiæ sanctorum vocantur, videlicet sanctos infantes ab Herode trucidatos, ponere volumus; in quibus nimirum hoc videtur Christus nos docere, ut credamus quoniam, sicut iidem infantes, nec scientia nec meritis ullis suffulti, sed sola Dei gratia digni effecti sunt pro ejus nomine pati, ita omnes, qui in ipso regenerandi sunt, vel credituri, licet ætatis parvitate aut morum simplicitate nil videantur mereri, tamen si parvuli, id est humiles esse student, quod est pueritiæ veræ indicium, divina gratia efficiantur digni, vel in pace, vel martyrii palma cœlesti regno associari. Quia ergo in his infantibus omnes in se credentes piissimus Arbiter ita, ut dictum est, consolari creditur, referamus aliquod in quo nihilominus omnes perfidos arguere videatur.

Sed quid apertius ad hoc reperire valeamus quam quod de Herode super Christo fraudulenter inquirente et Judæis respondentibus legimus? illi namque, quia dolose Christum investigare studuerunt, non solum cum minime invenerunt, sed etiam ad tantam, perfidiæ suæ causa, nequitiam perducti sunt ut et ipse Herodes, pro Christo plectendo, infantium prædictorum innumerabilia agmina necaret, et Judæi in Christi quandoque necem conspirarent. Quo sane actu omnes, qui Christum duplici corde sequuntur, increpari videntur.

Qualiter etiam tentationibus diabolicis resistere debeamus, Christus nos edocet, qui tentatori, quamvis sibi omnia nuda et aperta essent (*Hebr.* iv), tamen nullis, nisi sacræ Scripturæ verbis, respondere voluit dicens : *Scriptum est : Non in solo pane vivet homo, sed in omni verbo quod procedit de ore Dei* (*Matth.* iv). Et iterum : *Scriptum est : Non tentabis Dominum Deum tuum.* Et rursum : *Scriptum est : Dominum Deum tuum adorabis et illi soli servies* (*Ibid.*). Quibus verbis omnes fideles instruuntur, ut in tentatione positi sacram semper paginam inspiciant, sacræ Scripturæ verba semper attendant. Demonstravit etiam nobis Dominus in sua tentatione quanta calliditate diabolus sacram Scripturam ad pravitatis suæ intentionem flectere conetur. Cum enim illi supra pinnaculum templi statuto suggereret, dicens: *Mitte te deorsum* (*Ibid.*), mox Psalmistæ dicta, quasi ad id quod suggerebat olim prænuntiata fuissent, subjunxit : *Scriptum est, inquiens, quia angelis suis mandavit de te ut in manibus tollant te, ne unquam offendas ad lapidem pedem tuum* (*Ibid.*). Hujusmodi igitur diabolica versutia nequaquam credenda est frustra prolata, sed exinde edocemur quanta cura nobis sit contra eamdem versutiam vigilandum. Agit enim in nobis quotidie, quæ semel in Domino præsumpsit agere, tentans videlicet nos fraudulenta sacræ Scripturæ illatione in errorem aliquem inducere.

CAPUT XIV.

Contra pravam divinæ Scripturæ interpretationem, et avaritiam rapacitatemque clericorum.

Nec mirum, si Satanas sacram Scripturam simulata qualibet justa ratione ad suam nequitiam vertere valeat, qui se in angelum lucis transfigurat. Sed quanto majori calliditate suam nequitiam contegere novit, tanto plus præcavenda est a cunctis fidelibus, maxime a sæculi judicibus et rectoribus. Illos denique si avaritia solummodo corruperit, tantis vel sacræ Scripturæ testimoniis, vel sæculari facundia ad ea quæ injuste obtinere gestiunt, obtinenda instruit, ut nil nisi justum videatur quidquid ab eis iniqua intentione profertur, non attendentibus ideo se hac falsitate deludi, quia nequam illum oculum, de quo Dominus in Evangelio dicit : *Si oculus tuus nequam fuerit, totum corpus tuum tenebrosum erit* (*Matth.* vi), retinent.

Nequam profecto est oculus illa prava intentio, qua quilibet aliena appetens omni modo laborat tam scriptis quam vulgaribus judiciis, qualiter pauperes et simplices supplantans, antiqua sanctorum Patrum decreta dissipans desiderata obtineat, non attendens quod Dominus per prophetam comminatur, dicens : *Væ qui condunt leges iniquas* (*Isai.* x). Et iterum : *Væ qui dicunt bonum malum, et malum bonum, ponentes tenebras in lucem et lucem in tenebras* (*Isai.* v). Lucem in tenebras ponit qui sacræ Scripturæ verba perverse intelligens in erroris sui supplementum sumit, sicut hæretici multi fecisse leguntur.

Hæc autem ideo aliquid solito prolixius edidi, quia, pro dolor! agnosco nunc pene omnes rectores, tam clericos quam laicos, nil magis studere quam aliena rapere. Verumtamen clericos ab hujusmodi morbo nulla cura plus quam Scripturæ sacræ lectio sanaret, si eam studio tantum agnoscendæ veritatis suæque emendationis causa summa humilitate frequentarent, Deum jugiter pro intellectu puro exorantes. Nam qui alia intentione legere solent nullam ædificationem exinde percipere merentur, sed fit in eis quod scriptum est : *Oculos habent, et non videbunt; aures habent, et non audient* (*Psal.* cxiii).

Eadem vero cæcitas, quæ clericis ex libralis [*sic uterque cod.*; forte *leg.* liberalis] scientiæ evenit abusione, laicis nascitur ex sæcularis sapientiæ præsumptione. Cum enim tantam peritiam dicendi quælibet et defendendi habeant, ut in eis ipsum Tullium disputantem putares, tantæque sapientiæ talentum ex Deo acciperent causa defendendi simplices et pauperes, illi econtra, o nefas! avaritiæ facibus inflammati, et ob hoc prorsus obcæcati, quorumque bona possunt devorant, ventrem pro Deo, temporalia lucra pro æterna felicitate amantes.

CAPUT XV.

Divinæ pietatis est virtutum et vitiorum exemplis recta docere.

Item ne de promissionibus suis unquam desperemus, exemplis quibusdam docuit nos Dominus. Promisit denique discipulis suis simulque cunctis in se credentibus, dicens : *Ubi sunt duo, vel tres congreg in nomine meo, ibi sum in medio eorum* (*Matth.* xviii). Quod quia semper impleat spiritaliter aliquando voluit demonstrare corporaliter. Nam cum discipulis suis ad castellum quoddam euntibus et de se colloquentibus, ipse Christus, repente apparens, ibat cum illis; sicque eorum conviator effectus, licet ab eis dubitantibus imprimis non esset agnitus, omnibus, quæ de ipso erant, Scripturis instruxit.

Docuit etiam prælatos quodam exemplo non debere præcipites esse in judicio. Nam cum quamdam mulierem in adulterio deprehensam Judæi ante illum deducerent, et pro hujusmodi crimine judicium ipsius exquirerent, non statim pro exquisito respondit judicio, sed inclinans se aliquandiu in terra, scribebat digito (*Joan.* VIII), admonens videlicet omnes fideles hoc facto ut, cum quælibet vitia proximorum conspiciunt, vel audiunt, non ante hæc reprehendendo judicent [*uterque cod. judicare*] quam ad conscientiam suam humiliter reversi discretionis digito eam diligenter sculpant et in ea quid Conditori placeat, quidve displiceat sedula examinatione discutiant. Per inclinationem denique Jesu humilitas, per digitum discretionis subtilitas, per terram vero cor humanum, quod vel bonarum, vel malarum actionum solet reddere fructus, exprimitur.

Similiter quoque vere pœnitentibus et instanter orantibus Christus exempla dedit; pœnitentes quidem in beata Maria Magdalena, instanter autem orantes in muliere Chananæa instruens. Hæc igitur utraque exempla cunctis noviter conversis maxime attendenda sunt, quia nequitia diabolica, quamvis in omnes fideles impugnando desæviat, amplius tamen eos, quos per veram peccatorum suorum pœnitentiam et orationis instantiam ad Dominum confugere perspicit, impugnat. Unde et plures conversi tantæ impugnationis molestia gravati, desperantesque hanc in Domino posse superari, ad vitiorum consuetudinem, *quasi canis reversus ad vomitum suum* (*II Petr.* II), redierunt.

In Simone etiam Mago, qui pro eo quod spiritalia dona cum pecunia comparare nisus est (*Act.* VIII), nam legitur id non perfecisse sed tantummodo niti, non solum veniam nullam pro hujusmodi culpa obtinuit, sed etiam malitia maxima obcæcatus æternaque maledictione percussus interiit. In hoc, inquam, Simone Deus omnes ecclesiastici ordinis viros instruit ne, spiritalis regiminis monarchiam pretio terreno comparare præsumentes, similia patiantur. Semel enim, ut scriptum est, *loquitur Deus et secundo non repetit idipsum* (*Job* XXXIII). Ideoque, quæ semel per beatum Petrum apostolum in Simone damnavit, in cunctis simul perpetuo damnat, dicens ad omnem hominem Simonis ejusdem sectatorem : *Pecunia tua tecum sit in perditione* (*Act.* VIII).

Hæc igitur omnia aliaque his similia, quæ reperiri possunt tam in Veteris quam in Novi Testamenti historia, omnium fidelium sunt documenta; et in his valet admodum considerari quanta Dei sit benignitas circa homines, quibus, quid vel sibi placeat, vel displiceat, in quorumdam factis dignatur jugiter intimare.

CAPUT XVI.

Ostenditur exemplo Christi per faciliora et planiora ad difficiliorum et obscuriorum cognitionem progrediendum esse.

Heinr. Quamvis sint sancta et necessaria vitæ, quæ jam protulisti, documenta, ardore tamen solutionis, quam exquiro, videntur tædiosa. Unde et hoc mihi quæso reseratis cur in his velis tam diu immorari, quasi illa, quæ petii, quæstionis propositæ dicta prorsus omittens?

O. Ipsius Domini nostri Jesu Christi verbis respondeo : *Quod facio, tu nescis modo, scies autem postea* (*Joan.* XIII).

H. Sanctissima quidem verba audio; sed quo tendant, ignoro.

O. Dicam. Ubicunque igitur obscura, vel ignota, vel difficilia simplicioribus et idiotis sunt tradenda, prius aliqua plana et cognita constant edocenda; ut, in his assuefacti, ad incognita et obscura facilius capessenda quandoque instituantur. Hunc namque morem Dominus tam in operibus quam verbis suis observans et ea, quæ nuperrime protuli, et alia infinita edidit dicta.

Et ut ita esse perspicacius intueri valeas, verbi propositi sententiam in medium proferamus. Petro itaque interrogante et dicente Christo : *Tu mihi lavas pedes?* respondit ipse et dixit : *Quod ego facio, tu nescis modo, scies autem postea* (*Joan.* XIII). Cumque nil plus de hujus solutione verbi adderet, sed lavans discipulorum pedes opere verba incognita exposuisset, tunc demum quid verba, quid opera talia significarent intimavit, dicens : *Scitis quid fecerim vobis? Vos vocatis me, Magister et Domine, et bene dicitis, sum etenim. Si ergo ego lavi vestros pedes Dominus et Magister, et vos debetis alter alterius lavare pedes. Exemplum enim dedi vobis, ut quemadmodum ego feci vobis, ita et vos faciatis* (*Ibid.*). Quibus nimirum verbis aperte demonstratur quia si ignota præcepta absque exemplis factorum, vel verborum proferret, fragilitas humana nequaquam caperet.

Sicut igitur hic documenta sua præmissis factorum argumentis Dominus noster Jesus Christus expressit, ita etiam alibi sæpissime verbis argumentosis ostendit. Sicut, cum Judæorum novissima prioribus pejora demonstraturus esset, prius de immundo spiritu ab homine exeunte et iterum cum aliis spiritibus nequioribus revertente, quoddam similitudinis argumentum sumpsit; sicque postea intulit, dicens : *Sic erit et generationi huic pessimæ* (*Matth.* XII). Item, quando intimare voluit quomodo unusquisque fratri suo ea quæ contra eum commisisset dimittere deberet, argumentum similitudinis quoddam de rege, qui voluit rationem ponere cum servis suis, præmisit; sicque demum subjunxit, dicens : *Sic et Pater meus cœlestis faciet vobis, si non remiseritis unusquisque fratri suo de cordibus vestris* (*Matth.* XVIII). Item, quando explanare voluit quale gaudium in cœlo sit super unoquoque peccatore pœnitentiam agente, similitudinem quamdam de ove perdita et inventa præmisit; sicque postea intulit dicens: *Ita gaudium erit in cœlo super uno peccatore pœnitentiam agente* (Luc. xv).

Cum ergo Dominum nostrum, qui in omnibus, prout possibilitas permittit, imitandus est, audias obscuris planiora toties præmisisse, ne mireris, cum me audieris quæstionis obscurissimæ solutionem differentem, facilioribus te prius instruere documentis. Ad hæc etiam denuntio quia, nisi illa verba judiciaque Domini, quæ utcunque sentiri et promi possunt, diligenter auscultas, attendens videlicet quam justa et vera, quamque necessaria existant, facillime in his quæ obscuritatis conteguntur nebula, infidelitate, vel dubitatione delinques aliqua. Neque enim sicut corporalia, quæ solo intuitu dignoscuntur, ut sol, ignis, terra, aqua aliaque his similia, ita spiritualia atque divina comprehenduntur. Sed et hoc jugiter attendendum intimaque fide retinendum quia gratia divina omnia excedat merita humanarum virtutum.

CAPUT XVII.
Proponitur quæstio de quatuor speciebus divinorum judiciorum.

Heinr. Mira sunt quæ audio, quia, velut incantationibus quibusdam, ita me attonitum efficiunt ut, cum prius animo impatienti quæstionis cujusdam solutionem a te exigerem, nunc cogar eam relinquere et alia quædam obscura proposita ardore simili investigare. Atque utinam ex hujusmodi investigatione ad superiora priusque exquisita induci merear!

Othl. Fiet profecto quod optas, si tamen in istis quæ prius dicenda sunt studiosus diligensque auditor existas.

H. Grates omni modo tibi propter tanta rependo. Nunc igitur, cum tantam curam habeas nostri, solve quæ nuperrime proposuisti: quæ sint videlicet judicia Dei justa, quæ necessaria, quæ etiam ita sint occulta, ut nullo modo agnosci valeant.

O. Faciam ergo quantum ipse annuit qui omnia bona tribuit.

Cum itaque audieris, vel legeris quia judicia Dei justa, et vera necessariaque sint, attende imprimis quid justum verumque ac necessarium usibus humanis sentiatur. Neque enim Deus hominem, quem ad imaginem suam plasmavit, ita insensibilem reliquit ut hæc aliquantulum investigare et intelligere non possit. Cumque singula discusseris et inveneris, Deo ita redde ut potissimum inventio docet esse. Nam supra nosse nihil exigit arbiter a te. Sed ut de is latius aliquid disseramus, omne justum etiam verum est omneque verum justum. Justum quoque et omne verum necessarium constat. In hoc tamen distant, quia omne justum et verum solummodo ad Deum; necessarium autem ad creaturam referendum est. Nullo enim indiget Deus; Deo autem omnis creatura indiget.

His ergo prolatis aspiciamus qualiter judicia Dei, quæ generaliter omnia justa et necessaria sunt, specialiter tamen quædam justa, quædam vero necessaria, quædam justa simul et necessaria, quædam etiam occulta dicantur. Eaque omnia in quatuor species distinguentes, de singulis, quantum Deus largiri dignatur, dicamus, ponentes in prima specie justa, in secunda necessaria, in tertia justa simul et necessaria, quæ etiam omnia existunt manifesta, in quarta autem specie, occulta. Cætera ea, quæ manifesta dicimus judicia, judiciis quibusdam valent agnosci; justa quidem ex præcedentibus, necessaria autem ex subsequentibus. Illa vero dicimus occulta, quæ nec ex præcedentibus nec ex subsequentibus causis probare valent quæ sint et quomodo sint, sed tantummodo credenda sunt justa, ideo videlicet quia, cum Deo futura quasi præterita sint nota, juste de utrisque potest judicari.

Inter hæc quoque summopere intuendum est quod more humano justum, vel necessarium dicatur. Neque enim Deo aliud genus loquelæ novimus præbere, nisi quod scientia humana solet habere, quia et ille, quoties nobis aliquid innuit, eloquii nostri more promit.

H. Licet sint obscura quæ dicis, dulcia tamen moraliaque videntur convenientia sermonis. Unde quod cœpisti, prosequere, quoad usque valeam intelligere.

O. Jam diximus quod omne justum, etiam verum, omneque verum justum sit, et quod omne verum et justum necessarium sit, et, quot speciebus omnia judicia Dei differant, quoque modo singula probentur. Et quia non nisi humana loquela de Deo loqui novimus, nunc videamus quid apud homines justum, vel necessarium dicatur, ut per justitiam humanam judicia divina agnoscere valeamus sicque singulas judiciorum divinorum species propositas exemplis additis approbemus.

CAPUT XVIII.
Quæ inter homines sint justa et necessaria, occulta, vel manifesta, etc. Quæ in Deo.

Justitia namque humana est ut unusquisque judex, vel rector ea quæ iniqua sunt sub jure suo, aliquo, quatenus emendentur, manifesto præmoneat judicio, ut, si forte transgressio quælibet postea facta fuerit, nullus se de ignorantia valeat excusare in subsequenti judicio, eoque licentius et justius puniendi habeat potestatem, quo punienda et devitanda præmonebat. Justitia quoque humana est ut dominis, servi, parentibus filii obedientes sint et subditi, cæteraque multa, quæ memorari nequeunt. Quæ tamen omnia ideo probantur justa, quia tam humanitus quam divinitus instituta sunt atque præcepta.

Necessaria autem dicuntur Dominicæ incarnationis, passionis, resurrectionis et omnium, quæ in hoc mundo, vel verbis, vel operibus Dominus exhibuit, dispensatio; sed et aeris temperies, solis splendor, ignis calor, victualium rerum substantia, rectorum potentia, pauperum cura, servitutis impensio, nuptiarum copula, totius disciplinæ studia, et quæcunque infirmitas, vel fragilitas humana exigit ; sed et persecutiones, tentationes ipsaque scandala necessaria sunt, Domino dicente : *Necesse est ut veniant scandala* (*Matth.* xviii). Inter quæ omnia maxime constant necessaria contemplatio divina, quæ ita proponitur cunctis ut de ea, quasi ipsa sola sit necessaria, dicatur a Domino : *Porro unum est necessarium* (*Luc.* x)

Quæ nimirum cuncta, quia non Deo, sed hominibus sint necessaria, luce clarius est. Verumtamen, quia omnia a Deo pro nobis ordinata justa sunt, justa sunt ergo omnia prædicta necessaria. Ex eo quidem justa, quia a Deo ordinata ; ex hoc vero necessaria, quia sine his subsistere nequit conditio humana.

Quæcunque etiam solatia, vel præsidia mundo per judicia divina exhibentur, ideo dicenda sunt necessaria, quia non ita per humana contingunt merita ut possint nostra a parte dici justa [*Cod. Cruc.* ut possint non apte dici justa], id est, juste et ex debito nobis concessa ; sed sola Dei providentia atque clementia necessitati humanæ prævidentur profutura. Omne enim justum ex Deo super homines factum, ex aliquo merito, vel debito eorum præcedenti accidit. Necessarium vero dicendum est quod nullis præcedentibus meritis, sed sola Dei gratia obtinetur.

Justum quoque omne, pro eo quod Deus et justus et bonus est, bonum ; necessarium vero, quia tam ex malo quam bono accedit, non solum bonum, sed etiam malum dici potest. Nam mendacium, quod absque dubio malum est, invenitur sæpissime necessarium. Omnis quoque culpa per se constat mala ; sed ad bonum in homine faciendum tunc erit necessaria, cum quis elatus, vel propriæ fragilitatis ignarus in eam corruens, et inde quid sit discens ad meliora conversus fuerit. Sicut de sancto Petro multisque aliis legitur, qui ideo dispositione divina permissi sunt graviter delinquere, ut et ipsi per fragilitatis suæ experimenta discerent quid essent et aliis peccantibus compati scirent. Hoc igitur modo malum constat esse necessarium.

Verumtamen omne malum nobis necessarium, ex eo quidem quod est malum, inde humanæ prævaricationis insinuat meritum ; ex quo autem sit necessarium, inde divinæ pietatis constat argumentum. Unde et omnia gratiæ divinæ dona, quæ tanta sunt ut ea nullus valeat promereri, quamvis in dispositione divina dicantur justa, ubi justum est omne pium, piumque omne justum, necessaria potius quam justa a nobis sunt dicenda.

Sed ut hoc apertius clarescat, assumenda sunt ex judiciis humanis exempla. Quotiescunque igitur judex quilibet reum quemlibet districte pro nequitia sua puniri fecerit, tam a punito reo quam a puniente judice justum judicium factum esse dici valet. Cum vero cuiquam reatum dimittens misereri judicaverit, ipse quidem judex aliique dicere valent quia juste idem, pro pietatis suæ justitia, misertus fuisset et pepercisset reo. Cui autem facta est misericordia non convenit dicere juste se eamdem misericordiam percepisse, sed necessario, vel gratuito judicis dono. Ne forte, si misericordiam adeptam justitiæ meritoque suo deputaverit, judicis pietati derogare videatur.

Idem de Dei gratia sentiendum est. Quia enim scriptum est : *Omnes peccaverunt, et egent gloria Dei, justificati gratis per gratiam ipsius* (Rom. iii). Ideo nullus debet dicere, vel credere eamdem gratiam Dei se promeruisse. Alioquin non esset gratia, si ulli fuisset debita.

Quia igitur satis est dictum quid justum sit, vel necessarium ex justitia humana, nunc consideremus quæ sit divina. Nam de necessitatibus humanis nulla erit similitudo ad divina. Justitia autem humana superius est aliquatenus memorata, sed hoc iterum commemorare volui [*cod. S. Cruc.*, hic it. com. volo]. Denique supradictum est justitiam humanam hujusmodi esse ut omnis judex et rector ea crimina, quæ lege aliqua præmonuit ne fierent, perpetrata licenter punire possit. Quæ scilicet justitia si subtiliter pensatur, in omnium sapientium conscientia reperitur. Quamobrem cum nullius sapientis conscientia de hac dubitet justitia, necesse est eamdem nos scire divino reddendam esse judicio, ut, sicut homo præpotens iniquitatem contra præcepta sua perpetratam quolibet judicio solet punire, ita et Omnipotens omnem nequitiam contra legem suam, quæ, vel ex naturali ingenio, vel qualicunque indicio indita est homini, effectam justo judicio, prout vult, valeat emendare.

H. Hinc sapiens quisquam dubitare minus valet unquam.

CAPUT XIX.
Exempla primæ speciei divinorum judiciorum, quæ dicuntur justa.

Othl. Cum ergo juxta rationem prædictam justitia Dei aliquatenus queat inspici, libet modo, prout possum, ea quæ te instigante pollicitus sum de judiciis divinis declarare, quæ videlicet specialiter justa, quæ specialiter necessaria, quæ justa simul et necessaria, quæ occulta etiam dicantur quibusque indiciis hæc singula agnoscantur. Sed quoniam eadem judicia in quatuor species distincta promisimus exemplis probare singula, in primis primæ quoque speciei dicamus exempla. Scriptum igitur nosti quia Sodomorum et Gomorrhæorum urbes subversæ sunt judicio divino?

H. Scriptum profecto novi quia subversæ sunt judicio Dei.

O. Potes autem scire quomodo idem judicium fuerit justum?

H. Minime, nisi in hoc quod judicium Dei semper justum esse credo. Aliter namque quomodo, vel in hac subversione, vel ubi justum sit, ignoro, unde precor ut tu, qui hæc proponebas, denudare studeas.

O. Nonne subversionem urbium prædictarum reperire potes aliqua divinæ pietatis admonitione præventam esse?

H. Nequaquam, ut reor. Nam nullus divinæ legis monitor, vel prædicator, illuc præmissus fuisse legitur, sed pridie quam subverterentur, duo angeli venisse dicuntur, ita referente Scriptura : *Venerunt,* inquit, *duo angeli Sodomam vespere sedente Loth in foribus civitatis* (Gen. xix).

O. Lege cætera, quæ sequuntur, et invenies forsitan judicia Dei, quæ ibidem completa sunt, præmonitione aliqua denuntiata, ideoque vera et justa. Neque enim a memoria tua debet evelli quid supra dictum sit esse justum causaque justi. Quamobrem diligentius Scripturæ memoratæ sequentia intuere, et reperies cognitione aliqua quam justa fuerint judicia Dei in urbibus supradictis facta.

H. Quæ me jubes reperire nequeo : ideoque tu profer, quæso.

O. Nonne, post ea quæ præmisisti Scripturæ verba, scriptum est : *Egressus itaque Loth locutus est ad generos suos, qui accepturi erant filias ejus, et dixit : Surgite, egredimini de loco isto, quia delebit Dominus civitatem hanc. Et visus est eis, quasi ludens loqui?* (*Ibid.*)

H. Scriptum profecto ita esse recolo ; sed quomodo per hæc verba judicia divina probari valent justa?

O. Possunt plane. *H.* Quomodo? *O.* Ex hoc utique quia cum Lot quosdam egredi de loco illo præmonuisset et delendam civitatem esse ipsam prædixisset, omnes, qui hæc dicta Lot audierunt, admoniti sunt ut judicia Dei intimata evaderent. Sed quoniam prædictam imminentemque subversionem noluerunt credere, patet profecto eos flagitia sua nec pœnitere velle. Qua de re colligitur et probatur justum verumque esse Dei judicium, quod non ante, sed post monita neglecta delevit loca prædicta.

H. Jam plenius agnosco quid sentiendum sit de justo judicio. Verumtamen huic videtur quiddam obsistere in eadem subversione. Nam omnes ibi nequaquam sunt præmoniti ; omnes vero, exceptis his qui cum Lot exibant, leguntur fuisse damnati.

O. Judicium divinum non, ut humanum plerumque, errat. Quamvis enim Deus, priusquam quemlibet moneat, si ejus monitis obtemperaturus sit præsciat, quosdam tamen perituros ideo ad pœnitentiam præmonet, velut ignarus, ut in ipsa admonitione cassata hominibus ostendat quia in cæteris judiciis, quæ non ostendit, minime errat. Probavit namque in his, qui moniti non sunt conversi, quia etsi omnes admonerentur eadem essent facturi. Quod nimirum ita esse aliter etiam probatur. Nam priusquam duo angeli Sodomam venissent, cum Abraham colloqui ipsique Sodomorum et Gomorrhæorum peccata denuntiare dicuntur. Pro quibus cum Dominum unice suppliciterque diu exoraret, post plura orationis verba intulit, dicens : *Quid si inventi fuerint inter illos decem justi?* Cui respondens Dominus, ait : *Non delebo propter decem* (Gen. xviii). Ecce Dei verbis quid venturum foret audis. Nam quos præscivit incorrigibiles, in paucis probavit omnes.

H. Quidquid mihi dubietatis super hac sententia inhæsit, aperta ratio dissolvit. Videntur enim mihi modo omnia, quæ de justo Dei judicio in prædictarum urbium subversione facto dixisti, tam lucida ut mirer quod non egomet per me ex circumstantia Scripturæ eadem sentirem. Jure igitur legitur, jure cantatur : *Justus es, Domine, et rectum judicium tuum* (Psal. cxviii). Et illud : *Justæ et veræ viæ tuæ Rex sæculorum* (Dan. iii).

O. Sentisne et hoc, an ex præcedentibus, vel subsequentibus causis dicatur justum prædictum Dei judicium?

H. Sentio jam plane quia, juxta sententiam tuam, unumquodque judicium manifestum ex præcedentibus probari valet justum.

CAPUT XX.

Deus in quibusdam manifestis judiciis ostendit quam in occultis juste judicet.

Othl. Visne aliud exemplum propalari, ex quo judicia Dei similiter valeant probari?

H. Volo omnimodisque deposco, quia quanto apertius præterita declarasti, tanto avidiorem me ad futura præparasti. Condelector namque in his quæstionibus ac solutionibus, ut illam, quam summopere expetii, libeas, quoad usque velis, patienter præstolari. Prosequere ergo inchoata, quia plura proposuisti explananda.

O. Potesne attendere illud Dei judicium, quod in mari Rubro circa Pharaonem omnemque ejus exercitum legitur factum, quomodo sit justum?

H. Ut arbitror, possum ; alioquin indagatio præterita incassum videretur facta.

O. Unde, rogo, maxime patet justum?

H. Ex multimodis prodigiis, et signis plagisque præcedentibus. Sed et si quid justissimum plus valet quam justum, justissimum illud dico judicium, quod tanta præcesserunt monita signorum.

O. Optime dixisti. Nam quo plus fuerat justum, tanto districtius percuit Ægyptum. In hujusmodi etiam judicium quandoque casuros scito, quicunque infirmitate, vel qualibet correptione a Deo præmoniti, a vitiis suis nolunt converti.

H. Justissimum prorsus judicium videtur, quod in eos, qui pietatis monita spernunt, exercetur.

Duobus igitur exemplis prolatis addamus et tertium, ut evidentem agnoscas quomodo judicia divina comprobentur justa. Ad quod congregatio Core, Dathan et Abiron, sed et omnes filii Israel, qui egressi de Ægypto perierunt in deserto, deputentur. Qui simul omnes justo judicio Dei probantur damnati, quia leguntur omni modo correpti et præmoniti.

Inter hæc etiam magnopere pensandum est quia et hoc justum Dei judicium intelligi valet, cum quilibet, vel naturali ingenio, vel scientia quacunque divinæ legis præmoniti, sed non conversi, damnantur, sicut illi qui in prima mundi ætate diluvio perierunt. Hi enim omnes, quoniam needum prolata est lex ulla, naturali tantummodo ex scientia damnati sunt. Unde et Apostolus : *Revelatur*, inquit, *ira Dei super omnem impietatem hominum, quia, quod notum est Dei, manifestum est in illis. Deus enim illis manifestavit. Invisibilia enim ipsius a creatura mundi per ea quæ facta sunt intellecta conspiciuntur* (*Rom.* I). Quod scilicet ita esse alibi idem Apostolus apertius declarat, dicens de quibusdam naturaliter sapientibus : *Cum enim*, inquit, *gentes, quæ legem non habent, naturaliter quæ legis sunt faciunt, ostendunt opus legis scriptum in cordibus suis* (*Rom.* II).

Hujusmodi etiam ratione illud ultimum tremendumque Dei judicium probatur justum, quia variis correptionibus et monitis constat prædictum. Unde et Psalmista dicit : *Deus manifeste veniet* (*Psal.* XLIX). Quidquid autem manifestum fit indiciis profecto variis probatur prænuntiatum.

Nonne ergo per hæc omnia perpendis quia differentia congrua appellantur illa judicia justa, quæ præcedit admonitio, vel correptio aliqua?

H. Ex quo super his disserere cœpisti, ingiter eamdem differentiam, licet hucusque inauditam, tantam reputavi ut eam sacræ Scripturæ necessariam esse dicam. Quid enim per hoc pensari potest quod in Scriptura sacra toties dicatur, judicia Dei justa, nisi ut subaudiatur aliqua differentiæ causa? Sensus non est omnino reprobandus.

CAPUT XXI.
De secunda specie divinorum judiciorum, quæ dicuntur necessaria.

Othl. Talis sensus non est omnino reprobandus. Proinde quia exemplis sufficientibus jam constat declaratum quomodo agnoscantur judicia justa, studeamus etiam declarare quæ sint necessaria, sub specie secunda, distincta. Sed primum rogandus es si quidquam absque nutu et providentia Dei credas geri?

H. Nihil omnino ; quia, sicut a sancto edocemur Augustino, nihil fit visibiliter ac sensibiliter quod non de invisibili atque intelligibili [*sic uterquecod.*] summi imperatoris aula aut jubeatur, aut permittatur.

O. Cum ergo hæc scias, attende ea quæ de Joseph patriarcha leguntur, qualiter scilicet suorum malitia fratrum ita contra eum invaluerit ut, vix a morte ereptus, venundaretur, sicque in Ægyptum duceretur. Cumque hæc et alia, quæ de eo Scriptura narrat, animo revolveris, afflictiones videlicet varias et quomodo post interpretationem somniorum ob prædictæ famis metum obtinuerit totius Ægypti principatum, et deinde fratres, ob imminentis famis refugium ad se venientes, frumento consolatus fuerit, qualiterque ad extremum patrem progeniemque simul omnem ad se venientem a famis interitu liberaverit, quid aliud quam necessaria hujusmodi judicia Dei confiteberis?

H. Ita profecto necessaria hæc omnia mihi videntur ut, nisi hoc modo pietas divina per Joseph provideret, non solum pater fratresque ejus, sed etiam Ægyptus tota periret.

O. Hæc omnia igitur, quæso, ex præcedentibus an subsequentibus indiciis pensari valent?

H. Nullum sane meritum Joseph ex Scriptura reperio tale quod providentiam tantam potuisset obtinere. De fratrum vero meritis hoc evenisse incongruum est vel autumare, cum Scriptura narret his valde contraria. Refert enim quia post mortem patris *venerint ad Joseph fratres ejus, et proni in terram dixerint : Servi tui sumus. Quibus ille respondit : Nolite timere. Num Dei possumus resistere voluntati? Vos de me cogitatis malum, et Deus vertit illud in bonum : ut salvos faceret populos multos* (*Gen.* L).

O. Cum ergo tam necessaria divinæ pietatis judicia ex nullis præcedentibus meritis, vel indiciis probare queamus, quid, nisi ex subsequente vel apparente Dei gratia, probanda censemus?

H. Merito, ut dicis, pietatis divinæ providentiæ solummodo est deputandum quod nulla provisio præcessit hominum. Sed et hoc video notandum quia Deus omnipotens tam ex malis quam ex bonis operatur sua beneficia.

O. Gaudeo quia nequaquam in superioribus frustra laboravi. Audio enim citius te modo sentire quibus indiciis judicia probentur divina. Unde propositis alia addamus exempla.

H. Deo gratias, quia hæc omnia ita valent demonstrari exemplisque comprobari.

O. In Daniele igitur huic simile invenimus. Nam cum eum Nabuchodonosor rex una cum sociis suis cunctisque sapientibus Babylonis propter indiscussam somnii interpretationem perdere decrevisset, tunc ipse sociique ejus, Ananias videlicet, Misael atque Azarias gratiam divinam invocabant, ut sacramento somnii revelato non perirent. Orantibus ergo simul, Danieli, qui inter ipsos Deo maxime placebat, revelatum est somnii mysterium. Quo patefacto, non solum ipse cum sociis, sed et omnes, qui pro eadem re interfici jubebantur, mortis decreta evaserunt. Per eumdem quoque Danielem multa his similia operatus est Deus judicia, constituens eum quasi murum suis et terrorem alienis.

Quæ nimirum omnia, quia nulla providentia humana, sed sola Dei clementia, necessitatibus humanis consulens inæstimabiliter providit, merito non ex præcedentibus, sed subsequentibus causis probari dicuntur. Sicut enim nemo, nisi solus Deus, hujusmodi necessitates prævidit, ita hanc mortalium nullus providere potuit. Unde necesse est ut hujusmodi judicia ex solo necessitatis adjutorio, quod a solo Deo procuratur, subsequente clarescant.

H. Apertissime igitur hæc superiori sententiæ conveniunt, quibus probatur quanta Deus provideat sapientia, non solum suorum, sed etiam alienorum, id est, infidelium salutem. Quia ergo sæpius in Scriptura sacra reperitur, quantum gratia divina per fideles suos infidelibus misereatur, nunquid potest usquam reperiri, si per infideles fidelibus aliqua beneficia dignetur largiri?

CAPUT XXII.
Labor infidelium fidelibus proficit et prodest.

Gthl. Maxima utique dona Dei inveniuntur ab infidelium pravorumque labore fidelibus concessa, si diligenter fuerint exquisita. Omnis namque septem liberalium artium scientia, qua nihil in rebus humanis præstantius est, per infideles dicitur primitus prolata. Hoc autem ideo divinæ pietatis dispensatione factum esse credo ut pro scientiæ tantæ investigatione non opus esset fidelibus, in divino cultu laborantibus, nimis laborare, sed tantummodo de investigata, quantum necesse esset, percipere, aut, quia superflua multa sunt in ea, haberent quid pro Dei amore tam respuerent quam eligerent.

Non solum enim philosophia spiritualis, sed etiam carnalis vario modo necessaria consistit. Primo quidem, ut ex ejusdem carnalis consideratione et oppositione, spiritualis clarior potiorque esse probetur. Secundo, ut prudentes quique habeant quod Dei pro amore contemnant. Tertio, ut stulti quique habeant quo quid sint ostendant. Deo enim placuit hoc omnimodo providere ut tam stulti quam sapientes haberent in quo, suam qualitatem ostendentes, et aliis et sibi noti fierent.

Sed his omissis ad proposita revertamur dicta, duobus prædictis tertium adjungentes exemplum, in quo Esther reginam venerabilem assumere volo. Sicut enim Joseph in Ægyptum et Daniel in Babyloniam ductus, uterque a Domino prædestinatus est salvator multorum, ita et hæc, assumpta in matrimonium regis Assueri, salutem obtinuit Judaici populi contra Aman, crudelissimum hostem Judæorum.

H. Quanta concordia hæc superioribus respondeant, et per Dei gratiam, Scripturæ verbis agnosco et tua attestatione approbo. Jam enim magis ac magis attendo quia illa judicia censes dici specialiter necessaria, quæ non solum, nullis præcedentibus meritis humanis, sed etiam e contrario ex malis orta, in bonum convertuntur Dei gratia. Illa vero specialiter justa, quæ admonitione aliqua puniendos præcedentia, sed non ædificantia, ultionem inferunt dignam.

O. Ita profecto, ut asseris, censeo. Nam ut dissimiliter debeant appellari, differentiæ ipsius ratio edocet.

CAPUT XXIII.
Quæ quam sint illa Dei judicia, quæ justa simul et necessaria dicuntur?

Sed quia differentiam, quæ inter justa et necessaria Dei judicia videtur esse, exemplis sufficientibus monstravimus videamus etiam quæ illa sint quæ justa simul et necessaria dicuntur. Quæ videlicet sub tertia specie distinximus, eaque nihilominus exemplis subjunctis approbemus.

Et primum quidem de primo parente ponamus exemplum. Ipsi namque a Deo præceptum fuerat ut se a ligni vetiti esu abstineret. Ille vero cum huic præcepto non obediret, inter alia damnationis genera, quæ pro tanti præcepti transgressione meruit, peccatum originale generando cunctis suis posteris attulit. Tale ergo supplicium sortitus est primus homo per justum Dei judicium.

Ecce audisti justum Dei judicium. Quod ideo probatur justum, quia non ante, sed post præceptum Domini neglectum, constat illatum. Nunc autem diligenter attendas quomodo idem judicium factum sit necessarium.

Ejusdem namque primi parentis posteri, id est omne genus humanum, quod ad vitam æternam est prædestinatum, agnoscens se in iniquitatibus conceptum et procreatum omnimodaque fragilitate circumdatum, fugit ad conditorem, postulans ab eo sententiæ hujus absolutionem. At ille, omnia juxta congruam temporum seriem hominumque qualitatem disponens, primo quidem per legalia præcepta, deinde per varia prophetarum documenta salutis humanæ jura instituit. Cumque per hæc multis præstaret dona salutis, novissime Filium suum sibi coæternum, in carnis peccatricis similitudine ex Virgine procreatum, pro omnium restauratione mortalium dignatus est mittere. Qui scilicet veniens omnes ad se confugientes suscepit, vitæ præceptis instruxit, et incorruptibilem honestissimumque regenerandi modum statuens, non solum in maturiori ætate positos suæque doctrinæ capaces, sed etiam in infantia constitutos vivendique prorsus ignaros hac regeneratione adeo extulit ut filios Dei vocaret et, post temporalem, vitam æternam promitteret.

Sicque factum est ut judicium Dei, quod ex præcedenti transgressione protoplasti inferebatur justum, subsequente gratia Dei, fieret necessarium, quia videlicet depressi et humiliati sunt per hoc homines ne, vel naturali dignitate, vel peccandi impunitate sese extollentes, instar angelicæ naturæ, in æternum perirent. Probavit namque Deus in angelis peccantibus quia sicut ipsi, timore nullo constricti, damnationem perpetuam superbiendo meruerunt, ita et homo, si timore aliquo non constringeretur, eamdem mereretur. Unde constringendus erat timore tali quo et gratia Dei semper egere ostenderetur et ad eam fugere jugiter compelleretur.

Timoris autem tanti causa nulla potuit esse alia, nisi pœna aliqua. Neque enim quidquam aliud quam pœna timetur; pœna vero est culpa inficit, fragilitate deprimi. Quapropter quod Deus hominem, vel originali, vel quolibet peccato permisit implicari, nihil aliud sentiendum constat nisi ut eum hoc modo humiliaret et salvaret. Non enim homo salvatur, nisi humilietur. Humiliari autem nequit, nisi aliud vereatur. Vereri etiam non potest, nisi se sentiat aliqua pœna, vel jam inclusum, vel cito posse includi.

Hæc igitur omnia videntur ita connexa ut præcedentia subsequentium sint causa. Nisi enim pœna præcedat, timor non sequitur. Similiter nisi timor præcedat, humilitas non sequitur. Sic etiam nisi humilitas præcedat, salutis æternæ gloria non sequitur. Unde et nonnulli, quanto plus superbire solent, tanto gravioribus culpis, ut humilientur, implicari indigent. Per humilitatem ergo redeundum est homini ad patriam, unde discessit per superbiam.

H. Quam ratio dulcis et ad omnia verba fidelis! Experior certe tam præclara ratione quod Deus, tam mala permittendo quam bona præstando, clementissima semper erga omnes in se credentes utatur intentione. Hæc itaque Psalmista attendit, cum dixit: *Fidelis Dominus in omnibus verbis suis; et sanctus in omnibus operibus suis* (Psalm. CXLIV). Sed et Apostolus eadem attestatur, dicens: *Conclusit Deus omnia in incredulitate, ut omnium misereretur* (Rom. XI). Quis ergo imperitorum tantam sperare potest Dei clementiam ut tam in infimis quam in optimis rebus ostendat illam?

O. Gaudeo quia tam efficaciter prolata sentis ut etiam aliorum his similium reminiscaris. Ideoque nihil hic immorantes ultra progrediamur.

CAPUT XXIV.
Evæ exemplo data doctrina confirmatur.

Superiori itaque sententiæ proximum et sensu et loco, modo in exemplum ponere volo, Evam scilicet omnium mortalium matrem. Quæ, cum prior præcepta Dei sprevit et continuo idem facere viro suo suggessit, priori quoque et graviori punita est supplicio, ut ex hoc etiam quam justus judex sit Deus sentiatur judicio. Dictum namque est ei: *Multiplicabo ærumnas tuas et conceptus tuos; in dolore paries filios, et sub viri potestate eris, et ipse dominabitur tui* (Gen. III). Sic ergo punita est mulier prima, quoniam prior præcepta contempsit divina. Quod nimirum quam justum fuerit ut scilicet præsumptio major, eo enim major quo prior, majori quoque subjaceret supplicio in omnium cordibus sapientium constat scriptum. Proinde cum sit notum quomodo ex præcedenti culpa in Evam illatum sit justum Dei judicium, attende, precor, ex subsequentibus quomodo idem judicium fuerit necessarium. Ubi rogo, plures, vel saltem duo homines simul commorantes, pacifici possunt esse unquam, nisi alter alteri subdatur?

H. Nusquam omnino.

O. Unde erat necesse ut homines, etiam primi, redderentur pacifici et subjiceretur alter alteri. Sed hujus subjectionis materia, gravior mulieris exstitit culpa. Illa enim plus debuit subdi, quæ plus egit peccati. Quamobrem satis patet quia justum judicium Dei in illam illatum constat necessarium. Neque enim primi homines aut scirent, aut forsitan vellent hac uti invicem subjectionis concordia, nisi aliqua divinæ dispensationis compellerentur causa.

Similiter in dolore et labore puerperæ justum simul ac necessarium Dei judicium inspicitur. Justum quidem, ideo quia dolere et laborare meruit: necessarium vero, quia sine eodem labore et dolore nulla proles humana nutriri valet. Sed ne omnis mulier hac se lege constrictam quereretur, apposita sunt præconia virginitatis et continentiæ, dicente Apostolo: *Qui matrimonio jungit virginem suam, bene facit; et qui non jungit, melius facit* (I Cor. VII).

Est etiam aliud in hac dispensatione notandum quia, cum ex mulieris primæ peccato tanta fuisset orta subjectio, nulla deinceps mulieribus relicta est querimoniæ occasio, quasi injuste fuissent viris subjectæ. Sed ex unius peccantis merito argumentatur omnes idem meruisse. Et sicut Deus, in eadem mulieris primæ culpa tanta subjectionis et humilitatis bona operatus necessaria, nullum gloriandi locum dedit eidem mulieri, quasi de suis meritis tot bona provenirent, ita in omnibus hominibus, per quos judicia sua exercet, agere solet, hoc semper providens, per bona quæ operatur in illis, ut nemo de suis meritis gloriari possit.

H. Quantæ auctoritatis videantur ista, quæ etiam modo protulisti, nullo possum sermonis indicio propalare. Magnum enim quiddam et notitiæ communi necessarium sentio in his latitare. Cæterum quia simillima quæstionis meæ verba jam memorasti, dum videlicet ex unius peccantis mulieris merito omnes dixisti mulieres subjectionem meruisse, precor ut ad hujusmodi quæstionem solvendam studeas properare.

O. Patienter præstolare, quia citius audies me inde dicturum quantum mihi Dominus dignatur præstare.

CAPUT XXV.
Exemplo Judæ proditoris idem roboratur et declaratur.

Duobus enim jam dictis, tertium restat exemplum de judiciis, quæ dicuntur justa simul et necessaria. Nec non, quæ sint occulta Dei judicia, prius est dicendum; quæ in specie quarta proposuimus distinguenda. Sed quod prior ordo exigit, prius quoque dicamus, exemplum videlicet propositum; ad quod explanandum, tremendum de Juda apostata ponam judicium. Hoc namque duobus modis justum dici valet. Uno quidem, quia cum cæteris apostolis in omnibus bonis edoctus, postea in tantam malitiam cecidit ut ipsum auctorem vitæ morti tradere præsumeret; alter vero modus ex ipsis Domini verbis, quæ ad eumdem Judam dicta sunt, pensari valet. Quantum autem necessarium fuerit idem judicium hominibus cunctis, pro quibus est mirabiliter ordinatum, et nemo dicere valet; et tamen omnibus patet.

Quæ duo contraria de uno eodemque judicio ideo protuli quia tam magnum est ut nemo dicere sufficiat et tam manifestum ut nulli opus sit dicendum. Quapropter nihil inde plus referendum videtur nisi forte pro excitanda memoria velis aliqua.

H. Licet hujusmodi historiam ex Evangelio sciam, desidero tamen ex te audire, quia dulcissimum est hoc repetere quod fidelibus cunctis præstat semper vivere.

O. Cœnantibus namque discipulis ait Jesus: *Amen dico vobis quia vestrum unus me traditurus est* (*Matth.* xxvi). Mox contristatis illis et interrogantibus quis esset, respondit eis dicens: *Qui intingit mecum manum in paropside, hic me tradet,* etc. (*Ibid.*). Quibus profecto verbis in eodem Juda judicium Domini justum manifestatur, quia, dum ejus malitia prædicitur, arguendo præmonetur.

H. Præmissa Domini verba longe aliter a plerisque sentiuntur. Videtur enim, quia idem infelix Judas ex supradictis verbis ita sit astrictus ut nullatenus aliter quam Veritas prædixit agere posset.

O. Quæstio hæc, si non in aliis Scripturæ sacræ locis soluta fuisset, movere aliquos merito potuisset. Qualiter namque sint intelligenda hujusmodi verba, Ezechiel propheta indicat ex ipsius Domini persona dicens: *Vivo ego, dicit Dominus Deus, nolo mortem impii, sed ut convertatur a via sua et vivat* (*Ezech.* xxxiii). Et paulo post apertius subjungit dicens: *Etiam si dixero impio: morte morieris; et egerit pœnitentiam, vita vivet et non morietur* (*Ibid.*). Quæ nimirum dicta in Ezechia rege Juda, et in Achab rege Israel, maximeque in Ninivitis leguntur impleta, ubi sententiæ divinæ constat immutatio facta. Unde satis declaratur quia verba divina mortem inferant nulli; sed nequitia humana ita per infidelitatem meretur deludi ut Deus videatur sibi nolle misereri.

H. Utiliter igitur opinionem quorumdam intuli, quia, dum eam aperta ratione destruxisti, me simul docuisti. Unde rogo ne hic amplius immoreris, sed ad proposita revertaris. Quia enim revelante Deo, ut credo, satis reserasti quæ sint judicia Dei manifesta sub tripartita specie distincta, id est, justa, necessaria, justa simul et necessaria, eaque singula ternis exemplis probasti. Nunc tempus exigit et ordo ut quæ sint occulta prorsus et ignota studeas enucleare.

CAPUT XXVI.
De quarta specie divinorum judiciorum, quæ dicuntur occulta.

Othl. Videntur itaque merito vocari illa Dei judicia occulta quæ, ut superius dixi, nullis præcedentibus, vel subsequentibus indiciis, cur facta sint monstrantur. Ut, verbi gratia, immutatio regnorum, quæ in Danielis et Regum libro multipliciter facta legitur, et reprobatio quorumdam, velut Esau, de quo dicitur: *Esau odio habui* (*Rom.* ix); et illius de quo in Evangelio scriptum est quia accesserit ad Jesum, dicens: *Sequar te quocunque ieris* (*Matth.* viii). Sed reprobatus est a Domino dicente: *Vulpes foveas habent, et volucres cœli nidos; Filius autem hominis non habet ubi caput suum reclinet* (*Ibid.*). Sicut et illorum de quibus in Actibus apostolorum legitur quia prohibiti sunt apostoli eis verba salutis denuntiare (*Act.* xvi). Utque est perfidia Judæorum, quos tam quotidiana experientia quam Scriptura reprobatos quidem indicat. Sed cur ita sint parum agnoscitur. Quamvis enim ex nece Jesu Christi intelligantur damnati, tamen quare in tantam cæcitatem, vel perfidiam inciderint ut talia perpetrarent nescitur. Similiter ex occulto Dei judicio contigit quod plurimæ adhuc gentes in infidelitate, detinentur quodque multi, proh dolor! fidelium subitanea morte, vel aliquo exitiabili casu tam animæ quam corporis præcipitantur.

Terræ quoque atque hominum sterilitas, variæ mulierum gravidarum abortiones, insolitæ tempestates, potentia impiorum, nativitas monstruosa quorumdam et hominum et animalium, hostium incursio pestilentiæ, fames ignisque depopulatio aliaque his similia eveniunt ex occulto Dei judicio.

Ex quibus omnibus colligitur quia per justa quidem et occulta Dei judicia Deum timere, ac venerari, eique omnimodo subdi; per necessaria vero, quæ maximæ pietatis divinæ indicia sunt, Deum amare, spemque omnem et fidem in ipso ponere instruimur.

H. Jam satis instructus sum de judiciorum divinorum qualitate in quadripartita distincta varietate; ideoque perge, quæso, ad ea quæ diu promisisti.

O. Instanter pergo; sed tu quoque proximus esto, scilicet attendens jam dicta animoque revolvens, si quid in his forsitan lateat quod te ignarum adhuc moveat.

H. Nil prorsus me movet in his duntaxat quæ discutiendo sunt prolata, quoniam multimodis sacræ Scripturæ testimoniis constant approbata.

O. Si ergo ideo quidquam restat ignotum, quia sine discussione est prolatum, cur non in medium prompsisti ad discutiendum? Profer igitur quid sit, si forsitan ante propositæ quæstionis solutionem solvi possit.

CAPUT XXVII.
Qua ratione et quot modis gratia Dei humana merita excedat.

Heinr. Superius itaque, cum de divinis judiciis disserere cœpisti, hoc simul protulisti quia gratia scilicet divina, omnia excedat virtutum humanarum merita. Quod quamvis certissime noverim, quia tamen interdum tentatione et illusione diabolica adeo constringor ut id, quod certum et notissimum mihi prius erat, tunc vix agnoscere valeam, precor ut aliqua doctrinæ verba a te audire merear, quorum memoria in tempore tentationis roboratus minus a vera fide notitiaque recedam.

O. Exquiritur et agnoscitur merito unde subsistit omnis homo. Gratia namque Dei cunctis est causa manendi. Quæ, licet ineffabiliter omne meritum excedat humanum, sex tamen modis præcipue videtur excedere. Et primo quidem excedit, cum hominem, originali culpa justo Dei judicio inclusum, absque ullis præcedentibus meritis per baptismum absolvit; secundo, cum homini alimenta innumerabilia ex variis fructibus producta tribuit ejusque servituti cuncta visibilia subjicit; tertio, cum homini, in quocunque virtutum profectu posito, quotidie tamen labenti et confitenti veniam promittit; quarto, cum instrumenta, et incitamenta omnemque occasionem bene agendi tam ignaro quam conscio homini salvando providet et disponit; quinto, cum liberat a pluribus tentationibus et periculis, quæ nullatenus præcaveri, vel prævideri ab hominibus possunt; sexto, cum tam magna et sublimia, non solum in futuro, sed etiam in hoc sæculo dona dignatur largiri, quæ nullatenus meritis humanis valeant compensari. Quomodo enim quis possit promereri illam virtutum miraculorumque operationem, qua multi ita utuntur ut cœlo, terræ, mari, ipsique inferno imperare videantur?

His igitur sex modis colligitur quia quantacunque sit virtus humana, in comparatione tamen divinæ justitiæ et pietatis apparet nulla. Nam, si quid erit hominis merito tribuendum, non ita constat intelligendum ut per se quidquam possit mereri, sed ex Dei gratia evenire, ut ejus meritum aliquod possit esse. Sicut Apostolus dicit: *Quid enim habes quod non accepisti?* (*I Cor.* iv). Ideoque omnia divina beneficia, non ex meritis humanis, sed ex Dei gratia evenire credenda sunt, omnique homini cum Apostolo dicendum est: *Gratia Dei sum id quod sum* (*I Cor.* xv).

Ecce et hoc, quod nuperrime quærebas, omni devotione amplectendum. Nil jam plus quæras, donec aliquid super diu desiderata quæstionis tuæ solutione proferamus.

CAPUT XXVIII.

Resolvitur quæstio de universali hominum interitu, capite 11 proposita.

Sed prius oremus ut rite loqui hinc mereamur. O Deus æterne, cujus vis regnat ubique, da mihi de tanta re dicere nil, nisi recta.

H. *Impleat Dominus omnes petitiones tuas* (*Psal.* xix).

O. Certamen singulare unquamne vidisti, vel audisti?

H. Nunquam vidi, sed audivi tantum et legi, in libro scilicet Regum, ubi David et Goliath congressi sunt.

O. Esto lectum, sive auditum, vel visum; scis hoc judicium fore? *H.* Scio. *O.* Et cur sit statutum?

H. Ut arbitror, et hoc haud ignoro. Pro dissidentium namque partium æquitate discernenda, quasi quoddam examen verissimum est statutum ut duobus singulariter concertantibus, qui vicerit, omnes suæ partis victores, qui autem victus fuerit, partis suæ omnes pariter victos ostendat.

O. Recte quidem super hoc existimas. Sed cum ita, ut arbitraris, pro judicio et examine justo statutum et inventum sit, dic etiam, quæso, unde probari possit hujusmodi judicium justum esse? Quod enim dicitur justum, cur sit justum simul est dicendum.

H. Nescio quid dicam, quia verbi nescio causam.

O. Certe si non in superioribus didicissem verborum tuorum utilitatem, verba talia pro nihilo computarem. Unde rogo, profer in medium quid portendat hæc circumventio quæstionum, ut sic me, vel scire, vel nescire interrogata possim conjicere.

O. Quæstio communis judicii plus valet quam specialis. Unde et Nathan propheta, David de communi judicio interrogans, justissimam quæstionis sententiam citius ab eo extorsit, et quasi ad hoc incantando coegit, ut nec sibi specialius judicando parceret, cum communis judicii decreta protulisset. Sic et ego necdum volo pandere quid specialiter designet prolata quæstio, ut eo verius generale judicium proferas quo in eo nihil speciale inesse scias.

H. Nescio si verum par huic, tamen exprimo verbum. Videtur namque mihi idcirco fore justum judicium certamen singulare, quia ab utriusque partis principibus communiter est decretum et statutum.

O. Recte etiam hoc protulisti. Omne namque judicium ideo constat justum quia communiter est decretum et probatum. Unde est illud probatissimum judicium: *Quod tibi non vis fieri, alteri ne feceris* (*Tob.* xvi). Hoc igitur, quia omnibus æqualiter prospicit, æqualiter dividit, ab omnibus jure probatur justumque vocatur. Videamus ergo et nos quid de singulis sit confectum, et sic probemus judicium rectum. Dictum namque est in primis quia certamen singulare sit judicium; deinde cur idem judicium sit statutum pro æquitatis scilicet parte discernenda; ad extremum vero, judicium ipsum ideo fore justum, quia communi voto est decretum. Ex quibus omnibus colligitur quia necesse est justum judicium esse, quod pro æquitatis parte discernenda communiter est statutum, vel decretum. Ad hæc etiam si omne judicium juris est judicium, certamen autem singulare pro juris indicio agitur. Justum ergo erit judicium in certamine singulari statutum. Hujusmodi autem judicium in certamine singulari expressum ideo protuli, quia argumentum videtur judicii illius, esse quod factum est in primo parente.

Hic enim, cum ad imaginem Dei conditus esset et omnium virtutum armatura indutus totius humanæ posteritatis parens foret præstinatus, electus est etiam pro omnium hominum parte ad certamen singulare, ut in illo uno tam valido tamque prudente omnis fortitudo et prudentia probaretur humana. Verumtamen quia primum Dei mandatum, diabolo suadente, contempsit, ad primam certaminis congressionem victus cecidit, sicque in illo uno omnis merito lapsus est homo; atque satis probatum est in eo omnem humanæ justitiæ præsumptionem, Deo congressam, nihil esse, nihil valere. Hoc autem ideo justum probatumque esse dico, quia in omni singulari certamine justum probatur, ut qui fuerit victus omnes suæ partis ostendat simul victos.

H. O quam robustum argumentum, per quod tantum probatur judicium! Videtur namque mihi idem judicium tam verum, ut a cunctis sapientibus probari possit justum, et tam subtile ut ejus intima vix aliquis valeat sentire. Dic tamen, quæso, si judicium ipsum, quod in parente primo factum est, singularis certaminis exprimit typum, quis congressor est ejus? denique certamen nullum valet esse per unum.

O. Congressor igitur, vel concertator, sive, ut a quibusdam dici solet, adversarius, de quo interrogas, mandatum Domini intelligitur. Quod ideo adversarii nomine exprimitur, quia omni negotio perverso, quod homo studet, adversatur. Unde et in Evangelio Dominus dicit : *Esto consentiens adversario tuo cito, dum es in via cum eo (Matth. v).*

Porro si dubitas quia adversarius hoc in loco mandatum Domini debeat intelligi, lege sanctos expositores, et ita procul dubio invenies. Cum ergo duos concertatores, vel adversarios habeas, pro utriusque partis, id est Dei et hominis, æquitate singulare certamen ineuntes, unumque, qui pro nostra parte certavit ab altero, id est mandato Domini, persuasionem diabolicam victum audias, nonne potes intelligere qualiter in uno homine victo omnes homines merito etiam omnes sustinent pœnam peccati ?

H. Plane jam intelligo, sed fateor : quia nisi præmisisses argumenta et similitudines quibus ad hanc intelligentiam attraheres, nunquam sentirem. O, quanta et qualis Dei gratia, quæ tibi tanta et talia inspiravit documenta, quibus me pedetentim a minoribus ad majora attraheres, quousque ad summa scientiæ divinæ arcana perduceres ! Summa enim mihi videtur cognitio quæstionis tantæ solutio. Nunc ergo sentire incipio cur auribus meis instillabas dudum illa Dominica verba : *Quod facio, tu nescis modo; scies autem postea (Joan. xiii).*

CAPUT XXIX.
Expediuntur reliqua, quæ ad quæstionem præmissam penitus dissolvendam faciunt.

Othl. Quid, si adhuc in hujus mysterio judicii lateat mirum aliquod quod ignoras?

H. Quare hoc objicis, cum etiam nil me videatur scire, postquam tantum mysterium contigit audire?

O. Illud denique in hoc singulari certamine restat adhuc pensandum qui sint utriusque partis principes, vel judices intelligendi, a quibus judicium tale potuerit decerni? alioquin non est undique probatum prædicti argumenti exemplum.

H. Quæstor subtilis ad multa notanda videris. Mihi namque sufficerent præmissa, sed, quia tibi aliter placet, audire quidquid adhuc inde dixeris libet.

O. Utriusque ergo partis judices, vel principes, a quibus certaminis memorati judicium est statutum, Trinitatis summæ personæ sunt intelligendæ. Quarum etiam communione et unanimitate, quæ utique de universis judicibus justis credenda est, quasi ex unitate, quia in Trinitate summa consistit unitas et in unitate summa Trinitas, primi hominis conditio provisa est et decreta, dicendo : *Faciamus hominem ad imaginem et similitudinem nostram (Gen. i),* omniaque providentur et decernuntur. Hæc quidem de utriusque partis principibus sit dicta.

Quid autem de concertatorum qualitate dicere debeo, cum eorum cognitio sit in aperto ? De unius namque, id est, mandati divini potentia et fortitudine Isaias propheta ex Domini persona dicit : *Quomodo descendit imber et nix de cœlo, et illuc ultra non revertitur,* etc., usque, *sic erit verbum meum, quod egredietur de ore meo. Non revertetur ad me vacuum ; sed faciet quæcunque volui, et prosperabitur in his ad quæ misi illud (Isai. lv).*

Verbum autem et mandatum in Scriptura sacra sæpissime pro uno sensu positum fuisse nullum reor litteratum dubitare. Sed si quis forte dubitat, exempla a beato Joanne dicta audiat. Dicit enim in Epistola sua : *Qui dicit se nosse Deum, et mandata ejus non custodit, mendax est. Qui autem servat verbum ejus, vere in eo charitas Dei perfecta est.* Et post pauca : *Mandatum,* inquit, *vetus est verbum quod audistis (I Joan. ii).* Ecce mandatum et verbum pro una eademque re positum probatur quod in vicem concertatoris ex parte Dei eligebatur.

Alter vero, qui ex nostra electus fuit parte, licet supra expressum sit qualis fuerit, addendum est tamen hic aliquid. Dicit namque Scriptura sacra de eo : *Deus creavit de terra hominem, et secundum imaginem suam fecit illum, et iterum convertit illum in ipsam* [cod. Cruc. *ipsa*] *et secundum se vestivit virtute (Eccli. xvii).*

CAPUT XXX.
Quæstio num homini suppetat facultas superandi difficultatem bene agendi et quomodo illa obtineatur.

Heinr. De his inopinata et aperta ratione satisfactum mihi esse videtur undique. Proinde quæso ut, quia homo liberi arbitrii omniumque virtutum excellentia ita præditus fuit ut, si præcepto Dei obediret omnia bona sine difficultate posset ; sed suggestione fraudulenti hostis inobediens effectus, omnia quidem mala facile, bona autem ulla difficile obtinet, si qua facultas ei sit tantis malis resistere et bona ulla facile promereri, pandas. Querimonia itaque maxima est dignum non posse resurgere post lapsum et quod casu semel male contigit, si non in melius reparari possit.

O. Quamvis hæc sententia in multis reperiatur libris, quia tamen a me exigis, eamdem, quibus possum, explanabo verbis. Sicut igitur ad Dei et hominis distantiam declarandam judicio justissimo apparuit delictum, ita Deo placuit ut immensas bonitatis suæ divitias in delinquentis hominis ostenderet remedio, juxta illud Apostoli : *Lex subintravit, ut abundaret delictum ; ubi autem abundavit delictum, superabundavit gratia, ut, sicut regnavit peccatum in mortem, ita et gratia Dei regnet per justitiam in vitam æternam (Rom. v).*

Neque enim vel agnosci posset gratia, nisi aliqua ejus præcederent indicia ; indicium [cod. Cruc. judicia ; judicium] vero gratiæ est districtio legis et justitiæ sicut supra multimoda ostensum est ratione.

Quamobrem licet protoplasti inobedientia meruerit ut omnis via virtutum iter habeat angustum, tamen, quia eadem ratio liberi arbitrii, et cognitio boni atque mali, nec non spes veniæ remansit; omnimodo adnitendum est intentione ut, non eo, quo facilior et latior vitiorum, sed quo difficilior et angustior cursus est virtutum, transeamus, pensantes quia omne latum facileque cito vilescit, et appetitores suos fragiles negligentesque reddit; angustum vero ac laboriosum omne, quo penetratur difficilius, eo fit gratius sectatoresque suos cautos et sollicitos efficit.

Quibus diligenter consideratis, omnis virtutum adipiscendarum difficultas, non solum arcta et pœnalis ob prædictam protoplasti inobedientiam, sed etiam necessaria prorsus et utilis invenietur, immensaque Dei sapientia exinde tam miranda quam laudanda probabitur. Quæ dona sua et beneficia efficit sic pretiosa et grata ut tamen nulla [*cod. Cruc.* nulli] videantur vilia vel ingrata.

Hæc igitur attendens, omnem bene agendi difficultatem esse necessariam, itaque dispositam cognosce, ut per illam probetur quo quis ad Deum accedat corde, voto perseverantiæ an inconstantiæ. Nam inconstans, conversationis sanctæ viam cunctis pene noviter conversis difficilem initiatus et conversationis ejusdem cursum provectiorem initio fieri leviorem minime arbitratus, cito in incœptis lassescit, ad tempus, ut scriptum est, credens, et in tempore tentationis recedens (*Luc.* VIII). Constans autem ordinem rerum considerans ita a Deo institutum ut omnis tam spiritualis quam carnalis vitæ disciplina inchoata quidem sit amara et difficilis, processu vero temporis ipsoque usu suavior fiat atque facilior juxta illud : Labor improbus omnia vincit, dura et aspera sustinet cum patientia credens, quia, juxta Psalmistam : *Qui seminant in lacrymis, in exsultatione metent* (*Psal.* CXXV); recolens etiam illud apostolicum : *Nemo coronabitur, nisi qui legitime certaverit* (II *Tim.* II).

Initium autem legitime certandi vitia timor est Domini. Qui cum mentem possederit, ab omni vitiorum captivitate liberat et in amoris divini libertatem collocat. Ex quo jam bene agendi facultatem quasi pro munere accipiens gustat quam suavis est Dominus, et quam suave sit jugum ejus, nihilque magis desiderat quam ut in contemplatione divina consistat.

Quæ omnia quia inconstans et infidelis ignorat per experientiam, merito ignoratur et merito obcæcatus laborat. Nullus ergo his, quasi pro conjectura mea, dictis diffidat, sed attendens ipsum Dominum dicentem : *Omnia possibilia sunt credenti* (*Marc.* IX); et : *Si quis diligit me, sermonem meum servabit*, (*Joan.* XIV), credat quia in cujuscunque mente amor Dei habitaverit, tantam sibi facultatem vitiis resistendi [fore] quantam amor sæculi olim tribuit obediendi. Alioquin si homo, conversus et in Dei gratia confidens nequaquam vitiis potuisset eo nisu resistere quo eisdem deditus studuerat obedire, nec liberi arbitrii nec ullius compos esset meriti.

CAPUT XXXI.

Quid sit hominis meritum. Homo tot modis bene potest agere quot modis male.

Meritum autem hominis hoc esse reor : si, cum liberam habuerit facultatem male agendi vel cogitationibus, vel verbis, vel factis, pro Dei solummodo amore, aut timore stulta frangat vota, ut sequatur meliora. Qui enim ideo mala devitat, quia facere non prævalet, nil ex hoc bravii mereri credendus est. Unde de unoquoque homine bona rite promerente dicitur : *Qui potuit transgredi, et non est transgressus; facere mala, et non fecit; ideo stabilita sunt bona illius in Domino* (*Eccli.* XXXI).

Cum ergo omnis virtus omneque meritum bene agendi pendeat, ut dictum est, ex facultate male agendi, claret omnino quia quot modis unusquisque potest male agere tot quoque possibile sibi est bene agere. Nam, verbi gratia, si victualem substantiam retinens histrionibus aliisque sæcularibus viris eam vales expendere, potes et Christi pauperibus erogare. Item si vales maledicere, potens es et benedicere. Si autem præcisus es lingua, ut loqui nequeas, mala nec bona. Similiter si visu cuiquam nocere poteris, potes et prodesse. Si vero ita orbatus es oculis ut non possis peccare visu, impotens es etiam videndo bona aliqua perpetrare. Eodem modo, si sano corpore uteris ad explenda desideria carnis, maxima simul exinde vales præmia promereri; si eisdem desideriis pro Dei amore decreveris reniti. At si abscisus es genitalibus, vel in tali senio positus ut nullas jam carnis tentationes et illecebras patiaris, scias absque dubio nullum te promereri posse bravium, quod pro hujusmodi passionibus devincendis constat promissum. Sicut scriptum est : *Beatus vir qui suffert tentationem, quoniam cum probatus fuerit, accipiet coronam vitæ* (*Jac.* I). Quibus verbis cum promittitur tentationem sufferenti corona, denegatur ei qui non suffert. Hæc quoque de cunctis carnalibus accipe membris.

H. His quidem dictis aperte declaratur quanta male, vel bene agendi facultas in exterioribus membris habeatur. Sed cum de interioribus longe aliter sit sentiendum, quia nihil ibi carnaliter est abscindendum, quomodo supra dicta facultas ibi possit esse cupio agnoscere.

CAPUT XXXII.

De interiori hominis bene maleve agendi facultate, et de circumcisione cordis.

Othl. Interioris hominis facultas ad omnia tanto est major quanto natura ejus præstantior. Ille enim plura vitia, id est, superbiam, cenodoxiam, iram, tristitiam, invidiam et virtutes, id est, humilitatem, patientiam, tranquillitatem, benignitatem, continentiam sua solummodo ratione sine exterioris actione interdum complet. Exterior vero nulla vitia, vel virtutes contingit actione, nisi quae interior concepit ratione, excepto, cum necdum, sicut infantes, rationis capax, vel cum peccatis exigentibus insaniae morbo laborat. Ideoque in interioris ratione omnis exterioris pendet actio.

Abscisionem quoque, vel circumcisionem pati potest homo interior numerosiorem, quam exterior. Sed in hoc utriusque circumcisio distat quia exterior quo plus fuerit circumcisus, eo magis ad bona et mala explenda redditur infirmus. Interioris vero circumcisio ad vitia quidem utrumque hominem reddit infirmum, ad virtutes autem validum. Unde et illa omnino est exercenda quae vitia solummodo abscidit, virtutes autem nutrit, quaeque non solum in Novo, sed etiam in Veteri Testamento jubetur, attestante Jeremia propheta, qui dicit : *Circumcidimini Domino, et auferte praeputia cordium vestrorum* (*Jer.* IV).

Si autem quaeris quomodo cordis circumcisio agatur, audi. Quotiescunque igitur efferos animi impetus delectationesque perversas represseris, toties in corde agitur circumcisio ubi eorum fit repressio; et unde coeperit eorum egressio. In corde quippe oriuntur et de corde egrediuntur, sicut Salvator noster in Evangelio dicit : *De corde enim exeunt cogitationes malae, homicidia, adulteria, fornicationes, furta, falsa testimonia, blasphemiae* (*Matth.* XV).

Qua de re colligitur quia, cum interior homo non secus parvum membrorum corporalium numerum, sed juxta vitiorum multitudinem infinitam valeat circumcidi, innumeris etiam modis potest bene agere se circumcidendo, vel male non circumcidendo. Nam quotiescunque incitaris ad iram, vel ad luxuriam, vel ad rependendam contumeliam, vel ad avaritiam, vel ad infidelitatem, vel ad quaelibet vitia, si haec constanti animo respueris et pro his respuendis Domini auxilium quaesieris, toties bene facis et coronam vitae perennis promereri conaris. Quoties autem haec non respueris et in eorum delectatione et perpetuatione immoratus fueris, toties male agis et inferni supplicia promereris.

CAPUT XXXIII.
Deus in hac vita idcirco quaedam nobis obscura, difficilia et adversa relinquit ut nobis occasio sit fidem, spem et charitatem probandi.

Inter haec etiam pensandum est quia divinae pietatis dispensatio idcirco in hac vita quaedam mysteria, et difficilia et adversa reliquit, ut in eis experiatur cujuslibet fides, spes atque charitas, quae non nisi per dura et aspera probari possunt, et ut per haec unusquisque habeat facultatem atque occasionem bene agendi, nec non promerendi praemia aeterna, credens mysteriis quidem virtutem divinam velari, difficilia vero et adversa per Deum posse superari. Sed ad mysteria pertinet omnis Dominicae incarnationis, passionis, resurrectionis dispensatio, quia in eis humanae salutis causa ita est velata ut non nisi avida et fidelissima inquisitione percipi valeat. Quanto magis autem mystice est velata, tanto majora pro hac quilibet fidelis mereri valet apud praemia. Ad haec etiam omnis Testamenti Veteris historia pertinet, quae carnaliter gesta ita denuntiat ut in eis spiritualis vitae intelligentiam exquirendam edoceat. Quae quia sunt tanta ut et peritissimi quique vix ad haec discutienda sufficiant et saepissime a Patribus sanctis reperiantur discussa, universa sine discussione praeterimus.

In elementis quoque et in rebus quibuslibet vitae praesentis, nec non in consecrationibus, maxima mysteria inveniuntur. Elementa autem dico, quaecunque sub corporali, vel invisibili substantia humanis usibus deserviunt. Unde etiam elementa, quasi elevamenta, id est supplementa dicuntur pro eo quod humanae fragilitati pro supplemento conceduntur, ut sol, luna, stellae, animalia, bestiae caeteraque hujusmodi. Non sol aeternam Dei et Domini nostri Jesu Christi claritatem, luna sanctam et catholicam Ecclesiam mystice designant, quoniam, sicut luna, ita et sancta Ecclesia, nunc incrementa, nunc detrimenta sui patitur Et sicut luna apparente claritate solis minime lucet, occidente autem mox lucere solet, ita et Ecclesia, divinae perfectionis claritati comparata, nullam justitiae lucem habet; per se vero, id est inter mortales, virtutibus plurimis lucet. Stellae singulos quosque sanctos denotant, quia sicut stella differt a stella claritate (*I Cor.* XV), ita et sanctus quilibet ab alterius sanctitate.

Animalia vero illud mystice designant, ut sicut ipsa usibus variis hominum subjecta nihil renituntur, sed usque ad mortem patiuntur, ita et homo potestati divinae per omnia studeat subditus esse. Unde Psalmista dicit : *Ut jumentum factus sum apud te* (*Psal.* LXXII), ac si aperte diceret : Sicut mihi jumentum meum in omnibus est subjectum, ita et ego tibi subesse volo. Quod autem jumenta tam occisa quam viva ad usus hominis quoslibet efficiunt, hoc designare videtur quod scriptum est : quia *sive vivimus, sive morimur, Domini sumus* (*Rom.* XIV). Sicut nim in potestate hominis est animal suum vel vivum, vel occisum ad quemlibet usum aptare, ita et potestas Dei est nos in hac vita et in futura positos loco, quo vult, destinare.

Bestiae significant feroces et instabiles quorumdam animos, quia sicut bestiae nulla ratione vel disciplina cohibentur, sed quocunque eas impetus voluntatis, vel casus impulerit, illuc praecipites feruntur, ita et indisciplinati et inquieti laxata mente, ubi volunt, vagantur [*cod. Cruc.*, ubi ubi vagantur].

Haec igitur pauca de elementorum mysteriis diximus, relinquentes majora majoribus, sed cum his tamen excitantes quosdam negligentes ad inquirenda hujusmodi arcana, quae et fidem roborant et mentem ab infimis elevant.

Similia quoque mysteria inveniri queunt in rebus. Res autem reor aliquo modo posse dici omnia, quae non per substantiam propriam existunt, ut elementa, sed alicui substantiæ accidentia intellectu, vel actu solo capiuntur, ut numerus, dies et nox, languor et medicina, copia et penuria cæteraque talia. Quæ nimirum omnia licet juxta dialecticæ artis subtilitatem distinguere nequeam, non enim merui illius habere notitiam, si tamen sententia juxta morem sacræ Scripturæ aliquatenus proferatur, peto ne propter rusticitatem sermonis respuatur, cum constet plurimos ecclesiasticos scriptores parum excoluisse dialecticam, etiamsi noverint illam. Maluerunt namque plano quam obscuro sermone spiritualia proferre. Unde et sanctus Hieronymus dicit: Sint alii diserti, laudentur ut volunt, et inflatis buccis spumantia verba trutinent; mihi sufficit sic loqui ut intelligar, et ut de Scripturis disputans Scripturarum imiter simplicitatem. Idem quoque alibi, Deus, inquit, sensus magis quam verba requirit. Hæc autem ideo intuli, ut si quis forte me reprehendat rem solummodo pro accidentibus posuisse, quam plurimi nunc pro substantia, nunc pro accidentibus ponunt, noverit me sensus simplicitatem plus quam verborum subtilitatem exponere velle simulque sciat quia in aliquibus auctoribus ita, ut a me dictum est, invenitur. His ergo præmissis, jam ad noviter propositorum mysteria discutienda accedens, in primis quid numerus significet dicere volo.

CAPUT XXXIV.
De mysteriis numerorum, in primis unitatis et ternarii; quomodo sanctissimæ Trinitatis et Unitatis cognitionem deducant.

Numerus enim cum maximus sit divinæ scientiæ delator, insinuans nobis per se quomodo Deus cuncta sub mensura et pondere atque ordine certo habeat (*Sap.* xi), quanto efficacius omnia comprehendit, tanto præstantiora mysteria gerit. Quorum ego imperitus vel aliqua ideo exponere gestio ut illis, qui scientia varia instructi, in multiplicatione et divisione numeri sese juxta litteram solummodo exercent magnumque putant, si quemlibet in sola numerandi peritia præcellant, aut incitamenta spiritualis exercitii præbeam, aut excusationem negligentiæ auferam. Mihi namque, qui plus vulgariter quam scholasticæ artis hujus notitiam parvam suscepi, amplum esset, ut credo, excusationis refugium, etiam si nullum exinde exquirerem spiritale studium.

Unde si aliquid ædificationis de numeri mysterio iam imperitus protulero, tanto evidentius gratiæ divinæ erit donum quanto minus ab homine accepi hujusmodi documentum.

Cæterum quia omnis numerus ex unitate descendit et unitas, per se subsistens, totius numeri semen causaque existit, de ejusdem unitatis mysterio aliqua opitulante Deo in primis proferre gestio.

Quod igitur unitas totius numeri causa, ut dictum est, per se quidem subsistit, nullus autem numerus absque ea subsistere valet, significat unum Deum omnipotentem ita esse perfectum atque simplicem ut ipse nullo indigeat, sine ipso nulla autem creatura existere valeat. Deinde cum idem Deus omnipotens, et unus, et trinus; unus quidem in substantia, trinus vero in personis; Pater videlicet, et Filius, et Spiritus, atque Deus Pater de nullo, Filius vero Deus de Patre sine passione, vel diminutione genitus, et per ipsum omne factum; Spiritus quoque sanctus non de Patre et Filio genitus, sed procedens dicatur, proferendum est etsi minus digne (quis enim ineffabilia valeat condigne fari?) tamen utcunque qualiter, hæc omnia per numerum valeant designari. Quod ergo per unitatem per se subsistentem Deus unus per se etiam subsistens designetur, jam prolatum est.

Qualiter vero unus idemque Deus trinus intelligatur, per hoc exprimi videtur quia primus dicitur, sicut scriptum est de ipso dicente: *Ego sum primus et novissimus* (*Apoc.* 1). Primus enim non minus quam inter tres dici valet. Ast quamvis de pluribus dici liceat, valde tamen incongruum exstat, ut cum Deum dicimus primum, hoc solummodo ad creaturæ ordinem, et non potius ad æternæ Trinitatis personas referamus, præsertim cum omnia relativa quæ de divina proprie dicuntur substantia, nulla extra se substantia ad suam indigeant relationem, ut Pater, et Filius, et Spiritus sanctus.

Hæc itaque tria substantiæ divinæ relationi congruerent, etiam si nulla angelorum, vel hominum substantia existeret. Neque enim pro eo quod angelus et homo, Deum laudans, aliquando defuit summæ æternæque Trinitatis personæ; relationis suæ convenientia unquam carebant, sicut nec aqua, in terra inhabitabili fluens, ideo ad hauriendum est inepta quod nemo ibi exinde hauriens invenitur.

Quod cum ita sit, de primo, quod utique relativum nomen est, nec minus quam de tribus valet dici idem datur intelligi. Nam sicut Deus, priusquam ab ullo diceretur Deus, erat, ita etiam semper in se habuit unde primus dici potuisset, in personis scilicet tribus. Claret ergo quia, cum Deum omnipotentem primum fatemur, trinum etiam exinde fateri edocemur.

Sed summopere observandum ut, sicut Deum Patrem æternum dicentes, Filium quoque ejus sibi coæternum ex ipsa Patris æterni persona credere solemus, ita etiam, cum Deum Patrem in personis primum aliasque dehinc personas juxta ordinem dicimus, nullam earum, ut inter homines fieri solet, temporis antiquitate priorem, sed totas tres personas, Patris et Filii et Spiritus sancti, sub uno æternæ Trinitatis primatu existentes credamus. Neque enim ex eo quod nobis impossibile est verbis simul edere personas Patris et Filii et Spiritus sancti, de Trinitatis hujus æternitate debemus dubitare, sed, quod labiis simul nequit proferri, mente et spiritu fideli valet utcunque contineri, et quam congrua divinæ dispensationis sententia, ut Deus, qui spiritus est, non nisi spirituali intelligi valeat sapientia.

Prolata itaque, ut potui, unitatis et Trinitatis divinæ ratione mystica, aggrediar et hoc aliquatenus promere qualiter, per numeri mysterium, Patris æterni Verbum, per quod omnia facta sunt (*Joan.* I), ab ipso absque ipsius passione vel diminutione genitum, Spiritus quoque sanctus quare non genitus, sed procedens, juxta fidem catholicam intelligatur.

CAPUT XXXV.

Quomodo, ex numero primo et secundo, fide possit percipi quod Deus Pater sit ingenitus, Deus vero Filius genitus, et quod per hunc omnia facta sint.

Scimus namque omnes quia, cum ab unitate numerus quilibet creari decernitur, per eum qui sibi proximus est, id est secundum, creatur. Secundum autem, qui, præter personam, nihil ab unitate discrepat, idcirco arbitror esse dicendum in persona Filii Dei, ne forte, si binarium, qui duabus unitatibus constat, nominari censeo, æqualitatem Patris et Filii, juxta mysticam numeri rationem, denegare videar. Si cui vero aliter placeat, non respuo, dummodo æqualitatem ita ostendat in numero, ut in Deo Patre credenda est ejusque Filio.

Quod si etiam ab aliquo cavillatore sententia talis ideo impugnatur quia secundum quilibet primo inferior apud homines dicitur, attendat in primis quia licet Unigenitus Dei, personam Filii, instar hominis cujuslibet patre procul dubio suo junioris sortiatur, non tamen idcirco coæternum coæqualemque Deo Patri credere desistimus. Deinde, quod missus quilibet mittente inferior apud nos dicitur, et tamen ipse Dominus noster Jesus Christus, qui Deo Patri secundum divinitatem coæqualis est, de seipso in Evangelio dicit : *Quem Pater sanctificavit et misit in mundum* (*Joan.* X). Et alibi : *Vado ad eum qui me misit* (*Joan.* XVI). Apostolus quoque dicit : *Ubi venit plenitudo temporis, misit Deus Filium suum* (*Gal.* IV). Quibus nimirum dictis datur intelligi quia, sicut Verbum Patris æterni et Filius et missus dicitur, nec tamen a paternæ gloriæ æternitate destitutus creditur, ita etiam secundus in numeri mysterio potest dici sine controversia catholicæ fidei. Quamvis huic rationi satis astipuletur quod, cum quoslibet numerare voluerimus, dicentes : Ille primus, ille secundus, ille sit tertius ; non per hoc dignitatem vel ætatem primi majorem quam secundi vel tertii semper designamus, sed quia pro usu habemus, imo pro differentia indigemus ut post primum, mox secundum numerando dicamus. Si enim numerantes semper dicamus : Ille unus, ille unus, ille unus ; ex hujusmodi indifferentia nullum instruimus quem vel primo, vel secundo, vel tertio, vel deinceps dixerimus. Omnis autem homo indiget instrui tam de se quam de alio.

Quo cum Deus non indigeat, numerus nullus cadit in illum, sed in nos. Qui sicut nostra numerare solemus quælibet, ut ea sciamus, non ut dissimilitudinem aliquam in eis designemus, ita etiam divinæ Trinitatis personæ ideo numero sunt distinctæ, ut efficientiæ quæ per eas designantur, nobis semper sint notæ utque personarum ordinem debitum teneamus, non ut ullam inæqualitatem in essentia credamus divina. Quamvis enim unum sit omne quod in divina essentia constat, nobis tamen, qui ab unitate procul secernimur, opus est ut Deus unus variis personis, variis modis, variis differentiis variisque argumentis pronuntietur, sicut et infirmo cuique ut solidus et perfectus cibus in varias aliorum ciborum species efficiatur, vel sicut infanti opus est ut plena ac perfecta verba in varios abruptæ vocis et inconditæ modos formentur.

Et ut apertius aliquid et excellentius dicam, sicut dicere solemus : Ille fons, ille rivus, illud stagnum, et tamen unum aquæ elementum significamus ; ita etiam de Dei Patris et Filii et Spiritus sancti unitate credi oportet. Licet enim in personis, ut fons et rivus stagnumque differant, in una tamen substantia instar aquæ purissimæ conveniunt. Unde et Dominus noster, qui unius substantiæ est cum Patre, velut rivus cum fonte, dicit : *Qui videt me, videt et Patrem meum* (*Joan.* XIV).

Cum igitur eo quo dictum est modo Verbi superni personam in secundo ab unitate liceat designare, dicamus quia, sicut per eumdem secundum unitas omnem numerum absque passionis suæ et diminutionis vestigio creat, ita etiam Pater omnipotens per Verbum suum impassibiliter et indefective omnia creavit semel, si tamen semel recipit æternitas. Et ineffabiliter hoc disponendo prædestinandoque agens per Verbum, quod nobis sæpius et temporaliter numerantibus unitas facit per secundum. Neque enim, licet sæpius repetatur, unitas est nisi una. Omnia ergo, ut dixi, per Verbum Patris facta sunt, sicut omnes numeri ab uno per secundum creantur.

Ubi satis aperte probari videtur quia Pater sicut unus generans, Filius vero sicut alius genitus, et non solum genitus sed etiam unigenitus dicendus est. Quia cum ab uno non nisi æqualis sibi, id est unus generatur, merito ipse unigenitus vocatur. Pluralitas vero, id est numerus, cujus principium est binarius ab uno, sicut dictum est, per alium, vel, si melius dicitur, a duabus unitatibus quæ nihilominus designant Patrem et Filium, creata invicem se generat, et generatur per multiplicationem, tantoque longius ab unitate discrepat, quanto plus in varias numerorum species derivatur.

Nam ut terrenæ divinæque generationis distantia exprimatur, numeri quidem cujuslibet generatio non minus quam per binas species multiplicando agitur, ut quatuor per duos binarios, utque sex per duos ternarios, unitatis autem generatio per unam, id est per semet fit solummodo ut semel unum. Hoc enim ita esse notissimum est abacistis, qui, cum multiplicare voluerint unitatem, dicunt semel unum. Cumque ita possit rimari, unum e duobus nullo esse ideoque ingenitum, alterum vero ab altero esse ideoque genitum, sicque per hos numeros creari; fide quoque valet percipi, quia Deus Pater ingenitus, Deus vero Filius genitus, et quia *per ipsum omnia, ut scriptum est, facta sunt, et sine ipso factum est nihil* (*Joan.* 1).

CAPUT XXXVI.
Sicut numerus tertius a primo et secundo est, ita Spiritus sanctus a Patre et Filio non generatur, sed procedit.

Deinde, ut appareant personæ tres, quod est perfecta Trinitas, dicamus a primo tertium, non ternarium, in persona Spiritus sancti. Qui ideo, sicut a tanto numeri mysterio instituimur [*cod. Cruc.* instruimur], non genitus, sed procedens dicitur, quia si genitus diceretur, non solum Patris, sed et Filii genitus dictus videretur. Quod quam absurdum et incongruum sit divinæ generationis qualitati, ex humanæ generationis ratione valet pensari. Quis enim homo duorum genitorum filius competenter dici posset? aut quis se duorum patrum filium a quoquam dictum ad injuriam non reputaret?

Quapropter, quia quidquid Spiritus sanctus est hoc de Patre et Filio esse habet, sicut et tertius a primo et secundo est, verius et aptius ab utroque procedens quam genitus dicitur Spiritus sanctus. Spiritus sancti namque proprietas est Patris et Filii Spiritum esse, et ab utroque æqualiter procedere; sicut et tertius æqualiter a primo et secundo procedit.

Sed dum Patris et Filii Spiritus dicitur, per hanc personam nihil aliud nisi unitas et charitas, vel quidquid hujusmodi relative dici potest innuitur. Unde et Dominus in Evangelio ait : *Ego et Pater unum sumus* (*Joan.* x), quasi diceret: ego et Pater in unitate, id est in Spiritu sancto sumus. Qui nimirum sensus, nisi fallor, in exitu orationum multarum reperitur, ubi dicitur : *Qui tecum vivit et regnat Deus in unitate Spiritus sancti.* Quod ita licet colligi.

Si enim omne quod Deus est substantia dici potest, Pater autem et Filius unum sunt; ipsum ergo unum substantia est ideoque, duabus personis Patris et Filii commemoratis, tertiæ personæ memoria in unitate commendatur.

Sive ergo unum, sive unitas vel charitas dicatur de Deo, non solum ad Trinitatem in unitate consistentem, sed etiam ad personam Spiritus sancti specialiter referendum est; quia enim non minus quam inter duos unitas et dilectio esse possit, hique duo in personis duabus, Patris et Filii, sint intelligendi; unus quidem diligens, id est Deus Pater, alter vero dilectus, id est Deus Filius, patet profecto ipsam dilectionem, qua unum sunt, quæque ex utroque pariter procedit, accipiendam esse pro Spiritus sancti persona, in sancta Trinitate, tertia. Quamvis enim alia persona sit diligentis, alia dilecti, alia dilectionis, in eadem tamen dilectione quæ tertia persona est, et qui diligit et qui diligitur unum sunt et in

unum conveniunt, sicut et in stagno fons et rivus confluunt nullam inter se differentiam habentes.

Sed ne impossibile vel incredibile tibi videatur quod in Deo Patre et Filio ejus tanta unitas et charitas sit, attende quia de unitate et charitate multorum fidelium scriptum est : *Multitudinis credentium erat cor unum et anima una* (*Act.* iv). Si igitur in multitudine hominum, quibus unitas accidentalis est, potuit fieri unitas, cur non potius credenda est semper esse in Deo Patre ejusque Filio, quibus coessentialis [*cod. Cruc.* coæternalis] et consubstantialis est? Non enim Deo sicut homini virtutes ullæ ex accidenti dono veniunt, sed in illa una substantia omnes simul virtutes speciales essentialiter consistunt omnesque ibi unum sunt. Nulla ibi justitia sine pietate, nulla pietas sine justitia. Cumque his duabus virtutibus, id est justitiæ et pietati, omnes concordent pariter, merito virtutum omnium concordia, quæ in Deo Patre Filioque ejus est, unitas dicitur ipsaque, quia ab utroque procedit Spiritus sanctus.

Notandum quoque quia unitas Patris et Filii ipsa personarum distinctione declaratur. Si enim tres unitates pro sanctæ Trinitatis specie ponamus, duasque ex eis pro Patris et Filii dualitate, quia duo sunt, colligamus, ipsa quæ restat tertia, non dualitas, sed unitas appellatur. Quia vero eadem unitas non ad se sed ad dualitatem referenda est, necesse est enim ut alicujus et in aliquo sit unitas : et non magnum est si unus unum sit, sed mirum et ineffabile quod duo penitus unum sint, mihi videtur satis declarari per tertiam personam, quæ Spiritus sancti est, qui a Patre et Filio procedit, sicut et tertia unitas, a duabus unitatibus Patris et Filii unitas, quasi eædem duæ unitates Filii et Patris dicant : *Ego et Pater unum sumus* (*Joan.* x); illud scilicet unum quod persona tertia, id est unitas, de nobis testatur. Dualitas namque duos esse, sed eosdem duos unitas unum esse significat. Omnes quoque qui ad hanc unitatem spirituali dilectione confugiunt, unum efficiuntur. Ergo quod dilectio sancta accidentaliter erit in multis hominibus, aptans eos in unum, hoc Spiritus sancti persona substantialiter et æternaliter ad Patris et Filii personas constat.

Exprimit ergo utriusque communionem et divinæ substantiæ unitatem, quæ utique tanta est ut in nullo extrinsecus indigeat, sed omnia in se contineat. Ideoque cum Patris et Filii persona dicitur meritoque utriusque unitas, id est Spiritus sanctus, simul semper consubstantialis manens, simul etiam semper personaliter commemoratur. Deitati namque nil magis quam unitas convenit ascribi.

CAPUT XXXVII.
Exempla quibus docetur quomodo trinitas in unitate et unitas in trinitate sit intelligenda.

Ut autem hæc unitas et trinitas quam de invisibili divinitatis substantia dico apertior credibiliorque fiat, libet aliqua de visibilibus rebus ponere exempla quomodo unitas in substantia et trinitas in personis existat. Sed primo hujus mysterii similitudinem in ædificiis, dein in altera quæramus materia. Credo namque quia providentia divina, sicut per plurimas similitudines cœlestis vitæ notitiam nobis tradidit, ita etiam multa unitatis et trinitatis suæ argumenta reliquit. Unde ex multis duo hic inserere volo, ut per hæc tam brevitati quam ædificationi tuæ consulam.

Omnis itaque structura lignorum vel lapidum, quamvis undique in parietibus peracta sit vel quantoscunque parietes in se habeat, nequaquam domus potest existere sine tecto. Si autem in duobus saltem parietibus coæquatis et perfectis tectum superponatur, mox domus dici valet pro eo scilicet quia omnia, quæ his tribus peractis restant agenda, sunt quasi principalium adjectiva et ex illis dimetienda. Duo autem parietes et tectum personas tres, sed unam substantiam significant, quia nec parietes nec tectum per se, sed hæc tria rite conjuncta unius domus substantiam pariter efficiunt. Cum ergo hæc ita sint, cujus, rogo, personæ de tribus prædictis typus unitatem hujus substantiæ, id est domus maxime ostendit? Quod si interrogaveris quomodo vel quare, ita collige.

Cum igitur construenda est domus quælibet et peracti fuerint duo parietes, duas personas exprimentes, unus quidem pro eo quod initium operis est, quasi non ab alio sed a se et in semet incipiens: alter vero, cum priori omnino in latitudine, altitudine et longitudine æqualis esse debeat quasi ab ipso exortus et emanans, necdum ad unitatem substantiæ suæ domus ædificanda pervenit. Cum autem tectum tertiam personam exprimens supponitur, tunc demum unitas substantialis domus efficitur. Idcirco vero tectum personam tertiam exprimit quia, sicut primo et secundo numeratis tertius mox numerandus ab eis procedit, ita etiam duobus parietibus in constructione præcedentibus tectum deinde construendum sequitur; neque enim sine parietum constructione tectum quodlibet ad habitaculum construitur.

Potest etiam hac ratione colligi quam congrue Deus domus [cod. Lamb. Dei domus] vel templum dicatur, non solum ob prædictam sanctæ Trinitatis figuram, sed etiam ideo quia omnia quæ in templo quolibet pro pace et securitate, pro umbraculo et refugio temporaliter habentur, in Deo sola æternaliter possidentur. Cujus nimirum templi porta et ostium Christus intelligitur. Unde ipse dicit: *Ego sum ostium* (Joan. x). Hæc quidem de structura sufficiant dicta.

In accensa quoque candela inveniri possunt, ut reor, similia. Nam cum ardens elementis constet tribus, id est stupa, cera, luce, personarum trium figuram tenet. Sed sicut in domo persona tertia, id est tectum, ita et in ardente candela, tertia, id est lux, operatur unitatem substantialem. In neutro igitur, id est in ædificio et candela nulla habetur utilitas, nulla substantiæ unitas, nisi tertia persona, tectum scilicet et lux, addita fuerit. Personam autem dico pro ejusdem personæ typo, ne idem toties dictum videatur tædiosum.

Nonne ergo hæc utraque, de ædificio videlicet et candela, dicta constant satis mira atque divina aptissimaque ad agnoscenda [cod. Cruc. cognoscenda] sacræ fidei rudimenta? ibi namque potest carnalibus etiam oculis comprehendi quomodo in personis tribus substantia una habeatur, qualiterque personarum trium nulla absque aliis quidquam operetur, sed omnes simul opus suum efficiant, quamvis singulis aliquod specialius conveniat. Protegi namque in domo et illuminari a candelæ incendio specialiter convenit personæ tertiæ, quia et tectum inde dicitur quod sub eo commorantes ab aeris intemperie pluviarumque inundatione tegendo protegat; et lumen, quod illuminet.

Quæ scilicet utraque satis conveniunt personæ Spiritus sancti. Ipse quippe in trinitate summa personam tertiam continens, et protector consolando mærentes et illuminator edocendo insensibiles dicitur. Unde Dominus noster ad discipulos suos de ejusdem Spiritus sancti missione loquens dicit: *Paracletus Spiritus sanctus, quem mittet Pater in nomine meo, ille vos docebit omnia* (Joan. xiv).

Inter hæc etiam illud merito pensandum videtur quod in utraque similitudine, ædificii scilicet et candelæ, tertia persona, quam unitatem personarum duarum exprimere dixi, addenda est desuper et superna respicit semper, velut in domo tectum et in candela incendium. Non ergo sine causa sacramenti magni æstimo fore talia.

Arbitror namque illud designare quod, cum in aliquo labore homo Dei cooperator et adjutor esse possit, juxta illud: *Dei enim sumus adjutores* (I Cor. iii), unitatis tamen donum, quod summum est bonum, quo quis ad perfectionem provecturus est, de superna solummodo gratia descendat; sicut scriptum est: *Omne datum optimum, et omne donum perfectum desursum est, descendens a Patre luminum* (Jac. i). Quod enim ex terra ortum vel in terra positum datur, initium quidem vel particula aliqua boni operis potest esse, sed ad substantiam perfectionis et unitatis non pertingit. Unde et idem Spiritus sanctus cum apostolos ad unitatis divinæ culmen erecturus et instructurus esset, non, ut prius, a Domino in terra posito datur, sed de cœlo supra eos missus legitur.

Hæc autem dico, non ut in illa trinitate summa personam ullam superiorem vel inferiorem credam, sed ut ostendam quia, sicut ejusdem trinitatis figura in nulla substantia corporali vel visibili sine aliquo superexcellente potest exprimi elemento, ita etiam in nobis nil boni valeat fieri absque gratiæ supernæ supplemento.

Ipsa namque, cum nos quasi sub personis duabus, id est anima et corpore, bonum aliquod in terra inchoantes, divinum auxilium pro perfectione, id est trinitate, invocamus, semper erit in nobis quasi persona tertia, oriens scilicet ex alto, et coaptans utraque, id est animæ et corporis opera diversa divinæ unitati et trinitati.

Sed et hoc de Trinitate sancta commemorandum puto quia, cum Spiritus sancti persona, Patris et Filii, ut supra dictum est, unitatem et æqualitatem dilectionemque commendet, congrue hi qui, hanc personam imitantes, de sacræ fidei unitate, vel de pacifica Dei et hominis charitate, seu de consona virtutum omnium varietate rite scribunt aut loquuntur, Spiritus sancti gratia repleti dicuntur. Ejus enim dono totius unitatis fit ratio, sicut et ad lucis pertinet donum illuminata acies oculorum, licet ipsa lux non a se, sed aliunde procedit.

CAPUT XXXVIII.
Sanctæ crucis signum in summa Trinitate reperitur et quomodo.

Potest etiam sanctæ crucis signum in trinitate et unitate summa inveniri. Si enim in modum trianguli tres unitates, duas quidem quasi per lineæ normam æqualiter stantes, tertiam vero superius in medio duarum, ponas, quod etiam triangulo omni convenit, ut scilicet in dualitate consistat, in unitate autem respiciat hoc modo :

I
I I
I

Cumque ita triangulum posueris, si unitatem quartam mediæ inferius opposueris, signum sanctæ crucis habebis. Ubi juxta fidem sacram magnopere pensandum quem cuique personæ debeas assignare angulum, ne vel dualitatem constantem vel unitatem eminentem incongrue discernas. Quod, ut reor, ita debet discerni.

Quia enim æqualis dualitas in Patre et Filio, unitas vero in Spiritu sancto intelligenda est, ascribendæ quidem sunt duæ, quæ æqualiter consistunt, unitates Patri et Filio; tertia autem in medio earum desuper posita et velut ab utroque [*cod. Cruc.* utraque] procedens, Spiritui sancto.

Hujusmodi igitur ratio, nisi fallor, convenit trianguli mysterio, in quo etiam reor satis instrui posse de sanctæ Trinitatis fidei omnes fideles. Deinde, quia in Trinitate unitas est veneranda, unitas, quæ inferius posita restat, ascribenda est trinitatis unitati, sicque fit ut ex trinitate et unitate invicem se æqualiter conspiciente et mediante signum sanctæ crucis efficiatur, ut hæc figura personarum proprietate distincta docet :

I
Spiritus S. unitas.   ex utroque procedens
I Patris æqua litas et Filii I
Unitas Trinitatis
I

Ecce crucis signum quam sacrum, quam venerandum, cur et adorari licitum sit mente fideli. Si enim trinitas et unitas divina est adoranda, crucis autem signum trinitatis et unitatis divinæ constat speculum. Crucis ergo signum pro trinitatis et unitatis divinæ speculo est adorandum, ea videlicet I. cutiam specie quia per id quod continet, id, quod continetur, significamus. Nam sicut in altari, non ipsam altaris structuram, sed sanctorum reliquias in eo repositas, et quod majus est, per easdem reliquias, illorum virtutes quibus ante Deum creduntur vivere veneramur et adoramus, ita et iam in sancta cruce, non qualiscunque ejus visibilis materia, sed invisibilis Dei virtus, quæ per passionem Domini nostri Jesu Christi refulsit, quæque ibi in sanctæ Trinitatis et unitatis specie jam dicta consistit, semper est veneranda et adoranda.

Est et aliud mysterium in sanctæ crucis signo expressum quod postmodum de numero quaternario locuturus proferam. Adhuc quædam subtilia de sancta Trinitate scio dicenda mysteria : sed quia nulla ratione congrua hæc promere valeo, ideo ipsa penitus prætermittere, et aliqua de mystica numeri qualitate jam dicere volo, incipiens a binario.

CAPUT XXXIX.
De mystico numeri binarii, ternarii, quaternarii et quinarii significatu.

Hic enim quanto vicinior est unitati, tanto plenior est virtute mysterii. Significat namque congrue virtutem illam qua Deo maxime appropinquamus, id est charitatem : quia sicut binarius duabus unitatibus, ita et charitas bina dilectione Dei scilicet et proximi consistit. Præterea, sicut idem binarius numeri est origo, ita etiam omnium virtutum radix constat charitas, ut plurima sacræ Scripturæ probant testimonia, ex quibus unum sancti Gregorii proferam : Ut enim multi arboris rami ex una radice prodeunt, sic multæ virtutes ex una charitate generantur.

Potest etiam in eodem binario primus significari homo. Sicut enim ex binario omnes oriuntur numeri, ita et ex primo homine omnes exorti sunt homines. Sed si alicui incongrua forte videatur hæc sententia, pro eo scilicet quod primus homo ad Dei similitudinem in trinitate et unitate existentem creatus est, quam binarius nullo modo recipit, attendat quomodo primus homo, postquam ad similitudinem Dei, id est ad Trinitatem factus est, per inobedientiæ culpam perdidit ejusdem Trinitatis figuram et substitit [*cod. Cruc.* subsistit] in dualitate, quæ est in personis animæ et corporis; tertia persona, id est unitate, qua Deo adunari et assimilari deberet, jam perdita.

Si quis vero similitudinis divinæ speciem in parente primo per ipsius culpam neget esse corruptam, legat sanctum Gregorium in homilia quadam ita dicentem : Quia imago exprimitur in drachma; mulier drachmam perdidit quando homo, qui conditus ad imaginem Dei fuerat, peccando a similitudine Conditoris sui recessit.

De ternarii vero mysterio, pro eo quod in se tres unitates habeat, magnum quoddam sentio. Ipsum namque Dominum et Salvatorem nostrum in hoc exprimi credo, quia, sicut ille in duabus naturis, Dei videlicet et hominis, atque in una persona, ita et ternarius in duabus partibus, homini Deoque satis convenientibus, et in unius numeri vocabulo consistit. Binarius enim et unitas ejus sunt partes, quarum quidem binarius homini, unitas vero deitati omnimodo convenit. Sed et hoc non minus congruit: quia, sicut primus Adam terrenus, secundus autem cœlestis dicitur, ita et binarius, quem primum hominem, ipsum scilicet Adam significari supra diximus, prior est ternario secundum Adam significante.

Omnes etiam Christi vestigia sequentes ternarii speciem recipere merentur, qui prius vitiis dediti binario fuerunt assimilati. Ad quam nimirum receptionem et conversionem, ita Dei et Domini nostri Jesu Christi gratiam proximam habent, sicut unitas et ternarius binarium circumdantes eidem proximi agnoscuntur.

I quis vero subtiliora rimari solitus velit, et hoc in ternarii mysterio exquirere quod Christus Jesus, non ut cæteri homines ex conjugio, sed ex Virgine sancti Spiritus virtute imprægnata genitus sit, habet in ternario quæstionis campum. Currat, si possit solvere propositum. Ego enim, etiamsi aliquid ex hoc sentiam, tamen, ut aliis tantæ solutionis triumphum relinquam, hinc nil dicere volo.

Per eumdem quoque ternarium possunt intelligi illæ tres præcipuæ necessariæque omnibus Christianis virtutes, quas Apostolus commemorat, dicens: *Nunc autem manent, fides, spes, charitas, tria hæc* (I Cor. XIII).

Quaternarius deinde proximus satis magno refulget mysterio, quia quadrifariam sanctæ crucis figuram exprimit. In summitate quippe ejusdem crucis et in basi, nec non in geminis brachiis quaternarius numerus invenitur. Hæc quidem ita esse ipso visu corporali possunt probari. Sed, si spiritualiter altiora penetrare velimus, maximum in ejusdem sanctæ crucis quadrifaria figura sacramentum reperiemus, quod scilicet et superius hic dicendum promisimus. Nam summitas ejus superna, basis inferiora, utraque vero brachia totius mundi ambitum eam continere significant. Unde nullus locus a virtute sanctæ crucis vacuus esse credendus est.

Possunt etiam per eumdem quaternarium quatuor Evangelia, nec non quatuor virtutes, id est justitia, prudentia, temperantia, fortitudo congrue designari.

Quinarius licet in geminam significationem reproborum scilicet et electorum flecti possit, vel ob hoc quia tam mala quam bona quinque sensibus corporis efficiuntur, seu pro eo quod fatuæ simul et prudentes virgines, sicut evangelica verba testantur,

eodem quinario numero comprehenduntur (*Matth.* XXV); ego tamen, quia omnem numerum infra denarium positum aliqua specialis mysterii virtute insignitum credo, hunc etiam aliquid boni specialiter exprimere æstimo. Nam, quia idem quinarius dimidia pars est denarii omnigena perfectione præclari, et omne dimidium divisumque in se ipso imperfectum consistit, potest convenienter ipsam imperfectionis qualitatem, quæ in cunctis mortalibus quantavis sanctitate præditis invenitur, significare.

Si cui dictum hoc placeat, mecum sentiat; cui vero displicet, dicat melius, ut et hoc credamus. Ego interim, ut dixi, credo quinarium illam imperfectionem, qua nemo in hac vita positus caret, designare. De hac namque imperfectione Psalmista dicit: *Imperfectum meum viderunt oculi tui* (Psal. CXXXVIII), quasi diceret: tu, qui solus perfectus es, his oculis quibus omnia vides, imperfectionem fragilitatemque meam maxime consideras; vel aliter: tu qui omnia nosti, scis quia coram te perfectus esse nequeo. Hæc quidem de quinario.

CAPUT XL.

Quid mystice numeri a senario usque ad denarium significent.

De senario autem hoc sentio quia, cum sit solus infra denarium in suis partibus perfectus omniaque Deus in sex diebus perfecerit, sanctorum quoque perfectionem significet. Sed ne contrarium videatur quod quinarium imperfectionem, senarium vero perfectionem sanctorum designare dicens, imperfectum simul et perfectum posui, opus est explanare quomodo sancti quilibet in hac vita, imperfecti simul et perfecti sint. Ipsa nempe Veritas cum in quodam Evangelii loco universaliter negaret, dicens: *Nemo bonus, nisi solus Deus* (Luc. XVIII), alibi econtrario aliquem hominem bonum esse testatur, dicens: *Bonus homo de bono thesauro*, etc. (Matth. XII).

Quid igitur hac verborum repugnantia edocemur, nisi ut hominem imperfectum simul et perfectum posse fieri fateamur? ideo quidem imperfectum, quod Deo comparatus perfectionem nullam habeat; ideo autem perfectum, si imperfectionis et fragilitatis suæ quantitatem jugiter attendat. Hinc etiam Salomon dicit: *Septies justus cadit et resurget* (Prov. XXIV). Cum ergo longe a se discrepare videantur justus et cadens, il pet peccans, quomodo idem qui septies peccat perhibetur justus, nisi quia hoc est maxima justi justitia suam injustitiam jugiter corde simul et ore Domino fateri, atque credere per hoc veniam peccatorum consequi? Unde et Psalmista ait: *Confitebor adversum me justitiam meam Domino, et tu remisisti impietatem peccati mei* (Psal. XXXI).

De hujusmodi perfectione et imperfectione idem Psalmista alias apertius loquitur. Cum enim orasset, dicens: *Ab occultis meis munda me, Domine, et ab alienis parce servo tuo,* mox subjungit, Si, inquiens, *non fuerint dominati* subaudis alieni: vel, ut in aliis codicibus invenitur, dominata, subintelligis, delicta, tunc immaculatus ero (Psal. xxviii). Non dixit, si penitus carebo delictis, sed, si mei non fuerint dominata, tunc immaculatus ero. Si autem quispiam immaculatus dicitur, potest etiam dici perfectus.

Ut autem aliquid adhuc altius de praefato utriusque numeri mysterio loquar, forsitan et hoc non sine causa est quia quinarium, quem imperfectionem, senarius, quem perfectionem designare dixi, non omnino post se, nec longe ante se, sed juxta se praepositum habeat. Quasi idem senarius diceret: qui mysterii velit perfectionem consequi, semper fragilitatis suae memor, ante se quid sit statuat, dicens cum Psalmista: *Quoniam iniquitatem meam ego cognosco, et peccatum meum coram me est semper* (Psal. L).

His dictis de senario, progrediamur ad septenarium. Qui scilicet quid mysterii gerat quanto clarius est, tanto clariori et faciliori ratione proferri valet. Fateor namque quia superiora quaedam difficulter protuli. Sed Deo gratias, quia jam ad memoranda sancti Spiritus dona perveni septena. Haec enim septenarius significat numerus. Haec autem dona quoniam sunt maxime nota, dicamus alia.

Potest namque per se multiplicatus et requiem remissionemque designare. Si enim dicas septiesseptem, addita unitate fiunt quinquaginta; qui nimirum numerus et vitae praesentis et aeternae requiem significat. Unde et remissio vel requies, quae a Pascha usque ad Pentecosten ubique in sancta Ecclesia celebratur, sub eodem numero quinquagesimo continetur. Et quam congrue per septenarium pervenitur ad quinquagesimum, quia per sancti Spiritus gratiam unusquisque incipit requiescere, et ad veram requiem tendere.

Est et aliud ejusdem septenarii mysterium. Omnes itaque numeri infra denarium positi aut generant aut generantur invicem, excepto septenario. Et ut hoc ita esse agnoscas, incipe a binario numerare, qui primus est numerus. Hic namque a duabus unitatibus creatus per se ductus generat quaternarium. Deinde hi duo, binarius videlicet et quaternarius, invicem ducti octonarium [*uterque. cod.* octogenarium] generant. Idem binarius per ternarium ductus senarium; ternarius quoque per se ductus procreat novenarium. Quinarius vero in medio eorum positus, si ducatur per binarium, generat denarium; sicque fit ut, sicut dixi, nullus absque septenario numerus infra denarium reperiatur qui non aliquem generet, aut generatur.

Quid igitur ex tanto dicere possum mysterio? Magnum quidem et speciale quiddam credo esse; sed ita videtur profundum ut virtutis suae penitus abscondat radium, nisi forte hoc quod non est genitus significet quia Spiritus sanctus, cujus dona per eumdem septenarium designantur, a Deo Patre et Filio non genitus, sed procedens dicitur; quod vero nullum generet, hoc designet quia, cum numerus in multiplicationem tendat, multiplicatio autem numeri carnalem significet generationem, merito Spiritus sanctus non carnalibus hominibus in duplicitate et multiplicatione sui gaudentibus, sed spiritualibus in simplicitate et unitate divina constantibus, inspirationis suae gratiam creditur infundere. Et si fas est dici Spiritum sanctum generare, nihil aliud intelligi debet nisi quemlibet per inspirationem suam instruere et ad desideria sancta accendere, quia *spiritus, ubi vult spirat* (Joan. VIII). Unde etiam mos obtinuit ecclesiasticus, ut hi qui alios ad vitam spiritualem instruunt, patres dicantur (Eccli. VIII).

Haec igitur de septenarii mysterio in honore sancti Spiritus utcunque prolata, si ejusdem sancti Spiritus gratia congregans dispersa, vivificans cuncta, dignetur aspirare, spero sacrae fidei non discrepare.

Octonarius item perfectionem significat, sed eam solummodo quae post septimanas hujus vitae promittitur. Sed et hoc satis congruum. Sicut enim septenarius, qui requiem significat, mox sequitur octonarius, ita et ille qui in hac vita ab operibus malis vacat et requiescit perfectionem beatitudinis aeternae consequi merebitur. Unde et Dominus in Evangelio octo beatitudines se sequentibus promisit, per has scilicet significans aeternae vitae perfectionem.

Qui in arithmetica instructus est disciplina multo plura hinc edere valet mysteria, quia illic, ut audivi, octonarius numerus vocatur cubus. Quod vocabulum ignorans, unde vel cur sic sit dictum nescio pariter ejus mysterium. Cujuscunque enim non habetur massa vel materia, nulla prorsus ex ea efficitur figura [*cod. Lamb.* causa].

Jam vero pertingens ad novenarium, dicam, prout ingenii tenuitas permittit, et ejus mysterium. Hic itaque, ut mihi videtur, quanto majori circumdatus est utriusque numeri, octonarii videlicet et denarii, perfectione; tanto excellentioris mysterii refulget dignitate. Significat namque angelicos ordines, quia, ut Scriptura sacra prodit, novem ordines angelorum sunt; quorum quidam angeli, alii archangeli, alii principatus, quidam potestates, quidam virtutes, nonnulli dominationes, nonnulli throni, plerique cherubin, plerique seraphin dicuntur. Et notandum quanta consonantia sit numeri ad mysterium hujusmodi. Quicunque enim octonariam perfectionem consequuntur, novenario id est angelico ordini coaequantur, Domino attestante, qui in Evangelio dicit: *Illi qui digni habebuntur saeculo futuro et resurrectione ex mortuis, neque nubent, neque ducent uxores neque ultra mori poterunt. Aequales enim sunt angelis, et filii sunt Dei, cum sint filii resurrectionis* (Luc. XX).

Sed et in hoc novenarius venerandus est, quia, cum omnis numerus per se multiplicans alium, ejus quasi parens, qui autem per hanc multiplicationem procreatus fuerit illius proles dici possit; novenarius congrue ternarii proles exstat, qui sanctam Trinitatem significat. Si enim dicas ter trini, quod est per seipsum facta multiplicatio numeri, novenarius procreatur. Qua de re colligitur quia et sancti angeli et omnes angelicam vitam secuti convenienter dicuntur filii Dei, cum sint sanctæ Trinitatis filii.

CAPUT XLI.

De numero denario ejusque mystico significatu. Divisio numerorum in eos qui ad se dicuntur, et in eos qui relative ad alterius numeri consonantiam dicuntur juxta musicam.

Tempus et ordo jam postulat ut ex denarii mysterio aliquid parvitas nostra proferat. In quo sane reor hoc primo considerandum quia, sicut ex collectione constat unitatum, ita etiam coadunationem atque copiam significet omnium virtutum, deinde quod imitetur quodammodo ipsam unitatem. Sicut enim unitates collectæ perficiunt denarium, ita ejusdem denarii collectio repetita tendit in infinitum numerum. O quanta dignitas denarii, qui tam perspicue assimilatur unitati, imitans illam coadunata numerorum collectione, quia nequit naturali unitatis perfectione! Naturalis namque perfectio unitatis est per se posse subsistere; quod quia numerus nullus per naturam valet, solus denarius, imitatione illa quam dixi, id est collectione coadunata omnium numerorum implet. Hoc autem non sine causa esse, sed unitatis illius perfectionem, quæ in electis fieri potest, credo significare. Ipsa denique, quantacunque virtutum collectione videatur consistere, nihil est per se; sed a vera unitate Domini habet esse. Hæc ergo sola vera unitas est, quia non solum non eget externa collectione, sed et aliis tribuit se imitari posse aliqua unitatis participatione: Unde et Dominus noster Patrem, cum quo unum est, pro electis ovibus [cod Cruc. omnibus] orans dicit: *Pater sancte, serva eos in nomine tuo quos dedisti mihi, ut sint unum, sicut et nos sumus unum* (Joan. XVII). Hujusmodi igitur unitatem, quam electi quique collectione virtutum, quasi unitatum, adipisci possunt, denarius, ut dictum est, congrue significat. Sed cum tantæ perfectionis excellentiam exprimat, patet profecto quia nemo in hac vita positus ita perfectus exstat ut ad eum obtinendum sufficiat. Credendum est autem et sperandum de Dei misericordia ut obtineri possit in futura vita, quando videlicet Paterfamilias, juxta conventionem factam, in vinea sua laborantibus eum addiderit.

His igitur utcunque prolatis de numerorum infra denarium constitutorum mysteriis, jam ultra specialem numerum aliquem ratione mystica comprehendere facultas non est, tam ex facundiæ quam conscientiæ inopia. Verumtamen ut his qui de spiritualis plus quam carnalis prudentiæ cibi refici desiderant aliquod gratum præbeam ferculum, voluntas est mihi omnes numeros in duas partes dividere; in unam quidem illos, qui ita in arithmetica disponuntur, ut nulla proportione harmonica copulentur, sed ad se tantummodo dicantur, ut duo, quinque, septem vel tres, septem, decem, vel quilibet alii ejusdem dissonantiæ; in alteram vero eos qui relative ad alterius numeri consonantiam dicuntur juxta musicam, ut tres, quatuor, sex, octo, duodecim.

Quos nimirum numeros ita dispositos, ut medius ad minimum sesquitertiam, maximus vero ad medium sesquialteram, itemque maximus ad minimum relatus duplam reddant proportionem, quia tales specialiter harmonicæ deserviunt consonantiæ, hic utique de ejusdem consonantiæ mysteriis locuturus, opus habeo exempli gratia coram ponere.

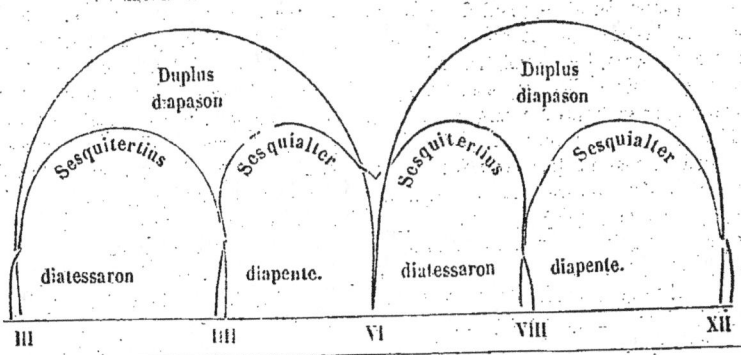

In quarum scilicet partium duarum ratione designata tanta mysterii virtus inesse videtur, ut etiam sanctorum Patrum peritissimus aliquis ad hanc pleniter reserandum vix sufficeret. In primis enim invicem oppositis vel collatis utrisque valet inspici, quanta distantia sit inter carnales et spirituales homines tum ablata illius parte numeri, qui ad se dicitur, nam ita superfluus est in ratione, sicut et illi quos significat in compassione. In altero, qui relativus est, satis speculatur quæ consonantia sit in diversitate corporalium artium; et quæ in diversis opibus vel fructibus provinciarum; et quæ in varia dispositione virtutum; quæ etiam inter cœnobialis et sæcularis vitæ homines; nec non quanta consonantia sit in Veteris ac novi Testamenti collatione, vel quæ aliarum rerum consonantia: Postremo quid sit cœlestis harmonia, reor hinc posse agnosci.

Hæc igitur omnia quanta sit difficultas vel mente

vel ratione comprehendere, prudens quisque valet intelligere. Sed dum nihil ex his possim, ut decet, aliquid tamen utcunque proferre licet. Et primo quidem, quod et in primis propositum est, quid utrique numeri, ille scilicet qui ad se dicitur, et qui ad alterius consonantiam pertinet, oppositi significent. Deinde istius, qui consonantiæ solummodo deservit, mysterium reserare cupio: illud aliquatenus ostendere satagens, quanta consonantia a Deo sint facta omnia tam terrestria quam cœlestia, licet homo solus eamdem consonantiam jugiter cum vitiis suis impugnet.

CAPUT XLII.
Quid mystice significent numeri qui ad se dicuntur? Quid ii qui ad aliud referuntur?

Omnis itaque numerus qui, ad se solummodo pertinens, nullam efficit consonantiam, hominem congrue significat carnalem. Ille enim sola quæ sibi sunt grata, id est temporalia, visibilia, carnalia diligit. Nulla sibi, nisi quæ concupiscentia et voluntas propria suggesserit, placent. Omnia quæ aliis consona sive congrua sunt, displicent. Ad nihil aliud se natum arbitratur esse, nisi ut desideriis suis omnimodo famuletur: imitans illam divitem, qui, ut in Evangelio perhibetur, ita sibimet soli vixit, ut nec micas de mensa sua prolapsas alteri egeno poscenti tribuere curaret.

At numerus qui ad alium refertur, spiritualem significat hominem; quia spiritualis quilibet aliena damna seu lucra deputat ut sua; moribus alienis semet conformat et aptat, illud jugiter recolens: *Alter alterius onera portate* (Gal. VI). Et: *Nemo quod suum est, tantummodo quærat, sed quod alterius* (I Cor. X). Unde et Paulus apostolus non sibi soli, sed etiam aliis prodesse desiderans, dixit: *Omnibus omnia factus sum, ut omnes lucrifacerem* (I Cor. IX). Dominus etiam et Salvator noster, cum non pro se, sed pro nostra salute incarnari ac pati dignatus esset, relativus fore voluit.

CAPUT XLIII.
Quam mirifica sit in corporis membris, in artibus tum liberalibus tum mechanicis, denique in regionum proventibus, ipsisque diversis virtutibus harmonia?

His igitur per utriusque partis prædictæ oppositionem breviter prælibatis, nunc vero, quia in harmonicis instrumentis aliquoties lusi, libenterque totius melodiæ suavitatem audivi, libet etiam, prout Dominus dederit, in harmonia spirituali et intellectuali ludere: explanando scilicet quanta consonantiæ mysticæ suavitas in omnibus supradictis habeatur rebus. Sed prinsquam de hujusmodi consonantia aliquid audias, oportet ut, quid sit eadem consonantia, plenius agnoscas. Quia enim non solum in sonis proportione numerorum relativa coaptatis, verum etiam in rebus quibuslibet rite ordinatis consonantia efficitur; omneque quod ordinatum constat, conveniens profecto et congruum efficitur: consonantiæ hujus definitio videtur posse dici rerum dissimilium convenientia. Proinde si in qualibet convenientia est consonantia; omnis autem creatura, licet dissimilis sit invicem, Deo ordinante convenit; consonantia ergo habetur in omni creatura.

Nunc igitur illud primo considerandum est, quod et in consonantiarum mysticarum ordine primo posui: quæ scilicet consonantia sit in cujuslibet corporis humani membris.

Ibi namque cum unumquodque membrum famulatur alteri, omnia membra consistunt invicem congrua. Visus quippe et auditus, gustus, odoratus, et tactus non solum sibi, sed etiam aliis corporalibus officiis famulantur. Quapropter dum omnes corporis sensus ad se invicem conveniunt famulando, consonantia utique in corporeis sensibus, velut in numero, efficitur.

Videamus etiam quanta consonantia sit in diversitate corporalium artium. Cum igitur hic aurifex, ille ferrarius faber, iste cæmentarius; hic lignorum artifex, ille scriptor, iste pictor; hic in liberali scientia imbutus, ille mercator, iste piscator; hic in bellicis rebus, ille in agricultura doctus; hic texturæ operarius, ille medicus, ille sutor, ille sculptor, iste auceps, ille venator; hic coquus, ille pistor; alter alterius sit artis, quæ specialiter memorari nequit; nullaque ars prædicta sine alterius ope peragi possit; quid aliud quam consonantia quædam quasi discrepantium vocum in omnibus hujusmodi artibus erit? (*cod. Lamb.* exit.)

Consideremus deinde qualiter consonent opes vel fructus diversi provinciarum. Ubi magnam facundiæ inopiam patior pro eo quod nec provinciarum, nec opum plurimarum vocabula agnosco. Sed rem quamdam profero, quæ pro me satis loquatur cunctorum judicio. Omnibus etenim notum est quia negotiatores quique in regiones ac provincias plures procul positas sæpius proficiscuntur, ut opes quasdam, quæ in illis aut raro aut nusquam habentur, illuc afferant; et alias opes, quas in suis locis raras et pretiosas esse sciunt, inde nihilominus revehant. Cur ergo hæc faciunt, nisi quia unaquæque regio et provincia opes vel fructus illos habet quos altera minime possidet? Quamvis et hoc pro argumento maximo sufficiat quoniam mercatores nostros scimus aurum, pallia serica, nec non ignotas eximiasque bestiarum pelliculas ad nos detulisse; quæ omnia fatentur aut cum ære, seu cum vestimentis vulgaribus, vel vilibus domesticorum animalium pellibus in quibusdam provinciis comparasse. Unde aperte intelligitur quia et in hujusmodi diversitate invicem congrua consonantia magna habetur. Dum enim unusquisque alterius indiget opibus, consonans profecto compellitur esse alteri.

Veniamus et ad variam virtutum dispositionem, quantamque inter se consonantiam habeant, aliquantulum proferamus. Alii namque, ut Apostolus dicit, *datur sermo sapientiæ, alii sermo scientiæ, alteri fides, alii gratia sanitatum, alii operatio virtutum, id est miraculorum, alii prophetia, alii discretio spi-*

rituum, alii genera linguarum, alii interpretatio sermonum (*I Cor.* XII). Ad hæc etiam nos subjungimus, quia alius eminet in humilitate, alius in charitate, alter in castitate, alter in oratione, alter in discretione, alius in vigiliis, alius in jejunis, alter in eleemosynarum largitate, alter in infirmorum vel hospitum recreatione, alter in patientia, alter in alia virtute. Sed nullus profecto in qualibet virtute prædicta invenitur ita perfectus, ut non ope egeat alterius. Cur hoc, nisi quia invicem sunt omnes virtutes referendæ, et plectro discretionis in consonantiam alternam commutandæ? hujus namque consonantiæ plectrum, discretio est virtutum.

CAPUT XLIV.

Qualis et quanta reperiatur harmonia inter vitam monasticam et sæcularem, Vetus et Novum Testamentum, corpus et animam, diversorumque hominum status?

Progrediamur et ultra, dicentes quæ consonantia sit inter cœnobialis et sæcularis vitæ homines. Igitur neminem in cœnobiali vita positum reor ignorare quia multipliciter egeat sæcularium hominum administratione. Quomodo enim vel victum vel vestitum seu ipsum habitaculum sibi aptum posset habere, nisi ex sæcularium aliquorum labore? Unde omnimodo pensandum est cunctis in cœnobiali proposito constitutis quia non solum sibi, sed etiam illis qui hujusmodi supplementa præbent, referenda est eorum spiritualis conversatio.

Similiter homines cuncti in sæcularibus negotiis positi, jugiter pensare debent quantum indigeant spiritalium virorum oratione: ne, inter delicias vel curas vel pericula innumera præsentis vitæ depressi, æternæ salutis gloria priventur.

Cumque ab utrisque hæc necessitas pensatur, et pro Dei amore alii ab aliis adjuvantur, quasi alternantes soni invicem suaviter resonant: unus quidem sonus superius, id est spiritualiter; alter vero inferius, id est sæculariter. Neque enim ulla fit consonantia, nisi ex aliqua suimet distantia.

Magna etiam dici potest consonantia, Veteris ac Novi Testamenti convenientia. Nisi enim in Veteri prædicta fuisset gratia Novi, nemo per fidem in Novo potuisset salvari; quia omnia fidei argumenta ab antecedentibus rebus sunt assumenda. Et, ut sanctus Gregorius dicit, sequentium rerum certitudo præteritarum est exhibitio. Utrumque igitur ad aliud relatum factum est nimis consonum; quia omnia quæ in Novo per adventum Domini nostri Jesu Christi sunt impleta, in Veteri per prophetas vel mysticas rerum species fuerant prædicta. Ibi namque ejus incarnatio, ibi ejus passio, illius resurrectio et ascensio; etiam omnia quæ ab Incarnatione Domini usque ad præsens, et quæ in futuro sæculo, eveniunt, leguntur aut aperte prædicta vel typice præfigurata. Sed cum consideratur quanta consonantia sit in prædictis et impletis; quæ quoque in futuris fiat, facile potest credere quisquis fidelis.

Ad eamdem consonantiam pertinet ordinata animæ et corporis compago; viri et mulieris propter necessaria utriusque subsidia multa conjunctio legitima; patrum et filiorum, divitum et pauperum, dominorum et servorum, magistrorum et discipulorum; conjugum quoque et virginum mirifica convenientia: quanvis enim virginitas longe superior sit conjugio, nihil tamen resonat sine ipso; quia nec esse valet sine illo. Sicut et tonorum integritas, licet comparationem nullam teneat ad semitonium, atque ipso tamen nullum sonum, qui juxta musicæ artis auctores proprie consonantia vocetur, efficit. Sive enim diatessaron, sive diapente consonantiam dicere velis, sine semitonio nequis, de diapason vero superfluum est dicere quia, constat ex utroque. Qua de re intelligi datur quia, sicut semitonium consonantiæ necessarium est in melodia; ita conjugalium supplementa necessaria sunt in spiritali vita.

Notandum vero in his, quia, etsi non omnia ad relativam consonantiam, ad probationem tamen omnia conveniunt.

Prælati namque quilibet, excellentioresque in sæculo, ut domini, patres, magistri, divites per subditos sibi et pauperiores jugiter probantur: quanta videlicet eis cura præsint; quali fide nutriant et succurrant. Subditi vero, qualiter prælatis obediant; et pauperes, qualiter sufferant paupertatem, cum divites omni modo fulciri perspexerint.

Idem inter conjuges et virgines agitur. Magna namque probatio erit in utrisque. In conjugibus quidem, si se congruis temporibus rite contineant: cum et virgines eadem fragilitate circumdatos, eisdem passionibus tentatos perpetuam habere castimoniam agnoscant. In virginibus autem, si, propositi sui excellentiam jugiter attendentes, curent ne retro cadant: quandoquidem multos licito matrimonio copulatos, aut sub continentia debita vivere (quæ Deo tanto acceptior est, quanto liberius relaxari potest) vel prorsus, vita sæculari relicta, pro amore Dei desideria carnis cuncta respuisse audiunt.

Probantur et aliter virgines atque conjuges. Eo quidem modo virgines, si attendant quantas gratiarum actiones Deo pro hoc debeant quod, eos ad sublimissimum virginitatis gradum per inspirationis suæ gratiam eligens, ab innumeris hujus sæculi miseriis periculisque eripere dignatus sit, cum plurimos in eisdem miseriis positos reliquerit. Non solum autem virgines, sed etiam omnes qui, in quacunque ætate positi, ad sublimioris propositi arcem perveniunt, eodem modo probantur. Conjuges vero, omnesque in sæculari vita constituti, si attendant quanta gratia sit quod vel aliquibus deliciis temporalis vitæ ulla pietatis divinæ licentia valeant sic uti, ut tamen ab æternæ beatitudinis participatione non excludantur; cum plurimis videatur maximum, si cum contemptu rerum sæcularium, cum contritione et afflictione carnis ac spiritus omnigena, postremo cum sævissima morte, regni cœlestis participes fieri mereantur.

Ad hæc etiam nullus in ætate intelligibili positus relinquitur, qui non secundum qualitatem sibi collatæ, vel in scientia seu sospitate, vel potentia a Deo probetur quid pro [cod. Lamb. in] ejus amore agere vel pati velit. Et quanta consonantia, qua unus quisque per alium probatur si est intelligens aut requirens Deum?

Sol quoque, luna et fructus terræ; volatilia, nec non universa animalia quæ in aquis vel in terra versantur, dum nullatenus ad se seu propter se, sed ad humanos tantummodo usus condita subsistunt: consonantiæ profecto velut numeri relativi deserviunt. Ex quibus valet probari quia, sicut scriptum est, nihil in terra fit sine causa, sed totum sub aliqua ordinatum est consonantia.

CAPUT XLV.
De harmonia, quæ in beatis obtinet.

Adhuc de unius, harmoniæ cœlestis scilicet, qualitate, quæ tanto difficilior est ad proferendum, quanto minus habet ullum corporale vel visibile instrumentum, dicere, prout fides exinde capienda suggesserit, libet. Nihil enim aliud nisi quod fides capere valet, inde cuiquam dicere licet. Sed quia scriptum est: *Fides sperandarum substantia est rerum, argumentum non apparentium* (Hebr. xi); et Dominus et Salvator noster, ut in Evangelio legitur, plurima mysteria cœlestia per aliqua terrenarum rerum explanavit argumenta: hinc etiam ego instructus arbitror, et credo magna cœlestis harmoniæ esse argumenta, omnia quæ etiam dixi de hujus vitæ consonantiis, et quæ usquam exercentur in musica arte instrumenta. Sicut enim in organis vel in monochordo, quæ videlicet præcipua sunt in hujusmodi disciplina, varia discrimina sonorum, quolibet modo se præcedant vel subsequantur, per diapason coadunantur: ita in cœlesti regno esse credo; ut, licet ibi pro meritis diversis alter quidem sanctus ad alterum quasi sesquioctavus, id est tonus integer, alter vero, ut sesquialter, id est diapente; et alius ut sesquitertius, id est diatessaron ad alium referatur; tamen omnes sancti per charitatis concordiam, quasi per diapason, unum resonent, unum sapiant; sitque eorum laus et gratiarum actio tam pro Dei et hominis (quia Deus homo factus est) nec non pro omnium sæculorum et elementorum atque rerum consonantia, quam pro gaudiorum suorum remuneratione, sempiterna quasi quædam harmonia habens varias differentias sanctitatis pro variis discrepantium vocum modis; habens etiam sanctiores quosque dispositos pro intensione; inferiores vero pro remissione.

Hæc autem ita esse non affirmo, sed, ut dixi, credo, sciens scriptum: *Videmus nunc per speculum in ænigmate, tunc autem, id est, in futuro sæculo, facie ad faciem* (I Cor. xiii). Et iterum: *Per fidem enim nunc ambulamus, et non per speciem* (II Cor. v). Rursumque: *Quod oculus non vidit, nec auris audivit, nec in cor hominis ascendit, quæ præparavit Deus diligentibus se* (I Cor. ii).

CAPUT XLVI.
De diversis diei et noctis mysteriis et significationibus.

Hucusque de numeri mysterio disserens, jam ad eorum quæ deinde proposita sunt, id est, diei ac noctis, languoris et medicinæ, copiæ et penuriæ mysteria explananda transire cupio. Sed illa superiora, id est dies ac nox, pro significatione varia ponuntur. Dies namque Jesum Christum aliquando significat, ut ibi: *Nonne duodecim horæ sunt diei?* (Joan. ii). Et nox diabolum, ut: *Noctem illam tenebrosus turbo possideat* (Job iii). Interdum vero dies fidem vel justitiam; nox infidelitatem et iniquitatem. Ut: *Nox præcessit, dies autem appropinquavit* (Rom. xiii). Et iterum: *Eratis aliquando tenebræ, nunc autem lux in Domino* (Ephes. v).

Interdum etiam dies pro tranquillitate, et nox ponitur pro tentatione vel tribulatione. Ut: *In die mandavit Dominus misericordiam suam, et nocte canticum ejus* (Psal. xli). Ac si aperte dicatur: In tranquillitate misericordiæ divinæ notitia commendatur, sed in tribulatione ejusdem notitiæ profectus probatur. Invenitur quoque dies pro spiritali, et nox pro carnali homine dicta, ut: *Tuus est dies, Domine, et tua est nox* (Psal. lxxiii). Ac si apertius diceretur: Tua gratia, Domine, spiritualis homo efficitur, et tuo judicio carnalis esse permittitur. Cum ergo hæc tam varie ponantur, intelligi datur quia et adhuc aliquam significationem habere possint. Quam etiam ex meo addens, precor, ne dedigneris audire.

Nox igitur, ut mihi videtur, non incongrue Vetus Testamentum, et dies significat Novum; sed et teneram hominis infantiam vel conversionem nox, dies autem maturos homines annos et mores. Quæ scilicet et in hoc valde concordant, quia, sicut Apostolus dicit: *Non prius quod spirituale est, sed quod animale* (I Cor. v). In omnibus præcedit animale et carnale; sequitur autem quod est spirituale. Sicut enim nox, carnalem utique vitam significans, divina institutione jam præcedit diem, quæ designat spiritualem: ita et Vetus Testamentum, nec non teneritudo annorum simul et morum carnaliter conversantia [ita uterque cod.] præcedunt; sequuntur autem Novum et ætas et conversatio matura, spiritualem intelligentiam sortitæ. Magna ergo erat nox in mundo, cum nulla pene nisi temporalia et carnalia bona homines amabant. Magna nihilominus nox in homine, quandiu nullam habet vim rationis et bonæ conversationis. Unde his omnibus satis congruit oratio illa Zachariæ: *Illuminare Domine, his qui in tenebris et in umbra mortis sedent* (Luc. i). Sed et illa verba quæ in hymnis nocturnis orando canimus: Tu, Christe, somnum disjice; tu, rumpe noctis vincula; tu, solve peccatum vetus, novumque lumen ingere.

Ut autem hanc significationem a nobis prolatam latius replicemus et conferamus, sicut in primo noctis tempore homines somno gravi, tam ex necessitate naturali quam aliquo labore diurno, solent deprimi, nullo galli cantu aut familiaris curæ strepitu excitati; ita et in prima mundi ætate omnes pene temporalium bonorum carnaliumque voluptatum torpore jacebant depressi, nullo spiritali gallo vel cura perennis vitæ ab hoc lethali somno revocati. Quod scilicet ita esse apertissime Scriptura sacra testante probatur; quæ, exceptis octo hominibus, omnes in tempore illo, diluvio inundante narrat exstinctos. In tenera etiam ætate vel conversione hominis, necdum capacitas rationis, necdum vigilat amor vitæ spiritualis; sed imminet adhuc somnus quidem nimiæ fragilitatis et affectus sæcularis. Deinde, sicut nocte media appropinquante galli cantus aliquos excitat et ad negotia hujus vitæ necessaria agenda provocat, ita etiam in ætatis mundanæ processu, patriarchæ sancti præceptis divinis instructi, plurimos mortales more gallorum cœperunt excitare, observationesque varias instituere, quæ tam animæ quam corpori fuerant necessaria. Similia de hominis ætate vel conversione proficiente constant intelligenda. Tunc enim rationali [cod. Cruc. rationabili] et spirituali sensu, quasi quodam galli cantu excitatus, incipit inter bonum et malum discernere, et in quavis disciplina proficere.

Post hæc vero aurora propinquante magis magisque gallorum cantus solet perstrepere, et excussis sæpius pennis adeo insolescere, ut, si qui juxta eos positi adhuc forsitan quiescere velint, vix ex importunis illorum cantibus possint. Sic nimirum, sic adventu Salvatoris nostri, solis videlicet æterni, propinquante, plurima prophetarum præconia ac documenta perstrepebant, et omnes secum conversantes ad exsurgendum emendatione morum excitantes, venturum totius pietatis et justitiæ diem prænuntiabant. Quorum unus dixit : *Parate viam Domini, rectas facite semitas Dei nostri ; quia revelabitur gloria Domini* (Isa. XL). Et post pauca idem : *Ecce*, inquit, *Dominus Deus noster in fortitudine veniet, et brachium ejus dominabitur* (Ibid.). Idem qui supra : *Egredietur virga de radice Jesse, et flos de germine ejus ascendet* (Isa. XI). Ast, alter propheta dixit : *Ecce dies venient, dicit Dominus, et suscitabo David germen justum : et regnabit, rex, et sapiens erit, et faciet judicium et justitiam in terra* (Jer. XXIII). Et alius propheta : « Cum venerit, inquit, sanctus sanctorum, cessabit unctio. » Eodem modo cæteri prophetæ vaticinantes diem verum, id est, Salvatorem nostrum prænuntiabant esse venturum.

Similia etiam quodam modo in hominis ætate vel profectu maturiori evenire videntur, dum ei tam ex humana institutione quam divina inspiratione omnis disciplina exhibetur. Magnus enim et frequens dici potest galli cantus varia admonitio et correptio, qua indiget adolescens et neophytus; sed hujus admonitionis verba hic dicere volo aliqua, ut quis sit spiritalis galli cantus agnoscatur aliquatenus.

Dicendum namque est cuilibet auditori a doctore spirituali : « Declina a malo, et fac bonum. Subditus esto Domino, et ora eum. Noli æmulari in eo qui prosperatur in via sua, in homine faciente injustitias (Psal. XXXVI). Disciplinam Domini, fili mi, ne abjicias, nec deficias cum ab eo argueris. Quem enim diligit, Dominus corripit (Hebr. XII), et quasi pater in filio complacet sibi. Quodcunque manus tua potest facere, instanter operare ; quia nec opus, nec ratio, nec scientia erunt apud inferos, quo tu properas. Memento Creatoris tui in diebus juventutis tuæ (Eccle. XII), et ne tardes converti ad Dominum (Eccli. V). Quæ enim a juventute tua non congregas, quomodo invenies ea in senectute tua? Fili mi, accedens ad servitutem Dei, sta in timore et justitia, et para animam tuam ad tentationem (Eccli II). »

Item pluribus dicendum : « Gustate et videte quoniam suavis est Dominus. Beatus vir qui sperat in eo (Psal. XXXIII). Nolite pueri effici sensibus, sed malitia parvuli estote. Sicut enim exhibuistis membra vestra servire immunditiæ et iniquitati ad iniquitatem; ita nunc exhibete membra vestra servire justitiæ in sanctificationem. Nolite prudentes esse apud vosmetipsos, nulli malum pro malo reddentes (Rom. XII), et carnis curam ne feceritis in desideriis. Stabiles estote et immobiles, abundantes in opere Domini semper, scientes quia labor vester non est inanis in Domino (I Cor. XV). Vigilate, et state in fide ; viriliter agite, et confortamini : omnia vestra in charitate fiant (I Cor. XVI). Humiliamini sub potenti manu Dei, ut vos exaltet in tempore visitationis; omnem sollicitudinem vestram projicientes in eum, quoniam ipsi cura est de vobis (I Petr. V).

Cum ergo his et hujusmodi verbis doctor quilibet studiosus auditores suos frequenter admonet, quid nisi galli officium implet, annuntians eis viam veritatis et lumen gratiæ spiritualis? Nam quanto plus eos ad virtutum studia excitat, tanto propius sancti Spiritus gratiam omni die clariorem sibi adventuram denuntiat. Ad extremum vero, sicut orto sole, omnis mundus illuminatur, et umbra omnis effugatur, ita adveniens in carne Dominus omnes umbrosas Mosaicæ legis cæremonias [cod. Cruc. superstitiones] ad spiritualis vitæ lucem convertit, omnes idololatriæ superstitiones annullavit, omniaque in se credentium corda doctrinæ suæ radiis illustravit. Idem quoque intelligitur evenire in humanæ ætatis vel profectus plenitudine. Tunc namque si præcedentibus galli cantibus, id est admonitionibus et doctrinis spiritualibus, rite est excitatus homo, tanta sancti Spiritus gratia, quam pro exorto die ponimus, in ejus corde refulget, ut, omnes carnalium affectuum tenebras omniaque mundanæ prosperitatis gaudia contemnens, sola Dei præcepta tota virtute diligat, et cum Apostolo dicat : *Cum essem parvulus, loquebar ut parvulus, cogitabam ut parvulus : quando enim factus sum vir, evacuavi quæ erant parvuli.* Hæc igitur verba apostolica, quia tam spiritualiter quam carnaliter possunt intelligi, et mundanæ et humanæ ætatis, nec non conversionis personæ apte conveniunt.

CAPUT XLVII.

Quid sensu mystico innuant languor et medicina corporalis, quid copia et penuria rerum, etc. ?

Quid autem mysterii gerat languor vel medicina corporalis, claret satis. Innuit namque languor quia, sicut corpus languidum ad omnia naturæ officia necessaria erit invalidum, sic anima peccatorum mole depressa ad nullos virtutum fructus explendos constat valida. Econtra vero, sicut corpus varia medicinæ corporalis impensione curatur, ita etiam anima spiritualibus remediis, id est oratione, vigiliis, continentia cæterisque virtutibus curata sanitati redditur. Ideoque qui credit quod corpus possit languidum curari, sciat etiam aliquo modo animam peccatricem posse sanari, si pro salute sua subsidium divinum fideliter et diligenter imploret.

Copia quoque et penuria rerum victualium, eadem mysteria gerit. Nam sicut copia substantiæ corporalis lætitiam vitæ præsentis auget, sollicitudinem minuit; ita et spiritualium rerum incrementa perennis vitæ præstant gaudia. Et sicut penuria rerum earumdem mœrorem menti ingerit multiplicem, ita spiritualis vitæ damna æterna damnationis præfigurant lamenta.

Hæc et de rerum mysteriis pro exemplo diximus, ut similiter exquiras mysteria in cæteris rebus, sentiasque quanta bene agendi facultas sit in elementorum simul et rerum figuris mysticis inquirendis et credendis.

CAPUT XLVIII.

Elementa rerum, quæ per divini nominis invocationem consecrantur, non solum mystica, sed et sancta et salutaria sunt. Hæc ad altaris mysterium congrue ac apte assumpta sunt, etc.

Adhuc quoque dicendum restat quale in consecrationibus mysterium existat; cujus exemplum habetur in omnibus quæ rite consecrantur a sacerdotibus, ut oleum, sal et aqua, fons baptismatis ipsaque elementa hostiæ salutaris.

H. Car, quæso, hæc non cum superioribus admiscenda decernis? si quidem, juxta rationem tuam, oleum, sal et aqua, panisque et vinum, quæ sunt hostiæ divinæ aptanda, mihi videntur inter elementa; consecratio vero inter res deputanda.

O. Virtus consecrationis separat hæc a cæteris. In cunctis namque rebus et elementis vitæ hujus mysterium aliquod quasi naturale inest, per quod unusquisque ad vitam futuram instrui potest.

Quæcunque autem elementa per divinam invocationem consecrantur, non solum mystica, sed etiam salutaria et sancta esse creduntur. Unde jure sunt seorsum ponenda quæ tanta secernit differentia. Quia vero eadem solummodo discernit consecratio, rite sub ejusdem consecrationis ponuntur mysterio.

Sed ut mystica salutiferaque sit consecratio omnis, semper agenda est per divini nominis invocationem, et per sacram verborum divinorum commemorationem. Nam, nisi baptizandus juxta verba divina in nomine Patris et Filii et Spiritus sancti mergatur in fontem, nullum ibi regenerationis agitur mysterium, nulla ibi percipitur remissio peccatorum. Quapropter, ut fiat mysterium regenerandi in aqua, agenda est sanctæ Trinitatis invocatio prænominata.

Similiter in celebratione missarum, ubi corporis et sanguinis Dominici mysteria in panis et vini sacrificio sunt tractanda, nisi illa Domini nostri Jesu Christi verba, quæ cum discipulis in cœna recumbens, panemque et calicem eis porrigens: panem quidem: *Accipite*, inquit, et *comedite ex hoc: Hoc est enim corpus meum*; calicem autem: *Bibite*, ait, *ex hoc omnes: Hic est enim calix sanguinis mei, qui pro multis effundetur in remissionem peccatorum*; hujusmodi, inquam, verba Domini nisi in consecrandis panis et vini sacrificiis a sacerdote dicantur, eadem panis et vini sacrificia in corporis et sanguinis Domini mysteria vivifica transfigurari minime sunt credenda. Alia enim verba, quæ antea vel postea sacerdos missas celebrans dicit, benedictiones vel laudes sive orationes vocantur; sola autem præmissa Domini nostri dicta (quibus corpus et sanguinis sui mysteria, in pane et vino designata, per se commendavit ac in sui commemoratione fieri præcepit) transfigurationem et vivificationem eorumdem mysteriorum, in hostiam veram, perfectam et immaculatam per sacerdotis cujuslibet officium invisibiliter operantur.

Sed ut nulli incredibile videatur quod per verba divina eadem mysteria efficiantur vitalia, recolat ipsum Dominum discipulis suis dicentem: *Verba quæ locutus sum vobis, spiritus et vita sunt*. Cum ergo verba Dominica spiritus sint et vita, quid mirum si quælibet elementa in mysterium assumpta per ea efficiantur spiritualia et vitalia? Ubi notandum summopere est quia mysteria omnia per divini nominis invocationem facta, spiritualia quidem dici possint, pro eo quod spiritualiter consecrentur et fide sola percipiantur; nulla vero vitalia vel vivifica, nisi sola Dominici corporis et sanguinis mysteria.

Nam quanta inter verum corpus et umbram ejus imaginariam constat distantia, tanta creditur esse inter illa cæteraque mysteria. Cujus rei argumentum exinde potes capere maximum, quia, cum cætera salutis mysteria sumentibus vel habentibus ea solummodo sint remedia, istud vero mysterium singulare non solum celebrantibus, et gustantibus, sed et cunctis fidelibus tam defunctis quam vivis adeo proficit, ut et vivi in infirmitate vel tribulatione positi, quamvis procul existant, ex hoc levamen sentiant; et defuncti, sicut sacra Scriptura testatur, pro se offerri ejusdem mysterii hostiam per visiones appetant. Et merito, quoniam, sicut unusquisque per baptismum in Christo renascitur, ita et per corporis ac sanguinis sui sacramenta reficitur, ne deficiat in via, quandiu peregrinatur a patria; et ut in unitate corporis ac sanguinis sui fide et perceptione unum sit. Sicut ipse dixit: *Qui manducat meum*, carnem, et bibit meum sanguinem, in me manet, et ego in eo.

Inter hæc etiam considerandum est quam congrua elementa ad sanctissimæ oblationis mysteria sint assumpta. Sicut enim panis corporalis exteriorem hominem maxime confortat, et vinum lætificat, ita etiam eadem verborum divinorum virtute sanctificata aptissime illius figuram exprimunt, qui, interiorem hominem confortans, dixit : *Ego sum panis vivus, qui de cœlo descendi. Si quis ex hoc pane manducaverit, vivet in æternum.* Et iterum : *Ego sum vitis vera.* Quia omnes ad se confugientes confortat, dicens : *Venite ad me omnes qui laboratis et onerati estis, et ego reficiam vos.* Itemque : *Si quis sitit, veniat ad me, et bibat.* Et, ut vulgariter loquar, cujuscunque elementi refectione exterior homo maxime confortatur et lætificatur, ejusdem vocabulum Christus interiorem hominem confortans et reficiens aptissime sortitur.

Sed cum de mysteriorum cœlestium virtute loquimur, convenit etiam aliquatenus explanare cur aqua cum sacræ oblationis vino miscenda sit in calice. Hujus ergo causam admistionis paucis expono verbis. Quia igitur Christi de latere perfosso in cruce manavit pariter sanguis et aqua, sanctorum Patrum decrevit sententia vinum semper aqua misceri in mysteriis Christi, ut quæ simul cum sanguine Christi fluxit, in ejus etiam sanguinis mysterio misceretur. Hæc quia sunt nota, breviter perstrinximus ipsa.

CAPUT XLIX.

Exponit Othlonus qua ratione ad hæc latius exponenda delatus sit, pluraque de fidei efficacia subjungit.

His itaque de mysteriorum qualitate prolatis, precor ut, si fidei sacræ contraria minime videantur, pro nulla verborum rusticitate vel mea vilitate respuantur. Si vero, quod absit ! reperiantur errore aliquo involuta, corrigantur, quæso, intentione pura. Verumtamen spero quia nequaquam multiplici traditus sum errori, cum tam sancta et præcipua de mysteriis divinis credenda protuli; quia scriptum est : *Nemo potest dicere Dominus Jesus, nisi in Spiritu sancto.*

Porro intentio et causa dicendi hæc fuit hujusmodi. Cum enim superius de facultate bene agendi varia ratio ageretur, probare volebam quanta et jam facultas esset bene agendi in virtute fidei. Nam quanto latior et perspicacior est ad arcana quælibet capienda fides, tanto ampliores bene agendi habet vires; sed tamen non ita vires suas exercet, ut nulla patiatur opposita vel contraria. Perfidia namque omnisque error ei oppositus sentitur, dum fidelis quisque varias erroris spinas tam in se quam extra se ortas patitur. Juxta se quidem, per subtiles infidelitatis cogitationes; extra se vero per aliquos seductores. Sicque fit ut unusquisque, per aliquas fidei probatus contrarietates, quot modis potest errando male agere, tot modis valeat credendo bene agere. Hæc autem probatio maxime per mysteria divina agitur, quia eorum virtutem fides sola argumentatur.

Per difficilia quoque uniuscujusque fides probatur, sicut Abrahæ. Qui cum rem difficilem sibi a Domino promissam audiret, mox absque diffidentia credidit, *non considerans,* ut Apostolus dicit, *corpus suum emortuum, cum fere centum esset annorum, et emortuam vulvam Saræ. Sed confortatus est in fide, dans gloriam Deo, plenissimeque sciens quia quæcunque promisit Deus, potens est et facere; ideoque reputatum est illi ad justitiam* (Rom. iv).

Eadem etiam promeruit, cum, Isaac filium suum, super quo sibi seminis multiplicandi facta est promissio, jussus offerre, non distulit propter promissæ posteritatis effectum, nec propter ipsius rei difficultatem; sed tantum quod jubebatur studuit implere, credens filium moriturum posse resuscitari, ut in eo impleretur seminis multiplicandi promissio. Itaque meruit audire . *Per memetipsum juravi, dicit Dominus, quia fecisti rem hanc, et non pepercisti filio tuo unigenito propter me, benedicam tibi; et benedicentur in semine tuo omnes tribus terræ, quia obedisti voci meæ* (Gen. xxii).

Idem quoque fidei meritum obtinere videntur quicunque voluntatem propriam pro Dei amore frangunt, vel varia vitiorum incentiva per Dei gratiam se superaturos credunt. Quanto enim hæc sunt difficiliora, tanto præmia mereantur majora.

Quomodo autem fides cujuslibet probetur per adversa, plurima sanctorum martyrum testantur certamina. Fide namque ita fuerunt muniti ut nullis pœnarum vel adversitatum afflictionibus possent vinci, sicut scriptum est : *Sancti per fidem vicerunt regna,* etc. (Hebr. xii).

Ecce audisti quanta bona fides operetur, et quid inter alias virtutes mixta mereatur. Audi etiam nunc quia plerumque eadem fides, cum desit facultas aliarum virtutum, sola meretur regna cœlestia, sicut de latrone legitur. Hic enim, cum nihil boni aliud quam credere potuisset, per ipsam fidem, quam Deo exhibere potuit, maxima perennis vitæ præmia promeruit (Luc. xxiii). Huic simile quid in vita Patrum invenitur.

Erat namque, sicut ibi legitur, meretrix quædam multos homines trahens in perditionis foveam. Quæ dum a monacho quodam, fratre scilicet suo corriperetur et ad pœnitentiam provocaretur, mox obediens fratri suo reliquit cunctas soliti officinas peccati. Cumque egrederentur pariter frater et soror, videns monachos quosdam sibi obviare, dixit frater sorori charæ : Secede paululum de via, donec turba pertranseat ista, ne nos incongrue commeantes scandalum patiantur videntes. Quo facto post pusillum revocata est ad illum [cod. Cruc. per illum]. Eamus, inquit, precor, in viam nostram, soror. Illa autem non respondente, quærens invenit eam obiisse. Tunc nimis contristatus retulit rem sanctis Patribus. Quibus pro ea orantibus, revelatum est cuidam eo litus quia pro fide tantum et devotione exhibita dimiserit ei Deus omnia delicta, et post hanc vitam requiem sit adepta perennem.

Qui ergo cupit Christum imitari, habet undique exempla bene vivendi; habet etiam ex aliqua parte facultatem bene agendi. Cæterum omnino errat qui per pacem et otium se assequi triumphum putat.

II. Quam variis plena dapibus constat tua mensa!
Nam cum perpaucis recreari postulo verbis.
Mox mihi diversa doctrinæ das alimenta.
Hanc igitur cœnam cœlesti dogmate plenam
Qui bona cuncta creat solita pietate rependat.

L.
Moralia, metra et sententiæ.

Ante Dei vultum nil pravi constat inultum.
Aut quis sponte sua mala punit, sive coactus?
Bellator fortis, qui se poterit superare.
Bestia crudelis est cor pravæ mulieris.
Communis morbus communiter est abigendus.
Corrige te primum, qui rector sis aliorum.
Doctor perfectus quæ rite docet prius implet.
Divitiæ veræ sunt virtutum bona quæque.
Eloquium sanctum pretiosum fit super aurum.
Est quasi vas vacuum, cui cura deest animarum.
Fructibus ex propriis arbor cognoscitur omnis.
Finis præcepti constat dilectio Christi.
Grande scelus grandi studio debet superari.
Gratia sola Dei quos vult facit alta mereri.
Horrida bella gerit qui pacis fœdera spernit.
Hærentes terræ nequeunt subdi theoriæ.
Impia quæque studens nequit in Christo fore prudens.
Invidiæ plenus super omnes exstat egenus.
Charos nemo suos Christo præponere debet.
Lux æterna piis, tenebræ sunt semper iniquis.
Lumbos præcingit qui carnis vota restringit.
Magna quies animi vitare negotia mundi.
Mors mala vincetur, si jugiter ante timetur.
Non poterit dici quam multa sit ars inimici.
Ne tardare velis, si quem convertere possis.
O quantis curis mens indiget omnibus horis!
Orandum semper, ne seducamur ab hoste.
Peccans quotidie studeat se mox reparare.
Præceps ad risum præceps quoque fertur ad iram.
Quam tenebrosus amor, quo lucis spernitur Auctor!
Quantum plus valeas tantum submittere Christo.
Rara fides homini tribuenda est, pro dolor! omni.
Rex pius et justus studet hoc quod dicitur esse.
Si vis salvari, nil huic [cod. Cruc. hinc] præpone saluti.
Sæpe bonum cupimus quod mox nos nolle probamus.
Terrenis inhians vix spiritualia credit.
Te læsum crede, cum cernis quemque dolere.
Utilitatis amor cito suadet quid sit agendum.
Ut lapis omnis homo, nisi mollis agatur ab alto.
Vis ingens animi nullius laude moveri.
Arrogantia, quæ divites in opibus extollit, ipsa quoque divites in verbis sæpissime subvertit.
Ardua scientiæ dona humilitate indigent maxima.
Amor sæculi contemptus est Dei.

Bene docens et male vivens virtutes, quas prædicat, moribus infamat.

Bellum optimum agitur, cum spiritus carni adversatur.

Brevitas vitæ præsentis pensanda est ab universis.

Cito in crimina majora corruit qui parva pro nihilo ducit.

Curam in rebus minime necessariis agere peccatum est grande.

Caput est discordiæ qui ex communibus propria studet facere.

Deo nihil mali est imputandum, quandoquidem ipso malo utitur ad bonum.

Difficile corrigitur nequitia quam concipit quis in pueritia.

De peccato in peccatum corruunt qui Deum timere et amare negligunt.

Eleemosynam illam Deus exsecratur, quæ ex rapina præbetur.

Errat facillime qui non curat quo rectius pergat.

Ex alieno periculo sapiens se corrigit et emendat.

Frustra pro salute corporis laboratur, nisi simul animæ salus obtineatur.

Fallitur omnimodo qui spem suam ponit in homine vel in hoc sæculo.

Facile offendit qui non optimis, sed pessimis placere cupit.

Gulæ et luxuriæ deditus comparatur jumentis insipientibus.

Grave est peccatum unde aliquis peccandi sumit exemplum.

Gratis a Deo data gratis etiam sunt ab hominibus danda.

Hoc studio converti quisque debet ad bona quo operatus est mala.

Humilibus et fidelibus divinæ legis mysteria patent; superbos autem et infideles latent.

Homines plus quam Deum timere non est religionis Christianæ.

Hæres et propinquus est spiritualis amicus.

Ignis concupiscentiæ carnalis quanto diutius ardere permittitur, tanto difficilius exstinguitur.

Infirmitas carnis si patienter sustineatur, est quasi purgatorius ignis.

Juveni nil magis noxium invenitur quam ut voluntatem propriam sequatur.

Injuriam magnam Creatori facit qui creaturam ullam plus quam illum diligit.

Laudis humanæ avidus divinæ retributionis respuit munus.

Longo usu discendum est quando cuiquam loqui vel tacere conveniat.

Licet multis vita tua placeat, tibi placere non debet.

Latentem superbiam nil magis comprimit quam culpa patens.

Mores et studia rectorum, ex qualitate conspiciuntur subditorum.

Mollis et dissolutus non vir, sed mulier est dicendus.

Mulier dans opera virtuti vir potest dici.

Militiis cujuslibet fortitudo non agnoscitur nisi in bello.

Nescit pene quid labor sit qui nunquam contra spirituales nequitias certare studuit.

Nemo se peccantem credat ideo minus puniendum quod multitudinem imitetur peccantium.

Nullum constat malum quo Deus non utatur ad aliquod bonum.

Negligentia et otiositas hominem ad interitum ducunt.

Omnis dies velut ultimus tractandus est.

Oratione continua superantur vitia.

Oculi petulantes, cordis luxuriosi sunt proditores.

Opere melius quam verbis Deus prædicatur et laudatur.

Positi in deliciis attendere nequeunt quanta sit pœna perennis.

Parentes in tantum diligendi sunt et honorandi quantum illi subjecti sunt summo Patri.

Peccatum peccato adjicitur, cum id quod nequiter gestum est nequiter etiam defenditur.

Plurimi infamiam, pauci vero reatus verentur conscientiam.

Qui nunquam didicit subesse, nulli potest rite præesse.

Quousque homini non displicent mala a se facta, regnant in eo vitia.

Quæ quisque velit metere prius debet seminare.

Quantum quis in humilitate profecerit et castitate, tantum Deo appropinquabit.

Ratio humana quot perversis cogitationibus renititur, tot coronas cœlestes promeretur.

Resurrectio prima est resurgere a vitiis in hac vita.

Raptores alienarum rerum ipsi quandoque rapientur ad interitum.

Reprobi in hoc sæculo fatigantur desideriis et in futuro tormentis.

Salus est divitum subvenire necessitatibus pauperum.

Summi Principis ministri imprimis sunt providendi.

Superbia sola corrumpit omnia bona.

Scripturæ sacræ meditatio mentem retrahit a cogitatu noxio.

Tenax vel prodigus nimium, ambo in unum nimietatis confluunt vitium.

Temperatum omne tam Deo quam hominibus est acceptabile.

Tepide viventes Christiani difficilius corriguntur quam pagani.

Tacere qui nescit, nescit et loqui.

Viator ille stultus est qui in itinere, amœna prata conspiciens, obliviscitur quo tendere disponebat.

Ubi non est timor Dei, ibi regnum peccati.

Victus ab uno quolibet vitio cito labitur in alia.

Volens retinere sanitatem nullius irrideat infirmitatem.

Ultra modum sunt delicati qui nulla adversa volunt pati.

EPILOGUS OPERIS.

Isthic conscripta legentes suppliciter posco ne solummodo superficiem verborum, quæ alicubi forsitan prolata sunt incongrue, sed potius attendant intima sententiarum, scrutantes si qua in eis reperiri possit ædificatio animarum. Quid enim illa prodest lectio, in qua legens nihil aliud studet, nihil investigat, nisi ut scriptorem vel dictatorem reprehendat, quasi ipse tantæ sit scientiæ ut omnia possit reprehendere? hujusmodi igitur lector quo plus aliis parat reprehensionis foveam, eo citius ipse incidit in illam, raptus videlicet subito in reprobum sensum quo seductus aut secreto aut etiam publice aliquod committat peccatum. Unde omni erranti prius compassio quam reprehensio est adhibenda, juxta illud Apostoli : *Quis infirmatur, et ego non infirmor?* (II Cor. x.) Et iterum : *Alter alterius onera portate, et sic adimplebitis legem Christi* (Gal. vi).

OTHLONI SUMMA DICTORUM DE MYSTERIIS NUMERI TERNARII.

Quanta bona in trinitate consistant?

Agnoscens omne bonum in trinitate consistere, studui explanare, quo modo tantum bonum agnosci possit. Sed imprimis dicendum quod etiam primum est, et summum cunctisque fidelibus maxime attendendum. In tribus namque personis, Patris, et Filii, et Spiritus sancti, Trinitas summa consistit; et exinde omne bonum incipit. Deinde vero alia cupio proferre, in quibus trinitas aliqua simul invenitur. In ternario quippe numero ad imaginem Dei reformamur, qui per primi parentis peccatum lapsi sumus in binarium; in quo tam diu inhæremus quandiu ad Christum minime conversi fuerimus. Tres quoque diversitates in omni creatura consistunt. Aut enim est rationalis, ut angeli et homo; vel animalis, ut omnia quæ flatu vitali sine ratione potiuntur; aut neutrum habens, ut lapides et arbores.

Item tres sunt gradus sanctitatis. Primus quidem, qui et maximus, constans in vita virginali; secundus, in viduali; tertius, in conjugali.

Item tres sunt qualitates hominum quæ per numerum distinguuntur. Quarum prima consistit in eo numero qui dividitur solummodo in ternarium ut novem, quique tam angelos quam homines angelicam vitam sequentes significat; alia in senario, qui quoque et dualitatem et trinitatem recipit, in vitiis diu jacentes, sed tandem conversos; tertia binario aliisque numeris dualitatem tantum recipientibus, per quos in malo perseverantes significantur.

Sunt etiam tria genera oppositorum, in quibus quanta misericordia Domini sit in homines valet satis agnosci. Quorum scilicet unum in diabolo sociisque ejus semel peccantibus et tamen semper damnatis consistit; aliud vero in hominibus quibus aut nulla salutis æternæ cognitio data est, vel qui scientes non ita a Domino corriguntur ut veniam mereantur; tertium est in jumentis quibus nulla rationalis scientia data est sicut nobis. Si igitur hæc tria opponimus nobis, qui licet quotidie peccemus, venia tamen nobis est promissa; si pœnitentiam agamus, tunc merito dicemus quoniam *misericordia Domini plena est terra* (Psal. XXXII).

Item tria argumenta inveniuntur, in quibus cuncta Dei flagella, in hoc sæculo facta, bona et pia esse probantur. Unum quidem est in his qui mittuntur ad scholam vel ad quamlibet artem discendam, quam nemo sine flagellis discere valet; aliud est in his quibus pro infirmitate superanda amaritudo medicinæ exhibetur magna; tertium vero est in his qui ad tantam stultitiam prorumpunt, ut nequeant aliter ad debita jura subdi nisi variis modis fuerint afflicti. Hujusmodi igitur flagella cum fuerint ab hominibus gesta, nemo peritorum culpare solet illa. Unde et divina flagella tanto minus sunt culpanda, quanto magis Deus est bonus; quia sicut scriptum est: *Nemo bonus, nisi solus Deus*.

Sunt et tria tempora, id est præteritum, præsens et futurum: in quibus omne quod fuit, et est, quodque fiet, retinetur quasi collectum.

Tribus quoque modis Deus ad nos loquitur in Scriptura sacra, pronuntiando videlicet, et admonendo, atque increpando. Ibi enim pronuntiatur omnibus, quæ bona vel mala sint, et quæ gloria bonorum vel pœna malorum reposita sit in futuro sæculo. Ut in Evangelio: *Qui crediderit, et baptizatus fuerit, salvus erit; qui autem non crediderit, condemnabitur*. Et in psalmo: *Custodit Dominus omnes diligentes se, et omnes peccatores disperdet*. Ibi etiam omnes admonentur ut fugiant a malo, faciantque bonum. Ut in Evangelio: *Vigilate omni tempore, ut digni habeamini fugere quæ ventura sunt*. Et in propheta: *Quærite Dominum, dum inveniri potest*, etc. Eodem modo increpantur ibi omnes peccatores cur in mandatis Domini sint nimis negligentes. Cujus nimirum increpationis verba proferuntur ita: *Ut quid diligitis vanitatem, et quæritis mendacium?* Et iterum: *Usque judicatis iniquitatem, et facies peccatorum sumitis?* Talibus autem verborum modis ideo nunc utitur Deus, ut post hanc vitam nemo possit habere excusationem aliquam ignorantiæ.

Sunt etiam tres virtutes, id est fides, spes, charitas: in quibus omnis spiritualis vita et incipit, et maxime ad perfectionem tendit. Per charitatem enim omne bonum perficitur.

Hæc igitur ac his similia spiritualis intelligentiæ dicta, quæ in libris meis inveniri possunt scripta, et investigare et scribere studui, cum multos prudentiæ sæcularis amatores cernerem occupatos in sphæræ et horologii et astrolabii labore, nec non in varia stellarum contemplatione. Quæ scilicet quamvis et ego dicere possem, pro eo tamen quod in illis laborantes inspexi deficere in via Dei, id est in dilectione Dei et proximi, in humilitate aliisque virtutibus, animum meum ab eis averti.

Et ut hoc melius credatur quod de prudentiæ sæcularis amatoribus jam dixi, exemplum referam de quodam homine præ multis prudentiam sæcularem sequente, mihique notissimo. Hunc namque licet per multos annos docuerim bene scribere, recte juxta grammaticam legere, rite juxta Boetii monochordum psallere, sæpissimeque eum monuerim præcavere ne a prudentia sæculari deciperetur, licet etiam tanta sibi beneficia exhibuerim, ut nequeant facile enarrari; inveni tamen in eo quoddam genus sapientiæ quod et dictu et auditu constat miserabile. Ideo autem hoc genus sapientiæ appello, quia ipse pro sapientia fecit et adhuc facit, ut scilicet mihi malum pro bono reddat.

Postquam igitur illum instruxi, sicut superius dixi, tunc ipse, juxta ritum prudentiæ sæcularis elatus, non solum ea quæ ego illi de communi regula monochordi dixeram, sed etiam hoc quod quidam Patres scribendo proferunt contempsit, et potenter in carminibus antiquis, aliter quam mihi rectum videretur emendavit. Tunc ego putans eum aliquid reminisci quantam benignitatem sibimet exhibui, sæpius illum admonui tam scriptis quam dictis ut attendere dignaretur quia non conveniret tam insolita et imperita emendatio. At ille, admonitionis meæ verba pro nihilo deputans, in sententia sua permansit. Cumque super hac re quererer, sibique querela mea a quibusdam suis atque meis amicis denuntiata fuisset, loquebatur ita de me quasi nesciret quis essem, vel quid vellem. Tantam igitur negligentiam a prudentissimo amico meo mihi factam ideo hic patefeci, ut, juxta hoc quod Dominus in Evangelio admonet, dicens: *Si peccaverit in te frater tuus, vade et corripe eum inter teipsum solum; usque si Ecclesiam non audierit, sit tibi sicut ethnicus et publicanus*, ego etiam Ecclesiæ dicerem quid erga me fecisset frater meus, ipsaque judicaret quid inter nos agendum foret. Nam quod de secreta admonitione faciendum præceptum est a Domino, satis me fecisse spero.

Præmia fer digna scriptoris, virgo benigna;
Airammum cognosce tuum, veniam sibi posce.

VENERABILIS OTHLONI
MONACHI EMMERAMMENSIS

EPISTOLA
DE PERMISSIONIS BONORUM ET MALORUM CAUSIS.

Ex cod. ms. inclyti monasterii S. Emmerammi Ratisbon. in lucem protracta a P. Bernardo Pezio.

(*Thesaurus Anecdot. noviss.* III, II, p. 251.)

INCIPIT

EPISTOLA OTHLONI AD AMICUM SUUM,

Cur Deus bona et mala hominibus accidere permittat.

Quoniam ætati meæ advesperascit et inclinata est jam dies, quam in scribendi atque dictandi notitia ex Dei gratia quondam habui, nequeo proh dolor! talia modo proferre verba, quæ vel sapientiæ, vel dignitati vestræ sint congrua. Verumtamen pro eo quod charitas vestra humiliter appetiit parvitatis meæ litteras, aggredior aliquomodo vobis parere, eamdem videlicet charitatem cupiens exhibere obediendo, quam et vos exhibuistis petendo. Quid enim dulcius vel delectabilius esse valet charitate, quæ in tantum laudatur, ut ipse Deus charitas esse dicatur? (*I Joan.* IV, 16.) Unde precor placeat vobis me, quantum possim, de charitate eadem hic loqui, et juxta Psalmistam: *Magnificate Dominum mecum, et exaltemus nomen ejus in idipsum* (*Psal.* XXXIII, 4). Merito igitur a nobis est omnino magnificandus qui nos et ad similitudinem suam creavit, et cunctis rebus visibilibus præposuit. Non minus etiam constat diligendus; quia postquam in hominis primi reatu peccavimus, non secundum potentiam suam meritaque nostra nos damnavit, sed secundum gratiam suam nobis quasi pater filiis condolens coæternum sibi Unigenitum pro reparatione nostra misit, ut ejus doctrina salutifera instructi et pœnitentiam ageremus pro commissis et beatitudinem consequeremur vitæ perennis. His itaque pro eo quod sunt notissima pietatis divinæ beneficia breviter prolatis, nunc ea, quæ aliquantum obscuriora et quibusdam incognita sunt, prolixius commemorare libet : quomodo scilicet in his, quæ videntur mala et saluti nostræ penitus contraria, charitatem sapientiamque divinam inesse, omnemque terram, ut Psalmista testatur, (*Psal.* XXXII, 5) misericordia Domini plenam esse agnoscere valeamus.

Bona igitur quælibet nequeunt aliter a nobis prorsus agnosci, nisi per contraria et opposita sibi mala. Si enim dives, vel sanus existens nunquam te inopia vel infirmitate aliqua opprimi verearis, minime attendis, quantum bonum sint divitiæ et sanitas, nec Deo gratias agere pro hujusmodi donis studes. Si vero his infirmitatem paupertatemque multorum opponens gratiam simul et judicium Dei attenderis, dona profecto illius agnoscere poteris. Dona quippe Dei per hoc maxime dona esse agnoscuntur quod interdum auferuntur, quodque oppositorum qualitate distinguuntur. Unde satis patet tam adversa quæ dicuntur mala, quam prospera quæ dici solent bona, pietati et charitati divinæ deputanda, et pro his diligendum esse Deum, qui sicut per prospera consolari, ita per adversa corrigere nos solet. Sicut et beatum Paulum apostolum, ne se in virtutibus plurimis quas habuit extolleret, colaphizari permisit (*II Cor.* XII, 7). Denique multo clementius fuit illum per adversa oppressum salvari, quam in prosperis permissum, et ob hoc in superbiam delapsum pro crimine tanto damnari. Hinc ergo datur intelligi, quia adversitas qua, tantus vir eguit, hominibus cunctis est necessaria. Quod nimirum ita esse Psalmista intellexit, cum supplex oravit, dicens : *Bonitatem, et disciplinam, et scientiam doce me, Domine* (*Psal.* CXVIII, 66). Ipse iterum sentiens quantum sibi profuisset hujusmodi disciplina, collaudans Deum, dixit ; *Bonum mihi Domine, quia humiliasti me* (*Ibid.*, 71).

Est et altera charitatis divinæ causa in diversitate bonarum malarumque rerum nimis pensanda. Quia enim homini liberum arbitrium gratia divina contulit, ut unusquisque probaretur utrum bonis an malis rebus semet implicare vellet, necesse erat ut et bona et mala coram eo ponerentur, in quibus sibimetipsi notus fieret experimentumque qualitatis suæ caperet, et ut querimoniam nullam contra Deum habere posset in hoc quod bene agendi facultas sibi data non fuisset. Tanta ergo charitas et sapientia Dei semper est attendenda, semper veneranda et diligenda, mirandumque semper quod in omni creatura nil existat sine causa. Aut enim ideo diversitas est in creaturis, ut, sicut jam dixi, invicem oppositis melius agnoscentes bona, pro his gratias Deo ageremus, nobisque ab eo data penitus agnosceremus; aut ideo ut in arbitrio positi bene vel male agendi copiam haberemus.

Est etiam adhuc latens divinæ sapientiæ et charitatis causa jugiter in creaturis, rebusque diversis pensanda, quæ licet aliquatenus ad supradicta respiciat, speciale tamen quiddam in se gestat. Dico namque sapientiam et charitatem maximam esse, quod Deus et judicium justum quo hominem probans permisit cadere, et gratiam, qua dignatus est illum reparare, utrumque in creaturis rebusque sibimet oppositis ideo quotidie agit, quotidieque pandit, ut omnis homo, agnoscens judicium quod meretur, ad oblatam sibi gratiam fugiat et a malis operibus convertatur. Cujus rei explanandæ gratia dicimus exempla. Omnis namque creatura quæ nobis adversatur, ut leo, lupus et mures, vilitasque omnis qua carnaliter circumdamur, nec non vitia quæ nobis spiritualiter dominantur, justum Dei judicium per hominis primi prævaricationem in nos factum innuunt; canes vero et oves, cæteraque animalia hominibus ad subsidium concessa, virtutumque omnium quas accipimus dona, ineffabilem divinæ pietatis, nos jugiter procurantis dispensationem ostendunt. Sicque fit ut nihil fiat in terra quod non eveniat aut ex primæ prævaricationis pœna aut divinæ pietatis causa. Quorum quidem unum Deum timere; alterum vero eum amare nos docet. Qui velit ergo evadere pœnam æternam, fugiat nunc ad Dei gratiam, discens in primis eum timere, deinde vero amare.

Hæc igitur omnia Psalmista considerans cum admiratione dixit: *Quam magnificata sunt opera tua, Domine! omnia in sapientia fecisti* (Psal. CIII, 24). Hinc iterum alias dicit: *Mirabilia opera tua, Domine, et anima mea cognoscit nimis* (Psal. CXXXVIII, 14). Hæc etiam mirabilia opera oportet nos jugiter considerare, simulque aliis quibus opus est, quique dignantur audire, debemus intimare. Charitatem quippe, quam Deus nobis exhibuit corda nostra illustrando, mundi contemptum inspirando, nos quoque aliis exhibere debemus, admonendo eos, ut, cum tempus miserendi sit, fugiant a ventura ira quærant Dominum, dum inveniri potest, invocent Deum, dum prope est (Isa. LV, 6). Nam modo cum promittitur venia conversis, prope est Dominus omnibus invocantibus eum in veritate (Psal. CXLIV, 18). Tunc vero cum judex districtus apparuerit, longe a peccatoribus existit, quia peccatoris nullius preces exaudit.

Judicium tantum cunctis est nunc fugiendum,
Cum tempus veniæ concessum creditur esse.
Hæc ego mortales attendere deprecor omnes.
Explicit.

VENERABILIS OTHLONI
MONACHI EMMERAMMENSIS
LIBER DE CURSU SPIRITUALI.

In lucem editus ex cod. ms. imperialis monasterii sanct-Emmerammensis Ratisbon. R. D. P. Casparo Altlechner Benedictino Mellicensi.

(Apud R. B. Bernardum Pezium, *Thesauri Anecdotorum novissimi* III, II, 257.)

PROLOGUS LIBRI HUJUS.

Audiens simul et videns longe lateque detineri illa erroris et afflictionis signa, quæ in Evangelio nec non in aliis libris prædicta sunt de novissimis hujus sæculi temporibus, sed pene nulli valens prodesse consilio vel exemplo (unusquisque enim, quem admonere præsumpsi, dicebat se necessario sequi aliorum gesta, nec aliud posse facere nisi quod principes rectoresque hujus mundi videret facientes) cogitare cœpi quid ad hæc facere possem. Dolor namque, qui pro negligentia tanta mihi inerat, nunquam me sine cura permiserat. Et quomodo possem, vel sine cura vel sine maxima admiratione esse, cum peritissimos quosdam clericos audirem optima quæque aliis prædicare, sed mox post prædicationis horam pessima jubere et perpetrare? Quid enim pejus potest esse, quam judicia quæque subvertere, nullam judicii veri spem subjectis relinquere, res alienas jugiter concupiscere, easque occasione qualibet auferre, monasteria Deo sanctisque ejus mancipata destruere? Quibus si vel unus ager ad eorum proprietatem pertinens auferretur, seu a censu sibi placito minueretur, maximam sibi injustitiam factam quererentur. Nec tamen scire valent quantam ipsi injuriam Deo in locis sibi commissis faciant. Tantam igitur miseriam sæpius attendens, nec emendare valens, tractavi vel scribere aliqua de Scripturis sanctis exhortatoria dicta, ut qui sermone communi dedignantur corripi, lectione saltem sacra corrigantur. Unde precor omnes (qui hæc legere dignantur) ut, et propria et aliena pericula attendentes, studeant se aliquatenus emendare, et quoscunque possint admonere, ne quis credat se peccantem ideo minus puniendum quod multitudinem imitatur peccantium.

Est etiam res alia in tempore instanti pensanda et admonenda. Quia enim per multos jam annos peccatis exigentibus penuria frugum laborabant homines, opus est rectoribus hoc providere, quid agendum sit pro ejusdem penuriæ plaga mitiganda. Multiplex namque doctrina tam in Veteri quam in Novo Testamento invenitur hoc instruens, ut quotiescunque plaga aliqua superveniat, mox homines pro peccatis suis pœnitentiam agentes, seque emendantes, communiter invocent Deum pro necessitatibus suis. Sic quippe Ninivitæ conversi mitigaverunt iram Dei (*Jon.* III). De filiis quoque Israel sæpe legitur: Quia *clamaverunt ad Dominum cum tribularentur, et de necessitatibus eorum liberavit eos* (*Psal.* CVI, 6-28). Sub nostris etiam temporibus sæpius homines plagis multis afflictos audivimus; sed postquam pro peccatis suis confessionem ac pœnitentiam agentes se emendaverunt, mox flagella Dei cessaverunt. Hoc igitur, quæso, rectores pensantes provideant, qualiter innumerabilis vanitas sub modernis temporibus exorta emendetur, ut Deus placatus populo suo misereatur.

INCIPIT LIBER DE CURSU SPIRITUALI.

CAPUT PRIMUM.
Quid sit stadium et cursus spiritualis.

Vox apostolica, fratres charissimi, admonet nos dicens: *Nescitis quod hi qui in stadio currunt, omnes quidem currunt, sed unus accipit bravium? Sic currite, ut comprehendatis* (*I Cor.* IX, 24). Hæc igitur verba juxta litteram et carnalem intelligentiam referunt hoc quod apud gentiles quondam agebatur, et adhuc apud quosdam agitur. In loco namque spatioso et ad currendum apto convenientes, bravium aliquod ad signum juxta mensuram sibi placitam procul statuerunt, quod ille unus qui cæteros procurreret accepturus erat : quo facto, qui inter eos strenui et agiliores videri cupiebant, quot vicibus placuit, certatim currebant. Alii vero ad hujusmodi spectaculum visendi tantummodo gratia confluentes stabant. Unde etiam a *stando*, vel, ut quibusdam placet, a *statu* ipsius cursus idem locus vocabatur. Nuper quoque legi *stadium* Græce, *spatium* Latine dici. Sed nos undecunque vocatus sit ille locus parvipendentes, attendamus magis quid per eumdem cursum Apostolus nos instruere velit. Mysterium quippe magnum in eo agnovit esse, cum dixit : *Sic currite, ut comprehendatis.* Quasi diceret : Sicut illi qui in stadio currunt omni modo student ut unusquisque alium currendo præcedat; ita et vos studete qualiter alios in virtutibus, et in omni opere bono præcedatis. Talis enim cursus cunctis est semper agendus. Sed et hoc summopere pensandum est, quod dicitur : *Omnes quidem currunt, sed unus accipit bravium.* Quid itaque per illum unum intelligere debemus, nisi quemlibet electum, qui et in unitate fidei, et in cæteris virtutibus, quæ pro sui concordia unum sunt, perseverans, unus idemque esse contendit? Quid vero per illos omnes qui simul currunt, sed ad bravii merita non perveniunt, nisi hos qui ad fidem quidem sacram venientes, et bonorum operum initia arripientes, ad tempus credunt, sed in tempore tentationis recedentes, in bonis persistere negligunt? Hæc igitur, fratres charissimi, attendentes, sic currite, ut magis connumerari valeatis inter paucos electos qui unum esse cupiunt, et, in eo usque ad finem vitæ perseverantes, bravium felicitatis æternæ percipere merentur, quam inter infinitam reproborum multitudinem, qui sic a sollicitudinibus et divitiis atque voluptatibus vitæ hujus suffocantur, ne in aliquo opere bono quod cœperunt, perseverare valeant.

Pensate etiam quanta distantia sit inter ejus stadii quod ab hominibus statuitur, et inter illius quod a Deo statutum est cursum. Ibi quippe cunctis simul currentibus una mensura et bravii et currendi proposita, nullis nisi velocissimis et sanissimis datur spes cursum talem aggrediendi ; in hoc autem stadio quod Deus statuit, tam debiles et claudi, senes et infirmi, nec non pauperes quam juvenes, et sani atque divites, currere possunt. Servulus namque ille paralyticus, de quo in Dialogorum libro sanctus narrat Gregorius, cum aliis in hujusmodi stadio currentibus satis celeriter cucurrit, cum ea quæ sibi possibilia erant promptissime peregit. Vidua quoque illa pauperrima, de qua in Evangelio legitur, una cum divitibus cucurrit, cum illam quam potuit oblationem minimam ad templum detulit (*Luc.* XXI). Nonne ergo per hæc atque his similia exempla considerare potestis quantum differant humana a divinis, quantaque vanitas sit res transitorias et fallaces æternæ felicitati præponere? Sufficere namque nobis deberet in paucis argumentari, quanta vanitas et paupertas sæculi, quantæque divitiæ sint pietatis divinæ. Nunc, licet omnis creatura in nos clamet alicujus argumenti modis, nos tamen, proh dolor! velut surdi, nullumque sensum spiritualem habentes, audimus quidem præcepta Dei, laudamus etiam aliquando sapientiam pietatemque ejus, sed post modicum tempus ea quæ verbis laudavimus operibus pravis reprehendimus, ita ut videamur nescire vel quanta pœna male facientibus, vel quanta merces bene facientibus post hanc vitam sit reposita. Hanc igitur negligentiam in cordibus, quæso, vestris dolentes tractate qualiter eam emendetis; simulque aures audiendi ad ea exhibete quæ de stadii divini cursu adhuc proferre cupio. Maxima etenim res exinde valet intelligi, quam juxta scientiæ meæ parvitatem cupio vobis aliquatenus denudare, ut postmodum intentione majori eam valeatis perscrutari.

CAPUT II.

Quot sint currentium species, et quo modo cuilibet currendum sit, si recte currat.

Sed ut facilius ea quæ inde dicturus sum in memoria teneatis, primo quidem quis sit cursus cujuslibet specialis, deinde vero quis generalis, dicere aggrediar. Aliter namque currere debent, qui ad monasticæ vitæ professionem confugiunt, aliter qui in sæculari vita consistunt, aliter pastores et judices Ecclesiæ, aliter qui litteris imbuti Scripturam sacram legere solent: quidam vero cursus est talis, ut simul conveniat omnibus.

Qui in vita monastica commorantur attendere debent quia hoc quod Psalmista ex persona Domini dicit: *Vacate, et videte quoniam ego sum Deus* (*Psal.* XLV, 11), illis specialiter dictum est. Ipsi enim tanto plus cæteris vacare et videre debent quid sit Deus, quanto minus sæcularibus curis premuntur, et quanto certiorem victum et vestitum aliaque necessaria ex impensione communi statuta habent. Vacare autem et videre quæ sint divina, nihil aliud intelligimus, nisi contemplativæ vitæ perfectionem, quæ consistit in vigiliis, in castitate, in jejuniis, in charitate, in contemptu sæcularis curæ, in patientia, in humilitate, in obedientia, in benignitate et in cæteris virtutibus, quæ frequenter in Scriptura sacra commemorantur. Pensare etiam debent spirituales viri et feminæ, quia sicut lapides pretiosi pro totius fabricæ præcipuæ ornatu ponuntur, ita et ipsi pro cunctorum in sancta Ecclesia degentium speculo positi sunt, ut in eorum aliquatenus inspiciatur sanctitate quid de divina credendum sit puritate. Nam in nimio solis splendore possumus discere quam sit immensa omnipotentis Dei charitas: *Invisibilia Dei per ea quæ facta sunt intellecta conspiciuntur* (*Rom.* I, 20). Hujusmodi igitur studiis quæ jam diximus jugiter inhærere et vacare, cursus hominum spiritualium est.

Deinde dicendum qualis cursus sit sæcularium, eorum videlicet qui, quamvis in sæcularibus curis positi, sperant tamen in Domino, et, quantum prævalent, inter mundana meditantur divina. Pensare quippe debent quia sicut in cujuslibet magni principis domo aurea vel argentea vasa habentur, ita etiam lignea et fictilia, quodque nullus recte valet dici dominus, nisi cui aliquis sit servus. Præterea notandum quia sicut Deus multiformis est in gratia et virtute, ita et in servitute. Placent enim ei maxime optima, grata sunt etiam illi bona minora, quæ si non essent, nequaquam diceret de Maria: *Optimam partem elegit, quæ non auferetur ab ea* (*Luc.* X, 42). Optima denique pars dici nequit, nisi inter boni minoris partes. Sed et hoc, quod dicit: *In domo Patris mei mansiones multæ sunt* (*Joan.* XIV, 2), meritorum diversitates ostendit. Ex quibus colligitur quia non solum spiritualium hominum, qui per aurea et argentea vasa, optimamque partem, sed etiam sæcularium, qui per lignea et fictilia, minorisque boni partes significantur, servitus necessaria sit in sancta Ecclesia, quæ est summi principis domus. Hæc autem, fratres charissimi, ideo dixi, ut his qui in sæculari vita rite conversantur ostendam aliquomodo posse cum spiritualibus viris in legis divinæ stadio concurrere, et cœlestia gaudia promereri. Si enim juxta substantiæ suæ modum pauperes recreare studeant, si fraudem nullam in agricultura committant, terminos antiquos transgredientes, si rerum suarum decimas tribuant: si se a meretricibus contineant, et liciti matrimonii copulam sequentes, in Quadragesima, et in aliis jejuniis antiquitus statutis, nec non in festivis temporibus a conjugibus abstineant, si filios ad timorem amoremque Dei instruant, si turpia et inhonesta ludicra devitent, si fideliter his quibus subditi sunt servire studeant, si illas incongruæ rasuræ et monstruosi vestitus nugas, quæ noviter a quibusdam stultissimis hominibus inventæ vel allatæ sunt huc, abjiciant (peccatum namque magnum est turpi et insolita rasura vel vestitu incedere), si ritus gentiles auguriandi in rebus variis prorsus contemnentes, universalem fidei sinceritatem, quantum possibile est illitteratis, corde teneant: si, Deum tota virtute diligentes, cunctis quæ possident præponant, celerem cursum agunt cum aliis ad Deum currentibus. Dico etiam adhuc aliquid amplioris gratiæ, non ex mea præsumptione, sed ex divinæ pietatis consolatione. Si quid in his omnibus, quæ jam diximus, fragilitate humana devicti peccaverint, et continuo pœnitentiam agentes Deo sacerdotique suo confiteri curaverint, venia promissa est illis, attestante ac dicente propheta: *Si impius egerit pœnitentiam ab omnibus peccatis suis, quæ operatus est, et fecerit judicium, et justitiam, vita vivet, et non morietur* (*Ezech.* XVIII, 21). Et Psalmista: *Confitemini Domino, quoniam bonus, quoniam in sæculum misericordia ejus* (*Psal.* CXVII, 1).

Si ergo tantam gratiam sequentes sæculares viri cum operibus bonis in hujus vitæ stadio currant, in domo Patris summi cum cæteris Christi fidelibus æternas mansiones obtinebunt.

Qualis etiam cursus specialiter agendus sit pastoribus et rectoribus Ecclesiæ, jam volumus dicere. Ad ipsos quippe dictum est : *Diligite justitiam , qui judicatis terram* (*Sap.* I, 1). Et : *Quærite judicium, subvenite oppresso, judicate pupillo, defendite viduam, et venite et arguite me, dicit Dominus* (*Isa.* I , 17). Illi denique , cum non solum pro suis, sed etiam pro cunctorum sibi commissorum delictis redditturi sint Deo rationem, amplius quam dici possit indigent ut, jugiter attendentes quia cui plus committitur, plus ab eo exigitur, sed et illud : *Judicium durissimum in his qui præsunt, fiet* (*Sap.* VI, 6), et cujus rei vocabulum gerant (*pastor* enim a *pascendo*, et *rector* a *regendo* dictus est, pascant et regant sibi commissos in veritate , prout cuique agnoverint opus esse, elatos impios reprimant, humiles et religiosos, pauperes simplicesque defendendo extollant; Recolentes quoque, quia qui in vice Christi sunt positi, Christum debent imitari, ita vivant ut nullum pravis exemplis corrumpant vel per elationem quæ principibus facillime subrepit, vel per vestium præcipuarum superfluitatem quæ a plurimis nec creditur esse peccatum, non attendentibus quod in Evangelio legant illum divitem, hic purpura et bysso indutum, in inferno sepultum (*Luc.* VI); vel per familiarium pravorum consilia, seu per avaritiam quæ in tantum plurimos rectores tam ecclesiasticos quam sæculares obcæcare solet, ut munera super innocentes accipiant causamque justitiæ non requirant, sed omnia habeant venalia secundum speranda pecuniæ dona. Talia igitur sequentes non solum ipsi minime ad cœlestia currant, sed et alios exemplis suis impediunt. Quicunque vero rectorum ea quæ ad susceptum regimen pertinent, agere studuerint, non mihi opus est dicere quam salubrem cursum faciant, quid in hoc mereantur. Ipsi namque optime sciunt et bonorum præmia, et malorum pœnam futuram, et *quoniam diligentibus Deum omnia cooperantur in bonum* (*Rom.* VIII, 28). Sed satis hinc dictum.

CAPUT III.
Quomodo cursum suum instituant qui sacrarum litterarum scientiam consecuti sunt.

Curramus nunc aliorsum , dicentes qualiter bene currere valeant qui Scripturam sacram legendo frequentant. In primis itaque convenit eis attendere ut in quibuscunque vitiis se reprehensibiles exinde cognoverint emendare studeant. Si enim pro hujusmodi intentione se ad legendum præparant, primo quidem varias tentationis molestias tam in corpore quam in mente sustinebunt ; quia videlicet nequissimus hostis quanto magis perspexerit quemquam a peccatis abstinere , tanto acrioribus insidiis eum persequitur, immittens ei et corporales, et spirituales molestias. Sed si in Domino spem suam ponens juxta Psalmistam dicentem : *Spera in Domino et fac bonitatem* (*Psal.* XXXVI, 3) ; et iterum : *Viriliter age, et confortetur cor tuum, et sustine Dominum* (*Psal.* XXVI, 14), clamaverit ad Dominum, nec audierit dæmones circumvenientes et increpantes eum ut taceat, stat Jesus et dicit ei, sicut et quondam cæco illi de quo in Evangelio dicitur : *Quid tibi vis faciam?* (*Luc.* XVIII, 41.) Quamvis enim non audimus vocem Domini, sicut ille cæcus audivit, credere tamen debemus eamdem gratiam nobis præstari, quæ et ipsi præstita est, si hoc petimus quod ipse petiit, id est, *ut videamus* (*Ibid.*). Sed quia per hoc visibile lumen, quod ille petiit, intelligere debemus invisibile, id est spiritualem scientiam , eamdem semper appetere debemus, ut hac instructi contra spirituales et invisibiles hostes certare valeamus. Ipsi denique tandiu resistunt et increpant nos multimodis tentationibus, quandiu arbitrantur nos vanitate aliqua seduci posse. Vanitas autem omnis et otiositas nullo modo facilius superatur quam sacræ lectionis studio; quia dum ibi inspicitur quæ peccata animam tantum polluant, ut minuta et inevitabila, de quibus scriptum est : *In multis offendimus omnes* (*Jac.* III , 2); quæ etiam penitus eam perditioni tradant, ut capitalia crimina, quibusque modis eadem curentur, timor Dei in legentis animo nascitur, et diabolus fugatur.

Sed et illud ibi discitur quod utique necessarium est omnibus, vel se vel alios regere volentibus ; quia non solum pro peccatis nostris diabolicæ tentationis molestias patimur, sed etiam ideo ut omnibus easdem molestias patientibus compati et condolere sciamus. Pro qua re et sanctus Petrus apostolus priusquam sanctæ Ecclesiæ præferretur, permissus est graviter delinquere. Unde audivit a Domino : *Et tu aliquando conversus, confirma fratres tuos* (*Luc.* XXII, 32). Cumque hæc atque his similia in Scriptura sacra legens se emendare studuerit, tunc aperientur ei hominis interioris oculi, et intelligens quæ nunquam antea intellexit, tam in Scripturis quam in aliis rebus, mirabitur quod tam surdus atque cæcus hactenus fuerit, ideoque magis ac magis in lectione sacra proficiens, qui prius timens ne puniretur, pro hac solummodo causa legit, qualiter pro vitiis perpetratis veniam consequeretur, tunc amare incipiens ob hoc etiam lectitat, ut sapientiæ pietatisque divinæ miracula agnoscat, gustansque quam suavis est Dominus (*Psal.* XXXIII, 9), in lege ejus meditatur die ac nocte (*Psal.* I, 2), ita ut non solum in historia et superficie verborum immoretur, sed etiam mystica rerum sacramenta scrutetur, quæ maxime in Veteris Testamenti lectione reperiuntur. Ibi namque omnia , quæ in Christo et in Ecclesia sancta completa sunt, quibusdam argumentis vel rebus mysticis prædicta leguntur. Ibi Domini nostri incarnatio, et passio, et resurrectio, aliaque quæ gessit, et pro nobis pertulit, aliquomodo præfigurata noscuntur. Ibi etiam providentiæ divinæ immensitas, qua mundum regit universum, tanta discretione prolata continetur, ut in quibusdam omnes salvandos instruens ad se trahat, in quibusdam vero omnes perituros increpans; cum se tam subtili ratione correptos nec attendere curaverint, nec emendaverint, juste damnandos praenuntiet.

Sed prius salvandorum aliqua ponamus exempla, deinde consideremus alia. In Abrahae namque fide et obedientia omnes fideles et obedientes suis praeceptis instruit. In Joseph et Susannae castitate, omnes castos. In Job patientia, omnes patientes. In plurimis virtutibus et documentis Moysi populo suo praelati omnes praelatos. In utroque Tobia, patre scilicet et filio, in patre quidem optime docente filium, in filio autem obediente per omnia patri omnes patres, et filios per hujusmodi doctrinam et obedientiam admonet. In talium igitur virorum virtutibus omnes adhuc stantes ad se trahens Dominus admonet et promittit ut si in eisdem virtutibus permanserint, non solum in hoc saeculo gratiam, sed etiam in futuro praemia aeterna percipiant. In eis autem, qui pro negligentia vel superbia, seu pro quibuscunque vitiis puniti leguntur in Veteri Testamento, omnes simul negligentes et superbi aliisque vitiis dediti nunc corripiuntur et praemonentur, ut si se non emendaverint, justo Dei judicio aeternaliter se puniendos sciant. In Heli namque sacerdotis negligentis casu omnes simul pastores negligentes Dominus arguit. In murmurantium ac impatientium filiorum Israel contritione omnes impatientes admonet ut convertantur, ne similia patiantur. In Nabuchodonosor regis Holofernique sui ducis superbissimi compressione omnes superbos principes judicat comprimendos. In Sodomitarum et Gomorrhaeorum pessime fornicantium subversione omnes in eodem crimine perdurantes ostendit puniendos. In Salomonis regis sapientissimi apostasia ad omnes clamat, ne quis prudentiae suae confidens vel aliqua dona divina meritis suis deputans in errorem similem cadere permittatur. In Absalom maximam patri injuriam machinantis, et in duorum judicum contra Susannam falsum testimonium proferentium damnatione, cunctis filiis et judicibus terribiliter indicat, quia si similia in parentes, vel in subditos gerant, similem quoque damnationem, nisi poenitentia condigna emendaverint, incurrant.

Talia ergo non propter illos solummodo, qui tunc damnati sunt, evenerunt; sed etiam propter illorum correctionem, qui in tempore praesenti commorantur, sicut et Apostolus de quorumdam antiquorum interitu locutus ait : *Haec omnia in figura contingebant illis; scripta sunt autem ad correctionem nostram, in quos fines saeculorum devenerunt (I Cor. x, 11).* Hinc etiam alias dicit : *Quaecunque scripta sunt, ad nostram doctrinam scripta sunt (Rom. xv, 4).* Unde, fratres charissimi, rogo vos omnes, qui haec ita scripta esse non ignoratis, ut, attendentes quae jam diximus vobis, quam variis scilicet modis Dominus nos admoneat, nunc quidem exhortans per exempla bonorum, nunc vero deterrens per lapsum malorum, sic curratis in praesentis vitae stadio quatenus ad aeternae felicitatis bravium pervenire valeatis.

CAPUT IV.

Quot et quam efficacia bene currendi documenta et exempla in Davide ejusque Psalterio reperiantur.

Jam diximus pauca de profectuoso cursu, qui in Veteris Testamenti lectione potest agi. Sed quia adhuc aliqua exinde libet proferre, curramus nunc ad sanctum psalmistam David, in quo Deus locutus est tanta mysteria, tanta beneficia tantaque salutis documenta, ut in illo uno cuncti fideles sufficientem doctrinam habere possint. Nam praeter illa, quae de eo in Regum libro referuntur, ubi et lapsi in sceleribus multimodis ad obtinendam veniam confortantur, et stantes quadam argumentosa ratione ut in bonis perseverent maxime incitantur, per hoc scilicet, quia Deus peccatoribus conversis tantam gratiam conferre dignatur ; multo magis his miseretur, qui se continentes immaculati in via Domini perseverant ; quis enarrare sufficiat ea documenta, quae in Psalterio reperiri possunt ? In qua lectione, quaeso, invenitur major aedificatio, quam in psalmis, ubi multimodae et orandi et docendi sententiae habentur, ubi modis variis persona Domini nos arguentis vel consolantis infertur, ubi humiles et pauperes spiritu recreantur, ubi pravi rectores et judices a Domino increpantur, ubi conversis et poenitentibus maxima spes veniae promittitur, impiis autem et negligentibus mors aeterna denuntiatur ? Quorum etiam plurima tam aperte breviterque proferuntur, ut nulla excusatio ignorantiae litteratis relinquatur.

Et ut haec ita esse probemus, aliqua de praefatis sententiis exempla hic ponamus. Quem ergo pro peccatis suis intimas preces proferre delectat, nusquam aptiora ad hoc verba invenit quam haec sunt : *Miserere mei, Deus, secundum magnam misericordiam tuam (Psal.* LX, 1). Et : *Delicta juventutis meae, et ignorantias meas ne memineris (Psal.* XXIV, 7). Et : *Adjutor meus esto, Domine ; ne derelinquas me, neque despicias me, Deus, salutaris meus (Psal.* XXVI, 9). Hujusmodi autem orationem, quam unusquisque pro se ipso effundere potest, psalmi plures continent. Si vero pro aliorum salute communiter orare voluerimus, verba nihilominus ad hoc aptissima in eis invenimus, ut : *Salvum fac populum tuum, Domine, et benedic haereditati tuae,* etc. *(Psal.* XXVII, 8). Et : *Convertere, Domine, usquequo, et deprecabilis esto super servos tuos (Psal.* LXXXIX, 13). Et : *Domine, misericordia tua in saeculum (Psal.* CXXXVII, 10). Et : *Opera manuum tuarum ne despicias (Ibid.).* Sed et pro sacerdotibus agenda oratio invenitur in psalmis, ut : *Sacerdotes tui, Domine, induantur justitia, et sancti tui exsultent (Psal.* CXXXI, 9). Profert etiam sanctus Psalmista verba, quae nobis in tribulatione positis sunt dicenda, ut : *Adjuva nos, Deus, salutaris noster,* etc., usque : *propter nomen tuum (Psal.* LXXVIII, 9). Et : *Converte nos, Deus, salutaris noster, et averte iram tuam a nobis (Psal.* LXXXIV, 5). Et :

Ostende nobis, Domine, misericordiam tuam, et salutare tuum da nobis (Ibid.).

Inter hæc summopere pensanda sunt et illa Psalmistæ dicta, quibus edocemur nihil de meritis nostris præsumere, sed totum Deo deputare, si qua virtus vel scientia in nobis reperitur. Talis autem doctrina agnoscitur per hæc verba : *Domini est salus* (Psal. III, 9). Et : *Domini est assumptio nostra* (Psal. LXXXVIII, 19). Et : *Scitote quoniam Dominus ipse est Deus; ipse fecit nos, et non ipsi nos* (Psal. XCIX, 3). Docet quoque nos orare pro eadem re, dicens : *Confirma hoc, Deus, quod operatus es in nobis* (Psal. LXVII, 29). Horum quippe verborum doctrinam quanto quis citius credendo apprehenderit, tanto plus in cunctarum virtutum studiis proficit; et quandocunque ab hac fide deficit meritis propriis deputans profectum suum, continuo, vel aperte in aliquod peccatum seu periculum corruens confunditur, vel secreto graviores solito molestias tentationis patietur.

Sed quid super hac elatione vel pro quolibet vitio perpetrato faciendum sit nobis, admonet nos idem Psalmista dicens : *Confitemini Domino, quoniam bonus, quoniam in sæculum misericordia ejus* (Psal. CXVII, 1). Post lapsum enim nihil prius gerendum est ulli quam confiteri Domino, qui fragilitatem sciens humanam semper paratus est ad veniam. Et ut efficacius ostenderet omnibus, quia per confessionem puram obtinere possint peccatorum veniam, hanc gratiam, quam ipse expertus est a Domino, aliis intimare studet, dicens : *Delictum meum cognitum tibi, Domine, feci, et injustitias meas non abscondi. Dixi : Confitebor adversum me injustitiam meam Domino, et tu remisisti impietatem peccati mei* (Psal. XXXI, 5). Cum enim post confessionem peractam subjungit, dicens : *Et tu remisisti impietatem peccati mei*, hortatur omnes ad confessionem, ut et ipsi consequantur remissionem. Moxque juxta illud quod Apostolus dixit : *Ecce nunc tempus acceptabile, ecce nunc dies salutis* (II Cor. VI, 2), et propheta ex Domini persona dicit : *In tempore placito exaudivi te* (Isa. XLIX, 8), pronuntiat tempus confessionis dicens : *Pro hac* (subaudi re, quia tu, Domine, remittis peccata per confessionem) *orabit ad te omnis sanctus*, id est, ad vitam æternam prædestinatus, *in tempore opportuno* (Psal. XXXI, 6), id est, in tempore præsenti. Item exhortans omnes ad pœnitentiam et conversionem, certissimam peccatorum suorum veniam eis a Domino promitti, dicens : *Allevat Dominus omnes qui corruunt, et erigit omnes elisos* (Psal. CXLIV, 14). Et : *Apud Dominum misericordia, et copiosa apud eum redemptio* (Psal. CXXIX, 7). Et : *Prope est Dominus omnibus invocantibus eum in veritate* (Psal. CXLIV, 18).

Sed quia optime noverat variis admonitionibus opus esse his qui, in sæculari vita positi sollicitudinibus, et divitiis, et voluptatibus, retrahuntur a spiritualibus, sæpius eosdem admonet et confortat, dicens : *Gustate et videte quoniam suavis est Dominus* (Psal. XXXIII, 9). *Quærite Dominum et vivet anima vestra* (Psal. LXVIII, 33). *Lætetur cor quærentium Dominum* (Psal. CIV, 3). *Accedite ad Deum, et illuminamini, et facies vestræ non confundentur* (Psal. XXXIII, 6). Moxque, velut aliquis ab eo exquireret qua fiducia talia promitteret, subjunxit, dicens : *Iste pauper* (per quod videlicet semetipsum significat) *clamavit et Dominus exaudivit eum* (Psal. XXXIII, 7). Ac si aperte diceret : Sicut ego peccator pœnitentiam agens pro peccatis meis clamavi ad Dominum et exaudivit me, ita et vos exaudiet, si pœnitentiam egeritis. Hujusmodi igitur verbis admonentur omnes adhuc carnales, et variis illecebris dediti ad melioris vitæ conversationem.

Cum vero aliquis per Dei gratiam conversus frequentare voluerit psalmos, quos ideo disponente Deo, ut creditur, pueri instruendi et primitus discere et memoriter retinere jubentur, ut eorum verbis salutiferis aliquando compuncti ad meliora trahantur; sciat hos versiculos oratione continua maxime sibi esse notandos : *Domine, ad te confugi, doce me facere voluntatem tuam, quia Deus meus es tu. Notam fac mihi viam in qua ambulem, quia ad te levavi animam meam* (Psal. CXLII, 8, 9). *Illumina oculos meos, ne unquam obdormiam in morte* (Psal. XII, 4). *Perfice gressus meos in semitis tuis, ut non moveantur vestigia mea* (Psal. XVI, 5). *Vias tuas, Domine, demonstra mihi, et semitas tuas doce me. Dirige me in veritate tua, et doce me, quia tu es Deus Salvator meus* (Psal. XXIV, 4, 5). *Deduc me, Domine, in via tua, et ingrediar in veritate tua. Lætetur cor meum ut timeat nomen tuum* (Psal. LXXXV, 11). *Gressus meos dirige secundum eloquium tuum, et non dominetur mei omnis injustitia* (Psal. CXVIII, 133). *Faciem tuam illumina super servum tuum, et doce me justificationes tuas* (Ibid., 135). Verba igitur orationis tantæ, licet omni homini gratiam divinam invocanti satis conveniant, illi tamen qui noviter conversus fuerit aliquid specialius convenire videntur, quia pro eo quod viam adhuc sibi incognitam difficilemque in multis aggressus est, maxime indiget hac oratione qua Deum jugiter petat se docere, et dirigere et illuminare.

Sed quia et hoc indiget ut in qualibet Scriptura sacra sese occupet, psalmos cantans invenit in his orationem, qua pro sacræ lectionis intellectu obtinendo specialiter Deum invocare potest : quæ videlicet oratio in his versibus continetur : *Revela oculos meos, et considerabo mirabilia de lege tua*; et : *Legem pone mihi, Domine, viam justificationum tuorum, et exquiram eam semper. Da mihi intellectum, et scrutabor legem tuam et custodiam illam in toto corde meo* (Psal. CXVIII, 18, 33, 34). Lex enim a *legendo* dicitur, ideoque qui legem, id est, sacram lectionem legens ad ejus intellectum pervenire desiderat, præmissa orationis verba sæpius orando repetat jugiterque attendat.

Ad hæc etiam cuilibet converso attendendum est ut se præparet ad bellum contra spirituales nequitias agendum, quo, licet in conversionis initio, cum unusquisque fragilitate adhuc nimia detinetur, pietas divina non permittat quemquam supra vires deprimi, in profectu tamen longiori positus scire debet quia eodem tentationis igne quo non solum electi quique probantur, sed etiam ipse Dominus noster probari voluit, probandus est. Idem namque Dominus noster, ut in omnibus exemplum nobis præberet, tentari se permisit a diabolo dicente : *Si Filius Dei es, dic ut lapides isti panes fiant* (Matth. IV, 3). Et iterum : *Si Filius Dei es, mitte te deorsum* (Ibid., 6). De electorum vero tentatione dicitur : *Tanquam aurum in fornace probavit electos Dominus* (Sap. III, 6). Et rursum : *Fili, accedens ad servitutem Dei, sta in justitia et timore, et præpara animam tuam ad tentationem* (Eccli. II, 1). Quæ scilicet omnia præcipuus vitæ spiritualis doctor Psalmista considerans, dicebat : *Dominus interrogat justum et impium; qui autem diligit iniquitatem odit animam suam* (Psal. X, 6). Quasi diceret : Dominus tentari permittit justum et impium, sed justus resistit tentatori suisque suasionibus; impius autem aut incredulus permanet, aut ad tempus credens, sed in tempore tentationis recedens (Luc. VIII), plus appetit carnalia et transitoria quam cœlestia æternaque gaudia adipisci. Qui ergo iniquitatem odire et animam suam diligere decernit, necesse est ut per tentationem interrogetur utrum in hujusmodi odio et dilectione persistere velit. Sæpe namque accidit ut bona, quæ cœpimus nisuque toto perficere decrevimus, adveniente aliqua tentatione, aut ad tempus, vel quod est nequius omnino postponamus. Quomodo autem lapsum tantum agnoscere potuissemus, nisi interrogati? Unde omnimodo pensandum est quam justus, quam providus sit Dominus, qui nos dispositione tali interrogat quid simus, quidque pro ejus amore facere velimus? Sic etiam Job interrogatus est, quando plurimas tentationis molestias a diabolo immissas pertulit. Sed ille interrogationi huic fortiter respondit, cum penitus deliberavit multo melius esse omnia adversa pati, omnia bona quæ in hoc sæculo possedit, perdere, quam iniquitatem tam ab uxore quam ab amicis sibi suggestam contra Deum perpetrare. Ita et nos facere debemus in tentatione positi. Cum enim diabolus nobis suggesserit superbiam, inspirans videlicet cordi nostro multo melius esse super alios exaltari quam cuiquam subjugari, nos continuo attendentes illa verba Dominica : *Omnis qui se exaltat, humiliabitur* (Luc. XIV, 11), aliaque plurima humilitatis exempla, toto mentis nisu suggestioni diabolicæ resistere debemus.

CAPUT V.

Alia documenta et medicamenta pro diversis morbis, et vitiis animi ex psalmis depromenda.

Eodem quoque modo cætera vitia, quorum delectatione capimur, respuentes, attendamus sacræ Scripturæ verba quæ sæpissime de singulis vitiis disputans nunc istius, nunc illius vitii sectatores narrat ita supplantatos a diabolo ut aut vix aut nullatenus converterentur. Unde doctor noster Psalmista admonet nos, dicens : *Viriliter agite, et confortetur cor vestrum, omnes qui speratis in Domino* (Psal. XXVI, 14). Item docens unumquemque qualiter orare contra spirituales nequitias debeat, dicit : *Deus, in adjutorium meum intende; Domine, ad adjuvandum me festina* (Psal. LXIX, 1), etc., usque ad finem psalmi. Ad eamdem rem congrue adhiberi possunt hi psalmi : *Judica, Domine, nocentes me* (Psal. XXV) : *In te, Domine, speravi* (Psal. XXX); *miserere mei, Deus, secundum*, etc. (Psal. L); *Deus, in nomine tuo* (Psal. LIII); *Eripe me de inimicis meis, Deus meus* (Psal. LVIII); *Domine, exaudi orationem meam, et clamor meus*, etc. (Psal. CI). Hinc et Apostolus admonet nos dicens : *Accipite armaturam Dei, ut possitis stare adversus insidias diaboli* (Ephes. VI, 13).

Inter hæc quoque sciendum neminem flagitiosum repente posse ita a consuetis permutari sceleribus ut, licet ferventissimo ardore hosti antiquo reluctari studeat, non absque vulnere aliquo victoriam obtineat. Sed Deus sciens et nostram fragilitatem et hostium fortitudinem nequaquam nos victos cito despicit, dummodo curemus ut nos iterum renovemus. Cum ergo conversus quilibet in certamine magno positus vel pro vulnere alicujus reatus vel pro tristitia passionis insolitæ conturbari cœperit, non diffidat de Dei adjutorio, sed suam ignaviam increpans dicat : *Quare tristis es, anima mea, et quare conturbas me? Spera in Deo quoniam adhuc confitebor illi* (Psal. XLII, 5). *Jacta super Dominum curam tuam, et ipse te enutriet* (Psal. LIV, 23). *Qui propitiatur omnibus iniquitatibus tuis, qui sanat omnes infirmitates tuas. Qui redimit de interitu vitam tuam, qui coronat te in misericordia et miserationibus. Qui replet in bonis desiderium tuum, renovabitur ut aquilæ juventus tua* (Psal. CII, 3-5). Convenit etiam his consolatoriis verbis adjungi illa orationis verba quæ tam pro spirituali quam corporali infirmitate sunt dicenda : *Miserere mei, Domine, quoniam infirmus sum : sana me, Domine, quoniam conturbata sunt ossa mea. Convertere, Domine, et eripe animam meam; salvum me fac propter misericordiam tuam* (Psal. VI, 3-5). Conjungantur et ista : *Non derelinquas me, Domine Deus meus, ne discesseris a me. Intende in adjutorium meum, Domine, Deus salutis meæ* (Psal. XXXVII, 22, 23). *Deus, ne elongeris a me; Deus meus, in auxilium meum respice* (Psal. LXX, 12). *Intret in conspectu tuo, Domine, oratio mea. Inclina aurem tuam ad precem meam, quia repleta est malis anima mea et vita mea inferno appropinquavit* (Psal. LXXXVII, 3, 4). *Intende ad deprecationem meam, quia humiliatus sum nimis. Libera me a persequentibus me, quia confortati sunt super me* (Psal. CXLI, 7).

Ecce audistis, fratres charissimi, quam intimæ consolationis et orationis verba proferri fecit Dominus per sanctum Psalmistam, quæ tam facilia sunt omnibus litteratis ad intelligendum ut nusquam faciliora inveniri possint. Unde datur intelligi quoniam maxima cura Domino fuerit, ut omnes tam planis Psalmistæ verbis instruens ad se traheret. Nam sicut aliquis princeps charissimis amicis suis ad se venientibus convivium præparans ponit mensam cum diversæ qualitatis dapibus et potibus repletam, ut tam ex diversitate quam ex copia ciborum delectabile omnibus faciat convivium; ita et Deus omnibus ad se confugientibus mensam omnimodo spiritualis vitæ doctrina repletam apponit; nunc quidem pronuntians tantum quæ sibi placeant vel displiceant, quantæ gratiæ novitas de Christo nascituro præstanda foret, quæ etiam bonis vel malis pro meritorum qualitate futura sint, ut per hoc omnes probentur utrum celeriter an tarde illius verbis credentes obediant; nunc vero quoslibet negligentes et pigros, ut ad ea quæ jam sibi pronuntiata sunt attendant admonens; postremo autem eos qui nec pronuntiatione nec admonitione conversi sunt verbis asperioribus increpans. His igitur tribus modis loquendi, id est pronuntiatione, admonitione et increpatione, omnes homines Psalmista alloquens, interdum sub Dei Patris, nunc in Filii, sæpe etiam ex persona sui, aut ad Deum convertit aut justissimo judicio damnandos prædicit. Duobus vero modis, id est oratione et confessione, docet omnes confugientes ad Deum ipsum alloqui. Quæ nimirum omnia nunc quidem breviter protuli, sed postmodum, prout Deus concesserit, exemplis sufficientibus explanabo, ut conversis aliquatenus ostendam quam delectabile convivium doctrinæ Dominus sectatoribus suis in sacra Scriptura maximeque in psalmis præparavit, ut et eo studiosius se a malis abstineant, quo certius adfuturam sibi gratiam Dei agnoscant.

Attendant igitur, precor, quanta corona promissa sit his qui legitime certant contra diabolum, juxta illud : *Beatus vir qui suffert tentationem, quoniam cum probatus fuerit accipiet coronam vitæ* (Jac. I, 12). Hujusmodi autem certamen quanto difficilius constat, tanto majori cura agendum est. In nullo nempe tempore otiosus debet esse bella Dei gerens. Unde doctor noster Psalmista unumquemque alloquens dicit : *Labores manuum tuarum quia manducabis, beatus es et bene tibi erit* (Psal. CXXVII, 2). Dupliciter quippe est beatus in opere aliquo utili occupatus ; habet enim inde aliquod subsidium corporale, habet etiam spirituale, quia, dum corpus servituti subjicitur, mens quoque lasciva deprimitur et ne in quælibet desideria noxia defluat, refrenatur. Unde alias de otiosis dicit Psalmista : *In labore hominum non sunt, et cum hominibus non flagellabuntur. Ideo tenuit eos superbia, operti sunt iniquitate et impietate sua* (Psal. LXXII, 5, 6). Contra eamdem superbiam alibi orans alios orare docet, dicens : *Non veniat mihi pes superbiæ* (Psal. XXXV, 12). Quæ videlicet oratio, licet breviter sit prolata, insinuat tamen copiose vires superbiæ. Nam in quocunque dominatur, quasi pede quodam proterente cum in ima dejicit, ne se sursum erigere possit.

Orare etiam docet contra incentiva carnis, dicens : *Proba me, Domine, et tenta me; ure renes meos et cor meum* (Psal. XXV, 2). Et iterum : *Fiat cor meum immaculatum in justificationibus tuis, ut non confundar* (Psal. CXVIII, 80). Et : *Cor mundum crea in me, Deus, et spiritum rectum innova in visceribus meis* (Psal. L, 12). Ubi notandum quia dum prius implorat cor mundum in se creari, et deinde spiritum rectum in se postulat innovari, intimare videtur aliter nos non posse Spiritus sancti gratiam obtinere, nisi prius cordis munditiam obtineamus. Sed diabolus, quanto majorem fiduciam et gratiam apud Deum habituros novit castos, tanto diutius eos omni modo impugnat. Scit enim scriptum : *Beati mundo corde, quoniam ipsi Deum videbunt* (Matth. V, 8). Unde jugiter orandum et contra carnis immunditiam Deo supplicandum supradictis Psalmistæ verbis.

Sed et cæterarum virtutum suffragia contra tantum hostem sunt appetenda, id est charitatis et humilitatis, patientiæ et obedientiæ, nec non taciturnitatis. De quibus omnibus appetendis multifaria exhortatio in Scriptura sacra reperitur. Sanctus etiam Psalmista de his non tacet qui, ut alios in id ipsum traheret, de charitate et pace quam habuit refert dicens : *Cum his qui oderunt pacem eram pacificus* (Psal. CXIX, 7). Quam humilis vero exstiterit alibi enarrat, dicens : *Humiliatus sum usquequaque, Domine* (Psal. CXVIII, 107). Et iterum : *Domine, non est exaltatum cor meum, neque elati sunt oculi mei,* etc. (Psal. CXXX, 1). Item laudans Dominum pro eo quod se variis flagellis humiliasset, dicit : *Bonum mihi, Domine, quia humiliasti me, ut discam justificationes tuas* (Psal. CXVIII, 71). Quibus verbis innuitur quia flagella Dei sunt appetenda, ut per hæc correcti et humiliati divinis præceptis mereamur subdi. Quantum autem patiens fuerit sanctus Psalmista ex hoc potest intelligi quod dicit : *Si reddidi retribuentibus mihi mala, decidam merito ab inimicis meis inanis* (Psal. VII, 5). Docet nos nihilominus de obedientia Deo exhibenda, dicens : *Subditus esto Domino et ora eum* (Psal. XXXVI, 7). Hinc etiam de se ipso refert, dicens : *Nonne Deo subjecta erit anima mea? ab ipso enim salutare meum et patientia mea* (Psal. LXI, 1, 6). Implorat quoque pro taciturnitate obtinenda, dicens : *Pone, Domine, custodiam ori meo, et ostium circumstantiæ labiis meis* (Psal. CXL, 3). Moxque omnem excusationem, quæ pro nequitiis perpetratis committi solet, a se auferri postulat, dicens : *Non declines cor meum in verba malitiæ, ad excusandas excusationes in peccatis* (Ibid., 4). His igitur atque aliis virtutibus suffultus contra incentiva carnis fortiter pugnare valet.

Si vero in hujusmodi certamine aliquandiu laborans minime senserit tentationis molestiam minorari, non ideo hac tribulatione perterritus certare desinat aut de adjutorio Dei diffidat ; sed attendat Psalmistam dicentem : *Juxta est Dominus his qui tribulato sunt corde, et humiles spiritu salvabit. Multæ tribulationes justorum, et de omnibus his liberabit eos Dominus* (Psal. XXXIII, 10, 20). Perpendat et hoc quod idem Psalmista alibi magnificans Deum, quod se in tribulatione dilatasset, dixit : *Cum invocarem, exaudisti me, Deus; in tribulatione dilatasti me* (*Psal.* IV, 2). Tribulatio enim diuturna, si cum patientia et spe divini auditorii sustinetur, duplicem sustinenti confert coronam ; a peccatis namque præteritis cum tanquam aurum in fornace purgabit ignis , et quasi granum frumenti , quod in terra projectum pro semine multiplicatum fuerit, sic ille multiplicatur et dilatatur in omnibus bonis. Hinc et Apostolus dicit : *Tribulatio patientiam operatur, patientia autem probationem, probatio autem spem, spes vero non confundit, quia charitas Dei diffusa est in cordibus nostris per Spiritum sanctum, qui datus est nobis* (Rom. V, 3-6). De hac charitatis infusione et Spiritus sancti consolatione Psalmista satis gustavit, cum ad Deum dixisset : *Secundum multitudinem dolorum meorum in corde meo consolationes tuæ, Domine, lætificaverunt animam meam* (*Psal.* XCIII, 19). Quod est aperte dicere : Si multiplices tribulationes in corde meo pertuli, multiplices etiam consolationes pietatis tuæ, Domine, suscepi. Nam post tribulationem magnam, qua me propter peccata mea diu afflixisti , consolationes tuæ ita me lætificaverunt, ut tribulatio præterita videretur mihi minima.

Eumdem quoque sensum declarat, cum subjungit, dicens : *Nunquid adhæret tibi sedes iniquitatis, qui fingis laborem in præcepto?* (*Psal.* XCIII, 20.) Fingere namque aliquomodo potest dici, cum rem quamlibet aliter foris ostendimus quam in mente teneamus, sicut scilicet patres sapientes filiis, magistri discipulis sæpe aspera fingunt in verbis et in omni habitu exteriori, ut hac asperitate constricti in lasciviam nullam prorumpant. Sed quamvis laborem districtionis tantæ eos sustinere permittentes parvipendere exterius fingant, intus tamen ita diligunt ut ne levi virgula illos frustra contingi velint. Sicut igitur in hujusmodi disciplina patres et magistri exterius laborem fingunt et dilectionem interius gerunt, ita et Dominus noster in electis suis agit, laborem videlicet in primis fingens in præcepto religionis ; sed postmodum, cum viderit laboriosa quæque pro amore suo magis velle pati quam propriæ deservire voluntati, tunc illis quasi pater filiis sub disciplina sufficienti nutritis ostendet amoris sui dulcedinem. De hac nimirum dulcedine in primis quidem absconsa, sed postmodum, ut dixi, manifestata, alibi Psalmista apertius testatur et admiratur, dicens : *Quam magna multitudo dulcedinis tuæ , Domine, quam abscondisti timentibus te!* (*Psal.* XXX, 20.) Cum ergo idem Psalmista Dominum talia fingere per experimentum didicisset, alloquitur eum, quasi interrogando, si propter hoc quod talia fingat iniquitas apud eum maneat. Hoc autem non quasi nescius interrogat ; scit enim eum justum esse ; unde et alibi dicit : *Quoniam justus Dominus, et justitias dilexit* (*Psal.* X, 8) ; sed ut nobis pietatis divinæ secreta pandat.

Inter hæc quoque conversos admoneo ut quantumcunque in timore et amore Dei proficiant, peccatores tamen se labiis et corde fateantur, non solum ob peccata præterita, sed etiam ob imminentia quædam, in quibus quotidie inevitabiliter delinquimus , id est, in visu, auditu, gustu, odoratu et tactu, nec non in illicito cogitatu. Sæpe etiam in verbis tam scienter quam ignoranter peccamus. Hujusmodi igitur delicta sciens Psalmista a nonnullis pro nihilo computari dicit : *Delicta quis intelligit?* (*Psal.* XVIII, 13.) Cumque hæc quasi interrogans protulisset et paucos admodum delicta intelligere sciret, mox quid ipse sentiat, subjungit, orans et dicens ad Dominum : *Ab occultis meis munda me, Domine, et ab alienis parce servo tuo* (*Ibid.*, 4). Ac si aperte diceret : Multi quidem, Domine, ita negligentes sunt ut non curent te invocare pro maximorum et apertorum criminum remissione ; sed ego sciens te nimis districtum contra tales, precor ut non solum ab apertis, sed etiam ab occultis delictis meis me emundes ; quæ enim me latent, tibi pro certo patent. Occulta etiam et aliena delicta possunt hæc dici quæ a parentibus contraximus, quæ, licet in baptismate nobis dimittantur, tamen si postmodum eadem opere vel votis sequimur, iterum etiam eorumdem reatu constringimur. Unde Psalmista alias dicit : *Peccavimus cum patribus nostris* (*Psal.* CV, 6). Peccare namque cum patribus est eorum , ut diximus, peccatis actu vel consensu associari. Item occulta et aliena delicta dicere possumus quæ in alios committimus. Quis enim ita cautus et religiosus esse valet ut nullum peccatis suis depravet ? Ideoque omnes indigemus , ut cum Psalmista oremus , dicentes : Ab occultis nostris munda nos, Domine, et ab alienis parce servis tuis (*Psal.* XVIII).

CAPUT VI.

De mysteriis incarnationis, resurrectionis, ascensionis, etc., Domini nostri Jesu Christi a Davide in psalmis prænuntiatis.

Hactenus igitur per amœna et lata psalmorum prata currens atque ex eis flores quosdam satis utiles omnibus conversis decerpens, prout potui, qualiter ad caput nostrum, id est Christum, pervenire debeant, admonui. Nunc vero cupio exinde decerpere, et illis intimare ejusdem Domini nostri incarnationem, aliaque quæ superius promisimus, qualiter scilicet pietas divina jugiter pro nobis laboret prænuntiando in primis quæ nobis sint credenda et facienda ; deinde pro eisdem admonendo et increpando. Ex quibus colligi potest , quia quanto plus pro nobis Dominus laborat per supradictos tres locutionis modos, tanto districtius judicat omnes qui tantum ejus laborem pro nihilo computant, arbitrantes eum esse solummodo pium et non districtum contra omnes perseverantes in malo. Curramus ergo in eo, quo cœpimus, psalmorum stadio ; quærentes faciem ejus semper (*Psal.* CIV, 4), qui pro nobis natus et passus est ; pro nobis resurrexit et ascendit in cœlum. Quid enim delectabilius esse potest quam illum quærere, illum sitire, in quo nobis datur vivere ? Sed ut tantæ sanctitatis verba melius proferre possim, dicendum mihi est cum psalmista: *Domine, labia mea aperies, et os meum annuntiabit laudem tuam* (Psal. L, 17): simulque invocandus est Spiritus sanctus, ut qui eumdem Psalmistam ad tam sancta et veneranda dicta proferenda illustravit, me quoque aliqua exinde decerpere cupientem dignetur illustrare.

Sancta quippe sunt omnia quæ de Domino nostro per prophetas sanctos pronuntiata sunt; sed quædam Psalmistæ verba tanto sacratiora mihi videntur, quanto magis eadem nomina eamdemque sententiam quam Christus ore suo protulit, et ipse prophetando prænuntiavit. Dominus namque noster, ut in Evangelio legitur, de se dixit: *Ego sum veritas* (Joan. xiv, 6); et: *Ego sum lux mundi* (Joan. viii, 12). Eisdem quoque nominibus Psalmista illum appellavit, cum eum nasciturum, quasi præterita narrans prænuntiasset, dicens: *Veritas de terra orta est* (Psal. LXXXIV, 12). Et: *Exortum est in tenebris lumen rectis* (Psal. CXI, 4). Ecce eadem nomina, et Psalmista prænuntians ante tempora multa Dominici adventus dixit, et quibus ipse Christus adveniens se appellavit. Dicamus sententias ab utroque pene similiter prolatas. Psalmista namque in psalmo xxi, qui totius personæ Christi convenit, de ipso dicit: *Deus, Deus meus, respice in me; quare me dereliquisti?* Item in psalmo xxx, Christum prænuntiat ita dicturum: *In manus tuas, Domine, commendo spiritum meum.* Quas scilicet utrasque sententias in Evangelio legimus ita pene a Christo in cruce posito prolatas, sicut Psalmista prænuntiavit. Quis, rogo, non mirandam, non venerandam censeat tantam Psalmistæ sanctitatem, qui ipsum Dominum nostrum totius sanctitatis auctorem habere meruit verborum suorum imitatorem? Quis etiam non obstupescat tantam ejusdem Domini nostri bonitatem et clementiam, quam in Psalmista eodem agnovimus factam? Certe satis magna pietas Dei esset, si ab homine in nullo capitali crimine prolapso prædiceretur incarnatio Christi cæteraque per illum gesta. Quod autem aliquis in sceleribus plurimis prolapsus post hujusmodi ruinam ad dignitatem tantam pervenire potuit, ut sacramentorum divinorum proditor et divinæ pietatis lator eligeretur, quantam putamus hanc esse Dei pietatem? Inæstimabilis namque et inenarrabilis tanta Dei pietas merito vocatur. Hæc igitur sanctum Psalmistam prius quidem peccatorem, deinde vero conversum ideo fecit talem, ut per eum ad omnes peccatores clamaret, dicens (Zach. I, 3): *Convertimini ad me, omnes qui peccatis gravati estis, et faciam in vobis eamdem gratiam quam in hoc servo meo David ad me converso feci. Nunquid propter multitudinem iniquitatum suarum abjeci eum? sic nec vos abjiciam, si ejus conversionem sequentes ad me venitis in tempore opportuno. Nam in diluvio aquarum multarum* (Psal. xxxi, 6), id est in conventu periculoso multorum populorum, quod est dies judicii, ad me non appropinquabitis.

Hæc ergo, fratres charissimi, quæ de immensa Dei misericordia dixi, libenter audite; sed et sanctissima Psalmistæ verba tam supradicta quam adhuc dicenda tota mentis intentione suscipite. Jam enim ad ea proferenda quæ de Christo pronuntiavit, redire cupio.

Incarnationem denique simul et ascensionem ejus pronuntiavit ita dicens: *A summo cœlo egressio ejus, et occursus ejus usque ad summum ejus* (Psal. xviii, 7). Item de sola ascensione ejus dicit: *Elevata est magnificentia tua super cœlos, Deus* (Psal. viii, 2). De resurrectione quoque Domini ex ipsius persona dicit: *Domine, probasti me, et cognovisti me; tu cognovisti sessionem meam et resurrectionem meam* (Psal. CXXXVIII, 2). Quod autem maxime pro salute gentium mittendus esset ita pronuntiat, referens eum dixisse de Patre: *Dominus dixit ad me: Filius meus es tu, ego hodie genui te; postula a me et dabo tibi gentes hæreditatem tuam, et possessionem tuam terminos terræ* (Psal. II, 7, 8). Eumdem quoque sensum tanto apertius in psalmo LXXI quam in aliis, quanto per tempus futurum pronuntiat, dicens: *Et benedicentur in ipso omnes tribus terræ; omnes gentes magnificabunt eum* (Psal. LXXI, 17). In quo etiam psalmo paulo superius de incarnatione ejus, nec non de sanctissima doctrina ejus commemorat, dicens: *Descendet sicut pluvia in vellus, et sicut stillicidia stillantia super terram. Orietur in diebus ejus justitia et abundantia pacis*, etc. (Ibid., 6, 7). Quod dicit: *Descendit sicut pluvia in vellus*, ita est intelligendum: Sicut enim pluvia in vellus descendens nulla illud divisione rumpit, et iterum ab eo recedens a sua integritate non minuit; ita et Dominus noster matrem suam nec conceptus, nec natus ulla corruptione divisit.

Quod autem Judæos omnesque se persequentes sub pedibus calcaturus esset, in psalmo cix pronuntiatur, Psalmista ita dicente: *Dixit Dominus Domino meo: Sede a dextris meis, donec ponam inimicos tuos scabellum pedum tuorum*: qui scilicet psalmus de Christo scribitur totus. Cui simile quid in psalmo CXVII invenitur, ubi in brevi versiculo mystice prolato omnia continentur quæ in Christo completa sunt. Sic enim dicitur: *Lapidem, quem reprobaverunt ædificantes, hic factus est in caput anguli.* Unde autem Christus lapis sit dictus, et quomodo reprobatus sit ab ædificantibus factusque sit in caput anguli, quia in locis plurimis invenitur expositum, nos hic sine expositione relinquentes tendamus aliorsum: verba namque sæpius prolata videntur tædiosa. Dicamus ergo illa, quæ dictu sunt rara.

In psalmo igitur LXXXVIII, multa pronuntiantur de Deo Patre ad Christum loquente, nec non de eodem Christo Jesu ad Patrem dicente, ubi Dei Patris verba incipiunt ita: *Posui adjutorium in potente, et exaltavi electum de plebe mea. Inveni David servum meum, oleo sancto meo unxi eum*, etc., usque *perfecta in æternum, et testis in cœlo fidelis* (v. 20-30). Quæ vero sequuntur usque ad finem psalmi, Christo ad Patrem loquenti congrue possunt aptari. In quo nimirum psalmo hoc mirandum simul et venerandum videtur, quod hujusmodi colloquium Dei Patris et Filii ipse psalmista David sub persona sua meruit proferre. De quo igitur tale aliquid legitur, ut Christi Filii Dei mysterium sub persona propria in se transferre præsumeret? Profert namque et ex persona Dei Patris quasi secum colloquentis illam inæstimabilem gratiam, quam ipse per Christum operaturus erat in sanctæ Ecclesiæ filiis; et rursum Christi personam in se trahens, quasi respondendo superioribus dictis profert ea quæ Christus pro nobis passurus erat, dicens : Tu vero, Pater, qui mihi nuperrime promisisti ut et me primogenitum excelsumque præ regibus terræ poneres, et si filii mei in aliquo delinquentes mandata tua non custodirent, in iniquitates eorum visitares, post hujusmodi promissa me Christum tuum, in quo omnes salvare disposuisti, cito repulisti et a dignitate mea dejecisti. Hæc autem omnia despectionis verba sub persona Christi dicta in paucis completa videntur dictis quæ Christus in cruce positus dixit : *Deus, Deus meus, ut quid dereliquisti me?* (*Psal.* LXII, 2.) Ecce quam sacer dialogus Dei Patris et Filii in uno eodemque psalmo est factus, in quo et dignitas Domini nostri secundum divinitatem, et injuria atque despectio, quam secundum humanitatem pro mundi salute sustinuit, pronuntiatur. Merito itaque huic psalmo, in quo tantæ misericordiæ commemoratio agitur, initium tale Psalmista imposuit, dicens : *Misericordias Domini in æternum cantabo* (*Psal.* LXXXVIII, 2). Cantate et vos, fratres charissimi, canticum tale, et benedicite Dominum in omni tempore; semper laus ejus sit in ore vestro (*Psal.* XXXIII, 2), qui et ante tempora multa misericordiam tantam prænuntiavit et eam in nobis jugiter implere satagit. Quid enim delectabilius esse potest ea laude, eo cantico quod cantamus Domino? Talis autem laus et tale canticum, quia nusquam invenitur amplius quam in psalmis, ideo redeamus ad eos et, ut possumus, exquiramus in his divinæ cantica laudis; quidquid enim pro ejus amore gerimus vel loquendo, vel legendo, vel scribendo, seu etiam utilia quælibet meditando, hoc ad laudem suam refertur

CAPUT VII.

De mysteriis passionis Dominicæ in psalmis præmonstratis et de mutatione personarum in uno eodemque psalmo loquentium.

Jam diximus de sanctissimo Dei Patris et Filii dialogo, qui legitur in psalmo LXXXVIII, qui cunctis sanctæ Ecclesiæ filiis tanto magis est venerandus, quanto specialius in eo illorum prænuntiata agnoscitur salus. Nunc vero dicamus quia plures psalmi inveniuntur sub sola persona Christi ad Patrem clamantis pro ereptione sua, in quibus et nos docemur orare qualiter spirituales nequitias possimus superare. Quorum videlicet psalmorum sunt præcipui tres isti, III, XXI et LXVIII, in quibus præter orationem prædictam alia quoque ad Christum solam pertinentia inveniuntur, ut in III : *Ego dormivi,* *et soporatus sum, et exsurrexi.* Et in XXI : *Diviserunt sibi vestimenta mea et super vestem meam miserunt sortem.* Sed et illud improperium, quod Judæi Christo insultantes dixerunt : *Confidit in Deo, liberet eum nunc si vult* (*Matth.* XXVII, 43). Bene eisdem verbis Psalmista illic pronuntiat, dicens : *Speravit in Domino, eripiat eum, salvum faciat eum, quoniam vult eum* (*Psal.* XXI, 9). Item illud quod Dominus ad Mariam dixit : *Vade ad fratres meos, et dic eis : Ascendo ad Patrem meum,* etc. (*Joan.* XX, 17). In eodem psalmo pronuntiatur ita : *Narrabo nomen tuum fratribus meis* (*Psal.* XXI, 23). Qui nimirum fratres discipuli Domini utrobique sunt intelligendi. Hoc quidem in psalmo XXI.

In LXVIII autem similiter inveniuntur quæ Christo specialiter conveniunt, ut . *Confortati sunt qui persecuti sunt me inimici mei injuste; quæ non rapui, tunc exsolvebam.* Quomodo autem Christus solveret quæ non rapiebat, Isaias propheta aperte pronuntiat, dicens : *Omnes nos quasi oves erravimus; unusquisque a via sua declinavit et Dominus posuit in eo iniquitatem omnium nostrum* (*Isa.* LIII, 6). Et quomodo Christus solvit quæ non rapuit? Passus est enim non pro suis, sed pro nostris peccatis. Item in eodem psalmo : *In siti mea potaverunt me aceto.* In II nihilominus psalmo pronuntiatur de Judæis aliisque Christum persequentibus : *Astiterunt reges terræ et principes convenerunt in unum adversus Dominum, et adversus Christum ejus,* (subaudi : *dicentes*) *Disrumpamus vincula eorum et projiciamus a nobis jugum ipsorum.* Quod dicit, *eorum,* referri potest et ad præmissas personas Domini Christique ejus, et ad illius discipulos, quos a se projicientes ad gentes transire compulerunt.

De Juda etiam traditore tam ex Christi quam Psalmistæ persona quædam commemorantur. Ex quibus illud est, quod ex persona Domini dicitur : *Qui edebat panes meos magnificavit super me supplantationem* (*Psal.* XL, 10). Ex Psalmistæ autem persona dici videtur : *Constitue super eum peccatorem; diabolus stet a dextris ejus; usque sicut zona, qua semper præcingitur* (*Psal.* CVIII, 6-19). Quod si alicui videantur hæc verba melius Christi quam Psalmistæ personæ convenire, non contradico : quia forsitan utrique personæ possunt congruere. Ipsa etiam maledictionis verba quæ de Juda traditore sunt dicta congruunt Judaico populo. Nam quod dicitur in illo versu : *Nutantes transferantur filii ejus et mendicent; ejiciantur de habitationibus suis* (*Ibid.*, 10), et juxta litteram videmus quotidie impleri in eodem populo. Sed et hoc Psalmista non tacuit quod caro Christi in sepulcro posita corruptionem non pertulit, dicens ex ipsius persona in psalmo XV : *Non dabis sanctum tuum, Domine, videre corruptionem*

Inter hæc etiam summopere pensandum est cunctis ad intimam psalmorum intelligentiam pertingere cupientibus quanta personarum mutatio sit in quibusdam psalmis, quorum videlicet initium et finem personæ Psalmistæ invenimus dandum; quæ vero in medio sunt nunc quidem Dei Patris et Filii, nunc vero absolute Dei personæ conveniunt. Ob cujus rei notitiam capiendam trium hic psalmorum verba subjungimus, hoc est II, XLIX et LXXXI. In secundo enim psalmo, cujus initium est : *Quare fremuerunt gentes*, in primis Psalmista interrogans vel admirans unde Judæorum aliorumque Christi persecutorum impietas tanta evenerit ex persona sua loquitur, dicens : *Quare fremuerunt gentes*, etc., usque *et in furore suo conturbabit eos*. Quæ sequuntur verba sunt Christi usque *Dominus dixit ad me*. Post hæc loqui incipit Pater ad Filium, insinuans per eum gentes ad salutem reparandas esse; quæ nimirum locutio fit usque *tanquam vas figuli confringes eos*. Deinde vero usque ad finem psalmi verba sunt Psalmistæ admonentis rectores quoslibet ut attendentes quæ superius sunt a Patre et Filio dicta cum timore et amore sibi serviant, apprehendantque disciplinam in hoc sæculo, ne pereant in futuro. Ecce quam diversæ sententiæ et personæ secundi psalmi ! In psalmo autem quadragesimo nono, cujus initium est : *Deus deorum Dominus locutus est*, inveniuntur illi tres locutionis modi, quos supra dixi de pronuntiatione, de admonitione et increpatione. In primis namque Psalmista loquitur ex persona sua pronuntians nobis extremi judicii tempus, quo cœlum et terram, id est cœlicolas et terrigenas pariter convocandos esse prædicit ; quo etiam ipsum Dominum manifeste venturum indicat. Ideo autem *manifeste* venturum dicit, quia quotidie ad nos clamat, nunc quidem scriptis, nunc vero vulgaribus dictis, interdum etiam rerum visibilium argumentis, per quæ edocemur invisibilia quælibet agnoscere, sicut scriptum est : *Invisibilia Dei per ea quæ facta sunt intellecta conspiciuntur* (Rom. I, 20). Per hæc ergo omnia Deus nobis jugiter manifestatur et loquitur, ut scientes justitiam ejus, annuntiemus omnibus quoniam justus judex est. Cumque Psalmista pronuntiasset talia ex persona sua, subjunxit admonitionem ex persona Dei factam, dicens : *Audi, populus meus*, etc., usque *et honorificabis me*. Ubi videlicet unumquemque primitus admonet, ut se ipsum plusquam alia quælibet sacrificia Deo immolet; deinde vero eadem persona Dei loquitur, dicens : *Quare tu enarras justitias meas et assumis testamentum meum*, etc., usque *statuam contra faciem tuam*. Ubi nihilominus increpat quemlibet doctorem verbis tantummodo præcepta Dei intimantem, cur aliis enarrare præsumat illas Dei justitias, quas ipse operando non sequitur. Post hanc vero increpationem iterum Psalmista ex persona sua loquens et dicens *intelligite hæc*, etc., usque in finem psalmi, admonet omnes ut attendentes et admonitionem et increpationem Dei ad illum convertantur, ne forte præoccupati die mortis quærant spatium pœnitentiæ et invenire non possint.

In psalmo etiam octogesimo primo inveniuntur iidem tres modi, licet ordine dissimili. In primis namque Psalmista ex persona sua pronuntiat, dicens : *Deus stetit in synagoga deorum ; in medio autem deos dijudicat*. Ubi videlicet tempus præteritum *stetit* pro præsenti ponens indicat, quia Deus in synagoga deorum, id est rectorum et judicum, quos sacra Scriptura sæpe *deos* nominat, consistens semper prospiciat quid agant et quotiescunque inique judicaverint, ipse in medio eorum stans eos pro tali culpa dijudicet. Moxque ex persona Dei eosdem rectores et judices increpat dicens : *Usquequo judicatis iniquitatem, et facies peccatorum sumitis?* Quæ nimirum divinæ increpationis verba superioribus dictis conjuncta hunc sensum habere videntur : Cum sciatis, o rectores et judices, me semper in medio vestrum esse et prospicere quæcunque agatis, cur sæpius inique judicantes destructores magis quam rectores Ecclesiæ estis? Post hanc vero increpationem continuo quasi compatiens præteritæ iniquitati eorum admonet eosdem, ut vel postmodum se emendent rectiusque judicent, dicens : *Judicate egeno et pupillo, humilem et pauperem justificate. Eripite pauperem, et egenum de manu peccatoris liberate*. Quasi diceret : Adjuvate illos maxime qui pauperes et contemptibiles sunt in plebe, quique ideo ab aliis opprimuntur quia nullos defensores habere videntur. Finita autem hac admonitione iterum Dominus, quasi præsciens malitiæ et duritiæ eorumdem judicum, quodque admonitionem suam contempturi magis diligant munera quam Dei præcepta, non ut prius præsentes, sed quasi absentes alloquitur, dicens : *Nescierunt neque intellexerunt; in tenebris ambulant; movebuntur omnia fundamenta terræ*.

In qua nimirum sententia, si temporum diversitatem sequimur, magnam difficultatem intelligentiæ patimur. In primis enim ponitur tempus præteritum, ut : *nescierunt, neque intellexerunt*; deinde præsens, ut : *in tenebris ambulant*; ad extremum vero futurum, ut : *movebuntur omnia fundamenta terræ*. Quid ergo in his faciendum est nobis, nisi hoc quod in cæteris prophetiæ verbis agitur ? Sæpe namque et in psalmis et in aliis prophetarum libris præteritum præsensque tempus pro futuro, sæpe etiam futurum pro præsenti vel pro præterito ponitur. Quod scilicet Spiritu sancto dictante credo, aut ideo agi, quia cum omnia tempora sive præterita, sive præsentia, seu futura coram Deo quasi præsentia sint, tempus quodlibet rem sibi placitam pronuntiantibus inspirat, aut pro eo quod interdum prophetæ narrant illa quæ et in præterito gesta sunt et in præsenti jugiter geruntur et in futuro tempore gerenda sunt, sicut et res in sententia psalmi proxime dicta probat. Judices enim iniqui et ab initio sæculi fuerant et in præsenti sunt et in futuro tempore fient, ideoque illis omnibus congruit hæc sententia : *Nescierunt neque intellexerunt; in tenebris ambulant; movebuntur omnia fundamenta terræ*. Idem etiam sensus est : *nescierunt, neque intellexerunt, et in tenebris am-*

bulant et movebuntur omnia fundamenta terræ. Qui enim nesciunt neque intelligunt bona, in tenebris utique ambulant. Similiter qui in tenebris ambulant, moventur utique de fundamentis pro quibus positi sunt. Prælati quippe et judices universi positi sunt a Deo pro fundamentis Ecclesiæ, ut cæteri exemplis eorum instructi superponantur. Unde sanctus Psalmista alibi dicit : *Fundamenta ejus in montibus sanctis*, Domini scilicet, qui *diligit portas Sion super omnia tabernacula Jacob* (*Psal.* LXXXVI, 2). Idcirco autem Dominus fundamenta sua posuit in montibus sanctis, quia hos, quos in sanctæ Ecclesiæ ædificio præfecit, virtutibus omnigenis sublimatos et instructos esse jussit. Sed fundamenta, quæ ille in montibus sanctis posuit, tunc commoventur, cum hi qui aliis pro ædificatione spirituali prælati sunt a perfectionis et veritatis statu corruentes non solum semetipsos, sed etiam subjectos quoslibet in perditionis foveam trahunt. Unde illis aptissime congruit quod Psalmista alibi dicit : *Corrupti sunt, et abominabiles facti sunt in studiis suis. Sepulcrum patens est guttur eorum, linguis suis dolose agebant*, etc. (*Psal.* XIII, 1, 3), quæ sequuntur pene usque in finem psalmi. Hæc igitur omnia maxime conveniunt pravis judicibus, quia quanto cæteris sublimiores consistunt ex potestate, tanto majorem nequitiam possunt exercere.

Verumtamen non sine causa credo esse factum quod pietas divina tam variis modis judices eosdem alloquitur, nunc quidem increpando, nunc admonendo, nunc quasi præsentes, interdum vero quasi absentes, nunc nequitiam eorum, interdum vero beneficia sua commemorando. Quanto enim eos duriores ad correctionem prævidit, tanto magis duritiam ipsorum mitigare studuit. Unde postquam eos increpavit, et admonuit quasi præsentes, postquam etiam de eorum quasi absentium errore condoluit, iterum convertens se quasi ad præsentes commemorat quantam gratiam eis præ cæteris mortalibus contulerit, quantaque ruina super illorum superbiam ventura sit dicens : *Ego dixi : Dii estis et filii Excelsi omnes; vos autem sicut homines moriemini et sicut unus de principibus cadetis* (*Psal.* LXXXI, 6, 7); ac si diceret : Ego quidem vos ad hoc elegi ut in vice mea judices in mundo essetis, et aliis bene vivendi exemplum præberetis; vos autem sicut carnales quique et imperiti spiritualem vitam abjicientes, omnemque commissorum curam negligentes et, quod adhuc pejus est, sicut diabolus qui unus ex principibus cœlicolis erat, vos in elationem contra me erigentes damnatione perpetua peribitis. Hæc igitur omnia divinæ increpationis, et admonitionis dicta Psalmista spiritualiter audiens, et quam incorrigibiles sint judices iniqui prænoscens, postulat Dominum, ut ipse solita pietate et æquitate homines regat, dicens : *Surge, Deus, judica terram, quoniam tu hæreditabis in omnibus gentibus* (*Psal.* LXXXI, 8). Quasi diceret : Quoniam, Domine, nullus pene hominum, qui super nos constituti sunt judices et re-

ctores, de nobis miseris curat; tu qui super omnes dominaris, maximeque pauperes et egenos tueri dignaris, exsurge et redime nos ab omnibus malis.

CAPUT VIII.

Eadem mutatio personarum in eodem psalmo aliis exemplis ostenditur, doceturque quam hæc doctrina ad psalmos recte intelligendos necessaria sit ; quam vera et justa sint Dei judicia secundum psalmi XVIII, v. 10.

Adhuc quiddam dicere libet de psalmis duobus, in quibus personarum mutatio continetur, id est de decimo quarto et de trigesimo primo, et post hæc aliquandiu currere cupio in cæterorum psalmorum stadio, decerpens inde quoslibet flores ad explanandos plenius tres supradictos locutionis modos. Magnam denique intelligentiam præbet cantantibus psalmos, si attendant cui personæ unaquæque sententia deputanda sit, Dei an Psalmistæ vel aliorum, et qua intentione quælibet sententia prolata sit, an pronuntiando, an admonendo vel increpando ; ipsaque psalmorum verba, quæ orando proferuntur, quantam vim humilitatis habeant in se ad placandum Deum. Si ergo hæc omnia attendere voluerimus, tunc demum psalmos rite cantare et ad pœnitentiam peccatorum nostrorum excitari poterimus. Pensandum quoque est, quæ sententiæ indigeant subauditionem qualisque sit ipsa subauditio, et quæ particulariter vel universaliter sint intelligendæ. De his igitur omnibus, prout possumus, aliqua dicere volumus. Sed prius de psalmis duobus supradictis dicamus.

Eorum namque prior, cujus initium est : *Domine, quis habitabit in tabernaculo tuo?* personas duas continet, Psalmistæ videlicet et Dei. In primis enim Psalmista Dominum interrogat, dicens : *Domine, quis habitabit in tabernaculo tuo, aut quis requiescet in monte sancto tuo?* (*Psal.* XIV, 1.) Cui mox a Domino respondetur ita dicente : *Qui ingreditur sine macula et operatur justitiam*, etc., usque in finem psalmi. Hujus autem responsionis verba, quoniam satis plana sunt ad intelligendum, precamur, fratres dilectissimi, ut eadem attendentes aliquatenus implere curetis : nihil enim nobis prodest legere, cantare sacra verba, nisi pariter animo tractemus qualiter exinde ædificemur.

Secundus etiam psalmus, de quo nuperrime promisimus disputare, cujus initium est : *Beati quorum*, etc. (*Psal.* XXXI), sub duarum personarum, Psalmistæ et Dei, loquela prolatus est. In prima namque parte usque *a circumdantibus me*, Psalmista loquitur ; in secunda vero Deus usque *in quibus non est intellectus*. Deinde iterum Psalmista usque in finem psalmi loquitur. Hujus autem psalmi dicta non solum ob personarum mutationem explanandam, sed etiam propter supradictos tres locutionis modos hic commemoravi. Iidem quippe tres modi in tribus continuis versibus prolati inveniuntur in illo; quorum videlicet primus est : *Intellectum tibi dabo* ; secundus : *Nolite fieri sicut equus et mulus* ; tertius : *In chamo et freno*. In primo itaque Deus dicit : *Intel-*

lectum tibi dabo, et instruam te in via hac qua gradieris; firmabo super te oculos meos. Quibus nimirum verbis a Deo pronuntiatur unicuique homini, qualiter illum præ cæteris animalibus rationis capacem faciens instruat ad rationabilia quælibet et spiritualia studia, quibus in via vitæ hujus gradiendum est. Et ut in hac via cautius gradiatur, oculos suos super eum jugiter ponere intimat. In secundo autem admonet omnes fideles ut hæc quæ in superiori versu jam dicta sunt attendentes, non sicut equus et mulus, quibus non est intellectus, sed ut rationabiles et juxta intelligentiam sibi datam vivant. In tertio autem versu, qui subjungitur a Psalmista dicente : *In chamo et freno maxillas eorum constringe, qui non approximant ad te*, idem Psalmista postulat Dominum, ut quicunque prædictæ intelligentiæ dona, tantæque admonitionis beneficia spernentes irrationabiliter vivunt, hos flagellis aliquibus constringat et ad se venire compellat. Talis autem compulsio licet a Psalmista petatur, dici valet increpatio; quia cum perversus quilibet a Domino flagellatur per idem flagellum increpatur. Quæ sequuntur in hoc psalmo ad Psalmistæ personam referenda sunt. Ecce quam varia personarum mutatio in psalmis supradictis invenitur.

Eadem quoque in psalmis plurimis quos prætermisi continetur; non enim peritia mihi est tanta ut omnes eodem modo percurrere possem, in quo et peritissimi quique satis laborare habent. Verumtamen quod ego de talibus locutionum modis cæterisque rebus explanandis superius promisi, adhuc prout ingenioli mei parvitas permittit, proferre cupio. In quo vos, fratres charissimi, me adjuvare apud Deum deposco, ut, sicut in psalmo proxime jam dicto promittit unicuique ad se confugienti, dicens : *Intellectum tibi dabo, et instruam te in via hac, qua gradieris*, mihi concedere dignetur intellectum, et instruat me in via hac explanationis quam aggredi cupio. Ideo autem de tribus locutionum modis aliqua explanare magnus mihi affectus advenit ut, quia immensam Dei pietatem cum sacris litteris ad omnes fideles litteras easdem scientes jugiter clamare aliquomodo expertus sum, illud panderem, quam variis modis mihi videatur ad nos clamare. Non enim frustra in Evangelio sæpius legitur : *Qui habet aures audiendi audiat* (Matth. XI, XIII; Marc. IV; Luc. VII, XIV). Et in Apocalypsi : *Qui habet aurem audiat, quid spiritus dicat Ecclesiis* (Apoc. II, 7). Et in prophetis : *Convertimini ad me, et salvi eritis* (Isa. XLV, 22). Et in Psalmis : *Attendite, popule meus, legem meam; inclinate aurem vestram in verba oris mei* (Psal. LXXVII, 1). Multaque his similia in sacris Scripturis leguntur, per quæ innuitur magnum quiddam esse, pro quo tantopere ad nos Dominus clamat. Qua de re, quia illud magnum non temporale, sed æternum constat, oportet ut verba Dei, quibus ad nos jugiter clamat, omni modo attendentes, vitam potius æternam quam mortem æternam obtineamus. Hæc ergo dixi tam de causa, unde mihi suborta est quædam dicendi devotio, quam de ipsa re, unde dicere gestio, id est, de divinæ pietatis clamore in sacris Scripturis facto. Nunc etiam, prout valeo, proferre desidero ipsius clamoris modos, ut exinde aliquis incitatus divinos audire discat affatus.

Et primum quidem ex psalmis sententiam quamdam proferre cupio, quæ mihi præstantior multis videtur, hoc est : *Judicia Domini vera justificata in semetipsa, desiderabilia super aurum et lapidem pretiosum multum, et dulciora super mel et favum* (Psal. XVIII, 10, 11). Hanc igitur sententiam Psalmista proferens pronuntiando (nam hic modus locutionis divinæ primus est, quo cuilibet pronuntiatur, quid scire vel facere debeat) insinuat nobis quam vera, quam desiderabilia et dulcia sint judicia Domini, ut omnis homo hæc dicta audiens et intelligens secum tractet qualiter exinde ædificetur. In primis videlicet discutiendo quid verum, quid desiderabile, quidve sit dulce. Deinde vero diligenter pensando utrum sibi videantur desiderabilia et dulcia judicia Domini. Judicium namque Domini potest dici non solum illa extremæ diei examinatio qua pravi a bonis discernuntur; sed etiam omne quod in hac vita dispositione divina geritur. Cujus videlicet dispositionis judicia, si juxta hoc, quod homini possibile est, attendantur quam vera sint qualiterque in semetipsis justificentur, desiderabilia pro certo super aurum pretiososque lapides, et dulciora super omnem mellis suavitatem sentientur.

Sed ut melius eadem pensare possimus, judiciorum humanorum falsitatem illis opponamus. Humana enim judicia, aut per gratiam aut per odium alicujus, seu per malitiam vel ignorantiam, vel negligentiam sæpissime ita depravantur, ut nec vera esse nec in semetipsis justificari valeant : unde fit ut et falsitati subjaceant, et contraria in semetipsis existant. Nam cujuslibet avaritia alterius avaritiam impugnat, decertando scilicet, quis majora rapiat. Eodem quoque modo luxuriosi contra alios luxuriosos, et superbi contra alios superbos ita sæpius insurgunt, ut non aliter quam morte eorum placari possint. Eadem contrarietas de cunctis vitiis referri potest. Sed longe aliter de virtutibus sentiendum constat. Unaquæque enim virtus aliam sicut proprii corporis membrum adjuvat. Nam copia virtutum constat corpus velut unum, ita ut qui humilitatem adipisci studuerint, aliter nequeant nisi simul charitatem obtinere studeant : cumque charitatis nec non humilitatis possessores fuerint, cito velut infirmi viatores in via Dei lassescunt, nisi etiam castitatem in adjutorium sumant. Hanc autem, quia obtinere nequeunt, nisi cum multarum virtutum supplemento aut easdem virtutes simul obtinebunt, aut castimonia perfecta carebunt. Idem de cæteris virtutibus sentiendum est. Omnes enim in unum ita conveniunt, ut alia aliam foveat, augeat, justificet, probando videlicet justam et bonam esse.

Ex quibus omnibus colligitur, judicia Domini, quæ nihil aliud sunt nisi virtutes, vera et justificata esse in semetipsis; quia nec per gratiam, nec odium alicujus, nec per malitiam, nec per ignorantiam, nec per negligentiam a veritatis et justitiæ statu flectuntur, sed omnia in una eademque dispositione convenientia perseverant. Quæ igitur pia sunt testimonium præbent Deo, quia semper, dum tempus miserendi est, paratus sit ad ignoscendum cunctis ad se conversis. De quo miserendi tempore Isaias propheta admonet nos, dicens : *Quærite Dominum dum inveniri potest, invocate eum, dum prope est* (Isa. LV, 6). Hinc et doctor noster Psalmista dicit : *Confitemini Domino, quoniam bonus; quoniam in sæculum misericordia ejus* (Psal. CXVII, 1). Quæ nimirum verba hujusmodi sensum habere videntur : Pœnitentiam agite, et convertimini ad Deum in hoc sæculo, in quo tantummodo bonus est omnibus invocantibus eum. Quod autem dicitur : *Confitemini Domino, quoniam bonus; quoniam in æternum misericordia ejus*, de perennis vitæ misericordia solis electis exhibenda intelligi potest. Admonitiones ergo tantæ pietatis hoc omni modo testantur; quia Deus non vult mortem peccatoris, sed ut convertatur et vivat (Ezech. XXXIII, 11). Severa autem judicia ubicunque leguntur vel audiuntur facta, hoc nihilominus testantur quod Deus superbis resistat (Jac. IV, 6), quodque juxta Psalmistam terribilis sit in consiliis super filios hominum (Psal. LXV, 5) (subaudi, pravorum) qui nihil aliud nisi humana tantum et carnalia diligere solent; quorum scilicet filii vocantur imitatores eorum : cujus enim quisque facit opera, ejus vocatur filius.

CAPUT IX.
Amplius divinorum judiciorum quorumcunque veritas et justitia probatur. Adhortatio ad diligentem divinarum Scripturarum lectionem, etc.

Inter hæc pensandum est quam necessaria sint severa Dei judicia. Plurimi namque qui nec lectione, nec admonitione ulla hominum a pravitate sua flecti possunt, per flagella Dei convertuntur ad ipsum. Nonne per hæc pensari valet quia, dum pia Dei judicia conveniunt severis et severa piis, omnia ejus judicia sunt vera et justificata in semetipsa? (Psal. XVIII, 10.) Sive ergo sint pia sive severa, ideo Deus operatur ea ut hos, qui salvandi sunt, quasi quibusdam retibus ad æternam salutem trahat. Unde et Psalmista, qui et severitatem et pietatem Dei in semetipso expertus cognovit utramque necessariam esse, postquam dixit : *Judicia Domini vera, justificata in semetipsa*; statim subjunxit, dicens : *Desiderabilia super aurum et lapidem pretiosum multum, et dulciora super mel et favum*. Quæ nimirum verba multi quidem dicere valent; sed quam desiderabilia, nec non quam dulcia sint nemo sentire valet, nisi qui fide ex opere pro agnitione eorum laborantes, intima eorum aliquantulum gustare merentur. Et quam felices qui talia nosse laborant; ut cum Psalmista gustantes quam suavis est Dominus (Psal. XXXIII, 9), et quam fidelis et sanctus in omnibus operibus suis (Psal. CXLIV, 17), judicia Domini vera esse toto corde credant!

Sed si forsitan aliquis dicat se libenter velle credere judicia Domini vera esse, sed nescire unde hanc fidem satis possit concipere : dicam breviter aliqua ejus judicia unde facilius agnosci possint cætera. Omnes namque scimus et quotidie actu probamus, quia liberum arbitrium a Deo datum habemus, ut sive bona, sive mala velimus agere, possimus. Hoc autem non sufficit nobis solummodo scire, nisi etiam tractemus cur nobis sit data libertas tanta vel male vel bene agendi. Non enim cœli et terræ Creator, rerumque omnium gubernator credendus est tanta nobis præstitisse sine causa. Sed omni modo attendendum quia ideo homini, quem ad similitudinem suam fecit, et liberum arbitrium et facultatem male vel bene agendi dedit, ut haberet unde promereri posset aliqua æternæ beatitudinis præmia. Quis denique impossibilitatis vinculo constrictus probare posset quid agere vellet? aut quod præmium illi foret dandum, qui nil potuit facere, nisi bonum? Hanc igitur inconvenientiam quicunque sæpius attendit, citius agnoscit multo convenientius esse. Quia, sicut Deus statuit, homo liberum arbitrium habens et bene et male agere valet, ut et ille, qui mala pro amore Dei contemnit, mercedem promissam, et ille qui bona negligit pœnam pronuntiatam consequatur. Ecce quam congrua et vera divini judicii dispositio, nullius gratiæ, vel odii instar judiciorum humanorum falsitate corrupta; sed quasi in latissimo stadio omnibus currendi spatium præbens, ante omnium oculos ponens bona et mala, aspera et mollia, arcta et lata, ut per hæc omnium affectus probetur quid diligere vel respuere, quid concupiscere vel contemnere velit.

Nonne ergo latissimum stadium merito dicitur, in quo tam variis modis unusquisque currere potest? Quot modis enim unicuique datur facultas male agendi, tot modis etiam datur facultas bene agendi. Quia bene agendi occasionem præbent mala, cum ea videntes, aut audientes, seu ad horam desiderantes, mox contemnimus. Et qui tanta possumus contemnere, quanta concupiscere, ex ipso contemptu tot coronas per Dei gratiam promereri possumus, quot mala contempsimus. Ecce satis evidens exemplum, in quo probari potest verissimum Dei judicium. Judicium quoque verum dici potest, quod fit in his qui negligenter vitam suam ducentes, nihilque magis quam aliis præponi desiderantes, permittuntur tandem obtinere; cumque in regimine optato præpositi sæcularia magis quam spiritualia studuerint, timere et amare Deum neglexerint, in deliciis velut ille dives de quo in Evangelio legitur quia *induebatur purpura et bysso, et epulabatur quotidie splendide* (Luc. XVI, 19), omnimodo vixerint, tunc Dominus aut eos patitur in eodem regimine perdurare usque ad finem vitæ, postea vero cum supradicto divite delicioso ad inferna deputari; aut aliquandiu superbire in potestate, et postea deponi cum magna inhonestate, ut humilitati in hac vita pœnitentiam gerant; quod tamen multo felicius constat quam cæterum; quia nihil est infelicius felicitate peccantium. Quodlibet ergo horum Deus fieri judicaverit, judicium verum dici poterit; quia scientes scriptum : *Omnis qui se exaltat humiliabitur* (Luc. xiv, 11). Et : *Deus superbis resistit; humilibus autem dat gratiam* (I Petr. v, 5), multaque hujusmodi. Sed hæc omnia contemnentes mereantur ad horam quidem divitiis vel dignitate extolli, sed postea dejici tam in hoc sæculo quam in futuro. De talibus et Psalmista dicit : *Dejecisti eos, Domine, dum allevarentur* (Psal. LXXII, 18); et iterum : *Deus confringet capita inimicorum suorum, verticem capilli perambulantium in delictis suis* (Psal. LXVII, 22). Et capita inimicorum Dei, et vertex capilli perambulantium in delictis suis, quia una et repetita sententia est, dici possunt hi qui cæteros peccatores nequitiis suis excellunt, et ideo extolli cupiunt, ut ex hoc majorem peccandi licentiam habeant.

Sed et illud judicium Dei verum dicendum est, cum congregationi vel plebi cuilibet sine disciplina et religione viventi irreligiosi pastores atque rectores præponuntur, ut per tales rectores ira Dei appareat quæ diu latebat. Unde Scriptura sacra dicit : *Propter peccata populi regnare facit Dominus hypocritam* (Job xxxiv, 10). Hinc etiam sanctus Gregorius dicit : *Occultæ et jugiter perpetratæ culpæ merentur; ut reges pastoresque perversi constituantur.* Quod tamen judicium non pro subjectorum damnatione evenit, sed ut sub hac peccati pœna commoniti et compulsi coram Deo pœnitentiam gerant pro commissis, eumque invocantes pro necessitatibus suis se emendare studeant, imitantes videlicet filios Israel qui, ut in libro Judicum legitur, quoties Deum offendentes traditi sunt in manus inimicorum suorum, pœnitentiam egerunt; deinde vero clamaverunt ad Dominum, et de necessitatibus eorum liberavit eos (Psal. CVI, 15). Quæ verba etiam Psalmista sæpius repetens in psalmo centesimo sexto, ubi varias offensiones et tribulationes eorumdem filiorum Israel commemorat, dat fidelibus cunctis exemplum quid sibi pro offensionibus et tribulationibus suis sit agendum.

Dicamus adhuc et aliud exemplum unde judicia Domini, quæ in rebus plurimis incomprehensibilia sunt, nimisque profunda, sicut et Psalmista testatur dicens : *Judicia tua, Domine, abyssus multa* (Psal. LIII, 7), vel alicubi possint aliquantulum agnosci, sicque in his, quæ aliquatenus agnoscere possumus, quam congrua et vera atque fidelia sint, instructi, credamus etiam similia esse omnia illa quæ sentire nequimus. In libris namque sacris tam Veteris quam Novi Testamenti quotidie omnes instruimur ut mala relinquentes bona faciamus. Hæc igitur instructio dispositione divina et ante tempora multa jugiter facta est, et quotidie agitur; ut si qua ignorantia vel negligentia seu oblivione per diabolicas insidias a lege divina fuerimus retracti, mox admoneamur ad meliora reverti. Pro hujusmodi admonitione legitur ubique ad missas lectio de diversis Scripturæ sacræ libris ad ædificationem audientium excerpta, nec non sancti Evangelii doctrina. Pro hoc Psalmorum liber qui, sancto Spiritu dictante, quasi quidam sol omnibus in via Dei ambulantibus verbis sapientiæ divinæ lucet, per diurnas atque per nocturnas horas pariter cantatur. Quod et ipse Psalmista prophetiæ spiritu plenus, personamque sanctæ Ecclesiæ in se gerens prævidit, dicens : *Septies in die laudem dixi tibi* (Psal. CXVIII, 164); et : *Media nocte surgebam ad confitendum tibi* (Psal. CXVIII, 62); et iterum : *In matutinis meditabor in te, Domine, quia fuisti adjutor meus* (Psal. LXII, 8). Hanc igitur laudem, quam sancta Ecclesia ubique tam in nocte quam in die Deo dicit, merito Psalmista se dixisse retulit; quia a suis dictis proferendam præscivit, præteritum ponens pro futuro. Pro hac etiam admonitione pueri litteris instruendi inprimis psalmorum lectione introducuntur, atque memoriter retinere usu ecclesiastico jubentur, ut in litteris sacris enutriti, postea cum ad ætatem intelligibilem pervenerint, facilius eas recolant et exinde in aliis Scripturæ sacræ litteris meditari valeant. Pro hac plurima sanctorum Patrum scriptura tam in Ecclesiis quam in aliis locis legitur, ut nemo litterarum scientia imbutus de legis divinæ ignorantia se excusare possit. Nonne talis consuetudo, quæ sine dubio ex dispositione divina processit, dicenda est fidelis et vera? Nonne Deus merito dicendus est fidelis qui per tantam librorum admonitionem omnes hanc legentes et audientes ad æternam salutem trahere conatur? Sed, proh dolor! paucissimi inveniuntur, qui aures audiendi ita habeant ut attendere curent quid evangelistæ, quid prophetæ, quid Psalmista vel quid alii sanctæ Ecclesiæ doctores nos admoneant. Verumtamen non ideo verba Dei incassum proferuntur. Aut enim corrigunt legentes et audientes ea, aut in testimonium damnationis in die judicii coram eis proferentur.

His igitur exemplis prolatis, peto vos, fratres charissimi, ut attendentes pietatem severitatemque Dei studeatis litteras sacras non solum legere et audire, sed etiam operibus aliquatenus implere. Verba quoque doctrinæ, quæ pro ædificatione vestra de psalmis protuli, et adhuc proferre cupio, tanto majori intentione, precor, suscipite, quanto districtiora esse judicia Dei ex supradictis Psalmistæ verbis jam audistis. Idcirco enim sententiam tam piam tamque terribilem inter cætera sermonis mei verba protuli, ut vos sollicitos et intentos facerem ad audienda legis divinæ præcepta. Sed nec aliter judicia Domini desiderabilia et dulcia videntur, nisi tota intentione legantur vel audiantur. Quamobrem audiamus quid loquatur nobis Dominus per sanctum Psalmistam, per quem variis modis ad nos clamat, nunc pronuntiando ea quæ scienda vel facienda sunt, nunc admonendo pro eisdem; interdum vero increpando pro negligentia nostra. Qui ergo tam variis modis ad vos loquitur, maximam curam nostri habere probatur.

CAPUT X.
Varia moralia documenta ex diversorum psalmorum versibus collecta.

Sed quia superius de pronuntiatione coepimus loqui, nunc iterum inde loquamur. Psalmista namque pronuntians nobis sanctitatem Domini ac Salvatoris nostri, dicit : *Beatus vir qui non abiit in consilio impiorum, et in via peccatorum non stetit, et in cathedra pestilentiae non sedit (Psal.* i, 1). Quae videlicet sanctitatis verba, quia nulli hominum nisi soli Christo congruunt, *omnes enim peccaverunt,* ut ait Apostolus, *et egent gloria Dei* (Rom. iii, 23); itemque Scriptura dicit : *In multis offendimus omnes (Jac.* iii, 2); de Christo autem dicitur : *Qui peccatum non fecit, nec inventus est dolus in ore ejus (I Petr.* ii, 22), ipsum esse credimus quem Psalmista ita *beatum virum* dicit ut nec abiret in consilio impiorum, nec in via peccatorum stetisset, nec in cathedra pestilentiae sedisset. Abire enim solummodo in consilio impiorum minimum quoddam peccatum est; quod vel illicite cogitando, vel incaute loquendo, vel in aliquo quinque sensuum lapsu perpetratur; stare autem in via peccatorum est in quo aliquandiu quis moratus alios etiam peccare facit, sicut, cum quosdam homines prava agentes aliquando propter amicitiam laudantes ex hoc deteriores facimus, vel cum aliquod leve peccatum tam in nobis quam in aliis pro nihilo ducimus; sedere autem in cathedra pestilentiae est pessima quaeque non solum facere, sed etiam docere, benefacientes irridere et odire. Quia igitur ab his et ab omnibus iniquitatibus immunis erat Christus, ideo a Psalmista merito dictus est *beatus vir.*

Sed tanta beatitudo, licet minime conveniat nobis, qui in delictis nascimur et quotidie peccatis polluimur, ad hoc tamen prodesse potest ut per oppositionem jugiter attendentes, quanta distantia sit inter nos et eumdem Dominum nostrum, poscamus, ut *misereatur nostri et benedicat nobis, illuminet vultum suum super nos, et opera manuum nostrarum dirigat (Psal.* lxvi, 2). Si ergo tanti viri beatitudinem recolentes simul et venerantes quaeramus faciem ejus semper, *non secundum peccata nostra faciet nobis, neque secundum iniquitates nostras retribuet nobis; quoniam secundum altitudinem coeli a terra corroboravit misericordiam suam super timentes se, et quomodo miseretur pater filiorum, sic miseretur timentibus se, quoniam ipse cognovit figmentum nostrum* (Psal. cii, 10-13). Haec et his similia Psalmistae dicta, quae utique Spiritu sancto inspirante prolata sunt, quem non excitare possunt ad exquirendam Dei gratiam? Non homo, sed durus lapis est hic jure vocandus, qui non exquirit tantam Domini pietatem.

Inter haec quoque pensandum est quam congrue in capite libri psalmorum Psalmista loquitur de Capitis nostri, Domini videlicet Jesu Christi, beatitudine et sanctitate, ut per hoc cunctis sanctae Ecclesiae filiis, qui membra ejus esse debent, insinuaret ipsum semper inprimis esse invocandum, et prae omnibus diligendum ac venerandum, ut scriptum est : *Diliges Dominum Deum tuum ex toto corde tuo; hoc est maximum et primum mandatum* (Matth. xxii, 37).

Jam diximus, prout potuimus, de Capitis nostri qualitate. Nunc vero dicamus quomodo ipsum Cap. et nos instruat per Psalmistam. Sicut enim Dominus noster dives et potens est ad salvandos omnes qui invocant eum in veritate, ita etiam multiplex et latus est in mandatorum suorum pronuntiatione, semperque prospiciens quis in hujus vitae stadio prae ceteris ad eum currat ejus praecepta sequendo. Quod scilicet Psalmista agnoscens pronuntiat nobis, dicens : *Dominus de coelo prospicit super filios hominum, ut videat si est intelligens, aut requirens Deum* (Psal. xiii, 2). In quibus verbis hoc inprimis est notandum quod Deus qui omnia, antequam fiant, novit, non ideo nos inspicere dicitur ut ex habitu vel motu nostro quid in nobis sit quasi nescius discat; sed ut nos discamus et admoneamur attendere quam clementer atque subtiliter hoc Deus jugiter in nobis exploret, quid circa salutem nostram nos tractemus quantamque sollicitudinem non solum pro praesentis vitae subsidiis impetrandis, sed etiam pro aeterna vita obtinenda habeamus. Hujusmodi quippe intentio primitus, ut dixi, in Psalmistae verbis jam prolatis constat retinenda.

Deinde altius considerandum quomodo id pro quo Deus nos prospicit aliquatenus implere possimus, id est ut intelligamus et requiramus Deum. Quidquid enim intelligendum et requirendum est de Deo, interioris hominis studio constat agendum, quia, cum uterque sit invisibilis, et Deus scilicet et noster interior homo, utpote quia ad Dei similitudinem factus est, uterque etiam invisibiliter sentit quae ab altero sentienda et requirenda sunt, quamvis Deus incomparabiliter excedat. Ille namque per seipsum omnia novit; homo autem nec a semetipso, nec sine additamento aliquo scire quidquam valet. Additamentum vero dico omnia visibilia, per quae instruimur ad invisibilia intelligenda, sicut scriptum est : *Invisibilia Dei per ea quae facta sunt intellecta conspiciuntur* (Rom. i, 20). Item additamentum esse dico illa intelligentiae dona quae in nobismetipsis ex Dei gratia jugiter retinemus; ex quibus est illud : *Quod tibi non vis fieri, alii ne feceris (Tob.* iv, 16). Nam si alii nihil horum quae nobis fieri nolumus agere debemus, mala autem nulla nobis agi omnimodo volumus, mala etiam nulla alii agenda esse apertissime scimus. Tertium quoque additamenti genus per quod instruimur intelligere ac requirere Deum, in omnibus sacrae Scripturae litteris habetur. In his ergo tribus additamentis omne genus humanum quod ad intelligibilem duntaxat aetatem pervenerit, probatur quid de Deo intelligat et quomodo illum requirat. Talia igitur Psalmistae dicta, quibus nobis pronuntiatur quia Deus super nos prospiciat ut videat si in nobis sit intelligens aut requirens Deum, jugiter pensare debemus.

Pensandum est etiam quid idem Psalmista de

verbi divini praedicatoribus pronuntiet, dicens: *Coeli enarrant gloriam Dei, et opera manuum ejus annuntiat firmamentum* (*Psal.* XVIII, 2). In quibus profecto verbis intimatur quia gloriam operaque Dei nemo, nisi *coeli*, id est coelestis et spiritualis vitae amatores, enarrare possint. Unde apostolus Paulus, qui gloriae divinae maximus praedicator erat, de se aliisque apostolis dicit: *Nostra conversatio in coelis est* (*Philip.* III, 20). Talium ergo praedicatorum *sonus*, ut in ejusdem psalmi dictis subsequentibus reperitur, *in omnem terram exivit, et in fines orbis terrae verba eorum* (*Psal.* XVIII, 6). O quantus propheta fuit Psalmista, qui pene omnia quae de Christi gloria erant futura, quaeque in sancta Ecclesia erant gerenda, quasi jam praeterita pronuntiare potuit! Ideoque, quae de praedicatoribus Christi praedixit jam quasi praeterita enarravit, dicens: *In omnem terram exivit sonus eorum, et in fines orbis terrae verba eorum.*

Audistis itaque, fratres charissimi, quales esse debeant qui gloriam Dei enarrare desiderant. Audite etiam quid sanctus Psalmista dicat de his qui ad peragenda divinae laudis officia constituti sunt in Ecclesia. Pronuntiat namque de his, dicens: *Non mortui laudabunt te, Domine, neque omnes qui descendunt in infernum. Sed nos, qui vivimus, benedicimus Domino ex hoc nunc et usque in saeculum* (*Psal.* CXIII, 17). Ubi inprimis notandum quos mortuos vel quos vivos appellet. Si enim de his quos vulgaris usus appellat mortuos talia dixisset, ridiculum magis quam rationabilem sententiam proferre videretur; quod de viro tali minime oportet credi. Sed hoc magis credendum est de illo qui spiritualiter vivens spiritualiter etiam loquebatur, hos videlicet vocans mortuos qui, vitiis et carnalibus desideriis tantummodo deservientes, nullam curam de animarum salute retinent; hos autem vivos qui, secundum Apostolum, carnem suam crucifigentes cum vitiis et concupiscentiis (*Gal.* V, 24), Christo qui vera vita est vivere student ejus praeceptis obediendo. De hujusmodi mortuis et vivis Scriptura sacra saepe loquitur. De mortuis quidem in Evangelio Dominus ad quemdam dicit: *Sine mortuos sepelire mortuos suos* (*Matth.* VIII, 22; *Luc.* IX, 60). Hinc et Apostolus dicit: *Vidua, quae in deliciis est, vivens mortua est* (*I Tim.* V, 6). Et Psalmista in psalmo quodam testatur, dicens: *Universa vanitas omnis homo vivens* (*Psal.* XXXVIII, 6), subaudi *mundo*. De his autem qui mortui sunt *mundo*, sed vivunt in Christo per prophetam dicitur: *Vivent mortui tui, Domine* (*Isai.* XXVI, 19). Et Apostolus: *Si complantati*, inquit, *facti sumus similitudini mortis Christi, simul et resurrectionis erimus* (*Rom.* VI, 5); et iterum: *Si mortui sumus cum Christo, credimus quia simul etiam vivemus cum Christo* (*Rom.* VI, 8). Item Dominus in Evangelio unicuique, quantuscunque peccatis fuerit dediius, si in eum credens ea deserit, promittit, dicens: *Qui credit in me, etiamsi mortuus fuerit, vivet* (*Joan.* XI, 25). Ex quibus omnibus colligitur quia Psalmista eos qui vitiis adhuc omnimodo deserviunt, mortuos; illos autem qui in Christo jam vivunt, viventes appellet, dicens: *Non mortui laudabunt te, Domine, neque omnes qui descendunt in infernum; sed nos, qui vivimus, benedicimus Domino ex hoc nunc et usque in saeculum* (*Psal.* CXIII, 17, 18). Quamobrem, si Deum laudare velimus, tales fieri studeamus, ut sibi placeat ipsius laudis servitus.

CAPUT XI.

Quam uberes in psalmis sententiae occurrant quae tribulatis solatio sint, quamque Psaltes divinus omnibus omnia factus fuerit.

His igitur prolatis de illa puritate quam laudantes Dominum debent amare, videamus quoque quid aliunde clamet ad nos Dominus per Psalmistam. Innumerabiles namque sunt ejus sententiae ad varias personas pro variis doctrinis prolatae, quas ego universas nequeo proferre. Sed aliquas exinde libet decerpere, quae et pene omnibus litteratis sunt planae et maxime videntur necessariae tam ad piorum consolationem, quam ad impiorum terrorem. Sed prius consolationis dicta proferamus.

Dulcis et rectus Dominus; propter hoc legem dabit delinquentibus in via. Diriget mansuetos in judicio, docebit mites vias suas. Universae viae Domini misericordia et veritas requirentibus testamentum ejus et testimonia ejus. Firmamentum est Dominus timentibus eum, et testamentum ipsius ut manifestetur illis (*Psal.* XXIV, 8, 14). *Non in finem oblivio erit pauperis, patientia pauperum non peribit in finem* (*Psal.* IX, 19). *Lex Domini immaculata convertens animas, testimonium Domini fidele sapientiam praestans parvulis : Justitiae Domini rectae laetificantes corda, praeceptum Domini lucidum illuminans oculos* (*Psal.* XVIII, 8, 9). *Qui non accepit in vano animam suam nec juravit in dolo proximo suo, hic accipiet benedictionem a Domino* (*Psal.* XXIII, 4, 5). *Dominus virtutem populo suo dabit, Dominus benedicet populo suo in pace* (*Psal.* XXVIII, 11). *Quam magna multitudo dulcedinis tuae, Domine, quam abscondisti timentibus te! Abscondes eos in abscondito faciei tuae a conturbatione hominum. Proteges eos in tabernaculo tuo a contradictione linguarum* (*Psal.* XXX, 20, 21). *Beati quorum remissae sunt iniquitates, et quorum tecta sunt peccata. Beatus vir, cui non imputabit Dominus peccatum, nec est in spiritu ejus dolus* (*Psal.* XXXI, 1, 2). *Rectum est verbum Domini et omnia opera ejus in fide. Diligit misericordiam et judicium, misericordia Domini plena est terra* (*Psal.* XXXII, 4, 5). *Beata gens, cujus est Dominus Deus ejus; populus, quem elegit in haereditatem sibi* (*Ibid.*, 12). *Ecce oculi Domini super metuentes eum, et in eis, qui sperant super misericordia ejus; ut eruat a morte animas eorum, et alat eos in fame* (*Ibid.*, 18, 19). *Immittit angelus Domini in circuitu timentium eum, et eripiet eos* (*Psal.* XXXIII, 8). *Juxta est Dominus his qui tribulato sunt corde, et humiles spiritu salvabit. Multae tribulationes justorum, et de omnibus his liberabit eos Dominus. Custodit Dominus omnia ossa eorum, unum ex his non conteretur* (*Ibid.*, 19, 21).

Melius est modicum justo super divitias peccatorum multas. Novit Dominus dies immaculatorum, et hæreditas eorum in æternum erit. Non confundentur in tempore malo, et in diebus famis saturabuntur, quia peccatores peribunt. Apud Dominum gressus hominis dirigentur, et viam ejus volet. Cum ceciderit non collidetur, quia Dominus supponit manum suam (Psal. XXXVI, 16, 24). Beatus vir, cujus est nomen Domini spes ejus, et non respexit in vanitates et insanias falsas (Psal. XXXIX, 5). Quæ scilicet sententia specialiter dicta contra eos qui, juxta morem ethnicorum, auguriandi vel turpiter ludendi utuntur vanitate, commemorat eum beatum esse qui hujusmodi vanitates respuit.

Dominus virtutum nobiscum, subaudi est, *susceptor noster Deus Jacob (Psal. XLV, 12). Beatus, qui intelligit super egenum et pauperem, in die mala liberabit eum Dominus (Psal. XL, 2).* Hæc autem sententia particulariter est intelligenda quia, sicut non omnes egeni et pauperes beati sunt, sed solummodo pauperes spiritu beati existunt; ita quoque ille qui super eosdem ita intelligit, ut illis misereatur, beatus solummodo in hoc facto dicendus est. *Lætetur mons Sion, et exsultent filiæ Judæ propter judicia tua, Domine (Psal. XLVII, 12).* Cujus sententiæ sensus est iste : gloriam tuam, Domine, speculantes et nomen tuum confitentes lætentur in te. *Sacrificium Deo spiritus contribulatus, cor contritum et humiliatum, Deus, non despicies (Psal. L, 19). Beatus, quem elegisti et assumpsisti, Domine, inhabitabit in atriis tuis (Psal. LXIV, 5). Dominus dabit verbum evangelizantibus virtute multa (Psal. LXVII, 12). Deus noster, Deus,* subaudi est, *salvos faciendi, et Domini Domini exitus mortis (Ibid., 21).* Quæ sententia, quia obscura videtur, opus est ut explanetur. Sic enim intelligendam esse arbitramur : Deus, quem nos Christiani colimus, ille solus potens est salvos facere, et in sua potestate est quemlibet a mortis periculo liberare.

Quam bonus Israel Deus his qui recto sunt corde (Psal. LXXII, 1). Beati qui habitant in domo tua, Domine, in sæcula sæculorum laudabunt te (Psal. LXXXIII, 5). Misericordiam et veritatem diligit Deus; gratiam et gloriam dabit Dominus. Non privabis bonis eos qui ambulant in innocentia. Domine virtutum, beatus homo, qui sperat in te (Ibid., 12, 13). Deus, qui glorificatur in consilio sanctorum, magnus et terribilis super omnes qui in circuitu ejus sunt (Psal. LXXXVIII, 8). Hæc sententia tam ad piorum consolationem quam ad impiorum terrorem intelligi potest. *Qui habitat in adjutorio Altissimi in protectione Dei cœli commorabitur (Psal. XC, 1).* Quæ sententia sic est intelligenda : qui in adjutorio Dei quasi habitans jugiter confidit, talis vir Deum certissimum protectorem habebit. *Justus ut palma florebit, sicut cedrus Libani multiplicabitur (Psal. XCI, 13). Beatus homo, quem tu erudieris, Domine, et de lege tua docueris eum (Psal. XCIII, 12). Testimonia tua, Domine, credibilia facta sunt nimis; domum tuam decet sanctitudo in longitu-* *dinem dierum (Psal. XCII, 5). Lux orta est justo et rectis corde lætitia (Psal. XCVI, 11). Dominus in Sion magnus et excelsus super omnes populos (Psal. XCVIII, 2). Misericordia Domini ab æterno et usque in æternum super timentes eum, et justitia illius in filios filiorum his qui servant testamentum ejus, et memores sunt mandatorum ipsius ad faciendum ea (Psal. CII, 17, 18). Lætetur cor quærentium Dominum (Psal. CIV, 3). Beati, qui custodiunt judicium, et faciunt justitiam in omni tempore (Psal. CV, 3). Magna opera Domini exquisita in omnes voluntates ejus. Confessio et magnificentia opus ejus, et justitia ejus manet in sæculum sæculi. Memor erit in sæculum testamenti sui, virtutem operum suorum annuntiabit populo suo, ut det illis hæreditatem gentium, opera manuum ejus veritas et judicium. Fidelia omnia mandata ejus, confirmata in sæculum sæculi, facta in veritate et æquitate (Psal. CX, 2-8). Beatus vir qui timet Dominum, in mandatis ejus volet nimis (Psal. CXI, 1).* Hæc sententia universaliter est intelligenda, quia omnis vir qui timet Dominum et in mandatis ejus vivere cupit beatus pro certo est.

Potens in terra, subaudi vivorum, *erit semen ejus, generatio rectorum benedicetur. In memoria æterna erit justus, ab auditione mala non timebit (Ibid., 2-7).* Auditio mala quam justus non timebit significat illam terribilem sententiam, quæ in judicio extremo dicenda est reprobis a Domino : *Discedite a me, maledicti, in ignem æternum,* etc. *(Matth. XXV, 41). Excelsus super omnes gentes Dominus et super cœlos gloria ejus; qui in altis habitat et humilia respicit in cœlo et in terra, suscitans a terra inopem et de stercore erigens pauperem, ut collocet eum cum principibus populi sui (Psal. CXII, 4, 8). Pretiosa in conspectu Domini mors sanctorum ejus (Psal. CXV, 5). Vox exsultationis et salutis in tabernaculis justorum (Psal. CXVII, 15). Beati immaculati in via, qui ambulant in lege Domini. Beati, qui scrutantur testimonia ejus, in toto corde exquirunt eum (Psal. CXVIII, 1, 2). Pax multa diligentibus legem tuam, Domine, et non est illis scandalum (Ibid., 165). Qui confidunt in Domino, sicut mons Sion; non commovebitur in æternum, qui habitat in Jerusalem. Benefac, Domine, bonis et rectis corde (Psal. CXXIV, 1, 4). Qui seminant in lacrymis, in exsultatione metent. Euntes ibant, et flebant, mittentes semina sua. Venientes autem venient cum exsultatione, portantes manipulos suos (Psal. CXXV, 5, 6). Cum dederit dilectis suis somnum, ecce hæreditas Domini (Psal. CXXVI, 2).* Somnus hic vocatur mors sanctorum quæ, dum venerit mox hæreditas, id est merces magna a Domino promissa, aderit.

Beati omnes qui timent Dominum, qui ambulant in viis ejus (Psal. CXXVII, 1). Apud Dominum misericordia et copiosa apud eum redemptio. Speret Israel in Domino ex hoc nunc et usque in sæculum (Psal. CXXIX, 6, 7). Quia igitur Israel *vir videns Deum* interpretatur, hac sententia fidelis quilibet, qui Dominum merito videre dicitur, ad hoc incitatur ut spem suam in Domino ponat : *Beatus qui tenebit et allidet parvulos suos ad petram* (Psal. CXXXVI, 9). Cujus sententiæ sensus est iste : Beatus qui cogitationes malas, mox cum oriri cœperint et adhuc parvæ sunt, confitetur Christo, qui petra est dictus, rogans eum ut ipse eas prius a se expellat quam ad majoris nequitiæ effectum perveniant. *Suavis Dominus universis et miserationes ejus super omnia opera ejus. Fidelis Dominus in omnibus verbis suis, et sanctus in omnibus operibus suis. Allevat Dominus omnes qui corruunt, et erigit omnes alios,* subaudi *ad se conversos. Prope est Dominus omnibus invocantibus eum in veritate. Voluntatem timentium se faciet, et deprecationem eorum exaudiet et salvos faciet eos* (Psal. CXLIV, 9, 10). *Beatus, cujus Deus Jacob adjutor ejus, spes ejus in Domino Deo ipsius, qui fecit cœlum et terram, mare et omnia quæ in eis sunt. Dominus solvit compeditos, Dominus illuminat cæcos. Dominus erigit elisos* (Psal. CXLV, 5, 8), subaudi *si ad eum convertantur. Beneplacitum est Domino super timentes eum, et in eis qui sperant super misericordia ejus* (Psal. CXLVI, 11). *Beneplacitum est Domino in populo suo; et exaltabit mansuetos in salutem* (Psal. CXLIX, 4). Hæc igitur omnia ideo disponente Deo pronuntiata sunt a Psalmista, ut omnes fideles in hujusmodi dictis haberent consolationem contra universam perturbationem.

Quibus et illa congrue possunt adjungi quæ in quadragesimo tertio psalmo proferuntur ex persona martyrum et omnium qui persecutionem patiuntur propter justitiam. *Quoniam propter te mortificamur tota die, æstimati sumus sicut oves occisionis. Exsurge, quare obdormis, Domine, exsurge, et ne repellas in finem,* et cætera his similia quæ in eodem psalmo continentur. Ejusdem quoque sensus dicta inveniuntur in psalmo septuagesimo nono, ubi dicitur : *Posuisti nos in contradictionem vicinis nostris, et inimici nostri subsannaverunt nos. Deus, converte nos,* etc. Noverat enim Psalmista electos Dei sic ab eo consolari, ut tamen aliquando illos permitteret aut publicis persecutionibus aut occultis tentationibus fatigari. Ideoque utrumque pronuntiavit, consolationes scilicet et perturbationes eorum. In quodam etiam versu utrumque comprehendit, dicens : *Multæ tribulationes justorum, et de omnibus his liberabit eos Dominus* (Psal. XXXIII, 20). O miræ sanctitatis virum, et cunctis fidelibus venerandum, qui tanta prænoscere et pronuntiare meruit ! Nam quod apostolus Paulus de semetipso dixit : *Omnibus omnia factus sum, ut omnes lucrifacerem* (I Cor. IX, 22), de isto quoque viro potest aptissime dici qui ut omnibus divinæ pietatis divitias, quas ipse experimento didicit, pronuntiaret, nunc quidem docet eos orare tam pro se quam pro aliis, proferens ad hoc talia verba quæ peritissimi quique possunt plus mirari quam dictu imitari ; nunc confitendo et pœnitendo peccatorum veniam a Deo quærere ; nunc pro qualibet virtute obtinenda, interdum vero pro quibuslibet vitiis depellendis Deum invocare ; aliquando Dominicæ incarnationis, passionis resurrectionis et ascensionis ejus mysteria studet pandere ; nunc divinorum judiciorum subtilitatem et veritatem pronuntiat ; interdum judices iniquos ammonet et increpat ; nunc divinæ pietatis suavitatem omnes gustare exhortatur ; nunc sapientiæ divinæ immensitatem admiratur ; sæpissime ad laudandum Deum fideles omnes invitat ; interdum vero quales esse debeant laudantes Deum indicat ; aliquando etiam hoc pandit quod Deus jugiter super nos respiciat, ut videat quis ex nobis eum requirere studeat ; sæpe omnes ad Deum confugientes consolatur tam separatis quam oppositis sententiis malorum et bonorum, quorum alterum jam protuli ; alterum vero adhuc annuente Deo proferam.

CAPUT XII.

Quibus psalmorum sententiis peccatores terreantur

Cum igitur tam variis modis roboraret atque doceret omnes in fide stabiles, recordatus est etiam in psalmo septuagesimo secundo eorum qui adhuc velut infirmi in fide scandalizantur, facile de judiciis divinis. Postquam enim dixit ex persona firmiter credentium : *Quam bonus Israel Deus his qui recto sunt corde !* mox ex eorum persona qui adhuc infirmantur in fide subjungit, dicens : *Mei autem pene moti sunt pedes, pene effusi sunt gressus mei, quia zelavi super iniquos, pacem peccatorum videns,* etc., his similia quæ in eodem psalmo inveniuntur. Si vero aliquis contendat Psalmistam talia verba magis ex propria quam ex aliorum dixisse persona, attendat qualiter alibi unumquemque admonens super hoc errore dicat : *Noli æmulari in eo qui prosperatur in via sua, in homine faciente injustitias* (Psal. XXXVI, 7) ; et : *Qui malignantur exterminabuntur ; sustinentes autem Dominum ipsi hæreditabunt terram* (Ibid., 9). Multa quoque his similia in psalmis inveniri possunt.

Sed et in hoc satis excusatur ab hujusmodi insipientia quod in loco quodam se perhibet devitare otiosa verba, dicens ad Dominum : *Igne me examinasti, et non est inventa in me iniquitas ; ut non loquatur os meum opera hominum* (Psal. XVI, 3, 4), subaudi *pravorum* seu *quorumlibet hominum,* quorum opera multa, licet sint necessaria, non tamen convenit de eis turpiter loqui, ne forte aliqui irrationabilia verba audientes scandalizentur ; quod enim turpe est facere, turpe est et dicere. Et ut adhuc aliud testimonium inferam ad excusandum Psalmistam, legamus scripta Apostoli qui, licet in omni sanctitate vixerit, ex peccatorum tamen persona dixit : *Infelix ego homo, quis me liberabit de corpore mortis hujus ? Gratia Dei per Jesum Christum Dominum nostrum* (Rom. VII, 24, 25). Ex quibus omnibus colligitur quia Psalmista nullo modo credendus est a fide moveri, cum impios ac sceleratos quosque in hoc sæculo vidisset prosperari.

Jam satis dictum est quomodo Psalmista consoletur omnes qui esuriunt et sitiunt justitiam, dicamus etiam qualiter deterreat omnes iniquos, nunc quidem pronuntiando quanta sibi mala futura sint, si permaneant in peccatis; nunc autem increpando eos, interdum etiam orando, ut vel vindictam debitam recipiant, vel contra fideles nequitiam suam implere nequeant. Sed de iniquorum omnium capite, id est Antichristo inprimis dicamus, qui licet in temporibus novissimis venturus sit, Psalmista tamen more suo futura quasi præterita narrans de illo in psalmo nono, loquitur quasi jam venisset, dicens inter cætera: *Non est Deus in conspectu ejus, inquinatæ sunt viæ illius in omni tempore. Auferuntur judicia tua, Domine, a facie ejus, omnium inimicorum suorum dominabitur. Dixit enim in corde suo, non movebor a generatione in generationem sine malo. Cujus maledictione os plenum est et amaritudine et dolo, sub lingua ejus labor et dolor.* Item in persona Doeg (*Psal.* x, 5, 7) Idumæi persequentis se Psalmista eumdem Antichristum quasi præsentem alloquitur, dicens in quinquagesimo primo psalmo: *Quid gloriaris in malitia, qui potens es in iniquitate? Tota die injustitiam cogitavit lingua tua* (*Psal.* LI, 3, 4). Hic igitur in quantam malitiam et superbiam prolapsurus sit, tam ex supra dictis Psalmistæ verbis quam ex Pauli apostoli scriptis agnosci valet, in quibus de ipso ita legitur: *Qui adversatur et extollitur supra omne quod dicitur Deus aut quod colitur, ita ut in templo Dei sedeat, ostendens se tanquam sit Deus* (*II Thess.* II, 4). Hæc ergo sint dicta de iniquorum omnium capite, non, ut ipsum credamus ullo modo deterrendum aut in melius convertendum, sed ut illi qui adhuc in malitia sua perseverantes ejus membra sunt deterreantur et, cum tempus sit miserendi, ad Christum convertantur.

Jam diximus de iniquorum omnium capite, dicamus nunc de ejus membris, quomodo Psalmistæ terreantur verbis: *Non resurgunt impii in judicio, neque peccatores in consilio justorum* (*Psal.* I, 5). *Filii hominum, usquequo gravi corde, ut quid diligitis vanitatem et quæritis mendacium?* (*Psal.* IV, 3.) *Deus judex justus, fortis et patiens, nisi conversi fueritis; gladium suum vibrabit, arcum suum tetendit, et paravit illum* (*Psal.* VII, 12, 13). *Virum sanguinum et dolosum abominabitur Dominus* (*Psal.* V, 7). *Disperdat Dominus universa labia dolosa, linguam magniloquam* (*Psal.* XI, 4). *Viri sanguinum et dolosi non dimidiabunt dies suos* (*Psal.* LIV, 24). *Filii hominum dentes eorum arma et sagitta, et lingua eorum gladius acutus* (*Psal.* LVI, 5). *Sagittæ parvulorum factæ sunt plagæ eorum et infirmatæ sunt contra eos linguæ eorum* (*Psal.* LXIII, 8). Quibus sententiis licet generaliter omnes iniqua loquentes corripiantur, specialiter tamen si qui dolis versutæ rationis utuntur ad decipiendos simplices quoque, ut dialectici, nec non prudentiæ sæcularis gnari. Utrique enim in tantum sæpe inflantur magnæ verbositatis scientia, ut divinæ rationis subtilitati credant se posse contradicere. Unde etiam Psalmista postquam dixit: *Disperdat Dominus universa labia dolosa, linguam magniloquam* (*Psal.* XI, 4), statim subjunxit, dicens: *Qui dixerunt: Linguam nostram magnificabimus, labia nostra a nobis sunt, quis noster Dominus est?* (*Ibid.*, 5.) Quæ verba superbiæ sensum talem videntur habere: Peritiam tantam ex labore nostro acquisivimus, ut et disputationi divinæ possimus respondere. Dicentes enim: *Quis noster Dominus est*, ostendunt se dubitare de immensa Dei virtute. Talia autem *in corde, et corde loquuntur*, non attendentes quia scrutans est corda et renes Deus (*Psal.* VII, 10). Sed *viri dolosi non dimidiabunt dies suos* (*Psal.* LIV). *Et sagittæ parvulorum factæ sunt plagæ eorum* (*Psal.* LXIII, 8); quia in tanta arrogantia et superbia positi sæpe ante maturam ætatem subitanea morte rapiuntur, et tunc omnis eorum disputatio, quam invincibilem credebant, ad nihilum velut infantium aut insipientium garrulitas redacta in damnationem eorum vertitur, sicque completur in eis quod Psalmista alibi de talibus testatur, dicens: *Gladium evaginaverunt peccatores, intenderunt arcum suum, ut decipiant pauperem et inopem, ut trucident rectos corde. Gladius eorum intret in corda ipsorum, arcus eorum confringatur* (*Psal.* XXXVI, 14, 15).

Hæc igitur quoniam dicta sunt de his, quorum lingua est quasi gladius acutus, quique alios dolosis verborum jaculis confundere solent, mox Psalmista subjungit, dicens: *Melius est modicum justo super divitias peccatorum multas* (*Ibid.*, 16): per hoc videlicet insinuans parvam spiritualis sapientiæ notitiam meliorem esse quam multiplicem sæcularis prudentiæ versutiam, quæ pro divitiis maximis diligitur a pluribus. Ideo autem hujusmodi homines appellat peccatores, quia maxime peccant qui prudentiam carnis, quæ secundum Apostolum mors est, plus quam necesse sit amant. Tanta namque superbia eis exinde oritur, ut cuncta legis divinæ statuta aut blasphemare, aut pro nihilo computare præsumant, quasi non sint tantæ sapientiæ, tantæque perfectionis ut merito debeant observari. Pro qua nimirum superbia idem sæpe quidem *peccatores*; interdum vero *viri sanguinum et dolosi* appellantur a Psalmista. Apostolus quoque similia de ejusdem prudentibus refert, dicens: *Quia cum cognovissent Deum, non sicut Deum glorificaverunt, aut gratias egerunt* (*Rom.* I, 21), etc. *In circuitu impii ambulant* (*Psal.* XI, 9).

Qua sententia arguuntur non solum hi qui per loca plura vagantes in temporalium rerum varietate undique quærunt, quomodo voluptati suæ satisfaciant; sed etiam hi qui in uno loco otiosi existunt, nihilque aliud nisi circuire et visere aliorum opera student. *Inveniatur manus tua, Domine, omnibus inimicis tuis. Dextera tua inveniat omnes qui te oderunt* (*Psal.* XX, 9). *Confundantur omnes iniqua agentes supervacue* (*Psal.* XXIV, 5). *Qui loquuntur pacem cum proximo suo, mala autem in cordibus eorum; da illis, Domine, secundum opera ipsorum, et secundum nequitiam adinventionum ipsorum* (*Psal.* XXVII, 3). *Erubescant impii, et deducantur in infernum, muta fiant labia dolosa, quæ loquuntur adversus justum iniquitatem in superbia et in abusione* (*Psal.* XXX, 18).

Ecce quam sæpe loquitur Psalmista contra dolosos, nunc deterrendo, nunc orando. Orat etiam ne ipse tantæ nequitiæ laqueis constringatur, dicens : *Domine, libera animam meam a labiis iniquis et a lingua dolosa* (Psal. CXIX, 2); et : *Non declines cor meum in verba malitiæ* (Psal. CXL, 4). Unde, quæso, fratres charissimi, abstinete ab hujusmodi pravitate : nam *mors et vita in manibus linguæ* (Prov. XVIII, 21). Et si in vobis sit aliquis in dialectica peritus, utatur ea sicut milites boni gladiis solent uti. Quamvis enim secum jugiter portent gladium, norunt tamen eum non nisi contra hostes extendendum. Sic et dialectici in subtili et argumentosa ratione facere debent nullum domesticum, id est fidelem et simplicem, sed sacræ fidei hostes, hoc est, hæreticos solummodo gladiis verborum subtilium petentes, sicut et sancti Patres fecisse leguntur.

Dominus dissipat consilia gentium; reprobat autem cogitationes populorum, et reprobat consilia principum (Psal. XXXII, 10). *Considerat peccator justum, et quærit mortificare eum. Dominus autem non derelinquet eum in manibus ejus, nec damnabit eum cum judicabitur illi* (Psal. XXXVI, 32). *Universa vanitas omnis homo vivens* (Psal. XXXVIII, 6), subintellige *mundo. Homo cum in honore esset, non intellexit, comparatus est jumentis insipientibus, et similis factus est illis* (Psal. XLVIII, 13, 14). *Hæc via illorum*, id est hæc actio illorum, qua comparati sunt jumentis insipientibus, *scandalum*, id est, ruina et damnatio est *ipsis, et postea in ore suo complacebunt* (Ibid., 14), id est interdum ore suo benedicunt, sed corde Deo maledicunt. *Sicut oves in inferno positi sunt, mors depascet eos. Et dominabuntur eorum justi in matutino* (Ibid., 15), id est in extrema præsentis vitæ die, cum cœperit clarescere qualitas bonorum et malorum, vel cum illuminantur abscondita rerum et manifestantur consilia cordium; tunc justi dominabuntur super injustos, aut judicantes eos, aut gaudentes quod pœnas eorum evaserunt: *Et auxilium eorum veterascet in inferno a gloria eorum* (Ibid.). *Deus dissipavit ossa eorum qui hominibus placent, confusi sunt, quoniam Deus sprevit eos* (Psal. LII, 6). *Alienati sunt peccatores a vulva, erraverunt ab utero, locuti sunt falsa* (Psal. LVII, 4). *Alienati sunt a vulva*, et : *erraverunt ab utero*, unum idemque est, sed dupliciter intelligi potest : peccare enim potest unusquisque ab utero matris suæ, id est ab initio vitæ suæ; p ccare nihilominus potest ab utero sanctæ Ecclesiæ, id est ab eo tempore quo cœpit credere, vel errando a fide, vel deserendo opera quæ professus est in baptismate.

Furor illis secundum similitudinem serpentis, sicut aspidis surdæ et obdurantis aures suas. Deus conteret dentes eorum in ore ipsorum, molas leonum confringet Dominus (Ibid.). *Exsurgat Deus et dissipentur inimici ejus, et fugiant qui oderunt eum a facie ejus, sicut deficit fumus deficiant, sicut fluit cera a facie ignis, sic pereant peccatores a facie Dei* (Psal. LXVII, 2). *Exsurge, Deus, judica causam tuam, memor esto improperiorum tuorum, eorum quæ ab insipiente sunt tota die. Ne obliviscaris voces inimicorum tuorum, superbia eorum qui te oderunt, ascendit semper* (Psal. LXXIII, 22, 23). *Inimici Domini mentiti sunt ei, et erit tempus eorum in sæcula* (Psal. LXXX, 16). Inimici Domini dicuntur qui in baptismo abrenuntiantes diabolo et pompis ejus postea mentiuntur, et nullam pro hoc pœnitentiam gerunt, quorum *tempus erit in sæcula*, quia dicitur eis in judicio : *Ite in ignem æternum* (Matth. XXV, 41). *Omnes principes eorum, qui dixerunt : Hæreditate possideamus sanctuarium Dei* (Psal. LXXXII, 13), id est destruamus vel persequamur homines sanctos, qui sunt templum Dei. *Deus meus, pone illos ut rotam*, hoc est permitte illos in malitia et in instabilitate sua perdurare, *et sicut stipulam ante faciem venti* (Ibid., 14); ut scilicet levitate sua moti facile rapiantur ad malum. *Ecce inimici tui, Domine, peribunt, et dispergentur omnes, qui operantur iniquitatem* (Psal. XCI, 10).

Usquequo peccatores, Domine, usquequo peccatores gloriabuntur? (Psal. XCIII, 3.) *Deficiant peccatores et iniqui, ita ut non sint* (Psal. CIII, 35). *Confundantur omnes, qui adorant sculptilia, qui gloriantur in simulacris suis* (Psal. CXVI, 7). *Peccator videbit*, subaudi *cornu justi exaltari, ut in superiori versu dicitur, et irascetur; dentibus suis fremet et tabescet; subintellige præ dolore perenni*, ubi est *fletus et stridor dentium, desiderium peccatorum peribit* (Psal. CXI, 10); quia malum quod semper desiderabant, vel contra bonos certando, vel semet maculando, in eorum pœnam vertetur. *Longe a peccatoribus salus : quia justificationes tuas non exquisierunt* (Psal. CXVIII, 155). *Dominus justus concidet cervices peccatorum, confundantur et convertantur retrorsum omnes qui oderunt Sion* (Psal. CXXVIII, 4). *Vir linguosus non dirigetur in terra, virum injustum mala capient in interitu* (Psal. CXXXIX, 12). *Homo vanitati similis factus est, dies ejus sicut umbra prætereunt* (Psal. CXLIII, 4). Talia igitur verba terroris, quæ ad deterrendos aliquos jam protuli, ideo a Psalmista credo per divinæ pietatis dispensationem esse pronuntiata, ut perversi quilibet contemnentes, ut solent, dicta consolatoria, quæ superius dixi, saltem per hæc terribilia verba ad salutiferam compunctionem moti ad Christum convertantur.

CAPUT XIII.

Divina justitia et clementia ex oppositorum natura ostenditur, et selectis psalmorum sententiis eadem doctrina confirmatur.

Deinde vero colligere cupio sententias, in quibus per oppositionem consolationis et terroris dicta pariter continentur; ut per hoc disputandi genus, quod efficacissimum constat, adeo ut quasi in medio vitæ et morte posita legentes et audientes quodammodo compellat vitam, hoc est meliora, eligere : aliqui attendentes clementiam severitatemque Dei simul prolatam eligant potius clementia Dei salvari, quam severitate ejus puniri. Tantæ enim clementiæ est Deus ut omnem severitatem suam, quæ interdum more eloquii nostri ira Dei dicitur, ideo contra delinquentes in hoc sæculo exerceat, quatenus eis a pravitate sua correctis in futuro misereri valeat. Unde et Psalmista dicit: *Nunquid obliviscetur misereri Deus, aut continebit in ira sua misericordias suas?* (*Psal.* LXXVI, 10.) Quam nimirum sententiam non affirmando, sed denegando protulit, quia non obliviscetur misereri Deus, neque continebit in ira sua misericordiam, id est, non deseret misericordiam propter iram, sed potius inter severitatem suam, quæ abusive ira ejus dicitur, misereretur his qui *invocant eum in veritate* (*Psal.* CXLIV, 18). Ut autem disputandi genus per oppositas sententias factum approbemus, intueamur qualiter omnipotens Deus non solum homines atque animalia, sed etiam ipsum mundi statum per aliquas oppositas species quotidie disponat.

Et primum quidem de hominibus dicamus. Nonne ergo spiritus et caro, unde subsistit homo, in tanta oppositione sibi invicem adversantes laborant ut non nisi difficillima ratione convenire valeant? *Caro enim,* ut ait Apostolus, *concupiscit adversus spiritum, et spiritus adversus carnem* (*Gal.* v, 17). Sed hujusmodi oppositio non ad damnum, sed ad profectum nostrum judicio divino decreta est ut, cum ex nobis nequeamus coadunari, quæramus auxilium Domini sicque discamus quia nihil boni sine illo facere possumus. Sed et vir et mulier si ita fuerint oppositi ut attendatur quia Deus nequaquam frustra mulierem viro infirmiorem creavit viroque subditam esse decrevit, sed ut probaret utrumque in alio; virum quidem, si rite præesse; mulierem vero, si rite subesse vellet; vel si vir grates ullas Deo pro prioratu tanto agere, vel mulier pro culpa suggestionis illius, qua virum decepit, vellet se humiliare, si, inquam, talis oppositio inter virum et mulierem a Deo facta probationis causa creditur, magnus utique profectus exinde oritur. Ejusdem oppositionis specie omnes prælati et subditi, omnes domini et servi, omnes sani et infirmi, omnes divites et pauperes quotidie probantur; isti scilicet qualiter præsint quantasque grates Deo referant pro sanitate vel abundantia concessa, ast alii qualiter sint subditi et si quid peccatis suis infirmitatem vel paupertatem imminentem deputent. Omnes namque jam prænominati, si invicem rite opponantur, alii quidem viri, alii vero mulieris personam gestare videntur. Et sicut mulier virum seducens meruit subdi, ita omnes qui infirmiores vel pauperiores aliis in Ecclesia existunt, credendi sunt hoc meruisse ut cæteris subderentur, vel infirmitate vel paupertate gravarentur.

Sed si forte aliquibus hæc videantur incredibilia et inepta pro eo videlicet quod mulier, sicut legitur, pro suggestione iniqua meruerit viro subjici, illi vero nihil tale commiserint, attendant, quæso, quia in hoc similia meruerunt, quod unusquisque per carnis suæ concupiscentiam aliquando seduxit spiritum, sicut mulier virum. Quod si huic rei objiciatur omnes mortales in eodem crimine prolapsos esse, respon-

demus ita esse; sed quia alius alio magis minusve peccat, in potestate Dei est quem velit magis, velit minus pro peccatis suis punire; quem velit humiliare vel exaltare; quem velit eligere et reprobare. Ipse enim dicit: *Miserebor cui voluero* (*Exod.* XXXIII, 19). Et Apostolus: *Non est,* inquit, *potestas, nisi a Deo; quæ autem sunt a Deo ordinatæ sunt: itaque qui resistit potestati Dei ordinationi resistit* (*Rom.* XIII, 1, 2). Cumque hæc omnia ita esse perpenderint, nihil in dispositione divina reprehendant, sed cum Psalmista dicant: *Quoniam rectus Dominus Deus noster, et non est iniquitas in eo* (*Psal.* XCI, 16); et iterum: *Justus es, Domine, et rectum judicium tuum* (*Psal.* CXVIII, 137). Ecce quam necessaria oppositionis species est, in qua aliquatenus agnoscere possumus judicia Domini esse vera, et quia *non justificabitur in conspectu ejus omnis vivens* (*Psal.* CXLII, 2).

Per ejusdem quoque oppositionis speciem omnes virtutes clarescunt, si fuerint vitiis contrariis oppositæ. Quid multa? Nulla prorsus bona satis agnosci possunt, nisi per opposita et contraria sibi mala; aut enim vilescunt, aut pro nihilo computantur bona, nisi opponantur mala. Sic etiam pietas Dei in equis, in bobus, in ovibus, et in canibus cæterisque animalibus necessariis consideratur, si leonum, luporum aliarumque bestiarum ferocitas in nos jugiter propter peccata nostra desæviens opponatur. Similiter lux per tenebrarum oppositionem non solum clarior, sed et gratior videtur. Sic tempora diurna per nocturna, sic æstiva per hiemalia, sic calida per frigida temperata efficiuntur grata. Sic aurum omneque pretiosum metallum per vilioris metalli speciem quale sit declaratur. Est etiam in hoc inæstimabilis gratia Dei consideranda, quod supradicta quædam oppositis variata utrinque efficiantur delectabiliora. Unde Scriptura dicit: *Alternis uti delectabile est* (*II Mach.* XV, 40). Cum ergo ex his omnibus quæ jam vobis, fratres charissimi, diximus, satis pateat magnam vim habere oppositionem rerum, attendentes, quæso, quia eadem vis est in oppositione verborum, audite Psalmistæ verba quæ Sapientia miscuit divina, dans ex una parte quasi calida, ex altera vero quasi frigida, ut cui non congruit merum vinum, quia *calix in manu Domini vini meri plenus misto* (*Psal.* LXIV, 9), id est qui negligit bibere de sinceritssima Dei gratia utriusque Testamenti doctrinis mista, bibat fæces, id est, de ira Dei, unde *bibent omnes peccatores terræ* (*Ibid.*). Fecis autem nomine nequaquam proprie appellatur ira Dei, sed abusive, eo quod omnibus videatur amara. Sed de oppositorum qualitate satis dictum est; dicamus nunc ipsas sententias per oppositionem prolatas.

Novit Dominus viam justorum, et iter impiorum peribit (*Psal.* I, 6), subaudi *nisi convertantur.* Quæ nimirum subauditio addenda est in omnibus sententiis, in quibus de peccatorum interitu disputatur, ut : *anima, quæ peccaverit, ipsa morietur* (*Ezech.* XVIII, 20), subaudi *nisi per pænitentiam convertatur.* Et si quis forte hæc denegare voluerit, legat in Ezechiele ipsius Domini verba dicentis: *Si dixero impio: Morte morieris, et egerit pœnitentiam a peccato suo, feceritque judicium et justitiam, vita vivet et non morietur (Ezech.* xxxiii, 14, 15). Moxque ejusdem sententiæ oppositum, quod in omnibus sententiis de consolatione justorum dictis subaudiendum est, subjungam. Legitur namque in eodem Ezechiele quia ante promissa consolationis verba Dominus justos, ne de se aliquid præsumant, deterreat, dicens: *Etiamsi dixero justo quod vita vivat, et confisus in justitia sua fecerit iniquitatem, omnes justitiæ ejus oblivioni tradentur (Ibid.,* 13). Ecce quam terribilis sententia consolatoria a Domino opponitur, unde omnia dicta terroris et consolationis separatim posita exponuntur!

Populum humilem salvum facies, Domine, et oculos superborum humiliabis (Psal. xvii, 28). *Multa flagella peccatoris, sperantem autem in Domino misericordia circumdabit* (Psal. xxxi, 10). *Divites eguerunt et esurierunt; inquirentes autem Dominum non minuentur omni bono* (Psal. xxxiii, 11). *Oculi Domini super justos, et aures ejus in preces eorum; vultus autem Domini super facientes mala; ut perdat de terra memoriam eorum* (Ibid., 16, 17). *Injusti punientur et semen impiorum peribit; justi autem hæreditabunt terram, et inhabitabunt in sæculum sæculi super eam* (Psal. xxxvi, 28, 29). *Brachia peccatorum conterentur; confirmat autem justos Dominus* (Ibid., 17). *Injusti disperibunt simul, reliquiæ impiorum interibunt; salus autem justorum a Domino, et protector eorum in tempore tribulationis* (Ibid., 58, 59). *Omnes Dii gentium dæmonia; Dominus autem cœlos fecit* (Psal. xcv, 5). *Custodit Dominus omnes diligentes se et omnes peccatores disperdet* (Psal. cxliv, 20). *Suscipiens mansuetos Dominus, humilians autem peccatores usque ad terram* (Psal. cxlvi, 6). Ecce audistis, fratres charissimi, quam fortes sunt oppositæ sententiæ, quas Psalmista, more medicorum, amara et dulcia pocula offerentium omnibus protulit, ut cui unum minime convenit, alterum accipiat, et qui de sententiis vel de severitate vel de pietate Dei absolute dictis corrigi nolunt, saltem talibus, quæ utrumque proferunt, corrigantur.

In tantum autem collationem vel oppositionem severitatis et pietatis divinæ profectuosam esse Psalmista sensit; ut ipse fateatur quantum exinde profecisset, dicens: *Virga tua, Domine, et baculus tuus ipsa me consolata sunt* (Psal. xxii, 4), per virgam videlicet cum qua flagellamur, severitatem Dei; per baculum vero, in quo inniti et sustentari solemus, pietatem Dei significari volens, ac si aperte diceret: Quandiu, vel in sola severitate tua, Domine, vel in sola pietate me posui, parum profeci; cum autem utramque in corde meo conferens timere simul et amare te cœpi, tunc tandem me proficere et consolationem perfectam adesse sensi. Hinc autem alibi dicit: *Misericordiam et judicium cantabo tibi, Domine* (Psal. c, 1). Quasi diceret: Alios quidem misericordiam sine judicio; quosdam vero judicium sine misericordia exhibentes non approbo; tibi autem, Domine, soli, qui utrumque exhibere studes, sed tamen misericordiam prius et deinde judicium exhibens, omnia rite disponis, merito laudem dico.

CAPUT XIV.

Sententiæ psalmorum, quibus omnes generatim fideles ad studia sanctitatis incitentur.

Ut arbitror, jam satis dixi quantum profectum unusquisque possit acquirere in collatione et oppositione tam rerum quam sententiarum vel in psalmis vel in aliis libris positarum; nunc autem consideremus illa Psalmistæ verba, quæ specialiter admonendo vel exhortando protulit. Hæc autem maxime ad secundam personam dicta inveniuntur, quia sicut nobismetipsis minime solemus imperare, ita etiam usus non est nosmetipsos admonere, nisi forte ad nosmetipsos quasi ad alios admonendos, admonitionis dicta per secundam personam vertamus, sicut et Psalmista semetipsum admonens in loco quodam dicit : *Convertere, anima mea, in requiem tuam, quia Dominus benefecit tibi* (Psal. cxiv, 7). Dicamus ergo ea quæ ad fideles omnes admonendo protulit: *Servite Domino in timore et exsultate ei cum tremore. Apprehendite disciplinam nequando irascatur Dominus et pereatis de via justa* (Psal. ii, 11, 12). *Sacrificate sacrificium justitiæ et sperate in Domino* (Psal. iv, 6). *Attollite portas, principes, vestras et elevamini, portæ æternales, et introibit rex gloriæ.* (Psal. xxiii, 7, 9). Hæc vox est cœlestium Virtutum Ecclesiarum principes, qui civitatis Dei portæ dicuntur admonentium, ut tam se quam sibi subjectos ad suscipiendam Dominicæ incarnationis gloriam virtutibus congruis præparent. *Exspecta Dominum, viriliter age, et confortetur cor tuum, et sustine Dominum* (Psal. xxvi, 14). *Afferte Domino, filii Dei, afferte Domino filios arietum* (Psal. xxviii, 1). Hæc verba ad apostolos vel cæteros sanctæ Ecclesiæ pastores dicta intelligi possunt, ut eos quos per Evangelium genuerunt ad Christum offerant.

Psallite Domino sancti ejus et confitemini memoriæ sanctitatis ejus (Psal. xxix, 5). *Diligite Dominum, omnes sancti ejus, quoniam veritatem requiret Dominus, et retribuet abundanter facientibus superbiam. Viriliter agite, et confortetur cor vestrum, omnes qui speratis in Domino* (Psal. xxx, 24, 25). *Nolite fieri sicut equus et mulus, quibus non est intellectus* (Psal. xxxi, 9). *Exsultate, justi, in Domino; rectos decet laudatio* (Psal. xxxii, 1). *Magnificate Dominum mecum, et exaltemus nomen ejus in idipsum. Accedite ad eum et illuminamini, et facies vestræ non confundentur. Gustate et videte quoniam suavis est Dominus. Beatus vir, qui sperat in eo. Venite, filii, audite me, timorem Domini docebo vos. Prohibe linguam tuam a malo et labia tua ne loquantur dolum. Diverte a malo et fac bonum, inquire pacem et persequere eam* (Psal. xxxiii, 4-15). *Spera in Domino et fac bonitatem; inhabita terram et pasceris in divitiis ejus. Delectare in Domino et dabit tibi petitiones cordis tui.*

Revela Domino viam tuam, et spera in eum, et ipse faciet. Noli æmulari in eo qui prosperatur in via sua, in homine faciente injustitias. Desine ab ira et derelinque furorem. Noli æmulari, ut maligneris. Declina a malo, et fac bonum, et inhabita in sæculum sæculi. Exspecta Dominum et custodi viam ejus, et exaltabit te, ut hæreditate capias terram : cum perierint peccatores videbis. Custodi innocentiam et vide æquitatem, quoniam sunt reliquiæ homini pacifico (Psal. XXXVI, 3-37). *Audi, filia, et vide, et inclina aurem tuam, et obliviscere populum tuum et domum patris tui* (Psal. XLIV, 11). Hæc sententia ad unamquamque fidelem animam dicitur admonendo, ut inclinans aures audiendi ad Dei summi Patris monita obliviscatur pristinam conversationem et pompas diaboli patris omnium infidelium.

Venite et videte opera Domini, quæ posuit prodigia super terram, auferens bella, subaudi *infidelitatis,* qua diabolus universum impugnabat mundum, *usque ad fines terræ* (Psal. XLV, 9). *Omnes gentes, plaudite manibus, jubilate Deo in voce exsultationis* (Psal. XLVI, 2). Hæc vox est exhortantis omnes gentes, quæ jam crediderunt vel credituræ sunt, ut plaudant manibus et jubilent Deo in voce exsultationis, id est concordent operibus et lingua in Christi laude. *Audite hæc, omnes gentes, auribus percipite, omnes qui habitatis orbem* (Psal. XLVIII, 2). Hæc vox est exhortantis omnes qui habitant in terra, ut audientes quæ in hoc psalmo dicuntur de divitibus et rectoribus iniquis, quomodo scilicet propter honorem sibi tributum et vanæ gloriæ appetitum comparati sunt jumentis insipientibus, caveant ne illis eadem contingant. *Immola Deo sacrificium laudis et redde Altissimo vota tua* (Psal. XLIX, 14), id est immola Deo sacrificium quod sibi est gratissimum, vota scilicet tua, ut abnegans temetipsum sequaris Christum. Hinc et in alio psalmo dicitur : *In me sunt, Deus, vota tua, quæ reddam laudationes tibi* (Psal. LV, 12), quasi diceretur: Licet extrinsecus non habeam sacrificium tibi, Domine, offerendum, in me tamen habeo quod tibi pro laudis sacrificio offerre valeo : *Invoca me in die tribulationis, et eruam te, et honorificabis me* (Psal. XLIX, 15). *Jacta super Dominum curam tuam et ipse te enutriet; non dabit in æternum fluctuationem justo* (Psal. LIV, 23).

Si vere utique justitiam loquimini, recte judicate, filii hominum (Psal. LVII, 2), hoc est, si veram justitiam scitis et loquimini, facite etiam judicium rectum; bene enim loqui et male facere nihil est aliud nisi se ipsum damnare. *Nolite sperare in iniquitate et rapinas nolite concupiscere ; divitiæ si affluant, nolite cor apponere* (Psal. LXI, 11). *Jubilate Deo, omnis terra, psalmum dicite nomini ejus, date gloriam laudi ejus* (Psal. LXV, 1, 2). *Benedicite, gentes, Deum nostrum et auditam facite vocem laudis ejus* (Ibid., 8). *Cantate Deo, psalmum dicite nomini ejus, iter facite ei qui ascendit super occasum* (Psal. LXVII, 5). *Vovete et reddite Domino vestro omnes qui in circuitu ejus affertis munera* (Psal. LXXV, 12). *Attendite, popule*

meus, legem meam. Inclinate aurem vestram in verba oris mei (Psal. LXXVII, 1). *Exsultate Deo adjutori nostro, jubilate Deo Jacob* (Psal. LXXX, 2). *Judicate egeno et pupillo, humilem et pauperem justificate. Eripite pauperem, et egenum de manu peccatoris liberate* (Psal. LXXXI, 3, 4). *Intelligite, insipientes in populo, et stulti, aliquando sapite* (Psal. XCIII, 8). *Venite, exsultemus Domino, jubilemus Deo salutari nostro, præoccupemus faciem ejus in confessione, et in psalmis jubilemus ei* (Psal. XCIV, 1, 2). *Cantate Domino canticum novum, cantate Domino omnis terra. Cantate Domino, et benedicite nomini ejus; annuntiate de die in diem salutare ejus* (Psal. XCV, 1, 2). *Qui diligitis Dominum odite malum, custodit Dominus animas sanctorum suorum, de manu peccatorum liberabit eos. Lætamini justi in Domino, et confitemini memoriæ sanctificationis ejus* (Psal. CXVI, 10, 12). *Cantate Domino canticum novum, quia mirabilia fecit* (Psal. XCVII, 1). Hæc vox est Psalmistæ adhortantis omnes fideles ad laudem Dei; et quasi aliquis Psalmistam interrogaret quæ mirabilia Dei significaret, mox addit, dicens : *Salvavit sibi dexteram ejus et brachium sanctum ejus. Notum fecit Dominus salutare suum ; in conspectu gentium revelavit justitiam suam* (Ibid., 2). Per dexteramque Dei Jesus Christus intelligitur, quem Pater omnipotens tunc salvavit, cum eum in mundum mittens a cunctis mundanis periculis eripuit, et quod mirabilius est, solum inter homines sine peccato vivere fecit. Ipse etiam salutare Dei, quod notum fecit, ipse justitia, quam in conspectu gentium revelavit, dicitur. In quibusdam libris habetur : *Salvavit eum dextera ejus* ; quod scilicet si apud nos diceretur id, ego quoque eadem sequerer verba ; sed, ut mihi videtur, quodlibet horum dicatur non erratur.

Exaltate Dominum Deum nostrum, et adorate in monte sancto ejus, quoniam sanctus Dominus Deus noster (Psal. XCVIII, 9). *Jubilate Domino, omnis terra; servite Domino in lætitia* (Psal. XCIX, 1). *Benedicite Domino, omnes virtutes ejus, ministri ejus, qui facitis voluntatem ejus* (Psal. CII, 20). *Confitemini Domino et invocate nomen ejus ; annuntiate inter gentes opera ejus. Cantate ei, et psallite, narrate omnia mirabilia ejus. Quærite Dominum, et confirmamini, quærite faciem ejus semper* (Psal. CIV, 1-4). *Confitemini Domino quoniam bonus, quoniam in sæculum misericordia ejus* (Psal. CV, 1). *Laudate, pueri Dominum, laudate nomen Domini* (Psal. CXII, 1). *Laudate eum, omnes gentes, laudate eum, omnes populi, quoniam confirmata est super nos misericordia ejus, et veritas Domini manet in æternum* (Psal. CXVI, 1). *Rogate quæ ad pacem sunt Jerusalem,* subaudi *cœlestis, quæ ædificatur ut civitas terrena variis sumptibus* (Psal. CXXI, 3, 6). *Laudate Dominum, quoniam bonus Dominus ; psallite nomini ejus, quoniam suave* (Psal. CXXXIV, 3). *Nolite confidere in principibus, in filiis hominum, in quibus non est salus* (Psal. CXLV, 3, 4). *Lauda, Jerusalem, Dominum, lauda Deum tuum, Sion* (Psal. CXLVII, 1). *Juvenes et* virgines, senes cum junioribus laudent nomen Domini; *quia exaltatum est nomen ejus solius* (Psal. CXLVIII, 12, 13). Sed et *omnis spiritus laudet Dominum* (Psal. CL, 6).

Quæ de tribus modis locutionis divinæ, id est, de pronuntiatione, de admonitione, de increpatione explanare promisi, jam satis, ut reor, implevi, licet pauca de increpatione ipsaque juxta ordinem propositum minime dicta sint. Hoc autem ideo factum est, quia cum idem modus inveniatur rarius quam cæteri, locutionis ejusdem ordinem observare nequivi; sed quovis ordine, dummodo satis aperte sint dicta, precor, fratres charissimi, ut attendatis quid per eadem dicta Dominus nobis innuat. Magnum quippe est quod tam variis modis insinuatur, quod ego, quantum valeo, vobis refero. Cum igitur Deus per sacram Scripturam nobis quælibet pronuntiat, sive consolando, sive deterrendo, nam per has geminas species omnis divina pronuntiatio agitur: unde in Evangelio Dominus, utramque proferens dicit: *Qui crediderit et baptizatus fuerit, salvus erit; qui vero non crediderit condemnabitur* (Marc. XVI, 16): aufert a nobis omnem ignorantiæ excusationem, ne quis nostrum merito possit dicere, *quia nemo nos conduxit* (Matth. XX, 7). Cum autem nos pro his, quæ jam pronuntiata sunt, admonet, paternum affectum ostendit, sciens quia humanum est et maximum accidens negligentibus oblivisci. Admonet etiam propterea ut et nos illis, quos vel sponte suscepimus, vel ab aliis commissi sunt ad instruendum, similiter faciamus admonentes eos sæpius ut intimatam sibi doctrinam attendant. Deinde vero cum viderit nos parum profecisse ex assidua lenique admonitione, non idcirco nos deserit; sed adhuc nos sustinens quasi pater pius addit increpationes, nunc verbis, ut est illud: *Ut quid diligitis vanitatem, et quæritis mendacium* (Psal. IV, 3); aliquando flagellis, juxta quod ipse dicit: *Ego, quos amo, arguo et castigo* (Apoc. III, 19).

Hæc igitur tria omnipotens Deus cunctis hominibus non solum ad exemplum exhibet, ut nemo alios cito deserat, vel despiciat, seu condemnet; sed etiam ad testimonium extremi judicii, ut qui hic per tam variam institutionem nullatenus corrigere et emendare se volunt, illic merito se damnandos sciant. Et ne quis ex conjectura propria hæc me dixisse arbitretur, audiat quid ipse Dominus in Evangelio dicat: *Qui spernit me, et non accipit verba mea, habet qui judicet eum; sermo quem locutus sum ille judicabit eum in novissimo die* (Joan. XII, 8). Talia ergo attendentes jugiter, quæso, vobiscum tractate; quia nulla excusatio, nullumque restat refugium evadendi judicium divinum his qui modo contemnunt ipsum. Hæc itaque ideo dixi, ut modos causamque divinæ locutionis eo magis, quo sæpius vobis insinuarem. Spero etiam me satis dixisse de illis duobus modis, quibus nos ad Deum loquimur, hoc est, de oratione et confessione, quos cum cæteris explanandis superius explanare promisi.

CAPUT XV.

Quæ sit confessio pœnitentiæ, quæ laudis? Documenta moralia ex libris Salomonis, Job, Isaiæ, Jeremiæ, etc.

Illud vero, quod necdum me dixisse recolo, jam profero; quia confessio in Scriptura sacra duas species habere perhibetur: una quidem est pœnitentiæ, quam confitendo peccata nostra coram Deo gerimus; altera vero laudis. Sed utraque sæpius invenitur in psalmis. Unde est illa sententia ad pœnitentiam pertinens: *Confessio et pulchritudo in conspectu ejus* (Psal. XCV, 6); ut intelligatur quia non nisi per confessionem et pœnitentiam obtinere valeamus pulchritudinem Deo placitam; et: *Confitemini Domino, quoniam bonus; quoniam in sæculum misericordia ejus* (Psal. CXVII, 1). De confessione vero laudis dicitur: *Confitebor tibi, Domine, in Ecclesia magna, in populo gravi laudabo te* (Psal. XXXIV, 18); et: *Confitebuntur cœli mirabilia tua, Domine* (Psal. LXXXVIII, 6).

His igitur omnibus prolatis adhuc quiddam dicere cupio, quod licet alicui reprehensibile videatur; spero tamen quia plurimis placeat. Perpendens namque quam multiplex doctrina divinæ laudis et totius utilitatis esset in psalmis; intellexi et illa verba inesse, quibus saluberrimum est uti in cujuslibet studii vel operis liciti initio, et quibus utendum est ad orationem intimam in congregatione positis, quæque conveniant dicere ad benedicendum quempiam. Ad initium quippe cujuslibet operis boni saluberrimum est dicere: *Adjutorium nostrum*, subaudis it, *in nomine Domini, qui fecit cœlum et terram* (Psal. CXXVIII, 8). Quod scilicet et Apostolus observandum præcipiens dicit: *Omne quodcunque facitis in verbo aut in opere, omnia in nomine Domini Jesu gratias agentes Deo Patri per ipsum* (Coloss. III, 17).

Cum vero hi qui in congregatione positi sunt, pro necessitatibus suis preces intimas agere voluerint, nusquam, ut reor, verba ad hoc aptiora inveniunt, quam hi psalmi sunt: *Deus misereatur nostri* (Psal. LXVI, 1). *Ad te levavi oculos meos* (Psal. CXXII, 1). *Ecce quam bonum et quam jucundum* (Psal. CXXXII, 1). Cum precibus istis: *Propitius esto peccatis nostris* (Psal. LXXVIII, 9). *Memento nostri, Domine, in beneplacito populi tui* (Psal. CV, 4). *Esto nobis, Domine, turris fortitudinis* (Psal. LX, 4). *Da nobis, Domine, auxilium de tribulatione* (Psal. LIX, 13). *Exsurge, Domine, adjuva nos* (Psal. XLIII, 26). Quæ ergo supradictis psalmis et precibus verba aptiora ad invocandum Deum possunt inveniri his duntaxat qui in loco uno positi unanimes in Dei servitio consistere student? Ob hoc etiam psalmum apposui tertium, in quo Psalmista fratres unanimes laudat, dicens: *Ecce quam bonum, et quam jucundum habitare fratres in unum!* (Psal. CXXXII, 1.) Ut ex hoc cantantes aliquid admoniti studeant imitari ambulantes in domo Dei cum consensu, ne forte pro discordiæ nequitia, si sit in medio eorum, *veniat mors super illos, et descendant in infernum viventes* (Psal. LIV, 16), subaudi *peccatis, antequam aliqua pœnitentia mor-* *tificentur* : illi enim quasi viventes in infernum descendunt qui nullatenus hic per pœnitentiam mortificantur antequam moriantur.

Ad benedicendum autem quemlibet aptissimus invenitur hic psalmus : *Levavi oculos meos,* cum precibus istis, quæ sumptæ sunt ex psalmis : *Salvum fac servum tuum,* Domine (*Psal.* LXXXV, 2). *Nihil proficiat inimicus in eo* (*Psal.* LXXXVIII, 23). *Exaudiat te Dominus in die tribulationis, mittat tibi auxilium de sancto* (*Psal.* XIX, 1). *Benedicat te Dominus ex Sion, qui fecit cœlum et terram* (*Psal.* XCIII, 5). Quis igitur hæc supradicta orationis vel benedictionis verba, atque his similia quæ plurima in psalmis inveniuntur, secum jugiter ruminans et attendens ad ædificationem non trahitur? Quis autem ea intelligens jugiter cantat vel audit, et non attendit ut ædificetur, nisi qui perditioni æternæ jam deputatus est? Non autem ideo illuc quisquam deputatur, quia ei modo pulsanti non aperiatur ; sed sicut omnis qui petit accipit, et qui quærit invenit, et pulsanti aperietur ; ita nullus qui non petit, non accipit ; qui non quærit non invenit, et non pulsanti non aperietur, exceptis his qui necdum ad intelligibilem ætatem pervenientes, nec petere, nec quærere, nec pulsare noverunt. Unde, fratres charissimi, quibus notitia litterarum concessa est, cantantes psalmos, precor, attendite quid canletis, quam consolatoria vel terribilia sint quædam psalmorum verba.

Attendite etiam quanta pietatis divinæ dispensatio sit in hoc quod per illum hominem talia dicta profecta voluit, qui quanto majora crimina perpetravit, tanto magis divitias supernæ gratiæ post conversionem experiri potuit, juxta illud Apostoli : *Ubi abundavit iniquitas, superabundet gratia* (*Rom.* V, 20), ut nulla excusatio possit esse his qui non credunt tantæ pietati. Quanto enim quis majora pericula vel beneficia in se expertus fuerit, tanto certius de utrisque aliis enarrare poterit quam dulcis Dominus, qui tam varia ratione Psalmistam sanctum decreverat erudiendum, ut pariter cuncti valeant exinde doceri. Hucusque per amœna lataque Psalmorum prata cucurri, tam admirando investigabilem sapientiæ divinæ latitudinem, quæ in eisdem psalmis continetur, quam decerpendo exinde flores quosdam studiosis moribus utiles, ita ut nullum ex centum quinquaginta psalmis relinquerem, de quo non aliquos flosculos rationi illatæ convenientes decerperem.

Jam vero cursum libet tendere aliorsum, ad libros videlicet Salomonis, in quibus, quia tanta est multitudo proverbiorum quibuslibet personis congruentium, ut in his pene tanquam in psalmis recreari possint omnes esurientes et sitientes justitiam, prætermisi aliqua decerpere. Ibi enim eloquentissimi quique unde sufficienter satiantur, ibi et simplices unde recreari possint, inveniunt ; ibi sapientissimis per argumentosa verba quasi mensa exquisitis deliciosisque dapibus plena præparatur, ibi parvulis adhuc infirmis ac lac per simplicia dicta exhibetur ; ibi mansueti atque humiles, studiosi et Deum timentes, ita laudantur ut eos possit magis delectari optima quæque sectari. Econtra vero superbi et arrogantes, otiosi et negligentes talibus verbis ibi increpantur, ut etiam corda eorum stimulare et flagellare videantur. Cumque ex eis flores sententiarum aliquos decerpere interdum vellem circumspiceremque ubi potissimum hoc facere possem, mox præ multitudine eorum æquali decore rutilantium impediebar, nesciens quæ magis carpendæ forent. Unde vos, fratres charissimi, qui litteras optime scitis, admoneo ut eosdem Salomonis libros, nec non Jesu filii Sirach librum sapientia plenum, sæpius legentes exinde eligatis quæ vobis maxime necessaria magisque desiderabilia videantur.

Jam vero ad sancti Job librum currere cupio, non ut ex hoc sententias aliquas, sicut de psalmis decerpsi, capiam, sed ut hoc solummodo commemorem qualiter ejus mirabilis patientia cunctis fidelibus, maximeque dolentibus et afflictis jugiter sit attendenda, quodque necesse sit ut attendentes quia eamdem versutiam eamdemque nequitiam quam diabolus in illum exercuit, in nos quoque et in omnes homines exercere studeat si tantum permittatur, præveniamus ejus dolos tam sacra lectione quam continua profectus nostri meditatione. Sicut enim illum nunc per substantiam perditam, nunc per filios interemptos, interdum vero per amicorum uxorisque consilium perversum tentavit ; ita omnes homines, quantum a Deo permittitur, per rerum damna, per prava amicorum consilia tentare non cessat. Et sicut ille in tentatione tanta minime superatus a Deo coronari meruit in hac vita per duplam omnium rerum suarum, quas amisit, recompensationem ; ita omnes qui fortiter tentationibus diabolicis resistunt, duplicem coronam vel in anima et corpore, vel in hac vita et futura recipient. Hanc ergo admonitionem licet breviter de sancti Job libro factam dignanter, quæso, suscipite.

Deinde vero ad prophetarum libros currens, hoc in eis quam maxime considerandum existimo quod omnia verba, quæ vel ad filios Israel, vel ad Chaldæos, vel ad quaslibet gentes prophetando, seu admonendo dixerunt, ad nos simul et ad omnes fideles eisdem vitiis deditos dicta esse, credendia sunt. Et ut hæc ita esse firmiter sciatis, audite quasdam prophetarum sententias. Isaias namque dicit : *Audite, cœli, et auribus percipe, terra, quoniam Dominus locutus est* (*Isai.* I, 2), subaudi *quæ ego loquor vobis.* Cum ergo dicit : *Audite, cœli, et auribus percipe, terra,* non specialiter quoslibet populos, sed per cœlos spiritualiter viventes, per terram vero carnaliter conversantes significans utrosque admonet ; illos quidem, ut in cœlesti vita permaneant ; istos vero, ut a carnali conversatione recedant. *Lavamini, mundi estote, auferte malum cogitationum vestrarum ab oculis meis, quiescite agere perverse, discite benefacere, quærite judicium, subvenite op-*

presso, judicate pupillo, defendite viduam, et venite et arguite me, dicit Dominus (Isai. 1, 16-18). Væ, qui sapientes estis in oculis vestris, et coram vobismetipsis prudentes! (Isai. v, 21.) Væ, qui condunt leges iniquas et scribentes injustitiam scripserunt, ut opprimerent in judicio pauperes! Quid facietis in die visitationis et calamitatis de longe venientis? (Isai. x, 1, 3.) Ecce dies Domini venit crudelis et indignationis plenus ad ponendam terram in solitudinem et peccatores ejus conterendos de ea (Isai. xiii, 9). Væ qui profundi estis corde, ut a Domino abscondatis consilium, quorum sunt in tenebris opera? (Isai. xxix, 15.) Væ, qui prædaris! nonne et ipse prædaberis? et qui spernis, nonne et ipse sperneris? (Isai. xxxiii, 1.) Confortate manus dissolutas et genua debilia roborate. Dicite pusillanimis : Confortamini, nolite timere ; Deus ipse veniet et salvabit vos (Isai. xxxv, 3, 4). Convertimini ad me, dicit Dominus, et salvi eritis, omnes fines terræ (Isai. xlv, 22). Audite me duro corde, qui longe estis a justitia (Isai. xlvi, 12). Quærite Dominum dum inveniri potest, invocate eum dum prope est. Derelinquat impius viam suam, et vir iniquus cogitationes suas, et revertatur ad Dominum, et miserebitur ejus, et ad Deum nostrum, quoniam multus est ad ignoscendum (Isai. 6, 7). Hæc itaque Isaiæ prophetæ verba, nunquid specialiter dicta sunt vel ad filios Israel, vel ad alios quoslibet populos? Nonne magis dicta sunt ad omnes fideles, ut exinde admoniti efficiantur meliores?

Jeremias quoque propheta admonet nos dicens : Hæc dicit Dominus : Non glorietur sapiens in sapientia sua, et non glorietur fortis in fortitudine sua, et non glorietur dives in divitiis suis ; sed in hoc glorietur, qui gloriatur scire et nosse me, quia ego sum Dominus, qui facio misericordiam et judicium, et justitiam in terra, hæc enim placent mihi, ait Dominus (Jer. ix, 23, 24). Maledictus vir, qui confidit in homine, et ponit carnem brachium suum, et a Domino recedit cor ejus. Benedictus vir, qui confidit in Domino, et erit Dominus fiducia ejus (Jer. xvii, 5, 7). Hæc dicit Dominus : Repente loquar adversum gentem et adversus regnum ; ut destruam et disperdam illud. Si pœnitentiam egerit gens illa a malo suo, quod locutus sum adversus eam, agam et ego pœnitentiam super malo quod cogitavi, ut facerem ei. Et subito loquar de gente et regno, ut ædificem et plantem illud. Si fecerit malum in oculis meis ; ut non audiat vocem meam, pœnitentiam agam super bono, quod locutus sum, ut facerem ei (Jer. xviii, 6 10). Quis rogo per hæc verba Dei non deterretur ? quis etiam non consolatur, si tamen credit ad omnes fideles esse dicta ?

Audite quoque quid per Ezechielem prophetam ad nos dicat Dominus : Anima, quæ peccaverit, ipsa morietur. Justitia justi super eum erit, et impietas impii super eum erit. Si autem impius egerit pœnitentiam ab omnibus peccatis suis, quæ operatus est, et custodierit universa præcepta mea, vita vivet et non morietur (Ezech. xviii, 20, 21). Si autem averterit se justus a justitia sua, et fecerit iniquitatem secundum abominationes, quas operari solet impius, nunquid vivet ? Omnes justitiæ ejus, quas fecerat, non recordabuntur (Ezech. 24). Convertimini et agite pœnitentiam ab omnibus peccatis vestris, et non erit vobis in ruinam iniquitas. Projicite a vobis omnes prævaricationes vestras, in quibus prævaricati estis, et facite vobis cor novum et spiritum novum (Ibid., xxx, 31). Talia igitur verba, quæ de tribus prænominatis prophetis jam protuli, ex multis difficilibus pro cunctorum admonitione fidelium decerpere studui, existimans paucis prodesse, si qua difficilia ex eis studerem proferre.

Sed et per historiam, quæ in libro Danielis prophetæ scripta est, omnes fideles admoneri possunt, si attendere studeant quia sicut illos tres pueros, licet in captivitate et in peregrinatione essent, nullatenus tamen vel per minas vel per supplicia rex Nabuchodonosor amovere poterat a cultu Dei ; ita etiam ipsi debent nulla pravorum hominum suasione a lege divina amoveri. Non enim sine causa Dominus olim fieri permisit talia, sed ut præsentis temporis homines in quibus fraus, fallacia et contemptus Dei, nec non omnis iniquitas regnat plus quam in temporum præcedentium hominibus, juxta Apostolum dicentem : In novissimis diebus erunt periculosa tempora, et erunt homines semetipsos amantes (II Tim. iii, 1), admoneret ut fidem, quam sancti martyres tam in Veteri quam in Novo Testamento positi inter supplicia horrenda constanter retinebant, ipsi vel in pace sanctæ Ecclesiæ studeant retinere. Quæ scilicet admonitio non solum in libro Danielis, sed etiam in cunctis sanctorum martyrum passionibus inveniri potest.

De aliis quoque prophetarum libris sententias aliquas vobis proferrem, nisi quod nimis difficiles sunt tam ad intelligendum quam ad proferendum ; quod enim coram multis refertur debet esse aut planum aut facili ratione explanandum. Verumtamen pauca verba proferam de propheta Sophonia, quæ et satis plana et cunctorum notitiæ sunt necessaria. Nam cunctis est necessarium ut credant tremendum ultimumque Dei judicium, et ut se præparent ad ipsum. De quo judicio Sophonias ita scribit : Vox diei Domini amara, tribulabitur ibi fortis. Dies iræ, dies illa, dies tribulationis et angustiæ, dies calamitatis et miseriæ (Soph. 1, 14, 15). Et post pauca subjungit, dicens : Antequam venient, quærite Dominum, omnes mansueti terræ, qui judicium ejus es is operati. Quærite justum, si quomodo abscondamini in die furoris Domini (Soph. ii, 2, 5). Hæc de prophetis breviter commemoravi, ne tantæ sanctitatis libros in Scripturæ sacræ cursu penitus præterisse videar.

CAPUT XVI.

Documenta moralia ; ad recte currendum necessaria ex dictis et gestis Christi in quatuor Evangeliis relatis, excerpta et explicata.

Nunc igitur licet gressu claudicante ad totius

Scripturæ sacræ arcem, id est Evangelium currere libet, quod quia instar montis excelsi inter cæterarum sublimitatem scripturarum ita supereminet, ut ad summitatem ejus pervenire nequeam, tam meritis quam scientia quasi utroque pede, proh dolor! claudus, magnum mihi videtur, si saltem ad radices ejusdem montis perveniens, aliquos ibi flosculos capere potero.

Hoc autem inprimis inde carpendum videtur, quod Dominus et Salvator noster, cujus ibi gesta et miracula veneranda leguntur, Deus et homo verus esse credendus est. Quod enim Deus est, illa sanctissima Joannis verba declarant : *In principio erat Verbum, et Verbum erat apud Deum, et Deus erat Verbum* (Joan. I, 1). Quod autem factus est homo illa nihilominus dicta probant : *Et Verbum caro factum est, et habitavit in nobis* (Ibid., 14). Item utrumque sanctus Matthæus testatur, narrans de Domino, quia esuriret et tentatus esset a diabolo ut homo, quodque ei angeli ministrarent ut Deo. Multa etiam his similia tam verbis quam operibus declarata testimonia in Evangeliis inveniuntur; quæ ideo inprimis ex historia evangelica protuli, quia ad fidem sacram pertinent, quæ totius religionis divinæ fundamentum constat. In quocunque enim homine hujusmodi fides et scientia solidatur, facilius omnia intelligit quæ scriptura Veteris et Novi Testamenti de Christo testatur. Ad hæc etiam pensandum est in Evangeliis, quia a quibuscunque vel bonis vel malis Christus interrogabatur, communi salutis humanæ causa factum est ut dispositione tali proderetur veritas doctrinæ per responsa Christi. Nisi enim præcederent interrogationes aliquorum, non poterat omnibus responderi, non poterat quorumdam malitia apte increpari, non poterat quorumdam ignorantia congrue edoceri. Sed ut hæc quæ dicimus apertius innotescant, exempla proferemus. In Evangelio namque Matthæi legitur : Quia discumbente Jesu in ejusdem Matthæi domo cum publicanis et peccatoribus, Pharisæi de tanta pietate scandalizati dicebant ad discipulos ejus : *Quare cum publicanis et peccatoribus manducat Magister vester?* (Matth. IX, 11.) Hæc Jesus audiens, ait : *Non est opus valentibus medicus; sed male habentibus : non enim veni vocare justos, sed peccatores* (Ibid., 12). Nonne attendere valetis, quia tantæ doctrinæ, tantæ pietatis responsio a Christo prolata non esset, nisi interrogatio licet maligna Pharisæorum præcederet? Ejusdem quoque doctrinæ causa interrogatus Jesus a discipulis Joannis : quare discipuli ejus non cum aliis jejunarent, respondit Jesus : *Non possunt filii sponsi lugere, quandiu cum illis est sponsus* (Ibid., 15). Quibus verbis magna sanctæ Ecclesiæ consolatio traditur in eo quod et se sponsum Dominus, et discipulos suos filios sponsi vocare dignatus est, concordans videlicet aliis qui eum eodem nomine appellare solebant. Verumtamen tantæ consolationis verba Dominus respondendo non proferret, nisi interrogatio jam commemorata præcederet. Similis doctrina in Evangelio eodem invenitur, ubi Domino loquente ad turbas, dixit ei quidam : *Ecce mater tua, et fratres tui foris stant quærentes te* (Matth. XII, 47). Cui Dominus respondit : *Quæ est mater mea, et qui sunt fratres mei? Et extendens manum in discipulos suos dixit : Ecce mater mea et fratres mei ; quicunque enim fecerit voluntatem Patris mei, qui in cœlis est, ipse meus frater, et soror, et mater est* (Ibid., 48-50). O piissima dispensatio Domini nostri Jesu Christi, qui ideo voluit a matre cognatisque carnalibus tunc quæri, ut congrue nos instruere posset quanta differentia sit inter carnales et spirituales fratres, quodque omnes voluntatem Dei facientes dici possint fratres, et matres, atque sorores ejus.

Ejusdem doctrinæ causa invenitur ibi, ubi Scribis et Pharisæis ad Dominum dicentibus : *Quare discipuli tui transgrediuntur traditiones seniorum, non enim lavant manus suas, cum panem manducant* (Matth. XV, 2). Ipse respondens eis, in primis quidem exemplis convenientibus increpavit eorum hypocrysin ; postea vero discipulis inquirentibus explanavit, quomodo magis coinquinet hominem sordida mentis conscientia, verbaque prava quam manus illotæ, dicens : *Homicidia, adulteria, falsa testimonia, blasphemiæ, hæc sunt, quæ coinquinant hominem; non lotis autem manibus manducare, non coinquinat hominem* (Ibid., 19-20). Disposuit pius Dominus et causam, unde doceret quam necessaria sit fides, constantiaque orandi in Chananæa muliere quæ, licet ab eo tam silentio quam verbis contumeliosis contempta et indigna ejus miseratione videretur, non tamen destitit a precibus, donec ipse collaudans ejus fidem, constantiamque orandi diceret : *Magna est fides tua, fiat tibi sicut vis* (Ibid., 28). Hujus igitur mulieris fide et constantia omnes fideles instruuntur, ut in precibus suis sint stabiles et in divina pietate confidentes : eadem namque Domini pietas in omnes ad se clamantes constat.

Providit etiam Dominus causam qua doceremur recte in eum credere, quaque pastoribus sanctæ Ecclesiæ potestas ligandi atque solvendi daretur. Nam cum in loco quodam interrogasset discipulos suos, quem vel homines cæteri, vel ipsi eum dicerent, respondens Petrus pro omnibus dixit : *Tu es Christus filius Dei vivi* (Matth. XVI, 16). Qui mox pro tantæ fidei confessione *beatus* a Domino respondente dictus, claves regni cœlorum et potestatem ligandi atque solvendi tam in cœlis quam in terris accipere meruit. Unde et cunctis sanctæ Ecclesiæ pastoribus eadem potestas ligandi atque solvendi tradita creditur. Notandum quoque quia cum aliarum rerum notitia per interrogationes tam malorum quam bonorum a Domino tradatur, præcipua fidei sanctæ confessio per solam Dominicæ interrogationis causam panditur. Cui rei pene simile est quod ipse Dominus assumens quosdam discipulos, duxit eos in montem excelsum, ubi vox audita est de nube, dicens : *Hic est Filius meus dilectus, in* quo mihi complacui, ipsum audite (*Matth.* xvii, 5). Quæ scilicet verba, quia specialiter divinitatem Domini nostri testantur, qua nihil excellentius est, congruum fuit ut, sicut superius sanctæ fidei confessio a beato Petro apostolo prolata est ex Dominicæ interrogationis causa, ita etiam verborum illorum, quæ de supernis divinitatem Domini nostri testabantur, nulla efficientia alia esset nisi ipse Dominus ducens illuc discipulos quo audita sunt eadem verba. Merito enim ea, quæ inferiora sunt, ex inferioribus causis; quæ autem superiora sunt, ex superioribus quoque causis efficiuntur. Hæc ergo subtilis adnotatio verborum, simul et gestorum Domini nulli, quæso, videatur inepta. Justum namque est ut juxta vires nostras pensemus et veneremur omnia Salvatoris nostri gesta. Quæ nescimus, veneremur; quæ autem aliquid intelligimus, cum timore et amore proferamus. Nam quid alii credant vel sentiant de evangelicis dictis ignoro; ego quidem credo quia nulla dicta vel gesta in eis scripta careant mysteriis maxime utilitatis, adeo ut cunctorum cogitationibus in eis respondeatur.

Et ut hæc ita esse probemus, dicamus aliquem cogitare quid facere debeat de parentibus vel fratribus, seu quibuslibet amicis perversis : utrum scilicet cum eis maneat an illos deserat, quos ita incorrigibiles esse sentit ut nullatenus eos ædificare possit? Quisquis igitur ille est qui talia cogitat; si litteras scit, in eisdem litteris consilium quærere debet a Domino. Ille vero inquisitus pro causa tali respondet in Evangelio, dicens : *Si manus tua, vel pes tuus scandalizet te, abscide eum et projice abs te; bonum tibi est ad vitam ingredi debilem vel claudum, quam duas manus, vel duos pedes habentem mitti in ignem æternum* (*Matth.* xviii, 8). Ecce quomodo Dominus per verba evangelica respondet omnibus super re jam supra dicta interrogantibus : Manus enim vel pes noster scandalizans nos est aliquis amicus qui pravitate sua nos a via Dei cupit avertere, quem videlicet abscidere et projicere, id est, separare a nobis præcipimur, ne forte propter ejus amicitiam, vel aliquod temporale subsidium sibi cohærentes in damnationem perpetuam simul veniamus. Nonne hujusmodi responsum in Evangelio continetur aptissimum?

Similia quoque responsa illic invenientur de rebus aliis. Nam si et hoc quærimus quid facere ei debeamus, qui mala nobis multa faciendo noster quodammodo debitor est, ut pro his puniatur, sed veniam omnimodo postulat, promittens se emendare, nec ulterius contra nos talia perpetrare? Respondet Dominus in Evangelio per parabolam illam : *Simile est regnum cœlorum homini regi, qui voluit rationem ponere cum servis suis*, etc. (*Matth.* xviii, 23). In qua nimirum parabola pariter intimantur et responsum divinum quid super inimico veniam petente facere debeamus, et pœna, si hoc minime fecerimus. Dicitur enim quia si nos debitoribus nostris veniam petentibus dimittere noluerimus, nec nobis debita nostra, id est peccata, a Domino dimitti.

Item si quis rectorum, quibus cura ecclesiastica commissa est, ut provideant licita matrimonia; vel si quis illorum quibus uxores accipere congruit, tractare voluerit optimi conjugii causam, interroget per aliquos litteras scientes, si ipse nescit, Dominum, qui post verba quædam de conjugii institutione prolata in Evangelio sic conclusit sententiam dicens: *Quod Deus conjunxit, homo non separet* (*Matth.* xix, 6; *Marc.* x, 9).: quæ videlicet sententia videtur pandere causam quomodo vel recte retinenda vel recte dimittenda sit uxor. Si enim conjugium, quod Deus conjunxit, non est ab homine separandum, patet profecto quia quod ipse nequaquam conjungit separari liceat. Nullum quippe conjugium ideo jungit ut illius vota atque præcepta postponantur, sicut verbi gratia ille postponit qui continentiam Deo vovens postea matrimonio et negotiis sæcularibus se conjungit. Hoc itaque conjugium, quoniam Deus non conjunxit, homo separet. Conjugium autem, quod Deus statuit, arbitror, hoc est ut pro filiorum procreatione et pro utriusque viri scilicet et mulieris adjutorio uxor ducatur ab illo duntaxat qui nec se ipsum vovit, nec a parentibus suis, cum esset parvulus, ad spiritualis vitæ observantiam datus est. Similiter intelligendum esse videtur quod paulo post Dominus subjungit, dicens : *Quicunque dimiserit uxorem suam, nisi ob fornicationem, et aliam duxerit, mœchatur* (*Matth.* xix, 9); quibus verbis colligitur quia si aliquis dimittens ex quacunque causa uxorem, nisi ob fornicationem, mœchatur, apparet utique quia qui solummodo pro fornicationis causa uxorem dimiserit, sicut videlicet is qui uxore accepta postmodum in adulterii, homicidii, latrocinii et in alia his similia scelera cadit, et deinde pro fornicationibus tantis congruam pœnitentiam agere cupiens, uxore omnibusque mundialibus negotiis relictis, ad monasterium confugit; qui ergo pro hujusmodi fornicatione uxorem dimiserit, non mœchatur. Alioquin si semel suscepta in conjugium mulier quælibet postea nullatenus dimitti liceret, quomodo illa Domini sententia intelligenda esset, per quam etiam vitæ æternæ præmia relinquenti uxorem repromittit, dicens : *Omnis qui relinquit domum, vel fratres, aut sorores, aut patrem, aut matrem, aut uxorem, aut filios, aut agros propter nomen meum, centuplum accipiet, et vitam æternam possidebit?* Matth. xix, 29.) Ex hac igitur sententia colligitur quia huic, qui pro Dei solummodo amore et non propter odium aliquod irrationabile uxorem reliquerit, licet contra fas eam susceperit, vitæ perennis merces repromittitur. Fornicatio quoque congrue dici potest omnis illiciti conjugii causa, quæ in canonibus aliisque libris scripta continetur. Talibus itaque verbis responderi potest et illi qui pro justissima conjugii causa quærit uxorem ducere et qui cupit eam licenter relinquere. Si autem tanta cura agenda est, quomodo uxor vel legitime ducatur vel licenter relinquatur, quid sit de illis qui, se concubinis et meretricibus plurimis jugiter polluentes, nil curant qualiter honeste vivant, sed tantum more pecudum irrationabilium omne tempus vitæ suæ peragunt? Has ergo sententias de Evangelio decerpsisse me nulli, quæso, displiceat, sed attendat quia quæ Dominus dignatus est loqui et docere nobis etiam licet proferre.

CAPUT XVII.
Alia ejusdem generis documenta ex sacrosanctis Evangeliis.

Item si aliquis in corde suo tacitus quærat utrum homines tam ab initio mundi quam a pueritia sua ad Dei cultum veniant sponte et suis meritis, an vocatione Dei. Legat illam parabolam a Domino dictam : *Simile est regnum cœlorum homini patrifamilias, qui exiit primo mane conducere operarios in vineam suam* (*Matth.* xx, 1). Quod enim dicit patremfamilias primo mane exisse, ut conduceret operarios in vineam suam, significat quia Dominus et in initio mundi et in prima cujuslibet hominis ætate quos vult ad gratiæ suæ notitiam eligit. Quod autem circa horam tertiam exiit significat quia in tertia mundi, nec non in tertia hominis ætate quosdam ad se eligere nititur. Simile mysterium sexta et nona hora continet. Quod vero circa undecimam dicitur exisse et quosdam, quos otiosos invenit, sicut et prius, in vineam suam conduxit significat quia Deus et in fine mundi et in senectute sua homines multos a bono opere diu vacantes ad salutis æternæ gratiam vocaturus est. Quod tempore vespertino adveniente paterfamilias procuratori suo jussit ut operariis mercedem tribuat, incipiens a novissimis usque ad primos, significat quia Dominus in cujuslibet fine hominis in vinea Domini, id est in Ecclesia sancta laborantis, angelos suos mittit ad suscipiendam illius animam, maxime tamen eorum animas qui sub illo tempore quo Christus in hunc mundum venit, hoc est in fine sæculorum, credere cœperunt. Receperunt enim quodammodo mercedem circa undecimam horam venientes prius quam antea venientes, quando apostoli, martyres, confessores, virgines atque omnes sancti post adventum Christi effecti magis in Ecclesia sancta venerari cœperunt quam illi qui ab initio mundi usque ad Christi adventum sanctificati sunt. Est et aliud quo novissimi prius quam primi mercedem accepisse credi possunt, quia non solum apostolis, sed etiam cunctis Ecclesiarum pastoribus data est a Domino nostro potestas ligandi atque solvendi. Hæc autem potestas illis sanctis qui ante adventum Christi fuerant minime legitur concessa. Quod vero dicuntur hi qui prius in vineam Domini venientes laboraverant et post novissimos mercedem acceperant adversum patremfamilias murmurasse, juxta litteram nequit accipi quia nulla murmuratio inter quoslibet electos æternæ beatitudinis mercedem adeptos accidit, sed mystice possunt intelligi murmurasse hi, qui ex Judæis credentibus in primitiva Ecclesia, ut in Actibus apostolorum legitur, indigne ferebant gentibus prædicari verbum Dei prius quam ipsis, qui longe antea in lege Domini conversantes, quasi in vinea laborabant. Potest et hoc ad murmurationis verba referri quod plurimi in cordibus suis sæpius admirantes judicium Dei dicunt : Cur Deus quosdam noviter conversos prius ex hac vita subtractos ad cœlestia regna ducat quam illos qui a pueritia usque ad senectutem summopere certaverunt sibi servire? Cui etiam numerationi satis convenit quod paterfamilias ad quemdam murmurantium dixit : *An oculus tuus nequam est quia ego bonus sum?* (*Matth.* xx, 15.) Quasi diceret : Numquid intentio tua ideo perversa est quia ego pius et misericors sum, et quibus volo prius quam tibi præmia æterna dabo? His igitur verbis possunt omnes edoceri, quia nemo, nisi gratia Dei ductus, in cultu piæ actionis laborat; sed nec nullus judicium Dei reprehendere debet cur alium sero, alium autem citius perennis vitæ præmiis remuneret.

Cunctis etiam pastoribus Ecclesiæ, qui tantummodo laborant semet præferre aliis fastu superbiæ, non bona actione, in Evangelio pronuntiatur qualiter se præferre debeant, ita Domino dicente : *Quicunque voluerit inter vos major fieri, sit vester minister, et qui voluerit inter vos primus esse, erit vester servus : sicut filius hominis non venit ministrari, sed ministrare* (*Matth.* xx, 26, 27). Omnes namque, qui a Domino cupimus coronari, debemus prius ejus mandata atque exempla imitari, quoniam et nos a nostris amicis atque subditis hoc exigimus ut, si aliqua a nobis præmia vel commoda voluerint obtinere, ipsi prius voluntatem nostram studeant implere.

Et ne quis propter aliqua opera bona humanæ laudis appetitu impulsus superetur, attendat illam parabolam : *Simile est regnum cœlorum thesauro absondito in agro,* etc. (*Matth.* xiii, 44). Nisi enim actio bona interdum ab hominibus abscondatur, a malignis spiritibus velut a latronibus pecunia male prodita aufertur.

His simul qui sæpius Deo promittunt benefacere, sed non faciunt, respondetur in Evangelio quia nequiores sunt illis qui non promittunt, sed tamen aliquando bona faciunt quæ non promiserunt. Hoc namque Dominus indicat per illam parabolam, quam ad Pharisæos dixit : *Homo quidam habuit duos filios, et accedens ad primum dixit : Fili, vade hodie operare in vinea mea; ille autem respondens ait : Nolo. Postea autem pœnitentia motus abiit. Ad alterum vero similiter dixit; qui respondens ait : Eo, domine, et non ivit. Quis ex duobus fecit voluntatem patris? Dicunt illi : Primus. Dicit illis Jesus : Amen dico vobis, quia publicani et meretrices præcedunt vos in regnum Dei* (*Matth.* xxi, 28-31). Hac igitur parabola admonentur non solum Judæi, qui promittentes Deo legis præcepta servare non impleverunt, gentes autem, quæ non promiserunt, conversi ad Christum, ejusdem legis præcepta impleverunt, sed etiam monasticæ professionis homines, qui sæpius Deo promittunt spiritualem vitam sectari, sæcularia relinquere; sed, proh dolor! plurimi non faciunt. Sæculares vero viri, licet nihil tale Deo promiserint, operantur tamen sæpius ea quæ ad spiritualem vitam pertinent, ideoque, sicut Judæos publicani et meretrices, sic monachos negligentes præcedunt in regno Dei sæculares viri.

Notandum quoque quanta sit pietatis divinæ dispensatio in eo quod documenta salutis nostræ quædam, quæ, nullis accidentibus causis, per interrogationes aliquorum vel per gesta miraculorum suorum proferenda esse prævidit, per parabolas et similitudines a se excogitatas protulit. Si quis vero dubius nosse cupiat si quid humana versutia et sapientia valeat contra divinam, legat hoc quod scriptum est in Evangelio, quia scilicet *abeuntes Pharisæi consilium inierunt ut caperent Jesum in sermone* (Matth. xxii, 15). Qui licet eum dolosis verbis primitus laudantes extollerent, cunctisque hominibus perfectiorem dicerent, et sic demum post tantam laudem tentantes interrogarent, æstimantes eum, ut cæteros homines, laudatum facilius posse decipi, ille tamen, priusquam aliquid ad interrogata responderet, eorum nequitiam potenter increpavit, dicens: *Quid me tentatis, hypocritæ?* (Ibid., 18). In quibus verbis pensare possumus quia, nisi Deus esset, tam cito versutiam tantam nosse nequiret. Sed et hoc potest omnis intelligens et requirens Deum in eisdem verbis perpendere quia nemo alium, non solum Deum, sed nec homines, tentare et invadere debet per verba dolosa. Postquam autem Dominus Pharisæorum nequitiam increpavit, jussit eos ostendere sibi denarium, ut per denarii ostensionem congrue posset respondere ad interrogata; interrogabant enim, si censum dare Cæsari liceret. Cumque denarium obtulissent, interrogavit et ipse Dominus eosdem Pharisæos de denarii inscriptione, quam aspiciebat. Ils vero respondentibus quia Cæsaris esset imago inscripta, tunc tandem protulit sententiam, pro qua interrogatus erat, dicens: *Reddite ergo quæ sunt Cæsaris Cæsari, et quæ sunt Dei, Deo* (Ibid., 21). O quam *frustra jacitur rete ante oculos pennatorum!* (Prov. 1, 17.) O quam frustra Deo opponuntur subtilium jacula verborum! sicut enim *pulverem projicit ventus a facie terræ* (Psal. 1, 4), sic Pharisæorum versutia projecta, et redacta est ad nihilum a Domini sententia. Ipsi denique insidiantes illi, ponentesque sub una sententia duo retia, in quorum alterutro non dubitabant eum capi, dixerunt: *Licet censum dare Cæsari, an non?* (Matth. xxii, 17.) Ut si ille decerneret censum Cæsari tribuendum, caperent eum in hoc quod contra legis præcepta statueret, Judæos cultui divino deditos vel cuiquam homini censum dare. Si vero diceret non esse fas censum Cæsari tribuendum, mox eum apud Cæsarem accusarent pro eo quod sibi debitum tributum denegasset tribuendum. Hæc igitur Pharisæorum erant retia, in quibus non dubitabant Dominum implicari. Sed ille per medium eorum ita secessit illæsus, ut neutra parte fuisset vel tactus. Dixit enim et Cæsari quæ sua forent, et quæ Dei forent Deo reddenda. In quibus verbis duo pensanda sunt: quorum unum jam diximus, quia obstructum est os loquentium contra Dominum; alterum vero est, quia ille qui super omnes, et per omnia, et in omnibus dominatur dignatus est decernere terreno principi vel ulla commoda dari. Merito itaque sapientiam simul et clementiam Domini jugiter veneramur, dicentes cum Psalmista: *Magnus Dominus noster, et magna virtus ejus, et sapientiæ ejus non est numerus* (Psal. cxlvi, 5). Et iterum: *Universæ viæ Domini misericordia et veritas, requirentibus testamentum ejus et testimonia ejus* (Psal. xxiv, 10). Hæc igitur verba sapientiæ et pietatis divinæ, quæ de evangelicæ lectionis expositione, nec non de psalmis nuperrime protuli, dolosos quosque precor attendere, ne forte, obcæcati pro temeritate sui, similes efficiantur Pharisæis, qui foris quidem hypocrisis moribus dealbati, intus autem erant pleni spurcitia omni.

CAPUT XVIII.

In quibus Evangeliorum locis perpetuo vigilare, fraudulentis cogitationibus resistere, semper proficere jubeamur, et quid prosit baptizatis parvulis fides offerentium.

Et ut aliquid studiosius vigilent ad melioris vitæ conversationem, audiant quid Dominus in Evangelio quoslibet admonendo dicat: *Vigilate, quia nescitis qua hora Dominus vester venturus sit* (Matth. xxiv, 42). Dominus quippe ad unumquemque venit cum obitus sui hora appropinquaverit; ad cujus adventum vigilat qui se bonis operibus ad obitum suum præparat; cujus etiam adventui similitudinem brevem et notissimam adjungit, ut unusquisque se eo magis illuc præparet, quo certior factus est exinde cum adjuncta similitudine. Hæc est autem similitudo, quam Dominus subjungit, dicens: *Illud autem scitote, quoniam, si sciret paterfamilias qua hora fur veniret, vigilaret utique et non sineret perfodi domum suam* (Ibid., 43). Qua similitudine omnes tanto magis admoneri possunt, quanto sibi constat maxime nota. Si enim scirent qua hora fur veniret, vigilarent utique et non sinerent perfodi domum suam; sic etiam si mortis suæ horam, quæ per furem significatur, præscirent, bonis utique operibus, etsi non antea, in proximo tamen se ad hanc præpararent. Sed si omnipotens Deus, qui omnia in sapientia fecit, et cujus misericordia plena est terra, sciret omnibus utile esse mortis suæ horam prænoscere, notam procul dubio faceret illis. Fortassis enim plurimi ex hac notitia omne tempus vitæ suæ in flagitiis peragerent usque ad proximam obitus sui horam. Unde colligitur multo melius esse ut, incerti de obitus nostri tempore, semper solliciti simus, semper in bonis operibus vigilemus. Adjungit etiam Dominus quædam verba, pronuntiando quanta sit merces illius qui bene vigilat, dicens: *Beatus ille servus quem, cum venerit dominus ejus, invenerit vigilantem* (Ibid., 46). Quæ sit autem retributio bene vigilantis servi, cum Dominus omnipotens ad eum venerit, in plurimis intimatur libris, ex quibus unam Apostoli profero sententiam, dicentis : *Oculus non vidit, nec auris audivit, nec in cor hominis ascendit, quæ præparavit Deus diligentibus se (I Cor. II, 9).*

Quoniam multæ sunt hominum cogitationes hoc solummodo attendentes qualiter se excusent pro quolibet vitio quod vel contra Dominum vel contra proximum committunt, Dominus, hujusmodi stultitiam prævidens, *scit enim cogitationes hominum quoniam vanæ sunt* (Psal. XCIII, 11), omnimoda admonitione occurrit, ut eos a cogitationibus perversis corrigat. Unde in Evangelio quoslibet admonens, dicit : *In qua mensura mensi fueritis, remetietur vobis (Matth.* VII, 2); quasi diceret : « Nolite frustra laborare hoc cogitando quod vel occulta vel aperta crimina vestra Deum lateant, ut exinde judicium ejus evadere possitis; scit enim et id ipsum quod cogitatis, qualiter unumquodque vitium non pœnitendo sed excusando possitis coram eo occultare. Sed quia hoc non solum nihil prodest, sed etiam multum nocet, mentes vestras corrigite pœnitendo et confitendo peccata vestra, faciendo quoque aliis quæ vultis illos facere vobis. Si cui aliqua fecistis damna, omnimodo laborate ut restituantur ablata, aut, si hoc paupertas impedit, tam a Deo quam ab illo cui damna sunt facta precibus intimis indulgentia petatur. Si ergo in hac mensura mensi fueritis aliis, remetietur profecto vobis eadem mensura a Domino. »
Eamdem quoque sententiam confirmans Dominus subjungit, dicens : *Qui enim habet, dabitur illi; et qui non habet, etiam quod videtur habere auferetur ab eo (Matth.* XXV, 29). Quæ nimirum verba, ut credimus, ita sunt intelligenda : Qui habet curam hanc ut dona jam accepta bene distribuat, dabitur illi ut alias etiam virtutes accipiat. Qui autem curam hujusmodi non habet, ipsa etiam cognitio salutis æternæ, quam a gratia Dei datam habuit, auferetur ab eo, ita ut, in reprobum sensum cadens, faciat ea quæ non conveniunt.

Deinde vero quasi aliquis quæreret cui rei quodlibet opus bonum in initio, et in longiori profectu et in perfectione simul foret, addit similitudinem unde quæstio talis absolvi possit, dicens : « Sic est regnum Dei, quemadmodum si homo jaciat semen in terra, et dormiat, et exsurgat nocte ac die, et semen germinet, et crescat dum nescit ille : ultro enim terra fructificat, primum herbam, deinde spicam, deinde plenum frumentum in spica ; et cum se produxerit fructus, statim mittit falcem, quoniam adest messis. » Cujus videlicet parabolæ sensus est iste : Regnum Dei est quodlibet opus bonum, quod nimirum opus quasi semen in terra jactamus, cum intentionem bonam cordi nostro inserimus. Semen enim in terra mittere, est desideria bona concipere. Postquam vero semen in terra jactaverimus, dormimus, quia jam in spe boni operis requiescimus. Nocte ac die interea surgimus, si nec per adversa, nec per prospera a timore et amore Dei animum avertimus. Semen germinat, et crescit, cum nos nescimus, quia semel concepta virtus per gratiam Dei intra nos jugiter augetur et ad provectum ducitur. Ultro terra fructificat primum herbam, deinde spicam, deinde plenum frumentum in spica, cum, præveniente nos gratia Dei, mens nostra sponte ad fructum boni operis assurgit : primum quidem producens opera recta, sed teneritudine quadam circumdata et adhuc contra cujuslibet tentationis impetus infirma ; deinde vero virtutem cujusque operis boni tantam, ut sit valida contra quæque tentamenta. Plenum autem frumentum tunc terra fructificat, cum in omni opere bono proficimus et ad perfectionis maturitatem solidamur. Cumque eo modo se produxerit fructus, messisque advenerit tempus, statim homo mittit falcem et desecat messem ; quia omnipotens Deus, cum unumquemque ad opera perfecta perduxerit, ejus temporalem vitam per emissam sententiam incidit, ut granum suum ad cœlestia horrea perducat. Hæc itaque, fratres charissimi, attendentes, supplicate Deo ut, si in herba pusillæ fidei, vel teneræ devotionis ad studium bonæ actionis adhuc estis, ille vobis concedere dignetur tale incrementum, talemque spiritus maturitatem, quatenus ad plenum fructum perennis vitæ mereamini pervenire.

Sunt etiam multi qui arbitrantur ex diabolica fieri potestate quæcunque noxia et adversa in mundo contingunt : quibus respondetur in Evangelio per illum quem Dominus curavit, expellens ab eo dæmones *legionis* nomen habentes. Iidem namque dæmones, cum se expellendos esse ab homine agnoscerent, nisibus totis deprecabantur Dominum dicentes : *Mitte nos in porcos, ut in eos introeamus (Matth.* V, 12), statimque a Jesu accepta licentia exeuntes introierunt in porcos, et magno impetu grex porcorum præcipitatus est in mare. In quo nimirum facto omnes possunt edoceri quia, si diabolus non habuit potestatem lædere porcos, qui sunt animalia vilissima, nisi permissus, multominus lædere prævalet quemquam hominem, animalibus cunctis excellentiorem, nisi a Deo accipiat potestatem. Cum enim homines magis diabolo quam Deo servire studuerint, tunc dabitur ei potestas a Domino, ut eosdem, qui sibi servire student, affligens, faciat sentire qualis sit dominus ille cui decreverunt servire, quatenus vel afflicti cogantur Domino vero submitti.

Pensandum nihilominus est quod ei qui sanatus fuerat, a Domino præcipitur ut, in domum suam vadens, annuntiet vicinis suis quantam sibi gratiam Dominus fecerit, et quomodo sui misertus fuerit : quod scilicet geminam habere potest intelligentiam. Una quippe docet nos spiritualiter ut, ad domum conscientiæ nostræ reversi, emendemus in melius quod ignoranter peccavimus, sicque per melioris vitæ conversationem annuntiemus virtutem Domini in nobis factam. Alia vero intelligentia, licet carnalis sit, potest tamen ædificare aliquos, docens ut gratiam Dei, quæ nos fecit corporaliter sanos, annuntiemus vicinis nostris, ut nobiscum laudantes Deum discant sperare in misericordia ejus.

Respondetur quoque in Evangelio his qui putant magna divitum munera Deo chariora esse quam parva pauperum munuscula. Hoc autem Marcus evangelista narrans scribit ita: *Sedens Jesus contra gazophylacium, aspiciebat quomodo turba jactaret œs in gazophy'acium. Et multi divites jactabant multa. Cum venisset autem una vidua pauper, misit duo minuta, quod est quadrans. Et convocans discipulos suos ait illis: Amen dico vobis, quoniam vidua hæc pauper plus omnibus misit, qui miserunt in gazophylacium: omnes enim ex eo quod abundabat illis, miserunt; hæc vero de penuria sua, omnia quæ habuit, misit totum victum suum* (*Marc.* XII, 41-44). Ecce audistis qualiter eadem vidua magis laudabatur a Domino pro oblatione parvissima, quam illi divites pro muneribus magnis. Qua de re cunctis fidelibus scire datur quam discretus sit judex supernus, quam pius in retributione, quam subtilis in consideratione. Hunc ergo decet timere et venerari, qui tam subtiler cuncta potest intueri.

Multæ sunt cogitationes hominum, quæ si pura fide rectaque intentione rerum spiritualium veritatem quærunt, nequaquam permittuntur diu errare. Aut enim aperte eis quod requirunt manifestatur, sicut supra ostendimus, aut mystice per alicujus operis figuram insinuatur, ut modo volumus aperire ex Evangelica lectione. Quæri itaque potest quid prosint parvulis nihil scientibus offerentes eos ad baptisma, pro eo scilicet quod, ibi ubi discipuli jubentur baptizare fideles quoslibet, non solum nihil de eorumdem offerentium utilitate, sed nec de eorum adventu quidquam commemoratur, quasi credendum sit nihil prodesse parvulis offerentium labor. Sed, ut mihi videtur, multum prodest parvulis baptizandis offerentium fides; moxque subjungo unde illud probari credo. Nam in quodam Lucæ Evangelio legitur quia viri quidam, portantes hominem qui erat paralyticus, quærebant eum inferre et ponere ante Jesum, et non invenientes qua parte illum inferrent, præ turba, ascenderunt supra tectum, et per tegulas submiserunt illum cum lecto in medium ante Jesum. Quorum fidem ut vidit, dixit: Homo, remittuntur tibi peccata tua (*Matth.* IX, 2). Ecce opus apertum et corporale, per quod insinuatur spirituale! Sed prius mysterium lectuli in quo infirmus portabatur, deinde cætera consideremus. Lectulus namque ad portandum quemlibet aptus, quatuor columnellis compositus subsistit. Sic et fides catholica, quæ Deum omnipotentem in Trinitate et Unitate venerandum docet, in quatuor Evangeliis, vel, si hoc magis placet, in tribus personis et unitate sanctæ Trinitatis existere probatur. Quam fidem quisquis alii tradit, docens eum quod sine ipsa salvari nequeat, hic illum quasi in lecto positum ante Jesum portat. Hæc itaque dicta sint de lecti mysterio. Nunc vero, ut promisimus, cætera consideremus. Sicut igitur Dominus, videns eorum fidem qui paralyticum offerebant, dixit ad eumdem paralyticum: *Homo, remittuntur tibi peccata tua* (*Luc.* V, 20); ita credo agi per eos qui parvulos ad baptisma offerunt. Inspicere namque credo Dominum ad offerentium fidem, et dicere: «O parvuli, remittuntur vobis peccata vestra.»

Non solum autem in hoc Evangelio, sed et alibi legitur quantum valeat fides pro aliis laborantium. Orare quippe pro aliis est quasi Deo offerre eos, sicut mulier Chananæa pro filia, sicut Jairus archisynagogus pro filia, sicut centurio pro servo, rogantes, exaudiri meruerunt in his quos Domino curandos obtulerunt. Item scriptum est in Evangeliis Matthæi, Marci et Lucæ, quia quidam offerebant Jesu parvulos ut tangeret illos. Cumque discipuli talia prohibere vellent, increpavit eos Jesus, et ait: *Sinite parvulos venire ad me: talium enim regnum cœlorum* (*Matth.* X, 14). Ex quibus omnibus colligitur quia, quamvis, in Evangelio illo quo discipuli baptizare jubentur, memoria nulla offerentium parvulos habeatur, credendum est tamen et subaudiendum adesse debere, simulque eorum fidem baptizandis multum prodesse. Hujusmodi namque subauditio in multis sacræ Scripturæ locis inferenda est, alioquin ea quæ scripta sunt sacræ fidei plerumque nequeunt aptari. Hæc igitur propter quosdam simplices et litteræ solius, non autem intelligentiæ spiritualis, amicos dixi, ut hunc loquendi morem quem ipsi in sermone exercent communi (sæpe enim ita loquuntur ut, nisi aliqua verba subaudiantur, irrationabiliter loqui videantur), agnoscant etiam litteratoriæ insertum eloquentiæ.

CAPUT XIX.

Exhortatio ad divites, rerum divinarum incurios, imprudentes Ecclesiarum pastores, intemperantes et divinæ vocationis contemptores.

Libet etiam illa Evangelicæ lectionis verba proferre in quibus specialiter admonentur hi qui spem suam ponunt in divitiis et voluptatibus vitæ præsentis, quique verbo Dei *ad tempus credunt, sed in tempore tentationis recedunt* (*Luc.* VIII, 13), ut, attendentes quod Psalmista dicit: *Nolite sperare in iniquitate, et rapinas nolite concupiscere; divitiæ si affluant, nolite cor apponere* (*Psal.* VI, 11), discant magis in Domino quam in divitiis confidere. Tales ergo Dominus per parabolam admonens, dicit: *Exiit qui seminat seminare semen suum; et, dum seminat, aliud cecidit secus viam et conculcatum est, et volucres cœli comederunt illud. Et aliud cecidit supra petram, et natum aruit, quia non habebat humorem. Et aliud cecidit inter spinas, et simul exortæ spinæ suffocaverunt illud. Et aliud cecidit in terram bonam, et ortum fecit fructum centuplum. Hæc dicens clamabat: Qui habet aures audiendi audiat* (*Luc.* VIII, 5, 8). Quod igitur in semine cujuslibet grani visibiliter contingant omnia, sicut Dominus disseruit in parabola, notum est omnibus; ideoque ex his quæ novimus debemus pensare incognita, id est spiritualia, quæ significantur per nota et visibilia. Unde et Dominus, postquam parabolam protulit, statim clamavit dicens: *Qui habet aures audiendi audiat;* per hoc videlicet nos admonens ut de carnalibus spiritualia, de visibilibus invisibilia attendere studeamus. Non enim ille aures audiendi habet, qui nec attendere nec implere curat audita. Audiamus ergo, fratres charissimi, Dominicæ admonitionis verba non solum corporis, sed etiam cordis aure, ut et ille nos pro necessitatibus nostris ad eum clamantes dignetur audire. Nam quod tantopere admonuit ut omnis aures audiendi habens sua dicta audiret, non tantum pertinet ad præmissa parabolæ verba, sed etiam ad ea quæ exponendo subjunxit, dicens: *Semen est verbum Dei. Quod secus viam cadit, significat eos qui audiunt; deinde venit diabolus et tollit verbum de corde eorum, ne credentes salvi fiant. Quod vero supra petram, hi sunt qui, cum audierint cum gaudio, suscipiunt verbum, et hi radices non habent, quia ad tempus credunt, et in tempore tentationis recedunt,* etc. (*Luc.* II, 15).

Hæc igitur expositionis Dominicæ verba, quamvis cunctis fidelibus pensanda sint, aliquid tamen amplius pensare debent negligentes quique. In illis enim omnia inveniuntur quæ de infructuosa terra dicuntur. Ipsi quippe audiunt verbum Dei, sed deinde veniente diabolo ita obliviscuntur ejusdem verbi, quasi nunquam audierint. Ipsi sunt petra supra quam semen cadens non fructificatur, quia, licet cum gaudio suscipiant verbum Dei, in radice tamen cordis illud minime figentes, *ad tempus credunt, et in tempore tentationis recedunt.* Ipsi etiam, si forte possessiones magnas retinent, *a sollicitudinibus, et divitiis et voluptatibus vitæ hujus suffocantur, ut non referant fructum* (*Ibid.*, 14), nulla non visibilia et carnalia attendentes. Sed ideo maxime efficiuntur negligentes, quia, timorem amoremque Dei spernentes, credunt se temporalia et æterna bona uno dilectionis genere adipisci posse, sive propterea quoniam, cum pro certo sciant utraque discernenda esse in dilectione, proponunt sibi longum vitæ præsentis spatium divinamque pietatem, quæ cunctis ad se licet sero conversis veniam promittit; et hac promissione abutentes, credendo scilicet quia quandocumque voluerint cito converti possint (quasi conversionis tempus in potestate sua habeant!), interim toto nisu terrenis solummodo curis et voluptatibus occupantur. Cumque de die in diem, de mense in mensem, de anno in annum conversionis tempus differunt, aut vix demum convertuntur, aut, quasi catenati a consuetudine pessima, sine conversione moriuntur. Nam ex peccati pœna, quam in longa conversionis dilatione promeruerunt, videbitur eis quandoque difficile quod quondam visum fuerat facile. Ad expellendam ergo tam periculosam tamque tremendam negligentiam satis juvat si parabola jam commemorata ejusque expositio sæpius et intente legatur, si tamen simul adsit cura oratioque jugis, ut expellatur. Ipsam enim divinorum verborum lectionem et intentionem nimium formidans, diabolus fugit a legentibus et meditantibus divina.

Quod vero necessarium sit cunctis fidelibus substantiam terrenam possidentibus æterna gaudia mercari et exquirere cum temporalibus bonis, satis indicatur per parabolam illam: *Homo quidam erat dives, qui habebat villicum* (*Luc.* XVI, 1); quia in fine loci nis ejus, cur illam protulerit Dominus manifestat, dicens: *Facite vobis amicos de mammona iniquitatis,* etc. (*Ibid.*, 9). In qua etiam parabola Dominus, argumentum a contrariis sumens de villico fraudem faciente, innuit nobis quia tam a contrariis quam a consequentibus rebus possint exempla ædificationis proponi. Fraus enim omnis contraria est Christianæ fidei, et ideo hanc facere licet nulli. Sed tamen aliquomodo possumus exinde ædificari, attendentes scilicet quia, si aliquis sæcularium per fraudem suæ utilitati prospexit in futurum, multo magis nos debemus per eleemosynam juste acquisitam providere quæ nobis in futura vita expediant. Cui nimirum exemplo simile est, si aliquis religiosus, videns meretricem omni modo ornatam amatoribus suis, mox optet dicens: utinam ego ita studerem placere Christo, sicut ista meretrix studet placere mundo! vel si quis spiritualis doctor discipulos suos admoneat dicens: sicut multi studiosi sunt ad obtinendam prudentiam carnis, ita et vos studete ut spiritualem prudentiam obtineatis; cum perversa sit et meretrix et prudentia sæcularis. Ex quibus colligitur quia pessima quæque ad ædificationem assumi possunt.

Omnibus etiam pastoribus ecclesiasticis, qui discretione maxima indigent ad procurandos quoslibet lapsos, attendenda est illa parabola quam Dominus protulit de illo homine qui, ad Hierusalem in Jericho descendens, incidit in latrones, et ab eis vulneratus relinquitur semivivus. Cumque a prætereuntibus quibusdam minime visitaretur, Samaritanus quidam iter faciens suscepit eum sanandum, infundensque oleum et vinum, reddidit sanum (*Luc.* X, 30-35). Infusio enim olei et vini necessariam pietatis et severitatis commixtionem significat, sine qua nullus peccatorum vulneribus plenus sanari poterit. Hinc ergo doctores universi possunt satis instrui quia nec pietas sine severitate, nec severitas sine pietate in peccatoribus curandis tenenda est.

Similiter ne concessis et licitis rebus intemperanter utamur, seu in eis plus quam liceat lætemur, attendenda est jugiter illa parabola: *Homo quidam fecit cœnam magnam, et vocavit multos* (*Luc.* XIV, 16). Quod enim ibi dicitur cœna magna facta et vocati multi, sed quidam propter villæ emptæ, quidam propter boum emptorum probationem, quidam vero propter uxorem noviter ductam se excusantes venire noluerunt (*Ibid.*, 18-20), significat maximam quidem multitudinem fidelium ad superna gaudia invitatam; sed, dum plurimi nimiæ possessionum obtinendarum ambitioni, quidam autem conjugio licito intemperanter dediti inveniuntur, pauci sunt qui vocationi divinæ obedientes ad regna cœlorum perveniant. Verumtamen eo plus metuenda est hujus parabolæ sententia, quo minus a multis timetur, qui quotidie non solum ob nimiam villarum atque boum pretio condigno acquirendorum ambitionem et propter intemperatum uxoris amorem, sed etiam, quod multo nequius est, ob eos agros quos fraude aliqua acquirere vel auferre student de locis sanctis seu pauperibus, et propter meretricis inductionem, se conantur excusare a vocatione divina. Si enim hi qui rebus juste acquisitis et Deo concessis intemperanter utuntur, a regno cœlesti excluduntur, quid credendum est de illis qui per vim et fraudem aliquam aliena rapientes, et meretricibus semel jugentes, in his usque ad finem vitæ perseverant? Hæc itaque juxta litteram dicta sint.

Deinde, juxta spiritualem intelligentiam, considerare libet qui significentur per illos tres excusantes se a cœna ad quam invitati erant. Primus namque dixit : *Villam emi, et necesse habeo exire et videre illam; rogo te, habe me excusatum.* Alter dixit : *Juga boum emi quinque, et eo probare; illa rogo te, habe me excusatum.* Tertius eodem modo excusavit se dicens : *Uxorem duxi, et ideo non possum venire* (*Ibid.*). In istis ergo tribus se excusantibus existimo intelligi posse tria genera hominum, gentilium videlicet, et Judæorum atque hæreticorum. Ex quibus gentiles, quia, amplissimas possessiones in hoc mundo retinentes nil cogitabant qualiter vitæ perennis participes fierent, significantur per illum, qui dixit : *Villam emi, et necesse habeo exire et videre illam*, etc., quæ scilicet excusationis verba toties in corde suo unusquisque dicit quoties temporalia bona æternis gaudiis præponit. Cum enim quis aliquid emere cupit, unum pro altero reddit. Ita et ille agit qui liberum arbitrium habens ut faciat bona vel mala, spiritualia vel carnalia, spiritualia quasi vendens a se abjicit, et carnalia emendo recipit. Ille autem servus qui invitabat omnes intelligi potest vel naturale ingenium vel quæcunque scientia boni et mali a Deo tributa, ut sciat unusquisque declinare a malo et facere bonum. Sed hujusmodi servus nuntiavit hæc domino suo, quia uniuscujusque conscientia et cogitatio patet Deo. Per eum vero qui dixit : *Juga boum emi quinque*, etc., Judæos in perfidia sua permanentes intelligo, qui, dum in quinque libris Moysi fiduciam maximam habentes nil curant de cæteris Scripturæ sacræ libris, quorum doctrina pleniter corrigi possent, quasi excusantes dicentesque : *Juga boum emi quinque*, in corde suo respondent ei qui se invitat, naturali ingenio, cuilibet scientiæ a Deo sibi traditæ. Per tertium autem qui dixit : *Uxorem duxi, et ideo non possum venire*, hæreticos intelligi posse credo. Nam dum tractant qualiter in hæresi suscepta permaneant, eamque magis quam sacram et universalem fidem diligant, quasi dicentes in corde suo : *Uxorem duxi, et ideo non possum venire,* respondent ei, qui se invitat, summi patrisfamilias servo, de quo supra dictum est. Quæcunque enim carnalia vel delectabilia homo Deo præferre satagit, per his excusationes multiplices in corde suo gerit, quasi excusatio aliqua Deum fallere possit, qui novit omnia antequam fiant. Inter eosdem quoque hæreticos falsorum Christianorum multitudo convenienter potest connumerari, quia, dum unusquisque vitiorum amori ita se conjungit ut divini amoris cultum deserat, uxorem profecto talem duxit propter quam venire nequeat ad vitæ perennis cœnam. Sicut ergo sapientia, omnes virtutes generans, sapientis uxor vel amica vocatur, ita etiam stultitia, per quam omnia nutriuntur vitia, stulti uxor vocari potest.

Post hæc vero mittitur servus in plateas et vicos civitatis, ut pauperes ac debiles, cœcos et claudos introducat ad cœnam, quia *infirma mundi elegit Deus, ut confundat fortia* (*I Cor.* I , 27). Pauperes enim isti humiles possunt intelligi ; per debiles autem et cœcos et claudos significantur hi qui, varia debilitate ac cæcitate mentis oppressi, claudicaverunt a semitis divinæ legis ; sed, postquam agnoverunt gratiam Dei tantam esse circa peccatores, nisibus totis ad Dominum sunt conversi. Per illos vero qui compellebantur intrare ad cœnam, intelligere possumus sceleratos quoslibet ad Deum conversos, qui, pro eo quod peccatis nimiis pressi fiduciam nullam in suis meritis habebant, quasi compulsi ad Dei gratiam festinabant. Possunt et hi in eadem compulsione intelligi qui in tantam corporis infirmitatem seu pericula veniunt, ut pro reparatione vitæ compellantur emendationes morum Deo promittere. Sed terribile est valde quod post compulsionem talem subjungitur a Domino, dicente : *Dico autem vobis quod nemo virorum illorum qui vocati sunt gustabit cœnam meam* (*Luc* XIV, 24). Si igitur nemo virorum illorum qui vocati sunt gustabit cœnam Dei, quis potest salvus fieri ? Non enim præter illos quos ipse vocabit aliquis est salvandus, sed illi tantummodo salvantur qui ab eo vocantur. Quæramus ergo, et, opitulante Deo, inveniemus qualiter hæc terribilis sententia absque scandalo fidei salutisque nostræ intelligi possit. Nam si superiora hujus Evangelii dicta attendimus, ubi scilicet legitur quia quidam vocati ad cœnam venire noluerunt, tunc utique eamdem sententiam ad illos specialiter dictam esse agnoscimus. Et, ut ita esse apertius clarescat, dicamus ejusdem sententiæ verba : *Dico autem vobis quod nemo virorum illorum qui vocati sunt, gustabit cœnam meam.* Ubi cum dicitur : *nemo virorum illorum qui vocati sunt,* satis patet quia solummodo de illis intelligendum est proxime *vocati sunt* qui propter superbiam et contemptum Dei ironice dicuntur *viri*, sicut et alias *justi*, dicente Domino : *Non veni vocare justos, sed peccatores* (*Marc.* II, 17), hoc est, non veni vocare eos qui, suam justitiam volentes constituere, justitiæ Dei non sunt subjecti (*Rom.* X, 3), sed humiles, qui gratia Dei credunt se magis salvari posse quam ex meritis propriis.

Potest etiam eadem sententia aliter intelligi. Quia enim *vocare* Dei est unicuique notitiam et intelligentiam benefaciendi dare, nemo virorum illorum qui tantummodo vocati sunt, et non simul tracti divina inspiratione ut esuriant et sitiant justitiam, vel compulsi aliqua infirmitate seu adversitate ut timorem amoremque Dei concipiant, gustabit cœnam Dei. Unde et alibi Dominus dicit : *Nemo potest ad me venire, nisi Pater meus, qui misit me, traxerit eum* (*Joan.* vi, 44). Hæc igitur omnia Dominus et Salvator noster prænoscens, et vel aliquos de damnandis salvare volens, deterrendo profert sententiam dicens : *Multi sunt vocati; pauci vero electi* (*Matth.* xx, 16), ac si diceret : multi quidem sciunt benefacere, sed pauci sunt qui bene faciant. Quicunque ergo, hanc terribilem sententiam attendentes, formidant ne et ipsi propter delicta sua computentur in numero multorum reproborum, moxque se emendare decernunt, hi profecto, eadem hora qua talia in corde suo penitus deliberant inspiratione divina tracti, in numero paucorum electorum a Deo computantur.

CAPUT XX.
Adversus splendidas mensas et vestes, rapinam, superbiam, pusillanimitatem, etc.

Si quis vero arbitretur peccatum non esse nimio pretiosarum vestium ornatu uti, et cibis deliciosis jugiter epulari, attendat illa verba quæ Dominus de divite et paupere protulit. Narrat namque de divite quia, pro eo quod indutus est purpura et bysso, et epulabatur quotidie splendide, quodque de substantia sua nec micas mendicanti Lazaro dare voluit, in inferno sepultus sit. Sed et hoc pensandum est cunctis quia dives idem, non pro eo quod alicui sua auferret, sed quod propria aliis non erogaret, ad infernum ductus esse legitur (*Luc.* xvi, 19-22). Unde, si pro minori peccato ipse punitus est, multo magis puniendi sunt qui peccata majora faciunt, id est qui aliena rapiunt. Nemo igitur de rapinæ licentia sibi blandiatur, sed argumento minoris culpæ, id est tenacitatis, ad considerandam rapinam, quæ major est culpa, instruatur, sciens pro certo quia argumentis, per quæ meliora vel majora quælibet agnoscere possumus, omnes a Deo probamur.

Adhuc quiddam de ratione incœpta libet dicere. Sunt etenim multi ita peccatis exigentibus obcæcati, ut nec credant pœnam esse infernalem. Quod quia Dominus, qui omnes homines salvare vult, præscivit, ideo forsitan talia de divite ad infernum ducto, ibique tam pro se quam pro aliis poscente et non impetrante, disseruit, ut omnes qui vel de pœnis infernalibus dubitant, vel suos propinquos salvari desiderant, eos potius in hac vita quam in inferno positos pro salute sua tractare admoneant.

Superbiam quoque, quæ omnes virtutes destruere nititur, docet nos Dominus fugere, proferens in Evangelio similitudines duas, quarum una est : *Duo homines ascenderunt in templum ut orarent; unus Pharisæus et alter publicanus* (*Luc.* xviii, 10). Alia vero est : *Cum invitatus fueris ad nuptias : recumbe in novissimo loco* (*Luc.* xiv, 8). Ex utraque ergo possumus edoceri quanta ruina et confusio superbiam soleat sequi. Utraque etiam una eademque sententia terminatur : quia scilicet *omnis qui se exaltat, humiliabitur; et qui se humiliat, exaltabitur.*

Item, ne de promissionibus suis unquam desperemus, exemplis quibusdam docuit nos Dominus. Promisit namque discipulis suis, simulque omnibus in se credentibus, dicens : *Ubi sunt duo vel tres congregati in nomine meo, ibi sum in medio eorum* (*Matth.* xviii, 20). Quod quia semper impleat spiritualiter, aliquando voluit demonstrare corporaliter. Nam discipulis suis ad castellum quoddam euntibus, et de se colloquentibus, ipse Jesus Christus, repente apparens, ibat cum illis ; sicque, eorum conviator effectus, licet ab eis dubitantibus in primis non esset agnitus, omnibus quæ de se ipso erant prolatæ instruxit Scripturis.

Legitur in Evangelio Joannis : *Quia nuptiæ factæ sunt in Cana Galilææ* (*Joan.* ii, 1), ad quas vocatus est Dominus, et Mater et discipuli ejus. Hoc igitur quod superius dixi de Domino, quia scilicet ipse disponeret omnes causas unde illius doctrina et miracula proderentur, in hujus etiam Evangelii verbis pensari potest. Ut enim probaret quia bonæ sunt non solum spirituales nuptiæ, ubi sancta Ecclesia sibi conjuncta est, vel unaquæque fidelis anima copulatur sibi, qui se sponsum vocare dignatus est, dicens : *Non possunt filii sponsi lugere* (*Matth.* ix, 15), et de quo Joannes dixit : *Qui habet sponsam sponsus est* (*Joan.* iii, 29), sed etiam carnales, quæ ob propagandos humanæ naturæ filios a Deo statutæ sunt, ipse non dedignatus est ad has venire, ut eas et visibili miraculo, et, quod multo majus est, invisibili sanctificaret. Nam quod ex aqua vinum fecit, licet sit magnum mirandumque nimis miraculum, tamen quantum distat ortus ab occidente, tantum distat inter spiritualem Novi Testamenti intelligentiam, et inter carnalem Veteris scientiam, quam ipse potentia sua velut aquam in vinum convertit, cum omnem creaturam spiritualiter intelligendam esse docuit, ut sol et luna, panis et petra intelligi possunt. Sol enim, super omnem terram lucens, ipsum Dominum nostrum ubique majestate sua lucentem significat; luna vero, nunc incrementa sui nunc autem detrimenta sui sustinens, sanctam Ecclesiam quæ per filios suos interdum crescit interdum vero decrescit. Panis, qui cor hominis confirmat (*Psal.* cxiv, 17), ipsum Dominum confirmantem omnes qui sperant super misericordia ejus ne inter hujus vitæ pericula deficiant ; petra etiam, quæ solida est ad quodlibet ædificium superponendum, item Dominum nostrum qui solidus est omnibus super eum ædificantibus significat; sicut et ipse testatur in quodam Evangelio, dicens : *Omnis qui venit ad me et audit sermones meos, et facit eos, ostendam vobis cui similis sit. Similis est homini ædificanti domum, qui fodit in altum, et posuit fundamenta supra petram* (*Luc.* vi, 47, 48); per quam videlicet petram se ipsum significavit. Eodem modo, cum non solum parabolas ab illo in Evangelio mystice prolatas, verum etiam omnia humanæ vitæ officia ad spiritualis intelligentiæ usum aptari posse tradidisset, aquam profecto convertit in vinum. Hoc quoque miraculum toties facit, quoties quemquam a carnali vita ad spiritualem convertit. Ideoque et nos, fratres charissimi, Dominum nostrum tanti miraculi operatorem deprecemur ut, ad nos veniens, nuptiasque in nobis faciens tales per quas ipse quidem sponsus, anima vero nostra efficiatur sponsa, aquam carnalis vitæ, quam vel pro necessitate mortalis naturæ vel pro mala consuetudine hucusque bibimus, in vinum spiritualis vitæ dignetur convertere.

Docuit etiam Dominus in Evangelio prælatos et judices non debere præcipites esse in judicio. Nam cum quamdam mulierem in adulterio deprehensam Judæi ante illum statuerent, et pro hujusmodi crimine judicium ipsius exquirerent, non statim pro exquisito respondit judicio, sed inclinans se aliquandiu in terra scribebat digito; admonens videlicet omnes fideles hoc facto ut, cum quælibet proximorum vitia conspiciunt vel audiunt, non ante hæc respondendo judicare [judicent], quam ad conscientiam propriam reversi discretionis digito eam diligenter sculpant, et, in ea, quid Conditori placeat quidve displiceat sedula examinatione discutiant. Per inclinationem denique Jesu humilitas, per digitum discretionis subtilitas, per terram vero cor humanum, quod vel bonarum vel malarum actionum solet reddere fructus, exprimitur.

Sæpe contingit ut inter multos peritos aliquis sit tardioris ingenii; quod scilicet Dominus non tantum propter ejus imperitiam vel diffidentiam fieri permittit, sed etiam ut alii tam futuri quam præsentis temporis homines eadem imperitia laborantes corrigantur et instruantur. Nimis enim providus est Dominus, et nulli vel bene vel male contingere permittit propter se solum; sed ut simul alii corrigantur aut consolentur per illum. Cujus nimirum providentiæ causa sanctum Thomam apostolum inter alios apostolos credentes permisit ad tempus dubitare de resurrectione sua, ut cuncti in quocunque loco vel tempore positi per ejus dubitationem instruerentur ad fidem. De qua dubitatione sanctus Gregorius in homelia quadam disserens ait : *Nunquid, fratres charissimi, casu gestum creditis ut electus discipulus de resurrectione dubitaret, dubitans palparet, palpans crederet? Non hoc casu, sed divina dispositione gestum est. Egit namque miro modo divina clementia : ut discipulus dubitans, dum in Magistro suo vulnera palparet carnis, in nobis vulnera sanaret infidelitatis; plus enim nobis Thomæ infidelitas ad fidem, quam credentium discipulorum fides profuit.*

Jam diu per amœna et lata sacræ Scripturæ prata utcunque digrediens, et flores qui videbantur optimi exinde decerpens, eis quibus ex scientia sufficienti facultas est plurima scripta quasi transiliendo percurrere, viam demonstravi in qua jugiter meditando, conversando spiritualiter currere possint. Et quam dulcis cursus ejus qui in lege Domini meditatur die ac nocte! Quia quæcunque faciet, prosperabuntur (*Psal.* 1, 2, 3). Verumtamen quoniam et ipse aliquantulum expertus sum, et ab aliis sæpius audivi, in quolibet studio nullum cito posse fieri perfectum, sed a parvis rebus omnia incipere, instar cujuslibet grani, quod, postquam ex semine in terram projecto ortum fuerit, primum quidem in herbam, deinde in spicam, postremum vero in plenum frumentum crescendo vertitur. Quo videlicet significatur omnes ad alta tendentes per tentationes multas probandos esse prius quam ad perfectionis fructum perveniant.

CAPUT XXI.
Narrat auctor quæ tentationes et facta in conversionis et cursus sui spiritualis initio sibi obvenerint.

Libet hic scripta cujusdam fidelis mihique notissimi fratris inserere, qui, ad conversionem veniens, et Scripturam sacram legendo frequentans (habebat enim spem magnam in hac lectione), nimia diuturnaque hostis antiqui impugnatione fatigabatur in eadem sacra Scriptura. Quanto namque studiosius ille legebat, tanto magis tentationis molestia, ut sibi videbatur, crescebat. Cumque per Dei gratiam post multum temporis ab hac impugnatione eriperetur, cogitans qualiter, per ea quæ passus erat, tam ipse quam alii ædificari possent, scripsit non solum illas tentationis molestias, sed etiam sacræ Scripturæ verba, nec non quæcunque ex divina inspiratione sibi provenerant, quibus interea respondendo utebatur pro clypeo, et qui sibi erant charissimi spiritualesque amici, ostendit. Hæc igitur, quia et mihi poscenti sæpius legenda dedit, cogitare cœpi ut his qui in Scriptura sacra se exercere student aliquomodo panderem; quatenus, per eamdem impugnationem quam ipse passus erat, illi cautiores fortioresque contra diabolum efficerentur. Sic quippe incipit scribere de tentationum suarum molestia.

Delusiones Satanæ varias vigilans ac dormiens pertuli, quas licet universas nequeam dinumerando promere, aliquas tamen memoriæ insitas, prout possum, volo referre. Et reor hoc primum de fraudibus his perhibendum, quod et ante monachilis vitæ professionem, et postea diu perpessus sum; quia scilicet satis stolida improvidaque mihi inesset voluntas conversionis, quam, contra Scripturam sacram, quæ dicit : *Omnia fac cum consilio* (*Eccli.* XXXII, 24), sine consilio parentum et amicorum, quamque, in maximo juventutis fervore positus, subito vellem adire; nimisque foret inconsultum ut hujusmodi homo quisquam tam periculosum susciperet votum : ideoque multo melius esse ut, præstolans usque ad ætatis maturioris perfectionem, tunc tandem, cum se virtus ingesserit omnis sponte, pro desiderata tractem conversione. Hæc quidem et his similia in primis mihi quasi compatiendo et consulendo intulit illusio diabolica; deinde vero, cum talia ad plenum voluntatis suæ effectum, Dei gratia resistente, non potuisset tentator nequissimus in memet obtinere, ad majoris excitatus est pugnam nequitiæ.

Nam arte solita ad desperationem me pertrahere studuit, inspirans videlicet incassum me talem velle reverti, qui tantis criminibus sim implicatus, ut non solum principibus, sed etiam multitudini cæteræ ipsisque simul parentibus et cognatis exosus essem. « Putasne, inquit, ut tam sceleratus homo apud Deum judicem districtissimum veniam possit promereri, quandoquidem, sicut scriptum est : *Vix justus salvabitur?* (*I Petr.* IV, 18.) Ne cupias ergo quæ non sunt cupienda; sed potius ad ea laboris tui studium converte quæ amodo possis obtinere. Si enim ita, ut tu stolidissime æstimas, omnibus concessa foret hujusmodi facultas ut scilicet ad regna cœlestia tam perversus quam justus homo pertingere posset, nequaquam apostolus ille excellentissimus Paulus diceret : *Non enim est omnium fides* (*II Thess.* III, 2). Et iterum idem dicit : *Non omnes obediunt Evangelio* (*Rom.* x, 16). Ipseque Salvator et veracissimus auctor hæc rudimenta suis mundoque simul dedit omni : *Qui potest capere, capiat* (*Matth.* XIX, 12). In qua procul dubio sententia præscius innotuit quod non omnis bona possit. ¡ Cum igitur delusionibus torquerer talibus, quis, putas, mihi tunc erat animus? Nil aliud certe tunc prævalui nisi flere, et, juxta Psalmistam, fuerunt mihi lacrymæ meæ panes die ac nocte (*Psal.* XLI, 4). Fateor nimirum ex intimo corde, quia nullus nisi per gratiam Domini solam talia potest vincere. Postquam autem insidiator calidissimus me ad desperationis illatæ consensum nequit pertrahere, conatus est etiam per alia suæ fraudis argumenta ad justitiæ divinæ blasphemias me deflectere, non deterrendo vel improperando, sed quasi condolendo et compatiendo afflictioni meæ, suggerens videlicet cordi meo hujusmodi cogitationes : « O quam miserande juvenis, cujus dolorem nullus hominum dignatur attendere ! Quis autem hominum vel excogitare potest tanta te jam depressum afflictione? Unde nec illis debes imputare; quia quod nequeunt scire, in eo non possunt subvenire. Novit enim Dominus et prævalet omnia solus. Ideoque illi soli constat imputandum quidquid videtur ineptum et inordinatum. Cum ergo sciat et possit omnia, quare non adjuvat te in tribulatione tua, qui pro ejus amore reliquisti et prius sæculum, et modo diutius inæstimabilem sustines cruciatum? Quæ, rogo, ista erit ratio districtionis, quæ ad se jugiter clamantes omnibus cruciat modis? Fac quod facturus eris; depone supervacuas preces et luctus; quia ille in hac severitate in qua hactenus erat, amodo etiam perseverat : nam nimis stultum est ea precibus attentare quæ te scias non posse impetrare. Verumtamen noli timere, quia nunquam unius potentis injustitia omnes permittitur perdere. Quomodo enim posset fieri, ut homo quisquam mereretur semper affligi? vel quis mortalis sine peccato valet esse ab initio usque ad finem vitæ? Aut parvuli innocentia qualiter acquiri potest in senecta? sicut Christus docet : *Nisi*, inquiens, *conversi fueritis, et efficiamini sicut parvuli, non intrabitis in regnum cœlorum* (*Matth.*

A XVIII, 3). Nunquid et hoc te movet, quod Ezechiel propheta comminatur, dicens : *Anima quæ peccaverit, ipsa morietur?* (*Ezech.* XVIII, 20.) Si enim omnis, qui peccat, morti subjacebit, profecto nullus homo salvus erit; quia nemo absque peccato inveniri potest. Nonne similiter et illam mirabilem sententiam, quam paulo post idem Propheta dicit, tua mens attendit? ait ergo : *Si averterit se justus a justitia sua, et fecerit iniquitatem, omnes justitiæ ejus erunt in oblivionem* (*Ibid.*, 24). Hinc est quod ille Judas traditor Domini, cum hoc unum traditionis crimen admisisset, post multimoda justitiæ opera damnatus est. Attende adhuc et alia duo maxima hujus rationis exempla, in quibus probari et definiri potest omnis nostra sententia. Legitur enim in Exodi libro, quia dixerit Dominus ad Moysen : *Miserebor cui voluero, et clemens ero in quem mihi placuerit* (*Exod.* XXXII, 19). Rursumque in Evangelio scriptum est quia volens quidam discipulus ejus fieri, ac dicens : *Sequar te, quocunque ieris* (*Matth.* VIII, 19), repulsus est ab eodem Domino dicente : *Vulpes foveas habent, et volucres cœli nidos; filius autem hominis non habet, ubi caput suum reclinet* (*Ibid.*, 20). O indiscreta severitas! O miseranda æquitas, quæ tantummodo voluntatis suæ arbitrium sequitur, et ad se confugientes suscipere dedignatur! Intolerabilis certe talis est disciplina, nullique merito placitura. »

Hujusmodi quoque delusiones diu perturbaverunt meas cogitationes, in quibus satis probari valet quantis periculis mens mea subjaceret.

Ad easdem delusiones videtur pertinere quod subsequenter volo referre. Sæpe igitur contigit ut, quia matutinis horis ad signum primum, sicut regula sancta docet, volui exsurgere, phantasmatico aliquo longe ante tempus surgendi excitatus oratorium venirem festinus. Hoc etiam tandiu credidi opus esse divinum, quousque ex tempestivi soporis impedimento coactum me sentirem ad intempestivum. Patiebar et hoc per aliquot annos in nocturnis horis, ut, licet admodum sanus in lectulo dormiens jacerem, cum ad matutinas laudes surgere deberem, quasi compede quodam membrorum omnium constringerer debilitate, sicque ad ecclesiam nutanti et difficilimo gressu pervenirem. Proferenda est adhuc tentatio et delusio una, quam tanto difficilius intimare queo, quanto nunquam aliquid hujusmodi legebam vel audiebam ab ullo. Postquam enim suprascriptis et aliis multis tentationibus, quarum quasdam minime in memoria habeo, quasdam vero, ne legentibus sint tædio, hic proferre nolo, sum impulsus, sed, per Dei gratiam, a fide et spe cœlestis auxilii nequaquam evulsus; tunc impugnatione tali diutius torqueri me sentiebam, per quam et de Scripturæ sacræ scientia et ipsius Dei essentia prorsus dubitare compellebar. In aliarum quidem tentationum discrimine aliquod refrigerii intervallum, aliquod spei præstabatur refugium; in istius vero passione per horas continuas omnis fere solatii privabar cognitione. In aliis, per sacræ documenta Scripturæ aliquatenus roboratus, contra illata mortis jacula fidei speique armis decertavi; in ista autem, omni dubitatione et mentis cæcitate circumseptus, si vel ulla in Scripturis sacris veritas sit ac profectus, vel si Deus omnipotens constet, prorsus dubitavi. In aliis, inquam, tolerabilis aliquomodo et temperata fuit impugnationis causa; in ista autem talis erumpebat violentia, ut non solum spirituales, sed etiam corporales mei sensus vigore solito destituerentur. Videbatur enim mihi interdum ut, quasi obvelato visu et auditu, nil juxta vires solitas videre aut audire possem, interimque quasi cujusdam mecum colloquentis, et ore etiam apposito verba meis auribus susurrando immittentis audirem, dicentisque : « Cur labore cassato tam diu fatigaris? Ubi est illa spes pretiosa, quam usque modo retinebas in Scriptura? Nonne, omnium mortalium stultissime, casibus propriis poteris probare quia et Scripturarum testificatio et totius creaturæ imaginatio absque ratione constat et sine rectore? Nunquid experimento non cognoscis quoniam aliud librorum relatio divinorum, et aliud vita moresque probantur esse hominum? Putasne tot millia hominum errare, qui, ut ipse quoque hactenus cernebas, nec observare, sed nec suscipere curant documenta librorum? »

Cumque super his mœstus in corde meo memorarem sæpius quasi interrogando et objiciendo : « Si ita est, inquiens, cur tanta convenientia est in omnibus fere Scripturis divinitus inspiratis ut ratione pari et de conditore Deo et de mandatorum ipsius observantia enarrent? » Visum est hujusmodi verba iterum quasi respondendo mihi inspirari : « Ideo utique, o insensate, Scriptura, in qua confidis, de Dei persona, et de religione multiplici verba profert; quoniam homines illi qui Scripturæ ejusdem auctores olim exstiterunt, eodem modo quo etiam in tempore præsenti homines vivunt, ipsi tunc vixerunt. Modus autem vivendi in tempore præsenti, sicut tu quoque scis, constat talis ut honeste quidem et religiose satis homines loquantur, aliter vero longe sint actus eorum, sicut scilicet expedit, et fragilitas humana permittit. Non hæc ita esse quotidie potes probare? Unde patet et auctores scripturarum antiquarum religiosa quidem honestaque dicta composuisse, sed non secundum eorumdem dictorum qualitatem vixisse. Igitur secundum talem modum omnes legis divinæ libros intellige conscriptos, ut videlicet religiositatis et virtutis superficiem quamdam exterius habeant, interius vero rationem aliam et intellectum exquirant; sicut in plurimis maximeque in divinis codicibus facile reperiuntur sententiæ, aliam in littera, aliam in intelligentia rationem retinentes. Hæc autem omnia ita esse, uno Pauli apostoli testimonio approbo.: *Littera enim*, inquit, *occidit; spiritus autem*, id est, sensus, *vivificat* (II *Cor.* III, 6.) Nonne satis aperte per hæc Apostoli verba doceris quia, si librorum dicta sequeris, maxima pericula patieris? Idem quoque de Dei essentia intelligendum est. Alioquin si aliqua persona vel virtus Dei omnipotentis

esset, nequaquam tanta confusio atque diversitas in rebus cunctis appareret; sed neque tibi discrimina tanta contingerent, talisque dubitatio quam modo pateris minime immineret. »

Cum igitur hujusmodi delusionibus diuturnis plus quam credibile sit impugnarer, et propter inauditam ipsius impugnationis qualitatem ulli fratrum aperte indicare vererer (nullum enim talia posse credere vel audire arbitrabar), tunc, solo prostratus, et præ amaritudine suspiria longa trahens, et vires animi colligens, emisi talem labiis et pectore vocem : « O si quis es Omnipotens, et si sis undique Parens, sicut et in libris legi sæpissime multis! jam, precor, ostende quis sis et quid quoque possis, eripiens citius me a periculis imminentibus; nam sufferre magis nequeo discrimina tanta. » Nulla dehinc mora; et ablata est per Dei gratiam non solum omnis illa dubitationis supradictæ nebula, sed etiam scientiæ lux tanta in corde meo emicuit, ut et nunquam postmodum tales dubitationis mortiferæ tenebras sustinerem, et ea quæ minus antea cognovi, intelligere cœpissem. Cujus etiam intelligentiæ gratia in tantum per idem tempus mihi augebatur, ut non eam facile possem occultare. Instinctu enim quodam ineffabili et fervore insolito succensus, aliquam laudis divinæ operam pro gratia collata assumere incitabar. Cumque eamdem intelligentiæ gratiam nec prorsus tacere nec convenienti ratione possem perhibere, tractare cœpi, quia forsitan dictando et scribendo fervor insitus liceret proferri.

CAPUT XXII.

Unde ac quomodo incitatus ad scribendum fuerit Otilo, quasque consolationes in animo perceperit et divinas inspirationes fervente tentatione.

Hoc itaque modo occasionem scribendi sumens, et ea quæ superius de illusione diabolica proferebam, et quæ adhuc proferre volo, de inspirationis divinæ colloquio scripsi, ita incipiens : Quoniam igitur delusiones diabolicas peccatorum meorum causa exortas atque contra me suscitatas aliquantulum protuli, consequens profecto et rationabile videtur ut etiam divinæ inspirationis modos, quibus mens mea ad repugnandum instruebatur, scribendo aperiam, ne forte aliquis, delusiones easdem hic tantummodo scriptas et non protinus cœlestis adjutorii instrumenta ex lectione pari agnoscens, aut me victoriam adeptum, quæ mea nunquam est, mihimet deputasse arbitretur; seu etiam, quia mihi defuisset protectio divina in meis, in suis pariter tentationibus idem sibi eventurum vereatur. Cui suspicioni nullum dans locum, fateor me contra diaboli insidias omni modo per gratiam divinam instructum, sed, desidia lasciviaque animi torpentem, nullo unquam certamine debito vel vigiliarum, vel jejunii, seu cujuscumque continentiæ pro viribus datis pugnasse. Nam, ut prætereant collata scientiæ liberalis dona, quæ circumspectionis instrumenta constant maxima, memini me frequenter, et maxime cum primum de stratu meo in matutinis exsurgerem horis, mox a quodam quasi mecum surgente mecumque simul gradiente per ineffabilem modum nunc increpari, interdum leniter admoneri, crebro etiam humillimo nisu obsecrari pro emendatione morum et vitiorum, eorum quidem in primis quæ hesterno forsitan die ignoranter committens pro nihilo duxi; tum vero pro eorum quæ in quocunque tempore admisi aut inepte ridendo, vel incaute loquendo, seu jactando, vel adulando, sive detrahendo, seu etiam inutilia cogitando; postremo pro emendatione cujuslibet vitii quod longe jam antea perpetratum vix memini.

Cumque hujusmodi inspiratione et instinctu circumventus ecclesiam intrassem, et ad orationis studium me suppliciter inclinassem vel prostravissem, Deus scit quod non mentior, videbatur mihi quasi aliquis etiam me deposceret eodem studio orandi: « Sicut, inquiens, tibi gratum est ut a me rogata consequaris, ita quoque mihi pretiosum constat si tu precibus obedias meis. Nonne ergo tu, quem sæpe rogavi ne hoc vel illud vitium geras, adhuc in illis perseveras? Nunquid non adhuc in te resident carnalium rerum desideria, servitutis divinæ negligentia, jactantiæ et arrogantiæ nec non vestitus superflui studium, illius hominis odium quem scis a te non esse odiendum? dicente Scriptura: *Omnis qui odit fratrem suum, homicida est* (I Joan. III, 15). Si enim ille, te frustra persequens, iniquus est, quid ad te pertinet, ut eum similiter persequaris? Nonne scis scriptum: *Mihi vindictam, et ego retribuam, dicit Dominus* (Rom. XII, 19)? Si vero talis est ut eum convertere possis, cur hoc negligis? Nonne ad hoc unicuique ingenium liberalisque scientia a Deo præstatur, ut alios ædificare moliatur? An arbitraris ut te tantummodo in alios peccantem velim tolerare, et non similiter alios in te delinquentes usque ad pœnitentiam exspectare? Quin potius attende quia, sicut omnium Creator Paterque sum mortalium, ita erga omnes unum patientiæ et paternitatis habeo affectum. Vos autem homines hoc decet omnimodo providere, ut tanta pietatis meæ devotio vobis valeat prodesse. Ubi ergo nunc est patientia et constantia, nec non illa perfectio, quam sæpe Deo promisisti, si ille te eripiens a periculis imminentibus constitueret in habitu monachico? En Deus effecit quod mens tua sæpe rogavit; tu quoque quare tuum tardas persolvere votum? Rogasti etiam tibi talem præstari locum in quo copiam haberes librorum. Ecce exauditus es. Ecce libros retines diversum dogma ferentes, in quibus æternam poteris cognoscere vitam. Cur rebus variis mentem per inania spargis, et minus optatum festinas sumere donum? Ad hæc etiam rogare studuisti ut, quia te ad toleranda adversa præparatum et promptum existimasti, aliquam super te permitterem venire molestiam tentationis, per quam meruisses aliquatenus expurgari a peccatis. Ecce et hoc ita exaudivi, ut non secus nequissimi tentatoris vota, sed potius juxta vires tibi concessas ab eo fatigareris, et tamen, cum ab hujusmodi compugnantia vel aliquid attentaris, mox, velut ignarus et inermis, victus abibis! Constat ineptus homo, qui se scit subdere neutro, nec paci videlicet nec bello : paci, quia, cum nulla aderit pugna, se tanquam validum et promptum sponte affert ad pugnandum; bello autem, quia, cum primum insonuerit clangor pugnæ, mox depositis armis fugit ad solatia pacis. Quem ergo sanctorum Patrum in Veteri aut in Novo Testamento degentium tam gratum mihi tamque pretiosum esse unquam legisti, ut eum in tribulationis alicujus fornace noluissem probari? In quibuscunque igitur libris divinæ legis placeat, hoc, quod jam dixi, exquire, et invenies procul dubio mihi non in sua voluntate homines delicatos, sed magis in tribulatione ac persecutione probatos, semper placuisse.

Unde in Evangelio dicitur: *Beati qui persecutionem patiuntur propter justitiam, quoniam ipsorum est regnum cœlorum* (Matth. V, 10). Et iterum evangelica verba testantur: *Regnum cœlorum vim patitur, et violenti rapiunt illud* (Matth. XI, 12). Item scriptum est de eodem: *Arcta et angusta via est quæ ducit ad vitam* (Matth. VII, 14). Hinc etiam Paulus apostolus dicit: *Nemo coronabitur, nisi qui legitime certaverit* (II Tim. II, 5).

« Cum ergo hæc et his similia multa in Scripturis sacris scias scripta, quare tu, si aliquam vitæ perennis coronam vis percipere, nil tribulationis aut molestiæ pro criminibus saltem commissis cupis sustinere? Attende itaque diligenter ad ea quæ jam dicere volo, quoniam legisti talia crebro. Plurimi namque sanctorum non tantum pro peccatorum emendatione seu correctione, quantum propter probationem vel perpetuæ felicitatis compensationem tormenta in hoc mundo pertulerunt, sicut sanctus Job, Daniel, Isaias, Jeremias in Veteri, in Novo autem Testamento omnes pene martyrum chori leguntur ideo magis passi ut, velut aurum in fornace probatum, puriores effecti, æterna perfruerentur requie, quam ut pro sceleribus puniti reatum persolverent illata tribulatione. Tu vero nihil horum tibi merito vindicare potes, ut scilicet magis ad probationem quam ad peccatorum absolutionem amodo affligaris. Sed ad hoc tribulationes omnimodas tibi opus est tolerare, ne pro reatibus tuis æternas pœnas cogaris subire.

« Hoc quoque oportet ut jugiter recorderis, quia plurimi, pro peccatis multo levioribus quam tua sint, justo Dei judicio, aut tormentis gravibus vel inhonesta membrorum amissione vix præsentem vitam redimere meruerunt, seu etiam, quod miserabilius est, aut gladiis, aut bestiis, vel igne, sive aquis consumpti mortem repentinam subierunt. Quæ omnia, licet multimodis criminibus sæpe meruisses, non solum pietate divina protectus evasisti; verum etiam interim dona utriusque hominis ingentia, quæ mortalibus plurimis sunt denegata, tu, velut ex meritis aliquibus acquisita, ab annis puerilibus usque in præsens semper tenuisti. Nonne ergo hæc tanta recordatione sunt digna? Nunquid ullam in Deum habes justæ quærimoniæ causam? Scio utique te eo majorem pro tribulatione quacunque recenti querimoniam habere, quo minus in tempore præcedenti adversa solitus eras ulla sustinere. Ideoque contra Domini flagella, peccatis tuis abolendis nimis necessaria, tanto magis modo murmurare soles, quanto majori clementia patientiaque ille hactenus iniquitates tuas sustinuit omnes. Sed hæc est injustissima hominum recompensatio, ut, cum a pueritia usque ad senectutem omnigenis peccatorum sordibus involuti mira Dei pietate sustineantur, et postea, ne æternis deputentur suppliciis, pro eorumden peccatorum ablutione aliquatenus affligantur, nullas ei grates studeant impendere, vel pro exhibita compassione, vel pro emendatione. Noli ergo mirari quia mihi placet omnes homines probari : nam nec sibi, nec aliis satis cogniti forent, nisi eos tentamenta aliqua certos ac probatos facerent. Quis enim miles, nullum prælii periculum expertus, præliandi socius erit certus? Ideoque multi, in otio et in pace inutili nutriti, quamvis fortes se esse credant, cum venerint ad bellum, continuo fugæ quærunt præsidium. Sic etiam tu arbitratus es temet ante tentationis tempus validum ad omnia, et ecce quam infirmus sis ex tentatione apparet illata. Nunquid adhuc nescis quantum sit NOSCERE QUID SIS? Certe si necdum tentatio aliqua te fortiorem, tui tamen te fecit certiorem; quia prius te, quod non eras, credidisti validum; nunc, veritatem propriæ fragilitatis expertus, agnoscis te infirmum. Hæc est namque illius agnitio infirmitatis, de qua Apostolus dicit : *Virtus in infirmitate perficitur* (II Cor. xii, 9). Igitur Deo gratias age; quia, quamvis invitum, te fecit jam tibi notum, et propriæ fragilitatis conscium.

« Consideraque simul, quia tanto majori devotione ac fide regimini divino debes amodo obtemperare, quanto pluribus experimentis jam probasti omnia in Deo tuta esse; sufficere namque tibi pro fide atque spe retinenda deberet, quod sæpe in Psalmista legis et audis : *Quomodo miseretur pater filiorum, misertus est Dominus timentibus se , quoniam ipse cognovit figmentum nostrum (Psal.* cii, 13); et iterum : *Fidelis Dominus in omnibus verbis suis, et sanctus in omnibus operibus suis (Psal.* cxliv, 15); itemque : *Custodit Dominus omnes diligentes se* (Psal. cxliv, 20). Multaque his similia et in aliis codicibus inveniuntur scripta, ut in Isaia propheta, qui ex Domini persona dicit : *Convertimini ad me, et salvi eritis omnes fines terræ* (Isa. xlv, 22); et iterum idem propheta dicit : *Derelinquat impius viam suam, et vir iniquus cogitationes suas, et revertatur ad Dominum, et miserebitur ejus, et ad Deum nostrum, quoniam multus est ad ignoscendum* (Isa. lv, 7). In Ezechiele quoque propheta invenies similia verba; scribit enim : *Vivo ego, dicit Dominus Deus, nolo mortem impii, sed ut convertatur, et vivat* (Ezech. xxxiii, 11); et paulo post profert sententiam, quæ, licet justis, ne de se aliqui præsumant, pavorem

ingerat, injustos tamen verbis omnem humanæ clementiæ usum excedentibus consolatur, dicens : *Etiam si dixero justo : Vita vivat, et confisus in justitia sua fecerit iniquitatem, omnes justitiæ ejus oblivioni tradentur. Si autem dixero impio : Morte morieris, et egerit pœnitentiam a peccato suo, feceritque judicium et justitiam, vita vivat, et non morietur* (Ibid., 13, 14). In aliis etiam prophetis invenitur scriptum quanta Dei gratia sit super omnes qui invocant illum. Joel namque propheta dicit : *Convertimini ad Dominum Deum vestrum, quia benignus et misericors est, et præstabilis super malitia* (Joel. ii, 13). Et Amos propheta dicit : *Quærite Dominum, et vivite* (Amos v, 5). Non minorem quoque fidei atque spei doctrinam in Jona propheta invenies, in quo commemoratur benignitas Dei immensa circa Ninivitas delinquentes. Eadem itaque rudimenta ac solatia in omnibus sacræ Scripturæ libris reperiuntur, sicut et Apostolus testatur, dicens : *Omnis scriptura divinitus inspirata utilis est ad docendum*. Item Paulus, inter innumera Epistolarum suarum documenta, specialiter quali clementia Deus in tribulatione vel tentatione positos tueatur profert, dicens : *Fidelis Deus, qui non patietur vos tentari supra id quod potestis; sed faciet cum tentatione proventum, ut possitis sustinere*, illud scilicet proventum vocans, quod, variis tentationibus fatigati, sed ad Deum clamantes liberati, discimus quanta nequitia sit diaboli nos impugnantis, quantaque Dei gratia nos exinde liberantis.

« Sed si de his omnibus documentis, quæ jam ex Scripturis sanctis prolata sunt, aliquid diffideres, vel quia ex legis umbra, seu quia ex puris hominibus sunt dicta, saltem ea quæ dicta sunt a Domino Jesu Christo, qui Deus et homo est, firmiter credere debuisses. Dicit enim, Matthæo evangelista narrante : *Non veni vocare justos, sed peccatores* (Matth. ix, 13). Item, eodem narrante : *Venite*, inquit, *ad me, omnes qui laboratis et onerati estis, et ego faciam requiescere vos* (Matth. xi, 28). Luca etiam perhibente, discipulos suos pro quadam ratione immiti increpat, dicens : *Nescitis cujus spiritus estis; Filius hominis non venit animas perdere, sed salvare* (Luc. ix, 56). Item per eumdem evangelistam ait : *Gaudium erit in cœlo super uno peccatore pœnitentiam agente, quam supra nonaginta novem justis, qui non indigent pœnitentia* (Luc. xv, 10). Joanne quoque perhibente, dixit discipulis suis : *Amen amen dico vobis, quia qui verbum meum audit, et credit ei qui misit me, habet vitam æternam, et in judicium non venit, sed transit a morte in vitam* (Joan. v, 24). Quia ergo tibi datum est nosse legendo et meditando hujusmodi documenta, cur, quæso, non sufficiunt tibi pro fidei et spei salutiferæ constantia? Nunquid pro munere parvo, vel sine causa datam tibi litterarum scientiam existimas? O quanti pretii pensarentur ista apud multos, quæ tu pro nihilo deputas! Proinde vero, quia non solum supra memorata scientiæ liberalis gratia, sed etiam ea quæ ex ingenio naturali ipsoque usu communis vitæ velut certissima de Deo prius sentiebas, nunc in oblivionem et in errorem ducto tibi minime suppetunt pro retinenda inter tentationis illatæ molestias fidei speique constantia, libet illa memorare Dei beneficia quæ expertus es in pueritia : ut, dum hoc, quod, modo licet plurimis documentis instructus (utpote in ætate maturiori constitutus) ignoras, te olim in ætate puerili satis nosse probavero, vel sic confusus ad cor redeas, et Dei misericordiæ potentiæque nunquam diffidas, quolibet modo afflictus videaris, qualicunque tentatione diabolica impugneris. Diabolus enim justo Dei judicio fatigare te ad tempus permittitur; sed sollicitudo tua nisibus omnimodis hoc debet perpendere, ne ille delusione sua te valeat subvertere.)

CAPUT XXIII.
Plures coelestes doctrinæ, quibus auctor imbutus ad vincendas tolerandasve tentationes excitatus fuit.

« Quis igitur ille erat quem tu quondam, cum nuper ad scholam pro litteris discendis traditus esses, et sæpe, inter coævulos ac scholasticos residens, ne verberibus diris castigareris timuisses, unice pro discendi facilitate invocasti, et exaudivit te? Quem, quæso, tunc credideras tam pium ut te parvulum a virgularum plagis defenderet, tamque potentem ut capacitatem etiam sensus nec non ampliorem scientiæ facultatem concedere tibi posset? Nonne Deum solum, creatorem et provisorem universorum? Nunquid non tuis tunc satisfecit precibus, quamvis tu necdum ad proferendas orationes sinceras existeres gnarus? Certe, temetipso consentiente, nisi forte oblivionis aut moeroris causa impediaris, testor quia non solum præmonstratas a doctore, sed etiam nondum reseratas lectiones et cantica tam capaci celerique effectu didiceras, ut non parvum miraculum cæteris simul discentibus exhiberes.

« Quoniam igitur, adhuc parvulus et in scholis positus, tantam Dei gratiam potentiamque sæpe expertus es, cur etiam modo, cum viriles annos retinere videaris, cum per dona scientiæ plura nec non per experimenta multa pietatis divinæ notitia potiaris, dissimilia de Deo credis? O qualis vir, qui, aliquantulum proficiens in puerili, ad nihilum tendit fungens ætate virili! cum congruentior humani profectus ordo sit de puerili in virilem animum proficere, de parvis ad majora conscendere; sicut et Apostolus dicit : *Cum essem parvulus, cogitabam ut parvulus, sapiebam ut parvulus; quando autem factus sum vir, evacuavi quæ erant parvuli* (I Cor. XIII, 11). Attende ergo quanta pietatis divinæ experimenta teneas, et a fidei speique constantia deficere noli; sed recordare jugiter quia scriptum est : *Justus ex fide vivit* (Rom. I, 17); et : *omnia possibilia sunt credenti* (Marc. IX, 22); sed et illud, quod beatus Petrus apostolus admonet, dicens : *Sobrii estote et vigilate, quia adversarius vester diabolus tanquam leo rugiens circuit, quærens quem devoret, resistite fortes in fide* (I Petr. v, 8, 9). Quid adhuc dubitas de ineffabili Dei clementia, et de præcavenda diabolicæ fraudis astutia? Hostis namque tanti insidias nullatenus potes evadere, nisi firmiter credas quia nihil impossibile est apud Deum, et quoniam salvat omnes sperantes in eum. Huic vero fidei licet tenacissima diaboli invidia te impediat inhærere, suggerens videlicet cordi tuo obtinendæ remissionis vel salutis difficultatem, nec non judicii divini austeritatem ; tu tamen supra dicta Scripturæ sacræ documenta ac pietatis divinæ experimenta sub tenaci memoria repone, et procul dubio omni diabolica liberaberis delusione. Diabolus enim nullo modo magis confunditur et convincitur, quam cum ei a fidelibus Scriptura sacra objicitur. Quod etiam ex Jesu Christi testimonio manifestissime probatur. Nam, quamvis sibimet maxima verborum scientia inesset, tentatori tamen cum nullis aliis, nisi quæ ex sacra pagina protulit, respondere voluit dicens : *Scriptum est : Non in solo pane vivit homo, sed in omni verbo, quod procedit de ore Dei* (Matth. IV, 4); et iterum : *Scriptum est : Non tentabis Dominum Deum tuum* (Ibid., 7).

« Inter hæc vero scire te convenit quoniam pro causis variis tentationes diaboli perferre proderit. Primo, ut illius inæstimabilis malitia et versutia detegatur; deinde, ut uniuscujusque hominis tentati fragilitas vel constantia agnoscatur; ac per hoc, fragilis quidem et lapsus, cum conversus fuerit, aliis in tentatione vel fragilitate quacunque adhuc positis condolere compatique sciat, sicut de beato Petro legitur quia idcirco in peccatum fragilitate propria urgente cecidisset, ut aliis peccantibus misereri didicisset. Constans autem et perfectus ideo in tentatione probatur, ut cæteris adhuc stantibus in exemplum, et cadentibus in venerationem reparationemque assumatur, sicut et beati Job perfectio atque constantia cunctis est imitanda nec non veneranda. Ille enim ita pro Domino et propriæ carnis ulcera gravissima, et filiorum invisam mortem, universæque substantiæ perditionem sustinuit, uxoris quoque convicia, nec non amicorum opprobria invectionesque plurimas contempsit, ut in nullo Deum offenderet, sicut de eo Scriptura commemorat, dicens : *In omnibus his non peccavit Job labiis suis, neque stultum aliquid contra Deum locutus est* (Job I, 22). Nonne ergo utilis exstitit tanti beati Job tentatio, in qua et ipsius constantia et diversa Satanæ reserata est malitia? Eadem utilitatis causa, eadem pietatis cura semper fuit et semper erit Deo super omnes quos tentari permittit, quamvis vos, homines, efficiente diaboli invidia, infidelitate et desperatione obcæcati inutilia et impia de Deo arbitremini. Relinque igitur varium opinionis errorem, et ad susceptam monasticæ religionis fide moribusque congruis temet præpara professionem.

« Arbitraris namque interdum eamdem professionem te frustra assequi, pro eo scilicet quia hanc et sine consilio omnium affinium parentumque tuorum, et absque consideratione fragilis ac lubricæ ætatis immaturæque ad tantum studium aggressus fueris; sed quam facile dubitationem talem evadere valeas oportet ut attendas. Et primo quidem de consilio, dehinc de cæteris aliqua promere cupio. Consilium namque in bono et in malo potest fieri; sed ubi sit in bono, hoc est propter utilitatem animæ seu corporis, omni modo est amplectendum; ubi vero in malo, hoc est propter carnalia solummodo vota implenda vel commoda hujus vitæ noxia acquirenda, non solum fugiendum, sed etiam detestandum est. Unde Psalmista utriusque qualitatem insinuans, postquam dixit: *Dominus dissipat consilia gentium, reprobat autem cogitationes populorum, et reprobat consilia principum*, statim subjunxit, dicens: *Consilium autem Domini manet in æternum* (*Psal.* XXXII, 10, 11). Item de bono in Parabolis Salomonis sapientia fatur: *Ego habito in consilio* (*Prov.* VIII, 12). Rursum in eodem Salomonis libro de consilii boni qualitate dicitur: *Audi consilium, et suscipe disciplinam* (*Prov.* XIX, 20): Cum enim præmittitur: *audi consilium*, ac mox subjungitur: *et suscipe disciplinam*, patet profecto quia hoc est verum rectumque consilium *suscipere disciplinam*. Sed ut vulgari etiam more de consilii qualitate disputemus, nunquid tu semper amicorum, vel parentum consilia quæsivisti, quando aliqua flagitia perpetrare voluisti? Veritusne ergo es tunc ideo Deum offendere, quia talia sine consilio solebas facere? Ecce vides quam superfluum sit te ex hoc arbitrari Deum offendisse quod sine consilio amicorum utilitatem tractares animæ; quandoquidem pro explenda carnis nugacitate nullum consilium requirens minus offendere putasti.

« Quod autem propterea animo sæpius nutanti incedis, quia, in fervore juvenili immaturaque adhuc ætate positus, tam difficilem monasticæ vitæ religionem quasi inconsiderata laboris tanti difficultate assumpsisti, scias procul dubio nihil aliud esse nisi causam delusionis diabolicæ. Quia sicut expedit omnibus ad me conversis, et, ut tu quoque rogasti, diabolus juste permittitur te tentando fatigare, siquidem tam in juvenili quam in provectiori ætate debere et posse ad viam meliorem converti testantur et exempla multorum et librorum paginæ sacrorum. Dicit enim Ecclesiastes: *Memento Creatoris tui in diebus juventutis tuæ* (*Eccle.* XII, 1). Item in libro Jesu filii Sirach legitur: *Non tardes converti ad Dominum, et ne differas de die in diem* (*Eccli.* V, 8); in eodem quoque libro scriptum invenitur: *Quæ in juventute tua non congregasti, quomodo invenies ea in senectute tua?* (*Eccli.* XXV, 5.) Hinc et Propheta: *Puer vel peccator centum annorum maledictus erit* (*Isa.* LXV, 20). Ad hæc etiam, rogo, cui validior præstantiorque ætas magis congruit servire, Deo an diabolo? Nunquid, priusquam vires defecerint corporis, nullus homo viam debet arripere perfectionis?

« Est et alia causa super molestia passionum tuarum tractanda, quam decet ut mente perpendas intima. Nam quanto majoribus beneficiis ditatus, et longiori patientia hactenus a me es supportatus, tanto difficiliorem conversionis viam sustinere debes. Scio namque in juventute difficillimam esse cujuslibet conversionem. Sed et te convenit scire quam difficile, quam laboriosum mihi quodammodo erat per illorum scandala qui per te depravati sunt; quod tu, plurimis in utroque homine laureatus beneficiis, pene omne tempus præteritum consumpsisti in flagitiis. Finitis igitur solutionibus quas, pro rebus quibusdam in quibus dubitando laborabas, protuli, nunquid adhuc, o amator dubitationis totius, aliquid certum et definitum probatione ulla accepisti? An ignoras quoniam documenta tanta, quacunque ratione vel meditatione concepta, nequaquam adeptus es frustra? Ideoque in eorumdem documentorum cognitione stabilem mentis retine intentionem, et per hæc præpara animum tuum ad tentationem. Nam quanto majori inspirationis divinæ gratia jam præmonitus instructusque eris, tanto validiorem tentationis molestiam patieris. Iterum atque iterum eadem repetens admoneo, ne forte inter eos deputeris qui, ut scriptum est, *ad tempus credunt, et in tempore tentationis recedunt* (*Luc.* VIII, 13). Mirari itaque noli si quid passurus sis novi, verumtamen præscio quanta infirmitate et ambiguitate inter novas tentationis molestias dissolvaris, arbitratus scilicet me ipsum, Deum omnipotentem, omnino non esse, et hæc omnia, quæ de me percepisti, apud te quasi somnia videri. Recede ergo, recede, miser, ab hac dementia, quia, sicut sæpissime tibi patefactum est, delusione circumvallaris diabolica. Attende, o captive, ne tu sis ille, de quo dicit Psalmista: *Dixit insipiens in corde suo: Non est Deus* (*Psal.* XI, 1). Diabolus quippe, satis agnoscens universos confugientes ad me veniam promereri posse, omnigenis delusionibus retrahit eos ab ipsius aditu veniæ, hoc est a fide, immittens videlicet fraude solita hujusmodi cogitationes: ut aut indignum mihi videatur sceleratos quosque justificare; seu austeritatem tantam mihi inesse quam nullus homo peccator, etiamsi pro pœnitentia semper castigetur, valeat minorare; sive ut de justorum retributione perpetua et de impiorum perenni dubitent pœna; vel etiam judicia blasphemare audeant mea; seu ut Scripturæ sacræ dicta intentione subvertant sinistra; ad extremum vero, ut, sicut tu quoque modo delusus privaris, de certissima substantiæ meæ priventur agnitione. »

CAPUT XXIV.

Cur Deus omnem creaturam rationalem tentari permiserit, et quanta tum Veteris, tum Novi Testamenti patres pertulerint, antequam in arcem perfectionis evaderent.

« Sed, quia insipientiam animi tui huc usque præ mortalibus multis sustinui admonendo et instruendo, cur etiam talia permittam contingere, aliquatenus te volo instruere. Nunquid ignoras angelos et archangelos, omnesque cœlicolas, qui longe subliniores natura constant humana, in eo voluntatis suæ arbitrio relictos, ut sive mecum, sive cum principe diabolo vellent, permanerent? Sic quippe oportuit eos probari, ut et quid in me et quid in se essent posset denudari. Unde, cum probati quidam sine me nihil esse, alii vero in se aliquid esse et posse crederent, hi, qui in me suum tantummodo esse decernebant, electione et felicitate perpetua videbantur digni; illi autem, qui se viribus propriis commendabant, ut patefieret quid sine me possent, irremediabili judicio sunt puniti, sicut in Epistola beati Petri apostoli legitur : *Deus*, inquit, *angelis peccantibus non pepercit* (II Petr. II, 4). Et in Epistola Judæ : *Angelos qui non servaverunt suum principatum, sed reliquerunt suum domicilium, in judicium diei magni æternis vinculis reservabit* (Jud. VI).

« Nota quoque et illud, quia, si iidem angeli in exordio creationis suæ ita probati non essent, licet natura præclarissima pollerent, per se tamen aliquid posse existimantes, tanto nequius quandoque superbiendo caderent, quanto jam diutius se viribus propriis stetisse crederent; et in hujusmodi dilatione non tantum angelicæ, sed etiam humanæ damna evenirent naturæ. Quia, cum districtio divina angelis superbientibus in initio minime resisteret, humana profecto superbia, impunitatis tantæ causa magis ac magis Deum contemnens, graviori demum judicio prosternenda caderet. Quamobrem quid vel angelica vel humana natura per se possit mox in utriusque initio apparere oportuit, ut eorum casus non tam sibi cæterisque videretur detrimentum quam doctrinæ exemplum ; et eo fortius postmodum starent mihique tenacius inhærerent, quo majori experimento per semet nil posse didiscerent. Cæterum hi angeli, qui, arbitrii libertate data probati, a consortio subjectionis meæ sponte discesserunt, ideo veniæ remedium non meruerunt, quoniam extrinsecus nulla rerum necessitate, nulla intrinsecus naturæ suæ ad hoc coacti sunt imbecillitate, sed vitio tantummodo superbiæ ex ipsa libertatis claritatisque suæ excellentia inflati, potentiæ meæ præsumebant resistere. Homo autem primus, licet sapientia multiplici et conditione spirituali ita esset adornatus ut diceretur ad imaginem et similitudinem Dei factus, quia tamen compositus erat ex carne lutea, et diaboli præventus seductione atque astutia, pro præcepti mei transgressione veniam meruit ; ea tamen ratione ut, ejectus de paradiso voluptatis, operaretur terram de qua sumptus est, et in sudore vesceretur pane. Quod scilicet et juxta litteram de corporali, ut ea quæ in hoc exsilio corpori essent necessaria, cura excoleret varia; et de spirituali pane, id est Christo, potest intelligi, ut cui prius facillimo liberi arbitrii nisu inhærere, et in quo omnia habere posset, ad eum postmodum lapsus cum sudore maximo pœnitentiæ rediret, atque ejusdem arbitrii ingeniique vires, quas ante transgressionem absque sensus torpore ad cuncta bonitatis jura retinuerat, postea, carnis fragilitate præpediente, cum labore gravi obtineret.

« Cum igitur hac ratiocinatione agnoscas non solum eumdem primum hominem singularis conditionis humanæ primatu sapientiaque laureatum, sed etiam omnes cœlicolas, quorum excellentiæ creatura nulla comparatur, absque probatione congrua non posse mihimet firmiter inhærere, nec non sui meique differentiam pervidere : quem deinceps hominum cæterorum, a primi hominis prudentia insita aliquid distantium, arbitraris esse tam perfectum, ut, sine tentatione, meæ magnificentiæ suæque fragilitatis certum capere possit experimentum ?

« Quod si tentationis insolitæ molestias super te irruisse causaris, attende quoque quia tu pene insolito more gratiam meam hucusque magis quam alii plures adeptus sis. Nonne tibi insolitum videtur, a pueritia usque in præsens omnimodis te sceleribus implicatum, non solum pœnas condignas evasisse, sed etiam, quasi vice versa, hæc quæ multis denegata sunt religiosis, et (quod non absque admiratione magna pensari valet) cum labore magno exquirentibus, ea nisu facillimo dona pietatis meæ ingentia percepisse? Recordare, quæso, quid tu absque labore solito hactenus beneficiorum, et quid cæteri plures mei electi experirentur angustiarum, priusquam pacem vel requiem ullam non dico futuræ sed præsentis vitæ obtinerent, quamvis nonnulli inter beneficia demum sibimet collata afflictiones varias perferrent.

« Et ut hæc apertius tuo innotescant animo, quosdam qui hujusmodi vitam ducebant, tam in Veteri quam in Novo Testamento, per nomina recitare cupio. Scisne quantos labores et tribulationes Jacob patriarcha pertulerit, priusquam ullam benedictionis perceptæ a patre suo Isaac gratiam promereri potuerit? Nam, ut Genesis liber testatur, oderat semper Esau Jacob pro benedictione qua benedixerat ei pater: ideoque, matre suadente, idem Jacob propter fratris metum profectus est in exsilium, ubi avunculo suo quatuordecim annos serviens ignobilis personæ sortitus est negotium. Postea vero, cum rediret ad patriam, in tantum adhuc fratris expavit iram, ut, pro reconciliatione nuntios præmittens, non solum jam fratrem, sed et dominum appellaret, dicens : *Sic loquimini domino meo Esau. Hæc dicit frater tuus : Mitto nunc legationem ad dominum meum, ut inveniam gratiam in conspectu tuo* (Gen. XXXII, 4). Cum autem advenientem fratrem procul vidisset, præ timore in terram cadens, septies adoravit donec appropinquaret. Videsne ergo quantas afflictiones ille tantus vir sustinuerit, antequam gaudia aliqua benedictionis promissæ gustaverit? Ac si gustavit magnus timor hæc superavit. Eadem quoque de filio suo Joseph proferri licet, quem cum per somnia patefacta fratres sui magnum quemdam sibique præponendum arbitrarentur, mox, obliti totius fraternitatis, contra eum omnimodo succensi sunt invidia, adeo ut, vix ab illius interfectione sese cohibentes, venundarent eum Ismaelitis : a quibus translatus in Ægyptum, tantam ibidem contritionem pressuramque sustinuit, ut, sicut de eo Psalmista commemorat, *ferrum pertransiret animam ejus, donec veniret verbum ejus* (*Psal.* CIV, 18), id est, antequam perciperet prædestinatam et revelatam potestatem, quam non solum super omni Ægypto, sed etiam super cunctis fratribus suis ad se pro inopia confugientibus possessurus erat.

« Similia etiam invenire vales de illo præcipuo viro Moyse, et famulo meo David, et de sancto Daniele, qui omnes, licet disparibus modis, ante et post susceptam dignitatem tribulationes periculaque maxima pertulerunt. Tales etiam viri multi inveniuntur in Veteri, sed multo plures in Testamento Novo qui tanto majora passi sunt discrimina, quanto non jam præsentia ulla, sed tantummodo futura et æterna desiderabant præmia. Illi namque qui ante legem vel sub lege religiose vixerunt, licet justi sanctique essent, magis tamen ab aliis quam a semetipsis illatas tribulationes sustinuerunt. Isti autem quibus exortus est verus justitiæ sol, id est Christus, qui dixit : *Si quis vult post me venire, abneget semetipsum, et tollat crucem suam, et sequatur me* (*Matth.* XVI, 24); et iterum : *Qui amat animam suam, perdet eam* (*Joan.* XII, 25), hujusmodi rudimentis incitati semetipsos offerebant tortoribus; et, si tortor alius defuisset, sese cum vitiis et concupiscentiis semper crucifigebant. Ideoque non facile terrenam sortiti sunt dignitatem, sed jugiter intendebant ad spiritualem; videlicet [ut] ipsi semet contra diabolicas tentationes fortiter munirent, aliosque exemplis suis erudirent. Verumtamen, priusquam passionum propriarum victoria et pace fruerentur vel aliquibus regendis præponerentur, plurima pertulerunt pericula, multa transierunt tempora. Quidam etiam, in spirituali dignitate jam constituti, præter afflictiones spontaneas, ægritudinis vel persecutionis variæ flagella ob humilitatis custodiam a me transmissa usque ad finem vitæ præsentis sunt passi. Quamvis ergo hujusmodi viros innumerabiles, ut supradictum est, in Testamento Novo possis invenire, aliquos tamen exempli gratia nominare volo, ut, cum hos in testimonium assumpsero, facilius agnoscas qualitatem cæterorum.

« In primis itaque apostolos Domini Jesu Christi attende quid laboraverint, quid pertulerint antequam aliquem laboris sui fructum, antequam sublimitatis percipiendæ gradum, non dico in futura, sed in præsenti tantum vita, ubi Ecclesiæ universæ præferendi erant, possederint. Dicit enim, ut evangelica verba testantur, ipse primus apostolorum Simon Petrus ad Jesum : *Ecce nos reliquimus omnia et seculi sumus te, quid ergo erit nobis?* (*Matth.* XIX, 27.) Quid autem in his verbis, ubi beatus Petrus se suosque coapostolos omnia reliquisse dicit, intelligendum putas, nisi, quod maximæ difficultatis est, parentes, propinquos, dulcia matrimonii jura, filios, prædia, domos, postremo voluntatem propriam omniaque carnis desideria? Quamobrem licet iidem apostoli relictis omnibus suis Dominum Jesum co-

mitarentur jugiter corpore ac mente fideli, manifestum est tamen eosdem pro rerum suarum dimissione, nec non pro humanæ fragilitatis occasione diutius a diabolo tentari ac fatigari, maxime cum et ipse Dominus tentationes ejus voluerit pati. Unde ad eosdem apostolos dicit : *Vos estis qui permansistis mecum in tentationibus meis* (*Luc.* XXII, 28). Præterea tribulatione premebantur maxima, cum ipsum Dominum, in quo omnem spem suam ponebant, comprehendi ab hominibus pravissimis, et flagellari morteque turpissima condemnari videbant. Huic autem tribulationi successit et altera, quia scilicet propter inusitatam sibique invisam tanti Magistri passionem, licet argumentis multis patefactam, vix ejus credebant resurrectionem. Inter hæc quoque nihilominus persecutione ac metu Judæorum afficiebantur. Tantis igitur tribulationibus apostoli sunt afflicti nec non probati, priusquam in illo, quo ponendi erant, totius Ecclesiæ fundamento collocarentur, priusquam ullum laboris sui fructum vel potestatem in animabus lucrandis meruissent adipisci. Sed his generaliter de apostolis omnibus prolatis, nunc libet de aliquo illorum cæterorumque Patrum specialiter exempli gratia mentionem facere, quid unusquisque eorum tribulationis et angustiæ ante vel post perceptam spiritualis gratiæ sublimitatem pertulerit, ut, cum tam præcipuos Patres innumeris tribulationibus afflictos agnoveris, insolitam magis gratiam quam molestiam ullius tentationis hactenus esse tibi collatam probare possis.

« Attende ergo ad sanctum Paulum apostolum, et considera quot perpessus fuerit genera persecutionum. Nam, sicut in libro Actuum apostolorum et in ipsius Epistolis valet agnosci, postquam Christo Jesu vocante ad conversionem venit, nunquam fere sine adversantium persequentiumque periculis exstitit. Ejus quoque collegam in persecutionum duntaxat numerositate Athanasium, Alexandrinæ Ecclesiæ præsulem, accipe. Qui, sicut in Historia ecclesiastica legitur, mox post susceptam præsulatus dignitatem pro catholica fidei defensione laborans, immensis hæreticorum persequentium insidiis pene usque ad vitæ suæ finem afficiebatur. Sic quippe de eo Historia ecclesiastica refert : *Hujus*, inquit, *tanti in Ecclesia pro fidei integritate agones fuerunt, ut etiam de hoc dictum esse videatur quod scriptum est :* « *Ego enim ostendam ei quanta eum oporteat pati pro nomine meo* (*Act.* IX, 16). » *In hujus namque persecutione universus conjuravit orbis, et commoti sunt principes terræ; gentes, regna, exercitus convenerunt adversus eum. Ille autem divinum illud conservabat eloquium, dicens :* « *Si consistant adversum me castra, non timebit cor meum; si insurgat prælium, in hoc ego sperabo* (*Psal.* XXVI, 3). » Isti igitur duo viri in exemplum humanæ persecutionis sufficiant tibi, ut non solum nihil insolitum, nihil inauditum te aliquando ab homine quoquam pertulisse arbitreris, sed nec particulam minimam earum persecutionum quas alii pertulerunt te passum esse noveris. Tu enim pro eo quod aliquantulum adversitatis et persecutionis prius in sæculo constitutus pertulisti, et nunc in monasterio positus parvissimis tentationum stimulis, quibus etiam Christianus omnis probandus erit, fatigaris, majoribus quam alii persecutionum tentationumque periculis afflictum te frequenter arbitraris. Sed hæc longe aliter quam tibi videantur invenies, si veritatem consideres. Nam quod in persecutionibus violentia humana illatis nil simile aliis pluribus pertuleris, jam satis demonstratum est exemplis.

« Deinde vero oportet considerare quantum aliis in afflictione carnis et in omni contemptu vitæ hujus sponte laborantibus succumbas. Attende itaque in duos venerandos Patres et spiritualis vitæ doctores, sanctum videlicet Antonium ac beatum Benedictum, quorum tanto facilius potes recordari, quanto magis ex lectione assidua tibi sunt noti. Illorum ergo Vitam legens cito potes cognoscere quantam uterque pertulerit afflictionem pro Dei amore; quam devote in primis, cum adhuc juvenilis essent ætatis, mundana reliquerint omnia; quantas deinde diaboli sustinuerint insidias et tentamenta. Unus namque eorum, id est beatus Antonius, a quo etiam omnis fere exorta est eremitarum et cœnobitarum institutio, tanta conversationis sanctitate pollere cœpit ut ex hoc antiquus hostis, invidiæ facibus omnimodis accensus, non solum spiritualibus et invisibilibus cum impugnaret insidiis, verum etiam corporalibus atque apertis afficeret plagis. Sed et alter, nihilominus Dei gratia repletus, maxima sanctitatis suæ monimenta tam scriptis quam moribus reliquit. Quid multa? Quidquid afflictionis, quidquid constat laboris in vigiliis et in jejuniis, vel in solitudinis horrore et in vestimenti abjectione, seu in desideriorum carnalium devincenda passione, vel in omnigenis insidiæ diabolicæ dolis superandis, eosdem invenies diu tolerasse, antequam ad arcem perfectionis, qua plurimis præferendi erant, pervenirent. Hæc igitur, quæso, diligenter animadverte, et tantas Patrum prænominatorum afflictiones ad tuas, quas tu interdum insolitas arbitraris, confer tribulationes; et tunc procul dubio cognosces quia parvi fiunt quos modo vel unquam pertulisti dolores, quamvis iidem Patres nullatenus, sicut tu, pro criminum capitalium pœnitentia mererentur affligi. »

CAPUT XXV.

Varia tentatorum, præsertim a spiritu luxuriæ, exempla. Quanta humiliandi nos necessitas sit, etc.

« Præterea tibi in ætate primæva multo majora quam illis humani solatii adjumenta, multoque plura quam illis impensa sunt a me exterioris hominis solatia, quibus jure incitatus, fide atque devotione magna properare debuisses ad obtinendam hominis interioris puritatem, quæ non nisi per magnam carnis acquiritur afflictionem. Si enim, illi, beneficiis parvis primitus adjuti, ita sunt inflammati ut labores maximos pro consequenda vitæ spiritualis puritate sustinerent, cur tibi, qui parvus adhuc dona adeptus es ingentia, videtur grave tribulationem saltem aliquam pro puritate eadem tolerare? Dic, rogo, quis tibi videris, ut nec pro subsidiis præsentibus, nec pro futura et perenni mercede molestiam ullam perferre velis? Quid ergo olim, cum in schola positus esses, pro capacitate magna discendi laborasti? Quod deinde, in sæculari vita positus, habuisti studium, ut ejus inanem noxiumque evaderes luxum? Quid etiam nunc, cum ad monasterium venires, jejunando, vigilando, orando, seu in qualicunque disciplina regulari insistendo, plus aliis laboras, ut et pro præteritis criminibus consequaris veniam, et de futuris habeas cautelam? Denique qui præterita rite emendare et futura mala cupit devitare, necesse est ut in vigiliis, jejuniis et orationibus, nec non in aliis bonis operibus carnem studeat edomare. Sed tamen, quantum conversionis novitas et laboris tui permittit exiguitas, curam assiduam tibi inesse pro his omnibus assequendis non denego. Unde et ego eadem pietatis meæ beneficia, quæ hactenus tibimet exhibui, amodo non auferam a te; tu tantum *viriliter age, et confortetur cor tuum, et sustine Dominum* (*Psal.* XVI, 14).

« Adhuc restat afflictio et tentatio una, id est passio concupiscentiæ carnalis diuturna, in qua quia te specialiter vexatum esse credis, ideoque in hac assumenda sunt aliquorum Patrum exempla, ut in cæteris. Sed hoc in primis pensandum est, quia is qui nunquam, et [ille] qui sæpius carnis corruptionem expertus est, nulla possunt colluctatione coæquari. Quamvis enim utrique impugnatione gravi affligantur, is tamen qui hujusmodi vitio, fragilitate humana devictus, sæpe succubuit, tanto longiora et graviora passionum carnalium certamina jure sustinebit, quanto frequentius eisdem passionibus consentiens semet subjecit. Hac igitur re considerata aliquos jam utriusque qualitatis homines ex Scriptura sacra probatos ad exemplum assume, ut, perspecta aliorum tentatione atque labore, facilius impugnationis et laboris tui quantitatem agnoscas. Et primum quidem illi qui pro castitatis intimæ perseverantia, deinde vero hi qui pro corruptionis luxuriosæque vitæ pœnitentia agenda certaverunt proponantur. Sicut ergo Dialogorum liber narrat, sanctus Equitius, cum in juventutis suæ tempore nimio carnalium desideriorum certamine fuisset fatigatus, ipsis suæ tentationis angustiis ad orationis studium solertior est factus. Cumque hac in re ab omnipotente Deo remedium continuis precibus quæreret, nocte quadam assistente angelo eunuchizari se vidit. Ecce quantum sanctus iste laboravit, qui quanto magis impugnabatur, tanto studiosius oravit ne vinceretur.

« In collationibus quoque Patrum de quodam abbate eximio, nomine Sereno, legitur quia, cum pro interna corporis et animæ castitate nocturnis diurnisque precibus, jejuniis etiam ac vigiliis infatigabiliter insisteret, adveniens ad eum in visione nocturna angelus Domini ejusque velut aperiens uterum, quamdam ignitam carnis strumam de ejus visceribus avellens atque projiciens suisque omnia, ut fuerant, locis intestina restituens: Ecce, inquit, incentiva carnis tuæ abscissa sunt, et obtinuisse te noveris hodierna die perpetuam corporis puritatem, quam fideliter poposcisti. Ecce vides quantos sit passus et iste labores. Quapropter ut nemo excusationem vel diffidentiam habeat ea quæ fideliter poscit impetrare non posse, quod utrique constanter petierunt assequi meruerunt. Et ut hujusmodi exempla non solum in fortiori, sed etiam in sexu habeas inferiori, in Vita Patrum narratur quoniam abbatissa quædam sancta, nomine Sara, tredecim annis fortiter a fornicationis dæmone sit impugnata, et nunquam rogaverit ut discederet ab ea hujusmodi pugna, sed hoc solum dixerit: Da mihi fortitudinem, Deus. Ecce fides qualis et quantus amor pietatis! Ecce quid uterque sexus laboraverit pro virtute castitatis! De quorum omnium puritatis constantia sicut procul es effectus, ita etiam eorum laborem et impugnationem nunquam fueras expertus. Quamobrem, quia perfectorum, et in castitate perseverantium omni modo discrepas meritis atque labori, videamus si vel eorum, quorum impudicitiæ et irreligiositatis minus discrepare videris, tribulationi quoque et impugnationi, quam pro pœnitentia agenda pertulerunt, aliquatenus assimileris.

« Legitur quippe in supra dicta Vita Patrum quia fuerit quidam vir vitam turpissimam super omnes vicinos suos ducens, ita ut opinatissimus in flagitiis haberetur. Hic aliquando Dei miseratione compunctus ad pœnitentiam convertitur, et intra sepulcrum quoddam se concludens priorum scelerum pollutiones lacrymarum fontibus diluebat. Cumque in his posito ei hebdomada transisset, noctu veniunt ad eum dæmones in sepulcro clamantes et dicentes: Quid est quod agis, o impurissime et flagitiosissime? Postquam omni spurcitia satiatus es, nunc a nobis castus et religiosus effugere cupis? Nolis, velis, amodo unus ex nobis eris. Hæc et hujusmodi plura exprobrantibus eis, ille jacebat immobilis, ne auditum quidem suum convertens ad eos, nec ullo penitus sermone respondens. Cumque illi sæpius eadem repeterent nec ille omnino moveretur, tunc in furorem commoti dæmones verberibus eum afflixerunt multisque cruciatum suppliciis semivivum reliquerunt. Ille tamen tot cruciatibus nec moveri potuit a loco, in quo orationis causa jacuerat. Sequenti vero nocte dæmones iterum venientes gravioribus eum verberibus cruciabant; sed nec tunc quidem moveri valuit a loco, melius esse dicens mortem subire quam ultro dæmonibus obedire. Nihilominus tertia nocte multitudo dæmonum convenit, et absque ulla miseratione in eum irruentes omnibus pœnis cruciatibusque afficiunt. Cumque jam corpus defecisset in suppliciis, extremus tamen spiritus obsistebat imperio dæmonum. Quod ubi impii viderunt, exclamantes voce magna: Vicisti, inquiunt, vicisti.

« Quid ergo tibi in hujusmodi impugnatione videtur? Nunquid, quia te supra multis occultis ac manifestis tribulationibus oppressum esse sæpius æstimabas, tale aliquid unquam passus eras? Quinimo longe minoribus subjacebas tentationibus. Sed licet exemplo satis hoc sis victus ab uno, pro eo tamen quod in occultis et spiritualibus tentationibus maxime te vexatum arbitraris, aliud, in quo spiritualis tantum impugnatio declaratur, proferre libet exemplum. Legitur namque de sancta Maria Ægyptiaca quoniam inter cætera, quæ Zosimæ abbati de vitæ conversionisque suæ qualitate referebat, dixit: Crede mihi, abba, decem et septem annis feris et irrationabilibus luctabar desideriis. Et post pauca: Cogitationes autem, quæ ad fornicationem iterum compellebant me, quomodo tibi enarrare possum? Ignis intus infelix corpus meum nimius succendebat, et me per omnia exurebat et ad desiderium commistionis trahebat. Dum ergo talis ascenderet cogitatio, prosternebam me in terram, et lacrymis eam infundens, ipsam mihi veraciter astare sperabam, quæ me fide jusserat, id est sanctissimam Dei Genitricem, et sic per decem et septem annorum curricula periculis, ut dixi, luctabar. Ecce vides quantum non solum virilis, sed etiam femineus sexus laboraverit et pro integritatis constantia et pro corruptionis pœnitentia. Nunquid ergo decem et septem annis jam laborasti, pugnans contra cogitationes desideriorum carnalium? Quid autem tot annos dico, qui nec uno passus es tanta anno integro? Nondum ergo laboris viam cœpisti et tamen velut ex labore nimio fatigatus jam defecisti.

« Sed etsi quas tentationis, et adversitatis molestias perferres, nunquid propterea patientiæ et spei solatia deponere debes? Nonne et ex supra commemoratis sanctorum Patrum exemplis et ex Scripturæ sacræ sententiis agnoscere potes utile esse ac necessarium perferre tentationes? Petrus namque apostolus dicit: *Charissimi, nolite peregrinari in fervore, qui ad tentationem vobis fit quasi aliquid novi vobis contingat; sed communicantes Christi passionibus gaudete* (I Petr. IV, 12, 13). Jacobus etiam apostolus docet dicens: *Omne gaudium existimate, fratres mei, cum in tentationes varias incideritis, scientes quod probatio fidei vestræ patientiam operatur; patientia autem opus perfectum habet, ut sitis perfecti et integri in nullo deficientes* (Jac. I, 2-3). Item idem apostolus dicit: *Beatus vir qui suffert tentationem, quoniam cum probatus fuerit, accipiet coronam vitæ, quam repromisit Deus diligentibus se* (Ibid., 12). Hinc et Paulus apostolus ait: *Gloriamur in tribulationibus, scientes quod tribulatio patientiam operatur, patientia autem probationem, probatio spem, spes autem non confundit* (Rom. V, 3-5). Hujusmodi ergo documenta et in Novo et in Veteri Testamento inveniuntur multa, quibus si jugiter intendis, non solum tentationes quaslibet advenientes facilius devincis, sed et majoris intelligentiæ dona consequeris. *Vix enim in multis, ut scriptum est, expertus cogitabit multa*; et *qui multa didicit narrabit intellectum* (*Eccli.* xxxiv, 9). Cujus videlicet rei indicium in temetipso probare vales, quia nisi varia tentationum molestia et cura exercitatus esses, nequaquam tanta Scripturarum documenta vel testimonia tractare studuisses. Plura quippe prius incognita jam indagationi tuæ sunt reserata.

« Illud quoque summopere notandum tibi est quia, si absque tentatione et tribulatione aliqua diutius remaneres, gravius periculosiusque de beneficiorum meorum largitate superbiendo caderes, quam cum sceleribus omnimodis quondam deditus esses. Quanto enim excellentioribus quisque ditatur donis tanto magis pulsatur vitio elationis. Unde et ille præstantissimus angelorum, non sustinens dignitatis suæ donum, eo gravius superbiendo cecidit quo sublimior cæteris exstitit. Saul quoque, ut liber Regum narrat, cum ante perceptam regni dignitatem humilis mihique esset acceptus, postea vero ex eadem dignitate superbiens a me est repulsus. Ipse etiam David, licet regum eximius et pietati meæ placidus, prius tamen quam ad regni elevaretur fastigia, majori se constrixit religionis cura. Nam antea bona pro malis, postea vero mala reddidit pro bonis. Ideoque iniquitatis suæ non immemor in centesimo primo psalmo gemebundus ad me ait : *Quia elevans allisisti me.* Ac si aperte diceret : Quanto sublimiori me dignitate elevasti tanto majoribus peccatis me implicari permisisti. Præterea quantæ ruinæ is, qui præ cæteris elevatur pateat liber Paralipomenon indicat. De Joas namque rege Juda refert quia post mortem Joiadæ sacerdotis, qui eum ad regnum provexit, in tantam elationem venerit ut relicto cultu Dei a suis se permiserit adorari. Pro quo superbiæ flagitio quid regi eidem evenerit scriptum subjungit, dicens : *Cumque volutus esset annus, ascendit contra eum rex Syriæ, venitque in Judam et Hierusalem, et interfecit cunctos principes populi, atque universam prædam miserunt regi Damascum* (*II Paralip.* xxiv, 23). In Joas quoque ignominiosa exercuere judicia, et abeuntes dimiserunt eum in languoribus magnis. Ex quibus omnibus sentiri valet, quia nemo vel virtutum, vel dignitatis alicujus excellentia sublimatus mortiferæ superbiæ ruinam absque magna contritione evadet. Sed et beatus Paulus hoc attestatur qui præfactis quibusdam virtutibus sibi concessis subjungit, dicens : *Et ne magnitudo revelationum extollat me, datus est mihi stimulus carnis meæ, angelus Satanæ, ut me colaphizet* (*II Cor.* xii, 7). Si enim tantus vir stimulis ideo premebatur carnalibus, ne pro concessis extolleretur virtutibus, putasne tibi opus est aliqua adversitate fatigari, ne de perceptis beneficiis præsumas gloriari?

« Quamobrem perpende, quæso, tentationis tuæ causam et ordinem, exordium et finem, ut agnoscere possis cur postremo amariori quam primitus et illa, quam tu insolitam vocasti, tentatione vexatus fueris? In primis namque ideo lenioribus solitisque permissus es fatigari tentationibus, ut quasi per gradus quosdam ad altiora paulatim ascendens, disceres quandoque congredi gravioribus. Sed cum in tam leni et temperata impugnatione aliquantulum proficiens ea, quæ in te gratia mea operabatur, magis ac magis viribus meritisque tuis attribueres, in talem te tandem permisi tentationem incurrere, cujus impugnationis magnitudine depressus agnosceres, cui instantem defectum et cui præteritum omnemque laboris tui profectum debuisses deputare, ac per hoc tanto certior de gratiæ meæ beneficiis existeres, quanto minus de meritis tuis præsumeres. » Hæc igitur ex supradicti fratris scriptis excerpta hic intuli, ut his, qui in conversionis initio sacram Scripturam legere cupiunt, ostenderem qualiter immensam diabolicæ fraudis astutiam, qua omnes eamdem Scripturam legentes impugnare solet, agnoscere et præcavere, qualiterque etiam divinæ inspirationis gratiam agnoscere et invocare debeant.

CAPUT XXVI.
Quid omnibus universim hominibus necessarium sit ad hoc, ut recte ad patriam currant.

Deinde vero opitulante Deo reserare libet quis sit cursus generalis omnium tam laicorum quam clericorum, virorum ac mulierum ad supernam patriam pervenire cupientium. Ubi in primis arbitror dicendum, quod et in primis est omnibus studendum, ut videlicet discant in Deum credere : fides enim est totius boni operis fundamentum, totius divinæ religionis initium. Fidei quoque, si conjungantur spes et charitas, est scala qua scanditur ad cœlum. Quam ob rem omnibus ad cœlestia gaudia pervenire cupientibus primus et communis cursus esse debet, ut in his tribus prænominatis virtutibus se exerceant, credendo scilicet, et sperando in Deo ac diligendo eum. Aliter enim ad notitiam summæ sanctæque Trinitatis, quæ Deus est, pertingere nequimus, nisi prius quasi in schola quadam omni modo discere studeamus; qualiter harum trium virtutum trinitatem agnoscentes, eam, quantum fragilitas humana permittit, moribus condignis impleamus. Nam sicut in Trinitate summa individua est omnis personarum trium operatio; sic etiam in fide et spe et charitate individua operatio agitur. Nemo quippe firmiter credere potest in Deum, nisi ab illo speret aliquod sibi præstare præmium; nec quisquam recte sperat in Domino, nisi illum credat ubique regnantem, ubique præsentem, cuncta continentem, cuncta regentem. Sed neque perfecte potest illum diligere, nisi fidei et spei integritatem supradictam in corde suo jugiter teneat. Quia ergo fides et spes recta nunquam potest esse sine altera, et sine utraque Deus nequit diligi, merito fides et spes, quasi Pater et Filius in personis præcedunt; charitas vero quasi Spiritus sanctus ex Patre et Filio procedens et fide et spe pura procedit.

Sed et hoc satis convenit : quia sicut omnia operatur unus atque idem Spiritus (*I Cor.* xii, 11), et nemo potest dicere Dominus Jesus, nisi in Spiritu sancto (*Ibid.*, 5); ita etiam in charitate omnia bona consistunt, attestante Domino, qui in Evangelio dicit : *Hoc est præceptum meum, ut diligatis invicem* (*Joan.* xv, 12), per unum videlicet dilectionis præceptum omnes virtutes intelligi volens. Apostolus quoque eadem testatur, dicens : *Plenitudo legis est dilectio* (*Rom.* xiii, 10). In his igitur tribus virtutibus, id est in fide et spe et charitate, quæ cunctis hominibus communes esse debent, et sine quibus nemo placere Deo potest, quantum quisque proficit, tantum ei cæterarum virtutum notitia simul et facultas bene agendi a Deo exhibetur. Credere namque debet omnis homo omnia a Deo regi, et nihil frustra vel ex casu in mundo fieri, sed aut ipso concedente aut permittente cuncta ordine certo moderari. Quæ bona quidem sunt et prospera ideo concedi, ut ejus appareat gratia; quæ autem mala et adversa sunt ideo permitti, ut et in illos, a quibus inferuntur, ejus appareat patientia; et ut ipsi, quibus eveniunt eadem mala et adversa, si boni sint, probentur vel coronentur; si vero mali, corrigantur vel damnentur. Talia igitur de Deo credere, est in hujus vitæ stadio celeriter currere, atque ad æternam patriam festinare.

Sed et hoc unicuique credendum quod in omnibus rebus tam malis quam bonis quæ sibi eveniunt tentatur, quid de se, vel quid de Deo sentiat, et qualiter illum diligat. Unde Scriptura sacra dicit : *Militia vel tentatio est vita hominis super terram* (*Job* vii, 1). Hujusmodi autem tentatio tam variis modis agitur ut ab homine nullo pleniter explicari valeat. Sed nos aliqua hic proferemus. Per omnia enim quæ videmus aut audimus, facimus vel patimur, tentamur; tentamur etiam laudati vel vituperati; tentamur per infirmitatem et tribulationem, qualicunque causa nobis evenerint. Tentamur nihilominus per sanitatem, per omniaque divina beneficia nobis collata. Tentamur quoque per ea dona quæ aliis per gratiam Dei concessa agnovimus. Moxque qualiter præfatæ, aliæque simul tentationes fiant, juxta intelligentiæ nostræ vires aperiemus. Per ea namque quæ videmus aut audimus, quia vel bona sunt vel mala, duobus modis tentamur. Cum enim bona viderimus aut audierimus, mox per ea tentamur, si quid tractemus, qualiter ex eis ædificemur, qualiterque ea imitemur. Cum vero mala viderimus aut audierimus mox nihilominus per ea tentamur, si ab his nos mente et corpore avertamus, omni modo caventes ne similia faciamus. Tentamur in his quæ facere et pati possumus, si prompti scimus, tam pro fratrum nostrorum quam pro nostra salute ea operari et pati, prout facultas et convenientia utriusque permittit. Non enim omnibus unum idemque opus convenit. Laudati et vituperati tentamur: laudati quidem, si nobismetipsis plus de nostra qualitate credere velimus, quam aliis nos minus agnoscentibus ; vituperati autem, si peccatis nostris vel ullam injuriam ab aliis illatam tolerare velimus, cum plurimos sciamus tormenta maxima ipsamque mortem pro amore Christi passos fuisse. Majorem namque et efficaciorem pœnitentiam agere non valemus, quam si injuriam quamlibet vel persecutionem pro nomine Christi toleremus; quia ipse dixit : *Beati qui persecutionem patiuntur propter justitiam* (*Matth.* v, 10).

Per quoslibet peccantes tentamur. In primis quidem, si attendentes, quia nos autem jam similiter lapsi sumus, vel adhuc labi possumus, condoleamus illis. Deinde vero si ita discreti in eorum correctione esse velimus, ut neque ultra modum severi, neque nimis remissi in illos simus, sed vinum cum oleo, hoc est severitatem cum pietate miscentes, juxta sanctorum Patrum regulam juxtaque ipsorum pœnitentiam, et ut negligentes quique corrigantur, temperemus omnia. Per infirmitatem et tribulationem duobus modis tentamur. Unus quidem est, utrum eas pro peccatis nostris a Deo immissas credentes patienter sustineamus, sicut Job aliique plurimi sustinuerunt. Alter vero modus est, utrum videlicet sperantes in misericordia Dei eum invocemus ut nos eripiat ab eadem infirmitate et tribulatione. Per sanitatem, perque omnia divinæ pietatis dona tentamur, utrum ea magis eidem divinæ pietati quam nostris meritis deputemus. Per ea vero dona quæ alios habere cognovimus tentamur utrum eamdem gratiam, quam nobis a Deo præstari optamus, fratribus quoque nostris præstitam non invideamus. Nam facile subrepit invidia, et quasi devastans fur serpit in intima nostra, cum quoslibet nobis sapientiores esse agnoverimus. Per preces nostras minime exauditas tentamur, utrum providentiam Dei talem credamus quæ, omnia prænoscens, hoc quoque sciat quando nobis prosit exaudiri. Si enim juxta voluntatem nostram jugiter exaudiremur, maxima salutis nostræ damna sæpe pateremur. Per inhonesta quælibet tentamur, si attendamus quia, sicut omnia corporis nostri inhonesta operimento vel secretiori loco conteguntur, ita etiam honestioribus verbis, si qua necessitas postulat de eis loqui, sunt contegenda. Per qualitatem hominum in errore infidelitatis adhuc perseverantium tentamur; si divinæ pietati pro hoc gratias agere velimus, quod nos tam per fideles parentes quam per alios sacræ fidei doctores ab eadem infidelitate retraxit. Per qualitatem parentum pravorum tentamur, si attendere velimus, quanta Dei gratia sit quod sacro baptismate abluti ab omnibus eorumdem parentum vitiis erimus absoluti, dummodo nosmetipsos in eadem vitia minime implicemus. Per irremediabilem lapsum quorumdam angelorum tentamur, utrum attendamus quanta Dei gratia sit homini quotidie peccanti veniam quæsitam pro reatu concedere quandoquidem iidem angeli, semel superbiendo lapsi, non solum nullam veniam meruerunt adipisci, sed nec voluntatem veniam impetrandi. Item per eosdem reprobos angelos tentamur, si videlicet attendamus, quia sicut ipsi per superbiam ita lapsi sunt, ut coram Deo ultra stare non possent, sic etiam omnes homines contra Deum se erigentes quamdiu in hac elatione persistunt, nil boni agere, sed nec ullam sui malitiam agnoscere possunt. Cujus rei testes sunt plurimi, qui, proh dolor! superbia indurati nullo modo ad meliora valent flecti.

Per injustitiam vel adulationem amicorum aliorumque hominum, cum quibus versamur, omnes tentamur, si Deum magis quam illos diligentes per eorum gratiam vel consilium a veritate et justitia non declinemus. Per eos etiam qui improbe a nobis exiguut aliquam rem, quam aut non habemus vel habentes sibi dare non debemus, tentamur, si improbitatem eorum modesta ratione compescentes, cum alia non sint eis danda, charitatis saltem demus responsa, implentes illud quod scriptum est: *Verbum bonum super datum optimum* (*Eccli.* xviii, 17). Per res quaslibet perditas tentamur, utrum, sperantes quia opitulante Deo aut easdem inveniamus vel alias cito acquiramus, ab omni maledictionis et furoris strepitu quiescamus. Per res etiam ab aliis perditas, sed a nobis inventas tentamur, si tantum dilectionis erga proximos habeamus ut ea quæ sunt sua sibi reddamus. Per acceptam potestatem tentamur, utrum judicia iniqua, moresque perversos, pro quibus alios rectores frequenter reprehendimus, in nobis emendemus sicque appareat qualis intentio cordis nostri sit erga Deum et homines. Per hoc quoque quod scriptum est: *Quod tibi non vis fieri, alii ne feceris* (*Tob.* iv, 16), omnes jugiter tentamur, si forte eamdem fidem et obedientiam, nec non humilitatem, quam nobis a subditis nostris exhiberi volumus, in primis Deo, deinde cunctis, qui nobis præsunt, exhibere studeamus. Per rectores religiosos tentamur, si Deo gratias agere velimus pro hoc quod tales nobis dedit rectores qui nos bene vivendi exemplis instruant et viam patriæ cœlestis ostendant. Per irreligiosos vero tentamur, si peccata nostra, quibus meruimus subdi talibus, attendentes et pœnitentiam pro his agere et rogare Deum studeamus, ut non secundum peccata nostra faciat nos errore pastorum seduci, sed secundum misericordiam suam eripiat a potentia tali. Per famulamina servorum aliorumque nobis subditorum tentamur, utrum per hoc Deo gratias agere velimus quod illo disponente hi nobis deserviunt qui conditione et natura nobis æquales existunt. Per cujuslibet hominis nobiscum conversantis negligentiam tentamur, si ea quæ ille in qualicunque re negligenter agit quæque nos ex peritia et licentia meliorare valeamus in melius quoque aptemus.

Per temporum pacem, aeris temperiem, nec non per rerum abundantiam tentamur, utrum pro his Deo gratias agere et in ejus servitio promptiores esse velimus. Aliter quoque in eisdem tentamur, utrum ad necessaria victus et vestitus subsidia magis quam ad superfluum usum luxuriæ vel superbiæ his utamur. Per debiles et pauperes tentamur, si pro hoc Deo gratias agamus quod nos minime permisit gravari debilitate et paupertate tali. Item per eosdem tentamur, utrum miseriæ eorum condolentes aliquam misericordiam illis exhibere curemus. Per medicinam carnalem tentamur, utrum per hanc credere velimus quia sicut corpus carnali, ita et anima spirituali medicina reparatur. Eodem modo per omnia visibilia negotia tentamur, utrum in eis hoc investigare velimus quæ mysteria rerum invisibilium gerant et quid nobis de divino cultu innuant, sicut videlicet per scholam quo pueri gratia discendi congregati nutriuntur spiritualis vitæ schola designatur, quæ in hoc sæculo cunctis hominibus salvandis statuta est, ut illis, quasi parvuli pro vitæ perennis notitia capienda ad tempus correcti vel flagellati, postmodum de ejus participatione mereantur lætificari, sicut ipse Dominus dicit: *Beati qui nunc fletis, quia ridebitis* (*Luc.* vi, 21). Eodem modo per diversa studia et opera utilia tentamur, utrum hoc attendamus quod ideo dispositione divina sunt tradita, ut omnis homo juxta vires scientiamque sibi datam in eis occupatus nunquam sit otiosus.

Notandum autem quod nullum daretur præmium his qui utilibus et spiritualibus studiis occupantur, nisi simul essent inutilia atque carnalia, in quibus tentati copiam haberent eligendi necessaria aut superflua, bona aut mala. Ideoque quibus datum est liberum arbitrium currere quocunque velint, datus est etiam locus spatiosus in quo currere possint. Locus autem satis spatiosus est facultas bene et male agendi. Quod enim meritum esset, si quis vel male vel bene agere non posset? Unde ut utriusque rei copiam haberet omnis homo, Deus permisit fieri plurimos diversæ qualitatis homines, id est sæcularis et spiritualis sapientiæ amatores, divites et pauperes, superbos et humiles, sanos et infirmos, ut omnes inter se certantes quis celerius, hoc est melius, curreret probarentur, probati coronarentur. Nam cum in una parte positi sint sapientiæ spiritualis amatores, pauperes, humiles, infirmi; in alia vero sibimet contrariis, nullus ad intelligibilem duntaxat ætatem perveniens relinquitur qui non per oppositum suum probatus aut coronetur, aut damnetur. Electus quippe coronatur, quia videns et audiens undique mala a malis gesta continuit se ab eis; reprobus vero ideo damnatur, quia videns et audiens ubique bona a bonis gesta noluit imitari illa, sicut et Judæi a Domino nostro referuntur ideo esse damnandi quia scientes Ninivitas parva Jonæ prædicatione conversos, ipsi nec per maxima signa voluerunt converti. Hujusmodi igitur diversitate tentat nos jugiter Dominus admonens, ut sollicite pensantes quanta subtilitate diversitas eadem facta sit ad comprobandam omnium qualitatem fugiamus a ventura ira, cum tempus habeamus fugiendi.

Si quis vero plus quærat quomodo nos Dominus jugiter admoneat, sciat quia, quotiescunque cogitamus vel audimus quam terribilia sint judicia Dei, toties admonemur fugere illa. Per visibiles quoque creaturas tentamur, sicut videlicet in sole, qui licet creatura sit, ejus tamen splendorem dilatari scimus per universum orbem. Unde cum tantum creaturæ splendorem sciamus, tentamur utique a Deo, si ejus, qui Creator est universorum, invisibilem præsentiam et potentiam super omnia diffusam credamus. Sed et in aqua tentamur, utrum attendamus quia, si corporaliter sordidi in aqua possunt ablui, multo magis omnes sordibus spiritualibus, id est peccatis inquinati possunt in gratia Dei pleniter lavari, si ad eam accedentes spiritualiter se lavare studeant, id est pœnitentiam gerant emendationemque promittant. Multo enim majorem facultatem habet gratia Dei ad lavandas animas quam aqua quælibet ad lavanda corpora. Quod cum omnes sciamus, quotidie tentamur qualiter idem attendentes cum fide et pœnitentia condigna ad Deum accedamus. Similiter per apium studia tentamur, si attendere velimus quia, sicut eædem apes ex variis floribus mellis, liquorem colligere solent, ita et nos virtutes quaslibet colligere debemus, non solum ab hominibus, sed etiam ab animalibus imitando ea. Pro qua imitatione admonet nos Dominus dicens : *Estote prudentes sicut serpentes, et simplices sicut columbæ* (Matth. x, 19). Hæc Psalmista imitatus est, cum dixit : *Ut jumentum factus sum apud te, Domine* (Psal. LXXII, 23). Eamdem imitationem Salomon unumquemque admonet considerare dicens : *Vade ad formicam, o piger, et considera vias ejus, et disce sapientiam* (Prov. VI, 6). Eodem quoque modo per omnes visibiles creaturas tentati admonemur, ut in eis quæramus quid nos doceant. Cujus nimirum tentationis modus et notitia tantum unicuique a Deo reseratur quantum illum timere et amare nititur. Verumtamen ex supra dictis potest aliquantum discere qualiter investigare debeat cætera quæque.

Has igitur tentationes, quæ non ideo immituntur a Domino ut ipse per eas nos interrogando discat quid in nobis lateat, sed ut nos agnoscamus cujus meriti et qualitatis simus, utque appareat quid de Deo vel quid de nobis sentiamus, jugiter attendere generalis est cursus omnium ad superna gaudia properantium. Absque hujusmodi namque tentationibus nemo potest fieri suæ qualitatis certus, sed nec divinæ pietatis et sapientiæ ulla valet intelligere secreta, nisi per earumdem tentationum rudimenta. Sunt etenim quasi quidam campus spatiosus, in quo fidelis quilibet currens, discit qualiter currere valeat in timore et amore Dei. Et ut hæc in una reprobemus, quis, rogo, se patientem esse scire valet, nisi per injuriam illatam probetur? Idem de cæteris sentiendum est. Sicut enim corporis vis, ita et spiritus non aliter quam laborando probatur. Talis autem probatio, qua homo et suam qualitatem agnoscere et præmia æterna mereri valet, sicut scriptum est : *Beatus vir qui suffert tentationem, quoniam cum probatus fuerit, accipiet coronam vitæ* (Jac. I, 12), quid aliud est dicenda, nisi sapientia et pietas divina? Sapientia quidem, quia tam miranda providet; pietas autem, ideo quia providentia tali dignatur quemquam instruere et ad se trahere? Unde Psalmista merito dicit : *Universæ viæ Domini misericordia et veritas* (Psal. XXIV, 10). Veritas autem et sapientia divina idem sunt. Magnus quoque et communis est cursus attendere jugiter et recordari quanta utriusque hominis beneficia unquam a Deo acceperimus in quolibet vitæ nostræ tempore vel in quocunque loco, in patria vel in exsilio, in terra vel in aquis, et pro his ipsi gratias agere; quæcunque autem contra ejus præcepta fecerimus, hæc jugiter pœniteri, pro his veniam semper precari. Ad talem cursum cuncti properate, fideles, pro quo non vobis munuscula vilia dantur, sed merces talis quæ creditur esse perennis.

NARRATIO OTHLONI

DE MIRACULO, QUOD NUPER ACCIDIT CUIDAM LAICO.

Quia mundus multiplici vanitate et iniquitate corruptus in tempore imminenti indicia plura, quæ prædicta sunt in novissimis diebus futura fore, jam demonstrat, opus est cunctis fidelibus ut et se circumspectione maxima ab insidiis diaboli custodiant et quoscunque possint idem facere admoneant. Per hoc enim quod nunc quam maxime quoslibet tam peritos quam imperitos decipit et ad vanitatem majorem quam priorum temporum homines pertrahit, solutus esse a vinculis, quibus hucusque constrictus erat, videtur, sicut in libro Apocalypsis Joannis apostoli prædictum legitur. Quamobrem ut aliquos a vanitate solita retraham, cupio referre quod nuper in occiduis partibus contigit quodque mihi quidam clericus religiosus, apud se hospitanti referens, se etiam adesse ubi contigerat dixit.

Retulit namque quod quidam illustris vir diffamatus esset pro cujusdam equi rapina. Tunc comes regionis illius hujusmodi infamiam audiens potenter exegit ab eodem viro ut equum ablatum redderet, aut justo pretio persolveret. Qua exactione compulsus promisit comiti ut quocunque judicio ille vellet se ab hac suspicione purgaret. Moxque comes decrevit ut, pluribus testibus congregatis, se expurgaret per solitum aquæ judicium. Cumque una cum multis aliis ad statutum aquæ judicium venisset, peracta examinatione omni quæ ibi solet agi, cecidit in reatum per idem judicium. Quo facto vir mœstissimus efficitur, omni querimonia repletur non tantum pro equi recompensatione, sed etiam pro intolerabili comitis timore, quem sibi cognovit minime parcere, si a prædicto non absolveretur crimine. Convocans ergo omnes clericos ibidem manentes in unum, quærit ab eis consilium quomodo reatum evadere posset, in quem nulla sua conscientia incidisset.

Ad hæc cum unusquisque, prout sibi videbatur, responderet, quidam ex eis cœpit illum monere ut aliquid attentius peccata sua recolens et confessione proderet et emendationem Deo promitteret. Cui ille respondit dicens : Hæc omnia ita jam feci ut nullum in memoria mea remaneat peccatum, quod vobis non confessus fuerim et pro quo emendationem Deo non promiserim. Tunc ille clericus : Quomodo, inquit, hoc potest verum esse, cum peccatum magnum in te videam, quod nec confitendo nobis prodidisti, nec peccatum esse credis ? Laicus namque cum sis et, juxta morem laicorum, barba minime rasa incedere deberes, tu econtra divinæ legis contemptor quasi clericus barbam tuam rasisti. Peccatum quippe tale, licet tu pro nihilo habeas, ego credo tantum esse ut nullatenus a crimine, in quod incidisti, absolvaris, nisi pœnitentiam agas, promittasque Deo te amodo talia devitaturum. Audiens hæc vir mox votum vovit Deo, dicens : Ecce Deo promitto quia si me liberaverit a reatus judicio, in quod modo incidi, rasorium nunquam veniet in barbam meam.

Quibus dictis omnes redeunt ad aquam, cupientes agnoscere si quid prodesset reatus confessio et quælibet noxia vitandi promissio. Cumque iteraretur judicium, ita securus factus est ut tam de ejus innocentia quam de justitia revelata, quod scilicet nemo laicorum radere barbam debeat, omnes illic manentes Deo laudem dicerent. Sicque liberatus est homo et de infesti sibimet comitis potestate, et de eorum violentia qui illum cogebant equum ablatum persolvere.

Post aliquantum vero temporis idem vir oblitus divinæ pietatis, quæ eum absolverat, parvipendensque rem quam Deo promiserat, super barba non radenda, jussit sibi cum novacula barbam radere, dicens : ego quidem Deo promisi quia rasorium in barbam meam immitterem nunquam, pro novacula vero non promisi, ideoque volo hac uti sicut homines cæteri. Sed ultio divina talem cito secuta est præsumptionem. Nam post breve tempus ab inimicis suis captus effossis oculis visu est privatus. Hæc igitur ego audiens a clerico quodam aliis referre studui, ut aliquos hoc exemplo territos ad emendationem morum traherem.

EJUSDEM OTHLONI

LIBER

DE ADMONITIONE CLERICORUM ET LAICORUM

Nunc primum ex autographo, in imperiali monasterio Sanct-Emmerammensi asservato, vulgatus, a R. D. P. Casparo Altlechner, Benedictino Millicensi.

(Apud R. P. Bernardum Pezium, *Thesaurus Anecd. novissimus*, tom. III, parte II, pag. 402.)

INCIPIT PRÆFATIO OTHLONI.

Sanctæ Ecclesiæ munusculum aliquod offerre cupiens, sed in manu mea nihil reperiens præter parvam dictandi atque scribendi notitiam, hanc ipsam in ejus servitium volo coaptare quantum Dominus dignatur adjuvare. Scribere enim gestio pro admonitione cunctorum fidelium, admonitione duntaxat indigentium, dividens eos in duas personas clericorum et laicorum, assumensque ad hoc utrique personæ congrua monita, per quæ a carnalibus ad spiritualia, a visibilibus ad invisibilia possint animum suspendere et superna conspicere, sicut et Apostolus dicit : *Invisibilia Dei per ea quæ facta sunt intellecta conspiciuntur* (Rom. I, 20). Cujus studii oblatio precor ne cui indigna videatur; quia ut legitur ad templum Domini quondam inter insignia et pretiosissima dona offerebantur etiam viles pili caprarum et duo minuta viduæ pauperculæ oblata Deo ipsius Domini nostri Jesu Christi testimonio approbantur. Precor et illud ut si quisquam in his quæ dicam, vel melius sentiat vel aptius eadem proferat non idcirco rusticitatis meæ verbula cito reprehendat; quia ut quidam sapiens dicit : *Non omnia possumus omnes*. Nam si ille eamdem sententiam juxta ingenii sui vires melius quam ego proferre posset, forsitan et alter aliquis illo sapientior excellentius proferre nosset. Unusquisque ergo in suo sensu abundet, tanto majores Deo gratias agens, quanto excellentioris scientiæ talentum ab eo accepit, sumutque attendat quod Deo magis placent rustica humilium dicta quam eximia verbositas arrogantium, et in sæcularis litteraturæ pompa gloriantium.

LIBELLUS MANUALIS
De admonitione clericorum et laicorum.

CAPUT PRIMUM.

Maxima necessitas et causa homines officii commonendi neglectus religionis, persecutio Ecclesiæ, devastatio monasteriorum, etc.

Substantia igitur quæ per se sine ullius adminiculo subsistere valet, Deus solummodo est. Illa autem substantia, cujus totum esse in alterius consistit potestate, creatura profecto esse probatur. Sed sicut divina substantia in tribus constat personis Patris, et Filii, et Spiritus sancti, ita et creatura in tribus distat differentiis. Aut enim est rationalis, ut angelici spiritus et homo; aut animalis, ut omnia quæ flatu vitali sine ratione potiuntur; aut neutrum est, habens tantummodo esse, ut arbores et lapides : unde omnino patet quia omnis creatura Deo, a quo omne quod est habet, se quoque subdere debet ; cujus nimirum subjectionis omnis ratio et observantia ad solam rationalem creaturam pertinet, id est ad angelos et homines. Sicut enim hi soli cæteris creaturis excellentiores sunt conditi; ita etiam ab his solis exigitur subjectio et cultura Dei, et aut pro subjectionis studio remunerantur, aut pro repugnantia atque superbia puniuntur. Sed quia hujusmodi judicium in angelicis spiritibus jam factum est (nam quidam eorum pro obedientiæ suæ meritis ita beatitudini sempiternæ sunt deputati, ut nihil aliud quam bonum velle possint; quidam vero pro superbia in æternas pœnas projecti ad nulla nisi ad mala rationem datam flectere queunt) soli homines adhuc restant qui concessam rationis et arbitrii facultatem ad utrumque divertere valeant. Unde et ipsi solummodo instruendi et admonendi sunt ut sibi jugiter proponentes utrosque bonos scilicet et malos spiritus, eligant potius bonorum merita sequi præceptis di vinis obediendo, quam malorum pœnis associari ei resistendo, sine quo nemo potest salvari.

Hoc igitur sit primum quod omnes homines hortamur intentione maxima considerare. Sanæ namque menti integræque rationi ipsum solum sufficere posset, etiamsi nulla alia tremendi judicii exempla nosset. Sed quia adversarius noster diabolus leo rugiens circuit quærens quem devoret (*I Petr.* v, 8), pluresque inter tot millia hominum, proh dolor! fragiles, quam fortes contra eumdem adversarium modo inveniuntur, opus est cunctis fidelibus ut et ipsi circumeuntes quærentesque qualiter tanto resistant adversario, invicem se variis modis instruant et admoneant ne Ecclesia sancta sub temporis præteriti Patribus bene fundata et suffulta penitus destruatur sub temporibus nostris, in quibus mille annis pene expletis juxta prophetiam in Apocalypsi prædictam Satanas solutus esse videtur : non enim solummodo occultis ut antea insidiis quosque decipit, sed etiam aperte prorumpit peritissimos subvertens et ad pessima quæque instigans. Quid rogo pejus esse poterit quam monasteria ad laudem Dei sanctorumque suorum venerandam memoriam ab antiquis principibus constructa, nunc ob inexplebilem quorumdam avaritiam destruere? Quis namque fidelium religiosorum attendens quanta modo, cum omnia divina præcepta et miracula sanctorumque Patrum documenta sint plurimis notissima, cœnobiorum destructio fiat non solum a laicis deprædantibus et rapientibus prædia eorum, sed etiam a clericis ipsisque abbatibus ultro offerentibus, quasi quædam venalia sibimet commissa bona, unde alendi forent non solum monachi, sed etiam familia commissa, nec non pauperes et peregrini advenientes, non possit conjicere destructionem sanctæ Ecclesiæ? Non statim doleat quod hostis antiquus tantam malitiam et persecutionem potuerit exercere in Christianos, per alios Christianos, et per eos maxime qui constituti sunt pastores Ecclesiæ? Nam si talis destructio locorum sanctorum a barbaris agereter, Christianorum bello essent reprimendi, si aliter nequirent corrigi; sed, proh dolor! tanta pax et concordia in hujusmodi habetur nequitia, ut, paucissimi exceptis, non inveniantur qui de tanta persecutionis curent miseria, quasi Christianæ religionis ignari, et tanquam hoc, quod monasteria cuncta pro Christi sanctorumque honore constructa fuerint, obliti. Quod dico miserabile quidem est dictu, sed multo miserabilius actu, cum hi qui ad hoc specialiter vacare desiderant, ut in cœnobiis sub religione disciplinaque spirituali viventes Deo servirent, et pro eorum salute, qui a sæcularibus pompis se adhuc continere nequeunt, jugiter intercederent, substantia, qua ad quotidianum victum et vestitum indigerent, privantur. Quanto enim quis possessiones proprias pro Dei amore contempserit, tanto magis ex communi statu cœnobii quo confugerit, necessaria quæque sibimet dari indiget; quia quandiu in præsenti vita subsistit, nullus homo victu et vestitu carere poterit. Unde qui cœnobitis aufert prædia, quibus sunt procurandi, et divini servitii et totius monasticæ religionis destructor esse convincitur. Ad hæc etiam reus efficitur, quia abstulit unde pauperes, peregrini et hospites sancta loca visitantes, recreandi forent juxta sancti Benedicti statutum, imo juxta ipsius Domini nostri præceptum dicentis : *Date eleemosynam, et omnia munda sunt vobis.* (*Luc* XI, 41). Ipse quoque his qui nunc eum in pauperibus et hospitibus suscipiunt, in extremo judicio dicturus est : *Hospes fui et suscepistis me* (*Matth.* XXV, 35). Hæc igitur de illo solo peccato, quod in destructione cœnobiorum agitur, breviter commemoravi.

Si quis vero diligenter considerare voluerit cætera Christianæ religionis statuta, inveniet ex eis plurima pari Christianorum persecutione destructa. Quis enim locus est modo sine rapina aut bello? Ubi sunt jura Christianæ legis et protectio metuendi regis? Ubi sunt, quæso, pastores et defensores Ecclesiarum qui resistant devastatoribus pauperum et viduarum? Quinimo qui dicuntur pastores et defensores, quique animam suam dare deberent pro commissis ovibus, facti sunt persecutores, nulli parcentes, dummodo ipsi in deliciis vivant divitiisque affluant. Nonne hæc atque his similia persecutionis sunt studia? Quam videlicet miserandam persecutionem ego infimus jugiter audiens et dolens, cum non possem aliquos sermone communi corrigere, tractavi vel scriptis eos admonere talibus, quorum sententiam tam laici quam clerici possint agnoscere. Nonne solem aliaque elementa aliquo sensu capere possunt, et quid officii gerant omnes simul agnoscunt? Ipse profecto corporali visu privatus nequit se excusare a solis agnitione. Si enim non illius splendorem, certe vel illius calorem sentire valet. Præterea cum aliquos exterius audit de splendoris solaris inmensitate loquentes, potest utique advertere interiori visu simul et auditu. Ipse enim ab homine nullo poterit evelli, dummodo hujusmodi aciem et auditum malitia nulla impediat. Unde et Dominus noster auditores suos admonet, dicens : *Qui habet aures audiendi audiat* (*Marc.* IV, 9). Et Joannes in Apocalypsi : *Qui habet,* inquit, *aures, audiat quid spiritus dicat Ecclesiis* (*Apoc.* III, 22). Sed hujusmodi verba ideo more prologi præmittimus : ut quia de carnalibus spiritualia, de visibilibus invisibilia colligere scribendo volumus, lectorum simul et auditorum aures spirituales ad attendenda eadem aliquantulum excitemus.

CAPUT II.
Quomodo in solis imagine sacratissimæ Trinitatis mysterium reluceat.

Primo igitur dicendum, quod et in primis et præ omnibus nosse debemus, in quo scilicet elemento ipsius sanctæ Trinitatis et unitatis mysterium contemplari possimus. Denique ut mihi videtur, in nulla scriptura apertius quam in sole edoceri possumus, qualiter sanctæ Trinitatis fidem attendere debeamus. In sole namque tria inseparabilia inesse scimus, hoc est, ipsum corpus in modum rotæ constans, et splendorem atque calorem ipsius. In rota quippe illius quam in firmamento cœli semper positam novimus, personam Patris; in splendore vero personam Filii, quia et Apostolus de Christo, Dei Filio dicit : *Qui cum sit splendor gloriæ,* etc. (*Hebr.* I, 3); in calore autem personam Spiritus sancti significari credo; moxque etiam illud subjungo, unde talia credo. Sicut enim rotam solis nunquam vidimus vel audivimus de cœlo in terram dimissam, sed splendorem, qui in ipso est, et ab ipso semper ortus emittitur super omnem terram; calorem etiam qui tam ab ipsa solis rota quam a splendore ejus procedit, licet in omni loco et tempore non æqualiter sentiamus, ab utroque tamen æqualiter procedentem in quibusdam provinciis majus, in quibusdam vero minus fervere propter aliquam occultam divini judicii dispositionem scimus : ita et de personis singulis sanctæ Trinitatis credo. De Deo Patre quidem, quia nunquam missus venerit in terram, sed splendorem ejus, id est, Filium ad quoslibet illuminandos mittat. De Deo autem Dei Filio quod sicut splendor solis in quæcunque corporalia mittatur visibilis fiat, ita et ipse incarnatus visibilis apparuerit, et super omnem terram doctrinæ ejus claritas illuxerit, ut de eo legitur : *Exortum est in tenebris lumen rectis* (*Psal.* III, 4). De Spiritu sancto etiam, quod sicut terra a splendore solis illustrata tantum, non autem calore ejus penetrata nullum fructum dare solet, ita et unusquisque, licet divini Verbi notitia illuminatus sit, cunctaque Dei miracula vel legendo vel audiendo agnoverit, tamen nisi calorem, id est, amorem bene agendi, ab ipsius dono percipiat, frustra totius scientiæ lumine perfruatur. Quod profecto ita esse non solum fide percipi, sed etiam experimento ipso potest probari. Nam nonnullos sapientes et in lege divina omnimodo instructos frequenter videmus, in quorum actione, si quam divinæ scientiæ notitiam habeant, vel si quid de æternis gaudiis et suppliciis credant, parumper agnoscere valemus. Quid igitur de talibus existimandum est, nisi quia splendore, id est, Verbo Domini nostri satis quidem illuminati sint, sed Spiritus sancti calorem minime senserunt ? Si enim cum splendore calor pariter spiritualis advenisset, nequaquam ita tepidos et negligentes illos reliquisset.

Ut autem caloris tanti mysterium non solum ex conjectura propria, verum etiam sacræ Scripturæ testimonio approbem, nonne Spiritus sanctus in igne super apostolos venisse, eosque tanto fervore accendisse legitur ut nullam sæculi potentiam, nulla humanæ sævitiæ tormenta formidarent ? De eodem calore et igne credo Dominum dixisse : *Ignem veni mittere in terram, et quid volo nisi ut ardeat ?* (*Luc.* XII, 49.) Sed et hoc, quod Dominus dicit : *Ecce sto ad ostium, et pulso, etc.,* (*Apoc.* III, 20) in quolibet homine solis splendore circumdato mystice intueri valemus. Sicut enim splendor solis omnem ad lucis suæ radios venientem non repellit sed illustrat; ita et Salvator noster omnes ad se venientes clementer suscipit. Unde et eos ad se venire hortatur, dicens:

Venite ad me, omnes qui laboratis et onerati estis, et ego reficiam vos (*Matth.* XI, 28). Item sicut splendor solis exteriores cujuslibet domus parietes undique lustrans nequit in eos qui interius sunt clausi lucem suam immittere, ostio autem aperto mox in eos effundit, ita etiam Dominus noster per divinitatis suæ potentiam jugiter respiciens super filios hominum ut videat si est intelligens, aut requirens Deum (*Psal.* LII, 3), quærit quasi pulsans, quis ei januam cordis aperiat : janua autem cordis est mens. Ubi ergo Dominus januam clausam, id est, mentem infidelem et indevotam ad totius religionis studium invenit, dolens inde recedit. Dolens videlicet per humanitatem susceptam sicut et in Evangelio legitur, quia cum appropinquaret Hierusalem flevit super illam. Nam divinitati nullus dolor accidit. Ubi autem januam apertam, mentem scilicet, fidelem et devotam ad implenda divinæ institutionis præcepta invenit, mox intrat, et cum hospitii ipsius habitatore cœnat, infundens ei per inspirationem Spiritus sancti compunctionem atque pœnitentiam peccatorum suorum, seu ei reserans sacræ Scripturæ arcana, vel etiam, quia ejus cibus est, ut faciat voluntatem Patris sui, cœnat cum eo faciens illum contemnere cuncta caduca et sola perennis vitæ desiderare gaudia. Hujusmodi ergo convivium agit Dominus nobiscum, quando eum permittimus intrare ad cor nostrum.

Potest etiam per idem solis mysterium illud aliquatenus inspici, quod Dominus dicit : *Si quis diligit me, sermonem meum servabit, et Pater meus diliget eum, et ad eum veniemus, et mansionem apud eum faciemus* (*Joan.* XIV, 22). Ubicunque enim solis splendor apparet, sol pariter cum eo lucens manet, quia individua est utriusque operatio. Ad hæc etiam si calor ex utroque procedens sine cujus adventu frustra quilibet illuminatur, simul adesse sentitur, tunc ibi tria pariter in una operatione habentur : quod nimirum in prædictis Domini verbis non dissimiliter posse intelligi credo. Si enim duæ personæ intelliguntur in Patre et Filio qui adveniunt tertia persona, ut mihi videtur in illius, qui diligit cooperatore, et ad hoc ut diligeret quasi prævio incentore potest intelligi. Denique in multis sacræ Scripturæ locis hoc invenitur quod bona aliqua non solum non facere, sed nec verbum bonum proferre possimus absque Spiritus sancti dono, ut est illud : *Nemo potest dicere Dominus Jesus, nisi in Spiritu sancto* (1 *Cor.* XII, 3). Et : *Omnia operatur unus atque idem spiritus, dividens singulis prout vult.* (*Ibid.*, 11).

CAPUT III.
Idem argumentum uberius pertractatur, pluresque e creatis figuræ Trinitatis afferuntur.

Ut autem tanti mysterii profunditas facilius intelligatur, libet adhuc in sole illius similitudinem quærere. Scimus namque omnes, quoniam in æstate quando calor solis maximus terram occupare solet, sæpissime non solum in die, qua sol pariterque ejus splendor videtur, sed etiam in nocte, cum neuter apparet, tantum calorem ab utroque procedentem sentimus ut vix eum sustineamus. Quapropter quia tantus calor, longe prius quam ipse sol splendorque ejus appareat, sentitur; præcedere eum dici potest, licet ab illo nunquam recedat. Eadem de aromatum quorumlibet odorifera suavitate sentiri valent. Ubicunque enim incenditur thus, vel myrrha, vel alia hujusmodi species eorum quæ procul absunt, nares priusquam visum dulci odore contingit, nec tamen ab incensus sui substantia recedit. Si ergo tanta vis est utriusque caloris videlicet et odoris, ut præcedentes adventum eorum a quibus procedunt, demulcentesque sensum eorum quibus ingeruntur, substantiam propriam non relinquunt, cur non multo magis credenda est virtus Spiritus sancti quoslibet illustrare et præcedendo eorum corda adventui divino præparare, nunquam tamen ab essentia propria recedens ? Qui enim totus est ubique, locus esse nequit, ubi desit, nisi quo tenebris malitiæ et insapientiæ fugatur, sicut scriptum est : *Sanctus enim spiritus disciplinæ fugiet fictum, et auferet se a cogitationibus, quæ sunt sine intellectu,* etc. (*Sap.* I, 5.) Ubi autem idem Spiritus requiescat, Dominus per prophetam indicat, dicens : *Super quem requiescit Spiritus meus nisi super humilem et quietum, et trementem sermones meos ?* (*Isa.* LXVI, 2.)

Libet adhuc per propositum solis mysterium ascendere, et illa evangelica verba considerare : *In principio erat Verbum, et Verbum erat apud Deum et Deus erat Verbum* (*Joan.* I, 1). Omnes namque serenam aciem habentes intueri aliquomodo, quantum reverberatus visu permittit, possunt, quia ipse solis splendor qui totam terram ambit nunquam solem relinquit, sed in illo semper est lumen de lumine micans. Si tanta facultas in creatura oculis corporalibus videri potest, multo magis in creatore et omnipotente Deo inesse credenda est. Sicut enim solis splendor semper in eodem sole est, et quorsum micando tendat, semper apud eum perseverat; ita semper *in principio,* id est, in Patre erat Verbum, et Verbum erat apud Deum, semper scilicet Dei Filius in Patre manens, semper Deus de Deo, semper lumen de lumine splendens. Sed nec ipsa rotunda species solis a mysterio vacare videtur : omne enim rotundum nec finem habet nec initium. Idem de Deo omnipotente credere edocemur. Quia dum illo nihil superius, nihil inferius, nihil latius invenitur, nullo termino concluditur. Prolato itaque illo, quod in sole tantummodo reperitur, sanctæ Trinitatis mysterio, libet adhuc duo proferre, ut hi qui subtilia quæque de sanctæ Trinitatis fide dicta vel scripta nequeunt intelligere, doceantur in quibusdam elementis eamdem fidem investigare.

In aqua igitur quam tribus personis appellare solemus, dicentes : Ille fons, ille rivus, illud stagnum Trinitas, sed unius elementi substantia inesse comprobantur. Licet enim in personis fons et rivus atque stagnum differant ; in una tamen substantia conveniunt : ubi quoddam quod et de sole dixi potest inveniri. Nullus denique rivus absque fontis sui substantia defluit, quousque fons ebulliendo subsistit. Caeterum si fons exsiccatur, et fontis persona privatur. Sed et stagnum satis convenit personae Spiritus sancti : quoniam sicut fons et rivus confluentes in stagnum unius elementi substantiam habent, ita et Pater et Filius in unitate Spiritus sancti convenientes unum sunt, et unam substantiam efficiunt.

In accensa quoque candela inveniri potest, ut reor, idem sanctae Trinitatis mysterium. Nam cum ardens elementis constet tribus, id est stuppa, cera, igne, personarum trium figuram tenet, sed unam substantiam; et sicut nulla candelae utilitas in stuppae et cerae confectione absque incensione erit, ita etiam illi qui in Patrem et Filium credens Spiritus sancti ignem ab eis separat, nil proderit hujusmodi fi'es.

His igitur exemplis de sancta Trinitate prolatis, quae, ut arbitror, omnibus plana sunt, jam cupio alia exempla ad moralem sensum pertinentia sparsim colligere. Primo quidem de parabolis quibusdam, quae in Evangelio ipsius Domini nostri ore leguntur prolatae; per has scilicet clericos specialiter admonens ut tantae doctrinae verba legentes, vel audientes mentem aliquatenus ab illecebris et pompis saecularibus retrahant. Deinde vero ex variis rebus quae in hoc saeculo per visum vel auditum tam a laicis, quam clericis sentiri possunt, ut apium defloratio in variis locis; ut immensus solis splendor; ut ornatus et pulchritudo facturae ipsaque utilitas, quae in natura humana consistit; ut facultas et difficultas operandi in quibusdam temporibus; ut necessitas quotidiani esus; ut abundantia et penuria substantiae victualis. Ex his ergo omnibus laicos specialiter admonendos esse decerno; quia si semel eis quid significent reseratur, postea coram Deo nullam habent excusationem pro ignorantia litterarum; dum quotidie ab his quae possident et cum quibus versantur ad Creatoris notitiam instruantur.

CAPUT IV.

Proponuntur clericis diversae evangelicae parabolae, quarum meditatione diversis eorum vitiis medicina paretur.

Sed his interim omissis ad clericos quos per Scripturam sanctissimam evangelicae lectionis instruere statui, prius admonendos aggredior. Apostolus namque dicit : *Quaecumque scripta sunt, ad nostram doctrinam scripta sunt* (*Rom.* xv, 4). Quae nimirum verba ad eos specialiter pertinent, qui litterarum notitiam habentes in eis jugiter agnoscere possunt qualiter se et commissos regere debeant. Unde etiam clericis opus est, ut summopere attendentes quod scriptum est : *Cui plus committitur, plus ab eo exigitur*, studeant, perceptae scientiae talentum non in terra fodere, hoc est, in terrenis curis expendere, sed in ejus servitium, a quo sibimet constat tributum. Recolant nihilominus et illud ; quia quanto majori scientia sunt ditati, tanto ne-

quioribus spiritibus judicio divino permittuntur impugnari. *Esca* namque diaboli, ut legitur, *electa est* (*Habac.* 1). Quo significatur quia peritos et sanctos quosque maxime impugnans eos ventre malitiae suae nititur devorare. Hujusmodi autem impugnatio jugiter praeoccupanda est lectione librorum illorum in quibus detegantur fraudes inimici maximeque Evangelii, ubi a Domino unumquodque vitium vel virtus praenuntiatur per parabolas. Quapropter ex evangelica lectione commonitorium breve hic facere volo, ut in promptu habeatur quae cujuslibet vitio opponenda sit lectio.

Cum igitur in animo doctoris assidua divinae institutionis negligentia sentiatur, legat parabolam illam : *Exiit qui seminat seminare semen suum* (*Matth.* xiii, 3). Quia in eadem ipso Domino disserente, et per hoc etiam omnes doctores caeterarum parabolarum solutionem instruente memorantur omnia, quorum effectu divini verbi negligentia oritur. Quod enim plurimi homines *ad tempus credunt, et in tempore tentationis recedunt, quodque a sollicitudinibus, et divitiis et voluptatibus vitae hujus suffocantur* (*Luc.* xiii, 14), seu quolibet modo impediuntur, ne divini verbi referant fructum, hoc maxime ex illa negligentia venit qua timorem amoremque Dei spernentes credunt se temporalia et aeterna bona uno dilectionis genere posse adipisci seu quia, cum pro certo sciant discernenda esse in dilectione, proponunt sibi longum vitae praesentis spatium divinamque pietatem, quae cunctis ad se, licet sero conversis, veniam promittit et hac promissione abutentes, credendo scilicet quia quandocunque voluerint cito converti possint, quasi conversionis tempus in potestate habeant, interim toto nisu terrenis solummodo curis et voluptatibus occupantur; cumque de die in diem, de mense in mensem, de anno in annum conversionis tempus differunt, aut vix demum convertuntur, aut quasi catenati a consuetudine pessima sine conversione moriuntur. Nam ex peccati poena, quam in longa conversionis dilatione meruerunt, videbitur eis quandoque impossibile quod quondam visum fuerat facile. Ad expellendam ergo tam periculosam tamque tremendam negligentiam satis juvat, si parabola jam commemorata ejusque expositio saepius intenteque legatur, si tamen adsit simul cura oratioque jugis, ut expellatur; ipsam enim divinorum verborum lectionem et intentionem nimium formidans diabolus fugit a legentibus et meditantibus divina.

Item si quis ex superflua tenacitate nimioque pretiosarum vestium vel ciborum appetitu laborare se senserit, attendat jugiter parabolam de divite, qui pro eo quod indutus est purpura et bysso, et epulabatur quotidie splendide quodque de substantia sua nec mendicanti Lazaro dare voluit in inferno sepultus est (*Luc.* xvi, 19-22); et procul dubio ab hoc vitio aliquantum abstinens efficitur.

Ut autem quibuslibet lapsis compatiens et super eorum emendatione doctor discretus esse possit, attendat parabolam de illo prolatam, qui ab Hierusalem in Jericho descendens incidit in latrones et ab eis vulneratus relinquitur semivivus; cumque a prætereuntibus quibusdam minime visitaretur, Samaritanus quidam iter faciens suscepit eum sanandum infundensque oleum et vinum reddidit sanum (*Luc.* x, 50-35). Infusio enim olei et vini necessariam pietatis et severitatis significat commistionem. Hinc ergo doctores universi possunt satis instrui, quia nec pietas sine severitate, nec severitas sine pietate in peccatoribus curandis tenenda est.

Quod vero necessarium sit cunctis fidelibus substantiam terrenam possidentibus æterna gaudia mercari et exquirere cum temporalibus bonis, satis indicatur per parabolam illam : *Homo quidam erat dives qui habebat villicum* (*Luc.* xvi, 1), quia in fine lectionis ejus cur illam protulerit Dominus manifestat, dicens : *Facite vobis amicos de mammona iniquitatis*, etc. (*Ibid.*, 9). In qua etiam parabola Dominus argumentum a contrario sumens de villico fraudem faciente, innuit nobis quia tam a contrariis quam a consequentibus rebus possint exempla ædificationis proponi ; fraus enim omnis contraria est Christianæ fidei et ideo hanc facere licet nulli. Sed tamen aliquo modo possumus exinde ædificari, attendentes scilicet quia si aliquis sæcularium per fraudem suæ utilitati prospicit in futurum, multo magis nos debemus per eleemosynam juste acquisitam providere, quæ nobis in futura vita expediunt. Cui nimirum exemplo simile est : si aliquis religiosus videns meretricem omnimodo ornatam amatoribus suis mox optet, dicens : Utinam ego ita studerem placere Christo sicut ista meretrix studet placere mundo ; vel si quis spiritualis doctor discipulos suos admoneat, dicens : Sicut multi studiosi sunt ad obtinendam prudentiam carnis, ita et vos studete ut spiritualem prudentiam obtineatis, cum perversa sit et meretrix et prudentia sæcularis. Ex quibus colligitur quia pessima quæque ad ædificationem assumi possunt.

CAPUT V.

Aliæ parabolæ, et documenta proferuntur ex Novi Veterisque Tetamenti libris, quibus clerici ad persananda vitia tum in se, tum in aliis utantur.

Rursum ne propter aliqua bona opera humanæ laudis appetitu impulsus superetur, attendat illam parabolam : *Simile est regnum cœlorum thesauro abscondito in agro*, etc. (*Matth.* xiii, 44). Nisi enim actio bona interdum abscondatur a malignis spiritibus, velut a latronibus pecunia ostensa, aufertur.

Item ne durus et immitis sit erga eos qui in cum aliquo modo peccant attendat illam parabolam : *Simile est regnum cœlorum homini regi, qui voluit rationem ponere cum servis suis* (*Matth.* xviii, 23). In qua satis aperte monstratur qualiter debeamus esse clementes erga debitores nostros, si volumus nobis a Deo relaxari debita nostra.

Superbia quoque, quæ omnes virtutes destruere nititur, ne in quolibet dominetur, attendendæ sunt illæ duæ similitudines, quarum quidem una est : *Duo homines ascenderunt in templum ut orarent* (*Luc.* xviii, 10). Altera vero : *Cum invitatus fueris ad nuptias, recumbe in novissimo loco* (*Luc.* xiv, 10). Ex utraque ergo possunt omnes edoceri quanta confusio vel ruina superbiam soleat sequi. Utraque etiam una eademque sententia terminatur, quia scilicet omnis qui se exaltat humiliabitur, et qui se humiliat exaltabitur.

Item ne concessis et licitis rebus intemperanter utamur, seu in eis plus quam liceat innitamur, attendenda est jugiter illa parabola : *Homo quidam fecit cœnam magnam et vocavit multos* (*Luc.* xiv, 16); quid enim ibi dicitur cœna magna facta et vocati multi, sed quidam propter villæ emptæ, quidam propter agrorum emptorum probationem, quidam vero propter uxorem noviter ductam se excusantes venire noluerunt (*Ibid.*, 18-20), significat maximam quidem multitudinem fidelium ad superna gaudia a Domino invitatam, sed dum plurimi nimiæ possessionum obtinendarum ambitioni, multi autem conjugio licito intemperanter dediti inveniuntur, pauci sunt qui vocationi divinæ obedientes ad regna cœlorum perveniunt. Verumtamen eo plus metuenda est hujus parabolæ sententia quo minus a multis timetur, qui quotidie non solum ob nimiam villarum et agrorum pretio condigno acquirendorum ambitionem, et propter intemperatum uxoris amorem, sed etiam, quod multo nequius est, ob eos agros quos fraude aliqua acquirere et auferre student de locis sanctis seu pauperibus et propter meretricis inductionem, se conantur excusare a vocatione divina. Si enim hi qui rebus juste acquisitis et a Deo concessis intemperanter utuntur a regno cœlesti excluduntur, quid credendum est de illis qui per vim et fraudem aliquam aliena rapientes et meretricibus se jungentes in his usque ad finem vitæ perseverant? Hinc credat quisque quod velit ; ego credo quia cœlum et terra transibunt, verba autem divina non transibunt (*Marc.* xiii, 31), nisi ut impleantur sicut prædicta sunt. Hæc igitur pauca exhortationis verba ad clerum dicta ideo ex sanctissimo Evangeliorum libro proferre curavi, quia talis liber clericis pene omnibus notissimus est, utpote qui sæpius legitur et auditur ab eis.

Possunt etiam studiosi quilibet clericorum ex varia scriptura tam Veteris quam Novi Testamenti satis instrui, et non solum ex bonis sed etiam ex malis ædificari. Si enim attendere studuerint Abel justitiam, Job patientiam, venerandam Abrahæ, Isaac et Jacob benedictionem a Deo sibi factam, David humilitatem, Danielis et trium puerorum constantiam, Susannæ castitatem, utriusque Tobiæ, patris scilicet et filii religionem aliorumque Patrum in Veteri Testamento perfectionem, si, inquam, attendere voluerint talium virorum exempla, ædificari omnimodis possunt. Rursum si econtra replicare voluerint, quantam malitiam Cain in fratrem suum egerit, pro quibus peccatis Sodomitæ subversi sint, qualiter Nabuchodonosor, Holofernisque superbia contrita sit, quam variis modis murmurantes filii Israel afflicti sint, quid Heli sacerdotis filii peccantes pertulerint, quomodo Salomon sapientissimus ceciderit, quantamque ruinam Absalon et duo judices contra Susannam insanientes meruerint, quam frustra Herodis et Judæorum dolus in Christum insanierit, quanta malitia Simon Magus obcæcatus perierit. Quid aliud per tanta mala innuitur, nisi ut audientes timeant et timentes caveant ne in similia cadant? Plurimi namque nisi timore compellerentur, nullo modo ad salutem traherentur. Patet igitur quia tam per mala quam per bona ædificari possumus, si ea ita ut a Domino ordinantur pensamus. Nam ut Deum amemus, per bona trahimur; sed ut eum timeamus, per mala aliqua compellimur. Unde, quæso, ut ea quæ jam protuli, et alia his similia in libris sacris scripta intentione summa legantur et quæ nobis sunt facienda ex eorum lectione aliquatenus inspiciantur.

CAPUT VI.

Docentur clerici quæ laicis prædicent, ut frugi sint.

Deinde exhortans et laicos, non eos ad illius Scripturæ lectionem, quia illis ignota est, adduco, sed ut a clericis quædam pro quotidianis experimentis cognitæ similitudines aperiantur obsecro. Dicatur itaque eis ne pro eo quod litteras nescitis excusationem aliquam coram Deo vos habere credatis, intimamus vobis quædam, in quibus velut in libris quotidie legendo agnoscere potestis, quid agere debeatis. Sicut igitur apes in variis locis et in variis floribus mellis liquorem colligere solent, ita et vos colligere debetis cujuslibet virtutis dulcedinem. Ab alio enim colligenda est humilitas, ab alio charitas, ab alio fides, ab alio patientia, ab alio largitas, ab alio castitas, ab alio discretio, ab alio eleemosynarum studia pauperumque cura, ab alio alia quælibet virtus. Quæ scilicet virtutes, dum sic collectæ in unius hominis mentem veniunt, quasi in unum alvearium ex variis floribus excerpta mella congeruntur.

Non solum autem ex hominibus, sed etiam a quibuslibet creaturis, quas quotidie vel videtis vel auditis, et de rebus quas aliquo modo sentitis mella virtutum colligere debetis. Nam fidem, quæ fundamentum est virtutum omnium, primo colligere et ponere debetis in alvearium cordis vestri, credentes scilicet Deum omnipotentem ubique esse præsentem et omnium, quæ a nobis geruntur vel etiam cogitantur, inspectorem. Hanc autem fidem hoc modo colligere debetis : attendite igitur in solem, qui cum universum mundum splendore suo circumdans illustret, tamen quia creatura est et omnis creatura nimis inferior est creatore, exinde instructi facile potestis credere solem longe minus splendere quam creatorem. Nam sol duntaxat tantum potest splendere quantum permittitur obstaculo terræ vel alicujus rei; Creatoris vero splendor est incomprehensibilis et invisibilis ejus intuitus, quo omnia præterita, præsentia et futura omnemque creaturam simul quasi uno ictu oculi comprehendit, quo etiam *respicit super filios hominum ut videat si est intelligens aut requirens Deum (Psal.* XIII, 2). Qui scilicet splendor non nisi toto cordis affectu credi vel agnosci potest, ejusque capax erit quanto in fide et dilectione Dei profecerit, ipsiusque justitiæ esuriet atque sitis eum accenderit. Unde de his tribus in Evangelio Dominus dicit; de fide quidem : *Omnia,* inquit, *possibilia sunt credenti (Marc.* IX, 22); de dilectione autem : *Qui diligit me diligetur a Patre meo, et ego diligam eum et manifestabo ei me ipsum (Joan.* XIV, 21) ; de esurie vero ac siti : *Beati qui esuriunt et sitiunt justitiam, quoniam ipsi saturabuntur (Matth.* V, 6).

Huic etiam simile quid quotidianis experimentis colligere potestis. Quis enim agricola agriculturam exerceat, nisi aliquatenus profectuosum sibi fore speret et credat? aut quomodo aliquod studium potest exerceri, nisi cœperit amari? aut quis sine tædio ipsum victum corporalem cunctis viventibus necessarium percipere valet, nisi aliqua esurie ac siti ad hoc incitetur. Sed nec ipse somnus nisi cum delectamento aliquo percipitur. Cum ergo hæc omnia ita corporaliter esse sciatis, petite intima intentione a Domino ut ea spiritualiter imitari valeatis. Primo quidem ut in eum recte credatis; deinde ut eum tota virtute tota mente diligatis; postremo ut jugiter teneatis esuriem et sitim divini Verbi, sine qua nemo ullam justitiam potest amare ; qui autem non amat justitiam animæ illius salus desperatur, sicut etiam corporis ejus salus qui cibi carnalis fastidium patitur. Nam de utroque spirituali videlicet et corporali cibo Dominus dicit : *Non in solo pane vivit homo, sed in omni verbo, quod procedit de ore Dei (Matth.* IV, 4). Si igitur imitantes esuriem sitimque corporalem, spiritualem quoque obtinueritis, nunquam a bona voluntate vacabitis, colligentes instar apium undique alicujus virtutis et sapientiæ mel sicut et de immenso solis splendore, de quo interim disputantes divinæ præsentiæ immensitatem colligendam esse diximus. Ergo quotiescunque eumdem solis splendorem tam immensum inspexeritis, mox reminiscentes divinæ præsentiæ et scientiæ toto mentis affectu invocate Dominum, ut aliquod lumen cordibus vestris infundere dignetur. His igitur dictis de sole, qui licet unus flos videatur, variarum tamen virtutum mella inde colligenda esse jam audistis. Audite etiam, qualiter aliunde eadem mella deflorare debeatis; neque enim unquam desunt illa prata, illi flores, unde possint colligi hujusmodi mella, si tantummodo sint qui colligant.

CAPUT VII.

Qua ratione laici a clericis ex universi hujus ornatu ad Creatoris amorem provocandi sint.

Attendite ergo nunc generaliter in totius mundi ornatum quomodo omnia invicem conveniant et temperentur, calida scilicet frigidis, frigida calidis, tempora diurna nocturnis, æstiva hiemalibus. Dehinc specialiter in singula quæque, hoc est in ornatum cœli et terræ. Cœli quidem per solem, et lunam et stellas; terræ vero per varios flores amœnos et herbas, atque arbores et fructus, unde genus humanum alimenta suscipit, pulchritudinem quoque pretiosorum lapidum, picturas varias tam in palliis quam in cæteris pretiosis pannis delectabiliter intextas variosque colores, quibus conficiuntur, dulcem cantilenam chordarum atque organorum, nitorem auri et argenti, cæterique metalli, amœnos decursus aquarum, qui necessarii sunt tam ad naves deferendas quam ad molas præparandas, miram aromatum fragrantiam, postremo etiam decoros hominum quorumdam vultus. Cumque hæc omnia miro quodam et ineffabili ornatu composita exterius perspexeritis, attendite etiam quantum ornatum interius, id est spiritualiter perspecta habeant et quid nos per significationem admoneant. Significant enim præcipua quædam, unde vos magnæ virtutis et sapientiæ mella colligere valetis. Denique omnis ornatus et pulchritudo creaturæ, quæ in præsenti vita nobis famulatur, hoc nos instruit, hic nos admonet ut attendamus, quia si temporalia bona tam delectabilia visu vel auditu consistunt, multo delectabiliora et pulchriora et æterna esse probantur.

Est et aliud quod in temporalium bonorum pulchritudine debemus advertere; quoniam enim omnis homo probandus est in hac vita utrum Deum magis diligat quam creaturam decoram, vel æterna potius quam temporalia bona, opponitur ei jugiter aliqua species decora et delectabilis vel mulierum, vel vestium, vel metallorum, seu aliarum rerum, ut in eis tentatus experimentum sui capiat qualiter scilicet Deum timeat et diligat. Nemo quippe certus esse valet qualis sit, nisi in hujusmodi tentatione probatus fuerit. Cujus nimirum rei exemplum notissimum in unoquoque milite potestis agnoscere. Militis namque cujuslibet peritia et fortitudo non agnoscitur nisi in bello. Ibi enim si omnia caute egerit, se ipsum muniens, adversarios vero cædens, tunc demum merito laudatur fortisque miles prædicatur. Bellum quoque non incongrue vocatur ille conflictus quem jugiter agere debemus contra diabolum salutis nostræ invidum. Ipse enim non cessat nos ad hoc illicere tentando ut temporalia bona magis quam æterna diligamus, et ut spem nostram in caducis solummodo rebus ponamus. Sed nos memores æternæ vitæ, ad quam conditi, redempti et invitati sumus, debemus resistere illecebris et concupiscentiis, quas in corda nostra mittit, attendentes quod scriptum est: *Post concupiscentias tuas non eas (Eccli. XVIII, 30)*. Et iterum alia Scriptura indicat quanta corona per tentationis pugnam proveniat dicens: *Beatus vir qui suffert tentationem, quoniam cum probatus fuerit accipiet coronam vitæ (Jac. I, 12)*. Si igitur hæc duo, quæ jam diximus, de pulchritudine temporalium visibiliumque rerum intelligenda, qualiter scilicet per eam considerare debeamus æternorum bonorum qualitatem quodque per eamdem tentandi simus utrum Deum plus quam speciosa quæque carnalia diligamus, si, inquam, hæc utraque sedulo recolitis et tractatis, magnam variarum virtutum dulcedinem omni corporali melle suaviorem colligere poteritis.

CAPUT VIII.

Docendi a clericis laici, unde origo adversitatum, et quomodo Deus has accidere permittat in hominis commodum, etc.

Ad hæc etiam sciendum et pro spirituali melle in vascula cordium vestrorum recondendum quia quæcunque in creaturis adversitas vel in ipsa humana natura habetur vilitas, ex hominum primorum prævaricatione accidit. Postquam enim illi præceptum divinum contempserunt, mox et in semetipsis et in omni creatura sibimet contraria habere meruerunt; in semetipsis quidem, quia illa honestissima beatæ immortalitatis gloria, in qua et ipsi conditi sunt et quam omnes electi quandoque recepturi sunt, exuti, inhonesta quædam verecundæ carnis indicia in se senserunt, unde et nudos se esse erubuerunt (*Gen. III*), in creaturis vero tot adversa quot ipsæ sunt creaturæ. Nulla quippe invenitur creatura quæ peccanti homini per aliqua nequeat obsistere adversa. Sed hæc omnia Deus omnipotens in aliquam utilitatem convertit; aut enim castigat per hæc homines, ut a pravitatibus suis convertantur, sicut sæpe agitur per aeris intemperiem, per pestilentiam et famem, nec non per alia flagella; aut in his occasionem dat unicuique ut habeat unde qualitas ejus probatur, sicut sæpe contingit per hos, qui divitiis et potentia abutuntur, seu in quarumdam bestiarum ferocitate demonstrat diaboli malitiam, ut in leone et lupo. Nonne in cunctis adversitatibus jam commemoratis utilitas magna habetur? Nunquid utile non erit quod latentes Ecclesiæ hostes ideo accepta potestate permittuntur dominari ut et hoc appareat quales ipsi sint et alios persecutione sua, velut aurum in fornace, probatos efficiant? Nunquid utile non erit quod hostis invisibilis ferocitas et malitia per aliquas bestias feroces demonstratur? sicut enim leo et lupus visibiliter insidiantur animalium gregibus, ita et *diabolus quærens quem devoret (I Petr. V, 8)* et ad perditionem trahat, invisibiliter insidiatur cunctis fidelibus. Et quomodo vos, qui libros nescitis, aliter malitiam diaboli invisibilis agnoscere possetis, nisi in aliqua creatura visibili vobisque cognita doceremini?

Talia ergo de elementorum cunctorum adversitate credentes, *sentite de Domino*, ut scriptum est, *in bonitate (Sap. I, 1)*, qui tam adversa quam prospera cuncta pro alicujus utilitatis vel pietatis dispositione decernit fieri in mundo. Quæcunque vero vilitas humanæ naturæ ex parentibus primis accidit, in tantum bonum versa est a Domino ut omnis superbiæ morbus, qui hominibus instar angelicæ naturæ posset oriri, ex hac comprimeretur. Denique opus omne præcedens insinuat factori suo quo modo facere debeat sequens. Sic et Deo omnipotenti angelicæ dignitatis factura, ex parte per superbiam lapsa et per hoc quasi quoddam figuli vas in terram cadens fracta, ostendit alio modo aliud vas esse fingendum, non quasi ignaro tantæ fracturæ, sed ut nobis nota fierent quæ facta sunt; ipse quippe prænoscens omnia, antequam fiant, insinuat nobis ex præcedentibus qualiter futura pensare debeamus quantumque necesse esset mutari sequentia, cum perirent prima. Quod enim vel angelos quosdam, vel homines primos cadere permisit, ad cautelam nostri fecit, ut per hoc nos instructi nihil de nobis præsumamus.

Fecit ergo Deus in homine lapso sicut aliquis peritissimus medicus facere solet in homine ægroto. Si enim languoris ejus qualitatem agnoscens sperat eum posse sanari, suscipit eum sanandum. Tunc si infirmitas exigit, imponit ei emplastra, materia quadam vilissima interdum confecta, adeo ut animalium vel avium stercore misceantur, carnibus quoque canum, vel vulturum, seu serpentium agantur. Præterea si opus est, adustionem medicus addit. Tale autem medicamen quamvis ad sanitatem carnis, sicut qui experti sunt testantur, utilissimum sentiatur, causa tamen fetoris et vilitatis suæ contegitur. Quo etiam nos mystice instruimur ut omnem vilitatem, qua circumdati sumus, similiter contegamus quia non omnia utilia constant honesta. Utrumque igitur medicamen corporale, emplastri videlicet et adustionis quamvis vilissimum videatur, magnum tamen in se habet argumentum spiritualis medicinæ, unde necessaria imitando moralitatis mella colligere potestis; *nihil enim*, ut ait Scriptura, *in terris fit sine causa* (*Job*. v, 6), et quæ naturaliter videntur vilia, constant ex significatione pretiosa. Nam si per sordidum vel fetidum medicamen corpora sanantur; nec qualitas medicaminis, sed sanitas exinde procedens pensatur, cur mirum vel incongruum videatur, si Deus omnipotens, præscius omnium futurorum, medicus et salvator omnium in se credentium, simile aliquid in ægrotis animabus fecit, sanans eas vel potius præveniens earum languorem, ut quidam sapientes medici agunt cum aliquo ignobili antidoto? Quod tamen nos decet contegere, sicut et primi parentes leguntur fecisse, quando se nudos esse erubuerunt; ne nobis confusionem, vel conditori nostro, qui per hujusmodi vilitatem humiliare nos decrevit, videamur injuriam facere, et secreta cogitatione eum per hoc incusare quod nos potentia sua magis quam ex justitia tam viles fieri permiserit. Talia autem de Deo cogitare est aliquatenus contra eum superbire; quidquid enim illud est quod vel parentes primos peccare permisit vel nos per eorum prævaricationem vilitate aliqua circumdedit, hoc totum pro salutis nostræ causa fecisse credendus est. Et licet in hoc divinæ sapientiæ profunditas nequeat penitus investigari, quærenda sunt tamen aliqua visibilium rerum argumenta, quibus eidem divinæ sapientiæ intellectus noster doceatur concordare, unde et ea, quæ jam diximus de vilissimo genere medendi, in argumentum sumpsimus hujus rei. Si ergo ex medicina vili potest acquiri ulla sanitas corporalis, credenda est etiam eodem modo provenire sanitas spiritualis. Omnis namque decor carnalis facile humana corda allicit ad elationem, sed vilitas reprimit ad humilitatem. Ideoque placuit Deo ut hominem qui in maximum superbiæ languorem ex conditionis suæ decore incurrit, imposita sibi causa remedii aliqua vilitate perduceret ad humilitatis sanitatem. Sanitas quippe spiritualis non nisi remedio acquiritur humilitatis; humilitas autem humana non obtinetur nisi conditione aliqua. Ex quibus omnibus aperte potestis intelligere quia, ut scriptum est: *Fidelis Dominus in omnibus verbis suis, et sanctus in omnibus operibus suis* (*Psal*. CXLIV, 13), quia talibus remediis superbiam humanam prævidit esse reprimendam quique remedia spiritualia, quæ multis sunt incognita, ex corporalibus figuris et exemplis, quæ omnibus pene sunt nota, docet esse quærenda.

CAPUT IX.
Quid boni spiritualis laicos docere possit varietas temporum, copia vel penuria rerum, etc.

Sed satis hinc dictum; jam progrediamur et ultra, ad ea scilicet quæ post hæc proxime dicenda proposuimus. Illud enim propositus ordo exigit ut jam dicamus vobis quid significet varietas temporum, quæ aliquando congrua sunt ad quælibet operanda, ut ver, æstas, autumnus; nunc vero incongrua, ut hiems. Tria namque priora in quibus facilius operari possumus, significat præsentis vitæ tempus ad obtinendam veniam concessum, de quo et Apostolus dicit: *Ecce nunc tempus acceptabile, ecce nunc dies salutis* (*II Cor*. VI, 2). Hiems autem, quæ maxime inepta est ad operandum significat extremi judicii tempus, quo nulla fructuosæ pœnitentiæ opera exerceri possunt; unde et Dominus in Evangelio admonet dicens: *Orate ne fuga vestra fiat hieme vel Sabbato* (*Matth*. XXIV, 20), quasi diceret: Estote semper solliciti, ne concessum tempus veniæ perdentes tunc, cum nullus locus est veniæ, eam frustra quæratis. Eumdem quoque sensum alibi apertius profert dicens: *Vigilate ergo omni tempore orantes, ut digni habeamini fugere quæ ventura sunt vobis* (*Luc*. XXI, 36). Pro ejusdem temporis cura adhibenda Isaias propheta admonet dicens: *Quærite Dominum dum inveniri potest, invocate eum dum prope est* (*Isa*. LV, 6). Quasi enim procul aberit, cum nullius peccatoris preces exaudiet. Sabbatum autem, quod additum est hiemi, quia apud Judæos festivus est dies, quo homines quam maxime gaudere solent, signi ficat otium quodlibet inutile vel tempus incongruæ lætitiæ; vel quia Sabbati dies extrema est in hebdomada, per hoc admonemur ne in extremis solummodo, sed prius mala nostra fugiamus. Quamobrem quod Dominus admonuit ne in Sabbato fuga nostra fiat, docet ne in præsentis vitæ deliciis positi futura gaudia postponamus. Quia igitur audistis per hiemem quibusdam laboribus incongruam extremi judicii tempus præsignari, attendite quid modo faciendum sit vobis, dum bene possitis et vitæ lumen habetis, neque enim vobis excusatio restat ulla pro litterarum ignorantia, cum in hieme notissima legere valeatis quæ sunt vobis facienda.

Deinde vero dicendum quid quotidiani esus necessitas vobis innuat agendum; undique enim illos flores habetis, ex quibus alicujus ædificationis mel colligere valetis. Quod ergo cogimur corpus quotidie reficere, ut robustiores simus ad quæque corporalia studia, significat nobis quotidie opus esse refici cibo spirituali, id est doctrina cœlesti, ne deficiamus in labore, quem jugiter sustinere debemus et pro servitute divina et pro peccatorum nostrorum indulgentia. Nisi enim Deus omnipotens cum refectione carnali spiritualem vellet significari, decrevisset utique in præsenti vita idem fore quod et in futura; ibi namque invenitur nullus qui corporalis cibi refectione pascatur.

Adhuc dicendum restat quid copia et penuria substantiæ corporalis innuat; nam per utramque magna et necessaria cunctis doctrina monstratur. Et copia quidem edocet quia, sicut ipsa lætitiam vitæ præsentis auget, sollicitudinem minuit, ita et spirituales divitiæ, id est virtutes animæ, omnem futuræ calamitatis et miseriæ sollicitudinem minuunt æternæque beatitudinis augent gaudia. Penuria vero hoc indicat, quia sicut ipsa patientibus eam mœrorem ingerit multiplicem, utpote qui ignorant unde sibi victum quærant sine quo vivere nequeunt, ita spiritualis vitæ damna æternæ damnationis præfigurant lamenta. Cum igitur vobis, o fratres charissimi, variis modis dictum sit qualiter sine litteris religiosæ vitæ tramitem exquirere et in ea incedere valeatis, attendite jugiter ad singula quæ jam diximus, et ea in cordibus vestris sedula tractate cura. Ut autem ea facilius recolatis et tenacius inhæreant cordibus vestris, libet ipsa breviter repetere.

In primis namque diximus vobis quomodo studia apium imitari debeatis, colligentes ex variis hominibus vel rebus, velut ex floribus, dulcedinem virtutum; deinde quid immensus solis splendor significet. Deinde diximus de trifaria intelligentia in rebus visibilibus retinenda: prima quidem est, quæ ex temporalium bonorum pulchritudine docet nos considerare quam speciosa sint æterna bona; secunda insinuat ex eadem pulchritudine probandos esse homines, utrum Deum diligant plus quam terrena quælibet; tertia indicat quod creaturæ totius adversitas ipsaque humanæ naturæ vilitas ex hominum primorum prævaricatione evenerit, sed eamdem adversitatem et vilitatem Deus in aliquam utilitatem hominis converterit; deinde etiam, quid hiemale tempus ad opera quædam ineptum, et quid quotidiani esus necessitas, quidque copia et penuria corporalis substantiæ significent, protulimus. Quæ nimirum omnia, quia ex quotidianis experimentis possunt vobis esse notissima, attendite jugiter quantam ædificationem exinde possitis capere, imitantes scilicet opus apium in collectione virtutum. Jam enim nulla excusatio remanet vobis pro litterarum ignorantia, quandoquidem in his rebus quas quotidie videtis vel auditis vel aliquo modo sentitis, divinæ religionis notitiam velut in libris agnoscere valetis. Hæc quidem monita ad laicos specialiter dicta sint.

Deinde vero tam clericos quam laicos admonens precor ut attendentes continuam aëris intemperiem, quæ, peccatis nostris exigentibus, ita per annos jam multos imminebat ut aut immensum frigus, aut immensa pluvia, vel intemperata siccitas fructus terræ corrumpens famem miserandam efficeret, atque formidantes ne corrupta iniquitate terra necessaria alimenta penitus deneget vel aliquos homines absorbeat, sicut in quibusdam locis, proh dolor! noviter evenisse dicitur, abstineant se aliquatenus a solita avaritia et rapina, nec non lascivia multiplicibusque nugis, quas stolidissimi quidam ab exteris nationibus in has regiones per insolitam rasuram et monstruosum vestitum detulerunt. Nisi ergo hujusmodi stultitia relinquatur, non solum in eos qui faciunt, sed etiam qui consentiunt, divinitus vindicatur.

EJUSDEM OTHLONI
DE DOCTRINA SPIRITUALI
LIBER METRICUS
CUM ALIIS DIVERSI GENERIS CARMINIBUS.

Erutus ex cod. ms. inclyti et imperialis monasterii S. Emmerammi Ratisbonensis R. D. P. Regnero Reither Benedictino Mellicensi.

(Apud R. P. Bernardum Pezium, *Thesaurus Anecd. noviss.*, tom. III, parte ii, pag. 430.)

INCIPIT PROLOGUS LIBELLI HUJUS

O quicunque cupis cognoscere dicta salutis
Et sermone brevi vis ad divina moneri,
Aures tam mentis quam corporis huc precor aptes,
Nam tali studio doctrinæ verbula promo
Ut quæ per varios deberes quærere libros,
Si mora quærendi minuat tibi vota legendi,
Si qua vel obscuræ sententia longa figuræ
Te minus intentum conducat ad ipsa legendum,
Hæc sub succincta, nec non plana ratione
Isthic inventa citius capias documenta,
Atque per hos ritus, velut infans lacte nutritus
Sicubi repereris, majora capessere possis.
Hic, rogo, ne quæras vel continentia dicta
Sive modos metri majus quam dogmata verbi,
Quæ licet urbanis possem decorare camenis,
Absit ut hoc studium, quo credo Deo famulari,
Moliar humanæ ritu sustollere pompæ.
Nam si quæretur cur versibus hæc copulentur,
Quamvis pro verbi faciam causa breviandi,
Nec non propterea quia cognoscens studiosos
Quosque magis metri quam prosæ intendere dictis.
Tale quid illorum studiis aptare volebam,
Per quod utrique homini posset doctrina adhiberi.
Hæc est summa tamen, quoniam metricam hacte-
[nus artem
Plus quam prosaicam dictandi more colebam,
Nec mutare stylum properantem quivi aliorsum.
Porro quod interdum subjungo consona verba,
Quæ nunc multorum nimius desiderat usus,
Hoc quoque verborum plus ordine convenienti
Insuper antiqua de consuetudine feci,
Cum me decrevi certare scholaribus orsis
Quam cuicunque velim per talia dicta placere.
Imo per hoc majus studeo fore mitis et aptus
Quod, cum nosse prober pretioso famine fungi,
Disco tamen subdi divinæ rusticitati,
Quæ mundi fata minus assequitur generosa.
Unde utinam prosæ studium tantummodo scirem,
Ne quis me metris extollere velle putaret!
Quandoquidem noviter mundana relinquere discens

Quod vel versificando aliquid fruor arte priore,
Hoc, fateor, faciam magno non absque timore,
Sed quia non aliter sensum modo promere possum
Atque opus est variis memet constringere curis,
Ne male torpentem seducant otia mentem.
Si quid erit pravum sacra verba retexere metro :
Id Deus, ut spero, sub culpa fert leviori ;
Quin magis ex toto quo dimittet precor ipsum.
At te suppliciter posco, qui legeris ista,
Si quam reperias hic esse superfluitatem,
Quæ sit seu metro vel in ullo crimine facta,
Hanc propriæ causa mercedis rectius aptes.
Sæpe magis sensus quam metri jura secutus
Legem syllabicam paulisper discuticbam.
Lector, ad extremum precor hoc quam maxime solum
Quatenus Othloni quandoque velis memorari ;
Qui, licet indoctus, hæc sum componere nisus.

INCIPIUNT CAPITULA.

I. Præfatiuncula. Quæ sint potissimum docenda.
II. De fide sanctæ Trinitatis et Dominicæ incarnationis.
III. Quia debemus credere, Deo dignum aliquid nec dici nec excogitari posse.
IV. Cur Deus, cum sit incorporeus atque ineffabilis, rerum corporalium designetur vocabulis.
V. Quod fides sine operibus mortua sit.
VI. De fide cœlesti.
VII. De dilectione Dei et proximi.
VIII. De humilitate.
IX. De patientia.
X. De orationis modo.
XI. De libris gentilium vitandis et de studio sacræ lectionis.
XII. De spirituali Scripturæ sacræ intelligentia.
XIII. Admonitionis sermo ad clericos ; prius quidem ad illos, qui in pastorali consistunt regimine ; deinde vero ad eos, qui studio tantummodo adhærent sæcularis scientiæ.
XIV. De casuum meorum relatione, quam hic adjeci ad compescendam pertinaciam cleri.

XV. Qualiter post ægritudinis variæ flagella ad monasticæ professionis redii vota.
XVI. Quia non solum palam professus, sed etiam quivis occulte mundo abrenuntians, illicite repetat mundana.
XVII. Quanta pericula tentationis in initio pertulerim conversionis.
XVIII. Quod hæc cuncta ad clerum dicta non aliter a me nisi compatientis amore sint prolata.
XIX. Admonitio etiam facta ad laicos.
XX. Quia nihil æternæ saluti proponendum sit.
XXI. De cibi potusque parcitate servanda.
XXII. De somni quiete temperanda.
XXIII. De abjiciendo pretiosæ vestis cultu.
XXIV. De vana gloria fugienda.
XXV. De obedientia.
XXVI. Quod pro rebus dubiis, quas nil prodest scire, non sit quæstio facienda.
XXVII. Quia facile in re notissima et aperta erretur, nisi bonis operibus veritatis scientia confirmetur.
XXVIII. De concupiscentiæ carnalis tentatione superanda.
XXIX. De honoris et primatus ambitione fugienda.
XXX. Quod licet homines potentia abutantur, potestates tamen a Domino juste dantur.
XXXI. Qualiter ad potestatem quisque promoveri, et cur iterum eadem debeat relinqui.
XXXII. Quali cura esse et commissos rector unusquisque debeat custodire.
XXXIII. De discretionis virtute.
XXXIV. De eo quod nullus, quantalibet sapientia vel virtutibus ditetur, se in præsenti vita securum perfectumque arbitretur.
XXXV. De orationis instantia et quia nemo diffidere debeat de Dei misericordia.
XXXVI. Quod conversationis sanctæ initium sit difficile, sed juvante Christo labor levigetur perseverantiæ.
XXXVII. Quia nulli debeat incongruum vel mirum videri quod tantus labor agatur pro vita perenni.
XXXVIII. Ut divinum opus cum spe retributionis æternæ fideliter agendum sit.
XXXIX. Exhortatio generalis pro labore regni cœlestis.

CAPITULUM PRIMUM.
Incipit libellus de doctrina spirituali.

Sicut ait Paulus divina lege probatus :
Spiritus est vita, mors carnis philosophia ;
Hinc satis imbuti fugiamus dogmata mundi,
Et juxta viros Christi documenta sequentes,
Quilibet, o lector, quem spiritus excitat ardor,
Incedamus iter quod nos docet ille magister;
Sed quia credulitatis totius summa tenetur
Et quasi principium divinæ legis habetur :
Isthæc est merito nostri sermonis origo.

CAPITULUM II.
De fide sanctæ Trinitatis et Dominicæ incarnationis.

Ecce fide sancta debes exquirere cuncta,
Quod Pater, et Natus, nec non et Spiritus almus
Par sit majestas, par numen et una potestas,
Personis trinus, Deus in deitate sed unus.
Hoc quoque credendum, puraque fide retinendum,
Quod Verbum Patris, Salvator scilicet orbis
Ac Dominus noster, per quem sunt cuncta creata,
Cum foret æternus, ante omnia sæcula natus
Æqualisque Patri pro majestate perenni,
Temporis in fine missus Genitoris ab arce,
Ut nos de tenebris revocaret perditionis,
Carnis onus veræ susceperit ex muliere ;
Quæ tamen intacta permansit et inviolata,
Gaudia habens matris cum stemmate virginitatis ;
Post hæc in terris degens sub imagine carnis
Absque dolo vitam solus transegerit istam ;
Et quo perficeret cujus causa adveniebat,
Pro mundi culpa passus discrimina multa
Morte sua primæ destruxit jura ruinæ ;
Atque resurgendo dederit vestigia mundo,
Ne quis desperet quandoque resurgere semet ;
Quod rediens cœlis sedet ad dextram Genitoris,
Inde revertenti cum sceptro judiciali
Reddere de factis rationem debeat omnis,
Pro meritisque vicem capiat tunc quisque perennem.

CAPITULUM III.
Quia debeamus credere, Deo dignum aliquid nec dici nec excogitari posse.

Hinc igitur nequeo tibi multum pandere verbo,
Nec satis amplecti datur hoc nostræ rationi
De quo vix aliquid perfecta scientia sentit.
Vis etenim tanta manet in virtute superna
Ut, quovis valeat hominis procedere sensus,
Et quota sit lingua divinis laudibus apta,
Nil nisi scintillam vix promere possit et illam ;
Quid persona Dei, quid sit substantia summi ;
Quidquid id est, quid quisque potest isthinc recitare,
Immo etiam quantum possit mundus simul omnis,
Collatum Domino ratiuncula jure vocatur.
Unde reor primum pro credulitate sciendum
De Domino nullum nos digne posse loquelam.
Sed nec mente capi dignum quid principe tali,
Cum longe melius animo quam voce feratur
Jus fidei veræ compellit nos perhibere.
Nam quoties justum, metuendum, sive benignum,
Aut aliquid tale perhibemus ab Omnipotente ;
Non tamen hunc ideo sic explanare valemus
Quantum causa petit, virtus et tanta meretur ;
Sed quia perfecte nulla capitur ratione
Sufficit hoc sibimet, quid nostra valentia præbet,
Sicut clementi, non tanquam ullius egenti ;
Ejus quippe sitis nostræ sit causa salutis
Qua nos æterno vult secum ducere regno,
Nos, quibus arbitrium confert in utroque tenendum
Aut præcepta sui, vel vota attendere nostri.

CAPITULUM IV.
Cur Deus, cum sit incorporeus atque ineffabilis, rerum corporalium designetur vocabulis.

Nil ibi corporeum, nihil humanum fore scito,
Sed sic immensum tam mira lege coaptum
Ut superexcellat vim linguæ, mentis et omnem,

Porro quod humana signatur saepe figura,
Et quod nostrapte commotus dicitur esse,
Seu cum placatus mutabilis insinuatur,
Hoc quodam nostrae perhibetur more loquelae.
Nam quia per proprios erit innarrabilis usus,
Cui non est ira, cui perturbatio nulla,
Nil cui contingit, sed semper idem tenet esse,
At nos mortales variis erroribus acti
In certis rebus studium conferre solemus,
Usibus humanis dat signa suae pietatis,
In quibus assumens nostrae speciem rationis
Ad cognoscendum nobis utcunque feretur.
Denique quis hominum posset cognoscere Summum,
Qui superexcedit humanae vim rationis,
Ni specie rerum manifestari voluisset?
Idcirco his rebus ita se nostrapte figurat
Ceu Pater ad natos fandi mutaverit usus,
Dum blanditur eis aliquo motu levitatis,
Ut per signa sciant quae non possunt ratione;
Nam velut infanti, nisi signis verba gerantur,
Nil sentire datur; sic nos quoniam peregrinis,
Donec in orbe sumus, infantibus assimilamur;
Non nisi per speculum sentire superna valemus.
Jam si linguarum laus consonet omnigenarum
Non colitur recte nisi pura credulitate.
Quem fateor mente supra quod dicitur esse
Sola fides recipit, quod nullus sermo valebit.

CAPITULUM V.
Quod fides sine operibus mortua sit.

Haec ita confessus morum potes addere gressus,
Per quos rite sapis quae sit doctrina suavis.
Nam sit vana fides, ex hac si gesta recides;
Ac frustra credis, si credita non operaris.
Verum daemoniis ex hoc studio similaris,
Qui facienda sciunt, sed in omni more resistunt.
Propterea, fili, quae profero cautius audi :
Qui tibi dat totum, de te quoque quaerit idipsum,
Scilicet ut primum fidei capias documentum,
Exin jungaris sibi convenientibus actis.
Nil opus absque fide, nec credulitas sine facto.
His igitur dictis breviter licet esto fidelis,
Atque dehinc audi sensu, precor, interiori,
Quae lex virtutum, quod sit fidei quoque scutum.
Nam super his etiam sermone brevi tibi dicam.
Sed quoniam fidei spes proxima debet haberi,
Hinc aliquod verbum reor esse prius referendum,
Cujus ab indiciis sentire sequentia possis,
Per quod ei edoctus capias exordia majus.

CAPITULUM VI.
De spe coelesti.

Cum necdum sapias, nihil impossibile dicas.
Ne detrahas illi cui cuncta facillima constant,
Et qui de nihilo totum plasmavit in ipso,
Quique dabit cunctis ut in ipso vivere possint.
Extra se ergo locus vivendi non erit ullus.
Nam tibi, quisquis eris, qui tecum sic meditaris
Ut Deus aut nequeat cuiquam vel parcere nolit,
De bonitate sui fiducia nulla videtur,
Vivendi curas quia desperando recusas.

Hac etiam causa veniet tentatio tanta
Ut blasphemetur clementia Spiritus almi,
Et non esse Deus tractetur apud sceleratos
Ante procul dubio quam destituaris ab illo,
Qui Pater omnipotens, qui spes est unica vitae.
Arbitrio proprio tibi mortem proposuisti,
Unde libens gusta quae sint suavissima gesta,
Ac quis provectus divini discipulatus
Mox virtutis opus spem perpetuam tibi praestat
Et vivens Christo stas confidenter in ipso.

CAPITULUM VII.
De dilectione Dei et proximi.

Esto Dei cultor, sed et ejus verus amator
Hunc nimis intente cum tota dilige mente
Scilicet ut labiis concordet spiritus omnis.
Sit tibi summus amor, totis ex viribus ardor,
Qualiter hunc laudes, qui judex est super omnes,
Totus ubique manens, totum sub jure recondens.
Non alias ulli laudandus adest rationi,
Mens nisi devota studeat praeponere nulla
Servitio tali, quod debeat Omnipotenti.
Hic timor est Domini servandus amore perenni,
Et via culturae, quam lex docet atque prophetae
Audisti primum, nunc auribus adde secundum,
Quod par huic fertur similique tenore jubetur :
Diligito fratrem, sicut te diligis, omnem.
At si quaesieris, quem dicam nomine fratris?
En fidei socius frater tuus atque propinquus,
Unius Ecclesiae quia fonte renatus uterque.
Quod tibi vis fieri tribuas aequaliter omni.
Hostem per Dominum sed et in se dilige charum.
Nam delicta tibi, si tu dimiseris hosti :
Si non ista facis, non servas foedera pacis.

CAPITULUM VIII.
De humilitate.

Quantumcunque queas mansuetus in omnibus esto,
Et tecum tracta mentis cervice subacta
Quid queat ullius impune superbia carnis,
Quando per hanc lapsus archangelus est reprobatus.
Ecce quod hic cecidit qui tali lumine fulsit
Ut divini operis praecellentissimus esset;
Hoc sit ad exemplum semper satis omnibus unum
Infelix causa, quae tantum mersit in ima.
Cur igitur, pulvis, aequali more superbis?
Ferre putasne lutum, quod nec potuit quoque ferrum?
Disce, miser, disce quid possit gloria terrae,
Cum virtus coeli, delapsa statu deitatis,
Viribus et propriis confidens stare nequivit;
Sed rebus quantis pateat sententia talis.
Haec mansuetudo nec degustatur ab ullo,
Ni labor assiduus carnales atterat aestus.
Vis fieri mitis? desiderium fuge carnis :
Non alius ergo poteris fore pectore prono.

CAPITULUM IX.
De patientia.

Rebus in adversis ne motus destituaris,
Sed semper crede te cuncta pati meruisse.
Aptus enim vitae talis decernitur esse,
Qui constans patitur quae res adversa minatur.

Et nullus vere poterit sua debita flere,
Ni prius ex aliis illata libens patiatur.
Nil quoniam patimur quod non aliquando meremur.
At si quis patitur quod se non jure fatetur,
Hoc dicendo nefas Dominum testatur iniquum,
Qui constat solus judex super omnia justus
Denique nil justum, nisi quod perhibetur ad ipsum.

CAPITULUM X.
De orationis modo

Sis vigil in precibus et ad has semper studiosus.
Nam nulli sola poscendi sufficit hora;
Sed magis incassum fuerit motus labiorum,
Ni quoque cura precis firmetur moribus aptis.
Omnis enim poscens par est ut, si ipse petatur,
Quantum vis præstat, alii tribuendo rependat.
Hisque modis certus possit sperare petenda.
Non ignota loquor, quoniam morale tenetur,
Ut quem quisque petit, ejus quoque vota sequatur
Ecce quis ignorat quia cunctorum moderator,
Arbiter æternus, cum sit nullius egenus,
Omnigenis precibus incessanter rogat omnes,
Ut vitiis spretis jam convertamur ad ipsum.
Sed precibus tantis si non intendimus æque,
Quomodo quæ petimus unquam sperare valemus?
Si pauper socio, si quisque probatus amico,
Exhibitis rebus, curant impendere fœdus,
Ut vice votorum certi sint ad rogitandum
Cordis scrutator, cui materiæ similatur,
Et Deus immensus, quid posse vel esse putatur,
Quod, velut exceptus rationis ab ordine solus,
Ostensu quodam reputatur rite rogari?
Ah qualis ratio! proh quam præposterus ordo,
Quando creaturæ Dominus postponitur omni!
Tractas hunc certe velut exceptum ratione
Quodque nefas dictu, ceu postremum colis actu,
Cum poscens hominem precis impendis sibi legem,
Quam minus impendi decreveris Omnipotenti
Ejus judicio quid fit quandoque severo
Cum modo convicti ratione oris quoque nostri
Plus simulatores videamur quam deprecantes,
Si nihil in rebus Dominum rogitare velimus,
Et quod lingua sonat, aliter vox intima promat?
Unde putat nemo Dominum poscens, simulando
Aut exaudiri, vel quidquam posse mereri.
Nonne satis dignum cunctis mortalibus exstat
Quod præter legis, necnon præconia vatum,
Per proprium Natum dignatus visere mundum,
Dum quosdam docuit, aliis exempla reliquit?
Nonne per hæc semper velut orans admonet omnes,
Ut vel adhuc miseri fugiamus noxia mundi
Ac de præteritis veniam de corde rogemus?
Quod vix speratur, hoc poscit ut ille petatur,
Et non cessetur, donec spes certa probetur.
Nam quia nil justi propria vi ferre queamus,
Hoc quoque declarat quod nec nobis bona spes est
Ni precibus nostris hanc Christi gratia mittat.
At cum spes erit, mens ipsa probat dubitantis;
Nam qui vota Dei, quæ sunt implenda potenti,
Hæc fragilis vita quantum permittat agenda.

Sectari negligit, precis ejus spes vacuatur.
Ergo hic rite petit qui dictis orat et actis.
Sic et apostolici completur jussio verbi,
Qua precibus sacris nunquam cessare docemur.

CAPITULUM XI.
De libris gentilium vitandis et de studio sacræ lectionis.

Libros devita qui dant carnalia scita,
Ut sentire queas librorum dicta sacrorum:
Nam simul his hærens nescis meliora probare,
Utpote depressus carnalis pondere sensus.
Quod vix namque sapis, si totus in hoc adhiberis,
Quomodo dispersus illud sentire valebis?
Nunquid tam vilis fore lectio sancta probatur
Ut merito libris sit postponenda profanis?
Aut est tam facilis quo nec sit digna labore,
Hanc quia, philosophi, studio postpositis omni?
Denique si facilis, cur illam despicietis,
Quandoquidem longe sit judicii gravioris
Spernere doctrinam divinæ legis apertam?
At si difficilem contra perhibetis eamdem,
Et minus idcirco vestræ patet agnitioni,
Cur ad discendum reprobatis dicta piorum,
Cum dimittentes patriam pariterque parentes,
Ac satis impigri loca per diversa vagantes
Nisibus omnimodis mundi perplexa petatis?
En ad utrumque nihil excusandi retinetis.
Hoc superest solum, deponere sueta malorum,
Et pro commissis veniam deposcere semper.
Ad quod enim fertur, quod lectio sancta profatur
Psalmistæ verbis nos tali voce monentis:
O vos, terrigenæ, studiosa mente vacate,
Atque videte ipsum, quoniam Deus omnipotens sum,
Gentibus et terris nimis exaltatus ubique.
Quo ergo Deus jussit credentes cernere quid sit,
Sub qualique schola valet esse vacatio tanta?
Forsitan ex aliquo quærenda hæc norma profano,
Ut sunt: Horatius, Terentius et Juvenalis,
Ac plures alii quos sectatur schola mundi,
Pro studio carnis carnalia dicta ferentes,
Ut per eos nobis pandatur lex pietatis,
Instinctu Satanæ qui promunt pessima quæque?
Hæc ita nonnulli perverso more fatentur.
Ast equidem dico, cognoscens experimento,
Hostis ab antiqui stimulis hos exagitari,
Qui studio vanam recolentes philosophiam
Avertunt sensum de libris catholicorum,
Scilicet ut mores ex illecebris venientes,
Quos nimis oblique gentilia verba retexunt,
Tanto majori libitu in se commoveantur
Quanto plus dictu vel ab auditu repetantur,
Et sic constricti contemnant dogmata Christi,
Aut velut ignari peccare minus videantur,
Si documenta Dei coram se raro legantur,
Hostis enim noster nimium versutus in omnes
Dum per dogma Dei metuit quosdam revocari,
Ingerit his tædium, ne vel cupiant legere ipsum
Hinc quoque quod multi divino dogmate culti
Causa doctrinæ cœlestis composuere.

Hoc modo quam plures, carnaliter heu! sapientes,
Et Christi nomen verbotenus accipientes,
Auditu tantum decernunt esse legendam,
Non attendentes quia Paulus dicat ad omnes :
Legis non auditores, sed eam facientes,
Ili potius justi censentur ab Omnipotente.
Quos infrunitos nunquam studeas imitari;
Quin hæc sola sibi semper sit causa legendi,
Ut facienda scias et ut hæc operando revisas,
Ne quod scire datur tibi, judicium statuatur.

CAPITULUM XII.
De spirituali Scripturæ sacræ intelligentia.

Undique falluntur, etiam nil scire probantur
Qui priscæ legis vel dicta sacræ novitatis
Carnali tantum sensu perpendere quærunt.
Omnis Scriptura quia cœlitus insinuata,
Quamvis omne genus assumat ab exteriori,
Ut per carnale doceat nos spirituale,
Ad speciem nostri selum datur interioris,
Qui renovatus homo Domini est plasmantis imago,
Atque per hunc cuncta decernimus exteriora;
Nam cœli regnum, cum terræ sit similatum,
Et præsens vita venturæ sit quasi forma,
Mystice signatur quidquid mundo famulatur:
Tam nota librorum quam cuncta creatio rerum,
Nec quo carnalis aspectus tendere quibit
Interior visus illuc tantummodo debet;
Sed per historiam semper notet allegoriam.
Nunc quid præsentis sit significatio mundi
Et quid Scripturæ species hæc intima sacræ,
De qua sermo agitur, quo planius efficiatur
Exemplum quoddam satis enarrabile ponam :
Ecce vides nasci paleas cum germine grani;
Attamen unius pressura aliud moderatur.
Nunquid cum paleis comedi frumenta parabis?
Quod patet atteritur, ut quod latet hinc renovetur;
Sic, quia per paleas carnalis vita notatur,
Et grani titulis signatur spiritualis.
Spiritus ergo intra patulæ latet abdita carnis
Quodlibet ut granum sub visceribus palearum.
Ni caro terrena, vitiis natalibus orta
Quæ per Adæ culpam cunctis mortalibus hæreat,
Instar aristarum pressuram jam patiatur
Et desideriis carnalibus hic moriatur,
Ad spem mandendi venient minus intima grani,
Hoc est, ad requiem flatus nequit ire perennem,
Qua cibus est Domini, quisquis pervenerit illuc.
Quæ loquor, attende; quæ testificor, memorare :
Cur simul exortas secernere niteris herbas?
Jam cibus ergo tuus, tritura purificandus,
Quam plana specie demonstrat significando
Te, qui peccatis conceptus natus haberis
Et posthac forsan delapsus es ad mala multa,
Quæ non natura victus, sed sponte gerebas,
Ad cœnam Domini pariter debere parari,
Si tamen illius mensæ cupis associari.
Nam ceu tu laulas quæris ferventius escas,
Sic cor contritum Deus exigit in holocaustum.
Tu, quia terrenus, carnales diligis escas,

A Hic, quia cœlestis, paribus quoque pascitur escis.
Tali namque modo, nec non simili ratione
Visa vel audita sapiens præsentia cuncta,
Quæ bene jam sentis, quibus et carnaliter hæres,
Semper id adverte quid spiritualiter edant :
Sic etiam sacræ Scripturæ ænigmata quæque,
Quamvis corporeas in eis det littera formas
Et sub terrenis maneant expressa figuris,
Ad cœli regnum, quod spirituale probatur,
Transformanda manent in spiritus agnitione.
Carnis enim sensus sicut terrestria sentit,
Sic intellectus divina luce refectus
Atque fides pura sapiunt cœlestia jura ;
Nil quoniam in cœlis substantivum retinetur,
Cujus in hoc mundo speculum non sit vel imago,
B Et de consimili, quod non possit speculari
Inter carnalis ænigmata conditionis,
Quamvis perpigri nos simus ad hoc speculandum.
Sed ne quod refero dubitari possit ab ullo,
Quoddam pro speculo genus exempli perhibebo
Per quod jam melius cognosci cætera possunt :
Scis Dominum terræ merito a propriis venerari,
Haud secus et patrem matremque suis venerandos?
Qui tamen, ad summi nutum Patris æquiparati,
Nil aliud sane constant speculum nisi quoddam
Omnibus appositum, cunctis in corde statutum.
Nunquid nescimus, nunquid sentire nequimus,
Qua ratione Deus cœli terræque Creator,
Omnia complectens et totum numine replens,
Debeat a propriis sator a factis venerari,
C Si fixa mentis acie novisse probamur
Quod factura sibi sic alterutrum veneranda est
Hoc, licet exterius in factis dissimulemus,
Interius certe nobis notum sit aperte,
Si tamen esse Deum cognoscimus atque fatemur.
Hinc est quod Dominus, cœlestia dans rudimenta,
Proposuit cuncta per formas parabolarum;
Scilicet ut notis exponeret alta figuris
Hoc simul ænigma dictavit per sua signa,
Quæ sic exterius mirando fecerat usu,
Ut tamen interius ferrent aliam rationem,
Qua velut in speculo studiosus quisque videbit
Quomodo venturæ præsens vita assimiletur.
Inde etiam vatum quamplurima dicta piorum
Mysterium cœli depromunt parabolatim.
D Hinc et Paulus ait : Speculo nunc cernimus illa
Quæ facie ad faciem quandoque videre meremur.
Nam, quod ait speculum, præsens intelligo sæclum
Quod velut impresso similatur cera sigillo,
Ut supra dixi, regno confertur olympi :
Et Christi regnum, quod constat vita perenni,
Ut lapidis firmum semper durare sigillum.
Sed nec in inferno substantivum quid habetur
Cujus in hac vita sit non aliquatenus umbra.
Nam cernens umbram dubitas fore corporis illam?
Sic quoque præsentem noli diffidere mundum
Et vitæ et mortis formam gestare perennis.
Hic utriusque schola discendi, et nunc erit hora
In qua quisque legat quod se semper velit esse.

Libera colla manent, quoocunque magis placet [omni,
Sive vacare sacris vel adhuc hærere profanis.
Unde magis disce quæ sit sapientia vitæ,
Ut quæ sint sursum sapias per mystica rerum,
Atque scias clare Scripturæ arcana probare.
Nam studium carnis nihil est nisi formula mortis
Verum cum recolo quorumdam pectora cæca,
Scilicet illorum qui, semet in arte librali
Jactantes tantum, minus hanc factis imitantur,
Inde dolens et compatiens plus dicere cogor.
Sim licet inculti, nec non sermonis inepti,
Ast utcunque queo vel paucula profero verba.
Et fortasse juvat, cum de libris perhibemus,
Qui prosint cunctis in lege sacra studiosis,
Ac quid in his typicus doceat nos quærere sensus,
Si mox lectores aliquo sermone monemus,
Ut, qui sint, discant, et ab illicitis resipiscant.
Denique nunc multi diverso errore gravamur;
Idcirco et variis instare libet monimentis,
Ut qui non uno, saltem ex alio ædificetur.

CAPITULUM XIII.

Admonitionis sermo ad clericos: prius quidem ad illos qui in pastorali degunt regimine; deinde vero ad eos qui studio adhærent sæcularis tantummodo scientiæ.

O qui confidens in multiplici ratione
Temet nosse putas pro falsis vera probare,
Aut idcirco magis imbutum te meditaris
Quatenus ad studium peccandi liberior sis,
Seu Domino majus impune resistere possis,
Aut hujuscemodi vitio quocunque tumescis
Designate Deo sub cleri conditione,
Jam liceat paucis ad te pertingere verbis.
Cur rationalis hoc tale malum meditaris,
Ut per dona Dei, quæ contulerat tibi sponte,
Plus aliis demens hinc extollaris in ipsum?
Ad mentem revoca Judææ plebis olivam,
Quæ Patribus sanctis quamvis exculta fuisset
Ac legis sanctæ meruisset dona tenere,
Hinc licet in Christus juxta carnem foret ortus,
Cum se stare suis vellet confidere ramis,
Atque superbiret de legis traditione,
Contemnens subdi doctrinæ spirituali,
Mox præcisa suis cœpit marcescere ramis,
Si Deus ergo comæ nec naturalis olivæ
Parcere decrevit, dum contra illum male sævit,
Nec tibi, qui gratis miserante Deo repararis,
Et velut abjecto plantatus es ex oleastro,
Si simul insanis, parcet manus Omnipotentis.
Ne sis ingratus tam mirandæ pietati,
Quæ tibi sponte dedit quod jam natura negavit.
Heu genus hoc hominum sublimius attitulatum
Tam cito pro facili vitiorum turbine pelli!
Ah sceleri solitum genus hoc et ad infima pronum,
Tanto se velle Domino magis esse rebellem
Quanto plus aliis præfertur honoribus almis
Est etenim verum quod sermo dat Ecclesiarum.
Quod quoque prædixit psalmorum carmine David:

Cum carnalis homo fuerit sortitus honorem,
Par est jumentis et consimilis manet illis.
Nos igitur brutum genus hoc sumus et resoluti
Altius edocti sacræ moderamina legis,
Qui, cum prælati maneamus in arte librali,
Ut pene vivendi reliquis exempla daremus,
Et, si res peteret, occasio sancta veniret,
Pro fidei sociis etiam mortem pateremur,
Labimur in primis congressibus impietatis
Tanquam nil nisi contra vires inimici;
Et quod adhuc gravius miserabiliusque videtur,
Non solum fugimus quo præcipimur fore muros
Sed commissa etiam lacerantes, more luporum,
Quædam vastamus, quædam male destituemus.
Nam quibus, ut patres, deberemus dare victum,
Si vis ulla loci vel casus posceret anni,
His ut raptores crudeliter advenientes,
Illa asportamus, quod erit miserabile dictu,
Quæ pietas aliena dedit pro nomine Christi:
Cum peccatores malefacta sui metuentes
Ad nos pro veniæ causa fugient capiendæ,
His aut terribiles, plus quam res poscat et usus,
Seu plusquam liceat clementes inveniemur,
Vel, designantes super his decernere quidquam
Nostri cautela, tantum committimus illis
Quos sceleratorum socios existere scimus.
Nos, quia constricti sub sollicitudine mundi
Officioque ducis jungentes aut vice regis,
Commissæ plebis curam pensare nequimus;
Indignumque foret tam claros tamque potentes
Degeneri turbæ nos ipsos suppeditare.
Sunt alii plures, quis conveniat labor ille,
Ut vulgus doceant et ut exemplis bene præsint;
Nos mundi proceres, nos constat ad otia natos,
Utque canum, volucrum sectemur ludicra tantum,
Seu, quæcunque placent, his deliciis potiamur:
Nam vitæ hujus opes illos quærunt seniores,
Qui supra dictis studeant insistere ludis,
Nec fuerit luxus quod mundi postulat usus.
Hæc, si non dictu, tamen affirmantur in actu,
Sicut et ipse probat mos cleri quotidianus.
Est et adhuc vitium reliquis compar referendum
Ejus enim crimen qui speratur quid habere
Causa manet nobis ejusdem rebus abuti.
Tunc raptis rebus miserum non corrigit ullus,
Ut pro commissis aliquatenus hic reparatus
Possit perpetuæ flammas evadere pœnæ.
Sed quis tam doctus percurrere singula posset
In quibus auctores scelerum convincimur esse,
Nos, qui plus aliis divina negotia scimus?
Dummodo noster honor celebris habeatur in orbe
Et variis pompis rutilantes efficiamur
Nil manet illæsum per nos utcunque patratum
Aut male poscendo seu, quod pejus, rapiendo.
Qui complere nequit damnum, vel mente parabit,
Sic fuga doctorum necis exstat causa sequentum,
Nec gravior pestis, cum pastor erit gregis hostis.
Nam nimis audacter dum clerus abutitur orbe,
Quid tunc indocti possunt aliter meditari,

Ni pariter cunctis perversa licere reantur
Jam merito flemus qui talia corda tenemus.
Imo dies venient, si non purgamur in istis,
Quamvis nunc risus nos occupet immoderatus,
Cum dolor æternus circumvallat cruciandos.
Quid plus Judæis agimus, bene vel Pharisæis,
Quos foris albatos legimus, sed pectore fœdos?
Dum tantum lingua volumus complere statuta
Ut mihi fert animus, pejores, heu! sumus illis.
Maxime si quidquam præter legalia scirent,
Ili fortasse minus tam triste nefas sequerentur.
At nos in libris non solum crimen eorum,
Sed quoque multorum cernentes gesta aliorum,
Quædam composita pro vindicta reproborum,
Pro bravio quædam sperando dicta piorum,
Scire quidem transacta velut præsentia quimus,
Nec tamen a paribus vitiis cessare timemus.
Hos exsecramur, quod tam perversa studebant,
Non attendentes quia nos idem tenet error,
Qui præcepta Dei labiis tantum veneramur.
Ipsi nempe Deum, tanquam nos, ore colebant
Attestante Deo per Isaiæ dicta prophetæ.
Quæ pariter Christus Judæis postea dicit :
Hæc plebs me labiis colit et corde est procul a me.
Sæpe quidem loquimur de cognitione superna
Et cum magnificis perhibemus cœlica verbis,
Pondera ponentes gravia in humeros aliorum,
Quæ nec cum digito volumus contingere nostro
Ceu Domino cura non sit pro talibus ulla
Ac nos peccantes solita non arguat ira.
Eligit ergo locum, quo conveniatis in unum
Vos quibus est licitum, nec non concessa potestas
Sub pastorali cura convertere mundum,
Ut, cum sit tempus veniæ, mores renovemus,
Ac sicut per nos primum frigescere cœpit,
Sic nunc a nobis recalescat amor pietatis ;
Nam varios casus, quos perfert hic modo mundus,
Arbitror ex nostris prorsus contingere culpis.
Sic igitur totus corrumpitur undique mundus,
Cum cleri officium sectatur opus laicorum
Et pariter laici statuuntur in ordine cleri.
Sed dispar longe peccatum constat utrumque.
Denique plus peccant, qui plura sciendo proba-
[bant ;
Cuique datur multum, quæretur ab hoc quoque mul-
[tum.
Qui genus et speciem, proprium, commune doce-
[ris,
A rationali qui scis differre animale
Ex adjectivo, qui summa nosse laboras,
Quo, rogo, subvertit te tanta cupido sciendi,
Ne simul attendas hæc temet cuncta monere
Quatenus agnoscas quid sit Deus et quid homullus.
Numlibet ad lapides vel ad ulla animalia fatur
Ut collata tibi testantur te venerandum ?
Te magis alloquitur quidquid mundo retinetur,
Cui sunt cuncta etiam mirando subdita nutu
Ut studio simili sis subditus ipse datori.
Vis autem dici quo mens tua præcipitetur,

A Qui sensu pravo dialectica verba frequentas,
Vel quoscunque libros studio mundi pretiosos
Attendis tantum quid sub te sit moderatum,
Quot speciale decus hominis substantia gestet,
Cujus facturæ collatio sit minor ad te ;
Magnum quippe tibi brutis præstare videtur
Et reliquis rebus, quæ consistunt sine sensu,
Non ut in his quæras cur sit distantia talis
Inter eas et te, si tantum sis minor ullo,
Sed quo sublimis Deus in medio videaris
Atque per hoc valeas tanto securior esse,
Illicitis rebus tantoque licentius uti
Quanto præcellis hæc omnia vi rationis.
Hæc est namque tuæ conflictio philosophiæ.
O labor heu qualis, quem fert intentio talis !
B Quam tenebrosus amor, quo lucis spernitur Au-
[ctor !
Ecce tuum studium coram te stat recitatum,
Ac cujus causa moliris discere multa,
Quam minus agnosci tractans fortasse putasti ;
Verum fur captus et legis more coactus
Prodere quippe valet furti socios, sed et artem,
Nec cujusque doli plus quisquam noverit usus
Quam qui per similis machinas interfuit artis,
Quamvis ad mores convertatur meliores.
Sæpe etiam vitium, quod non cognovimus actu
Alterius dictis aut moribus experiemur.
Sic qui mundanæ recolens figmenta sophiæ
Hæc mea dicta legis, testata tuæ decus artis,
Judice te, testor quia me tuus haud latet error,
C Seu recolendo ipsum vel cognoscendo aliunde,
Multa licet referas, ne quo tendas videatur,
Quod simulas scitur, quo tendis et id sapietur.
Nec labor hic magnus veræ sit simplicitati,
Ut circumductæ variam paradigma loquelæ,
In qua spes omnis mundanæ ponitur artis
Cum differre loqui facundia summa putatur,
Mentis perspicua possit dignoscere luce.
Sed quid verborum conflictu credis in ullo ?
Certe per proprios citius cognosceris actus,
Quamvis tot linguas posses retinere quot artus ;
Fructibus ergo suis arbor cognoscitur omnis.
Non miramur enim de versuta ratione.
Quis ullum crimen poterit vix ferre stuporem ?
Nam quo cognoscas nos ignaros minus esse,
D Ac non mirari quæ sit versutia mundi,
Quam tu carnalis appellas philosophiam,
En mundi proprium est duplicem sensum retinere ;
Unum voce feras, alium sub pectore volvas ;
Optima voce quidem, sed pectore pessima nisus ;
Pro bonitate malum, pro vero reddere falsum ;
Dissimulare quod es, sed quod non es simulare ;
Et quodcunque geras stolidum te nolle videri.
Jam prolata tibi breviter sapientia mundi :
Si placet, esto comes, sin autem, linque quod hor-
[res.
Liber adhuc exstas quo vis tua vota remittas.
Sed si contendas terrestria discere tantum,
Ut tibi sub cœlo valeat compar fore nemo,

In vanum vivis, si non divina requiris,
Nam capite abscisso ceu nil vita potietur,
Sic nos absque Deo remanemus mortis imago.
Nos adjectivum, Deus est monarchia rerum.
Ergo edoctus ad hoc, ut verba arcana resolvas,
Discute quid maneat adjectivum sine summa,
Non sensu carnis, verum moderamine mentis.
Da summam Domino, reliquam partem tibi serva,
Ut tanti capitis membrum fieri merearis.
An, credens aliquem salvari posse sciendo,
Vis tantum nosse quid dicatur Deus esse,
Nec simul ut factis ejus præcepta sequaris ?
Primus hic, o lector, qui te subverterit error,
Jam cæcatus eris, jam nulla scientia cordis,
Cum quidquam tale meditaris in Omnipotente,
Ut secreta sui perquiras more rapaci.
Hæc audis surdus, et cernis ad omnia cæcus,
Ni simul in lectis sit tota intentio mentis.
Carnis enim sensus sine spiritus errat ubique.
Nonne Deum tentas, cum sic accedis ad illam,
Ut quid sit discas, et quid jubeat minus addas ?
Non poterit falli judex tam cautus in omni.
Verum dico tibi, dictum contemnere noli :
Quo plus mundanæ dilexeris alta sophiæ,
Ethnica verba legens vel in ipsis moribus hærens,
Tam magis insipiens, nec non indignus, haberis
Coram mysteriis divinæ simplicitatis.

CAPITULUM XIV.

De casuum meorum relatione, quam hic adjeci ad compescendam pertinaciam cleri.

Nunc etiam memorans, quod non utinam ipse pro-
                         [barem !
Nullum tam duræ cervicis in omnibus esse
Quam qui divinis imbutus erit documentis,
Si quid in errorem vitiis cogentibus actus
Mentis laxatæ conceperit improbitate,
Tanquam Judæi de catholico ordine lapsi
Ut quoque sunt cuncti, falso pia scita secuti,
Quorum duritiam reor illis æquiparandam :
Propterea monitis subjungo exempla relatis,
Ut qui nequaquam per verba velit renovari
Discat vel casus trepidare mei miserandos.
Nosco equidem, nosco commenta tuæ rationis
Et conjecturam, qua te præcellere credis,
Qui spe mundana dispexeris hæc documenta,
Utpote qui tecum quondam nitebar id ipsum.
Nam perscrutari cupiens subtilia quæque
Quorum notitiam multos gestire videbam,
Carus ut in mundo nec non præstantior essem,
Omne lucrum statui gentilibus associari,
Cum quibus est major studiis liberalibus ardor.
Sed Domini mira pietate interveniente
Maximodi generis obstacula tanta subibant,
Ut quo plus cuperem prædicta negotia niti
Tam magis ex aliquo casu depellerer inde ;
Nec tamen advertens quid causa hæc significa-
                         [ret,

Cæcatus vitiis volui desistere cœptis :
Tunc cum converti nullius dogmate vellem

A Atque fidem rectis nullatenus exhibuissem,
Maxime quod plures mundi vidi esse sequaces
Hos et præcipue qui doctores perhibentur,
Qui curas animæ jam suscepisse videntur ;
Ac mirans primo super hoc errore profundo
Quare duces populi perversa magis sequerentur
Mox simul illectus cum non solum reputarem
Hos inrecta sequi, sed et in sacris documentis
Esse aliquid scriptum quod jure foret reproban-
                         [dum,
Cui non deberet toto quis credere corde,
Sed carnis sola satis essent exteriora :
Ah, ah, quam stolidus ! cum sæpius hæc meditarer
Diffidensque sacris Scripturarum documentis,
His quoniam paucos factis hærere videbam
B Et toto nisu conversus ad ethnica scripta
Ne dispar reliquis postponerer undique doctis
Ore quidem Christum, sed amarem pectore mundum,
Et, ceu dignus eram, tutus nusquam remanerem,
Sed magis atque magis diversa clade subactus
Jamque loco quodam noviter veniens habitarem,
Ex improviso cum quadam nocte jacerem
Somno depressus nimio, per somnia vidi
Quemdam prævalido conamine me ferientem ;
Tamque diu mira scio me sentire flagella
Ut jam dissolvi cædis gravitate viderer ;
Atque hæc interea, velut est visum, meditabar
Ex Domini jussu nullatenus hunc fore missum,
Qui me tam longe cruciaret tamque severe ;
Denique si Domini, sciret mihi plus misereri ;
C Nam qui cædebat vindictæ signa gerebat,
Verbere utrumque latus tanquam discerpere nisus
Nullas dansque moras inter studium feriendi
Ut super objectis saltem mutire valerem ;
Multa etenim feriens objecit crimina nota ;
Sed velut ex nimia commotus id annuit ira
Nunquam velle mihi vel parcere vel misereri.
O quam prolixa mihimet nox visa erat ipsa !
O quam districtus qui tales ingerit ictus !
En, iterum fateor, quod per Dominum quoque testor,
Tam graviter cæsum, sicut constat mihi visum,
Ut, dum sensissem me primo dehinc vigilantem,
Tam me, quam lecti stramenta quibus recubavi,
Sanguinis ex nimio fluxu madefacta putarem.
D Ast, dum corporeo non sensi talia visu,
Hærebam dubius quid circa me foret actum :
An carne exutus vel adhuc sim corpore functus ?
Necdum namque Dei tantam novi bonitatem
Ut dignaretur me vel quemquam sceleratum
Visu hujusmodi prosternere, sive monere,
Quamvis sæpe prius per somnia mira monerer,
Et quamvis etiam pridem tempus memorarer
Quod de Hieronymo narrat scriptura beato :
Sed credens illum meritis ad cœlica raptum
Nil mihi perverso par evenisse sciebam,
Cui nihil est visum, nisi tantum verbera passum.
Mane igitur facto, cum vitæ certior essem
Insolitusque tremor constringeret omnia membra,
Vestibus exutis quærebam stigmata carnis

Quæ cum vidissem, seu et ex alio didicissem,
Clam per id accito signum monstrare doloris,
Tum demum certus, quid perferret quoque flatus,
Nec tamen ausus eram citius hæc dicere cuiquam.
Post hæc confestim vario languore gravatus,
Et, quod cunctigenis est plus miserabile morbis,
Ut defertur ab his quorum me cura revisit,
Nunc quasi phreneticus vix a multis religatus,
Mox velut exanimis desperatusque jacebam.
Hæc tamen ipse scio, quod per Dominum quoque
[testor,
Sæpe ita me pressum conventu dæmoniorum,
Ut nec pro venia, qua jam moribundus egebam,
Catholicæ fidei tenuissem scita vel ulla.
Interea crebro visu rapiebar amaro,
Quo nimis horrendas potui cognoscere pœnas.
Hoc quoties fuerat mihi visum est esse perenne.
Tunc tandem sensi quid jam mereantur iniqui,
Et memini dictum : Deus inspicit omne secretum,
Qui, hic cuncta mei denudans intima cordis,
Judicio justo dedit me semper inesse,
Quæ olim cum reliquis credere posse putabam.
Nam nihil injustum me jam proferre querebar;
Verum mirabar divinæ vim pietatis
Tempore sub tanto stolidum memet patientis.
Quid mihi tunc Socrates, vel Plato Aristotelesque,
Tullius ipse rhetor, mundanæ dogmatis auctor?
Dic quid enim misero mihi tunc prodesse valebant ?
Quos si non legi, per tempora multa cupivi
Affectuque ipso discendi adii loca quædam,
Quæ pro mundanis mihi cultibus optima duxi.
Sed me præveniens Domini clementia ubique,
Quam prius exposui, ratione retraxerat inde.
Illa tripertita Maronis et inclyta verba,
Lectio Lucani, quam maxime tunc adamavi,
Et cui jam nuper, divinæ legis adulter,
Sic intentus eram quod vix agerem reliquum quid,
Atque legentem ipsum cepit me hæc passio primum.
Sed necdum pœnas credens exinde futuras,
Languidus, ut poteram, legi studiosus eumdem,
Donec ullius vigor exstiterat mihi sensus.
Quam veniæ causam qualemque dabant medicinam,
Cum nec signa crucis potuissem ponere fronti,
Et sine spe positus constringerer undique pœnis,
Quas nec proferri facile esse reor neque credi,
Nunc invisibilis patiens tormenta doloris,
Mox ex visibili nimis afflictus cruciatu !
Nam, quo prætereum diversa quibus cruciabar,
Unum de multis, quod jam memini, reserabo;
Scilicet in tali versabar sæpe stupore
Ut lux atque dies quid vel sint nescius essem,
Nec carnale aliquid plane dignoscere possem,
Intendens solum quo flatus agone trahebar.
Sed satis hinc dictum. Properemus nunc aliorsum.
Postquam mira Dei clementia me reparavit,
Sanus et ex toto factus sum tempore parvo.
Jam mox oblitus quos passus eram cruciatus
Ac quæ sunt visa reputans ut somnia vana,
Rursus decrevi captare negotia mundi.

A Sed cum perplures, quæ passus sim referentes,
Et quod non frustra fieret correptio tanta,
Ne monachile jugum suaderent ad subeundum,
Re super hac dubius cepit præcordia sensus.
Cumque dies pauci post hæc essent revoluti,
En iterum subito tali languore gravabar
Ut verrucarum tumor ingens insolitusque,
Horrendo vultum circumdans stigmate cunctum,
Orbibus obductis oculos quoque contenebraret.
Præterea corpus totum capitur paralysi,
Excepto linguæ, sed et officio labiorum,
Quo quæ proferrem fari tantummodo possem.
Interea tali cum comprimerer cruciatu,
Tunc memorans tandem quæ sim passus quoque
[pridem,
B Quod contra stimulum sit cuique resistere durum,
Quodque supervacue mundo servire studerem,
Christo promisi me ferre jugo monachili.
Hoc cum vovissem, melius mihi mox fore cœpit
In tantum, ut fruerer incessu mane sequenti.
O miranda Dei pietas et gratia Christi,
Quæ memet miserum totis contraria nisum
Tam pie prostravit, tam clementer reparavit !

CAPITULUM XV.

*Qualiter post ægritudinis variæ flagella ad monasticæ
professionis redii vota.*

His ita transactis evasi vincula mortis
Et non post multum rediit vis pristina rursum.
Tunc quamvis vario carnalis pignore nexus
Hoc totum linquens, quali mœrore, Deus scit,
C Ut rudis athleta progressus ad altera bella,
Quæ prius abjeci secreta requirere cœpi.
Nam præter votum quod jam nuperrime feci,
Olim promisi, cum parvus adhuc puer essem
Ac spe discendi pollerem more scholari,
Me submissurum legi sanctæ monachorum.
Quod quia sic gessi nullius jure coactus,
Nec sub teste palam, sed clam compunctus amore
Solius Domini, quoniam bene discere cœpi,
Et quia cum monachis primum discens retinebar,
Proh dolor! hoc votum rebar pueriliter actum
Consilioque levi promissum tale neglexi,
Dum simul et mundus me falleret atque juventus.
Sed quia promittens solvendi debitor exstat
Et semel emissa voti sententia recti,
D Quam cito persolvi, nedum quandoque necesse est,
Dum datur hac vita fungi tanquam rediviva,
Inde jugo leni sic pulsus colla subegi,
Efficiorque pudens et mirans sæpius ex hoc,
Quod tam vix adii servimina suavia Christi.

CAPITULUM XVI.

*Quia non solum palam professus, sed etiam quovis
occulte mundo renuntians illicite mundana repetat.*

Quæ tamen idcirco volui depromere scriptis,
Ut si forte pari se voto quis liget unquam,
Jure procul dubio solvendum mox sciat esse.
Non loquor hoc tantum, si coram abbate professus
Induerit habitum juxta normam monachorum,
Cujus in Ecclesia fuerit conversio nota;

Sed quocunque latens sit libera vota retentans,
Qui jam compunctus pompis mundi abdicat hujus,
Atque Deo gratis proprii offert intima cordis,
Quamvis sit nullo, nisi tantum teste superno ;
Cum quoque, ceu credo, maneat distantia nulla,
Utrum quid Domino clam sive palam voveatur,
Ad vomitum pergit, si post mundana recurrit,
Nec non illicite fruitur carnaliter orbe.
Denique nemo manum propriam mittens in aratrum,
Aspiciensque retro cœli regno manet aptus,
Nec poterit quoquam promissa refellere pacto,
Ni reduci luctu, quod vovit, compleat actu.

CAPITULUM XVII.
Quanta pericula tentationis in initio pertulerim conversionis.

Ista per excessum generali more locutus,
Nunc iterum proprias cupio subjungere causas ;
Scilicet explanans, quali possum ratione,
Quas post languores diversos atque frequentes.
Tentandi machinas fuerim perpessus ab hoste :
Ut dum conversis patefit descriptio talis,
Plus sint solliciti, si forte velint renovari,
Ac se non frustra credant sprevisse caduca.
Nam dum tanta mei nudare pericula vellem,
Qualis et interea Domini esset gratia mecum,
Quid nisi communem fueram ratus utilitatem ?
Atque utinam fari digno sermone valerem,
Qualiter impurus et ad infima nulla secundus
Semper pro studiis intentus eram vitiosis,
Et conversus ab his quantas artes inimici,
Quot fraudes Satanæ sensi tunc primitus in me,
Interdum solitis erratibus illicientis,
Scilicet ut legerem, tanquam prius, ethnica scripta
Nunc per inexperta phantasmata prosilientis,
Me quibus ægrotum nimiis et cladibus actum,
Nec non jam juvenem carnis stimulos patientem,
Nunquam posse pati bellum vitæ hujus amarum,
Sed multo melius pauslisper sumere vires
Vita in præsenti famulando carnis amori,
Usque juventutis dum noxia vis minuatur,
Et post hæc facile me sursum tendere posse,
Cum virtus omnis se sponte subegerit ævo.
Inspirabat et hoc, quo vix subsistere quivi :
Scilicet incassum me talem velle reverti
Agmen, quem tantum decreverat esse profanum,
Exoptans etiam parili me more probari,
Quatenus hinc aliqui discentes ædificari,
Sed contra illecebras, et tentamenta pararent,
Ac monstraretur Domini clementia mira,
Nam cum me recipit, nullum miserando relinquit.
Nec dubitare queo de cujuscunque salute,
Qui de commissis veniam quærit malefactis.
Plurima passus eram, miracula multa videbam,
Quæ nequeo verbis hic promere, nec reminiscor.
Hæc modo sufficiant nostris inserta loquelis,
Ut vim mundanæ cognoscas philosophiæ,
Divinis quantum det legibus impedimentum,
Obcæcans animum, ne possit cernere verum,
Et memorans pœnæ semper causas alienæ.

A Qui me sub tali permitteret anxietate,
Ceu non ipse meis peccatis hoc meruissem,
Sed magis injuste premerer Domini austeritate
Intulit et bellum, sicut prædixit, amarum
Temporibus multis idem sævissimus hostis
Per carnis stimulos et luxus illecebrosos :
Præterea nimiis cruciatibus et diuturnis
Vix ut et esse Deum meditari prævaluissem.
Quo tamen ex stimulo tanto plus sum cruciatus
Quanto jam nullum cognoscens talia passum,
Et merito ; quoniam dubius divina colebam,
Cum mundi florem tantos captare viderem.
O incredibilis variæ suggestio fraudis
Qua circumveniens antiquus denique serpens
Memet mortiferæ pervasit more sagittæ
B Hæc nisi perferrem, vix talia credere possem.
Sed Domino grates, quia tantos nosco labores
Semper ei grates, qui sic tribuit mihi vires :
Ut licet interdum magno mœrore gravarer
Ex tentamentis supra jam commemoratis,
Sæpius interea fultus virtute superna,
Ac cordis gremio mea jugiter acta revolvens,
Et quod sæpe refert Scriptura Deum miserantem
Ilis, qui sollicito quærunt se et pectore toto,
Quodque Deus justus nil permittit sine causa
Et quod ei nulla res impossibilis exstat,
Non solum paterer Satanæ hæc suggesta libenter,
Si modo tristatus, post hoc cito lætificatus ;
Sed quoque si gladii rabies et sanguinis actor
Exigerent mortem, pro Christo promptus adirem,
C Perpetis ut pœnæ tantum salvarer ab igne.
Et quam suave jugum nunc sentio Christicolarum,
Cujus quotidie desidero jura subire,
Qui vitiis crebris constans abjectio plebis
Exosus pariter ipsisque parentibus essem.
Nam reditum lapsis me quippe minus violatis
Difficilem tradens hoc impossibile suasit,
Ut mihi, cui nullus sit pravorum æquiparandus,
A tam districto veniæ spes judice detur.
O quoties fragilem, sed et infirmum fore testans
Compede ceu quodam constrinxit et afficiebat,
Ne mea mens stabilis ad propositum remaneret !
Nunc nimis immitem mihi finxerat Omnipotentem.
Ipse magis cautus, quæ sunt vitanda, relinquas.
D Non igitur spernas ; quia res tibi profero gestas,
Quod modo te monitis nunc casibus instruo nostris.
Sæpe per exemplum melius doctrina notatur.
At si non credis certe quandoque videbis,
Et quam districtam tunc experieris habenam.
Peccantes pariter, quia quamvis hic varientur,
Ac sub dissimili moderamine corripiantur,
Par ibi pœnalis sententia corripit illos :
Inde sibi nullus fingat solatia lusus.
Aut hic conversus emendat sponte reatus,
Aut invitus ibi mirando traditur igni.
De quo cum recolo, quantum queo jam memorari,
Admiror semper de me primum vehementer,
Quomodo quis tantum perferre queat cruciatum,
Et quæ duritia teneat sic pectora nostra,

Ut licet inferni simus de carcere certi,
Hunc trepidare parum, vel forte nihil videamur.
Quamvis vidissem, quamvis sim passus eumdem,
Me fateor mutum, nec quidquam promere possum,
Quod poenae tali dictu queat aequiparari,
Ni ratione aliqua componam mente profunda
Hanc ad praesentem poenam ceu corpus ad umbram.

CAPITULUM XVIII.
Quod haec cuncta ad clerum dicta non aliter a me nisi compatientis amore sint prolata.

Haec igitur clero statui proferre monendo,
Non ut quemque sciam plus quam me corripiendum,
Cui proprii mores aeterna silentia ponunt;
Sed quasi compatiens variis erroribus orbis,
Quos reor augeri vitiis quam maxime cleri,
Atque ope consilii prodesse volens simul omni
Quod me laedebat, dum nosco aliis nociturum,
Ac quod profuerat, dum cunctis hoc quoque vellem,
Promere cogebar hujuscemodi rationem.
Sic Evangelii prodit quoque lectio sancti,
Sanato cuidam Dominum praecepta dedisse
Ut divulgaret quae dona Deus sibi ferret.
Hinc instructus ego divina charismata dico,
Quodque mihi illicitum propria virtute probatur,
Hoc fraternus amor, et zeli norma ministrant.
Audite ergo, precor, quae vos, licet infimus, hortor;
Et pensate minus quis sim, sed qualia dico.
Clerum namque monent, in quo simul ipse monebor,
Non minus idcirco laicis verbum dare curo:
Quo si forte velint, extollere se prohibentur,
Ne velut ignari sint in peccamine tuti,
Sed potius humiles huc exhibeant simul aures,
Et sic communis habeatur sermo salutis.

CAPITULUM XIX.
Admonitio etiam facta ad laicos.

O quos vulgaris laicos cognominat usus,
Vos jam convenio, vobis haec verbula promo.
Nunquid enim sola Scripturarum documenta
Legis divinae demonstrant cognitionem,
Ac quos contingit ignaros esse librorum,
Sciri coelestis vos excusare potestis?
Nonne Creatorem testantur cuncta creata,
Quis velut in libris illum cognoscere quitis?
Haec licet a reprobis indiscrete accipiantur,
Atque sinistrorsum prorumpat abusio eorum:
(Per se quippe Deum perhibent concorditer unum)
Quid prodest vobis utcunque scientibus aequum
Explorare vias, quibus excusatio vestra
In conspectu hominum securior inveniatur,
Cum Deus, inspector cordis renunque probator,
Dissimulatores coram se vos sciat esse?
Nam licet in nobis, qui doctores perhibemur,
Recte vivendi minus exemplum videatis,
Et sceleris vestri velut auctores maneamus,
Vos naturali tamen ingenio moderati,
Aut quocunque modo divinum jus sapientes,
Si quid post talem pietatis cognitionem
Amplius erratis, scelerum consortia fertis,
Et per notitiam transgressores simul estis.

Si vos culpa minor, tamen arcet conscius error.
Sed ne falsidicus videar, cum talia scribo,
Hoc est, cum laicos dignoscere dico superna,
En iterum exemplis haec argumenta probabo,
In quibus, ut spero, multorum corda movebo.
Nostis enim solem totum lustrare per orbem,
Ac quocunque itis, quasi praesentem fore scitis,
Cum tamen ut servus famuletur fructibus orbis,
Imperioque Dei semper sit subditus omni;
Nunquid sol quemquam de luce sua removebit,
Aut propriae lucis radios abscondit ab ullo?
Hinc vos, si vultis, Domini jubar inspicietis,
Quam clemens mundo, quam totus constet ubique,
Dum lumen tantum vestri concedit ad usum,
Cujus per totum splendor diffunditur orbem,
Sic super injustos effulgens ut super aequos.
Quod si dixeritis aliquem posse hoc dubitare,
Ille creaturam, quam solem noverit esse,
Ante Creatorem conatur ponere solem,
Majorem soli tribuens vim quam Omnipotenti.
Sic et de reliquis rebus pensare valetis,
Si tamen ulla piae pulsat vos gratia vitae.
Nunquid nescitis terrena negotia amare?
Quod prope, quod longe quoquam gratum retinetis,
Hujus amatores in vestris cordibus estis,
Nec quid in hoc durum censet dilectio rerum.
Illinc excusandi nulla est occasio vobis.
Quin si curatis, et amare superna queatis,
Quod plus diligitur, hoc praepositum perhibetur.

CAPITULUM XX.
Quia nil aeternae saluti praeponendum sit.

Si vis salvari, nil huic praepone saluti.
Nam licet audaces nequiter jam vivere plures,
Et nimium vanis videas insistere causis
Quas pro justitia fert consuetudo maligna:
Tu tamen horresce vitiis in talibus esse,
Ac fugito miram venturi judicis iram,
Qui tanto gravius hominum discusserit actus,
Quanto nunc patiens clementer sustinet omnes.

CAPITULUM XXI.
De cibi potusque parcitate servanda.

A dapibus lautis et potibus immoderatis
Sollicitus templum custodi corporis aptum:
Ne, dum fervescis semper carnalibus escis,
Et velut hydropicus nimii potus geris usus,
Jam divinus amor minus in te sit habitator;
Vis etenim mentis languet pinguedine ventris,
Ac crassata caro gustat coelestia raro.

CAPITULUM XXII.
De somni quiete temperanda.

Ne nimio soleas tua tradere membra sopori
Sicut enim cura somni satis est adhibenda,
Ut fragiles artus vires possint reparare;
Sic frenanda caro nimii ex dulcedine somni,
Ne per torporem desuescat ferre laborem,
Quem pro peccatis crebris debemus habere,
Ut congregemur qui nunc simul inde dolemus.
Nam bos nec comedat qui jam juga ferre recusat.

CAPITULUM XXIII.

De abjiciendo pretiosæ et superfluæ vestis cultu.

Esse studens noli pretiosis vestibus uti,
Per quas præcipue datur extollentia terræ.
Sed cur hæc dico de vestitu pretioso,
Cum vitium quoddam magis execrabile cernam,
Quod tam prælati qui cognoscunt mala mundi,
Quam plebs ignara verrunt cum vestibus ima?
Heu plebs! heu rector! qualis vos aggravat error:
Cum contemnentes videmus nudos et egentes
Et sibi monstrantes qualis sit gloria vestra,
Sub pedibus strata geritis concessa talenta?
Sic et jam dives Evangelio recitatus,
Cum se quotidie variis epulis satiaret,
Nec panis micas Lazaro concessit egeno.
Ad cultum vitæ moniti quandoque redite.
Nam, rogo, quid prodest hodie splendescere quem-
[quam
Qui cras aut citius fortasse perit moriturus?

CAPITULUM XXIV.

De vana gloria fugienda.

Cum bona quæque geris, nec mundi laude graveris
Sed magis esto memor, quis sit bonitatis et auctor
Et cujus dono tibi sit vitalis origo.
Denique ceu sine se poteras nullatenus esse
Sic nisi divino respectu prævenaris,
Nec saltem nosse quidquam potes ex bonitate.
Huic idcirco refer, si quid facias sapienter.
Et quia sæpe homines censent hoc laude colendum,
Ante Dei nutum quod jam constat reprobatum,
Laudibus humanis qui credit, fertur inanis.

CAPITULUM XXV.

De obedientia.

Sive patri carnis, seu vitæ spiritualis
Omni prælato subjectus sis quasi Christo.
Nam cum nil juris sine jure fit Omnipotentis,
Contra ipsum Dominum molitur tendere collum,
Qui dedignatur cuicunque subesse magistro.

CAPITULUM XXVI.

Quod pro rebus dubiis, quas nil prodest scire, non sit quæstio facienda.

De rebus dubiis noli contendere verbis,
Ac quæ dant nullos animæ discentibus usus,
Quomodo, cur, quando cœpissent stare vigendo.
Isthæc præteriens quid sint exquirere noli
Sufficiat cunctis normam rescire salutis
Quæ nos ad patriam monstrat remeare beatam
Nam decet incertum jus exspectare supernum.

CAPITULUM XXVII.

Quia facile in re notissima et aperta erretur, nisi bonis operibus veritatis scientia confirmetur.

At quia sunt multa fidei certissima dicta,
Quæ mens suggestis cum delectatur iniquis
Utpote cæcata nescit perpendere vera,
Semper ab illicitis compesce negotia mentis
Ut lumen verum tibi sit super abdita rerum,
Ac bona de pravis veraciter edere possis;
Nam perversa studens nequit in Christo fore pru-
[dens.

CAPITULUM XXVIII.

De concupiscentiæ carnalis tentatione superanda.

Si carnalis amor, sensus puerilis amator,
Te tentando petat, ne mox orando quiescas.
Ut nequeat talis mentem perrumpere pestis,
Scilicet ad petram, qua Christus significatur,
Juxta Psalmistæ doctrinam rite recurrens,
Affer et allide quidquid teneas puerile.
Nam per idem bellum cœleste datur tibi regnum
Et qui tentari, non permittit superari,
Ad se duntaxat, quos omnis cura relaxat

CAPITULUM XXIX.

De honoris et primatus ambitione fugienda.

Ne quæras votis mundani culmen honoris
Effectuque tui princeps existere noli.
Nam quo plus aliis prælatus niteris esse,
Tam magis invisus coram Domino reputaris;
Et ceu prudentis liber enarrat Salomonis:
Judicium durum super hæc est sceptra futurum.

CAPITULUM XXX.

Quod licet homines potentia abutantur, potestates tamen a Domino juste tradantur.

Sed licet hæc pauci curent attendere verba,
Atque præesse prius, quam discant, quid sit habena,
Prorumpant plures carnali more tumentes:
Quin (quod ridiculum vel dictu jure videtur)
Ad curas animæ nunc infantes statuantur,
Ceu non sufficiat his, per quos ista parantur
Perdere se solos vitæ præsentis amore
Ni secum socios ducant ad tartara multos.
Esse potestatem quamdam tamen haud dubitamus,
Quæ sub amore Dei suscepta valet retineri:
Cum nisi juste ab eo descendat, nulla potestas,
Non igitur sceptrum de summo Rege statutum
Erroris causam rectoribus ingerit ullam,
Sed vitium plebis, necnon delicta potentis,
Qui nec rite capit, nec captum jus bene ducit
Judicio justo permissa merentur abuti
Audiat huc ideo, cujus mens flagrat in æquo,
Qualiter ad sceptrum vel ab ipso sit veniendum.

CAPITULUM XXXI.

Quomodo ad potestatem quisque promoveri, et si iterum eadem debeat relinqui.

Si te consilium ratio et perstans aliorum
Pro spe virtutis cupiat præponere curis,
Res nec honesta tibi permittit posse reniti,
Si sic electus capies arcem dominatus,
Ordine divino jus hoc descendere credo,
Et reor esse nefas, si tunc contrarius exstas:
Si tamen, ut dixi, virtutis spe cupiaris.
Sin aliud quidquam mundano fingitur usu,
Quo jus Ecclesiæ vero fraudetur honore,
Sicut nunc multi ponuntur in arce regendi,
Ut vice rectorum sint pressores miserorum,
Ac tali specie mundo deserviat omne
Quod vel subjectis seu pauperibus detrahatur,
Non solum juris electio erit fugienda.

Sed quoque post aditum, si res nequit ante videri
Nec tunc speratur hæc ad meliora patrari,
Aut subjectorum vel culpa præpositorum,
Liber erit reditus, et deponenda potestas,
Ne pariter pravis dare consensum videaris.
Sufficiat soli quo aliis prodesse nequibis.
Nam miserum est valde te tantum velle præesse
Prælatique loco nil exercere regendi.
Ne cupias ergo judex his associari
Sub fidei fictæ, vel quavis conditione,
Quos tu non poteris deflectere legibus æquis.
Sit tua mens potius sic constans in bonitate
Ut perversorum solidatur in improbitate.
His prælibatis de fascibus accipiendis
Et quos omnino fugit ecclesiasticus ordo,
Nunc veniamus eo quo jam sunt tradita sceptra,
Ut doctrina aliqua prosimus habentibus ipsa.

CAPITULUM XXXII.
Quali cura et se et commissos rector unusquisque debeat custodire.

Ergo effectus ad hoc ut judex sis aliorum,
Vel quando ipse tui vigilanter vis dominari,
Mox probus ac stabilis, juxta mores gravitatis,
Ex omni gestu speculum moderaminis esto,
Monstrans exemplo quæcunque doces bona verbo,
Ne tibi dicatur quod vox divina profatur:
Cur oculo fratris festucam tam bene cernis
Et minus inspectas quam tute trabem quoque
                                          [gestas?
Quove modo fratri poteris sic consiliari:
Frater, festucam de luce tua sine ducam,
Ipse minus cernens quid contenebret tibi visum?
Aufer, quæso, trahem prius ex proprio, simulator,
Et tunc festucas ex fratris lumine ducas.
Hoc simul attende dictum specialiter ad te
Quod Dominus cunctis jam prædicat ore Davidis:
Cur tu justitias aliis perhibendo revelas
Ac quid in ore tuo legis documenta reponis,
Qui contempsisti doctrinam, quam retulisti?
Nam si raptorem cernebas atque latronem,
Currebas pariter, et cum mœchantibus alter
Factus adulterii te consortem posuisti,
Diversisque dolis componens semina fraudis
Scandala, quæ poteris, contra fratrem machinaris,
Hæc igitur sedula tecum ratione revolvens
Corrige te primum, qui rector sis aliorum.
Nam domui propriæ contemnens rite præesse
Quomodo sollicitus fuerit provisor alius?
Aut cui compatiar qui nec sibimet misereretur?
Ne personarum sis acceptor variarum,
Gloria quas mundi pro spe conducit inani,
Sed Domini jussis quicunque subactus habetur,
Ejus opem quære, tali studiosus adhære.
Nam qui non metuit se tradere perditioni,
Ille tibi forsan vitæ suggesserit otia.
Promptus vel facilis ad risus scandala ne sis,
Nec referas dictum quod consuescat dare risum.
Nam, ceu cujusdam testatur vox Sapientis,
In risu stultus nimios dat voce tumultus.

A Et ne plura velis, cum fari paucula possis:
Nam sapiens verbis perstringit plurima paucis.
Hoc etiam summa studeas perpendere cura:
Cum tempus fandi, vel quando sit hora tacendi.
Tempus conveniens, quæ cuncta negotia quærunt,
Eloquiis castis, moderata voce fruaris,
Blandus mansuetis, districtus et esto superbis.
Nam velut immitis das scandala multa pusillis,
Sic e diverso si vis levis esse superbo,
Ecclesiæ magnum conferre studes detrimentum;
Denique permittens regnare caput vitiorum,
Virtutis summæ destructor cœperis esse,
Atque per hanc causam Domino plus ipse resistis
Quam qui permissus fortassis nescius errat.
Unde prius modicum tumidis clementia prodest,
B Qua sua colla pio doceantur subdere Christo.
Qui velit his juste condescendendo juvare
Arguat, admoneat blanda primum ratione,
Mellita variis Scripturarum documentis;
Cumque sat est verbis, gravior sententia detur,
Quam simul assiduæ precis affectus comitetur,
Donec clarescat, si tanta juvet medicina
Ut convertantur et mites efficiantur.
Quod si nil horum vitiosis proderit actum,
A te secernas quos ædificare nequibas,
Ne gravius damnum patiatur grex meliorum.
Discordes revoca, fautor mœrentibus insta,
Naturam refovens, vitium succidere nitens.
Ne duplex animo, nec suspiciosus in ullo,
Nec sis zelotypus, nec avarus, non animosus.
C Confer opem miseris quamcunque vales et egenis.
Christi servitio super omnia deditus esto.
Cuncta quidem nobis tunc supplementa parabis,
Si non, Christe, tibi primum volumus famulari;
Sicut et econtra succedunt prospera nulla,
Si tibimet soli non conamur fore proni.
Jugiter hoc tracta, ne quid facias sine causa,
Et ne læsuram per te quis perferat ullam;
Sed magis ædifices in cunctis moribus omnes.
Nullus quippe palam faciet soli sibi quidquam,
Illeque præcipue qui rex aut doctor habetur
Sive gerens rite reliquis dat semina vitæ,
Vel faciens prave multis est causa ruinæ;
Scilicet exemplis capiuntur utrinque sequaces.
D Nam velut atteritur effectu seu renovatur
Corpus carnali, sic mens ex spirituali.
Et non solum ideo debes existere cautus,
Quatenus evadas mortis discrimina solus,
Sed simul ut nemo per te reus efficiatur.
Unde monendo precor ut si fortasse, quod absit:
Peccandi studio constrictus tempore longo
Pro minimo reputes te solum tradere morti,
Saltem multarum ne sis homicida animarum,
Tecum perpendens aliquid magis inde pavescas,
Atque, revertenti dum spes promissa sit omni,
Ipse revertaris, quo tecum cuncta reducas.
Nam si solius, etiam misereberis omnis

CAPITULUM XXXIII.
De discretionis virtute.

Jam decet adjungi quæ sit discretio justi,
Ut, quoniam nutrix eadem virtutis habetur,
Hic etiam nobis comes existat rationis.
Copia virtutum, quia corpus creditur unum,
Sic diversorum ratio est moderanda bonorum,
Ceu servare studens unius corporis artus
Singula membra suis debes curare statutis,
Ut res et tempus sint corporis apta per usus.
Quodquod enim corpus coram nobis statuamus;
Ni vice diversa foveantur singula membra
Unius ob damnum patiuntur cuncta periclum.
Haud aliter constat de spiritus integritate,
Qui per membrorum species fertur variorum;
Imo etiam cura majori dignus habetur.
Nam, licet in paucis virtutum sit decor omnis,
Nulla tamen virtus, nisi vi foveatur alius,
Esse potest stabilis contra phantasmata mortis.
Hinc est quod multi, cupientes alta mereri,
Lassescunt subito pietatis ab ordine cœpto,
Dum satis esse sibi credunt aliquam bonitatem.
Sicut enim pedibus obstat defectio visus;
Sic quoque virtuti, si desit et altera virtus,
Et tanquam corpus per quædam membra minutum,
Corporis officium quoddam complere nequibit;
Sic etiam virtus sic ex aliis viduata,
Aut igitur nihil est, aut imperfecta tenetur.
Sed quod erit membrum, cui tempus congruat unum
Semper ad ejusdem rei tendens conditionem?
En speculo carnis discernimus abdita mentis
Ac per corporeum jam spirituale probamus.
Nam ceu carnis opus nulla constringitur hora
Præterquam proprius naturæ postulat usus;
Sic quoque res eadem non semper erit retinenda
Virtutis causa, sed per tempus moderata.
Actio virtutum constat perfectio morum.
Sicut sæpe bonum est ut claudas ora tacendo,
Mox veniet tempus quo plus licet hæc aperire;
Haud secus est hora, qua jejunare salubre est.
Interdum melius jejunia frangere constat.
Scilicet in cunctis, quo tendit adoptio mentis,
Aut terrena petens, vel cœlica commoda quærens,
Illuc et studium, sed et integritas meritorum.
Unde, precor, vigila, cautoque libramine pensa,
Ne quid per proprium studeas attendere votum,
Sed quid communis ratio appetat utilitatis.
Utilitatis amor cito suadet quid sit agendum.
At duntaxat in his hæc utilitas capienda est,
Quæ vitæ studio vel amore perenni aguntur.
Semper id observa, velut ex pietate paterna,
Quo pacto cuiquam prodesse et parcere possis.
Ut qui desudas quoddam Ecclesiæ fore membrum,
Tu pariter reliquis sis compatiens quoque membris;
Et tractans animo quid poscat temporis ordo,
Quo res et tempus divinis usibus apta
Efficiantur ita, ne sint alii impedimenta,
Ac quid jus animæ, quid carnis cura, deinde
Inter utramque viam speculator providus esto.

Si pariter nequeant observari bona quædam,
Anteriora geras, et posteriora relinquas.
Res namque utilior merito præfertur agenda.

CAPITULUM XXXIV.
Quod nullus quantalibet sapientia vel virtute ditetur, se in præsenti vita securum, perfectumque arbitretur.

Et quantum sapias, quanta virtute nitescas,
Nunquam perfectus sapiensque tibi videaris.
Sed cum miles adhuc velut invictissimus exstas
In fragili vita, sed et inter tanta pericla,
Ex aliqua causa credas te posse relabi,
Ni circumspiciens, semperque futura pavescens,
Hostis in insidias cautelæ jacula mittas.
Omnis enim veræ tendens ad gaudia vitæ
Non tam præteritis lætabitur in benefactis,
Quam pro suspectu, quo necdum semet ad unguem
Pervenisse videt, vel qualis sit sibi finis,
Sollicitus semper hoc mente fatetur et ore,
Se Domino dignum nunquam fecisse opus ullum.
Verius ergo nihil poterit quisquam meditari,
Quam si de toto, quantæ sit relligionis,
Se tamen in nulla perfectum jam sciat esse,
Dum vitæ flatus mortali carne gravatur.
Denique quid nautæ cupienti æquor peragrare
Proderit inceptum quoquam deponere cursum,
Et quæ felicis prius est sibi gloria finis,
Quam posita prora remis ad littoris ora
Jam jam secura mereatur pace potiri,
Quid, rogo, distat, utrum in medio æquore vel prope
[littus
Naufragus occumbas, si non evaseris undas?
Quam prope sit littus in corde maris labor intus,
Præsignans nautæ navim transducere caute,
Donec ad optatam possit pertingere terram;
Sic et in hac vita nobis opus est vigilare.
Nam præsens mundus quid erit nisi quodlibet æquor
Flatibus immensis quod semper et undique aditur?
Qui velit ergo viam cautus migrare marinam,
Contra undam pelagi paret instrumenta meandi,
Ut cum tempestas solito irruit orta furore,
Jam minus adversis superari possit ab ullis.
Non extollatur si prosper sit modo ventus.
Sæpe procella gravis subit otia prosperitatis.
Unde nec adversis nec rebus crede secundis.
Et ne pax jugis faciat te plus negligentem,
Sed semper cladem memorans velut advenientem
Ante oculos pone, quid sis post pauca futurus:
Qualis defectus humanos deprimat artus,
Quando quidem sancti sunt in discrimine tali.
Hinc Psalmista loquens profert suspiria dicens:
Salva me, Domine, quia defecit quoque sanctus.
Rursus abhinc idem perhibet se deficientem
Exaudi me citius, precor, o Pater alme,
Jam defecit enim vigor et virtus me prorsus.
Quomodo defecit qui stare tamen perhibetur?
In se deficiens Domino tunc vivere cœpit,
In quo non aliter vegetare valebimus apte,
Ni prius in nobis moriatur nostra voluntas.

Hoc etenim multum juvat omnes scandere sursum,
Quod provecti illuc quantavis religione
Cum metantur adhuc se multis inferiores,
Fletibus assiduis hinc compuncti macerantur;
Atque bonis studiis velut a primo renovantur.
Nam quia sæpe malis veniet compunctio talis,
Scilicet ut tractent, quam multis sint nequiores,
Confestim vitiis nimio fervore relictis
In convertendo præcedunt anteriores.
Hos quamvis culpæ capitalis labe carentes,
Quorum religio monstratur desidiosa,
Et prius extremi fiunt sæpissime primi;
At qui sic fragiles persistunt et negligentes,
Ut de criminibus, quæ maxima jure vocamus,
Quæque refert Paulus sermone crebro venerandus,
Demonstrans omni prorsus vitanda fideli,
Se non abstineant, nec cætera quæque minuta,
A quibus immunis fieri non prævalet ullus,
Emendanda crebris decernant esse querelis,
Hos ego non solum peccatores fore credo,
Sed pro perfidiæ damnandos impietate,
Atque reprensuros usque ad minimum esse quadran-
[tem.
Ex aliis factum, quod erit veniabile crimen,
Qui licet a vitiis capitalibus abstineant se,
Non tamen in minimis semet reprehendere cessant;
Sic et tu pavidus non cessa flere reatus,
Quos jugis confert et inevitabilis usus.
Nam quia quotidie multis offendimus omnes
Aut ignorando peccantes sive sciendo,
Verbis, auditu, sed et illicito meditatu,
Summa manet virtus si displiceas tibi semper,
Nil credens actum, dum quidquam restet agendum.

CAPITULUM XXXV.
De orationis instantia, et quia nemo diffidere debeat de Dei misericordia.

Hæc sub corde, precor, sapiens amplectere lector,
Et quo doctus in his etiam persistere possis,
Continuis precibus pete divinam pietatem.
Hæc etenim certa credentibus est et aperta,
Et quicunque sitit vel jejunando labascit,
Huc veniat lassus, huc quanta pericula passus;
Hic fons, hic panis, ne quis subsistat inanis.
Poscere ne dubites, et jam si mortuus exstes,
Et quodcunque scelus te commisisse fateris,
Illinc veniam spera, si sit confessio vera.
Multis nempe malis ideo permittimur uri,
Quatenus experti, quia nil sit adoptio mundi,
Atque nihil nostris valeamus vivere votis,
Saltem sic medicum cogamur quærere verum,
Qui nos ad stabiles faciat pertingere mores.
Hic sicuti fletis non invenietur ab ullis:
Sic quoque semper adest vere quærentibus illum,
Debita culparum dimittens omnigenarum.

CAPITULUM XXXVI.
Quod conversationis sanctæ initium sit difficile, sed juvante Christo labor levigetur perseverantiæ.

Et licet inprimis sit difficilis labor omnis,
Res incepta boni perstans in amore laboris
Dat subito facilem studii totius agonem.
Nam quia conversi debemus jure probari,
An Dominum vere conversio nostra requirat:
Quo magis invisus impugnat nos inimicus,
Tam citius nobis succurrit gratia Christi,
Si stabili voto perstare volemus in illo,
Causantes semper nos esse reos et egenos.

CAPITULUM XXXVII.
Quia nulli debeat incongruum vel mirum videri quod tantus labor agatur pro vita perenni.

Sed ne mireris quia talis sit via cœlis
Et tanta cura quæratur vita futura,
Cum noscas etiam mundi vilissima quæque
Absque labore aliquo nec quæri nec retineri.
Nunquid enim terra profert fructus nisi culta,
Aut mare transibis nisi cum navalibus armis?
Nam ligni moles ultro se condit in ædes,
Vel gratis lapides operantur semet in urbes,
Aut sine vi belli capiuntur jura triumphi?
Si victus carnis sudore parabitur omnis,
Et quo quisque minus mundi studet addere rebus
Tam magis exsilis et pauper habetur in ipsis,
Si non miraris hæc cuncta labore parari,
Cum tamen ut fumus illorum defluat usus,
Quæ levitas talis, negligentia quæ specialis
Decipiendo tuam mentem possederit unquam,
Ut cœleste bonum, quod erit super omnia solum,
Cui nullus finis nec causa sit ulla doloris,
Sed semel acceptum nunquam patitur detrimentum,
Absque labore pari credas te posse mereri?
Nam si miraris de religione perennis,
Primitus attende præsentis commoda vitæ
Quomodo quærantur quibus et curis teneantur,
Quamvis hæc cuncta, quoquo sint ordine juncta,
Ad nihilum subito, quasi non fuerint, redigantur.
Hæc cum mente geris, facili ratione doceris
Quam sit suave jugum, quod perpetuum dabit usum
Regnaque quo cœli valet unusquisque mereri.

CAPITULUM XXXVIII.
Ut divinum opus cum spe retributionis æternæ fideliter agendum sit.

Rursum si credis quia per crebra gesta laboris
Magna caducarum præstetur copia rerum,
Et quo quisque magis serat in carnalibus actis,
Tanto plus lucrum se sperat in his habiturum;
Si quoque servilem passurus sponte laborem
Pro spe mercedis homini vis esse fidelis,
Qui quamvis largus vel quantumvis opulentus
Summa pro certo nullius habebis in illo:
Vana salus hominis, Psalmista namque doceris,
Et maledictus homo, cujus spes est in homullo
Cur, modicæ fidei, credis minus Omnipotenti,
Qui præter victum vitæ hujus quotidianum,
Quo tibi jam mundus servit quodammodo totus,
Gaudia perpetuæ quandoque dabit tibi vitæ,
Si pro mundanis, quibus intentus famularis,
Æquali studio submittas temet in ipso?
Credulus incertis, certissima quid reprobabis?
Et mandata Dei non posse sequi prius inquis

Quam faciendo probes quid permittant tibi vires?
Nondum sudabas ubi te non posse probabas.
O labor exsilis, qui nec probat acta laboris,
Nec bravii meritum vult ferre per experimentum :
Ceu non expediat talem tibi inire laborem,
Qui per mercedis geritur promissa perennis,
Ac Domino soli sit nulla fides adhibenda ;
Si non desperas res exercere caducas,
Quatenus ex ipsis habeas stipendia carnis,
Cur minus æternos confidis quærere fructus,
Ut tradas animam regnis cœlestibus aptam,
Qua dabitur cunctis semper gaudere beatis?
Denique promptus agis quidquid docet optio carnis :
Cur quoque non gustas, si spiritus ulla facultas.
Bello carnali valeat ratione reniti?
Nam si gustares, nunquam sitiendo vacares ;
Sed quo plus biberes, tanto magis inde sitires,
Donec ad extremum fontem trahereris ad ipsum,
Cujus conspectum cupit omnis cœlica virtus.
Ausculta tandem quam nunc trado rationem :
Jus si terra colit, quo cuique fidem dare norit,
Hoc etiam juris ne credas defore cœlis.
Sed cum lex vera procedat ab arce superna
Atque Deus verax, ast omnis sit homo mendax,
Ritu majori possunt cœlestia credi.

CAPITULUM XXXIX.

Exhortatio generalis pro labore regni cœlestis.

His igitur dictis ad vos, quicunque legetis,
Ad vos præsertim qui talibus indigeatis,
Nunc quoque vobiscum pensantes dogmata nostrum,
Hinc aliquid moniti, Domino vos subdite prompti,
Ut, dum possimus, si tantum posse velimus,
Nulla manus cesset, nullius pes quoque tardet.
Jam vice communi properemus ad optima summi
Quo labor est nullus, nec vencrit amplius ullus :
Sed semper læti remanebimus atque quieti
Contemplando Deum, qui nunc spes atque tropæum
In se credentis manet et fiducia mentis.
Quod Deus in nobis operetur in omnibus horis,
Cujus et imperium sine fine manebit in ævum.

Sermo ad avaros vel superbos.

O fratres chari, per Christum semper amandi,
Cum prope sit tempus quo mundus erit ruiturus,
Vos qui diligitis vitæ promissa perennis,
Fortes athletæ, sursum spem mentis habete,
Ne quid in hoc mundo jam possideatis amando
Restat enim vobis fructus patriæ melioris,
Si modo sinceri studeatis rite mereri.
Ad quam quærendam præsentem spernite vitam,
Usibus exceptis, per quos illuc properetis
Et quibus in terra foveantur corpora vestra.
Nam datur ad tempus animæ victu fore corpus,
Ut meditetur homo, dum vivit in orbe caduco,
Qualiter mens vitalis et virtus spiritualis
Vivificant carnem per divinam rationem,
Libertate data, quæcunque velimus agenda,
Aut animæ mores vel niti carnis amores.
Nunc sentite, rogo, quis constet rectior ordo,
Dum datur arbitrium, quod quisque velit faciendum,

A Seu divina sequi, quæ sursum sunt meditari,
Unde sapit flatus discernere corporis actus,
Aut carnis studium, quo fertur vita deorsum.
Hinc iter est animæ, sed terra redit quoque terræ.
Proptereá mentes vestras ad recta ferentes
Discite quid sitis, attendite quo properetis.
Non vos seducat, si gloria census abundat ;
Si sunt divitiæ, per eas nolite perire ;
Nam Deus has tribuens in eis interrogat omnes
Quis velit in donis potius constare fidelis,
Aut quis carnalem vel amet rem spiritualem.
Non alias illi subiguntur commoda mundi,
Quamvis per plures cupiant nunc esse potentes,
Scilicet intenti magis ad convivia sæcli
Quam curis animæ commissis suppeditare.

B Vos autem, fratres, quæ mundi sunt fugientes,
Quærite vestrarum constanter opes animarum ;
Nam quid honor grandis, si tantum pontus honoris?
Quid prodest tandem, si mundum sumitis omnem,
Post hujus casum sine fine pati cruciatum?
Ah ! ah ! qualis honor, quem tantus cinxerit horror,
Cum vindicta gravis successerit undique pravis !
Non homo, non aurum poterit aptare beatum,
Sed virtute Dei consistit vita beati.
O qui deliciis felicem te fore credis,
Huc attende parum, sermonem confero tecum :
Cum noscas hominem non esse perenniter omnem.
Pro modulo puncti cum sint simul omnia mundi,
Quam moritura caro tibi spem promittit avaro?
Cur hodie ludis pro rebus cras perituris
C Et nil, surde, doles animæ sine fine dolorem,
Si Dominum, cœli regem, super omnia nosti
Et quia sublimes faciat sæpissime mites,
Atque superborum soleat prosternere collum ?
In quo confidis, quia te sibi subdere non vis ?
Vel cur ipse studes exaltari super omnes,
Cum jam perduras ad res tecum perituras?
Omnis enim cupidus convincitur esse superbus.
An, quia liber eris mira bonitate Creantis
Et diversa potes, dum sano corpore flores,
Præter eum quoquam speras exquirere vitam,
Aut ejus gladium quovis evadere justum ?
Nunquid imago Dei, primo similata parenti,
Cujus progenie retines exordia vitæ,
D In te mutavit quod in illo Patre creavit?
Nonne vides, gustas, palpas, audis et odoras ?
Unde merebaris, ut sensibus his potiaris?
Quid prius Auctori quam te faceret tribuisti,
Ut rationalis animalia cuncta præires?
Et tamen, his brutis perstantibus in vice juris,
Tu, rationis opus, non vis Domino fore pronus,
Quin meditare, rogo, rationis et utere dono,
Ac per quem vivas subtiliter exprime causas.
Nam nescire modum vitæ, sed vivere tantum
Est studium pecudis omni ratione carentis.
Si miser ignoras quia sponte tua reus exstas,
Quære viam lucis, et erunt tibi signa salutis
Per quæ jam plane mentem potes ædificare.
Nam, si sentires carnis decrescere vires,

Confestim variam proferres inde querelam
Ac curam medici peteres quam maxime quæri :
Cur, rogo, non animæ simul intendis medicinæ,
Cum plus ex anima quam corpore sit tua vita?
Ecce famem pateris, quam sponte pati perhiberis
Dum tibi dispositum reprobas exquirere victum.
Certe quidquid amas, ejus quæris medicinas.
Sed quid amare vales ritus mundi per inanes,
Quando Deum cœli nequaquam vis venerari?
Quamvis plenus opum seu sit collega potentum
Appellas frustra terrarum numina cuncta,
Ni prius advertas qui sit super omnia primus,
Subjectumque sibi facias te pectore niti.
Cedunt cuncta tibi, si te submiseris illi.
Quisquis et hoc renuis, contraria semper habebis.
Quam suavis nisus, nec non optabilis usus,
Voto communi si tantum subdimur uni !
Tunc per eum nobis mundus submittitur omnis.
Unde, precor, fratres, postponite carnis honores,
Per quos jam gratos veniet dolor immoderatus
Et pensate magis quid sit spes spiritualis,
Quæ modo fert tristes, sed post hæc semper ovantes.

Versus super sequentiam sancti Spiritus.

Adsis jam nobis, clementia Spiritus almi,
Quæ sibi cor nostrum faciat consistere templum,
Expellens inde peccatorum genus omne.
Spiritus alme, veni, nos et dignare tueri,
Fac procul horrendas de nostro corde tenebras.
Tu consolator et puræ mentis amator,
Infer chrisma tuum, clemens, in pectora nostrum ;
Tu quoque cunctorum mundator flagitiorum,
Mundatos hominis oculos fac interioris,
Ut sic cœlestem mereamur cernere Patrem,
Quem possunt oculi justorum cernere soli.
Tu sanctos vates fecisti degere tales
Ut miranda Dei canerent præconia Christi ;
Discipulos Christi tam fortes esse dedisti,
Ejus ut in cunctum veherent miracula mundum.
Cum machinam rerum faceret Deus omnigenarum,
Tu foturus aquas has jure tuo solidabas.
Tu lymphas pandis animabus vivificandis
Ipseque carnales fieri das spirituales.
Tu quoque divisum per linguæ schismata mundum,
Et varios ritus coadunasti, pie Flatus.
Idolatras gentes, hoc est simulacra colentes
Ad cultum Domini tu, Præsul summe, vocasti.
Nunc adsis, sancte, nobis clamantibus ad te;
Nam sine te frustra fit tota precatio nostra.
Tu, qui cunctorum docuisti corda piorum
Efficiens illos proprio cum numine dignos
Christi discipulos, hodie tu, Spiritus ipse,
Insolito cunctis benedicens munere sæclis,
Hunc idcirco diem fecisti jure celebrem.

Versus super Evangelium : Cum natus esset Jesus.

  Cum puer Jesus, deitate plenus,
    Bethlehem Juda, Genetrice summa
    Editus, mire sub Herode rege
      Viseret orbem,
  Mox recens stella simul est oborta,
  Quam magi quidam, Oriente visam,
  Usque regalem comitantur urbem
    In Hierusalem.
  Et requirentes inibi manentes,
  Inquiunt illis : Reserate nobis,
  Quo sit hic natus, modo tam probatus,
    Rex Hebreorum?
  Vidimus nempe super hoc potente
  Sideris miri radios oriri.
  Hunc ut oremus ideo venimus
    Partibus istis.
  Audit hæc mœstus nimium scelestus;
  Atque cum totis Hierosolymitis
  Anxius cura capitur dolosa
    Hostis Herodes.
  Et vocans cunctos populi magistros
  Sciscitabatur quid ad hæc agatur,
  Unde sit Christus, ubi quippe natus
    Inveniatur.
  At requisiti ita sunt locuti :
  Bethlehem castrum parit ergo Christum ;
  Sicque revera legitur propheta
    Hinc cecinisse :
  Bethlehem Juda, eris haud minuta
  Inter affines procerum cohortes;
  Erit namque novus auctor a te,
    Qui regat omnes.
  Tunc magis illis pariter vocatis,
  Cœpit occulte ab eis notare
  Quando prædictum jubar esset ortum,
    Quod sibi fulsit.
  Exin insanus ait his tyrannus :
  Ite jam, quæso, puerum sequendo,
  Et nimis caute ubi sit, rogate,
    Regulus idem.
  Cumque compertum teneatis illum,
  Siquidem certe mihimet referte,
  Ipse quo regem veniens eumdem
    Pronus adorem.
  Hæc magi dicta capiunt dolosa.
  Tum dehinc rursum iniere cursum,
  Ac satis gratum iter inchoatum
    Perficiebant.
  Sed statim stella, Oriente visa,
  Prævia luce comes est ubique,
  Usque dum supra remaneret ipsa
    Quo fuit infans.
  Cujus aspectu nimium gavisi
  Ingredi sancta meruere tecta,
  Quo puer Jesus Genetrix et ejus
    Inveniuntur.
  Moxque prostrati studio fideli
  Supplices Christum venerantur ipsum ;
  Insuper dona tribuere trina
    Mystica valde.
  Nam Deus thure celebratur apte,
  Est et in myrrha hominis figura,
  Rexque nimirum rutilans per aurum
    Significatur.

Ac magi, somno moniti supremo
Ut minus regem repetant Herodem,
Sunt viam nisi aliam reverti
　　In regionem.

Hymnus de Natali Domini.

O Salus mundi, Sator universi,
Sola spes vitæ, decus o perenne,
Debitas laudes tibi nos ferentes
　　Suscipe clemens.

Qui volens totum reparare mundum
Gratiam miris dederas habenis,
Ne jugo legis premeretur omnis
　　Plasmatis ætas.

Hæc agens gratis vice charitatis,
Res protoplasti miserans levasti;
Et premens tandem Leviathan anguem,
　　Nos revocasti.

Nam coæternum tibi, Summe, Verbum
Prolis humanæ speciem probare
Miseras orbi, sine labe nævi
　　Virgine sumptam.

Jam novum lumen datur ad salutem;
Natus est nobis novus Auctor orbis,
Splendor æterni Patris ac superni,
　　Jam caro factus.

Ille, signatas reserans figuras
Legis obscuræ fideique puræ,
Sensibus nostris aderit perennis
　　Pro renovandis.

Nulla vis nobis remanet doloris;
Filius Summi, vigor exstat omni,
Qui fide pura vigilique cura
　　Credit in ipsum.

Hinc melos hymni resonemus illi
Supplici voto studioque toto,
Ut cohæredes sibimet fideles
　　Inveniamur.

Laus Patri summo, sit honorque Nato,
Pneumati sancto decus atque doxa,
Qui, manens trinus, Deus est et unus
　　Semper ubique. Amen.

Oratio metrica ad sanctam Trinitatem.

O Pater æterne, cui semper idem manet esse,
O Patris Verbum, per quod manet omne creatum,
Spiritus o sancte, quo constant cuncta sacrante,
O qui personis tribus his Deus unus haberis,
Ordine qui miro finis constas et origo,
Leges æternas ac solus jure gubernas,
Qui genus humanum miseratus, mortificatum
Propter mortifera primi delicta parentis,
Vivere fecisti pretioso sanguine Christi,
Cujus in adventu mundum totum reparasti,
Cujus judicio statuentur cuncta sub æquo,
Da mihi velle bonum, vires ad perficiendum ;
Nam sine te nequeo vel mente capessere quidquam,
Tu nisi des votum, frustrabor ad omnia motus.
Unde etiam, posco, clemens hoc annue primo,
Quo proferre queam poscendi verbula recta.

A Exin sinceris precibus precor ut pius adsis. [orem,
Da mihi, quæso, fidem, per quam te semper ad-
Quaque sciam plane quid justum sit vel inane.
Spem concede mihi talem, spes unica nostri,
Qua sufferre queam vitæ cœlestis habenam.
Restat in his prima virtus dilectio bina,
Qua te factorem debemus amare hominemque,
Quam, precor, infunde super intima cordis abunde.
Non mea mens, quæso, lætetur more superbo.
Adveniat rite custos patientia vitæ.
Mors et perditio discedat cæca libido.
Me quoque, posco, regas, cum videro res alienas,
Ne quid in his captus fieri compellar avarus.
Non cibus aut potus me deprimat immoderatus.
Fac, precor, et vestes contemnere me pretiosas.
B Da vigiles artus ad cuncta tui famulatus,
Atque quiescentes solita de fraude tuere,
Ne corrupta caro somno turbetur amaro.
Sint procul invidia, jactantia, lis, sed et ira,
Nec rebus vanis me laus seducat inanis.
Non rogo divitias, nec honores carnis ut addas;
Sed da propitius tantum solatia victus,
Fructificaque mihi quæcunque talenta dedisti,
Quatenus usuram merear tibi reddere jussam,
Sicque meos mores in amore tuo, precor, aptes,
Ut mea sit cura, quid gestet vita futura,
Ac regno Christi merear tandem sociari,
Qui tecum Pater, et cum Pneumate regnat in ævum.

Versus de die judicii.

O ves Christicolæ, qui jam remanetis in orbe,
C 　Dum bene possitis, pergite de vitiis.
Nam valet hic multa constans oratio vestra,
　Quam tunc pro nihilo proferet omnis homo,
Cum suprema dies actus reseraverit omnes,
　Et Deus omnipotens, de superis veniens
Justos in dextra, sed pravos parte sinistra
　Pastor ut ex hædis dissociabit oves.
Talibus intenti verbis animo sapienti
　Semper tractate, quod genus estis Adæ.
Præsens vita brevis, sed erit ventura perennis.
　Nempe beatus homo despicit apta modo.
Ædificat mores, ad veros tendit honores ;
　Nam quod mundus amat, hæc velut umbra, labat.
Sed nos ex variis cognoscimus ultima signis,
　Hinc minus incauti turbine judicii.
D Ejus in occursum teneamus pectora sursum,
　Ut Dominus veniens inveniat vigiles ;
Nam sol et luna pallescent lege sub una,
　Rebus abhinc finis cœperit esse cinis.
Denique nil restat, nisi quod spes ultima præstat ;
　Quod mortale fuit, hoc moriendo ruit :
Ast animæ meritum mercedis percipit usum.
　Sic quondam lenis propitiusque nimis,
At tunc districtus veniet nimiumque verendus ;
　Tunc quoque monstrabit vulnera quæ subiit.
Quem transfixerunt, ut fert Scriptura, videbunt,
　Reddentes planctum proh dolor! in vacuum,
Cum transfixa cutis sit spes et causa salutis.
　Sed quos error amat, hosce salus reprobat.

Porro dies illa complebit vata sibyllæ,
   Atque prophetarum comprobat indicium.
Cordis et arcana fient hoc tempore plana.
   Illic sero gemet, quem modo risus habet.
Illa dies miræ pravis advenerit iræ,
   Quos reparare modo nulla valet ratio :
Sed quasi securi sectantes commoda mundi,
   Nec curant animas ædificare suas.
Illic causa gravis, quam nunc incredulus audis,
   O miser imprudens, pessima quæque gerens !
Nolis sive velis, hoc judicium patieris,
   Pestis et ipse tibi discutiendus ibi.
Tunc igitur linquens invitus carnis amores,
   Nil mercedis habens, his quia nunc frueris ;
Sed magis æternum pro talibus ibis in ignem,
   Quo dolor, ah, et væ semper erit sine spe.
O nimium miseri, sentite locum miserendi,
   Et vel adhuc vobis parcite jam miseris!
Ecce parata salus, en acceptabile tempus !
   Quærite fautorem, poscite pacis opem.
Currite, dum quitis, et vitæ lumen habetis,
   Dum maneat tempus, non neglegatur opus :
At neglegens tempus fuerit sine fine neglectus,
   Quod sibi quisque legit, hoc habiturus erit.
Nam sermone brevi concluditur hic modus ævi,
   Præpes vita bonis, mors sine fine malis.
Hæc pensate viri, libeat virtute potiri ;
   Ne mortis turba vos capiat subito.

EJUSDEM OTHLONI
LIBER PROVERBIORUM.

Erutus ex cod. autographo, in inclyto monasterio Sanct-Emmerammensi asservato, a rev. D. Patre Casparo Attlechner, Benedictino Mellicensi.

(Apud R. P. Bernardum Pezium, *Thesaurus Anecd. noviss.* tom. III, parte II, pag. 483.)

INCIPIT PROLOGUS OTHLON.

Cum nuper illa quæ dicuntur Senecæ proverbia, per alphabeti ordinem distincta, legissem, primo quidem mirabar tantam cuiquam infidelium prudentiam inesse potuisse, quanta in quibusdam eorumdem proverbiorum dictis reperitur. Deinde non parum incitabar ad hoc ut eum aliquo simili studio imitarer, colligendo scilicet tam ex sæcularibus quam ex sacris litteris, tum etiam ex nostris proverbia aliqua ad ædificationem fidelium congrua. Si enim idem Seneca, nullam fidem et spem pro æterna vita obtinenda habens, sed tantummodo in hujus vitæ moribus honestis delectatus, studuit et se corrigere et alios ad correctionem instruere, quanto magis ego, qui credo Deum ubique esse præsentem, æternamque vitam diligentibus se promittentem, quique scio omnibus dictum: *Qui audit, dicat: Veni;* et : *Clama, ne cesses, et annuntia populo meo scelera eorum.* Et juxta evangelicam parabolam, alii quinque talenta ad usuram data [narrantem], alii vero duo, alii autem unum, patrefamilias dicente : *Negotiamini dum venio,* aliquos per concessa scientiæ dona ad ædificationem trahere debeo. Et quam jucundum ac suave videri debet unicuique ut aliqua sententiæ brevissimæ verbula, per quæ emendari valeat, in mente memoriaque sua jugiter teneat; quandoquidem sceleratum latronem paucis verbis Domino supplicantem et dicentem : *Memento mei, Domine, dum veneris in regnum tuum,* scimus omnium veniam peccatorum suorum impetrasse! Quem, rogo, intelligentiæ donum a Deo postulantem edocere non potest qualiter hoc obtineat, si illum versiculum sæpius secum ruminat : *Intellectus bonus omnibus facientibus eum ?* Certe si tantummodo sensum eorumdem verborum sciat, veritatemque in his esse credat, sufficere ei possunt ad salutem. Docent namque illum quia, si id bonum quod jam intelligit faciat, amplior ei intellectus veniat. Nonne hujusmodi doctrina et promissio amplectenda est omni modo? Similis quoque doctrina potest inveniri in multis sententiis quas hic posui. Sed prædictam sententiolam in hoc prologo ideo exposui ut lectoris animum ad legenda non solum ista quæ hic collegi, sed etiam ad omnia sacræ Scripturæ dicta incitarem. Nulli enim ad salutem proficit quod sacra verba sine cordis intentione audit et legit. Unde et Dominus noster in Evangelio auditores suos sæpius admonet : *Qui habet aures audiendi, audiat;* ac si diceret : Qui habet voluntatem et intentionem illam ut, præceptis divinis obediens, bona quæ intelligit faciat, docentem me audiat, alioquin nihil ei prodest verba mea audire.

Proverbiorum autem hic collectorum dictis parvuli quilibet scolastici, si ita cuiquam placeat, possunt apte instrui post lectionem psalterii. Sunt enim multo brevioris et planioris sententiæ, quam illa abulosa Aviani dicta; sed et utiliora quam quædam Catonis verba, quæ utraque omnes pene magistri legere solent ad prima puerorum documenta, non attendentes quia tam parvulis quam senioribus Christi fidelibus sacra potius quam gentilia rudimenta primitus sint exhibenda, ut, in his aliquatenus instructi, postea sæculares litteras arti grammaticæ congruas securius discant. Nam licet parvuli minus idonei sint discernere inter bonum et malum, facilius tamen et tenacius eis inhærere solet malum quam bonum. Ideoque qui studiosi esse velint pro bono instruendorum parvulorum exitu, studeant etiam aliquid pro bono eorum introitu, id est, pro discendi initio, sciantque quia difficillimum est homini recedere a malo quod usu comprehendit diuturno. Præterea attendendum est quia, cum Deus prospiciat super filios hominum, ut videat si est intelligens aut requirens Deum, cernit etiam quæ sit cura et intentio magistrorum in doctrina discipulorum, utrum eos doceant pro appetenda et obtinenda gloria sæculari, an pro spirituali.

Hæc vos, discipuli, pariterque notate, agistri;
Hæc, rogo, devote, pueri et juvenes, legitote.

INCIPIT LIBELLUS PROVERBIORUM.

CAPUT PRIMUM.

Adjutorium nostrum in nomine Domini, qui fecit cœlum et terram.

Allevat Dominus omnes qui corruunt, et erigit omnes elisos.

Apud Dominum gressus hominis dirigentur, et viam ejus volet.

Apud Dominum misericordia, et copiosa apud eum redemptio.

Apprehendite disciplinam, ne quando irascatur Dominus, et pereatis de via justa.

Anima quæ peccaverit, ipsa morietur.

Arcta et angusta via est quæ ducit ad vitam.

Anima justi sedes est sapientiæ.

Aversio parvulorum interficiet eos, et prosperitas stultorum perdet illos.

Argentum electum lingua justi.

Abominatio est Domino via impii.

Audiens sapiens sapientior erit.

Altiora te ne quæsieris.

Ambulans recto itinere et timens Deum despicitur ab eo qui infami graditur via.

Amicus stultorum efficietur similis.

Avarus non impletur pecunia, et qui amat divitias, fructus non capiet ex eis.

Accedens ad servitutem Dei, sta in justitia et timore, et præpara animam tuam ad tentationem.

Ante ruinam exaltatur cor, et ante gloriam humiliatur.

Alter alterius onera portate, et sic adimplebitis legem Christi.

Animalis homo non percipit ea quæ sunt spiritus Dei.

Ardentes diaboli sagittæ jejuniorum et vigiliarum frigore sunt restinguendæ.

Amor Dei nunquam est otiosus.

Abel esse renuit, quem Cain malitia non exercet.

Alia percussio est qua peccator quilibet corrigitur, alia qua condemnatur.

Amicus in necessitate probatur.

Ad magna gaudia perveniri non potest nisi per magnos labores.

Arrogantia quæ divites in opibus extollit, eadem divites in verbis, id est, dialecticos, sæpissime subvertit.

Ardua scientiæ dona humilitate indigent maxima.

Aurum difficile est in luto quærere.

Ardor corporum frigidioribus cibis temperandus est.

Arduum est iter castitatis, sed magna sunt ei præmia.

Aqua nobis in vinum vertitur, quando sacra historia in spiritualem nobis intelligentiam commutatur.

Ante conversionem procedit turba peccatorum, post conversionem vero sequitur turba tentationum.

Apud homines cor ex verbis, apud Deum vero verba pensantur ex corde.

Amare est filiorum, timere est servorum.

Agnum, quocunque ierit, sequi, specialiter congruit virginibus.

Attendentibus concessa divinæ pietatis dona jugiter succedunt alia.

Adversarius omnium iniquorum sermo Dei est.

Avarus propriæ est causa miseriæ, ingerens sibi sitim avaritiæ.

Avarus nihil recte facit, nisi quod moritur.

Avaro tam deest quod habet, quam quod non habet.

Avaritia semper odiosos, largitas claros facit.

Avaritia desideratis opibus non exstinguitur, sed augetur.

Abjiciens disciplinam cito sentiet ruinam.

Argumentis per quæ meliora quælibet agnoscere possumus, probamur omnes a Deo.

A parvis rebus tam mala quam bona incipiunt, sed per incrementa temporum majora fiunt.

Ad sublimitatem virtutum non potentia, sed humilitate, venitur.

Ad mortem properantes magis convenit impedire, quam eis consentire.

Ad mortem properat, qui cito de quoquam judicat, et in quo vitium quodlibet regnat.

Amor sæculi contemptus est Dei.

Amor sæculi thesaurizat morti.

Amor perversus ex odio, odium rectum ex amore est.

Alterius virtutis ope virtus indiget omnis.

Amare recta non poteris, nisi pro Christo humilieris.

Ad humilitatem non potes pervenire, nisi magna utriusque hominis contritione.

Animus dominorum ex habitu judicatur servorum.

Apertius et melius per opera quam per verba insinuatur vita.

Amicum res secundæ parant, adversæ probant.

Arcum nimia frangit intensio, animum vero incongrua vitæ remissio.

Ambitio multos mortales falsos fieri coegit.

Ardua fides robustos exigit annos.

Affectus carnis, nisi mentis jure premantur,
Unumquemque hominem ducunt ad perditionem.

Ad tempus credens, sed mox exinde recedens,
Est similis vento qui raro perstat in uno.

Ante Dei vultum nil pravi constat inultum.

Aut quis sponte sua mala punit, sive coactus.

Arbitrii donum nobis causa est meritorum.

Ardua res nimium famulari post dominatum.

Absque Deo nullus poterit consistere salvus.

Absque timore Dei virtus nequit ulla timeri.

A Domino cuncta bona sunt omnino petenda.

Alternis uti, fit delectabile multis.

Auxilium Domini debent exquirere cuncti.

Actio virtutum constat perfectio morum.

Ad Dominum fugite, qui salvari cupiatis.

Auctorem magnum testantur maxima rerum.

CAPUT II.

Beati quorum remissæ sunt iniquitates, et quorum tecta sunt peccata.

Beatus qui intelligit super egenum et pauperem: in die mala liberabit eum Dominus.

Brachia peccatorum conterentur, confirmat autem justos Dominus.

Benedictus Dominus Deus Israel, qui facit mirabilia solus.

Beatus qui tenebit et allidet parvulos suos ad petram.

Beneplacitum est Domino super timentes eum, et in eis qui sperant super misericordia ejus.

Beati qui esuriunt et sitiunt justitiam, quoniam ipsi saturabuntur.

Bonus pastor animam suam dat pro ovibus suis.

Benedictus vir qui confidit in Domino, et erit Dominus fiducia ejus.

Beatus vir qui inventus est sine macula et qui post aurum non abiit, nec speravit in pecuniæ thesauris.

Beatus homo qui semper est pavidus, qui vero mentis est duræ corruet in malum.

Benedictio Domini super caput justi.

Bene consurgit diluculo, qui bona quærit.

Bonum est viro, cum portaverit jugum ab adolescentia sua.

Bonus est Dominus sperantibus in eum, animæ quærenti illum.

Brevis omnis malitia super malitia mulieris.

Beatus qui habet partem in resurrectione prima.

Beatus vir qui suffert tentationem, quoniam, cum probatus fuerit, accipiet coronam vitæ.

Bene loqui et male vivere nihil est aliud nisi se ipsum damnare.

Bonum intellectum habet, qui quod recte intelligit facit.

Bonorum mens quo duriora pro veritate tolerat, eo certius æternitatis præmia sperat.

Beneficium qui dare nescit, injuste petit.

Bibere et manducare nulli concessum est ad gulam explendam, sed ad famen sitimque restringendam.

Balnearum fomenta sanis et juvenibus non sunt frequentanda.

Bene docens et male vivens virtutes quas prædicat moribus infamat.

Beatius est dare quam accipere.

Bonus non est, quem malorum improbitas non probavit.

Bona cepisse et non perficere nulli prodest.

Blasphemiæ verba cunctis fidelibus sunt vitanda.

Bonum si facere nequeas, non tamen culpes et prohibeas.

Bona conscientia in tenebris splendorem proprium tenet.

Blanditiis sæcularibus facile decipitur fragilis animus.

Brevitas vitæ præsentis pensanda est ab universis.

Bellum optimum agitur, cum spiritus carni adversatur.

Bos hic non comedat, qui jam juga ferre recusat (Hoc est lascivus). Sed et otia vana secutus Mercedem nullam sibi noverit inde futuram.

Bellator fortis, qui se poterit superare.

Bella Dei sancta quærunt fortissima corda.

Bis gratum tribuit, qui quod debet cito reddit.

Blandus mansuetis sis, districtusque superbis.

Bestia crudelis est cor pravæ mulieris.

CAPUT III.

Cœli enarrant gloriam Dei, et opera manuum ejus annuntiat firmamentum.

Cum electo electus eris, et cum perverso perverteris.

Cor contritum et humiliatum Deus non despiciet.

Considerat peccator justum, et quærit mortificare eum.

Calix in manu Domini vini meri plenus mixto.

Confitemini Domino quoniam bonus, quoniam in sæculum misericordia ejus.

Cum dederit dilectis suis somnum, ecce hæreditas **A**
Domini!

Custodit Dominus omnes diligentes se, et omnes peccatores disperdet.

Cum facis eleemosynam, nesciat sinistra tua quid faciat dextera tua.

Cœlum et terra transibunt, verba autem Dei non transibunt.

Cæcus si cæco ducatum præstet, ambo in foveam cadunt.

Cogitatio humani cordis prona est in malum ab adolescentia sua.

Curatio cessare facit peccata maxima.

Cum placuerint Domino viæ hominis, inimicos quoque ejus convertet ad pacem.

Cogitationes justorum judicia.

Cor regis in manu Dei; ubicunque voluerit inclinat illud.

Considera opera Dei, quod nemo possit eum corrigere quem ille despexerit.

Circulus aureus in naribus suis mulier pulchra et fatua.

Cor hominis disponit viam suam, sed Dei est dirigere gressus ejus.

Cor sapientium ubi tristitia est, et cor stultorum ubi lætitia.

Cor quod novit amaritudinem animæ suæ, in gaudio ejus non miscebitur extraneus.

Convertere ad Dominum, et relinque peccata tua.

Cani sunt sensus hominis, et ætas senectutis vita immaculata.

Cunctis diebus suis impius superbit.

Cui multum datur, multum ab eo exigitur.

Confortamini in Domino, et in potentia virtutis ejus.

Corde creditur ad justitiam; ore autem confessio fit ad salutem.

Caro concupiscit adversus spiritum, spiritus autem adversus carnem.

Corpus, quod corrumpitur, aggravat animam et deprimit sensum multa cogitantem.

Confitemini alterutrum peccata vestra et orate pro invicem, ut salvemini.

Cujus vult Deus miseretur, et quem vult indurat.

Corrumpunt mores bonos colloquia mala.

Cujus vita despicitur, restat ut ejus doctrina contemnatur.

Cœpisse bona multorum est; perseverare vero in bonis, paucorum.

Causa quæ non prævidetur non permittit quemquam ad meliora proficere.

Cum Deus omnia facere possit, malum tamen, quia nihil est, facere non potest.

Coactum servitium Deus non quærit.

Contra Deum consilium nec magnum nec minimum.

Crimen æquale committunt, et is qui alicui detrahit, et qui detrahentem libenter audit.

Cadens apertos oculos habet, qui recte quidem loqui scit, sed recte vivere contemnit.

Curam in rebus minime necessariis expendere peccatum est grande.

Cupiens agnoscere quanta Dei gratia sit circa se inspiciat alios, et quantiscunque plus habere se senserit in sospitate vel intelligentia vel in possessione alicujus rei, tantis sciat se esse ditiorem in gratia Dei.

Corpus pro puero, anima vero pro pædagogo esse refertur a philosophis.

Cervicum inflexio nil prodest, si non deponitur cordis erectio.

Canum et volucrum ludus a cunctis clericis, quasi nefas, est vitandus

Considerata infirmitas propria mala nobis levigat **B** aliena.

Concordia parvæ res crescunt, discordia maximæ dilabuntur.

Consilio opus est facto.

Credens Deum omnia posse præstare, petita citius meretur obtinere.

Custos castitatis est virtus humilitatis.

Continentia non corporis, sed animi est virtus.

Cæcus multorum fit pro cautela aliorum ut omnis homo hinc monitus provideat ne similiter cadat.

Cito in crimina majora corruit, qui parva pro nihilo ducit.

Caput est discordiæ qui ex communibus propria **C** studet facere.

Cum dolore abscindenda sunt quæ leniter sanari non possunt

Cavendum est cunctis ne vilissima et pessima proponant optimis.

Clerici liberalis scientiæ nimis ignari, nullum sacerdotalem gradum accipere sunt digni.

Captivitas est maxima, ubi animæ peccato captivæ ducuntur.

Cujus quisque facit opera, ejus vocatur filius.

Cui gratum sit vocari filius Dei, veneretur Deum ut Patrem, faciens ejus voluntatem.

Commoda quæque, cum habentur, parva videntur; cum vero defuerint, apparet quanta fuerint.

Carnis virginitas, quamvis sit cœlica virtus, **D**
Non prodest cuiquam sine mentis virginitate.

Constans et lenis, ut res expostulat, esto.

Consuetudo mala vix aut nunquam superatur.

Cœlum, non animum mutant qui trans mare currunt.

Crescit amor nummi quantum ipsa pecunia crescit.

Confer opem miseris, quamcunque vales et egenis.

Conveniens quid sit perpendere convenit omni.

Copia virtutum constat corpus velut unum.

Communis morbus communiter est abigendus

Corrige te primum, qui rector sis aliorum.

Compatitur nulli qui non sibi scit misereri.

Cum caput ægrotat, corpus simul omne laborat.
Cessent peccata, cessabit et impia fama.
Corporis ornatus monachis nimis est fugiendus.
Confundens alios, merito confunditur ipse.
Crimen avaritiæ cito destruit optima quæque.
Crux et mors Christi constat reparatio mundi.

CAPUT IV.

Dominus de cœlo prospicit super filios hominum, ut videat si est intelligens aut requirens Deum.

Dominus interrogat justum et impium; qui autem diligit iniquitatem, odit animam suam.

Dominus virtutum ipse est rex gloriæ.

Deus judex, justus, fortis et patiens.

Diminutæ sunt veritates a filiis hominum.

Disperdet Dominus universa labia dolosa, et linguam magniloquam.

Dominus manifeste veniet et non silebit.

Dominus virtutem populo suo dabit; Dominus benedicet populo suo in pace.

Dulcis et rectus Dominus, propter hoc legem dabit delinquentibus in via.

Divites eguerunt et esurierunt; inquirentes autem Dominum non minuentur omni bono.

Delectare in Domino, et dabit tibi petitiones cordis tui.

Declina a malo et fac bonum.

Dominus dabit verbum evangelizantibus virtutem multam.

Dominus scit cogitationes hominum, quoniam vanæ sunt.

Date, et dabitur vobis.

Dimittite, et dimittetur vobis.

Deus non est mortuorum, sed viventium.

Dignus est operarius mercede sua.

Diliges Dominum Deum tuum ex toto corde tuo, et proximum tuum sicut te ipsum.

Deus fidelis et absque ulla iniquitate.

Deus pauperem facit, humiliat, et sublimat.

Dominus mortificat et vivificat, deducit ad inferos et reducit.

Deum time, et mandata ejus observa, hoc est omnis homo.

Doce justum, et festinabit accipere.

Disciplinam Domini ne abjicias, nec deficias cum ab eo argueris.

Diligite justitiam, qui judicatis terram.

Doctrina viri per patientiam noscitur.

Divitiæ salutis sapientia et scientia

Deus superbis resistit, humilibus autem dat gratiam.

Deus charitas est, et qui manet in charitate in Deo manet, et Deus in eo.

Dilectio proximi malum non operatur.

Deum nemo vidit unquam.

Divisiones operationum sunt; idem autem Deus, qui operatur omnia in omnibus.

Dies Domini sicut fur in nocte ita veniet.

Diligentibus Deum omnia cooperantur in bonum.

Dum tempus habemus, operemur bonum ad omnes, maxime autem ad domesticos fidei.

Deum quærens gaudium quærit.

Disciplina et misericordia multum destituitur, si una sine altera relinquatur.

Dolentem non potest consolari, qui non concordat condolendo dolenti.

Discretio est mater virtutum.

Deum timere et amare, maxima causa est salutis humanæ.

Deus ideo dicitur creans mala, quia peccatis nostris immittit flagella.

Divinus sermo sicut mysteriis prudentes exercet, ita superficie simplices refovet.

Dum injusti sæviunt, justi purgantur.

Deliciæ et epularum varietas fomenta sunt luxuriæ.

Difficilius arrogantia quam auro et gemmis caremus.

Detrimentum pecoris ignominia est pastoris.

Duplicis peccati reus est, qui non est sanctus quod creditur, et tamen simulat se esse sanctum.

Deo nihil mali est imputandum, quandoquidem ipso malo utitur ad bonum.

Difficile corrigitur nequitia quam concipit quis in pueritia

Difficile est cuiquam agnoscere sanitatis gratiam, nisi per infirmitatis disciplinam.

Difficile custoditur quod insidiis aditur multis.

Difficile est gloriam virtute superare, et ab his diligi quos præcedas.

Dona Dei per hoc maxime agnoscuntur quod interdum auferuntur.

Deliciis et voluptatibus affluentes nequeunt pensare quæ Dei sunt.

Duplici reatu constringitur qui et in se ipso prava committit, et alios pravitate sua corrumpit.

Desperatio solum crimen est quod veniam consequi non potest.

De peccato in peccatum corruunt qui Deum timere et amare negligunt.

Decor clericorum non decet esse nimius vel in vestimentis vel in aliis rebus.

Duo sunt nobis jugiter attendenda : et peccata quæ commisimus, et inæstimabilis Dei gratia quæ nos pertulit inter eadem peccata.

Diu jacens in peccatis, diu quoque, si converti voluerit diabolicæ impugnationis molestias sustinebit

Diuturna quies vitiis alimenta ministrat.

Deo magis placet qui sibi puras, quam qui plenas manus præbet.

Dapsilis et largus cunctis placet mortalibus.

Doctus ab indocto poterit bona discere crebro ; Si pensare velit, cur sit sapientior illo.

Dimidium facti perfectum dicere noli.

Discere semper habet qui Christum vult imitari

Doctor perfectus, quæ rite docet, prius implet.

Doctrinæ verba paucis prosunt sine factis.

Discordes revoca, fautor mœrentibus insta.
De rebus dubiis noli contendere verbis
De Domino vix quid perfecta scientia sentit.
Divitiæ veræ sunt virtutum bona quæque.
Dives dicendus, cui parvus suppetit usus.

CAPUT V.

Excelsus super omnes gentes Dominus, et super cœlos gloria ejus.
Exspecta Dominum, viriliter age, et confortetur cor tuum, et sustine Dominum.
Ecce quam bonum et quam jucundum habitare fratres in unum.
Estote prudentes sicut serpentes, et simplices sicut columbæ.
Ex abundantia cordis os loquitur.
Estote misericordes, sicut et Pater vester misericors est.
Ex verbis tuis justificaberis, et ex verbis tuis condemnaberis.
Eadem mensura qua mensi fueritis, remetietur vobis.
Erue eos qui ducuntur ad mortem, et qui trahuntur ad interitum liberare ne cesses.
Exsecratio peccatori cultura Dei.
Egestas et ignominia ei qui deserit disciplinam; qui autem acquiescit arguenti glorificabitur.
Est via quæ videtur homini justa, novissima autem ejus deducunt ad mortem.
Equus paratur ad bellum, sed a Domino victoria datur.
Est confusio adducens peccatum, et est confusio adducens gloriam.
Ex studiis suis agnoscitur puer.
Esto fidelis usque ad mortem, et dabo tibi coronam vitæ, dicit Dominus omnipotens.
Emendemus in melius quod ignoranter peccavimus.
Ebrietas et crapula omni Christiano est detestanda.
Eleemosynam illam Deus exsecratur, quæ ex rapina præbetur.
Erubescere malum sapientiæ est; erubescere vero bonum fatuitatis.
Errat facillime qui non curat quo rectius pergat.
Escarum copia carnem incendit ad desideria noxia.
Exstinguit Ægyptum qui non agit opera tenebrarum.
Experimento cito discitur quod nunquam antea credebatur.
Egens æque est is qui non satis habet, et cui copia nulla sufficit.
Eadem velle et nolle, ea demum firma amicitia est.
Eo tempore quisque incipit malus esse, quo potuit bonus fieri.
Ex alieno periculo sapiens se corrigit et emendat.
Ethnica verba legens, et in ipsis moribus hærens,
Hic gustare nequit quam suavia sint sacra dicta.
Effectum precibus tribuit pia vita precantis.
Eloquium sanctum pretiosum fit super aurum.

Error erit nimius cum prætores simul errant.
Errat summopere qui non fugit impia quæque.
Esse Deo proprium cunctis est jure sciendum.
Expers doctrinæ tenebras patietur ubique.
Electi pauci, multi sunt vero vocati.
Ecclesiæ pastor speculum plebis fore debet.
Est quasi vas vacuum, cui cura deest animarum.

CAPUT VI.

Fidelis Dominus in omnibus verbis suis, et sanctus in omnibus operibus suis.
Firmamentum est Dominus timentibus eum.
Flumen Dei repletum est aquis.
Filius hominis non venit ministrari, sed ministrare, dare animam suam redemptionem pro multis.
Filii hujus sæculi prudentiores filiis lucis in generatione sua sunt.
Facilius est camelum per foramen acus intrare, quam divitem intrare in regnum Dei.
Facite vobis amicos de mammona iniquitatis, ut, cum defeceritis, recipiant vos in æterna tabernacula.
Fur non venit nisi ut furetur, et mactet, et perdat.
Frange esurienti panem tuum, et egenos vagosque induce in domum tuam.
Feneratur Domino qui miseretur pauperis.
Frustra jacitur rete ante oculos pennatorum.
Favus distillans labia meretricis, et nitidius oleo guttur ejus; novissima autem illius amara quasi absinthium.
Fallax gratia, et vana est pulchritudo; mulier timens Deum ipsa laudabitur.
Fugit impius nemine persequente; justus autem quasi leo confidens absque terrore erit.
Flagellat Deus omnem filium quem recipit.
Facere misericordiam et judicium magis placet Deo quam victimæ.
Fiducia magna coram Deo eleemosyna omnibus facientibus eam.
Fundamentum aliud nemo potest ponere præter id quod positum est, quod est Christus Jesus.
Fides sine operibus, mortua est.
Fidelis sermo et omni acceptione dignus, quia Christus Jesus venit in hunc mundum peccatores salvos facere.
Fides sperandorum substantia est rerum, argumentum non apparentium.
Fornicatores et adulteros judicabit Deus.
Frater si fratrem adjuvat, ambo consolabuntur.
Febris corporis calor; febris vero animi est avaritia et libido.
Fortissimum jejunium est panis et aqua.
Facile contemnit omnia qui semper cogitat se moriturum.
Formam mulieris non animus prius quam corpus concupiscit.
Ferreas mentes libido domat.
Flagellum Dei tunc diluit culpam, cum mutaverit vitam.

Frigus et fames simplici vestitu ciboque expelli potest.

Fidelibus nox in diem mutatur; infidelibus autem ipsa etiam lux tenebrosa efficitur.

Fructus mundi ruina est.

Fortitudo justorum est carnem vincere, delectationem vitæ præsentis exstinguere.

Fortitudo reproborum est transitoria sine cessatione diligere, cætera flagella Conditoris insensibiliter perdurare.

Fraudem Deo facere videtur qui, relicto spiritualis vitæ proposito, ad sæculum revertitur.

Futura providere specialiter pertinet ad illos, quibus cura commissa est super alios.

Firmitatis indicium est cum una eademque sententia in sacris litteris iteratur.

Facilius sæculos quam nosmetipsos abnegamus.

Facile abjicitur quod hæret extrinsecus; intestinum bellum periculosius est.

Facies est mentis speculum, et taciti oculi cordis secreta produnt.

Famulos Dei veros non miracula, sed dilectio vera probat.

Fenus pecuniæ fumus est animæ.

Frequens oratio fortiter resistit diabolo.

Facilius inhærere solet malum quam bonum.

Frequenter superantur prosperitate qui superari non poterant adversitate.

Formidari non debet diabolus, qui nihil nisi permissus valet.

Frustra pro salute corporis laboratur, nisi simul animæ salus obtineatur.

Frustra niti, nec aliud se fatigando nisi odium quærere, extremæ dementiæ est.

Fidelius et gratius obsequium est quod amore magis quam metu geritur.

Fallitur omni modo qui spem suam ponit in homine et in hoc sæculo.

Flammæ inexstinguibili quandoque tradetur qui nunc avaritiæ et malitiæ suæ incendia exstinguere negligit.

Facilis venia huic est danda qui non peccat ex industria.

Fortior est qui cupiditates quam qui hostes subjicit.

Ferox atque inquietus linguam semper litigiis exercens cani comparatur.

Fœdis immundisque libidinibus deditus sordidæ suis voluptatem imitatur.

Fornicamur a Domino, quando adulterinis cogitationibus ab ejus amore casto deviamus.

Facile offendit qui non optimis sed pessimis placere cupit.

Frenis sicut equi sessorum sunt retinendi: Sic quoque lascivi seniorum jure tenendi.

Fortia gesta tuæ ne demonstres cito vitæ.

Felix qui requiem poterit captare perennem.

Felices oculi qui cernunt gaudia cœli.

Ferrea mens dictis crebro superatur iniquis.

Fructum fert raro quidquid geritur dubitando.

Fructibus ex propriis arbor cognoscitur omnis.

Finis præcepti constat dilectio Christi.

Factor totius præ cunctis est venerandus.

Fratres se noscant quorum Pater est Deus unus.

CAPUT VII.

Gustate et videte quoniam suavis est Dominus; beatus vir qui sperat in eo.

Gloriosa dicta sunt de te, civitas Dei.

Gratiam et gloriam dabit Dominus.

Generatio rectorum benedicetur.

Gaudium [ita] erit in cœlo super uno peccatore pœnitentiam agente, quam super nonaginta novem justis, qui non indigent pœnitentia.

Grave est saxum, et onerosa arena; sed ira stulti utroque gravior.

Gloria patris filius sapiens est.

Gloria, et honor, et pax omni operanti bonum, Judæo primum et Græco.

Gloria nostra hæc est, testimonium conscientiæ nostræ.

Gemina dilectio homines facit proximos Deo.

Grandis offensio, nolle placare quem offenderis.

Grandis Ecclesiæ destructio, neglecta cœnobiorum provisio.

Grandis monasticæ vitæ contumelia, mundani ornamenti gloria.

Gestu corporis habitus demonstratur mentis.

Gladius utraque parte acutus est verbum Dei, penetrans animam et corpus.

Gloriam mundi quærens cito fit ita obcæcatus, ut nullius paveat casum reatus.

Gravissimum nequissimumque genus est inimicitiæ, mala pro bonis reddere.

Genus quoddam humanæ pietatis impietas in Deum erit.

Gaudia integra nusquam sunt in terra.

Gloriari et superbire pro temporalibus commodis indicium est insipientis.

Gloriosius est injuriam tacendo tolerare, quam respondendo vindicare.

Gulæ et luxuriæ deditus comparatur jumentis insipientibus.

Gratis a Deo data gratis etiam sunt ab hominibus danda.

Gravis animus dubiam non profert sententiam.

Grave est peccatum, unde aliquis peccandi sumit exemplum.

Gement quandoque sero qui plangere nolunt in tempore opportuno.

Gravis ætate gravia etiam verba debet proferre.

Generalia commoda nemo facere debet sibi propria.

Gentiles libri non sunt ab eis relegendi Qui servire Deo statuerunt pectore toto.

Grata Deo dona fert, qui frangit mala vota.

Gaudens in Domino gustat suavissima mella.

Gens ignara Dei pœnæ est tradenda perenni.

Grande scelus grandi studio debet superari.

Gloria mundana nullis est prorsus amanda.
Gratia sola Dei quos vult facit alta mereri.

CAPUT VIII.

Homo sicut fenum, dies ejus tanquam flos agri.

Homo, cum in honore esset, comparatus est jumentis insipientibus, et similis factus est illis.

Homo vanitati similis factus est; dies ejus sicut umbra praetereunt.

Habe fiduciam in Domino ex toto corde tuo.

Homo videt in facie, Deus autem intuetur cor.

Haereditas ad quam festinatur in principio, in novissimo benedictione carebit.

Honora Dominum de tua substantia, et de primitiis frugum tuarum da pauperibus.

Homo nascitur ad laborem, avis ad volatum.

Humiliamini sub potenti manu Dei, ut vos exaltet in tempore visitationis.

Hilarem datorem diligit Deus.

Hora est jam nos de somno surgere.

Haereticum hominem post unam et secundam correptionem devita.

Horrendum est incidere in manus Dei.

Hoc est funditus a malo recedere, ex amore Dei jam nolle peccare.

Humanum est peccare, diabolicum vero est perseverare.

Hoc studio converti quisque debet ad bona, quo operatus est mala.

Haerebat jugiter in malis? Conversus faciat idem in bonis.

Honorem et imperium, si vis habere, dabit tibi magnum.

Honestas et sobrietas in cunctis rebus sunt appetendae.

Honor Deo exhibitus exhibentes aeterna gloria dignos facit.

Honorare parentes ad omnes pertinet homines.

Humilibus et fidelibus divinae legis mysteria patent, superbos autem et infideles latent.

Homines plus quam Deum timere non est religionis Christianae.

Haeres et propinquus est spiritualis amicus.

Hostia grata Dei non valeas potiora,

Velle bonum teneas, et nullum laedere quaeras.

Hactenus extremi fiunt saepissime primi.

Hos quos laesisti citius placare memento.

Horrida bella gerit, qui pacis foedera spernit.

Hostem per Dominum, sed et in se dilige charum.

Hic venerandus erit qui jugiter optima quaerit.

Heu quam rara fides reperitur nunc apud omnes!

Haerentes terrae nequeunt subdi theoriae.

CAPUT IX.

Initium sapientiae timor Domini.

Intellectus bonus omnibus timentibus eum.

In circuitu impii ambulant.

Juxta est Dominus his qui tribulato sunt corde, et humiles spiritu salvabit.

Judicia Domini vera, justificata in semetipsa.

Immittit angelus Domini in circuitu timentium eum, et eripiet eos.

Jacta super Dominum curam tuam, et ipse te enutriet.

In Deo faciemus virtutem, et ipse ad nihilum deducet inimicos nostros.

Justus es, Domine, et rectum judicium tuum.

Justus ut palma florebit, ut cedrus Libani multiplicabitur.

In memoria aeterna erit justus, ab auditione mala non timebit.

In patientia vestra possidebitis animas vestras.

Justorum semita quasi lux splendens procedit, et crescit usque ad perfectum diem.

Judicium durissimum in his qui praesunt, fiet.

Impius cum in profundum peccatorum venerit, contemnit.

In malevolam animam non introibit sapientia, nec habitabit in corpore subdito peccatis.

Invidia diaboli mors intravit in orbem terrarum.

Infernus et perditio coram Domino; quanto magis corda filiorum hominum!

Inter superbos semper jurgia sunt; qui autem cuncta agunt consilio, reguntur sapientia.

Justus ex fide vivit.

In omnibus operibus tuis memorare novissima, et in aeternum non peccabis.

Initium omnis peccati superbia.

In fine hominis denudatio operum ejus.

In die bonorum ne immemor sis malorum.

In multiloquio peccatum non deerit.

In desideriis est omnis otiosus.

In omni loco oculi Domini contemplantur bonos et malos.

In omnibus exhibeamus nosmetipsos sicut Dei ministros.

Invisibilia Dei, per ea quae facta sunt, intellecta, conspiciuntur.

Infirma mundi elegit Deus, ut confundat fortia.

Initium bonorum confessio est malorum.

Incassum caro affligitur, si mens voluptatibus non reluctatur.

Justi vocabulum non amittit qui pro poenitentia semper resurgit

Jejunium non est perfecta virtus, sed virtutum multarum fundamentum.

Intentio perversa meretur ut in die, sicut in nocte, errare permittatur

Justitia humana tam fragilis est, ut potius remissione peccatorum constet quam perfectione virtutum.

Innocentia vera est, quae nec sibi nec aliis nocet.

Iracundus cum aliis irasci desierit, tunc sibimet maxime irascitur.

Iracundus, etiamsi mortuum suscitet, nulli placet.

Infeliciores sunt mali, cum cupita perfecerint, quam si ea quae cupiunt implere non possent.

Infeliciores sunt, qui faciunt, quam qui patiuntur injuriam.

Intenta supplicatio dormire cor mundum vetat.
In hoc ipso peccat homo quod peccare vellet, si inulte posset.
Inutile est ea crebro videre per quæ cito traharis ad noxia quæque.
Invocandus est Deus jugiter, ut voluntatem simul et facultatem bene agendi nobis præstare dignetur.
Inimicos diligere grave quidem est præceptum, sed grande ejus præmium.
Ignis concupiscentiæ carnalis quanto diutius ardere permittitur, tanto difficilius exstinguitur.
Illis dimittuntur minima qui majora districte fleverunt peccata.
Ingratus unus multis miseris et pauperibus nocet.
Inopi beneficium duplex dat qui celeriter dat.
Inopiæ parva, avaritiæ desunt omnia.
In multis frustra laborat qui sua magis quam se ipsum Deo offerre studet.
Improvidus miles fortem se in pace gloriatur.
Ideo omnes diabolicæ tentationis molestias pati permittimur, ut omnibus easdem molestias patientibus compati et condolere sciamus.
Inter epulas difficile servatur castitas.
Impossibile est copiis voluptatum sine voluptate frui.
Improbi et duri in ipso initio peccati sunt graviter corripiendi.
Jugiter attendendum quanta Dei gratia sit nobiscum, et quam multis in corporalibus et in spiritualibus donis ditiores facti simus.
In vanum laborat qui cæcum honorat.
In malis sperare bona innocens maxime solet.
Job venerabilis patientia cunctis dolentibus et infirmis pro exemplo jugiter est pensanda.
Infirmitas carnis, si patienter sustineatur, est quasi purgatorius ignis.
Infirmi pene omnes se quidem ab aliis tolerari volunt, ipsi vero alios tolerare renuunt.
Judicium divinum non errat, ut plerumque humanum.
Invidus invidiæ suæ telo imprimis percutitur.
Iter longum agentes majori providentia indigent quam prope proficientes.
Ita et monachi, jugiter Deo servientes, magis egent provideri quam cæteri libere viventes.
Infinito labori finitus, quantuscunque sit, comparari nequit.
Illos exspectat gloria qui laboriosa gerunt certamina.
Juveni nihil magis noxium invenitur quam ut voluntatem propriam sequatur.
Injuriam magnam Creatori facit qui creaturam ullam plus quam illum diligit.
Juxta aliquid multos laudare licet sapientes.
Qui juxta quædam, laudandi sunt minus unquam.
Illos æternus capiet dolor et cruciatus.
Qui nunc lætitia capiuntur ab immoderata.
Imperat aut servit collecta pecunia cuique.
Invidus alterius marcescit rebus opimis.

In luctu positis non est his musica dulcis.
Impedit ira animum ne possit cernere verum.
Impia quæque studens nequit in fore prudens.
Invidiæ plenus super omnes exstat egenus.
Ingenti cura pensanda est vita futura.
Judicium durum super hæc est sceptra futurum.
In Domini donis graviter tentabitur omnis.
Indurare Dei nihil est nisi non misereri.
Incrassata caro gustat cœlestia raro.

CAPUT X.

Charitas non est ab ullo extorquenda, sed cum beneficiis exquirenda.
Charitas operit multitudinem peccatorum.
Charos nemo suos Christo proponere debet.

CAPUT XI.

Lætetur cor quærentium Dominum.
Lætabitur justus in Domino et sperabit in eo, et laudabuntur omnes recti corde.
Lux orta est justo, et rectis corde lætitia.
Lapidem quem reprobaverunt ædificantes, hic factus est in caput anguli.
Lata et spatiosa via est quæ ducit ad mortem.
Luceat lux vestra coram hominibus, ut videant opera vestra bona et glorificent Patrem vestrum qui in cœlis est.
Lex per Moysen data est; gratia et veritas per Jesum Christum facta est.
Levemus corda nostra cum manibus ad Deum.
Leo rugiens et ursus esuriens est princeps impius super populum pauperem.
Lingua sapientium ornat scientiam.
Lampas contempta apud cogitationes divitum parata est ad tempus statutum.
Lingua placabilis lignum vitæ.
Laudet te alienus, et non os tuum.
Loquimini veritatem unusquisque cum proximo suo, quoniam sumus invicem membra.
Littera occidit, spiritus autem vivificat.
Lupus adveniens indicat quo animo quilibet pastor super gregis custodiam stabat.
Lucerna corporis est oculus; lux autem mentis sapientia spiritualis.
Lingua si non restringitur, nequaquam ubi cecidit jacet, sed semper ad deteriora labitur.
Laquei inevitabiles sunt his parati qui nullam curam habent pro suorum emendatione peccatorum.
Lacrymæ veniam non postulant, sed merentur.
Loca, nec non regiones plurimæ a malitia inhabitantium in eis penitus sunt destructæ.
Labor improbus omnia vincit.
Laudis humanæ avidus divinæ retributionis despicit munus.
Labor assiduus carnales deprimit æstus.
Languor insolitus insolitum etiam medicinæ genus quærit.
Liber est dicendus, in quo nullum regnat vitium.
Læta, magis quam tristia, quosdam homines corrumpunt.

Longo usu discendum est quid cuique loqui et tacere conveniat.

Lucrum turpe ut damnum fugito.

Lucrum sine damno alterius fieri non potest.

Levis atque inconstans nil avibus differt.

Libidinis impetus abstinentiæ expellit virtus.

Licet multis vita tua placeat, tibi placere non debet.

Latentem superbiam nil magis comprimit quam culpa patens.

Lapsus quorumdam tanto ferventius illos Ad meliora trahit quanto pejora patrarunt.

Lascivus juvenis eget ut crebro moneatur.

Leges antiquas ne transgrediendo resolvas.

Laudat rite Deum qui vere diligit illum.

Lingua viri quæ sit patientia debita pandit.

Laude manet dignus qui nititur esse benignus.

Languet vis mentis nimia pinguedine ventris.

Lux æterna piis, tenebræ sunt semper iniquis.

Lectio sanctorum nimis est pensanda librorum.

Lumbos præcingit qui carnis vota restringit.

CAPUT XII.

Magnus Dominus noster, et magna virtus ejus, et sapientiæ ejus non est numerus.

Magnus Dominus et laudabilis nimis, et magnitudinis ejus non est finis.

Misericordia Domini plena est terra.

Mirabilis Deus in sanctis suis.

Magna opera Domini exquisita in omnes voluntates ejus.

Misericordia Domini ab æterno et usque in æternum super timentes eum.

Mutuabitur peccator, et non solvet; justus autem miserebitur, et tribuet.

Misericordiam et veritatem diligit Deus.

Multæ tribulationes justorum, et de omnibus nis liberabit eos Dominus.

Multa flagella peccatoris, sperantem autem in Domino misericordia circumdabit.

Mors peccatorum pessima, et qui oderunt justum delinquent.

Melius est modicum justo super divitias peccatorum multas.

Miserator et misericors Dominus, patiens et multum misericors.

Majorem charitatem nemo habet quam ut animam suam ponat quis pro amicis suis.

Multi sunt vocati, pauci vero electi.

Messis quidem multa, operarii autem pauci.

Mercenarius videt lupum venientem, et dimittit oves et fugit.

Melior est obedientia quam victimæ.

Meliora sunt vulnera diligentis quam fraudulenta oscula odientis.

Melior est patiens viro forte, et qui dominatur animo suo expugnatore urbium.

Melior est buccella sicca cum gaudio quam domus plena victimis cum jurgio.

Melior est iniquitas viri quam benefaciens mulier.

Melius est humiliari cum mitibus quam dividere spolia cum superbis.

Musica in luctu, importuna narratio.

Melius est ire ad domum luctus quam ad domum convivii.

Melius est a sapiente corripi quam a stultorum adulatione decipi.

Mors et vita in manibus linguæ.

Memoria justi cum laudibus, et nomen impiorum putrescet.

Memento Creatoris tui in diebus juventutis tuæ.

Maledictus homo qui facit opus Dei negligenter.

Militia est vita hominis super terram, et sicut dies mercenarii dies ejus.

Mundus transit et concupiscentia ejus; qui autem facit voluntatem Dei manet in æternum.

Modicum fermentum totam massam corrumpit.

Multum valet deprecatio justi assidua.

Melius est nubere quam uri.

Melius est non habere quod tribuas, quam impudenter petere quod des.

Melius est bene vinci quam male vincere.

Melius est habere omnia bona minora quam magnum bonum cum magno malo.

Melius est rusticitatem sanctam habere quam eloquentiam peccatricem.

Melius est prius facere quod convenit, quam postea mali facti pœnitearis.

Melius est facere divortium cum homine quam cum Deo.

Mendacium non est, cum de rebus insensibilibus quasi de sensibilibus mystice loquimur.

Male Sabbatum celebrat qui a bonis operibus vacat.

Magna pars intelligentiæ scire quid nescias.

Mirandum simul et dolendum quod plures, quasi religiosi a cibis quibusdam abstinentes, mox quasi scelerati pessima quæque omni modo student agere.

Mirandum dolendumque nihilominus et illud quod plurimi, simulantes se pro peccatorum venia visitare sancta et procul posita loca, cum fuerint reversi multo pejores fiunt quam antea.

Morbi plures ex saturitate nimia eveniunt.

Mores et studia rectorum ex subjectorum qualitate inspiciuntur.

Maledictiones quæ in proximos diriguntur, in maledicentes primitus vertuntur.

Mens visibilibus intenta, videre nescit invisibilia.

Majora crimina et tarde credenda sunt cum audiuntur, et citius punienda cum veraciter agnoscuntur.

Mundari doctorem prius oportet, et sic alios mundare valet.

Meretrix et prudentia sæcularis in pluribus coæquantur peccatis.

Monachi et clerici sæcularia negotia vitare debent.

Manus pauperum gazophylacium Christi est.

Mollis et dissolutus, non vir, sed mulier dicendus est.

Mulier, dans operam virtuti, vir potest dici.

Mulierum virtus prima et maxima est pudicitia.

Magna securitas est cordis aliena non appetere.

Militis cujuslibet fortitudo non agnoscitur nisi in bello.

Malum pro malo reddere est humanum; malum vero pro bono diabolicum.

Mala mors putanda non est, quam bona vita præcessit.

Malus ubi se simulat bonum, ibi est pessimus.

Mala conscientia nunquam requiescit secura.

Male imperando summum imperium amittitur.

Merces magna nimis tradetur cœlitus illis

Qui pro justitia patiuntur quæque pericla.

Mortuus huic mundo nil scit nisi vivere Christo

Magna quies animi vitare negotia mundi.

Magnum certamen juvenilem vincere carnem.

Maxima fit pestis, cum pastor erit puerilis.

Mens levis ac fragilis cito profert scandala car-
[nis.

Mens assueta malis vix eripietur ab illis.

Mors et perditio dicenda est cæca libido.

Mors mala vincetur, si jugiter ante timetur.

Mel invenisti? Quantum tibi sufficit, esto.

Maxime quærendum quod semper erit retinen-
[dum.

CAPUT XIII.

Novit Dominus viam justorum, et iter impiorum peribit.

Noli æmulari in eo qui prosperatur in via sua, in homine faciente injustitias.

Non salvatur rex per multam virtutem.

Nolite fieri sicut equus et mulus, quibus non est intellectus.

Nolite sperare in iniquitate, et rapinas nolite concupiscere.

Nisi Dominus custodierit civitatem, frustra vigilat qui custodit eam.

Nolite confidere in principibus, in filiis hominum, in quibus non est salus.

Non in solo pane vivet homo, sed in omni verbo quod procedit de ore Dei.

Nemo bonus nisi solus Deus.

Nisi quis renatus fuerit ex aqua et spiritu, non potest introire regnum Dei.

Nemo potest duobus dominis servire.

Nemo, mittens manum suam in aratrum et aspiciens retro, aptus est regno Dei.

Non potest arbor bona fructus malos facere, neque arbor mala fructus bonos facere.

Necesse est ut veniant scandala; væ autem homini illi per quem scandalum venit!

Non est discipulus super magistrum.

Nihil opertum quod non reveletur, et occultum quod non sciatur.

Non est speciosa laus in ore peccatoris

Ne tardes converti ad Dominum.

Noli negligere disciplinam Domini, et ne fatigeris cum ab eo argueris.

Noli arguere derisorem, ne oderit te; argue sapientem, et diligit te

Ne coram cæco ponas offendiculum.

Non est homo justus super terram, qui faciat bonum et non peccet.

Novit justus animas jumentorum suorum; viscera autem impiorum crudelia.

Nihil in terra fit sine causa.

Non agnoscitur in bonis amicus, nec absconditur in malis inimicus.

Novit Dominus qui sunt ejus.

Nemo quod suum est tantummodo quærat, sed quod alterius.

Nolite mirari, si odit vos mundus.

Non solum rei sunt qui faciunt mala, sed qui consentiunt facientibus.

Nemo potest dicere: Dominus Jesus, nisi in Spiritu sancto.

Nemo coronabitur, nisi qui legitime certaverit.

Neque qui plantat neque qui rigat est aliquid, sed qui incrementum dat Deus.

Noli vinci a malo, sed vince in bono malum.

Nolite diligere mundum neque ea quæ in mundo sunt.

Non diligamus verbo neque lingua, sed opere et veritate.

Non auditores, sed factores legis justificabuntur.

Non est personarum acceptor Deus; sed in omni gente qui timet Deum et operatur justitiam acceptus est illi.

Nunquam est amor Dei otiosus.

Nitens cutis sordidum demonstrat animum.

Nihil infelicius felicitate peccantium.

Nunquam Deus mentem deserit, quæ peccata sua veraciter agnoscit.

Non est secura lætitia in divinis paginis multa cognoscere, sed cognita custodire.

Nulli prodest tristi facie aliquando incedere, jejunia ostentare, et mox in deliciis vivere.

Non nobis sufficit relinquere nostra, nisi relinquamus et nos.

Non multitudo peccatorum, sed impietas hominem ducit ad desperationem.

Nosse et posse bona prius incognita atque impossibilia demonstrat gratiæ supernæ dona.

Non sunt contemnenda quasi parva, sine quibus constare non possunt magna

Nihil est tam facile quod non fiat difficile, si invitus facias.

Nemo in alium priusquam in seipsum peccat.

Nemo se peccantem credat ideo minus puniendum quod multitudinem imitatur peccantium.

Nequitia diaboli quæ in Job fuisse legitur, eadem in omnes homines erit, si tantum permittatur.

Nescit pene quid labor sit, qui nunquam contra spirituales nequitias certare studuit.

Non plus sapere quam oportet sapere, omnes qui sibi videntur sapientes egent attendere.

Negligentes et tepidi variis modis sunt admonendi.

Negligentia et otiositas hominem trahunt ad interitum.

Negligentius custodiri solet quod creditur facile posse reparari.

Non est in hominis potestate vita illius.

Nisi quis in fide et spe fundatus fuerit, ad charitatis veræ culmen non ascendit.

Nulla est ad virtutem talis exhortatio qualis peccatorum recordatio.

Non quæruntur in Christianis initia, sed finis.

Nulli vel male vel bene contingit propter se solum, sed ut simul alii corrigantur aut consolentur per illum.

Nullum constat malum, quo Deus non utatur ad aliquod bonum.

Nemo in Ecclesia amplius nocet quam qui, perversa agens, regimen tenet.

Nil cuiquam proderit æstimari sanctus, cum non sit.

Nitor vestium pretiosarum separat a regno cœlorum.

Nimis dolenda præsumptio, quod ea mala præsumunt Christiani quæ exsecrantur pagani; nam Christiani Dei sui sanctorumque destruunt monasteria; pagani autem sua venerantur idola.

Nemo nobilis, nisi quem nobilitat virtus.

Nisi quis timorem amoremque Dei ante se jugiter ponat, citius in aliquod peccatum labitur.

Nihil scire vel curare, hoc est mortuum vivere.

Nil petas quod negaturus es.

Nemo periculosius peccat quam qui peccata defendit.

Nemo se satis metiri prævalet nisi alterum consideret.

Non vivas aliter in solitudine, aliter in foro.

Negat sibi ipse qui quod difficile est petit.

Nihil magnum est in rebus humanis, nisi animus magna despiciens.

Nulli imponas quod ipse pati non potes.

Nemo positus in sæculo securus abrenuntiat illo.

Non homo, non aurum poterunt dare quemque [beatum,

Sed virtute Dei consistit vita beati.

Nil peccant oculi, si mens velit his dominari.

Non poterit dici quam multa sit ars inimici.

Nil credas actum, cum quidquam restat agendum.

Nil prodest didicisse bonum, nisi feceris illud.

Ne tardare velis, si quem convertere possis.

Nemo coronatur, nisi certando mereatur.

Non est multa sciens laudandus, sed bene vivens.

Nisus stultorum par semper amat sociorum.

Ni fuerit pugna, veniet victoria nulla.

CAPUT XIV.

Oculi Domini super justos et aures ejus in preces eorum.

Os justi meditabitur sapientiam, et lingua ejus loquetur judicium.

Observabit peccator justum, et stridebit super eum dentibus suis.

Omnia quæcunque voluit Dominus fecit in cœlo et in terra, in mari et in omnibus abyssis.

Omne regnum in se ipso divisum desolatur.

Omnia possibilia sunt credenti.

Omnis plantatio quam non plantavit Pater cœlestis, eradicabitur.

Omnis qui facit peccatum servus est peccati.

Omnis qui petit accipit, et qui quærit invenit, et pulsanti aperietur.

Omnis qui se exaltat humiliabitur, et qu. se humiliat exaltabitur.

Omnis arbor quæ non facit fructum bonum, excidetur et in ignem mittetur.

Omni habenti dabitur; ab eo autem qui non habet, et quod habet auferetur ab eo.

Omne peccatum et blasphemia remittetur hominibus; Spiritus autem blasphemia non remittetur.

Orate, ne fuga vestra fiat hieme vel sabbato.

Omni tempore benedic Deum, et pete ab eo ut vias tuas dirigat.

Omni negotio tempus est et opportunitas.

Omni custodia serva cor tuum, quia ex ipso vita procedit.

Occasiones quærit qui vult recedere ab amico.

Omnia fac cum consilio, et post factum non pœnitebis.

Omnis sapientia a Domino Deo est et cum illo fuit semper.

Odium suscitat rixas, et universa delicta operit charitas.

Omnis caro fœnum, et omnis gloria ejus quasi flos agri.

Omnia operatur unus atque idem Spiritus, dividens singulis prout vult.

Omne quodcunque facitis in verbo aut in opere, omnia in nomine Domini Jesu, gratias agentes Deo Patri per ipsum.

Omnes unanimes in oratione estote, compatientes, fraternitatis amatores, misericordes, modesti, humiles.

Omne gaudium existimate, cum in tentationes varias incideritis.

Omnis qui odit fratrem suum, homicida est.

Obedire oportet Deo magis quam hominibus.

Omne datum optimum et omne donum perfectum desursum est, descendens a Patre luminum.

Oculus non vidit et auris non audivit, nec in cor hominis ascendit, quæ præparavit Deus diligentibus se.

Omnia munda mundis, coinquinatis autem et infidelibus nihil mundum.

Omnia licent, sed non omnia expediunt.

Oportet episcopum irreprehensibilem esse, sobrium, prudentem.

Omnis infidelium vita peccatum est.

Otiositas inimica est animæ.

Omnis dies velut ultimus tractandus est.

Ornamenta cœlorum virtutes sunt prædicantium.

Otiosus est sermo doctoris, nisi Spiritus sanctus cordi adsit audientis

Odiosum verbum est quod aut ratione justæ necessitatis aut intentione piæ utilitatis caret.

Oratione continua superantur vitia.

Opes terrenas sitientes spiritualia dona nunquam merentur accipere.

Omnis gloria et virtus in comparatione majoris minus claret.

Omnis divina percussio, aut purgatio vitæ præsentis est, aut initium pœnæ sequentis.

Omnino errat, qui per pacem et otium se assequi triumphum putat.

Oratorem te puta, si tibimetipsi persuaseris gerenda.

Optima re, id est clementia Dei, pessime abutimur, cum per ejus patientiam omnem præsumimus nequitiam.

Oblivisci maximum est accidens negligentibus.

Occasiones deesse non possunt perituris.

Obsequium amicos, veritas odium parit.

Oculi petulantes cordis luxuriosi sunt proditores.

Occultæ et jugiter perpetratæ culpæ merentur ut reges pastoresque perversi constituantur.

Omnia fidei argumenta maxime a præteritis rebus sunt assumenda.

Opere melius quam verbis Deus laudatur et prædicatur.

Optima voce quidem, sed pectore pessima nisus, ille est dicendus hostis, non fidus amicus.

Omne quod est justum merito dici valet unum.

Orandum semper, ne seducamur ab hoste.

Omni prælato subjectus sis quasi Christo

Omnia quæ voluit Deus, ad se mystice traxit.

Oppositis rebus, quæ sint meliora videmus.

O quantis curis mens indiget omnibus horis!

Os quod mentitur, animam jugulare refertur.

CAPUT XV.

Prope est Dominus omnibus invocantibus eum in veritate.

Pretiosa in conspectu Domini mors sanctorum ejus.

Prohibe linguam tuam a malo, et labia tua ne loquantur dolum.

Patientia pauperum non peribit in finem.

Petite et dabitur vobis, quærite et invenietis, pulsate et aperietur vobis.

Perfectus omnis erit, si sit sicut Magister ejus.

Potens est Deus de lapidibus suscitare filios Abrahæ.

Percute filium tuum virga, et liberabis animam ejus a morte

Plus proficit correptio apud prudentem, quam centum plagæ apud stultum.

Princeps qui libenter audit verba mendacii, omnes ministros habet impios.

Perversi difficile corriguntur.

Pondus et pondus, mensura et mensura, utrumque abominabile est ante Deum.

Per quæ quis peccat, per hæc et torquetur.

Probata virtus corripit insipientes.

Potentes potenter tormenta patiuntur.

Propter peccata populi regnare facit Dominus hypocritam

Peccator vel puer centum annorum maledictus erit.

Pugnabit orbis terrarum contra insensatos.

Post concupiscentias tuas non eas.

Plenitudo legis est dilectio.

Prudentia carnis mors est, prudentia autem spiritus vita et pax.

Probate spiritus, si ex Deo sint.

Petitis et non accipitis, eo quod male petatis.

Peccatum cum consummatum fuerit, generat mortem.

Per multas tribulationes oportet nos intrare in regnum Dei.

Peccantes coram omnibus arguantur, ut cæteri metum habeant.

Plerique Deum vocibus sequuntur, moribus autem fugiunt.

Plenus venter facile disputat de jejuniis.

Probatio dilectionis exhibitio est operis.

Perfectum odium est, quod nec justitia nec ratione caret.

Positi in deliciis attendere nequeunt quanta sit pœna perennis.

Pacificus homo filius Dei meretur vocari.

Pax vera est dicenda cum spiritus et caro conveniunt omnimodo

Pro qualitate audientium formari debet sermo doctorum.

Per quinque corporis sensus, quasi per quasdam fenestras, intus datur ad animam introitus.

Peccata quædam animam polluunt, quædam vero exstinguunt.

Parentes in tantum diligendi sunt et honorandi, quantum illi subjecti sunt summo Patri.

Pravis moribus semper gravis est vita bonorum.

Pallor et sordes quasi gemmæ videri debent monachis et virginibus.

Prælatis ac senioribus suis inobediens meretur ut, si ipse prælatus fuerit aliquibus, ab eis similia patiatur.

Profectus quidam est, in pœnis hoc ipsum agnoscere cur merueris pœnam.

Pudicæ mentis sermo debet esse pudicus.

Pars sacrilegii est res pauperum non dare pauperibus.

Par supplicium subibunt qui pariter peccaverunt.

Publica culpa publica etiam indiget pœnitentia.

Pœnitentia vera est, et perpetrata mala plangere et plangenda ulterius non perpetrare.

Pœnas gravissimas quandoque sunt passuri, qui nunc pro sceleribus suis renuunt parva flagella pati.

Providendum est cunctis pro Dei amore licita relinquentibus, ne tepide viventes ad illicita corruant.

Pastor quilibet fugit, cum subjectis solatium subtrahit, aut injustitiam videns non contradicit.

Parcus cibus et venter semper esuriens triduanis jejuniis præfertur.

Peccatum peccato adjicitur, cum id quod nequiter gestum est, nequiter etiam defenditur.

Priusquam promittas delibera, ne per promissa minime expleta mendax dicaris.

Probatio sanctæ voluntatis nolle peccare cum possis.

Possibilitas bene et male agendi probatio est arbitrii, et causa cujuslibet meriti.

Pharisæi justitia periit ex superbia, et publicani injustitia humilitate est sanata.

Periculum nunquam sine periculo vincitur.

Plus sunt laudandi bene facientes quam bene dicentes.

Prudentia rerum exitus metitur.

Pecunia tunc fit pretiosa, cum pro Dei amore translata in alios desinit possideri.

Plurimi student ne ad pauperiem veniant; paucissimi vero laborant ne in gehennam incidant.

Plurimi infamiam, pauci vero verentur reatus conscientiam.

Peccandi duo genera sunt : unum ex proposito, aliud ex negligentia.

Pacem cum hominibus habeas, bellum cum vitiis.

Pecuniæ imperare oportet, non servire.

Plangite nunc miseri, consuescite nunc lacrymari, Cum tempus flendi, cum tempus sit miserendi.

Paupertas animæ major quam corporis exstat.

Peccans quotidie studeat se mox reparare.

Perfectus miles pensat sæpissime vires.

Providus in cunctis operatur nil sine causa.

Perversæ menti sua culpa est maxima pœna.

Promptus vel facilis ad risus schemata ne sis.

Præceps ad risum præceps quoque fertur ad [iram.

Princeps injustus servos habet et vitiosos.

Pensandum cunctis qualis maneat sibi finis.

Pluribus intentus minor est ad singula sensus.

Præsens vita brevis, sed erit ventura perennis.

Panis cœlestis præponitur omnibus escis.

CAPUT XVI.

Quam bonus Israel Deus his qui recto sunt corde.

Quærite Dominum, et confirmamini, quærite faciem ejus semper.

Quærite Dominum, et vivet anima vestra.

Qui timetis Dominum, laudate eum.

Qui diligitis Dominum, odite malum.

Quomodo miseretur pater filiorum, misertus est Dominus timentibus se, quoniam ipse cognovit figmentum nostrum.

Quis sicut Dominus noster, qui in altis habitat, et humilia respicit in cœlo, et in terra ?

Qui non accepit in vano animam suam nec juravit in dolo proximo suo, hic accipiet benedictionem a Domino et misericordiam a Deo salutari suo.

Qui seminant in lacrymis, in exsultatione metent.

Quærite primum regnum Dei et justitiam ejus, et hæc omnia adjicientur vobis.

Quid prodest homini si mundum universum lucretur, animæ vero suæ detrimentum patiatur

Quam dabit homo commutationem pro anima sua ?

Qui est ex Deo, verba Dei audit

Qui viderit mulierem ad concupiscendam eam, jam mœchatus est eam in corde suo.

Qui perseveraverit usque in finem, hic salvus erit.

Quæ impossibilia sunt apud homines, possibilia sunt apud Deum.

Qui odit animam suam in hoc mundo, in vitam æternam custodit eam.

Quod Deus conjunxit, homo non separet.

Qui dixerit fratri suo : Fatue, reus erit gehennæ ignis.

Qui infidelis est in minimo, et in majori infidelis est.

Quasi scelus idololatriæ est, Deo nolle acquiescere.

Quærite Dominum dum inveniri potest, invocate eum dum prope est.

Qui advertit aurem suam ne audiat legem, oratio ejus erit exsecrabilis.

Qui sequitur justitiam diligitur a Domino.

Qui diligit disciplinam diligit sapientiam.

Qui parcit virgæ odit filium.

Qui abscondit scelera sua, non dirigetur; qui autem confessus fuerit et reliquerit ea, misericordiam consequetur.

Qui custodit os suum, custodit et animam suam.

Qui offert sacrificium ex substantia pauperis, quasi qui victimat filium in conspectu patris sui.

Quasi tempestas impius pertransit.

Qui pronus est ad misericordiam benedicetur.

Qui fratri suo parat foveam, ipse incidet in illam.

Qui mollis et dissolutus est in opere suo, frater est sua opera dissipantis.

Quæ non congregas in juventute, quomodo ea habere poteris in senectute?

Quod timet impius, veniet super eum.

Qui modica spernit, paulatim decidet.

Quodcunque potest manus facere, instanter operare : quia nec opus, nec ratio, nec sapientia erunt apud inferos, quo tu properas.

Qui obdurat aurem suam ad clamorem pauperis, et ipse clamabit et non exaudietur.

Qui erudit derisorem, ipse facit sibi injuriam.

Qui sibi nequam est, cui bonus erit ?

Qualis rector est civitatis, tales inhabitantes.

Qui ad justitiam erudiunt multos, quasi stellæ in perpetuas æternitates.

Qui in uno offendit, multa bona perdit.

Qui docet fatuum, quasi qui conglutinat arena testam.

Quanto magnus es, humilia te in omnibus.

Qui timent pruinam, veniet super eos nix.

Qui timent Deum, non erunt incredibiles verbo illius.

Qui in stadio currunt, omnes quidem currunt, sed unus accipit bravium.

Quicunque voluerit amicus esse sæculi hujus, inimicus Dei constituitur.

Qui se existimat stare, videat ne cadat.

Qui habet aurem, audiat quid Spiritus dicat Ecclesiis.

Qui converti fecerit peccatorem ab errore viæ suæ, salvabit animam ejus a morte.

Qui non manducat, manducantem non judicet.

Qui suorum, et maxime domesticorum, curam non habet, fidem negavit et est infideli deterior.

Quicunque spiritu Dei aguntur, hi filii sunt Dei.

Qui viderit fratrem suum necessitatem patientem, et clauserit viscera sua ab eo, quomodo charitas Dei manet in eo?

Qui parce seminat, parce et metet.

Qui gloriatur, in Domino glorietur.

Quæcunque scripta sunt, ad nostram doctrinam scripta sunt, ut per patientiam et consolationem Scripturarum spem habeamus.

Quod tibi non vis fieri, alii ne feceris.

Qui ignorat, ignorabitur.

Quicunque servaverit totam legem, offendat autem in uno, factus est omnium reus.

Quanto altior gradus, tanto profundior casus.

Qualis apud se quisque lateat, illata contumelia probat.

Quam laudem merebimur de pallore jejunii, si invidia sumus lividi.

Quid virtutis habent vinum non bibentes, si ira atque odio inebriantur?

Quid prodest attenuari corpus abstinentia, si animus intumescat superbia?

Quasi in sacculum pertusum res suas ingerit, qui et bona aliqua agit, et tamen nulla pravitatis solitæ studia deserit.

Quantum bonum habeat sanitas, ostendit infirmitas.

Quisquis jugiter tractat ut bona aliqua faciat, sine intermissione orat.

Quam metuendum sit obdurationis divinæ judicium, in Judæis et infidelibus jugiter obduratis agnosci potest.

Quando nos peccasse querimur, a Domino visitamur.

Quando nos peccare delectat, diabolus cor nostrum impugnat.

Quæ quisque velit metere, prius debet seminare.

Qui se meminit illicita plurima perpetrasse, debet etiam pro pœnitentia a licitis abstinere.

Quisquis cogitat quid Deo voveat, se ipsum voveat et reddat.

Quidquid voluptatis est seminarium, castitati fit contrarium.

Qui succurrere perituro potest, si non succurrat, reus mortis ejus erit.

Qui verbis lenibus potest corrigi, non debet increpatione dura exasperari.

Quidquid pietatis invenitur hominibus factum, gratiæ divinæ constat referendum.

Qui zelum Dei non habent, multis virtutibus carent.

Quam difficile surgit, quem moles pravæ consuetudinis deprimit!

Quantacunque sit justitia humana, nihil est divinæ justitiæ comparata.

Qui casti perseverant et virgines, angelis Dei efficiuntur æquales.

Quæcunque mensuram excedunt, dæmonia suggerunt.

Quæcunque spiritualis sapientiæ verba gentiles viri protulerunt, hæc ideo disponente Deo prolata sunt, ut Christiani non solum a suis, sed etiam ab alienis instruerentur.

Quantum quis in humilitate et castitate profecerit, tantum Deo appropinquabit.

Quanto mens sit divisa ad multa opera, tanto sit minor ad singula.

Quanto major scientia unicuique datur, tanto magis tentari permittitur.

Qui nunquam didicit subesse, nulli potest rite præesse.

Quid infelicius quam conspecta felicitate aliorum affici?

Quid cuidam prodest foris esse Cato, cum sit intus Nero?

Quid prodest ullis incedere in vestimentis ovium, si intrinsecus gerant corda luporum?

Quousque homini non displicent mala a se facta, regnant in eo vitia.

Quod omnino necesse est pati, patienter sustine.

Quod unusquisque non expertus est in semetipso, difficile credit de alio.

Quot modis homo potest male agere, tot modis etiam potest bene agere relinquens mala.

Quæ facere turpe est, etiam dicere turpe est.

Quæ modo quisque legit dum præsens vita ma-[nebit,
Seu bona sive mala semper habebit ea.

Quod satis est, cui contingit, nihil amplius optet.

Quis dives? qui nil cupit. Et quis pauper? avarus.

Quid stulti proprium? non posse, et velle nocere.

Quod prudentis opus? cum possit, nolle nocere.

Quam prope sit littus in corde, maris labor intus.

Qui sibi non parcit, nulli quoque parcere novit.

Quam tenebrosus amor, quo lucis spernitur Auctor!

Quid prodest studium quod fructum non habet ullum?

Quærere quid prodest gazas, et perdere cœlum, Quam bonus est Dominus cunctis quærentibus illum.

Quantum plus valeas, tantum submittere Christo.

Qui tibi dat multum, de te quoque quærit id ipsum.

Quem Deus indurat, hunc nullus postea curat.

CAPUT XVII.

Regnum tuum, Domine, regnum omnium sæculorum.

Rectos decet laudatio.

Recte judicate, filii hominum.

Rectum est verbum Domini, et omnia opera ejus in fide.

Redimet Dominus animas servorum suorum, et non delinquent omnes qui sperant in eo.

Revela Domino viam tuam, et spera in eum, et ipse faciet.

Regnum cœlorum vim patitur, et violenti rapiunt illud.

Rex qui sedet in solio judicii dissipat omne malum intuitu suo.

Risus dolore miscetur, et extrema gaudii occupat luctus.

Responsio mollis frangit iram.

Rex qui judicat in veritate pauperes, thronus ejus in æternum firmabitur.

Regnantibus impiis ruina hominum erit.

Rex justus erigit terram; vir avarus destruet eam.

Regnum a gente in gentem transfertur propter injustitias.

Renovamini spiritu mentis vestræ, et induite novum hominem, qui secundum Deum creatus est in justitia et sanctitate veritatis.

Religio munda et immaculata apud Deum Patrem hæc est: Visitare pupillos et viduas in tribulatione eorum.

Radix omnium malorum cupiditas.

Ruina populi sacerdotes mali.

Regnum Dei tantum valet, quantum habes.

Religiosus homo, si cito irascitur, facile etiam corrigitur.

Recte judicare aliena merita non valet, cui conscientia innocentiæ propriæ nullam judicii regulam præbet.

Rectius sequuntur agnum conjugati humiles, quam virgines superbientes.

Robusti corpore, nisi Deo a quo vires habent, devote famulentur, pro hoc pœnas patientur.

Referendum est pietati divinæ, quidquid homo jumentis amplius habet.

Ratio humana quot perversis cogitationibus renititur, tot coronas cœlestes promeretur.

Regimen animarum ars est artium.

Remissio et lenitas incongrua coram Deo reputatur pro crudelitate magna.

Resurrectio prima est resurgere a vitiis hac vita.

Resurgat in prima qui non vult damnari in resurrectione secunda.

Raptores alienarum rerum, ipsi quandoque rapientur ad interitum.

Repentinus furor nil rationis habet.

Rebelles divinæ pietati tradentur diabolicæ potestati.

Res quælibet obscura per similitudinem est explananda.

Reprobi et in hoc sæculo fatigantur desideriis, et in futuro tormentis.

Rustica lingua viri mansuetum cor retinentis

Gratior est Domino quam lingua perita superbi.

Rex pius et justus studet hoc quod dicitur esse.

Rara fides homini tribuenda est, proh dolor! omni.

Rector perfectus, hic primo suos regit actus.

Regis persona regem monet ad meliora.

Regnum cœlorum raptare solent violenti.

Rebus in adversis ne motus destituaris.

CAPUT XVIII.

Servite Domino in timore, et exsultate ei cum tremore.

Sacrificium Deo spiritus contribulatus.

Sit gloria Domini in sæculum sæculi.

Salus justorum a Domino, et protector eorum in tempore tribulationis.

Sit nomen Domini benedictum ex hoc nunc et usque in sæculum.

Suavis Dominus universis, et misericordia ejus super omnia opera ejus.

Spiritus ubi vult spirat, et vocem ejus audis, sed non scis unde veniat et quo vadat.

Spiritus est Deus, et eos qui adorant eum in spiritu et veritate oportet adorare.

Si manus tua, et pes tuus scandalizet te, abscinde eum, et projice abs te.

Sic Deus dilexit mundum, ut Filium suum unigenitum daret, ut omnis qui credit in ipsum non pereat, sed habeat vitam æternam.

Si peccaverit in te frater tuus, vade et corripe eum inter te et ipsum solum.

Sapientis oculi in capite ejus.

Sanctus Spiritus disciplinæ effugiet fictum, et aufert se a cogitationibus quæ sunt sine intellectu.

Sentite de Domino in bonitate, et in simplicitate cordis quærite illum.

Sapiens cor et intelligibile abstinet se a peccatis.

Stultitia colligata est in corde pueri, sed virga disciplinæ fugabit eam.

Stultus verbis non corrigitur.

Simplicitas justorum diriget eos, et supplantatio perversorum vastabit illos.

Statera dolosa abominatio est apud Deum, et pondus æquum voluntas ejus.

Sapiens ut sol permanet, stultus autem ut luna mutatur.

Sapientiam omnium antiquorum exquirit sapiens.

Sapientia abscondita, et thesaurus invisus, quæ utilitas in utrisque?

Sapiens verbis innotescit paucis.

Semel loquitur Deus, et secundo non repetit.

Spes hypocritæ peribit.

Septies cadit justus, et resurget; impii autem corruent in malum.

Stultus in risu exaltat vocem suam.

Secreta regis celare bonum est, magnalia autem Dei revelare honorificum est.

Somnia extollunt imprudentes.

Si vivimus spiritu, spiritu et ambulemus.

Si diligamus invicem, Deus in nobis manet, et charitas ejus in nobis perfecta est.

Scientia inflat, charitas ædificat.

Si quis dixerit : Quoniam diligo Deum, et fratrem suum oderit, mendax est.

Spiritualis homo dijudicat omnia, et ipse a nemine judicatur.

Si quis domui suæ præesse nescit, quomodo Ecclesiæ Dei diligentiam habebit?

Sapientia hujus mundi, stultitia est apud Deum.

Sicut in Adam omnes moriuntur, ita et in Christo omnes vivificabuntur.

Sine pœnitentia sunt dona et vocatio Dei.

Servum Dei non oportet litigare, sed mansuetum esse ad omnes.

Stella ab stella differt in claritate, sicut et resurrectio mortuorum.

Sive vivimus sive morimur, Domini sumus.

Sic diligendi sunt homines, ut eorum non diligantur errores.

Speculator astat desuper, qui nos diebus omnibus actusque nostros prospicit.

Scire Dei approbare est, nescire vero reprobare.

Summa apud Deum est nobilitas clarum esse virtutibus.

Satanæ insidias evadere non est volentis neque currentis, sed miserentis Dei.

Subjectorum vitia aliquando sunt dissimulanda, sed posthæc, quia dissimulabantur, indicanda.

Scorpiones dici possunt, qui bonis quidem in facie non resistunt, sed mox cum recesserint, detrahunt.

Solitudinem quærit qui cum innocentibus vivere cupit.

Salus est divitum subvenire necessitatibus pauperum.

Sagittas contumeliæ virtus repellit patientiæ.

Semetipsum abnegat qui, relicto carnalis vitæ homine, induit se spiritualem et novum hominem, id est, Christum.

Sacrificium visibile sacrificii est sacramentum.

Studium sæculare cito facit homines in via Dei errare.

Spiritualis vitæ militia maxime consistit in charitate et patientia.

Sanctitatis nomen habere sine operibus nulli prodest.

Stultum valde est, si his placere quærimus, quos displicere Deo scimus.

Sanitas et decor carnalis vix capiunt formam humilitatis.

Sapiens est qui factis plus quam verbis alios docere studet.

Sine fine cruciari meretur qui nullum peccandi finem in corde suo statuit.

Sufficit unicuique sic disputare vel dictare, ut intelligatur.

Superfluitas tam verborum quam rerum aliarum vitanda est.

Sæcularibus litteris intentus sacræ Scripturæ arcana capere nequit.

Scripturam sacram legens attendere debet quid mystice vel juxta litteram, quid pro parte, vel pro toto dictum sit.

Sensus pariter cum verbis sacræ Scripturæ pensandus est.

Scripturæ sacræ meditatio mentem retrahit a cogitatu noxio.

Similitudines rerum variarum ad ædificationem nostram jugiter proponendæ sunt hoc scilicet modo :

Sicut canis revertitur ad vomitum suum, sic imprudens iterat stultitiam suam.

Sicut aqua exstinguit ignem, ita eleemosyna peccatum.

Sicut plurimi cibi nihil prosunt absque sale, ita omnes virtutes absque charitate.

Sicut fistula absque inspirante nullum reddit sonum, ita et cor hominis absque inspiratione divina nullum recipit bonum.

Sicut equi cursus in loco spatioso, ita et hominis voluntas probatur in arbitrio dato.

Sicut oculi omnium in capite, ita in Christo consistere debet omnis intentio fidelium.

Summi principis ministri in primis sunt providendi.

Superbia sola corrumpit omnia bona.

Sensus noster ad ejus trahitur appetitum, cujus capitur voluptate.

Servus Dei præ gemmis et serico divinos codices amare debet.

Sensus corporum sunt quasi equi sine ratione currentes; anima vero in aurigæ modum retinet frena currentium.

Solatium est malorum vitam carpere bonorum.

Sacerdotes et clericos non licet spectaculis interesse.

Sic aliis ignosce, ut tu tibi peccanti illos ignoscere cupis.

Species quælibet quanto pretiosior erit, tanto majori sollicitudine custodienda est.

Sanguis sanguinem tangit, cum peccata peccatis adjiciuntur.

Substantiam mundi possidens indiget, ut egenos in domum suam inducens reficiat.

Si ames dici pater et princeps, nomen cum honore
serva, moribus imple.

Saepius ventis agitatur ingens pinus, et celsae turres graviore casu decident.

Stulta vota frangenda sunt.

Sine doctrina vita est quasi mortis imago.

Stantibus et lapsis par sollicitudo tenenda est;
His ne retro cadant, illis ut concite surgant.

Sermo datur multis, animi sapientia paucis.

Si nequeas plures, vel te solummodo cures.

Si quid vovisti Domino, ne reddere tardes.

Solius est Domini bona de pravis operari.

Spernens consilium patietur saepe periclum.

Saepe bonum cupimus, quod mox nos nolle probamus.

Semper avarus eget; hunc nulla pecunia replet.

Si vis salvari, nil huic praepone saluti.

Sunt nimium pauci, qui rite velint misereri.

Spiritus est vita, mors carnis philosophia.

CAPUT XIX.

Te decet hymnus, Deus, in Sion, et tibi reddetur votum in Hierusalem.

Testimonium Domini fidele, sapientiam praestans parvulis.

Tibi, Domine, derelictus est pauper, orphano tu eris adjutor.

Timete Deum, omnes sancti ejus, quoniam non est inopia timentibus eum.

Thesaurizate vobis thesauros in coelo, ubi nec aerugo neque tinea demolitur, et ubi fures non effodiunt nec furantur.

Thesaurus desiderabilis requiescit in ore sapientis.

Totum spiritum suum profert stultus; sapiens autem differt et reservat in posterum.

Timor Domini expellit peccatum.

Tempus omni rei sub coelo.

Turris fortissima nomen Domini; ad ipsum currit justus, et exaltabitur.

Triplex funiculus difficile rumpitur.

Testis falsus non erit impunitus.

Timor est in charitate, sed perfecta charitas foras mittit timorem.

Turpe est ut qui nescit tenere moderamina vitae suae, judex fiat alienae.

Tanto subtilius quisque de tenebris judicat, quanto cum verius claritas lucis illustrat.

Terrena omnia servando amittuntur, largiendo servantur.

Tergat sordes pravi operis qui Deo praeparat domum mentis.

Tolerabilius mundi mala suscipimus, si contra haec praescientiae clypeo munimur.

Talentum in terra abscondere est acceptum ingenium in terrenis actibus implicare.

Tantum quisque proximum portat, quantum amat.

Totum Deo dedit qui semetipsum obtulit.

Timor Dei et oratio assidua hominem volare faciunt ad coelestia.

Tentator pervigil hos acrioribus pulsat insidiis, quos maxime viderit abstinere a peccatis.

Tanto pejora sunt vitia, quanto virtutum specie celantur.

Tepide viventes Christiani difficilius corriguntur quam pagani.

Tenax et prodigus nimium, ambo in unum nimietatis confluunt vitium.

Temperatum omne tam Deo quam hominibus est acceptabile.

Tenerae nimis mentes asperioribus informandae sunt studiis.

Tormenta quorumdam aliis prosunt ad correctionem.

Tacere qui nescit, nescit et loqui.

Timendus est prae cunctis, cujus potestas est super omnes.

Tactus alienorum corporum et ardens appetitus feminarum mentem trahit ad insaniam.

Tam diu quis errat in fide, quousque omnia a Deo inspici et regi diffidit.

Tacentibus difficile subvenitur; confitentes autem languoris sui qualitatem facilius recipient sanitatem.

Toties nobis bene agendi occasionem praebent mala, quoties ea videntes aut audientes contemnimus.

Tanto quisquis cavere debet ne superbia decipiatur, quanto sanctius aliquid profitetur.

Tanta unusquisque potest contemnere, quanta etiam potest concupiscere.

Tale genus est vitiorum, ut, nisi praeterita celeri poenitentia deleantur, alia exinde oriantur.

Tecta odia pejora sunt quam aperta.

Tales simus intus, quales nos foris ostendimus.

Tanquam fornacis rutilans aurum probat ignis,
Sic Deus electos purgabit in igne doloris.

Turpe est doctori, cum culpa redarguit ipsum.

Tunc te lapsurum formida, cum ruit alter.

Te laesum crede, cum cernis quemque dolere.

Terrenis inhians vix spiritualia credit.

Tutus erit nunquam qui suspicione laborat.

Tristantur facile quorum spes exstat in imis.

Testis veridicus regi vero manet aptus.

Tempestas grandis est indignatio regis.

Totus ubique manens, tota est virtute colendus.

CAPUT XX.

Universae viae Domini misericordia et veritas requirentibus testamentum ejus et testimonia ejus.

Vultus Domini super facientes mala, ut perdat de terra memoriam eorum.

Veritatem requiret Dominus, et retribuet abundanter facientibus superbiam.

Vana salus hominis.

Verbo Domini coeli firmati sunt, et spiritu oris ejus omnis virtus eorum.

Viriliter agite, et confortetur cor vestrum, omnes qui speratis in Domino.

Viri sanguinum et dolosi non dimidiabunt dies suas.

Vir linguosus non dirigetur in terra; virum injustum mala capient in interitu.

Vox exsultationis et salutis in tabernaculis justorum.

Vigilate omni tempore, orantes ut digni habeamini fugere quæ ventura sunt.

Vigilate et orate, ne intretis in tentationem.

Væ vobis qui decimatis mentam, et anethum et cuminum, et quæ graviora sunt reliquistis, id est misericordiam et judicium.

Unaquæque arbor ex fructu suo cognoscitur.

Vulpes foveas habent, et volucres cœli nidos; Filius autem hominis non habet ubi caput suum reclinet.

Ubi est thesaurus tuus, ibi est et cor tuum.

Verba sapientium quasi stimuli et quasi clavi in altum defixi.

Verba adulatorum quasi mollia, feriunt autem intimi ora ventris.

Vani sunt omnes homines in quibus non est scientia Dei.

Vox diei Domini amara; tribulabitur ibi fortis.

Vinum et mulieres apostatare faciunt etiam sapientes.

Væ civitati cujus rex juvenis est, et cujus principes mane comedunt!

Ubi fuerit superbia, ibi erit et contumelia.

Vir iracundus provocat rixas; qui autem patiens est mitigat suscitatas.

Væ soli! quia, cum ceciderit, non habet sublevantem se.

Væ qui dicunt bonum malum, et malum bonum!

Via impiorum tenebrosa; nesciunt ubi corruant.

Via vitæ custodienti disciplinam; qui autem increpationes relinquit errat.

Virum stultum interficit iracundia, et parvulum occidit invidia.

Vita carnium sanitas cordis; putredo ossium invidia.

Vasa figuli probat fornax, et homines justos tentatio tribulationis.

Verbum bonum super datum optimum.

Verbum dulce multiplicat amicos et mitigat inimicos.

Unus Dominus, una fides, unum baptisma, unus Deus et Pater omnium.

Unicuique datur manifestatio spiritus ad utilitatem.

Unusquisque propriam mercedem accipiet secundum suum laborem.

Vir in infirmitate perficitur.

Ubi Spiritus Domini, ibi libertas.

Vir duplex animo inconstans est in omnibus viis suis.

Ubi est charitas et dilectio, ibi sanctorum congregatio.

Ultima tribulatio multis tribulationibus prævenitur.

Vera discretio non nisi vera humilitate acquiritur.

Victus atque vestitus divitiæ Christianorum esse debent.

Vigilat qui ad aspectum veri luminis oculos mentis apertos tenet.

Voluntas integra benefaciendi a Deo reputabitur pro opere beneficii.

Voluntas Dei opus ejus est: dixit enim et facta sunt.

Voluntas bona in primis est obtinenda.

Unaquæque virtus tanto minor est, quanto desunt cæteræ.

Vitia prius exstirpanda sunt in homine, deinde virtutes inserendæ.

Venerandus Deus non solum pro immensa sui potentia, sed etiam pro inæstimabili clementia.

Virgines et monachi sic temperent jejunium, ut semper fortes sint ad Dei servitium.

Virtus semper invidiæ patet.

Uno pestilente flagellato, multi perversi corripiuntur.

Voluptas omnis, ad instar apium, ubi grata mella fudit, morsu corda ferit.

Voluptas habet pœnam, et necessitas parit coronam.

Vehementior est animi quam corporis febris.

Viator ille stultus est qui, in itinere amœna prata conspiciens, obliviscitur quo tendebat.

Ubi non est timor Dei, ibi regnum peccati.

Virtutis fructum sapiens ponit in conscientia; minus perfectus in gloria.

Victus ab unoquolibet vitio cito labitur in alia.

Vanæ gloriæ sectator ei qui semina sua vento dispergenda committit assimilatur.

Volens retinere sanitatem nullius despiciat vel irrideat infirmitatem.

Vitiis dediti non possunt virtutibus ditari.

Vitanda est superbia, quæ et angelos decepit, et omnes virtutes destruit.

Unde bonus proficit, inde invidus tabescit.

Valde imperitus est medicus, qui nulla nisi lenia medicamenta dare novit.

Ut volunt reges, ita valent leges.

Vix quisquam in bonum transit, nisi ex malo.

Ultra modum sunt delicati qui nulla adversa volunt pati.

Verecundiam abjiciens simul omnes virtutes abjicit.

Vacuus sermo et vana cogitatio multam destruunt quietem.

Variam dant otia mentem.

Væ qui præsumunt se credere sic sapientes,
Ut non indigeant monitis ullis aliorum!

Undique falluntur qui sacræ dogmata legis
Sensu carnali se posse putant penetrare.
Vilius argentum est auro, virtutibus aurum.
Vivere si recte nescis, decede peritis.
Utilitas grandis latet in rebus quoque parvis.
Utilitatis amor cito suadet quid sit agendum.
Vestes præclaræ cor efficiunt animale.
Valde premendus erit qui nunc omnino superbit.
Vix emendatur qui prava diu comitatur.

Virtutes variæ pariter possunt habitare.
Virtus est grandis benedicere pro maledictis.
Ut lapis omnis homo, nisi mollis agatur ab Alto.
Vir magis ex animi quam carnis robore constat.
Vis ingens animi nullius laude moveri.
Vilia quam plura sunt mysterio pretiosa.
Vivens in Christo stat confidenter in ipso.
Vir sapienter agens aliis est sol quasi lucens.

EJUSDEM OTHLONI
SERMO IN NATALI APOSTOLORUM.

Erutus ex cod. autographo inclyti monasterii Sanct-Emmerammensis Ratisbonæ ab adm. R. D. P. Casparo Altlechner, Benedictino Mellicensi.

(Apud R. P. Bernardum Pezium, *Thesaurus Anecd. noviss*, tomi III parte II, pag. 537.)

Cum igitur omnes sanctorum martyrum et confessorum chori in toto sint orbe terrarum jure venerandi, veneratione tamen majore dignos esse apostolos credimus, qui, a Domino nostro Jesu Christo primum electi, corporali ipsius præsentia meruerunt potiri. Ipsi etenim non solum ideo principes Ecclesiarum creduntur quia eas primitus Domini præcepta docendo et scribendo quasi fundatores in hoc mundo instituerunt, sed etiam ex hoc quoniam in die judicii judices primi erunt, sicut ipse Dominus testatur ad eos dicens: *Amen amen dico vobis quod vos qui secuti estis me, in regeneratione cum sederit Filius hominis in sede majestatis suæ, sedebitis et vos super sedes duodecim judicantes duodecim tribus Israel* (Matth. XIX, 28). Item alio loco loquitur ad illos, dicens: *Ego dispono vobis, sicut disposuit mihi Pater meus regnum, ut edatis et bibatis super mensam meam et sedeatis super thronos judicantes duodecim tribus Israel* (Luc. XXII, 29, 30). Sed et pro hoc veneratione maxima sunt amplectendi, quod ligandi solvendique peccata hominum potestas, quæ licet aliis sanctis partim concessa credatur, ipsis tamen apostolis supra omnes specialius attributa videtur, ita Domino dicente: *Amen dico vobis, quæcunque alligaveritis super terram, erunt ligata et in cœlis, et quæcunque solveritis super terram erunt soluta et in cœlis* (Matth. XVIII, 18). Præter hæc ergo, quæ jam diximus universis duodecim Christi discipulis communiter dicta, quædam non solum in Evangelio, verum etiam in Actibus apostolorum et in ecclesiasticis sparsim historiis scripta valent reperiri, quæ singulis quibusque eorum personis conveniunt, per quæ omnia probatur gratiam specialem virtutum apostolos habuisse et in eis quam maxime impletum esse quod Salvator noster ad illos legitur dixisse: *Amen dico vobis,*

qui credit in me, opera, quæ ego facio, et ipse faciet, et majora horum faciet (Joan. XIV, 12). Nam ut cætera beati Petri, principis apostolorum, miracula taceamus, hoc unum sufficiat proferre quod in plateis ponebantur infirmi, ut adveniente ipso saltem per umbram illius obumbrarentur, et ab infirmitatibus suis liberarentur (Act. V, 15). Quod quia de Domino nostro nunquam legitur factum, juxta ejus promissum; in se veraciter credens beatus scilicet Petrus, fecit majus quam Christus miraculum. Cui, rogo, tale aliquid nisi discipulo reservavit?

Idem vero quod de uno apostolo diximus, de cæteris, etsi non omnia eorum facta legerimus, in aliquo esse miraculo credimus. Quamvis enim cunctis in sese credentibus multa dona dederit, specialia tamen apostolis, quos ipse corporaliter instruxerat, concessit. Idcirco autem quia minime de omnibus discipulis virtutes speciales replicare poterimus, aliqua eorum gesta memoriæ nostræ tradita in eorumdem solemnia et laudes, quas præ cæteris celebrari debere arbitramur, proferimus. Post Petrum Paulus merito primum replicandus qui, licet in duodecim apostolorum a Jesu Christo corporaliter electorum numero non sit deputatus, æquali tamen merito per supernam vocationem et doctrinam mirabilem inter apostolica consortia et vocabula constat assumptus. Et hoc maxime propterea probari videtur, quia eodem tempore quo beatus Petrus prædicare cœpit, et ipse prædicator factus, diem unum et eumdem locum passionis cum illo habere merebatur. In tantum autem idem beatus Paulus virtutum sublimitate specialium supergressus est homines pene universos, ut ex abundantia et sapientia prædicationis Doctor et Magister plurimarum appellaretur gentium (I Tim. II, 7), nec non propter vitæ puritatem in carne adhuc positus usque ad tertium raperetur coelum (*II Cor.* XII, 2). Exin ad Andream) speciali laude migremus, qui et germanus Petri et una cum illo a Salvatore nostro meruit ita vocari : *Venite post me, faciam vos fieri piscatores hominum* (*Matth.* IV, 19). Quam scilicet piscationem tanto valentior et prudentior postmodum explevit, quanto ad hanc a Magistro omnium praedestinatus exstitit. Nam, sicut Historiae produnt fideles, maximam populi multitudinem in Achaia provincia Domino praedicationis suae retibus acquisivit et in hoc ipse ad ultimum moriendo crucis patibulum sustinuit. Quod tamen ideo subjunximus, ut in illo aliquod gratiae privilegium ostenderemus; magnum namque fuit quod Christo per crucis mortem coaequari meruit.

Inde prior Jacobus est laude colendus, Joannis scilicet Evangelistae germanus, utrique vero de Zebedeo patre geniti et a Domino post beatum Petrum Andreamque fratrem ejus primum pariter electi. Praeterea sicut in Evangelio refertur, postquam mater eorumdem ad Jesum veniens postulavit ut unus ad dexteram et alius ad sinistram illius sederet cisque a Domino respondebatur : *Nescitis quid petatis*; subjunxit interrogans ambos : *Potestis bibere calicem quem ego bibiturus sum?* Cumque responderent : *Possumus*, audierunt protinus : *Calicem meum bibetis* (*Matth.* XX, 21-23). In quo calicis poculo, quod passionis Dominicae intelligitur imitatio, istum de quo loquimur Jacobum credimus ingens habuisse meriti privilegium, quia ipse primus apostolorum consummavit martyrii triumphum. Post hunc ex numero, sed non meritis minor ullo frater ipsius Joannes, virgo Dei electus et evangelista maximus, nobis est laudandus, quem tanta charismata virtutum specialiter reddunt redimitum ut humanae rationis facultatem arbitremur nil posse promere eo dignum. Verumtamen, quia de speciali virtutum suarum privilegio digne loqui nequimus, non ideo miracula ejus prorsus tacenda existimamus; ipse enim noster defectus forsitan laudis ejus exstat magnitudo. O quam venerandum erit quod a Domino specialiter est dilectus, quodque Dominus in cruce jam moriturus huic virgini Matrem suam, Virginem scilicet perpetuam, commendaverit. Quis etiam venerari non decernat in illo quod, cum in Pathmos insulam esset relegatus, secreta coeli et visu penetrare, et per litteras mundo meruit reserare? Accedit quoque huic non impar privilegium, quod ab Asiae Patribus sanctis olim efflagitatus per divini verbi Evangelium, erumpentes sub tempore illo dolos omnes repressit haereticorum. Hic ergo consummato vitae praesentis tempore vivens introisse dicitur tumulum, et in eo non moriendo, sed quasi dormiendo positus diem clausisse ultimum. Si cuiquam placeat, haec secum singula volvat et tunc discipulis cognoscet praestita solis.

Continet et Thomas speciales forte coronas, quia cum manibus propriis carnem veram et vulnera Domini nostri post resurrectionem suam tangens a fidelibus cunctis expulit morbos infidelitatis (*Joan.*

Axx, 27, 28). Alter adhuc Jacobus pariter constat venerandus, ille videlicet quem sacra Scriptura et justum propter vitae puritatem et Domini fratrem (*Gal.* I, 19) nominat ob carnis propinquitatem. Filius ergo dicitur sororis sanctae Mariae Virginis. Hic igitur, praeter supradictam Salvatoris nostri consanguinitatem, in qua satis magnum et speciale decus possedit, in tanta meritorum excellentia a matris utero excrevit, ut neque vinum et siceram biberet, nec animalium carnes solitas comederet, et oleo non ungeretur nec balneis uteretur. Sed neque Matthaeus de teloneo revocatus donis virtutum caret specialibus, quia ipsum etiam vocantem Dominum mox in domus suae hospitio pascere meruit, nec non, dum ex publicano factus est evangelista, spem conversionis maximam credentibus cunctis praebuit. Lucas et Marcus ipsi quoque sunt opulenti et insignes descriptione Evangelii, quamvis extra duodenos referantur esse discipulos; verumtamen eo plus venerandi quo per Dei providentiam veritatis testes agnoscuntur deputati. Et tu sorte pia quaesitus, sancte Matthia, quoniam scilicet magnum sanctitatis contines privilegium, a cunctis merito mortalibus es venerandus.

De quatuor reliquis, qui constant ex duodenis apostolis, Philippo videlicet, cujus in Evangelio memoria agitur, cujusque solemnitas cum Jacobo inferiore colitur, nec non de Bartholomaeo, qui in Indiam missus dicitur ulteriorem, sed et de Simone et Juda, qui cognominatus est Thadaeus proxime supradicti Jacobi frater, quorum festa quoque celebramus pariter, de his, inquam, licet indigni simus, aliqua virtutum suarum miracula cognoscere praeter ipsorum passiones cum sanctis caeteris aliquatenus communes, veneratione tamen speciali omnes non solum duodecim discipulos, sed et alios septuaginta duos ideo laudare simul et venerari debemus, quia eosdem electione ac doctrina sua Salvator noster prae cunctis hominibus illustrare est dignatus. Quanto enim minus decenter ipsum venerari possumus, qui supra omnes et in omnibus est totus, tanto magis in sanctorum illius et praecipue apostolorum laudibus ac solemniis vigilanter insistamus; ut per eorum intercessionem peccatorum mereamur consequi et a diversis, quae jam instant, periculis animae corporisque liberari. Nam cum modo majores quam temporibus praecedentibus insidias nobis immittat hostis nequissimus, quod remedium econtra sufficiens invenire valemus, nisi ut etiam nos praecipuorum subsidia intercessorum quaeramus et invocemus? Hostis enim magnus valida sit caede subactus. Quapropter, fratres et patres charissimi, celebrantes natalitia quorumcunque Christi apostolorum, imitemur aliquatenus doctrinam, nec non virtutes eorum, ut et ipsi nos a praesentis vitae periculis defendant et in futuro tremendoque examine, ubi judices fient, a malis segregatos in bonorum partem collocari decernant, praestante Domino nostro Jesu Christo, qui cum Patre et Spiritu sancto regnat in extremum sine casu temporis aevum.

OTHLONI

MONACHI SANCT-EMMERAMMENSIS ORDINIS S. BENEDICTI

LIBER

VISIONUM TUM SUARUM, TUM ALIORUM.

Ex ipso autographo, in imperiali monasterio Sanct-Emmerammi Ratisbon. asservato, nunc primum in lucem prolatus a R. D. P. Ludovico Moidings, Benedictino Mellicensi.

(Apud R. P. Bernardum Pezium, *Thesaurus Anecd. no. iss.*, tom. III parte II, pag. 545.)

INCIPIT PROLOGUS OTHLONI.

Dominus atque Salvator noster, plurima perfectionis rudimenta ad perfectionem tendentibus proferens, docuit etiam inter hæc tardiores quoslibet et pauperiores in utroque homine non prorsus ob hoc salutem suam desperare, si summam virtutum nequirent apprehendere, dicens : *Quicunque dederit calicem aquæ frigidæ in nomine meo, non perdet mercedem suam* (Matth. x, 42). Quæ profecto verba, non solum juxta litteram, sed etiam spiritaliter intelligenda esse arbitror, credens scilicet quia, sicut is qui ob paupertatis suæ quantitatem portionem minimam eleemosynæ, id est calicem aquæ frigidæ indigenti largitur, mercedem consequetur, ita etiam ille qui nullis scientiæ competentis opibus suffultus, sed quasi fragmenta vel micas ex peritorum mensa prolapsas undecunque colligens, aliqua ædificationis verbula protulerit, mercedem aliquam mereatur.

Hac igitur fide atque spe incitatus, cupio ad ædificationem fidelium proferre visiones quasdam, per quas vel me quondam dignatus est Dominus admonere, vel quas ex aliorum fidelium comperi relatione. Visiones autem dico, non solum eas quas per somnia quieta vel per inquieta videmus, cum scilicet rapti in spiritu aliquas perturbationes seu flagella pati nos senserimus, sed etiam eas quas vigilantes plerique vel in extremis positi cernere solent ; quarum omnium genera visionum multifarie in sacra reperiuntur Scriptura, maxime tamen in libro quarto Dialogorum a beato Gregorio prolata. Cujus etiam intentionem in hoc opusculo imitatus, obsecro ne quis vel propter vilitatem meam vel propter relationis ipsius rusticitatem hæc parvi pendat, sed potius ea quæ ad ædificationem communem quocunque impolito sermone a me prolata fuerint attendat. Sæpe etenim ex vasculo vili potus delectabilis solet hauriri. Et, oh infelices! qui pietatis divinæ spernunt monita, quibus non solum vigilantes, verum etiam sopori deditos, nunc admonitione lenissima vel ultra humanum modum exhortatoria, nunc horrenda pœnarum infernalium ipsiusque judicii extremi quasi imminentis ostensione, interdum vero, cum nullam emendationem ex prædictarum visionum lenitate provenire conspexerit, plagarum ingentium severitate a lascivia et torpore lethali revocare dignatur. Quæ omnia tanto cautius præcavenda veriusque credenda esse scio, quanto magis ea ipse ego per experimenta didici. Confiteor namque peccatum meum, quia nemo plus me super hujusmodi monitis dubitavit, quousque tormentis sævissimis ad fidem perductus sum, sicut in sequentibus declarabitur. Sed quid mirum, si Deus omnipotens quiescentes quoslibet ita potest admonendo visitare, cum etiam quosdam sanctos homines in hac vita adhuc positos legamus idem fecisse.

His itaque prælibatis, ipsius materiæ causam aggrediamur, unice obsecrantes eos qui hæc legentes, aliqua hic aliter quam dicantur esse, cognoverint (nam multi adhuc in hac vita restant, ex quorum relatione ipsa comperi) ut ea emendantes puræ reddant veritati, quæ forsitan a mea memoria excidit, vel aliter quam acciderent mihi sunt dicta. Ea vero, quæ de memetipso proferre studeo quæque etiam pro introductione sequentium in primis dicere volo, Deus, in cujus conspectu omnes assistimus, scit me nolle quidquam aliter quam visa vel gesta sunt promere, excepto si quid brevitatis causa vel quod ad ædificationem nullam pertinere videbatur prætermittam.

INCIPIT LIBER VISIONUM.

Cum igitur in sæculari adhuc habitu constitutus juvenilesque annos gerens multimodæ insolentiæ atque lasciviæ, sicut illa plerumque solet ætas, deditus essem, variis casibus tam spiritalibus quam corporalibus nunc vigilantem, nunc quiescentem me divina pietas a lascivia imminenti excitare studuit, non ut quosdam scelestos repentina calamitate conterens, sed quasi quibusdam gradibus a levioribus ad majora admonitionis medicamenta progrediens; et quod adhuc benignius, imo ultra humanam vim clementius videtur, eo scilicet modo quo me a minimis usque ad maxima vitia provehere solebam, ille etiam me a minimis usque ad maxima quædam gratiæ suæ dona provehens, quasi illud apostolicum : *Ubi abundavit iniquitas, superabundabit gratia* (*Rom.* v, 20), in me aliquantum specialiter implere vellet.

Postquam ergo, ut dixi, assiduis levioribusque Dei monitis instinctus parum emendare me curavi, majora districtionis suæ medicamina adhibuit mihi. Nam visionum quarumdam revelatione mirifica nimis exterritus et excitatus sum, quarum primam in primis quoque proferre (33).

VISIO PRIMA (34).
Spes et promissio peculiaris vitæ æternæ Othlono a Deo facta.

Quæ mihi jam præstita est maxima, cœpissem recordari, magis ac magis incitatus roboratusque ad cantandum, aggressus sum eumdem, licet prolixum, usque ad finem cantare psalmum et, ut probabilior seu suavior cantus cunctis videretur audientibus, introitum per singulos repetebam versus. Deinde vero, cum tam longum carmen suavius atque altius resultans placere videretur non solum angelis et hominibus ad dexteram mecum segregatis, sed etiam Domino nostro, si forte interim audiretur aliqua circumstantium mussitatio, angelus ille, qui diaconi officio functus prope altare stetit, silentium manu leniter innuit, tacete, inquiens, quia carmen tale Dominus noster satis delectatur audire. Sed me in tanto psallendi certamine constituto, silentium licet sæpius ab angelo indiceretur, nequaquam adeo potuit obtineri quin plerique, bonorum prosperitati meæ congratulantes, vocibus clamosis deprecarentur me posse inchoata consummare, et econtra multi quoque pravorum invidiosa mihi voce detrahentes dicerent me juxta inolitam arrogantiæ consuetudinem tantummodo exclamando superbire, nec talia posse finire, mihique prædicerent procul dubio hoc citius eventurum quod ad elatos omnes constat dictum : *Omnis qui se exaltat humiliabitur* (*Matth.* xxiii, 12), et illud : *Quia hic homo cœpit ædificare et non potuit consummare* (*Luc.* xiv, 30), adjicientes etiam aut judicium esse injustum, vel omnibus miraculis præferendum, si id quod nulli ibidem præstatur mihimet soli esset concedendum.

Hæc utrinque audiens sudore certabam magno ne vel illi contristarentur, seu isti lætificarentur mei damno. Verumtamen non parvam fiduciam viresque ex hoc adeptus sum quod quanto laboriosius cantavi, tanto magis Dominus flere videbatur, quasi laborem meum miseratus. At ubi ex tanto, licet nimis fatigatus, studio psallendi ea qua cœpi melodia psalmum ad unguem perduxi, quid super hac concertatione divina decerneret sententia adhuc incertus, substiti trepidus. Tunc silentio ab omnibus facto præstolantibus hujus modi rem dijudicari a Domino, ipse primum, sicut mihi videbatur, quia ad tanti carminis delectatione, vel potius ex tanta animi mei molestia atque afflictione ad miseriam motus interim jugiter lacrymabatur, lacrymas, quæ ex oculis ejus defluebant, manu lenta abstersit; deinde aperiens os suum, benigna voce dixit : *Et pro gratia nostra ac etiam pro cantus sui mercede concedamus ei regnum cœleste.*

Longum forsitan aut fastidiosum videretur lectori, si omnem percurrere velim visionem hujus somnii, qualis scilicet peracto judicio lætitia bonorum, et quanta fuerit visa tristitia malorum. Ideoque hæc prolata sufficiant, quæ nemo, precor, fide vel lectione, utpote despicabilia, decernat indigna, quia non adeo insanio, ut securitatem ullam ex somniorum visione mihi vindicem, sed ut ita spiritualem, quæ utique per somnia fit, sicut et corporalem pietatis divinæ admonitionem manifestem. Cujus nimirum somnii visionem licet sæpe mirarer, sæpiusque de qualitate ejus tractarem, adeo ut etiam tunc dictatam scriberem, quia per idem tempus et dictandi aliquam et scribendi magnam notitiam habui, necdum tamen cor ad emendationem ullam apposui, pro eo scilicet quia et sanitas corporis aliaque quam plurima, quæ juventuti grata videntur, satis aderant. Deinde duobus annis, ut reor, transactis, et peccato quodam noviter patrato, cujus mihi et tunc et adhuc conscius sum, iterum divina apparuit clementia hujusmodi visione.

VISIO SECUNDA.
Negligentia clericorum in divinis a Deo reprehensa et objurgata.

Visum est igitur mihi, sicut memini, quia in eadem ecclesia, in qua etiam per somnium supradictum videbatur esse dies judicii, cum aliis plurimis clericis manerem congregatis ad persolvenda vespertinæ laudis officia. Quæ, dum negligenter, sicut mos est pene villanis omnibus clericis, cantaremus atque ego interim, quia illic sacerdos futurus eram, incensum portans thurificando ad altare accederem, subito priusquam ad ipsum altare pervenissem, quasi

(33) Desideratur hic folium in codice.

(34) Caret principio ob folium e codice excisum.

murmurantis vocem in altari audiebam. Hanc vocem postquam audivi, timore nimio perterritus retrorsum cum thuribulo abii.

Stans autem deinde aliquandiu et diligenter auscultans si forte aliquod illius murmuriosæ vocis verbum audire et intelligere possem, sed nullo modo valens, imo etiam inaniter me exterritum credens, iterum eo quo prius studio ad altare accedere volui. Et accedens rursum sicut et antea audivi vocem quasi murmurantis et meum accessum excludere volentis, rursumque nimis perterritus retrorsum abii concitus ibique, ut prius, diligentissime auscultavi, si vel illa vice verbum aliquod audire possem ex altari. Cum autem solito longius etiam tunc præstolans vocem nullam ultra audirem, et ut in prima et secunda vice eodem modo quoque tertio accedens manus cum thuribulo extendere super altare vellem, interea subito intra idem altare et apertam vocem audivi, et statim post emissa verba ex australi altaris parte quemdam senem, ipsum videlicet qui loquebatur in specie presbyteri ad missam celebrandam omnino præparati, egredientem vidi. Quem videns retrorsum abii concitus, quasi fugiens cum thuribulo in quodam secretiori loco substiti trepidus. Erat vero, sicut mihi videbatur, rubra indutus casula; verba quoque, quæ intra altare dicta sunt ab eo, hujusmodi, ut recolo, continebant sensum. Hactenus, inquit, assidue per alios nuntiavi et præcepi ut laudis atque servitutis meæ officia agerentur studio majori. Sed quia hæc præcepta jam magis ac magis sperni annullarique video, ipse modo hominum negligentiam contemptumque mei sustinere diutius nolens, venio ut a memetipso corrigatur quidquid per nuntios meos tandiu spernebatur.

Sic itaque illo ratione locuto potentissima clerici omnesque astantes percussi sunt perturbatione nimia, adeo, ut cantantium jam laudes vespertinas interrumperetur melodia. Deinde cum ab omnibus silentium et reverentia ipsi seni præberetur, et a nullo quin ipse Deus omnipotens esset dubitaretur, accedens paulatim stetit super eminentiores qui erant coram altari gradus, ubi scilicet clericorum erat psallentium chorus, et ad eosdem congregatos clericos hujusmodi verba locutus est: Quare in tali negligentia servitutis meæ agitis officia? Cur ita negligenter etiam has nuper inceptas laudes cecinistis vespertinas? Nunquid putatis me labiorum solummodo motu delectari, et non pariter reverentia debita psallendi, nec non studio religionis vestræ omni? Cur me toties a requie mea excitatis, et nihil horum quæ commissa sunt vobis curam agitis? Sicut enim nunc cantantibus vobis et moventibus labia forinsecus vestra vagabantur corda, ita et nunc in aliis temporibus et locis huc usque mihi servire solebatis, simulantes potius quam sequentes viam veritatis. Hæc et his similia dicens ad clericos generaliter, deinde universos..... (55).

Nisi illud g... e in quo coram altare lumen so (55) Deest iter..., integrum folium in cod.

lebat ardere, ipsum digito monstrans dixi ad Dominum: Quia, Domine Jesu, nil aliud hic verberandi officio aptum adest, vel cum hoc ligno gravi corpus percussum alicui trade infirmitati, ut verborum tuorum saltem sic compellar recordari. At ille respondens ait: Non opus est istis, nec erit jam tempus agendis; in hoc enim nequaquam libet diutius consistere loco, sed redire in requiem meam quantocius volo. Quapropter super his quæ rogasti scito quia cum mihi sint omnia nota, gemitus et lacrymarum tuarum effusionem emendationemque morum pro confessione a te suscipio.

Post hæc ergo mihi valedicens, regressus est ad illum locum in quo prius stetit concionem increpans clericorum; et ibidem quoque prospiciens ad populum qui post chorum, sicut utique mos est, constitit, hujusmodi sermonem ad eos protulit: Facite igitur, o laici, sicut boni solent viri, et nolite attendere ad opera prava, quæ videtis et auditis frequentissime a pastoribus, vestris videlicet clericis facta, sed potius juxta scientiæ vobis per gratiam divinam collatæ dona, operum quoque vestrorum dirigite studia, scientes procul dubio quia tanto major merces vestri erit quandoque laboris, quanto minus nunc ulla pastorum exempla ad viam vos incitant bonæ actionis. Multa quoque his similia admonitionis verba tunc ad laicos edidit, quæ quoniam a memoria mea longe sunt facta, libet hæc sola, quorum jam memini, quæque in sermonis sui fine omnibus illic commorantibus Dominus dixisse videbatur, hic ponere verba. Admonitionis, inquit, meæ jam memores estote, et omnes valete. His dictis mox eadem via ipsaque altaris plaga qua egressus est regredi cœpit, et intrans altare ultra non apparuit.

Evigilans autem ego et genas lacrymarum effusione adhuc madidas sentiens, stupore detinebar nimio, cogitans qualis hæc esset visio, an scilicet ex Deo per somnia, sicut et quondam, prius me admonente, an esset ex diabolo imaginibus phantasmatis illudente. Nam si ex Deo, quomodo convenit ut cum illo, qui optimus, imo qui solus est bonus, et cujus aspectum angeli hominesque sanctissimi nequeunt sustinere, homo nequissimus colloquium visus sit habere? Si vero ex diabolo, quomodo potest congruere ut is qui auctor est totius nequitiæ quemlibet per somnia ad emendationem morum studeat convertere? Hæc et his similia tractans mecum, et nulla argumentatione conjicere valens somnii interpretationem, surrexi et omnia hujusmodi secreta Deo commendavi, simulque ex tempore illo timoris atque amoris divini aliquantulum plus solito concipiens, et orationi ac sacræ lectioni nec non et continentiæ majori studens, ab intemperata lascivia memet interdum cohibui. Mirabar enim valde quod prioris illius quod supra retuli, et istius somnii visio tantam mihi admonitionem administraret, quodque tanta utriusque convenientia esset, futurumque quoddam inde miraculi magni præsignatum mihimet credidi; ideoque intimis precibus sæpe tunc Dominum exoravi, ut, si ei fuisset acceptabile, ad religionis monasticæ vitam, quam olim quoque cum adhuc essem parvulus, pro eo quod præ multis in discendo pollebam, pollicitus sum, revocare dignaretur. Sed de his sufficiant dicta.

VISIO TERTIA.

Othloni ad vitam monasticam conversio, flagellis divinitus impactis promota. Prudentia et moderatio in castigandis puerorum erratis eidem ostensa.

Jam vero ad tertiæ visionis seriem enarrandam properare volo, quæ, quanto majori districtione accidit, tanto prolixioris sermonis ope indiget. Quamobrem, ut amplius faciliusque agnoscatur quam justa severitate quantaque pietatate me inter eamdem severitatem potentia divina amplecteretur, reminiscens videlicet in ira misericordiæ suæ, commemorare libet aliqua ante et post visionis hujus enarrandæ textum.

Cum ergo post visionem proxime præfatam assidua meditatione id ad quod conscientia innuente divina admonitione cogebar tractarem, scilicet ut ad monasticæ religionis vota remearem, a qua pene invitus patris mei precibus assiduis discessi, sed, obstaculis plurimis intervenientibus, paulatim eamdem meditationem negligerem, interea accidit ut quidam archipresbyter, nomine Werinharius, in episcopatu Frisingensi præstantissimus, omnique non solum clero et plebi, sed etiam principibus summis in ea diœcesi statutis verendus, in me commoveretur pro vitio quodam. Quem cum multi, arbitrantes sine causa aliquid contra me commotum esse, pro me diu interpellarent, nec quidquam gratiæ obtinere possent, postremo etiam ego, fiducia accepta, contra eum ira stultitiæ commovebar, adeo ut versus plures (qui versus ita incipiebant:

O lator legis renovans decreta Catonis,
Multorum causæ mihi soli sunt referendæ)

in meam defensionem ejusque reprehensionem, quanta potui argumentosa subtilitate editos, in concilio quodam pro mei causa habito coram omnibus illic commanentibus ei legendos traderem, dicens ad illum: Quia in sermone communi non ita ut necessitas mea exigit eloquens sum, legite hanc epistolam et attendite si quid litteris respondere valeam vobis. Quibus acceptis et perlectis, licet iracundia nimia repleretur, continuit se tamen aliquantum, et quasi tranquillo animo dixit: Has litteras, in quibus a te magis quam ab ullo homine unquam dehonestatus sum, seniori meo episcopo præsentare volo, ut ille decernat quid super tanta stultitia et audacia adversum me patrata agendum sit. His igitur dictis fit concilii quoque finis.

Quæ postquam gesta sunt, et archipresbyter Frisingiam reversus epistolam datam collegis suis ostendit, fuerunt quidam inter eos qui talem præsumptionem hactenus inauditam summa districtione puniendam censerent: fuerant etiam alii tam mei quam archipresbyteri ejusdem amici dicentes eum incauta aliquid commotione in me excitatum esse, ideoque relaxari debere. Quibus etiam prævalentibus, legati ad me missi sunt, qui me proficisci Frisingiam persuaderent. Ast ego, licet diu renuerem, tamen consentiens tandem perrexi, virumque juxta quorumdam amicorum consilia placavi. Sed ipsa placatio diu minime perseveravit, quia post non multum temporis exacerbatus est meis contumacibus verbis. Hæc autem omnia ita evenisse scio peccatis meis meruisse, quia ei qui Domino adversatur omnia adversantur. Cum igitur ex repetita injuria et archipresbyter adversum me incitaretur, et ego ob scientiæ liberalis, qua imbutus esse mihi videbar, inflationem magis mgisque eum et dictis et scriptis criminari studerem, postremo mihi melius videbatur alio transmigrare, quam hujusmodi injuriis subjacendo plus laborare. Eoque plus id animo successit, quo libentius inter studiosos quosque et doctiores clericos quam inter villanos versari sæpe desiderabam.

Relictis ergo ad tempus meis omnibus, perrexi ad Ratisponam civitatem, ibique Burchardum venerandum abbatem cœnobii sancti Emmerammi pro mei susceptione rogans, cito impetravi rogata, pro eo scilicet quod cœnobii ejusdem monachi profectuosum sibi fore arbitrabantur meum scire in scribendo vel in docendo canonicos quoslibet. Interea ergo cum ibidem aliquandiu hospitarer, contigit quadam die ut ante fores hospitii dati residens in lectione Lucani occuparer. Legente itaque me ibi, subito ventus urens et vehemens ab australi parte adveniens vicibus tribus me adeo invasit, ut post vicem tertiam extra tectum residere illic ultra non auderem, sed, libro assumpto, ingrediens domum, primo quidem in magnum stuporem, deinde vero celeriter cecidissem in languorem. Verumtamen necdum sensi quid tanta significaret impulsio venti, utrum solita communis tempestatis foret immutatio, an aliqua ad me solummodo pertinens divinæ pietatis operatio. Omnibus quippe tunc utriusque hominis sensibus ita repente efficiebar destitutus, ut pro timore seu stupore interdum mihi viderer ab aliquo monstro attrectatus. Ideoque quoties hac detinebar dementia vel illusione, tam inter homines positus, quam etiam solus, velut litigando contra aliquem me jam jamque impugnantem continuata utebar sermocinatione. Verumtamen interea nisu quo potueram lectionem Lucani frequentabam.

Cum autem per unam fere hebdomadam tali detinerer infirmitate, nec ideo aliquantulum, peccatis meis exigentibus, de animæ meæ tractarem utilitate, subito in quadam nocte mihi solito more in lectulo quiescenti, vir quidam minaci vultu et omnimodo terribili habitu juxta me visus est stare, et in tantum me flagello quodam castigare, ut nullo modo crudelitati vel severitati humanæ simile quid arbitrarer in ipso esse. Valde etenim dura ac diuturna imo perennia videbantur esse verbera, quæ mihi recolo tunc illata. Inter quæ nimirum verbera visum est hoc diutius animo volvere, nequaquam a Domino missum qui tanto quemquam flagello cruciare posset. Sed et hoc reminiscor mihi visum fuisse, quia quotiescumque os aperire vellem pro venia postulanda, mox quasi indignans qui me verberavit, ferociora verbera ampliavit, objiciens quædam crimina quæ mihi tunc videbantur nota, nunc vero minime reminiscor. Cumque flagella quæ mihi quidem tunc visa fuerant perennia, per noctem vero totam, mirabili sopore depressus pertulissem, primoque dehinc vigilassem, hoc autem luce clara feci, tunc, recordatis quæ verbera, quæ vulnera noviter sentirem, putavi ex eorumdem vulnerum cruore vestem cunctaque lectisternia madefacta. Postquam autem hæc discutiens nullo visu carnali probare potui, circumspiciens mirabar ubi essem, et quomodo talia pertulissem, diuque miratus opinabar me insaniæ morbo depressum. Sed iterum ab hac opinione retractus, et reminiscens quod quondam legerim sanctum Hieronymum in somnis verberatum fuisse, arbitrabar mihi aliquid simile evenisse. Rursumque ab hac etiam intentione revocatus sum, pro eo quod mihi perverso et illi sancto viro nullius rei similitudo conveniret.

Aliquandiu ergo hoc modo cunctatus nutanti gressu surrexi, excitatoque puero qui coram me dormivit, interrogavi si quid tumultus in habitaculo illo noctu audiret? Quo respondente : Nihil, tunc magis magisque admirans, et non recolens quod spiritualia sine quoquam corporali sonitu eveniant, abstracta veste, petii ut si forte vel in dorso aliqua stigmata ulcerosa videret, mihi intimaret. At ille punctis quibusdam excrescentibus omnem cutem repletam esse dixit. Tunc tandem vix credidi, quod omnimodo probavi. Fateor quoque quia tunc satis exauditus sum in hoc, quod, ut supra retuli, Dominum me flagellare petii. Patefacta ergo utcumque visionis hujus qualitate, non molestum, quæso, videatur lectori, si mox quæ successerunt subjungam, qualiter videlicet me descendente a Hierusalem in Jericho et incidente in latrones pessimos, qui me, despoliantes plagasque imponentes, dimiserunt semivivum, Samaritanus ille optimus iter faciens vidensque me semivivum relictum, misericordia motus sit, et appropians alligavit vulnera mea infundens oleum et vinum : oleum quidem omnibus olivarum generibus suavius, vinum autem omni aceto amarius. Fortassis autem hæc utriusque infusio intimata aliis, duris scilicet et improbis, ad compescendam eorum improbitatem, attestante Scriptura: *Uno pestilente flagellato multi corripiuntur stulti* (*Prov.* xix, 25); pusillis quoque et lapsis prosperanda pietatis divinæ visitatione proficiet, sed et adhuc stantes, ut inceptis persistentes aliena pericula evadant, admonet.

Ut igitur memini, diebus duobus post ea quæ secreto spiritaliterque passus sum flagella transactis, nullaque ad condignam pœnitentiam intentione exinde compuncto,
Confestim publice vario languore gravabar,
Et, quod cunctigenis est plus miserabile morbis,
Nunc, quasi phreneticus, vix a multis religatus,
Mox velut exanimis desperatusque jacebam,
In tantum pressus conventu dæmoniorum,
Ut nec pro venia, qua jam moribundus egebam,
Catholicæ fidei tenuissem scita vel ulla :
Sed nec signa crucis potuissem ponere fronti.
Interea crebro visu rapiebar amaro,
Quo nimis horrendas potui cognoscere pœnas.
Hoc quoties fuerat, mihi visum est esse perenne.
Tunc tandem sensi quod jam mereantur iniqui,
Et memini dictum : Deus inspicit omne secretum,
Qui sic cuncta mei denudatis intima cordis
Judicio justo dedit his me semper inesse,
Quæ olim cum reliquis evadere posse putavi.
Nam nihil injustum me tunc perferre querebar,
Verum mirabar divinæ vim pietatis,
Tempore sub tanto stolidum meminet patientis.

Hæc autem infirmitas in secunda vel tertia Quadragesimæ hebdomada incipiens continua vexatione usque ad feriam quintam Cœnæ Domini perseveravit. In nocte enim proxima præcedenti quodam somno suavi recreatus, vires tantillas exinde suscepi. Quibus paulatim ita augmentatis, ut me in sancto die Paschæ ad ecclesiam posse venire gratularer, postea sub tempore parvo ad pristinam sanitatem perveni. Interea vero plerique de proximo sancti Emmerammi cœnobio monachi me visitantes, et quantæ infirmitatis miseriam pertulerim, quod quoque non frustra fieret correptio tanta, commemorantes, sæpe suaserunt ut me subjiciens Christo, cujus gratia mihi reddita sit vita, apud suum cœnobium monachalem susciperem habitum. Ego vero in primis, præteriti languoris vexationem satis recolens, spopondi. Deinde vero quanto plus corporis sospitas augebatur, tanto magis oblitus quos passus eram cruciatus, et quæ sunt visa reputans ut somnia vana, ejusdem sponsionis intentionem neglexi. Fæx namque mea nondum erat exinanita, ideoque justum fuit ut de calice iræ Domini iterum gustarem, sentiremque quam durum sit contra stimulum calcitrare : simul etiam, ut credo, hæc omnia idcirco facta sunt, ut Deus omnipotens, qui omnes homines salvos fieri vult, in me aliis quoque divitias potentiæ, patientiæ bonitatisque suæ, ostenderet, mortificans me toties et vivificans, deducens ad inferos et reducens. Audiant, quæso, hæc mites et lætentur, magnificentque Dominum mecum, et exaltemus nomen ejus in idipsum.

Postquam igitur eo quo dictum est modo ex infirmitate celeriter convalui, omnesque angustias nec non plagas, quas tam in anima quam corpore perpessus sum, contempsi, iterum licet a pluribus dolorum meorum consciis mundana deinceps negotia abnegare admonerer, ad sæculum redire disposui. Cumque hoc assidua intentione tractarem, diemque etiam in quo profecturus essem ex urbe Ratispona deliberarem, tunc per dies octo antequam affectarem proficisci aegrotare coepi, et in languorem talem decidi, ut pars quidem corporis quaedam, item facies caputque simul totum miserabilibus et insolitis verrucarum stigmatibus circumdaretur, reliqua autem membra omnia, exceptis linguae labiorumque motibus, gravissimo paralysis [*cod.*, paralysi] morbo velut mortificata efficerentur. Cumque dies tres in hujusmodi infirmitate gerens, et universorum pene membrorum officio destitutus, nullam vitae hujus spem retinerem, misi et vocavi festinantes monachos quosdam de proximo sancti Emmerammi coenobio. Qui cum citius advenissent, suppliciter petii ut ad illam vitam monasticam, ad quam me saepius benigna attrahebant suasione, tunc suscipere dignarentur pro Dei solummodo amore. At illi intuentes me, et visu verrucis excrescentibus desperatum omnique pariter membrorum officio debilitatum, cur, inquiunt, habitum talem nunc desideras, cum vix flatum ferens citius te jam obiturum scias? Si vero forsitan Deo volenti tibi spatium vivendi protelatur, quid utilitatis tam caecus et paralyticus, quod procul dubio semper eris, in hac vita, quam modo expetis, unquam exercere poteris? Cum enim nuper post immensa infirmitatis tuae tormenta sanus esses effectus et nos te saepius admonentes libentissime in congregationem nostram suscipere voluissemus, utilius tibi atque nobis hujus professionis adimpleres vota; sed nemo nostrum tunc potuit tibi persuadere talia. En patris poenam, quam diximus esse futuram. Perspeximus nempe te talem evasisse languorem ut nihil aliud tibi postea foret agendum, nisi ut mundanis omnibus relictis secederes in monasterium. Quibus ego respondi dicens: Ita esse, ut asseritis, fateor. Nam corporis mei satis probat angustia qualis hucusque fuerit animi industria. Sed dolori meo, precor, parcite petitionibusque meis, dum adhuc infelicem animam teneo, succurrite. Illi vero ad haec misericordia moti et, quantum in eis esset, petita polliciti abierunt, atque celeriter redeuntes mihi nuntiaverunt in hoc universam fratrum concionem consensisse ut, si vitam redditam sanitas exsequeretur talis, quae me implicari permitteret exercitio alicui usus coenobialis, tunc demum abdicatis prius rebus cunctis saecularibus benigne me susciperent in congregationis suae corpus. Hoc responso accepto, licet de sanitate corporis exquisita adhuc incertus essem, magnum deinde sospitatis incrementum gratia opitulante divina citius advenire sensi.

Cum autem tantam Dei gratiam sentirem adesse, ad caetera consequenda animabar valde. Adveniente igitur crastina die, ita vigor corporis augebatur ut sine alterius sustentatione egressus, id quod pridie per alios expetivi, egomet ipse ad coenobitas priores veniens studerem deprecari. Sicque factum est ut petitionem meam tanto promptius susciperent quanto magis salutem desperatam in me inolescere conspicerent. Jure itaque mihi constat repetendus ille Psalmigraphi versiculus: *Castigans castigavit me Dominus et morti non tradidit me* (*Psal.* CXVII, 18). Igitur ex infirmitate etiam illa celeriter ad sanitatem pristinam restitutus sum, excepto quod, pene per omne tempus, quo extra monasterium convalescendi gratiam praestolabar, visione varia in somniis inquietabar. Quasi enim cujusdam interitum minitantis, nisi quod nuper vovebam cito complerem, imago saepe astare videbatur. Et haec fuit causa maxima, quae me in monasterium citius ire compulit. Quae vero deinde mihi acciderunt tam ex solita divinae pietatis subventione quam diabolicae fraudis machinatione, licet multa utrinque fuerint (nam nec Deus consuetae misericordiae et correptionis quidquam in me minuit, neque adversarius solita nequitia me impugnare cessavit), tamen quia ab incepto opere longius evagari me faciunt et in alio opere latius eadem jam protuli, duo tantum hic, quae tam vigilando quam quiescendo passus sum, quam brevissime queo edere studeo.

Post tempus igitur nonnullum, quo aufugi in coenobium, quia existimabar instructus aliquid in liberali scientia, commissa est mihi licet immaturo doctori invisa puerorum disciplina. Cum autem inter eos plures provectioris essent aetatis, qui scilicet, sicut illa solet aetas, saepius excederent disciplinae metas, unum ex eis, qui maxime protervus mihi videbatur, corripiens coram aliis, plusquam decuit, probrosis asperrimisque afficiebam verbis; adhuc enim propriae alienaeque fragilitatis ignarus credebam nil mihi fore noxium quocunque modo increparem eum, qui mihi jure subditus erat, adolescentem stolidum. Increpatione autem hujusmodi peracta, ille quidem videbatur satis moestus; ego vero mox a pristina animi constantia et gratiae supernae fiducia destitutus, in tantam pusillanimitatem miseriamque nec non metum magis ac magis deveni ut celeriter aut terra hiante, seu aliqua absorberi putarem vindicta coelesti. Sed cum talia die illa tota ab increpationis perpetratae paterer hora usque ad vesperam, primo ubi vel in quo tantum mentis moerorem meruerim, dubitavi. Dehinc cuncta ipsius diei diligenter retractans gesta, per amara correpti juvenis verba hanc etiam mihi amaritudinem evenisse conscientia reatus agnovi continuoque, ut in tanta poteram molestia, pietatis divinae solita exquisivi solatia. Nec tamen ea die sequentique nocte sentiebam aliquid minui doloris magnitudinem imminentis; quin imo cum etiam tempore statuto requiescere vellem dormiendo, specie multimoda terroris praepeditus nequivi suscipere requiem ullam soporis. Quamobrem vix praestolans fratres ad laudes nocturnas exsurgere easque peragere, rursum postea libertate orandi secretissima potitus, suffragia sanctorum per singulas prostratus aras suppliciter exquisivi, obsecrans, ut per eorumdem sanctorum intercessionem pietas divina et mihi misereretur, et qualiter illum juvenem exasperatum placare possem pandere dignaretur. Nam inter cæteras animi molestias valde ex hoc affligebar quomodo illum, qui mihi subditus erat, opportunissime absque suo meoque damno reconciliarem? an genibus flexis, ut placantur seniores? an tantum verbis, ut placatur minor ætas? siquidem flexis genibus utriusque damnum esse sum arbitratus; ejus, scilicet, propter elationem, quam forsitan sibi postmodum inde vindicaret; mei vero ideo, quod arguendi illum post humilitatem hujusmodi exhibitam ulterius minor fiducia mihi restaret. Cum ergo in tali positus molestia lacrymis precibusque copiosis usque ad diem clarum insisterem et ab omnipotente Deo quid super ambiguitate imminenti agendum foret, deposcerem aliqua manifestari indicia, ecce subito egre liente me a quodam oratorio prædictus juvenis occurrit, et coram me humiliter sese prosternens, pro injuria, quam pridie correptioni meæ detrahendo seu contradicendo perpetravit, veniam petit, promittens in reliquum se nunquam talia mihi facturum simulque suppliciter rogans ut, si quando humana fragilitate seu etiam ignorantia cogente in aliquod vitium, quod perfacile juvenibus subrepit, laberetur, non mox a me, juxta zeli fervorem solitum, coram cæteris correptus scholasticis confunderetur, sed ut potius pietate gratuita illum, quem minime ædificaret correptio aspera et manifesta, vel attentare studeam prius cum aliqua correptione leni ac secreta; sin id parum proficere in ipso cernerem, tunc sibimet, prout jus postularet, districtissima ratione occurrerem. Hæc et his similia juvene illo supplicibus sagacibusque verbis proferente et memet benigne ad preces ejus respondente, intellexi gestum in utrisque divinæ opus clementiæ; in illo quidem, quia compunctus pro admissis prior quæsivit veniam; in me autem, quia humiliato eo magna mihi interim compunctio oriebatur simul et pœnitentia. Dehinc ablata est omnis illa recens molestia factumque est ut ex hujusmodi vitio deinceps cautior esse studerem in corripiendo.

VISIO QUARTA.

Dæmonibus ad desperationem et perfidiam incitantibus, angelico monitu Othlonus in spe ac fide roboratur.

Ante decennium agente me decaniam in monasterio nostro, et abbate, non juxta regulæ sanctæ instituta, sed secundum episcopi præceptum vel juniorum quorumdam affectum plurima illuc disponente, ego jugiter, quantum potui, præceptis hujusmodi consentire nolui. Qua de re inter me et abbatem nostrum discordia magna exorta est, cum neque ille sua, nec ego mea vota mutare vellem. Interea vero sæpe per memetipsum, sæpe per alios illum rogans ut, quia mores mei sibi omnino displicerent, me a decania commissa absolveret; nec hoc per tempora multa obtinere valui. Unde factum est ut, quia nulla apud eum impetrare potui, zelo plus justo ductus aspera incautaque dicta quædam ita contra eum proferrem ut me quoque maledictione connecterem. Pro quibus, licet pœnitentiam tunc coram abbate egissem, tamen quia coram Deo, in quem solum maxime peccavi, idem facere neglexi, post dies paucos in infirmitatem decidi. Hæc autem ita esse credo, quia correptionis divinæ gratiam a pueritia usque in præsens habui sæpiusque hoc a Domino petii, ut quotiescunque aliquod peccatum grave clam seu palam committerem, continuo vel post paucos dies gravi etiam infirmitatis seu tribulationis alicujus molestia afficerer; unde et infirmitatem proxime dictam credo pro ea causa, quam modo protuli, evenisse. Infirmitas autem eadem ita facta est.

Cum per duos vel tres dies languor invalescens me in domo infirmorum manere cogeret, accidit ut ibi in lecto nimium languidus jacens post completorium sperarem me melius habiturum, si surgens sederem ante lectum. Quo facto, videbam per lumen ibi accensum quasi fumo repletam esse totam domum. Qua de re et horror simul et timor me ita invasit ut pene omni fide et fiducia, quam in Deo habere solebam, destitutus surgerem et ad eum laicum, qui illic ad vigilandum deputatus erat, pro me benedicendo, nutabundus ambularem. Cumque ante ejus lectum starem, pudore nimio captus quod ab eo benedictionis gratiam ullam petere vellem, redii sine effectu. Rursum ad cujusdam fratris ægroti lectum pro causa eadem deambulans eumque dormire sentiens similiter feci. Interea magis horrore visionis fumosæ repletus ad lectum meum redii fessus ibique residens meditabar quid facerem quove fugerem tale monstrum. Neque enim dubitavi hoc fore per malignos spiritus, qui inter ipsum fumum certare qualiter me vexarent mihi videbantur. Cum autem diu certamen hujusmodi non carnaliter, sed spiritualiter agi sentirem, neminemque illic commorantem mihi succurrere sperarem (nam omnes nimio erant somno depressi), tunc fide aliquantula recepta psalmos quosdam canere cœpi. Et hac decantatione egressus proximam sancti Galli Ecclesiam intravi ibique coram altare prostratus, eo quo potui nisu psallendo oravi. Interea vero, quia peccatis meis exigentibus omnis vigor mentis et corporis in me cito defecit, sensi per spiritum quomodo mihi labia a malignis spiritibus comprimebantur, ne ad psallendum moveri possent. Sed me contra hæc manibus utrisque ad labia aperienda aliquandiu concertante, fatigatus sum, ita ut facile os aperire nequirem. Tunc ab ecclesia illa exiens reptando potius quam ambulando, in illam, quæ ibi maxima est, sancti Emmerammi ecclesiam perveni, ut vel illic aliquod imminentis miseriæ levamen adipiscerer. Cæterum eadem quæ prius ibi pariter passus et vix aliquibus verbis præ infirmitate orando prolatis, gressu difficili ad lectulum redii, sperans me vel pro lassitudine requiem aliquam soporis salutiferi tunc posse sortiri. Cumque pro hac spe lecto me ponens nil sperati soporis capere potuissem, sed, quocumque me verterem, illa fumosæ visionis indicia aliquomodo sentirem, jacebam nimia tam animi quam corporis infirmitate detentus.

Inter hæc vero, cum neque prorsus me vigilare nec penitus dormire sensissem, repente mihi visum est quod in campo quodam mihi noto fuissem circumdatus multitudine dæmonum plausu cachinnoque ingenti coram me ludentium. Ego autem nihil dubitans qui essent quantaque malitia omnia facerent, quanto majori risu eos occupatos vidi, tanto tristiorem me exhibui, utpote qui illos perditionis meæ causa congregatos credidi. At illi, ut viderunt me nullatenus eis velle arridere, in iram excitati sunt nimiam dicentes : Nunquid tu nobiscum gaudere et joculari non vis ? Quia ergo elegisti tristitiam, satis profecto experieris illam. Quibus dictis mox circumvolantes undique et invicem se cohortantes in mei contritionem dicentesque : Quid modo tardatis in eo quod sæpe petistis ? En est in manibus vestris, quem assidua circumventione quæsistis. Exinde proficisci cœperunt, et me utroque latere percusso secum ire ea, qua ipsi ierunt velocitate, compulerunt. Iter vero eorum, ut mihi videbatur, tanta celeritate agebatur ut sub momento brevissimo latissima terræ spatia circuirent. Quod cum pariter facere nequirem, et tamen a spiritibus malignis percussionibus crebris impellerer, præ angustia et difficultate spiritus videbar mihi cito deficere. In hujusmodi ergo difficultate multa ineffabilia passus multaque loca citissime peragrans, tandem positus sum in quoddam præcipitium tale, cujus summitas vix me caperet, cujusque ima nullus visus pertingere posset. Ubi me circumspiciente, si quis evadendi locus esset, qui tamen non esse videbatur, undique circumvolantes ad me dæmones dixerunt : Ubi ergo nunc est spes illa quam in Deo habuisti ? Ubi quoque est ipse Deus tuus ? nescisne quod neque Deus, ut dicitur, est, neque illius potentia contra nos quidquam prævalet ? Et ut hoc ita esse absque dubio agnoscas, respice quia nemo hic est adjutor tuus nemoque te eripere potest de manibus nostris. Elige ergo nunc quid facias, quia nisi illa quæ nobis placeant fatearis amodo te acturum, hic præcipitaris in abyssum. Ast ego hæc audiens angustia undique deprimebar pro eo quod neque illis consentire neque resistere tutum esse rebar. Recordabar enim licet mente infirma, quia fide certissima olim credidi et legi Deum ubique præsentem esse ideoque circumspexi, si forte, ut credideram, aliquod ex Deo mitteretur subsidium. Cum autem interea dæmones acriter insisterent, exigentes a me quid eligere vellem de proposito, et in eo pene res esset ut quæ sibi placita forent me acturum promitterem, subito quidam vir visus est prope me stare dicens : Ne facias quæ compelleris, quia non conveniunt. Omnia enim sunt falsa quæ ab his pessimis seductoribus modo audisti. De fide namque, quam in Deo dudum habuisti, certissimus esto. Sed et hoc scito quia omnia quæ passus es novit Deus et ad profectum tuum fieri permisit. His dictis celeriter nusquam comparuit.

At dæmones mox post ejus discessum undique solito more circumvolantes ad me dixerunt : Miserrime, quid huic, qui te decipere venit, aliquid credere cupis ? Nonne ex hoc potes probare illius qualitatem quod nec hic diutius manere nobis præsentibus audebat ? Fac, miser, quod facturus eris, committens te nostræ potestati.

Hæc et his similia dicentes et me interea nimio furore auferentes, discesserunt inde et per plana et aspera, per excelsa et profunda uno eodemque modo diu vagantes, me per utrumque latus crudeliter percussum secum ire celeriter jusserunt atque in præcipitium multo periculosius priore statuerunt, ubi idem, ut prius, plurima opprobria variasque minas ebullientes adeo me terruerunt, ut eadem, quæ etiam prius, facere cogitarem. Sed cum in hoc bello æstuarem et aliquandiu differens facere quæ cogebar propter solatia prædicta circumspicerem, si forte iterum aliquod præsidium a Deo mitteretur, subito idem qui et prius apparuit, majorem ostentans fiduciam quam prius. Nam illa consolatoria verba, quæ antea clam, tunc manifestim protulit, dicens : Noli, quæso, noli peragere quæ deliberasti, sed confortetur cor tuum contra impugnantes. Cui ego respondi : Nequeo, Domine mi, tanta pericula tandiu sustinere, cum et turba ingens contra me pugnet et nemo me adjuvet. Nam postquam me consolans nuper discedebas, acriora me ab istis nequissimis spiritibus pati tormenta efficiebas. Quapropter vel nunc mecum perseverans adjuva me, ne dum iterum discesseris, majora etiam mihi tormenta iterum efficias. At ille dixit : Non, quantascunque tibi minas inferant, prævalere possunt, si tu tantummodo fide speque constanti in Domino perseverare studes. Confortare ergo, quia quanto graviora amodo certamina sustinebis, tanto citius finientur. Ad hæc etiam denuntio quia si bella Domini constanter præliaris, in futuro æterna accipies præmia, et in hoc sæculo celebri dilataberis memoria.

Hæc igitur secundo dicens evanuit, me discessu suo in maximo constituens periculo. Nam dæmones in ejus quidem præsentia nihil contra me præsumebant ; postquam vero discessit, tanta in me crudelitate sæviebant ut ea quæ prius agebant levia viderentur, dicentes : Experieris profecto, quid ille susurro tuus tibi succurrere possit. Nonne diximus tibi et prius quia nemo eripere te valet de manibus nostris ? Cur nobis toties eadem dicentibus minime credis ? Ille seductor tuus modo fecit, sicut etiam prius fugiens nos. Audivimus namque quædam magna tibi promittentem, scilicet ut, si ejus seductionibus obtemperes, celebrem te fieri in mundo ; econtra vero nos tibi dicimus et omnino denuntiaimus, quia, nisi monitis atque jussionibus nostris obedieris, ad autem te confusionem perducemus, ut per omnem terram eadem confusio divulgetur. Ad hæc etiam tibi intimamus quia, si aliquomodo manus nostras jam evaseris (quod tamen impossibile fore credimus), persecutiones maximas per nos semper patieris. Cum ergo hæc atque his similia sæpius repetentes me angustiis ineffabilibus affligerent, interea, gratia divina efficiente, tintinnabulum sonuit primum et nocturnæ laudis signum. Quod ubi in lecto jacens moribundus audivi, ad me ipsum paulatim reversus, sentiebam me hac vita perfrui, nec quid fumosæ visionis ultra vidi. Recordatus quoque verborum, quæ mihi in visione a viro me consolante nuperrime dicta sunt, dixi: O quam vera dicta ille protulit, qui conflictum meum cito finiendum esse modo prædixit! heu, heu, quod per omne noctis hujus præteritum tempus mihi laboranti nesciebam esse profectuosum hujus tintinnabuli sonum! nam, si scirem, quantumcunque væ mihi inesset, vel reptando in dormitorium venirem, ut aliquem ad idem tintinnabulum longe prius sonandum excitans, angustiam diuturnam visionis laboriosissimæ aliquatenus minuissem.

Verumtamen deinde in tantam corporis et animæ infirmitatem decidi ut ex imminentis doloris magnitudine frequenter ab hac me vita citius subtrahi optarem. Postquam vero convalui, in hoc visionem prædictam veram esse sensi, quod plurima tentationum jam diu in me tepescentium pericula malignis spiritibus, sicut promiserunt, persequentibus recalescere cœperint. Porro de reliquis quibusdam a me dictis et tunc et adhuc ita incertus sum, ut absque gratia Dei, in qua confidere et credere variis instructus sum experimentis, me nihil meruisse, nihil in posterum posse mereri sciam.

VISIO QUINTA.

Quam detestandus in clericis luxus vestium sit cuidam ostensum.

Cum puer adhuc ad monasterium Herveldense scribendi causa transmissus fuissem, contigit me agnoscere visionem magnam de cœnobio Hildinesheimensi. Inde namque duo canonici a beatæ memoriæ Gothardo episcopo discendi gratia ad scholam, quæ per idem tempus sub abbate Arnulfo ibi satis pollebat, mihi sunt, quorum junior Boto, alter vero Wolfharius dicebatur. Hinc igitur Wolfharius considentibus sæpe nobis in collatione tam spiritalis quam carnalis doctrinæ, et utrisque de sua patria aliquid narrantibus, referebat mihi de suo monasterio dicens: Ante annos quam plures consuetudo fuit talis in monasterio nostro, ut nemo clericorum aliis nisi pretiosissimis uteretur vestimentis tam in quotidianis quam in festivis diebus. Simili quoque ornatu sedilia simul et lectisternia eorum habebantur, quantoque quisque locupletior erat, tanto pretiosiorem suppellectilem habebat. Cumque hæc sine judicii superni respectu diu gererentur, apparuit angelus Domini cuidam vicino clerico in visione, dicens: Vade et dic episcopo civitatis hujus ut et se et suum clerum ab immoderato illicitoque ornatu contineat, ne forte super eos ultio divina veniat. Evigilans autem clericus et visionem pro delusoriis somniis reputans jussa neglexit. Sed angelus Domini iterum clerico prædicto similiter apparens, ait: Quare præcepta mea contempsisti? Cave ne ultra facias. In veritate enim dico tibi quia, si amplius feceris, non impunitus evaseris. At clericus, licet aliquandiu de visione tractans pertimesceret, tamen, ut prius, tandem neglexit. Tertia autem vice angelus adveniens non, ut antea, clericum per somnia admonuit, sed palam excitavit cum, dicens: Cur toties præcepta mea contemnere ausus es? Nonne dixi tibi quia, si amplius contemneres, ultionem aliquam sentires? Cui clericus respondens, ait: Non, domine mi, contemnens talia feci, sed quia tantam senioris mei episcopi indignationem exinde commovendam sciebam ut, nisi signum aliquod monitis talibus adderem, periculum maximum incurrerem. Ad hæc angelus: Si, inquit, signum a me exigis, suscipies pro certo. His dictis sumpsit quoddam flagellatorium, et cum eo diutius cædens clericum dixit: Ecce signum, quod petisti, sin alias nostris non curas credere verbis, signum donamus, cui differt credere nullus. Vade ergo nunc et perfice nostra jussa. Qui mox nil dubitans abiit ad episcopum eique angelicum retulit mandatum. Cæterum episcopus audiens hujusmodi dicta, indignatione comprehenditur nimia: Quare, inquiens, tales somniorum tuorum nugas stolidissime præsumpsisti mihi referre? *Hæc et hæc mihi Deus addat,* si præsumptionem tantam nequitia tua impune ferat. Quibus dictis clericus progrediens ab eo pusillum exuit se vestimentis citoque regrediens ostendit dorsum nimiis verberibus exaratum, dicens: En quale signum accipere merui, cum te nimium metuens Deo rebellis exstiti! bis namque jussus a Deo ejus tibi deferre mandata, sed propter tuum timorem non obediens talia pertuli flagella. Talibus igitur dictis simul et visis exterritus episcopus mandavit fieri synodum, in qua conveniret omnis turba clericorum. Quo cum advenissent, omnibus mandata divina innotuit, omnes ad pœnitentiam, omnes ab incongruo vestimentorum ornatu abstinere admonuit. Hac instructi admonitione cœperunt omnes se ædificare vestiumque ornamenta mutare.

Deinde vero non multo tempore transacto et hoste antiquo ad id quod consuetudo mala illeverat retrahente, paulatim omnes ad consuetos totius supellectilis phaleras redierunt; tunc iterum ad eos misso eodem clerico per angelum Dei admoniti sunt, ut supra, simulque denuntiatum est eis ut, si tertio repeterent solita, ultione punirentur severissima; quod et ita factum est. Nam dum, *sicut canis revertens ad vomitum suum,* ad noxia voluptuosi ornatus blandimenta more solito omnes remearent, accidit ut, quodam die inter missarum celebrationem tantus fulgurum tonitruumque fragor igne discurrente permistus ecclesiam invaderet, qui et durissimos ejusdem ecclesiæ muros quodam loco quadrifida incisione, sicut hodie videri potest, penetraret et sub.iiaconum interea legentem per medium scinderet, presbyterum vero ac diaconum ad missas paratos semivivos efficeret. Præterea nemo clericorum vel in ecclesia vel in cœnobii claustris usquam commorantium relictus est, qui non aliquam corporis debilitationem tunc perceptam in reliquum tempus semper retineret. Unde factum est communi consilio ut omnes ibidem conversantes clerici non solum superflua vestimentorum ornamenta, sed etiam inutilia quæque morum abjicerent fastigia. Ex illo namque tempore usque in præsens nemo clericorum apud nos commorantium protendentes pellicii sui manicas pallio pretioso ausus est circumponere, quæ ab aliis clericis, ut libet, usurpantur. Hæc autem ita esse in meo probare potes pellicio, quod nullo serico ornatu, sed tantum linteamine honesto videtur circumdatum.

Talia igitur mihi retulit ille prænominatus clericus, cum olim conscholastici essemus; quæ etiam ego ad ædificationem refero aliorum, illorum scilicet qui cum pastores sint Ecclesiæ aliisque pro religionis speculo præponantur, nullum arbitrantur esse vitium quod semel instar sponsi omnimodo adornare conantur, quasi ad se non pertineat id devitare, pro quo agnoscunt alios non solum correptos, sed etiam condemnatos.

VISIO SEXTA.

Injusta bonorum alienorum exactio et direptio quanta in purgatorio pœna castigetur.

In habitu canonico adhuc constitutus juvenilique ætate a beatæ memoriæ Meginhardo Wurzburgensi episcopo scribendi causa vocatus sum. Quo dum venissem, in ipso adventu mei initio audivi ab hospitibus meis quamdam visionem ibi noviter accidisse, quæ Christi fidelibus intimata potest prodesse. Fuere namque ibi duo tribuni sub uno tempore sua potestate potiti, quorum unus Adalricus, alter vero, ut memini, Engilpertus est vocatus. Sed Engilpertus ancillam quamdam habuit, quæ in magna infirmitate diu posita tandem obiit. Qua defuncta dies altera exspectatur, ut interim, quæ sepulturæ essent necessaria præparentur. Cum autem die crastina adveniente plebs non modica ad deportandum funus procederet, ecce subito defuncta jam jamque deportanda ad tumulum sese erexit; quod factum omnes, qui aderant, perterruit, putantes hoc potestate diabolica fieri. Sed quæ revixit errantes cito correxit, dicens ad illos: Nolite, quæso, propter me aliquo errore seduci. Vere enim reviviscens illa sum, quæ et prius, per Dei gratiam a morte revocata, ut vivis quibusdam ejus mandata referam. Celeriter ergo vocate Adalricum, quia ad eum missa sum. Quo vocato et astante dixit: Pater vester Ruotpoldus in pœna maxima infernali constitutus misit me ad vos, ut pro Dei amore et ejus relaxatione illum curtilem locum reddatis, quem causa injusta ab illo usurpatum sciatis. Sed et hoc intimari vobis petiit, quia, nisi ille locus ei cui injuste ablatus est fuerit redditus, nec eleemosyna nec ulla beneficia a vobis facta illum ab æterna pœna absolvere possunt. Pro eodem quoque mater vestra, quam in paradiso inter multa sanctarum virginum millia constitutam, illuc translata, vidi, unice obsecravit, ut et vos et patrem a perpetuo cruciatu liberare curetis. Multa quoque alia, quæ jam non recolo, de eadem muliere resuscitata mihi dicta sunt.

Hoc autem modo, ut audivi, ille curtilis locus injuste fuerat a Ruotpoldo ablatus. Erat namque in civitate quidam urbanus ita pauper ut Dominici census debita per unum vel duos annos reddere nequiret. Cumque ob hoc ab eodem Ruotpoldo, quia magister ejus erat, sæpius facto concilio ad reddenda tripliciter vel amplius Dominici census debita, quæ statuto tempore non sunt reddita, cogeretur, et ille pro paupertate nec simpla dare posset, postremo necessitate nimia coactus, tum etiam ejusdem Ruotpoldi avaritia impulsus, curtilem locum, qui ex paterna hæreditate provenit, quique, ut mihi dicebatur, prope basilicam sanctæ Helenæ in plaga septentrionali jacet, traditione publica ipsi condonavit, sicque illa pericula quæ pro debitis sustinere cogebatur evasit. Ruotpoldus vero locum sibi traditum magnificis ædibus exornans post obitum suum reliquit filio Adalrico, quem ego etiam vidi. Sed idem Adalricus ea quæ sibi denuntiata vel mandata sunt a patre et matre defunctis nullatenus implere voluit, eligens magis cum patre æterna morte damnari quam tellure parva privari. Hujus visionis relatio etiamsi illi, pro quo specialiter facta est, non profuerit, aliis tamen qui aliena rapere et in potestatem suam redigere nituntur patefacta prodesse valet.

VISIO SEPTIMA.

Exemplum sacrilegi monasticorum bonorum direptoris in altera vita puniti.

Huic quoque similem pene visionem hic adnectere volo, quam mihi notus quidam frater retulit nuper, qui hanc se a sancto Leone papa nuperrime referente dixit agnovisse. Referebat autem hoc modo quia, cum prædictus papa in Germaniam venisset et in loco quodam missam celebrans sermonem faceret de varia cœnobiorum destructione per injustam possessionum ablationem facta, postremo intulerit hanc visionem dicens: Ut ergo apertius agnoscatis quanto reatu implicantur raptores injusti, exemplum quoddam vobis memorabile dicam.

Duo igitur fratres, cum simul pergerent equitantes, repente viderunt turbam magnam in aere non procul a terra commeantem. Qua de re valde mirantes atque trepidantes sanctæ crucis signum sibi indiderunt, et adjurantes eos in nomine Domini, qui essent interrogaverunt. Tunc unus ex illis tam in habitu quam equitatu strenuo militi omnino similis trans iens ad eos dixit: Ego pater vester rogo vos suppliciter ut illud prædium, quod scitis me a cœnobio illo injuste abstulisse, pro amore Dei liberationisque meæ causa reddatis. Si enim non reddideritis, nec ego, nec vos, nec ullus posterorum idem prædium retinentium effugiet ignem perpetuum. Cui respondentes filii dixerunt : Quomodo, pater, possumus relinquere tantam possessionem, qua nec tu in hoc mundo positus, nec nos post te carere valemus ? Sed nec ulla re videris in ligere, qui in habitu satis ornato jam procedis. Ad hæc pater ait : Proh dolor ! qualis est iste decor quo hactenus utor. Ubicunque enim mihi contingit esse, intolerabili torqueor igne. Sed et omnia quæ visu, auditu vel tactu contingo, comburere me sentio. Et ut hoc ita esse absque dubio sciatis, hastam hanc, quam in manu teneo, apprehendite (nam eam in manu ferre videbatur) ; moxque unus illorum probare volens quæ audivit, concitus eamdem hastam arripere studuit. Sed priusquam cœpta perficere posset, præ nimio calore dimisit eam. At pater antequam in terram cadendo pervenisset, celeriter sustulit dicens : Scito quod, si ipsam hastam projecisses in terram, majorem mihi exinde efficeres pœnam. Deinde vero priora repetens dixit : Iterum peto, filii mei, ut impleatis preces patris vestri. Quibus dictis nusquam comparuit imago colloquentis.

Tunc iidem fratres instincto divino correpti cœperunt inter se diligenter tractare super paterna petitione dicentes : Si retinentes prædium quod pater noster injuste abstulit, ei non subvenimus, nos pariter procul dubio perimus. Quid enim proficimus, si mundum totum lucremur, animarum vero nostrarum detrimenta patiamur ? (*Matth.* XVI, 26.) Faciamus ergo, quod et patri et nobis prosit, reddentes in primis prædium ad hoc unde ablatum fuerat monasterium. Deinde omnia hæreditatis nostræ bona illuc tradamus, nosque ibidem tam pro parentum quam pro nostrorum peccaminum venia monasticam vitam suscipiamus. Cumque hujusmodi colloquia agerent, subito pater, non eo quo prius habitu apparens eorumque pedibus se advolvens, dixit : Gratias ago vobis quia pro eo, quod firmiter decrevistis petitionem meam implere in reddenda possessione, jam jam per Dei gratiam deputatus sum a pœnis ad requiem transire. Quo dicto iterum evanuit ex oculis eorum. At illi eo devotius citiusque promissa impleverunt, quo celerius patris absolutionem factam audierunt.

Hanc igitur relationem prædictus papa ad populum faciens testatus est se eosdem fratres in habitu monachico vidisse et ab eis visionem istam audisse. Quam etiam ego audiens aliorum notitiæ simul et ædificationi litteris pandere decrevi.

VISIO OCTAVA.

Conflagratio monasterii Tegernseensis futura cuidam ostensa.

Ante annos quamplures visionem quamdam audivi a monacho quodam venerabili mihique secundum carnem proximo in cœnobio Tegernseensi constituto. Cum enim ad prædictum cœnobium ob ejusdem monachi dilectionem sæpe quondam venissem et cum eo interdum de spiritalibus rebus colloquens sedissem, solebat mihi referre dicens : Priusquam monasterium istud nuperrime arderet, et per nocturnas horas, quibus mihi secretius licebat orare pro peccatis meis, in ecclesia deambularem, sæpe mussitationes quasdam in ea fieri audiveram. Ego autem in primis quidem delusiones diabolicas hoc fieri arbitrabar. Postquam vero tanto sonorius quanto frequentius fieri senseram, tractare cœpi non ex diabolo, sed ex aliqua divinæ pietatis dispensatione actitari, ideoque, quantum ausus eram, propius, ubi hæc audivi, accedere studebam. Cumque aliquoties accederem, quasi aliquos psallentes et intime orantes audivi. Quo audito, intelligens quod pro aliqua periculi futuri causa permutanda et pro inhabitantium monachorum negligentia emendanda sancti Deum precibus intimis exorarent, accessi ad abbatem ; et quia aperte de morum emendatione cum admonere non audebam, petii tantummodo humiliter, ut ecclesiæ thesauros librosque in loco cauto poni jussisset. At ille hæc audiens et ex aliqua somniorum revelatione dicta putans increpavit me dicens : Vobis gerontis nihil gratius dulciusque videtur esse quam somniorum vestrorum nugas attendere atque aliis referre. Nunquid propter vestra somnia debeo evertere omnia ? discedite a me et videte ne ultra a vobis audiam talia. Ego autem hujusmodi increpatione contristatus nihil amplius ex his quæ audieram, propalare ausus fueram, sed tacito corde dolens sustinui, veritus quotidie quod futurum erat.

In proximo autem antequam arderet monasterium, in nocte quadam audivi iterum quasi aliquos orantes et suspiria crebra, nec non singultus quosdam luctuosos proferentes ante sancti Quirini altare. Sed licet hæc aperte audirem et periculosum aliquid significare scirem, accedere tamen propius non præsumpsi. Unde claram diei lucem exspectans accessi ad locum, ubi audivi turbam mœrentium, et inveni pavimentum adhuc madidum effusione lacrymarum. Tunc miratus simul et contristatus de tantæ rei signo, lugebam omni modo quod periculo tali nullatenus subvenire potui ; quæ tamen sub mea cura tenueram, diligenter contra pericula observavi futura.

VISIO NONA.

Negligentia abbatis Ellingeri a defuncto clerico reprehensa et castigata.

Referam et aliud, quod postea in prædicto audivi contigisse monasterio eidem abbati, sub quo ardebat, qui etiam Ellingerus est dictus. Nam cum diutius et semetipsum et cœnobium ageret commissum negligenter, in magnam incidit infirmitatem. Antea vero non longe defunctus est ibi quidam clericus, nomine Duringus, non solum magnæ in sæculo dignitatis, sed etiam magnæ apud Deum sanctitatis. Qui, ut se penitus a sæculo secerneret, illic habitare elegit ; qui nimirum clericus, abbati ægrotanti in visione apparens et cum in latus percutiens, increpando dixit: Cur ita negligenter agis in rebus commissis? Si ergo non emendaveris, aliqua profecto dura quandoque sustinebis. Abbas autem evigilans diu quidem lateris patiebatur dolorem. Sæpe etiam clamabat Duringum sui esse percussorem; ea vero, pro quibus increpatus et percussus est ab eo, parum emendabat. Unde etiam secundo depositus est ab abbatia. Hæc itaque duo de Tegrinse dicta monachos simul et abbates omnes admonere possunt, ut attendant in quanta sollicitudine pro sua negligentia sancti jugiter consistant quantasque preces pro eorum salute emittant.

VISIO DECIMA.
DE S. EMMERAMMI MONASTERIO.
Diversa visa et dicta Adalberti monachi Emmerammensis morituri.

Nunc ad sancti Emmerammi coenobium relatio nostra redeat et quas visiones exinde comperimus proferat. Denique ante annos paucos defunctus est ibi quidam frater, nomine Adelpertus, illustri quidem et nobili parentela ortus, sed quia adhuc erat juvenis atque sub eo tempore tam ob abbatis quam episcopi incuriam omnia disciplinæ vincula in coenobio eodem laxata sunt, ipse etiam negligens exstitit in multis, sed orationi assiduæ intentus erat. Hic igitur infirmitate correptus multa atque miranda vidit non per somnia, sed visu vigilanti, quæ fratribus coram astantibus intimavit. Quorum pauca fratrum quorumdam relatu audivi, quia tunc ad monasterium Fuldense profectus, ibi præsens esse nequivi.

Cum ergo ægrotare coepisset, quia delicatæ naturæ erat aliique juniores id ipsum amantes in illo levitatem nullam reprehendebant, non eum in domo infirmorum, sed extra monasterii claustra in quadam caminata honesta prope ecclesiam posita manere decernebant; ubi tamen fratres illum facile visitare poterant. Illic denique jacente illo, non semel aut bis, sed sæpius, ut mihi dicebatur, mira intuebatur; quorum est unum et, ut reor, primum: quosdam namque viros habitu venerando præclaros prætereuntes se vidit. Sed, dum quidam inter eos ad eum visitandi gratia propius vellent accedere, renuerunt alii, dicentes: Non convenit nobis ut cum qui extra monasterii claustra et non in domo infirmorum communi facile visitemus. Quod, dum vidisset et audisset, fratribus quibusdam astantibus denuntiavit. Qui tamen, qua causa nescio, portare eum in domum infirmorum noluerunt. Altera autem vice cernens et ecclesiæ et totius claustri pavimenta purgari, astantibus dixit fratribus: Nonne cernitis qualiter sanctus Petrus et sanctus Emmerammus aliique seniores præclari monasterium istud purgantes circumeunt? Cui cum responderetur a fratribus: Neminem talium videmus, dixit: Admiror valde quomodo vos tales seniores videre nequeatis, cum ego illos illorum-

que studium circa hunc locum emundandum et a destructoribus cunctis eripiendum aperte cernam. Vere enim dico vobis quia, nisi peccatis gravibus impediatur, maxima Dei gratia super hunc locum destinatur. Facite ergo quæ sunt facienda. Convertatur unusquisque vestrum a via sua mala, ne tanta impediatur gratia. Quæ nimirum dicta ita vidimus impleta. Inter hæc namque bonæ memoriæ Cæsar Henricus, hujus parvuli regis modo regnantis Henrici pater, nisibus omnimodis tractavit qualiter eumdem locum a durissimo Pharaonis imperio, id est, ab episcopi potentia eriperet. Sed, illo talia tractante prædiaque quædam ab episcopo Gebehardo ablata restituente, postremo etiam propter amorem Dei et propter privilegia monasterii nostri interim inventa in regiam potestatem idem monasterium recipiente, quia, proh dolor! nos monachi pro tanta gratia perficienda non solum solitas negligentias non minuimus, sed etiam inter tot beneficia novum quoddam scelus addidimus, credentes scilicet absque labore aliquo sublimia posse mereri, sperantesque magis in humano quam in divino auxilio, repente spes nostra cecidit. Nam, priusquam illa jam commemorata consummarentur beneficia a prædicto Cæsare, defunctus est, tantaque episcopi persecutio exinde super nos esse coepit qualis nunquam antea fuit. Sicque verum fuisse probatur quod ex fratris Adelperti visione prædicebatur. Prædixit enim maximam Dei gratiam coenobio nostro venturam, nisi peccatis gravibus impediretur. Dixit et alia quæ ita, ut prædixit, evenerunt.

Cuidam namque fratrum sibimet charissimo, qui dictus est Aribo, prænuntiavit non longe post obitum suum esse victurum. Quod et ita accidit. Nam in eodem die, quo Adelpertus obiit, transacto uno tantum anno, Aribo etiam vitam finivit. Indicavit quoque cuidam fratri, cujus nomen et actus agnosco, quia, nisi se a Judæorum colloquio abstineret, in tormenta jam sibi præparata quandoque descenderet. Intimavit et illud de quodam fratre jam defuncto quia cum in poena magna infernali positus esse cerneret ideoque opus esse ut pro ejus absolutione oratio intima fieret. Cum autem multa hujusmodi diceret coram fratribus, fuerunt qui censerent non ejus verbis credendum esse, utpote qui insani capitis vexatione captus, nihil aliud nisi quod insania suggereret, loqui posset. Quod, dum ille audisset, dolens pro incredulitate eorum dixit: Quia video vos meis diffidere verbis, dicam vobis signum, unde credere possitis. Si ergo ex hac infirmitate factus fuero sanus, quælibet dixi falsa esse sciatis; si autem citius obiero, sciatis me vera dixisse. Quod dum contingeret, ita omnes tunc crediderunt.

Habuit et hanc gratiam idem frater in ipsa infirmitate ut usque ad obitus sui horam sana et integra fide remaneret, orans jugiter et poenitentiam gerens pro delictis suis et dicens interdum: Heu!

heu! quod vitam præsentem unquam gustavi, in qua nihil aliud merui nisi perpetuo damnari! Dicebat et hoc die quadam fratribus astantibus : Nonne aspicitis qualem modo pœnam sustineo? Qui dum nihil se videre profiterentur, tunc ille : Ubi, inquit, est visus vester? Aperite, quæso, oculos et videte, quia jam mihi brachia aliaque membra abscinduntur. Appropinquante vero exitus sui hora fratribusque litaniam decantantibus, ipse quoque voce viva simul decantavit subitoque, ut refertur, inter litaniæ cantica dixit : Requiem æternam dona ei, Domine, et væ. c. va. vel. ei. His dictis ultra nequaquam protulit ulla. Quæ nimirum verba, pro quo defuncto diceret, ignotum constat usque in præsens, nisi forte monachum quemdam in Fuldensi cœnobio ipsa die defunctum significaret, qui etiam Chunimundus vocabatur. Multa quidem et alia de eo referre solent fratres nostri, quorum nec memini nec dignum scribere duxi.

VISIO UNDECIMA.

Visio cujusdam mendici de Henrico III Cæsare, Gebehardo episcopo Ratisponensi, etc.

Quidam mendicus in Ratispona erat quotidie sedens vel in ecclesia vel ante portas ecclesiæ Sancti Emmerammi, ut ab introeuntibus eleemosynam peteret. Hic igitur ante paucos menses quam prædictus Cæsar Henricus abiisset, in visione quadam plura vidit, quorum pauca mihi relata aliis quoque referre volo. Visum namque est ei quod a quodam præpotente transferretur in locum, ubi habitaculum instar candentis ferventisque metalli constructum erat, nulla fenestrarum foramina retinens. Cumque a ductore inquireretur si qui intra habitaculum tale inclusi forent sciret seque nescire responderet, ille adjicit : ibi, inquiens, omnes sunt inclusi nuper defuncti, qui Cæsari Henrico pacem undique patrare studenti resistere præsumpserunt. Quamvis enim idem Cæsar in multis sit reprehensibilis maximeque in avaritia, tamen, quia pacis commoda ampliare studet, Deum adjutorem in hoc habet; sed scito quia non diu victurus erit, nisi se ab eadem avaritia abstinuerit. Deinde in campum spatiosum ferebatur, ubi puteus altus in medio esse videbatur. Ad quem puteum plurimarum viarum vestigia tendebantur, quarum una quidem callis triti, cæteræ vero omnes antiquæ solummodo profectionis indicia habere monstrabantur; ipse quoque puteus quasi exhaustus parum aquæ habebat. Quibus visis ductor ejus dixit ad illum : Scisne quid hic puteus exhaustus, quidve multarum viarum indicia pene jam deleta, quid etiam illa via una calle trito significet? Nescio, inquit. Tu, rogo, mi domine, mihimet dignare referre. At ille dixit : Viæ multæ ad puteum quondam tendentes, sed nunc ita deletæ, ut vix vel indicia eorum agnosci valeant, significant quod sub temporibus pristinis multa eleemosynarum studia agebantur tam a principibus quam a mediocribus; quæ in tantam paucitatem modo redacta sunt, ut vix aliquis inveniatur juxta priores eleemosynas faciens. Idem etiam puteus significat exhaustus, qui quondam plenus undecunque venientes animas haustu facili reficere potuit, nunc aridus in tantum constat, ut ipsum quod in eo est difficulter quis hauriat.

Deinde assumptus est in montem excelsum, ubi monasterium excellens stare videbatur, ad quod similiter, ut ad puteum prædictum, vestigia plurimarum pertingebant viarum, quarum nulla nisi tantummodo una callis noviter triti monstrabat indicia; reliquæ omnes arbustis antiquitus inolitis ita sunt deletæ, ut vix agnoscerentur ibi olim esse. Tunc ductor ejus intimato primum monasterii vocabulo, quod mihi non convenit publicare, ne, dum generaliter omnes cupio ædificare, quosdam videar specialiter infamare, post hæc subjunxit, dicens : Viæ, quas ad monasterium istud olim quidem undique tendentes, nunc vero pene deletas excepta una aspicis, significant quod plurimi quondam huc advenientes per omnimoda disciplinæ sacræ exempla ædificati recesserunt; nunc vero locus iste a malitia inhabitantium in eo in tantum annullatus est, ut vix præcedentium patrum indicia hic remaneant. Majus enim studium fornicandi aliaque vitia agendi hic habitantes habent quam ad divinæ servitutis officia agenda.

Pauper quoque prædictus vidisse se dixit arborem quamdam molis magnæ, quæ ab imo usque ad summam frondium arefacta est per medium. Quam cum videret, a suo inquisitus est ductore sciretne quem significaret. Illo autem respondente : Nescio; ista, inquit, arbor Gebehardum episcopum significat. Ille enim sicut arbor hæc jam diu ex parte aruit. Quia vero post paucos annos ad integrum arescere debet, securi divina abscissus morietur. Hujus itaque visionis veritatem citatus episcopi ejusdem et Cæsaris obitus probavit. Nam cum inter illud Pascha et Pentecosten, quo in subsequenti autumno Cæsar tertio Nonas Octobris obiit, visio hæc facta fuerit et deinde paulo plus duobus annis episcopus supervixerit, vere prævisus est utriusque obitus. Dixit præterea mendicus talia multa, quæ non audivi nec ab ullo noscere quivi : sed qui prædictis cupiunt intendere paucis, non parvam possunt exinde capescere causam ædificationis.

VISIO DUODECIMA.

Perjurium quanta pœna maneat.

In Sancti Emmerammi cœnobio adhuc positus quadam die egressus sum extra portas ecclesiæ, ut quia ad monasterium Pruolense urbi proximum ambulare volui, aliquem mecum illuc ambulantem acquirerem. Sed aliquandiu in hoc me laborante et notum neminem inveniente, astans ibi quidam vir ignotus in habitu pœnitentiali accurrit ad me dicens : Quem quæritis, domine? Cumque ego ei causam quærendi reserarem, dixit : Si dignamini me conviatorem habere, libentissime vobiscum ambulo. Quo dicto placet, inquam, quod dicis : Gradiamur simul. Moxque egressi, interrogavi hominem ob quam culpam ageret pœnitentiam. At ille, causam aperiens, narravit mihi dicens : Mira magnaque est causa, pro qua in pœnitentiæ hujus labore incedo. Nam, cum parvus adhuc in domo patris mei essem, contigit ut ego aliique pueri agnos, sicut vulgo solent, rusticorum pasceremus. Cumque hos in locis ad hoc licitis passim observaremus, quibusdam visum est parvulis ut eos ad pratum patris mei, domo contiguum, pascendos pelleremus. Quod factum patri meo agnitum displicuit ; jussitque ut, si ulterius illuc pueri venirent cum agnis, eosdem expellerem. Deinde vero accedentibus iterum pueris in prati prædicti locum cum agnis, ego, patris mei præcepta implere volens, expuli quanta virtute potui. In qua expulsione aliquando incautius unum præ cæteris agnum perculi ita ut debilitato crure periret. Cujus percussorem dominus ejus diligenter sciscitatus agnovit a me esse percussum. Quamobrem pater meus, repensionem oviculæ hujus reddere exactus, quæsivit a me omnimodo si reus essem in percussione illius. Ego autem in tali ætate quid aliud cogitarem nisi reatum excusarem? Nam si vel esset aliqua nisi præsens pœna nesciebam. Unde et patri meo diligentissime interroganti innocentem me in hoc facto jurando respondi. At ille incaute mihi puerulo tali credens, cum se a vicino suo pro oviculæ percussæ excusatione aliter nequiret absolvere, jurando in sanctorum reliquiis, sicut mos est, absolvit. Quod perjurium tam ego quam pater meus pro nihilo computantes pœnitentia nulla emendavimus.

Factum est autem ante annum unum ut moreretur pater meus. Qui nimirum defunctus, in ipso defunctionis suæ anno frequenter apparuit mihi per visum deprecans, ut sibi in locis pœnalibus constituto aliquod juvamen impenderem. Sed cum ego quantiscunque precibus me per visionem interpellaret, neglexissem, in proxima Natalis Domini solemnitate apparuit mihi non ut prius in somnis, sed aperte coram lectulo meo stare visus est, ista cum ejulatu verba dicens : Quare, fili, preces meas tandiu contempsisti? Cur non succurris mihi? Ecce enim tanto pro te reatu implicatus sum, ut in hac nocte, in qua plurimæ animæ requiem habere merentur, ego non merear, nisi quod apud Deum sanctorum intercessio hoc solum obtinuit, ut in hora brevissima dimitterer tibi mea denuntiare tormenta. Nam prope me stat qui me in potestate habens cito ad loca pœnalia reducere cupit. Cui ego respondens dixi : Quæ est ergo, pater, illa culpa, quam propter me perpetrasti? Et ille : Nonne, inquit, quondam perjurium feci pro agno, quem tu percutiens mihi omnimoda affirmatione indicasti non a te percussum esse? Festina, quæso, pro me simul et pro te pœnitentiam agere, alioquin neuter perpetuam poterit pœnam evadere. Iis igitur dictis subtractus est ab oculis meis. Post hæc vero nihil dubitans de visione tali ad clericum accessi petiique ut mihi pro mei et patris delicto pœnitentiam imponeret. Quam mox impositam cupio percurrere totam, hoc pariter poscens ut precibus vestris mihimet patrique juvetis. Hæc igitur dicta, quæ in proxima post Epiphaniam hebdomada evenerunt, credens aliis profutura scribere decrevi, quæ posco a nemine sperni :

Hujus namque rei poterit ratione doceri,
Quanta perjuri pœna mereantur aduri.

VISIO DECIMA TERTIA.
Obstinati Judæi sempiterna damnatio.

Homo quidam in Ratispona de inferioris monasterii familia infirmitate tenebatur. Ad quem, dum plures visitandi gratia accederent, subito sursum aspiciens clamavit, dicens : O qualia jam video! Tunc ab astantibus interrogatus quid videret, respondit et dixit : Abraham Judæum video igneis catenis trahi in infernum. Cum autem de astantibus quidam hæc verba pro insania magis quam veritate dicta esse arbitrarentur, iterum infirmus affirmavit, dicens : Si non aliter mihi credere vultis, mittite ad domum ejus quærentes quid sit de illo nuperrime factum. Moxque, missis nuntiis ad Abrahæ domum, agnoverunt eum noviter esse defunctum. Ego vero, qui eumdem Judæum satis agnovi, id de illo veraciter attestari valeo quia in tanta cordis malitia et insania constitit, ut si quisquam præsente ipso loqueretur de Domino nostro Jesu Christo, mox quasi canis oblatrans blasphemias nefandas contra Deum emitteret. Quamvis ergo brevis consistat visio talis, utilis tamen esse sentitur ad ædificamen illis qui pœnam dubitant restare futuram.

VISIO DECIMA QUARTA.
Quorumdam etiam sanctorum purgatorium beati Guntheri discipulo Isaaco revelatum.

A beato Gunthario eremita cœnobium quoddam constructum est in Bohemia. In quo videlicet cœnobio fuisse fertur monachus, Isaac dictus, prædicti viri disciplina tanto magis instructus, quanto prolixiora tempora gerebat cum eo conversatus. Hic igitur, ut a plerisque fidelibus in Ratispona agnovi, spiritaliter raptus multa vidit miranda, quorum ad notitiam nostram pervenerunt hæc pauca.

Vidit namque se subito positum in amœnissimo prati loco, ubi beatum Guntharium reperit solum. Qui, ut cum vidit, benigne appellavit, dicens : Bene veni, dilecte fili. Crede mihi, per multum tempus hoc a Deo petii ut aliquis fratrum nostrorum in sæculo adhuc commorantium huc ad me veniret. Quem monachus interrogans, quid, inquit, domine, significat quia solus hic resides? At ille respondens ait : Exspecta pauliper et forsitan aliquos concives nostros huc venire videbis. Postea non longe quidam præclari, nec non venerandi seniores, inter quos sanctus Mauricius atque Adelpertus esse dicebatur, ad eum venientes cum eo aliquandiu secreta quædam locuti sunt. Deinde colloquio finito iterum beatus Guntharius dixit ad monachum : Quia, Deo annuente, huc venisti, debes utique aliqua hic considerando discere, qualiter nos primum transeuntes per ignem purgatorium, exinde ducti sumus in istud quod vides refrigerium. Quibus dictis repente vecti sunt beatus scilicet Guntharius et monachus in montem excelsum valde, unde pars maxima infernalium pœnarum desuper conspici posset. Quo dum positi fuissent et undique ejulatus dicentium væ, væ, audiretur, exhorruit et expavit monachus, audiens talia. Vir vero sanctus dixit ad eum : Si tu in momento brevi tantam miseriam audiens atque videns exhorres et pavescis, quid putas mihi fuisse, qui hæc per quinquennium in isto loco positus incessanter audivi? Non igitur summa mercamur vi sine magna. Intuere ergo quam horrenda sint ista, ut reversus incredulis et contumacibus referas ipsa. Ad hæc etiam alia demonstrabo tibi mira. Et subito in alium locum asportati sunt, ubi innumerabilis convenerat multitudo tam beatorum quam reproborum spirituum. Sed beatorum quidam quasi judices in thronis residebant; alii vero quasi causas proprias relaturi coram eis astabant. Tunc astantes sancti queritando singuli sua referebant accusantes aliquem reproborum præsentium hoc modo : Ecce hic monasterii mei destructor erat ; hoc Deo vobisque omnibus conquerens denuntio. Cumque eisdem verbis omnes sancti, qui astabant contra omnes reprobos simul astantes querimonias suas singulariter peregissent digitoque accusatos notassent, maligni spiritus pariter advenientes accusatione tanta lætificati, accusatos simul omnes singuli singulos catenis igneis carpebant, et ad infernales pœnas retrahebant; sicque concilio finito isti ad inferna, alteri vero remeabant ad superna.

Quibus peractis sanctus Guntharius rediit cum monacho ad locum, ubi primum inventus est ab eo, ubi etiam duo sedilia ignea videbantur posita, unum quidem majus altero. Sed beatus Guntharius referebat monacho majus episcopi Ratisponensis; minus vero episcopi Pragensis esse, pro eo scilicet quod ille prior habens plebem subjectam ad convertendum faciliorem; alter autem indoctiorem, neuter quidquam doctore dignum fecisset, et ideo uterque deputatus esset gehennæ. Quæ postquam vidit, subito excitus remeavit.

Fertur et hic monachus vidisse et dicere plura, quæ non ex ullo potui rescire sciente. Pauca tamen dicta possunt hos ædificare qui, quo subvertant prorsus loca sancta, laborant. Quod, proh dolor! non solum laici sacræ Scripturæ ignari, sed etiam clerici ad superna omnimodo instructi et ad regendam fidelium plebem consti'tuti jam maxime faciunt, non curantes quanta tormenta quandoque sint passuri, dummodo sua expleant desideria in dignitate adipiscenda. Obtineant ergo nunc quæcunque velint; lætentur in donis et prædiis qualibet arte vel fraude acquisitis; affluant divitiis; quærant sapientiæ sæcularis argumenta, ut convincant simplicia justorum corda; sedeant in insidiis, ut decipiant pauperes et inopes; et, ne quid voluptati eorum desit, exornent se modo rosis atque liliis, ubique lætitiæ suæ signa relin- quant, nullusque locus sit, quo non pertranseat luxuria vel avaritia eorum, judicabit tamen et vincet illos quandoque Deus, qui modo ab eis judicatur et spernitur quique pro eo quod nunc peccantes clementer sustinet omnes, peccata eorum aut sine pœnitentia dimittere vel prorsus nescire putatur. Hæc igitur ex occasione visionis, quam proxime jam dixi, compulsus dolendo subjunxit ut, si quis forte aures audiendi habens eadem lecturus adveniat, mecum doleat, mecum, si quem possit, admonendo ædificare studeat.

VISIO DECIMA QUINTA.

De Cæsare Henrico III. Quomodo ejus in audiendis pauperum causis et precibus negligentia a Deo punita fuerit.

Visionem quoque quamdam terribilem et cunctis sæculi principibus verendam de Cæsare Henrico proxime defuncto factam, quam in narratione præterita, cum de eo quædam visa referrem, oblitus eram apponere, jam volo dicere. Hunc autem a venerabili Humperto episcopo, illo videlicet qui beati Leonis nuperrime papæ comes jugis consiliariusque acceptissimus exstitit, agnovi. Illo namque cum papa Victore in Ratispona posito et ad eum multis confluentibus, accessi etiam ego pro causa quadam et audivi eum plura de hujus sæculi insolentia et maxime de principum negligentia loquentem, inter quæ addidit ista, dicens : Videtur mihi nulla major regum vel aliorum principum culpa quam quod pauperum querelam student contemnere. Solent enim, proh dolor! imperatores vel reges nostri pauperibus causas necessitatis suæ sibi referentibus nihil aliud solatii præbere nisi tantum dicere : Exspecta donec tempus congruum mihi veniat, quo tuas querimonias possim audire teque a tuis persecutoribus eruere. Et ut hæc ita esse sciatis, referam vobis visionem de illo, qui nuperrime defunctus est, Cæsare Henrico; ex qua satis conjicere potestis quantum peccatum sit pauperum causas negligere et de die in diem ad regendum differre.

Eo namque tempore, quo iste noster papa, qui hic jam commoratur, mansit cum prædicto Cæsare Henrico in partibus istis Germaniæ, profectus est hic quidam ex principibus Romanis. Cum autem non longe ad illum locum, quo tunc papa cum Cæsare jam in extremis constituto mansit, haberet in quodam vico hospitatus, ibi se sopori, utpote longo itinere fatigatus, in meridie tradidit. In quo videlicet sopore, ut postea evigilans retulit, eumdem Cæsarem in solio regali residentem, nec non multa procerum turba circumdatum vidit. Ubi, cum plurima de lucris sæcularibus disputarentur, subito quidam pauper advenit clamans ad Cæsarem et petens ut dignaretur necessitatis suæ causas audire et regere. At ille indignanter respondit, dicens : Exspecta, stolide, donec tempus mihi concedatur audiendi te. Ad hæc pauper, quomodo, inquit, o Cæsar, hic diutius exspectare valeo qui, hic per dies multos jam commoratus, omnia quæ habui pro victu meo expendi? Cui iterum responsa dantur : Vade, improbe, in odium Dei et exspecta usque dum possim te audire. Nam tanta mihi cura modo alia audiendi et regendi ut tu frustra me invoces. Hæc ergo audiens pauper tristis abscessit. Moxque accessit et alius pauper, qui eodem modo, ut prior, ad Cæsarem clamavit; sed similiter in vanum laboravit. Post pusillum quoque venit pauper tertius eadem narrans, eadem rogans quæ et anteriores. Sed et ille in vanum laborans discessit mœstus, Domino mox talia questus. Adhuc illo queritante et Dominum invocante vox de cœlo sonuit, dicens : Auferte istum rectorem et facite eum inter pœnarum moras discere quomodo pauperes valeant judicia sua exspectare; quæ dedit accipiat; quæ sit dilatio discat. His dictis subito raptus est a conventu illo.

Interea vero, cum Italicus dormiens talia in somnis vidisset, intimatus est in eadem domo, qua hospitabatur, Cæsaris obitus. Cumque vigilans audisset omnes de eodem obitu flebiliter sermocinantes, nec tamen, quia linguam non noverat, sentire posset, interrogavit unum de suis comitibus linguæ Teutonicæ gnarum quid tam luctuosa sermocinatio significaret. At ille respondit, dicens : Noviter, domine, cum tu somno deditus esses, nuntiatum est hic quia Cæsar, ad quem tu volebas pergere, defunctus sit. Pro hoc ergo tristantur cuncti, super hoc sunt tanta locuti. Et mihi, inquit, modo dormienti de obitu ejus quædam per visionem revelata sunt. Statimque suis eamdem visionem, quam præfatus sum, retulit et ad defunctionis ejus locum quantocius properavit. Prædictus igitur princeps Italicus talia mihi in eodem tempore nuntiavit. Unde nimis invocandus est Deus ut misereatur nobis dando principes tales qui et se et sibi subditos tam pauperes quam divites regere valeant. Nam in isto parvulo rege nostro per multa tempora, proh dolor! nil regiminis habere possumus. Hæc itaque egomet a prædicto venerabili Humperto episcopo referente agnoscens, aliis quoque ad ædificationem credidi esse intimanda.

VISIO DECIMA SEXTA.

Fuldensis monachus ob negatam in defuncti gratiam præbendam seu eleemosynam flagellis divinitus cæsus.

Libet etiam literis tradere quid in Fuldensi monasterio quondam contigisse nuper a quibusdam ejusdem monasterii fratribus referentibus agnovi. Fertur namque ibi monachus quidam fuisse officio functus præpositurae. Qui tempore vicis suæ adveniente ut fratribus ciborum usu servire deberet, postquam hoc die quadam devotione summa complevit, volens etiam ipse refici, ad rivum, qui per claustri officinas ductus prope refectorium defluit, causa lavandi manus accessit. Cumque se ibi incautius inclinasset, repente lapsus, sicut facile defessis evenit, in flumen cecidit et, impetu undoso captus, priusquam hominum aliquis adveniret, per aquæductus secreta tractus obiit. Deinde vero mirantibus universis de excessu fratris, et nomine id quod fa-

ctum est opinante, post dies paucos reperitur corpus ejus sub quodam meatus equorei retinaculo occulto non longe ab illo loco, quo immersus est, hæsisse. Moxque extractum inde cum omni compassione et debita oraminis exhibitione traditur sepulturæ. Post hæc etiam præbenda, quæ pro aliis fratribus defunctis in eleemosynam offerebatur, pro illo nihilominus offerri jubebatur. Quam dum per dies aliquot cellarius, qui tunc temporis erat, indevoto animo traderet, contigit ut prorsus eam denegare præsumeret, dicens : Illi nullam communionem debere esse cum reliquis fratribus pro eo quod semetipsum in aquam præcipitando perdiderit. Quod dictum et factum mox ultio divina secuta est. Nam cum idem cellarius nocte sequenti nocturnæ laudis signum audiens exsurgeret, accessa lucerna ad ecclesiam properavit. Sed cum ab illo dormitorio, in quo quiescebat (nam per idem tempus pleraque fuisse referuntur tam propter monachorum multitudinem quam ob loci consuetudinem), in vestibulum quo fratres ad capitulum convenire solebant quodque ei pervium erat, properans venisset, apparuit ei visibiliter prædictus frater, cui jam defuncto pridie præbendam dare noluit, dicens : Lucernam quam portas, frater, depone, et exspecta paululum quousque verba pauca loquar tecum. Cumque ille subsisteret, dixit : Cur ergo pridie communem statutamque cunctis fratribus defunctis præbendam præsumpsisti mihimet denegare? quid ad te, rogo, pertinet de judicio divino, quod in me factum est, quidquam judicare? Deus enim fecit in me quæ voluit. Verumtamen non, ut tu putas, in me fecit. Quia igitur inique et in judicium divinum et in me agere præsumpsisti, sententiam aliquam sustinere debes, ut et tu in futuro sæculo debita evadas tormenta et alii per te depravati corrigantur. His dictis ad columnam illic stantem eum fortiter alligavit et aliquandiu dire verberavit. Quo facto solvit eum, dicens : Vade jam et fratribus indica quia pro eo quod in me peccasti, flagella talia pertulisti. Qui jussa implens, die facta congregatis omnibus intimavit et ostendit quid pertulerit. Hæc igitur ego ita evenisse audiens litteris tradere curavi, sperans exinde aliquem posse ædificari.

VISIO DECIMA SEPTIMA.

Theophaniæ imperatricis ob luxum vestium in purgatorio pœnæ.

Reminiscor adhuc cujusdam visionis, nescio a quo, mihi quondam relatæ de Theophanu imperatrice. Sed cum sensum sermonemque dicentis certissime retinerem et quod non ob aliud, nisi ad ædificationem dixerit, sciam, nescio quid mihi obsit quod persona referentis a memoria excidit. Dictum namque est mihi quia præfata Theophanu cuidam venerabili Deoque dicatæ virgini in habitu miserabili apparuerit per visionem, eamque ut pro se oraret suppliciter petierit. Quæ dum interrogaretur quis esset, respondit dicens : Ego sum Theophanu, quæ olim de Græcia veniens in Franciam conjuncta fueram connubio Cæsaris Ottonis. Ad hæc virgo, et quomodo, inquit, nunc tua res sese habet? Respondit : Pessime, quia in maximo tormento posita sum. Quare, ait? iterum respondit, quia videlicet multa superflua et luxuriosa mulierum ornamenta, quibus Græcia uti solet, sed eatenus in Germaniæ Franciæque provinciis erant incognita, huc primo detuli memeque eisdem plus quam humanæ naturæ conveniret, circumdans et in hujusmodi habitu nocivo incedens alias mulieres similia appetentes peccare feci. Hæc sunt enim mea peccata maxima, pro quibus merui æternam damnationem pati. Quæ nimirum peccata tanto graviora fuere, quanto minus ea vel esse peccata existimavi. Nam si talia scirem esse peccata, pœnitentia utique diluissem aliqua. Nunc ergo quia mihi divina gratia concessum est ut tibi apparens et peccata mea et tormenta, quæ pro his patior, intimare, tu pro amore Dei in oratione tua memento mei. Scio enim quia quantascunque meruerim pœnas sustinere, pro eo tamen quod in fide Catholica perseveravi, si aliqui servi Dei pro me constanter orare vellent, de damnatione perpetua me liberare possent. His igitur dictis discessit imago loquentis. Quid vero pro causa petita fecerit virgo, cui revelata est hæc visio, scire nequeo. Ego tamen ejusdem visionis dicta recolens ob hoc scribere hic decrevi, ut aliqui ista agnoscentes pro imperatricis prædictæ absolutione Deum exorare seque, ne similia patiantur, studeant emendare.

VISIO DECIMA OCTAVA.

Suspensus in patibulo mirabiliter a filiis in vita servatus et nutritus.

Cupio et illud promere quod nuper fideli notumque mihi fratrem audivi referre. Retulit enim de homine quodam, quem sibi satis notum et Alricum etiam dictum esse affirmavit, quia, cum innocens in patibulo suspensus esset, infra hebdomadam, quæ tunc post Pentecosten proxime evenit, in eodem patibulo vivus penderet pene usque ad festa sancti Jacobi apostoli, quando scilicet tempus erat metendi. Locus autem, ubi pependit, messi contiguus exstitit. Cum ergo die quadam rustici ad metendum convenirent, subito qui per multum tempus pependit, laqueo disrupto de patibulo cecidit moxque gressu nutanti ad fontem, qui ibi prope erat, bibiturus accessit. Quo viso metentes omnes perterriti fugerunt, arbitrantes opus esse diabolicum quod agebatur per suspensum. Sed ille, postquam aliquantulum bibit, recto tramite ad vicum proximum properans in domum suam divertit. Cum autem rustici, qui paulo ante fugientes ingressi sunt domos suas, talia conspexissent, fugerunt etiam exinde omnes excepta ejusdem hominis conjuge, quæ in eadem die, precu poterat, pro ejus anima eleemosynam erogandam præparaverat. Hæc igitur talem virum ad suum hospitium tendentem a longe prospiciens, et nihil aliud quam phantasma esse existimans, in primis signo sanctæ crucis facto se signavit, deinde omnimodas, quibus delusio

diabolica expelli mos est, invocationes protulit, adjurans ut, si spiritus malignus esset, procul abscederet. At ille propius accedens ad conjugem dixit : Noli, quæso, noli timere accessum meum; sed pro certo cognosce me virum tuum esse, qui in patibulo, sicut nosti, fui suspensus, sed gratia divina succurrente in eodem patibulo ad vitam suam reservatus. Ad hæc mulier : Si, inquit, hæc ita se habent, accede propius in nomine Domini, et enarra nobis quomodo vixeris. At ille respondens ait : De his nulla responsa dabo, priusquam ad ecclesiam venero ; illuc enim in primis venire cupio, ut gratias agam omnipotenti Deo, qui me clementer mirabiliterque præsenti vitæ reservavit. Illuc etiam veniat quisquis a me audire desiderat quæ circa me gesta sunt. His itaque dictis properavit ad ecclesiam ibique aliquandiu prostratus Deo debitas retulit gratias.

Interea plebs omnis, quæ ante fugerat, agnoscens vere quæ ab homine facta sunt, quod scilicet et rite loqueretur ad conjugem et ad ecclesiam properasset, convenit pariter illuc, sciscitans ab eodem qualiter in tanto tempore suspensus vixisset. At ille respondit dicens : Mira omnipotentis Dei gratia vixi. Quia enim octo infantes de baptismo suscepi eisque ad catechizandi ad fidem sacram præmia, excepto uno, præbui, videbatur mihi quod unusquisque eorum quos ad fidem conduxi, juxta ordinem singulis diebus semet pedibus meis subponens, ab omni molestia pendendi me relevaret. Cumque hoc per septem dies continuos levamen jugiter sensissem, in octava die magnam molestiam pendens pertuli, quia tunc a nullo sustentabar. Illa namque die puerum octavum, cui nulla dona dedi, circumeuntem quidem prope patibulum vidi, sed ab eo nil soliti levaminis percepi. Præterea quemdam tantæ suavitatis saporem in ore meo semper adesse sentiebam, ut et omnem ciborum humanorum fragrantiam excelleret et nunquam esurire me permitteret. Nunc ergo, quia miro sustentaculo miroque ferculo per gratiam Dei vita mihi præsens concessa est, nihil aliud amodo agendum mihi restat, nisi ut aliquo Dei servitio me mancipare studeam; ideoque precor ut cum omnium vestrum adjutorio in ecclesia mansionarii merear fungi officio. Quam petitionem, quia omnibus placuit, citius impetravit ibique postea per annos plures positus in bona conversatione vitam præsentem finivit. Hujusmodi itaque miracula a quodam fideli fratre mihi una cum aliis sunt relata ; hæc etiam ego, aliis profutura credens, ad eorum notitiam litteris transferre decrevi.

Deinde vero, quia nullam aliam visionem, quæ temporibus nostris acciderit, præferendam scio, quasdam ante tempora multa prolatas, sed plurimis ideo incognitas, quia libri, in quibus continentur, apud paucos inveniuntur, hic adnectere volo, ut tanto devotius legentes ad emendationem excitentur, quanto plus eis non nota, sed incognita, undecunque potui, colligere studui. Sed in primis visionem quamdam ex sancti Bonifacii epistolis exceptam, quam ipse cuidam matronæ scribens misit, conjungere cupio. Scribit autem hoc modo:

VISIO DECIMA NONA.

S. Bonifacii episcopi et martyris epistola de dictis et visis cujusdam monachi redivivi.

Rogabas me, soror charissima, ut admirandas visiones de illo redivivo, qui nuper in monasterio Milburgæ abbatissæ mortuus est et revixit, quæ ei ostensæ sunt, scribendo intimare et transmittere curarem quemadmodum ista, reverenda abbatissa Hildelida referente, didici. Modo siquidem gratias omnipotenti Deo refero, quia in hoc dilectionis tuæ voluntatem plenius liquidiusque, Deo patrocinium præstante, implere valeo, quia ipse cum supradicto fratre redivivo, dum nuper de transmarinis partibus ad istas pervenit regiones locutus sum, et ille mihi stupendas visiones, quas extra corpus suum raptus in spiritu vidit, proprio exposuit sermone.

Dicebat autem se per violentis ægritudinis dolorem corporis gravedine subito exutum fuisse et similiimum esse collatione, veluti si videntis et vigilantis hominis densissimo oculi tegmine velentur, et subito auferatur velamen, et tunc perspicua sint omnia, quæ ante non visa, et velata et ignota fuerint; sic sibi abjecto terrenæ carnis velamine ante conspectum universum collectum fuisse mundum ut terrarum partes, et populos et maria sub uno aspectu contueretur, et tam magnæ claritatis et splendoris angelos cum egressum de corpore suscepisse ut nullatenus præ nimio splendore in eos aspicere potuisset. Qui jocundis et consonis vocibus canebant: *Domine, ne in ira tua arguas me, neque in furore tuo corripias me* (*Psal.* VI, 1). Et sublevabant in aere, dixit, sursum; et in circuitu totius mundi ignem ardentem videbam, et flammam immensæ magnitudinis anhelantem et terribiliter ad superiora ascendentem non aliter pene quam ut sub uno globo totius mundi machinam complectentem, nisi eam sanctus angelus impresso signo sanctæ crucis Chr'sti compesceret. Quando enim in obviam minacis flammæ signum crucis expresserat, tunc magna ex parte decrescens resedit, et istius flammæ terribilis ardore intolerabili torquebar, oculis maxime ardentibus et splendore fulgentium spirituum vehementissime reverberatus, donec splendidæ visionis angelus manus suæ impositione caput meum quasi protegens tangebat et me a læsione flammarum tutum reddidit.

Præterea referebat illo in temporis spatio, quo extra corpus fuit, tam magnam animarum migrantium de corpore multitudinem, illuc, ubi ipse fuit, convenisse, quantam totius humani generis in terris non fuisse antea existimaret. Innumerabilem quoque malignorum spirituum turbam, nec non et clarissimum chorum superiorum angelorum adfuisse narravit, et maximam intra se miserrimos spiritus et sanctos angelos de animabus egredientibus de corpore disputationem habuisse, dæmones accusando et peccatorum pondus gravando, angelos vero relevando et excusando; et seipsum omnia audisse flagitiorum suorum propria peccamina, quæ fecit a juventute sua, et ad confitendum aut neglexit aut oblivioni tradidit, vel ad peccatum pertinere omnino nesciebat ipsius propria voce contra illum clamitasse et eum durissime accusasse, et specialiter unumquodque vitium, quasi ex sua persona, in medium se obtulisse dicendo, quoddam: Ego sum cupiditas tua, quæ illicita frequentissime et contraria præceptis Dei concupisti; quoddam vero: Ego sum vana gloria, qua te apud homines jactanter exaltasti; aliud: Ego sum mendacium, in quo mentiendo peccasti; aliud: Ego sum otiosum verbum, quod inaniter locutus fuisti; aliud: Ego visus, quo videndo illicita peccasti; aliud: Ego contumacia et inobedientia, qua senioribus spiritalibus inobediens fuisti; aliud: Ego torpor et desidia in sanctorum studiorum neglectu; aliud: Ego vaga cogitatio et inutilis cura, qua te supra modum sive in ecclesia sive extra ecclesiam occupabas; aliud: Ego somnolentia, qua oppressus tarde ad confitendum Deo surrexisti; aliud: Ego iter otiosum; aliud: Ego sum negligentia et incuria, qua detentus erga studium divinæ lectionis incuriosus fuisti; et cætera his similia omnia, quæ in diebus vitæ suæ in carne conversatus peregit et confiteri neglexit. Multa quoque, quæ ad peccatum pertinere omnino ignorabat, contra eum cuncta terribiliter vociferabant. Similiter et maligni spiritus, in omnibus consonantes vitiis accusando et duriter testificando, et loca et tempora nefandorum actuum memorantes, eadem, quæ peccata dixerunt, conclamantes probabant.

Vidit quoque ibi hominem quemdam, cui jam in sæculari habitu degens vulnus inflixit, quem adhuc in hac vita superesse referebat ad testimonium malorum suorum adductum, cujus cruentatum et patens vulnus et sanguis ipse propria voce clamans improperabat et imputabat ei crudele effusi sanguinis crimen; et sic cumulatis et computatis sceleribus antiqui hostes affirmabant eum reum atque peccatorem juris eorum et conditionis indubitanter fuisse. Econtra autem, dixit, excusantes me clamitabant parvæ virtutes animæ, quas ego miser indigne et imperfecte peregi. Quædam dicunt: Ego sum obedientia, quam senioribus spiritalibus exhibui; quædam: Ego jejunium, quo corpus suum contra desiderium carnis pugnans castigavit; alia: Ego oratio pura, quam effundebat in conspectu Domini; alia: Ego sum obsequium infirmorum, quod clementer ægrotantibus exhibuit; quædam: Ego sum psalmus, quem pro odioso sermone satisfaciens Deo cecinit, et sic unaquæque virtus contra æmulum suum peccatum excusando me clamitabat. Et has illi immensæ claritatis angelici spiritus magnificando defendentes me affirmabant, et istæ virtutes universæ valde mactæ, et multo majores et excellentiores esse mihi videbantur quam unquam viribus meis digne perpetratæ fuissent.

Interea referebat se quasi in inferioribus in hoc mundo vidisse igneos puteos horrendam eructantes flammam plurimos et erumpente tetra terribilis flamma ignis volitasse, et miserorum hominum spiritus, in similitudine nigrarum avium per flammam plorantes, et ululantes, et verbis et voce humana stridentes, et lugentes propria merita et præsens supplicium, consedisse paululum hærentes in marginibus puteorum, et iterum ejulantes cecidisse in puteos. Et unus ex angelis dixit : Parvissima hæc requies indicat quia omnipotens Deus in die futuri judicii his animabus refrigerium supplicii et requiem perpetuam præstiturus est. Sub illis autem puteis adhuc in inferioribus et in imo profundo, quasi in inferno inferiori audivi horrendum, et tremendum et dictu difficilem gemitum et fletum lugentium animarum. Et dixit ei angelus : Murmur et fletus, quem in inferioribus audis, illarum est animarum, ad quas nunquam pia miseratio Domini perveniet, sed æterna illas flamma sine fine cruciabit.

Vidit quoque miræ amœnitatis locum, in quo pulcherrimorum hominum gloriosa multitudo miro lætabatur gaudio, qui eum invitabant ut ad eorum gaudia, si ei licitum fuisset, cum eis gavisurus veniret. Et inde miræ dulcedinis flagrantia veniebat, quæ beatorum habitus fuit, ibi congaudentium spirituum, quem locum sancti angeli affirmabant famosum esse Dei paradisum. Nec non et igneum piceumque flumen, bulliens et ardens, miræ formidinis et teterrimæ visionis cernebam, super quod lignum, pontis vice, positum erat, ad quod sanctæ gloriosæque animæ ab illo secedentes conventu properabant, desiderio alterius ripæ transire cupientes. Et quædam non titubantes constanter transibant; quædam vero labefactæ de ligno cadebant in tartareum flumen; et aliæ tingebantur pene quasi toto corpore mersæ; aliæ autem ex parte quadam veluti usque ad genua; quædam usque ad medium; quædam vero usque ad ascellam; et tamen unaquæque cadentium multo clarior speciosiorque de flumine in alteram descendebat ripam quam prius in piceum bulliens cecidisset flumen. Et unus ex beatis angelis de illis cadentibus animabus dixit : Hæ sunt animæ, quæ post exitum mortalis vitæ quibusdam levibus vitiis non omnino ad purum abolitis aliqua pia miserentis Dei castigatione indigebant, ut Deo digne offerantur. Et circa illud flumen speculabatur muros fulgentes, clarissimi splendoris, stupendæ longitudinis et altitudinis immensæ, et sanctos angelos dixisse : Hæc est enim illa sancta et inclyta civitas cœlestis Hierusalem, in qua istæ perpetualiter sanctæ gaudebunt animæ. Illas itaque animas et istius gloriosæ civitatis muros, ad quam post transitum fluminis festinabant, tam magna immensi luminis claritate et fulgore splendentes esse dixit, ut reverberatis oculorum pupillis præ nimio splendore in eos nullatenus aspicere potuisset.

Narravit quoque ad illum conventum inter alias venisse cujusdam hominis animam, qui in abbatis officio defunctus est, quæ speciosa nimis et formosa esse visa est, quam maligni spiritus rapientes contendebant sortis eorum et conditionis fuisse. Respondit ergo unus ex choro angelorum dicens : Ostendam vobis cito, miserrimi spiritus, quia vestræ potestatis anima illa probatur non esse. Et his dictis repente intervenit magna cohors candidarum animarum, quæ dicebant : Senior et doctor noster fuit iste, et nos omnes suo magisterio lucratus est Deo, et hoc pretio redemptus est et vestri juris non esse dignoscitur. Et quasi cum angelis contra dæmones pugnam inirent, et adminiculo angelorum eripientes illam animam de potestate malignorum spirituum liberaverunt. Et tunc increpans angelus dæmones dixit : Scitote modo et intelligite quod animam istam sine jure rapuistis, et discedite, miserrimi spiritus, in ignem æternum. Cum vero hoc dixisset angelus, illico maligni spiritus levaverunt fletum et ululatum magnum in momento, et quasi in ictu oculi pernici volatu jactabant se in supra dictos puteos ignis ardentis. Et post modicum intervallum emersi certantes in illo conventu iterum de animarum meritis disputabant; et diversorum merita hominum in hac vita commorantium dicebat se illo in tempore speculari potuisse et illos, qui sceleribus obnoxii non fuerunt et qui, sanctis virtutibus freti, propitium omnipotentem Dominum habuisse noscebantur, angelis semper tutos ac defensos, et eis charitate et propinquitate conjunctos fuisse; illis vero, qui nefandis criminibus et maculatæ vitæ sordibus polluti fuerunt, adversarium spiritum assidue sociatum et semper ad scelera suadentem fuisse, et quandocunque verbo vel facto peccaverunt, hoc jugiter quasi ad lætitiam et gaudium aliis nequissimis spiritibus in medium proferens manifestavit. Et quando homo peccavit, nequaquam malignus spiritus sustinuit, moram faciens exspectando, donec iterum peccaret, sed singillatim unumquodque vitium ad notitiam aliorum spirituum offerebat; et subito apud hominem peccata suasit et illico apud dæmones perpetrata demonstravit.

Interea narravit se vidisse puellam quamdam in hac terrena vita molantem in mola, quæ vidit juxta se alterius novam colum, sculptura variatam; et pulchra ei visa fuit; et furata est illam. Tunc quasi ingenti gaudio repleti quinque teterrimi spiritus, hoc furtum aliis in illo referebant conventu, testificantes illam furti ream et peccatricem fuisse. Intulit quoque et hæc : Fratris cujusdam, qui paulo ante defunctus est, animam tristem ibi videbam, cui antea ipse in infirmitate exitus sui ministravi et exsequia præbui. Qui mihi moriens præcepit ut fratri illius germano verbis illius testificans demandarem, ut ancillam quamdam, quam in potestate communiter possederant, pro anima ejus manumitteret. Sed germanus ejus, avaritia impediente, petitionem ejus non implevit; et de hoc supra dicta anima per alta suspiria accusans fratrem infidelem et increpans graviter querebatur. Et similiter testatus est de

Ceolredo rege Merciorum (quem illo tamen tempore, quo hæc visa sunt, in corpore fuisse non dubium est) quem, ut dixit, videbat angelico quodam umbraculo contra impetum dæmoniorum quasi libri alicujus magni extensione et superpositione defensum; ipsi vero dæmones anhelando rogabant angelos, ut ablata defensione illa ipsi permitterentur crudelitatis eorum voluntatem in eo exercere. Et imputabant ei horribilem ac nefandam multitudinem flagitiorum, et minantes dicebant illum sub dirissimis inferorum claustris claudendum et ibi, peccatis promerentibus, æternis tormentis cruciandum esse. Tunc angeli solito tristiores facti dicebant: Proh dolor! quod homo peccator iste semetipsum plus defendere non permittit et propter merita propria nullum ei adjutorium possumus præbere. Et auferebant superpositi tutaminis defensionem. Tunc dæmones gaudentes, de universis mundi partibus congregati majori multitudine quam omnium animantium in sæculo fieri æstimaret, diversis cum tormentis inæstimabiliter fatigantes lacerabant. Tum demum beati angeli præcipiebant ei, qui hæc omnia extra corpus suum raptus spirituali contemplatione vidit et audivit, ut sine mora ad proprium rediret corpus, et universa, quæ illi ostensa fuerunt, credentibus et intentione divina interrogantibus manifestare non dubitaret; insultantibus autem narrare denegaret et, ut cuidam mulieri, quæ in longinqua regione habitabat, ejus perpetrata peccata per ordinem exponeret et ei intimaret quod omnipotentem Deum potuisset per satisfactionem repropitiari sibi, si voluisset, et ut cuidam presbytero, nomine Begga, istas spirituales visiones cunctas exponeret, et postea, quemadmodum ab illo instructus fieret, hominibus pronuntiaret, propria peccata, quæ illi ab spiritibus immundis imputata fuerunt, confessaque supradicti presbyteri judicio emendaret.

Jussus tamen ab angelis primo diluculo rediit ad corpus, qui primo gallicinio exibat de corpore. Redivivo autem in corpore plena septimana nihil omnino corporalibus oculis videre potui, sed oculi vesicis pleni frequenter sanguinem stillaverunt; et postea de presbytero religioso et peccatrice muliere, sicut ei ab angelis manifestatum est, ita illis profitentibus, verum esse probavit. Subsequens autem et citus sceleratis regis exitus, quæ de illo visa fuerunt, vera esse procul dubio probavit. Multa quoque alia his similia referebat sibi ostensa fuisse, quæ de memoria labefacta per ordinem recordari nullatenus potuisset. Et dicebat se post visiones istas mirabiles tam tenacis memoriæ non fuisse ut ante fuerat. Hæc autem, quæ te diligenter flagitante scripsi, tribus mecum religiosis et valde venerabilibus fratribus in commune audientibus exposuit, qui mihi in hoc scripto astipulatores fideles testes esse noscuntur. Vale, virgo dilectissima.

Ad hæc vero quasdam visiones, quas nuper in Anglorum Gestis a venerabili Beda scriptas legi, addere cupio, quæ scilicet duris et improbis satis necessariæ ad compescendam cordis eorum duritiam videntur. Hujusmodi ergo dicta in libro præfato inveniuntur scripta.

VISIO VICESIMA.

Pœnæ damnatorum et purgandorum, uti et gaudia beatorum cuidam ostensa. Ex Beda.

His temporibus miraculum memorabile et antiquorum simile in Britannia factum est. Namque ad excitationem viventium de morte animæ quidam aliquandiu mortuus ad vitam resurrexit corporis et memoratu digna, quæ viderat, narravit; e quibus hic aliqua breviter perstringenda esse putavi.

Erat ergo paterfamilias in regione Nordanimbrorum, quæ vocatur Incuneningum, religiosam cum domo sua gerens vitam. Qui, infirmitate corporis tactus et hac crescente per dies ad extrema perductus, primo tempore noctis defunctus est; sed diluculo reviviscens ac repente residens omnes, qui corpori flentes assederant, timore immenso perculsos in fugam convertit. Uxor tantum, quæ amplius amabat, quamvis multum tremens et pavida remansit. Quam ille consolatus, noli, inquit, timere, quia jam vere surrexi a morte, qua tenebar, et apud homines sum iterum vivere permissus. Non tamen ea mihi, qua ante consueveram, conversatione, sed multum dissimili ex hoc tempore vivendum est. Statimque surgens abiit ad villulæ oratorium et usque ad diem in oratione persistens, mox omnem quam possederat substantiam in tres divisit portiones. E quibus unam conjugi, alteram filiis tradidit, tertiam sibi ipse retentans statim pauperibus distribuit. Nec multo post sæculi curis absolutus ad monasterium Mailro, quod Tuidi fluminis circumflexu maxima ex parte clauditur, pervenit acceptaque tonsura locum secretæ mansionis, quam præviderat abbas, intravit et ibi usque ad diem mortis in tanta mentis et corporis contritione duravit ut multa illum, quæ alios laterent, vel horrenda vel desideranda vidisse, etiamsi lingua sileret, vita loqueretur. Narrabat autem hoc modo quod viderat.

Lucidus, inquit, aspectu et clarus erat indumento qui me ducebat. Incedebamus autem tacentes, ut videbatur mihi, contra ortum solis solstitialem. Cumque ambularemus, devenimus ad vallem multæ latitudinis ac profunditatis, infinitæ autem longitudinis, quæ ad lævam nobis sita, unum latus flammis ferventibus nimium terribile, alterum furenti grandine ac frigore nivium omnia perflante atque fervente non minus intolerabile præferebat. Utrumque autem erat animabus hominum plenum, quæ vicissim hinc inde videbantur quasi tempestatis impetu jactari. Cum enim vim fervoris immensi tolerare non possent, prosiliebant miseræ in medium frigoris infesti et, cum neque ibi quidpiam requiei invenire valerent, resiliebant rursus urendæ in medium flammarum inexstinguibilium. Cumque hac infelici vicissitudine longe lateque, prout aspicere poteram, sine ulla quietis intercapedine innumerabilis spirituum deformium multitudo torqueretur, cogitare cæpi quod hic fortasse esset infernus, de cujus tormentis intolerabilibus narrari sæpius audivi. Respondit cogitationi meæ ductor, qui me præcedebat, non hoc, inquiens, suspiceris; non enim hic infernus est ille quem putas.

At cum me hoc spectaculo tam horrendo perterritum paulatim in ulteriora perduceret, vidi subito ante nos obscurari incipere loca et tenebris omnia repleri. Quas cum intrassemus, in tantum paulisper condensatæ sunt, ut nihil præter ipsas aspicerem, excepta duntaxat specie et veste ejus qui me ducebat. Et cum progrederemur sola sub nocte per umbras, ecce subito apparent nobis crebri flammarum tetrarum globi ascendentes quasi de puteo magno rursusque decidentes in eumdem. Quo cum perductus essem, repente ductor meus disparuit ac me solum in medio tenebrarum et horrendæ visionis relinquit. Ac cum ibi globi ignium intermissione modo alta peterent, modo ima barathri repeterent, cerno omnia, quæ ascendebant, fastigia flammarum plena esse spiritibus hominum, qui instar favillarum cum fumo ascendentium, nunc ad sublimiora projicerentur, nunc retractis ignium vaporibus relaberentur in profunda; sed et fetor incomparabilis cum eisdem vaporibus ebulliens omnia illa tenebrarum loca replebat. Et cum diutius ibi pavidus consisterem, utpote incertus quid agerem, quo verterem gressum, qui finis me maneret, audio subitum post terga sonitum immanissimi fletus ac miserrimi, simul et cachinnum crepitantem quasi vulgi indocti captis hostibus insultantis.

Ut autem sonitus idem clarior redditus ad me usque pervenit, considero turbam malignorum spirituum, quæ quinque animas hominum merentes ejulantesque ipsa multum exsultans et cachinnans medias illas trahebat in tenebras. E quibus videlicet hominibus, ut dignoscere potui, quidam erat attonsus ut clericus, quidam laicus, quædam femina. Trahentes autem eos maligni spiritus descenderunt in medium barathri illius ardentis. Factumque est ut, cum, longius subeuntibus eis, fletum hominum et risum dæmoniorum clare discernere nequirem, sonum tamen adhuc permistum in auribus haberem. Interea ascenderunt quidam spirituum obscurorum de abysso illa flammivoma, et accurrentes circumdederunt me atque, oculis flammantibus, et de ore ac naribus ignem putidum efflantes angebant. Forcipibus quoque igneis, quos tenebant in manibus, minitabantur me comprehendere, nec tamen me ullatenus contingere, tametsi terrere, præsumebant. Qui cum undique hostibus et cæcitate tenebrarum conclusus huc illucque oculos circumferrem, si forte alicunde quid auxilii, quo salvarer, adveniret, apparuit retro via, qua veneram, quasi fulgor stellæ micantis inter tenebras, quæ paulatim crescens et ad me ocius festinans ubi appropinquavit, dispersi sunt et aufugerunt omnes qui me forcipibus rapere quærebant spiritus infesti. Ille autem qui adveniens eos fugavit erat ipse qui me ante ducebat. Qui mox conversus ad dextrum iter quasi contra ortum solis brumalem ducere cœpit. Nec mora; exemptum tenebris in auras me serenæ lucis eduxit.

Cumque me in luce aperta duceret, vidi ante nos murum permaximum, cujus neque longitudini hinc vel inde, neque altitudini ullus esse terminus videretur. Cœpi autem mirari quomodo ad murum accederemus, cum in eo nullam januam, vel fenestram, vel ascensum alicubi conspicerem. Cum ergo pervenissemus ad murum, statim nescio quo ordine fuimus in summitate ejus. Et ecce ibi campus erat latissimus, et lætissimus tantaque fragrantia vernantium flosculorum plenus ut omnes mox fetorem tenebrosi fornacis, qui me pervaserat, effugaret admirandi hujus suavitas odoris. Tanta autem lux cuncta ea loca perfuderat, ut omni splendore diei sive solis meridiani radiis videretur esse præclarior. Erantque in hoc campo innumera hominum albatorum conventicula sedesque plurimæ agminum lætantium. Cumque inter choros felicium incolarum medios me duceret, cogitare cœpi quod hoc fortasse esset regnum cœlorum, de quo prædicari sæpius audivi. Respondit ille cogitatui meo, non, inquiens, hoc est regnum cœlorum quod autumas. Cumque procedentes transissemus et has beatorum spirituum mansiones, aspicio ante nos multo majorem luminis gratiam quam prius. In qua etiam vocem cantantium dulcissimam audivi. Sed et odoris fragrantiam miri tanta de loco effundebatur, ut is, quem ante degustans quasi maximum rebar, jam permodicus nihil odor videretur, sicut etiam lux illa campi florentis eximia, in comparatione ejus quæ nunc apparuit, lucis tenuissima prorsus videbatur et parva. In cujus amœnitatem loci cum nos intraturos speraremus, repente ductor subsistit. Nec mora ; gressum retorquens ipsa me qua venimus via reduxit.

Cumque reversi pervenissemus ad mansiones illas lætas spirituum candidatorum, dicit mihi : Scis quæ sint ista omnia quæ vidisti ? Respondi ego : Non. Et ait : Vallis ista, quam aspexisti flammis ferventibus et frigoribus horrenda rigidis, ipse est locus in quo examinandæ et castigandæ sunt animæ illorum qui, differentes confiteri et emendare scelera quæ fecerunt, in ipso tandem mortis articulo ad pœnitentiam confugiunt et sic de corpore exeunt. Qui tamen, quia confessionem et pœnitentiam vel in morte egerunt, omnes in die judicii ad regnum cœlorum perveniunt. Multos autem ex eis preces viventium, et eleemosynæ, et jejunia, et maxime celebratio missarum, ut etiam ante diem judicii liberentur, adjuvant. Porro puteus ille flammivomus ac putidus quem vidisti ipsum est os gehennæ, in quo quicunque semel inciderit, nunquam inde liberabitur. Locus vero iste florifer in quo pulcherrimam juventutem jocundari ac fulgere conspicis, ipse est in quo recipientur animæ eorum qui in bonis quidem operibus de corpore exeunt ; non tamen sunt tantæ perfectionis, ut in regnum cœlorum statim introduci possint. Qui tamen omnes in die judicii ad visionem Christi et gaudia regni cœlestis intrabunt. Nam quicumque in omni verbo, et opere et cogitatione perfecti sunt, mox de corpore egressi ad regnum cœleste perveniunt, ad cujus vicinia pertinet locus ille, ubi sonum cantilenæ dulcis cum odore suavitatis ac splendore lucis audisti.

Tu autem quia nunc ad corpus reverti, et rursum inter homines vivere debes, si actus tuos curiosius discutere et mores sermonesque tuos in rectitudine ac simplicitate servare studueris, accipies et ipse post mortem locum mansionis inter hæc, quæ cernis, agmina lætabunda spirituum beatorum. Namque ego, cum ad tempus abscessissem a te, ad hoc feci, ut quid de te fieri deberet agnoscerem.

Hæc cum mihi dixisset, multum detestatus sum reverti ad corpus, delectatus nimirum suavitate ac decore loci illius quem intuebar, simul et consortio eorum quos in illo videbam, nec tamen aliquid ductorem meum rogare audebam. Sed inter hæc, nescio quo ordine, repente me inter homines vivere cerno. Hæc et alia, quæ viderat idem vir Domini non omnibus passim desidiosis ac vitæ suæ incuriosis referre volebat, sed illis solummodo qui, vel tormentorum metu perterriti vel spe gaudiorum perennium delectati, profectum pietatis ex ejus verbis haurire volebant, qui usque ad diem suæ vocationis infatigabili cœlestium bonorum desiderio corpus senile inter quotidiana jejunia domabat multisque et verbo et conversatione saluti fuit. Cui scilicet visioni mox subjuncta est alia a prædicto viro in hunc modum scripta:

VISIO VICESIMA PRIMA.

Quidam ob dilatam nimium pœnitentiam æternis tormentis addictus. Ex eod.

At contra fuit quidam in provincia Merciorum, cujus visiones ac verba, non autem conversatio plurimis, sed nec sibimetipsi profuit. Fuit autem temporibus Coenredi, qui post Edilredum regnavit, vir in laico habitu atque officio militari potius, sed quantum pro industria exteriori regi placens, tantum pro interna suimet negligentia displicens. Admonebat ergo illum sedulo, ut confiteretur, et emendaret ac relinqueret scelera sua, priusquam subito mortis adventu tempus omne pœnitendi et emendandi perderet. Verum ille frequenter licet admonitus spernebat verba salutis seque tempore sequente pœnitentiam acturum esse promittebat. Hic interim tactus infirmitate decidit in lectum atque acri cœpit dolore torqueri. Ad quem ingressus rex (diligebat eum multum) hortabatur ut vel tunc, antequam moreretur, pœnitentiam ageret commissorum. At ille respondit non se tunc velle confiteri peccata sua, sed cum ab infirmitate resurgeret, ne exprobrarent sibi sodales quod timore mortis faceret ea quæ sospes facere noluerat, fortiter quidem, ut sibi videbatur, locutus, sed miserabiliter, ut post patuit, dæmonica fraude seductus. Cumque morbo ingravescente denuo ad eum visitandum ac docendum rex intraret, clamabat statim miserabili voce: Quid vis modo? quid huc venisti? Non enim mihi aliquid utilitatis aut salutis potes ultra conferre. At ille, noli, inquit, ita loqui; vide ut sanum sapias. Non, inquit, insanio, sed pessimam mihi conscientiam certus præ oculis habeo. Et quid, inquit, hoc est? Paulo ante, inquit, intraverunt domum hanc duo pulcherrimi juvenes et sederunt circa me, unus ad caput, et unus ad pedes. Et protulit unus libellum pulchrum, sed vehementer modicum, ac mihi ad legendum dedit. In quo omnia, quæ unquam bona feceram, intuens scripta reperi. Et hæc erant nimium pauca et modica. Receperunt codicem, nec aliquid mihi dicebant. Tum subito supervenit exercitus malignorum et horridorum vultu spirituum, domumque hanc et exterius obsedit, et intus maxima ex parte residens implevit. Tunc ille qui et obscuritate tenebrosæ faciei et primatu sedis major esse videbatur eorum, proferens codicem horrendæ visionis et magnitudinis enormis et ponderis pene importabilis, jussit unum ex satellitibus suis mihi ad legendum deferre. Quæ cum legissem, inveni omnia scelera, non solum quæ opere vel verbo, sed etiam quæ tenuissima cogitatione peccavi, manifestissime in eo tetris esse descripta litteris. Dicebatque ad illos, qui mihi assederant, viros albos et præclaros: Quid hic sedetis, scientes certissime quia noster est iste? Responderunt: Verum dicitis. Accipite et in cumulum damnationis vestræ ducite. Quo facto, statim disparuerunt. Surgentesque duo nequissimi spiritus habentes in manibus cultrum percusserunt me unus in capite et alius in pede; qui videlicet modo cum magno tormento irrepunt in interiora corporis mei, moxque ut ad se invicem perveniunt, moriar et paratis ad rapiendum me dæmonibus in inferni claustra pertrahar. Sicque loquebatur miser desperans, et non multo post defunctus pœnitentiam, quam ad breve tempus cum fructu veniæ facere supersedit, in æternum sine fructu pœnis subditus facit. De quo constat, quia sicut sanctus papa Gregorius de quibusdam scribit, non pro se ista, cui non profuere, sed pro aliis viderit qui ejus interitum cognoscentes, differre tempus pœnitentiæ, dum vocat, timerent, ne improviso mortis articulo præventi impœnitentes perirent.

VISIO VICESIMA SECUNDA.

Scelestæ vitæ monachus æternum damnatus. Ex eod.

Post hæc quoque visionem tertiam prædictus venerabilis Beda subjungit. Novi autem, inquiens, ipse fratrem, quem utinam non nossem! Cujus etiam nomen, si hoc aliquid prodest, dicere possem, positum in monasterio nobili, sed ipsum ignobiliter viventem. Corripiebatur quidem sedulo a fratribus ac majoribus loci, atque ad castigatiorem vitam converti admonebatur. Et quamvis eos audire noluisset, tolerabatur tamen ab eis longanimiter ob necessitatem operum ipsius exteriorum; erat enim fabrili arte singularis. Serviebat autem multum ebrietati et cæteris vitæ remissioris illecebris; magisque in officina sua die noctuque residere quam ad psallendam, atque orandum in ecclesia audiendumque cum A fratribus verbum vitæ concurrere consueverat. Unde accidit illi quod solent dicere quidam : Quia qui non vult ecclesiæ januam sponte humiliatus ingredi, necesse habet januam inferni non sponte damnatus introduci. Percussus enim languore atque ad extrema perductus vocavit fratres, et multum tristis ac damnato similis cœpit narrare quia videret inferos apertos et Satanam demersum in profundis tartari Caiphamque cum cæteris, qui occiderunt Christum, juxta cum flammis ultricibus contraditum, in quorum vicinia, inquit, heu misero mihi locum aspicio æternæ perditionis esse præparatum ! Audientes hæc fratres cœperunt diligenter exhortari ut vel tunc positus adhuc in corpore pœnitentiam faceret. Respondebat ille desperans : Non est mihi modo tempus mutandi, cum ipse viderim judicium meum jam esse completum. Talia dicens sine viatico salutis obiit et corpus ejus in ultimis est locis monasterii humatum. Neque aliquis pro eo vel missas facere, vel psalmos cantare, vel saltem orare præsumebat. O quam grandi distantia divisit Deus lucem et tenebras ! Beatus protomartyr Stephanus passurus mortem pro veritate vidit cœlos apertos, vidit gloriam Dei et Jesum stantem a dextris Dei, et ubi erat venturus ipse post mortem, ibi oculos mentis ante mortem, quo lætior occumberet, misit (*Act.* vii, 55). At contra iste tenebrosæ mentis et actionis imminente morte vidit aperta tartara, vidit damnationem diaboli et sequacium ejus, vidit etiam suum, infelix inter tales carcerem, quo miserabilius ipse C desperata salute periret, sed viventibus, qui hæc cognovissent, causam salutis sua perditione relinqueret.

VISIO VICESIMA TERTIA.

Ecclesiasticis bonis vi vel fraude direptis dæmon dilatur et delectatur.

Mirum quoddam nuper audivi, quod licet inter visiones suprascriptas nequeat computari, tamen, quia ædificationem magnam conferre potest omnibus qui delusiones diabolicas cupiunt evadere, volo hic scribere.

Dictum namque mihi est, ut recolo, quia, cum in Saxonia nuptiæ cujusdam præpotentis essent agendæ et ad has histriones multi, sicut vulgo solent, properarent venire, quidam histrio et fama et dignitate cæteris præstantior, nomine Vollare, simul properavit. Sed ne tantæ dignitatis vir solus pergere videretur, acquisivit sibi alios ejusdem artis gnaros octo et cum eis quasi militibus stipatus ad nuptias profectus est. Cumque simul equitantes pergerent, contigit ut et diabolus in similitudine celebris personæ se conjungeret equitando, illis nil minus quam factum hoc arbitrantibus. Unde et simul pergentes omnia, quibus noti et familiares uti solent, verba conferebant. Sed et hoc exquirebant ab eo quod illi nomen esset ? At diabolus respondit dicens : Nithart vocor ; quod Latina lingua *odiosus* vel *valde malignus* dici potest. Et merito tali nomine sese dicebat nuncupatum a quo odium omnisque malitia venit in mundum.

Verumtamen nec Vollare nec ejus comites per nominis hujus iudicium attendebant quem conviatorem haberent. Sole autem ad occasum appropinquante cœperunt tractare ubi nocte illa potissimum valerent manere. Tunc diabolus, si, inquit, mecum proficisci volueritis, dabo cuncta necessaria vobis. Est enim contigua domus et habitatio mea. Sed in hoc sollicite vos debetis observare, ut, quia servos et milites nequissimos habeo in domo mea, nullus vestrum in aliquo negotio vel colloquio se commisceat illis. Hanc igitur promissionem et admonitionem fideliter factam credentes libenter audierunt et secum proficisci quocunque ipse vellet decreverunt. Moxque ipse diabolus B quasi dux itineris præcessit et eos in vallem quamdam magnæ longitudinis deduxit.

Deinde vero, cum jam magis ac magis nox tenebrosa immineret, duxit illos in silvam densissimam, in qua aliquandiu profecti subito viderunt plurimos sibi cum lampadibus et facibus honorifice occurrentes. Inter quos etiam nonnulli, qui videbantur splendidis pretiosisque vestibus indui, prorumpebant certantes quis eorum prius equos vel ipsos susciperet et ad hospitia omnigenis necessariis referta deduceret. Postquam vero omnia, quæ hospitibus grata et necessaria esse solent, tam in se quam in equis pascendis copiosissime exhibita sunt, convocabantur ad principis domum. Qui statim advenientes jussi sunt considere. Deinde mensa præparata itur ad cœnam, in qua optimi generis fercula et pocula non nisi aureis vel argenteis vasis afferri videbantur. Sed et ipsius domus parietes atque laquearia palliis continisque pretiosissimis circumdata monstrabantur.

At Vollare ejusque comites, licet de his omnibus mirarentur et in veritate facta arbitrarentur, memores tamen prædictæ admonitionis, quæ magis ex gratia divina quam provisione diabolica evenisse credenda est, sub omni disciplina sese continuerunt. Cumque cœna peracta videretur, ad cubitum ire jussi sunt equisque suis abundans pabulum præberi jubebatur. Altera autem die mature surgentes et ad principem venientes petierunt ut ad prædestinata loca ire permitterentur. At ille : Non, inquit, hodie, sed cras vos proficisci permitto, et tunc D cum donis talibus quæ et me decet dare et vos suscipere. Hodie enim volo vobis sit communis lætitia, commune convivium, ut postmodum aliis enarrare valeatis quæ sit et gloria mea et quæ gratia vobis sit a me exhibita. His auditis nil contradicere præsumpserunt, sed ita, ut jussi sunt, fecerunt, necdum sentientes diabolicæ delusionis potentiam.

At ubi prandii tempus adesse videbatur et mensa ponebatur, tanta multitudo servientium, talis ciborum apparatus, tanta vasorum insignium copia erat ut vix apud reges ditissimos huic simile inveniretur. Cumque Vollare esu potuque satis percepto hilarior effectus sibi videretur (nam omnia visa potius quam gesta sunt), assumens fiduciam, ut histriones solent, interrogat diabolum dicens : Si, domine, praesumerem, libenter te pro quadam re interrogarem. Valde namque miror, unde venerit tibi tanta copia auri atque argenti aliarumque rerum, quas non solum in cibo et potu, sed etiam in omnigenis ornamentis plus coram te video quam coram principe ullo vidissem appositas. Cui respondens diabolus dixit : Noli ergo in hoc mirari, quia omnia bona, quae vel ecclesiis et monasteriis, sanctis vel pauperibus et viduis, vel cuiquam injuste rapiuntur, mea sunt meaeque potestati subjiciuntur. Quo audito Vollare obstupuit, et nimio pavore contremuit. Verumtamen ne aliqua diaboli suspicione ipse pavor agnosceretur, continuit se ab omni tristitiae habitu et hilari constitit vultu, sola fide et intentione Deum invocans.

Finito autem hujusmodi convivio et universis circumquaque sedentibus, Vollare etiam egressus est et comites suos clam convocans ait : Væ nobis miseris, quoniam venimus in foveam perditionis. Iste enim princeps, qui nos huc tantopere secum ducens hospitio recepit, quique hodie tantam potentiæ suae gloriam nobis ostendit, ipse pro certo diabolus est. Unde, quæso, commendate vos Deo, tota mente supplicantes, ut recordatus misericordiæ suæ hinc nos eripere dignetur. In omnibus tamen estote cauti, ne plus solito tristiores videamini. Sed jam cito ad eam revertamur, ne diutius hic simul stantes videamur. Moxque ingressi domum convivii eodem, quo prius, habitu et animo apparuerunt. Deinde interrogati si quid vellent plus bibere, responderunt se velle. Cumque allato poculo se satis bibere simulassent, Vollare petiit diabolum, ut se suosque sequaces abire permitteret. At ille, non modo, inquit, sed cras abire permitto. Hinc enim diem laeti et convivantes debemus simul perducere. Sed et dona, quae vobis promisi, hodie sunt danda, ut cras quantocius vultis abire valeatis.

His igitur dictis, licet formidolosi, consenserunt promittentes omnia secundum ejus imperium semet facturos. Facta autem vespertina hora videbantur afferri coram diabolo multifaria dona tam in aureis quam argenteis vasis quam in vestibus eximiis. Quae omnia ille singulis laetanter distribuit, et ad hospitium ire permittens dixit : Ecce omnia, quae vobis promisi, jam satis implevi. Ad hæc etiam, quod solum restat, faciam vos cras deduci in viam itineris vestri. Moxque astantibus quibusdam dixit : cras hora, qua ipsi voluerint, ducite hos hospites in illum locum, ubi se recognoscant huc divertisse. Quae postquam dicta sunt, Vollare ejusque sequaces egressi sunt ad hospitium invisum, præstolantes vix mane futurum. Nam, licet viderentur muneribus ditati, cibo potuque repleti, maxima tamen cura impediebat eos quiescere; ideoque tota nocte illa clamaverunt ad Dominum ut de necessitatibus eorum liberaret eos.

Mane igitur facto venerunt duces itineris, et ducentes eos in locum, ubi se recognoscebant, dixerunt: Nunquid adhuc in viam notam venistis? At illi dixerunt : Utique. Jam enim satis agnoscimus quo pergere debeamus. Porro duces missi nusquam sunt postea visi. At Vollare ejusque comites tantam mox infirmitatem præ inedia et in se et in equis suis sentiebant ut vix ultra progredi valerent. Quærentes etiam dona in sarcinis reposita nihil invenerunt, nisi quaedam aranearum texta. In qua nimirum causa verum esse probatur, quod Dominus in Evangelio dicit de diabolo : *Ille homicida erat ab initio, et in veritate non stetit* (Joan. VIII, 44). Cum loquitur mendacium, ex propriis loquitur. Quo nihil est pejus, quia mendax et pater ejus.

Haec quicunque legit, hinc cautior esse valebit Adversus varias dæmonis insidias.

FRAGMENTUM
RELATIONIS DE TRANSLATIONE S. DIONYSII E FRANCIA IN GERMANIAM, AD MONASTERIUM S. EMMERAMMI.

(Apud R. P. Bernardum Pezium, *Thesaurus Anecd. noviss.* tomi III pars I, col. 399.)

MONITUM.

Fragmentum hoc, opusculis Othloni intersertum, ejusdem sæculi manu, qua illa, exaratum est, ut adeo vix dubio locus sit ab eodem omnia auctore projecta esse, præsertim cum alias nihil in toto codice insit quod non sit certissime Othlonianum. Nec quempiam moveat, quod auctor fragmenti causam rumoris maximi sub temporibus modernis Noricis terris contigisse dicat, quae verba cum sæculo undecimo, quo Othlonus floruit, non congruant. Nam mediæ ætatis scriptores ea phrasi, MODERNIS TEMPORIBUS, *etc., in peramplo significatu usos fuisse notius est quam ut id allatis in medium pluribus exemplis firmari necessum sit.*

Audite, fideles populi, causam rumoris maximi, quae sub temporibus modernis Noricis contigit terris. Beatissimus namque Dionysius, Athenis quondam episcopus, quem sanctus Clemens direxit in Galliam propter prædicandi gratiam, ibidemque martyrio coronatus comperitur et tumulatus. Hic idem sub tempore jam contiguo inde translatus est Norico in Emmerammi beati cœnobium satis celebre et famosum. Sed hoc quali perpetratum constet modo, vobis breviter nuntiabo. Imperator fuit quidam eximius, nomine etiam Arnolfus, ex illius prosapia gloriosi pontificis quondam Arnolfi, clarissimam tenens carnis originem ejusdemque sequens virtutem. Ille ergo invitatus confinia petiit occidentalia commissurus bellum contra quasdam gentes jam Gallica regna prementes, quas incolæ non illius pro- vinciæ per se valebant superare. Cumque per Omnipotentis auxilium ita vim deleret hostium, ut de exercitu eorum immenso non restaret vel unus homo, cum tanti triumphi gloria reversus venit ad urbem Parisius. Qua dum per dies aliquos resedisset et de diversis tractavisset, cœpit hoc etiam secreto tractare omnimodisque explorare qualiter valeret corpus sanctissimi obtinere Dionysii. Ad hæc multi respondentes quoque multa varia dabant consilia. Sed postremo quidam... Desunt cætera ob excisa aliquot e codice folia.

VITA SANCTI WOLFKANGI

EPISCOPI RATISBONENSIS

Auctore Othlono monacho.

(Apud Petz, *Monumenta Germaniæ historica*, Script. tom. IV, pag. 524.)

MONITUM.

Othlonus, a fratribus monasterii rogatus, etiam Vitam S. Wolfkangi episcopi Ratisbonensis, anno 994 mortui, componendam suscepit (36), quamvis jam antea bis et proprio opere et in Arnoldi libro de memoria S. Emmerammi edita esset. Sed quæ in his tradita erant nonnisi corrigere et « regulæ grammaticæ artis subjugare » voluit (36*), id quod tam fideliter eum fecisse, Arnoldi collato libro apparet, ut plerumque (37) ipsa hujus retineat verba, quædam, sed quæ nullius sunt momenti, omittat, plerumque vix verbum de suo addat (37*). Ideo ubi antiquiorem illam sequitur vitam, quam ex Francis Ratisbonam allatam dicit, jam vero deperditam dolemus, eamdem putandus est observasse regulam. Quo factum esse videtur, ut bis terve ipsa scriptoris verba retineret, quæ hunc Wolfkango coævum ostendunt (38) et familiarem, Othlono vero nullo modo conveniunt, qui quadraginta fere post episcopi mortem exactis annis Ratisbonam renit et vix quemquam illius ætatis hominem invenisse videtur. Nam qui ei de sancto viro referebant, hunc ipsi minime viderant, sed nonnisi patres de eo locutos audierant (38*). Othlonus etiam alibi se Vitam posteriori tempore scripsisse indicat (39), et cum Arnoldi librum jam ab ipso secundis curis emendatum ad manus haberet (39*), ossa vero S. Wolfkangi a Leone IX papa elevata esse nondum sciret (40), inter annos 1037-1052 hunc susceperit laborem oportet; quem ita exsecutus est, ut librum quamvis neque rebus neque oratione valde conspicuum, satis tamen aptum utilemque exhiberet.

(36) De tent. p. 118 : Ex petitione namque fratrum nostrorum Vitam — sancti Wolfgangi emendans, sicut in — Vitæ prologo intimatur, scripsi; cf. prolog.
(36*) Prolog.
(37) Quæ ex Arnoldo sumpsit hæc sunt : c. 12-14, major c. 15, maxima c. 16 pars, c. 19-21, 58, 39, 43-45. Reliqua aut ex antiquiori Vita aut ex monachorum relationibus hausit.
(37*) Etiam Vitam S. Erhardi a Paulo sive Paululo quodam conscriptam habuisse videtur; cf. c. 47. Neque enim illam cum Bollando (Act. SS. Jan. I, p. 533) sæculo XI exeunte post Othlonum, scriptam putarim, cum auctor II, 1, dicat: Secundum de signis — librum exaravimus, testes habentes aut qui ipsi viderunt aut quibus videntes detulerunt, nec a vetusto collectos tempore, sed adhuc viventes in corpore, locus vero I, 2 : Sicut Romanæ testatur historia bibliothecæ, auctore quidem sancto papa Leone, qui nonus sui nominis sanctam Romanam rexit Ecclesiam, qua- tuordecim ibidem monasteria construxerunt (Erhardus et Hildulfus), sit obscurus et fortasse corruptus.
(38) C. 30, 34 et c. 5 : sicut ipse (Wolfk.) fatebatur. Cap. 34 (et 9) verba codex unus (infra 2) ita mutata exhibet, ut auctori s. XI convenire possint; quod tamen interpolatori potius quam ipsi Othlono tribuerim
(38*) Prolog. Quod dicit c. 7 : discipulis narrantibus audivimus eodem modo interpretandum aut ex antiquiore Vita descriptum est. Cf. c. 40 : Quædam oblivione faciente ad cognitionem nostram minime pervenerunt.
(39) C. 17, 40, 41.
(39*) Verba in autographo secunda manu addita II, 12, 25. Othlonus c. 21, 39, repetivit.
(40) Hujus rei a. 1052 factæ notitiam ex cod S. Emmerammi n. 513, sæc. XV, dedit I. B. Kraus in 4ta edit. Ratisb. monastic., p. 258.

Medio aevo praeter scriptores Ratisbonenses (40') et Adelbertum Bambergensem (41), quibus vix Annalistam Saxonem addere licet (42), nemo, quod sciam, hac Vita usus est (43). Codices vero exstant plures, iique omnes in Bavariae et Austriae bibliothecis, si unum excipias

1) C. Einsidlensem n. 322, mbr., saec. XI, 4to, ubi post Boethii librum De consolatione philosophiae alia manu scriptum haec sequitur Vita. Ex hoc ms. optima, sed praefatione destituto, Mabillon post Surium (V. p. 991, ed. 2, p. 1095), qui suo more stylum mutavit, primus genuinum edidit textum (Acta p. 812), sed neque Othlonum auctorem agnovit (44), neque omnes errores devitavit, quos a V. Cl. Gallo Morell bibliothecario Einsidlensi indicatos jam sustollere potui. Praeterea adhibui

2) C. Monacensem inter libros mss. civit. Ratisbonens. (45). C. l. signatum, qui variis saec. XII-XIV manibus exaratus, Bedae expositionem in Acta apostolorum, Aribonis Vitam S. Corbiniani, Translationem S. Alexandri et Justini Frisingam, fragm. Vitae S. Galli, Vitam S. Erhardi auctore Paullulo, Augustinum de vera religione, Bernhardum de contemptu mundi et particulam Vitae S. Erminoldi continet. Vita S. Wolfkangi, quae inter haec f. 111-151 legitur, saec. XII satis accurate scripta est, sed textum habet hinc inde leviter mutatum; quod an ab ipso Othlono factum sit dubitarim. Certe ubi hic Arnoldi libro usus est, cod. Einsidlensis cum eo ad verbum convenit, Ratisbonensis vero non semel longius ab eo recedit (46). Lectiones a V. Cl. Föringer exscriptas omnes in notas retuli.

3) C. Vindobonensis n. 2217 (3330. Lunaelac. (47) 88), mbr., saec. XIV, f. 71-84, ex quo praefationem describendam curavit nobisque transmisit V. Cl. Chmel. Cum hoc conveniunt:

4) C. Vindobonensis n. 3377 (Lunaelac. 253), chart., saec. XIV, qui folio 53, verbis c. 41 : ulterius circuli cru desinit, et

5) C. Vindobonensis n. 818 (3329, Lunaelac. 81), chart., saec. XV, f. 107-116, ubi verbis c. 19 : sexus utriusque turba confluere solebat finitur. — Ad Ratisbonensem vero prope accedit

6) C. Monacensis inter Tegernseenses n. 660, chart., saec. XV, qui fol. 235 constans, inter varias sanctorum legendas f. 156-155 Vitam S. Wolfkangi continet.

7) C. Monacensis, Bavar. n. 843, chart., saec. XV, in 48 foliis exaratus, fol. 1-38, Othloni librum, fol. 38-42. Vitam Wolfkangi metricam (48) (Pez Thes. III, II, p. 615-622), fol. 42-43. Orationem de sancto Wolfkango (Pez l. l., p. 622) fol. 46, 47. Germanicam orationis translationem, fol. 48. varia de reliquiis aliisque rebus Salzburgensibus notata continet. Eadem exstabant in

8) C. Mellicensi signato H, 9, ex quo Pez primus Othloni praefationem (l. l. p. 613) aliaque edidit. Idem affert

9) C. Windbergensem, saec. XII. Praeterea vero

10) C. Admontensis n. 400, mbr., saec. XII, et

11) C. Cremifanensis mbr., saec. XIV, uterque praefatione destitutus, indicantur (49), denique

12) C. Clarae Vallis (Zwettlensis) n. 14, mbr., saec. XIII, qui ad magnam Vitarum collectionem, qualem in plerisque monasteriis invenimus, pertinet, cujus notitiam V. Cl. Joanni de Frast, bibliothecario Zwettlensi, debemus (50).

Praeter Vitam brevem rhythmis conscriptam, quam in codd. 7 et 8 exstare jam dixi, aliam versibus hexametris compositam in bibliotheca S. Udalrici et Afrae Augustana fuisse, Braun monet (51).

C. WAITZ.

INCIPIT PROLOGUS IN VITAM SANCTI WOLFKANGI [1].

Fratrum quorumdam nostrorum hortatu sedulo infimus ego O. [2] coenobitarum Sancti Emmerammi compulsus sum, beati Wolfkangi [3] vitam, ab antecessoribus nostris in libellulis [4] duobus dissimili interdum et impolita materie [5] descriptam, in unum colligere atque aliquantum sublimiori stilo corrigere.

VARIAE LECTIONES.

[1] Wolfcangi 2. *ex quo haec rubra.* [2] ita 2. 3. 4. 7. Othloh 9. R. corr. B. 6. [3] wolfgangi 3. 8. [4] libulis 2. [5] materia 6.

NOTAE.

(40') Chron. epp. Ratisbon. ap. Eccard. II, p. 2254. Andreas Ratisbon. Chron. gen. ap. Pez IV, III, p. 473. Aventinus quoque cum inter fontes suos recenset

(41) Vitae Henrici II c. 2 ex Othloni c. 41 sumtum est.

(42) Eamdem fere de S. Henrico imperatore habet narrationem a. 1002, p. 383, sed vix ex Othlono hausisse. Certe de Wolfkangi historia nihil tradit.

(43) Etiam magis miror, in libris de SS. ecclesiasticis nullam Othloni fieri mentionem.

(44) Imo cum hujus librum De tentat. afferet et ne hunc quidem Othlono tribuere auderet, Vitam ibi memoratam ab edita illa diversam putavit; quem errorem alii propagarunt.

(45) Mirum est inter codd. S. Emmerammi Ratisbon, Othloni librum haud inveniri.

(46) Cf. praesertim c. 14.

(47) Monasterium Lunaelacense ad S. Emmerammum pertinuit.

(48) In fine haec leguntur : *Sanctus Wolfgangus anno Domini 977 in episcopum est electus, anno vero Dom. 999 est defunctus.*

En tuos ad jussos, o pater, ferre laborem
Hunc volui promptus sancti presulis ad honorem.
Si scriptoris cupias cognoscere nomen,
Georium noris. Deus hunc suscipiat, Amen.

(49) Archiv VI, p. 177, 196.

(50) Cf. Jahn. Archiv für philologie VI, in p. 445.

(51) Notitia hist. litter. II, p. 59.

Quibus sæpius renitendo, ex imperitia magis quam malicia, tam ardui operis denegavi negocia. Sed illi, quod mihi difficillimum [6] videbatur ex proprio, divino adjutorio levigantes, a precibus inceptis non desistebant, donec me votis suis parere vel attemptare promittebam, credens utique, quia non absque superno nutu hujusmodi foret exactio, dicente Scriptura sacra : *Nihil in terris fit sine causa* (Job v, 6). Quæ sit autem causæ rationabilis et aliqua utilitate subsistentis diffinitio, sancti Augustini docemur rudimento : *Voluntas Dei*, inquit, *prima et summa causa est omnium corporalium et spiritualium* [7] *motionum*. Hac igitur fide atque spe incitatus, fraternos adimplere curavi precatus. In quo scilicet opusculo hoc studere me denuncio, ut ea quæ simili quidem sensu prolata sed inemendato rusticoque stilo videbantur vagabunda, regulæ aliquantulum grammaticæ artis subjugarem et ad litteratorios usus exemplarem. Ubi vero dissimilis habebatur sententia, ut est illud quod dicitur regem gentemque Ungariorum ad sacram fidem convertisse necnon baptizasse, nonnullaque alia quoniam non solum alter libellus, Arnolfi scilicet monachi dyalogus aput nos scriptus, sed etiam omnium, qui adhuc nobiscum conversantur et se relatione patrum fideli comperisse sancti Wolfkangi gesta testantur, verba discrepant, visum est mihi magis debere sequi dicta scriptaque nostratum, inter [8] quos et maxime prædictus vir Dei in hac vita degens claruit, quam extraneorum [10]. Nam alter libellus, in quo varietas habetur talis, delatus est ex Francis. Multa etiam quæ in libro neutro inveniebantur fidelium quorumdam attestatione comperta addere studui, sicque quædam addendo, quædam vero fastidiose vel inepte dicta excerpendo, pluraque etiam corrigendo, sed et capitularia [11] præponendo, vobis, o fratres mei exactores hujus rei, prout ingenioli mei parvitas permisit, obedivi. Jam, rogo, cessate plus tale quid exigere a me.

CAPITULA [12].

1. Quibus [13] parentibus sanctus Wolfkangus sit natus et quali conversatione ab infantia fulserit, quidque matri suæ de eo visum fuerit.
2. Relatio de nominis ejus memoria, quia indifferenter accipi possunt hujusmodi vocabula.
3. Quanta aviditate scolis traditus litteraturam [14] ceperit [15].
4. Quia cum quodam Heinrico sibi familiarissimo discendi causa ad Wirciburg [16] convolaverit.
5. Quomodo ob quædam obscura in Martiano [17] dicta conscolasticis a se enucleata a magistro Wirciburgensi [18] sit repulsus.
6. Quod vir Dei renunciare sæculo [19] decreverit sed amici sui Heinrici precibus distulerit.
7. Quomodo Heinricus, Treverensis episcopus factus, sanctum Wolfkangum secum ire petierit et ei omnem post se episcopatus dignitatem subdere voluerit, sed ille hæc renuens vix pueris docendis præesse consenserit.
8. De eo quod episcopus Heinricus audita conversatione sancti viri cœnobium aliquod sibi committere studuerit.
9. Quomodo Heinrico præsule in Roma defuncto sanctum Wolfkangum ad se convocaverit episcopus Coloniensis Bruno.
10. Quemadmodum vir Dei a Brunone episcopo dimissus patriam reviserit et ad monasticam vitam tetenderit.
11. Qualiter sanctus Wolfkangus a beato Udalrico presbyter sit ordinatus.
12. Ubi viro Dei sanctus Otmarus per visum apparens, quod præsulatus regimen esset accepturus, quantisque id annis foret dispositurus, prædixerit.
13. Quomodo ex revelatione divina incitatus prædicandi causa Pannoniæ petierit confinia, sed a Piligrimo Pataviense episcopo sit revocatus.
14. Quomodo ejusdem episcopi effectu Ratisponensis Ecclesiæ præsulatum susceperit.
15. Qualiter in urbe prædicta monasticæ vitæ incuriam prospiciens doluerit, et pro hujusmodi emendatione Ramuoldum in Sancti Emmerammi cœnobio abbatem constituerit.
16. De eo quod quidam indigne ferebant, quia prædicto cœnobio abbatem præfecerit.
17. Qualiter etiam sanctimonialium monasteria in prædicta urbe constituta ad monasticæ vitæ regulam perduxerit.
18. Quomodo canonicorum jura providere studuerit.
19. Quanta [20] prædicationis gratia refulserit.
20. Quod viro Dei prædicante diabolica fraus discurrere populum fecerit.
21. Qualiter eum stolidus quidam tacite despiciens, mox terrore ac infirmitate fuerit correptus, sed postea sanitati restitutus.
22. De cotidiana illius conversatione.
23. Quomodo sacerdotes pagenses admonuerit, ut se observarent.

VARIÆ LECTIONES.

[6] difficilimum 3. 4. [7] spiritualiumque 3. 4. [8] waptizare 4. [9] intra 3. 4. [10] extranorum 3. externorum 4. [11] cappellaria 3. 4. [12] *Capitulorum index una cum præfatione deest* 1 : *ubi tamen inscriptiones eædem fere singulis capitibus præmissæ sunt*. [13] Wolfgangi patria et nativitas 1. [14] litterularum 2. 6. [15] deest 6. 7. [16] wirziburg 2. [17] matiano 2. [18] uvirzbugnensi 2. [19] deest 2. 6. mundo 7. [20] *Hæc desunt* 2. 6. 7.; *sed* 1 *hanc habet rubram* c. 19.

24. Quanta sollicitudine emendaverit, cum quosdam ob vini penuriam missas cum aqua celebrasse audiret.
25. Quod ita alienis sicut sibi subditis misericordiam exhibuerit.
26. Quanta industria multos famis tempore procuraverit.
27. De paupere, quem pro furto comprehensum excusavit eique vestimenta exhibere jussit.
28. Quomodo hereticum verba quaedam erroris arte dialectica proponentem eadem arte mirifice confutaverit.
29. Qualiter a caesare Ottone rogatus consensit, in Poemia Ratisponensi ecclesiae subdita fieri episcopatum.
30. Quia prophetiae spiritu claruerit.
31. Quomodo legatus sancti praesulis, qui ablato equo ejus jussa ambulando implere studuit, subito equum sellatum invenerit.
32. Ubi in caesaris Ottonis expeditione, multis ex fluvii cujusdam inundatione periclitantibus, ipse securus fluvium transiit aliosque transire fecit.
33. De clerico, cui maledicendo oculorum dolorem ingessit, sed postea benedicendo sanitati pristinae restituit.

A 34. De muliere demoniaca curata.
35. Item de alia muliere demoniaca curata.
36. Qualiter vicedominum suum tonitruum fulgurumque terrore moribundum sanitati reddiderit.
37. De quodam Rubilocensis [21] ecclesiae aegroto per ejus benedictionem sanato.
38. Quomodo per Danubii decursum in orientalem Pagoariae plagam profectus corporisque molestia praeventus ibi obierit.
39. Qualiter post sancti viri obitum mox praesul Hartwicus et Aribo comes advenientes, una cum reliqua plebe corpus ejus ad Ratisponam urbem divexerint [22] ibique in Sancti Emmerammi ecclesia sepelierint.

B 40. De demoniaco, qui, a cementariis ad locum ubi sanctus Wolfkangus obiit deductus, mox sanus factus est.
41. De eo qui ferro constrictus ad ejus sepulchrum venit, sed absolutus rediit.
42. Quomodo regi Heinrico in visione apparens, per senarii numeri descriptionem imperialem designaverit dignitatem [23].
43. De quodam caeco illuminato.
44. De muliere debili apud ejus tumulum sanata.
45. Item de quodam aegroto per ejus merita sanato.

INCIPIT VITA SANCTI WOLFKANGI EPISCOPI [24].

1. Beatus igitur Wolfkangus, natione Suevigena, ex ingenuis parentibus (52), et ut sibi Salomon optat, nec divitias nec paupertatem patientibus, sed mediocriter recteque viventibus, est procreatus. Qui nimirum ab ipsis infantiae rudimentis divinum fontem vitae sitiens et caduca quaeque despiciens, magna meritorum praerogativa coepit eminere, multisque virtutibus studuit fulgere. Fertur etiam, quod ejus matri visum fuerit stellam in gremio portare. Quod scilicet praesagium conveniens erat praeclaris filii virtutibus. Nam unus illorum extitit, de quibus Scriptura sacra dicit: *Qui docti fuerint, fulgebunt quasi splendor firmamenti, et qui ad justitiam erudiunt multos, quasi stellae in perpetuas aeternitates* (Dan. XII, 3).

2. [25] Natus ergo puer, non multo post baptismi gratiam adeptus, Wolfkangus est appellatus; quod videlicet nomen ille per semetipsum est interpretatus. Nam in quodam armario, quod ipse construi praecepit, inter reliqua, sicut erat peritissimus poe-

C matum compositor, ita scripsit:
Jusserat [26] aediculam mandrita Lupambulus istam (53-54).
Verumtamen pro nulla suae malitiae nota [27] hoc nomen ei imponebatur, sed quadam consueta suae cognationis appellatione, quia et nomina bestiarum in utramque partem adverti possunt. Leo etenim interdum significat diabolum, ut ibi: *Sobrii estote et vigilate, quia adversarius vester diabolus tanquam leo rugiens circuit, quaerens quem devoret* (I Petr. V, 8); Christum etiam nihilominus designat, ut est illud: *Ecce vicit leo de tribu Juda* (Apoc. V, 5); et ovis in bono ponitur, ut illud: *Nos autem populus tuus, et oves pascuae tuae* (Psal. LXXVIII, 13), et in malo, ut ibi: *Sicut oves in inferno positi sunt* (Psal.
D XLVIII, 15); item patriarcha Jacob ad filium suum: *Benjamin lupus rapax* (Gen. XLIX, 27); et poeta de persona sancti Pauli ita scribit:
O lupe Paule rapax, quid jam remanebit in orbe, Quod non ore trahas?

VARIAE LECTIONES.

[21] robulocensis 2. [22] devexerunt — sepelierunt 1. [23] majestatem 7. [24] wolfgangi 2. qui alibi wolfkang. habet. [25] Capitum divisiones in 2 desiderantur. [26] Struxerat 2. Andr. Ratisb. [27] nulla ignominiosa causa 2.

NOTAE.

(52) Cf. Zirngibl in Neuen Abh. d. Bair. Acad. Vol. III, 1795, p. 679 sqq.
(53-54) A Coelestino Ratisbon. monast. ed. 4, p. 101, inscriptio affertur ita:
Consecrat aediculum mandrita Lupambulus istam, Abbas Ramuoldus quam tibi, Christe, struit.

Hinc itaque apparet, quod nullus justificatur vel reprobatur ex nomine.

3. Crescente autem puero, Spiritus sancti gratia augebatur simul in illo. Nam cum jam circiter septuennis esset, parentes ejus illum pro discendis litteris cuidam commendaverunt clerico, hoc veluti religiosi praemeditantes, quod et postea experti sunt gaudentes, ut per juges interventus filii instructi, funes peccatorum, quibus semet circumplexos sentiebant, solverentur. Idem vero pretiosae indolis puer tanta aviditate ac memoria litteras coepit capere, quo paucis annorum decursibus transactis non solum hystorici sensus superficiem penetrarit, verum etiam intimas mysteriorum medullas investigarit. Quamobrem in privatis jam minime contentus est discere locis; sed ubi tunc in Germaniae partibus maxime pollebat scolare studium, patre ducente bithalassum ²⁸ (55) adiit, id est Augense coenobium. Ubi, quoniam ejus fama ingenii pridem audiebatur, gratanter est susceptus, brevique tempore delapso, magistris, qui illius capacitatis acumen senserant, efficitur suspectus. Verumtamen nullo despectionis fastu ex hujusmodi eminentia intumescebat, sed cum omnibus in domo Domini ambulabat cum consensu.

4. Per idem tempus (circa an. 950) fuit in loco praefato ²⁹ propter studium scolare quidam Heinricus ³⁰, eximia Francorum Suevorumque prosapia genitus, qui supradictum juvenem maximo sibi adnectens amore, rogavit unice, ut secum ad Herbipolim, quae a rusticis Wirciburg ³¹ vocatur, veniret. Hoc autem ideo propensius suadebat, quod frater ejus, Poppo nomine, monarchiam illius episcopii tenebat (56) et quendam Stephanum de Italia scolaris doctrinae causa conduxit, qui omnibus ibidem discere cupientibus satisfacere possit. Cumque idem Heinricus in hujusmodi precibus persisteret, omnemque humanitatem, quae discendi ac peregrinandi necessitas exigit, promitteret, petenti tandem acquievit. Venientes ergo simul ad praedictam urbem, scolarem adeunt magistrum, et sub ejus disciplina commorantes, aliquantis diebus habuere propitium.

5. Cum autem quadam die in Martiano de nuptiis Mercurii et philologiae legeret, quomodo utriusque nomen rhythmi profunditate conveniret et non satis diligenter exprimeret: juvenes, ut soliti fuerunt, ad perspicacioris sensus virum Dei Wolfkangum venerunt, et ut numeri difficultatem explicaret, unanimiter postulaverunt. At ille, sicut erat benignus et edoctus, non solum quod rogaverant, verum etiam omnem hujus sententiae scrupulositatem aperiens insinuavit. Quo comperto, magister praefatus ira commotus, ne ulterius suae interesset lectioni, sub interminatione prohibuit. Sicque malignus hostis, inventa hac occasione, tam per se quam per suos complices famulum Dei suffocare temptabat. Sed nimirum, sicut flamma flatibus venti agitata validius accendi solet, ita divini sensus ardor, qui in pectore Wolfkangi a pueritia coaluerat, nullo temptationis imbre potuit extingui. Ex illo itaque tempore, sicut ipse fatebatur, cujus omnia verba sunt credenda, de nullo carnali demonstratore scripturarum apprehendit penetralia, tantoque sibi postea extitit amplius ingenium, quantum distat inter hibernum solem et aestivum.

6. Hujusmodi igitur profectibus vir Dei maturascens, cotidie se ipso robustior virtutibus succrescebat, etiam in corde suo quasdam de convalle lacrimarum ascensiones facere disponebat. Nam nisi amici precibus Heinrici, cum quo familiare habuit contubernium, retraheretur, omnimodo saecularibus renunciaret desideriis. Sed assidue tractans, quia caritas non quaerit quae sua sunt, sed quae alterius, ad tempus distulit quod postea devotus implevit.

7. Brevi dehinc evoluto tempore (an. 956), Heinricus ab Ottone Magno Treverensem suscepit archiepiscopatum, et ut secum illuc adveniret obnixe flagitavit beatum Wolfkangum. At ille aliquandiu resistens, cum bene non posset, male noluit esse rebellis. Profectus est ergo cum amico. Tunc venerabilis antistes internae dilectionis vim, quam erga virum Dei habuit, explere cupiens, beneficiis et dignitatibus tantis voluit eum honorificare, quatinus per omnem episcopatus sui potestatem secundus post se, ceteris praelatus haberetur dignitate. Servus autem Dei cenodoxiam fugiens, semperque prae oculis illud apostolicum habens: *Nihil intulimus in hunc mundum, sed nec quid auferre possumus*, et: *Qui cupiunt divites fieri, incidunt in laqueos diaboli* (I Tim. vi, 7, 9), tali honore se dicens indignum, tandem consensit scolasticos juvenes sibi commendari; prudenti usus consilio, ut scilicet ingens doctrinae talentum sibi a Deo traditum aliis exhibendo, sicut dispensator fidelis fructificaret. In quo labore nihil lucri, nihil mercedis sibi more saeculari [exhiberi voluit ³²], sed ut alios lucrifaceret, decrevit operari. De nullo namque discipulorum, sicut plerique solent doctores, illum satyricum clamantes versum:

Nosse volunt omnes, mercedem solvere nemo,
(Juv. vii, 157.)

causa remunerationis aliquid exigebat, quamvis a pluribus cogeretur. Nondum vero presbyter ordinatus a carne tamen se abstinuit, nec pretiosa vestimenta quaesivit, vigiliis quoque et orationibus jejuniisque deditus, corpore solummodo, non mente,

VARIAE LECTIONES.

²⁸ bitalassum 2. ²⁹ privato 1? ed. ³⁰ henricus 2. *semper*. ³¹ uvirziburg 2. ³² *desunt* 1.

NOTAE.

(55) Id est, mari undique cinctum. (56) Sedebat a. 941, 962.

sæcularibus negociis erat implicatus. Juvenes etiam, quos ad erudiendum suscepit, non solum liberalibus exercebat doctrinis, verum etiam moralibus informabat disciplinis. Ut [33] autem quantæ discretionis esset aliquantum inspiciamus, sicut discipulis ejus narrantibus audivimus, adeo se temperavit inter alumnos, ut, cum quibusdam capacioribus artium vel auctorum difficilia quæque et profunda enodaret, mox ad idiotas simplicioresque se vertens, et nutricis more quasi lacteum historiæ cibum præcoquens suppeditaret [34]. Præterea quicumque pauperes et humanis destituti solatiis in ejus discipulatu morabantur, carnali non minus quam spirituali alimento ab eo refovebantur.

8. Hac igitur tam laudabili conversatione partim visa partim comperta, Heinricus archiepiscopus tam per se ipsum quam per suos familiares Dei famulum aggreditur, rogans ut aut clericale vel monachile cœnobium aliquod regendum susciperet. Tunc ille per humilitatis excusationem solitam omni sublimitate se clamans indignum, tandem per obedientiæ subjectionem compulsus, consensit ut esset decanus clericorum. Hoc primatu licet invitus vendicato, in religiosis terrori, ceteris fuit amori, quos scilicet omnes tam minis quam suasionibus, quod ante non consueverant, fecit simul cibum capere et dormire, in claustro lectionibus intendere, et ne intixæ vel spiritualia neglegerent quibus carnalia suppeterent, delectabiliter admonuit; in omnibus his se præbens exemplum, adeo ut jam a cunctis diceretur non esse clericus sed monachus.

9. Interea præsulem Heinricum contigit Cæsaris Ottonis jussione expeditionis causa Romam pergere (an. 964), ibique cum aliquantum tempus moraretur, nimis ægrotare. Sed cum se desperaret convalescere, vocavit ad se Cæsarem, et exposuit ei beati Wolfkangi qualitatem, obsecrans ut Treveris litteras mitteret, cum quibus, ne a nullo idem Dei famulus injuriaretur, interdiceret. Iiis precibus gestis, persolvit debita mortis. Qua fama Treveris audita, sanctus Wolfkangus primo nimium contristatur [35], deinde consolari cœpit, quoniam quæ diu de sæculi contemptu cogitarat tunc peragere licebat. Cumque [36] jam confirmata mente repatriare vellet, archiepiscopus Coloniensis Bruno, qui et ducatum tenuit Lutringensem [37], fecit eum ad se venire, ac promittens illi omnem humilitatem necnon [38] pontificatus honorem, conatus est secum detinere. Hæc sanctus rennit, quia semel in ardua fixit. Aliquandiu tamen cum illo conversatus est. Unde et frequenter postea retulit, quia eidem Brunoni episcopo similem in omni probitate raro viderit. Notandum autem merito, quantæ perfectionis vir iste fuerit, cui tanta prosperitas sæcularis promissione egregii præsulis arrisit, plurimaque quæ scribi fastidiosum est, nec tamen adhæsit. Magni enim constat meriti, hæc omnia relinquere, seque in hoc sæculo mendicum facere.

10. Gloriosus ergo archiepiscopus Bruno virum Dei sentiens artioris vitæ conversationem aggredi velle, cum amabili tripudio dimisit cum juxta placitum abire. At [39] ille domum veniens, ab omnibus cognatis et amicis amabiliter est susceptus, obviamque habuit, ut ita dicam, Syrenes velut alter Ulyxes. Tunc omnis parentela omnisque cognatio meliorem substantiæ hereditariæ portionem pollicentes, plures quoque amici flagitantes, ne se desereret, dicunt: In [40] te omnis domus inclinata recumbit. Non defuerunt etiam qui adderent, quia Scriptura præcipit parentibus obsequendum. Agonitheta autem Dei contemnens omnia, ipsius Domini nostri Jesu Christi opposuit verba dicentis: *Qui amat patrem aut matrem plus quam me, non est me dignus* (Matth. x, 57). Legebat forsitan quod sanctus Hieronimus ad quendam scribit amicum (57): « Licet parvulus in collo pendeat nepos, licet sparso crine scissisque vestibus ubera quibus te nutrierat mater ostendat, licet pater in limine jaceat, percalcato patre citius perge, siccis oculis ad crucis vexillum evola. Summa pietas est in hac re te fore crudelem. » Intuebatur etiam Johannem baptistam, cui [41] quamvis sancta fuerit mater et sacerdos pater, tamen utrosque relinquens, ne cum hominibus habitans pollueretur, in eremum secessit. Hujusmodi igitur exemplis incitatus, parentes seorsum convocans, dixisse fertur: « Rerum substantialium portionem, quam mihi disposuistis dare, inter vos dividite. Est namque quidam præpotens ac dives dominus qui grande patrimonium mihi, si illi fideliter servire volo, promisit, in quo pars hereditatis meæ, et ipse est qui restituet hereditatem meam mihi. Credo etenim, quia daturus est mihi tam sufficiens beneficium, ut et vobis aliquod præbere possim [42] adjutorium. Quapropter rogo, ne tanti beneficii promissa lacrimabili interrumpatis querimonia; sed parate quæ sunt ad hæc necessaria. Non enim quærit neglegentem sed studiosum servitorem dominus talis. » Mox alacriores effecti parentes, nomen et locum quo vellet ire investigant. Quibus ille dixit: *Modo scire non potestis, postea vero scietis*. Deinde sciscitantibus eis, si aliquem suorum habere dignaretur in comitatu, prorsus contradixit. Paucis vero diebus transactis, tulit

VARIÆ LECTIONES.

[33] Quæ utraque sic temperavit ut cum *ceteris omissis* 2. [34] eos pariter recrearet 2. [35] contristatus 1 *ed*. [36] *cap*. 10 *incipit* 6. [37] littringensem 2. [38] nec 2. [39] *c*. 10 *incipit* 7. [40] d. Cum sis cunctorum spes solamenque tuorum atque domus nostræ vis omnis adhæreat in te, ne procul hinc vadas, ne nos, dilecte, relinquas. Fuerunt etiam qui 2. [41] cujus 2. [42] possimus 1 ? *ed*.

NOTÆ.

(57) Epist. I.

secum duos juvenes, et spiritalem Isaac, suum scilicet votum, quod offerre Deo volens in holocaustum, venit ad monasterium solitariorum in tenebrosa silva constitutum (58). Illuc nempe propter artiorem regulæ disciplinam, quæ ibi noscitur esse, Dei famulus elegit tendere. In illis autem diebus cœnobitis loci ipsius spiritalis præfuit (59) Pater, Anglorum gente procreatus, nomine Gregorius, qui juvenilibus annis patriam, parentes, feminam quoque sibi desponsatam relinquens, ad monasterium convolavit. Cujus vitam religiosissimam, quia non opus est hic retexere, prætermittimus, ne a proposito deviemus. Hujus ergo abbatis magisterio servus Christi Wolfkangus se commendans, veterem cum suis actibus hominem deposuit, et novum monasticæ conversationis habitu induit. In qua quanto rigore qualique observantia vixerit, et virtutum suarum exitus et multarum salus animarum ostendit. Transacto itaque tirocinii sui tempore, multi vicinorum monasteriorum probitatis ejus fama respersi ad illum venerunt. Quos omnes, accepta abbatis licentia, in auctoralibus simul et artificialibus doctrinis et, quod his eminet, moralibus ædificavit disciplinis.

11. Eodem tempore beatus antistes Oudalricus, cujus sanctitas per totam redolet Europam, visitandi fratres causa ad illud solito more monasterium devenit. Et cum aliquot ibi dies moraretur, cognita sancti Wolfkangi qualitate, magno caritatis affectu eum studuit amplecti et venerari. Non multo post etiam, quamvis renitentem, ordinavit presbyterum. Tunc vir Dei sacerdotii dignitate sublimatus, implere desiderans quod est appellatus, omni humilitatis sarculo suum scopebat spiritum; sicque per vota, quæ sua distinxerunt labia, holocausta fideliter obtulit medullata; et quia contritione tali semet Deo cotidie offerre studuit, divinæ visionis gratia sublimari meruit.

12. Nam cum pro sua aliorumque salute jugiter exoraret et hujusmodi preces sanctorum suffragiis intentissime commendaret, beatum (60) Christi confessorem Otmarum, cui se suaque frequentissime commendabat, sibi in somnis astare videbat. Quem jussus intendere, ab eo hujusmodi accepit verba: « Quia rogatus a te ut intercederem pro te, manifesto nunc tibi quædam futura, quæ tibi provenient intercessionis meæ cura. Pauper et inops de hac provincia egredieris; sed in alia, in qua pro amore Domini exulaberis, episcopatum caducis rebus satis locupletem prædestinatione divina suscepturus eris. Cujus in administratione si fidelem te exhibueris, expletis viginti duobus annis, vitam transitoriam eris exiturus et æternam ingressurus. Et hoc procul dubio scito, quod animam Conditori redditurus es in loco ubi sub nomine Christi a Christianis memoria mea veneratur et colitur. Quo me in hora exitus tui Ægypto hujus mundi spero adventurum cum ceteris, quos de civibus supernis ad te venturos consolatores habere merueris. »

13. Hujusmodi ergo visione percepta, eo ampliu quo certius intendebat (61) aciem mentis in speculum divinæ contemplationis, reputans jugiter secum, qualiter in salutem aliorum sibi concessum duplicaret talentum. Hujus rei gratia abbatis sui licentia monasterium, et non monachum deserens, immo secundum Apostolum (*I Cor.* xii, 31) majora charismata æmulari cupiens, per Alemanniam devenit exul in Noricum. Ad cujus orientalem plagam cum humili comitatu pergens, prædicandi gratia Pannoniæ petit confinia. Ubi cum veterum fructices errorum extirpare [43] et steriles squalentium cordium agros evangelico ligone proscindere frugemque fidei inseminare frustra laboraret, a Piligrimo Pataviense pontifice ab incepto revocatus est opere. Dolebat enim idem pontifex tantum colonum in sulcis [44] sterilibus expendere laborem. Cumque ab eo revocaretur omnique humanitatis studio susciperetur, apud illum rogatus commorabatur aliquot diebus.

14. Quo (62) commorationis tempore (an. 972) idem episcopus optime usus, utpote qui erat sagacitate omnimoda plenus, juxta quod Apostolus docet : *Probate spiritus si ex Deo sint* (*I Joan.* iv, 1), clandestina et manifesta divini servitii observatione ac assidua sacræ Scripturæ indagatione satis probavit hunc quem susceperat peregrinum non esse gyrovagum, sed stabilem veræ fidei domesticum. Unde et quosdam de suis familiariter alloquitur, dicens : « O quam felix ecclesia, quæ Deo volente isto donabitur sacerdote. Ergo necessarium valde videtur mihi et utile, ut huic famulo Dei petam regimen Ratisponensis episcopii; quia optime convenit, sicubi abundat bona voluntas [45], ut cam etiam ad bona opera procedere faciat bene collata facultas. Donum quippe, quod hic vir seminare voluit in duratis cordibus paganorum, et salutis obsequium, quod repulit cæcitas illorum, quandoque fortassis, hoc eodem agrum dominicum excolente, dabit fructum suum in populis Christianorum. » Ad hæc quidam respondentes dixerunt : « Qui fieri potest, ut iste pauper et ignotus ad honorem tanti episcopatus mereatur pertingere, cum jam nonnullæ celebres cognitioresque personæ hunc sibi apud imperatorem dignius valeant acquirere ? » Quibus ille dixit : « Divina et humana inter se valde probantur distare judicia. Scrutator namque cordium et renum, ab initio mundi elegit contem-

VARIÆ LECTIONES.

[43] extirparet — proscinderet 1 ? *ed.* tum congrua facultas 2. [44] silcis 2. [45] n. prestetur etiam ad ejusdem voluntatis effec-

NOTÆ.

(58) Einsiedeln.
(59) A. 960-996.
(60) Hæc ex Arnoldi libro II De memoria S. Emmerammi, c. 2z. sumpta sunt.
(61) Hoc caput ex Arnoldo II, I.
(62) Omnia—*legatos celeriter misit* ex Arnoldo II, 2.

ptibilia et ignobilia, ut confunderet fortia; e contrario vero mundus quod suum est superbe ad horam extollit, sed in brevi [46] cum confusione distollit. Unde operæ pretium censeo, ut cum auxilio marchicomitis, cujus consilio multa solet facere imperator, petam [47], ne per ambitionem quemquam ad prædictum episcopatum assumat, sed ob æternam remunerationem, quemcumque humilem et modestum ac eruditum invenerit necnon officiis ecclesiasticis aptum esse probaverit, hunc, cujuscumque sit conditionis vel parentelæ, promoveri faciat ad culmen ecclesiæ. ‹ Quid plura? Per legationem episcopi ac suggestionem marchicomitis imperator Otto secundus suæ et ecclesiasticæ utilitati prospiciens, immo, quod verius est, nutu Dei, in cujus manu cor regis, admonitus, omnes, qui pro eodem episcopatu adipiscendo laborabant, avertit, et se totum ad electionem venerandi viri Wolfkangi convertit. Sicque legatos celeriter misit, ut idem famulus Dei in locum cathedræ pontificalis eligeretur, deinde, vellet an nollet, ad Franconofurt, ubi imperator Natalem Domini celebraturus erat (an. 972, Dec. 25), deduceretur. Legati (63) vero, ut jussi fuerant, pergentes, invenerunt eum cum prænominato episcopo commorantem, sed jam ad patriam repedare cogitantem. Ignarus enim erat rerum pro se gestarum, et idcirco animum intendit aliorsum. Cumque legati, quare venerint, ei indicarent, primum recurrit ad secretarium cordis, se suaque Deo commendans in intimis; dein episcopo Piligrimo, cujus caritate illic detinebatur, causam legationis exponens, dixit : *Hoc novum* [48], *quod mihi per nuntios imperatoris venit, caritas tua, ut arbitror, fecit. Sed licet meæ parvitati timorem incutiat, præmium tamen bonæ voluntatis, qua tanta excogitasti, pietas tibi divina rependat*. Tunc arrepto itinere cum his qui missi fuerant ab imperatore, perrexerunt ad civitatem Ratisponam (an. 973); ubi clerus et populus, ut imperator petiit, secundum morem ecclesiasticum unanimiter sanctum Wolfkangum elegerunt. Sicque eum cum universali legatione ad curtem regiam miserunt. Cumque in præsentiam Cæsaris esset delatus, ante pedes ejus venialiter prostratus, se dixit indignum, indoctum, ignobilem, sub monachi professione degentem sine licentia sui abbatis nihil accipere debere; postremo ne sanctum locum sua fœditate violaret imploravit. Imperator autem videns deifice renuentem, magis de probitatis ejus dignitate certus, quoniam in eo speciale quiddam agnovit, quamvis reluctanti multumque gementi episcopatum commendavit. Deinde (64) cum comitatu fideli multorum remissus, Ratisponam est ingressus, in qua cum canticis lætitiæ et exultationis voce suscipitur, atque more pontificum inthronizatur, a [49] clero et a populo summo pastori commendatur, necnon a Friderico archiepiscopo illiusque suffraganeis post aliquot dies in sacerdotem apostolicum ibidem consecratur (an. 973). Quam ille consecrationem nolens vacuo secum portare vocabulo, die noctuque pontificali [50] studiosissime excoluit officio. Non enim ob episcopale fastigium mutare voluit monasticum habitum, sed quam intus habuit humilitatem, foris ostendit per operum bonorum claritatem. Memor etiam sententiæ, quæ dicit : *Principem te constituerunt, noli extolli, sed esto in illis quasi unus ex illis (Eccli.* xxxii, 1)*,* non dominari quærebat in clero, sed forma esse studuit gregi Dominico, tractans assidue quod per Ezechielem prophetam contra malos pastores dicitur : *Væ pastoribus, qui pascebant semetipsos et non greges meos (Ezech.* xxxiv, 2)*.*

15. Perspectis ergo et cognitis rebus episcopii, beatus præsul Wolfkangus cum vidisset in civitate Ratispona monasticæ vitæ irreligiositatem, crebro suspirans dicere fertur : *Si monachos haberemus, reliqua satis suppeterent.* Cumque sui familiares quidam responderent, per multa loca monachos superabundare, dolens et lacrimans dicebat . *O quam defecit sanctus! o quam diminutæ sunt veritates a filiis hominum! Quid prodest sanctitatis habitum sine operibus gestare? Regulares monachi beatis æquiparantur angelis, sæculares vero monachi apostaticis.* Hæc autem ideo locutus est, quoniam [51] cernebat monachos in beati Emmerammi martyris cœnobio constitutos abbate carere et quasi oves errantes sine pastore. Per [52] multa namque tempora consuetudo (65) fuit in Ratisponensi ecclesia, ut qui antistites iidem essent et abbates. Sed hoc inde accidit, quia dum præsules cœnobium prædictum ab imperatoribus vel [53] regibus obtinentes in potestatis suæ arbitrium redigerent, obeunte illo quem invenerunt, nullum deinceps abbatem substituere curaverunt, verentes scilicet (66) ne forte, si monasterio juxta regularis vitæ usum pastor et rector præficeretur, ipsorum abusiva potestas vel obsequium minueretur. Cum igitur eo modo episcopi monasterii bona retinerent atque distraherent nec monachis necessaria providere curarent, dabant eis licentiam undecumque possent acquirere, quibus in victu et vestitu

VARIÆ LECTIONES.

[46] fine 2. [47] deest 2. [48] n. mandatum 2. [49] a c. et a p. desunt 2. [50] pontificale s. c. officium 1. Sed Arnoldus cum 2 convenit. [51] quod 1? 2? ed. [52] Per — abbates desunt 2. [53] et 1? ed.

NOTÆ.

(63) Sequentia — *universali legatione ad c. r. miserunt* ex Arnoldo, c. 3.
(64) Reliqua ex Arnoldo, c. 3, 4.
(65) *Consuetudo — abbates* ex Arnoldo, c. 8.

(66) Quæ sequuntur ex Arnoldo, c. 8, sed hinc inde verbo aucta, quo Othlonus animum in episcopos exacerbatum ostendit.

egerent. Quæ scilicet omnia sanctus præsul dolens et emendare volens, misit ad Treverense monasterium, in quo beatus Maximinus corporaliter requiescit, et inde quendam in regulari disciplina strenuum, nomine Ramuoldum, advocavit, qui quondam sub Heinrico archiepiscopo ejus concapellanus fuit. Hunc itaque assumens, in primis præpositum constituit, dehinc abbatem in Sancti Emmerammi cœnobio ordinavit.

16. Quod (67) quidam de consiliariis ejus indigne ferentes, dicebant: « Utquid tibi et successoribus tuis perdis bona ad Sanctum Emmerammum pertinentia? Laudant te multi, sed in hoc non laudant, immo vituperant. Utere ergo pontificis ac abbatis officio, sicut antecessores tui facere consueverant usque modo, ne carerent quarumdam rerum emolumento. Hujusmodi quippe insipientia est sapientiæ sale condienda.» Quibus ille respondit, dicens: « Non erubesco insipiens et stultus dici propter Dominum. Nam novi illud apostolicum: *Sapientia hujus mundi stultitia est apud Deum* (I Cor. III, 19). Hoc autem scire vos volo, quia numquam mihi imponam onus, quod portare non valeo, episcopi scilicet et abbatis nomen mihi vindicando. Sicut enim, beato Gregorio attestante (68), indecorum est, ut in corpore humano alterum membrum alterius fungatur officio, ita nimirum noxium simulque turpissimum, si singula rerum ministeria personis totidem non fuerint distributa. Sufficit namque episcopo ut summa vigilantia insistat pastorali officio, et abbati satis laboriosum providere fratrum salutem resque monasterii sui per omnia bene procurare. Unde etiam et ipse distribuere debet inter fratres officia, ut leviget [54] onera sua. Ceterum, ut prosequar [55] quæ proposuistis, beati Emmerammi martyris bona, quæ me pessumdare conquesti estis, perdere nolo, sed illi cui tradita sunt ac servorum Dei usibus omnimodis conservare volo. Ita etenim mihi optime famulantur, si illis, quibus deputata sunt quique exinde providendi constant, abundanter exhibentur.»

Cumque hæc atque hujusmodi verba plurima retulisset sanctus Wolfkangus, ita obstructum est os loquentium iniqua, ut ea quæ prius vituperabant laudarent, dicentes: « Humanis divina, ut justum est, prætulisti; rationis nostræ nugacitatem et sapientiæ tuæ excellentiam ostendisti. Quid jam nobis restat agendum, nisi [56] ut pariter collaudemus Dominum, qui Ecclesiæ suæ donavit te præsulem talem et tantum [57]? Jure quidem Dominum per te laudamus [58] in ævum; jure tibi totis paremus ad omnia votis. » Constituto itaque Ramuoldo abbate (an. 975), non passus est beatus Wolfkangus eum vel sibi commissos monachos penuria ulla rerum victualium angustiari; sed eo modo ut animarum, ita et corporum curam habens, talia [59] tantaque prædia monachorum usibus possidenda contradidit, de quibus absque dubio non solum iidem monachi, sed etiam hospites et pauperes servitoresque cœnobii sustentari ac procurari sufficienter possent.

17. Post hæc quoque alia duo monasteria virginum in urbe Ratispona constituta, id est Superius et Inferius monasterium (69), ad regularis vitæ normam studuit perducere. Hæ enim quoniam [60] sub canonicæ vitæ institutis degebant, et pro licito sæcularibus negotiis sese ubique injungebant, occasione hujusmodi plurima inter eas spiritalis vitæ dampna contingebant. Quæ omnia cum beatus præsul jugiter attenderet et pro his corrigendis diu frustra laboraret, cogitavit ut in aliquo sui juris loco professionis monasticæ virgines constitueret; cumque eas sibi subditas ad vitam perduceret regularem, aliæ facilius ipsarum exemplis ad eamdem incitarentur religionem: quod et ita factum est. Nam in ipsius municipio civitatis ad Sanctum Paulum congregationem aptavit sanctimonialium; ex quarum consideratione ceteræ quoque mutari cœperunt. Porro ipse sanctus præsul [61] pro his Deo jugiter supplicans, tam divina revelatione [62] quam humana auctoritate roborari meruit. Sed revelatio divina super Inferiori monasterio, ut accepimus (70), contigit ita. Solebat

VARIÆ LECTIONES.

[54] leuiet corr. leuet 2. [55] persequar 1. [56] ni 1. [57] p. dignissimum 2. [58] laudemus 2. [59] t. t. p. ex eis que ad altare sancti Emmerami olim tradita sunt monachorum u. p. reliquit — possent 2, *quæ postea ab ipso, ut videtur, codicis scriptore deleta sunt his substitutis verbis*: Cuncta predia sancto Emmerammo sive a regibus seu ceteris principibus collata et ab antecessoribus suis violenter abstracta usibus monachorum hospitum et pauperum servitorumque amplius servitura reddidit. [60] quomodo 1? 2? *ed*. [61] deest 2. [62] deest 2.

NOTÆ.

(67) Totum caput — *nisi ut pariter collaudemus Dominum* ex Arnoldo, c. 10.
(68) Reg. III, 11.
(69) Ober- et Nieder-münster.
(70) Hæc ex Pauli sive Paulluli Vita S. Erhardi hausta videntur II, 5. (*Acta SS. Jan.* I, p. 538): *Eo tempore beatus Wolfgangus sancti viri tumulum frequentare cœpit, secretiori semper accedens tempore, supervicturus congaudendo gloriæ. Sed cum nocte quadam secretius post matutinarum solemnia multis lacrimis ac precibus sanctum virum juxta sepulcrum ejus orans alloqueretur, beatus illi astitit Erhardus, et ait: « Frater, secretum doloris mei tibi denuncio, quod te, frater, advertere jubeo. Tua quidem opera Deo placita sunt teque correctorem pastoremque verus pastor Jesus Christus huic loco gregique præposuit, ideoque si prudenter officium tuum, ut cœpisti, peregeris, æternum laboris tui recipies præmium. Scito autem, frater, quod monasterium hoc* (Inferius monasterium, S. Mariæ et S. Erhardo dedicatum) *quod Deus omnipotens meæ requiei præstitit, multis contaminatur sceleribus et inhabitantium monialium peccatum multipliciter reclamat meis precibus, quas pro earum negligentiis multis modis effundo sæpius. Dudum jam ipsarum lacrimis commotus, fudi preces ad Dominum, sed quia carnalibus patent fœditatibus, non ad judicium delati sunt earum gemitus. .... Sed quæso te ut præstita tibi divinitus prudentia utaris,*

namque prædictus præsul tam nocturnis quam diurnis horis universa cœnobia in urbe posita sæpius adire, ibique et orandi causa, simul et explorandi quomodo Deo [63] divinum servitium illic ageretur, aliquandiu commanere. Cumque hoc modo in monasterio Inferiori, ubi sanctus Herhardus corporaliter requiescit, nocte quadam consisteret, subito sopori dedito idem sanctus Herhardus [64] ei quasi veste humida indutus apparens dixit : *Precum tuarum, quas Deo jugiter pro communi salute studes offerre, scias me fautorem esse. Unde sicut ego tuis, ita, quæso, tu meis in hoc loco satisfacias votis. Quod enim me veste humida cernis indutum, scito ex hoc evenisse, quia a commorantium hic sanctimonialium lacrimis quidem assiduis, sed ita, proh dolor! frustratis, perfusus sum, ut per multum jam tempus nihil semet emendent, nihil ab his vitiis, pro quibus easdem lacrimas precesque suas ad me effundunt* [65], *abstinere curent. Quamobrem jura canonicæ vitæ, ex cujus occasione hactenus tanta neglegentia hic exstitit, destrue, et monasticæ vitæ disciplinam instrue.* Ex qua visione sanctus Wolfkangus certior factus, ad instituendam ibidem religionem monasticam summa se devotione accinxit. Quale autem idem venerandus præsul cœlestis oraculi prodigium acceperit, cum in Superiori virginum monasterio monachicam vitam institueret, subsequentia verba declarant. Illuc ergo more solito adveniens, et ad celebranda missarum officia se præparans, quasdam sanctorum reliquias, quæ ibidem celeberrimæ habebantur, sumpsit, et in illius altaris, in quo celebraturus erat missas, cornu sinistro posuit. Deinde in orationem se prosternens, precibus intimis a Deo poposcit, ut, quia sæcularem vitam sinistra, spiritalem vero signat pars dextra, si sibi placeret, illic canonica institutio, quæ utique neglegentes quosque sinistrorsum trahit, permutari, et monastica vita, quæ dextrorsum currit, institui : ita dignaretur revelare, ut antequam missas celebrandas consummaret, easdem reliquias a sinistro in dextrum altaris

cornu suæ gratiæ nutu transferret. Completa itaque hujusmodi oratione, missas cœpit celebrare. Interea vero juxta preces viri sancti reliquiæ sanctorum prædictæ, absque ullo tactu humano, de sinistra ad dextram altaris partem videntur cœlitus transferri. Quo miraculo viso, gratias egit Deo indubitanterque etiam ibidem vitam instituit monachilem. Sic ergo beatus Wolfkangus pro institutione virginum monastica edoceri meruit revelatione divina. Cui videlicet revelationi adjutorium quoque humanum cooperando ita affuit. Per idem namque tempus quo gerebantur prædicta, Heinricus, Cæsaris Heinrici genitor, ducatus monarchiam tenebat in Pagoaria. Ille igitur cum esset sollicitus cultor divinæ religionis, id officii beato Wolfkango commisit, tam petendo quam jubendo [66], ut in monasteriis puellarum supradictis disciplinam vitæ monachilis institueret. Tali ergo auctoritate vir Dei undique roboratus, tanto studiosius quanto licentius instabat, ut in omnibus virginum cœnobiis, quæ vel sub aliena vel sub sua ditione in urbe erant posita — nam illa duo supradicta duci, tertium vero, id est Sancti Pauli cœnobium, episcopo subdebatur — unam candemque sanctitatis regulam ac disciplinam institueret. In tantum autem, gratia divina largiente et beato Wolfkango corrigente, in eisdem sanctimonialibus convaluit castitatis religio et regularis vitæ professio, ut ipse dux præfatus, divino compunctus amore, filiam suam, vocabulo [67] Brigidam [68], earum jungeret collegio. Sed et usque in diem hodiernum, meritis ipsius suffragantibus, tali vigent incremento virtutum, ut inter sanctimoniales ceteras videantur fore speculum. Idem quoque de Sancti Emmerammi monachis fas est dicere, quousque abbatem Ramuoldum, quem ipse præfecit illis, contigit præesse. Post ejus vero discessum, (an. 1001) illorumque quos ipse instituerat, tunc peccatis exigentibus, sicut quondam Joseph mortuo filii Israel dura servitute carnali in Ægypto comprimebantur, ita et Sancti Emmerammi cœnobitæ,

VARIÆ LECTIONES.

[63] deest 2. [64] erhardus 2. [65] effundent 2. [66] percipiendo 2. [67] nomine 2. [68] brididam *corr.* brigidam 2.

NOTÆ.

omnemque hanc destruas congregationem, et monachicam ibi instituas professionem; quam si harum aliqua quæ nunc inest velit profiteri, recipiatur, sin autem, omnino quod nunc sunt destrue, nec ultra contaminari locum istum patere. » *Tunc temporis quippe canonicarum erat in eodem loco professio, ac carnalis petulantiæ non minima fiebat confusio, adeo ut, cum ad artiorem vitam cogerentur, aliquæ ipsarum monasterium reliquerint et fornicatoribus prioribus adhæserint..... Post hæc verba beatus Wolfgangus cœlesti obediens voluntati, ea quæ jussus est implere cogitavit et modis omnibus quibus potuit festinavit. Peractis autem a beato Wolfgango quæ D. minus disposuerat et vir sanctus rogaverat, postquam professionis districtio locum prius contaminatum emaculavit, totius virtutis cœpit germen florescere, paterque sanctus, exstinctis vitiis, signis radiosis cœpit elucescere, acsi auretenus diceret sibi servientibus :* « *Quoniam vos mecum, et ego vobiscum.* » *Ibidem,* c. 5,

hæc notatu digna leguntur : *Beati Wolfgangi episcopi temporibus erat quædam sanctimonialis, beati vero Udalrici sororis filia, Kunigundis nomine, quæ custodiæ præerat ecclesiasticæ, totius quidem et ipsa probitatis et perfectionis consecuta culmen..... nobis idem retulerunt qui utrosque noverunt....;* et c. 6 : *Juditha ductrix, quæ idem auxit monasterium, dum iret ad sepulchrum Domini Hierosolymam, ut reges solent, plura vel aperte vel abscondite vel ossa vel corpora conquisivit, quæ ubi terrarum vel ubi in præfata conderet ecclesia, nec ipsa sciri voluit, nec quisquam nos docere potuit. Ipsa vero, quia humata est in ipsa ecclesia, evidenter edocet, in illum locum solum maxime studuisse, ubi notum fecit humari se voluisse. Hæc nos de ea strictim, quamquam plura digna vel memoratu vel memoria dicere potuerimus; nam quæ Deus celari voluit et nos celare voluimus;* cf. Thietmar II, 25, et diploma Heinrici II, ap. Ried I, p. 118.

multis pseudopræpositis succedentibus, omnimoda spiritualis vitæ destructione contriti sunt. Sed hæc omittentes ad proposita redeamus.

18. Cum ergo hoc quo jam dictum est modo sanctus Wolfkangus desudasset super institutione monastica, non minori quoque studio sese accinxit ad instituenda ordinis canonici jura. Quem quia propter antecessoris sui Michaelis episcopi invaliditudinem destitutum invenit, omni sagacitate et industria emendare studuit, primum quidem ut sufficientiam victus et vestitus canonicis affatim exhiberet, deinde ut post se custodes idoneos provideret. Disposuit etiam ut in refectorio simul comederent, simul dormirent, ne claustrum incongruis horarum spatiis egrederentur, ne silentii statuta frangere conarentur. Juniores ut scolaribus studiis interessent præcepit, seniores vero ut psalmodiis vel lectionibus aut orationibus vacarent decrevit. Ut autem adolescentes in capiendis scientiæ liberalis noticiis forent agiliores, frequenter voluit tabulas eorum cernere dictales. Plerosque etiam eorum proficiendi causa beneficiis incitavit; qui autem desides erant et neglegentes increpavit [69].

19. [70] Monasticis ergo et interioribus rebus rationabiliter ordinatis, discretus Dei cultor nequaquam exteriora omisit providere; sed sicut urbanis et cœnobitis documenta dedit, ita etiam totam perlustrans suam diocesim, cunctos salutiferæ prædicationis odore adspersit. Quapropter cum missarum sollemnia celebrasset ex more (71), in tantum plebem assuefecit ecclesias [71] frequentare, ut per dies sollemnes vix domi remanere viderentur custodes. Ad prædulcem enim tanti pontificis exhortationem certatim sexus utriusque turba confluere solebat, quam illuc fragrantia [72] cælestium aromatum adduxit, apium videlicet instar, quas post se trahere videtur mellis odor. Quibus Pater pius summopere desiderans esse aptus et utilis, in disputatione regni cælestis perplexis ac sophisticis minime utebatur sententiis, sed sic melliti oris dulcedinem per quandam ineffabilem temperabat austeritatem, ut simplici et optimo genere locutionis tangere videretur intima cujusque cogitationis, talique arte ex nonnullorum oculis lacrimarum eliceret imbres. Hanc siquidem a Spiritu sancto acceperat gratiam, ut hi, qui prædicanti assisterent eumque intente audirent, raro aut numquam absceder:nt ab ejus prædicatione sine lacrimarum effusione. Quo pergrandi bono, a largi ore omnium bonorum concesso, per malitiam suam sauciatus humanæ salutis inimicus, invidiam, quam semper habebat, quibus poterat viribus contra illum exercebat.

20. Nam (72) die quadam cum [73] in urbe Ratispo-nensi ad populum solito more concionaretur, diabolus subito concitavit turbinem, et cum turbine tumultuosam turbationem, ac nihilominus cum turbatione confusum murmur populi et clamorem, necnon super tectum ecclesiæ fragorem dedit ingentem; et intra ecclesiæ receptacula pulverem dispergens ac nebulam, aliquorum obtutibus caliginem infudit tenebrosam. Quibus ex improviso visis et auditis populus perterritus, immo, quod pejus erat, pene mente alienatus, cœpit concurrere et discurrere, incertus in quam partem se tutius ac rectius posset convertere. Interim audiebantur voces hinc dicentium: *In urbe grande sævit incendium*; inde clamitantium: *Ecce seditione facta multorum gladiis cæduntur jugula*. Cumque pro clamoribus hujuscemodi [74] sedandis multum, sed incassum, fuisset laboratum, tandem qui erant tantis inimici machinationibus ludificati, ita gregatim eruperunt de ecclesia, ut vix pauci remanerent in illa. Tunc episcopus, quem tantæ commotio tempestatis propellere nequivit, clamavit et dixit: *Domine Jesu Christe, solita fidelibus tuis gratia concede, ut hodie videant gloriam nominis tui et confusionem diaboli*. Quæ verba secuta est serenitas aeris, et serenitatem recursus in ecclesiam plebis. Cui venerabilis antistes mox sacræ doctrinæ verba effundens, adeo illa die, sibi Spiritus sancti gratia dulcedinem sermonis instillante, profuit, ut manifeste inimicum vicerit vel fugaverit, qui perturbationis nimietate ad horam pene omnibus nocuit. Unde et postea fidelium devotio hanc consuetudinem pro lege cœpit habere, quo per stationes episcoporum turmatim prævenirent et sequerentur, ac prædicationis erogationem summa affectione amplecterentur.

21. Alio quoque tempore, beato Wolfkango in basilica sancti Pauli apostoli celebrante missarum sollemnia, plebs more solito aderat multa. Cumque (73) eum ex astantibus quidam miles stolidus veste humili adspiceret indutum, atque dehinc sacerdotalibus vestimentis videret infulatum, plebeia stoliditate despexit, et cordis ore [75] murmurans, dixit: *O quam insipiens fuit imperator illo tempore, quo pannosum istum ac despicabilem in pontificali promotione prætulit potentibus personis, quæ abundant in regionibus suæ ditionis*. Quam murmurationem, qui novit cogitationes hominum, eodem momento et clementer increpavit et evidenter ad emendationem hujus vitii manifestavit. Nam ut in Evangelio ad cogitata respondit Dominus, ita hujus hominis cogitatam murmurationem ad [76] tempus non abscondit, quo et in præsentiarum corrigeretur ac murmurationis malum in futurum ab aliis devitaretur. Nimio quippe terrore subito correptus, as-

VARIÆ LECTIONES.

[69] increpabat 2. [70] *Hoc caput præcedenti junctum est* 6. 7. [71] ecclesiam 2. [72] fraglantia 1. [73] dum 2. [74] hujusce 1. [75] et secum 2. [76] ad t. *desunt* 2.

NOTÆ.

(71) Reliqua ex Arnoldo, c. 5.
(72) Omnia ex Arnoldo, c. 6.

(73) Ex Arnoldo, c. 12.

stantium sustentatione vix residere potuit. Quem cum videret dominus suus tremebundum et pallidum, ilico accurrens sciscitatus est, quid haberet vel quid pateretur. Tum [77] ille sacerdotibus adhibitis confessus est, quia contra virum Dei male cogitaverit et ob hoc periculoso timore perculsus sit. Quo audito, idem dominus ejus, putans illum remedio facili posse curari, profectus domum vexit secum, et aliquot diebus retinens curam exhibuit. Sed cum nullatenus ibidem posset curari, reduxit eum in civitatem Ratisponam, ubi et illi contigit hujusmodi infirmitas. Ibi ergo ad episcopum veniens, cum vellet ægroti hominis ærumnam et suam exponere querelam, vir Dei præveniens illius sermonem dixit : *Tace, scio quid velis.* Et conversus ad vicedominum Tagininum (74) ait : *Frater, tolle aquam benedictam juxta lectulum meum sitam, ac sparge super hominem præ foribus cubiculi stantem.* Qui parens jussis, respersit aqua virum benedicta. Ipse vero episcopus contra ostium crucem faciens, verba quædam salutifera tacite protulit, et sanatus est homo in illa hora.

22. Videtur jam dicendum, quali conversationis usu cotidie constrinxerit semetipsum. Tanta siquidem observantia vixit, ut pro exempli materia jure propalari possit. Quamvis enim universa illius gesta nesciamus et quæ scimus digne proferre nequeamus, pauca tamen e pluribus utcumque exprimere temptamus. Postquam igitur præsulatus apicem suscepit, non melioribus vestimentis, non delicatioribus cibis, non mollioribus lectisterniis, quam antea, fuit contentus. Vigiliis quoque et orationibus, quibus antea solebat, præsul factus persistebat. Nam sæpius circa mediam noctem tam latenter de lecto surrexit, ut eorum aliquis, qui coram ipso dormiebant, raro sentiret; intransque in ecclesiam, ita observavit illam, ut quid intus ageret nullus hominum intellegere posset. Ibi ergo usque matutinas vigilans permansit ad horas. Finitis vero matutinalibus canticis, si nondum lucescebat, pro lassis artubus recuperandis, vestitus parum dormiebat, et hoc totum, acsi fuisset in claustro, agebat cum silentio. Cumque necessarium foret, ut post primam loqueretur — prius enim lectioni [78] vacabat —, alloquio communi fuit gratissimus, et in tractandis ac disponendis rebus acumine consilii providus. Quanta etiam observatione corporis et sanguinis dominici sacramenta celebraverit, quantisque suspiriis et lacrimis per spiritum contribulatum summo sacerdoti se mactaverit, impossibile nobis est replicare. Porro refectionis tempore non solum se, sed etiam convivantes, ne se per temulentiam ingurgitarent, observabat; ceterisque avide manducantibus, ipse parcius gustabat, intendens magis lectioni, quam suæ semper interesse voluit refectioni. Mendici et pauperes, quos ipse vocabat dominos et fratres, coram se residebant in subselliis, ut caute perspiceret quomodo ministraretur illis. In his utique se credens Christum suscipere, omnimodo solebat eos venerari et reficere. Si forte plures adessent, pauperrimi introducebantur. Nullus tamen eorum qui foris remanebant absque elemosinæ donis vacuus discedebat, quia omnium escarum, quæ ad mensam ejus deferebantur, portio tanta reservabatur, ut non solum pauperes deforis remanentes, sed etiam circumquaque in habitaculis commorantes recrearentur. Surgens autem de prandio, reliquum tempus consumpsit legendo. Vespertinis vero laudibus expletis, ni legitimum interrumperet jejunium propter commanentes cœnabat. Ingens ibi reverentia, vanitas nulla ibi habebatur. Post completorium ni orando nihil prorsus loquebatur. Talis itaque erat ei consuetudo cotidiana.

23. Inter hæc etiam egregius pastor [79] pagenses sacerdotes, qua cautela populum Dei baptizarent et docerent subditos, sollicitus investigavit; sacramentalia vasa, missalia vestimenta, libros, chrismatis observationem quali tractarent industria, disquirit; et præ omnibus, ut castitatem sequerentur, milies inculcavit, subjungensque inter cetera dixit : « Quidam ita diabolicis falluntur deceptionibus, ut credant, quamvis in peccatis jaceant, illius sacrosancti cibi ac potus perceptione se purgandos. » Testimonium quoque intulit propheticum dicens : *Dilectus meus in domo mea male operatus est; numquid carnes sanctæ mundabunt eum?* (Jer. XI, 15); et illud : *Operiebatis lacrimis altare meum, ait Dominus, sed non respiciam ad sacrificium, nec accipiam quid de manu vestra* (Malach. II, 13). « Quisquis igitur in sordibus est, det honorem Deo et non præsumat ad ejus sacramentum impudenter accedere, donec lavet per pœnitentiam maculas immunditiæ. »

24. Sub ejusdem sancti præsulis temporibus accidit ut, vini penuria, quidam cum aqua vel aliis potuum generibus missarum celebrarent sacramenta. Quod vir Dei comperiens, tantum effudit lacrimarum imbrem, ut crederetur sui corporis amittere sospitatem. Cum autem acutis verborum redargutionibus eos qui talia præsumebant feriret, et illorum defensiones, licet inanes, quod non possent acquirere vinum, audiret, mox omnes vitii hujus occasiones abscidit hoc modo. Præcepit namque, ut per singulos menses 12 presbyteri venirent, et de cellario suo vinum acciperent aliisque dividerent. Cujus caritativæ distributioni convenienter aptatur ille psalmistæ versiculus : *Dispersit, dedit pauperibus, justitia ejus manet in sæculum sæculi* (Psal. CXI, 9).

VARIÆ LECTIONES.

[77] Tunc 2.   [78] lectione 2.   [79] deest 2.

NOTÆ.

(74) Tagino postea archiepisc. Magdeb. factus est; Thietmar. V, 23.

25. Cum igitur spiritualis pastor tali super gregem sibi commissum custodia vigilaret, in eos etiam qui sub aliorum præsulum tutela fuerant, misericordiæ viscera exhibebat. Si enim a quoquam illorum indicaretur sibi, quod aliquod vel in divinis vel in humanis rebus pateretur dispendium, non aliter [50] quam qui sustinuit con lolens, verbis et rebus impendebat auxilium. Qua de re familiaribus suis frequenter mussitantibus [51] cur ita faceret, quia unumquemque suus rector providere debuisset, dedit responsum dicens : « Eleemosina Græcum est vocabulum, apud nos autem interpretatur *opus misericordiæ*. Omnia quippe bona opera, quæ in hac præsenti vita quique fideles operantur, hoc uno nomine compaginantur. Convenienter enim opus misericordiæ exercet, qui primo semetipsum et alios sibi subjectos in Domino, placita conversatione non sinit egere, deinde, sicut ait Apostolus : *Dum tempus habemus, operemur bonum ad omnes* (Gal. VI, 10), suos non cessat proximos adjuvare. »

26. Quodam tempore cum famis acerbitas multos mortales premeret et propter hanc necessitatem infinita populi turba ad beatum Wolfkangum veniret, ille convocatis præpositis jussit, ut unicuique de longinquis regionibus venienti quantum vellet darent, eo tamen tenore, ut cum domum repedarent, dimidiam ipsius annonæ partem pauperibus erogarent ; ipsosque dispensatores, ne munera super hac erogatione acciperent, artissimis obligavit juramentis. Cumque in eadem famis tempestate quidam negotiatores, coemendi causa frumenti , cum carpentis præterissent, ubi sanctus præsul mansitabat : mox comperientes ibidem esse eundem præsulem, speciosa elegerunt vasa , cum quibus propinando ministratur, et pro oblatione ei miserunt. Ille vero, sicut erat læto vultu, vascula quidem suscipere jubebat, sed cibis et potibus referta cum gratiarum actione remittebat. Deinde triticea largitione consolatos ea qua superius dictum est ratione, gaudentes remittebat.

27. Ut autem sancti præsulis major adhuc benignitas cognosci queat, unum ejus memorabile factum patefiat, Quoniam ergo semper pauperes in ejus vicinitate commorabantur, unus eorum cubiculum intrans, de cortina quæ pendebat ad lectum ejus partem abscidens non parvam, festinanter aufugit. Unus autem de inquilinis quod factum est videns, pedetentim secutus est reum, et apprehendens, quia flagellare non ausus est, illum beato viro præsentavit. Quo facto, circumstantes, ut ille reus diris castigaretur verberibus, flagitando insistebant. At ille mansuetus, cui derelictus est pauper et qui semper orphano fuit adjutor, per quasdam rhetoricas defensiones asserens, majorem culpam esse eorum qui observare cubiculum debuerant, reum excusavit. Deinde conversus ad pauperem, cur ita fecisset interrogavit. Pauper vero tremebundus, utpote metuens [52] pœnis magnis implicari, indumenti inopiam se questus est pati ; hocque nuditate probavit. Tunc vir Dei per viscera misericordiæ commotus, omnimode excusavit eum dicens : « Si bene vestitus fuisset, nequaquam hoc furtum fecisset. Quapropter ex nostra munificentia, licet serius, accipiat vestimenta ; et si ulterius cum vestes suppetunt tale quid perpetraverit, tunc demum luat commissa. » Quibus dictis, non solum iracundiam accusantium mitigavit, verum etiam animos eorum ad eleemosinæ largitatem provocavit.

28. Aliquo modo jam dictum est quantæ pietatis et compassionis sanctus iste fuerit ; nunc verbis subsequentibus agnoscatur quam perspicacis ingenii foret contra hereticam pravitatem. Nam sicut ab initio nascentis Ecclesiæ non defuerunt, per quorum os malignus hostis contra fidem catholicam latrando locutus est vanitatem, sic Deo disponente non defuerunt defendentes fidei sanctæ veritatem. Quidam igitur hereticus Andahatarum more quod Verbum caro factum est oppugnans, dixit : « Si Verbum, non est factum ; aut si factum, non est Verbum. » Cum autem hoc multa intonaret eloquentia, accidit, ut sanctus Wolfkangus illo adveniret, et a Cæsare Ottone rogaretur talibus respondere. At ille, sicut erat in spiritu humilitatis : « Quoniam, inquit, in habitu sumus monachico, contendere non licet. » Quo dicto, ille hereticus, contumacia plenus, iteravit prædicta verba. Tandem Christi propugnator coactus ait : « Quia non per spiritualem, sed per carnalem medicandus es antidotum, dic quid sit *accidens*. » Ille vero multum arroganter : « Accidens est, inquit, quod adest et abest præter subjecti corruptionem. » Rursumque præsul : « Quot formarum sit accidens, edicito. » At ille protinus, sicut credimus, Dei omnipotentis confossus sagitta, conticuit. Theologus autem a Cæsare simul et ab aliis efflagitatus, quamvis multum renuerit, pro eo quod erat impeditioris linguæ, succincte disseruit : « Accidens est, inquit, quadriforme : unum quod nec accidit nec recedit, ut acilus et simus ; aliud quod accidit et recedit, ut saturitas et dormitio ; tertium quod non accidit et tamen recedit, ut infantia et pueritia ; quartum quod accidit et non recedit, ut senectus et canities. Hac ergo similitudine Filius, qui est virtus et sapientia Dei Patris, cui nihil impossibile, pro redemptionis nostræ causa induit quasi per inseparabile accidens humanitatem, non amittens divinitatem. Sed hæc omnia cum oculis fidei perspicienda sunt, quia, sicut beatus Gregorius dicit : « Fides non habet meritum, « cui humana ratio præbet experimentum. » His et aliis salubribus verbis audientium corda in tantum condivit, ut ille filius Belial pro errore satisfaciens, ab egregio doctore veniam postularet. Vir autem Dei promptior ad ignoscendum quam puniendum,

VARIÆ LECTIONES.

[50] minus 2. [51] mussitantibus 1. [52] *deest* 2.

aliquam ei pœnitentiam injunxit, et ne ultra profanum illud reciprocaret verbum, sub testimonio Christi et sub anathemate interdixit.

29. Inter tanta pietatis studia videtur pandendum quid etiam famulus Dei egerit super gente Poemorum [83]. Hæc namque gens noviter per Christianam imbuta fidem (*an.* 975), sacrilega idola, licet tepide, abjecit; sed quomodo catholicam exequeretur religionem, quoniam caruit pastore, prorsus ignoravit. At medius Otto Cæsar, divinæ cultor præcipuus religionis, a glorioso duce Heinrico ceterisque fidelibus est interpellatus, ut quod apud ipsam gentem inchoatum esset, pro Domini amore regali potestate peragerel. Talibus igitur petitionibus Cæsar libenter assensum præbuit. Sed quoniam Poemia provincia sub Ratisponensis ecclesiæ parrochia extitit, peragi non potuit, nisi ipsius antistitis præsidio. Unde rex, legatione missa ad episcopum, petiit ut, acceptis pro parrochia prædiis, in Poemia sibi liceret episcopatum efficere. Tunc vir Dei nimium lætatus in his quæ dicta sunt sibi, primates suos convocavit, exquirens ab eis consilium, quomodo Cæsari conveniens redderet responsum. Illis autem ne petitioni tali consentiret unanimiter consiliantibus, dixit: *Pretiosam igitur margaritam sub prædictæ latentem provinciæ terra conspicimus, quam ni venditarum comparatione rerum non acquirimus. Ideoque audite quæ dico. Ecce ego me meaque omnia libenter impendo, ut ibi domus Domini per corroboratam scilicet ecclesiam stabiliatur.* Hæc ergo memorans, consensurum se Cæsari remandavit. Cumque tempus peragendi concambii venisset, tanta favit alacritate ut ipse privilegium componeret.

30. Sed neque hoc silemus, quia aliquando per prophetiæ spiritum ea quæ ventura erant quasi præsentia vidit. Quod maxime in provectibus liberorum præcipui ducis Heinrici patescit. Cum enim ad eum, sicut sæpe solebat, causa benedictionis duceretur speciosissima illius proles, Heinricum, qui postea Dei nutu rex est effectus, prænominavit regem; fratrem vero ejus Brunonem appellavit antistitem; sororem eorum majorem (74*) reginam, alteram autem, quam baptizavit et de sacro fonte suscepit abbatissam nuncupavit (75). Hæc itaque et multa alia, quæ ex ore ejus audivimus, sicut ipse prædixit, impleta cernimus.

31. Alio quoque tempore cum idem beatus Wolfkangus inclinato jam die in vicum venisset quemdam, qui vulgo Egilolfesheim (76) [84] dicitur, legatario cuidam jussit, ut in die sequenti omnes circumquaque habitantes, qui opus haberent confirmatione, quantocius venire intimaret. Qui legatarius mox implere jussa cupiens, et ad equum sternendum currens reperit eum furtim sibi sublatum. Quamobrem

A nimium tristis et dolens, quid facturus esset ignorabat. Amor enim simul et timor compellebat eum celeriter implere jussa, sed implendi facultas erat nulla; quia nec spes in caballo altero requirendo, nec vires fuerant, ut tanta velocitate legationem sibi indictam perficere posset ambulando. Præterea terra imbre tunc nimis irrigata, pediti itinera præbuit ingrata. Hujusmodi igitur angustiis aliquandiu hæsitans quid faceret, tandem confisus in Domino elegit ut ambulando jussa perficeret. Cumque in nocte tenebrosa huc illucque progrederetur et in via lutulenta sæpius laberetur, clamare cœpit: « Miserere mihi [85], Domine, miserere mihi [85], et tu, mi senior Wolfkange, attendens, quantum laborem modo patior, per tua jussa discurrendo et labendo. » Cumque hæc aliquotiens gemebundus diceret, prospexit comminus caballum quemdam cum freno sellaque imposita asstare. Arbitratus autem eundem caballum non sine aliquo asscensore ibidem commorari, cœpit diligentius intueri, si quis forte cujus esset prope maneret, pariterque vociferans interrogavit, si aliquis ibi assit, sed illo diu vociferante et interrogante, cum nullus responderet vel adesset, asscendit ipsum equum, implevitque domini sui præceptum. Facta autem die, multisque qui vocati sunt ad confirmationem in vicum supradictum convenientibus, inventum equum legatus obtulit coram omnibus, exquirens ab eis diligenter, cujus idem foret equus. Verumtamen nec tunc [86] nec postea inventus est ullus, qui hunc diceret esse suum. Ex qua re et legatus ipse et alii sentiebant, quantam gratiam Deus sancto præsuli Wolfkango concesserit, qui se invocantes etiam absens adjuvare potuerit.

32. Cum Cæsar Otto medius, propter injuriam sibi factam Francorum partes invadens hostili manu, usque Parisium perveniret (*an.* 978), in redeundo venerat ad quendam fluvium (77), sui crepidinem alvei tumescentibus undis exuperantem. Multis autem ibi periclitantibus et vitam in aqua perdentibus, verus Dei cultor cum suis appropinquavit, vidensque tam ingens periculum, respexit in cœlum et se suosque fideliter benedicens, ipsum intrepide monuit transire fluvium. Adhuc vero illis præ timore cunctantibus, et Francis a tergo acriter impugnantibus, ille primus sui comitatus per nomen Domini, quod semper in ore sonuit, fluvium transiens, sequentes prosperavit, nullusque suorum quicquam periculi sustinuit. Tunc omnes præ gaudio mirantes et Dominum laudantes, vir humillimus, ne pro miraculo hoc eum publicarent, obnixe rogavit.

33. Aliud ejus mirabile factum, ut subjecti præpositis subjaceant, videtur inserendum. Quadam namque die, cum de divina, ut solitus erat, religione necessaria quædam tractaret cum clericis suis, qui

VARIÆ LECTIONES.

[83] poemiorum 2.   [84] egilolfesheim *corr.* egiolfeshem 2.   [85] mei 2.   [86] nunc 1.

NOTÆ.

(74*) Giselam.
(75) Brigidam, supra c. 17 memoratam.
(76) Eglofsheim.

(77) Axonam; v. Richer. III, 77, Balderici Chron. Cam. I, 97.

dam illorum, cui vocabulum erat Buozzo, minus caute respondit. Sanctus vero famulus Dei velut ex conspersione paululum irascens, devotando suppliciter suis maledictum oculis ingessit. Mox hujusmodi maledictione finita, ille praedictus homo gravem passus est oculorum dolorem. Cumque postea beatus praesul videret eum in choro sedentem cooperto capite, sicut mos est aegrotantium in oculis, misericordia motus accessit ad eum [87], et quid doloris pateretur exquirit. At ille dolorem oculorum questus, humiliter ab eo benedictionem postulavit. Cujus dolori compatiens sanctus vir, oculos ejus signavit, sicque sanitati pristinae restituit. Sed ne pro hoc signo divulgaretur, quasi pro medela faciem lavare jussit.

54. Cum idem praesul tempore quodam sederet juxta cementarios apud Sancti Pauli monasterium, mulier quaedam ab immundo vexata spiritu ante illum deferebatur. Sed mox ut ante praesentiam ejus venit, cadens in terram miserabiliter coepit fatigari. Sanctus autem Dei famulus suspirans, ad nos [88], qui secum tunc fueramus (78), dixit : « Si dignus essem quicquam ab omnipotente Deo impetrando accipere, pro nulla re libentius Deum deprecarer, quam ut suum plasma dignaretur a maligni hostis incursu liberare. Hoc autem illis qui digni sunt a Deo exaudiri relinquentes, nos vel aliquos psalmos compatiendo interim dicamus. » Tunc [89] psalmodia imposita, lacrimabiliter pro ea orationem fudit. At illa [90] jacens quasi dormiendo, per omnia membra contremuit. Interea [91] nobis quid facturus esset intendentibus, ille suspiciens : « Tollite, inquit, eam, domumque reducentes, si possit, aliquid reficite. » Qua sublata et refecta, nos [92] eam liberatam esse comperiebamus, sed nemo nostrum ausus est diffamare.

55. Item alia mulier a demonio obsessa coram illo deducta est. Vir autem Dei favores humanos fugiens, ad eos qui ferebant dixit : « Quid mihi vestros advehitis infirmos? Ducite eam in ecclesiam orantes pro illa; forsitan in hoc Deus vos exaudiet. » Et [93] quoniam tempus erat congruum, mox [94] sequens missam celebravit. Qua celebrata, qui aderant omnes praeter infirmam exiebant. Unus autem de capellanis sub saugmario abscondens se filtro, quid acturus esset, diligentius intuebatur. Porro sanctus vir, brevi oratione completa, egredi coepit. Cui eadem mulier demoniaca obviam stans, solito more bacchata est. At ille confidens in Christum, quasi percutere eam vellet, palmam extendit, occulteque dixit : « Exi, nequissime. » Tunc, sicut ille qui absconditus erat fatebatur, intolerabilis foetor sentiebatur. Deinde mox liberata cecidit, et Deo gratias egit. Beatus autem praesul egressus dixit qui astabant ministris : « Ite citius, et mulierem illam de ecclesia ducite, et si velit, date illi manducare, pariterque ne ulterius, pro hac causa ad nos veniat interdicite. » Quibus verbis satis declaratur, quanta sollertia qualique industria omnem fugerit intentionem cenodoxiae, malens interdum se immitem simulare quam hominibus placere.

56. Inter haec etiam quid vicedomino suo, cui nomen Tagini [95], cujus quoque superius mentionem feci (79), contigit, non praetereundum videtur. Is etenim praecipue sancti viri Wolfkangi familiaritate fungebatur, et merito, quoniam per omnem fidei profectum ejus se subdebat obsequio. Dum igitur essent Weltinopolim [96] (80) in aestatis tempore, quadam die, sicut aestivis solent temporibus, tonitrua cum coruscationibus mugire coeperunt. Qua de re episcopus et qui se um fuerant perterriti, cum omni precum diligentia se munierunt. Cumque nimio tonitruum coruscationumque terrore afficerentur, tandem tam gravis ictus tempestatis tremendae intonuit, ut ipsius habitaculi murus ex magna scinderetur parte. Tunc et praedictus vicedominus ita exanimis effectus corruit, ut omnes qui aderant existimarent eum aut mortuum aut cito moriturum. Praesul autem manu comprehendens eum erexit, et ut viriliter ageret et in Domino cor ejus confortaretur admonuit; sicque semivivum reddidit sanum. Ipse etiam vicedominus postmodum serenissimi regis Heinrici munificentia Parthenopolis archiepiscopatus sublimatur dignitate (81).

57. In territorio Rubilocensis (82) ecclesiae quidam homo contraria valitudine per tempus diuturnum adeo tabefactus est, ut pene per annum integrum fastidio edendi laboraret et alimentorum solatia, quae sospitatis gratia exposcit, percipere non potuisset. Hic itaque ad sanctum Wolfkangum legationem mittens, ut ab ejus pietate remedium aliquod consequeretur, suppliciter exorat. Quo audito, vir Dei omnimode excusavit, dicens, se non tanti esse meriti, per quod hujusmodi virtus posset adipisci. Cumque diu tractaret popularem effugere favorem et aegroti adimplere petitionem, velut ob aliam causam missas celebravit, et per fidelem presbyterum infirmo corpus Dominicum transmisit. Quo accepto, paululum obdormiens, deinde cibi potusque refectionem suscipiens iterum quietis usus est supplemento. Sicque mentis et corporis sanitate rece-

VARIAE LECTIONES.

[87] illum 2. [88] ad eos q. s. fuerant 2. [89] T. psalmos quosdam cantans suppliciter pro ea 2. [90] j. interim i. 2. [91] Cumque finem faceret orandi ad circumstantes respiciens 2. [92] r. mox liberata est 2. [93] Moxque ducta est in ecclesiam et 2. [94] ipse 2. [95] tagni 2. [96] uveltinopoli 1? ed.

NOTAE.

(78) V. praefationem nostram.
(79) C. 21.
(80) Weltenburg ad Danubium.

(81) A. 1004; cf. Thietmar. v, 24.
(82) Eichstadt.

pta, Deo gratias agens surrexit, et postea incolumis permansit. Ad hæc etiam si retexere volumus, quibus manum pro benedictione imposuit, et quot gustato pane quem benedixit ab infirmitate liberabantur, tædiosum forsitan lectori videbitur. Unde his omissis, ad ejus transitum properemus scribendum.

38. (*An.* 994) Igitur (83) post multa pietatis et æquitatis opera, quibus Deo servire studebat quibusque ecclesiam sibi commissam regebat, sæpe nominatus sæpiusque nominandus venerabilis præsul Wolfkangus, cum Ratisponæ constitutus, rerum necessitate poscente, in orientalem Pagoariæ regionem iter suum destinaret, febricitare cœpit. Quam corporis molestiam vir Dei non solum vigiliis et orationibus, sed etiam elemosinis quasi præscius futurorum præveniens, totum quod habere potuit per manus pauperum in gazophylatium Christi transmisit; sicque partes orientis petiturus, illi qui nescit occasum sedulis precibus vitæ suæ commendavit excursum. Cumque per Danubii decursum ventum esset ad locum qui dicitur Puppinga, ultra tendere non valebat, quia tempus resolutionis instabat. Ibi ergo, superna se visitante gratia, cognoscens, cito fore complenda quæ sibi per visionem olim fuerant revelata (84), jussit (85), ut in oratorium beati Otmari [97], quod ibi situm erat, portaretur, et ante altare ejus deponeretur. Quod cum factum esset, aliquantulum ex infirmitate convalescens, resedit, et per confessionem primum se expiavit. Deinde omnes qui aderant pro fide, spe et caritate satis [98] luculenter admonens, eos ac universos sibi commissos cum intimis suspiriis Deo sanctisque ejus commendavit; sicque, viatico sumpto, humotenus se prostravit. Tunc ædituj sive cubicularii ejicere temptabant de ecclesia omnes, exceptis familiaribus secum ex more commanentibus. Quos vir Dei prohibuit dicens : *Reserate ostia, nullum qui velit introire prohibete. Non enim nos, qui sumus mortales, erubescere debemus nisi ex malis operibus, cum mortis debitum necessario exsolverimus; quando quidem Jesus Christus, qui nihil morti debuit, ferme nudus mori non erubuit in cruce pro generis humani salute. Adspiciat quisque in morte nostra, quod paveat et caveat in sua: Deus misereri dignetur et mihi misero peccatori mortem nunc subeunti, et cuique eam timide ac humiliter adspicienti.* Hæc cum dixisset, reverenter oculos clausit, ac velut in somno [99] pausans, in pace quievit (*an.* 994, *Oct.* 31).

Sic animam sacris cœlorum reddidit astris.
Si quæris tempus, lector, quo contigit istud,
Anteriore die fuit ingrediente Novembre.

59. Cum hæc omnia nocturno tempore finirentur, sequenti mane funereas exequias parantes cœperunt anxiari unde possent episcopum acquirere. Interea venit (86) Juvavensis præsul venerabilis Hartwicus et Aribo comes quidam, viro Dei inter laicos carissimus. Hos quoque illo adventuros, nocte præterita venerabilis præsul Wolfkangus innotuit, post longa silentia et corporis molestiam relaxatam ad asstantes subito dicens : *Mundate domum, parate hospitium, quia hodie ad nos venient hospites boni. Et ut credatis, quia verum dico, hoc erit vobis signum : navis in qua ferebantur bona domni Hartwici archiepiscopi et Aribonis præfecti naufragium in Danubio perpessa est; sed per misericordiam Dei homines salvi facti sunt, et iidem domini mox post obitum meum huc adventuri erunt.* Factumque est ita; et ab eisdem advenientibus una cum populo fidelium copioso corpus beati Wolfkangi susceptum, in die a transitu illius septimo ad civitatem Ratisponam honorifice est perlatum. Ubi cum apud Sanctum Petrum fuisset susceptus, ac vigiliarum missarumque celebrationibus Deo foret commendatus, sustollentes cum magna reverentia, portabant eum per singula urbis monasteria, novissime vero ad ecclesiam beati martyris Emmerammi, cujus honorem, dum vixerat, intimo affectu excolebat. Qua missarum sollemniis et exequiarum officiis rite peractis, magnifice atque honorifice ibidem sepultus est, in ordine pontificum duodecimo, satis congrue numero sacro in tali viro definito; in quo Dominus miraculis variis postea manifestavit, quia hunc cum principibus populi sui collocavit (*Psal.* cxii, 8).

40. Post felicem sancti præsulis Wolfkangi excessum plurimas virtutes et [100] signa ostendere dignabatur gratia divina per illum; quorum quædam, neglegentia et oblivione faciente, ad cognitionem nostram minime pervenerunt, quædam vero relatione fideli comperta, prout possumus, explicare temptabimus. Et hoc in primis dicendum, quia, cum provinciales una cum civibus loci ipsius, quo sanctus præsul defunctus est, convenirent, ut meliorem et majorem basilicam construerent — nam de lignorum materia prior erat ædificata, — quadam die murali insistentibus operi, quidam adductus est energuminus. Quem artifices miseratione divina moti apprehendentes, in illum locum, ubi sanctus Dei famulus spiritum exhalavit, prostraverunt ; ubi mox per sancti viri merita sanitatis recepit gaudia. Deinde etiam locus ille a diversis languentibus frequentabatur, et multi restitutione sospitatis sibi consolabantur, quia, ut beatus Gregorius dicit (87), plerumque accidit, ut majora ibi quo sanctorum reliquiæ habentur proveniant miracula, quam ubi corum recondita sunt corpora.

VARIÆ LECTIONES.

[97] othmari 2.   [98] salutis 2.   [99] somnio 1.   [100] atque 2.

NOTÆ.

(83) Ex Arnoldo, c. 20.
(84) V. c. 12.
(85) Ex Arnoldo, c. 23.
(86) Reliqua ex Arnoldo, c. 23.
(87) Dial. ii, 58.

41. Homo igitur pauperculus quidam, qui ob criminum multorum perpetrationem circulis ferreis in utroque brachio fuit constrictus, et ex hoc gravissimis cotidie suppliciis afflictus, cum multa sanctorum loca pro ejusdem cruciatus remedio commissique [101] sceleris abolitione perlustrasset, divina tandem miseratione respectus, ferri ligamen, quod in uno gestabat brachio, per Sancti viri [102] Adalperti merita amittere meruit. Deinde etiam, quoniam sancti Wolfkangi famam per longinquas audivit regiones, ad Ratisponam veniens, ibique ante sepulchrum ejus orationi insistens, alterius circuli cruciatu absolutus est.

42. Heinrico rege necdum cæsaris vel imperatoris dignitatem obtinente, apparuit sanctus Wolfkangus in somnis visione tali. Visum namque est ei, quod manens in Sancti Emmerammi ecclesia, accederet orandi gratia ad beati Wolfkangi sepulchrum in ecclesia eadem situm. Cumque ibidem Deum sanctumque Wolfkangum precibus intimis conaretur exorare, subito videbatur ei ipse sanctus assistare et hujusmodi verbis eum appellare: *Intuere diligenter litteras in muro, qui est secus tumulum meum, scriptas.* Erat autem ibi, sicut videbatur, solummodo scriptum: *Post sex.* Evigilans vero Heinricus rex, tractatione diuturna secum revolvit paucissima hujus visionis scripta. In primis ergo arbitratus, quod post sex dies esset moriturus, multa dispensat pauperibus. Cum autem sex dierum numerus præteriret, et nil in se corporalis molestiæ sentiret, putavit, ad sex menses pertinere, et eadem cœpit timere. Transacto vero et hujus numeri spatio, nihilque eo infirmitatis passo, arbitratus est hunc numerum ad sex annos pertinere, ideoque quæ et supra cœpit timere. Cumque sex annorum numerus integer pertransisset et septimi anni dies revolutus venisset, cæsaris dignitatem per apostolicam suscepit consecrationem (an. 1014). Tunc tandem sentiens qualis esset sua visio, gratias egit Deo sanctoque Wolfkango, qui sibi talem revelare dignatus est dignitatem.

43. Quidam (88) homo cæcitate multatus ad sepulchrum beati Wolfkangi accessit. Cumque ibi preces uberrimas effudisset, subito visu recepto exauditus, Deo sanctoque præsuli gratias egit.

44. Alio quoque tempore mulier quædam debilis pro spe recuperandæ salutis deportata est a suis in ecclesiam beati Emmerammi martyris. In qua cum ante altaria reptando magis quam ambulando petitione sedula sanctorum, exquisisset suffragia, tandem ex labore vel ægritudine fatigata, secus tumulum sancti præsulis Wolfkangi resedit humi. Cumque misella corpore ac mente inclinata, ejus precibus et meritis se adjuvari exoraret, subito lateris ceterorumque membrorum contractio nodosa est soluta ac tam vehementer disrupta, ut sanguinis effusio difflueret in pavimento. Tunc mulier primum exterrita præ timore cœpit clamare; deinde exsiliens sana, grates reddidit Deo sanctoque Wolfkango.

45. Homo quidam nimis ægrotus orandi gratia venit in beati Emmerammi ecclesiam. Ubi dum se sanctorum meritis postularet liberari ab inhærente sibi diutina ægrotatione, demum decubuit juxta sancti Wolfkangi tumbam; ibique [103] feliciter soporatus, quendam virum statura procerum et canicie venerandum assistare vidit, atque ab eo dictum audivit: *Ut quid tu hic, aut cujus rei gratia advenisti?* At ille respondit: *Domine, propterea huc miser veni, ut saner a languoribus, quibus jam per annos plures laboravi.* Tunc venerabilis heros virga pastorali, quam gestare videbatur, tangens eum, dixit: *Surge citius. Ecce enim sanus factus es.* Mox qui jacebat quasi mortuus, per merita præsulis Wolfkangi a somno ægritudinis excitatus exsilivit, et præ gaudio clamans in quantum potuit, Deum sanctosque illius laudavit.

VARIÆ LECTIONES.

[101] commissisque sceleribus 1? ed.   [102] deest 2. ubi alperti.   [103] ubique 2.

NOTÆ.

(88) Reliqua tria capitula ex Arnoldo, c. 26-28.

APPENDIX AD VITAM S. WOLFKANGI.
VITA RHYTHMICA EJUSDEM.

(Apud R. P. Bernardum Pezium, *Thesaurus Anecd. noviss.*, tom. III parte II, col. 615.)

MONITUM.

In codice Mellicensi præcedenti Vitæ illico subjungitur alia ejusdem Wolfkangi historia rhythmica, quæ cujus Anonymi Sanct-Emmerammensis an Monscensis sit, incertum est.

Jesu, medice cœlorum,	Affer, queam ut laudare	Cor ut meum illustretur,
Rex sermone languidorum,	Te in sanctis tuis gnare,	Da, ut sanctus collaudetur,
Curans venas oculorum!	Matrem semper honorare	Signis miris extolletur,
Lumen sapientiæ,	Hinc misericordiæ.	Quibus claret jugiter.

Ore labiis pollutus
Vir sim licet obvolutus
Labe, Præsul, laudo tutus
   Te, Wolfkange, dulciter.
Bene natus ab utroque
Es parente, magistroque
Cum septennis esses, quoque
   Commendatus aritum,
Ut horto deliciarum
Flosculis scientiarum
Degustares fontem clarum
   Aquarum viventium.
Statim scholas magistrorum
Universitatis quorum
Interest virtutes morum,
   Declarare, visitas.
Illinc avide hausisti
Ut non solum artes scisti,
Spiritum intellexisti
   Litteræ, ut approbas.

Exhortatio.

Genere nobilitatus
Præsul, plus glorificatus
Apud Christum! despicatus
   Miser ego rogito,
Ut digneris paupertati,
Meæ ignobilitati,
Subvenire cæcitati.
   Sicut potes, facito.
Te miserante scio, vis
Deo donante scio, quis
Ipso docente scio, scis
   Ergo data perfice.
Sicut quondam ostendisti,
Et ostentas perfecisti
Cum ægrotis subvenisti
   Dei donis cœlice.
Bonitate patrem magnum,
Disciplina te Wolfkangum,
Patientem velut agnum
   Tua vita prædicat.
Et quod ut anachoreta
Hic vixisti, seeli spreta
Pompa, Christi et athleta
   Te scriptura recitat.
Curam ut archimandrita
In Imbripoli tunc ita
Sapienter in hac vita
   In regendo ovium
Suscipis licet invitus.
Te urgebat prior situs,
Ubi eras præmunitus
   Strepitu ab hominum.
Solus ut servires soli
Deo, qui dat regna poli,
A te et a cunctis coli
   Vult et ipse sedule;
Et sic mundam conservares
Vitam, neque maculares
Tuam verbo, sed sic stares
   In Dei servimine.
Linquens mundi vanitatem,
Generisque claritatem,
Prælaturæ dignitatem
   Pure propter Dominum,
Res, pecunias, honores,
Terrarum possessiones,
Vestesque splendidiores
   Æstimasti nihilum.
Hinc clandestine quærebas
Locum, quondam quo degebas,
Et divinitus vivebas
   Inter Alpes montium.
In cavernulis petrarum
Habitabas, bestiarum
Locis, fructum es herbarum,
   Potum bibis fontium.

Ad quinquennium fuisti
Exul, ibi circuisti,
In montanis invenisti
   Donec habitaculum.
Ubi felix contemplaris,
Dominumque deprecaris
Fusis lachrymis amaris
   Pro gente fidelium.
Ibi saxa collegisti,
Dorso tuo attulisti
In acervum, voluisti
   Fieri oraculum.
Cum hæc manibus tangebas,
Et a dorso reponebas,
Digitos sic imprimebas
   Ut in linum liquidum.
Pedibus ut terra cessit,
Tuis, petra et liquescit,
Pedis iconam impressit,
   Ut apparet hodie.
Demum, Pater, laborasti,
Manibusque comportasti,
Lapides mox adaptasti
   Pro futuro opere.
Quod et ipse inchoasti,
Fundamentum tu locasti,
Et Ecclesiam fundasti
   Loco satis horribili.
In qua opere patrato
Per circuitum ornato,
Et omnino contectato
   Deum laudas humili
Voce, cum oratione,
Sancta celebratione,
Missarum devotione.
   Stans in lege Domini
Die, nocte meditaris,
Et superna contemplaris,
Voluntateque moraris
   Ea modo simili.

Exhortatio.

Dulce Pater, meæ spei
Salus, ut in lege Dei
Hortor, intellectus mei
   Sensus lumen capiat.
Veritatis et Scripturæ
Sacræ, veluti tu puræ,
Labor omnis meæ curæ
   Quæ sunt Dei, sapiat.
Nam ut lignum, quod plantatum
Juxta flumen, fructum gratum
Tulit, tu tulisti natum
   Hic in suo tempore.
Apud Deum meruisti
In hac vita, qua vixisti
In virtute Jesu Christi
   Mira signa facere.
Infinita, quæ nec scribi
Possent, per te Deus ibi
Fecit ad honorem sibi,
   Magna ad volumina:
Per quæ fides roboratur,
Æger homo medicatur,
Sanctis suis et laudatur
   Deus in Ecclesia.
Tu vir Dei bonitatis,
Quantæ eras sanctitatis,
Quantæque sagacitatis,
   Numerare nemo scit.
Multæque benignitatis,
Ac perfectæ charitatis,
Miræque humilitatis,
   Solus Deus indidit.
Semper hilaris, serenus,
Ac facunditate plenus,
Odioque alienus
   Eras omni populo.

Nunquam invidus, severus,
In docendo semper verus,
Ut docetur omnis clerus
   Oris tui speculo.
Tu præclarus honestate
Morum cum immensitate
Pius affabilitate,
   Providus consilio,
Forma, conversatione
Cunctis eras vitæ bonæ
In exemplicatione
   Tua in Domino.
Mihi, tuo famulorum
Imo minimo tuorum,
Datorum tibi donorum
   Partem velis utinam
Modicam, humilitatis,
Unam, sive castitatis
Mihi impetrare: satis
   Contentarer minimam
Partem, ut laudare possem
In te Deum uti nossem,
In scriptura lectitassem
   Et ab ore hominum
Sæpius audivi. Quare
Volo, Pater, propalare,
Et miracula narrare
   Tua propter Dominum.
Et quis potest illa reri,
Ni sint signa Dei veri,
Ut qui cæcus erat heri
   Luce eras perfunditur?
Et quis aridus aut mancus
Manu fuerat et anctus,
Pro quo magnus erat planctus,
   Per te eras sanabitur.
Et qui febribus quartanis
Sunt vaxati, tertianis,
Acutis, quotidianis,
   Clamaverunt vocibus
Ad te, votis et venire
Ad te, pedibus transire
Spoponderunt, qui sunt mire
   Recreati protinus,
Manibusque repedantes
Et utroque claudicantes
Fæmore, te invocantes
   Tradidisti gressui.
Possessa dæmoniorum
Vasa energuminorum
In tuorum sunt mirorum
   Prisco data sensui.
Liberator captivorum
Eras et compeditorum
Simul et catenatorum
   Truncis et in turribus
Cordium quoque mœstorum
Consolator miserorum,
Paupertate gravatorum,
   Te pulsantes precibus.
Non est dolor corporalis
Corporis, vel spiritalis
Animæ, vel coæqualis
   His. Homo corporeus
Passus, Deo concedente,
Clamans ad te pura mente
Sanitatem quem repente
   Recepisset saucius.
Infinitaque sunt facta
Ante mortem est post. Tacta
Hinc per fidem mundo nacta.
   Post hæc te Omnipotens
Vocat, et ut revertaris,
Nec in cremo moraris,
Præsulatu sed fungaris
   Amplius obediens.
Mox in via infirmaris,

In Puppinga morti daris;
Ubi tunc exenteraris.
    Exta manent ibidem.
Hinc exuviæ feruntur
Ratisponam, disponuntur,
Et ibi sepeliuntur,
    Ut decet antistitem.
Sic in Domino quiescis,
Et miraculis clarescis;
Nec quotidie torpescis
    Adhuc signa facere.
In Imbripoli non tanta,
Nec ubi sunt exta sancta,
Facis signa, facis quanta
    Loco tuæ fabricæ.
    Exhortatio.
Eia, Pater et patrone,
Summi Patris fili bone,
Me participem coronæ

Tuæ fac cum cæteris
Sacerdotibus, laudantes
Deum teque venerantes,
Quamvis in peccatis nantes
    Simus veri luminis.
Lumen da exteriorum,
Lumen plus interiorum
Præsta nobis oculorum,
    Per datorem omnium.
Ut possimus contemplari,
Verum solem conspicari,
In quo lumen est, a mari
    Usque solis terminum.
Et si lumen tenebrescit
Intellectus, et nigrescit,
Lippitudo sensus, crescit
    Dehinc dormitatio.
Vanitatis cum torpore
Mundi pompa cum dulcore

Laudum, hominum favore,
    Nostra excitatio.
Sis, si taliter dormimus,
In peccatis, quorum primus
Ego sum, ne sic perimus,
    Excita salubriter.
Ut queamus vigilare,
Vanitates abnegare,
Quibus viximus per mare
    Hujus mundi jugiter.
Tandem tibi propinquare,
Gregem Christi adaquare,
Et pro ipso semper stare
    Ad mortis hinc certamen.
Nullas minas hic veremur,
Cœli sanctis ut jungemur,
Et ad eos collocemur
    In sempiternum.
    Amen.

Explicit.

INCIPIT ORATIO DE SANCTO WOLFKANGO.

O sanctissime Wolfkange, Christi confessor pretiose! o præclare pontifex! o egregie præsul! o præfulgidum lumen Ecclesiæ catholicæ, a Deo vero lumine inexstinguibiliter illuminatum! o prudens dispensator cœlestium thesaurorum! o pater pauperum! o fidelis consolator afflictorum! o glorioso relevator peccatorum! o gratiose te invocantium exauditor! ad nostras humiles ac indignas preces, supplicamus, aures tuæ pietatis nobis clementer aperi. Quia enim laus in ore peccatorum non est speciosa, idcirco ad tuæ benignitatis gloriosum refugium nos in peccatis existentes, multisque ærumnarum miseriis obvoluti, in hujus mundi exsilio laborantes fiducialiter confugimus, et petimus ut in cunctis nostris necessitatibus corporis et animæ ad Deum Patrem omnipotentem nobis fidelis advocatus existas.

Tu enim multiplici prærogativa meritorum a Deo es exornatus, non habens denegandi occasionem, qui in terris constitutus tantam a Domino accepisti potestatem. Tu namque cæcis visum, claudis gressum, surdis auditum restituisti : nec fuit quisquam in periculis existens, qui te pium patronum invocans tuæ pietatis solatio non celeriter potiretur. Tu nunc insuper, in cœlesti curia angelorum cœtibus admixtus, Dei faciem lætanter contemplaris, apostolorum non immerito fruens consortio, quorum imitator sollicitus exstitisti : martyrum meritis digne coæquatus, ac cum sanctis confessoribus et pontificibus sanctisque virginibus tanquam sidus prælucidum rutilans cum Christo perenniter exsultare meruisti. Tu ergo sancte Wolfkange, qui tam salubre verbum a Deo audire meruisti : Euge, serve bone et fidelis, intra in gaudia æterna per illam dilectionem quam ad ipsum Deum habuisti, et, per illud gaudium, quo nunc cum Deo exsultas, te invocamus et humiliter imploramus ut gemitus cordis nostri Deo præsentare, et in cunctis nostris necessitatibus animæ et corporis pro nobis fideliter exorare digneris, ut qui dignatus est dicere : « non veni vocare justos, sed peccatores, » per tuas pias intercessiones nos ab errore peccatorum nostrorum misericorditer revocet, et veræ ac fructuosæ spatium pœnitentiæ nobis concedat, et ab omni malo clementer eripiat, ut sic in hac temporali vita per tua gloriosa merita hujus mundi exsilium transeamus, ut a carnalibus concupiscentiis et mundi fallaciis, et omnium inimicorum nostrorum visibilium et invisibilium versutiis erepti, et in extremis vitæ nostræ viatico corporis et sanguinis Domini nostri Jesu Christi salubriter cum bona conscientia, fide recta, spe firma, charitate perfecta præmuniti vitam nostram felici fine terminemus; ut post hanc temporalem vitam ad æternam vitam pervenire mereamur, cum Christo feliciter in æternum regnaturi, ipso donante et adjuvante, qui in perpetuum vivit et regnat per cuncta sæcula sæculorum. Amen.

Antiphona.

Beate pontifex, Pater et patrone noster Wolfkange, qui Dominum secutus, et omnia pro ipso relinquens, centuplum in hoc mundo et vitam æternam recepisti, gregem tuum, cui præfuisti, quem fovisti, quem docuisti, solita pietate custodiens tuo nunquam auxilio patiaris orbari.

Oratio.

Omnipotens sempiterne Deus, qui populo tuo beatum Wolfgangum confessorem tuum atque pontificem æternæ salutis ministrum concessisti, præsta, quæsumus, ut, quem doctorem vitæ habuimus in terris, intercessorem semper apud te habere mereamur in cœlis. Per.

Secreta.

Has hostias, quæsumus, Domine, quas majestati tuæ consecrandas offerimus, intercedente beato Wolfkango confessore tuo atque pontifice, ad perpetuam atque præsentem fac nobis provenire salutem. Per.

Communio.

Tua sancta sumentes, quæsumus, Domine Deus noster, ut beati Wolfkangi confessoris tui atque pontificis nos foveant continuata præsidia. Per Dominum.

Alleluia.

℣. Protege, pastor bone, sancte Wolfkange, animas nostras omnibus horis, et pro tuo grege ora ad Dominum.

Prosa.

In Wolfkangi canamus honore Christo dulce melos.

Dignus pangi conscendit in die festo præsul cœlos.

Qui nascens ex Suevia hujus mundi levia puer sprevit.

Mox, excellens artibus, in remotis partibus fama crevit.

Post scholarum regimen cogitur ad culmen decanatus.

Sed aspernens sæculum fit in claustro speculum monachatus.

Demum in Pannonia fidei præconia frustra serit.

Ratispona præsulem Cæsar facit exsulem, dum non quærit.

Hic errata corrigit, lapso manum porrigit, Deum illum dirigit prosperando.

Gregem Christi pastibus fovet, sine fastibus, hosti A dixit mirifice.
obstat, astibus vigilando.
Fraudis hæreticæ victor, prophetice multa præ-

Cœlo dans spiritum post ingens meritum, gregem defendat nunc et in ævum. Amen.

VITA SANCTI BONIFACII.

EPISCOPI MOGUNTINI

Auctore Othlono monacho.

(Vide Patrologiæ tom. LXXXIX, in proœmiis ad sanctum Bonifacium.)

OTHLONI PRECATIO THEODISCA.

(Apud R. R. Bernardum Pezium, *Thesaurus Anecdot. noviss.* tomi I parte 1, col. 417, ex autographo quod exstat in monasterio imperiali ad S. Emmerammum Ratisbonæ.)

Trohtin almahtiger, tu der pist ciniger trost, unta euuigiu heila aller dero, di in dih gloubant, io uh in dih gidingant, tu inluihta min herza; daz ih dina guoti, unta dina gnada megi anadenchin, unta mina sunta, io uh mina ubila, unta die megi so chlagen vora dir, also ih des bidurfi. Leski trohtin allaz daz in mir, daz der leidiga uiant inni mir zunta uppigas, unta unrehtes, odo unsubras, unta zunta mih ze den giriden des euuigin libes : daz ih den also megi minnan, unta mihi daranah hungiro, unta dursti, also is des bidurfi. Daranah macha mih also fron, unta krestigin in alle dinemo dionosti : daz ih alla die arbeita megi lidan, die ih in deser vverolti sculi lidan, durh dina era, durh dinan namon, io uh durh mina durfti, odo durh iomannes durfti. Trohtin du gib mir chraft, iouh du chunst dara zoua. Daranah gib mir soliha gloubi, solihan gidingan zi dinero guoti, also ih des bidurfi; unta soliha minna, soliha vorhtun, unta diemout, unta gihorsama, iouh gidult soliha, so ih dir alamahtigemo sculi irbieton, iouh allen den menniscon, mitten ih uuonan. Daranah bito ih, daz du mir gebest soliha subricheit minan gidanchan, iouh minemo lihnamon slaffentemo, odo vvahentemo, daz ih vvirdiglihen unta amphanglihen zi dinemo altari, unta zi allen dinemo dionosti megi gen. Daranah bito ih, daz du mir gilazzast aller dero tuginde teil, ana die noh ih, noh nieman dir lichit, ze erist durh dina heiliga burt, unta durh dina martra, unta durh daz heiliga cruce, in demo du alle die vverolt lostost, unta durh dina erstantununga, unta durh dina uffart, iouh durh di gnada, unta trost des heiligun geistes. Mit demo trosti mih, unta starchi mih vvider alle uara, vvider alle spensti des leidigin uiantes.

Daranah hilf mir durch die diga sanctæ Mariun, euuiger magidi, iouh durh die diga sancti Michaëlis, unta alles himilisken heris, unta durh die diga san-

cti Johannis Baptistæ, et sancti Petri, Pauli, Andreæ, Jacobi, Joannis, et omnium apostolorum tuorum, unta durh aller dero chindline diga, die durh dih erslagon vvurtun ab Herode. Daranah hilf mir durh di diga sancti Stephani, sancti Laurentii, Viti, Pancratii, Georgii, Mauricii, Dionysii, Gereonis, Kyliani, Bonifacii, Januarii, Hippolyti, Cyriaci, Sixti, et omnium sociorum suorum. Daranah hilf mir durh die diga sancti Emmerammi, Sebastiani, Fabiani, Quirini, Vincentii, Castuli, Blasii, Albani, Antonini. Daranah hilf mir durh die diga sancti Sylvestri, Martini, Remigii, Gregorii, Nicolai, Benedicti, Basilii, Patritii, Antonii, Hilarionis, Ambrosii, Augustini, Hieronymi, Wolfkangi, Zenonis, Simeonis, Bardi, Udalrici, Leonis papæ, et per preces sanctarum virginum Petronellæ, Cæciliæ, Scholasticæ, Margaretæ. Daranah hilf mir durh die diga omnium sanctorum tuorum, daz nec heina mina sunta, noh heina vara des leidigin viantes mih so girran megin, daz mih dina gnada bigeba. Daranah ruofi ih zi dinen gnadun umbi unser munustri, daz zistorit ist durh unsre sunta, daz ez rihtet vverde durh dina gnada, unta durh allero dinero heiligono diga zu unsrun durftin, unta zi allero durfti die hera dionunt, odo die gnada suochunt.

Hugi Trohtin unser allero durh dina managslahtiga gnada, unta bidencha desi stat, daz din era, din lob hie megi vvesen. Hugi ouh Trohtin aller dero samanunge, die jonar sin gisamanot in dinemo nemin, unta bidencha sie in omnibus necessitatibus suis.

Daranah bito ih umba alla, die sih in min gibet haban bivolohon mit bigihto, odo mit flegun, suerso si sin, daz suaso si sin, tu si Lzzest gniozzen des gidingon, den si zi dinen gnadun halent, iouh zi minemo gibeti : gnada in Trohtin, unta gihugi, daz tu unsih gibuti beton umbe ein andra.

Daranah ruofo ih zi dinen gnadun umbe alla unsre rihtara Phasson, iouh Leigun, daz tu sie soliha gimacchóst, daz si sih selben megin grihten, A rehtero glouba virvarna. Daranah bito ih umba alla unte alla in untertana, iouh biuolahna. Daranah die toton, die hia bruderscaft habant; iouh umba bito ih umbe alla mine chunlinga, daz tu sie biden- alla die, dero alamuosan vvir io imphiangin. Dara- hist nah tinen gnadun. Daranah bito ih umbe alla nah bito ih umba alla die, umbi die ioman muoz die, die der iocheinna gnada mir gitatin, o!o cheina bitin dina gnada, daz si muozzen gniozzen alla mi- arbeita umbi mih io habitin uonna anagiuna minas nes lebannes, unta des daz ih hin hie superstes libes unzi an desa uuila; daz tu in lonast, da si es hafter iro. bezzist bidurfin. Ih bito ouh umba alla die, dieder cheinnin vvisun vonna mir givvirsirit, odo ungitrostit Zilezzist piuiliho ih mih selben, unta alla mina vvurtin; daz tu sie rihtest, unta troistest mit dinero arbeita allen minen fliz in dina gnada umbi daz da guoti. Daranah bito ih umba allaz daz ungrihti, ih selbo ni megi, odo ni chunna, odo ni uuella mih iouh umba alla den unfrido, iouh umbaz daz ungi- bidenchan durh mina brodi, unta durh mina unruo- vvitiri, daz tir iouersi, daz tu tuder elliu dine maht cha, odo durh mina tumpheit, tu mih bidenchast, nah dinen gnadun bidenchest allaz. Daranah ruofo also tu maht, unta chanst, unta also din guita, unta ih umbi alla unsri bruodra virvarana hie bigrabana, din uuistuom ist. In manus tuas, Domine, commendo iouh umba alla die, dieder hie sint bivraban mit B spiritum et corpus meum.

EJUSDEM OTHLONI PARAPHRASIS LATINA

IN PRÆCEDENTEM PRECATIONEM.

Oratio cujusdam peccatoris.

O spes unica, o salus æterna et refugium in te sperantium Deus! miserere mihi misero, et peccatori, gratiæ tuæ præsidium inquirenti. Adjuva me, Domine, et ad preces meas attende, quas pro nulla meritorum meorum fiducia, sed in sola pietatis tuæ immensitate confisus studeo jam proferre. Illumina, quæso, in primis cor meum, ut, bonitatis tuæ atque pravitatis meæ multitudinem aliquatenus attendens, ea, quæ contra te hactenus commisi, lugere semper et emendare digno pœnitentiæ luctu valeam. C Deinde precor, Domine, ut quidquid impuritatis, quidquid vanitatis aut erroris nequissimus hostis in me studeat accendere, exstinguas, meque ad tui moris et dilectionis fervorem semper accendas, et ut cordi meo illam famem et sitim immittas, qua ad mandatorum tuorum observantiam et ad vitæ perennis gaudia desideranda æstuare possim. Nam quamvis per gratiæ tuæ dona sciam vitæ perennis gaudia omni præsentis vitæ jucunditati esse præponenda, licet etiam ad hæc desideranda et exquirenda variis modis instructus sim, nulla tamen hujusmodi scientia mihi prodest, nisi inspirationis tuæ supplemento jugiter me illuc trahas, et affectum nec non occasionem pariterque vires bene vivendi tribuas. Facilis enim infirmitas ac desidia me fragi- D lem negligentemque, proh dolor! valet impedire a totius religionis proposito. Ideoque, clementissime Deus, hanc infirmitatem in me prospiciens, ita me sanum validumque in utriusque hominis vigore effice, ut in omni servitutis tuæ studio lætus et promptus existam, laboremque totum, qui in hoc sæculo et pro laudis tuæ impensione et pro peccatorum meorum pœnitentia nec non pro aliorum necessitate jugiter agendus est mihi, sustinere valeam. Scio denique quia multos milites tantæ virtutis tantæque devotionis habes, ut, licet infirmitatibus angustiisque plurimis afflicti octineantur, nihilominus tamen in præceptis tuis promptissimi et constantissimi inveniantur. Hi quidem, Domine, gratia tua præstante sunt perfecti, atque potentiæ tuæ armis electi; ast ego omnimoda fragilitate et ignavia, peccatis meis exigentibus, depressus, vix in aliquantulo servitutis tuæ studio persisto, si mihi sanitas prosperitasque omnis aderit. Unde quæso, clementissime Deus, ne me infirmitatis aut adversitatis molestia permittas plus aggravari quam convenire scias meæ qualitati. Sustine me, precor, pusillanimem et pigrum, exspecta me fragilem et infirmum, quousque ad te convertar aliquantulum; fide igitur et spe tali me confirma, per quam de promissionibus tuis certissimus in nullius diffidentiæ mœstitiæque noxiæ pericula incidam. Ad hæc quoque charitatem et timorem atque humilitatem, nec non patientiam et obedientiam talem mihi, precor, præsta, qualem primitus tibi Deo omnipotenti, dehinc hominibus cunctis inter quos unquam conversari me contigerit, exhibere debeo. Ambitionem simul et delectationem totius sæcularis gloriæ aufer a me, Domine, et da mihi aliquam partem sapientiæ spiritualis; ut mecum sit, et mecum laboret, ut sciam quid acceptum sit coram te omni tempore. Ne reminiscaris, quæso, delicta juventutis et ignorantiæ meæ, sed secundum misericordiam tuam memento mei, Domine. Munditiam quoque mentis et corporis ita mihi, quæso, vigilanti aut dormienti concede, ut ad altaris totiusque servitutis tuæ officium dignius accedere, ipsumque acceptabiliter possim peragere: nihil enim boni a memetipso habeo, sed neque ab homine ullo virtutis alicujus donum accipere valeo. Quamobrem tu, Domine Deus, qui solus omnia potes, et nos temet pro necessitatibus nostris jugiter invocare jubes, exaudi me miseram tibi pro miseria mea supplicantem; et concede ut et illarum virtutum quas jam orando nominavi, et omnium sine quibus nullus tibi placere potest, particeps fieri merear. Sed quoniam tam magna pietatis tuæ dona nullis conatibus propriis nullique labore condigno acquirere et obtinere valeo, per sanctissimam nativitatem et passionem tuam, Domine Jesu Christe, nec non per venerandam crucem in qua pro mundi salute pendere dignatus es, perque resurrectionem et ascensionem tuam, tum etiam per sancti Spiritus gratiam, mihi, precor, concedas.

Adjuva etiam me per merita et preces sanctissimæ Genitricis tuæ et perpetuæ virginis Mariæ, nec non per sancti Michaelis omniumque cœlestium virtutum, atque per sancti Joannis Baptistæ, et per sanctorum apostolorum tuorum Petri et Pauli, Andreæ, Jacobi, specialiterque per dilecti tui Joannis, et per omnium apostolorum tuorum suffragia; sed et per illorum sanctissimorum infantium patrocinia qui pro tuo nomine trucidati sunt ab Herode; et sicut eosdem infantes, nullius meriti aut virtutis notitiam habentes, sola et inæstimabili gratiæ tuæ potentia ad vitam æternam elegisti, ita etiam me indignum per illorum, quæso, intercessiones ad vitæ perennis consortium elige. Succurre quoque mihi per sanctorum martyrum tuorum Stephani atque Laurentii, Viti et Pancratii, Georgii et Emmerammi, Quirini et Castuli, Sebastiani et Vincentii, nec non per Mauritii et Dionysii, Gereonis et Kyliani, Bonifacii et Januarii, Hippolyti et Cyriaci, una per sociorum suorum merita, specialiterque per sanctorum tuorum patrocinia, cum quibus locum præsentem sublimare dignatus es; sed et per sanctorum confessorum tuorum Sylvestri atque Martini, Remigii et Gregorii, Nicolai et Benedicti, Wolfkangi atque Udalrici, perque sanctarum virginum Petronellæ et Cæciliæ, Scholasticæ et Margaretæ, nec non per illorum sanctorum quorum in hoc monasterio aut in hac proxima civitate reliquiæ consistunt. Deinde per omnium sanctorum tuorum suffragia me, precor, adjuva; ut propter nulla peccata mea aut instantia seu futura in manus persequentium animam meam tradas, sed solita pietate tua semper et ubique defendar. Deinde immensam pietatem tuam, Domine Jesu Christe, suppliciter deposco pro fratribus nostris cœnobiique nostri loco ut, quia, peccatis nostris exigentibus, tam a nostratum quam ex alienorum effectu, proh dolor! intus simul et foris destructus est, per gratiam tuam atque per illorum sanctorum (quorum corpora aut reliquias hic positas amore promptissimo veneramur) intercessionem ad laudem et gloriam nominis tui, atque ad necessitatis nostræ, nec non ad eorum qui nobis jugiter deserviunt, quique huc pro aliqua salute obtinenda adveniunt, usum reparetur. Ad hæc quoque precor pro omni utriusque sexus congregatione quæ in hac urbe consistit; deinde pro cæteris omnibus qui in sancta Ecclesia in nomine tuo usquam congregati conversantur, ut et spiritualis vitæ normam quam habitu profitentur, moribus sequantur, et corporalis vitæ subsidia prout indigent, a te accipere mereantur. Da eis, quæso, pastor æterne, pastores et rectores tales qui illos per exempla sua non ad interitum, sed ad æternæ salutis instruant meritum. Pro his etiam qui semetipsos confessione aut aliqua interventione in mei peccatoris orationem commendare curabant, bonitatem tuam, Domine, suppliciter exoro, ne scilicet propter ulla peccata mea confessionis suæ cassetur remissio sperata, sed per gratiam tuam et ipsi veniam, quam confessionis humilitate fideli et expetebant, mereantur consequi; et ego virtutum illarum dona quæ iidem, orationis meæ suffragia quærentes, jam inesse mihi credunt, sed, proh dolor! necdum in me sunt, per illorum, quæso, fidem quandoque merear adipisci. Recordare, precor, in nobis misericordiæ tuæ, verborumque apostoli tui Jacobi dicentis: *Confitemini alterutrum peccata vestra, et orate pro invicem, ut salvemini.* Et concede ut et illorum confessio, et mea, quam pro eis profero, oratiuncula sibimet prosit.

Peto etiam pro papa, et Cæsare aut rege nostro, nec non pro cunctis rectoribus atque principibus nostris, ut illos in amore et timore tuo ita perfectos facias quatenus se sibique subditos valeant regere ac congruis exemplis præesse. Ad hæc quoque pro parentibus et propinquis, nec non pro illis qui ab initio vitæ meæ usque in hanc horam qualemcunque pro me laborem pertulerunt, quique in esu aut potu, aut in vestitu, aut in doctrina, seu etiam quolibet modo mihi prodesse studuerunt; pro illis ergo omnibus pietatem tuam, Domine, unice deposco, ut, quia ego nullam ipsis recompensationem debitam impendere possum, gratia tua illis ubicunque opus sit, sive in præsenti sive in futuro sæculo, recompensare dignetur. Deprecor simul pro illis quos unquam sine causa contristavi aut aliquibus meis actibus depravavi, quatenus per bonitatis tuæ effectum aliquomodo corrigi et reparari mereantur. Deinde vero communiter pro omni populo Christiano majestati tuæ, Domine, supplico, ut eis pacem, aeris temperiem frugumque copiam juxta necessitates suas tribuere digneris; et, licet insidiis diabolicis aut etiam fragilitate humana circumdati a Christianitatis cultu variis modis discedant, ipsa tamen, quæso, tanti tui nominis agnitio, tantæque majestatis professio, cui se fide congrua commendant, et in qua spem maximam vivendi collocant, illis prosit in æternum. Ad hæc quoque immensam pietatem tuam, Domine Jesu Christe, postulo unice pro omnibus fidelibus congregationis nostræ defunctis fratribus, nec non pro his quibus ex fraternitatis communione seu quacunque commendatione aut eleemosynarum largitate unquam debitor orandi factus sum; deinde communiter pro cunctis in fide sancta defunctis, pro quibus videlicet cuiquam orare licet, ut eos a locis pœnalibus liberare et in requie perpetua digneris collocare. Has igitur preces, quas ego pecc ter, qui nec pro meme pso orare sufficio, confidens tamen in tua misericordia pro aliis tam vivis quam defunct's ad te, Domine, protuli, dignanter suscipe; et ut illis simul et mihi aliquantulum prosint concede.

Ad extremum vero nulla orationis meæ dicta mihi suffecisse prorsus sciens, sed potius in te tam orationis quam cæterorum actuum meorum sufficientiam conclusionemque ponens, in manus tuas, Domine, spiritum et cor meum, omnemque curam quam aut in spirituali aut corporali studio suscipere me causa aliqua compellit, gratiæ tuæ committo, ut, ubicunque nequeam seu nesciam aut etiam nolim me cus odire, tu prout valeas ac scias, atque juxta bonitatem tuam velis, me ubique conservare digneris.

CIRCA ANNUM MLXXIII-LXXVI.

ADAMUS

CANONICUS BREMENSIS.

IN ADAMUM
NOTITIA HISTORICA ET BIBLIOGRAPHICA.

(Apud Pertz *Monumenta Germaniæ historica*, Script. tom. VII, pag. 267, Prooem. V. cl. Joan. M. Lappenberg ad Adami *Gesta Hammaburgensis Ecclesiæ pontificum*.)

Paucissimi sane sunt inter medii ævi historicos, qui rerum traditarum gravitate, perspicuitate, judicii ingenuitate, fontium scriptorum cognitione, sermonum ore traditorum accurata perceptione ita emineant, ut Adamus, magister scholarum Bremensis. Accedit quod archiepiscopatus Hammenburgensis et regnorum huic diœcesi subjectorum, quorum ille historiam tradit, septentrionalium annales omnino fere desiderantur. Adamo soli id debemus, ut notitiæ, quæ de populorum septentrionalium rebus gestis passim apud auctores varios reperiuntur aut ex eorum poematis hauriuntur, annis certis tribui et historiæ usui inservire possint. Quid quod multa alia de rebus Germanicis et Slavicis scitu dignissima, necnon de Britannia et Hibernia haud contemnenda memidit. Vix igitur sunt chronica hujus temporis, quorum textus æque ac indagatio fontium quibus superstructa sunt, opera diligentissima tam digna videantur quam Mag. Adami Gesta pontificum ecclesiæ Hammenburgensis.

Ita inscribi libros, quos jamnunc curis nostris edituri sumus, tradidit nobis Helmoldus (1). Ex ipso opere ejusque præfatione illud tantum discimus, scriptorem fuisse canonicum ecclesiæ Bremensis, nomenque ejus incipere a littera initiali A. Eum ex Germania superiori, id est ex Saxonia superiori, oriundum fuisse, jam ex vestigiis dialecti ejus conjecit auctor scholii 145 (l. iv, c. 35). Archiepiscopus Adalbertus, ortus domo comitum de Wettin, e regione natali sua viros plurimos Ecclesiæ litterisque utiles Bremam accersivit. Plurima quæ Adamus noster de Magdeburgo profert, per se haud plane necessaria, conjecturam fulcire videntur, Adamum in scholis monasteriorum in hac civitate sive prope illam litteris imbutum fuisse. Anno 24 archiepiscopatus Adalberti, qui incœpit a die 16 m. Aprilis anni 1068, Bremam venit (2), ubi inter canonicos hujus sedis cathedralis receptus est. In charta archiepiscopi jam dicti, data anno 1069, Jan. 11, cum munere magistri scholarum insignitum inter testes post decanos et ante presbyteros collocatum invenimus (3). Paulo post regem Danorum Svend Estrithson adiit, in Selandia, ut videtur, morantem, qui b lignissime eum excepit et circa terrarum aquilonarium situm et historiam plurima docuit (4). Post mortem Adalberti pontificis opus suum De gestis pontificum Hammenburgensium exorsus est, quod, ut ex epilogo effici posse videtur, circa annum 1075 absolvit. Etenim illud ante annum emortualem regis Svend, scilicet 1076, factum esse docent quæ leguntur verbis l. ii, cap. 24 : « Rex Daniæ, qui hodieque superest » et cap. 26 : « qui nunc in Dania regnat » tom. I, n. CI.

(1) Chron. Slavic. l. i, c. 14 : *Testis est magister Adam, qui gesta Hammenburgensis Ecclesiæ pontificam disertissimo sermone conscripsit.*
(2) V. infra l. iii, c. 4.
(3) Hamburg. Urkundenbuch, ed. Lappenberg,

(4) V. l. iii, c. 53; conf. l. i, c. 50, 54; l. ii, c. 24-26, 28, 32, 36, 41, 42, 73; l. iii, c. 22, l. iv, c. 21, 25, 37, 58.

Svein. ↑ Quamdiu in officio scholastici Bremae permanserit, non constat, cum de scholasticis Bremensibus hujus temporis nil inveniamus usque ad Vicelinum, postea Wagriae apostolum, qui hoc munere circa annum 1125 functus est. Nec liquet usque ad quem annum vixerit, quamvis obitus magistri Adami in diptycho Bremensi ad d. 12 m. Octobris ascriptus sit (5). Traditur Adamus conventui in Rameslon silvam quamdam donasse, ibique sepultus esse (6). Iterata hujus conventus commemoratio certe praedilectionem quamdam Adami prodere videtur (7).

In fontes historiae Adami inquirenti (8) mox apparet perquam diligentissime eum cum ecclesiae suae chartis et documentis usum fuisse, tum antiquiores rerum tradendarum auctores omni cum cura consuluisse, multosque scriptores etiam Romanos et recentiores, inveniendi quidquam spe atque studio motum, perscrutatum esse (9). Citat chartas in scriniis vel chirographa in archivis ecclesiae suae (10), privilegia Romanorum (11) sive Romanae sedis (12) papae (13), necnon praecepta imperatorum et regum (14). Praeter ipsa documenta laudat Adamus librum donationum sive traditionum ecclesiae Bremensis, in quo praeter diplomatum copiam alia quaedam de ejus historia juribusque exstitisse videntur (15). Librum quoque fraternitatis Bremensis memorat in scholio 42. Versus etiam quosdam affert ex antiquioribus ecclesiae libris (16). Opera historica, quae Adamus noster tum excerpsit, tum citavit, sunt haec: Eginhardi Vita Caroli Magni (17), ejusdemque historia vel scripta (18); liber quem vocat Eginhardi Gesta Saxonum (19), Eginhardi Annales, Fuldenses vulgo dicti (20), qui ex historia quam vocat Francorum (21) usque ad annum 911 perducta ei innotuisse videntur; Annales Caesarum (22); Gregorius Turonensis (23), fortasse in epitome Fredegarii; Gesta Francorum (24); Gesta Anglorum; Computus

a Corbeia delatus qui a nostralibus Fasti Corbeienses inscribitur (25); Gesta S. Bonifacii (26); Vita S. Willibrordi (27); Anskarii liber Vitae et actuum S. Willehadi (28); Altfridi Vita S. Liudgeri (29); Gesta, Vita s. actus S. Anskarii (30); Gesta, Vita s. liber Vitae S. Rimberti (31); Bovo, abbas Corveiensis, de actis sui temporis (32); Rabani scriptum quoddam, quod Capitulum vocat (33). Memorat etiam acta conciliorum quorumdam in Germania, videlicet Triburii, Alteimii, Moguntiae habitorum (34). Canones passim allegantur (35). Epistolis quoque nonnullis usus est, ut Anskarii, Alexandri papae II, Adalberti archiepiscopi (36).

Auctores classici Romani nonnulli scholastico nostro Bremensi probe noti fuerunt, saepissimeque ex eorum scriptis centones in ejus sermone reperiuntur. Graece autem doctum fuisse Adamum non constat, quamvis saepe usurparit vocabula Graeca in linguam Latinam recepta, exempli gratia: *proselita* pro *advena* Procemio; *acephalus* III, 14, schol. 16; *cenodoxia* III, 2; *gigas* IV, 40; *giganteus* II, 22; *gnatho* et *pantomimus* III, 38; *trigonus* l. 1, c. 1; *orthodoxus* I, 29; IV, 41; *parasitus* III, 38; *toparchia* III, 25; *ypocrita* III, 55; *celeuma* IV, 39; *zelare* II, 53; *abyssi baratrum* IV, 38; *abyssus*, *chaos* et *euripus* ibid. c. 59; *gaza* ibid. c. 40; *macrobii* ibid. c. 19. Poetarum opera, quorum versus citantur, sunt Virgilii Aeneis (37) et Georgica, (38) Horatii Lyrica, Sermones et Epistolae, (39) Lucani Pharsalia, (40) Juvenalis Satyrae, (41) itemque Persii (42). Noti ei fuisse videntur Ciceronis libri De finibus (43) et Somnium Scipionis (44). Nullius tamen opera saepius manibus versavit quam Sallustii, ex quo noster, hac in re similis Widukendo et Lamberto Hersfeldensi, et totas sententias deprompsit et saepenumero locutiones breviores in textum suum recepit (45). Laudantur Macrobii libri in

(5) Vaterländ. Archiv. 1835, p. 304.
(6) Von Seelen apud Pratje Bremen und Verden t. VI, p. 477.
(7) Lib. I, c. 25, 52, 55; l. II. schol. 24, c. 45; schol. 54, c. 62; l. III, c. 52; l. IV, c. 28.
(8) Fusius haec omnia tractavimus in Archiv für ältere Deutsche Geschichtskunde., tom. VI, pag. 766-892.
(9) *Compertum est nobis ex multa lectione veterum*, l. I, c. 3.
(10) L. II, c. 5, schol. 49.
(11) Praefat. l. I, c. 25. Adde schol. 5.
(12) L. II, c. 5.
(13) L. I, c. 18, 29, 51, 52, schol. 54. Vide etiam l. I, c. 47.
(14) L. I. c. 18, 51; l. II, c. 1, 3, 21, schol. 49; conf. etiam notata ad l. III, c. 25, schol. 6.
(15) L. I, c. 15, 20, 21, 26.
(16) L. I, c. 55, 56.
(17) L. I, c. 1, 9 sq.; l. II, c. 16; l. IV, c. 10, 12, 13.
(18) L. I, c. 3-8.
(19) L. I, c. 34. Conf. Archiv l. I, pag. 772 sq
(20) L. I, c. 12, 16, 17, 30, 39, 40.
(21) L. I, c. 17, 25, 30, 39, 42, 49, 54
(22) L. I, c. 40.
(23) L. I, c. 3. Conf. ibid. c. 9.
(24) L. I, c. 39.

(25) L. I, c. 37, 47, 53, 56.
(26) L. I, c. 11.
(27) L. IV, c. 2, l. I, c. 17.
(28) L. I, c. 14.
(29) V. ibid. not. et schol. 4.
(30) L. I, c. 15-26; l. IV, c. 1, 26.
(31) L. I, c. 37-47.
(32) L. I, c. 41.
(33) L. I, c. 24.
(34) L. I, c. 51, 53; l. III, c. 28.
(35) L. I, c. 26; l. III, c. 32, 36.
(36) L. I, c. 35. l. III, c. 16, 70, schol. 70. (l. IV, c. 43).
(57) Praef. l. II, c. 1, 15, 18, 58, 60, 67, 73; l. III, c. 3, 16, 31, 62, 64, 68; l. IV, c. 58, 59.
(38) L. I, c. 65; l. IV, c. 26 et schol. 129.
(39) Prolog. l. II, c. 21; l. III, c. 9, 61, schol. 118, 149. Epilog.
(40) L. I, c. 2, 30; l. II, c. 25, 76; l. III, c. 15, 16, 37; l. IV, c. 21, 32, 40, 42 schol. 127.
(41) L. I, c. 44; l. III, c. 37, 64.
(42) L. III, c. 61.
(43) L. III, c. 27.
(44) Praefat.
(45) L. I, c. 5, 59; l. II, c. 5, 55; l. III, c. 1, 25, 26, 30, 33 bis, 34, 35 bis, 56 bis, 58, 46, 55 bis, 56, 57 ter, 61, 62, 70, (l. IV, c. 46) schol. 127.

Somnium Scipionis (46), Orosii Chronica (47), Solini Polyhistor (48), Marciani Capellæ libri De Geometria in ejusdem opere De nuptiis Philologiæ (49). Citantur quoque Bedæ Venerabilis libri De temporum ratione et De rerum natura (50), et sancti Patres Ambrosius (51), Hieronymus (52), Gregorius (53); Historia ecclesiastica tripartita, quæ Cassiodoro ascribi solet, laudatur (54); Pauli Diaconi quoque Historia, ut videtur, Adamum non latuit (55). Minime vero Adami fontibus annumeranda sunt Sigeberti Gemblacensis Chronicon, et liber De pontificum Romanorum Vitis Liutprando vulgo ascriptus, quippe quæ opera post Adami scholastici tempora composita sunt (56). Refertus est præterea Adami sermo locis e Scriptura sancta depromptis. Ad carmina historica seu Teutonica seu populorum septentrionalium non attendebat (57).

Præter chartas et scripta quæ evolvit, Adamus consuluit quos testes fide dignos de rebus gestis et de terris et moribus populorum dioecesi Hammenburgensi subjectorum invenire potuit. Quorum nemo erat gravior quam rex Danorum jam supra laudatus, Svend Estrithson. Præterea provocat ad Adalbertum archiepiscopum (58), ad episcopum quemdam Danorum (59), ad nobilem quemdam de terra Nordalbengorum (60), ad comites episcopi Adalwardi junioris, aliosque (61). Plurima haud dubie cognovit ex Guilielmo, episcopo Selandiæ, regis Kanuti Magni quondam cancellario, et ex Adalwardo seniore, decano Bremensi, episcopo quondam Gothorum in Suconia. Patrum relationem sæpius laudat (62). Nonnunquam se ipsum quoque testem affert, qui ea quæ narrat aut viderit (63) aut ab aliis ipse acceperit (64).

Adami orationem vix laudibus efferendam duxerim. Sermo ejus Latinus maxima difficultate laborat. Iisdem vocabulis et formis dicendi sæpissime utitur, non semel in capite eodem vel statim subsequente. Hujus rei exempla pauca afferamus : *adsiscere ad suam familiaritatem* l. III, c. 33, 57; *fremens oceanus* l. IV, c. 30, 54; *acceptus omnibus seu populo* l. I, c. 17; l. II, c. 45, 57, 73, 74; *principibus* l. II, c. 63; *Deo et hominibus* l. II, c. 34. *Angustiæ multiformes* l. III, c. 61; *emergentes* l. III, c. 4; *angustiarum laquei* l. III, c. 48; *constringere tanta (magna) virtute* l. II, c. 5, 53; *potestate* l. III, c. 33; *potentia* l. IV, c. 22; *convertum est nobis*

A l. I, c. 3; l. III, c. 26, 57, 68 (l. IV, c. 58); *nabeo* l. IV, c. 30 f.; *decens honor* l. I, c. 20, 64; l. II, c. 59; l. III, c. 70 (l. IV, c. 44); *forte et justum imperium* l. III, c. 21; *fortissimus et justissimus imperator* ibid.; *judex justus, fortis* l. II, c. 42; *funditus excidere* l. III, c. 50 bis; *exstinguere* l. II c. 2; *diruere* l. III, c. 3; *interficere* l. III, c. 48; *amovere* l. II, c. 46; *abjicere* l. II, c. 77; *pristina libertas* l. I, c. 45; l. II, c. 9; l. III, c. 5, 53; *ingens gloria* l. II, c. 67; *honor* l. III, c. 14; l. IV, c. 53 *amor* ibid., c. 21; *veneratio* l. III, c. 68 (l. IV, c. 58); *luctus* l. II, c. 78; *exercitus* l. III, c. 21; *factum* l. IV, c. 26; *multitudo* l. III, c. 56; *auri pondus* l. II, c. 27; *lucrum* l. II, c. 9; *ingentes divitiæ* l. III, c. 27, 53; *gratiæ* l. I, c. 18; *ingentia signa* l. III, B c. 61; *munera* l. II, c. 56; *pestifer morbus* l. II, c. 67, schol. 51 *invectio* l. III, c. 59; *consuetudo* l. IV, c. 8; *mulierum vinculum* schol. 77. *Insignia virtutum* l. IV, c. 9; *morum* ibid. c. 30; *in moribus* ibid., c. 35; *operis* l. II, c. 68. *Vela torquere* l. IV, c. 32; *pandere* l. II c. 50; l. IV, c. 56; *tendere* l. II, c. 19; l. IV, c. 39. *Victor et victus occubuit* l. I, c. 40; *decessit* l. II, c. 21; *prosperis succedentibus* l. II, c. 8; l. III, c. 41, 58; *legatio gentium prosperis semper est aucta incrementis* l. III, c. 17 f.; l. IV, c. 41. Ulla vix voce sæpius utitur quam verbo *deridendi* et substantivo *derisio* seu *ludibrium*, id quod ex moribus temporis ejus explicandum videtur. Ita *derideri* l. I, c. 46; l. III c. 42, 50; C *derisioni habere* l. III, c. 47, 55; *in derisionem habere* l. III, c. 50; *in derisione habere* l. III, c. 48; *derisui habere* l. III, c. 42; *deridere* l. IV, c. 34; *ludibrio habere* l. I, c. 41, 55; l. II, c. 29, 45; *ad ludibrium ducere* l. III, c. 50; *exponere* l. II, c. 59; *servare* l. II, c. 44; *post multa ludibria* l. II, c. 60.

Sæpissime inveniuntur apud Adamum errores veluti *pertinxerit* l. I, c. 9, pro *pertigerit*, numerus singularis pro plurali, ut in Procemio : *ecce occurrit mihi plurima*. Genus masculinum pro neutro : *quartus... ex fluminibus*, l. I, c. 2; l. IV, c. 4; activum pro deponenti *execrare* l. II, c. 25; *debacchare* l. I, c. 41; modus indicativus pro conjunctivo sæpissime; conjunctivus pro indicativo. Neque casuum neque præpositionum vim intellexit, veluti : *largitas peregrinorum*, D pro *in peregrinos* l. III, c. 63; *prudentia et fortitudine prædicandus* l. III, c. 18, pro *propter prudentiam*, etc. Male interpretatus est vocabula nonnulla, veluti : *occasus fluminis* pro *ostio* l. I, c. 2, vocabulum pro c. 52.

(46) L. IV, c. 40.
(47) L. I, c. 3; l. IV, c. 21. Conf. c. 54.
(48) L. II, c. 19; l. IV, c. 7, 19, 24, 25, 26 (34), 35, schol. 132.
(49) L. IV, c. 12, 19, 34, 38.
(50) L. IV c. 35, 40. Bedæ Historia eccl. Anglorum exscribitur in scholio 20.
(51) L. I, c. 41.
(52) L. I, c. 63.
(53) L. IV, c. 42.
(54) L. II, c. 48.
(55) L. I, c. 3; l. IV, c. 59, schol. 125, 139.
(56) Schol. 11, 21, 22, 35. Conf. Var. lect. ad l. I,

(57) Quæ dicit Adamus l. IV, c. 46, de cantilena quam rex Svend ipsi recitavit, plane aliud sibi volunt, ut et voce recitare Adamus sæpe de auctoribus suis utitur. Vid. l. I, c. 54; l. II, c. 19, 21, 28; l. IV, c. 17, 19, 25, 38, schol. 119.
(58) L. III, c. 2, 15, 46, 55; l. IV, c. 59.
(59) L. I, c. 59.
(60) L. III, c. 21.
(61) L. IV, c. 29.
(62) L. II, c. 10, 31, 44, 46.
(63) L. III, c. 65, 69.
(64) L. II, c. 52, 44, 58, 60, 67; l. III, c. 57, 66.

nomine l. 1, c. 5; *conversus* pro *divertens* l. III, c. 10; l. IV, c. 5; *discedere* pro *decedere* l. III, c. 55; *luere periculum* l. III, c. 22; *corripere de rapina* l. II, c. 66; *considerari* l. 1, c. 1. Verba et dicendi formulae quae vix apud alios auctores inveniuntur, veluti: *adgloriare* l. III, c. 58; *plenarius* l. 1. c. 11; *articulum convertere* l. IV, 20; *compaginare historiam* l. III, c. 70; *pugnare conatibus animi et sumptum* l. III, c. 9; *exaggerare parricidium* l. II, c. 26; *innacessus paludibus* l. IV, c. 18, schol. 5; *indeficuus* l. II, c. 78; *inexpugnabile consilium* l. III, c. 59; *litteralia studia* l. II, c. 64; *malepotens* l. II, c. 67; l. III, c. 65; *pavorabile* l. III, c. 61; *occasio locorum se praebet* l. II, c. 15; l. IV, c. 10; *putari aliqui* ibid. c. 40; *subterrare* l. II, c. 66; *succedere in sceptrum* l. II, c. 54; *triumphare aliquem praelio* l. 1, c. 58; *vocalitas* l. III, c. 26; *manens* l. II, c. 8. Germanismi apud eum non desunt, velut : *in animo gerere* l. II, c. 17, « im Sinne führen ; » *colligere ad se* ibid. « an sich knüpfen ; » *fieri extra* « herausgeschafft werden » l. III, c. 29; *juxta esse* « bei einander sein » l. IV, c. 28; *malle*, « gerne mögen wollen » l. 1, c. 17; l. II, c. 26; l. III, c. 8, 23, 60, 70 (l. IV, c. 46); *subsistere ante impetum*, « vor dem Angriff Stand halten, still stehen » l. 1, c. 44; *levare castellum* « eine Burg errichten » l. III, c. 56; *opis molem* l. III, c. 4.

Libri Adami Bremensis haud diu ignoti remanserunt. Quam plurimum eis usi sunt Annalista Saxo, Anonymus Roskildensis, Helmoldus, auctor Vitae Meinverci episcopi Paderbornensis, Snorro Sturleson, auctores fragmenti de Haroldo Blaatand et Svend Tveskiæg, Sagae de Olavo Tryggvason, Annalium regiorum Islandorum, fragmenti veteris Islandici historico-geographici; Albertus abbas Stadensis, Historia archiepiscoporum Bremensium, Historia gentis Danorum usque ad annum 1288, quae Erico regi tribuitur, Annales Esromienses, Hermannus Cornerus, Albertus Cranzius (65).

Quamvis magna operum Adami nostri jam apud historicos saeculi duodecimi fragmenta excerpta reperiantur, nullus tamen exstat codex Gestorum ejus saeculo tertio decimo antiquior.

1) Nullus codicum Adami gravior illo qui quondam S. lisburgi, nunc asservatur in bibliotheca palatina Vindobonensi sub 413 inscriptus, 83 foliis pergamenis numero distinctis. Inscribitur : *Mappa terre Saxonie et Chronica Saxonum. Item diverse forme literarum.* Pertzius noster, cui collationem hujus codicis diligentissimam debemus, descriptionem ejusdem dedit valde accuratam (66). Nil habet tamen, praeter quaedam de Arnoldo et Thietmari comitis filio l. III, c. 8, versum Virgilii l. III, c. 64, et passim pauca verba veluti l. III, c. 52, 58, quae in codicibus caeteris non reperiantur, seu in textu seu in scholiis ; plurima tamen ei desunt quae ipse Adamus

aut auctor aliquis fere coaevus addidit (67). Scholia huic codici desunt, quamvis eorum materia et ipsa verba saepius in textu reperiantur. Quamvis argumento hoc probari non potest codicem Vindobonensem e manuscripto emanasse antiquiori quam manuscripta fuerunt e quibus jam Annalista Saxo et Helmoldus scholia illa descripserunt, et quamvis codex ille vitiis et defectibus quibusdam haud careat, illa tamen suspicio fulcitur bonitate textus. Accedit quod omnium codicum praestantiorum ille solus sit integer. Quare eum recensioni nostrae supponendum esse haud dubitavimus. Hunc vero codicem Adami inter eos quos superstites habemus ad autographum proxime accedere facile probari potest ex melioribus, quas ille solus habet, lectionibus, videlicet l. II, c. 5, *Harit vel Haredum*; c. 5, ubi Bruno recte dicitur *confrater* Ottonis; c. 29, *nimisque infelix*; c. 48, *epulis*, c. 62, *Gudain... ducis*; c. 55, *firmius conde sceret*; l. III, c. 57, *pro denario*; c. 42, *otiam terebat*; l. III, c. 42, *Belo*; c. 51, *in Gallia*; c. 63, *gemtibus*; l. III, c. 55, nomen *Dedonis*. Illud tamen non ipsum auctoris autographum reputandum esse patet ex plurimis lacunis et mendis quae nonnisi vitio scriptoris debentur, veluti l. 1, c. 8, *ter*; c. 6, *cum aut—rebus*; c. 28, *commendari*; c. 29, *invidiam— regnum et nuncios*; c. 51, *crudelem—reddidit*; c. 49, *visum—forte*; c. 52, annus et dies Adalgarii erroneus; c. 55, *dux*; lib. II, c. 21, *regibus Francorum et obediens*; c. 43, *Bennonis*; c. 47, seq. *Chunt*; c. 52, *Guduin ducis*; c. 55, *nec cessavit—imperio*; l. III, c. 15, *Et primo—Anund*. Tota sententia, quae l. III, c. 57, in codice 1 desideratur, in autographo deesse non potuit, ut ex sequentibus : *Ita pugnans contra naturam patriae*, facile intelligitur. Lib. III, c. 70, *quo describitur* pro *de quo scribitur*, etc. Confer quoque l. 1, c. 4-8 et 15, ubi plura ex translatione sancti Alexandri in caeteris codicibus accuratius descripta leguntur quam in codice Vindobonensi.

1b) Codex Vaticanus n. 2010, scriptus 86 foliis pergamenis anno 1451, codicis Vindobonensis apographum videtur (68).

2) Codex Guidianus n. 83, nunc in bibliotheca Guelferbytana, anno 1706 ex bibliotheca Marquardi Gudii (69) in bibliothecam Helmstadiensem delatus. 49 foliis papyraceis in fol. a Dano quodam, ut videtur scriptus, tum Gesta pontificum Hammenburgensium, tum majorem partem libri De situ Daniae amplectitur. Desunt sex folia, ut manus recentior quaedam annotavit. Capitula habuit 252 divisione in libros carentia, ut ex indice libro praefixo videri potest; quorum 207 tantum adsunt. Codex saeculo xv oriundus, paginas habet in duas columnas dispartitas 57-43 linearum, inscriptiones, litteras initiales numerosque capitulorum rubro tinctos. Ad Vindobonensem codicem hic quam proxime accedit ; atta-

---

(65) Plura de historicis qui Adamum nostrum secuti sunt vide Archiv. l. 1. pag. 827-856.
(66) Archiv. t. III, p. 650-667. Conf. ibid. t. VI, p. 856 sq.

(67) Archiv. t. VI, p. 877 sq.
(68) Pertz in Archiv. t. V, pag. 155-155.
(69) Catalogus librorum venundandorum Marquardi Gudii, Kilon. 1706, pag. 346 sub n. 19.

men non pau..a in textu habet quæ illi desunt, præter scholia plurima. Illa reperiuntur l. 1, c. 2, 3, 15, 17, 20, 23; l. 11, c. 10, 22, 23, 26, 27, 30, 34, 38, 52, 59, 74 bis, 75 bis, 76, 78; l. 111, c. 35, 36, 41, 44, 45, 68, 70, necnon tota capitula nonnulla in fine adjunctur. Item nonnulla in l. 1v, c. 16, 20, 24, et, ut videtur, c. 26, 33, 38, totumque caput 40.

2a) Codex chartaceus bibliothecæ regiæ Havniensis, in collectione regia vetustiore n. 1175. Adami Bremensis historiæ ecclesiasticæ apographum sæculo xvi sive xvii scriptum, variis locis a manu fere cœva emendatum (70).

3) Ex egregio quodam Adami nostri codice membraniceo, a Dano quodam scripto, reperto a Mag. Ivaro Bartolino in libris monasterii Soroe in Selandia, Andreas Vedel (Velleus) Gesta pontificum Hammaburgensium in quatuor libros disparti ta anno 1579 typis expressit. Qui codex librum etiam De situ Daniæ amplectebatur, de quo vide infra sub 8 et 8 b. Delatus est postea in bibliothecam universitatis Havniensis (71); ubi in incendio anni 1728 cum aliis ejusdem cimeliis interiit. Asservabatur ibidem in capsa Ambrosii, parte prima, ordine primo, inscriptus : *Gesta pontificum Bremensium est nomen istius libri.* Scholia plurima in hoc codice reperiebantur, quæ in codice Guelferbytano, attamen abbreviata. V. schol. 48, 53, 55, 56, 91. Alia plane desunt, veluti 43, 45, 61, 62, 68, 77, etc.

4) Codex bibliothecæ regiæ Havniensis membranaceus, in collectione vetustiore 2296, elegantissime scriptus sæculo xiii. Quaternionis noni folia quædam desunt, quare capita tantum 229 amplectitur (72). Sæculo xvi, Hamburgi invenimus cum apud Joachimum Mollerum, consulem († 1558), ejusque filium Everhardum, proconsulem († 1588), quorum nomina folio primo inscripta sunt. Idem videtur esse manuscriptum quod Sperlingius ms. Hamburgense Scheliorum vocat (73). Anno 1746 Michael Richey, professor gymnasii Hamburgensis († 1761), illud tenuit, nomenque suum illi folio inscripsit, cujus ex libris in manus F. C. Sevelii, regi Danorum a consilis, pervenit, apud quem Langebekius eo usus est (74). Post Sevelii mortem anno 1781 bibliotheca regia Havniensis hunc codicem acquisivit (75).

In hoc codice et proxime sequenti textum ab eo quem codices modo dicti præbent plane discrepantem invenimus. Verborum constructio non tantum sæpissime immutata est, sed ea quæ Adamus ex scriptoribus antiquioribus deprompta affert, cum ipsius verbis confunduntur, totusque textus secundis nec tamen doctis curis editus videtur. Recensio hæc Alberto Stadensi jam præ oculis fuit, ut ex ejus excerptis elucet, qui et ipsa scholia 21, 22 et 53; transcripsit, quæ ex Chronico Sigeberti Gemblacensis hausta manus secunda codici nostro adjecit. Hanc autem recensionem Adamo non deberi vel maxime inde patet quod nec in ea, nec in dedicatione, nec in epilogo omnimodo ad eventus recentiores seu recensionem novam alludatur.

5) Simillimus huic codici fuit ille quem Erpoldus Lindenbruch in bibliotheca Henrici Ranzovii, Holsatiæ producis, Breitenbergi invenit et anno 1595 edidit. In 251 capita fuit dispertitus. Qui, nisi idem fuit atque antecedens, deperditus est.

6) Optimæ notæ fuit codex sæculi xi seu xii ineuntis, cujus fragmenta, quondam in bibliotheca Isaaci Vossii n. 206, nunc in bibliotheca universitatis Lugdunensis, inscripta M. L. Lat. Vos., Q. 123, asservantur. Leguntur in his foliis, quorum octo tantum exstant : 1) l. 11, c. 8, usque ad capitis 13 verba : *ingreditur Britanniam* ; 2) Descriptio insularum aquilonis. Plura ibidem reperiuntur scholia quæ codici Vindobonensi desunt (76). Plurima in hoc codice sunt aut abscissa aut illegibilia, quæ tamen sæpius conjectura suppleri possunt, ideoque litteris cursivis distincta a nobis addita sunt.

7) Exemplar Descriptionis insularum aquilonarium, sæculo xvi descriptum, exsiat in bibliotheca Hamburgensi fol., n. 22, p. 1-18. Textus nonnunquam Vindobonensi codici tantum similis ; cæterum nævis quam plurimis scatet. Collationem hujus manuscripti cum editione patris sui instituit Fridericus Lindenbruch, quam Staphorst in Historia sua ecclesiastica Hamburg. t. I, p. 368-370, prelo subjecit. Cum tamen collatio ista valde negligenter facta sit, manuscriptum nonnunquam numero 7a, illam vero numero 7b distinximus (77).

7c) Manuscripti prædicti exemplar videtur esse illud quod, octo foliis chartaceis scriptum sæc. xv, exstat in veteri collectione regali Havniensi n. 718 (78), quondam in bibliotheca Gottorpiana.

8) Numero hoc separato insignivimus codicis Sorensis sub n. 3 descripti partem ultimam sive Descriptionem Aquilonis, quam Velleus typis expressit. Collationem hujus libri cum editione Lindenbrogii instituerat Arnas Magnæus, bibliothecarius Havniensis, quam Lackmannus in dissertatione supra laudata pag. 55-56 typis excussit. Proxime accedit hic codex ad Guelferbytanum.

8b) Collectio nova regia Havniensis n. 159 12 folia chartacea ex eodem codice descripta habet : *Scholia antiqua ad libellum vel Descriptionem insularum aquilonarium.* Ibique additur : « Sequentia scholia mutuata sunt ex Adamo Bremensi ms. in membrana

---

(70) Archiv. t. VI, pag. 354; t. VII, p. 455 et 451.
(71) A. H. Lackmann : De codice biblioth. Academiæ Havniensis membranaceo, in quo Adami Bremensis opera inscripta fuere, dissertatio critica litteraria, Kiliæ 1746, 4°.
(72) Archiv. t. VI, p. 845 sq., t. VII, p. 449 sq.
(73) Apud E. I. de Westphalen Mon. inedito.

t. II, p. 666.
(74) Scriptor. rerum Danic. t. I, p. 52.
(75) Werlauf Histor. Efterretninger om det store kongel. Biblioth. i Kiobenhavn, p. 229.
(76) Archiv. t. VI, p. 847 sq.
(77) Archiv. t. VII, p. 850 sq.
(78) Archiv. t. VI, p. 854; t. VII, p. 455.

in folio in bibliotheca publica academiae Hafniensis caps. Ambros. par. I, ord. 1, num. 3 (79).

9) Nova collectio regia 4to n. 522. Descriptio regi num septentrional. Daniae, Sueciae et Norwegiae atque insularum adjacentium, hausta ex codicillo vetustissimo ms. anno 1685 in Esgr. Angl. Schleswic. 20. fol. Suhmius, cujus hic codex quondam fuit, et qui eo translationis Danicae suae hujus libri in opere suo: Historie af Danmark t. IV, fundamento usus est, ipsi adscripsit verba: « Apographum hoc est codic. membran. Academ. Hafn. » Non sine vitiis est hic codex, cujus margini scholia addita sunt plura. Lackmann in libello supra laudato pag. 56-59 varias lectiones hujus codicis transcripsit.

9b) Codex chartaceus regiae bibliothecae Hannover. n. 80, 20 fol. 4to ejusdem codicis, cujus antedictus, apographum vitiis scatens.

10) Antiquae collectionis regiae Havniensis codex chartaceus n. 719, 16 pag. in fol., manu saeculi XVI exaratus. Ad codicem Guelferbytanum hic proxime accedit (80).

Supra jam indicavimus plura in caeteris codicibus reperiri quae in codice Vindobonensi desunt, tam in textu quam scholia. Nec in utrisque caeteri codices consentiunt, pleraque tamen antiquissima esse ex eo demonstrari potest quod apud Annalistam Saxonem, Helmoldum et Albertum Stadensem excerpta legantur, id quod singulis locis annotare non omisimus. Omnia haec loca in codice Vindobonensi desiderata, quorum nonnulla, velut l. III, c. 15, scriptoris tantum negligentia omissa sunt, ea sunt quae ab Adamo ipso secundis curis, seu certe ab homine fere coaevo, rerum ecclesiae Hammaburgensis expertissimo inserta videantur. Quare haec loca omnia in textum, uncis tamen inclusa, recipere haud dubitavimus.

Scholia multa ab ipso Adamo codici operis sui in margine addita esse, vix dubium est. Nemo nisi ipse Adamus in schol. 63 loqui potuit: *sicut prius* (sc. l. II, c. 52) *diximus*; schol. 119, *haec et supra* (sc. l. III, c. 45) *diximus et ipse Adalwardus episcopus recitavit coram nobis*. Idem etiam ostendere nobis videntur verba scholii 75, *ut arbitror*; schol. 77, *audivimus Adalbertum*; schol. 78 et 81, *noster pontifex*; schol. 131, *nostro archiepiscopo* (sc. Adalberto); schol. 137, *apud nos defuncto*; schol. 122, *nostrae sedis confessores*; schol. 136 et 141, *archiepiscopus*, sc. Adalbertus. Adde quod in scholiis 5, 6, 7, 54, 58, 48, 49 et 61 privilegiorum et documentorum ecclesiae Hamburgensis expressa fit mentio. Antiquissima esse etiam scholia 135 et 138 ex ipsis patet verbis. Scholia nonnulla, scilicet, 25, 27, 89, 120, 137, 140, ipsis verbis aut paululum mutatis in codicis Vindobonensis ipso textu leguntur; duo priora etiam in textu codicum Guelferbytani et Sorensis, tria ultima etiam in textu codicis Lugdunensis. — Schol. 69, in codicis Sorensis textu l. III,

(79) Archiv. t. VII, p. 454.
(80) Archiv t. VII, p. 453.

A c. 17, scholion 61 in codicis Guelferbytani textu l. III, c. 7, leguntur.

Quamvis certissimum videatur non omnia scholia Adamo, neque uni omnino auctori deberi, cum in nullo codicum omnia eademque reperiantur, paucissima tamen sunt de quibus pro certo constet, ab Adamo ea scripta non esse. Haec sunt scholia 21, 22 et 55, quae a Sigeberti Gemblacensis Chronico deprompta esse apparet, nec non scholion 144 de ipsius Adami nostri dialecto (81).

Pauca dicenda sunt de divisione librorum Adami, cum nullus codicum praestantiorum cum altero hac parte plane conveniat. Codices 1, 2 et 4, in quatuor divisi reperiuntur libros, nempe Gesta archiepiscoporum Hammaburgensium tres amplectuntur libros, quibus Descriptio insularum Aquilonis sub titulo libri quarti adjungitur. In omnibus his codicibus liber primus inscriptione caret; initium vero libri III et IV versiculo distinguitur in omnibus quos vidimus codicibus; in codice 1 libro II aeque versiculus talis praefigitur. Qui codex hos libros singulos in singula capita dispertit: l. I in cap. 63, l. II in cap. 78, l. III in cap. 70; quae summam efficiunt 213 capitum; et librum IV, sive De descriptione insularum, in capita 42. Illorum igitur numerus est 213 capitum, omnino autem capita numerantur 255. Numerus capitis 45 in libro II bis repetitur; l. III, capp. 6 et 9 desunt. Superflua et inepta videtur distinctio cap. 10 l. I. Desunt omnino huic codici octo capita, quae in aliis codicibus leguntur, sc. quae infra dicta sunt, l. IV, c. 58, 41-46 et Descrip. c. 249.

In codice 2 totum opus in capita 252 numeris continuis distinctum est, quorum initium et plerumque etiam contenta in indice operi praemisso recensentur. Liber I habet capita 49; liber II horum numerum continuat usque ad 117, liber III vero usque ad 207. Minime ergo partitio singulorum capitum cum codice primo convenit. Libro secundo inscriptio prorsus deest; libri quarti hic, ut in codice 4, inscriptio reperitur eo loco ubi codex Adami antiquissimus libro tertio finem imposuerat, inter scholia ad calcem capitis 206.

In codice 4 numeri capitulorum omnino desunt. Singulorum capitum, ab antea dictis multo tamen diversorum, initia litteris rubris indicantur.

At codex 5, in aliis codici 4 quam simillimus, quo Lindenbruchius usus est, et ex quo librum De descriptione insularum primus edidit, totum opus in 251 capita distinxit, ita ut libro I capita 50, libro II capita 67, libro III capita 41, libro IV vero capita 49 tribuantur, numeris tamen continuis scilicet 207 capitum, quos Descriptio insularum usque ad cap. 251 continuat. Quamvis capitum summa in hoc codice cum codice 2 fere conveniat, eorum initia nonnumquam differant, quod negligentiae scriptorum tribuendum videtur. Codicis Guelferbytani caput 43

(81) Fusius de his egi Archiv. t. VI, p. 870-879.

hic in duo capita est distinctum; caput 51 vero in hoc codice 5 bis est ascriptum, caput 228 vero amplectitur codicis 2 capita 228 et 229.

Codex tertius, cui, sicut Velleus typis cum mandavit, liber De descriptione insularum defuit, Gesta archiepiscoporum Hammaburgensium omnium codicum solus in quatuor distribuit libros. Librorum I et II partitio cum codicibus 1, 2 et 4 convenit; ea vero capita quibus in his liber tertius continetur, in illo in libros III et IV sunt dispertita. De distinctione autem capitulorum tantopere inter se differunt codices, ut ea quae codex 4 habet distincta in 213 capitibus, praeter octo quae huic omnino desunt, et quae in codicibus 2 et 5 in 207 capitibus continentur, apud Velleum in capitula 205, scil. l. I c. 52, l. II c. 65, l. III c. 44 et l. IV c. 46, distributa reperiantur, multo majore etiam discrepantia in singulorum capitum initiis.

Constat, opinor, ex iis quae diximus, distinctionem utriusque operis in libros quatuor ipsi Adamo Bremensi deberi, quanquam dubium est quaenam capita distinctio ab eo profecta sit. Eam igitur quam exhibet codex Vindobonensis cum ipsius textu in editione nostra recepimus; subjunximus ei, uncis inclusam, distinctionem quam habet editio princeps, scilicet Velleana, et quam omnes post eam editiones et versiones secutae sunt. Ascripsimus quoque capitum numeros continuos qui leguntur in codice Guelferbytano, illosque quos primus dedit Lindenbruchius, ubi cum istis non consonant, uncis inclusimus.

- Primam operis majoris Adami nostri editionem (82) paravit M. *Andreas Severinus Velleus* (Vedel), Friderici II Danorum regis historicus atque sacerdos Ripensis. Titulus, quem libro e codice Sorensi transcripto dedit, hic est : *Historia ecclesiastica, continens religionis propagatae gesta, quae a temporibus Caroli Magni usque ad imp. Henricum IIII acciderunt in Ecclesia, non tam Bremensi, quam vicina Septentrionali ferme universa! scripta ante annos quingentos, a M. Adamo quodam, loci istius canonico. Nunc recens mendis vindicata, et e tenebris in lucem vocata, studio et opera Andreae Severini Vellei. Hafniae.* MDLXXIX. Et in fine : *Imprimebat Andreas Gutternitz, . . . impensis Balthazari Kavs, bibliopolae Hafniensis.* Sunt schedae sine paginarum numero Rr et d in 4to. Descriptio Aquilonis huic editioni deest, quam Velleus ob praematuram uxoris mortem dolore, ut ferunt, correptus omisit. Codex quem secutus est, ille fuit quem supra tertio loco enumeravimus.

Paucissima hujus editionis exempla in Germaniam pervenere, quare jam anno 1595 Erpoldus Lindenbruch, canonicus Hamburgensis, novam historiae Adami Bremensis editionem paravit, in qua codices Henrici Ranzovii, producis Cimbrici, et Ottonis a During, decani Bremensis, secutus est. Qui codices non solum lectionum varietate et diversa capitum distinctione ab exemplari Velleano discrepabant, sed et libellum [De insulis Aquilonis continebant, quem Lindenbruchius tunc primum edidit. Prodiit hic liber Lugduni Batavorum ex officina Plantiniana apud Franciscum Raphelengium in 4to.

Hanc editionem repetivit ipse E. Lindenbruch in libro quem anno 1609 edidit sub titulo : *Scriptores rerum Germanicarum septentrionalium,* forma maxima. Miror eum hic scholia antiqua omisisse. Et alia insunt huic libro vitia, ex editoris negligentia orta. Quartam editionem Adami nostri curavit Joachim Johannes Maderus, rector scholae Schoeningensis. Helmestadii 1670, 4to. Editionem Lindenbruchianam anni 1609 secutus est, additis tamen scholiis editionis prioris. Plurimae vero sententiae et versus in libro suo desunt, qui praeterea plurimis aliis scatet vitiis typographicis.

Cl. J. A. Fabricius novam repetiit editionem Scriptorum rerum Germanicarum septentrionalium ab E. Lindenbruchio collectorum. Hamburgi 1706, fol. Sed in textu Adami Bremensis non ipsam editionem Lindenbruchii, sed pessimam Maderi est secutus.

Libellum De insulis Aquilonis separatim edidit Johan. Messenius Holmiae 1615 4to, qui iterum prelo est subditus in Stephani Johannis Stephanii *Sylloge scriptorum de regno Daniae.* Lugduni Batav. Elzevir. 1629, 12mo.

Adami Historiam ecclesiasticam in linguam Germanicam transferre conabatur Erpoldus Lindenbruch. Quae tamen versio typis excusa non est, sicut Gallica versio, quam ante hos quadraginta seu quinquaginta annos quidam de Chastelus, ex urbe Salmurio oriundus, perfecit. Majorem partem librorum III et IV Gestorum, quae pontificis Adalberti historiam respicit, in sermonem Germanicum vertit F. B. de Buchholz, ad calcem translationis Historiae Lamberti Scafnaburgensis. Translationem utriusque operis Adami, quam melius omisisset, suscepit quidam C. Miesegaes et vel ipse Bremae anno 1825 typis dedit. Libellum De descriptione insularum Aquilonis in linguam Succicam versum edidit Joh. Frid. Peringskiold. Stocklom 1718; eundemque in linguam Danicam transtulit notisque instruxit P. F. Suhm in opere suo : *Historie af Danmark* t. IV, p. 490 sq.

Plurima ad interpretationem Adami Bremensis, praesertim saeculo antecedente, saepissime quoque in ejus vituperationem, scripta leguntur, quae scriptorum ipsorum tantum ignorantiam circa fontes Adami Bremensis et historiam sui temporis probant (83).

12, 20 sq., 26, 34, 40, 42 ; l. II, c. 8, 9. 21, 35 ; l. III, c. 55 45. Errores geographicos strinximus ad l. I, c. 3, 31, et alibi. Quorum plurimi deprehenduntur in libro IV. Plerumque orti sunt ex fide

(82) De editionibus et translationibus vide plura in Archiv. l. I, p. 855 sq.

(83) De erroribus chronologicis Adamo impuiandis confer quae passim annotavimus, veluti ad l. I, c.

Optime vero de Adamo nostro meriti sunt. V. Seelen in Diatribe de Adamo Bremensi; J. Ph. Murray in dissertationibus duabus De descriptione terrarum septentrionalium, impressis in Novis Commentariis societatis reg. scientiar. Gottingen. t. I, A; Ch. Wedekind in libro: *Noten zu einigen Geschichtschreibern des Mittelalters*; Jac. Asmussen in dissertatione De fontibus Adami Bremensis, Kiliae 1834; Lud. Giesebrecht tum in dissertationibus suis: *Ueber die Nordlandskunde des Adam von Bremen* (in Histor. u. literar. Abhandlungen der K. Deutschen Gesellschaft zu Königsberg. 1834, t. III.) et *Zur Beurtheilung Adams von Bremen* (in Baltische Studien t. VI, p. 183 seq.), tum in opere suo: *Wendische Geschichten aus den Jahren* 780-1182; Geyer in Historia Sueciae, et Dahlmannus noster in Historia Daniae, quae Norvegiam et Islandiam simul amplectitur.

Nova operum Adami editio vel maximis propter hoc obstructa est difficultatibus quod plures eorum recensiones exstant, quarum quamlibet quantumvis a caeteris discrepantem ab ipso Adamo profectam esse vix est quod negemus, quanquam codicum quos possidemus nullum ab eo conscriptum esse appareat. Codicem Vindobonensem, qui saeculo XIII exaratus est, Adamo ipsi non deberi jam supra demonstravimus. Codicem Lugdunensem Adami ipsius fuisse haud verisimile est, cum, si res quae in illis quae vulgo dicuntur scholiis, quibus hic codex prae omnibus aliis codicibus abundasse videtur, traduntur, ei cognitae fuissent, plurima eorum textui ipsi inserere auctor ipse haud omisisset. Minime tamen marginalia codicis Lugdunensis ab Adamo profecta esse pro certo denegari potest, si, ut supra jam monuimus, n. 21, 22, 33 et 144 excipias. Neque quidquam in omnibus caeteris scholiis reperitur, quod serioris aevi auctorem indigitet. In omnibus omnino apparet auctor, qui in capitulo Bremensi vixit, optime cognita habuit legationis evangelicae in septentrionali Europa fata, haud dubie per Adalbertum juniorem episcopum, et qui eadem fere litterarum suppellectili, praesertim linguae Latinae et auctorum Romanorum notitia gaudebat, qua Adamus noster. Sunt nonnulla scholia in codice Lugdunensi, veluti n. 16, 19, 20, quae in caeteris codicibus frustra quaeruntur. Quae codex Guelferbytanus exhibet scholia, ea omnia in codice 4 iisdem fere verbis aut aeque ac scholia margini ascripta aut textui inserta sunt. Codex Sorensis autem nonnulla eorum brevius contraxit; et pauca habet, videlicet n. 24 et 34, quae codex 4 tantum repetit. Causa vero nulla est cur omnia scholia, adnotatis illis quibus deprompta sunt codicibus, textui codicis Vindobonensis non subjungamus.

Hoc vero fundamento editionem nostram quasi superstruere nihil ne dubitavimus. Cum illo codex Lugdunensis, quantum ex fragmentis ejus conjicere licet, accuratissime convenit. Hic vel ipsos locos qui in codice Vindobonensi in ipso textu, apud caeteros tributa geographis aliisque auctoribus Romanis, quos vel ipse nonnunquam male interpretatus est.

A teros vero inter scholia leguntur, et ipse in textu habet. Omnium vero codicum Lugdunensem optime descriptum esse vel probat ipsa lectio l. II, c. 44 : *Evraecus* pro *Curacco*. Plura scriptoris vitia tamen ex codicibus 2 et 3, inter se plurimum consentientibus, necnon ex Annalista Saxone emendanda sunt. Quantum hic cum codice Vindobonensi conveniat, liquet apud illum ad an. 983 ex verbis: *Heueldi* et *Wilini*. Eadem verba : *vel Heruli* et *vel Walani* manu secunda superaddita sunt, ut similiter manu secunda in codicibus Vindobonensi et Lugdunensi Adami l. II, c. 18. At codex 4 similiter saepissime attendendus nobis erat, cum, nisi ubi textum pro arbitrio suo scriptor immutavit, ille cum codicibus Vindobonensi et Lugdunensi haud raro magis convenit quam cum Guelferbytano et Sorensi.

Cavendum tamen est ne nimium pretium codicibus his (2 et 3) attribuatur, cum iis plurima vitia scripturae et parvae omissiones cum codice 4 communia sint; v. c. l. I, c. 6, 37, 55, 62; l. II, c. 5, 9, 40, 46, 48, 67; l. III, c. 9, 32; l. IV, c. 3. Vel ipsi errores graviores in his codicibus reperiuntur, veluti l. II, c. 5, de archiepiscopo Brunone, c. 9, ubi *Leo promtus* dicitur, c. 40 ubi *Mystiwoi* appellatur *Mistrowoi*.

Similiter mutationes quaedam parvae textus, tum grammaticae tum styli, codicibus 2, 3 et 4, communes sunt, v. c. l. II, c. 78, *si fata concessissent* pro *si fata concesserint*; l. III, c. 64, *cognovit* pro *cognoscens*; c. 68, *sustentari* pro *sustineri*; c. 70, *esset* pro *est*. Lectiones codicum 2, 3, 4, quamvis consonantium, in textum nostrum recipere, si a cod. 1 differant, non placuit, cum in hoc casu lectiones pessimae quoque, veluti l. III, c. 56, *et regionem*, et c. 58, *otium impendebat*, in textum recipiendae fuissent.

Si has tum emendationes, tum omissiones erroneas et errores codicibus 2, 3 et 4, communes respicimus, dubitare non licet illos ab uno codice derivandos esse, qui codicis autographi copiam a scriptore, qui ejus vitia leviora tamen correxit, parum accurate litteris exaratam continebat.

Codex 2 vero additiones plurimas majores in textu habet, quas supra in ejus descriptione enumeravimus. Notandum videtur eas nihil fere de archiepiscopis antiquioribus tradere, sed plurima de Adalberto, in quibus auctorem fere coaevum facile cognoscas, nonnulla quoque de rebus septentrionalibus, veluti l. II, c. 22, 34, 58; l. IV, c. 28, quae ab illis qui hic laudantur Adalwardi stipatoribus fortasse communicata erant. Iidem quoque his in locis, praesertim l. IV, c. 58 et 40, auctores citantur, quos Adamo cognitos fuisse jam vidimus. Attendendum quoque Adamum l. III, c. 24, ea polliceri quae tradit in fine capitis 70, quamvis in codice Vindobonensi desint. Omnes hae additiones etiam in codicibus 3 et 4 reperiuntur. Nonnullae inter eas in ipsius auctoris exemplari jam suo loco comparuisse constat, ut supra, am ae . iii. c. 36, adnotavi. Pleræque vero prius margini ascriptæ fuerant et ab alio scriptore textui insertæ sunt, veluti in cod. 2 cum scholio 2 factum est, quod in aliorum codicum semper margine apparet.

Inserendis his marginalibus textus ipse nonnunquam immutatus est; ideoque lector diligens facile quam violenter et incongrue hoc factum sit, animadvertet, veluti l. ii, c. 74; l. iii, c. 33. Ita etiam videbit l. iii, c. 68, codicis 3 l. iv, c. 59, statim finem capitis 57 secutum esse, a quo per caput 58 hic intrusum separatum est. Sunt vel harum notarum marginalium nonnullæ quæ in diversis codicibus diversis locis textus insertæ sunt, velut ea quæ de Ascomannis proferuntur l. ii, c. 74.

Omnium additamentorum nulla fere sunt quæ tam evidenter Adami ipsius manum prodant, quam ea quæ in fine libri iii (in cod. 3 l. iv, cap. 58, 41-46) reperiuntur. Adamus in prima librorum De gestis archiepiscoporum Hammenburgensium recensione hos scriptoris excusatione et lectoris admonitione, quæ in codice 3 l. iv, c. 40 reperiuntur, finierat.

Capita l. iv 41-46, solummodo agunt de legatione ecclesiæ Hammenburgiensis sive de ecclesiis præter Saxonicas ei subjectis, in terris quarum situm et incolas libellus De descriptione insularum Aquilonis illustrat. Quare hæc capita, ut nobis videtur, rectius huic libello præposuisset, quæ libro antecedenti addidit et vel per ipsam particulam autem cum capite 40 conjunxit. Hoc ita per Adamum institutum esse vix credimus. Ab alio quam ab ipso auctore tum hæc, tum repetitio magnæ partis l. iii, c. 23, in capite 70 (cod. 3 l. iv, c. 42) facilius fieri potuerunt. Si vero ad dicendi genus et Sallustii imitationem attenderis, capita ultima libri tertii vix alii quam ipsi Adamo ascribere poteris.

Recte igitur egisse nobis videmur, ea quæ desunt codici Vindobonensi, sed quæ cæteri codices textui omnes intercalaverunt, et ipsi eidem jungentes, uncis tamen additis, ut facilius ista a textu antiquissimo distinguantur, et quam inepte nonnunquam facta sit insertio facile animadvertatur. Ubi intercalationes in codicibus diversis locis factæ sunt, codicem Guelferbytanum secuti sumus.

Pluribus vero hic agendum videtur de codice Havniensi (4), tum quia in illo reperimus textum qui ex Lindenbrogii editione fere solus notus est, tum quia quæstio est proposita utrum textus codicis 4 Adami ipsius secundis curis debeatur, et ipse juxta textum codicis 4 prelo subjiciendus sit?

Nemini dubium est textum codicis 2 et 3, qui cum codicibus 4 et 6 magis convenit, antiquiorem esse illo codicis 4. Illi codices omnia jam habent quæ in codice 4 lectori traduntur, si excipias l. ii, c. 41, diem emortualem Oddari præpositi; l. ii, c. 42, fundationem monasterii Rosanveld; l. ii, c. 76, de Gisla regina Bremam accedente, et scholia 58, 59 et 66, quæ accuratiorem monasterii Bremensis cognitionem certe probant. Conjicio hæc ex codice Adami præstantissimo, qualis fuit Lugdunensis, desumpta, a cæteris, utpote scitu parum digna, esse omissa, qualiter alia scholia in codice Lugdunensi tantum recepta sunt.

In codice 4 vero non tantum desunt quæ desiderantur codicibus 2 et 3, sed totæ etiam sententiæ veluti l. i, c. 51; l. ii, c. 14; l. iii, c. 21, 45 et 63. Præsertim vero hæc recensio a cæteris discrepat eo quod narrationem abbreviat, et pro certo affirmat, ubi in codicibus antiquioribus ad traditionem se referebat, veluti i. ii, c. 4, 5, 11, 34 bis, vel ipsos fontes ab Adamo citatos tacet, veluti l. i, c. 51, acta concilii; l. iii, c. 21, nobilem hominem de Nordalbingia, l. iii, c. 56, Adamum ipsum.

Nonnulla in codice 4 ita abbreviata sunt, ut omittantur quæ auctor disertis verbis exprimere voluit, veluti l. ii, c. 36, ubi mortem regis Henrici *diu optatam* fuisse dixerat, codex 4 autem solummodo refert: *Mortuo post hæc Herico.* Adde quod sententiæ et locutiones auctoribus classicis desumptæ in codice 4 a scriptore ut videtur ignaro immutatæ sunt. Ita l. iii, c. 5, et 58, ubi auctor Sallustium imitatus erat. Quid quod vel ipsa verba quæ ex fontibus suis Adamus deprompserat, in isto codice non amplius vel aliter legantur. v. c. l. i, c. 41, verba Bovonis, c. 46, verbum, quod ipse prædicat, nobile Rimberti. L. i, c. 41, quæ laudantur ex gestis S. Rimberti ita immutata sunt, et adulterata, ut non ipsi auctori nostro, sed scriptoris cujusdam ineptissimo corrigendi pruritui tribuere tantum possis.

Si quid deesset ad probandum quod codex 4 ab Adamo ipso profectus non sit, facillime intelligi id potest, si attendatur quam inepte scholia marginalia textui sint inserta. Veluti l. i, c. 51, ubi reperiuntur quæ de Arnulfi regis morte in scholio 40 itidem dicta sunt. Schol. 44, textui l. ii, c. 60 m. 1^a insertum; et schol. 52, quod ad temporis rationem multum servit, omissum est. Scholion 54 in l. ii, c. 67 non post *comprehensa* addendum, sed paulo post inter verba : *diceretur verbum* et *Nam et claustrim* inserendum erat. Scholion 82 de destructione civitatis Sleswic in l. iii, c. 50 minime ante ea quæ de destructione urbis Hammemburg ibidem dicta sunt, interponendum erat. Insignis quoque videtur ineptia qua l. ii, c. 42 codici 4 inserta sunt quæ codices meliores margini adnotaverunt, ubi de oppressione Sclavorum per Bernhardum ducem fit sermo. Res gestæ annorum 976-982 hic ad annum 1000 vel ad ipsum annum 1010 referuntur, et maxima inde apud historicos recentiores confusio orta est.

Error alius, Adamo minime imputandus, reperitur in codice 4, in scholio 61, quod ex ipsius narrationis textu deprompsit. *Craccaben* quod constat esse cognomen regis Nordmannorum Olavi, Thruconis filii, pro nomine adversarii ejus habetur et confunditur cum Danorum rege Suend Tveskiæg, qui illum in pugna vicerat. Si et ipse codicis Guelferbytani textus similem errorem habet, hoc eo fit quod hæc quoque recensio Adamo ascribenda non est.

Notandum etiam est nullum afferri posse argumentum quo probetur textum illum codicis 4 curis secundis politum vel sæculo duodecimo cognitum fuisse. Neque Annalista Saxo, neque Helmoldus eo usi sunt, quamvis scholia plurima ad Adamum operibus suis ipsis fere verbis vix mutatis inseruerint. Objiciat mihi forsan aliquis res gestas in codice 4, A l. 11, c. 42, ab Helmoldo non solum eodem falso ordine chronologico tradi, sed etiam ab eo narrari filium ducis Winulorum a Saxonibus *Canem* esse appellatum. Sed scriptor codicis 4 æque atque Helmoldus hanc lectionem in antiquis Adami codicibus invenire potuit. Nec plane incredibile nobis videtur scriptori codicis 4 Helmoldi Historiam cognitam fuisse, cum de vocabulo *Canis* fusius omnino hic agat.

MAG. ADAMI

GESTA

HAMMABURGENSIS ECCLESIÆ PONTIFICUM,

EDENTE V. CL. JOAN. LAPPENBERG

REIPUBLICÆ HAMBURGENSIS TABULARIO.

(*Monumenta Germaniæ historica*, Script. tom. VII, pag. 280.)

INCIPIUNT CAPITULA [1].

1. Descriptio Saxoniæ. *Hystoriam.*
2. De fluviis Saxoniæ. *Nobilissimi.*
3. Qui mortales primi incoluerunt Saxoniam. *Querentibus.*
4. Item de genere Saxonum. *Saxonum.*
5. De legibus et moribus Saxonum. *Generis.*
6. Quomodo gens Saxonum fidem suscepit. *Qualiter.*
7. Martirium sancti Bonefacii in Fresia. *Primus.*
8. Bonefacio Willehadus succedit. *Post possionem.*
9. Divisio Saxonie in episcopatus. *In nomine.*
10. Obiit sanctus Willehadus. *Sedit igitur.*
11. Willehado Willericus succedit. *Proximum.*
12. Ansgarius Danis ac Sueonibus predicare incipit. *Ludwicus.*
13. Ansgarius in Hamburg primus archiepiscopus ordinatur. *Tunc imperator.*
14. Ansgarius nunc Danis nunc Transalbianis predicat. Sueonibus episcopum mittit. *Ansgarius.*
15. Willericus, Bremensis episcopus, moritur. *Interea.*
16. Willerico Leudericus ordine tercius succedit, et de Ansgario episcopo. *Leudericus.*
17. Dani Fresones tributo subiciunt, Hamburg exuruunt, Coloniam obsident. *Interea.*
B 18. Ludwicus imperator obiit, et regnum dividitur. *Anno.*
19. Ansgarius cenobium exstruit, Danis ac Sueonibus predicatores mittit, Brema pellitur. Episcopus Breme moritur. *At ille.*
20. Ansgarius Bremensem episcopatum suscepit. *Tunc Ludwicus.*
21. Ansgarius Horicum, regem Danorum baptizat. *Sanctus itaque.*
22. Ansgarius Sueonibus predicare vadit. *Quibus.*
23. Hamburg et Brema unus episcopatus fiunt. *Interea.*
24. Ansgarius regem Danorum christianos persequentem predicatione placat. *Post hec.*
25. Ansgarius corpus sancti Willehadi transfert. *Ipse.*
26. Mencio bonorum operum Ansgarii. *Interea.*
27. Ansgarius obiit. Rimbertus succedit. *Supervixit.*
28. Consecratio Rimberti. *Sanctus Rimbertus.*
29. Rimbertus paganis predicat. *Preterea.*
30. Legati cesaris et Danorum ad Egdoram pacem jurant. *Qui reges.*
31. Ludwicus cesar obiit. Dani Saxoniam vastant, Coloniam et Treveros incendunt, Aquisgrani pa-

VARIÆ LECTIONES.

[1] *Hic ordo capitulorum non reperitur nisi post prologum in cod. Guelferbytano.*

lacium stabulum equis faciunt. Ludwicus de eis A triumphat. *Anno.*

32. Bremensis episcopus captivos redimit. *Quid autem.*
33. Merita Rimberti episcopi. *Nec incongruum.*
34. Item merita Rimberti. *Frustra.*
35. Miraculum ejus in Sleswich. *Erat igitur.*
36. Item de bonis operibus ejus. *Et quia.*
37. Unde supra et de obitu ejus. *Senodochium.*
38. Ansgarius Rimberto succedit. *Adalgarius.*
39. Consecracio Ansgarii. *Ferulam.*
40. Arnulfus rex Danos sternit. *De hystoria.*
41. Contencio Coloniensis episcopi ac Bremensis. *Audivi.*
42. Formosi pape et Arnulfi imperatoris obitus. Eruptio Ungrorum. Persecutio ecclesiarum. Obitus Adalgarii. *Anno secundo.*
43. Adalgario Hogerus succedit, qui et in brevi post moritur. *Hogerus.*
44. Hogero Reginwardus succedit, qui et ipse paulo post obiit. *Reginwardus.*
45. Reginwardo Unni succedit. Gurm, rex Danorum, christianos persequitur. *Unni.*
46. Henricus imperator Ungros, Boemos, Sorabos et Sclavos gravi bello percussit, Danos cum exercitu invadit. *At vero.*
47. Unni Danis prædicat, de Dacia ad Sueones pergit. *Tunc beatus.*
48. Unni Sueonos ad fidem revocat. *In eo portu.*
49. Unni in Sueonia moritur. *Perfecto.*
50. Adaldagus Unni succedit. Otto cesar Daniam C vastat, Danos ad fidem cogit. *Adaldagus.*
51. Otto cesar Sclavorum populos suo imperio tributo et fidei christiane subicit. *Ferunt eciam.*
52. De Adaldago episcopo. *Nempe.*
53. Otto cesar Saxoniam Hermanno cuidam committit. *Post hec.*
54. De moribus et operibus Hermanni. *Vir iste.*
55. Otto cesar Leonem papam constituit. *Igitur tali.*
56. Otto quinquennium in Italia facit. *Eo tempore.*
57. Adaldagus ab Italia rediens Benedictum papam secum ducit. *Reversus.*
58. Et reliquias sanctorum plurimas. *Archiepiscopus.*
59. Zenodochii, quod est Bremis, curam habuit. *Cumque.*
60. Otto cesar Magedeburgh Sclavis metropolem facit. *Ipso tempore.*
61. De suffraganeis Magedeburgensis Archiepiscopi. *Magedeburgensi.*
62. De orientali limite Saxonie. *Invenimus.*
63. De natura et populis Sclavanie. *Hec ille.*
64. Sclavania.
65. Inter quos medii.
66. Ultra Leuticios.
67. Ottoni magno morienti Otto medianus succedit,

cui mortuo Otto tercius succedit. *Anno pontificis.*
68. Danorum rex fidem Christi benigne suscepit. *Haroldus.*
69. Adaldagus in Dania plures episcopos ordinat. *Adaldagus.*
70. Christianitas in Dania turbatur, et Adaldagus decedit. *Novissimis.*
71. Adaldago Libencius succedit. Rex Danorum christianos persequitur. *Libencius.*
72. Sueones optinent Daniam. *Tunc potentissimus.*
73. Sueones et Dani Saxones quosdam bello vincunt. *Ferunt.*
74. Vindicta Saxonum in Sueones et Danos. *Quam plagam.*
75. Pirate crebros excursus faciunt. *Ex illo.*
B 76. Sueno exul Norvegia et Anglia pellitur. *Post.*
77. De Popone et duobus miraculis que fecit.
78. Alii dicunt.
79. Ericus rex baptizatur. *Ericus igitur*
80. Obitus Erici, cui Sueno succedit in regem. *Post mortem.*
81. Nordmanni struuntur a Danis. *Audiens.*
82. Gotebaldus quidam Sueonibus predicat et Nordmannis. *Quo interfecto.*
83. Sclavi christianos persecuntur. *Interea.*
84. Ma(r)tyria christianorum. *Apud Hamburg.*
85. Libencius in Daniam episcopos ordinat et post breve moritur. *Hec facta.*
86. Libencio Unvanus succedit. *Unvanus.*
87. Unvanus Nordmannis et Sueonibus doctores mittit. *Ad cujus.*
88. De muneribus Unvani. *Unvanus.*
89. Dani Angliam navigant. *Sueno rex.*
90. Chnut triennio Angliam oppugnat. *Triennium.*
91. Chnut regnum et uxorem Adelradi accepit. *Chnut.*
92. Chnut episcopos in Daniam ducit ab Anglia. *Victor.*
93. Cesar Conradus cum rege Danorum pacem facit. *Anno pontificis.*
94. Knut et Olaf reges continue bellant. *Inter.*
95. Unvanus Hamburg renovat. *Eo tempore.*
96. Martirium Olavi regis. *Olaf.*
97. Martirium Wolfredi. *Per idem.*
98. Unvano Libencius succedit. *Libencius.*
99. Knut tria regna possedit. *Tempore illo.*
D 100. Trans Albiam pax fuit. *Archiepiscopus.*
101. Libencius obit. *Interea.*
102. Hermannus succedit et post breve moritur. *Hermannus.*
103. Ezelinus [1] succedit. *Ezelinus.*
104. Hec dum Breme.
105. Trans Albiam suo.
106. Archiepiscopus episcopos in Daniam mittit. *Archiepiscopus.*
107. Imperator obit et de regibus septentrionis. *Anno pontificis.*

VARIÆ LECTIONES.

[1] *Leg.* Bezelinus.

108. Item de regibus aquilonis. *Post cujus.*
109. De Suein juniore. *Illo tempore.*
110. Alebrandus archiepiscopus [a].
111. Magnus Norvegiam et Daniam possedit. *Interea.*
112. Pyrate cadunt. *Ipso tempore.*
113. Suein in Daniam redit.
114. Archiepiscopi et Magni colloquium. *Victor.*
115. Imma obit. *Et hec.*
116. Domus sancti Petri ardet. *Anno archiepiscopi.*
117. Obitus Alebrandi archiepiscopi. *Archiepiscopus.*
118. Adalbertus succedit. *Adalbertus.*
119. De cujus viri.
120. Erat nimirum.
121. Anno ordinationis.
122. Et quoniam magnus.
123. Expediciones vero.
124. Henricus rex.
125. Post hec imperatorem.
126. Metropolitanus autem.
127. Alia etiam plurima.
128. Et rex [b] quidem.
129. Magnus de Dania pellitur. *Magnus eo.*
130. Arusie ecclesia incenditur Sleswigh depredatur. *Haroldus quidam.*
131. Angli Danos reges petunt. *Simul eo.*
132. De heretico episcopo. *Cum hec ibi.*
133. Gude regina exenia mittit archiepiscopo. *Legatos.*
134. Amazones veneno Sueones occidunt. *Interea Sueones.*
135. De crudelitate Haroldi. *In Nordvegia.*
136. Reconciliacio archiepiscopi et regis Danorum. *Hiis apud.*
137. De potencia Godescalci. *Trans Albiam.*
138. Cenobia fiunt in Sclavania. *Igitur omnes.*
139. Archiepiscopus episcopos ordinat Sclavis. *Gratulabatur.*
140. Bella Sclavorum. *Per idem.*
141. De avaricia Saxonum. *Audivi eciam.*
142. Islani, Gronlani, Orchadum legati, archiepiscopum expetunt. *Hec dum.*
143. Unus episcopatus in Dania distribuitur in quatuor. *In diebus.*
144. Tocius itaque.
145. Nam et dux.
146. Cesar Henricus Goslariam fundat. *Eo tempore* [e].
147. Concilium generale apud Magunciam. *Tunc habita.*
148. Aput papam et cesarem Adalbertus magnus est. *De qua.*
149. Quid loquar.
150. Metropolitanus.
151. Interae condicionibus.
152. Coloniensis enim.

A 153. Noster vero.
154. Tunc igitur.
155. Quibus accesserunt.
156. Ad gloriam [c].
157. Ex quibus.
158. Dux avaricie.
159. Anno pontificis.
160. Tunc comes.
161. Archiepiscopus eo.
162. Potuit ecclesia.
163. At ille.
164. Audientes autem.
165. Magnus igitur.
166. Godescalcus princeps cum aliis martirizatur. *Hec nobis.*

B
167. Martirium Johannis episcopi. *Johannes.*
168. Excidium Hamburg et Sleswich. *Et illi.*
169. Angli bellant. *Eodem.*
170. Sueones bellant. *In Suedia* [f].
171. De Suein rege Danorum. *Illo tempore.*
172. Interea noster.
173. Quod autem.
174. Germanus.
175. Dicunt.
176. Tercia.
177. Preterea.
178. Querebatur.
179. Postremum.
180. Quibus.

C 181. Tunc.
182. Hujus.
183. Cernens [g].
184. Multo.
185. Colloquium cesaris cum rege Danorum. *Accessit hoc.*
186. Itaque.
187. Signa.
188. Hanc.
189. In diebus.
190. Quatuordecim.
191. Interea.
192. O fallax.
193. Obiit autem.
194. Preter libros.

D 195. Igitur corpus.
196. Ferunt enim.
197. Cujus rei.
198. Nam et alia.
199. O quociens.
200. Ignosce queso.
201. In legatione.
202. Archiepiscopus.
203. Quorum speciosa.
204. Alexander scribit episcopo.
205. Adalbertus sancte.

VARIÆ LECTIONES.

[a] *Leg.* archipresul. [b] *Leg.* res [c] *Leg.* Ea tempestate. [e] *Leg.* Adglorians. [f] *Leg.* In Suconia. [g] *Leg.* Cerneres. *Conf. var. lect.*

206. De episcopis quod domnus Adalbertus diversis regionibus constituit. *Ipsi vero.*

207. Eodemque studio.

Descriptio insularum aquilonis.

208. De Jutland et episcopatibus in ea. *Provincia Danorum.*

209. Jutland olim duos episcopatus habuit. *Postea vero.*

210. De tribus Danie episcopis et de Eligland insula. *Archiepiscopus vero.*

211. De Fiune insula. *Fiunis.*

212. De Seland insula. *Seland.*

213. De auro Danorum. *Aurum.*

214. De Skania. *A Seland.*

215. De episcopatu Scanie. *In eadem.*

216. De Eginone postea Scanie episcopo. *Fertur.*

217. De natura Baltici maris. *Nunc autem.*

218. De longitudine ejus. *Quod autem.*

219. De latitudine ejus. *Latitudinem.*

220. De gentibus circa mare Balticum. *Hunc, inquit.*

221. Gentes ad austrum hujus freti. *Itaque primi.*

222. Gentes aquilonales ejus. *At vero.*

223. Nomina insularum multarum. *Multe sunt.*

224. De Estland insula. *Preterea.*

225. De Fembre insula. *Ille autem.*

226. De Rivi° et Rani insula. *Altera est.*

227. De Semland insula et martirio Adalberti episcopi. *Tercia est.*

228. De Amazonibus, Cynocephalis, Alanis, Macrobiis et aliis monstris. *Sunt et alie.*

229. Item de Baltico freto et abbate Hiltino. *Hec habui.*

A *Hactenus de insulis Danorum. Nunc de insulis Sueonum sive Normannorum.*

230. De Sueonia et moribus gentium. *Transeuntibus.*

231. De multitudine Sueonum. *Populi.*

232. De episcopis Sueonum. *Ex ipsis.*

233. Descriptio Sueonie et monstra quedam. *Igitur ut.*

234. De supersticionibus Sueonum. *Nobilissimum.*

235. De sacerdotibus, festis et donis Sueonum. *Omnibus itaque.*

236. Miraculum quoddam. *In eadem.*

237. De Adalwardo episcopo. *Quibus miraculorum.*

238. De Adalwardo et Eginone episcopis et rege Stenkel.

B *De Norvegia.*

239. De Norvegia et moribus gentis. *Nordmannia.*

240. De bene Christianis et magis in Norvegia. *In multis.*

241. De Trondem metropoli et Olavo martire. *Metropolis.*

242. De primis in Norvegia episcopis. *In Nordmannia.*

243. De Orchadibus insulis. *Post Nordmanniam.*

244. De insule Tyle et populis in ea. *Insula Tyle.*

245. De Gronland insula. *Sunt autem.*

246. De Halagland insula. *Tercia est.*

247. De Winland. *Preterea.*

248. De quibusdam navigantibus. *Item retulit.*

249. Item de eisdem. *At jam.*

C 250. *Sunt et alia.*

251. *Hec sunt que.*

252. *Ecce illa ferocissima.*

EXPLICIUNT CAPITULA.

1. ADAMI GESTA HAMMABURGENSIS ECCLESIÆ PONTIFICUM.

Beatissimo patri et electo celitus archiepiscopo Hammaburgensi [11] LIEMARO A., minimus [12] sanctæ Bremensis ecclesiæ canonicus, integræ devotionis parvum munus.

Cum in numerum gregis vestri [13], pastor evangelice, nuper [14] a decessore [15] vestro colligerer (84), sedulo operam dedi, ne proselitus et advena tanti muneris beneficio ingratus existerem. Mox igitur [16] ut oculis atque auribus accepi (85) ecclesiam vestram [17] antiqui honoris privilegio nimis extenuatam [18], multis egere constructorum manibus, cogitabam diu, quo laboris nostri [19] monimento, exhaustam viribus matrem potuerim juvare. Et

D ecce occurrunt [20] michi plurima, interdum legenti vel audienti facta ab antecessoribus vestris [21], quæ tum sui magnitudine, tum ecclesiæ hujus necessitate videantur digna relatu. Sed quoniam rerum memoria latet, et pontificum loci hystoria non est tradita litteris, fortasse dixerit aliquis, aut [22] nichil eos dignum memoria fecisse in diebus suis, aut si fecerant [23] quippiam, scriptorum qui hoc posteris traderent diligentia caruisse. Hac ego necessitate persuasus, appuli me ad scribendum de Bremensium sive Hammaburgensium serie præsulum, non alienum credens meæ devotionis officio seu negotio vestræ [24] legationis, si, cum sim filius ecclesiæ,

VARIÆ LECTIONES.

[9] *Lege* Runi. [10] *Inscriptio deest in* 1. Incipit prologus (prologumen 2ª.) canonici cujusdam bremensis in gesta pontificum bremensium 2. 2ª. Incipit Hammaburgensis hystoria 4. [11] Hamburgensi 2. 2ª. 3. *semper.* [12] Ai minus *corr.* Aimundus 2ª. [13] nostri 1. [14] nuper *deest.* 1. nunc 2ª. [15] predecessore 4. [16] ergo 2ª. *sæpius.* [17] nostram 3. [18] attenuatam M. [19] vestri 5. [20] occurrit 1. 2. 4. occurrit *corr.* occurrunt 2ª. [21] nostris 2ª. 3. [22] ut 1. [23] fecerint 2ª. 3. [24] nostræ 3. date 2ª, *e corr.*

NOTÆ.

(84) Sc. anno 1068.

(85) *Oculis accipere* Virg. Æn. l. IV, v. 551.

sanctissimorum Patrum, per quos ecclesia exaltata et christianitas in gentibus dilatata est, gesta revolvo [25]. Ad quod nimirum valde arduum et viribus meis [26] impar onus [27], eo majorem flagito veniam, quoniam [28] fere nullius [29] qui me praecesserit [30] vestigia sequens, ignotum iter, quasi palpans [31] in tenebris, carpere (86) non timui, eligens in vinea Domini pondus diei ferre [32] et aestus, quam extra vineam ociosus stare (*Matth.* xx, 3, 12). Tuo igitur, sanctissime praesul, examini audacter incepta committo : te [33] judicem simulque defensorem imploro, sciens tibi pro sapientia tua nichil dignum posse deferri : qui decurso mundanae prudentiae stadio [34], ad studium divinae philosophiae majore gloria nunc ascendisti [35], terrena despiciens, et sola meditans celestia [36]. Cumque doctrina et veritate, hoc est verbo et exemplo pastorali, facile [37] multos excellas, praecipua est in virtutibus tuis humilitas, quae omnibus te communem faciens, michi quoque fiduciam dedit, qua balbuciens audeam cum philosopho loqui, et Saul inter prophetas (*I Reg.* x, 12; xix, 24) videri. Scio tamen aliquos, ut in novissimis [38] rebus fieri consuetum est, adversarios michi non defuturos, qui dicant haec ficta et falsa veluti somnia Scipionis a Tullio meditata ; dicant etiam si volunt per eburneam portam Maronis egressa (*Aeneid.* vi, 893 seq.). Nobis propositum est non omnibus placere, sed tibi, pater, et ecclesiae tuae; difficillimum est enim invidis placere. Et quoniam [39] sic emulorum cogit improbitas, fateor tibi [40], quibus ex pratis defloravi hoc sertum, ne dicar [41] specie veri captasse mendacium : itaque de his quae scribo, aliqua per scedulas [42] dispersa collegi, multa vero mutuavi de hystoriis [43] et privilegiis Romanorum, pleraque omnia [44] seniorum, quibus res nota est, traditione didici, testem habens veritatem, nichil de meo corde prophetari [45], nichil temere definiri ; sed omnia quae positurus sum certis roborabo [46] testimoniis, ut si michi non creditur, saltem auctoritati fides [47] tribuatur. In quo opere talibusque ausis (*Aeneid.* ii, 535) sciant

omnes, quod nec laudari cupio ut historicus, nec improbari metuo ut falsidicus [48]; sed quod bene ego non potui, melius scribendi ceteris materiam reliqui. Ab introitu igitur [49] sancti Willehadi [50] cum Saxonia tota et armis subacta Francorum et divino cultui mancipata est, ordiens, in tuo salutari ingressu pono metam libelluli, simul omnipotentis Dei misericordiae supplicans, ut, qui te populo suo diu erranti et afflicto pastorem constituit, annuat etiam tua opera tuisque diebus ea quae inter nos prava sunt [51] corrigi et correcta perpetuo conservari. Ad hec [52] quae in gentium conversione a decessoribus [53] tuis strenue dudum incepta sunt, a te, qui hereditariam predicandi legationem possides in totam septentrionis latitudinem (87), mature perfici concedat Jesus Christus dominus noster, cujus regni non est finis per omnia secula seculorum. Amen [54].

1. ([I.] Cap. 1.) Historiam Hammaburgensis ecclesiae scripturi [55], quoniam Hammaburg [56] nobilissima quondam [57] Saxonum civitas erat, non [58] indecens aut vacuum fore [59] putamus, si prius de gente Saxonum et natura ejusdem provinciae ponemus ea quae doctissimus vir * Einhardus [60] aliique non obscuri auctores [61] reliquerunt in scriptis suis [62]. *Saxonia, inquiunt, pars non modica est Germaniae, et ejus quae a Francis incolitur duplum in lato putatur habere, cum ei longitudine possit esse consimilis* (88). Positio ejus recte metientibus trigona videtur; ita ut primus angulus in austrum porrigatur usque ad Renum [63] flumen, secundus vero inchoans [64] a maritimis Hadelohe [65] regionis, longo secus Albiam limite pretenditur in orientem usque ad Salam fluvium. Ibi est angulus tercius. Itaque ab angulo in [66] angulum habes [67] iter octo dierum, praeter eam partem Saxoniae, quae trans Albiam supra incolitur a Sorabis (89), infra autem a Nordalbingis. Saxonia viris, armis et frugibus inclita (90). Excepto quod raris intumescit collibus, tota fere [68] declivis in planitiem consideratur (91). Sola caret vini [69] dulcedine ; alia omnia fert usui ne-

SCHOLIA.

* *Schol.* 1. Einhardus ex capellanis Karoli imperatoris, Vitam ejus descripsit et bella Saxonum [70]. (2a. 4)

VARIAE LECTIONES.

[25] revolvero *Lind.* 2a. *edit.* [26] meis *deest* 1. [27] opus 2a. [28] quo 2. 3. 4. [29] nullus 1. [30] praecessit 4. [31] palpans *deest* 1. [32] d. pondus aliquod ferre d. 2a potius aliquod p. d. ferre 5. [33] ut 1. [34] studio 3. [35] nunc asc. gloria 4. [36] celestia meditans 4. [37] facere 2. [38] ita 1. novis *reliqui*. [39] qui 2a. [40] etiam corr. tamen 2a. [41] dicat 1. [42] cedulas 2a. [43] de h. mutuavi 4. mutuatus 5. [44] pleraque quasi omnia 2a. [45] propalari 5. [46] roborata 5. narrabo 4. [47] fides *deest* 5. [48] falsiloquus 5. [49] igitur *deest* 4. [50] Villehadi 3. [51] sunt prava 4. [52] haec 5. [53] praedecessoribus 4. [54] Amen *deest* 1. 2. Explicit prologus *add.* 2. [55] scriptori 1. [56] Hamburgh 2. Hamburg 3. [57] quondam *deest* 3. [58] an 1. [59] forte 2. [60] Eginhardus 3. [61] actores 2. [62] in. s. s. reliquerunt 4. [63] Rhenum 2. 3. 4. *semper*. [64] incoans 3. [65] Hadeloe 4. [66] ad 3. [67] habet 5. habens 5. [68] vero 2. 3. 4. [69] viri (manu sec. vini) 1. [70] In 2a. hoc scholionita legitur: Eynhardus unus ex c. Caroli magni vitam c. et bella contra Saxones d.

NOTAE.

(86) *Iter carpere* Horat. Serm. I. 1, 5, v. 95.
(87) Hanc legationem cum pallio Liemaro concesserat papa Alexander II 1075, Febr. 2.
(88) *Saxonia — consimilis* sunt verba Eginhardi in Vita Caroli, cap. 15.
(89) Sorabos in Saxonia collocari, manifestus

D Adami error est. V. Eginhardi Ann. a. 782.
(90) *Viris, armis — inclita* sapit Sallustium in Bello Jugurth., c. 55, *armis virisque opulentum*. Conf. ibidem c. 58, 85.
(91) Id est *aspicitur, esse videtur*.

cessaria. Ager ubique fertilis, compascuus (92) et silvestris; qua Thuringeam [71] accedit aut Salam vel Renum fluvios [72], ibi prorsus opimus. Ceterum juxta [73] Fresiam [74] palustris, et aridus propter [75] Albiam, degenerat aliquantum [76]. Jocunda [77] ubique nec minus [78] oportuna provinciam rigat [79] amnium [80] copia [81].

2. ([2.] Cap. 2.) Nobilissimi Saxoniæ fluvii sunt Albis, Sala, Wisara [82], qui nunc Wissula (93) vel [83] Wirraha [84] nuncupatur. Is in Thuringiæ [85] saltu fontem habet, quemadmodum et Sala: deinde mediani cursu pertransiens Saxoniam, in vicinia [86] Fresonum sortitur occasum (94). Verum maximus Albis, qui nunc Albia nomen habet, etiam [87] Romanorum (95) testimonio predicatur, cujus ortum ferunt trans Bohemiam [88], mox Sclavos [89] dirimit a Saxonibus. Juxta Magdeburg [90] in se recipit Salam fluvium, nec longe ab [91] Hammaburg ipse Albia mergitur [92] in occeanum [93]. [Quartus ex magnis Saxoniæ fluminibus est Emisa, qui [94] Westphalos [95] a reliquis illius provinciæ dirimit populis. Isque oritur in saltu Patherburnensi [96] (96); currit autem per medios Fresonum terminos in occeanum Britannicum [97].]

3. ([3.] Cap. 5.) Quærentibus autem qui mortales ab initio Saxoniam coluerint [98] (97), aut a quibus hæc gens primo finibus egressa sit, compertum est nobis ex multa lectione veterum, istam gentem, sicut omnes fere populos, qui in orbe sunt, occulto Dei judicio non semel de regno ad populum alterum fuisse translatos; et ex nomine victorum provincias quoque vocabula (98) sortitas. Quippe, si Romanis credendum est scriptoribus, primi circa Albiam et in reliqua Germania Swevi [99] habitarunt [100] quorum confines [101] erant illi [102], qui dicuntur Driade [103] Bardi (99), Sicambri, Huni, Wandali, Sarmatæ; Longobardi [104], Heruli, Dacæ, Marcomanni [105], Gothi [106], Nordmanni [107] et Sclavi. Qui propter inopiam soli natalis contentionesque domesticas, aut,

sicut dicitur, minuendæ multitudinis causa [108] a loco suo egressi, totam simul Europam inundaverunt et Affricam. De antiquitate vero Saxonum meminit Orosius et Gregorius Turonensis [109] ita: « Saxones [110], inquit [111], gens ferocissima, virtute et agilitate terribilis, in occeani litore habitat, inviis inaccessa paludibus, quæ periculosam tunc Romanis finibus eruptionem [112] meditans, a Valentiniano imperatore oppressa est (100). Deinde cum occuparent Gallias Saxones, a Syagrio, duce Romanorum, victi sunt [113], insulæ eorum captæ (101). » Igitur Saxones primo circa Renum sedes habebant, [et vocati sunt Angli,] [114] quorum pars inde veniens in Britanniam [115], Romanos ab illa insula depulit. Altera pars Thuringiam oppugnans, tenuit illam [116] regionem. Quod breviter conscribens Einhardus [117], tali modo suam ingreditur historiam (102).

4. ([4.] Cap. 4.) « Saxonum gens, inquit, sicut tradit antiquitas, ab Anglis Britanniæ [118] incolis egressa, per occeanum navigans, Germaniæ littoribus studio et necessitate quærendarum sedium appulsa est in loco qui vocatur Hadoloha [119], eo tempore quo Theodericus [120], rex Francorum, contra Hirminfridum, ducem Thuringorum, generum suum, dimicans, terram eorum crudeliter ferro vastavit [121] et igne. Et cum jam [122] duobus præliis ancipiti pugna incertaque victoria miserabili [123] cæde suorum decertassent, Theodericus spe vincendi frustratus, misit legatos ad Saxones, quorum dux erat Hadugato [124]. Ut [125] audivit causam adventus eorum, pollicitisque pro victoria cohabitandi sedibus [126], conduxit eos [127] in adjutorium. Quibus secum quasi jam pro [128] libertate et patria fortiter dimicantibus, superavit adversarios, vastatisque indigenis et ad internicionem pene [129] deletis, terram eorum juxta pollicitationem suam victoribus delegavit. Qui eam sorte dividentes, cum multi ex eis in bello cecidissent, et pro raritate eorum tota ab

VARIÆ LECTIONES.

[71] Thuringiam 4. Thiringiam 3. fluvius 1. [73] Juxta ceterum 1. [74] Frisiam 3. semper. [75] prope 5. [76] aliquantulum 5. [77] Jucunda 3.5. [78] mirum 2. 4. mirum quum 5. [79] riget 3.5. [80] animum 2. [81] copiam 1. [82] Wisuris 3. Wisura 4. [83] qui n. Wisura vel 3. qui et 4. [84] Wirracha 2. 2a. [85] Turingie 4. [86] vicino 2. 4. [87] et 3. [88] Boemiam 1. (ubi eadem manu Bohemiam) 3. [89] scavos 1. Slavos 4. sæpius. [90] Magdeburgh 2. Magdaburg 4. [91] ab deest 1. [92] mergit 1. [93] oceanum 3.4. semper. [94] que 2. 2a. [95] Vestphalos 2. Westvalos 5. [96] Padarb. 4. Pedarb. 5. [97] Quartus—Britannicum desunt 1. [98] coluerunt 5. [99] Suevi 2. 3. 5. [100] habitaverunt 3. [101] fines 1. [102] illi deest 2. 3. 4. [103] Driades 3. 4. [104] Langobardi 5. [105] martomarng 1. [106] Goti 2. [107] Normanni 5. [108] causa deest 1. [109] G. Turonis et O. 1. Turonensis deest 5. [110] Saxonum 5. [111] inquiunt 2. 5. 4. [112] ita et Orosius; irruptionem 2. 4. [113] et add. 2. 3. 4. [114] uncis inclusa desunt 1. [115] Britanniam 3. 4. [116] eam 5. [117] Einardus 2. sæpius. [118] Brittanniæ 1. [119] Hadulolia 2. 3. Hatheloe 4. [120] Thiedricus 3. 4. Thidericus 5. [121] vastasset 2. 2a. [122] jam deest 1 male. [123] mirabili 5. [124] Hadugatus 4. Hadugoto Transl. [125] ut deest Transl. Et ut. 5. [126] promissisque p. v. habitandi Transl. que deest 5. [127] eos deest 3. [128] pro deest 1. male. [129] fere 1. ma lc.

NOTÆ.

(92) Respexisse videtur pascua Saxonum communia.
(93) Nomen Visulæ, quod Eginhardus in Vita Caroli, c. 15, tribuit Vistulæ, noster pro nomine Visurgis habuit. V. infra l. II, c. 78.
(94) Occasus hic noster pro ostio.
(95) V. c. Lucan. Pharsal. II, 51.
(96) Der Teutoburger Wald.
(97) Respexit noster verba Sallustii in Belli Jugurth., c. 13: Sed qui mortales initio Africam habuerint, etc.
(98) Vocabula, id est nomina.
(99) Druidas fortasse Adamus pro gente habuit, quos Lucanus (Phars. I. I, v. 448 450) cum Bardis nominant. Hos vero cum Bardorum populo circa Bardewik degente confundere videtur.
(100) Sunt fere verba Orosii l. VII, cap. 32.
(101) Ex Gregorii Turon. Hist. Francor. l. II, c. 19, coll. cap. 27 ista noster composuit.
(102) V. Translationem S. Alexandri.

leis occupari non potuit, partem illius, eam maxime quæ respicit orientem, colonis tradebant singulis [130], pro sua sorte sub tributo [131] exercendam; cætera vero loca ipsi possederunt.

5. A meridie quidem Francos habentes et partem Thuringorum, quos præcedens hostilis turbo non tetigit [132], alveoque fluminis Unstrote dirimuntur; a septentrione vero Nordmannos, gentes ferocissimas; ab ortu solis Obodritos [133]; et [134] ab occasu Frisos, a quibus sine intermissione vel federe vel concertacione necessaria finium suorum spacia [135] tuebantur. Erant enim inquieti nimis et finitimorum sedibus infesti [136], domi vero pacati et civium utilitatibus placida benignitate consulentes.

6. ([5.] Cap. 5.) ‹ Generis quoque ac nobilitatis suæ providissimam curam habentes, nec facile ullis aliarum gentium vel sibi inferiorum conubiis infecti, propriam et sinceram, tantumque sui [137] similem gentem facere conati sunt. Unde habitus quoque ac magnitudo corporum comarumque color, sicut [138] in tanto numero hominum, idem [139] pene omnibus. Quatuor igitur differentiis gens illa consistit, nobilium scilicet et liberorum, libertorum [140] atque servorum. Et id legibus firmatum, ut nulla [141] pars in copulandis conjugiis propriæ sortis terminos transferat; sed nobilis nobilem ducat uxorem et liber liberam, libertus conjungatur [142] libertæ et servus ancillæ. Si vero quispiam horum sibi non congruentem [143] et genere præstantiorem [144] duxerit uxorem, cum vitæ suæ dampno componat. Legibus etiam ad vindictam malefactorum optimis abutebantur [145]. Et multa utilia [146] atque secundum legem naturæ honesta, in morum probitate studuerunt habere; quæ eis ad veram beatitudinem promerendam proficere [147] potuissent, si ignorantiam creatoris sui non haberent et a veritate culturæ illius non essent alieni.

7. [6.] ‹ Coluerunt [148] enim eos qui natura non erant dii, inter quos præcipue Mercurium venerabantur, cui certis diebus humanis quoque hostiis litare consueverant. Deos suos neque [149] templis includere, neque ulla humani oris [150] specie assimilare, ex magnitudine et dignitate cœlestium arbitrati sunt. Lucos ac [151] nemora consecrantes. deorumque nominibus appellantes, secretum illud sola reverentia contemplabantur [152]. Auspicia et sortes quam maxime observabant. Sortium consuetudo simplex erat. Virgam [153] frugiferæ [154] arbori decisam, in surculos amputabant, eosque notis quibusdam discretos super candidam vestem temere [155] ac fortuito [156] spargebant; mox si publica consultatio fuit, sacerdos populi, si privata, ipse paterfamilias precatus Deos, cælumque suspiciens ter [157] singulos tulit, sublatos [158] secundum impressam ante notam interpretatus est. Si prohibuerint, nulla de eadem re ipsa die consultatio; si permissum est, eventuum adhuc fides exigebatur

8. ‹ Avium voces et volatus interrogare proprium erat illius gentis. Equorum quoque presagia ac motus [159] experiri, hinnitusque ac fremitus observare. Nec ulli auspicio major fides, non solum apud plebem, sed etiam apud proceres habebatur. Erat et alia observatio auspiciorum, qua gravium bellorum eventus explorare solebant. Ejus quippe gentis cum qua bellandum fuit, captivum quoquo modo interceptum, cum electo [160] popularium suorum, patriis quemque armis committere et victoriam hujus vel illius pro judicio habere. Quomodo autem certis diebus, cum aut [161] inchoatur luna aut [162] impletur, agendis rebus [163] auspicatissimum [164] initium crediderint, aliaque innumerabilia [165] vanarum supersticionum genera, quibus implicati [166] sunt, observaverint, præterea. Hæc vero ideo commemoravi, quo prudens lector agnoscat, a quantis errorum tenebris per Dei gratiam et misericordiam sint liberati, quando eos ad cognitionem sui nominis lumine veræ fidei perducere dignatus est. Erant enim, sicut omnes [167] fere Germaniam incolentes, et natura feroces et cultui demonum dediti, veræque religioni contrarii, neque divina neque humana jura vel [168] polluere vel transgredi inhonestum [169] arbitrabantur. Nam et frondosis arboribus fontibusque [170] venerationem exhibebant. Truncum quoque ligni non parvæ magnitudinis in altum erectum sub divo [171] colebant, patria eum lingua Irminsul [172] appellantes, quod Latine dicitur universalis columpna, quasi sustinens omnia. › Hæc tulimus excerpta ex scriptis Einhardi [173] de adventu, moribus et superstitione Saxonum quam adhuc Sclavi et Sueones ritu paganico servare videntur.

9. ([7.] Cap. 6.) Qualiter autem gens dura Saxonum (103) pervenerit ad cognitionem divini nominis,

VARIÆ LECTIONES.

[130] singuli *Transl.* [131] redactis addit 2. 2ª. [132] detegit 2. [133] Obodittos 1. [134] et deest 3. [135] spacia deest 4. [136] infensi 5. [137] sibi 2. 5. 4. [138] tanquam *Transl.* [139] est addunt 2. 3. [140] libertinorum 1. *male;* libertorumque 3. 5. [141] ne ulla 3. [142] conjugatur 1. [143] congruente 1. [144] horum—præstantiorem *desunt* 3. [145] utebantur 5 *Transl.* [146] alia 5. [147] sufficere 3. [148] Noluerunt 1. *pictoris errore.* [149] in addit 5. [150] horis 2. [151] et 1. 5. *male.* [152] contemplantur 1. *male.* [153] virga 1. [154] fructiferæ 2. 3. [155] timere 1. [156] fortuito 4. [157] Idem 1. *male, ubi initium cap.* 8, *et male.* [158] sublatisque *Transl.* [159] monitus *Transl.* [160] cum electo deest 1. *male.* [161] aut deest 5. [162] vel 5. 4. [163] cum aut — rebus desunt 1. [164] auspiciatissimum 2. 4. [165] innumera *Transl.* [166] impliciti 4. [167] qui erant sicut *Transl. quod nos mutavimus.* [168] vel deest 5. [169] honestum 2. 2ª. [170] que deest 1. [171] dio 3. [172] irme insul 2. Irmindsul 3. [173] Einhardi deest 5.

NOTÆ.

(103) *Saxonum pectora dura.* Poeta Saxo a. 772, v. 14.

Duritiam propter] dicti cognomine Saxi. Alcwin. De pontific. eccles. Eborac. v. 47.

aut quibus prædicatoribus ad christianæ religionis normam (104) pertigerit ¹⁷⁴, explicare locus ¹⁷⁵ quærit, si prius de bello Karoli, quod cum Saxonibus longo tempore profligatum est, mentionem facimus et belli causas simul connectimus. Thuringi vel Saxones, itemque cæteræ quæ circa ¹⁷⁶ Renum sunt nationes, ex antiquo Francis tributariæ leguntur (105). Quibus deinde a regno eorum deficientibus Pippinus, genitor Karoli, bellum intulit, quod tamen filius ¹⁷⁷ peregit majore ¹⁷⁸ felicitate; de quo idem scriptor Heinhardus ¹⁷⁹ brevi epilogo meminit dicens, (106): « Susceptum est igitur bellum adversum Saxones, quod magna utrimque animositate, tamen majore Saxonum quam Francorum dampno, per continuos triginta tres ¹⁸⁰ annos gerebatur: poterat siquidem citius finiri, si Saxonum hoc perfidia pateretur.

10. « Omnibus igitur qui resistere solebant profligatis et in suam potestatem redactis, ea conditio a rege proposita, et ab illis suscepta est, ut abjecto dæmonum cultu, relictisque patriis cerimoniis, christianæ fidei sacramenta susciperent, et Francis adunati, unus cum eis populus efficerentur ¹⁸¹. » Tractumque per tot annos bellum, ita constat esse finitum. Nunc autem spiritales ¹⁸² animarum triumphos ad scribendum succincti, prædicatoribus, de his ¹⁸³ qui ferocissimos Germaniæ populos ad divinam religionem perduxerint ¹⁸⁴, tale sumamus exordium.

11. ([8.] Cap. 7.) Primus omnium qui australes Germaniæ partes, ydolorum cultui deditas, ad cognitionem divinæ ac christianæ religionis adduxit, Winifridus erat natione Anglus, verus Christi philosophus, cui postea cognomentum ex virtute erat Bonefacius ¹⁸⁵. Et quamvis alii scriptorum vel Gallum in Alemannia ¹⁸⁶ vel Hemmerannum ¹⁸⁷ in Bajoaria ¹⁸⁸ sive Kylianum in Francia ¹⁸⁹ seu certe Willebrordum ¹⁹⁰ in Fresia priores verbum Dei asserant prædicasse, hic tamen omnes alios, uti Paulus apostolus, studio ac prædicationis ¹⁹¹ labore (*I Cor.* xv, 10) antevenit. Ipse enim, ut in gestis suis legitur, apostolicæ sedis auctoritate fultus, legationem ad gentes suscepit, Teutonumque ¹⁹² populos, apud quos nunc et summa imperii Romani (107) et divini cultus reverentia viget ac floret, ecclesiis ¹⁹³, doctrina virtutibusque illustravit. Quorum ¹⁹⁴ etiam provincias in episcopatus distribuens, seorsum ¹⁹⁵ Francos cis ¹⁹⁶ Rhenum, Hessones ¹⁹⁷ ac Thuringos, qui Saxonum confines sunt (108), primitivo quodam laboris sui fructu Christo et ecclesiæ copulavit. Tandemque a Fresonibus, quos jam ante ad fidem converterat, illustri martyrio coronatus est. Gesta ejus plenaria (109) manu a discipulis edita sunt, qui ¹⁹⁸ eum ferunt agonizasse cum aliis quinquaginta et amplius commilitonibus suis, anno ordinationis suæ 37. » Ipse est annus Dominicæ incarnationis 755, Pippini junioris ¹⁹⁹ 14.

12. ([9.] Cap. 8.) Post passionem sancti Bonifacii Willehadus (110), et ipse Angligena, fervens amore martyrii, properavit in Fresiam, ubi consistens ad sepulcrum beati martyris, paganos facti penitentes suscepit, et credentium multa milia baptizavit. Deinde cunctam in circuitu provinciam cum discipulis perlustrans, ydola confregisse populosque ad culturam veri Dei evangelizasse ²⁰⁰, tunc et gentilium zelo fustibus percussus et gladio legitur ad jugulandum proscriptus ²⁰¹ (111). Licet gratia Dei majoribus eum predestinaret titulis, suæ tamen voluntati ²⁰² et studio nichilominus ²⁰³ erat ad martyrium ²⁰⁴. Post hæc missus in Saxoniam a Karolo rege, primus omnium doctorum maritimas et boreales Saxoniæ partes ac Transalbianos populos ad christianam fidem provocavit. Septem annos (112) prædicasse dicitur eandem ²⁰⁵ regionem ²⁰⁶, usque ad annum rebellionis Saxonum duodecimum, cum Widichind ²⁰⁷ persecutionem movens in christianos, Francorum terminos usque ad Renum vastabat (113). In qua persecutione discipuli sancti Willehadi quidam Bremæ, multi ²⁰⁸ per Fresiam, ceteri trans Albiam passi leguntur. Unde confessor Dei, majus adhuc lucrum expectans de conversione plurimorum, dici-

SCHOLIA.

Schol. 2. Sedente tunc Paulo papa I. (5.)

VARIÆ LECTIONES.

¹⁷⁴ pertinxerit. ¹⁷⁵ lucus 1. ¹⁷⁶ juxta 3. 4. ¹⁷⁷ ejus *addit* 4. ¹⁷⁸ majori 2. 3. 4. ¹⁷⁹ Einhardus 2. 4. Eginhardus 3. ¹⁸⁰ XXX. 5. ¹⁸¹ efficeretur 3. ¹⁸² spirituales 3; ¹⁸³ de hiis p. 2. 3. 4. ¹⁸⁴ perduxerunt 5. ¹⁸⁵ Bonifacius 3. 4. ¹⁸⁶ Allemannia 2. ¹⁸⁷ Hemmeranum 3. Hemmerannum 2. Heimerammum seu Heimeraminum 4. ¹⁸⁸ Beguaria 2. 3. Bawaria 4. ¹⁸⁹ Franconia 3. 4. ¹⁹⁰ Willebrodum 3. *sæpius.* ¹⁹¹ et labore prædicationis 2. 3. 4. ¹⁹² Theutonumque 2. 3. 4. ¹⁹³ ecclesias 3. 5. ¹⁹⁴ Quarum 3. ¹⁹⁵ seorsim 3. ¹⁹⁶ eis 1. ¹⁹⁷ Hassones 3. Saxones 1. ¹⁹⁸ quæ 3. ¹⁹⁹ regnantis *add.* 2. 4. ²⁰⁰ dicitur *add.* 2. 3. 4. ²⁰¹ *Auctor fortasse scribere voluit*: persecutus. ²⁰² sua voluntate 4. ²⁰³ nichilomagis 5. ²⁰⁴ piger *add.* 2. 4. impiger *F.* ²⁰⁵ eam 3. 4. in ea 2. 2ᵃ. ²⁰⁶ regione 2. 2ᵃ. ²⁰⁷ Widuchind 5. Widuchrad 2. 4. Viducrad 3. ²⁰⁸ quidam 5.

NOTÆ.

(104) *Religionis norma* ex Vita S. Willehadi c. 3. D
(105) V. Gregorium Turonens. lib. I. l. ɪv, c. 14. Ann. Fuld. a. 757.
(106) Ex Eginhardi Vita Caroli, c. 7.
(107) Conf. Vitam S. Willehadi c. 5.
(108) Eginhardi Annal. a. 782.
(109) *Plenarius plenus.*
(110) V. additamentum anonymi ad Vitam S. Bonifacii.
(111) *Willehadus — proscriptus.* Ex Vita Wilehadi c. 1-4.
(112) Rectius tres annos, videl. ab a. 779 usque 782 secundum Vitam Willehadi c. 5; confer tamen ibid. c. 8.
(113) *Francorum — vastabat.* Eginhardi Fuld. a. 778.

tur [209] secundum evangelicum praeceptum de civitate in civitatem fugisse [210] (114), dispersisque sociis [211] ad praedicandum, ipse Romam venisse cum Liudgero [212]. Ubi sanctissimi papae Adriani consolatione relevati, Liudgerus in montem Cassinum recessit [213] ad confessionem sancti Benedicti, Willehadus in Galliam repedavit ad sepulchrum sancti Willebrordi (115). Itaque biennium [214] uterque reclusi, contemplativae vitae operam dabant, adprime [215] orantes pro persecutoribus et gente Saxonum, ne jactum in eis semen verbi Dei inimicus homo zizaniis (Matth. XIII, 25) oppleret [216], impletumque in eis [217] est quod Scriptura dicit: « Multum valet deprecatio justi assidua (Jac. v, 16). » Haec de Vita ejus ad sensum excerpta protulimus. Transacto igitur biennio, quod est anno Karoli octavodecimo, Widichind [218], incentor rebellionis (116), ad fidem Karoli venit, baptizatusque [219] est ipse cum aliis Saxonum magnatibus, et tunc demum Saxonia subacta (117) in provinciam redacta est. Quae simul in octo episcopatus divisa, Mogontino [220] et Coloniensi archiepiscopis est subjecta. Cujus exemplar divisionis, quod ex praecepto regis in Bremensi ecclesia servatur, cognosci potest his [221] verbis (118).

13. ([10.] Cap. 9.) « In nomine domini Dei [222] et Salvatoris nostri Jesu Christi, Karolus, divina ordinante providentia rex. Si domino Deo exercituum succurrente in bellis victoria potiti [223], in illo et non in nobis gloriamur, et in hoc seculo pacem et prosperitatem, et in futuro perpetuae mercedis retributionem nos promereri confidimus. Quapropter noverint omnes Christi fideles, quod [224] Saxones, quos [225] progenitoribus nostris ob suae pertinaciam perfidiae semper indomabiles [226], ipsique Deo et nobis tamdiu rebelles, quousque illius, non [227] nostra, virtute ipsos et bellis vicimus [228] et ad baptismi gratiam Deo annuente [229] perduximus, pristinae libertati donatos et omni nobis debito censu solutos, pro amore illius, qui nobis victoriam contulit, ipsi tributarios et sublegales [230] devote addiximus [231]; videlicet, ut qui nostrae potestatis jugum hactenus ferre detrectaverunt, victi jam (Deo gratias) et armis et fide, domino ac [232] salvatori nostro Jesu

A Christo et sacerdotibus ejus omnium suorum jumentorum et fructuum tociusque culturae decimas ac nutriturae, divites ac pauperes legaliter constricti persolvant. Proinde omnem terram eorum antiquo Romanorum more in provintiam [233] redigentes, et inter episcopos certo limite disterminantes, septentrionalem illius partem, quae et [234] piscium ubertate ditissima et pecoribus alendis habetur aptissima, pio Christo et apostolorum suorum principi Petro pro gratiarum actione devote optulimus: sibique in [235] Wigmodia in loco Bremon vocato, super flumen [236] Wirraham [237] ecclesiam et episcopalem statuimus cathedram. Huic [238] parrochiae decem pagos subjecimus, quos etiam [239] abjectis eorum antiquis vocabulis et divisionibus, in duas redegimus pro-

B vintias, his nominibus appellantes [240], Wigmodiam et Lorgoe. Insuper ad praefatae constructionem ecclesiae in supradictis pagis septuaginta mansos cum suis colonis offerentes, tocius hujus parrochiae incolas decimas suas ecclesiae [241] suoque provisori fideliter persolvere hoc nostrae majestatis praecepto jubemus, donamus et confirmamus. Adhuc etiam [242] summi pontificis [243] et universalis papae Adriani praecepto necnon et Mogonciacensis [244] episcopi Lullonis omniumque qui affuere pontificum consilio [245], eandem Bremensem ecclesiam cum omnibus suis appendiciis Willehado, probabilis vitae viro, coram Deo et sanctis ejus commisimus. Quem etiam [246] primum ejusdem ecclesiae tertio Idus Julii [247] consecrari fecimus episcopum, ut populis divini [248] semina verbi secundum datam sibi sapientiam fideliter dispensando, et novel-

C lam hanc ecclesiam canonico ordine et monasteriali competentia utiliter instruendo [249], interim plantet et riget, quousque precibus sanctorum suorum exoratus, incrementum det omnipotens [250] Deus. Innotuit etiam isdem [251] venerabilis vir serenitati nostrae, eam quam diximus parrochiam propter barbarorum infestantium pericula seu varios eventus, qui in ea solent contingere, ad sustentacula sive stipendia Dei servorum inibi Deo militantium minime sufficere posse. Quamobrem quia Deus [252] omnipotens in gente Fresonum, sicut et Saxonum, ostium fidei aperuerat [253], partem praenominatae regionis, videli-

VARIAE LECTIONES.

[209] legitur 3, 4. [210] con ug. sse 3. [211] locis 1. [212] Ludgero 2. Luidgero 5. [213] recessit deest 4. [214] biennio 4. [215] apprime 3. 5. ad primum 1. [216] impleret 1. [217] in eis deest 5. [218] Widechindus 2. Vithechind 5. Withuchind 4. Widekind 5. [219] que deest 4. [220] Moguntino 5. [221] hiis 2. hiis c. p. 4. [222] Dei deest 5. [223] sumus ad. 2. 3. 4. [224] que F. [225] quos a 3. 4. [226] domabiles 1. [227] in. In cod. 1. paulo recentior manus mutavit: quousque in illius et non in. [228] vincimus 1. [229] annuante 4. [230] subjugabo 2. 4. [231] adduximus Cod. Udalrici Bubenberg. [232] et 5. [233] provincias Ud. [234] est 5. [235] ut 1. [236] fluvium Ud. [237] Wirraam 2. Virraam 3. saepius. [238] hujusque Ud. [239] et Ud. [240] nuncupatas Ud. [241] suas sibi Ud. [242] Ad hoc in Udd. [243] pontificis deest 5. [244] Maguntiacensis 3. Mogunciensis 2. [245] consultu Ud. [246] et Ud. [247] Wormatiae consistentes add. Ud. [248] divina Ud. [249] instituendo Ud. utiliter deest Ud. [250] indet omnipotens crementum 1. [251] idem 5. Ud. deest 3. [252] Dominus 5. [253] aperuit 2. 3. 4.

NOTAE.

(114) Ev. Matth. x, 25. Ex Vita Willehadi c. 6.
(115) De Liudgero tacet Vita S. Willehadi cap. 7. At confer Altfridi Vitam S. Liudgeri c. 18.
(116) Perfidiae incentor (ex Chron. Moissiac. a. 785). Vita S. Willehadi c. 8.

D (117) ad fidem Saxonia subacta. Eginhard. Fuld a. 785.
(118) De diplomate sequente conf. omnino Hamburg. Urkundenbuch n. 2.

cet Fresiæ [1], quæ huic contigua parrochiæ esse di- A mam [264] fluvium (127), a Wemma vero Bicinam [265] noscitur, eidem Bremensi ecclesiæ suoque provisori (128), Faristinam [266] (129) usque in Wirraham flu-Willehado episcopo ejusque successoribus perpetua- vium, de hinc ab orientali parte ejusdem fluminis liter delegavimus retinendam [**]. Et quia casus præ- viam publicam, quæ dicitur Hessewech [267] (130) teritorum cautos nos faciunt in futurum, ne quis, Sturmegoe et Lorgoe disterminantem, Scehbasam quod non optamus [254], aliquam sibi in eadem dioe- [268] (131), Alapam (132), Chaldhowa [269] (133), iterum-cesi usurpet potestatem, certo eam limite fecimus que Wirraham, ex occidentali autem parte viam terminari (119), eique hos terminos, mare occea- publicam, quæ dicitur Folewech [270], Derne (134) et num, Albiam fluvium, Liam (120), Steinbach, Ha- Lorgoe dividentem, usque in Huntam flumen [271], salam, Wimarcham [255], Sneidbach, Ostam (121), dein [272] ipsum flumen, et Amrinum [273] lucum silve-Mulimbach [256], Motam (122), paludem quæ dicitur strem, quem incolæ loci Windloch [274] nominant (135), Sigefridismor [257], Qnistinam (123) Chrissenmor [258], Finolam [275] (136), Waldesmor [276], Bercbol [277] (137), Aschroch [259], Wissebroch [260], Bivernam [261] (124) Uter- Endiriad [278] paludem, Emisgoe et Ostergoe [279] bister-nam (125), iterumque Ostam, ab Osta [263], vero usque minantem [280], Brustlacho [281], Biberlacho [282], iterum-quo perveniatur ad paludem quæ dicitur Choltem- que mare, firmos et intransibiles [283] circumscribi bach [263] (126), deinde paludem ipsam usque in Wem- B jussimus [284]. Et ut hujus donationis ac circumscri-

SCHOLIA.

* *Schol.* 3. Fresia regio est maritima, ruviis inaccessa [285] paludibus, habetque pagos 17, quorum tertia pars respicit Bremensem episcopatum [286], hiis distincti [287] vocabulis: Ostraga, Rustri [268], Wanga [289], Triesmeri [290], Herloga, Nordi [291] atque Morseti (158). Et hii 7 pagi tenent eccle-sias circiter 50. Hanc Fresiæ partem a Saxonia dirimit palus, quæ Waplinga [292] (139) dicitur, et Wirrahæ [293] fluvii ostia. A reliqua Fresia palus Emisgoe [294] terminat, et mare ocea-num [295]. (3. 4. 6. 8b. 9. 10.)

** *Schol.* 4. [296] De illis 17 pagis quinque pertinent ad Monasteriensem episcopatum, quos sanctus *Lutge-rus*, illius *loci primus* episcopus, a *Karolo* imperatore in donatione percepit. Sunt his distincti vocabulis : Hugmerchi, Hunusga, Fivilga, Emisga, Federitga et *insula* Bant [297] (140). (6.)

VARIÆ LECTIONES.

[254] optam 3. [255] Vimarcham 3. [256] Mulinbach 2. 3. Mutnibach 4. [257] Sigefridesmor 5 [258] Chisenmor 3. Chisenmord 2. Chesenmor 5. [259] Aschbroch 5. Aschroch 2. 5. [260] Wi-sebroch 2. 3. 4. [261] Bicinam 3. [262] ab Hosta vero 4. ab Osta vero Bicinam 3. [263] Caldenbach 4.-[264] Vennam 2. 3. Wempnam 4. Wepnam *Alb. Stad.* Werpnam (*die Worpe*) *legit Cl. Wedekind*. [265] Bricinam 3. [266] Farstinam 3. 4. Farcivam 2. Frastinam *Alb. Stad*. [267] Hesseweg 4. [268] Sechasam 2. Sethbasam 3. Sechbasam 4. [269] Caldhowa. 4. [270] Foleweg 4. Folwech 1. 2. 3. [271] fluvium 3. [272] Deinde 2. 5. 5. [273] Am-rivum 5. [274] Wildloch 2. 3. 4. [275] Fivolam 1. 2. [276] Valdesmor 5. Waldesmoer 5. [277] Bercpol 2. 5. 4. [278] Eddinriad 2. 3. Eddenriad 4. [279] Ostrigoe 3. Ostergee 2. [280] determinantem 1. [281] Brustlaho 3. Brusdago *Alb. Stad.* [282] Biberlach 2. 3. 4. [283] intransgressibiles 2. 3. 4. [284] jussiomus 1. [285] inacc. inv. 4. innumeris inacc. 9. [286] Brem. r. ep. 4. [287] his distincta 5. 9. [288] Rustrii 3. Rustrui 10. Rustivi 9. Riustringe 4. Rustringe 5. [289] Manga 3. Vanga 10. Vonga 9. [290] *In cod. 6. hæc ita leguntur:* (Ru)stri. Triesme. . . . Wanga. Dresmeri 8b. Diesmeri 3. 4. *corr.* Diermeri 9. Dietmeri 9a. [291] Norde 6. [292] *In cod. 6. . . . plinga a S. dir. p. q.* Valping 3. 9. Walpinga 4. 8b. [293] Virrohe 3. [294] Eimsgoe 3. Orongoe 6. 9a. Ermgoe 9. [295] oceanum 4. oceanus 5. [296] *In cod. 6. hoc schol. reperitur in libro de situ Daniæ ad cap.* 39; *in cod.* 9a *ibidem od cap.* 11; *in cod.* 9b *in cap.* 14. [297] *Hoc scholion non reperimus nisi in cod. 6. Ibi legitur ad calcem scholii præcedentis. Haustum videtur a scholiasta ex Vita S. Ludgeri ab Altfrido scripta, ex qua nos etiam illius lacunas supplevimus.*

NOTÆ.

(119) De hoc limite conf. Delium Ueber die Grenzen C Drakenburg.
und Eintheilung des Erzbisthum Bremen. Wedekind (154) Pagus Enterlgau in diœcesi Mindensi.
in libro: Hermann Herzog von Sachsen p. 93-116, (155) Wildeloh in advocatia Oldenburg, silva in
et Noten II, 416 sq. A. von Wersebe Beschreibung pago Ammiri.
der Gaue zwischen Elbe, Saale und Unstrut, Weser (136) Die Vehne.
und Werra p. 256 seq. 229 seq. necnon Hamburger (137) Barpel juxta fluvium Vehne.
Urkundenbuch t. I, et mappam archiepiscopatus (138) Provinciæ Ostringien, Rustringien, Wanga,
Hamburgensis. cujus nomen superest in ejus parte, insula Wangeroe,
(120) Die Lühe. in ducatu Oldenburg sitæ sunt; Harlingerland, Nor-
(121) Die Oste. den in Ostfrisia. Morseti ibidem quærendi, qui
(122) Die Mede sive Mehe. cum eorum vicinis Sturis jam innotuerunt Plinio
(123) Die Twiste. Histor. Natural. l. IV, c. 29. Conf. de iisdem Annal.
(124) Die Bever. Corbeien. a. 1092. it. Hildesheim. eod. a. Chronicon
(125) Die Otter. Trajectense a. 1163. Miracula S. Lindgeri. Vide quo-
(126) Das Colbecks Moor. que sis mappam archiepiscopatus Hammaburgensis
(127) Die Wümme. in Hamburger Urkuundenbuch t. I.
(128) Die Wieste. (139) Die Wapel, influens in brachium sinistrum
(129) Der Forst prope Daverden. Wiseræ, quod hodie dicitur die Jahde.
(130) Via publica, quæ a villa Westen juxta flu- (140) Hæc hausta videntur ex Altfridi Vita S.
vium Alleram per Hamelheide ad villam Gadesbün- D Liudgeri, c. 19. De pagis Hugmerchi, Hunsingo,
den usque ducebat. Emisgo et insula Bant conf. ibidem. Federitga vero
(131) Der Sachelchenbach prope Erichshagen. inter Emden et Marienhave quærendum esse primus
(132) Die Wölpe. docuit L. v. Ledebur die fünf Münsterschn Gauen.
(133) Die (kalte) Aue, quæ Wiseram influit juxta

ptionis auctoritas nostris futurisque temporibus Domino protegente valeat inconvulsa manere, manu propria subscripsimus et anuli nostri inpressione [298] signari jussimus. »

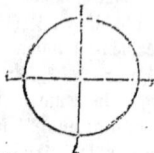

Signum domni [299] Karoli imperatoris [300] ac regis invictissimi.

« Hildibaldus [301] archiepiscopus Coloniensis et sacri palatii capellanus recognovi.

« Data pridie Idus [302] Julii, anno Dominicæ incarnationis septingentesimo octogesimo octavo [303], indictione duodecima, anno autem regni [304] domni Karoli vicesimo primo.

« Actum in [305] palatio Nemetensi [306] feliciter, Amen. »

14. ([11.] Cap. 10.) Sedit igitur domnus et pater noster Willehadus [307] post ordinationem suam annos duos, menses 3, dies 26, prædicavitque tam Fresos [308] quam Saxones post martyrium sancti Bonifacii omnes annos triginta quinque (141). Obiit autem senex et [309] plenus dierum in Fresia, in villa Pleccazze [310] (142), quæ sita est in Rustris. Corpus ejus Bremam deportatum, in basilica sancti Petri, quam ipse ædificavit, sepultum est (143). Transitus ejus [311] celebratur festivis gaudiis sexto Idus Novembris, ordinatio tertio Idus Julii. Extat vitæ actuumque ejus insignis liber, quem successor ejus quartus fideli stilo exaravit Anscarius [312]. Ad cujus lectionem, quia nos ad alia properamus, cupientem scire transmittimus.

15. ([12.] Cap. 11.) Proximum sancto Willehado ex discipulis ejus Willericum in Bremensi ecclesia præfuisse legimus [quem alii Willeharium nuncu- A pant [313]]. Seditque annos quinquaginta usque ad annum Ludvici [314] senioris penultimum (144). Cum vero scriptum sit in libro donationum sive traditionum Bremensis ecclesiæ [315] a 37. Karoli usque ad 25 annum [316] Ludvici præsedisse Willericum, 12 [317] anni minus reperiuntur ab eo quem prædiximus numero. Et credi potest tanto tempore Bremensem episcopatum cessasse, quemadmodum et alios propter novellam [318] gentis Saxonum conversionem, qui nondum se episcopali ditione regi patiebantur [319]: maxime cum, nullis fere annis a bello vacantibus, tandem Saxones ita profligati legantur, ut ex hiis qui incolunt utrasque ripas Albis fluminis [320] 10 milia hominum cum mulieribus et [321] parvulis in Franciam translati sint [322] (145). Et hic est annus
B diuturni Saxonum belli tricesimus tertius, quem Francorum historici ponunt memorabilem; scilicet Karoli imperatoris tricesimum septimum (an. 804). Quo tempore cum Sclavorum [323] quoque gentes Francorum imperio subjicerentur, fertur [324] Karolus Hammaburg civitatem Nordalbingorum, extructa [325] ibidem ecclesia, ' Heridago cuidam sancto viro, quem loci episcopum designavit, ad regendum commendasse [326]. Cui etiam propter infestacionem barbaricam, ubi interdum posset consistere, cellam Rodnach in Gallia [327] donavit (146), disponens eandem Hammaburgensem ecclesiam cunctis Sclavorum Danorumque gentibus metropolem [328] statuere (147). In qua re ad perfectum ducenda, et mors Heridagi
C presbyteri et occupatio regni Karolum imperatorem, ne desiderata compleret, impedivit. Legimus in libro donationum Bremensis ecclesiæ Willericum Bremensem episcopum Transalbianos [329] etiam ante Ansgarium prædicasse et ecclesiam in Milindorp [330] frequenter visitasse, usque ad tempus quo Hammaburg metropolis facta est.

16. [13.] Et quoniam mentionem Danorum semel fecimus, dignum memoria videtur, quod victoriosis-

SCHOLIA.

Schol. 5. Scriptum est in gestis sancti Ansgarii, et privilegiis Romanorum pontificum. (2. 4.)

VARIÆ LECTIONES.

[298] impressione 3. 5. [299] domini 5. sæpius.   [300] imperatoris ac add. 1.   [301] Hildebaldus 5. Hildeholdus 2.   [302] II Idus 5.   [303] septingesimo octuagesimo VIII. 1. DCCLXXXVIII. 5. 5. Legendum vero videtur anno 787, quo Willehadum ordinatum esse constat. V. Chron. Moissiac. h. a. et cap. sequens.   [304] regni deest 5.   [305] in deest 1. 2. 5.   [306] Metensi 2.   [307] Willehadus deest 1.   [308] apud Fresos quam apud Saxones 2. 3. Fresis quam Saxonibus 4.   [309] et deest 3. sevexii 2.   [310] Pleccazce 4.   [311] ejus addunt 2. 3. 4.   [312] Ausgarius 2. 5. 4. semper.   [313] Villehado — Villericum — Villeharium 3. Uncis inclusa desunt 1.   [314] Ludowici 3. Luthewici 4.   [315] ab anno 3.   [316] annum deest 1. 3.   [317] XIV. emendat Velleus.   [318] novelle 1.   [319] quæ — patiebatur 5.   [320] fluvii 1. male.   [321] mulieribus et desunt 4.   [322] sunt 5.   [323] Slavorum 3. sæpius.   [324] fertur deest 1. 4.   [325] exstructa 5.   [326] commisit 4. commisisse Helmoldus l. I. c. 3. commendavit conjicit Maderus.   [327] cellam quandam in G. Rodnach 5. in Gallia desunt 3. 4.   [328] metropolim 3. 4.   [329] Transalbianis 2. 3. 4.   [330] Milindrop 2. Milinthorp 4.

NOTÆ.

(141) Ex tempore obitus Bonifacii, sc. ex anno 755, Jun. 5, usque ad mortem Willehadi, quæ contigit anno 789, Nov. 8, anni sunt 54 et menses quinque.
(142) Ex Vita S. Willehadi c. 10.
(143) Ex Vita S. Willehadi c. 9. 10.
(144) Sc. ab a. 789 usque 858.
(145) Ex Translatione S. Alexandri, Einhard. Fuldens. anno 804, aut ex ipsa Eginhardi Vita Caroli D c. 7. Saxones Nordalbingi in Francia orientali in chartis Ottonis III imp. a. 996. Septb. 15, et Heinrici II imp. a. 1018, Mai. episcopis Wirceburgensibus datis memorantur.
(146) Renaix sive Rousse in Flandria orientali. Vid. diploma ab Hulдovico imp. datum ecclesiæ Hamburgensi a. 834, Mali 15.
(147) Vid. ibid. et Vitam S. Anskarii c. 12.

simus imperator Karolus, qui omnia regna Europæ subjecerat, novissimum cum Danis bellum suscepisse narratur. Nam Dani et ceteri qui trans Daniam sunt populi ab istoricis [331] Francorum omnes Nordmanni vocantur. Quorum rex Gotafridus [332] jam antea Fresis, itemque Nordalbingis, Obodritis [333] et aliis Sclavorum populis tributo [334] subactis, ipsi Karolo bellum minatus est (148). Hæc dissensio voluntatem imperatoris vel maxime de Hammaburg retardavit. Tandem extincto celitus Gotafrido, Hemming [335] successit (149) patruelis ejus, qui mox pacem cum imperatore faciens (150), Egdoram fluvium accepit regni [336] terminum. Nec multo post clarissimus imperator Karolus obiens [337] (an. 814.) Ludvicum filium [338] heredem imperii reliquit. Cujus transitus ad superos contigit anno Villerici vicesimo quinto, die quinta ante Kalendas Februarii.

17. ([14.] Cap. 12.) Ludewicus [339] voluntatem patris oblitus [340] provinciam transalbianam Bremensi et Ferdensi episcopis commendavit (151). A quo tempore incipiunt gesta [341] sancti Anscarii. Et quoniam borealium gentium hystoria nostram, id est Bremensem ecclesiam in parte respicit, disposui, nec inutiliter, ut arbitror, passim occurrentia tangere Danorum acta. Per idem tempus Hemmingo Danorum rege mortuo, Sigafrid [342] et Anulo [343], nepotes Godafridi [344], cum inter se de primatu regni convenire non possent, prælio sceptrum [345] diviserunt, in qua congressione II milibus hominum interemptis, reges ambo ceciderunt. Pars Anulonis cruenta victoria potiti [346], Reginfridum [347] et Haraldum [348] in regnum posuerunt [349-350] (152). Moxque Reginfridus ab [351] Haraldo pulsus classe piraticam [352] exercuit; Haraldus [353] cum imperatore fœdus iniit. Hystoria Francorum hæc plenius exequi-

tur. In diebus illis scribitur quod Ebo [334] Ramensis, cum de salute gentium religionis studio ferveret, legationem ad gentes (153) cum Halitgario [355] (154) suscepit a Pascali [356] papa (155), quam postea noster Anscarius [357] divina opitulante gratia feliciter peregit. ([15.] 822.) Anno Willerici 33. Ludewicus imperator Novam in Saxonia Corbeiam [358] exorsus, religiosissimos Franciæ monachos ad illud congregavit cœnobium. Inter quos præcipuus legitur sanctissimus pater noster [359] ac philosophus Christi Anscarius, vitæ ac [360] scientiæ merito clarus, et omni populo Saxonum acceptus [361] (156). Eodemque [322] tempore rex Danorum Haraldus a filiis Gotafridi regno spoliatus, ad Ludewicum supplex venit [363]. Qui et mox christianæ fidei cathecismo [364] imbutus, [365] apud [366] Mogontiam [367] cum uxore et [368] fratre ac [369] magna Danorum multitudine baptizatus est [370] (157). Hunc [371] imperator a sacro fonte suscipiens (158) cum decrevisset in regnum suum restituere, dedit ei trans Albiam beneficium (159), Fratri [372] ejus Horuch [373], ut [374] piratis obsisteret, partem Fresiæ concessit (160). [Quæ adhuc Dani reposcunt [375] quasi legitima juris sui.] [16.] Cum autem nemo doctorum facile posset inveniri, qui cum illis ad Danos vellet pergere [376], propter crudelitatem barbaricam [377], qua gens illa ab omnibus fugitur, sanctus Anscarius divino, ut credimus, spiritu accensus, et qui ad martyrium aliqua occasione mallet [378] pertingere, cum socio se [379] optulit ultroneum Autberto [380], non solum inter barbaros, verum etiam in carcerem et in mortem [381] pro Christo ire paratus (161). Itaque biennium [382] in regno Danorum commorati, multos ex gentibus ad fidem converterunt (162) christianam. Inde reversi, cum denuo ab imperatore postulati essent [383] ultimos Sueonum [384]

VARIÆ LECTIONES.

[331] historicis 2. 3. 4. [332] Gotafrida 3. Gotafrith 2. Gotafrid 4. [333] Obotritis 3. 4. [334] tributa 1. [335] Heming 3. [336] sui add. 4. [337] abiens 2. [338] suum addit 4. [339] Ludvicus 2. Ludovicus 3. Lothewicus 5. sæpius. [340] ob obitus 2. [341] gesta incipiunt 2. 3. 4. [342] Sigrafrit 1. [343] Amilo 3. sæpius. [344] Gotafridi 2. 3. 4. [345] sceptrum deest 4. [346] potita 4. [347] Regnifridum 2. sæpius. [348] Haroldum 4. semper. [349] posuerunt deest 1 [350] Dani semetipsos sternunt 2. in margine. [351] a 2. 4. [352] classem piraticam 3. piraticam classem 4. [353] vero addit 4. [354] Ebbo 2. 3. sæpius. [355] Haligario 2. 3. 4. [356] Paschali 2. 3. 4. [357] Ascarius 1. [358] nonam 1. S. Torbecam 2. [359] noster deest 2. [360] atque 2. 3. 5. [361] Incipit de Ansgario 2. in margine. [362] Eodem quoque 3. [363] imperatorem addit 4. [364] cathechismo 3. catechismo 5. [365] inbutus 2. [366] aput 2. [367] Magunciam 3. Moguntiam 5. [368] et deest 3. 5. 4. [369] et 3. 5. [370] Iste Haroldus primus Danorum regum baptizatur 2. in margine. [371] Quem 4. [372] et fratri 5. [373] Horico 4. Heruc 5. Heric 2. Legendum videtur Rorico; v. infra not. 160. [374] ut cum 2 ut tum 3. 4. [375] Quæ — sui desunt 1. Quam a. D. q. legitimam s. i. reposcunt 4. [376] ire vellet 4. [377] barbarorum 1. [378] optabat 4.. [379] ad addit 5. [380] Autberdo 2. Audberto 4. [381] et in mortem desunt 2. 2a. [382] biennio 4. [383] postularentur 4. [384] Suenum 1. sæpius.

NOTÆ.

(148) Enhard. Fuld. a. 808-810.
(149) Cf. eumdem a. 810.
(150) Ibid. a. 811.
(151) Ex Vita S. Anskarii c. 12. Conf. Ludowici imp. diploma a. 854
(152) Conf. Enhard. Fuld. a. 812, ubi tamen Sigifrid Godafridi, Anulo sive Ring vero Herioldi nepos fuisse refertur.
(153) V. Vitam S. Anskarii c. 13.
(154) Episcopus Cameracensis.
(155) Litteras Paschalis I papæ super hac legatione v. in Hamburg. Urkundenbuch n. 6. Conf.

D etiam Annal. Xantens. a. 825, Eginhardi Ann. h. a.
(156) Vita S. Anskar. c. 6.
(157) Enhard. Fuld. an. 826.
(158) Vita S. Anskar. c. 7, ipse de sacro fonte suscepit.
(159) Ibid. c. 8 Eginhardi Ann. a. 826. Thegan. c. 33.
(160) Cf. Ruodolfi Fuld. Ann. a. 850. Archiv VI, 785 sq.
(161) Vita S. Ansk. c. 7.
(162) Ibid. c. 8.

populos evangelii gratia temptare, intrepidus athleta [385] Christi Ansgarius, assumptis secum fratribus Gislemaro et Witmaro [386] doctoribus, gaudens pervenit in Daniam. Ubi relinquens Gislemarum cum [387] Haraldo, ipse in Sueoniam [388] transfretavit (163) cum Witmaro. Ibi vero [389] benigne a rege Beorn [390] suscepti, verbum Dei publice prædicare permissi sunt. Multos itaque per annum integrum lucrati sunt domino Jesu Christo [391]. In quibus Herigarium, Bircæ [392] opidi præfectum, quem [393] tradunt etiam miraculis et virtutibus insignem. Hac legationis suæ prosperitate gravisi, Corbeiam novi apostoli cum triumpho duarum gentium regressi sunt (164). Et o mira omnipotentis Dei providentia de vocatione gentium, quam disponit artifex, ut vult, et quande vult, et per quem vult. Ecce quod longo prius tempore Wibebrordum item [394] alios et Ebonem [395] (165) voluisse [396] legimus nec potuisse, nunc Ansgarium nostrum et voluisse et perfecisse miramur, dicentes cum apostolo: *Non est volentis* [397] *neque currentis, sed est Dei miserentis. Ergo cui vult*, inquit, *miseretur, et quem vult indurat* (Rom. IX, 16, 18).

18. ([17.] Cap. 13.) Tunc imperator cum magnatibus sancto Ansgario de salute gentium congratulatus, ingentes Christo gratias persolverunt. Habito igitur generali sacerdotum consilio, pius cesarvotum parentis implere cupiens, Hammaburg civitatem Transalbianorum metropolem [398] statuit omnibus barbaris nationibus Danorum, Sueonum [399], itemque Sclavorum et aliis in circuitu [400] conjacentibus populis, ejusque [401] cathedræ primum archiepiscopum ordinari fecit Ansgarium. Hoc factum est anno Domini 832 [402], qui est Ludvici imperatoris 18 [403], Willerici Bremensis episcopi 43. Consecratus est autem a Drogone [404] Metensi episcopo, cæsaris fratre germano, astantibus atque faventibus Odgario [405] Mogontiensi, Ebone Remensi, Heddi [406] Treverensi et aliis: consentientibus etiam Willerico Bremensi, et Helingaudo Ferdensi episcopis quibus antea diocesis [407] illa commendata est (166): roborante id papa Gregorio quarto apostolica auctoritate et pallei [408] datione [409] (167).

Habentur in ecclesia Bremensi præcepta imperatoris (168) et privilegia papæ (169) sancto Ansgario data, in quibus hoc quoque una continetur, quandam illi [410] cellam in Gallia Turholz [411] vocatam ad supplementum legationis [412] a cæsare concessam anno Domini 834 [413] acta indictione 12, qui est Ludvici [414] 21 [415].

19. ([18.] Cap. 14.) Ansgarius [416] autem nunc Danos, nunc Transalbianos visitans, innumerabilem utriusque gentis multitudinem traxit ad fidem. Si quando etiam [417] persecutione barbarorum impeditus est ab studio prædicandi, apud Turholz se cum discipulis [418] retinuit. In adjutorium [419] prædicationis datus est ei Ebo Remensis [420], de quo [421] antea diximus. Hic seu fatigatione itineris, sive [422] corporis debilitate impeditus, sive potius occupatione seculi delectatus, vicarium pro se dedit Ansgario nepotem Gaudbertum [423]. Quem ipsi ambo consecrantes episcopum, vocaverunt [424] Symonem, eumque divinæ gratiæ commendatum in Sueoniam miserunt (170). Hæc in Vita sancti Ansgarii copiose descripta nobis abbreviandi [425] locum præbuerunt. Verum quod distinctio temporum ibi obscura est, pleraque ab aliis scriptis congruentia tempori mutuavimus [426]. Nunc ad cetera unde incepimus regrediamur [427].

20. ([19.] Cap. 15.) Interea Willericus, Bremensis episcopus, diocesim suam sollicite [428] circumeundo [429], gentiles baptizando, et fideles in Christo confortando, strenui [430] prædicatoris officium peregit. Ecclesias ubique in locis congruis per episcopium erexit [431], tres vero Bremæ, quarum primam, scilicet domum sancti Petri, de lignea lapideam fecit; et corpus sancti Willehadi exinde translatum in australi, quod fecit, oratorio recondidit. Quod etiam scriptor vitæ ejus noluit præterire (171). Narrant quoque [432] posteri hoc factum pro timore piratarum, qui propter virtutem miraculorum confessoris nostri corpus auferre maluerunt. Eodem tempore fertur beatus Ansgarius corpora sanctorum, quæ dono Ebonis archiepiscopi susceperat, trans Albiam deportasse, et corpus quidem sancti Materniani [433]

VARIÆ LECTIONES.

[385] athleta 3. 4. atleha 2.   [386] Witimaro 2. Vithmaro 3. Withmaro 4.   [387] cum *deest* 2. 3. 5.   [388] Sueciam 3.   [288] vero *deest* 4.   [390] Biorn 3. 4.   [391] Christo *deest* 1.   [392] Bute opidi 2. 2a.   [293] Herigarius Birce opidi præfectus credidit, quem 2. 3. 4.   [394] itemque 2. 3. 4.   [395] W. et Ebonem aliosque 5.   [396] noluisse 5.   [397] volantis 4.   [398] metropolim 3. 4.   [399] Suenum 1.   [400] conjacentibus in circuitu 2. 3. 4.   [401] eique 2. 3. 4.   [402] DCCCXXXIII. 4.   [403] qui e. L. i. XVIII. *desunt M. F.*   [404] Dragoue 5.   [405] Otgario 4.   [406] Hetti 4.   [407] diœcesis 3. 5.   [408] pallii 3. 5.   [409] donatione 5.   [410] ei 2. 5. 4.   [411] Turoltz 3. Turholt 4. *semper.*   [412] suæ *addit* 4.   [413] octingentesimo quarto 2. DCCCXXXIII. 4.   [414] lothewici 4. *sæpius.*   [415] XX. 5.   [416] Beatus autem A. 4.   [417] vero 2. 3. 4.   [418] se c. d. suis 4. cum d. suis se 5.   [419] etiam *addit* 4.   [420] archiepiscopus *addit* 4.   [421] quo et 4.   [422] seu 2. 3. 4.   [423] Gautherdum 2.   [424] vocarunt 3. cum *addunt* 2. 3. 4.   [425] adbreviandi 1. ad breviandum 3.   [426] mutavimus 1. 3.   [427] revertamur 2. 2a.   [428] solliciter 1.   [429] circuendo 4.   [430] strenui 3. sirenuum 5.   [431] per ep. congruis er. in locis 2. 5. 4.   [432] que 2. 5. 4.   [433] quidem Matrimani 5.

NOTÆ.

(163) Ibid. c. 9, 10.
(164) Ibid. c. 11.
(165) De Ebone v. ibid. c. 13, et infra cap. 31.
(166) Ibid. c. 12.
(167) Ibid. c. 13.

(168) Dat. 15 Maii a. 834.
(169) De hac bulla v. Cl. Dahlmannum l. l. et Hamburg. Urkundenbuch pag. 785-802.
(170) Vita S. Anskarii c. 15, 14.
(171) Anskarius in Vita S. Willehadi c. 11.

apud Heligonstat [434] (172) reposuit, Sixti [435] vero et Sinnicii [436], cum aliis [437] martyrum patrociniis, collocavit in urbe Hammaburg [beati vero Remigii cimilia cum decenti [438] honore (173) servavit Bremae] [439]. Willericus igitur clerum maximum collegit, de populo vero magnam ecclesiæ Bremensi hereditatem acquisivit. In diebus illis [440] Karolus elemosinam optulit Salvatori ad Bremensem ecclesiam centum mansos. Scriptum est in libro donationum tercio, capitulo 1, ubi etiam crebro versu hoc repetitur: *Sacrosanctæ basilicæ, quæ constructa est in honore sancti Petri apostoli, in loco seu villa publica nuncupato* [441] *Brema, ubi Willericus episcopus, servus servorum Dei, præesse videtur*. Qui obiit senex et plenus dierum anno Domini 857 [442], qui est annus Ludvici 26 [443] et penultimus (174). Sepultus [444] est in domo sancti Petri, in [445] parte altaris aquilonali [446] 4 Nonas Maii.

21. ([20.] Cap. 16.) Leudericus [447], ordine tercius, sedit annos, octo. Ejus annos cum pro certo scire nequimus [448], ex eodem libro traditionum didicimus [449], et Willerici diaconem [450] fuisse, et sedisse usque ad annum [451] Ludvici junioris sextum (175), capitulo 58 scriptum. Hunc etiam tradunt superbum fuisse; quod exinde conjici potest, quia se aliquando custodem aliquando pastorem Bremensis ecclesiæ gloriabatur [452].

22. In diebus illis sanctus pater noster [453] Ansgarius legationem sibi creditam viriliter [454] executus, apud Hammaburg novellæ plantationi insudavit, doctrina oris et opere manuum exercens [455] ecclesiam. Sæpe etiam monasterium Galliæ, quod dono A cæsaris possedit, Turbolz * visitans, fratribus ibidem Deo militantibus salutaris regulæ tramitem verbo exemploque monstravit. In quorum nobili contubernio jam tunc [456] a puero sanctus effulsit Rimbertus [457], quem sanctus pater Ansgarius adoptans in filium, prophetico spiritu, quo plenus erat, longe ante prædixit, illum suæ virtutis æmulum et in cathedra pontificali succedere, gratiaque meritorum in cælesti regno consortem fore (176). In qua re providentia omnipotentis Dei, quæ olim Heliæ substituit Helyseum, in Rimberto non fefellit Ansgarium.

23. ([21.] Cap. 17.) Interea Nortmanni [458] piraticis excursionibus usquequaque degrassati, Frisones [459] tributo subjiciunt (177). Eodemque [460] tempore per Rhenum vecti Coloniam obsederunt (178), B per Albiam vero Hammaburg incenderunt. Inclyta civitas tota aut præda aut incendio disperiit. Ibi ecclesia, ibi claustrum, ibi bibliotheca summo [461] collecta studio, consumpta est. Sanctus [462] Ansgarius, ut scribitur, cum reliquiis sanctorum martyrum vix [463] nudus evasit (179). Excidium Hammaburg hystoria Francorum non tacet (180), et privilegia Romanorum (181). Hoc, ut aiunt, factum est anno Ludvici senioris novissimo (182).

Tunc quoque Gaudbertus episcopus zelo gentilium a Sueonia depulsus [464], et Nithardus, capellanus ejus, martyrio coronatus est cum aliis (183). E exinde [465] Sueonia septennio caruit sacerdotali præsentia. Quo tempore Anundus [466] regno pulsus, in C Christianos persecutionem habuit [467]. Herigarius [468] Bircæ præfectus, christianitatem ibi solus sustenta

SCHOLIA.

* Schol. 6. Turbolz [469] monasterium est Flandriæ nobilissimum, insigne monachis [470], pro quo recuperando vetus querela est ecclesiæ nostræ pontificibus. Adelbertus [471] autem archiepiscopus ad eum finem perduxit negotium, ut dato concambio [472] quæstio removeretur; quod cæsar ex dux Flandriæ collaudabant [473]. (2. 2ª. 3. 4. 5.)

VARIÆ LECTIONES.

[434] Helingastad 2. Helingstad 3. Heiligandstad 4. [435] Xisti 2. 3. 4. [436] Siguini 2. Signini 3. [437] aliorum 2. 3. 4. [438] ingenti 4. [439] beati—Bremæ desunt 1. [440] suis 2. 3. 4. [441] nuncupata 2. 3. 4. [442] DCCCXXXIX 5. [443] XXV. 2. 3. 4. [444] sepultusque 2. 3. 4. [445] a 2. 3. 4. [446] aquilonari 5. [447] Ludvicus 2. [448] non possumus 2. 3. 4. [449] discimus 2. 3. 4. [450] diaconum 2. 3. 4. [451] annum deest 5. [452] Bremensis gregis gloriatur 2. 3. 4. [453] pater noster desunt 5. [454] utiliter 3. fideliter 4. [455] exercens frequenti errore scriptum pro; exserens sive exerens. [456] tum 3. 5. [457] Rembertus 5. sæpius. [458] Nordmanni 2. 3. 4. sæpius. [459] Fresones 2. 4. [460] eodem quoque 5. [461] summa 4. [462] autem addit 4. [463] vix deest 2. 3. 4. [464] repulsus 2. [465] inde 3. [466] Anud 1. Amundus 5. [467] movit persecutionem 4. [468] vero addit 4. [469] Turol 2ª. Thurholz 4. Turholz 5. Tulitur F. [470] nob. est mon. ins. 4. [471] Adalbertus 2ª. 4. [472] quoniambio 2. [473] Adelbertus — collaudabant desunt 5.

NOTÆ.

(172) Heiligensteten, villa Holsatiæ.
(173) *Cum decenti honore*. Ita et l. II, c. 59, 64; l. III, c. 70; l. IV, c. 44.
(174) Qui annus vero est 859. Secundum Annales Corbeienses Willericus obiit anno 858.
(175) *Sextum* sc. ex morte patris Ludovici Pii, hoc est 845. Annalista Saxo et Chronogr. Sax. ad a. 849 annum sextum ex anno pacis Verdunensis computant.
(176) V. Vitam S. Rimberti c. 5, 6.
(177) De tributo per Nordmannos a Frisis exacto v. Prud. Trec. a. 857, coll. 836, 847. Ruodolf. Fuld. a. 845.
(178) Annus hic non constat. Nam ea quæ Annal. Colonienss. brevissimis a. 836 tradunt de Nordmannis D Coloniæ occisis, intelligenda sunt de legatis Nordmannorum, ut patet ex Prudent. Trecens. Ann. h a. Fortasse tamen illa expeditio Nordmiannorum contra Coloniam fuit in hujus cædis vindictam haud multo post suscepta.
(179) Vita S. Anskar. c. 16.
(180) Ætate posteriora videntur esse quæ refert Ruodolphus Fuldens. a. 845, coll. Prudent. Trec. h. a., ubi vero cavendum ne quæ de urbe Sclavorum per Saxones capta refert, de Hamburgo male intelligas.
(181) Privilegia Ramesloensia mox laudanda.
(182) Sc. die 20 Jun. 839-840.
(183) Ex Vita S. Anskar. c. 17.

vit. Qui etiam tantam gratiam fidei meruit, ut potentia miraculorum et exhortatione doctrinae multa paganorum milia salvaret [474]. Scriptum est [475] in actibus beati Ansgarii (184).

24. ([22.] Cap. 18. 840.) Anno Leuderici Bremensis episcopi 3° Ludvicus imperator obiit. Regnum [476] in contentione remansit, multa inter fratres discordia, bellum maximum in quo, ut historici testantur [477], omnes vires Francorum consumptae sunt (185). Discordiae incentor [478] Ebo, qui et supra filios in patrem armaverat, et nunc fratres intestina seditione concitaverat, proinde conspirationis [479] accusatus, a papa Gregorio depositus est [480]. Sed aliis hoc criminantibus, aliis recte [481] factum astruentibus (186), veritatem nos in medio relinquemus (187), praesertim cum a sancto patre nostro Ansgario ea dilectione, qua [482] ab initio secum habuit, usque in finem habitus fuerit. Lege in vita ejus [483] (188), et in capitulo Rhabani [484], de fama Ebonis ambigua (189). Tandem mediante papa Sergio, pax inter fratres convenit, regnumque divisum est in tres partes, ita ut Lotharius major natu cum Italia Romam, Lotharingiam cum Burgundia possideret, Ludvicus [485] Rhenum cum Germania regeret, Karolus Galliam, Pippinus Aquitaniam [486]. Hac inter fratres sortita [487] divisione, Turholz monasterium in partem concessit [488] Karoli, et sic [489] alienatum est a jure sancti Ansgarii [490] (190).

25. ([23.] Cap. 19.) At ille in paupertate sua Deum glorificans, verbum Dei, cujus legatione functus est, tam suis, quam alienis infatigabiliter seminavit. Unde contigit ut praedium, quod Ramsolam [491] (191) dicitur, a quadam venerabili matrona susceperit, nomine Ikia [492]. Hic [493] locus in episcopatu Ferdensi positus, ab Hammaburg disparatur

A tribus rastis [494]. Ibi sanctus Dei cenobium constituens, reliquias sanctorum confessorum Sixti [495] et Sinnicii locavit, et alia patrocinia, quae ab Hammaburg portavit fugiens. Ibi [496] gregem profugum collegit et depulsos [497] a gentilibus [498] socios retinuit in eo portu. Ab eo [499] loco Hammaburgensem ecclesiam visitans, Nordalbingos in fide reformavit [500], quos ante [501] persecutio turbavit. Tum [502] quoque ne legatio gentium sua quapiam tarditate frigesceret, praedicatores misit in Daniam; Hartgarium [503] vero heremitam direxit in Sueoniam (192). Fertur etiam Bremam venisse, verum [504] ab episcopo [505] loci, qui doctrinae ac virtutibus ejus invidit, depulsum esse.
Post haec Leudericus, Bremensis episcopus, obiit, et sepultus est in ecclesia sancti [506] Petri ab australi

B parte altaris. Decessit autem nono [507] Kal. Septembris (193), et [508] ecclesia diu viduata permansit.

26. ([24.] Cap. 20.) Tunc Ludvicus Pius (194), caesar inclytus, Hammaburgensis ecclesiae desolationem miseratus, venerabili Ansgario contulit Bremensem episcopatum. At ille quamvis canonum decreta non ignoraret, quibus cautum est, ut episcopus, qui a sua civitate persecutionem passus expellitur, in alia vacante recipiatur (195), tamen ne pro invidia ceteri scandalizarentur, caesari super hac re diu restitit; postremo sicut [509] absque fratrum querela fieri posset, tum [510] solummodo consensit [511]. In vita nostri antistitis (196) haec plenissime describuntur obscure vero notatur tempus, quod liber donationum significat apertius : anno scilicet Ludvici secundi

C nono domnum Ansgarium ab Aldrico [512] clerico et [513] comite Reginbaldo (197), legatis caesaris, ductum in episcopatum. Scripta sunt in [514] libro III°, capitulo 20. Sed et in Vita ejus haec : *Multum*, inquit, *temporis fluxit, ex quo beatus Ansgarius Bremensem*

VARIAE LECTIONES.

[474] salvarit 2. 3. [475] itaque 4. [476] que *addit* 4. [477] historia testatur 2. 3. 4. [478] inventor 3. [479] concitaverat : conspirationis crimine 4. [480] deponitur 4. [481] hoc 4. [482] quam 2. 3. 4. [483] ipsius 4. [484] Raban 2. Rhaban 3. Rabani 4. [485] lothewicus 4. [486] acciperet *addit* 4. [487] regni *addit* 2. 3. 4. [488] cessit 2. 4. [489] sicque 4. [490] Turholtz monasterium in Flandria situatum abalienatur ab ecclesia Hammaburgensi, *Nota hic apud Velleum marginalis, apud Lindenbrogium scholii loco legitur; deest* 2. 4. [491] Ramsola 3. Ramsolam M. F. [492] Ibia conjecit Vell. [493] qui 4. [494] nisit. d. r. 5. [495] Xisti 5. [496] ubi et 4. [497] depulsosque 4. [498] a gentibus 5. [499] ergo *addit* 4. [500] confirmavit 3. [501] antea 2. 3. 4. [502] tunc 4. [503] Hargarium 2. Heregarium 3. [504] atque 2. 3. 4. [505] ipsius *addit* 4. [506] beati 4. [507] VIII. 3. [508] et *deest* 2. 3. [509] si 2. 3. 4. [510] tunc 4. [511] concederet 4. [512] Abdarico 3. [513] et *deest F*. [514] scriptum est in 2. 3. scriptum 4.

NOTAE.

(184) Ibid. c. 19.
(185) Sunt fere verba Reginonis ad a. 841.
(186) *Astruere*, hoc est *asseverare*.
(187) *Alii... alii... Nos eam rem in medio relinquemus*, Sallust. Catil. cap. 15.
(188) Vita S. Anskar. cap. 21.
(189) Rabani fortasse epistola ad Heribaldum, cap. 34. Vide Archiv. t. VI, p. 796.
(190) Videtur noster hic divisionem regnorum a fratribus tribus, quibus Pippinum, patruelem eorum, falso annumerat, factam anno 842, med. Jun, indigitare. Sergius I vero nonnisi anno 844 in sedem papalem sublimatus est.
(191) Omnia quae de monasterio Ramesloh hic narrantur, desunt apud Rimbertum. Vide etiam diplomata Ludovici imp. a. 842, Jun. 8; Nicolai papae a. 864, Jun. 1, et quae annotavimus in Hamburg. Urkundenbuch t. 1, n. 10 et 16.
(192) Vita S. Anskarii, c. 19.
(193) Obiisse videtur anno 845.
(194) Quem nos vocamus Germanicum. Ita et infra c. 40.
(195) Vid. Ansgarium in Vita S. Willehadi, cap. 6, et Gregorium I papam in epist. l. II, ep. 25 (= C. 7, quaest. 1, canon. 42).
(196) Cap. 22.
(197) Comes Ragambaldus fortasse ille qui in charta Hludowici imperatoris anno 857 monasterio Anianensi data missus audit. Quam vide apud Bouquet, l. l. t. VI, p. 616.

episcopatum suscepit, antequam hoc a papa Nikolao [515] firmaretur [516] (198).

27. ([25.] Cap. 21.) Sanctus itaque Ansgarius receptis [517] Bremis, annos 18 sedit. Nam antea in Hammaburgensi cathedra praefuit annis 16 [518], qui fiunt simul 34. Hoc regalis munificentiae dono confessor Dei valde [519] gavisus, in Daniam festinavit. Ubi regem Danorum [520] Horicum inveniens, christianum reddidit. Is [521] statim ecclesiam in portu maritimo erexit apud [522] Sliaswig [523], data pariter licentia, ut quisquis [524] vellet in regno suo, christianus fieret. Infinita gentilium credidit multitudo. De quibus hic in libris hoc [525] memoriale relictum est plures, ut aqua baptismi [526] loti sunt, ab omni corporis infirmitate liberatos (199).

28. ([26.] Cap. 22.) Quibus rebus ex voto completis, dum adhuc sanctus Dei pro gente Sueonum aestuare coepisset, cum Gaudberto episcopo consilium habuit, quis eorum laudabile pro Christo periculum subiret. At ille periculum sponte declinans, Ansgarium potius, ut iret, rogavit [527] (200). Extimplo [528] atleta [529] intrepidus Horici [530] regis missum rogavit atque sigillum (201), et a litore Danorum transfretans in Sueoniam pervenit, ubi tunc rex Oleph [531] apud Bircam generale populi sui habuit placitum. Quem, praeveniente misericordia Dei, ita placatum invenit, ut ex [532] ejus imperio et populi consensu et jactu sortis et ydoli responso ecclesia ibidem fabricata et baptismi licentia omnibus concessa sit. His etiam ex sententia finitis; ewangelista noster ecclesiam Sueonum Erimberto commendavit presbytero et rediit. Quae in Vita sancti Ansgarii latissima gestorum narratione [533] descripta (202), nos brevitate nitentes amputavimus. Et nisi fallit [534] opinio, prophetia [535] Ezechielis de Gog et Magog convenientissime hic impleta videtur. *Et mittam* [536], inquit Dominus, *ignem in Magog, et in his qui habitant in* A *insulis confidenter* (Ezech. xxxix, 6). Aliqui haec et talia de Gothis, qui Romam ceperant, dicta [537] arbitrantur (203). Nos vero considerantes Gothorum p[r]i[m]os in Sueonia regnantes, omnemque hanc regionem passim in insulas dispertitam esse (204), prophetiam opinamur eis posse commodari [538] cum praesertim multa praedicta sint a prophetis, quae nondum videntur impleta [539].

29. ([27.] Cap. 23.) Interea quaestio magna surrexit in regno Francorum de Bremensi episcopatu, ad invidiam [540] Ansgarii conflata. Ea contentio diu per regnum [541] gravi et ancipiti dissensione [542] profligata [543], multis partium studiis collidebatur [544]. *Tandem orthodoxus caesar Ludvicus, compositis hinc inde contradicentium voluntatibus, praecipue B Guntharii, Coloniensis archiepiscopi, cujus suffraganea prius erat Brema, super his Romam nuncios [545] direxit ad sanctissimum papam Nikolaum. Ille [546] quod necessitas ecclesiastica persuasit, et quod Patrum conciliis rationabiliter [547] fieri posse comprobatum est, facile consensit. Ergo Bremensem ac [548] Hammaburgensem episcopatum auctoritate apostolica copulari, et deinceps [549] sanxit pro uno haberi. Cujus rei privilegia diligenter adhuc [550] conservantur in Bremensi [551] ecclesia. In [552] quibus etiam additum est, quod idem papa Nykolaus tam ipsum Ansgarium, quam successores ejus legatos et vicarios apostolicae sedis constituit in omnibus gentibus Sueonum [553], Danorum atque Sclavorum (205); quod et antea Gregorius papa concessit. Igitur Bremensis atque [554] C Hammaburgensis [555] parrochiae coadunatio facta est ultimo tempore sancti Ansgarii. Vita ejus annum non ponit, praeceptum autem regis ponit annum regni vicesimum primum; privilegium papae notat annum Domini 858, qui est ab ordinatione archiepiscopi vicesimus nonus [556].

30. ([28.] Cap. 24.) Post haec scribitur in Vita

SCHOLIA.

ˢ Schol. 7. Concilium adunationis [557] factum est Wormatiae praesente cum episcopis caesare [558], sicut privilegium testatur. (2. 4.)

VARIAE LECTIONES.

[515] Nicholao 4. [516] confirmaretur 3. [517] receptus 5. [518] antea annos XVI. *cui superscriptum est* : XV. 1. [519] valde *deest* 1. [520] regem Ericum 3. *in margine cod.* 2 : Ericus Danorum regem (sic) baptizatur. [521] etiam 3. [522] aput 2. *saepius*. [523] Slasuich 3. Sleswich 2. Sliasuvig 5. [524] quisque 5. [525] quibus hoc in libris 2. 3. 4. [526] baptisma 4. [527] sanctum p. u. i. r. Ansgarium 4. [528] extemplo 3. 5. [529] Dei *addit* 2. 2ᵃ. [530] Herici 3. Erici 2. [531] Olaph 3. [532] ex *deest* 5. [533] narratio 3. 4. [534] ni fallat 4. [535] prophetiae 5. [536] Emittam 2. 3. 4. [537] dictum 3. [538] commendari 1. accommodari 5. [539] necdum v. completa 2. 3. 4. [540] beati *addit* 4. [541] invidiam — regnum *desunt* 4. [542] dissessione 5. [543] configata 2. [544] collidebantur 4. [545] nuncios *deest* 1. 2. 3. *In originali lacuna videtur fuisse, cui auctor nomen Salomonis, Constantiae episcopi, inserere voluit.* [546] vero *addit* 4. [547] rationabiliter *deest* 4. [548] et 3. [549] deinceps *deest* 5. [550] adhuc *deest* 3. [551] Bremense 4. [552] In *deest* 3. [553] Danorum, Sueonum 3. 4. [554] et 3. [555] hammenburgensis 4. [556] XXVIII. 4. [557] unionis 4. [558] caes. c. ep. 4. 5.

NOTAE.

(198) Vita S. Anskarii, cap. 23 fin.
(199) Vita S. Anskarii c. 24.
(200) Ibid. c. 25.
(201) Ita interpretatur Adamus quod l. 1, c. 26 signum vocatur.
(202) Vita S. Anskarii c. 26-28.
(203) Isidor. Chron. Gothorum ed. H. Grotii pag.

D 708. Conf. Nennii Historiam Britonum, cap. 12.
(204) Vita S. Anskarii, cap. 25.
(205) V. bullam Nicolai papae de an. 858, et Vitam Anskarii cap. 23. Utrobique in antiquioribus saltem codicibus verba, quae Adamus dicit addita, desunt.

beati [559] antistitis [560], qualiter in Daniam veniens A juniorem Horicum [561] in regno repperit. Cui tempori congruit hystoria Francorum, quæ sic de Danis meminit : Nortmannos per Ligerim Thurones [562] succendisse (206), per Sequanam Parisios obsedisse (207), Karolum timore compulsum terram eis dedisse ad habitandum [563] (208). Deinde Lotharingia [564], inquit, vastata, et subacta Fresia,

In sua victrici conversos viscera dextra (209).

Contendentibus namque ad invicem Gudurm [565], principe Nortmannorum, cum patruo [566], scilicet rege Danorum Horico, tanta cæde utrique [567] mactati sunt, ut vulgus omne caderet, de styrpe autem [568] regia nemo omnium remaneret, præter puerum unum, nomine Horicum [569] (210). Iste [570] mox B ut regnum Danorum suscepit, ingenito furore super christicolas efferatus, sacerdotes Dei expulit et ecclesias claudi præcepit (211).

31. Ad quem sanctus Dei confessor Ansgarius venire non trepidans, comitante [571] gratia divina, crudelem tyrannum sic placatum reddidit [572], ut christianitatem ipse susciperet, suisque omnibus, ut christiani fierent, per edictum mandaret [573], insuper et [574] in alio portu regni sui apud Ripam extrueret [575] ecclesiam (212), in Dania secundam. [29.] Et his ecclesiastico ordine compositis, beatus pastor [576] noster ecclesiam illam Rimberto commendavit presbytero (213), et reversus est ad Hammaburg, ubi [577] de venditione christianorum Nordalbingos correxit (214). Inde [578] Fresos adiens, castigavit eos pro labore dominici diei; pertinatius vero agentes igne cœlesti multavit [579] (215); et alia, quæ antiquis miraculis non imparia leguntur in Vita ejus.

32. Et quoniam totum ejus studium [580] erat pro salute animarum, si quando a prædicatione gentilium foris liber erat, domi congregationum suarum curam egit. Quarum primam, quæ ab Hammaburg olim barbarica incursione depulsa est, ipse, ut præ-

A diximus, ad Ramsolas transtulit. Secundam in Bremis habuit sanctorum virorum, qui habitu quidem usi canonico, regula vivebant monastica usque ad nostri fere temporis ætatem. Terciam sanctarum virginum congregationem in Birxinon [581] (216) adunavit. Ubi devota Christi matrona Liutgart [582] totum patrimonium suum offerens cœlesti sponso, magnum chorum castitatis suo ducatu nutrivit. [50.] Ad curam autem pauperum et susceptionem peregrinorum multis locis hospitalia præparavit. Unum autem vel [583] præcipuum habuit Bremæ, ubi [584] per se ipsum cotidie veniens, infirmis non erubuit ministrare. Quorum plurimos dicitur verbo vel tactu sanasse [585].

33. (Cap. 25.) Ipse retranstulit [586] corpus sancti B Willehadi in matricem ecclesiam beati Petri apostoli [ab illo australi oratorio, quo deportatum est a Willerico [587]]: Et tunc facta sunt illa miracula, quæ per merita sancti Willehadi populo ostensa sunt ab anno Domini 861, qui est [588], ab ordinatione archiepiscopi [589] 30. Ipse enim qui transtulit, et vitam et miracula ejus singulis libris comprehendit.

34. Sique temporum seriem diligenter computemus, ipsum est tempus quo in Saxoniam translatio sancti Alexandri contigit (217). In qua illud memorabile videtur confessorem nostrum cum advena martyre certasse, quis eorum videretur esse major et in gratia sanitatum populis acceptior. Einhardus [590] in gestis Saxonum hæc dulci calamo prosequitur.

C 35. ([31.] Cap. 26.) Interea beatus Ansgarius captivos redimendo, tribulatos refovendo, erudiendo domesticos, barbaris [591] evangelizando, foris apostolus, intus monachus, nunquam legitur ociosus. Nec solum erga suos, verum et [592] alios [593], quomodo viverent, sollicitus. Episcopos etiam tam voce quam litteris, ut vigilarent supra [594] dominicum gregem, hos arguit, illos obsecravit. At vero regibus Romanorum pro sua legatione, regibus Danorum

VARIÆ LECTIONES.

[559] sancti 3. [560] antistis 4. [561] Ericum 3. 5. semper. [562] Turones 3. Turonos 2. 4. [563] ad inhabitandum d. 4. [564] Lothoringia 4. habitandum Lotharingiam. Deinde 3. [565] Gudurin 2. 3. 5. Guthorm M. [566] suo addit 4. [567] utrinque 2. 3. [568] vocabulum bis scripsit 4. [569] Hericum 3. Ericum 2. ubi in margine legitur: Dani secunda vice semetipsos sternunt. [570] Qui 4. [571] secum addit 5. [572] crudelem — reddidit desunt 1. [573] mandarit 3. Additur hic in margine cod. 2 : Ericus Dani eorum regem (sic!) tercius baptizatur. [574] et insuper 3. et deest 2. 5. [575] exstrueret 2. exstruxerit 3. [576] pater 3. [577] Inde Hammaburg reversus, de 4. [578] Unde 4. [579] mulctavit 2. 3. [580] studium ejus 2. 3. 4. [581] Birzinon 2. Luxxinon 2ᵃ. Luximon 3. Brixinon 4. Briximon 5. [582] Liutgaard 3. Hudgard 2. Liutgard 4. Lutgard 5. [583] quod 5. [584] quo 4. [585] plurimos v. v. t. sanavit 4. [586] transtulit M. F. [587] Uncis inclusa desunt 4. [588] annus add. 2. 3. 4. [589] episcopi 3. [590] Einardus 2. Eginhardus 3. [591] barbaros 2. 3. 5. [592] verum etiam 5. verum etiam erga 2. 2ᵃ. verum erga 4. [593] alienos 2. 3. 4. [594] super 5.

NOTÆ.

(206) Ruodolf. Fuld. an. 855. D (214) Ibid. c. 38.
(207) Prudent. Trecens. an. 857. At conf. Archiv. (215) Ibid. c. 37.
t. VI, 775. (216) Bassum in comitatu Hoya; dictum Biresinun
(208) Ann. Fuld. an. 850. in charta Ottonis regis I, d. 937, Jun. 30.
(209) Lucan. Pharsal. 1, 3. (217) Conf. Vitam S. Willehadi Translat. S. Alexandri, ubi tamen illam translationem contigisse anno 851 ex Annalibus Xantensibus h. a. est demonstratum.
(210) Ruodolf. Fuld. an. 854.
(211) Vita S. Anskar., c. 31.
(212) Ibid. c. 52.
(213) Ibid. c. 53.

pro christiana fide crebro mandavit. Extant epistolæ ejus plures hujusmodi. Unam vero, quam scribit omnibus episcopis de sua legatione, quam ab Ebone orsam asserit, ita [595] claudit : *Deprecor, inquiens [596], ut apud Deum intercedatis, quatinus [597] hæc legatio crescere et fructificare mereatur in Domino. Jam enim Deo Propitio et apud Danos et apud Sueones fundata est Ecclesia Christi, et sacerdotes absque prohibitione proprio funguntur officio. Omnipotens Deus faciat vos omnes hujus operis pia benivolentia [598] participes, et in cœlesti gloria Christi coheredes* (218).

36. (Cap. 27.) Supervixit autem [599] post illam plenariam Hammaburg et Bremæ copulationem annos septem. Sedit [600] omnes annos 34. Cujus depositio summa veneratione colitur 3. Non. Februarii. Obiit [601] anno Domini 865. indictione 13, qui est Ludvici secundi 26, sepultusque est in basilica sancti Petri ante altare sanctæ Dei genitricis Mariæ. Eadem [602] die, qua ipse commendatus est, Rimbertus, diaconus [603] ejus, a clero simul et populo electus est. Qui etiam vitam sanctissimi [604] patris veridico sermone describens, more beati Johannis quasi de alio scribens, innuit se fidissimum [605] ejus discipulorum (219) testimonium perhibere sanctitati, quam cognoverat in viro Dei. Hunc librum ille ad fratres cœnobii direxit Novæ Corbeiæ (220), beatificans illos, quod talem miserint, et nobis congratulans, quod talem suscipere meruimus pastorem.

57. ([52.] Cap. 28.) Sanctus Rimbertus sedit annos 25 [606]. Annos ejus et [607] obitum decessoris sui repperimus [608] in quodam compoto [609] a Corbeia delato (221). Ceterum Vita ejus a fratribus ejusdem cœnobii ad nostros [610] data, quis fuerit et qualiter vixerit, breviter et dilucide comprehendit. *Mox*, inquit, *ut electus est, a Theoderico [611], Mindensi episcopo, et Adalgario, abbate Corbeiensi [612] jussu cæsaris Mogontiam [613] ductus est. Ubi a clarissimo pontifice Liutberto [614] consecratus, Corbeiam venit, vestemque* A *suscepit cum professione monastica. Cui Adalgarius abba [615] germanum et æquivocum suum concessit. Adalgarium* (222). *Qui postea et socius prædicationis, et meruit heres [616] esse dignitatis. Pontificale pallemn [617] suscepit a papa Nicolao [618], ferulam pastoralem a cæsare Ludvico, sicut in privilegiis* (225) *dinosci [619] potest. Quæ autem secuntur [620], ex libro Vitæ [621] ejus decerpsimus [622] capitulo [623]* 16.

58. ([35.] Cap. 29.) *Præterea legationis suæ officium, quod ad prædicandum gentibus verbum Dei primitus a decessore suo susceptum est, et postmodum sibi iure successionis quasi hereditarium provenit, impigre executus est. Ipse quidem per se, quotiens [624] occupationes aliæ sinerent [625], eidem legationi insistens, semper autem [626] constituens habens presbyteros,* B *per quos ad verbum Dei gentiles audirent et solatium captivi christiani haberent, ad ecclesias inter ipsos paganos longe constitutas [627], quodque gravissimum erat, marinis discriminibus adeundas. Quæ discrimina ipse frequentius sustinens, cum apostolo sæpe naufragium pertulit, sæpe etiam [628] alia pericula sustinuit, spe futuræ beatitudinis omnia præsentis vitæ [629] aspera leniens, illudque apostolicum continua meditatione revolvens: non sunt condignæ passiones hujus temporis ad futuram gloriam, quæ revelabitur in nobis* (Rom. VIII, 18).

59. (Cap. 30.) Qui reges Danorum suo tempore fuerint, non invenitur in gestis ejus. In hystoria Francorum Sigafrid cum fratre Halpdani [630] regnasse C leguntur [631]. Qui etiam munera Ludvico cæsari miserunt, gladium videlicet capulo tenus aureum et alia [632], pacem rogantes, et missis utrinque ad Egdoram fluvium mediatoribus, pacem firmam ritu gentis per arma juraverunt (224). Erant et alii reges Danorum vel Nortmannorum, qui piraticis excursionibus eo tempore Galliam vexabant. Quorum præcipui erant Horich [633] (225), Orwig [634] (226), Gotafrid [635] (227), Rudolf [636] (228) et Inguar tyranni. Crudelissimus omnium fuit Inguar, filius Lodpar-

VARIÆ LECTIONES.

[595] et ita 1. [596] inquit 2. 3. 4. [597] quatenus 2. 5. 3. [598] benevolentia 3. 5. [599] sanctus Ansgarius *adait* 4. [600] autem *addit* 4. [601] ergo *addit* 4. [602] vero *addit* 4. [603] thaconus 2. [604] sancti 4. [605] fidelissimum 2. 5. 4. [606] XX annos 4. [607] ejus *deest* 2. 3. 4. [608] reperimus 2. 3. 4. [609] compoto 2. 3. 4. [610] nostra 1. [611] Theoderico 4. [612] Corbiensi a. 4. [613] Moguntiam 3. [614] Liuberto. 3. Lutherto 4. Hyberto 2. [615] abbas 2. 5. 4. [616] heres meruit 2. 3. 4. [617] Pallium pontificale 2. 3. [618] Nicholao 4. sæpius. [619] dignosci 3. 5. [620] sequuntur 3. 4. [621] vita 4. [622] discerpsimus 5. excerpta sunt 4. [623] capitulum 1. [624] quoties 5. [625] sineret 1. 3. [626] autem *male deest* 1. [627] constitutos 5. [628] et 1. 3. [629] *deest* 4. [630] Haldain 2. Haldan 3. 4. [631] legitur 4. [632] multa *addit* 4. [633] Herich. 2. Horig 5. [634] Ordwig 2. 4. Orduig 3. Ordivig 5. [635] Gothafrid 2. Godafrid 5. [636] Rodulf 2. 4. Rodulff 3.

NOTÆ.

(218) V. Hamburg. Urkendenbuch, n. 17.
(219) Ex Vita Rimberti c. 9.
(220) Potius Veteris Corbeiæ. Conf. Vitam S. Ansk. c. 1, 6.
(221) V. Annales Corbeienses.
(222) Vita S. Rimberti c. 11 et 12.
(225) Privilegium Nicolai I papæ. Vide Hamburg. Urkundenbuch, n. 19.
(224) Ann. Fuld. a. 873.
(225) Horich Nordmannus hoc tempore in anna-

D libus non apparet, sed Rorich, Herioldi filius, etiam dictus Nordmannus.

(226) Orwig seu Ordwig nobis ignotus. Fortasse sub hoc nomine latet Eriveus Brito, qui Rorico se junxerat. V. Hincmar. Remens. a. 865, 866.

(227) Gotafrid ille occisus a. 885. V. Reginon. h. a.

(228) De Rudolfo, filio Heriolidi. V. Hincmar. Remens. a. 864, 872, 873. Annal. Fuldens. a. 872, Annal. Xantens. a. 873, ubi *Ruodoldus* audit.

chi [637], qui christianos ubique per supplicia necavit (229). Scriptum est in gestis Fancorum [638].

40. ([54.] Cap. 51.) Anno domni Rimberti 12 (an. 876) Ludvicus pius, cæsar magnus, obiit (230). Ipse Boemanos [639], Sorabos, Susos (231) et ceteros Sclavorum populos ita perdomuit, ut tributarios efficeret (232). Nortmannos autem fœderibus ac bellis compressos eo modo retinuit, ut cura Franciam totam vastaverint, regnum [640] ejus vel [641] minime nocuerint. Post mortem vero imperatoris Effera barbaries laxis [642] regnabat habenis.

Et quoniam Dani cum Nortmannis Hammaburgensi ecclesiæ pastorali cum subjecti sunt, præterire nequeo quanta mala per eos Dominus illo tempore fieri permiserit, et quam late pagani super christianos extenderint potentiam suam. Quæ omnia lamentabiliter scripta sunt in hystoria Francorum et in [643] aliis libris. Tunc Saxonia vastata est a Danis vel Nortmannis. Brun [644] dux occisus cum aliis 12 comitibus, Thiadricus [645] et Marewardus [646] episcopi obtruncati. Tunc Fresia depopulata [647] (233), Trajectum civitas excisa (234). Sanctus Rahbodus [648], urbis episcopus, cedens persecutioni, Davantriæ [649] sedem constituit, ibique consistens anathematis gladio [650] paganos ultus est (235). Tunc piratæ Coloniam et Treveros (236) succendunt [651]. Aquisgrani palatium stabulum equis suis fecerunt (257). Mogontia vero propter metum barbarorum instaurari cœpit (238). Quid multa? urbes cum civibus, episcopi cum toto grege simul obruti sunt; ecclesiæ illustres cum fidelibus incensæ sunt. Ludvicus noster [652] cum paganis dimicans victor extitit, et mox [653]

A obiit (239). Luthewicus Franciæ [654] victor et victus occubuit (240). Hæc tragœdico planctu scripta in annalibus cesarum (241) nos propter mentionem Danorum perstrinximus.

41. (Cap. 32.) Quid autem dicimus interim fecisse [655] nostrum archiepiscopum? Require in gestis ejus capitulo 20. *Ad redemptionem*, inquit, *captivorum cunctis pene [657] quæ habebat expensis, cum multorum adhuc apud paganos detentorum miserias cernere cogeretur* [656], *etiam altaris vasa impendere non dubitavit* (242). Dicens cum beato Ambrosio: *Melius est animas Domino, quam aurum servare*. Preciosa ergo sunt illa vasa, quæ animas de morte redimunt [658].

[55] Cap. 33.) Nec incongruum videtur, quoniam de persecutione diximus, quæ tunc late in ecclesias

B efferbuit [659], grande miraculum per merita sancti Rimberti Fresonibus ostensum tangere; quod scriptor gestorum ejus nescio cur prætierit. Sed Bovo [660], Corbeiæ abba [661], de sui temporis actis scribens [662], non reticuit dicens: *Cum modernis temporibus gravis barbarorum irruptio in omni pene regno Francorum immaniter debaccharetur* [663], *contigit etiam eos divino judicio ad quendam Frisiæ [664] pagum devolvi, qui in remotis ac mari magno vicinis locis situs, Nordwidi [665] appellatur* [666]. *Hunc igitur* [667] *subvertere aggressi sunt. Erat* [668] *illic eo tempore venerabilis episcopus Rimbertus; cujus adhortacionibus et doctrinis confortati et instructi christiani, congressi sunt cum* [669] *hostibus, et prostraverunt ex eis*

C *10577, pluribus insuper dum fuga* [670] *præsidium quærunt, in transitu fluviorum necatis* (243). Hæc ille scripta reliquit [671] (244). Cujus rei miraculo [672] us-

SCHOLIA.

Schol. 8. Aquisgran. palatium usque ad tempus Ottonis per annos 80 vastatum [673] permansit, quod destruxerat Ordwigh [674] princeps. (2. 3. 4.)

VARIÆ LECTIONES.

[637] Lodbrogi *emendat M.* [638] tyranni. Scriptum... Francorum. Crudelissimus... necavit 2. 3. 4. [639] Boemenos 2. Boemanos 4. [640] regno 3. 5. nunquam regnum 2. [641] vel *deest* 3. [642] ruptio *Crantzii Metrop. L. II. c.* 5. [643] in *deest* 3. [644] Bruno 2. *ubi in margine legitur*: Dani Saxoniam vastant. [645] Tindricus 4. Tiadericus 5. Theodericus 2. [646] Marwardus 2. Marquardus 3. 4. [647] *est add*. 2. 3. 4. [648] Rahodus 2. Rahtbodus 3. [649] Davandriæ 2. [650] in *add*. 2. [651] incendunt 2. 3. 4. [652] imperator 4. [653] paulo post 4. [654] rex *addit* 4. [655] fuisse 2. 4. [656] pene *deest* 1. [657] multos, a. p. detentos miserabiliter cerneret 4. [658] redimant 1. [659] late eff. ecclesiis 4. [660] Bonno 3. Bono 5. [661] Corbeiensis abbas 2. 3. Corbeiensis a 4. [662] scribens *deest* 1. [663] debaccharet 1. [664] Fresie 4. *et ita deinceps*. [665] *est; add*. 2. 3. 4. Nordwide 4. Norduich 3. [666] appellant 3. hunc appellant 2. 4. [667] Quem 4. [668] cnimaddit 4. [669] cum *deest* 3. [670] fuge 2. 4. [671] reliquid 1. [672] miracula 1. [673] vastum 2. [674] Ordwig.

NOTÆ.

(229) De Inguaro s. Ingwar tyranno. V. Æthelwerdi Chron. a. 867, 870. Vitam S. Edmundi. Florent. Wigorn. a. 870.
(230) Ann. Fuld a. 876. Conf. supra cap. 26 not.
(231) Vulgo Siusli dicuntur.
(232) V. Annal. Fuldens. a. 869, 874.
(233) *Saxonia — depopulata*. Conf. Ann. Fuld. a. 880.
(234) De Trajecto (*Mastricht*, non *Utrecht*, ut Adamus putavit), Colonia et Aquensi palatio. V. Ann. Fuld. a. 881.
(235) Radbodus nonnisi anno 899 episcopus Trajectensis factus est. V. Chronic. Reginon. h. a. Obiit Daventriæ anno 919.
(236) De Treveris v. ibid. a. 882. P. IV et V.
(237) At de capella in Aquis palatio agunt chartæ

D Caroli Crassi a. 887 et Arnulfi regis a. 888. In ipso palatio datæ sunt chartæ Zwentiboldi regis anno 896 et Henrici regis anno 950.
(238) De Moguntia restaurata v. ibid. p. III, a. 882.
(239) Ibid. a. 881, 882, Jan. 20, quo die Ludovicus III obiit.
(240) Ludovicus III, rex Franciæ, obiit a. 882, Aug. 5. Conf. Reginon. a. 885, *quem nimio planctu lamentati sunt*.
(241) Annal. Fuld. p. IV, a. 884, de Pannonia vastata agentes inserunt hexametrum:
Hic patriæ planctus, simul et miserabile funus.
(242) Ex Vita S. Rimberti, c. 17.
(243) Conf. Ann. Fuld. p. IV, a. 884.
(244) Sc. Rimbertus, cujus epistola ad Liuthertum, archiepiscopum Moguntinum, super hoc prælio

que hodie merita sancti Rimberti penes Fresones [675] A 22) (248). Præcipuam vero curam habuit [691] in eleegregia, et nomen ejus singulari quodam gentis mosinis pauperum et in redemptione captivorum cultur desiderio, adeo ut collis in quo sanctus ora- (249). Unde quadam vice, cum venisset ad partes vit, dum pugna fieret, perpetua cespitis viriditate Danorum, ubi ecclesiam novellæ Christianitati connetetur. Nordmanni plagam, quam in Frisia recepe- structam habebat in loco qui dicitur Sliaswig [692], runt, in totum imperium ulturi, cum regibus Siga- vidit multitudinem Christianorum catena trahi cafrido [676] et Gotafrido per Rhenum et Mosam et ptivam. Quid multa? Duplex ibi miraculum operaScaldam fluvios Galliam invadentes, miserabili cæde tus est. Nam et catenam oratione dirupit, et captiChristianos obtruncarunt, ipsumque regem Karo- vos equo suo redemit. Capitulo [693] gestorum ejus lum bello petentes, ludibrio nostros habuerunt (245). nota [694] 18.
In Angliam [677] quoque miserunt unum ex sociis 44. ([37.] Cap. 56.) Et quia vastacio NortmannogrHalpdani[678], qui dum ab Anglis occideretur, Dani [679] rum vel Danorum excedit omnem credulitatem [695], constituerunt in locum ejus [680] Gudredum [681]. eo plus mirum videri possit, quod sancti confessoIs [682] autem Nordimbriam [683] expugnavit (246). At- res Dei Ansgarius et Rimbertus per tanta pericula que ex illo tempore Frisia et Anglia in ditione Da- maris et terræ illas gentes intrepidi adibant vel [696] norum esse feruntur. Scriptum est in gestis Anglo- B prædicabant, ante quarum impetum nec armati reges aut potentes Francorum populi subsistere poterum.
42. ([56.] Cap. 54.) Frustra in sanctis signa et rant. Nunc autem, quoniam defecit sanctus, quomiracula quæruntur, quæ habere possunt et mali, niam [697] diminutæ sunt veritates a filiis hominum : quia secundum auctoritatem sanctorum Patrum (Psal. xi, 2,) vix possibile credimus,
majus miraculum est, animam, quæ in æternum victura est, a peccato convertere, quam corpus, quod Nos, genus ignavum [698], quod tecto gaudet et umbra (250), denuo moriturum est, suscitare a morte [684]. Ut au- ut in tam aspero persecutionis tempore, in tam fetem sciamus nec sancto Rimberto hanc gratiam roci, quæ [699] vix hominem [700] vivit [701], natione, in defuisse, fertur antiquorum more sanctorum quæ- tam remotissima, inquam, ab [702] nostro mundo redam fecisse miracula, frequenter scilicet, dum iret gione, quisquam vel apostolus auderet accedere ! in Sueoniam, tempestatem maris oratione sedasse, nescientes illud cotidie et nobis dici, quod Salvator et cœcum illuminasse per coafirmationem, quam epi- ait apostolis [703] : Ite in orbem universum, et ecce scopali more faciebat in eo. Sed et filium regis di- ego vobiscum sum omnibus diebus usque ad consumcitur a dæmonio liberasse [685]. Ubi, multis astantibus mationem seculi (Matth. xxviii, 19, 20.)
episcopis, spiritus immundus sæpe clamabat ex ore C 45. Sunt alia [704] multa quæ de nostro sancto [705] vexati, Rimbertum solum inter eos digne commis- copiose in libro suo exarata sunt. In quibus illud sum egisse officium, ipsum ergo [686] sibi esse crucia- memoriale est, quod presbyteri animam defuncti, tui. Require in Vitæ ejus libro, capitulo 20. Hunc quia sic [706] in visu apparens supplicavit, 40 dies filium regis Ludvici Karolum [687] esse arbitramur, in pane et aqua jejunans, a tormento [707] absolvit qui novissimis archiepiscopi temporibus a regno de- (251). Decessor ejus 4 cœnobia fundavit (252), his positus, Arnolfum [688], germani sui filium, accepit ille quintum addidit in solitudine Buggin [708] (253). successorem. Hystoria Francorum hæc veraciter Ceterum omnium districtam [709] sollicitudinem haacta commemorat in Franconford [689], anno cæsaris bens, Hammaburgensis cathedræ præcipuam curam Ludvici 34 (247). egit, tam fratribus quam pauperibus oportuna ministrans solatia.
43. (Cap. 55.) Erat igitur sanctus Rimbertus cum 46. ([58.] Cap. 57.) Xenodochium [710] Bremæ, Moyse [690] vir mitissimus (Num. xii, 3), cum Aposto- quod a sancto Ansgario ad sustentationem pauperum lo qui omnium infirmitatibus compateretur (I Cor. ix, institutum est, ipse nobiliter auxit, et non solum in

VARIÆ LECTIONES.

[675] Frisones 4. [676] Sigfrido 2. [677] Anglia 1. [678] Haldani 2. 4. Haldan 3. [679] clam 3. [680] ipsius 4. [681] Gundredum 2 3. 4. [682] ipse 5. [683] Nordumbriam 5. Northumbriam 4. [684] a morte suscitare. 2. 5. 4. [685] regis a d. liberavit 4. [686] que 4. [687] Crassum addunt M. F. [688] Arnolphum 3. Arnulfum 2. 4. [689] Francorford 4. Franconfort 2. Francoford 5 Franconfurd 5. [690] Mose 3. [691] habens 2. 3. 4. [692] Sleswich 2. Schleswig 3. [693] capitulum 2. 5. [694] nota deest 4. [695] Ita correxi pro : crudelitatem. [696] et 2. 3. 4. [697] autem quomodo d. s. quomodo 5. [698] ignavum 4. [699] qua 3. [700] vix hominem 5. vix ullus hominum 5. [701] Legendum videtur : vidit. [702] a 3. [703] discipulis 2. 3. 4. [704] et alia 4. [705] de sancto viro 4. [706] qui sic 5. qui sibi 5. [707] tormentis 2. 3. 4. [708] Baggind 3. Bukkin 4. [709] distinctam 3. [710] Senodochium 2. 2a.

NOTÆ.

Frisionum cum Nordmannis laudatur in Annal. (248) Ex Vita S. Rimberti c. 19.
Fuld. l. l. (249) Indidem, c. 17.
(245) V. Ann. Vedast. a. 884, 885 ; Ann. Fuld. (250) Juvenal. Sat. vii, v. 105, qui pro tecto scrip. iv, a. 885, 886. psit lecto.
(246) Regnavit ab anno 885 usque ad mortem (251) Vita S. Rimberti, c. 8.
suam 894. V. Simeon Dunelm. h. a. Lappenberg, (252) V. supra, c. 29.
Geschichte von England, t. I, p. 328. (253) Bäcken in comitatu Hoya.
(247) Ann. Fuld. p. v, a. 887.

episcopatu, sed ubicunque esset, pauperibus alimoniam cum omni diligentia ministravit, nobile verbum exhortacionis relinquens posteris, *Non est*, inquiens, *tardandum ut pauperibus cunctis succurramus* [711], *quia quis* [712] *sit Christus, vel quando ad nos veniat ignoramus* (254). Elemosinam [713] verbi incessanter omnibus ministravit; ad quod opus dicta sancti Gregorii curavit excerpere [714], quæ et manu sua descripsit. Epistolæ ejus diversæ ad plures, præcipua quædam ad virgines, in qua, virginitatem corporis extollens, ostendit multas in [715] mente fieri meretrices (255). Tandem [716] morbo confectus et senio, quos per se non potuit, per Adalgarium adjutorem [717] in Domino confortavit, quem etiam manibus regis commendavit (256). Obiit [718] anno Domini [719] 888, indictione 6. Cujus depositio est 3° Idus Junii [720] (257). Sepultus est [721] extra basilicam sancti Petri ab oriente, ut ipse rogavit (258).

47. ([59.] Cap. 58.) Adalgarius archiepiscopus sedit annos 20. Annos ejus ex compoto [722] quo [723] supra tulimus [724] (259), vitam ex libro sancti Rimberti didiscimus [725]. Capitulo 12, cum sanctus Rimbertus vestem et professionem susciperet monasticam, mox additur: *Ad quod ei solatium deputari placuit insignem conversatione virum gradu diaconem* [726], *nomine Adalgarium. Hic vir*, inquiunt, *venerabilis in conversationis ejus imitatione simul et successionis* [727] *dignitate, adhuc hodie superest, cum multis aliis attestans quod sanctus pontifex Rimbertus nichil ex occasione curæ pastoralis de monachica* [728] *perfectione perdiderit;* et reliqua. Item capitulo 21 (260), *Cum jam*, inquit, *senio gravaretur sanctus Rimbertus, etiam continuus pedum dolor ei* [729] *accessit. Unde* [730] *apud gloriosissimos reges Ludvicum et filios ejus hoc optinuit, ut insignis vir Adalgarius, monachus videlicet Corbeiæ, in adjutorium illi confirmaretur, quatinus ipse infirmitate detentus, in Adalgario haberet solatium circandi* [731] *episcopatum, pla-*

A *cita adeundi; et quando exigeretur, vel* [732] *in expedicionem vel ad palatium cum comitatu suo proficisci. Impetravit etiam ut ipse illi in electione successor confirmaretur et inter consiliarios regis locaretur, assentientibus fratribus et abbate monasterii ejus, ac sancta synodo hæc omnia roborante.*

48. (Cap. 39.) Ferulam pastoralem suscepit ab Arnulfo rege, palleum [733] a papa Stephano (261). Consecratus est autem a Sunderoldo [734], Mogontino archiepiscopo (262), seditque difficili tempore barbaricæ vastationis. Nec tamen legationis suæ gentes, ut in privilegiis videtur, studium omiserat [735], verum, sicut decessores sui, presbyteros ad hoc opus et ipse constitutos habere curavit.

49. ([40.] Cap. 40) De hystoria Danorum nichil B amplius aut scriptum vidi, aut ab alio visum comperi; ea forte causa [736] reor, quod Normanni vel Dani tunc ab Arnulfo rege gravibus præliis usque ad internicionem [737] deleti sunt *. Bellum celitus administratum. Siquidem centum millibus paganorum prostratis, vix unus de Christianis cecidisse repertus est [738] (263). Et ita restincta est [739] persecutio Northmannorum, Domino vindicante [740] sanguinem servorum suorum, qui jam per annos 60 vel 70 [741] effusus est [742]. Narrat hæc hystoria Francorum.

50. (Cap. 41.) Audivi autem ex ore veracissimi regis Danorum Suein [743], cum nobis stipulantibus numeraret atavos suos, *Post cladem*, inquit, *Nortmannicam Heiligonem* [744] *regnasse comperi, virum populis amabilem propter justitiam et sanctitatem* C *suam. Successit illi* [745] *Olaph, qui veniens a Sueonia, regnum optinuit Danicum vi et armis, habuitque filios multos, ex quibus Chnob* [746] *(264) et Gurd* [747] *regnum optinuerunt* [748] *post obitum patris* [749].

51. ([41.]) Anno Adalgarii 7 (895) Hermannus [750], archiepiscopus Coloniensis, magnis Adalgerum [751] nostrum fatigabat injuriis, Coloniæ Bremam subjugare conatus. Collecta igitur synodo apud [752] Triburiam [753]

SCHOLIA.

Schol. 9. Gotafrid et Sigafrid reges ibi sunt occisi. (2. 2ª. in textu 3. 4.)

VARIÆ LECTIONES.

[711] subveniamus pauperibus 4. [712] *in quo emendat M.* [713] Eleemosynam 3. 5. [714] excerpi 5. [715] *in deest* 4. [716] ergo addit 2. (2ª.) *ubi in margine legitur:* Emulator Moisi tam mansuetudine quam virtutum operacione, [717] coadjutorem 4. suum addunt 2. 4. [718] autem *addit* 4. [719] Domini *deest M. F.* [720] depositio III. 1. 1. celebratur 4. [721] ergo *add.* 4. [722] computo 2. 3. 4. [723] de quo 2. *deest* 4. [724] supra retulimus 2. 3. supra dicto 4. [725] discimus 2. 3. 4. [726] diaconum 3. 5. [727] ejus *addit* 3. [728] monastica 2. 5. [729] ei p. d. 4. [730] Inde 5. [731] circueundi 5. 4. [732] vel *deest* 4. [733] pallium 2. 3. [734] M. a. Lindroldo 2. Lindroldo 5. F. Hundroldo M. [735] omisit 2. 3. 4. [736] ab alio caus 4. ab a. v. c. eo f. casu *M. F.* [737] internitionem 4. internecionem 5. 5. *In margine cod.* 2: Dani sternuntur. [738] sit 5. [739] est deest 5. [740] judicante 1. [741] LX. *in cod.* 1. *cui superscriptum est:* vel LXX. LXX. 2. 3. 4. [742] *Hic insertum est schol.* 9. *in codd.* 2. 2ª. [743] Sven 3. Sveni 5. [744] Heligonem 5. [745] cui successit 4. cui succedit 5. [746] Ehnob 5. 4. Henob 4. [747] Giurd 3. Gyrd 2. [748] tenuerunt 2. 3. 4. [749] post patris sui obitum tenuerunt 4. [750] Herimannus 4. [751] Adalgarium 2. 3. 4. [752] aput 2. [753] Triburcam 3. 5.

NOTÆ.

(254) Vita S. Rimberti, c. 14.
(255) Ibid. c. 15. Conf. supra c. 55, not. 60.
(256) Ibid. c. 21.
(257) Ann. Corb. h. a.
(258) Vita S. Rimberti, c. 24.
(259) Ann. Corb. a. 888, 909.
(260) Sequentia ex l. 1, cap. 21, in verbis sunt paululum mutata.

(261) Bullam de 891, Mai. 31. V. Hamburg. Urkundenbuch n. 24.
(262) Sunderoldus archiepiscopus, occisus a Nordmannis anno 891, Jun. 27.
(263) Ann. Fuld. a. 891.
(264) Nomen, ut videtur, quod apud Anglosaxones *Cneova*, apud nostrates *Knop* dicitur.

Iladdone Mogontino præsidente, cassata sunt apostolicæ sedis privilegia et gloriosorum principum annullata [754] sunt præcepta, consentientibus, ut aiunt [755], iniquis decretis Formoso papa (265) et rege Arnulfo (266). Deinde facta subscriptione Adalgarius archiepiscopus in cauda concilii positus est (267). Fabula grandis de Adelino [756] et Widgero, qui disceptantes ad spectacula [757] synodum traxerunt tragœdiæ [758] lugubris. Widgerum nostræ partis victum et postero die mortuum, et amplius sub Adalgero [759] et Hogero omni tempore dicunt Bremam [760] Coloniæ suffraganeam mansisse [761]. Hæc quoniam in eodem concilio scripta repperimus, verane sint an ficta, in medio relinquemus [762].

52. {[42] Cap. 42.) Anno deinde secundo Formosus papa obiit, quarto vero [763] Arnulfus rex [764] decessit [765] (268)'. Sequitur irruptio [766] Ungrorum [767] (269), persecutio ecclesiarum. Archiepiscopus [768] noster, valde senex, minus poterat vel inimicis resistere vel agenda disponere. Quare fertur illum [769] a monasterio Corbiensi Hogerum suscepisse [770] adjutorem, cujus ope fultus ac ministerio, ipse emeritæ senectutis ocio potiretur. Ita omnipotens Deus, qui aliquando justos, ut meliores fiant, temptari permittit, fecit etiam [771] nostro archiepiscopo cum temptatione proventum [772], ut posset sustinere. " Nam Sergius papa, qui fere per totidem annos septimus erat [773] a Formoso (270), calumpnias Adalgarii miseratus, privilegia Bremensis [774] ecclesiæ renovavit, et omnia, quæ a Gregorio et Nicolao, decessoribus suis, Ansgario et Rimberto concessa sunt, roboravit (271). Ad hoc [775], quia senectutis pondere gravatus pontifex Adalgarius pastorale oflicium obire [776] non poterat, circueundo, prædicando et consecrando episcopos, dati sunt ci adjutores a papa circumvicini quinque episcopi, Simundus [Halverstadensis] [777], Wigbertus [Ferdensis], Biso [Podarbrunnensis] [778], Bernarii [779] duo, [Mindensis [780] et Osnabrugensis] [781], quorum ope senex fulciretur. Ad manum sunt privilegia Sergii papæ utrisque [782] data (272), quibus hæc ita continentur. Mirum tamen neque satis cognitum est nobis, an aliqui episcopi in gentes ordinati sint [783] ab Adalgario, ut privilegium insinuat, an hæc ordinatio episcoporum inacta remanserit [784] usque ad dies Adaldagi [785], ut melius confidimus, præsertim quod vastacio barbarica vixdum presbyteros inter se morari consenserit [786]. Nondum enim completæ sunt iniquitates Amorræorum (Gen. xv, 16), nec adhuc venit tempus miserendi eorum. Post hæc migravit archiepiscopus anno Domini 909, 7 [787] Idus Maii (273), et sepultus est in basilica sancti Mykae-

SCHOLIA.

Schol. 10. Ambo enim et [788] rex et papa miserabilem vitæ finem invenerunt, quia [789] papa Formosus a successore suo etiam [790] mortuus degradatus et de sepulchro ejectus est [791]. Rex vero Arnulfus et [792] vivens a vermibus consumptus et [793] tandem veneno extinctus est magna Dei vindicta (274). (2. 3. 4.) (275).

'' *Schol.* 11. Stephanus papa, qui sedit annos 6, Hermannum Coloniensem archiepiscopum, et Adalgarium Hammaburgensem archiepiscopum, de Bremensi contendentes ecclesia, Wormaciam ad synodum venire præcepit, et Remensi archiepiscopo Fulconi vice sua commissa [794], causam eorum examinari [795] mandavit (276). (4.)

VARIÆ LECTIONES.

[754] adnullata 2. 3. [755] ut aiunt *desunt* 4. [756] Adolino 2. 3. 4. [757] specula *F.* [758] Tragœdia 2. 3. 4. [759] Adalgerio 2. Adalgario 3. 4. [760] dicunt *deest* 1. [761] tempore Brema Coloniæ facta est suffraganea 4. [762] Hæc—relinquemus *desunt* 4. [763] post *addit* 4. [764] imperator 2. 3. 5. [765] imperator, vivens a vermibus consumptus, veneno extinctus est 4. [766] eruptio 2. 3. 4. [767] Ungarorum 3. [768] vero *addit* 4. [769] fertur illum *desunt* 4. ferunt illum 2. 3. [770] suscepit 4. [771] et 3. [772] eventum 5. [773] erat *deest* 2. 3. 4. [774] Hammaburgensis *M.* [775] hæc 5. [776] implere 2. 3. [777] Halberstadensis 3. [778] Podarburnensis 3. Padherburnensis 2. Padarb. 4. [779] Bernardi 3. [780] M. scilicet 4. [781] Osnabr. 1. Hosnibrukensis 2. Osnaburgensis 4. *Tituli episcoporum, quos uncis inclusimus, in cod.* 1. *textui superpositi, postea in illum irrepserunt.* [782] utriusque 2. 3. 5. [783] sunt 1. 5. [784] remansit 1. [785] Adalgarii 3. [786] concesserit 3. [787] DCCCCVII. pridie 1. DCCCXCIX. septimo 3. [788] et *deest* 4. [789] quia *deest* 2. [790] et 5. [791] degradatus est et d. s. ejectus 4. [792] et *deest* 4. [793] *deest* 4. [794] com. v. s. 4. [795] *Ann. Sax. a.* 885. *hic addit :* nec tamen finiri.

NOTÆ.

(265) *Cassata,* etc., sunt verba bullæ Sergii III papæ a 905. Vid. Hamburg. Urkundenbuch, n. 27.
(266) Ibidem, n. 23.
(267) V. supra legum T. I, p. 561 (*Reginonis Chronicon ad an.* 789-797, *Patrologiæ* tom. CXXXII), ubi Adalgarii nomen inter episcopos repetimus.
(268) Annal. Corbeienses a. 899.
(269) V. Annal. Corbeienses a. 906.
(270) Sergius III. (904-911.) Nonus fuit papa post Formosum, octavo post cum anno electus.
(271) V. Sergii bullam a. 905. Febr. in Hamburg. Urkundenbuch, n. 26.
(272) *Utrisque,* id est Adalgario et episcopis vicinis, seu illi et Hogero.
(273) Adalgarii diem emortualem fuisse d. 9 Maii testantur Necrologia Hamburg., Luneburg., Merseburg., Mollenbec. Annum vero 909 habent Annal. Corbeienses.
(274) Notandum hic vocem *degradatum* convenire cum Sigeberto Gemblac. a. 900 aut ejus fonte nobis ignoto (V. Hirsch *De Sigeberto Gemblac.,* p. 76); de sepulcro Formosum ejectum esse referunt Ann. Fuld. a. 896; de Arnulfo vivente a vermibus consumpto conf. Lindprandum l. 1, c. 32 ; Sigibert. a. 902. Verbo *extinctus* hic quoque utitur Liudprandus l. 1, c. 30.
(275) V. Archiv. VI, 822.
(276) Hæc de Stephano V, qui sedit 885-891, referenda sunt ad annum 891 inter mensem Maium et Augustum, ideoque ad initium capitis 51 a scholiasta referenda fuissent.

lis [726], quam ipse pro dilectione magistri super tumbam ejus erexit.

53. ([43.] Cap. 43.) Hogerus archiepiscopus sedit annos 7. Et hujus annos repperimus in libro superiori (277), et quod per contentionem ordinatus est a Coloniensi archiepiscopo [797] (278). Pallium suscepit a papa Sergio [798], ferulam a Ludvico rege. Unde fuerit, aut qualiter vixerit, Deo cognitum est. Invenimus tamen scriptum in antiquioribus ecclesiae libris uno versu [quis fuerit] [799], ita [800]:

Sanctus et electus fuit Hoger septimus heros.

Sanctitati ejus testimonium asserit veterum tradicio, quae narrat cum severissimum in ecclesiastica disciplina, pro consuetudine monasteria suae diocesis crebro circuisse. Unde etiam cum apud Hammaburg consisteret, exploraturus quid fratres agerent, nocte intempesta Ramsolan [801] ad vigilias properavit matutinas. Fidelis, inquam, dispensator et prudens [802], qui et ipse vigilans pernoctavit, suamque [803] familiam dormire prohibens, venienti sponso laetus occurrit, dicens: *Ecce ego et pueri* [804] *quos dedit mihi Dominus* (Isai. VIII, 18).

54. [44] Anno domni Hogeri secundo Ludvicus puer depositus [805], et Conradus Francorum dux [806] in regem levatus est [807]. In isto Ludvico vetus Karoli finitur prosapia (279). Hactenus etiam [808] Francorum tendit hystoria. Quae [809] deinceps dicturi sumus, in aliis et [810] aliis repperimus non mendacibus libris. Aliqua vero recitavit nobis clarissimus rex Danorum ita rogantibus [811]: *Post Olaph* [812], inquit, *Sueonum principem, qui regnavit in Dania cum filiis suis, ponitur in locum ejus Sigerich. Cumque parvo tempore regnasset, eum Hardegon* [813], *filius Suein* [814], *veniens a Nortmannia, privavit regno* [815]. Tanti (280) autem reges, immo tyranni Danorum, utrum simul aliqui regnaverint, an alter post alterum brevi tempore vixerint, incertum est. Nobis hoc scire sufficiat, omnes adhuc paganos fuisse, ac in tanta regnorum mutatione vel excursione barbarorum Christianitatem in Dania, quae a sancto Ansgario plantata est, ali-

A quantulam [816] remansisse, non totam defecisse. [45.] In diebus illis inmanissima persecucio Saxoniam [817] oppressit, cum hinc Dani et Sclavi, inde Behemi [818] et Ungri [819] (281) laniarent ecclesias. Tunc parrochia Hammaburgensis a Sclavis, et Bremensis Ungrorum impetu demolita est. Interea confessor Dei Hogerus obiit, et sepultus est in ecclesia sancti Mikaelis cum decessore suo, anno Domini 915 [820] (282). Depositio [821] 13 Kalend. Januarii habetur. Hujus [822] corpus episcopi, cum post annos centum et viginti [823], diruta senio capellula, quaereretur (283), praeter cruces pallii [824] et cervical episcopi, nichil potuit inveniri. Et credimus resurrectionem ejus [825] inpletam esse, quod ab aliis traditur [826] in David et in Johanne evangelista contigisse veraciter [827].

55. ([46.] Cap. 44.) Reginwardus vix annum unum sedit. De cujus vita praeter nomen aliud nichil ad manum venit. Cum autem successorem ejus concilio apud [828] Altheim [829] interfuisse didicerim [830], quod habitum est anno Conradi regis quinto, quo Hogerus etiam noster [831] decessit (284), medium his Reginwardum, non vixisse plenum annum [832] deprehendi, nec privilegium ejus uspiam reperire valui. In diebus illis grande miraculum fertur [833] a posteris Bremae contigisse. Ungros scilicet incensis ecclesiis [834] sacerdotes ante altaria trucidasse, clerum vulgo mixtum aut impune occisos aut duetos in captivitatem [835]. Tunc etiam cruces a paganis truncatae, ludibrio habitae [836]; cujus signa furoris usque ad nostram aetatem duraverunt. Sed Deus zelotes (*Exod.* xxxiv, 14), cujus passio ibi derisa est, incredulos abire non passus est inultos. Nam subita et mirabilis orta tempestas, a semicremiis ecclesiarum tectis scindulas [837] elevavit, quas in faciem atque ora paganorum rotans, dum fugae praesidium quaerunt, aut in fluvium praecipitari compulit, aut in manus civium concludi. Nec mora, prostratum gregem boni pastoris occubitus cito [838] secutus est. Qui depositus in [839] Kal. Octobris (285) una cum praedecessoribus suis in basilica sancti Mykaelis commendatus est.

VARIAE LECTIONES.

[796] Michaelis 2. 3. Michahelis 4. *saepius.* [797] archiepiscopo *deest* 2. 5. 5. [798] Serio 1. [799] quis fuerit *add* 2. 3. 4. [800] ita *deest* 3. [801] Ramsolam 2. 3. 4. [802] et prudens *desunt* 3. [803] que *deest* 5. [804] mei *addit* 3. [805] d. est 4. et 5. [806] dux *deest* 1. [807] *deest* 4. [808] etiam *deest* 3. [809] vero *addit* 3. [810] atque 4. [811] rogitantibus 5. [812] Alaph 1. [813] Haardechnut *notat. Vell.* [814] Sven 3. Svevi 5. [815] eum regno 4. [816] aliquantulum *M. F.* [817] Saxonum 1. [818] Boemi 2. 4. Bohemi 5. [819] Ungari 3. 5. *semper.* [820] nongentisimo sexto 2. [821] ejus *addunt* 2. 4. [822] Cujus 4. [823] centum et X. 5. [824] pallei 4. [825] r. c. 4. ejus *deest* 5. [826] esse, sicut 4. [827] contigit 4. [828] aput 2. *saepius.* [829] Althei 4. Altei 2. Altheti 5. [830] didiscerim 4. [831] archiepiscopus 4. [832] plene annum unum 4. [833] narratur 3. 4. [834] ecclesie 1. [835] occisum a. in c. duetum 4. [836] sunt *addunt* 2. 4. [837] schindulas 4. [838] cito *deest* 2. 5. [839] in *deest* 2. 2a. III. 3. 5.

NOTAE.

(277) Sc. computo a Corbeia delato. V. supra cap. 37.

(278) Sc. ab archiepiscopo Hermanno supradicto. Haec desunt in exemplari nostro Annalium Corbeiensium.

(279) *Prosapia*, id est progenies. Ita et infra l. III, c. 52.

(280) *Tanti*, id est tot.

(281) De Hungariorum devastatione a. 915. V. Ann. Corbeiens.

(282) Hogeri mortem ad annum 917 referunt Ann.

Corbeiens., Necrol., Fuldense.

(283) Conf. infra l. II, c. 66.

(284) 916, Sept. 20, concilium apud Altheim in pago Rhaetiae celebratum est. Videtur tamen Adamum nostrum exemplar actorum hujus concilii spurium, cui nomina episcoporum Saxonum, qui ibi non aderant, ascripta sunt, prae oculis habuisse. Conf. etiam quae de Reginwardo disseruimus in Hamburg. Urkundenbuch I. J, Append. II.

(285) V. etiam Kalend. Merseburg. Kal. Oct.

56. ([47.] Cap. 45.) Unni archiepiscopus sedit annos 18. Annos ejus obitumque ut supra cognovi (286). Memoriæ traditum est a fratribus [840] : cum Reginwardus [841] transisset, Leidradum, Bremensis chori præpositum, a clero et populo electum. Qui hoc Unni pro capellano utens, ad curiam venit. Rex autem Conradus, divino, ut creditur, spiritu afflatus, contempta Leidradi [842] specie, parvulo Unni, quem retro stare conspexerat, virgam pastoralem [843] optulit. Cui etiam papa Johannes decimus, ut privilegium indicat, palleum dedit (287). Erat autem vir, sicut in electione ac transitu ejus videri potest, sanctissimus, pro qua sanctitate Conrado et Heinrico [844] regibus familiaris et reverendus permansit [845]. Unde et ita versu depingitur:

Principibus notus Unni fuit, ordine nouus.

57. In diebus suis Ungri non solum nostram Saxoniam aliasque cis Rhenum provincias, verum etiam trans Rhenum [846] Lotharingiam et Franciam demoliti sunt (288). Dani quoque Sclavos auxilio habentes, primo Transalbianos Saxones, deinde cis Albim vastantes [847], magno Saxoniam terrore quassabant [848]. Apud Danos eo tempore Hardecnudth Wrm [849] (289) regnavit, crudelissimus, inquam, vermis et Christianorum populis non mediocriter infestus. Ille Christianitatem, quæ in Dania fuit, prorsus delere molitus, sacerdotes Dei a finibus suis depulit, plurimos quoque ille [850] per tormenta necavit.

58. ([48.] Cap. 46.) At vero Heinricus rex, jam tunc a purio timens Deum et in ejus misericordia [851] totam suam habens fiduciam, Ungros quidem multis gravibusque præliis triumphavit; itemque [852] Behemos [853] et Sorabos ab aliis regibus domitos, et ceteros Sclavorum populos uno grandi prælio ita percussit, ut residui, qui fere [854] pauci remanserant, et regi tributum et Deo Christianitatem ultro promitterent.

59. Deinde cum exercitu ingressus Daniam, Wrm [855] regem primo impetu adeo [856] perterruit, ut imperata a se facere (290) mandaret et pacem supplex deposceret (291). Sic Heinricus victor apud Sliaswich [857], quæ nunc Heidiba [858] dicitur, regni terminos ponens, ibi et marchionem statuit [859] (292) et Saxonum coloniam habitare præcepit. Hæc omnia referente [860] quedam episcopo Danorum, prudenti viro, nos veraciter ut accepimus, sic fideliter ecclesiæ nostræ [861] tradimus.

60. ([49.] Cap. 47.) Tunc beatissimus archiepiscopus noster [862] Unni, videns ostium fidei gentibus apertum esse (293), gratias Deo egit de salute paganorum, præcipue vero quoniam legatio Hammaburgensis ecclesiæ, pro temporis importunitate diu neglecta, præveniente misericordia Dei et virtute regis Heinrici [863], locum et tempus operandi accepit. Igitur nichil asperum et grave [864] arbitrans subiri [865] posse pro Christo, latitudinem suæ diocesis per se ipsum elegit circuire. Secutus est [866] cum grex universus, ut aiunt [867], Bremensis ecclesiæ, pastoris boni absentia mesti, secumque et in carcerem et in mortem ire parati.

61. Postquam vero confessor Dei pervenit ad Danos, ubi tunc crudelissimum Worm [868] diximus regnasse [869], illum quidem pro ingenita flectere nequivit sævitia: filium autem [870] regis Haroldum [871] (294), sua dicitur [872] prædicatione lucratus. Quem ita fidelem Christo perfecit, ut Christianitatem, quam pater ejus semper odio habuit, ipse haberi publice permitteret [873], quamvis nondum baptismi sacramentum perceptit. [874]

[50.] Ordinatis itaque [875] in regno Danorum per singulas ecclesias sacerdotibus, sanctus Dei multitudinem credentium commendasse fertur Haroldo [876]. Cujus etiam fultus adjutorio et legato, omnes Danorum insulas penetravit, evangelizans verbum Dei gentibus, et fideles quos invenit illic [877] captivatos [878] in Christo confortans.

62. Deinde vestigia secutus magni prædicatoris Ansgarii, mare Balticum remigans, non sine labore

VARIÆ LECTIONES.

[840] traditum a f. habetur 4.   [841] Reinwardus 4.   [842] Leudradi 3.   [843] pastoralem *deest* 3.   [844] Henr'co 2. 3. *semper*.   [845] fuit 3.   [846] Saxoniam, verum circa R. aliasque t. R. provincias 3.   [847] devastantes 2. 4. devastarunt 5.   [848] quassantes 3.   [849] filius Hardewigh Gorm (Gorem 2.) 2. 3. *Pro* Hardewigh *Velleus conjicit* Haraldi. filius Hardewich Gwrm 4. filius Hartewick Gwrm 5. fil. Hartewich Gwrm *Albrt. Stad. a.* 921.   [850] quoque *deest* 1. quoque ille *desunt* 3. ille *deest* 2. 4.   [851] misericordiam *M. F.*   [852] que *deest* 5.   [853] Bohemos 3. 4.   [854] fere *deest* 4.   [855] Gorm Wrm 2. Gorm 2ᵃ. Gwrm 4. 5. Vrom. 3. Gorm *conjecit Vell.*   [856] ita 3.   [857] Slaswig 3. Sleswigh 2. *sæpius*.   [858] Heidaba 4. Heithbu 2. 2ᵃ. Hedheby 3.   [859] constituit 2.   [860] omnia a 3.   [861] nostræ *deest* 4.   [862] venerabilis 4.   [863] Heinrici *deest* 2. 2. 4.   [864] se arbitrans 3.   [865] subire 2. 3. 4.   [866] etiam *add.* 4.   [867] ut aiunt *desunt* 4.   [868] Orm 3. Gorm Wrm 2. Gwrm 5.   [869] crudelissimus Gwrm regnavit 4.   [870] vero 5.   [871] Haraldum 3.   [872] est 4.   [873] promitteret 5.   [874] perceperit 2. perceperat 3.   [875] ita 3.   [876] m. c. H. s. D. commendavit 4.   [877] illuc 4.   [878] captivos 3.

NOTÆ.

(286) V. c. 57. 55. Annal. Corbeiens. a. 917, D 976.

(287) Hamburg. Urkundenbuch, n. 29.

(288) Ungarios Saxoniam anno 919 crudeliter vastasse testantur Ann. Corbeiens. h. a. Conf. etiam Reginon. a. 917, 926.

(289) Cnuto tantum audit ille Danorum rex apud Widukind l. 1, c. 40. Thietmar. Merseburg. l. 1, c. 9.

(290) *Imperata facere*, locutio Sallustio usitatissima.

(291) De Danis per Heinricum victis v. Ann. Augiens. a. 931. Ann. Corbeiens. a. 934. Thietmar. Merseb. l. 1, c. 9, ibique notam.

(292) Sc. novum marchionem in defuncti locum substituit. V. Ann. Einhardi a. 828. Rudolf. Fuld. a. 852. Dahlmann Geschichte von Dänemark t. 1, p. 70. Waitz Heinrich I.

(293) *Ostium fidei ad vocationem gentium patefactum esse* est locutio Rimberti in Vita S. Anskarii c. 12.

(294) Regem Haraldum dictum Blaatand.

pervenit [879] ad Bircam. Quo jam post obitum sancti Ansgarii annis 70 nemo doctorum [880] ausus est pertingere, præter solum, ut legimus, Rimbertum. Ita persecutio nostros retinuit [881]. Birca est oppidum Gothorum, in medio Suevoniæ [882] positum (295), non longe ab eo templo, quod celeberrimum Sueones habent in cultu deorum, Ubsola [883] dicto : in quo loco sinus quidam ejus freti, quod Balticum vel barbarum dicitur, ad [884] boream vergens, portum facit barbaris gentibus, quæ hoc mare diffusi [885] habitant, optabilem, sed valde periculosum incautis et ignaris ejusmodi locorum. Bircani enim pyratarum excursionibus, quorum ibi est magna copia, sæpius impugnati, cum vi et armis nequeunt resistere, callida hostes aggrediuntur arte decipere. Qui sinum maris impacati per centum et amplius stadia latentium molibus saxorum obstruentes [886], periculosum æque suis ac prædonibus iter meandi fecerunt. Ad quam stationem, quia [887] tutissima est in [888] maritimis Suevoniæ regionibus, solent omnes Danorum vel Nortmannorum, itemque [889] Sclavorum ac [890] Semborum naves, aliique Scithiæ populi pro diversis commerciorum necessitatibus solempniter convenire.

63. ([34.] Cap. 48.) In eo portu confessor Domini egressus, insolita populos appellare cœpit legatione. Quippe Sueones et Gothi, vel si ita melius dicuntur Nortmanni, propter barbaricæ excursionis tempora, qua paucis annis multi reges cruento imperio dominati sunt, Christianæ religionis penitus obliti, haut [891] facile poterant ad fidem persuaderi. Accepimus [892] a sæpe dicto rege Danorum Suein [893], tunc apud Sueones imperitasse quendam Ring cum filiis Herich [894] et Edmund, ipsumque Ring ante se habuisse Anund [895], Bern [896], Olaph [897], de quibus in gestis sancti Anscharii legitur (296), et alios [898], quorum non occurrit vocabulum [899]. Et credibile est athletam Dei Unnim [900] eosdem reges, quamvis non crediderint, adiisse, eorumque licentia verbum Dei per Suconiam prædicasse. Meo autem arbitratu,

sicut inutile videtur eorum acta scrutari qui non crediderunt, ita impium est præterire salutem eorum [901] qui primum crediderunt, et per quos crediderunt. Sueones igitur et Gothi a sancto Ansgario primum in fide plantati, iterumque ad paganis num relapsi [902], a sancto patre Unni sunt revocati. Sufficit hoc scire, ne, si plura dicimus, mentiri velle dicamur [903]. *Melius enim est, ut ait beatus Ieronimus, vera dicere rustice, quam falsa diserte proferre* [904] (297).

64. ([52.] Cap. 49.) Perfecto autem legationis suæ ministerio, cum tandem redire disponeret, evangelista Dei, apud Bircam ægritudine correptus, ibidem fessi corporis tabernaculum deposuit. Anima vero, cum multo animarum triumpho stipata, cœlestis patriæ capitolium semper lætatura conscendit. Tunc discipuli pontificis, exequias ejus cum fletu et gaudio procurantes, cetera quidem membra sepelierunt in eodem [905] oppido Birca, solum caput [906] Bremam reportantes, quod decenti honore condiderunt in ecclesia sancti Petri coram altari. Obiit autem peracto boni certaminis cursu (298) in Scitia, ut scribitur, anno Dominicæ incarnationis 936 [907], indictione 9, circa medium Septembris (299). Hic est annus Ottonis Magni primus, a transitu [908] sancti Willehadi primi Bremensis episcopi 148 [909].

65. Eia, vos episcopi, qui, domi [910] sedentes, gloriæ, lucri, ventris et [911] somni breves delicias in primo episcopalis officii loco ponitis; respicite, inquam, istum pauperem sæculi et modicum [912], immo laudabilem magnumque sacerdotem Christi, qui nuper tam nobili fine coronatus, exemplum dedit posteris, nulla temporum vel locorum asperitate vestram [913] pigriciam excusari posse : cum per tanta pericula maris et terræ feroces aquilonis populos ipse pertransiens, ministerium legationis suæ tanto impleret studio, ut in ultimis terræ finibus exspirans animam suam poneret (300) pro Christo.

VARIÆ LECTIONES.

[879] balticum navigans, gravi labore venit 4. [880] doctor 2. 3. 4. [881] obtinuit 4. [882] Sueoniæ 2.3. 4. *semper*. [883] Upsala 3. [884] in 2. 3. 4. [885] diffuse 3. [886] obruentes 3. [887] quæ 5. [888] in deest 5. [889] item 4. [890] atque 2. 3. solent Danorum, Nordmannorum, Sclavorum atque 4. [891] haud 2. 3. 4. [892] autem addit 4. [893] Sven 3. [894] Eric 2. Erich 4. [895] Amind 5. Amund 5. [896] Biorn. 3. Biorn et 4. [897] Olaf 2. [898] aliosque 4. [899] occurrunt vocabula 4. [900] Unni 2. 3. 5. [901] Sicut enim inutile est acta non credentium scrutari, ita impium arbitramur eorum preterire salutem 4. [902] relapsi ad paganismum 2. 3. 4. [903] Sufficit — dicamur desunt 3. [904] Sufficit — proferre desunt 4, *eademque defuisse in cod. Ranzoviano refert Maderus*. [905] eodem loco vel 3. [906] capud 4. [907] vicesimo sexto 2. 2a. [908] autem addit 4. [909] CLXVIII. 5. [910] domi deest 3. [911] et deest 5. [912] sæculi et modicum 2. 3. 5. [913] nostram 3.

NOTÆ.

(295) Conf. l. IV, c. 20, schol. 121, 122.
(296) Vita S. Anskarii, c. 19, 11, 26, 50.
(297) Hieronymi epistol. 2. (ed. Paris. 1684, t. 1, pag. 10 F.): *Multoque melius est e duobus imperfectis rusticitatem sanctam habere, quam eloquentiam peccatricem*.

(298) *Peracto boni certaminis cursu*. Ita Vita S. Willehadi, c. 11.
(299) V. Annal. Corbeienses, Cont. Chronici Reginon. a 936.
(300) *Ponere animam* ex Virgilii Georgic. IV, 238.

LIBER SECUNDUS.

Hic habeas libri, lector bone, gesta secundi [914].

1. ([1.] Cap. 50.) Adaldagus archiepiscopus sedit annos 55 [915]. Iste est qui nobis, ut dicitur [916], rem publicam restituit (501). Genere illustris, aetate juvenis, decorus specie morumque probitate speciosior, a choro sumptus est [917] Hiltineshemensi, consanguineus et discipulus beati Adalwardi [918], Ferdensis episcopi, cujus tunc vita probata, fama illaesa et fides in palatio erat cognitissima [919]. Quem ferunt etiam doctrina e miraculis celebrem, Sclavorum populos [920] eo tempore (502) praedicasse, quo [921] noster Unni ad Scythas legatus extitit. Ejus nimirum opera et testimonio commendatus [922] in curia Adaldagus (503) ferulam pastoralem suscepit a magno Ottone: palleum episcopale [923] sumpsit a papa 7° Leone, manus impositionem, sicut praedecessores ejus, a Magontino [924] praesule. Necdum autem Hammaburgensis cathedra habuit suffraganeos, quos hujus Adaldagi studio recepit [925].

2. Adaldagus itaque ut primo ingressus est episcopatum, Bremam, longo prius tempore potestatibus (504) ac judiciaria manu (505) compressam [926], praecepto [927] regis absolvi [928], et instar reliquarum urbium immunitate simulque [929] libertate fecit donari. Praecepta regis haec continentia praesto sunt, et alia (506). Mox de legatione sua, quae pro gentium salute primo a decessoribus [930] suis recepta, hoc sibi ordine provenit ut, quod alii in [931] lacrimis seminarunt [932], ipse in gaudio meteret (*Psal.* cxxv, 5); toto, inquam, animi desiderio successus, aestuabat, quomodo perficeret quod religioso pietatis formabat affectu. Et quoniam diligentibus Deum omnia cooperantur in bonum (*Rom.* viii, 28), dedit [933] ei Dominus ad voti successum, et prosperitatem temporis et gratiam regis. Cujus ita usus est familiaritate, quod a latere ejus raro unquam develleretur [934] (507). Nunquam tamen aut parrochiae necessitati defuit, aut legationis suae curam posthabuit; quin immo victoriosi et justissimi animum regis in omnibus quae Dei sunt paratum cernens, tum praecipue [935] studium ejus [936] ad conversionem paganorum incitare non cessavit; quod etiam pro sententia ejus [937] ita evenit, Deo cooperante et piissimi regis dexteram in omnibus corroborante.

3. [2.] Otto igitur rex divino fultus auxilio, cum [938] primum ab insidiis fratrum suorum ereptus est, justiciam et judicium [939] populis fecit (508). Deinde postquam omnia ferme regna, quae post mortem Karoli defecerant, suo imperio subjugaret [940], in Danos arma corripuit, quos antea [941] pater ejus bello compressit. Illi vero, bellare [942] moliti (509), apud Heidibam [943] legatos Ottonis cum marchione trucidarunt; omnem Saxonum coloniam funditus extinguentes. Ad quam rem ulciscendam rex cum exercitu statim [944] invasit Daniam; transgressusque [945] terminos Danorum, apud Sliaswig olim positos, ferro et igne vastavit totam regionem usque ad mare novissimum, quod Nortmannos [946] a Danis dirimit, et usque in praesentem diem a victoria regis Ottinsund [947] dicitur. Cui egredienti [948] Haroldus apud Sliaswig [949] occurrens bellum intulit [950]. In quo utrisque viriliter concertantibus [951], Saxones victoria potiti sunt, Dani victi ad naves cesserunt [952]. Tan-

VARIAE LECTIONES.

[914] *Deest hic versus* 2. 2a 3. 4. Hic incipit liber secundus. 5. Liber secundus. 3. *Nulla libri hic distinctio in codd.* 2. 2a. 4. [915] LIIII. 4. [916] ut dicitur *desunt* 4. [917] est *deest* 4. [918] Adalalwardus 1. [919] cognotissima 1. [920] populis 2. 3. 4. [921] quos 1. [922] commendatur 1. [923] archiepiscopale 2. 5. 4. [924] Mogontino 2. 4. Mogentino 3. [925] recipit 3. accepit 5. [926] oppressam 4. [927] praecepta 1. [928] absolvit M. F. [929] que *deest* 1. [930] praedecessoribus 4. [931] in *deest* 1. *male.* [932] seminaverunt 2. 3. [933] dedit *deest M. F.* [934] divelleretur 2. 4. avelleretur 3. [935] tum (cum 1.) praecipue *desunt* 4. [936] ejus *deest* 1. [937] ejus *deest* 2. 3. 4. [938] quam 3. [939] jud. et just. 2. 3. 5. *Helmold l. I. c.* 8. [940] subjugarat 3. 4. [941] ante 4. [942] Enim vero tunc rebellare 4. [943] Heidebam 4. Heidhbu 2. Hedaby 3. [944] statim *deest* 4. [945] que *deest* 5. [946] Danos a Nordmannis 1. [947] Ottinsund 1. Ottinsunt 4. Otesund 3. Oddesund 2. [948] regredienti 4. [949] Sliswig 4. [950] *In margine cod.* 2: Bellum Ottonis et Danorum. [951] certantibus 2. 3. 4. [952] potiti, Danos ad naves cedere coegerunt 4.

NOTAE.

(501) Respexisse videtur noster Virgilii Aeneid. l. vi. v. 847:
  Unus qui nobis cunctando restituis rem.
l. I, pag. xxxvi. I. Grimm Deutsche Rechtsalterthümer, p. 763.

(502) Vel potius paulo ante; Adalwardus enim jam anno 933, Oct. 28, supremum diem obierat.

(503) Cf. Vitam Mathildis reginae Thietmar. Merseb. l. II, c. 26.

(504) *Potestas*, id est advocatus, qui dicitur *koninc'ike wolt* in Statutis Bremensib. a. 1303, ord. 80, 118, et alias, vel etiam apud Frisios *Woltbote*.

(505) *Manus*, id est auctoritas, nisi mavis symbolum auctoritatis judiciariae sceptro affixum, quale constat fuisse manus justitiae apud reges Francorum, in monumentis Caroli Magni, apud Byzantinos, etc. V. Montfaucon, *De la monarchie française*, t. I, pag. xxxvi. I. Grimm Deutsche Rechtsalterthümer, p. 763.

(506) Veluti de 937, Jun. 30, Aug. 7; 966, Aug. 10. Hamb. Urkundenb. n. 51, 52 et 43. In hoc negotiatores Bremenses jure caeterarum regalium urbium donantur.

(507) Regis cancellarius per aliquod tempus fuit.

(508) *Justitiam et judicium facere.* Gen. c. xviii, v. 19. Cf. Ps. lxxxviii, v. 15. Similiter *judicio et justicia gubernare*, infra c. 8 et 55.

(509) Quod factum esse videtur paulo postquam rex Otto Normannos, regis Haroldi Blaatand socios, in urbe Rothomago frustra obsedit; v. Flodoard a. 945; Dudon, l. III.

demque [953], condicionibus ad pacem inclinatis, Haroldus Ottoni subjicitur, et ab eo regnum [954] suscipiens, Christianitatem in Dania recipere spopondit. Nec mora, baptizatus est ipse Haroldus cum uxore [955] Gunhild [956] et filio parvulo, quem [957] rex noster a sacro fonte susceptum Sueinotto [958] vocavit [959]. Eo tempore Dania cismarina, quam Judland [960] incolæ appellant, in tres divisa episcopatus, Hammaburgensi episcopatui [961] subjecta est. Servantur in Bremensi ecclesia præcepta regis (310), quæ signant (311) Ottonem regem in sua ditione regnum Danicum tenuisse, adeo ut etiam episcopatus ille donaverit. In privilegiis autem Romanæ sedis videri potest quod Agapitus [962] papa, Hammaburgensi ecclesiæ de salute gentium congratulatus, omnia quæ a decessoribus [963] suis Gregorio, Nicolao, Sergio et ceteris Bremensi archiepiscopatui concessa sunt, et ipse concessit Adaldago (312). Cui etiam sua vice jus ordinandi episcopos, tam in Daniam quam in ceteros [964] septentrionis populos, apostolica auctoritate concessit.

4. Igitur beatissimus pater noster [965] primus ordinavit episcopos in Daniam, Horit vel Haredum ad [966] Sliaswig, Liafdagum ad Ripam, Reginbrondum [967] ad Harusam [968] (313). Quibus etiam commendavit illas ecclesias, quæ trans mare sunt, in Fune [969], Seland et Scone [970], ac in Sueonia. Anno archiepiscopi factum est hoc 12° (an. 948). Et hæc quidem initia cœlestis misericordiæ secutum est tale incrementum, Deo cooperante, ut ab illo tempore usque in hodiernum diem ecclesiæ Danorum multiplici borealium gentium fructu redundare videantur [971].

5. ([3.] Cap. 51.) Fertur [972] etiam ipso tempore fortissimum Ottonem [973] regem universos populos Sclavorum imperio subjecisse [974]. Quos pater [975] ejus uno grandi bello [976] domuerat, ipse tanta virtute deinceps [977] constrinxit (314), ut tributum et Christianitatem pro vita simul et patria libenter offerrent victori, baptizatusque est totus gentilium populus [978]. Ecclesiæ [979] in Sclavania [980] tunc primum constructæ [981], de quibus rebus circa finem, ut gestæ sunt, oportunius aliquid sumus dicturi [982].

Invenimus adhuc in scriniis ecclesiæ nostræ Coloniensem archiepiscopum, qui tunc claruit, Brunonem (315), postquam Hammaburg nostram vidit habere suffraganeos, veterem de Brema instaurasse quærelam [983], sperans se quæ voluit eo facilius adepturum, quod regis erat confrater Ottonis [984]. Sed dum frustra laborasset omnibus modis, nec papæ consilium [985], nec dicitur fratris meruisse [986] auxilium. Ita vir nobilis idemque [987] sapiens auctoritate pontificis Adaldagi facile superatus, in gratiam nostræ ecclesiæ, ut scribitur, cum [988] satisfactione redivit, prædicans Hammaburgensem ecclesiam, quæ in tanto gentilium periculo constituta sit, non debere lædi ab aliquo, verum dignam esse quæ omni consolationis amore foveatur et celebretur ab omnibus ubique ecclesiis. Adhuc posteris in memoria est, quendam Erp, diaconem [989] pontificis Adaldagi, quia fideliter ei astiterit [990] in præfata contentione, Ferdensi ab rege (316) episcopatu donatum, simul et alios fratrum, qui in prædicatione Danorum et Sclavorum cum archiepiscopo studiosi fuerunt, pro labore suo majoribus asserunt cathedris intronizatos [991].

6. (Cap. 52.) Nempe studium patris Adaldagi totum fuit in conversione gentium, in exaltacione ecclesiarum, in salute [992] animarum; pro cujus rei magisterio [993] meruit vir dilectus Deo et [994] hominibus, ut omnibus [995] in veneratione haberetur, etiam inimicis.

VARIÆ LECTIONES.

[953] que deest 4. [954] regnumque ab eo 4. [955] sua addit 4. [956] Gunild 3. [957] filium addit 4. [958] Svenotto 2. 3. 5. semper. [959] In margine cod. 2: Haroldus rex baptizatur. [960] Jutland 3. 4. Wiudland 2. [961] archiepiscopatui 4. [962] Agapetus 3. 5. [963] prædecessoribus 4. [964] ceteros deest 2. 3. 4. [965] archiepiscopus noster 2. 3. 4. omnium addit 4. [966] Ita correxi pro Horituharedum a 1. conf. infra c. 25. Haroldum ad 2. 3. 4. [967] Reinbrandum 3. [968] Arusiam 2. Arhusiam 3. Arhusan 4. Arhusam 5. In margine cod. 2: De tribus primis Daniæ episcopis. [969] Fionia 2. 3. Fiune 4. Finne 5. [970] Scane 3. Scania 5. [971] videntur 5. [972] Ferunt 2. 3. [973] Quo etiam tempore fortissimus rex Otto. [974] i. suo subjecisse 2. 3. suo subjecit i. 4. [975] Quosque 2. 3. Et quos 4. [976] prælio 3. [977] ipse Otto tanto deinceps Dei adjutorio 2. 2ª. Ita et 3, ubi tamen deest: Dei et similiter 4: ipse O. tanta d. D. a. potentia. [978] sicque baptizatur g. p. universus 4. [979] Et ecclesiæ 4. [980] Slavonia 3. [981] sunt constructe 4. [982] dicemus 5. [983] Igitur post hæc Coloniensis archiepiscopus Bruno videns jam Hammaburg nostram divina opitulante gratia suffraganeos habere, veterem de Brema; sicut in scriniis ecclesie nostre invenimus, instauravit querelam 4. [984] quod filius erat Ottonis regis 2. 3. 4. [985] concilium 5. [986] nec patris meruit habere a. [987] atque 4. [988] ecclesiæ cum digna 4. [989] Erponem diaconem 2. 2ª. archidiaconum 3. Erp, diaconum 5. [990] adstiterit 5 (?) 5. [991] Et de studio Adaldagi ad prædicationem gentium et de origine ducum norma. Glossema in sequentia textui codd. 2. 4. irrepsit. [992] salutem 5. [993] ministerio 5. [994] ut 5. [995] omnibus deest 5. ab omnibus 2.

NOTÆ.

(310) V. privilegium Ottonis I imp. ann. 965, vi Kal. Jul.

(311) Signare hic non significat expressis verbis dicere, sed innuere.

(312) Bullam d. 948. Jan. 2. V. in Hamburger Urkundenbuch, n. 35.

(313) Oredus (aliis Horat), Liafdagus et Reginbrandus concilio interfuerunt Ingelheimensi 948, Jan. 7. Flodoard h. a. Richerus h. a. Haredi episcopi diem emortualem habet Necrologium Merseburg. ad. ii Kal. Maii. Sedit ab anno 948-972. V. Chronic. breve Bremense.

(314) Tanta virtute constrinxit. Similiter infra l. iii, c. 53, magna virtute constringere; et l. iii, c. 33, muliebri potestate constringere. L. iv, c. 22, constringere potentia.

(315) Bruno, filius Heinrici I, archiepiscopus Coloniensis 953. † 965.

(316) Ottone II, nempe anno 976, teste Thietmaro Merseb. l. iii, c. 4.

7. ([4.] Cap. 53.) Post haec [996] cum rex victoriosissimus Otto, ad liberandam [997] sedem apostolicam vocaretur in Italiam, consilium fertur habuisse [998], quem post se vicarium potestatis ad faciendam justiciam relinqueret [999] in his partibus quae barbaris confines sunt terminis. Nondum enim post tempora Karoli, propter veteres illius gentis seditiones, Saxonia ducem accepit, nisi caesarem. Qua necessitate rex persuasus, Hermanno primum tutelae vicem in Saxonia commisit (317). De quo viro et progenie viri, quoniam tam Bremensi ecclesiae quam aliis magno excidio surrexisse videntur [1000], altius ordiri necessarium duxi.

8. (Cap. 54.) Vir iste pauperibus ortus natalibus, primo, ut aiunt, 7 mansis totidemque manentibus ex hereditate parentum fuit contentus. Deinde quod [1001] erat aeris (318) ingenii decorisque [1002] formae, cum, pro merito fidei et humilitatis quam dominis et paribus [1003] exhibuit, facile notus [1004] in palatio [1005], ad familiaritatem pervenit ipsius regis : qui, comperta juvenis industria, suscepit eum in numero ministrorum, deinde nutricium praecepit esse filiorum (319); mox etiam, succedentibus prosperis (320), commisit ei vices praefectorum [1006]. In quibus officiis strennue administratis, dicitur manentes suos pro furto [in judicium [1007]] delatos, data sententia simul omnes dampnasse ad mortem. Cujus novitate facinoris et tunc carus [1008] in populo et clarissimus deinceps factus est in palatio. Postquam vero ducatum Saxoniae meruit, judicio et justicia gubernavit provinciam, et in defensione ecclesiarum sanctarum studiosus permansit usque in finem. Nam et Bremensi ecclesiae ac matri Hammaburg fidelis extitit ac [1009] devotus, multa bona faciens in fratres et in omnes Saxoniae congregationes.

9. ([5.] Cap. 55.) Igitur tali viro [1010] piissimus rex et archiepiscopus noster vices [1011] suas in hac regione commendantes, in Italiam discesserunt [1012] (961, Aug. an.). Ubi rex habito concilio episcoporum, Johannem papam, cui Octaviano cognomen tum erat [1013], multis [1014] accusatum criminibus deponi fecit, quamvis absentem, nam fuga judicium subterfugerat [1015], et in locum ejus protum [1016] Leonem ordinari [1017]. (an. 962.) A quo (321) ipse mox coronatus, imperator et augustus a populo Romano consalutatus est, anno regni [1018] 28° (322), post coronatum Romae Karulum [1019] 155° (323). (Cap. 56.) Eo tempore imperator cum filio (324) quinquennium [1020] in Italia commoratus (325), filios Beringarii [1021] debellavit, Romamque pristinae reddidit libertati (326). His diebus annisque totidem noster archiepiscopus, apud quem summa consiliorum pendebat (327), in regno [1022] Italiae conversatus est, non sponte, inquam, sed quod a regum latere divelli non potuit. Ingens lucrum de peregrinatione sua Bremensi ecclesiae paravit. Tunc enim collegisse traditur patrocinia sanctorum, quibus nunc et in aevum hoc triumphat nostrum episcopium. Fertur ejus populus itaque, non ferens diuturnam [1023] boni pastoris absentiam, nuntiis et litteris metum ingerentibus tandem effecisse ut suum gregem visere [1024] dignaretur. Cui etiam venienti perhibent suos et extraneos itinere tridui occurrisse, prae gaudio flentes, et quasi [1025] alteri Johanni [1026] clamabant, dicentes : *Benedictus qui venit in nomine Domini* (*Matth.* XXI, 9).

10. ([6.] Cap. 57.) Reversus ergo in patriam archiepiscopus, sicut audivimus et cognovimus et patres nostri narraverunt nobis [1027], duxit in comitatu suo Benedictum, papam ordinatum, sed tunc [1028] ab Ottone [1029] depositum [1030], quem ille [1031] in Hammaburg custodiae mandari [1032] praecepit, archiepiscopus vero

VARIAE LECTIONES.

[996] vero *addit* 4. [997] liberandam 4. *Helm. l. I. c.* 10. [998] *Ita* 2. 3. *Helmold* habuit 1 (?) 4. [999] reliquerunt 1. [1000] videtur 2. 3. 4. 5. [1001] quia 4. [1002] que *deest* 1. [1003] patribus 5. [1004] esset *add.* 2. 3. 4. 5. [1005] curia 4. [1006] praefecturae 4. [1007] in judicium *deest* 1. in judicio *Helm. l. I.* [1008] charus 5. clarus 5. [1009] et 5. [1010] viri *F.* [1011] vires 5. [1012] decesserunt 5. [1013] cui Octavianus nomen erat 4. [1014] multis 4. *deest* 5. [1015] declinaverat 2. 3. [1016] *Ita* 1. *Helmoldus l. I. c.* 10. promptum 2. 3. 4. promtum *Albert. Stad. a.* 961, *ubi ex conjectura Reineccii legitur :* promotum. *Certe* protus *dicinm est pro* protoscriniario, *cujus officium Leonem constat tenuisse.* V. *Contin. Reginon. a.* 963. *Lindprand l.* VI, c. 11. [1017] ord. precepit 4. [1018] sui *addit* 4. [1019] Karolum 4. [1020] in I. per quinquennium 4. [1021] Berengarii 2. 3. 5. [1022] regna 1. [1023] diuturnam 1. [1024] revisere 2. 3. 4. [1025] *In cod.* 4. *haec ita leguntur :* a regum latere non poterat, unde magnum ecclesiae suae lucrum paravit. Tunc etiam sanctorum, quibus nunc et in aevum hoc triumphat episcopium, patrocinia collegisse traditur. Populus itaque boni pastoris diuturnam graviter ferens absentiam, nunciis et literis metum ingerentibus, tandem ut suum reviseret gregem sollicitare curavit. Cui etiam demum in patriam venienti, totus simul populus, et extranei cum ipsis, itinere tridui occursantes, et prae gaudio flentes, quasi. [1026] Inu. 2. Christo 3. [1027] sicut — nobis *desunt* 4. [1028] tunc *deest* 4. *item* 2. 3. [1029] imperatore *addit* 4. [1030] depulsum 4. [1031] ille *deest M. F.* [1032] mancipari 4.

NOTAE.

(317) V. Wedekind Noten t. II, p. 355 sq.
(318) *Acre ingenium :* Sallust. Jug. c. 3, 24. V. infra l. III, c. 1, 2.
(319) Wilhelmi, ut videtur, et Ludolfi.
(320) *Succedentibus prosperis.* Ita et l. III, c. 41, 58.
(321) Constat Ottonem imperatorem Romae a papa Joanne XII coronatum esse a. 962, Febr. 2, huic vero depositum esse et protoscriniarium Leonem in ejus locum electum a. 963, m. Novembri.
(322) rectius anno regni 26.
(323) rectius anno 162.

(324) Otto II nonnisi in tertia expeditione Italica a. 967, Octob., Italiam intravit.
(325) Rectius per quadriennium, scilicet ex fine anni 961 usque ad initium anni 965.
(326) *Pristinae reddidit libertati.* Conf. l. III, c. 5, 53; l. I, c. 43.
(327) In charta imperatoris a. 962. Oct. appellat Adaldagum *summum regnorum nostrorum consiliarium.* In alia a. 965, Jan. 3, inter dilectissimos consiliarios recensetur. V. Hamburg. Urkundenb. t. I, p. 46.

magno cum honore detinuit [1033] usque ad obitum ejus. Nam vir sanctus litteratusque fuisse dicitur, et qui dignus apostolicæ sedi [1034] videretur [1035], a populo Romano nisi quod per tumultum electus est, expulso eo quem ordinari jussit [1036] imperator. Igitur apud nos in sancta conversatione vivens, aliosque sancte vivere docens, cum jam Romanis poscentibus ab cæsare restitui deberet [1037], apud Hammaburg in pace quievit. Transitus ejus quarto [1038] Nonas Julii contigisse describitur (328). [Præpositus illius temporis Bremæ claruit Eilhardus, vir spontanea paupertate clarus [1039], et custos regulæ canonicæ. Tuncque [1040] scolas ecclesiæ florentissimo studio rexit Tiadhelmus [1041], qui erat ex discipulis magni Octrici Magdeburgensis [1042] (329)] [1043].

41. (Cap. 58.) Archiepiscopus autem reliquias sanctorum martyrum, quas ab urbe Roma [1044] deportavit [1045], magna per parrochias suas diligentia distribuit. Antecessores [1046] sui Deo servientium animarum quinque cœnobia fundasse dicti sunt [1047]. His ille sextum addidit apud Hesilingun [1048] (330), ubi nobilissima virgo Christi Wendilgart, et pater ejus Haldo [1049] nomine, totum Deo et sancto Vito martyri [1050] patrimonium suum [1051] offerens, magnam virginum turmam congregavit (331). Septimam congregationem in Frisia Ripesholt [1052] (332 fecit sanctorum virorum de prædio et oblatione quarundam fidelium [1053] matronarum, Reingerd [1054] et Wendilæ [1055], ubi reliquias sancti locavit Mauritii [1056], et alia alibi. [Hæ sunt reliquiæ sanctorum, quas dominus Adaldagus ab Italia portavit [1057], corpora [1058] Quiriaci et Cæsarii, item [1059] Victoris et Coronæ, Felicis et Feliciani [1060], Cosmæ et Damiani] [1061].

42. ([7.] Cap. 59.) Cumque sanctus pontifex omnium ecclesiarum suarum paternam, ut apparet [1062],

A sollicitudinem gereret, xenodochii Bremensis dicitur magnam habuisse [1063] curam. Quod ipse [1064] multo majoribus auxit reditibus quam antecessores ejus: adeo ut præter hospites, qui frequenter suscipiebantur, cotidie pascerentur in hospitali pauperes [1065] 24. In quo ministerio fidelissimus extitit Libentius, quem secum duxit ab Italia pontifex [1066].

43. (Cap. 60.) Ipso tempore magnus Otto, subjugatis Christianæque fidei copulatis Sclavorum gentibus, inclytam urbem Magedburg [1067] super ripas Albiæ fluminis condidit, quam Sclavis metropolem statuens, Adalbertum, summæ sanctitatis virum, ibidem consecrari fecit archiepiscopum. Is, primus in Magedburg ordinatus, 12 annis strenue pontificatum administravit, multosque Sclavorum popu-
B los [1068] ille [1069] prædicando convertit. Cujus ordinatio facta est anno imperatoris (333) et nostri archiepiscopi 33, et sunt anni [1070] post ordinationem sancti Ansgarii 137 (334).

44. ([8.] Cap. 61.) Magedburgensi [1071] archiepiscopatui [1072] subjecta est tota Sclavonia [1073] usque [1074] Penem fluvium. Episcopatus suffraganei quinque, quorum Mersiburg [1075] et Cisia [1076] super Salam flumen condita, Misna vero super Albiam, Brandanburg [1077] et Hevelberg [1078] interius vadunt. Sextus episcopatus [1079] Sclavoniæ [1080] est Aldinburg (335). Eum, quod [1081] vicinior nobis est, imperator Hammaburgensi archiepiscopatui subjecit, ibique archiepiscopus [1082] noster primum ordinavit episcopum
C Euraccum (336) vel [1083] Egwardum [1084], quem Latine dicimus [1085] Euagrium.

45. Et quoniam occasio se locorum præbuit, utile videtur exponere quæ gentes trans Albiam Hammaburgensi pertinentes sint dyocesi [1086]. Hæc claudi-

VARIÆ LECTIONES.

[1033] cum *addit* 2. 2a. [1034] apostolica sede 3. [1035] videtur 3. [1036] preceperat 4. [1037] debuisset 5. [1038] Cujus transitus III. 4. [1039] Quo in tempore B. c. E. v. s. p. c. ecclesie prepositus 4. [1040] Tunc et 4. [1041] Tyadhelmus 2. 3. [1042] qui fuerat m. O. Magdaburg discipulus 4. [1043] *Uncis inclusa desunt* 1. [1044] Roma *deest M. F.* [1045] portavit 3. [1046] Nam antecessores 4. [1047] fundarunt 4. [1048] Heslinge 4. Basilingan 2. Basilingim 5. [1049] Habdo 2. 3. Haddo 4. *quod rectius videtur.* [1050] martyri *deest* 2. 3. [1051] suum *deest* 3. [1052] Ripesbold *deest* 2. 3. 4. [1053] nobilium 2. 3. 4. [1054] Reingerb. 2. 3. [1055] Wendele 5. [1056] sanctorum locavit 2. 3. 4. [1057] quas ab Italia archiepiscopus deportavit 4. [1058] videlicet *addit* 4. [1059] item *deest* 4. [1060] Feliciane 2. 4. [1061] *Uncis inclusa desunt* 1. [1062] ut apparet *desunt* 4. [1063] Bremensis m. habuit 4. [1064] etiam 4. [1065] XXIV pauperes 2. 5. in h. XXIIII paup. pasc. 4. [1066] pontifex *deest* 4. Libentius pontifex, q. s. d. a. I. 2. 3. [1067] Magedbrug 1. Magdaburg 4, *et ita infra:* Medenburg 3. [1068] populorum 4. populo 5. [1069] ille *deest* 3. 4. [1070] anni *deest* 5. [1071] autem *addit* 4. Magadburgensi 6. [1072] episcopatui 4. [1073] Slavonia 3. 4. *sæpius.* [1074] ad *addunt* 2. 4. [1075] Mersburg 4. [1076] Tyscia 3, *ubi et deest.* Cicia 5. [1077] Brandinburg 2. Brandenburg 5. 5. [1078] Heuelbergh 2. Heuelberg 3. Hayelberg 4. Heuelburg 5. [1079] episcopus 3. [1080] Sclavanie 2. [1081] quem quia 4. [1082] archiepiscopatus 6. [1083] *ita* 6. Curaccum vel 1. 3. *desunt* 2. 4. [1084] Edwardum 2. 3. 4. [1085] Latini dicunt 3. [1086] Hammaburgensis ecclesie pertinentes sint parrochie 4.

NOTÆ.

(328) Conf. Hamburg. Urkundenb., 1, I, n. 42, D n. 46. ibique not.

(329) Archiepiscopus Magdeburgensis electus obiit 981. De quo vide plura apud Thietmarum Merseburg. et Richerum.

(330) Distat dimidio fere milliari a monasterio Zeven. Conf. Albert. Stad. a. 1136.

(331) V. Thietmarum l. II, c. 26.

(332) Sc. Reepsholt in pago Ostringiæ et præfectura Friedeburg. V. privilegium Ottonis II imperatoris a. 985, Jan. 9, Hamburg. Urkundenb. t. I,

(333) Rectius dixisset Adamus *regis.*

(334) Ordinatus est Adalbertus non anno 971, ut Adamus autumavit, sed anno 968, obiit vero post annos tredecim, sc. 981. V. Annal. Hildeshem.

(335) Oldenburg, urbs Wagriæ.

(336) Nomen illud videtur esse Evracrus, Evracarus (*Evrachar*), quod Evagrio melius respondet. Legitur tamen pro eo *Everacus* Annal. Sax. a. 972. Apud Helmolum l. 1, cap. 12, 13, audit ille *Ewardus.*

tur ab occidente occeano Britannico [1087], a meridie Albia flumine [1088], ab oriente Pene fluvio [1089], qui currit in mare Barbarum, ab aquilone vero Egdore [1090] fluvio, qui Danos dirimit a Saxonibus [1091]. Transalbianorum [1092] Saxonum populi sunt tres : primi ad occeanum sunt [1093] Tedmarsgoi [1094], et eorum ecclesia mater in [1095] Melindorp [1096] (557); secundi Holcetæ [1097], dicti a silvis quas accolunt ; eos Sturia [1098] flumen interluit [1099], ecclesia Scanafeld [1100] (558); tercii et [1101] nobiliores Sturmarii dicuntur, eo quod seditionibus ea [1102] gens frequens [1103] agitur. Inter quos metropolis Hammaburg caput extollit, olim viris et armis potens (559), agro et frugibus felix; nunc vero peccatorum vindictæ patens, in solitudinem redacta est. Et quamvis [1104] decorem urbis amiserit, vires [1105] adhuc retinet metropolis, viduitatis suæ dampna consolans in provectu [1106] filiorum, quos per totam septentrionis latitudinem suæ [1107] legationi [1108] cotidie videt accrescere. De quibus etiam tam læta [1109] clamare videtur : *Annuntiavi et locuta [1110] sum, multiplicati sunt super numerum (Psal.* XL, 6).

15°. ([9.] Cap. 62.) Invenimus quoque limitem Saxoniæ quæ [1111] trans Albiam est, præscriptum a Karolo et imperatoribus ceteris, ita se continentem ". Hoc est ab Albiæ ripa orientali usque ad rivulum quem Sclavi Mescenreiza vocant, a quo sursum limes currit per silvam Delvunder [1112] usque in fluvium Delvundam [1113] (540); sicque pervenit in Horchenbici [1114] (541) et Bilenispring [1115] (542); inde ad Liudwinestein [1116] (543) et Wispircon [1117] (544) et Birznig [1118] (545) progreditur. Tunc in Horbinstenon [1119] (546) vadit usque [1120] in Travena [1121] silvam (547), sursumque per ipsam in Bulilunkin [1122] (548); mox in Agrimeshov [1123] (549), et recto [1124] ad vadum, quod [1125] dicitur Agrimeswidil [1126] (550), ascendit. Ubi et Burwido [1127] fecit duellum contra campionem Sclavorum, interfecitque [1128] cum : et lapis in eodem loco positus est in memoriam [1129]. Ab eadem igitur aqua sursum procurrens terminus in stagnum Colse (551) vadit ; sicque ad orientalem campum venit Zuentifeld (552), usque in ipsum flumen Zuentinam '", per quem limes

SCHOLIA.

* *Schol.*12. Sturmarios alluit [1130] ab oriente Bilena [1131] fluvius, qui mergitur in Albiam fluvium [1132], sicut ille superior. (2. 5. 4. 6.)
** *Schol.*13. Travenna flumen est, quod [1133] per Waigros [1134] currit in mare Barbarum, juxta quem fluvium mons unicus est Albere [1135] et [1136] civitas Liubice [1137]. (2. 5. 4. 6.)
*** *Schol.*14. Zuentina [1138] fluvius currit a lacu, in quo Plunie [1139] civitas sita est. Inde per saltum vadit læarnho [1140], mergiturque in [1141] mare Scythicum [1142]. (2. 5. 4. 5. 6.)

VARIÆ LECTIONES.

[1087] Brintannico 1. Brittanico 2. Britanico 3. Britannico 4. [1088] fluvio 2. 3. 4. [1089] flumine 1. 6. [1090] Egodore 5. [1091] Saxonia 3. [1092] atque *addit* 2. [1093] sunt *deest* 4. [1094] Thedmarskones 2. Thiatmarsgoi 4. Thiedmarsgoi 5. Thiedmarsi 3. [1095] mater in *desunt* 4. [1096] Milindorp. 5. Milindrop 2. Mildinthorp 1. Melimdorp *M.* [1097] Holmine 1. 6. scette 2. Olcetæ 5. Holsati 4. Holtzati 6. [1098] Stiriha 5. [1099] interfluit 2. 5. 4. quorum *addit* 4. [1100] Scanefeld 5. Sconevelt 2. Sconenfeld 4. [1101] qui et 4. [1102] illa 4. [1103] frequenter 4. [1104] occulto Dei judicio vastata *addit* 4. [1105] tamen *addit* 4. [1106] proventu 5. profectu 2. [1107] sua 4. [1108] legatione 1. 6. [1109] tam læta etiam 2. 5. tam *deest* 4. [1110] locutus 2. 5. 4. [1111] qui 4. [1112] Delunder 5. Delwundez *M. F.* [1113] Delundam 5. Delwudam 2. [1114] Horchembici 2. Horchembeke 4. Houehembici 3. [1115] Hylemspring 2. Hilimpring 5. Heilmspring 4. Heilinspring 5. Heilingspring *M. F.* [1116] Luidwinestein 2. Ludwinestein 4. Ziudwinsten 5. [1117] Wilpircon 1. 6. Wisbircon 4. [1118] Hyrzing 2. 5. Hirzing 4. Husine 5. [1119] ita 6. Horbistenon 1. 2. 4. Harbistenon 5. [1120] usque *deest* 5. [1121] Travennam 2. 5. 4. [1122] Bulilunchin 3. Bulilunken 4. [1123] Crimeson 2. 3. Crimesou 5. 4. [1124] recte 2. 5. 4. [1125] qui 1. 6. [1126] Agrimeswidel 3. Agrimeswedel 4. [1127] Burgwido 2. 4. Byurguido 5. [1128] et *deest* 3. [1129] ubi et lapis in monumentum positus est 4. [1130] affluit 5. [1131] Hilena. 2. [1132] flumen 4. [1133] fluvius, est qui 4. [1134] Wagros 4. Ungros 2. [1135] Alber civitatis Liubice 6. *Legendum* : Albere. *De quo monte postea Segeberg nuncupato v. Helmold* I. *I.* Albere 2. 5. 4. [1136] *ita correxi*; est 2. 5. 4. [1137] Luhecke 2. Liubeke 4. Luibeke 5. Luitheke *M. F. In cod.* 3. *hoc scholion ita legitur* : Travenna fluvius est, prope quem condita est Lybie civitas. [1138] Llevenna 2. [1139] Plunie 2. Plinne 5. Plone 4. [1140] Isatuho 2. [1141] inque 5. [1142] non longe ab oppido Kyl *addit* Lindenbrogius. *In cod.* 3. *hæc ita leguntur* : Zuentina fluvius oritur a lacu, in quos civitas Plinne sita est, et mergitur in mare Scythicum.

NOTÆ.

(537) Meldorf.
(538) Schonefeld.
(539) *Potens armis.* Virgil. Æn. 1, 531.
(540) Die Delvenau.
(541) Rivulus juxta Hornbeck in parochia Breitenfelde.
(542) Fons rivuli qui hodie die Bille vocatur.
(543) Fortasse Steinhorst.
(544) Wesenberg, villa parochialis prope Travennam.
(545) Birneze s. Bisneze, hodie Bissenitz, rivulus qui limitem constituit possessionum monasterii Reinfeld. V. documenta a. 1165 et 1189 apud Hansen, Nachricht von den Holstein-Plönischen Landen

p. 110. Mergitur in lacum juxta Prohnsdorf.
(546) Fortasse Garbeck, qui rivulus juxta Gnissow in Travennam mergitur.
(547) Travenhorst.
(548) Blunk, villa parochiæ Segeberg, in ripa orientali Travennæ.
(549) Tensebeck. Conf. Helmold l. 1, c. 57, 63.
(550) Hodie der Stocksee. V. Dankwerth Landesbeschreibung der herzogthümer Schleswig und Holstein.
(551) Lacus Plunensis, cujus nominis vestigium manet in villa Kollübbe.
(552) Hodie Bornhöft, v. Helmold. l. 1, c. 94.

Saxoniæ usque in pelagus Scythicum et mare quod vocant [1143] Orientale delabitur.

16. De cujus freti natura breviter in gestis Karoli meminit Einhardus, cum de bello diceret Sclavanico (355). «Sinus, ait, quidam ab occidentali oceano versus orientem [1144] porrigitur, longitudinis quidem incompertæ, latitudinis vero, quæ nusquam centum milia [1145] passuum excedat [1146], cum in multis locis contractior inveniatur. Hunc multæ circumsident nationes, Dani siquidem [1147] ac Sueones, quos Nortmannos [1148] vocamus, et septentrionale litus et omnes in eo insulas [1149] tenent. At [1150] litus australe Sclavi et aliæ diversæ incolunt nationes, inter quos vel præcipui sunt, quibus tunc a rege bellum [1151] inferebatur, Wilzi, quos ille una tantum et quam per se gesserat, expeditione ita contudit [1152] ac domuit, ut ulterius imperata facere minime renuendum [1153] judicarent. »

17. ([10.] Cap. 63.) Hæc ille. Nos autem, quoniam mentio Sclavorum totiens [1154] incidit, non ab re arbitramur, si de natura et gentibus Sclavaniæ historico aliquid dicemus [1155] compendio, eo quod Sclavi eo tempore studio nostri pontificis Adaldagi narrantur ad Christianam religionem fere omnes conversi [1156].

18. (Cap. 64.) Sclavania igitur, amplissima Germaniæ provintia, a Winulis (354) incolitur, qui olim dicti sunt Wandali. Decies major esse fertur [1157], quam nostra Saxonia, præsertim si Boemiam et eos qui trans Oddaram [1158] sunt Polanos [1159], qui nec habitu, nec lingua discrepant, in partem adjeceris Sclavaniæ. Hæc autem regio cum sit armis, viris et frugibus opulentissima, firmis undique saltuum vel terminis fluminium [1160] clauditur. Ejus latitudo est a meridie usque [1161] in boream, hoc est ab Albia fluvio usque ad mare Scythicum. Longitudo autem illa videtur, quæ initium habet ab nostra Hammaburgensi parrochia et porrigitur in orientem, infinitis aucta spatiis, usque in Beguariam [1162], Ungriam et [1163] Græciam. Populi Sclavorum [1164] multi, quorum primi sunt ab occidente confines Transalbianis Waigri [1165], eorum civitas Aldinburg [1166] maritima. Deinde secuntur Obodriti [1167], qui nunc [1168] Reregi [1169] (355) vocantur, et civitas eorum Magnopolis (356). Item versus non Polabingi, quorum civitas Razispurg [1170]. Ultra illos sunt Lingones [1171] (357) et Warnabi [1172] (358). Mox habitant Chizzini (359) et Circipani (360), quos a Tholosantibus (361) et Retheris [1173] (362) separat flumen [1174] Panis [1175], et civitas Dimine. Ibi est terminus Hammaburgensis parrochiæ. ([11.] Cap. 65.) Sunt et alii Sclavaniæ [1176] populi, qui inter Albiam et Oddaram degunt,

SCHOLIA.

* Schol. 15. Trans Oddoram [1177] fluvium primi habitant Pomerani, deinde Polani, qui a latere habent hinc Pruzzos [1178], inde Behemos [1179], ab oriente Ruzzos [1180]. (2. 3. 4. 5. 6.)

** Schol. 16. Aldinborg civitas magna Sclavorum, qui Waigri dicuntur, sita est juxta mare quod Balticum sive Barbarum dicitur, itinere die. . . ab Hammaburg. (6.)

*** Schol. 17. Chizzini [1181] et [1182] Circipani cis Panim fluvium habitant, Tholosantes et Rehtarii [1183] trans Panim fluvium; hos quatuor populos a fortitudine Wilzos appellant vel Leuticos [1184]. (2. 3. 4. 6.)

VARIÆ LECTIONES.

[1143] dicitur 4. [1144] deest 4. [1145] milia deest 1. c̄. 6. [1146] excedit 1. [1147] quidem 2. 3. 4. [1148] Nordmannos 2. 3. 4. [1149] insulant 1. [1150] Ad 3. 5. [1151] bellum a rege 1. [1152] contulit 1. 2. 6. Ita et codd. nonnulli Einhardi l. l. [1153] renuendum 3. 4. tocies 3. tocius 1. [1155] dicamus 5. 5. [1156] Adaldagi ad ch. f. sint o. r. conversi 4. [1157] dicitur 5. [1158] Oddoram 2. 4. sæpius. [1159] Polanas 2. [1160] et fluminum terminis 2. 5. 4. [1161] usque deest 2. 3. 4. [1162] Beuguariam 2. Benguariam 3. Bulgariam M. F. [1163] vel 6. [1164] igitur Slavorum sunt 4. [1165] Vagri 5. [1166] Aldenburg 5. [1167] Obotriti 5. [1168] numero 2. 5. altero nomine 4. [1169] Kerigi 5. [1170] Razisburgh 2. Razisburg 5. 4. [1171] quos Lingones sunt 4. Vocabulo Lingones in cod. 1. superscriptum est : vel longes. Cod. 6. legit : Linoges, cui superscriptum est vel Lingones. [1172] Warnahi 2. 3. 4. [1173] Reteris 2. 3. Retharis 4. [1174] flavius 2. 3. 4. [1175] parvus 2. [1176] Slavorum 3. 5. [1177] Odderam 3. Oderam 5. [1178] Pruzlos 2. habent Pruxclanos 3. [1179] Boemos 4. [1180] Ruzlos 2. Verba : inde — Ruzzos desunt 3. [1181] Chyzini 2. [1182] vel 2. 4. [1183] Retharii 2. 4. [1184] Leuticios 4. In cod. 3. hæc ita leguntur : Hi quatuor populi Tholosantes et Rheteri, Chizini et Circipani, dicti sunt Wilzi vel Leutici a fortitudine.

NOTÆ.

(353) Cap. 12.

(354) Winulorum nomen (v. infra c. 19, l. IV, c. 13) aliis scriptoribus coævis seu antiquioribus plane incognitum. Winili vero de Scandinavia egressi, postea Langobardi dicti, teste Paulo Diacono (De rebus Langobard. l. 1, c. 9) fuerunt inimici Wandalorum; Helmoldus vero (l. 1, c. 15, 19) Winulos sive Winethos eos appellat. Venlas et Vinedas bene distinxit carmen Anglosaxonicum de poetæ peregrinationibus.

(355) Ita dicti Adamo, ut videtur, de emporio eorum Reric, de quo v. Einhardi Annales ann. 808, 809.

(356) Meklenburg, nunc villa, paulo infra Wismar.

(357) Populus quondam latius diffusus, qui vero tempore Adami, cujus verba cum Helmoldi l. 1, c. 2, sunt conferenda, in terra dicta Linagga, cujus civitas erat Puttlitz, inveniebatur.

(358) Sic dicti a fluvio Warnow.

(359) Quorum nomen asservatur in villa Kessin prope Rostock.

(360) Ad ripam fluvii Peene occidentalem usque habitantes.

(361) Circa fluvium et lacum Tollense in confiniis ducatuum Megalopolensium Schwerin et Strelitz.

(362) In præfecturis Strelitz et Stargard in ducatu Meklenburg-Strelitz. Vide Lisch Jahrbücher des Vereins fur Meklenburg. Geschichte t. III, p. 1 sq.

GESTA PONTIFICUM HAMMABURGENSIS ECCLESIÆ.

sicut Heveldi [1185], qui juxta Habolam [1186] fluvium sunt [1187] et Doxani [1188] (363), Leubuzzi [1189] (364), Wilini [1190] (365) et Stoderani (366) cum multis aliis. Inter quos medii et potentissimi omnium sunt Retharii [1191], civitas eorum vulgatissima Rethre (367), sedes ydolatriæ [1192]. Templum ibi magnum constructum est demonibus, quorum princeps est [1193] Redigas (368). Simulacrum ejus auro, lectus ostro paratus. Civitas ipsa novem portas [1194] habet, undique lacu profundo inclusa, pons ligneus [1195] transitum præbet, per quem tantum sacrificantibus aut responsa petentibus via conceditur. Credo [1196], ea significante causa, quod perditas animas eorum qui ydolis serviunt, congrue

novies Styx interfusa cohercet (369).

Ad quod templum ferunt a civitate Hammaburg iter esse quatuor dierum.

19. ([12.] Cap. 66.) Ultra Leuticios [1197], qui alio nomine Wilzi dicuntur, Oddara flumen occurrit, ditissimus amnis Sclavaniæ regionis [1198]. In cujus ostio, qua Scyticas alluit paludes (370), nobilissima civitas Jumne [1199] (371) celeberrimam præstat stacionem barbaris et Græcis qui sunt in circuitu. De cujus præconio urbis, quia magna quædam et vix credibilia recitantur, volupe arbitror pauca inserere digna relatu. Est sane maxima omnium quas Europa claudit civitatum [1200], quam incolunt Sclavi cum aliis gentibus, Græcis et barbaris. Nam et advenæ Saxones parem cohabitandi legem acceperunt, A si tamen Christianitatis [1201] titulum ibi morantes non publicaverint. Omnes enim adhuc paganicis ritibus oberrant [1202], ceterum [1203] moribus et hospitalitate nulla gens honestior aut benignior poterit inveniri. Urbs illa, mercibus omnium septentrionalium nationum locuples, nichil non habet jocundi aut rari. Ibi est Olla Vulcani (372), quod incolæ Græcum ignem vocant, de quo etiam meminit Solinus (373). Ibi cernitur Neptunus triplicis naturæ: tribus enim fretis alluitur illa insula, quorum aiunt unum esse viridissimæ speciei, alterum subalbidæ, tertium [1204] motu furibundo perpetuis sævit tempestatibus. [13.] Ab illa [1205] civitate brevi remigio trajicitur, hinc ad Dyminem [1206] urbem [1207] quæ sita est in hostio [1208] Peanis fluvii, ubi et Runi [1209] habitant (374); B inde [1210] ad Semland provinciam, quam possident Pruzi [1211]. Iter [1212] ejusmodi est, ut ab Hammaburc vel ab [1213] Albia flumine septimo [1214] die pervenias ad Jumne [1215] civitatem per terram; nam [1216] per mare navim ingrederis ab Sliaswig vel Aldinburc, ut pervenias ad Jumne [1217]. Ab ipsa urbe vela tendens quartodecimo [1218] die ascendes [1219] ad Ostrogard [1220] Ruzziæ [1221]. Cujus metropolis civitas est Chive [1222] (375), æmula sceptri Constantinopolitani, clarissimum decus Græciæ. Sicut ergo prædictum est, Oddara flumen oritur in profundissimo saltu Marahorum [1223] (376) ubi et Albia noster [1224] principium sortitur, nec longis ab invicem spatiis, sed diverso [1225] currunt meatu. Alter enim, id est Od-

SCHOLIA.

* Schol. 18. Marahi [1226] sunt populi Sclavorum, qui sunt ab oriente Behemorum [1227], habentque in circuitu hinc Pomeranos et Polanos [1228], inde Ungros et crudelissimam gentem Pescinagos [1229], qui humanis carnibus vescuntur. (2. 4. 6.)

VARIÆ LECTIONES.

[1185] Voci Heveldi in codd. 1. 6. superscriptum est : vel Heruli. Ita et Ann. Saxo a. 983. [1186] Haliolam 2. 4. Haloam 3. Hailum suspicatur Vell. [1187] sunt deest 2. 3. 4. [1188] Doxam 4. Ita et Helmold. l. I. c. 2. [1189] Leubuzi 5. Liubuzzi 4. [1190] Voci Wilini in codd. 1. 6. superscriptum legitur: vel Walani. Ita et Ann. Sax. l. l. [1191] Retharii 3. [1192] idololatriæ 5. [1193] est deest 3. 4. [1194] portos 4 partes notavit M. [1195] lingneus 1 [1196] Hec eo 5. Hec ea 2. 4. [1197] Leuticos 2. 3. 4. [1198] Sclavanicæ 2. 3. 4. religionis 1. [1199] Uimne hic 1. Vimne 6. Jumne 3. 4. semper. Iumume 2. Iulinum 5. semper sicut et Ann. Saxo l. l. [1200] maxime omnium quos ab europa claudit civitatuum 4. [1201] cultum vel addit 3. [1202] aberrant M. [1203] majoribus addit 5. [1204] deest 2. 3. tercius vero 4. [1205] autem addit 4. [1206] Diminem 2. 3. 4. Deminem 5. [1207] remigio ad urbem trahuntur D. 2. 3. 4. [1208] ostio 2. 3. 5. 6. [1209] Rhuni 2. 3. 4. [1210] ibi 2. 3. 4. [1211] Pruzzi 4. navigatur addunt 2. 5. [1212] item 4. [1213] ab deest 5. [1214] VIII. M. F. [1215] ita hic 1. 4. Jummem 2. Jumnæ 3. Julinum 5. Vinnæ 6. [1216] si addunt 2. 3. 4. [1217] pervenias Jumnem 2. 3. 4. Juminem 5. [1218] XLIII. M. F. [1219] Ita 3. 4. Ann. Saxo ascendens 1. 5. 6. ascendis 2. [1220] Ostragard 5. Ostrogord 3. [1221] Rusziæ 2. 4. Ruziæ 3. [1222] Chiwe 6. Chyve 3. Chive 4. Clyve 2. [1223] Marachorum 2. Maracorum 5. Merahorum 4. [1224] nostre 5. fluvius 4. [1225] diversis 6. [1226] Marachi 2. 4. [1227] Boemorum 4. [1228] Poldanos 5. [1229] Poscinagos 4. Postinagos 2. 5.

NOTÆ.

(363) Juxta fluvium die Dosse. Eorum civitas Wittstock.
(364) Prope Oderam fluvium, ubi civitas Lebus, meridionalem partem versus marchiæ Brandenburg.
(365) Wilini fortasse idem qui Widukindo l. III, c. 9. dicuntur Vuloini. Populus, qui Velua dicitur, occurrit etiam in carmine Anglosaxonico supra laudato.
(366) Stoderani in terra Havelland. V. Ann. Quedlinb. 997. Thietmar. l. IV, c. 20. Helmold. l. I, c. 37, 88.
(367) Juxta villam Prillwitz prope Neu-Strelitz.
(368) De templo Redigast v. Thietmar. Merseburg. I, VI, c. 17. Helmold. l. I, c. 23, 52

(369) Virg. Æn. VI, 439.
(370) Id est mare Balticum (v. infra l. IV, c. 20), quod supra cap. 18 mare Scythicum dicebatur.
(371) Prope urbem Wollin.
(372) Olla Vulcani Gregorio M. (Dialog. l. IV, c. 50) dicitur Vesuvius, in quem anima regis Theoderici projecta est. Similia vide Archiv. t. VI, 814 sq.
(373) Solinus c. 5 de Ætna loquitur, qui est sacer Vulcano.
(374) Qui insulam Rügen inhabitabant. V. infra l. IV, c. 18. et schol. 117. Ruani audiunt apud Widukind. l. III, c. 54.
(375) Kiew.
(376) Mahren.

dara, vergens in boream, transit per medios Winulorum populos, donec pertranseat usque [230] ad
Jumnem [231], ubi Pomeranos dividit a Wilzis. Alter
vero, id est Albia, in occasum [232] ruens, primo impetu Bechemos [233] alluit cum * Sorabis [234], medio
cursu paganos dirimit a Saxonia, novissimo alveo
Hammaburgensem parrochiam scindens a Bremensi,
victor occeanum ingreditur Brittanicum **.

20. Haec de Sclavis et patria eorum, quoniam
virtute magni Ottonis ad Christianitatem omnes
tempore eo conversi sunt, dicta sufficiant. Nunc [235]
ad ea quae post mortem imperatoris et reliqua
tempestate nostri pontificis acta sunt, calamum di-
rigamus [236].

21. ([14.] Cap. 67.) Anno pontificis Adaldagi 58 [237]
Otto magnus imperator, domitor [238] omnium septentrionis [239] nationum, feliciter migravit ad Dominum,
et sepultus est in civitate sua Magadburc [240]. Cui [241]
filius [242] Otto medianus succedens, per decem
annos strenue gubernavit imperium. Is statim
Lothario et Karolo, Francorum regibus (577),
subactis, cum in Calabriam bellum transferret [243],
a Sarracenis [244] et Graecis victor et victus, apud
Romam decessit [245] (578). Illi [246] tercius Otto, cum
adhuc puer esset, in regnum substitutus, annos

A 18 [247] forti et justo sceptrum ornavit imperio. His
tribus, aeque fortissimis ac justissimis imperatoribus,
tam carus [248] ac [249] familiaris erat sanctus [250]
Adaldagus pro virtutis [251] merito et doctrinae magisterio, ut a latere eorum vix aut raro divelleretur (579), sicut ostendunt praecepta imperatorum
ad nutum archiepiscopi disposita. In quibus etiam
hoc est notandum, quod tercius Otto consistens in
Wildashusin [252] praecepta fecit (580). Eodem tempore Hermannus [253], Saxonum dux, obiens [254]
(581), heredem suscepit filium Bennonem [255], qui
etiam vir bonus et fortis memoratur (582), excepto
quod degenerans a patre populum rapina gravavit.
Apud Magedburg [256] quoque defuncto pontifice
(583) Adelberto [257], Gisilharius [258] successit in
B cathedram [259], et ipse [260] vir sanctus, qui novel-
los Winulorum [261] populos doctrina et virtutibus
illustravit.

22. ([15] Cap. 68.) Haroldus [262], rex Danorum ***,
religione ac fortitudine insignis, Christianitatem in regno suo jam dudum benigne suscepit et [263] constanter
retinuit usque in finem. Unde et regnum suum sanctitate et justicia confirmans, ultra mare in Nortmannos et Anglos suam dilatavit potentiam (584). Emund
filius Herici [264] (585) tunc in Suedia [265] regnavit.

SCHOLIA.

* Schol. 19. Sorabi sunt Sclavi, qui campos inter Albim et Salam interjacentes incolunt; suntque eis
contermini fines Thuringorum ac Saxonum. Ultra Aram fluvium (586) alii Sorabi commorantur. (6.)
** Schol. 20. Brittannia Oceani insula, cui quondam Albion nomen fuit, inter septentrionem et occidentem locata est, Germaniae, Galliae, Hispaniae, maximis Europae partibus, multo intervallo
adversa. Habet a meridie Galliam Belgicam, cujus proximum litus transmeantibus apparet
civitas, quae dicitur Rutubi portus. Hibernia insula omnium post Brittanniam maxima est,
ad occidentem quidem Brittaniae sita. Sicut contra aquilonem est brevior, ita in meridiem
se trans illius fines plurimum protendens usque contra Hispaniae septentrionalis portum (587). (6.)
*** Schol. 21. Anno Domini 966. Dani ad fidem sunt per Popponem quendam conversi, qui ferrum candens
et ignitum in modum cyrotecae formatum, coram populo sine laesione portavit, quod videns
rex Haraldus [266], abjecta ydololatria, cum toto populo ad colendum verum Deum se convertit. Poppo autem in episcopum est promotus. (4. secunda manu.)

VARIAE LECTIONES.

[230] perveniat 4. usque deest 2. 3. 4. [231] Jummem 2. Juminem 5. Vinnem 6. [232] occursu 1.
[233] Behemos 2. Bohemos 5. 4. [234] Sotrabis 2. Scarabis 5. [235] Hunc 1. [236] calamus dirigatur 2. 3. 4. [237] XXX**o**. VIIII**no**. 1. [238] dominator 5. [239] septentrionalium 4. [240] Magedburg 2.
Magdaburg 4. Magdeburg 5. [241] Cujus 5. [242] ejus addit 4. [243] transferet 1. [244] Saracenis 3. F.
[245] discessit 3. 5. [246] Huic 4. [247] XXVIII. 2. 3. 4. [248] charus 5. [249] et 4. [250] praesul 4. [251] virtutum 2. 3. 4. [252] Wildashusen 5. [253] Herimannus 4. [254] obediens 1. [255] B. f. suum reliquit heredem 4. [256] Madeburc 1. Magdaburg 4. [257] Adalberto 2. 3. 4. [258] Gishilarius 3. Gisilarius 4. [259] in
cath. desunt 4. [260] et ipse desunt 5. [261] Winilorum 5. [262] Haraldus 5. semper. [263] susceptam usque
4. [264] Erici 2. 3. 4. [265] Sveonia 2. 3. 4. semper. [266] Haroldus 5.

NOTAE.

(577) Carolus, regis Lotharii frater, dux fuit
Lotharingorum.
(578) Mirum Adamum hic tacere de bello Haraldi regis contra Ottonem II anno 974, mox tamen
sepito. V. Thietmar. l. III, c. 4; Annales Altahen-
s.; Lambert.; W. Giesebrecht Otto II.
(579) Iisdem fere verbis noster jam usus est supra c. 1.
(580) Sc. a. 988, Mart. 16-20.
(581) Hermannus dux jam mortuus est anno 973,
Mart. 27, V. Widukind. l. III, c. 75, Necrol. Fuldense, Luneburg.
(582) Fortes creantur fortibus et bonis. Horat.
carm. IV, 29.

C (583) Adelbertus archiepiscopus obiit anno 981,
Mai. 20. V. Ann. Quedlinburg. h. a. Thietmar. l.
III, c. 8.
(584) Ipse tamen in Anglia non regnavit.
(585) Emund, filius Erici, scriptoribus Islandicis
plane ignotus, qui post mortem Biorn, filii Erici
Emundsson, circa annum 925, filios hujus Biorn
Eriksson dictos Ericum, cognomine Segersäll (v.
infra c. 28), et Olavum usque fere ad annum 990
regnasse tradunt. Emund ille fortasse fuit Biorni
frater junior, cui fratrueles sui jam dicti successerunt.
(586) Die Ohre.
(587) Ex Bedae Histor. eccl. Angl. l. I, c. 1.

Is Haroldo confederatus, Christianis eo venientibus placabilis fuit. In Norveja [1267] Haccon [1268] princeps erat, quem, dum Nortmanni superbius agentem regno depellerent, Haroldus sua virtute restituit et Christicolis placatum effecit [1269]. [Haccon iste crudelissimus, ex genere Inguar et giganteo sanguine descendens, primus inter [1270] Nordmannos regnum arripuit, cum antea [1271] ducibus regerentur. Igitur Haccon, triginta quinque annis in regno exactis, obiit (388), Hartildum relinquens sceptri heredem, qui simul Daniam possedit atque Nordmaniam [1272]. (389).] Anglia [1273], ut supra (590) diximus et in gestis Anglorum scribitur, post mortem Gudredi [1274] a filiis ejus Analaph, Sigtrih [1275] et Reginold (591), per annos fere centum permansit in ditione Danorum. Tunc vero Haroldus, Hiring filium cum exercitu [1276] misit in Angliam. Qui, subacta insula, tandem proditus et occisus est a Nordumbris [1277] (592).

25. ([16.] Cap. 69.) Adaldagus igitur archiepiscopus ordinavit in Daniam plures episcopos, quorum nomina quidem repperimus; ad quam vero sedem [1278] specialiter intronizati sint, haud [1279] facile potuimus invenire. Æstimo, ea faciente causa, quod in rudi [1280] Christianitate nulli episcoporum adhuc certa sedes designata est [1281], verum studio plantandæ Christianitatis quisque in ulteriora progressus, verbum Dei tam suis quam alienis communiter prædicare certabant. Hoc hodieque [1282] trans per Nordmanniam et Suediam facere videntur. Igitur episcopi [1283] in Daniam [1284] ordinati sunt hii: Hored [1285], Liafdag [1286] (595), Raginbrond [1287], et post eos Harig (594), Stercolf, Folgbract [1288] (595), [Adelbrect [1289] (596),] Merka [1290] (597) et alii. Odinkarum [1291] seniorem ferunt ab Adaldago in Sueoniam ordinatum strenuue in gentibus legationem suam perfecisse [1292]. Erat enim, sicut nos fama tetigit, vir sanctissimus et doctus in his quæ ad Deum sunt, præterea, quantum, [1293] ad seculum, nobilis et oriundus ex Danis [1294]. Unde et facile barbaris quælibet [1295] potuit de nostra religione persuadere. Ceterorum vero episcoporum vix aliquem sic clarum antiquitas prodit præter Liafdagum Ripensem, quem dicunt et [1296] miraculis celebrem transmarina [1297] prædicasse [1297] [hoc est in Sueonia [1298] vel Norvegia [1299]].

24. [17.] In Aldinburg ordinavit archiepiscopus primo, ut diximus (598), Egwardum [1300] vel Evargium [1301], deinde [1302] Wegonem [1303] (599), postea Ezicontem (400), quorum tempore Sclavi permanserunt Christiani. Ita etiam Hammaburg in pace fuit. Ecclesiæ in Sclavania [1304] ubique erectæ sunt; monasteria etiam virorum ac mulierum Deo servientium constructa sunt plurima. *Testis est rex Danorum, qui hodieque [1305] superest, Suein [1306]; cum reciaret Sclavaniam in duodeviginti [1307] pagos dispertitam esse, affirmavit nobis, absque tribus ad christianam fidem [1308] omnes fuisse conversos, adjiciens etiam: *Principes ejus temporis, Missizla* [1309] (401),

SCHOLIA.

* *Schol.* 22. Anno Domini 975 [1310] Wencezlaus, princeps Boemiæ, a fratre suo Bugezlao, qui principatum sibi usurpavit, martyrizatur, pro quo Deus urbem Pragam, ubi requiescit, multis miraculis illustrat (402). (4. *secunda manu*.)

VARIÆ LECTIONES.

[1267] Norvagia 2. Nordwegia 4. [1268] Hacon Hacquin 4. *semper*. [1269] reddidit 4. [1270] apud 4. [1271] ante a 5. [1272] Nordwegiam 4. *Uncis inclusa desunt* 1. [1273] autem add 4. [1274] Gundredi 1. 5. [1275] Sigtrich 2. Sightric 3. [1276] filium suum m. 4. [1277] Northumbris 4. [1278] quas v. sedes 2. 4. [1279] haut 1. non 4. [1280] pro rara 2. 3. 4. [1281] esset 3. fuerit 4. [1282] quæ deest 4. 5. [1283] qui *add*. 2. 3. 4. [1284] Dania 1. 5. [1285] sunt in Hored 2. 4. sunt: ut Hored 5. [1286] Ziafdag 1. Liafdagus 2. [1287] Ragimbrondus 2. 3. Reimbrand 4. Rembrand *Albert. Stad.* [1288] Folebreth 4. Folebrethl 5. [1289] *deest* 1. 5. Adalbricet 3. Adelbreth 4. Adelbretht *Albert. Stad.* [1290] Merha 2. 3. 4. *Albert. Stad.* [1291] Ordinkarum 1. [1292] adimplesse 4. [1293] sunt, quantum vero 4. [1294] et origine Danus 4. [1295] facile 1. [1296] etiam 2. 3. [1297] trans maria 2. *In codd*; 4. *hæc ita se habent*: Ripensem, qui et miraculis celebris fuerat, et transmarinis prædicavit. [1298] est Sveonibus et Nordmannis 4. [1299] Nordwegia 3. *Uncis inclusa desunt* 1. [1300] Edwardum 4. [1301] vel E. *desunt* 4. [1302] dein M. F. [1303] Wigonem. 1. [1304] Slavonia 3. *sæpius*. [1305] adhuc hodie 4. [1306] Sven 3. *semper*. [1307] duos de viginti 2. 4. [1308] Christianitatem 3. 4. [1309] Missizza 2. 3. Misizza. 4. [1310] DCCCLXXIIII. 5.

NOTÆ.

(388) Haco ille dictus bonus, secundum Snorronem per 26 annos regnavit.

(389) Nullus rex Norvegiæ hoc tempore, ut videtur, in Dania regnavit. Hartildi quoque nomen apud alios scriptores non reperitur. Fortasse Adamus de Haroldo Grafell scribere voluit, qui cum ceteris Erici filiis illi successit. Haud magni tamen existimo Albert. Stadens. a. 984 hunc locum excerpendo scripsisse: *Haroldum*.

(390) Supra l. I, cap. 41.
(391) Vid. Simeon. Dunelm. ann. 894.
(592) Circa annum 951. Conf. Lappenberg Geschichte von Grossbritannien, t. I, p. 592.
(593) V. supra c. 4.
(594) Episcopus Harich iterum occurret infra c. 46.
(595) Episcopus Sleswicensis a. 984-990, qui occurrit etiam in charta regis Ottonis II, a. 988, Mart. 18. V. ibid. et Hamburger Urkundenbuch.

(596) Idem fortasse episcopus Sleswicensis a. 972-984, qui alibi dicitur Adaldag. Vid. Chronicon Bremense.
(597) Episcopus Sleswicensis 990-1010. Vid. ibid.
(598) Vide supra cap. 14.
(599) De Wegone conf. Helmoldum l. I, c. 15, 14.
(400) Ezico ordinatus est a. 984-988. v. Helmold. l. I. 1) Ex Sigeberti Gemblac. Chron. h. a.
(401) Missizlav, secundum Helmoldum l. II, c. 13-15, filius Billug, princeps Obodritorum.
(402) Ex Sigeberti Gembl. Chron. h. a. Wenceslaum interfectum esse constat. a. 956, Sept. 28. Anno 975 vero episcopatus Pragensis est fundatus.

Naccon[1311], (402') *et Sederich* (403). *Sub quibus,* inquit, *pax continua fuit, Sclavi sub tributo servierunt.*

25. {[18.] Cap. 70.) Novissimis[1312] archiepiscopi temporibus res nostræ inter barbaros fractæ, Christianitas[1313] in Dania turbata est, pulcrisque divinæ religionis initiis invidens inimicus homo superseminare zizama conatus est (*Matth.* xiii, 25). Nam tunc Suein Otto[1314], filius magni Haroldi, regis Danorum, multas in patrem molitus insidias, quomodo cum jam longævum et minus validum regno privaret, consilium habuit et[1315] cum his quos pater ejus ad Christianitatem coegit invitos. Subito igitur facta conspiratione, Dani Christianitatem abdicantes Suein regem constituunt, Haroldo[1316] bellum indicunt. At ille, qui[1317] ab initio regni sui totam spem in Deo posuerat[1318], tunc[1319] vero et[1320] maxime commendans Christo eventum rei, cum bellum execraret[1321], armis se tueri decrevit; et quasi alter David procedens ad bellum, filium lugebat Absalon, magis dolens illius scelus quam sua pericula. In quo miserabili et plus quam civili bello (404) victa est pars Haroldi. Ipse autem vulneratus ex acie fugiens, ascensa navi elapsus est ad civitatem Sclavorum, quæ Jumne[1322] dicitur.

26. A quibus contra spem, quia pagani erant, humane[1323] receptus, post aliquot[1324] dies ex eodem vulnere deficiens, in confessione Christi migravit. Corpus ejus[1325] in patriam reportatum ab exercitu, apud Roscald[1326] civitatem sepultum est in ecclesia quam ipse primus construxit in honore[1327] sanctæ Trinitatis. De cujus fine, cum istum pronepotem suum, qui nunc in Dania regnat, Suen[1328] interro-

gare maluerim (405), velud alter Tidens[1329] (406), crimen avi reticuit, me vero parricidium exaggerante (407), *hoc est,* inquit[1330] *quod nos posteri luimus, et*[1331] *quod ipse parricida suo piavit exilio.* At[1332] ille noster Haroldus, qui populo Danorum Christianitatem primus indixit, qui totum septentrionem ecclesiis et prædicatoribus replevit, ille, inquam, innocens vulneratus et pro Christo[1333] expulsus, martyrii palma[1334], ut spero[1335], non carebit. Regnavit autem annos quinquaginta. [19.] Obitus ejus[1336] in festivitate omnium sanctorum (408). Memoria ejus et uxoris Gunhilde[1337] apud nos perpetua manebit (409). Hæc in diebus Adaldagi pontificis comperimus facta[1338], cum tamen ejus virtutes explorare non omnes potuimus. Sunt autem qui affirmant, per eum gratias sanitatum factas, et tunc cum adhuc viveret, et post mortem ad sepulcrum ejus[1339], et alia[1340]. [Sermo fratrum est cœcos[1341] frequenter illuminatos fuisse, et[1342] alias[1343] contigisse virtutes.] Certissimum vero est eum tam nostro populo quam Transalbianis et[1344] Fresonum genti leges et jura constituisse, quæ adhuc pro[1345] auctoritate viri servare contendunt (410). Interea senex fidelis[1346] Adaldagus de legatione sua voti compos effectus, et in omni opere suo domi forisque prosperatus, in senecta uberi migravit ad Dominum anno sacerdotii nobiliter ministrati[1347] 54[1348]. Cujus excessus anno Domini 988 contigit. Et sepultus est in ecclesia Bremensi, a capite Leuderici episcopi a meridiali[1349] plaga. Obiitque indictione prima[1350] 3.[1351] Kal. Maji[1352].

27. [20.] Cap. 71.) Libentius sedit annis 25. Pallcum suscepit a papa 15° Johanne (411), virgam

VARIÆ LECTIONES.

[1311] Nachon 3. [1312] itaque *addit* 4. atque F. [1313] christianos 1. [1314] Suen Otto 3. Suenotto 2. 4. [1315] et *deest* 5. [1316] bellumque Haroldo 4. [1317] qui *deest* 5. [1318] posuerit 4 M. [1319] tum 3. [1320] et *deest* 4. [1321] execraretur 3. 4. [1322] *In cod.* 1. *dubium, utrum legendum sit* Jumne, *an* Vimne. V. *supra cap.* 19. *not.* s. *et* h. Jumne 2. Jumnæ 3. Julinum 5. *Albert. Stadensis cod. Guelpherb.* Jumne. *Rahzoo.* Umne. [1323] humane *deest* 2. 3. 4. [1324] aliquos 4. [1325] decessit. Cujus corpus in 4. 5. [1326] Roscheld 2. Roschild 3. Roskild 4. [1327] honorem 3. 4. [1328] Suein 4. Suenonem 2. [1329] velut a Tyramus 4. [1330] an 2. 5. [1331] et *deest* 5. [1332] Ut 3. [1333] a regno *addit* 4. [1334] gloria 2. 3. 4. [1335] spero *deest.* [1336] contigit *add.* 2. 3. 4. [1337] Gunhild 2. Gunild 3. ejus Gunhild 4. [1338] facta conip. 2. 3. 5. [1339] et tum — ejus, per — factas 2. 3. [1340] et alia *desunt* 2. 3. 4. [1341] ejus videlicet cœcos 4. [1342] et *deest* 4. frequenter et 3. [1343] aliasque multas *addit* 4. Uncis inclusa desunt. [1344] Transalbinis 3. [1345] tanti *addit* 4. [1346] presul 4. [1347] administrati 2. 5. [1348] LIII. 3. [1349] meridionali 3. [1350] una 2. [1351] IV. 2. 3. 5. [1352] *In* 4. *ita hæc leguntur :* IV. Kal. Maii, anno scilicet (*deest* 5.) incarnationis dominicæ DCCCCLXXXVIII. indictione I. anno autem sacerdotii ejus nobiliter amministrati LIIII. et sepultus est in ecclesia Bremensi, a capite Leuderici episcopi a meridiali plaga.

NOTÆ.

(402') Naccon vix idem fuisse videtur, cujus meminerunt Widukind. l. iii, c. 50, et Thietmar. l. ii, c. 6.

(403). Princeps Slavicus hujus nominis alibi non occurrit. Nomen ipsum vix Slavicum videtur, sed potius Nordmannicum, vulgo Sithric dictum. Adamum de fratre Nacconis, quem Widukind Stoinef, Thietmar Stoinneguum appellant, scribere voluisse putaverim, nisi Stoinef semper Saxonibus inimicus vixisset, donec ab Herimanno duce decollatus sit.

(404) *Bella — plus quam civilia.* Lucani Pharsal. i. 1.

(405) Verbo *malle* noster sæpius utitur *libenter velle, desiderare.* Conf. l. iii, c. 8, 23, 60, 70 (iv, 46).

(406) Rectius dixisset *noster, velut alter Tydides.*

(407) Hoc est suggerente, quod fortasse scribere voluit Adamus, seu vituperante.

(408) Anno ut videtur 985 seu 986; v. Suenonem Aggonis apud Langebek Script. rer. Danic. tom. I.

(409) Nomina eorum cum diebus emortualibus libro memoriarum sive libro fraternitatis ecclesiæ Hamaburgensis seu Bremensis (vid. infra schol. 58.) inscripta fuisse videntur.

(410) Holsatos, Stomarios, et Hadeleros jura quædam a jure Saxonum diversa tenuisse, docet Speculum Saxonum l. iii, art. 64, § 3. Conf. Glossam ad l. ii, art. 14, § 1, et l. iii, art. 44, § 2.

(411) *Papa XV Joanne;* rectius XVI; Joannes XV jam obierat anno 985.

episcopalem meruit ab Ottone tercio. Primus omnium consecratus est a suffraganeis. Itaque [1352]* vir litteratissimus et omni [1353] morum probitate decoratus ab Italia (412-13) quondam pontificem secutus est [1354]. Ad Idagum (414). Cujus [1355] vitam emulatus et magisterium, solus ex dispositione tanti patris dignus inventus est, cui Hammaburgensis cura parrochiæ crederetur. Dicunt aliqui vicedomnum* Ottonem [1356] (415), licet avunculo [1357] gloriatus sit pontifice Adaldago, cessisse tamen hujus electioni Libentionis [1358], in quo nichil reprehensibile vel inimicus possit objicere. [Dicunt enim tantæ [1359] castitatis, ut raro se mulieribus videndum præbuerit, tantæ abstinentiæ ut pallida jejuniis ora portaverit, tantæque humilitatis vel [1360] caritatis ut in claustro sicut unus fratrum vixerit.] Multæ [1361] virtutes ejus; quippe contentus acquisitis raro curiam adiit pro acquirendis; domi sedens quietus, parrochiæ suæ curam egit diligentissimam, totumque studium vertens ad lucrum [1362] animarum, districtissima, ut aiunt [1363] regula custodivit omnes congregationes suas. [Archiepiscopus etiam per se curam egit hospitalis, fratribus et [1364] infirmis cotidiano ministrans obsequio, ipse quoque vice sua xenodochium nepoti suo [1365] commendavit Libentio.] Dum [1366] adhuc pax esset in Sclavania, Transalbianos populos frequenter visitavit et matrem (416) Hammaburg paterno fovit amore, legationem suam ad gentes magno [1367], ut decessores [1368] sui [1369] studio [1370] executus est [1371], licet obstaret dierum malicia [21]. Quo tempore cum magnam Suein rex persecutionem christianorum exercuisset [1372] in Dania, fertur [1373] archiepiscopus supplicibus legatis et crebris muneribus laborasse, ut [1374] ferocis animum regis christianis mansuetum redderet. Quibus ille rejectis [1375], in sua [1376] crudelitate ac perfidia sevire cepit [1377]. Secuta est ultio divina in [1378] regem Deo rebellem [1379]. Nam cum bellum susciperet contra Sclavos, bis captus [1380] et in Sclavaniam [1381] ductus (417), tociens a Danis ingenti pondere auri redemptus est. Nec tamen adhuc reverti voluit ad Deum, quem primo in morte patris offendit et deinde in nece fidelium irritavit, et iratus est furore Dominus, et tradidit [1382] eum in manus inimicorum suorum [1383], ut disceret non blasphemare (I Tim. I, 20).

28. (Cap. 72.) Tunc potentissimus rex Sueonum Hericus, exercitu innumerabili sicut harena maris (418) collecto, Daniam invadit, et occurrit ei Suein, derelictus a Deo, frustra sperans in ydolis suis. Multa utrimque bella navalia [1384] — sic enim ea gens [1385] confligere solet — copiæ Danorum omnes [1386] obtritæ, Hericus rex victor obtinuit Daniam. Suein [1387] a regno depulsus dignam factis suis a Deo zelote (Exod. xx, 3) recepit mercedem [1388]. Et hæc nobis junior Suein recitavit in avo suo contigisse, justo Dei judicio, quoniam illum dereliquit, quem pater ejus bonum defensorem habuit.

29. (22. Cap. 73.) Ferunt eo tempore (419) classem pyratarum, quos nostri Ascomannos vocant (420), Saxoniæ appulsam, vastasse omnia Fresiæ atque Hadulœ [1389] maritima. Cumque per Albiæ fluminis ostium ascendentes irrumperent [1390] provintiam, tunc [1391] congregati Saxonum magnates, cum parvum habuissent exercitum, egredientes a navibus,

SCHOLIA.

* Schol. 23. Otto iste, vir nobilissimus, apud Magdeburg vicedominus fuit et canonicus [1392]. (2. 3. 4.)

VARIÆ LECTIONES.

[1352]* Erat itaque 4. [1353] omnium 1. [1354] deest 4. erat 2. [1355] etiam addit 4. [1356] crederetur. Erat enim vir tantæ 4. [1357] a vinculo 1. [1358] Libentii 3. [1359] Dicunt enim — vixerit desunt 1. [1360] ac 4. [1361] nimirum addit 4. [1362] lucra 2. 3. 4. [1363] ut aiunt desunt 4. [1364] et deest 3. [1365] suo deest 3. Uncis inclusa desunt 1. [1366] vero addit 4. [1367] magno deest 1. 4. [1368] prædecessores 4. [1369] ejus 2. 3. 4. [1370] studiose 4. [1371] est deest 3. [1372] exercuisse 2. [1373] fertur deest 4. [1374] legatis crebrisque m. laborabat, quatinus 4. [1375] relictis 5. [1376] nimirum addit 4. 5. [1377] non cessavit 4. Hic in margine cod. 2. legitur : Suenotto christianos persequitur. [1378] in deest 2. 3. [1379] unde et ultio divina regem Deo rebellem est subsecuta 4. [1380] est add. 5. [1381] Sclaviam 4. [1382] iratus furore D. tradidit 4. In margine cod. 2. scriptum est : Ultio divina in perfidum regem. [1383] ejus 4. 5. [1384] Sed cum utrimque bello navali 4. [1385] gens illa 4. [1386] omnes copiæ essent D. 4. [1387] ergo addunt 3. 4. [1388] In margine cod. 2. legitur : Suenotto a regno depellitur. [1389] Hadulœ 2. 3. Hathule 4. [1390] inaddit 3. [1391] tunc deest 4. 5. tum 3. [1392] In 4. scholii 23. initio leguntur, quæ supra in textu de Ottone omissa sunt : Dicunt aliqui quendam Ottonem vicedominum hujus Libentii electioni cessisse, licet idem avunculo gloriatus sit pontifice Adaldago, et in fine : In isto enim Libentio nichil reprehensibile vel inimicus poterat objicere.

NOTÆ.

(412-13) Ejus patria secundum Thietmar. l. iv, c. 12, fuit in confinio Alpium et Suevorum.
(414) Benedictum papam potius est secutus. V. ibid. et l. vi, c. 55.
(415) Idem videtur fuisse Odda, presbyter Magdeburgensis, quem Libentius moribundus successorum desideravit. V. Thietmar. l. vi, c. 55; Ann. Quedlinb. a 1013 et 1018, quo anno obiit. Conf. Hamburg. Urkundenbuch n. 58, ibique notam.

(416) Id est metropolim.
(417) Thietmar. l. vii, cap. 26. Suein regem a Northmannis captum esse tradit.
(418) Exercitus innumerabilis sicut arena maris. Vid. I Machab. cap. xi, v. 1. Apocal. cap. xx, v. 8.
(419) Quod factum a. 994 testantur Annales Hildesheimenses, Quedlinb., Lamb. et Thietmar. Merseb. l. iv, c. 16.
(420) Iniqui ex finibus aquilonis. Helmold. l. i, c. 13.

barbaros exceperunt apud Stadium, quod est oportunum Albiæ portus et [1393] præsidium. Magnum et memorabile [1394] nimisque infelix [1395] erat illud prælium, in quo viriliter utrisque certantibus, nostri tandem minores sunt reperti. Suecones [1396] et Dani victores [1397] totam virtutem (421) Saxonum optrivere. Capti sunt ibi marchio [1398] Sigafridus *, comes Thiadricus [1399] et alii illustres viri, quos [1400] vinctis post terga manibus, barbari traxerunt ad naves, et pedes [1401] eorum catena strinxerunt, totam exinde provintiam impune prædantes [1402]. Sed cum [1403] de [1404] captivis solus marchio [1405] Sigafridus cujusdam piscatoris auxilio furtim noctu sublatus evaderet, pyratæ mox in furorem versi, omnes quos in vinculis tenuerunt, meliores ad ludibrium habentes, manus eis pedesque truncarunt [1406], ac nare præcisa deformantes, ad terram semianimes projiciebant [1407]. Ex quibus erant aliqui nobiles viri [1408], qui postea supervixerunt longo [1409] tempore, obprobrium imperio et miserabile spectaculum omni [1410] populo.

30. (Cap. 74.) Quam [1411] plagam mox cum exercitu supervenientes dux Benno et Sigafridus marchio vindicabant; et illi quidem pyratæ, quos [1412] apud Stadium egressos fuisse diximus, ab eisdem contriti sunt [1413].

[25.] Altera [1414] pars Ascomannorum, qui per Wirraham [1415] flumen egressi Hadoloæ fines [1416] usque ad Liestmonam [1417] deprædati sunt, cum maxima captivorum multitudine pervenerunt ad paludem quæ dicitur Chlindesmor [1418] (422). Ubi a nostris, qui pone sequebantur, offensi, omnes usque ad unum obtruncati sunt; quorum numerus erat vigenti milia. [Quidam [1419] eques Saxonum captus

ab eis, dum facerent eum ducem itineris sui, perduxit eos in difficiliora loca paludis, in qua diu fatigati [1420], leviter a nostri superati sunt. Heriward [1421] nomen habet [1422], perenni Saxonum laude celebratur] [1423].

51. ([24.] Cap. 75.) Ex illo nimirum tempore pyratarum crebra et hostilis eruptio [1424] facta est in hanc regionem [1425]. In metu erant omnes Saxoniæ civitates; et ipsa Brema [1426] vallo muniri cœpit [1427] firmissimo (423). Tunc quoque, sicut antiqui [1428] meminerunt [1429], Libentius archiepiscopus tesaurum ecclesiæ omniaque ecclesiastica deportari fecit ad Bugginensem [1430] præposituram. Tantus erat timor in omnibus finibus hujus parrochiæ [1431]. Nam ipse Libentius, ut sermo est [1432], pyratas, qui episcopatum vastabant, anathematis gladio [1433] dampnavit. Quorum unus fertur in Norvegia defunctus, per annos septuaginta corpore integro permansisse [1434], usque ad tempora domni Adalberti archiepiscopi, quando Adalwardus [1435] epicospus illuc [1436] venient defunctum [vinculo [1437] excommunicationis] absolvit, et mox cadaver in cinerem solutum est.

32. ([25.] Cap. 76.) Post vindictam ergo scelerum, quæ in ecclesias Dei et christianos commiserat, [Suein rex victus [1438] et a suis derelictus [1439] quippe quem Deus deseruit, errabundus et inops auxilii venit ad Nortmannos, ubi tunc filius Hacconis [1440] Thruccó [1441] regnavit (424). Is quoniam paganus erat, nulla super [1442] exulem misericordia motus est. Ita ille infelix, et a toto orbe rejectus, in Angliam transfretavit, frustra solatium quærens ab inimicis. Quo [1443] tempore Brittannis Adelrad filius Edgaris [1444] imperavit (425). Is non immemor injuSCHOLIA.

* *Schol.* 24. De hoc Sigafrido grande fertur miraculum, quia cum cœnobium Ramsolam invaderet prædando, maligno statim invasus spiritu, non ante meruit liberari, quam sua [1445] ecclesiæ restituit et de prædio suo fratribus opulentam villam in servicium donavit [1446]. (3. 4.)

VARIÆ LECTIONES.

[1393] *et deest* 4. [1394] *memoria.*e 5. [1395] *minusque felix* 2. 3. 4. [1396] *ergo addit* 4. [1397] *victores deest* 4. [1398] *Voci marchio in cod.* 1. *eadem manu superscriptum est* : *comes*. [1399] *Thiadericus* 5. *Theodericus* 2. [1400] *quibus* 4. [1401] *pedesque* 4. [1402] *deprædantes* 2. 3. 4. [1403] *dum* 5. [1404] *ex* 4. [1405] *Voci marchio superscriptum est*: *comes* 1. [1406] *meliores ludibrio h. manibus pedibusque truncaverunt* 4. [1407] *projecerunt* 4. [1408] *nob. quidam v. e. q.* 4. [1409] *multo sup.* 4. [1410] *facti addit* 4. [1411] *Quam videlicet* 4, [1412] *vindicarunt; in tantum, ut pyrate omnes, quos* 4. [1413] *ab ipsis auxiliante Domino fuerint (fuerunt* 5.) *contriti* 4. [1414] *vero addit* 4. [1415] *Virraam* 5. *Wiseram* 2. [1416] *Habele* 2. 3. 4. *Hathele M. F.* [1417] *Listemonam* 2. 5. [1418] *Chlindesmore* 2. *Glindismore* 3. *Glindesmor* 4. [1419] *enim addit* 4. [1420] *fugati* 5. [1421] *Heriwadus* 2. *Herivad* 5. [1422] *Qui. H. n. habens* 4. [1423] *Uncis inclusa desunt* 1. [1424] *hostilisque crebra irruptio* 4. [1425] *hac regione* 4. [1426] *Nam et omnes S. siv. grandi metu perculse (percussæ* 5.) *fuerant, tunc et B.* 4. [1427] *B. muro muniri* 2. 3. 4. *cœpit deest* 1. [1428] *aliqui* 2. 5. [1429] *Sed et* 4. [1430] *Buggenensem* 3. *Puggenensem* 2. *Buccensem* 4. [1431] *Tantus itaque t. i. f. h. p. o. erat* 4. [1432] *Nam et ipse pontifex pyratas* 4. [1433] *anathemate* 2. 3. 4. [1434] *Quorum unus in N. deficiens, p. a. s. c. i. (i. c.* 5.) *permansit* 4. [1435] *Alwardus* 5. [1436] *illo* 1. *illius* 3. [1437] *Inclusa desunt* 1. 2. 5. [1438] *Inclusa desunt* 1. [1439] *desertus* 2. 3. 4. [1440] *Hacquini* 4. [1441] *Trunccó* 1. [1442] *Is licet p. esset, nulla tamen super* 4. [1443] *Eo* 4. [1444] *Egdaris* 1. *Eggaris* 4. [1445] *suæ* 5. [1446] *In cod.* 3. *hoc scholion ita se habet:* De hoc marchione Sigafrido fertur, quod propter sacrilegium a maligno vexatus sit spiritu, usque dum bona ecclesiæ restitueret.

NOTÆ.

(421) *Virtutem*, id est viros, die Mannschaft.
(422) Hodie Glinstedt ei Glinster Moor inter fluvios Oste et Hamme; v. Wedekind l. l. I, p. 29.
(423) Piratas tamen Bremam non adiisse testatur Thietmar. l. VI, c. 53 fine.
(424) Filius Olavi secundum alios et rex Upland; de quo conf. Theodericum monachum de rebus ve-

tustis Norvagiæ c. 4, apud Langebek Script. rer. Dan. t. V, et Annal. Islandorum a. 969, ibid. t. II, pag. 189.
(425) Æthelred, filius Eadgari, rex 978-1014. V. Chron. Saxon. et Florentium a. 994 De expeditione Olavi Thrucconis filii, Norvagiæ regis, et Sueni, regis Danorum, contra Anglos.

riarum, quas Dani ex antiquo Anglis inflixerant, A exulem reppulit. Quem tandem, miseratus infortunii, rex Scothorum [1447] benigne recepit [1445] ibidemque Suein bis septem annos exulavit [1449], usque ad mortem Herici [1450]. Hæc parricidæ avi pericula, Suein rex nobis attonitis exposuit; deinde ad Hericum victorem reflexit narrationem.

53. ([26.] Cap. 77.) *Hericus*, inquit, *duo regna optinuit, Danorum Sueonumque, et ipse paganus, christianis valde inimicus.* Ad eum fertur legatus fuisse cæsaris ac Hammaburgensis episcopi, quidam [1451] Poppo, vir sanctus et sapiens, et [1452] tunc ad Sliaswig ordinatus [1453], de regno Danorum seu pace christianorum cæsaris partes expostulans. Aiuntque eum pro [1454] assertione christianitatis, cum barbari suo more signum quærerent, nil moratum [1455], B statim ignitum ferrum gestasse manu [1456], et illæsum apparuisse. Dumque hoc facile omnem gentilibus ambiguitatem erroris tollere videretur, iterum sanctus Dei, pro submovendo illius gentis paganismo, aliud [1457] dicitur ostendisse vel magnum miraculum: tunicam scilicet indutus ceratam, cum staret in medio populi circo, in nomine Domini præcepit eam [1458] incendi. Ipse vero oculis ac [1459] manibus in cœlum tensis, liquentes flammas tam patienter sustinuit, ut veste prorsus combusta [1460] et in favillam redacta hilari et jocundo vultu nec [1461] fumum [1462] incendii se [1463] sensisse testatus sit (426). Cujus novitati [1464] miraculi et tunc multa milia crediderunt per eum; et usque hodie per populos et ecclesias Danorum celebre nomen Popponis effertur.

54. Hæc aliqui apud Ripam gesta confirmant, alii apud Heidibam [1465], quæ Sliaswig dicitur [1466]. Claruit etiam tunc in Dania felicis memoriæ Odinkar [1467] senior, de quo supra diximus (427), quod [1468] in Fune [1469] Seland, Scone [1470] ac in Suedia [1471] prædicans, multos ad fidem christianam convertit. Ejus discipulus et nepos fuit alter Odinkar'' junior, et ipse nobilis de semine regio Danorum, dives agri [1472], adeo ut ex ejus [1473] patrimonio narrent episcopatum Ripensem fundatum (428). Quem dudum Bremæ scolis traditum, pontifex Adaldagus suis fertur manibus baptizasse, suoque nomine Adaldagus vocatus est [1474]. Is vero [1475] a Libentione [1476] archiepiscopo nunc ordinatus in gentes, apud Ripam sedem accepit. Nam et illustri vita [1477] sanctæ conversationis Deo et hominibus acceptus erat, et christianitatem in Dania fortissime defendit. [27.] Hos viros [1478] comperimus illo tempore claros in ea regione, aliis qui adhuc supervixerant [1479] a diebus Adaldagi non ociosis. Qui etiam in Norvegiam [1480] et Suediam [1481] progressi populum multum Jesu Christo collegerunt. A quibus traditur Olaph [1482] Trucconis filius [1483], qui Nortmannis imperavit,

SCHOLIA.

* *Schol.* 25. Hericus, rex Sueonum, cum potentissimo rege Polanorum Bolizlao (429) fœdus iniit. Bolizlaus filiam vel sororem Herico dedit [1484] (430). Cujus gratia societatis Dani a Sclavis et Sueonibus juxta impugnati sunt. Bolizlaus, rex christianissimus, cum Ottone tercio confœderatus (431), omnem [1485] vi Sclavaniam subjecit et Ruziam (432) et Pruzzos [1486], a quibus passus et sanctus Adalbertus (433), cujus reliquias tunc Bolizlaus transtulit in Poloniam. (2, 4.)

**Schol.* 26. Ille [1487] Odinkar in Angliam ductus est a rege Knut ibique eruditus litteris [1488]. Deinde Galliam [1489] discendo pervagatus, sapientis et philosophi nomen accepit. Unde et Deo [1490] carus (434) nomen sortiri meruit. (2. 3. 4.)

VARIÆ LECTIONES.

[1447] Scotorum 4. [1448] suscepit 2. 3. 4. [1449] suscepit, cumque per b. s. a. quibus exulavit, secum detinuit 4. [1450] Erici 3. [1451] Ad quem missus l. c. a. B. archiepiscopi P. quidam 4. [1452] et deest 4. [1453] tunc in Sleswicensem o. episcopum 4. [1454] expostulavit. Quem eciam aiunt pro 4. *Post vocem* expostulans *in cod.* 2. *literis minio tinctis depicta sunt verba:* Duo miracula Popponis. [1455] sed addit 4. [1456] ferrum tractasse manu 2. 3. f. m. tulisse 4. [1457] aliud eque magnum ostendit 4. [1458] eam deest 4. 5. eum 3. [1459] et 3. [1460] ambusta 2. 3. 4. [1461] nec deest. [1462] quidam addit 4. [1463] se deest 3. 5. se inc. 4. [1464] novitate 2. 3. 4. [1465] Hesthbri 2. Hedeby 3. [1466] apud Sliaswig 4. [1467] Odinchar 5. [1468] qui 2. 3. 4. [1469] Fiona 2. 3. Fiune 4. Finne 5. [1470] Scania 2. Scane 3. Sconia 4. [1471] Sueonia 2. [1472] agris 4. [1473] ejus deest 5. [1474] suis manibus (m. s 5.) baptizavit s. q. n. A. vocavit 4. [1475] ergo 4. [1476] Libentio 2. 3. 5. [1477] et addit 4. [1478] vero 2. 3. 4. [1479] supervixerunt 5. [1480] Nordwegiam 2. Norwegiam 4. [1481] et Suediam *desunt* 2. 3. 4. [1482] Olavus 2. [1483] Thrucconis filius 2. 4. Thrucunson 3. Trucconis filius 4. [1484] filiam suam H. d. uxorum 4. [1485] vj deest 2. [1486] Ruziam et Puzlos 2. Rutliam et Prozlos 4. [1487] Iste 5. 4. [1488] a r. K. i. A. d. l. est e. 4. [1489] Galliam deest 5. [1490] Unde Domino 3.

NOTÆ.

(426) Non idem sed simile Popponis clerici miraculum jam coram Haroldo, rege Danorum, peractum tradit Widukind. l. III, cap. 65, et ex eo Thietmar. l. II, c. 8. Cum Poppo, episcopus Fleswicensis, sedit ab a. 1010-1015, hac vice fortasse fides habenda Saxoni Grammatico, qui l. x. tradit Popponem illum promotum esse in episcopum C Arhusiensem. Hic vero Poppo, ad Ericum regem missus et sub Libentio episcopus ordinatus Sleswicensis, plane diversus est ab illo, cujus meminit Widukindus.
(427) L. II, cap. 23.
(428) Hanc donationem Sax. Grammat. l. x, pag. 506 (ed. Mulleri) adscribit Othincaro Albo s. seniori. Conf. infra schol. 48
(429) Bolislaw, filius Mieczyslawi s. Miseconis 992-1025.
(430) Sigrid Storvada, filia Miseconis et soror Bolislavi, ducum Poloniæ, de qua vid. infra cap. 37.
(431) V. Ropell Geschichte von. Polen. ., pag. 105 sq.
(432) Debellavit Ruzzos a. 1015-1018.
(433) Sc. a. 997.
(434) Sc. a deo Odin et voce Islandica *kær*, carus

baptizatus, ex ea gente primus fuisse christianus. [Olaph Trucconis filius, expulsus a Norwegia, venit in Angliam, ibique suscepit christianitatem, quam ipse [1491] primus in patriam revexit (435), duxitque uxorem a Dania, superbissimam Thore [1492], cujus instinctu bellum [1493] Danis intulit.]

35. (Cap. 78.) Alii dicunt olim et tunc ab Anglia quosdam episcopos vel presbyteros evangelizandi gratia egressos a domo [1494], ab eisque [1495] Olaph baptizatum et ceteros; quorum praecipuus esset [1496] quidam Joannes episcopus, et alii postea dicendi [1497] (436). Si hoc verum est [1498], non invidet [1499] inquam [1500] mater Hammaburgensis ecclesia, si filiis suis benefecerint etiam extranei, dicens cum Apostolo: *Quidam praedicant per invidiam et contentionem, quidam autem propter bonam voluntatem et karitatem. Quid enim? Dum omni modo sive per occasionem, sive per veritatem Christus annuncietur, et in hoc,* inquit, *gaudeo et gaudebo* (Phil. 1, 15, 18).

36. (Cap. 79.) Hericus igitur Suedorum [1501] rex in Dania conversus ad christianitatem, ibidem [1502] baptizatus est [1503]. Qua occasione praedicatores in Suediam transeuntes a Dania, fiducialiter agebant in nomine Domini. Audivi ego [1504] a prudentissimo rege [1505] Danorum. Hericum, post susceptam christianitatem, denuo relapsum ad paganismum [1506]. Quod vero cum Ottone tercio pugnaverit et [1507] victus sit [1508], ab aliis comperi; rex tacuit [1509].

37. ([28.] Cap. 80.) Post mortem diu optatam Herici [1510] Suein ab exilio regressus, optinuit regnum patrum suorum [1511], anno depulsionis vel [1512] peregrinationis suae 14; et accepit [1513] uxorem (437) Herici relictam, matrem Olaph, quae peperit ei Chnut [1514]. Sed nichil illi profuit affinitas conubii, cui Deus iratus est [1515]. [Olaph [1516] rex Sueonum christianissimus erat [1517] filiamque [1518] Sclavorum Estred nomine de Obodritis [1519] accepit uxorem, ex

A qua genitus est [1520] filius Jacobus (438), et [1521] filia Ingrad [1522] (439), quam rex [1523] sanctus [1524] Gezlef [1525] de Ruzzia duxit in conjugium.] [1526] Olaph sane, qui post obitum patris [1527] Herici regnum super Suevos [1528] accepit, cum exercitu superveniens, infelicem [1529] Suein [1530] a regno expulit, et ipse [1531] optinuit Daniam. Cognovit [1532] autem Suein quod Dominus ipse est Deus, et reversus in semetipsum [1533], peccata sua prae oculis habuit [1534] poenitensque oravit ad Dominum, qui exaudivit [1535] eum et [1536] dedit illi gratiam in conspectu inimicorum suorum [1537], et restituit [1537*] eum Olaph in regnum suum, eo quod matrem suam habuerit [1538]. Feceruntque pactum ad invicem [1536*] firmissimum, ut christianitatem in regno suo plantatam retinerent, et in exteras effunderent nationes.

38. ([29.] Cap. 81.) Audiens autem rex Nortmannorum, Qlaph filius Trucci [1539], de conjunctione regnum, iratus est contra Suein nimis [1540], ratus eum [1541] quasi derelictum a Deo tociensque depulsum, a sua etiam multitudine facile posse depelli. Collecta igitur classe innumera, bellum intulit regi Danorum. Hoc factum est [1542] inter Sconiam [1543] et Seland [1544], ubi solent reges navali bello confligere. Est autem brevis trajectus Baltici maris apud [1545] Halsinburg [1546], in quo loco Seland a Sconia videri possit [1547], familiare latibulum pyratis. Ibi ergo congressi (440), Nortmanni a Danis sunt victi et fusi sunt [1548]. Olaph [1549] rex, qui forte solus remansit [1550], in mare se praecipitans, dignum vitae finem invenit. [Uxor [1551] ejus post mortem viri [1552] fame inediaque misereliter vitam consumpsit, ut digna erat.] [1553] Narrant eum [1554] aliqui illum christianum fuisse, quidam [1555] christianitatis desertorem; omnes autem affirmant peritum auguriorum, servatorem sortium, et in avium prognosticis [1556] omnem spem suam posuisse. Quare etiam cognomen accepit, ut Olaph Cracaben-

SCHOLIA.

* Schol. 27. Olaph Trucci [1557] filio interfecto Craccaben, duo regna possedit. Qui mox destructo ydola-

VARIAE LECTIONES.

[1491] ipse *deest* 3.   [1492] Thorem 3.   [1493] etiam *addit* 4. *Uncis inclusa desunt* 1.   [1494] Domino 2. 3. 4.   [1495] et ab illis 4.   [1496] erat 2. 3. 4.   [1497] ahi, de quibus postea dicemus 4.   [1498] Sed si hoc ita est 4.   [1499] invideat 4. invida 2. invida est 3.   [1500] inquam *deest* 5.   [1501] Sueonum 3.   [1502] ibique 2. 3. ibi 4.   [1503] *Nota marginalis in cod.* 2 : Hericus baptizatur.   [1504] ergo 4.   [1505] Domini. Dicebat tamen clarissimus Svein rex 4.   [1506] fuisse *addit* 4.   [1507] pugnaverit et *desunt* 4.   [1508] est 1. 3.   [1509] rex tacuit, sed ab aliis audivi 4.   [1510] Mortuo post hec Herico 4.   [1511] nostrorum 1.   [1512] et 2. 3. 4.   [1513] accepitque 4.   [1514] Chnut 4. Knut 2 4.   [1515] erat 2. 4.   [1516] autem *addit* 4.   [1517] erat *deest* 4.   [1518] que *deest* 4.   [1519] Obotritis 3. F.   [1520] ci *addit* 4.   [1521] a 2.   [1522] Ingred. 3. Ingard 4.   [1523] vir 2.   [1524] sanctus *deest* 4.   [1525] Gerzleff 3. 5.   [1526] conjugem 5. *Uncis inclusa desunt* 1.   [1527] sui *addit* 4.   [1528] Suecos 3. Sueones 4.   [1529] infeliciter 4.   [1530] iterum *addit* 4.   [1531] ipse *deest* 4.   [1532] Suein autem cognoscens quia d. i. e. deus rediit in 4.   [1533] et *addit* 4.   [1534] habens 4.   [1535] exaudiens 4.   [1536] et *deest* 4.   [1537] suorum *deest* 3.   [1537*] suorum restituitque 4.   [1538] uxorem *addit* 4.   [1536*] ad inv. *desunt* 3.   [1539] Thrucconis 2. Trucis 3. Thrucci 4.   [1540] nimis *deest* 2. 3.   [1541] illum 4.   [1542] H. f. e. *desunt* 4.   [1543] Scaniam 2. 3.   [1544] Selandiam 2.   [1545] apud *deest* 2. 3. 4.   [1546] Alsinburg 2. Halsingeburg 4. Halsingburg 5. Helsingburgh 3.   [1547] potest 5.   [1548] sunt *deest* 4. *In margine* 2 : Dani Nordmannos sternunt.   [1549] namque *addit* 4.   [1550] remanserat 4.   [1551] autem *addit* 4.   [1552] mariti 3.   [1553] *Uncis inclusa desunt* 1.   [1554] itaque 4.   [1555] alii 4.   [1556] prenosticis 4.   [1557] Thrucci 5.

NOTAE.

(435) Cf. Chron. Anglo-Saxon. et Florent. Wigorn. a. 994. Theodoricus l. 1. cap. 7, 8.
(436) V. infra l. IV, c. 33.
(437) Sigrid illam a marito suo depulsam esse testatur Thietmar. l. VII, c. 28.
(438) Suecis dictus Anund Jacobus.

(439) Ingagerd, uxor Jaroslavi Wladimirowitsch, regis Russorum.
(440) Alium locum praelii, dictum Suolder, prope Rugiam, hic memorat Snorro in Saga Olavi Tryggvii. Conf. Theoderic. l. 1., cap. 14. Annal. Island. a. 999. Dahlmann l. l. 1., c. 95.

ben [1557*] (441) diceretur. Nam et artis magicæ, ut aiunt, studio deditus, omnes, quibus illa redundat patria, maleficos (442) habuit domesticos, eorumque deceptus errore periit.

39. (Cap. 82.) Suein interfecto Cracabben [1558], duo regna possedit. Ipse igitur mox destructo ritu ydololatriæ, christianitatem in Nortmannia [1559] per edictum suscipere [1560] jussit. Tunc etiam Gotebaldum [1561] quendam ab Anglia venientem episcopum in Sconia posuit doctorem, qui aliquando in Suedia, sæpe dicitur evangelizasse in Norvegia [1561*].

40. ([30.] Cap. 83.) Interea millesimus ab incarratione Domini annus feliciter impletus est, et hic est annus archiepiscopi 12. Sequenti [1562] anno fortissimus Otto imperator, qui jam Danos (443), Sclavos (444), itemque Francos et Italos domuerat, cum jam tercio Romam victor intrasset [1563] (445), inmatura morte preventus occubuit [1564] (446). Post mortem ejus [1565] regnum in contentione remansit. Tunc vero et [1566] Sclavi a christianis judicibus plus justo compressi, excusso tandem jugo servitutis, libertatem suam armis defendere coacti sunt. Principes [1567] Winulorum erant Mystiwoi* et Mizzidrog [1568], quorum ductu sedicio inflammata est. His [1569] ducibus Sclavi rebellantes, totam primo Nortalbingiam ferro et igne depopulati sunt. Deinde reliquam peragrantes Sclavoniam [1570], omnes ecclesias incenderunt et ad solum [1571] diruerunt. Sacerdotes autem et [1572] reliquos [1573] ecclesiarum ministros variis A suppliciis enecantes, nullum christianitatis vestigium trans Albiam reliquerunt (447).

41. (Cap. 84.) Apud Hammaburg eo tempore ac deinceps multi ex clero et civibus in captivitatem abducti [1574] sunt, plures etiam interfecti propter odium christianitatis (448). Narravit nobis diu (449) memorandus rex Danorum [1575], qui omnes barbarorum gestas res in memoria tenuit ac si [1576] scriptæ essent, Aldinburg** civitatem populosissimam de christianis (450) inventam esse. Sexaginta, inquit, presbyteri, ceteris more pecudum obtruncatis, ibi ad ludibrium servati sunt, quorum major loci præpositus Oddar [1577] nomen habuit, noster consanguineus. Ille igitur cum ceteris tali martyrio consummatus est, ut cute capitis in modum crucis incisa, ferro B cerebrum singulis aperiretur. Deinde ligatis post tergum [1578] manibus confessores [1579] Dei per singulas civitates Sclavorum tracti sunt, [et aut verbere aut alio modo vexati [1580]], usque dum [1581] deficerent. Ista illi spectacula [1582] (451) facti, et angelis et hominibus in stadio medii cursus [1583] exhalaverunt victorem spiritum. [31.] Multa [1584] in hunc modum per diversas Sclavorum [1585] provintias tunc facta memorantur, quæ scriptorum [1586] penuria nunc [1587] habentur pro fabulis. De quibus cum regem amplius interrogarem: Cessa, inquit, fili, (452) tantos habemus in Dania vel Sclavania martyres, ut vix possint [1588] libro comprehendi.

42. Omnes igitur Sclavi, qui inter Albiam et Od-

SCHOLIA.

triæ [1589] ritu christianitatem in Nordmannia per edictum suspici jussit. Tunc etiam Gotebaldum quendam ab Anglia venientem episcopum in Sconia posuit doctorem; qui aliquando in Suedia et in Norwegia evangelizasse narratur. (4.)

* Schol. 28. Mistiwoi cum nollet [1590] christianitatem deserere [1591], depulsus a patria confugit ad Bardos [1592], ibique consenuit fidelis. (2. 3. 4.)

** Schol. 29. Aldinburg civitas magna Sclavorum est, qui Waigri [1593] dicuntur. Sita est [1594] juxta mare, Balticum vel Barbarum [1595] dicitur, itinere diei ab Hammaburg [1596]. (2. 3. 4.)

VARIÆ LECTIONES.

[1557*] Craccaben deest 2. 3. 4. [1558] Quo interfecto Suen 3. Quo interfecto Crakaben 2. [1559] Norvegia 3. [1560] suscipi 2. 3. [1561] Godebaldum 2. [1561*] dicitur evang. sæpe etiam in Norvagia hic desunt 4. 5. Conf. Schol. 27, quod male ex textu nostro descriptum est. Legendum ibi: Olaph T. f. Craccaben interfecto, Suein duo... [1562] vero addit 4. [1563] intranset 4. [1564] in Domino addit 4. [1565] Cujus mortem 4. [1566] vero et desunt 4. [1567] autem addit 4. [1568] Mizzidrog et Mistrowoi 2. 3. 4. [1569] ergo addit 4. [1570] Sclavoniam 2. Slavoniam 3. Slavaniam 4. [1571] usque addunt 2. 3. 4. [1572] et deest 3. 5. [1573] reliquosque 4. [1574] ducti 5. [1575] et addunt 1. 3. [1576] si deest 1. [1577] Oddor 5. [1578] terga 2. 3. 4. 5. [1579] professores 2. 3. 4. [1580] Uncis inclusa desunt 1. Ann. Sax. a. 983. Helmold. l. I. c. 16. et deest 3. 4. [1581] quousque 4. [1582] Ita illi spectaculum 2. 3. 4. Ann. Sax. l. l. Taliter illi spectaculum Helmold. l. l. [1583] in stadii medio 2. 3. 4. IV. Non. Junii add. 4. [1584] enim add. 3. nimirum 4. [1585] Nordalbingorum vel Sclavorum 2. Nordalbingorum 3. [1586] scribentorum 1. [1587] nunc deest 2. 3. 4. [1588] quod vix possent 5. [1589] idololatriæ 5. [1590] deest 4. 5. [1591] desereret 5. [1592] Sic correxi ex Helmoldi l. I. c. 16. Barbaros 2 3. 4. [1593] Vagri 3. Vagri 5. [1594] est deest 4. 5. [1595] barbaricum 4. [1596] Vagri dicuntur, distat itinere unius diei ab Hamaburg 3

NOTÆ.

(441) A voce Islandica Kraka, cornix, avis fatidica, et Bein, os. Conf. Snorro Sturleson l. I., cap. 28.

(442) Malefici id est incantatores. Vid. infra. c. 55, l. III, c. 16, 62.

(443) V. supra cap. 22 sq.

(444) Sc. annis 985-987, 990 sq., 997. Vid. Ann. Quedlinburg. Thietmar. l. IV, c. 8, 20.

(445) Sc. annis 996, m. Maio, 998, m. Febr. et 1000, m. Novembr.

(446) Otto III obiit Patavii a. 1002, Jan. 24.

(447) Thietmar. l. III, c. 11. Male confudisse videtur Adamus quæ post mortem Ottonis II vel ultimis ejus annis gesta sunt, cum iis quæ post mortem Ottonis III acciderunt.

(448) V. Thietmar. l. l.

(449) Diu, id est sæpe.

(450) Hoc est, maxime frequentatam a Christianis.

(451) Ista spectacula fortasse ex Virgil. Aen. l. VI, v. 37.

(452) Tanti, id est tot, sicut quanti pro quot. Arnold. Lubec. l. V, c. 5. V. supra l. I, c. 54.

daram habitant, per annos 70 et amplius christianitatem coluerunt, omni [1597] tempore Ottonum, talique modo se absciderunt a corpore Christi et ecclesiae, cui antea [1598] conjuncti fuerant. O vere occulta super homines Dei judicia, qui misereatur cui vult, et quem vult indurat (Rom. IX, 18). Cujus omnipotentiam mirantes, videmus eos ad paganismum esse relapsos, qui primi crediderunt, illis autem [1599] conversis ad [1600] Christum, qui videbantur novissimi. Hic igitur judex justus, fortis et patiens, qui olim, deletis coram Israel septem gentibus Chanaan, solos reservavit Allophilos (453), a quibus transgressi punirentur, ille, inquam, modicam gentilium portionem nunc indurare voluit, per quos nostra confunderetur perfidia.

43. ([32] Cap. 85. *--** Haec [1601] facta sunt ultimo tempore senioris Libentii, sub duce Bernardo, filio

A Bennonis [1602] (454), qui populum Sclavorum graviter afflixit. Eodemque [1603] tempore contentio Ferdensis episcopi Bernarii [1604] de Ramsolan ***--- [1605] coram papa Sergio terminata est.

44. Anno [1606] archiepiscopi 22 (an. 1010) Benno, dux Saxonum, obiit (455), et Liudgerus [1607], frater ejus, qui cum uxore sua venerabili Emma Bremensi ecclesiae plurima fecerunt bona (456). Apud Magadaburg [1608] vero Gisillario [1609] archiepiscopo Daganus successit (457); deinde Walthardus [1610] meruit cathedram (458).

Interea noster archiepiscopus de legatione sua in gentes sollicitus, plures ordinavit episcopos, quorum nomina et sedes incertae sunt [1611], quia tempus persecutionis incubuit. Sicut vero [1612] patrum relatione B cognovimus, Esico apud Sliaswig Popponi (459) successit [1613]. Odinkar, de quo supra diximus (460),

SCHOLIA.

* Schol. 30. Sermo est ducem Sclavanicum [1614] petisse pro [1615] filio suo neptem ducis Bernardi, eumque promisisse (461). Tunc [1616] princeps Winulorum misit filium suum [1617] cum duce in Ytaliam cum mille equitibus, qui fere omnes ibi sunt interfecti (462). Cumque filius ducis Sclavanici pollicitam mulierem expeteret, Theodericus marchio intercepit consilium, consanguineam ducis proclamans non dandam esse eam [1618]. (2. 3.)
** Schol. 31. Theodericus [1619] erat marchio Sclavorum, cujus ignavia coegit eos fieri desertores. (463). (2. 3.)
*** Scol. 32. Theodoricus marchio, depulsus ab honore (464) et ab omni hereditate sua [1620], praebendarius apud Magdeburg vitam finivit mala [1621] morte, ut dignus fuit. (2. 3.)
**** Schol. 33. Anno Domini 1010 gens Ungariae ad fidem convertitur per Gislam, sororem imperatoris, quae nupta regi Ungariae ipsum regem induxit, ut se et suos baptizari faceret. et in baptismo Stephanus est appellatus. Qui postea sanctus fieri meruit (465). (4 secunda manu.)
***** Schol. 34. Ramsolan sita est in episcopatu Ferdensi non longe a vico Bardorum (466). Cujus ordinationem et jus gubernandi cum Ferdensis episcopus reposceret, apostolicae sedis decreto cessit ab incepto. Oddo legatus fuit ad papam (467), ut habet privilegium [1622]. (3. 4.)

VARIAE LECTIONES.

[1597] videlicet addit 4. [1598] ante 2. 3. 4. [1599] autem deest 2. 3. 4. [1600] conversisis a 1. [1601] In cod. 4 hic in textu legitur: perfidia. Eo tempore dux Sclaviae petiit filio suo neptem ducis Bernardi dari in conjugium, quod et dux consensit. Tunc princeps Winulorum misit filium suum cum duce in Italiam, cum mille equitibus, qui fere omnes ibi sunt interfecti. Post haec cum filius ducis Sclaviae pollicitam sibi expeteret uxorem, Tiadericus marchio intercepit consilium, proclamans consanguineam ducis non esse dandam cani. (Ita et Helmoldus l. I, c. 16.) Iste Tiadericus Sclavorum erat marchio, cujus ignavia coegit eos fieri deserores. Qui postmodum ab honore suo depulsus, et ab omni hereditate sua, apud Magdeburg praebendarius, vitam, ut dignus erat, mala morte finivit. Eodem tempore venerabilis comes Heinricus in Rosafeldan (a) fecit praepositurum, annuente Libentio archiepiscopo et ecclesiam consecrante. Haec... [1602] Berhardo filio Bennonis 1. Ita et Helmoldus l. I, c. 16. Bernardo filio Hermanni 2. 3. B. f. Herimanni 4. [1603] que deest 2. Quo eciam 4. [1604] Berharii 1. [1605] Ramsola 5, saepius. [1606] igitur addunt 2. 3. 5. [1607] Ludgerus 2. 4. [1608] Magedburg 2. Magdeburgh 3. Magdaburg 4. [1609] Gisilhario 2. 3. Gisilhario 4. [1610] Waldardus 2. 3. [1611] sunt deest 1. [1612] enim 2. 3. 4. [1613] succedit 3. [1614] Slavoniae 3. [1615] pro deest 2. [1616] Itaque [1617] misso filio 3. [1618] equitibus eos omnes fere amisit. 3. Reversus ex Italia petiit sibi promissam, quam Thiadricus marchio intercepto consilio, consanguineam dicens, negabat ei dandam 5. [1619] Thiadricus 3. [1620] Ita et Helmoldus l. I, c. 16. Thiadricus ab hon. omni et haer. dejectus 3. [1621] malam 2. [1622] Bardorum. Eam episcopus Ferdensis sibi regendam petiit a pontifice Romano perlegatum Oddonem, ut habet privilegium 5.

NOTAE.

(453) Id est Philistaeos. Conf. psalm. LVI, v. 1.
(454) Si lectio haec vera est, Adamus hic indigitare voluit tempus post annum emortualem Bennonis ducis et ante mortem Libentii archiepiscopi, videlicet 1010-1013.
(455) Benno dux obiit 1011, Febr. 9.
(456) Liudgerus obiit 1011, Febr. 26. De comitissa Emma v. infra c. 49, 60.
457) Sc. anno 1004.
458) Sc. anno 1012.
(459) Poppo aut resignavit, aut aliam accepit in Dania cathedram, v. infra cap. 47.
(460) V. supra c. 33.

(461) Haec de marchione Thiaderico ad annos 976-984 sunt referenda.
(462) In expeditione imperatoris ut videtur, ann. 981 et 982.
(463) Eadem fere judicat Thietmar. l. III, c. 10.
C (464) Thiadericum marchionem perdidisse dignitatem suam refert quoque Annal. Sax. an. 985. 998 et 1010. Thietmarius ejus ultimo meminit l. IV, c. 2, ad a. 984. Obiit anno 985; v. Annal. Quedlinb.
(465) Ex Sigeberto Gemblac. h. a.
(466) Bardewyk.
(467) Cf. Annal. Quedlinb. a. 1013 et Thietmar. l. VI, c. 53, 54. Hamb. Urkundenbuch n. 58 not.

(a) De monasterio in Rosanfeldan sive Herseveld in ducatu Bremensi conf. Annal. Sax. a. 1010.

apud Ripam insignis fuit [1623]. Et sermo est post A obitum Adeldagi [1624] archiepiscopi, totam regionem Judlant [1625] usque ad nostram ætatem in duos episcopatus bipartitam esse, tercio apud Arhusan [1626] deficiente. In Sclavania [1627] vero ordinavit archiepiscopus Folcwardum [1628] (468), deinde Reginbertum (469); quorum prior a Sclavania pulsus, in Suediam [1629] vel Nordveiam [1630] missus est ab archiepiscopo, et ipse [1631] multos in Domino lucratus, cum gaudio remeavit. Posthæc omnibus bene compositis, obiit beatus archimandrita Libentius, unaque Ferdensis episcopus, anno Domini 1013, et sepultus est in medio chori ante gradus sanctuarii, quod factum est [1632] pridie Nonas Januarii, indictione undecima.

45. ([33] Cap. 86.) Unwanus archiepiscopus sedit annis 16. Ferulam suscepit ab Heinrico [1633], palleum a majore papa Benedicto (470). De choro Podarbrunnensi [1634] assumptus est, clarissimo genere Immedingorum [1635] (471) oriundus, præterea dives et largus, omnibus hominibus acceptus, clero autem adprime [1636] benivolus [1637], quibus etiam hortatu Libentii tunc præpositi curtem [1638] Botegun [1639] optulit, cujus servitium esset per natales apostolorum (472).

46. Unwanus [1640] primus omnium congregationes ad canonicam regulam traxit, quæ antea quidem mixta ex monachis vel [1641] canonicis conversatione degebant. Ille omnes ritus paganicos, quorum adhuc supersticio viguit in hac regione, præcepit funditus amoveri, ita ut ex lucis, quos nostri paludicolæ

B stulta frequentabant reverentia, faceret [1642] ecclesias per diocesim [1643] renovari; ex quibus etiam basilicam sancti Viti extra oppidum construi [1644] et capellam sancti Willehadi combustam jussit reparari.

Ipso tempore ferunt aggerem Bremensis oppidi [1645] firmatum contra insidias et impetus inimicorum regis [1646], præcipue quoniam dux Bernardus, Heinrico imperatori ausus rebellare, terruit ac [1647] turbavit omnes ecclesias Saxoniæ. Ex illo enim tempore, quo dux constitutus est in hac regione, nunquam discordia cessavit inter geminas domos, scilicet archiepiscopi et ducis: illis impugnantibus regem et ecclesiam, istis pro salute ecclesiæ ac fidelitate regum [1648] certantibus (473). Hæc æmulatio partium, dum prius occulta [1649] esset, ex eo tempore vires accepit et crevit in immensum. Bernardus enim dux, tam avitæ humilitatis quam paternæ religionis oblitus, primo quidem per avaritiam gentem Winulorum crudeliter opprimens, ad necessitatem paganismi coegit (474); deinde per superbiam beneficiorum immemor, totam secum ad rebellandum cæsari movit Saxoniam; novissime surgens in Christum [1650], ecclesias hujus patriæ non dubitavit impugnare, præcipue vero [1651] nostram, quæ et ditior eo tempore ceteris et longinquior [1652] videbatur a manu imperatoris. Ejus [1653] impetum viri dicitur noster [1654] archiepiscopus Unwan [1655], "sua magnanimitate [1656] taliter refregisse, ut præ pudore sapientiæ ac liberalitatis [1657] episcopi cogeretur ipse dux, ecclesiæ, cui ante adversatus est, deinceps hylaris et benignus esse in omnibus [1658]. Igitur [1659] habito nostri ponti-

SCHOLIA.

Schol. 35. Sermo est hunc per simoniacam pestem intronizatum, eo quod magnam hereditatem habuit. Cujus partem ipse invitus dimisit [1660] imperatori, partem vero alteram optulit ecclesiæ suæ, quam pie gubernavit; terciam parentibus dimisit. Senex venerabilis et amator pauperum, maxime illorum [1661] qui parvuli erant. Qua occasione fratres a claustro licentius egressi, mulierum consortia primum [1662] abscönse petebant [1663]. (2. 3. 4.)

**Schol. 36.* Unwanus [1664] in plerisque paschæ aliisve [1665] festivitatibus septem episcopos secum habuit, et præterea abbates, non minus ducem et aliquos hujus provinciæ comites, magno singulos honore [1666] amplectens. (2. 3. 4.)

VARIÆ LECTIONES.

[1623] Odinkar, qui a. R. i. f. ut s. diximus 4. [1624] Adaldagi 2. 3. 4. [1625] regionem *deest* 1. Jutland 2. 3. 4. Juthland 5. [1626] Arhus 3. Arusiam 2. [1627] Sclavaniam 2. 4. Sclavoniam 3, *sæpius*. [1628] Folquardum 4. [1629] Sueoniam 2. 3. 4. [1630] Nordwegiam 2. Nordmanniam 3. 4. [1631] qui 4. [1632] factum *deest* 1. 2. q. f. est *desunt* 4. [1633] imperatore *addit* 4. [1634] Paderburnensi 2. 3. Padarburnensi 4. [1635] Immedingorum 3. 5. [1636] apprime 4. [1637] benevolus 3. 5. [1638] cohortem 4. [1639] Bodegun 4. [1640] archiepiscopus *addit* 4. [1641] et 3. 5. [1642] facerent 2. 4. [1643] ecclesias per duodecim loca 2. ecclesias duodecim 3. 4. [1644] contrui 1. [1645] aggerem Bremensem 4. [1646] regis *deest* 2. 3. 5. [1647] et 5. [1648] ac f. regum *desunt* 2. 3. 4. [1649] oculta 1. [1650] Novissime consurgens adversus Dominum et adversus christum ejus 2. [1651] vero *deest* 4. [1652] remotior 4. [1653] Hujus 4. [1654] noster *deest* 4. [1655] Unwanus 2. 3. 4. [1656] magnitudine 3. [1657] libertatis 2. 3. 4. [1658] benevolus i. o. existere 4. [1659] ergo 4. [1660] divisit 5. [1661] eorum 4. [1662] primo 4. [1663] intronizatum. Nam maximam habuit hereditatem, cujus partem unam dedit imperatori, alteram obtulit ecclesiæ, quam pie gubernavit, tertiam reliquit consanguineis. Senex venerabilis, amator pauperum 3. [1664] archiepiscopus *addit* 4. [1665] aliisque 4. [1666] amore 5. *In cod.* 3. *hoc scholion capiti* 35. *affixum ita se habet:* Unwanus in plerisque festivitatibus episcopis septem et præterea abbatibus stipatus fuit.

NOTÆ.

(468) V. infra c. 62.
(469) Reginbertum, de orientali Francianatum, ex abbate Walbeccensi ab Ottone III episcopum Aldenburgensem factum esse tradit Thietmar. Merseb. l. VI, c. 30, 992, m. Oct. electus jam fuit v. Ann. Hildesheim. h. a.
(470) Sc. Benedicto VIII, anno 1022, m. April.

V. Hamb. Urkundenb. n. 64.
(471) Cf. Widukind. l. 1, c. 31.
(472) Baden, in parochia et judicio Achim. V. Hamb. Urkundenbuch n. 60.
(473) *Pro salute.: certantibus.* V. infra, cap. 55.
(474) De Liuticiorum, Abotritorum et Wairorum rebellione v. Thietmar. l. VIII, c. 4, ad a. 1018.

ficis cons'lio, rebellis princeps tandem flexus, apud Scalchispurg [1666] cæsari Heinrico supplex dedit manus (475).

47. ([34.] Cap. 87.) Mox quoque [1667] favente Unwano, Sclavos tributo subjiciens [1668], pacem reddidit [1669] Nordalbingis et matri Hammaburg. Ad cujus restaurationem [1670] venerabilis metropolitanus asseritur [1671] post cladem Sclavonicam civitatem et ecclesiam fecisse [1672] novam, simul ex singulis congregationibus suis (476), quæ virorum essent, tres eligens fratres, ita ut duodecim fierent, qui in Hammaburg canonica degerent conversatione, vel qui populum converterent ab errore ydolatriæ [1673]. Ordinavitque [1674] in Sclavoniam, mortuo Reginberto, Bennonem virum prudentem, qui de fratribus Hammaburgensis ecclesiæ electus, in populo Sclavorum multum prædicando fructum attulit (477). In Dania vero [1675] supervixerunt adhuc [1676] theologus [1677] Poppo, et ille nobilis * Odinkar [1678] episcopus, quem pro fide ac [1679] sanctitate vitæ ejus [1680] familiarissimum habuit archiepiscopus. Hos duos episcopos solummodo in Judlant [1681] fuisse comperimus, antequam Chnut [1682] regnum intraret. Solus [1683] ex nostris Odinkar transmarinas [1684] aliquando (478) visitavit ecclesias, Esico domi sedit [1685], persecutio ceteros tardavit [1686]. Archiepiscopus etiam alios viros doctissimos ordinavit in Norvegiam vel [1687] Suediam [1688]; alios vero in Anglia ordinatos, pro amicitia regum, cum satisfacerent, ad ædificandam [1689] dimisit ecclesiam (479). Multos [1690] eorum secum retinens, omnes autem [1691], cum abierant [1692],

A donis cumulans, ad suojectionem [1693] Hammaburgensis ecclesiæ reddidit voluntarios.

48. ([35.] Cap. 88.) Unwanus igitur [1694] cum esset vir nobilissimus, æque nobilem ac sufficientem liberalitati [1695] suæ sortitus est episcopatum, in quo et suam magnitudinem animi [1696] posset ostendere, et necessitati ecclesiæ simul prodesse. Quare tesaurum ecclesiæ diu solliciteque [1697] collectum, et quasi minus necessarium, si infra [1698] parietes clauderetur, ipse ad commodum suæ legationis curavit ita expendere, ut ferocissimos reges aquilonis hylaritate suorum munerum ad omnia quæ voluit benignos obedientesque haberet. In qua re non [1699] multum peccavit, ut arbitror, seminans [1700] carnalia, ut meteret spiritalia [1701] (1 Cor. IX, 11). Quin immo largitio

B ejus in novella gentium conversione utillima [1702] videbatur; neque adeo nocuit ecclesiæ, quæ præcedentium diligentia patrum erat opulentissima. Credo etiam, secutus est [1703] exemplum sancti Ansgarii et cujusdam in ecclesiastica hystoria (480) Theotimi, Scytarum episcopi, quorum alter legitur incredulos reges donis placasse, alter vero barbaros natura feroces epulis [1704] muneribusque [1705] mansuefecisse laudatur. Hæc in apologum [1706] præsulis dicta sufficiant [1707], nunc per hystoriæ ordinem redeamus ad ecclesiæ legationem, quæ tempore Unwanni [1708] prosperrime gesta cognoscitur.

49. ([36.] Cap. 89.) Suein, rex Danorum atque Nortmannorum, veteres injurias tam occisi fratris (481) quam suæ repulsionis (482) ulturus, classe

C magna transfretavit in Angliam, ducens secum filium

SCHOLIA.

Schol. 37. Odinkar [1709] filius erat Toki [1710] ducis Winlandensis, et [1711] sedem in Ripa habuit. Nam tercia pars terræ Winlandensis patrimonium ejus fuisse narratur [1712], et tamen vir tantarum divitiarum miræ fuit continentiæ. Cujus unum virtutis exemplum comperi [1713], quod omni quadragesimali tempore, semper altero die intermisso [1714], jussit se verberibus a quodam suo affligi presbytero. (2. 3. 4.)

VARIÆ LECTIONES.

[1664] Scalchisburg. 3. Scalchisburgh 2. Scalchinburg 4. [1667] Moxque 2. 3. 4. [1668] Slavis tributo subjectis 4. [1669] reddit *M. F.* [1670] restarationem 1. instaurationem 3. [1671] asseritur *deest* 4. [1672] fecit 4. [1673] conversatione, populum ab ydolatrie (idolatrie 5) revocantes errore 4. [1674] ordinavit eciam 4. [1675] vero *deest* 5. [1676] adhuc *deest* 2. 3. 4. [1677] theologus 2. th. p. 4. [1678] Odilkar 1. [1679] et 4. [1680] ejus *deest* 2. 3. 4. [1681] Jutlandia 2. Jutland 3. 4. [1682] Chnut 1. Knut. 4. *semper.* Kanutus 2. [1683] autem *addit* 4. [1684] transmarinus *M. F.* [1685] et *addit* 4. [1686] retardavit 2. 4. [1687] Norwegiam et 4. [1688] Sueoniam 2. [1689] ædificandum 3. [1690] enim *add.* 4. [1691] autem *deest* 1. [1692] abirent 2. 3. 4. [1693] subvectionem 4. [1694] archiepiscopus addit 4. [1695] liberalitatis 1. libertati 2. 3. 4. [1696] animi *deest* 2. 3. 4. [1697] que *deest* 3. [1698] intra 5. [1699] *deest* 4. [1700] quia seminavit 4. [1701] spiritualia 3 *F.* [1702] utilissima 2. 3. 4. [1703] est *deest* 1. Credo enim eum secutum 4. [1704] *Ita* 1. *et Hist. eccl. tripart. l. l.* epistolis 2. 3. 4. [1705] que *deest* 3. [1706] apologiam 3. [1707] sufficiunt 3. 4. [1708] Wnwani 2. 5. Vnuani 3. Unwani 4. [1709] Ottinkar 5. [1710] Tocki 2. Tuchi 3. [1711] Vinlandensis 3. Windlandensis *F*, et *deest* 4. [1712] describitur 4. [1713] erat 4. [1714] alternis diebus 4.

NOTÆ.

(475) Hausberge juxta Weseram, ubi Cæsar et Bernardus convenerunt anno 1019. V. Ann. Hildesheim.

(476) Sc. Brema, Bücken, Rameslo et Herseve.o. D
(477) Bernhardus, episcopus antiquæ civitatis a. 10.4. Thietmar. l. v. VII, c. 4, et l. VIII, c. 4, dictus Mekelinburgensis episcopus, qui obiit anno 1023, teste Annal. Quedlinburg. h. a.

(478) Præsens fuit Othinkarus in concilio Tremoniensi a. 1005. Non Jul. V. Thietmar. l. VI, c. 13.
(479) Cf. infra c. 55.
(480) In Historiæ ecclesiasticæ tripartitæ l. IX, c. 47.
(481) Sc. Hiring; v. supra cap. 22.
(482) V. supra cap. 52.

suum [1715] * Chnut [1716] et Olaph, filium Cracaben [1717], A apud Lundonam [1736] obsessus obiit (486), simul cum de quo supra dictum est (483). Itaque multo tempore multis [1718] præliis adversum Anglos exactis, Suein veteranum regem depulit Edilredum [1719], et insulam tenuit in sua ditione, verum brevi tempore: nam tercio mense postquam victoriam adeptus est, ibidem morte præventus occubuit (484).

50. Chnud, filius regis [1720], cum exercitu reversus in patriam, denuo bellum molitur in Anglos. Olaph a Nortmannis electus in principem, separatus est a regno Danorum. Tunc vero Chnud ancipiti casu turbatus, pactum iniit [1721] cum fratre Olaph [1722], filio Henrici, qui regnavit in Suedia (485), ejusque fultus auxilio [1723] deliberavit primo quidem Angliam subjugare, deinde Norvegiam. Itaque mille navibus magnis [1724] Chnut armatus, occeanum transivit [1725] Britannicum; per quem, sicut [1726] nautæ referunt, a Dania in Angliam, flantibus euris, triduo vela panduntur. Hoc [1727] mare magnum et valde periculosum a læva Orcadas [1728] habet, dextrorsum [1729] attingit Frisiam [1730].

51. ([57.] Cap. 90.) Triennium [1731] ergo Chnut Britanniam oppugnavit. ** Adelrad [1732], rex Anglorum,

A apud Lundonam [1736] obsessus obiit (486), simul cum regno amittens vitam (487). Et [1734] justo judicio Dei, qui fratre per martyrium consummato (488) 38 annis sceptrum sanguine polluit. Is parricidium taliter expiavit, relinquens filium parvulum nomine Edwardum, quem suscepit ab Imma Uxore [1735] (489). Frater [1736] Adelradi Emund, vir bellicosus, in [1737] gratiam victoris veneno sublatus [1738] est (490); filii [1739] ejus in Ruzziam exilio [1740] dampnati (491).

52. (Cap. 91.) *** Chnud [1741] regnum Adelradi accepit, uxoremque ejus Immam nomine, quæ fuit soror comitis Nortmannorum Rikardi. Cui rex Danorum suam dedit germanam [1742] Margaretam [1743] pro fœdere (492). Quam deinde Chnut [1744] repudiatam a comite Wolf [1745] B duci Angliæ dedit, ejusque Wolf sororem (493) copulatam altero [1746] duci [1747] Gudvino, callide ratus Anglos et Nortmannos [1748] per conubia Danis fideliores; quæ res men non fefellit. Et**** Rikardus [1749] quidem comes declinans iram Chnut, Iherosolimam profectus, ibidem obiit (494), relinquens filium in Nortmannia nomine Rodbertum [1750], cujus filius est iste Willelmus [1751], quem Franci Bastardum vocant. Wolf autem ex su-

SCHOLIA.

* Schol. 58. Knut, filius Suein regis, abjecto nomine gentilitatis, in baptismo Lambertus [1752] nomen accepit. Unde scriptum est in libro fraternitatis nostræ : *Lambrecht* [1753], *rex Danorum, et Imma regina et Knut, filius eorum, devote* [1754] *se commendaverunt orationibus fratrum Bremensium.* (2. 3. 4.)

** Schol. 59. Edgar [1755], potentissimus rex Anglorum, a legitima filium habuit Edwardum [1756], virum sanctissimum Cujus noverca Afelrud [1757] (493) fuit, quæ regem privignum [1758] occidens, filium suum eundem [1759] (496) in regem [1760] posuit. (2. 3. 4.)

*** Schol. 40. Knut sororem suam Estred filio regis de Ruzzia dedit in [1761] matrimonium. (2. 4.)

**** Schol. 41. Rikardus enim dimissa Knut regis sorore, propter metum Danorum exulans a patria Iherosolimam [1762] profectus ibique defunctus est. Cujus socii quadraginta reverentes in Apulia [1763] remansisse narrantur, et ex illo tempore Nortmanni possederunt Apuliam. (2. 4.)

VARIÆ LECTIONES.

[1715] suum *deest* 2. 3. Dani Angliam invadunt 2. *in margine*. [1716] Chnut *deest* 4. Chnud 1. *semper*. Kanutum 2. *semper*. [1717] Craccaben 4. Crakeben 3. [1718] plurimis 4. [1719] Ethilredum 4. [1720] Svein regis 4. filius Suenonis, qui et Lambertus (Lambricht 3) nomen habuit 2. 5. [1721] init 3. [1722] *deest* 4. [1723] ope fultus 5. [1724] magnis *deest* 2. 3. 4. [1725] n. m. armatus Chnud, o. transivit 1. [1726] quod sicut 4. quem quod 5. [1727] autem *addit* 4. [1728] Archadas 4. [1729] a dextra 3. [1730] Fresiam 2. 3. [1731] Triennio ergo 2. 4. [1732] Et Adrad 4. Et Adelrad *M. F.* Addradus 2. Edgar 3. [1733] Lundoniam 3. [1734] Et *deest* 4. [1735] sua *addit* 4. [1736] vero *addit* 4. 5. [1737] ob 4. [1738] extinctus 4. [1739] que *addit* 4. [1740] sunt addit 4. [1741] ergo *addit* 4. [1742] Inmam, sororem Richardi, comitis Nordmannoru., sili i conjugio copulavit, et germanam suam 4. [1743] m. comiti dedit pro f. 4. [1744] Knuth 4. rex *add*. 4. 5. [1745] Wif 5. [1746] altero 3. [1747] copulavit duci 4. [1748] et N. *desunt* 2. 3. 4. [1749] Richardus 4. *semper*. [1750] Robertum 2. 3. 4. [1751] Wilhelmus 2. Villelmus 5. [1752] Lamberti 5. [1753] Lambrict 5, Lambreth 4, Lambertus 5. [1754] devote *deest* 5. [1755] Adelrad 4. [1756] Eduardam 4. *semper*. [1757] Affilrud 4. Afiluid 5. Afikud 5. [1758] suum *add*. [1759] eundem *deest* 5. Anundum 4. Amindum 5. [1760] regnum 5. 5. regno 4. [1761] m· 2. *quod aut significat modo, aut ill[i]o sive tertio, sc. matrimonium sive rectius matrimonio. Legendum tamen videtur* : in. [1762] Jerusalem 4. [1763] Appulia 4.

NOTÆ.

(483) Rectius Olaph, filius Haroldi. V. Theodoric. l 1, cap. 45. Snorro Saga af Olafi hinom helga cap. 24-26. quem Adamus cum prædecessore ipsius, Olavo dicto Cracaben filio Trucconis, confundit. Conf. supra cap. 55 et 58.

(484) Obiit anno 1014. Febr. 2.

(485) Sc. Olavo dicto Skautkonung, filio Erici victoriosi, cujus relicta Sigrid Storrade Suenoni, Kanuti patri, nupserat.

(486) Obiit a. 1016. April. 23.

(487) Similiter Salust., Catil. cap. 29, *libertatem cum anima simul amittit.*

(488) Sc. Eadwardo, dicto Martyre, occiso a. 978, Mart. 18.

(489) Postea regem, dictum Confessorem.

(490) Rectius filius Ethelredi Eadmund, qui obiit a. 1016, Nov. 30.

(491) In Hungaria eos invenimus. V. Lappenberg Geschichte von Grossbritannien t. I, p. 465.

(492) Margareta, rectius Estred, nupta est non C Richardo, sed Roberto II, comiti Nordmannorum, mortuo primo ejus marito Ulf sive Wolf, duce Anglorum, anno 1025.

(493) Dicta Gythe.

(494) Rectius Robertus, qui ab Jerusalem rediens Nicææ obiit anno 1035, Jul. 22; pater Wilhelmi II comitis et avus Wilhelmi dicti Conquestoris, regis Anglorum.

(495) Rectius Aelfthrythe.

(496) Sc. Æthelred II.

rore regis Chnut annos suscepit Bern [1764] ducem (497) et Suein regem (498), Guduin a sorore Wolf ducis [1765] Suein (499), Tostin (500) et Haroldum (501) [genuit parricidas [1766]]. Quam generationis seriem, quoniam secuturæ lectioni utilem judicavimus, hic inserere dignum [1767] videbatur.

53. ([38.] Cap. 92.) Victor [1768] Chnut ab Anglia rediens in ditione sua per multos annos regnum Daniæ possedit et Angliæ. Quo [1769] tempore episcopos ab Anglia multos adduxit in Daniam. De quibus Bernardum posuit in Sconiam, Gerbrandum in Selandiam [1770], Reginbertum [1771] in Fune [1772]. Zelatus est hoc noster archiepiscopus Unwan. Et dicitur Gerbrandum redeuntem ab Anglia cepisse [1773], quem ab Elnoldo [1774], Anglorum archiepiscopo, cognovit esse ordinatum (502). Ille quod [1775] necessitas persuasit, satisfaciens, fidelitatem Hammaburgensi cathedræ [1776] cum subjectione debita spondens, familiarissimus deinceps archiepiscopo [1777] effectus est. Per quem ille suos etiam legatos ad Chnut regem transmittens cum muneribus, congratulatus est ei de rebus bene gestis in Anglia, sed corripuit eum de præsumptione episcoporum, quos transtulit ex Anglia; quod rex gratanter accipiens, ita postmodum conjunctus est archiepiscopo, ut ex sententia ejus omnia deinceps facere maluerit. Hæc nobis de avunculo suo rex Danorum innotuit, et de captione Gerbrandi non tacuit [1778].

54. ([39.] Cap. 93.) Anno pontificis Unwani 12° Heinricus imperator, justitia et sanctitate insignis, cum jam Saxones, Ytalos et Burgundiones imperio subjecerat, ad cœleste migravit imperium (an. 1024). Cui [1779] successit in sceptrum [1780] fortissimus cæsar Conradus, qui [1781] mox Polanos [1782] et regem eorum Misingum (503) magna virtute perdomuit (504), et auxiliatores [1783] eorum Behemos [1784] ceterosque Sclavorum populos sub tributum misit. Cum rege [1785] Danorum sive Anglorum, mediante archiepiscopo fecit pacem. Cujus etiam [1786] filiam (505) imperator [1787] filio suo deposcens uxorem, dedit [ei civitatem [1788]] Sliaswig [1789] cum marcha [1790], quæ trans Egdoram est, in fœdus amicitiæ; et ex eo tempore fuit regum Daniæ [1791].

55. ([40.] Cap. 94.) Inter Chnut et Olaph (506), regem Nortmannorum, continuum fuit bellum, nec cessavit omnibus diebus vitæ eorum; Danis pro imperio [1792] certantibus, Nortmannis vero pugnantibus pro libertate (507). In qua re justior mihi visa est causa [1793] Olaph, cui bellum necessarium magis fuit quam voluntarium. Si quando autem tempus a bellorum motibus quietum erat, idem Olaph judicio et justicia regnum gubernavit (508). Dicunt eum inter cetera [1794] virtutum opera magnum Dei zelum habuisse, ut [1795] maleficos (509) de terra disperderet, quorum numero [1796] cum tota barbaries exundet, præcipue vero [1797] Norvegia [1798] monstris talibus plena est. Nam et [1799] divini (510), et augures, et [1799] magi, et incantatores, ceterique satellites Antichristi habitant ibi, quorum præstigiis et miraculis [1800] infelices animæ ludibrio [1801] dæmonibus habentur. Hos omnes et hujusmodi beatissimus rex Olaph persequi decrevit, ut sublatis scandalis, firmius coalesceret [1802] in regno suo christiana religio. Habuitque secum [1803] multos episcopos et presbyteros ab Anglia, quorum monitu et doctrina ipse [1804] cor suum Deo præparavit, subjectumque populum illis [1805] ad regendum commisit. Quorum [1806] clari doctrina et virtutibus erant Sigafrid (511), Grim-

VARIÆ LECTIONES.

[1764] Biorn 3. [1765] Gudvin — ducis desunt 1. Gutuind a. s. VIII d. 3. [1766] genuit parricidas desunt 1. [1767] dignum deest 2. 3. 4. [1768] ergo addit 4. [1769] etiam addit 4. [1770] Selandiam 2. 3. Selandia 5. [1771] Reinherum 1. 4. Reginerum 5. [1772] Fionia 2. 3. Fiune 4. Finne 5. [1773] Quod zelatus noster archiepiscopus Gerbrandum red. ab A. cepisse dicitur 4. [1774] Enoldo 2. Elfrodo 3. Elnodol M. [1775] Ille vero ut 4. [1776] ecclesiæ 1. [1777] nostro addit 4. [1778] nec de c. G. tacuit 4. [1779] etiam addit 2. Cui succedens 4. [1780] sceptro 4. [1781] qui deest 4. [1782] Polonos 3. [1783] auxiliares 5. [1784] Bohemos 3. 5. [1785] eciam addit 4. [1786] et filiam f. 4. [1787] imperator deest 5. [1788] ei civ. desunt 1. Sl. civ. 4. [1789] Sleswich 2. [1790] marchia 4. [1791] in fœdus — Daniæ desunt 2°. cujus — Daniæ desunt 3. ubi tamen hoc legitur scholion : Imperator filio deposcens uxorem filiam Canuti, resignavit ipse, si quid haberet juris in terris vicinis limitibus Sliassuig una cum marcha. [1792] nec — imperio desunt 1. [1793] justior erat causa regis 4. [1794] Inter cetera enim 4. [1795] habuit, ita ut 4. [1796] quibus cum 4. [1797] deest 4. [1798] Nouergia 1. Noruagiæ regio 3. Nordwegia 2. semper 4. [1799] et deest 4. [1800] incantationibus 4. [1801] a addit 4. [1802] calesceret 2. claresceret 3. 4. elucesceret 5. [1803] Habuit etiam secum 4. [1804] ipse deest 4. [1805] illis deest 2. 3. 4. [1806] Ex quibus 4.

NOTÆ.

(497) Bjoern † 1049.
(498) Svend rex Danorum, dictus a matre Estrithson.
(499) Anno 1053 occisus in peregrinatione.
(500) Occisus in prælio apud Stamfordbridge anno 1066 Sept. 25.
(501) Rex Angliæ 1066 Jan. occisus in prælio Senlacensi, vulgo dicto apud Hastings.
(502) Gerbrandum hunc anno 1022 in Anglia fuisse discimus ex charta Eliensi apud Gale Script. rer. Angl. XV, pag. 523. Æthelnothus, archiepiscopus Cantuariensis 1020-1038.
(503) Mieczyslaw II, vulgo dictus Misecho.

(504) Sc. anno 1032. Virtus omnia domuerat. Sall. Catil. c. 3.
(505) Gunhilde s. Ætheldrude, filia Kanuti regis, post ejus mortem anno 1036 nupta Henrico II imperatori.
(506) Olaph pinguis s. sanctus.
(507) Pro imperio his, illis pro salute certantibus Sall. Jug. c. 90. Conf. supra cap. 46.
(508) Judicio et justitia gubernare. Ita et supra l. II, c. 5, 7.
(509) Malefici. V. supra c. 58.
(510) I. e. divinatores. V. infra l. III, c. 62.
(511) Sigafrid, patruelis Grimkili v. Theodoric. monach. Ejus historia legitur apud Fant, Scriptor.

[1]1807-10 (512), Rudolf [1]1811 et Bernard (513). Hi A
etiam [1]1812 jussu regis ad Suediam et Gothiam et
omnes [1]1813 insulas quæ trans Nortmanniam sunt,
accesserunt evangelizantes barbaris verbum Dei et
regnum Jesu Christi [1]1814. Misit etiam [1]1815 nuntios ad
archiepiscopum nostrum cum muneribus, petens [1]1816,
ut eos [1]1817 episcopos benigne reciperet, suosque ad
eum mitteret [1]1818, qui rudem Nortmannorum populum in christianitate confortarent.

56. [41.] Simili [1]1819 religionis amore alter Olaph
in Suedia (514) dicitur floruisse. Is subditos sibi
populos ad christianitatem convertere volens [1]1820,
magno laboravit studio, ut templum ydolorum, quod
in medio Sueoniæ situm est, Ubsola [1]1821 destrueretur. Cujus intentionem pagani metuentes, placitum
cum rege suo tale constituisse dicuntur [1]1822, ut si
ipse vellet esse christianus, optimam Suediæ regionem, quam vellet, suo juri [1]1823 teneret, in qua ecclesiam et christianitatem constituens, nemini de
populo vim recedendi a cultura [1]1824 deorum inferret,
nisi qui sponte cuperet [1]1825 ad Christum converti.
Hujusmodi rex placito gavisus, mox in occidentali
Gothia, quæ Danis proxima est vel Nortmannis, ecclesiam Deo sedemque fundavit episcopalem. Hæc
est civitas Scarane [1]1826 maxima (515), in qua, permanente christianissimo rege Olaph, primus ab Unwano archiepiscopo Thurgot ordinatus est [1]1827. Ille
vir [1]1828 strenuae legationem suam perfecit [1]1829 in
gentibus; duos nobiles populos Gothorum (516) suo
labore Christo lucratus est [1]1830 (517).

57. Perque illum episcopum [1]1831 rex Olaph ingentia
metropolitæ [1]1832 Unwano direxit munera. Præterea
duce fertur idem rex habuisse filios, quos una cum
uxore sua ac populo jussit [1]1833 baptizari [1]1834. Eorum [1]1835 alter, qui natus est a concubina, Emund
nomen accepit [1]1836; alter Anund, quem rex a legi-

tima genuit [1]1837, cognomento fidei et gratiæ dictus
est Jacobus, juvenis quidem ætate, verum sapientia
et pietate præcessit omnes, qui fuerunt ante eum;
nec quispiam [1]1838 regum fuit populo Sueonum tam
acceptus sicut Anundus.

58. ([42.] Cap. 95.) Eo tempore cum esset pax
firma inter Sclavos et Transalbianos, Unwanus archiepiscopus metropolem [1]1839 Hammaburg renovavit,
clerumque dispersum colligens, magnam ibidem tam
civium quam fratrum adunavit multitudinem. Itaque cum duce Bernardo frequenter inhabitans locum, sæpe dimidium annum vixit in Hammaburg,
gloriosissimum regem Chnut invitans [1]1840 ad colloquium, Sclavorumque satrapas Utonem (518) et
Sedericum [1]1841 (519). Tali modo pontifex Unwanus
domi forisque clarus, legationem suam in gentibus
narratur implesse. Nunc ea [1]1842 restant dicenda
quæ de martyrio regis Olaph, fama volante, (520)
cognovimus.

59. ([43.] Cap. 96.) Olaph igitur, clarissimus rex
Nortmannorum, contra Chnut, regem Danorum,
qui regnum suum impugnaverat [1]1843, perpetuo decertabat prælio. Tandemque ferunt beatissimum
regem Olaph [1]1844 seditione principum [1]1845, quorum
mulieres ipse propter maleficia sustulit, a regno depulsum Norvegiæ [1]1846. Et regnavit Chnut in Nortmannia simul et Dania et [1]1847, quod nulli regum
prius contingere potuit, in Anglia [1]1848. Olaph vero
[1]1849 totam spem [1]1850 suam in Deo [1]1851 ponens, ad
comprimendos [1]1852 ydololatras denuo bellum instaurat. Itaque de rege Sueonum [1]1853, cujus filiam habuit [1]1854, et populis Islanorum [1]1855 infinitam congregans armatorum multitudinem, patrium regnum vi
et armis recepit [1]1856. Rex igitur [1]1857 christianissimus
fortitudine in hostes et justitia in suos celebris, ad
hoc se credidit in regnum a Deo restitutum, ut jam

VARIÆ LECTIONES.

[1]1807-10 Grinchil 3. [1]1811 Rodulf 3. 4. Rodulfus 2. [1]1812 etiam *deest* 4. [1]1813 ad ceteras 4. [1]1814 accedentes
b. v. D. e. r. J. C. evangelizabant 4. [1]1815 et 5. rex *addit* 4. [1]1816 petens suppliciter 4. [1]1817 ejus 2. 3. 4.
[1]1818 transmitteret 4. [1]1819 autem *addit* 4. [1]1820 ad christianam vol. conv. fidem 2. 3. 4. [1]1821 Opsala 3.
[1]1822 rege constituerunt 4. [1]1823 jure 3. 5. [1]1824 ad culturam 3. [1]1825 cuperent 4. ad Ch. vellet 4. [1]1826 Scarne
4. *Conf. infra* l. IV. c. 23. — Scarana 5. Scarrane 5. [1]1827 episcopus *addit* 4. [1]1828 vero 4. [1]1829 agens 4.
[1]1830 *est deest* 3. [1]1831 Per illum ergo episcopum 4. [1]1832 metropolitano 4. [1]1833 ambos *add.* 2. 4. [1]1834 quos
ambos una c. u. sa. p. baptizari precepit 4. [1]1835 Quorum 4. [1]1836 habuit 2. 5. 4. [1]1837 uxore, qui *addit* 4.
[1]1838 quisquam 5. [1]1839 metropolim 3. 4. [1]1840 ibi *addit* 5. [1]1841 Sydericum 3. [1]1842 ea *deest* 2. 3. 4. [1]1843 impugnavit 4. *In margine cod.* 2: Martirium Olavi. [1]1844 fer. b. r. O. *desunt* 4. [1]1845 *quorum addit* 4. [1]1846 quorum
uxores propter m. a. r. s. Nord wegia depulsus est 4. [1]1847 *et deest* 4. 5. [1]1848 Dania 4. [1]1849 rex beatissimus *addit* 4. [1]1850 fiduciamque *addit* 4. [1]1851 Domino 4. [1]1852 comprimendas 4. [1]1853 itaque ab Olaph Sueonum rege 4. Olaph auxilio habuit regem Ruzlorum et Sueonum 3. [1]1854 habebat 4. [1]1855 insularum 2. 2.
4. *Vocabulo* Islanorum *in cod.* 1. *multo minoribus literis superposita est vox* insularum, *manu aut coæva aut
non multo seriori*. [1]1856 vi accepit et armis 5. vi e. a. cœpit 3. [1]1857 Unde rex 4.

NOTÆ.

rer. Suericar. t. II. Conf. infra l. iv, c. 34. Fortasse
idem est quem Theodericus monach. c. 8 et 20
dicit Sigwardum fratrem Grimkeli.

(512) Grimkil v. l. iv, l. l.

(513) Rodulf, anno 1050 in Angliam redux, abbas
factus est monasterii Abingdon., v. Chon. Sax. h. a.
Historia cœnobii Abendon. a. 1050, 1052.

(514) V. supra cap. 50.

(515) Skara in Westergothia.

(516) Sc. Westgothos et Ostgothos in Suecia,

(517) Anno 1043 jam adfuit Magdeburgi unctioni
Unwani archiepiscopi. V. Thietmar. Merseburg.
l. vi, c. 54.

(518) Uto, filius Mystiwoi; v. supra cap. 40 et
infra cap. 64.

(519) Fortasse idem cujus mentio fit supra cap. 24.

(520) *Fama volans* Virgil. Æn. l. xi, v. 139.
Conf. idid. l. iii, v. 121; l. vii, v. 392; l. viii, v. 554.
Ita et infra l. iii, c. 62.

tunc [1858] nemini parcere debuisset [1859], qui vel magus permanere vellet, aut christianus fieri nollet [1860]. Et jam magna ex parte votum implevit, cum pauci [1861] qui remanserant ex magis, in ultionem eorum quos rex dampnavit, etiam ipsum obtruncare non dubitarunt *. Alii [1862] dicunt eum in bello peremptum (521), quidam vero [1863] in medio populi circo ad ludibrium magis expositum. Sunt alii, qui asserunt [1864], illum in [1865] gratiam regis Chnut latenter occisum, quod et magis [1866] verum esse non diffidimus, eo quod regnum ejus invasit [1867]. Igitur Olaph rex et martyr, ut credimus *, tali fine consummatus est; corpus [1868] ejus in civitate magna regni sui Trondemnis [1869] cum decenti est [1870] honore tumulatum. Ubi hodieque [1871] pluribus miraculis et sanitatibus [1872], quæ per eum fiunt, Dominus ostendere dignatur [1873], quanti meriti sit in cœlis, qui sic glorificatur in terris. [Regnavit autem annis 12 [1874].] Agitur [1875] festivitas ejus IV Kal. Augusti, omnibus septentrionalis occeani populis Nortmannorum [1876], Sueonum, Gothorum, [Semborum [1877],] Danorum atque Sclavorum æterno cultu memorabilis.

60. ([44.] Cap. 97.) Per idem tempus sermo est quendam [1878] ab Anglia nomine Wolfredum, divini amoris instinctu Suediam ingressum, verbum Dei paganis cum magna fiducia prædicasse. Qui dum sua prædicatione multos ad christianam fidem convertisset, ydolum gentis nomine Thor, stans [1879] in concilio [1880] paganorum cœpit anathematizare; simulque arrepta bipenni simulacrum in frustra concidit. Et ille quidem [1881] pro talibus ausis (522) statim mille vulneribus confossus, animam laurea dignam martyrii transmisit in [1882] cœlum. Corpus ejus [1883] barbari laniatum post multa ludibria merserunt in paludem. Hæc veraciter comperta memoriæ tradidi; quamvis sint et alia, quæ adhuc scribi digna sint [1884]. Verum de Unwano et quæ suo tempore gesta sunt dictum est sufficienter et, sicut æstimo, fideliter. Apud Magédburg [1885] ipso tempore Walthardo successit Gero (523), deinde Hunfrid, ambo viri sancti et episcopali nomine digni. Deinde obiit gloriosus archiepiscopus, qui transisse dicitur [1886] VI Kalend. Februarii, anno Domini 1029 (524). B indictione 12, et sepultus est juxta decessorem [1887] suum a latere sinistro.

61. ([45.] Cap. 98.) Libentius sedit annos fere quatuor **. Is cum esset nepos [1888] alterius Libentii, et tunc major domus præpositus, favore Gislæ imperatricis ferulam suscepit a Conrado cæsare, palleum vero a papa Johanne XIX [1889]; vir simplex ac [1890] rectus ac timens Deum. Cumque omnibus esset affabilis, singulari quodam amore clerum dilexit, et [1891] inopum necessitatibus erat valde compatiens. Ipse igitur vicum trans flumen (525) ab incolis terræ pretio redemit, quem [1892] fratribus offerens, 30 ex eo [per annum] [1893] statuit dari convivia. At vero

SCHOLIA.

* Schol. 42. Olaph, sollertissimus festivitatum observator, cum propter divinam religionem a regno esset depulsus, et denuo regnum bello recuperasset, in ipso procinctu fertur in papilione dormiens sompnium vidisse. Cumque supervenirent hostes, adhuc illo quiescente, dux sui exercitus, Plin. nomine, accedens regem excitavit [1894]. Tunc ille suspirans : O! quid fecisti? inquit; videbam me per scalam, cujus vertex sidera tangeret (526), ascendisse. Heu! jam perveneram [1895] ad summum illius scalæ, cœlumque mihi apertum [1896] est ingredienti, nisi tu me suscitando revocasses. Postquam visionem vidit rex, circumventus a suis, cum non repugnaret, occiditur et martyrio coronatur. (2. 3. 4.)

** Schol. 43 Quare hoc pastor de mulieribus, quæ [1897] se canonicis aperto jam scelere conjunxerant, præcepit, ut nulla earum in civitate remaneret. Ita ille per [1898] villas proximas in custodiam sunt dispersæ ; et cessavit. [1899] hic morbus usque ad incensionem templi et destructionem claustri. (2. 4.)

VARIÆ LECTIONES.

[1858] extunc 4.   [1859] deberet 3.   [1860] detrectaret 4.   [1861] Et cum m. e. p. votum suum implesset, pauci 4. [1862] vero addit 4.   [1863] autem 4.   [1864] Sciunt alii 2. 3. Sed et alii sciunt 4.   [1865] ob 4.   [1866] magis deest 2. 3. 4.   [1867] invaserit 4.   [1867*] ut cred. desunt 4.   [1868] que add. 4.   [1869] Thrundem 2. Throndemis 5. quæ Trondempnis (Throndempnis 5.) dicitur 4.   [1870] est deest 3.   [1871] Ubi *usque hodie 4.   [1872] sanctitatibus 3. [1873] dignatus est 4.   [1874] Uncis inclusa desunt 1. 3. adsunt 4. in margine 2.   [1875] Cujus p. f. agitur 4. 5. [1876] Nortm. deest 4. 5.   [1877] Semborum deest 1.   [1878] tempus quidam Wolfredus n. i. d. a. S. ingressus p. v. D. c. m. f. prædicavit 4.   [1879] Thorstans 2. Thorstans 3. Torstan 4. 5.   [1880] consilio 3.   [1881] Qui 4. [1882] ad 2. 3. 4.   [1883] Cujus corpus 4.   [1884] sunt 3.   [1885] Mag-eburg 3. Magdaburg 4.   [1886] archiepiscopus Unwanus 4.   [1887] predecessorem 4.   [1888] nepos deest 1.   [1889] XVIII. 3.   [1890] et 2. 3. 4.   [1891] deest 2. 3. 4. inopumque 4.   [1892] redimens et 4.   [1893] per annum desunt 1.   [1894] suscitavit 2.   [1895] perveni 2.   [1896] paratum 2. In 3. hoc scholion ita se habet: Hic Olaph supervenientibus hostibus, quum somnum haperet, a duce exercitus sui, nomine Find, excitatus, respondet : O quid fecisti? Videbar [per scalam, cujus vertex si era tangebat, ascendisse, cœlumque mihi fuisset ingredienti, nisi tu me suscitando revocasses Rex a suis cæsus, martyrio coronatus est.   [1897] Mulieres autem quæ 4.   [1898] precepit extra civitatem fieri, et ita per 4.   [1899] dispersæ cessavitque 4.

NOTÆ.

(521) Ita Theodoricus l. l. cap. 19, anno sc. 1029.
(522) Pro talibus ausis, Virgil. Æn. I. II, v. 535. Occurrit etiam in dedicatione hujus operis.
(523) Gero obiit anno 1022.
(524) Conf. Necrol. Luneburg.; Annal. Hildesheim. a. 1050.
(525) Fortasse Lideneshusen ; v. Hamburg. Urkundenbuch n. 66.
(526) Cujus vertex sidera tangeret. Vix hæc ex Ovidii Metamorph. l. VII, v. 61, et vertice sidera tangam, hausta putaverim, cum alia Ovidii vestigia apud Adamum vix reperiantur, et verba Horatii (Carm. l. I, 1, v. 36) vertice sidera feriam ei cognita fuerunt.

xenodochii talem omnino sollicitudinem curavit habere, ut qui [1500] in hac parte sola negligentias omnium præcessorum [1501] sanare videretur. Adeo redundavit episcopatus ut [1502] præpositura et xenodochium, ut vix egens quisquam posset inveniri. Forte [1503] hoc videtur incredibile his, qui hujus temporis egestatem vident; nec fortasse quisquam tunc crederet, ea futura, quæ nunc facta videntur. Libentius itaque bonus in præpositura, multo melior in cathedra, legationem suam ad gentes ferventi animo ingressus est.

62. [46.] Et [1504] primo omnium concilians [1505] sibi Chnut, regem Danorum, Gerbrando subrogavit in Seland Avoconem, in Aldinburg ordinavit Meinherum [1506], Thorgato [1507] autem successorem posuit de Ramsola Gotescalcum [1508] episcopum. "Illis namque diebus beatissimus Thorgat [1509] episcopus pro labore prædicationis Bremæ cum archiepiscopo diutius consistens, fertur [1510] asperrimo lepræ morbo percussus, diem vocationis suæ cum magna expectasse [1511] patientia. Tandemque bono fine consummatus, in basilica sancti Petri sepultus est. Ubi etiam [1512] Folcwardus [1513] et Harich et magnus *** Othingar [1514] et Poppo in pace quiescunt [1515]. Aderant vero tunc archiepiscopo prædicatores inclyti, Othingar junior ex Danis [1516], Sigafrid a Suedia, Rodolf a Normannia episcopi, narrantes ei, quanta fecerit Dominus in salute gentium, quæ cotidie convertebantur [1517]. Quos [1518] pontifex, ut par fuit, honorifice dimissos, ad prædicationem denuo misit.

63. ([47.] Cap. 99.) Tempore illo Conradus imperator filiam Chnut regis Heinrico [1519] filio [1520] accepit in matrimonium. Cum quibus statim regio [1521] fastu Italiam ingressus est a faciendam regno justitiam [1522], comitem habens itineris [1523] Chnut regem (527), potentia trium regnorum barbaris gentibus valde terribilem [1524]. Ille quidem [1525] cum tres filios (528) haberet, singulos super singula regna posuit, ipse aliquando visitans Danos, aliquando vero Nortmannos, sæpissime autem sedit in Anglia.

64. ([48.] Cap. 100.) Archiepiscopus igitur metropolem Hammaburg crebro visitavit. Nam eo tempore virtute Chnut regis et Bernardi ducis pax firma trans Albiam fuit ****, cum et [1526] cæsar bello Winulos domuerit. Principes [1527] eorum Gneus et Analrog pagani erant; tercius vero [1528], Uto [1529], filius Mistiwoi [1530], male christianus. Unde etiam [1531] pro crudelitate sua a quodam Saxonum transfuga interfectus est, habens filium Gotescalcum [1532], qui per idem tempus apud Luniburg [1533], monasterium ducis, litteralibus erudiebatur studiis, Gotescalco, Gothorum episcopo, ejusdem cœnobii curam [1534] agente. Verum is comperta morte parentis, ira et furore commotus [1535], rejectis cum fide litteris, arma corripuit [1536], amneque transmisso, inimicis Dei se conjunxit [1537] Winulis. Quorum [1538] auxilio christianos impugnans, multa milia Saxonum prostrasse dicitur [1539] in patris vindictam (529). Hunc tandem, quasi principem latronum, Bernardus dux

---

SCHOLIA.

* *Schol.* 44. Ipso [1540] tempore migravit Poppo, celeberrimus Danorum episcopus, cui mox subrogatus Esico, cum ad Egdoram fluvium pervenire [1541], ibidem ægritudine corruptus obiit. (2. 3. 4.)
** *Schol.* 45. Ferunt Thorgotum simulque Odinkarum episcopum longe ante prædixisse Hamburg et Bremensem ecclesiam propter peccata quandoque vastari debere: quæ prophetia nunc cernitur impleta. (2.)
*** *Schol.* 46. Soror Odinkari episcopi fuit Asa, mulier sanctissima, quæ et præbendam Bremæ habuit. Hæc semper nudis pedibus incedens, per 20 annos fertur jejuniis, orationibus et elemosinis vacasse, raro egressa ecclesiam et postea in bono fine consummata, cum nichil amplius in thesauris habuit, liberos ecclesiæ dimisit [1542]. (2. 3.)
**** *Schol.* 47. Conradus imperator singulis annis contra Sclavos exercitum duxit, ideoque pax magna fuit trans Albiam. (2. 3.)

VARIÆ LECTIONES.

[1500] qui *deest* 2. 3. 5. [1501] decessorum *corr.* 1. prædecessorum 2. 3. 4. [1502] et 2. 3. 4. [1503] Sed forte 4. [1504] Ex 3. [1505] conciliationis 1. [1506] Meinherium 2. 3. [1507] Thorgoto 2. Thurgoto 3. 4. Thrugoto 5. [1508] posuit Ramsolæ Goteschalcum 3. [1509] *Vid. hic not. w.* [1510] *deest* 4. [1511] expectavit 4. [1512] et 2. 3. 4. [1513] Folquardus 3. 4. [1514] Odinkari 2. [1515] Odinchar 3. Odincharus 5. [1516] requiescunt 5. [1517] ex Danis *desunt* 2. 3. 4. [1518] ad Dominum *addit.* 4. [1519] noster *addit* 4. [1520] Henrico 2. 3. semper. [1521] suo *addit* 4. [1522] Et regio statim 4. [1523] est ad f. r. i. *desunt* 4. [1524] sui *addit* 4. [1525] regno fecit justiciam 4. [1526] autem 4. [1527] erat, cum etiam 4. [1528] enim *addit* 4. [1529] vero *deest* 5. [1530] 1 ad 1. [1531] Mistiwoi 2. [1532] et 4. [1533] Godescalcum 2. semper. Gutheschalchum 3. [1534] Luniborg 3. Luneborg 2. [1535] ejus *addit* 3. [1536] parentis, ita furore commotus est, ut r. 4. [1537] corriperet 4. [1538] conjungeret 4. [1539] fretus *addit* 4. [1540] prostravit 4. [1541] Nam et *add.* 4. Et *add.* 5. [1542] pervenisset 4. *In cod.* 3. *ita hæc in margine cap.* 45. *ad quod etiam in cod.* 2. *referri potest, scripta sunt*: Post obitum Popponis successit Ezico, qui ad Egdoram perveniens, ægritudine correptus, migravit e vivis. *In cod.* 4. *hæc in textu cap.* 44. *fin. inserta sunt.* [1543] His iisdem temporibus vivere desiit Asa, soror Odinkari, qui (*leg.* quæ) abdicatis sæculi bonis, cœlestia desiderans recepit. Præbendam habuit Bremæ, ubi obiit 3.

NOTÆ.

(527) Errat hic Adamus. Kanutus rex Romam jam adierat anno 1026, nuptiæ vero regis Heinrici III cum filia post ejus mortem sunt celebratæ. Conf. Lappenberg Gesch. von Grossbritannien., t. I, p. 476.

(528) Sc. Sven, rex Norvegiæ († 1056), Harold rex Anglorum, Hartachnut, rex Danorum et postea Anglorum.
(529) V. Helmod. l. 1, c. 19.

capiens, in custodia [1943] tenuit, virumque arbitrans fortissimum, injuncto [1944] secum fœdere, dimisit cum. Qui venit [1945] ad Chnut regem, et cum [1946] eo profectus in Angliam permansit ibi [1947] multo tempore.

65. ([49.] Cap. 101.) Interea noster [1948] archiepiscopus piis operibus cœlo [1949] semper intentus, ecclesiam suam episcopaliter exornavit et filios ecclesiæ pastoraliter educavit, omnibus [1950] acceptus, etiam, quod difficile est, principibus. Suo [1951] tempore Bernardus dux et frater ejus Theodmarus ecclesiæ nostræ multa bona fecerunt, exhortante piissima* Emma (530), quæ Bremensem ecclesiam valde dilexit [1952], suumque tesaurum Deo et [1953] genitrici ejus ac sancto [1954] confessori Willehado [1955] fere otum optulit. Hæc quoque [1956] pro dilectione pontificis omnes ecclesiæ filios, ut [1957] sui essent, fovit. Inviderunt [1958] nobis fata, ne diu frueremur tali pastore, qualis erat Libentius, dilectus, inquam, Deo et hominibus. Ipse, ut aiunt [1959], in festivitate sancti Bartholomæi apostoli duas [1960] ægrescens missas celebravit, finitoque pro more psalterio, suis æternum lugentibus, eadem die gaudens migravit ad Christum [1961]. Obitus ejus contigit IX [1962] Kal. Septembris. Quod est anno Domini 1032 [1963] (531), indictione XIII [1964].

66. ([50.] Cap. 102.) Hermannus** sedit annos A vix tres. Cambutam [1965] pastoralem a cæsare Conrado meruit, palleum a papa juniore [1966] Benedicto, ab Halverstatensi choro electus, ejusdem ecclesiæ fuit præpositus (532). Vir, ut aiunt, columbinæ [1967] simplicitatis, sed parum habens prudentiæ serpentis (533); ideoque facile deceptus est [1968] a clyentibus. Raro parrochiam visitavit; semel Hammaburg accessit, et tunc cum exercitu veniens, episcopatum, quasi non suum, despoliavit, abiensque velut terram salsuginis derisit [1969]. Rapacitatis incentor et auctor consiliorum quidam Macco [1970] fuit, archiepiscopi vicedomnus. Ceterum nobiles viros habuit capellanos, Thiadricum [1971] et*** Suidgerum [1972], quem deinde Romana sedes appellavit Clementem (534). Subdiaconus [1973] ejus fuit [1974] B Adalbertus [1975], postea archiepiscopus Bremensis [1976], jam tunc minax vultu et habitu, verborumque altitudine suspectus audientibus. Pontifex igitur [1977] parvipendens omnia, quæ in episcopatu invenit, primo quidem musicum Guidonem (535) adduxit Bremam, cujus instancia [1978] correxit melodiam et claustralem disciplinam. Quod solum ex operibus ejus prospere cessit. Deinde antiquissimum sancti Mykaelis oratorium diruens, corpora trium decessorum [1979] ejus, scilicet Adalgarii, Hogeri et Reginwardi [1980] ab eo loco sustulit, ac recondidit eos [1981] in majori basilica sub ipso [1982] tribunali****.

SCHOLIA.

* *Schol. 48.* Inclita senatrix Emma, præcicante Libentio archiepiscopo, sanctæ Bremensi ecclesiæ duas cruces et tabulatam altaris et calicem, omnia ex auro et gemmis parata, in quibus erant auri [1983] marcæ 20, optulit, etiam vestes sacras et paramenta [1984] multa et stolas aureas et dorsalia et libros. [1985] (2. 3. 4.)

** *Schol. 49.* Hermannus [1986] ab incolis terræ paludem Eternbroch [1987] (536) comparavit. Quod Conradus imperator præcepto suo firmavit ecclesiæ. Cujus rei chirographum in archivo creditum [1988] potest videri (2. 3. 4.)

*** *Schol. 50.* Iste Suidger [1989] ex Papenbergensi [1990] episcopatu assumptus est in sedem apostolicam, rejectis ex ordine tribus scismaticis. (2. 3. 4.)

**** *Schol. 51.* Dicunt enim, si vitam haberet longiorem, velle omnia renovare. Unde et murum civitati ambire cepit, et oratorium destruxit, aliaque multa, in quibus voluntas ejus potest videri non mala. (2.)

VARIÆ LECTIONES.

[1943] custodiam 1. [1944] juncto 2. 3. 4. [1945] veniens 4. [1946] regem, profectus est cum 4. [1947] et ibi mansit 4. [1948] noster deest 4. [1949] celo deest 4. [1950] educans, omnibus erat 2. [1951] ergo addit 4. [1952] Theotmarus exhortante piissima Emma, que ecclesiam valde dilexit, Bremensi ecclesie multa bona fecerunt 4, ecclesiæ — dilexit desunt 3 [1953] ac 2. [1954] et sancto 2. sanctoque 4. [1955] eadem Emma addit 4. [1956] Quæ etiam 4. [1957] ac si 2. tanquam 4. [1958] ergo addit 4. [1959] Qui in 4. [1960] Bartholomei, duas, ut aiunt 4. [1961] Dominum 4. [1962] VIII. 3. 5. octavo 2. [1963] MXXX. 1. millesimo tricesimo primo 2. MXXXIII. 3. [1964] 13. omnes codd. male. Cujus obitus cont. a. D. MXXXII. ind. XIII. VIIIe Kal. Sept. 4. [1965] Cambuttam 2. 4. Cambuream 3, Cambucam 5. [1966] minore 3. 5. [1967] mire 4. [1968] est deest 3. 4. [1969] dereliquit 4. [1970] Marchio 3. [1971] Tiaderum 1. Thiaderico 2. Theodericum 2. [1972] Swidgerum 2. Sindgerum 3. 5. [1973] autem addit. 4. [1974] erat 4. [1975] Adalbertus 4. [1976] noster archiepiscopus 4. [1977] ergo 4. [1978] industria 2. 3. 4. [1979] predecessorum 4. [1980] Reinwardi 3. 4. [1981] eos deest 4. [1982] ipso deest 4. [1983] auri deest 5. [1984] preparamenta 4. [1985] archiepiscopo multa honoraria, vestes et alia contulit ecclesiæ Bremensi. [1986] Herimannus 4. [1987] Eternbroch 4. Eternibroch 4. Etinborch 5. Etinborg 5. [1988] legendum fortasse : conditum.— firmavit, ut chir. in arch. testatur 4. [1989] Sindiger 3. Sniger 5. Swidgerus 2. [1990] Pabergensi 3. Papinbergensi 4. Papinburgensi 5.

NOTÆ.

(530) V. supra c. 44 et infra c. 76.
(531) Dies emortualis Aug. 25 reperitur etiam in Necrologiis Luneburg. et Mollenbec. Ann. Hildesh. Ann. Sax. a. 1032.
(532) Ann. Hildesh. a 1032, 1035.
(533) Respexit noster Ev. Matth. c. x. v. 16.
(534) Suidgerus, episcopus Bambergensis 1045, 1046

C (535) Fortasse Guido ille Aretinus, musicus celeberrimus (*Ejus Opera habes Patrologiæ tom. CXLI*), de quo v. Sigebert. Gemblac. a. 1028. Qui tamen Germaniam adiisse ab aliis scriptoribus non traditur.
(536) Juxta fluvium Eyter haud procul a Thedinghusa Weseram influentem.

Tunc magnum opus et utile ingressurus, murum civitati[1991] circumdare voluit, vixque jactis fundamentis, cum opere vitam finivit. Ita ille magnus pontifex Heli, dum suos a rapina non corripuit (537), etiam in bonis aliquibus Deo ultionum (538) displicuit (*I Reg.* III, 13). Mortuus est autem in episcopatu Halverstedensi[1992], dum esset in prædio[1993] suo Hildinrode[1994]. Corpus[1995] ejus Bremam revectum subterratum est in medio chori. Obiit vero[1996] XIV[1997] Kal. Octobris.

67. ([51.] Cap. 103.) Bescelinus[1998], cognomento Alebrandus, sedit annos[1999] decem (539), vir omni honorum genere decoratus, episcopali officio dignus, dilectus Deo et hominibus. Hunc[2000] nobis ecclesia præstitit Coloniensis. Imperator Conradus optulit ei baculum[2001], Benedictus papa transmisit illi[2002] B palleum. Ordinatus est autem a suffraganeis et aliis Saxoniæ septem episcopis (540), et hoc in urbe metropoli Hammaburg cum ingenti gloria (541). Ad laudem beati viri parum est omne quod dicimus, a cujus laude necdum aliquem audivi discordantem. Ut enim brevi quodam indiculo complectamur ymaginem virtutis ejus, pater patriæ fuit (542), decus cleri[2003] et[2004] salus populi, terror malepotentium[2005], exemplarque[2006] benivolentium, egregius pietate, vel qui[2007] omnia vellet ad perfectum[2008] ducere; dicta et facta ejus omnia dulci memoria posteris comprehensa. Et cum omnibus esset talis,

A qualem singuli desiderabant, singularis cura ejus et amor super clericis fuit**, de quibus vix tolerare potuit, ut malum[2009] diceretur verbum. Nam et claustrum renovavit, et mensam canonicis ipse primus instituit***. Prius enim cum præbenda tenuis[2010] fere videretur, triginta convivia quæ Libentius episcopus per annum dare[2011] statuit, adjectis ex sua parte quibusdam decimis, ita ordinare videtur[2012], ut cotidie panis albus fratribus detur ultra solitam annonam, in dominicis vero diebus unicuique duplex mellitæ copia. Nam et vinum dari fratribus contra naturam Saxoniæ disposuit; quod etiam in diebus suis[2013] ferme peregit. Composita[2014] mensa, manum vertit ad claustrum, quod ipse[2015], dum prius ligneum esset, lapideum fecit, forma ut mos est, quadrangula[2016] (543), vario cancellorum[2017] ordine (544) distinctum et visu delectabile. Deinde murum civitatis ab Herimanno decessore[2018] orsum in giro construens, in aliquibus eum locis usque ad propugnacula erexit; alias quinque aut septem cubitorum altitudine semiperfectum dimisit. Cui[2019] ab occasu contra forum[2020] porta grandis inhæsit, superque portam firmissima turris, opere Italico munita, et septem ornata cameris ad diversam oppidi necessitatem.

68. ([52.] Cap. 104.) Hæc dum Bremæ operis insignia (545) relinqueret, mox ad ecclesiæ Hammaburgensis[2021] ædificationem toto cordis amore

SCHOLIA.

* *Schol.* 52. Ipse ordinavit[2022] Esiconem in Hedibu[2023], qui mox obiit, antequam intraret episcopatum[2024] (546). (2. 3.)

** *Schol.* 53. Clericis[2025] ecclesiæ suæ, quos videbat auxilio indigos, largiebatur[2026] aliquibus abscondite quaternos aut denos solidos argenti, multis et præbendam[2027], aliis suas vestes. Plerisque etiam compatiens, quod a laicis inhoneste tractarentur, percussores eorum fecit ante se et colaphis cædi et vapulare taureis[2028]. (2. 3. 4.)

*** *Schol.* 54. Videns autem pestiferum morbum de connubiis[2029] clericorum magis in dies[2030] crescere, statuit pedibus ire in sententiam decessoris[2031] Libentii (547), si tamen ecclesiam et claustrum antea perduceret ad suum statum[2032]. (2. 4.)

VARIÆ LECTIONES.

[1991] civitatis 3. [1992] Halverstadensi 4. Halvarstadensi 3. [1993] populo 1. [1994] Hildenrodo 3. Hiddinrode 1. Hildenrothe 4. [1995] que *addit.* 4. [1996] enim 3. [1997] III[to] 2. 3. 4. [1998] Bezelinus 3. Ezelinus 2. [1999] annis 3. 4. [2000] Et 'hunc 2. 3. 4. [2001] et *aadit* 4. [2002] *deest* 4. 5. [2003] chori 3. [2004] *et deest* 3. 4. [2005] potentum 5. [2006] exemplar 4. [2007] quia *M. F.* [2008] profectum 1. [2009] quibus nec tolerare poterat, ut cuiquam malum 4. [2010] tenus 1. [2011] dari 2. 3. 4. [2012] ita ordinavit 3. 4. [2013] suis *deest* 1. [2014] ergo *addit* 4. [2015] ille 4. [2016] quadrata 2. 3. 4. [2017] cellarium 3. cellarum 2. 4. [2018] a predecessore suo Herimanno (Hermanno 5.) 4. [2019] eciam *addit* 4. [2020] contra forum *desunt* 2. 3. 4. [2021] Hammaburgensis *deest* 1. [2022] ornavit 2. [2023] Hedebiam 3. [2024] introiret in episcopatum suum 5. [2025] Iste clericis 4. [2026] largiebat 4. [2027] multis præbendas 4. [2028] tauries vapulari 5. *Hoc scholion in codice* 5. *ita, se habet:* Munificus fuit in clerum, quem et defendit adversus injurias laicorum. [2029] conubio 5. [2030] de die in diem 4. [2031] predecessoris sui 4. [2032] *Hoc scholion cod.* 2. *in cod.* 4. *textui insertum est inter verba:* « posteris comprehensa » *et* « Et cum... »

NOTÆ.

(537) Id est propter rapinam corripuit et ab ea perpetranda retinuit.
(538) *Deus ultionum.* Ps. XCIII, v. 1.
(539) Annos 9, menses 6 et dies 27 secundum Chronicon breve Bremense, ab anno 1035, Sept. 19, igitur usque ad annum 1045, April. 15.
(540) V. Annal. Hildesheim. a. 1035.
(541) *Ingens gloria* Sall. Catil. c. 3. Virgil. Æn. l. II, v. 325.
(542) *Pater patriæ* cognomen quondam datum

Mario, Ciceroni, Cæsari, Augusto, Heinrico I, Ottoni.
(543) De hoc more conf. etiam Ducange Glossar. s. v. *Claustrum.*
(544) Cancelli, fortasse fenestra reticulata. V. Ducange sub h. v.
(545) Id est monumenta industriæ suæ.
C tom Magno. V. Widukind. l. I, c. 59; l. III, c. 49.
(546) V. supra cap. 44, 47, et schol. 44.
(547) V. supra schol. 45, et infra l. III, c. 29 et schol. 77.

accingitur. Ibi enim post cladem Sclavanicam, quam supra (548) contigisse retulimus, Unwanus archiepiscopus, ut et cum eo dux Bernardus castrum [2032] nobile de ruinis antiquae civitatis elevantes, ecclesiam et diversoria construxerunt omnia lignea (549). Alebrandus vero pontifex adversum [2033] crebras hostium incursiones aliquod [2034] fortius praesidium pro inopia loci necessarium arbitratus, primo [2035] omnium ecclesiam, quae constructa erat in matris Dei honore, lapide quadro [2036] aedificavit. Aliam deinde sibi domum lapideam fecit, turribus et propugnaculis valde munitam. Cujus aemulatione operis dux provocatus, et ipse domum suis in eodem [2037] castro [2038] paravit. Ita prorsus civitate renovata, basilica eadem (550) ex una parte habuit domum episcopi, ex alia praetorium ducis (551). Voluit etiam nobilis archiepiscopus Hammaburg metropolem muro [2039] circumdare ac munire turribus, * nisi velocior [2040] ejus transitus impedisset votum ejus.

69. ([55.] Cap. 105.) Trans Albiam [2041] suo tempore ac per totum regnum pax firma erat. Principes Sclavorum Anatrog et Gneus et Ratibor, pacifice ad Hammaburg venientes, duci ac praesuli militabant. Sed cum diverso modo et tunc et nunc in gente Winulorum dux et episcopus laborarent, duce scilicet pro tributo, pontifice vero pro augenda christianitate laborantibus, videtur mihi jam dudum studio sacerdotum christianam religionem ibidem convaluisse [2042], si conversionem gentis avaricia principum non praepediret **.

70. (Cap. 106.) Archiepiscopus igitur pro legatione sibi ad gentes credita more praedecessorum [2043] sollicitus, coadjutores praedicationis [2044] ordinavit episcopos, Rodulfum [2045] ex capellanis [2046] in Sliaswig (552), Abhelinum [2047] in Sclavaniam, Wal [2048] a Bremensi [2049] choro consecravit [2050] in Ripam, ceteris [2051] qui supra fuerunt [2052] adhuc viventibus et in vinea Dei [2053] non ociosis (Matth. xx, 3).

71. ([54.] Cap. 107.) Anno pontificis sexto (553) manu fortis imperator Conradus [2054] obiit et successit ei filius Heinricus, ille qui Ungros domuit [2055]. Eodemque [2056] tempore memorabiles aquilonis [2057] reges obierunt Chnut (554) et Olaph (555), germani fratres (556). Quorum alter, videlicet Olaph [2058] rex Sueonum, successorem regni habuit filium, de quo supra diximus, Jacobum. Sub quo junior Suein [2059] filius Wolf [2060], militavit in Suedia 12 annis, qui [2061] retulit nobis, Jacobo regnante christianitatem late in Sueonia diffusam esse. Alter [2062] frater [2063], scilicet Chnud, in Anglia decessit [2064], tenuitque regna Danorum, Anglorum ac Normannorum in ditione sua [2065] per viginti duos annos.

72. (Cap. 108.) Post cujus [2066] mortem, ut ipse disposuit, succedunt [2067] in regnum filii ejus Haroldus in Angliam, Suein in Nortmanniam, Hardechnut [2068] autem [2069] in Daniam. Iste cum esset filius Imme [2070] reginae, sororem habuit eam quam caesar Heinricus in conjugium postea recepit [2071]: ceterum Suein et Harold a concubina geniti erant; qui, ut mos est barbaris, aequam tunc inter liberos Chnut sortiti sunt partem hereditatis. Haroldus [2072] in Anglia triennium regnavit. Contra quem frater a Dania ve-

SCHOLIA.

* Schol. 55. Civitatem muro circumdatam [2073] disposuit tribus portis et duodecim munire [2074] turribus, ita ut primam episcopus, alteram advocatus, terciam praepositus, quartam decanus, quintam magister scolarum, sextam fratres et canonici, alias sex cives adhibitis sortirentur custodiis [2075]. (2. 3. 4.)
** Schol. 56. Ferunt archiepiscopum Coloniensem nobilissimum, Hermannum (557), veterem de Brema querimoniam renovasse [2076]. Sed et ipse tam auctoritate Bezelini [2077], quam triennali silentio repulsus, archiepiscopo nostro satisfecit, et [2078] per integrum mensem Coloniae in convivio secum habuit [2079]. (2. 3. 4.)

VARIAE LECTIONES.

[2032] castra 1. claustrum 2. 3. 4. *Leg.* castrum. [2033] adversus 3. 4. [2034] aliquot 1. [2035] primus 4. [2036] quadra 1. quadrato 3. [2037] suis impendiis in eodem pene 2. [2038] castro *deest* 5. loco 2. 4. [2039] metropole murum 1. [2040] velociter 2. 5. [2041] enim *addit* 4. [2042] pro christianitate augenda jam dudum sac. studio christiana i. religio convaluisset 4. 5. [2043] suorum *addit* 4. [2044] suae *add.* 4. [2045] Rodulfus 1. Rodolfum 3. 5. [2046] suis *add.* 4. [2047] Abelinum 3. Awellinum 2. Abellinum 4. [2048] Walonem 2. Val 5. [2049] ab remensi 1. [2050] consecravit *deest* 4. [2051] vero *add.* 4. [2052] superfuerunt 2. 4. [2053] Domini 2. 3. 4. [2054] Romanorum *addunt* 2. 3. 4. [2055] perdomuit 4. [2056] que *deest* 2. 3. 4. [2057] aquilones 1. [2058] Olavus 2. *semper*. [2059] Sueno 2. *semper*. Suen 5. *semper*. [2060] Wlf 2. Vlf 3. [2061] eciam *addit* 4. [2062] vero *addit* 4. [2063] fratrum 2. 3. [2064] Angliam cessit c. 3. 4. [2065] in ditione sua *desunt* 3. [2066] ejus 5. [2067] ci *addit* 4. [2068] Hardeknut 2. 4. *semper*. Harde chund 1. *semper*. [2069] autem *deest* 2. 3. 5. [2070] Imme *addunt* 2. 3. 4. [2071] accepit 4. [2072] ergo *addit* 4. [2073] circumdari 4. [2074] munire *deest* 5. [2075] turribus, ita ut clerus sex turres, cives sex adhibitis servarent custodiis 3. [2076] Quo tempore Herimannus (Hermannus 5), nobilissimus Coloniensis archiepiscopus vet. d. B. q renovavit 4. [2077] Ezelini 2. [2078] et *deest* 2. 4. [2079] In codice 3. haec ita se habent. Archiepiscopus Coloniensis renovavit veterem litem de Bremensi ecclesia. Sed autoritate Bezelini et triennali silentio repulsus, destitit.

NOTAE.

(548) Lib. II, c. 41 sq.
(549) L. II, c. 58.
(550) Sc. ecclesia cathedralis.
(551) Sc. e regione postea dicti der Schauenburger Hof.
(552) Rodulfum electum esse Annales Hildesheim. anno 1026 referunt.
(553) Rectius quarto ejus anno. Conradus imp. obiit anno 1039, Jun. 4.
(554) Canutus jam obierat anno 1035, Nov. 11.
(555) Olaph obierat circa annum 1024.
(556) Rectius dixisset eos fratres uterinos; v. supra cap. 50.
(557) Hermannus II, a. 1036-1055.

niens, in Flandria classem adunavit. Sed rex Anglorum, morte praeventus (558), bellum diremit. Hardechnut [2080] Angliam simul possedit et Daniam.

73. ([55.] Cap. 109.) Illo tempore Suein junior, dum in Angliam iter ageret, tempestate [2081] maritima Hadeloæ [2082] navibus appulit. Quem proxima quæque locorum more pyratico vastantem, milites quidam archiepiscopi capiunt et in præsentiam ejus pertrahunt. Ille vero captivum cum honore recipiens Bremam duxit, et juncta secum amicitia post aliquot dies regio donatum permisit abire. Hæc nobis de se rex ipse narravit, summa laude prædicans illum archiepiscopum, forma corporis et liberalitate [2083] animi omnibus acceptum. Retulit etiam circumstantibus [2084] de regio pontificis apparatu et tesauro ecclesiæ inæstimabili, quem se ait Bremæ vidisse, et alia multa.

74. ([56.] Cap. 110.) [Alebrandus autem [2085] archipræsul omnibus acceptus, a Bernardo duce ac germano ducis [2086] Thiadmaro pro libertate [2087] animi valde honoratus est. Solis invisus erat malefactoribus, sicut Utoni marchioni (559), cujus superbiam ipse confudit sua [2088] magnanimitate [2089].] (Cap. 111. [57.]) Interea filiorum secundus Chnut, qui regnavit in Nortmannia, Suein, obiit (560). Tunc Nortmanni elegerunt Magnum, qui erat filius [2090] Olaph martyris a concubina. Magnus [2091] statim invadens Daniam, possedit duo regna, Hardechnut, rege Danorum, cum exercitu morante in Anglia. Qui mox adversus Magnum pugnaturus, consanguineum [2092] Suein classi præfecit. Suein [2093] victus a Magno, cum in Angliam remearet, Hardechnut mortuum repperit (561). (Cap. 112.) [Ipso tempore ferunt Ascomannos et pyratas [2094] per ostium Wirrahæ progressos venisse usque ad Lismonam [2095] (562), insperate omnia vastantes. Quibus inde redeuntibus ad naves, bellum ad Aunon (563) illatum est, ibique maxima pars eorum trucidata fertur [2096].] (Cap. 113.) (*Judith.* VIII, 29.) In cujus locum [2097] Angli prius elegerunt fratrem [2098] ejus Eduardum (564), quem de priori marito Imma genuit ; vir sanctus [2099] et timens Deum. Isque suspectum habens, Suein, quod sceptrum sibi Anglorum reposceret, cum tyranno pacem fecit, constituens eum proximum se mortuo [2100] regni Anglorum heredem, vel [2101] si filios susceperit [2102]. Tali [2103] pacto mitigatus Suein in Daniam remeavit. Multa prælia Suein cum Magno feruntur. Taciens Suein victus [2104], ad regem Sueonum fugiens pervenit Anundum.

75. ([58.] Cap. 114.) Victor [2105] Magnus Daniam et Nortweiam optinuit [2106]. Ad quem noster archiepiscopus usque ad [2107] Sliaswig pro colloquio venit (565), habens in comitatu suo ducem Bernardum et Thiadmarum, episcopum Hildinemensem [2108] (566), et Rodulfum, ejusdem civitatis episcopum. [Iste Thiadmarus a Dania [2109] oriundus, cum regina Gunhild [2110] advenit, cujus patrocinio ille meruit Hildinensem episcopatum. Nam barbarice Tymme [2111] vocabatur [2112]]. In eo [2113] colloquio soror Magni regis (567) Ordulfo, ducis filio, desponsatur. Qui vix peractis nuptiis, in gratiam cognati [2114] Haroldum [2115] quemdam, principem Danorum, redeuntem ab urbe apostolorum, trans Albiam obtruncavit innoxium (568). Causa mortis ea [2116] fuit, quod de regali stirpe [2117] Danorum genitus, proprior [2118] sceptro videbatur quam Magnus [2119]. Ea res initium calamitatis peperit in familiam ducis.

[59.] Magnus autem rex pro justicia et fortitudine carus fuit [2120] Danis, verum Sclavis terribilis, qui post mortem Chnut Daniam infestabant. Ratibor [2121], dux Sclavorum, interfectus est a Danis. [Ratibor iste Christianus erat, vir magnæ potestatis inter

SCHOLIA.

* *Schol.* 57. Magnus rex, classe magna Danorum stipatus, opulentissimam civitatem Sclavorum Jumnem [2122] obsedit. Clades par fuit. Magnus terruit omnes Sclavos, juvenis sanctus et vitæ innocentis. Ideoque victoriam dedit illi Deus in omnibus. (2. 4.)

VARIÆ LECTIONES.

[2080] sicque H. 2. 3. 4. [2081] *deest* 4. [2082] Hatheloe 4. [2083] libertate 3. [2084] circonstantibus 1. [2085] autem *deest* 2. enim 3. [2086] ejus germano 4. [2087] liberalitate 4. [2088] superbiam sua confudit 4. [2089] *Uncis inclusa desunt* 1. [2090] Magnum filium 4. [2091] ergo *addit* 4. [2092] suam *addit* 4. [2093] ergo *addit* 4. [2094] Ipso vero tempore Ascomanni et pyratæ 4. [2095] progressi usque ad Lismonam venerunt 4. [2096] est 4. *Uncis inclusa desunt* 1. *In cod.* 3. *reperiuntur in cap.* 74. (56.) *post verba :* sua magnanimitate. [2097] In locum Hardekunt defuncti 2. Mortuo igitur Kardekunt (H. 3.) 4. [2098] Angli in locum ejus elegerunt (*deest* 2.) fratrem 4. [2099] magnus 2. 3. 4. [2100] proximum sibi post mortem 4. [2101] eciam 4. [2102] susciperet 3. 4. [2103] itaque *addit* 4. [2104] remeavit et multa cum Magno prelia exercuit. Qui sæpius victus 4. [2105] ergo *addit* 4. [2106] Daniam obtinuit simul et Nordwegiam (Norwegian 5.) 4. [2107] ad *deest* 4. [2108] Hildinensem 2. 3. Hildensemensem 4. Hildensemmensem 5. [2109] Dacia 4. [2110] Gunild 5. [2111] Timmo 2. 4. [2112] *Uncis inclusa desunt* 1. [2113] quo 4. [2114] leviri *notat* Vellens *in margine*. [2115] Haraldum 3. [2116] Cujus mortis causa ea 4. [2117] styrpe 1. [2118] proprior *M. F.* progenitus prior 3. [2119] s. q. p. M. esse v. 4. [2120] erat 4. [2121] itaque *addit* 4. [2122] Jummem 2. Juminem 3.

NOTÆ.

(558) Haroldus rex obiit 1039, Mart. 17.
(559) Stadensi.
(560) Obiit circa annum 1036.
(561) Obiit anno 1042, Jun. 8.
(562) Lesum.
(563) Aunumde.
(564) Coronatus est anno 1043, in festo Paschæ.
(565) Anno quidem, ut videtur, 1045.

(566) Thiadmarus episcopus Hildesheim. 1038-1044.
(567) Wulfhildis.
(568) Filius Thurkilli Sprakaloeg. Duxerat Gunhildam, filiam sororis Canuti regis et Wirthgeorni, regis Slavorum. Occisus scil. Nov. 15, teste necrolog. Luneburg.

barbaros. Habuit enim filios octo, principes Sclavorum; qui omnes occisi sunt a Danis, dum patrem ulcisci quaesierunt [123]. Ad cujus mortem ulciscendam, jam tunc cum [124] exercitu Winuli venientes, usque ad Ripam vastandam [125] progressi sunt. Et forte Magnus rex tunc a Nordmannia rediens, Heidibam [126] appulit. Qui mox, Danorum copiis undique collectis, egredientes a Dania paganos in campestribus Heidibae [127] excepit [128]. Quindecim milia feruntur ibi occisa, et facta [129] est pax et laetitia Christianis [130] omni tempore Magni. Eodem vero tempore Godescalcus [131] post mortem Chnut regis et filiorum ejus [132] rediens ab Anglia, contra Sclavaniam venit infestus, omnes impugnans, magnumque paganis terrorem incutiens. De cujus fortitudine vel [133] potentia, quem super barbaros habuit, postea dicemus.

76. ([60.] Cap. 115.) Et haec quidem forinsecus dum varia sorte gesta sunt, in Bremis status rerum labefactari coepit:

. . summisque [134] negatum
Stare diu (569),

nostrae quoque invidit prosperitati. In diebus [135] illis nobilissima senatrix Emma obiit, uxor quondam Liutgeri [136] comitis, [et soror Meginwerki, episcopi Padarburnensis [137]], sed jam vidua per annos quadraginta [138] (570), totum fere quem habuit ingentem tesaurum pauperibus et ecclesiis dispersit. Corpus ejus [139] requiescit in Bremensi ecclesia, anima ejus [140] gaudeat [141] in celesti requie. Illa [142] dum adhuc viveret, Bremensi ecclesiae cortem Stiplaga [143] juxta Rhenum dedit (571). Lismona vero, nescio pro quo filiae delicto, in partem cessit imperatoris Conradi; pro qua re Gisla regina eo

A tempore [Bremam accedens fratribus multa bona fecit, ecclesiae et omnibus indigenis, deinde] visitavit Lismonam [144] [cum archiepiscopo [145]].

77. ([61.] Cap. 116.) Anno archiepiscopi penultimo (572) domus sancti Petri Bremae conflagravit, ejusque flamma incendii claustrum cum officinis, urbem cum aedificiis totam consumpsit, veterisque habitaculi nullum remansit vestigium. Ibi sacrae tesaurus ecclesiae, ibi libri et vestes, ibi omnia ornamenta consumpta sunt *. Et haec quidem rerum dampna facile possent recuperari, si majora non pateremur in moribus detrimenta. Multum [146] enim distant, ut quidam ait, dampna morum a dampnis temporalium rerum, cum illa intra nos sint, extra nos istae. Sane ex illo tempore fratribus, qui ante canonice vixerant, extra claustrum vagantibus, regula sanctorum Patrum, per multa prius saecula studiose conservata, primo negligentius haberi coepit, deinde funditus abjecta consenuit. Et sunt anni ab ordinat. one sancti Willehadi, cum Bremensis ecclesia fundata est, usque ad finem Alebrandi, quando eadem ecclesia combusta est, anni [147] ferme 270 (573).

78. ([62.] Cap. 117.) Combusta est autem intrante autumno, quod est III Idus Septembris; archiepiscopus eo tempore in Fresiam iter egit **. Is, conflagratione templi audita, mox [148] pedem retorsit, jactisque sequenti aestate [149] fundamentis, ad formam Coloniensis ecclesiae (574) disposuit hujus nostrae magnitudinem perducere [150]. Et profecto credimus [151], si longiorem sibi vitam fato concessent [152], omne opus ecclesiae finiturus erat paucis [153] annis. Tanta erat praesulis [154] animositas et instancia in omni opere, praecipue vero in templi aedifica-

SCHOLIA.

* Schol. 58. Archiepiscopus praepositurum Edoni [155] tulit, pro cujus rei zelo junior Edo, nepos ejus, iratus, monasterium incendit. Pro cujus sacrilegii compositione pater Edonis suam hereditatem obtulit ecclesiae. Edo vero praepositus Hierosolimam [156] peregrinus abiit, circa festum sancti Jacobi egressus, rediitque in proximo pascha. (4.)

** Schol. 59. Aiunt enim quidam invidorum episcopum solum naevum superbiae habuisse. Unde inter ipsum et Brun, Ferdensem episcopum (575), contentio erat indigna episcopis, et hoc maxime propter superbiam cujusdam Wolfridi [157] advocati. Qui subita et mirabili morte obiit, sicut archiepiscopus. (4.)

VARIAE LECTIONES.

[123] Uncis inclusa desunt 4. [124] toto add. 2. 3. 4. [125] vastando 2. 3. 4. [126] Heydebiam 3. Heidibu 2. saepius. [127] Hedeby 3. [128] receptit 4. [129] Et quindecim milium occisis, facta 4. [130] deinceps addit 4. [131] Godescaldus 1. Godescalcus 3. Gotescalcus 4. [132] ejus deest M. F. [133] et 4. [134] simulque 2. [135] enim 2. [136] Liudgeri 3. 4. Ludgeri 2. [137] Meginwerki ep. Podarburnis 2. Meginwerki ep. Podarbis 3. Uncis inclusa desunt 1. [138] quia)e addit 4. [139] Cujus corpus 4. [140] vero 4. [141] gaudet 3. [142] Qu(a)e 4. [143] Stiplage 3. [144] Lismonam visitavit 4. In margine cod. 4. hic legitur: Lismona et Stiplaga de praedio domine Emme fuerunt. [145] Uncis inclusa desunt 1. 2. 5. [146] Multa 4. [147] anni recte deest 4. [148] Qui consl. audita ecclesie; mox 4. [149] anno estatis 1. [150] perficere 2. 3. 4. [151] credimus deest 4. [152] concessis cent 2. 3. 4. [153] ecclesie paucis perfecisset a. 4. [154] illius 4. [155] tulit Edoni tulit 4. [156] Jerosolimam 4. [157] Wolfredi 5.

NOTAE.

(569) Lucani Pharsal. l. 1, v. 71, 72:

Invida fatorum series, summisque negatum
Stare diu, nimioque graves sub pondere lapsus.

(570) Vidua fuit per 23 tantum fere annos, marito mortuo anno 1011, Febr. 29. Dies ejus emortualis Decemb. 3 noscitur ex Necrologio Luneburgensi. Obiit anno, secundum Chronicon breve Bremense, Alebrandi quarto, scilicet 1038 1039, m. Octob.

(571) Stiepel in ripa dextra fluvii Ruhr in praefectura comitatus Markiae, quondam dicta Blankenstein.

(572) Hoc est 1044. Annum octavum habet Chron. breve Bremense, ergo 1043.

(573) Ab anno 788 usque ad 1045 vix sunt anni 257.

(574) Scilicet anno 873 ad finem perductae et consecratae, cujus effigiem vide apud S. Boisserée Geschichte des Doms von Köln, pag. 2, et tab. 1.

(575) Bruno II, episcopus Verdensis, 1034-1049

tione. Porro sola æstas, quæ inceperat hoc opus, fundamenta ecclesiæ jacta, columpnas et arcus earum lateraque in altum erecta vidit. Transacta [2158] hyeme, cum jam festivitas immineret paschalis (576), beatissimus pontifex Alebrandus [pridie ante [2159] Dominicam coenam (577)], credo non inscius [2160] vocationis suæ, ab ecclesia Scirnbeki [2161] [vel Stade, ut alii affirmant [2162]], nudis pedibus accessit Bremam. Ubi multa oratione cum lacrimis effusa, Deo et sanctis ejus commendavit ecclesiam. Cumque jam febribus tangeretur, navigio delatus [2163] est ad Buciensem [2164] præposituram, ibique supervexit dies septem*. Sic terrenum phase celestibus mutans azimis (*Levitic.* XXIII, 5, 6), anima ejus gaudens transivit ad Dominum. At vero corpus antistitis cum ingenti luctu (578) sequentium et occurrentium [2165] per alveum Wissulæ [2166] fluvii Bremam deportatum, in medio novæ, quam ipse [2167] orsus [2168] est, basilicæ tumulatum est. In quo scilicet [2169] loco primum altare majus situm fuerat juxta mausoleum sancti Patris Willehadi. [63.] Per idem vero tempus A apud Magdeburg felicis memoriæ Hunfrid archiepiscopus obiit (579). Illique successit Engilhard, rejecto illo, qui sprevit episcopatum, Winthero [2170]. Anno Domini 1043 contigit depositio dilecti Patris nostri [2171] Alebrandi, circa diem XVII Kal. Maii. Hæc est indictio [2172] 11 (580). Vale in Christo, pastor amabilis, et tuo [2173] gregi nunquam obliviscende. Transi a pascha coelorum, ubi cum agno paschali epuleris in azimis sinceritatis et veritatis (*I Cor.* V, 8). Recipere feliciter in æterna tabernacula (*Luc.* XVI, 9), ubi cum angelis indeficua læteris [2174] beatitudine. Quamdiu enim temporali nobiscum fruebaris vita, pastoralis curæ officia nobiliter implesti, vita et doctrina, omnia nobis dulcia. Nunc autem raptus es, ne malicia mutaret intellectum tuum; ideoque

B pius Dominus properavit educere te de medio iniquitatum (*Sap.* IV, 10, 11, 14), ut fructum laborum tuorum pleniter reciperes [2175], etiamsi non feceras [2176] omnia bona quæ voluisti. Ergo justicia tua manet, et memoriale tuum non derelinquetur in sæculum sæculi.

INCIPIT LIBER TERTIUS [2177].

Nomen Adalberti trutinat pars tertia libri [2178].

1. ([1] Cap. 118). Adalbertus archiepiscopus sedit annos unumdetriginta [2179] (581). Virgam pastoralem suscepit ab Heinrico Imperatore, filio Conradi, qui a Cæsare Augusto Romanorum imperatorum nonagesimus erat in solio, exceptis illis, qui [2180] simul regnabant cum alteris. Palleum [2181] archiepiscopale, ut decessores [2182] sui, per legatos [2183] accepit a supradicto papa Benedicto, quem in ordine Romanorum pontificum post apostolos fuisse 147mum reperimus. Ordinatio ejus facta est Aquisgrani, præsente cum principibus cæsare, 12 episcopis astantibus [2184] et manum imponentibus (582). Cujus benedictionis copiam ipse sibi multociens maledicentibus objecit, subridens ac dicens [2185]: se [2186] non posse ab aliquo maledici, qui a tantis ecclesiæ patriarchis [2187] ab initio et [2188] simul tam sollempniter benedictus fuerit. (Cap. 119.) De cujus viri gestis et moribus cum difficile sit aliquid dignum scribere,

SCHOLIA.

* *Schol.* 60. Ipso anno quo decessit archiepiscopus, migravit etiam Odinkar, Ripensis episcopus. In die [2189] paschæ missam [2190] celebrans, ordinavit rem suam [2191] certus extremorum. (2. 4.)

VARIÆ LECTIONES.

[2158] autem *addit* 4. [2159] *Uncis inclusa desunt* 1. *ante deest* 2. [2160] non inscius, ut credo 4. [2161] Schirnbecke 3. Schirmbeke 4. Scunheki 2. [2162] *Uncis inclusa desunt* 1. 5. [2163] celatus 2. [2164] Buccensem 4. Hucicusem 2. Hucensem 3. [2165] sequentium occurrentiumque 4. [2166] Visulæ 3. Wisere 2. Wisure 4. [2167] tunc *addunt* 2. 3. 4. [2168] ortus 3. [2169] similiter. 5. [2170] obiit, cui E. rejecto Winthero, qui ep. sp. successit 4. [2171] nostri *deest* 3. [2172] Maii, indictione 4. [2173] amabilis tuoque 4. [2174] lætaris 3. [2175] perciperes 2. 4. percipies 5. [2176] perfeceras 2. 4. perfeceris 5. [2177] *Hæc inscriptio add.* 3. 5. *deest* 1. 2. 4. [2178] *Hic versus deest* 3. 5. *in* 2. *et* 4. *in margine scriptus*. [2179] undetriginta 3. 4. [2180] Augusto in solio Rom. imp. XCus sedisse repetitur, exceptis hiis, qui 4. [2181] pallium 2. 3. [2182] præcessores 4. [2183] suos *addit* 4. [2184] ast etiam XII ep. 4. [2185] ac dicens *desunt* M. F. [2186] sibi 5. [2187] patribus 4. [2188] et *deest* 5. [2189] Qui in die 4. Qui diem 5. [2190] *deest* 4. [2191] rebus suis 4. res suas 5.

NOTÆ.

(576) Sc. anno 1043, ubi Pascha incidit in m. Aprilis diem 7. Igitur hic annus melius cum narratione de extremis Alebrandi diebus convenit quam annus 1045, ubi Pascha incidit in m. Apr. d. 3.
(577) D. 5 Aprilis.
(578) *Ingens luctus.* Virgil. Æn. l. VI, v. 869; l. XI, v. 62, 231.
(579) Hunfrid obiit anno 1051, teste Lamberto.

(580) Ex antecedentibus collato cap. 67 patet Bezelinum mortuum esse anno 1043, ind. XV. Cui consentit Lambert. Hersveld. h. a. Adami nostri error originem traxit ex falso, quem codex Vindobonensis tribuit Libentio, anno emortuali, sc. 1030.
(581) Adalbertus annos tantum 27 sedisse videtur.
(582) Imperator fuit Aquis anno 1045, m. Jul. v. Böhmer. Kaiserurkunden.

ad scribendum nos ea [2192] cogit necessitas, quoniam promisimus libri [2193] hujus tenorem, o venerabilis praesul Liemare, usque ad diem tui pontificatus extendere. Unde licet stulte audacterque introierim hoc pelagus, nunc tamen haut inprudenter fecisse videar, si ad litus [2194] properabo. In cujus littoris [2195] accessione vix aliquem portum video inperitiae meae: ita plena sunt omnia scopulis invidiae detractationumque [2196] asperitatibus, ut ea, quae laudaveris, adulatione carpant [2197], quae vero delicta reprehenderis, dicant fieri ex malivolentia [2198] (583).

[2.] Cum tamen ille vir memorabilis omni genere laudum possit extolli, quod nobilis, quod pulcher, quod sapiens, quod eloquens, quod castus, quod sobrius [2199] : haec omnia continebat in se ipso, et alia item bona [2200], quae extrinsecus homini solent accedere [2201], ut sit dives, ut [2202] felix, ut gloriam habeat, ut [2203] potentiam, omnia sibi habunde fuerunt. Praeterea in legatione gentium, quod primum est Hammaburgensis ecclesiae officium, nemo unquam tam strenuus potuit inveniri. Item in divinis ministeriis sollemniter obeundis, in honore sedis apostolicae, in fidelitate rei publicae [2204], in sollicitudine etiam [2205] suae parrochiae, vix potuit [2206] habere comparem, aut qui in pastorali cura vigilantior esset in omnibus, si ita perseveraret [2207]. Nam cum talis fuerit ab initio, circa finem deterior videbatur; ad quem virtutis suae defectum corruit vir non bene cautus tam sua negligentia, quam ceterorum inpellente malicia. De quibus suo loco postea latius dicetur. Quoniam vero difficile est omnes viri actus aut bene aut pleniter aut in ordinem posse diffiniri [2208] a me, praecipua gestorum ejus summatim quaeque delibans [2209], affectu condolentis ad eam pervenire desidero [2210] calumpniam [2211], qua nobilis et dives parrochia Hammaburgensis et Bremensis, altera vastata [2212] est a paganis, altera discerpta est [2213] a pseudochristianis. Igitur narrationis initium tale faciam, ut statim ex moribus ejus possint omnia cognosci (584).

2. ([3.] Cap. 120.) Erat nimirum genere vir nobilissimus (585), honore primo, Halverstatensis [2214] praepositus, ingenio acri (586) et instructo multarum artium suppellectile; in divinis et humanis (587) A prudentiae magnae, et ad ea, quae auditu vel studio collegit, retinenda et [2215] proferenda memoriae [2216] celebris, eloquentiae singularis. Tum praeterea, quod forma corporis erat speciosus, castitatis amator fuit. Largitas ejusmodi, ut petere haberet indignum, tarde aut humiliter acceperit, prompte vero hylariterque saepe non petentibus largiretur. Humilitas in eo dubia videbatur, quam solis exhibuit servis Dei, pauperibus et peregrinis, adeo ut saepe, antequam cubitum iret, triginta et amplius mendicantibus ipse genu flexo [2217] pedes lavaret. Principibus autem saeculi et coaequalibus suis humiliari nullo modo voluit. In quos etiam tali [2218] zelo exarsit aliquando, ut hos luxuriae, illos avaritiae, quosdam infidelitatis arguens, nulli demum parceret, quem notabilem cognovit. Itaque multis virtutibus in unum vas congregatis, poterat vir talis esse dicique beatus, nisi unum vicium obstaret, cujus deformitas omnem decorem praesulis [2219] obnubilarat [2220], hoc erat cenodoxia, familiaris divitum vernacula. Ea [2221] prudenti viro talem [2222] invidiam peperit, ut multi etiam bona, quae fecit plurima, dicerent fieri pro mundana gloria. Sed videant hujusmodi [2223] ne temere illum judicent, hoc scientes, quod in rebus ambiguis absolutum non debet esse judicium, et [2224] : « in [2225] quo alterum judicas [2226], te ipsum condempnas [2227] (Rom. II, 1). »

[4.] Nobis autem qui cum eo viximus cotidianamque viri conversationem [2228] inspeximus, notum est, aliqua illum, sicut hominem, fecisse pro honore saeculi, multa vero pro Dei timore, sicut bonum hominem. Et quamvis largitas ejus in cunctos [2229] modum excederet, inveni tamen eam [2230] largiendi rationem, quod pro ditanda ecclesia sua quosdam studuit obsequiis placare, sicut reges et eorum consilio proximos; alios autem qui ecclesiae suae aliquo modo nocere videbantur, acerrimo persecutus est odio, sicut duces nostros et nonnullos episcopos. Audivimus eum saepenumero [2231] pro lucro ecclesiae suae se suosque parentes devovisse : *Adeo*, inquit, *nemini parcam, nec mihi, nec fratribus, nec pecuniae, nec ipsi ecclesiae, ut episcopatus meus aliquando liberetur a jugo, vel par ceteris efficiatur*. Quae omnia [melius] [2232] in ipso hystoriae textu [2233] pandentur,

VARIAE LECTIONES.

[2192] ea *deest* 5.   [2193] libelli 2. 5. 4.   [2194] littus 2. 3.   [2195] quo littoris 1. quo littore 5. quo litore 4.   [2196] detractionumque 4.   [2197] carpent 5.   [2198] malevolentia 3. 5.   [2199] nobilis, p. s. e. c. et sobrius 4.   [2200] itemque alia bona 4.   [2201] accidere 4. *e correctura* 3. 5. *videlicet addit* 4.   [2202] et 4.   [2203] publice rei 1.   [2204] et 4.   [2205] etiam *deest* 3.   [2206] poterat 4.   [2207] perseverasset 5. 4.   [2208] definiri 3.   [2209] delibemus 3.   [2210] desiderio 3.   [2211] calamitatem *legendum esse conjecit Velleus.* [2212] vastata *deest* 5.   [2213] est *deest* 4. direpta est 3.   [2214] Halverstadensis 3. 4. Halverstedensis 2.   [2215] vel 5.   [2216] memoria 1.   [2217] flexu 4.   [2218] tali *deest* M. F.   [2219] illius 4.   [2220] obnubilaret 2. 3. 5.   [2221] quae 3. 5.   [2222] talemque 1.   [2223] ejusmodi 4.   [2224] ut 2. 3. 4.   [2225] in *deest* 3.   [2226] judices 4.   [2227] condempnes 2. 3. 4.   [2228] cum illo fuimus cotidianamque ipsius conversationem 4.   [2229] cunctis 4.   [2230] *deest* 4.   [2231] dixisse *addit* 4.   [2232] melius *deest* 4.   [2233] contextu 2.

NOTAE.

(583) Sallust. Catilina praef. : *Quae delicta reprehenderis, malivolentia et invidia putant.*
(584) Similiter Sallust. l. 1: *De cujus... moribus pauca prius explananda sunt quam initium narrandi faciam.*

(585) Conf. Annal. Sax. a. 1043.
(586) *Ingenio acri.* V. supra l. II, c. 8.
(587) *Divina et humana.* Sallust. Jugurth. c. 27 bis. Conf. infra c. 55, 65.

ut videant sapientes, quam coacte et non temere, immo probabili ratione fecerit aliqua, in quibus desipuisse vel insanisse videatur [2234] a non intelligentibus.

3. ([5.] Cap. 121.) Anno ordinationis suæ primo, postquam pontifex sollempniter intronizatus est [2235], ecclesiæ Bremæ nuptias peregit. Videns basilicæ noviter inceptæ opus immensum vires quærere maximas, nimis præcipiti usus consilio, statim murum civitatis a decessoribus [2236] orsum et quasi minus necessarium destrui fecit, jussitque lapides in templo poni. Nam et turris [2237] speciosa, quam diximus septem cameris ornatam fuisse [2238] (588), tunc funditus est diruta. Quid loquar de claustro, quod lapide polito constructum, pulcritudine sua visus contuentium refecit? Et hoc præsul absque mora præcepit [2239] dissipari, quasi aliud [2240] pulcrius cito facturus. Cogitavit [2241] enim, ut ipse nobis de ea re sciscitantibus aperuit, refectorium [2242], dormitorium, cellarium et ceteras fratrum officinas, omnia [2243] ex lapide facere [2244], si locus aut ocium suppeditarent. Ad quæ omnia cum sibi [2245] habunde ad manus fore gloriaretur, ut pace fratrum dicam (589), solam clericorum et lapidum penuriam sæpe [2246] querebatur. Interea

Fervet opus. . . . . . .

surrexit ecclesiæ murus (590), cujus formam ante Alebrandus ad instar Coloniensis incepit (591), ipse vero ad exemplum Beneventanæ domus cogitavit perducere (592).

4. Anno tandem septimo incepti operis moles a fronte levata est, ac principale sanctuarii altare dedicatum in honore sanctæ Mariæ (593). Nam secundum in occidentali absida consecrandum altare disposuit in amore [2247] sancti Petri, cujus sub invocatione legitur antiqua basilica extructa [2248]. Emergentibus itaque multis archiepiscopo angustiis, mansit opus imperfectum ad annum pontificii 24 [2249], cum et ego indignissimus ecclesiæ Dei matricularius Bremam veni (594): et tunc demum templi parietes dealbantur [2250], occidentalisque cripta sancto Andreæ dedicata est.

5. ([6.] Cap. 122.) Et quoniam magnus pontifex vidit ecclesiam et episcopatum [2251] suum, quem decessoris [2252] sui Adaldagi prudentia liberavit [2253], iniqua ducum potentia iterum vexari, summo nisu conatus est eandem ecclesiam pristinæ libertati reddere (595), ita ut nec dux, nec comes, aut [2254] aliqua judicialis persona quempiam districtum [2255] aut potestatem haberet in suo episcopatu (596). Quod nisi per odium fieri nequivit, dum correpti pro nequitia principes ad iram magis accenderentur. Aiuntque Bernardum [2256] ducem, cum pro nobilitate ac sapientia suspectum habuerit [2257] pontificem, sæpe dixisse, illum quasi exploratorem positum in has regiones, qui infirma terræ alienigenis et cæsari esset proditurus; ideoque dum ipse aut aliquis filiorum ejus advixerit, episcopum nunquam bonum diem habiturum in episcopatu. [7.] Quod verbum in pectus episcopi altius, quam [2258] quisquam ratus erat, descendit. Itaque ex eo tempore ira et metu anxius, moliri, parare atque ea modo cum animo [2259] habere [2260] (597), quæ duci et suis profutura non essent. Dissimulatoque animi dolore ad tempus, quod [2261] alia via consilium non invenit [2262], totus confugit ad auxilium palatii, nec pepercit sibi ac [2263] suis, aut ipsi episcopatui [2264], cæsarem placando et aulicos, dummodo id efficeret, quod [2265] ecclesia esset libera [2266]. Proinde visus est [2267] tantos in curia labores tolerasse, tantas [2268] ubique terrarum expeditiones [2269] sponte cum suis desudasse, ut infatigabilem ejus viri [2270] constantiam miratus cæsar, ad omnia publicæ rei consilia virum habere maluerit vel primum [2271].

6. (Cap. 123.) Expeditiones vero, quas in Ungriam, Sclavaniam (598), Italiam vel in Flan-

VARIÆ LECTIONES.

[2234] videatur 3. [2235] est *deest* 2. 3. 4. [2236] predecessoribus 2. 4. suis *addit* 4. [2237] turris *deest* 1. [2238] speciosa, quæ septem cameris ornata fuerat 4. [2239] præcipit 2. 3. [2240] illud 3. [2241] Cogitaverat 1. [2242] refectorium 3. [2243] per omnia 4. [2244] facere *deest* 3. [2245] omnia *addunt* 2. 3. cuncta 4. [2246] sæpe *deest* 1. [2247] amorem 2. 3. honorem 4. [2248] exstructa fuisse 4. [2249] angustiis, op. imperf. usque ad XXIIII. pont. annum permansit 4. [2250] dealbabantur 2. 3. [2251] ecclesiam episcopatumque 4. [2252] predecessoris 4. [2 53] liberaverat 4. [2254] nec 3. 4. [2255] quampiam jurisdictionem 4. [2256] Bernadum 1. [2257] haberet 3. [2 58] ac. 4. [2259] moliri atque in animo 4. [2260] cœpit *add.* 2. 3. cœpit ea *add.* 4. [2261] cum 4. [2262] inveniret 4. [2263] aut 3. [2264] nec sibi nec suis nec ecclesiæ pepercit 4. [2265] quo 2. 3. 4. [2266] posset liberari 4. [2267] est *deest* 1. [2268] tantasque 2. 3. [2269] tantisque u. t. expeditionibus 4. [2270] viri *deest* 4. [2271] rei publice cons. eum hab. primum maluerit 4.

NOTÆ.

(588) Supra l. ii, c. 67.
(589) *Ut pace fratrum dicam.* Ita et infra cap. 56.
(590) Virgil. Æneid. l. 1, v. 436 sq.:

Fervet opus . . .
O fortunati, quorum jam mœnia surgunt.

(591) V. supra l. ii, c. 78.
(592) Hanc basilicam incendio parumper maculatam funditus destruxisse Liemarum archiepiscopum, testatur Albertus Stadensis ad a. 1089. De domo Beneventana edocebimur post Joannis de Vita Thesaurum Antiq. Benevent. in opere mox prelo subjiciendo V. cl. Schultzii.

(593) Sc. anno 1051; v. infra cap. 23.
(594) Sc. anno 1068. Conf. infra cap. 35.
(595) Conf. supra l. ii, cap. 9.
(596) Sunt fere verba privilegiorum Ottonis II et successorum suorum an. 967 sq. ecclesiæ Hammaburgensi datorum.
(597) Ex Sallustii Bello Jugurth. c. 7: *Quod verbum in pectus Jugurthæ altius quam quisquam ratus descendit. Itaque ex eo tempore ira et metu anxius, moliri, parare atque ea modo animo habere.*
(598) Sc. contra Liuticios anno 1045; v. Hermann. Aug. Ann. August.

driam ²²⁷² (599) cum cæsare pontifex egit²²⁷³, multæ quæ dum singulæ magnis ²²⁷⁴ episcopii sumptibus multisque familiarum oppressionibus exigerentur, duarum nos tantum facere mentionem cogimur, hoc est Italicæ, quæ prima fuit, vel Ungaricæ, quæ postrema, eo quod insignes præ ceteris fuerint, nobisque ambæ infeliciter evenerunt. At ²²⁷⁵ de Ungarica quidem dicetur in fine (600), nunc de Italica videamus.

7. ([8.] Cap. 124.) Heinricus ²²⁷⁶ rex, domitis vel compositis Pannonum sedicionibus (601), ecclesiastica, ut dicitur ²²⁷⁷ necessitate Romam tractus est (602), comitem habens cum ceteris imperii magnatibus et nostrum archiepiscopum. (An.1046.) Ubi depositis, qui pro apostolica sede certaverant, Benedicto, Gratiano ²²⁷⁸ et Silvestro scismaticis, Adalbertus pontifex in papam eligi ²²⁷⁹ debuit, nisi quod pro se collegam posuit Clementem ²²⁸⁰. A quo ²²⁸¹ rex Heinricus coronatus die natalis Domini ²²⁸², imperator et augustus vocatus est.

8. ([9.] Cap. 125.) Post hæc imperatorem ab Italia revertentem archiepiscopus noster fertur Bremam vocasse ²²⁸³, occasione data, quasi ²²⁸⁴ Lismonam ²²⁸⁵ visere deberet vel regem Danorum invitare ad colloquium, sed revera ut fidem exploraret ducum. Imperator autem Bremæ apparatu regio, sicut dignum fuit ²²⁸⁶, receptus, cortem quæ Balga dicitur (603), fratribus optulit, ecclesiæ vero comitatum Fresiæ (604) concessit, quem ante Gotafridus (605) habuit. Cæsar inde Lismonam veniens, mox, ut aiunt, per ²²⁸⁷ insidias a Thiedmaro comite circumventus ²²⁸⁸, archiep'scopi nostri studio defensus est ²²⁸⁹. Quare idem comes a cæsare vocatus in jus, cum se purgare ²²⁹⁰ duello mallet, a satellite suo A nomine Arnoldo ²²⁹¹ est interfectus (606). Qui et ipse non post multos dies a filio Thietmari comprehensus, et per tybias suspensus inter duos canes efflavit, unde et ipse ab imperatore comprehensus et perpetuo est exilio dampnatus ²²⁹² (607). Cujus mortem dux germanus ²²⁹³ et filii ejus acerrime ²²⁹⁴ zelantes in archiepiscopum, ex eo tempore ipsum et ecclesiam ejus et familiam ecclesiæ ²²⁹⁵ letali odio persecuti sunt. Cumque pax ficta interdum ambas conciliasse partes videretur ²²⁹⁶ nichilominus tamen illi qui ducem secuntur ²²⁹⁷, antiqui memores odii, quod patres eorum exercuerunt ²²⁹⁸ in ecclesiam, nostros impugnare ²²⁹⁹ non cessarunt ²³⁰⁰ affligentes omnibus modis. *Exsurge ergo, Domine, et judica causam tuam, memor esto obprobrii servo-* B *rum tuorum (Psal. LXXIV, 22).*

9. ([10.] Cap. 126.) Metropolitanus autem econtra ²³⁰¹ bonis studiis certans et beneficiis redimens tempus, quoniam dies mali erant, pacem cum ducibus fecit. Deinde vero sollicitudinem gerens parrochiæ, aliquid ²³⁰² magnum vel se dignum ²³⁰³ cogitavit ubique nobilitatis suæ monumentum relinquere ²³⁰⁴. Et primo quidem floccipendens auream decessorum mediocritatem (608), vetera ²³⁰⁵ contempsit. nova molitus omnia perficere. Igitur magnis animi et sumptuum ²³⁰⁶ conatibus pugnans, ut Bremam similem ceteris efficeret urbibus ²³⁰⁷, statim ex bonis, quæ ipse adquisivit, duas fecit præposituras, unam sancto Willehado, ubi corpus ejus aut requiescit aut translatum est, alteram sancto Ste- C phano, cujus se famulum multociens gloriabatur ²³⁰⁸ archiepiscopus ²³⁰⁹. Has duas construxit ²³¹⁰ a principio, verum et ²³¹¹ alias postea fecit, hoc est in Bremis terciam sancto Paulo, de bonis quæ ho-

SCHOLIA.

Schol. 61. Clemens papa renovavit ecclesiæ nostræ Hammaburgensi omnia privilegia quæ dudum a Romana sede concessa sunt (609) (2. 4.).

VARIÆ LECTIONES.

²²⁷² vel Franciam 3. et Flandriam 4. ²²⁷³ cesare fecit 4. ²²⁷⁴ magnis *deest* M. F. ²²⁷⁵ evenerint. At 4. ²²⁷⁶ itaque *add.* 4. ²²⁷⁷ e exigente n. 4. ²²⁷⁸ Germano 3. ²²⁷⁹ Silvestro, Adalbertus archiepiscopus eligi 4. ²²⁸⁰ Nisi pro se c. posuisset Clementem 5. 4. scismaticis Clemens apostolorum Petri et Pauli successor factus est 2. 2a. *ubi* (2.) *hic in textu sequitur schol.* 61. ²²⁸¹ mox *addit* 4. ²²⁸² die n. Dom. *desunt* 2. 3. 4. ²²⁸³ archiepiscopus Bremam vocavit 4. ²²⁸⁴ qui 1. qua 5. ²²⁸⁵ Lismonem 3. ²²⁸⁶ regio, ut decuit, apparatu 4. ²²⁸⁷ concessit. Inde Lismonam veniens, per 4. ²²⁸⁸ circumventus est, sed 4. ²²⁸⁹ est *deest* 4. ²²⁹⁰ expurgare 4. ²²⁹¹ nom. Arn. *desunt* 2. 3. 4. ²²⁹² Qui — dampnatus *desunt* 2. 3. 4. ²²⁹³ germanus ejus dux 4. ²²⁹⁴ germanus filiique illius 4 acerrime *deest* 4. ²²⁹⁵ ecclesiam ecclesiæque familiam 4. ²²⁹⁶ interdum utrasque conc. vid. partes 4. ²²⁹⁷ sequebantur 2. 3. 4. ²²⁹⁸ exercuerint 3. ²²⁹⁹ inquietare et impugnare 4. ²³⁰⁰ cessabant 2. 3. 4. ²³⁰¹ contra 3. ²³⁰² aliquod 4. ²³⁰³ magnum dignumque 4. ²³⁰⁴ ut nob. s. m. relinqueret 3. ²³⁰⁵ veram 4. ²³⁰⁶ perficere — sumptuum *desunt* 5. ²³⁰⁷ Bremam ceteris coequaret urbibus 4. ²³⁰⁸ ipse *add.* 2. 3. ²³⁰⁹ archiep. *deest* 4. ²³¹⁰ confinxit 2. ²³¹¹ eciam b.

NOTÆ.

(599) Anno ut videtur 1051, non vero, cum hæc fuit expeditio ante Ungaricam, anno 1034.
(600) Conf. infra cap. 42.
(601) Sc. annis 1043-1045.
(602) Sc. anno 1046.
(603) Balje, villa parochialis in comitatu Hoya, præfectura Nienburg et advocatia Sebbenhausen. Conf. Register der Einkünfte der Propstei zu Bremen. p. XIII u. XIV.
(604) Aut hic error Adami latet, aut comitatus hic Fresiæ alius est atque ille quem Heinricus IV Adalberto concessit anno 1057. Vide infra c. 45.

(605) Dux Lotharingiæ.
(606) Conf. Lamberti Annal. a. 1048. Obiit. d. 3 Octobr., teste Necrolog. S. Michael. Luneburg.
(607) Hujus filii nomen etiam videtur fuisse Thietmarus, idemque qui exlex Thiemo in pago Leri dicitur, ut bene conjecit Wedekind Noten II. 87, ex chartis Heinrici III imperatoris anno 1053, Jun. 5. et Novb. 3 datis. Confer ejusdem chartam anni 1054, Nov. 1.
(608) Horat. Carm. II, 10, 5.
(609) Sc. anno 1047, April. 21.

spitali pertinebant; Liastimonæ ²³¹² quartam de
prædio ²³¹³ ejusdem cortis; quintam voluit apud
Sta'e ²³¹ᵃ fieri, sextam vero trans Albiam in Solloærg ²³¹⁵ (610). Septimam vero ²³¹⁶ incepit in
Aspice, qui locus in Mindensi parrochia est silvestris et montuosus ²³¹⁷ (611). Octava est abbatia
Gozziana ²³¹⁸ juxta Salam flumen ²³¹⁹, quæ fundata
est a parentibus archiepiscopi (612).

10. ([11] Cap. 172) Alia etiam plurima diversis
locis inchoavit opera, quorum pleraque defecerunt
ipso adhuc vivo ²³²⁰ et rei publicæ negotiis intento (613); sicut illa domus lapidea, quæ in Aspice
subito casu lapsa corruit, ipso præsente Cetera vero
ex raptu vel negligentia præpositorum dissipata
probantur, in quos, comperta fraude, atrociter aliquando ultus est archi piscopus. Qua in re videri
poterat eorum ²³²¹⁻²² nequitia, quibus ille fidem plus
justo habuit ²³²³, voluntatem præsulis a bono incepto sæpe conversam (614). (Cap. 128.) Et res
quidem domesticæ a principio bene ac laudabiliter
ab illo viro provisæ sunt. Quæ autem foris pro
legatione gentium acta sint, consequens sermo breviter declarabit.

11. [12.] Metropolitanus ²³²⁴ statim ut ingressus
est episcopatum, ad reges aquilonis pro amicitia
legatos misit. Epistolas quoque commonitorias sparsit per omnem Daniam sive Nortmanniam ac ²³²⁵
Suediam et usque ad ²³²⁶ fines terræ, exhortans
episcopos et presbyteros in illis partibus degentes,
ut ecclesias domini nostri Jesu Christi fideliter
custodirent atque ²³²⁷ ad conversionem paganorum
accederent intrepidi.

(Cap. 129.) Magnus eo tempore simul tenebat
duo regna, Danorum videlicet atque Nortmannorum, Jacobus adhuc in Suedia ²³²⁸ sceptrum habuit ²³²⁹. Cujus ²³³⁰ auxilio Suein * et Tuph ²³³¹ ducis effultus Magnum pepulit a Dania. Qui ²³³² denuo bellum instaurans ²³³³, obiit in navibus (615).
Suein ²³³⁴ duo regna possedit, classemque parasse
dicitur, ut Angliam suo juri subjiceret ²³³⁵. Verum
sanctissimus rex ²³³⁶ Edwardus cum justicia regnum
gubernaret, tunc quoque pacem eligens, victori obtulit tributum, statuens eum. [ut supra dictum
est ²³³⁷ (616),] post se regni heredem. Cumque
rex ²³³⁹ juvenis Suein tria pro libitu suo regna
tenuerit ²³⁴⁰, mox succedentibus prosperis, oblitus
est celestis regis ²³⁴¹ et consanguineam ²³⁴²-a Suedia duxit uxorem (617). Quod ²³⁴³ domno archiepiscopo valde displicuit, furentemque regem ²³⁴⁴, missis legatis ad eum, de scelere ²³⁴⁵ terribiliter increpuit ²³⁴⁶, postremo, nisi resipuerit ²³⁴⁷, excommunicationis gladio feriendum esse [minatus est ²³⁴⁹].
Tunc ille conversus in furorem, minabatur ²³⁵⁰
omnem Hammaburgensem parrochiam vastare et
exscindere. Ad quas minas imperterritus noster ²³⁵⁰
archiepiscopus arguens et obsecrans perstitit immobilis, donec tandem flexus Danorum tyrannus
per litteras papæ, libellum repudii dedit consobrinæ. Nec tamen rex sacerdotum admonitionibus aurem præbuit, sed mox ²³⁵¹ ut consobrinam a se dimisit, alias itemque ²³⁵² alias uxores et ²³⁵³ concubinas assumpsit, et suscitavit ei Dominus inimicos in circuitu multos, sicut Salomoni ²³⁵⁴ fecit
proprios servos ²³⁵⁵ (III Reg. xi, 14).

SCHOLIA.

* Schol. 62. Suein, a Magno victus, cessit fortunæ et factus est homo victoris, faciens ei sacramentum
fidelitatis. Sed cum denuo rebellare ²³⁵⁶ cepisset consilio Danorum, nichilominus a Magno
superatus est (618). Ita ²³⁵⁷ Suein fugiens ad Jacobum venit, adprime dolens pro fide pollicita, quam violavit (619). (2. 4.)

VARIÆ LECTIONES.

²³¹² Lastmone 1. Lyasmonæ 3. ²³¹³ prælio 1. ²³¹⁴ Stadhe 2. Stathe 4. ²³¹⁵ Solongberg 2. Sulenberg 3. Sullenberg 4. ²³¹⁶ quoque 2. 3. 4. ²³¹⁷ Montoʒus 3. 5. ²³¹⁸ Grozzicana 1. Gozicana 3. ²³¹⁹ fluvium 2. 3. 4.
²³²⁰ vivente 4. ²³²¹⁻²² illorum 4. ²³²³ plus justo fidem adhibuit 4. ²³²⁴ ergo addit 4. ²³²⁵ et M. F. ²³²⁶
in 2. 3. 4. ²³²⁷ atque deest 1. ²³²⁸ Sueonia 2 3. 4. ²³²⁹ tenuit 4. ²³³⁰ Hujus 4. ²³³¹ Ita codd. omnes.
²³³² Magnus ergo 4. ²³³³ instaurans 1. ²³³⁴ vero addit 4. ²³³⁵ classemque ut A. suo subjiceret juri, paravit 4. ²³³⁶ rex deest 3. ²³³⁷ Uncis inclusa desunt 4. ²³³⁸ que deest 5. ²³³⁹ rex deest 1. ²³⁴⁰ teneret 4.
²³⁴¹ gregis 3. ²³⁴² quia consanguineam suam 4. ²³⁴³ Quod dum 4. ²³⁴⁴ displicuit furentem regem 4.
²³⁴⁵ scelere tanto 4. ²³⁴⁶ increpavit 2. 3. 4. ²³⁴⁷ recipuerit 2. resipesceret 4. ²³⁴⁸ min. est desunt 1. 2.
3. ²³⁴⁹ minabatur deest 1. ²³⁵⁰ noster deest 4. ²³⁵¹ prebens, mox 4. ²³⁵² atque 4. ²³⁵³ atque 5. ²³⁵⁴
Salomoni 2. 3. ²³⁵⁵ sicut quondam S. proprios servos suos 4. ²³⁵⁶ debellare 2. ²³⁵⁷ Itaque 4.

NOTÆ.

(610) Sülberg, mons juxta villam Blankenese in
littore Albis. Conf. infra cap. 25 et litteras ab Adalberto datas anno 1059. xvii Kalendas Aug. in Hamburger Urkundenbuch.

(611) Fortasse Esbeck in præfectura Lauenstein
terræ Calenberg, villa parochialis sita inter Salz
Hemmendorf et Gronau. Adimplevit hanc ecclesiam,
ut videtur, Adalberti successor Liemarus. V. diplomata a. 1088 in Ha burg. Urkundenb.

(612) Goseck, situm in monte inter Naumburg et
Weisenfels. V. chartam fundationis a. 1053. in
Hamb. Urkundenb. et librum De fundatione monasterii Gozecensis.

(613) Negotiis intentus ex Salust. Bell. Jugurth.

c. 85. Præf. Catilin. conf. infra c. 33.

(614) Conversam, id est divertentem s. reversam;
v. infra l. iv, c. 2.

(615) Aliter Chron. Saxon., Florent. a. 1048,
qui tradunt Suenonem nonnisi post Magni mortem
Daniam recuperasse. Obiit, ut videtur, anno 1047,
Oct. 25. V. Necrol. Island-Norveg. apud Langebek
Script. rer. Danic. t. II, p. 516. Necrol. Luneburg.
apud Wedekind.

(616) Lib. ii, cap. 74.
(617) Gunhild s. Ginthe, v. infra cap. 46.
(618) Vid. Chron. Saxon., Florent. a. 1047.
(619) Conf. supra l. ii, c. 74.

12. ([13.] Cap. 130.) Haroldus ²³⁵⁸ quidam ²³⁵⁹ (620), frater Olaph regis et martyris, vivente adhuc germano ²³⁶⁰ patriam egressus est ²³⁶¹. Constantinopolim exul abiit ²³⁶², ubi miles imperatoris effectus, multa praelia contra Sarracenos in mari et Scitas in terra gessit ²³⁶³, fortitudine clarus et divitiis ²³⁶⁴ auctus vehementer (621). Is vero ²³⁶⁵ defuncto fratre, cum in patriam revocatus fuerit ²³⁶⁶, Suein consanguineum ²³⁶⁷ regnantem repperit **. Cujus ut dicitur ²³⁶⁸, se manibus tradens, sacramentum fidelitatis exhibuit victori, et patrium regnum pro ducatu ²³⁶⁹ accepit in beneficium. Sed mox ²³⁷⁰ ut ad suos venit et Nortmannos sibi fideles esse persensit, facile ad rebellandum persuasus, omnia Danorum maritima ferro vastavit et igne. Et tunc Arhusin ²³⁷¹ ecclesia incensa ac ²³⁷² Sliaswig depraedata est. Suein ²³⁷³ rex terga vertit. Inter Haroldum et Suein ²³⁷⁴ praelium fuit omnibus ²³⁷⁵ diebus vitae eorum (622). ***

13. ([14.] Cap. 131.) Simul eo ²³⁷⁶ tempore separabant se Angli a regno Danorum, filiis Gudwini rebellionis auctoribus, quos amitae regis Danorum filios esse diximus (623), et quorum sororem Eduardus ²³⁷⁷ rex duxit uxorem. Hii ²³⁷⁸ namque facta conspiratione, fratres Suein regis, qui in Anglia A duces erant, alterum ²³⁷⁹ Bern ²³⁸⁰ statim obtruncant, alterum ²³⁸¹ Osbern ²³⁸² cum suis omnibus ejecerunt a patria (624). Et tenuerunt Angliam in ditione sua, Eduardo tantum ²³⁸³ vita et inani regis nomine (625) contento.

14. ([15.] Cap. 132.) Cum ²³⁸⁴ haec ibi gesta essent, Christianissimus rex Sueonum Jacobus migravit e ²³⁸⁵ saeculo, et successit ei frater ejus Emund [Gamul ²³⁸⁶] pessimus. Nam iste a concubina Olaph natus erat, et cum baptizatus esset, non multum de nostra ²³⁸⁷ religione curavit, habuitque secum quendam episcopum nomine Osmund (626), acephalum, quem dudum Sigafridus, Nortmannorum episcopus, Bremae scolis docendum commendavit. Verum is postea beneficiorum oblitus, pro ordinatione Romam accessit, indeque repulsus, per multa loca circuivit ²³⁸⁸ erroneus, et sic demum ordinari meruit a quodam Polaniae archiepiscopo. Tunc ²³⁸⁹ veniens in Suediam, jactavit se a papa consecratum in ²³⁹⁰ illas partes archiepiscopum. Sed cum noster archiepiscopus legatos suos ad Gamulan ²³⁹¹ regem dirigeret ²³⁹², invenerunt ibi eundem girovagum Osmund, archiepiscopali more crucem prae ²³⁹³ se ferentem. Audierunt etiam, quod barbaros adhuc neophitos non sana fidei nostrae doctrina

SCHOLIA.

* Schol. 63. Haroldus, a Graecia regressus, filiam regis Ruziae ²³⁹⁴ Gerzlef ²³⁹⁵ (627) uxorem accepit. Alteram tulit Andreas, rex Ungrorum ²³⁹⁶, de qua genitus est Salomon ²³⁹⁷. Terciam duxit rex Francorum Heinricus, quae peperit ei Philippum. (2. 3. 4.)
** Schol. 64. Haroldus cum Magno pugnavit contra Suenonem ²³⁹⁸, post cujus mortem factus est miles ejus. (2. 4.)
*** Schol. 65. Sicut enim prius ²³⁹⁹ diximus (628), Knut, rex Danorum, sororem suam, quae a Richardo comite repudiata est ²⁴⁰⁰, dedit Vlf ²⁴⁰¹ duci suo; ex qua nati sunt Bern ²⁴⁰² dux et ²⁴⁰³ Suein rex. Vlf ²⁴⁰⁴ dux sororem suam Godwino ²⁴⁰⁵, duci Anglorum, copulavit; ex qua nati sunt Suein ²⁴⁰⁶, Tosti ²⁴⁰⁷ et Harold, et ista Gude ²⁴⁰⁸ quam rex Eduard in conjugio ²⁴⁰⁹ habuit. Deinde Suein, filius Godvini ²⁴¹⁰, occidit Bern, filium avunculi sui. Harold ²⁴¹¹ autem, cum esset vir fortissimus, Griphum, Hyberniae regem, decollavit (629). Suein regem Danorum propulit ²⁴¹² ab Anglia ²⁴¹³, ipsumque cognatum et dominum suum, regem Eduardum, pro nichilo habuit. Sequitur vindicta Dei et plaga Nordmannorum et excidium ²⁴¹⁴ Angliae. (2. 3. 4.)

VARIAE LECTIONES.

²³⁵⁸ Nam II. 4. ²³⁵⁹ Haraldus quidem 3. ²³⁶⁰ suo addit 4. ²³⁶¹ est deest 2. 3. 4. ²³⁶² abierat 4. ²³⁶³ praelia in mari c. S. et S. gessit 3. Vocabula in mari voci Sarracenos et in terra voci Scitas (Scythas 4.) superscripta sunt in codd. 1. 4. ²³⁶⁴ c. divitiisque 4. ²³⁶⁵ ergo 4. ²³⁶⁶ esset 2. 3. 4. ²³⁶⁷ suum addit 4. ²³⁶⁸ ut dicitur desunt 4. ²³⁶⁹ pro ducatum 1. ²³⁷⁰ ut mox ut 4. ut mox 3. ²³⁷¹ Arusie 2. Arhusiae 3. Arhusen 5. ²³⁷² ac deest 1. ²³⁷³ Syein igitur 4. S. ergo 5. ²³⁷⁴ et Suein desunt 1. ²³⁷⁵ vertit. Et erat inter S. et H. p. o. 4. ²³⁷⁶ Eo eciam 4. ²³⁷⁷ Eduard 2. 4. Edwardus 3. ²³⁷⁸ Hi 3. 5. ²³⁷⁹ scilicet addit 4. ²³⁸⁰ Bernorem 2. Biorn 3. semper. ²³⁸¹ alium vero 4. ²³⁸² Esbern 2. ²³⁸³ tamen 3. ²³⁸⁴ Cumque 4. ²³⁸⁵ a. 2. 3. 4. ²³⁸⁶ Gamul 4. deest 1. 3. Gamular, quod interpretatur senex 2. 2ᵃ. ²³⁸⁷ christiana 4. ²³⁸⁸ circumivit 3. 5. ²³⁸⁹ Qui 4. ²³⁹⁰ ad 2. 3. 4. ²³⁹¹ G. deest Gamulam 5. ²³⁹² Emundum addit 4. ²³⁹³ ante 4. ²³⁹⁴ Ruzzie 4. de Russia 5. ²³⁹⁵ Gerzlef deest 2. Gerzleph 3. ²³⁹⁶ Ungarorum 3. 5. Salemon 4. ²³⁹⁸ Suein 4. ²³⁹⁹ sicut superius 2. ²⁴⁰⁰ quam a. R. c. repudiatam 4. ²⁴⁰¹ Vlff 3. Wolf 4. Wolff 5. ²⁴⁰² Biorn 3. ²⁴⁰³ Bern dux et desunt 5. ²⁴⁰⁴ Wolf autem 4. ²⁴⁰⁵ Guduwino 4. ²⁴⁰⁶ rex—Suein desunt 5. ²⁴⁰⁷ Toste 3. Tosto 2. ²⁴⁰⁸ Gythe 3. Grande 2. ²⁴⁰⁹ conjugem 3. ²⁴¹⁰ Guduwini 4. Gudewini 5. Godswini 2. ²⁴¹¹ Harald 4. ²⁴¹² pepulit 3. ²⁴¹³ Hyberniae regem propulit ab Anglia Danorum 5. ²⁴¹⁴ excilium 2.

NOTAE.

(620) Haraldus dictus Hardradr.
(621) Conf. Theodoric. monach. c. 25. Snorri Saga af Haralldi Hardrada.
(622) Theodoric. monach. c. 28.
(623) L. II, c. 58; cf. Lappenberg Gesch. von Grossbritt. t. I, p. 479.
(624) Chron. Saxon. et Florent a. 1049.
(625) Nomen inane imperii Lucan. Pharsal. l. v. 389 sq.
(626) De Osmundo, qui grandaevus in Anglia in monasterio Eliensi circa ann. 1070 vita defunctus est. V. Histor. Eliensem l. II, c. 42. V. etiam infra l. III, 70, (IV, 44); l. IV, c. 55, schol. 141.
(627) Jaroslav 1019-1054. Filia ejus Haroldo nupta vocabatur Elisabeth.
(628) L. II, c. 52.
(629) Rectius Griffilt, regem Walliae, quem cum sociis suis Hibernicis superavit Haroldus rex. Decollatum ejus caput a Wallensibus regi Haroldo est oblatum anno 1064; v. Lappenberg Gesch. v. Grossbr. t. I, p. 519 et 523.

corruperit. Quorum ille praesentia territus, solitis ut missis ad archiepiscopum legatis, episcopum suum populum regendique impulit ²⁴¹³ dolis, ut legati repellerentur, quasi non habentes sygillum apostolici. Et illi ²⁴¹⁴ quidem ibant gaudentes a conspectu concilii, quoniam digni habiti sunt pro nomine Jesu contumeliam pati (*Act.* v, 41). Erant autem legati fratres Bremensis ecclesiae, quorum potissimus ²⁴¹⁷ fuit Adalwardus ²⁴¹⁸ senior ²⁴¹⁹, olim nostri claustri decanus, verum tunc ²⁴²⁰ Sueonum genti ordinatus episcopus (630). ([16.] Cap. 133.) De cujus viri virtutibus multa possent dici, nisi properaremus ad alia. Legatos ²⁴²¹ igitur ²⁴²² tali modo a Sueonibus repulsos ²⁴²³ fertur ²⁴²⁴ quidam nepos an ²⁴²⁵ privignus regis, ignoro, prosecutus ²⁴²⁶ esse ²⁴²⁷, cum lacrimis suppliciter se commendans orationibus eorum. Nomen ei Stinkil ²⁴²⁸ erat: is solus misericordia motus super fratres, optulit eis munera, transmisitque eos per montana Suedorum salvos ²⁴²⁹ usque ad sanctissimam Gunhild " [vel Giuthe ²⁴³⁰] reginam, quae a rege Danorum pro consanguinitate separata, in praediis suis trans Daniam commorata est, hospitalitati elemosinisque vacans, et ceteris operibus sanctitatis insistens. Ea ²⁴³¹ legatos cum ingenti honore (631) quasi a Deo missos recipiens, magna per eos xenia ²⁴³² misit archiepiscopo.

15. ([17.] Cap. 134.) Interea Sueones, qui episcopum suum repulerunt ²⁴³³, divina ultio secuta ²⁴³⁴ est. Et primo quidem filius regis nomine Anund ²⁴³⁵, a patre missus ad dilatandum ²⁴³⁶ imperium, cum in patriam feminarum pervenisset ²⁴³⁷ quas nos arbitramur Amazonas esse ²⁴³⁸ (632), veneno, quod illae ²⁴³⁹ fontibus immiscuerunt, tam ipse ²⁴⁴⁰ quam exercitus ejus perierunt. Deinde cum aliis cladibus tanta siccitas et frugum sterilitas Sueones afflixit,

ut missis ad archiepiscopum legatis, episcopum suum reposcerent, cum satisfactione fidem gentis pollicentes. Gavisus igitur ²⁴⁴¹ pontifex, petenti gregi volentem dedit ²⁴⁴² pastorem. Qui deinde ²⁴⁴³ perveniens in Sueoniam, tanta omnium alacritate suscipi meruit, ut gentem Wirmilanorum ²⁴⁴⁴ (633) integram Christo lucratus, etiam miracula virtutum in populo fecisse dicatur. Eodem tempore mortuus est rex Sueonum Emund, post quem levatur in regnum nepos ejus ²⁴⁴⁵ Stinkel ²⁴⁴⁶, de quo supra diximus ". Qui fidelis erat domino Jesu Christo, et de religione ejus ²⁴⁴⁷ testimonium perhibebant omnes fratres nostri ²⁴⁴⁸, qui eas partes adierant. Haec de Sueonibus suo tempore gesta domnus ²⁴⁴⁹ Adalbertus archiepiscopus amplifico ²⁴⁵⁰ sermone ut solebat ²⁴⁵¹, omnia describens, etiam visionem quandam episcopi Adalwardi ²⁴⁵², qua monitus est, ut evangelizandi gratia pergere non tardaret, curavit adnectere.

16. ([18.] Cap. 135.) In Nortmannia ²⁴⁵³ quoque res magnae gestae ²⁴⁵⁴ sunt illo tempore, quo rex Haraldus ²⁴⁵⁵ crudelitate sua omnes tyrannorum excessit furores. Multae ²⁴⁵⁶ ecclesiae per illum virum ²⁴⁵⁷ dirutae, multi Christiani ab illo ²⁴⁵⁸ per supplicia sunt ²⁴⁵⁹ necati. Erat ²⁴⁶⁰ vir potens et clarus victoriis, qui prius in Graecia et in ²⁴⁶¹ Scythiae regionibus multa contra barbaros praelia confecit ²⁴⁶² (634). Postquam vero in patriam venit, nunquam quietus fuit a bellis, fulmen septentrionis, fatale malum ²⁴⁶³ omnibus Danorum insulis (635). Ille vir omnes Sclavorum maritimas regiones depraedavit; ille Orchadas insulas suae ditioni subjecit; ille cruentum imperium usque ad Island ²⁴⁶⁴ extendit. Itaque multis imperans nationibus, propter avaritiam et crudelitatem suam omnibus erat invisus (636). Serviebat

SCHOLIA.

* *Schol.* 66. Illo egresso Bremense claustrum regula, disciplina fratrum et concordia defecit, acephalis omnia turbantibus (4.)
* *Schol.* 67. Alia erat Gunhild, relicta Anundi ²⁴⁶⁵ alia Gude ²⁴⁶⁶, quam Thore interfecit. (2. 3. 4.)
*** *Schol.* 68. Adalwardus episcopus ²⁴⁶⁷ a rege Haroldo invitatus venit in Nordmanniam, ²⁴⁶⁸ ibique corpus cujusdam viri, qui ante 60 ²⁴⁶⁹ annos defunctus est, nec omnino putrescere potuit, facta absolutione reconciliationis, mox in pulverem redegit. Erat enim ille homo quondam a Libentio archiepiscopo propter piraticam excommunicatus, ut ipsi per visionem revelatum ²⁴⁷⁰ est Adalwardo ²⁴⁷¹. (2. 4.)

VARIAE LECTIONES.

²⁴¹³ pulit 1. ²⁴¹⁶ Ille 3. ²⁴¹⁷ potentissimus 1. ²⁴¹⁸ Adelwaldus *M. F.* ²⁴¹⁹ senior *superscriptum in* cod. 1. Omnino deest 2. *M. F.* ²⁴²⁰ tum *M. F.* ²⁴²¹ Legatis 1. ²⁴²² nostros *addit* 4. ²⁴²³ repulsis 1. ²⁴²⁴ fertur *deest* 4. ²⁴²⁵ ac 1. ²⁴²⁶ persecutus 3. ²⁴²⁷ eos 4. ²⁴²⁸ Steinkel. 2. Steinkil 4. Stenkeil 3. ²⁴²⁹ salvosque 1. ²⁴³⁰ Gunhild vel *desunt* 2. 4. vel Giuthe *desunt* 1. Gude 2. 4. ²⁴³¹ Que 4. ²⁴³² exenia 2. ²⁴³³ repulerant 4. ²⁴³⁴ subsequuta 4. ²⁴³⁵ Et primo — Anund *desunt* 1. Anundus 2. Amund 3. ²⁴³⁶ ut dilataret 4. ²⁴³⁷ pervenissent 1. ²⁴³⁸ A. esse dicimus 2. 3. A. dicimus 4. A. vocamus 5. ²⁴³⁹ illae *deest* 1. illic 3. ²⁴⁴⁰ ille 1. ²⁴⁴¹ ergo 4. ²⁴⁴² g. Adalwardum prefecit 2. 3. 4. ²⁴⁴³ deinde *deest* 3. 4. ²⁴⁴⁴ Wimilanorum 1. Wirml. 2. Virnil. 3, 4. Wirnil. 5. vel Scrithefinnorum *addit* 2. et Scritisngorum 4. ²⁴⁴⁵ nepos ejus *desunt* 3. ²⁴⁴⁶ Steinkel 2. 3. 4. ²⁴⁴⁷ de cujus religione 4. ²⁴⁴⁸ nostri *deest* 4. ²⁴⁴⁹ domnus *deest* 4. ²⁴⁵⁰ amplico 1. ²⁴⁵¹ ut solebat *desunt* 4. ²⁴⁵² etiam — Adalwardi *desunt* 3. ²⁴⁵³ Nordwegia 2. 4. Norvegia 3. ²⁴⁵⁴ gestae *deest* 1. ²⁴⁵⁵ Haroldus 2. 4. ²⁴⁵⁶ enim *addit* 4. ²⁴⁵⁷ unum 3. ²⁴⁵⁸ per cum 3. ²⁴⁵⁹ sunt *deest* 1. ²⁴⁶⁰ autem *addunt* 2. 3. 4. ²⁴⁶¹ in *deest* 4. ²⁴⁶² exercuit 4. ²⁴⁶³ magnum 1. ²⁴⁶⁴ usque in Island suum 4. ²⁴⁶⁵ Anundi 2. 3. ²⁴⁶⁶ Gaude 2. 3. Gythe 3. ²⁴⁶⁷ episcopus *deest* 2. ²⁴⁶⁸ Nordwegiam 2. ²⁴⁶⁹ XL 3. ²⁴⁷⁰ revelatus 3. ²⁴⁷¹ ab Adalwardo 4.

NOTAE.

(630) Sc. Gothorum. V. infra l. iv, c. 23.
(631) *Cum ingenti honore.* Ita et l. iv, c. 33.
(632) Vide infra l. iv, c. 19.
(633) Waermeland.
(634) Vide supra cap. 12.

(635) Lucan. Pharsal. l. x, v. 34. de Alexandro Magno :
  Terrarum *feta'e malum fulmenque*, quod omnes
  Percuteret pariter populos. . . .
(636) *Invisus omnibus.* Sall. Catil. c. 47.

etiam maleficis artibus, non attendens miser, quod sanctissimus germanus ejus talia monstra eradicavit a regno (637), pro amplectenda norma Christianitatis certans usque ad sanguinem ^{2472}. Cuj s egregi a merita testantur haec miracula, quae cotidie fiunt ad sepulcrum regis in civit te Throndemis ^{2473}. [19.] Videbat haec ille derelictus a Deo, nichilque compunctus, oblationes quoque ac tesauros, qui summa fidelium devotione collati sunt ad tumulum fratris, ipse Haroldus unca manu (638) corradens ^{2474}, militibus dispersit. Pro quibus causis archiepiscopus zelo Dei tactus, legatos suos direxit ad eundem regem, tyrannicas praesumptiones ^{2475} ejus litteris ^{2476} increpans, spetialiter vero admonens de oblationibus, quas non liceret in usum cedere laicorum, et de episcopis suis ^{2477}, quos in Gallia vel in Anglia contra fas ordinare fecerat ^{2479} se contempto, per quem auctoritate sedis apostolicae deberent juste ordinari ^{2480}. Ad haec mandata commotus ad iram tyrannus, legatos ^{2482} pontificis spretos abire praecepit, clamitans ^{2483}, se nescire quis sit archiepiscopus aut potens in Norvegia ^{2484}, nisi solus Haroldus. Et alia plurima deinde fecit et dixit, quae superbiae ejus proximam intentabant ^{2485} ruinam (639). Nam et papa Alexander confestim, missis ad eundem regem litteris", praecepit, ut tam ipse quam episcopi sui vicario sedis apostolicae dignam subjectionis exhibeant ^{2486} reverentiam.

17. ([20.] Cap. 176.) His apud Nortmanniam gestis, magnopere studuit archiepiscopus, ut regi Danorum conciliaretur, quem prius offensum habuit in repudio consobrinae. Scivit enim, si talem virum (640) ad se colligeret, leviorem sibi ad cetera, quae in animo gessit (641), introitum fore. Mox igitur mediante gratia largitatis, quam in omnes habuit, venit in ^{2487} Sliaswig, ubi facile notus et reconciliatus superbo regi, muneribus atque conviviis certavit archiepiscopalem potentiam regalibus anteferre diviciis. Denique, sicut mos est inter barbaros, ad confirmandum pactum federis opulentum ^{2488} convivium habetur ^{2489} vicissim per octo dies. De multis rebus ecclesiasticis ibi disponitur ^{2490}, de pace Christianorum, de ^{2491} conversione paganorum ibi consultur. Ita pontifex cum gaudio domum reversus, pervasit caesari (642), ut evocatus rex Danorum in Saxoniam, uterque ^{2492} alteri perpetuam juraret amicitiam ^{2493}. Cujus federis ^{2494} beneficio multum lucri suscepit nostra ecclesia, et legatio boreatum nationum, cooperante ^{2495} Suein rege ^{2496}, prosperis semper aucta est incrementis.

18. ([21.] Cap. 137.) Trans Albiam vero et in Selavania res nostrae adhuc magna gerebantur prosperitate. Godescalcus enim, de quo supra dictum est, vir prudentia et fortitudine praedicandus, accepta in uxorem filia regis Danorum, Sclavos ita perdomuit, ut eum quasi regem timerent, tributa

SCHOLIA.

Schol. 69. Haroldus rex ab illo die direxit episcopos suos in Galliam, multos etiam venientes ab Anglia suscepit. Quorum unus fuit Asgoth ^{2497} quem redeuntem ab urbe apostolorum comprehendi jussit archiepiscopus, acceptoque fidelitatis sacramento, dimisit ^{2498} abire donatum. (2. 3. 4.)

**Schol.* 70. ^{2499} « Alexander episcopus, servus servorum Dei, Haroldo, regi Nordmannorum, salutem et
« apostolicam benedictionem. Quia adhuc rudes in fide existitis ^{2500}, et in ecclesiastica disci-
« plina quodammodo claudicatis, oportet nos, cui totius Ecclesiae commissum est regimen,
« divinis admonitionibus vos frequentius visitare. Sed ^{2501} quia ob longarum difficultatem
« viarum per nos hoc ^{2502} agere minime valemus, sciatis nos Adalberto, Hammaburgensi
« archiepiscopo, vicario nostro, haec omnia firmiter commisisse. Praedictus itaque venerabilis archiepiscopus et ^{2503} legatus noster suis nobis conquestus est epistolis, quod episcopi
« vestrae ^{2504} provinciae aut non sunt consecrati, aut data pecunia contra Romana privilegia,
« quae suae ecclesiae sibique data sunt, in Anglia vel in Gallia pessime sunt ordinati. Unde
« ex auctoritate apostolorum Petri et Pauli vos ^{2505} admonemus ^{2506}, ut sicut apostolicae
« sedi reverentiam subjectionis debetis exhibere, ita praefato ^{2507} venerabili archiepiscopo,
« vicario nostro et vice nostra fungenti, vos vestrique episcopi impendatis. » Et reliqua.
(2. 3. 4.)

VARIAE LECTIONES.

^{2472} mortem 4. *cui superscripta est rex*: sanguinem. ^{2473} Throndempnis 4. Throndemis 3. Thrundhem 2. ^{2474} corrodens 4. 5. Gythe 3. ^{2475} praesumptionis 4. ^{2476} suis *addit* 4. ^{2477} suis *deest* 4. ^{2478} in *deest* 5. ^{2479} fecit ordinari 2. 3. 4. ^{2480} jure consecrari deberent 4. ^{2481} in 4. ^{2482} suos *add.* 1. ^{2483} dicens 4. ^{2484} Nordwegia 2. 4. ^{2485} intendebant 3. ^{2486} exhiberent 4. ^{2487} in *deest* 4. ^{2488} opulentum *deest* 4. ^{2489} habebatur 4. ^{2490} dispositam 2 dispositis 4. ^{2491} et 4. ^{2492} *deest* 5. ^{2493} perpetua eos se curaret amicicia 4. ^{2494} confederationis 4. ^{2495} quo *addunt* 2. 4. ^{2496} regis 4. ^{2497} Asgot 4 Asgorus 2. ^{2498} divisit 2. *Hoc scholion apud Velleum legitur in fine textus cap.* 20. ^{2499} *Hoc scholion in cod.* 4. *textui insertum legitur, praemissis verbis*: Et ecce rescriptum litterarum *post verba*: subjectionis reverentiam. ^{2500} in f r. extitistis 5 ^{2501} Et 3. ^{2502} per hoc nos 2. ^{2503} et *deest* 3. 4. ^{2504} nostrae 5. ^{2505} nos 3. ^{2506} a monemus 4. ^{2507} praefata *deest* 3.

NOTAE.

(637) V. supra l. II, c. 53.
(638) *Unca manus saepius dictae* Virgilio Georg. l. II. v. 365: Aen. l. III, v. 217; l. VI. v. 360.
(639) D Haraldi regis morte v. infra c. 51.
(640) *Ad se colligere*, Germanismus : an sich knüpfen, sich verbinden.
(641) *Gerere in animo*, Germanismus, im Sinne führen.
(642) Sc. Heinrico III. Haec referenda videntur ad annum 1048 sive 1049. Conf. Florent. Wigorn. a. 1049 : Sueinus etiam, *rex Danorum ut imperator illi mandaret, cum sua classe ibi esset* (sc. in expeditione contra Balduinum, comitem Flandrensium), *et ea vice fidelitatem imperatori juravit.*

offerentes [2508] et pacem cum subjectione petentes [2509]. Qua temporis occasione nostra Hammaburg pacem habuit et Sclavania sacerdotibus eccl siisque plena fuit. Godescalcus igitur, vir religiosus, ac timens Deum, archiepiscopo etiam familiaris, Hammaburg ut matrem colebat. Ad quam solvendorum causa votorum solitus erat frequenter venire. In Sclavania citeriori [2510] nemo unquam surrexit potentior et tam fervidus Christianae religionis propagator. Etenim si vita ei longior concederetur, omnes paganos ad [2511] Christianitatem cogere disposuit, cum fere terciam partem converteret eorum, qui prius sub avo ejus [Mistiwoi [2512]] relapsi sunt ad paganitatem*.

19. ([22.] Cap. 158.) Igitur omnes populi Sclavorum, qui ad Hammaburgensem respiciunt dyocesim, sub illo [2513] principe Christianam fidem coluerunt [2514] devote [2515], hoc est Waigri [2516] Obodriti vel Reregi [2517] vel [2518] Polabingi, item Linoges [2519], Warnabi, Chizzini [2520] et Circipani, usque ad** Panem [2520*] fluvium [2521], quem nostrae privilegia ecclesiae vocant Penea. Provinciae jam plenae erant ecclesiis, ecclesiae autem sacerdotibus; sacerdotes vero libere agebant in his quae ad Deum pertinent [2522]. Quorum mediastinus [2523], princeps Gotescalcus, dicitur tanto religionis arsisse [2524] studio, ut oblitus ordinis sui, frequenter in ecclesia sermonem exhortationis ad populum fecerit, ea, quae mystice ab episcopis dicebantur vel [2525] presbyteris [2526], ipse [2527] cupiens Sclavanicis verbis reddere planiora. Insufficiens erat numerus eorum qui cuti ne [?] convertebantur [2528], adeo ut pro sacerdotibus in totas (645) mitteretur provincias. Tunc etiam [2529] A per singulas urbes coenobia fiebant sanctorum virorum canonice viventium, item monachorum atque sanctimonialium, sicut testantur hii, qui in Lubice [2530], Aldinburg, Lentio [2531], Razzispurg [2532], et in aliis civitatibus singulas viderunt. In Magnopoli vero, quae est civitas inclita [2533] Obodritorum, tres fuisse congregationes Deo servientium referunt [2534].

20. ([23.] Cap. 159.) Gratulabatur [2535] archiepiscopus de novella plantatione ecclesiarum, misitque de suis episcopis et presbyteris viros ad principem sapientes, qui rudes in Christianitate populos confortarent. Ordinavit autem in Aldinburg, defuncto Abhelino [2536], monachum Ezzonem [2537], Johannem Scotum constituit [2538] in Magnopolim [2539]; in Razzisburg esse disposuit Aristonem quendam ab Iherosolimis venientem (644), et alios alibi. Praeterea cum B ipse veniret in Hammaburg, eundem Gotescalcum principem invitavit [2540] ad colloquium, magnopere illum [2541] exhortans, ut inceptum pro Christo laborem constanter ad finem perducat, victoriam illi pollicens affuturam in omnibus, postremo, si quid patiatur adversitatis pro nomine Christi, beatum fore; multa [2542] illi de conversione paganorum in coelo reposita praemia, multas [2543] coronas de singulorum salute venturas. Eisdem verbis et ad idem studium hortabatur metropolitanus regem Danorum qui ad eum juxta Egdoram [2544] fluvium consistentem multociens venit, omnia quae de scripturis ab illo proferebantur, subtiliter notans memoriterque retinens, excepto quod de gula et mulieribus, quae C vitia naturalia sunt illis gentibus, persuaderi non potuit; a cetera [2545] omnia pontifici rex fuit obediens et moriger [2546]. ***

SCHOLIA.

* Schol. 71. Fama est eo tempore duos monachos a Boemiae saltibus in civitatem Rethre [2517] venisse ubi dum verbum Dei publice annunciarent [2548], concilio paganorum, sicut ipsi desideraverunt diversis primo suppliciis exanimati [2549], ad ultimum pro Christo decollati sunt. Quorum quidem nomina hominibus incognita, ut veraciter credimus, in coelo scripta sunt. (2. 3. 4.)

** Schol. 72. In ostio Peanis [2550] fluvii civitas maxima est, quae Dimine vocatur; ibi est terminus Hammaburgensis parrochiae. (2. 4.)

*** Schol. 73. Clarissimus rex Danorum sola mulierum incontinentia laboravit, non tamen sponte, ut arbitrar [2551], sed vitio gentis. Nec tamen [2552] illi mala defuit ultio, quia una [2553] ex concubinis ejus [2554], Thore nomine, legitimam ipsius [2555] reginam Gude veneno extinxit. Cumque rex Suein filium Thore, Magnum vocabulo, Romam transmitteret, ut ubi consecraretur ad re-

VARIAE LECTIONES.

[2508] t montes tributum offerrent 4. [2509] peterent 4. [2510] ulteriori 2. 3. 4. [2511] propagator — ad desunt 1. [2512] Mistiwoi deest 1. In margine codicis 2. hic notatur: Godescalcus fuit gener regis Danorum. [2513] illo devote 4. illo devoto 5. [2514] coluerant 5. [2515] devote deest 4. [2516] et deest 4. [2517] Obodriti vel Ker gi 5. [2518] et 4. [2519] Lingones M. F. [2520] Chizzini 4. Chizini 5. sem er. [2520*] Peanem 2. semper. Peanum 3. 5. [2521] fiet 1. [2522] pertinebant 4. [2523] industrius 5. [2524] Godescalcus t. r. exarsit 4. [2525] et 4. [2526] sacerdotibus 5. [2527] ipse deest 4. [2528] ad Dominum addit 4. [2529] enim 5. [2530] Liubice 5. Lybekke 2. Lybichi 5. [2531] Leentio 3. 4. [2532] Razisburg 2. 3. 5. sem er. Razispurg 4. [2533] in lita deest 2. 3. 4. [2534] referuntur 2. 3. Helmold. l. I. c. 20. Deo s. dicuntur f. c. 4. [2535] ergo addit 4. [2536] Abelino 3. 4. Abbelino 2. [2537] Etzonem 2. 3. Ezonem 4. [2538] instituit 5. [2539] Magnopoli 4. Magnopoli 5. [2540] invitavit deest M F. [2541] illum deest 4. [2542] multaque 4. [2543] multas etiam 4. [2544] Egdoram 4. [2545] vero add. 4. [2546] pontifici erat obediens 4. [2547] Retre 2. [2548] praedicarent 4. [2549] examinati 4. [2550] Peani 5. [2551] sp. ut a. sponte 4. [2552] tunc 5. [2553] una deest 5. [2554] ejus deest 2. [2555] ipsius deest 2. ipsis M. F.

NOTAE.

(645) Totus, id est omnes, veluti infra l. IV, c. 28. Gallice tout.

(644) Episcopi in Razesburg meminit charta regis Heinrici IV ann. 1062, apud Dümge Regesta Bavariensia p. 109, Hamburger Urkundenbuch p. 90. Conf. infra cap. 52 et c. 70. (IV, c. 43), ubi et vide de Joanne Scoto.

21. ([24.] Cap. 140.) Per idem tempus in Sclavania res maximae gestae sunt, quae posteris ad gloriam Dei non sunt reticendae, quoniam *Deus ultionum libere* ²⁵⁵⁶ *egit, reddens retributionem superbis* (*Psal.* xcIII, 1). Itaque ²⁵⁵⁷ cum multi sint Winulorum ²⁵⁵⁸ populi fortitudine celebres, soli quatuor sunt, qui ab illis Wilzi, a nobis ²⁵⁵⁹ dicuntur Leutici ²⁵⁶⁰, inter quos de nobilitate potentiaque contenditur. Hii sunt scilicet Chizzini et Circipani, qui habitant citra Panim flavium, Tholosantes et Retheri ²⁵⁶¹, qui ²⁵⁶² ultra Panim degunt (645). Cumque lis perveniret ²⁵⁶³ ad bellum, Tholosantes et Retheri, quamvis auxilio Chizzinos ²⁵⁶⁴ haberent, nichilominus victi sunt a Circipanis. Iterum ²⁵⁶⁵ instauratum ²⁵⁶⁶ est praelium et contriti sunt Rederi ²⁵⁶⁷ : temptatum est tertio et Circipani victores abierunt. Tunc illi, qui victi sunt ²⁵⁶⁸, principem Godescalcum ducemque Bernardum et regem Danorum accitos in auxiliumsuper hostes duxerunt, ingentemque trium regum ²⁵⁶⁹ exercitum suis nutrierunt stipendiis per septem ebdomadas, Circipanis viriliter repugnantibus. Multa ²⁵⁷⁰ milia paganorum hinc inde prostrati sunt, plures abducti in captivitatem. Tandem Circipani²⁵⁷¹ 15 milia ²⁵⁷² talenta regibus offerentes, pacem a lepti ²⁵⁷³ sunt. Nostri cum triumpho redierunt ²⁵⁷⁴, de Christianitate nullus sermo, victores tantum ²⁵⁷⁵ praedae intenti ²⁵⁷⁶ (646). Haec est virtus Circipanorum, qui pertinent ad Hammaburgensem episcopatum ²⁵⁷⁷. Quidam nobilis homo de Nordalbingis narravit mihi haec et alia veraciter ita gesta esse ²⁵⁷⁸.

22. ([25.] Cap. 141.) Audivi etiam, cum veracissimus rex Danorum sermocinando eadem replicaret, populos Sclavorum jamdudum procul dubio facile converti posse ²⁵⁷⁹ ad Christianitatem, nisi obstitisset avaricia Saxonum : *Quibus*, inquit, *mens pronior est ad pensionem* ²⁵⁸⁰ *vectigalium, quam ad conversionem gentilium*. Nec attendunt miseri, quam magnum ²⁵⁸¹ periculum suae cupiditatis luant (647), qui Christianitatem in Sclavania primo per avariciam turbabant ²⁵⁸², deinde per crudelitatem subjectos ad rebellandum coegerunt, et nunc salutem corum, qui vellent credere, pecuniam solam exigendo contemnunt. Ergo justo Dei judicio videmus eos praevalere super nos, qui permissu Dei ad hoc indurati sunt, ut per illos nostra flagelletur iniquitas'. Nam revera, sicut peccantes superari videmur ²⁵⁸³ ab hostibus, ita conversi victores hostium erimus; a quibus, si tantum fidem posceremus, et illi jam salvi essent et nos certe essemus in pace.

23. ([26.] Cap. 142.) Haec dum forinsecus in legatione gentium ecclesiae nostrae ministerio gererentur, domnus metropolitanus Adalbertus, adhuc bonis intentus studiis, vigilanter et magnopere providit, ne sua quapiam negligentia pastorale officium minus habere videretur, in ea scilicet, qua gloriatur apostolus, sollicitudine (*II Cor.* vII, 12) omnium ecclesiarum. Itaque domi forisque clarus, taliter se gessit, ut par divitum majorque magnatum ²⁵⁸⁴, nichilominus pater orphanorum judexque viduarum (648) esse certaret ²⁵⁸⁵, talem curam habens omnium, ut necessitatibus etiam minimorum ²⁵⁸⁶ sollertissimus provisor adesset. Cumque terrenis gravatus negotiis et ²⁵⁸⁷ spiritalia ²⁵⁸⁸ mox languescere cogeretur, in sola gentium legatione permansit integer officii et sine querela, et talis, qualem et tempora et mores hominum mallent habere. Ita affabilis, ita largus, ita hospitalis ²⁵⁸⁹, ita cupidus divinae pariter et ²⁵⁹⁰ humanae gloriae, ut parvula Brema, ex illius virtute instar Romae divulgata, ab omnibus terrarum partibus devote peteretur, maxime ab omnibus aquilonis ²⁵⁹¹ populis. Inter quos extremi ²⁵⁹² venerant Islani, Gronlani et Orchadum ²⁵⁹³ legati ²⁵⁹⁴, petentes ut praedicatores illuc ²⁵⁹⁵ dirigeret; quod et fecit.

24. (Cap. 143.) In diebus illis Wal ²⁵⁹⁶, Danorum episcopus (649), migravit e seculo. Cujus diocesim rex Suein in quatuor episcopatus distribuens, praebente ²⁵⁹⁷ suam auctoritatem metropolitano singulis

SCHOLIA.

gnum ²⁵⁹⁸, infelix puer in via defunctus est, post quem mater impia non suscepit alium filium. (2. 4.)

* *Schol. 74.* Dicit enim scriptura Pharaoni : *Quia in hoc ipsum* ²⁵⁹⁹ *excitavi te, ut ostendam virtutem meam in te, et glorificetur nomen meum in gentibus. Ergo cujus* ²⁶⁰⁰ *vult miseretur Deus, et quem vult indurat* (Rom. IX, 18). (2. 4.)

VARIAE LECTIONES.

²⁵⁵⁶ ultionem liberi 3. ²⁵⁵⁷ igitur 4. ²⁵⁵⁸ Winnulorum 2. Vinulorum 3. ²⁵⁵⁹ vero *addit* 4. ²⁵⁶⁰ Leutici¹ 2. 3. 4. ²⁵⁶¹ Rheteri 5. ²⁵⁶² quia 3. ²⁵⁶³ pervenisset 4. ²⁵⁶⁴ Chizzini 4. ²⁵⁶⁵ Iterumque 4. ²⁵⁶⁶ restauratum 3. ²⁵⁶⁷ Rheteri 2. 3. 4. ²⁵⁶⁸ Tunc q. v. fuerant 4. ²⁵⁶⁹ principum 4. ²⁵⁷⁰ Multa itaque 4. ²⁵⁷¹ Circipanis 4. ²⁵⁷² milia *deest* 3. quinque milia 2. ²⁵⁷³ indepti 5. indempti 2. 4. ²⁵⁷⁴ Nostris ergo c. t. redeuntibus 4. ²⁵⁷⁵ tanto 4. ²⁵⁷⁶ sermo erat victoribus t. p. intentis 4. ²⁵⁷⁷ episcopum 3. ²⁵⁷⁸ Quidam — esse *desunt* 4. ²⁵⁷⁹ posse *deest* 3. ²⁵⁸⁰ pensiones 2. 3. 4. ²⁵⁸¹ quantum 4. ²⁵⁸² turbaverunt 4. ²⁵⁸³ videmus 2. 3. 5. ²⁵⁸⁴ magnatum 2. 3. 4. ²⁵⁸⁵ videretur 4. ²⁵⁸⁶ inimicorum 3. ²⁵⁸⁷ et *deest* 2. 3. 4. ²⁵⁸⁸ spiritualia 3. ²⁵⁸⁹ ita jocundus *addit* 4. ²⁵⁹⁰ ac 2. 3. 4. ²⁵⁹¹ ab aquilonaribus 4. ²⁵⁹² deest 4. ²⁵⁹³ Orcadum 2. ²⁵⁹⁴ Islani, G. et O. l. venerunt 4. ²⁵⁹⁵ ut eis predic. dir. 4. ²⁵⁹⁶ Wal *deest* 3. Walo 2. Wall 5. ²⁵⁹⁷ praesentante 2. 3. 4. ²⁵⁹⁸ in regem 4. ²⁵⁹⁹ ipso 4. ²⁶⁰⁰ cui 4.

NOTAE.

(645) Scholasticus Bremensis rectius dixisset Chizzinos et Circipanos habitare ultra sive trans Panim, Tholosantes vero et Retheros cis Panim.
(646) Conf. Helmold. l. 1, c. 21.

(647) Sic pro *periculum incurrere*.
(648) *Judex viduarum*, hoc est justum eis procurans judicium. V. Deuteronom. c. x, v. 18.
(649) Sc. Ripensis, v. supra l. II, c. 70.

suos intronizavit episcopos (650). Tunc etiam [2601] pontifex noster in Suigiam [2602] vel [2603] Norvegiam [2604] et in [2605] insulas maris ad messem Dominicam operarios misit. De quorum ordinatione singulorum habundantius dicetur in fine (651).

25. [2606] ([27.] Cap. 144.) Tocius itaque [2607] parrochiæ suæ diligentissimam adhibens provisionem metropolem Hammaburg in principio leticiæ [2608] posuit archiepiscopus, fecundissimam gentium [2609] matrem illam appellans, omnique devotionis officio venerandam, protestatus [2610], ei tanto majorem offerri debere consolationem, quanto majori plaga et propioribus insidiis et tam longiturna [2611] paganorum infestatione cribraretur (652). Ergo accepta pace temporum, dum sæpe meditatus est Hammaburgensem munire simulque ornare toparchiam [2612], quoddam utile opus inchoare [2613] contra incursus barbaricos, in quo et populus et ecclesia [2614] Nordalbingorum perhenne haberent [2615] præsidium. Igitur cum provincia Sturmariorum, in qua Hammaburg sita est, tota in planitiem campi descendat, ex ea [2616]_17 parte qua Sclavos attingit, neque mons, neque flumen est in medio, quod incolis munimentum [2618] præstet, absque silvis passim occurrentibus, quarum latebris protecti hostes, incertis aliquando excursibus repentini superveniunt, nostrosque securos et nil minus cogitantes [2619] vel perimunt, vel quod eis [2620] morte [2621] gravius est, captivos abducunt [2622] (653). Solus mons in ea regione prominet juxta Albiam, longo in occasum dorso protentus [2623], quem incolæ Sollonberg [2624] vocant (654). Eum [2625] pontifex oportunum arbitrans [2626], in quo [2627] firmaretur castellum, quod genti præsidio foret, statim silvam quæ montis verticem obtexit, exscindi [2628] mundarique [2629] locum præcepit. Itaque multis inpensis multoque [2630] sudore hominum voti compos effectus, montem asperum fecit habitabilem. Ubi præposituram consti-

A tuens, disposuit congregationem facere Deo servientium*, quæ mox conversa est in turmam latronum. Ex illo enim castro nostri quidam populares in circuitu, quos ad tuendum [2631] positi sunt, deprædari et [2632] persequi cœperunt. Ideoque locus ille postea tumultu comprovintialium destructus est; populus vero Nordalbingorum excommunicatus [2633]. Compertum est nobis (655) in gratiam ducis factum hoc, qui more solito felicibus ecclesiæ actibus invidebat.

26. ([28.] Cap. 145.) Nam et dux eo tempore, relicto veteri castello Hammaburg, novum quoddam præsidium sibi suisque fundavit (656), infra [2634] Albiam flumen et rivum, qui Alstra vocatur. Ita nimirum cordibus [2635] vel mansionibus ab [2636] invicem divisis, dux novum, archiepiscopus vetus coluit op-

B pidum. Diligebat sane pontifex eum locum sicut omnes [2637] prædecessores sui, eo quod metropolis sedes fuerit omnium septentrionalium nationum, et caput [2638] suæ parrochiæ. Ideoque dum adhuc pax fuit trans Albiam, omnes fere sollempnitates paschæ ac pentecostes [2639] itemque Dei matris ibi celebrare voluit, collecto ex singulis congregationibus maximo cleri numero, præcipue his, qui vocalitate sua populos mulcere poterant. Et tunc plenario gaudens ordine ministrorum, omnia divinæ servitutis (657) officia cum magna jussit reverentia compleri et gloria etiam exteriori. [29.] Cui nimirum gloriæ tantum ipse indulsit**, ut jam non Latino more vellet ecclesiastica obire mysteria, sed nescio qua Romanorum sive Græcorum consuetudine fultus, per tres missas, ubi astitit [2640], duodecim modulari officia præcepit;

C omnia magna quærens, omnia mirabilia, omnia gloriosa in divinis et humanis [2641], et propterea dicitur fumo delectatus aromatum et fulguratione luminum et tonitruis alte boantium vocum. Quæ omnia traxit a lectione Veteris Testamenti, ubi majestas Domini apparuit in monte Synai. Et alia

SCHOLIA.

* Schol. 75. Ibique locavit caput sancti Secundini, qui unus ex legione Thebeorum ducum fuisse legitur [2642], cujus patrocinia metropolitanus suscepit in Italia, largiente quodam [2643] episcopo Taurinensi. (2. 4.)

** Schol. 76. Difficile est [2644], ut laudabiliter viventem laus humana non capiat. Leo papa. (2. 4.)

VARIÆ LECTIONES.

[2601] etiam deest 3. Quo eciam tempore 4. [2602] Swigiam 5. Sweoniam 2. Suediam 3. [2603] et 5. [2604] Norvagiam 3. Nordwegiam 2. 4. [2605] in deest M. F. [2606] In codice 2. margini apposita sunt verba: Anno pontificatus sui XVIII. quæ cod. 4. in textum recepit. Male: constat quippe præposituram in Sullonberg jam prius ab Adalberto fundatam esse. Hæc omnia gesta esse tempore Leonis IX et Henrici III. ex sequentibus apparet. Scribendum fortasse fuit: Anno pontificatus sui Ulto. [2607] itaque deest 4. [2608] suæ addit 4. [2609] gentium deest 3. [2610] est addunt 2. 3. [2611] et diuturniori 3. [2612] parochiam 3. [2613] inchoavit 2. 3. 4. [2614] populus et ecclesiæ 5. [2615] haberent 5. [2616]_17 ea deest 2. 3. 4. [2618] munimen 5. [2619] nil mali suspicantes 4. [2620] cis deest 4. [2621] morte deest 3. [2622] adducunt 4. [2623] protentus 4. [2624] Solonberg 2. 3. Sullenberg 4. [2625] Quem 4. [2626] arbitratus 2. 4. [2627] ut in eo 4. [2628] excidi 4. [2629] nudarique 5. [2630] que deest 1. [2631] ad quos tuendos 4. [2632] ac 4. [2633] est addit 1. [2634] intra 5. [2635] cortibus 5. [2636] ad 3. [2637] omnes deest 3. [2638] capud 4. [2639] penthecosten 1. [2640] missas, quibus astitit, ubicunque esset 2. 3. 4. [2641] rebus addunt. M. F. [2642] S. Secundini, Thebeorum ducis 4. [2643] quondam 4. [2644] enim addit 4.

NOTÆ.

(350) V. infra l. IV, c. 2.
(651) V. infra in fine cap. 70. (l. IV, c. 44-46.)
(652) Verba: fecundissimam — cribraretur leguntur quoque in charta Hartwici archiepiscopi data Hammaburgi 1105, indict. XIII.
(653) Capti — morte graviorem vitam exigunt. Sallust. Jugurth. c. 10.

(654) V. supra c. 9.
(655) Compertum est, locutio Sallustiana, v. c. Catil. c. 10.
(656) Cujus vestigium hodie manet in nomine plateæ Neueburg.
(657) Id est divini servitii.

multa facere solebat, rara modernis et ignorantibus [2645]: cum tamen sine auctoritate scripturarum [2646] ipse nil fecerit, jam tunc scilicet meditatus ecclesiam suam divitiis et honore ceteris anteferre, si pa am et regem suæ haberet voluntati morigeros. Eos igitur complacare [2647] properabat omnibus modis.

27. ([30.] Cap. 146.) Ea tempestate cæsar Heinricus (658), ingentibus regni divitiis utens, in Saxonia Goslariam fundavit, quam de parvo, ut aiunt [2648], molendino vel tugurio formans venatorio, in tam magnam, sicut nunc videri potest, civitatem bono auspicio et celeriter perduxit. In qua etiam sibi construens palatium, duas omnipotenti Deo congregationes instituit; unam ex his [2649] nostro [2650] donans regendam tenendamque pontifici, eo quod illi individuus comes vel cooperator in omnibus existeret. Tunc etiam sibi [2651] (ata est spes acquirendi vel accipiendi comitatus vel [2652] abbatias vel prædia, quæ magno deinceps periculo ecclesiæ mercati sumus, ut puta cœnobia Lauressæ vel Corbeiæ (659), comitatus autem Bernardi (630) et Ekibrecti [2653] (661), prædia vero Sincicum (662), Plisna [2654] (663), Groningon [2655] (664), Dispargum [2656] (665), et Lismona (666), quibus jam dubia re [2657] po sessis, arbitrabatur se metropolitanus, sicut bene [2658] dicitur de Xerse [2659], aut per mare ambulaturum, aut per terram [2660] navigaturum (667), postremo quæ in animo habuit facile omnia perfecturum.

28. [31.] Præsertim eo saltus adminiculo, quod

A potentissimus papa Leo pro corrigendis [2661] ecclesiæ necessitatibus venit in Germaniam; quem sciret sibi pro veteri amicitia nil abnegaturum [2662], quod jure [2663] cuipiam deberet præstari [2664].

29. (Cap. 147.) Tunc habita est illa synodus generalis apud Mogontiam [2665] (an. 1049), præsidente domno apostolico et imperatore Heinrico, cum episcopis Bardone Mogontino [2666], Eberhardo [2667] Treverensi, Hermanno [2668] Coloniensi, Adalberto Hammaburgensi, Engilhardo [2669] Magdaburgensi, ceterisque provintiarum sacerdotibus (668). In eo [2670] concilio [2671] quidam Spirensis episcopus, Sibico, cui crimen adulterii intendebatur, examinatione sacrificii purgatus est. Præterea multa ibidem sancita [2672] sunt ad utilitatem ecclesiæ, præ quibus Symoniaca heresis et nefanda sacerdotum conjugia olographa synodi manu perpetuo damnata sunt [2673]. Quod veniens domum noster [2674] archiepiscopus [2675] non [2676] tacuisse probatur. De mulieribus [2677] statuit eandem sententiam*, quam decessor ejus [2678] memorabilis Alebrandus et antea Libentius inchoarunt [2679], scilicet ut fierent (669) extra synagogam et civitatem, ne malesuada pellicum [2680] vicinia castos violaret optutus. Hæc [2681] synodus facta est anno Domini 1051 [2682] (670); ipse est annus [2683] archiepiscopi 7. Et tunc majus altare tribunalis dedicatum est in honore genitricis Dei (671).

30. ([32.] Cap. 148.) De qua synodo mentionem ideo fecerim, quod [2684] domnus Adalbertus eo tempore, quo [2685] tam clari homines (672) in ecclesia fue-

SCHOLIA.

* Schol. 77. Audivimus sæpenumero piissimum archiepiscopum nostrum Adalbertum cum de continentia tenenda suos hortatus est clericos [2686]: *Admoneo vos, inquit, et postulans jubeo, ut pestiferis mulierum vinculis absolvamini, aut si ad hoc non potestis cogi, quod perfectorum est, saltem cum verecundia vinculum matrimonii custodite, secundum illud quod dicitur: Si non caste, tamen caute.* (2. 4.)

VARIÆ LECTIONES.

[2645] scripturas *addunt* 2. 3. 4. [2646] scripturarum *deest* 1. [2647] complacere 5. sibi *addunt* 2. 3. 4. [2648] dicitur 4. [2649] illis 3. [2650] nostro *deest* 4. [2651] ipsi 3. [2652] et 2. 3. 4. [2653] Ekherti 4. [2654] Plisnam 3. [2655] Groni: gor 2. 5. Groninger 3. Groningor 3. [2656] Dyspargum 5. [2657] jam dubia fide 2. 4. jam spe 5. [2658] bene *deest* 2. 5. 4. *Huic voci superscripta sunt verba:* [2659] de Xerse *in cod.* 1. *quæ in textum recepta sunt* 2. 3. 5. Xerxe 5. 5. [2660] mare 1. [2661] sanctæ *addit* 4. [2662] negaturum 4. [2663] jure *deest* 5. juri 5. [2664] præstare deberet 5. [2665] Magonciam 2. Maguntium 3. Maguncian 2. Maguntiam 5. [2666] Maguntino 4. Magonciense 2. Magontinensi 5. [2667] Everardo 4. 5. [2668] Hermanno 2. 5. 4. [2669] Engelardo 4. Engillo ardo 2. [2670] quo 4. [2671] consilio 3. [2672] sanctita 1. sanccita 4. [2673] est 3. [2674] noster *deest* 2. 5. 4. [2675] episcopus 1. [2676] nequaquam 4. [2677] enim *addit* 4. [2678] dec. ejus *desunt* 4. [2679] inchoaverunt 5. inchoavit 5. [2680] pelicum 1. 4. [2681] autem *addit* 4. [2682] quadragesimo primo 2. MXLIX. 3. [2683] annus *deest* 2. 5. [2684] fecimus, quia 4. [2685] quod 1. [2686] Audivimus, cum sæpenumero Adalbertus archiepiscopus clerum suum de continen. hortaretur 4.

NOTÆ.

(658) *c.* Heinricus III, qui Goslariam vel maxime fovit, cujus tamen negotiatores jam sæculo XI notissimi.

(659) V. infra l. IV. c. 4. Chartas Heinrici IV a. 1063, Sept. 6. Chronic. Lauresham. in cod. diplom. Laures: am. t. 1, p. 179 sq. Lambert. Hersfeld. a. 1065.

(660) Se. in Emsgau, Westfalia et Engern. V. chartam Heinrici IV, dat. 1052. Oct. 24, et infra l. IV, c. 3.

(661) V. infra c. 43.

(662) Sinzig, ubi fluvius Ahr influit in Rhenum, in districtu Anrweiler præfecturæ Coblenz.

(663) V. Hamburg. Urkundenbuch n. 91.

(664) V. ibidem.

(665) Chartam Heinrici regis IV, dat. 1065, Oct.

16. super Duisburg; v. ibidem n. 96.

(666) Traditionem curtis Liestinuone a rege Heinrico anno 1062, Jan. 27, faciam v. ibidem n. 87.

(667) S. *Xerxes — maria ambulavisset terramque navigavisset.* Cicero De finib. l. II, c. 34.

(668) De hoc conciliio Moguntino cf. Hermannum Augiensem a. 1049. Wiberti Vitam Leonis II, c. 5. Acta apud Harzheim Concil. Germ. t. III, p. 142 sqq. Theiner über Ivos Decret. p. 89.

(679) *Fieri extra*, Germanismus, *herausgeschafft werden*.

(670) Rectius a. D. 1049, archiepiscopi 5.

(671) Conf. supra c. 4.

(672) *Clari homines*. Sallust. Jugurth. c. 21, coll. c. 42.

runt, sapientiæ ac virtutum merito feré omnes præcelluit. Tantus [2686]* apud papam, talis apud cæsarem habebatur, ut de publicis rebus absque ejus consilio nichil ageretur. Quapropter, ubi vix locum habet clericus, nec in procinctu bellorum imperator illum virum dehabere [2687] voluit [2688], cujus inexpugnabile consilium sæpe ad evincendos expertus est inimicos. Sensit hoc callidissimus Italorum dux Bonifacius [2689] (673), item Godafrid [2690] (74), Otto [2691] (675), Balduinus [2692] (676), et ceteri qui regnum tumultibus implentes, gravi æmulatione cæsarem lassare [2693] videbantur; tandemque humiliati [2694], sola se infractos Adalberti prudentia gloriati sunt.

51. ([33.] Cap. 149.) Quid loquar de barbaris Ungrorum sive Danorum. item [2695] Sclavorum aut certe Nortmannorum gentibus, quas imperator sæpius consilio domuerat quam bello? monitu et opera nostri pontificis nobile discens exemplum,

Parcere subjectis et debellare superbos (377).

Ad hunc nostræ felicitatis cumulum accessit hoc, quod fortissimus imperator Græcorum Monomachus (678), et Heinricus Francorum [2696] (679), transmissis ad nostrum cæsarem muneribus, congratulati sunt archiepiscopo pro sapientia et fide ejus rebusque [2697] bene gestis ejus [2698] consilio. Tunc ille [2699] Constantinopolitano rescribens, jactavit se inter alia descendere a Græcorum prosapia [2700], Theophanu [2701] et fortissimo Ottone sui generis auctoribus; ideoque nec mirum esse, si Græcos diligeret, quos vellet etiam habita et moribus imitari; quod et fecit. Similia [2702] regi [2703] Franciæ mandata legavit et aliis [2704]*.

52. ([34.] Cap. 150.) Metropolitanus igitur his rerum successibus [2705] elatus [2706], et quod papam vel cæsarem suæ voluntati pronos videret, multo studio laboravit in Hammaburg patriarchatum constituere. Ad quam intentionem primo ductus est ea necessitate, quoniam [2706] rex Danorum, Christiani-

tate jam [2707] in fines terræ dilatata, desideravit in regno suo fieri archiepiscopatum. Quod tamen ut perficeretur, ex auctoritate sedis apostolicæ, convenientibus canonum decretis (680), prope sancitum est [2708], sola expectabatur sentencia nostri pontificis. Quam rem ille [2709], si patriarchatus honor sibi et ecclesiæ suæ Romanis privilegiis concederetur, fore ut consentiret, promisit, quamlibet [2710] invitus. Disposuit vero patriarchatui [2711] subjicere 12 episcopatus, quos [2712] ex sua divideret parrochia, præter eos suffraganeos, quos in Dania ceterisque gentibus nostra tenet ecclesia, ita ut primus esset in Palnis (681) juxta Edgorem fluvium [2713], secundus in Helingonstade [2714], tercius in Razzispurg [2715], quartus in Aldinburg [2716], quintus in Michilinburg [2717], sextus in Stade [2718], septimus in Lismona, octavus in Wildishusin [2719], nonus in Bremis, decimus in Ferde [2720], undecimus in Ramsola, duodecimus in Fresia. Nam Ferdhensem [2721] episcopatum se facile posse adipisci non semel gloriatus est.

53. ([35.] Cap. 151.) Interea condicionibus utriusque [2722] protractis, sanctissimus papa Leo migravit [2723]. Eodemque anno fortissimus imperator Heinricus decessit [2724]. Quorum obitus contigit anno archiepiscopi 12 [2725] (682). Quorum morte non solum ecclesia turbata est, verum etiam res publica finem habere videbatur. Itaque ex illo tempore (an. 1056) nostram ecclesiam omnes calamitates oppresserunt (683), nostro pastore tantum curiæ intento negotiis (684). Ad gubernacula [2726] regni mulier cum puero successit, magno imperii detrimento [2727]. Indignantes enim principes aut muliebri potestate constringi, aut infantili [2728] ditione regi, primo quidem communiter vindicarunt se in pristinam libertatem (685), ut non servirent (686); dein [2729] contentionem moverunt inter se, quis eorum videretur esse major; postremo armis [2730] audacter sumptis, dominum et regem suum deponere moliti sunt. Et hæc om-

VARIÆ LECTIONES.

[2686]* AA Tantus itaque 4. [2687] sibi deesse 4. [2688] noluit 3. 5. [2689] Bonefacius 2. 4. [2690] Gotafridus 2. 4. Gotafredus 3. [2691] Otho 3. [2692] Baiduvinus 2. B. Iuvinus 4. [2693] inquietare 4. [2694] humiliari 4. [2695] seu 4. [2696] rex addit 4. [2697] ejusque rebus 1. [2698] alius 4. [2699] Qui 4. [2700] inter cetera i. se a G. descendisse prosapia 4. [2701] Theophano 2. 3. 4. [2702] Sed et 4. [2703] regis 1. [2704] et aliis similia mandata legavit 4. [2705] successibus 4. [2706] elevatus 3. [2707] qua 3. [2708] jam deest 5. [2709] esset 3. [2710] ille deest 4. [2711] quum is 4. [2712] archiepiscopatui suo 4. [2713] quod 1. [2714] Verba juxta E. flavium desunt 2. 3. 4. [2715] Heliganstied 2. Heliganstad 4. Helinge. stad M. F. [2716] Razizpurg 4. [2717] Atchinburg 2. [2718] Michliaburg 2. 3. [2719] Stadhe 2. Stathe 4. [2720] Vildishusim 3. Wildishusen 5. [2721] Forde 2. Verse 3. Ferda 4. [2722] Verdensem 3. [2723] utriusque 3. 5. [2724] a seculo addit 4. [2725] discessit 1. [2726] enim addit 4. [2727] puero, magno imp. perfuit detrimento 4. [2728] infantuli 4. [2729] deinde 2. 3. 4. [2730] armis deest 1.

NOTÆ.

(673) Bonifacius, marchio Tusciæ, occisus anno 1052.
(674) Godafridus, dux Lotharingiæ.
(675) Otto de Nordheim, dux Bavariæ 1070.
(676) Balduinus V, comes Flandriæ 1034.
(677) Virgil. Æn. lib. vi, v. 854.
(678) Constantinus X Monomachus 1042-1054.
(679) Heinricus I, 1031-1060.
(680) V. Archiv. t. VI, p. 8-3.
(681) Palenhudhen in documentis anni 1325 apud Michelsen Diplomatar. Ditmars. pag. 25, hodie Pahlen.

(682) Constat Leonem IX papam obiisse a. 1054, April. 19, Heinricum III imperatorem vero a. 1056, Octb. 5. Prior annus cum anno 12 ex computatione Adami, hic vero cum calculo nostro convenit.
(683) Calamitas rempublicam oppressit. Sallust. Catilin. c. 33.
(684) V. supra c. 40, not. 1.
(685) Vindicare se in libertatem ex Sallustii Catilina c. 16, coll. Jugurth. c. 58. Pristina libertas v. supra l. II, c. 9.
(686) V. Bertholdi Chron. a. 1058. Lambert. Hersv. a. 1062.

nia oculis pocius videri possunt quam calamo scribi.

[36.] Tandem seditionibus ad pacem inclinatis, Adalbertus et Anno archiepiscopi (687) consules declarati sunt (688), et in [2731] eorum consilio deinceps [2732] summa rerum pendebat (689). Sed cum ambe essent viri prudentes et strennui in procuratione rei publicæ, tamen alter alterum felicitate aut industria sua longe [2733] præcurrisse videtur. [Itaque ficta sodalitas episcoporum modico duravit tempore, et quamvis lingua utriusque pacem sonare videretur, cor tamen odio mortali pugnabat in invicem. Et Bremensis quidem præsul eo justiorem induit [2734] causam, quoniam pronior fuit ad misericordiam, regique domino suo fidem docuit servandam esse usque ad mortem. At vero Coloniensis, vir atrocis ingenii, etiam violatæ fidei arguebatur in legem. Præterea per omnes, quæ suo tempore factæ sunt conspirationes, medioximus semper erat [2735].]

34. ([37.] Cap. 152.) Coloniensis enim, quem avaritiæ notabant, omnia quæ [2736] domi vel in curia potuit corradere [2737], in ornamentum [2738] suæ posuit ecclesiæ. Quam, cum prius magna esset, ita maximam fecit, ut jam comparationem evaserit omnium quæ in regno sunt ecclesiarum. Exaltavit etiam parentes suos et amicos et [2739] capellanos, primis honorum dignitatibus omnes cumulans, ut illi alteris succurrerent infirmioribus. Quorum primores erant germanus archiepiscopi [2740], Wecilo [2741] Magadeburgensis (690), eorumque [2742] nepos Burkardus [2743], Halverstadensis [2744] episcopus (691), similiter. Cuono A [2745], Treveris electus, sed invidia cleri martyrio coronatus antequam intronizatus (692). Item Mindensis Eilbertus [2746] (693) et Trajectensis Wilhelmus [2747] (694); præterea in Ytalia Aquilegiensis (695) atque Parmensis (696), et alii, quos enumerare longum est, studio et favore Annonis elevati sunt, qui et fautori suo in temptationibus auxilio decorique fuisse certarunt. Multa igitur ab illo viro in divinis et humanis (697) egregie facta comperimus.

35. ([38.] Cap. 153.) Noster vero metropolitanus tamen [2748] pro nobilitate certans et gloria (698) terrena, indignum habuit aliquem suorum exaltare, licet multos in obsequium [2749] traxisset egentes, arbitrans sibi hoc esse [2750] dedecus, si aut rex aut quisquam [2751] m gnatium [2752] suis benefaceret, quos B ipse, inquit, tam bene aut melius possum remunerare. Ergo admodum pauci suorum illo annuente pervenerunt ad apicem episcopalem; multi vero si tantum apti ad verbum seu callidi essent ad servitium, ingentibus cumulati sunt divitiis. Unde factum est, ut pro gloria mundi captanda homines diversi generis et multarum artium, præcipue vero adulatores, ad suam asciscerent [2753] (699) familiaritatem. Quorum onerosam multitudinem traxit secum in curia [2754] et per episcopium, sive quacumque iter esset, affirmans se frequenti commeantium multitudine non modo non gravari, verum etiam opipare [2755] delectari (700). Pecuniam autem quam recepit a suis sive ab [2756] amicis, porro [2757] seu ab C his [2758] qui frequentabant palatium, vel qui regiæ

SCHOLIA.

* Schol. 78. Inter quos advena Paulus ex Judaismo conversus est ad Christianam fidem (701). Quique [2759], nescio an pro avaritia vel [2760] pro sapientia, exulatus in Græciam, cum inde remearet, nostro adhæsit pontifici, glorians se multarum artium callere ingenio, adeo ut ex insciis litterarum philosophos redderet per triennium, et ex cupro formaret aurum obrizum. Facile persuasit ille archiepiscopo, credere omnia quæ dixit, adjiciens hoc omnibus mendaciis suis, quod cito faceret apud Hammaburg monetam publicam ex auro fieri [2761] et pro denariis bizantios [2762] dari. (2. 3. 4.)

VARIÆ LECTIONES.

[2731] ex 2. 3.   [2732] deinceps deest F.   [2733] longe deest 2. 3. 4.   [2734] indidit 3.   [2735] medioximus corr. medius 4. medius 5. Verba uncis inclusa desunt 1. In margine cod. 2: Adalbertus et Anno, Bremensis et Coloniensis archiepiscopi.   [2736] vel add. 2. 3. 4.   [2737] corrodere 1.   [2738] ornamento 2. 3. 4.   [2739] ac 4.   [2740] germ. archiep. desunt 4.   [2741] Vezilo 2. Wezcilo 4. Wezlilo M. F.   [2742] que deest 3.   [2743] Burchardus 4.   [2744] Halverstadensis 4.   [2745] Cono 2. 3. 4.   [2746] Eylbertus 2. 3.   [2747] Wilhelmus 2. 4. Vilhelmus 3.   [2748] tantum 2. 3. 4.   [2749] obsequio 2. 3. 4.   [2750] quasi addunt 2. 3. 4.   [2751] quispiam 3.   [2752] magnatum 2. 3. 4.   [2753] adsciscerct 3. 5. addisceret 2.   [2754] curiam 5. 5.   [2755] opipari 2.   [2756] ab deest 2. 3. 4.   [2757] porro deest 2. 3. 5.   [2758] iis 5.   [2759] que deest 4.   [2760] an 4.   [2761] adiciens se subito apud H. m. p. e. a facturum 4.   [2762] bizantios 4.

NOTÆ.

(687) Anno archiepiscopus Coloniensis 1056-1075.
(688) Consules declarantur. Sallust. Catil. c. 20.
(689) Conf. l. III, c. 58, summa rerum, quod est vicedominatus, et l. II, c. 9, apud quem summa consiliorum pendebat. Quam vocat l. III, c. 44, primatum curiæ, c. 46, primatum rei publicæ et consulatum. Adalbertus audit princeps consiliorum et magister regis lib. III, c. 42, major-domus vero ibid. c. 46 et c. 70 (IV, 46).
(690) Wernerus s. Wezilo, archiepiscopus Magdeburgensis a. 1053-1077.
(691) Bucco, consobrinus Annonis, ejusque in præpositura Goslariensi quondam successor, episcopus Halberstadiensis anno 1059, occisus 1088. V. Lambert. 1059-1071. Bernoldi Chron. a. 1088.
(692) Conf. Lamb. Hersv. a. 1066.

(693) Eilbertus, Mindensis episcopus 1048-1080.
(694) Wilhelmus de Ponte, episcopus Trajectensis 1061-75.
(695) Adalberti temporibus ad patriarchatum Aquilegiensem promoti sunt Gotebald, Nemetensis præpositus, anno 1049, et Ravenger, qui obiit 1069.
(696) Cadalus 1041 fuit vicedom. eccl. Veronensis, 1046, Apr. 26, episcopus Parmensis, v. Affo, Parma 2, 50; anno 1061 sub Honorii II nomine in papam electus.
(697) Divina et humana; v. supra cap. 2, not. 74.
(698) Certare pro gloria. Sallust. Jugurth., c. 110.
(699) Cujuscunque generis homines adsciscere. Sallust. Catil. c. 20. V. infra c. 57.
(700) Conf. l. III, c. 70 (l. IV, c. 44 f).
(701) Paulus iste videtur esse Judæus, qui Adal-

majestati ²⁷⁶³ obnoxii fuerunt ²⁷⁶⁴, illam, inquam, pecuniam, licet maxima esset, sine mora dispersit infamibus personis et ypocritis (702), medicis ²⁷⁶⁵ et histrionibus et id genus aliis, scilicet ²⁷⁶⁶ non sapienter æstimans, talium personarum favoribus se effecturum ut vel solus placeret in curia vel major domus ²⁷⁶⁷ fieret præ omnibus, et eo modo perfici posse, quod in animo habuit de provectu ecclesiæ suæ. Preterea cum omnes, qui erant in Saxonia sive in aliis regionibus clari et magnifici viri, adoptaret in milites, multis dando quod habuit, ceteris pollicendo quod non habuit, inutile nomen vanæ gloriæ magno corporis et animæ dampno mercatus est. Et corrupti quidem mores (703) archiepiscopi ab initio tales, in ²⁷⁶⁸ processu ²⁷⁶⁹ temporis et circa finem semper deteriores fuerunt.

36. ([39.] Cap. 154.) Tunc igitur magnis curiæ honoribus inflatus, vixque jam tolerandus inopi parochiæ, venit Bremam cum ingenti, ut solebat, multitudine armatorum, novis populum et regionem ²⁷⁷⁰ exactionibus aggravans ²⁷⁷¹. Et tunc levata sunt illa castella, quæ vel ²⁷⁷² maxima nostros ad iram Duces ²⁷⁷³ incenderunt, deficiente illo studio, quod prius habuit in ædificatione sanctarum congregationum. Miranda nimirum voluntas hominis impatiensque ²⁷⁷⁴ ocii, quæ domi forisque (704) tantis occupata laboribus, nunquam posset fatigari. Nam cum sæpe antea miser episcopatus ejus tantis expeditionum sumptibus tantisque voracis curiæ studiis laborasset, nunc vero in ædificationem ²⁷⁷⁵ præpositurarum et castellorum sine misericordia profligatus est. [Nam et hortos et vineas in terra plantans arida, licet studio inefficaci multa temptasset, nichilominus tamen hiis, qui morem gererent suæ voluntati, magnifice voluit omnibus compensari laborem ²⁷⁷⁶.] Ita mens alta viri pugnans contra naturam patriæ, quicquid usquam magnificum didicit, hoc non ²⁷⁷⁷ habere ²⁷⁷⁸ ipse noluit ²⁷⁷⁹. Cujus morbi causas cum diligenter et diu perscrutarer, inveni sapientem virum ex illa, quam nimium ²⁷⁸⁰ dilexit, mundi gloria perductum ad hanc mollitiem animi (705), quod ²⁷⁸¹ in prosperitate rerum

A temporalium elevatus in superbiam ²⁷⁸², ad laudem comparandam ignorabat ²⁷⁸³ modum, in adversitate autem plus justo contristatus, iracundiæ aut mœrori frena laxabat ²⁷⁸⁴ (706). Itaque tam in bono, si misertus ²⁷⁸⁵ est, quam in malo, si iratus est, in utroque mensuram excessit.

57. [40.] Ejus rei documentum hoc habeo, quod in ira furoris sui aliquos manu percussit usque in effusionem sanguinis, sicut fecit præpositum ejus aliosque ²⁷⁸⁶. In misericordia vero, quæ in hac parte melius dicitur largitas, erat ita profusus, ut libram argenti pro denario ²⁷⁸⁷ computans, aliquando mediocribus personis effundi centum libras edixerit, amplius autem majoribus. Qua de re accidit, ut quotiescumque ²⁷⁸⁸ iratus est, ceu ²⁷⁸⁹ leo fugeretur ab omnibus, cum vero placatus est ²⁷⁹⁰, palpari posset ut agnus. Citissime autem ad hylaritatem ab ira laudibus mulceri potuit vel suis vel alienis, et tunc quasi alteratus ab illo qui ²⁷⁹¹ fuit, arridere cœpit laudatori. Hunc locum sæpe vidimus captari ab ²⁷⁹² adulatoribus, qui ex diversis terrarum partibus in cameram ejus, velud in sentinam fluxerunt ²⁷⁹³ (707), quos et ipse ad nansciscendum honorem mundi necessarios esse ²⁷⁹⁴ principibus indicavit ²⁷⁹⁵. Si qui tamen palatio et regi notiores erant, in ²⁷⁹⁶ suam dignatus est ascire ²⁷⁹⁷ familiaritatem, reliquos permisit abire donatos. Ita vero et honestas personas et in ordine sacerdotali fulgentes ad hoc turpissimum adulationis ofiicium ambitio suæ familiaritatis illexit. Postremo qui adulari nesciret aut fortasse nollet, eum sicut amentem et stolidum vidimus a januis excludi ²⁷⁹⁸, ac si diceretur:

. . . . . . Exeat aula,
Qui vult esse pius (708).

Et:

Accusator erit qui verum dixerit (709).

Porro ita prævaluerunt apud nos mendaces, ut vera dicentibus non crederetur, etiamsi jurarent. Talibus igitur personis plena fuit domus ²⁷⁹⁹ episcopi.

38. ([41.] Cap. 155.) Quibus accesserunt cottidie ²⁸⁰⁰ alii gnathones ²⁸⁰¹, parasiti, somniatores et ru-

VARIÆ LECTIONES.

²⁷⁶³ potestati 4. ²⁷⁶⁴ fuerant 5. ²⁷⁶⁵ Legendum fortasse : mendicis. ²⁷⁶⁶ et i. g. a. scilicet desunt 4. ²⁷⁶⁷ dominus 3. ²⁷⁶⁸ in deest 2. 3. 4. ²⁷⁶⁹ autem addit 4. ²⁷⁷⁰ et regionem add. 2. 3. 4. ²⁷⁷¹ aggravari 4. ²⁷⁷² quæ maxime 2. 3. 4. ²⁷⁷³ ducis 5. ²⁷⁷⁴ que deest 2. 3. 4. ²⁷⁷⁵ ædificatione 2. 3. 4. ²⁷⁷⁶ Uncis inclusa desunt 1. ²⁷⁷⁷ non deest 4. nunc 5. ²⁷⁷⁸ et addunt 2. 5. 4. ²⁷⁷⁹ voluit 5. 4. ²⁷⁸⁰ nimirum 5. ²⁷⁸¹ ut 5. ²⁷⁸² superbia 3. ²⁷⁸³ ignoraret 5. ²⁷⁸⁴ laxarat 5. ²⁷⁸⁵ tam bona miseratus 4. ²⁷⁸⁶ præposito suo aliisque 5. 5. ²⁷⁸⁷ pro den. desunt 2. 3. 4. ²⁷⁸⁸ quotiescumque 5. 5. ²⁷⁸⁹ esset tanquam 2. 3. 4. ²⁷⁹⁰ esset 2. 3. 4. ²⁷⁹¹ qui deest 1. ²⁷⁹² ab deest 2. 4. ²⁷⁹³ confluxerunt 4. ²⁷⁹⁴ esse deest 5. ²⁷⁹⁵ judicavit 2. 3. 4. ²⁷⁹⁶ eos in 3. ²⁷⁹⁷ ascire deest 5. ²⁷⁹⁸ exclusum 2. 3. 4. ²⁷⁹⁹ domus deest 1. ²⁸⁰⁰ cotidi 2. quotidie 3. cotidie 4. ²⁸⁰¹ gnatones 1.

NOTÆ.

berti loculos habebat. De quo vide Chron. Lauresham. in Cod. diplomat. Lauresham. t. I, p. 180.
(702) *Hypocrita*, id est histrio.
(703) *Corrupti mores*. Sallust. Catil. c. 4, 7.
(704) *Domi forisque*. Sallust. Jugurth., c. 84.
(705) *Mollitia animi* Sallust. Catil. c. 43.

(706) Lucan. Pharsal. l. vii, v. 124 sq.
. . . . frenosque furentibus iræ
Laxat . . .
(707) *Romam sicuti in sentinam confluxerant*. Sall. Catil. c. 35.
(708) Lucan. Pharsal. l. viii, v. 493 sq.
(709) Juvenal. l. i, v. 164.

migeruli, qui ea quæ ipsi confinxerunt [2801]*, nobisque placitura rebantur, jactabant sibi per angelos revelata; jam publice divinantes Hammaburgensem patriarcham [2802], sic enim vocari voluit, cito papam futurum, æmulos [2803] suos a curia depellendos, ipsum vero [2804] solum diuque rem publicam gubernaturum, atque ita [28 5] fieri longævum, ut quinquaginta annos excederet in episcopatu, postremo per illum virum [2806] quædam aurea secula orbi ventura (710). Et hæc quidem [2807] licet ficte ab adulatoribus et pro quæstu promitterentur, episcopus tamen, quasi de cœlo sonuissent, vera omnia putabat, tractans [2808] ex Scripturis quædam præsagia rerum, quæ fieri debeant, hominibus data vel in sompniis, [2809] vel in auguriis, vel in communibus sermonum loquelis; vel in non solitis [2810] elementorum figuris. Quare dicitur cum morem insuevisse, ut, dum cubitum ibat [2811], fabulis delectaretur; cum expergisceretur, sompniis; quotiens vero iter incepit, auspiciis. Aliquando etiam totum diem sompnio [2812] indulgens, noctu pervigil aut [2813] lusit ad aleas [2814] aut mensæ [2815] assedit [2816]. Cum autem [2817] recumberet ad mensam, hilariter habundanterque omnia præcepit exhiberi convivis [2818], ipse a conviviis jejunus [2819] interdum surgens, semper autem ex officio paratos habens qui advenientes reciperent hospites, magnopere curavit [2820], ne non multum illum haberent [2821] ([42.] Cap. 156). Ad glorians hospitalitatem porro maximam [2822] esse virtutem, quæ cum [2823] non careat divina mercede, sæpe etiam inter homines habeat et maximam [2824] laudem. Recumbens autem non tam cibis aut poculis quam faceciis [2825] oblectabatur, aut [2826] regum hystoriis aut raris philosophorum sentenciis. Si vero erat privatus, quod raro accidit, ut solus et absque hospitibus maneret vel regiis legatis, tunc [2827] fabulis aut [2828] somniis, semper autem sobriis ocium terebat [2829] (711) loquelis. Raro fidicines admittebat, quos tamen propter alleviandas anxietatum curas aliquando censuit esse necessarios. Ceterum pantomimos [2830], qui obscenis corporum motibus oblectare vulgus [2831] solent, a suo conspectu prorsus ejecit. Soli medici cum illo regnabant, difficilis aditus fuit ceteris, nisi gravior causa posceret aliquos intromitti laicos [2832]. Unde etiam accidit ut videremus ostium thalami sui [2833], quod primo omnibus patuit ignotis vel [2834] peregrinis, tali postmodum custodia vallatum esse, ut magnis de rebus [2835] legati potentesque [2836] seculi personæ aliquando pro foribus inviti expectarent per ebdomadam.

59. Præterea inter epulandum familiare habuit magnos [2837] viros carpere, notans in aliis stulticiam in quibusdam avaritiam, multis autem objiciens ignobilitatem, omnibus [2838] vero [2839] improperavit infidelitatem, eo quod ingrati essent illi [2840], qui eos de stercore suscitaret [2841], regi, quem solus [2842] ipse [2843] diligens imperium, pro jure non pro suo commodo tueri videretur: argumentum esse, quod illi sicut ignobiles raperent aliena, ipse vero sicut nobiles effunderet sua; hoc esse apertissimum nobilitatis indicium. Hac invectione pestifera utebatur in singulos, nullique demum pepercit, dummodo se omnibus anteferret. [43.] Itaque breviter hoc dicendum est, pro sola quam dilexit mundi gloria pejoratum esse virum illum de omnibus quas ab initio habuit virtutibus. Nempe [2844] talia et ejusmodi plurima circa ipsum facta sunt illo tempore, quæ superstitioni vel jactanciæ seu potius negligentiæ ejus infamiam magnam pepererunt, odiumque omnium mortalium, præcipue vero magnatum.

40. (Cap. 157.) Ex quibus infestissimi erant tam illi quam ecclesiæ nostræ dux Bernardus et fi ii ejus, quorum invidia, simul [2845] et odia, itemque insidiæ, obprobria et calumpniæ traxerunt archiepiscopum ad [2846] omnia quæ supra diximus offendicula præcipitem, et quasi vecordem fecerunt [2847]; dum minor ipsis et cedere videretur [2848]. Cessit tamen aliquando sponte pro officio sacerdotii, cupiens invidiam [2849] superare beneficiis et bona reddere pro malis. Sed cum frustra laborasset omnibus modis, ut male nexam cum ducibus resarciret amicitiam, victus tandem [2850] a tribulatione persequentium et dolore malorum exulceratus, non semel exclamavit cum Helya: *Domine Deus, altaria tua destruxerunt [2851], prophetas tuos occiderunt, et relictus sum ego solus, et quærunt me interficere* (III Reg. xix, 10). Ceterum quam injuste noster [2852] archiepiscopus [2853] talia passus sit, unum satis est exemplum hic ponere; quo potest videri amicitiam cum invidis nil valuisse conservatam.

VARIÆ LECTIONES.

[2801]* conflixerunt 1. confixerunt 4. [2802] parochiam 3. [2803] vero *addit* 4. [2804] autem 4. [2805] ea 2. [2806] virum *deest* 4. [2807] quidam 3. [2808] trahens 4. [2809] somnis 1. [2810] vel in insolitis 4. [2811] iret 3. [2812] somnio 1. [2813] aut *deest* 2. pervigilanter 5. [2814] in alea 4. [2815] ante mensam 2. 3. 4. [2816] sedit 4. [2817] cumque 2. 3. 4. [2818] conviviis 2. [2819] jejunius *deest* 2. 3. 4. [2820] hospites, et magnopere procurarent 4. [2821] ne—haberent *desunt* 2. 3. 4. [2822] magnam 2. 3. 4. [2823] dum 4. [2824] h. per maximam 2. 3. habebat maximam 5. habeat maximam 4. [2825] facetiis 2. 3. 4. [2826] vt 4. [2827] tum 3. [2828] et 2. 3. 4. [2829] impendebat 2. 3. 4. [2830] pantamimos 2. 3. 4. [2831] oblectari vulgum 4. [2832] laicos *deest* 2. 3. 4. [2833] ejus 3. [2834] et 2. 3. 4. [2835] magnarum rerum 4. [2836] petentesque 4. [2837] magnates 2. 3. 4. [2838] in omnibus 4. [2839] autem 3. [2840] illi *deest* 2. 3. 4. [2841] suscitarat 3. [2842] solum 2. 3. 4. [2843] ille 3. [2844] Nempe *deest* 4. [2845] simulates 2. 3. 4. [2846] hæc *addunt* 2. 3. 4. [2847] reddiderunt 2. 3. 4. [2848] videbatur 3. [2849] suam *addunt* M. F. [2850] tamen M. F. [2851] deduxerunt 1 *male*. [2852] noster *deest* 4. [2853] episcopus 2.

NOTÆ.

(710) *Aurea sæcula* v. infra l. III, c. 46.

(711) *Ocium conterere*. Sallust. Catil. præf.

41. (144.) Cap. 158.) Dux avaritiæ stimulo motus in Frisones [2854], quod debitum non inferrent tributum, venit in Fresiam, comitem habens archiepiscopum, qui ea tantum gratia profectus est, ut discordantem populum duci reconciliaret. Cumque dux mammonæ cupidus, totam pro censu rationem poneret, necdum [2855] septingentis argenti marcis posset ullo modo placari, mox barbara gens, nimio furore succensa,

In ferrum pro libertate ruebant [2856] (712). Multi nostrum [2857] ibi perfossi, ceteri fuga defensi [2858], castra [2859] ducis et archiepiscopi direpta magnus ecclesiæ thesaurus ibi dilapsus est. Nichil tamen profuit nobis apud ducem et suos amicitiæ fides in [2860] periculo experta, quo minus persequi vellent ecclesiam. Aiunt ergo ducem futuri præscium sæpe cum gemitu narrasse filios suos ad excidium Bremensis ecclesiæ fataliter destinatos. [Vidit (713 [2861]) enim per sompnium ex penetralibus suis egressos in ecclesiam [2862] ursos aprosque, deinde cervos, ad ultimum lepores. *Ursi*, inquit, *et aprierant parentes nostri, fortitudine sicut dentibus armati: cervi sumus ego et frater, solis decori cornibus, lepores autem [2863] filii nostri [2864] modicæ virtutis et timidi: de quibus metuo, ne impugnantes Ecclesiam, divinam incurrant ultionem [2865].*] Quapropter sub obtestatione divini timoris præmonuit eos, ne quid impium cogitarent adversum [2866] ecclesiam et pastorem suum, periculose lædi aut [2867] hunc aut illam [2868], quod injuria eorum redundet [2869] in Christum. Hæc surdis ille præcepta reliquit. Nunc de vindicta peccatores [2870] statim sequente videamus [2871].

42.([LIB. IIII, c. 1.] Cap. 159) Anno pontificis nostri 17° Bernardus Saxonum dux obiit (an. 1059, Jun. 29), qui a tempore senioris Libentii jam per annos 40 Sclavorum res atque Nordalbingorum ac nostras strenue administravit (714). Post cujus obitum filii ejus Ordolf [2872] et Hermannus [2873] hereditatem patris acceperunt, malo omine Bremensis ecclesiæ. Illi enim antiqui memores odii, quod patres eorum contra, eandem licet occulte, exer- cuerunt ecclesiam (715), statuerunt aperte jam ultionem repetendam esse in episcopum totamque familiam ecclesiæ. Et [2874] primo quidem dux Ordulfus vivo [2875] adhuc patre, hostili [2876] stipatus multitudine, Bremensem episcopatum in Fresia devastavit ac cecavit homines ecclesiæ [2877], alios etiam legatos ad se pro [2878] pace directos publice verberari jussit et decalvari; postremo omnibus modis ecclesiam et suos impugnare, spoliare, cædere ac pro nichilo habere [2879]. Ad ea tametsi [2880] pontifex, ut debuit, ecclesiastico zelo exardens [2881], contemptores [2882] anathematis gladio percussit, querelam tamen ad curiam deferens, nil aliud meruit quam derideri [2883]. Nam et rex puer a nostris comitibus primo, ut aiunt [2884], derisui habitus est. [2.] Quapropter archipræsul [2885] tempori serviens [2886], ut conjuratos tantum fratres ab invicem divelleret, dicitur [2887] Herimannum [2888] comitem adoptasse [2889] in militem. Cujus satellicio functus, in Ungaricam tunc expeditionem quasi magister regis et princeps consiliorum profectus est, relicto super negotia regni [2890] Coloniensi archiepiscopo. Restituto autem in regnum Salemone (716), quem Belo expulerat [2891] (717), pontifex noster cum rege puero victor ab Ungria [2892] regressus est.

43. ([3.] Cap. 160.) Tunc comes Herimannus aliquid magnum sperans et ambiens [2893] beneficium, quod dare nollet [2894] episcopus [2895], statim conversus [2896] in furorem, cum exercitu copioso venit contra Bremam, ibique diripiens omnia quæ ad manum venerant, soli ecclesiæ pepercit [2897]. Armenta boum et caballorum omnia in prædam cesserunt (718). Similiter per totum faciens episcopatum, homines ecclesiæ nudos inopesque dimisit. Tunc etiam castella omnia, quæ pontifex, præscius futurorum, diversa regione construxit [2898], usque ad solum diruta sunt.

44. (Cap. 161.) Archiepiscopus eo tempore primatum curiæ [2899] tenebat. Cujus audita querela, comes secundum judicium palatii relegatus in exilium [2900], post annum clementia regis absolutus est. Deinde

VARIÆ LECTIONES.

[2854] Fresones 2. 3. 4. [2855] nec 2. nec cum 3. 4. [2856] ruebat 3. [2857] multi igitur (ergo 5.) ex nostris 4. [2858] sunt defensi 4. ceteris f. defensis 3. fuga dispersi 2. [2859] castraque 4. [2860] vel 2. 3. 4. [2861] ecclesias 2. 3. [2862] frater meus 4. [2863] autem sunt 4. [2864] fortitudine — nostri desunt M. F. [2865] Uncis inclusa desunt 1. [2866] adversus 2. 3. 4. [2867] per lædi aut desunt 3. neve ledant aut 2. neve ledant eciam 4. [2868] illum 3. 5. [2869] quorum injuria redundet 4. [2870] peccatoris 4. [2871] Incipit liber quartus 3. 5. [2872] Ordolph 2. Ordulfus 3. Ordulf 4. [2873] Herimannus 4. [2874] Et deest 3. [2875] vivente 4. [2876] cum hostili 1. [2877] hominesque eccl. cecavit 4. h. e. necavit 5. [2878] pro deest 1. [2879] cœpit addunt 3. 4. [2880] Et licet 4. [2881] exardescens 2. 5. 4. [2882] contemptoris 1. malefactores 4. [2883] deridere 1. [2884] ut aiunt desunt 4. [2885] archiepiscopus 4. [2886] deserviens 4. [2887] dicitur deest 4. [2888] Hermannum 2. 3. 5. semper. [2889] adoptavit 4. [2890] super negni 1. [2891] bello expulerant 2. 3. 4. [2892] Ungaria 3. [2893] sperans ambiensque 4. [2894] quod dare noluit 4. cum id dare nollet 3. [2895] archiepiscopus 3. [2896] versus 2. 3. 4. [2897] parsit 1. parcit 2. [2898] diversis construxerat locis 4. [2899] curte 1. [2900] p. exilio 4.

NOTÆ.

(712) Æneid. l. viii, v. 648.
(713) Bernardus I a. 1011 obierat. Filius ejus Bernardus II igitur Libentii senioris tempore successit; administratio ejus strenua ante annum 1019, tempore Unwanni archiepiscopi vix laudanda fuit. Cf. supra l. ii, c. 45 sq.
(714) Cf. Historiæ Francorum epit., c. 19, P.

(715) *Antiqui — ecclesia.* Iisdem verbis usus est Adamus supra l. iii, c. 8.
(716) Sc. anno 1063. V. Lambertum et Bernol. dum h. a.
(717) V. Lambertum a. 1061.
(718) Hæc videtur indicare Bernoldus a. 1064.

vero idem comes Herimannus et frater ejus, dux A nostri præsul statuit omnes comitatus, qui in sua
Ordulfus, ad satisfactionem ecclesiæ venientes, pro dyocesi aliquam jurisditionem [2931] habere videbantur, in potestatem ecclesiæ redigere. Quapropter ab
delicto suo quinquaginta mansos optulerunt, et quievit terra paucos dies. initio quidem illum maximum Fresiæ comitatum a
cæsare indeptus [2932] est de Fivelgoe [2933], quem
[4.] Tunc etiam rex vastacioni condolens [2901] Bremensis ecclesiæ, transmisit ei ad solatium fere centum pallia cum aliis vasis argenteis, itemque libris, prius habuit dux Gotafridus [2934], et (725) nunc [2935]
Ekibertus [2936]e. Pensionem [2937] librarum dicunt esse
mille argenti, quarum ducentas ille solvit; atque
candelabris et turibulis auro paratis. [Hæc [2902] sunt est miles ecclesiæ. Archiepiscopus autem optinuit
munera, quæ rex misit ad reædificationem Hamburg [2903]: tres calices aureos, in quibus erant libræ eundem comitatum per decem annos, usque ad diem
expulsionis suæ. Alter [2938] comitatus erat Utonis [2939],
auri decem, unum vas chrismale argenteum, scutum qui per omnem [2940] parrochiam Bremensem sparsim
argenteum deauratum, psalterium aureis scriptum diffunditur, maxime circa Albiam. Pro quo archiepiscopus Utoni tantum optulit in precariæ [2941] nomen de bonis ecclesiæ, quod æstimatur singulis annis
litteris, thuribula et candelabra argentea, dorsalia
novem regalia, casulas 35, cappas 30, dalmaticas et
subtiles 14 [2904] et alia multa, et unum plenarium cujus reddere mille libras argenti, cum utique tanta quantitate precii major possit [2942] ecclesiæ fructus omni
tabula videbatur novem libras auri habere [2905].] Fertur etiam Corbeiam atque Lauressam [2906] cœnobia (719), pro quibus diu multum [2907] laboravit [2908] B anno parari [2943], nisi quod pro mundi gloria adipiscenda sufficit nobis ideo esse pauperes, ut [2944] divites multos in servitio habeamus (724). [6.] Tercius
archiepiscopus, eo tempore [2909] Hammaburgensi [2910] erat comitatus in Fresia, nostræ parrochiæ vicinus,
ecclesiæ præceptis [2911] tradita [2912]. Tunc etiam diu [2913]
desiderata in ditionem ecclesiæ Lismona venit (720), qui dicitur Emisgoe (723), quem juri ecclesiæ nostræ
defendens [2945] a Bernardo comite Gotescalens occisus est, pro quo noster pontifex regi pactus est se
quæ curtis [2914], ut aiunt, septingentos mansos [2915]
habere videtur et maritimas Hadeloæ regiones [2916] in mille libras argenti daturum. Cujus pecuniæ summam cum facile non posset habere, proh dolor!
ditione possidet.[2917] Pro qua firmiter ex omni parte
solvenda fertur archiepiscopus reginæ Agneti dedisse jussit cruces, altaria, coronas et cetera ornamenta
novem [2918] libras auri, quoniam hæc in partem suæ ecclesiæ deponi, quibus denudatis, infelicem maturavit contractum perficere. Gloriabatur [2946] autem
dotis illa [2919] commemorabat [2920]. [Quinquaginta [2921]
cortes dominicales habuit archiepiscopus, ex quibus pro argentea se cito auream ecclesiam facturum,
Walde [2922] maxima (721), persolvit servitium unius omniaque ablata restituere in decuplum, sicut et
prius in destructione claustri visus est egisse. [O
mensis, ceterum Ambergon [2923] (722) minima quatuordecim dierum. Tanta erat opulentia hujus episcopi [2924].] C sacrilegium! Duæ cruces auro paratæ cum gemmis,
altare majus et calix, ambo rutilantia ex auro et
apidibus contexta preciosis, confracta sunt; in
45. ([c. 5.] Cap. 162.) Potuit ecclesia nostra dives esse; potuit archiepiscopus noster Coloniensi aut Mogontino [2925] in omni rerum gloria quibus erant auri pondera viginti marcæ, quas
optulit domna Emma Bremensi ecclesiæ cum aliis
non invidere. Solus erat Wirciburgensis [2926] episcopus, qui dicitur in episcopatu suo neminem habere donis pluribus. Narravit faber [2947] illa cremans [2948],
consortem, ipse [2927] cum teneat [2928] omnes comitatus suæ parrochiæ, ducatum etiam provinciæ gubernat episcopus [2929]. Cujus æmulatione permotus [2930] magno se dolore coactum ad hoc sacrilegium, ut
confringeret illas cruces, secreto quibusdam [2949] as-

VARIÆ LECTIONES.

[2901] compaciens 5. [2902] enim addit 4. [2903] Hammaburgensis ecclesie 4. [2904] XIII. M. F. [2905] Uncis inclusa desunt 1. [2906] Tunc etiam Corbeia atque Lauressa 4. [2907] multumque 2. 3. 4. [2908] laboraverat 4. [2909] eo tempore desunt 4. [2910] Hammaburgensis 5. [2911] in preceptis 5. [2912] tradita sunt 4. [2913] coriis 2. 4. cors 5. [2914] mansus 4. [2915] Hatheloæ regionis 4. [2916] possedit 5. [2917] XI. 3. [2918] illa deest 2. 3. 4. [2919] commemorabatur 2. 5. 4. In codice 1. sententia: Pro qua firmiter — commemorabat erronee post verba: turibulis auro paratis et ante verba Fertur etiam Corbeia, etc., legitur. [2920] ergo addit 4. [2921] Walde deest 5. [2922] cæterorum 5. [2923] Uncis inclusa desunt 1. [2924] Moguntino 5. 4. [2925] Virceburg 3. Wirceburg 4. Wirzeburg 5. [2926] Ipse enim 3. [2927] enim tenet 5. [2928] episcopus deest 3. 5. [2929] permotus deest 2. 3. 4. [2930] jurisdicionem 2. 3. [2931] indemptus 2. adeptus 3. 5. [2932] Findgoe 5. [2933] Gothafridus 2. [2934] tunc Albert. Stad. Hist. arch. Brem. [2935] Ekibrectus 2. 3. Ecbertus 4. [2936] annuam addunt 2. 3. 4. [2937] Alter vero 4. [2938] Udonis 4. semper. [2939] per omnem desunt 4. [2940] inprecarie 3. [2941] inprecarie 5. [2942] posset 5. posset esse 2. 3. 4. [2943] paratus 3. [2944] in 1. [2945] quem dum viri ecclesiæ nostræ defendunt 5. Ita et 2, ubi tamen deest: dum. Quem — occisus est desunt 4. [2946] Gloriatus 5. [2947] autem aurifaber 4. [2948] conflans 4. [2949] secreto quibusdam desunt 5. s. q. ass. desunt 4.

NOTÆ.

(719) V. supra l. III, c. 27.
(720) V. ibidem.
(721) Videtur fuisse Altenwalde in Hedeln.
(722) Hambergen, villa parochialis in præfectura Osterholz.
(723) Vide diploma Heinrici IV n. 1057, April. 25, in Hamburg. Urkundenbuch n. 79. At Fivelgoe minime fuit in diœcesi Hammaburgensi, sed in Monasteriensi.
(724) Diploma imperatoris dat. 1062, Oct. 24, v. in Hamb. Urkundenb. n. 89.
(725) Diploma eodem die datum v. ibid. n. 88, ibique notam 1.

serens se ad sonitum mallei audisse quasi vocem gementis pueri [2850]]. Tunc autem et tali modo thesauri Bremensis ecclesiæ, a veteribus et suo tempore summo labore magnaque fidelium devotione collecti, una et miserabili hora pro nichilo sunt pessundati. Vix tamen ex eadem pecunia media pars debiti [2851] conflata est. Gemmas sanctarum crucum [2852] distractas [2853] audivimus a [2854] quibusdam meretriculis donatas.

46. Horreo, fateor, omnia sicut facta sunt propalare, eo quod initium dolorum hæc erant [2855], gravisque secuta est vindicta. Ab illo ergo die ruentibus in occasum prosperis, omnia nobis et ecclesiæ adversa fuerunt, ita ut episcopus noster et sui asseclæ ab omnibus exsibilarentur sicut heretici. ([7.] Cap. 163.) At ille parvipendens omnium voces, simul etiam [2856] relicta rei domesticæ cura, totus in curiam vehemens et in gloriam præceps ferebatur, hac causa, ut ipse retulit, capessendæ rei publicæ quærens primatum, quia dominum et regem suum inter manus trahentium non posset videre captivum (726). Et jam consulatum adeptus est, jam remotis æmulis solus possedit [2857] arcem capitolii, non tamen sine invidia, quæ semper gloriam sequitur (727). Tunc vero metropolitanus noster quædam aurea sæcula (728) renovaturus in consulatu suo, cogitasse fertur [2858] disperdere de civitate Dei omnes qui operantur iniquitatem, præcipue illos qui vel in regem manus miserunt aut ecclesias deprædasse videbantur. Cujus delicti conscientia cum fere omnes episcopi et principes regni tangerentur, unanimi odio conspirabant, ut ille [solus [2859]] periret, ne ceteri periclitarentur. (1066.) Igitur omnes [simul [2860]] apud Triburiam congregati (729), cum rex adesset præsens, archiepiscopum nostrum quasi magum et seductorem a curia depulerunt. Adeo manus ejus contra omnes, manusque omnium contra illum (Gen. xvi, 12), ut controversiæ finis pervenerit usque ad sanguinem.

47. ([8.] Cap. 164.) Audientes autem [2861] duces nostri, quod pontifex ab ordine senatorum esset ejectus [2862], magno repleti gaudio, cogitabant et ipsi tempus invenisse ultionis, ut cum penitus alienarent a suo episcopio, dicentes: *Exinanite usque ad fundamentum in eo* (*Psal.* cxxxvi, 7) et *conteramus eum de terra viventium* (*Isai.* liii, 8). Itaque multæ insidiæ multaque obprobria eorum adversum archiepiscopum [2863], qui eo tempore [2864], cum nil [2865] tucius haberet, Brêmæ sedit [2866], quasi obsessus et custodia vallatus [2867] inimicorum [2868]. Cumque tota ducis familia pastorem et ecclesiam et [2869] populum et sanctuarium derisioni haberent [2870], Magnus tamen [2871] ante omnes sæviebat, glorians se tandem rezervatum esse, qui rebellem domaret [2872] ecclesiam.

48. ([9.] Cap. 165.) Magnus igitur [2873], filius ducis, collecta satronum multitudine, non eo modo conatus est ecclesiam impugnare quemadmodum parentes ejus, verum ipsum pastorem ecclesiæ persecutus [2874]. ut contentionem diutinam finisse videretur, aut membris truncare aut funditus interficere quærebat episcopum [2875]. Nec tamen illi dolus ad cavendum [2876] defuit, auxilium vero in militibus nullum prorsus habuit. Ipso [2877] tempore archiepiscopus a Magno duce (750) obsessus, clam [2878] noctu [2879] fugit [2880] Goslariam, ibique secure per dimidium annum mansit in prædio suo apud Loctunam (751). Castra et servicium [2881] ejus ab hostibus direpta sunt. Quibus angustiarum laqueis obstrictus, ignominiosum quidem, sed necessarium cum tyranno fedus pepigit, ut, qui hostis erat, miles efficeretur, offerens ei de bonis ecclesiæ mille mansos [2882] in beneficium et amplius [2883] : eo nimirum tenore, ut comitatus Fresiæ, quorum alterum Bernardus, aterum Ekibertus [2884] invito pontifice retinebat, Magnus absque omni dolo vendicaret juri ecclesiæ ac [2885] defenderet. [10.] Ita prorsus diviso in tres partes Bremensi episcopatu, cum unam partem Udo [2886], alteram [2887] Magnus haberet, vix tercia remansit episcopo; quam tamen ipse postea Eberhardo [2888] (752) aliisque regis adulatoribus distribuens, fere nichil sibi retinuit. Nam et cortes [2889] episcopi et decimæ ecclesiarum, unde clericii, viduæ [2890] et inopes sustentari

VARIÆ LECTIONES.

[2850] *Verba uncis inclusa desunt* 1. [2851] debitum 4. [2852] crucium 2. 3. [2853] destructas 3. [2854] aut 2. ac 3. 4. [2855] sunt 4. [2856] et 5. [2857] possidet 2. 4. [2858] cogitavit 4. [2859] solus *addunt* 2. 3. 4. [2860] simul *addunt* 2. 3. 4. [2861] autem *deest* 5. [2862] nostri, pontificem ab o. s. esse ejectum 4. [2863] adversus episcopum 4. [2864] totum 1. [2865] nichil 4. [2866] Bremæ præter sedem 2. 3. [2867] est *addunt* 2. 3. [2868] amicorum 5. [2869] et *deest* 4. [2870] habent 4. [2871] tamen *deest* 2. 3. 4. [2872] domaret 1. [2873] ergo 4. 5. [2874] est *addit* 1. prosequutus 3. [2875] archiepiscopum 5. [2876] cavendam 5. [2877] ergo *addit* 4. [2878] dam 1. [2879] metu 2. 3. 4. [2880] suffugit 2. 4. [2881] Castra autem et servitia 4. [2882] mansus 1. [2883] et a. i. beneficium 4. [2884] Ekhertus 4. [2885] atque 4. [2886] Uto 2. 5. [2887] partem *addit* 4. [2888] Ebervardo 2. Ebernardo 4. Bernardo 3. 5. *In margine codicis* 2. *hic legitur :* Dulce loqui miseris veteresque reducere questus. [2889] curtes 2. 3. 4. [2890] viduæ *deest* 2. 3. 4.

NOTÆ.

(726) *Regem—captivum.* Conf. Lambert. Hersfeld. a. 1062.

(727) *Invidiam post gloriam sequi.* Sallust. Jugurth. cap. 54.

(728) V. supra l. iii, c. 58.

(729) Sc. 1066. m. Januar. Conf. Annal. Weissemburg. a. 1066 ; Lambert. Hersfeld.

(750) *Duce,* h. e. filio ducis Ordulfi.

(751) Lochten in præfectura Hildesheimensi Vienenburg. V. Wedekind Noten 1, 166.

(752) Eberhardus, comes de Nellenburg, frater Udonis, archiepiscopi Treverensis, regi a consiliis. V. Lambert. Hersfeld. a. 1071 sq.

deberent', omnia²⁹⁹¹ co·serunt in usum laicorum, ita ut meretrices cum latronibus usque hodie luxurientur ex bonis ecclesiæ, in derisum habentes episcopum omnesque ministros altaris. Tantis igitur largitionibus, sicut hodie videri potest²⁹⁹², nichil lucratus est archiepiscopus²⁹⁹³ erga Udonem et Magnum, quam ne expelleretur a suo episcopatu; a ceteris vero nichil aliud servitii²⁹⁹⁴ meruit nisi ut dominus vocaretur.

49. ([11.] Cap. 166.) Hæc nobis prima ruina contigit in Bremensi parrochia²⁹⁹⁵; verum trans Albiam quoque vindictæ magnitudo pervenit, quoniam princeps Gotescalcus eo tempore interfectus est a paganis, quos ad Christianitatem nitebatur ipse convertere. Et quidem vir omni ævo memorabilis, magnam partem Sclavaniæ conversam habuit ad²⁹⁹⁶ divinam religionem. Sed quia nondum impletæ²⁹⁹⁷ sunt iniquitates Amorreorum (Gen. xv, 16), neque adhuc venit tempus miserendi eorum, necesse erat ut venirent scandala (Matth. xviii, 7), ut probati fierent manifesti (I Cor. xi, 19). Passus est autem noster Machabæus in civitate Leontia (733), vii Idus Junii 1066, cum presbytero Yppone, qui super altare immolatus est, et aliis multis tam laicis quam clericis, qui diversa ubique pro Christo pertulerunt supplicia.·.·| Ansverus²⁹⁹⁸ monacus et cum eo alii apud Razzisburg²⁹⁹⁹ lapidati sunt. Idus Julii passio illorum occurrit³⁰⁰⁰.

50. ⁕⁕⁕ Johannes episcopus senex cum ceteris chri-

A stianis in Magnopoli civitate captus³⁰⁰¹ servabatur ad³⁰⁰² triumphum. ([12.] Cap. 167.) Ille igitur pro confessione Christi fustibus cæsus, deinde per singulas civitates Sclavorum ductus ad ludibrium, cum a Christi nomine flecti non posset, truncatis manibus ac pedibus, in platea corpus ejus projectum est, caput vero ejus³⁰⁰³ desectum³⁰⁰⁴, quod³⁰⁰⁵ pagani conto³⁰⁰⁶ præfigentes in titulum victoriæ, deo suo Redigast immolarunt³⁰⁰⁷. Hæc in metropoli Sclavorum Rethre gesta sunt iv Idus Novembris. Filia regis Danorum apud Michilenburg³⁰⁰⁸, civitatem³⁰⁰⁹ Obodritorum, inventa cum mulieribus, diu cæsa, nuda dimissa³⁰¹⁰ est. Hanc enim, ut prædiximus, Gotescalcus princeps habuit uxorem, a qua et filium suscepit Heinricum. Ex alia vero Butue³⁰¹¹ natus fuit, magno uterque Sclavis excidio genitus³⁰¹².

([13.] Cap. 168.) Et illi quidem victoria potiti totam Hammaburg³⁰¹³ provinciam ferro et igne demoliti sunt. Sturmarii fere omnes aut occisi aut in captivitatem ducti, castrum Hammaburg³⁰¹⁴ funditus excisum, et in derisionem Salvatoris nostri etiam cruces a paganis truncate sunt (734). Impleta³⁰¹⁵ est³⁰¹⁶ nobiscum prophetia, quæ ait: Deus, venerunt gentes in hereditatem tuam; polluerunt templum sanctum tuum (Psal. LXXXIX, 1), et reliqua; quæ prophetice³⁰¹⁷ deplorantur in Jerosolimitanæ urbis excidio. Hujus³⁰¹⁸ auctor cladis Blusso³⁰¹⁹ fuisse dicitur, qui sororem habuit Godescalci, domumque reversus et ipse obtruncatus est ⁕⁕⁕⁕. Itaque omnes

SCHOLIA.

Schol. 79. Ex omni victu et servitio episcopali decima capellano legaliter cotidie reddebatur ad sustentationem infirmorum³⁰²⁰ et egentium peregrinorumque hospitium³⁰²¹. Sed capellanus ad suum usum fraudulenter multa reservans, nichil pauperibus inpendebat³⁰²². (2. 4.)

⁕⁕*Schol.* 80. Fertur idem Ansverus cum ad passionem veniret, flagitasse paganos, ut prius socii, quos deficere metuebat, lapidarentur. Quibus coronatis, ipse gaudens cum Stephano genua posuit (Act. vii, 9). (2. 3.)

⁕⁕⁕*Schol.* 81. Johannes iste peregrinationis amore Scotiam egressus, venit in Saxoniam, et clementer, ut omnes³⁰²³, a nostro susceptus (735) archiepiscopo, non multo post in Sclavoniam³⁰²⁴ ab eo directus est ad principem Godescalcum. Apud quem illis diebus³⁰²⁵ commoratus, multa paganorum milia baptizasse narratur³⁰²⁶. (2. 5. 4.)

⁕⁕⁕⁕*Schol.* 82. Ipso codemque tempore Silaswig, civitas Saxonum Transalbianorum, quæ sita est in confinio Danici regni, opulentissima æque ac³⁰²⁷ populosissima, ex improviso paganorum incursu funditus excisa est³⁰²⁸. (2. 3.)

VARIÆ LECTIONES.

²⁹⁹¹ omnes 4. ²⁹⁹² possit 3. ²⁹⁹³ episcopus 3. ²⁹⁹⁴ aliud servicii desunt. 5. ²⁹⁹⁵ parrochie 1. ²⁹⁹⁶ in 3, In margine codicis 2: Godescalcus princeps martirizatur. ²⁹⁹⁷ complete 2. 4. ²⁹⁹⁸ etiam addit 4. ²⁹⁹⁹ Razispurg 4. Ranisburg 2. Riusburg 3. ³⁰²⁰ In cod. 4. hic inseritur schol. 80. his verbis: Qui cum ad passionem veniret, flagitasse fertur paganos, ... posuit. Eadem verba quæ cod. 4. habet annal. Sax. a. 1065. Helmoldus l. 1. c. 22. vero iisdem utitur verbis, quibus schol. 80. ³⁰⁰¹ captus deest 4. ³⁰⁰² in 3. ³⁰⁰³ ejus deest 2. 3. 4. ³⁰⁰⁴ dissectum 3. ³⁰⁰⁵ quod deest 5. ³⁰⁰⁶ concito 4. ³⁰⁰⁷ immolaverunt 2. 3. 4. ³⁰⁰⁸ Michilinburg 4. Michlenburg 3. ³⁰⁰⁹ civitate 1. ³⁰¹⁰ Ita restitui ex Albert. Stad. a. 1066. diu cæsa desunt 1, Ann. Sax. a. 1065. Helmold. l. 1. c. 24. dimissa deest 2. 3. 4. ³⁰¹¹ Britue 2. ³⁰¹² geniti 1. Verba: Filia regis D. — genitus in cod. 2. leguntur in cap. antecedenti post verba: pertulerunt supplicia. ³⁰¹³ Hammaburgensem 4. Hamburgensem 2. 5. ³⁰¹⁴ Hamaburg 4. ³⁰¹⁵ Et impleta 4. ³⁰¹⁶ est deest 1. ³⁰¹⁷ tuum Hierusalem: quæ prophetiæ 5. 5. ³⁰¹⁸ Hujus vero 4. ³⁰¹⁹ Plusso 2. 3. 4. ³⁰²⁰ infirmatorum 5. ³⁰²¹ peregrinorumque et hospitum 2. 2ᵃ. p. q. hospitum M, F. ³⁰²² impendit 4. In 4. hoc scholion supra lib. III. c. 57. in 2ᵃ. lib. III. c. 40. legitur. ³⁰²³ ut omnes 2. Helmold desunt 5. 4. ³⁰²⁴ Sclaviam 4. ³⁰²⁵ deest 4. ³⁰²⁶ clementer susceptus, demum ad Godschalcum in Slaviam divertit. Apud eum aliquandiu comm. m. pag. mil. baptizavit 5. ³⁰²⁷ opul. atque 4. Helmold l. 1. ³⁰²⁸ Cod. 4. hic textui inserit schol. 85. ut et Helmold l. 1. c. 24. Ann. Sax. a. 1065. vero infra post verba: derisus est.

NOTÆ.

(733) Lenzen prope Albiam.
(734) Occisi—truncatæ sunt. Similia verba v. supra l. i, c. 55.
(735) Clementer susceptus ut omnes. Ita et infra c. 53.

Sclavi, facta conspiratione generali, ad paganismum denuo relapsi sunt ', eis occisis qui perstiterunt in fi'e. Dux noster Ordulfus in vanum sæpe contra Sclavos dimicans per duodecim annos, quibus patri supervixit (756), numquam potuit [3029] victoriam habere, totiensque victus a paganis, a suis etiam derisus est. Igitur expulsio archiepiscopi (757) et mors Gotescalci uno fere anno contigit, qui est pontificis 22 [3030]. Et nisi [3031] fallor, hæc mala nobis ventura signavit ille [3032] horribilis cometa, qui ipso apparuit anno circa dies paschæ [3033] (758).

51. ([c. 14.] Cap. 169.) Eodem quoque tempore (an. 1066) clades illa memorabilis in Anglia facta est, cujus magnitudo, et quod Anglia Danis ex antiquo subjecta est summam [3034] nos eventuum præterire non sinit. Post mortem (759) sanctissimi regis Anglorum [3035] Eduardi, contendentibus pro illo regno principibus, Haroldus [3036] quidam Anglorum [3037] dux, vir maleficus, sceptrum invasit. Quod dum [3038] sibi frater ejus, nomine Tosti, ereptum audiret [3039], regem Nordmannorum auxilio ducit [3040] Haroldum (740), regemque Scotorum [3041]; et occisus est ipse [3042] Tosti, et rex Hiberniæ et Haroldus [3043] cum toto exercitu eorum [3044] a rege Anglorum (741). Vix, ut aiunt [3045], dies octo transierunt, et ecce Willehelmus [3046], cui pro oblico sanguine cognomen est bastardus, a [3047] Gallia transfretans A in Angliam, lasso victori [3048] bellum intulit. In quo Angli primum victores, deinde victi a Nordmannis, usque ad finem [3049] contriti sunt. Haroldus [3050] ibi cecidit, et post eum [3051] ex Anglis fere centum milia. Bastardus victor in ultionem Dei, quem ipsi offenderant Angli, omnes fere clericos et monachos absque regula viventes expulit. Deinde ablatis scandalis, Lanfrancum philosophum in ecclesia posuit doctorem (742), cujus studio et prius in Gallia [3052] et postmodum in Anglia multi ad divinum animati sunt obsequium.

52. ([15.] Cap. 170.] In Sueonia [3053] per idem tempus Christianissimus rex Stinkel [3054] defunctus est, post quem certantibus de regno "* duobus Hericis [3055], omnes Suedorum potentes feruntur occubuisse in bello. Nam et reges ambo ibi perierunt. Ita prorsus deficiente omni regali prosapia (743), et status regni mutatus, et Christianitas ibi turbata est valde. Episcopi, quos illuc metropolitanus ordinavit, persecutiones [3056] metuentes, domi sederunt. Solus episcopus Sconiæ [3057] procuravit ecclesias Gothorum. Et quidam Sueonum satrapa "** Gniph [3058] ad Christianitatem populum confortavit.

53. ([16.] Cap. 171.) Illo tempore clarissimus inter barbaros fuit Suein, rex Danorum; qui reges Nortmannorum "*** Olaph et Magnum (744) constrinxit magna virtute. Inter Suein et Bastardum

SCHOLIA.

* Schol. 83. Hæc est Sclavorum tertia negatio, qui primo facti sunt a Karolo Christiani, secunda ab Ottone, tertio nunc ab Godescalco principe [3059]. (2. 3.)
** Schol. 84. Haroldus iste rex Nordmannorum 300 naves magnas habuit, quæ omnes ibi remanserunt. Insuper massa auri, quam Haroldus a Græcia duxit, ad Bastardum tali fortuna pervenit. Erat autem pondus auri, quod vix bisseni juvenes cervice levarent. (2. 3. 4.)
*** Schol. 85. Duobus Hericis [3060] in prælio interfectis, Halzstein [3061] filius Stenkel [3062] regis, in regnum levatus est. Quo mox pulso [3063], accersitus [3064] est Amunder [3065] a Ruzzia [3066], et illo nichilominus amoto, Sueones quendam elegerunt Haquinum (745). (2. 3. 4.)
**** Schol. 86. Iste accepit matrem Olavi [3067] juvenis in matrimonio [3068]. Rex autem Nordmannorum duxit filiam regis Danorum uxorem, et facta est pax ad invicem. (2. 4.)
***** Schol. 87. Isti erant filii Haroldi [3069]. (2. 4.)

VARIÆ LECTIONES.

[3029] nullam potuit unquam 3. n. u. p. 4. ullam potuit nunquam 2. [3030] Cod. 4. hic inserit scholion 82. [3031] ni 2. [3032] illa 2. [3033] Et nisi — paschæ in cod. 3. margini adscripta sunt. [3034] summa 1. 4. [3035] Angiorum deest 5. [3036] Heroldus 5. [3037] Edvardi — Anglorum desunt 4. [3038] cum 5. [3039] Tostin ereptum iret 4. Tosti ereptum dolens bello adiret 2. [3040] auxilio ducit desunt 2. [3041] Schotorum 4. [3042] ibi 5. [3043] Tosti (Toste 3.), Haroldus (Harald 3.) et rex Hiberniæ (Hybernie 4.) 2. 3. 4. [3044] eorum deest 2. 3. 4. [3045] Vix ergo 4. [3046] Willelmus 2. 4. Vilhelmus 3. [3047] ab 4. In margine cod. 2: Angli cadunt. [3048] victorio 1. [3049] unum 2. [3050] Heroldus 4. [3051] et cum eo 4. [3052] in Gallia desunt 2. 3. 4. [3053] Suetia 3. [3054] Stenkel 2. Steinkel 3. [3055] Ericis 3. [3056] persecutionem 2. 3. 4. [3057] Scaniæ 2. 3. [3058] Gniphus 2. [3059] negatio, ab eo tempore, quo primum sub Carolo Magno Christiani facti sunt 3. [3060] Ericis 3. [3061] Haltzstein 5. Balzsteyn 2. Halsten 3. [3062] regis Stenkil 4. Steinkel 3. [3063] depulso 3. 5. [3064] accitus 3. [3065] Annunder 5. Anunder 4. [3066] Ruzlia 2. Russia 3. [3067] Olaph 4. [3068] matrimonium 4. [3069] Verba: Iste — matrimonio et: Isti — Haroldi desunt 5.

NOTÆ.

(756) Ordulfus obiit anno 1071, Mart 28. V. Annal. Saxo, Necrol. Luneburg.
(757) Sc. e curia regis initio anni 1066. V. Lambert. Hersfeld. Annus 22, pontificis vero secundum Adamum annus est 1064, April. 13, usque 1065, April. 13. Annum 1064 etiam habet Bernoldi Chronicon, quod cum a. 22. Adalberti ex sententia Adami convenit. Sed hæc ad a. 1066 referenda esse apparet ex sequentibus c. 58 sq. 68, quod cum sententia nostra de annis Adalberti congruit.
(758) Cometa iste visus est a. 1066, circa finem mensis Aprilis. V. Lambert. Hersfeld. Florent. Wigorn.

(759) 1066, Jan. 5.
(740) Haroldus Hardrada.
(741) In prælio apud Stamfordbridge 1066, Septembr. 25.
(742) Anno 1070 archiepiscopus Cantuariensis factus est Landfrancus.
(743) Conf. supra l. I, cap. 54, deficientibus viris regalis prosapiæ. Vita sancti Willehadi, cap. 5.
(744) Magnus II († 1062) et Olav Kyrre († 1087). filii Haraldi Hardrade.
(745) Haco successor Stenkilli recensetur apud Snorr. Sturleson Magnus Barfot. c. 13. Conf. omnino Reuterdahl Swenska Kyrkans Historia, t. 1, p. 207 sq

perpetua contentio de Anglia fuit (746), licet noster pontifex muneribus Willehelmi persuasus, inter reges pacem formare voluerit. Christianitas [3070] ab illo Suein rege in exteras nationes longe lateque diffusa est. Et cum multis virtutibus polleret, sola aegrotavit luxuria. Novissimis [3071] archiepiscopi temporibus, cum ego Bremam venerim [3072] (747), audita ejusdem regis sapientia, mox ad eum venire disposui; a quo etiam [3073] clementissime susceptus, ut omnes, magnam hujus libelli materiam ex ejus ore collegi. Erat enim scientia litterarum eruditus et liberalissimus in extraneos, et ipse direxit praedicatores suos [3074] clericos in omnem Suediam, Nortmanniam et [3075] in insulas quae sunt [3076] in illis partibus. Cujus veraci et dulcissima narratione didici, suo tempore multos ex barbaris nationibus ad Christianam fidem conversos, aliquos etiam tam in Suedia quam in [3077] Norvegia martyrio coronatos; ex quibus, ait Hericus [3078] quidam peregrinus [3079] dum [3080] Sueones ulteriores praedicaret, martyrii palmam capitis abscisione [3081] meruit. Alter, quidam [3082] Alfwardus [3083] nomine, inter Nortmannos sancta [3084] conversatione diu [3085] latenter vivens, abscondi non potuit. Ille igitur, dum protexit inimicum, occisus est ab amicis. Ad quorum requietionis locum magna hodieque [3086] sanitatum miracula populis declarantur. » Igitur et [3087] ea, quae diximus vel adhuc sumus dicturi de [3088] barbaris, omnia relatu illius viri cognovimus.

54. ([17.] Cap. 172.) Interea noster archiepiscopus zelo, ut aiunt, Agrippinensis episcopi a curia perturbatus, Bremae sedit privatus, solitarius et quietus. Atque utinam tanta quiete mentis frueretur, quanta corporis fatigatione carebat. Felix, inquam, si domesticis ecclesiae bonis avitisque parentum contentus divitiis, infelicem curiam aut nunquam vidisset aut raro [3089] visitasset! Et de aliis quidem viris magnis legitur, quod gloriam [mundi [3090]] contempnentes, aulam regiam veluti secundam [3091] ydolatriam refugerint, judicantes nimirum ad hoc philosophicum solitariae vitae ocium a tempestate seculi et [3092] tumultu palatii quasi ad portum

et requiem beatitudinis veniendum. Noster vero pontifex contraria via currebat, sapientis viri officium aestimans, ut pro salute ecclesiae suae non solum curiae labores sustineat, verum etiam, si ita necessitas erit, pericula et mortem subire non dubitet. Unde, nisi [3093] fallor, primo tempore suo curiam regis frequentavit pro exaltanda ecclesia sua; circa finem vero perditis aut potius dispersis quae habuit, pro liberando laboravit episcopio. In qua re, sicut illud persuasit ambitus gloriae, ita istud necessitas imperavit ecclesiae, quae invidia ducum hujus patriae semper impugnata, nunc [3094] demum etiam nichilum redacta est. Quam calamitatem sui temporis ipse miserabiliter cotidie deploravit, speciales ad hoc psalmos habens constitutos, quibus in hostes ecclesiae posset ulcisci.

55. ([18.] Cap. 173.) Quod autem erga suos parrochianos se tam crudelem exhibuit, quos [3095] potius diligere ac sicut pastor oves suas procurare deberet, ipse magnam exposuit rationem, quam de illius ore nos audivimus; alia [3096] didicimus [3097] ex aliis.

(Cap. 174.) Germanus [3098] archiepiscopi frater, scilicet palatinus comes, nomine Dedus [3099] (748), a quodam suae diocesis presbytero interfectus est. (749) eodem anno quo et caesar defunctus est, vir bonus et justus, qui nemini unquam vel ipse nocuit vel fratrem nocere [3100] permisit. Apparuit hoc [3101] in fine memorabilis viri, qui circumstantes [3102] jam moriens [3103] obtestatus est pro salute sui, [3104] occisoris, hoc [3105] mandavit et fratri. Qui defuncti complens vota, presbyterum quidem abire permisit illaesum, ex eo autem tempore odio habuit omnem familiam ecclesiae. (Cap. 175.) Dicunt et alium fomitem odii, quod dum aliquando pontifex nescio quem de familia superbius agentem jussisset comprehendi, reliqui proinde [3106] commoti ad insaniam, cubiculum pontificis armati petunt, etiam vim facturi, nisi redderetur comprehensus, et alia quae furor persuasit iratis. ([19.] Cap. 176.) Tercia causa erat, quod episcopus, ut [3107] bonis suis parceret, annum [3108] integrum aut saepe biennium a domo peregrinatus

SCHOLIA.

*Schol. 88. Multotiens etiam cum fletu asseruit, omnes decessores [3109] suos in persecutione ducum et malitia parrochianorum velut in igne recoctos et assatos. Unde non diffido, inquit, me quoque pro veritate ab eisdem martyrio coronandum esse. (2. 4.)

VARIAE LECTIONES.

[3070] autem addit 4.   [3071] novissimi 4.   [3072] veni 2. 3. 4.   [3073] et 3.   [3074] suos deest 3.   [3075] S. et N. atque 4. Sueoniam, Nordwegiam et 2.   [3076] quas 1.   [3077] in deest 3.   [3078] Henricus 3.   [3079] peregrinis 1.   [3080] apud addunt 2. 3. 4.   [3081] abscissione 3.   [3082] quidem 5.   [3083] Alfuardus 3. Alfardus 1.   [3084] iter Nortmannum facta 1.   [3085] ac add. 3. 4.   [3086] que deest 4.   [3087] et deest 2. 5.   [3088] ex 1.   [3089] caro nunquam 1.   [3090] mundi addunt 2. 5. 4.   [3091] secundariam 5   [3092] et deest 1.   [3093] ni 2. 3. 4.   [3094] tunc 5. quod 4.   [3095] aliaque 4.   [3097] dicemus 3.   [3098] autem addit. 4.   [3099] Decius 2. 3. 4.   [3100] nocere deest 1.   [3101] enim 4.   [3102] circumstans 1.   [3103] moriens deest 4. jam moriens desunt 5. etiam 2. jam 3.   [3104] sui deest 4.   [3105] quod ut f. m. 4.   [3106] inde 2. 5.   [3107] ut deest 3. ut episcopus 2. 5.   [3108] etannum 3.   [3109] predecessores. 4.

NOTAE.

(746) Praesertim a. 1069. Conf. Lappenberg Geschichte von Grossbritannien t. II, pag. 75 et 87 sq.
(747) Sc. anno 1068. Vide supra cap. 4.
(748) Audit Dedo in charta Adalberti a. 1053,
Sept. 29, in Hamburg. Urkundenbuch n. 76. Conf. ibidem n. 78. Conf. de hujus morte librum De fundatione monasterii Gozecensis.
(749) Sc. anno 1056. V. Lambert. Hersfeld.

est. Post multum [3109] vero temporis in episcopatum regressus, cœpit rationem ponere cum servis et villicis [3110] suis, invenitque omnia bona et reditus fructuum [3111] non minus dissipata quam si domi esset [3112]. Est enim hoc *genus hominum*, ut bene Salustius (750) describit, *mobile et infidum, neque beneficio neque metu coercetur* [3113]. (Cap. 177.) Præterea ingurgitationem potus, quod peculiare est vitium illis gentibus, ita est [3114] abhominatus [3115] pontifex in eis, ut sæpe de illis dicere solitus sit [3116] *quorum venter deus est* (*Philip.* III, 19). Nam contentiones et pugnas, oblocutiones et blasphemias, et quæcumque majora scelera commiserint in ebrietate, in crastinum illi pro ludo habent. ([20.] Cap. 178.) Querebatur etiam usque ad sua tempora multos paganorum [3117] erroribus implicitos, ita ut diem sextæ feriæ carnis esu macularent [3118], ut vigilias sollempnitatesque sanctorum ac venerabilem quadragesimam gula fornicationeque [3119] polluerent [3120], ut perjuria pro nichilo computent, ut effusionem sanguinis in laude [3121] habeant; similiter adulteria, incestuositates aliæque naturam excedentes immunditiæ vix culpantur ab aliquo eorum. [3122] Plerique [3123] duas vel tres aut innumerabiles simul uxores tenent. Item morticina et sanguinem et suffocata carnesque [3124] jumentorum licite utuntur. (Cap. 179.) Postremum est, quod archiepiscopus adprime doluit super invidia, quam in advenas habent [3125], et quod adhuc duci fideliores erant quam sibi aut ecclesiæ suæ. Hæc et alia populi delicta dum sæpe metropolitanus in ecclesia declamatorio sermone fieri prohiberet, illi correptionem paternam derisioni habere [3126], nec ut sacerdotibus aut ecclesiis Dei ullam reverentiam haberent, flecti moverique potuere [3127]. ([21.] Cap. 180.) Quibus rerum causis impellentibus, statuit eis archiepiscopus, ut populo duræ cervicis neque parcendum esse, neque credendum, ita dicens: *In chamo et freno maxillas eorum constringe* (*Psal.* XXXII, 9) [3128]; rursumque: *Visitabo in virga iniquitates* [3129] *eorum* (*Psal.* LXXXVIII, 33), et alia. Itaque inventa occasione, si quis eorum offendisset, eum mox in vincula conjici (751) jussit [3130], aut spoliare [3131] omnibus bonis, asserens cum risu afflictionem corporis animæ utilem; dampna bonorum, hoc [3132] esse

purgationem delictorum. Unde factum est [3133] ut præpositi operum, quibus ipse [3134] vicem suam commisit, in rapiendo et affligendo modum excesserint. Impletumque est vaticinium, quod ait: *Ego iratus sum parum, ipsi vero adjuverunt me in malum, dicit Dominus* (*Zach.* I, 15).

56. (Cap. 181.) Tunc igitur Bremæ commoratus pontifex, cum nil [3135] haberet residui, de rapinis pauperum vixit et bonis sanctarum congregationum. Præposituram majorem episcopii servus ejus quidam Suidger [3136] (752) administravit. Is cum dispersis fratrum bonis, propter homicidium diaconi esset depositus, iterumque [3137] restitutus, nec haberet quod fratribus aut domino servicii [3138] daret, conscientiæ metu perculsus (753), aufugit [3139] iram pontificis [3140]. Sicque præpositura in ditionem episcopi redacta, per vicarios sua quærentes miserabiliter eo [3141] tempore laniata est. Similiter per singulas fiebat congregationes; pontifice [3142] in præpositos irato, illis autem in vulgus zelantibus, dissipata sunt omnia bona ecclesiæ. ([22.] Cap. 182.) Hujus cladis solum expers erat xenodochium, quod a sancto Ansgario primitus inceptum, postea succedentium patrum diligentia usque ad novissima tempora domini [3143] Adalberti salvum permansit et integrum. Et tunc quidem vicedomnus [3144] noster, quasi fidelis dispensator et prudens, ad custodiendum [3145] pauperum elemosinas deputabatur. Non [3146] audeo dicere quantum peccatum sit defraudare pauperum res, quod alii canones sacrilegium vocant, alii homicidium (754); hoc solum fas est [3147] pace omnium dici fratrum, quia toto septennio, quo supervixit archiepiscopus (755), ex illo famoso et opulento Bremensis ecclesiæ hospitali nulla prorsus data elemosina. Quod ex eo miserabile et inhumanum videtur, quoniam et tempus incubuit [3148] famis, et multi pauperes in plateis ubique reperti sunt mortui. Ita intento ad curiam pastore nostro, sanctissimi vicarii ejus dominicum ovile vastantes, more luporum in episcopio grassati sunt, ibi solummodo parcentes, ubi nichil invenerunt quod posset auferri.

57. ([23.] Cap. 183.) Cerneres [3149] eo tempore lamentabilem Bremæ tragœdiam in afflictionibus [3150] civium militumque ac mangonum [3151], item quod

VARIÆ LECTIONES.

[3109] * multum *deest* 4.   [3110] ancillis 4.   [3111] fructuum *deest* 5. fructus redditurum 1.   [3112] fuisset 3. 4.   [3113] coerceretur 1. cohercetur 2.   [3114] *deest* 4.   [3115] abominatus 2. 5.   [3116] fuerit 4.   [3117] paganos 5.   [3118] macularint 1.   [3119] fornicationibusque 2. 3. 4.   [3120] polluerint 4.   [3121] laudem 5.   [3122] illorum 3.   [3123] enim *addit* 4.   [3124] morticinis et sanguine et suffocatis carneque 3.   [3125] habebant 3. [3126] habuere 3. habentes 4.   [3127] nec sacerdotibus nec e. D. u. r. exhibentes, f. m. q. nequiverunt 4. [3128] constringam 3.   [3129] iniquitatem 3.   [3130] precepit 5.   [3131] spoliari 2. 3. 4.   [3132] hoc *deest* 3. hec 2. [3133] est *deest* 3.   [3134] ipse *deest* 4.   [3135] nihil 5.   [3136] Siudger 3. Swidgerus 2.   [3137] que *deest* 3.   [3138] servientibus 5.   [3139] propter *addit* 3   [3140] pontificis *deest* M. F.   [3141] ipso 2. 3. 4.   [3142] ergo *addit* 4. [3143] domni *deest* 5. domini 3.   [3144] vicedominus 3. 5. semper.   [3145] custodiendas 2. 3. 4.   [3146] enim *addit* 4.   [3147] sit 2. 3. 4.   [3148] incumbit 4.   [3149] cernens 1.   [3150] afflictione 2. 3. 4.   [3151] manguonum 2. magnatum 3. 5.

NOTÆ.

(750) Bell. Jugurth. c. 87.
(751) *In Vincula conjicere*. Sallust. Catil. c. 58. Ita et infra c. 57.
(752) Suidgerum, canonicum Bremensem, inter testes in charta Adalberti a. 1053, Sept. 20, invenimus; v. Hamburg. Urkundenbuch, n. 76.
(753) *Perculsus metu*. Sallust. Jugurth. cap. 56, 54.
(754) V. Archiv. t. VI, p. 804.
(755) Sc. post expulsionem e curia, 1066, Jan. V. supra cap. 46.

gravius erat, clericorum et sanctimonialium. Et de nocentibus quidem juste actum videtur, ut corriperentur; de aliis vero non sic. Primo igitur, si quis civium putabatur innocens, ei aliqua jubebantur, ut nocens [3152] fieret [3153], vix possibilia; quæ dum ille præteriret aut forte impossibilia [3154] clamaret, statim omnibus bonis exspoliatus est; si murmurare præsumpsit, in vincula conjectus. Erat autem videre alios flagris torqueri, multos in nervum mitti, quosdam pelli a domo (756), plerosque deportari in exilium. Ac velut in civili Sillæ [3155] victoria (757) contigit [3156], quem [3157] aliquis potentium [3158] privato odio infensum habuit, cum sæpe ignorante archiepiscopo [3159] damnavit, quasi ex ejus præcepto. Tum [3160] vero, ne [3161] aliquis sexus aut ordo immunis haberetur in tanto scelere, vidimus etiam [3162] mulierculas auro vestibusque nudatas, et infamis prædæ auctores cum presbyteris vel episcopis existere. Porro ex illis quibus ablata sunt bona sua, aut qui durius [3163] a quæstore gravati sunt, compertum est nobis (758), aliquos eorum nimio dolore permotos [3164] in amentiam venisse; quosdam vero nuper divites [3165] ostiatim mendicasse. Cumque rapinarum quæstio in omnes caderet episcopo subjectos, non transivit [3166] etiam negotiatores, qui ex omni terrarum parte Bremam solitis frequentabant mercibus, eos omnes execranda vicedomnorum exactio coegit sæpe nudos abire. Ita civitas a [3167] civibus et forum mercibus usque hodie defecisse videtur, cum præsertim, si quid nostris intactum superfuit, hoc servi ducis radicitus absumpserint [3168]. Et hæc omnia cum sæpe antea facta sint [3169] et [3170] præsente archiepiscopo, intolerabiliter [3171] autem illo [3172] absente ac post diem expulsionis suæ.

58. ([24.] Cap. 184.) Multo igitur labore multisque largitionibus in vanum consumptis, metropolitanus tandem post triennium expulsionis suæ voti compos effectus, in pristinum gradum curiæ [3173] restitutus est [3174] (759), mox quoque [3175] succedentibus prosperis, summam rerum, quod est [3176] vicedomnatus, jam septies consul meruit (760). (An. 1069.) Nactus vero locum dignitatis, in quo magnitudinem animi posset ostendere, jam tunc caute ambulandum esse deliberavit erga principes (761), ut non offenderet eos sicut prius. Quapropter Coloniensi episcopo [3177] primum reconciliari voluit, deinde ceteris, in quos ipse, vel potius qui in illum peccasse [3178] videbantur. Deinde remotis impedimentis ecclesiæ suæ, pro cujus exaltatione tam in ambitu curiæ, quam in profusione pecuniæ videbatur improbior, non fuit ociosus. Quo tempore Plisnam, Duspure [3179], Groningon [3180] et Sincicum [3181] acquisivit (762). Wildashusin [3182], præposituram Bremæ vicinam, prope in manibus habuit, et Roseveldor [3183] Hammaburc proximam. Ceterum si diutius haberet vitam, cogitavit etiam Fardensem [3184] episcopatum nostræ metropoli subjugare. Postremo in Hammaburc jam aperte laboravit patriarchatum efficere, aliaque magna et incredibilia, de quibus supra nimis dictum est (763).

59. ([25.] Cap. 185.) Accessit hoc ad gloriam præsulis, quod in anno consulatus sui famosum illud colloquium cæsaris cum rege Danorum ad contumeliam ducis [3185] habitum est in Luniburc [3186] (764), ubi sub optentu federis contra Saxones arma laudata [3187] sunt. Eodemque [3188] anno restincta est illa conspiratio prima [3189] in regem facta; in qua dux Otto (765) et Magnus, devastata per annum Saxonia, tandem consilio præsulis [3190] in potestatem se regis dederunt. Rex ducatum Ottonis [3191] Welpo dedit [3192] (766), archiepiscopus noster bona ecclesiæ recepit, quæ ante habuit Magnus [3193].

60. ([c. 26.] Cap. 186.) Itaque in summa rerum gloria positus, licet crebra corporis molestia

VARIÆ LECTIONES.

[3152] innocens 4. [3153] fieret deest 1. [3154] quæ—impossibilia desunt 3. [3155] Sylle 2. 3. Romani addit 5. [3156] velut—contigit desunt 2. Contigit autem 4. [3157] quemcunque 2. [3158] in addit 5. [3159] episcopo 4. [3160] Tunc 3. [3161] ne deest 2. [3162] solas 4. [3163] diutius 4. [3164] permotus 4. [3165] divites deest 1. [3166] transivit 1. [3167] a deest 4. In cod. 1. a scriptore in textu omissum, postea insertum est. [3168] absumpserunt 2. 3. [3169] sunt 2. 3. [3170] etiam 4. [3171] intolerabilius 4. [3172] ipso 2. [3173] curia 2. [3174] est deest 1. [3175] moxque 2. 3. 4. [3176] est deest 1. [3177] pontifici 4. [3178] ipse peccasse, vel p. q. i. illum 1. [3179] Dusburg 3. 4. Dusburgh 2. [3180] Groningim 2. Groningen 3. Groningim 4. Gronigin 5. [3181] Sinticum 2. 3. 5. [3182] Wildushusin 4. Wildushusen 5. [3183] Rosfeldon 2. 5. Rosaveldon 4. [3184] Ferdensem 2. 4. Verdensem 5. [3185] ducis deest 2. 3. 4. [3186] Linniburg 4. Lyumburg 2. Luneburg 5. Hamburg 3. [3187] parata 3. [3188] que deest 2. 3. 4. [3189] prima deest 5. [3190] archiepiscopi 4. [3191] Othonis 3. [3192] et add. 4. [3193] Magnus habuerat 4.

NOTÆ.

(756) Interea parentes aut parvi liberi militum, ut quisque potentiori confinis erat, sedibus pellebantur. Sallust. Jugurth. c. 57.

(757) Sulla—ante civilem victoriam. Ibid. c. 91.

(758) Compertum est nobis, v. supra l. III. c. 25; l. IV, c. 28.

(759) Restitutus est, sc. anno 1069.

(760) Septies; ut videtur ab a. 1058-1065. Conf. l. III, c. 33. Fortasse meminit noster ex Lucani Pharsal. l. II, v. 429, seu ex Orosii Histor. l. v, c. 19, Marium septies consulem fuisse.

(761) Caute ambulare erga principes, Germanismus, vorsichtig mit den Fursten umgehen.

(.62) Acquisivit, id est in possessionem venit; chartæ enim imperatoris de Sincico et Duspuc jam a. 1065 archiepiscopo datæ sunt. Conf. supra l. III, c. 27.

(763) V. supra c. 52.

(764) Aliud videtur fuisse colloquium imperatoris cum rege Danorum Bardowici habitum, quod Lambertus parum accurate refert ad annum 1075, cui tamen Adalbertus noster adfuit, teste Brunone De bello Saxon. c. 20.

(765) Otto, dux Bajoariorum.

(766) Sc. in Nativitate Domini 1070. V. Lambert. a. 1071. Anno 1071, Jun. 15, adfuit Adalbertus consecrationi ecclesiæ cathedralis Halberstadensis.

pulsaretur, negotiis tamen publicis deesse noluit, a Rheno ad Danubium, indeque in Saxoniam cum rege portatus in lectica [3194]. Aiunt quidam laudatum esse regia sponsione, ut in [3195] proxima sollempnitate paschali convenientibus apud Trajectum Rheni principibus, ibi confirmarentur ei omnia, quæ de Lauressa [3196] vel Corbeia et ceteris desideravit anima ejus. Asserunt alii [3197] callidis dilationibus a rege tractum [3198] esse pontificem [3199], quo scilicet Lauressam dimittens, ubicumque mallet in regno, bis tantum suæ reciperet ecclesiæ donandum, verum ille pertinax incepit [3200], dum nil aliud velle respondit; tandem frustrato nisu decidens, una et vitam et Lauressam cum ceteris [3201] ecclesiæ bonis perdidit.

61. ([27.] Cap. 187.) Signa vel prognostica vicinæ [3202] mortis ejus plurima fuerunt, tam pavorabilia et insolita, ut nos ipsumque pontificem terrefacere viderentur; tam ingentia et manifesta, ut quisquis morum [3203] suorum turbulentiam [3204], valitudinis [3205] inconstantiam diligentius [3206] intueretur, procul dubio finem dixerit adventasse. Siquidem mores viri, licet semper a communi mortalium habitudine dissentirent, circa terminum vero inhumani intolerabilesque et alieni a semet ipso [3207] videbantur, maxime post diem expulsionis suæ vel devastationis parrochiæ, quæ simul [3208] comitata [3209] est. Post illum, inquam, diem pudore, ira doloreque majori quam sapientem viram decuit permotus, quia recuperandi bona ecclesiæ non invenit consilium, ex nimia sollicitudine multiformium angustiarum, non audeo dicere insanus, sed impos [3210] mentis effectus est. Porro quæ per eum deinde gerebantur, aliqua [3211] errantis vel desipientis [3212] poterant videri, quæ, ut æstimo, *non sani hominis* [3213], *non sanus juret Orestes* [3214] (767). Sicut est illud, quod præfati sumus, quia noctem integram vigilando, diemque transegit dormiendo. Item illud, quod a veritate quidem auditum avertens, ad fabulas et somnia conversus est. Item illud, quod elemosinarum oblitus in pauperes, omnia quæ habere potuit dispersit in divites, præcipue in [3215] adulatores. Item

A illud, quod, dispersis bonis ecclesiæ, cum nil haberet residui, de rapinis miserorum vixit et legitimis sanctarum congregationum. Item illud, quod de præpositura villicationem faciens, et de hospitali [3216] præposituram, non impar fuit illi qui *diruens* [3217] *ædificat, mutat quadrata rotundis* (763). Item illud, quod facilius solito provocatus ad iracundiam, aliquos manu percussit usque ad effusionem sanguinis (769), multos etiam ignominiosis exasperans verbis, non minus se quam illos innonoravit. Talis ille circa finem, totus a se alteratus, et a [3218] pristina virtute (770) pessumdatus, quid vellet aut nollet, nec sibi nec ulli suorum poterat satis notum esse. Ceterum talis erat eloquentia ejus usque in [3219] finem, ut si eum audires contionantem, facile tibi persuaderetur, omnia per illum fieri plena ratione magnaque auctoritate.

62. ([28.] Cap. 188.) Hanc perniciosam clarissimi viri (771) commutacionem sive digressionem et apertius deteriorationem dum per singulas orbis provintias fama volans (772) dispergeret, insignis [3220] germanus ejus, scilicet palatinus comes Fridericus [3221], ad corripiendum fratrem, sicut memini, pervenit [3222] usque [3223] Lismonam. Sed frustra commonens cum de his quæ honori ejus attinerent [3224] vel saluti, molestus (773) abscessit [3225], ' Notebaldum [3226] suosque pares accusans, qui suis maleficiis illustrem virum circumvenirent [3227], suisque dementem [3228] reddiderint [3229] consiliis. Hæc ille. Nos autem vidimus ipsum pontificem ad tantam [3230] illo tempore pervenisse infamiam, ut magicis inservisse artibus diceretur; a quo crimine, Jesum testor et angelos ejus omnesque sanctos, illum virum [3231] prorsus inmunem et liberum esse, præsertim cum *maleficos* (774) et *divinos* (775) et ejusmodi homines sæpe judicaret morte esse multandos. Quoniam vero scriptum est: *Cum sancto sanctus eris, et cum perverso perverteris* (Psal. XVII, 26, 27), arbitror eum, aut malignitate eorum quos sibi fideles credidit, aut infestatione inimicorum qui ecclesiam ejus impugnabant, a statu solitæ rectitudinis primo lapsum, deinde corruisse totum. [29.] Tandem sæva

SCHOLIA.

* *Schol.* 89. Nothebaldus [3232] vir maleficus, adulator et mendax apertissimus [3233]. (2. 4.)

VARIÆ LECTIONES.

[3194] letica 1. lecto 5. [3195] in *deest* 5. [3196] Lairessa 2. [3197] Alii autem asserunt episcopum 4. [3198] pertractum 5. protractum 2. 5. [3199] pontificem *deest* 5. [3200] incepti 5. Albert. *Stud.* instituit 5. [3201] ceteris *deest* 1. [3202] vicina 1. [3203] meritorum 4. [3204] et *addit* 5. [3205] valetudinis 3 5. [3206] diligenter 5. [3207] se ipso 1. [3208] simul *deest* 4. [3209] subsecuta 2. 5. 4. [3210] et inops 5. [3211] alicujus 4. [3212] decipientis 5. [3213] hominis sani 5. [3214] horestes 4. [3215] in *deest* 5. [3216] hospitalitate 1. [3217] diruta 2. 3. 4. [3218] a *deest* 2. 3. 4. [3219] ad 2. 3. [3220] ejus redundat 1. vir *addit* 4. [3221] Frethericus 4. [3222] venit 5. [3223] usque *de* st 2. 3. 5. [3224] attingerent 2. 3. 4. [3225] discessit 5. [3226] Nothobaldum 3. 4. Nothololdum 2. [3227] circumvenerint 2. 4. [3228] clementem 1. 2. [3229] rediderint 1. [3230] tanta 1. [3231] virum *deest* 5. [3232] iste Nothobaldus 5. [3233] erat *addit* 4.

NOTÆ.

V. Chron Halberstad. Ann. Sax.
(767) Persii sat. III, v. ult.
(768) Horat. epist. I, 4, v. 100.
(769) Conf. supra l. III, c. 37.
(770) *Pristina virtus.* Sallust. Catil. c. 54, 56. Jugurth. c. 45.
(771) *Clarissimus vir.* Ita et l. IV, c. 9. Vid. Sallust. Catil. c. 47.
(772) *Fama volans.* V. supra l. II, c. 58.
(773) *Molestus,* id est mœstus. Ita et l. III, c. 70. (l. IV, c. 45).
(774) *Malefici,* v. supra l. II, c. 58.
(775) *Divini,* v. supra l. II, c. 55.

perturbatione morum infractus, cum simul exterio- ribus fortunæ quateretur ³²³⁴ adversis, quasi navis obruta fluctibus, etiam corpore debilitari cepit. Dumque ³²³⁵ medicorum auxilio studuit recuperare valitudinem, propter crebra medicaminum tempta- menta ³²³⁶ graviorem mox incidit infirmitatem, ita ut semianimis jaceus, in extremis jam fuerit despe- ratus *. [Quo etiam tempore ad curiam tendens, gravi casu de equo lapsus est ³²³⁷.] Tunc ille compunctus amare flevit cum Ezechia (*IV Reg.* xx, 3), corre- ctionemque suæ vitæ Deo promittens, o ³²³⁸ solita Christi clementia, statim convaluit, totumque super- vivens triennium, multa complevit, non tamen om- nia quæ promisit ³²³⁹.

63. ([30.] Cap. 189.) In diebus illis supervenit quædam mulier spiritum habens Phitonis²²⁴⁰ (776) hæc voce publica dixit omnibus, celerem archi- episcopo³²⁴¹ transitum affore infra biennium, nisi forte converteretur. Hoc idem contestati sunt me- dici³²⁴². Erant autem cum pontifice alii pseudopro- phetæ, longe alia promittentes, quibus major³²⁴³ fides habebatur. Illi³²⁴⁴ siquidem vaticinabantur illum tam diu³²⁴⁵ victurum, donec poneret omnes inimicos suos scabellum pedum suorum (*Psal.* cix, 4), haucque debilitatem corporis magnam deinde sanitatem vel rerum prosperitatem secuturam. Fa- miliarissimus omnium erat Notebaldus ³²⁴⁶, qui multa pontifici sæpe vera prædicens, uno et novissimo decepit verbo credentem³²⁴⁷. [31.] Vidimus eo tem- pore apud Bremam cruces sudasse lacrimis; vidimus ecclesiam porcos violasse canesque, adeo ut vix possent³²⁴⁸ ab ipsa altaris crepidine repelli. Vidimus lupos in suburbanis loci nostri gregatim ululantes, horribili jurgio certasse cum bubonibus. Cumque somnia vehementer episcopus attenderet; hæc ab omnibus frustra³²⁴⁹ nunciabantur in ipum³²⁵⁰ re- spicere. Mortui numquam tam familiariter locuti sunt cum vivis. Omnia³²⁵¹ mortem episcopi porten- debant. Nam et Hammaburg eodem anno, quo metropolitanus decessit³²⁵², incensa et bis vastata est. Pagani victores totam Nordalbingiam deinceps

A habuerunt in sua ditione, bellatoribusque occisis aut in captivitatem ductis, provincia in solitudinem redacta est, ut diceres, in boni pastoris fine etiam pacem terris ablatam. ([32.] Cap. 190.) Quatuor- decim³²⁵³ dies ante obitum³²⁵⁴ Goslariæ positus, ex consuetudine sua nec potionibus contineri voluit nec flebotomis³²⁵⁵. Quare gravissimo dissinthe- riæ³²⁵⁶ morbo correptus, et usque ad ossa tenua- tus³²⁵⁷, heu suæ prorsus adhuc immemor salutis, rei publicæ negotia tractavit usque ad extremam exitus³²⁵⁸ horam³²⁵⁹. Aderat³²⁶⁰ Magadburgensis³²⁶¹ archiepiscopus Wecil³²⁶², et fratrum³²⁶³ alii, pe- tentes ut intromitterentur; quos tamen ipse, nescio quibus offensus, excludi præcepit a januis, dicens se præ ³²⁶⁴ immunditia infirmitatis indignum qui ab aliquo³²⁶⁵ videretur. Soli³²⁶⁶ regi concedebatur aditus ægrum³²⁶⁷ visitandi, quem dilexit eo modo et³²⁶⁸ usque in finem. Illum ergo suæ fidei ammo- nens et diuturni servitii, multis gemitibus³²⁶⁹ com- mendavit ei ecclesiam suam et bona ecclesiæ.

64. ([33.] Cap. 191.) Interea feralis aderat dies Ægyptiacis³²⁷⁰ cognata³²⁷¹ tenebris, qua magnus præsul Adalbertus amaræ mortis vicino pulsabatur nuncio. Sensit et ipse solutionem corporis sui tam virium defectu quam rerum præsagio dictarum in- stare. Sed cum medici trepidarent indicare verita- tem, solusque promitteret vitam Notebaldus, inter spem vitæ mortisque metum vir sapiens jacuit incertus suique oblitus. Eheu³²⁷² ignorans, quia *dies Domini sicut fur, ita in nocte veniet*; et *cum dixerint* ³²⁷³ *Pax et securitas, tunc repentinus super- veniet interitus* (I Thess. v, 2, 3), et alia, quibus³²⁷⁴ præcipitur in evangelio, ut vigilemus. *Nescitis*, in- quit, *diem neque horam* (*Matth.* xxiv, 30). Qua in re memor sentenciæ cujusdam sancti, non sine la- crimis huic loco possum aptare. *Jam*, inquit, *per- cutitur, jam sine penitentia cogitur exire peccator, ut moriens obliviscatur sui, qui, dum viveret, oblitus est Dei*³²⁷⁵. [34.] Tali modo gloriosus ille metro- politanus, cum adhuc speraret de vita præsenti, die medio sextæ feriæ, suis ad epulas sedentibus, ipse

SCHOLIA.

* Schol. 90. Ex ilo ³²⁷⁶ tempore balneis, quibus fere cotidie solebat uti, sale recoctis abstinuit, et reli- quis multis, quæ gravia esse populo persensit ³²⁷⁷. (2. 3.)

VARIÆ LECTIONES.

³²³⁴ quassaretur 2. quæreretur 1. ³²³⁵ que deest 1. ³²³⁶ in addunt 3. 4. ³²³⁷ Uncis inclusa desunt 1. ³²³⁸ o deest 2. 5. ³²³⁹ In cod. 4. hic leguntur verba scholii 90, quæ infra in margine iterum exstant, ubi legitur : Ex illo enim tempore que f. c. u. s. s. recoctis et reliqua multa q. g. e. p. p. ³²⁴⁰ Pythonis 3. 5. ³²⁴¹ archiepiscopi 4. ³²⁴² Hoc et medici testati 4. ³²⁴³ melior 2. 3. 4. ³²⁴⁴ Illi 2. 3. 4. ³²⁴⁵ laudiu 1. 3.46 Nothebaldus 2. 3. ³²⁴⁷ hancque — credentem desunt 4. ³²⁴⁸ poterant 3. ³²⁴⁹ sinistra 2. 3. 4. ³²⁵⁰ nunciabantur episcopum 5. ³²⁵¹ Omnia enim 4. ³²⁵² discessit 1. ³²⁵³ ergo addit 4. ³²⁵⁴ suum addunt 2. 4. ³²⁵⁵ phlebotomiis 3. fleobotonus 2. ³²⁵⁶ dissyntheriæ 2. dyssenteriæ 3. dissenterie 4. dysenteriæ 5. ³²⁵⁷ attenuatus 2. 3. 4. ³²⁵⁸ transitus 2. 3. 4. sui add. 4. ³²⁵⁹ horam deest M. F. ³²⁶⁰ ibi add. 4. ³²⁶¹ Magedb. 2. Magdab. 4. Magdeb. 3. 5. ³²⁶² Wecilo 2. Vezilo 5. Wezcel 4. ³²⁶³ fratres 4. ³²⁶⁴ pro M. F. ³²⁶⁵ ut ab aliquo 4. ut ab ullo M. F. ³²⁶⁶ tantum add. 4. tamen addit 5. ³²⁶⁷ ægrotum M. F. ³²⁶⁸ etiam 3. Albert. ³²⁶⁹ generibus 4. ³²⁷⁰ Egiptiacis 2. cognita 5. cognita 1. ³²⁷² Et heu 5. Et seu 3. ³²⁷³ dixerit 1. ³²⁷⁴ alias, ubi 2. 5. ³²⁷⁵ In margine codicis ? : Pulchra sententia. ³²⁷⁶ Ex eo nimirum 4. ³²⁷⁷ quæ fere (sæpe 3.) cotidie suevit habere 4.

NOTÆ.

(776) V. I Reg. c. xxviii, v. 7, et alibi in Vetere Testamento.

in agonia solus jacens, exhalavit spiritum ". A latos. Cum quibus et ³²⁸² nos veraciter possumus ³²⁸³

Vitaque cum gemitu fugit indignata sub umbras ³²⁷⁸ (777). affirmare, tibi neminem deinceps comparem fore in

Eheu quam vellem meliora scribere de tanto viro, clementia et largitate peregrinorum (779), in defensione sanctarum ecclesiarum et reverentia omnium
qui et me dilexit, et tam clarus in vita sua fuit. clericorum, sive qui male ³²⁸⁴ potentium rapinas aut
Verum timeo quia scriptum est : *Væ illis qui malum bonum dicunt* (Isai. v, 29) ³²⁷⁹ et pereant *qui præsumptiones superborum* ³²⁸⁵ *ita persequatur* ³²⁸⁶;
nigrum in candidum, ³²⁸⁰ *vertunt* (778). Videturque ³²⁸¹ postremo qui in divinis humanisque prudenter
mihi periculosum esse ut talis homo qui, dum vi- disponendis ³²⁸⁷ paratior inveniatur ad omne consilium. Si quid vero in moribus tuis ³²⁸⁸ reprehensi-
veret, propter adulationes perditus est, ei nos scribentes aut loquentes post mortem adulari debea- bile videbatur, hoc magis accidit ex eorum nequitia,
mus". Asserunt tamen aliqui, cum ita solus jacuis- quibus tu plus justo credidisti, sive quos ³²⁸⁹ inimicos propter veritatem sustinuisti. Illi enim tuum
set, paucos interfuisse arbitros, in quorum ³²⁸² laudabile ingenium suis depravantes insidiis, a ³²⁹⁰
præsentia de omnibus gestorum suorum offendiculis bono malum effecerant; ideoque oportet nos clementissimum orare Dominum, ut tibi indulgeat
amaram in novissimo gesserit penitentiam, flens et
ejulans se dies suos perdidisse, tuncque demum
cognoscens ³²⁸³ quam parva, immo quam misera secundum multitudinem (780) misericordiæ suæ,
est nostri pulveris gloria ; *quia omnis caro fœnum,* teque in æterna beatitudine collocet, per merita
et omnis gloria ejus quasi ³²⁸⁴ *flos fœni* (Isai xl, 6). omnium sanctorum suorum, quorum te patrocinio
devote semper commendasti ³³⁰¹.

65. ([55.] Cap. 192.) O fallax humanæ vitæ pro- 66. (Cap. 193.) "Obiit autem clarissimus noster
speritas! O fugienda honorum ambitio! Quid tibi metropolitanus Adalbertus xvii Kalend. Aprilis,
nunc, o venerabilis pater Adalberte, prosunt illa indictione 10. Hic est annus Domini nostri Jesu
quæ semper dilexisti, gloria ³²⁸⁵ mundi, populorum Christi millesimus 72ᵘˢ, Alexandri papæ 11ᵘˢ,
frequentia, elatio ³²⁸⁶ nobilitatis? Nempe solus jaces Heinrici regis quarti 17ᵘˢ. (Cap. 194.) Præter libros atque ³³⁰² sanctorum reliquias et vestimenta
in alto palatio, derelictus ab omnibus tuis. Ubi sunt
autem medici, adulatores et ypocritæ, qui te lauda- sacra fere nichil inventum est in tesauris ejusdem
bant in desideriis animæ tuæ ³²⁸⁷, qui te juraverunt viri. Quæ tamen omnia rex accipiens, una cum
convaliturum esse de hac infirmitate, qui te usque præceptis ecclesiæ, tulit etiam manum sancti Jacobi apostoli. Hanc manum, dum esset in Ytalia,
ad decrepitam ætatem victurum calcularunt? Omnes,
ut video, socii mensæ fuerunt, et recesserunt in die pontifex ³³⁰³, accepit a quodam Veneciarum episcopo
temptationis. Soli remanserunt inopes et pere- Vitale ³³⁰⁴ (781).
grini ³²⁸⁸, viduæ ac ³²⁸⁹ orphani, atque omnes oppressi, qui se tua ³²⁹⁰ morte fatentur esse ³²⁹¹ deso- 67. ([56.] Cap. 195.) Igitur corpus archiepiscopi

SCHOLIA.

* *Schol.* 91. Adamatus quidam, medicus genere ³³⁰⁵ Salernitanus, fertur ante triduum archiepiscopo mandasse ³³⁰⁶, proximum adesse diem obitus sui. Quod ille dissimulans, Nothebaldum solum præ oculis habuit, quia spopondit ei mutationis suæ horam cito adfuturam ³³⁰⁷. (2. 3. 4.)
** *Schol.* 92. Sicut in libro Hester legitur, dum aures principum simplices et ex sua natura alios estimantes ³³⁰⁸ callida fraude decipiunt. Quæ res et ex veteribus probatur hystoriis et ex his ³³⁰⁹ quæ geruntur cotidie, quomodo malorum ³³¹⁰ quorumdam suggestionibus regum studia depravantur. (2. 4.)
*** *Schol.* 93. Nam et ipso anno quo ex hac vita decessit, novissimo exitu, post quem non est reversus, Bremæ capitulum habuit cum fratribus, in quo Liudgerum decanum pro homicidio, cujus arguebatur ³³¹¹ deposuit, et pro ipsa occasione faciens de castitate sermonem, terribiliter ad ultimum minatus est. (2. 3. 4.)

VARIÆ LECTIONES.

³²⁷⁸ Vitaque—umbras *desunt* 2. 3. 4.   ³²⁷⁹ et bonum malum *addit* 4.   ³²⁸⁰ candida 2. 3. 4.   ³²⁸¹ que *deest* 2. ³²⁸² quibus 1.   ³²⁸³ cognovit 2. 3. 4.   ³²⁸⁴ ut 1.   ³²⁸⁵ videlicet gloria 4.   ³²⁸⁶ electio 3. 5.   ³²⁸⁷ suæ 5. ³²⁸⁸ vini *addunt* M. F.   ³²⁸⁹ et 3. 4.   ³²⁹⁰ sua 1.   ³²⁹¹ esse *deest* M. F.   ³²⁹² et *deest* 4.   ³²⁹³ possimus 5. ³²⁹⁴ male *deest* 5.   ³²⁹⁵ superbos 1.   ³²⁹⁶ prosequatur 5.   ³²⁹⁷ disponens 5.   ³²⁹⁸ tuis *deest* 5.   ³²⁹⁹ quod 1. ³³⁰⁰ ex 5.   ³³⁰¹ ideoque—commendasti *desunt* 5.   ³³⁰² atque *deest* 2. 3. 4 sanctorumque 4.   ³³⁰³ cum cesare *addit* 2. *ubi verba :* Hanc — Vitale *in margine leguntur. Desunt hæc omnia* 5.   ³³⁰⁴ Apostoli, quam dono Vitalis Veneciarum episcopi ab Ytalia archiepiscopus rediens quondam secum deportaverat 4. ³³⁰⁵ genere *deest* 5.   ³³⁰⁶ mandisse 5.   ³³⁰⁷ Quod spernens, Nothebaldo credidit, qui mutationis diem cito affuturam spopondit 5.   ³³⁰⁸ et ex—estimantes *desunt* 4.   ³³⁰⁹ hiis 4.   ³³¹⁰ malorum *deest* 4.   ³³¹¹ decanum, qui pro h. arguebatur 4. *Hoc scholion in cod.* 2. *adscriptum est cap.* 260, *in cod.* 5. *vero cap.* 59, *ubi sic se habet :* Eo ipso anno, quo decessit, quum postremum Bremæ fuit, Liudgerum d. p. h. c. a. deposuit. *Cætera ibi desunt.*

NOTÆ.

(777) Virgil. Æn. l. xi, v. 828, l. xii fin.
(778) Juvenal. iii, 30, *qui nigrum in candida vertunt.*
(779) *Largitate peregrinorum*, hoc est in peregrinos.

(780) Id est magnitudinem.
(781) Sc. anno 1046. V. supra c. 7. Episcopus ille videtur fuisse Vitalis Ursioio, episcopus Torcellanus, de quo videsis Andr. Dandali Chron. l. ix, c. 2, 4, 6.

magno stupore totius regni a Goslaria Bremam portatum [3311]*, decimo [3312] die, quod est in annuntiatione sanctæ Mariæ, condigna populorum frequentatione [3313] sepultum [3314] est in medio chori novæ, quam ipse construxit, basilicæ; cum tamen affirment [3315] illum sæpe antea [3316] rogasse, ut sepeliretur in urbe [3317] metropoli Hammaburg, quam sicut decessores [3318] sui, omni semper amore censuit esse colendam. Ibi namque dum adhuc viveret, plerumque totam æstatem transigens, præcipuas sollemnitates cum magna gloria celebravit. Ibi promotiones ecclesiasticorum ordinum legitimis temporibus gravi prorsus reverentia sepius implevit [3319]. Ibi tempus et locum, quo a nostris ducibus seu a proximis Sclavorum gentibus sive a ceteris arctæ gentis legatis adiri posset, ex more constituit. Tantum honorem destructæ urbi, tantumque amorem habens exhaustæ matri, ut in illa diceret impletum Scripturæ vaticinium, quæ dicit [3320]: *Lætare, sterilis, quæ non paris, quia multi filii desertæ, magis quam ejus quæ habet virum* (Isai. LIV, 1; Gal. IV, 27).

63. ([57.] Cap. 196.) Ferunt [3321] eum ante obitus sui diem vix tercium decubuisse, quod a lecto surgere nequiverit. Nam tanta in viro animi fortitudo fuit, ut in gravissima corporis infirmitate numquam ab aliquo vellet sustineri [3322], numquam emitteret vocem doloris. Cumque jacens in extremis, horam vocationis suæ jam sentiret imminentem [3323], crebris iteravit suspiriis: *Heu* [3324], inquiens, *infelicem et miserum, qui tantas in vanum largitiones consumpsi: potui vero esse* [3325] *beatus, si ea pauperibus dispersrim* [3326], *quæ pro gloria sæculi distraxisse* [3327] *me doleo. Nunc autem illum adhibeo testem, cujus oculus profunda intuetur abyssi, quod tota intentio cordis mei fuit pro exaltatione ecclesiæ meæ. Quæ licet mea culpa exigente, vel odio inimicorum prævalente, nimis extenuata videatur, sunt tamen amplius quam duo milia mansi, quos ex mea hæreditate vel meo* [3328] *labore gratulor adjectos ecclesiæ.* Quo sapientis viri sermone potest cognosci, quia si peccavit in aliquibus ut homo, sæpe ut bonus homo penituit de erratis. ([58.] Cap. 197.) [Cujus [3329] rei exemplum habeo unum, quod in principio introitus sui, cum esset vir superbissimus, arrogantia sua multos sibi mortales fecit contrarios. Unde etiam [3330] pro nobilitatis suæ gloria unum dixit verbum, quod utinam non dixisset : « omnes scilicet episcopos, qui ante eum præsederunt [3331], obscuros fuisse ac ignobiles, solum se generis et divitiarum titulis excellere, porro dignum qui majorem sortiretur cathedram vel ipsam sedem apostolicam. » Talia non semel jactantem visio dicitur magna perterruisse [3332], quam pro sui magnitudine, cum et veraciter nobis comperta esset, hic adjungere non supersedi. Vidit igitur nocte intempesta se in conventum ecclesiæ raptum, ubi missarum solempnia deberent celebrari, astantibus quatuordecim suis ex ordine decessoribus [3333], ita ut proximus qui ante ipsum fuerat [3334] Alebrandus, peragerel illa [3335] quæ ad missas [3336] fieri solent mysteria. Cumque lecto evangelio sacerdos Dei ad suscipienda offerentium munera conversus pervenisset ad domnum Adalbertum, qui stabat in ultimo chori loco, mox torvis in eum luminibus (782) intuens, oblationem ejus repullit, dicens : *Tu homo nobilis et clarus non potes habere partem cum humilibus*, et abscessit in hæc verba. Sane ex illa hora penitens super his quæ incaute protulit verbis, omnes decessores [3337] suos in [3338] ingenti veneratione habuit, seque multis gemitibus testabatur indignum sanctorum consortio virorum. Unde etiam [3339] mox statuit, per singulos antecessorum [3340] anniversarios dies, de corte [3341] Bromstede [3342] convivia dari fratribus plenissima atque pauperibus (783), quod prius a penitus nullo episcopo [3343] solebat exhiberi.] ([139.] Cap. 198.) Nam et alia multa reliquit signa penitentiæ vel [3344] conversionis suæ [3345] ex quibus hoc memorabile est, quod post vastationem ecclesiæ [3346] vel diem expulsionis suæ [3347], cum superviveret quinquennium, numquam est [3348] balneis usus, numquam est hylaris visus, raro processit in publicum vel ad convivium, nisi ad curiam isset aut diei festi necessitas poposcisset [3349]. (Cap. 199.) [O quotiens vidimus cum planctu faciem turbatam [3350], si quando vastationis ecclesiæ recordatus est, sive cum ipsos vastatores conspexisset? In die festo [3351] natalis Domini, cum Magnus dux adesset præsens, itemque [3352] magna coesset [3353] recumbentium multitudo, hilares conviviæ pro sua consuetudine finitis epulis plausum cum voce levaverunt, quod tamen non parum displicuit archiepiscopo. Itaque innuens fratribus nostris, qui simul aderant, præcepit can-

VARIÆ LECTIONES.

[3311]* deportatum est 4. [3312] demum add. 2. 3. 4. [3313] frequentia 3. [3314] que addit 4. [3315] affirmarint 3. [3316] ante M. F. [3317] urbe deest M. F. [3318] predecessores 4. [3319] Ibi — implevit desunt M. F. [3320] dixit 3. [3321] enim addit 4. [3322] sustentari 2. 3. 4. [3323] sciret imminere 4. [3324] me deest 1. [3325] Potuissem vero fuisse 4. [3326] dispersissem 4. [3327] detraxisse 4. dedisse 2. [3328] deest 4. [3329] Hujus 2. Totum caput 197 deest 1. [3330] et 3. [3331] qui eum præcesserunt 3. [3332] visio magna perterruit 4. [3333] predecessoribus 4. [3334] cum fuit 4. [3335] ea 4. [3336] missam 4. [3337] predecessores 4. successores 3. [3338] in deest 5. [3339] et 5. [3340] suorum addit 4. [3341] corte deest 3. [3342] Bramsted 3. [3343] a penitu episcopi 3. 4. [3344] et 4. [3345] deest 4. [3346] quod v. e. vel diem corr. quod a vastatione eccl. vel die 4. et ita 5. [3347] vel d. e. suæ desunt 3. [3348] est deest 4. [3349] Reliqua hujus capitis desunt 1. [3350] facie turbatum 4. [3351] itaque 4. [3352] itemque deest 4. [3353] magnaque 4. 4. magna cum adesset 3.

NOTÆ.

(782) *Adstantes... lumine torvo* Virgil. Æn. l. III, v. 677.

(783) Hamburg. Urkundenbuch, n. 102.

tori, ut imponeret antiphonam: *Hymnum cantate nobis*. At vero laicis denuo perstrepentibus, inchoari fecit: *Sustinuimus pacem et non venit* [3354]. Tercio vero cum adhuc in poculis [3355] ululárent, multum iratus [3356], levari mensam præcepit, magna voce pronuncians: *Converte*, inquit [3357], *Domine, captivitatem nostram*; respondente choro: *sicut torrens in austro*. Ita ille nobis pone sequentibus, in oratorium reclusus, flevit amare. *Non cessabo a fletu*, ait, *donec justus judex fortis et patiens liberabit* [3358] *ecclesiam meam, vel potius suam, quam pastore contempto videt miserabiliter a lupis* [3359] *discerpi. Impletum est enim desiderium eorum qui dixerunt: Hæreditate possideamus sanctuarium Dei* (Psal. LXXXII, 13), *et quiescere faciamus omnes dies festos Dei a terra* (Psal. LXXIII, 8) [3360], *et disperdamus eos de gente, et non memoretur nomen Israel ultra* (Psal. LXXXII, 5). *Exurge: quare obdormis, Domine, et ne repellas in finem* (Psal. XLIII, 23). *Quia superbia eorum qui te oderunt, ascendit semper* (Psal. LXXIII, 23). *Miserere nostri, quoniam multum repleti sumus despectione* (Psal. CXXII, 3). *Quoniam quem tu percussisti persecuti sunt, et super dolorem vulnerum meorum addiderunt* (Psal. LXVIII, 27). Hæc et alia nos in illo compunctionis tempore [3361] lamenta, sæpa contemplati sumus, adeo ut monachus multotiens fieri desideraverit [3362]. Aliquando etiam optabat ut in ministerio legationis suæ aut in Sclavania vel in Suedia [3363] sive in ultima Island [3364] obire [3365] mereretur (784). Sæpe vero talis erat voluntas ejus, qui [3366] pro veritate vel decollari [3367] malle [3368] non dubitaverit [3369] in Christi confessione. Ceterum novit ille cognitor omnium secretorum Deus, si melior fuit [3369] in conspectu suo, quam apparuit coram hominibus. Homo namque videt in facie, Deus autem in corde (*I Reg.* XVI, 7).]

70 [3370]. ([40.] Cap. 200.) Ignosce igitur [3371], quæso, lector, si tam diversi hominis diversam hystoriam diverso themate compaginans, cum non potui breviter aut dilucide, ut ars præcipit, omnem [3372] operam dedi, ut scriberem veraciter, secundum quod scientia et opinio se habet in hac parte (785); quamvis multa reticens, ad ea præsertim [3373] festinarim quæ generaliter posteris ad sciendum sunt digna, vel spetialiter ad retinendum Hammaburgensi ecclesiæ utilia. Postremo, si qua sunt quæ auditori displiceant [3374] in male gestis et fortasse pejus descriptis, summopere te moneo et postulo, ut dum scriptorem vituperas, tu vitio e dicta corrigas; dum [3375] illum, de quo scribitur [3376], accusas, in sapientis viri casu tu cautior fias, considerans te ipsum, ne et tu condempneris [3377]. (786).

— ([41.] Cap. 201.] [In legatione autem Hammaburgensis ecclesiæ, quæ ad gentes fieri solet, quamvis magnus pontifex Adalbertus vigilanter omnes decessores [3378] suos laborasse cognoverit, ipse tamen magnificentius quam ceteri, potentiam archiepiscopalem longe lateque in exteras protendebat nationes. Quamobrem tractavit sedulo per se ipsum ingredi legationem illam [3379], si quam necdum conversis [3380] posset gentibus afferre salutem aut jam conversis [3381] addere perfectionem. Ad quod laboriosum iter peragendum, solita gloriari cœpit jactantia: Primum fuisse Ansgarium, deinde Rimbertum, postea Unni, se vero quartum evangelistam postulari, quia ceteros decessores [3382] suos viderit per suffraganeos, non per se tanto oneri insudasse. Itaque jam certus eundi, vitam [3383] suam disposuit taliter finire, ut circuiens [3384] latitudinem septentrionis, hoc est Daniam, Suediam et Nordmanniam [3385] pertransiens, inde ad Orchadas extremamque orbis patriam [3386] Island [3387] posset attingere. Illi enim suo tempore et suo [3388] labore conversi sunt ad fidem Christianam. A cujus profectione itineris, quod jam publice moliebatur, dehortatu [3389] prudentissimi regis Danorum commode deflexus [3390] est, qui dixit ei, barbaras gentes facilius posse converti per homines suæ linguæ morumque similium quam per ignotas ritumque nationis abhorrentes personas; itaque nil [3391] illi opus esse, nisi ut sua largitate et affabilitate redderet illos benivolos [3392] et fideles, quos ad prædicandum gentibus verbum Dei paratos inveniret [3393]. In qua exhortatione metropolitanus noster [3394] orthodoxo regi con-

VARIÆ LECTIONES.

[3354] Domine *add.* 4. — [3355] populis 5. — [3356] u. iratus valde 4. — [3357] inquit *deest* 4. — [3358] liberet 4. — [3359] lupo 3. — [3360] Dei a terra *desunt* 3. — [3361] *deest* 4. — [3362] desideravit 3. — [3363] Sueonia 2. — [3364] Islandia 2. — [3365] abire 2. 5. — [3366] ut 4. — [3367] veritate decollari velle 4. — [3368] dubitaverunt 2. — [3369] fuerit 4. — [3370] Numerus cap. LXIX *deest* 1. — [3371] igitur *deest* 2. 3. 4. — [3372] tamen *add.* 4. — [3373] præsertim *deest* 4. — [3374] displiciant 5. — [3375] que *addit* 4. — [3376] quo describitur 4. — [3377] contempneris 1. tempteris. *reliqui. Conf. supra* l. III C. 2. *Capita sequentia hujus libri desunt* 1. *In cod.* 2. *post schol.* 95. *(confer. supra not.* 1 *ad schol.* 95.) *In cod.* 4. *hoc loco legitur versus*: Si placet hic quarti maneant primordia libri. *In cod.* 2a. *vero legitur*: Incipit liber quartus. *Confer infra librum de descriptione insularum aquilonis initio.* — [3378] predecessores 4. — [3379] suam 5. — [3380] conversus 5. — [3381] posset — conversis *deest M. F.* — [3382] prædecessores 4. — [3383] viam 2. 4. — [3384] circumiens 3. — [3385] Sueoniam et Nordwegiam 2. — [3386] partem 4. — [3387] Islandiam 2. — [3388] suo *deest* 4. — [3389] ex hortatu 4. — [3390] reflexus 2. 4. — [3391] personas nilque 4. — [3392] benevolos 3. 5. — [3393] b. et devotos fidelesque ad p. g. v. D. (et *add.* 4.) p. invenire 4. — [3394] noster *deest* 4.

NOTÆ.

(784) Conf. l. IV, c. 55.
(785) Id est quæ de his rebus pro certo cognovi aut quæ fama refert.
(786) His verbis Adamus noster librum III De gestis archiepiscoporum Hammaburgensium conclusit. Quæ sequuntur de legatione Hammaburgensis ecclesiæ c. 201-207, aut ipse Adamus in secunda recensione aut clericus alius Bremensis fere coætus addidit.

sentiens, ea largitate, quam in omnes habuit, multo indulgentius uti coepit in episcopos gentium et legatos orientalium regum [3395]. Quos tanta hilaritate singulos recepit, tenuit dimisitque, ut eum, posthabito papa, quasi patrem multorum populorum ultro universi expeterent, ingentia viro munera offerentes, ejusque benedictionem reportantes pro munere.

([42.] Cap. 202.) Archiepiscopus itaque in legatione sua, talis erat, qualem et tempora et mores hominem [3396] mallent habere, ita affabilis, ita munificus, ita hospitalis erga omnes homines [3397], ut parvula Brema ex illius magnitudine instar Romae divulgata, ab omnibus terrarum partibus catervatim [3398] peteretur, maxime a septentrionalibus populis. Inter quos extremi venerant Islani, Gronlani [3399], Gothorumque et Orchadum legati, petentes ut illuc praedicatores dirigeret; quod et statim fecit (787). Nam et in Daniam, Suediam [3400] et Nordwegiam [3401] et in insulas maris ordinavit episcopos multos; de quibus et ipse gaudens dicere solebat : *Messis quidem multa, operarii autem pauci. Rogate ergo Dominum messis, ut mittat operarios in messem suam* (Matth. IX, 57). [Cap. 203.] Quorum speciosa multitudine tandem exhilaratus pontifex, primus omnium statuit in Dania synodum celebrare, cum suffraganeis suis, quoniam et temporis opportunitatem habuit, et quoniam [3402] illud regnum sufficientibus habundaret episcopis, et quoniam multa corrigi necesse fuerat in novella plantatione, sicut hoc [3403], quod episcopi benedictionem vendunt, et quod populi decimas dare nolunt, et quod in [3404] gula et mulieribus enormiter omnes excedunt. Ad quae omnia Romani papae [3405] fultus [3406] auctoritate, regisque Danorum promptissimum sperans auxilium, magnificum prorsus, ut semper solebat, concilium fieri voluit omnium aquilonalium [3407] episcoporum. Soli diucius expectabantur transmarini. Ea res hactenus synodum remorata est; ad cujus rei fidem praesto sunt epistolae, quas papa in Daniam legavit episcopis ad synodum rebellibus; et ipsius archiepiscopi litterae aliis directae, Ex quibus duarum exemplar hic ponere duxi necessarium.

([43.] Cap. 204.) *Alexander episcopus, servus servorum Dei, omnibus episcopis in regno Danorum constitutis, apostolicae sedi et nostro vicario obedientibus, salutem et apostolicam benedictionem. Adalbertus* [3408], *Hammaburgensis archiepiscopus venerabilis, vicarius noster* [3409], *litteris et legatis suis conquestus est, quod quidam Edbertus* [3410], *Farriensis* [3411] *episcopus, multis criminibus involutus, ad synodum suam per triennium vocatus, venire contempserit* [3412]; *quod quia consilio quorundam vestrorum dicitur esse factum , mandamus et apostolica auctoritate praecipimus, ut ab hujusmodi recedatis omnino consilio, eumque ad audientiam praedicti fratris nostri ire admoneatis, quatinus post factam examinationem canonice judicetur. Et alia quibus ibidem praecipitur, ut ei obediant et subjectionem exhibeant. Item aliarum litterarum exemplar* [3413].

(Cap. 205.) *Adalbertus, sanctae Romanae et apostolicae sedis legatus, necnon universarum septentrionalium nationum archiepiscopus, Hammaburgensis quoque ecclesiae* [3414] *provisor indignus*, W. [3415] (788) *Roskildensi* [3416] *episcopo salutem. Ad synodum, quam apud Sleswich* [3417] *celebrandam esse consitui, vos venisse aut nuncium vestrum misisse grato animo perciperem. Sed de hoc alias. Nunc autem fraternitatem vestram latere nolo, quid molestiae mihi Adalwardus episcopus intulit, quem vobis teste* [3418], *qui ordinationi ejus interfuistis, Sictonensis ecclesiae consecravi pontificem. Quem dum barbara gens sibi praeesse noluit* [3419], *Scariensem* [3420] *ecclesiam invadere cepit. Peto igitur, ut nuncium meum, qui illuc iturus est, ad Dalbogiensem* [3421] *velitis episcopum dirigere* (789).

Haec habui de synodo quae dicerem, cum et alia multa sint, quae fastidii causa omitto.

([44.] Cap. 206.) [3422] Isti vero, quos metropolitanus ad gentes ordinavit, plures sunt [3423]; quorum sedes et nomina didicimus ipso narrante. In Dania itaque novem constituit, Ratolfum [3424] ad Sleswich civitatem [3425] (790), Oddonem ad civitatem [3426] Ripam, Christianum ad civitatem [3427] Arhusin [3428], Heribertum ad Wibergh [3429] civitatem, Magnum monachum [3430] et Albricum [3431] (791) in Wendilam in-

VARIAE LECTIONES.

[3395] orientalium nationum regumque 4. *M. in margine.* [3396] hominum 3. 4. [3397] erga o. h. *desunt* 5. [3398] catervatim *deest* 4. [3399] Islandi, Gronlandi 3. [3400] Sueoniam 2. [3401] Norveigiam 2. [3402] quoniam *deest* 4. [3403] sicut et in hoc 3. [3404] *deest* 4. [3405] pontificis 4. [3406] *deest* 4. [3407] aquilonarium 3. [3408] Adalbertus *deest* 3. A. 4. [3409] noster *deest* 3. 5. [3410] Ekbertus 4. [3411] Fariensis 3. [3412] contemsit 5. [3413] Item alia 3. 4. [3414] ecclesiae *deest* 3. [3415] W. *deesi* 2. [3416] Roschildensi 3. 4. [3417] Slaswich 3 (*lege* Sliaswich). Sleswig 4. [3418] testibus 5. 5. [3419] nollet 4. vellet 2. [3420] Scarensem 3. [3421] Dalbyensem 3. [3422] Ipsi 3. [3423] Plures vero sunt, q: m: a. g. ordinavit 4. [3424] Rotulfum 5. [3425] Slasvich 3. Sleswig 4. civitatem *deest* 3. 4. [3426] civitatem *deest* 3. 4. [3427] Arlius 3. Arusiam 5. [3428] Wibergon 4. Viburg 3. [3429] monachum *deest* 3. 4. [3430] Albrittum 3. *In margine cod.* 2. [3431] *notatur :* Albricus Magno successit

NOTAE.

(787) *In legatione — fecit.* Eadem fere verba legebatur supra l. III, c. 25.

(788) Willelmus. V. infra c. 44. Occurrit illius nomen in charta a. 1060. Hamb. Urkundenb. n. 82, 86. V. etiam Saxon. Grammat. l. x et xi.

(789) De episcopo Dalbogiensi v. infra De situ Daniae, c. 8.

(790) De Ratolfo v. Hamb. Urkundenbuch n. 76, ubi inter canonicos Bremenses recenseri videtur. Conf. ibid. not. 2 Chron. Mindens a. 1071, et infra l. IV, c. 5.

(791) Albericus inter praepositos Bremenses recensetur anno 1059. Vide Hamb. Urkundenb. n. 80.

sulam [3432], Eilbertum [3431] monachum [3433] in Farriam et Fiunem insulas [3434], Willelmum in insulam Seland [3435], Eginonem [3436] in Scaniam [3437] provinciam. In Suediam [3438] consecravit sex: Adalwardum et Acilinum [3439] (792), item Adalwardum et Tadicum (793) nec non Symeonem [3440] (794) atque Johannem monachum [3441] (795). In Norwegiam [3442] duos tantum ipse consecravit, Tholf et Sewardum [3443] (796). Ceterum aliunde ordinatos, cum sibi satisfacerent, et secum misericorditer tenuit et abeuntes dimisit hilariter; sicut Meinardum (797), Osmundum (798), Bernardum (799) et Asgotum (800) aliosque multos. Praeterea Thurolfum [3444] quendam posuit ad Orchadas (801). Illuc etiam misit Johannem in Scotia ordinatum (802) et alium quendam Adalbertum, cognominem suum [3445] (803). Isleph ad Island insulam [3446] (804). Sunt [3447] episcopi quos omnes ordinavit viginti, quorum tres abortivi et extra vineam otiosi (805) remanserunt (*Matth.* xx), sua quaerentes, non quae Jesu Christi (*Philipp.* ii, 21) (806). Quos universos gloriosus archiepiscopus (807) decenti honore (808) habens, ad praedicandum barbaris verbum Dei prece et praemio (809) commonebat [3448]. Ita saepis-

sime vidimus cum quatuor [3449] aut quinque stipatum episcopis; prout ipsum audivimus dicentem, absque multitudine esse non posse (810). [45.] Cum vero eos a se dimiserat, solito molestior [3450] esse propter solitudinem videbatur. Numquam tamen carere maluit (811) vel tribus, quorum frequentissime erant Tangwardus [3451] Brandenburgensis [3452] (812), vir sapiens, et comes episcopi etiam ante episcopatum. Alter erat Johannes, quidam Scotorum [3453] episcopus (813) vir simplex et timens Deum, qui postea in Sclavaniam missus, ibidem cum principe Gotescalco [3454] interfectus est. Tercius Bovo [3455] nomen habuit, incertum unde natus aut ubi ordinatus, qui se tamen peregrinationis amore Iherosolimam ter accessisse jactabat, indeque Babiloniam deportatum a Sarracenis, tandemque solutum multas per orbem transisse provincias (814). Hos tres cum non essent ejus suffraganei, comperimus eum, quod [3456] sedes proprias non haberent, majori fovisse clementia [3457]. ([46.] Cap. 207.) Eodemque studio benignitatis utebatur erga Romanae sedis legatos. Quorum clientelam et contubernium in summo coluit amicitiarum loco, pariter gloriatus, se duos tantum habere dominos, hoc est papam et

SCHOLIA.

* *Schol.* 94. Adalwardus senior [3458] uterque [3459] praefectus est Gothiae, junior ad Sictunam [3460] et Ubsalam [3461] directus est, Symon ad Scritefingos [3462], Joannes ad insulas Baltici maris destinatus est [3463]. Vigesimus erat Ezzo [3464] (815), quem ipse ordinavit in Sclavaniam. (2. 3. 4.)

VARIAE LECTIONES.

[3431] insulam *deest* 3. 4. [3432]* Eabertum 3. [3433] monachum *deest* 3. 4. [3434] Fionem 5. Eabertum in Fionem insulam et Falstriam 3. insulas *deest* 4. [3435] Selandiam 2. [3436] Eiginonem 4. Eigmonem 5. [3437] Scotniam 4. [3438] Suenoniam 2. vero *addit* 4. [3439] Accilinum 3. [3440] Simonem 5. [3441] monachum *deest* 5. [3442] Nordwegiam 4. [3443] Siwardum 3. [3444] Turolfum 4. [3445] Illuc — suum *desunt* 3. cognominem suum *desunt* 5. *In cod.* 2. voci cognominem *superscriptum est*: s. equivocum. *In* 4. *praecedentia ita transposita leguntur* — Orchadas, [et alium q. A. [Isleph ad I i. [Illuc e. m. I. i. S. ordinatum]. [3446] insulas 4. [3447] Sunt enim 4. [3448] commendabat 5. [3449] septem 2. [3450] mestior 4. [3451] Tauguard 3. Tancquardus 4. [3452] Brandanburgensis 4. de Brandenburg 3. [3453] Scothorum 4. [3454] Godescalco 2. Gothescalco 3. 5. [3455] Bono 5. Bonno 3. [3456] suffraganei, eo quod 4. [3457] clementia dicitur 4. [3458] et junior *addit* 2. [3459] utrique *deest* 3. uterque 2. utique 5. [3460] Sictonam 4. S. et *desunt* 5. [3461] Ubsolam 4. [3462] Scrifingos 3. [3463] Baltici — est *desunt* 3. 4. Baltici *deest* 3. [3464] Eizo 4.

NOTAE.

(792) Acelinus praepositus in charta Adalberti archiepiscopi anno 1060 data occurrit. V. Hamb. Urkdb. n. 82.

(793) Tadico ille presbyter in charta a. 1059. Vide Hamb. Urkundemb. Conf. infra l. iv, c. 29.

(794) De Symeone v. ibid., c. 24.

(795) Joannes, episcopus Bircacensis, vulgo dictus Hiltuinus. V. infra l. iv, cap. 20. Abbas fuerat in monasterio Gozeca ab anno 1049-1060. Conf. librum de fundatione hujus monasterii p. 211 et 213, ed. Maderi et diploma Adalberti archiepiscopi dat. 1069, Jun. 11; Chron. Halberst. a. 1071.

(796) V. infra l. iv, c. 33, ubi vocatur Siguardus.

(797) Meinhardus fortasse presbyter, qui occurrit in charta a. 1069, l. l., n. 101; Conf schol. 144.

(798) De Osmundo v. supra l. iii, c. 14.
(799) De Bernardo v. l. iv, c. 33.
(800) De Asgotho v. supra schol. 69, et l. iv, c. 33.
(801) V. l. iv, c. 34.
(802) Joannes in Islandia, fortasse episcopus in Holum, de quo v. Are Frodi, cap. 9.

(803) Idem, ut videtur, qui in scholio 99 dicitur Albertus.
(804) V. l. iv, c. 35.
(805) Ita et supra in dedicatione.
(806) *Sua* — *Christi.* Ita et l. iv, c. 21.
(807) *Gloriosus archiepiscopus.* Ita et supra l. ii, c. 60; l. iii, c. 64.
(808) *Decenti honore.* V. supra l. i, c. 20, ibique notam.
(809) *Prece et praemio.* Allitteratio similis Sallustii in Catilina cap. 45, *neque precibus neque pretio.*
(810) Conf. l. iii, c. 35.
(811) *Maluit.* Conf. supra ad l. ii, c. 26.
(812) Occurrit ille in charta imperatoris Heinrici III. a. 1051. Mart. 19, episcopatui Brandenburgensi data.
(813) De Johanne Scoto, episcopo Magnopolensi, v. supra l. iii, c. 20.
(814) Si hujus nominis lectio vera est, Bono idem esse videtur qui supra l. iii, cap. 20. Graeca voce Aristo dictus est.
(815) De Eizone v. supra l. iii, c. 20. Vixit adhuc anno 1074, teste Lamberto Hersfeld. h. a.

PATROL. CXLVI.

regem, quorum dominio jure subjaceant omnes seculi et ecclesiæ potestates; illos nimirum sibi esse timori ac honori. Apparuit hoc in fide viri, quam ita integram servavit utrisque, ut auctoritati apostolicæ nichil præponens [3465-6], antiqui honoris privilegia sedi apostolicæ contenderet integra servari debere, ejusque legatos summo recipiendos amore censeret. Majestatem vero imperatoriam quanti faceret, episcopatus ejus testis est, ideo vel maxime destructus, quod a fidelitate regis nec minis nec blandimentis principum rescindi potuit. Formidolosa est enim malis regia [3467] potestas (816). Unde etiam frequentes in regno conspirationes fieri solent [3468]. Quibus ipse tamen nec in [3469] verbo communicare A umquam voluit. Pro cujus fidei merito a rege quidem ut [3470] major domus in palatio constitutus, doto ejus multa bona lucrabatur Bremensi ecclesiæ, de quibus supra plenius dictum est. A papa vero meruit hoc dignitatis privilegium (817), ut totum jus suum domnus apostolicus [3471] in illum transfunderet successoresque ejus [3472], adeo ut ipse [3473] per totum aquilonem in quibus locis oportunum videbatur, sepe invitis [3474] regibus, episcopatus constitueret, ordinaretque episcopos ex capella sua quos vellet electos. Quorum ordinationes vel sedes, quoniam huc usque distulimus, non incongruum videtur, simul etiam de situ Daniæ vel reliquarum, quæ trans Daniam sunt, regionum natura scribere [3475].

DESCRIPTIO INSULARUM AQUILONIS [3476].

SI PLACET, HÆC QUARTI MANEANT PRIMORDIA LIBRI [3475].

1. (Cap. 208.) Provintia Danorum tota [3478] fere in insulas [3479] dispertita est, sicut etiam legitur in gestis sancti Anscarii [3480] (818). Hanc autem Daniam a nostris [3481] Nordalbingis flumen Egdore [3482] dirimit, quod [3483] oritur in profundissimo saltu paganorum Isarnho [3484] (819), quem dicunt extendi [3485] secus mare Barbarum usque ad Sliam [3486] lacum [3487]. Ceterum flumen Egdore descendit usque in [3488] occeanum Fresonicum, quem Romani scribunt Brittannicum. Et [3489] prima quidem pars Daniæ, quæ Judlant [3490] dicitur [3491], ab Egdore in boream longitudine protenditur, habens iter tridui, si in Funem [3492] insulam divertis [3493]. Si vero [3494] a Sliaswig [3495] B in Alaburg [3496] per directum [3497] viam metiris [3498], quinque aut septem [3499] habes iter dierum [3500]. Hæc est strata [3501] Ottonis cæsaris usque ad mare novissimum Wendile [3502] (820), quod [3503] in hodiernum diem ex victoria regis [3504] appellatur Ottinsand [3505]. Latitudo Judlant [3506] secus Egdoram diffusior est, inde vero paulatim contrahitur ad formam linguæ in eum angulum, qui Wendila dicitur, ubi Judlant finem habet. Inde [3507] brevissimus in Nordmanniam [3508] transitus est [3509]. Ager ibi sterilis; præter loca fluminis [3510] propinqua, omnia fere desertum [3511] videntur; terra [3512] salsuginis et vastæ solitudinis. Porro cum omnis tractus Germaniæ profundis hor-

SCHOLIA.

Schol. 95. Saltus Isarnho a stagno incipit Danorum, quod Slia dicitur, et pertingit usque ad civitatem Sclavorum, quæ dicitur Liubicen [3513] (821), et flumen Travemnam. (2, 4, 6.)

VARIÆ LECTIONES.

[3465-6] proponens 3. [3467] regis 3. [3468] solebant 4. [3469] in deest 4. [3470] est 4. ut deest 5. [3471] dominus apost. deest 4. [3472] succ. que ejus ipse transf. 4. [3473] deest 4. [3474] invitis etiam reg. 4. [3475] describere 2. 2ª. 4. [3476] Descriptio regionum vel insularum aquilonis. Incipit de patria Danorum 2. 8. deest rubra 2ª. 4. [3477] Hic versus legitur in cod. 1. Vide supra l. III c. 70. not. m. [3478] illa 7ª c. tota fere illa 7b. [3479] distincta et (est 7c.) abdit 7. [3480] Ansgarii 2. 4. 6. 9. 10. sicut — Anscarii desunt 7. [3481] deest 7c. [3482] Egdora 4. semper. Eydora 9. sæpius. [3483] qui 1. 4. 6. qui fluvius 2. 9. [3484] Isorûho 8b. 9. Isaruho 2. 7. In cod. 6. Isa.nhô litera r erasa. [3485] et extenditur 4. [3486] Seliam 9. [3487] ad stagnum (scagum 7b.) Danorum, quod Slia dicitur 7. Verba: usque — lacum in cod. 6. superscripta sunt. [3488] ad 9. [3489] At 9. [3490] Judlandia 1. semper. Judlandia vel Jucia (Jutia 10.) 2. 9. 10. semper. Jutlant 4. semper. [3491] vocatur 9. [3492] Funen 7. Fiunem 4. Finnem 5. Fiuniam 2. 8. semper. Funiam 9. 10. [3493] diverteris 5. [3494] autem 2. 4. 9. 10. [3495] Sliaswich 7. Slaswich 10. Sleswiga 9. [3496] in A. deest 2. 5. 9. [3497] directam 7. 9. [3498] metieris 7bc. mearis 7a. [3499] sex 7. 8. 9. 10. Voci quinque in cod. 6. superscriptum est: in Alaburch, voci septem: in Wendila. [3500] aut sex dierum habens tunc in Wendilam 7. [3501] stacio 7. statura 6. [3502] Vendile 9. Vendilæ 10. semper. [3503] usque addit 4. 5. ad mare novissimum redundat 7. [3504] ex vict. regis desunt 6. 9. [3505] Ita 1. 6. Ann. Sax. a. 952. Ottensa (u?) ut 7ª. Ottensant 7b. vocatur Ottensant ex victoria ipsius cæsaris 7c. Ottinsund 5. Ita legendum videtur. Conf. Snorri Ynglinga Saga cap. 28. Oddesunt 9. 10. Oddesund 2. 8. [3506] Jutlandie (Judlandie 9) sive Jucie 2. 9. Judlandiæ sive Jutiæ 8. 10. [3507] Ibi 1. [3508] Normanniam 7. Norvegiam 9. 10. Nordwegiam 2. [3509] est deest 9. 10. [3510] fluminis 4. [3511] deserta 2. 7. deserta corr. desertum 7c. [3512] deest 7c. [3513] Lubicen 2.

NOTÆ.

(816) Conf. Sallust. Catil. c. 45.
(817) V. privilegium Leonis IX a. 1055, Hamb. Urkundenb. n. 75.
(818) Vita Anskarii cap. 25.
(819) Danische Wald. Conf. schol. 14.
(820) Hodie Vensyssel, pars Jutiæ borealis ultra mare Lymfiord.
(821) Liubicem hic, ut supra in scholio 13, intelligendum est de Lubeke vetere, Olden Lubeke, de qua vide chartam regis Conradi III a. 1139, Jam. 5, et Hemold. l. 1, c. 34 sq.

reat [3514] saltibus, sola est Judlant ceteris horridior, quæ in [3515] terra fugitur propter inopiam fructuum, in mari vero propter infestationem pyratarum. Vix invenitur culta in aliquibus locis, vix humanæ habitationi oportuna. Sicubi vero brachia maris occurrunt, ibi [3516] civitates habet [3517] maximas. Hanc regionem quondam [3518] cæsar [3519] Otto [3520] subiciens tributo [3521], in tres divisit episcopatus, unum constituens [3522] apud Sliaswig [3523], quæ et Heidiba [3524] dicitur, quam [3525] brachium quoddam freti barbari alluit [3526], quod incolæ [3527] Sliam vocant, unde et civitas nomen trahit. Ex eo [3528] portu naves emitti solent in Sclavaniam [3529] vel in Suediam vel ad Semlant [3530] usque in Græciam. Alterum fecit episcopatum [3531] in Ripa, quæ civitas alio cingitur [3532] alveo, qui ab occeano [3533] influit, et per quem vela torquentur [3534] in Fresiam, aut [3535] certe in Angliam*, A vel in nostram Saxoniam. Tertium voluit episcopatum esse in [3536] Arhusam [3537]. Et hanc [3538] fretum quoddam a Fune [3539] dirimit brevissimum, quod ab orientali pelago ingrediens, longis anfractibus inter Funem [3540] et Judlant [3541] protenditur in boream, usque ad eandem civitatem Arhusan, a qua navigatur in Funem aut Selant [3542], sive in Sconiam [3543], vel usque in Norvegiam [3544].

2. (Cap. 209.) Postea vero deficiente hoc episcopatu, quem tercium posuimus, Judlant duos solummodo episcopatus retinuit, '''' Sleswicensem [3545] videlicet ac Ripensem, donec mortuo nuper Wal [3546], Ripensi episcopo [3547] (822), diocesis illa discreta est in quatuor episcopatus [3548], auctoritatem suam præbente archiepiscopo. Qui mox consecravit in Ri- B pam [3549] Oddonem, in ''''''''''''''' Arhusan [3550] Christia-

SCHOLIA.

*Schol. 96. De ripa in Flandriam ad Cincfal [3551] (825) velificari potest duobus diebus et totidem noctibus; de Cincfal [3552] ad Prol (824) in Angliam duobus diebus et una nocte. Illud est ultimum caput Angliæ versus austrum, et est processus illuc de Ripa angulosus inter austrum et occidentem. De Prol in Britanniam ad Sanctum Mathiam [3553] (825) uno die, inde ad Far juxta Sanctum Jacobum (826) tribus diebus et '' tribus noctibus. Inde ad [3554] Leskebone (827) duobus et duabus noctibus, et est processus iste angularis totus [3555] inter austrum et occidentem. De Leskebone [3556] ad Narvese (828) tribus diebus et tribus noctibus, angulariter inter orientem et austrum. De Narvese ad Arrugun [3557] (829) quatuor diebus et quatuor noctibus, angulariter inter aquilonem et orientem. De Arragun ad Barzalun (830) uno die similiter inter aquilonem et orientem. De Barzalun [3558] ad Marsiliam uno die et una nocte, fere versus orientem, declinando tamen parum ad plagam australem. De Marsilia ac Mezcin in Sicilia quatuor diebus et quatuor noctibus, angulariter inter orientem et austrum. De Mezcin ad Accharon (831) 14 diebus et totidem noctibus inter orientem et austrum, magis appropiando ad orientem [3559]. (4. 9.)

** Schol. 97. Ad Angliam faventibus curis vela pandis. (6.)
*** Schol. 98. Primus in Sleswich [3560] episcopus fuit [3561] Haroldus, secundus Poppo, tertius Rodolphus [3562] (8b. 9. 10.)
**** Schol. 99. Inter Arhusan et Wendilam circa medium Wiberg apud...ta..sita. (6.)
***** Schol. 100. Inter oceanum et Wendile mare promunctorium Skagen, quod respicit contra insulas aquilonales. (6.)
****** Schol. 101. Wendil..insula...tripartit...in osti...mari...oceano. ingreditur. (6.)
****** Schol. 102. Primus in Ripa episcopus Lyafdagus erat [3563], secundus Othencarus, [3564], tertius Wal [3565], quartus Odo [3566]. (8b. 9.)

VARIÆ LECTIONES.

[3514] omnes t. G. p. horreant 4. 7. [3515] Hæc 7. [3516] ibi deest 6. [3517] habent 7. 9. 10. [3518] quond. reg. 5. [3519] prædictus cæsar 7. [3520] Otho 10. [3521] subjiciens in tributo 7. s. interdicto 7c. [3522] constituit 2. 8. 9. 10. [3523] Sliaswich 7. Sleswich 2. semper. Sliaswig 9a. Sleswig 9b. [3524] Heithebu 4. Heidbu 2. Hetthbii 9. Heideby 10. [3525] quod 9. [3526] aliud 7. [3527] incolæ deest 2. 4. 9. 10. [3528] quo 4. [3529] Slavaniam 9. [3530] et addit 4. in Sueoniam vel in Smelandiam (Seinlandiam 9.) vel 9. 10. [3531] fec. ep. desunt 4. [3532] tangitur 2. 4. 8. 9. 10. [3533] orcano 10. [3534] torquent 2. [3535] vel 2. 4. 9. 10. [3536] Tertium vero in 4. [3537] Arhusam 4. semper. Arhuson 7c. Arusia 2. 9. 10. semper. Arhusen 4. semper. [3538] hunc 5. 7c. [3539] Fiune 4. Finne 5. Fionia 2 sæpius. Fiunia 8. 9. 10. semper. [3540] Fiunnem 2. 4. Finne 5. semper. Finniam sæpius. [3541] Judlandium 10. [3542] Selandiam 9. 10. semper. [3543] Sconiam 2. 7. 8. 9. semper. Schaniam 10. [3544] Nordwegiam 2. 4. semper. Norwegiam 5. 7c. 9. semper. [3545] Sliaswicensem 4. Sleswichcensem 10. [3546] Walone 8. Wallone 2. 10. Vallone 9. [3547] donec — episcopo desunt 7. [3548] scilicet Ripensem, Arhusensem, Wibergensem, quartum in Wendila 7. ubi desunt verba sequentia auctoritatem usque Albricum. [3549] Ripa 4. [3550] Arhusiam 2. Arusiam 8. [3551] Ita 4. Albert. Stad. MS. Holmiense apud Langebek. SS. rer. Danic. T. V. pag. 622. Cuicfal 5. 9. [3552] Matthiam 5. [3553] trib. d. et desunt 5. 9. [3554] ad deest 5. 9. [3555] et duabus n. e. c. p. i. a. totus desunt 5. 9. [3556] Leschebone 4. [3557] Albert. MS. Holm. Arrugen corr. Arrugun 4. Arrugnen 5. 9. [3558] Barsalun 5. 9. [3559] austrum 5. 9. [3560] Slewich 10. Sleswigh 9. [3561] erat 10 [3562] Rodolperus 9. [3563] Primus ep. in R. fuit Eyasda 9. [3564] Othemarus 9. [3565] Wallo 9. [3566] Oddo 9.

NOTÆ.

(822) Wal. V. supra l. II, cap. 70; l. III, cap. 25. C licia.
(823) Cincfal sive Sindfal quondam dicebatur ostium fluvii Mosæ. V. Siccama Commentar. ad legum Frision. in Addit. sap. tit. III, § 58, p. 142.
(824) Praule sive Prawle in comitatu Devon, haud procul a Dartmouth et Plymouth. Apud Ptolemæum vocatur Berolium, quod minus accurate Landsend esse censetur.
(825) St. Mahe in Britannia minori.
(826) Ferrol juxta S. Iago di Compostella in Gallicia.
(827) Ulexbona, Lissabon.
(828) Maris brachium apud Gibraltar, quod Scandinavis dicebatur Nioervasund, id est mare strictum, quæ verba Albertus Stadensis a. 1152 hic quoque adjecit. V. Orkneynga Saga. Saga Sigur Jorsalafar. Conf. Basnage ad Canisii lect. antiq. t. IV, p. 337.
(829) Tarragona.
(830) Barcellona.
(831) Saint-Jean d'Acre.

num, in Wiberch [3567] Heribertum [3568], in * Wendilam A vita sancti Willebrordi Fosetisland [3598] appellari [3569] Magnum, cui, dum [3569] post ordinationem [3570] rediret, in Albia naufrago [3571] subrogavit Albricum [3572]. Hii quatuor episcopi [3573] tunc Ripensem dono Sueni [3574] regis sortiti sunt parrochiam [3575].

3. (Cap. 210.) Archiepiscopus vero de suis clericis [3576] ordinavit in Sliaswig Rotolfum [3577], in Seland [3578] Willelmum [3579], in Funem Eilbertum [3580], quem tradunt conversum (852) a pyratis [3581], Farriam [3582] insulam, quae in ostio fluminis Albiae longo secessu [3583] latet in occeano *, primum repperisse; constructoque ibi monasterio fecisse habitabilem [3584]. Haec insula contra Hadeloam [3585] sita est. Cujus latitudo [3586] vix octo miliaria panditur, latitudo quatuor, homines stramine fragmentisque navium pro igne utuntur. Sermo est, piratas, si quando praedam [3587] inde vel [3588] minimam tulerint [3589], aut mox perisse naufragio aut occisos ab aliquo, nullam domum redisse indempnem. Quapropter solent heremitis ibi viventibus decimas praedarum offerre cum magna devotione [3590]. Est enim haec insula [3591] feracissima frugum, ditissima volucrum et pecudum nutrix [3592], collem habet unicum, arborem nullam, scopulis includitur asperrimis [3593], nullo aditu praeter unum [3594], ubi et aqua [3595] dulcis, locus venerabilis omnibus nautis, praecipue veo pyratis. Unde [3596] accepit nomen, ut Heiligland [3597] dicatur. *** Hanc in

4. (Cap. 211.) Funis insula est non modica, post eam, quae Wendila [3602] dicitur, in ostio barbari sinus occurrens. Haec adhaeret (834) regioni quae Judland dicitur, [3603], in quam [3604] brevissimus a Judland [3604] transitus ex omni parte. Civitas ibi magna Odansue [3605], insulae in giro parvulae, omnes frugibus plenae. Et notandum est, si per Judland in **** Funem tenderis [3607], directam [3608] in septentrionem viam habes (835). At vero per Funem transeunti ad Seland, oriens in faciem currit [3609]. Duo trajectus sunt in Seland, unus a Fune, alter ab Arhusan, pari uterque [3610] distant [3611] spatio. Mare natura tempestuosum duplicique [3612] plenum periculo, ut etiamsi ventum habeas prosperum [3613], vix effugias manus pyratarum.

5. (Cap. 212.) Seland ***** insula est in interiori sinu maris Baltici sita, quantitate maxima ******. Haec tam fortitudine virorum quam opulentia frugum celeberrima, longitudinem habet bidui, cum latitudo fere [3615] sit aequalis. Civitas ejus maxima Roschald [3615], sedes regia Danorum. Haec insula aequali spatio distans a Fune vel Sconia, per noctem transitur [3616], habetque

SCHOLIA.

* Schol. 103. Primus in Wendile episcopus [3617] Magnus monachus erat [3618], secundus Albricus. (8b. 9.)
** Schol. 104. In hoc occeano qui antea commemorabatur insula est Fosetisland proprie nunc Farria vel Heiligland nomen habet. Hec distat ab Anglia remigatione tridui. Ceterum vicina est Fresonum terre vel nostre Wirrahe, ita quod videri possit jacere super mare. Quidem ab insula que .. ostio .. a littore .. sita .. olmo .. m me .. vela pandi usque ad Farriam in Dania etiam ... cimus. (6.)
*** Schol. 105. In vita Liudgeri narratur Karoli tempore quidam Landricus nomine baptizatus esse ab episcopo. (6.)
**** Schol. 106. Primus in Fiunia episcopus Rehinherus erat, secundus Eilbertus monachus. (8b. 9.)
***** Schol. 107. Inter Seland et Funem insula est parvula, quam Sprogam dicunt: ea est spelunca latronum, magnus timor omnium transeuntium [3619]. (6. 7.)
****** Schol. 108. Primus in Selandia episcopus Gerbrandus erat, secundus Avocco, tertius Willelmus. (8b. 9.)

VARIAE LECTIONES.

[3567] Wiberg 1. 2. 5. Wibergis 4. Wibergh 9. Viburgh 10. [3568] Heribatum 10. [3569] cum 2. 4. 9. 10. [3570] cui post ord. cum 2. 9. 10. [3571] pereunti naufragio 6. [3572] Albericum 5. [3573] deest 7c [3574] Suein 1. 4. Suenonis 2. 8. 9. 10. In cod. 7. additur tunc temporis. [3575] ordinante id ipsam ac procurante (Bremense 7c.) archiepiscopo addit 7. [3576] ecclesiis 9. [3577] Ratolphum in Sleswig 9. Rotolphum in Slesvich 10. [3578] Selandia 2. semper. [3579] Wilhelmum 9. Vilhelmum 10. [3580] Egilbertum 9. [3581] Archiepiscopus — piratis desunt 7. [3582] Varniam 9. [3583] recessu 2. 4. 7c. 9. recessum 10. [3584] archiepiscopo. Fama est Farriam — oceano, tunc primum repertam esse (fuisse 7c) — factam esse habitabilem 7. [3585] Hadeleiam 7c. [3586] Lege : longitudo. [3587] praedictam 7a. praedicta 7c. praedictam insulam 7b. [3588] vel deest 6. licet 7. [3589] abstulerint 7c. [3590] Haec insula — devotione desunt 2. 4. 8. 9. 10. [3591] haec insula desunt 2. 4. 8. 9. 10. [3592] volucrum, pecudum multiplex (nutrix 7c.) 7. [3593] acerrimis 9. 10. [3594] aditu nisi uno 4. 5. [3595] aquae 7. [3596] et addit 8b. [3597] Heilighland 2. Heiligehand 4. 5. 9. Heligland 7. ubi in margine Heligeland, Heiligalnndt 10. [3598] Villebrordi Fostisland 9. Fotislandt 10. [3599] appellatam 7d. [3600] dicimus 7. didicimus 4. [3601] Frisiam 7. [3602] Wendula 7. [3603] in ostio — dicitur desunt 7. [3604] qua 7. [3605] est addit 4. br. est 1. a 1. 9. [3606] Odanswe 2. ubi supra scriptum : Othonia. Odanse 4. Odense 5. magna est Odanse 7. [3607] tetenderis 2. 9. 10. tendis 7. [3608] directe 2. 4. 6. 9. 10, directo 5. [3609] occurrit 2. 4. 9. 10. [3610] utrique 10. [3611] distat 4. [3612] que deest 9. [3613] procerum 1. [3614] vere 9. [3615] Roscald 1. Roskeld 2. 9. Roschild 4. 7. Rochylt 7c. [3616] pertransitur 7c. [3617] Ita correxi; in W. ep. desunt 9. in Arusia ep. 8b. [3618] deest 9. [3619] Sic corrixi. Item a 7. In cod. 6. vox abscissa.

NOTAE.

(832) Id est divertentem, fugientem a piratis.
(833) V. Vitam S. Willebrordi ab Alcuino scriptam et Vitam S. Liudgeri l. 1, cap. 19.
(834) Voluit dicere noster : valde propinqua, vicina est, seu quasi adhaeret.
(835) Hinc palam fit, quod jam ex cap. 2 colligendum est, Adamum nostrum situm insulae Funis nimis versus septentrionem collocasse.

ab occidente Judland, civitatem Arhusan, vel [3619] Alaburg [3620] et Wendilam [3621], a borea vero [3622], ubi et deserta est, fretum Nordmanniæ [3623], a meridie autem Funem prædictam et sinum Sclavanicum, ab ortu [3624] respicit promunctorium [3625] Sconiæ, ubi est civitas Lundona [3626].

6. (Cap. 213.) Aurum ibi plurimum, quod raptu congeritur pyratico. Ipsi enim [3627] pyratæ, quos illi Wichingos [3628] appellant, nostri Ascomannos [3629], regi Danico tributum solvunt, ut liceat eis prædam exercere a barbaris, qui circa hoc mare plurimi [3630] habundant. Unde etiam contingit [3631], ut licentia [3632], quam in hostes acceperunt, sæpe abutantur [3633] in suos, adeo fide nulla utrique ad invicem sunt, et sine misericordia quisque [3634] alterum, mox ut ceperit, in jus famulicii vel [3635] socio vendit vel barbaro. Et multa quidem alia tam in legibus quam moribus æquo bonoque contraria Dani habent; ex quibus ni [3636] utile mihi visum est ut dicerem [3637], nisi quod mulieres, si constupratæ [3638] fuerint [3639], statim venduntur. Viri autem, si vel regiæ majestatis rei vel [3640] in aliquo fuerint scelere deprehensi, decollari malunt quam verberari'. Alia non est ibi species pœnæ [3641] præter securem vel [3642] servitutem, et tunc [3643] cum damnatus fuerit, lætum esse gloria est. Nam lacrimas et planctum ceteraque genera compunctionis, quæ nos salubria censemus, ita abhominantur Dani, ut nec pro peccatis suis ulli flere liceat nec pro caris defunctis.

7. (Cap. 214.) A Seland in Sconiam trajectus mul.i, brevissimus in Halsinpurgh [3644], qui et videri potest. " Sconia [3645] est pulcherrima visu Daniæ provintia, unde et dicitur, armata viris, opulenta frugibus divesque in [3646] mercibus, et nunc plena ecclesiis. Sconia bis tantum habet in spacio quam [3647] Selandia, hoc est [3648] trecentas ecclesias, cum Seland dicatur habere dimidium, Funis terciam partem. Sconia est pars ultima Daniæ, fere insula; undique enim [3649] cincta est [3650] mari, præter unum terræ brachium, quod [3651] ab oriente continens Sueoniam [3652] disterminat [3653] a Dania. Ubi sunt profundi [3654] saltus montesque asperrimi, per quos a Sconia in [3655] Gothiam necessario iter agitur, ut dubites, utrum levius sit marino [3656] discrimine terrestre periculum vitare, an istud illi præponere. "**

8. [3657] (Cap. 215) In eadem regione Sconia [3658] nemo adhuc episcopus fuit incardinatus [3659] nisi quod ab aliis partibus quidam venientes, interdum illam [3660] procurabant diocesim (836). Deinde Selandensis [3661] episcopus Gerbrand, et post eum Avoco, simul gubernabant utrasque ecclesias [3662]. Nuper vero mortuo Avocone, rex Suein parrochiam Sconiensem [3663] in duos episcopatus **** segregavit (837), unum, [id est Lundensem [3664],] Heinrico tribuens, alterum, [id est Dalboiensem [3664],] Eginoni. Verum istum ordinavit archiepiscopus. Heinricus [3665] apud Orchadas [3666] ante fuit episcopus, isque in Anglia sacellarius Chnud [3667] regis fuisse narratur [3668]. Cujus thesauros in Daniam perferens, luxuriose vitam exegit. De quo narrant [3669] etiam, quod pestifera consuetudine delectatus inebriandi ventris, tandem suffocatus crepuit. Hoc et de Avocone factum esse comperi-

SCHOLIA.

* *Schol.* 109. Publica securis in foro pendet minitans reis capitalem sententiam, qua, si ita [3670] contigerit [3671], accepta, videas [3672] moriturum exultantem ire ad supplicium quasi ad convivium. (6. 7.)
** *Schol.* 110. Primus in Scania episcopus Bernardus erat [3673], secundus Henricus, et Egino [3674]. (8b 9.)
*** *Schol.* 111. Ab hac insula primum egressi sunt Longobarbi vel Gothi, et vocatur ab historicis Romanorum Scantia vel Gangavia (858) sive Scandinavia [3675] (859). Cujus metropolis civitas Lundona, quam victor Angliæ Chnud [3676] Britannicæ Lundonæ æmulam jussit. esse [3677]..(6. 7.)
**** *Schol.* 112. Suecis predicabant Lifdag, Poppo, senior Odinkar, Gotebald, q. . . . . . n. . . . . et . . . te. . . . (6.)

VARIÆ LECTIONES.

[3619] vel *deest* 2. 4. 9. [3620] Alaborgh 2. Alaburch 7c. Alaburgh 9. [3621] insulam *addunt* 8. 9. [3622] vero *deest* 6. [3623] Nordwegiæ 8 Nordwegiæ 2. Norvegiæ 9. [3624] ortu quidem 4. [3625] promontorium 5. [3626] Londona 2. 8. 9. [3627] vero 4. [3628] Winchigos 1. Winchindos 9. Withingos 5. Vichingos 10. Wichinger 8. Niningingos 7. [3629] Aschomannos 6. [3630] plurimum 7. [3631] contigit 1. 5. 10. [3632] liceat 4. [3633] abutuntur 7c. [3634] quisquis 7c [3635] vel *deest* 7. [3636] nichil 4. nihil 9. 10. [3637] dicem 2. [3638] construpratæ 6. stupratæ 10. [3639] fuerunt 9. [3640] vel *deest* 4. 9. 10. [3641] mortis *addit* 9. [3642] et 4. [3643] tunc *deest* 5. [3644] Ha'sinpurg 1. Helsenburgh 9. Hal-ingburg 2. 7. Halsingeburg 4. Halsingburgh 8. [3645] itaque *addit* 4. [3646] in *deest* 2. 4. 7. 9. 10. [3647] ut 4. [3648] Seland. Habet 7ab. [3649] enim *deest* 4. [3650] est *deest* 4. [3651] qui 4. [3652] Suediam 4. Sconiam 7. [3653] continet 5. disterminans 6. [3654] profundissimi 6. [3655] in *deest* 5. [3656] magno 9. [3657] Hoc caput ita ut sequens desunt 7. [3658] Sconiæ 5. Scaniæ 2. 8. [3659] inordinatus F. [3660] aliam 9. [3661] Seladensis 4. [3662] utramque g. ecclesiam 4. [3663] Scaniensem 8b. [3664] unum, Lundonensem 9. Lundoniensem 2. 8. 10. *Uncis hic inclusa desunt* 1. 6. [3665] autem *addit* 4. [3666] Archadas 6. [3667] Chund 1. Kanuti 2. 9. 10. Knut 4. [3668] memoratur 6. [3669] narratur 2. 4. 9. 10. [3670] Quasi ita 7ac. quod ita 7b. [3671] contigit 7b. 10. [3672] videns 7. [3673] Pr. episc. Scaniensis Wernarius 9. [3674] Eguio 9. sapius. [3675] Scandinavia 7c. [3676] Chund 7bc. [3677] prece. 6.

NOTÆ.

(836) Veluti Bernardus. Vide supra l. ii. cap. 53. (837) Circa annum 1060, ut ex numero annorum sacerdotii Eginonis duodecim capite sequenti indicatorum, et ex Adami l. iii, c. 24, colligere licet.
(838) Gangaviam de Germanicis insulis maximam esse meminit Solinus c. 20.
(859) Langobardos ab insula Scandinavia adventasse, Paulus Warnefrid. De gestis Langobard. l. i, c. 2; Gothos de Scanziæ insulæ gremio egressos refert Jordanis De reb. Gethicis.

mus, similiterque de aliis. Egino [3678] vero cum esset vir [3679] sapiens in litteris, et [3680] castitate insignis, tunc etiam totum studium ejus exarsit in conversione paganorum. Quapropter multos adhuc populos ydolorum cultui deditos ille vir Christo lucratus est, illos præsertim barbaros, qui Pleicani [3681] dicuntur (840) et qui in Hulmo [3682] insula (841) degunt affines Gothis [3683]. Qui omnes dicuntur [3684] ad ejus prædicationem conversi [3685] lacrimas, pœnitentiam sui erroris ita monstrasse [3686], ut confractis statim ydolis, ultro certarent ad baptismum [3687]. Mox etiam thesauros et omnia quæ habebant sternentes ad pedes episcopi, flagitabant [3688], ut [3689] hæc ille [3690] dignaretur recipere [3691], quod [3692] renuens episcopus, docuit eos ex eadem pecunia fabricare ecclesias egenos alere, ac [3693] redimere captivos, qui multi sunt in illis partibus.

9. (Cap. 216.) Fertur idem vir magnanimus, eo tempore quo in Suedia [3694] persecutio maxima [3695] christianitatis incanduit, Scaranensem ecclesiam ceterosque fideles, eo quod pastore carebant, frequenter visitasse, consolationem ministrans hiis qui in Christum crediderant [3696], et [3697] incredulis verbum Dei constanter annuncians. Ibi etiam opinatissimum Fricconis [3698] simulacrum in frusta concidit. Pro quibus virtutum insignibus (842) a rege Danorum magno deinceps vir Dei honore habitus, defuncto mox pingui Heinrico, utramque Sconiæ parrochiam, quæ est in Lundona * vel Dalboia, recepit gubernandam [3699]. Qui mox Lundonæ [3700] sedem suam constituit [3701] apud Dalboiam vero [3702]

A præposituram fratrum regulariter viventium esse præcepit. Itaque duodecim annis in sacerdotio nobiliter exactis, clarissimus [3703] vir (843) Egino regressus a Romana urbe, mox ut domum pervenit feliciter, migravit ad Christum. Cujus obitus et " Funensis [3704] episcopi contigit eodem anno, quo noster excessit metropolitanus [3705].

10. [3706] (Cap. 217.) Nunc autem quoniam locorum se præbuit occasio, ad rem [3707] videtur aliquid de natura *** Baltici maris dicere. Cujus freti mentionem cum supra in [3708] gestis Adaldagi pontificis (844) ex scriptis Einhardi [3709] (845) fecerim, explanationis more utor [3710], ea quæ ille per compendium dixit [3711], pleniori [3712] calamo nostris scienda proponens [3713]. Sinus, inquit [3714], quidam ab occidentali oceano orientem versus porrigitur. Sinus ille ab incolis appellatur Balticus, eo quod in modum baltei longo tractu per Scithicas [3715] regiones tendatur usque in [3716] Greciam [3717], idemque mare Barbarum seu pelagus Scithicum vocatur a gentibus quas alluit barbaris. Occidentalis autem oceanus ille videtur, quem Romani Britannicum scribunt, cujus latitudo immensa, terribilis et periculosa, complectitur ab occasu Britanniam, quæ nunc Anglia dicitur; a meridie Fresos [3718] tangit, cum ea parte Saxonum [3719], qui nostræ [3720] diocesi pertinent [3721] Hammaburgensi. [In hoc oceano insula est modica Heiligland, de qua supra dictum est [3722].] A solis ortu habet Danos ostiumque Baltici maris et Nordmannos qui ultra Daniam consistunt; ab aquilone vero idem oceanus insulas præterlabitur Orchadas, deinde [3723]

SCHOLIA.

* *Schol. 113. Lundona, civitas prima Sconiæ, tam longe a mari sita est, ut a Dalboia.* (6.)
** *Schol. 114. Funensis illo in capitalibus ab archiepiscopo suspensus ab officio, cum sic in . . . us Romam . . . leret, vita defunctus est* (6.)
*** *Schol. 115. Mare orientale seu mare Barbarum sive mare Scithicum vel mare Balticum [3724] unum et idem est [3725] mare, quod [3726] Marcianus et antiqui Romani Scithicas vel Meothicas [3727] paludes sive deserta Getarum [3728] aut Scithicum littus appellant (846). Hoc igitur mare ab occidentali oceano inter Daniam et Norvegiam [3729] ingrediens, versus orientem porrigitur longitudine incomperta.* (8b. 9.)

VARIÆ LECTIONES.

[3678] Eguio 9. Egvio 6. [3679] vir *deest* 9. 10. [3680] *et litteratus ac* 4. [3681] Pleichani 2. 4. 10. Bleychani 9. [3682] Hulmi 4. Ulmo 6. 9. 10. *In cod.* 8. *voci* Hulmo *adscriptum est:* Burgundeholm, Burgingeholm 9. [3683] *affines* Gothis *desunt* 4. [3684] *dicuntur deest* 4. [3685] in 4. [3686] monstraverunt 4. [3687] *properare addunt* 4. 9b. 10. [3688] flagitarent 9. 10. [3689] *ut deest* 2. quo 4. 6. [3690] *ille deest* 1. 4. [3691] accipere 4. [3692] quos 9. 10. [3693] *ac deest* 1. et 4. [3694] Sueonia 2. 9. Suediam 5. [3695] magna 2. 4. 9. 10. [3696] crediderunt 10. [3697] *et deest* 1. 5. [3698] Friconis 9. [3699] parrochiam, scilicet Lundensem et Dulboiensem (Dalboensem 5.) gub. recepit 4. [3700] Londone 2. 8. 9. 10. Lunde 4. [3701] *sedem episcopalem constituens* 4. [3702] vero *deest*. 4. 5. [3703] charissimus 10. [3704] Fundensis 1. [3705] Christum, eodem a. q. n. m. et Fiunensis (Finnensis 5.) episcopus decesserunt 4. et Fiun. ep. *desunt* 9. [3706] *Incipit hoc capitulum in codd. hoc titulo:* De mari Baltico et insulis in eo et regionibus circa illud. [3707] ad rem pertinere 4. [3708] in g. a. p. *desunt* 7c. [3709] ex scripturis 7. Einchardi 9. [3710] utar 2. 9. 10. utens 4. [3711] ea quæ per comp. dicta sunt 7. [3712] planiori 7. [3713] proponere 6. 7. proponam 5. preponam 4. [3714] *deest* 7c. [3715] Cithicas 7c. [3716] ad 7c. [3717] eo quod — Græciam *desunt* 2. 4. 8. 9. 10. *Reperitur in codd.* 1. 6. et 7. *et etiam apud Helmoldum l. I. c.* 1. *init.* [3718] Frisos 7. [3719] Saxonie 4. [3720] nostræ *deest* 7. [3721] quæ pertinet 4. 7c. [3722] *Uncis inclusa in solo cod.* 7 *leguntur*. [3723] demum 7a. b. [3724] mare Balticum seu Barbarum sive Scythicum 9. [3725] *est deest* 9. [3726] et quod 9. [3727] Meoticas 8b. [3728] Getharum 8b. [3729] Norwegiam 9. *Codices* 8b *et* 9. *hic addunt scholion* 5. *quod vide supra*.

NOTÆ.

(840) Quorum nomen superest in provincia Bleskingen.
(841) Bornholm.
(842) *Virtutum insignia*, id est exempla, documenta virtutis. Similiter Widukind. l. I, c. 26, *omnium virtutum insigniis clarus*, eumque imitatus Thietmar. Merseb. l. I, c. 10, *et quos ibi laudavi*.

Conf. infra c. 30, *morum insignia*, et supra l. II, c. 52. *operis insignia*.
(843) *Clarissimus vir*. V. supra l. III, c. 62.
(844) Supra l. II, c. 16.
(845) Vita Karoli Magni c. 12.
(846) V. infra c. 20.

infiniitis orbem terræ spaciis ambit, sinistrorum habens Hyberniam (847), Scotorum patriam, quæ nunc Island dicitur, dextrorum vero scopulos Nordmanniæ, ulterius autem insulas Island ³⁷²⁹*, Gronland; ibi terminat ³⁷³⁰ oceanus, qui dicitur caligans (848).

11. (Cap. 218.) Quod autem dicit ³⁷³¹ eundem *sinum longitudinis incompertæ* (849), hoc ³⁷³² nuper apparuit in sollertia fortissimorum virorum Ganuz ³⁷³³ Wolf, satrapæ Danorum, sive Haroldi ³⁷³⁴, regis Nordmannorum, qui magno viæ labore multoque sociorum periculo, quantitatem (850) hujus maris perscrutantes, ancipiti demum jactura ventorum ac pyratarum fracti victique redierunt. Affirmant autem Dani, longitudinem hujus ponti sæpe a pluribus ³⁷³⁵ expertam ³⁷³⁶, secundo flatu per mensem aliquos a Dania pervenisse in Ostrogard Ruzziæ (851). Latitudinem ³⁷³⁷ vero illam ponit ³⁷³⁸, *quæ nusquam centum milia passuum excedat, cum in multis*, ait ³⁷³⁹, *locis contractior inveniatur* (852). (Cap. 219-20). Quod in ostio ejusdem sinus videri potest, cujus ab oceano introitus inter Alaburc ³⁷⁴⁰, promunctorium ³⁷⁴¹ Daniæ (853) scopulosque Nortmanniæ tam strictus ³⁷⁴² invenitur, ut facili saltu ³⁷⁴³ per noctem carbasa trajiciantur ³⁷⁴⁴. Item egressus limitem Danorum (854) idem pontus late brachia tendit, quæ denuo contrahit e regione Gothorum ³⁷⁴⁵, qui a latere (855) Wilzos ³⁷⁴⁶ habent. Deinde quanto interius radit, tanto latius hinc inde diffunditur.

12. *Hunc*, inquit ³⁷⁴⁷, *sinum multæ circumsedent* ³⁷⁴⁸ *nationes; Dani siquidem ac Sueones quos*

A *Nortmannos vocamus, et* ³⁷⁴⁹ *septentrionale litus et omnes in eo insulas tenent. Ad litus* ³⁷⁵⁰ *australe Sclavi, Haisti aliæque diversæ incolunt nationes, inter quas præcipue* ³⁷⁵¹ *sunt Welatabi* (856) *qui et Wilzi* ³⁷⁵² *dicuntur.* Dani ³⁷⁵³ et Sueones ceterique trans Daniam populi ad hystoricis Francorum omnes vocantur Nortmanni, cum tamen Romani scriptores ejusmodi ³⁷⁵⁴ vocent Yperboreos, quos Martianus Capella multis laudibus extollit ³⁷⁵⁵ (857).

13. (Cap. 221.) Itaque primi ad ostium prædicti sinus habitant in australi ripa versus nos Dani, quos Juddas ³⁷⁵⁶ appellant, usque ad Sliam lacum. Unde incipiunt fines Hammaburgensis parrochiæ ³⁷⁵⁷, qui per maritimos Sclavorum populos longo tractu porriguntur usque ad Panim ³⁷⁵⁸ flumen : ibi limes

B est nostræ ³⁷⁵⁹ diocesis. Inde Wilzi et Leuticii ³⁷⁶¹ sedes ³⁷⁶² habent usque ad Oddaram ³⁷⁶³ flumen ³⁷⁶⁴; trans Oddaram autem ³⁷⁶⁵ comperimus degere Pomeranos ³⁷⁶⁶. Deinde latissima Polanorum ³⁷⁶⁷ terra diffunditur, cujus terminum dicunt in Ruzziæ ³⁷⁶⁸ regnum connecti. Hæc est ³⁷⁶⁹ ultima vel ³⁷⁷⁰ maxima Winulorum ³⁷⁷¹ provincia, quæ et finem facit illius sinus.

14. (Cap. 222.) At vero a parte aquilonari ³⁷⁷² revertentibus ad ostium Baltici freti ³⁷⁷³, primi ³⁷⁷⁵ occurrunt Nortmanni (858), deinde Sconia prominet, regio ³⁷⁷⁵ Danorum, et supra eam tenso limite Gothi habitant usque ad Bircam ³⁷⁷⁶. Postea longis terrarum spatiis regnant Sueones usque ad terram

C feminarum (859). Supra illas ³⁷⁷⁷ Wizzi ³⁷⁷⁸ (860).

SCHOLIA.

* *Schol.* 116. Ruzzia vocatur ³⁷⁷⁹ a barbaris Danis Ostrogard, eo quod in oriente posita quasi hortus irriguus habundat omnibus bonis. Hæc etiam Chungard ³⁷⁸⁰ appellatur, eo quod ibi sedes Hunnorum ³⁷⁸¹ primo fuit. (6. 7.)

VARIÆ LECTIONES.

³⁷²⁹* ac *addit* 2. et 4. Islandiam et Groulandiam 9. 10. ³⁷³⁰ terminatur 4. 5. ³⁷³¹ dicitur idem sinus 7ᶜ. ³⁷³² apparuit hoc quondam 7ᶜ. ³⁷³³ Gamir 7ᵃ. Ganur 7ᵇ,ᶜ. Ganund 2. 4. 10. Gamund 9. ³⁷³⁴ Haraldi 9. ³⁷³⁵ a pluribus *desunt* 7. ³⁷³⁶ ac *add.* 9. 10. ³⁷³⁷ longitudinem 9. ³⁷³⁸ vero jam dicti ponti ponunt 7. ³⁷³⁹ *deest* 7ᶜ. ³⁷⁴⁰ Alaburch 7. Alaburg vel (et 9.) Wendilam 2. 4. 9. 10. ³⁷⁴¹ promontorium 5. *semper*. ³⁷⁴² trictus 7.ᵃ,ᵇ. ³⁷⁴³ cursu *add.* 9. ³⁷⁴⁴ invenitur–traiciantur *desunt* 10. ³⁷⁴⁵ Græcorum 9. ³⁷⁴⁶ Wirlos 7. ³⁷⁴⁷ *deest* 7ᶜ. ³⁷⁴⁸ circumsedent 7ᵃ. circumcident 2. circumsident 5. 9. 10. ³⁷⁴⁹ et *deest* 4. ³⁷⁵⁰ autem *add.* 4. ³⁷⁵¹ quos precipui 4. præcipue 9. ³⁷⁵² Wilzi 2. 4. 9. *ubi corr.* Ulzi. Voltri 7. Wleri 7ᶜ. ³⁷⁵³ vero *addit* 4. ³⁷⁵⁴ eos modo 7. ³⁷⁵⁵ extulit 2. 4. 9. 10. ³⁷⁵⁶ Widdas 2. 8. 9. Viddas 10. Juthas 4. Judtas 7ᵃ ᶜ. ³⁷⁵⁷ toparchiæ 6. ³⁷⁵⁸ Canim 2. 8. ³⁷⁵⁹ fluvium 2. 4. 7. 10. ³⁷⁶⁰ nostræ *deest* 7. ³⁷⁶¹ Wilri et Lentici 7. Leutici 9. ³⁷⁶² sedem 9. 10. ³⁷⁶³ Oddoram 2. 9. 10. Ogdoram 4. Odoram 5. 7ᶜ. Oderam 7. *semper*. ³⁷⁶⁴ fluvium 2. 4. 9. 10. ³⁷⁶⁵ autem *deest* 6. 7ᶜ. *ubi vox comperimus bis scriptum est* 9. 10. ³⁷⁶⁶ Ponicranos 1. 6. Panitranos 7ᵃ. ³⁷⁶⁷ Polonorum 7. Palanorum 9. 10. ³⁷⁶⁸ Ruzziæ 5. Ruzzia F. ³⁷⁶⁹ *deest* 5. ³⁷⁷⁰ et 4. ³⁷⁷¹ Vinnulorum 9. 10. ³⁷⁷² aquilonali 2. 4. 9. 10. ³⁷⁷³ sinus 7. ³⁷⁷⁴ proximi 8ᵇ. ³⁷⁷⁵ provintia 6. ³⁷⁷⁶ Birkam 4. ³⁷⁷⁷ illos 7ᶜ. ³⁷⁷⁸ Wilzy 2. Wilzi 4. 9. Wizsi 7. Vilzi *corr.* Vilci. ³⁷⁷⁹ vero 7ᵃ. Rusia 7. *semper*. ³⁷⁸⁰ Thungard 7ᵇ,ᶜ. ³⁷⁸¹ Hunorum 7ᶜ.

NOTÆ.

(847) *Hyberniam*. Rectius dixisset Scotiam. Similis error est Otheri in periplo § 8.
(848) Mare glaciale artoum, nomine vetustissimo mythologico Dumbshof indeque scriptoribus Arabicis mare Tumi dictum. Conf. J. C. Rasmussen de orientis commercio cum Russia et Scandinavia medio ævo pag. 27.
(849) Sc. mare Balticum. Conf. Einhard l. 1.
(850) Quantitas pro magnitudine s. latitudine, ut et supra cap. 5.
(851) V. supra l. 11, c. 19.
(852) Einhard. l. 1.
(853) Promontorium Skagen s. Vendilskagen.

D (854) Limes Danorum hic non videtur esse marchia Danorum, sed dictus pro littoribus insularum Danicarum australibus.
(855) *A latere*. Rectius dixisset noster, *ex opposito*.
(856) Einhard. l. 1.
(857) De nuptiis philolog. l. vi, ed. H. Groth, p. 214. V. et Solin. c. 16.
(858) Inde patet mare quod dicimus *das Kattegat* Adamum a mari Baltico non distinguere. Conf. infra c. 30.
(859) De Amazonibus v. infra c. 19
(860) De Wizzis s. Albanis v. ibid.

Mirri (861), Lami³⁷⁸² (862), Scuti (863) et
Turci (864) habitare³⁷⁸³ feruntur usque ad Ruzziam; in ³⁷⁸⁴ qua denuo finem habet ille sinus. Itaque latera illius ponti ab austro Sclavi ³⁷⁸⁵, ab
aquilone Suedi possederunt.

15. Asserunt etiam periti locorum, a ³⁷⁸⁶ Sueonia ³⁷⁸⁷ terrestri via permeasse quosdam usque
in ³⁷⁸⁸ Græciam. Sed barbaræ gentes, quæ in medio
sunt, hoc iter impediunt, propterea navibus tempta-
tur ³⁷⁸⁹ periculum.

16. (Cap. 225.) Multæ sunt insulæ in hoc sinu,
quas omnes Dani et Sueones habent in sua ditione ³⁷⁹⁰, aliquas etiam Sclavi tenent. Earum prima
est in capite illius freti ³⁷⁹¹ Wendila, secunda Morse
(865), tertia Thud ³⁷⁹² (866), modico ab invicem
intervallo divisæ, quarta est Samse ³⁷⁹³ (867), quæ
opposita est civitati Arhusin ³⁷⁹⁴, quinta Funis, sexta
Seland, septima quæ illi adhæret (868) et quarum
supra mentionem ³⁷⁹⁵ fecimus; octavam dicunt ³⁷⁹⁶
illam, quæ Sconiæ ac Gothiæ proxima ³⁷⁹⁷ Holmus
appellatur (869), celeberrimus Daniæ portus et fida
stacio navium, quæ ad barbaros ³⁷⁹⁸ et ³⁷⁹⁹ in Græciam dirigi solent (870). Ceterum insulæ Funi adjacent aliæ septem minores ab euro ³⁸⁰⁰, quas supra
diximus frugibus opulentas, hoc est Moyland ³⁸⁰¹ (871),
Imbra ³⁸⁰² (872), Falstra ³⁸⁰³, Laland ³⁸⁰⁴, Lan-
gland ³⁸⁰⁵, itemque ³⁸⁰⁶ aliæ omnes sibi vicinæ, cum
Laland ³⁸⁰⁷ interius vadat ad confinia Sclavorum (873).
Hæ quindecim ³⁸⁰⁸ insulæ Danorum regnum aspi-

A ciunt, omnesque jam ³⁸⁰⁹ christianitatis titulo deco-
ratæ ³⁸¹⁰ sunt. Sunt et aliæ interius ³⁸¹¹, quæ subjacent imperio Sueonum; quarum vel ³⁸¹² maxima est
illa, quæ Churland ³⁸¹³ dicitur; iter habet octo dierum ³⁸¹⁴; gens crudelissima propter nimium ydololatriæ cultum fugitur ab omnibus; aurum ibi plurimum, equi optimi. Divinis, auguribus ³⁸¹⁵ atque
nigromanticis ³⁸¹⁶ omnes domus plenæ sunt, [qui
etiam vestitu monachico induti sunt ³⁸¹⁷]. A toto
orbe ibi responsa petuntur, maxime ab Hispanis ³⁸¹⁸
et Grecis. Hanc insulam credimus in vita sancti
Ansgarii (874) Chori ³⁸¹⁹ nominatam, quam tunc
Sueones tributo subjecerunt. Una ibi nunc facta
est ³⁸²⁰ ecclesia, cujusdam studio negotiatoris, quem
rex Danorum multis ad hoc illexit muneribus.

B Ipse ³⁸²¹ rex gaudens in Domino recitavit mihi hanc
cantilenam ³⁸²².

17. (Cap. 224.) Præterea recitatum est nobis,
alias plures insulas in eo ³⁸²³ ponto ³⁸²⁴ esse ³⁸²⁵,
quarum una grandis Aestland ³⁸²⁶ dicitur, non minor
illa de qua prius diximus ³⁸²⁷. Nam ³⁸²⁸ et ipsi
Deum ³⁸²⁹ christianorum prorsus ignorant; dracones
adorant cum volucribus, quibus etiam litant vivos
homines, quos a mercatoribus emunt, diligenter
omnino probatos, ne maculam in corpore habeant ³⁸³⁰, pro qua refutari dicuntur ³⁸³¹ a draconi-
bus. Et hæc quidem ³⁸³² insula terræ feminarum
proxima narratur, cum illa superior non longe sit

C a Birca ³⁸³³ Sueonum.

VARIÆ LECTIONES.

³⁷⁸² Mirrilami 4. Murtilani 7. ³⁷⁸³ Curti 7. Thurci 2. ³⁷⁸⁴ Rusciam 6. Ruzliam 2. 9. 10. ³⁷⁸⁵ et add. 9.
10. ³⁷⁸⁶ etiam quidam a. 7. ³⁷⁸⁷ Suedia 7. ³⁷⁸⁸ ad 7c. ³⁷⁸⁹ temperatur 9. vitatur corr. tentatur 10.
³⁷⁹⁰ dominatione 9. ³⁷⁹¹ in addit 6. ³⁷⁹² Thiut 4. Thiid sive Thund 6. Thuit 5. Chud. 7. Thuthia 2. 8. 9.
10. ³⁷⁹³ Sanse 7. Sampse 4. 8. 9. ³⁷⁹⁴ Arhusen 7. Arhusan 4. 6. Arusiæ 2. ³⁷⁹⁵ memoriam 4. ³⁷⁹⁶ quinta
est Fiunia Selandia sexta, quæ illi adhæret et q. (duarum add. 10.) s. m. f. Septimam dicunt 2. 8. 6. 10. Ita
legendum videtur. ³⁷⁹⁷ proxima est quæ 7. ³⁷⁹⁸ quæ a barbaris 5. 9. ³⁷⁹⁹ et deest 4. 9. 10. ³⁸⁰⁰ coro 7.
³⁸⁰¹ Moiland 4. Mayland 9. Noyland 7. ³⁸⁰² Imbra 1. Ybra 2. 8. 9. 10. Ymbra 4. Vmbra 7 a c. ³⁸⁰³ Faltra 1.
Falstre 2. 4. 9. 10. ³⁸⁰⁴ Lalant 4. ³⁸⁰⁵ Longland deest 2. 4. 9. 10. ³⁸⁰⁶ que deest 2. 4. 9. 10. atque 7.
³⁸⁰⁷ Seland 10. ³⁸⁰⁸ quatuordecim 2. 8. 9. 10. viginti 7. ³⁸⁰⁹ deest 7. ³⁸¹⁰ donatæ 9. ³⁸¹¹ Sed et
a. i. sunt 4. ³⁸¹² vel deest 4. 7. ³⁸¹³ Curland 4. 7. Kurland 9. 10. ³⁸¹⁴ iter o. d. habens 2. 4. 9. 10.
³⁸¹⁵ auguriis 1. ³⁸¹⁶ nigromanticis 1. nicromanticis 2. 4. necromanticis 10. ³⁸¹⁷ inducti sunt 9. Verba
uncis inclusa desunt 1. 6. 7. ³⁸¹⁸ his panis 1. Ispanis 2. Hyspanis 4. Fortasse legendum : Cispanis s.
Circipanis. Conf. schol. 16. Cl. Giesebrecht suspicatus est Adamum scripsisse : his paganis. ³⁸¹⁹ Cori 9.
Kori 10. ³⁸²⁰ est deest 1. ³⁸²¹ enim addit 4. ³⁸²² Hanc Insulam—cantilenam desunt 7. ³⁸²³ eodem 4.
³⁸²⁴ porto 1. ³⁸²⁵ Præterea sunt et aliæ p. insulæ i. e. p. 7. ³⁸²⁶ Eslland 2. 4. 6. 9. 10. ³⁸²⁷ dixi 5.
³⁸²⁸ Nam deest 2. 9. 10. ³⁸²⁹ ipse dominum 10. ³⁸³⁰ habeant deest 6. ³⁸³¹ dicitur 9. ³⁸³² quidem deest 9.
³⁸³³ Byrcha 2. Birka 4. sit abhira 6. sit deest 7.

NOTÆ.

(861) Mirri, qui Jordani c. 23. Mereni, Nestori 11,
24. Merja dicuntur, gens Finnorum orientalium;
sedes habuit apud Iacum Rostowense et Kleschti-
schinense. V. Zeuss Die Deutschen, pag. 688, 690.

(862) Lami, gens Esthonum borealium. V. Zeuss
l. l. pag. 681 sq.

(863) Scuti, Finnorum orientalium gens, Nestori
l. l, dicta Czjud.

(864) Turci, ut videtur, circa civitatem Abo, qui
a Finnis vocantur Turku. V. Zeuss l. l. Conf.
schol. 118.

(865) Mors, insula Jutiæ in Lymfiord, dicta Morsoe
in libro censuali mox laudando.

(866) Nunc pars Jutiæ occidentalis, ubi civitas
Tisted. In libro Censuali Waldemari III, a. 1231,
dicitur Tythæsyssæl, hodie Thyland. V. Langebek
Script. rer. Danic. t. VII, pag. 518 et 561.

(867) Samsöe.

(868) Sprögoe; v. schol. 107.

(869) Vide supra c. 8.

(870) Omittutur hic vitio scriptoris duæ insularum septem supradictarum, sc. Alsen et Arroe.

(871) Moen.

(872) Fortasse Fehmern. V. infra c. 18. Nomen
Imbriæ huic insulæ datur in chartis comitum Holsatiæ sæculi XIV. Notandum tamen olim Himbusysel,
hodie Himmersyssel nomine appellari præfecturam
Aalborghus. V. de hac terra Langebek l. l, pag. 518
et 566, atque de insula Imbræ s. Fehmern ibidem
pag. 528 et 591. Quæ de situ hujus insulæ Adamus
affert, neutri eorum conveniunt. Imbrorum gentem
quoque laudat Scopes vidssidh.

(873) In describendo situ Lalandiæ errat noster,
cum hæc rectius de insula Fehmern dixisset. Conf
tamen c. 18.

(874) Cap. 30.

18. (Cap. 225.) Illæ autem insulæ[3834] quæ Sclavis adjacent, insigniores accepimus esse[3835] tres. Quarum prima Fembre vocatur (875). Hæc opposita est Wagris[3835*], ita ut videri possit ab Aldinburg, sicut illa quæ Laland dicitur[3836]. (Cap. 226.) Altera est contra Wilzos[3837] posita, quam Rani [vel Runi[3838]] possident, gens fortissima Sclavorum, extra quorum sentenciam de publicis rebus nichil agi lex est[3839], ita[3840] metuuntur[3841] propter familiaritatem deorum vel potius dæmonum, quos majori cultu venerantur quam ceteri[3842]. Ambæ igitur hæ insulæ pyratis et cruentissimis latronibus plenæ sunt, et qui nemini parcant[3843] ex transeuntibus. Omnes enim quos alii vendere solent, illi occidunt[3844]. (Cap. 227.) Tertia est illa, quæ Semland dicitur[3845], contigua Ruzzis[3846] et[3847] Polanis; hanc inhabitant Sembi vel Pruzzi[3848], homines humanissimi, qui obviam tendunt his ad auxiliandum, qui periclitantur in mari, vel qui a pyratis infestantur. Aurum et argentum[3849] pro minimo ducunt, pellibus habundant peregrinis, quarum[3850] odor letiferum[3851] nostro orbi propinavit superbiæ venenum. Et illi quidem ut stercora hæc habent ad nostram credo[3852] dampnationem[3853], qui per fas et nefas[3854] ad[3855] vestem anhelamus marturinam[3856];

quasi ad summam beatitudinem **. Itaque pro laneis indumentis, quæ nos dicimus faldones[3857] (876), illi offerunt tam[3858] preciosos martures[3859]. Multa[3860] possent dici ex[3861] illis populis laudabilia in moribus, si haberent solam fidem Christi, cujus prædicatores immaniter[3862] persecuntur. Apud illos[3863] martyrio coronatus est illustris[3864] Bœmiorum[3865] episcopus Adalbertus (877). Usque hodie profecto inter illos, cum cetera[3866] omnia sint communia nostris, solus prohibetur accessus lucorum et fontium, quos autumant pollui christianorum accessu. Carnes[3867] jumentorum pro cibo sumunt, quorum lacte vel cruore utuntur in potu, ita ut inebriari dicantur. Homines cerulei, facie rubea, et criniti[3868]. Præterea inaccessi[3869] paludibus, nullum inter se dominum pati volunt.

19. (Cap. 228.) Sunt et aliæ in hoc ponto[3870] insulæ plures, ferocibus barbaris omnes[3871] plenæ, ideoque fugiuntur a navigantibus (878). Item circa hæc littora Baltici maris ferunt[3872] esse Amazonas **, quod nunc terra feminarum dicitur (879). Eas[3873] aquæ gustu dicunt aliqui concipere. Sunt etiam qui referant[3874] eas fieri prægnantes ab hiis[3875] qui prætereunt[3876] negociatoribus, vel ab hiis quos inter se habent captivos, sive ab aliis monstris, quæ

SCHOLIA.

* Schol. 117. Reune insula est Runorum, vicina Jumne[3877] civitati, qui soli habent regem. (2. 4. 6. 8b.
** Schol. 118. De quarum laude gentium Horatius[3878] in lyricis suis (880) ita meminit: *Campestres,* inquit[3879], *Scythæ melius vivunt et regidi Getæ, quorum*[3880] *plaustra vagas rite*[3881] *trahunt domus, nec cultura placet longior*[3882] *annua*[3883]*. Dos est magna parentum virtus, et peccare nefas, aut precium est mori.* Usque hodie Turci, qui prope[3884] Ruzzos[3885] sunt ita vivunt, et reliqui Scythiæ[3886] populi. (2. 4. 6. 8b. 9.)
*** Schol. 119. Cum rex Sueonum Emund filium suum[3887] Anundum[3888] misisset in Scythiam ad dilatandum regnum suum[3889], ille navigio in terram pervenit feminarum. Quæ mox venenum fontibus immiscentes, ipsum regem et exercitum ejus tali modo peremerunt. Hæc et supra diximus (881), et ipse Adalwardus episcopus recitavit nobis, hoc et alia contestans esse veracissima[3890]. (2. 5. 6. 8b.)

VARIÆ LECTIONES.

[3834] Illarum a. insularum 2. 5. 9. 10. [3835] deest 2. 4. [3835*] Wasgris 6. Wardgris 7ᵃ ᶜ. Vagris 10. [3836] ita—dicitur desunt 5. [3837] Vilzos 10. Wilros *M. F.* [3838] vel Runi *addunt* 2. 4. 9. [3839] licet, cui superscriptum vel lex est 6. [3840] illi *addunt* 9. 4. 10. ista ita 7ᶜ. [3841] metuitur 7ᵇ. mentiuntur 7ᵃ ᶜ. [3842] cultu ceteris venerantur 4. [3843] parcent 7. parcunt 4. [3844] omnes—occidunt desunt 5. 9. [3845] appellari solet 2. 4. 9. 10. [3846] Ruzis 4. Rutzis 7ᶜ. sæpius. [3847] vel 2. 7. 8. 9. 10. [3848] Pruczi 4. Prutzi 7ᶜ. [3849] Aurum argentumque 2. 4. 10. [3850] quorum 2. 4. [3851] lethiferum 10. lætiferum 5. lactiferum 2. 9. [3852] adeo 7, forte 4. [3853] credo perniciem et damnationem 9. [3854] fas nefasque 4. [3855] per 4. [3856] marduriam 2. 9. 10. [3857] faltones 2. paldones 5. [3858] tam deest 2. 9. 10. [3859] mardures 2. 9. 10. [3860] Multa ergo 4. [3861] de 2. 8. 9. 10. [3862] inaniter 1. 6. [3863] enim add. 4. [3864] illustrissimus 1. [3865] Boemiorum 2. 5. Bohemorum 9. 10. [3866] cetera deest 4. 9. [3867] Carnes etiam 4. [3868] rubea et cervice 4. [3869] in accessu 7. [3870] porto 1. [3871] deest 7ᶜ. [3872] maris longo transitu usque oriens sunt Amazones q. 7ᶜ. [3873] Quas 4. Et eas 9. [3874] referunt 7ᶜ. 9. [3875] his 1. 2. 4. sæpius [3876] eas impregnari a prætereuntibus 4. [3877] Juminne 2. Junine 5. Janine 9. [3878] Oracius 2. [3879] itaque 4. [3880] quarum 4. 6. [3881] rite deest 2. 4. 8. [3882] longior deest 8ᵇ longa 4. [3883] anona 2. [3884] apud 6. proprie 2. proprio 9. [3885] Ruzi 8ᵇ. Ruzzi 2. 9. [3886] Scythici 9. [3887] suum deest 2. 8ᵇ. [3888] Enundum 4. Emundum 2. 5. [3889] ad — suum desunt 2. 8ᵇ. [3890] Hæc — veracissima desunt 4. 9. vera 6.

NOTÆ.

(875) Fembre, quam supra cap. 16 videtur Imbram appellasse.

(876) Anglis dicebantur *faldynge.* V. Galfridi Grammatici Promptorium Parvulorum, ed A. Way. h. v. Conf. Ziemann Mittelhochdeutsch. Worterbuch s. v. *Valde. Valte.* Alibi *Paltene,* Phaltæ de indumentis lineis. V. Schannat Tradition. Fuldens. p. 418. Ejusd. Vindemiæ litterariæ, pag. 53.

(877) De Alberto episcopo orciso a Pruzzis v. Vitas Adalberti SS. t. IV (*Patrol.* t. CXXXVII). Thietmar. l. IV, c. 19; Ann. Quedlinb. h. a.

(878) His adnumerandæ videntur insulæ Oeland, Gothland, Oesel.

(879) Amazonas in Europa collocavit Marcianus l. I, p. 215. His Maegdaland, cujus mentionem facit Ælfred in versione Orosii Anglosaxonica, indigitari, docuit Dahlmann Forschungen I, 420. Dicitur quoque Quänland s. feminarum terra, sub quo nomine latere Kainulaiset, h. e. terræ Finnorum provinciam juxta sinum Bothnicum, docuit Rühs in Historia Finlandiæ, pag. 557. Lehrberg Untersuchungen zur Geschichte Russlands ed. Krug p. 145 sq.

(880) Carm. III, 24, v. 9-11.

(881) L. III, c. 15.

ibi non rara habentur. Et hoc credimus etiam fide A
dignius ³⁸⁹¹. Cumque pervenerint ³⁸⁹², ad partum, si
quid ³⁸⁹³ masculini generis est, fiunt ³⁸⁹⁴ cynocephali ³⁸⁹⁵; si quid feminini, speciosissimæ mulieres ³⁸⁹⁶. Hæ simul viventes, spernunt consortia virorum; quos etiam, si advenerint, a ³⁸⁹⁷ se repellunt
viriliter. Cynocephali sunt ³⁸⁹⁸, qui in pectore caput ³⁸⁹⁹ habent ³⁹⁰⁰ (882); in Ruzzia videntur sepe
captivi, et cum verbis latrant in voce. Ibi sunt
etiam ³⁹⁰¹ qui dicuntur Alani vel Albani ³⁹⁰², qui
lingua eorum *wizzi* ³⁹⁰³ dicuntur, crudelissimi ambrones ³⁹⁰⁴; cum canicie nascuntur; de quibus auctor Solinus (883) meminit ³⁹⁰⁵. Eorum patriam canes
defendunt. Si quando pugnandum est ³⁹⁰⁶, canibus
aciem struunt *. Ibi sunt homines pallidi, virides et
macrobii ³⁹⁰⁷ (884), quos appellant Husos ³⁹⁰⁸; po- B
stremo illi, qui dicuntur antropofagi, et humanis
vescuntur carnibus. Ibi sunt alia ³⁹⁰⁹ monstra plurima, quæ recitantur a navigantibus sepe inspecta
quamvis hoc nostris vix credibile putetur ³⁹¹⁰.

20. (Cap. 229.) Hæc habui quæ de sinu illo Bal-

tico ³⁹¹¹ dicerem ³⁹¹², cujus nullam mentionem audivi quempiam fecisse doctorum, nisi solum, de quo
supra diximus, Einhardum ³⁹¹³. Et fortasse mutatis
nominibus arbitror illud fretum ³⁹¹⁴ ab antiquis ³⁹¹⁵
vocari paludes Scithicas vel Meoticas (885), sive
deserta Getarum (886), aut *litus Scithicum*, quod
Martianus (887) ait : *confertum* ³⁹¹⁶ *esse multiplici
diversitate barbarorum Illic*, inquit (888), *Gethæ* ³⁹¹⁷,
Daci, Sarmatæ, [*Neutri* ³⁹¹⁸], *Alani, Geloni, Antropofagi* ³⁹¹⁹, *Troglodita* ³⁹²⁰ ". Quorum errori condolens noster metropolitanus, statuit Birceam ³⁹²¹ illis
gentibus metropolem, quæ in medio Sueoniæ posita ³⁹²² (889), contra civitatem Sclavorum ³⁹²³ respicit Jumnem ³⁹²⁴ (890), paribusque spaciis omnes
illius ponti amplectitur horas ³⁹²⁵ ". In qua civitate
primum ex nostris ordinavit Hiltinum abbatem,
quem ipse voluit appellari ³⁹²⁶ (891) Johannem. Itaque de insulis Danorum dictum est satis. Nunc vero
ad Sueonum sive Nordmannorum populos, qui ³⁹²⁷
proximi sunt, convertamus articulos ³⁹²⁸.

21. (Cap. 230.) Transeuntibus insulas Danorum

SCHOLIA.

* Schol. 120. Qui lingua eorum Wilzi ³⁹²⁹ dicuntur, crudelissimi ³⁹³⁰ ambrones, quos poeta Gelanos vocat. (2. 4. 8ᵇ. 9).
** Schol. 121. A Sconia ³⁹³¹ Danorum navigantibus ad Birceam quinque dierum ³⁹³², a Birca in Ruzziam ³⁹³³ similiter per mare habes iter quinque dierum. (2. 4. 6. 8ᵇ.)
*** Schol. 122. Ibi in Birca est ³⁹³⁴ portus sancti Ansgarii et tumulus sancti Unni archiepiscopi, familiare inquam hospitium sanctorum nostræ sedis confessorum. (2. 4. 6. 8ᵇ.)

VARIÆ LECTIONES.

³⁸⁹¹ hoc etiam credibilius est 4. Et—*dignius desunt* 7ᶜ. ³⁸⁹² pervenerunt 7ᶜ. ³⁸⁹³ quidem 1. 5. ⁷⁸⁹⁴ est *deest* 2. generis fuerit 4. 9. 10. ³⁸⁹⁵ cinocephagi 1. ³⁸⁹⁶ nascuntur *addit* 10. mulieris M. F. ³⁸⁹⁷ ad 4. ³⁸⁹⁸ mulieres. Hæc secundum opinionem. Revera enim singulæ singulos habent viros, sicut in epistola ipsarum ad Alexandrum Magnum continetur. Sic enim habet inter cetera : *Si vis scire conversationem nostram, talis est. Habitatio nostra est ultra fluvium, et sumus numero feminarum habitantium* (habitatium 7ᵃ. hinc anium 7ᵇ.) *CCLXIII* (CCXIIII 7ᵃ.), *quæ non sunt coinquinatæ a viris. Viri nostri nullo modo habitant inter nos, sed ultra fluvium in alia parte. Uno quoque anno celebramus festivitatem Jovis per XXX dies. Qui vult manere in lætitia cum uxore sua, tenet eam per annum unum. Quod si mulier parturiens peperit masculum, tenet eum secum pater; et si feminam peperit, retinet eam pater secum, et post septem annos reddit eam matri. Cum autem pugnaturæ cum aliquo venimus, sumus numero decies dena milia equitantes. Aliæ autem custodiunt insulam nostram.* Ad priora revertamur. In prædicta insula sunt Cynocephali 7. ³⁸⁹⁹ capud 4. ³⁹⁰⁰ habentes 4. 9. ³⁹⁰¹ et 10. ³⁹⁰² Albini M. F. ³⁹⁰³ Wirzi 7. ³⁹⁰⁴ qui—ambrones 1. 6. 7. *Desunt in textu* 2. 4. 9. *ubi in scholium* 120. *eliminata sunt. Omnino desunt* 10. ³⁹⁰⁵ de quibus S. meminit. Cum canicie nascuntur 2. 9. 10. ³⁹⁰⁶ est *deest* 2. 9. ³⁹⁰⁷ *Voci macrobii in cod.* 1. *superscripta sunt verba* : id est *longi, quæ glossa in ceteris codicibus in textum irrepsit.* lenti 7. ³⁹⁰⁸ Busos 2. 4. 7. 9. 10. ³⁹⁰⁹ et alia 7ᶜ. alia *deest* 9. 10. ³⁹¹⁰ putem 7. putetur 7ᶜ. videatur 2. 4. 6. 9. vid:tur 10. ³⁹¹¹ vel Barbaro *addunt* 2. 4. 9. 10. ³⁹¹² Hæc breviter de illo sinu Baltici dixerim 7. ³⁹¹³ Einchardum 9. cujus—Einhardum *desunt* 7. ³⁹¹⁴ *deest* 7ᶜ. ³⁹¹⁵ Romanis *addunt* 2. 4. 9. 10. ³⁹¹⁶ consertum 4. consitum 9. ³⁹¹⁷ Gete 4. ³⁹¹⁸ Neutri *deest* 1. 7. *In cod.* 6. *superscriptum est voci.* Alani. Neuri 9. ³⁹¹⁹ antropofagi *deest* 1. ³⁹²⁰ Trogodete 1. Trogodite *voci* Antropofagi *superscriptum* 2. 6. 9. Trogodite 4. 7ᶜ. *ubi* (2. 4. 8ᵇ.) *scholii instar in margine additur:* Amaxobii, Arimaspi, Agathirsi. ³⁹²¹ Hiream 6. stat Birca 10. ³⁹²² est 6. ³⁹²³ opposita *addit* 4. ³⁹²⁴ Juminem 2. Juminen 5. 9. ³⁹²⁵ oras 5. 9. ³⁹²⁶ vel appellare 2. 9. appellavit 4. *Verba* Quorum—Johannem *desunt* 7. ⁻⁹²⁷ Danis *addit* 4. proximi sunt Danis 2. 9. 10. ³⁹²⁸ articulum 2. 4. 6. *In codd.* 2. 8. 9. *sequitur inscriptio sequentium :* Incipit de Sueonia ac populis Sueonum et ritibus eorum (Sueonia et cerimoniis Sueonum 2.). ³⁹²⁹ Wiltri 8ᵇ. Vilzi 9. *Legendum videtur :* Wizzi, v. c. 19. ³⁹³⁰ sunt *add.* 9. ³⁹³¹ Scania 2. ³⁹³² interest *a d* 8ᵇ. ³⁹³³ Birca et Ruzzia 5. ³⁹³⁴ Ubi est 4. 9.

NOTÆ.

(882) *Cynocephali.* Similia de Blemiis in interiori C Africa fabulatur Marcianus p. 218. Cf. Solinum c. 52 de Indis quibusdam : *Ad sermonem humanum nulla voce sed latratibus tantum sonantes.*

(883) *Polyhistor* cap. 15. Albani s. Wizzi Adamo nostro incolæ videntur esse terræ Witland, quam terram Esthonum juxta Vistulam sitam dicit Wulfstanus in itinere § 2, apud Dahlmann l. 1, p. 428. De Witland s. terra Vidiviariorum conf. Voigt Geschichte von Preussen t. 1, p. 210.

(884) *Macrobios Solinus* cap. 59 gentem quandam Æthiopum vocat, l. III, c. 15.

(885) *Meotidas paludes* dicit eas Orosius l. 1, c. 2; *palus Mæotica* Marcian., pag. 200.

(886) *Deserta Getarum.* Virgil. Georg. III, 462.

(887) Loco laudato p. 214, *litus Scythicum — barbarorum.*

(888) Ibid., *Illic Getæ, Daci, Sarmatæ, Amaxobii, Troglodita, Alani;* et paulo infra, *Neutri. . . Geloni, Agathyrsi, Anthropophagi.*

(889) *In—posita.* V. supra l. 1, c. 62.

(890) Patet Adamum Jumne civitatis situm latuisse.

(891) De Hiltino v. supra ad l. III, 70 (l. IV, c. 44).

alter mundus aperitur in Sueoniam vel Nordmanniam [3935], quæ sunt duo latissima regna aquilonis et nostro orbi adhuc fere incognita. De quibus narravit mihi scientissimus [3936] rex Danorum [3937], quod Nordmannia [3938] vix queat transiri [3939] per mensem, cum Sueonia duobus mansibus non facile percurratur'. Quod ipse, inquit, probaveram, qui [3940] nuper sub Jacobo rege 12 annis militavi in illis regionibus, quæ [3941] altissimis ambæ montibus includuntur, magis autem Nordmannia, quæ suis alpibus circumdat [3942] Sueoniam. De Sueonia vero non tacent antiqui auctores [3943] Solinus [3944] (892) et Orosius [3945] (893), qui dicunt plurimam partem Germaniæ [3946] '' Suevos [3947] tenere, nec non montana ejus usque ad Ripheos montes extendi '''. Ibi est etiam Albis fluvius, de quo Lucanus meminisse videtur [3948] (894), Ille [3949] oritur in [3950] prædictis alpibus, perque [3951] medios Gothorum populos currit in occeanum, unde [3952] et '''' Gothelba dicitur (895). Fertillissima regio est Sueonia [3953], ager frugibus [3954] et melle opimus [3955], extra quod pecorum fetu omnibus antefertur, oportunitas fluminum sylvarumque maxima [3956], ubique peregrinis mercibus omnis regio plena. Ita nullis [3957] egere Sueones dicas opibus, excepta quam nos diligimus sive potius adoramus ''''', superbia [3958]. Omnia enim instrumenta vanæ gloriæ, hoc est aurum, argentum, sonipedes regios, pelles castorum [3959] vel [3960] marturum [3961], quæ nos animiratione [3962] sui dementes [3963] faciunt, illi pro nichilo ducunt. In sola mulierum copula [3964] modum nesciunt. Quisque secundum facultatem suarum virium duas aut tres et [3965] amplius simul habet; divites et [3966] principes absque numero (896). Nam et filios ex tali conjunctione genitos habent legitimos. Capitali vero pena multatur, si quis uxorem alterius cognoverit, aut vi oppresserit [3967] virginem [3968], sive qui alterum spoliaverit bonis suis, aut injuriam fecerit [3969]. Hospitalitate quamvis omnes Yperborei sint [3970] insignes, præcipui sunt nostri [3971] Sueones; quibus est omni probro gravius hospicium negare transeuntibus, ita ut studium vel [3972] certamen habeant inter illos [3973], quis dignus sit recipere hospitem. Cui exhibens [3975] omnia jura humanitatis, quot diebus illic [3976] commorari voluerit, ad amicos eum suos [3976] certatim per singulas dirigit [3977] mansiones. Hæc illi bona in moribus habent. Prædicatores autem veritatis, si casti prudentesque ac ydonei sunt [3978], ingenti amore fovent, adeo ut concilio populorum communi [3979], quod ab ipsis warh [3980] vocatur, episcopos interesse [3981] non renuant [3982]. Ubi de Christo et [3982] christiana religione crebro [3983] audiunt non inviti. Et fortasse facili [3985] sermone ad nostram fidem illi [3986] persuaderentur, nisi quod mali doctores, dum sua quærunt, non quæ Jesu Christi (Phil, II, 21), scandalizant eos qui possent salvari.

22. (Cap. 231). Populi Sueonum multi sunt, viribus et armis egregii, præterea tam in equis quam in navibus juxta optimi bellatores. Unde etiam sua

SCHOLIA.

*   *Schol.* 123. Paulus in Gestis Longobardorum (897) de fecunditate gentium septentrionalium [3987], et de septem viris, qui in litore occeani [3988] jacent in provincia Scritefingorum. (2. 4. 6. 9.)
** *Schol.* 124. Tacitus Suevos hoc quoque Sueonum nomine appellat (898). (9.)
*** *Schol.* 125. Dani Sueones et [3989] Nortmanni et reliqui Scithiæ [3990] populi a Romanis Yperborei vocantur, quos Marcianus (899) extollit multis laudibus. (2. 4. 6. 9.)
**** *Schol.* 126. Gothelba fluvius a Nordmannis Gothiam separat, magnitudine non impar isti Albiæ [3991] Saxonum, unde ille nomen sortitur. (2. 4. 6. 9.)
***** *Schol.* 127. Quo etiam morbo Sclavi laborant et Parti [3992] et Mauri, sicut Lucanus testis est de Partis [3993] (900), et de Mauris Sallustius [3994] (901). (2. 4. 8b.)

VARIÆ LECTIONES.

[3935] Nordvegiam 10. Norwegiam 2. 9. Normandiam 7 a c. [3936] sanctissimus 5. [3937] de quibus narratur 7. [3938] Nordwegiam superscr. 9. Normanniam 10. [3939] pertransiri mense 7c [3940] quoniam 2. 9. 16. quia 4. [3941] Quod—quæ desunt 7. ubi legitur : Ambæ enim altissimis etc. [3942] circundat 1. [3943] actores 2. [3944] scilicet addit 4. [3945] Horosius 4. [3946] deest 7c. [3947] Sueones 7c. 9. [3948] de quo—videtur desunt 10. [3949] Qui 4. [3950] ex 10. [3951] qui per 2. 9. [3952] inde 5. [3953] Sueonia ergo r. c. fert. 4. [3954] fructibus 7c. [3955] optimus 2. 6. 7. [3956] magna 2. 4. 9. 10. [3957] Nullis itaque 4. [3958] superbiam 4. a 59 castrorum 7c F. [3960] et 4. [3961] martarum 2. 9. 10. [3962] admiratione 2. 4. [3963] clementes 2. [3964] copia 7. [3965] vel 4. vel tres vel 7. [3966] ac 9. [3967] violaverit 1. [3968] aut—virginem desunt 6. [3969] aut si interfecerit 9. [3970] sunt 9. [3971] deest 7c. [3972] studium vel desunt 4. et certamen 9. [3973] se 4. 7. [3974] Cui cum exhibuerint 7. [3975] ibi 9. [3976] suos illum 2. 4. [3977] dirigunt 7. [3978] prudentes et ydonei sint 4. [3979] consilio communi 9. 10. [3980] warch 2. 7. 8. varch 10. warph 9. warph 4. 5. 6. Cod. 4. in margine post vocabulum ipsis recentiori manu addit : quod ab ipsis thinc a nobis; inde 5 : quod ab ipsis warph a nobis thinc. [3981] inter se esse 7. [3982] Hic deficit codex 4. [3983] ac 5. [3984] crebro deest 9. [3985] profecto facile 5. 9. 10. facili deest 6. [3986] ad summam nostræ fidei 7. illi deest 2. 9. 10. [3987] loquitur addit 9. Cetera desunt 9. [3988] occeano 4. [3989] et deest 9. [3990] Scythici. 9. [3991] Albeæ 9. [3992] Parthi 4. 8b. [3993] de Partis desunt 3. [3994] Salustius 4. 8b.

NOTÆ.

(892) Solini ut videtur verba in cap. 20 respexit, sed male intellexit : *Mons Sevo ipse ingens, nec Riphæis minor collibus, initium Germaniæ facit.*

(893) Orosius l. I, c. 2 : *Germania, ubi plurimam partem Suevi tenent.*

(894) Pharsal., l. II, v. 51, 52 :
Fun 'at ab extremo flavos aquilone Suevos.
Albis.

(895) Götha Elv.

(896) De polygamia Nortmannorum v. Dodon. De moribus et actibus Normann. l. I init.
(897) L. I, c. 4, 5.
(898) Taciti Germania c. 44 sqq.
(899) Marcian. l. I, cap. de quarto sinu Europæ. Conf. Solinum c. 16.
(900) Lucan. Pharsal. l. VIII, v. 599 seq.
(901) Sallust. Bellum Jugurth. c. 78.

potestia ceteras aquilonis gentes constringere ³⁹⁹⁵ videtur. Reges habent ex genere antiquo ³⁹⁹⁶, quorum tamen vis ³⁹⁹⁷ pendet in populi sentencia; quod in commune ³⁹⁹⁸ omnes laudaverint, illum (902) confirmare oportet, nisi ejus decretum pocius videatur, quo I aliquando ³⁹⁹⁹ secuntur inviti ⁴⁰⁰⁰ *. Itaque domi pares esse gaudent. In prælium euntes omnem præbeant obedientiam regi ⁴⁰⁰¹, vel ei qui doctior ⁴⁰⁰² ceteris a rege præfertur. Si quando vero ⁴⁰⁰³ præliantes in angustia positi sunt ⁴⁰⁰⁴, ex multitudine deorum quos colunt ⁴⁰⁰⁵, unum invocant auxilio ⁴⁰⁰⁶ ; ei ⁴⁰⁰⁷ post victoriam deinceps sunt devoti, illumque ceteris anteponunt. Deum ⁴⁰⁰⁸ autem christianorum jam communi sentencia fortiorem ⁴⁰⁰⁹ clamant o mnibus esse; alios deos sepe fallere, illum porro semper astare certissimum adjutorem in oportunitatibus ⁴⁰¹⁰.

25. (Cap 252). Ex ipsis populis Suediæ ⁴⁰¹¹ proximi ad nos habitant Gothi ", qui occidentales dicuntur, alii sunt orientales. Verum Westragothia ⁴⁰¹² confinis est provinciæ Danorum, quæ Sconia dicitur. A qua etiam ⁴⁰¹³ fertur ⁴⁰¹⁴ diebus septem perveniri usque ad civitatem Gothorum magnam Scarane (905). Deinde Ostrogothia ⁴⁰¹⁵ protenditur juxta mare illud quod Balticum vocant ⁴⁰¹⁶, usque ad

A Bircam. Primus Gothorum episcopus ***, Thurgot ⁴⁰¹⁷ fuit, secundus vero ⁴⁰¹⁸ Godescalcus, vir sapiens et bonus, ut prædicant ⁴⁰¹⁹, nisi quod domi sedens ocium labori prætulit ⁴⁰²⁰. Tercium ⁴⁰²¹ ordinavit noster metropolitanus Adalwardum **** seniorem, vere ⁴⁰²² laudabilem virum (904). Qui deinde perveniens ad barbaros, ut ⁴⁰²³ docuit, ita ⁴⁰²⁴ vixit. Nam sancte vivendo ⁴⁰²⁵, bene docendo magnam gentilium multitudinem traxisse fertur ad christianam fidem ⁴⁰²⁶. Claruit etiam virtutum ⁴⁰²⁷ miraculis, ita ut poscentibus in necessitate barbaris, ymbrem ⁴⁰²⁸ faceret descendere vel denuo serenitatem venire, et alia quæ hactenus quæruntur a doctoribus. Is autem vir memorabilis in Gothia permansit ⁴⁰²⁹, nomen domini Jesu constanter omnibus prædicans ⁴⁰³⁰, ibidemque post multos agones, quos pro Christo libenter sustinuit, victricem terræ carnem tradidit, spiritus cœlum petiit laureatus. Post quem archiepiscopus ordinavit in illas partes quendam Acilinum, nichil ferentem episcopali nomine dignum ⁴⁰³¹, præter ingentem corporis staturam. Et ille quidem diligens carnis requiem, frustra ⁴⁰³² mittentibus legationem Gothis, usque ad obitum suæ Coloniæ mansit ⁴⁰³³ in deliciis ⁴⁰³⁴.

24. Inter ⁴⁰³⁵ Nordmanniam et Sueoniam Wermi-

SCHOLIA.

* Schol. 128. Omnia quæ aguntur ⁴⁰³⁶ inter barbaros, sortiendo fiunt ⁴⁰³⁷ in privatis rebus. In publicis autem causis et ⁴⁰³⁸ demonum responsa peti solent, sicut in gestis sancti Ansgarii (905) potest cognosci. (2. 5. 6. 8ᶜ. 9.
** Schol. 129. Gothi a Romanis vocantur Getæ, de quibus Virgilius dicere videtur ⁴⁰³⁹ :

    acerque Gelonus ⁴⁰⁴⁰
    Cum fugit in Rhodopen ⁴⁰⁴¹, atque in deserta Getarum,
    Et lac concretum cum sanguine potat equino (906).

Hoc usque hodie Gothi et Sembi ⁴⁰⁴² facere dicuntur, quos ex lacte jumentorum inebriari certum est (907). (2. 5. 6. 7. 8ᵇ.)
*** Schol. 130. Quamvis ante hos ⁴⁰⁴³ Danorum episcopi vel Anglorum ⁴⁰⁴⁴ Suediam prædicarunt ⁴⁰⁴⁵, Thurgot vero specialiter ⁴⁰⁴⁶ in Gothiam ordinatus est ad sedem Scaranensem ⁴⁰⁴⁷. (2. 5. 6. 8*.)
**** Schol. 131. A rege Haroldo invitatus Adalwardus quoque in Nordwegiam venit et pro sanctitate viri ⁴⁰⁴⁸ fama virtutum ejus honorifice susceptus est. Cui abeunti rex tantum pecuniæ obtulit, ut exinde statim 300 captivos redemit episcopus ⁴⁰⁴⁹.
Adalwardus ⁴⁰⁵⁰ junior eo tempore veniens in Gothiam, cognominem suum ⁴⁰⁵¹ reperit infirmum; cujus exequias cum luctu procurans, in Sictonam ⁴⁰⁵² properavit. Sed postea cum repulsus esset a paganis, invitatus venit ad Scaranem ⁴⁰⁵³ civitatem, quod nostro archiepiscopo non bene placuit ⁴⁰⁵⁴, quare eum sicut violatorem canonum vocavit Bremam. (2. 5. 6. 8ᵇ.)

VARIÆ LECTIONES.

³⁹⁹⁵ confringere 5. 8ᵇ. 9. ³⁹⁹⁶ antiquos 1. 5. 6. 7ᵈ. ³⁹⁹⁷ jus 2. 8. 9. 10. ³⁹⁹⁸ communi 7ᶜ. ³⁹⁹⁹ aliqui 7ᶜ. 9. ⁴⁰⁰⁰ multi 1. ⁴⁰⁰¹ r. sno 7ᶜ. ⁴⁰⁰² doctior deest 9. doctor 8. ⁴⁰⁰³ Si vero aliquando 7. Si qui vero 9. ⁴⁰⁰⁴ sint M. F. ⁴⁰⁰⁵ quos colunt deest 9. 10. ⁴⁰⁰⁶ unum in auxilium invocant 2. 5. 9. ⁴⁰⁰⁷ cui 6. ⁴⁰⁰⁸ dominum 40. ⁴⁰⁰⁹ ferociorem 9. ⁴⁰¹⁰ in omnibus o. 7ᶜ. ⁴⁰¹¹ Sueoniæ 2. 10. Sueonum 9. ⁴⁰¹² Westergothia 5. Vestragothia 9. 10. ⁴⁰¹³ etiam deest 5. ⁴⁰¹⁴ ferunt 2. 3. 7. 9. ⁴⁰¹⁵ Astrogothia 7ᵃ. Ostrogotia 5, Ostrogotica 9. ⁴⁰¹⁶ vocatur 7. mare quod b. dicitur 5. ⁴⁰¹⁷ Thurgoth 6. Thurgotus 10. Thurgotius 9. ⁴⁰¹⁸ vero deest 4. 9. ⁴⁰¹⁹ ut prædicant desunt 5. ⁴⁰²⁰ prætulerit 9. ⁴⁰²¹ tertium autem 5. ⁴⁰²² vere deest 10. ⁴⁰²³ sicut 2. 5. 9. 10. ⁴⁰²⁴ ita deest 9. ⁴⁰²⁵ ac addunt 2. 5. 10. et 9. ⁴⁰²⁶ ad ch. convertit fidem 5. ⁴⁰²⁷ Qui e. v. claruit 5. ⁴⁰²⁸ imbrem de cœlo 5. ⁴⁰²⁹ permanens 5. ⁴⁰³⁰ prædicavit 5. ⁴⁰³¹ dignum deest 1. ⁴⁰³² frustratam 2. 8. 9. ⁴⁰³³ permansit 2. 5. 9. ⁴⁰³⁴ Primus Gothorum — deliciis desunt 7. ⁴⁰³⁵ Item 1. ⁴⁰³⁶ agantur 8ᵇ, geruntur 9. ⁴⁰³⁷ sciunt 2. 9. faciunt 8ᵇ. ⁴⁰³⁸ etiam 5. 8ᵇ. ⁴⁰³⁹ dicit 7ᶜ. ⁴⁰⁴⁰ Gelanus 2. 8ᵇ. ⁴⁰⁴¹ Rodopen 2. 8ᵇ. ⁴⁰⁴² Serabi F. ⁴⁰⁴³ hoc F. ⁴⁰⁴⁴ in addit 5. apud 8ᵇ. ⁴⁰⁴⁵ prædicarint 5. ⁴⁰⁴⁶ specialiter deest 8ᵇ. ⁴⁰⁴⁷ Scarinensem. 2. ⁴⁰⁴⁸ viri deest 5. ⁴⁰⁴⁹ redimeret 5. 9. redemerit 8ᵇ. ⁴⁰⁵⁰ autem add. 5. 9. ⁴⁰⁵¹ suum deest 6. ⁴⁰⁵² procurans Sictoniam 5. 9. ⁴⁰⁵³ Scaranen 5. ⁴⁰⁵⁴ displicuit 6. valde displicuit 5. 9.

NOTÆ.

(902) Illum, sc. regem.
(903) Skara in Dalsland s. Skaraborg.
(904) V. supra l. III, c. 14.

(905) Ib. c. 48, 49, 27, 59.
(906) Georg. l. III, v. 461 sq.
(907) V. supra c. 18 fin.

Iani [4055] (908) et Finnedi [4056] (909) degunt, et alii: A nives altissimæ, ubi monstruosi hominum greges qui nunc omnes sunt christiani, respiciuntque ad ultra prohibent accessum (912): Ibi sunt [4076] Amazones, ibi Cynocephali, ibi Ciclopes, qui unum in Scaranensem ecclesiam. In confinio Sueonum vel Nortmannorum contra boream habitant Scritefini fronte habent oculum [4077] (913). Ibi sunt hii [4078] quos [4057], quos aiunt cursu feras præterire [4058] (910). Civitas Solinus dicit Ymantopodes [4079], uno pede salientes [4059] eorum maxima * Halsingland [4060] (911), ad quam (914), et illi qui humanis carnibus delectantur pro [4061] primus ab archiepiscopo designatus est Stenphi cibo, ideoque sicut fugiuntur (915), ita etiam jure [4062] episcopus, quem ipse mutato nomine Symonem tacentur. Narravit [4080] michi rex Danorum sepe vocavit. Qui etiam multos earundem gentium sua recolendus [4081], gentem quandam ex montanis in prædicatione lucratus est. Præterea sunt alii numero plana [4082] descendere solitam, statura modicam [4083], carentes [4063] Sueonum populi, de quibus ad christianitatem conversos accepimus solos Gothos, Wermilanos et partem Scritefinorum [4064], vel qui illis vicini sunt. sed viribus et agilitate vix Suedis ferendam, hiique [4084] incertum esse [4085] unde veniunt [4086]; semel aliquando per annum vel post [4087] triennium, inquit, subiti [4088] accedunt. Quibus nisi totis resistatur viribus, omnem depopulantur regionem, et denuo recedunt [4089]. Aliaque multa recitari solent, quæ breviati studens omisi, ab his [4090] dicenda, qui hæc [4091] se vidisse [4092] testantur.

25. (Cap. 233.) Igitur ut brevem Sueoniæ [4065] vel Suediæ [4066] descriptionem faciamus: hæc ab occidente Gothos habet et civitatem Scaranem [4067], a borea Wermilanos [4068] cum Scritefinnis [4069], quorum caput [4070] Halsingland [4071], ab austro longitudinem habet illius Baltici [4072] maris, de quo ante diximus: ibi [4073] civitas magna Sictone [4074]. * Ab oriente autem Ripheos montes attingit, ubi deserta ingentia [4075]

26. (Cap. 234.) Nunc de supersticione Sueonum pauca dicemus [4093]. Nobilissimum [4094] illa gens *** templum habet, quod Ubsola dicitur, non longe positum ab [4095] Sictona [4096] civitate [4097]. In hoc tem-

SCHOLIA.

* Schol. 152. Halsingland est regio Scritefinnorum, sita in Ripheis monti'us [4098]; ubi nix perpetua durat (916). Homines ibi gelu recocti [4099], tecta domorum non curant [4100], carne ferarum pro cibo et pellibus earum pro indumento fruuntur (917). (2 5. 6 8b.)

** Schol. 153. In Yperboreis montibus præter alia [4101] monstra leguntur et giyphes [4102] nasci (918). (2. 5. 6.)

*** Schol. 154. Prope illud templum est arbor maxima late ramos extendens, semper viridis in hieme et

VARIÆ LECTIONES.

[4055] Wermelani 2. S. 9. Warmelanos 5. Wermaulani 7. Vermelani 10. [4056] Finwedi 5. 9. Findwedi 2. Finvedi 10. [4057] Scitefini 6. Scritefinni 2. 8. 10. Scritesfinni 7. Scridofinni 9. Scritefingi F. [4058] præire 5. anteire 6. [4059] civitasque 7c. [4060] Halsingaland (Halsingland 9.). Et Halsingaland regio est 2. 5. 9. 10. [4061] Ad quam — lucratus est desunt 7c. [4062] Stemphi 9. [4063] certantes 9. [4064] Scritifinorum 7. Scritefennorum 7c. Scritefinnorum 2. 8. 9. Scritefingorum 5. sæpius. 6. [4065] Sueonum 7. [4066] vel Suediæ desunt 2. 2a 9. 10. [4067] Scaranen 5. Scaraneam 7. Scharaneam 7c. [4068] Wermelanos 2. 2a. Wermulanos 7b. c. Vermelanos 9. 10. [4069] Scritefingis 6. 7a. c. [4070] capud 1. est add. 2. 8b. [4071] Halsingaland 2. 2a. 5. 9. Helsingland 7ac. [4072] illius deest 9. Hic desinit codex Guelpherbytanus; quare deinceps lectiones codicis 2a. enotare visum est. [4073] est addit 2a. 5. 9. 10. [4074] Sictona 5. Sicionie 6. [4075] ubi addit 5. 9. 10. attingit d. i. ubi 2a. [4076] sunt deest 1. [4077] Ibi sunt — oculum desunt 7. i) [4078] illi 2a. 5. 9. 10. [4079] Ymantopedes 2a. 7c. 9. Himantopedes 5. Imantopedes 10. [4080] igitur addit 5 [4081] Tradunt etiam (enim 7c.) noti plagæ illius 7. [4082] planam 9. [4083] modica 7c. [4084] statura — hiique desunt 2a. 5. 9. 10. inque incertum unde 2a. hii quoque 6. solitam hique incertum 9. [4085] esse deest 4. est 7c. [4086] veniunt 2a. 6. 10. est unde veniunt 7. veniat 5. [4087] per 9. [4088] triennum subito 7. [4089] Quibus — recedunt desunt 9. [4090] ab his desunt 7. [4091] hæc deest 9. [4092] qui se multa vidisse 7c. quæ se multi v. 7a. c. [4093] Snedonum videamus 2a. 8. 9. 10. [4094] Nobilissima 7. [4095] a 6. posita a 9. [4096] Sictana 2a. Sictonia 6. Syctona 10. [4097] vel Birka add. 5. 9. In cod. 7. sequuntur quæ in schol. 155. leguntur. [4098] in altissimis m. qui Riphaei dicuntur 5. [4099] qui add. 5. [4100] qui d. n. c. tecta 5. [4101] quæ ibi sunt addit. 5. [4102] gryphes etiam leg. 9.

NOTÆ.

(908) Warmeland in provincia Suecica Carlstad. C
(909) Finnheide, Finnwald, in occidentalibus partibus provinciæ Smalandiæ versus Hallandiam. Conf. Cl. E. G. Geijer Geschichte Schwedens t. I, p. 52.
(910) Martianus l. I, pag. 226 narrat. Troglodytas feras cursu præterire.
(911) Helsingland in Suedia juxta sinum Bothnicum.
(912) Solinus c. 50: Ultra hos (Macrobios) deserta solitudinis... Deinde in ultimis Orientis monstrosæ gentium facies.
(913) Solinus cap. 50 ait de Agriophagis, Æthiopum gente, eos rege præditos esse, cujus in fronte oculus unus est.

(914) Solin. c. 51. Aliter de iis Marcianus p. 218. Uterque tamen Himantopodes in Libya collocat.
(915) De anthropophagis Scythicis similibus verbis loquitur Solinus cap. 15, quos Æthiopum dicit gentem c. 30: Anthropophagi, quibus execrandi cibi sunt humana viscera... adjacentium terrarum solitudo, quas... finitimæ nationes metu profugæ reliquerunt.
(916) Ultra hos (Arimaspos) et Riphæum jugum regio est assiduis obsessa nivibus. Solin. c. 15.
(917) Paul. Warnefrid. l. I, c. 5: Scritobini ... qui etiam æstatis tempore nivibus non carent ... crudis agrestium animantium carnibus vescuntur, quorum etiam hircis pellibus sibi indumenta coaptant.
(918) In Asiatica Scythia—grypes tenent universa. Solin. c. 15.

plo *, quod totum ex auro paratum ⁴¹⁰³ est (919), statuas trium deorum veneratur populus, ita ut potentissimus eorum Thor in medio solium habeat triclinio ⁴¹⁰⁴; hinc et inde locum possident ⁴¹⁰⁵ Wodan ⁴¹⁰⁶ et Fricco ⁴¹⁰⁷. Quorum significationes ejusmodi sunt : « Thor ⁴¹⁰⁸, inquiunt, praesidet in aere ⁴¹⁰⁹, qui tonitrua ⁴¹¹⁰ et fulmina, ventos ymbresque, serena ⁴¹¹¹ et fruges ⁴¹¹² gubernat. Alter Wodan, id est furor ⁴¹¹³, bella gerit ⁴¹¹⁴, hominique , ⁴¹¹⁵ ministrat ⁴¹¹⁶ virtutem contra inimicos. Tertius est Fricco (920), pacem voluptatemque largiens mortalibus. » Cujus etiam simulacrum fingunt cum ⁴¹¹⁷ ingenti priapo ⁴¹¹⁸. Wodanem vero ⁴¹¹⁹ sculpunt armatum, sicut nostri Martem ⁴¹²⁰ solent (921); Thor autem cum sceptro Jovem simulare ⁴¹²¹ videtur ⁴¹²² (922)**. Colunt et ⁴¹²³ deos ex hominibus factos, quos pro ingentibus factis immortalitate donant, sicut in Vita sancti Anscarii ⁴¹²⁴ leguntur Hericum regem ⁴¹²⁵ fecisse (923).

27. (Cap. 235.) Omnibus itaque ⁴¹²⁶ diis suis ⁴¹²⁷ attributos habent ⁴¹²⁸ sacerdotes, qui sacrificia populi ⁴¹²⁹ offerant ⁴¹³⁰. Si pestis et famis imminet,

A Thor ydolo lybatur ⁴¹³¹ (924), si bellum; Wodani ⁴¹³², si nuptiae celebrandae sunt, Fricconi. Solet quoque post novem annos communis omnium Sueoniae provintiarum sollempnitas in Ubsola ⁴¹³³ celebrari. Ad quam videlicet sollempnitatem nulli praestatur immunitas. Reges et populi, omnes et singuli sua dona transmittunt ad Ubsolam, et quod omni poena crudelius ⁴¹³⁴ est, illi qui jam induerunt christianitatem, ab illis se redimunt cerimoniis. Sacrificium itaque tale ⁴¹³⁵ est. Ex omni animante, quod masculinum est, novem capita offeruntur, quorum sanguine deos placari ⁴¹³⁶ mos est. Corpora autem suspenduntur in lucum, qui proximus est templo. Is enim lucus tam sacer est gentilibus ⁴¹³⁷, ut singulae arbores ejus, ex morte vel tabo ⁴¹³⁸ immolatorum divinae credantur. Ibi etiam canes et equi ⁴¹³⁹ pendent cum hominibus (925), quorum corpora mixtim suspensa narravit mihi aliquis ⁴¹⁴⁰ christianorum ⁴¹⁴¹ 72 vidisse ⁴¹⁴². Ceterum neniae, quae in ejusmodi ritu libationis ⁴¹⁴³ fieri solent, multiplices ⁴¹⁴⁴ et inhonestae, ideoque ⁴¹⁴⁵ melius reticendae *** (926).

28. (Cap. 236.) In eadem provintia nuper ⁴¹⁴⁶

SCHOLIA.

aestate, cujus illa generis sit, nemo scit ⁴¹⁴⁷. Ibi etiam ⁴¹⁴⁸ est fons, ubi sacrificia paganorum solent exerceri et homo vivus inmergi ⁴¹⁴⁹. Qui dum non invenitur ⁴¹⁵⁰ ratum erit votum populi. (5. 6. 8ᵇ. 10.)

Schol. 155. Catena aurea templum illud ⁴¹⁵¹ circumdat pendens supra domus fastigia ⁴¹⁵², lateque rutilans advenientibus, eo quod ipsum delubrum ⁴¹⁵³ in planitie situm ⁴¹⁵⁴ montes in circuitu habeat positos ad instar theatri. (5. 6. 7. 8ᵇ. 10.)

** *Schol.* 156. Nuper autem rex Sueonum christianissimus Anunder (927), cum sacrificium gentis statuum nollet demoniis offerre, depulsus a regno, dicitur ⁴¹⁵⁵ a conspectu concilii gaudens abisse ⁴¹⁵⁶, quoniam dignus habebatur pro nomine Jesu Christi contumeliam ⁴¹⁵⁷ pati. (5. 6. 8°.)

*** *Schol.* 157. Novem diebus ⁴¹⁵⁸ commessationes ⁴¹⁵⁹ et ejusmodi ⁴¹⁶⁰ sacrificia celebrantur ⁴¹⁶¹: unaquaque die offerunt hominem unum ⁴¹⁶² cum ceteris animalibus ⁴¹⁶³, ita ut ⁴¹⁶⁴ per novem dies 72 fiant animalia ⁴¹⁶⁵ quae offeruntur. Hoc sacrificium fit circa aequinoctium vernale ⁴¹⁶⁶. (5. 6. 7. 8ᵇ. 10.)

VARIAE LECTIONES.

⁴¹⁰³ peractum 9. totum auro ornatum 7. ⁴¹⁰⁴ solium h. (et *addit* 10.) triclinium 5. 9. solium h. triclinium 2ᵃ. solium habeat triclinum 8. ⁴¹⁰⁵ in medio—possident *desunt* 7. ⁴¹⁰⁶ Vodan 9. 10. *semper*. ⁴¹⁰⁷ Frico 2ᵃ. ⁴¹⁰⁸ Thor Wodan 7°. ⁴¹⁰⁹ praesidet mare 9. ⁴¹¹⁰ tonitrua 9. 10. ⁴¹¹¹ ventos, nubes imbresque serenat 7. et serena 10. ⁴¹¹² s. frugesque 2ᵃ. 9. 10. ⁴¹¹³ fortior 2ᵃ. 5. 9 10. ⁴¹¹⁴ regit 2ᵃ. 5. 9. ⁴¹¹⁵ hominumque 5. ⁴¹¹⁶ monstrat 7ᵃ. ⁴¹¹⁷ cum *deest* 2ᵃ. 5. 9. 10. ⁴¹¹⁸ Cujus — priapo *desunt* 7. ⁴¹¹⁹ Vodonem 9. ⁴¹²⁰ sculpere *add*. 5. ⁴¹²¹ exprimere. ⁴¹²² *In cod.* 7. *hic leguntur fere verba scholii* 154 : Prope ejus . . . semperque viridis, hieme et aestate, et cujus . . . scit. ⁴¹²³ etiam 2ᵃ. ⁴¹²⁴ Anscarii 2ᵃ. in—Ausgarii *desunt* 7. ⁴¹²⁵ legitur Hericum regem 1. leguntur de Herico rege 7. leguntur Heinricum (Henricum 2ᵃ. 9.) regem 2ᵃ. 6. 9. legitur Henricum 10. legitur Hericus rex 5. ⁴¹²⁶ itaque *deest* 7°. scilicet 5. ⁴¹²⁷ suis *deest* 2ᵃ. 5. 7ᵇ. 9. 10. ⁴¹²⁸ habent *deest* 5. attribuunt 2ᵃ. 5. 8. 9. 10. ⁴¹²⁹ populis 4. ⁴¹³⁰ offerunt 7. ⁴¹³¹ immolant 5. 9. 10. idola immulant 2ᵃ. Thor immolatur 6. ⁴¹³² Wadani 2ᵃ. *et saepius a pro o*. ⁴¹³³ in U. *deest* 5. Ubsula 2ᵃ. *et saepius u pro o*. Upsula 7°. *saepius*. ⁴¹³⁴ gravius 2ᵃ. ⁴¹³⁵ illuc 7ᵃ. ⁴¹³⁶ deos tales placari 2ᵃ. 5. 5. 9. sanguine tales placari 6. placacare talis 7. ⁴¹³⁷ gentibus 9. ⁴¹³⁸ tabe 7. cibo 2ᵃ. 5. 9. ⁴¹³⁹ canes, qui 5. ⁴¹⁴⁰ fidelis *addit* 7. quidam Ch. 3. 5. ⁴¹⁴¹ se *addit* 5. ⁴¹⁴² se vidisse 9. fuisse 2ᵃ. ⁴¹⁴³ ritus libatoriis 9. ritibus libatoriis 2ᵃ. 5. ⁴¹⁴⁴ sunt *addit* 5. 10. ⁴¹⁴⁵ ideoque ret. sunt 9. ⁴¹⁴⁶ nuper *deest* 7. ⁴¹⁴⁷ generis nescitur 8°. 10. ⁴¹⁴⁸ etiam *deest* 8ᵇ. 10. ⁴¹⁴⁹ sacrificia peragunur et h. v. immergitur 10. ⁴¹⁵⁰ non inveni . . . 6. invenitur 8ᵇ. 10. immergitur 5. ⁴¹⁵¹ illud *deest* 8. 10. ⁴¹⁵² stagia 7ᵃ. fagia 7°. fagra 7ᵇ. ⁴¹⁵³ templum 8ᵈ. 10. ⁴¹⁵⁴ est *addit* 7. ⁴¹⁵⁵ regno ibat 5. ⁴¹⁵⁶ abisse *deest* 5. ⁴¹⁵⁷ contumeliam *deest* 5. Christi *deest* 8ᵇ. ⁴¹⁵⁸ dies 7. ⁴¹⁵⁹ diebus cum commessationibus 8ᵇ. ⁴¹⁶⁰ hujusmodi 7°. ⁴¹⁶¹ sacrificia *deest* 7. sacrificant 10. ⁴¹⁶² vivum 9. ⁴¹⁶³ animantibus 5. 8ᵇ. ⁴¹⁶⁴ quod 7. ⁴¹⁶⁵ a. q. o. 7. ⁴¹⁶⁶ Hoc— vernale *desunt* 5. 6.

NOTAE.

(919) *Ex auro paratum*, hoc est deauratum.

(920) Rectius Freyr, Germanis Fro. V. Grimm Deutsche Mythologie t. I, pag. 190 sq.

(921) Conf. I, Grimm l. 1, pag. 160. *Populus istis deus Mars est*. Solin. c. 15.

(922) Idem sentiebant, qui diem Jovis appellaverunt *Donnerstag, Thursday*.

(923) Cap. 26.

(924) *Lybare*, hoc est sacrificare, litare, ut infra *libatio* pro *sacrificio*.

(925) De hominibus sacrificatis v. etiam Dudonem l. 1, init.

(926) Conf. Thietmar. Merseb. l. 1, c. 9, 1 Grimm l. 1, t. I, pag. 46.

(927) Conf. supra l. III, c. 15, schol. 83.

contigit res memorabilis, et pro dignitate gestorum longe divulgata; pervenit etiam ad noticiam pontificis [4167]. Quidam [4168] sacerdotibus, qui ad Ubsolam demonibus astare [4169] solebat, nequicquam [4170] juvantibus diis factus est [4171] cecus. Cumque vir sapiens infortunium [4172] orbitatis suae culturae ydolorum imputaret, quam [4173] supersticiose [4174] venerans potentissimum [4175] deum christianorum offendisse videretur, ecce ipsa nocte apparuit sibi virgo decora nimis, interrogans [4176] si in filium ejus credere maluerit, fore [4177] ut visum reciperet, abjectis quae ante colebat simulacris [4178]. Tunc ille qui nichil ardui renueret subeundum pro hoc dono, ita se [4179] facere, letus spopondit. Ad haec [4180] virgo: « Scito, inquit, certissime, hunc locum, ubi nunc tantus innocentium sanguis [4181] effunditur, in meo proxime dedicandum honore. In qua re ne tibi aliqua signa dubietatis remaneant, in nomine Christi, qui est filius meus, tu recipe lumen oculorum tuorum. » Mox ille recepto lumine credidit, pertransiensque totas (928) in circuitu regiones, facile [4182] paganis fidem persuasit, ut crederent in eum, qui se [4183] cecum illuminavit.

(Cap. 257.) Quibus miraculorum causis impellentibus, statim noster metropolitanus obediens voci quae [4184] dicit: *Respicite et levate oculos vestros, quoniam regiones jam albae sunt ad messem* (Joan. iv, 55), ordinavit in illas partes Adalwardum juniorem, de Bremensi choro assumptum, virum litteris et morum probitate fulgentem. Cui [4185] etiam per legatos clarissimi [4186] regis Steinkel [4187] sedem posuit in Sictona civitate, quae distat ab Ubsola itinere [4188] diei unius [4189]. Est vero iter ejusmodi [4190], ut a Sconia Danorum per mare velificans quinto die pervenias usque [4191] A Sictonam [4192] vel Bircam, juxta enim sunt (929). Si vero per terram eas a Sconia per Gothorum populos et civitatem Scaranem, Telgas et Bircam [4193], completo mense pervenies Sictonam [4194].

29. (Cap. 258.) Adalwardus igitur magno fervore [4195] praedicandi evangelii Suediam [4196] ingressus, omnes qui in Sictona erant et in circuitu, brevi spatio temporis ad christianam fidem perduxit.' Conspiravit etiam cum Sconiensi [4197] episcopo, sanctissimo [4198] Eginone, ut pariter adirent illud templum, paganorum, quod Ubsola dicitur, si forte aliquem Christo laboris sui fructum ibi possent offerre; omnia tormentorum genera libenter suscepturi, ut destrueretur illa domus, quae caput est [4199] supersticionis barbaricae. Illa enim diruta vel potius B cremata, fore, ut tocius [4200] gen.is conversio sequeretur. Quam confessorum Dei voluntatem piissimus ex Steinkel [4201] in populo murmurari sentiens, callide submovit eos a tali cepto, asserens et illos statim morte dampnandos, et se depellendum a regno, qui malefactores in patriam duxerit, et facile omnes ad paganismum relapsuros [4202] qui nunc credunt, sicut in Sclavania [4203] nuper possit [4204] factum [4205] vidiri. Talibus regis allegationibus [4206] consentientes episcopi, omnes Gothorum civitates peragrabant, ydola confringentes, et multa paganorum milia deinceps lucrantes ad christianitatem. Adalwardo postea defuncto apud nos subrogavit archiepiscopus quendam a Ramhsela Tadiconem [4207] qui propter ventris amorem domi famelicus esse [4208] maluit, quam foris aposto-C lus [4209]. Haec de Suconia et cerimoniis [4210] ejus dicta sufficiant [4211].

30. (Cap. 259.) Nortmannia [4212] sicut ultima orbis provincia est, in ultimo libri loco convenienter

SCHOLIA.

* *Schol. 158.* Relatum est autem [4213] nobis a quibusdam stipatoribus Adalwardi episcopi, cum primum Sictonam accessisset ad unam missarum celebrationem, ad manum oblatas [4214] sibi 70 marcas argenti [4215] Tantae enim [4216] devotionis sunt omnes populi arcticae [4217] plagae. Tunc etiam occasione itineris divertit Bircam, quae nunc in solitudinem redacta est, ita ut vestigia civitatis vix apparent: quare [4218] nec tumulus sancti Unni archiepiscopi inveniri potuit [4219] (2ª. 5. *in textu*. 6. 8ᵇ.)

VARIAE LECTIONES.

[4167] pervenit — pontificis *desunt* 7. [4168] enim *addit* 5. [4169] adstare 9. [4170] nequiquam 7ᶜ. ne quicquam offertorii periret juvantibus 2ª. [4171] est ille c. 2ª. [4172] deest 7ᶜ [4173] quae 5. [4174] supersticione 6. [4175] potissimum *M. F.* [4176] interroganti 2ª. [4177] maluerit ut 9. mallet ut 10. voluerit 7ª.ᶜ, voluit 7ᵇ. vellet 5. fore *deest* 2ª. [4178] colebat idolis 9. [4179] se *deest* 6. [4180] Haec et 10. [4181] cruor 5. [4182] facili fide paganis 2ª. 5. 9. 10. [4183] se *deest* 5. [4184] qui 5. [4185] Qui 2ª. [4186] charissimi 10. [4187] Stenkil 2ª. 5. 10. *saepius* Stemkil 6. Stencкil 9. [4188] iter 9. [4189] Quibus — unius *desunt* 7. [4190] hujusmodi 7ᶜ. [4191] usque ad 2ª. 9. 10. [4192] Sictonem 2ª. [4193] Rigas et Bircas 7. [4194] Sue . . . 6. Sictonam 5 [4195] favore 9. 10. [4196] Sueoniam 2ª. 9. 10. *semper.* [4197] Scanensi 2ª. 9. [4198] viro *addit* 5. [4199] erat 5. [4200] tota 2ª. 5. 9. 10. [4201] Steinkil 6. Strenkil 2ª. 5. [4202] delapsuros 4. [4203] Sclavia 6. [4204] potest 2ª. 5. 9. 10. [4205] factum *deest* 9. 10. [4206] allocutionibus 5. 9. 10. [4207] Radiconem 6. [4208] fama exili esse: *conjectura Fabricii*. [4209] Verba Adalwardi — apostolus, *quae in textu codd.* 1 et 6. *leguntur desunt* 2ª 9. 10; *in codd.* 5 et 8ᵇ. *instar scholii, sc. nr.* 95. *legentur. In cod.* 7. *totum hoc caput, exceptis verbis sequentibus:* Haec de S. — sufficiant, *deest.* [4210] caeremoniis 9. 10. [4211] sufficiunt 10. [4212] Normannia 6. 6. 10. Normannia 2ª. 7. 9. *In cod.* 2ª. *hic legitur inscriptio:* Incipit de Nordwegia in 8. *vero:* Incipit de regno Norvegiae; *in cod.* 9: De regno Norwegiae; *in* 10: Nordmannia, [4213] *deest* 2ª. 9. 10. [4214] oblatas 2ª. [4215] recepit *addit* 2ª. [4216] *deest* 2ª 9. 10. [4217] aquilonaris 2ª. aquilonalis 8. 9. 10. [4218] ubi 2ª 9. 10. [4219] *Hoc scholion cod.* 6. *in codd.* 2ª. 5. 8. *in textum receptum est post verba:* pervenies Sictonam. *Deest* 7.

NOTAE.

(928) *Totus*, id est omnis. V. supra l. III, c. 19. (929) Conf. schol. 121.

ponitur a nobis *. Hæc a modernis dicitur Norguegia [4220] (930.) De cujus situ vel magnitudine, cum prius aliqua communiter cum Sueonia dixerimus, nunc vero spetialiter hoc dicendum est, quod [4221] longitudine sua in extreman [4222] septentrionis plagam extenditur hæc regio, unde et dicitur. Incipit autem ex prominentibus scopulis hujus freti, quod Balticum appellari solet : deinde reflexo in aquilonem dorso, postquam fremetis [4223] occeani marginem suo circuit ambitu, tandem in Ripheis montibus limitem facit, ubi et lassus deficit orbis. Nortmannia propter asperitatem montium [4224] sive propter frigus intemperatum [4225] sterilissima est omnium regionum, solis apta pecoribus. Quorum armenta ritu Arabum longe [4226] in desertis stabulant. Eoque [4227] victu peculii transigunt [4228] vitam, ut lacte pecudum in cibos [4229] lana utantur in vestes [4230]. Indeque fortissimos educat milites, qui nulla frugum luxuria molliti, sepius impugnant alios quam ipsi molestentur ab aliquo. Sine invidia cum proximis habitant Sueonibus, quamvis a Danis, æque pauperibus, non impune temptentur [4231] aliquando [4232]. Itaque rei familiaris inopia coacti, totum mundum circumeunt et pyraticis raptibus amplissimam terrarum facultatem reportant domum, penuriam [4233] suæ regionis tali modo sustinentes [4234]. Post susceptam vero [4235] christianitatem, melioribus [4236] inibuti scolis, didicerunt jam pacem et veritatem diligere, paupertate sua [4237] contenti esse, immo quæ habent [4238] collecta spargere, non ut prius sparsa [4239] colligere. Cumque nefandis artibus maleficiorum [4240] omnes ab initio servirent [4241] nunc vero [4242] cum apostolo simpliciter [4243] confitentur [4244] Christum [4245] et hunc crucifixum. Sunt etiam continentissimi omnium mortalium, tam in [4246] cibis quam in [4247] moribus parcitatem modestiamque [4248] summopere diligentes. Præterea sacerdotum et ecclesiarum tanam habent [4249] venerationem, ut vix christianus habeatur qui non cotidie [4250] obtulerit [4251] ad missam quam audierit [4252]. Verum baptismus et confirmatio, dedicationes [4253] altarium et sacrorum benedictio ordinum apud illos et Danos care omnia redimuntur [4254]. Quod ex avaritia sacerdotum prodisse arbitror [4255] quia barbari decimas adhuc dare aut nesciunt aut nolunt, ideo [4256] constringuntur in cæteris quæ deberent gratis offerri [4257]. Nam et [4258] visitacio infirmorum et, sepultura mortuorum, omnia ibi venalia **. Apud illos [4259] tanta morum [4260] insignia, ut compertum habeo, sola [4261] sacerdotum corrumpuntur avaricia (931).

31. (Cap. 240.) In multis Nordmaniæ locis vel Suediæ [4262] pastores pecudum sunt etiam nobilissimi [4263] homines, ritu patriarcharum et labore manuum viventes. Omnes vero sunt christianissimi, qui [4264] in Norvegia [4265] degunt, exceptis illis, qui trans arctoam plagam circa occeanum remoti sunt. Eos [4266] adhuc fertur [4267] magicis artibus sive [4268] incantationibus in tantum prævalere, ut se scire fateantur, quid a singulis in [4269] toto [4270] orbe geratur [4271]. Tunc etiam potenti murmure verborum grandia cete [4272] maris in litora trahunt [4273] et alia [4274] multa, quæ de male-

SCHOLIA.

Schol. 139. Ab illis [4275] Nordmannis qui trans Daniam habitant [4276] venerunt isti Nordmanni, qui Franciam incolunt, et ab his nuper Appulia suscepit tertios Nordmannos. (5. 6. 8b.)

Schol. 140. De sepultura paganorum, quanquam non credant resurrectionem carnis, hoc tamen est memoriale, quod more antiquorum Romanorum [4277] busta et exequias eorum omni [4278] veneratione colunt. Ceterum pecuniam hominis tumulant cum eo, armaque et cetera quæ ipse vivens habuit cariora [4279]. Quod etiam de Indis [4280] habetur scriptum [4281]. Quod tradunt [4282] ex antiquo ritu gentilium, in quorum mausoleis adhuc solent inveneri talia, cum aut in amphoris, aut in aliis vasculis secum thesauros infodere [4283] jussissent (5. 6. 8b. 9.)

VARIÆ LECTIONES.

[4220] Nordvegia 10. *semper.* Norwegia 5. 7. 9. Norwegia 2ª. *semper.* [4221] in *add.* 9. [4222] externam 2ª. [4223] ferventis 5. [4224] montium *deest* 9. [4225] tempestuosum 6. interpretatum 7ª. c. [4226] *deest* 7c. [4227] quod 7c. [4228] transisigunt 6. [4229] cibis 7c. [4230] Quorum — vestes *desunt* 2ª. 5. 9. 10. [4231] tentantur 5. [4232] temptentur ab aliquo 6. Sine — aliquando *desunt* 7. pauperibus *deest* 9. 10. [4233] provinciam 10. [4234] sustentantes 2ª. 7. 9. 10. [4235] autem 6. [4236] majoribus 7. [4237] pauperes 7. [4238] hæreditant 2ª. 5. 9. 10. [4239] conspersa 2ª. 5. 9. 10. [4240] maleficiorum *deest* 9. [4241] servierunt 7c. [4242] vero *deest* 5. 9. 10. n. v. *desunt* 2ª. [4243] *deest* 2ª. [4244] confitentes — 7c. [4245] Christum *deest* 5. [4246] in *deest* 7. [4247] que *deest* 7c. molestiamque M. F. [4248] exercent 7. [4249] cotidie *deest* 9. [4250] offerat 5. [4251] audit 2ª. 9. 10. [4252] dedicationis 9. 10. [4253] Verum — redimuntur *desunt* 7. [4254] arbitramur 8. 9. 10. arbitratur 2ª. arbitratur 5. [4255] que *addit* 2ª. 5. 9. 10. [4256] quæ gratis dari deberent 9. [4257] et *deest* 5. est 7. [4258] igitur *addit* 2ª. 5. 9. 10. [4259] tanta morum *desunt* 1. [4260] solum 2ª. [4261] Nordmannorum vel Sueonum 9. [4262] nobillimi 4. [4263] qui *deest* 6. [4264] Norgnegia 6. [4265] Quos 5 Eos enim 7c. [4266] ferunt 2ª. 5. 6. 7. 9. 10. [4267] sicut 9. [4268] *deest* 2ª. 10. [4269] terrarum *addit* 5. [4270] quæ — gerantur 7ª. [4271] certe 10. [4272] trahuntur 2ª. [4273] aliaque 5. [4274] istis 5. [4275] sunt 8b. [4276] Desepultura — Romanorum *desunt* 8b. [4277] eorum omni *desunt* 8b. [4278] Pecuniam et arma cum defuncto (Pecuniam cum ipso et arma ejus 9.) tumulant et si qua alia ipsi cariora in vivis fuerunt 8b. 9. [4279] Judaeis 5. 8b. 9. [4280] scribuntur, est scriptum 9. [4281] Qui hoc trahunt 5. Que trahunt 9. [4282] (sepeli?) ri 6. [4283] jusserunt 9. scribuntur et de vasculis gentilium constat 8b.

NOTÆ.

(930). Nomen Nordwegæ notum fuit auctori Encomii Emmæ. V. Duchesne SS. rer. Normann. p. 173.
(931). Similes Nericorum laudes legentur apud Ordericum Vitalem in Histor. eccles. l. x, 767 ad a. 1098.

ficis in scriptura ⁴²⁸³* leguntur, omnia ⁴²⁸⁴ illis ex usu facilia sunt. In asperrimis ⁴²⁸⁴* quæ ibi sunt, alpibus, audivi, mulieres esse barbatas ⁴²⁸⁵ viros autem silvicolas raro se præbere videndos. Qui ⁴²⁸⁵* ferarum pellibus utuntur pro vestibus, et loquentes ad invicem frendere (932) magis quam verba proferre dicuntur ⁴²⁸⁶, ita ut vix a proximis intelligi queant⁴²⁸⁶* populis. Eadem montana Romani auctores Riphea juga nuncupant, perpetuis horrida nivibus (933). Scritefingi ⁴²⁸⁷ vivere non possunt absque frigore nivium, qui etiam feras prævolant suo cursu per altissimas nives⁴²⁸⁷*. In eisdem montanis agrestium ferarum tanta est multitudo ⁴²⁸⁸ ut plurima pars regionis ex solis vivant ⁴²⁸⁸* silvaticis*. Ibi capiuntur uri ⁴²⁸⁹, bubali⁴²⁸⁹* et elaces (934), sicut in Sueonia; ceterum bisontes (935) capiuntur in Sclavonia ⁴²⁹⁰ et Ruzzia ⁴²⁹⁰*: sola vero Nortmannia vulpes habet nigros ⁴²⁹¹ et lepores, martures ⁴²⁹¹* albos, ejusdemque coloris ursos, qui sub aqua vivunt quemadmodum uri ⁴²⁹². Cumque diversa prorsus et insueta ⁴²⁹³ nostris multa ibi videantur, ab ejusdem ⁴²⁹⁴ patriæ incolis hæc et alia plenius ⁴²⁹⁵ dicenda relinquo.

32. (Cap. 241.) Metropolis civitas Nortmannorum ⁴²⁹⁶ est Trondemnis ⁴²⁹⁷, quæ nunc decorata ecclesiis, magna populorum ⁴²⁹⁸ frequentia ⁴²⁹⁹ celebratur. In qua jacet ⁴³⁰⁰ corpus beatissimi Olaph ⁴³⁰¹ regis et martyris. Ad cujus tumbam usque in hodiernum diem maxima Dominus operatur ⁴³⁰² sanitatum ⁴³⁰³ miracula (936), ita ut a longinquis illic ⁴³⁰⁴ regionibus confluant hii qui se ⁴³⁰⁵ meritis sancti non desperant juvari ⁴³⁰⁶. Est vero iter ejusmodi, ut ab Alaburg ⁴³⁰⁷ vel Wendila Danorum ingredientibus navim per diem mare transeatur ad Wig ⁴³⁰⁸, civitatem ⁴³⁰⁹ Nortmannorum (937): inde vela ⁴³¹⁰ torquentur in lævam ⁴³¹¹ (938), circa littora Norvegiæ ⁴³¹², quinta ⁴³¹³ die pervenitur ad ⁴³¹⁴ ipsam civitatem quæ Trondempnem ⁴³¹⁵ dicitur. Potest autem ⁴³¹⁶ iri et alia via, quæ ⁴³¹⁷ ducit a Sconia Danorum terrestri itinere usque ad Trondempnem.; sed hæc ⁴³¹⁸ tardior in montanis, et quoniam plena est periculo, declinatur a viatoribus.

33. (Cap. 242.) In Nortmanniam primus ab Anglia venit quidam Johannes episcopus (939), qui regem ⁴³¹⁹ conversum cum populo baptizavit (940). Illi ⁴³²⁰ successit Grimkil ⁴³²¹ episcopus (941), qui tunc fuit ⁴³²⁵ ad Unwanum archiepiscopum Olaph regis legatus ⁴³²³.

SCHOLIA

Schol. 141. Paulus ergo ⁴³²⁴ in Historia Longobardorum (942.) affirmat, in ultimis partibus septentrionis inter ⁴³²⁵ Scritefingos in quadam spelunca oceani jacere septem viros ⁴³²⁶ quasi dormientes, de quibus est opinio diversa, et quod prædicaturi sint illis gentibus circa finem mundi ⁴³²⁷. (S. 6. 8ᵇ.) Dicunt alii ex undecim milibus virginibus ⁴³²⁸ illud pervenisse aliquas ⁴³²⁹, quarum cetus et naves monte obrutæ sunt: ibique fieri miracula. Ubi et ecclesiam construxit Olaph ⁴³³⁰. Olaph itaque ⁴³³¹ rex justissimus, Nordmannos primus Christianitati attraxit ⁴³³². Magnus, filius ejus, Danos subjugavit. Haraldus ⁴³³³ frater Olaph nequissimus, Orchadas suo adduxit imperio, regnumque suum ⁴³³⁴ dilatavit usque ad Ripheos montes et ⁴³³⁵ Island (943). (5. 6. 8ᵇ.)

VARIÆ LECTIONES.

⁴²⁸³ scripturis 5. ⁴²⁸⁴ omnia deest 5. ⁴²⁸⁴* etiam addit 5. ⁴²⁸⁵ barbaros 2ᵃ. 7. 10. M. F. ⁴²⁸⁵* Hii 7ᶜ. ⁴²⁸⁶ videntur 10. ⁴²⁸⁶* queat 7ᶜ. intelligantur 2ᵃ. 9. 10. ⁴²⁸⁷ Scritefinni 7. 8ᵇ. ⁴²⁸⁷* Eadem — nives desunt 2ᵃ. 9. 10; in 5. 8ᵇ. juncta sunt cum scholio 98. pervolant..alt. rupes 8ᵇ. ⁴²⁸⁸ copia 2ᵃ. 5. 6. 7. 9. 10. ⁴²⁸⁸* vivat 5. 7. ⁴²⁸⁹ ursi 7. ⁴²⁸⁹* bubali 9. ⁴²⁹⁰ Slavonia 7. Sclavania 2ᵃ. 5. 10. ⁴²⁹⁰* Russia 2ᵃ. ⁴²⁹¹ nigras 2ᵃ. 5. 7ᵃᵇ. 10. ⁴²⁹¹* mardures 9. 10. mardires 2ᵃ. marturos habet 7ᶜ. ⁴²⁹² quemadmodum et uri 9. aqua ut ut uri vivunt 5. ⁴²⁹³ inconsueta 7ᶜ. ⁴²⁹⁴ eis 7ᵃ. eisdem 7ᶜ. ⁴²⁹⁵ alia pleraque 9. 10. ⁴²⁹⁶ Nordmannie T. 7ᶜ. ⁴²⁹⁷ Thrundem 8 10. semper. Thrundem 2ᵃ. Trundem 9. Trondennis 7. ⁴²⁹⁸ populis 6. ⁴²⁹⁹ frequentatione 2ᵃ. 5. 9. 10. ⁴³⁰⁰ jacent 7ᶜ. ⁴³⁰¹ Olavi 2ᵃ. 10. semper. Olaphi 9. ⁴³⁰² operatur deest 5. ostendit 10. ⁴³⁰³ sanitatem 7ᶜ. ⁴³⁰⁴ illuc 9. 5. 9. 10. ⁴³⁰⁵ posse juvari 2ᵃ. 7. 9. 10. sancti martyris meritis sperant posse juvari 5. ⁴³⁰⁷ Alaburgh 2ᵃ. Alaborgh in Vendila 10. ⁴³⁰⁸ Wigh 2ᵃ. 9. Vigh 10. ⁴³⁰⁹ provinciam 2ᵃ. 8. 9. 10. ⁴³¹⁰ i. cum vela 2ᵃ. 9. 10. ⁴³¹¹ levum 6. 7. ⁴³¹² Norwegic 6. ⁴³¹³ et quinto 5. quinto 2ᵃ. ⁴³¹⁴ ad deest 9. 10. ⁴³¹⁵ Thrundem 2ᵃ. semper. Trundhem 9. Trondennis 5. 6. Trondennis 7. ⁴³¹⁶ deest 2ᵃ. 9. 10. ⁴³¹⁷ quæ—usque ad desunt 2ᵃ. ⁴³¹⁸ est addunt 2ᵃ. 5. 9 10. ⁴³¹⁹ regem Olavum 7ᶜ. ⁴³²⁰ cui 5. ⁴³²¹ 5. Grinkil 7. Grimkel 2ᵃ. 8. 10. Grimckel 9. Grinkeil 5. ⁴³²² erat 5. ⁴³²³ qui — legatus desunt 7. ⁴³²⁴ ergo deest 8ᵇ. ⁴³²⁵ inter deest 8ᵇ. ⁴³²⁶ septentrionis Scritefingos septem in q. sp. c. jacere 5. 8. ⁴³²⁷ sint apud illas c. f. m. gentes 5. 9. 10. ⁴³²⁸ Dicunt enim aliqui quasdam ex XI millibus virginum cum sociis suis 5. Dicunt aliqui ex. . virginum 8ᵇ. ⁴³²⁹ aliquas deest 5. aliquas cum sociis, quarum 8ᵇ. ⁴³³⁰ Olaus 5. Olavus 8ᵇ. ⁴³³¹ itaque deest 8ᵇ. ⁴³³² primus N. ad christianitatem pertraxit 5. traxit ad christianitatem 8ᵇ. ⁴³³³ Haroldus 5. ⁴³³⁴ imperio, qui et regnum suum 8ᵇ. ⁴³³⁵ (i?)n sive necno (n) 6 et 5. et sive in Island desunt 8ᵇ.

NOTÆ.

(952) V. infra cap. 42.
(953) Conf. supra ad schol. 132, *Riphæorum montium juga.* Marcian. l. 1. cap. de Euphrate.
(954) *Elaces,* id est alces.
(955) Conf. Solin. c. 20 de Germania, ubi de bisontibus, uris, bubalis et alcibus loquitur.
(956) Cf. supra l. 11, c. 59.
(957) Wig civitas non fuisse videtur Nordmannorum, sed sinus maris ille qui hodie Wigen nuncupatur, prope Tonsburg, ubi terra adjacens etiam Vikin dicenatur.
(958) *Vela.. torsit et in lævum puppim dedit.* Lucan. l. VIII, v. 193.
(959) Joannes. V. supra l. II, c. 35.
(940) *Regem,* sc. Olaph Thrucconis; v. ibid.
(941) Grimkil, v. l. II, c. 55.
(942) Paul. Diac. l. I. 1, 4. qui tamen hos septem viros dormientes esse Romanos conjecit, iisque Scritofinos esse ait vicinos.
(943) V. sup l. III, c. 16.

Tertio loco [4336] advenit ille [4337] Sigafridus (944), [javunculus Æsmundi [4338] (945)], qui et [4339] Suedos et Nortmannos juxta ' predicavit [4340]. Isque duravit usque [4341] ad nostram ætatem cum aliis æque non obscuris [4342] in illa gente sacerdotibus. Post quorum excessum noster metropolitanus, petentibus Nordmannorum populis, ordinavit Thoolf [4343] episcopum in civitate Trondemnis, et [4344] Siguardum [4345] in easdem partes. Asgothum [4346] vero et Bernardum (946), licet moleste ferret a papa consecrates, accepta satisfactione dimisit a se [4347] donatos. Per quos hodieque [4348] multas verbum Dei lucratur animas, ita ut in omnibus provinciis Norvegiæ beata mater ecclesia lætis floreat incrementis [4349]. Inter Nortmannos tamen et Sueones propter novellam plantationem Christianitatis adhuc nulli episcopatus certo sunt limite designati, sed unusquisque episcoporum a rege vel populo assumptus [4350], communiter edificant [4351] ecclesiam, et circueuntes [4352] regionem, quantos [4353] (947) possunt ad Christianitatem trahunt, eosque gubernant sine invidia, quandiu vivunt ".

34. (Cap. 243.) Post Normanniam, quæ est ultima A aquilonis provintia, nichil invenies habitacionis humanæ (948), nisi terribilem visu et infinitum occeanum '", qui totum mundum amplectitur (949). Is [4354] habet ex adverso Nortmanniæ insulas multas non ignobiles, quæ nunc fere omnes Nortmannorum ditioni subjacent, ideoque non prætereundæ sunt a nobis, quoniam Hammaburgensem [4355] parochiam et ipsæ respiciunt [4356]. Quarum primæ [4357] sunt Orchades insulæ, quas barbari vocant Organas; ritu Cicladum illæ sunt dispersæ [4358] per occeanum '". De quibus Romani auctores Martianus (950) et Solinus ita scripsisse videntur : *A tergo Britanniæ* [4359], *unde infinitus patet occeanus, Orchadæ* [4360] *sunt insulæ quarum* 20 *sunt* [4361] *desertæ,* 16 [4362] *coluntur* [4363] (951). *Orchades insulæ pæne* 40 [4364] *junctæ. Item vicinæ sunt Electrides* [4365], *in quibus electrum gignitur* (952). Igitur Orchades inter Nordmanniam et [4366] Britanniam et [4367] Hiberniam positæ, frementis [4368] occeani ludibundæ minas [4369] derident. Ad quas a civitate Nortmannorum Trondemni per diem ferunt navigari posse. Itemque [4370] ab Orchadibus, aiunt, simile spatium viæ [4371], sive in Angliam dirigas [4372], sive in Scotiam [4373] flectere velis. Ad easdem insulas Or-

SCHOLIA.

* *Schol.* 142. Licet ante illum [4374] ex nostris Lifdag, Odinkar et Poppo [4375] gentem illam predicaverint [4376] Possumus hoc dicere, quod nostri laboraverunt [4377] et Angli in labores eorum [4378] introierunt. Hunc [4379] (953) Meinhardum (954) et Albertum (955) alias ordinatos, cum ad se venirent, cum muneribus archiepiscopus [4380] commendavit illis vicem suam tam ver Nordmanniam [4381], quam per insulas oceani. (5. 6. 8b.)

** *Schol.* 143. . . . . is plen . . . calcitr . . ler . . (6.)

*** *Schol.* 144. De occeano Britannico, qui Daniam tangit et Nordmanniam, magna recitantur [4382] a nautis miracula, quod circa Orchadas [4383] mare sit [4384] concretum (956) et ita spissum a sale, ut vix moveri possint [4385] naves, nisi tempestatis auxilio; unde etiam vulgariter [4386] idem salum lingua nostra [4387] Libersee [4388] vocatur (957). (5. 6. 7. 8b.)

**** *Schol.* 145. Hic apparet quod scriptor hujus libelli fuit ex Germania superiori, unde vocabula pleraque sive nomina propria, cum ad suam aptare voluit linguam, nobis corrupit. (5.)

VARIÆ LECTIONES.

[4336] loco *deest* 9. [4337] ille *deest* 7. [4338] av. A. *desunt* 1. 2ª. 5. 6. 9. 10. [4339] apud *addit* 2ª 5 apud Suedos et apud N. 8. 9. 10. [4340] Nordmannos fideliter instruxit 7. [4341] usque *deest* 9. [4342] obscuris 4. [4343] Tholf 2ª. 5. 10. Tolff 9. [4344] Trondemni 5. [4345] Sigwardum 2ª. Asgotum 2ª. 5. 9. 10. [4347] a se *desunt* 9. [4348] usque hodie 5. [4349] Isque duravit — incrementis *desunt* 7. [4350] asscriptus 2ª. [4351] ædificavit 7. ædificat 8b. [4352] circumeuntes 10. circummeantes 9. [4353] quot 10. [4354] Is autem G. Aç. 7ab. [4355] Hamaborgensem 10. Hamburgensem 9. [4356] quoniam — respiciunt *desunt* 7. [4357] proxumæ 8b. 9. [4358] spersæ 9. [4359] Brittannice 6. Brittaniæ 10. [4360] Orchades 2ª. 5. 9. 10. [4361] sunt *deest* 7. [4362] XV 9. et XV incoluntur 2ª. XV incoluntur 8. 9. 10. [4363] A tergo (Brittaniæ), unde oceanus infinito patet, Orcades habet insulas, quarum XX desertæ sunt, XIII (XIV) coluntur. *Orosius l. I, c.* 2. [4364] XL sibi sunt 2ª. 8. 9. 10. conjunctæ 8b. 9. [4365] Electriades 7. Electride 2ª. [4366] sive 2ª. 9. seu 10. [4367] ac 7ª,b. [4368] firmentis 7c. [4369] animas 2ª. [4370] que *deest* 5. 9. 10. iterum 2ª [4371] viæ *deest* 2ª. 5. 7ª,b. 9. 10. [4372] dirimas 7c. [4373] Scothiam 2ª. 6. Schociam 7c. Schotiam 10. [4374] Ante Nordmannorum *in marg.* Anglorum episcopos quidam 8b. [4375] apud *addit* 5. 8b. [4376] predicaverunt 5. 8b et *add.* 8b [4377] laboraverint 4. [4378] in nostrorum labores 8b. [4379] Hunc *deest* 8b [4380] episcopus noster c. mun. 8b. [4381] Nordvegiam 8b. [4382] Brittanico dicitur 8b. [4383] Orchades 8b. [4384] sit *deest* 5. [4385] possent 8b. [4386] *deest* 8b. [4387] nostra lingua 5. *desunt* 7. *ubi hoc scholion textui insertum est post verba :* flectere velis. [4388] Lenersee 7c. Lierse 8b.

NOTÆ.

(944) V. l. II, 55, 62. Sigafridus, monachus Glastoniensis, episcopus Norvegiæ etiam dicitur a Guil. Malmesburg. De antiquit. Glaston. ecclesiæ, ed. Hearne, p. 95.

(945) De Æsmundo s. Osmundo v. supra l. III, c. 14, 70.

(946) De Bernardo v. l. II, c. 55.

(947) *Quantos,* id est *quot.*

(948) Sic Martianus de Hyperboreis : *in fine habitationis humanæ.*

(949) Solinus c. 23 : *Oras extimas Oceanus amplectitur.*

(950) Martian. l. I, p. 215.

(951) *A tergo — coluntur.* Hæc verba ex Orosii l. I, c. 2, hausta videntur.

(952) *Orchades — gignitur* ex Martiano, p. 215.

(953) Sc. Sigafridum s. Osmundum.

(954) V. supra l. III, c. 70 (l. IV, c. 44).

(955) V. ibidem.

(956) *Mare concretum.* V. Martian. l. I.

(957) *Lebermeri,* mare mortuum. V. Gloss. Trevir. ap. Hoffmann Althochdeutsche Glossen p. 8. Das lebirmere. Meringarto ed. Hoffmann. V. etiam Ziemann l. I, s. v. *Lebermer*

chadas [4389], quamvis prius ab Anglorum et Scothorum [4390] episcopis regerentur, noster primas [4391] jussu papæ ordinavit Turolfum [4392] episcopum in civitatem Blasconam [4393], qui omnium curas [4394] ageret [4395] (958).

55. (Cap. 244.) *Insula* " *Thyle* [4396], *quæ per infinitum a ceteris secreta, longe in medio* [4397] *sita est occeano, vix* [4398], inquiunt, *nota habetur* (959). De qua tam a Romanis [4399] scriptoribus, quam a barbaris multa referuntur digna prædicari [4400]. *Ultima*, inquiunt, *omnium Thyle, in qua æstivo solsticio, sole cancri signum transeunte, nox nulla, brumali solsticio perinde* [4401] *nullus dies. Hoc quidam* [4402] *senis mensibus fieri arbitrantur* (960). Item Beda [4403] scribit, in " *Britannia æstate* [4404] *lucidas noctes haut dubie repromittere, ut* [4405] *in solstitio continui* [4406] *dies habeantur* [4407] *senis mensibus, noctesque e diverso ad brumam sole remoto. Quod fieri in* [4408] *insula Thyle Pytheas* [4409] *Massiliensis* [4410] *scribit sex dierum navigatione* ''' *in septentrionem* [4411] *a Britannia distante* (961). Hæc itaque Thyle nunc Island appellatur, a glacie quæ '''' occeanum astringit [4412]. De qua etiam hoc memorabile ferunt [4413], quod eadem glacies ita nigra et arida videatur propter antiquitatem, ut incensa ardeat (962). Est autem insula permaxima [4414], ita ut populos infra [4415] se multos contineat, qui solo pecorum fetu vivunt eorumque vellere teguntur: nullæ ibi fruges, minima lignorum copia, propterea in subterraneis habitant speluncis, communi tecto [4416] et strato gaudentes cum pecoribus suis. Itaque in simplicitate sanctam [4417] vitam peragentes, cum nichil amplius quærant quam natura concedit [4418], læti possunt dicere cum Apostolo, *habentes victum et vestitum, his contenti simus* [4419] (*I Tim.* VI, 8). Nam et montes suos [4420] habent pro oppidis et fontes pro deliciis. Beata, inquam, gens, cujus paupertati nemo invidet, et in hoc beatissima, quod nunc omnes [4421] induerunt Christianitatem''''''. Multa insignia in moribus [4422] eorum, precipua [4423] karitas, ex qua procedit, ut inter illos [4424] omnia communia sint tam advenis quam indigenis [4425]. Episcopum suum [4426] habent pro rege; ad illius [4427] nutum respicit omnis populus, quicquid ex Deo, ex scripturis, ex consuetudine aliarum gentium ille constituit, hoc pro lege habent''''''. [De quibus noster metropolitanus inmensas Deo gratias retulit [4428], quod suo tempore convertebantur, licet ante susceptam fidem naturali quadam lege non adeo discordarent a [4429] nostra religione [4430].] Itaque petentibus illis ordinavit [4431] quemdam sanctissimum virum nomine [4432] Isleph. Qui ab eadem regione missus ad pontificem, aliquandiu retentus est apud eum cum ingenti prorsus honore (963), discens interea quibus noviter conversos ad Christum populos salubriter posset informare. Per quem transmisit archiepiscopus

SCHOLIA

* *Schol.* 146 Tyle .. in mari .. omnium insularum *remotissima* . cujus . . . Solinus (964) *refert brumali tempore per solstitium vix diem et estivali noctem nullam*. Nam fr .. (6.)

** *Schol.* 147. Brittania est omnium maxima insularum. A qua novem dierum navigatione pervenitur ad Thile. De qua unius diei navigatio est ad mare congelatum. Quod ideo congelatum, quia nunquam sole calefit. (6.)

*** *Schol.* 148. Egredientibus a promunctorio Danorum Alaburg narrant iter esse 50 dierum usque in [4433] Island, minus autem, si ventum [4434] habeant secundum. (5. 6. 8b.)

**** *Schol.* 149. Juxta Island est oceanus glaciatus et fervens et caligans [4435]. (5. 6. 7. 8b.)

***** *Schol.* 150. Apud illos non est rex, nisi [4436] tantum lex : *et peccare nefas, aut pretium mori* [4437] (965). (2a. 5. 6. 7. 9. 10.)

****** *Schol.* 151. Civitas ibi [4438] maxima Scaldholz [4439]. (6. 7.)

VARIÆ LECTIONES.

[4389] Orchades 2a. 9. 10. [4390] Scottorum 6. Scotorum 9. [4391] primus 5. [4392] Thorulfum 2a. 5. Thorulphum 9. 10. [4393] Blascona 2a. civitate Blascona 5. [4394] curam 2a. 5. 9. 10. [4395] Ad easdem — ageret *desunt* 7. [4396] Thile 6. *semper in textu.* Tyle 2a. 9. 10. *add.* (Island) a. [4397] medio deest 2a. 5. in oceano 9. 10. [4398] ut *addit* 5. [4399] Normannis 9. [4400] prædicatori 10. [4401] proinde 1. 5. [4402] quidem 10. [4403] Beva 6. [4404] in estate in Brittannia 6. [4405] si *addit* 5. noctes, hanc dubie declarans, ut (si) in 7. [4406] centum 2a. [4407] habeant 2a. 5. 9. 10. [4408] deest 7c. [4409] Pycheas 2a. Picteas 5. [4410] Mansiliensis 1. Massiensis 7. Marssiliensis 2a. [4411] septentrione 1. 2a. 5. [4412] adstringit 9. [4413] fertur 2a. 9. 10. [4414] permixta 7. [4415] intra 5. 10. in 7a,b. [4416] et victu *addit* 2a. 5. 9. 10. stato 7c. [4417] sancta 2a. 10. [4418] concedat 7c. [4419] sumus 6. 7. 9. [4420] suos *deest* 1. [4421] invidet — omnes *desunt* 10. [4422] montibus 9. [4423] præcipue 5. 9. [4424] illos *deest* 1. 7. 9. eos 5. [4425] tam indigenis, q- advenis 6. peregrinis 2a. *In cod.* 4. 7. 8. 9. 10. *hic inseritur schol.* 150. [4426] suum *deest* 7. [4427] cujus 5. [4428] gratias egit 9. [4429] discordabant ab 6. discordabant vera n. r. 2a. a Deo discordabant vel a. 9. 10. [4430] *Uncis inclusa desunt* 1. [4431] ordinant 2a. [4432] nomine *deest* 5. ad eorum partes *addit* 2a. 8. 9. 10. [4433] usque 8b. [4434] nautæ *addit* 8b. [4435] caliginosus 5. 8b. [4436] sed 2a. [4437] est mori 2a. 7. 8. [4438] eorum 7c. [4439] ML Scaldholz 7.

NOTÆ.

(958) Civitas Blascona in Orcadibus plane ignota. Locus Blaskoeg in Islandia memoratur ab Are Frodi c. 5

(959) *Insula — habetur*. Verba fere Orosii l. 1.
(960) *Ultima — arbitrantur*. Sunt fere verba Bedæ De temporum ratione, cap. 29, qui priora verba, *Ultima — dies* ex Solini cap. 22 excerpsit.

(961) E Beda l. 1. deprompta, qui ipse Plinii Histor. natural. l. 11, c. 75, ante oculos habuit.
(962) Cf. Archiv. T. VI, pag. 888.
(963) *Cum ingenti honore.* V. supra l. III, c. 11 fin.
(964) Cap. 22.
(965) Horat. Carm. III, 24, v. 24.

suos apices populo Islanorum et Gronlandorum [4440]. A
venerabiliter salutans eorum ecclesias et [4441] polli-
ceus eis propediem se venturum usque ad illos, ut
gaudio simul [4442] pleno fruantur. In quibus verbis
egregia, quam habuit in legationem suam[4443], voluntas pontificis laudari potest [4444], quoniam [4445] et apostolum discimus [4446] ad praedicandum verbum Dei
velle [4447] in Hispaniam proficisci, quod implere non
potuit [4448] (969). Haec de [4449] Islanis [4450] et de [4451]
ultima Thyle veraciter comperi, fabulosa praeteriens.

36. (Cap. 245.) Sunt autem plures aliae in oceeano
insulae, quarum non minima [4452] Gronland [4453], pro-
fundius in oceano sita contra montes [4454] Suediae
vel Riphea juga. Ad quam ferunt [4455] insulam a littore Nortmannorum vela pandi quinque aut septem [4456] diebus, quemadmodum ad Island. Homines ibi a salo cerulei; unde et regio illa nomen
accepit; qui [4457] similem Islanis vitam agunt,
excepto quod crudeliores sunt, raptuque pyratico
remigantibus [4458] infesti. Ad eos etiam sermo est
nuper [4459] Christianitatem [4460] pervolasse [4461].

37. (Cap. 246.) Tercia est Halagland [4462] insula vicinior Nortmanniae [4463], magnitudine ceteris [4464] non impar [4465]. Haec in estate circa solsticium per quatuordecim dies continuos solem videt
super terram, et in hieme similiter per totidem [4466]
dies sole caret. Stupenda res et incognita barbaris,
qui nesciunt disparem longitudinem dierum contingere propter solis accessum et recessum [4467]. Nam
propter rotunditatem orbis terrarum necesse est
ut solis circuitus accedens alibi diem exhibeat, alibi
recedens [4468] noctem relinquat. Qui dum ascende-

A rit [4469] ad aestivale solsticium, his qui in borea
[4470] sunt dies prolongat noctesque adbreviat [4471];
descendens autem [4472] ad hiemale solsticium [4473],
simili ratione facit australibus. Hoc ignorantes pagani, terram illam vocant sanctam et beatam, quae
tale miraculum praestet [4474] mortalibus. Itaque rex
Danorum cum multis aliis contestatus est hoc ibi [4475]
contingere, sicut in Suedia et in [4476] Norvegia et in
ceteris quae ibi sunt insulis [4477].

38. (Cap. 247.) Praeterea unam adhuc insulam [4478]
recitavit [4479] a multis [4480] in eo repertam oceeano,
quae dicitur Winland [4481] (967), eo quod ibi vites
sponte nascantur, vinum optimum ferentes [4482]. Nam
et fruges ibi non seminatas habundare, non fabulosa
opinione, sed certa comperimus [4483] relatione Danorum. [Post quam insulam, ait [4484], terra non [4485]
invenitur habitabilis in illo oceeano, sed omnia quae
ultra sunt glacie intolerabili ac caligine immensa
plena sunt. Cujus rei Marcianus [4486] ita meminit (968):
Ultra Thilen [4487], inquiens, *navigatione* [4488] *unius
diei mare concretum est.* Temptavit hoc nuper [4489]
experientissimus Nordmannorum princeps Haral-
dus [4490] (969). Qui latitudinem septentrionalis [4491] occeani perscrutatus [4492] navibus, tandem caligantibus
ante ora deficientis mundi finibus, inmane [4493]
abyssi baratrum (970) retroactis vestigiis (971)
pene [4494] vix salvus evasit [4495].]

39. (Cap. 248.) Item nobis retulit beatae memoriae
pontifex Adalbertus [4496], in diebus antedecessoris [4497]
sui quosdam nobiles de Fresia viros causa perva-
gandi maris in boream vela tetendisse [4498], eo
quod [4499] ab incolis ejus populi dicitur ab ostio Wir-

SCHOLIA.

* *Schol.* 152. Alii dicunt [4500] Halagland esse partem Nordmanniae postremam, quod [4501] sit proxima
Scritefingis [4502], asperitate montium et frigoris inaccessibilis [4503]. (5. 6. 7. 8b.)

VARIAE LECTIONES.

[4440] Gronlandorum 6. Gronlanorum 2a. 10. Gronlannorum 9. [4441] deest 2a. 5. 9. 10. [4442] similiter 5. [4443] legatione sua 5. [4444] debet 2a. 5. 6. 9. 10. [4445] cum 9. [4446] diximus 10. [4447] male 1.
[4448] De quibus noster — non potuit *desunt* 7, *ubi scholion* 151. *in textu legitur.* [4449] de *deest* 1. pauca de
7. [4450] Island 1. 5. Ysland 7. Islandia 2a. 9. 10. saepius. [4451] *deest* 2a. 7c. 9. 10. [4452] quarum nomina
7a.b. est *addunt* 2a. 5. 6. 7c. 9. 10. [4453] Gronlandia 2a. 9. 10. [4454] fines 10. [4455] fortem 7. [4456] sex 7.
[4457] Hii 7c. [4458] navigantibus 2a. 8. 9. 10. [4459] ad *redundat* 1. [4460] de christianitate 9. [4461] ad eos —
pervolasse *desunt* 7. [4462] Halangland 9. [4463] verum *addit* 2a. 5. 9. 10. [4464] ceterisque 7c. [4465] *In cod.* 7.
hic inseritur schol. 152. [4466] totitidem 10. [4467] recessumque 7c. [4468] recedens *deest* 5. [4469] ascendit 1.
[4470] horrea 1. [4471] abbreviat 9. 10. [4472] autem *deest* 8b. 9. 10. [4473] his qui — solsticium *desunt* 2a. M.
F. [4474] praestat 2a. 5. 9. 10. [4475] sibi 2a. [4476] in *deest* 5. 10. §[4477] Itaque rex — insulis *desunt* 7. [4478] regionem 5. *cui voci scriba aut corrector coaevus deleto superposuit vocem :* insulam. [4479] Praeterea etiam
aiunt u. adhuc ins. 7. [4480] a multis *deest* 7. [4481] id est terra vini *addit* 2a. 8. 9. 10. [4482] gerentes 7.
[4483] reperimus 2a. [4484] ait *deest* 5. 7. [4485] nulla 2a. 5. 9. 10. [4486] Martinianus 9. [4487] Thyle 5. Thylem 7.
Tylen 9. 10. [4488] navigare 5. [4489] nuper *deest* 7. [4490] Haroldus 9. 9. 10. [4491] septentrionalem 7. septentrionis 2a. [4492] perscrutans 2a. [4493] inane 7b. mane 7c. mare 7a. [4494] pene *deest* 5. [4495] Uncis inclusa *desunt* 1. *In cod.* 7a. *hic additur :* Istud etiam dixit quidam nobilis Carthusiensis praesentium scriptura (scriptam 7c. *Leg.* scriptori) et est verum. Sed (Etiam 7c.) iste locus in eorum idiomate Gimmende-
gop. Miles vero capitaneus regis dicebatur Olyden Helgesson, nauta vero Gunar (Gunae. 7c.) Caswen.
[4496] Avalbertus 6. Bremensis *addit* 7. [4497] antecessoris 2a. 5. 9. 10. praedecessoris 7. [4498] tendisse 7c.
[4499] eodem ab 7c. tetendisse (retendisse 9.) quibus ab hostio Wesere (ostio Wiserae 9. 10.) fl. d. c. in a.
nulla terra occurrit preter 2a. 9. 10. [4500] Judicant 5. 8b. [4501] que 7c. [4502] Scritefinnis 7. 8b. [4503] inaccessa 7. 8b. *In cod.* 6. *onaedam verba addita erant nunc rescissa praeter litteras.* . . . anc. . . .

NOTAE.

(966) Sc. Paulus. V. Epist. ad Romanos, e. xv,
v. 24.
(967) De terra Winland v. Are Frodi cap. 6,
Snorro Sturleson Olaf Tryggwason Saga, c. 107 seq.
(968) l. i., pag. 215.
(969) Haraldus Herdrade † 1066. V. supra l. iii,
c. 16.

(970) *Inmane baratrum.* Virgil. Æneid. l. viii,
243. *Immanissimum Charybdis baratrum* Paul. War-
nafrid. l. i., c. 6.
(971) *Retroactis vestigiis.* Virgil. Æn. l. ix, v.
392: *vestigia retro legit,* ubi noster fortasse legit:
egit.

rabæ⁴⁵⁰³* fluminis directo cursu in aquilonem nullam terram occurrere præter infinitum oceanum ⁴⁵⁰⁴. Cujus ⁴⁵⁰⁵ rei novitate pervestiganda ⁴⁵⁰⁶ conjurati sodales a litore Fresonum læto celeumate progressi sunt. Deinde relinquentes hinc Daniam, inde ⁴⁵⁰⁷ Britanniam, pervenerunt ad Orchadas. Quibus a læva dimissis, cum Nordmanniam in dextris haberent ⁴⁵⁰⁸, longo trajectu ⁴⁵⁰⁹ glacialem ⁴⁵¹⁰ Island collegerunt (972). A quo loco ⁴⁵¹¹ maria sulcantes (973) in ultimum ⁴⁵¹² septentrionis axem, postquam retro se omnes, de quibus supra dictum est, insulas viderunt, omnipotenti Deo et sancto confessori Willehado ⁴⁵¹³ suam commendantes viam et audatiam, subito collapsi sunt in illam tenebrosam rigentis oceani caliginem, quæ vix oculis penetrari valeret ⁴⁵¹⁴. Et ecce instabilis oceani euripus ⁴⁵¹⁵, ad initia quædam fontis sui archana ⁴⁵¹⁶ recurrens, infelices nautas jam ⁴⁵¹⁷ desperatos, immo de morte sola cogitantes, vehementissimo impetu ⁴⁵¹⁸ traxit ad chaos ⁴⁵¹⁹. [Hanc dicunt esse voraginem abyssi ⁴⁵²⁰,] illud profundum (974), in quo ⁴⁵²¹ fama est ⁴⁵²² omnes recursus maris, qui decrescere ⁴⁵²³ videntur, absorberi ⁴⁵²⁴ et denuo revomi ⁴⁵²⁵ (975), quod fluctuatio crescens ⁴⁵²⁶ dici solet. Tunc illis solam Dei misericordiam implorantibus, ut animas eorum susciperet, impetus ille recurrens ⁴⁵²⁷ pelagi quasdam ⁴⁵²⁸ sociorum naves abripuit, ceteras ⁴⁵²⁹ autem revomens ⁴⁵³⁰ excursio longe ⁴⁵³¹ ab alteris post terga reppulit. Ita illi ab instanti periculo, quod oculis viderant, oportuno Dei auxilio liberati, toto nisu remorum fluctus adjuvarunt.

40. (Cap. 249.) Et ⁴⁵³² jam periculum caliginis et provintiam frigoris evadentes, insperate appulerunt ad quandam insulam altissimis in circuitu scopulis ritu oppidi munitam (976). Huc ⁴⁵³³ visendorum gratia locorum egressi ⁴⁵³⁴, reppererunt homines in antris

A subterraneis meridiano tempore latitantes; pro ⁴⁵³⁵ quorum foribus infinita jacebat copia vasorum aureorum et ejusmodi ⁴⁵³⁶ metallorum, quæ rara mortalibus et preciosa putantur (977). Itaque sumpta ⁴⁵³⁷ parte gazarum quam sublevare poterant, læti remiges festine remeant ⁴⁵³⁸ ad naves. Cum subito retro se venientes contemplati sunt homines miræ altitudinis, quos nostri appellant Cyclopes; eos ⁴⁵³⁹ antecedebant canes magnitudinem solitam excedentes eorum quadrupedum ⁴⁵⁴⁰. Quorum incursu raptus⁴⁵⁴¹ est unus de sociis, et in momento laniatus est coram eis ⁴⁵⁴²; reliqui vero suscepti ad naves evaserunt periculum ⁴⁵⁴³, gygantibus, ut referebant ⁴⁵⁴⁴, pene ⁴⁵⁴⁵ in altum vociferando sequentibus. Tali fortuna comitati Fresones Bremam perveniunt ⁴⁵⁴⁶, ubi, Alebrando pontifici ex ordine cuncta ⁴⁵⁴⁷ narrantes, pio Christo et confessori ejus Willehado ⁴⁵⁴⁸ reversionis et salutis suæ hostias immolarunt ⁴⁵⁴⁹.

(Cap. 250.) [Sunt et alia quæ non incongrue essent dicenda hoc loco ⁴⁵⁵⁰ de illo æstu maris in die bis citato; quod miraculum præbet omnibus maximum; ita ut ipsi, qui archana rerum phisici perscrutantur, in dubitationem ⁴⁵⁵¹ cadant ⁴⁵⁵² ejus rei, cujus ignorant originem. Cumque Macrobius (978) et Beda ⁴⁵⁵³ (979) videantur ex illa re ⁴⁵⁵⁴ aliquid loqui, Lucanus autem nichil se scire fateatur⁴⁵⁵⁵ (980) diversi auctores variis pugnant sententiis; omnes autem ⁴⁵⁵⁶ incertis abeunt rationibus, nobisque sufficit cum propheta clamare ⁴⁵⁵⁷: *Quam magnificata sunt opera tua, Domine! omnia in sapientia tu* ⁴⁵⁵⁸ *fecisti; impleta est terra possessione tua* (981). Et iterum: *Tui sunt cœli, et tua est terra* (982), *et tu dominaris potestati* ⁴⁵⁵⁹ *maris* ⁴⁵⁶⁰ (983), *et judicia tua abyssus multa* (984), ideoque jure dicuntur incomprehensibilia (985).]

41. (Cap. 251.) Hæc sunt quæ de natura septen-

VARIÆ LECTIONES.

⁴⁵⁰³* Viseræ 8b. 9. ⁴⁵⁰⁴ præter illud mare quod Liberse (Liverse 10.) dicitur 2ª. 5. 9. *In margine* 9. *additur:* Quod liber est dictum infinitum oceanum. ⁴⁵⁰⁵ Cujus — progressi desunt 2ª. ⁴⁵⁰⁶ *Lege:* pro vestiganda. ⁴⁵⁰⁷ in 7ᶜ. ⁴⁵⁰⁸ habeat 9. ⁴⁵⁰⁹ tractu 2ª. 5. 9. 10. ⁴⁵¹⁰ deest 2ª. ⁴⁵¹¹ deest 7ᶜ. ⁴⁵¹² ultimam 2ª. 6. 7. 9. 10. ⁴⁵¹³ sanctis ipsius 7ᶜ. Villehado 9. 10. ⁴⁵¹⁴ que o. p. non valet 2ª. 9. 10. ⁴⁵¹⁵ civibus 7ᶜ. ⁴⁵¹⁶ archanaque 2ª. arcanaque 9. 10. ⁴⁵¹⁷ non 7. ⁴⁵¹⁸ vehementissime 2ª. ⁴⁵¹⁹ cahos 9. ⁴⁵²⁰ Hanc — abyssi desunt 1. 6. 7. ⁴⁵²¹ qua 1. quod 2ª. 9. 10. quo ut 7. ⁴⁵²² ingredi et regredi addunt 2ª. 6. 8. ⁴⁵²³ decurrere 5. ⁴⁵²⁴ et absorberi 2ª. 9. 10. ⁴⁵²⁵ removi 9. 10. F. ⁴⁵²⁶ crescens deest 2ª. 5. 9. ⁴⁵²⁷ recurrentis 2ª. 5. 9. 10. ⁴⁵²⁸ plagi qua solum 10. ⁴⁵²⁹ ceteros 1. 6. 7. ⁴⁵³⁰ removens 9. F. ⁴⁵³¹ ex cursu longo 2ª. 5. 9. 10. ⁴⁵³² At 2ª. 5. 9. ⁴⁵³³ Quam 5. ⁴⁵³⁴ aggressi 5. ⁴⁵³⁵ præ 5. ⁴⁵³⁶ hujusmodi 7ᶜ. ⁴⁵³⁷ suscepta 9. ⁴⁵³⁸ remeantur 7ᶜ. ⁴⁵³⁹ quos 5. ⁴⁵⁴⁰ quad. deest 2ª. eorum quad. desunt 5. 9. 10. ⁴⁵⁴¹ captus M. F. ⁴⁵⁴² eorum addit 5. unus deest 1. ⁴⁵⁴³ est addit 7. ⁴⁵⁴⁴ periculum 2ª. 5. 9. 10. ⁴⁵⁴⁵ ferebant 5. 7. ⁴⁵⁴⁶ pone 5. 9. 10. ⁴⁵⁴⁷ pervenerunt 2ª. Frisones repatriaverunt et a Christo domino (et auxilio divo 7b.) reversionis 7a c. ⁴⁵⁴⁸ omnia 9. ⁴⁵⁴⁹ Willhado 2ª. ⁴⁵⁵⁰ immolaverunt 2ª. 9. 10. Totum cap. 249. deest 1. ⁴⁵⁵¹ hoc loco desunt 6. 9. ⁴⁵⁵² cubietatem 7. ⁴⁵⁵³ cadunt 7. ⁴⁵⁵⁴ Beva 6. ⁴⁵⁵⁵ ex i. r. desunt 2ª. 4. 9. 10. ⁴⁵⁵⁶ affirmat 9. ⁴⁵⁵⁷ tamen 7. dicere 6. 7. sufficit hoc loco exclamare 9. ⁴⁵⁵⁸ tu deest 2ª. 5. 9. 10. ⁴⁵⁵⁹ potestatis 6. 9. 10 ⁴⁵⁶⁰ et tu — maris desunt 9.

NOTÆ.

(972) *Collegerunt.* h. e. legerunt oram s. littora insulæ Island, ut habet Virgil. Æneid. l. iii, v. 292; Ecl. viii, v. 7; Georg. ii, v. 44.
(973) *Sulcare maria* Virg. Æn. l. x, v. 197.
(974) *Chaos profundissimum* ex Paulo W. l. 1.
(975) *Profundissima aquarum illa vorago est — quæ bis in die fluctus absorbere et rursum evomere dicitur.* Paul. W. l. 1.
(976) De oppido fabuloso, dicto Gerutho, v. Sax. Grammat. l. viii, c. 160.

(977) *Putantur*, id est videntur.
(978) Macrob. Somn. Scipion. l. ii, cap. 6.
(979) Beda De natura rerum, cap. 39.
(980) Ita quidem Lucan. l. i. x, v. 237, non vero de maris, sed de Nili æstu.
(981) Psalm. civ, v. 24.
(982) Ibidem, lxxxix, v. 12.
(983) Ibid., v. 10.
(984) Ibid., 36, v. 7.
(985) Ep. ad Romanos cap. 11, v. 33.

trionalium regionum comperimus ad honorem sanctæ [4561] Hammaburgensis ecclesiæ ponenda [4562], quam tanto munere divinæ pietatis præditam videmus, ut innumerabilem populorum multitudinem, quorum metropolis hæc facta est, labore suæ prædicationis ex magna jam parte conversos habeat ad Christianitatem, ibi solummodo ponens evangelizandi silentium, ubi mundus terminum habet. Quæ salutifera gentium legatio, primum [4563] a sancto Anscario incepta, prosperis semper usque [4564] in hodiernum diem aucta est [4565] incrementis (986), usque [4566] ad transitum magni Adalberti [4567], per annos circiter ducentos quadraginta [4568].

24. (*Cap.* 252.) Ecce illa ferocissima Danorum sive Nordmannorum aut Sueonum natio, quæ, juxta verba beati Gregorii, *nichil aliud scivit* [4569] *nisi barbarum frendere, jam dudum novit* [4570] *in Dei laudibus* [4571] *alleluia* [4572] *resonare* (987). Ecce populus ille pyraticus [4573], a quo totas [4574] olim Galliarum et Germaniæ

A provintias legimus depopulatas, suis nunc finibus contentus est, dicens cum apostolo: *Non habemus hic manentem civitatem, sed futuram inquirimus* (988), *et credimus videre bona Domini in terra viventium* [4575] (989). Ecce patria illa horribilis, semper [4576] inaccessa propter cultum ydolorum,

... et Scythicæ [4577] non mitior [4578] ara Dianæ (990). deposito jam naturali furore, prædicatores veritatis ubique [4579] certatim admittit, destructisque demonum aris, ecclesiæ passim eriguntur, et [4580] nomen [4581] Christi communi ab omnibus effertur præconio. Nimirum *hæc est mutacio dexteræ Excelsi* [4582] (*Psal.* LXXVI, 11), et tam velociter currit [4583] sermo [4584] omnipotentis Dei, ut a solis ortu et occasu, ab aquilone et meridie [4585] laudabile [4586] sit nomen B Domini, et omnis lingua confiteatur quia dominus noster [4587] Jesus Christus in gloria est Dei Patris, cum Patre et [4588] sancto Spiritu vivens et regnans per omnia sæcula sæculorum [4589]. Amen.

M. ADAMI EPILOGUS AD LIEMARUM EPISCOPUM.

Suscipe magne tui præsul munuscula servi,
Quæ tibi et ecclesiæ fert pleno cordis amore
Parva quidem sunt hæc, et vix, me judice, digna
Quæ possint [4590] oculis [4591] relegenda placere Ca-
　　　　　　　　　　　　　　　　　　　　　[tonis.
5 Nam cum rethoricis [4592] sermones floribus ornes,
Cum tua lingua sacræ sit clavis bibliothecæ [4593]
Cum divina Patrum scrutere volumina cautis
Indiculis, quid verba putem tibi balba (991) valere?
At [4594] cum multa Deo placuissent dona potentum,
10 Sæpe minuta duo viduæ laudata memento (992).
Et confido [4595] etiam, quod [4596] commendatio
　　　　　　　　　　　　　　　　　　　　　scripti
Carior inde tibi [4597] maneat [4598], dum nil ibi
　　　　　　　　　　　　　　　　　　　　[fictum [4599]
Externumque [4600] vides, sed quævis pagina ve-
　　　　　　　　　　　　　　　　　　　　　[ram [4601]

Ecclesiæ laudem canit hystoriamque Bremensem.
15 Omne decus sponsi est, ubi fertur gloria sponsæ.
Cumque per innumeros librorum curreris [4602]
　　　　　　　　　　　　　　　　　　　　　[agros,
Scire decet quod ubique legis hoc esse aliorum:
Iste liber tuus [4603] est, totusque revolvitur in te,
Tempus ad usque tuum perducens acta [4604]
　　　　　　　　　　　　　　　　　　　　　[priorum.
20 Ergo fave votis, parcens [4605] juvenilibus au-
　　　　　　　　　　　　　　　　　　　　　[sis [4606] (993).
Effice, quæso, tuo ne spes foret irrita servo,
Qui pro laude tua non erubet esse poeta.
Nempe tibi fateor, venerabilis et bone pastor,
Si bene non potui, certe veracia scripsi,
25 Testibus his utens, quibus hæc notissima res est.
Nec mihi scribendo laudem vel munera quæro,
Quippe placere tibi, reor hoc satis esse labori.

VARIÆ LECTIONES.

[4561] sanctæ *deest* 2a. 6. 9. 10. [4562] proponenda 2a. 5. 9. 10. [4563] primo 1. [4564] *deest* 2a. [4565] est *deest* 9. [4566] usque *deest* 1. 9. 10. [4567] Avalberti 6. [4568] et q. 2a. *In cod.* 7. *hujus capitis loco hæc leguntur:* Hæc pauca quæ de natura septentrionalium regionum a veredicis et veteribus comperimus scriptoribus. Cætera narrent, qui descendunt mare in navibus et faciunt operationem in aquis multis. Ipsi enim viderunt opera Domini et mirabilia ejus in profundo. [4569] *deest* 7c. [4570] cepit 2a. 8. cœpit 8b. 9. 16. [4571] Hebreum *addunt* 2a. 8. 8b. [4572] ævia 6. aleluia 10. [4573] iste a 2a. [4574] totans F. [4575] inquirimus etc. Ecce 1. [4576] et semper 7c. [4577] Scitice 6. Schyticæ 10. [4578] minor 7. [4579] u. terrarum 2a. [4580] ad 1. [4581] non 2a. [4582] ecclesiæ 9. [4583] crevit 9. [4584] *deest* 7c. [4585] et m. 1. m. *hic meridie, non mari, ut habet* 5, *significare, bene suspicatur Pertzius.* [4586] laudabile *deest* 9. [4587] *deest* 2a. 5. 7. 9. 10. [4588] patre et *desunt* 2a. 9. 10. [4589] cum — sæculorum *desunt.* 7. *Cod.* 2a *addit:* Expliciunt gesta Bremensium pontificum. Item versus. [4590] possent 2a. 3. 5. [4591] occulis 3. [4592] rethoricis 3. 5. [4593] biblyothecæ 1. [4594] et 1. [4595] confide 2a. [4596] quia 2a. 3. 5. [4597] tibi *deest* 1. 2a. [4598] manet 1. 2a. [4599] factum 2a. [4600] extremumque 1. [4601] sed pagina quævis 1. 2a. [4602] cereris 2a. currerim 3. 5. [4603] tuus liber 5. [4604] gesta 2a. [4605] parce et 5. parce 5. [4606] annis 5.

NOTÆ.

(986) *Legatio prosperis semper est aucta incrementis.* Iisdem verbis noster utebatur supra l. III, c. 17 f.

(987) Ita Gregorius I, de lingua Britanniæ seu Anglosaxonum in Expositione B. Job. l. XXVII, c. 8.

(988) Ep. ad Hebræos c. XIII, v. 14.

(989) Psalm. XXVI, v. 13.

(990) Verba Lucani, Pharsal. l. I, v. 446.

(991) *Verba balba.* Horat. Sermon. l. II, 3, v. 274.

(992) Ev. Marci c. XII, v. 42; Ev. Lucæ c. XXI, v. 2.

(993) Similiter in Prologo (ex Virgilio *pro talibus ausis.*

Tum [4607] perpende [4608] tuo non esse ignobile A
[claustro,
Quod minimus fratrum perfecit maxima rerum,
50 In quibus ecclesiæ lucent primordia nostræ,
Arctoumque [4609] salus populorum scripta tenetur,
Et decessorum pinguntur facta tuorum [4610].
Tempus erit quo facta tuæ celeberrimæ [4611]
[laudis
Aut nos aut aliquis ex docta plebe tuorum
55 Pangemus majore lyra, si [4612] vita superstes.
Quamvis nota satis pateant tua gesta per orbem,
Quæ et sine scriptore vulgabit fama perhennis :
Quem tua [4613] præteriit felix electio, qua te,
Prisco more patrum, pastoris nomine dignum
40 Electumque Deo prodebat Spiritus index,
Cujus tunc festum recolebat turba fidelis (994) ? B
O quantis lacrimis populi te vidimus emptum,
Dum prius oppressi votis communibus omnes
Te talem [4614] cuperent, immo longe [4615] melio-
[rem (995),
45 Quam [4616] spes ulla foret vel nostra fides me-
[ruisset.

Tu solvis [4617] duram populi [4618] a cervice cate-
[nam,
Fasciculosque graves ab onusta plebe repellens,
Afflictæ gentis mœrorem in gaudia vertis.
Tu clerum injusta raptorum fraude gravatum
50 In sua restituis, tu nos errore veterno
Eximis, atque suo reddis sacra templa decori.
Tu pacem terris antiqua lite fugatam
Ecclesiis revocas. Jam tertia prælia surgunt (996),
Et discordantes tu [4619] jungis ad oscula men-
[tes (997).
55 Si quid adhuc superest, quod gaudia publica
[turbet [4620],
Per te sedari tribuat [4621] Deus, adiciatque,
Ut Brema cum Hammaburg per te redimi mo-
[reantur,
Quæ diuturna sui flent tempora carceris ambæ;
Hæc a paganis oppressa, hæc clausa [4622] tyran-
[nis.
60 O Liemare pater, faveat tibi gratia Christi,
Nosque tuæ pecudes tibi corde et voce favemus.

VARIÆ LECTIONES.

[4607] cum 2a. [4608] perpendo 2a. 3. 5. perdendo F. [4609] actorumque 1. auctorumque 2a. [4610] Totus hic versus deest 2. 3. 5. [4611] factum tuo celeberrimæ laudis, *ubi brevis pontificum Bremensium catalogus etc. sequitur, versuum fine post dato iterum ab hoc versu recte scripto incipiente.* [4612] sit 2a.
[4613] nam 2a. 3. 5. [4614] talem te 5. [4615] multo 2a. [4616] quod 2a. [4617] solus 5 [4618] populi durum 5. [4619] tu *deest* 1. [4620] turbat 5. [4621] faciat 2a. [4622] sed illa 3.

NOTÆ.

(994) Electus fuit, ut videtur in Dominica Pentecostes.
(995) Sc. vidimus.
(996) *Tertia prælia — surgit pugna.* Virgil. Æn.
l. xi, v. 631 et 635
(997) Referenda hæc videntur ad partes concilia-
torias quas egit Liemarus in bello Saxonum a.
1075.

APPENDIX

CHRONICON BREVE BREMENSE.

EDENTE V. CL. JOH. E. LAPPENBERG I. U. D.

(Pertz, *Monumenta Germaniæ Historica*, Script. tom. VII, pag. 589.)

Hujus Chronici apographa plura nobis cognita sunt :
 1) In codice olim Abdinghofensi, haud dubie omnium antiquissimo et optimo, solus etiam habet nomina episcoporum Slesvicensium. Ex quibus verisimile fit hæc tempore Ratolfi episcopi sæculo undecimo
exeunte conscripta esse.
 2) In manuscripto Bodecensi, quod typis dederunt Martene et Durand in veterum Scriptorum et Monumentorum amplissima Collectione, tom. V, pag. 504. Vitiis plurimis scatet.
 3) In Collectaneis Petri Olai minoritæ. Quod apographum prelo subjecit Langebek, Script. rer. Danic.
tom. VI, pag. 608 sq. Hic plurima leguntur interpolata a nobis uncis inclusa, quæ omnia ex Adami Bremensis Gestis excerpta esse haud ambiguum videtur.
 Scriptor Adami Bremensis contemporaneus fuisse videtur. Simili quo ille computo de annis archiepiscoporum Hamburgensium et Bremensium usus esse videtur, quod quidem amplius descripsit, quamvis
in computatione annorum nonnunquam graviter sit lapsus. Innotuisse ei quoque videntur Annales Corbeienses.

INCIPIT SERIES
BREMENSIUM ET HAMBURGENSIUM EPISCOPORUM.

[Tempore Karoli magni Brema constructa est. Et hec nomina episcoporum et archiepiscoporum Bremensium et Hammaburgensium [1] :]

Sanctus Willehadus prædicavit in Fresonia [2] post mortem sancti Bonifacii annos 28 [3] (1), in Saxonia septem. Tandem Bremæ ordinatus episcopus, sedit annos duos, menses tres, dies 26 (2) [Ex Anglia oriundus fuit (3).]

Sanctus Willericus episcopus [ex discipulis sancti Vilhadi electus (4),] sedit annos quinquaginta, menses 5, dies 26 [4] (5). Anno Willerici 25 [5] Karolus imperator magnus obiit [6]. Anno ejus 42 sanctus Ansgarius archiepiscopus ordinatus est apud Hammaburg.

Liutricus episcopus [diaconus Villerici, successit ei (6),] sedit annos 8, menses 3, dies 5 [7] (7). Hujus anno tertio Loudowicus imperator pius obiit (8). Eodem anno Hammaburg a barbaris devastata est, et sanctus Ansgarius expulsus est, [qui pene cum sanctorum reliquiis nudus evasit (9).]

[Sanctus Ansgarius, primus Nordalbingorum archiepiscopus pallium suscepit a Gregorio IV, ferulam pastoralem a Ludovico rege (10),] Sanctus Ansgarius episcopus [8], antequam reciperet Bremensem episcopatum, sedit in Hammaburg annos 16 [9]; recepto Bremensi episcopatu, sedit annos 18, menses quatuor, dies decem (11). Anno post acceptam Bremam duodecimo conjunctus est Bremensis et Hammaburgensis episcopatus a papa Nicolao (12). Et post hec supervixit sanctus Ansgarius annos septem, et cum triumpho 5 [10] regum pervenit ad Christum (13).

Sanctus Rimbertus [pallium suscepit a papa Nicolao, ferulam a rege Ludovico (14),] sedit annos 23, menses quatuor, dies octo [11] (15). Anno sancti Rimberti 6 [to] Dani cum novem regibus oceani Fresiam et Saxoniam impugnantes, a Loudowico juniore victi sunt oratione [12] sancti Rimberti (16). Anno sancti Rimberti [13] duodecimo Loudowicus Cesar obiit (17), Romanum imperium cecidit.

Sanctus Adalgarius [pallium suscepit a papa Stephano, ferulam a rege Arnulfo (18);] sedit annos 19 [14], menses undecim, dies duos [15] (19). Hujus anno primo Arnulfus imperator Saxoniam debellavit (20). Anno ejus 8 Ungri egressi sunt (21). Arnulfus imperator obiit (22).

Hogerus [16] [pallium suscepit a papa Sergio, ferulam ab imperatore (25);] sedit annos septem, menses 7, dies duodecim [17]. (24) Hujus anno secundo Ungri, Sclavi, Dani et Nortmanni, devastato.

VARIÆ LECTIONES.

[1] *Omnia quæ uncis inclusimus non reperiuntur nisi in* MS. Petri Olai. [2] Fresia 3. [3] XVIII annis 3. [4] menses V, dies XXVI *desunt* 3. [5] Hujus XXV anno 3. [6] Anno — obiit *desunt* 2. [7] menses III, dies V *desunt* 5. [8] archiepiscopus 3. [9] XVII 2. [10] triumpho majori quam 2. [11] menses q. d. octo *desunt* 3. [12] precibus 3. [13] anno ejus 2. anno ejusdem Remberti 3. [14] XVIII 2. [15] sedit XX annis 3. [16] Logerus 1. Ogerus 2. Rogerus 3. [17] menses VII d. duodecim *desunt* 3.

OTÆ

(1) Pessimus hic calculus. Ex morte Bonifacii († 755) usque ad mortem Willehadi († 789, Novb. 8) quidem sunt anni circiter 35, quorum septem hic dicitur in Saxonia prædicasse. Vita Willehadi c. 8. Inde noster 28 annos putavit eum in Fresonia prædicasse. Ille tamen nonnisi tempore Alchredi, regis Berniciorum (765-774), patriam suam reliquit, quod Adamum Bremensem l. 1, c. 14, quoque fugerat, nec septem quos diximus anni vitæ ejus fuerint ultimi, sed ante erectionem episcopatus Bremensis anni, scilicet 780-787.

(2) Ex anno 787, Jul. 13, usque 789, Non. 8.
(3) Ex Adami Brem. l. 1, c. 12.
(4) Indidem c., 15
(5) Ex obitu Willehadi usque ad mortem Willerici († 858, Maii 4) sunt anni 49, menses 6, dies 26. V. supra not. ad Adamum Brem. l. 1, c. 20.
(6) L. 1, c. 21.
(7) Sc. anno 831; v. Vitam S. Anskarii, c. 40. Adam, l. 1, c. 18.
(8) Sc. anno 840, Jan. 20. Secundum hanc computationem igitur obiit Liutricus anno 846, Aug. 9. Dies emortualis fuit August. 24.
(9) V. Adamum l. 1, c. 25.
(10) Cf. ib., c. 19.
(11) Obiit ille anno 865, Febr. 3, ad quem ex anno 846, Aug. 24, sunt anni octodecim, menses quinque et dies tres.
(12) Sc. per bullam datam anno 858, Maii 31.
(13) Respexit auctor Herioldum, Horicos seniorem et juniorem, reges Danorum, necnon Bern et Oleph, reges Sueonum, quibuscum Anskarius versatus est, quamvis non omnes ipse baptizavit.
(14) Ex Adami l. 1, c. 37.
(15) Obiit anno 888, Jun. 11.
(16) Sc. anno 869, quo tempore nulla Ludovici Germanici pugna cum Danis nobis innotuit. Conf. tamen Adam. Brem. l. 1. c. 41.
(17) Ludovicus non Cæsar, sed rex, obiit anno 876.
(18) Ex Adami l. 1, c. 48.
(19) Adalgarius obiit anno 909, Maii 9, sedit ergo per annos 20, menses 10 et dies 28. Annalista noster per errorem annum 889, Jun. 9, ab anno 909, Maii 11, subtraxisse videtur.
(20) Arnulfus anno 889 non Saxones, sed Ghodritos debellavit. V. Ann. Fuldens.
(21) Rectius a. 892. V. Ann. Fuldens.
(22) Obiit Arnulfus a. 899, Dec. 8.
(23) Ex Adami l. 1, c. 55.
(24) Secundum Chronicon nostrum ergo obiit Hogerus a. 916, Decemb., quod cum his qui annum ejus emortualem 917 referunt (v. Adam. Brem. l. 1, c. 54 ibique not. 82.), fere convenit.

APPENDIX. — CHRONICON BREVE BREMENSE.

Imperio [Romano]. Bremam destruxerunt et totam A Otto obiit; 22mo Bernhardus dux, et Liudgerus, frater ejus (37).
Saxoniam consumpserunt (25). Loudowicus rex [18] obiit.

Reginwardus [19] sedit menses novem, dies tredecim [20] [De isto nichil scitur præter nomen (26).]

[Sanctus] Unni [21] [pallium suscepit a papa Joanne, ferulam a Conrado rege (27);] sedit annos 16, menses undecim, dies 17 [22] (28). Conradus rex obiit (29) hujus [pontificis] anno primo. Heinricus rex Ungros a Saxonia depulit, et Sclavorum centum viginti milia secus Albiam occidit (30). Danos etiam et Nortmannos subjecit (31). Sanctus Unni archiepiscopus Danos et Nortmannos evangelizando apud Bircam obiit.

[Sanctus] Adaldagus archiepiscopus [pallium suscepit a papa Leone VII, ferulam ab Ottone magno;] sedit annos quinquaginta quatuor, menses septem, dies undecim (32). Hujus anno primo magnus Otto imperator reguavit, et ipse Danos triumphavit, Sclavos et Ungros et Italos tributarios reddidit. Ipse [23] primus ordinavit episcopos in Daniam [24], anno sedis duodecimo [25], Horedum Scleswicum, Liafdagum Ripam, Reginbrondum [26] Harusam (33). Anno Adaldagi [27] 42 [28] secundus Otto 39 [29] imperator [30] obiit [31].

Liavinzo senior [32] [pallium suscepit a papa Joanne XV, ferulam ab Ottone III (34);] sedit annos 25, menses 10, dies 7 [33] (35). [Hic primus a suffraganeis consecratus est (36).] Hujus anno duodecimo [34], millesimo [35] incarnationis Domini anno, tercius

Unvanus [pallium suscepit a papa Benedicto, ferulam a Henrico Cesare (38);] sedit annos 16, dies 24 (39). Iste Olaph regem Nortmannorum et Chutun [26] Danorum familiares reddidit Christo. Hujus 14 anno [37] Heinricus imperator obiit.

Liavinzo [38] junior. [39] [pallium suscepit a papa Joanne, ferulam a Conrado Cesare (40);] sedit annos tres, menses 7 [40], dies 2 [41] (41).

Herimannus [pallium suscepit a papa Benedicto juniore, ferulam a Conrado (42);] sedit annos 3, dies 24 [42] (43)

Alebrandus [pallium suscepit a papa Benedicto, ferulam a Conrado Cesare (44);] sedit annos 9 [43], menses 6, dies 27 (45). Hujus anno quarto piissima senatrix Emma obiit (46). [Sexto anno Conradus imperator obiit (47).] Anno piissimi archiepiscopi [44] 8. æcclesia sancti Petri Bremæ concremata est, anno postquam facta est a sancto Willehado 248 [45] (48).

Adelbertus [hic pallium suscepit a papa Benedicto, in ordine pontificum Romanorum 147, virgam pastoralem ab Henrico, filio Conradi Cesaris, in ordine imperatorum Romanorum a Cesare Augusto 90 (49), anno incarnati verbi 1072, ejusdem Henrici imperatoris anno quarto [46]. Hic episcopus] sedit annos 28 (50). Hujus anno 22 Brema devastata est (51); 24, episcopatus consumptus est; 26. præpositura mortua est; 28. [47] præbenda sepulta est (52).

VARIÆ LECTIONES.

[18] imperator 3. [19] Leginwardus 1. Eginwardus 2. [20] duodecim 2. menses n. d. tredecim *desunt* 5. [21] Virtu 2. *sæpius*. [22] menses n. d. XVII. *desunt* 3. [23] Iste Adaldagus archiepiscopus 5. [24] Dania et in Sclavia et ipsorum terminos, distinxit, ordinavit autem 3. [25] Sedis predicti archiepiscopi XI. 2. [26] Rembrandum 3. [27] Adalgisi 2. [28] *Lege* XLIX. sc. ex anno 954. [29] XXX[mo] VIIII[no] 4. *scilicet ætatis anno, errore calculi quam Otto a.* 955 *natus sit.* P. [30] i. Otto obiit 1. [31] Otto tricesimus nonus (XXXVIII. 3.) imperator obiit 2. [32] senior *deest* 5. [33] an..is XXII. 3. [34] *rectius* XIII. v. *Adam. l. II. c.* 40. [35] *rectius* MIII. [36] Kanutum 3. *Leg.* Chnut. [37] *rectius* XVII. Anno ejus VII. II. i. obiit 3. [38] Yawizo 2. [39] junior *deest* 3. [40] VI. 2. [41] menses VII. d. H. *desunt* 3. [42] Herimanus sedit annum I. dies XIV. 2. [43] VIII. 2. VI.1. Secundum alios XX. 3. [44] anno ejusdem 2. anno 3. [45] CCXLIV. 2. *Rectius* CCLVI. [46] *Lege*: imperatoris quarti anno vicesimo obiit. [47] XXIX. 2.

NOTÆ

(25) V. Adam. l. 1, c. 54.
(26) Indidem c. 55. Secundum annalistam nostrum igitur obiit Reginwardus a. 917, Oct. 1.
(27) Ex Adami l. 1, c. 56.
(28) Hoc est anno 934, Sept. 17, rectius vero a. 936, eod. d.
(29) Rex Conradus obiit a. 918, Decb. 23.
(30) V. Ann. Corbeiens. a. 929, ubi idem legitur occisorum numerus.
(31) *Danos subjecit.* V. Ann. Corb. a. 934.
(32) Adaldagus obiit anno 988, Apr. 28, noster ergo per errorem in anno emortuali Unni in novum inductus est errorem. Fugit cum quoque Ottonem I nonnisi anno 936 regnum adeptum esse.
(33) Sc. 948, non vero secundum nostrum anno 946. Conf. Adam. l. 11, c. 4.
(34) Indidem, c. 27.
(35) Obiit Liavinzo anno 1013, Febr. 4.
(36) V. Adamum l. 1.
(37) Conf. eumdem l. 11, c. 40 et 44.

(38) Indidem, c. 45.
(39) Obiit anno 1029, Jan. 28. Similis hic error ei quem supra strinximus, cum Jan. 4 a Jan. 28 subtraxerit.
(40) Ex Adami l. 11, c. 61.
(41) Obiit a. 1032, Aug. 25. Similis iterum error in calculo.
(42) Ex Adami l. 1, cap. 66.
(43) Obiit a. 1055, Sept. 19.
(44) Ex Adami l. 1, cap. 67.
(45) Obiit igitur anno 1043, April. 15. Cf. ibidem c. 78, ibique notam 67.
(46) Conf. ibidem, c. 76, not. 59.
(47) Ex Adami l. 1, c. 71.
(48) Conf. ibid. c. 77.
(49) Indidem, l. 111, c. 4.
(50) Obiit 1072, April. 1. Sedisse ergo videtur annos 27.
(51) Conf. Adam. l. 111, c. 43 et 50.
(52) Cf. ibid. c. 56.

S. JOANNIS GUALBERTI ABBATIS
ORDO ET NOMINA SCLESWICENSIUM EPISCOPORUM.

Horedus episcopus xi Kalendas Maii. Sedit annos
24 (53).

Adaldagus episcopus iv Nonas Maii. Sedit annos
12 (54).

Folcbertus episcopus xix Kalendas Januarii. Sedit annos 7 (55).

Marco episcopus iii Idus Novembris. Seoit annos
20 (56).

Poppo episcopus xiv Kalendas Augusti. Sedit annos 5 (57).

Esico episcopus ii Idus Februarii. Sedit annos
11 (58).

Rodulfus episcopus ii Nonas Novembris. Sedit annos 19 (59).

Ratolfus episcopus (60).

(53) *Hored* 948-972. Conf. Adam. l. ii, c. 23.
(54) *Adaldag* 972-984. Idem fortasse qui ab Adamo l. i, dicitur Adelbrecht.
(55) *Folcbrecht* 984-990. V. chartam Ottonis III regis a. 988 in Hamburg. Urkundenbuch n. 50.
(56) *Marco* 990-1010. Cf. Adam. l. i.
(57) *Poppo* 1010-1015. Conf. ibid. c. 33, 44.
(58) *Esico* 1015-1026. Conf. ibid. c. 44 et schol. 44. Idem videtur esse qui apud alios *Ekke* *hardus* audit.
(59) *Rodulfus* 1026-1045. V. Ann. Hildesh. a. 1026.
(60) Ratolfus vixit adhuc anno 1071. V. Chronic. Mindense. Fusius de his episcopis Slesvicensibus agimus in Annalium nostrorum t. IX.

ANNO DOMINI MLXXIII.

S. JOANNES GUALBERTUS

ABBAS

ET VALLUMBROSANÆ CONGREGATIONIS PRIMUS INSTITUTOR.

S. JOANIS GUALBERTI

VITA

Auctore ATTONE, *ex abbate ejusdem loci quarto episcopo Pistoriensi.*

(Apud Mabill., Act. SS. ord. S. Bened., Sæc. VI, parte ii, pag. 264, *ex Domni Thesauri abbatis editione Romana.*)

OBSERVATIONES PRÆVIÆ.

Vallumbrosa, seu *Vallimbrosa* et *Vallis-Umbrosa*, ab opacis, quæ montium dorso incumbunt vallemque subjectam adumbrant, abietum silvis sic dicta, dimidii diei itinere ab urbe Florentia, in Alpibus Apenninis, medio Florentiam inter et Camaldulensem eremum intervallo sita est, tergo montis imposita; cujus vallem Vicanus amnis seu torrens præterfluit. Illic sedem suam fixit Johannes Gualbertus, cujus res gestas primus litteris mandavit Andreas Januensis, cujus scriptionem nancisci nobis haud licuit; secundus Atto, natione Hispanus, patria Pacensis, qui primum ejusdem loci monachus, tum abbas generalis quartus, demum Pistoriensis in Tuscia episcopus fuit, decessitque anno 1153. Idem argumentum alio stylo tractavit Blasius Melanesius, ejusdem ordinis abbas generalis. Fuerunt et alii non pauci qui eamdem Vitam vulgari idomate donarunt; quos inter Thaddeus abbas Demarradi Italice eam vulgavit Venetiis, anno 1140. His omnibus accedit Didacus de Franchis in Historia Vallis-Umbrosæ. Attonis scriptionem Romæ vulgavit anno 1612 domnus Thesaurus, ejusdem congregationis apud Sanctam Praxedem abbas; alteram, quæ Blasii Melanesii esse videtur, mutato stylo Surius. Nobis prior illa hoc loco sufficiet, cujus distinctionem capitulorum, prout in Romana editione facta est, retinebimus, tametsi in ms. codice Vallumbrosano nulla habetur. Joannes in sanctorum numerum relatus est a Cœlestino tertio cuius hac de re litteras Thesaurus vulgavit.

2. Quo tempore in Vallumbrosanam solitudinem secesserit Joannes, colligimus ex litteris Ittæ, san-

cti Hilari abbatissæ, quæ locum, antea Bellam-Aquam dictum, ipsi ad exstruendum monasterium concessit anno 1039. Harum litterarum authenticum exemplar Vallumbrosæ vidimus, ejusque copiam nobis fecit vir religiosus et amicus noster domnus Placidus Poltri Vallumbrosanus: at eas apud Ughellum editas postea deprehendimus (*Ital. sac.* t. III, p. 299). In his litteris testatur Itta, se religiosos viros de sancti Miniatis monasterio in eremo, quæ Vallis-Umbrosa dicitur, suscepisse, in loco qui dicitur Aqua-Bella, ex proprietate monasterii sui, *quod est in honore sancti Hilari, sito Alfiano*: qui viri meliorandæ vitæ gratia eo se receperant. Interea post aies aliquot divum Conradum imperatorem Augustum cum sua uxore domna Ghisla diva Augusta, et filio suo domno Heinrico rege gloriosissimo, et conjuge sua, Florentiam venisse; sanctorumque virorum fama accepta, Rodulfum *Pavibronensem* (sic authenticum) seu Paderbonensem episcopum, vacante tum post mortem Jacobi episcopi sede Fesulana, in cujus diœcesi situm erat monasterium, Vallumbrosam direxisse ad consecrandum eorum oratorium in honorem sanctæ Mariæ, sanctique Michaelis archangeli, et sanctorum Bartholomæi et Thomæ apostolorum, nec non sanctorum Stephani pontificis, Benedicti abbatis et Nicolai confessoris; quod et factum est. Hunc vero locum piis illis viris tradit abbatissa eo pacto, ut quotannis in festivitate sancti Hilari ejus monasterio ceræ libram unam unamque olei persolvant: et, si quando abbas vitio simoniæ intrudatur, liceat ipsis sanctimonialibus eum abjicere et alium regularem ejus loco constituere. *Dato anno Dominicæ Incarnationis tricesimo nono post mille, et anno imperii domni Chuonradi imperatoris augusti tertio decimo, quinto Nonas Julii, indictione decima. Actum Florentia.* Monasterium Sancti Hilari redactum est in simplex prædium, quod Vallumbrosano subjectum est.

3. In magna sanctimoniæ opinione fuit primis temporibus congregatio Vallumbrosana, adeoque ejus auctor Joannes Gualbertus: cui viventi Bonizo episcopus Placentinus libros octo sententiarum ex sancto Augustino dedicavit, ut est in Lambecii Bibliotheca Cæsarea, pag. 790. De Vallumbrosana congregatione Anselmus Havelbergensis episcopus, tempore Attonis mox laudati, hæc scripsit in Dialogorum lib. I: « Nec diu est quod in alio loco, qui vocatur Vallis-Umbrosa, juxta Perusinos montes, surrexit congregatio nova monachorum valde religiosa, a cæteris qui vocantur monachi novo ordine et novo habitu differentes. » Habitus ille principio ferruginei coloris erat, nonnisi ab uno sæculo in nigrum commutatus. Sed præclarum est in primis de illa congregatione ejusque auctore elogium Mathildis marchionissæ seu comitissæ, quæ nascentis congregationis initia vidit, eamque multis donis auxit et privilegiis. In horum uno, quod anno ab incarnatione Domini 1103 datum est, ait se quædam prædia largiri Deo et beatæ Mariæ, » ad sus-tentationem fratrum, qui sunt in Vallembrosana congregatione, et præcipue eorum qui in sancto loco illo, a quo eadem congregatio nomen accepit, habitare videntur; aut inantea, Deo propitiante, ad serviendum Deo ibidem devenient ad retinendam monasticam religionem et bonam consuetudinem sanctæ memoriæ domni Joannis abbatis majoris, qui universæ sanctæ congregationis ipsius bonus incœptor et ordinator fuit: ut, secundum dispensationem domni Bernardi abbatis et S. R. E. cardinalis, qui universæ sanctæ congregationi modo præesse videtur, et Theoderici præpositi, qui ab eodem Bernardo et ab universa Vallembrosana congregatione in regimine totius congregationis ordinatus est, vel eorum successorum, qui regulariter ordinati, et a fratribus electi fuerint, ut habeant et teneant, et proprietario nomine possideant, etc. Actum in loco qui dicitur monasterio sancti Salvatoris, comitatu Aretino. « Subscribit *Matthilda Dei gratia, si quid est*, cum Guidone comite, dicto *Guerra*, cujus est etiam donatio, aliisque. Triennio antea eadem Mathildis « una cum Guidone comite, et ejus filio Guidone-Guerra vocato, comperto, venerabiles congregationes monasterii Vallisimbrosæ a quorumdam suorum fidelium præsumptione conculcari ac despici, eorumque habitationum sanctissima loca nimiis iniquorum assiduitatibus conveniri; » jubet quoscunque duces, marchiones, aliosque inferioris ordinis abstinere ab ejusmodi vexationibus in prædictos monachos, » quorum vitam nostro, inquit, tempore præ cæteris excellentius fulgere cognovimus, eorumque laudabilem sanctitatis famam ubique redolere non surda aure persensimus. Actum est Florentiæ anno 1100 apud Florentiam per manum Frogerii capellani, præsidente domina Mathildi in palatio suo feliciter. « Subscribunt cum ipsa, et Guidone comite, ejusque filio æquivoco, *Petrus Pistoriensis episcopus, Paganus Dei gratia R. E. diaconus cardinalis*, et prædictus Frogerius, Heriberti quondam Rhegini præsulis capellanus, qui noctem isti diplomati scribendo se impendisse dicit.

4. Primus post Joannem monasterii et congregationis abbas fuit Rodulfus, ex Vitæ sequentis cap. 76; Rusticus hunc excepit: cui post Erizonem successit Bernardus. Is ab Urbano II creatus fuit presbyter cardinalis tit. Sancti Chrysogoni, ac demum episcopus Parmensis: cujus Vitam Romæ edidit idem qui supra Thesaurus abbas, in qua Bernardus anno 1133 mortuus perhibetur Sub eo variæ donationes Vallumbrosanis factæ leguntur. Nam præter superiorem Mathildis concessionem, una est « Imiliæ comitissæ, filiæ Rainaldi dicti Sinibaldi, conjugis Guidi comitis dicti Guerra, filii Guidonis quondam comitis, « facta anno 1103. Præter ea Henricus IV imperator anno 1114 » petitione venerabilis viri Bernardi Parmensis episcopi, et dilectissimi cognati, inquit, nostri Pontii Cluniacensis abbatis, omnia monasteria Vallumbrosanæ congregationis, ubilibet posita, » sub sua tuitione ac defensione suscipit. Quod

alii imperatores postea confirmarunt. Abbas monasterii Vallumbrosæ ad nostra tempora idem fuit ordinis præfectus generalis; sed hic ab aliquot annis nulli certæ abbatiæ addictus est.

5. Multos protulit viros sanctitate insignes hæc congregatio, quorum elogia contexuit Hieronymus de Raggiolo, prior Sancti Donati in Vinea, qui et librum de miraculis sancti Joannis Gualberti ad magnificum dominum Laurentium Medicem scripsit, capitulis 27 constantem. Beati illi quorum laudes Hieronymus prosecutus est, sunt numero viginti, Erizo decanus, Albertus œconomus, Teuzo, Rodulfus Joannis successor, Petrus cardinalis et episcopus Albanensis, omnes in sequenti Vita laudati; Rusticus, Benignus et Atto abbates, Michael, Hieronymus, Melior, Joannes, Torellus et Benedictus eremitæ, Orlandus conversus, Petrus monachus de Monte-Plano, Benedictus abbas Sanctæ Mariæ de Ripolis, Andreas abbas Sancti Fidelis de Strumis, denique Albertus abbas Bononiensis. De Andrea, qui etiam beati Joannis Vitam scripsisse dicitur, agunt Bollandiani die 10 Martii, de Petro eremita 12 Aprilis, et de Erico abbate IV die 9 Februarii. Symeonem ejusdem ordinis celebrat Hugo Menardus die 14 Augusti. Porro Hieronymus priori libello adjungit alium de beatis sanctimonialibus ejusdem ordinis, nempe de Verdiana monacha, Bertha abbatissa Sanctæ Mariæ de Caprilia, Humilitate abbatissa monasterii Sancti Joannis Evangelistæ extra portam Florentinam, et Margarita, quæ Humilitatis exstitit comes. Duo illi libelli inediti, uti et alius cujus supra, Laurentio Medici nuncupati sunt. Prædictorum beatorum reliquiæ anno 1600 ab Alexandro episcopo Fesulano levatæ sunt e crypta quæ est subtus turrim ecclesiæ Vallumbrosanæ.

INCIPIT VITA.

PROLOGUS ATTONIS

Plerumque rogatus a pluribus congregationis Vallumbrosanæ fratribus satis honestis, congerere quæ scripta reperiuntur de sancto viro Joanne, primo congregationis ejusdem abbate, fateor, multum expavi hujusmodi preces audire Metuebam quippe, quæ a catholicis fratribus, qui suo tempore fuerunt, et plurima de his quæ scripserunt, propriis oculis perspexerunt, silentio præterire. Illa vero quæ ab aliis fidelibus post ejus transitum, quia plurima fuerunt; et a viris boni testimonii scripta, quomodolibet subtrahere, vel supprimere formidabam, cogitans ne legentium animos stylus prolixior oneraret. Etenim sæpe video quosdam etiam prudentes pro longinquitate sermonis quæ valde sunt utilia fastidire, et quibus legere multa non vacat, sæpius gaudere compendio. Unde precibus plurimorum, ac plurimis eorumdem exhortationibus fratrum tandem acquiescens, non de peritia vel scientia mea confidens, sed de pietate et gratia Conditoris præcipue sperans, et de meritis ejusdem venerabilis viri seu fratrum orationibus, qui super hoc me multipliciter obsecrarunt, partem eorum quæ multorum fidelium relatione facta cognovi, in hoc opusculo conscribere studui; nonnulla præteriens ex his quæ scripta prius inveni, et de his quæ multorum assertione vera fuisse frequenter audiveram. Itaque conversationis et vitæ sancti Joannis hoc fuit exordium:

CAPUT PRIMUM.

Tempore quo Simoniaca et Nicolaitarum hæreses per Tusciam et pene per totam Italiam diebus Henrici imperatoris Ecclesiam catholicam in locis plerisque fœdabant, erat quidam nobilis, Gualbertus nomine, vir militaris, patria Florentinus, habens duos filios, quorum unus Ugo, alter Joannes vocabatur; qui secundum etymologiam sui nominis gratia Dei variis virtutum operibus insignitus est, ut in hoc opusculo de ipsius sacra conversione ac piis moribus in sequenti clarebit. Iste dum satis charus parentibus ac vicinis, et qui eum noverant, pro honestate morum suorum vehementer existeret, accidit ut quidam, maligno spiritu commotus, quemdam propinquum ejus occideret; unde occursum ejus aliorumque prudentium qui de consanguinitate defuncti erant, præfatus homicida modis omnibus devitabat.

CAPUT II.

Sed jam propinquaverat tempus quo gratia divina misericorditer declararet in Joanne quis futurus esset, et qualis ac quantus in exemplum humilitatis et misericordiæ fidelibus multis esse deberet. Qui dum una die cum armigeris suis Florentiam ire disponeret, in eodem itinere præfatum homicidam, qui propinquum ejus interfecerat, ex improviso obvium habuit in loco quem sic arcta semita comprimebat, ut neuter posset in partem aliam declinare. Quem dum homicida prædictus venientem eminus conspexisset, desperatus vitæ, protinus semetipsum equo projiciens in terram vultu demisso, expansis manibus in modum crucis, moribundus suum interitum exspectabat. Juvenis autem benignus, videns eum taliter ex nimio timore solo procumbentem; misericordia motus in eum, pro sanctæ crucis reverentia, quam brachiis et manibus lacrymando signabat, indulgere sibi disposuit, et ut concito surgeret, nec timeret admonuit.

CAPUT III.

Postquam autem inimicum in pace transire permisit, ac de cætero libere quocunque vellet abire concessit, progressus paululum, ad Sancti Miniatis venit ecclesiam. Quam cum oraturus ingreditur, crucem ejusdem ecclesiæ caput sibi flectere contuetur, quasi gratias ei redderet, quia, pro reverentia ipsius, suo inimico misericorditer pepercisset.

Et quid mirum si Omnipotens sibi hujusmodi reverentiam per imaginem suæ crucis tunc voluit exhiberi, quem suo timori subditum, obsequio deditum, circa proximum visceribus charitatis undique plenum vidit? Ipse se amantes amat, servientes remunerat, seque glorificantes glorificat. Eadem vero crux pro indicio tanti miraculi in monasterio Sancti Miniatis nunc (1) usque sub multa cautela servatur.

CAPUT IV.

Famulus autem Domini hoc videns, admiratus, et nimis pavidus factus, coepit secum cogitare quomodo posset melius Deo servire, credens et in animo suo sæpius evolvens quanta foret præmia recepturus in cœlo, si Domino pro viribus deserviret, qui tantum tamque præclarum miraculum pro parvo obsequio, sicut ei videbatur, apparuisse cognoverat. Disposuit itaque intra semetipsum odium mundi concipere, terraneos honores falsasque divitias ejus prorsus abjicere, ac sollicite cogitare quanta gloria justis, quanta pœna promittatur injustis, quam vanum sit spem in caducis rebus ponere prius, et post æternis suppliciis subjacere.

CAPUT V.

Dum talia, progrediens itinere quo tenoerat, anxius cogitaret, venit juxta civitatem, ubi suis armigeris præcipiens ait: Pergite ad hospitium ubi solemus desidere, et quæ nobis et equis sunt necessaria præparate. Socii autem, sicut eis dominus imperaverat, fideliter sunt exsecuti. Recedentibus eis, servus Domini Joannes, afflatus divino spiritu, ab itinere quod cœperat divertit, et ad monasterium Sancti Miniatis absque mora pervenit, et, descendens equo, monasterii abbatem mox quæsitum humiliter postulavit audire desiderium suum, et ad effectum ex charitate Dei perducere, aperiens sibi misericordiam quam supradicto homicidæ clementer impenderat, et qualiter, ecclesiam post ingressus, crucem sibi flectere caput aspexit; unde suæ conversionis initium concepisset. Tunc abbas audito de cruce quod ei intimaverat, inauditum miraculum et stupendum fore perpendens, consuluit ei mundum ejusque gloriam per omnia derelinquere. Verumtamen, optans ejus velle scire plenius, constantiam et perseverantiam probare, cœpit ei dura et aspera prædicere, et quod homo corpore validus, juventute floridus, non facile posset monasticam pauperiem tolerare. Cui Joannes: « Non, inquit, appetenda est gloria temporalis, quæ cito transit, nec corporis fortitudo, quæ quotidie deficit. »

CAPUT VI.

Cumque hæc et his similia colloquerentur, nec abbas ad plenum voluntati suæ responderet, famulus, quem Florentiam præmiserat, dominum suum non venire considerans, domum rediit, et quæ facta fuerant de eo genitoribus suis innotuit. Unde pater turbatus et anxius Florentiam venit, et totam civitatem per notos et amicos diligenter inquirit, quid de filio suo factum esset scire desiderans. Per ecclesias quoque discurrens, ad monasterium Sancti Miniatis veniens eumdem inquirit. Quid multa? Dum illic esse filium suum audit et ipsum monasticas vestes velle suscipere, Gualbertus rogat abbatem ut filium suum ad se ducat. Abbas autem, ad Joannem regrediens, admonet, ut ad patrem egrediatur. Cui Joannes inquit: « Quid dicis, domine? Carnalem patrem cunctaque transitoria deserere disposui, et Deum, qui me creavit, per omnia sequi; patrem vero meum ad hoc venisse cognosco, ut me de monasterio eruat, si potuerit, et ad sæcularia sine mora reducat. » Cum autem hæc pater, foris exspectans abbatem, audiret, cœpit turbatis vocibus clamitare, multa se monasterio illaturum adversa, nisi filius illico redderetur.

CAPUT VII.

Interea vir Domini Joannes salutem suam, et propositum accelerare desirans, intelligensque minas ac furorem patris accrescere, secum cogitare cœpit: « A quo dignius accipere valeo sanctum habitum, quam ab altari, in quo Christi sanguis immolatur et sumitur? » Cernens ergo unius fratris cucullam tunc seorsum positam, tollens eam, ecclesiam festinanter ingreditur, comam sibi primo totondit, ac deinde cucullam altari reverenter superposuit, eamque lætanter induit, cunctis monachis de fidei ipsius integritate mirantibus et gaudentibus. Metuebat quidem non modice ne fortassis abbas minis aut illecebris motus genitoris, ipsum redderet, vel de monasterio pateretur exire. Post hæc abbas ingrediens, et ipsum inter reliquos fratres sedere conspiciens, redit ad patrem, ac monet eum ut, si velit, ingrediatur videre filium. Quem cum pater monastico indutum habitu cerneret, dolens, vociferans et, nimium lugens, vestes scindit, pectus percutit, genas lacerat, et, quasi amens effectus, miserum se desolatumque congeminat. Postremo, diutius ab abbate monachisque, suisque sociis ac filio commonitus, tandem saniori menti redditus, filium multipliciter benedicens, hortatur ad meliora conscendere, et sic consolatus in Domino, ad propria non absque mœrore regreditur.

CAPUT VIII.

Deinde servus Domini Joannes cœpit arctam et angustam viam pro virium quantitate servare. Satagebat peccata præterita quotidie plangere, jejuniis, abstinentiis, orationibus nimiisque vigiliis carnem macerare; sicque humilitatis, patientiæ, obedientiæ, cæterarumque virtutum flore splendebat ut, cum se cæteris inferiorem crederet, ab omnibus sublimior haberetur.

CAPUT IX.

Post aliquantum tempus abbas ejusdem loci sæpe jam dictus migravit a sæculo. Post cujus obitum fratres omnes unanimi voluntate sanctum virum, suburbana Sancti Miniatis basilica monachorum cœtu destituta.

---

(1). Nuper translata est in Florentinam sanctæ Trinitatis ecclesiam, quæ Vallumbrosani est ordi-

Joannem in abbatem elegerunt. Quod officium vir Domini humiliter studuit declinare, subesse potius quam præesse desiderans, frequenter iterans cum propheta: *Ego sum vermis, et non homo, opprobrium hominum, et abjectio plebis* (*Psal.* xxi, 7). Quo in tempore quidam Ubertus erat in eodem monasterio, qui, nefaria cupiditate captus, regimen abbatiæ per pecuniam ab episcopo Florentinæ civitatis accepit. Quod dum vir Domini comperisset, cum alio sibi favente clam exinde discessit, et, civitatem ingressi, ad quemdam magnum senem, Teuzonem nomine, venerunt, qui juxta monasterium (2) Sanctæ Mariæ semper virginis præfatæ civitatis in quadam cellula se concluserat, de qua venientibus ad se fidelibus salutifera consilia ministrabat. Hic homo Dei publice simoniacam hæresim damnabat, quæ pene totum ecclesiasticum ordinem eo tempore prorsus invaserat. Ad quem vir Dei Joannes accedens, his verbis alloquitur: « Obsecro, mi pater, ne mihi in hæsitatione non modica posito subtrahas tua consilia. Sub simoniaco patre vivere valde timeo, et qualiter id declinem, prorsus ignoro. » Cui respondit senex: « Quod dicis satis gratum habeo; sed quod tibi dem consilium ignoro. Nam, ut sub Simone Mago milites, a me nullo modo consilium habebis. Ad aliud monasterium si te in his partibus transferas, cum te putas dentes fugere leonis, morsum non evades serpentis. Cui Joannes: « Ne, pater, omittas quin consilium præbeas. Nam paratus sum pro veritate sequenda quidquid jusseris agere. »

CAPUT X.

Cernens igitur senex viri fidem atque constantiam, exsultans ait ad eum: « Perge cum tuo sodale, et coram omnibus, in foro publico civitatis, episcopum (5) et abbatem exclama esse Simoniacos, et ex inde cede locum. » Qui, ejus monita complens, ad forum veniens, die quo sciebat majorem hominum esse multitudinem, episcopum et abbatem manifeste Simoniacos appellavit. Quod dictum magnum multis pavendum horrorem intulit; quibusdam fautoribus episcopi clamantibus: « Nullatenus evadat, sed occidatur. » Tunc quidam propinquorum illius, cruentes eum de tumultu, clam dimiserunt. Qui ad magnum senem reversi, quod evenerat per ordinem retulerunt. Et ille congratulans eis, consuluit illis in Romaniæ partes ire, et aptum monasterium inquirere ubi possent libere Christo servire.

CAPUT XI.

Illis abeuntibus per aliquantos dies ad loca diversa, dum in victu suo non haberent præter unum panem, obvium habuerunt inopem unum alimoniam postulantem. Tunc vir Domini dixit ad comitem: « Mitte manum, frater, in peram, et panem qui nobis est divide, medietatemque pauperi porrige. » Cui respondit comes: « Huic per diversa gradienti abundanter multa tribuentur; nos autem, qui præter unum panem non habemus, unde reficiemur? » Et ille: « Ne cuncteris ultra tribuere. » Suscepto itaque pane pauper gratias agebat. Cui rursum imperat: « Medietatem alteram tribue. » Quo facto, sodali jubet ingredi castrum, et aliquid victus per domos inquiri. Qui, diversas domos exquirens, ad ultimum reversus: En, inquit, qui panem dare jussisti, totum castrum circuivi, et, præter tria ova, nihil inveni. Tunc quidam pastores hæc audientes ad castrum pergunt, quæ audierant intro nuntiant; et ecce quidam, misericordia motus, panem unum eis porrexit. Item mulier una nitenti linteo alium obtulit, tertium quoque alius condonavit. Tunc Joannes: « En, frater, accipe quod dedisti, nec ultra præbeas invitus quod nobis abunde communis Conditor administrat.

CAPUT XII.

Peragrantes exinde loca diversa, nec sibi admodum apta reperientes, ad Camaldulim venerunt; ubi per multos dies degentes, abstinentiam et conversationem illic habitantium perspexerunt. Tunc prior ejusdem loci volens virum Dei ad sacros ordines promovere et stabilitatem loci promittere, renuit penitus, quia fervor ejus in cœnobitali vita tantum erat, et secundum sancti Benedicti regulam vivere. Tunc præfatus prior imperat cum abscedere suumque desiderium adimplere. Fertur etiam (spiritu revelante divino) dixisse: « Vade, et tuum in nomine Trinitatis incipe institutum. » Qui inde progrediens, ad Vallis-Umbrosæ locum videre perrexit. Cui dum locus complacuisset, gressum in nomine Christi firmare decrevit. Quo morante et in sancta conversatione proficiente, non est Deus diutius passus latere lucernam in tenebris, quam ad illuminandas multorum animas super Ecclesiæ candelabrum constituere disponebat.

CAPUT XIII.

Ad insinuandam igitur vitam ipsius, Creator omnium Deus e diversis partibus servos suos, Spiritu sancto compunctos, ibidem ex sua largitate ad auxilium famuli sui mandavit. Nam dum ipsius fama paulatim per viciniora loca diffundi cœpisset, laici et clerici, gratia visitationis et conversionis, ad eum venire cœperunt. Inter quos tunc venit in religione ferventissimus Erizo; qui, custos fratrum et prior existens, supra triginta annos in eodem loco sic stabilis perseveravit, ut in his nec semel ad villas a monte descenderit. Tunc summæ ille gravitatis et discretionis Albertus, qui supra quadraginta annos

(2). Celebre hactenus ordinis nostri cœnobium in ipsa urbe Florentia. Hujus Teuzonis ibidem sepulti epitaphium refert Baronius ad annum 1055, ubi *quinquaginta annis eremi incola* vixisse dicitur, potius *reclusus* dicendus.

(3) Hic tempora confundit auctor; nam longe serius id contigit, nimirum tempore Petri episcopi Florentini, qui sedem illam simoniace adeptus est, anno 1062 cum Joannes jam dudum Vallumbrosam inhabitasset. Alia itaque ejus secessus causa, nempe solitudinis amor, et studium *vitæ meliorandæ*, ut loquitur itta abbatissa in litteris donationis Vallumbrosæ.

ejus cœnobii cellerarius fuit et coquus, nec unquam pro labore cellæ (4) deseruit officium coquinæ, nec pro labore coquinæ cellæ curam omisit. Tunc quoque magnanimus Teuzo (5) venit, qui sic usque ad senectam charitate fervens exstitit, ut non solum animabus, sed etiam corporibus illic venientium vellet ex corde præbere pro posse medelam.

CAPUT XIV.

Exierant de præfato cœnobio plerique fratres, cupientes sub eo nova conversione libenter institui. Hi magistri exemplo et exhortatione, dum in sancta cœpissent conversione fervere, cœpit eorum fama undique spargi. Quod audiens Itta Sancti Hilari (6) abbatissa, cujus juri locus ipse præcipue pertinebat, misit eis librorum et victuum subsidium aliquantulum. Quo in tempore tam gravem infestationem a quibusdam viris iniquis, maligno spiritu instigatis, passi sunt, cum de ipso loco vellent ipsos exterminare, ut tæderet illos etiam vivere. Sed memores Apostoli dicentis: *Omnes qui pie volunt vivere in Christo Jesu persecutionem patiuntur* (II Tim. III, 12); innocentiam et patientiam amplectentes, persecutoribus suis sæpe pro malis bona reddentes, post multa cum eis certamina, demum adepti sunt pacem, gratiam et victoriam. Manserunt ibi multo tempore, ligneum habentes tantummodo parvulum oratorium. Indigentiam victuum tantam tunc perpessi sunt, ut plerumque tres unum per diem dividerent panem. Quæcunque erant camerulæ, vestiarii, unius sacci capacitas continebat; quam penuriam diu cum omni gaudio et exsultatione sine murmure sustinebant. Exinde de longinquis etiam partibus clerici et laici cœperunt ad eum confluere.

CAPUT XV.

Tunc venit ille magnus Rodulfus, qui tempore multo in eodem loco curam hospitalitatis habuit, et post monasterii Muscetani curam gessit in abbatis officio. Petrus quoque, qui diu procurator asinorum, postea vaccarum fuit; deinde in Passiniano prioris gessit officium, ex hinc abbas in Ficiclo, et in ultimo Romanæ Ecclesiæ cardinalis et episcopus Albanensis exstitit.

CAPUT XVI.

Tunc Lætus, vultu et nomine, qui Passiniano abbas fuit, et Rusticus, qui, donec Joannes pater vixit, curam exteriorem gessit, et, tertius post obitum sancti viri Joannis, multo tempore totius congregationis curam prior obtinuit.

CAPUT XVII.

Cernens igitur pater Joannes tot talesque viros sibi cœlitus in auxilium missos, disposuit cum eisdem beati Benedicti regulam in omnibus observare, cœpitque noviter venientes ea probatione suscipere quam insinuat regula; qui, variis ac multis probationibus prius in hospitio eruditi, postea in exteriori cella denuo probantur. Quibus, anno completo, vestes optatas dabat, facientibus manifeste regularem professionem. Quibus exinde non licebat aliquid sumere vel quærere, sed omnia a priore dabantur. Habebat etiam hanc gratiam singularem pater Joannes, ut in prima visione seu colloquio nosset si veniens quilibet recto an ficto corde postularet introitum. Et hoc ei donum a Jesu Christo collatum est, ut personam potentis vel divitis non libentius sumeret quam pauperis et abjecti. Dicebat quippe « diviti magnum esse impedimentum ad cor humiliandum, eam quam secum pecuniam ducit. »

CAPUT XVIII.

Audiens interim Itta abbatissa locum in nomine et religione crevisse, per diffinitos terminos tradidit (7) scripto in circuitu loci congruas possessiones et in remotioribus aliis locis plures mansos eidem loco concessit. Et dum famulus Christi Joannes, adhuc prioris officium gerens, animas fratrum et corpora sollicite procuraret, sibi maximam abstinentiam et validum laborem imposuit. Nam quando tempus reficiendi erat, parvissimo cibo vel potu suæ necessitati subveniebat, in tantum ut non videretur se recreare, sed utcunque famis et sitis arcere periculum. Cum vero ante tempus reficiendi sitiebat, utpote qui operi manuum frequentius insistebat, tunc in frigidam aquam manus pedesque mittebat, ut ex nimio frigore sitis periculum aliquantulum temperaret. Aliquid etiam sumere recusabat extra constitutas regulares horas. Unde debilitatem tantam carnis incurrit ut in illam syncopem, fracto stomacho, ceciderit, quam legimus beatum Gregorium pertulisse. Etenim, nisi fratres sæpe eum reficerent, emittere spiritum videretur; quam usque ad obitum sustinuisse sciunt qui eum forte noverunt. Quando autem famis violentia frequenter se deprimens indiscrete superaret, aut refectionem differre conabatur, præ nimietate infirmitatis adeo dentes ejus constringebantur quod, nisi eos aliquis cultellum intromittendo divideret, et aliquem liquorem in os ejus poneret, exspirare continuo credebatur. Verumtamen, sic incredibili languore jugiter cruciatus, nullatenus murmurabat, sed, suis hoc peccatis deputans, continuo laudibus divinam justitiam commendabat. Qui priusquam infirmaretur, tantæ fortitudinis sibi et cæteris tantæque abstinentiæ fuerat ut, nisi ille cui cantamus: *Domine, inclina cœlos tuos*, sub infirmitatis hujus occasione mentem ejus humiliasset, valde rarus existeret qui posset ejus instituta servare. Cognita vero et experta propria infirmitate, tantæ misericordiæ tantæque discretionis effectus est ut nemo misericordior eo crederetur. Qui, licet corpore foret infirmus, in omni tamen

---

(4) Id est cellarii, unde cellerarius dictus.
(5) Alius videtur a Teuzone, qui supra cap. 9, de quo item cap. 19. Alterius, de quo hic, mentio passim infra. Prior commentarium in regulam S. Benedicti scripsisse videtur.

(6) Hactenus nomen loco hæret, in prædium Vallumbrosanæ abbatiæ subjecto converso.
(7) De litteris hujus donationis actum est in observationibus præviis.

custodia et sollicitudine mente pervigil erat. Quod videntes fratres ejusdem loci, decreverunt ipsum eligere abbatem, quem noverant sanum et infirmum pervigilem priorem, et sollicitum fuisse custodem.

CAPUT XIX.

Itaque, Florentini Teuzonis consilio, convenerunt de urbe et de castellis multi religiosi, et clerici, ac fideles laici, sancti Hilari confessoris abbatissa id maxime cupiente, et cum fratribus ejusdem loci ipsum prædictum patrem elegerunt in abbatis officium. Quem nolentem, et totis viribus resistentem, de lecto traxerunt, et ipsum, licet invitum, in majori sede constituerant. Qui, cum ad id violenter cogeretur, dixisse fertur astantibus : « Quid insanitis? si pelicano nomen accipitris imposueritis, nunquam erit nisi pelicanus. »

CAPUT XX.

Itaque vir Dei, sumpto officio et abbatis nomine, cœpit sensum regulæ diligenter inspicere, et ad ejus observationem totis viribus operam dare. Prohibuit monachos nunquam claustri limitem progredi, nisi exceptis his quibus suscipiendorum hospitum cura erat injuncta et exteriorum obedientia. Inter reliqua quæ suos fratres observare docebat, non patiebatur nocte dormitorium esse sine lumine claro, dicens levius esse ferendum oratorium sine lumine, quam dormitorium, si egestas utrumque non sineret. Fratres vero, quæcunque pater injungebat, ejus exemplo vel admonitione frequenter instructi, cum omni obedientia fideliter observabant; vilitatem et extremitatem vestium adeo diligentes ut cilicina tunc veste uterentur, quam nemo ferre cogeretur invitus, nec ad ferendum valens prohiberetur. Tunc idem pater de suarum ovium varia lana jussit pasnum promiscuum fieri, cujus designatione specialius nosceretur quicunque de schola tanti patris existeret. Quamvis hoc tempore plerique (proh dolor!) videantur, qui se esse de hac schola vestibus, et non moribus ostendant.

CAPUT XXI.

Diebus autem quibus monachi ad ipsum frequentare cœperunt, Deus, cujus amore vir Dei sibi subditos in via ipsius regere disponebat, misit ad eum etiam laicos viros timoratos, qui, legem Domini per omnia custodire cupientes, in bonis moribus fere nihil a monachis distabant, extra vestium qualitatem et silentium, quod, in exterioribus occupati, nequibant plenius observare. Tales igitur tam probatos conversos pater ad mercatum et omnia exteriora secure mittebat. Erat etiam multæ austeritatis primo contra delinquentes, postea valde tranquillus ad increpandum et corripiendum, in tantum ut materna viscera videretur habere. Quare qui ipsum amabant, nimis metuebant; et qui timebant, valde diligebant.

(8) Id est mitteret, ut inferius cap. 36, quod vocabulum adhuc in familiari usu est apud Italos. De hac dedicatione vide litteras Ittæ abbatissæ supra, in quibus Conrado imperatori hoc factum rectius tribuitur.

CAPUT XXII.

In illis diebus, prædictus rex Henricus Florentiam venit, ibique dum a pluribus de ipso multa bona audisset, sic ei audita placuerunt ut, hortatu sæpe dicti Teuzonis, catholicum episcopum illuc dirigeret ad consecrandum locum, et regina etiam exenia grata mandaret (8). Qui veniens ad montem, altare majus in honorem sanctæ Mariæ tunc benedixit. Deinde post annos aliquot, domnus Ubertus sanctæ Romanæ Ecclesiæ, qui unus erat de septem cardinalibus, venerabilis vitæ, veniens e partibus illis, totum oratorium cum duobus altaribus consecravit, septimo Iduum Juliarum, qui de titulo Sanctæ Rufinæ episcopus exstitit, cujus memoria usque hodie Romæ celebris habetur, et in multis sanctis operibus hactenus viget.

CAPUT XXIII.

Fratres, assidue de bono in menus crescentes, officium altaris in omni veneratione servantes, neminem ministrare patiebantur, si forte Simoniacus, vel concubinarius, vel alio mortali crimine corruptus ante fuisset. Eorum quoque magister omnes ecclesiasticos ordines plurimum honorabat, quos catholicos esse sciebat; ita ut fores ecclesiæ non præsumeret aperire, nisi prius ordinatus aliquis aperiret.

CAPUT XXIV.

Per idem tempus, plures viri nobiles et fideles afferebant loca ad ædificanda nova cœnobia. Alii rogabant eum monasteria dissoluta sub suo regimine sumere, et in normam quam ipse cum suis servabat reformare. Tunc sancti Salvii cœnobium (9) noviter construxit; in Musceta alterum in honorem sancti Petri; in Razolo tertium, in honorem sancti Pauli; aliud sancti Cassiani in Scalario monte.

CAPUT XXV.

Tunc etiam in suo regimine vetustum accepit (10) Passinianum, et alterum in Romania, sub honore sanctæ Reparatæ, ubi per singula loca sollicitus pater præpositos ordinavit. Quos, dum ab infirmitate sublevaretur aliquatenus, per se ipsum visitare curabat, et honeste corrigere, moresque fratrum ad meliora perducere. Inter cætera tenaces, qui temporalibus abundabant, durius increpabat, monens eos magis ex largitate divina confidere, quam de plenitudine horreorum.

CAPUT XXVI.

Quodam tempore, cum ad Passinianum esset, Leo papa cum plurimo comitatu supervenit, et, cum suis refectionem accepturus, juxta monasterium requievit. Tunc beatus Joannes interrogat œconomum, si pisces haberent. Ut cognovit nullum esse, conversos in lacum quemdam, monasterio proximum, piscatum ire præcepit. Omnibus autem asserentibus,

(9) Nempe prope Florentiam, ubi etiam nunc subsistit.
(10) Passinianum, vulgo *Passignano*, ubi postea vir sanctus obiit, situm est altero milliari ab urbe Senis, Florentiam versus.

nunquam pisces in lacu illo fuisse, jussit tamen ut pergerent, ac Domini patrocinium absque dubio crederent adfuturum. Perrexerunt tandem, et, cunctis admirantibus, duos magnos lucios inventos attulerunt beato Joanni, quos ipse gaudens accepit, et domino papæ continuo præsentari fecit.

CAPUT XXVII.

Venerat inter cæteros ad eum Tenzo venerandus pater et senex, quem fratribus in Razolo præfecit, quem præ cæteris ex corde dilexit, eo quod ipsum in charitate ferventiorem invenit. Erat quippe pater Joannes valde misericors, ita ut pluviales, Vallisumbrosæ oblatos, egestatis tempore venderet, et omne pretium pauperibus daret.

CAPUT XXVIII.

Berizo quoque Sancti Salvii abbas, habens votum moriendi, non in suo, sed in monasterio Vallimbrosano, venit ad eum, rogans ipsum ut hoc suis precibus impetraret. Cujus preces devote suscipiens, pro eo benignus Pater oravit, et, ut diu cupierat, ibi die tertia defunctus est et sepultus.

CAPUT XXIX.

Sub eodem tempore, dum fratres nimis indigentia premerentur, et in monasterio non esset quid fratribus in cibum posset apponi, præter tres panes, jussit eosdem frangi, et cuique fratri fragmen unum administrari. Præcepit iterum cellerario mactare unum arietem et ipsum ad edendum fratribus ministrare. Hodie, inquit, egemus, cras vero, Deo parante, abundabimus. Et hæc dicens, perrexit ad Sanctum Salvium, sperans quod familiam suam nunquam Deus pateretur fame diutius laborare. Fratres vero, hora prandii pergentes ad mensam, carnem appositam exhorrentes, pauca tantum panis fragmenta comederunt et a carne prorsus abstinuerunt. Sed altera die, secundum prophetiam sancti Joannis, quidam homines cum asinis onustis frumenti farina venerunt, dicentes se directos a nobilibus viris; sed, qui fuerint, hactenus sciri non potuit.

CAPUT XXX.

Item alio tempore, dum œconomus loci cibos omnes consumpsisse se diceret, et beatum virum inquireret quid dare fratribus deberet, vir Dei jussit ut unus ex tribus bobus quos habebant occideretur, et fratribus in frusta concisus apponeretur. Cui œconomus : Quid, inquit, faciemus, postquam hunc manducaverimus? Et ille : Post hunc occides et alium; quo consumpto, si opus fuerit, dabis et tertium. Beatus autem Joannes, justius fratres credens carnibus reficere quam eos fame perire, sperabat Dei misericordiam adfuturam, qui servis suis in angustiis positis subvenire consuevit. Quid plura? Fratres hora statuta pergunt ad mensam visisque solis carnibus obstupescunt, easque nullo modo tangentes, silentes, patientes manserunt. Et cum servus Dei prolixius orasset, quidam cœpit januas monasterii pulsare. Cellerarius, audiens signum, festinanter exivit, et illic hominem cum manutergio pleno panibus invenit. Quos lætanter accipiens, fratribus velociter apposuit, oblitus interrogare quis eos duxisset quisve misisset. Qui cum post paulum gratias redditurus ad januas rediisset, neminem reperit, et de illo conversos interrogans, eo die nullum hominem illic se vidisse dicebant.

CAPUT XXXI.

Exemplo vero ipsius et admonitionibus, delicati clerici, spretis connubiis et concubinis, cœperunt simul in ecclesiis stare et communem ducere vitam. Hospitalia quoque constructa et ecclesiæ vetustæ renovatæ ejus auxilio cognoscuntur, et in locis pluribus ad melius commutatæ. Nec mirum si homines, aut loca quælibet in melius ejus exemplo sunt immutata, cujus vita cupientibus ædificari non modicum præbebit exemplum.

CAPUT XXXII.

Erat quidem in cibo parcissimus, in orationibus sedulus, in vigiliis intentus, in silentio studiosus, in eleemosynis pro virium quantitate largissimus, et cum aliquid dare disponeret, hominem, sive pecus, vel aliquid aliud, studebat aliis melius dare, sibi vero deterius tenere. Indumentis vilissimis semper utebatur. Nec in tanta sua infirmitate patiebatur corpori supponi fulcrum, vel capiti plumeum capitale.

CAPUT XXXIII.

Sed cum decumberet, die noctuque sanctos coram se libros legere faciebat, ut instructus assidua lectione, peritus divinæ legis et divinarum sententiarum competenter efficeretur. Cumque decumberet, aut pergeret, vel equitaret, cuculla jugiter utebatur. Ipsius etiam exemplo, celebre officium in nocte sanctæ Resurrectionis per Tusciam, aliisque locis nunc agitur. Cujus fama religionis dum in locis plurimis celebris haberetur, comes Bulgarus disposuit suum cœnobium Septimense (8) sub ejusdem Patris regimine constituere. Quod cum ab eo vix impetrasset, valde gavisus est, sperans per ejus studium locum ipsum in melius proventurum. Quod postea claruit, dum lex (9) ignea ibidem facta locum eumdem mirabiliter exaltavit, et antea multis ignotum, postea plurimis reddit nominatum.

CAPUT XXXIV.

Interea vir Domini diversis cœpit clarere miraculis Quidam homo plenus insania in ejusdem Patris cœnobio morabatur, qui, dum medendi gratia Passinianum mitteretur, ad flumen Arnum venit, repertam scapham intravit, et ex illa, sicut cum sua insania cogebat, se in amnis medium projiciens, ait: Hic, quis Joannes, et qualis sit ejus vita, patebit. Quem cadentem mox aqua suscipiens, sustinuit ne mergeretur, eumque sancti viri meritis ad ripam exteriorem sanum, salvumque quasi lignum leve deduxit. Hic luce clarius constat sanctum virum Joannem Creatori suo fuisse charissimum, ad cujus

(8) Sic dictum, quod septem milliaribus abesset a Florentia. Vide cap. 63 et 64.

(9) Quid sit hæc lex ignea, intelliges ex sequentibus capitulis 62 et 63.

solius memoriam, tam velociter, tamque benigne præfatum miserum de mortis periculo liberavit.

CAPUT XXXV.

Item dum idem venerabilis pater a visitandis aliis cœnobiis regrederetur ad suum, memor plurimæ indigentiæ qua multos premi cognoverat, introiens monasterium, dispensatorem familiæ, nomine Goffredum, et fratrem Rusticum procuratorem monachum ad se vocans, ait: Inspiciamus horreum nostrum quomodo se habeat, quod tunc reperit abundanter esse repletum. Quibus, quasi ironice, dixit: « Quamplurimi sub instanti necessitate famis opprimuntur, vos autem uberius abundatis. » Statimque jussit quoddam vasculum, capiens quatuor vel quinque modios, impleri, et sic per semetipsum ab hora tertia usque ad nonam tam grandi largitate oneris occupatus, nullatenus inde recessit, sed unicuique venienti, cui multum, cui parum, distribuit, et semper plenum, Deo largiente, permansit.

CAPUT XXXVI.

Deinde, dum in beati Salvii cœnobio moraretur, et per Azonem, qui postea sanctæ Reparatæ fuit abbas, xenia viro Dei Teuzoni incluso pro ciborum benedictione mandaret, præfatus Azo, dum rediret, via digrediens, tugurium quoddam intravit, et cum fratribus quos ibi reperit multa locutus est. Qui ad patrem rediens, dum ab eo quæreret: Unde venis? et ipse respondisset se quo missus fuerat isse, ac redisse, mox ab eo audivit: Ego quidem non te illuc unde venis mandavi. Deinde digressum a via, et ingressum tugurii, ac verba, quæ cum inventis fratribus habuit, per spiritum recognoscens, omnia per ordinem patefecit.

CAPUT XXXVII.

Eodem tempore, quo Simoniaca hæresis per Tusciam pullulabat, dum prædictus pater adhuc esset in eodem Sancti Salvii cœnobio, quidam Florentinus, cujus filius, languore constrictus, vicinam operiebatur mortem, ut ægrum natum sanaret, ac redderet rogaturus accessit. Cui cum diceret non hæc sua, sed apostolorum esse, pater gemebundus prostratus ejus vestigiis, tandiu precibus institit donec vir, Dei miseratione commotus, ipsum remittens ad propria, se pro eo Deum rogaturum promisit. Tunc statim, eo discedente, convocatisque fratribus, suppliciter orationi incubuit. Quibus humiliter in terram prostratis, et orationibus pro eo ad Dominum fusis, ille, cui cantatur in psalmo: *Domini est salus*, per dilecti sui intercessionem ægrotum integræ sanitati restituit. Hoc miraculum idem ipse cui beneficium sanitatis impensum est, sic contigisse, ut diximus, donec vixit, viva voce testatus est.

CAPUT XXXVIII.

Alio quoque tempore, quidam miles ex oppido Cerlianensi, gravi infirmitate tenebatur, et notissimus erat beato Joanni, et ecce servus ejusdem militis veniens ad illum, ac beatus Joannes ubi eum conspexit, de suo domino ipsum interrogavit. Cui respondit: Domine Pater, jam per duos menses, et eo amplius, multa tenetur infirmitate. Quod audiens venerandus Pater, Panem accepit, eique pro benedictione misit. Post quartam diem per semetipsum ad eum venit, ac pro salute, quam recuperat, Deo et sibi multas gratias egit.

CAPUT XXXIX.

Deinde, cum idem vir multo post tempore moreretur, præcepit filio ut equum, cui sedere consueverat, sancto Joanni daret, et ut pro se intercederet rogavit. Sanctus autem vir despiciens transitoria, paupertatem amans, cœlestia concupiscens, equum homini reddidit, et ad propria cum eo redire jussit. Cumque multum obsisteret et equum se non reducturum assereret, tandem præcepto sancti viri coactus, cum equo lætus ad sua rediit, benedicens Deum in tanti Patris admiratione. Quod factum est dum adhuc esset in cœnobio Muscetano.

CAPUT XL.

Quem locum dum alio tempore visitaret, cernens in eo casas grandiores pulchrioresque fore quam vellet, accersito domino Rodulfo ejusdem loci abbate, sibi vultu serenissimo dixit: « Tu in hoc loco magnis expensis, quibus pauperes plurimi refoveri potuissent, ex proprio voto palatia fabricasti. » Et conversus ad quemdam rivulum parvulum prope manantem, dixit: « Deus omnipotens, qui de minimis majora facere consuevisti, videam, per hujus rivuli paucitatem, hujus enormis ædificii cito vindictam. » Et hæc dicens, absque mora, discessit. O mira Dei potentia! confestim rivulus, eo recedente, crescere cœpit, et congregans aquarum fluenta largissima, relicto proprio alveo, præceps de monte ruit, immensos petrarum scopulos et arbores secum trahens, prædictas domos funditus evertit. Unde abbas ejusdem loci cum fratribus perturbatus, de eodem loco cœnobium mutare disponebat. Quos benignus Pater his verbis consolatus est: « Nolite, inquit, timere, nec habitationem mutare, quia rivulus ille de cætero nullo modo vobis ultra nocebit. » Quod ejus vaticinium, verum firmumque huc usque permansit. Denique rivulus ille de cætero domos ibi nullatenus læsit, nec quod tunc accidit sancti viri precibus, ulterius minime contigit.

CAPUT XLI.

Iterum cum audisset quemdam virum venientem ad conversionem totum suum patrimonium scripsisse in chartula, et successoribus hæreditate privatis, secum ad monasterium detulisse, mox ad prædictum cœnobium venit, et abbati, qui chartam acceperat, imperavit ut absque mora eam sibi deferret. Quam dum acciperet, eam minutatim discerpens, ejus in terram frusta projecit. Justius quidem sibi videbatur cum exiguis vivere quam multiplicatis opibus superbire. Deinde valde commotus, Deum ejusque apostolum invocans, inquit: Omnipotens Domine, et tu, sancte Petre, apostolorum princeps, ulciscimini me de isto cœnobio. Et hæc dicens, iratus confestim abscessit. Quo non longe digresso, repentinus ibi succensus est ignis, qui totum monasterium ex majori parte combussit. Quod incendium sic cius ejus, dum cerneret, eique nuntiaret, nec retro respexit, nec ad locum rediit, sed via, qua cœperat Vallimbrosanum cœnobium festinanter adivit.

CAPUT XLII.

Alio tempore, cum in eodem esset monasterio, et papa Stephanus perviciniora loca transiret, suos legatos ad eum misit et ad se venire rogavit. Cumque nimia gravatus ægritudine, nec posset ad eum ire, nec vellet, legati revertuntur ad dominum papam asserentes illum ad se venire non posse. Quibus ipse respondit: Ite eique dicite, si aliter non valet, in lecto duci se faciat. Qui mox ad ipsum regressi, jussum domini papæ sibi nuntiant. Quod sanctus Pater audiens, statim ecclesiam intrat, Deumque sanctos exorat, ut aliquod sibi consilium absque scandalo daret, ne ad supradictum papam ire debeat. Oratione completa, ad legatos papæ exiens, lecto se projiciens, aliquantos conversos venire fecit, et se ad papam portari præcepit. Cumque paululum a monasterio processisset, mox aer validissime conturbatus est, ut ventorum nimietas et immensitas pluviarum pariter prorumperent. Quod cum legati cernerent, illum vere Dei hominem credentes, ad monasterium reverti fecerunt, et ipsi cursu concito ad pontificem redierunt. Hoc cum dominus papa cognosceret, ipsumque diceret esse sanctum: Nolo illum ad me ultra venire, sed in cœnobio suo quiete manere, ipsumque pro me, statuque Ecclesiæ catholicæ, Dei clementiam exorare.

CAPUT XLIII.

In eodem autem cœnobio fratri cuidam medicinam sua manu tradidit, et extemplo, causa alia emergente, alias festinus abiit Prædictus vero ægrotus, non se caute custodiens, intra paucos dies exspiravit, pro cujus memoria per totam congregationem, sicut mos est agi pro defunctis, ejus obitum per apicem destinavit. Nec multo post, vir Dei rediens, abbatem loci de fratre illo, qualiter defecisset, inquirit. Ille, dum ei cuncta seriatim refert, dixit ad illum: Mitte quam ocius, et ex omni congregatione memoriam ejus dele. Quod dum factum esset, evoluto aliquanto tempore, cuidam monacho ex eodem loco circa medium diem visibiliter defunctus apparuit. Ad quem inquiens: Numquid tu es monachus talis? respondit: Prorsus, ille. Qualiter nunc agis? Tum ille: Excommunicatus, et a consortio fidelium per patrem Joannem sum segregatus. Adjecit vivus inquiens: Quomodo te juvare valemus? Iterum ait: Si sanctus Joannes me reconciliaverit. Qui statim sanctum virum adiit, et quæcunque de mortuo viderat et audierat, plangendo plurimum illi seriatim retulit. Tunc ipse, sicut erat mentepiissimus, abbatem loci venire præcepit, et pro anima excommunicati fratris officium et eleemosynam in eodem cœnobio, ac per totam congregationem, velut eodem die obiisset, instanter fieri mandavit. Quæ omnia dum fideliter complcta fuissent, defunctus iterum post dies triginta eidem monacho similiter apparuit, eique dixit: Vade, et sancto patri Joanni age pro me gratias, inferens quia ego per eum reconciliatus in electorum cœtu consisto.

CAPUT XLIV.

Alio tempore quidam conversus, instinctu diaboli, sæculum dereliquisse et ad monasterium se venisse pœnituit. Qui cum beatum Joannem nimiis ac importunis precibus sæpe rogasset a monasterio cum ejus licentia discedere, tandem vir beatus non tranquillo animo passus est eum abire. Cumque paululum a Valle-umbrosa fuisset, diabolo ducente, digressus, de alta rupe per quam ibat, ab eodem quem sequebatur præcipitatus, confestim exspiravit. Unde patenter ostenditur quam periculosum fuerit sanctum virum relinquere, aut ejus indignationem incurrere.

CAPUT XLV.

Item alius homo, Florentius nomine, urbanæ eloquentiæ et civilis, qui Simoniaca perfidia pro defensione cujusdam episcopi valde fuerat maculatus, dum gravissima teneretur infirmitate, morti se proximum penitus asserebat, sed inter graves luctus crebrosque suorum singultus, per amicos suos a sancto viro monasticum habitum postulavit. Cui, sine multa dilatione, probationis habitum minime tradidit, sciens esse scriptum: *Probate spiritus, si ex Deo sunt* (I Joan. IV, 1). Qui suscepto monastico habitu, dum jam convaluisset, et claustra monasterii baculo sustentante lustraret, infirmitas prior eum repetiit, ita ut morti propinquus esse videbatur. Quod dum vir sanctus audisset, adhibitis secum fratribus, festinus lectum ægroti petiit, ac multis precibus eum, qui in proximo moriturus erat, Domino commendabat. Infirmus vero cœpit vultum suum operiri pallio, quo fuerat coopertus. Ad quem abbas Joannes: Quid est quod agis? Tum ille, pallens et tremens, dixit: Terribilibus oculis cerno diabolum prope assistere, ex cujus ore miræ magnitudinis flamma, exque naribus sulphureus fumus egreditur. Ubi est, inquit? En ibi est, domine Pater. Tunc beatus Joannes raptim abstulit crucem ex manibus tenentis eam, et diabolum ex ea fortiter percussit. Qui statim ex oculis mirantis, ut fumus evanuit. Tunc æger, voce qua poterat, clamabat, dicens: Deo gratias, Deo gratias, ecce fugit, ecce recessit; ecce nunc adest beata Maria, sanctus Petrus cum sancto Benedicto. Vix verba compleverat, et statim spiritum exhalavit. Hinc liquido patet quam præcelsi meriti fuerit iste sanctus Pater, cujus precibus ipse languidus, per crucis obstaculum, ab infestatione dæmonum est liberatus.

CAPUT XLVI.

Non longe post venit ad eum quidam rusticus et, provolutus ejus genibus, magnis vocibus cœpit obnixe rogare eum pro unico suo in agone constituto, quatenus suis precibus ab instanti mortis periculo liberaret. Cui multum compatiens, fratribus imperat pro ægroto Dei misericordiam exorare. Quid multa? Fratribus in ecclesia orantibus, ipse solo prostratus, magnis gemitibus Christi misericordiam postulans, panem transmisit, et statim ægrotanti reddit sanitatem.

CAPUT XLVII.

Deinde cum adhuc famis inopia vehementer instaret, et prædictus Pater tunc ante fores monasterii de Razolo esset, aspiciens vaccarum suarum gregem in jugo Alpium pascere, unam ex illis, dum nihil haberet quod pauperibus alimoniam petentibus daret, a beato Paulo petivit, dicens: O sancte Paule, si pauperibus his unam dares ex illis. Hæc eo dicente, una deorsum ruit, statimque mortua est. Cujus carnes jussit continuo dari pauperibus. Qua consumpta, supplex orando secundam, tertiam et quartam accepit. Quas omnes pauperibus tribuit. Qua de re pastores tristes effecti, duxere gregem vaccarum ex alio latere montis. Sed idem vir Dei petitioni pauperum subvenire desiderans, cum non haberet quid petentibus daret, iterum ad sanctum Paulum conversus ait: O Apostole sancte, isti locum mutando fugerunt, te, qui hujus loci patronus existis, fugere nequeunt. Tu, qui multum misericordiam prædicasti, tribue mihi quid adhuc inopibus porrigere valeam. Sic eo cum lacrymis orante, denuo quinque de vaccarum numero corruerunt, quarum omnium carnes in cibum jussit pauperibus ministrari. Tunc pastores valde turbati pro novem animalium damno, venientes adversus eum, magnas querelas ingeminant, dicentes: Melius in tuo monasterio Vallimbrosano stares quam huc venires. Quibus ille placide respondit: Scio vos super hoc esse tristes, nec amplius vultis impendere. Ne timeatis, quia nulla earum hoc tempore plus morietur. Quod et factum est. Et sic ipso orante, ruina vaccarum et mors prius fuit; et mox ut orare cessavit, incolumes permanserunt. Interea sanctus idem Pater, cujus mentem flamma charitatis urebat, cernens adhuc famelicorum inopiam, et se non habere quod concite dare posset, totum lac animalium superstitum jussit distribui pauperibus, et sic diu lactis præbendo liquorem, multos a famis periculo liberavit.

CAPUT XLVIII.

In eisdem diebus, cum ad Vallimbrosanum cœnobium regrederetur, accersito villico de Ponta, promisit ei berbicum mittere gregem, in quo multi arietes habebantur; jussitque illi de prædictarum ovium lacte se pascere, quantosque secum posset pauperes, atque de eodem quotidie sustentare, prædictos vero arietes, donec superesset unus ex illis, inopibus largiretur, sicque factum est.

CAPUT XLIX.

Quidam etiam famulus ejus de Razolo Vallumbrosam venit ad eum, nuntians ursum maximum vaccarum damnum crebro facere. Cui dixit: Vade, et interfice eum. Qui regressus, prædictumque ursum in antro quodam arboris stantem inveniens, securi percutiens arborem, nihilque metuens, dixit:

Egredere, quia dominus abbas imperavit ut te occidam. Egressus statim est interfectus ab illo.

CAPUT L.

Præterea venerabilis Pater transiens inde per Alpes, venit ad locum in quo tantæ arboris obstaculum ruerat quod multorum paria boum, et hominum multitudo leviter amovere non poterant; alia quoque via, rupibus obsistentibus, iter mutari non poterat. Ubi modice conturbatus, quasi queritando, socio dicere cœpit: Heu! quid faciemus? Et conversus in precibus, cum redire sibi grave videretur, nec procedere posset, divinum auxilium humiliter obsecrabat. Tunc Ugo, plebanus Sancti Joannis majoris, tentans si quem transitum inveniret, tandem aggressus molem arboris levavit in collo, cujus pondus homines multi, nec multorum paria boum (ut prædictum est) ullatenus dimoverent, eamque sicut leve virgultum diu sustinuit, ut ipsemet sæpius testabatur. Sicque transierunt illæsi venerandus Pater, prædictusque plebanus. Quod miraculum incolæ terræ nunc usque testantur, adjicientes actum esse in locum qui dicitur ad Cellas-veteres, non longe a cœnobio Razolensi.

CAPUT LI.

Item prædictus Pater custodibus boum de Razolo die toto arare præcepit, et in nocte pabula carpere. Illi vero respondentes ursos et lupos, nocturnosque timere latrones, ait eis: Beatus Paulus illæsos eos custodiat. Tunc noctu venientes latrones, unum e bobus per cornua ligaverunt, sed de loco mutare non valuerunt. Quem mane custodes adhuc ligatum repererunt, lacrymasque more hominum fundere cœperunt, et hoc prædicto Patri nuntiaverunt. Ad quem Pater accedens dixit: O bos, vade, tuumque officium imple. Non enim te servatum a noxiis feris, latronumque rapina sanctus Paulus perdere voluit.

CAPUT LII.

Post hæc, cum esset in Passiniano, vir quidam ex territorio Poniensi venit ad eum, dicens sæculum se velle relinquere. Quem quasi respuens, ut abiret jussit; sed homo mirabiliter instans et ut sui misereretur suppliciter orans, demum, sicut erat mitissimus, ejus piæ petitioni annuit. Qui veniens reatus suos ex parte prodidit, et majores quosdam erubuit confiteri. Quem non post dies plures ad susceptionem hospitum, et peregrinorum obsequium exterius collocavit. Pius autem Pater agnoscens inspiratione divina quæ nequiter occultaverat, una die dum idem Gerardus alimenta venientibus hospitibus ministraret, illum seorsum vocans, dixit ei: Gerarde, quare me sic fallere præsumpsisti? At ille tremens respondit: Quomodo, Pater mi? Et Pater: Quando congrue poteris ad me venias, et quod professus es indicabis. At ille præceptum Patris adimplens, dum e licuit, venit ad eum. Cui vir Domini: Nunquid non mihi dixisti, quia ex integro tuorum scelerum abscondita panderes? Et ille: Utique dixi. Et Pater ad eum: Si ita dixisti, quare tam crudelissimum facitu-, quod in die sanctæ apparitionis Domini et ejusdem diei vigilia cum uxore talis illius hominis commisisti, mihi patefacere noluisti? Insuper non tibi sufficiebat tam gravis iniquitas, nisi ad tui confusionem it rum in mente disponeres ad tam grande piaculum reverti? Tunc ille mente confusus, videns se mendacii proprii laqueo deprehensum, confestim ad terram corruit, pœnitentiam sui criminis lacrymis quærit, et omnia quæ sanctus Pater indicaverat esse vera fatetur.

CAPUT LIII.

Item dum in eodem monasterio esset, vir nobilis Ubaldus nomine, de castro Figlini, notissimus ac familiarissimus sancto viro, prævalida ægritudine correptus videbatur ad extrema deduci. Qui vocatis militibus suis et cuncta familia, de propria domo suisque rebus disponere procuravit. Tunc uxor unum e nobilibus suis, Benzonem nomine, marito jam in agone constituto, vocat, eumque ad Passinianum, unde maritus compatronus erat, ire quantocius mandat, et adventum ejus funeris sancto viro nuntiare. Cumque festinus iret, obviavit cuidam, qui dixit ei se redire a sancti Cassiani cœnobio, ubi sanctum virum eo die dimiserat. Nuntius hoc audiens, ad montem Scalarium illico venit, et sanctum hominem ante fores monasterii psalmos aut aliud quid reperit meditantem. Quem cum salutasset, requirit ab eo quanter esset illi. Respondit : « Tristis et nimis mœrens me fore confiteor pro nobili viro, vestroque fideli amico, qui nunc migrare videtur a sæculo. » Cui inquit : « Quis est ille ? » Respondit Benzo : « Vester valde fidelis illustris Ubaldus. » Statim venerabilis Joannes, versis ad orientem luminibus, in multa compunctione parumper substitit, ac deinde, oratione completa, Benzonem aspexit, eumque præcepit abire, consolans ipsum et dicens : « Quam ocius ad propria regredere, quoniam infirmus ille super quo mœstus veneras, incolumem, Deo præstante, reperies. » Et ut promisit, orationibus ejus per Dei gratiam actum est. Quod plurimi de domo præfati Ubaldi oculata fide cum uxore videntes, ac nonnulli de circumstantibus audientes, misericordiam Creatoris in beneficio sui famuli collaudabant.

CAPUT LIV.

Hujus præclari viri gravitatem et patientiam Gregorius, dum adhuc in apostolica sede archidiaconi officium gereret, qui postea septimus Gregorius papa fuit, vir omnino Deum amans; cum eum dure increpare disponeret, præordinata quæ dicere putabat oblitus est verba. Qua ipsius perfectione sic ab eo comperta, deinceps tantus inter utrumque firmatus est amor, quantus inter amicos charissimos et uterinos solet esse germanos. Hæc itaque vera fuisse, Rodulfus olim abbas Passiniani, religiosus et sanctæ conversationis, qui tunc intererat, frequentissime testabatur : de cujus testimonio veridici viri nullatenus est hæsitandum.

CAPUT LV.

Alio quoque tempore vir Domini nimis ægrotus pulmenti sibi appositi fratri cuidam, Gerardo nomine, particulam porrexit, quam obedienter antea sumpsit, sed postea cœpit intra se multa volvere verba, quomodo tam facile consensisset cibum accipere quem sibi cogitabat tunc necessarium non fuisse. Quod pater Joannes per Spiritum sanctum intelligens, expleta refectione, dixit ei cuncta quæ cogitaverat, sibique per ordinem enarravit. Tunc prædictus frater arcanum sui pectoris diligenter exposuit, et omnia, quæ vir Domini dixerat, esse vera confessus est. Et nocte sequenti abscessurus, matutinali celebrata synaxi cum eodem Patre, isdem siti gravissima clam laborabat. Quod Joannes Pater per cordis illuminationem agnoscens, nutu ministrum suum advocat, ac scyphum vino aqua mixto repletum discessuro fratri dari signavit. Qui porrectum scyphum cum vino sumpsit, et exstincta siti, cum licentia Patris gandens abscessit, agens gratias Deo pro tam eximii reverentia Patris, qui mentis suæ secreta tam patenter agnoverat, et in omnibus exposuerat.

CAPUT LVI.

Unus exinde clericus plurimum dives vendidit omnia sua, et multos ex rebus suis accipiens nummos, venit ad eum. Quem cum ille, paupertatis amicus, audiret qua de causa venisset, sic cum alloquitur : « Quandiu nummum unum ex his tecum habueris vel apud te servaveris, nec mecum participare nec amicus esse valebis. » Hæc clericus audiens, abscessit, pretiumque venditi patrimonii, quod vir Domini spreverat, in pauperum sustentationem distribuit, ac deinde remeavit ad illum, qui Deum auro et inopes divitibus præponebat. Hoc Joannes pater audito, et quid egisset in veritate discutiens, qui ante locupletem spreverat, factum pro Christo pauperem post hæc dilectum suscipit in filium.

CAPUT LVII.

Subinde divino spiritu inflammatus, more solito, non contentus tantum suos subjectos, sed etiam absentes instruere et corrigere satagebat, quibusdam epistolas mandans : quarum unam episcopo Vulterrensi satis utilem pro correctione sui suorumque mandavit, quam ob nimiam prolixitatem, huic opusculo inserere recusavi.

CAPUT LVIII.

Post hæc, cum longe lateque odor sanctitatis ejus ad multorum notitiam devenisset, ad eum de diversis terris et regnis veniebant monachi, clerici fidelesque laici, præcipue Mediolanenses. Audiebant quippe Simoniacam hæresim Joannem patrem cum suis fratribus publice condemnare, et supra omnes mortales modis omnibus expugnare. Propterea venientium ad eum neminem pœnituit, ubi vidit illum et audivit, nec dolere poterat se dispendium pertulisse, vel itineris longioris sumpsisse laborem. Nam si cor dubium aut fortasse tepidum aliquis visitantium cum haberet, alacer regrediebatur, et cor ifide firmatum reportans, et marsupium profecto non vacuum. Acceperat enim a Domino Jesu Christo vultum omnibus gratum, et sermonem placidum exhibere, manumque largam ad præbendum, dum facultas ei suppeteret.

CAPUT LIX.

Jam omissis plurimis quæ Deus per ejus merita declaraverat, tempus expetit referre qualem et quantam pugnam contra Simoniacam hæresim Johannes pater cum suis, teste maxima parte mundi, Deo propitio, gessit.

CAPUT LX.

Sicut supra dictum est, Joannes pater Petrum Florentinæ Ecclesiæ Simoniacum invasorem aperte clamaverat; adhuc etiam eligens cum suis potius amittere mortalem vitam, quam celare veritatem, ipsum Petrum non tantum Simoniacum, sed etiam hæreticum sæpe dicebat : unde pervalida contentio in clerum et populum Florentinum orta est. Alii quidem, temporalia commoda diligentes, ipsum defendebant; alii cum monachis, jam illorum crudelibus verbis, eidem vehementius obsistebant. Dum hæc igitur contentio per dies multos inter clerum et populum haberetur, et seditio inde frequenter oriretur, existimavit hæreticus Petrus clericos et laicos hoc modo terrere, si monachos necaret, a quibus verba sibi contraria principia sumpserant. Pro qua re missa multitudine peditum et equitum, nocturno tempore, jussit sancti Salvii cœnobium igne comburi, et monachos ibi repertos interfici. Joannem vero patrem illic existimavit tunc inveniri, sed ipse præterito die recesserat. Ingressi igitur ecclesiam, dum fratres nocturnum officium celebrarent, evaginatis ensibus, ut immites carnifices, oves Christi mactare cœperunt. Alii siquidem in fronte tam grave vulnus infixerunt, ut usque ad testitudinem cerebri acies ferri veniret; alterum vero tam impie, tam graviter sub oculis percusserunt, ut nasus et dentes cum superiori labio a compagine solita dividerentur, et super barbam in inferiori loco penderent: alii præterea gladiorum vulnus in interiora fixerunt. Deinc super eos variis plagis illatis, demum altaria penitus everterunt, et deprædati sunt omnia quæ invenerant. Post hæc, igne domibus imposito, monachis in ecclesia septem psalmos cum letaniis cantantibus, et in nullo reluctantibus, nec silentium frangentibus, ipsos nudatos et semivivos relinquentes abierunt; nam etiam ejusdem monasterii patrem nomine Dominicum, conversatione sanctissimum, omni nudaverunt amictu. Qui tamen sic nudus, cœpit sollicite quærere si quid posset invenire quod se induceret; tandem pelliceum indumentum, quod ob incuriam inter fratrum lectos ceciderat, invenit, seque illum dissutum et conscissum ac vetustate dilapsum induit. Sed unde inimicus victoriam et exaltationem acquirere credidit, inde detrimentum et confusionem invenit. Nam multi de clero et populo, qui prius ejus videbantur esse fautores, ipsius intuentes impietatem, deinceps monachis facti sunt adjutores, ipsius condemnantes et blasphemantes omnimodam pravitatem.

CAPUT LXI.

Sequenti vero die tam homines quam mulieres Florentiæ ad supradictum cœnobium venerunt, et quicunque poterant necessitatibus fratrum necessaria fideliter obtulerunt. Felicem se quisque credebat si aliquem monachorum videre valebat, aut eorum sacrum sanguinem fusum ex terra, lapidibus et lignis, suis pannis posset extergere, cupientes illum pro magnis reliquiis secum habere.

CAPUT LXII.

Beatus autem Joannes Vallumbrosæ tunc positus, audiens quod acciderat, amore martyrii flagrans ad Sanctum Salvium festinus venit. Abbatem cæterosque fratres flagellatos, cæsos, nudos considerans, dixit : « Nunc vere monachi estis, sed cur sine me hoc perferre voluistis? » Valde enim doluit quod præfatæ persecutioni minus interfuit. Verumtamen in hoc ipse martyrii bravium obtinuit, qui discipulorum mentes ad omnem tolerantiam incitavit. Ad hoc etiam venit, quod se teneri, flagellari, detruncari sperabat, et occidi pro defensione catholicæ fidei. Monachi vero tanto fortiores exinde facti sunt, quanto securiores de corona martyrii, quam jam prægustaverant. Nam tempore synodi euntes Romam, constanter et publice Petrum Simoniacum et hæreticum proclamaverunt, ignem se profitentes intrare ad scelus ipsius probandum. Alexander autem Papa, qui tunc apostolicæ sedi præsidebat, nec tunc accusatum voluit deponere, nec igneam legem a monachis sumere. Pars enim maxima episcoporum Petro favebat, et omnes pene monachis erant adversi; sed archidiaconus Ildeprandus monachorum in omnibus auditor et defensor factus est.

CAPUT LXIII.

Deinde cum lis ipsa quotidie cresceret in immensum, tanta persecutio facta est adversus Florentinum clerum catholicæ partis, ut eam non ferre valentes archipresbyter aliique quamplures, excuntes de civitate confugerent Septimense cœnobium : quibus Joannes pater benigne susceptis, omni charitate subsidium pro posse ferebat. Eo tempore dux Gottifredus ita parti Petri favebat, ut minaretur interimere monachos et clericos eidem adversos; qua de causa Petri pars tunc aliquanto prævaluit. Quæ autem lingua fari potest persecutiones et angustias quas ea tempestate catholici sunt perpessi? Eisdem quoque diebus præfatus Papa Florentiam venit, et ligna præparata et coadunata sunt ad accendendum ignem quem ingredi monachi cupiebant ut comprobarent sæpe fatum Petrum Simoniacum et hæreticum esse. Quod examen papa tunc recipere renuit; sed clero et populo sub eadem lite relicto, discessit. Sed qualiter omnipotenti Deo prædictam pestem tandem sedare et prorsus exstirpare placuerit, ut clarius possit intelligi, tota epistola Florentinorum, præfato papæ directa, per ordinem in hoc loco scribitur, et quod tunc ostendere Dominus omnipotens dignatus est, ad beati Petri corroborandam fidem, et ad Simonis magi detestandum errorem legentibus et audientibus liquido pateat.

CAPUT LXIV.

« Alexandro, primæ sedis reverendissimo ac universali episcopo, clerus et populus Florentinus, sinceræ devotionis obsequium. Jamdiu tædium et laborem nostrum, necnon certamen monachorum contra Simoniacam hæresim paternitas vestra bene novit : et nunc quoque dignum est ut qualiter Deus excelsus pie ac misericorditer scrupulum hujus rei de cordibus nostris abraserit, præmoscatis. Signa enim et mirabilia Dominus noster in nobis fecit, et per ea cæcitatem ignorantiæ, et dubietatis caliginem, ac tenebras erroris de pectore hominum pepulit, et fidem nobis augendo et dilatando, et in se solidando, lux mentibus suæ veritatis clementer infulsit. Pastor quidem bonus de cœlo venit, et ovibus assistentibus, atque ad se totis medullis clamantibus, sententiam sereno clariorem, soleque lucidiorem, omnique dicto apertiorem, omnique visu certiorem, de medio ignis, populo suo dedit. Quod vero plebi Florentinæ de Petro Papiensi, qui se nostrum episcopum haberi volebat, tenendum sit, in suo tremendo judicio declaravit. Sed licet miraculorum narratio videatur aliquantulum protelari, causas tamen unde adhuc ventum est, nequaquam inutiliter putamus debere succincte præscribi. Quadam etenim die omnes Florentinæ civitatis clerici una congregati cœpimus tam de clericis de locis suis expulsis, quam etiam de nobis ipsis, ante Papiensem Petrum conqueri. De abjectis enim, quia consilium et solatium eorum amiseramus, et quia etiam prior et archipresbyter noster, metu hæresis, e civitate secesserant ; de nobis autem, quia bona pars civium nostrorum nos hæreticos acclamabat ; nam videns nos ire ad eum, dicebat : « Ite, ite, hæretici ad hæreticum ; ite, quia « per vos hæc civitas voragini dabitur ; qui Chri« stum impietate vestra de ipsa expellitis, et beatum « Petrum apostolum expugnantes, Simonem magum « pro Deo inducendo colitis. » Quid plura ? Rogamus eum ut tam nos quam se ab hac infamia liberet, dicentes : « Ecce nos si te mundum senseris, « si tu nobis jusseris, Dei pro te judicium subire « non dubitamus ; aut si probationem quam mona« chi hic et Romæ facere voluerunt, recipere vis, « ad eos imus, eosque obnixe rogamus. » Ad hæc ille inquit neutrum se jubere, neutrum velle, neutrum recipere. Quin etiam edictum a præside per legatos suos impetravit, ut quicunque laicorum, quicunque clericorum se ut episcopum non coleret, suique imperio non obediret, ad præsidem vinctus non duceretur, sed traheretur. Si autem quis nostrum, his minis territus, de civitate fugeret, ad dominium potestatis adsumeretur quidquid possedisset. Clerici vero, qui sub tutelam beati Petri apostoli agendo contra Simoniacam hæresim in oratorium ejus confugerant, aut sibi conciliarentur, aut sine spe audientiæ extra civitatem pellerentur. Hinc factum est ut, vesperascente sabbato initii jejunii, cum apud prædictam ecclesiam Beati Petri apostoli ipsi clerici lectionum ac responsoriorum sequentis Dominicæ recordarentur, municipales præsidis, eo quod se cum salva reverentia Petri apostoli Simoniaco hæretico non posse obedire responderint, illos extra emunitatem oratorii, beatum Petrum apostolorum principem parvipendentes ejicerent. Fit denique pro hoc scelere concursus catholicorum virorum, et maxime feminarum velamina capitum projicientium, et expansis crinibus flebiliter incedentium, pectora pugnis, miserabiles ad Deum voces mittendo, dure tundentium, et super virorum ac filiorum morte triste lamentantium. Nam in plateas luto plenas se prosternentes, aiebant : « Heu, heu ! o Christe, tu, hinc ejiceris, et quo« modo nos desolatas relinquis ? Tu nobiscum ha« bitare non sineris, et nos quomodo hic habita« mus ? Vidimus quia nobiscum manere voluisti, « sed vadis, quia Simon magus te non permittit. O « sancte Petre, nunquid a Simone mago vinceris, « quia ad te confugientes non defendis ? Nos puta« vimus ipsum in infernalibus pœnis esse vinctum « et catenatum ; sed ecce cernimus illum ad tuum « dedecus hostiliter suscitatum. » Virorum quippe alii ad alios dicebant : « Videtis, et aperte videtis ; « Christus hinc discedit, abit, quia legem suam « adimplens, se pellenti non resistit. Et nos, viri « fratres, civitatem hanc, quo hæretica pars ea non « gaudeat, incendamus, atque cum parvulis et uxo« ribus nostris, quocunque Christus ierit, secum « eamus ; si Christiani sumus, Deum sequamur. »

« His ergo ejulatibus hisque doloribus nos quoque clerici, qui ipsi Papiensi videbamur fautores et asseclæ, et qui ab aliis hæretici acclamabamur, eo quod ipsum sequebamur, permoti, seramus ecclesias, et, more projectorum, non tangimus campanas, populis non psalmos, non denique canimus missas. Nec mora, nobis congregatis, fit Domino inspirante consilium. Ad Dei monachos, qui Septimo in monasterio Sancti Salvatoris degunt, communi voto quosdam nostrum mittimus, petentes et orantes dubietatem hujus rei velle prodere, et veritatem cognoscere, cognitamque firmiter promittentes tenere. Responsum autem est nobis quia, si catholicam fidem pro viribus vellemus tenere atque defendere, et Simoniacam hæresim impugnando destruere, virtus Salvatoris, tam hujus negotii dubietatem quam etiam cæcitatem de cordibus nostris eliminaret. Fatemur, promisimus de hac re hoc sequi quod et ipsi, si suis factum compensarent dictis. Quid plura ? Statuitur dies omni voto quæsita, in qua et dubietatem perdidimus et ex qua veritatem, quam monachi dicebant, pro posse defendendo tenemus. Quarta namque feria, in prima hebdomada Quadragesimæ constituitur dies. Secunda et tertia feria, specialiter pro hoc Deum oramus, et ut Deus, qui unica est veritas, veritatis hujus reseraret ostium, obsecramus. Illucescente vero quarta feria, a quodam nostrum itur ad virum Papiensem: qui rogans eum inquit: « Fac pro Dei « tremore, proque remedio animæ tuæ, si est de te « quod monachi dicunt. Noli clericos, noli populum « in eundo laboribus afficere; noli Deum experiendo « tentare, sed ejus negotii veritatem, ad Dominum « te convertendo, pande; aut, si hoc te noscis « immunem reatu, nobiscum venire dignare. » Ad « quæ ille: « Nec ego illuc venio, neque te, si tu « me diligis, ire volo. » Ad hæc vero dictum est « sibi: « Profecto Dei judicium, quia omnes vadunt, « videre ibo; et quid ibi agatur, solerter scire cu- « rabo; et quodcunque Deus judex justus in judicio « suo recto monstraverit, secundum meum valere « defensabo. Nec tibi meum molestum sit iter, quia « te hodie qualis sis, sententia Dei recte ostendet. « Aut enim te hodie, magis quam unquam fueris, « habebimus charum, aut viliorem et contemptum. » Nos interim, quasi cœlesti præmoniti oraculo, non exspectamus nuntium: curriturque a nobis clericis, atque laicis, et feminis ad Septimum, in quo est sancti Salvatoris monasterium. O mira Domini potentia, miraque clementia, qui voluntates non solum expeditis, sed etiam prægnantibus vires ad eundum donavit! Nunquid enim longitudo matronas, nunquid via cænolenta multitudine aquarum delicatas terruit? nunquid pueros jejunium exasperavit? Congregatis denique omnibus clericis et laicis promiscui sexus et ætatis fere ad tria millia ad prædictum monasterium, interrogamur a viris Dei: « Cur, « fratres, venistis? » Respondetur a nobis: « Ut « illuminemur, et, errorem relinquentes, veritatem « sequamur, » — « Quomodo, inquiunt, illuminari « vultis? » Nos, inquam, respondentes: « Ut copioso « probetur igne, quod de Papiensi Petro dicitis. » « — Quem, inquiunt, fructum hoc facto habebitis, « aut quem honorem inde Deo reddetis? » Respondemus omnes: « Et erimus vobiscum rectam fidem « defendentes, et Simoniacam hæresim abominando, « Deo semper gratias agentes. »

« Quid longius moramur? Fiunt statim a populo duæ strues lignorum altrinsecus juxta se in longitudine positæ: singillatim vero longitudo utriusque fuit pedum decem; latitudo autem ambarum singillatim quinque pedum, et dimidium dimidii pedis: altitudo denique utriusque separatim fuit quatuor pedum et dimidium. Inter utrasque vero pyras in longitudine semita unius brachii exstitit, et ipsa strata siccis lignis, et ad ardendum bene paratis. Interea fiunt pro hac re psalmodiæ, letaniæ, supplicationes. Monachus (10) intraturus ignem eligitur; jussuque abbatis celebraturus missam ad altare procedit. Missa vero cantatur cum magna devotione et supplicatione omnium. Chorus monachorum et clericorum, necnon laicorum ex corde lacrymatur.

Ut autem ventum est ad *Agnus Dei*, quatuor monachi, unus imaginem Domini crucifixi, alter aquam sanctificatam, tertius duodecim cereos benedictos accensos, quartus thuribulum thure plenum bajulantes, procedunt ad succendendum lignorum præscriptas pyras. His igitur visis, clamor omnium in cœlum attollitur, *Kyrie eleison* flebilissime pleno ore cantatur. Jesus Christus creberrime, ut exsurgat, causamque suam defendat, oratur. Maria ejus mater, ut hoc sibi suadeat, multum a viris, plurimum a feminis supplicatur: Petri apostoli nomen, quo Simonem perdendo damnet, millies ingeminatur. Gregorius, urbis præsul, ut ad suas verificandum properet sanctiones, suppliciter obsecratur. Interea dum pro ingenii capacitate ab omnibus Deus oratur, presbyter, perceptis salutis mysteriis, et expleta missa, exutaque casula, cæterisque sacerdotii indumentis sibi retentis, crucem Christi portans, cum abbatibus et monachis letanias faciendo, ad strues lignorum jam rogos fieri incipientes appropinquat: ibique Deus quam multipliciter ac uniformiter ab omnibus adoratur. Nulla lingua fari, nullus sensus colligendo valet meditari. Tandem silentium cunctis imponitur; et ut conditionem rei, pro qua hæc fiebant, intente audiamus et bene intelligamus monemur. Eligitur denique abbatum unus clamosus voce, apertus lingua, qui aperte ad intelligendam orationem in qua conditio petitionis ad Deum continebatur populo legit. Collaudantibus autem cunctis conditionem, tunc iterum alius abbatum silentium petit, elevansque vocem, alloquitur omnes dicens: « Viri fratres et sorores, pro salute animarum « vestrarum, teste Deo, hoc facimus, ut deinceps a « Simoniaca lepra, quæ fere jam totum sordidat « mundum, caveatis. Hujus lepræ contagium tam « magnum esse sciatis, quod istius immanitati cæ« tera crimina comparata sunt quasi nihil. » His ergo expletis, cum utrique rogi jam se ex majori parte in flammivomos vertissent carbones, et cum media semita ignivomarum copia prunarum tacta æstuaret, ut usque ad talos pedes euntis, sicut post in probatione patuit, in prunas infigi possent; sacerdos et monachus, jussu abbatis, hanc orationem cum magna voce, audientibus et flentibus fere tribus millibus, fudit ad Dominum. « Domine Jesu Christe, « vera lux omnium in te credentium, tuam miseri« cordiam peto, tuam clementiam exoro ut, si Pe« trus Papiensis, qui Florentinus episcopus dicitur, « interventu pecuniæ, id est munere a manu, quod « est Simoniaca hæresis, Florentinam arripuit sedem, nunc tu, Fili æterni Patris, salus mea, in « hoc tremendo judicio ad adjuvandum me festina, « et me illæsum sine aliqua combustionis macula « mirabiliter conserva; sicut quondam illæsos salvasti tres pueros in camino ignis ardentis. Qui « cum æterno Patre tuo et Spiritu sancto omnia « cooperaris, et vivis, et regnas in sæcula sæculo-

---

(10). Scilicet Petrus, ob id Ignitus dictus, de quo supra cap. 15 et infra cap. sequenti. De hoc facto lege librum tertium Dialogi Victoris tertii in parte II sæculi IV, pag. 456.

« rum. » Cumque omnes, qui aderant, respondissent « Amen, » pacis osculum fratribus dedit, et accepit.

« Interrogamur omnes : « Quamdiu vultis ipsum in igne manere? » Responsum est ab omnibus : « At, at quid dicitis? » — « Sufficit, domini, satis cum solemni gravitate, pedetentim ignem flammasque transire. » Jubetur quidem sacerdoti et monacho voluntati nostræ satisfacere. Tunc ipse sacerdos contra ignis ardorem salutare signum faciens, crucemque Christi bajulans, ipsamque, non flammarum multitudinem attendens, intrepidus mente, hilaris vultu, cum quadam celebritate gravitatis, illæsus in corpore, illæsus et in omnibus quæ secum portabat, in virtute Jesu Christi mirabiliter ignem pertransiit. Nam flammæ undique concurrentes et circumquaque exsurgentes, albam quasi byssinam intrabant, et implendo inflabant; sed naturæ suæ immemores, nihil sibi ustionis inferre poterant. Manipulum denique et stolam, eorumque fimbrias more ventorum sustollendo, huc illucque varie ferebant, sed calore perdito ipsas in nullo comburere valebant. Pili quoque pedum ejus inter flammosos carbones immittebantur; sed, o mira Domini potentia! o Christi laudanda clementia! eorum nulli odore ignis lædebantur. Inter capillos nempe flammæ circumsurgentes intrabant, eosque flando levabant et relevabant : sed nec summitatem alicujus eorum, vires suas oblitæ, adurendo retorquere valebant. Erant quippe flaminæ ex omni parte ipsum concludentes ad Salvatoris miraculum, non ad ardoris incendium. Ardorem catholicæ fidei sentiebant, ideoque non ardebant. Deus profecto noster ignis consumens aderat, ideoque, ipso nolente, corporeus ignis nihil nocere poterat. Procul dubio verum erat quod a servis suis dicebatur, quia illorum testis, veritate juvante, ab igne miraculose liberatur. Veritas enim semper liberat quos falsitatis macula non coinquinat.

« Postquam autem egressus est de igne, dum iterum vellet focum repedare, capitur a populo; deosculantur pedes præ desiderio. Præ gaudio quidem se quisque beatum putabat, qui vestimentorum quamcumque particulam deosculari valebat. Gravi namque premebatur angustia populorum; sed magna cum difficultate liberatur viribus clericorum. Laus Deo ab omnibus una præ gaudio, etiam flendo cantatur, certi jam quia verbum Dei nunquam mutatur. Simon Petrus magnis laudibus sublimatur : Simon denique magus ut stercus pedibus conculcatur. Nomen Petri Apostoli in ore omnium super mel et favum cum laudibus magis magisque dulcescit : nomen impii Simonis super fel et sulphur cum vituperatione magis magisque putrescit. Magnitudinem quippe horum Christi signorum, copiamque gaudii nostri, ac quotidianam gratiarum actionem, nec cordis sensus cogitare, nec linguæ plectrum exprimere, nec manus, sicut est, unquam sufficiet scribere. Sed, quia sapienti de multis pauca suffi-

(11) Vide hac de re Petri Damiani opusculum 5.

ciunt, demum ad paternitatem vestram supplicandum concurrimus Per ipsum vero beatitudinem vestram oramus, cujus vicarium, tam in cœlis quam etiam in terris, vos esse desideramus. Dignamini plebi longa peste demolitæ consilium pariter et defensionis auxilium impendere. Dignamini nos miseros ab importunis luporum faucibus abstrahendo eripere. Dignamini, precamur, arma contra hostes Petri apostoli movere, acies struere, vires sumere, sancta bella committere, et nos oves Christi beato Petro, tibique vice ejus commissas, contra Simoniacos præliando, de captivitate liberare. Plerisque etenim nostrum beatus ipse Apostolus, ut olim a Nerone in cruce confixus, in visu noctis apparet, et, passionem suam ostendendo, ut a societate Simoniacorum declinemus, pie suadet : « Sicut, inquiens, me Simoni mago nunquam conjunxi, sic quoque vos, si Christi esse vultis, si oves pascuæ ejus estis, si me clavigerum regni cœlestis creditis, si me vobis portas regni cœlorum aperire cupitis, Simoniacis nolite sociari, nolite conjungi, nolite communicare. » Nunc itaque, domine sancte, quia fiducia recuperationis nostræ, secundum Deum, in sancta sede Romana est posita; vos qui ipsi præsidetis, oramus ut rapacibus lupis ex adverso ascendatis, atque auctoritatem sacerdotalis culminis pro ovibus vobis vice Petri creditis opponatis. Iterum iterumque cernui sollicitudinem vestram oramus, Pater, ut, quod pastoris est, nobis dilaniatis ovibus ne pigritemini clementer impendere. »

His autem cognitis, Dominus Alexander papa præfatum Petrum Simoniacum de omni episcopali officio deponere curavit.

CAPUT LXV.

Eo tempore comes Bulgarus religionem et sanctitatem, injunctamque constantiam adversus hæreticos beati Joannis suorumque monachorum agnoscens, in monasterio Ficiclensi venerabilem Petrum, qui per ignem mirifice transierat, rogavit sanctum Joannem in abbatis officio constituere. Cujus petitionibus annuens, eidem loco prædictum virum in abbatis officio præfecit. Qui postmodum inde abstractus, et Romam, Deo volente, deductus, post custodiam vaccarum et asinorum, quam in Vallumbrosa jussu beati Joannis humiliter tenuit, post gradum præpositi penes Passinianum, et abbatis officium in prædicto Ficiclo, decenter exstitit cardinalis et episcopus Albanensis.

CAPUT LXVI

Interea quidam fideles clerici et laici Mediolano (11) petentes auxilium sancti Joannis, asserentes quod per multos annos tam ipsi quam plures alii, zelo divinæ legis, pœnitentiam et communionem non acceperant; qui, Simoniacos omnimodo devitantes, catholicorum in sua terra nullum inveniebant. Quibus misericordia motus ait : « Quod vobis consilium possum impendere? » At illi : « Pater, inquiunt, sancte, si tot miseris, vis subvenire, clericos, qui ex nostra terra pro vitando consortio haereticorum ad te confugerunt, a catholicis fac ordinari, tales illuc remitte, et Christianitatem jam pene deletam poterunt renovare. » Quid multa? Pater pius, more solito, nimia pietate commotus, non solum illos, sed etiam quos jam in interiori cella novitiorum habebat, et qui venerant induere monasticum habitum, inde abstraxit, et a Rodulfo episcopo Tudertino, sanctissimo et catholico viro, gradatim ordinari fecit, eosque Mediolanum direxit.

CAPUT LXVII.

Hunc episcopum post Petri (12) Simoniaci depositionem ad regendum Florentinum episcopatum papa mandaverat : et, ut magis dicam, ipsum dominum Rodulfum episcopum praefato Mediolano cum viris eruditis postea misit, ut, cunctis catholicis id omnino petentibus, episcopali officio subveniret ad consolanda corda fidelium, diu pastore catholico destituta.

CAPUT LXVIII.

In eisdem diebus una mulier cum tribus parvulis filiis, quorum unum a dextris, a sinistris alterum ducens, tertium in humeris ferens, filiis ac sibi victum circumquaque pergendo quaerebat. Quae cum ad hospitalem Sancti Salvii, eleemosynam quaesitura, venisset, eamque beatus Joannes multiplicatam filiis, et depressam inopia cerneret, pietate motus custodem hospitalis Andream nomine vocat, et jubet ut aliquid mulierculae largiatur. Ille vero, quem egestatis copia valde premebat, respondet se nonnisi panem unum habere. Cui reverendus Pater de eodem jubet mulieri pro Dei charitate partem porrigere. Cujus jussioni minister obediens, ad furnum properat, in quo panem eumdem reposuerat, et intuens vidit totum furnum plenum panibus. Qui valde laetus effectus, ad illum rediit, sibique quod acciderat nuntiavit, meritis ejus id evenisse non dubitans. Quod beatus vir audiens, dixit ei : « Tace, et hoc nemini dicas; panem autem, ut jussi, petenti tribuas. »

CAPUT LXIX.

Post haec ad Passinianum rediit, ubi diem ab eo longo tempore desideratum, scilicet ut dissolveretur et esset cum Christo, devotus et supplex exspectare coepit cum magna cordis exsultatione; saepius hunc versiculum repetens : *Sitivit anima mea ad Deum vivum; quando veniam, et apparebo ante faciem Dei?* et subjungebat : *Satiabor cum manifestabitur mihi gloria tua.*

CAPUT LXX.

Languore itaque gravescente, coepit evidenter dicere quod vitae suae terminus propinquabat. Mandat itaque discipulis quos fratribus praeposuerat, et ad se facit absque mora venire. Quos de ordinis observatione, commissi gregis custodia praemonens, et in multis eos exhortans, benedixit eis, et osculatus est eos, praecipiens unicuique continuo remeare ad propria monasteria, qui, licet moerentes et nimium flentes, nec patris jussioni contradicere praesumentes, inviti revertebantur. Remanserunt tantum cum eo domnus Rusticus prior, et Laetus Passinianensis abbas. Isti accedentes ad eum eadem hebdomada qua obiit, humili prece rogaverunt ipsum ut fratribus exhortationem aliquam de concordia pacis et charitatis unitate relinqueret. Tunc jussit haec quae hic continentur dictari et scribi, pro aedificatione fidelium in posterum conservanda.

CAPUT LXXI.

« Joannes abbas omnibus fratribus in amorem fraternitatis secum junctis salutem et benedictionem. Me sub gravi infirmitate diu laborantem, Deus ut animam recipiat, corpus meum terra, quatenus ad pulverem revertatur unde materiam sumpsit, quotidie exspecto. Et hoc mirum non est, quia aetas etiam absque tantae infirmitatis oppressione hoc me admonet quotidie exspectare. Et hinc transire quasi sub silentio aestimabam : sed locum et nomen quod in hac corruptibili carne, quamvis non sicut decuit, tenui, pensans, esse utile duxi, vobis aliquid de vinculo charitatis loqui ; et hoc non a nobis, et noviter, sed quae quotidie auditis, transcurrendo replicare breviter. Certe haec est illa virtus quae omnium rerum Creatorem effici compulit creaturam. Haec est illa, quam indicem ipse suorum omnium mandatorum apostolis commendans, ait : *Hoc est praeceptum meum, ut diligatis invicem.* De ista Jacobus apostolus loquitur, dicens : *Qui totam legem observaverit, offendat autem in uno, factus est omnium reus.* Ista est de qua beatus apostolus Paulus dicit : *Charitas cooperit multitudinem peccatorum.* Hinc ergo colligere possumus, quod tenendo charitatem, omnia peccata operiri; caeteras vero virtutes aestimantibus se obtinere posse, sine hac nihil valere. Sed haec audiens quisque superbus et inobediens, hanc in veritate cogitat habere, si se corporaliter in communione fraterna viderit perdurare. A qua, ut ita dicam, opinione falsa unumquemque beatus Gregorius, vere charitatis finem indicando, excludit, dicens : « Ille perfecte Deum diligit, qui sibi de se nihil relinquit. » Quid vero de charitate singulariter loquar ignoro : quoniam omnia Dominica mandata ab hac pullulare radice scio : quia si multi sunt rami boni operis, una est tamen radix charitatis. In cujus calore nequaquam reprobi possunt diu perdurare, Domino Salvatore dicente : *Refrigescet charitas multorum* : quos frigidos et ab unitate divisos apostolus Joannes plangit, dicens : *Ex nobis exierunt, sed non erant ex nobis; nam si fuissent ex nobis, mansissent utique nobiscum.* Et si ita est, imo quia ita est, debet unusquisque fidelis semper pensare qualiter se tam summo bono possit copulare, secumque quos habeat in via Dei socios anxius quaerere.

---

(12) Sunt qui dicant Petrum hunc facti poenitentem in Septimianum, de quo supra, monasterium se recepisse.

Et sicut reprobi, hanc relinquendo, a Christi corpore abscindantur : sic electi, eam in veritate amplectendo, eidem Christi corpori confirmantur. Ad hanc vero inviolabiliter custodiendam valde utilis est unitas fraterna, quæ se constringit sub unius personæ curam, quoniam sicut flumen a suo alveo siccatur, si in multis rivulis dividatur : sic fraterna unitas minus valet ad singula, si fuerit sparsa per diversa. Idcirco, ut in longo ista charitas inviolabilis permaneat vobiscum, volo ut in domino Rodulfo vestra cura et consilium post meum obitum pendeat, saltem sicut in me pependit in mea vita. Valete. »

CAPUT LXXII.

Tertia postea die priusquam obiret, vidit sibi juvenem assistentem, quem fuisse ipsius angelum æstimamus. Quem cum solus, et nullus alius cerneret, ait fratribus : « Quare fratrem illum non vocasti vobiscum, dum comedisti ? » Cui fratres : « De quo, inquiunt, fratre dicis, Pater ? » Et ille : « De illo, inquit, pulchro juvene, qui ad nos venit, et nobiscum moratur ingrediens, et egrediens. » At illi : « Unde est, et quo nomine vocatur ? » — « Nescitis, inquit, quia de monte Domini est, et Benignus vocatur ? » Tunc ille Spiritu sancto docente intellexit angelum esse, et vere de monte Domini, id est de cœlo fore, talique dixit illum nomine appellari, id est Benignus. De illo siquidem monte Psalmista ait : *Quis ascendet in montem Domini ?* et alibi : *Quis requiescet in monte sancto tuo ?* Ad ipsum siquidem montem per gratiam Christi ascendere cupiebat, cui diutius ipse servierat. Et recte beato Joanni Angelum talis nominis deputaverat, quem misericorditer immensa benignitate præ multis mortalibus ditaverat. Quibus auditis, fratres abierunt, et super mensam victum unius hominis posuerunt, extra fratrum victualia constituta, quo adimpleto, quievit. Deinde cum ad exitum propinquaret, fecit hæc in breviculo scribi, et in manu poni, sibique consepeliri præcepit : EGO JOANNES CREDO ET CONFITEOR FIDEM QUAM SANCTI APOSTOLI PRÆDICAVERUNT, ET SANCTI PATRES IN QUATUOR CONCILIIS CONFIRMAVERUNT ; ut crederetur intimo cam corde tenuisse, quam videbatur verbis et operibus catenus utiliter defendisse.

CAPUT LXXIII.

Post hæc Christo tradidit spiritum, corporis et sanguinis ipsius perceptione munitum, in quem integra fide crediderat, quem pure dilexerat, cui pia intentione servierat, secum talentum sibi creditum multiplicatum reportans. Obiit autem feliciter anno 1073, Dominicæ incarnationis, in ferventissimo æstatis ardore, quarto scilicet Iduum Juliarum.

CAPUT LXXIV.

Tunc abbates qui præsentes erant, spe certa credentes Deum sine fetore posse servare magistrum in æstatis fervore, qui discipulum ejus in igne prius servaverat absque omni combustione, deliberaverunt funus Patris insepultum retinere, donec abbates ad ejus exsequias undique convenirent. Hac itaque causa insepultum per triduum permansit : in quibus diebus, ad celebranda tanti Patris obsequia, pene inumerabilis clericorum ac monachorum multitudo convenit. Per hos autem dies et noctes qui convenerant, tanto Patri honore debitum impendentes, infatigabiliter gratias agentes Christo, qui cursum ejus in omni religione servaverat, benedicebant Deum in his quæ de eo noverant et audierant.

CAPUT LXXV.

Post hæc sancti viri corpus in hymnis et laudibus debitis sepulturæ (15) tradiderunt, ita immune ab omni fetore, quemadmodum illæsam fidem suam, donec vixit, ab omni contagionis errore servaverat, et velut Omnipotens discipuli transeuntis per ignem carnem et incombustas vestes omnimodo custodierat.

CAPUT LXXVI.

Quo sepulto, communi fratrum electione dominus Rodulfus obedientiam sibi a Patre injunctam accepit, et triennio rexit, et, dum vixit Vajanum, Fontem-Taonis, et Coneum sub suo regimine sumpsit. Post cujus excessum prior Rusticus regimen totius congregationis tenuit, quam sexdecim annis satis fideliter custodivit : sub quo cœnobium Sancti Angeli in Pistoria, Sanctæ Mariæ in Nerana, Sancti Fidelis Strumis, Sancti Pauli Pisis, Sancti Salvatoris in Sophena ; unum in monte Armato, alterum Osellæ, in partibus Castellanis noviter sunt instituta.

CAPUT LXXVII.

Deinde, post depositionem carnis et Patris eximii sepulturam, multa per ejus merita Deus ostendit : quorum aliquam partem subjungere mihi visum est utile pro utilitate legentium, et multorum ædificatione fidelium.

CAPUT LXXVIII.

Joannes, qui camerarius et cellerarius erat, videns immensam turbam monachorum, clericorum ac laicorum ad exsequias sancti Patris undique convenire, dum non haberet quod tantis posset apponere, cœpit vehementer æstuare, nesciens omnino quid ageret. Tandem ad se reversus, confidens in Domino, meritisque Patris sancti præsumens, ait : « Qui de quinque panibus quinque millia satiavit, potest interventu nostri Patris olera, simulque legumina, cum aliis victualibus hodie multiplicare. » Quo dicto, vascula, quæ more solito fratribus parari solebant, quæ quotidianis eorum usibus vix sufficiebant, integra fide, spe certa, charitate perfectur. Vallumbrosæ item vidimus ejusdem sancti Psalterium et Manuale precum quotidianarum.

---

(15). Passiniani scilicet, ubi hodie quoque sacrum ejus corpus servatur, præter unum e brachiis, quod Vallumbrosæ, et aliquot reliquas, quæ alibi haben-

facta, et ad coquendum cum cibariis statim præparavit, et ad ignem posuit. O mira res et stupenda! de vasculis, quibus [per, vel juxta] solitam annonam fratres loci illius tantum alere solebat, a mane usque ad noctem supervenientibus ibidem hospitibus administravit : nec in aliquo defecerunt, sancti viri precibus mirabiliter aucta.

CAPUT LXXIX.

Dominus quoque Gregorius VII papa, qui ad sacrosancta missarum solemnia veniens in multa compunctione solebat accedere, continuis tribus... cum compunctio consueta sibi deesset, in memoriam venit ei nomen et sanctitas sancti Joannis, cum quo, dum vixerat, amicitiam et notitiam multam habuerat. Quem dum in suum auxilium humiliter invitasset, mox gratiam ejusdem sanctæ compunctionis, multo largius quam solebat habere, resumpsit. Quod dominus Petrus Albanensis episcopus ex ipsius ore domini papæ audisse, ipse quoque verum fuisse coram multis crebro dicebat.

CAPUT LXXX.

Item dominus Teuzo Razolensis abbas, qui de primis maximisque discipulis ejus fuit, dum iter ageret, veniens Vallemumbrosam, gravissimo iliorum dolore sæpius torquebatur. Cumque inter immensas doloris angustias fluctuaret, redire nolens, progredi non valens, patrem Joannem anxius rogare cœpit, et dolor ab eo confestim abscessit.

CAPUT LXXXI.

Alia quoque vice, dum eidem abbati Teuzoni domini prioris Rustici fuisset obitus nuntiatus, et ipse tanto languore teneretur ut se nullo modo posset movere, calliculam benedicti patris reverenter tetigit, et mox sanissimus effectus, ad sepulturam defuncti perrexit.

CAPUT LXXXII.

Item matrona quædam nobilissima, nomine Adalasia, gravissimis per unum integrum annum febribus magnis exæstuans, ante sepulcrum ejus aliquantulum jacuit, et illico, sanitate recepta, meritis ejus incolumis facta, remeavit ad propria.

CAPUT LXXXIII.

Diebus eisdem una lampas ante sepulcrum ejus a priori tunc tempore constituta, quæ nocturnis horis accendebatur, per multos annos ibidem mansit. Quam plerumque in terram corruisse, et semper illæsam mansisse, qui primum ista dictavit, cum multis se vidisse profitebatur.

CAPUT LXXXIV.

Sub eodem tempore, miraculum non dissimile per ejus merita dicitur contigisse. Quidam presbyter, nomine Zenobius, fuerat, qui plebem Brozensem per quadraginta annos et eo amplius rexit. Qui dum una die, sole vergente ad occasum, acceleraret se vespertinam celebrare synaxim, accensa candela, lampadem ecclesiæ festinabat ignire : et cum in ea minime liquorem olei reperisset, nec alias haberet unde eam reficere posset, sæpius replicando ipsam ignivit : sed aqua, quæ in ea erat, absque mora lucentem velociter exstinguebat. Tunc, animo furibundus, fideliter tamen orans, ait : « Si vera sunt quæ de Joanne Gualberto vidi et audivi propriis oculis, in ipsius nomine præcipio tibi, ut celeriter accensa inexstincta permaneas. » Quæ sub tanta velocitate subito est accensa, ac si divinitus imperatum ei fuisset. Idem ipse, qui vidit et interfuit, hæc scripsit, et dictando mandavit.

CAPUT LXXXV.

Deinde frater quidam, Albertus nomine, qui in codem Passiniani cœnobio, in quo beatus Joannes requiescit, dum piscem manducaret, una piscis spina repente gutturi ejus hæsit, quæ sibi gravem angustiam diutius intulit. Sed dum immensum periculum conaretur effugere, nec valeret, ad sancti Joannis patrocinium recurrit, quod efficaciter sibi mox præstitum sensit. Nam ejus nomen corde invocans præsidiumque rogans (quod, præ nimia angustia, voce non poterat,) spinam repente glutivit, et affligentem se molestiam suffragio pii Patris evasit.

CAPUT LXXXVI.

Idem Pater, dum adhuc viveret in hac luce, et esset apud Sanctum Salvium, œconomus duos artifices in cella ejusdem loci pro necessario opere posuit, qui, maligno spiritu suadente, noctu venerunt ad eamdem cellam, disponentes furtim auferre quæ illis apta videbantur; non attendentes Apostoli scriptum : *Qui furabatur, jam non furetur, magis autem laboret manibus, quod bonum est.* Ingressi itaque cellam, impleverunt saccos quos portaverant diversis bonis, et, eos sibi superponentes, ut aufugerent laborabant. Sed peccatorum suorum irretiti vinculis, et beati Joannis impediti meritis, sic immobiles stare cœperunt quasi affixi terræ radicitus tenerentur; nec saccos dimittere nec vacui recedere valebant. Cum vero prima hora diei cellam unus ex fratribus introiret vinum haurire pro missa celebranda, latrones admirans, ad ecclesiam rediit. Finito autem capitulo, retulit quod in cella cognoverat; sed cellerarius se nescire respondit. Beatus autem Joannes, hoc totum sancto Spiritu revelante cognoscens, ivit ad illos ac vehementer corripuit; et ne talia de reliquo præsumerent prius admonuit. Exinde partem furti pie concessit illis, partem nihilominus abstulit. Qui, Patris ejusdem monitis edocti res pauperum ultra non rapere, sed, cum indigerent, humiliter postulare; demum absolvit, et, licentia ejus, illæsi non sine verecundia discesserunt.

CAPUT LXXXVII.

Sunt præterea nonnulla alia de venerabili patre Joanne litteris tradita, quæ oculis aspexi ; quædam alia, quæ fidelium narratione multorum audivi, quæ præsenti opusculo renui copulare, veritus excedere superius pollicitam brevitatem. Insuper ad tumulum ejus, non solum illius terræ incolæ, verum etiam de remotioribus partibus multi crebro veniunt, plurimis anxietatibus pressi, ac variis infirmitatibus aggravati : qui, præstante divina clementia, sancti Joannis precibus, læti et incolumes ad propria revertuntur. Quidam monachus Pistoriensis monasterii Sancti Angeli, interveniente necessitate, dum iter ageret, ad quemdam pontem perveniens, neglexit ex equo descendere, seque confidens equo ad salutem convenienter transvehi, nihil timebat incommodi. Dum autem per pontem transiret, equus ex improviso sub pede lapsus corruit. Unde monachus qui ei supersedebat, vi cadentis equi fortiter impulsus, extra pontem cecidit, et pavore mortis repentinæ perterritus, reverendum patrem Joannem fideliter invocans, semper paratum adjuvare, ut ei succurreret, valido clamore cœpit invocare. Cui quædam imago fulgens protinus assistens, et ejus lateri utramque manum apponens, illum forti veloci impulsu super pontem reduxit; eique mox vestimenta caballus, de quo ceciderat, dum conaretur assurgere, genu premens, tandiu tenuit donec monachus manibus reductis equum comprehenderet, ejusque ventrem subintrans, pontem illæsus ascenderet. Sicque factum est, dum monachus, qui morti videbatur esse vicinus, beati patris Joannis nomen congeminando fideliter repeteret, illius præsidio non solum meruit ab imminenti morte eripi, verum etiam pristinæ sanitati ex integro restitui (14).

(14) Sequitur in editione Romana alius l ber miraculorum, quæ a recentiori auctore parum accurate scripta sunt. Præferendus esset liber Hieronymi de Raggiolo, superius laudati, qui de variis energumenis a sancto Joanne liberatis agit.

DE SANCTO JOANNE GUALBERTO

ABBATE

ORDINIS VALLUMBROSANI FUNDATORE IN MONASTERIO PASSINIANO IN ETRURIA

COMMENTARIUS.

(Apud Bolland., Julii tom. III, die 12, pag. 511.)

§ I. *Sancti patria, nomen et stemma.*

Sanctissimus Vallumbrosani Ordinis institutor, simulque acerrimus Simoniacæ hæreseos oppugnator juxta communissimam historicorum sententiam natus est Florentiæ celebri Italiæ civitate. Patrem habuit Gualbertum : matrem vero, ut quidam volunt, Willam seu Camillam, de qua tamen antiqui Vitæ scriptores non meminerunt. Nomini S. Joannis addidi in titulo Gualbertum, quamvis Didacus Franchius in Vita illius Italice edita lib. 1 pag. 9 dicat ipsum tantummodo a modernis ita appellari. Nam antiquitus etiam ei Galberti sive Walberti nomen, quod pater illius gerebat, datum fuisse, patet ex num. 127 in Vita per B. Andream scripta, ubi Zenobius presbyter lampadem accendere volens sic exclamat : « Si vera sunt, quæ de Walberto Joanne propriis oculis vidi et audivi, in ipsius nomine præcipio tibi, ut celeriter accensa, inexstincta permaneas. » Idem confirmatur ex capitulo celebrato « anno ab Incarnatione Domini nostri Jesu Christi MCXXVII. » In quo statutum est, ut nulli liceat « cantare, nisi quod Majores nostri cantasse sciuntur, scilicet quod in Antiphonario domini Joannis Gualperti invenitur. » Hæc satis de Sancti nostri patria et nomine; nunc de natalium splendore paulo fusius agendum est.

2. Satis constat S. Joannem Gualbertum nobili stirpe progenitum esse; at in exornanda determinandaque ejus nobilitate quidam nimium mihi solliciti fuisse videntur. Inter alios R. D. Tiberius Petraccius arborem genealogicam erexit, in qua maternum illius genus deducit ex Carolingico Francorum stemmate, ac dein per ramum illud connectit cum illustri Ubertorum familia, quam ex augusta veterum Romanorum gente processisse cum Ricordano Malaspina aliisque existimat. Paternam vero stirpem ex Longobardorum regibus oriri asserit. Unde varios consanguinitatis gradus ostendit inter S. Petrum Igneum ex Ordine Vallumbrosano S. R. E. Cardinalem, S. Bernardum Ubertum ex eodem Ordine episcopum Parmensem et Cardinlem. ac denique inter S. Gregorium VII. Pontificem et S. Joannem Gualbertum, ita ut hi omnes non tantum professionis aut sanctitatis, sed etiam sanguinis vinculo fuerint conjuncti, ut fusius explicatur in Actis nostris tom. 6 Maii in Vita Gregorii VII.

3. Quidquid sit de tam antiqua S. Joannis Gualberti origine, quam solide probari desideramus, de hujus arboris genealogicæ ramis aliorum sententias referemus, ut æquus rerum æstimator de tota arbore facilius possit judicare. Baronius in Annalibus Ecclesiasticis tom. XI ad annum Christi 1063 agens de Petro Igneo satis caute dicit, quod fuerit « nobili ortus genere ex stemmate dominorum Aldobrandinorum, ut in Vita ejus edita nuper asseritur. » Sed hæc Vita « nuper edita » exiguam aut nullam habet

auctoritatem, nisi proferat veterum documenta, quibus adeo antiquam nobilitatem Petro vindicet. Quæ cum Baronius prætermiserit indicare, talia defuisse suspicor. Si quis tamen solida in hanc rem instrumenta assignaverit, ea ambabus, ut aiunt, ulnis amplectemur.

4. Historia Ciacconii de Pontificibus Romanis et S. R. E. Cardinalibus ab Oldoino nostro edita auctaque hanc Petri Ignei nobilitatem et cum S. Joanne Gualberto conjunctionem sic ex aliorum opinione refert tom. 1, col. 862. « Cum in sacra Vallis Umbrosæ eremo S. Gualbertus novi Ordinis sub S. Benedicti regula fundamenta jecisset, miraculorum ejus ac sanctitatis fama non per Etruriam modo, sed per remotas dissitasque locorum regiones longe lateque spargebatur. Quare multi ad eum quotidie undequaque confluebant, ut sub tanti Patris instituto mundi pompas et sæculi blanditias relinquentes Deo sedulo sinceroque corde deservirent. Ad quem Dominicæ incarnationis anno MXVIII » (hunc annum postea examinabimus) « inter discipulorum primos non segniter accurrit adolescentulus quidam Florentinus, Petrus nomine, clara, ut ferunt, Aldobrandinorum stirpe progenitus, ipsius sancti Patri conjunctus et affinis. »

5. Deinde post traditam Vitæ illius synopsim subnectit sequentia : « Romæ in aula novarum ædium Vaticanarum Clementinæ, quam vocant, aulæ proxima, B. Petrus Igneus et S. Bernardus Ubert.s S. R. E. Cardinales, brevibus elogiis additis, coloribus expressi conspiciuntur ; eos Clemens VIII pingi jussit. Petrum Joannes Matthæus Cariophilus Iconiensis archiepiscopus epigrammate celebravit.

B. PETRO IGNEO CARD. ALDOBRANDINO.
Dixerat Elias: Hic ara, hic hostia duplex;
   Vincat utri absumens coelitus ignis eat.
Igneus at Petrus litem non terminat aris,
   Sed rapidos ignes permeat innocuus.
Zelus utrique ardens, Petri est victoria major,
   Ignibus ille, ignes vicit at iste suos. »

Ferdinandus Ughellus hanc opinionem tanquam fabulam rotunde explodit, ita scribens tom. I Italiæ sacræ, col. 291. « Cæterum Baronius in tom. XI Eccles. Annal. deceptus a quodam moderno scriptore, qui hujus Sancti vitam temporibus octavi Clementis emisit in lucem, insinuare videtur hunc Petrum Igneum e gente Adolbrandina traxisse originem; itaque favorabilis fabula placuit ut Petrus ipse Cardinalis Adolbrandinus, alioquin princeps sapientissimus, Vallumbrosanum Petrum in nova Clementina aula cum Adolbrandinæ gentis insignibus, elegantique epigrammate a Joanne Matthæo Cariophilo archiepiscopo Iconiensi confecto depingendum curaverit. »

6. Nunc audiamus quomodo de altero ejusdem stipitis surculo, de nobilitate, inquam, Gregorii VII auctores dissentiant. Oldoinus noster in additionibus ad historiam Ciacconii tom. 1 col. 855, ita scribit. « Hiliprandus natione Etruscus, patria Senensis vel melius Soanensis, quæ est urbs Etruriæ prope Senas, habuit parentem Bonicium, non fabrum lignarium, quod ignominiæ ergo adversarios ipsi objecisse scimus, sed ex nobili et antiqua familia Aldobrandescorum comitum Soanensium, ut scribunt Platina, Sansovinus, Tomasius, Maccabrunus aliique ex hujus familiæ insignibus et sequenti inscriptione quæ in ecclesia Metropolitana Senarum habetur. »

HIC ANN. MLIX II.TPRANDO ILDE-
BRANDESCO ARCHID. CURANTE; QUI
POSTMODUM GREG. VII, OECUMENI-
CUM CONCILIUM CELEBRATUM, UBI
ANTIPAPA BENEDICTO ABROGATO,
GERARDUS ALLOBROX EPISCOPUS
FLORENTINUS ASSUMPTUS NICOLAUS
SECUNDUS APPELLATUS.

7. Cujus ætatis vel auctoris sit hæc inscriptio ignoro; verum non satis exacta mihi videtur. Nam inter alia observo, tum temporis contra Benedictum antipapam non fuisse Senis celebratum concilium, multo minus « œcumenicum. » Invenio quidem Senis Pontificem electum esse Nicolaum II, sed post electionem Senis pacifice peractam, habitum fuisse anno MLIX concilium Sutrii, in quo pseudopapa Benedictus, cognomento Mincius, depositus omnique sacerdotali officio privatus est, sicuti tradunt conciliorum collectores post Baronium ex codice Vaticano, qui inscribitur « Liber censuum. » Idem in Labbeana conciliorum collectione tom. IX col. 1098 testantur vetera Romanorum Pontificum gesta, quæ collegit Nicolaus Aragonensis Cardinalis his verbis : « Celebrata itaque in pace electione (ut dictum est) Senis, dictus Nicolaus Pontifex cum Archidiacono et Cardinalibus officium habuit, ut pro causa jam dicti Velitrensis intrusi, apud Sutrium synodum celebraret, ad quam non solum episcopos Tusciæ et Lombardiæ, sed et magnum Godefridum et Guibertum cancellarium convocare deberet. Quod absque dilatione factum est. Prædictus autem Mincius, ubi Nicolaum Papam cum personis, quæ apud Sutrium convenerant, in synodo residere cognovit, sedem, quam invaserat, conscientia remordente, reliquit, et in domum propriam remeavit. » Sentiat lector de hac Senensi inscriptione quod placuerit. Ego hactenus solummodo octodecim synodos œcumenicas agnosco, et ex iis nullam Senis celebratam novi.

8. At ne hic extra olas salteamus, ad præfatam Gregorii VII nobilitatem revertamur. Præter Binium, Ricciolium, Labbeum aliosque, qui hunc patre fabro natum arbitrantur, Baronius egregius Romanorum Pontificum vindex tom. XI ad annum Christi 1073 ita S. Gregorii VII vitam describere incipit. « De ipso dicturi, incipiamus ab ejus natalibus atque genere, quem alii Soanensem, Senensem alii fuisse tradunt. Constantior est sententia fuisse patria Soanense Tusciæ civitate, natum humili loco, parente fabro, quod ignominiæ causa adversarios ipsi obje-

cisse reperimus, cum hac ex parte magis laudandus esset quod evidentiora in eo ex his elucescerent signa veri apostolatus; siquidem Apostolus dicat : Videte vocationem vestram, fratres, quia non multi sapientes secundum carnem, non multi potentes, non multi nobiles, sed quæ stulta sunt mundi elegit Deus, ut confundat sapientes, et infirma mundi elegit Deus, ut confundat fortia, et ignobilia mundi, et contemptibilia elegit Deus, et ea quæ non sunt, ut ea quæ sunt destrueret, ut non glorietur omnis caro in conspectu ejus. Hæc Apostolus : cum alioquin superbe nimis respuat humanus fastus natalis titulum illum, quo Deus Filium suum hominem factum voluit insigniri, ut fabri fil'us diceretur. Addunt vero ista de fabri filio; quod cum puer luderet ad pedes patris ligna dolantis, ex rejectaneis segmentis, cum nesciret litteras, casu elementa illa formarit, ex quibus simul conjunctis illud Davidicum exprimeretur oraculum : Dominabitur a mari usque ad mare; quo significaretur, manum pueri ductante numine, ejus fore amplissimam in mundo auctoritatem. »

9. Scio hanc Baronii sententiam non esse tam certam, quin varia illi opponi possint, præsertim cum neminem pro ea citet. Saltem circa hujus sancti Pontificis patriam plerisque adversatur Hugo Flaviniacensis in Chronico Virdunensi, quod edidit Labbeus noster tom. I Novæ Bibliothecæ manuscript. librorum, ubi fol. 206, antiquus ille scriptor de Gregorio VII hæc disertis verbis affirmat : « Natus est igitur in urbe Roma, parentibus civibus Romanis et, quod maximum est, religiosis, adscribendus civis curiæ cœlestis. » Ex hac opinionum varietate apparet arborem illam genealogicam a R. D. Tiberio Petraccio inventam, non omnino firmis radicibus niti. Et sane novum non esset, indebitos nobilitatis titulos Sanctis affingi, cum in Breviario Romano Antverpiæ anno MDCXXXVI, apud Plantinum impresso de S. Catharina Senensi legerentur sequentia : « Catharina virgo Senensis, ex Benincasia una cum Burghesia familia ex eodem stipite proveniente, piis orta parentibus, beati Dominici habitum, quem sorores de Pœnitentia gestant, impetravit. » Jam autem, omissis prudenter harum familiarum titulis, ita legimus : « Catharina virgo Senensis piis orta parentibus beati Dominici habitum, quem sorores de Pœnitentia gestant, impetravit. »

10. Nolim tamen ut quis ex his aliisque antea dictis existimet, me velle nobili S. Joannis Gualberti aliorumque genealogiæ repugnare ; nam cum in antiquis monumentis nihil certi ad dirimendam hanc controversiam invenerim, prædictum stemma nec admitto nec 'rejicio. Itaque, cum genus et proavi, et quæ non fecimus ipsi, vix nostra dici possint, plurisque facienda sint virtutis, quam sanguinis decora, transeamus ad heroicam clementiam, qua S. Joannes Gualbertus dedit sanctiori vitæ exordium, et orbi Christiano imitationis exemplum.

§ II. *Clementia Sancti erga hostem, prodigiosa Crucifixi inclinatio, et ejus descriptio.*

11. Narrant Acta post hunc commentarium danda, « quemdam propinquum » S. Joannis Gualberti ab altero fuisse occisum. Cum vero Sanctus postmodum in arcta via obvium haberet homicidam, quem armigeris stipatus facile interimere potuisset, clementer ei ob Christi crucifixi amorem pepercit. Post hunc generosum virtutis actum S. Miniatis templum oraturus ingreditur, in quo, dum Crucifixi effigiem sibi caput inclinare videt, sanctioris vitæ desiderium concipit, atque etiam, inscio parente, in eodem S. Miniatis monasterio religiosum institutum amplectitur. Nunc quædam ad hanc historiam observanda occurrunt. Breviarium Romanum et posteriorum sæculorum scriptores asserunt unicum S. Joannis fratrem, nomine Ugonem, interfectum fuisse, ac Joannem Gualbertum sancto Parasceves die interfectori ejus ignovisse; quæ utraque assertio forsan veteri traditione nititur : nam antiquissimi Vitæ scriptores nec certum occursus diem nec ullum consanguinitatis gradum exprimunt. At Actis omnibus aperte contradicunt, qui S. Joannis Gualberti patrem ab hoc inimico interemptum volunt, inter quos est Ludovicus Zacconius in compendio Vitarum omnium Sanctorum, quod ex variis hagiographis collectum ordine alphabetico Venetiis anno 1612 Italice edidit.

12. Fortasse huic errori occasionem præbuit S. Petrus Damianus, qui historiam in substantia similem, sed in circumstantiis discrepantem sic exponit lib. 4, epist. 17 : « Unde non otiosum credimus, si his verbis inseritur, quod celebri a nonnullis relatione vulgatur. Vir quidam, ut dicitur, potentiorem se hominem interfecit, a cujus etiam filio more sæculi, non legibus Evangelii, multas bellorum molestias protulit : Paterni scilicet ultor interitus, et strages anhelabat hominum, et frequentium reportabat manubias rapinarum. Inter has igitur homicida deprehensus angustias, imperiale decrevit adire fastigium, si quod forte tot calamitatibus posset reperire solatium. Quo comperto, paterni sanguinis ultor insequitur, eumque, sive ut tribunalium lege constringat, sive ut repente gladiis opprimat, impiger comitatur. In Teutonicis vero partibus tunc imperator agebat.

13. « Cum itaque procedens modeste, quasi securus incederet, subsequens autem celerius properaret, tandem contigit ut sibimet invicem propinquantes, in mutuos uterque duceretur aspectus. Sed cum is, qui homicidii reus erat, vix quatuor vel quinque comitum fulciretur auxilio interfecti vero filius triginta ferme cingeretur obsequiis armatorum, quaternionem suum cohortatur, ut fugiat. Ille se conspiciens de persequentium manibus avolare non posse, animæ patrocinium petiit, ad humilitatis umbraculum confugium fecit. Projectis igitur armis, brachiis etiam in modum crucis extensis, solo prosternitur, et vel miserentium veniam, vel ictus fe-

rentium præstolatur. At ille jam victor ad reverentiam crucis manu reprimendo compescuit, ultro etiam, ne ab aliquo feriretur, inhibuit. Postremo pacem integram faciens, ad honorem sanctæ vivificæ Crucis non modo vitam, sed et paternæ necis donavit offensam.

14. « Hac igitur insigni peracta victoria, qua scilicet non tam alterius, quam sui, et, ut ita fatear, non tam hostis quam proprii cordis victor exstiterat, ad Regis curiam, quia non procul erat, accessit; sed mox ut ecclesiam oraturus ingreditur, res mira nimiumque stupenda. Salvatoris imago, quæ in Cruce videbatur expressa, tribus cum vicibus inclinato capite visa est salutare. O quam gloriosum et insigne præconium, ut ab auctore misericordiæ mereretur reverenter accipi, qui propter ejus reverentiam omiserat vindicari; et ab eo recipere salvationis honorem, pro quo saluti contrariam posposuit ultionem. Quod protinus imperator audiens, honorifica cum et affectuosa, prout decebat, affabilitate suscepit, et copiosa munerum liberalitate ditavit.

15. Fieri potest, ut simile miraculum alteri parricidium condonanti contigerit. Quod si Petrus Damianus totam suam narrationem de S. Joanne Gualberto intellectam velit, certe errat, ut BB. Andreæ et Attonis Acta legenti manifestum fiet. Neque ille unicus esset ejus error, cum ille auctor, quantumlibet sanctus, scripserit alia, teste Bellarmino, Libro de Scriptoribus ecclesiasticis ad annum Christi 1060 observatione prima, quæ « fabulis fortasse similiora sunt quam historiæ. » Forsan Petrus Damianus, sicut narrationis initio innuere videtur, historiam hanc scripsit ex vulgari fama, quæ multum crescit et mutatur eundo, ut quotidiana nos docet experientia. Inde rem veram aliis circumstantiis vestitam tradidit.

16. Non diffitetur ipsemet S. Petrus Damianus sese quædam in suis historiis ex aliorum qualicunque fide referre. Sic lib. 1, epist. 9, ait : « Ego quoque quod scripsi, procaciter non affirmo, sed utrum verum sit, necne legentium inquisitioni relinquendum esse decerno. » Ejusdem libri epist. 10, ita habet : « Hæc eadem gesta quæ scribimus, quia in transitum audire nos contigit, utrum inoffensam fidei lineam teneant, certum per omnia non habemus. » Lib. 2, epist. 14, ad Desiderium abbatem Casinensem, post narrata varia miracula, sic concludit : « Hæc omnia, venerabilis Pater, non sine magno timore describimus, ne vel per oblivionem propriam vel per infidæ relationis audaciam a veritatis linea quantumlibet declinemus. » Denique ad eumdem Desiderium sic scribit lib. 2, epist. 15 : « Hæc ego, venerabilis Pater, et alia quamplurima non sine magnæ formidinis angore conscribo, ne videlicet vel relatores mei meræ veritatis semitam non tenuerint, vel ipse quoque, relationum in quolibet immemor, oblivione deliquerim. » Cum in tot aliis narrationibus id sibi contigisse fateatur Petrus Damiani, idem in hac

Crucifixi historia ipsi evenisse non injuria suspicor. Ut ut est, ego Crucifixi sese inclinantis miraculum S. Joanni Gualberto accidisse historica fide credo, atque istud in dubium revocare, summæ pervicaciæ, ne dicam dementiæ, esse existimo. Quid enim historice tandem certum erit, si omnibus historicis atque etiam vetustissimis, synchronis aut subæqualibus factum aliquod narrantibus, de eo dubitare liceat? Intolerabilis sane est hæc mentis pertinacia, quam quidam nostri temporis aristarchi, ac præsertim heterodoxi, prudentiam aut constantiam vocare non erubescunt.

17. Modernus quidam Legendarius Gallus, qui omnia Sanctorum Acta etiam per leves conjecturas solet vellicare, hanc miram imaginis sese inclinantis historiam intactam reliquit; nempe, quam nulla ratione oppugnare poterat, silentio aut certe contorta explicatione obscurare nititur; nam ubi minuta quæque S. Joannis Gualberti gesta enumerat, præcipuum hoc miraculum hunc ferme in modum Gallice transilit : « Orabat coram Crucifixo, cumque contemplans mente revolvebat incomprehensibilem Christi amorem, quem erga homines ostenderat mortem subeundo, ut eos æternæ morti eriperet. Hæc morientis Dei repræsentatio ita cor ejus movit, ut decreverit imposterum illi soli vivere, qui pro se mori voluerat. » Artificiosa sane transgressio, qua tegere conatur prodigium, quod non potuit non legisse apud Surium, quem ad marginem citat, et ex quo, ni fallor, Vitam S. Joannis Gualberti texuit. Miror a viro Catholico adeo illustre miraculum dissimulari, quod ipse Rodolphus Hospinianus, infensissimus Catholicorum ac præsertim monachorum hostis in Opere de Monachis, alioquin erroribus et calumniis referto lib. v, cap. 4, supprimere non est ausus.

18. Non ignoro scriptores aliquos in vitium contrarium incurrisse, et in exornando hoc miraculo nimios fuisse, inter quos jure merito numerari potest memoratus ante Ludovicus Zacconius, qui in Compendio omnium Sanctorum supra citato sine ullo veterum testimonio colloquium inter Crucifixum et S. Joannem Gualbertum ex suo, ut opinor, cerebro finxit. Hæc tamen additamenta miraculi veritatem non negant, sed potius confirmant, quamvis per hyperbolen maxime reprehendendam. Nos utrumque scopulum declinantes, nec augere rem, nec diminuere volumus; sed ea credimus, quæ de hoc miraculo viri, tum antiquitate tum sanctitate commendandi, posteris reliquerunt. B. Andreas abbas Strumensis, et B. Atto abbas Vallumbrosanus ac postea episcopus Pistoriensis hanc miraculosam Crucifixi effigiem suo tempore in S. Miniatis monasterio sollicite conservatam fuisse testantur. Jam vero tam pretiosum monumentum non ita pridem Florentiam translatum esse didici ex Mabillonio in observationibus, quas vitæ S. Joannis Gualberti a se editæ immiscuit.

19. Quare cum hujus translationis narratio nobis

deesset, recurri ad Vallem-Umbrosam, sperans fore ut religiosi illi pro solita sua humanitate eam mihi communicarent. Spei meæ quamprimum satisfecit D. Angelus Maria Rivola, ejusdem Congregationis Vallumbrosanæ sacerdos, qui desideratam Crucifixi translationem descripsit, et ad nos transmisit. Cum autem illa translationis solemnitas prolixior sit, quam ut hic commode interseri possit, eam ad appendicem, post S. Joannis Gualberti miracula secuturam, rejeci. Interim hic sufficiet exactam miraculosi Crucifixi descriptionem, quam laudatus D. Angelus Maria Rivola translationi a se descriptæ præmisit prænotans sequentia :

20. « In Dei nomine. Amen. In libro manuscripto Actorum congregationis Vallis Umbrosæ Ordinis S. Benedicti signato ad extra littera N, pag. 151 et sequentibus, refertur concessio sanctissimi Crucifixi, qui caput inclinavit sancto Patri Joanni Gualberto, præfatæ Congregationis institutori, facta eidem Congregationi a regia magni Etruriæ Ducis Celsitudine; et deinde exponitur solemnis ejusdem sanctissimi Crucifixi translatio ab ecclesia arcis S. Miniatis prope Florentiam ad ecclesiam sanctissimæ Trinitatis ejusdem urbis, ejusdemque congregationis Vallis Umbrosæ. Quia vero non desideratur nisi relatio translationis, ideo hæc tantum referetur, omissa prolixiori concessionis narratione, ex qua tamen sileri non potest conditio et qualitas præfatæ sanctissimæ imaginis, quæ ex præfato libro pag. 156 sequentibus verbis exprimitur. » Hactenus D. Angelus Maria Rivola, quibus sequentem Crucifixi descriptionem ex citato Actorum Vallumbrosanorum libro extractam ita subdit :

21. « Lignum in primis, quod præ antiquitate cariosum ac pene corruptum timebatur, solidum, stabile, atque in nulla parte vitiatum repertum est. Tabula illa, supra quam in tela extensa imago Crucifixi est picta, profunda est, seu crassa est dimidio octavæ partis cubiti; ejus longitudo seu altitudo per directum est trium cubitorum cum duabus tertiis partibus, longitudo per transversum est trium cubitorum similium cum duabus octavis partibus, latitudo tabulæ est duarum tertiarum cubiti partium, sed a brachiis crucis usque ad genua latitudo est unius cubiti cum quarta parte. In summa cruce est tabula inscriptionis; in ima vero parte crux habet veluti montem, ut solent et sculpi et pingi cruces. Supra hujusmodi tabulam extenditur tela, supra quam depicta est in morem Græcorum Christi Jesu crucifixi imago ad naturalem altitudinem hominis, sed carnibus valde extenuatis et capillis cincinnatis, et usque ad collum protensis. Diadema est inauratum in eoque scripti conspiciuntur hi characteres LUX. Habet femoralia oblonga, quæ ab illis ad genua protenduntur et plicaturis tenuissimis depicta sunt. A dextris et sinistris crucis in parte illa tabulæ aliquanto latiore subtus brachia depicta est Virginis Matris et sancti Joannis imago, sed in figura admodum parva. Tela vero tota, potissimum autem a pectore Crucifixi ad rel quam usque infimam partem est adeo lacera, ut vix conspiciatur pictura. » Hæc fideliter et authentice ex præfato libro descripta sunt. Decreveram prosequi filum historiæ Gualbertinæ, eamque ordine quodam notis illustrare; sed necessario interserenda hic est scriptorum notitia, ut facilius intelligantur quæ in sequentibus paragraphis agitanda et elucidanda sunt.

§ III. *Quinam auctores S. Joannis Gualberti vitam scripserint, et quorumnam scripta a nobis sint edenda.*

Innumeri pene scriptores de rebus a S. Joanne Gualberto præclare gestis meminerunt. Didacus Franchius ante ejusdem Sancti vitam a se Italice editam alphabeticum posuit catalogum manuscriptorum, quibus in contexenda sua historia usus est. Habeo præterea catalogum manuscriptum, in quo præter viginti duos auctores, qui ex professo, ut aiunt, vitam S. Joannis litteris mandarunt, enumerantur sedecim alii, qui ex occasione eamdem vitam obiter attigerunt. Præcipuos mihi notos hic tempori ordine recensebo. B. Theuzo, S. Joannis Gualberti discipulus, dicitur a quibusdam primus sancti Patris sui vitam scripsisse. Sed an genuinum sit B. Theuzonis scriptum dubitat D. Aurelius Casari in epistola anno 1692, ad Papebrochium data, ita sincere significans : « Inveni in aliquibus archivis nostris... vitam S. Joannis Gualberti Etrusco sermone, cujus auctorem facit D. Didacus de Franchi B. Theuzonem, quod equidem haud facile concedo. » Non dubito quin vir ille candidus et eruditus solidas habuerit rationes ad id non facile concedendum. Cum tamen nobis hanc vitam in fonte videre non licuerit, de re ignota judicium non feremus.

23. Alter ejusdem S. Patris discipulus est B. Andreas patria Parmensis, cognominatus de Strumis, ab ea, quam postea gubernavit, abbatia Strumensi, cujus vitam illustrarunt Majores nostri ad diem x Martii. Is circa finem sæculi xi præter vitam S. Arialdi martyris, scripsit Acta S. Joannis Gualberti, quæ dudum latentia in lucem produxit mox laudatus Aurelius Casari et ad nos transmisit cum humanissimis litteris, quæ inventionis occasionem et characteristicas inventi thesauri notas explicant. Proximus huic nempe medio circiter sæculo xii, gesta S. Joannis Gualberti conscripsit B. Atto, ex abbate Vallumbrosano Pistoriensis episcopus, cujus vitam elucidavit Papebrochius ad diem xxii Maii. Sæculo xiv ejusdem Sancti Acta a Benigno Cæsenate conscripta fuisse testatur Aurelius Casari in prædicta epistola, et enumerans varia bibliothecæ Laurentianæ manuscripta, inter alia dicit se invenisse « vitam S. Joannis Gualberti Etrusco sermone antecedenti simillimam (egerat de vita quæ B. Theuzoni tribuitur) manu Beati P. N. Benigni Cæsenatis, eremitæ cellarum, quo in loco eam scripsit die iii Januarii anno MCCCLXXIV exaratam, in qua abbatum generalium Vallis Umbrosæ Catalogum ponit usque ad annum MCCCLXXIII. »

24. Andreas de S. Ambrosio monachus Benedictinus, vulgo dictus Andreas Januensis, anno 1419, ut ipsemet in proœmio indicat, ex antiquis Actis collegit vitam S. Joannis Gualberti, eamque, quod priores Vitæ scriptores prætermiserant, quibusdam Chronologicis notis, ac prolixioribus phrasibus auxit. Hunc Andream Januensem perperam cum B. Andrea Strumensi abbate confudit Mabillonius in observationibus præviis ad vitam S. Joannis Gualberti sæculo VI Benedictino, part. 2, pag. 266, ita notans : « Illic, » nempe in Valle Umbrosa, « sedem suam fixit Joannes Gualbertus, cujus res gestas primus litteris mandavit Andreas Januensis, cujus scriptionem nancisci nobis haud licuit. » Crassus enimvero error cum unus sæculo XI, alter XV scripserit. Si operæ pretium foret, errorem hunc clare demonstrare possemus ex ipso Andreæ Januensis ecgrapho, quod D. Franciscus Redi Majoribus nostris ex Ms. Ripolensi describendum humanissime curavit, quodque in Musæo nostro etiamnum sedulo servamus, quamvis hic non edendum, ne tam multa S. Joannis Gualberti Acta lectorem tædio afficiant, et maximam hujus tomi partem occupent.

25. S. Antoninus archiepiscopus Florentinus, parte 2 Historiarum, tit. 15, cap. 17, Vitam S. Joannis Gualberti eodem sæculo compendiosius exaravit. Hieronymus, Radiolensis, qui, teste Franchio, florait anno 1480, vitam ab Andrea Januensi Latine scriptam, in linguam Italicam transtulit. Circa idem tempus, aut paulo etiam ante, Xantes Perusinus abbas Marrathensis in componendis ejusdem Sancti Actis cultiore scribendi genere usus est, deditque operam ut sancti Patris sui vitam rhetorico stylo exornaret. Habemus hic doctissimi hujus scriptoris ecgraphum, quod acceptum referimus industriæ et labori D. Aurelii Casari, qui illud propria manu fideliter descripsit. Thaddæus Adimari, Xantis Perusini successor, S. Joannis Gualberti vitam vulgari lingua imprimendam curavit Venetiis anno 1510 apud Lucantonium Di Giunta Florentinum.

26. Laurentius Surius ad diem XII Julii mutato stylo eamdem vitam edidit. Verum quis illius fuerit auctor, nonnulla est inter eruditos controversia. Antonius Possevinus noster in Apparatu sacro tom. I, ad litteram F, pag. 662, nihil læsitans sic pronuntiat : « Jacobus Fornerius sive Furnius Tolosanus Ord. Cisterciensis, qui Benedictus X (vulgo vocatur XII) hujus nominis summus Pontifex fuit, scripsit vitam S. Joan. Gualberti, quæ extat apud Surium tom. IV ad diem mensis Julii XII. » Hanc Possevini assertionem dubiam reddit Gerardus Vossius lib. 2 de Historicis Latinis, cap. 57, ita disserens : « Vitam Gualberti apud Surium habemus tom. IV a. d. XII Jul. Sed nomen auctoris in Ms. desiderabatur. Quare utrum Fornerii an Blasii sit, haud facile dixerim. Sed magis eo inclinat animus, ut monachi Vallis-Umbrosæ minus siverint perire vitam fundatoris sui Ordinis a monacho scriptam ejusce loci, quam ab abbate Montis Frigidi. » Vitæ a se editæ nomen auctoris defuisse fatetur Surius Actis Gualbertinis hunc titulum caute præfigens : « Vita S. Joannis Gualberti auctore (ni fallor) Blasio Milanesio Generali Ordinis Vallis-Umbrosæ : Is enim scripsit hujus beati Viri vitam; sed codex Ms. ejus nomen non habebat. » Nostra parum interest cujuscunque sit hæc vita, cum certe antiquiora Acta simus edituri.

27. Eudoxius Locatellus anno 1582 sancti Patris sui gesta et miracula primo operis sui libro Italice edita ad posteros transmisit. Post plurimos alios, qui tum soluta tum ligata oratione S. Joannis Gualberti Acta exornarunt, omnium copiosissime Didacus Franchius duodecim libris, Florentiæ anno 1640 Italica lingua impressis, eamdem historiam complexus est, ac plurimis notis illustravit. Denique Vincentius Simius in Catalogo Sanctorum et virorum illustrium Congregationis Vallis-Umbrosæ, anno 1693 Romæ typis vulgato, ad litteram I, pag. 157, breve vitæ Gualbertinæ compendium tradidit. In eo juxta communem Vallumbrosanorum scriptorum sententiam tenet, sanctum Patrem suum natum esse anno Christi 985, ac pervenisse ad ætatem 88 annorum, adeoque consequenter dixisse debuisset cum receptissima opinione, eum mortuum esse anno 1073. Miror itaque annum 1075 ab eo poni; nisi forte sit error typographicus, quem libenter ignoscimus : nam hanc errandi veniam petimusque damusque vicissim.

28. Ex enumeratis scriptoribus, quos fere omnes sive manuscriptos sive impressos in Musæo nostro servamus, tantum priores duos, utpote ab antiquitate maxime commendandos, hic edere visum est; ac primo quidem loco Acta B. Andreæ abbatis Strumensis, quæ nobis eo sunt cariora, quo diutius fuerunt in latebris perquisita ac tandem diligentia D. Aurelii Casari detecta, ut patet ex ejus epistola anno 1691 ad Papebrochium data, cujus partem hic præmitto, ut de beati scriptoris auctoritate et ecgraphi sinceritate constet. Sic igitur post religiosam et amicam salutationem scribit. « Perdideramus nos Vallumbrosani sanctorum beatorumque nostrorum digna veneratione colendas memorias; præcipue autem sanctissimi Patris nostri institutoris Joannis Gualberti Vitam, quam luculento sermone descripsit beatus P. N. Andreas abbas Strumensis, sancti Patris discipulus, ex qua magna ex parte suam composuit S. P. N. Attho Pistoriensis episcopus. Sed Dei gratia illam ego inter libros et Mss. Rev. Abbatis Petracci, jam in cœlo uti pie speramus recepti... inveni, cujus quidem venerandi codicis antiquitatem vel ipsum erubescens vel potius pallescens attramentum demonstrat.

29. « Liber est pecudineus chirographicus in 4 minori, ad extra litteris deauratis sic inscribitur : « Sci Jo. Gualb. vita a B. And. Abb. Strumensi « conse. » Intus autem sic incipit. « Sancti Joannis « Gualberti Vallis-Umbrosæ primi abbatis ac ejusd. « Ord. Instit. vita a B. And. sci fid. de Strumis ab« bate composita; cum supplemento ex aliis auctori-

« nus in locis, ubi aliqua praesentis perantiqui libelli
« folia desiderabantur, posita. » Scriptio supplementi
mihi semimoderna videtur; illa vero codicis antiquissima, et ante annum MCLIV, vel certe paulo post
ipsum, ut multis probare possem, exscripta. Utinam
et lyncei oculi vestri codicem hunc, vere aureum,
inspicere possent? una mecum antiquitatem probaretis. Utinam talem prae manibus habuissem, quando
eruditus P. Conradus Janningus (ni fallor) huc ad
Vallem-Umbrosam accessit, cui in nostro hospitio
inservisse gloriabundus etiam nunc exulto, verum
et ipse testimonium occulatus testis perhiberet! Ecce
vobis et nobis coeli benignitas favit. En praeclarum
(sic vos in Actis Sanctorum die x Martii et xxv Maii
decoratis) opus beati Andreae, quos vos iisdem diebus nuspiam reperiri doletis, inventum. Hoc ergo
quamprimum fideliter exscribam, vobisque per illustrissimum et eruditissimum virum et communem
amicum Dominum Antonium Magliabechium mittam. »

30. Promissis stetit vir humanissimus et sequenti
anno vitam propria manu descriptam ad Papebrochium misit, quem in epistola scriptioni suae involuta sic alloquitur. « Virum occupatissimum insuper
occupare meo non inesset animo, ni forte quid Sanctorum honoris et gloriae praemeditarer et Paternitati V. R. gratum foret. En vobis nova occupatio,
dum hisce litteris me vobis praesentem exhibeo, in
manibus inventum thesaurum tenentem, et offerentem vitam S. P. N. Joannis Gualberti, auctore
B. Andrea abbate Strumensi, quam fideliter descripsi, ut testimonio ibidem apposito evincere fas
est. Hujus beati scriptoris auctoritas prae aliis aestimanda est, utpote qui beatissimum Patriarcham et
B. Discipulum Teuzonem et aliquos qui in vita memorantur, noverit. Ipso scribente, adhuc vivebat B.
Teuxo, uti testatur his verbis. « Venerat inter ceteros Teuzo, qui adhuc superest, venerandus pater
« et senex. » Vivebat et ille Joannes antiquissimus
frater, de quo sic. « Quod ille adhuc superstes sic
« actum fuisse, et illa, quae superius diximus, viva
« voce testatur; et non solum illa, sed etiam quae
« inferius subjungemus. » Occurrunt et de aliis
exempla similia, ut § Eo tempore, etc., prope finem;
et § Quod scribimus a venerabili fratre didicimus
Joanne; et § Vere non solum, » etc.

31. Demum Vitae a se exscriptae hoc annectit testimonium : « Ego Domnus Joannes Aurelius Casari
hiero-monachus Ordinis et Congregationis Vallis-Umbrosae in veritate profiteor, me supraascriptam
Vitam S. P. N. Joannis Gualberti, auctore beato Andrea abbate, fideliter exscripsisse ac desumpsisse a
pretioso quodam manuscripto pecudineo antiquissimo, quod nunc mea quidem industria in Archivio
Vallis-Umbrosae servatur. Liber est in octavo (vel ut
ante dixerat quarto minori) litteris bene formatis,
sed in ferrugineum colorem prae antiquitate vertentibus. Habet folia 48. Primum et secundum continent supplementum, sic et septimum et nonum, quos

in praesenti exscriptione his signis « obsignavi. Folia
« quaedam desiderantur; ideo ne mireris sic finiat.
« Quod postea retractans. » Ecgraphum Aurelii Casari more nostro in numeros distributum hic typis
mandabimus, et supplementum, quod ipse signis,
distinxit, nos uncis [ ] includemus. »

32. Hisce B. Andreae Actis subjungimus Vitam
S. Joannis Gualberti a B. Attone episcopo Pistoriensi conscriptam; quae quamvis ut plurimum cum
praecedenti conveniat, tamen quia amplior est et in
quibusdam paulum differt (hanc discrepantiam in
Annotatis observabimus) etiam lectoris oculis subjiciendam esse censuimus, prout eam edidit Mabillonius saec. vi Benedictino, parte 2, pag. 268, relicta
editione Romana Thesauri Velii, quae mendosa est,
ut jure merito conqueritur Aurelius Casari hac exclamatione : « Quam manca et mutila est vita S.
Joannis Gualberti auctore S. Atthone, typis excusa
Romae anno MDCXII! » Ut etiam hujus beati scriptoris auctoritas innotescat, placuit laudes ei a
contemporaneis datas excerpere ex litteris, quae leguntur apud Ughellum tomo III Italiae sacrae, col. 562,
ubi Raynerius canonicus inter alia sic ipsi scribit :
« Tuae virtus innocentiae a me laudanda foret, sed
timui laudes diminuisse tuas. Romana namque et
Apostolica Sedes, dum studium tenerem Quintonio
in Anglia, tantam tuae prorupit laudem excellentiae
in curia praesulis Quintoniensium per Dominum Matthaeum Diaconum et Cardinalem sancti Georgii : Interrogatus a me de nostrae et Romanae statu ecclesiae, dicens, quod Romana et Apostolica sedes beata
foret, si tui duceretur moderamini gubernaculi,
quod me ultra quam dici possit laetificavit. » Honorificum enimvero elogium. Si quis plura volet, legat
ejus Vitam in Actis nostris xxii Maii.

33. Papebrochius quidem in illius Vita ad dictam
diem illustrata suspicatus fuerat, B. Attonem patria
Pecensem esse, eo quod in instrumento quodam ita
notatum invenisset. « Ego Fr. Atto Peccenmonachus
et dictus Pistoriensis episcopus, huic Brevi firmando
subscripsi et illud fieri rogavi cum omni bona voluntate. » Eruditus D. Joannes Aurelius Casari, lecta
hac Papebrochii conjectura, anno 1691 ad eum scripsit in hunc modum: « Ex hac peroratione S. Attonis » (loquitur de epilogo vitae Gualbertinae a se primum invento, quem postea dabimus), « et ipsius
Memoriali jam vobis per P. D. Placidum Poltri
transmisso, in quibus utrisque, vir sanctus ubi hoc
titulo gloriatur PECCATOR MONACHUS, liquido apparet,
verba illius instrumenti per vos ad diem xxiv Maii
recitata, scilicet. Ego Frater Atto Pecen. monachus,
non sic legenda, ut sonent Pecensis, vel ut aliis placet, Pacensis, sed PECCATOR, ut supra in peroratione et Memoriali. Sic sentio ego D. Jo. A. qui supra, salva tamen semper in omnibus auctoritate
vestra. » Cum ea legisset Papebrochius, statim vir
candidissimus, et ad errores suos corrigendos semper promptissimus, scripta scheda et ad vitam
B. Attonis affixa, opinionem D. Joannis Aurelii

Casari tamquam probabiliorem amplexus est, et in dicta scheda præter alia sic candide notat : « Hunc sane non exiguum fructum existimo propositi dubii, etiamsi per hoc contingat, nostram quoque de Sancti patria conjecturam ruere : nec enim tales diutius valere volumus, quam quod aliunde refellantur, vel melius quidpiam substituatur. » Hoc candidum Magistri nostri exemplum imitari volumus, sicubi a vero aberremus. Hæc ex occasione dicta sunto ; jam ad propositum nostrum redeamus.

34. Post utramque hanc Vitam prælo committemus S. Joannis Gualberti miracula, ab Hyeronimo Radiolensi collecta, et Henschenii Papebrochiique manu descripta, de quibus in sæpe jam memorata epistola sic habet Aurelius Casari : « Inveni duos codices Mss. pecudineos vere autographos D. Hieronymi Radiolensis, nempe miracula S. Joannis Gualberti et sermones ejusdem Hieronymi, in quibus breviter vita S. Joannis Gualberti inseritur, in cujus fine sic habetur : Iste liber est mei Domni Hieronymi Prioris. » Ut autem lector hujus collectoris fidem pietatemque noverit, breviter addo partem elogii, quod Vincentius Simius in Catalogo virorum illustrium Congregationis Vallis-Umbrosæ ad litteram H pag. 454, sic concinnavit : « Hieronymus Radiolensis Prior abbatialis sancti Donati in Vincla, inter scriptores Vallumbrosanos valde celebris, scripsit in primis vitam beatæ Mariæ Virginis, erga quam tenerrimæ devotionis affectu erat inflammatus ; deinde miracula sancti Joannis Gualberti et opus hoc dedicavit magnifico Laurentio Medices, cui extitit ipse singulariter acceptus ; præterea tractatus edidit super gestis aliquorum beatorum, super tribus votis solemnibus, super gradibus humilitatis et super virtute patientiæ ; epistolæ autem ab eo datæ, et aliæ sacræ elucubrationes fuerunt fere innumerabiles. Ne momento quidem temporis visus est umquam otiari ; quin imo semper actu fuit occupatus in aliquo laudabili exercitio vel legendo vel scribendo vel orando. Præter horas canonicas bis in die recitabat Officium Virginis Deiparæ, semel in die officium defunctorum, Psalmos Graduales et Pœnitentiales cum Litaniis et precibus. Ultra consuetas religionis Quadragesimas et jejunia, etiam aliis superadditis abstinentiis carnem macerebat, sicut et ciliciis et frequentibus flagellationibus. » Dein Simius piam ejus mortem enarrat. Hæc dicta sunt ad clariorem quæstionum secuturarum intelligentiam ; nunc historiæ nostræ illustrandæ filum resumamus.

§ IV. *De monasterio S. Miniatis, quod S. Joannes Gualbertus ingressus est, quare illud deseruerit.*

S. Joannes Gualbertus, prædicto Crucifixæ imaginis prodigio motus, sæculo nuntium remittere statuit. Itaque, præmissis pia fraude famulis ad S. Miniatis monasterium revertitur, et, inscio patre, in monachorum numerum cooptatur, ut fusius narrant utraque Acta. Sed hac occasione occurrit quæstio de restauratione ecclesiæ S. Miniatis, quæ, cum non sit ab hoc nostro instituto omnino aliena,

breviter tractanda est. Didacus Franchius in vita Italice edita lib. 2, contendit a S. Henrico imperatore ad preces Hildebrandi episcopi Florentini templum hoc restauratum esse. Contra Ughellus tom. III Italiæ sacræ, col. 62, adductis authenticis instrumentis, ita sentit : « Ildebrandus autem inter cetera pietatis officia, quibus inclaruit, collabentem S. Miniatis martyris basilicam restauravit, ac magnifice exornavit. Ceterum ut ejus piæ munificentiæ perennaret memoria, illorumque jugularetur error qui ejus basilicæ magnificam restaurationem in Henricum Imperatorem ac Cunigundam ejus uxorem, insignis pietatis feminam, retulerunt, hanc antiquam scripturam hic subjiciendam curavimus, in qua apertissime ejus ædificationis tota gloria in Ildebrandum redundat, qui ibi etiam a se monachorum collegium institutum a Florentinorum præsulum arbitrio dependere decrevit. » Tum subit donationis instrumentum, quod hic brevitatis causa omitto. Ughelli opinionem sequitur Mabillonius in Annalibus Benedictinis tom. IV, ad annum Christi 1013 ; quam etiam ego ut verosimiliorem amplector.

36. Non possum quin hic obiter corrigam erroneam Mabillonii conjecturam, quam in iisdem Annalibus ad annum Christi 1028, donationem quamdam Lamberti episcopi Florentini monasterio S. Miniatis factam commemorans, sic proponit. « His litteris subscribunt, ut mox dicebam, Leo abbas de monasterio S. Miniatis, et post eum Theuzo presbyter et monachus, Ottriso presbyter et monachus, et Johannes presbyter et monachus. Forte is sit Johannes Gualbertus, qui hoc ipso tempore ad S. Miniatis monasterium se recepit. » Miror virum in antiquitatibus monasticis versatissimum hic ita hallucinatum esse, ut Johannem Gualbertum crediderit fuisse presbyterum, postquam in vita ipsius per B. Attonem scripta legit hæc verba : « Eorum quoque magister omnes ecclesiasticos ordines plurimum honorabat, quos Catholicos esse sciebat, ita ut fores ecclesiæ non præsumeret aperire, nisi prius ordinatus aliquis aperiret. » Clarius id etiam in Sancti vita num. 29 exprimit B. Andreas his verbis : « Eorum Magister et Pater tantam circa omnes ecclesiasticos gradus reverentiam semper habuit, ut nullatenus aliquando potuerit cogi, nec etiam Ostiarius fieri : sed cum ecclesiam ingredi vellet, et fores essent clausæ, eas ingredi nullo modo præsumebat, donec Ostiarius, qui illas aperiret, vocaretur. »

37. Nunc altera instituenda est quæstio, eaque difficilior, scilicet quam ob causam S. Joannes Gualbertus præfatum S. Miniatis monasterium deseruerit. Acta omnia quæ mihi videre licuit asserunt quod Simoniaco abbati, per Florentinum episcopum promoto, noluerit subesse. Quomodo hanc Simoniacam abbatis sui promotionem S. Joannes Gualbertus cognoverit, longa narratione, nescio unde eruta, explicant recentiores Vitæ scriptores atque inter illos primus, ut opinor, Andreas Januensis, qui in Vita, quam hic manuscriptam habemus, sic narrat

cap. 8 : « In eodem autem monasterio erat quidam monachus, nomine Ubertus, valde subdolus et transitorii honoris maxime cupidus, qui de rebus monasterii, proh dolor ! furtive quanta poterat, rapere atque cujusdam alterius Johannis custodiæ, quem unanimem habebat, committere disponebat ; nempe ut male conquisita prave dando, non ut custos et pastor ad regimen, sed sicut prædo et raptor ad dominium abbatiæ quandoque pertingere posset, quod efficere spiritu elationis magnopere studuit postquam beatus Johannes abbatiæ dominium usus consilio prædictorum duorum humilitatis spiritu deseruit. »

58. « Quapropter idem Ubertus Florentiam perrexit, et Vicedominis, ut se juvarent apud episcopum, centum solidos aureos, episcopo autem, Attoni nomine, multam pecuniam pro dicta abbatia sancti Miniatis dare promisit ; et quam, diabolo suggerente, diu concupierat, eodem persuadente, jam invadere satagebat. Igitur pecuniæ pactione perpetrata, et abbatiæ potestate ita Simoniace suscepta, idem Ubertus, id est abundans ad omne malum, et non ad bonum, quemdam hominem ad monasterium præfatum ejusdem sancti Miniatis misit, atque de Johanne consanguineo Vicedominorum interrogare monuit, et qualiter abbatiam prædictam acquisisset, quidve pro ea daturus esset nuntiaret ; ideoque pecuniam, quam illi crediderat, illuc sibi mandaret. »

59. « Ad monasterium igitur sancti Miniatis prædictum Uberti legatus seu nuntius veniens, et Johannem Vicedominorum consanguineum, perquirens, Deo concedente, Johannes Gualberti hoc modo propter eumdem Gualbertum patrem suum est illi nuntio deductus qui Gualbertus nihilominus Vicedominorum Florentiæ erat et consanguineus. Cui Joanni Gualberto, cum nuncius ex parte Uberti pecuniam sibi commodatam quæreret, et qualiter ad abbatiæ dominium ipse pervenisset exponeret, confidens quod ille esset de quo Ubertus dixisset, mox Joannes beatus, simplex et rectus ac timens Deum, et velut alius Job recedens a malo, crimine confratris et monachi Uberti erubuit satisque doluit, et nimis admirans dixit, exemplo Salvatoris fingens se longius ire : Hoc, frater, quod quæris Uberto deferendum, et episcopo ac Vicedominis dandum, tibi convenienter præbere non valeo, si non id ipsum coram ceteris monachis et fratribus dixeris, ut mihi testes possint fieri, quod, quod quæris, Uberto mandaveris.

40. « Hoc igitur remedio contra morbum execrabilem dicti Uberti beatus Johannes est usus, more cauti medici, volens contraria contrariis curare, ut ipse Ubertus videns publicum, quod credebat esse secretum, et sic nimio rubore confusus declinaret a dicto malo et faceret bonum, scilicet de eodem morbo pœnitentiam agendo, et etiam ut monachi, qui sunt tamquam oves, viderent quomodo caute viverent sub eodem, quia hic non erat pastor sed mercenarius, cujus non sunt oves propriæ, quique videns lupum venientem, dimittit oves et fugit, quia mercenarius est, et non pertinet ad eum de ovibus, secundum evangelicam veritatem. Atque etiam sciebat, prout audiverat, scriptum esse in sacris sanctionibus, ut sicut Simoniaca pestis sui magnitudine alios morbos vincit secundum intellectum juris, ita sine dilatione, mox ut ejus signa per aliquam personam claruerint, de ecclesia Dei debeant eliminari atque propelli.

41. « Ergo cum fratres et monachi hoc cognoscerent Deo volente, atque Uberti legato cuncta referente, omnesque fere dolerent pariter et erubescerent, sanctus Johannes, zelo Dei succensus et fidei calore inflammatus armisque spiritualibus præcinctus dixit : Quid ergo dicemus, fratres, aut quid faciemus ? Qualiter hic ultra stabimus, aut quo ibimus ? Ecce venditi sumus. Monasterium emitur. Honor ecclesiasticus, qui, Christo instituente, gratis est dandus ac gratis accipiendus, pecunia emitur, pecunia pariter acquiritur. Igitur, his dictis, quosdam ex monasticis et fratribus, hujusmodi Simoniacum execrantes per diversa monasteria statim collocans, cum uno eorum, quem sanctiorem credebat, et ideo cum plus ceteris diligebat, protinus ordinat, quomodo melioris vitæ legibus se posset submittere, ac Simoniaci dominium abbatis evadere, cum ejus tyrannidi non valeret resistere. » Hæc ille; quæ quidem quoad substantiam vera esse arbitror, quia eamdem discessus causam antiquissimi vitæ scriptores etiam memoriæ prodiderunt. At suspicor, quasdam circumstantias ab Andrea Januensi ingeniose esse excogitatas.

42. Mabillonius negat S. Joanni Gualberto hanc fuisse discedendi causam, et consequenter totam Andreæ Januensis historiam falsitatis arguit in Annalibus Benedictinis tom. IV, ad annum Christi 1052, ita disputans. « Florentiæ in Italia Lambertus piissimus antistes, rerum humanarum pertæsus, pastorali cura hoc anno abdicata, vitam monasticam amplexus est, quo in vitæ genere incomparabile probitatis exemplum præsentibus posterisque usque ad obitum præbuit. Hoc exemplo Petrus Damiani in sua ad Nicolaum Papam epistola abdicationem et ipse suam comprobavit. Non ergo verisimile est, Lambertum episcopum eum fuisse, qui ob Simoniæ vitium Johanni Gualberto secedendi e monasterio sancti Miniatis occasionem præbuerit. Neque id tribui potest Athoni episcopo, Lamberti successori, qui præsul æterna memoria dignus fuisse dicitur; idque probant egregia ejus facta, quæ Ughellus refert, scilicet benefacta ejus tum in ecclesiam Florentinam, tum in Miniatense monasterium. »

43. Deinde, allato fragmento cujusdam instrumenti, quo laudatur Miniatense monasterium, sic pergit : « Quæ omnia probant, longe aliam fuisse Johanni Gualberto recedendi ab illo monasterio occasionem, scilicet majoris perfectionis ac solitudinis studium, ut superius diximus. Extat ad Obertum ejus loci abbatem Benedicti IX epistola, qua omnes ejus

possessiones ab Hildebrando, Lamberto et Athone episcopis concessas confirmat. Lamberto successit Gerardus, natione Burgundio, qui ob præclaras animi dotes ad Florentinum episcopatum promotus est, creatus demum pontifex sub nomine Nicolai II; quo episcopo, celeberrimum monasterium. sancti Salvii nomine insignitum, duobus ab urbe Florentia millibus, a Johanne Gualberto Vallumbrosani Ordinis institutore conditum est. Nullus in his [locus est Simoniaco illi episcopo, qui Johanni secedendi occasionem præbuerit, qualis ab Athone in ejus Vita confingitur. »

44. Hæc non incongrua sunt ut probent nullum ex his nominatis episcopis Simoniaca labe contaminatum fuisse. At durum mihi videtur propterea B. Attoni fictionem objicere, et, quod durius est, B. Andreæ scriptori coævo fidem nolle adhibere. Malim ego credere hunc Simoniacum episcopum (quisquis is demum fuerit, nam beati Vitæ scriptores nomen ejus non exprimunt,) in catalogo Florentinorum præsulum esse omissum, aut alios non recte collocatos, aut denique aliquem ex prædictis episcopis, antea Simoniæ reum, resipuisse, ac postea peccati maculam munificis donationibus eluisse. Hæc ultima conjectura non omnino improbabilis est : Sic enim legimus, 'Petrum Simoniacum, Florentinum episcopum, de quo postea pluribus pœnitentia ductum, religiosam vitam duxisse. Sic Gregorius VII Rodulpho Simoniaco Sueviæ Duci scribit lib. 2, epist. 45. « Ad correctionem tuam tibi intimamus, ut quantumcumque pretii te pro disponendis in ecclesia clericis accepisse recordaris, aut in utilitates ejusdem ecclesiæ, si attinere ei videtur, aut in usus pauperum expendas ut, nulla in te reprehensibilitatis macula remanente, inter electos regni cœlestis cives adscribi merearis. »

45. Minus urget, quod ad confirmandam suam opinionem ex Ughello adducit Mabillonius in iisdem Annalibus tom. IV, ad annum Christi 1058. « Ex iisdem litteris, » scilicet Ittæ abbatissæ sancti Hilari, « innotescit causa, ob quam Johannes cum sociis e suo monasterio recessit ; nempe solitudinis amor et studium vitandæ populi frequentiæ, qui ad sancti Miniatis monasterium confluebat. Sic enim Itta in prædictis litteris loquitur, ubi quædam præmisit de viris sanctis, qui ad pie sanctequae vivendum omnia relinquunt : « de quorum collegio », inquit « quosdam viros de sancti Miniatis monasterio, quos vobis bene notos esse credimus, in cremo, quæ Vallis Umbrosa vocatur, sicut vos scitis, suscepimus in loco qui dicitur Aqua Bella, in proprietatem scilicet nostri monasterii, quod est in honore sancti Hilari sito Alfiano ; qui meliorandæ vitæ gratia, cœnobium, quod multa populositate frequentabatur; relinquentes, in loco solitario vitam sanctam actitare maluerunt. » Ex quibus confirmatur id, quod superius diximus, Johannis causam secessus non fuisse, ut Simoniacos vitaret. »

46. Verum, ut dixi, non multum hæc urgent : nam Itta abbatissa unam causam memorans, alteram non excludit. Imo fieri potuit, ut maluerit S. Joannes in loco solitario vitam agere, quam sub Simoniaco abbate, ab hominibus sæcularibus multum frequentato vivere. Certe monasterium S. Miniatis decem annis ante ab omni sæculari strepitu fuisse remotum probat ex verbis Lamberti episcopi Florentini ipse Mabillonius tomo citato ad annum Christi 1028 : « Annus decimus quintus erat, inquit, ex quo Hildebrandus Florentinus antistes sancti Miniatis monasterium instauraverat, cum Lambertus ejus successor, non modo sui decessoris munificentiam probavit, sed etiam novis donationibus auxit, hac maxime adductus ratione, quod hic locus tanto esset salvandis animabus habilior, quanto et a sæculari tumultu remotior, et sanctorum ibi quiescentium religione sacratior. » Adde quod hæc solitudinis observantia etiamnum perseverarit anno 1052, teste Attone episcopo Florentino, cujus hæc verba affert Mabillonius tom. IV ad annum 1052. « Fiunt ibi nempe laudes assiduæ et obsecrationes juges et orationes continuæ pro salute viventium, seu etiam morientium fidelium, quæ in conspectu divinæ clementiæ tanto acceptabilius assumuntur, quanto et voluntate et opere, fratres ibi famulantes a sæcularibus curis constat fore [id est esse cum una causa alteram non excludat] remotiores. »

46. Non video quomodo hæc cum sæcularium hominum frequentia in litteris Ittæ abbatissæ anno 1039 memorata cohæreant, nisi quis dicat regularem disciplinam, forte per abbatem Simoniacum et sæcularibus placere cupientem, relaxatam ac pessumdatam fuisse. Ab hac sententia non abhorret Carolus Sigonius de Regno Italiæ lib. 8, ad annum Christi 1050 (chronologiam ejus non defendo) ita scribens. « Joannes Gualbertus honesto loco Florentiæ natus, cum, humanis despectis rebus, monasterium iniisset, nec satis monachorum, quibuscum vivendum erat, solutam disciplinam probasset, egressus inde in jugum montis Apennini se contulit, atque in loco, qui Vallis-Umbrosa dicebatur, sedem novo monasterio collocavit, ibique se, sociosque suos legibus vitæ severioribus obligavit. Inde congregatio monachorum Vallis-Umbrosæ profecta. » Jam de præclari hujus Ordinis institutione ac laude agendum est.

§ V. *Ordinis Vallumbrosani institutio, incrementum, privilegia ac laudes.*

« Vallumbrosa, » inquit Mabilio, « seu Vallimbrosa et Vallis-Umbrosa ab opacis, quæ montium dorso incumbunt, vallemque subjectam adumbrant, abietum silvis sic dicta, dimidii diei itinere ab urbe Florentia in Alpibus Appenninis, medio Florentiam inter et Camaldulensem eremum intervallo, sita est, tergo montis imposita, cujus vallem Vicanus amnis seu torrens præterfluit. » In hac solitudine S. Joannes Gualbertus instituit religiosam congregationem, ex qua prodierunt multi viri, tum doctrina tum sanctimonia insignes, quorum D. Venantius Simius texuit catalogum, Romanis typis anno 1693 excusum. Primo

S. Pater Joannes more Camaldulensium separatas exstruxit casas, quas pluribus describit Andreas Januensis et Xantes Perusinus, quarumque figuram exhibet Didacus Franchius Historiæ suæ lib. 5, pag. 101. Ex his parvis initiis paulatim crevit monasterium, tandemque anno 1637 a R. D. abbate Averardo Nicolino magnifica exstructa est fabrica, quam æri incisam videre licet apud Didacum Franchium in Indice. Mabillonium in Annalibus tom. IV, pag. 421 et in ejusdem itinere Italico tom. I, pag. 184.

49. Nascentem hunc Ordinem, præter Conradum Imperatorem aliosque, pia liberalitate fovit Itta S. Hilari abbatissa, ut constat ex litteris donationis, quas integras profert Ughellus tom. III Italiæ sacræ, col. 299. Post mortem vero sancti Institutoris, viri ac feminæ principes eamdem Congregationem plurimis donis auxerunt, ut videre est apud Mabillonium in observationibus ante Vitam S. Joannis Gualberti sæc. VI Benedictino, Part. 2, pag. 267, et apud Ughellum tom. III Italiæ sacræ, col. 286. Nec minori benevolentia hanc sacram familiam prosecuti sunt summi Pontifices, quorum diplomata passim sunt obvia. Bulla Urbani II, quæ exstat apud Laertium Cherubinum tom. I Bullarii, pag. 14 et 15 eximias hujus Ordinis laudes et singulares plane prærogativas continet. Privilegia huic Ordini concessa varii posteriorum sæculorum Pontifices confirmarunt, quorum Bullas auctores Vallumbrosani aliique diplomatum collectores plerumque exhibent, ad quos curiosum lectorem remittimus.

50. Non possum tamen quin ex iis quædam ad hujus Ordinis honorem maxime spectantia breviter excerpam. Urbanus II Bullam « dilectissimis filiis universæ Vallis-Umbrosanæ congregationis » anno 1090, datam sic auspicatur : « Cum universis sanctæ Ecclesiæ filiis ex Apostolicæ Sedis auctoritate ac benevolentia debitores existamus, illis præcipue locis atque personis, quæ specialius ac familiarius Romanæ adhærent Ecclesiæ, quique ampliori religionis gratia eminent, propensiori nos convenit caritatis studio imminere. Quia igitur, divina propositum vestrum præveniente ac subsequente clementia, Religionis vestræ simplicitas bonæ opinionis odorem in locis et prope et longe positis aspiravit: Nos vestro provectui, annuente Domino, provectus adjungere cupientes, cœnobium vestrum pro B. Mariæ semper Virginis reverentia, cui dicatum est, in Romanæ Ecclesiæ proprietatem et tutelam, atque protectionem Apostolicæ Sedis accipimus ; et Apostolicæ illud auctoritatis privilegio munientes, ab omnium personarum jugo liberum permanere decernimus. »

51. Alexander IV, teste Franchio lib. 7, pag. 198, etiam constantem hujus Congregationis amorem erga Apostolicam Sedem sic laudat : « Pro speciali devotione, quam habetis ad Romanam Ecclesiam, matrem vestram, sustinuistis in personis injurias, et in possessionibus et in aliis bonis vestris non modicum detrimentum. » Denique ut plurimos alios prætereuam, Julius II anno 1507 privilegia a prædecesso-

ribus suis huic Ordini concessa confirmans, et nova communicans, hujus gratiæ conferendæ causam sic indicat : « Nos igitur qui Ordinem et congregationem Vallis Umbrosæ hujusmodi, propter uberes fructus, quos in militanti Ecclesia in divinis contemplandis et assiduis orationibus ac precibus ad Deum producere noscuntur, in visceribus charitatis et dilectionis nostræ complectimur. » Bulla hæc integra legi potest apud Laertium Cherubinum tom. I Bullarii, pag. 426. Cum hic nobis diutius hærere non liceat, honorifica aliorum de hoc Ordine testimonia proferamus.

52. Quantæ venerationis ob vitæ sanctimoniam fuerit hujus religionis inceptor, liquet inter alia ex eo, quod Bonizo episcopus Sutrinus, postea Placentinus, tandemque martyr, cujus Mss. servantur in Bibliotheca Cæsarea, teste Lambecio lib. 2, pag. 790, octo sententiarum libros ex S. Augustino excerptos viventi S. Joanni Gualberto dedicaverit. Mortuo sancto Patre, idem sanctitatis odor in filiis perseveravit : testantur quippe antiqui scriptores, quanta morum integritate ac pietatis laude hæc Congregatio suo tempore floruerit. Juvat hic quorumdam testimonia audire. In vita S. Ayberti, ab auctore coævo scripta, quam illustravit noster Henschenius tom. I Aprilis, pag. 675, ita narratur : « Qui cum Romam venissent, dictum est eis, sanctæ memoriæ Urbanum » (is est hujus nominis II, electus anno 1088) « quem petebant, esse Beneventi. Quod audientes Domnus Aybertus et frater Joannes, non ausi sunt arripere tam longum iter, tum quia diffidebant viribus corporis, tum quia frater Joannes infirmabatur ; ideoque consilio et benevolentia prædicti abbatis in Umbrosam Vallem secesserunt, ibi eum, dum rediret, præstolaturi.

53. « Ubi quidem monachos miræ continentiæ et exquisitæ vitæ invenerunt, qui super eos viscera pietatis effundentes ac benigne suscipientes, perpetuo illos secum retinere studuerunt : Monachi enim isti, de quibus agimus, ut multorum sinceritas testatur, sunt firmiter et perfecte regulam S. Benedicti observantes, de labore manuum viventes, multis et variis laboribus incessanter spe cœlestis vitæ corpora afficientes, in rigore disciplinæ severa caritate fervidi, in peregrinis et pauperibus suscipiendis benigni, in sepeliendis fratribus pii, insuper omni genere religionis præclari, et (ut duo prædicti viri fatebantur) omnibus monachis, quos hactenus viderant, sanctitate præferendi. Qui cum eis per aliquot temporis spatium demorantes, ab illis multa documenta recte vivendi, ut ipsi testabantur, susceperunt. »

54. Comitissa Mathildis in litteris anno 1100 Florentiæ datis, contra iniquas quorumdam vexationes defendit eosdem monachos Vallumbrosanos, « quorum vitam, » inquit, « nostro tempore præ ceteris excellentius fulgere cognovimus, eorumque laudabilem sanctitatis famam ubique redolere non surda aure persensimus. » Anselmus episcopus Havelber-

gensis lib. 1, cap. 10 Dialogorum, quos edidit D. Lucas Acherius tom. XIII Spicilegii ita loquitur: « Nec diu est, quod in alio loco, qui vocatur Vallis Umbrosa juxta Peru-inos montes surrexit congregatio monachorum valde religiosa, a ceteris qui vocantur monachi novo Ordine et novo habitu differentes, et multos habent suæ formæ sequaces. » Habitus, de quo hic scriptor agit, tum erat ferruginei coloris, quem R. D. Blasius de Milanesiis Generalis circa annum 1500 in nigrum commutavit, ut fusius ostendit Franchius lib. 7, pag. 186. Unde refelli non meretur duplex error cujusdam recentioris heterodoxi, qui imperite scribit colorem Vallumbrosanorum monachorum olim fuisse cæruleum (in hoc primo errore ducem habet Polydorum Virgilium lib. 7, de Invent. rer. cap. 2) ac nostro tempore esse violaceum. Hic, si umquam, cæcus judicat de coloribus.

55. De habitus mutatione ita canit Æmilius Acerbus in panegyri S. Joannis Gualberti:

« Mutavit Vallis veteres Umbrosa colores:

« Felix si mores, et cœli servat amores. »

At religiosam hanc congregationem mores ac cœli amores conservasse, testatur Ughelli elogium, quod hic tamquam dictorum anacephaleosin, et omnium, quæ dici poterant, synopsis subjicio. Sic habet tom. III Italiæ sacræ, col. 283: « Traxit is Ordo nomen suum a loco, in quo primum monasterium, nimirum in subjecta valle, densiore umbra obsita, projectaque ab insurgentibus hinc inde asperrimis montibus excitatum est in eo loco, cui Aqua Bella nomen est, quem ipsi nobilissima Itta Hilarianæ domus in Fesulana diœcesi abbatissa, ex Guidonum Comitum familia procreata, liberaliter tradidit.

56. « Distat tantummodo duodecim a Florentia milliaribus nobilissimum hoc monasterium, quod postea, cum Viri sanctissimi virtus late spargeret se, ac circumferret, ejusque probitate successores non descicerent, maximis opibus, ut in eo divini cultus gloria efflorescet, amplificatum est, atque caput extitit nobilissimæ Congregationis Vallumbrosanæ, quæ brevi non modo tota Hetruria, verum etiam tota Italia se diffudit, maximosque Ecclesiæ fructus attulit, novum D. Benedicti institutis monasticis splendorem peperit, Hetruriæque maximum decus affudit: extulere enim sese ex ea familia innumeri viri sanctitate ac scientia conspicui, quos præclaræ virtutes ad summas ecclesiasticas dignitates evexere. Tument præclaris illorum gestis historicorum monumenta, quæ hic recensere supervacaneum est. Servavit hactenus is Ordo suum splendorem: Serenissimi principis Caroli Medicei episcopi Cardinalis Tusculani clientelæ hodie commendatus est, et ab Ascanio Tamburino abbate Generali maxima laude administratur; quem virum insignis doctrina cum aliis naturæ dotibus et ornamentis, suavitate morum, prudentia singulari, conjuncta, non minus quam libri eruditissimi de abbatum abbatissarumque jure ab ipso typis cusi commendant. Exc-

A mere a Diœcesani jurisdictione hanc religiosam familiam a primis ejus incunabulis Romanorum Pontificum amor ac studium, qui postea celeberrima in eam privilegia contulere. »

57. Quomodo hic Ordo in Galliam propagatus sit, liquet ex Patriachii Bituricensis capite LXI, quod a Labbeo nostro editum est in itio tomi secundi in Nova Bibliotheca Manuscriptorum librorum, ubi traduntur sequentia: « Quidam nobilissimus ac strenuissimus comes ab Hierusalem reversurus in Franciam, unde cum ceteris Christianis illuc fuerat profectus, Romam ingressus, facile obtinuit a summo Pontifice sibi donari reliquias sanctorum martyrum Cornelii et Cypriani. Tum vero impetratis etiam ex florentissima monachorum Congregatione Vallis Umbrosæ aliquot devotis fratribus, quorum Prior vocabatur frater Andreas, vir maxima conservandæ religionis constantia clarus, illustrissimus Comes voti compos, lætissimusque ad suos penates regressus; amplifica liberalitate prædictos religiosos viros curavit, dansque illis optionem eligendi locum idoneum pro ædificando monasterio infra suæ ditionis metas concessit, statuitque tanti operis impensas de suis facultatibus accipi. Quo quidem cœnobio in Aurelianensi territorio celeriter magnificeque constructo, non solum illud vir admodum nobilis sanctorum martyrum Cornelii et Cypriani sacris reliquiis insignivit, verum etiam de suis redditibus ipsum locum munifice ac nobiliter dotavit, instituens, ut deinceps idem monasterium appellaretur Corneliacum.

58. « Jamque velut balsami fractum alabastrum admirabilis virorum Dei opinio inire fragrans, brevi per totam Aquitaniæ provinciam diffundebatur; quorum exemplo plurimi cujusvis conditionis homines attracti et illecti, contemptis ac spretis vani hujus mundi illecebris, se ultro suavi Christi jugo submittentes, ad bravium supernæ vocationis certatim contendebant. Venerabilis enim pater Andreas, in quo totius religionis forma, nec non totius moderationis gratia renitebat, facile inducebat singulos, qui ad se convertebantur, suimet notitiam recipere, psalmis et hymnis vacare, terram sui cordis jugi cultu et exercitiis indesinentibus excolere, cælibem castamque vitam, omnibus mortalibus præcipue desiderabilem, æmulari atque sectari. Quid multa? Ita brevi abrenuntiantium sæculo coaluit numerus, ut in arido et squalenti campo videretur seges fecunda, ac læta Domini Sabaoth vinea succrevisse, jam suas propagines longe lateque dilatatura. Unde vir Domini Andreas plura diversis in locis monachorum conventicula, quæ nunc Prioratus vocantur, instituit, et erexit precibus quorumdam nobilium virorum, ultro ei offerentium ea quæ ad quietam religiosorum vitam pertinent.

59. « Denique silvam quamdam quercubus et fagis densissimam intra Bituricensis diœceseos fines reperiens, facto primum ibidem tugurio, animo ejus incessit hanc suæ peregrinationis ultimam facere mansionem; ubi sane, cuicumque divinitus inspirati

convertebantur, ab ipso secundum divi Patris Benedicti regulam instituendi, sibimet casas circa magistri tuguriolum compingentes, rei effectu locum ipsum deinceps Casale benedictum appellandum censuerunt. Qui tandem adjuti ope quorumdam principum, ac devotorum fidelium eleemosynis basilicam et universas monasterii officinas, Deo auxiliante, consummaverunt. Quo Dominus Leodegarius Bituricensis archiepiscopus venire dignatus, ecclesiam quidem in honorem intemeratæ Virginis Mariæ Dei Genitricis ac beatissimorum Apostolorum Petri et Pauli solemniter dedicavit; ipsum vero Reverendum Patrem Andream in abbatem primum Casalis benedicti confirmavit ac benedixit. »

60. Mirum est hunc Andream Venantio Simio in Catalogo virorum illustrium Vallis-Umbrosæ prætermissum esse; præsertim cum in Epistola encyclica a monachis Casalis Benedicti post ejus mortem scripta, et jam a Luca Dacherio edita tom. II Spicilegii pag. 518, egregium habeat elogium, ex quo hæc pauca excerpimus. « Fratres carissimi, pro Domno Andrea, abbate nostro, fratre vero vestro, piissimas aures omnipotentis Dei nobiscum pulsare satagite, quatenus cui devota mente servivit, dum spiritus membra vegetavit, inhærere membris corporis a vita destitutis perpetualiter valeat. Hic etenim beatus vir, anno ab Incarnatione Domini nostri Jesu Christi millesimo centesimo duodecimo indicione quinta, duodecimo Kalendas Februarii, explevit naturæ jura, mortis persolvens debita..... Primus quoque abbatiam nostram, quæ vocatur Casale Benedictum construxit, pluresque cellulas sibi suppositas, scilicet Corneliacum, Contras, Altaria, S. Benignum, Beescam, Polinas, S. Anianum, Cambonum, Salviniacum. » Qui de hoc abbate, et ædificatis ab eo monasteriis, præsentique eorum statu magis distinctam desiderat notitiam, consulat Annales Benedictinos tom. V, pag. 254, 297, 316, 468, 577. Nobis enim non licet hic singula transcribere, ne in nimiam molem excrescat Commentarius.

61. Si quis etiam de illustri Ordine Vallumbrosano, et orta ex eo post mortem sancti fundatoris religiosarum feminarum familia, plura nosse cupit, adeat Eudoxium Locatellum, qui primo Italici operis sui libro vitam et miracula S. Joannis Gualberti, secundo Generalium Vallumbrosanorum ac Beatorum gesta complexus est. Videri etiam potest Didacus Franchius, qui Vitam sancti Patris sui duodecim libris Italicis vulgatam copiosis notis illustravit. De eodem Ordine egerunt Ascanius Tamburinus de jure abbat. Disp. 24, quæst. 5, num. 20. Silvester Maurolycus in Oceano omnium Religionum lib. 2, pag. 120. Paulus Morigia in Historia Religionum cap. 26. Ignatius Guiduccius in Vita S. Humilitatis, Gabriel Bucelinus in Menologio Benedictino, Silvanus Razzius in Vitis Sanctorum et Beatorum Hetruscorum, Philippus Bonannius in Catalogo Ordinum religiosorum, ac post alios Anonymus Gallus, qui a paucis annis de omnibus Ordinibus Religiosis ac Militaribus octo tomos, æneis figuris decoratos, Gallice vulgavit.

§ VI. *S. Joannis Gualberti scripta et preces.*
(Quæ hic sub num. 62-85 sequuntur, seorsim edimus infra.)

§ VII. *Gesta S. Joannis contra Simoniacos.*

Divina providentia videtur S. Joannem Gualbertum servasse luctuoso tempori, quod S. Petrus Damiani pag. 1, epist. 15, ad Alexandrum II Romanum pontificem ita deplorat : « Totus itaque mundus hoc tempore nihil est aliud nisi gula, avaritia, atque libido; et sicut olim trifariam divisus est orbis, ut tribus simul principibus subjaceret, ita nunc genus humanum, heu proh dolor! his tribus vitiis servilia colla substernit, eorumque quasi totidem tyrannorum legibus obtemperanter obedit. » De Simoniaca autem peste ita testatur Nicolaus II, in decreto contra Simoniacos, quod a Labbeo nostro refertur tom. IX Conciliorum, col. 1010. « Quia igitur usque adeo hæc venenata pernicies hactenus inolevit, ut vix quælibet ecclesia valeat reperiri quæ hoc morbo non sit aliqua ex parte corrupta, eos qui usque modo gratis sunt a Simoniacis consecrati, non tam censura justitiæ, quam intuitu misericordiæ in acceptis ordinibus manere permittimus; nisi forte alia culpa ex vita eorum contra canones eis existat. Tanta quippe talium multitudo est, ut dum rigorem canonici rigoris super eos servare non possumus, necesse sit ut dispensatorie ad piæ condescensionis studium nostros animos ad præsens inclinemus. Ea tamen auctoritate sanctorum apostolorum Petri et Pauli omnimodis interdicimus ne quando aliquis successorum nostrorum ex hac nostra permissione regulam sibi vel alicui assumat, vel præfigat : Quia hoc non auctoritas antiquorum Patrum iubendo aut concedendo promulgavit, sed temporis nimia necessitas permittendum a nobis extorsit. » Ex his facile eruditus lector colliget, qualia tunc fuerint tempora.

85. Eorumdem temporum calamitatem B. Andreas sancti nostri discipulus in vita S. Arialdi martyris ita graphice describit : « Erat tunc ordo ecclesiasticus in tot erroribus seductus, ut ex illo vix quispiam existeret, qui in suo loco veraciter reperiri posset. Nam alii cum canibus et accipitribus huc illucque pervagantes, suum venationi lubricæ famulatum tradebant; alii vero tabernarii et nequam villici, alii impii usurarii existebant : cuncti fere cum publicis uxoribus sive scortis suam ignominiose ducebant vitam; omnesque quæ sua erant, non quæ Christi, quærebant : nam, quod sine gemitu dici vel audiri nec potest nec debet, universi sic sub Simoniaca hæresi tenebantur impliciti, quatenus a minimo usque ad maximum nullus ordo vel gradus haberi posset, nisi sic emeretur quomodo emitur pecus. Et, quod est nequius, nemo tunc, qui tantæ perversitati resisteret, apparebat : sed, cum lupi essent rapaces, veri putabantur esse pastores. »

86. Inter rapaces istos lupos erat episcopus Florentinus Petrus nomine, cujus sacrilegum Simoniæ

cum sic erupisse tradit Andreas Januensis in vita S. Joannis Gualberti cap. 62. « Circa hæc tempora contigit, ut quidam nobilis vir nomine Teuzo Mudiabarda, pater videlicet Petri episcopi Florentini, venit de Papia Florentiam causa visitandi dictum filium suum. Cui Florentini clam insidiantes tentando dicere cœperunt : Domine Teuzo, multum pretii pro filii tui dignitate regi contulisti? Quibus ille, utpote simplicissimus homo cœpit jurejurando dicere : Per corpus S. Syri nec unum molendium potest homo in domo domini mei regis habere sine magno pretio, nedum talem consequi episcopatum. At illi hoc audientes alacres et avidi rem sciscitari rursus expostulant dicentes : Dic ergo, si placet tuæ nobilitati, quantum summæ pecuniæ potuit hæc res constare tibi? At ille : Per sanctum Syrum sic tria millia libras, potestis bene scire, me propter hunc episcopatum acquirendum dedisse, sicut unum valetis credere nummum. Iis auditis, certi redditi tali testimonio cœperunt hæc ubique pandere verba. »

87. Cum inter alios S. Joannes Gualbertus rem hanc cognovisset, statuit cum suis sacrilegum episcopum omnibus viribus oppugnare et Simoniacam hæresim ubique extirpare ; quæ quia fusius ac certius ab auctore coævo narrantur, ejus narrationem hic inserendam esse censui. Is est Desiderius abbas Cassinensis, postea Victor III, qui litem suo tempore agit tam sic exponit. lib. 3 Dialogorum : « Quod Dominus in Evangelio dicit : Pater meus usque modo operatur et ego operor, quotidie cernimus adimpleri, et antiqua novis temporibus miracula innovari. Hæc itaque, quæ dicturus sum, adeo clara sunt, ut non solum in Florentina diœcesi, in qua facta noscuntur, verum etiam in tota Tuscia ac in urbe, quæ caput mundi est, Roma constet esse notissima. Petrus quidam clericus est, qui occulte data pecunia regio adminiculo in prædicta Florentina civitate cathedram episcopatus accepit. Cum denique a clericis et populo, ut episcopum decebat, benigne fuisset susceptus, post non multum spatium temporis fama per ejusdem episcopatus diœcesim increbuit, quod simoniacæ hæresis peste fœdatus, quod gratis Domino jubente accipere et dare statutum est, pecunia mercatus fuerit.

88. « Cumque tam horrenda et tam execranda fama primitus ad religiosorum, dehinc ad aures vulgi pervenisset, cœperunt se plures ab ejus communione subtrahere ; Romanoque pontifici, quæcumque super hac re cognoverant, divino exardescente zelo, studuerunt intimare; qui episcoporum consilio congregato, eumdem episcopum, ut rem diligenter agnosceret, convocavit. Sed cum se synodo præsentasset, accusatoribus undique acclamantibus, sacramento sese purgare nitebatur. Cumque coram præsentibus res aliquantulum agitata fuisset, datæ induciæ sunt, ut per easdem forsitan inductus divinum expavescens judicium, quod pertinaciter negabat, humiliter confiteretur, quatenus ab æterno non removeretur altari, si ab hoc præsenti, cui ministrare juste non poterat, se abstinuisset. Interim populus in duas dividitur partes, quarum altera, quæ amorem Dei muneribus præferebat, clericos et religiosos monachos, qui contra episcopum rem comprobandam susceperant ; altera, quæ munera et favorem diligebat, episcopum est secuta. »

89. « Cum crebro igitur inter se altercaretur populus, et altera alteri obstaret parti, in tantum exorta augebatur contentio, ut inter se dimicantibus sæpe etiam usque ad effusionem sanguinis venirent. Cumque hæc diutius agerentur, et neutra pars parti cederet, Joannes reverendissimus abbas monasterii, quæ Umbrosa Vallis dicitur, sæpe ad hunc conflictum advocatus, zelo Dei ductus, suis cum monachis veniebat, qui exhortando, prædicando, divini examinationem judicii intentando, episcopum admonere non cessabat, quatenus ex perpetrata culpa pœnitentiam ageret, et sacerdotio minime legaliter acquisito, humiliter cederet, nec sibi suisque subjectis, quibus incremento esse debuerat, detrimento foret. Illud de Evangelio ei sæpe proponens, quomodo Dominus Jesus vendentes et ementes columbas de templo projecerit, cathedrasque subverterit, et æs nummulariorum effuderit, videlicet demonstrans, ut quicumque Spiritus sancti donum, quod per columbam significatur, ductus avaritia vel vana gloria elatus, pretio acquirere vel vendere tentaverit, ab illo cœlesti templo et æterno altari se procul dubio eliminandum noverit. »

90. « Sed ille nihilominus præsentis vitæ honoris cupidus pro nihilo monita sancti Viri ducebat, imo potius pertinaciter et armis et verbis omnibusque modis, quibus poterat, se defendere nitebatur. Cumque idem venerabilis abbas incassum procedere sua verba videret, utraque parte populi advocata : Quoniam, inquit, verba non prosunt, veniamus ad signa : construatur rogus et igne supposito accendatur, per quem unus e nostris ingrediatur, ut utrum vera an falsa sint, quæ de episcopo dicimus, Domino discernente, probetur. Placet utrique parti sententia. Rogus mox duodecim pedum mensura construitur, intra quem parva semita, qua unius tantum hominis persona transire posset, relinquitur, quæ etiam ex accensis lignis, ne ibi aliquis locus a flamma vacaret, consternitur. Interim autem dum hæc præparantur, præfatus abbas Joannes Petro suo discipulo reverendissimo videlicet viro, qui postmodum in Albanensi urbe episcopus ordinatus est, quique etiam adhuc superest eamdem ecclesiam regens, præcepit, ut indutus sacris vestibus omnipotenti Deo sacrificium offerret, et sic demum confisus de misericordia Dei, per accensi rogi flammas indubitanter intraret. Qui jussis Patris obtemperans, postquam sacrificium Deo obtulit, casulam se exspolians, ad ignem venit et magna voce : Oro, inquit, Deus omnipotens, si Petrus, qui episcopus dicitur, Simoniaca est peste fœdatus, ne ecclesia tua amplius polluatur, judicio sancti Spiritus tui ostende virtutem, illæsum me per hunc ignem transire concede : quod si nos fallacia

pleni, causa invidiæ ducti hanc contra eum tulimus quæstionem, ardor istius ignis me tua gratia derelictum consumat.

91. « Hæc dicens, et sanctæ Crucis se signaculo muniens, per medias flammas constanter ingressus est. Cum igitur undique esset flammis circumdatus, ita ut a nemine prorsus videretur, et omnes eum jam consumptum putarent, subito ex alia parte, Christi comitante gratia, egrediens prosilivit; ita ut non modo vestimenta ejus, sed ne capillus quidem læsus ab igne in aliquo videretur. Sed, ut idem venerabilis vir postea referebat, cum per medias flammas graderetur, mappula de manu ejus cecidit; cumque jam pene egrederetur ex igne, vidit se mappulam in manibus non gestare, ac in ignem sibi eam cecidisse considerans, per medias iterum flammas revertitur, et secum mappulam extrahens reportavit. Tunc omnes, qui aderant, viso tam maximo, tam obstupescendo miraculo, immensas Deo gratias agentes, mox diversa pars una effecta, præfatum episcopum de ecclesia pellunt; qui postea poenitentia ductus, mutata veste sub sanctæ conversationis regula religiosam agere vitam visus est. »

92. Congruunt hæc cum epistola cleri ac populi Florentini, quæ in Actis infra refertur cap. 8. Sed hic scrupulum movet P. Christianus Lupus in Decretis ac Canonibus synodorum Generalium ac Provincialium part. 5, pag. 26, ubi sic secum disputat : « Quæstio est an ista epistola » (nempe cleri et populi Florentini) « fuerit scripta ad Alexandrum secundum? Affirmat et laudatus Atto, et ipsa epistolæ inscriptio. » Tum, allatis Actorum verbis, ita sibi respondet : « Respondeo, ipsam epistolam clamare aliud : Etenim paratam intraturo monacho ignem exponit; et subjungit : « His visis, clamor omnium in cœlum « attollitur, Kyrie eleison flebilissime pleno cre canta« tur, Jesus Christus celeberrime ut exsurgat, cau« samque suam defendat, oratur; Maria ejus mater, « ut hoc sibi suadeat, multum a viris, plurimumque « a feminis supplicatur; Petri apostoli nomen, quo « Simonem perdendo damnet, millies ingeminatur; « Gregorius Urbis præsul, ut ad suas verificandum « properet sanctiones, ab omnibus oratur. » « Hic Gregorius est omnino noster Gregorius septimus, et ista ejus sanctio est omnino præsens decretum, quo vetuit audiri ac percipi divina Officia episcopi, aut clerici palam Simoniaci. Quapropter hæc ignea probatio non sub Alexandro fuit facta, sed sub septimo Gregorio. Et ita affirmat accuratissimus scriptor Bertholdus presbyter Constantiensis ecclesiæ. »

93. Dum singula hæc ejus argumenta examino, infirma admodum esse sentio ad evertendam Florentinæ epistolæ inscriptionem, antiquitatis auctoritate atque potissimum B. Andreæ Strumensis abbatis testimonio suffultam. Imprimis in Bertholdo Constantiensis ecclesiæ presbytero nullum hactenus verbum reperire potui quod P. Lupi opinioni faveat. Dein non video tam solido fundamento niti, quod satis rotunde pronuntiat : « Hic Gregorius est omnino noster Gregorius septimus, et ista ejus sanctio est omnino præsens decretum. » Nam præter varia argumenta, quæ ex S. Joannis Gualberti obitu et Gregorii septimi electione contra hanc sententiam formare possem, unde quæso constat Gregorium VII tunc viventem hic compellari ? Cum hic Christi, B. Virginis ac S. Petri auxilium imploretur, nonne satis probabile est a Florentinis S. Gregorium Magnum, sanctissimum olim Urbis præsulem, et acerrimum Simoniæ oppugnatorem invocari, ut defendat sua contra Simoniacos decreta, quæ plurima edidit, ut videre est in ejus Vita ad diem XII Martii in Actis nostris illustrata, et apud Baronium, Labbeum aliosque. Omitto hic alia quæ P. Lupus congerit, ut probet hoc miraculum sub Gregorio VII contigisse. Inter alia operose ostendit Petrum Igneum non ab Alexandro, sed a Gregorio in Cardinalium numerum fuisse adscitum, quod nemo negat. Sed quid hoc ad rem ? Nihil enim impedit quominus id sub Alexandro contigerit, et postea Petrus Igneus a Gregorio VII Alexandri successore ad Cardinalitiam dignitatem sit evectus.

94. Pluribus opus esset, si hic locus postularet, discutere hanc igneam S. Petri probationem, quam modernus quidam hypercriticus in Legenda sua Gallica nimis audacter more suo libereque carpit vocans « audax facinus, quo monachus Deum tentare ausus est. » Deinde acsi S. Joannem Gualbertum ab hac culpa eximere vellet, imperite addit : « Nobis sufficit, Sanctum nostrum in hoc facto nullam partem habuisse, præter orationem, qua Deum precabatur, ut suam Ecclesiam a scandalo, quod patiebatur, liberaret. » Imperite, inquam, hæc addidit : Nam si hæc fuisset Dei tentatio, ut contendit, nonne eam S. Joannes utpote abbas et Petri superior prohibere debuisset? Tantum autem abfuit, ut hanc igneam probationem prohibuerit, ut potius ejusdem primus auctor fuerit : Quippe, teste Desiderio supra citato, dixit Joannes Abbas : « Construatur rogus et igne supposito accendatur; per quem unus e nostris ingrediatur. » Ac præterea : « Petro suo discipulo.... præcepit, ut... confisus de misericordia Dei, per accensi rogi flammas indubitanter intraret. » An hic nil præter preces, quas S. Joannes Gualbertus pro Ecclesia fundebat?

95. Multis Sanctorum exemplis id factum defendi posset; sed cum potissimum ad Petrum Igneum spectet, fusius de eo disceptari poterit in Supplemento Februarii, ad diem ei sacram, ejus mensis VIII, quoniam jam de cultu illius sufficienter ex Officiis propriis Florentinis constat. Interim si quis cavillari velit, habeat responsum ex Suarezio nostro tom. I, de Religione lib. I, de Irreligiositate cap. 2, ubi agens de petitione miraculorum sic loquitur : « Quod si aliquando Sancti hoc fecisse videantur, credendum est id non fecisse sine speciali Spiritus sancti impulsu, ut de Abraham dixit D. Thomas, et de Elia mihi videtur esse indubitatum. Et idem credo, quoties lego aliquos sanctos viros petiisse a Deo signum aliquod publicum ad confun-

dendum aliquem haereticum, aut veritatem fidei confirmandam.

§ VIII. *Quid sentiendum sit de miraculo quo Gregorio VII, S. Joannem Gualbertum reprehendere volenti, contigisse narratur.*

Nodus hic occurrit plus quam Gordius, quem solvere non valeo, scindere vix audeo. Ut autem nodi implicationem lector clare videat, breviter eam hic praemitto. Beatus Andreas num. 68, et B. Atto num. 49, narrant in Actis infra dandis, Gregorium VII, cum adhuc archidiaconus esset, venisse ad S. Joannem Gualbertum, ut eum praemeditatis ad injuriae speciem verbis objurgaret, atque ita de illius virtute experimentum caperet; verum, cum ad eum accessisset, omnium dicendorum ita fuisse oblitum, ut ad ejus conspectum obmutuerit; quam insolitam obmutescentiam habuit pro miraculo, quo Deus Viri sanctitatem comprobare vellet. Contra vero Gregorius VII (ita hic tantisper juxta communem opinionem loquor) in epistola ad Monachos Vallumbrosanos asserit, S. Joannem Gualbertum numquam « corporeis oculis » a se visum fuisse. En apertam contradictionem et nodum, ut mihi quidem hactenus videtur, insolubilem. Priusquam variorum, qui haec duo pugnantia conciliare conati sunt, sententias exponam, juvat hanc epistolam hic inserere, quia non parum ad Sancti nostri gloriam confert. Exhibet eam Andreas Januensis in Vita apud nos manuscripta cap. 82, Baronius in Annalibus Ecclesiasticis ad annum Christi 1073, Mabillonius in Annalibus Benedictinis tom. V, ad eumdem annum, Labbeus tom. X, conciliorum col. 507, aliique, qui concilia et Pontificum epistolas collegerunt.

97. Praemissa consueta hac formula : « Gregorius episcopus servus servorum Dei, clericis, Monachis, » (apud Baronium additur « ac religiosis laicis) disciplinam sanctae recordationis Joannis Gualberti abbatis imitantibus, salutem et Apostolicam benedictionem, « sic incipit. » Licet venerandae memoriae eumdem Joannem patrem vestrum corporeis oculis non viderimus, quia tamen fidei ejus puritas in Tusciae partibus mirabiliter resplenduit, multum cum amore dileximus, ad cujus sanctae conversationis studium, quamvis vos imitatores esse non ambigimus, ut vigor rectitudinis vestrae ad exstirpandam de agro Dominico zizaniam sollicitius invigilet, attentiusque ferveat, paternae vobis exhortationis verba impendimus. Vos itaque, dilectissimi, in quantum humana possibilitas permittit vitam illius sequentes, et vere filios ejus heredes simili vos conversatione probantes, viriliter agite et confortamini in Domino, et in patientia [*al.*, potentia] virtutis ejus documenta sanctarum Scripturarum, quibus haereticorum argumenta destruuntur, et fides sanctae Ecclesiae defenditur, contra membra diaboli, quae diversis machinationibus Christianam religionem conantur evertere, mens vestra quotidie meditetur, et ea, qua solet, libertate in malorum confusione erigatur : eos vero, qui in vobis confidunt, et

consilium religionis vestrae sequi disponunt, more praedicti Patris vestri suscipite, et de his quae ad salutem eorum pertinere videntur, sanctis exhortationibus instruite, ut non solum vestra, sed et vos sequentium circumpositi populi considerantes sancta opera, glorificent Patrem vestrum, qui in coelis est. Nos autem ipsum amorem, quem patri vestro et vobis olim impendimus, donec nostros spiritus rexerit artus, exhibere desideramus, et tanto quidem deinceps majori vos caritate fovebimus, quanto vos in divinis negotiis ferventiores esse probabimus, quibus non solum spirituale, sed et saeculare, si necesse fuerit, auxilium, Deo adjuvante, ministrabimus. Vos igitur omnipotentem Dominum exorate, ut ipse vires et facultates nobis tribuat, quatenus suscepti regiminis importabile pondus possimus tolerare, et sanctam Ecclesiam in statum antiquae religionis reducere. Valete. »

98. Jam referam conatus variorum qui implexum hunc nodum solvere voluerunt ; an satis feliciter, judicet aequus lector. Didacus Franchius, hujus contradictionis difficultatem cernens, omnem sese in partem torquet, et, ut haec duo contraria aliquo saltem modo conciliare videatur, ait in historia Vitae Gualbertinae lib. II, pag. 428 et 429, praemeditatum objurgatorem in Sancti conspectum non venisse; sed cum praeordinata verba privatim apud se recoleret, eorum penitus oblitum fuisse. Praeterea gratis adstruit, Sancti conspectum et affatum postea Hildebrando negatum fuisse, eo quod Sanctus solitudinis ac humilitatis amans magnatum colloquia vitaret, omniaque negotia per internuntios aut litteras conficeret. Asserit tamen, Hildebrandum hoc oblivionis prodigio motum, tantam concepisse de Viri sanctitate opinionem, ut maximus inter utrumque firmatus sit amor. Ut ostendat id fieri potuisse citat in margine ex S. Augustini epistola 105, haec verba : « Quamvis nos non videamus oculis carnis, animo tamen in fide Christi, in gratia Christi, in membris Christi tenemus, amplectimur, osculamur. »

99. Haec explicatio, quantumvis veterum testimonio destituta, utcumque toleranda esset, si sola B. Attonis verba attendamus, quibus non diserte exprimitur Hildebrandum, postea Gregorium VII, ad S. Gualberti conspectum aut alloquium pervenisse; sic enim habet num. 49 : « Cum eum dure increpare disponeret, praeordinata, quae dicere putabat, oblitus est verba. Qua ipsius perfectione sic ab eo comperta, deinceps tantus inter utrumque firmatus est amor, quantus inter amicos carissimos, et uterinos solet esse germanos. » At explicationem hanc qualemcumque non dedisset Franchius, ut existimo, si Vitam a B. Andrea scriptam legisset. Nam jam, detecto hoc thesauro, haec opinio manifesti erroris convincitur, cum B. Andreas expresse affirmet, praedictum objurgatorem ad S. Viri « intuitum » mentem mutasse. Verba ejus haec sunt num. 68. « De Domno GG. VII Apostolicae Sedis PP., qui cum archidiaconatus in eadem Apostolica

Sede officium gereret, ob illius patientiam comprobandam, cum dure increpare curabat. Mox ad ejus intuitum mutavit mentem, ac præordinata, quæ se putabat dicere, oblitus est verba. ›

100. Papebrochius noster tom. VI Maii in commentario Prævio ad vitam S. Gregorii VII num. 52, ita rem intricatam expedire nititur : ‹ Egimus de B. Andrea, jam nominato, die x Martii et num. 13 doluimus, præclarum ejus opus de S. Joannis vita modo nuspiam reperiri. Sicut tamen S. Arialdi martyris Vita, ab eodem conscripta et a nobis danda XXVIII Junii, feliciter hoc sæculo emersit in lucem, ita speramus illam quoque aliunde profituram e tenebris, priusquam sub manus nostras veniat Julius. Iste autem Andreas, vivente adhuc Sancto fundatore, florebat, in expugnandis Simoniacis B. Arialdi martyris apud Mediolanenses adjutor fidelis anno MLX. S. Atto, sicuti jam vidimus ad ejus natalem, XXII hujus mensis Maii, mortuus anno MCLV et circa MLXX primum natus, nulla ratione potuit viventis Sancti discipulis adnumerari; sed sua accepit ex illis, ac nominatim ex B. Theuzone, uno ex primis, qui usque ad annum MXCV dicitur vitam propagasse, ac nonnulla de vita sancti Patris mandasse litteris.

101. Hic vero Theuzo, prout ejus verba alleguntur ex veteri traductione Italica anni MCCLX existente in Archivio Vallumbrosano, non Hildebrandum, sed Gregorium Cardinalem nominat, cui res superius narrata usuvenerit; pro quo si Hildebrandum, S. Atto constituit, ratus per anticipationem vocari Gregorium, ex propria id fecit conjectura, eaque minime solida; cum Gregorius Papa profiteatur, quod sanctum corporeis oculis non viderit umquam. Alphonsus quidem Ciacconius in Vitis Pontificum et Cardinalium, ejusque recognitores amplificatoresque Victorellus, Ughellus, Oldoinus pro anno MLXIII, in quem incidisset congressus iste cum S. Joanne, nullum nobis exhibent Cardinalem Gregorium. Sed cum certum sit, multos ab iis medio isto ævo prætermissos, quorum notitiam non fuerunt assecuti, quod vel sola Supplementorum identidem adjunctorum copia probat, nihil obest quominus cogitemus, sub Alexandro Papa II, inter Cardinales revera fuisse Gregorium aliquem, nec dum aliunde notum; quod centum post annis non discernens S. Atto, male supposuerit Hildebrandum Cardinalem, dictum in Pontificatu Gregorium. › Quamvis hic error a B. Attone post centum annos facile committi potuerit, eumdem tamen B. Andreæ scriptori coætaneo tribuere non ausim; quod etiam non facturum fuisse arbitror Papebrochium, maximum antiquitatis æstimatorem, si præclarum, ut ipse vocat, B. Andreæ opus inventum fuisset antequam S. Gregorii VII Vitam illustraret.

102. Aurelius Casari monachus Vallumbrosanus, infra sæpe laudandus, difficultatem perrumpere alia tentat via in litteris ad Papebrochium datis 27 Februarii anno 1692. In iis ita suam proponit sententiam : ‹ Prævio hoc oculato scriptore (de B. Andrea loquitur) haud pauca corrigenda sunt in aliis, qui post ipsum de Vita sancti Johannis Gualberti scripserunt; et præcipue opinio illa, quæ mordicus tenet, Gregorium VII sanctissimum, et Pontificem maximum corporeis oculis sanctum P. Johannem Gualbertum non vidisse. Hunc, quæso, intueatur auctorem : tenebras enim suas excutiet; et veritatis lumen apprehendet. Quid ad hæc Domnus Andreas Januensis, qui primus (ut puto) epistolam illam Apostolicam, Licet venerandæ memoriæ, etc. ad Monachos Vallis Umbrosæ sub nomine Gregorii Septimi vulgavit? Non Gregorio VII, sed potius alicui summo Pontifici proxime subsequenti (quidni Victori III, potius Urbano secundo) est inscribenda; quia ex V. II facilius quidem efficitur septimus. In antiquis Mss. ponebatur tantummodo initialis, uti in Decretalibus sæpissime et in calce hujus lucubratiunculæ, uti T. Razzolensis, hoc est Theuzzo abbas Razzolensis. Ipsemet Urbanus sic notatur in quadam sua epistola Rudolpho abbati Vallumbrosano directa : V Apostolicæ etc. R. Vallumbrosano M Camaldulensi. V Urbanus R. Rustico. M. Martino Camaldulensi. Per simplicem ergo initialem, et numerum Pontificum V, et II, quid mirum si septimum collegerat Andreas a S. Ambrosio, sicque putarat Gregorii septimi fuisse epistolam illam : Licet venerandæ memoriæ. ›

103. Exposita hac sua opinione sic pergit : ‹ Miror Januensis calliditatem. Asserit se sancti Patris collegisse vitam a BB. Andrea et Attone. Isti, ut claret, de miraculoso amore, qui firmatus est, mediante sibi ad invicem intuitu et collocutione inter beatum Gregorium VII et B. Johannem Gualbertum, apertissime tractant; ille vero ne verbum quidem. Invenerat hic (suspicor) epistolam illam anonymam, aut saltem corroso pene nomine, suoque cupiebat inserere operi; contradictionem videndo hæret; sed titillatione quid novi ferendi ductus quid excogitat? Miraculum penitus expungit, et in apocrypham scripturam commutat. › Tum circa hujus miraculi titulum, in opere B. Andreæ relatum, notat sequentia : ‹ Haud ignoret Eruditio Vestra verba hæc ‹ Capitulum de Domno Gregorio VII Apostolicæ Sedis Papa › ut in Vita infrascripta patet, rubeo esse scripta colore, et hoc singulare esse una cum fere omnibus initialibus litteris paragraphorum in toto prædicto manuscripto et exarata eadem antiquissima manu. ›

104. Non omnino displicet mihi curiosa viri eruditi observatio : facile namque fieri potuit, ut Andreas Januensis, si non per fraudem, saltem per errorem, ex V. II, id est Urbano II, collegerit VII, ac per consequens putarit, hanc epistolam non posse esse nisi Gregorii VII, cum circa illa tempora non fuerit alius Romanus Pontifex numero nominis sui septimus. Idem dici potest de V. III, id est Victore III, ex quo Andreas Januensis, omissa unitate, effecerit VII, putans scriptoris negligentia, ut sæpe fit, I redundare, cum tum temporis etiam nullus fuerit

Romanus Pontifex nominis sui numero octavus. Hæc non improbabiliter dicuntur; sed utinam D. Joannes Aurelius Casari solide ostenderet Andream Januensem fuisse primum, qui hanc epistolam produxerit. Quod de more scribendi nomina initialibus litteris addit, non nego; at probatum cuperem, Romanos Pontifices solitos fuisse initialibus nominis sui litteris etiam numerum addere. Hæc duo si liquido demonstrata viderem, majori cum confidentia judicium ferrem.

405. Nunc tamen, ut dicam quod sentio, arbitror hanc epistolam « licet venerandæ memoriæ, » etc. Gregorio VII adjudicandam esse, quamvis Baronius, Mabillonius, Binius, Labbeus aliique Conciliorum collectores eam ipsi adscribant. Nam forte hi omnes ex eodem fonte, id est Andrea Januensi, hauserunt, et alii alios secuti sine maturo examine eam Gregorii VII esse bona fide crediderunt. Ad ita opinandum me impellit auctoritas Beati Andreæ scriptoris synchroni, cujus hæc sunt disertissima verba: « Cap. de Domno GG. VII Apostolicæ Sedis PP. qui cum archidiaconatus in eadem Apostolica Sede officium gereret, ob illius patientiam comprobandam, cum dure increpare curabat. Mox ad ejus intuitum mutavit mentem, ac præordinata, quæ se putabat dicere, oblitus est verba : Qua ejus perfectione ab eo ita comperta, tantus deinceps inter utrumque firmatus est amor, quantus inter carissimos atque uterinos solet esse germanos. Hæc namque a venerabili viro abbate Rodulfo Passinianensis cœnobii, qui tunc ibi aderat, sæpius audivimus, atque de tali teste dubitare nihil debemus. »

§ IX. *De serie chronologica vitæ S. Joannis Gualberti referuntur variæ opiniones, et manifesti errores refelluntur.*

Nequaquam mirum est, auctores circa chronotaxim Vitæ Gualbertinæ in varias abiisse sententias, cum antiquissimi vitæ scriptores res ab illo gestas chronologice non digesserint. Hinc, ut opinor, recentiores maxime sibi probabilia fabricarunt systemata, quæ hic eruditis lectoribus expendenda proponemus. Vallumbrosani moderni asserunt, S. Patrem suum ad ætatem 83 annorum pervenisse, atque adeo, cum juxta communissimam historicorum sententiam mortuus sit anno 1075, natum esse anno 985. Hanc opinionem oppugnat Guido Grandus in Dissertationibus Camaldulensibus Lucæ anno 1707 impressis, et cum Breviario Romano facit S. Joannem Gualbertum decem annis juniorem, Dissert. 2, cap. 4. num. 14, ita scribens : « Omitto aliud argumentum ex ætate ipsius S. Joannis Gualberti petitum, de quo vetusti omnes auctores memoriæ prodiderunt, quod et in Breviarii Lectionibus habetur, anno videlicet MLXXIII, ætatis suæ LXXVIII, Deum addisse. » Quinam sint illi « vetusti omnes auctores, » nescio. Ego saltem in antiquis Vitæ scriptoribus determinatam sancti senis ætatem hactenus non reperi.

407. Idem Grandus, deducens ex eo incredibile consectarium, sic prosequitur : « Frustra vero Didacus Franchus in præfatione suæ Historiæ contendit, S. Joannem Gualbertum LXXXVIII annis vixisse, ut recens unius sæculi opinio invexit, et Chronici in Archiepiscopatu Florentino servati fidem elevare nititur, ubi legitur, Monasterium S. Miniatis anno MXIII sine abbate et sine ullo monachorum collegio velut derelictum jacuisse. Ex quo loco optime intulerunt prisci Vallis Umbrosæ scriptores, non nisi longe post annum MXIII, potuisse Joannem in dicto monasterio ad monasticem admitti. » Dolendum est hic iterum non nominari priscos illos Vallis Umbrosæ scriptores, qui obscuræ huic quæstioni magnam lucem adferrent. Joannes Croisetus noster in Exercitiis Pietatis, nuper Lugduni editis, quibus inseruit quotidianas Sanctorum Vitas critice, ut ait in præfatione, examinatas, assignat S. Joanni Gualberto tantum 74 vitæ annos. Hanc ejus sententiam etiam alii quidam tuentur Galli. Nos, venerandæ antiquitatis auctoritate destituti, certum de hac re judicium ferre non possumus; sed in dubio opinioni Breviarii Romani adhærere malumus.

408. Recentior Gallus anonymus in Historia Ordinum Religiosorum et Militarium tom. V, pag. 501, scriptores aliquot Vallumbrosanos proprio, ut aiunt, mucrone jugulare conatur. Si, inquit, Andreas Januensis, Eudoxius Locatellus, Didacus Franchius dicant S. Joannem Gualbertum octogenarium obiisse, consequenter concedere debent eum natum esse anno 995. At fallitur bonus vir et cum umbris a se fictis pugnat : auctores enim illi diserte asserunt, S. Joannem Gualbertum octogesimum octavum ætatis annum attigisse. Nec multo melius contra Franchium argumentatur Guido Grandus dissert. 2, cap. 4, num. 14, sic inferens : « Unde si anno MIII (juxta Franchi hypothesim) Joannes monachus factus esset, octennis sæculum reliquisset; quod perridiculum est, quia profecto armis idoneus et militari disciplina instructus, post veniam hosti ob reverentiam S. Crucis indultam, se religioni addixit. » Attende, obsecro, mi Grande. Id recte sequeretur, si Franchus tuam de ætate S. Gualberti sententiam admitteret. At ille eam pernegat; contenditque (an recte non disputo, nec ad rem facit) S. Patrem suum 88 annis vixisse; adeoque, si anno 1003, Joannes monachus factus esset, sequitur in Franchi hypothesi, eum non octavo, sed decimo octavo ætatis anno sæculum reliquisse, ut cuilibet annorum calculum subducenti patebit. Nunc ad alia Vitæ illius tempora procedamus.

409. Scribunt passim Vallumbrosani, S. Patrem suum, cum esset octodecim annorum, religiosam vitam in monasterio S. Miniatis amplexum esse, ac post quatuor annos inde discessisse ad eremum Camaldulensem, tandemque post aliquot annorum moram jecisse Ordinis sui fundamenta; nempe circa annum 1015, vel etiam 1012, ut alii volunt. Contra hoc eorum systema fuse et acriter insurgit laudatus Guido Grandus, monachus Camaldulensis, in opere jam aliquoties citato, ex quo nonnulla hic carptim

dabimus. Sic disputat dissert. 2, cap. 4, num. 4. « Quod autem Didacus Franchus, et cum eo nonnulli ex Vallumbrosanis scriptoribus negotium Uberti abbatis et Athonis episcopi ad annum MVII referant, et consequenter Joannis conversionem quadriennio ante, nempe anno MIII, ejusdemque Joannis Gualberti ad Camaldulensem eremum adventum anno MVIII statuant, et in Aquebellæ, seu Vallisumbrosæ eremum ingressum circa annum MX, id omnino commentitium est; æque ac fictitius ille, nescio quis Atho primus, ante illum, qui ab anno MXXXII Florentinam cathedram tenuit, arbitrarie positus ad ejusmodi hypothesim tuendam, majoremque vetustatem suæ familiæ initiis frustra conciliandam. Nam is alter Atho, qui anno MVII Ecclesiæ Florentinæ præsideret, aliunde prorsus ignotus est, atque nullis monumentis celebratur, sed, attentis sequentibus monumentis, omnino expungendus esse convincitur, totumque illud chronologicum systema vel ex eo refellitur, quod annis prædictis MIII et MVII ne quidem ullum monachorum collegium, nec abbas ullus apud S. Miniatis ecclesiam residebat, sed anno dumtaxat MXIII cura Lamberti (Ildebrandi voluit dicere) Florentini episcopi restaurata fuit venerabilis illa basilica, et monachi, a quibus pridem deserta fuerat, illuc revocati. »

110. Postquam hanc suam assertionem variis authenticis instrumentis ex Ughello adductis, argumentisque inde formatis probavit, sic pergit num. 9 : « Denique cum solo Athone illo, qui ab anno MXXXII floruit vivebat Ubertus Simoniacus abbas, cui anno MXLIV, Athone sedente, privilegium quoddam largitus est Benedictus IX Papa apud Ughellum p. 82, cujus initium est : « Dilecto filio Oberto venerabili « abbati monasterii S. Miniatis Florentini suisque « successoribus perpetuam in Domino salutem. Valde « bonus videtur, » etc. Itaque non modo episcopi Athonis, sed abbatis etiam Uberti tempus conspirat, ut hanc Joannis Gualberti ad Camaldulensem eremum profectionem ad annum MXXXVII, imo circa MXXXVI, factam puteremus. » Deinde suam sententiam ex Ittæ Abbatissæ donatione, oratorii Vallumbrosani consecratione ac Theuzonis eremitæ ætate confirmat. Quæ si omnia adferre velim, nimium excresceret hic paragraphus. Quilibet curiosus ea legere poterit, apud prædictum Guidonem Grandum tota dissertatione secunda. Ut autem de argumentis ejus dicam, quod sentio, iis expensis mihi videtur necesse, ut Vallumbrosani, aut Florentinorum episcoporum Catalogum corrigant, aut Attoni Simoniacam labem aspergere desinant; aut denique ordinem suum serius institutum fateantur : nam, quæ in hanc rem Didacus Franchius lib. 4, cap. 69, ad marginem ex corrupto Joannis Subdiaconi Aretini catalogo notat, nec nominibus nec temporibus conveniunt, ut cuivis manifestum fiet legenti Vitam S. Zenobii editam apud Surium die 25 Maii. Interim ego hujus litis judex esse nolim.

111. Aliam Gualbertinæ Vitæ seriem texit Joannes Mabillonius in Annalibus Benedictinis tom. IV, ubi ad annum Christi 1028, sic scribit: « Forte is sit Joannes Gualbertus, qui hoc ipso tempore ad S. Miniatis monasterium se recepit. Certe vix post hoc tempus, in quo nunc sumus, ejus conversio differri potest; quippe qui post annos decem abbas electus, in Vallis Umbrosæ solitudinem secessit, ubi prima sui Ordinis jecit fundamenta. » Postea ad annum Christi 1038, ita narrat : « Paulo ante hunc annum Joannes Gualbertus e sancti Miniatis monasterio discessit, secessitque in Vallem Umbrosam, ubi Congregationis suæ fundamenta jecit. Certe illic nullam dum habebat ecclesiam hoc anno, cum Imperator Conradus una cum uxore sua Gisla Augusta, et filio suo Henrico rege, ejusque conjuge Cunihilde Florentiam accessit. Quod ubi rescivit Imperator, id sibi honoris cœlitus reservatum existimans, ut sanctis illis Fratribus subveniret, vacante post mortem Jacobi diœcesani episcopi Fesulana ecclesia, Rodulfum Patherbrunnensem præsulem, quem alii Rothonem vocant, Vallumbrosam consecrandi oratorii causa misit. » Hæc omnia ex litteris Ittæ abbatissæ se didicisse affirmat.

112. Circa Oratorii hujus consecrationem Guido Grandus dissert. 2, num. 12, observat sequentia : « Frustra vero nonnulli Ordinis hujus Vallumbrosani scriptores post Didacum Franchum Hist. S. Joan. Gualb. lib. 5, duplicem consecrationem Oratorii distinguunt, alteram anteriorem anno MXIII sub Henrico I Imperatore, alteram sub Conrado II. Unde totius instrumenti Ittæ sensu corrupto, et Henricum Conrado substituunt, et pro Gisela ejus uxore Chunegundem legunt, et pro Redulpho Pavironensi episcopo, ad consecrationem misso, Menvercm ejus antecessorem subrogant, tam nullo penitus fundamento, quam casso prorsus labore; Franchus enim mutila citat in margine verba Ittæ abbatissæ, subtracto Rudolphi nomine, hoc modo. « Imperator « dirigens Pavironensem dignum Deo præsulem, » citatque instrumentum Ittæ abbatissæ de anno MXXXIX, quod certe Rodulphum exprimit, eumque a Conrado missum; non ab Henrico fatetur, idque post Jacobi Fesulani episcopi mortem, adeoque anno MXXXVIII, non MXIII; et quidem de prima, non de secunda consecratione: nam ad illud usque tempus sine ecclesia moratos monachos docet.

« 113. Qui vero rem hanc ad Henricum referunt, ut B. Theuzo in vita S. Joannis cap. 10, Xantes Perusinus in eadem vita pag. 43, et S. Atho pariter in vita cap. 22, intelligendi non sunt de Henrico I sed de II, qui Conradi ipsius filius erat, jamque regis titulum obtinuerat, et patrem in Italiam comitatus est, ut ex verbis Ittæ supra relatis liquet omnesque historici consentiunt. Unde a S. Anthone loco citato rex, non imperator dicitur, ejusque conjux non Augustæ sed reginæ titulo distinguitur : erat vero hæc non Chunegundis, sed Chuncildis regis Daniæ Chanuti filia, quæ paulo post peste consumpta obiit. Nullus autem vetustiorum auctorum duplicem oratorii consecrationem distinxit; priorem sub Henrico per Menvercum, posteriorem sub Conrado per Rodulphum, ambos Paderbornenses episcopos; sed tantum præter primam Oratorii consecrationem ab eo episcopo, quem imperator miserat (Rodulfum scilicet) factam, narrat S. Atho cap. 22 laudato, oratorium ampliatum, consecratum rursus post aliquot annos fuisse ab Huberto S. R. E. Cardinali S. Ruffinæ; aliam certe consecrationem (si quæ ex hypothesi Dicæi Franchi præcessisset) eodem loco non prætermissurus. » Episcopum catholicum ad Vallis Umbrosæ monasterium, qui summum altare consecraret, ab Henrico II missum fuisse tenet etiam Baronius tom. XI Annalium ad annum Christi 1055. Sed ab hac digressione ad Mabillonii chronotaxim revertamur, nostrumque de ea judicium sincere exponamus.

114. Confirmat sententiam suam, supra memoratam, in observationibus præviis ad Vitam S. Joannis Gualberti sæculo VI Benedictino, parte 2, pag. 166, his verbis: « Quo tempore in Vallumbrosanam solitudinem secesserit Joannes, colligimus ex litteris Ittæ, sanctæ Hilari abbatissæ, quæ locum, antea Bellam Aquam dictum, ipsi ad exstruendum monasterium concessit anno MXXXIX. » Ut mentem meam candide aperiam, judico omnino incerta esse quæ superius de tempore Gualbertinæ conversionis, de decennali commoratione in monasterio S. Miniatis, et de anno causaque discessus tradidit. Quamvis autem ex litteris Ittæ abbatissæ anno 1039 datis non improbabiliter Vallumbrosani Ordinis primordia colligat, tamen hæc ejus argumentatio tempus institutionis non satis evidenter determinat. Potuit namque S. Joannes Gualbertus ante Ittæ donationem et Oratorii sui dedicationem dudum in illa solitudine vixisse. Id quodammodo significare videtur B. Andreas, quando num. 16, dicit eos mansisse « tempore multo, ligneum tantummodo habentes oratorium; » ac dein num. 19, agit de monasterii loco ab Itta abbatissa tradito; tandemque num. 28, loci consecrationem seu dedicationem memorat. Quantum autem inter ea fuerit temporis intervallum, non est promptum divinare. Quapropter mihi non est animus ex indefinitis veterum terminis et incertis recentiorum conjecturis hanc inter Vallumbrosanos, Camaldulenses ac Benedictinos controversiam dirimere; sed quisque, quod volet sentiat, donec ex certioribus monumentis, forsan hac occasione eruendis, de rei veritate liquido constiterit. Nunc aliorum opiniones a præcedentibus discrepantes audiamus.

115. Baronius tom. XI Annalium ad annum Christi 1051, agens de miraculo, quod occasione Leonis IX papæ, in monasterio Passiniano hospitantis, a S. Joanne Gualberto patratum est, vagis admodum et obscuris terminis sententiam suam sic expressit. « Ante decennium (ut ejus habent Acta) innotescere orbi cœpit egregia sanctitate ipse Joannes; dum parcens inimico veniam in nomine Christi crucifixi petenti, sibi oranti crucifixi imaginem inclinare caput in signum gratæ sibi admodum actionis aspexit. Cum tanta victus divina clementia monasticæ vitæ atripuit institutum. Sed postea abbatem deserens Simoniacum, novi Ordinis monachorum, dictorum Vallis Umbrosæ, factus est institutor et auctor, virtutibus atque miraculis clarus. » Quid ex his omnibus ante decennium contigisse velit, nescio. Quare id alteri me peritiori discernendum relinquo. Ughellus agens de Regembaldo episcopo Fesulano, qui mortuus est ante annum 1028, Vallumbrosanam Congregationem facit antiquiorem, et ita indeterminate loquitur tom. III Italiæ sacræ, col. 283. « Hujus episcopi temporibus Fesulæ funditus excisæ sunt, una cathedrali excepta, anno MX. Illustravere Regembaldi optimi præsulis pontificatum data in ipsius diœcesi Ordini Vallumbrosano a Joanne Gualberto nobilissimo Florentino cive, ac religiosæ sancti Miniatis domus Benedictinæ familiæ monachorum initia. » Attendat hic lector ad monasterii S. Miniatis exordium, illudque cum supradictis conferat.

116. Ad Ughelli opinionem proxime accedunt Onuphrius Panvinius in Chronico ecclesiastico, Joannes Baptista Riccioliusin Chronologia Reformata tom. III, pag. 150, Philippus Labbeus in Chronologia Historica tom. II, part. II, ac Alphonsus Ciacconius in Historia Pontificum Romanorum ac S. R. E. Cardinalium tom. I, col. 771, qui omnes Ordinis Vallumbrosani institutionem ad annum Christi 1030 referunt. At non video, quomodo Ciacconii historia a Victorello et Oldoino aucta satis sibi constet. Legitur enim tom. I, col. 1024, hæc assertio: « Sub Joanne XIX anno Domini MXXX, Congregatio tertia sancti Benedicti, quæ Vallis Umbrosæ dicitur, originem habuit. » Atque ejusdem tomi col. 862, dicitur ad S. Joannem Gualbertum accurrisse « Dominicæ Incarnationis anno MXVIII, inter discipulorum primos, adolescentulus quidam Florentinus, Petrus nomine, clara, ut ferunt, Aldobrandinorum stirpe progenitus, ipsius sancti Patris conjunctus et affinis. » Hæc dum conciliari non possunt, nisi quis dixerit S. Joannem Gualbertum multis annis in solitudine Vallumbrosana discipulos habuisse, antequam Ordinem suum institueret. Hoc si quis solide ostenderit, has duas epochas non pugnare libenter fatebor.

117. Postremo hoc loco palpabiles quorumdam circa hujus Ordinis institutionem parachronismos detegam, quos retulisse, refutasse erit. Legendarius Gallus, alibi hypercriticus, hic crisim suam perdidisse videtur: Nam tom. II, in vita S. Joannis Gualberti dicit hunc Ordinem anno 1051 institutum esse. Franciscus Longus a Coriolano in suo Breviario Chronologico putat, Congregationem Vallis Umbrosæ initium habuisse anno Christi 1060. Idem sentit Joannes Gualterius in Chronico Chronicorum tom. I, pag. 1634, sic scribens: « Vallis Umbrosæ Ordo, seu, ut malunt, Vallis Umbrensium, ut quidam etiam, Vallis Ambrosii, cœpit, auctore Gualberto Florentino, anno MLX, sub Nicolao II prope Florentiam. Utitur partim cineracei, partim cærulei coloris vesti-

bus. » Hi forte secuti sunt errantem Polydorum Virgilium, qui in opere de rerum inventoribus pag. 7, cap. 2, etiam annum 1060, primæ hujus Ordinis Institutioni assignat. Crassius errarunt Volaterranus lib. xxi, et Arnoldus Pontacus episcopus Vasetensis in Chronographia, qui tenent hanc Congregationem cœpisse anno 1070. Nec defuere etiam adeo historiæ ignari, ut anno 1400 hunc Ordinem primo exortum esse somniaverint. Sed tædet diutius his referendis inhærere. De morte S. Joannis Gualberti disputare non est necesse : nam inter omnes ferme convenit eum obiisse anno 1073. Quare nihil hic moramur paucos, qui ad unum alterum annum ab hac communi sententia recedunt.

§ X. *An admissa Mabillonii aliorumque sententia circa seriem chronologicam S. Joannis Gualberti, potuerit idem Sanctus cum S. Romualdo agere in eremo Camaldulensi.*

Ex chronotaxi Mabillonii, Baronii, aliorumque paragrapho præcedenti relata videtur historice sequi S. Romualdum a S. Joanne Gualberto in eremo Camaldulensi non fuisse inventum, utpote qui e vivis excesserat ante annum 1027, sicuti ex authentico instrumento donationis, Petro Dagnino a Theobaldo episcopo Aretino factæ probat idem Mabillonius sæculo vi Benedictino parte i in observationibus Romualdinæ Vitæ præmissis. Neque hanc chronotaxim suæ sequelam dissimulat Mabillonius; sed in Annalibus Benedictinis tom. IV ad annum Christi 1038, sic eam aperte ponit : « Antequam Vallumbrosam se reciperet Joannes, Camaldulum profectus est, sanctam illic habitantium conversationem exploraturus. Erat adhuc ejus loci Prior Petrus, qui sanctos illos hospites in suam societatem adoptare tentavit. Verum cum eorum de præferenda cœnobitica vita proposiium intellexisset, eos ad illud persequendum adhortatus est. Inde Joannes cum sociis Vallumbrosam accessit, quæ medio fere itinere Camaldulum inter et Florentiam posita est. » Eamdem consequentiam admittere debet Baronius, cum in Annalibus, tom. XI, ad annum Christi 1027 S. Romualdi obitum collocet.

119. Scio hunc congressum S. Joannis Gualberti, cum S. Romualdo a plerisque scriptoribus, tum Vallumbrosanis tum Camaldulensibus, mordicus teneri, quamvis de tempore hujus facti aliqui plurimum inter se dissentiant, sicut mox clarius intelligetur. Horum auctorum opinioni aperte favet Breviarium Romanum, quod festo S. Joannis Gualberti ad xi Julii in lectionibus propriis expresse tradit sanctum Joannem ad Camaldulensis eremi incolam Romualdum profectum esse, ab eoque cœlicum sui instituti vaticinium accepisse. Utramque hanc auctoritatem proponit Guido Grandus Dissert. 2, cap. 4, num. 1, sententiæ suæ fundamentum jacere incipiens, his verbis : « Id itaque jam persuadere conabimur ex D. Joannis Gualberti ad Camaldulense eremum adventu, qui non ante annum 1034 vel 1036 contingere certissime potuit, cum tamen ibi sub Romualdo vixisse Joannem expresse tradant scriptores probatissimi Vallis-Umbrosæ (ut de nostris Fortunio, Ractio, Minio, deque exteris quam plurimis sileam) Andreas Januensis, qui circa annum 1419 floruit, in Vita S. Joan. Gualberti cap. 11; Hieronymus Radiolensis, qui anno circiter 1480 eamdem Vitam patrio sermone expressit; Xantes Perusinus, qui circa annum 1500 eadem Gualberti Acta coll. git pag. 24; Jeannes Joannalius, qui sub Clemente VIII Lectiones S. Joannis Gualberti, Breviario inserendas, composuit, ut re ipsa demum insertæ sunt, atque a S. R. C. approbatæ; ac demum novissime Assanius Tamburinus de Jur. Abb. tom. disp. 24, quæst. 5, num. 20; et Didacus Franchus in ejusdem S. Joannis Gualberti Historia, lib. iv; nostrisque diebus Venantius Simius in suo Catalogo litt. i, num. 9. »

120. Hunc Romualdinum et Gualbertinum congressum a citatis auctoribus ac Breviario Romano doceri non inficior; ac vetustissimi Vitæ scriptores cum intactum reliquerant, quod juverit intelligere ex verbis ipsiusmet Grandi Dissert. 2, cap. 8, num. 2, ita fatentis : « Ex una parte, quæ ad asserendum Romualdum post annum 1032 adhuc superstitem superius adducta sunt, inviete non probant infutam, cum nihil absolute et evidenter evincat Joannem Gualbertum in Camaldulensi eremo petius Romualdo viventi, quam Petre Dagnino Priori, post Romualdi obitum auscultasse ab eoque sui Ordinis instituendi vaticinium et auspicium accepisse. Nam, ut cap. 4, num. 2, notavi, vetustiores ex his, qui rem gestam referant, ad Camaldulensis eremi Priorem, nulla nominis designatione distinctam, diverse Joannem Gualbertum tradunt ; posteriores id de Romualdo diserte interpretantur, illum tunc Camalduli degentem supponentes, non probantes; itaque in ambiguo relicta res est. » Ingenua sane ipsius adversarii confessio.

121. His jactis quasi fundamentis, statum quæstionis hic agendæ breviter explico, ut qu s pue clare intelligat quid intendam. Sciant igitur omnes, mihi non esse litem cum auctoribus paulo ante citatis, qui S. Joannis Gualberti adventum in eremum Camaldulensem ante annum 1027 statuunt. Dixi enim paragrapho præcedenti, hanc controversiam, spectato præcise veterum hagiographorum textu, a me indecisam relinqui, donec certiora utrimque afferantur monumenta, quæ rem plane conficiant. Non est, inquam, mihi lis cum iis, qui S. Joannis Gualberti cum S. Romualdo conversationem defendunt, et simul S. Romualdum ante annum 1027 mortuum esse concedunt; qualis inter alios est Augustinus Fortunius, qui lib. i Hist. Camald., cap. 34, ita scribit : « Itaque B. Joannes, sanctissimi Patris Romualdi benedictione munitus, ex ermo Camalduli recedens, in Vallis-Umbrosæ abditas obscurasque silvas sese recepit; » ac deinde ejusdem libri cap. 40, affirmat quod « Deo plenus antistes Theobaldus anno 1027, post felicem S. Romualdi transitum..... primam donationem, primumque exemptionis ac li-

hertatis privilegium sacræ eremo concesserit. » Itaque tantummodo contendo, admissa sententia eorum qui S. Joannis Gualberti ingressum in eremum Camaldulensem ultra annum 1027 differunt, probabilissime sequi quod S. Romualdus ab eo tum temporis ibi non potuerit vivus inveniri.

122. Huic consequentiæ manibus pedibusque obnititur sæpe jam laudatus Guido Grandus, vitamque S. Patris sui Romualdi usque ad annum Christi 1057 protrahit; in Appendice autem post dissertationem secundam duas Romualdinæ Vitæ exhibet tabulas chronologicas, in quarum prima ad annum Christi 1036, notat sequentia : « Camaldulum S. Pater rediens Joannem Gualbertum ad se confugientem per sex menses (unde determinatum istud tempus hauserit, scire aveo) eremiticæ vitæ præceptis instruit, mox sua benedictione et vaticinio Ordinis ab illo instituendi ad Vallem Umbrosam sive Aquam Bellam dimittit. » Hoc systema suum, quod innumeris difficultatibus subjectum est, variis conjecturis et contortis explicationibus, artificiose tamen undique corrasis, stabilire conatur. Singula ejus argumenta excutere et refutare hic non vacat. Nam hoc justæ molis librum exigeret. Quod si quis circa hanc rem plura desideret, consulere poterit scriptores Venetos, quos libris editis contra ipsius chronologiam insurrexisse intelligo. Nos, omissis aliis non levibus argumentis, unicum systemati ejus diploma opponemus, et omnem effugiis aditum præcludere conabimur.

123. Diploma illud est Theobaldi Aretini episcopi, quod integrum videri potest apud Augustinum Fortunium lib. 1 Historiarum Camaldulensium, cap. 40. Quippe cum prolixum sit, multaque contineat ad controversiam nostram non spectantia, nobis hic sufficiet, accuratum illius dedisse compendium, ex propriis Theobaldi verbis hoc modo exceptum : « In nomine sanctæ et individuæ Trinitatis. Theobaldus sancti Donati Vicarius; » ita passim Aretini episcopi sese vocant, ut notat Mabillonius sæc. vi Benedictino parte i, pag. 277. « Omnium fidelium Christianorum hoc dilectio noverit, quod nos ob amorem piæ memoriæ spiritalis Patris nostri D. Romualdi, clarissimi eremitæ, communi consilio et consensu fratrum clericorum nostrorum episcoporum donamus, et concedimus pro remedio animæ nostræ omniumque successorum nostrorum episcoporum D. Petro venerabili eremitæ ad usum et sumptum confratrum, eremeticam vitam sub eo ducentium, suisque successoribus eremitis, quamdam ecclesiam in mediis Alpibus, jura episcopii sancti Donati, quam nos rogatu præfati D. Romualdi eremitæ consecravimus sub honore et nomine Domini nostri Jesu Christi sancti Salvatoris, consistentem in territorio Aretino ad radices Alpium, dividentium Thusciam et Romaniam, in loco qui dicitur Campo Malduli per sua loca designata....

124. « Hunc igitur locum D. Romualdus pius eremitarum Pater delegit, et providit aptissimum contemplativæ vitæ Deo servientium. Constructaque inibi basilica sancti Salvatoris, quinque cellulas cum suis tabernaculis ibidem distinxit, atque ab invicem separavit. Sed et singulis cellulis singulos deputavit fratres eremitas, qui sæcularibus curis et sollicitudine remoti, soli divinæ contemplationi insistant. Quibus etiam Petrum venerabilem eremitam, tanquam fidelem ministrum et præceptorem dedit. Cui nos quoque, cum nostris posteris successoribus, ut eum denominato sancto viro, Romualdo scilicet, partem in æterna vita habeamus, donamus, largimur prætaxatum locum secundum præfixos terminos ad usum et sumptum fratrum eremitarum, pro tempore ibidem Deo famulantium, atque per paginam hujus nostri privilegii eum investimus de his omnibus, quæ infra designatos terminos nos hodie ad manum nostram donnicatam (id est in Domino nostro) habemus et detinemus.... Quia ergo quod nos pro salute et remedio animæ nostræ, nostrorumque successorum episcoporum Deo contulimus, per æterna sæculorum spatia ratum, firmum atque inconvulsum debet permanere, a Deo Patre omnipotente et Domino nostro Jesu Christo, sanctoque Spiritu interdicimus, et modis omnibus inhibemus, ut nullus noster successor, episcopus Aretinæ Ecclesiæ, prædictum fratrem Petrum eremitam, suosque posteros successores eremitas de his, quæ S. Salvatori concessimus ad usum et sumptum fratrum eremitarum, aut ipsi a nobis, sive ab aliis hominibus acquisiverint, devestire, molestare, inquietare, aut ullam diminorationem inferre præsumat.... Datum anno 1027, anno pontificatus Domini Theodaldi V, mense Augusto, indictione x. »

125. Hujus diplomatis vim et auctoritatem agnoscit ipsemet Grandus, cujus verba hic lubet transcribere, quia in ore adversarii majus pondus solent habere. Hæc itaque fatetur Dissert. ii, cap. 8, n. 3. « Ex alia vero parte difficultates huic systemati oppositæ, non nisi probabiliter expediuntur, ultima præsertim ex privilegio Theodaldi petita, quæ majus mihi semper negotium facessere præ reliquis visa est, ac minus exactam, quam ceteræ solutionem admittere, adeo ut verba, ex illo privilegio nobis opposita, quondam additia crediderim, quasi diploma illud, vel ab aliquo interpolatum invenisset, vel ipsemet nobis interpolatum exhibuisset Fortunius, quæ tamen suspicio nunc cessat; postquam autographum, ipsius Theodaldi manu subscriptum, et sigillo munitum in Camaldulensi Archivio, armario 1, num. 56, diligentissime lustravimus, neque suppositionis vel interpolationis notam ullam offendimus, sed integrum, et undequaque sincerum deprehendimus, ut propterea non nisi probabili interpretamento superius adducto, exemplisque cap. præced. num. 14 allatis confirmato, eludi ejus auctoritas possit. » At probabile illud interpretamentum audiamus.

126. Peremptoria systematis sui verba in diplomate posita sic interpretari incipit Dissert. ii, cap.

7, num. 13. « Itaque difficultatem hanc eludere utcunque tentabimus, observando clausulam hanc piæ memoriæ, fortasse non mortuum, sed celebratissimum ac memorandæ pietatis virum designare, ut memoria pro fama, celebritate, nomine, usurpetur. Ut enim hortari solemus viventes, ut aliquod memoria dignum facinus patrare velint, quo sui nominis immortalitati prospiciant; ita viros ipsos egregiis operibus claros, adhuc viventes immortali memoria dignos, vel immortalis aut gloriosæ memoriæ viros appellare merito possumus, et sæpe consuevimus. » Præterquam quod hæc explicatio sit violenta, et a communi hominum commercio abhorrens, ingens est discrimen inter expressiones a Grando contorte excogitatas, et inter usitatas diplomatis nostri phrases, ut cuivis mature eas conferenti clarum fiet. Judices hic appello quoslibet lectores, a partium studio alienos, et confidenter interrogo, an non judicaverint, S. Romualdum mortuum, ubi primum in diplomate legerant hanc donationem Petro Dagnino factam esse « ob amorem piæ memoriæ D. Romualdi, ut Theodaldus cum denominato sancto viro, Romualdo scilicet, partem in æterna vita » haberet: nisi enim Theodaldus Romualdum jam cœlo receptum, et semper timendo humanæ fragilitatis periculo ereptum credidisset, quomodo partem habere cum illo in æterna vita desiderasset? Adde quod formula piæ memoriæ in sexcentis diplomatibus mortuum manifeste significet.

127. Jam examinanda sunt duo exempla, quæ ad stabiliendam suam qualemcunque interpretationem adfert Grandus. Primum occurrit apud Ughellum tom. III Italiæ sacræ col. 297, ubi Jacobus Bavarus, Fesulanus episcopus, dicit, se quædam largiri creditæ sibi ecclesiæ pro remedio animæ suæ, speque remunerationis futuræ, et pro animabus antecessorum suorum præsulum, « nec non pro salute Conradi serenissimi imperatoris felicis memoriæ, suæque conjugis Gislæ Augustæ, etc. Ecce, inquit Grandus, Conradum Cæsarem felicis memoriæ dictum anno 1032, cum obierit anno 1039, die IV Junii apud Trajectum. » At Fesulanum antistitem nihil aliud hic velle, quam ut hæc donatio prosit animæ Conradi, felixque sit post mortem ejus memoria, satis patet ex hac formula diplomati subscripta: « Actum est autem hoc anno Dominicæ Incarnationis 1052, Imperii D. Conradi Augusti anno V, indictione XV feliciter. » Quando Grandus in genuino diplomate ostenderit, Theodaldum dedisse ecclesiam Petro Dagnino anno Dominicæ Incarnationis 1027, vitæ Romualdi 110, sicut in prima tabula sua chronologica statuit, facile ipsius explicationi acquiescemus; quando, inquam, hoc parallelum invenerit, verba Theodaldini diplomatis a communi significatione in peregrinum sensum detorquebimus; quod faciendum non est, nisi dum manifesta cogit necessitas.

128. Transeo nunc ad alterum exemplum, quod adeo leviter ac perfunctorie attigit Grandus, acsi male sibi conscius timuisset, ne argumenti fallacia detegeretur. « Circa annum 870, inquit loco proxime citato, Andreas episcopus Florentinus in abbatissam monasterii S. Andreæ ordinat Idembertam apud Ughellum tom. II (frequens ipsi error pro III) pag. id est col. 55, ubi hæc formula legitur: « Secundum illa præcepta, quæ Dominus (forte hic nomen quoddam deest) et bonæ recordationis Dominus Ludovicus imperator constituit. Qui tamen Ludovicus anno 875 Mediolani obiit mense Augusto. » Unde, obsecro, novit Grandus, Idembertam anno 870 abbatissam fuisse ordinatam, cum diplomati nullus annus subscribatur? An forte id conficit ex eo quod post finitum diploma sequantur hæc Ughelli verba: « Hic Andreas, Florentinus episcopus, anno 870 interfuit judicio quondam Lucensi ad favorem Gerardi episcopi Lucensis an. XV Ludovici II imp. ind. III. » Sed hæc nil ad præcedens diploma pertinent. Eodem jure colligere potuisset, Idembertam anno 876, post mortem Ludovici abbatissam esse creatam, quia eidem diplomati præcedunt hæc Ughelli verba: « Andreas successor Rodingii. Ille fuit, qui, cum Carolus Calvus ab Asperto Mediolanensi archiepiscopo diademati regni insigniretur, augustiorem speciem pompæ facturus, interfuit anno 876. »

129. Cum itaque hæc præcedentia Ughelli verba nullo modo ad eam rem spectent, ex iis diplomatis annus determinari nequit. Unde miror, adeo rotunde Grando asseri, id circa annum 870, datum fuisse. Quapropter possem meliorem Grandi fidem requirere in objiciendo hoc exemplo, aut certe majorem in eo examinando diligentiam. Interim adversarius fateri debet Andream, in eodem diplomate de Rodingo prædecessore suo bonæ memoriæ loquentem, agere de Rodingo jam mortuo. Idem ego de Ludovico bonæ recordationis existimo, adeoque diplomata post illius mortem datum esse judico, qua nulla me movet ratio, ut communem hujus formulæ significationem invertam. Piget his cavillationibus diutius immorari. Potius ad sacros cœlitum honores, sancto nostro a summis pontificibus decretos, progrediamur.

§ XI. *Canonizatio S. Joannis Gualberti.*

Narrant utraque acta, huic commentario subnectenda, quomodo S. Joannis Gualberti corpus ob felicem animæ ex hac vita transitum inter æstivos calores ab omni fœtore per triduum immune fuerit, ac dein maximo populi concursu sepulturæ traditum. Vallumbrosani scriptores volunt, S. Patrem suum paucis post mortem annis a Gregorio VII in sanctorum numerum fuisse relatum. Sic Andreas Januensis in ejus Vita, cap. 89, ait: « Liquide patet ex Chronica Florentina, a Joanne Villani cive Florentino compilata, libro IV et capitulo 16 ejusdem Chronicæ, eumdem beatum Joannem prius per centum quatuordecim annos vel circa fuisse canonizatum et catalogo dictorum sanctorum adscriptum per beatæ recordationis sanctissimum in Christo Patrem et Dominum Gregorium papam septimum, ejusdem beati Joannis devotissimum, qui floruit et incepit anno Domini 1073.) Idem asserit Bernardus Del Sera in compend. Abb. Gen. cap. 1. « Quamvis, inquit, pro certo habeatur S. Joannem in catalogum sanctorum a Gregorio VII fuisse canonice cooptatum, tamen nunc per litteras Coelestini III de hac re dubitandum non est. » Haec illi. Verum cum ille Joannes Villanus, qui hic citatur, sit recentior, et prioris istius canonizationis authentica instrumenta non proferantur, ad certiora documenta properamus.

131. Coelestinus III, petente D. Gregorio abbate Passinianensi, S. Joannem Gualbertum sanctorum catalogo adscripsit, ut liquet ex ejusdem abbatis epistola, quam hic ex Didaci Franchii lib. 12 excerpo, ut omnes canonizationis ordinem et modum, aliaque ad eam spectantia, clare intelligant. Sic itaque sonat epistola: « Frater Gregorius, humilis abbas monasterii sancti Michaelis archangeli de Passiniano, dilectis in Christo fratribus et Capitulo de Passiniano et aliis ejusdem amicis et devotis salutem in Domino et gaudere. Pro magnitudine gaudii et laetitiae, quam nostris mentibus infundit abunde superni gratia largitoris, in exaltatione nominis beati et eximii Patris nostri Joannis Gualberti, a quo post almificum Patrem beatissimum Benedictum, religionis et honestatis monasticae cultum recepimus, antequam narrandi sumamus initium, hortamur vos voce non solum corporis, sed (quod est praestantius) affectione interioris hominis, ut pro ipsius honore Patris in Domino gaudeatis, geminae substantiae giganti [id est Christo] gratias referentes, qui cum esset excisus de monte sine manibus, crevit in montem magnum, ut per ipsum, quod est ineffabile, regnum accipiat pusillus. Per vicarium namque suum, videlicet Dominum Papam Coelestinum III, Dominis episcopis Ostiensi et Portuensi assistentibus, et religiosis et reliquis presbyteris et Diaconibus similiter Cardinalibus in die Kalendarum Octobris, inspectis testimoniis et vita ejusdem Sancti, nomen ejusdem et memoriam, jam quasi negligentia suorum discipulorum sepultam, exaltavit, et ubique colendam censuit.

132. « Cum (quibusdam enim nostris aemulis facientibus) pro aliis negotiis Urbs in ferventi nos calere Julii recepisset, super quo amici nostri non modicum tristabantur, timentes nobis propter vitae dispendium, meritis, ut credimus, beati Joannis omnia sunt cooperata in bonum. Salutantes itaque devote et reverentes humiliter praefatum sanctissimum Dominum Papam, postulavimus ut sancti Joannis nomen canonizatione suo tempore exaltaret. Quid plura? Receptis litteris testimonialibus Abbatis Vallisumbrosae, et aliorum abbatum atque episcoporum et aliorum praelatorum, duobus elapsis mensibus post nostrum in Urbem ingressum, praefatus sanctissimus Apostolicus diem statuit, ut eo praesidente Dominis Cardinalibus verbum proponeremus quod voto gerebamus inclusum. Quarto igitur Kalendas Octobris, vocati coram eodem summo Pontifice et Dominis Cardinalibus, in hunc modum petitionem nostram exorsi sumus, Vitam S. Joannis tenentes prae manibus :

133. « De vestri luminis plenitudine, tanquam de firmamento coeli nos modicae scintillae, lucis et scientiae incrementa suscipientes, liquido novimus, quod qui discipulos honorat Veritatis, ipsum magnificat, qui eos tales fecit, ut suos faceret coheredes. Ecce, ut paucis utar verbis, Reverendissimi Patres et Domini, mandragora dedit odorem in portis nostris: Beatus siquidem et eximius Pater Joannes institutor et magister Vallumbrosanae Congregationis et Ordinis, quem Dominus mirabiliter ad se traxit, dum ei per crucem caput inclinavit, miraculis quoque et vitae splendore enituit, sicut ex ipsius gestis apertius declaratur. Unde ego et fratres mei, vicini quoque episcopi et alii ecclesiarum praelati petimus a Sanctitate vestra, ut sicut eum firmiter credimus cum suo Rege regnare in coelis, ita ipsum in catalogo Sanctorum jubeatis ascribi in terris; quatenus ejus meritis et intercessionibus de statu lippientis Liae ad formosae Rachelis perveniamus amplexus.

134. « Iis decursis, genibus curvatis Vitam S. Joannis Domino Papae obtulimus; quam Dominus Cardinalis Ostiensis ejus mandato recipiens, diebus tenuit aliquantis. Die igitur praedicto Kalendarum Octobris in pleno consistorio Dominus Papa, commendata plurimum vita S. Joannis praedicti, laudans Congregationem suam et specialius domum nostram, ut de cetero ejusdem S. Joannis nomen in Catalogo Sanctorum poneretur, et festivitas ejus eodem die, quo obiit, scilicet duodecimo mensis Julii celebraretur, consensu suorum fratrum Dominorum Cardinalium, quorum nomina subsequenter adnotantur, Apostolica auctoritate decrevit, replicando, quod eadem petitio aliis summis Pontificibus, suis praedecessoribus, fuerat porrecta, et suis ad complendum temporibus reservata.

135. « Huic canonizationi interfuerunt hi presbyteri Cardinales, videlicet: Pandulphus, natione Lucensis, basilicae duodecim Apostolorum presbyter Card. Petrus Placentinus, S. Ceciliae presb. Card. Jordanus, quondam Abbas Fossae novae, S. Potentianae presb. Card. Joannes Lombardus, olim Tuscanen. episcopus, S. Clementis presb. Card. Romanus, quondam Primicerius, S. Anastasiae presb. Card. Hugucio S. Martini in monte presb. Card. Guido S. Mariae trans Tiberim tit. S. Callisti presb. Card. Joannes, olim. Cassinen. monachus, S. Stephani in Coelio monte presb. Card. Centius Romanus S. Laurentii in Lucina presb. Card. Sofredus, olim Pistorien. Canonicus, S. Praxedis presb. Card. Benardus olim S. Frigdiani Canonicus, S. Petri ad Vincula presb. Card. Atque Joannes, olim S. Pauli monachus, presb. Card.

136. « Diaconi Cardinales, qui interfuerunt, hi sunt: Gregorius S. Mariae in Porticu Diac. Cardia.

Gregorius Crescentii S. Mariæ in Acquiro Diacon. Card. Romani. Lotharius SS. Sergii et Bacchi, natione Campanus, Diac. Cardin. Gregorius Carelli S. Georgii ad Velum aureum Diac. Card. Nicolaus S. Mariæ in Cosmedin. Diac. Card. Romani. Magister Ægidius Anagninus S. Nicolai in carcere Tulliano Diac. Cardin. Centius Camerarius S. Luciæ Diac. Card., atque Magister Petrus Capuanus S. Mariæ in Via lata Diac. Card. Præterea interfuerunt etiam præfatæ canonizationi ex multis et diversis provinciis in dicto consistorio tanti principis, imo tantorum principum, viri honorabiles, Archiepiscopus Amalphiæ, Episcopus Puteolanus, Episcopus Nolanus, Ariminensis tunc electus, et Electus famosi monasterii Fuldensis de Alemannia, qui eadem hora fuerat confirmatus. Nuntius vero N. Imperatoris Constantinopolitani non defuit, atque N. nuntius regis Angliæ; plures alii conclerici et laici, quorum nomina ille novit, qui nos finxit.

137. « Capellani vero prænominati domini Papæ non defuerunt, qui nobis assistentes, Te Deum Laudamus, alta voce cantaverunt. Moxque in ipsa celebratione, præsente eodem summo Pontifice, ipsius S. Joannis oratio est a presbytero recitata. Unde pulvere excusso vitiorum ad laudandum in Sancto ejus Dominum sitis præparati, et quia hactenus flevistis, tanquam veri filii, de morte Patris, de ipsius quasi resurrectione spiritum gaudii induatis, et cum Psalmista veraciter decantetis: Mihi autem nimis honorati sunt amici tui, Deus. Præsens denique gloria, quæ de Sanctorum celebratione habetur, illius gloriæ et gaudii est imago, quam nullius sensus valet comprehendere, nec sermo quantumcumque disertius explicare. Ea igitur die, qua vos contigerit litteras tanti tripudii recipere, beati Joannis, Domini et Patris nostri, sicut in sui natalis die, nocturnis et diurnis laudibus studeatis memoriam celebrare, supernæ Majestatis clementiam attentius implorantes, quatenus sic nos faciat per hujus vitæ stadium currere, nostro duce et patrono præeunte S. Joanne, ut per unum et in uno, qui dicit, Ego et Pater unum sumus, perfecti cursus bravium capiamus. Valete. »

138. Huic epistolæ subnecto Bullam canonizationis anno 1193, a Cœlestino III editam, quæ exstat apud D. Thesaurum Velium, S. Praxedis abbatem, ante Vitam S. Joannis Gualberti, anno 1612 Romæ editam, apud Didacum Franchium lib. 12, pag. 516, et in Bullario Laertii Cherubini tom. 1, pag. 31. Franchius pag. 508 dicit eam datam esse ad Abbatem et conventum Passinianensem. Alii autem duo hunc habent titulum: « Cœlestinus episcopus, servus servorum Dei, dilectis filiis, Abbati et Conventui Vall.s-Umbrosæ salutem et Apostolicam benedictionem. » Tenor Bullæ apud Laertium Cherubinum loco citato est talis: « Gloriosus Deus in Sanctis suis, et in majestate mirabilis, ministros suos, qui sibi veraciter et sincere ministrant, non solum immarcescibili bravio et æterno remunerat, verum etiam in præsenti vita, per exhibitionem plurium miraculorum, commendabiles reddit, et, secundum propheticum verbum, eos facit in æterna esse memoria, et ab omnibus celebriter venerari. Nec enim quisquam Catholicus ambigit, cum et hoc Scriptura sacra testetur, quod in Sanctis suis laudatur Dominus, et qui honorat eos, ipsum Dominum prorsus honorat; ipso attestante qui dicit: Qui vos honorat, me honorat, et qui vos recipit, me recipit. Et item: Quod uni ex meis minimis fecistis, mihi fecistis. Et quidem rationi consentaneum esse probatur, ut, quandoquidem omnipotens Pater Filii sui coheredes eo quo ipsum honore voluit insigniri ipso orante et dicente: Volo, Pater, ut ubi ego sum, illic sit et minister meus; et rursum: Si quis mihi ministraverit, honorificabit eum Pater meus, qui in cœlis est, homines, qui ex lutea materia sunt, ipsius memoriam celebrent et venerentur in terris, cujus nomen creditur scriptum esse in cœlis.

139. « Hac nimirum consideratione inducti, cum preces dilectorum filiorum nostrorum Georgii [*lege* Gregorii] Abbatis et Conventus Passinianensis monasterii, vestrumque testimonium recepissemus et litteras, ut inclitæ recordationis Joannem quondam Abbatem, Vallis-Umbrosanæ Congregationis institutorem, qui Creatoris sui servus prudens exstitit et fidelis, et familiæ sibi commissæ in tempore tritici mensuram impendit; et quem, quia fuit super pauca fidelis, post obitum suum super multa Dominus ipse constituit, et multis miraculorum privilegiis insignivit, istis etiam temporibus ut dicitur, incessanter illustrat, Sanctorum Catalogo annumerare et consociare vellemus. Visum itaque est nobis, et communi consilio fratrum insedit, et vicinorum episcoporum et aliorum Prælatorum Ecclesiæ, deberemus de conversatione ejusdem boni Viri et miraculis testimonia præstolari. Demum vero cum Episcoporum, Abbatum, Priorum, Archidiaconorum, Plebanorum, Præpositorum, Ecclesiasticorum et Monasticorum Conventuum atque aliorum super ejusdem Ministri Jesu Christi vita et conversatione atque miraculis recepissemus testimonia et preces; super canonizando eodem, fratrum nostrorum convenientia requisita et habita, referentes gratias Creatori, qui Ecclesiam suam semper nova prole multiplicat, et tam rosarum, quam liliorum flore decorat, prænominatum B. Joannem canonizavimus, et numero confessorum Christi decrevimus adjungendum. Confessorum omnium Regem prece humili deposcentes, ut ejusdem Confessoris, qui sibi propter lucidas et conspicuas placuit actiones, precibus et meritis recolendis, ab instantibus periculis eruamur et in nostris necessitatibus ipsius patrocinium sentiamus.

140. « Vestræ itaque devotioni per Apostolica scripta mandamus atque præcipimus, quatenus de tanti Patroni suffragio, quem genuit et nutrivit ipsa Italia, spiritualiter gratulemini, et ejus memoriam certo die inter alios Confessores veneratione celebri-

recolatis, ipsius festivitatem colere studeatis, in eo divinam omnipotentiam exaltantes. Si enim, attestante voce Dominica, Deum diligere comprobatur, qui mandata ejus observat, a fructibus praenominati sancti viri cognoscitur, quod apud Deum possit et debeat pro peccatoribus efficaciter exaudiri; qui Evangelicae praedicationis non surdus auditor, mundi gaudia, tanquam stercora reputans, dereliquit, et sequens Christi vestigia, non solum in vestro monasterio monasticam religionem instituit, verum etiam septem monasteria fabricavit, et ad ultimum Passinianense monasterium reparans, in eo praesentem vitam laudabili decessu finivit. Illud tamen inter ejus miracula primum et praecipuum invenitur, quod pro quodam opere misericordiae cuidam in se delinquenti, ante ipsum in modum crucis prostrato, provide et clementer exhibito, imago Crucifixi ei, adhuc in saeculari militia existenti, caput dicitur inclinasse. Dat. Laterani secundo Non. Octobris Pontificatus nostri anno tertio. »

141. Circa diem huic Bullae subsignatum quamdam adverto in diversis editionibus discrepantiam. Didacus Franchius lib. 12, pag. 519, in fine ita subscriptum legit. « Datum Laterani, 1 Nonas Octobris Pontificatus nostri anno tertio. » Si per hoc intelligat pridie Nonas Octobris, in assignanda die sexta Octobris cum Laertio Cherubino conveniet. Thesaurus Velius supra citatus, omisso die, subscriptionem sic edidit: « Datum in Lateranensi nostro palatio anno Domini 1193 anno III Pontific. nostri. » Alphonsus Ciacconius Historiae suae tom. 1, col. 1153, in assignando canonizationis die certo erravit ita scribens: « Eodem anno 1193 Coelestinus Pontifex Joannem Gualbertum in Sanctorum numerum retulit Kalendis Septembris. » Error hic eodem tomo col. 1155, in additionibus Victorelli aliorumque sic corrigitur: « 11 Non. Octob. anno 3 Pontificatus id praestitit Coelestinus Constit. 2, Gloriosus Deus, »etc. Forte Ciacconius unum mensem pro altero posuit, voluitque dicere id factum esse Kalendis Octobris; quod de edita isto die Bulla intelligi non deberet, sed de canonizatione Romae facta, uti testatur in litteris supra allatis Gregorius Passinianensis Abbas, his verbis: « Die igitur praedicto Kalendarum Octobris in pleno consistorio Dominus Papa.... ut de cetero ejusdem S. Joannis nomen in Catalogo Sanctorum poneretur.... Apostolica auctoritate decrevit. »

142. Aliud praeterea quidpiam circa hanc Bullam observavi, quod satis combinare nequeo. Franchius lib. 13 Historiae suae, pag. 508 et 516, ait tres ejusdem tenoris Bullas, variatis inscriptionibus, a Pontifice missas esse: primam quidem ad Episcopos Tusciae, alteram ad Praesules Longobardiae, tertiam denique ad Abbatem Passinianensem. Huic ultimae, pagina 519, ad marginem dexteram subscribit: « Datum Laterani 1 Nonas Octobris; » ad sinistram vero: « Dat. Lateran. VIII Idus Octobris Pontificatus, » etc. Haec duorum dierum differentia facile explicari posset, si Franchius unum Bullae exemplar Abbati Passinianensi, alterum Abbati Vallumbrosano missum esse diceret. Verum cum tantummodo unum proferat exemplar, illudque directum esse contendat ad Abbatem Passinianensem, quomodo haec dierum varietas in ipsius systemate componenda sit, discere cupio. Puto ego Bullam superius ex Laertio Cherubino transcriptam dirigi ad Abbatem Vallumbrosanum; id ipse clamat contextus, in quo praeter alia, quae attente legenti occurrent, haec de S. Joanne Gualberto dicuntur: « Sequens Christi vestigia non solum in vestro monasterio monasticam religionem instituit, verum etiam septem monasteria fabricavit, et ad ultimum Passinianense monasterium reparans, in eo praesentem vitam laudabili decessu finivit. » At haec verba « in vestro monasterio » apud Franchium et Thesaurum Velium non leguntur; quae, utrum ab his, an ab aliis suppressa sint, nescio. Saltem, teste Franchio pag. 519, Purpurati Patres anno 1593 bullam canonizationis, omni vitio carere declararunt; quod nobis sufficit.

143. Anno 1194 idem Coelestinus, festum S. Joannis Gualberti solemni pompa celebrari volens, has dedit litteras, quas exhibet Thesaurus Velius ante vitam S. Joannis, et Didacus Franchius, pag. 520: « Coelestinus episcopus, servus servorum Dei, venerabilibus Fratribus Aretino, Senensi, et Pistoriensi episcopis salutem et apostolicam benedictionem. Saluti nostrae plurimum credimus expedire, si eorum merita solemnibus recolendo praeconiis, quorum in coelis speramus intercessionibus assiduis adjuvari. Hinc est igitur quod, cum dilectus filius noster Gregorius abbas monasterii de Passiniano ad Sedem Apostolicam accessisset, et de sancta conversatione, vita et meritis B. Joannis confessoris, cujus venerabile corpus in ejus ecclesia requiescit, plurima certa indicia coram nobis et fratribus obtulisset; nos, auditis virtutum ejus et miraculorum insigniis, et quod inter carnales spiritualem, inter homines etiam conversationem angelicam habuisset, ipsum, qui corporaliter dissolutus cum Christo jam esse meruit, ne debito ipsius honori et gloriae quodammodo detrahere videremur, si sanctificatum a Deo permitteremus ulterius devotionis humanae carere veneratione, de Fratrum nostrorum consilio Sanctorum Catalogo censuimus adscribendum.

144. « Cum igitur lucerna ejus sic arserit hactenus in hoc mundo, quod per Dei gratiam jam non sub modio, sed super candelabrum meruerit collocari, in se ardens per opera charitatis, aliis lucens per exemplum, Fraternitatem vestram monemus et hortamur in Domino, per Apostolica scripta mandantes, quatenus a praedicto Abbate et fratribus ejus fueritis requisiti, ad jam dictum monasterium pariter accedatis, et cum honore et reverentia, quam in talibus adhiberi oportet, corpus sancti Viri ab eo loco, in quo positum fuerat, sicut decet sanctum, solemniter erigentes, devotionem fidelium ad venerationem ipsis

salubriter excitetis, ipsumque festivitate solenni pronuntietis constituto die annis singulis specialiter excolendum. Datum Lateran. x Kalend. Junii Pontificatus nostri anno quarto. » Hæc cum editione Thesauri Velii conveniunt, præterquam quod in fine Thesaurianæ ita ponatur : « Datum Romæ apud sanctum Petrum x Kalendas Junii Pontificatus nostri anno quarto. » Scio quidem hæc cum prioribus non pugnare, sed hoc discrimen, licet exiguum, significo, ut omnes intelligant nos more nostro etiam minuta quæque observare.

145. Hoc Breve Cœlestini III, nescio qua de causa, executioni mandatum non fuit; ita ut Innocentius III ejus successor post aliquot annos novas dederit litteras, quibus Episcopum Florentinum et Fesulanum ad celebrandam S. Joannis festivitatem hortatur. Eæ apud Franchium pag. 522, sic habent : « Innocentius episcopus, servus servorum Dei, venerabilibus fratribus Florentino et Fesulano episcopis salutem et Apostolicam benedictionem. In litteris bonæ memoriæ Cœlestini prædecessoris nostri perspeximus contineri, quod cum ipse de beati Joannis confessoris, cujus corpus in monasterio de Passiniano quiescit, vita et meritis et conversatione laudabili, et quod idem Sanctus post obitum suum miraculis plurimis et virtutibus coruscari per oblata indicia et probata, plenam notitiam habuisset, et eum cum Christo regnantem Christianorum deberet devotio venerari, de fratrum suorum consilio ipsum Sanctorum Catalogo censuit adscriptum, Aretino, Senensi et Pistoriensi episcopis, datis litteris Apostolicis in mandatis, ut cum ab abbate et fratribus monasterii memorati requisiti fuissent, ad ipsum monasterium pariter accedentes et cum reverentia et honore, qui debet in talibus adhiberi, corpus Confessoris prædicti ab eo loco, in quo positum fuerat, sicut decet Sanctum, solenniter elevantes, devotionem fidelium ad venerationem ipsius salubriter excitarent, et solennitatem ejusdem annis singulis suo die statuerent excolendam : sed per eos mandatum Apostolicum non fuit mancipatum.

146. « Volentes igitur, ut tanti Viri memoria, de quo exultatio est Angelis Dei, apud homines celebris habeatur, Fraternitati vestræ per Apostolica scripta mandamus, quatenus ea, juxta quod idem prædecessor noster mandaverat, exequi procuretis tam libenti animo, quam devoto. Datum Lateran. vi Kalend. Aprilis Pontific. nostri an. tertiodecimo. » Hanc Innocentii epistolam brevi effectum suum consecutam esse ita tradit Jacobus Mindria in Chronico : « Anno MCCX, die decima Octobris, per Joannem episcopum Florentinum, et Raynerium episcopum Fesulanum, aliosque plures in dignitate constitutos, de consensu Domini Papæ magna cum devotione translatum fuit corpus S. P. N. Joannis. » Ubi autem repositum fuerit, indicant hæc Breviarii Vallumbrosani verba apud Franchium lib. 12, pag. 524 citata : « Magna cum veneratione et hymnis et canticis spiritualibus reliquias sanctissimi Joannis ex eo loco, quo in die depositionis suæ locatæ fuerant, extraxerunt, et in altari, ad sinistram intrantibus posito, recondiderunt in eodem Passiniani monasterio. » At jam sensim sine sensu ad sacras exuvias delapsus sum, de quibus sigillatim disseram paragrapho sequenti, postquam aliqua de Sancti cultu præmisero.

§ XII. *S. Joannis Gualberti cultus, reliquiæ et gloria posthuma.*

147. Quamvis Sancti nostri cultum, summorum Pontificum decretis satis firmatum, pluribus stabilire non sit opus, tamen ut consuetam Majorum nostrorum in illustrandis Sanctorum Actis methodum sequar, paucas Martyrologiorum quorumdam annuntiationes enumerabo. Auctaria Usuardi, non ita pridem illustrati, pari consensu eum celebrant. Florentini codices in quibusdam vocibus discrepantes ita fere omnes enuntiant : « In Tuscia, in territorio Florentino, apud monasterium sancti Michaelis de Pasignano Fesulanæ diœcesis, transitus sancti Joannis abbatis, fundatoris Ordinis Vallis-Umbrosæ, qui vivus in sæculo se totis viribus mortificavit pro Christo. Hujus venerabilis obitus exstitit anno Incarnati verbi MLXXIII [alias MLXXIV]. Tamen festivitas fit in Tuscia vi Idus Octobris. » Belinus sic habet brevius : « Item sancti Johannis Gualberti. » Eodem modo Molanus, nisi quod in ejus editione minoribus typis addatur : « Cujus Vitam edidit Blasius Milanesius; » quæ additio videtur esse Molani, qui forte aliam « S. Joannis Gualberti » Vitam non noverat.

148. Memorant eumdem Sanctum omnes Martyrologi recentiores, e quibus paucos selegisse suffecerit. Petrus Galesinius sic refert : «Passiniani in finibus Florentinorum sancti Joannis Gualberti confessoris, qui rerum humanarum despicientia et magnitudine pietatis excellens, Vallis-Umbrosæ ordinem instituit; cujus Viri sanctitate, quæ et multis miraculis spectata est, et in religiose pieque factis mirifice eluxit, cognita, Cœlestinus tertius, Pontifex Maximus, illum in sanctos retulit. » Arnoldus Wion in Ligno vitæ, lib. 3, quarto Idus Julii sic eum annuntiat : « In monasterio Passiniano prope Florentiam deposito sancti Joannis Gualberti abbatis, institutoris Ordinis Vallis-Umbrosæ, sanctitate et miraculorum gloria clarissimi. » Denique Martyrologium Romanum xii Julii ita habet : « In monasterio Passiniano prope Florentiam S. Joannis Gualberti abbatis institutoris Ordinis Vallis-Umbrosæ. » Fusioribus elogiis seu Vitæ epitomis eum exornarunt Franciscus Haræus in Compendio Surii, Philippus Ferrarius in Catalogo Sanctorum Italiæ, Gabriel Bucelinus in Menologio Benedictino, Hugo Menardus et Benedictus Dorganius in ejusdem Ordinis Calendario, aliique quibus hic supersedeo.

149. Possem præterea afferre quædam publicæ venerationis indicia, atque inter alia cantilenam Hetruscam, jam a tribus sæculis in S. Joannis Gualberti honorem concinnatam, quæ plusquam sexaginta strophis ejus virtutes et miracula complectitur. Ve-

rum cum nimis prolixa sit, et ex antiqua lingua Italica magno labore in Latinam conversa rhythmi leporem et vernaculam simplicitatem perderet, facile locum ejus supplebit hymnus Sapphicus ex Breviario Vallumbrosano descriptus, qui est veluti quædam prædictæ cantilenæ synopsis. Is itaque sic habetur apud Philippum Ferrarium in Catalogo Sanctorum Italiæ die xii Julii.

    Dum Crucis signum videt nic in hoste,
Parcit, et constans odium remittit :
  Orat in templum [*lege* templo], caput ecce Christi
    Flectit in illum.
Postea sæclum fugiens malignum
Se suis vestes manibus Joannes
  Induit sacras, monachusque servit
    Relligioni.
Hic Dei zelo jugiter perardens,
Utque vir fortis, vitium duorum
  Præsulum pandens, populum ruentem
    Terruit omnem.
In via pergens, inopi reparto
Unicum panem dedit, ac recepit
  Ipse tunc ternos; Deitas suprema
    Misit ad illum.
Vallis Umbrosæ struit inde sacra
Tecta Vir sanctus, simul atque secum
  Edocet multos homines beatam
    Ducere vitam.
Dum tegit culpas monachus pudore,
Detegit illas humili Joannes
  Voce, ne frater pereat silendo
    Propter omissa.
Fluctuat demens rapidis in undis :
Invocat Sanctum metuens aquarum
  Impetus Arni, columis fit amens
    Intus et extra.
Nubium plenus minitatur aer,
Dum suas fratres properant aristas,
  Ut terant, orat; penitus refugit
    Nubibus aer.
Dum tenet lætus monachus malignum
Spiritum, formam leporis gerentem
  Nesciens, Sanctus metuens retexit,
    Ne cadat ille.
Carne non audent monachi, carentes
Pane, se vesci; prece supplicantis
  Angelus panes tulit, atque cunctis
    Trusit orexim.
Mane consurgens onerat petentes
Pauperes multos, minuitque nunquam
  Triticum, dum dat; gravior sed arca
    Semper abundat.
Jussit occidi rapidum sequentem
Buculas ursum; properavit ultro
  Ursus ad mortem patienter, æque
    Si foret agnus.
Transit illæsus monachus per ignem.
Pontifex signo removet scelestum

Præsulem viso, metuens docentem
    Dogmata falsa.
Cessit e vita meditans olympum,
Corpus in terris veneratur hujus
  Spiritus lætus superam petivit
    Protinus arcem.
Ecce nunc fagus memor est Joannis :
Flore nam cunctis folioque fagis,
  Singulis annis prior, et videtur
    Omnibus ista.
Ante sacratum tumulum Joannis
Fit salus ægris, medecina fessis,
  Lumen orbatis, fugiuntque monstra
    Tartaris atra.

Romani Pontifices ejusdem Sancti cultum magis magisque paulatim promoverunt : nam Clemens VIII decrevit ut de eo fieret commemoratio in Officio Ecclesiæ Romanæ. Dein Clemens X permisit de eo recitari Officium proprium ritu semiduplici. Tandem Innocentius XI jussit ut ritu duplici legeretur ipsius Officium, prout hodiedum est in Breviario Romano. Respublica Florentina jam ab anno 1500 publicum edidit decretum, quo sub mulcta pecuniaria jubentur claudi officinæ et tabernæ die sancto Gualberto sacra. Hoc publicæ venerationis testimonium in archivis Vallumbrosanis conservatum hic indicasse sufficit. Hæc de cultu. Nunc de reliquiis, aliisque monumentis ad Sanctum nostrum spectantibus, agamus.

150. Corpus S. Joannis Gualberti, paulo post ejus obitum, ut utraque narrant Acta, reconditum est in monasterio Passiniano ; quod ut majori cum splendore conservaretur, R. D. Aurelius vulgo Foroliviensis anno 1580, sacellum eleganter exornavit, et magna cum pompa ac præsulum frequentia sacra ossa recognita ac visitata marmoreo tumulo condidit. Caput ibidem in prima translatione inclusum fuerat peculiari thecæ, quam R. D. Placidus Pavanellus Patavinus circa annum 1440 multo pretiosiorem reddidit. R. D. Columbinus de Alphiano concessit ecclesiæ Florentinæ sanctissimæ Trinitatis maxillam S. Patris Gualberti, quæ anno 1586, in sacello ejusdem ecclesiæ collocata est. Brachium dexterum bis miraculose ad Vallem-Umbrosam delatum est, uti pluribus describit Thesaurus Velius inter miracula, post S. Joannis Vitam impressa, cap. 4, 5, 6, 7, 8, 9 et 10. Franchius lib. 10, pag. 570 et seqq. De eadem prodigiosa brachii translatione videri potest Hieronymus Radiolensis in miraculis, hic post utramque vitam edendis, num. 7, 8 et seqq. In eodem Vallis-Umbrosæ monasterio servatur crux, qua S. Joannes Gualbertus dæmones fugare solebat, de qua præter Thesaurum et Franchium agit Hieronymus Radiolensis in Miraculis mox citatis num. 5 et 6. Franchius lib. 10, pag. 561, hanc putat esse eamdem, quam S. Gualbertus Petro Igneo innoxie flammas transeunti gestandam dedit. Quidquid sit de ea re, constat crucem illam miræ virtutis esse contra dæmones, ita ut anno 1654, a R. D. Valentino

Balduino abbate argenteis ornamentis fuerit condecorata. Denique ibidem olim ostendebatur imago Crucifixi, quæ S. Joanni caput inclinavit. Hanc vero nuper Florentiam translatam esse dixi § 2, hujus Commentarii num. 18.

151. Hæc omnia Papebrochius noster, testis oculatus confirmat in schedis post mortem relictis, in quibus inter alias itineris sui Italici, anno 1660 cum Henschenio instituti, observationes hæc notavit : « Ad corpus B. Joannis Gualberti celebravimus in monasterio Passiniano. Est istud in proprio sacello post altare intra murum reconditum, marmoreoque obtectum lapide, super quem ipsius Divi ex marmore elegans statua in cubitum innixa jacet, capite versus populum erecto, et manu dextra, quæ ad genu pertingit, crucem tenens. Sub ipso lapide hæc inscriptio legitur :

D. O. M.

D. Joanni Gualberto civi Florentino, Vallumbrosani Ordinis Fundatori, Italiæ a Simonia atque hæresi miraculis liberatori, viro vitæ sanctissimæ ac ideo per Cœlestinum III Pont. Max. Kal. Oct. MCXCIII Canonizato ; Patri Opt. Abbas hujus monasterii Passin. humilis filius, ut ejusdem S. Viri corpus hac in arca, in qua illud nunc jacet, digne conderetur, hæc monumenta pietate erexit an. D. MDLXXX. Obiit IV [Idus] Julii MLXXIII. Vixit annis LXXXVII. »

152. Dubito an Papebrochius hæc festinanter describens non omiserit unum ætatis annum, ut facile contingit. Nam, ut superius dixi, recepta jam est apud Vallumbrosanos sententia, Sanctum Patrem suum LXXXVIII annis vixisse. Eumdem annorum numerum subscriptum invenio effigiei ejus, quam juxta exemplar Musei serenissimi magni Ducis Etruriæ hic æri incisam exhibeo. Hanc acceptam referimus D. Germano Ruini, sacristæ Vallumbrosano, qui in Epistola ad Papebrochium data ait, eam esse veram S. Joannis Gualberti effigiem. Nos eam exactissime delineari curavimus, ut omnibus illam cum Florentino exemplari conferentibus patebit. En ipsam :

153. Reliqua sacra monumenta a se visa sic describere pergit Papebrochius: « Caput ibidem est in herma argentea; Maxilla in monasterio S. Trinitatis de Florentia; Brachium in Vallumbrosa in antiquo et eleganti 4 pedum ciborio involutum pannis, ulni et cuspis Dominici clavi, in vicem manus ex ho brachio missae, per S. Ludovicum dorata, palma in remonstrantia spectatur. Ibidem crux lignea vilis, alias magnae adversus daemones potestatis, argenteae grandi inclusa. Crucifixi, qui eidem in templo S. Miniatis caput inclinavit, imago sub eleganti marmoreo tabernaculo ibidem ante chorum visitur, sed coloribus omnino jam exoletis. Ad pedem montis arctissima semita abscedit ad latus, ubi erectum tabernaculum pictura sua locum indicat, in quo inimico occurrens S. Joannes ipsum se vicit. In pariete sinistrae alae Crucis insertus est lapis religiose tectus, qui corpus S. Joannis Gualberti per 300, et quod excurrit, annos texit. Imago altaris ejus miracula repraesentat. »

154. Praeter haec sacra monumenta a Papebrochio memorata, aliae in variis Italiae locis reperiuntur ejusdem Sancti reliquiae. Franchius lib. 12, pag. 526, ait, dentem aliasque ossium partes a D. Tiberio Corsellino Romam fuisse delatas, atque anno 1585 in ecclesia S. Praxedis collocatas; pagina vero sequenti scribit, partem digiti sinistrae manus in ecclesiam Foroliviens m S. Mercurialis anno 1587 fuisse translatam, ac ibidem in sacello, quod eidem Sancto dedicatum est, honorari. Idem scriptor lib. 7, pag. 187, asserit, cucullum S. Joannis Gualberti in monasterio S. Salvii a monachabus Vallumbrosanis conservari; hujus cuculli partem, articulo digiti majorem, a P. Janningo nostro mihi traditam, studiose conservo, una cum Italico testimonio, quo D. Bruno Tozzi Cancellarius Ordinis anno 1700, die 4 Aprilis fidem facit, has veras esse S. Gualberti Reliquias. Paulus Masinius in sua Bononia perlustrata xu Julii, invenit in templo Religiosarum S. Catharinae in platea majore ejusdem Sancti reliquias, additque illic esse puteum jam a multo tempore extructum, in quo est aqua e fonte S. Joannis Gualberti, ad quam devote hauriendam multi homines concurrunt. Non dubito quin etiam in alia ejusdem Ordinis monasteria dispertitae sint aliquae ejusdem Sancti exuviae. Sed hae sunt praecipuae, quas post operosam inquisitionem in Italia invenire potui. Nunc etiam de iis agemus, quae in alias regiones dicuntur translatae.

155. Non intra solos Italiae fines sacra Joannis Gualberti lipsana continentur, sed a regibus expetita, in Galliam et Hispaniam fuerunt transmissa. De translatione Reliquiarum in Galliam praeter Thesaurum Velium, Locatellum, Franchium aliosque Vallumbrosanos, Michael Pocciantius Ordinis servorum B. Mariae Virginis in Catalogo scriptorum Florentinorum pag. 30, agens de Benigno abbate Vallumbrosano, haec scribit: « Hic Pater Ludovico Francorum regi brachium S. Joannis Gualberti concessit, quod postmodum Parisiis delatum; [et] eidem S. Viro templum dedicatum est, Vallumbrosela dictum. » Manum tantummodo pio Regi concessam fuisse tradit cum aliis Vallumbrosanis scriptoribus Bernardus Del Sera, ita apud Franchium lib. 12, p. 526, ad marginem citatus: « Ludovicus Franciae rex, accepta ab abbate Benigno dextri brachii (sinistri partem fuisse vult Hieronymus Radiolensis, teste eodem Franchio lib. 8, pag. 277) manu S. P. N. Joannis, quam efflagitaverat, pro ea monasterio Vallis-Umbrosae crucem unius palmi auream, pretiosissimis gemmis distinctam, cum particula ligni Crucis Christi dono dedit. »

156. Historici Vallumbrosani cum Pecciantio mox citato narrant, S. Ludovicum, praeter veneranda Dominicae Passionis instrumenta, ad Vallem Umbrosam ingrati animi signum transmissa, S. Joannis Gualberti honori templum ac monasterium Parisiis aedificasse. Id inter alios Bernardus Del Sera, apud Franchium lib. 6, pag. 276 citatus, asserit his verbis: « Rex Franciae, accepta a B. Benigno S. Joannis dextri brachii manu, ad Dei et ipsius sancti honorem instituit Ordini magnum monasterium, quod Vallumbrosella appellavit, in quo multa divitiarum ornamenta collocavit. » Addit Locatellus lib. 1, cap. 90, ex testimonio Hieronymi Radiolensis, quosdam monachos Gallos ex hoc monasterio Vallumbrosellensi anno 1450 venisse ad Vallem Umbrosam, qui testabantur, per hanc sanctam manum in Gallia plurima et maxima patrari miracula. Quidquid sit de hujus templi ac monasterii fundatione, de qua ne vel minimam dubii suspicionem movere volo, saltem nulla hoc tempore utriusque memoria Parisiis exstat, ut fatentur illi, qui antiquitates Parisienses sedulo examinarunt. Utrum autem hi monachi Vallumbrosellenses omnino desierint, an mutato nomine in aliam religiosam Congregationem transierint, ignoro.

157. In Hispaniam etiam ejusdem Sancti reliquiae summa cum veneratione receptae fuerunt; qua de re Chrysostomus Talentus in oratione panegyrica B. Attonis ita loquitur pag. 19. « Vallumbrosana respublica inclytae recordationis Philippo secundo jure innumeras debet gratias, quod, a serenissimo Francisco Mediceo Etruriae magno duce sanctissimi Patris nostri sinistrae manus articulo quodam obtento, gloriosum illius nomen in tota Hispania celeberrimum fecit. » Non dubito quin per has aliasque S. Joannis Gualberti Reliquias multa recentiora facta sint miracula, quae ad nostram notitiam non pervenerunt. Quis enim salutiferam virtutem sacris ossibus deneget, si aqua solo sancti Viri attactu sacrata tantam habeat vim ad pellendos morbos, ut ad eam hauriendam febricitantes certatim confluant, et saepe sanitatem, diu frustra optatam, obtineant. Id testantur fontes et putei Bononiae, Florentiae et alibi, S. Joannis memoria et miraculis celebres, quorum efficaciam prodigiosis quibusdam exemplis probat Locatellus lib. 1, cap. 112. Nimis longum foret singulis hisce gloriae posthumae monumentis immorari; sufficiet de praecipuis pauca dixisse.

158. Fons est in Valle-Umbrosa, in quem sanctus Joannes sæpe pedes et manus intinxisse fertur. Teste Hieronymo Radiolensi, abest a monasterio quingentis passibus; tanta autem religione olim conservabatur, ut per plura sæcula eodem topho et herba, quemadmodum tempore S. Joannis erat, cingeretur; nec vellent antiqui patres Vallumbrosani reverentiæ causa illum exsculptis exornare lapidibus. Idem auctor narrat, hujus fontis aqua varios morbos fuisse curatos; qua de re suo loco postea agemus. Didici autem ex Franchio lib. 4, pag. 79, jam hunc fontem altari et Oratorio esse exornatum (eorum figuram æri incisam in suo indice exhibet) locumque, Sancti Reliquiis sacrum, a peregrinis et ægrotis pietatis causa plurimum frequentari. Alter fons est, testante Locatello, lib. 1, cap. 142, vicinus monasterio Passiniano, etiam miraculis clarus, in quo miraculose dicuntur capti duo lucii, uti narratur in Vita per B. Andream et B. Attonem scripta.

159. Aliud denique prodigiosum Gualbertinæ sanctitatis monumentum in Valle Umbrosa cernitur de quo post B. Andream n. 13 sic scribit Andreas Januensis in Vita cap. 11. « Quædam arbor, quæ fagus dicitur, quæ a loco, ubi beatus Joannes morabatur, parumper supereminendo sejungebatur, licet multas arbores circa se ejusdem generis haberet, ante omnes tamen per multos dies omni anno floribus rutilabat, frondibus vernabat, omnesque supergrediens, ceteris amplius flores frondesque conservabat. » Idem prodigium confirmat hic versus, ex hymno Vallumbrosano supra relato desumptus.

. Ecce nunc fagus memor est Joannis :
  Flore nam cunctis folioque fagis
  Singulis annis prior et videtur
  Omnibus ista.

Quin imo annuum hoc miraculum tempore suo perseverasse testatur Didacus Franchius lib. 4, pag. 89; additque fagum illam anno, quo scripsit aut impressit S. Joannis Gualberti Vitam, prudenter novo aggere fuisse firmatam, ne paulatim decurrentium aquarum impetu eradicaretur.

160. Joannes Mabillonius de prodigiosa hac fago aliisque monumentis anno 1686 a se visis scribit sequentia in Itinere suo Italico tom. 1, pag. 185 : « Vallumbrosa situm habet maxime solitarium in clivo altissimi montis, qui monasterio ex parte Orientis incumbit. Prospectum habet versus septentrionem in subjectam vallem unius fere milliario. In edito montis aggere sita est cella sancti Joannis Gualberti. .... et non longe inde exstat fagus, sub qua per multos annos delituit Gualbertus, quæ hactenus, novis surculis subinde succrescentibus, ante omnes alias fagos virescit, et post omnes virorem suum conservat. Sancti Johannis corpus Passiniani, unum ejus brachium apud Vallumbrosam habetur cum ejusdem Psalterio et manuali precum quotidianarum ; item acies seu acumen clavi Dominici, in suum monasterium a sancto Ludovico Francorum rege (ut perhibent) dono transmissum ; quod sane acumen in clavo illo, quem ad sanctum Dionysium prope Parisios asservamus, desideratur. In Psalterii litaniis post sanctos Benedictum et Maurum sanctus Placidus invocatur. Multæ sunt ibidem aliæ beatorum domesticorum reliquiæ, quorum elogia Hieronymus de Raggiola ejusdem loci monachus scripsit ad Laurentium Medicem. » Hæc de cultu, reliquiis et monumentis posthumis dicta sufficiant. Nunc ipsa Sancti Acta ab antiquis ac beatis auctoribus scripta, dein miracula, ac denique solennem Crucifixi translationem, eo, quo promisimus ordine, exhibeamus.

S. JOANNIS GUALBERTI
VITA,

AUCTORE BEATO ANDREA ABBATE STRUMENSI,

Ex ms. Vallumbrosano, quod nuper e latebris eruit R. D. Joannes Aurelius Casari.

CAPUT PRIMUM.

S. Joannis Gualberti natales, ingressus in monasterium, Simoniaci abbatis derelictio, et in Vallem Umbrosam adventus.

[1. Tempore quo Simoniaca (15), et Nicolaitarum (16)

(15) Hæretici sic dicti a Simone Mago, quia res sacras vendebant et emebant. De qua re vide Petrum Damiani lib. II, Epist. 2.

(16) *Clerici uxorati,* inquit S. Petrus Damiani libr. IV, Epist. 3, *Nicolaitæ vocantur, quoniam a quodam Nicolao, qui hanc dogmatizavit hæresim,*

hæreses per Tusciam, et pene per totam Italiam, diebus Henrici (17) Imperatoris Ecclesiam Catholicam in locis plerisque fœdabant, erat quidam nobilis, Gualbertus nomine, vir militaris, patria Florentinus, habens duos filios, quorum unus Ugo ; alter Johan-

hujus modi vocabulum sortiuntur.

(17) Is verosimiliter est S. Henricus, qui imperium electus est rex Germaniæ ; anno autem 1014 coronatus Imperator, post decem annorum, uno 1002 obiit, ut vide in ejus Actis, 14 Julii.

nes vocabatur. Qui, secundum etymologiam sui nominis *gratia Dei* (18), variis virtutum operibus insignitus est, ut in hoc opusculo de ipsius sacra conversione, ac piis moribus, in sequenti clarebit. Iste dum satis carus parentibus ac vicinis, et qui eum noverant, pro honestate morum suorum vehementer existeret, accidit ut quidam, maligno spiritu commotus, quemdam propinquum ejus occideret; unde occursum ejus, aliorumque parentum, qui de consanguinitate defuncti erant, præfatus homicida modis omnibus devitabat.

2. Sed jam propinquaverat tempus, quo gratia divina misericorditer declararet in Joanne, quis futurus esset; et qualis ac quantus in exemplum humilitatis et misericordiæ fidelibus multis esse deberet. Qui dum uno die cum armigeris suis Florentiam ire disponeret, in eodem itinere præfatum homicidam qui propinquum ejus interfecerat, ex improviso obvium habuit, in loco, quem sic arcta semita comprimebat, ut neuter posset in partem aliam declinare. Quem dum homicida prædictus venientem eminus conspexisset, desperatus vita, protinus semetipsum equo projiciens, in terram vultu demisso, expansis manibus in modum Crucis, moribundus suum interitum expectabat. Juvenis autem benignus videns eum taliter ex nimio timore solo procumbentem, misericordia motus in eum, pro sanctæ Crucis reverentia, quam brachiis et manibus signabat, indulgere sibi (19) disposuit, et ut concite surgeret, nec timeret, admonuit.

3. Postquam autem inimicum in pace transire permisit, ac de cetero libere, quocumque vellet, abire concessit, progressus paululum, ad quamdam venit ecclesiam; quam cum oraturus ingreditur, Crucem ejusdem ecclesiæ caput sibi flectere contuetur, quasi gratias eidem redderet, quia pro reverentia ipsius suo inimico misericorditer pepercisset. Et quid mirum, si Omnipotens sibi hujusmodi reverentiam per imaginem suæ Crucis tunc voluit exhibere, quem suo timori subditum, obsequio deditum, et circa proximum visceribus charitatis undique plenum vidit? Ipse se amantes amat, servientes remunerat, seque glorificantes glorificat. Eadem vero Crux pro indicio tanti miraculi, in Monasterio sancti Miniatis tunc usque (20) sub multa cautela servatur. Famulus autem Domini hoc videns, admiratus et nimis pavidus factus, cœpit secum cogitare, quomodo melius posset Deo placere, credens et in animo suo sæpe volvens quanta foret prænia recepturus in cœlo, si Domino pro viribus deserviret, qui tantum tamque præclarum miraculum pro parvo obsequio, sicut ei videbatur, apparuisse cognoverat.

4. Disposuit itaque intra semetipsum odium mundi concipere, terrenos honores falsasque divitias ejus prorsus abjicere, ac sollicite cogitare quanta gloria justis, quanta pœna promittatur injustis, et quam vanum sit spem in caducis rebus prius ponere, et post æternis suppliciis subjacere. Dum talia, progrediens itinere quo tendebat, anxius cogitaret, venit juxta civitatem, ubi suo armigero præcipiens ait: Vade ad hospitium ubi solemus descendere, et quæ nobis et equis sunt necessaria, concitus præpara. Socius autem, sicut ei dominus imperaverat, fideliter est executus. Recedente eo, servus Domini Johannes, afflatus divino spiritu, ab itinere, quod cœperat, divertit, et ad Monasterium sancti Miniatis absque mora pervenit. Et descendens equo, Monasterii Abbatem mox quæsitum humiliter postulat audire desiderium suum, et ad effectum ex charitate Dei producere, aperiens sibi misericordiam quam prædicto homicidæ clementer impenderat, et qualiter ecclesiam post ingressus Crucem sibi flectere caput aspexit, unde suæ conversionis initium concepisset.

5. Tunc Abbas, audito de Cruce quod ei intimaverat, inauditum miraculum, et stupendum fore (21) perpendens, consuluit ei mundum ejusque gloriam per omnia derelinquere. Verumtamen optans ejus velle plenius scire constantiam, et perseverantiam probare, cœpit ei dura et aspera prædicere, et quod homo, corpore validus, juventute floridus, non facile posset monasticam pauperiem tolerare. Cui Johannes: Non, inquit, appetenda est gloria temporalis, quæ cito transit, nec corporis fortitudo, quæ quotidie deficit. Cumque hæc et his similia loquerentur, nec Abbas ad plenum voluntati suæ responderet, famulus quem Florentiam miserat, dominum suum non venire considerans, domum rediit, et quæ facta fuerant de eo genitoribus retulit.

6. Unde pater turbatus Florentiam venit, et totam civitatem per notos inquirit, quid de filio suo factum esset scire desiderans; per ecclesias quoque discurrens, et ad Monasterium sancti Miniatis veniens idem inquirit. Quid multa? Dum illic filium suum esse audit Gualbertus rogat Abbatem ut filium suum ad se deducat.] Deridet (22), nunc tamen vocetur, et veniat. Ad quem accersendum Abbas per semetipsum accedens, cumque alloquitur sic: Pater tuus adest, et causa te videndi advenit huc. Tu autem vade, et cum eo, quid agendum est, age. Et ille: Desine, Pater mi, desine si placet, quia super hoc tuis precibus obsecundare non audeo: ne forte cum eum adivero, vi me abstrahat de monasterio, secumque reducat. Cumque hæc Gualbertus ille paululum perchorum cœtu destituta. De hac cruce fusius egimus in Comment. præv. a num. 19, et ejus translationem dabimus in Appendice post utraque Acta.

(18) Alludit auctor ad nomen hebraicum *Joannis*, quod *gratiosum* significat.

(19) *Sibi* pro *ipsi* est phrasis isto sæculo usitatissima, et sæpe in his Actis recurrens: quod semel notasse sufficiat.

(20) Crux illa, teste Mabillonio sæc. VI Benedict. part. 2, pag. 269, nuper translata est in Florentinam sanctæ Trinitatis ecclesiam, quæ Vallumbrosani est Ordinis, suburbana sancti Miniatis basilica monachorum...

(21) *Fore* pro *esse*; quem loquendi modum isto sæculo usitatum etiam alibi observavimus.

(22) Hic incipit textus B. Andreæ, qui cum præcedentibus aliunde suppletis non cohæret; ita ut hic aliquid deesse satis appareat.

sensisset, ut mos est obstinatis animo hominibus magna minari, cum aliquando nec possint facere parva, cœpit magnis vocibus obstrepere, terribiliter minari ac dicere: Nisi protinus redditus fuerit filius meus, in quibus prævaleo, fortiter hoc monasterium adversabor.

7. Tunc magnanimis ille Johannes sancti Spiritus igne adustus, cum patrem audisset talia perstrepentem, ex Fratrum vestimentis unum secum assumit, concitusque ecclesiam petivit, eumque super Altare posuit, et comam capitis sibi semetipse totondit, apprehensoque e regione utraque manu vestimento, se induit, et in claustrum reversus arrepto libro legere cœpit. Nihilominus Abbas cum hæc, quæ erant gesta, perpendisset, blanditer leniterque sciscitari cœpit dicens: Filius tuus non ad te venire vult; tu autem, si libet, veni ad eum. Et cum ad eum venisset Walbertus, et ut erat compositus, vidisset, tam ille quam omnes, qui cum eo venerant, cœperunt pectus tundere, capillos vellere, vestimenta scindere, et in terram semetipsos percutere, magnisque vocibus ejulare, ac dicere: O dulcissime, atque amantissime, quare nobis sic fecisti ut clam, nobis dimissis, sic abires? Cumque hæc et alia, atque diu multumque replicassent, tandem Pater ad semetipsum reversus, eum benedixit, et ad propria recessit.

8. Post hæc igitur ille Deo fidelissimus Johannes, gratia Dei undique circumfusus, permansit in eodem monasterio in omni obedientia, et sancta conversatione, usque ad obitum Abbatis, qui eo tempore in eodem monasterio degebat. Tunc itaque in eodem monasterio erat quidam callidus et ingeniosus monachus, nomine Ubertus (23), qui gloria cupiditatis captus et illectus, per pecuniam regimen ab episcopo Florentinæ civitatis, qui illi monasterio præerat accepit. Quod beatus Joannes comperiens, cum alio sibi favente clam exinde discessit, et civitatem ingressus, ad quemdam magnum, et famosissimum senem, nomine Teuzonem (24), venerunt, qui venerabilis vitæ tunc intra Florentinæ urbis mœnia in quadam parva cellula juxta monasterium Beatæ Mariæ semper Virginis (25) præfatæ civitatis se concluserat, de qua cunctis salubria dabat monita, et salutifera nemini negabat consilia.

9. Hic publice Simoniacam [hæresim] damnabat, quæ totum Ecclesiasticum Ordinem tempore multo penitus invaserat. Ad quem Vir Dei Joannes accedens, his verbis alloquens: Obsecro, ait, mi Pater, ut mihi in hæsitatione posito non modica, sancta tua ne deneges consilia. Sub simoniaco Patre vivere timeo valde, et qualiter id declinem penitus ignoro. Cui respondit senex: Quod dicis gratum satis habeo, sed quod consilium tibi dem, penitus ignoro. Nam ut sub Simone Mago milites, a me nullo modo consilium accipies. Ad aliud si te in his partibus transferas monasterium, cum te putas dentes fugere leonis, morsum non evades serpentis. Cui Joannes: Nec, Pater, omittas, quin consilium præbeas; nam paratus sum pro sequenda veritate quidquid jusseris facere.

10. Cernens igitur senex viri fidem et constantiam, gratulans dixit ad eum: Perge itaque cum tuo sodale, et in foro publico civitatis, coram omnibus Episcopum et Abbatem exclama esse Simoniacos, et tunc demum cede locum. Qui ejus monita complens, ad forum die, quo sciebat omnes adesse, veniens, Episcopum et Abbatem appellavit Simoniacos. Quod factum, magnum omnibus intulit pavendum errorem [*leg.* terrorem], proclamantibus multis: Nullatenus evadat, sed occidatur. Tunc quidam propinquorum illius eruentes eum, clam dimiserunt. Qui ad magnum senem reversi retulerunt quid evenisset sibi. Et ille congratulans præcepit in Romaniæ (26) partibus pergere, et aptum monasterium inquirere, ubi possent Christo servire.

11. Pergentibus itaque per diversa monasteria per aliquantos dies, quidam pauper in una die se illis obvium tulit, deprecans ut sibi misericordiam tribuerent. Tunc Vir Dei Johannes ad suum comitem: Mitte manum, inquit, in peram, Frater, et panem, quem habemus, divide, medietatemque pauperi tribue. Renuente illo atque dicente: Per diversa ostia hodie iste gradietur, et abundanter ei tribuetur; nos autem, qui non nisi unum panem habemus, unde sustentabimur? Et ille: Ne cuncteris, Frater, tribuere. Accepto itaque pane pauper gratias agebat; et rursum imperat sodali aliam medietatem tribui. Quo peracto, imperat castrum ingredi, et sumptus sibi necessarios per domos inquiri. Perlustrante itaque eo per diversas domos, ad ultimum reversus: En, inquit, qui panem jussisti tribuere, per totum castrum circumiens non nisi tria ova acquisivi. Tunc quidam pastorum hæc inspicientes, ad castrum pergentes, quæcumque viderant intro nuntiaverunt. Et quidam misericordia motus, illis occurrens, unum panem porrexit, necnon et quædam femina nitenti linteo aliunde tulit, tertium quoque alius condonavit. Tunc Johannes: En Frater, accipe quod dedisti.

12. Peragrantes itaque diversa monasteria, non admodum sibi apta inveniebant: ad Camaldulas (27) venire decrevit, ubi per multos dies degens, absti-

---

(23) Forte is *Ubertus* idem est, qui apud Ughellum et Mabillonium vocatur *Obertus*, ad quem Benedictus IX scripsit epistolam, quam exhibet Ughellus tom. III Ital., col. 82.

(24) Qui de Teuzone distinctius instrui cupit, videat Baronium ad annum Christi 1063, et Guidonem Grandum Dissert. 2, cap. 4, num. 13.

(25) Juxta Mabillonium in notis ad Vitam *S. Joannis Gualberti* sæc. VI, part. 2, fol. 270, est celebre hactenus Ordinis Benedicti cœnobium in ipsa urbe Florentina.

(26) Puto hic indicari *Romandiolam Florentinam* vulgo *la Romagna Fiorentina*, quæ versus Apenninum montem subest magno duci Hetruriæ, estque pars Romandiolæ majoris; cujus urbes et terminos recenset Baudrand tom. II Geographiæ, pag. 177.

(27) Id est ad eremum Camaldulensem, quæ triginta passuum millibus distat Florentia versus

nentiam et conversationem illorum inspexit, necnon et injuriam pertulit. Tunc Prior, qui illo tempore aderat, ad sacrum Ordinem eum promovere volens, et ut stabilitatem daret, renuit, quia ejus fervor nonnisi in coenobitali vita erat, ut beati Benedicti Regula indicat. Imperat ille discedere, suumque desiderium adimplere. Fertur namque, divino revelante Spiritu, dixisse : Vade, et tuum institutum incipe. Qui inde progrediens, ad Vallis Umbrosanum (28) perrexit videre locum. Ubi cum pervenisset, susceptus est gratanter a duobus Fratribus ibidem morantibus, licet sejunctis. Cui cum placuisset locus, firmare deliberavit gressum.

CAPUT II.

S. Joannes Gualbertus varios discipulos pietate illustres sibi adsciscit, novosque rigide exercet, a quibus ob eximiam virtutem abbatis officium acceptare cogitur.

13. Quo ibi morante, et in sancta conversatione proficiente, non est Deus passus diu lucernam latere, quam disposuerat ad multorum animas illuminandas super Ecclesiæ ponere candelabrum. Ad comprobandam namque ejus vitam venerabilem, Creator omnium rerum Deus miraculum ibidem ab ipso sui adventus tempore, usque nunc demonstrare dignatur. Nam arbor quædam, quæ vulgo fagus vocatur, supra non longe a loco eminens, per singulos annos ante omnes flores producit, foliisque vestitur.

14. Nam cum ejus paulatim fama per vicinitatem diffundi coepisset, coeperunt ad eum venire laici, et clerici gratia visitationis et conversionis. Inter quos ille tunc venerabilis qualitatis, et in Religione ferventissimus Rerizo (29), qui custos Fratrum et Prior existens, supra triginta annos in eodem monte ita stabilis perseverans, ut in his nec semel [descenderit de] monte ad villas. Tunc ille summæ gravitatis et præcipuæ discretionis venerabilis Albertus (30), qui supra quadraginta annos ejusdem coenobii Cellararius fuit et coquus ; nec umquam pro labore cellæ deseruit officium coquinæ, nec pro labore coquinæ, curam omisit cellæ. Tunc ille Teuzo (31) magnanimis venit, qui ita usque ad senectam charitate fervens exstitit, ut non solum animas, sed etiam omnia vellet mederi corpora.

15. Exierant de præfato coenobio Fratres plerique exemplo et amore Joannis, et ad eum venientes, novam cum eo apprehenderunt conversionem. Hi Magistri exemplo et exhortatione, dum in sancta fervere coepissent conversione, tantorum virorum coepit fama spargi undique. Hoc audiens Itta, sancti Ylaris (32) Abbatissa, cujus juri locus pertinebat, gavisa nimis, misit eis librorum et victuum quantulumcumque subsidium. Sed, ut ait Apostolus : Omnes qui pie volunt vivere in Christo Jesu, persecutionem patiuntur ; tam gravem infestationem a quibusdam viris iniquis, instigantibus spiritibus malignis, tunc sunt passi, de loco volentibus expellere eos, ut eos etiam tæderet vivere. Qui innocentiam et patientiam amplectentes, ejus verbis et actibus bona pro malis reddentes, post multa certamina adepti sunt gratiam et victoriam.

16. Manserunt tempore multo, ligneum tantummodo habentes Oratorium. Indigentiam victuum tantam perpessi sunt, ut plerumque tres per diem unum dividerent panem. Quæcumque erant cameræ et vestiarii unius capacitas continebat sacci (33). In qua diu penuria ita erant exultantes et gaudentes, velut solent lætari homines ceteri deliciis multiplicibus feruculati, et opibus nimiis ditati. Coeperunt confluere ad eum de diversis partibus etiam longinquis clerici, et laici gratia conversionis. Tunc venit ille magnus Rodulfus (34), [qui tempore multo in eodem loco curam hospitalitatis habuit, et post monasterii Muscetani (35) curam gessit in abbatis

---

Orientem æstivum. Exacte locus descriptus est ab Augustino Florentino in Historia Camaldulensi, lib. 1, cap. 30.

(28) *Vallis-Umbrosa* etiam antiquitus scribitur *Vallis Imbrosa* ; qua de re sic scribit Xantes Perusinus in Vita S. Joannis Gualberti : *Ab imbribus, quos Vallis crebros gignit, sunt qui Imbrosam vocant. Mihi magis placent, qui ab umbra Umbrosam dictam volunt.*

(29) Hic *Herizo*, *Erizzo*, *Ericius*, *Ericus* (varia hæc nominis inflexio eamdem personam significat) in Catalogo Venantii Simii dicitur obiisse 9 Februarii anno 1098, cumque Locatellus , Wion , Menardus , Dorganius, Ferrarius, aliique *Beati* titulo exornant ; sed Bollandus no ter eo die tom. II Februarii fol. 276 illum inter prætermissos collocavit , eo quod decretam ei publicam ab Ecclesia venerationem nondum comperisset.

(30) Hunc Albertum etiam *Beati* nomine compellant Franchius lib. 5 pag. 117, Locatellus lib. 2 cap. 5, Simius in Catalogo, pag. 2 ; qui videri possunt, si quis plura de hoc viro nosse desideret. Diversus est a B. Alberto ejusdem Ordinis abbate, de quo actum est 20 Maji, tom. V pag. 254.

(31) Hic videtur a Teuzone, de quo capite præcedenti actum est : Nam alter jam senex erat, quando S. Joannis Gualberti eum consilii causa adiit ; hic vero mortuus dicitur anno 1095, 6 Augusti, quo die annuntiatur a Martyrologio Benedictino. Nos isto die cultum ejus examinabimus. Vide ejus elogium apud Locatellum lib. 2 cap. 8, et in Catalogo Simii pag. 287 et 288.

(32) Alibi scribitur *Hillari*, etsi in instrumento donationis Ittæ abbatissæ *Hilarii* legatur, ut est apud Ughellum tom. I Ital. Sac. col. 299.

(33) Sensus hic nonnihil obscurus est. Vult significare, adeo curtam fuisse monachis supellectilem, ut omnia, quæ ad cellam seu cubiculum et vestiarium spectabant, uni sacco possent imponi.

(34) R dulfus hic post mortem S. *Joannis Gualberti* fuit totius Ordinis Generalis, et obiit 22 Novembris, anno 1076, ut habent Tabulæ Vallumbrosanæ. Inter Beatos refertur a Martyrologio Benedictino et scriptoribus Vallumbrosanis. In Actis nostris suo tempore locum habebit, si de cultu constiterit. Interim vide ejus elogium apud Venantium Simium in Catalogo pag. 258, Eudoxium Locatellum lib. 2, cap. 1, aliosque.

(35) De hujus monasterii situ et constructione vide Didacum Franchium lib. 8 , pag. 254. De titulo autem abbatiæ et immunitate videri potest Augustinus Lubinus in Brevi Notitia Abbatiarum Italiæ, pag. 241.

officium. Petrus (36) quoque, qui diu procurator asiliorum, post vaccarum fuit, deinde in Passiniano (37) Prioris gessit officium, exhinc Abbas in Piciclo (38), et in ultimo Romanæ Ecclesiæ Cardinalis, et Episcopus Albanensis exstitit. Tunc lætus (39) vultu et nomine venit, qui fuit Abbas de Passiniano, et Rusticus (40) qui, donec Joannes Pater vixit, curam exteriorem gessit, et tertius ob obitum sancti viri Joannis multo tempore totius Congregationis curam Prior obtinuit.

17. Cernens igitur Pater Johannes tot talesque viros sibi cœlitus in auxilium missos, disposuit cum eisdem beati Benedicti Regulam in omnibus observare, cœpitque noviter venientes ea probatione suscipere, quam insinuat Regula. Advenientibus siquidem causa conversionis hospitibus, non facilis dabatur receptionis responsio, illorum perseverantiam volens cognoscere, an videlicet in ea devotione ac supplicatione persisterent, dura scilicet eis et aspera prædicendo, et secundum Regulam eos in omnibus comprobando. Hi enim tales si diu recusati persisterent, seque non corde ficto sæculum relinquere, ac monasticam vitam velle profiteri ostenderent, porcorum eis primitus jungebatur cura, multa inserebantur opprobria, fame et siti, calore et frigore affligebantur, labore et nuditate, vilitate et extremitate, jejunio quoque ac silentio exercebantur.

18. His atque aliis modis sollicite aforis comprobati, et in omnibus voluntariæ patientiæ et obedientiæ ac humilitatis cogniti, ducebantur iterum comprobandi regulariter in interiorem cellam, ubi multoties eis Regula legebatur; et sic anno completo examinati, recipiebant monasticas vestes, regularem inde professionem publice facientes in manibus et præsentia ejusdem Patris Johannis. Quibus non licebat exinde aliquid sumere, vel quærere, sed a patre Priore] eis dabantur omnia, ut præcipit Regula. Habebat enim et hanc gratiam singularem Joannes Pater, ut in prima cum eo locutione et visione nosceret, si corde veniret quilibet recto, an ficto. Et hoc ei donum a Jesu Christo collatum est, ut personam potentis vel divitis non libentius sumeret, nec aliter tractaret, quam infimi et pauperis. Et amabilius recipiebat pauperem cum mortificatione vere venientem, quam divitem cum tota sua substantia. Magnum aiebat diviti esse impedimentum ad cor humiliandum, ipsam quam defert pecuniam ad monasterium.

19. Videns denique Itta Abbatissa (41) locum crescere in nomine et religione, cœlitus inspirata tradidit eidem loco per scriptum diffinitas terminationes in ejus circuitu. Tradidit etiam tunc vineam Pitigianam (42), quæ grata tunc, et est nunc usibus Fratrum. Similiter in diversis locis diversas mansas (43). Per idem tempus dum Joannes Christi famulus, nomen et officium gerens Prioris, Fratrum animas et corpora sollicite procuraret, permaximam abstinentiam et prævalidum laborem sibi imposuit. Nam quando tempus reficiendi erat, parvissimo cibo vel potu suæ necessitati subveniebat; ita ut non videretur se recreare, sed utcumque periculum famis et sitis temperare. Cum vero ante reficiendi tempus, utpote operi manuum anxie frequenter insudans, sitiebat, in frigidam aquam manus et pedes mittebat, ut ex nimio aquæ frigore, sitis utcumque periculum effugeret. In omnibus enim, prout possibilitas erat, observans Regulæ mandata, nullo modo extra constitutam horam comedere vel bibere volebat.

20. Sed debilitas corporis id ferre non valens, in illam syncopen fracto stomacho cecidit, quam pertulisse legimus beatum Gregorium. Nisi enim eum frequenter reficerent, emittere spiritum funditus videretur. Quam usque ad senectam, immo usque ad obitum pertulisse cunctis, qui eum noverunt, claret. Unde secum solebat semper portare quod inevitabili necessitate cogente posset sæpe manducare. Quando autem famis violentiam frequenter se [id est ipsum] deprimentis indiscrete superare voluisset, aut refectionum differre conabatur, præ nimietate infirmitatis adeo dentes ejus constringebantur, quod, nisi eos aliquis cultellum intromittendo divideret, et aliquem liquorem in os poneret, expirare continuo crederetur.

21. Verumtamen sic incredibili languore jugiter cruciatus nullatenus murmurabat, sed suis hoc peccatis deputans, continuis laudibus divinam justitiam commendabat. Qui priusquam infirmabatur tantæ fortitudinis sibi et cæteris, tantæque abstinentiæ

---

(36) Hic est famosus ille S. Petrus, cognomento *Igneus*, eo quod illæsus per ignem transierit; de quo multa habes apud scriptores Vallumbrosanos, aliosque passim obvios.

(37) Passinianum monasterium situm est in diœcesi Fesulana apud viam, quæ Florentia Senas ducit, distatque a Florentina civitate quatuordecim passuum millibus. De ejus antiquitate et prærogativa plura invenies apud Lubinum citatum pag. 284.

(38) Teste Lubino in Notitia abbatiarum Italiæ, pag. 151, hæc abbatia vulgo vocatur de Fucecchio, quæ forte nomen trahit a Fucecchio, vico ad lacum ejusdem nominis sito, et viginti tribus passuum millibus Florentia distante occidentem hiemalem versus.

(39) De hoc Læto egerunt majores nostri inter prætermissos tom. II Martii pag. 416, et eodem tomo ante Acta B. Torelli, pag. 500.

(40) Is Rusticus, qui etiam a scriptoribus Vallumbrosanis *Beatus* appellatur, fuit tertius Ordinis Generalis. Vitæ illius compendium reperies apud Locatellum lib. 2, cap. 1, et Simium in Catalogo pag. 264 et seqq.

(41) De hujus Abbatissæ donatione actum est in Commentario prævio num. 45 et 49.

(42) In instrumento donationis, quod habet Ughellus tom. III Ital. Sac. col. 500, puto agi de hac vinea Pitigiana his verbis: *Concedo in Pitiano mansum unum, quod detinet Gherardus et Martinus, et vineam unam.*

(43) *Mansa, mansus* vel *mansum* Sirmondo est *fundus cum certo agri modo: et scriptoribus Italis quantitas terræ, quæ sufficit duobus bubus in anno ad laborandum.*

fuerat, ut nisi ille, cui cantamus : Domine, inclina cœlos tuos, sub infirmitatis hujus occasione mentem ejus humiliasset, valde rarus existeret, qui posset ejus instituta servare. Cognita vero et experta propria infirmitate, tantæ misericordiæ tantæque discretionis effectus est, ut nemo misericordior eo crederetur. Qui licet corpore foret infirmus, in omni tamen custodia et sollicitudine mente pervigil erat.

22. Quod videntes Fratres ejusdem loci, decreverunt ipsum eligere Abbatem, quem noverant sanum et infirmum, pervigilem Priorem et sollicitum fuisse custodem. Itaque Florentini Teuzonis consilio convenerunt de urbe, et de castellis religiosi Clerici ac fideles Laici, sancti Hilari Abbatissa id maxime cupiente, et cum Fratribus ejusdem loci, ipsum prædictum Patrem elegerunt in Abbatis officium. Quem nolentem, et totis viribus resistentem, de lecto traxerunt, et ipsum, licet invitum, in majori sede constituerunt. Qui, dum ad id violenter cogeretur, dixisse fertur astantibus : Quid insanitis ? Si pelicano nomen accipitris imposueritis, nunquam erit nisi pelicanus (44).

CAPUT III.

S. Joannes factus abbas exacte regulas observari jubet, et discipulorum numero aucto varia monasteria ædificat et pia opera exercet.

23. Itaque Vir Dei, sumpto officio, nullum Monachorum permittebat ad mercata, vel ad loca sæcularia ire, infirmos extra monasterium visitare, ac sensum Regulæ diligenter inspiciens, ejus observationi operam dabat. Vetuit defuncta (45) ad monasterium deferenda ; prohibuit accipere Capellas (46) ad hoc, quod aliquando a monachis regi deberent ; Canonicorum, non monachorum hoc esse officium dicebat. Viderat enim, sub talibus occasionibus falsæ obedientiæ, multos monachorum ire per abrupta, et irrecuperanda animarum incidere detrimenta. Nam id, quod duo vel tres monachi quolibet loco sub occasione obedientiæ, absque præsenti pastore morantur, detestabatur, et suis id facere omnino interdicebat.

24. In animarum enim fervens custodia, constituit ut nullus monachorum [extra] limitem Claustræ (47) progredi præsumeret, nec etiam ad ipsa olera colligenda, nisi tres una progrederentur, exceptis his, quibus suscipiendorum hospitum cura erat injuncta, et obedientia exteriorum procuranda. Vestitos cucullis, aut scapularibus, et cinctos omnes dormire præcepit ; hunc esse rectum sensum Regulæ, constanter affirmabat. Nec patiebatur esse Dormitorium nocte sine claro lumine. Dicebat enim levius ferendum sine lumine esse in nocte Oratorium, quam Dormitorium, si egestas id in loco fore utroque non sinit. Fratres vero, absque omni controversia vel contentione aliqua, prompto animo observabant quæcumque Pater præcipiebat. Nam ejus admonitione, pariterque exemplo in tantum amorem observandæ Regulæ venerunt, ut nec manuum opera, nec alia, quæ videtur Regula præcipere, gravia omitterent, quin cuncta læto animo complerent. Vilitatem et extremitatem secundum consilium Regulæ ita apprehenderunt, ut nec ipsas panum incisiones, cum comederent, super mamilla ponerent, liceat ea coram haberent, sed super mensam nudam. Cilicina vero tunc veste ita uti cœperunt, ut nec ad portandum quis, eam ferre non valens, cogeretur, nec ad ferendum volens prohiberetur.

25. Procuraverant Fratres pro sustentatione vestium habere gregem ovium ; quas cum providus Pater diversi coloris esse cerneret, nigredinis scilicet et albedinis, timuit, ne si seorsum faceret nigram, et seorsum albam, alter aliquando pannum vellet nigrum, alter album, et hac de causa inter Fratres oriretur diversitas mentium, sicut exterius esset diversitas vestium : qua de causa fieri præcepit pannum promiscuum (48). Quod Dei actum est providentia, ut deinceps nosceretur hujus designatione, omnis monastica persona, qua de tanti Patris esset schola. Licet, proh dolor ! tempore moderno appareant, qui se de hac schola esse vestibus, non moribus ostendant.

26. A diebus, quibus monachi cœperant ad eum venire, Deus qui est inspector puri cordis, et cujus dilectione ejus filius curabat monachos constringere sub districtione Regulæ, misit ei fideles laicos (49) diversi ordinis, tam puram conversionem ostendentes in omnibus modis exhortatione pii Patris, ut pene nihil differrent a monachis. Quibus nec proprium habere, nec carnem comedere, nec ad mensam loqui, nec a parentibus, vel amicis quidquam sumere licebat. Et nihil omnino a monachis distabant, præter quod permittebantur uti lineis vestibus in nimio fervore æstatis, et præter silentium, quod in exterioribus occupati observare nequibant.

27. Nam ea probatione recipiebantur noviter ve-

---

(44) Franchius lib. 7, pag. 157, varios citans ornithologos, ait, per pelicanum intelligi avem ignavam et ingratam ; quam Græci onocrotalum vocant, asseritque pelicani nomen Germanis in usu fuisse ad significandum hominem amentem et imprudentem.

(45) Suspicor *S. Joannem* noluisse ut defuncta corpora in monasterio sepelirentur, ne per pompam funebrem monachorum quies turbaretur, quod etiam ex sequentibus aliquo modo colligi videtur.

(46) Per capellas hic intelliguntur sacella, quibus annexa sunt publica, vel, ut vulgo nunc dicimus, pastoralia officia.

(47) *Claustræ* pro *claustri* : nam *claustra* feminini generis reperiri probat Cangius in Glossario.

(48) Per *pannum promiscuum* intelligitur pannus ferruginei coloris, quem vulgo *griseum* vocant : unde S. Antoninus H.storiarum parte 2, tit. 15, cap. 25, § 2, Vallumbrosanos appellat *monachos griseos*. 5. Franciscum Assisiatem eodem ferme cum Vallumbrosanis colore usum fuisse probat Franchius lib. 7, pag. 189, ex traditione quadam, qua fertur abbas Benignus circa annum 1224 dedisse suum cucullum S. Francisco imbribus madido. De hujus coloris mutatione vide Comment. Præv. num. 55.

(49) De his laicis vide Franchium lib. 7, p. 194, et seqq., et Anonymum Gallum tom V De Ordinibus Militaribus et Religiosis, pag. 504.]

nientes, ut eis per totum annum non daretur permanendi verbum certum, sed sequestrati comedebant, et ad Capitulum, vel ad Communionem cum cæteris Conversis communicare eis libere non erat licitum. Tales igitur probatos Conversos Pater ad mercatum, et ad omnia exteriora procuranda, mente mittebat secura. Si igitur aliquis horum, postquam esset receptus, inveniretur in aliqua reprehensione de supra scriptis rebus, peracta culpa, acerrima mulctabatur pœna. Nam si inveniretur, a Patre non accepta res aliqua in aliquo, coram cunctis igne comburebatur, et prævaricator talis peculiaritatis publice disciplinabatur duris flagris.

28. Erat Johannes Pater tantæ austeritatis et increpationis contra delinquentes, ut cui iras:ebatur, sibi irasci terra et cœlum, immo ipse Deus videretur. Sed post paululum tanta benignitate et tanta tranquillitate ad increpatum et correptum convertebatur, ut non nisi materna habere videretur viscera. Qua de re, qui eum pure amabant, nimis metuebant; et qui timebant, valde amabant. Fama itaque tantæ conversionis et tanti fervoris ita longe lateque cœpit crebrescere, ut Henricus (50) Rex Florentiæ, tunc veniens, eam audiret. Cui audita sic placuerunt, ut Episcopum Catholicum (51) illuc ad consecrandum locum dirigeret; et Regina (52) etiam grata mitteret enxenia.

29. De virtute denique euntes in virtutem, Officium sacerdotale in tantam habere cœperunt venerationem, ut ministrare Altari eorum nullus præsumeret, si forte a Simoniaco Simoniace, vel etiam gratis esset ordinatus. Similiter si concubinam vel ante, vel post ordinationem habuerit, sive in aliquo crimine post Baptismum acceptum esset prolapsus, ministerio fungi Altaris nullomodo præsumebat. Et merito: nam eorum Magister et Pater tantam circa omnes Ecclesiasticos gradus reverentiam semper habuit, ut nullatenus aliquando potuerit cogi, nec etiam Ostiarius fieri; sed cum ecclesiam ingredi vellet, et fores essent clausæ, eas ingredi nullo modo præsumebat, donec Ostiarius, qui illas aperiret, vocaretur.

30. Per idem tempus cœperunt ad tantum Patrem concurrere de diversis partibus Viri nobiles et fideles. Alii ei offerebant loca cum supplicatione nimia ad ædificanda noviter cœnobia; alii vetusta, et dissoluta offerebant monasteria, et instabant precibus nimiis et importunis, ut ea ipse in suo sumeret regimine, et ad suam normam studeret corrigere. Tunc sancti Salvii (53) famosum cœnobium noviter ædificavit. Tunc in Musceta alterum in honore sancti Petri apostolorum Principis. Tunc in Razolum (54) in honore sancti Pauli. Tunc in suo regimine vetustum suscepit Passinianum, et alterum in Romania sub nomine et honore sanctæ Reparatæ (55). Tunc ædificavit aliud in Scalario monte (56).

31. Directis itaque Fratribus, et ordinatis Præpositis per singula loca, Pater ea, cum ab infirmitate sublevaretur, visitare, et qualitatem cunctorum diligenter noscere studebat. Quæ vero corrigenda erant, sollicite corrigebat, et quæ ordinanda caute et provide ordinabat. Nam si quilibet de Præpositis nova super vetera condere reperisset, si tamen tunc pauperes egestas opprimeret, duris increpationibus tenacem arguebat, et exhortabatur, ut potius in Deum quam in horreis confiderent plenis.

32. Quodam tempore, quibusdam monasterii visitatis, cœpit ad Vallimbrosam reverti. In itinere vero positus, nimia stomachi infirmitate constrictus, dixit conviatori suo, ut aliquid ad comedendum sibi tribueret, antequam ex toto deficeret. Sed cum ille diceret non nisi panem adesse, et sanctus Joannes responderet se panem sine alia re convenienter edere non posse, nimietate languoris coactus, præcepit tandem ut parvulum scyphum tolleret, ac in fluviolo, qui juxta influebat, ablueret. Cumque homo mitteret scyphum in parvam aquam fluvioli, piscis unius palmi repente supra scyphum prosilivit; quem ille mox apprehendit, et sancto Joanni detulit, quem ipse statim coquere fecit, comedit, et discessit. Nullus certe in illo flaviolo piscem unquam viderat nec piscem vivere posse in tam parvissima aqua credi poterat.

33. Alio quoque tempore, cum apud Passinianum esset, Leo papa (57) cum multo comitatu supervenit, atque juxta monasterium cum suis refectionem accepturus requievit. Tunc sanctus Joannes œconomum interrogavit, si pisces in cœnobio haberentur, ut papæ suisque comitibus darentur? Cognoscens vero pisces minime haberi, quibusdam Con-

---

(50) Judico cum Baronio in Annalibus ad annum Christi 1055, hic agi de Henrico II Imp. tum rege, qui anno 1037, cum patre suo Conrado Imperatore, Florentiam venerat, sicut pluribus ostendit Grandus Dissert. 2 cap. 4, num. 11.

(51) Fuit is juxta instrumentum authenticum Ittæ abbatissæ, quod exstat apud Ughellum tom. III Ital. Sac., col. 299, Rodulphus episcopus *Padeburnensis*, id est Paderbornensis.

(52) Guido Grandus Dissert. 2, cap. 4, num. 12, dicit hanc reginam Henrici II jam dicti uxorem, nominatam fuisse Chuneildim, regis Daniæ Chunti filiam, quæ paulo post peste exstincta est. Vallumbrosani, qui duplicem Oratorii consecrationem distinguunt, mutant hæc nomina, de quo vide Grandum citatum in Comment. præv. num. 112 et 113.

(53) Situm est S. Salvii cœnobium, teste Mabillonio in Notis ad Vitam a B. Attone scriptam, *prope Florentiam, ubi etiam nunc subsistit*.

(54) De hac abbatia agit Lubinus, jam sæpe citatus pag. 323.

(55) Hæc abbatia diœcesis Faventinæ, teste Xante Perusino, est in faucibus Romandiolæ, nihil admodum amœnitatis habens. Plura vide apud Franchium lib. VIII, pag. 259.

(56) Mons Scalarius juxta Franchium lib. VIII, pag. 237, sic dictus, quia ad eum per continuos montes, tanquam per scalas, ascenditur.

(57) Hoc miraculum Baronius in Annalibus ad annum Christi 1051, aliique Leoni IX accidisse narrant. Unde Andreas Januensis perperam Leoni IX Stephanum X substituit.

versis in lacum quemdam, monasterio proximum, piscatum ire præcepit. Omnibus autem dicentibus nunquam in lacu illo pisces fuisse, jussit tamen ut pergerent, ac Domini patrocinium sine dubitatione affuturum crederent. Perrexerunt tandem, et cunctis admirantibus duos magnos lucios invenerunt, eosque statim comprehendentes beato Joanni attulerunt, quo ipse gaudens recepit, et papæ continuo præsentari fecit.

54. Venerat inter cæteros Teuzo, qui adhuc superest, venerandus pater et senex, quem Joannes Pater Fratribus in Razolo præfecit. Hunc semper multum ex corde dilexit, eo quod in charitate ferventem præ cæteris, et ejus manum ad porrigendum largam experimento invenit. Erat enim Joannes pater multum misericors, ita ut pluviales, quos ecclesiam Vallis Imbrosæ habebat, tempore egestatis venderet, et pretium pauperibus tribueret. Quæ enim lingua, etiamsi esset ferrea, ipsius cuncta posset referre bona? Ipso exhortante, et magnum auxilium impendente, super diversas aquas firmissimi ædificati sunt pontes. Quæ usque ad suum tempus per Tusciam erant hospitalia? Quæ clericorum congregatio vitam erat ducens communem? Quis clericorum propriis et paternis rebus solummodo non studebat? Quin potius perrarus inveniretur, proh dolor! qui non esset uxoratus, vel concubinatus. De Simoniaca quid dicam? Omnes pene ecclesiasticos Ordines hæc mortifera bellua devoraverat, ut, qui ejus morsum evaserit, rarus inveniretur.

55. Posita itaque a Jesu Christo omnium dispositore bonorum tam clara lucerna super Ecclesiæ candelabrum, et verbis et exemplis lucente coram cunctis, clerici, spretis connubiis et concubinis, in unum cœperunt convenire, et apostolicam regulam sequentes exhinc vitam communem ducere. Hospitalia tot et tanta hujus exemplo et exhortatu jam videmus nunc per Tusciam ædificata, et ecclesias vetustissimas tot renovatas, ut nos cogant dicere: Ecce transierunt cætera, et facta sunt omnia nova. Indumentis semper vilissimis utebatur venerandus Pater; fulcrum in tot et tanta sua infirmitate sibi supponi nullo modo patiebatur, etiam plumeum capitale non ferebat sibi poni sub capite.

56. Antequam infirmaretur inscius litterarum, et quasi idiota erat; sed cum decumberet ita die noctuque, sanctos coram se faciebat libros legere, ut peritissimus divinæ legis et divinarum sententiarum efficeretur. Cuculla decumbens et pergens ac equitans semper utebatur. Erat enim tantæ largitatis ut, cum alicui aliquid dare deberet, sive hominem sive pecus, vel aliud aliquid, semper studebat dare melius, et tenere deterius. Erat tantæ religionis ut quilibet suorum nullo modo auderet die Dominico cum asinis oneratis nec de domo egredi, nec domum reverti. Monachum equitare die Dominico omnimodo non sinebat, nisi inevitabilis cogeret necessitas.

57. Annuum et celebre officium in nocte sanctæ Resurrectionis debite agendum, quis in Tusciam mutavit de die nocte, nisi ipse? Nam negligentia subrepente, et cogente edacitate, ad Nonam id officium in Sabbato agebatur (58), quod nunc juste et digne, id Joanne patre nostris temporibus instituente et incipiente, agitur in sancta nocte. Per idem tempus comes Bulgar (59) sub Patris Joannis regimine deliberavit suum committere cœnobium Septimense (60). Quod cum post multum laborem, post longam et obnixam precem, tandem impetrare promeruisset, valde gavisus est: erat enim nimis inflexibilis ad sumenda vetera sub suo regimine monasteria, sed accepta constans nimis ad retinenda erat, etiamsi dura acciderent adversa.

CAPUT IV.
Varia miracula quæ S. Joannes Gualbertus in vita patravit.

58. Cœpit præterea ita in miraculis clarescere, ut uni profecto ex antiquis Patribus possit coæquari. Quippe Berizo (61) abbas votum moriendi habebat, non in suo, sed in Vallimbrosano cœnobio: unde et communem patrem Joannem sæpe rogaverat ut suis hoc impetraret precibus. Qui die quadam cum eum venisset invisere, prædicto Patri nuntiatum est, qui referenti ter asseruit dicens: Mihi credito; moriturus venit; mihi credito; moriturus venit. Deinde eum præsentem percontatus est dicens, utrum obedientiam cuperet adimplere? Cui ille: Juxta Dei, inquit, voluntatem et tuam, Pater, devotissime opto. Post hæc verba super cubilis pulvinar caput ponens gravi se corripiente languore, die tertia defunctus atque sepultus est. Fratres itaque conquerentes inter se, quod ventilare non poterant, eo quod nulla traheret aura, mox ipse cum fratribus accedens ad aream, in manibus accepit ventilabrum: Statim competens ventus perflare cœpit.

59. Quodam tempore, dum nimia cum indigentia premeret, et quid secum commorantibus daret, præter tres panes solummodo non haberet [*id est*, cellario] cellarario suo præcepit, ut tres illos panes divideret, et unicuique fratri fragmen unum apponeret. Præcepit iterum ut unum arietem mactaret, et edendum fratribus illum ministraret, atque de larga Dei misericordia in egestate securius speraret. Hodie, inquit, egemus, cras vero, Deo præstante, abundabimus. Quod cum dixisset, ad monasterium

---

(58) Adi Franchium lib. vii, pag. 246, de hoc abusu sublato fusius disserentem.
(59) De Comitis hujus donatione et familia vide Franchium lib. viii, pag. 255.
(60) De nomine hujus monasterii sic scribit Andreas Januensis; *Propterea dictum monasterium vocatur Septimense, quia septem milliariis distat a civitate Florentina.*
(61) Berizo erat abbas S Salvii, ut patet ex privilegio Henrici Imperatoris anno 1055 dato, quod refert Franchius lib. viii, pag. 294, ad marginem.

sancti Salvii, sicut disposuerat, cœpit pergere confidens, quod suos famelicos nunquam Deus desereret. Fratres vero hora prandii ad mensam pergentes, carnem sibi appositam perexhorrentes, parvissima fragmenta panis cum gratiarum actione comederunt, carnem autem nullo modo tetigerunt. Alio vero die secundum beati Joannis prophetiam, multi homines venerunt cum asinis onustis panibus, frumento, farina, dicentes quod nobiles homines Florentiæ fratribus miserint : sed qui essent, qui illos misissent, nunquam sciri potuit.

40. Alio quoque tempore, cum œconomus omnes cibos consumpsisse se diceret, et beatum Joannem quid fratribus dare judicaret, inquireret; jussit ut unus ex tribus bubus quos tunc habebat, occideretur, et fratribus edendus daretur. Cui œconomus : Quid, inquit, faciemus postquam istum manducaverimus ? Ille vero : Uno, ait, comesto, occides alium ; quo consumpto, dabis et tertium : Beatus enim Joannes nec de Dei largitate dubitabat, nec peccatum se incurrere credebat, si fratribus carnes daret, cum nihil aliud haberet; justius credens carnibus reficere, quam fame illos interficere. Œconomus vero jussa complevit, carnes coxit, mensæ superposuit. Fratres autem hora constituta ad mensam perrexerunt, visisque carnibus obstupentes, easque nullatenus tangentes, silenter patienterque steterunt. Qui cum sic starent, quidam cœpit monasterii portas pulsare. Cellararius vero hoc audiens, festinato ivit, quemdam hominem cum pulchro manutergio panibus pleno invenit, quos lætanter accipiens, fratribus velociter apponens, quis esset qui eos duxisset, quisve eos misisset, interrogare neglexit. Sed cum ad hominem, gratias et manutergium redditurus, rediret, nequivit illum invenire, vel quis fuisset, unde venisset ulterius scire, et quoscunque de illo interrogabat; nullum hominem eo die ibi cum panibus se vidisse dicebant.

41. Quando ex præcepto Comitissæ Beatricis (62) venerunt milites, ut cum raperent, ac de Tuscia Longobardis. sanctitatis causa, aut consentientem, aut invitum secum perducerent ; hoc ille cognito, cum Domino in ecclesia intentissime preces funderet, tanta pluviarum tempestatumque diffusio, tanta quoque exstiterunt tonitrua, ut præfati milites vix redire inlæsi valuerent.

42. Alio quoque tempore, vir quidam plenus insania in ejusdem Patris morabatur cœnobio. quem ille medendi gratia Passinianum transmisit ; qui ad fluvium, cui vocabulum est Arnus (63), repertam

intravit scapham, atque ab illa, ut sua cum compellebat insania, se in amnem projiciens dixit : Hic quis Joannes, et qualis ejus vita sit prorsus cunctis patebit. Quem cadentem mox aqua suscipiens super se, ne mergeretur sustinuit, eumque sancti Viri comitatum meritis de ripa una ad alterum sanum salvumque, quasi leve lignum portavit. Hic luce clarius constat quam carum, quamque mirabilem atque dilectum Virum hunc apud se Deus habuerit, quando, ejus memorato solummodo nomine tam velociter, tamque benigne miserum de morte eripuit.

43. Quodam namque tempore, dum idem venerabilis Pater, aliis cœnobiis visitatis, de quibus illi magna inerat cura, ad proprium reverteretur, prospexit inesse pervalidam indigentiam per plurimos. Dum in monasterium introiret, dispensatorem familiæ, nomine Giosfredum (64), et Rusticum (65) fratrem procuratorem monachum evocans ait : Inspiciamus nostrum horreum, quomodo se habeat, reperitque tunc illud abundantius repletum. Quibus ironice : Hem, inquit, quam plurimi ab instanti necessitate opprimuntur, vos autem uberius abundatis! Præcepitque vasculum quemdam capientem quatuor vel quinque modios impleri, et sic per semetipsum ab hora circiter tertia usque nonam, et eo amplius præoccupatus, inde, nullatenus progressus, unicuique, qui convenerant, cui multum, cui parum distribuit; et semper plenus exstitit.

44. Qui cum in beati Salvii extra Florentinam urbem demoraretur cœnobio, præfato jam viro (66), qui in reclusione degebat, per Azonem (67), qui postmodum beatæ Reparatæ rexit cœnobium, ciborum pro benedictione transmisit exenia (68). Qui cum prædicta munuscula detulisset, eodemque rediret itinere, via digrediens quoddam intravit tugurium, et Fratribus, quos ibi reperit, quæ et quanta voluit verba locutus est, atque ad Patrem rediit. Cui per se cunctanti : Unde venis? cum respondisset, quo missus fuerat, isse ac rediisse, mox ab eo audivit : Ego quidem non te unde venis mandavi; ac deinceps digressum de via, et ingressum tugurii, atque verba, quæ cum inventis habuit Fratribus per spiritum recognoscens. cuncta luce clarius patefecit per ordinem.

45. Eo tempore, quo Simoniaca hæresis per Tusciam pullulaverat, cum prædictus Pater in eodem Florentino cœnobio moraretur, quidam religiosus vir, ex generosa Florentinorum progenie ortus, cujus filius gravi languore in lecto constrictus decubans vicinam opperiebatur mortem, ad eum, ut sibi

---

(62) Satis nota est piissima hæc comitissa in Annalibus Baronii aliisque historiis, quæ S. Joannem in Lombardiam duci cupiebat, ut collapsam pietatem, et monasticam disciplinam exemplo suo et exhortationibus erigeret.

(63) Fluvius Tusciæ, qui oritur ex monte Apennino, et postea aliis fluviis auctus, Florentiam bifariam secat, ac tandem in mare Tyrrhenum se exonerat.

(64) Nescio an is Gioffredus idem sit cum Goffredo, quem Sarius in Catalogo pag. 114 *Beatum* et individuum *S. Joannis Gualberti* comitem vocat.

(65) Existimo hunc Rusticum esse eumdem, de quo supra cap. 2, actum est.

(66) *Præfatus* ille vir est *Teuzo*, qui juxta monasterium Florentinum B. Mariæ reclusus erat, uti clare exprimitur in Vita per B. Attonem scripta.

(67) De Azone vel Azzone meminit Franchius lib. VIII, pag. 259.

(68) *Exenia*, vel *enxenia* idem apud scriptores mediæ et infimæ latinitatis est quod xenia, dona, munera vel oblationes.

agrum natum sanaret ac redderet, rogaturus accessit. Cui cum ille, hæc non sua, sed apostolorum esse diceret, ille gemebundus ejus prostratus vestigiis, tamdiu precibus institit, donec pius Pater, miseratione commotus, cum remittens ad propria, se pro eo Deum rogaturum promisit; et, eo descendente, convocatis Fratribus, suppliciter orationi incubuit. Quibus humiliter in terram prostratis atque orantibus, ille, in cujus manibus cunctorum salus consistit, ægrotum per dilecti intercessionem integræ sanitati restituit. Hoc quoque miraculum ille cui per Joannem beneficium sanitatis impensum est, ita evenisse, ut dicimus, usque hodie viva voce testatur.

46. Quodam itaque tempore, cum monasteria, quæ sub suo erant regimine, solito more inviseret, venit ad cœnobium, cui vocabulum est Muscetum, ubi, cum casas cerneret grandiores pulcrioresque quam vellet, accersito venerabili viro domno Rodulfo (69), qui eas construxerat, et ab illo ibi ordinatus fuerat abbas, severissimo vultu dixit : Tu in isto loco hæc tibi fabricasti palatia? Et conversus ad parvissimum rivum, qui inibi juxta currebat, dixit : O Rigambule (70), si me de Rodulfo, et istis ejus domibus vindicaveris, utrem, aqua Sevæ (71) fluminis plenum, undis tuis augebo. Et hæc dicens sine mora discessit. Cujus imperium, ac si rationabilis homo, rivus ille suscipiens, illo recedente intumescere cœpit, et nescio unde largissima aquarum fluenta congregans, relicto proprio alveo de monte præcipitanter ruit, gravissimos petrarum scopulos atque arbores secum trahens, [in] prædictas domos illisus terratenus eas dejecit. Qua ultione completa, quasi pro mercede, quod promiserat, Pater recepit. Qua pro re Abbas ille turbatus cum Fratribus, de loco mutare disponebat cœnobium. Quibus ille hæc consolationis verba locutus est : Nolite, inquit, timere, ne habiteis, quia rivus ille nec quidquam mali vobis facturus est, nec ultra vobis nocebit. Quod ejus vaticinium verum firmumque usque hodie permanet. Denique ille sæpe dictus rivulus, quod tunc casu, immo plus imperio Patris acciderit, nec antea fecerat, nec ulterius fecit.

47. Alia quoque vice, cum intimatum esset ei, quod vir quidam ad conversionem veniens, patrimonium suum totum sibi scripsit in cartula, secumque ad monasterium detulit; mox festinus ad prædictum venit cœnobium, atque abbati loci, qui cartam susceperat, imperavit, ut sine mora eam sibi deferret; quam ab eo acceptam ungulis eam minutatim discerpens, in terram cuncta frusta projecit, Deumque et apostolum ejus invocans dixit : Deus Omnipotens, et Petre apostolorum omnium princeps, ulciscimini me de cœnobio isto. Et hæc dicens, confestim discessit iratus. Quo non longe egresso, repentinus inibi accensus est ignis, qui prædictum monasterium ex omni parte combussit. Quod incendium pedissequus ejus dum cerneret, eique nuntiaret, nec retro respexit, neque ad locum rediit, sed via, qua cœperat, ad Vallimbrosanum cœnobium festinanter perrexit.

CAPUT V
Alia ejusdem sancti miracula.

48. Alio quoque tempore, cum in prædicto Musceto adesset, et papa Leo [*Leg. Stephanus*] (72) per illa vicinia pergeret, suos legatos ad eum misit, unusquisque ad se ire rogavit. Cumque infirmitate gravatus ad eum nec posset ire, nec vellet, legati ad papam revertuntur, sibique illum ad se venire non posse asserunt. Ille vero dixit : Ite, silique dicite, quod si aliter non potest venire, in lecto faciat se adducere. Qui mox ad ipsum revertentes, et voluntatem papæ sibi nuntiantes, statim ecclesiam intravit, Deumque et sanctos ejus exoravit, ut aliquod sibi impedimentum daret, ne ad supradictum papam ire valeret. Oratione completa ad legatos papæ exiens, lectoque se projiciens, aliquantos Conversos venire fecit, et se ad papam portari præcepit. Cumque a monasterio paululum abscessisset, mox se aer valdissime turbavit, ventorum nimietas, pluviæque immensitas proruit. Quod cum legati papæ vidissent, illum vere sanctum credentes, ad monasterium reversi fuerant, et concito cursu ad papam redierant. Hoc autem cum cognosceret, ipsumque Sanctum esse dicerent, ait : Nolo illum ultra ad me venire, sed in cœnobio cum Dei benedictione quiete maneat.

49. Alio quoque tempore quidam miles ex Cerlianensi (75) castello graviter fuerat ex quadam infirmitate detentus, qui ex amicitia beatæ recordationis (74) Joanni Abbati notus erat. Cum quidam ejus familiaris servus ad Muscetanum cœnobium, ubi tunc venerabilis vitæ Joannes manebat, venisset, ut eum conspexit, statim ad se vocavit, et de suo domino interrogare curavit. Qui respondens ait : Domine Pater, jam per duos, et eo amplius menses valde gravatur infirmitate. Quod cum venerabilis Joannes audivit, panem accepit, eique pro benedictione misit : comedit, sanatus est. Post quartam diem per semetipsum ad eum venit, et pro sanitate quam receperat, ei plenam gratiam rependit.

50. Post multum vero temporis, cum idem vir iterum ægrotaret, et se jam jamque mori crederet, equum, cui sedere consueverat, sancto Joanni judicavit (75), suoque filio, ut illum sibi deferret, postquam eum sepelisset, præcepit. Quo mortuo ac

(69) Hic idem est Rodulfus, de quo cap. 2 actum est.
(70) Arbitror hoc nomen barbaro Latine deductum esse ab Italico *rigagnolo*, quod rivum significat.
(71) *Seva* forte Latine factum est a *Siena* amne, qui in agro Florentino fluit, et aquis suis Arnum augel.
(72) S. Antoninus, Binius, Baronius, aliique scriptores merito id Stephano papæ attribuunt. Quare

hic amanuensis oscitantia Leo Stephano substitutus est.
(73) De loco hoc vul o *Castello di cerliano*, vide Franchium lib. x, pag. 535.
(74) Hæc expressio non favet Guidoni Grando, quia B. Andreas illa post sancti mortem scripsit. Plura de hac re vide in Commen. prævio., § 10.
(75) *Judicare* hic accipitur pro *adjudicare* vel

sepulto, filius ejus equum beato Joanni minavit, atque ut ipsum reciperet, et pro patre intercederet rogavit. Sed sanctus Joannes transitoria despiciens, paupertatem diligens, cœlestia concupiscens, equum homini reddidit, et ut cum eo ad propria rediret, præcepit. Cumque vehementer obsisteret, et se equum non reducturum assereret, coactus tandem præcepto sancti Joannis, cum equo ad propria repedavit (76).

51. In eodem autem Muscetano cœnobio cuidam fratri venerabilis Pater medicamen quoddam pro quadam sua infirmitate manu sua tradidit, et extemplo, urgente causa necessitatis, ad aliud monasterium secessit. Qui nihilominus non se, ut decuit, cautius habuit, et intra paucos dies expiravit. Ad memoriam cujus retinendam jam dicti monasterii Pater per Vallimbrosanam cunctam congregationem, sicut ex eorum mortuis mos est, ejus obitum per apices (77) designavit. Et tunc non multum post prædictus Pater, abbatem Joannem visitandi gratia adiit, a quo continuo requisitus de illo fratre qualiter defecisset, et illi ei cuncta ordinatim retulisset, inquiens illi : Vade quantocius, et ex cuncta congregatione ejus memoriam dele. Quod et factum est.

52. Tunc demum evoluto aliquantum temporis, cuidam monacho ex eodem monasterio circa medium diem apparuit. Ad quem inquiens : Numquid tu non es monachus talis? Sum, inquit prorsus illi : Qualiter agis nunc? Tum ille : Sum excommunicatus, et a consortio sanctorum separatus. Et ille : Quare? Quia abbas Joannes dissociavit me a congregationum cœtu. Loquiens illi : Quomodo juvare te possumus? Ait : Si domnus Joannes vult, reconciliari possum. Qui statim ad abbatem Joannem adiit, et cuncta ei seriatim per ordinem retulit. Tunc ille, mente piissimus ut erat, prædictum abbatem accersiri præcepit et pro excommunicati fratris anima officium et eleemosynam, nec non et per congregationem totam, quasi eodem die obisset, instanter agere præcepit. Qui omnia fideliter adimplevit. Et tunc iterum, defunctus post dies xxx cuidam monacho similiter apparuit, eique dixit : Vade, et domno Joanni pro me gratias age, et inferens [id est et refer] quia ego sum reconciliatus in electorum cœtu.

53. Alio quoque tempore, quidam ejus conversus suasione diaboli, sæculum dereliquisse, et ad monasterium se venisse pœnituit. Unde cum beatum Joannem importunis precibus frequenter rogaret,

ut redeundi ei ad sæculum licentiam daret, illoque prædicando cœlestia, denuntiando infernalia, ne id faceret, admoneret, illoque in sua obstinatione, diabolo inobligante (78), persistente, beatus Joannes præcepit ei tandem irato animo, ut discederet Cumque paulum a monasterio Vallimbrosano esset, diabolo deducente, digressus, de alta rupe per quam ibat, ab eodem, quem sequebatur, præcipitatus animam continuo exhalans, præsentibus est subtractus. Unde patenter ostenditur quam periculosum fuerit vel beatum Joannem relinquere, aut ejus iram incurrere.

54. Quodam autem tempore fuit vir quidam, videlicet Florentius (79) nomine urbanæ quidem eloquentiæ, verum etiam et civis (80) omnimodo, tamen Simoniaca perfidia cujusdam episcopi defensione erat valde maculatus. Qui cum quadam die gravissimam incidisset in ægritudinem, mori se funditus desperavit. Sed inter gravissimos suorum lacrymarum luctus, crebrosque singultus, e suis nobilibus amicis aliquantos ad se accersiri fecit, quos ad venerabilem Joannem quantocius ire rogavit, quatenus eorum supplicationibus in monachico habitu ei pœnitentiæ locum concederet. Qui euntes ad venerabilem Joannem ex votis amici, ceu rogaverat, retulerunt. Sed nobilis Joannes eorum precibus minime renuit, nec statim omnimodo concessit. Propter illud quod dicitur : Probate spiritus, si ex Deo sunt. Quo cum dilatione suscepto, monachicum habitum ei tradidit, et paucos dies sic factus est convalescens, ita sane ut claustra monasterii, bacillo se sustentante, circumquaque lustraret.

55. Sed non multum post, cum hæc eadem infirmitas eum repeteret, ad extrema deductus est. De quo cum relatum fuisset abbati Joanni, adhibitis secum Fratribus, lectum ægroti festinus petivit. Interim Fratres, quibus poterant precibus Deo eum commendando juvabant, qui in proximo erat moriturus. Sed ille ex pallio, unde erat coopertus, sæpius replicando cœpit cum torvis oculis vultum operire. Ad quem abbas Joannes : Quid est hoc, quod agis? Tum ille pallens et tremens inquit : Terribilibus oculis diabolum prope assistentem video, ex cujus ore miræ magnitudinis flamma, et ex naribus sulphureus et immensus nimis fumus egreditur. Prorsus illi : Ubi est, inquis? Ecce ibi est, Domine Pater. Tunc beatus Joannes raptim ex ejus manibus, qui eam tenebat, crucem adstulit, et diabolum ex ea fortiter percussit, qui statim ex oculis mirantis velut fumus evanuit. At ille voce, qua poterat, clamare

---

concedere; atque hoc sensum verbum illud sæpe est usurpatum in legibus Gothicis et Longobardicis.

(76) *Repedavit,* id est *rediit;* quæ phrasis in auctoribus mediæ Latinitatis sæpissime occurrit.

(77) *Per apices,* id est *per litteras;* qua voce crebro usi sunt inferioris ævi scriptores.

(78) Id est *instigante,* sicut ex sensu satis colligitur.

(79) Florentius ille, juxta Locatellum, lib. I,

cap. 59, et Franchium, lib. X, p. 558, aliosque scriptores Vallumbrosanos, faverat Petro Simoniaco, de quo postea pluribus agetur, unde patet in his actis nullum temporis ordinem servari, sed quædam citius narrari, quæ serius contigerunt.

(80) Puto quod auctor significatum velit, illum Florentium non tantum rhetoricæ, sed etiam juris civilis fuisse peritum ; sic enim reperimus *civilisam* pro *jurisconsulto,* vel eo qui juri civili dat operam.

cœpit, dicens: Deo gratias, Deo gratias, ecce fugit, ecce recessit. Et ecce nunc adest beata Virgo Domini mater, necnon et beatus Petrus simul cum sancto Benedicto. Vix needum verba compleverat, mox spiritum exhalavit vitæ.

56. Quidam rusticus ad eum veniens, genibus ejus provolutus, strictimque exosculans, magnis vocibus cœpit obtestari, atque obnixe rogare pro unico nato suo, in agone constituto, ut suis sanctis precibus ab instanti periculo liberare dignaretur. Qui nimium compatiens, Fratres imperat adesse, et pro illo Domini misericordiam jubet exorare. Quid multa? Fratres in ecclesia, illeque solo, ubi decumbebat, prostratus, magnis gemitibus Christi misericordiam supplicans, panem transmisit, statimque sanitati reddidit.

57. Quodam namque tempore prædictus Pater ante fores monasterii permanens, vaccarum pinguium gregem, in nemoroso jugo Alpium dum pascerentur, conspexit, atque unam ex illis beato Paulo petivit dicens: O sancte Paule, si pauperibus istis unam dares ex illis mihi. Hæc eo dicente, una ex illis deorsum ruit, statimque exstincta est; cujus cadaver dispertiri jussit pauperibus. Qua consumpta, eodem ordine orando, secundam, et tertiam, et quartam accepit, tribuitque pauperibus semper. Qua de causa pastores tristes effecti, ex alio montis latere vaccarum gregem duxerunt. Sed iisdem vir sanctus dum non haberet quid tribueret pauperibus, iterum beato Paulo petivit, dicens: Sancte Paule, isti locum mutando fugerunt, te tamen, qui loci patronus es, effugere non possunt. Ergo tribue mihi, quid pauperibus tribuam, adhuc. Hæc eo dicente, confestim quinta corruit, et exstincta similiter distributa est pauperibus. Hoc etiam de VI, VII, VIII, VIIII, eodem ordine accidit.

58. Extrema vero consumpta, pro damno contristati pastores venerunt ad eum, magnas inclamantes adversus eum querelas: Melius, aiunt, in tuo Valimbrosano cœnobio stares, quam huc tot animalia occisum venires. Quibus ille placido vultu respondit: Scio vos de hoc, quod largitus sum, tristes; nec amplius vultis impendere. Nolite ergo timere, quia nulla earum hoc tempore amplius morietur. Quod et factum est. Et sic, eo orante, ruina vaccarum, et mors semper secuta est, et mox ut cessavit orare, juxta quod pollicitus est, incolumes permanserunt. Interea sanctissimus pater Joannes, cujus cor flamma urebat charitatis, cernens adhuc famelicorum inopia, et se animalium carnes sine gravissimo scandalo non posse largiri, totum earum lac distribuere jussit pauperibus, et sic diutius lactis præbendo liquorem, usque ad septem viros de famis morte eripuit.

59. In illis diebus etiam cum venerabilis Pater ad Valimbrosanum reverteretur cœnobium, ad quamdam curiam (80*) devenit cui vocabulum est Ronta (81); accersitoque ejusdem curiæ villico, promisit ei hercicum (82) gregem mittere, in quo plurimi habebantur arietes. Simulque præcepit, ut de prædictarum ovium lacte, se suumque, quem habebat, nepotem, et quantos posset pauperes, quam competentius valeret, quotidie aleret: prædictos vero arietes, donec superesset ex illis, opportune largiretur pauperibus: cum illis etiam magnum hircum, quem inibi solum habebat. Sicque factum est.

60. Quidam ejus famulus ex Razolensi cœnobio Valimbrosæ ad illum pervenit nuntians ursum depopulationem quam maximam facere vaccarum. Qui præcipiens dixit: Vade et amodo interfice eum. Qui regressus, vaccas in pascuis, prædictumque ursum in antro quodam arboris stantem invenit. Itaque securim manu tenens, arborem repercutiens, et nihil verens (83), dicebat: Egredere, quia dominus abbas imperavit ut te occidam. Egressus namque, ab illo est interfectus.

61. Quadam itaque die venerabilis Pater inde transiens, venit ad locum, vidensque obstaculum arboris, et se viam ullatenus declinare non posse, modice turbatus queritando cœpit dicere: Heu! quid faciemus! Cujus audita querela socius, qui cum præibat, Ugo nomine, sancti Joannis Majoris (84) plebanus, tentans si undecumque posset irrumpere, super equum, cui assidebat, se sub illa inclinans, arborem levavit in collo, cujus pondus multorum paria boum ullatenus movere non possent, eamque ac si leve virgultum, aliquandiu, ut ipse testatus est, sustulit. Sicque venerandus pater Joannes, prædictusque plebanus transierunt inlæsi. Hocque actum est non longe a Razolensi cœnobio, in loco qui dicitur: Ad cellas Veteres.

62. De Joanne quodam jam antiquissimo fratre a prædicto patre Joanne septennis suscepto. Qui dum graviter doleret oculum, mulierculam ad se curandum conduxerat. Cujus medicamina dum ergo nihil proficerent, ad monasterium prædicti Patris reversus est. Quem ille dure arguens, eo quod cum illa vel confabulationem, vel ab ea quæsisset medelam, ei tantummodo bonum fimum calidum super oculis poni jussit, et mox sincerissimæ sanitati restituit. Quod ille adhuc superstes sic actum fuisse, et illa, quæ superius diximus, viva voce testatur. Et

---

(80*) *Curia* sæpe significat *prædium rusticum*, ut constat ex innumeris donationum instrumentis.

(81) Locus, *Ronta* nomine, in mappis geographicis collocatur inter colles montis Apennini, qui facile a Valle Umbrosa distat viginti passuum millibus versus septentrionem. An sit idem de quo hic agitur nescio.

(82) *Berbix* detortum est ex Latino *vervex*, Italis-que dicitur *berbice*. Est animal satis notum.

(83) *Verens* pro *veritus*. Plures solecismos alibi occurrentes, eosque et frequentes et crassos, annotare non semper lubet, modo sensus intelligatur.

(84) Hæc ecclesia S. Joannis, teste Franchio, Th. x, pag. 543, sita est quinque passuum millibus infra monasterium Razolense.

non solum illa, sed etiam, quæ inferius subjungemus.

65. Item prædictus Pater boum custodibus contra morem die tota necessitatis obtentu arare præcepit, et in nocte carpere pabula. Cumque illi responderent: Quomodo, inquiunt, Pater, hoc perficere possumus, cum ursos ac lupos, nocturnosque timeamus latrones? Respondit: Sinite, inquit, sinite; Deus enim, ejusque Paulus apostolus de illis possunt habere custodiam, eosque conservare illæsos. Remanserunt itaque nocte illa contra morem sine custodia boves. Tunc duo latrones supervenerunt, qui unum ex bubus funiculo ligaverunt per cornua, cumque rapere, secumque usque mane nitebantur perducere. Sed bos immobilis permanens de loco ulla ratione moveri non potuit. Sed mane a custodibus inventus bos, ligatus lacrymasque more hominum fudisse repertus est. Hoc cum prædicto Patri nuntiatum fuisset, accessit, bovisque caput leniter demulcens, dixit: O bos, bos vade, tuumque officium imple; non enim te beatus Paulus adhuc perdere voluit.

CAPUT VI.
Cordis arcana coonoscit, aliaque præbet sanctitatis argumenta.

64. Quidam vir ex Poniensi territorio, Gerardus scilicet nomine, renuntians sæculum, Passiniano se ad prædictum Patrem contulit. Qui quasi respuens, et, ut abiret, indignans jussit. Sed ille, ut sui misereretur supplicans, quatenus ei pro suorum omnium delictorum, quæ illi ex integro professus est per omnia confiteri (85), in monasticæ vitæ regula locum pœnitentiæ tribueret. Nec immerito ille sane omnibus ad Deum confugientibus, ut erat mitissimus, ut sibi visum fuit, precibus pie petenti non renuit, sed quod rogavit concessit, et ejus animæ salutis curam habuit. Qui non assecutor voti, quod promisit, reatum suum ex parte prodidit, et, erubescente conscientia, majora infra seipsum retinuit. Pauco tunc itaque interjecto tempore, ad susceptionem hospitum, et ministerium peregrinorum, ob salutem suæ animæ, eum exteriùs locavit.

65. Et cum quadam die idem Gerardus, quibusdam supervenientibus hospitibus, victu alimenta ministraret, abbas Joannes tum superveniens, cumque ex nomine vocans, ait: Gerarde, Gerarde, quare mihi sic fallere voluisti? Qua de re, domine mi, inquit? Et ille: Cum vacaveris, occurre quantocius, et dicito mihi quod professus es. At ille præceptum Patris fideliter adimplens, cum opportunum tempus invenit, adiit ad Patrem. Inquiens illi: Nunquid non dixisti quia ex integro patefaceres secreta tui cordis mihi? Utique dixit. Et ille: Et si ita dixisti, quare tam crudelissimum facinus, quod in die sanctæ Apparitionis Domini, et ejusdem diei Vigilia cum uxore illius talis hominis commisisti, mihi patefacere noluisti? Et addens: Insuper non sufficiebat tibi tam terribile malum, nisi nunc ad confusionem tui iterum disponis in mente, ut ad tam grande piaculum revertaris? Tunc ille mente confusus, videns se in captionis laqueo deprehensum, confestim ad terram corruit, et pœnitentiam sui criminis quæsivit, et ita omnia esse, ut sanctus pater indicaverat, dixit.

66. Quodam itaque tempore quidam vir inter sæculares valde nobilis, Ubaldus nomine, qui in Figlinensi (86) castro, et in aliis quam pluribus fuerat nimis gloriosus: Hic erat beatæ recordationis Joanni abbati valde notissimus, et inter mundiales amicos familiarissimus. Qui cum quodam tempore in ægritudinem incidisset, ad extrema videbatur deduci; convocatisque suis militibus, et familia cuncta, de domo propria disponere curavit. Tunc uxor ejus unum ex suis nobilibus, Benzonem nomine, marito jam in agone constituto, ad se accersivit, et ad Passinianense cœnobium, unde prædictus erat compatronus, nuntiare sui funeris adventum quantocius ire præcepit. At ille, mæstus ut erat, sine cunctatione, festinanter pergere præcepit.

67. Jam eo in medio itinere appropinquante, quidam curialis (87) ei occurrens, requisivit quo tenderet. Dixit eventum rei. Sed quanquam mæstus similiter illum requirit. Tum ille: A cœnobio sancti Cassiani (88) venio, ubi domnum abbatem Joannem Valimbrosanum visitandi gratia perrexi. At ille, ut hoc audivit, ad præfatum cœnobium illico pervenit. Quem nescio de psalmis, aut quid aliud mumurantem ante fores monasterii invenit. Qui cum eum officiosissime salutasset, et satis ab eo hilariter resalutatus requisivit qualiter illi esset. Respondit: Tristis et mœrens nimis me esse confiteor pro nobili viro, et vestro fideli amico, qui nunc videtur e sæculo exire. Ad quem inquit: Quis ille est? Et ille: Illustris Ubaldus vester valde fidelissimus. Statim venerabilis Joannes versis ad orientem luminibus, parumper subsistit et oratione completa Benzonem respexit, cum ire præcepit, eique dixit: Quantocius ad propria revertere, quia infirmes ille, super quo mæstus eras, incolumem invenies. Quod ut dixit, ita actum est.

68. Cap. de domno Gregorio VII, apostolicæ sedis pontifice, qui, cum archidiaconatus in eadem apostolica sede officium gereret ob illius patientiam comprobandam eum dure increpare curabat. Mox ad ejus

---

(85) Confessio hæc non erat sacramentalis, sed monastica, quæ in usu erat apud veteres monachos, qui abbati, etiam non sacerdoti, sua delicta pandebant.

(86) Locus ille, vulgo *Figline*, situs est inter plures colles, quos ab utroque latere habet, distatque a Valle Umbrosa duodecim fere passuum millibus versus meridiem.

(87) Hæc vox aliquando significat aulicum, qui curiam frequentat; aliquando curionem seu parochum; utrum ex duobus hic indicet, non est promptum divinare.

(88) Innicat monasterium Montis Scalarii, quod S. Cassiano dedicatum fuit, cujus situm describit Franchius, lib. VIII, pag. 237.

intuitum mutavit mentem, ac præordinata, quæ se putabat dicere, oblitus est verba. Qua ejus perfectione ab eo ita comperta, tantus deinceps inter utrumque firmatus est amor, quantus inter charissimos, atque uterinos solet esse germanos. Hæc namque a venerabili viro abbate Rodulfo Passinianensis cœnobii, qui tunc ibi aderat, sæpius audivimus, atque de tali teste dubitare nihil debemus (89).

69. Qui dum quodam tempore nimis ægrotus pulmentum, quod ægroto convenit, ante se coctum teneret, quidam religiosus frater, Gerardus nomine, visitationis gratia advenit, atque ante illum præsentatus est. Cui mox prædicti pulmenti particulam quamdam porrexit, qui nec recusare, nec nutu quolibet resistere [ausus], eam accepit, silenterque comedit, et inter edendo, se reum, se reprehensibilem atque lupum accusare cœpit, atque per cogitationem rixando multa dicere verba, quod vel semel hoc non refutasset, quod almus pater porrexerat. Quem ille per spiritum recognoscens, et audiens, quasi lingua proferret, expleta refectione, dixit : Si plus vel minus ex hoc, quod per cogitationem dixisti narravero, te ipsum volo habere testem. Et mox arcanum sui pectoris patefaciens, quæque cogitaverat, quæque per cogitationem dixerat, lucide enarravit.

70. Cui discessuro, insanum quemdam fratrem commendans, segregatim nocturnali expleto officio, ut secum duceret imperavit. Cujus jussionem et libenter audivit, et dulciter se adimplere promisit. Nocte vero surgens, nocturnali expleto officio, [dum] cum socio abire disponeret, siti gravissima laborare cœpit. Hoc Joannes Pater per cordis illuminatorem recognoscens, ministrum suum, qui ei solebat assistere, nutu advocans, non parvum scyphum vino aqua mixto summatim implere fecit. Deinceps discessurum fratrem, si adesset, ad se venire signavit. Cui ad se accedenti porrectum scyphum sumere, vinumque fecit bibere.

71. Vir quidam in vicinitate Valimbrosæ permanens, beato Joanni valde fidelis et devotus existens, quodam die ad eum cum canibus venit, seque in venatu diu frustra laborasse, nullam venandam bestiam videns, asseruit. Beatus vero Joannes mox sibi præcepit ut comederet, esum lassis canibus tribueret, et postea ad venandum rediret, quia captura, Deo præstante, statim perveniret. Quo facto, in agrum, qui est monasterio contiguus, illico exivit, quosque mox lepores in nive, qua tota tunc terra erat coperta, vidit ; post quos canibus concitatis, ambos cum omni festinatione comprehendit. Post hæc vero ad sanctum Joannem remeans et ei, quæ sibi, Deo miserante, et ipso patrocinante, acciderant nuntians, salutaribus ab eo verbis instructus, gaudens et exultans reversus est ad propria.

72. Alio quoque tempore cum nimia nix terram tegeret, quidam lepus ex nive egressus, tugurium, in quo beatus Joannes tunc cum quibusdam fratribus stabat, est ingressus. Quem quidam fratrum mox apprehendit, et in gremio brachiis circumplectens abscondit, cœpitque fratribus dicere quod licenter illum, utpote divinitus datum, possent edere, maxime cum nihil fere præter ipsum ad edendum haberent. Beatus vero Joannes, quod acciderat, quod dictum fuerat, Deo revelante, cognoscens, fratrem quid in gremio absconditum teneret requirens, manifestatum leporem sibi dari imperavit, quem blanda manu diu attrectavit. Dicendo sibi : Follis, follis (90) cur huc venisti? Postea vero leporem (91) miseratus, portas cœnobii egressus, illum terræ supposuit, ac liberum abire permisit. Sequenti autem die quidam rusticus asinum panibus oneravit, sanctoque Joanni in magna inedia cum suis fratribus portavit.

73. De clerico, qui fama reverendi Patris audita, et cum vita qualis esset ejus doctrina, cuncta, quæ possidebat in sæculo, vendidit, et plurima numismata exinde sumens, eaque crumena includens, ad cœnobium prædicti Patris venit. Cumque inde Patri se placere crederet, unde amplius erat odibilis, fiducialiter ad locum accedens, se venisse significat. Quem cum ille, paupertatis amicus, nummatum fore cognosceret atque audiret, qua pro causa advenerat, sic cum alloquitur : Quandiu, inquit, unum ex his super te nummum habueris aut reservaveris apud te, nec mecum participare poteris, nec me habebis amicum. Hæc itaque clericus audiens recessit, pretium sui patrimonii quod deicola spreverat, illis totum distribuit qui possessione carebant, libenterque manum porrigebant munificis. Deinde remeavit ad illum, qui Deum auro, et seminudos præponebat divitibus. Hoc Joannes pater audiens, et quid egisset, discutiendo reperiens, qui ante locupletem spreverat, factum pro Christo pauperem, dilectum suscepit in filium.

CAPUT VII.

S. Joannes Gualbertus alios excitat ad exstirpandam Simoniacam hæresim.

74. Contra Simoniacam autem hæresim ita Pater sanctus zelo divini amoris exardescebat, ut totis nisibus, in quibus valebat, circumquaque exhortando et admonendo videretur repugnare. Denique episcopo Volaternensi (92) mellifiua atque salutifera scripta direxit, quæ hic pro magna utilitate con-

---

(89) Hoc miraculum tuse examinavimus in Comment. Prævio, § 8.

(90) *Follis* pro *stulto* vel *fatuo*. Sic Joannes Diaconus, lib. IV Vitæ S. Gregorii papæ, cap. 69 : *At ille more Gallico sanctum senem increpitans follem, ab eo quidem virga leviter percussus est.*

(91) Nescio cur Breviarium Vallumbrosanum, et recentiores hujus ordinis scriptores asserant dæmonem sub hujus leporis forma latuisse, cum in B. Andrea nulla sit vox quæ hoc indicet. Frustra itaque Franchius, lib. x, pag 555 et seqq., nititur hoc probare, et rationem reddere, quare dæmon hujus animalis formam assumpserit.

(92) Id est *Volaterrano*. Volaterræ autem est urbs antiqua Hetruriæ, sita prope Eram fluviolum et Cecinam, distatque triginta quatuor milliaribus Florentia in meridiem.

scribi necessarium duximus : Herimanno (93) Volaternensi Dei nutu episcopo, Johannes indignus servus servorum Dei, cum omnibus suis monachis et fratribus qui quid melius fit apud Deum hominibus. Petitionibus vestris consulere dignum duximus, maxime cum non de sæcularibus et mundanis, sed de ecclesiasticis et divinis, quæ in Dei cultu ad salutem animarum fiunt, quæreretis. Requisitis enim adjutorium in exhortatione pastorali, ex his quæ in vestra cura et studio sub Dei protectione permanere videtur. Quæ fructum bonis operis tunc germinant boni, cum populi obedientia nec in minimis contra pastorem rebellat. Sed sanctitas et sapientia pastoris talis debet semper apparere et esse, ut delinquentes Dei judicio terreat, et obedientes divinis præceptis digna remuneratione demulceat.

75. Unde oportet vestram vigilare sollicitudinem ut, postquam omnia divina præcepta sine reprehensione percurrerit, omnia quæ clero et populo imperaveris, de sanctarum Scripturarum studeat proferre sententiis. Scilicet ut clerus secundum statuta apostolorum et canonum præcepta permaneat, et populus secundum mandata sanctorum in omnibus illis obediant. In primis quia oportet episcopum irreprehensibilem esse, quod etiam ad omnem pertinet clerum. Deinde ut omnem sollicitudinem episcopus cum clero et populo impendant, ut innocentes in innocentia sua permaneant, et peccantes peccare desinant, et pœnitentiam agentes de bono in melius crescant; certissime credentes ut qui in malis dies suos finiunt, æternam luant vindictam, et qui in bonis, æternam suscipiant palmam. His promissionibus confortentur boni, et his nimis terreantur mali.

76. Interea sollicite satagendum est ne alicujus hæresis quamvis parvæ aliquis eorum immunditia sordeat, quia quandiu quis in ea permanserit, etiamsi pro Christi nomine sanguinem fundat, nihil ei proderit. Heu ! quam pessimum et grande peccatum, quod nec in præsenti etiam pro morte, nec in futuro pro multo tempore pene poterit solvi. Ergo tam pessimum nefas cito dimittere, et anathematizare debemus et pœnitendo delere, ut cum Christo in præsenti et in futura via possimus manere. Quia quandiu quis in aliqua hæresi manserit, nullum ejus bonum opus Deo placebit. Simoniaca igitur hæresis, quæ prima et pessima ante omnes alias hæreses jam diu ante nos usque ad nostra tempora viguit, quam Deus nostro tempore sua miseratione detegendo destruxit, omni sollicitudine a vobis abjiciatur. Et cum illa hæresis ante omnes hæreses in ipso initio Ecclesiæ a principe apostolorum percussa palluerit, miramur, quomodo a quibusdam, pessimis indumentis palliata, vivido colore, quasi Christianæ fidei cultrix operosa monstretur : scimus enim quia, quod Christus odit, nullus, qui Christianus est, diligit. Si autem dilexerit, Christianus esse non potuit. Christus igitur Simoniacam hæresim odit. Ipse enim dixit : Qui in Spiritum sanctum peccaverit, neque in hoc sæculo, neque in futuro dimittetur ei.

77. Itaque dum tempus ordinandi clericos ad divinum cultum advenerit, non alicujus pretii datione palam vel occulte aliquis ad ecclesiasticum promoveatur officium, non aliquis indignus, vel ignarus officii, non alicujus reatus vel infamia tactus, nonnisi virgo, aut monogamus, et hic qui virginem secundum sacros canones duxerit; non superbus, non elatus, non alicujus honoris cupidus, sed humilis et mansuetus et timens Deum. A nullo clerico aliquid commodi pro sacro officio requiratur, neque ab archipresbyteris, neque ab archidiaconis, neque ab illorum subjectis. Dum autem parœcias per ecclesias baptismales, quas plebes (94) dicunt, episcopus circuit, et ne forte aliquid mali, aut criminis, aut inimicitiarum causas inveniat, investiget, nil quæstus, nil pecuniæ exinde requirat, nec eos qui ibi fuerint, pro suo suorumque cibo affligat, sed quasi pater filiis misereatur, et emendatis culpis, omnes in pace relinquat, ut omnes pro suo episcopo et sacerdote Dominum benedicant, et pro ejus salute tam corporis quam animæ, Dei misericordiam petant.

78. Taliter enim episcopo faciente, populus cum clero apud Deum salvabitur, et idem episcopus a Deo remunerabitur. Si autem contra hæc fecerit, vel pecuniam requisierit, Simoniacus hæreticus judicabitur atque damnabitur. Igitur ante omnia Simoniacam hæresim persequendo abjicite, sacerdotes cum omni clero sanctæ regulæ ecclesiasticæ vivendo subjicite, populum tam majores, quam minores sanctis suasionibus ad bene agendam sollicite invitate, peccatores ut resipiscant et pœniteant, prædicate; qui pœnitere noluerint excommunicate; qui ad pœnitentiam reverti voluerint sacris canonibus subjugate, viam salutis omnibus demonstrate, circa omnes benignitatem ostendite; et Deus judex justus omnia secundum justitiam vestram vobis restituet. Si enim omnia, quæ supra dicta sunt, in vestro episcopatu studueritis observari, dum tempus fuerit et facultas, ad vos veniemus si expedierit, et quidquid vobis necessarium et nobis licitum et possibile fuerit faciemus. Valete.

79. Post hæc cum longe lateque odor tantæ sanctitatis perflagrasset, cœperunt de diversis terris, et regnis ad eum certatim currere monachi, et clerici, et fideles laici. Præcipue Mediolanenses, et Cremonenses, atque Placentini. Monachi vero sua monasteria relinquentes, et longam peregrinationem sumentes, ad eum veniebant. Alii siquidem pro ap-

---

(93) Herimannus vel Hermannus, episcopus Volaterranus, ab Ughello tom. I Ital. sac., col. 546, mortuus perhibetur anno 1077. Incertum tamen est quo anno episcopatum inchoaverit.

(94) *Plebes*, Italis *pieve*, est ecclesia parochialis; unde extat hic versus Ebrardi. *Plebs hominum dicas, sed plebes ecclesiarum.*

prehendenda sub eo audita laudabili conversione [*forte* conversatione]; alii vero ut a tanto instruerentur Patre qualiter Simoniacam hæresim deberent vitare. Audierant enim Joannem Patrem hanc cum suis fratribus publice damnare, et contra hanc exardescere multos mortales.

80. Quis itaque ad eum umquam venerit, postquam viderit illum et audierit, se dispendium pertulisse, vel laborem longi itineris sumpsisse pœnituerit? Nam si cor dubium, vel fortasse tepidum, vel evacuatum marsupium aliquis veniens detulerit, alacer repedabat, et cor in fide confirmatum reportans, et marsupium profecto non vacuum. Acceperat enim a Jesu Christo dono et vultum omnibus gratum, et sermonem cunctis placidum, et ad largiendum amplissimam manum. Jam causa expetit ut referam, quam Joannes Pater cum suis contra Simoniacam toto coram mundo sumpserit pugnam.

81. Per idem tempus quidam Papiensis (95) Petrus sedem Florentinæ ecclesiæ invaserat clam interventu pecuniæ, quod Joannem Patrem ejusque fratres minime latuit. Elegerunt itaque vitam mortalem potius perdere quam veritatem celare. Ideoque Papiensem Petrum esse publice Simoniacum et hæreticum cœperunt dicere. Facta est denique inter clerum et populum contentio pervalida. Alii quidem temporalia intuentes commoda, ipsum defendebant. Alii cum monachis jam illorum creduli verbis vehementer impugnabant.

82. Cum igitur contentio hæc inter clerum et inter populum per dies haberetur multos, et seditio inde frequenter oriretur, æstimavit hæreticus Petrus populum terrere et clerum, si faceret necare monachos, a quibus verba sibi adversa sumpsere principia. Qua de re missa multitudine equitum et peditum nocturno tempore, jussit sancti Salvii cœnobium igne comburi, et monachos quos reperissent interfici. Joannem vero Patrem ibi tunc existimavit inveniri. Ipse quidem die altero recesserat.

83. Ingressi igitur ecclesiam, cum nocturnum fratres celebrarent officium, evaginatis ensibus cœperunt Christi mactare oves, ut immites carnifices. Alii siquidem in fronte tam grave infixerunt vulnus, ut perveniret acies ferri usque ad testudinem cerebri (96). Alterum vero tam impie graviterque sub oculis percusserunt, ut nasus et dentes superiores cum superno labio a sua dividerentur compagine, et cuncta dependerent super barbam. Alii quidem infigentes aciem gladii vulnusque ad interiora perduxerunt. Hujuscemodi igitur plagis multis in diversis perlatis, everterunt altaria, et deprædati sunt, quæ invenerunt omnia, et igne in domibus apposito, monachis tunc in ecclesia septem Psalmos cum Lætaniis decantantibus, in nullo reluctantibus, nec silentium frangentibus, ipsisque nudatis, et semivivis relictis, abierunt.

84. Nam ejusdem monasterii Abbatem, nomine Dominicum (97), ætate vetustum, conversatione sanctissimum, omni nudaverunt amictu. Qui tantum sic nudus cœpit sollicite quærere, si quid invenire posset quod se indueret. Tandem pelliceum indumentum, quod ob incuriam inter fratrum lectos ceciderat, invenit, seque illud dissutum, et conscissum ac vetustate dilapsum induit. Sed unde inimicus acquirere putavit victoriam et exaltationem, inde invenit detrimentum et confusionem: nam multi de populo et clero, qui hactenus ejus videbantur fautores, ipsius intuentes impietatem, facti sunt ipsi deinceps omnimodis adversi.

85. Altera quoque die tam homines, quam mulieres Florentiæ ad supradictum monasterium perrexerunt, et quæcumque poterant, necessitatibus fratrum necessaria fideliter detulerunt. Felicem se quisque credebat si aliquem monachorum videre valebat, vel ex eorum sacro sanguine, ex terra, lapidibus, et lignis, suis pannis possent extergere, volentes illum pro magnis reliquiis habere.

86. Beatus autem Joannes, Valimbrosæ tunc positus, hoc quod acciderat audiens, martyrii flagrans amore, ad Sanctum Salvium festinato veniens, abbatem cæterosque flagellatos fratres, cæsos, nudatosque considerans, dixit: Nunc vere monachi estis: sed cur sine me hæc perferre voluistis? Valde enim doluit quod præfatæ persecutioni defuit, in qua tamen ipse martyrii obtinuit bravium, qui ad tolerandum martyrium suos tam strenue instituit discipulos. Ad hoc enim venit, quod se credebat teneri, flagellari, detruncari, quod etiam pro amore Dei, et defensione catholicæ fidei cupiebat, si posset. millies, occidi.

87. Monachi vero tanto fortiores deinde sunt effecti, quanto securiores de corona, quam jam gustaverant, martyrii. Nam euntes Romam tempore synodi, constanter et publice proclamaverunt Petrum Simoniacum et hæreticum, se igne proferentes intraturos ad id comprobandum. Alexander vero papa qui tunc Sedi Apostolicæ præsidebat, nec tunc accusatum voluit deponere, nec igneam declarationem sumere: favebat enim maxima pars episcoporum parti Petri, et omnes pene erant monachis adversi. Sed Archidiaconus Ildeprandus (98) monachorum in omnibus est factus adjutor et defensor.

88. Lite itaque tunc permanente, immo deinceps nimis crescente, facta est persecutio tanta adversus clerum Florentinum catholicum, ut eam ferre non valentes Archipresbyter cæterique quam plures de civitate exeuntes, ad Septimense confugerent cœnobium. Quos Joannes Pater benigne suscipiens, omni benignitate et charitate præbebat eis pro posse sub-

---

(95) *Petrus Simoniacus* vocatur *Papiensis* vel *Ticinensis a patria sua Papia*, quæ et *Ticinum* dicitur.

(96) Per *testudinem cerebri* auctor hic intelligit *cranium*, ut opinor.

(97) Hujus Dominici elogium vide apud Simium in Catalogo pag. 91 et seqq.

(98) *Ildeprandus* vel *Hildebrandus* fuit postea Gregorius VII, summus Pontifex.

sidium : favebat enim dux Gotifredus (99) parti Simoniaci Petri, ita ut minaretur interimere monachos et clericos eidem adversarios. Qua de causa Petri pars tunc valde prævaluit : quæ enim lingua fari potest persecutiones et angustias quas tempestate illa catholici perpessi sunt? Nam tempore illo, cum præfatus papa Florentiam venit, præparata et coadunata sunt ligna ad ignem accendendum, quem monachi inniabant ingredi ad comprobandum, sæpe factum [an non, sæpe fatum?] Petrum esse Simoniacum et hæreticum. Quod papa tunc recipere renuit, sed clero et populo in lite relicto, recessit. Sed hanc omnipotenti Deo qualiter sedare placuerit, tempus et causa, ut id intimetur, inquirit. Ad hoc ergo noscendum hic Florentinæ ecclesiæ Epistola, papæ præfato directa, per ordinem ponatur, et tunc quod omnipotens Deus ostendere est dignatus ad fidem corroborandam Petri, et ad detestandum errorem Simonis Magi, legenti liquido patebit, et audienti.

CAPUT VIII.

Epistola cleri et populi Florentini ad Alexandrum Pontificem data, qua prodigiosa ignis probatio contra Simoniacos facta exponitur.

89. Alexandro Primæ Sedis Reverendissimo ac Universali Episcopo, clerus et populus Florentinus sinceræ devotionis obsequium. Jam diu tædium et laborem nostrum, necnon certamen monachorum contra Simoniacam hæresim, Paternitas Vestra bene novit. Et nunc quoque dignum est ut qualis Deus excelsus pie ac misericorditer scrupulum hujus rei de cordibus nostris abraserit pernoscatis. Signa enim et mirabilia Dominus noster in nobis fecit, et per ea cæcitatem ignorantiæ, et dubietatis caliginem, ac tenebras erroris de pectore hominum pepulit, et fidem nobis augendo et dilatando, et in se solidando, lux mentibus nostris suæ veritatis clementer infulsit. Pastor quidem bonus de cœlo venit, et ovibus assistentibus, atque ad se totis cordis medullis clamantibus, sententiam sereno clariorem, soleque lucidiorem, omnique dicto aptiorem, omnique visu certiorem, de medio ignis populo suo dedit. Quid vero plebi Florentinæ de Petro Papiensi, qui se nostrum episcopum haberi volebat, tenendum sit, in suo tremendo judicio declaravit. Sed licet miraculorum narratio videatur aliquantulum protelari, causas tamen, unde ad hæc ventum est, nequaquam inutiliter putamus debere succincte præscribi.

90. Quadam etenim die omnes Florentinæ civitatis clerici una congregati, cœpimus tam de clericis, de locis suis expulsis, quam etiam de nobis ipsis ante Papiensem Petrum conqueri. De abjectis enim, quia consilium et solatium eorum amiseramus, et quia etiam Prior et Archipresbyter noster metu hæresis e civitate secesserant; de nobis autem, quia bona pars civium nostrorum nos hæreticos acclamabat. Nam videntes nos ire ad eum, dicebant : Ite, ite hæ-

---

(99) *Gotifredus* vel *Godefredus* dux Tusciæ, animi inconstantia in historiis satis notus.

(100) *Potestas* apud Italos significat supremum ci-

retici ad hæreticum. Ite, quia per vos hæc civitas voragini dabitur, qui Christum impietate vestra de ipsa expellitis, et beatum Petrum apostolum expugnantes, Simonem Magum pro Deo inducendo colitis? Quid plura? Rogamus eum ut tam nos quam se ab infamia liberet, dicentes : Ecce nos, si te mundum senseris, si tu nobis jusseris, Dei pro te judicium subire non dubitamus; aut si probationem, quam monachi hic et Romæ facere voluerunt, recipere vis, ad eos imus, eosque obnixe rogamus

91. Ad hæc ille, se inquit neutrum jubere, neutrum velle, neutrum recipere : Quin etiam edictum a Præside per legatos suos impetravit, ut quicunque laicorum, quicunque clericorum se, ut episcopum, non coleret, suique imperio non obediret, ad Præsidem vinctus non duceretur, sed traheretur; si autem quis nostrum his minis territos de civitate fugeret, ad dominium Potestatis (100) assumeretur quidquid possedisset. Clerici vero, qui sub tutelam beati Petri apostoli agendo contra Simoniacam hæresim in Oratorium ejus confugerant, aut sibi conciliarentur, aut sine spe audientiæ extra civitatem pellerentur. Hincque factum est ut, vesperascente sabbato in initu jejunii, cum apud prædictam ecclesiam beati Petri apostoli, ipsi clerici lectionum ac responsoriorum sequentis Dominicæ recordarentur, municipalis Præsidis, eo quod se eum salva reverentia Petri apostoli Simoniaco hæretico non posse obedire responderint, illos extra emunitatem [id est immunitatem] Oratorii, beatum Petrum apostolorum principem parvipendens, ejicerent.

92. Fit denique pro hoc scelere concursus catholicorum virorum, et maxime feminarum, velamina capitum projicientium, et sparsis crinibus flebiliter incedentium; pectora pugnis, miserabiles ad Deum voces mittendo, dure tundentium, et super virorum ac filiorum mortem triste lamentantium : nam in plateas luto plenas se prosternentes aiebant : Heu, heu! o Christe, tu hinc ejiceris, et quomodo nos desolatas relinquis? Tu nobiscum habitare non sineris et quomodo nos hic habitamus? Vidimus quia non potes nobiscum manere, sed vadis, quia Simon Magus te non permittit. O sancte Petre, nunquid a Simone Mago vinceris, quia ad te confugientes non defendis? Nos putavimus eum in infernalibus pœnis esse vinctum et catenatum, sed ecce cernimus illum ad tuum dedecus hostiliter suscitatum. Virorum quippe alii ad alios dicebant : Videtis, et aperte videtis, Christus hinc discedit. Abit, qui legem suam adimplens, se pellenti non resistit. Et nos, viri fratres, civitatem hanc, quo hæretica pars ea non gaudeat, incendamus atque cum parvulis et uxoribus nostris, quocunque Christus ierit secum eamus. Si Christiani sumus, Christum sequamur.

93. His ergo ejulatibus, hisque doloribus, nos quoque clerici, qui ipsi Papiensi videbamur fautores vitalis magistratum; colligo ex sensu hic indicari Fiscum, cui fugientium bona addicerentur.

et assectæ, et qui ab aliis hæretici acclamabamur, eo quod ipsum sequebamur, permoti, seramus (101) ecclesias, et mœrore projectorum (102) non tangimus campanas, populis non psalmos, non denique canimus missas. Nec mora, nobis congregatis, fit Domino inspirante consilium. Ad Dei monachos, qui Septimo in monasterio sancti Salvatoris degunt, communi voto quosdam nostrum mittimus petentes et orantes, dubietatem hujus rei velle perdere, et veritatem cognoscere, cognitamque firmiter promittentes tenere.

94. Responsum est autem nobis, quia si catholicam fidem pro viribus vellemus tenere atque defendere, et Simoniacam hæresim impugnando destruere, virtus Salvatoris tam hujus negotii dubietatem quam etiam cæcitatem de cordibus nostris eliminaret. Fatemur, promisimus de hac re hoc sequi quod et ipsis, si suis factum compensarent dictis. Quid plura? Statuitur dies omni voto quæsita, in qua et dubietatem perdidimus, et ex qua veritatem, quam monachi dicebant, pro posse defendendo tenemus. Quarta namque feria, in prima hebdomada, Quadragesimæ dies constituitur. Secunda et tertia feria specialiter pro hoc Deum oramus, et ut Deus, qui unica est veritas, veritatis hujus reseraret ostium, obsecramus.

95. Illucente vero quarta feria a quodam nostrum itur ad virum Papiensem, qui rogans eum inquit : Fac, Domine, pro Dei tremore, proque remedio animæ tuæ, si est de te, quod monachi dicunt, noli clericos, noli populum in eundo laboribus affligere, noli Deum experiendo tentare, sed hujus negotii veritatem ad Dominum te convertendo pande, aut si hoc te noscis immunem reatu nobiscum venire dignare. Ad quem ille respondet : Nec ego venio illuc, neque te, si tu me diligis, ire volo. Ad hoc vero dictum est sibi : Profecto Dei judicium, quia omnes vadunt, videre iho, et quid ibi agatur solerter curabo, et quodcunque Deus judex justus in judicio suo recto monstraverit, secundum meum valere defensabo. Nec tibi molestum sit meum iter, quia te hodie, qualis sis, sententia Dei recte ostendet. Aut enim te hodie magis, quam unquam fueris, habebimus carum, aut viliorem et contemptum.

96. Nos interim, quasi cœlesti præmoniti oraculo, non exspectamus nuntium ; curriturque a nobis clericis, et laicis, et feminis ad Septimum, in quo est Sancti Salvatoris monasterium. O mira Domini potentia, miraque clementia, qui voluntates non solum expeditis, sed etiam prægnantibus vires ad eundum donavit! Numquid enim longitudo itineris matronas? numquid via cœnulenta multitudine aquarum delicatas terruit? numquid pueros jejunium exasperavit?

97. Congregatis denique omnibus clericis et laicis promiscui sexus et ætatis, fere ad tria millia, ad prædictum monasterium, interrogamur a servis Dei : Cur, fratres, venistis? Respondetur a nobis : Ut illuminemur, et errorem relinquentes, veritatem sequamur. Quomodo, inquiunt, illuminari vultis? Nos inquam respondentes : Ut copioso igne probetur, quod de Papiensi Petro dicitis. Quem, inquiunt, fructum hoc facto habebitis? aut quem honorem inde Deo redditis? Respondemus omnes : Erimus vobiscum, rectam fidem defendentes, et Simoniacam hæresim abominando, Deo semper gratias agentes. Quid longius moramur? Fiunt statim a populo duæ strues lignorum altrinsecus juxta se in longitudine positæ. Singulatim vero longitudo utriusque fuit pedum decem, latitudo autem ambarum singillatim quinque pedum, et dimidium dimidii pedis. Altitudo denique utriusque separatim fuit quatuor pedum et dimidii. Inter utrasque vero pyras in longitudine semita unius brachii exstitit, et ipsa strata siccis lignis, et ad ardendum bene paratis.

98. Interea fiunt pro hac re Letaniæ, psalmodiæ supplicationes. Monachus intraturus ignem eligitur, jussuque abbatis Joannis celebraturus missam ad altare procedit. Missa vero cantatur cum magna devotione et supplicatione omnium. Chorus monachorum, et clericorum, nec non et laicorum ex corde lacrymatur. Ut autem ventum est ad *Agnus Dei*, quatuor monachi, unus imaginem Crucifixi Domini, alter aquam sanctificatam, tertius duodecim cereos benedictos accensos, quartus thuribulum thure plenum bajulantes, procedunt ad succendendum lignorum præscriptas pyras.

99. His igitur visis clamor omnium in cœlum attollitur *Kyrie eleison* flebilissime pleno ore cantatur, Jesus Christus creberrime, ut exsurgat, causamque suam defendat oratur. Maria ejus Mater, ut hoc sibi suadeat, multum a viris, plurimumque a feminis supplicatur. Petri apostoli nomen, quod Simonem perdendo damnet, millies ingeminatur. Gregorius urbis præsul, ut ad suas verificandum properet sanctiones, suppliciter obsecratur. Interea dum pro ingenii capacitate ab omnibus Deus oratur, presbyter, perceptis salutis mysteriis, et expleta missa, exutaque casula, cæterisque sacerdotii indumentis, Crucem Christi portans, cum abbatibus et monachis Letanias faciendo, ad strues lignorum, jam rogos fieri incipientes, appropinquat. Ibique, quam multipliciter ac uniformiter ab omnibus oratur, nulla lingua fari, nullus sensus colligendo valet meditari.

100. Tandem silentium cunctis imponitur. Et ut conditionem rei, pro qua hæc fiebant, intente audiamus, et bene intelligamus, monemur. Eligitur denique abbatum unus, clamosus in voce, apertus in lingua, qui aperte ad intelligendam orationem, in qua conditio petitionis ad Deum continebatur, populo

---

(101) *Serare* pro *claudere* vel *obserare*, ut habet Rodericus Toletan. in Hist. Arabum cap. 45.
(102) Forte vult significare quod propter mœrorem eorum qui e civitate ejecti vel projecti erant, non tetigerint suas campanas. Vel etiam quod aliorum qui ecclesias suas deseruerant, ac mœrore projecti et afflicti erant, campanas non tetigerint.

legit. Collaudantibus autem cunctis conditionem, tunc iterum alius abbatum silentium petit, elevansque [vocem] alloquitur omnes dicens: Viri fratres et sorores, pro salute animarum vestrarum, teste Deo, hoc facimus, ut deinceps a Simoniaca lepra, quæ fere jam totum mundum [infecit] caveatis. Hujus autem lepræ contagium tam magnum esse sciatis, quod ipsius immanitati cætera crimina comparata, sunt quasi nihil.

101. His ergo expletis, cum utrique rogi jam se ex majori parte in flammivomos vertissent carbones, et cum media semita ignivomarum copia prunarum tanta æstuaret, ut usque ad talos pedis euntis, sicut post in probationem patuit, in prunas infigi possent, sacerdos et monachus jussu abbatis hanc orationem cum magna voce, audientibus et flentibus fere tribus millibus, fudit ad Dominum: Domine Jesu Christe, vera lux omnium in te credentium, tuam misericordiam peto, tuam clementiam exoro, ut si Petrus Papiensis qui Florentinus episcopus dicitur, interventu pecuniæ, id est munere a manu, quod est Simoniaca hæresis, Florentinam arripuit sedem; nunc tu Fili æterni Patris, salus mea, in hoc tremendo judicio ad adjuvandum me festina, et me illæsum sine combustionis macula mirabiliter conserva, sicut quondam illæsos salvasti tres pueros in camino ignis ardentis. Qui cum coæterno Patre tuo, et Spiritu sancto omnia cooperaris, et vivis, et regnas in sæcula sæculorum.

102. Cumque omnes, qui aderant, respondissent, Amen: pacis osculum fratribus dedit et accepit. Interrogamur omnes: Quamdiu vultis ipsum in igne manere? Responsum est ab omnibus: At, at, quid dicitis? Sufficit, Domine, satis, cum solemni gravitate pedetentim ignem flammasque transire: jubetur quidem sacerdoti et monacho voluntati nostræ satisfacere. Tunc ipse sacerdos contra ignis ardorem salutare signum faciens, Crucemque Christi bajulans, ipsamque, non flammarum multitudinem attendens, intrepidus mente, hilaris vultu cum quadam celebritate gravitatis, illæsus in corpore, illæsus et in omnibus, quæ secum portabat, in virtute Jesu Christi mirabiliter ignem pertransiit.

103. Nam flammæ undique concurrentes, et circumquaque exsurgentes Albam quasi byssinam (103) intrabant, et implendo inflammabant, sed naturæ suæ immemores, nihil sibi ustionis inferre poterant. Manipulum denique et stolam, eorumque fimbrias more ventorum sustollendo huc illucque varie ferebant, sed calore perdito, ipsas in nullo comburere valebant. Pili quoque pedum ejus inter flammosos carbones mittebantur, sed o mira Domini potentia! o Christi laudanda clementia! eorum nulli odore ignis lædebantur. Inter capillos nempe flammæ circumsurgentes intrabant, eosque flando levabant et relevabant, sed nec summitatem alicujus eorum vires suas oblitæ, adurendo retorquere valebant. Erant quippe flammæ ex omni parte ipsum concludentes,

(103) Id est ex tenui lino confectam.

ad Salvatoris miraculum, non ad ardoris incendium. Ardorem Catholicæ fidei sentiebant, ideoque non ardebant. Deus profecto noster ignis consumens aderat, ideoque, ipso nolente, corporeus ignis nihil nocere poterat. Procul dubio verum erat, quod a servis Dei dicebatur, quia illorum testis, veritate juvante, ab igne miraculose liberatur. Veritas enim semper liberat quos falsitatis macula non coinquinat.

104. Postquam autem egressus est de igne, dum iterum vellet focum repedare, capitur a populo; deosculantur pedes præ desiderio. Præ gaudio quidem beatum se quisque putabat, qui vestimentorum quamcunque particulam deosculari valebat. Gravi namque premebatur angustia populorum, sed cum magna difficultate liberatur viribus clericorum. Laus Deo ab omnibus una præ gaudio, etiam flendo cantatur, certi jam quia verbum Dei nunquam mutatur. Simon Petrus magnis laudibus sublimatur, Simon denique Magus ut stercus pedibus conculcatur. Nomen Petri apostoli in ore omnium super mel et favum cum laudibus magis magisque dulcescit: nomen impii Simonis super fel et sulphur cum vituperationibus magis magisque putrescit. Magnitudinem quippe horum Christi signorum, copiamque gaudii nostri, ac quotidianam gratiarum actionem, nec cordis sensus cogitare, nec linguæ plectrum exprimere, nec manus, sicut est, unquam sufficient scribere.

105. Sed quia sapienti de multis pauca sufficiunt, demum ad Paternitatem Vestram supplicandum concurrimus. Per ipsum vero Beatitudinem Vestram oramus, cujus Vicarium, tam in cœlis quam in terris etiam vos esse desideramus: dignamini plebi, longa peste demolitæ, consilium pariter, et defensionis auxilium impendere: dignamini nos miseros ab importunis luporum faucibus, abstrahendo eripere: dignamini, precamur, arma contra hostes Petri apostoli movere, acies struere, sancta bella committere, et nos oves Christi, beato Petro, tibique vice ejus commissas, contra Simoniacos præliando de captivitate liberare. Plerisque etenim nostrum beatus ipse Apostolus, ut olim a Nerone in cruce confixus, in visu noctis apparet, et passionem suam ostendendo, ut a Simoniacorum societate declinemus, pie suadet. Sicut, inquiens me Simoni Mago nunquam conjunxi, sic quoque vos, si Christi esse vultis, si oves pascuæ ejus estis, si me clavigerum regni cœlestis creditis, si me vobis portas regni cœlorum aperire cupitis, Simoniacis nolite sociari, nolite conjungi, nolite communicari.

106. Nunc itaque, Domine sancte, quia fiducia recuperationis nostræ secundum Deum in sancta Sede Romana est posita, vos, qui ipsi præsidetis oramus, ut rapacibus lupis ex adverso ascendatis, atque auctoritatem sacerdotalis culminis, pro ovibus vobis vice Petri creditis, opponatis. Iterum iterumque cernui sollicitudinem vestram oramus Pater, ut

quod Pastoris est, nobis dilaniatis ovibus ne pigritemini clementer impendere. His cognitis, quantocius Papa curavit de omni Episcopali officio præfatum Petrum deponere.

CAPUT IX.

Zelus ejus pro Catholica fide ac fraterna charitate; pia mors et sepultura; varia monasteria post obitum ejus ædificata.

107. Ostendimus itaque quam ferventissimam Joannes Pater habuerit fidem, et quam indefessam contra Simoniacam hæresim sumpserit pugnam, immo quam obedientes, et in fide ferventes educaverit discipulos. Reliqua; quæ in senectute gessit, et qualiter de sæculo migravit, prosequamur. Videns denique supradictus Comes Bulgar, qui Catholicus exstiterat adjutor, etiam in omnibus defensor, tantam fidem, tantamque religionem, tam Joannis Patris quam ejus discipulorum, deliberavit suum monasterium Ficiclense (104) sub ejus committere regimine; quod nimiis et obnixis precibus tandem obtinuit. Ubi senex Pater in regimine Abbatis illum constituit Fratrem qui obediens transierat per ignem.

108. Quodam die cum apud præfatum monasterium, quod est in Septimo, esset, et octo ex monachis cum uno tantum sarculo foras ire videret, interrogavit quo tenderent, et cur nonnisi unum sarculum deferrent. Illi vero mox, quo ibant, et quid facere deliberaverant, exponunt, seque ad id, quod disposuerant, perficiendum, non nisi uno indigere sarculo afferunt. Ad hæc ille : Nec ipsum, inquit, unum sarculum vobiscum reducetis, sed, illic quo pergitis, relinquetis. Quod ut dixit cœperunt ipsi valde mirari, et dicere : Magna nos negligentia et oblivio deprimet, si, cum octo simus, istud sarculum non reduxerimus. Adhortatique sunt seipsos ut pro sarculo unanimiter solliciti existerent, ut si sanctus Joannes illud verbum veraciter protulisset, cognoscerent. Cumque ad locum, quo decreverant, pervenerunt, et quid disposuerant perfecerunt, reversi (sunt) ad monasterium, ubi se cœperunt aspicere vicissim, et quis, eorum sarculum reduxisset, inquirere. Sed cum nullus illorum inventus est ipsum reportasse sarculum, cognoverunt nimirum sanctum Joannem prophetiæ habere spiritum.

109. Dilexerat enim a principio bonos clericos, quemadmodum monachos. Et ipse ab eis diligebatur, ceu esset eorum pater : nam omnimodo studebat cum bonis clericis canonicis ordinare ecclesias, sicut cum monachis monasteria. Ad quod probandum, unum saltem de multis ponam exemplum. Venerunt clerici catholici per idem tempus, et fideles laici de civitate Mediolanensi ad senem Patrem, illius terræ referentes miseriam; scilicet quod per multos retro annos innumerabilis multitudo tam virorum quam mulierum illius civitatis, pro timore Simoniacæ hæresis, nec Pœnitentiam, nec Communionem ab aliqua sumpserat persona mortali. A quibus se profitebantur esse missos ad pietatem senis Patris, ut pro charitate, qua isdem in cæteris flagrabat, animabus eorum auxilium pro posse impenderet. Quibus misericordia motus ait : Et quod vobis consilium possum impendere? At illi : Pater, inquiunt, sancte, si tot miseris vis subvenire, fac clericos, qui ex nostra terra pro vitando hæreticorum consortio ad te confugerunt, catholice ordinari; illos illuc remitte, et Christianitatem, jam pene deletam, poterunt renovare.

110. Quid multa? Non solum illos, qui in civitate morabantur, nimia commotus pietate solito more, sed etiam quos jam in interiore cella Novitiorum habebat, et qui pro accipienda veste monastica venerant, inde abstraxit, et a Rudolfo Tudertino episcopo (105) viro sanctissimo et catholico ordinari gradatim fecit, eosque Mediolano direxit. Hunc episcopum papa ad tegendum episcopatum Florentinum direxerat post depositionem Simoniaci Petri, et quoniam majus his fecit, majus dicam; ipsum scilicet episcopum postea cum viris eruditis præfato Mediolano misit, ut viris catholicis id omnimodo optantibus et petentibus, officio subveniret episcopali, qui fidelium consolaretur corda, catholico pastore diu destituta. Si enim voluero cuncta sancti Viri narrare bona, prius deficient dies et horæ, immo tempora, quam dicenda.

111. Post hæc igitur venit dies ab eo diu desideratus, scilicet ut dissolveretur et esset cum Christo, quod concupierat omnimodo. Ingravescente itaque infirmitate, quod vitæ terminus propinquaret, evidenter cœpit dicere. Missa igitur legatione, ad se discipulos quos Fratribus præposuerat, fecit venire. Quos visos et benedictos, illico cogebat remeare ad commissi custodiam gregis. Qui licet mœrentes et nimium flentes, Patris jussioni contradicere non audentes, revertebantur. Remanserunt cum eo tantummodo domnus Rusticus, et domnus Lætus abbas, pater cœnobii Passinianensis, in quo decumbebat Pater. Hi in eadem, qua obiit hebdomada, ad eum accedentes humili deposcerunt prece, ut aliquam exhortationem Fratribus relinqueret de unitate charitatis, et de concordia pacis. Tunc dicta hæc dictari et scribi jussit :

112. Joannes Abbas omnibus Fratribus in amorem fraternitatis secum junctis salutem et benedictionem. Me sub gravi infirmitate diu laborante, Deus ut animam recipiat, corporis mei terra quatenus ad pulverem revertatur, unde materiam sumpsit, quotidie expecto. Et hoc mirum non est, quia ætas etiam absque tantæ infirmitatis oppressione hoc me admonet quotidie exspectare. Et hinc transire quasi sub silentio æstimabam, sed locum et nomen, quod in hac terra corruptibili, quamvis, non sicut decuit, tenui pensans; utile duxi, vobis aliquid de vinculo

---

(104) Id secundum monasterium, quod Comes Bulgar *S. Joanni Gualberto* tradidit.

(105) De hoc Tudertino episcopo vide Ughellum tom. III Italiæ sacræ col. 100; tom. II, col. 1081, et tom. V, col. 1344.

charitatis loqui; in hoc non a nobis, nec noviter, sed, quæ quotidie auditis, transcurrendo replicare breviter. Certe hæc est illa virtus, quæ omnium rerum Creatorem effici compulit creaturam. Hæc est illa, quam ipse in vice suorum omnium mandatorum apostolis commendans ait: Hoc est præceptum meum, ut diligatis invicem.

De ista Jacobus apostolus loquitur dicens: Qui totam legem observaverit, offendat autem in uno, factus est omnium reus. Ista est, de qua beatus Paulus apostolus dicit: Charitas cooperit multitudinem peccatorum.

113. Hinc vero colligere possumus, tenendo charitatem, omnia peccata operiri posse; cæteras vero virtutes æstimantibus se obtinere, sine hac nil valere. Sed hæc audiens quisque superbus et inobediens, hanc in veritate cogitat habere, si se corporaliter in communione fraterna viderit perdurare. A qua, ut ita dicam, opinione falsa, unumquemque beatus Gregorius, veræ charitatis finem indicando, excludit dicens: Ille perfecte Deum diligit, qui sibi de se nihil relinquit. Quid vero de charitate singulariter loquar ignoro, quoniam omnia mandata ab hac pullulare radice scio. Quia si multi sunt rami boni operis, una est tamen radix charitatis. In cujus calore reprobi nequaquam possunt diu perdurare, Domino Salvatore dicente: Refrigescet charitas multorum. Quos frigidos et ab unitate divisos apostolus Joannes plangit dicens, et gemit: Ex nobis exierunt, sed non erant ex nobis: nam si fuissent ex nobis, permansissent utique nobiscum.

114. Et si ita est, immo quia ita est, debet unusquisque fidelis semper pensare, qualiter se tam summo bono possit copulare, secumque, quos habeat in via Dei socios, anxie quærere. Et sicut reprobi hanc relinquendo, a Christi corpore abscinduntur, sic electi eam in veritate amplectendo, eidem corpori Christi confirmantur. Ad hanc vero inviolabiliter custodiendam valde utilis est fraterna unitas, quæ se constringit sub unius personæ cura. Quoniam sicut flumen a suo alveo siccatur, si in multis rivulis dividatur, sic unitas fraterna minus valet et singula, si fuerit sparsa per diversa. Idcirco, ut in longo ista charitas inviolabilis permaneat vobiscum, volo ut in domno Rodulfo vestra cura et consilium post meum obitum pendeat, saltem sicut in me pependit in mea vita. Valete.

115. Tertia denique antequam obiret die, vidit juvenem sibi assistentem, quem ejus angelum fuisse æstimamus. Quem et cum solus et nullus alius cerneret, ait fratribus: Quare fratrem illum non vocastis vobiscum, cum comedistis? Cui fratres: De quo, inquiunt, fratre dicis, Pater? Et ille: De illo pulchro, inquit, juvene, qui ad nos venit, et nobiscum moratur ingrediens et egrediens. Et subjunxit: Unde est, et quo nomine vocatur? Cui beatus Lætus,

(106) In *Breviculo*, id est indiculo vel compendio. Vox hæc est diminutiva a *Brevi*.

abbas de Passiniano, Deo revelante, dixit: Nescis quia de monte Domini, et Benignus appellatur? Tunc ille, Spiritu sancto docente, angelum esse intellexit, et vere de monte Domini, id est de cœlo, esse, talique nomine (*id est* Benignus) illum appellari dixit.

116. Et recte beato Joanni Deus talis nominis angelum deputaverat, qui tantam sibi benignitatem misericorditer plus quam cæteris fere mortalibus infuderat. Quo audito ierunt, et supra mensam unius hominis victum posuerunt, supra victualia constituta fratrum. Quo adimpleto quievit. Denique cum ad exitum appropinquaret, fecit sibi in breviculo (106) scribi, et in manu poni hæc: Ego Joannes credo et confiteor fidem, quam sancti Apostoli prædicaverunt, et sancti Patres in quatuor conciliis confirmaverunt; ut crederetur intimo eam corde tenuisse, quam videbatur verbis et operibus viriliter defendisse.

117. Post hæc Christo tradidit spiritum corporis et sanguinis ipsius perceptione munitum, in quem integra fide crediderat, quem pure dilexerat, cui pia intentione servierat; secum videlicet talentum sibi creditum reportans centuplicatum. Obiit in ferventissimo æstatis ardore, quarto scilicet Idus Julii. Patres itaque præsentes, qui aderant, spe certa credentes posse Deum sine fœtore in æstatis fervore servare magistrum, qui in igne sine combustione servaverat discipulum, deliberaverunt cadaver Patris insepultum retinere, donec abbates ex utraque congregarentur parte.

118. Hac itaque de causa insepultum mansit per triduum. In quibus vero ad celebrandas communis Patris exequias, clericorum et monachorum convenit multitudo pene innumerabilis. Per hos quippe dies et noctes Christo indefesse gratias agentes, debitum honorem Patri impendentes, sepulturæ post hæc sancti Viri corpus tradiderunt. Ita immune ab omni fœtore, quemadmodum fidem ab omni erroris contagione servaverat immunem; et ceu discipuli transeuntis per ignem Christus incombustas vestes servaverat et carnem.

119. Quo sepulto, sumpsit domnus Rodulfus (107) obedientiam sibi a Patre injunctam; quam per triennium, præ oculis habens memoriam et timorem Patris, sancte et regulariter rexit. Sub cujus regimine se cæteris adhæserunt cœnobium Vagianum, et Toanis Fontana, nec non et Coneum. Post cujus obitum, totius Congregationis regimen sumpsit Pater Rusticus, et eam per annos sedecim rexit fideliter, paterne et discrete. Sub quo cœnobium sancti Angeli juxta Pistoriam est noviter ædificatum. Alterum ad honorem Christi, ejusque Genitricis Mariæ in Nerana. Porro illud, quod est in Sofena, ad honorem sancti ædificatum est Salvatoris, et alterum, quod in Strumis, ad honorem Dei, ejusque sancti Martyris Fidelis, nec non et illud Pisanum

(107) Id est, assumpsit munus Generalis abbatis, sibi a *S. Joanne Gualberto* impositum.

ad honorem Dei, sanctissimique Pauli, sub hujus regimine Patris adjuncta et concorporata sunt Vallis Imbrosæ consuetudini et Congregationi. Similiter id quod in monte Armato, et alterum, quod in Osellæ Castellanis in partibus, noviter sunt ædificata, sub hoc sunt instituta Patre (108).

120. Horumquippe rectores annuatim conveniunt, memoria retinentes bonitatem et sanctitatem, nec non instituta boni et primi Patris, sibi offerunt alteri alterutris quæcumque sub sua habent cura, personas videlicet et substantias secundum imperium Vallis Imbrosæ abbatis, quem super se electum habent in vice Joannis primi abbatis. Et sunt in fide una, unum cor et animam habentes, potius parati mori, quam ab alterutro dividi. In qua unitate Christus, omnipotens pastor, eos in perpetuum dignetur conservare, qui suos electos ante mundi constitutionem dignatus est eligere. Qui cum Deo Patre, sanctoque Spiritu ex utroque procedente vivit et regnat Deus per omnia sæcula sæculorum. Amen.

CAPUT X.
Varia miracula maxime post obitum ejus patrata.

121. Quod scribimus a venerabili Fratre didicimus Joanne, qui in eodem Passinianensi cœnobio, ubi domnus archimandrita Joannes ad cœlestia migravit, per multos annos cellæ ministerium et vestiarii officium nobiliter gessit. Qui adhuc eo tempore in laicali habitu constitutus, dum persensisset venerandum Patrem morti proximare, æstuare cœpit, quid in tanta parandi copia ciborum ageret, præsertim cum cerneret tantam turbam monachorum, et clericorum, nec non et laicorum ex diversis partibus ad funus tanti Patris advenire. Quid multa? Tandem ad semetipsum reversus, in Deo confisus, meritisque tanti Patris præsumens, dixit: Qui ex quinque panibus quinque millia homines pavit, potest hodie multiplicare nostra olera, simulque et legumina. Tunc vascula, quæ more solito Fratribus suffecerant, assumpsit, et sancti Patris Joannis invocato nomine, ad prunas composuit, et ad coquendum cibaria per eas ordinavit. Mira res! de quibus vasculis solitam annonam Fratribus tribuit, et a mane usque ad expletum diem omnibus supervenientibus ibidem hospitibus sufficienter administravit.

122. De domno GG. VII. apostolicæ Sedis papa, qui ad sacrosancta Missarum solemnia compunctive solebat accedere. Cui cum continuis tribus diebus consueta deesset compunctio, nomen et sanctitas prædicti Patris Joannis in memoriam venit, cumque in suum invitavit auxilium, et mox ejusdem sanctæ compunctionis gratiam, copiam multum largius quam solebat resumpsit sicut domnus Petrus Albanensis episcopus ipsius ore se testabatur audisse.

123. De domno Teuzo Razolensi abbate de primis maximisque ejus discipulis, quod ei contigit, ipsi sæpissime testificante. Qui dum quadam die cum Plebano sancti Joannis Majoris, nomine Ugo, Vallimbrosam iter ageret, gravissimo illorum dolore intolerabiliter ac sæpius pulsatus est. Cumque inter has doloris angustias fluctuaret, prædictum Patrem Joannem attentius cœpit rogare, quatenus suis meritis, precibusque ei clementer succurreret. Statimque languor, qui eum cruciabat, prorsus deletus est. Item de prædicto domno Teuzo, cui cum obitus domni Rustici magni Prioris nuntiatus fuisset, et ipse tanto constringeretur languore, ut se movere non posset, calliculam (109) tanti [*al.*, sancti] prædicti Patris fiducialiter tetigit, mox sanissimus effectus, celeriter ad defunctum perrexit.

124. De Fratre Girardo sæpius in vita ejus memorato. Qui dum quadam die equo sedens iter ageret, prædicti Patris pedulem (110) gestabat in sinu. Qui casu de equo descendens, manu frænum amisit. Equus vero ante illum fugiens, per longa terrarum spatia, eo nolente atque contristante, cucurrit. Qui cum equum nullatenus stare cerneret, nec eum posset ascendere, pedulem, quem gestabat, foras traxit de sinu, orationemque hujusmodi fudit ad Dominum, ut si venerandus Pater Joannes hoc erat, quod dicebatur, et ipse credebat, meritis ejus figeret equum. Hæc eo orante, equus quasi simulacrum stetit. Ad quem ipse accedens tenuit et ascendit, et via, qua cœperat, lætus cum eo abiit.

125. In virtute similis miraculi, ejus nihilominus sanctitas claruit. Nam cum supradictus venerabilis Rusticus die quadam a Vallimbrosa veniret, et ad Sanctum Salvium cum quodam venerabili presbytero iret, cum ad quoddam diversorium venerunt, de mulis, quibus insedebant, ob necessitatem corporis descenderunt. Interea mulus presbyteri repente diffugiit, concitoque gradu per diversa se contulit. Sed cum sacerdos post mulum pergeret cursim, ut eum, si fieri posset, apprehenderet, secumque reduceret, dixit ei Rusticus: Cur frustra laboras, cum illum velocius te currere videas ipsumque taliter apprehendere nequeas? Veni ergo et domnum Joannem deprecemur, ut ipse nobis mulum reducere dignetur. Qui cum dixisset, et presbyter redisset, genua curvavit, ac beatum Joannem, ut mulum reduceret, rogavit. Mox ad prima orantis verba, tanta velocitate mulus rediit, quanta nec ante discessit, seque ad tenendum et sedendum, mansuetissimum reddidit.

126. Matrona quædam nobilissima, nomine scilicet Adalascia, gravissimis per unum integrum annum febribus æstuans, ante sepulcrum ejus

---

(108) De omnibus his monasteriis videri potest Locatellus 1 b. II, cap. 1, et 2, Franchius lib. VIII, pag. 254. Lubinus in Abbatiarum Italiæ brevi notitia ordine alphabetico concinnata.

(109) *Callicula* vel *Gallicula* est genus vestis, et etiam significat tegumentum capitis.

(110) *Pedules*, pedum indumenta seu tibialia, ab Italico *Pedale*, quod infimam tibialium partem significat.

jacuit; illico sanitate recepta, incolumis remeavit ad propria. Vere non solum ipse magna et innumerabilia fecit miracula, verum etiam quamplurimi in ipsius nomine mira valde fecerunt. Erat tunc temporis presbyter quidam, Zenobius scilicet nomine, qui Brozensem plebem (111) per 40 annos et eo amplius rexit. Qui cum quadam die sole ad occasum vergente, acceleraret se per celebrare (112) vespertinam synaxim, ut mos est rusticorum, accensa candela ecclesiæ lampadem festinabat ignire. Et cum olei liquorem in ea minime invenisset, et alio ex eo minime haberet, unde eam reficere posset, sæpius replicando eam ignivit, quam aqua, quæ in ea sola manebat, sine mora exstinguebat.

127. Tunc furibundus animo ille ut erat dixit: Si vera sunt quæ de Walberte Joanne propriis oculis vidi et audivi, in ipsius nomine præcipio tibi ut, celeriter accensa, inextincta permaneas. Quæ cum tanta velocitate est accensa ac si divinitus et imperatum fuisset. Et tunc demum usque mane tam clare arsit, velut ex purissimo oleo repleta fuisset. Ille qui gessit, nobis scribens, hæc dictando mandavit. Ante sepulchrum quippe ejus tunc priori tempore lampas una constituta, et in nocturnis temporibus accendenda per multos annos permansit; quam sæpe in terram corruisse, et semper illæsam permansisse, me, qui scribo, vidisse profiteor.

128. Quidam magnæ simplicitatis et obedientiæ vir ad quamdam obeditiunculam (113) de præfato Passinianensi cœnobio ad conversionem (114) venit. Qui cum quadam die aliquantos mercenarios ex præcepto ejusdem obedientiæ Prioris ad excolendam agriculturam conduxisset, cum eis per totam diem in ruris exercitio devotus permansit; et cum sol ad occasum diverteret, et omnes qui in vicino laborabant propriam repedarent domum, ait ad suos : Eamus et nos similiter ad nostrum metatum (115). Tunc propriis superpositis sarculis atque abeuntes, invenerunt oviculam vagantem per rura. Quid hic agis, inquiunt? Tetra nox jam appropinquat, et a luporum morsibus eris devoranda. Tunc, qui superstabat, ait illis : Nobiscum eam deferte, ut ei cujus est illæsam valeamus reddere. Et apprehensam eam domi secum detulerunt.

129. Præterea invenientes ibidem de jam dicto cœnobio quemdam Vicarium, retenta secum ove, omnes salutandi gratia occurrunt. A quo resalutati cum omnes essent, ait illis : Quid sibi vult ovis quam vobiscum defertis? Qui dixerunt : Invenimus ovem cujusdam errantem, ei qui nobis præerat præcepit ut nobiscum eam conduceremus. Ubi est

(111) *Plebs Brozensis* Italice dicitur *Pieve di Brozzi*, a loco Florentiæ vicino.
(112) *Per celebrare* Italicismus est per ad celebrandam vespertinam synaxim.
(113) *Obeditiuncula* hic significat parvam villam rusticam a monasterio dependentem, quam antiqui vulgo vocant *grangiam*.
(114) *Conversio* aliquando monachismum, aliquan-

ille, inquit? Qui mox vocatus advenit. Quid, inquit, tibi et ovi alterius? Præcipio tibi itaque ex parte domni Joannis abbatis majoris, ut statim abstracta ab ea pelle, et tibi ex integro tegumento cervici superposita, ad locum unde tulistis quantocius deferas.

130. At ille sine cunctatione mox omnia peregit; et iter aggressus; Episcopus Aretinæ civitatis cum multo sibi comitante equitatu, in itinere incurrit. Qui omnes in magna nimis admiratione conversi, interrogare eum cœperunt dicentes : Quid est hoc? Cur hoc agis? Tamen æstimaverunt eum esse amentem. Nimirum ipse nihil dixit, donec ad Episcopum ventum est. Ad quem Episcopus : Quare hoc agis? At ille seriatim ei per ordinem pandit. Et Episcopus : Ego te absolvo, inquit, ab hoc reatu. Et ille : Tu, inquit, non es meus Abbas abdictus (116), sed tantummodo tuæ civitatis Episcopus. Ex cujus absolutione nihil curans, ut cœperat suam obedientiam festinus adimplere pertentans, et eo, unde alii abstulerant, loco eam devote reposuit, et continuo domum lætus remeavit. Hæc namque ideo posuimus, ut obedientiæ bonum, quam perfecte etiam in simplicioribus pro reverentia tanti Patris exercebatur, significaremus.

131. Sed et hoc quod subinfero a venerabili Fratre Teberto, qui in eodem Passinianensi cœnobio monasticæ religionis vitam optime conduxit, pro certo scimus. Qui, ex nobili prosapia ortus, quemdam nepotem habuit, nomine Benzonem, virum in armis strenuum; et in bellicis actibus diligenter instructum; et ut ita dicam, quod majus est, quanquam in sæculari habitu positus, in Domini præceptis erat devotus. Præterea quadam die quidam heroes, ob invidiam nimis magnam ex longo tempore jam procreatam, ad invicem commiserunt, et ab alterutro superati, cum jam prædictus vir interesset, ab adversa parte est deprehensus. Itaque in arcta nimis custodia cum constrictus esset, desperavit se funditus quocumque modo ex ea eripi posse.

132. Tunc prædictus Tebertus pro charitatis sive consanguinitatis affectu in nepotis afflictione commotus, recurrit ad patrem Joannem, et petivit dicens : Gloriosissime pater et domine, deprecor tuam misericordissimam clementiam ut me famulum tuum clementer audias, et de quo rogo propter tuam magnam pietatem cito subvenire digneris, ut famulum tuum illum Benzonem a tali et a tanto exitiabili periculo, sine pretio et aliqua conventione abstrahas liberum. Et cum hoc feceris, tunc demum

do laicorum obsequium monachis oblatum significat.
(115) *Metatus* vel *Metatum* significat proprium domicilium et interdum hospitium. Opinor in hoc sensu *ædes proprias* significari.
(116) *Abdictus* hic idem significare debet, quod constitutus vel declaratus, ut ex sensu pronum est intelligere.

spondeo cum ad tua vestigia perventurum, et, Apo (117). Qui cum adhuc Cardinalis esset Presbyter, quoadusque vixerit tempore, devotum tibi servum atque trans Tiberim apud Sanctum Chrysogonum positum, adfuturum. Tunc venerabilis Joannes abbas, se ex situm, cum ei quadam die, vel quid in cibum sumecorde precantes semper juvare paratus, piæ factæ ret, vel pretium, unde emeret, omnino deesset, prædictum orationi mox annuit, et pro quo rogaverat, cito de Patrem Joannem adducens, suppliciter roejus oppressione auxilium sensit. Mira res! Qui in gare cœpit ut ei, quid sumeret, largiretur. Eadem miræ magnitudinis turris custodia positus cum esset, vero hora ex improviso duo advenientes viri, unus per semetipsum ex improviso depositus est ex ea sex solidos, alius. . . . cim (118) in panno ligatos, cum parvo funiculo. Et sic per tegulas in tegulas, devotissime obtulerunt. Deinceps ciborum grandis diu cum satellitibus perquirentibus, inimicorum manus copia a quibusdam est oblata. De eodem domno evasit. Bernardo, qui epistolam transmisit Regi, in qua testimonium inseruit, quod postea retractans (119)

453. De domno Bernardo Parmensis urbis Episco-

(117) Hujus sancti viri vitam edidit Thesaurus Velius Romæ anno 1612. Videri etiam potest Locatellus, fuse de eo disserens, lib. 2, cap. 11, ac novissime Venantius Simius in Catalogo pag. 62. De eo agemus cum Martyrol. Rom. IV Decembris.

(118) Franchius lib. 10, pag. 568, et Thesaurus Velius dicunt fuisse duodecim solidos. Malui ego fideliter ponere, prout inveni.

(119) Satis manifestum est hic aliqua deesse.

S. JOANNIS GUALBERTI VITA ALTERA

Auctore beato Attone abbate Vallumbrosano, et postea episcopo Pistoriensi.

(Ex editis apud Joannem Mabillonium sæculo VI Benedictino, parte II, a pag. 268.)

(Vide supra, col. 667.)

MIRACULA S. JOANNIS GUALBERTI

Auctore Hieronymo Radiolensi monacho Vallumbrosano.

(Ex ms. Florentino Bibliothecæ Mediceæ plut. XVIII.)

PROLOGUS.

1. Cum non solum, quos vulgo dicimus sæculares, magno et excellenti ingenio viri, verum etiam religiosi, doctrina et virtute præditi, quos brevitatis causa prætermitto, Laurenti (120) magnifice, avo parentique suo et Tibi, ut magis in aperto, et vestris perquam magnifice rebus gestis illustriores essent, quæ magnifica de egregiis viris edidere, direxerint, non ab re visum est mihi pro tuis ac Majorum tuorum, non solum erga universum corpus Ecclesiæ, verum etiam erga Religionem nostram, singularibus meritis, quam et illustrasti et quotidie illustras, aliquid tua devotione dignum ad hanc tantam dignitatem pro viribus nostris afferre. Ceterum cum animadverterem quidnam magis gratum magisque congruum pro tempore magnificentiæ tuæ esset, nihil intellexi ita hac tempestate tuæ devotioni in hanc nostram Religionem congruere posse, quam si Joannis Gualberti sanctissimi viri, civisque Florentini dignissimi, qui non solum Hetruriam verum etiam Christi Jesu religionem universam suis meritis prodigiisque reformavit, miracula, quæ legerim, viderim, a viris fide dignis acceperim, perscriberem.

2. Ad quod profecto aggrediendum multa ingenium meum incultum et inconcinnum appulere; primum quod nulli istarum rerum reperiantur veri sed tantum simplices scriptores, qui quidem multa omisere quæ erant scitu dignissima; et ea etiam, nescio qua incuria, perierant, nisi tantum in scriniis librarii quædam notata haberentur. Præterea videram propriis oculis audieramque a viris fide dignis multa memoria digna, quæ si perire sivissem, et corpori et animæ meæ quandoque detrimentum fore existimassem. Accedebat ad hoc tua, quæ plurimum

(120) Laurentius is, doctorum virorum Mæcenas, juxta Odoricum Raynaldum in continuatione Annalium ecclesiasticorum tom. XIX, obiit anno 1492, IV Idus Aprilis; unde hujus scripti ætas præter propter colligi potest.

in me semper valuit, auctoritas cum nullus antea hujusce religionis me ad hoc impulerit, cum plurimi orassent: nam, ut verum fatear, non de ambitione illud agere [detrectabam,] verum quia nec ingenio nec doctrina valebam, excusare [volebam.] Non potui ergo ob plurima in Religionem et in me benemerita non tuæ voluntati gerere morem, cum in mentem veniebat te, nonnulla S. Johannis miracula in hortulo nostro audientem, ad ea describenda, ut possem, hortatum fuisse. Feci ergo quoad potui, ut votis satisfacerem tuis; cum ex his omnibus quæ legerim, viderim, audiverim, ea tantum litteris mandavi quæ et fide et memoria digna viderentur.

3. Verum prius quonam modo et Crux, qua in primis utimur, ad hoc instituta, et brachium illud sanctissimum huc per Angelos miraculose delatum sit, et modum viamque quam majores nostri et nos ad id ostendendum observamus, aperiam, priusquam initium narrandi faciam, ut omnia magis magisque in aperto sint: in quo, si quid minus caute periteque dixerim, mihi facile veniam tua singularis benignitas et humanitas dabit, cum, ut paulo ante dixi, et arte et ingenio parum valeam. Insuper cum hæc jam omiserim studia, et divinis incubuerim, quæ quidem de industria a viris doctissimis parum ornate ac eloquenter edita fuere; præsertim ea quæ in jure Canonico a quibusdam inculte et inconcinne probata sunt, ita ut etiam Latinis litteris mediocriter eruditus eam scribendi ruditatem haud æquo animo ferre possit; quam tamen ferre oportet, cum illi ea in arte liberali plurimum sententia quam ornatu valeant. Eo fit, Laurenti, ut sæpius in dicendo non Latini, sed barbari a viris eloquentissimis habeamur; quam barbariem æquo animo feras oro; lege ergo feliciter.

LIBER PRIMUS.

PARS I.

4. In ipsius sanctissimi Joannis Vita legitur quemdam Florentinum Florentinum, cum plurimum eloquentia et vulgari prudentia polleret, nonnunquam contra Joannem inter alios cives pro Petro Simoniaco Episcopo Florentino insurrexisse. Hic cum in extremis, quadam detentus infirmitate, laboraret, salutare sibi visum est consilium, cum ipsemet sua conscientia ad inferos damnaretur, habitum a Joanne sanctissimo Religionis impetrare; et, negotium hujusmodi suis necessariis committens, a Joanne pio et injuriarum immemori facillime veniam impetravit; ad habitum tamen dandum, quia sine probatione fieri non licet, immobilem repererunt. Ægrotum igitur affines non sine difficultate ad S. Joannem deferunt; et denique precibus et lacrymis parentum, vel revera magis ipsius fide flexus, habitum ad extremum illi consentit. Proh bone Jesu! tanta S. Joannis virtus et gratia fuit, ut qui jam moriens videretur, sumpto eo amictu, surgeret et ambularet.

5. Sed nonnullo interjecto tempore, cum gravior quædam ægrotatio eumdem corriperet, ita ut nullam evadendi jam spem haberet, P. Joannes, vocatis monachis, eum visere pergit, et, ipso et cæteris orantibus; ille ægrotus caput totum, lecti arrecto panno, cooperuit. Quid vereatur rogat S. Joannes: Ille faciem enudans inquit tremens: Diabolum toto ex ore flammam ignitam et naribus hiulcis pestiferum sulphureumque fumum edentem cominus me miserum intueor! Et B. Joannes, ubinam esset, interrogans, illico arripiens manibus crucem, umbram perquam strenue percussit; qui diabolus statim ejulans ac fœtens ceu fumus evanuit; et infirmus acri voce exclamare: Deo gratias! Deo gratias! Abiit, discessit. Ecce adsunt Virgo, Dei gloriosa Mater, Petrus Apostolus et pater Benedictus. His dictis, animam felicissime emisit.

6. Quam crucem monachi in sacrario inter Sanctorum reliquias servantes, sæpius etiam nostra ætate fide et virtutibus S. Joannis ducti, ubi aliquis a dæmonio captus huc accesserit, utrum captus sit a dæmone an non, eadem cruce tentant; in primis tamen aquam sale et verbis exorcizatam aspergentes, qua solum, me præsente, quamplures discessere incolumes. Sed si fit penitus, ut præfata cruce, qui a dæmone torquetur, incolumis non evaserit, ad beatorum deducitur sepulcrum; Orlandi (121) scilicet viri et monachi sanctissimi, et Melioris (122) eremitæ gloriosissimi, et hujus monasterii Abbatum Benigni (123) et Michaelis (124), et nonnullorum qui etiam venerabiles exstitere Patrum, quorum vitas et egregia facta quia alias et prolixe et breviter litteris mandare curavimus, impræsentiarum de his secus scribere non fuit consilium; ad quorum sepulcrum innumerabiles tum viri tum mulieres, variis

---

(121) Hic beatus Orlandus fuit Conversus Ordinis Vallumbrosani, obiitque anno 1242. Syllogen de eo historicam vide in Actis nostris ad diem 20 Maii, tomo ejusdem mensis v pag. 263. De ipso etiam agit Simius in Catalogo pag. 226.

(122) Is fuit eremita Cellarum. De eo agemus ad diem translationis, nempe primum Augusti, quem cum aliis monasterii Vallis Umbrosæ Beatis communem habet. Interim ejus elogium legi potest apud Simium in Catalogo pag. 215.

(123) De abbate Benigno vide Locatellum lib. 2, cap. 27, Simium jam sæpe citatum pag. 54.

(124) Is mortuus est anno 1370 juxta Locatellum lib. 2, cap. 40. Vide Simium pag. 217, aliosque auctores apud eum citatos.

infirmitatibus detenti, Christi Jesu amplissima misericordia sensim morbo levati, sanitati denique redditi sunt.

7. Sed si hoc haud profuerit (utpote quia varia cum sunt genera dæmoniorum, variis etiam Sanctorum expelluntur meritis) ad S. Joannis brachium etiam res deveniens suis semper meritis ac precibus dæmones omnes etiam alio ire coguntur. De quo priusquam quo ordine quave devotione monasterium extra deferatur expediam, pauca supra repetens, scilicet quonam modo ab Angelis huc mirabiliter delatum, quo ad cognoscendum omnia illustria, magis magisque in aperto sint. Quidam igitur hujus nostri monasterii Conversi fide digni mihi sæpius retulere, se a patribus suis accepisse, post primi Bernardi de Ubertis (125) hujus monasterii Generalis, et S. R. E. Cardinalis obitum, præfatum brachium per Angelos mire huc delatum fuisse, cum imprimis gratia hujus, lites non parvæ inter nostros, et Passiniani monachos exstitisse ferantur. Verum demum, cum utraque pars in sua voluntate et sententia persisteret, fatigatis arbitris, lis hujusmodi ad Florentinum senatum devenit.

8. Cognita itaque causa et rite ac diligenter examinata, judicatum est, ubi corpus, ibi membra. Quam rem nostri non æquo animo ferentes, quia id ulterius habendi spes omnis sublata erat, mœsti ad ædem nostram rediere, brachium autem istud fertur esse, quo, ut supra diximus, P. Joannes, dum in hac vita esset, diabolum cum cruce percussit, et ita esse res ipsa paulo post experimento indicavit. Nam, eodem fere tempore, cum quidam a dæmone fatigatus S. Mariæ de Valle Umbrosa monasterium petisset, et dæmon, S. Joannis virtutem non ferens, per os ejusdem viri cogeretur exclamare: Quid me, o Joannes, torques? Quid detrimenti quidve molestiæ tibi attuli? Non satis visum est tibi in vita me jugiter insequi, cum etiam post eam necdum desinas quovis modo etiam in externis regionibus insectari? Desiste tandem, desine, si qua pietas in te est, nos variis afflicere cruciatibus. Inde tartareis vocibus exclamare geminando sæpius: O cruces! o tormenta! Paulo post hominem miserrimum ad terram detrudens, ut spiritum emittere videretur.

9. His igitur et aliis inique ab ipso peractis, monachi casum, hominis jam ad extrema deducti miserantes, ad Passiniani monasterium, quod ea tempestate sanctissimi Joannis Reliquiis pollebat, socios ut pergerent hortabantur. Quibus dæmon divina virtute inquit: Quid hunc laborem incassum sumere festinatis, cum S. Joannis brachium in sacrarii vestri pluteo mire ac digne locetur? Cui, utpote mendacissimo, cum monachi parum fidei adhiberent, et ille tamen in sententia sua permaneret, tandem quæsitum est, et, ut dixerat, in sacrarii armario repertum est. Qua de re ingens gaudium inter monachos oboritur. Pulsatis igitur campanis, funalibus accensis, omnibus monachis et ministris, quod genus hominum vulgato nomine Conversos dicimus, et qui aderant agricolæ, una convenientibus, cantantibus et devote psallentibus Fratribus, dæmon tandem non sine miseri hominis detrimento discessit.

10. Ex eo itaque tempore templum hoc majori in devotione ac reverentia, quam antea, a cunctis Hetruscis habitum est: Nec mirum, cum non tantum de Italiæ partibus, verum etiam ex Gallia Transalpina (126) constat a dæmone et ab aliis infirmitatibus, precibus Joannis sanctissimi, incolumitati redditos esse quamplures. Dicam profecto quid sentiam, et dicam verius quam potero: hanc religionem, ne dicam domum, puto hujus sanctissimi brachii miraculis precibusque Joannis conservari. Quis enim hujus status Religionis ab Abbate Ricciardo (127) ad R. P. Franciscum (128), qui modo ipsi religioni præest, fuerit, incertum habeo pudeat an pigeat magis disserere. Verum ad inceptum redeo. Res ipsa hortari videtur, quoniam de S. Joannis brachio supra dictum est, etiam huic aliud inserere prodigium, quod tempore Abbatis Bernardi Florent. de Gianfiglazzis (129) multorum testimonio, qui nunc etiam supersunt, probatur exstitisse: Cum enim, ut mos est, accitu populi Florentini Abbas præfatus una cum monachis honorifice Joannis beatissimi brachium deferendo, ut Bapt. Joannis festivitati decori ornamentoque essent, Florentiam concessissent; peracta S. Joannis Bapt. pompa et processione solemniter adimpleta, hoc brachium tam egregium multisque miraculis insignitum, invitis monachis ac prælatis, in digniori gradu palatii domusque publicæ pro tempore Patres Priores statuere; hoc animo tamen ut sibi auratum tabernaculum et egregium, ut fas erat, fieret.

11. Verum cum jam hunc sibi locum, cæteris posthabitis, delegisset beatissimus Joannes, et in vita etiam post ipsum decus mundi potentiorumque limina devitans postridie a sacrista in altari suo, quod hoc in monasterio situm est, quatuor cum luminaribus conspicitur; quæ, ut ipse referre solitus erat, propriis oculis cœlum versus tendere luminaria vidit; hoc in primis stupori sibi et admirationi; deinde

---

(125) De hoc S. Bernardo supra in Annotatis egimus, et auctores de eo agentes assignavimus.

(126) Verosimilius intelligi eam solam Galliæ partem, quæ proxima est Alpibus, Italiam a Gallia dividentibus.

(127) Hic Ricciardus sive Riccardus ex abbate Generali factus est episcopus Massæ anno 1455, ut habet Ughellus tom. 3 Italiæ sacræ col. 799. Vide de eo Simium pag. 257, qui tamen errat in anno electionis ejus ad episcopatum.

(128) Is Franciscus circa annum 1450 electus est Generalis congregationis Vallumbrosanæ, et post vigilem 29 annorum gubernationem obiit anno 1479; unde liquet hæc miracula ante hunc annum conscripta esse.

(129) Bernardus ille Gianfigliazzi, teste Simio in Catalogo pag. 66, post 22 annorum generalatum obiit anno 1422.

summæ lætitiæ exstitit. Curavit itaque illico iis paucis qui domi remanserant monachis referre; qua de re ingenti lætitia affecti, et lacrymis præ gaudio obortis, illuc mature euntes dicunt: O Pater, o decus ecclesiæ spesque nostræ! decrevisti hoc templum familiamque tuam non deserere. Deinde, pulsatis campanis, et funalibus accensis, devote suppliciterque psallentes ipsum inter cæteras Reliquias in sacrario locavere; rem vero omnem quam primum venerando Abbati per litteras significare studuerunt. Igitur repente pro metu ingens gaudium inter omnes exortum est.

12. Hoc itaque sacratissimum brachium tali ordine, quo inferius describetur, dum res exposcit, ad loca defertur necessaria sive intus sive foris a dæmonio captus S. Joannis præstoletur opem: Pulsatis enim, ut fit in plenis solemnitatibus, campanis, monachi omnes uno in loco consident. Interim ex monachis unus tantum sacerdos ornamento ecclesiastico, quod vulgo pluviale dicunt, adornatur, luminaria ab acolythis præparantur, quibus optime instructis et compositis, diligenter illico foras omnes pari ordine modeste compositeque incedentes, hymnosque devote psallentes prodeunt, nec ab hoc pio opere cessant, quoad, ubi dæmoniacus est, devenerint. Evenit interdum, ut nonnulli et cives etiamsi forte ut fit præsertim tempore æstivo supervenere, et omnis ordinis et ætatis immisti villicolæ et oppidani, qui regionem istam circum incolunt, et qui domi aliquo in negotio exerceantur sæculares, ad hoc mirum spectaculum summa cum religione et timore, aliorum ducti exemplo, concurrant, et cantantibus et orantibus monachis, et idem interdum sæpius ac crebro repetentibus, Jesu, virginisque Mariæ et S. Joannis gratia efficitur ut omnes modo a dæmonio vexatos huc se concessisse non pœniteat; imo, quod majus est, nonnulli alii, variis infirmitatibus detenti, in patriam suam læti et incolumes redière; ut infra legentibus liquido patebit.

PARS II.

13. Primum igitur miraculorum memorabilium a sanctissimo Joanne feliciter mireque ostensum, et multis mortalibus celebratum, sic accepimus. Mulierem quamdam ex Liguriæ (150) provincia fatigatam a dæmonio ad hoc S. Mariæ monasterium in ejusdem S. Joannis festivitate vi a parentibus constat deductam fuisse: sed cum jam monasterium prope esset, S. Joannis virtutem diabolus amplius ferre non valens, per os mulieris maximas variasque voces cum spuma emittere, seque miserum clamitare; ulterius nec posse nec velle progredi, et se adeo torqueri aiebat, ut nusquam gentium ejusmodi tormentis se affectum juramento affirmaret. His itaque clamoribus cœtus virorum ac mulierum, qui gratia devotionis religionisque monasterium hoc adiverant, attoniti et exterriti, illuc, ubi misera mulier torquebatur, sese undique tumultuario confluentes prorumpunt. Operæ pretium erat et dæmonis horribiles et truces variasque voces interdum audire; nonnumquam vero Jesu Christi gratia, dato spatio non parvo, miseram illam lacrymis suffusam oculos, Virginis Mariæ opem imprimis, deinde S. Joannis implorantem aspicere.

14. Quid multa? Tandem [ea,] haud sine ingenti vi multorum, ad ecclesiam rapta, monachi ex more cum S. Joannis brachio, ut paulo supra retulimus, devote summisseque illuc usque, ubi mulier tormentis afficiebatur, multis circum orantibus, concessere. Acclamanti itaque sacerdoti, in rem suam concederet dæmon, crebris conjurationibus ipse Joannis sanctissimi virtute defessus, lugubribus vocibus paulo post se alio iturum profitebatur. Verum quia diabolus callidus ac mendax multis testibus comprobatur, quocirca non sibi satis fidei præstandum censerent; interrogatus a monacho sacerdote, quod signum, cum discederet, daret; inquit: Ictu fulminis a septentrionali regione impulsi [in] arborem illam, juxta ecclesiam positam, [eam] minuatim lacerando ac frustillatim passim fundendo, desiliam; quod equidem re ipsa paulo post probavit. Nam cum undique aer serenus esset, et hi, qui huic spectaculo aderant, exitum rei summo cum desiderio præstolarentur, præsertim quia dæmon sæpius interrogatus idem se facturum instanter affirmaret: demum sanctissimi Joannis meritis et monachorum orationibus sensim sibi vires deficere [cœperunt] ita jam etiam invito dæmone, quod fuerat pollicitus, suo in exitu demonstraretur.

15. O Jesu mira potentia in sanctis præcipue! En subito e regione Boreæ ventus nubem condensam et atram ad has nostras efflavit regiones, et, uti dæmon dixerat, suo in discessu fulmine ex nube vibrato ac pulsu nimio contorto, rapido ingentique motu arborem (quæ vulgo acer dicitur) percutiens ipsamque frustulatim lanians, huc illac ramos suos jactitans, fere ad nihilum redegit; cujus truncus, vel rectius dicam robur, ad nostra fere tempora in tantæ rei memoriam diligentia patrum conservatum est, quod me vidisse memini. Idcirco omnes qui aderant mortales, rigentes ac trepidi, animadvertentes quod præter aeris morem evenerat, Joannis sanctitatem extollentes, mulieris exitum exspectare: sibi enim jam refugerat sanguis, et pallida effecta, interque manus parentum humi paulatim collapsa, membrorum calore exstincto, veluti exanimis jacere, cui antea opera diaboli truces oculi, triste supercilium, turgidæ nares, os spumosum, vultus malignus, iracundus animus, lingua fetida animæque male olentes fuerant. Tandem ipsa huc illuc oculorum aciem dirigens, cunctosque, qui aderant, perlustrans, ab omnibus, ubinam gentium esset, perquirere; demum, re cognita, diligenter curvatis genibus Deo gratias referens in patriam cum suis hilaris

---

(150) Liguria est Italiæ regio, quæ antiquitus duplex fuit; nempe littorea et mediterranea. De qua hic agatur, ignoro.

et incolumis concessit. Quo prodigio Joannes beatissimus, paucis ante cognitus, clarus atque magnus prope longeque est habitus. Hoc miraculum a compluribus nostri ordinis fide dignis accepi.

16. Sic e Perusina civitate (131) quemdam adolescentulum, non solum a dæmonio vexatum, verum linguæ auriumque officio, insuper et cæterorum membrorum privatum, adeo ut non imago hominis, sed monstrum quoddam videretur; caput etiam intra genua reflexum [habentem] ab affinibus suis, viris inclytis, sanctissimi Joannis illectis prodigiis, ad hoc cœnobium ductum fuisse, luce clarius patet. Hic clarissimi Joannis, olim SS. Joannis et Pauli Cardineo titulo ornati, ac eadem tempestate Perusini legati exstitit nepos; quem cum abbas Bernardus (132) hujus monasterii pater, cæterique, cum monachi tum conversi, ita recurvum aspicerent, stupore misericordiæque ducti, in fletum cum parentibus pariter dedere sese. Proh bone Jesu! Quis tam durus, tam ferreus, qui, nostram aspiciens figuram corporisque aspectum, suis officiis penitus privatum, a lacrymis fletuque sese abstinere potuisset? Abbas igitur parentibus aliisque præsentibus compatiens, premens alto corde dolorem, ita ad eos exorsus est? Solvite corde metum, dilectissimi, abeat tristitia, tantum fides integra pectoribus vestris insita sit, Jesum Dominum nostrum meritis Mariæ matris sanctissimæ et Joannis servi sui precibus hunc filium vestrum et posse et velle non solum incolumem reddere, verum etiam et conservare. Ita speramus, inquit pater, Jesu et vobis ipsum et nos summopere commendantes.

17. Pulsatis igitur ex more campanis, et monachis in sacrario, funalibus accensis, simul cum abbate una congregatis, præfatum adolescentem præ manibus servi gestantes, juxtaque reliquiarum tabernaculum sternentes juvenem: nam nec per se stare [poterat] et se detineri minime patiebatur. Cæterum omnes, cum monachi, tum sæculares, flexis genibus, quidam sursum ad Jesum amore quodam tracti divino suspicere, nonnulli vero, quibus mens non ita sanior esset, oculis demissis Jesu piissimi præsidium inter canendum mœsti implorare: conversi quoque et cæteri pro re quisque totis animi viribus preces ad Virginem piissimam Mariam fundere, orare, ut illi misero ferat opem. Dum hæc pro cujusque ingenio et studio, dissimili ratione agerentur, elapso brevi temporis intervallo, puer S. Joannis meritis, recuperatis viribus, caput attollere, deinde suis se in pedibus sistens, more balbutientium voces tenuissimas emittere; præterea suum auditum resumens, maxima cum omnium admiratione propriis pedibus, quo cupido animi ferebat, ire, voces insuper plenas et ordine suo dedictas proferre.

18. Cumque omnibus jam constaret cum plene incolumem evasisse, pater suus aliique a'fines ita præ gaudio gestire, ut crebro S. Joannis brachium summa cum reverentia exoscularentur; filium insuper ex re monstruosa formosi juvenis imaginem præ se ferentem conspicientes, intuendo non poterant expleri; petitoque adolescens silentio, hujusmodi orationem suppliciter emisit: « O Pater, salusque fidelium, illustrator animarum Domine Jesu Christe, cui cuncta creata serviunt, te laudo et benedico, tibique posthac me totum commendo et trado, ut ad portum perpetuæ salutis spiritum meum tua solita pietate velis deducere: tuque gloriosa Virgo, per quam cuncta bona ad nos mortales usque deveniunt, et tu Joannes sanctissime, cui tantam gratiam Deus tribuere dignatur, ut a quavis infirmitate miseros mortales tuis precibus, modo se humiliter commendent, incolumes reddas, vobis pro tali tantoque dono, mihi hoc in monasterio collato, toto corde totaque mente gratias ago, orans et obsecrans, ut in posterum tantam animi virtutem adversum diaboli vires mihi præbere velitis, ut, ejus devitatis dolis, vobis sincere pureque valeam obsequi per virtutem et nomen Jesu Christi. Amen. Inde parentes intuens, inquit: P. Abbati cæterisque, qui adeo humiliter et modeste ad labores perferendos pro mei liberatione se Deo devoverunt, non tantum gratias agere, pater, sed tua solita benevolentia referre velis oro. »

19. Cum igitur hic sermo omnibus qui aderant et admirationi et jucunditati existeret, pater suavi complexu adhuc hærens filii, et lacrymis iterum præ gaudio obortis, inquit: « Fili, acerbissimus mihi olim, nunc luce jucundior, sume pecuniam tutemet, humillime Deo offer, etsi non, ut nostri esset officii, pro tali tantoque beneficio accepto, sed ut quimus, tribuamus. » Demum P. Abbas, datis prius inter se dextris et gratulatoriis verbis devote ab utroque habitis, tanti beneficii ne immemores essent, monuit, et ita læti discessere. Tantum igitur miraculum et prodigium, ne facile hominum memoria deleretur, in tabula quadam pater ipsius, ut diligenter pingeretur, operam dedit, et desuper S. Joannis hujus nostræ ecclesiæ altari cum filii vestibus, quibus in infirmitate positus utebatur, pendi voluit: verum nunc picturis pulvere et aqua humoribusque, quibus hic locus abundat, delinitis, tantum quorumdam hujus ordinis abbatum et conversorum, qui adhuc supersunt, memoria retinetur, a quibus ego (nam interfuere) accepi.

20. Petrus Bernardi de Arena civis Florentinus, tempore Bernardi de Gianfigliazzis Vallis Umbrosæ abbatis, huc veniens miris modis funibus undique septus horribilitatem quamdam præ se ferens, ut multorum nasos et aures mordicus attentare præsumeret, et admirationem et terrorem non parvum cunctis aspicientibus se daret; fertur etiam tantas per ejus os, ubi primum has ingressus est regiones, emisisse voces, ut colles montesque omnes juxta

---

(131) Perusia urbs Italiæ sita in confinio Hetruriæ, estque Umbriæ et agri Perusini caput.

(132) Puto hic intelligi Bernardum Gianfigliazzi, de quo supra actum est.

monasterium in eminenti sili, undique resonare videretur. Cum autem ex more in sacrarium, et viris et funibus undique circumdatus, traheretur, coactus tandem post multas in eum orationes conjurationesque habitas hæc retulit; se cujusdam maligni viri carminibus et incantationibus illis ita adstrictum et ligatum teneri, ut nullo pacto nulla etiam vi se inde abstrahi posse fateretur, ni prius fascinationes et incantationes illæ de sub ostii limine domus suæ amoverentur.

21. Cæterum cum monachi, et monitis Christi Jesu et B. Hilarionis exemplo ducti, parum vel nihil fidei adhiberent, eo quia in aliis sæpe mentitus esset; instare orationibus insuper sacerdos jugiter torquere, sibique ex virtute Dei exitium imminere dicebat; econtra ille vultu truci ardentibusque oculis in hæc prorupit verba: O cruces! o tormenta! Quid patior? Quid opus est, o pessimi fratres, ut hinc abeam [per] tot orationes? Cur incassum hos hymnos verbaque hæc divina effunditis? Quid frustra tantum laboris perfertis? Sat est, hoc ex me potuisse audire, in ostii limine incantationes pati [id est relinqui], quod mihi plurimum nociturum non dubito. Optantibus nonnullis ex his qui cum ipso venerant, ut quæ dæmon aiebat, lamina et linum et cætera inquirerentur, et a loco amoverentur; prohibuere monachi, ne aut solutus incantationibus recessisse dæmon, aut ipsi suis sermonibus accommodasse fidem videri possent; asserentes semper fallaces esse dæmones et ad simulandum callidos. Orantibus itaque et virginem Mariam sanctumque Joannem jugiter religiosis viris deprecantibus, e manibus tenentium sese (nam nudatus funibus erat) a dæmone captus, erumpens, ad sacrarii extremum usque summoque ingentique impetu proripuit, ibique a diabolo humi tartarea inhumanitate detrusus, tanta talique ibidem affici pœna, quanta nec antea domi nec in itinere (ut qui cum eo iter fecerant affirmavere) nec in sacrario, præsentibus monachis, fuerat affectus, ita ut omnibus miserabile de se spectaculum præberet.

22. Cum vero et S. Joannis virtute et monachorum supplicationibus oppido fatigaretur diabolus, ulteriusque Jesu virtutem perferre non valeret, ipsum miserum prius diu discerpens et lanians, demum discessit. Sed operæ pretium erat audire, quas voces etiam post in ipso volitans sacrario emiscrit: Nam incredibilia mihi pene fuissent, quæ narrabantur, ni ab his qui tali spectaculo aderant, accepissem. Tantus, proh bone Jesu! et strepitus et terræ motus factus est, dum alio tenderet dæmon, ut sacrarium ecclesiamque toto cum monasterio funditus erui putarent, qui aderant, omnes: cui vero hæc incredibilia existerent, alios legat libros et ecclesiasticos et gentiles, et quid potuerit diabolus, Deo annuente, liquido intelliget: et ad hujusce rei confirmationem aliqua in medium afferrem, ni ea res me longius ab incepto traheret. Redeam ergo unde digressus sum. Redeuntibus igitur sociis cum Bernardo incolumi Florentiam, monachorum monitis haud paruere. Dederant enim hi in mandatis, ne incantationes perquirerent illas. Cæterum uti curiosi et nova cognoscere affectantes ostiique limen adeuntes, et, ut libido fert, omnia perscrutantes pannum lineum conglobatum filisque sericis circumligatum invenere, quo explicato, particulam ossis pueri defuncti; nec non et mulieris capillos, pellem insuper pulli asinini, ut ipsi quibusdam ex nostris postea retulerunt, intus quibusdam cum signis et characteribus conspexere; quæ omnia viri cujusdam religiosi monitu igni tradidere. Patet igitur incantationes carminibus fieri posse; hoc et nostri canones approbant, et res etiam indicat ipsa.

PARS III.

23. Relatu abbatis Cultus-boni (153), cui Paulo nomen fuit, ex S. Gaudentii oppido (134) puellam quamdam huc tempore abbatis Bernardi de Gianfigliazzis venisse accepimus. Hanc talis tamque iniquus possederat dæmon, ut eam adire nisi caute, præsertim dum tormentis afficeretur, nemo auderet: complurium enim et manus et nares dentibus mordaciter attrectare tentaverat sæpius, ita ut, dum cœnobium propter sui eam de jumento, quo insidebat, deponere curarent, ipsius cervicem dentibus apprehendens incumberet, adeo ut caput puellæ summis viribus inde amovere qui aderant, minime valerent; cui spectaculo, multis concurrentibus, etiam et Petrus vir religiosus, hujus cœnobii tunc decanus, interfuit, et signo Crucis in puellam edito, mox ipsa quasi de industria extulit caput.

24. Eam igitur ad capellam usque vi pertrahentes, cum cruce venerabili, qua S. Joannem dæmonem legimus percussisse, monachus quidam [attigisset] non multo tempore in eam conjurandam consumpto, puellam ipsam modis terribilibus et cruciatibus inauditis torquens ad terram detrusit diabolus. Sacerdos vero, monens ne quis ex iis qui aderant eam attingeret, leviter aquæ benedictæ roribus aspersit. Cæterum mulier, uti præsenti vita functa, per horæ intervallum jacens, nihil aliud vitæ ostendere, nisi quia tantum tenues ore spiritus vicissitudinarios emittere quandoque paululum videretur. Tandem exsurgens et undique circumspiciens non parva cum teneretur admiratione, interrogavit, ubi gentium esset et unde illuc applicuisset, et quid sibi tot religiosi vellent. Cognita denique a sacerdote et a suis, qua laborasset infirmitate, et ut incolumis S. Joannis meritis evaserit, Deo et sibi gratias agens, lætæ cum suis in propriam redivit patriam.

Ughellum tom. 3, Italiæ sacræ col. 284.

(154) Hoc oppidum situm est in mediis montibus circa Apenninum inter Vallem Umbrosum et monasterium Marrathense vulgo *Marradi*.

---

(153) Monasterium illud, teste Lubino in Abbatiarum Italiæ brevi notitia pag. 115, situm est in agro Florentino, estque diœcesos Fesulanæ. Quandonam congregationi Vallumbrosanæ unitum sit, vide apud

25. Etiam constat ad hoc S. Mariæ monasterium quemdam aromatarium (135) Florentinum eodem fere tempore funibus circumligatum, a suis deductum fuisse; qui quidem et in urbe ex extra et quoquo traheretur, mirum de se spectaculum mortalibus omnibus præberet. Nam a tali torquebatur dæmone, ut varia de se et stupore plena demonstrare cogeretur; interdum jocosa, nonnumquam gravia, quandoque vero terribilia verba proferens. Cæterum ubi loca hæc silvasque monasterii adivit, hujusmodi clamitando cœpit et ore hominis verba effundere: Nec illuc ire velitis, ne me trahatis oro: Nihil enim ex his quæ optatis, fiet, imo et majori tristitia redibitis ad urbem, ac nunc monasterium versus pergatis. His dictis conticuit. Hæc in itinere dixisse dæmonem a nonnullis qui aderant, cum ventum est ad cœnobium, cognovere monachi. Cum igitur eum socii [non] nisi magna vi trahentes deducere possent, in hujusmodi certamine tantum consumpsere temporis, ut jam tertia noctis lapsa hora adierint monasterium.

26. Quiescentibus itaque in superiori parte monachis, qui in inferiori hospitalitati præerant Conversi, ut eos honorifice more solito haberent, operam dedere; verum cum dæmon miserabilem virum acriter vexare non desisteret, eumque suffocatum paulo post affirmaret, Conversi qui aderant, pietate moti, decanum illico accersire curaverunt. Veniens igitur S. Joannes crucem mox jussit afferri; ipse interim flexis genibus orationi instare. Cæterum antequam illuc cum cruce, quibus imperatum fuerat, concessissent, a dæmonio homo ille miserabiliter est suffocatus. Cumque omnes hujusmodi repentinus casus flebiles reddidisset et mœstos, decanus pater talia verba, ut eorum molliret dolorem, exorsus est: Dei judicia cum nobis incognita existant, sibi profecto, ut propheta ait, in omnibus et de omnibus gratias agere tenemur, obligamurque: nihil enim, ut Evangelia sancta referunt, nisi nutu divino etiam parvula evenire certum est. Quocirca et mœstitiæ finem detis; insuper et corpora cibo paululum recreetis oro; ne dum vultis, ut quorumdam haud sapientum ingenium est, mortalium casus sine modo deflere, et corporibus detrimentum adferre: et Deo rem non gratam facere pergatis.

27. His itaque et aliis verbis eos decanus exhortans, miserabiles illi, paululum viribus corporis recuperatis, non sine ingenti mœstitia sumpsere cibum; postridie vero psalmis ex Christiana traditione decantatis, cadaver ipsius in cœmeterio extra fores ecclesiæ sito terræ reddidere; cognito tamen a sociis quod religiose et honeste vitam duxerat suam: annuatim enim, ut sacri volunt canones, de suis sceleribus humilem Deo et sacerdoti fecerat confessionem. Si enim secus vitam suam instituisset, in loco non sacro cadaver illud condidissent. Comites

(135) Significatur, ut opinor, qui vendit aromata.
(136) Est pagus in agro Casentino, qui est ditionis Florentinæ.

igitur, ut diabolus dixerat, tristiores, ac huc venerant, et si omnes tum monachi tum Conversi eos solati fuerint, domum rediere suam.

28. Anus quædam ex Milliario monte (136), quam ridiculus invaserat dæmon, a suis ad hoc Virginis Mariæ cœnobium ducta est, jucundum de se et mirabile spectaculum præbens, ut etiam religiosis viris, gravitate ornatis, risum nonnumquam concuteret. Dæmon enim et hymnum Angelicum et Kyrie eleison quandoque etiam et psalmos canens, ita ut sacerdotis alicujus animam putares, haud fieri poterat quin præ insolita re risum præsentibus daret; interdum vero sacerdotis jussu his silentium faciens, ut in rem suam iret conjurabatur: Cui ille cachinnans inquit: Concedam alio: si me paululum antiphonam seu psalmum canere jusseritis, nulli vestrum in psallendo et rite canendo cederem: et his finitis nullum a sacerdote exspectans responsum dulciter more solito divinum aliquid canendo dicere. Cæterum, monachis moram longam in hujusmodi nugis et ridiculis non valentibus perferre, sacerdoti a decano imperatum fuit, ut his cantilenis juberet finem imponi. Quid multis opus est? tandem dulciter canendo, absque ulla aniculæ læsione, ut fertur, lætitiam quamdam ostendens, abiit. Sic illa incolumis S. Joanni gratias agens domum concessit suam.

29. Ad nos usque fama perlatum est, ex Flaminiæ (137) provincia quemdam ingentis corporis sacerdotem ad hoc S. Mariæ monasterium venisse; quem dæmon ita crudelibus torturis afficeret, ut nec ubi sisti, vel nocturno seu diurno tempore quiescere posset, nisi fatigatus et assiduo ingentique motu corporis defessus; tum ubivis locorum, in aqua etiam, et, quod dictu incredibile est, humi sese prosterneret, cibum interdum non nisi saltando caperet. Eo tot discriminibus, semper a tergo manibus ligatis, vel columna aliqua fune circumsepta, vel viris fortissimis tenebatur, ut quo iter faceret, undique ad hoc tam mirum invisendi gratia spectaculum mortales cujuscumque sexus et generis concurrerent, ejus imprimis inauditum casum demirantes; deinde sibi vehementer commiserantes, alter alteri inquit: Heu quis casus huic misero accidit sacerdoti? Proh fidem Dei atque hominum! Quid hoc est? Ut sacerdotes Dei in hujusmodi atrocissima devenerint tormenta; saltem alio quovis morbo laboraret; et justius et tolerabilius judicio meo esset, ut febri, podagris, syncopi, cæterisque afficeretur infirmitatibus. Hoc tunc erat murmur vulgi de sacerdote; quibus vero mens sanior erat, secus sentire; Jesumque in suis omnibus judiciis laudandum extollendumque censebant.

30. Demum, non sine magno comitum labore, ad cœnobium istud deductus est: Quis enim, quæ dixerit egeritve ipse dæmon, etiam summa eloquentia præditus enarrare posset: dies insuper me defice-

(137) Flaminia regio Æmiliæ, quæ nunc Romandiola dicitur, de qua egimus in Annotatis ad Acta priora.

ret, si, quæ de ipso accepi, litteris mandare curarem. Sed ne aliis tædio, mihique labori sim, ad rei exitum festinabo. Cumque a sacerdote interrogaretur qua audacia Christi sacerdotem ingressus esset, tale, audientibus qui aderant omnibus, dedit responsum dæmon. Nutu divino et affeci hunc, et afficio, afficiamque tormentis, quoad, ut meritus est, habuerit exitum. Instante tamen sacerdote cum S. Joannis Reliquiis, ut exiret, Spirituique sancto locum daret: Nec possum nec volo, inquit dæmon: Hunc enim permissione divina suum fore, tartareis vocibus affirmabat. Qui, inquit sacerdos, istud dicere audes, maledicte? Nonne creatura Dei et Christi sacerdos hic est? Nescis enim quid futurum sit. Reipsa declarabitur sciam necne, respondit dæmon.

31. Pergebat tamen sacerdos suum, monachis aliis psallentibus, peragens officium; quam rem dæmon magis quam antea ægerrime ferens, utpote quia magnopere et sine exemplo S. Joannis virtute a Jesu torqueretur, in hæc tonans prorupit verba: Quid incassum, o fratres, orationes fundere, et me, ut hinc abeam, acriter torquere oportet? Nam hic periturus est, qui et hominem occidit et divina Sacramenta nefarie corde incontrito, nulla habita confessione, nulla requisita absolutione, proh nefas! et ipse aliis ministrare et sibi sumere nec erubuit nec dubitavit. Hæc enim quæ diabolus ex ejus ore proferebat, non parvam omnibus et admirationem incussere et metum; verum cum monachi multum in eum curandum temporis et dies quamplures frustra consumpsissent, missum eum, invitis tamen comitibus, fecere: Nam abbates nostri decreverunt nos veteres observare mores et statuta et annalia, quæ a patribus nostris in concionibus et capitulis sancita sunt; quæ equidem triduanum diem hospitibus omnibus gratis permittunt, cum dicunt: Per triduum hospitibus jus esto nec ultra, nisi summa cogat necessitas. Verum, ut ad incepta redeam:

32. His ita in patriam recedentibus, ubi primum ex nostris exiere finibus, sacerdotem (quod dictu pavendum ac metuendum est), summis viribus ad terram diabolus trahens, affectum torturis ingentibus imprimis tandem suffocavit. Hæc nostri quibusdam, qui funebriis officiis defuncti sacerdotis interfuerant, cognovere. Hinc quivis sacerdos exemplum sumere et parti suæ consulere potest, quid judicii, quid exitus maneat illum qui, sine cordis contritione, si sacerdotis copia deest, et tantum tractare Sacramentum et sibi suisque ausus fuerit administrare. Sed dicet forte aliquis: Pauci vel nulli nostra tempestate in ejusmodi formidolosa discrimina incurrunt. Malo, si mihi optio daretur, hic pro tempore quam alibi æterne cruciari; quod quidem nequam sacerdoti futurum fore, nisi hac in vita Jesu Christo reconcilietur, fidelis dubitat nemo. Sed nunc ad reliqua.

(138) Senæ urbs Hetruriæ intra colles sita, S. Catharinæ Senensis et trium summorum Pontificum natalibus illustris.

33. Ex Senarum (138) civitate adolescentem acrem et fortem, catena etiam ligatum et innexum (nam funium resta (139) lacerasset) cum affines, nobilissimi viri, multis comitantibus traheret, forte monasterium Cultus boni propter iter habuere; quod quidem monasterium hujus Religionis esse probatur. Illic jam S. Joannis virtutem dæmon sentiens, eamque perferre amplius non valens, miris modis exclamare: nec ulterius ire, inquit, si vellem, valerem; date veniam, retro gradiamini oro. O cruces! o tormenta! quæ mihi immerito, tu S. Joannes, infers! me miserum! hæc nequeo amplius perferre; in patriam ut redeatis oro; illuc profecto recedam quamprimum. Cum enim contra sententiam suam iter Vallem Umbrosam versus comites properarent, dæmon et gratia Joannis beatissimi, et juvenis fide amplius cum torqueretur, ingentes emittens voces, millies clamitare, sese miserabilem dicere. Addebat, hic sistite equum, sistite rogo, discedam nempe, discedam: ulterius enim prodire nequeo.

34. Firmantes igitur jumentum, juvenem catenis irretitum, et sudore toto corpore præ labore madefactum, ac fere membris perfractum universis, pedibusque labentem ac trementem deposuere ex equo. Concurrentibus itaque ad hoc mirum spectaculum turmatim ex agris et villis cujusvis conditionis mortalibus (eos enim tartareis vocibus dæmon hinc inde accierat) alter alteri dicere: Mi frater, quot miseri mortales, hanc dum degunt vitam, intolerabiles perferunt cruciatus! quocirca utilius dicerem in cunis post baptismi Sacramentum eam abrumpere vitam, quam ad has pervenire ætates. Cui econtra respondebatur: Desine posthac hæc et similia inconsiderate et insulse proferre verba: male enim sentis. Sic placitum Deo, cui omnia parent, et cui, quare sic fecisti, audet dicere nemo. Insuper, ut aiunt: Quod difficilius, id præclarius: quo enim majora hac in fragili vita tormenta æquo animo pertulerimus, eo in futura magis gloriosa dabuntur pro laboribus præmia.

35. Dum hæc et alia, prout voluntas fert, jactarent, dæmon multo ferocius solito, ex circumstantibus orantibus nonnullis, in eum miserum adolescentulum e vestigio debacchari; tandem eum vi ad terram detrudens, discerpens imprimis et dilanians, demum ingenti cum clamore discessit; ipse vero fere per horæ spatium non sine magna omnium qui aderant admiratione, veluti defunctus humi prostratus jacuit; deinde paululum excutitur, et, uti a somno excitus, exsurgens sanus tamen et incolumis Deo imprimis et Virgini Mariæ sanctoque Joanni gratias agens, deinde cæteris omnibus; et in patriam suam, nisi prius S. Joannis ædem visitasset, redire noluit. Placuit omnibus, et huc sese contulere una, et sanctissimi Joannis brachio venerabiliter et devote osculato, hujus monasterii bea-

(139) Hanc vocem ita inflexam nullibi inveni. At satis patet ex sensu, quod auctor velit.

torum sepulcrum, quod in infima parte turris campanariæ situm est, festivi et læti devotionis gratia visitarunt, et eremitarum insuper humiles adiere casas, quæ in saxeo tumulo supra monasterium edito sitæ sunt; qui quidem tumulus, ex ea parte quæ meridiem spectat, confractus abscissusque est horrendum in modum; ex ea etiam parte quæ ab Oriente exoritur, perangusto tractu superiori monti conjunctus, cujus de nomine et situ pauca disserere non alienum locus esse monet, quoniam alibi de eo mentionem haud facturi sumus; et Abbas Sanctus (140) optime ac diligentissime omnium qui S. Joannis historiam vitamque scripsere, hunc locum prosecutus, mihi parum libero ore locutus videtur, qui, situm Vallumbrosæ operi suo inserens, hunc Cellrum locum, mirum in modum a natura, magisque hominum industria situm et ornatum, vix tetigit.

56. Mens igitur est saxosus, asperrimus et incultus, qui bina cingitur silva; ex superiori enim parte, quæ per declivum montis in flumen ducitur, proceras habet abietes, quæ in vasta solitudine loci religionem augent, horroremque introeuntibus non mediocrem incutiunt, ex interiori autem, quæ ad ima monasterii versus tendit, natura veluti humano artificio, humillimis hac tempestate circumdatur ilicibus. In hujus medio montis amœnissimum cernitur pratum, muris, de industria in brachium eremitarum opera elevatis, undique vestientibus; quod spatium divisis cellulis anachoretæ quatuor incolebant. Medium tenet ecclesia horrenda vetustate et religione dignissima, in qua inter cæteras, quæ tabulis miro artificio ostenduntur, picturas, Virginis Mariæ imago tam egregia, tam insignis apparet, ut [a] pictore ad plenum perfectum videatur, quod ait Poeta noster:

Credo equidem, viros ducent de marmore vultus.

Proh bone Jesu! quid Zeuxis ille insignis, quid Polycletus? Huic cederent profecto; cederet et Euphranorus, et si quis alter fuerit umquam insignis pictor et sculptor (141).

57. Sed ad anachoretas redeo, qui, quamquam singuli privata habeant altaria, in quibus sacra divina seorsim et per se quisque, qui funguntur ordine sacerdotali, peragunt, tamen ad ecclesiam majorem statutis horis diei, noctuque ad psalmos decantandos legendosque conveniunt. Cellulæ non, ut in cœnobiis consuevere, pariete interjecto conjunctæ sunt; sed sejuncti per se humiles habitant casulas, quibus singulis singuli inter annexi sunt hortuli; cibum una tantum Dominicis et festivis diebus capiunt; diebus vero aliis quisque per se suum parce reficit corpusculum. Præter Canonicas horas integrum singulis hebdomadis feria sexta, qua pane tantum vescuntur et aqua, psalterium

peragunt; et, ut paucis eorum vitam aperiam, hanc eremum certe incolunt, qui paulo asperiorem vitam in laudem divinam præter S. Benedicti instituta adamant. Sunt enim qui, veterum SS. Patrum more, singulum per diem compleant psalterium: sunt etiam qui, divino amore igniti, raro vel numquam degustent vinum; sunt hac in eremo qui etiam, quando deformis stridet hiems, nudis pedibus inter nives et asperas glacies incedant, et eo tempore, vili veste et palliolo contenti, ad libidines insuper domandas circulo ferreo supra nudum corpus jugiter utantur; de quibus alias latius, Jesu favente, tractabimus: Nam tempus alio properare nos monet.

58. Illi omnes, veterum Patrum, Ægyptiorum præsertim, mores imitantes, opere manuum exercentur, vel in excolendis hortis, quos omnes irriluunt ac rigant rivuli per ligneos meatus deducti; vel in vimineis canistris fiscellisque texendis. Nonnulli etiam minutiora ex ligno utensilia manibus efficiunt, ut cochleare, ut patinam, ut catinum. Hæc, ne diabolus eos reperiat otiosos, et ad vana evitanda desideria, post divina officia adimpleta vel per se vel in unum alacriter peragunt. A monasterio igitur ad hunc eremitarum locum unus et perdifficilis, sed amœnus divina meditanti, est aditus; hinc iter abietibus, inde monachorum hortulis circumdatur. Quid quod rupes illa asperrima contra naturam loci varios ostentat flores, et olentes plurimi generis herbas gignit? Sed hoc haud prætereundum censeo, quod non in itinere modo, sed ex rupe in qua anachoretarum cellulæ constructæ sunt, dum monachi inferiores psalmos in ecclesia personant, dum organis canitur, concentus dulcissimos et modulationes varias ad ea intenti percipiunt. Talem tamque religiosissimum postquam supradictus adolescens adivit locum, admirans in loco horroris et vastæ solitudinis tot ecclesiolas tuguriolis, seu rectius dicam cellulis junctas; contemplans insuper ordinem vitæ eremitarum, morum etiam gravitatem asperitatemque loci, insuper rerum penuriam quam voluntario alacrique animo perferant, nequibat Jesu semper gratias agens expleri. Hos demum eremitas ut pro sua salute omniumque Christianorum orarent deprecans, lætus in Domino descendit ad monasterium.

59. Cum igitur anxie et cœnobitarum vitam, ex quo eremitarum cognoverat, inquireret, sibi Abbas Benedictus (142) vir religiosissimus, qui ea tempestate monasterio et Ordini universo præerat, paucis aperuit; inquit enim: Prima, ut olim Ægyptiacis monachis, apud omnes cœnobitas confœderatio est: obedire majoribus, in unum degere; et dividuntur per decurias seu, si major sit numerus, per centures, apud viros profanæ antiquitatis peritos satis noti.

----

(140) Intelligit hic, ni fallor, Xantem de Valoribus, Perusinum, abbatem Marrathensem. Unde patet Vitam S. Joannis Gualberti ab hoc Xante ante annum 1479 scriptam esse.

(141) Fuerunt hi magnæ artis pictores aut sculpto-

(142) Is Benedictus Generalatum administravit ab anno 1387 usque ad 1400, quo mortuus est, ut testatur Simius in Catalogo pag. 59.

rias, ita ut novem hominibus unus decimus praesit, et rursus decem praepositos sub se centesimus habeat. Usque ad horam nonam, ut S. Benedicti praecipit institutum, est jejunium; et jejunium totius anni aequale est praeterquam in Quadragesima, in qua sola conceditur strictius vivere; et interim nemo pergit ad alium, nisi summa cogat necessitas, his exceptis qui decani vel Priores dicuntur. Post nonam in communione conveniunt et missa a decano seu ab Abbate benedictione, aliam alii aggrediuntur viam. Psalmi illo illico resonant, alibi Scripturae ex more recitantur, discuntur quae in ecclesia et alibi dicenda et tractanda sunt ut aedificentur audientes. Nonnumquam ab abbate, vel cui fuerit imperatum, disputatio de Scripturis oritur, in qua silentium fit, ut nullus ad alium respicere, nullus audeat excreare. In ecclesia, in refectorio, in dormitorio et intra claustra aeternum silentium.

40. Vivitur pane, legumine et olere, quae sale et oleo condiuntur; interdum ova, nonnunquam et pisciculi in mensa apponuntur parce; carnes tantum senes et pueri, raro tamen, accipiunt, ut aliorum fessa sustentetur aetas, aliorum non frangatur incipiens. Opera manuum ita ut a decano statuitur fiunt. Si infirmum quem viderint, consolantur; si in Dei amore ferventem, cohortantur ad studium: et, quia nocte extra officia publica quisque in suo vigilat cubiculo, primi circumeunt cellulas singulorum, et, aure apposita, quid faciant diligenter explorant: quem negligentiorem deprehenderint, non increpant, sed dissimulant quod norunt, et sic ad orationem provocant; et secundum regulam ita universa moderantur, ut nemo quid postulet, nemo quapiam re parva indigeat; et, ne multis vos detineam, ita, omnibus hujusmodi rebus posthabitis, vivitur, ut, cum de regno Christi, de futura beatitudinis gloria, de gloriosorum martyrum triumphis vel aliorum Sanctorum rebus bene gestis, seu in ecclesia sive alibi, mentio legendo vel recitando fiat, videas cunctos moderato suspirio et oculis prae ingenti amore ad coelum elevatis, intra se dicere: Quis dabit mihi pennas sicut columbae, et volabo et requiescam? Et ea quae videntur acerba, quae multa et varia in monachorum vita obedientiaeque versantur, ita ferunt, ut nihil a statu verae fidei discedant, et laeti jugiter illud sapientis secum referant: In odorem unguentorum tuorum curremus. His dictis, conticuit abbas. Tunc ille: O vere beati felicesque ipsi, qui ita sancte, ita recte suam instituere vitam! et gratias Deo imprimis, Virginique Mariae Matri ejus et S. Joanni agens, sese orationibus abbatis et aliorum plurimum commendans, in patriam, optimis exemplis monachorum et monumentis instructus, sanus et incolumis recessit.

PARS IV.

41. Praeterea ex Liguriae partibus his in temporibus quidam jam provectae aetatis homo ad hoc S. Mariae monasterium vi raptus et catenatus a parentibus, non obscuro loco natis, ductus fuit; qui quidem, inter alia quae stupori et admirationi essent, hoc mirum ostendebat saepius, quod per os ejus daemones plures emitterent voces, ita ut quivis affirmasset, non ab uno solum, sed a pluribus et variis daemonibus ipsum tormentis affici. Operae pretium erat, ut nobis a fide dignis relatum est, et actus suos et verba observare diligenter: Nam modo gravia, stulta etiam saepius et levia, interdum urbana, nonnumquam rustica explicare optime et proferre; cum imprimis, bonae existens valetudinis, ut graves decet viros, nonnisi gravia et loco et tempori congrua affunderet verba: nec enim hoc, ut solet interdum, ex ingenii acumine, sed de insania fieri potius dicebatur.

42. His itaque et aliis rebus ab ipso inepte et insulse peractis, facile non ab uno, sed a pluribus, ut diximus, et variis daemonibus possideri credebatur. Quocirca facile ostendebatur, plus et temporis et artis erga hujus sospitatem a monachis exhiberi oportere. Fiunt itaque preces more solito, et nihil, quod necessarium erga ejus bonam valetudinem recuperandam existat, praetermittitur. Mira res! inter orandum saepius his agitabatur furiis, ut vix, etiam funibus et catena ligatus et vinctus, a quampluribus viris atrocissimis teneretur. Nonnumquam vero quamdam prae se ferre humanitatem et modestiam, ut, qui aderant, fere major pars affirmaret, eum nullo affici dolore, nullo torqueri morbo, nulla indigere curatione: Nam in daemone tantus dolus, tanta calliditas et astutia erat, ut signum crucis in hominis fronte fieri permitteret, et, quod majus est, Dominicam orationem et Virginis Mariae hymnum ipsum proferri sineret: ita ut ex monachis etiam nonnulli sanum et incolumem dicerent.

43. Caeterum quidam in ea re magis experti, secus sentientes, multis variisque exemplis daemones callidissimos et ambiguos approbantes (utpote quia aliud sunt, aliud simulant) non quamprimum eorum fallaciis rebusque fucatis credendum esse asserebant. Id ita esse, ut aiebant, paulo post re ipsa probatum est. Cum enim eum die quadam summo mane, hoc animo ut inde minime abiret nisi cum recuperata bona valetudine, in sacrarium duxissent, et monachi ex more orationes et preces cum Reliquiis haberent, ut multitudo illa daemonum in rem suam malam, quo digni essent, abirent; illi contra, se nec discedere velle nec posse, etsi summis et ingentibus, ut ipsi asserebant, afficerentur cruciatibus. Eloquar an sileam? quid in eorum exitu egerint, ignoro. Vereor enim ob nonnullorum pertinaciam, qui ea quae sibi facilia factu putant affirmant, super ea, veluti ficta, pro falsis ducunt. Dicam tamen, his praesertim qui Deum mirabilem in Sanctis et credunt et praedicant. Cum enim, ut diximus, religiosi viri a pio opere non desisterent, et idem se jugiter facturos, nisi daemones abirent, statuissent, coeperunt ipsi varias et tartareas emittere voces, ita ut non unum hominem, sed populum loqui diceres. Et demum ingenti vi, funibus effractis, cur-

sum foras arripiens, cum vix turba hominum in corona reducta ceperunt.

44. Non parvo itaque tempore in pio opere consumpto, demum dæmones unus post alterum exeuntes, cum fere vita hac privatum reliquere. Eo in loco ubi hoc prodigium S. Joannis virtute operatum est, cum plures tum religiosi tum sæculares adessent, abnuente Abbate, cum adire seu palpando tractare ausus est nemo. Cum igitur omnes rei exitum orando præstolarentur, expleta hora et dimidia, sensim se movens, demum, quasi de somno evigilaret, exsurrexit, et percunctans quid illic ageretur, re cognita, diligenter ad altare majus se contulit, et viva, ut dicitur, voce orationem ad piissimam Virginem Mariam et ad S. Joannem habuit ita ornatam, verbis miserabilibus plenam, ut omnibus præsentibus concuteret lacrymas. Demum valedicens omnibus, una cum suis in patriam lætus et admiratione plenus concessit.

45. Quemdam ingenti amore exardescentem, cum suam voluptatem explere non valuisset (nam quam amabat alteri nupsit), in insaniam hac potissimum causa accepimus devenisse, et inde ita agitatum furiis, ut sese sæpenumero diabolo dederit, et hunc Puppiensem (143) fuisse cognovimus. Forte ea tempestate quidam nequam in cruce suspensus fuerat, qui ut de se cæteris terrorem incuteret, ita ut fit interdum, præsertim si damnatus multis et malis fuerit facinoribus coopertus, edicto prætoris nondum de ea qua pendebat cruce depositus [erat]; hic equidem, ut palam dicebatur, nec sua voluit scelera sacerdoti confiteri, nec petere veniam, sed Jesu renuens charitatem, ingentemque quam de se mortalibus miseris sponte exhibet misericordiam, ad crucis patibulum veluti desperatus concessit. Ad hæc mala hoc addidit etiam, blasphemias in Jesum scilicet et in piissimam Mariam matrem ejus: adeo ut quamplures viri religiosi, qui consolationis gratia una cum damnatis iter tale aggrediuntur, in ipsum spiritum malignum ingressum assererent. Heu quoties se suamque vitam diabolo commendavit! heu quoties etiam Jesu Christi Domini picturam et imaginem torvis oculis respexit! Quibus imprecationibus, et eques et qui aderant alii, casum miserabilem spectantes, sibi compati, interdum minari, ni finem bacchandi facerent. Verum, cum nihil proficerent, exitum sibi suisque moribus dignum dedere.

46. Cum igitur, ut dixi, cadaver in cruce catena ligatum penderet, hic qui ex amore in insaniam deveneral, forte crucem juxta iter habuit, et more ingenii humani elevatis oculis cadaver horrendum, atrum, semicorruptum, vermibus et aliis, quas putredo ex se gignit, musculis corrosum et situ temporis albedine mucida pictum exhorruit. Insuper, ut ipse solitus erat referre, sonitum sibilum audivit: qui quidem, seu diaboli dolo ipsum perterre-

faceret, seu vento, qui angusta ingressus tales sonitus reddere solet, evenerit, non satis compertum habemus. Hoc satis patet, illico in eum dæmonem ob ingentem metum ingressum: Nam ut ipsum prædicantem audivere nonnulli, nusquam gentium tanto talique pavore alias confectus est, ut mox viribus omnibus destitutus procubuerit humi. In eum itaque ita trepidantem dæmon, uti suam ingressus domum, sibi dominari cœpit, ita ut ex stulto insanum redderet, et, quod periculosius est, formidolosum.

47. Continuo itaque artus elevans suos, et iter Puppium versus faciens, summo cum impetu in homines cujusque generis ferebat. Tandem vero a quibusdam viris fortissimis, agmine facto et in coronam deducto, captus et manibus a tergo devinctus, funibusque toto circumdatus corpore, maxima tum videntium tum audientium admiratione, ad compitum seu divorticulum, quod vulgares et plebei crucichium (144) dicunt, eo quod viæ quatuor in crucis formam ad loca tendant diversa, vi tractus est. Et cum clamores horrendos ad sidera tolleret, se etiam neque ulterius ire juramento affirmaret, illic, ut defessa recrearent corpora, quievere omnes. Inter quiescendum igitur, necessitatem corporis simulans, missione accepta, cum paululum a via divertisset, sociis idem minime verentibus, aufugiens, iter Puppium versus tendere properabat; et ni quidam de monte Milliario, qui his in rupibus varia pro necessitate tunc agere, clamoribus insequentium exciti, iter suum impedissent, profecto ea die vel Puppium vel alio longius sese contulisset. Nam concurrentibus undique pastoribus et montanis omne sibi clausere iter.

48. Stetit ille prospiciens cuncta, cumque conspiceret omnem sibi aditum denegari, parum moratus, inde, ut ursus fremens, maxima cum velocitate in minus potentes sese ferens, paululum reluctantibus illis, e manibus eorum evasit. Itaque ille fugiendo, hi insectando multum diei per concava vallium, per abrupta montium frustra consumpsere. Operæ pretium erat cernere quanta audacia quantaque animi vi, diaboli adjutus auxilio, sese miser ille tueretur. Non enim verbis tantum et clamoribus variis, sed lapidibus sudibusve res ab eo atrociter agebatur. Eo pacto eos longe repellere; interdum vero immite percutere: tandem vero pars optimum fore rati ipsum fallere, dum in alios acriter incurreret, alii eum dolo aggressi, quia nihil tale putaret, manibus a tergo revinctis, ad monasterium sudore madidum, et pulvere conspersum, invitum et torva sæpius exclamantem traxere. Res mira! quoties enim sanctissimi Joannis brachio vel cruce conjuraretur, exibat: ubi a pio opere cessabant monachi, in eum rediret illico.

49. Cum igitur hac necessitudine [forte vicissitu-

(143) *Puppiensis* ita dictus a *Puppio* vulgo *Poppi*, quod est castrum Tusciæ, et caput Casentini tractus in agro Florentino.

(144) Ab Italica voce *crocicchio*, quæ *quadrivium* significat.

dine] res in longam deduceretur moram, nec diabolus dicta cum factis componeret (quippe qui verbis se non amplius eum ingressurum polliceri, caeterum re secus agere) statuit pater abbas ut publice privatimque orationes pro eo ab omnibus agerentur. Quibus devote et prolixe peractis, postridie fere per horas quatuor orationibus et precibus monachorum, et sacerdotis jugibus conjurationibus stomachatus daemon, tandem omnibus audientibus in haec verba prorupit: Qui me insontem ita impie orationibus torquetis o Fratres? In hunc tanquam in meam possessionem saepius vocatus incessi, quocirca demum a tam nefario opere absistatis oro. Non enim nisi Dei voluntate hoc sum aggressus, cui velle resistere, nefas est profecto. Tu, inquit sacerdos, o pessime daemon, Dei resistis voluntati; qui cum ipsius proberis hostis et inimicus, alios etiam ad hanc perniciem trahere niteris. Ea propter abi in rem tuam malam, et vade in tartareas regiones, qua meritus es; nihil tibi sit commune cum servis Dei, jam coelestia cogitantibus.

50. Haec et alia cum saepius sacerdos, monachis orantibus et cantantibus, revolveret, tandem daemon, Joannis sanctitatem amplius ferre non valens, discessit. Miser ille humi prostratus, fere per horam, ut exanimis, jacuit: Demum vero exsurgens, et mente et corpore sanus, Deo imprimis et gloriosae Virgini Mariae et S. Joanni gratias egit. Voluit tamen P. abbas ut prius humiliter confiteretur Deo et sacerdoti, quam domum repedaret suam, ne deinceps daemon in eum potestatem ingrediendi haberet. Facta igitur diligenter et humiliter confessione, summa cum laetitia Puppium rediere omnes; nec ulterius a daemone homo ille possessus est.

PARS V.

51. Puellam quamdam, cui nomen erat Francisca, ex civitate Castellana (145), magiis et incantationibus atrocissime vexatam, ad hoc S. Mariae monasterium deductam accepimus. Haec interdum adeo boni sensus et quietae vitae esse, ut eam a daemonio torqueri vel aliqua in parte corporis laborare diceret nemo. Quandoque vero se gladio necare, alios invadere et dentibus laniare tentabat. Sed hoc aegerrime sacerdotes, et qui eam conjurabant monachi, perferre, quia daemon, etiam ingentibus tormentis affectus, nullum daret responsum. Nam vel [id est an] de industria id ageret, vel quia forte natura mutum quoddam genus daemoniorum sit, nobis parum constat. Cum autem diu torqueretur, et saepius sacerdos, ut in virtute Dei saltem responderet, praecepisset, forte ut aliquid machinaretur mali, cujus gratia tentat omnia, tandem tale dedit responsum: Hic cujusdam maligni presbyteri incantationibus longe constrictus detineor, qui quidem improbo amore in puellam hanc flagrabat; verum [cum] ipsa haud sibi assentiretur, cum caeterae malae artes quibus amantes utuntur sibi deessent, omnia experiri maluit magis quam ita impatienter uri.

52. Quocirca me, ut ipsam ad sui voluptatem cogerem, cantando excitavit. Sed, ut verum fatear, nihil profeci. Nam ut a parentibus optime instructa peroptime monumentis bonis, a teneris annis sese orationibus dare, precibus et lacrymis Virginis Mariae auxilium jugiter implorare. His itaque et aliis operibus bonis ab ea impeditus, cum ipsius nequam sacerdotis pessimam voluntatem exsecutioni mandare nequirem, indignans eam invasi. Quam enim sibi contra morem nostrum humanus benignusque exstiterim, ipsamet callet peroptime. Nam inter caetera, quotiescumque corde et mente majori studio incensa, veram Dei religionem sequi, vel orando in silentio, vel ecclesias visitando, vel praedicationes adire studuisset, nunquam recusavi quin una [ad] opera incesserim pia. Cui sacerdos: Tu, o omnium seductor, mille ferens casus, discordias, iras, simultates, caedesque, pia opera agis? Ita omnium daemonum pessime qui a supernis delapsi sunt regionibus, novi te intus et in cute. Quidquid sancte et juste fiebat, non tuis, sed Virginis Mariae meritis agebatur, cui minime contradicere audetis.

53. Tunc daemon risu soluto cachinnans inquit: Ita est, mi pater, ut ais. Sciscitante etiam sacerdote cur in talem puellam optimis moribus instructam ingredi sit ausus, inquit: Non absque numine facinus divino; ea propter non esse mortalium perscrutari: sed, et in his et in aliis omnibus quae ad eos non pertinent, aeterno oportere silentio conticescere. In precibus igitur et orationibus jam [post] duos dies frustra consumptos, diabolus S. Joannis virtutem impatienter tolerans, haec tandem intonuit verba: Eia oro quid me insectamini? Cur tot et tam varia, ut hinc abeam, infertis tormenta? Non dixi me hic alieno imperio detineri? Veniat ille, qui me devinxit, iniquus presbyter; et absolvat, et lubens discedam. Tum, qui aderant, saeculares viri, cum de nomine presbyteri interrogare vellent: Apagite, inquit sacerdos: Nam diaboli officium est et discordias serere, et quidquid potest mali mortalibus inferre. Quocirca nullam ei fidem adhibeatis, oro. His daemon indignatus, clara voce, inquit: Re ipsa paulo post declarabitur, mentitus sim, an verum dixerim. O quantas, pessime presbyter, dabis poenas, cujus gratia in tot cruces et tormenta deveni!

54. Caeterum Jesu gratia et S. Mariae et S. Joannis precibus a daemone liberata puella, nescio qua gratia evenerit ut e vestigio intolerabilis et fastidiosus cantalis invaderet morbus, ut, ulceribus toto corpore referta, atram undique scaturiret bilem, et demum impatientia et morbo capillis capitis evulsis, spectaculum omnibus, sed praesertim affinibus praeberet.

---

(145) Quam hic auctor *civitatem Castellanam* vocat, Didacus Franchius lib. 10. pag. 376, vulgari lingua nominat *Città di castello*. Invenio autem vulgari hoc nomine appellari Tifernum Tiberinum, quae est urbs Umbriae in limite Hetruriae et ducatus Urbinatis. Hunc haud dubie locum designare Auctor voluit per *civitatem Castellanam*.

Transactis tamen nonnullis annis, in pristinam Virginis Mariæ et S. Joannis gratia, quibus plurimum se commendaverat, reducitur sanitatem; tantum pallorem et maculas quasdam in vultu servans, de cætero valens. Relatum est deinde his qui tunc hanc servabant domum, presbyterum illum de quo supra verbum feci, opera diaboli parentibus demonstratum, seu conjecturis, quod verius creditur, agnitum, in alias partes, judicium pro malefactis timens, sese contulisse, et miseram Dei judicio in ultionem puellæ degisse vitam. Fuerunt qui etiam affirmarent a fratribus jam dictæ virginis extra patriam necatum. Sed is rumor tantum, cæterum rei veritas penes auctores sit. Nobis satis constat, pluribus annis præfatam virginem in sanctissimi Joannis festivitate nudis pedibus cum cereo hanc Virginis Mariæ domum adiisse devote. His itaque et aliis, quæ retulimus et relaturi sumus, miraculis satis constat incantationes a perversis hominibus fieri.

55. Memoria mea mulierem quamdam, Taddeam nomine, ex Prati (146) oppido, quod Florentia ferme decem millia passuum abest, a parentibus suis ad hoc S. Mariæ monasterium vidimus deductam. Hanc talis invaserat dæmon, ut cruce solum facile liberaretur mulier. Cæterum ubi ipsa una cum comitibus iter domum hospitium versus faceret, et [prope] fontem, qui juxta capellam jugi labitur aqua, transitum haberet (nam ad eam domum alter non est facilis aditus) ab eodem dæmone fatigata, ex manibus multorum prosiliens, fugam facere conabatur. Verum, hinc inde concurrentibus cum opificibus, qui hoc in monasterio, præcipue æstivo tempore, operibus indulgent, tum etiam bubulcis et agricolis quibusdam, capitur, trahitur, et, manibus a tergo devinctis, ad capellam defertur vi. Cum igitur illic ab exorcista interrogaretur cur tam facilem ingressum ad eam et egressum haberet, respondit: Ego cum natura facilis sim et humanus, et hæc mulier his pariter et aliis virtutibus redimita probetur, nec cruces pati possum, nec eam volo torquere: Ea propter, orantibus vobis, discedo, absentibus vero, in hanc, veluti domum redeo meam.

56. Hæc igitur et alia ridicula cum referret diabolus, et idem sæpius faceret, cum eum lector amplius perpeti non posset, et itidem hujusmodi ludibria monachos fastidirent, statuerunt ut eodem in loco cum cruce legeretur, ubi dæmon mulierem congredi solitus esset. Instante igitur sacerdote, et orationibus et minis adjurante dæmonem ut concederet alio; inquit dæmon: Concedam. Te, o puella, domi præstolor; cum veneris, amicitiam antiquam, mihique gratissimam tecum inibo. His dictis, alio concedens, non parvum timorem et admirationem de se omnibus dedit. Mulierem vero illam fere exani-

mem suo in discessu reliquit; ita ut multi eam vita præsenti functam dicerent. Cæterum cum qui aderant, pars calidis brachia manibus fricarent, pars certatim vino aliisque rebus cum madefacerent membra, sensusque parumper tepentes revocando [juvarent], mulier quasi a somno expergefacta, in sese paululum rediens, cum surgere vellet, illico decidit.

57. Durantibus itaque in orationibus et psalmis monachis, tandem Dei gratia sanctique Joannis meritis optime convaluit. Cum enim adhuc ex verbis quæ diabolus supra dixerat: Te domi præstolor, o puella, suspensi existerent, monitu sacerdotis monachi, qui eum conjuraverat dæmonem, et etiam suorum affinium habita scelerum confessione, læti in patriam rediere. Vovi præterea mulier, ob tantum taleque beneficium, S. Joannis meritis sibi allatum, annuatim, et in vigilia ipsius S. Joannis jejunium et festum, veluti ab Ecclesia indictum, celebrare, et, quoties sibi facultas prodeundi daretur, non impedita partu scilicet vel alia re graviori, in ipsius festivitate hanc Virginis Mariæ domum adire. Mira res! et fide ipsius et gloriosæ Mariæ Virginis precibus et S. Joannis meritis factum est ut deinceps nec diabolus ille, qui sibi superius, se ad eam rediturum, domi dum esset, pollicitus fuerat, nec alter ex malignis spiritibus illam ulterius aggredi est ausus. Quapropter, dum spiritus suos rexit artus, incolumem et beatam vixit vitam.

58. Ex oppido Lancisa (147), quod in Arni superioris valle situm est, quemdam, non infimo loco natum, captum a dæmonio venisse ad hoc S. Mariæ monasterium, multis comitantibus, vidimus. Forte tunc quidam, cui Zanobio nomen erat, supervenit, germanus cujusdam monachi nostri Ordinis, qui adhuc vivit; qui quidem affinium hujus invasi a dæmone precibus compulsus, quemdam necromantem virum malignum et dolis plenum, Nepum nomine, ob consilia inquirenda ab ipso, quid in hoc homine agendum esset, adiverat. Cui, quia ea quæ nefaria sunt agere tentaverat, diabolica videlicet potius quam divina inquirere auxilia, mirum stupendumque malum accidit in vesperi: Nam dum uno in loco in hospitali consederent ambo, ipse scilicet, et a dæmone invasus, illic brevi intervallo dato, fessus itinere et somno, sese paululum dans quieti, caput intra genua posuit. At paulo post experrectus: Deo gratias, Deo gratias, inquit, convalui.

59. E contra Zanobius ille, qui Nepum adiverat, ab eodem correptus dæmone, insanire, bacchari, furere, adeo ut a quibusdam, qui ad hoc miserabile spectaculum concurrerant, compressus, vix cum sistere possent: Hoc enim quamprimum nuntiari monachis curaverunt, qui aderant, familiares et

---

(146). Est oppidum Hetruriæ in agro Florentino ad Bisentium amnem inter Florentiam et Pistoriam.

(147) Franchius lib. 10, pag. 377. hoc oppidum vocat *Ancisam*; Locatellus autem lib. 1, cap. 98,

cum Auctore nostro appellat *Lancisam*. Quidquid sit, puto esse locum illum, qui in mappis geographicis, sub nomine *Ancisa*, collocatur inter montes in agro Florentino inter *Emam* et *Arnum*.

conversi; et cum nondum nox terram operuisset, et quamquam hora et Officium Completorii jam peractum esset, eum tamen in ecclesiam jusserunt duci. Res tam prodigiosa, et nostris inaudita sæculis, mirum spectaculum fuit, ut dixi, non præsentibus tantum monachis et conversis, cæterisque familiaribus, qui hanc tunc domum incolebant, verum omnibus hospitibus qui supervenerant. Dæmon igitur cum a sacerdote interrogaretur cur illum alium tam repente deseruerat hominem, et hunc, ubi primum advenerat, sit ingressus, respondit: Superno nutu actum est. Cum ille divinum tota mente et fide requireret auxilium, merito quamprimum his cruciatibus fuerat liberandus. Hic vero miser, qui indecentia potius quam convenientia et justa percipere et intelligere curabat, non injuria ita debuit torqueri. Cum enim monachi in pio opere orando et conjurando pergerent, peracta jam fere noctis hora, non sine hominis maximo cruciatu, sed sui imprimis, diabolus eum liberum et incolumem relinquens, abiit.

60. Equidem hoc terribile Dei judicium, non præsentibus tantum, sed absentibus exstitit pavori: Nam fama tanti miraculi, per omnes finitimas regiones brevi divulgata, et exemplo fuit et admirationi; et præcipue supradicto Zanobio, qui, dum, amore et caritate fraterna ductus, unde minime debuit et a quo non decuit, quærit alteri adferre medelam, sibi cruciatum invenit. Discant igitur omnes non [opem] humanam, vel, ut rectius loquar, diabolicam imprimis, sed divinam in hujusmodi discriminibus esse inquirendam, ita ut multi egere religiosi, cum viri tum mulieres, qui diuturnos cruciatus corporis, et, quod majus est, mortem maluere perpeti, quam alienum, præterquam Dei, vel unde haud honestum foret, inquirere auxilium. Memorare possem quamplures, qui memoria mea his præclaris fulsere virtutibus, ni ea res [me] longius ab incepto traheret. Male igitur, ut ad propositum redeam, sibi consulit qui, ob sanitatem corporis recuperandam, animæ ruinam vitare non curat. His itaque bonæ valetudini et pristinæ sanitati redditis, non parvo gaudio cunctis, quos antea mœror et tristitia invaserat, exstitere, et cum unus imprimis oppido obnoxius Virgini Mariæ sanctoque Joanni existeret, ambo deinde ex obligatis sese fecere obligatissimos, et læti concederunt Lancisam.

PARS VI.

61. Ex civitate Aretina quatuor germani, multis aliis comitantibus, olim hoc S. Mariæ monasterium gratia bonæ valetudinis recuperandæ quæsivere; quorum unus, ut re ipsa declarabatur, a dæmone fatigatus [erat;] cæteri vero, etsi ipsi clam vexarentur a diabolo, incolumes tamen apparebant. Inter legendum enim et orandum, hoc, quod prius erat occultum, cunctis qui aderant liquido patuit. Cum enim unus ex his, ad purgandum ventrem egressus, haud procul a monasterio varia et stultitia et vanitate plena ageret, ita ut metui et admirationi quibusdam foris tunc existentibus esset, intra monasterium cursim irrumpentes illi, omnibus occurrentibus, quæ foris viderant, enarrabant. Ex his igitur, qui comites et socii fuerant, trepidatione rigidi foras prorumpentes nonnulli, et cum his alii ruricolæ immixti, eum huc illuc cursitantem, et se lapidibus et saxis pro viribus tutantem non sine maximo eorum discrimine tandem corripientes, innexum fune vi traxere intro. Illico ex fratribus alter tremere, signaque de se satis convenientia quod ipse in dæmonis potestate esset, dare: Itaque statim capitur. His et quartus additur frater, qui ferox et suopte ingenio et dæmonis violentia, cum ea quæ ab antistite legebantur haud pati posset, foras, cedentibus omnibus qui aderant, ingenti timore correptis, ni quidam cæteris sagacior ecclesiæ fores clausisset, proripuisset sese.

62. Cum igitur in ancipiti periculo horror ingens spectantes perstrinxisset, nec in tanta dæmonum turba quid agendum quove se vertendum ad plenum noscerent; cum alii vehementioris ingenii viri ad eum irruendum censerent (nam parieti, quo una pars corporis tutior foret, inhæserat, [quoad] alteram nudato gladio ipse sese tutare), alii vero, monachi præsertim, lenia remedia aptiora fore, concitatumque animum frangi [difficilius] quam fl. cti posse, dicerent, inquit pater abbas: Cum tutius tum facilius probo, hunc pro tempore adeat nemo: sed ut hi alii Virginis Mariæ, sanctique Joannis virtute, vestrisque orationibus liberi incolumesque evadant, quam primum operam date. Interim ille diuturnitate temporis et tædio affectus, locum, quem nunc contra omnium voluntatem tenere videtur, invitus velit nolit deseret. Fit igitur ut pater abbas censuerat. Instant igitur, primo conjurant dæmonem et exorcizant, alio vero subeat. Omnes enim cum religiosi tum sæculares flere (quisque equidem proprio negotio relicto ad hoc inauditum stupendumque miraculum sese contulerat), piissimam Virginem Mariam, sanctumque Joannem, ut his miseris opem ferant, orare.

63. Inter orandum itaque, cum sacerdos causam ingressus illorum dæmonum ab eo dæmone qui primus erat inquireret, inquit ille: Nos quatuor fratres scias volo, in alterius quamdam possessionem devenisse, eamque fraudibus quibusdam et cavillationibus sibi vindicasse, et jus denegasse alterius, suumque ratum et firmum ut rectum haberi voluisse, et ex tunc pro sua quisque vi certare ne his quibus jure hæreditario fundus conveniret, redderetur: quocirca in has miserias et ærumnas divino numine præcipitari. Qui ni prius supplices culpam fateantur suam, et agrum, quem fraude sibi vindicavere, propriis restituant dominis, et, ut jura divina et humana petunt, jurejurando confirmaverint, seu vades dederint, se vel male ablata ex tunc restituere, vel in concordia devenire, mihi credite, nos pro tempore, quia cruces tot, totque tormenta amplius tolerare non possumus, locum

Deo daturos; verum paulo post in eos, velut in nobis obligatissimos, iterum redituros, ut acrioribus eos afficiamus tormentis, dubitet nemo.

64. Verum, ut alias, cum dæmoni fides nulla daretur, divino officio diligenter peracto, sacerdos quam occulte possit, dedit operam ab his qui aderant rem quam maxime manifestam haberi. Qui cum se quædam persensisse confiterentur, eos monuit ne rem aliquo pacto palam facerent, imo vehementer simularent, et via quadam eos adirent, bene pollicerentur, et, occultius quam fieri possit, hoc explorarent diligenter. Causa itaque ab his quos sacerdos monuerat peroptime, uti dæmon dixerat, ita esse cognita, eos dure seorsum presbyter monachus severis verbis increpare, castigare imprimis, deinde blande monere ut deinceps caverent, vellentque potius suis pauperrime et duriter, ac alienis otiose et laute festiveque vitam agere.

65. Rebus itaque diligenter, ut sacerdoti monacho placuerat, confirmatis; fide etiam, ne quid obscurum maneret, data, unus, inde alter, post tertius, demum quartus adeo facillime in bonam valetudinem rediere, ut de se omnibus qui aderant admirationem non parvam exhiberent. Et Deo Virginique Mariæ matri ejus et S. Joanni, deinde patri abbati gratias agunt, liberaliter habiti in calamitate sua, demum in patriam læti ubique locorum Joannis sanctissimi nomen extollentes, rediere; et, ut fuerant polliciti, quidquid injuste furtimve sibi vindicaverant, propriis dominis reddere, et fructus restituere curantes, ut in S. Joannis festivitate a quibusdam Aretinis nostris relatum fuit, melius vitam deinceps rectiusque instituere suam. Hæc igitur mortalibus cunctis exemplo sint, quid discriminis quidve periculi his immineat, qui vel calliditate vel vi, vel alio quovis modo sibi aliena vindicant. Nam etsi hoc in præsenti vita omnes, ut meriti sint, non animadvertantur, ne se impunitos putent in futura : etenim gravioribus flagris afficientur. Verum nunc ad reliqua.

66. Quamdam puellam, Liviam nomine, ex Fori Livii (148) civitate (quam et vidisse sæpius, postquam ea convaluit infirmitate, memini me) ad hoc S. Mariæ monasterium deductam complures monachi et conversi, qui adhuc supersunt, videre. Hæc puella imprimis ad quamdam sanctissimæ virginis Mariæ basilicam, noviter mirificeque constructam, deducta fuerat : Quæ quidem basilica per quatuor millia passuum a supradicta abest civitate, Cæsenam (149) vel Forum Pompilii (150) versus. Eo in loco illico meritis gloriosissimæ Matris Jesu, ut omnes qui ejus implorant auxilium, liberata est. Paulo post idem dæmon eamdem, quam dixi, Liviam ingressus est puellam ; quamobrem affines ejus non parvo timore correpti, ad hanc Mariæ virginis ecclesiam, de qua nunc verbum feci, deducere cum vellent, per ejusdem os dæmon exclamare, et totam complere urbem : Non exibo, non alio concedam, nisi S. Mariæ de Valle Umbrosa monasterium quæsiveritis. Cæterum hoc affinibus et aliis quampluribus et ludibrio haberi, cum Virginis Mariæ patrocinium nulli unquam cum cordis fide petenti defuerit; et odio etiam ob itineris difficultatem : distat enim fere per septuaginta millia passuum. Quamobrem summis viribus, dæmone plurimum renitente, eam ad S. Mariæ ecclesiam, de qua nunc dixi, duxere invitam.

67. At illic multis diebus et laboribus frustra consumptis, eremita eos miseratus inquit : Dicam quid sentio, dilectissimi, ex quo incassum hoc in loco tempus atteritur; quoniam neque diabolus ab insidiis cavet, et nos suis pollicitando et promittendo lactat verbis; neque enim alio concedere statuit : vos [monasterium] S. Mariæ de Valle Umbrosa adire reor optimum, cum melius me calleatis locum illum et S. Mariæ et S. Joannis Gualberti precibus, miraculis, pluribusque pollere prodigiis. Fit itaque ut vir Dei censuerat. Arripientibus iter compluribus, simul dæmonem pœnitere cœpit incepti; se miserum millies clamitare, urbem totam clamoribus tartareis et ululatibus femineis complere ; eos dicebat iter arduum absque puellæ salute agere. Cæterum et tergiversanti nulla datur fides, imo quamplures suis commoti calliditatibus et fallacem et versutum appellare, se nunquam quieturos, nisi discederet, affirmare penitus. Per longa igitur et aspera et saltuosa itinera die tertia qua domo abierant, huc vesperi pervenere. Quid vero laboris in itinere pertulerit, quid admirationis de se cunctis quibus occurrebant diabolus dederit, ob prolixitatem vitandam prætermittere utile visum est.

68. Ubi igitur venere, etsi noctis tempus jam adesset, tamen ab his quibus curæ hospites sunt liberaliter habiti, præsertim quia et hujus religionis monachus Forliviensis, cui nomen Marcello erat, pietate actus, eis optimus, ut ipsi retulerant, exstiterat comes. Postridie igitur, his parum cautis, hac calliditate usus est dæmon : ad tempus enim discessum simulans, puellam humilem et quietam, dare signum crucis in fronte sinere, orationem Dominicam, angelicamque virginis Mariæ salutationem, ut rite et suo ordine diceret, permittere; et denique nihil, quibus sanæ mentis utuntur homines, quin et ipsa uteretur, prætermittere. Illi igitur parum prudentes S. Joannem imprimis in cœlum attollere, deinde, cavillationibus diaboli et insidiis de-

---

(148) *Forum Livii* vulgo *Forli* urbs Romandiolæ sita in planitie prope montes, media inter Cæsenam et Faventiam, et utrimque decem milliaribus distat.
(149) Civitas Romandiolæ sita juxta Sapim fluvium, mœnia radentem ad pedes montis, estque inter Ariminum ad ortum, et Faventiam ad occasum.
(150) *Forum Popilii* seu *Pompilii*, vulgo *Forlimpopoli*, est in Romandiola inter Forum Livii ad occasum et Cæsenam ad ortum.

tenti eam liberam, quo cupido vellet, ire permittere.

69. Ipsa itaque quia et causa et locus opportunus sibi erat precibus muliebribus, a suis per pratum, quo monasterii pars cingitur, facile incessu impetrato, his aliis rebus intentis, extemplo fugam arripuit. Quod nisi undique nostri, qui foris tunc essent, properassent, et eam suis etiam auxilium ferentibus, vi cepissent, profecto ea die ad alienas se contulisset extraneasque regiones: tales tantasque sibi vires diabolus inter fugiendum administrabat. Quam captam, manibus a tergo revinctis, ad capellam, quæ juxta monasterium ædificata est, viribus ingentibus rapientes, omnes alii, qui domi et foris tunc aderant, ad eam visendam concurrere. Edicto insuper a Patre monasterii, ut pro ipsius salute pro se quisque Jesum, Virginem Mariam, sanctumque orarent Joannem, foras monachi omnes ordine quodam cum S. Joannis brachio, uti mos est, cum res necessitasque expostulat, incedentes devote, et ad id loci, ubi dæmon ingentes clamores per os puellæ dare, ventum est.

70. Sciscitante sacerdote, unde sibi tanta petendi creaturam Christi iterum audacia, præsertim cum gloriosissimæ Virginis Mariæ meritis pristinæ reddita fuerit sanitati, inquit dæmon: Cur a me ea requiris, quæ ad te non pertinent, o sacerdos? Tuum perage, quam recte potes, officium, et ne ea inquiras, quæ ad te nil attinent. Cum enim ab omnibus psallendo et cantando in longum traheretur oratio, et dæmon, tametsi multis afficeretur tormentis, in sua tamen permaneret sententia, Spirituique sancto locum non daret, utile visum est in diem alteram, sui conjurationem et cruces, quia puellam vehementer concusserat, differre. Interim abbas Pater Jesu Virginique Mariæ sanctoque Joanni privata supplicia (151) decernere: id læto animo monachi pro se quisque agere, ab oratione non desistere, diabolo intus, foris, singuli simulque quietem nullam dare.

71. Postridie vero orationibus omnes intenti, et sacerdos jugibus continuisque conjurationibus instare, ut in rem suam concederet dæmon. Tandem multo tempore in pio opere attrito, S. Joannis virtutem ferre amplius non valens ingenti cum stridore et terrore loca petiit. Puella vero Livia fere per horam uti defuncta vita humi prostrata jacuit. Ubi surrexit non parva admiratione teneri, ubinam gentium esset, quid quidem ille monachorum aliorumve hominum globus inquireret, interrogans. Causa cognita, inquit: Grata mihi res est, o boni viri; de me quidem ob consecutam sanitatem gratissima sancti Joannis annuatim, dum spiritus hoc reget artus, memoria erit; cui pro Virginis Mariæ

(151) Puto hic per *supplicia* intelligi pœnitentias vel corporis castigationes, nisi forte hæc vox barbare pro supplicationibus aut orationibus adhibeatur.

(152) Nescio quos Auctor hic oppugnet adversarios, cum eorum assertio videatur catholica. Fieri tamen potuit, ut aliqui ea veritate abuterentur ad impediendas pias peregrinationes, dicendo frustraneum

charitate gratias ago, agamque semper, mihique voluntarium pro tanto in me collato beneficio in ipsius vigilia jejunium indico; addo insuper, o parentes affinesque mei dulcissimi, annuariam ipsius S. Joannis commemorationem celebrem in S. Antonii templo, ubi nostrorum cadavera jacent, fieri. Asserunt se facturos affines, et statim S. Joannis brachio devote osculato, valedicentibus fratribus, domum discessere. Quam puellam postea humana omnia despexisse, parentes, propinquos, et cætera, quæ apud mortales prima habentur, et religionem monialium iniisse accepimus. Non enim alibi melius et latius posse rebatur ea divina bona sumere et mereri, quæ paulo ante meritis Mariæ semper Virginis et Joannis sanctissimi degustarat.

72. Cæterum non abs re visum est in calce miraculi contra contentiosos et perversos quosdam [agere] qui asserere nituntur, ex quo præfata puella non ibi in S. Mariæ ecclesia, ubi prius, sed hic convaluerit, sanctos Dei, non ubi volunt, sed ubi Deo libuerit, infirmitatum gratiam impetrare (152). Quod equidem quam insulsum nefariumque existat, aliorum sit judicium. Mihi sat erit, quid hac in re sentiam disserere, si forte sic horum falsa refellatur opinio. Mariam itaque Virginem sanctosque Christi Jesu omnes eadem velle, eadem nolle, dum sunt in patria æterna, quæ Jesu grata acceptaque sint, censeo: cum idem Jesus in sacris Evangeliis sentire videatur, dum dicit: Volo, Pater, ut quemadmodum ego et tu unum sumus, ita et isti in nobis unum sint. Eo fit, ut quidquid sancti viri operantur, Dei nutu, Virginisque Mariæ tantum precibus præmissis, id agant. Tuam igitur, o malevole et detractor, vitam, non sanctorum merita culpes, oro; si non, ut tibi gratum esset et ubi velles, sed quando eis lubet, et quovis gentium prodigia divino nutu et auxilio inter mortales ostendunt. Sed nunc ad reliqua.

PARS VII.

73. Ex civitate Aretina (153), de qua supra verbum fecimus, mulier quædam jam in decrepita ætate constituta tali dæmone vexabatur ut, vinctis etiam post terga manibus, vix a duodecim viris acerrimis teneri sistique, nisi cum ingenti difficultate et labore posset. Quam rem amici una cum parentibus ægerrime ferentes, dubitare, quidnam in tanta re agendum esset; eam [an] scilicet, vi hominum conducta, traherent, seu, atroci jumento invento, eam undique vinctam desuper sedere juberent. Tandem satius visum est, mulum seu caballum ad anum deferendam conducere ad tempus, quam tot viris et sibi oneri detrimentoque esse. Invento itaque mulo, qui ejusdem agri cæteris omnibus viribus præstaret, ipsam funibus fortissimis irretitam esse loca sanctis consecrata adire, cum Deus, ubi vult, morbos curet.

(153) *Aretium*, vulgo *Arezzo*, urbs Hetruriæ sita in monte, et vix tribus milliaribus distat a Clani palude, quæ paulo infra in Arnum fluvium se exonerat.

ligavere desuper. Tum dæmon suis viribus usus, eam et mulum, tartareas emittens voces, adeo quatere, ut nisi ex omni multitudine, quæ ad hoc miserandum spectaculum ex tota urbe præsto fuerant, fortissimi juvenes quidam, quamcitius ad eam excipiendam prosiliissent, confractis ex omni parte nexibus, ipsam et mulum, non sine ingenti utriusque detrimento, ad terram detrusisset dæmon. Quamobrem, ut erat, atrox visum est id pessimum facinus diaboli.

74. Silentium itaque triste ac tacita mœstitia ob hoc ita defixit omnium, sed mulierum præsertim animos (nam ad id spectaculum maximus confluxerat numerus), ut præ metu oblitæ quid agerent, quo se verterent, deficiente consilio, aliæ alias rogarent, si quid tale unquam audierint, viderintve. Cum interim magno metu quidam, huic anni non parva conjunctus affinitate, cum nonnullis primoribus civitatis se ad eum locum, ubi misera mulier prostrata jaceret, processit, moxque exclamans, inquit: O mea mater infelix, quid tantum de te meruisti? Ubi nunc illa, qua plurimum erga inopes usa es, misericordia? Ubi nunc crebræ omnium ecclesiarum visitationes? Nonne, ut perspicio, Jesus te deseruit, diabolus vero te totam invasit? His itaque verbis omnibus lacrymæ obortæ, paululum morati, inquiunt: Tempus in mœstitia inanibusque querelis ne teras, oramus. Cura, cura quamprimum, ut ad S. Mariæ de Valle Umbrosa monasterium, sin minus duci potest, multitudine juvenum coacta, trahatur vi.

75. Movit feroces juvenes ad opus subeundum, tum anus insolitus inauditusque casus, tum etiam viri dignitas. Quocirca, non multa oratione consumpta, anus illa catena innexa a circumfusa juvenum turba modo trahitur, modo subnixa in aerem per eorum manus defertur. His additur religiosus quidam sacerdos, qui Deo Virginique Mariæ et crebras fundens orationes, diabolo demeret vires, ipsisque opem ferret. Inter trahendum itaque ingens clamor et stupor civitatem totam invasit. Advolant igitur undique, cum viri, tum mulieres; pueri etiam utriusque sexus et ætatis, ita ut se tumultus per vicos non sustineret, sed passim urbem totam pervaderet. Quibus civitate egressis ex agris et mapalibus tuguriolisque, quibus ager ille olim refertus esse [solebat], obviam veniunt ruricolæ bubulcique omnes, rem insolitam admirantes: idem fieri, quo ibant, quoad hoc S. Mariæ monasterium petiere. Hæc ab his, qui iter una fecerunt, monachis relata sunt. Addebant insuper: Quacunque iter dirigeretur nostrum, ea specie, oris in primis pallore ac macie perempta [apparebat.] Cui etiam arte diaboli fœdi oculi, terribilisque ac deformis aspectus esse: deinde tartareis vocibus, senilibusque ululatibus, quos crebrius emittere, omnibus terrorem ac tumultum de se dare. Fidem, ita esse eadem, quæ hoc in monasterio eo vesperi, quo ventum huc est, ageret, faciebant.

76. Tunc quieti pro tempore fessis locus datus est. Postridie vero summa luce celebratis officiis, monachorum more capitulis laxatis, cum ex monachis unus, cui vicissitudinario ordine dæmones conjurare officium erat, ad capellam, quo mulier tracta fuerat, cum cruce et aqua sale verbisque divinis expurgata concederet; præstigiis arteque dæmonis ita factum est, ut penitus anum, cunctis liberam malis, qui aderant, crederent, assererentque omnes. Quibus monachus: Cui nomina mille, mille artes nocendi; perfacile est, harum inexpertos rerum fallere. Quocirca ita esse necne ut periculum faciamus oro. Fiat, inquiunt illi. Conjuratur itaque a sacerdote diabolus, cæteris aliis orationi ac precibus devote humiliterque intentis. Quorum fide virtuteque Joannis beatissimi, mox illas dæmonis simultates et versutias, quibus in rebus parum cauti illaqueantur mortales, esse patuit.

77. Cum dæmon virtutem sanctitatemque beatissimi Joannis non ferens exclamaret: O cruces, o tormenta, me miserum, heu, heu, atrociter torqueor! Desine, o sacerdos, desine, si qua in te est pietas! Instare tamen, sacerdos, nec a pio opere cessare. Commotus quandoque cruce vexare, verbisque minacibus dæmonem sic provocare: Istac facie, istis dolis, o pessime, miseros cæcosque ludificas mortales? Abi, quo dignus es, non rediturus. Aliam te oportet, o dæmon, aggredi viam, etsi nulla sit, qua non tuis fallaciis circumieris false. Tacet dæmon, ira, non pudore ductus. Hic tamen, ut alio versum tendat, instare; minis, orationibus, conjurationibusque mixtis rem accelerare: cui dæmon haud assentire, sed totis viribus resistere; ac demum ingenti voce, cum eum amplius perferre non posset, inquit: Tuas, o sacerdos impie, conjurationes, orationes, minas, etiamsi ad vesperas deduceres, floccifacio: quamobrem si tibi alia incumbunt negotia, ea, si sapis, perage, et ab his desine tandem.

78. His igitur vicissitudinariis controversiis jam diei hora quarta fere peracta, cum sacerdos monachus se nihil proficere, et diabolum re asperiorem, atrocioremque fieri intelligeret, anui compatiens, quæ fessa corpore, ægra mente vix spiritus vitales dare, a pio opere desistens, introque rediens, rem omnem Patri abbati curat enarrare quamprimum. Mox Pater abbas, convocato monachorum consilio, imperat in silentio pro se quisque orent. Deinde parvo dato intervallo, uti mos est, rebus omnibus diligenter instructis, foras canendo et orando prodeunt monachi omnes, et, qui partem inferiorem habent, conversi, eo, de quo supra verbum habui, sanctissimi Joannis brachium deferente, quo diabolus vehementer percussus, plus solito furens; vix mulier illa misera a circumfuso juvenum globo i a teneri, ut flexis genibus esset.

79. Sacerdoti igitur, in rem suam instanter iret, præcipienti, dæmon truces oculos, os spumosum, vultum anus ipsius ardentem iracundia ostentans,

verbis minacibus inquit : Non tuis, o omnium pessime, verbis, sed Dei nutu, etiam et Joannis virtute hinc paulo post invitum alio properare oportet. Nihil refert, inquit sacerdos, si dictis facta compenses; vereor tamen, ne tua solita nefaria usus calliditate, et versutia, tergiversando, nosque verbis jactando, in longam moram hanc tuam protrahas fugam. His diabolus subridens, paululum moratus ait : Velim, nolim, abeundum est. Diutius enim hic esse, etiamsi sit voluntas et cupido, Dei virtus prohibet. Tui egressus signum des, ne amplius frustremur, te, inquit sacerdos, conjuro. Dabitur, dæmon ait, quamprimum, illicoque anus ipsius solea uno exuta pede, extra valles, qui capellam una ex parte muniunt, diabolo volente, cum admirarentur quidnam actum esset de ipsa, qui aderant mortales, inventa est.

80. Exinde majus datum, Deo volente, signum : Dum enim in rem suam malam iret dæmon, ceu fumus ex ore mulieris visus est diabolus paulatim superiora et aerea petere. Proh bone Jesu ! mirum quantum stuporis admirationisve hoc prodigium omnibus, qui aderant, dederit; præsertim quia alias Aretini illi simile viderant nec audierant. Gratias itaque ingentes Deo, Virginique Mariæ et S. Joanni agentes, auxilium precibus exposcunt, uti volentes anum ipsam seque et Christianam religionem sospitent universam. Demum valedicentes abbati cæterisque, læti ad Aretinam civitatem contendunt. Anus illa non immemor beneficii, sibi perpetuam in S. Joannis Gualberti vigilia indixit jejunium. Ad hoc addidit etiam ut annuatim pedester (154), sin minus ob ætatem id munus obire valeret, comparato sibi jumento, equester ad hoc S. Mariæ monasterium, comitantibus nonnullis cum viris tum mulieribus, sanctitate Joannis in primis, deinde mulieris nobilitate compulsis, in ipsius festivitate contenderet : eo ducta amore divino et Joannis sanctissimi beneficio, ut nullam molestiam, nullumque laborem, sed voluptatem potius, jejunium iterque asperum afferrent. Verum nunc ad reliqua. Nam Joannis sanctissimi miracula prodigiaque stupenda sese nobis catervatim offerunt.

81. Joannes quidam non infimo loco natus, qui hospitium in loco, quod Malmantile (155) dicitur, ab urbe Florentina non multum distans, hæreditario jure habebat, a pessimo dæmone, ut deinde a re ipsa probatum est, captus, a suo germano strictus undique funibus, in atroci etiam positus jumento, ad hoc S. Mariæ monasterium, comitantibus ex affinibus et clientibus nonnullis, nostra tempestate deductus est, cum antea Passinianum monasterium, ubi S. Joannis, hujus religionis auctoris, corpus honorifice requiescit, adivisset, nec ea, quam optaverat, sospitate esset potitus. Cum vero in his, quæ diabolus suis hic dolis gesserit, quod sane faciendum esset, nolim immorari, nam tempus profecto maturius, quam res me deseret; juvat tamen non prætererire, quam callide astuteque monachos decipere tentaret, cum eum flexis genibus supinas ad Deum manus tendere, ac instantia frequentiaque orationum prolixarum Deum, Virginemque Mariam fatigare, Joannem præfatum in ecclesia, monachis officium intente psallentibus, hisque cum admirantibus, permitteret.

82. Verum cum monachi, divino celebrato officio, signum crucis in eum ederent, tum, qui esset, apparebat, cum probe ut amens consternatus a loco suo humique prostratus exclamaret. Cæterum cum hoc in loco etiam, nescio qua gratia, multis diebus, orantibus et conjurantibus monachis, pro sui valetudine recuperanda frustra consumptis, nihil proficeret, ne inane tereretur tempus, hoc nobis ægerrime ferentibus, Romam, nequid ob sui bonam valetudinem recuperandam prætermitteret, alter frater contendere statuit. Ubi igitur Romam venere, columnam, cui Jesus Christus hærens, dum prædicare solitus erat, ingressus [est] in primis, si forte incolumis fieret. Verbum ubi id parum procedere cognoscit, bonorum consilio omnia experiri malens, cunctas, quæ Romæ sunt, ecclesias sanctorum reliquiis celebratas, devotissime perlustrans, non modo fratris sospitatem invenit, sed diabolus, ubi ex ecclesiis cedebatur, in dies fieri ferocior.

83. His rebus asperis alter frater non perturbari, sed Deo gratias agens fortemque animum gerens, statuit quovis modo operari, ut ille pristinæ redderetur sanitati. Ad Aquilensem (156) ergo urbem, ubi S. Bernardi (157) Minorum Fratrum corpus honorifice quiescit, quia, ut fertur, illic Jesu Christi gratia plurimis pollet miraculis, contendunt. Ibi etiam incassum cum tereretur tempus, divinis confidens beneficiis, alia, quæ per Italiam fama clarissima sunt loca templaque adiens, fratrique sospitatem non dari intelligens, nullum ferox vel malum verbum edens, domum redire parat. Igitur cum redirent, ubi ad id loci ventum, quo olim Annibal, ut memoriæ proditum est, suorum castra, cum Romam contenderet, posuit ; qui locus nunc Lancisa, propter saxa tunc a suis incisa ad paludem exsiccandam dicitur (158) : dixit ille, quem dæmon vexarat acriter : Mi frater, en iter, quod ad mona-

(154) *Pedester* de viro tantummodo dicitur; sed hos aliosque solœcismos subinde occurrentes annotare non vacat; modo sensus intelligatur.
(155) Is locus in exactioribus mappis geographicis assignatur inclusus inter fluvium Arnum ac civitatem Florentinam; et situs ad montes, qui Florentiam inter meridiem et occasum cingunt.
(156) Urbs Italiæ, Aprutii ulterioris caput, quæ Roma distat 60 millibus passuum in ortum æstivum.

(157) Recens tum erat Bernardi seu potius Bernardini Senensis memoria, utpote qui obiit anno 1444, et a Nicolao V relatus est in Sanctorum numerum anno 1450.
(158) Quidquid sit de loci hujus etymologia, puto eumdem designari, nempe *Ancisam* vel *Lancisam*, de cujus situ paulo ante egimus.

sterium S. Mariæ de Valle Umbrosa dirigitur. Quid tum? alter frater: Quid tum? Ut eo contendamus. Satis superque satis, inquit ille, aliis nobisque tædio, molestiæ onerique fuimus; quamobrem inceptum domum nostram versus iter peragamus oro. Non ita, frater, non recte sentis profecto: persuadeo en'm, me S. Joannis precibus, cui magnopere credo, incolumem evasurum. Jesu bone, quid vera sanctaque fides, humanis insita pectoribus ad varias gratias impetrandas valeat possitque, cum unaquaque in re bona vel sospitate obtinenda cognoscatur, tamen in hoc liquido patuit.

84. Cum enim hic totam, ut incolumis esset, Italiam petierit sanctaque loca adierit universa, quodque optabat, haud impetrarit; dum cum germano bona fide dat mutuo accepitque verba, ex jumento prolapsus, inter fratris aliorumque manus excipitur, humique sensim ponitur: ibique, veluti spiritibus vitalibus cunctis destitutus, prostratus jacens, non longam sic trahens moram, Deo gratias, Deo gratias, bis iterata voce exclamat: ecce convalui, quid timeo, quid jaceo, quid differo beatus ego! His frater auditis, in fratris osculum gestiens prorupit. Clamor inde comitum præ gaudio, concursusque hominum illuc, mirantium quid rei sit. Surgunt ambo; lacrymis obortis inquit ille: Equidem hoc meo fratri constat satis, quantum cæteris in beatorum vita præstet Joannes Gualberti sanctissimus; cum universam, ipso a dæmone capto, perlustrans Italiam, omnium loca sanctorum, quæ nostra memoria fama ingenti et gloriosa perfulgent, adiverim devote, nihilque ulla in re profecerim, nunc, quod minime sperabam, eo tantum invocato, cœlitus nobis auxilium sua solita pietate mittere dignatus est.

85. Deinde ad fratrem conversus, ait: Ecce sospitatem tibi precibus Joannis sanctissimi redditam, mi frater: me dubiæ fidei et modicæ pœnitet, qui tibi parum fidei adhibendum esse [duxi] (159). Desino, et Deo omnipotenti, qui nos creavit redemitque, et Virgini Mariæ matri ejus, sanctoque Joanni, quam maximas, quam ingentes, pro tanto talique beneficio in nos collato, ob tuam valetudinem ago gratias, agamque semper. Sæpius enim mihi, charissime frater, dum atrociter torquebaris, et quærentibus nobis, nullum de cœlo daretur auxilium, hæc mecum tacitus: Heu! heu! in hoc me vita infelix traxit, ut fratrem meum, non in ergastulo clausum, non exsulem, non gladiis hostium pereuntem, non atroci morbo aliquo confectum, sed in mœrore et luctu a dæmone inique possessum, morte graviorem vitam viventem video: et quod me male semper habuit, præsens periculum, quod animæ imminebat. Jamjam, frater animo meo charissime, ex quo meritis Joannis sanctissimi ex tot ærumnis et miseriis evasisti incolumis, meque etiam, in tanta mala præcipitatus, tua sospitate fecisti beatum. Nunc profecto, Jesu bone, si tibi hoc animo sederet, mori liceret, ne iterum ægritudo aliqua rerum humanarum me spectaculum præbeat. Eumque deinde amplectens et exosculans, ab omni turba hominum comploratio ea miserabili oratione hisque gestibus orta est. Demum ad hospitium inclinati, summa cum lætitia sumpserunt cibum.

86. Cum igitur, sumpto cibo, quam viam aggressuri essent haud adhuc statuissent, ad Vallem Umbrosamne, an in patriam contenderent, præsertim, ut dixi, cum varie sentirent, Joannes sic adorsus est fratrem: Ex quo, mi frater, de itinere sumendo longe aliena tibi mens est, saltem in hoc mecum sentias volo, ut gratuito libentique animo, ne ingrati erga S. Joannem simus, qui nobis in tempore opportuno opem tulit, quo ipse usus in hoc itinere, mulus Valimbrosano monasterio dono detur. Non mulus tantum, inquit alter frater, verum pro religione proque salute animarum nostrarum ducenti aurei ad illius monasterii sumptus augendos, ut de religione tam bene merentibus monachis penes Jesum gratiores acceptioresque simus, in Florentino monte ea lege, qua cives jus edi voluere, ponantur ex his bonis, quæ nobis paterno hereditarioque jure probantur esse. Hoc tuum consilium, tuamque sententiam probo et laudo, mi frater, ut vitam illam immortalem, gloriosam servis Dei eleemosynam Dei amore tribuendo, nobis vindicemus. Sicque rebus compositis, læti domum discedunt. Quos annuatim insuper S. Joannis festivitatem celebrasse, dum vita eis fuit mortalis, accepimus.

PARS VIII.

87. Procerum quemdam ingentique corpore virum, cui obsita squalore vestis, promissaque barba, insuper et capilli incompti efferaverant speciem oris, huc, nullo comite, contendisse vidimus. Qui quidem prima facie, ut insanus a nonnullis, qui foris erant juvenes sæculares et conversi, pro ludibrio habitus est: sed tam demum ipse verbis rebusque certis signa miseri non insani hominis daret, se nutu divino hunc locum sanctissimum, ut incolumis a spiritu iniquo, qui eum vexarat diu, evaderet, petiisse; sciscitantibus illis unde id sibi malum, unde ille habitus et corporis deformitas, inquit: Me miserum bello Brutio (160). quod his proximis annis in Flaminia (161) crudeliter ac inique gestum est, propter populationes agrorum non modo fructu carui, sed villa incensa est, insuper, direptis omnibus pecoribusque abactis, tributum etiam iniquum meo tem-

(159) Hic sensus nonnihil restituendus fuit; alioquin in nostro ms. nullam habebat significationem. Idem alibi subinde facere coactus fui; ut ex uncis patet.

(160) Non invenio, quodnam fuerit istud bellum Brutium, nisi forte per illud intelligat bellum civile a plebe gestum: nam nomen antiquum Brutiorum, in Romana historia notum, postea attributum est infimæ sortis hominibus, qui servilibus operibus addicebantur.

(161) Regio Galliæ Cisalpinæ sive Æmiliæ, quæ nunc *Romandiola*, vulgo *la Romagna*, dicitur. De ea etiam alibi egimus.

pore imperatum æs alienum fecit. Quamobrem a cre litore non in servitium tantum, sed in ergastulum et carnificinam ductus [fui]; quo in loco clausus in tenebris cum mœrore et luctu annos exegi quamplures: inde hic habitus et hæc deformitas corporis, unde vero in diaboli devenerim possessionem, etsi pudet, dicam tamen:

83. His equidem circumventus, quæ dixi, malis, cum impatienter et ægerrime, magis quam Christianum deceat, varios acerbosque fortunæ casus haberem, neque aliquem jam per tot annos mei misereri perciperem, ira in furorem versa, Christi religionem præter morem detestari, in alios cum servos tum socios, qui una nexi clausique tenebantur, combacchari; in me pestem perniciem superi atque inferi converterent, precabar; totus denique insanire, nil pensi, nil moderati habere. Hanc insaniam et intemperiem qui aderant, admirantes, meque a dæmone possessum, ita ut erat, sibi persuadentes, domino cæteris nuntiant quamprimum. Ille in primis hæc vera pro fictis falsisque reputans, meque ea, ut egressui locus facilis daretur, fingere asserens, eis haud assensum præbuit. Tandem vero cum hi et alii, qui stupore percussi, illuc, ubi carcere detinebar, properando veniebant, hæc eadem sibi sæpius dicendo iterarent, flexit animum suum, et cum quibusdam lictoribus ferox carcerem adiens, atroci vultu verbisque minacibus inquit: Tu his fictionibus, insaniis, debacchationibusque, hoc carcere, his nexibus, nisi fœnore soluto, evasurum existimas? Ha! quam falsus animo es! His acriora, si perrexeris, mihi hercle dabis tormenta. Quamobrem, si sapis, his finem impone, æreque alieno te liberum redde. Cui ego: Cur, domine mi, in me voces, indecora, probrosa objicis verba? Non enim ut putatis, hæc, ne æs alienum reddatur, ago. Invitus in hanc interdum, meis sceleribus id exigentibus, devenio insaniam. Qua tamen insania sæpius gloriosissimæ Mariæ semper Virginis [intercessione] cui magnopere animam corpusque meum commendo, ut nunc, liberor.

89. His igitur verbis precibusque circumstantium, cum iræ ipsius resedissent, motus pietate, me, vadibus tamen, datis, ergastulo liberavit. Hunc vero locum petere cum Virginis Mariæ pietas, tum rumor devotionis et sanctitatis ejus me, desertum ab notis et amicis, eo invito, qui me nunc premit diabolus, coegere. Quocirca magnopere hortor vos, ut me intro ad ecclesiam ducere velitis: nihil enim usquam mihi tutum, nisi sanctis in locis arbitror. Hæc igitur diabolus ægre ferens, omnibus audientibus, inquit: Quandiu, o omnium pessime, abuteris patientia mea? Hactenus pius in te, posthac impius existam, ingratissime. Vos, qui adestis, cui mea præstiterim beneficia, animadvertatis, oro. Deinde usque adeo miserum agitabat, vexabatque hominem, ut non magis in eum prosilire, quam inde cedere omnes timor suadebat.

90. Tandem animi viribus recuperatis, globo juvenum facto, quam caute quamque velociter possunt, in eum, qui Virginis Mariæ auxilium subsidiumque assidue petebat, irrumpunt; cumque compressum torveque clamantem, manus a tergo devincientes, trahunt celeriter intro. Qua re insolita, cum utrimque oriretur clamor, concursus conversorum aliorumque, qui tunc foris et domi variis incumbere rebus, fit in ecclesiam. Abbas vero aliique monachi, qui tunc in stationibus dispositi ad orationes Jesu fundendas seu aliquid aliud agendum erant, hoc clamore exciti, extemplo, quid hoc sit, pejora verentes, inquirunt. Cæterum, causa cognita, jubet Pater rem per monachum tentari; insanusne, an dæmonio captus esset homo ille. Tum diabolus, cruce conjurationibusque adhibitis, necessitate etiam ipsa cogente, tentare ultima: cum illi misero multo majores, solito vires administraret, facto impetu, vir ille e manibus tenentium prosiliens, cæteris eum insequentibus et indesinenter. Jesum Virginemque Mariam pro se orantibus, foras prorupit sese.

91. Cum vero ad quercum, rigidamque miræ magnitudinis et ingentis roboris [arborem, quæ] late umbram ramis diffusis undique præbet, nec a monasterio multum distat, anhelans cursim deveniret, fessus resedit solus, diabolo jugiter verbis supplicibus orante ut domum, ex qua eo volente evaserat, repeteret suam, hæc inter alia disserens: Nosti peroptime, mi Juste (nam Justo ei nomen erat), quam domi forisque erga te in Christianis ritibus exercendis, in supplicibusve agendis benignus humanusve exstiterim; nunc ob hæc facta abs te qua gratia sperner, cur his in locis tam atrociter tamque dure crucier, nescio. Carpe igitur iter, quam cursim vales, domum versus, et nihil vereare; nam te tutum securumque domi sistam. Miseret me tui, qui ultro cruciatus inquiras dum in patria laute læteque, me volente, vivere possis. Ha! omnium hominum seductor, inquit Justus, ego tua et non potius Virginis Mariæ immensa misericordia ritus exerceo Christianos, Jesuque legem servo? eapropter tace, tuisque fucatis verbis ne me cneces, oro.

92. His ille commotus, hunc Justum atrociter torquere: ille millies geminando Jesu Virginemque Mariam, ut sibi opem ferre dignarentur, exclamare. Hæc iniqua in miserum hominem illum a diabolo machinata: nam eum sæpius ad terram ingenti cum ipsius dolore trudere; et pia, quibus ipse Justus in Virginem Mariam utebatur, verba lacrymas omnibus qui aderant (aderant enim complures), concutere, eique auxilium ferre, sed quisque parti suæ timebat optare. Denum, Jesu Christi gratia, diabolo viribus demptis, miser ille sudore lacrymisque oppletus, humi consternatus jacere. Qui vero procul timentes aberant, ad eum tumultuario cursu erumpentes, ad hospitale subnixum detulere intro, eamque quam poterant, Jesu amore misericordiam exhibentes. At paulo post miser ille, quasi a somno excitatus, suas secum ærumnas, utpote sanæ tunc mentis

reputans, ejulatus, complorationes, nullas tamen voces indecoras, edere; sed Jesum Virginemque Mariam laudans, se nocentissimum, atrocioribusque dignum dicebat.

93. Quibus rebus abbas, cæterique omnes, cum monachi tum conversi, misericordia moti, quia parum conjurando vel orando procedebat, eum tandiu domi esse statuerunt, quandiu convaluisset. Hac gratia tamen, ut quotidie prolixis orationibus et conjurationibus tum private tum una dæmon ingentibus afficeretur tormentis. Inerat profecto huic Justo inter cæteras animi et corporis virtutes, ut quoties gloriosissimæ semper Virginis Mariæ sanctique Joannis precibus, quibus suam jugiter animæ et corporis sospitatem, ut dixi, commendabat, paululum tali levaretur morbo, nullum sibi vacuum tempus permitteret, quin manibus aliquid operaretur, tum hortulos fodiendo, tum ligna incidendo, tum aliud, si imperaretur, operando. His itaque abbati ac cæteris non avaritiæ sed virtutis gratia brevi carus acceptusque fuit, ita ut fere tres menses, solus tamen in hoc S. Mariæ monasterio vitam deguerit suam: in quibus etsi multa digna memoria egerit, tum quia nos alio properare tempus monet, illustriora quædam paucis aperire ad aliorum exemplum visum est utile, ut intelligant omnes, quanti penes Jesum sanctorum et præsertim Virginis Mariæ preces sint.

94. Cum igitur, ut supra dictum est, eum diabolus ira commotus suffocare voluisset sæpius, nec tamen, quia ipse auxilium Virginis Mariæ sanctique Joannis impetrare, valuisset, statuit dolo arteve aliqua, quoquo modo inceptum suum perficere. Cui cum minus sui succederent doli (nam frequentes monachi eum adire, quibus viis præstiglas diaboli modosque nocendi vitaret, edocere), hac tamen tandem calliditate eum sub voluptatis specie fefellit: fessus enim die quadam in hortis colendis, cum solus sub arbore, quæ cerasus dicitur, ad caloris ardorem vitandum sederet, tum omnium hostis diabolus, humani generis seductor præsto affuit, suum in primis animum ad cerasa legenda inclinans quod profecto non difficile fuit, præsertim quia matura solent cujusvis animum ad se allicere. Ea propter, quo voluit, miserum illum impulit. Nec hoc, quod naturale est, diabolicum dicere ausim, nisi me rerum mali exitus docuissent.

95. Ascensa arbore non tamen sine difficultate, ut qui viderant, retulere, blandis prius dæmon verbis, ut se deorsum jactaret, hortari. Ille vero, præsens periculum verens, haud assentiri. Dæmon iterum eum tentare; ille institutum suum servare. Intelligens itaque dæmon ea se via nihil proficere, eum hac cum exprobratione vehementer quatere : Modo peribis, pessime; te enim ingenti cum impetu ita deorsum trudam, ut te prope exsanguem ac semianimem, ut meritus es, istis tuis, quibus confidis, reddam. Justus autem ille exitium tum animæ tum corporis eo in discrimine timens, arboris truncum manibus apprehendens fortiter : Virgo Maria, fer opem; S. Joannes, serva me! geminando sæpius exclamare; Diabolus contra voce majore intonare: Modo, modo peribis; una tartareas petemus regiones; ergo, monstrum hominis, tace. Ille exclamare, ut supra; hic autem : Periture, tace.

96. Ad hoc tam miserabile inauditumque spectaculum, dum hi duo inter se ita dispares litigant, concurrere hinc inde multi, qui re inaudita, nec ab eis visa iniqua, ita rigidi, ita stupentes effecti [sunt], ut vix dare vocem, vix Jesum, vix Virginem Mariam, miserorum omnium ultimum solamen, invocare possent. Demum diabolus, desuper Joannis sanctissimi gratia operante, victus, confusus, despectus, miserum illum, jamjam tum timore tum labore extrema petentem, alioversum tendens, in arbore miserabiliter pendentem reliquit. At nostri cursim scalas arbori hærentes eum sudore toto corpore manantem deposuere, sibique naturales sensus parumper recipienti aiunt : Vide, infelix, quid agas : posthac noli te periculis, nisi incolumis fias, exponere, nec deinde etiam credere : ut tecum, in quo discrimine nos etiam essemus, animadvertas, oramus; si quid adversum tibi, quod Dominus Jesus avertat, eveniret.

97. Deinde Patris abbatis præcepto dedere operam omnes, ut si quis eum procul a monasterio reperiret, blanditiis dulcibusque verbis reduceret domum. Ad hoc addidere et illud, quod multo salubrius fuit, necubi solus contenderet; et si monasterium juxta, hortulos [coleret], vel aliud manuale ageret opus, semper socios adesse quamplures : unum enim vel solum tantum non sibi ob dæmonis rabiem credere. Cum hæc gratia et amore Jesu, ut cætera, in Justum hunc, ea qua posset sagacitate et cautela, a nostris, ne miser ille funditus arte diaboli periret, fierent, forte accidit, ut non longe a rupe, quam nostri Ristonchiariam dixere, semper ipse una cum cæteris nescio quid in agris excoleret.

98. Verum ita, ut fit interdum, sociis alteri rei oppido intentis, præstigiis diaboli observato diligenter tempore, cursu quam rapidissimo hac gratia, ut deorsum se mox daret, rupem illam asperrimam petiit. Cui, diabolo frequenter orante, ut rupes una se dejiciendo peteret, Virginis Mariæ sanctique Joannis auxilium opportune non defuit, et ne lectorem prolixo sermone detineam, ut paulo supra in ceraso arbore, ita et hoc in loco [factum est], longe majori tamen imminente periculo : nam saxum valde præruptum etiam tempestate nostra aspicientibus terrorem incutit non parvum. Diabolus, ut ipsum perderet, precibus, minis, vi, qua via, qua arte potuit, nihil intentatum reliquit; adeo ut sæpenumero cuidam ex nostris conversis, cui nomen Antonio, qui tum his in locis saltuosis porcorum greges pascebat, visum sit, ipsum Justum versis pedum vestigiis a dæmone ad ima detrudi.

99. Exclamat præ timore conversus ille : huic et Justi et dæmonis horrendi etiam addebantur clamores. Operæ pretium erat modo una, modo separatim,

illorum varias accipere voces. Fuit subitus illuc nostrorum concursus: nam diu inter densissimas rupes et humillimas arbores, quibus passim hæc abundant loca, quærendo erraverant. Insuper et aliis his clamoribus exciti, advolant quamplures: fit numerus non parvus. Cum ex tanto numero, diabolo minas et terrores incutiendo et minitando frequenter adire audet nemo. Cæterum cum dæmon longius et acerbius, ac rati essent, certamen tam iniquum produceret, quamprimum Patri abbati rem nuntiare curant. Cum ille in re tam atroci, tam ancipiti, quid agere, quo se vertere nesciret, divinum auxilium statuit inquirendum.

100. Convocatis igitur quamprimum in unum monachis, inquit: Quo loco res nostræ sint, dum rebus piis, fratres, pro se quisque incumbit, ut Justus ille incolumis evadat, juxta mecum intelligitis. Dum enim ex alto Jesu Christi præsidio operimur, vel nostris vel suis hoc sceleribus exigentibus, ut in nostrum dedecus verteretur, cum sæpius dæmon suffocare annixus est. Nec enim adhuc Virginis Mariæ et S. Joannis precibus tam atrox tamque pessimum facinus, etsi etiam in præsentiarum simul, ut accepimus, certent, diabolus perpetrare valuit. Quocirca pro tempore proque rei atrocis causa sanum hoc reor et utile consilium fore, ut, diaboli fractis viribus (quia cum rem cum dæmone habentem adire audet nemo), per hos tres dies futuros preces singulares communesque, ea qua possumus, devotione, corde humili et contrito agantur, ne nostra ignavia fiat, quin minus salvetur. Si evenerit, ut S. Joannis gratia pristinæ reddatur sanitati, lætus et incolumis; sin minus talis, ut huc venit, ita in suam concedat patriam. Placuit omnibus decretum hoc, sed præsertim senibus, quorum mentes, ac juvenum, saniores ac rectiores existunt semper. Fit igitur ut abbas Pater censuerat: quotus enim quisque [an non unusquisque?] in religione fervens esse, omni studio pectoreque toto suam orando, jejunando virtutem ostendere.

101. Cæterum inter hæc spes abbati, simulque cura major crescere, nuntio accepto, Justum illum adhuc cum dæmone certare; nec tamen illi suisque hac mora spem deesse. Sciebant enim plus miseri hominis fide, quam eorum meritis, sibi Christum Dominum clementissimum auxilium, etsi differret, quandoque laturum. Cum igitur domi forisque pro se quisque cum diabolo orando certaret, tandem Dominus Jesus pauperum deprecationem exaudiens, S. Joannis precibus factum est ut a diabolo non ad tempus, ut alia semper, sed perpetuo Justus ille, monachis etiam absentibus, et orantibus, mundaretur. Hinc quam Domino Jesu carus acceptusque fuerit Joannes sanctissimus, admiratio omnium testabatur: cum inde [ad] monasterium contendens Justus ille Joannis sanctitatem laudando ad sidera extolleret.

102. Vix monasterium, omnibus aliis favore ingentique gaudio passim comitantibus, petierat, cum quidam sui affines fessi lassique supervenere; qui benigne gratanterque habiti, nostris percunctantibus, unde, quive essent, quove tenderent (nondum enim Justum illum, quia alibi resederat, viderant), illi inquiunt: Regio Flaminia est; insanum quemdam, seu a diabolo male detentum virum, Justum nomine, ea insania æstuantem, domo nocturno tempore abeuntem, diversas regiones et loca anxie, diu inquirendo lustrantes, indicium veri tandem non procul hinc comperimus, eum (quia et alii eodem modo laborantes huc gratia sospitatis recuperandæ petunt) forte hoc monasterium, divina gratia præeunte, adivisse: eo, si quid indicii vos tenet, quia nos maximæ premunt curæ, certiores reddatis, oramus. Respondetur a nostris: Abeat metus omnis, sedentur curæ: præsens est et incolumis, quem fatigati diversa loca petendo quæsivistis.

103. Repente itaque inter omnes ingens gaudium exoritur: advocatur Justus; venit illico: adventu suorum lacrymæ obortæ, datis inter se acceptisque dextris. Non longo temporis facto intervallo, ne quid insidiarum, diabolo fallente, nisi cum S. Joannis brachio sacratissimo periculum fieret, remaneret, itur in ecclesia, fiunt preces, fraus nulla, nullum diaboli præstigium vel signum in eo intelligitur: inde monachi læti omnes. Justum paucis abbas hortatur: Tanti beneficii, Juste, vosque pariter omnes, si, ut puto, viri Christiani eritis, domi, foris, rebus publicis et privatis et quidquid casus evenerit, vos nunquam fore immemores mihi persuadeo: ne sitis, oro. Nam, ut alia beneficia omittam, quæ Dominus Jesus per Virginis Mariæ et S. Joannis merita in hunc operari dignatus est; hoc mihi et omnibus, qui sanum sapiunt intellectum, maximum videtur, et est profecto, cum solum tali tantoque diaboli morbo affectum, quo nihil pejus, tot tantas lustrasse regiones, tot per loca invia et incognita adiisse populos, demum hæc saltuosa et ardua petiisse incolumem et securum.

104. Multos dæmoniis aliisque morbis pessime affectos huc contendisse memini: sed huic simile nec audivi unquam, nec vidi. Quocirca, nec memoria vestra hæc excidant, vehementer rogo. Tu vero, Juste, posthac, utcunque fortuna ceciderit, quis tibi casus atrox et malus, quem Jesus avertat, evenerit, nullas in Deum voces indecoras edas: sed te talem exhibe, ut labores, inedias, cruciatus omnes propter Jesum, qui te intolerabili cruciatu et turpissima crucis morte redemit, tolerare velis. Cui ille: Mandata Dei omnipotentis, quantum in me erit studio, labore tenebo observaboque: sancti vero Joannis beneficia in corde, in ore, in oculis, semper habeam, curabo. Vobis vero pro tanta, qua in me usi estis, benignitate et clementia, Dominus Jesus præmia digna ferat. Inde omnes, se benigne acceptos [fuisse testati,] gratias agunt, et in patriam, virtutem Joannis sanctissimi ubique prædicantes et extollentes, concedunt.

PARS IX.

105. Plebanum quemdam S. Joannis oppidi (162), in superioris Arni Valle siti, captum a dæmone, ad hoc S. Mariæ monasterium vinctum atque tractum accepimus. Sciscitante igitur sacerdote monacho, cæteris metu percussis: Unde hæc tibi audacia, o dæmon, [ut] presbyterum, sacris imbutum, Deo præsente offerentem sacrificium, ingredi sis ausus. Cui dæmon [dixit] satis illum diu per licentiam nutu divino, facinoribus omnibus coopertum pertulisse; se nunc ob furtum, paulo ante in S. Maria nova (163) ha! inique perpetratum, non ut sacerdotem, sed ut nequam tetrumque hominem possidere. Ille enim recte dicitur sacerdos, qui se, ut sacerdotem decet, gerit: ubi enim a bono homine, consuetudine mala in pravum abstrahitur, desinit esse sacerdos. Est enim sacerdotis sacrilegium agere, altarisque dona furtive, clanive, vel quovis modo diripere? Moxque male ablata in suum restituat locum, deincepsque caveat; nos vero sine strepitu absque rumore ullo alio contendemus. Si minus certamen in nos precesque funduntur incassum. Ergo non unus, ait sacerdos, sed plures estis.

106. Tum dæmon conticuit, nec ultra ab ipso sacerdos monachus precibus vel vi verbum ullum valuit exsculpere: eo rem diremit: conjurationem vero in diem posterum statuit differre. Interim ipse quam maxime occulte, ut religiosus talis negotii artifex, rem a plebano, ut diabolus dixerat, ita esse cognovit: quem his verbis castigans ait: ha! infelix, qua audacia hæc nefariam tentare voluisti, cum sis ipse sacerdos? Vide posthac caveas ne aliis majus atrociusve de te exemplum detur. Additur verbis miraculum: qui enim captus, totoque corpore vinctus huc contenderat, data fide, quidquid indigne abstulerat, rediturum, honestumque [quod] foret posthac facturum, liber incolumisque cum suis domum concessit propriam: adhuc etiam illum, quem præ se ferebat, in vultu et facie servans pallorem.

107. Ex Aretina civitate germanos tres, quorum unum a dæmonio captum constabat satis, hoc S. Mariæ monasterium adiisse accepimus. Cæterum operæ pretium est, quibus artibus, quibusve fallaciis diabolus miseros mortales subducere tentet, diligenter advertere. Nam cum prima conjuratione discessum more suo simularet dæmon, etsi a monachis [ut] caverent, edocti [essent socii], tamen in re parum cauti, quo vellet, liberum ire permiscrunt. In primis lassitudinem fingere, si quis tamen observaret, fallere, lentis gradibus ire: demum ubi suos mente cum oculis deditos alio intelligeret, et jam tenebris paululum exortis, ex composito dare in pedes quantum quibat: frutetis vero arbustive vel spinetis, quibus hæc loca passim abundant, minime impediri. Nam non recto tramite, sed per devia inculta saltuosaque loca cursim iter arripuerat.

108. Cunctantibus suis, cumque nusquam gentium (exploraverant enim omnia diligenter) reperientibus; rem, uti erat, [nempe] ipsum quam raptim fugam parasse, persensere tandem. Eo expediti, arma celeriter arripere, etsi nox tenebrosior, solito, id, quod lucis esse potest, cœlo undique nubibus obscuro, negaret, tamen Jesu Virginique Mariæ matri ejus ex intimis cordis in re tam atroci se commendantes, alii alio, quo sibi persuaderent eum tenuisse, nocte tota palantes errantesque, nemus omne undique lustravere. Igitur primo mane (non sine numine divino actum) quidam ex iis S. Hillarum (164), hujus S. Mariæ monasterii locum penes, errando vagantes, rusticum quemdam obvium habuere, qui necessitate urgente ante lucem iter pontem Arrignani juxta, ubi miser ille insania ductus volutabatur arenis, habuit. Quos errantes armis ante diem admirans, horrore perfusus inquit : Eia, quo tenetis iter? Hic repentinus, citus nocturnusque cursus quid velit, si menti est, declarate. Vix pauca hæc illi, nocturno labore diurnoque dolore affecti, dedere. Hei miseros infelicesque supra omnes mortales! nos germanum, a dæmonio captum, qui incaute a nobis ex Vallis Umbrosæ monasterio abiit, somno itineribusque asperrimis attriti, errando per loca invia sequimur; quo iverit ignoramus penitus: ita enim variis curis anxietatibusque afficimur, ut prorsus nostri obliti simus.

109. At ille eumdem esse existimans, quem in arena volutantem invenerat, inquit : Ne paveatis; fortem animum geratis oro; sciatis Jesum, me superveniente, vos respexisse. Nam profecto is est, quem paulo ante in littore pontem prope projectum reperi : cum enim cum adivissem, insani capitis quædam tum agere tum dicere. Is est profecto : quocirca, si placet, duc nos ad eum : loci enim et itineris penitus ignari, quo tendendum sit nescimus. Ducam libenter, si prius corporis vires domi meæ, quæ non longe distat, redintegraveritis. Nil potus cibusve saperet, nisi germano invento, tibi tamen gratias agimus, orantes, cœptum properemus iter, ne moram agitando, interim aliquid oriatur mali.

110. His iter festinantibus, lætus fit obviam frater. Hi in admirationem prius, inde in lætitiam versi, datis acceptisque dextris, præ lætitia neque lacrymas tenere poterant : ex quibus unus inquit : Dic, frater, cur a nobis abiisti? Quæ te huc dementia vexit? Unde hæc valetudo tua bona? Unde tam repente? Ex Jesu Virginisque Mariæ et S. Joannis meritis hæc bona sunt omnia, quibus me crebro

---

(162) Oppidum hoc situm est, ut ex mappis colligo, inter Arnum rivulosque ex eo ortos ex adverso Terræ Novæ.

(163) Suspicor hunc locum esse eumdem, qui vulgo dicitur *S. M. Novella*, situsque est inter varios omnes, medio fere itinere inter Florentiam et Volaterras.

(164) Locus hic, inquit Lubinus in Brevi notitia Abbatiarum Italiæ pag. 170, situs est in diœcesi Fesulana prope antiquum Arignanum in appendice montis, qui ab Arno flumine alluitur.

commendans, et sæpius idem, diabolo nolente, faciens, etsi inimicus ille generis humani, seductor diabolus me suffocaret, in plura devexerit pericula, præsertim ubi littus Arni attigi, nil prætermiserit, orans, obsecrans, interdumque minitans, in profluentem aquam me mergerem. Ego econtra pro viribus in his difficultatibus fortem gerens animum, millies Jesum, Virginem Mariam, opem ferrent, invocare. Tulere tandem solita misericordia opem auxiliumque: nam diabolus, Jesu Virginisque Mariæ gratia omnibus viribus se spoliatum considerans, nec malum opus inceptum, ut volebat, perficere posse advertens se, in iram versus, [ut] me suffocaret, in terram detrusit, lanians, discerpens crebro, corporis mortem æternamque damnationem, ni a precibus desisterem, minitans: demum victus, confusus in rem malam concessit suam. Ego hoc iter, [ut] S. Joannis domum iterum visitarem, illico arripui: eo, quia me sospitem fecit, una redire ne cunctemini.

111. Hi retro euntes, benigne a rustico, de quo paulo ante verbum feci, habiti [sunt]. Ejus itaque benignitatem admirantes, et se itidem acturos, si quando casus eveniret, pollicentes, ad Vallem Umbrosam regressi, gratanter a monachis, suisque (iidem enim fessi fatigatique redierant) sanctique Joannis virtutem admirantes, cumque ad sidera extollentes, recepti sunt. Itaque, more solito, S. Joannis brachio devote humiliterque osculato, Aretinam læti civitatem petentes, Joannis beatissimi obvio cuique narrare et prædicare miracula; quæ equidem, non ea, quæ accepi, sed quæ oculis vidi, tot tantaque sunt, ut si velim omnia diligenter perscribere, tempus quam res maturius me desereret: eo quædam illustriora memoriæ prodere curabo, et de his parcius, quam res ipsa exposceret. Verum nunc ad reliqua.

112. Alteram mulierem de Mugello (165) (pars quædam Etruriæ, quam populus Florentinus per magistratus administrat) vidimus ad hoc S. Mariæ monasterium vi ductam, quam plebeculæ illæ adulterino seu corrupto nomine Bellam appellabant; cæterum Antonia vero nomine dici [solebat]. Hanc ejusmodi speciei invaserat dæmon, [ut] facile, divino auxilio advocato, non multo certamine cederet; facile, monachis aliud curantibus, tum iniret iterum. His igitur dissensionibus creberrime ab eodem dæmone actis, reversionibus itidem sæpius tentatis, jam monachorum animi fatigati [erant]: aliud dæmoni durius, his vero difficilius monachi aggredi nituntur. Itaque ex voto et sententia omnium inter se inito consilio, singulares supplicationes domi forisque fiunt, ad hæc communi omnium singulo die, diuturno cum S. Joannis brachio adito certamine.

113. Demum diabolus, meritis Joannis in primis, inde et monachorum intus forisque fessus fatiga-

(165) *Mugellana vallis*, vulgo *il Mugello*, est tractus Hetruriæ in agro Florentino ad Sevam fluvium, inter

tusve orationibus, rem omnem, qua ille detinebatur, aperuit; antea enim illum sæpius dissimulantem coarguerant monachi. Nisi enim, ait ille, hæc Christiano more sua diligenter scelera fuerit Deo sacerdotique confessa, quod pudore malo ducta haud egit unquam, si superi inferique precentur, si quidquam sanctorum est reliquiarum, in me congerantur, contendam minime. Videat igitur quid velit, an hac in vita, ita ut cœpit, [peccata committere], an illa deserere. Nam facile cuivis malum facinus admittere; cæterum illud deponere difficile esse asserebat, quod sacerdos præsertim in dæmone [mirabatur]: verum, Jesu cogente, illud dicebat: quis enim alter dæmonem ad salubre opus impellere nisi nutu divino valeret.

114. Instat igitur sacerdos, agat hortatur: affirmare, nil salubrius, nil utilius animæ corporique a quovis Christiano fieri posse: ad hæc addere, nihil virium in nos dæmonem habere, modo Jesu Christo bonis operibus inhæreamus. His itaque et aliis mulierem ad veram confessionem agendam impellit; quam corde bono, mente integra agere cum statuisset, illico eam toto corpore incolumem deserens dæmon, alio, strepitu nullo voceque nulla edita, indignabundus contendit. Nec deinceps eam attrectare [vel] ingredi ausus, suorum scelerum digna confessione peracta. Res ipsa hortari videbatur, quia inde summam tum animæ tum corporis nobis vindicamus salutem, aliquod verbum in calce hujus miraculi de perfecta confessione fecisse, opportunitate occurrente, nisi alibi ipsa latius cum latine tum vulgo litteris mandavissemus. Eo inceptum ad opus redeamus.

PARS X.

115. Sed eisdem fere temporibus puella quædam, parentibus solum comitantibus, templum S Mariæ de Valle Umbrosa, gratia bonæ valetudinis recuperandæ adivit. Quod profecto miraculum (quia pium miserabileque fuit) ut vel tunc videndo pariter nunc litteris mandando lacrymas haud tenere possum. Hanc unicam parentes habebant; quæ, ut ab ipsis accepimus (qui revera boni fidelesque esse videbantur; cæterum, ut res ipsa paulo post declaravit, haud erant) in teneris annis tanta animi virtute instructa fuit, ut adversus mundi lascivias, voluptates et illecebras, quæ quandoque, nisi quis caveat, corpus animamque miserabiliter obruunt, supplex humilis Virgini Mariæ penitus dedita esse, preces quamplures, variasque orationes, quas domi didicerat, in sui honorem decusque singulo die emittere, omnes ipsius vigilias indictas seu minime pane tantum lutuosaque aqua contenta jejunare; neque salem, neque alia irritamenta gulæ quærere, nec virum ducere, nec eorum visere spectacula vel conventus, cæterum eos spernere aut fugere, si domum peterent, latebras inquirere et plura alia quæ religiosam puellam decent.

Apenninum montem ad septentrionem, et Arnum fluvium ad meridiem.

116. Hanc igitur virtutibus omnibus redimitam diabolus Dei nutu invasit. Eam in primis leviter torquere, nec a solitis orationibus jejuniisque facere alienam. Verum interdum oculorum aciem torvam, vultum faciemque exs nguem dare, ora foetida præter solitum habere. Quibus parentes paululum permoti, primo rati [sunt esse] morbum naturalem : post ubi eam non semper eamdem vident neque æqualem manere, sed sicuti a diabolo movebatur magis magisque variam esse, neque interrogata verum responsum dare, sed dissimulando variare; cognita re (nam antea sæpius audierant signa diabolica) sic in primis conjecturari, properantes Passinianum monasterium hujus ordinis, quod S. Michaelis dicitur, adeunt ex suis quidam. Quibus non procul a domo præfati monasterii œconomus occurrens, re cognita, ab instituto itinere domum eorum divertit. Eum in primis, alios præsertim religiosos viros accurate religioseque habuerunt.

117. Deinde monachus in conjecturis sagacissimus (nam antea diabolicum genus sibi ob frequentiam expertum erat) conjurationibus aliisque, quibus utimur, modis ipsam dæmone captam cognovit. Eos itaque Passiniani monasterium, ubi S. Joannis corpus honorifice sepultum est, ire tum monet, tum hortatur. Rebus igitur diligenter compositis, illa Florentiam, hi ad illud monasterium contendunt : qui quidem grati abbati præter infortunium casumque mirabilem fuere : ex monasterii enim colonis et agricolis semper boni fidelesque permanserant. Eo cupiente abbate illic divinum auxilium exspectantes incassum, multis diebus et laboribus consumptis, de monachorum consilio, solo diabolo tunc quiescente, ad hoc S. Mariæ monasterium ætate itinereque fessi, tenebris jam, ubi venere, exortis cum litteris quæ abbatis Passiniani nomine mittebantur, contenderunt. In his litteris abbas non parentes tantum, cæterum eorum filiam summopere commendans, hæc inter reliqua [scribebat] : Hujus fama virtutis passim non agrum Passiniani tantum, sed et finitimos omnes complevit; adeo dum hoc in monasterio conjuraretur, multi ad hoc spectaculum mortales causa ipsius convenere præsertim proximi quique; et multa alia, quæ aut benevola aut utilia esse credebat, scripsit, ut animos nostros pietatis cupidos vehementer accenderet.

118. Postridie autem adventu monachorum his cœnibus abortæ lacrymæ se miseros, se desolatos, omni spe destitutos, nisi filia curetur clamitantes. Consolantur ægros animi monachi his verbis : Patres, ne hoc impatienter feratis, oramus, cum Scriptura divina testetur Jesum Redemptorem nostrum, eos quos diligit quosque ad vitam præordinavit, excruciare, variis intolerabilibusque cruciatibus afficere. Nec injuria; cum ipse solus non tantum bonus, sed perfectus (cujus bonitas non ex accidenti dono, sed essentialis et æterna ei inest) tamen frigus, famem, zitim, eodemque tempore inopiam et laborem tolerare, demum cruces tormentaque immania ac turpissimam mortem ob scelera nostra delinienda constanter animo ævo ingenti, etsi dolores intolerabiles corpori illi sanctissimo inferrent Judæi, perferre voluit. Quid de Joanne Baptista ? Quid de Laurentio ? qui, velut alienato a sensu animo, totum corpus pro nomine Jesu torrere passus est. Quid de cæteris inclytis beatissimisque viris dicemus ? quibus regnum nunc cœlorum ob eorum merita et præclara facta exornatur; quibus, ni patientiæ virtus exstitisset, tum cruciatus illos, tum tartareos, multo duriores inclementioresque perferrent.

119. His et aliis animos eorum mœstos arrexere paululum. Inde ad capellam, extra monasterium sitam, prodeunt omnes, hinc sæculares, inde devoti religiosi. Conjuratur dæmon, interrogatur : tacet ille. Demum S. Joannis virtutem, primo etiam increpationes crebrasque probationes sacerdotis amplius ferre non valens, circumferens hinc inde truces minaciter oculos, in hæc tandem prorupit verba, inde in parentes puellæ ipsos oculos ignivomos defigens inquit : Perditi miserique, senes, qui vestris sceleribus filiam unicam, longe prius excruciatam, demum perdere curatis : scelesti, reddite quæ furtim clamve monasterii surripuistis bona, inde discedam; secus autem preces incassum, etiamsi totum annum crucier, fierent. Cunctati aliquandiu sunt iniquissimi illi, alius alium circumspectantes : movit deinde pudor. Itaque, tum vultu, tum facie, colore aliisque corporis signis se reos tanti sceleris patefecerunt.

120. Rem sacerdos, quam caute sagaciterve potuit, exploravit, ne quod ante nemini, nisi per diabolum cognitum fuerat, per omnium ora deinceps versaretur. Cæterum operæ pretium fuit, eos senes, male urgente conscientia, in vultu totoque corporis aspectu immutatos videre, cum etiam diabolus ipsos per puellæ os, ubi monachi intro ingressi [erant], hujusmodi insectaretur verbis : Vos, perversi senes, hujus puellæ machinatores mali; vos filiam vestram hoc discrimine vestris sceleribus induxistis; vos, cum aliud clausum in pectore, aliud in lingua promptum, hypocritæ, subdoli, varii, haberetis, pene filiam vestram perdidistis. Hoc ægerrime fero, quoniam insanabile vestrum cognosco ingenium, hanc in suo id corpore tolerare, quod meriti estis. Voluissem vos vestro supplicio docuisse humanum genus, ea scelesta, nefaria, sacrilega esse, quæ tam inique, nulla necessitate urgente, estis perpetrati. His aliisque eos silentes, mœstos, oculos humi præ pudore defixos tenentes, quid agerent, quidve dicerent penitus oblitos, nunc stantes per capellam errantes, insectare instanter diabolus.

121. Hinc luce clarius constat, unicam securamque vitam per virtutem esse, cum corrupti mores actorem instigent semper, et cum bonis bona, malis mala præsto sint. Nunc autem ad miseros senes, qui data fide se omnia male ablata paulatim propriis dominis restituturos firmare, si fœdum, inutileque, ut erat, censerent : Habita prius suorum scelerum non sine lacrymis confessione, dæmon nullo strepitu,

nulla voce emissa, alioversum contendit. Mira res, quamquam enim, ut dixi, summo cum silentio alio dæmon concesserit, tamen mox signum miserabile datum est, quod præsentium perterrefecit, præsertim parentum, animos: cum puella ad terram consternata, moribundæ similis, horam prostrata jacuerit. Tunc (aderam enim) mihi senes illi multo miserabiles visi sunt: qui eam defunctam existimantes, in fletum gemitumque sese prorumpentes, pugnis pectora tundere, vestes scindere, aliaque plura, quæ dolor fieri amat, uti insanirent, agere. Ægerrime tandem a nobis exemplis, aliorumque rationibus vix sedati, adeo perturbationibus vexabantur. Demum adjuratione omnium sensim anxie surrexit illa, inde paulatim recuperatis viribus, ingenti stupore ducta (oculis enim omnia prius lustraverat) ubinam gentium sit, sciscitari.

122. Re itaque cognita, in parentum oscula amplexusque ruens, eorum mœstitiam lenivit: inde ad altare rediens oculis manibusque una cum mentem in cœlum jugiter intentis, has, nobis monachis audientibus, preces effudit devote nequaquam muliebris pectoris ingeniique: Tibi, Jesu Christe Deus omnipotens, quo sine nihil superi, inferi, et quod usquam est creatum, agunt tractantque, gratias pro tanto in me collato beneficio uberrimas ago: tibique me offero, dedo, obligo; tuamque immensam pietatem oro, ut, veluti me ægram morbo intolerabilique cruciatu, sospitam incolumemve tua solita benignitate fecisti, ita velis me posthac talem tamque sanctam instituere vitam, ut tetras inferni pœnas horrendosque cruciatus possim evadere. Tuque, gloriosissima semper Virgo Maria, per quam post Deum totus vivit orbis terrarum, sine qua nil gratiæ hac in valle lacrymarum nos, hei miseri mortales, a Jesu consequi possumus, me tibi filiam adoptare velis, oro: mentem vero meam in sanam rectamque viam dirigas deprecor: nulla sorditate spurcitiave cum mentis tum corporis animus meus inquinetur. Tu quoque, o Joannes beatissime, cui tantum Deus tuisque recte factis præstitit, ut osse etiam arido a quovis morbo mortales omnes eripias, rogo, parentes meos meque ita adjuves et conserves, ut hac functi vita tecum una bonis perfruamur cœlestibus.

123. Inde se primo nostris commendantes orationibus, domum læti concessere propriam. Senem illum annuatim, dum illi vita comes fuit, nudis pedibus in S. Joannis festivitate hoc S. Mariæ monasterium cum cereo funali devote petiisse vidimus. Verum in fine hujus miraculi pro religione Christiana, proque salute nostra non absurdum visum est hæc addidisse: Quod etsi, ut [in] sacris Scripturis memoriæ proditum est, filii ob scelera parentum pœnas non daturos, pari modo nec parentes; hoc tamen, multisque aliis miraculis constat secus esse. Cæterum in sacris Scripturis ita accipi potest, mortales scilicet in futura vita non pœnas pro alienis sceleribus sumpturos: ubi mali juste animadvertuntur; boni vero præmium factis suis dignum inveniunt. Vel ita omnes, qui in præsenti vita torquentur, non alienis, sed suis, etsi nobis clam sint, sceleribus torqueri. Quanquam hic diligenter animadvertenti perspicuum erit, senes illos acrioribus filiæ suppliciis affectos. Nunc ad reliqua.

124. Ex eodem Passiniani agro aliam ad hoc S. Mariæ monasterium vidimus vi tractam puellam, quam antea parentes Florentiæ, num S. Zenobii (166) reliquiis liberari posset an non, experiri voluerunt. Hic multis diebus, cruce, brachio, orationibus cum privatis tum publicis, incassum consumptis, eos missos monachi hac conditione fecere [ut] alias, cum tempus opportunum daretur, redirent. Cæterum illi precibus lacrymisque aliam diem a piis monachis impetravere, orantes, quidquid laboris operisve valerent [impendere,] in dæmone ejiciendo experirentur. Si vero aliter ac rati essent eveniret, sine mora postridie patriam petituros.

125. Jubet itaque decanus monachos quosque pro se orationes ad Jesum fieri, presbyteros in missis, alios cum in officiis publicis tum orationibus privatis: ab omnibus igitur summa devotione orabatur. Altera vero die, primo mane celebrato officio more solito, monachi ordine quodam cantantes et psallentes ea voluntate, eo, ubi dæmonem esse [noverant] contendunt, ne inde abeant, nisi perfectam sospitatem recuperarit puella.

126. Cum igitur utrimque summa vi, his orando, illo resistendo certaretur, demum diabolus, S. Joanne sua virtute annitente, die illa se concessurum fatebatur; ad hoc addere: Conjurationibus et orationibus ha! tandem finem detis, oro: vobis atrociores et certamini instantes magis nusquam gentium reperi. His monachi in eum crudeliores fieri, nullo labore, nullo certamine diuturno vinci. Tunc exitum suum dæmon paulo post, quia monachi nec cedere, futurum existimans; inflammatus ira concitat summis viribus mulierem, extollitque. Defatigantur, labuntur, cadunt interdum, qui eam amplexi a tergo mediamque arripuerunt, feroces juvenes. Terrorem aspicientibus non mediocrem de se dæmon dare, cum os fœtidum, spumosum, oculos puellæ ardentes, labia ipsius quandoque tartarea vi ad occiput usque trahens, monstrum hominis faceret.

127. Tali in certamine multum temporis cum incassum consumpsissent, qui aderant, religiosi (nam diabolus verbis fugam polliceri; cæterum re ipsa acriter puellam vexare) ipsam potius quam se miserantes, ægre abiere intro. Quid? quod his decedentibus verbis procacibus insultare dæmon. Non me hinc dejicere vel Joannes vester potuit, vel vos! quocirca aliud curantes, ab hoc opere desistite. Verum hæ insultationes et derisiones sibi plurimum obfuere. Meridie enim ex fratribus unus illuc cum cruce pergit; nec ad eum expellendum minus animitur; quo die de illo egit Papebrochius, tom. VI Maii, pag. 49.

---

(166) Is est S. Zenobius urbis Florentinæ episcopus et patronus, qui 25 Maii solemni ritu illic coli-

erat, fretus virtute Joannis sanctissimi, ac paulo supra cunctis fuerat monachis. Instabat itaque, Deo gloriam daret. E contra ille magis sævire. Tum monachus: Quandoquidem apud te, o dæmon, nulla misericordia, nullus locus pietatis est, etsi singulis horis in capite dimicetur tuo, ita eam, nihil crede, pietatem nusquam invenies. Rem enim non cum peccatoribus, verum cum sanctis agis, quamobrem alio contendendum, velis nolis, tibi necessarium erit.

128. Diuturniori itaque certamine dæmon fatigatus, verum discessum pollicere; paulo post se alio concessurum, signo dato, fatebatur. Signum enim tum aliquod ob veræ discessionis indicium petierat sacerdos; nec longa data mora, mulier unum exuta pedem solea, extra vallem, quæ capellam munit, cum ingenti omnium admiratione ab inquirentibus reperitur. Hoc nisi arte dæmonis haud fieri potuit. Ex tunc puella humi prostrata, fere dimidium horæ jacuit: inde incolumis domum rediit suam. Fertur diabolum inter conjurandum dixisse, se ob matris in filiam maledicta blasphemiasque, animo iniquo prolatas, ipsam obsedisse. Cæterum quia diabolus, ut sacræ testantur Scripturæ, in his suis primordiis mentitus est, ita fuisse an non, nobis non satis constat. Potuisse tamen Dei occulto judicio fieri, probabile videtur. Nam blasphemias præsertim, quæ mente corrupta a parentibus in liberos dicuntur, sæpius plurimum his obfuisse relatu multorum, litterarum monumentis cognovimus.

PARS XI.

129. Ex Alvernæ partibus, oppido videlicet, quod illi montem Fatuum seu Fatucchium (167) a fatis dicunt (olim enim arte necromantiæ diabolique dolo mortales, quæ futura essent, vaticinabantur) ad hoc S. Mariæ monasterium puella, Lisa nomine, a parentibus ducta est. Hanc dæmon qui invaserat, plurima facinora diuturniori temporis spatio [committere] fecit: quæ quia atrocia variaque fuere, ea litteris mandare curavimus. Cum igitur cruce et sanctissimi Joannis brachio, orationibus cum publicis tum privatis dæmonem diu acriter infatigabiliterque vexassent monachi, et ipse Domino Jesu haud gloriam daret, lassi fatigatique, hiemis insuper asperæ nivium copiam, quam nocte, quæ instabat, aer abunde effudit, verentes, his, discederent, mitiorique tempore existente, redirent alias, imperatum est. Hoc illi ægerrime, tum puella nondum incolumi, tum itineris aerisque difficultate, cum ferrent, mansionem in diem alterum orant: inde in patriam, quæcunque sors acciderit, se concessuros fatentur. Quod facile ab his impetratum.

130. Ea die summa vi utrimque a diabolo et monachis certatum est. Hi enim pro Dei honore: ille vero solita crudelitate pugnare. Cum ergo diu monachi orassent, et diabolus adhuc præter spem resisteret, quia hora vespertina jam advenerat, dæmonem jamjam ad ultima deductum deserentes, introgressi sunt. In nocte autem sequenti, nives ingenti vento commixtæ has Alpes regionesque circum adeo complevere, ut homines et jumenta torrida frigore, nec pedem domum extra ferre auderent, omnia inanimata etiam rigerent gelu. Quam temporis deformitatem miseri illi exacerbantes pavidi trepidique stare: nam non modo redeundi in patriam spes omnis amota (etiam asperiora his Alpium loca incolebant), sed in dies pejora verebantur. Eo supplices gementes tantum victum orare: se pro sumptibus, quam vellent pecuniam daturos; etsi in extrema inopia versarentur, polliceri.

131. Quos decanus Pater, quassatos, fractos, pannosos cernens, eorum miseratus fortunam, [ad] eos ita benigne exorsus est: Nondum enim, quantum conjecturari valeo, quantum apud servos Dei oporteat esse misericordiam spectastis; quod profecto si spectavissetis, nihil vos perterruisset, neque pro victu pecuniam, neque aliud offerre vobis ori cordique fuisse, cum penes nos omnia in medium quærantur. Non diuturnum tempus, non nives rigentes obstabunt libertati: cum non a nobis, sed ab ipso Deo et ex vestris sudoribus proveniant, quæ dantur. Tuta nobis omnia. A nobis vero non tantum sumptus necessarii, sed auxilium ad dæmonem expellendum, Jesu favente, dabitur. Eo mittite tristem mœstitiam, desuper divinum exspectantes auxilium. His arrecti animum dictis. Imperat, qui hospitio præerat, necessaria omnia, dum moram hic traherent, dari, et sic ex voto omnibus rebus foris compositis, monasterium ingreditur.

132. Eam igitur diabolus cum sæpius suffocare, et hoc summis viribus omnique arte tentavisset, parentes, humanis auxiliis destituti, Jesum modo, modo Virginem Mariam, interdum sanctissimum Joannem, ferrent opem, clamitare. His in difficultatibus cum penitus, quid agerent, quo se verterent, nescirent, hospitem conversum, qui eis victum præbebat, si qua via posset, eorum inopiæ et calamitati subveniret, oravere. At illi simplici cum omnes hujusmodi in negotio deessent artes; vix enim Dominicam orationem cum Virginis Mariæ salutatione scire, inquit: Fidem integram in primis erga Deum sanctosque ejus habere fideles omnes oportet; inde suum suppliciter exposcere præsidium; idque longanimi spe agere, si quandoque, quod petimus, differatur, cum animis cupientibus nihil satis, ut dicitur, festinetur. Inde introveniens, quidquid dolo arteve diaboli acciderat puellæ, et ut vitam luctu mœroreque plenam agerent alli, decano quamprimum studuit enarrare.

133. Motus his decanus sacerdoti cuidam ex monachis, singulis diebus cum cruce ad dæmonem conjurandum anathematizandumque eo ire præcepit.

---

(167) Quidquid sit de hujus cognominis etymologia, montem *Fatucchio* invenio non procul ab eremo Camaldulensi versus orientem. Unde existimo auctorem per partes Alvernæ, Alvernum Tusciæ montem, S. Francisci stigmatibus notissimum intelligere.

Quod cum decani præceptum reverenter agitaret sacerdos, diabolus interim non quiescere, verum per os puellæ, modo juvenes conversos, modo bubulcos benigne appellare, joca cum eis agere, insidiis palliatis omnia tentare, eorum animos ad rem turpem variis modis illicere, nihil quod ad tetrum facinus utile putaret, relinquere. Ei multa agitanti, Jesu volente, nihil cum procederet, statuit monachum, inde sæpius transeuntem, cui gallinarum cura commissa fuerat, alloqui. Observato itaque diligenter tempore, cum a pullis gallinæ pascendis rediret, [ad] eum ita, suis parentibus opportune aliis negotiis intentis, vel ut dicebatur, paululum quiescentibus, exorsus est : Antoni frater (nam nomen creberrime audiendo didicerat), fortuna, si vir esse velis, præclari dulcisque facinoris casum dedit. Postulat monachus casum. Hac scilicet nocte ad puellam hanc ingrediaris, et mihi credas volo, me volente nihil periculi imminere. Cum monachus ille jam diaboli arte irretitus, et virtute castitatis, ad libidinem illectus, portam monasterii singulo vespere claudi diceret, et id minime excecutioni mandari posse, ait dæmon : Fac periculum, de cætero nihil tibi sit curæ : mea enim arte portam undique invenies patentem.

134. His dictis, monachus quam celerrime properans, monasterium versus ire; moram enim ultra solito fecerat. Domini igitur multa secum volvens in incerto habere, quidnam e duobus, quæ seorsim in mente certabant, eligeret. Nam in una parte mala voluptas puella potiri quovis modo cupiebat; at in altera timor Dei, sui dedecus, si in re caperetur, carceris asperitas, ne tam pessimum aggrederetur facinus, deterrebant : vicit tamen in avido ingenio pessimum consilium. Eo hujus ei participem faciens neminem, statuit id, quod nefas erat, quoquo modo perpetrare. Casu eo die coquinæ officium familiare munus, quod in religione commune negotium omnibus, ut regula dictitat, etiam sacerdotibus, his tantum qui majora curant amotis, ad ipsum ordine vicissitudinario pertinere.

135. Quocirca optima via ad perpetrandum inventa, Gasparum monachum, virum religiosum, qui monachorum tunc curam et præsertim juvenum gerebat, his verbis adoritur : Si justum est, Pater, et si libet dormitorium extra, quia mihi multa incumbunt negocia, quiescam. Cum ille primo commotus insolita re, id nullo pacto, et præcipue ob aliorum exemplum non decere assereret, et caveret id petere, quod indecens esset : et iratus monachus, nihil unquam ob sua in eum plurima benefacta consecutum, diceret; demum super hoc multis ultro citroque verbis consumptis, Gaspar ipsius importunitate victus, quia nihil periculi, monasterio undique clauso et munito, immineret, cum missum, secum ut esset hac conditione, fecit. Ille se omnia facturum, etiam et majora pollicens, lætus ab ipso abiit.

136. Diligenter igitur omnibus, quæ coquinæ erant, quam festive peractis, infelix, judicii De semper præsentis, et professionis, quod majus est, quam coram ipso et sanctis ejus se observaturum juraverat, oblitus, rem, duce diabolo, tentare est ausus. Ad portam igitur monasterii veniens, eam, ut dæmon dixerat, patentem reperit. Verum precibus Joannis sanctissimi, qui servos suos decusque monasterii jugiter tutatur, factum est, ut metus pavorque ingens eum invaderet. Eo vehementer perterritus, sese quam raptim, ostio patente, ut erat, relicto, in coquinam dedit, ibique signo crucis se muniens, flexis genibus, orando, trepidus, adhuc divinum implorare auxilium.

137. Ipsum ego postea, multis præsentibus, prædicantem audivi, se nunquam majori horrore et tremore affectum : visum enim fuerat sibi, quod horresco referens, umbram quamdam atram horrendamque, oculos ignitos præ se ferentem, sulphureum pestiferumque fumum naribus hiulcis edentem, ipsum insequi : quo totam noctem ad matutinas horas usque formidolosum et trementem se etiam pernoctasse; hoc in animo etiam sæpius volvisse, se dormitorium extra, dum cæteri decumbunt, fore nunquam. Cæterum domnus Gaspar Prior, de quo supra verbum fecimus, ostium clausum invenit : nam monasterii [claves] semper ad decanum seu ad Priorem deferuntur. Neque hoc silentio prætereundum puto, quod cum forte alias monachus iste Antonius iter, dum dæmon erat, de majori præcepto haberet; eum his verbis irrideret dæmon : Vah ! omnium ignavissime, nulliusque pretii formidolose, qui mulierem puellam adire non audes : quonam pacto virum aggredereris armatum? Abi quo dignus es cum istac tua timiditate muliebri, meamque opem posthac ne expetas, ne inquiras, ex quo, ut voluissem, puella hac modo non es potitus. Monachus vero signo crucis facto, in primis surda pertransiens aure, ad peragendum ivit, quod sibi imperatum fuerat, officium.

138. Est et aliud, quod, quæso, libenter audite. Joannes quidam conversus, qui cellæ vinariæ pro exterioribus rebus curandis præerat, vir profecto simplex, cum quodam vesperi quamplures supervenissent hospites, et conversus alter Augustinus, de quo supra verbum fecimus, cui negotium his deserendo necessaria injunctum fuerat, hospitibus aliis inserviret; Joannes iste illorum, qui cum puella capta a dæmone erant, curam cœpit. Deferens itaque eis necessaria, forte patrem senem, diabolo vires administrante, hoc animo [ut] ipsum suffocaret filia aggressa fuerat incassum, matre insuper totis viribus annitente, oranteque semper filiam, ne tantum tamque tetrum facinus in parentem admitteret. Nam cæteri tunc aberant; quod admisisset profecto, ni conversus, invocato nomine Jesu, ac suis usus viribus eam, ægerrime tamen, a patris violentis complexibus abstraxisset.

139. Verum cum jam discessum parasset conversus, iterum puella nutu diaboli atrocius solito pa-

trem, mortem crebro minitando, aggreditur. Injecerat enim manus in gulam. Ille intro quamprimum, matre conclamante, rediens, dæmonem, ea vi amota, ut solent sacerdotes et religiosi, vulgaribus tamen verbis (litterarum enim ignarus erat) conjurare cœpit. In quem dæmon vultu atroci terribilibusque oculis se, ut ipse solitus erat referre, convertens inquit: Asine, bubulce, nullius valoris homo, unde hæc tibi audacia, me, ut religiosi assolent, conjures? Abi hinc in crucem tuam, et tuum non aliorum peragas negotium; et si ulterius bellum, non homo, perrexeris, mihi crede, tuo supplicio docebis humanum genus, quid periculi immineat divina tractanti, nisi sacris prius initiatus fuerit.

140. At conversus et teterrimo dæmonis aspectu et minis ejus non parvo timore correptus, inde quam raptim abire. Quem senex parti suæ diffidens magnopere orare, illuc alium ex bubulcis seu subulcis per Jesu Christi clementiam mittat, et illico suum præsens periculum decano monachisque enuntiare studeat. Quod ille diligenter oratum peragens, Antonium quemdam ex bubulcis illuc ire jussit; remque omnem deinde Patri decano aperuit. Mittitur statim sacerdos, qui, uti justum fuerat, puellam stola sacerdotali circumligavit, et deinde parentes, ne ulterius formident, monens, insuper et bubulco imperans, ad suum solitum concedat locum; quia jam multum noctis peractum erat, quam cito in monasterium rediit. Hinc facile intelligi potest, cujus virtutis et potentiæ sint stolæ sacræ, et cætera, quibus sacerdotes ornantur, dum suis funguntur officiis, fide tamen, ut fit in cæteris rebus præmissa. Nam diabolus, qui antea ferox in senes illos miserabiles fuerat, in alios vero verba contumeliosa dixerat, stola circumligata, ut diximus, demissus, humilis, impotensve effectus, totam noctem duxit quietam.

141. Additur huic et aliud miraculum. Nam Antonius ille bubulcus, quem paulo ante retulimus, cui boum cura cum aliis quibusdam injuncta fuerat, turpi amore puellæ captus, secum in mente volvere cœpit, qua via posset clam parentibus ipsius puellæ potiri concubitu. Nam cum moribus tum natura rusticanus erat [esset], quid periculi ob diaboli sævitiam immineret, minime cogitans, verum voluptatem malam tantum explere cupiens. Sibi multa agitanti hæc optima via visa est, aditum fenestræ, quæ partem respiciebat inferiorem, scalis positis tentare; quæ quidem fenestra pessulo, seu sera, nullo artificio inepte adeo claudebatur, ut quivis arte callidus de una ad aliam partem [movere] valuisset per rimas ipsius fenestræ. Hac itaque via rem ille aggredi cum cœpisset, et jamjam ad id devenisset, ut fenestra aperiretur, diabolus circum scalarum gradus volitans, sic cum perterrefecit, ut tremens toto corpore, pedibus etiam et manibus suum officium non rite peragentibus, ad terram repente lapsus, uno crure pene fracto, scalis relictis,

vix ad bovile usque, quod non multum distabat, repens pervenerit.

142. Quo repente subitoque casu stupentes alii, qui erant, bubulci, unde hoc sibi, vel quæ tanta ipsum tenuerat mora, sciscitantes, pavens tremensque adhuc ipsis, qui hoc idem paulo ante, dum moram traheret, conjectaverant, rem omnem, hac lege dicerent nemini, aperuit. Verum non multo tempore post, cum de istac puella sermocinaretur, quasi pro miraculo hæc eadem Antonius præsentibus nonnullis prædicavit. Hoc S. Joannis precibus factum nulli nostrum dubium exstitit, cum sui Ordinis, præcipue hujus monasterii, decus honosque curæ est: ut ipse et alii posthac ad hujusmodi turpissima essent tardiores vel caverent: nam ausim dicere, talem rem ante vel post tentasse neminem, etsi multæ et vultu modesto et venusto venerint et ætate integra puellæ, cum a diabolo, tum aliis morbis oppressæ.

143. Sed ad diabolum, qui Lisam puellam invaserat, redeamus. Cum enim, ut supra diximus, jam omnibus suis viribus destitutus, etiam nec mutire amplius auderet, nivibus Austro flante liquefactis, die quadam, nec aura quidem spirante, sereno cœlo, ægre ad capellam, summis viribus, diabolo ne id fieret annitente, trahitur, et de more cum S. Joannis brachio, præsentibus monachi devoteque psallentibus, et canentibus, in moram longam conjurando et anathematizando torquetur: cum enim jam discedendi tempus adesset, pristinis viribus resumptis exclamare repente, debacchari, convicia maledictaque dicere, solito pejus puellam sursum tollere cœpit.

144. Accedentibus igitur nonnullis, qui aderant familiares, montanis ferocissimis, eam maximo cum labore vix sistere valentibus, pro tempore quievit dæmon. Tandem S. Joannis virtutem amplius non ferens, alio ingenti cum stridore concessit. Puella vero e manibus tenentium paulatim prolapsa, diu, uti hac vita mortali functa supra ecclesiæ pavimentum jacuit. Demum surgens, Jesu in primis, Virginique Mariæ, et S. Joanni gratias agens, læta cum suis domum propriam contendit. Verum, nondum tribus mensibus expletis, iterum idem dæmon eam atrocius solito invasit.

145. Eo parentes nimium percussi, quid in hujusmodi re atroci agerent, quo se verterent, penitus ignorabant. Huc redire eos pudebat, alio se conferre, etsi necessitas cogeret, tamen, quia et vires et pecuniæ longis itineribus jam absumptæ fuerant, verebantur. Itaque in re dubia non defuere, qui et pecuniis et jumento ferrent opem. His ergo hoc monasterium iterum petentibus non cessavere comites, pars misericordia pietateque illecti, pars cupidine visendi tale et tantum monasterium in terra deserta in loco horroris et vastæ solitudinis situm: adventum quorum propter dæmonis reditum monachi ægerrime ferentes, statuerunt intus, foris quoque

molo crando, supplicando, ipsum dæmonem acerrime impugnare.

146. Cum igitur hinc inde summa vi decertaretur, et Joannis sanctissimi virtutes crucesque tam asperas diabolus amplius perferre non posset, in senes illos, parentes puellæ, truces oculos convertens, nec mortale sonans, inquit: Iniqui perversive senes, cur me filiamque vestram, vita a vobis male et pessime instituta, in tot devexistis tormenta? Redite, redite ad conscientiam; facinora illa mucida, quæ intus latent, jam expurgate, ut pœnitentiæ acrimonia, virtuteve Dei curentur. His dictis conticuit dæmon. Hi vero rubore perfusi, qua potuere contritione, sua peccata confessi sunt. Ex tunc diabolus veluti fumus visus est per puellæ os supera petere. Quæ quidem devotissimam et utilem suorum scelerum in hoc S. Mariæ monasterio, sicut parentes, habuit confessionem, et Domino Jesu deinde, qui eam sospitem fecerat, ut sponso, adhæsit.

PARS XII.

147. Anus quædam de S. Mariæ Prunetæ regionibus, multis comitantibus, quia non obscuro loco nata [erat], in jumento undique funibus circumsepta sedens, sic ad hoc S. Mariæ monasterium concessit: quam dæmon adeo ferox demensque invaserat, ut præsentibus monachis cum reliquiis, a multis, etiam manibus a tergo revinctis, nec teneri nec flecti posset. Eo necesse fuit [ad] abietem quamdam, quæ in capella ob novum ædificium peragendum tum sita [erat], fune circumducto [eam] irretire; et ita vix sisti [poterat]. Operæ pretium erit advertere, quam a dæmone assidue quateretur, subinde subnixu extolleretur, exclamare ipsam, ululatus aniles edere, se miseram præ dolore clamitare, ita omnibus, qui aderant, et misericordiæ esse et terrori non parvo.

148. Verum cum dæmoni, etsi ingentibus S. Joannis virtute afficeretur cruciatibus, vires non imminuerentur, imo magis magisque augerentur, ita defessis omnibus, qui eam vinctam habebant, monachi cantando et orando, ita ut fit semper, anum ipsam natura et ætate squalidam et horrendam, cui etiam diabolus feram, deformemque reddiderat speciem oris, trepidi deserentes redire intro. Cæterum hoc miserabile spectaculum omnibus, qui aderant, exstitit: ubi enim monachi cessere forte per horam, eam dæmon (nam soluta erat) in gyrum vertere, incomparabiliter movere, et ita tartareis vocibus exclamare, [ut] montes collesque supini et formidolosæ rupes vocem reciprocam, ut Poetæ nostri dictitat sententia, reddere viderentur.

149. Qui vero parentes et comites aderant, ingenti stupore percussi, cum, quid in tali re agerent, penitus ignorarent, tantum divinæ clementiæ in primis, inde S. Joanni et nobis, [ut] eorum misereremur, se commendare. Cui miseriæ et torturis abbas compatiens, uni ex monachis præcepit, ut, corporibus cibo

(168) Per breve hic intelligitur, ut opinor, character magicus in brevi vel breviculo descriptus, de quo plura habet Cangius in Glossario.

recreatis, tandiu orationibus et precibus instaret, quandiu, aut diabolus alioversum tenderet, aut dies finiretur. Quem laborem monachus cum libenter obiret, oraretque incessanter, ambo (ille conjurando, hic vociferando) defessi sunt. Verum tandem Deus omnipotens ex alto prospectans, mulieri precibus Joannis sanctissimi opem tulit; nam inter conjurandum: Exibo, inquit, exibo, idem dira voce geminans; quia hic ulterius esse, etiamsi sit voluntas, potestas non datur. Quod nobis tui exitus signum dabis, inquit sacerdos. Cereum, ille [ait], ardentem exstinguam. Illico cereum accensum, solum non exstinxit, sed quadam impatientia ductus, ad terram detrusit: hærebat enim parieti. Anus vero diu velut defuncta humi prostrata jacens, exsurgens tandem Deo sanctoque Joanni, inde nobis gratias agens; domum suam læta una cum sociis concessit.

150. Vidimus in hoc S. Mariæ monasterio et aliam, in decrepita ætate constitutam, quæ nunc secus eam, de qua nunc verbum fecimus, a dæmone crudelitre torquebatur. Verum nonnunquam jocum et risum de se dare, cum presbyterorum more hymnum Angelicum, Apostolorumque symbolum, quod festis celebratisque diebus dicitur, caneret non absurde. Cum igitur longa conjuratione frangeretur, tandem rem, cur non alio concederet, nullo interrogante, aperuit. Aiebat enim: Nisi, quod intra vestes situm breve (168) latet, amoveatur; hinc, si vellem, nequeo discedere. Locis igitur abditis, sacerdote et id assentiente, scrutatis, dissutis etiam, anu illa, ne quid fieret, prohibente, inventum est. Quo amoto, mox dæmon clamans voce magna alio contendit.

151. Id breve conspeximus fere omnes hujus monasterii monachi. Erat enim signis variis characterisbusque quibusdam in angulis, nominibus mixtis, impressum cera alba filisque circumligatum: cujus non omnia sed quædam teneo nomina, Og (169) videlicet et Magog, quæ in Joannis evangelistæ Apocalypsi leguntur: Tetragrammaton insuper, Adonai, Sabaoth, quæ quidem nomina, ut nostræ docent Scripturæ, Dei magni sunt. Hæc huic operi seu miraculo inserere non abs re visum est, ut quivis intelligat, dæmonem sæpius tum verbis tum rebus ipsis, sub facie specieque boni, miseros mortales et genus fallere humanum: id vero, ut res diabolica, igni dari imperatum est. Eo liquido constat, brevia nec fieri nec ferri licere, nisi quæ a sacris canonibus conceduntur, quæ quidem pertranseo, ne videar regulares constitutiones potius quam historias scribere. Incantationes vero et quas vulgatis verbis dixere magias, apud Christianos nusquam gentium probantur. Verum nunc ad reliqua.

152. Ex Galliæ Cisalpinæ partibus nobilem quemdam, qui se ad plures jusserat sanctorum reliquias deferri, monitu quorumdam nostrorum monachorum,

(169) Og est nomen regis Basan. Auctor certe voluit dicere Gog et Magog, de quibus agit S. Joannes in Apocalypsi cap. xx, ꝟ 7.

qui eas in monasteriis incolunt regiones, ad istud S. Mariæ monasterium usque, gratia recuperandæ sanitatis, venisse tempore abbatis Bernardi, a quodam nostro converso jam decrepito accepimus. Hic ubi primum ecclesiam ingressus est, nondum lata cruce, qua, ut supra dictum est, dæmones conjurantur, diabolus tum loci, tum Joannis beatissimi sanctitatem amplius perferre non valens, emissa ingenti voce, abiit. Quæ vox, ut ipse conversus referre solitus erat, adeo terribilis et tartarea exstitit, ut omnes, qui tunc cultui divino inserviebant, reddiderit attonitos. Vir ille beneficii accepti memor, non parvam pecuniæ quantitatem devote super altare ponens obtulit : qui inde liberaliter cum sociis habitus, postridie cunctis de more visitatis, quæ sancta sunt, locis, etiam anachoretarum humilibus cellulis, in Liguriam bene instructus et admiratione plenus tum loci devotione, tum monachorum virtutibus concessit.

153. Ad hoc, ne cui id mirabile seu incredibile existeret, et aliud multo majus prædictus conversus referre solitus erat. Aiebat enim, quemdam mercatorem prædivitem de Ungariæ partibus Venetias, inde Pisas (170), [ut] Romam tandem peteret, comitantibus multis, navigasse. Quem cum Pisis dæmon invasisset, cumque torqueret acriter, adeo [ut] ex sociis ipsum aggredi auderet nemo (multos enim morsibus graviter attrectaverat), demum cujusdam Pisani fraude deceptus, fune catenaque ligatus et ad varias Italiæ partes, ubi Sanctorum loca [esse] audiverant, adductus, nec tamen convalens, intuitu quorumdam bonorum, hoc S. Mariæ monasterium cum sociis adivit. Huic erat interpres, qui modo Latina, modo materna lingua suos omnes aperiret sermones. Nec statim hic, ut supradictus, sospitatem recepit : sed quivis in atroci certamine consumptis diebus, dæmon, sese alio concessurum, nec posse Joannis sanctissimi virtutem amplius perferre, fatetur. Sciscitante sacerdote, quod signum, ubi discederet daret, ait : Audietur ab omnibus. Et illico capellæ tintinnabulum, nemine funem trahente, signum fecit. Quod signum omnibus, sed præsertim suis admirationi existens, qui forte numquam vel raro hujusmodi prodigia viderant. Deum ergo sanctumque Joannem benedicentes, rediere Pisas, inde Romam, postremo in patriam propriam.

154. De Casentini partibus, [ex] oppido, quod Romena (171) dicitur, militem quemdam pro sospitate obtinenda vidimus concessisse ad hoc S. Mariæ monasterium : qui a tanto torquebatur dæmone, ut a multis etiam ferocissimis juvenibus vix, dum conjuraretur, detineri posset. Verum cum jam fere per triduum multis tormentis, tum cruce, tum S. Joannis brachio affectus esset, Jesu virtute, et S. Joannis precibus in hæc tandem furibundus prorupit verba : O hominum omnium iniquissime, cur me teque in has cruces horrendaque tormenta dedisti? Nosti enim, quæ Deo et Matri ejus vovisti; peroptime calles, sed dissimulas, perjure. His dictis voluit, sed non valuit, ipsum ad terram tartarea vi detrusum suffocare.

155. Miles ille, ubi divina pietate paululum naturales sensus revocavit, cum a monacho sacerdote, si quid voti Deo obligaretur, moneretur, [ut] per confessionem aperiret, habita suorum scelerum devota confessione, votum, quo Virgini Mariæ tenebatur, se, ubi primum sospes domum repedasset, executioni mandatorum pollicitus est. Qua ex corde promissione fideliter justeque data, dæmon absque miseri hominis tortura, nihil mussitans ad alias se contulit regiones. Hinc quivis Christianus plene intelligit quid periculi sit vovisse, nec, si facultas data est, ignavia vel malitia, seu sæpius mentis perversitate, non reddidisse votum. Verum si partim de his votis quæ viderim, quæve audiverim digna, litteris mandare statuissem, metus, quam miracula, maturius me desereret. Eo ad reliqua, quæ, ni fallor, non minorem legentibus et admirationem et utilitatem prioribus allatura sunt.

156. Me in puerili ætate constituto, cum nonnullis, qui adhuc supersunt, monachis, de Senarum (172) partibus adolescens quidam non tantum a dæmone captus, verum etiam paralyticus, mutus et surdus, a parentibus, S. Joannis miraculis et prodigiis impulsis, ad istud S. Mariæ monasterium, non parva hominum turba inaudita re tracta, in cistis jumento superpositis deductus est. Proh Jesu bone! quid admirationis quidve amaritudinis mortalium mentibus dare nostram imaginem spirantem et vivam, omni membrorum officio privatam et dæmone repletam conspicere! Quis usquam gentium hujusmodi audivit! Quis aspexit? Quis non ingenti admiratione afficeretur, non tantum propriis oculis videndo, sed accipiendo auribus? Ubi primum in parvula ecclesia, quæ extra monasterium sita est, matris et aliarum mulierum gratia, quæ pietate coactæ, iter una aggressæ fuerant in grabato toto corpore stratus esset (nam sedere, quia paralyticus, haud poterat), illico illuc ex nova illecti, [multi adveniunt, et] conversorum, monachorum, aliorumque opificum et montanorum, qui variis incumbebant negotiis, fit concursus.

157. Hic etsi opera diaboli, ut diximus, omnium corporis membrorum officio privaretur, tamen lingua ipsius, dæmonis virtute plurimum in eo vigere. Nam indecentia in Deum et S. Joannem (virtute enim ipsius torquebatur) edere. Cum igitur non parum laboris, ut) sospitatem reciperet, dies noctesque

---

(170) Urbs Hetruriæ olim virtute bellica memorabilis, ad Arnum fluvium interfluentem, a cujus ostio sex milliaribus in ortum distat. De reliquis locis, quæ hic memorantur, agere non est opus, cum ita nota sint ut explicatione non indigeant.

(171) Locus hic situs est in tractu Casentino circa Arnum fluvium, æquali fere intervallo a Valle Umbrosa et eremo Camaldulensi.

(172) *Senæ*, vulgo *Siena*, urbs Hetruriæ satis nota, de qua iterum antea egi.

orando, conjurando, instando singularibus (ita enim præceptum fuerat) suppliciis monachi pertulissent; demum Jesus Dominus noster [ejus misertus est] precibus imprimis Joannis beatissimi, inde fide lacrymisque suorum, præsertim matris : nihil enim votorum prætermisit; paulatim adolescens, propriis corporis officiis et viribus recuperatis, et dæmone Jesu Christi virtute (monachi non parvam traxerant moram) fugato, Dominum per se laudabat, omnibusque admirationem sui faciebat.

158. Eo parentes præ gaudio toto corpore gestire, ipsum amplecti, osculari. Qui aderant, tanti miraculi stupore percussi, S. Joannem miris laudibus ad cœlum extollere. Tandem, silentio dato, talem Pater, audientibus cunctis, habuit orationem : Piissime Jesu, a quo omne bonum, et sine quo nihil rectum, toto corde, tota mente, totis viribus te benedico, laudo, magnifico, qui per servum tuum Joannem beatissimum hujusmodi prodigia nobis, [ut] te magis magisque laudemus ostendis.: quod profecto in filio meo hactenus misero, nunc felici ea felicitate, quæ vera felicitas dici et potest et debet, intelligo. Eo bone Jesu, tuque Virgo Maria gloriosissima, etiam et tu Joannes beatissime, filium meum nosque omnes in rectam viam et ad patriam tandem deducere dignemini : vobisque, Pater Abbas et monachi, quos ad hujusmodi dignissimum officium elegit Deus, nos nostraque commendamus, ut nostrum memores in omnibus vestris esse velitis : insuper ipse Jesus pro tali tantoque beneficio in Beatorum patria pro nobis restituat. His finitis, osculato devote S. Joannis brachio, læti in patriam contendere. Quod prodigium antea toto sæculo inauditum, non tantum civitati Senarum, sed finitimis cunctis, ubi narrabatur, summæ admirationi extitit.

159. Rem revera ridiculam, veris rebus veriorem tamen, quæ nostra tempestate accidit, enarrare glisco. Senex quidam de Scarpariæ (175) oppido, sito in Mugelli partibus, ad S. Cresci ecclesiam [ivit] imprimis, quæ ea in regione dedicata est; inde, cum haud sospes fieret, ad hoc S. Mariæ monasterium concessit. Hic brevi pristinæ redditur sanitati, donum laetus abiens : [sed], nescio qua causa vel quo vitio factum sit, in eum paulo post idem ipse dæmon iterum introiit. Quem ad præfatum S. Crescium, cum parentes longo itinere hiemisque asperitate, si huc concessissent, perterriti denuo deduxissent, petito signo a sacerdote, qui eum conjuraverat, inquit dæmon : Mox signum manifestum dabitur; et illico asinum, super quem sederat, in arboris trunco suspendens, ipsis dolorem damnum illatum et multis risum præbuit. Hoc

ita fuisse a viris fide dignis, qui in S. Joannis festivitate, voti emissi gratia, hanc adiere ædem, relatum est.

160. Molendinarius quidam de valle Arni de oppido videlicet Lancisæ, die quadam cum molendinum extra sospes [in] ligno quodam decumberet; ubi surrexit, neque mens neque cætera corporis membra satis suum officium agere, imo huc illucque debacchando currere, et ut paucis absolvam, insani capitis et stulti hominis officia de se præbere. Quem, qui supervenerant, dolo vique comprehendentes, vinctis a tergo manibus, ad hoc S. Mariæ monasterium, vociferantem, et, quo ibant, omnes partes clamoribus replentem, traxere invitum. Cum enim quis esset, et cur tantopere miserum hominem torqueret, a sacerdote interrogaretur; tum, ait dæmon : Me hinc expellere minime ad vos pertinet, qui veram professi estis religionem, et quos nisi justum agere haud decet; furem enim aggressus sum crebro mentientem, Deumque etiam sæpenumero blasphemantem. Ita esse, audientibus nobis, affirmavere quamplures. Verum cum sacerdos clam aliis eum ab hujusmodi nefariis [ut] cavere vellet, moneret, demum post triduum, quo tempore dæmon cum acriter vexando torserat, de se non parvo dato signo (fenestræ enim partem fregit) abiit quo meritus est. Eo molendinarius ille Jesu et S. Joanni gratias agens, et artes et mores domum rediens mutavit.

PARS XIII.

161. In vigilia S. Mariæ, quæ ob ingentem copiam nivis, quæ olim Aventinum montem (174) Romæ, ipsius Virginis prodigio, secundis Nonis Augusti complevit, de Nive dicitur. Is enim festus dies et celebratus per religionem Christianam quintus mensis Augusti a Christicolis notatur. Et ne cui admirationi sit, me hoc in miraculo tantum mensem diemque notasse intelligat, res novumque prodigium, [ut] id agerem, coegisse. Quod equidem horrendum, pectoribusque æterne servandum animadvertatis oro. Hoc enim ab alio non accepi, sed ut multum interfui, legi, dæmonem conjuravi. Ea igitur quam diximus die, mulier quædam a dæmone capta, revera haud ignobilis de Calciæ (175) partibus, ut in tali re fieri sæpius solet, multis comitantibus ad istud S. Mariæ monasterium contendit. Cum enim a me in Sanctorum sepulcro, de quo alibi latius verbum fecimus, tunc prostrata conjuraretur, et mutus dæmon effectus, legendo, orando seu conjurando nullum daret responsum, forte Ordinis S. Francisci duo supervenere Fratres, qui a Fratre Marco tunc eremita S. Mariæ de Cascesa invitati, ad ipsius Virginis Mariæ festum ire properabant.

---

(173) *Scarparia* sita est in agro Mugellano vulgo *il Mugello*, de quo et supra egimus.

(174) Errat hic Auctor ponendo *montem Aventinum* pro *colle Exquilino*, qui multum ab invicem distant, omnibus Romanis satis notum est. In colle autem Exquilino id prodigium factum esse ex Breviario Romano aliisque monumentis constat.

(175) Opinor esse eumdem locum qui sub nomine *Cascia* in mappis geographicis statuitur inter duos rivos ex flavio Arno ortos, non procul a montibus *Prati magni*.

162. Qui liberaliter a nostris habiti, dum more solito totum viscerent monasterium, dictum fuit venisse mulierem a dæmone possessam. Illico itaque nova re illecti concessere ad sepulchrum. Unus autem ex his forte necromantiæ arte instructus, me diu interrogando laborante, et dæmonem non respondentem haud æquo animo perferens inquit: Quæso, Pater, pace fiat vestra. Huic mulieri quædam secrete in aures liceat dicere. Quid si dæmon etiam invitus respondere cogatur? Ego igitur in tali re parum expertus, putans verba aliqua divina, ut decet Fratres, dicturum, permisi libenter. Accedens itaque ad mulieris aures, nescio quid mussitans et labia movens secrete spiraverit. Cui statim dæmon indignans, eumque trucibus minaciter aspiciens oculis, in hæc demum verba stridens erupit: Hypocrita, simulator non Frater, sed corruptor, o hominum pessime, qua tu audacia isthoc in loco sacro, Reliquiis servisque Dei præsentibus, ausus es tua pessima arte, quem Deus nondum coegerat, cogere. Te, mihi crede, pœniteret, si quæ in sinu defers amoveres: ferebat enim, ut mihi ipse deinde retulit, de ligno pretiosissimæ Crucis Christi Jesu.

163. Cui cum statim intrepidus, Nec te nec tuas paveo minas, responderet, inquit dæmon: Da, oro te, huic, quod in sinu latet tuo: inde in Alpis juga, vel quovis extra hæc loca sancta te confer, et illic mecum conflictando experiere quid tua, o bos, virtus in me possit: verum nec urbem adieris Perusinam [quin] ego quid mea in te valeat, periculum faciam. His dictis conticuit. Infelix vero Frater, de his quæ in diabolum dixerat, pœnitentia ductus, ingenti pavore percussus, una cum comite, S. Joanni imprimis, inde nobis, plurimum se commendans, tristis abiit. Mulier vero eodem die virtute Joannis beatissimi pristinæ sospitati reddita, quia non procul a monasterio [habitabat], gaudens domum propriam concessit.

164. Frater autem ille, de quo nunc verbum feci, ut suus postea nobis retulit comes, tales exitus habuit: sanctæ enim Mariæ festivitate ex voto et sententia eremitæ Marci acta diligenter, ad quemdam Conventum Fratrum, in colle quodam satis in immensum pertingenti inter S. Joannem de valle Arni et oppidum Montis-Varchi (176) situm, se Fratres illi conferentes, is qui pessimum facinus perpetrarat, sua lacrymans scelera, humiliter confessus imprimis, inde quid sibi acciderit compluribus enarravit. His itaque Fratribus res inaudita non parvam et admirationem incussit et metum; tamen, ut Fratrum mos est, ejus blandis verbis lenire dolorem, nihil esse quod vereri deberet, tum quia confessus, tum quia diabolus nec valet quod vult; frangitur enim Dei potentia, ejusque virtute debilitatur: et, quod majus est, mentitur sæpe. Illis igitur et aliis verbis ultro citroque datis et acceptis, in spem animum arrecti, se Fratrum orationibus commendantes postridie iter perrexere suum.

165. Verum cum intensissimo solis ardore et labore fessi, sublata olea locum Perusinum (177) prope, in itinere consedissent; ecce (horresco referens), condensa nebula et nigerrima quodam cum stridore horrenti e lacu repente veniens, ubi consederant miseri, locum omnem conglobans, ita [ut] illic diem in noctem verteret, ingenti cum fœtore eos circumdans, inde paulo post abiens, summum aera petiit, in quo paulatim soluta nusquam comparuit. His illico obriguere pili, et subitus cucurrit eis per ossa tremor, et humor undique et undique salsus guttatim scaturiens. Ubi paululum morati sunt, longe trepidi pedibus labantibus surgentes, signoque crucis se munientes, inceptum non sine magno labore peregere iter. Cæterum ubi civitatem Perusinam ingressi sunt, miser ille, quem dæmon nostro in monasterio acriter castigarat, diem clausit extremum. Hæc omnia alter Frater, comes ipsius in reditu suo Florentiam, nobis referre curavit. Exemplo hoc patet satis, artem necromantiam, nec sæcularem quidem, quanto minus Religiosum exercere debere, præsertim quia Christianos omnes, divina humanaque, non diabolica, requirere auxilia oportet. Verum nunc ad reliqua.

166. Ea in hebdomada puella, septimum agens annum, a dæmone possessa, a parentibus ad hoc S. Mariæ monasterium vi rapta, omnibus ea in ætate puellari posita, admirationi extitit. Cui cum in Sanctorum sepulcro matris lacrymis aliorumque pietate motus, compaterer, dæmonem vero orationibus et precibus in rem suam abiret conjurarem, tanta vis puellæ, dæmone annitente, fuit, ut ingentia saxa capite amoveret, virosque omnes, qui super sepulcrum sedebant ne forte exiret, in varias partes (quod dictu incredibile est) labi coegerit: ipsa vero quam primum prosiliit extra. Ego equidem tale oculis meis nec ante nec post memini me vidisse. Proh, bone Jesu! parvula puella, in tantum arte dæmonis furorem versa hoc tale solo capite ausa sit facinus. Ubi primum, ut dixi, a Sanctorum sepulcro prosiliit, circumferens hinc inde truces minaciter oculos, miserabile pavidumque de se omnibus spectaculum præhere: passos enim capillos, oculos ignivomos, os spumosum, lacerumque pectus et ora habens, modo singulos, modo universos ad certamen provocare; et eo atrocius, quia intra valli septa clausa et juvenum globus ostium obsidens, nulla parte via, qua erumperet, dabatur.

167. Demum omnibus formidine arreptis eamque aggredi cunctantibus, signum Crucis cum S. Joannis cruce in eam faciens, quievit paululum. Quam lapsam et sudore madefactam misera mater in sinum

---

(176) Ambo hæc loca inter duos rivulos ex fluvio Arno versus meridiem fluentes includuntur. De S. Joannis oppido supra actum est.

(177) *Lacus Perusinus*, sic dictus ab urbe Perusia, a qua tantum 7 milliaribus distat; ab antiquis *Trasimenus* vocabatur. Situs est in ditione Ecclesiæ in Umbria; ejus circuitus est 22 milliarium, continetque tres parvas insulas

recipiens, caput compsit, cæteras et deinde partes corporis adornando. Paulo post, quia diei extremum esset, nos intro petentes, eamque comites pedibus et toto corpore labantem trahentes secuti sunt. Ubi igitur ad capellam ventum est, ibi quievere pauluhum. Forte fortuna fuit in Virginis Mariæ laudem, ut vesperis singulis per totam Christi religionem fieri mos est, pulsaretur; vix primo dato signo, dæmon Virginis Mariæ sanctique Joannis virtutem amplius non perferens, me una cum acolythis, quorum unus aquam verbis et sale expurgatam, alter Crucem ferebat, audiente, dæmon ingenti cum stridore exclamans concessit. Postera vero die, Jesu Virginique Mariæ matri ejus ingentes gratias agentes, læti in patriam contendere. Eam deinde incolumem vidisse me memini: in Valle enim Arni superioris, non procul a Castri-Franchi (178) oppido distans, morabatur.

468. De patria mea, hoc est de Raggiolo (179), etsi plures ad hoc S. Mariæ monasterium gratia sospitatis recuperandæ venere, tamen hoc uno inpræsentiarum contenti erimus. Adolescens quidam, cui nomen Andreæ est (superest enim adhuc), cum maligni cujusdam perversique presbyteri, ut postea reipsa claruit, incantationibus magisque, ut vulgo aiunt, ita acriter vexaretur, [ut] vultus, ora vestesque misere manibus propriis flendo tunderet laceraretque, et germanus cæterique affines, quid tanto in discrimine agerent penitus ignorarent, forte quidam bonus vir, qui ad tantum cum cæteris multis concurrerat spectaculum, ei compatiens inquit: Virgini Mariæ bono rectoque corde hunc commendatum si reddideritis, mihi credite, illico bonæ valetudini dabitur et sanitati. Germanus igitur suus, his auditis, nulla data mora, tale Virgini Mariæ emisit votum: Tales quales indutus est vestes, o Virgo Maria purissima, tuam una cum isto misero adiens ecclesiam, in foribus templi ad tui decus suspendam: modo per te, o omnium sanctissima, pristinæ sanitati restituatur. Res mira! mox suis votis favens Virgo Maria adstitit, et præfatum Andream ab eo intolerabili liberans dolore, mente et corpore sanum valentemque reddidit.

469. Eo, qui aderant, omnes se explere in gloriosam Virginem Mariam laudando, benedicendo et extollendo, haud poterant, lacrymis ob gaudia exortis. Ea itaque die, aliis rebus relictis, ecclesiam S. Mariæ de Bibiena, quæ de Saxo dicitur, adiere quamprimum, oblatisque vestibus, et oratione inprimis ad Mariam Virginem devote ex intimis præcordiis emissa, domum eo vesperi prospere rediere læti. Cum itaque Andreas iste arte diaboli membris omnibus captus, Virginisque Mariæ precibus liberatus esset, non longo deinde temporis intervallo dato, cum die quadam una cum quibusdam vineas excoleret, iterum dæmon herbis et verbis noxiis coactus, ut supra, eum ingrediens possedit. Inde debacchari, furere, alios marra, sudibus saxisque petere; illi fugere, secreta securaque loca adire; tandem alii quamplures ad eum de vineis, de agris, hinc inde concurrentes, fessum vi dolove capientes, ligatum et vinctum traxere domum. Quibus cunctantibus, quid agerent, quove se verterent, penitus ignorantibus, optimum factum visum est eum ad S. Mariæ de Valle Umbrosa monasterium ducere. At alii maligno spiritu ducti, magos et incantatores super hoc consulendos in re fore existimantes, inquit germanus ejus, Galganus nomine: Nisi in [monasterio] S. Mariæ de Valle Umbrosa sospitatem pristinam recuperet, alio ire in præsentiarum non sanum mihi videtur fore consilium. Confido enim S. Joannem nobis, ut cæteris, opem cœlitus daturum, modo eam sincero corde integraque fide exigamus.

170. Hic optimus adolescens divinum tantum censebat quærendum auxilium ubi humanum deesset: quod equidem omnes qui sanæ sunt mentis sentiunt. Mox itaque jumento de more cum cistis parato, multis ex patria comitantibus, huc contendere. Ad quem visendum, cum quia de patria, tum etiam quia, ut puto, affinis esset, properans, re diligenter cognita, pro ipsius salute in hospitali igneum juxta, non cruce, non reliquiis aliis adhibitis, divina tantum misericordia fretus, oravi: Proh, bone Jesu! e vestigio meritis Joannis beatissimi, sua comitumque fide miraculum secutum est, cum quosdam nigerrimos carbones paulatim evomens, Deo gratias, Deo gratias, inquit, convalui! Ad hæc videnda sociorum aliorumque fit concursus. Nequibant satis mirari unde isti carbones, præsertim cum se nunquam comedisse fateretur. Sciscitantibus itaque me unde hoc, cum nihil certi hac in re dare auderem, conjecturor tamen, inquam, diaboli arte fieri posse, mixtos cibo potuque non apparere, et sic sumi. Verum, ut Crispus (180) ait, vereor ne quis, quæ sibi facta putet, æquo animo accipiat, supra ea veluti ficta pro falsis ducat. Cæterum, quod propriis oculis perspexi, manu tetigi, affirmare non dubito. Nam ad hujus confirmationem, puellam illam S. Gaudentii, de qua supra multa dixi, in testem affero; cum et alios quamplures, si res exigeret, afferre possem: a multis enim fide dignis religiosis accepi eam dentes, capillos aliaque, dum in S. Salvio conjuraretur, spuisse. Verum hæc pro incredulis: nunc ad inceptum redeo.

171. Matronam quamdam Florentinam, Vaggiam nomine, haud obscuro loco natam, a dæmone ca-

---

(178) Locus ille includitur duobus Arni rivulis, et versus meridiem distat a Valle Umbrosa æquali fere spatio quo Vallis Umbrosa inter septentrionem et orientem a civitate Florentina.

(179) Didacus Franchinus in citatione Auctorum ante Vitam S. Joannis Gualberti hunc locum vocat Raggiuolo, aitque situm esse in tractu Casentino.

Ab hoc loco Hieronymus horum miraculorum collector cognominatus est *Radiolensis*.

(180) Forte Auctor hic intelligit Sallustium historicum, qui habuit præ nomen *Crispi*, ut patet ex Martiali poeta, a quo dicitur: *Crispus Romana primus in historia*.

ptam, cum Florentiæ sospitatem non inveniret, clam quam potuit, nocturno scilicet tempore, hoc S. Mariæ monasterium petiisse vidimus. Hanc talis occupaverat dæmon; interdum miti ingenio adeo esse, jocari, facetias, risu dignas urbanitates de se dare, et præsentibus voluptati pariter et admirationi existere. Nonnunquam vero, mutatis moribus, præsertim dum conjuraretur, alteram diceres; ita enim specie crudelis immitisque effici, [ut] nihil crudelius qui aderant se aliquando vidisse faterentur. Qua modo varia vicissitudine cum ex diaboli voluntate tempus incassum tereretur, statuerunt cum ea privato communique, cum foris tum domi, pugnare certamine. Fiunt igitur ad Jesum preces; pro se quisque modo Virginem Mariam, unicum ac singulare miserorum refugium, modo Joannem beatissimum appellare. Verum cum in hoc pio opere dies quamplures comsumpsissent frustra, id Pater Abbas ægerrime ferens, voluit [ut] ea die (postridie enim fugam adornabant), diu orando canendoque monachi vel lassitudine nimia torquerentur, vel in rem suam malam concederet dæmon.

172. His igitur devote ferventerque cantantibus, tantum virium præter solitum mulieri dæmon administrare, [ut] plantis pedum altaris scabello innixis feroces juvenes numero decem, qui eam a tergo vi sistere, procul esse cogerent: retro modo, modo [eos] in se trudebat. Opere pretium erat vultum horribilem, faciem turpem, truces oculos, motus ineptissimos et incompositos cum vultus tum totius corporis aspicere: turpia in Deum sanctosque ejus edere, quæ dum accipio, exhorreo, non modo litteris dare ausim. Denique bonitate Jesu sanctique Joannis meritis alio, voce ingenti emissa, concessit, mulierem tantum illam humi prostratam, vita fere extinctam deserens. Quæ paulo post surgens, cum ubinam gentium esset, quid cerei accensi, quid Religiosi sibi vellent, admiraretur, re a suis diligenter cognita, Deo gratias agens conticuit. Conjux vero suus, vir in Republica Florentina satis præstans, oblatione non parva S. Joanni pro tanto beneficio data, lætus Florentiam, se sancta, cum interrogaretur unde iret, peragrasse loca simulans, venit.

173. Alteram de Castro Bononiense (181) magno natu mulierem, Anastasiam nomine, eodem fere tempore ad istud S. Mariæ monasterium, cum esset a dæmone capta, contendisse accepimus. Quam maximis cruciatibus cruciasse dæmonem semper sui asserebant, sed præcipue dum has finitimas regiones, huncve agrum primum sunt ingressi. Sæpe etenim numero mulieris suffocationem veriti, cum dæmon gulam peteret, tantum cæteris destituti auxiliis, Jesu Virginisque Mariæ præsidium lacrymis implorare. Verum cum hoc in loco idem tentare videretur dæmon, abbas optimum factu ratus, stola gulam mulieris circumnectere, ne dæmon acrioribus affectis tormentis, si spatium daretur, rem peregeret, mox eam afferri jussit. Res mira! quoties gula stola cingebatur, toties dæmon inferiores partes vel intestina petere, nonnunquam pedum vel manuum extrema adire. Ubi ea amovebatur, mox gulam repetere. En quantæ [virtutis] sacræ vestes sint, facile perspici hoc uno miraculo a quovis potest.

174. Cum igitur dæmon sacerdoti verbis fugam promitteret, cæterum re ipsa acrior ferociorque instaret, Spirituique sancto haud locum daret, mandat omnibus aliis monachis abbas pro se quisque supplicationes orationesque habeat; quod si nec ita procederet, longam cum diabolo certando una omnes moram traherent. Quam rem cum strenue monachi agerent, demum dæmon rei exitum sentiens, ea, qua potuit, in miseram mulierem usus est virtute: cum enim plus solito gulam inflatam turgidamque redderet, adeo fatigabatur mulier, [ut] oculis sanguineis, anhelitu foetido, labiis exsiccatis et pallidis, toto denique vultu et facie extrema adesse ostenderet; ita ut de ea multi actum esse censerent. Eo, qui aderant, omnes Christum Jesum piissimamque ejus Virginem Mariam saltem animæ salutem darent, lacrymis effusis orare. Tandem post diuturnam, quam a dæmone in gula pertulerat, torturam, carbones nigerrimos, pilis conglobatos spuens, illico incolumis facta [est], cunctis inauditum et ab eis nunquam visum [prodigium] admirantibus. [Tunc illi], Jesum sanctumque Joannem laudando, expleri nequibant: inde in patriam læti, virtutem Joannis sanctissimi omnibus occurrentibus prædicantes, rediere.

PARS XIV.

175. Non multo post (nam ille annus prodigiis clarus extitit) quidam de Valialla (182), cui nomen Bartholomæo fuerat, ad hoc S. Mariæ monasterium, haud parva hominum turba comitante, concessit. Hic etiam funibus undique septus, vix a compluribus juvenibus, qui sibi comites extiterant, et qui domi tunc erant (utpote qui ab viginti et octo spiritibus malignis torqueretur) detineri [poterat]. Qui quidem pessimi spiritus interdum jocum, quandoque terrorem præsentibus inferre. Quis enim tam gravis, tam rigidus, [ut] de se risum non dedisset, cum ex ore unius varias voces vario motu verba edentes accepisset, ita ut populum, non unum loquentem putares? Et etiam quis tam fatuus, tam sensu levis rem prodigiosam tantam, tamque horribilem non maxima cum formidine admiraretur? Mihi profecto incredibilia, commentitia fictaque essent, nisi Evangelistæ, qui nec mentiri volunt nec possunt,

(181) Oppidum in ditione Bononiensi, in via Æmilia, inter Imolam ad occasum, et Faventiam ad ortum.

(182) Locatellus lib. 1, cap. 107, ait Valiauam esse castrum in partibus Hungariæ. Martinus Zeillerus in descriptione Hungariæ meminit cujusdam oppidi, quod Váratlium vocat. Utrum illud hic indicetur, non facile dicam.

quemdam a Domino Jesu incolumem factum, eumque a legione dæmoniorum captum, litterarum indicio memoriæ tradidissent.

176. Nunc ad propositum rediens [prosequor]. Cum jam de ejus sospitate a cunctis fere (quia multos incassum dies in tali opere consumpserant) desperaretur, et hoc æstuans animo suo agitaret abbas, [an] omitteret inceptum, quoniam frustra erat, an S. Joannis virtutem expectaret, qua sæpe durando, in multis prospere usus fuerat, inquit senex provectæ ætatis monachus quidam, Petrus nomine: Pace omnium dixerim, reverendissime Pater. Hunc nisi incolumem hinc abire si permitti consueritis, in totius monasterii dedecus esse dubitet nemo; cum luce clarius constet eum multis variisque spiritibus impugnari. Eo utile honestumque duco (et idem vos spero ducere) [ut] nullo labore cum singulari tum universali victi, rei exitum etiam diuturnitate temporis præstolemur. Senis sententiam laudant et probant omnes.

177. Illico uni ex monachis imperat abbas, sumpta cruce Joannis sanctissimi, diu legendo, orando, si forte alio concedant, experiatur. Ad hoc mirum spectaculum undique Religiosi et sæculares cum confluerent, factus est numerus non exiguus. Cum igitur utrinque strenue pugnaretur, nec dæmones in rem suam concederent, fessus fatigatusque monachus [quievit]. Conflictum subit alter, inde et alter. Demum servos suos miseratus Joannes, a Jesu gratia impetrata, facillime, unus diabolus post alterum divino nutu, dato proprio nomine, alia adiere loca. Quorum nomina ex monachis quidam memoriæ mandare curavit diligenter; inde in tanti facinoris memoriam in sacrarii pluteo recondita, diu conservata sunt: orto deinde inter finitimos bello, cum monasterii optima quæque ad Pinhiani arcem deportarentur, nescio qua gratia, una cum nonnullis aliis rebus amissa sunt. Igitur recuperata sanitate, Bartholomæus ille una cum cæteris virtutem Joannis sanctissimi ad cœlum extollere. Demum, sumpta a Patre monasterii benedictione, ad sua læti rediere.

178. Petrus quidam Dominici, de Prati Veteris agro (185), qui dæmonem incognitum per duos fere annos, ut ipse demum autumabat, habuit, ad hoc Sanctæ Mariæ monasterium magna cum omnium admiratione, qua transibat, ob multa et varia, quæ inepte agebat et dicebat, vi a suis ductus tandem fuit. Huic tantas vires dæmon administrare, [ut] vinctus undique funibus, etiam a tribus viris fortissimis coram sanctissimi Joannis brachio haud sisti posset. Qui facile sospitatem omnium membrorum recipiens, tanti beneficii immemor, non solum suos pessimos mores, ut monachi monuerant, non mutavit, sed his et alios addidit multo nequiores. Eo divina justitia exigente, idem dæmon una cum septem et quadraginta spiritibus malignis miserum illum ingressus, adeo crudeliter eum torquere, [ut] frequens populus ad rem tantæ tamque inauditæ crudelitatis visendam, ex oppidis, villis, mapalibus, qua iter uti insanus habebat (aufugerat enim) concurreret.

179. Demum calliditate multorum captus, vinctisque pedibus et manibus, non parva mortalium turba comitante, cum ad hoc S. Mariæ monasterium traxere invitum: quod haud fecissent, ni bonus presbyter quidam, eorum infortuniis compatiens, precibus et orationibus ctulisset opem. Hunc undique funibus septum, quidam ex nostris videntes, quem multo major, quam antea, turba hominum sequebantur, in admirationem et stuporem versi intro nuntiant quamprimum. Eo monachi sese in diabolum expedire, arma spiritualia parare, nil hujusmodi negotio necessarium relinquere; odio enim diaboli, pudoreque sui, quia tam cito redierat, vehementer agitati [erant]. Verum mirum erat varios in uno corpore audire spiritus, non solum diversis linguis loquentes, verum etiam motus incompositos eodem in corpore dantes [videre]. Omnes enim, qui tanto talique spectaculo aderant (aderant enim complures etiam provectæ ætatis Religiosi), se simile nunquam audivisse vel vidisse asserebant.

180. Dum igitur in sacrarium concursus omnium fieret, monachis cum S. Joannis brachio orantibus, princeps omnium dæmon qui, ut supra diximus, miserum hominem solus prius invaserat, inquit: Suam promittat vitam deinceps justius se institutaturum (ita tamen [ut] dictis facta compenset) et nos omnes ibimus in rem nostram. Illico is [se] vitam in melius mutaturum, moresque suos pessimos correcturum fatetur. Hi itaque dæmones parvo dato temporis intervallo, omnes una varios sonos emittentes, ita ut hominum multitudinem diceres, alio contenderunt. Incolumis ille jam factus, monitusque a sacerdote, per confessionem Deo adhærere [statuit]. Habita suorum scelerum diligenti confessione, ipse et socii læti et admirantes, virtutem Joannis sanctissimi ad æthera extollentes, in Casentini vallem, inde in patriam rediere.

181. Quamdam alteram matronam de Flaminiæ partibus ad hoc S. Mariæ de Valle Umbrosa venisse accepimus monasterium; et dæmonem qui eam invaserat, post multa cum ea habita certamina, sacerdoti, qui signum petebat, dixisse: Ubi alio contendendi tempus imminere cognovero, quod jamjam prospicio adesse, æsinus rustici cujusdam qui de rupe descendens, hac iter habebit, congruum satis manifestumque meæ discessionis signum, me tacente, dabit: pedes enim ejus adeo humi defigam, [ut] nec inde, nisi ferreis instrumentis relictis, evellere [quisquam] valeat. Hoc enim cum et ridiculum nec satis conveniens multis qui aderant videretur; ecce illico rusticus, ignarus hujus rei, opem requirens, ingrediebatur capellam, asserens asinum quem du-

---

(185) *Pratrum vetus*, vulgo *Prato vecchio*, situm est prope eremum Camaldulensem. Inter hunc locum et Florentiam fere media est Vallis Umbrosa.

cebat, paulo ante ita pedes fixisse, [ut] nullis percussionibus, nulla vi ex eodem loco se movere aut vellet aut posset.

182. Quem diabolus imprimis paululum uti admirabundus intuens, inde cachinnans inquit : Pace fiat tua volo, rustice amicissime, asinum tuum pro signo fugæ meæ haberi ; in hoc enim nihil, nisi instrumenta ferrea, amiseris; cæterum asinus una tecum iter peraget suum. His dictis, ejulans et stridens in rem concessit suam. Hæc rusticus vera ducens, comitantibus nonnullis, cum eo, ubi asinum reliquerat, sperans ibidem inventurum, contenderet, asinumque jam procul a loco pascentem aspiciens, vehementer admiratus, S. Joannem virum sanctissimum dicere ; præsertim quia, ut dæmon dixerat, eum nudatis pedibus omnibus aspexit. Illico itaque paululum commotus Florentiam [f. deest aliquid]; ii intro concessere, mulieremque, uti vita defunctam, in manibus excipientes nonnulli, tempus quietis operuere. Demum ad se rediens cum et locum admiraretur et homines, re cognita, Deo gratias agens, in patriam suam gaudens rediit.

183. Aliam de Pontenano oppido nobis relatum est venisse mulierem ; et dæmon, qui eam invaserat, ut plurimum solent, se cujusdam Liguris, cui nomen Beltramo, animam fuisse fatebatur. Quod quia impudens mendacium fuit, refellendum est, et sanctæ matris Ecclesiæ auctoritate retundendum, ut ignobile vulgus hæc haud posse fieri sentiat, et ita ad veram religionem instruatur, et docti in vera sententia roborentur ; et eo probato, ad propositum revertemur. Imprimis Prophetæ auctoritate probatur, qui inquit : Spiritus vadens et non rediens. Nihil refert quo eat, seu per aerem volitet se purgando, seu loca terrena inculta desertave seu non deserta incolet; seu nobis incognita, quod purgatorium dicimus, petat ; in corpora amplius eum redire humana nefas et dicimus et ducimus. Præterea nusquam gentium lectum est, ejusdem conditionis et naturæ duas animas varias secum sentientes in uno corpore sedem habere. Potuissem et alias tum sacri Evangelii, tum divinarum Scripturarum in rei probationem sententias afferre : sed præterea ne sermones quam historiam prosequi videar, satis est [pro] nostrorum scientia, diabolos in hoc mentitos esse probasse. Verum si quid in animarum utilitatem, ut Officia, ut Gregorianas Missas, ut eleemosynas requirant, hoc inviti, Deo volente, agunt. Verum nunc ad inceptum redeo.

184. Cum igitur dæmon diu et cruce et orationibus, [ut] alio contenderet, tormentis acribus afficeretur, demum, in propositis perseverans, in hæc prorupit verba: Si isti diligenter res meas investigatas et inventas filiis meis restituere curabunt, ibo in rem meam. Si eorum solita perversitate ducti, omnia malle quam rem restituere [pergant], etsi nunc coactus alia adivero loca, alias rediens, plures mecum ducens socios, pejora tormenta eis inferam. His auditis, miseri illi parti suæ timentes inquiunt:

Da viam aggrediendi rem, si potis es, et quod dicis executioni mandare curabimus diligenter. Adhibeatur oro, inquit dæmon, cui, quæ dixero, litteris det : volo enim res meas more gentium publicis legare codicillis. Illico accersito scriba, qui tunc forte domi monasterii rem cum abbate curaret, ex voto et ex sententia sua, dæmon res, causas, opera, dies, creditores debitoresque in rei fidem aperiens, quid filiis, quid ecclesiæ, quid cæteris reliquerat, per scribam memoriæ proditum est. His peractis diligenter, dæmon ceu fumus evanuit. Inde nec mulieri illi, nec alteri ejusdem domus detrimentum ausus est inferre.

185. Verum supradicti Beltrami necem, quo res magis magisque in aperto sit, uti accepimus, paucis aperire non abs re visum est. Hic more illius gentis has nostras pro se, atque etiam pro suis petiit regiones : noverat enim aliquid architecturæ artis qua æstivo tempore una cum suis non parvam sibi pecuniam congerebat ; quem quidam perversi homines de Pontenani oppido, ea cupiditate pecuniæ illecti, observare ; vias et itinera ejus diligenter hoc animo, ut interficerent, explorare. Quadam igitur die, dispositis insidiis, eum in secretiori loco horrentis umbrosique nemoris non longe a Pontenano aggressi obtruncavere, [et], sublatis furtim pecuniis, inhumatum quamprimum abeuntes, ne res indiciis pateret, reliquere. Hinc dæmon divina voluntate, unam, ut audivistis ex ipsorum mulieribus, tormentis afficiens, rem omnem aperuit. Patet igitur mortales non suis semper sceleribus, verum interdum aliis rebus nobis incognitis torqueri : et ita id esse de cæco nato, Christi Jesu Evangelia declarant ; quem talem neque sua, neque parentum scelera fecerunt, sed tantum, ut Dei opera per eum mortalibus patefierent. Verum nunc ad reliqua.

186. Puellam quamdam de oppido Pomini ad hoc S. Mariæ monasterium venisse accepimus, quæ cujusdam domni Simonis de Revezzanno soror extitit. Vivit presbyter ille adhuc, in decrepita tamen ætate constitutus. Verum dæmon, qui eam invaserat, animam cujusdam viri Mazzantis se esse asserebat, qui a quodam nequam in alearum ludo sica fuerat necatus. Hoc ita esse nitebantur [affirmare] qui aderant omnes. Instabat tamen sacerdos, multas in medium sententias virorum, virtute et doctrina præstantium, afferens, quibus ostendebat, quamprimum animæ hominum exirent corporibus, ire quo meritæ sunt; amœna scilicet loca, vel tetra et inculta, ad purgationem seu ad æternos cruciatus, petere, nec aliena corpora ingredi. Cæterum illos esse spiritus malignos, qui a cunabulis hominibus, si tepore et ignavia viri esse desinant, ad varias inferendas tentationes dantur. Nec mirum, si eorum nomina proferunt, si virtutes vel vitia prædicant, quibuscum commercium et familiaritatem ab ipsis habuere primordiis. Vix ipsis ita esse persuadere poterat : rustici enim more suo, quo minus quæ dicuntur intelligunt eo magis admi-

rantur : et cum alicui sententiæ aures jam præbuerint, non nisi cum maxima difficultate ab ea divelli possunt. Fit hoc præsertim, quia duræ cervicis sunt, et fere expertes rationis.

187. Cæterum cum diu diabolus, ut exiret, aliovorsumve contenderet, fatigaretur, et ipse totis viribus, ne discederet, instaret, demum virtute Joannis beatissimi in hæc verba prorupit : Contendam alio, si pro illius Mazzantis anima et orationes fiunt et preces. Ii id se facturos omnino asseverantes, inquit ille : Videte ne mentiti inveniamini : pejora enim posthac, Deo volente, vobis inferrem tormenta, si pro eo orare verbis tantum promitteretis ; re autem ipsa alieni, ac si nihil ad vos pertineret, extraneique inveniremini. Fiat, fiet, inquit sacerdos ; et si cæteri a pio opere desisterent, do fidem me facturum; tu tantum da locum Spiritui sancto, et abi in rem tuam. His finitis, illico terribilem tartareamque vocem dæmon emittens, puellamque semidefunctam vita relinquens, ceu fumus, evanuit. Inde paulatim illa vires resumens, re cognita, Deo et S. Joanni gratias agens, læta cum suis in patriam rediit, oblatis imprimis quibusdam pecuniis, ut, uti promiserant, pro præfati Mazzantis anima Missæ Gregorianæ in monasterio celebrarentur.

188. De Senarum partibus mulier ad S. Mariæ de Valle Umbrosa monasterium ducta est ; cui dæmoni, qui eam invaserat, dum domnus Benedictus, qui postea S. Mariæ de Cuneo monasterio præfuit, more suo temere et inconsiderate contumeliosa et conviciis plena verba daret (ita ut quandoque fit ab imperitis, dum ipsi dæmones interrogati moram longam in respondendo faciunt), hoc, videlicet ita sibi insulse et inepte et temerarie conjurationem et exprobrationem fieri, dæmon ægerrime ferens, tandem vultu truci terribilisque oculis se in cum Benedictum convertens, inquit : O omnium monachorum pestifere, omn umque stultorum stultissime. Quid tibi vis? Quorsumnam hæc tua fatuitas? Me parum considerate absque ulla supplicatione, seu devotione arguere, corripere et conjurare audeas? Agiturne sic, o omnium insanissime, an quadam cum religione et timore? Abi quo dignus es, in crucem tuam et pueros cernentes prostitue : et si tua solita improbitate perrexeris sceleratissime, tua coram omnibus pandam vitia : nondum plene, qualis sim, pernosti.

189. Benedictus igitur ille monachus, quem malarum rerum conscientia forte instigabat, non parvo timore correptus, veritus pejora, si pergeret, timens, pavens in monasterium concessit. Cui officio monachus, qui succedebat, his quæ dæmon in eum maledixerat cognitis, scelera sua imprimis alteri ex sacerdotibus monachis devote aperiens, et acta, quæ ibi injuncta fuerant, pœnitentia, illuc, ubi dæmon erat, concedens, dimisso vultu et voce supplici, dæmoni, ut exiret, in nomine Domini Jesu, et gloriosæ semperque Virginis Mariæ meritis, et S. Joannis, imperare. Cui dæmon : Istud est sapere; ita nos, ut tu, in Dei virtute et submisse conjurare; non, ut ille insanus paulo ante, verbis tumidis, inconcinnaque voce exclamare, et superba et minime hoc in loco et tali in officio condecentia proferre. Eum profecto, ni fallor, ita castigatum, ita mansuetum reddidi, ut posthac facile perspiciet qua cum reverentia et religione divina omnia a mortalibus peragenda sint. Cedam igitur, nam hic diutius esse, etsi vellem, tamen S. Joannis virtus prohibet.

190. Cæterum cum maxima pars diei in hujusmodi conjuratione peracta [esset], et sacerdos nihil proficere se intelligeret (quia verbis discessio a diabolo nuntiaretur, cæterum reipsa acrior instare), optimum factu ratus, in diem alteram certamen cum diabolo differre, et interim supplicationes pro ipsius mulieris salute a singulis monachis fieri, tristis abiit. Eo postridie monachi de more summa cum reverentia illuc bini et bini cum S. Joannis brachio euntes, tandiu illic canentes et orantes mansere, quoad diabolus, omni auxilio destitutus, non sine mulieris detrimento concessit quo dignus erat. Mulier illa membris corporis capta, diu ipsius officio fungi haud potuit. Demum vero Jesu Christi gratia, et B. Mariæ et S. Joannis precibus in pristinam gratiam restituta, felix et valetudinaria deinde vitam duxit.

PARS XV.

191. Monachum etiam hujus monasterii, cui nomen erat Paulo, qui, etsi in decrepita positus ætate, vivit tamen adhuc, dæmon, ut infra suo ostendetur ordine, magnopere perterrefecit. Hic enim nonnullis quodam vesperi detentus negotiis, dormitorium extra sine Superioris sui missione quiescere ausus, cum jam ad id esset [ut] cubile ingrederetur (horresco referens), sibi adesse umbram hominis teterrimi visum est; cui, ut referre solitus erat, truces oculi, os ignivomum, nares hiulci, barba promissa, et in morem hirci inculta, efferaverant speciem oris. Qua insolita visione ingenti metu correptus, et adeo omnibus corporis membris captus, [ut] nec Christianorum more signo crucis sanctissimæ se munire posset. Quid? quod nec lingua satis suum officium ageret. Miser itaque ille [cum] tanto talique in discrimine corporis, et, quod pejus, animæ positus, quo se verteret, quem in sui præsidium invocaret, nesciret, et jamjam dæmon lectulum, tartaream flammam evomens, teneret, tremebundus et lacrymans toto corde, quia lingua haud posset, sese gloriosæ Virgini Mariæ, sanctoque Joanni commendans, salutem suam in eorum manu tradens, tantum mortem æternosque cruciatus evadat orare.

192. Demum dæmon, cum neque quod intenderat efficere posset, quia Joannis sanctissimi virtute frangeretur (nam monachum illum se suffocare [voluisse], ipse dæmon postea primo mane, ubi huc contendit, referre solitus erat), eo ægerrime id ferens, fulcrum lectuli ira concitatus, per pavimentum prius trahens, in rem malam male olens con-

cessit. In eo itaque tam aspero negotio monachus ille non minus animo demisso post dæmonis discessum, ac dum aderat, fuit: nam reliquam partem noctis insomnem, ut ipse narrare solitus erat, orans et tremens duxit; veritus semper ne, si etiam paululum quoddam ab incepta oratione desisteret, communis omnium hostis dæmon pejor acriorque rediret: quod haud fecit; precibus enim et meritis sanctissimæ Dei Genitricis et Virginis Mariæ et Patris Joannis beatissimi, perfidus ille Satan procul abstitit.

193. Summo igitur mane, quidam a dæmone captus, de villa quæ vulgato nomine Thosis dicitur (abest enim ab isto S. Mariæ monasterio fere per tria millia passuum), huc vi multorum comitantium ductus est. Cum igitur more solito monachi omnes ordine suo circumpositi canerent et orarent, ille, quem dæmon invaserat, omnibus prius monachis lustratis, in eum dæmon, qui præterita nocte visionem illam tam terribilem viderat, oculos defixit; inde, parva data mora, ingenti voce inquit: O amice, quod in ista præterita nocte a me passus es, tibi merito accidit, quia, ut inobediens et perversus, foris, dum alii quiescunt, fuisti; cave posthac: nisi enim ex intimo corde orasses, alteris, mihi crede, de te exemplum dedisses. His dictis conticuit. Monachus vero ille, inde quid sibi evenerat, compluribus enarravit. Pergentes igitur Religiosi vici nunquam a pio opere destitere, quoad dæmon ille, S. Joannis virtutem amplius ferre non valens, in rem malam, tartaream emittens vocem, concessit.

194. Videant igitur Religiosi omnes tum monachi tum fratres, dicantque exemplo miseri istius, qui jugo obedientiæ colla præbentes ob Jesu Christi amorem animarumque suarum gratiam obsequendam, omnibus, quæ videbantur in sæculo possidere, postpositis et abjectis, Patribus et Abbatibus voluntatem vovere suam, quid periculi discriminisque immineat eis [qui audent] rebus injustis haud auscultare, tum interdum mala cupiditate illecti, a recto itinere divertentes, devios sequi anfractus etiam, et, quod intolerabilius est, præcepta Benedicti Patris, aliorumque sanctorum Patrum spernere, et inculta quædam et devia sequi. Memorare possem nonnullos tum nostræ tum alterius Religionis Fratres, qui mentis oculis excæcati, ea quæ coram Deo et sanctis ejus polliciti sunt non servantes, imo, quod pejus est, propriæ religioni mala inferentes, et, quod dictu nefas est, prætextam et habitum projicientes, et vitam non modo non religiosam, sed lenonibus turpiorem ducentes, demum judicio divino exitium dignum eorum moribus invenientes, imprimis plerumque magnis ordinibus pessumdatis, in barathrum inferni demersos, ni me a res longius ab incepto traheret, et alio tempus maturare festinaret. His igitur dimissis, ad S. Joannis miracula deveniamus, quæ, ut alias dixi [plurima sunt]. Si sigillatim in singulis ejus felicissime actis miraculis immorari vellem, tempus quam res maturius me

deserer et: catervatim enim se offerunt. Quamobrem quampluribus prætermissis, quædam signa magis celebrata, quo potero ordine, ostendam.

195. Ad hoc S. Mariæ monasterium de partibus Flaminiæ anum quamdam, a dæmone captam [intellexi], vi affinium aliorumque [fuisse] ductam, qui re insolita, ut mos est, excitati comites sese tanti tamque ardui itineris sponte præstiterant. Qui quidem dæmon, qui eam invaserat, tanta arte tantaque calliditate simulandi et dissimulandi, bone Jesu! instructus [erat], ut ei vel nullus nequam spiritus, vel pauci similes, mea sententia inter homines, per aerem volitantes reperiantur: qua arte, de more cum cruce a monacho quodam in diaconatus officio constituto conjuraretur; ita usus est, ut quivis tali in re etiam longe expertus affirmasset mulierem illam a nullo iniquo dæmone occupari: nam S. Mariæ Angelicam salutationem, orationem etiam Dominicam summa cum devotione, oculis demissis, voce supplici dicere; per se (quod incredibile videtur), signum crucis edere; et ne lectori fastidio sim, omnia devotionis signa, quæ a quovis catholico viro fieri possunt, in anu illa esse.

196. His itaque signis cum etiam monachi omnes fallerentur, eam veluti sospitem arbitrantes, affines ad solitum hospitium, monachi intro rediere: cibo potuque corporibus paululum refocillatis, quia jam dici extremum erat, discessum in diem posteram paravere. Cum igitur jamjam tenebræ nostram cooperuissent regionem, opera et arte dæmonis mulier corporis necessitatem simulans, seorsum ivit. Quæ ubi intellexit, se a nullo videri posse, cursu quam rapido, dæmone vires administrante, ad flumen, quod Micanum dicitur, usque (distat enim a monasterio fere per duo millia passuum), nulla data requie, appulit. Inde ripam fluminis ascendens in aquæ altissimæ pelagum sese præcipitaret hortabatur dæmon; cæterum S. Mariæ et S. Joannis meritis, divina bonitas ei opem ferens, a tanto tamque nefario facinore prohibuit.

197. Cum interim sui per quemdam monasterii subulcum, qui sero domum repedarat, causa et itinere cognito, propere flumen peteret; et quo propius loco accedere illi, eo dæmon magis ingeminare, in stare [ut] sibi mortem consciscere mulier. Demum capta, orabant suis iret pedibus; verum cum hoc frustra esset (se enim illic pernoctare velle affirmabat), hi ira ægritudineque permisti eam nec amplius, etsi mater [esset] perferre valentes, ipsius manibus a tergo vinctis, dæmone silvam ululatibus clamoribusve implente, ad hoc S. Mariæ monasterium traxere invitam. Postridie vero monachis ex more cantantibus et orantibus, non multo consumpto tempore, dæmon amplius S. Joannis virtutem non ferens, veram paravit fugam; discerpens enim imprimis ferociter mulierem, inde torve terribiliterque exclamans, in rem concessit suam. Igitur mulier, recuperata sospitate, læta cum suis patriam revisit.

198. Memoria mea de Valle-Casentini de agro

Celicæ, tum viri tum mulieres capti a dæmone ad hoc S. Mariæ monasterium vi ducti fuere complures, qui quidem memorabiles extitissent; sed quia et tempori et volumini modum statuere volo, cæteris prætermissis, hoc uno in præsentiarum contenti erimus. Puella quædam, Catharina nomine (si rite audita recordor), per plures dies ante S. Joannis festum huc funibus vincta (nam a pessimo dæmone torquebatur), deducta est. Quæ, etsi in itinere, ut multi, propter loci sanctitatem, pristinæ reddita est sanitati, tamen comites diaboli calliditatem dolosque verentes, monasterium hoc imprimis [adierunt]; inde quamprimum domum repedare consilium fuit. Igitur ubi venere, per crucis experimentum eam tunc convaluisse liquido patuit. Eo in patriam ipsa die rediere quamprimum.

199. Verum nescio qua gratia factum sit [ut], non multis consumptis diebus, eam iterum dæmon ferocius solito torqueret. Eapropter, ne importuni et molesti, si quamprimum ad hoc S. Mariæ monasterium rediissent, haberentur, in sanctissimi Joannis festivitatem, quæ haud procul erat, sui distulere adventum. In ipsius igitur vigilia vix, diabolo totis viribus annitente, huc eam traxere invitam. Verum cum ea ipsa die qua venerat haud liberaretur, postridie primo mane, ne tantæ festivitati esset impedimento, cum undique mortalium concursus ad tale spectaculum increbresceret, cuidam monacho presbytero parum caute seu devote legenti inquit dæmon: Abi hinc quo dignus es, hypocrita; et pisces quos furtim sustulisti, talique in angulo celasti, cura quamprimum œconomo reddantur.

200. Forte fortuna fuit, dum hæc contumelioso verba in miserum monachum illum diceret dæmon, [ut] œconomus, alium quærens socium, transitum illac haberet. Cognito igitur, diabolo volente, furto, lætus clam quamprimum inde ad angulum abiens (quia in conjecturis sagacissimus erat), ubi dæmon dixerat, piscibus inventis, coquo reddere curavit. Hæc et mihi et nonnullis aliis monachis ille, cui tunc jussu abbatis et cellulæ vinariæ et coquinæ cura esset, sublato tamen nomine auctoris, omnia retulit jocando: demum fatigatus a nonnullis et auctoris nomen aperuit. Præfatus vero monachus, qui dæmonem conjurabat, etsi imprimis, his auditis, erubuit paululum pavitque, tamen, ne fidem rei faceret præsentibus, si illico inde abiisset, perrexit humilius et supplicius quam antea fecerat, legendo.

201. Inde alter monachus, qui nunc monasterio S. Mariæ de Fonte Thaonis (184) præest, curam conjurandi dæmonis accipiens, multo opere frustra consumpto, demum indignabundus abiit. Meridie vero cum more solito catervatim cujusvis conditionis tum virorum tum mulierum turba non parva, admiratione et stupore percussa, undique confluerent, optimum factu credentes, qui tunc aderant, abbates (aderant enim complures) in conjuratione S. Joannis brachium adhibere; jussu Patris majoris convenientibus monachis, reliquisque cum Religiosis, tum sacerdotibus (is enim dies fere per universam Etruriam celebratur summa cum devotione et religione), effertur brachium.

202. Cum igitur utrinque summa vi certaretur, ille pro suo commodo, hi pro Christi Jesu gloria, tandem dæmon discessum suum adesse sentiens (nam virtus Joannis sanctissimi eum urgere, compellere), mulieri puellæ infensus, [eam] humi quam crudeliter consternens, inde etiam discerpens, tartarea demum emissa voce, in rem suam malam concessit. Ea igitur puella diu humi prolapsa, uti vita functa jacens, demum admirabunda surgens, oculosque circumferens, parentes, ubinam gentium essent, et quid turba hominum, quid sibi Religiosi illi vellent, inquisivit. Cui rem omnem aperientes, actis gratiis Deo et Virgini Mariæ ac S. Joanni, iter in patriam parant; quam secuta est turba propria tum affinium tum propinquorum læti, quia eis prospere successerat.

203. Quo cognito miraculo, omnes alii etiam, qui tantæ interfuerant festivitati, Joannem sanctissimum ad sidera extollere, obviam venientibus omnibus rem tanti facinoris aperire. Ita Joannes beatissimus clarior haberi. Sed libet in calce hujus prodigii eos appellare, qui etiam hac tempestate pluris corpus quam animum faciunt, [ut discant] quid discriminis periculive his divina tractantibus immineat, nisi prius sua mala facinora per diligentem confessionem alteri ex sacerdotibus aperuerint; vel saltem corde contrito et humiliato ea retractare curarint; cum sacra carmina decantent: Cor contritum et humiliatum Deus non despiciet. Verum nunc ad reliqua.

204. Aliam de Vulterris (185) mulierem accepimus ad hoc S. Mariæ monasterium pro sospitate recuperanda venisse: nam eam tres pessimi invaserant dæmones. Cum diu ipsi dæmones non darent gloriam Deo [et] frustra conjurarentur, desperatis illis, [qui comitati fuerant, imperatum est ut] postridie, ni curaretur, in patriam redire curarent. Visum est [interim] mulieri, monachum quemdam reverendum nocturna visione sibi cum cruce in manibus astitisse. Quæ indicia et signa sanctissimum Joannem fuisse declarant. Qua visione insolita mulier perfusa horrore, inquit ille: Ne vereare, obsecro, mulier. mihi crede, postridie liberaberis: modo auxilium Dei, Virginis Mariæ matris ejus fide integra poposceris. His dictis sublimis abiit.

205. Ubi igitur summo mane surrexit, viro suo visionem illam studuit enarrare; ille illico abbati. Ducatur iterum in ecclesiam, inquit abbas: spero hoc monasterium hic velit, cum illud titulo S. Mariæ de fonte Thaonis nominet.

(184) Lubinus in Brevi notitia abbatiarum Italiæ pag. 144, putat monasterium fontis Thaonis idem esse cum monasterio S. Salvatoris de Fontana, quod situm est in diœcesi Pistoriensi. Dubito an Auctor

(185) Hujus urbis situm in Annotatis ad primam Vitam indicavimus.

enim S. Joannem, qui in visione sibi apparere dignatus est, non defuturum in tempore opportuno. Quod equidem et reipsa probatum est. Nam, monachis cum S. Joannis brachio devote orantibus et canentibus, hi tres dæmones unus post alterum, dato non parvo temporis spatio, in rem suam malam concessere. Verum hoc memoria dignum : quia uno liberata dæmone, paulatim et corporis vires et sanæ mentis efficium sumere [cœpit]; adeo tertio abeunte dæmone, ipsamet Deo gratias agens, orationem tam eleganter dicitur habuisse, ut omnibus et gaudio existeret et admirationi. Vir suus, locuples cum esset, viso tanto prodigio, multum pecuniæ offerens, humiliter ab abbate petiit, in tantæ rei miraculum, ut id et S. Joannis quædam in vita sua feliciter acta in parietibus ecclesiæ monasterium extra sitæ pingerentur. Quo benigne impetrato, læti in patriam rediere. Quæ pictura etiam hac nostra tempestate ipsis in parietibus demonstratur.

PARS XVI.

206. Figulus quidam de Cancelli oppido, cum suam pessime vitam instituisset, [a dæmone obsessus est]. Nam, ut alia sua malefacta omittam, expertem etiam alicujus minimæ misericordiæ a viris fide dignis accepimus; adeo ut inopes domum suam pro alimonia petentes virgis, conviciisque et contumeliosis verbis insectans, procul esse cogeret. Si quis in petendo, ut eis mos est, importunior procaciorve extitisset, baculo petere, ita [ut] qui semel domum adierat suam, amplius non rediret. Hunc magis sibi quam aliis immitem et crudelem dæmon pessimus divino judicio invasit, et tot tantisque eum affecit tormentis, ut pene, dum ad nos delatus est, exanimis existeret. Aiebant et comites : Ubi primum monasterii prata adivimus, tum diabolus magis solito vexare, in varias partes torquendo trahere; ita ferociter ut sibi infensis de se compassionem misericordiamque præberet. Pro eo etiam quisque nostrum pejora verentes, Jesum Virginemque Mariam matrem ejus orare; sancti etiam Joannis opem sæpius et sæpius efflagitare.

207. Demum dæmon postquam sensit virtutem Joannis sanctissimi adesse, [cum] nec miserum illum, ut concupierat, suffocare, neque gratiæ Joannis beatissimi refragari posset, alio indignabundus contendit. Post dæmonis discessum, eum fessum corpore trahentes ad hoc S. Mariæ monasterium deduxere. Verum quia jam laborabat in extremis Deo animam ejus commendare, quam conjurare, optimum factu visum est : vix enim animæ ritu et ordine ecclesiastico commendatione facta, diem clausit extremum. Cujus cadaver tristes et mœsti jumento in patriam tulere. Proh bone Jesu ! constat dæmonem invitum ab eo abiisse, profuisseque illi misero Virginis Mariæ et S. Joannis merita et preces, quia in tanto corporis et animæ discrimine haud defunctus est.

208. Libet in calce hujus tam metuendi facinoris et stupendi eos castigare qui diuturna Domini Jesu abutuntur patientia; qui malunt severum Judicem quam pium experiri patrem; qui hac brevi cruciatibusque plena frui vita potius optant, ea æterna omnibus referta voluptatibus : cum, etsi perperam flagitioseque vixerint, tamen veniæ via patet, si, dum tempus datur, dum spiritus hos regit artus, ad ipsum Dominum Jesum, qui eos creavit, suo cruore redemit, sua ingenti patientia tolerat, benignitatis et misericordiæ plenissimum fontem supplices et humiles redire voluerint. Sunt tamen qui male sibi consulant, qui summum bonum in voluptate ponunt, qui, ut divinæ Scripturæ volunt, malis intolerabiles paratos cruciatus, bonos vero æterna præmia pro virtutum mercede habituros pro ridiculo habeant; qui errore seducti, mala voluptate capti, ad loca illa tetra inferiora et subterranea, inculta et formidolosa, demum demerguntur.

209. Sunt qui parti suæ malum veriti, Deum unum, justum, misericordem piumque ducant; tamen nimium freti bonitate divina haud emendantur; imo in dies, quod pejus est, licentiæ quædam major ad vitia fenestra patet. Hi quidem, ut plurimum falsa spe decepti, apud inferos variis cruciantur torturis. Sunt etiam nonnulli qui et dicant et sentiant Deum non omnes, sed quosdam hac in vita punire scelestos; eo sat esse in extremo vitæ Domini Jesu implorare clementiam. Hi profecto longe falluntur, vitæ suæ exitus, quos ignorant, securos ducentes. Cum etsi longam vixerint vitam, in fine ipsius nil securi est, cum hinc mundi hujus amor, inde malarum rerum conscientia, alia ex parte dæmonum truces aspectus, æterna mala minantur, vexent turbentque adeo, [ut] mens et animus nullo modo sedari, Jesuve reminisci possint. Hinc itaque excæcati perpetuis cruciatibus traduntur. O nos felices fortunatosque, si vel inviti, vel, quod securius esset, e Domino Jesu per varios casus, vel a nobis sponte pœnas nostrorum scelerum inpræsentiarum daremus, ut eas æternas evadere possimus. Verum ego a tramite paullulum diverti, dum hujus nostræ ætatis ingratitudinis malorumque morum piget tædetque. Nunc ad reliqua.

210. Eodem fere modo, quem nunc supra diximus, alium de agro Aretino invaserat dæmon ; quem ad hoc S. Mariæ monasterium super jumentum cum adduxissent affines, adeo corporis nimia, ob varios dæmonis, quos in itinere pertulerat, dum invitus huc contenderet cruciatus, debilitate detinebatur, [ut] nullo in loco, nisi in lecto prostratus quiesceret. Eo optimum factu visum est, [ut] eodem in loco, ubi corpus stratum habebat, cum S. Joannis cruce conjuraretur. Quod cum ex sacerdotibus unus ex præcepto abbatis id agere curasset, mutus illico effectus dæmon, fere per horam, ut responsum daret, precibus, minis, conjurationibusve ullis haud flecti potuit. Demum in iram diuturnis conjurationibus versus inquit : Non hinc discedam, nisi pro anima talis viri defuncti mortuorum Officium solemniter fuerit adimpletum. Polliciti sunt, qui aderant,

affines, se id, ubi primum domum contendissent, executioni mandaturos, si alio iret. Ibo Officio expleto: nam vos novi, o pessimi rustici, nulla vel pauca, beneficiis acceptis, præstare promissa. Cras fiet, inquit sacerdos. Cras discedam, inquit ille. Quid multa? solemniter devoteque postridie defunctorum celebrato Officio, nihil hominem lædens, in rem suam malam abiit dæmon.

211. Verum rei exitum parum animadvertatis oro. Cum enim tunc his rusticis pecuniæ deessent, in S. Joannis festivitate se ad hoc S. Mariæ monasterium venturos, tresque libras nummorum pro ipso Officio, sacrario oblaturas, promisere. Minime, inquit sacrista: sat enim est, si tantum pecuniæ, quantum in cera accendenda exposuimus, persolvatis. Papæ! quid dicitis, Pater! non tres tantum, sed et quatuor ad minus dabuntur. His dictis læti discedunt, licet aliter animo ac verbis polliciti fuerant cogitantes: et ita esse, re ipsa probatum est. Cæterum, o humana nobis atrox superbia! o præsumptio vana! o ambitio quam cæca semper! Dum Deum sanctosque ejus irridere putamus, nos irridemus; nobis laqueum foveamque paramus; in nos nostræ reflectuntur sagittæ. Quod equidem multorum, sed præsertim horum exemplo patuit, His igitur non in ipsius S. Joannis festivitate soluta, sed anno expleto, quod polliciti [fuerant,] minime servantibus, ille, quem captum a dæmone huc duxerant, obiit. Si tamen iterum dæmon eum invaserit, parum compertum habemus; vita vero functum a quampluribus ejusdem loci fide dignis accepimus. Inde aliud miraculum, quod fratres sui germani, totaque domus extremam miseramque vitam ducunt, cum eis sæpius etiam res familiaris ad necessaria desit.

212. Nec multo hinc procul mulier quædam, cujus pater et fratres nostram incolunt possessionem, a dæmone capta extitit, quam affines, multis ex finitimis comitantibus, non sine magno sui imprimis discrimine, aliorumque labore, deinde ad hoc S. Mariæ monasterium traxere invitam: cum enim dæmoni grave molestumque esset cum Joanne beatissimo habere conflictum, sæpenumero [ut] mulierem illam de mulo ad terram detruderet, dum huc irent, periculum facere conatus est; nec valuit tamen, tum divina gratia id imprimis volente, tum et [iis] qui aderant, eam [conantibus] observare diligenter.

213. Cum igitur in Sanctorum sepulcro a monacho religioso cogeretur dare responsum (nam [dæmon nitebatur] mutum se simulare), in hæc tandem prorupit verba: Quid tu tibi vis? Quid a me quæris? obtundis, tametsi audio. Nil aliud nisi exeas, abeas, inquit monachus. Lubens abibo, tunc [ait] dæmon: hos enim cruciatus [ferre] amplius non valeo. Cæterum hoc non fiet, nisi pro anima avunculi sui missæ dicantur Gregorianæ. Se id acturos affirmant omnes, præsertim affines. Missæ hoc in monasterio

(186) Franchius lib. x, pag. 385, hunc montem vocat *monte Mignaio*; ejus situm frustra inquisivi,

dicentur, ait monachus. Tunc dæmon in affines suos truces oculos convertens, inquit: Nisi dictis facta compensaveritis, me iterum in hanc rediturum persuadeatis volo. Missæ dictæ sunt. Mulier vero, quæ adhuc vivit, hactenus semper illæsa fuit. Cæterum hæc diabolus, quia ab initio mendax fuit, et in veritate non stetit, Domino Jesu volente, dicit, facitque.

214. Etiam non hoc duximus prætereundam, quonam modo quædam mulier de monte Miliario (186), a dæmone et incantationibus, quas vulgo malias (187) appellant, S. Joannis precibus fuerit liberata. Hæc itaque nunc anus, tunc puella, cujusdam iniqui, ut fertur, presbyteri herbis quibusdam, diabolici additis verbis, a dæmone ita torqueri, [ut] mente sanisque sensibus privata penitus videretur. Quid misera agat, quo se vertat, quem Sanctorum in sui auxilium exposcat, cum sui juris non esset, ignorabat. Demum orantibus suis, S. Joannes, cujus devota a teneris annis extiterat, in mentem venit; cujus gratia illustrata hæc lacrymans effudit: O Joannes beatissime, Jesu familiaris et amice, tuam respicias ancillam, in tot tantisque ærumnis et miseriis, suis peccatis positam: oro, non peccata consideres mea, non meorum etiam; sed devotionem, quam tibi toto corde semper exhibui: velis, Pater sanctissime, tuis apud Jesum Virginemque Mariam precibus impetrare, [ut] hac truci intolerabilique pœna liberata, valeam more solito et melius et devotius tibi sanctas orationes ac devotas mittere; monachis conversisque omnibus tuæ Religionis solitum exhibere cum charitate hospitium. O mira et stupenda in sanctis gratia! o ineffabilis in eis dignitas et potestas! o Domini Jesu verba verioribus vera, qui inquit Apostolis suis: Et majora horum facietis: ita vos miremini.

215. Illico, ea parva oratione habita, adeo convaluit, adeo in pristinam rediit sospitatem et incolumitatem, ut melioris sensus ac antea, et majoris existeret pulchritudinis, Visum est tamen utilius et securius, etsi, ut diximus, ad plenum convaluisset, tum affinibus, tum omnibus, ad hoc S. Mariæ monasterium usque una cum ipsa ire. Huc igitur summa cum fide et reverentia venientes, eis S. Joannis brachium, audito tanto miraculo, devote ostensum est. Eo igitur osculato, in patriam læti rediere.

216. Sed etiam hac nostra tempestate operæ pretium est eam advertere diligenter; qua fide, qua caritate, quo vultu hilari, jucundaque fronte, quam opipare non hujus monasterii tantum, sed totius etiam Religionis excipiat tum monachos tum conversos. Ubi primum eos transeuntes domum juxta audit vel videt, ita annis obsita, ætate confecta, prosilit in viam, orat, vexat, trahit, [ut] suam ad quiescendum ingrediantur domum. Expertus loquor: hæc enim nisi de pietatis fonte fieri, et quia accepti beneficii memor [est], dubitat nemo. Proh bone

(187) Vox Italica *malia* idem significat quod Latine *magia* vel *veneficium*.

Jesu! quantum interest inter hanc mulierem et eum, cujus gratia hoc in monasterio, ut paulo supra diximus, defunctorum celebratum est Officium. Hæc illam quam non est pollicita, quotidie exhibet misericordiam, illius vero affines nec quod monasterium exposuit persolverunt. Quid mirum, cum de leprosis mundatis Jesus Christus dicat : Nonne decem mundati sunt, et novem ubi sunt? Non est inventus qui rediret et daret gloriam Deo, nisi hic alienigena. Nunc ad reliqua.

PARS XVII.

247. Non dies, ut aiunt, sed annus me deficeret, si omnes homines, quos propriis oculis vidi, de agro Ceticæ aliisque finitimis locis, tum dæmone captos, tum ex aliis infirmitatibus laborantes, qui istud S. Mariæ adiere monasterium, connumerare vellem. Proh bone Jesu! ausim dicere, ferme singulis [mensibus], horrida tamen dempta hieme, non unam tantum mulierem, verum nonnunquam tres, quatuor; interdum etiam et viros et cujusvis conditionis mortales, hoc S. Mariæ monasterium adiisse: ita ut nobis admirationi tædiove existerent sæpe: nam una vel unus [vix erat] liberatus : ecce de improviso alteram vel alterum, et hæc et nemora rupesque omnes et concavas valles rusticis tartareisque vocibus complentem.

218. Verum cum annuatim, dum in eam concederent, Salvatorem quemdam, nostræ religionis monachum presbyterum convenirem (nam ipse omnibus, præsertim monachis aliisque Religiosis et vultu et rebus ipsis amicabilem se præbere), sæpius in hujusmodi verba inter alia cum ipso incidi : Unde, Salvator, tot ad nos de hac provincia magis quam de aliis confluunt homines? Nescio, inquit ille, nisi forte quia hujus villæ magis liberales et securiores cæteris existunt finitimis. Nam ut cætera omittam, soliti sunt filias suas, tum puellas maritatas, tum nubiles, sine comite ad nemora, ad pascua, ad prata, pro lignis, pro pascendis bobus, pro feno, proque aliis necessariis, quavis hora [mittere] ; nil verentes, non lupos, non ursos, non juvenes cercos ad carnis aliarumque malarum rerum voluptates : eo fit sæpius [ut], cum nonnunquam sero, interdum vere obscura nocte domum repedent (nosti enim mulierum et præsertim puellarum virginum naturas adeo timidas esse), si arbores, foliumve, plantasve novellas motas vento, vel parva etiam aura flante, viderint, illico retro metu redeant. Cui ego : Multas tamen a dæmone captas huc venisse vidi et audivi. Ita est, inquit ille : fit enim nonnunquam arte diaboli, [ut] post metum sequatur eos præcipue in mulierem. Verum quamplures semifatuæ vel alio morbo fatigatæ, illud nostrum S. Mariæ, ut tute ipse scis, quæsivere monasterium.

219. Ad hoc hæc etiam addidi : Mea sententia, [ut] se, te, nosque his oneribus levent, hoc optimum actu censeo : te persuadere illis [cupio, eos] facile posse his posthac liberari periculis, si devote et fideliter annuatim S. Joannis agant commemorationem. Illico lætus ille hoc idem approbans, inquit : Nunquam audivi melius ad hoc consilium dari : quapropter accingar. Postridie autem ego patriam revisi meam; ipse vero huic negotio intentus, quampluribus de primoribus populi rem enarravit. Assensere omnes. Demum, inter se concilio inito, decretum est in S. Joannis vigilia hæc commemoratio annis singulis ageretur. Vide, lector, clementiam Jesu Christi ; vide Virginis Mariæ inauditam pietatem ; vide quantum eis eorum fides, et S. Joannis profuerint preces. Quintum jam annum [agimus ex] tunc ; nec unus adhuc a dæmone captus, aliove morbo irretitus, incolumis [nisi] fuerit, hanc S. Mariæ quæsivit domum (188). Forsan spiritibus iniquis omnibus nomine Jesu bonus Angelus impetravit, ne illam, cum S. Joannis peregerint commemorationem, ingrediantur provinciam. Hinc [patet] præcipue, quanta in Joanne beatissimo, divina præveniente gratia, insit virtus, [cum] omnes, qui devote suum implorant auxilium, quamprimum, quidquid velint, impetrent.

220. Neque turpe, neque inhonestum duxi, in calce fere horum miraculum matrem meam, tum etiam et matrem patris mei ponere ; ut ex hoc quivis intelligere valeat, me non tantum propter habitum religionis, verum etiam multis aliis de causis, sanctissimo Joanni longe obligari. Matrem igitur patris mei, Xantham nomine, adhuc puellam, quidam furcifer et iniquissimæ vitæ presbyter magiis et incantationibus ex formosa et corpore solido et succi pleno, adeo victam et veternosam et ægram et squalidam reddidit, ut effigiem corporis sen potius umbram, non corpus dixisses, et, cum vix ossa ossibus hærerent, et suis se vestigiis etiam cum bacillo haud sisteret, lecto humi strato decumbere [cogeretur]. Ad quam visendam multi undique ex populo convolarunt : nam horrendum de se tristeque etiam sibi infensis spectaculum præbere ; verum cum, qui aderant, sibi opem tanto in discrimine haud ferre possent, forte quidam ex agro Ceticæ nova re ductus, huic tam miserabili spectaculo supervenit ; et cum ingens mulierum gemitus et ploratus omnibus lacrymas excuteret, his etiam, qui nulla secum affinitate tenentur, inquit ille : Absint lacrymæ, dolor omnis penitus e cordibus vestris solvatur ; et quæ dicam, silentio animadvertatis, oro.

221. Est locus qui Vallimbrosa dicitur ; abest enim hinc per decem fere et duo millia passuum sub ipsis radicibus montium nostræ Alpis, tamen sub promontorio, quod montani Macenariam vocant, vergens in

---

(188) Vitiosus et obscurus sensus. Vult Auctor indicare, tempore quinque annorum neminem ex eo agro a dæmone possessum, aut alio morbo afflictum, Vallem Umbrosam adire debuisse. Plures habet sen sus intricatos, præsertim cum plerumque omittat conjunctionem *ut*, quam tamen claritatis causa sæpius supplevi.

Occidentem, inter duos editos et ambos præcipites dirutosque colles, qua nobis primo vere æstivoque tempore descensus est Florentiam petentibus, ubi inter amplissima prata perpulchrum cernitur monasterium: quod bina cingitur silva : altera enim, quæ Occidentem spectat, quercus habet ingentes; altera vero, quæ in meridiem porrigitur, proceras habet abietes, quæ densissimæ et opacæ locum horrendum et venerabilem reddunt. Quod monasterium, ut fertur, in Virginis Mariæ matris Jesu nomen decusque vir quidam sanctissimus, cui nomen Joanni Gualberti est, construi voluit : cujus os aridum brachii dextri etiam hac nostra tempestate ingentibus pollet miraculis; cujus mira et stupenda prodigia, quæ non solum audivi, sed vidi, si ex multis quædam narrare vellem, dies mihi non sufficeret ad dicendum.

222. Eo si sapitis, et si hujus miseræ puellæ saluti consulere vultis, eam quamprimum illuc ducere, cæteris posthabitis auxiliis velitis oro. Ne vos labor iterque deterreat : per amœna prata, tum amore Jesu, tum quia huic puellæ bene opto, ducam, et vobis persuadeatis volo (modo integra fide locum exquiratis), Virginem Mariam una cum Joanne sanctissimo huic puellæ opem laturam. Eamus, inquiunt omnes uno ore, et Jesu Christi servum potius ac humana auxilia in hoc quæramus. Iter igitur cum Jesu Virginisque Mariæ nomine, eo comite, aggressi [essent], demum ad hoc S. Mariæ devenere monasterium. Verum hoc mirabile dignumque memoria extitit, quod, ubi loca monasterii et hujusce nostræ Alpis attigere, illico diabolus mutus effectus [fuerit,] cum antea valles omnes ululatibus tartareisque vocibus compleverit.

223. Fuere tunc qui dicerent dæmones non tantum Joannis beatissimi, sed et suorum locorum, utpote sanctorum, virtutem ferre non valentes, alio, quo meriti erant, contendisse : quod ita esse probo, tum quia tempestate nostra evenit compluribus, tum etiam, quia mulier ipsa per se Deum laudare, insuper Orationem Dominicam, Virginisque Mariæ Salutationem devote dicere, signum crucis, quod majus est, composite ornateque, nomine Trinitatis invocato, id est Patris, et Filii, et Spiritus sancti, edere, et omnia, quæ [sunt] sani hominis, officia agere. Et quod palmarium prædicabileque duco, et Virginis Mariæ sanctique Joannis precibus, non corporis tantum, verum et animæ integram recuperavit sanitatem. Cum enim ante, ut omnes fere faciunt puellæ, ut animum ad aliquod vanum studium adjungant, sese ornare, comere, fucis, aliisque coloribus (quæ instrumenta sunt luxuriæ) uti [soleret,] hoc sibi miraculo experto, sanitateque recuperata, quamplures hoc prædicantes audivi, ipsam omnes vanitates posthabuisse, et oculis demissis, et capite semper velato ecclesias adiisse; et ne quis hoc ficte potius ac vere factum existimet, texentem telam studiose ipsam sæpius domi offendere quamplures, mediocriter vestitam, capillos passos circum caput negligenter rejectos habentem. Hinc facile quivis percipere potest optimum esse corporis cruciatus aliaque ad tempus pati (modo læto jucundoque animo tolerentur), cum ad bonos mores non solum nos instruant, verum etiam ad Deum nos ire compellant.

224. Pari modo matrem meam, magiis et incantationibus confectam, accepi; verum secus sospes effecta [est]. Ea tempestate in hoc S. Mariæ monasterio, quidam meus patruus, Bartholomæus nomine, morabatur, religiosus profecto bonusque vir, et monasterio, quia [erat] prudens, longe utilis; cujus plurima benefacta et memoria digna prætereo, ne illius vitam [potius] quam Joannis sanctissimi miracula prosequi videar: Hic forte tunc patriam nostram, ut germanos suos conveniret, adiverat. Cum igitur matris meæ miserabili spectaculo inspe-rato, et de improviso interfuisset, eam, lætitiam vultu simulans, propriis et bonis sensibus privatam ita alloquitur : Flora (nam sibi id nomen est), quid tibi est? Unde obsecro ita incomposite das modos, ita insulse, inepte et stulte loqueris, quæ alias et bonis moribus excedebas et sapientia. Eia, cur tuum non respicis fratrem, qui te, ut suam diligit vitam?

225. Cum igitur hæc et alia misericordia digna proferret verba; vix ipsa, capite e sinu alterius, aliis juvantibus muliercalis, elevato, eumque aspiciens in fletum prorupit, et illico iterum in sinum caput declinans lacrymis implevit obortis. Ille itaque, quia hujusmodi rebus sæpenumero interfuerat, peroptime calluit illas esse incantationes, arte diaboli factas; cæterum non in eis diabolus admixtus. Eo pro ipsa interdum orare; sæpius eam habita oratione hortari se gloriosissimæ Virgini Mariæ et S. Joanni ex corde commendaret. Et hoc crebro et sæpius faciens, demum desivit mulier stulta et inepta et incomposita agere. Addidit tunc ipse : Fac votum S. Joanni, Flora soror, te per decennium S. Joannis domum annuatim, modo possis, devote visitaturam, suumque festum, dum spiritus tuos rexerit artus, etiam lubenter sanctificaturam; et mihi crede te brevi sospitatem consecuturam. Facio, inquit illa totoque corde, tota mente, totisque viribus Virgini Mariæ gloriosæ, sanctoque Joanni, me his eruant malis, commendatam reddo.

226. Mirabilis Deus, ait Propheta, in Sanctis suis! Vix votum emiserat, cum illico paulatim in pristinos rediit sensus. Hoc tantum sibi divino evenit judicio : nam comam capitis, quam sibi diligenter nutrierat, nondum completo anno, sensim cadendo amisit. Quam rem haud ægre ferens, Virginem Mariam, et S. Joannem miris laudibus extollere, tum quia eam ex intolerabili infirmitate incolumem reddiderant, cum etiam quia multorum scelerum materiam sibi abstulerant. Eodem itaque anno in S. Joannis festivitate hanc S. Mariæ domum lubens visitavit, et non solum per decennium, ut voverat, verum inde annuatim in tanti Sancti festivitate brachium suum exosculavit devote. Jam enim septimus et trigesimus annus completus est, quod ei talis accidit casus. Hinc profecto meæ conversationis ori-

ginem duco extitisse. Hanc enim religionem incessi puerulus, sextum videlicet et dimidium a nativitate agens annum.

227. In calce omnium miraculorum Joannis sanctissimi, quæ et ipsi vidimus et audivimus viventes, divinitus e cœlo precibus ejus impetrata, hoc, quod Gregorius vir religiosissimus, olim Passiniani monasterii procurator, in scripturis non inconcinne reliquit, ponemus. Ex Linari oppido fuisse adolescentem quemdam memoriæ prodidit; qui quidem a sex spiritibus immundis acriter et immaniter torquebatur. Hunc itaque parentibus et affinibus, cum nullam aliam sui liberandi spem haberent, salutare visum est ad sanctissimi Joannis sepulcrum deferre. Comite itaque ipsius oppidi presbytero venerabili, cum manibus affectis [laborantem,] et loquelæ officio privatum ad Passiniani monasterium deducunt. Cum itaque ante S. Joannis sepulcrum conjuraretur, dæmones ipsius sanctissimi virtutem haud ferentes, unus post alterum in rem suam malam etiam per aerem (mirabile dictu!) ejulanter recessere. Ille vero adolescens incolumis et lætus cum suis, S. Joannis virtutem ubique prædicans, domum propriam repetiit. Hujus tanti miraculi testes sunt omnes qui illud tunc monasterium, sicut ipse refert, incolebant.

LIBER SECUNDUS.

PROOEMIUM AD EUMDEM.

228. In superiori parte operis hujus, Laurenti magnifice, satis, quod pollicitus sum, explicatum arbitror. Nam non omnia quæ de sanctissimo Joanne legeram, videram, et a viris fide dignis acceperam; sed carptim, ut quæque memoria digna videbantur, [volui] perscribere; ut facile quivis percipiat quantum Jesu Christi virtus in dæmonibus evertendis ejiciendisque in eo valuerit, in diesque valeat; et non ita esse, ut nonnulli falsissime opinantur, brachium ejus sanctissimum pene (quia super caput mulæ positum tempore domini Placidi (189) hujus monasterii abbatis aiunt) amisisse virtutem. Id fuisse falsissimum, quamplura, quæ post eum Placidum felicissime egerit miracula, longe lateque declarant. Quod si ita esset, ut malevoli quidam asserere nitantur, nec indignum ducerem, nec contra jus fasque factum alios ducere debere arbitrarer, præsertim cum dæmonia ingredi belluas et posse, jamque ingressa esse, et Christi Jesu Evangelia et sanctorum Patrum historiæ, præsertim Hilarionis eremitæ venerabilis, ostendant.

229. His igitur cum suis falsis commentitiis omissis, aliorum miraculorum genera prosequar, quæ non ad dæmonis intolerabiles cruces, ut superiora, verum ad alios morbos pertinent. Omittam tamen, quæ olim a S. Actone (190), hujus sanctæ Mariæ monasterii abbate, et inde Pistoriensi episcopo, diligenter perscripta sunt; quæ quidem extant adhuc. At ea tantum litteris et memoriæ tradere curabo, quæ nostra tempestate et propriis aspexi oculis, et a viris fide dignis accepi. Quæ ubi legeris, ex beatissimo Joanne facile perspicies sanctissimos viros a Domino Jesu, quidquid velint, consequi posse, et mortales omnes, si recta et æqua æque recteque Sanctos ipsos petant, nunquam incassum seu frustra petere; et ille ingens amor, quem in religionem istam re ostendis, si augeri potest (quod equidem haud scio), major in dies fiet, cum intellexeris Joannem beatissimum, illum olim civem Florentinum, non solum ipsi patriæ, verum etiam universis fidelibus Christianis et profuisse et prodesse semper. Lege ergo feliciter.

PARS I.

230. Tempore sanctissimi in Christo Martini papæ V (191) cum Florentinis belli periculum, tum ex eo, tum ex quibusdam aliis finitimis, regibusque ea potestate pollentibus, immineret; et ipsi libertatem, patriam, parentesque armis tegere concuperent (quia nisi ingenti ære hoc inter mortales agi non licet perfecte), omnibus tum suæ ditioni parentibus, nec religiosis amotis, onus non parvum in pecunia solvenda imposuere; et [ut] quamprimum solveretur, quia periculum præsens et inevitabile esset, imperavere. Quapropter cum multi ex religiosis eo tempore haud pecuniosi existerent, nec etiam aliam pecuniam, aliis temporibus id exigentibus, sua aut amicorum fide sumptam, penuria rerum solvere possent, ut in tali discrimine fieri solet, beneficiorum suorum possessiones civibus, in republica et auctoritate et divitiis tum florentibus, ingenti ære ab his sumpto, inviti ad eorum filiorumque vitam tradidere. In eo religiosorum numero et R. P. Ricciardus (192) hujus S. Mariæ monasterii abbas probatur exstitisse; non quia imprudens aut prodigus [erat,] verum [ob] tributum iniquum, sua tempestate imperatum, æs alienum non parvum fecerat. Præterea [erat hic] ingens monachorum numerus; ad hæc et aliorum ministrorum, quos vulgato nomine Conversos dicimus, ex quibus quidam [sunt] instituti ad cultum divinum peragendum; quidam autem ad forum rerum venalium, cum res ipsa necessitasve expostulat, mittuntur: nam domus magnæ numero dimus.

(189) Puto quod hic indicetur Placidus Pavanelli, qui anno 1448 insignitus est titulo Biblensis episcopatus, postquam Congregationem Vullumbrosanam quindecim annis rexerat.

(190) Hic est B. Acto vel Atto, de quo egimus in commentario prævio num. 25 et 52, quique scripsit Vitam S. Joannis Gualberti, quam secundo loco edi-

(191) Is Martinus V, aliis III, electus est anno 1417, et obiit anno 1431.

(192) De hoc abbate Ricciardo actum est in annotatis post partem primam libri primi miraculorum.

virorum prudentium conservantur, illustrantur et augentur.

251. His igitur necessitudinibus abbas tunc circumventus, cum quibusdam prædiis nemus quoddam etiam contulit, cujus gratia S. Joannes tale dedit miraculum. Est locus his in Alpibus in orientem vergens, quod Metatum montani (193) etiam nostra tempestate vulgato nomine appellant. Abest enim ab isto S. Mariæ monasterio ferme duo millia passuum, in quo nemus quoddam, diligenter consitum, quercubus aliisque generibus arborum refertum, faciem intuentibus lætiorem ostendit; quia juxta flumen jugi aqua piscibusve refertum labitur, æstivoque tempore pecore atque cultoribus et civibus interdum frequentatur piscandi gratia. Cum igitur cuidam civi Florentino, cui nomen Bernardo de Serzellis, ut fructus ex eo perciperet, daretur in possessionem, et ille contra jus, et fœdus inter monachos et se percussum, mox, possessione accepta, arbores omnes jussit incidi. Hoc inique fœdeque factum ex nostris Conversis quidam, qui tunc prata tondebant, ægerrime ferentes, eos, qui incidebant, adeunt, monent, orant ne tale facinus agant, [et] velint quandoque ab impio opere desistere.

252. Cæterum, cum illi tantum contumeliosa minarumque plena verba redderent, conversi veriti pejora, si pergerent, illico hanc exquirentes ædem, P. abbatem lacrymantes adeunt, remque omnem, uti erat, enarrant. Ille, etsi potens vim vi cum suis repellere, tamen quia in tali tempore vis civium magis lenienda quam exagitanda erat, fretus virtute divina, S. Joannis præsidium statuit implorare. Igitur jussu suo collectis undique, qui foris domique erant, monachis et conversis, capitulum, ut mos est, flebiliter adeunt; hisque imprimis abbas, cur accersisset, aperiens, inde præsenti fortique animo sint, hortatur; nec dubium foret eis S. Joannem opem quandoque laturum, modo bono rectove corde humiliter et reverenter ab eis requiratur. His dictis signum cum campanis fieri, ut mos est, jubet: inde P. Abbatem omnes imitantes sacrarium subnixi ingrediuntur. Cereus accensus ab eo, qui sacrario præest, cuique datur; et pluteo seu armariolo aperto, quo S. Joannis brachium honorifice servatur, quibusdam ad Jesu Christi divæ Virginisque Mariæ et S. Joannis cantatis prius genibus flexis antiphonis abbatis jussu.

253. Deinde ad suum quisque concessit negotium peragendum, ea tamen fide ac spe, ut crederent Joannis beatissimi præsidium non defuturum in tempore opportuno; quod reipsa paulo post probatum est: nam qui incidebant, operi nefario cum instarent, [et] quosdam etiam pastores, bonos profecto viros, qui eos orare et monere [cœperant,] ne tantum in nemore discidii agerent, spernerent et irriderent, nutu divino secures e manibus incidentium delapsæ cecidere. Quod cum cæteris hoc metum et horrorem insuper et non parvam incuteret admirationem, unus aliis nequior et improbior, eos hortari [ut] iterum secures ad reliquum nemus incidendum corriperent. Renitentibus his et accusantibus, ille non futurum sibi præsidens casum, raptim securim capiens, eam perstrenue elevavit. Sed o verendum ab omnibus Christi Jesu judicium! nec manus nec securim deponere a tergo cum posset, in sua tamen malitia perseverans, dum spiritus suos pestiferos rexit artus, manus post nunquam retraxit. Hoc quamprimum P. Abbati nuntiari curaverunt pastores; at illum ingens gaudium atque dolor simul occupavere: nam lætabatur intelligens, silvam illam perpulchram S. Joannis precibus [conservatam esse, et] evenisse, ne malorum audacia [eam] stirpitus exstirparet; porro anxius esse ob miseri illius inevitabile malum.

254. Eadem etiam die, et ea hora, qua monachi, ut diximus, S. Joannis imploravere auxilium, ipsius civis, cui jure illud devenerat nemus, tres rure domos non inutiles combustas [fuisse] manifestum est; quod ubi accepit, existimans, id quod erat, sibi merito id mali evenisse, nolens cum sanctis et Jesu familiaribus rem agere, illico [petiit ut sibi] suæ redderentur pecuniæ, et ipse, quidquid monasterii possidebat, restituere curavit. Hoc equidem tam verendum stupendumque miraculum aliis, qui ea tempestate ecclesiarum bona, ea, quam dixi, conditione habuere, mentem consiliumque inique agendi, veritis pejora, ademit. Et ne quis istud falsum fictumque existimet, sciat me a nonnullis tum abbatibus tum conversis in decrepita ætate constitutis, qui his interfuerunt, accepisse. Silva quoque illa, si homines silerent, calamitatem suam etiam hac nostra tempestate ostendit, cum quercus, de nde plantatæ, cæteris multo humiliores intuentibus appareant. At mihi profecto multa legenti, audientique plurima, constat S. Joannem etiam memoria nostra miraculis et prodigiis claruisse, et adhuc ita clarere (pace omnium dixerim) ut ei nullus sanctorum hac in provincia inveniatur secundus.

255. A Faventia civitate Flaminiæ oppidum, cui Berzighella (194) nomen est, non procul abesse dicitur; in quo quædam mulier, non obscuro loco nata, cum ex quotidiana diu febre laborasset, nec medicorum, in quibus multum pecuniæ consumpserat, aliquo posset remedio liberari, precibus cujusdam nostri monachi de Maratha, qui eam gratia visitationis adiverat, sanctissimi insuper Joannis miraculis ducta, votum sic vovit: Joannes beatissime, domum tuam, si tuis meritis sospitatem recuperavero, visitabo cum muneribus; mihi quæso, Pater sanctissime, etsi peccatrici opem ferar tamen. Vix verba compleverat,

---

(193) *Metatum* pro villa rustica sumi alibi diximus. Itaque *metatum Montani* hic villam montanam significare existimo.

(194) Oppidum hoc ab aliis vocatus *Brisighella* vel Bresegella, situmque est in Flaminia seu Romandiola, septem circiter milliaribus Faventia inter meridiem et occidentem.

et ecce e vestigio miraculum : quae capta omnibus membris in lecto jacebat, functa officio totius corporis, suis pedibus, ingenti omnium qui eam noverant admiratione, hoc S. Mariae monasterium adivit devote; ubi primum capellam cum duobus ingressa comitibus, genibus flexis, coram adoravit; inde surgens, osculato altari, aliquantulum pecuniae obtulit; quam libenter ea die et liberaliter habuimus. Postridie vero, missa celebrata, et S. Joannis brachio osculato, domum contendit suam.

256. Aliud etiam miraculum praeterire consilium non fuit, quod in eodem oppido nostra tempestate cuidam mulieri, quae fluxu sanguinis diu fatigata [fuerat,] evenisse S. Joannis meritis probatur. Olim quidam civis Foroliviensis cum ex febre, lenta tamen, caeterum continua, laboraret, hoc S. Mariae monasterium annuatim multae devotionis gratia adivit; qui forte inter incedendum cum comitibus propter fontem, qui fons S. Joannis dicitur, iter habuit; qui quidem religione Patrum ad haec nostra tempora usque eodem, ut fertur, topho herbaque viridi circumdatus, quo ipsius S. Joannis tempore, praestanter clauditur. Abest enim ab ipso S. Mariae monasterio fere per quingentos passus, qui quidem parvulis abietibus hinc inde perpulchre cingitur. Ille itaque cum a nostris rem omnem cognovisset, ut S. Joannis fons diceretur, ut quandoque illuc solus iret, ut crebro oraret, ut majores nostri devotionis ipsius gratia noluissent secus lapidibus sculptis exornare, manibus eorum summa cum reverentia, quia fons altus est, aquam pronus libavit; inde secutum miraculum: nam mox omni illa febri, qua prius jugiter afficiebatur, extincta, sospes efficitur.

257. Hic igitur cum laetus in patriam contenderet, domum jam dictae mulieris vel affinitatis vel amicitiae gratia concessit, et quid ei de haustu fontis ob virtutem Joannis sanctissimi evenerit, ipsa praesente, compluribus enarravit. Ea spe recuperandae sanitatis ducta, duos ex filiis impigros deligens, eos ad hoc S. Mariae monasterium cum mandatis hujusmodi misit; S. Joannis imprimis altare visitarent devote, et, missa oratione ad Jesum, oblationem darent; dein aquam ex ipsius S. Joannis fonte haustam secum deferrent. Brevi itaque illi mandata efficientes cantharum aqua plenum secum tulere, quem ipsa fideliter sumens cyathum illico hausit. Quo hausto, mira Dei potentia! mira in sanctis suis clementia! quae diu morbo intolerabili confecta [fuerat], illico incolumis evasit. Hoc stupori et admirationi non solum his qui oppidum Berzighellae habitabant, verum finitimis omnibus exstitit.

258. Vir quidam egregius, Joannes nomine, civis Spoletanus (195), eruditus satis tum litteris Graecis tum Latinis, cum circa praecordia morbo quodam intolerabili afficeretur, ita ut nonnunquam, ut ipse referre solitus erat, cor sibi gladio videretur transfigi; et quod remedium ei morbo esset, qui

(195) Spoletum urbs Italiae in Umbria ad montium radices partim in colle et partim in planitie et ad

doceret, medicorum invenit neminem. Eo divinum statuit implorare auxilium. Qui cum Jesum piamque Matrem ejus, [ut] ferrent opem, invocaret, crebro talis ei visio per somnum, ut ipse referre solitus erat, fuit [oblata]. Venerabilis vir quidam, monachali praetexta indutus, visus est dicere sibi : Vis hujusmodi morbo liberari? Volo, inquit ille, imo et percupio, modo Jesu Christo placitum sit; cui vir venerabilis : Monasterium meum, quod in Etruriae partibus situm est, devote adibis, quod S. Mariae de Valle Umbrosa dicitur; inde aliud, ubi corpus meum jacet sepultum, visitabis; et tertium, ubi cucullus, quo, dum vita viverem mortali, circumdabar, a monachis adhuc conservatur devote. Qua via, Pater, haec monasteria sine praevio et monstrante, quae sint, intelligam; cum multa in Etruriae partibus sita monachorum habitacula dicantur? Abbatem S. Mariae de Eremita super hoc consule, inquit Pater ille, et quidquid dixerit, devote perficies.

259. Primo itaque mane sequentis diei vir ille devotus abbatem quamprimum adiens, ei quidquid viderat enarravit: abbas vero ex monachali praetexta et verbis, quibus usus fuerat, S. Johannem hujus religionis institutorem esse declarans, cum rite cuncta edocet; inde litteris, quas hujus monasterii abbati redderet, datis et fido comite, qui bas omnes optime callebat regiones et monasteria, cum Jesu Christo commendans, dimisit. Voluit tamen in tanto itinere, quia corpore invalido et inedia vigiliisque exeso et macilento [erat], equum habere, quem fessus itinere pedestri quandoque ascenderet. Demum vero, duce famulo abbatis, die sexta, qua domo sua abierat, huc pervenit ; vespere vero, accersito hujus monasterii abbate, cunctis, quae in somnis viderat et audierat, ei declaratis, postridie pro sua salute Missae celebrentur, orat. Quo opere pio devote peracto, locis istis devotissimis, et eremitarum etiam cellulis intus forisque suppliciter visitatis, et inde non parvo munere oblato, et ipse ab abbate liberaliter habitus, concessit Passinianum : et itidem, ut in hoc S. Mariae monasterio Missis pro sospitate ipsius celebratis, et S. Joannis sepulcro subnixe visitato, perrexit ad S. Salvium; ubi pari modo et missis auditis, et ipsius S. Joannis cucullo viso, iterum concessit ad nos. Postridie vero sospes et laetus ad urbem Spoletanam contendit; et, ut nobis quidam de jam dicto monasterio S. Mariae de Eremita monachus deinde retulit, dum civis ille vixit vitam hanc aerumnosam, nunquam amplius eo morbo intolerabili laboravit.

240. Florentiae olim quidam nobilis exstitit civis, cui nomen Zanobio; vir equidem in Republica Florentina praestantissimus, insuper auri agrorumque ditissimus; cui uxor sterilis cum esset, aegerrime id ferre, quia multae ei essent divitiae, quarum haeredem filium exacta jam sua aetate haud relinquere

Tessinum amnem. Incolae vocantur a Plinio *Spoletini*, a recentioribus *Spoletani*.

possent. Forte fortuna fuit, cum die quadam cum D. Bartholomeo, olim S. Trinitatis de Florentia [abbate] in colloquium venisset, et inter alia cum de infortunio suo quæreretur, quod ei uxor sterilis esset, inquit abbas : Tibi profecto, clarissime Zanobi, bonum cum honore dignissimo et optavi et opto, cupiamque semper, et quid hac in re dicam, ignoro penitus. Tantum bono animo perferre nos duco oportere quæ Jesus Dominus noster agit, cui curæ sumus : et si, ubi humana desunt auxilia, ut me melius nosti, nos commendatos recto corde redderemus, spero non abs re fore. Persæpe hoc ego [feci] inquit Zanobius. Experiamur iterum, inquit abbas, et cum multa prodigia de Joanne, sanctissimo Gualberti filio, narrentur, et per omnium ora quotidie nova et inaudita volent miracula, mihi quidem utile videretur Virgini Mariæ imprimis, et S. Joanni te et tuam ex corde commendares familiam; et videor videre tibi prolem dignissimam futuram, Jesum daturum.

241. Hæc in ecclesia S. Trinitatis Florentiæ cum, nullo præsente, ab his dicerentur, civis flexis genibus coram S. Joannis altari hujusmodi pectore ab imo fudit verba : Joannes beatissime, si hoc apud Jesum precibus tuis impetravero, saltem uxor mea unicum mihi pariat filium, missæ quamplures hoc in altari ad tui decus celebrabuntur, ipsumque altare ornamento purpureo, sericis et auro intexto, ornabo. Hæc itaque oratione et voto emisso, abbati valedicens, spem bonam filium habendi secum portans, domum ingressus est remque omnem uxori suæ, magno natu mulieri, enarrare curavit. Hoc itaque cum ei longe gratum existeret, sese etiam mulier Virgini Mariæ et S. Joanni commendans, sperabat divinam gratiam adfuturam : nec eos spe falsos habuit, cum nono mense post filium masculum eis bonitas concesserit divina. Eo non tantum qui de familia erant, verum omnes vicini gestire, quia eis Jesus meritis Joannis beatissimi filium hæredem dedisset. Zanobius igitur plura et meliora, ac voverat, reddens, dum vitam vixit, S. Joanni et religioni universæ bonus et devotus exstitit; et abbatem ex amico amicissimum plurimis beneficiis datis et acceptis fecit. Hæc, multis præsentibus, ab ipso D. Bartholomæo abbate accepimus.

242. Memoria nostra cuidam Gerardo, qui prædium hujus S. Mariæ colebat et adhuc colit, casum quemdam accidisse accepimus, qui equidem talis exstitit. Cum enim jam dudum avi atavique sui et parentes et ipse divi Bartholomæi festum annuatim ipsa die honorifice celebrare consueti essent, honorificentius solito eo anno, quo hoc accidit, gratia quorumdam civium, qui eos adiverant (sunt enim satis locupletes) celebrare cum statuissent, hunc, quem diximus Gerardum, in Casentini partes pro vitula emenda cæteri misere fratres. Ea itaque empta, cum domum rediret, nondum Prati magni hujusce nostræ Alpis altiora juga attigerat, et jam in ecclesia S. Romuli de Prato, S. Fidelis de Stru-mis horrendoque Hospitali pro Virginis Mariæ salutatione signum campanæ pulsabatur.

243. Cum igitur comite uno contentus, tum obscuritate noctis, aere in tempestatem mutato, tum etiam tarditate et vitulæ et matris nequirent properare, vix ad fontem, qui supra cremitorium S. Mariæ de Casceca in itinere jugiter manat, lumine quodam parvulo noctis non penitus obscuræ vel usu potius pervenere; cum cito inexspectata et subita vis ventorum et immanis aquarum procella, obscurato cælo, undique et undique oboritur. Miseri itaque illi, in tanto talique discrimine positi, quid agerent, quo se verterent ignorabant penitus; nam nec progredi ulterius poterant ob nubium densarum obscuritatem, et illic esse diu locus sterilis et penuria rerum, sed præsertim futurum et instans festum non permittebat. Rati itaque hoc in rem suam fore, divinum videlicet implorare auxilium, Gerardus tota mente tale edidit votum : Maria Virgo, spes unica salusque et tutissimum desolatorum [refugium], miserorumque omnium portus, tuque Apostole Dei Bartholomæe, familiæ et domus nostræ defensor, vobis nos nostraque, quantum in me est, toto corde et tota mente commendo. Liceat saltem hac nocte S. Mariæ de Valle Umbrosa adire monasterium; quod si vestris precibus hoc apud Jesum impetravero, in honorem decusque vestri tabernaculum in triviis Malinariæ condendum instituam.

244. His dictis socium, ne inde, quoad redeat, discedat, monens et orans et signo crucis se muniens, S. Joannis virtute fretus, iter obscurum aggreditur. Enim ego sæpius hanc rem prædicantem, quam dicturus sum, audivi; quid videlicet s bi præter spem acciderit humanam. Mox enim [aiebat], ac si a quodam rapido vento suspensus deferrer, hoc S. Mariæ monasterium audivi et concitis crebrisque clamoribus Jacobum quemdam conversum advocans, per Jesum ad me foras egredi cum torre optime adusto, nec causam tum vellet inquirere oravi. Ille illico ad me egrediens lumine accenso cum testa undique clausa meum comitatur iter ad socium, quem reliqueram usque; inde si quid aliud vellem, inquirens; ego econtra : sat habeo. Datis acceptisque dexteris et ex more dignis salutationibus habitis, ille illico ad monasterium, ego domum meam abii. Constat itaque Virginis Mariæ imprimis, inde precibus Joannis sanctissimi huic, in tanto discrimine posito, divinam misericordiam adfuisse, et ei, ut olim Danieli prophetæ, per angelum tulisse opem. Inde ille, quod voverat, mox peregit.

PARS II.

245. D. Matthæus olim abbas S. Trinitatis in Alpibus monasterii hujus Ordinis, vir profecto bonus, et haud mediocriter instructus, cum cujusdam parvuli et nullius fere reditus Prioratus, videlicet S. Donati in Aretino agro siti, qui vernacula lingua de Vinca dicitur, possessionem mihi præberet, ut sacri Canones censent tradendum, [et] iter una egressus esset, nescio quo pacto seu casu seu temeritate : Cum enim

ab ipso equitando paululum distarem, cum humi toto corpore porrectum reperi. Igitur cum tantæ rei male actæ causam exquirerem, et ille dolore affectus ad plenum non posset dare responsum (fere enim crus fregerat unum) cum cœpi obsecrare et orare, se fideliter et ex corde Virgini Mariæ sanctoque Joanni commendatum in tanto discrimine reddere vellet omnino; quod et fecit, tale vovens votum : Crus cereum, Joannes Pater beatissime, altari tuo, quod in monasterio S. Mariæ de Valle Umbrosa situm honorifice habetur, desuper pendere jubebo, modo ope tua inceptum peragam iter. Jesu bone! illico servo suo Joannes beatissimus auxilium ferens, in meum, cui insidebam, prosilit mulum : nam suus aufugerat et nisi a quibusdam ruricolis et montanis qui suum esse ob loci frequentiam optime noverant, vi et calliditate fuisset captus, haud a cœpto itinere destitisset, quoad S. Trinitatis in Alpibus adiisset monasterium.

246. Quid multis opus est? læti Aretium versus equitantes, eum, quia facillime sibi dabantur verba, ita exorsus sum [alloqui] : Mi Pater abbas, unde vobis vel quomodo tam gravis casus, si dici potest, exstitit? Ille imprimis pudore deductus fingere quædam; demum cum instarem, rem, uti erat, aperuit : Aiebat enim cum necessitate coactus de mulo descendissem, et deinde in ipsum iterum ascensum strenue pararem, oblivione et concito impetu ductus habenas more solito non attingi. Cupiens itaque in ipsum prosilire, quamprimum mulum [ascendit]; procul a me vero humi stratum ægerrime ferens intellexi esse. Demum Virginis Mariæ precibus re nostra fine optimo et felici conclusa properantes, ille Florentiam, ego vero ad istud monasterium contendi. Nec multo post, empto crure cereo, nos lætus revisere cupiens huc concessit, et suum devotissime complevit votum. Crus etiam illud cereum in testimonium tanti miraculi diu supra S. Joannis altari pendens conservatum est.

247. Hoc etiam silentio præterire non fuit consilium, quod nostra tempestate monacho cuidam Puppiensi cognovimus accidisse. D. Antonius Puppiensis, quem falso nomine vulgo quidam Gigarim dixere, cum in quibusdam facinoribus, ut erat tunc rumor, comprehensus a R. D. Placido ea tempestate hujus Ordinis Generale ea voluntate in tetro Pithiani carcere detineretur (195'), nec cum inde nisi defunctum abstraheretur vellet, modo in sua esset potestate, infelix monachus plurimum parti suæ timens humanisve auxiliis plurimum diffidens, statuit omnia, priusquam periret, experiri. Eo hac via, ut ab ipso accepimus, divinum requisivit præsidium. Vesperi quodam cum infortunium suum et miserias et egestatem et quo in loco vitam ærumnis plenam ducere oporteret, utpote in carcere inculto tenebris et odore fœdo, et quod cum viro sibi infensissimo agendum esset, animo suo sæpius revolveret, tandem oculos mentis sursum in cœlos elevans ex intimis præcordiis hujusmodi verba habuit.

248. Virgo Maria sanctissima omnium mortalium et præsertim in ærumnis et mœrore et luctu existentium solatium, refugium, virtus, spes tutissima, me totum tibi dedo, et animam meam tuæ fidei, ut alias semper, ita nunc tota mente totisque viribus commendo. Insuper, si mereor, me ex his miseriis et ærumnis incolumem reddere velis, oro; sin minus, [ut] non ægre hos cruciatus perferam, vires saltem deprecor administres ; nam sic vitam degere et intolerabile mihi et indecens est : tuque Pater, fidelium dux atque lumen, Joannes sanctissime, cujus Ordinis tuendi defendendique gratia multa perpessus sum, ut peroptime nosti, qui omnia e cœlis vides, tuum fidelem tutari velis militem, eumque per Jesu Christi clementiam, perque illam tuam in alios solitam benignitatem e manibus impii crudelisque tyranni Placidi (196) liberes, oro. Hæc igitur et hujusmodi sæpius et sæpius geminando cum diceret, cum his etiam vota faciens, inter dicendum, ita ut fit, somno laboreque fessus caput super genua declinans, paulatim cum sopor invasit. Quiescens itaque talem, ut ipse referre solitus erat, in somniis visus est vidisse visionem; virum videlicet venerabilem ei assistere, et ipsum imprimis humaniter solari, et demum his hortari verbis : Ligaturam seu funem ex hoc tegmine lacerato, et in plura frusta diviso, ut vales, confice, et his cratibus ferreæ fenestræ circumligato, et per seipsum te sensim manibus alternatim suspensis descendere, et, quo te tua fortuna sinet, permittere ne cuncteris. Te haud deseram; mihi crede.

249. Evigilans itaque et ratus, quod erat, se Virgini Mariæ [et] S. Joannis curæ esse, quæ in somnis viderat, quovis modo tentare statuit. Missa igitur ad cœlos imprimis oratione, inquit : Te Jesum, divinum istud opus, si divinum est, ratum facere; sin minus, dissipare [velim]; et me ab hoc discrimine eripias oro. Inde, signo crucis edito coopertorium frustulatim scindens funi simile dedit, et tremens ac pavens Christum Jesum, ipsum defendat, pluries ingeminans : insuper et matrem ejus piissimam Virginem Mariam [invocat]. O divina et clementissima Christi Jesu pietas! o Virginis Mariæ sanctique Joannis optimum præsidium! Cui hoc verissimum verisimile videbitur, nisi illi, qui per fidem omnia prodigia et miranda per Virginem Mariam sanctosque Dei fieri posse crediderit? [quod] monachus quadragenarium agens annum, vestibus et prætexta monachali indutus, etiam cum compedibus ferreis

(195') Oratio incorrecta plane et deformis.
(196) Is est, ni fallor, idem Placidus Pavanelli, de quo supra in Annotatis memini. Hic quidem, ut loquitur Simius in Catalogo pag. 255, *in spiritu Eliæ* rexit Congregationem Vallumbrosanam, sed ob id ipsum, nempe austeritatem vitæ, et rigorem monasticæ disciplinæ a Simio aliisque laudatur. Quare miror, quod monachus, præsertim in oratione ad Deum fusa audeat virum hunc, abbatem suum, *impii crudelisque tyranni* nomine compellare, et quod tamen divinum auxilium Sanctorumque opem experiri mereatur.

per parvulum foramen, quod gratia pusilli luminis dandi in ergastulo tenebroso positis relictum erat, absque ulla læsione egrediatur. Et quid? deinde aliud non minus sequitur miraculum: funem enim, quem confecerat, a solo per quatuordecim ulnas distante, ipse in terram lapsum faciens, ab excubantibus custodibus inter cadendum auditur quidem, videtur autem minime, etsi omnia diligenter etiam inter vepres hinc inde perlustrassent.

250. Illis itaque custodibus, omni spe inveniendi eum prorsus deposita, concedentibus in rem suam, ille, lento gradu tamen, ut pote qui a compedibus ferreis impediretur, in nemus securum longeque positum divina præeunte gratia contulit sese, eique quiescenti ac timido quidam ex Liguriæ partibus, qui fig'ini fabrilia exercebat, cum armis suis occurrit: nam ad Casentini partes lucri gratia iter faciebat; qui sentum, squallidum, ægrum admirans ita eum affatur: Quid tu hic, pater? Quid tibi isti compedes? curve hæc loca incolis invia et deserta? Me miserum, inquit monachus lacrymans, sic est fatum meum! vitam infelicem extrema per omnia ducam! Me ad has ærumnas me deduxere peccata. Verum te per Jesum omnipotentem, (quia omnia tibi sunt abunde) me his compedibus liberes, oro; ut expeditus iter, quod incepi, peragere valeam. Ego vero id agam, inquit Ligurus; et illico eum a compedibus ferreis explicat.

251. Monachus gratias ei agens inquit: Hoc quam maxime potes occultum habeas deprecor, ne iterum ad pejora ac passus sum, revocer. Cui ille: Nihil est quod vereare, mi pater: tantum pro me ora. Inde uterque viam suam contendit. Hic itaque D. Antonius D. Placidi hujus monasterii abbatis, de quo supra verbum fecimus, ejus atque conspectum fugiens, et ad quemdam comitem Parthenopes (197) regiones incolentem, qui sibi olim Romæ amicissimus exstiterat, se conferens et cum eo ad sanctissimi Nicolai (198) summi Pontificis V tempora usque vitam ducens, Eugenioque (199) pontifice defuncto, jam securus patriam revisens, votum suum peregit devote: nam cereum non parvi ponderis Virgini Mariæ et S. Joanni offerens super ipsius altari, quod et in Cellarum eremo dicatum est, pendere voluit. Qui quidem adhuc in tanti prodigii memoriam eo in loco conservatur. Nec ille inde discessit vitam parce ac duriter poenitentiæ gratia agens, quoad plures Missas ad honorem Virginis Mariæ sanctique Joannis celebravit.

252. Varia equidem sanctissimi viri Joannis et sunt jugiter et fuere prodigia: nam omnes, qui S. Hilari agrum incolunt, adhuc affirmant, quod modo scripturus sum. Quidam enim illius regionis rusticus, Antonius nomine, vir profecto, si virum dici fas est, ut ferebatur, flagitiosus, cum in sanctissimi Joannis festivitatis die, avaritia potius et cupiditate quadam quam necessitate urgente ductus, culmos tritici plenos ad aream cum bobus deferret, casu unus ex finitimis, qui ad hoc S. Mariæ monasterium ob S. Joannis festivitatem concedebat, pone eum iter habuit; quem primo demirans, quod tantam non observaret devote et reverenter festivitatem, blandis inde verbis eum obsecrans, inquit: Ha amice quid [agis]? necessitasne vel rerum penuria, vel hostes imminentes, vel subitus et nimius imber te ad hoc impellunt, ut tanti nostri Patris Joannis, hujus loci tutoris et defensoris festivitatem non celebres? Velis oro ab hujusmodi opificio hodie desistere, et una mecum iter aggredi. Adhuc enim saltem majori Missæ intererimus, cum tantum quinque millium passuum iter sit, et nunc sol his in regionibus primum appareat. Ille econtra, animo inquieto, inquit: Tantumne est ab re tua tibi otii, ut aliena cures? I tu quo vis, et sine me meo interea agere modo. Da veniam [inquit] ille alter, et age, ut lubet. His dictis quisque suum, quod cœperat, peregit iter.

253. Hic itaque Antonius infelix cum parum saluti suæ consuleret, neque, quod desuper periculum imminebat, adverteret, dum suum illud negotium exsecutioni mandare nititur, forte boves currum seu traham transverse agere, et a recta divertere semita; quos cum iratus crebro stimulis instigaret, et hi jugiter tum cornibus tum dorso sese motarent, et se traha in rupem verteret, ad quam sustentandam concite cum curreret ille, boves ob hoc in formidinem versi cum nec alio propter jugum, quia eo jungebantur, ire possent, nutu divino plaustrum atque miserum rusticum una ad rupis ima trahentes et istum resupinum calcantes, a quibusdam, qui juxta iter habuere, inventus est mortuus. Hoc equidem, causa cognita, omnibus finitimis præsertim, et horrori exstitit et admirationi.

254. Eum igitur exanimum in carpento jacentem domum suam usque, ululantibus hinc inde affinibus, traxere boves. Eo domus tota in mœrorem et luctum versa [est]. Ubi rediere, qui hoc S. Mariæ monasterium adierant parentes, cadaver illud turgidum et, ut aiebant qui interfuerunt, supra modum et morem humanum lividum et fœdum humo tradidere. Memoriæ etiam datum est et diffuse scriptum, idem fere in agro Passiniani cuidam rustico in translatione istius sanctissimi Joannis, quæ celebratur VI Id. Octob., accidisse: verum ille, cum præter consuetudinem regionis illius sereret, non vitam, sed boves amisit. Cæterum ipsius sanctissimi Joannis festivitas celebratur IV Id. Julii. Hinc discant omnes, quid discriminis tum animæ tum corporis immineat

---

(197) Ita olim vocabatur Neapolis, urbs in ora maris Tyrrheni celeberrima. Eodem nomine appellatur insula parva maris Tyrrheni vulgo *Ventotienne* in regno Neapolitano. Suspicor Auctorem de Neapoli agere, cum vocet *Parthenopes regiones*, non insulas.

(198) Is electus est summus pontifex anno 1447.
(199) Eugenius IV post decimum sextum Pontificatus sui annum, ut testatur S. Antonius, obiit anno 1447.

his, qui Domini Jesu Sanctos digno non celebrant honore, etsi hac in præsenti vita non eas, quas merentur, dent poenas. Cæterum, ut supra dixi, o quam expediret hic, quam alibi, pro nostris sceleribus flagris torturisque affici! Verum ad S. Joannis miracula redeamus, quæ sese nobis catervatim offerunt.

255. Alteri ex nostris agricolis filia et paralytica, id est, omni membrorum officio privata cum esset, tale ad S. Joannem votum misit : O Pater et pastor noster, Joannes beatissime, si tuis precibus filiam meam incolumem videro, tibi de penuria mea tantum offeram frumenti, quantum ipsa filia mea in pondere et numero computabitur. Mira res! e vestigio sequitur miraculum. Mox enim voto emisso, filia quam raptim ad patrem se conferens, qui adhuc flexis genibus humi procumbebat, collum amplecti, faciem osculari; dein toto corpore gestire. Eo ipso, et qui de familia erant præ gaudio lacrymis obortis Jesu et Virgini Mariæ matri ejus gratias agebant et Joannem sanctissimum pro tanto prodigio extollebant ad sidera, et illico frumentum ponderatum, ut voverat ipse, cuidam nostro procuratori, qui tunc Paterno præerat, per germanum puellæ mittere curaverunt : qui, cum quamobrem hoc frumentum daretur, interrogaret, ei adolescens rem omnem aperuit. Ille itaque Jesu et S. Joanni gratias agens, accepto frumento, multis præsentibus miraculum declaravit. Quod cum mater in S. Joannis festivitate prædicaret, ad nostras etiam aures tanti prodigii fama pervolavit.

256. Nec etiam duco prætereundum [quomodo] duo ex finitimis fulmine interierint, qui huic S. Mariæ monasterio detrimentum inferebant. Montanus quidam de monte Migliario (qui quidem mons Migliarius ab isto S. Mariæ monasterio per quatuor millia passuum ferme abest, inter orientalem et septemtrionalem plagam) cum pascua hujus S. Mariæ monasterii ei finitima suis cum pecoribus annuatim, nec verbis nec minis territus, utpote ferox, pasceret, nutu divino die quadam, cum oves coactas sub fago quadam lata et umbrosa ad æstus caloris evitandos, ut pastoribus æstivo tempore mos est, haberet, tempestate et vi ventorum ingenti cum tonitruo subito exorta, fulmen ab aere cum foetore et splendore contortum, pastorem ipsum una cum pecudibus canibusque omnibus, qui parum ab arbore semoti erant, occidit.

257. Operæ pretium erat aspicere quot mortales cujusque conditionis et generis, qui ob varia tunc Alpem excolebant, ad hoc inauditum et stupendum miraculum, seu verius dicam, judicium confluxere, cui horribili spectaculo et pavendo quidam ex nostris conversis interfuit, qui hæc nobis statim curavit referre. Cæterum cum nonnulli, ut in re maxima fieri solet, impossibile ducerent, uno ictu fulminis mille et eo amplius pecudes ad extrema vitæ usque deduci

(200) Franciscus Altovita electus est Generalis Vallumbrosanus circa annum 1450, et obiit anno

posse : Non recte sentitis inquit : nam his oculis hausi. Sensim omnes, uti morbo contagioso fieri solet, et sulphureo foetore et tonitruo ingenti utpote attonitæ et perculsæ exstingui [cœperunt] : imo, quod majus est, carnes illas ut putridas, nec alii canes nec volucres etiam attingere voluerunt; et coria insuper seu pelles, quia mox scindebantur, nullius pretii exstitere. Cadaver vero illius miseri pestiferive pastoris maximis clamoribus femineisve ululatibus, rusticorum more, affines sepulturæ dederunt.

258. Sunt et villulæ quædam et etiam oppidula non multum distantia ab monasterii Alpibus quæ quidem meridiem spectant : in quibus fuere nonnulli, qui soliti erant hujusce nostræ Alpis arbores, cum quercus tum aceres nonnumquam et pomiferas arbores, ut castaneas, ut fagos sine modo et mensura, nulla habita super hoc permissione, incidere; minas insuper et accusationes (quia nostra tempestate Rectorum maxima pars muneribus corrumpuntur) parvi facere. Nostri igitur, quia jus negat vim vi repellere, ad solita decurrere arma, ad preces videlicet et orationes Jesu Christo et Virgini Mariæ matri ejus et S. Joanni fundentes, liceret saltem portiuncula hujus nemoris uti. Exaudivit Dominus servos suos, ut ait Propheta, de templo sancto suo, et nobis hoc modo tulit opem.

259. Cum unus ferocior cæteris etiam hic prope nostras dejiceret arbores, ecce repente vi ventorum aer clarus et lucidus atque serenus in gravedinem et tempestatem mutatur, adeo ut nobis in monasterio commorantibus dies in noctem videretur versa. Proh bone Jesu! [audivimus primo tonitru]; quod deinde tonitruum secutum est fulmen, quo equidem rusticus ille injuste agens obiit. Memoria mea numquam talem sonitum audisse me memini. Monachi omnes ad preces, pueris junioribus præ pavore flentibus, currere. Quid multis opus est? Nescio, quid tum cum Abbate nostro, cui nomen Francisco Altovita (200), venerabili longeque prudenti viro, et jam in decrepita ætate constituto, de monasterii gubernatione tractans [agerem]. Illico palatii tabulata tremere, et ruere omnia visa repente. Jesu! inquit abbas. Ego etiam : Virgo Maria, esto nobis miseris præsidium!

260. Rusticus itaque ille, quia a fulmine exstinctus, domum vesperi propriam cum non rediisset, familia omnis imprimis in stuporem et admirationem versa [est]; inde alio se illa nocte contulisse putantes, quiescere [incipiebant], cum subito malus superveniens nuntius, eum fulmine diem clausisse extremum, asserebat. Advolantibus itaque illuc ubi cadaver jacebat, quampluribus adolescentibus, id in lignis funibus connexis tulere domum : quod quidem cadaver non parvo suorum fletu humo tectum est. Cæterum hæc summæ admirationi esse, quia nec arbor aliquo in loco tacta, nec ipse [læsus] aspiciebatur. Tantum ligula soleæ lacerata, quam non multo 1479, die 22 Aprilis, ut testatur Simius in Catalogo pag. 168.

longe a cadavere intra folia repererunt. Hæc igitur, quia inevitabilia, multis mortalibus prope longeque manentibus pro tempore incussere metum; verum ad solitum opus rediere quidam. Nam semper homines, quibus opes nullæ vel parvæ sunt (imo dicam, quod intolerabilius est) hi interdum, quibus secundæ res sunt et divitiæ multæ, furtis et fraudibus, modo possint, aluntur; sed ut alias sæpius retulimus conducibilius esset secus vitam instituisse. Nunc ad reliqua.

261. Presbyter quidam, Jacobus nomine, olim hujus monasterii S. Mariæ monachus; verum nec expresse seu solemniter professus [erat], bene [tamen] tacitus: nam octavum et decimum jam agebat annum, cum Puppii in S. Fidelis hujus religionis monasterio sub D. Antonio procuratore una vitam duceremus. Hic, nescio quo malo dæmone instigatus, habitum suæ religionis spernens, et ab se exuens, huc illuc, ut malus et apostata, nullius verecundiæ signum moribus vel vultu indicans, per Casentini ecclesiolas vagabatur; quem memini, jam præsentibus aliis presbyteris, cum non erubesceret, etiam Puppium sine S. Joannis prætexta venire et officiis et Missæ una cum cæteris religiosis, quod haud poterat, ipsis invitis, interesse [voluisse], eo semel a præfato D. Antonio summo cum dedecore e S. Marci ecclesia, quæ Puppii est, populo præsente conviciis pulso. Inde factum est, ut oppidum illud numquam postea adiverit, nisi dum sacerdotali officio fungeretur.

262. Hic itaque cum non multo post quamdam S. Mariæ ecclesiam in loco qui Ama vernacula lingua dicitur (abest enim a monte Alvernæ ferme quatuor millia passuum) ab Episcopo Aretino jure sacerdotali impetrasset, in tantum suorum hominum odium et inimicitias capitales ob stuprum cuidam puellæ illatum brevi devenit, ut quidam ex his rusticis puellæ affinitate [conjunctis] sibi magis infensi, sæpius undique armati convolarent (Talis enim eis mos est; non tantum verbis, verum etiam armata manu jus suum exquirere) [et] in eum interdum de improviso prædonum more infestos impetus facerent, tum minis atrocibus, flagrisque hostilibus impeterent, ita ut cum manibus sese ultum ire, tum quia sacerdos, tum quia solus, in multos haud posset, cogeretur genibus flexis rem negare, [et, ut] sibi parcerent, orare. Cæterum cum rusticorum durum genus haud flecteretur, imo atrocius fieret, alium loco sui ex ipsorum sententia relinquens, ad affines et propinquos qui haud procul aberant, convolans, inde domum propriam adiens genitoribus suis rem omnem aperuit.

263. Verum cum vi ecclesiam suam recuperare vellet, quia res parum ei processerat, ignorans, quid in re tam atroci esset agendum, æstuabat: Cui mater, quia religiosa et [pia erat,] recte consulens inquit: Mi fili, mihi credas, volo nulla adeo ex re istuc tibi accidere, nisi quia S. Joannis habitum temerarie deposuisti; quocirca tibi consule, meisque acquiesce consiliis, ne immaturum corpus terræ, animam vero æterno incendio tradas; aut habitum sume, quem mente proterva deseruisti; aut, si hoc non placet, istoc utitor; fac votum, et ego una tecum [faciam], annuatim in ipsius S. Joannis festivitate [ut] nonnullæ Missæ celebrentur in sui laudem et decus, et jam esto securus: nam nihil est quod amplius vereare, mi fili. Voveo, inquit ille, ac lubens faciam, nec illuc redibo, nisi prius hæ Missæ celebrentur. Res mira! mox celebratis Missis, solus et inermis se ad ecclesiam suam conferens, libenter jucundoque animo ab omnibus, paulo ante infensissimis, accipitur, et hactenus, ut percepi, omnibus semper carus et gratus exstitit. Quis igitur hunc sanctissimum Joannem suis in necessitatibus non advocatum et patronum suique defensorem requisierit, cum hoc, et aliis miris prodigiis luce clarius constet, eum non solum sibi religione conjunctis, sed omnibus etiam extraneis præsto ad auxilium et ad opem ferendam esse?

PARS III.

264. Laudabile visum est, [ut] his S. Joannis prodigiis aliud, quod [de] nostræ tempestatis duobus finitimis eremitis, qui in dedecus hujus monasterii plura et dixere et egere turpia, inseram: verum prius de situ loci paucis disseram. In jugis hujusce nostræ Alpis mons saxosus, asperrimus, incultusque exstat; qui quidem ex ea parte, quæ meridiem occasumve spectat, rupes horribiles, confractas abscissasque habet mirum in modum, quæ in vasta solitudine horrorem aspicientibus non parvum incutiunt. Inter duas igitur rupes vastas ingens saxum in Orientem porrigitur, in cujus eminentiori parte conspicitur oratorium satis venerabiliter et pulchre constructum, quod ex una parte atra silice jamjam ruinam minante, ex altera vero casis humillimis circumdatur; quem locum, qui prius habuerit, paucis aperire curabo, inde ad inceptum redibo.

265. Tempore itaque Eugenii summi Pontificis IV exstitit molendinarius quidam, cui nomen Marco, de valle quam vulgares et plebeii Chiantim vocant. Hic imprimis, etsi egenus rerum temporalium, tamen vitam suam more priscorum beatorum virorum instituit, parce ac duriter vivens, ecclesias frequenter adiens, pauperibus, ut poterat, alimoniam præbens. Is denique uxore orbatus, filios duos Jesu Christi servitio obligat: nam huic religioni unum, qui adhuc vitam hanc vivit, alterum Camaldulensi, qui præsenti vita functus est, ut ipse expeditius Jesu inserviret, mancipavit. Inde quidquid sibi supererat, pauperibus tribuens, nudus nudum Jesum statuit sequi. Tali itaque mente devota hoc S. Mariæ monasterium suppliciter adiens, a R. D. Placido tunc Abbate, non habitum, verum temporis probationem facile impetravit.

266. In hoc itaque S. Mariæ monasterio per annum integrum corpusculum suum jejuniis, vigiliis, aliis etiam flagris, quæ abstinentia amat, oppido enervavit: nam, ut alia omittam, quæ pro-

priis aspexi oculis (aderam enim) hieme aspera, vili veste et palliolo contentus etiam nudis pedibus inter nives et asperas glacies, nobis solo visu rigentibus, incedebat; quem morem fere, dum vixit, servavit. Inter cætera, quæ spiritualiter non superstitiose ageret ad carnem edomandam erat, quod creberrime intus et foris nuda genua nudæ humi flectebat. Insuper quoties nos pueri gratia exercitii vel quietis ad Alpes seu ad nemora concederemus, hic una semper nobiscum iter aggrediebatur: monere, hortari ad meliora, ad vitam æternam, nunquam desistere.

267. Idem igitur sæpius agens, nobiscum ascendens et descendens, solitariam tandem vitam cupiens, statuit secum esse, secumque, ut dicitur, vivere. Petita igitur missione et facile impetrata (nam nondum probationis habitum acceperat) illuc ad eum locum inaccessum, de quo supra verbum fecimus, non sine maxima difficultate, nobis pueris comitantibus, et arma, quibus cædendum esset saxum, ferentibus, demum concessit. Cæterum a jugo Alpium ad saxum iter nullum erat: omnes enim in his locis, præter recta itinera, semitæ præcipites et anfractæ et angustæ sunt; ita ut, qui paululum titubaret, lapsu pedum in præcipitium (quia nulla virgulta et stirpes sunt) laberetur; nec etiam sunt radices, ad quas pede aut manu quisquam eniti possit; ut pote quia loca arida herbis humillimis et lapillulis cooperta fere semper sunt, nisi hieme, qua nive geluque omnia rigent.

268. Tandem martis (201) et sarculis loco purgato per declivum montis semitam instar sulci egessimus. Quid multa? demum ferro, incendio, acetoque rupes mollitur, frangitur, panditur. Triennio itaque hoc in opere difficili consumpto, oratorium ad honorem Virginis Mariæ dedicatur; quod quidem omnibus finitimis et longinquis, qui locum devotionis gratia adibant, lætitiæ esse et admirationi. Lætabantur, hac ætate ferrea talem eremitam his in locis reperiri: admirabantur abstinentiam viri, loci asperitatem, omnium insuper rerum victui necessariarum difficultatem: nam, ut dixi, nudo fere corpore, nudis pedibus, fame, frigore, squallore, barba impexa, membris torridus, genibus crebris orationibus quassatis, fractis, inter rupes asperrimas, hieme nive glacieve opletas, Jesu Matrique ejus Virgini Mariæ interdiu et nocte deservire studebat.

269. Verum imprimis mirabile, unde tantus talisque animus sibi [esset], ut in rupibus asperrimis ædificium aggrederetur: nam, ut cætera in corpusculum domandum admiratione digna omittam, Jesum testor et SS. Angelos ejus (ut patris (202) mei Hieronymi verbis utar) nos monachos omnes sæpius eum in Nativitate Domini Jesu et in aliis præcipuis festivitatibus gratia Communionis et Missæ audiendæ, quando deformis stridet hiems fessum vento Boreæ, oppletum nive, cruribus sanguinolentis calcaneisque scissis, lætum tamen ipso festivumque in Domino, hoc S. Mariæ monasterium adisse; nos vero omnes admiratione ducti, undique visendi studio ad eum confluere. Alii palliolum tergere; alii aquam calidam pro fricandis pedibus ferre; quisque pro se certatim obsequium libenti animo præstare.

270. Cæterum hoc summopere admirabantur omnes, quomodo, cum brevi corporis statura esset, altam nivem molemque glaciei vitasset; præsertim cum interdum per mensem toto aere ningeret. Est et aliud majus, quo insuperabile iter superare [vix] posset: nam novere omnes, super veterem nivem, intactam præsertim, nova modicæ altitudinis cum sit, non facile pedes ingredientium insistere: dilabitur enim pes per nudam glaciem, cum non recipit vestigium, et, pede fallente, nec manibus nec genibus nec adminiculis quisquam periculum anceps vitare valet; ita in lævi glacie tabidaque volutatur corpus, secantur interdum pedes, nudi etiam quandoque in infimam ingrediuntur nivem et ibi luctatio fit; cum glacies lubrica, ut dixi, non recipiat vestigium, et plerumque velut pedica capti hærent, visu miserabile! in dura et alta concretaque glacie.

271. Cum enim interdum quidam ex nostris misericordia ducti eum, quomodo ex hujusmodi periculis evasisset, interrogarent, inquit voce tenui et demissa: Jesus est; Jesus est: interfui enim sæpius cum ex patribus quidam his verbis eum castigabant: Pace vestra, frater Marce, dicemus: quia præter ætatem vestram, et præterquam [quod] religio et res adhortetur, dure et parciter vitam ducitis. Proh! fidem Dei atque hominum! quid quæritis? vultisne indiscrete vitam æternam arripere? vultisne in morte acerba ante tempus aliquo casu perire? Ille econtra, se ita vitam jam dudum instituisse, et se ita vivere velle, dum spiritus suos regeret artus, aiebat, et spem suam in Jesu Christi gratia sitam affirmare. Denique sæpius a nostris fatigatur; omnia in pejorem partem accipiens indignatur [et] veluti si pulsus hoc S. Mariæ monasterio fuisset, amplius non rediturus, eo animo discessit.

272. Exinde, nescio qua furia arreptus, cœpit contra monasterium animos hominum vehementer grassari: (203) nam nullo maledicto se abstinere; verum ubique debacchari in monachos, convicia in conversos turpia, et maledicta sæpius geminando addere, et, quod dictum quoque nefarium, abbatem monasterii virum egregium verbis lacerare; demum nihil prætermittere, quod in nostri dedecus fore existimaret. Cæterum nos flocci pendere, tantum sui misereri, eo quia indiscreta pœnitentia in hanc

---

(201) *Martus* usurpatur pro malleo apud Conradum de Fabaria de casibus S. Galli cap. 14. At dubito, an hic non derivetur ab Italica voce, *Martora*, quæ, præter certum animalis genus, fuscinam significat, quod est instrumentum locis expurgandis aptum.

(202) Auctor per Patrem suum, ut opinor, hic intelligit S. Hieronymum, suum patronum, cujus nomen gerebat.

(203) *Grassari* hic pro commovere vel concitare posuit Auctor, ut patet ex sensu.

devenisse insaniam censebamus. Res mira! hinc sibi prima mali labes: nam illico non nobis tantum, verum omnibus finitimis coepit infensus existere: complures enim in forum judicum contra jus fasque ducere conatus est. Verum tempus quam res maturius me desereret, si de his, quae in quodvis genus mortalium injuste egerit, singillatim aut [pro] magnitudine parum dissererem.

275. His igitur et aliis multis insulse inepteque peractis, tantum sibi omnium hominum odium vindicavit, ut nec victum, etiam sibi soli necessarium, ostiatim petendo inveniret. Fuerunt ea tempestate qui dicerent, eum hac gratia, Jesu occulto judicio id permittente, in illam devenisse insaniam, quia quadam visione delusus nimium sibi vindicaret, dum alios quosvis religiosos prae se parvi faceret. Quae quidem visio seu daemonis illusio, ut ipse referre solitus erat, talis fuit. Erat huic fratri Marco cum quodam, qui [incolit] domum hospitalariam S. Mariae de Florentia, quae in egenos infirmosque suscipiendos et tollendos nuper aedificata fuit, amicitiae vetus consuetudo; cui quia interdum quaedam sibi munuscula rusticalia deferebat, gratissimus esse, et dum eum negotia vel religio Florentiae in longum protraxisset, illuc pro necessariis corporis ire semper. Ibi fama est, in quiete visam ab eo Virginem Mariam cum pompa Angelorum, quae se a Jesu diceret missam.

274. Verum visio, ut ab ipso accepere quidam, fuit talis: Matutinalibus Officiis expletis, hic more suo cum corpusculum quieti paululum dare vellet, Virgo Maria piissima (si Virgo Maria fuit) praeeunte non parvo luminis globo, super saxo, ubi eodem aedificaverat frater ipse, gratia honoris spiritibus angelicis comitantibus, ut sibi in illa quiete visum est, praesto adfuit. Cum igitur ille, insolita re horrore perfusus, paululum moraretur, indeque etiam, quae tam insigni, tam decora mulier esset, interrogaret, inquit illa: Illa sum equidem, cui tota mente, et toto corpore inservire statuisti, et gratia cujus, his in locis silvestribus, et fere inhabitabilibus oratorium aedificare voluisti.

275. His igitur in maximam spem, se quandoque aliquid magnum fore, adductus, flexis genibus, sospitatem animae et corporis orabat: Cui Virgo Maria: Hac potissimum causa a Domino Jesu huc missa sum, ut pro tot cruciatibus, quibus corpusculum tuum exesum, et animae obnoxium mea potissimum causa reddidisti, gratiam tibi tribuam abunde: eo enim magis [id faciam], quia nusquam te tutum seu incolumen, nisi in meo praesidio putas. Inde cum omni pompa ceu fumus ex oculis intuentis evanuit. Hic ingens cupido eum, ut oratorium illud huic monasterio praeponeretur, invasit. Itaque, hac cupidine atque insolentia, ut supra diximus, neque dicto neque facto aliquo abstinere, quod modo ambitiosum foret, quoad semet praecipitavit. Nam Romae........ (204), dolore et taedio affectus, diem clausit extremum.

276. Post hunc longo tamen intervallo successit alter; de quo (quia omnium rerum simulator et dissimulator fuit omnium, quos umquam gentium viderim, maximus) idoneum visum [est quaedam praefari, et] de natura moribusque ejus paucis disserere. Huic igitur nomen Joannes erat, natione Hispanus, corpore procerus, satis eloquentiae, parum sapientiae habens, et ut κατὰ ἀντίφρασιν decet, hypocrita maximus. Omnia nempe, quae ad illud officium pertinent, optime callens, quibus multos mortales variis modis decepit. Hic namque fuit unus ex his pseudo-religiosis, qui Florentinam urbem tempore Pontificis Pauli II (205) adivere, ex quibus unus crucem ligneam instar D. Andreae Apostoli [gestabat] ultra omnes, quos umquam viderim, mortalis varius et mutabilis, qui quidem nisi suapte praeter Christi Jesu poterat convenire aut colloqui (206); cujus ineptias et deliramenta, quia longe inutilia et vana, praetermittenda duxi, et ad Joannem nostrum redire, de quo in initio verbum fecimus.

277. Iste enim crucem ferream, ut pictura plus quam prophetae Joannis Baptistae adspicientium occurrit oculis, prae se ferre. Proh Jesu bone! hic Joannes cilicinam vestem supra pannos habere, quam Joannes Baptista supra nudum corpus ferre solitus erat. Ille propheta, imo plus quam propheta, nudis pedibus; hic non solum soleis, sed ocreis circumdatus incedere; ille ad deserta, ne levi saltem famine vitam maculare posset; hic ad populos et ad turbas sese crebro conferre. Ille solus et dure et pariter vitam agere; hic vero, multis comitantibus, et copiose et laute. Ille vina et carnes ut venenum fugere; hic optima exquirere. Ille omni virtute, hic cunctis vitiis refertus: et quamquam talis et tantus nequam et pseudo-religiosus, quocumque in trivio, quacumque in turba, se novam religionem instituturum ad S. Joannis Baptistae nomen, dicere.

278. Quid? quod his falsissimis multum fidei, multum devotionis a cunctis haberetur? Proh Jesu bone! ubi primum provinciam hanc ingressi sunt, ex cunctis agris, oppidis, civitatibus, mortales cujusque conditionis et generis eis obviam ire, ipsis haerere parati panem et alia necessaria sibi et suis dare, commeatum portare; postremo quae imperarentur, facere. Haec, non ut audita, sed ut visa refero: interfui, vidi, tetigi: et multa insulse et temerario ab his acta atram mihi bilem moverunt, praecipue hoc, cum eis sacerdotes senes venerabilesque religiosi inservirent in rebus etiam infimis et vilissimis. Verum quid mirum? Cum beatum et feli-

---

(204) Omisi hic absurdam quamdam et scandalosam parenthesin, quae ad rem non facit. An autem ea ab hoc Auctore per simplicitatem scripta, an ab alio per malam fidem inserta sit, ignoro.

(205) Paulus II creatus Pontifex anno 1464, obiit anno 1471.

(206) Iterum sensus mutilus, quo, quid Auctor significatum velit, non intelligo.

cum se fore quisque putaret, si vel fimbriam horum pannosorum tetigisset. Quippe ita res humanæ se habent, ut non solum imprudentes rerum verum etiam interdum et prudentissimos nova omnia fucatis faciebus fallant.

279. Cæterum alios prætermittentes (neque enim digni sunt, de quibus verba fiant) ad nostrum falsum Joannem Baptistam veniam. Hic imprimis codicillos falsos seu bullas, in quibus, unde hujusce religionis initium ostendebatur in lucem proferre; quæ quidem omnibus in rebus adipiscendis hac nostra tempestate optima via est ad fallendum. Præterea anum quamdam [habebat], quæ sub habitu monialis Romæ cum aliis tribus in columnis templi D. Petri Apostoli, gratia pœnitentiæ agendæ, latens fingere, sibi per visum S. Joannem Baptistam apparuisse, in ora hominum propalare et multa alia, quæ instrumenta fraudis sunt, dicere et facere; postremo quæcumque dici aut fingi possunt ad simulationem conducentia, nihil prætermittere. His itaque et aliis artibus instructus ad has se contulit regiones.

280. Cæterum imprimis mulierculas quasdam, quæ Florentiæ domi propriæ veluti in monasterio se clauserant, socias sibi fore et consiliorum participes ostendens, diu noctuque suis simulationibus fatigando, denique omnia tentando ad eas aditum invenit. Inde discessit, ex utriusque voluntate rebus diligenter compositis. Erat et frater quidam fugitivus, negotiorum curator fidus acceptusque, et omnium consiliorum, nisi novissimi, ut inferius dicetur, particeps, quem suarum artium antea ignarum quotidiano usu facile parem similemque sibi efficere curavit: nam supplicem, humilem, oculisque humi demissis, et contra morem Sabaraitarum (207) tacitum ad tempus reddere, ita ut his et aliis virtutibus fucatis, omnibus aliis vehementer admirationi, sibi vero gaudio et utilitati esset. Proh nefas! etiam puerum adolescentulum, quem aiebant filium illius mulieris clausæ, de qua supra verbum fecimus, existere, ut se pilosa veste indutum cum alio comite equitando ducebat. Verum plurima prætermittens, quædam magis necessaria paucis aperiam.

281. Hujus igitur fama passim non agrum Tusciæ tantum, verum et finitimos omnes complevit; alterum videlicet Joannem Baptistam venisse, futurum Ecclesiæ Christi pene dirutæ novum compositorem. Ideo, dum verbum Domini hinc inde prædicaret (nam, ut dixi, satis eloquentiæ habebat) multi mortales, alii audiendi verbum Jesu, alii nova cupidine tanti viri (si virum dici fas est) visendi illecti, ad eum variis locis confluere: nam memini, me semel casu quodam, ita ut fit, dum negotiorum gratia varia loca lustrare necesse est, in D. Martini festivitate prædicationi suæ interfuisse, in qua inter alia, quæ ab ipso satis ornate, copiose, distincteque prolata sunt, pollicitus est, ceu montem aureum, quam multa se monasteria etiam tum monachorum

(207) Puto intelligi hæreticos Sabaitas, qui S. Joannis Baptistæ discipuli nuncupari volebant. De iis

Atque monialium constructurum, et eos pro nomine Christi Jesu frigus, famem, sitim, et eodem tempore inopiam et laborem, demum cruces et tormenta immania, turpissimam etiam mortem ingenti constantique animo perlaturos. Asserebat etiam, monasteria finitima et longinqua, imo et religiones cæteras huic suæ pedissequas fore.

282. Quibus auditis, simulans necessitatem corporis, stomachatus foras quam raptim me contuli, demirans, non dico hominis dementiam; verum et insaniam, qua talia coram proferre auderet. Demum, confirmato animo, una cum aliis iter ad hoc, quid dixi, S. Mariæ oratorium, ut rei exitum perciperem, feci. Mirum, quanta illi equitanti auctoritas, quanta ab omnibus haberetur fides. Proh nefas! audebat, uti mos episcopis est, ubi jus eis datur, etiam omnibus occurrentibus benedictionem dare. En audacia, imo insolentia! Cæterum nos cæci mente, et novarum rerum cupidine illecti, prosequebamur; non ruricolæ tantum, verum et nobiles, cives, et quod majus est, etiam et egregii presbyteri, qui sua portenta et prodigia in itinere pleno ore, adductoque supercilio, multo plura et majora, quam fecerit dixeritve, nobis enarrabant. Quid quod nostræ temeritatis eadem die pœnas luimus; cum enim, casulis mapalibusque rusticorum relictis, iter rupis arduum jamjam aggrederemur, aere sereno in tempestatem mutato, cito inexspectata et subita vis ventorum et immanis aquarum procella, obscurato cœlo, undique et undique oboritur. Nos miseri, qui iter pedibus aggressi, in tali tantoque discrimine [eramus] positi, quid agere, quo nos vertere deberemus, ignorabamus penitus: nam ob ventorum immanitatem et copiam imbrium vix progredi ulterius poteramus, et retrogredi ducebamus turpe, et illic esse diu sub divo locus sterilis, et penuria rerum omnium non permittebat.

283. Ipse vero Joannes veritus pejora, ne vel solus vel cum paucis montani loci abrupta et concava adire cogeretur, verbis fucatis et compositis, quæ sibi abunde erant, nos ad altiora hortari, non satis esse, id nos voluisse aggredi, nisi durando summum rei teneremus; ad hæc Virginem Mariam, unicum omnium mortalium refugium, in ærumnis præsertim non defuturam. His igitur aliisque rationibus probatissimis, ubi animos nostros erectos vidit, calcaribus stringens equum, festinare, nos miseri quam raptim sequi; demum fessi, et sudore et pulvere et imbre copioso pleni, Virginis Mariæ oratorium adivimus, quod tunc quidam alius, Franciscus nomine, juvenis eremita habebat, quem olim S. Joannes captum a dæmone liberaverat.

284. Illic itaque iste bonus vir, toto corpore humi prostratus, dum Virginis Mariæ hymnum vespertinum caneremus, jacuit semper. Cum ecce vide Labbeum nostrum, tom. II Conciliorum, col. 402.

repente monachorum nostrorum non parva turba, ventos perpessi et imbrem, oratorium ingrediuntur. Inde surgens ille, oppletis oculis totaque facie lacrymis, constitit in medio, atque oculis nos omnes circumspiciens, demissa et lacrymabili voce inquit: Vos omnes oro deprecorque, Jesum, Virginemque ejus matrem Mariam precari velitis, [ut] me constantem et firmum invincibilemque contra insidias diaboli faciat: nam hoc oratorium, mihi æternam fore sepulturam spero; nec plura, ut fertur, per ipsam diem locutus [est], nisi in remotioribus et abditis locis. Nos demum, quia jam sol declinaverat, inde, admirantes et varia in itinere de eo, ut fit, confabulantes, ad monasterium læti concessimus, exitum rei cum gaudio præstolantes.

285. Cæterum non multo post socius frater, de quo supra verbum fecimus, lite inter eos de cæremoniis observandis nata, palam multis sua mala facinora fecit. Hinc sibi prima mali labes: hinc ab omnibus deinde observari, iniquus et perversus a cunctis haberi. Erant eo tempore, qui existimarent, hunc sub specie eremitica loca illa saxosa et fere inhabitabilia adiisse, ut ibi omni metu sublato, furtivas monetæ officinas cum paucis clientulis exerceret; sed ex aliis vitiis magis, quam quod cuiquam hoc compertum foret, hæc fama volabat: nam paulo post, quis qualisve existeret, sua multa nefanda facinora, quæ turpiter obscœneque egit, declaravere: nam æs alienum imprimis variis dolis et astibus grande ex diversis locis conflavit, quo monasteria, quæ dixerat, exædificaret. Verum, more bilinguium, aliud clausum in pectore, aliud in lingua promptum habebat. Ducebat enim quosdam facinorosos secum, tum religiosos fugitivos, tum seculares, quos precibus de ergastulo extraxerat. Mutuas litteras et crebras a mulieribus, quas sub specie monialium clausas supra memoravi, dare sæpius et accipere; eas interdum, comite uno contentus, visitare.

286. Sed, ut verum fatear, huic pseudoeremitæ non minor vanitas inerat quam hypocrisis, neque reticere quæ audierat, neque suamet scelera occultare. Me vidente et audiente, plura dixit et egit inepte et insulse, et quod levitatis potissimum est, scenobatæ (208) officia ridicula ludosque ambitiosos ore, oculis, manibus efficere; prorsus, nec quid diceret, nec quid faceret, quidquam pensi habere; postremo in dies magis insanire. Demum cum multa nefaria stupra fecisset, præsens periculum formidans, congesta mutuo et etiam ex vasis sacratis et planetis ipsius Virginis Mariæ oratorii non parva pecunia, clam cum quodam pestifero ad alias se contulit regiones. De ejus exitio varia apud nos dicuntur. Sunt qui affirment, eum officium ganeonis [exercuisse] et meretriculas conducentem, luxuria perditum, et lenociniis infamem, et omnibus flagitiis et facinoribus coopertum, a suis consimilibus, ita ut in tali re evenire solet, in frusta concisum. Alii ob furtum Romæ inique perpetratum, deposito cremitali habitu, cum quibusdam nefariis cruce suspensum. Nobis, ea res etsi pro locorum absentia parum comperta sit, tamen satis constat, turpi morte pœnas luisse. Ita ille novus Joannes Baptista, qui novam Christianæ fidei religionem professus fuerat, dignum moribus factisque suis finem vitæ invenit.

287 Huic successit alter Ariminensis (209) bonus profecto vir; cui nomen etiam in ipso sacro fonte baptismatis est Homo Dei; qui quidem, veluti supradictus frater Marcus, plus hoc in monasterio S. Mariæ [quam] annum sub sæculari et conversali habitu peregit. Inde optans paulo asperiorem vitam, præterquam instituta P. Benedicti, adamare, diligere, illud S. Mariæ monasterium adivit. Qui, ut alia prætermittam, ad libidines et voluptates corporis domandas, nunquam carnes, nunquam vina, nunquam lacticinia degustat; raro oluscula, raro poma [comedit], fere jugiter pane et aqua contentus. Quid? quod in hac eremo, quamvis ipse satis nobilis, et quod magis est, delicatis rebus prius assuetus, quando etiam deformis stridet hiems, nudis pedibus inter nives et asperas glacies incedit, eo tempore etiam vili veste et palliolo circumdatus; et circulo ferreo instar Evangelistæ Lucæ supra nudum corpus assidue utitur: orat frequenter, et corpus suum jugibus afficit maceratque disciplinis; lectione etiam Scripturarum, quæ vernacula lingua imprimuntur, instat semper; etiam Domini Jesu præcepta pro viribus adimplere conatur.

288. Domum hanc, ubi primum suam secundum Deum incepit instituere vitam, crebro viscere cœpit, S. Joannem ubivis gentium extollit, sua egregia facta narrando ad cœlum ferre; de monachis ceterisque nostris omnia bona dicere. Sic ab omnibus bonis puro diligitur affectu; mali vero eum odio habent, qui perversam eorum vitam insectatur et crimina, et probatis verisque rationibus flagitia turpitudinesque eorum effulminat. Stupent omnes in eo et oris gratiam, et suavitatem sermonis, quia nec jejuniis nec aliis flagris quibus corpus afficit, morosus et anxius et iracundus et difficilis, ut quidam, imo perbenignus, suavis, dulcis, jucundus et affabilis efficitur. Cujus opera egregia in religione Christi Jesu, quæ vidi et accepi, si velim omnia diligenter litteris mandare, tempus quam materia citius me deseret.

289. Quocirca, quia vita adhuc superest ei, et quem exitum sit habiturus, ignoramus penitus, et

---

(208) Vox Græca est a σκηνοβατέω, id est in scenam prodeo, vel in theatrum produco. Inde σκηνοβάτης histrio; qui privata flagitia omnium oculis in theatro exponit, uti explicat Budeus.

(209) Sic vocatur ab *Arimino* vulgo *Rimini*, quæ est urbs Romandiolæ sita, in ora maris Hadriatici ad ostia fluvii Arimini, estque inter Bononiam ad occasum, et Anconam ad ortum hibernum quasi media.

apud Christianos non initium, verum finis laudatur, de eo finem faciam dicendi, si prius monuero omnes, ut non se corde vel operibus extollant; verum cum propheta dicant: Ego autem sum vermis et non homo. Et: Non nobis, Domine, non nobis, sed nomini tuo da gloriam; et cum Jesu: Ego non quæro gloriam meam. Et ita agens quis, prospere ei succedent omnia; ubi autem secus vitam mortalis omnis instituerit suam, quamquam fortunatus videatur, ad tempus hoc erit; demum vero complebitur in illo id quod ipse propheta dixit: Vidi impium superexaltatum et elevatum sicut cedros Libani, et transivi, et ecce non erat; quæsivi eum, et non est inventus locus ejus. Quod multis exemplis, sed præsertim his superioribus liquido patuit.

PARS IV.

290. Quoniam beatissimus vir S. Joannes monasterium hoc in honorem Virginis Mariæ dedicari voluit, nos etiam ejus exemplo ducti, quædam ipsius Virginis Mariæ prodigiosa acta supra his miraculis inseruimus; non indignum etiam nunc visum est, egregium et memorabile facinus utriusque describere. Quidam Florentinus de Ughis, cui nomen Ugho, nobili genere natus, filium unicum in cunis adhuc positum habens, cum æstivo tempore, quando frumenti tritura fervet, ut mos est nobilium, cum uxore totaque familia rus peteret, accidit die quadam nutricem cum infante ad aream contendisse. Inde forte, vel casu vel alio negotio præpedita, infantem in paleis jacentem seu sedentem deserens, abiit.

291. Cæterum trituratores, hujus rei penitus ignari, infantem una cum paleis, ligneis furcis et aliis armis seu instrumentis, tali negotio necessariis, in tugurium, ubi palea reconditur, suffocantes intruserunt; inde nutrix rediens, et infantem, quo in loco posuerat, minime reperiens, in fletus muliebri more prorupit. Statim sciscitantes ruricolæ, quidnam esset, cognita causa, ut illico abiret, consuluere. Illa itaque, verita pejora, fugam Arizium (210) versus cursim arripuit. Ubi autem ad heri aures, nutricem cum filio abiisse, pervenit, primum eam per suos sequi conatur; verum postquam id frustra fuit, divinum statuit auxilium implorare; eo illico tale emisit votum: Virgo Maria dulcissima, nominis Christiani unica spes, miserorum refugium, desolatorum solatium, a qua cuncta proveniunt bona; et tu Joannes beatissime, decus et honor non solum urbis nostræ, verum et totius provinciæ, vobis duobus voveo, ecclesiam constructum ire, quam prædiis aliisque bonis ditabo, si filium meum invenero [vivum] vel defunctum.

292. Res mira! non longo dato intervallo, cum ex famulis quidam ad paleas deferendas ob lecta (211) sternenda iisset, visum est sibi, infantis vagitum audisse, verum in primis vel murium vel aliorum animalium sonum existimans, rem suam peragebat. Cum igitur iterum et iterum et sæpius vagitum auribus captaret, suspenso gradu, ut callidus explorator, tugurium introgressus; et paulatim progrediens, sæpiusque subsistens, melius semper sonum aure captare. Demum, ubi propius ventum est, vere infantis vagitum esse percepit. Submotis itaque leviter paleis, eum illæsum, risibilem, et bonæ habitudinis, Virginis Mariæ, et S. Joannis gratia, non sine maxima admiratione, gaudens et lætus conspicit. Inde sublevans, osculansque crebro, ad parentes suos ovans, et Jesu gratias agens, detulit.

293. Quem ubi primum parentes conspexere, lætitia lacrymis obortis, in oscula ruunt; ille vero veluti ad notos alludens [amorem reddidit]. Tantus vigor in illo, et dulcis blandientis infantis risus apparuit, ut pater ingenti repletus gaudio [fuerit; qui] inquit: Mi fili, quem vel sublatum, vel laniatum a feris putabam, talem [te] conspicio? Quis, mi fili, te mihi ad hanc horam deduxit? Unde datur mihi ora tueri, nate, tua? Te tantum Virgo Maria, et Joannes beatissimus in hunc servavere diem; sic equidem, mi fili, ducebam animo, rebarque futurum; nec me Jesu Christi gratia, mea cura, fefellit. Vix hæc verba ediderat, quod [id est cum] additum est verbis miraculum: nam infans, qui vix balbutiendo nomen patris prius exprimeret, clara voce quidquid pater dixerat, affirmabat; quomodo Virgo Maria eum lactaverat, nutrierat, conservaverat. Deinde conticuit. Mox pater Jesu gratias agens, inclytam ædem ad Virginis Mariæ, sanctique Joannis decus dedicari jussit; prædia etiam nonnulla huic S. Mariæ monasterio dono dedit, quæ propriis aspexi oculis: nam hæc Virginis Mariæ ædes a S. Hilaro abest fere per duo millia passuum Orientem versus; jus cujus ecclesiæ etiam hac nostra tempestate hujus S. Mariæ monasterii constat esse.

294. Quis, o bone Jesu! tam obtuso ingenio, tam impio [est] animo, qui non te, Domine Jesu, in Sanctis tuis extolleret, cum accipit, videt, experitur interdum, quot quantave prodigia per ipsos ubique terrarum opereris, bone Jesu, etiam tempestate nostra! Nam quidam, Joannes nomine, de villa, quam vulgares et plebeii Fornacem appellant, exstitit. Hic equidem more pauperum et egenorum cum suam vitam parce ac dulciter ageret, carbonesque, ad ferra igne edomanda, et in varia instrumenta conflanda, conficeret (horresco referens) ut parum cautus, in ardentes ignivomosque rogos toto corpore prolapsus est. Qui cum esset, ut igni voraci voraretur, illico inquit: Virgo Maria, tuque Joannes beatissime, mihi misero, in tanto talique discrimine posito, oro, feratis opem; et ego utriusque ædem jejunus, nudisque pedibus visitare satagebo [lege satagam]. Mirabilis Deus! vix emiserat votum, ut ipse referre solitus erat, cum statim ardor ignis,

---

(210) Forte vult dicere *Aretium*, vulgo *Arezzo*, de quo supra in annotatis actum est.

(211) *Lectum* in neutro genere pro masculino hic adhibet Auctor, quod nusquam reperi; quamvis apud scriptores mediæ et infimæ latinitatis *lectum stratum* pro lectisternio inveniatur.

oblitus naturæ suæ, quasi ros efficitur. Ille illico ex igne prosiliens, nullam passus combustionem, nec pili quidem, Jesum, Virginem Mariam, sanctumque Joannem laudando expleri nequibat.

295. Inde, ut sibi eundi copia data est, utramque ædem, hanc scilicet, et illam aliam Virginis Mariæ, quæ intra Casentini montes et Alpes nostra memoria constructa est; de qua (quoniam ad hoc per hunc ruricolam devenimus) non indignum visum est [quædam dicere, et] describere, unde, quo tempore incepta sit, ut ab his accepimus, qui aniculam illam super hoc convenere sæpius, cui Virgo Maria apparere dignata est. Illud idem indicant annalia (212); indicant et picturæ, quæ memoria et religione patrum hactenus in dextero cornu altaris conspiciuntur. Præterea additur rei miraculum. Cum enim templum illud his superioribus annis conflagrasset, parietem illum ignis haud est ausus attingere, ubi hujus templi origo in picturis, ut diximus, oculis aspicientium occurrit adhuc. Quid? Cum cætera saxa (nam illic saxorum ingens copia est) igne scissa et in pulverem redacta sunt, illud tantum, in quo Virgo Maria sedere dignata est, illæsum ab igne pro miraculo conservatum est. De cujus loci situ pauca prius explananda sunt, quam initium narrandi faciam.

296. In Casentini partibus oppidum est, vel rectius dicam villa, quam loci incolæ dixere Stiam (213), a qua Occidentem versus abest mons fere octo millia passuum, a quo oritur flumen a septentrionali plaga, nomine Arnus; sed ex eo medio, quasi collis oritur, satis in immensum pertingens; vestitur humillimis quercubus, seu ilicibus, aliisque generibus arborum, quas humus arida cingere solet. Locus profecto suavis et amœnus. In hujus collis rupe humano artificio potius quam natura planities cernitur, muris in tribus vel quatuor brachiis elevatis undique vestientibus. Medium tenet ecclesia horrenda, et religione dignissima, cujus talem constat fuisse originem. Tempore Martini Papæ V, cum quibusdam simultatibus et discordiis Florentinis, tum ex eo Pontifice, tum ex quibusdam aliis variis causis, ut tum ferebatur, accitis bellum immineret (nam discordiis et simultatibus incendia urbium ruinæque paulatim aluntur) insuper et pestis inguinaria quibusdam in locis vigeret, etiam peccatis id exigentibus, repentini largi subitive imbres e cœlo vi ventorum, qui omnia devastarent, eo anno dimitterentur, pro se quisque Jesum Virginemque ejus matrem Mariam, [ut liberarentur] a tanto periculo et excidio, orationibus et processionibus et aliis, quæ religio fieri amat, orarent, Virgo Maria sic se voluit excellentissime ostendere, et patriam istam liberam reddere.

297. Cæterum pace omnium provinciarum ausim dicere, toto orbe terrarum haud esse locum, qui ita Virgini Mariæ curæ sit, et ubi plura beneficia ab ipsa Virgine conferantur mortalibus, et ipsa merito devote honorifice sancteque colatur, veluti in Etruria, et præsertim in ea parte, quæ a Florentinis habetur. Verum nunc ad propositum. Igitur hoc tempore anni cuidam devotissimæ feminæ Joannæ nomine, sarculo granum frumenti purganti, Virgo Maria, ubi nunc ecclesia ædificata est, apparuit, saxo desuper sedens, quod, ut supra diximus, æde flagrante, meritis ipsius Mariæ Virginis mire una cum quibusdam picturis illæsum servatum est. Verum apparitio talis fuit. Cum enim præter aeris morem, ut supra dictum est, copiosi subitique imbres vi ventorum omnia late vastantium e cœlo dimitterentur, qui tunc in agris erant, alii antra, alii tuguria ad vim aquæ devitandam peterent, secumque, uti mos est, alter alteri diceret: Unde hoc infortunium isto anno nobis miseris mortalibus præter aeris morem et conditionem accidit? Proh fidem Dei atque hominum! quod si diu hic subitus et nimius imber perrexerit, peribimus funditus. Inde alii prosequi: Unde putas, nisi unde dici solet, propter peccata veniunt adversa? Nostrum est igitur, habita imprimis nostrorum scelerum vera confessione, Jesu Christi, Virginisque Mariæ matris ejus auxilium inquirere, si forte sua solita pietate opem tulerit.

298. Dum hæc et alia, ut voluntas fert, jactitarent, accidit, ut anus, quam diximus, quoddam etiam tuguriolum adierit, ubi Virgo Maria tali habitu et specie, ut ipsa referre solita erat, apparere dignata est. Formam itaque, uti venerabilis matronæ velatæ, vestibus etiam candidissimis indutæ, galerum insuper capite sustinentis, et in manu libellum, quem assidue legebat, conspicit; cujus adventu omnes cœli nebulæ dissipatæ sunt, imber concidit, sol de more cuncta suis radiis illustravit. Cum igitur anus illa, perfusa horrore, venerabundaque astitisset, nec contra ob splendorem intueri valeret, Virgo Maria inquit: Abi, nuntia plebano Stiæ, cæterisque finitimis, filium meum Jesum, Dominum nostrum, hoc in loco templum mihi dicari velle. Quapropter si tantam cladem, tantamque imbrium effusionem effugere et evadere optant, ædi futuræ initium muneribus et donis præbeant, et hoc tugurium cum cruce et populo devote lustrent.

299. Dubitanti itaque anui et rem prolatanti [id est differenti], ne, si nullum visionis daret signum, inter homines pro ludibrio haberetur, rursus Virgo Maria, inquit: Abi jam, et quod in tantæ rei confirmatione velis signum dari, jam datum est, mihi crede. His dictis Virgo Maria anum illam hac oratione instruxit, quam nec indecens visum est huic miraculo inserere; est enim talis: « O alto, o glorioso Iddio; illumina le tenebre del cor mio; dammi fede dritta, speranza certa, carita perfetta, seno e conos-

---

(212) *Annalia* hic idem significare videtur, quod communiter *Annales*.

(213) Est in tractu Casentino, fere inter Vallem Umbrosam et Camaldulum, non procul a fluvio Arno.

cimento di te, ch' io faccia il tuo verace e santo comandamento (214). » Inde Virgo Maria sublimis abiit. Additum est etiam huic et aliud mirum. Quidam enim Petrus Campedonici, gregem ovium pascens super eumdem locum, mirum splendorem instar solis mirabundus præter morem conspexit. Inde felix Joanna, repleta et gratia et stupore, monitis Virginis obtemperare gestiens, ad quoddam molendinum, ubi cognata sua morabatur, iter cœpit, quod quidem non multum ab Arno distans in alveo fluminis fere situm est. Referuntur visa cognatæ, quæ etsi tunc pro ridiculis haberet, tamen deinde, causa diligenter cognita, summa devotione singulis pene diebus cum eleemosynis tugurium illud adibat.

300. Joanna igitur, sic a cognata delusa, domum, quæ non multum distabat, mœsta abiit, in cujus vestibulo cum clibani officio inserviret, o rem mirabilem ! o sanctum prodigium ! ecce illico Spiritus sanctus, in specie humilis columbæ domum mulieris ingressus, mulierem non solum gratia confirmatam, verum etiam et apud mortales beatam, et fide dignam fecit. Postridie itaque plebanum Stiæ adiens, rem omnem, multis præsentibus, ordine aperuit. Mirum quantum illi nuntianti hæc, quia [erat] profecto bona mulier, fidei [datum] fuerit: verbis etiam illius Petri Campedonici, qui, ut supra diximus, splendorem supra tugurium conspexerat, addita [est] miraculo fides. Illico fama tanti prodigii oppidum agrumque complevit. Fit itaque virorum et mulierum utriusque ætatis et conditionis numerus non parvus ; et communi consilio ad Dominum Jesum, Virginemque piissimam Mariam supplicationes statuunt. Inde humiles orationes fundentes, et ex oppido devote abeuntes cum hymnis et canticis spiritualibus tugurium una cum Joanna femina devotissima circumeunt; cum repente eo in loco lumina visa, angelicæque voces auditæ [fuerunt]: Ex hoc enim cuncto populo lacrymis gaudio obortis, virginem Mariam, [ut] se, omnesque fideles defendat et tueatur, implorant ; inde læti, quia Virgini Mariæ curæ essent, domum redeunt.

301. Demum Virginis Mariæ precibus, bello, peste, imbre sedatis, causa tanti boni, unde esset, late cognita, non finitimi tantum monachi et clerici cum plebe sua, verum ex omnibus Etruriæ partibus, præcipue ex urbe Florentina turmatim et certatim votis muneribusque cumulati, illico advolant. Inde egregii templi origo, et in tantæ rei memoriam majus altare saxum, in quo Virgo Maria olim sedere dignata est, est dedicatum. Quid ? quod annuatim XVIII Kal. Oct. in die Exaltationis sanctissimæ Crucis Christi Jesu, quando templum illud dedicatum est, manant tota Etruria ex Senarum civitate usque catervatim frequentes homines, et undique viæ passim complentur, et hoc nos monachi, qui in hoc S. Mariæ monasterio degimus, conspicimus annuatim,

quia eundo et redeundo infinitus mortalium numerus monasterium nostrum juxta iter habent. Meritis itaque gloriosæ Virginis Mariæ plura miracula, et beneficia mortalibus collata, [in] imaginibus cereis aliisque donis et muneribus intuentur Christiani. Libet in fine miraculi interrogare eos, qui propter ingentes divitias, felices et beatos se fore existimant; quid beatius anu ista, quæ cum pauperrime, bene, beateque ac simpliciter viveret, meruit Virginem Mariam, non solum aspicere, verum sæpius convenire et colloqui ? O me beatum et felicem ! si daretur ejus dumtaxat consortio frui, qui Virginem Mariam hisce mortalibus oculis conspexisset semel !

302. Quod nunc scripturus sum, a multis religiosis, tum abbatibus tum monachis nostræ religionis fide dignis accepi. In monasterio S. Salvii prope Florentiam, quod sanctissimus Joannes post istud S. Mariæ ædificari voluit, quidam minister, seu, rectius dicam, conversus exstitit, cui nomen Bartholomæo ; quem sæpius vidisse me memini ; cujus opera, et quæ dæmon in eum inique egerit, quia præsertim hac tempestate magna et atrocia fuere, litteris mandare haud absurdum visum est, ut hinc quivis fideles intelligere possint, ut ait Apostolus, omnes, qui pie volunt vivere in Christo Jesu, persecutiones pati, et hos solum tentationum expertes esse, qui suas voluptates explere satagunt. Hic itaque, cum vitam suam secundum Deum et S. Benedicti regulam multo labore, multa cura, modestissime parendo, et sæpe jejunando, aliis etiam flagris corpusculum suum castigando sancte sapienterque instituisset, in tantam simplicitatem et puritatem brevi pervenit, ut omnibus vehementer carus existeret : nam, ut cætera omittam, quibus ad enervandum corpus utebatur, sæpe nocturno tempore, hieme etiam torrida, inter nives et asperas glacies conspectus est nudus jacens: virtutibus cujus inimicus nominis Christiani diabolus invidens, cui mille nocendi artes, multis variisque eum aggressus est fraudibus, tentans, si quo modo posset ipsum ab instituto tramite deviare. Ille e contra, Jesu favente, pro viribus resistere.

303. Verum cum diabolus videret, se semper ab eo repelli, statuit aliam viam aggredi ad ipsum perterrefaciendum : nam imprimis speciem Angeli lucis sibi assumens, blandis cum verbis alloqui, numquam denique quietus esse, sed semper instare, suadere, orare, ut eum ad se adorandum impelleret. Interdum etiam formosæ mulieris faciem sibi vindicans, se virginem Mariam esse prædicabat. Nec mirum, nec incredibile alicui videatur, dæmones varias species atque ora tum hominum tum ferarum sumere : nam fit subito sus horridus, atraque tygris, squammosus draco, et fulva cervice leæna ; fit etiam angelus lucis, fit juvenis pulcher, formosus, fit senex incurvus, venerabilis, tremulus, ut in Vitis

(214) Est oratio Italica, qua petit fidem, spem et charitatem ad cognoscendum et implendum Dei mandatum.

sanctorum Patrum, præsertim D. Antonii legitur; denique, quam vult, sibi sumit speciem, et eam illico deponit.

504. Cæterum, cum nec precibus nec minis hunc Bartholomæum ad suam voluntatem flectere posset, majora et atrociora ausus est aggredi: nam umbras quasdam atras horrendasque, oculos ignitos præ se ferentes, sulphureum pestiferumque fumum naribus hiulcis edentes præsto coram adesse conspicit, quarum prima, inquit: Hunc nobis infensum, vobis tormentis afficiendum devorandumque, nisi sibi consulat, et nobis jamjam assentiatur, præbeo. Verum cum ipse haud perterritus, eorum sperneret et floccifaceret minas, iterum illa: Monstrum hominis, taces? Nobisne ridendo insultas? Nec te pudet, o omnium hominum pessime? Inde cæteris: Efferatur foras, et demergatur in profluentem, et, ut meritus est, absorbeatur aqua intolerabili. Vix ipsa dixerat, cum statim spiritus illi horridi et diri eum, ad Jesum et ad Virginem Mariam et ad S. Joannem exclamantem, sæpius sublime tollunt; quam vocem tunc nullus ex monachis, forte quia aliis negotiis intenti [erant], persensit, [et quia] etiam ipse aliquid operabatur foris, et nox jam adventaverat.

505. Dæmones itaque ipsum ad lacum quemdam in inferiore parte rupis stagnantem, a monasterio Passiniani ferme per trecentos passus distantem, cum hac exprobratione tulere: Modo modo peribis, pessime: te enim deorsum, ut meritus es, trudemus, nequam. Ille vero, exitium tum animæ tum corporis eo in discrimine timens, fortiter: Virgo Maria, fer opem! S. Joannes, serva me, geminando sæpius exclamare. Dæmones e contra tartareis vocibus intonare: Modo peribis, flagitiose; una una tartareas petemus regiones. Ergo tace: nam incassum fundis preces. Verum huic duello, ut ipse referre solitus erat, S. Joannes nunquam defuit; sed, ut Jesus Dominus noster certamen Antonii sanctissimi, ita et Joannes servi sui spectare. Tandem dæmones, D. Joannis gratia operante, victi, confusi, despecti miserum illum, tum rigore, tum labore, verberibus pugnisque concisum, jam jam extrema petentem, aliovorsum tendentes reliquere.

506. Quid interim monachi, qui in monasterio Passiniani degebant, egerint, nec sentio prætermittendum: cum enim præfatum Bartholomæum haud in hospitio more solito reperissent, veriti pejora (acceperant enim, diabolum cum sæpius et delusisse et minitatum esse) mœsti abbati referunt. Tum ille, diligenter eum explorent intus forisque, si forte reperiatur, imperat. Eo monachi expediti cum lumine, Jesu, Virgini Mariæ, et S. Joanni imprimis se commendantes, alii alio, ubi sibi persuaderent eum esse, ad multum noctis errantes, totum monasterium intus forisve lustravere. Demum consilio cujusdam boni viri, cui nomen Simon, qui tunc Prior eidem monasterio præerat, turmatim ecclesiam mature adeunt. Illic devote psalmos, qui pœnitentiales intitulantur, cum litaniis decantant, sperantes, Dominum Jesum ei, sive extrema patienti, sive innocenti, opem suam solita pietate laturum.

507. Denique cum jam ad mediam noctem pernoctassent, fessi somno, Prioris mandato, quisque suum repetit cubile. Vix cellas ingressi [erant], cum repente trinum sonitum majoris campanæ accipiunt. Illis in admirationem prius, inde in lætitiam versi una iterum ecclesiam ingrediuntur, et fratrem istum madefactum, humore et limo oppletum, in scabello altaris, ubi sanctissimi Joannis corpus sacratissimum quiescit, exanimatum conspiciunt. His igitur fratribus cum interrogantibus ubinam gentium ea nocte fuerit, unde limus ille, unde humor [esset], nullum tunc dedit responsum; nec poterat, si voluisset: nam, ut diximus, jamjam extrema tenebat. Tunc ex monachis quidam de mandato Prioris ad hospitium subnixum detulere, eamque pro se quisque, ut in tali re fieri solet, quam poterant Jesu Christi amore, charitatem exhibentes et misericordiam; postridie vero, jam resumptis viribus, non tantum monachi, verum etiam et conversi, et qui aderant, ruricolæ et opifices omnes (aderant enim multi propter novum monasterium ædificandum) ad eum tumultuario concursu irrumpentes, quidnam præterita sibi acciderit nocte, vel ubinam locorum fuerit, inquirebant.

508. Tum ille voce humili et demissa omnia ordine suo aperire; ut sæpius a diabolo variis imaginibus delusus sit, ut nunquam, Jesu favente sibi, [consenserit]: asserit, ut dæmon eum suffocare, ni S. Joannes opem tulisset, voluerit, ut nunc etiam non sibi quies dari potuerit, et multa alia, quæ, ne lectori fastidio sim, prætermittam. Hæc itaque nostra tempestate inaudita non admirationem tantum, verum et metum præsentibus incutere, nam quisque sibi pejora vereri; tamen, ut fratrum mos est, cum blandis verbis lenire; nihil esse, quod vereri deberet; tum quia imitari Jesum pro viribus studebat, tum, quod primum putandum est, quia S. Joanni curæ foret. Ad hæc addere: Nec diabolus valet quod vult: frangitur enim Dei potentia, Sanctorumque virtute debilitatur.

509. His igitur et aliis verbis in spem animum arrectus, se omnium orationibus commendans ad S. Salvii monasterium, ut securius viveret, consulentibus fratribus, perrexit; quem et illic etiam diabolus insectari: nam multis, quæ illic crudeliter inique egerit, prætermissis, uno tantum contenti erimus, quod quidem a venerabili viro D. Francisco (215), qui universæ Congregationi præest, accepimus. Verum et cicatrices in facie diu aspicientibus monstratæ sunt. Quod quidem sic sibi accidit. Cum Bartholomæus iste post Completorium æstivo tempore, ut religiosorum mos est, ad calorem intensissimum de-

---

(215) Cum Auctor hic in præsenti loquatur, haud dubie intelligit Franciscum Altovitam, quem anno 1479 obiisse supra diximus.

vitandum claustrum orando lustraret, et in hoc opere laudabili, jam multum noctis consumpsisset, dæmon bonitati illius invidens, sumpta facie hircina seu caprina, frontem cornibus exasperatam ostendendo elevans, sulphureumque fumum ore putrido evomens, ipsum miserum in faciem pedibus ignitis prius percutiens, eumque in puteum aquarum, qui haud longe ab claustro aberat, conjicere voluit, sed non valuit : nam S. Joannis virtute debilitatus et fractus dæmon, alio in rem suam malam teterrimum et hircinum fragrans fœtorem, concessit.

310. Abbas vero monasterii per nuntium servum, qui eum toto corpore humi prolapsum invenerat, quid sibi evenerat, et quid periculi deinceps sibi impenderet intelligens, postridie, convocatis quibusdam ex patribus, consilium habet quidnam de hoc fratre Bartholomæo, quem diabolus tam atrociter insectabatur, agendum esset. Verum varii varia sentire: alii clausum eum habere, et opipare et delicate alere, si forte deficeret in sensu ; alii necubi esset foris neu contenderet; alii alia. Demum Abbas, ita [dixit]: Censeo, eum pro tempore abesse, et ad S. Cassiani monasterium in Scalario monte duci, sibique sub virtute salutaris obedientiæ imperari ut vitam agat laxiorem, ne velit indiscrete et ante tempus aliquo casu perire, et etiam, si monasterium extra hortulos vel aliud opus ageret, socios adesse, ne forte diaboli arte aliquid sinistri ei eveniret. Probatur ab omnibus et salutare ducitur, quod P. Abbas censuerat.

311. Ei itaque accersito vix persuadere potuerunt ut interdum aliquid cocti seu sorbitiunculæ cum pauxillulo vini degustaret, asserens, se nec secus posse et carnis titillationes et dæmonis varios laqueos evadere : nam antea tantum herbis agrestibus et quibusdam leguminibus et pomis vescebatur. Ubi igitur de mandato patris sui abbatis monasterium S. Cassiani adivit, omnia, quæ imperabantur, vilia et contemptibilia agere, neque in hujusmodi rebus priorem pati alium, imo semper antevenire ; quibus rebus et artibus ita Jesu Christo charissimus exstitit, ut, ipso Jesu volente, quæ Congregationi evenere bona, quæ etiam contigere mala, longe ante non solum præsagierit, verum etiam prædixerit. Quid quod hactenus dæmon in eum amplius haud ausus est debacchari, etsi asperitatem adhuc pristinam servet, et non nisi super nudo ligno, seu frondibus quiescens jacet; de quo pro tempore satis dictum arbitror. Hic aliqua sequuntur capita ad Sanctum nostrum non spectantia, quorum titulos, ut a Papebrochio descripti sunt, tradimus.

Cap. XX. Quid in die festivitatis S. Mariæ Magdalenæ et S. Jacobi Apostoli in monte Milliarii acciderit, eorum festa servili opere violantibus.

Cap. XXI. Ut quidam nautæ meritis gloriosæ Virg. Mariæ e naufragio et peste evasere.

Cap. XXII. De quodam monacho hujus monasterii, quem Virgo Maria, jamjam extrema patientem, sua solita pietate liberavit.

LIBER TERTIUS.

Cap. I. Unde et quomodo ædes S. Mariæ de Laureto initium sumpserit.

Cap. II. Unde templum S. Mariæ Servorum initium habuerit.

Cap. III. De origine templi Virg. Mariæ, quod S. Mariæ de Gratia dicitur.

Cap. IV. Templum Virg. Mariæ juxta portam Flaminiam.

Cap. V. Templum Virginis Mariæ in agro Foroliviensi noviter ædificatum.

Cap. VI. Unde ecclesia S. Mariæ, quæ de Saxo dicitur, initium habuerit.

(Papebrochius noster, qui magna ex parte hæc miracula exscripsit, testatur, post hos titulos ad S. Joannem Gualbertum proprie non pertinentes, in eodem codice subnecti sequentia.)

PARS I.

312. Rem profecto mirabilem, longeque stupendam, rebusque veris veriorem describo; cujus rei testes omnes hujus S. Mariæ monasterii monachos et conversos et alios, tum cives, tum religiosos viros in medium afferre possem, si hoc opus ad infidelium, et non fidelium manus putarem venturum. Cæterum quia apud Christianos nihil est tam incredibile, quod non creditur a sanctis viris et Dei amicissimis fieri posse, eo hoc miraculum aggrediar, et tempus, personas etiam nonnullas nominibus propriis annotare curabo; quod superius feci in quibusdam, in aliis vero minime, cum tempus obscurum et anni indistincti essent ; et conjecturare, aut dubia fingere, præsertim historiam seu miracula scribenti, non liceat.

313. Anno ab Incarnatione D. Jesu MCCCCLXXV, tempore Xisti Pontificis II (216), hujus S. Mariæ monasterii Abbate D. Francisco Altovita, venerabili jam provectæ ætatis viro, ex oppido S. Miniatis, quod vulgato nomine dicitur del Tedesco (217), inter nobilissimam Urbem Florentinam et vetustissimas

---

(216) Per errorem hic Sixtus vocatur II; est enim stius nominis IV, qui a Paulo II ex ordine Franciscano ad Cardinalatum assumptus, et successit in Pontificatu anno 1471.

(217) *Miniatum Teutonis* vulgo *san Miniato ad Tedesco* est urbs Hetruriæ in colle sita ad Arnum fluvium inter Florentiam ad ortum, et Pisas ad occasum, utrimque 20 milliaribus distans.

Pisas conditum, quidam D. Joannes de Bon-Romæis, causidicus haud contemnendus, cum filia, sextum et decimum agente annum, et cum quibusdam aliis comitibus et religiosis, hieme deformi stridente gelu, et concretis nivibus, ad hoc S. Mariæ monasterium exsanguis et moribundus accessit. Cæterum prius, quid domi suæ, quid Florentiæ diabolus dixerit feceritque, dicendum puto, quam ad ipsius liberationem et ad S. Joannis miraculum veniamus.

314. Itaque hic, quem diximus, Joannes, præsentibus fere omnibus hujus monasterii monachis, hæc lacrymis retulit obortis: Venerabiles Patres, quæso, æquo animo audite. A quinque præteritis mensibus, die quadam quædam novitiæ puellæ (218), non obscuro loco natæ, domum meam juxta, ita ut fit, una lanam trahentes consederant, hac mea filia per fenestram deorsum respiciente: cum diabolus horam fallendi nactus, optans inter concordes jurgia serere, lapidem non parvum supra puellas, ea parte qua filia mea respiciebat, deorsum jecit; qua de re ipsæ puellæ irasci, et convicia in filiam meam dicere, eique mala minari; quod ubi ad parentum aures devenit, quam raptim ex his quidam, quibus ne injuste agerent, obstiteram, convolavere ad me clamitantes, indignum facinus, filiam meam lapidibus suas velle obruere, nec posse vicinas pati; hæc [inquiunt], nisi te velente, haud fierent. Quibus ego: Ne velitis oro, tam cito puellarum verbis fidem adhibere. Nostis morem earum, quomodo in maledicendo de parvis magna loquuntur: insuper mihi hæc conviciari, prudentium hominum non est; cum peroptime calleatis me non eos solum, qui sunt de familia mea, ut recte vivant, quantum in me est, curare; verum et alios, modo facilem præbeant aurem, monere. Et illi: Satis dictum puta, vide ne posthac ad arma venire cogamur. Et ita discedunt a me ac si mecum bellum ineundum sit.

315. Ego illico domum petens meam, cæteris semotis, filiam his verbis aggredior: Cur, filia, inter nobis infensos litem et bellum recrudescere cupis? Mi pater, inquit illa, oro quorsum hæc. [Respondi]: Quia, ut fertur, lapidem in tales hodie injecisti puellas. Ha, mi pater, nec feci nec ausim facere; has profecto, ut sorores diligo. Tamen factum est, inquam ego. Posthac, mea filia, da operam, ut, ubi in via puellæ illæ consistunt, ne fenestris in partes illas vergentibus hæreas. Illa inquit: Faciam, mi pater. Postridie vero, quia ea via parum profecerat, dæmon, iterum lapide acriter quamdam ex puellis jam dictis vulneravit, ita ut tonsore indiguerit ad vulnus præcidendum. Fit ob hoc concursus virorum, undique strictis gladiis decurrentium, atque, ubi estis, perituri! declamantium. Mei statim media domus, ostia clausere, et ex amicis et propinquis quidam per posticum ad me armati convolant; ei, ni vitassem, a meis ea die pessimum facinus perpetratum fuisset.

(218) Per *novitiam puellam* intelligunt Latini ancillam, quæ nondum per annum ministravit. At puto

316. Dum hæc hinc inde agerentur, cohors prætoria armata illuc cum equite properans, rem omnem diremit, et viri boni populares causa diligenter cognita fœdus et pacem inter nos iniere. Ego itaque ancipiti malo permotus, quod, neque unde istud mihi evenisset, satis conjecturare possem, neque si pejus inde sequeretur, quid in ea re agendum foret, scirem penitus, divinum statui, ab his qui domi erant, auxilium inquirendum. Cum igitur pro cujusque ingenio et studio crebro ad Jesum et ad Virginem Mariam preces darentur, filia mea hæc forte tum in thalamum, ut secretius oraret, se conferre volens, anum quamdam lectulo accumbentem, manumque dextram inter pulvinar et genas tenentem aspexit. Primo dubia, quidnam insolita facies ostenderet, vereri; inde, pulso timore, putans unam esse ex familiaribus, ulterius processit. Cum statim diabolus, qui in anilem formam sese transformarat, caput efferens, et eam trucibus aspiciens oculis, tartarea voce inquit: Vide quid agas, quove te conferas.

317. His igitur verbis, talique aspectu perterrita, Virginem Mariam exclamans, ad nos timida rediens, rem, timore gelida atque rigida, vix valuit aperire. Ego falsam, quibus sæpe deludimur, imaginem putans, ne hæc curaret, blande monui. Ipsa econtra verum esse, affirmare. Deum sibi satisfaciens, et illuc me conferens, et imprimis lectum simulque omnia circumspiciens, anum illam haud videre quivi. Itaque mente suspensus, filias meas, ne quid vererentur, monens, aliis rebus, mihi magis necessariis, incumbens, in forum me contuli, cum paulo post ex filiabus meis alia, aliquanto junior, nescio qua causa, in thalamum iter habens, præfatam anum pari modo jacentem, ut hæc viderat, respiciens, non parvo timore correpta, ad alias prosilivit quamprimum.

318. Hæc igitur mihi de foro venienti dicentes, quid hoc esset, mirabar. Cogitanti itaque, et in animo sæpius volventi, diaboli opus existere, venit in mentem: eo quam primum, sacerdote monacho accersito, qui ecclesiam prope domum gubernabat, rem omnem clam sibi aperui. Ille statim clerico serio imperat, aquam benedictam et conjurationum deferre librum. Quibus delatis, thalamum intrepidi, signo crucis prius edito, ingredimur: spargitur statim a sacerdote aqua, sale et orationibus expurgata; inde ordine quodam ad lectum accedentes: Conjuro te, inquit sacerdos, in nomine Patris et Filii et Spiritus sancti; si malus hanc habitas cameram spiritus, mihi quid velis, quidve inquiras, aperias. Vix hæc sacerdos expleverat, cum statim querulosam audivimus vocem: Hei ferte opem miseræ! cruciatus tantos perferre nequeo! Quomodo te juvare possumus, inquit sacerdos? Si Missas [ait] Gregorianas cum defunctorum obsequiis pro me curaveritis celebrari, Fiet, ait sacerdos, tu tantum in rem concede per *novitias* hic significari *juniores*, cum dicat Auctor, fuisse puellas *non obscuro loco* natas.

tuam, ne tuis detrimentum metusve sit : aiebat enim, se patris mei matrem jam defunctam esse. Imperat ergo sacerdos devote omnia in Christi Jesu nomine agi.

319. His itaque rite, ut sibi placuerat, peractis, nocte quadam nos sopori deditos hoc modo exterruit dæmon : imprimis enim filiam meam, quæ hic est, excitans, eamque se Virgini Mariæ devote commendantem immite in genis percutiens, inquit : Tu tuatim, non meatim ages? quousque abuteris patientia mea? Hem ! tibi hæc diutius licere speras? me volente, hæc amplius non facies. Quo sonitu, quibus verbis excussus somno, illico e lecto desiliens, lumine accenso, concessi ad eam partem lectuli, ubi filia accumbebat : Mea filia, inquam, quid agis? Unde, oro, hic gemitus? lacrymabatur enim : nondum enim mihi dederat responsum, cum subito idem dæmon inferiorem partem petens, filium parvulum, qui eodem in loco quiescebat, suffocare nitebatur. Ego statim opem tuli puero vagienti : signo enim crucis me imprimis, et ipsum muniens, inde libera voce dæmoni aiebam : Cur his innocentissimis, pessime, hujusmodi cruces et tormenta infers? I quo meritus es, in barathrum inferni, perfide, inique, maledicte.

320. Necdum verba finieram, et hanc filiam meam querentem audio : Mi pater, si qua in te filiæ tuæ pietas est, fer opem, fer auxilium ! me etenim dæmon iterum suffocare conatur. Parvulo itaque relicto, accurro ad eam, codemque modo, ut puerum, crebris Christi Jesu signis muniens, dæmoni minari, si forte Jesum Virginemque Mariam vereretur, non desisto. Ille his crudelior effectus, puerum, ut torqueat, iterum repetiit. Ego illuc propero; ille ad filiam ; ego ad eam : ille ad puerum; [ego quoque ad eum]. Quid vos multis moror? Cum in tanto talique discrimine quid agerem, quo me verterem, ignorarem penitus (quia, meis peccatis id exigentibus, neque Jesus, neque piissima Maria in tempore opportuno auxilium ferebant, et eorum mater etiam tunc domo aberat) mira voce, finitimi, vicini mihi succurratis, oro! ter quaterque exclamare cœpi : cum velocius dictis vicini advolant, præsertim monachus iste, qui præsens est : rem enim malam ob præteritas conjurationes præsagiebat.

321. Ubi advenere, foribus clausis inventis (ego enim a pueris meis abire, ne majus oriretur malum, haud audebam) pars claustra portarum sudibus et cuneis, et vi multitudinis in id obnitentis, si forte a cardinibus evellere possent, tentare; pars per scalas, et qua sors dabatur, ad fenestras scandere. Ita brevi domus cujuscumque conditionis viris et mulieribus repletur, et causa cognita, omnes, unde hoc mihi malum esset, rogabant. Quibus ego : Hei ! unde putatis, nisi ob scelera mea fieri? Miseremini mei omnes, miseremini mei, quia manus Domini super me facta est. Ædes igitur meæ, multitudinem non capientes, [cum repletæ essent,] turba multa domum circa, voces varias volutans, fere totum commovet oppidum; quibus, ita ut fit in re nova, brevi spatio dato, clerici cujuscumque ordinis et nobiles et clari viri et alii quamplures, [præter] ignobile vulgus pro vallo domus meæ quingenti et amplius convenere.

322. Extemplo itaque sacerdotes, et, qui aderant religiosi viri, mihi misero ubertim lacrymas emittenti, compatientes, flexis genibus subnixe Virginem Mariam, suumque dilectum filium Jesum hymnis et psalmis aliisque orationibus immixtis, mei misererentur, orare cœperunt; idem et cæterum vulgus pro cujusque ingenio agere : et ita in oratione diu una mecum pernoctantes, eosque somno fatigatos conspiciens, sic flebiliter alloquor : Deus bonus, justus, et pius, fratres, vobis præmia digna ferat, qui me, meosque miserati, tantum onus pertulistis. Ite omnes in rem bonam; isti religiosi pro rei necessitate modo sat erunt, dum paululum caput posuero : nam datur horæ quieti : hi enim alternatim Jesum jugiter exorent. Inde discessere omnes. Dum itaque fessos oculos subtraho labori, religiosi qui aderant Jesum et Virginem ejus matrem Mariam exorabant : jam enim aurora diem produxerat almum, cum adhuc dæmon, neque orationibus victus, neque religiosorum precibus fatigatus, aliovorsum [non] concesserat.

323. Ego itaque me divino auxilio penitus destitutum putans, magis curarum fluctuans æstu, atque animum, nunc huc celerem nunc dividens illuc, in partes varias trahebam, perque omnia versabam, cum Deus ex alto prospectans, mihi, misera et iniqua animo volventi, succurrere per Mariam piissimam matrem suam sic voluit : nam filiam hanc ad me summa animi consternatione moribundam, flagranter lacrymis perfusam genas direxit, atque his me alloquitur verbis : Mi pater, per has ego te lacrymas, per, si quis filiæ tuæ tangit honos animum, unum oro, quia unica spes tuarum filiarum, quia in te omnis domus inclinata recumbit, ne te crucies, ne te maceres, neque tuam propter me sollicites senectam : imo, quod viri forti et constantis est, animum revoca, mœstamque mitte dolorem, atque olim hæc meminisse juvabit; per varios casus, per tot discrimina rerum ad vitam tendimus beatam, sedes ubi Jesus, uti, te prædicante, accepi, quietas per Evangelistas suos ostendit ; illic fas est perpetuo cum Jesu Matreque ejus gaudere ævo.

324. His itaque filiæ meæ verbis, corporis animique viribus paululum recuperatis, quievi : existimans, me non penitus destitutum esse, cum filiam, puellam adhuc, ita me exhortantem audirem. Demum religiosis omnibus gratias agens, et quandoque re ipsa ostensurum, modo vita superesset, pollicens, eos missos feci, uno hoc tantum monacho, qui nunc aderat, contentus : hic enim semper præsens meis in necessitatibus et discriminibus adfuit. Ubi discessere, his Virginem Mariam [verbis implorare] orando exorsus sum : Mater misericordiæ, mater pietatis et gratiæ, desolatorum refugium, miserorum

portus, me tibi, totamque meam commendo familiam; saltem his in periculis, nusquam gentium auditis, animæ ne pereant nostræ, tua solita pietate concede: nam nobis non cum mortalibus, sed cum diabolo res est, cui nomina mille, mille nocendi artes, et quocum nulla spes datur non solum vincendi, verum nec evadendi quidem.

325. His dictis, quem exitum res habitura esset, tristis exspectabam, cum repente hanc meam filiam ter geminatis ictibus diabolus atrociter in genis percutiens, mihi matrique suæ (nam domi tunc erat) ultra quam credi possit, adauctus [est] dolor, eoque consternati humi procumbebamus; filia vero mea tales cruciatus nec amplius ferre valens, ad Virginis Mariæ picturam, quæ domi in quadam tabula conspiciebatur, confugiens, suppliciter tunso pectore crinibusque passis talem ad eam orationem imo pectore effudit: Quo me vertam nescio, si me deserueris, Virgo beata, eo per Jesum filium tuum ne me penitus abjicias deprecor; quod si feceris, o omnium piissima, me totam tibi voveo tuis inservituram obsequiis. Mira res! ex eo enim Virginis Mariæ precibus factum est ut nihil metueret, nihil timeret, sese omnibus in torturis invincibilem impassibilemque redderet. Me, patres dilectissimi, tempus quam verba maturius desereret, si in omnibus quæ diabolus in hanc meam filiam in nosve fecerit, narrando immorari vellem. Quamobrem nonnulla magis memoria digna, quia intenti accipitis, referam.

326. Instanti igitur nocte, ecce iterum dæmon ex improviso me fatigatum somno, atque id nec opinantem reperire sperans, ut meam filiam vexaret, more suo venit. Verum ego, qui somnum fingebam, venientem intelligens, signo crucis filiam meam tunc securam reddidi. Id ille ægerrime ferens, fulcrum lecti ad se summis viribus trahebat; ego econtra ad me retrahere, Virginem Mariam, ut opem ferret, assidue invocans. Ita in miserabili duello maxima noctis parte consumpta, diabolus Virginis Mariæ precibus victus furibundusque in inferiorem domus partem sese proripuit; ibi vasa multa effringere, ostia arculasve aperire, strepitu et tumultu omnia miscere. Noctis igitur quod superfuerat, trepidi omnes duximus. Proh bone Jesu! hanc meam filiam deinde quoties ille in maxillis et in genis verberando [percussit]! et ego una cum ipsa orando ambo defessi sumus.

327. Forte quinquies, nobis præsentibus, domum extra eam crudeli afficere morte [voluit]: per aerem ipsam jugiter clamantem, Virgo Maria, fer opem, serva me, obsecro! exportavit. O quam miserabile flebileque spectaculum omnibus oppidanis erat, eam in aere suspensam deportari, nosque longe miseros post eam Jesum Virginemque Mariam invocantes, et uti insanos properantes aspicere! Mitto, quid mater in his infortuniis agebat, uti suis questibus plateas vicosque omnes implebat, matres et filias ad fletum gemitumque invitabat. Verum hoc tacendum non duco, uti, dum dæmon eam, Virginem Mariam invocantem, per scalarum gradus ulla vi contrudere non valeret, iratus et accensus eam mediam complectens, sicque per aerem deportans, aiebat: Pessima, nunc peribis, jamque exemplum te omnibus dabo. Quid puella virgo, tamen ita acerrime, ac si vir esses, resistis? Mihi crede, non te tuæ preces, vel tuorum orationes tuentur. Cui illa: Non me tuæ deterrent minæ, o omnium dæmonum pessime; verte te omnes in facies, et contrahe quidquid sive animis sive arte tartarea vales, te tuasque, ut dixi, minas, Jesu Virgineque Maria opem ferentibus, parvifacio.

328. Ita secum verbis dissidentibus, dæmon se a puella separari ægerrime ferens, eam super quemdam puteum, qui domum extra erat, [ut] ad terram summa vi dejiceret, deportavit. Verum ipsa, divino freta auxilio, cum nihil vereretur, mutare sententiam dæmon statuit, et quam minis acribusque verberibus non vicerat, calliditatibus seu blanditiis vincere aggressus est. Igitur eam talibus verbis hortabatur: Jacta te deorsum, mi amicissima, nihil est quod verearis; quod si feceris, post hac esto secura. Ne faciam, inquit illa, ne faciam. Noli, o omnium pessime, assentari. Inde Virginem Mariam in sui auxilium crebro invocare. Quis, o bone Jesu! tam obtuso ingenio, quis tam impio et efferato animo esset, quin obrigesceret et concuteretur simul videre tantam dæmonis in puellam Virginem crudelitatem, et econtra puellæ in eum audaciam animadvertere, et tot cujuscunque conditionis viros et mulieres, qui illuc confluxerant, et jugiter confluebant, omnes suspensos, et ad rem nusquam auditam, nusquam visam, penitus intentos aspicere; videre insuper matrem una cum puellæ sororibus, multitudinemque matronarum cognatarum et affinium omnes crinibus solutis unguibus ora fœdare, et pectora pugnis tundere, ita ut lamentis et gemitu femineoque ululatu tecta fremerent, resonaret et magnis plangoribus æther?

329. Imprimis matris querulæ voces omnes qui aderant mortales ad gemitum compellere: Per medios enim veluti fatua crinibus passis ruens, vociferando aiebat: Hanc ego te filiam aspicio, te talem misera concepi, atque ad hanc alui diem, ut non a mortalibus, sed a dæmone hisce oculis crudeliter affici atque torqueri aspiciam? O me miseram! Quid tantum demerui, quidve criminis admisi, ut filiam meam ludibrio dæmoni esse, tam turpiter, tam fœde videam? Heu! dæmon, qui filiam meam nullo jure insectari statuisti, me crucia potius, me tormenta (219)! si qua tibi est pietas, in me omnia quæ potes conjice mala; aut tu, bone Jesu, Pater Divum, miserere animi non digna ferentis (219'), tuoque invisum hoc detrude caput sub tartara telo, quando aliter nequeo crudelem abrumpere vitam (220).

---

(219) *Tormentare* pro *cruciare* apud medii ævi scriptores invenitur. Verosimiliter hic auctor Italus ab Italico verbo *tormentare* desumpsit.

(219') VIRG. *Æneid.* II; verba Sinonis. (ED.)
(220) VIRG. *Æneid.* IX; verba matris Euryali. (ED.)

330. Inde paululum ad sanam rediens mentem, ad populum se convertens inquit : O vos, præsertim matres, audite, si qua piis animis gratia mei infelicis manet, seu filiæ meæ, in tanto talique discrimine positæ, cura remordet, flexis genibus una mecum Jesum, piissimamque Mariam matrem ejus invocetis, si forte sua solita pietate opem ferat, oro. Quod mox fecere omnes. O Jesu bone! e vestigio filia ad matrem ruens, hilari jucundaque facie ita eam semivivam solatur : Mea mater pelle timorem, flere desine; hic adsum tua filia; nil dæmonis ludibria metuas, oro. Forsan me torqueri et cruciatibus affici putas? Minime, mea mater ; imo suavi et inenarrabili afficior dulcedine. Semper enim, desolatorum refugium, Virgo Maria præsens est, hortatur, adjuvat : perseverem monet : Sic, inquit, filia itur ad astra. Ideo, tu mea mater, vosque, omnes parcite metui, ponite modum dolori, et gratias Christo Jesu, Virginique Mariæ matri ejus, si plura et majora nobis adhuc mala supersunt, agite semper.

331. Hæc itaque filiæ meæ verba, non solum jucunditati, verum et admirationi omnibus exstitere. Demum quisque suspenso animo domum suam concessit, nos vix læti intro ingressi, aliquod novum a dæmone semper opperiebamur malum. Nempe dum hæc lacrymis obortis nobis suo ordine, ut dixi, enarraret, omnes sui misereri, adeo ut quibusdam lacrymas moveret. Inde illud, quod superest adhuc, ni molestum est, paucis disseram. Cui omnes : Dicite : nam nihil in instanti tempore gratius fieri potest, et sumus otiosi. Dum enim, ut paulo ante retuli, in re dubia suspensos animos gereremus, ecce ex improviso dæmon atrocius solito filiam meam in primis, deinde me aggrediens, pedes totumque corpus mordicatu cruciabat, non secus ac famuli prætoris ignitis forcipibus nudum damnati corpus variis in partibus, illo clamores horridos ad sidera tollente, excruciant : nam modo crus, interdum genu, quandoque pectus, nonnunquam genas mihi crudeliter seu dentibus seu unguibus (nihil enim conspicere poteramus) attrahere.

332. Qui cum in his difficultatibus, quid agerem, nescirem, Jesu respiciente, ad solitum unicum Virginis Mariæ præsidium confugi, cujus Officium cum devote coram imagine sua peragerem, id ægerrime dæmon ferens, librum vi e manibus meis abstulit, lampades cereosque accensos exstinxit, arculas omnes, supellectilem etiam, vasaque subvertit, laceravit, fregit ; et, ne multis, paternitatibus vestris tædio sim, tantum detrimenti mihi in rebus mobilibus attulit, ut ultra centum aureos in his restaurandis recuperandisque exposuerim. Cum igitur diaboli gravis ira, nec exsaturabile pectus, me cogerent preces descendere in omnes, quia cum nec longa dies, pietas nec mitigaret ulla, cum demum amplius ferre non valens, in hæc gravi pectore verba prorupi, Ha ! cur me in oppido ingenti solum insectari statuisti ? A me et a filia mea, oro, quid vis ; quidve inquiris ? Si justum petieris, et in re potestateque nostra fuerit, fiet ; tantum dic quid vis, Nihil aliud volo, nisi hanc tuam filiam, inquit ille. Cui ego : Creatura Dei cum sit, eam tibi tradere nec volo nec possum. Sat, inquit, habeo, si monialis non efficitur.

333. Ego itaque, cognita re, præ nimia cordis tristitia mente cæcus filiam seorsim advocans aio : Filia mea dulcissima, ut propriis oculis aspexisti, nihil ob gratiam tui inausum reliqui [ex iis,] quæ potui infelix. Qui memet in omnia verti, vincor a diabolo. Quod si meæ preces non sunt magnæ satis, dubitem haud equidem implorare, quod usquam est. Non vult te dæmon monialem effici. Assentiendum est, si saltem hac causa, sibi potissima, nos insequi desisteret, si forte parceret, si finem his malis daret. Hoc enim tibi non votum, verum devotio exstitit ; non obligatio integra, sed quædam bona voluntas; ideo hanc a te voluntatem penitus amoveas, oro, et tibi, nobisque demum quietem dari velis. Ad hæc filia mea : Si mihi non animo fixum immotumque sederet, ne cui me vinclo vellem sociare jugali (220*), et si Virgo Maria pugnam cum diabolo pro me non iniret, huic uni forsan potui succumbere culpæ : sed mihi vel tellus, optem, prius ima dehiscat, vel pater omnipotens adigat me fulmine ad umbras, pallentes umbras erebi, noctemque profundam, ante, pudor, quam te violem (221), aut te deseram, Christe Jesu ; tu qui primus a me vanos sæculi abstulisti amores, me conserves, meque liberes, oro precorque.

334. Sic effata, ad Virginis Mariæ matris imaginem ruens, sinum lacrymis implevit obortis. His accensus, præsto affuit hominum ille seductor, et, quia discordiæ, simultates et iræ quas suggesserat, parum processerant, ut in Job olim virum justissimum, ita et in filiam meam sævire cœpit : nam in primis lineam vestem, qua carnes teguntur, inde laneam; demum, quæ sericis desuper contexta erat, ut nubiles solent ferre puellæ, frustulatim fregit, laceravit, dissipavit, consumpsit ; eamque fere nudam deserens, capitis comam vi evellere cœpit. Exclamat filia : Mi pater, fer tunicam, me nudam cooperi, tuque, Virgo Maria dulcissima, fer opem, serva me, obsecro ! Ego in tanto discrimine cum vix essem apud me, et mortem [potius] quam vitam optarem, tamen illico tunicam afferri, inde tonsorem vicinum cursim advocari jussi. Ubi venit, capitis crines flavos, uti nunc etiam conspicitur, totondit et rasit.

335. His diligenter expletis, me cum lacrymis in orationem dedi : Jesu, inquam, omnipotens aspice nos hoc [in periculo] tantum, et, si pietate meremur, da deinde auxilium ; sin minus una nos interfice, oramus, des finem tandem tantis laboribus : nam,

---

(220*) Virgiliani quoque hi duo versus, Æneid. IV; verba Didonis. (ED.).

(221) Item ex Didonis ad Annam sororem oratione desumpti sunt hi quinque versus, ut et infra ex eodem Virgilio plurimi, quos legendo statim agnoscet eruditus lector. (ED.)

patres, quod consilium mihi, aut quæ jam fortuna dabatur? quo enim melius per me vel per alios fiebat, eo diabolus crudelior in nos miseros sævire. Econtra filia mea solari, hortari, orare, ne tantopere irascerer. Hinc profecto, venerabiles patres, Domino Jesu, Virginique Mariæ matri ejus non parvas gratias agebam, qui mihi in tot tantisque discriminibus posito talem dedissent filiam, [in qua] haberem, quo confugerem, ubi conquiescerem, cujus in sermone et suavitate omnes curas doloremque deponerem. Mirabar præterea summopere incredibilem ejus virtutem et fortitudinem, eamque neque animi neque corporis laboribus defatigari. Me miseram! etiam ægerrime tuli feroque eam tali virtute, fide, humanitate, probitate præditam, in tantos cruciatus propter mea scelera incidisse.

336. Denique mihi, qui nunc huc ingentes nunc illuc pectore curas mutabam, amici, [ut] filiam monasterio monialium traderem, consuluerunt. Feci, putans Jesum ob hoc his malis quandoque finem daturum. Verum longe aliter ac ratus eram res evenit. Diabolus enim, quia promissa non servaveram, valde sæviens, crebros et infestos impetus, etsi invisibilis, in moniales faciebat, tum minis atrocibus flagrisque hostilibus impetebat, tum, quidquid in usum inopis vitæ dabatur, perquam impie diripiebat, omniaque sacra violata relinquebat, voces tartareas, dum divina ipsæ peragebant Officia, edebat; omnia mala tandem, quæ dici aut fingi possent, agebat; quibus moniales territæ trepidare, neque loco neque sibi invicem, præsertim noctu, satis credere; et interdum adeo mente consternabantur, ut vix ex tanto pavore reciperent animos: nam inter cætera, ut solitæ erant referre, sæpius pugnis alapisve cædebantur. His itaque coactæ, Virginem Mariam, ne eas desereret, pariter exclamabant. Demum ex monialibus quædam, quibus mens sanior esset, ne in pejus discrimen inciderent, quia orationes incassum ad Jesum pro ea fiebant, filiam meam ad me quamprimum remittendam censuere; quod, me tamen ægre ferente, factum est.

337. Tum idem dæmon, qui fere per menses quinque nos ad extrema deduxerat, in eam ingressus, debacchari, currere, insanire, domum totam pervolare, nos omnes hostiliter impetere; ego, uxorque mea, filiæ omnes, cum cætera nobis deessent auxilia, exclamare. Quibus clamoribus vicini perterriti, iterum ad nos convolantes, fraude et vi filiam meam capientes, et a tergo manus vincientes, ipsamque, præ rabie spumas emittentem, invitam tenuere. Animadvertatis, quæso, patres, quod cor, quis animus, quæ mens mihi tunc esset. Tum profecto mihi mortem conscivissem, ni prohibuissent, qui aderant, amici. Quid facerem miser, quo me verterem, quo confugerem, quem implorarem? O quam miserum, quam lacrymosum, suam aspicere matrem, suas præterea sorores, crinibus passis, pectoribus scissis, ora pugnis fœdatas?

338. Denique mater, cum talem non posset amplius perferre dolorem, in hæc prorupit verba: O Jesu omnipotens, tantone me crimine dignam duxisti, et tales me voluisti pendere pœnas? Nunquamne quiescam? Semperne in his versabor malis? Sed tu, o Pater, precor, me tuo fulmine interfice, vel permitte, ne quas genui filias, tam acriter, tam inique a dæmone torqueri videam. Inde in filiam hanc oculos convertens, hæc multo cum gemitu proferebat verba: Dei filia mea! heu mea lux, meumque desiderium! unde enim omnes gaudium et lætitiam sumere soliti eramus, te nunc, mea filia, sic vexari, sic jacere in lacrymis et sordibus aspicimus! idque fieri nostra culpa. Me miseram! talem te his video oculis, mea filia! o me perditam! o afflictam! Quem nunc pro te rogem, mea filia, cum superi et inferi nobis adversentur.

339. His dictis, medium sermonem abrumpit, et auras ægra fugiens, seque in pavimentum consternens, terram capite tundere cœpit; quam, et corpore et animo confectam, susceperunt famulæ, collapsaque membra marmoreo referunt thalamo stratisque reponunt. Inde filiæ, aliæ, et, quæ aderant; mulieres, quia atrocior dæmon esset, et filia magis insaniret, mœstam implere clamoribus domum. Passim itaque per omnes vias ad tale spectaculum concurritur, quorum omnium crimina diabolus per os puellæ dicere, exprobrare; demum, cum parceret nemini, neminemque relinqueret intactum, omnes illico, mente suspensi, et pallore pudoreque confusi, abibant; protinusque ad oppidi prætorem fama hujus rei convolat: inaudita re in stuporem versus horam statuit qua, summo cum honore, multis comitantibus, filiam viseret meam. Venit tandem: noluisset venisse: multa enim convicia in prætorem et in comites diabolus protulit, quæ nunc prætermittenda existimo.

340. Consuluere deinde boni viri quidam, eam Florentiam ad Sanctorum reliquias ducendam. Placuit. Omnibus itaque pro voluntate paratis, iter in Christi Jesu nomine aggredimur, quibusdam comitantibus, quibus profueram et prosum sæpe. Venimus Florentiam, omnia experti sumus, et, Sanctorum ejusdem civitatis Reliquias devote visitantes, nihil profecimus. Mihi itaque anxio et animo consternato, existimantique Jesum omnino nolle nobis opem ferre, quidam ex affinibus et amicis Florentinis inquiunt: Vis filia ut salvetur tua? Volo, [inquam,] opto et percupio. Eam igitur quamprimum, [aiunt,] ad S. Mariæ de Valle Umbrosa monasterium ducere ne cuncteris, etsi stridet deformis hiems. Accepimus, vidimus, experti sumus incassum S. Joannis opem petiisse neminem, modo toto corde bonaque mente exposcat quivis. Ego, qui omnia aspera et ardua, levia dulciaque (modo filia liberaretur) ducebam, quidquid dixerant peragere statui.

341. Abbatem itaque vestrum inprimis adeuntes [salutavimus, qui] nos liberaliter honorificeque habuit. Inde miserans casum nostrum, inquit: Ite in rem bonam, et ne quis vestrum dubitet, titubetque:

spero enim Dominum Jesum Virginis Mariæ et S. Joannis precibus tantum vobis lætitiæ, quantum mœroris ex ea sumpsistis, daturum. His arrecti animum dictis, iter in Jesu nomine aggressi [sumus.] Qua iter erat, et præsertim per pontem Sævum (221*) multi mortales, re nova et inaudita impulsi, ac nos etiam frigore rigentes de oppidis, de villis concurrere. Erat operæ pretium [videre] jumentum non nisi orationibus et conjurationibus hujus qui adest sacerdotis, iter, diabolo id annitente, agere velle. Demum, quibusdam diebus consumptis, huc venimus hac spe ut vestris orationibus fiat huic miseræ salus. Hæc ipso ad ignem narrante, aliisque qui cum ipso aderant, ita esse asserentibus, accepimus.

342. Nunc autem ea quæ his propriis oculis aspeximus, studebimus enarrare. Ubi itaque primum has nostras adiere regiones, jumentum ita sisti a dæmone, [ut] nec ulterius passum unum fustibus baculisque tundentes, qui aderant, ire posse [crederent:] eam insuper de jumento cum deposuissent, multi ab humo elatam ex nostris ferre nequibant. Quod ubi intus cognitum est, ex monachis unus cum S. Joannis cruce illuc pergens, demum eam, ipso jugiter conjurante, ad Sanctorum elatam detulere sepulcrum; quo in loco multis conjurationibus multisque precibus incassum consumptis (nam dæmon interroganti nullum dabat responsum), eunt tristes monachi intro; illi vero domum hospitum concessere. Postridie vero, Missis ex more celebratis, cum monachi cum S. Joannis brachio extra monasterium devote irent, dæmon, S. Joannis virtutem non ferens, cantantibus monachis et psallentibus, in angulum ipsius capellæ, ubi erat puella se conferens, semper querulas, ut quidam audivere, proferebat voces.

343. Posito itaque brachio super caput puellæ, nullum ipsa, quia dæmon aberat, nisi sanæ mentis dare signum. Eo omnes gaudere, uno ore omnes S. Joannem ad sidera extollere et præcipue pater præ gaudio lacrymabatur. Inde nos intro, illi læti hospitium petunt. In meridie vero cum puella, quia præterita nocte haud quiescere poterat, paululum se sopori dedisset, illico adfuit illi efferatus dæmon. Exclamat puella: nam eam suffocare volebat. Accurrit Pater, accurrunt et cæteri, eamque tristes de lectulo ad ignem deferunt. Illico rem omnem intro nuntiari curant. Mittitur a decano ex sacerdotibus unus, qui illic domi dæmonem conjuret. Conjurat itaque ille dæmonem; in rem suam abeat, imperat in nomine Jesu. Econtra ille instare. Cum igitur nihil [se] proficere intelligeret sacerdos, ne vereantur orat; credant Jesu gratiam precibus Joannis sanctissimi brevi affuturam. Iterum cæteri omnes Jesum Virginemque Mariam totius orbis refugium orent, imperat decanus; fit suppliciter ab omnibus.

344. Sequenti vero die dæmon eodem modo, quo supra, non exspectato S. Joannis brachio, nobis ordine itinerario psallentibus, invitus et murmurans

in rem concessit suam. Inde puella vere incolumis effecta, decretum est sua, ne iterum dæmon in eam vim haberet, confiteretur peccata. Eam itaque in confessione de patris nostri mandatis audivi, singulosque actus ejus diligenter inspexi; et ut cætera, quæ etiam post confessionem licet fari, omittam, quam devota, quam humilis, quam subnixa Virgini Mariæ semper exstitit! quot orationes, quot preces in Christi Jesu nomine effudit! quoties præter jejunia indicta ab ecclesia jejunavit! ut mirum sit dæmonem eam ingredi facultatem habuisse, nisi Jesus Dominus noster, quos diligit, castigaret et corriperet. Ad sospitatem comprobandam diem integrum, deinde et dimidium, postquam convaluit, hunc locum habuere. Inde Jesu et Virgini Mariæ sanctoque Joanni gratias agentes, nobis omnibus tanto tamque repentino bono gaudentibus, læti in patriam rediere. Cæterum pater tanti beneficii haud ingratus, sacrarium hujus monasterii pulcherrimis cereis adornavit, quos Florentiæ de industria jusserat fieri.

PARS II.

545. Quanquam incredibili fama de sanctitate Joannis, quæ non solum in Hetruriæ partibus, sed in Gallia etiam citeriore, et fere per totam Italiam percrebuit, undique, etiam de Gallia ulteriore, ad hoc S. Mariæ monasterium nobiles atque ignobiles homines affatim pro sospitate habenda, et præsertim a dæmone capti affluant, et [miracula ejus] sint celeberrima, tamen perscribam quædam memoria digna magis, in quibus, quod modo scripturus sum, clarum et vulgatum non solum in Florentino agro, verum et in urbe habetur. De S. Gaudentii oppido puella exstitit, quæ nondum alicui nupserat, cui nomen Antonia, neptis D. Bartholomæi abbatis Florentiæ. Hanc itaque puellam talis adortus fuerat dæmon, ut se nec ad hoc S. Mariæ monasterium duci, nec alio [patereretur,] ubi sui egressus periculum immineret: nam quoties Jesu vel Virginis Mariæ seu S. Joannis sive alterius Sancti, ita ut in conjurando sit, mentio ageretur, toties dæmon in eam debacchari, furere, crudelior fieri solito; hoc agere semper ille, quia bonorum invocatione, vel accessione sanctorum locorum crudelior solito dat pœnas.

546. Forte fortuna fuit ut germanus suus Nicolaus, Abbas S. Mariæ de Fontana, superveniens, cunctantibus suis et spem et consilium dederit: illico enim suam lacrymantem adiens sororem, signo crucis in diabolum prius edito, inquit: Ne lacrymeris, obsecro, mea soror; nihil est quod vereare; solum tota mente Virginis Mariæ, et S. Joanni fac [te] commendes jugiter. Non tulit has voces dæmon: mox enim eam vehementer agitare, concutere, ad terram dejicere, sternere; ille Nicolaus exorcizare dæmonem, conjurare; nihil, quod puellæ utile futurum speraret, intentatum relinquere. Jesu tandem pietate quiescens, demum ad hoc S. Mariæ monasterium iter, comite illo D. Nicolao,

---

(221*) Est pons constructus super fluvium *Sævum* vulgo *Siene*, per quem Florentia ad Vallem Umbrosam itur, ut apparet in mappis geographicis.

accelerant, totis viribus tamen, ne id fieret, dæmone annitente. Econtra Abbas ille Nicolaus orationibus continuis nihil apud se remissum, neque apud diabolum tutum pati.

547. Ubi vero ad has regiones ventum est, diabolus in puellam magis insanire, præsentem, nisi retro irent, mortem ei minitari, denique nihil moderati habere ; voces indecoras in Jesum Sanctosque ejus edere, neque puellam quiescere, neque iter inceptum agere pati : Oratur itaque ab omnibus ; Virg'nis Mariæ, nec incassum, requiritur auxilium. Illico enim dæmoni iræ et minæ cecidere. Cæterum cum haud procul a monasterio fere per ducentos passus essent, tunc dæmon totis viribus niti, ne ulterius duceretur puella ; cui summa ope se monachus opponere, orationibus instare, ne diaboli malus animus compleretur in sorore ; et quo ferocius clamitabat dæmon, eo infestius monachus et cæteri in eum invehi ; tentare si qua via vel trahere, vel elevatam ferre valerent. Quod ubi secus ac voluissent procedit, neque quod intenderant, efficere possent, quamprimum se in turbam confertissimam conversorum et aliorum, qui his clamoribus exciti globum fecerant, recepit. Qui clamores illi ? Quisnam repentinus ille cursus ? inquit Abbas : aderat enim, aderamus et religiosi complures. Hei ! [ait] monachus ille, soror mea, mi Pater, ita (25) dæmone pessime torquetur, ut jamjam laboret in extremis ; et, quod atrocius est, dæmon ipse neque precibus neque vi flecti potest ut iter institutum huc usque peragamus saltem, et deprecor ut nostrum, mi Pater, opem ferendo misereamini.

548. Mox Abbas monachos cum S. Joannis cruce præsto adesse jubet ; deinde his qui præsentes erant sæculares et conversi, [ait :] Adeste et vos ; nihil est quod exspectetis ; his in discriminibus sine cunctatione properandum est. Cum itaque inde juvenes ferocissimi eam amovere vellent, facile diabolus docuit, vires humanas sine Numine divino in eum vanas esse : nihil enim nisi strepitus et vociferationes more suo agere. Cæterum, ubi illuc cum S. Joannis cruce ventum est, dæmonis vires, nulla adhuc emissa conjuratione, ita cecidere, ut nullam amplius dæmon, nisi ubi in rem suam concessit, dederit vocem, et exinde prorsus in facie vultuque puellæ pallor, calor autem vitalis abesset omnis. Fertur itaque sublimis inter manus et ora parentum ad Sanctorum sepulcrum usque, et illic leniter humi elabitur, sternitur. Fiunt more solito conjurationes, interrogatur dæmon, interrogatur et ipsa ; tacet uterque.

549. Tandem sacerdos, stomachatus fastiditusque diuturno silentio, jubet inde amoveri puellam, et indignatus in diabolum hæc protulit : Velis nolis, aut tibi aliorsum concedendum est, aut loquendum. Inde concedunt hi intro, illi vero ad eis præparatum foris locum : intus enim mulieribus neque accessus est neque locus, et, ut a majoribus nostris accepimus, nec fuit unquam. Sed, o bone Jesu, en miraculum ! Dum enim ad hospitium puellam deferrent, ut ubivis gentium in Christiana religione fit, Virginis Mariæ vespertinam Angelicam salutationem de more in monasterio campana pulsavit. Quo sonitu [cum] mox puellam, [ut] leniter humi flexis genibus, digitis insertis devote Virginem Mariam oraret, deponerent, illico nullam puellæ inferens molestiam diabolus in rem malam abiit.

550. Verbis equidem cujusdam nostri conversi addita miraculo fides, qui, domum rediens, jam die peracta et tenebris exortis, insolitos ejulatus adhuc perfusus horrore et tremebundus domi, se in nemore audivisse, compluribus enarravit. Mirum quanta illi converso nuntianti hæc (quia bonus profecto [erat] vir) fides fuerit. Omnes igitur Jesum, et Virginem Mariam, et S. Joannem laudantes domum propriam discedunt. Cæterum non multo post [an] idem vel alter diabolus eam sit ingressus, nobis non satis constat) : sævior tamen longe, longeque crudelior [eam invasit.] Eo omnis familia, in luctum versa, ægerrime casum ferre, se miseros desertosque penitus clamare. His et matris jam decrepitæ assidui questus et ejulatus addebantur ; nam interdiu nec noctu quiescere ; sed hæc inter alia : Mea filia in hoc me longa vita, et senectus infelix traxit, ut te non morbo humano, non ærumnis miserorum mortalium, non denique casu aliquo fatali, verum diabolo pessimo et inclementi videam atrociter et inique torqueri ! Mea filia nec ego hujus mali expers sum : nam nisi te genuissem, ita intolerabiliter non cruciareris. Inde cum in amplexum filiæ irruere vellet, vi diaboli filia ipsa turpiter miserabiliterque, manibus celeriter in eam versis, in terram consternatam dejecit, fletusque ab omni turba mulierum et comploratio hominum orta horrendum omnibus præbebat spectaculum.

551. Consolatur ægros animi Nicolaus monachus ; inde postera die summa luce, omnibus rebus compositis, ad S. Salvii monasterium, quod ab urbe Florentina per mille passus abest, contendere statuit, quia istud S. Mariæ monasterium ea tempestate ob nives altas et concretas non sine maximo sororis discrimine adire poterat. Ubi itaque ad S. Salvii monasterium, ubi S. Joannis venerabile caput (222) digne honorificeque habebatur, pervenere, fit subito hac re nova illuc utriusque sexus et conditionis hominum concursus non parvus. Hoc gaudere diabolus, hac de re summopere lætari ; sperabat enim, multitudine hominum admiratione sui in unum collecta, facile aliquid discordiæ malive machinari. Equidem si ea quæ mihi perspicua et explorata sunt, recensuerim, quæ diabolus dixerit egeritque stupenda, dum in sancto Salvio, ut sospes puella

---

(222) Diximus in Commentario prævio, caput S. Joannis in monasterio Passiniano conservatum fuisse, hodieque conservari. An autem per ali-

quod tempus in S. Salvii monasterio exstiterit, vel an auctor per *caput* quamdam capitis partem intelligat, docere nos poterunt Vallumbrosani.

fieret, moram traxere, profecto maturius me tempus quam res desereret : eo illustriora quædam, parce tamen ac modice, perscribam.

552. Igitur Kal. Decembris, quibus Florentia abiverant, quia jam diei extremum erat, dæmonis conjurationem in aliam diem transtulere. Cæterum cum res in dæmonem acerrime a monachis tum conjurationibus tum orationibus ageretur, ex eo numero qui operi pio instabant, paucos reliquit intactos; hunc helluonem, illum lascivum, alium hypocritam appellare. Præterea cum plus solito dæmon urgeretur, in Jesum Sanctosque ejus verba indecora edere, et, ne lectorem detineam, omnia probra quæ dici et fingi queunt, ore diabolico proferre, et amplius alia, quæ quidem non grata futura, si operi huic insererem, cum forsitan necessaria [essent] exempli causa, eo absunt. Hæc cum monachi ægre ferrent, multo ægrius abbas, optimum factu pro tempore rati, si secretius propter populum conjuraretur. Eo in abditam templi partem, id est in sacrarium secedentes, illic, nullo de vulgi multitudine intromisso, licentius conjurare : cachinnari quandoque dæmon, interdum mite cum omnibus ingenium de se dare, jocum movere, sermone uti modesto molli vel procaci, monachorum manus tactu levi attrectare, singulos benigne appellare, et multa alia, quæ instrumenta luxuriæ et malæ libidinis sunt, in adolescentes monachos agere; denique omnibus mediis tentare si eorum animos molles et ætate ægros posset ad puellæ nefarios tactus et incestuosos complexus maculare.

553. Verum ubi hac via intelligit se nihil proficere : difficile enim est omnes mortales, et præsertim monachos, a teneris annis bonis sanctisque monitis oppido instructos, his diaboli cavillationibus fraudibusque falli. Eo aliam, qui mille nocendi sibi artes [habet], aggressus est viam ; statim enim turpissimas corporis partes, proh pudor ! aperire: nulli enim, quæ dici aut fingi potest, turpitudini parcere, sperans, ex quo nequivit corpora, saltem animos voluptate corrupta fœdare. Verum in his abbatem non minus, quam in monasterii regimine, magnum prudentemque religiosum fuisse, comperio. Igitur veritus ne, si diabolus his mollibus et procacibus verbis diu uteretur, animi monachorum juvenum, adhuc invicti, ætate tamen fluxi ad aliquod tetrum facinus converterentur, jussit inde ad altare majus omnes contendere, et illic res agi; malens in rei discrimine a populo indecora audiri, quam monachorum animas periclitari.

554. Dum igitur utrinque maxima vi decertaretur, et hinc inde utriusque sexus et conditionis eo concurrerent mortales, intactum diabolus, præsertim si aliquis cupidine audiendi illectus puellæ propius inhæreret, relinquere neminem; hunc improbum, illum furem, alium adulterum, eum ganeonem appellare; eorum flagitiosa scelera more suo in propatulo aperire. Eo multi, pudore victi, sua secum peccata et crimina ex mala conscientia reputantes, rubore vultum faciemque perfusi, domum eo animo, ne amplius illic redirent, discessere. Quibus rebus non solum ager Florentinus, sed tota civitas permota est; quo frequens populus ad rem tantam visendam facile percurrit : nemo enim tam impurus animo credebatur, quin, his auditis seu visis, non aliquantulum flecti posset ad bonum; quo non jam in templo se hominum tumultus sustinere, sed passim monasterium totum invadere

555. Cum igitur hujus tantæ rei miraculum etiam et primores civitatis ad visendum impelleret, quacunque inter eundum incederent, ex omnibus locis urbis concursus plebis post eos fieri, ita multis passim agminibus per omnes vias ad S. Salvium curritur; diversis etiam itineribus, ne motus ex multitudine tumultuari orirentur, alii urbem, alii monasterium petere. Fuere tamen nonnulli quos, quia merito a diabolo castigati [erant], hujusmodi itineris piguerit pœnitueritque : complures enim, qui nondum ædem adiverant sacratam, propriis appellans nominibus, fœneratores, schismaticos, infideles dicere, eosque, ubi ad se venerant, reprehendere, tum in templo tum foris insectari acriter. Cæterum patruus suus S. Trinitatis Abbas, de quo supra verbum fecimus, vera pro fictis ducens, statuit rem tentare : illico enim R. P. Vallis Umbrosæ Abbatem Franciscum Altovitam, his rebus novis et inauditis anxium, secumque multa mente agitantem ubi primum opportunum fuit, adiens, sic [alloqui] familiariter per amicitiam jam a teneris inceptam exorsus est.

556. Reverende Pater, cum nuntius, hujus meæ neptis prodigia et portenta asserens, omnium qui in urbe quique extra urbem sunt implerit aures, quæ equidem mihi pro commentis habentur (itidem R. V. esse duco), visum est non abs re fore si, mutata prætexta, periculum si vera sint necne, facere ausim. Quonam modo, inquit Vallis Umbrosæ abbas, hoc fiet periculum? Cucullum vestrum me induam, illuc modeste et humi defixis oculis pedetentim concedam. Hanc enim optimam viam ad fallendum duxerim, cum et habitu et corporis motu ac gestibus alium quam sim, simulaverim falso; qui si diabolus est, hæc omnia, quorsum tendant, callet peroptime; sin minus, facile existimabimus, hæc omnia ostentui esse. Deus incepta nostra secundet, inquit abbas alter; et ita, rebus una inter se compositis, rem tentare aggreditur ille. Mira res! nondum enim eo cucullo indutus ecclesiæ fores adierat, cum dæmon clara voce præsentibus inquit : Cedite, cedite; en quidam bonus vir : facie quidem et habitu religiosus apparet, moribus autem secus esse facile probatur; ecce qui nos ultro derisum ac tentatum venit.

557. Vix hæc ediderat diabolus, et ecce abbas ille tristis, gravitate quadam et severitate compositus, capite deflexo per ecclesiam ire; quem dæmon agnoscens, eique insultans ait : Depone, Pater, habitum, depone : non tuus, quem nunc fers, est cucullus. Hypocrita, cur aspectum deforis potius, quam intus animum mutasti? Quid ? cum puella, non mecum

rem te acturum putabas? Nunc, ut meritus es, tuis cruciaberis dolis, qui rem manifestissimam non cognoscere, verum tentare voluisti. His Abbas ille, consternatus mente, in fletum prorupit: conscientia enim, cæterum neptis casu infelici movebatur magis: exinde pœnitentia ductus, neptem suam abbati aliisque monachis longe commendans, ad suum monasterium diaboli verbis, et, quod indecentius, re ipsa castigatus, tristis ac lacrymans discessit.

558. Verum Dominico quodam die (qui dies festus atque celeberrimus ubivis Christianorum habetur) cum multo plures solito ex tota urbe ex omnique parte agri ad S. Salvii monasterium advolarent cujuscunque conditionis et generis mortales, et diabolus plus solito in eos insaniret, et unumquemque nominans, tandem quo vitio circumventus esset, diceret, fere major pars hominum sibi diffidens, et ex conscientia Dei judicium timens, alii alio concedere, pauci in templo esse. In hoc numero et primates urbis fuere complures, qui tunc in Republica Florentina satis pollentes potentesque videbantur, qui, ut solet plerumque nobilitas, ore soluto ac libero detestari, et quæ verissima sunt, pro fictis ducere, et quocunque modo spernere et irridere. Hi tamen, ubi hominum tumultus intellexerunt abesse, illuc contulere sese.

559. Tum dæmon fortius solito exclamare; Cedite, o monachi, ite his obviam, hos honorifice habeatis, qui ad unguem nostra instituta servant; ad hæc maledicta alia cum dæmon strepens adderet, cives illi, pejora veriti, ultro prodire noluerunt; verum conscientiæ stimulis citati, alio tramite [quam] quo venerant, et alia porta, [quam] qua urbe egressi fuerant, in civitatem rediere. Ex his vero quidam, habita suorum scelerum diligenti confessione, sperantes se Jesu et Virgini Mariæ, gratia contritionis et confessionis, curæ fore, humiles et confusi, uno tantum comite contenti, Sancti Salvii monasterium adeuntes, demissis oculis pro ea orare; quos dæmon torvis aspectans oculis, tacere. Cui ex monachis unus: Hi sunt ex illorum numero, si nescis, quos heri contumeliosis taudiu insectatus es verbis. Illos, inquit dæmon, neque injuriis lacerasse, neque vidisse me memini; quo, quanti vera humilisque confessio sit, demonstratur; cum hos antea facinorosos et sceleribus coopertos, nullis probris, maledictisque verbis parcens, dæmon eo deduxit, ut indignabundi et furibundi domum proriperent sese; modo vero, quia per confessionem maleactæ vitæ tetra facinora laverant, horrens dæmon, suis in eos destitutus viribus, ipsos se haud nosse fatebatur. Hæc eadem alibi accidisse litteris et memoriæ datum est.

560. Igitur multis diebus in hoc opere pio incassum consumptis (nam diabolus verbis se discessurum aiebat; cæterum reipsa in dies asperior intolerabiliorque fieri), sanum pro tempore visum est consilium, eam ad S. Mariæ Servorum ecclesiam, si forte beatissimæ Virginis Mariæ precibus res prospere irent, duci vel trahi. Ex monasterio itaque, diabolo summa ope enitente ne tale iter ei admodum contrarium fieret, discedentes, Florentiam versus, hinc inde concurrentibus utriusque sexus mortalibus, contendunt. Manat totis agris totaque urbe rumor puellam illam urbem petere, quam visere optabant; id ita esse voces ejulatusque dæmonis tartarei affirmabant. Eo clerici, religiosi, viri clari, nobiles ignobilesque, quo ibat, irrumpere, ita ut jam omnes complerent vias, nec iter nisi cum difficultate occurrentibus daretur.

561. Tandem invito diabolo antiquissimum illud S. Mariæ Servorum ingrediuntur templum; de quo ausim dicere, toto orbe terrarum haud esse ædem sacratam in qua ejusdem Virginis Mariæ meritis majora ac plura miracula beneficiaque collata mortalibus, [in] imaginibus cereis intueantur Christiani. Sunt et nexus ferrei, et catenæ, et compedes, et manicæ in foribus templi parietibusque suspensa, quæ omnia non parvam introeuntibus religionem incutiunt et horrorem; est et aliis opimis spoliis exuviisque, tum regum, tum principum templum illud mirifice exornatum, de quo quia paulo supra latius scripsimus, in instanti tempore pro re satis dictum puto. Quo redeam unde digressus sum, sequebatur illam turba; quidquid Virginis Mariæ in templo seu extra occurreret oculis, quidquid mente, orare, puellam miseram illam sospitem reddi. Nec preces incassum missæ [fuerunt]: nam, ut semper, diabolus Virginis Mariæ virtutem ferre non valens, (necdum templum ingressi fuerant) alio pro tempore, nullo dato signo, contulit sese. Ita esse, hoc potissimum signum fuit: nam, ut a germano suo accepimus, infecta dæmone, tristis, pallida, mœsta, oculis in terram defixis, nisi vi diabolica excitaretur, semper esse; at ubi Virginis Mariæ templum inivit, hilaris illico et læta effecta est, cunctos nitidis intuens oculis: apagite, inquit, inde procul essent, orans. Ad Virginis Mariæ altare, marmore auroque et ingentibus columnis mirifice constructum, devote et suppliciter se conferens, hanc digitis insertis orationem habuit: Gratias tibi ago, gloriosissima semper Virgo Maria, cujus precibus a tanto tamque diabolico morbo me sospitem et incolumem esse cognosco; tibique posthac, miserorum refugium, me dedo, orans et obsecrans, animam corpusque meum e manibus diaboli liberum securumque facias.

562. His dictis, exosculato altari, devote in suorum turbam se gestiens contulit. Clamor inde hominum ortus: Virginem Mariam pro se quisque certatim laudare, ad cœlum suas virtutes extollere, et, ut in tali re plerumque a vulgo fieri solet, alter alteri [dicere:] Virgo Maria illa est ductrix cœlorum itineris; Virgo Maria omnium diaboli machinationum ruina; Virgo Maria omnium flagitiosorum et facinorosorum refugium, modo ad eam supplices proficiscantur. Hæc et alia multa de Virgine Maria tunc dici; inde igitur ingenti stupore percussi omnes, alii alio euntes discedere; puella vero læta cum

suis in patriam contendere. Nondum ab urbe per ducentos aberant passus, cum subito idem dæmon, suis minime id sperantibus, atrocius solito irrumpit, humique eam cum hac exprobratione dejiciendo stravit: Quid, pessima, me teque, loca sancta petendo, his intolerabilibus torturis affici vis? Iniqua audeat deinde talia alius vel alia, nisi de te monumentum mortalibus omnibus dedero. Eam mox hinc inde movendo quatere, ac nimium crudeliter torquendo discerpere.

363. Comploratio comitum illico exoritur; conveniunt illuc complures, tum muliones tum agasones; insuper et diversi generis mercatores, qui, lucro vel egestate ducti, urbem crebro cum rebus venalibus adeunt, et, quid hoc sit, sciscitantur: tacere illi, dolore horroreque perfusi. Deficiente itaque his consilio, hunc Nicolaus frater in itinere, complorantibus aliis, crebra dans suspiria gemebundus, stando insertis digitis cœlum aspicere, nunc errando viam pervagari. Tandem illi multa secum cogitanti, Virginis Mariæ, quam plurimum nunc tacita mente, nunc ore libero invocabat, præsidium non defuit. Iterum Sanctum Salvium [ut] petat, pectori sibi occurrit. Eo igitur cum venissent, et admirationi monachis exstitere et misericordiæ. Nam fama tanti miraculi non urbem tantum, verum agrum compleverat, puellam [nempe esse] Virginis Mariæ meritis liberatam, in qua antea dæmon existens tantum de se terroris et admirationis dederat. Quocirca omnes, quid hoc sit, admirari, semper tamen Virginem Mariam laudare. Tanta devotio de Virg'ne Maria semper apud omnes mortales merito constat: nam, ut alias veris rationibus asseruimus, quidquid miraculorum et virtutum hac in vita mortalibus fit, per Virginem Mariam, fieri [censendum est], nec nostrum esse Dei secreta vel consilia velle conjecturare; verum Jesum et Virginem Mariam, quæcunque sors acciderit mortalibus, semper extollere, [debemus, et] taciti, mœstique rerum exitus exspectare.

364. Cæterum, quia jam multum diei processerat, conjurationem in diem posterum transtulere. Postridie vero cum dies festus S. Thomæ passim celebraretur, ex officio clericatus præpositus quidam, vir magno natu, primo mane, multis sacerdotibus comitantibus, seu misericordia ductus, seu potius tentandi gratia, eo cum nonnullis diversorum sanctorum reliquiis se contulit. Cum igitur ad altare, ubi dæmon tormentis afficiebatur, accederet, eum sagina plenum prius terribilibus oculis aspiciens dæmon, inde jocabundus inquit: En hic magis vultum, quam ingenium curat. Ad hæc; o Pater reverende, hæ, qu's attulisti Reliquias, quid sibi volunt? Ut his forte me perterrefacias, meque hinc dejicias, venisti? Ah! quam falleris, si hanc tibi cœpisti provinciam! eo desine. Non ego, inquit ille sed Dei virtus meritis Sanctorum, quorum Reliquiæ hic sunt, operabitur in servam Dei.

365. Inde singillatim cum dæmon alia probra diceret, Sanctorum Reliquiæ jussu illius præpositi afferuntur. Instabat itaque ille cum sanctorum Reliquiis, alio contenderet; econtra dæmon, etsi longe torqueretur, durando resistere. Utrinque per horam magna vi certatur; præpositus autem, postquam videt frustra inceptum [esse,] neque diabolum alio contendere velle, et popularium animos et religiosorum non tam in admirationem quam in derisionem jam venisse, statuit callidius, si vere dæmon esset, tentare velle: mox enim stomachatus, unam atque alteram ex sanctorum Reliquiis proferens, inquit: Conjuro te in Jesu Virginisque Mariæ matris ejus virtute, si dæmon es, veluti malis moribus te esse fateris, quorum Reliquiæ hæ sint, nominatim aperias; et unam ostendens, [inquit:] Da nomen: Stephani, ait dæmon. Inde alteram: Laurentii, dæmon exclamare. Demum vere (nam quorumdam tituli ita esse manifeste ostendebant) omnes suo nomine dicebat. Quibus illi, ingenti stupore perculsi, urbem petentes hujusmodi rem mirabilem passim vulgarunt.

366. Hac tantæ rei fama nonnulli ex primis civitatis impulsi, quamprimum Sanctum Salvium versus ea die iter arripuerunt, quibuscum dux Cebaliæ fuisse fertur, qui forte ea tempestate ob publica negotia Florentiam contenderat; quos secuta est et alia omnis ætatis et omnis ordinis turba: jam enim non solum Sancti Salvii templum, sed passim omnes mortalibus complentur viæ. Inclytorum autem, et eorum qui non in obscuro vitam agebant, adventum more suo semper dæmon prædicere, insultare quibusdam, irridere alios. His igitur rebus admirationem de se omnibus non parvam dare. Eo illuc catervatim gentes passim irrumpere. Primoribus itaque civitatis ingredientibus templum, tantus tumultus hominum fuit, ut jam plus civium apud Sanctum Salvium quam Florentiæ esset. Circumventi igitur a cæteris dextra sinistraque, et jam turba ex omni parte cedente, locum, ubi dæmon erat, vix adiere. Tunc spectaculum horribile in ecclesia esse, cum illuc omnis turba vi intromitti vult.

367. Ex hoc dæmon toto corpore gestire; cives vero una cum monachis, circumferens truces oculos, [intueri;] turbæ, ni cederet, minari; modo singulos, modo universos terrere clamore, impetu, atque aliis omnibus quæ ira fieri amat. Cunctantur paululum qui in primo latere erant, dum alius, [ut] exeat, alium circumspectat. Tandem [plurimi] civium minas terroresque pro nihilo ducentes, clamore sublato, undique cupidine visendi et audiendi quæ a diabolo dicebantur, illuc, ubi conjurabatur dæmon, veluti globo facto, irrumpunt; sed cum primi tota vi resisterent, et, qui a tergo erant, pro se quisque alter alterum trudere, vel de loco quem primum acceperat, amovere totis viribus conabatur, gradus scalarum et cancellos omnes turba hominum complevit.

368. In tanta igitur turba nec temperatum ma-

nibus foret, dum alter alterum vincere, trudere, insectari quovis modo curaret, ni bonorum quorumdam monachorum consilio in sacrario, intromissis quibusdam ex primoribus, res ageretur. Tunc duo famuli inter se imprimis jurgia dare, inde pugnis, eo quod alter alteri impedimento esset, minari; demum, effervescente ira, arma capere, et jam nudatis gladiis sese hostiliter petere cœperunt; et fecissent profecto, ni, qui aderant, ictus venientium sustinuissent et exclamassent : O scelus! o nefas! quænam vos tam dira ira coegit, ne, ubi gentium sitis, ne quid agatis, consideretis? Miseri, nonne in æde sacrata estis? Nonne hic sacrum corpus Christi conficitur! Nonne hic Sanctorum adsunt Reliquiæ? Eo ab armis abstinete, date manus ad pacem.

369. Interim cum ad hæc spectacula omnium ora conversa, deditæque eo mentes cum oculis essent, mirum quam diabolus lætari, gestire, nec se ob lætitiam capere. Ægre tandem sedati illi a plebe, multo ægrius diabolus passus est se amoveri inde. Eo amoto, plebs et populus, qui novarum rerum avidi illuc venerant, brevi dilabuntur; nobiles vero et primi civitatis, jam magna parte diei exacta, rigentes et trepidi in itinere secum quid præter morem puellæ accideret, conferentes, in civitatem rediere. Abbas vero Vallumbrosæ intelligens quantum periculum populo Florentino impenderet, quia catervatim frequentes ad hæc visenda advolarent mortales, propere convocato Sancti Salvii abbate, aliisque monachis quos idoneos ducebat, consilium habet quid de hac puella agendum sit.

370. Verum, cum varia sentirent, inquit abbas : Quo tardius fit quod de cœlo operimur bonum, eo magis refert mihi vobisque timere. Quare ita censeo: eam ad tempus abesse; et, nisi hiemis asperitas retardet, ad Vallem Umbrosam equitando ducatur; sin minus alio, vel domum repetat suam. Probant omnes, salutareque ducunt quod P. abbas censuerat. Tantum diabolus, [tum] quia jam suum impendere exitium intelligebat, tum quia rem ex sententia in Sancto Salvio non gesserat, secum sentire. Inquit enim : Si pro tempore alioversum tetendero, tamen ne se absolutam putet, quæ me in tot torturas, dum melius sperat, detrusit. His puellæ obortæ lacrymæ. Consolantur ægram animi et corporis tum religiosi, tum affines, nullam penitus, nisi nutu divino diabolo virtutem fore, asseverantes.

371. Primo itaque sequentis diei mane diabolus, ante pro ludibrio habitus, jumento et cæteris quæ itineri necessaria forent, ex sententia paratis, intelligens demum sese ad majora tormenta ductum iri, ne quo modo, eo id annitente, fieret, precibus seu minis [impedire conabatur]. Puella jumentum ascendere; verum ad terram consternari capillis passis, manibus pectus flebiliter tundere, humi corpus crebro volutando spectaculum miserabile præsentibus de se dare. Quod opus nefarium cum dæmonis, non puellæ esse, abbas cæterique optime callerent, de more ipsum dæmonem conatusque ejus conjurationibus frangentes, vimque suam, quæ nulla, ubi favor Jesu adest, probatur esse, ad nihilum redigentes, eam super jumentum stravere, delectis etiam ex omni numero duobus religiosis qui, si diabolus more suo iter impediret, præsto orationibus suppliciisque adessent; quos deinde Nicolaus frater, eis ingentes agens gratias, se satis pro ambobus, divina præeunte gratia, fore sperans, missos fecit.

372. Quid autem laboris in illo itinere asperrimo opera diaboli pertulerint, quid admirationis per omnes villas, vicos oppidaque qua iter facerent, de se diabolus dederit, non facile dici posset : nam, ut cætera omittam, ipsum germanum suum Nicolaum prædicantem audivi, potum, cibumve aliquem, nisi orationibus et conjurationibus præmissis, nequivisse sumere; tanta cupido eo in corpore esse, vel potius suam sibi animam vindicare, dæmonem invaserat : multo enim plus temporis laborisque per mille passus monasterium juxta comites cum nonnullis familiaribus clientulisque nostris eam vi trahendo consumpsere, ut retulere quidam, ac prius in octo et decem millibus passuum consumpserant. Demum istud S. Mariæ monasterium adeuntes, dæmon, paratus ad dissimulanda omnia, talem fingebat puellam : supplicem, humilem, oculisque humi demissis; et ipse prorsus tacere, eamque, contra illorum morem, signo se S. crucis munire, orationem Dominicam et Virginis Mariæ salutationem tali tantaque devotione edere permittebat, ut et nostris vehementer admirationi, suis vero et gaudio et admirationi pariter esset.

373. Cæterum, quia expertis in re difficile est imponere, fuere qui dicerent non oportere ita facile dæmonum calliditatibus credere, verum periculum cum cruce cæterisque reliquiis faciendum. Idem omnes probant; qua, ubi ad certamen ventum est, quantæ astutiæ, quantique doli in dæmone insint, facile patuit; illico enim suis viribus usus, inde alio ire totis viribus conatus est, fecissetque satis, ni quidam penes monasterium palantes et affusi puellam tentantem fugam cepissent. Globo igitur juvenum facto, ad eam irrumpunt, et vinctam vi ad constitutum locum sublimem deferunt. Illic cum more solito, res cum S. Joannis brachio ageretur, diabolus acerrime certare ; nusquam alibi ita atrocem se dedisse aiebant qui aderant comites. Puellam enim mirum in modum quatiendo excutere, vociferari, debacchari, in monachos convicia dicere, in alios maledicta sæpius geminando addere; nihil indignum, nihil insonum in Jesum Sanctosque ejus, quin ore maledico ederet, prætermittere.

374. Econtra monachi, religiosi viri, acrius in eum instare; non frigoribus intensissimis, non diuturno labore frangi : virtus omnia vincere. Demum dæmon, suis diffidens viribus, se Deo daturum locum

sæpius exclamabat. Itaque S. Joannis precibus ad nihilum redactus est malignus, et indignatione et ira mutus effectus: eo utile visum est a conjuratione desistere. Inde igitur intro monachi, hi solitum hospitium petiere. Nocte igitur nativitatis Domini Jesu, ut ipsa referre nobis præsentibus solita erat, ei quiescenti talis visio fuit: Joannes sanctissimus ea hora, qua Veritas de terra orta est, præeunte non parvo luminis globo, præsto adfuit. Cum igitur puella, insolitæ rei horrore perfusa, paululum morata esset; inde, quisnam esset, interrogaret: Ille, sum, inquit, cui toto pectore, tota mente animam corpusque commendas. Fidem verbis et cucullus monachalis, et crux, cum qua pingitur, fecere; ipsam enim tunc præ manibus, ut aiebat, gestare.

575. Ea igitur in maximam spem recuperandæ sanitatis adducta, ei sospitatem redderet, orabat. Cui Joannes beatissimus: hac potissimum causa a Domino Jesu missus sum, cum nusquam te tutam seu incolumem nisi in sua virtute existimes. His et signum crucis addidit, inde cum omni pompa sublimis abiit, jam illa a diabolo liberata. Hinc repente gaudium oritur, ubi quidnam ei evenerit cognovere omnes; quod quidem nescio qua gratia, quo fato in mœrorem versum est: vix enim narrandi finem fecerat, cum illico, ut in ægroto corpore accidere solet, restricta oculorum acie, in terram prolapsa, paulatim depulso sanguine, calor in ea exstinguebatur una cum spiritu, ita ut exanimatam dicerent quidam. Eo germanus aliive affines in lacrymas prorumpere; quos Benignus, hujus monasterii monachus, his solabatur verbis: Sint lacrymæ metusque omnis procul: hoc enim nec novum est, nec inauditum: me vidente, mulieribus a dæmone captis accidit millies. Tum quid Jesu temporibus, ut Evangelistæ referunt, ei puero quem dæmon consueverat in aquam et in ignem trudere, ut eum perderet, evenerit, animadvertatis oro. Nonne Jesu præsente, cui omnia parent, dæmone tam atroce invito discedente, puer humi stratus, veluti mortuus, jacebat, qui, Jesu volente, statim surrexit? Idem paulo post isti puellæ S. Joannis precibus fore, dubitet nemo.

576. Iis paululum arrecti animi; oculos in eam sæpius et ora vertentes, tristes reliquam partem noctis duxere insomnem, hora autem qua ad missam auroræ campanæ pulsantur, mox puella illa, quasi a somno excussa, oculos aperiens in primis, inde paulatim movere membra. Surrexit tandem. Hi qui aderant, primum horrore perfusi, inde in lætitiam versi, Deum laudare, virginem Mariam, et S. Joannem ad sidera efferre. Huic spectaculo nostræ religionis monachi cum misericordia tum novitate rei interfuere quamplures. Interfui et ego, et hæc ita, ut in tali re fieri solet, mussitantes conferebamus: Unde tanta vis tantave in diabolo potestas? Quid iniquitatis, quid injustitiæ una virgo puella in Deum commiserit, ut de se tantum meruerit? Nec tum nobis quid omnium suo tempore justissimus Job suo in corpore, suis in filiis, in his omnibus quæ possidere videbatur, pertulerit, haud occurrebat.

577. Sed redeo ad puellam ipsam, quæ quidem, ubi data est sibi facultas, talem Jesu virginique Mariæ orationem habuit, qualem nunquam antea in muliere audiveram; domi, Florentiæ, hic beneficia quæ sibi contulerat referens, sese in tanto discrimine, quod ei, ut erat, primum videbatur, nunquam ab his desertam asserens. Ad hæc profecto maluisse mala, quam mundi bona, perpessam esse: his enim in fide et clementia Dei majorem spem, ac antea, ei sitam: omnibus enim ad vitæ æternæ patriam cupientibus festinare, nihil eis assiduis tribulationibus opportunius ducere; nam hinc amor Dei, cognitio sui, animus ad patientiam ingens, libidinis malarumque cupiditatum, quæ ex insolentia fiunt, exstirpatio. Hæc ubi dixit, oculos in nos benigne intendens, inde vultu demisso sic profatur: Jesus, a quo bona multa procedunt, vobis, pro tot tantisque in me collatis beneficiis, in Sanctorum patria restituat, vestrisque suppliciis et orationibus me commendatam habeatis, oro. His itaque verbis, fere omnibus præsentibus lacrymas concussit. Inde alii, sed præsertim Nicolaus monachus, quia liberaliter habiti, omnibus gratias agentes, domum propriam discedunt. Sunt qui dicant, ea nocte nativitatis Christi Jesu, qua dæmon in rem suam malam concessit, varios strepitus clamoresque horrendos in Sancti Salvii monasterio auditos, lampades ecclesiæ fractas: nobis tamen hoc parum compertum.

PARS III.

578. Ex oppido, quæ plebs S. Stephani dicitur, duos semifatuos, qui dæmoni crebro aperte se dederant, ad hoc S. Mariæ monasterium, non parva hominum comitante turba, contendere vidimus; qui ut veram mentem, sanosque sensus recuperaverint enarrare studebo, si prius quomodo in illam devenerint insaniam liquido patefecerim. De primo igitur a sociis sic accepimus. Cum enim amore miro quamdam virginem deperiret, eamque sibi nuptui dari instanter peteret, alteri tandem, non parum sibi infenso, in matrimonium juncta est: quo supra bonum honestumque percussus longe, insanire, debacchari, exclamare, per vicos et compita miserum sese dicere, dæmoni vitam suumque animum committere; puellæ adolescentulique viri [domum] explorans; ut interficeret eos [occasionem] quærere, et alia multa, quæ insanus amor fieri amat, tum dicere, tum agere.

579. At illi ubi intelligunt, eo processum ut aut discedendum [foret], aut furiosus ille in vincula conjiciendus esset (nam neque caveri anceps periculum, neque cum insanis rem agere nisi cum dedecore posse, cognoscebant), affines suosque omnes, malum vitent, orabant. Eo parentes vinctum domi clausum multis diebus prope regalibus dapibus, si

forte his in viam rediret, educatum habuere. Quibus nec ille curari, nec furor leniri, verum in dies magis ac magis insania malove spiritu agitari; dæmonem in sui auxilium, proh nefas! appellare; [et] mihi mortem consciscam, exclamare, ni hinc extraxeritis! demum nil nisi insani capitis prorsus dicere aut facere. His aliisque rebus affines nimium perculsi, cum nec quid agere, [nec] quo se vertere, ad plenum intelligerent, insanusne esset, an a dæmone captus, omnia dubitationem afferre. Cunctantibus his, multaque secum agitantibus, utile visum est super hoc Jesu, Virginis Mariæ, et S. Joannis gratiam experiri.

380. Ipsum itaque vinctum in lucem prodire, anteque ora hominum spiritus plenum, torvis terribilibusque oculis spectantem trahi jubent. Quid quod ferociam animi, quam habebat in vultu, nunquam, nisi recuperata sanitate, deposuit. Igitur postridie, compositis ex voto rebus, proficiscentibus ex urbe, illo furente procaciterque exclamante, turba hominum hinc inde dextra lævaque circumdantium eum, admirari, et, qua iter erat, ex agris, villis, cujuscunque sexus ad eum concurrere mortales. Ægre denique, asperis itineribus difficultateque rerum fessi, hoc S. Mariæ monasterium secunda vigesima fere hora (222*), tertia die qua domo abierant, tenuere. Liberaliter itaque a monachis habiti, conjurationibus et orationibus persenserunt eum non morbo dæmoniaco, verum insania quadam laborare. Quod equidem cum non satis constanter affines cæterique socii perferrent, ut immodesti, verba indecora edere, se Deo Sanctisque rite fidere haud ulterius posse, asserebant.

381. Quæ cum abbati nuntiarentur, eorum ignorantia et immoderatione linguæ permotus, hospitium, monacho altero comitante, adire curavit quamprimum. Ibi imprimis eos castigare, quod tam imbecilles tamque leves essent, [ut] neque id perpeti possent, unde magna spes, major etiam merces [proveniret]. Nonne, si constantes esse voluerimus, omnia bona a Jesu nobis abunde erunt, divitiæ sempiternæ, decus, gloria? Ad hæc benigne eos hortari, admonere, constanti animo perferrent egestatem, ærumnas, calamitates omnes, quæ multa et varia in hominum vita fortunaque versantur; inde ad S. Mariam Servorum Florentiæ consulti suppliciter devoteque proficiscantur; nihil esse tam arduum tamque incurabile, dicere, quod Virginis Mariæ precibus a Jesu non impetrent mortales, modo recto corde id inquirant; præterea ea mansuetudine et misericordia Virginem Mariam semper fuisse affirmabat, ut nemo unquam ab ea frustra auxilium petiverit. Quod etiamsi aliud mentibus vestris agitaretis [inquit,] esset tamen quandoque redeundum in viam, et corda vestra ad Jesum intendere, Matremque ejus toto corde [ut] vobis miseroque huic opem ferat, ut dixi, invocare [oporteret]. Pia est, misericors est, desolatorum refugium, miserorum spes, portus tutus per hoc procellosum mare navigantium; et, ne multis vos detineam, ipsa est quæ non solum [quæ] in terris, sed quæ in cœlis sunt, pacata tranquillaque facit; spesque nostræ omnes in ea sitæ sunt.

382. Postquam accepere ea qui aderant viri, etsi haud secus ac abbas disseruerat sentirent, tamen postulavere plerique [ut] proponeret qua via hoc aggredi deberent. Censeo, inquit abbas, aliorum more fieri votum pro eo: nam spolia opima regum ducumque, aliorumque hominum, cereæ imagines quæ oculis ingredientium ædem illam sacratam se offerunt occurruntque, quid aliud quam in variis calamitatibus vota Virgini Mariæ obligata ostentant, vehementissimeque ad id peragendum, si quis daretur casus, intuentium accendant animos? Hoc idem vos, si sapitis, si vere viri estis, aggredi longe fore utile dico. Postquam autem animos eorum ad aliquod votum emittendum alacres videt, valedicens, eos dimisit. Illi igitur postero die summo mane festinantes, has spes et cogitationes secum portantes, urbem Florentinam ingressi sunt. Inde virginis Mariæ templum adeuntes, eum Florentinis occurrentibus conspicuum insania, novitasque vocum et ineptiæ nusquam visæ faciebant.

383. Mira res! ea die qua Florentiam isti contenderant, ecce alter repente, nostris, qui tunc foris essent, apparuit, qui ex eodem oppido Castellano, eodem etiam insanæ mentis morbo affectus, hoc S. Mariæ monasterium spe bonæ mentis recuperandæ peteret. Hic non parvum sibi occurrentibus, quia absque exemplo insaniret, dolorem et admirationem incutere. Sciscitanti itaque abbati, unde sibi hæc insania [esset,] sic comites dedere responsum. In paternæ hæreditatis divisione a germanis fraude deceptum, suisque bonis, commentis quibusdam ab his spoliatum, nullo jure, pecunia amicitiaque prohibentibus, recuperare valuisse; unde prius dolorem ingentem, hanc deinde insaniam concepisse sibi ait : interdum enim ita vehementissime mens ejus insania occupatur, ut nudato gladio quosdam graviter atrociterque vulnerasset, ni cauti quamprimum petiissent fugam. Nobis igitur his difficultatibus anxiis rebusque humanis diffidentibus, fuere qui ita consulerent, priusquam aliud novum oriretur malum, huc contenderemus. Ea spe igitur et fiducia carpsimus iter hoc arduum; S. Joannem, ut miseris cæteris, ita nobis his in ærumnis opem laturum, censemus.

384. His P. abbas, cum aliis qui aderant, ad pietatem motus, ut alios, liberaliter in hospitio habere curavit, et paulo post eo se conferens, cibo potuque recreatos non parum hac parvula oratione erexit: Jesu Christo, dilectissimi fratres, quiscunque casus acciderit, merito gratias agere obligamur ; ea propter revocate animos; forti atque pacato animo sitis, et memineritis omnes viros egregios virtute gloriosisque factis, per varios casus per multa di-

(222*) Id est ferme circa vesperam.

scrimina rerum supera petiisse : nam patienter tolerando non regna inania, non fluxas divitias, non potentiam mox perituram, verum veram patriam, libertatem, vitamque quærimus æternam, quæ omnia a Jesu, si duraverimus, dabuntur.

585. Cæterum, quia eo huc venistis, ut hic sospitatem integrumque recuperet sensum, paucis accipite. Mos nobis est, eos orationibus Reliquiisque conjurare, qui diabolo capti sui esse desierint, quique etiam devotione, vel dudum beneficiis a S. Joanne habitis, suis in adversitatibus languoribusque aliis quotidie, ita ut fit, devote hoc S. Mariæ monasterium petierint ; cum stultis autem nihil agitur : Sanctorum enim reliquias pollui putamus, si eas, quamvis egregias, si sit insanus, tangere oscularique sit ausus (223); quocirca, ut aliis hesterna die, ita vobis consulo urbem Florentinam petere, templumque S. Mariæ Servorum suppliciter cum vobis adire : nam neque locus alter sanctior his in regionibus, miraculisque clarior; neque quisquam Sanctorum auxiliaretur, cui Virgo Maria non ferret opem.

586. Id omnes uno ore salubre utileque fore asseverantes, nostrisque orationibus supplices commendantes, postera die pariter cum ortu solis discedentes, Florentiam concessere. Eis vix civitatem ingressis, alii qui ab æde Virginis Mariæ sacrata domum redibant, fiunt obviam ante portam, quærentesque : Res satin; salvæ? Minime inquiunt; quid enim salvi est homini, vero sensu amisso? Quibus illi : In Deo spem ponere, et fideliter Virginem Mariam exorare, vestrum est. Et ut iste paulo ante insanus, jam nunc bona mente suum peragit officium, nec secus huic alteri Virginis Mariæ precibus censemus eventurum. Cum ita utrinque res verbis solatoriis ageretur, conveniunt miraculo, ut fit, rei novæ, qui juxta portam intus forisque aderant, homines. Re itaque cognita, quisque Virginis Mariæ, sanctique Joannis præclarissima facta verbis ad cœlum ferunt, qui tot celeberrima et egregia prodigia et operati essent, et operarentur quotidie; inde illi

(223) Certe erronea fuit illa persuasio, qua hi monachi putabant Sanctorum Reliquias contaminari stultorum attactu: nam in variis mundi partibus Sanctorum Reliquiæ insanis applicantur, ut sanam mentem recuperent.
(224) Quem putemus hunc Crispum, antea indicavimus.
(225) Nota universim in hoc auctore plurimos esse sensus mutilos, oblongos, vitiosos et obscuros, quos semper corrigere nec lubuit nec licuit. Inter

de plebe S. Stephani, alii ad Virginis Mariæ templum, alii domum contendunt.

587. Hi itaque, ut illi superiores, a Virgine Maria impetravere facile quæ petebant. Mox læti, donis templo additis, ut sociis se jungerent, maturavere iter. Primi de industria eos morantes tardius ire : eo facilius una pontem Sævum juxta convenere. Illic repente utrinque denuo gaudium exortum est; Virginem Mariam, sanctumque Joannem pro se quisque laudare, extollere, magnificare. Quippe res mortalium ita se habent ; in prosperis vel malus lætatus Deo gratias agit, Sanctosque ejus laudat. Isti igitur cum alio itinere, [quam] advenerant, domum redire, [et] vota etiam quæ sancto Joanni emiserant, persolvere vellent, ne sibi cæterisque oneri essent, inito inter se consilio, ex omni numero quatuor maxime impigros eligunt, et eos ad nos cum mandatis et donis mittunt. Illi itaque, ubi ad istud S. Mariæ monasterium venere, nos cupidos, reique exitum exspectantes, acta edocent, ut statim precibus Virginis Mariæ et S. Joannis in sensum bonum redierit ille; ut redeuntes suis occurrerint; ut incolumis ille alter; ut sua venit vota persolvere. Iis auditis, Jesu et Virgini Mariæ matri ejus, quæ sua solita pietate deserit neminem, gratias egimus. Postera die, Missis ex voto eorum celebratis, in patriam contendunt suam.

588. Sed mihi, Laurenti magnifice, multa legenti, multaque audienti, videnti etiam quamplura, quæ Jesus per Virginem Mariam et Sanctos suos mari terraque præclara facinora ac prodigia fecit, constat non tantum Sanctorum meritis quam mortalium fide hæc patrata esse : nam, ut sacra nos carmina edocent, credenti bonoque corde exigenti impossibile nihil; imo facile omnia impetrare quivis fidelis posset. Hæc a me in calce horum miraculorum breviter perstricta sunt, ut eorum infidelitatem, seu, rectius dicam, insolentiam perfringam, qui, ut Crispus (224) ait, quæ sibi facilia factu putant, æquo animo accipiunt; super ea, veluti ficta pro falsis ducunt. Vale vir magnanimis diu felix, nosque in tuis secundis rebus respice (225).

alia obscuritatem pariunt quædam particulæ, quas aut crebro omittit, aut in sensu vix usitato adhibet. Sic sæpe omittit conjunctionem ut, ubi plane est necessaria ; quam tamen majoris claritatis causa plerumque supplevi. Etiam sæpissime utitur eo pro ideo, et ac pro quam. Præterea creberrime habet Infinitivi præsens, pro imperfecto Indicativi, aliaque multa in aliis scriptoribus raro occurrentia.

APPENDIX

DE TRANSLATIONE CRUCIFIXI, QUI S. JOANNI GUALBERTO CAPUT INCLINAVIT.

Ex libro ms. Actorum Congregationis Vallis Umbrosæ signato ad extra littera N, a pag. 137 usque ad 145.

1. In Commentario prævio num. 19 promisi me hic daturum solemnem miraculosi Crucifixi translationem, a D. Angelo Maria Rivola nobis submissam, qui ante eamdem ita præfatur: « Hisce præmissis (egerat antea de materia et forma crucifixæ imaginis, de qua ego § 2 Commentarii prævii) veniamus ad relationem translationis, quæ ex eodem libro (nempe qui in titulo hic citatur) facta est die XXV Novembris MDCLXXI, auctore, sicut concessionis, ita pariter hujus translationis, Reverendissimo Patre D. Theodoro Baldini a Castilione Florentino, qui tunc temporis erat Abbas Generalis Congregationis Vallis Umbrosæ. Verba autem quibus in eodem libro a pag. 137 usque ad 145 refertur hujusmodi translatio, sunt sequentia. » Hactenus sunt verba laudati D. Angeli, post quæ addit ea quæ sequuntur, ex Actis Vallumbrosanis desumpta.

2. « Rebus hisce completis, plenaque partium satisfactione peractis, Serenissimus ac Reverendissimus princeps Cardinalis, protector noster, non contentus magnam pecuniarum vim pro solemnitate peragenda erogasse, jussit insuper ut suis sumptibus tota crux argentea tela, quam lamam vulgo appellant, convestiretur; vestem autem ad morem Græcorum, instar scilicet dalmaticæ diaconalis aptavit D. Ferdinandus Tacca præfatus. Mane diei XXIV Novembris, pridie quam solemnis translatio fieret, Pater Generalis una cum dicto D. architecto Tacca, et aliquot ex nostris patribus ad ecclesiam S. Miniatis se contulit, ibique crucem, ad terram prostratam, et alteri tabulæ superpositam, veste illa vestivit, ibique eo modo aptatam reliquit, commodiori tempore asportandam ad ecclesiam S. Nicolai ultra Arnum intra Florentiam, cujus ecclesiæ rector jam a Serenissimo et Reverendissimo principe Cardinali protectore jussus fuerat ut ad nostri Patris Generalis nutum imaginem dictam reciperet, nobisque, ubi necessitas postularet, manum præberet. Interea de mandato Serenissimi magni Ducis, et ex permissione supremi consiliariorum senatus, per publicos civitatis præcones pompa solemnissima edictum est hujusce solemnis translationis festum in sequentem diem XXV, datis etiam pro eadem die induciis etiam debitoribus cameræ ducali. Pridem etiam schedulis ad ecclesiarum valvas et reliqua publica urbis loca affixis populus invitatus erat, et omnes viri nobiles, datis ad eos litteris, ut ad translationis processionem dignarentur intervenire, etiam fuerant invitati.

3. « Vespere itaque ejusdem diei Martis XXIV, sub primam noctis horam, aperta de mandato Serenissimi porta ad S. Miniatem, præfatus Reverendissimus Pater, assumptis secum aliquot ex sacerdotibus nostris, ad ecclesiam S. Miniatis perrexit, atque in ea, ad præsentiam Illustrissimi Domini Ugoccionis prædicti, abstulit sacrosanctam imaginem sic vestitam, eamque omni majori veneratione, præcedentibus aliquot confratribus societatis S. Isidori de Planitie Ripulensi cum cereis facibus accensis et aliquot ballistariis, quos vulgo bombarderios vocant, patres prædicti, manum admovente eodem Reverendissimo, ad ecclesiam S. Nicolai prædictam asportarunt, unde mane diei sequentis facienda erat solemnis translatio ejusdem imaginis ad nostram Vallumbrosanis desumpta.

4. « Dum hujusmodi privata translatio nocturno tempore fieret, Patres Minores S. Francisci de observantia, conventus S. Francisci ad montem, solemni campanarum pulsatione, et genuflexionibus extra conventum egressi, sacram imaginem sunt venerati. Sed id etiam silentio prætereundum non est quod, tametsi, concursus vitandi studio, tempus nocturnum pro hujusmodi translatione privata electum consultissime fuerit, fieri nihilominus non potuit quo minus devotissimus populus ad Christum prætereuntem turmatim accurreret e vicinioribus vicis, et e fenestris etiam, quas lampadibus et lucernis illuminaverant, copiosissima tum virorum tum mulierum multitudo sacram imaginem veneraretur. Sed heu! quot lacrymæ, quot suspiria e devoti populi cordibus erumpebant! Quodvis vel durum dirumque cor ejusmodi cordis contriti certissima testimonia in ferventissimas lacrymas resolvere valuissent. Imo etiam subauditum est quamplurima monialium monasteria, apud quas hujusmodi translationis fama pervenerat, summa domus fastigia conscendisse, ut sic vel e longinquo ex intimis præcordiis sponso cœlesti devotionis obsequia exhiberent.

5. « Placet etiam hic litteris consignare specialissimum favorem, quem Illustrissimus et Rev. Dominus D. Franciscus Nerlius, archiepiscopus Florentinus, ad instantiam Illustrissimi et Rev. Domini D. Philippi Soldanii, Fesularum episcopi, et Serenissimi ac Reverendissimi Principis Cardinalis prote-

ctoris nostri, auditoris, ac de Congregatione nostra optime meriti, nobis impertitus est. Nam cum consideratum fuerit, in insignem solemnitatis decorem cessurum, si abbates, qui processioni interessent, mitra uterentur, placueritque hujusmodi consideratio D. Cardinali protectori, et praedicto episcopo, Celsitudini suae Reverendissimae auditori, scripsit hic ea de re Romam ad praefatum Illustrissimum archiepiscopum, qui, ad ejus efficacissimas instantias inclinatus, permisit abbatibus, processioni praedictae interfuturis, mitrae usum; atque hujusmodi permissionis litterae, ab archiepiscopo ad episcopum datae, Florentiam eadem die XXIV a tabellario Januensi delatae sunt, et ab Illustrissimo episcopo statim Generali nostro participatae, qui summa animi exsultatione ejusmodi nuntium excepit, atque Patribus omnibus publicavit.

6. « Ubi sacrosancta imago in praedictam S. Nicolai ecclesiam delata fuit, est collocata super thensa ibidem parata, atque aptata in modum lecti portatilis, apposito desuper conopeo pretiosissimo circa latera, et in anteriori parte aperto, ut sacra crux, intus erecta, posset a populo conspici, dum sequenti mane solemniter deferretur. Totam autem noctem illam arserunt cerei circa imaginem, ad cujus item custodiam quatuor ibi relicti fuerant sacerdotes ex nostris, cum totidem ballistariis. Jam autem ad solemnem processionem devenimus.

7. « Mane itaque diei XXV, hora XV, in quam statuta erat processio, serenissimo quidem praeter spem coelo, sed gelidissimo, Reverendissimus Pater Generalis cum aliquot senioribus Patribus ingressus est ecclesiam S. Nicolai praedictam, in qua erat sacrum depositum, eoque delata paramenta sacra pro abbatibus et ministris jubebat excipi, et in ecclesiam introduci a ballistariis, qui tunc temporis una cum multis Helvetiis militibus ecclesiae portas custodiebant, ne frequentissimus populus, eo accurrens, irrueret. Placuit etiam Serenissimo D. Cardinali protectori, ut huic ecclesiae, tum ecclesiae S. Trinitatis (in quam nulli ante processionem patuit ingressus) assisterent Illustrissimi Domini Franciscus Maria et Carolus Ventura Del Nero, fratres germani ex baronibus Porciliani, et Celsitudinis suae Reverendissimae familiares, viri nobilissimi sane, et perquam humanissimi, Illustrissimus quidem D. Franciscus Maria astitit ecclesiae S. Nicolai; Illustrissimus vero D. Carolus Ventura ecclesiae S. Trinitatis, cui etiam in subsidium fuerant assignati plures Helvetii milites, ut de ecclesia S. Nicolai superius est dictum.

8. « Eadem hora XV S. Miniatis arx quamplurimis bombardarum ictibus novo Christi Redemptoris triumpho plausum fecit; ad quod signum tota civitas ad ecclesiam S. Nicolai, unde inchoanda erat processio, convenit. Nos autem cum PP. Cassinensibus, PP. Cisterciensibus, et PP. Caelestinis congregati sumus in ecclesia S. Gregorii ad plateam Mozziorum. Ex nostris autem, tum abbatibus, tum monachis et conversis, quamplurimi ex vicinis monasteriis convenerunt, ut in longius quam fieri posset, extenderetur processio. Invitavimus vero praedictos monachos Cassinenses et alios, quia similem gestant nostrae cucullam; nec enim livreo varioque amictu faciendam duximus processionem, fore ut magis placeret et magis congrueret uniformitas, arbitrati.

9. « Dato itaque processionis signo ad XVI horam, hoc ordine coeptum est. Primo ex ecclesia praedicta S. Gregorii, ubi adunatio facta fuerat, discessit vexillum S. Trinitatis, post quod incedebant omnes praedicti monachi cum face cerea Veneta accensa: media quidem via incedebant bini; eos autem a dextris et a sinistris comitabantur famuli virorum nobilium item cum cerea face accensa. Faces autem accensae tum monachorum tum dictorum famulorum et aliorum saecularium erant numero circiter bis mille.

10. « Processio autem sic ordinata ex dicta ecclesia S. Gregorii transibat ante ecclesiam S. Nicolai; procedebat vero per viam quam dicunt Fundacium S. Nicolai; inde autem per viam Bardorum pervenit ad Pontem veterem et ad columnam et plateam S. Felicitatis, ubi erant duodecim clerici dictae ecclesiae cum cereis facibus accensis, qui, jussu dominae abbatissae ejusdem monasterii et ecclesiae S. Felicitatis, exspectata imagine sacra, cam sunt comitati usque intra ecclesiam nostram. A dicto loco S. Felicitatis per viam Guicciardinorum pervenit processio ad plateam et palatium Pittorum, residentiam Serenissimi magni Ducis et reliquorum Serenissimae Mediceae familiae principum et inde ad ecclesiam et monasterium monialium S. Petri martyris, unde tandem per viam Maii pervenit ad pontem et intra ecclesiam S. Trinitatis.

11. « Sed notandum quod immediate post vexillum et ante monachos incedebat societas S. Isidori, superius nominata, quam componebant ducenti et triginta confratres omnes discalceati (ut mos est eorum processionibus interesse) et singuli cum cerea face accensa; ea vero devotione et modestia incedebant ac admirationi, aedificationi et exemplo essent universo populo Florentino. Post monachos cucullatos et binos incedentes ordine superius descripto, incedebant turmatim quamplurimi viri nobiles cum facibus cereis accensis. Hos sequebantur bini, numero triginta septem Patres, paramentis albi coloris induti, qui hoc ordine incedebant. Primo octo Patres Vallumbrosani, Camerarii, Lectores, Magistri et Priores cum dalmaticis et facibus cereis accensis; subsequebantur alii octo nostri Patres, Abbates titulares et Priores titulares cum planetis et facibus cereis item accensis, infra quos omnes, et a lateribus eorum incedebant plures viri nobiles cum cereis facibus accensis.

12. « Succedebant deinde duodecim abbates cum pluviali et mitra, decem quidem Vallumbrosani, id est P. D. Cherubinus Orellius, Abbas titularis; P. D. Petrus Mcliorottus, Abbas titularis, et eremita

cellarum Vallis Umbrosæ; P. D. Victorius Lapinius, Abbas S. Christinæ, P. D. Theophilus Coppa, Abbas Susinanæ; P. D. Maximus de Castro, abbas S. Reparatæ de Marradio; P. D. Felix Floravantes, Abbas abbatiæ Pistorii; P. D. Alamannus Borghius, Abbas S. Pancratii Florentiæ; P. D. Alexius Meliorius, Abbas S. Trinitatis Fiorentiæ; P. D. Placidus Jorius, Abbas Passiniani; P. D. Camillus della Torre, Abbas Vallis Umbrosæ: ultimi duo erant P. Abbas Cælestinorum, et P. D. Anselmus Campionius, Abbas abbatiæ Florentinæ Patrum Cassinensium. Abbas Cisterciensium non intervenit. Ultimo tandem sequebatur Reverendissimus P. D. Theodorus Baldinius noster Abbas Generalis, medius inter duos Patres, cæremoniarum præfectos, superpelliceo supra cucullam indutos, eratque mitra et pluviali argentea tela confecto vestitus. Abbates autem et Generalis prædicti non deferebant manibus cereas faces, ut reliqui patres, sed eas ferebant DD. ephebi Serenissimi magni Ducis, quos vulgo pagios vocant, qui hinc inde circa Abbates astabant.

13. « Sequebatur deinde theusa seu machina, supra [quam] intra conopeum albi coloris collocabatur sacra imago; portabatur vero ab octo ex nostris sacerdotibus dalmatica albi coloris indutis: quæ cum ex ecclesia S. Nicolai educeretur, salutata fuit quampluribus ictibus ignitorum tormentorum; tunc autem jam pervenerat vexillum ad ecclesiam S. Trinitatis; excepta etiam fuit sub baldachino ecclesiæ Metropolitanæ, cujus hastilia deferebant octo viri nobiles, quibus alternis vicibus per aliquantulum viæ spatium alii octo viri nobiles succedebant usque ad clivum pontis S. Trinitatis prope ecclesiam, unde usque intra ecclesiam deportarunt baldachinum octo senatores; omnes autem viri nobiles, qui hujusmodi pietatis obsequium exhibuerunt, fuerunt numero centum et sexaginta, senatoribus prædictis non computatis.

14. « Sacram imaginem circumdabant septuaginta musici de capella ejusdem ecclesiæ Metropolitanæ, et tibicines, qui vicissim cum musicis ad egressum ecclesiæ S. Nicolai et per viam Christo Jesu triumphanti canebant. Octo item alii tibicines, equo insidentes, præcesserunt universam processionem tubis alternatim per totam viam canentes, et dulcisonis modulis populum ad lætitiam et devotionem excitantes. Sacram imaginem hoc modo portatam sequebatur Illustrissimus D. eques de Ugoccionibus provisor, et magistratus artis mercatorum. Deinde vero sequebatur innumera populi et nobilium multitudo, quæ populabat omnes processionis vias, quæ etiam eo venustiores erant præ aulæorum ingentis pretii varietate, quibus tum fenestræ, tum exteriores domorum parietes ornabantur.

15. « Passu lentissimo incedebat, tum quia rei majestas sic exigebat, tum quia grave machinæ pondus, ut sæpe sæpius consisterent Patres portitores, efficiebat; qua etiam de causa populorum desiderio est satisfactum, cum hoc modo sacram imaginem pro libito inspicere potuerint et venerari. Ubi vero ante palatium Serenissimi magni Ducis perventum est, aliquanto amplius est pausatum, ut Serenissimis principum nostrorum Celsitudinibus ad palatii mœnia, pre iosissimis holosericis rubeis apparata, genuflexis locus daretur sanctissimum Crucifixum venerandi inspiciendique, tibicinibus interim et cantoribus sacras et dulcisonas melodias concinentibus. Cum autem pervenimus ad columnam S. Felicis, in platea pausatum itidem est aliquanto, ut sacræ illæ virgines monasterii S. Petri Martyris genuflexæ intra monasterii portam commode possent cœlestem Sponsum triumphantem conspicere et adorare.

16. « Tandem per viam Maii perventum est ad ecclesiam nostram S. Trinitatis, et dum Pontis clivum descenderet imago, salutata est innumeris pene ignitorum tormentorum ictibus, et ante ecclesiam dulcissimis tibicinum et musicorum cantionibus. Campanæ autem ecclesiæ nostræ ab accessu vexilli semper pulsatæ sunt, sicuti etiam campanæ aliarum ecclesiarum, ante quas sanctissimus Crucifixus transibat. Cum vero theusa in ecclesiæ vestibulo firmata est, cumque est sub organorum sonitu in ecclesiam importata, incrabibile est, quam frequentia et quam ferventia fuerint monachorum tum cæterorum etiam suspiria et lacrymæ et precatoriæ voces, quæ præ immenso contriti cordis affectu, et præ summa inventi thesauri lætitia fundebantur.

17. « Ecclesiæ frontispicium [quamvis], ut quod est opere Corinthio constructum, alioquin sit elegantissimum, elegantius et pulchrius apparebat præ tribus magnis pictis tabulis, claro obscuro elaboratis, ibidem appensis, quæ repræsentabant tres historicos casus sancti nostri institutoris Joannis Gualberti: nam supra majorem et mediam portam ecclesiæ pendebat picta tabula, duabus aliis aliquanto major, auctore D. Pallonio, perquam elegante pictore, quæ exhibebat sacram crucem, se totam et caput inclinantem S. P. N. Joanni Gualberto, amictu militari induto, subtus quam tabulam in alia quadam pendente ovalis figuræ tabula inspiciebatur sequens inscriptio, quam simul cum duabus aliis in animi erga Congregationem nostram propensi tesseram composuerat Illustrissimus et Reverendissimus Dominus D. Opicius Pallavicinus, Genuensis patricius et archiepiscopus Ephesinus, atque apud Serenissimum magnum Ducem Nuntius Apostolicus, et vir in omni scienta et varia eruditione sane clarissimus et exercitatissimus:

<small>CRUCEM, CÆLESTIS MAGISTRI CATHEDRAM,
EX QUA ITERUM DOCUIT INIMICOS DILIGERE,
QUOD NASCENS, VIVENS, MORIENS, PATRAVERAT,
CONGREGATIO VALLIS UMBROSÆ,
SUPER HUNC ANGULAREM LAPIDEM ÆDIFICATA,
COSMO III PRINCIPE OPTIMO FAVENTE,
FESTIVA POMPA FAUSTOQUE OMINE EXCIPIT,
PERPETUAM AUSPICATA FIRMITATEM
SUO JUNCTA FUNDAMENTO.</small>

18. « Aliæ duæ pictæ tabulæ, quæ erant ex manu

D. Cæsaris Danqini, æquà proportione supra dexteram et sinistram portas ecclesiæ pendebant, quarum illa quæ pendebat supra dextram portam ad sinistram intrantibus, exhibebat S. Joannem inimico veniam dantem, apposita in simili ovali figura inscriptione sequenti ejusdem auctoris:

NOVUM FORTITUDINIS EXEMPLAR
JOANNES GUALBERTUS
VICTORIAM RENUENS, QUA VINCAT INERMEM,
HOSTEM SIBI PAREM AGGREDITUR,
SCILICET SEIPSUM:
CONSTANTER VINCIT PARCENDO SUPPLICI,
GEMINOS SIBI PARANS TRIUMPHOS
IN VENIA HOSTI DATA,
IN SUI VICTORIA.

19. « Sinistram ecclesiæ portam, quæ est ad dextram intrantibus, similis picta tabula exornabat, quæ exhibebat S. Joannem, propriis sibi manibus ante altare comas tondentem, assumentemque monachalem amictum, quem patris metu monasterii Abbas illi negaverat. Ad calcem autem ejusmodi pictæ tabulæ in alia figura ovali pendebat inscriptio sequens ejusdem Illustrissimi et eruditissimi, et nunquam satis laudati auctoris:

QUEM SE MAJOREM SUI VICTORIA FECERAT,
UT VERE REDDERETUR MAGNUS,
HUMILIS AMICTUS TEGIT,
CUJUS SUB UMBRA LATENS
VICTOR SUI, HUMILITATE VINCITUR.
GUALBERTUM IGITUR ADMIRARE,
DUM PARCIT, VINCIT, VINCITUR,
EX ÆQUO MAXIMUM.

20. « In intercapedinibus harum pictarum tabularum, atque reliquo, tota variis et pulcherrimis paramentis cooperta erat facies templi: in quod importata thensa atque ad scalas presbyterii deducta, inde per plures nostros prælatos sublata sanctissima crux, quæ tandem opere D. Ferdinandi Tacca, excellentis architecti prænominati, elevata est ex parte interiori chori, et collocata intra tabernaculum inauratum et elegantissime elaboratum a D. Carolo Poccetto cælatore, et aptatum et immobiliter firmatum supra aræ maximæ epistylia; quod quidem dicto altari, tum toti ecclesiæ non modicam pulchritudinem affert.

21. « Stabilita itaque cruce atque in eum modum aptata, ut bene posset ejus veneranda facies sola discooperta, et lucidissima crystallo obtecta, inspici a populo, qui nihil adeo anxie cupiebat, incepta sunt duobus exquisitissimorum musicorum choris Missarum solemnia, quæ, diacono et subdiacono et ministro et clericis inservientibus, celebravit P. Abbas D. Petrus Meliorottus, eremita Cellarum Vallis Umbrosæ, in quem, ut eximiæ bonitatis virum, simul atque in crucem sanctissimam collineabant populi devotissimi obtutus. Missa autem fuit de passione Domini, et cum usu mitræ. Terminavit autem in horam diei xx semper cum elegantissima musica, quæ item eodem modo fuit eadem die ad Vesperas, et ad Missam, et Vesperas duorum sequentium dierum, xxvi videlicet et xxvii; quibus item eadem Missa ab eodem Abbate eremita et eodem modo cantata est; sed hora magis competenti quam die illa prima, in qua non ante potuit Missarum solemnium functio terminari, quia in solemnissima illa processione multum temporis insumptum est.

22. « Tota ecclesia paramentis nigris et albis obtegebatur, qui elegantissimus, et rei, quæ agebatur, maxime condecens apparatus pulcherrimo evasit aspectu. Ara maxima, super quam collocatus erat sanctissimus Crucifixus, ornamento sumptuosissimo aptata erat, atque argenteorum candelabrorum numerosissima supellectile ditata; super quà etiam, ut, item circa ecclesiam candelæ numero trecentæ triginta ingentis ponderis tres dictos dies continuos a summo mane ad usque mediam noctis horam absque intermissione arserunt.

23. « Statutum fuerat ut omnibus hisce tribus diebus a viris doctissimis de S. P. N. Joanne Gualberto ad populum concio haberetur; sed, cum consultissime fuerit animadversum, primam solemnitatis diem fore impediendam præ longiore processionis mora, ut rei probavit eventus, in reliquos duos dies duntaxat concio decreta est; quarum quidem primam, die videlicet xxvi, mane ante Missam solemnem eruditum tersique styli panegyricum [habuit] Pater de Paulicellis, clericus regularis Theatinus; qui etiam inter concionandum publicavit indulgentias, a summo Pontifice Clemente X concessas nostræ ecclesiæ sanctissimæ Trinitatis per tres dies a die xxvii, in quam prima vice statuta erat sacræ imaginis Crucifixi translatio; neque, facta nova ejusmodi translationis determinatione in diem xxv, rescribendi Romam sese obtulit occasio. Unde indulgentiæ prædictæ pro diebus xxvii, xxviii et xxix, quarum duabus ultimis fuere quidem indulgentiæ, non tamen publicæ adorationi exposita erat et discooperta sacra imago, quæ, cum tribus tantum diebus aperta et exposita fuerit, ad vesperam diei xxvii cooperta et clausa est; quæ dies a die xxv prædicta, erat tertia et peremptoria.

24. « Die xxvii eruditissimum ac devotissimum panegyricum ad populum habuit P. Lector Cherubinus de Bibena, ordinis Minorum S. Francisci de observantia; qui quidem panegyricus, licet stylo planiore compositus fuerit, quia tamen rei erat magis aptatus, majoremque habuit in sacro oratore, alioqui celeberrimo, energiam, auditoribus magis placuit, dignusque est judicatus qui paucis interjectis diebus in lucem publicam ederetur, insignitus nomine Reverendissimi P. D. Theodori Baldini, Congregationis nostræ Abbatis Generalis dignissimi, cujus tandem studio et operæ referre debemus acceptum tam insigne beneficium concessionis nobis universæque nostræ Congregationi a Serenis-

simo magno Duce factæ de sacrosancto illo sanctissimi Crucifixi pignore.

25. Tribus prædictis diebus innumera populi, nedum Florentini, sed e pagis etiam et locis vicinis ad ecclesiam nostram sanctæ Trinitatis convenit Christum Dominum crucifixum adoratura multitudo. Solemnitatem etiam honoraverunt illustrissimi DD. Nuntius, et Episcopus Fesulanus prænominati, qui Missam in ara maxima ad sanctissimum Crucifixum celebraverunt; ac tandem nostrorum principum et principissarum Serenissimæ Celsitudines, quibus ob insignes favores, Congregationi nostræ collatos, plurimum debemus; fusuri semper ad omnipotentem Deum pro ipsarum conservatione et prosperitate ferventissimas preces.

26. Clausum tandem est in tabernaculo super aram maximam collocato sacrum pignus, et ex duabus diversis clavibus una penes Magistratum artis mercatorum residet, alteram retinente Abbate sanctissimæ Trinitatis. Verum cum ara maxima dicta sit familiæ nobilissimæ de Gianfigliazzis, hæc instit, ut aliqua fieret publica et authentica cautela, qua declararetur, monachos vel monasterium S. Trinitatis, aut alium quempiam, nullum omnino jus aut dominium acquirere in aram prædictam, et nullum præjudicium inferri dictæ illustrissimæ familiæ; quod quidem quia certe justissimum et congruentissimum, ita peractum est publico instrumento, ut exponebatur et petebatur a dictis Illustrissimis Dominis Gianfigliazzis. Quod instrumentum, sicuti et aliud celebratum cum Magistratu artis mercatorum, huic narrationi annexuissem, si post mille instantissimas supplicationes tandem obtinuissem. Videantur itaque in protocollis D. Caroli Novellii, notarii, vel in libris monasterii sanctissimæ Trinitatis, ad quos lectorem remitto. Hæc sunt, quæ ad futuram rei memoriam potui litteris consecrare de tota serie concessionis, et etiam solemnissimæ translationis sanctissimi Crucifixi, cui laus et honor et gloria et potestas et imperium in sempiterna sæculorum sæcula.

27. Ut autem constet hanc translationis narrationem ex citatis sæpe Actis Vallumbrosanis fideliter et authentice excerptam esse, testimonium D. Angeli Mariæ Rivola, qui post Crucifixi translationem, jam a nobis exhibitam, ita scribit: Supradicta omnia, quæ in libro manuscripto Actorum Congregationis Vallis Umbrosæ signato ad extra littera N, a pag. 137, usque ad 145 expressa asseruntur, ego infrascriptus, pro Actis intra eamdem Congregationem vigore Apostolicorum privilegiorum Cancellarius et Notarius publicus, ex codem libro descripto per Patrem S. T. M. D. Valentinum Calzolavi, ejusdem Congregationis hieromonachum, et pro Actis intra eamdem Congregationem pariter Cancellarium et Notarium publicum, de verbo ad verbum hic fideliter transcripsi . . . . . et in fidem propria manu scripsi et subscripsi ad laudem Dei. Ex Abbatia S. Bartholomæi de Ripulis prope Florentiam hac die XVI Augusti MDCCXXI.

D. Angelus Maria Rivola, monachus sacerdos Congregationis Vallis Umbrosæ.

S. JOANNIS GUALBERTI
PRECES.

(Apud Boll. Julii tom. III, die 12, pag. 322.)

Sanctum nostrum varia scripsisse, quæ aut perierunt aut latent, colligo ex Andrea Januensi in Vita cap. 18, ubi sic habet: *Collegit plurima sanctorum Patrum capitula, dicta, doctrinam et exhortationes, ex quibus adversus Simoniam universos instruebat et armabat, quatenus illam non solum refugere, verum etiam possent impugnare.* Idem testatur Hieronymus Radiolensis libro De vita solit. cap. 17, his verbis: *Joannes noster tum scito et gravi sermone, tum epistolis per ampliam Italiam conscriptis, schismaticos, infideles, et pecunia corruptos reprehendebat et acriter damnabat et pari modo domi forisque insectabatur.* Quin imo Eudoxius Locatellus, apud Franchium lib. VII, pag. 465, citatus, asserit gloriosum Patrem S. Joannem divina virtute subito tantam acquivisse scientiam, ut doctissimum sanctissimumque latinarum epistolarum librum composuerit. Nobis jam tantum duæ supersunt epistolæ. Prima a B. Attone brevitatis ergo omissa refertur a B. Andrea in Vita num. 74. Altera, quam S. Pater jam morti propinquus de fraterna charitate dictavit, habetur apud eumdem Andream num. 112. Hæc pauca de illius scriptis; nunc ad ejus preces pergimus.

Anno 1698 D. Germanus Raini sacrista Vallumbrosanus dedit ad Papebrochium litteras, quas hic præmitto, rescissis laudibus, quibus nos immerentes cumulat. Itaque in earum parte, quæ ad rem præsentem spectat, ita loquitur: *Quoniam mei muneris est antiqua sanctorum nostri ordinis Vallis Umbrosæ gesta inquirere, e diligenter investigare et Dei laudem ejusque servorum, operæ pretium duxi, accedente insuper beneplacito reverendissimi P. Generalis D. Venantii Simi Tomani, circa vetustissimum Manuale manuscriptum, quo usus est S. Joannes Gualbertus abbas institutor, ejusque beati discipuli, paternitati tuæ admodum reverendæ aliquid sincere scribere. Hoc igitur sacrum Manuale, quod asseveratur inter alias reliquias in sanctuario Vallis Umbrosæ, uti videre est, etiam vidit R. P. Mabilio monachus S. Benedicti, ut apparet ex suo Itinere Italico, fol. 185, continet plures ac pias orationes et documenta, quæ licet sint forsan et aliorum sanctorum Patrum, tamen quia historice tenemus illas recitasse S. Joannem Gualbertum et dicta dedisse etiam docu-*

menta suis sociis, ut ex nostris historicis apparet, ideo hæc sua eximia gesta, ne in umbris amplius delitescant, rogamus suppliciter, ut hoc breve spirituale exercitium ora tionum a me sincere collectum theologi eximii societatis tuæ in lucem istic edant ac benigne ad Acta Sanctorum inserant sive in annotationibus ad diem 12 Julii; de quo et gratias agemus singularissimas.

Libenter humanissimi viri petitioni annuimus, et totius ordinis, quem intime veneramur, desiderio satisfacturi hasce preces et documenta hic subjungimus. Igitur D. Germani Ruini ecgraphum sic habet.

Manual. pag. 1.

Imitemur sanctam Ecclesiam, cujus et membra sumus.

Manual. pag. 1.

Cum a somno evigilas, crucis signum † in labiis impinge.

Manual. pag. 1.

Ego te toto corde et ore confiteor et adoro Patrem et Filium et Spiritum sanctum, trinum in personis et unum in substantia.

Fol. 1.

Oratio Dominicalis. Credo.

Ex Breviculo S. Joan. Gualberti ms.

Ego Joannes credo et confiteor fidem, quam sancti apostoli prædicaverunt, et sancti Patres in quatuor conciliis confirmaverunt.

Ex Breviar. S. Joan. Gualberti ms.

Invoco Patrem et Filium et Spiritum sanctum, ut sit super me signum crucis et defendat me a malis operibus. Signaculum sanctæ crucis sit super me diebus ac noctibus.

Ex Manual. fol. 2.

Gratias tibi ago, infinita misericordia, Domine Deus omnipotens, qui me per aquam sacri baptismatis et renovationem sancti Spiritus ab originalibus vinculis expedisti. Gratias tibi ago, qui me in te credere recte fecisti, et tuorum me fidelium numero sociare dignatus es.

Ex Manual. fol. 2.

Domine Deus omnipotens, æterne et ineffabilis sine fine atque initio, quem in unum in Trinitate et trinum in unitate confitemur, te solum adoro, te laudo, te benedico, teque glorifico, tibique, misericors et clemens, gratias refero, qui me exutum nocte perfidiæ et erroris, participem fieri tribuisti gratiæ tuæ. Perfice, quæso, Domine, cœptum in me opus misericordiæ tuæ. Dona mihi tempus cogitare, loqui et agere quæ placita sunt tibi, et gratuita me ubique pietate custodiens, fac me indignum et miserum ad tuam pervenire visionem. Amen.

Ex Manual. fol. 11.

Gratias tibi ago, omnipotens Pater, qui me dignatus es in hac nocte custodire. Deprecor clementiam tuam, piissime Domine, ut concedas mihi diem venturum sic peragere in tuo sancto servitio, in humilitate et discretione, qualiter tibi complaceat servitus nostra; et præsta mihi hodie cum summa patientia tibi gratum exhibere servitium.

ORATIONES DIVERSÆ.

PRO SENSUUM CUSTODIA ORATIO.
Ex Manual. fol. 11.

Mecum esto, [Domine] Sabaoth, mane cum surrexero; intende in me et guberna actus meos et verba mea et cogitationes meas. Custodi pedes meos, ne circumeant domum otiosi, sed stent in oratione. Custodi manus meas; sint puræ, mundæ et elevatæ sine ira et disputatione. Custodi os meum, ne loquatur vana, ne fabuletur sæcularia, ne detrahant proximo meo, ne invitem alios ad vanum eloquium, sed semper sim promptus ad laudem, tardus ad iram. Custodi aures meas, ne audiant detractionem, nec mendacium, nec verbum otiosum; sed aperiantur quotidie ad audiendum verbum Dei, ut tota die transeam in tua voluntate. Custodi oculos meos, ne videant vanitatem. Dona mihi timorem tuum, Domine, cordis compunctionem, mentis humilitatem, conscientiæ puritatem, ut cœlum aspiciam, terram despiciam, peccata odiam, justitiamque diligam in sæcula sæculorum. Amen.

ORATIO AD JESUM.
Ex Manual. fol. 12.

Pie exaudibilis Domine Jesu Christe, exaudi me indignissimum peccatorem per interventum et meritum beatæ et gloriosæ semper Virginis Mariæ Genitricis tuæ et omnium civium supernorum, Ecclesiæ tuæ catholicæ fidem auge. Pacem tribue Papæ N. et omni huic Congregationi, consanguineis quoque nostris et principibus Christianis atque tua mihi charitate conjunctis. Etiam sua nobis munera largientibus, persequentibus et calumniantibus nos, omnibus, qui pro nobis implorant nomen sanctum tuum, vel qui pro se nos miseros apud tuam clementiam supplicare voluerunt; nobis quoque peccatoribus remissionem et indulgentiam omnium tribue peccatorum. Infirmis salutem, lapsis reparationem, navigantibus et iter agentibus, iter prosperum et salutis portum; afflictis et tribulatis gaudium; oppressis relevationem; captivis, vinctis et peregrinis absolutionem et ad patriam reversionem propitius concede.

ORATIO.
Ex Manual. fol. 18.

Universis gradibus, qui in fide sanctissimæ Trinitatis in Ecclesia tua catholica communiter continentur, miserere, clementissime Deus. Propitiare omnibus in quibuscumque necessitatibus atque miseriis constitutis, et universo populo tuo Christiano, quem pretioso sanguine redemisti.

ORATIO.
Ex Manual. fol. 30.

Reple corda nostra fide, spe et charitate, obedientia et humilitate atque patientia, et fac nostrum rectorem secundum cor tuum, ut faciat voluntatem tuam ad salutem suam et nostram. Amen.

ALIA ORATIO.
Fol. 18.

Tribue, Domine, quæsumus, omni sexu universæ ætati atque conditioni ordinis Christiani mandatorum tuorum custodiam et suorum omnium veniam delictorum et nobis misereri. Amen.

ALIÆ QUÆDAM PIÆ ORATIONES
ORATIO PRO CONTEMPLATIONE COELESTIS PATRIÆ.
Ex Manual. fol. 4.

Admonet nos B. Apostolus dicens : Si consurrexistis cum Christo, quæ sursum sunt quærite, ubi Christus est in dextera Dei sedens ; et iterum : Nostra autem conversatio in coelis est. Lugeamus in hac calamitoso itinere, quamdiu exsulamus a patria. Transcendamus contemplationis pennulis cuncta, quæ cœperunt ex tempore et cum tempore finiuntur, et ad illam totis desideriis patriam mente volitemus, ad quam in tempore pergitur, sed sine tempore vivitur. Ad accendenda igitur nostra desideria, hos quinque canamus spiritu et mente quotidie Psalmos : *Sicut cervus desiderat ad fontes aquarum, ita desiderat,* etc. *Judica me, Deus, et discerne causam,* etc. *Te decet hymnus,* etc. *Quam dilecta tabernacula tua, Domine, virtutum,* etc. *Voce mea ad Dominum clamavi,* etc.

Ex Manual. fol. 4.

Post orationem Dominicam isti psalmi sunt suppliciter decantandi : hi etiam in tribulatione mentem consolantur et sublevant : *Usquequo, Domine, obliviscerisme in finem,* etc. *Deus, Deus meus, respice in me,* etc. *Deus, in nomine tuo salvum me fac,* etc. *Miserere mei, Deus, quoniam conculcavit me homo,* etc. *Deus in adjutorium meum intende,* etc. *Eripe me, Domine, ab homine malo,* etc. *Domine Deus salutis meæ,* etc.

POST MODULATIONEM PSALMORUM ORATIO.
Ex Manual. fol. 52.

Liberator animarum et mundi Redemptor Jesu Christe, Domine Deus æterne, Rex immortalis, supplico ego peccator immensam clementiam tuam ut per modulationem psalmorum, quos ego miser indignus cantavi, liberes animam meam de peccato et abstollas cor meum de malis et pravis et perfidis cogitationibus et auferas corpus meum a servitute peccati, et repellas a me carnales concupiscentias, et eripias me de omni impedimento Sathanæ et ministrorum ejus visibilium atque invisibilium et infidelium tuorum, qui quærunt impedire animam meam.

ORATIO PRO DEFUNCTIS.
Ex Manual. fol. 20.

Ne reputes, piissime Deus, peccata quiescentium fratrum meorum, vel eorum, qui mihi conjuncti tua charitate exstiterunt, ut his, atque omnibus in tua fide defunctis digneris propitius æternam concedere requiem. Amen.

IN TENTATIONE IMMUNDORUM SPIRITUUM CONSOLATIO.
Ex Manual. fol. 7.

Consolatur nos in tentationibus dæmoniacis egregius prædicator dicens : Fidelis autem Deus, qui non patietur vos tentari supra id quod potestis, sed faciet cum tentatione etiam exitum, ut possitis sustinere. Quo circa sciendum est, quia judicii occulti mensura est, et quando tentationis procella prosiliat, et quando quiescat. Certe, Evangelio attestante, diabolus nec manere in obsesso homine potuit nec minus invadere bruta animalia non jussus præsumpsit. Quando ergo sua sponte nocere factis ad Dei imaginem hominibus auderet? Cui si potestas summa licentiam non præberet grassari, nec in porcos valeret ire. Nullo modo ambigendum est permissu æquissimi judicis in electos ad tempus diabolum tentandi accipere potestatem, sed misericorditer judex concedit, quod crudeliter hostis cuperet. Hinc est quod fideli famulo de eodem Dominus dicit : Non quasi crudelis suscitabo eum. Hinc Esaias tentationibus fatigatam fidelem animam blandis consolationibus refovet, dicens : *Dixit Dominus Deus tuus : Ad punctum in modico dereliqui te, et in miserationibus magnis congregabo te.* Item ibi : *Abscondi faciem meam parumper a te, et in misericordia sempiterna misertus sum tui.*

Ex Manual. fol. 7.

Cum ergo in tentationem ad tempus ducimus, priusquam in delectationis aut pravi consensus labamur voraginem, clamemus medullitus, clamemus valenter hos decantando psalmos: *Usquequo, Domine, obliviscerisme in finem.* Ps. *Deus, Deus meus, respice in me, quare me dereliquisti.* Ps. *Deus, in nomine tuo salvum me fac.* Ps. *Miserere mei, Deus, quoniam conculcavit me homo.* Ps. *Domine Deus salutis meæ.* Ps. *Deus in adjutorium meum intende.* Ps. *Eripe me, Domine, ab homine malo.*

AD S. CRUCEM ORATIO.
Ex Manual. fol. 47.

Adesto familiæ tuæ, clemens et misericors Deus, ut in adversis et prosperis preces exaudias, et nefas adversariorum per auxilium S. crucis, quia in to passus est Salvator mundi, digneris conterere, ut portum salutis valeant apprehendere. Per Dominum nostrum Jesum Christum, etc.

Ex Breviar. ms. S. Joan. Gualberti prope finem.

Invoco Patrem et Filium et Spiritum sanctum ut sit super me signum crucis et defendat me a malis operibus; signaculum S. crucis sit super me diebus ac noctibus.

Ex Manual. fol.?

Crucem tuam adoramus, Domine, et sanctam resurrectionem tuam laudamus et glorificamus : ecce enim propter crucem venit gaudium in universo mundo.

PRO CONSERVATIONE CONGREGATIONIS ORATIO.
Ex Manual. fol. 51.

Ne des, clementissime Deus, hanc congregationem in dispersionem, sed conserva eam propter nomen sanctum tuum.

ORATIO.
Ex Manual. fol. 3.

Exaudi me, clemens et benigne Deus, pro universis fidelibus tuis, qui nobis eleemosynas suas dederunt, nec aspicias, Domine, peccata mea, sed fidem illorum, qui nobis in fidem tui nominis largi sunt bona temporalia : et tu, Deus, remunerator omnium bonorum, retribuere illis digneris pro parvis magna, et pro terrenis promissa sempiterna, Salvator mundi, qui vivis et regnas in sæcula sæculorum. Amen.

ORATIO.
Fol. 31 ibidem.

Miserere omnibus catholicis tam vivis quam defunctis, et aversos a via veritatis dignare ad te convertere, ut te toto corde requirant. Et æterna protectione omnes conserva, ut nullis tentationibus a te separentur. Et præsta ut mortuis prosit hæc oratio servi tui ad emundationem delictorum seu levigamentum pœnarum. Tu, Deus magne et terribilis, misericors et amator hominum, tu scis quidquid singulis expediat : obsecramus clementiam tuam, Domine, ut juxta voluntatem tuam fiat nobis omnibus tam vivis quam et fidelibus defunctis, Salvator mundi, qui vivis et regnas, etc.

ORATIO PRO GRATIARUM ACTIONE.
Ex Manual. fol. 2.

Gratias tibi ago, infinita misericordia, Domine Deus omnipotens, teque laudo et glorifico, qui me de æternæ mortis interitu, de pœnis, et hujus carnis cruciatibus, in quo affligi dignus sum, hactenus liberasti. Tibi ago laudes et gratias, qui me de multis mortibus, de multis opprobriis, calamitatibus et miseriis, de immanissimis diaboli laqueis, de immundis desideriis exemptum disrupis vinculis, quibus tenebar adstrictus, perducere dignatus es ad servitium tuum. Tibi ago laudes et gratias, qui me eripiens a jurgiorum procellis, das mihi servorum tuorum perfrui charitate. Quæso, Domine Deus meus, qui mihi usque ad præsentem horam tuam misericordiam impendere dignatus es, dona mihi, toto corde, tota anima, totis viribus meis exquirere faciem tuam semper, et perduc me, misericors, ad tuam suavissimam visionem. Amen.

ORATIO AD B. VIRGINEM MARIAM.
Ex Manual. fol. 27.

Te supplico, Virgo sancta Maria, Mater Christi immaculata, puerpera, stella maris splendida, regina cœlorum digna, aula Dei munda, porta Christi conclusa, in mulieribus benedicta, super cœlos exaltata, Genitrix Christi, apud Filium tuum Dominum pro peccatis meis intervenire digneris : nullus est enim in creaturis dignior te, quia ipse, qui creavit te, natus est, et perinde nullum libentius exaudit quam te. Sub tuis ergo visceribus confugio. Amen.

AD S. MICHAELEM ARCHANGELUM.
Ex Manual. fol. 27.

Obsecro te, gloriosissime Michael, princeps exercitus angelorum, quem Jesus Dominus noster ideo voluit mortalibus manifestum fieri, ut quos ille de sub jugo dæmoniacæ servitutis, sanguinem suum fundendo eripuit, tu eos ab illius insidiis angelica potestate protegas et virtute orationis defendas : funde pro me quotidie preces tuas, ut donet mihi Dominus contra vulneratum superbum humilitatis fortissima arma, quibus et illi fortiter resistere valeam et Domino nostro suppliciter obedire, et societatem angelicæ beatitudinis, quam ille superbiendo perdidit, dignus ego obediendo apprehendere valeam. Amen.

AD SANCTOS ANGELOS CUSTODES.
Fol. 13.

Adsit, quæso, mihi beatorum angelorum tuorum pia custodia, et præsta, ut apud te pro me indignissimo sanctorum tuorum agmina intercedant.

ALIA ORATIO.
Fol. 13.

Angelum tuum sanctum nobis hic et ubique largire custodem et defensorem : mutuam discordantibus charitatem, infidelibus veram fidem, defunctis parentibus et omnibus in tua fide quiescentibus indulgentiam tribue delictorum.

AD APOSTOLOS CHRISTIQUE DISCIPULOS.
Fol. 29.

Omnes apostoli cum omnibus discipulis discipulabusque Domini mei Jesu Christi, orate pro me, ut abstrahat me Dominus a mundo, sicut abstraxit vos, et donet mihi sequi vestigia sua vel in extremo agmine nostro. Amen.

AD CONFESSORES.
Fol. 30.

Obsecro vos, beatissimi confessores Christi atque doctores Cypriane, Basili, Gregori, Athanasi, Eusebi, Ambrosi, Augustine, Hieronyme, Leo, Germane, Isidore, dignamini intercedere pro me peccatore, ut concedat mihi Dominus servare quæ docuistis, et in vestro me faciat consortio gratulari.

AD S. BENEDICTUM ABBATEM.
Fol. 29.

Obsecro te, beatissime Benedicte, dilecte Dei, intercede pro me servo tuo, et omni sancta hac tua congregatione et pro universis sub tuo magisterio militantibus, simul et pro omni populo Christiano, ut purget Dominus cor et actus a cunctis vitiis. Tribuat mihi servare cuncta quæ præcepit, et custodire sanctæ regulæ tramitem, quem me servaturum spopondi.

PRO BENEDICTIONE CELLARUM MONACHORUM ORATIONES.
Fol. 21.

Benedic, Domine, quæsumus, cellulam istam, ut qui in umbra alarum tuarum speramus, ab omnibus insidiis dæmonum virtutis tuæ potentia tueamur. Per Christum Dominum nostrum.

Fol. 21.

Huic cellulæ, quæsumus, Domine, præsens adesto, ut caterva dæmonum conterrita effugetur. Per Dominum nostrum Jesum Christum.

Fol. 21.

Deus, quem nec spatia dilatant, nec brevitas locorum angustat, hanc cellulam, quæsumus, præsentiæ tuæ luce perfunde, ut tenebrarum auctor confusus abscedat. Per Dominum nostrum Jesum Christum.

PRO SILENTIO.
Ex Manual. fol. 12.

Scriptum est, affirmante Apostolo, quia *vita et mors in manu linguæ. Et iterum : Linguam nullus hominum domare potest.* Quod ergo domare non potest purus homo, rogemus ut domet Deus et homo. Ergo ad obtinendam virtutem discreti silentii, supplici devotione hos canamus Domino psalmos : *Verba mea auribus percipe, Domine.* Ps. *Dixi : Custodiam vias meas, ut non delinquam in lingua mea.* Ps. *Domine clamavi ad te, exaudi me,* etc.

ORATIO AD PATREM.
Ex Manual. fol. 3.

Deus ineffabilis, institutor omnium rerum, et Domini nostri Jesu Christi Pater, qui eumdem dilectum Filium de sinu tuo misisti ad publicum nostrum suscipere nostram vitam, ut nobis donaret suam, esseique perfectus Deus ex te Patre, et perfectus homo ex matre, totus Deus et totus homo, unus idemque Christus, pastor et ovis, temporaliter mortuus, tecum in æternum vivens; et nobis dixit : Quodcunque petieritis Patrem in nomine meo, dabit vobis; obsecro te, ut des mihi cum eodem Filio tuo te in omnibus benedicere et glorificare; quia quorum est una substantia, unum et datum : des etiam mihi per illum et cum illo peccatorum omnium veniam, et mandatorum tuorum custodiam; dilectionem tuam et fraternum amorem; contra diabolum fortia arma, et erga fratres perfectam charitatem. Amen.

AD FILIUM.
Ex Manual. fol. 34.

Miserere, Domine, miserere, Christe, ut sanctam voluntatem tuam doceas me, ut in charitate tua enutrias me. Tu, misericordia mea, miserere mihi, ut bene rogem te. Miserere, Domine, miserere, Christe, ut dignum me facias exaudiri. Miserere, Domine, miserere, Christe, ut credam in te. Miserere, Domine, miserere, Christe, ut cognoscam te, ut sperem in te, et ut diligam te, ut anima mea vivat in te. Amen.

AD SPIRITUM SANCTUM.
Ex Manual. fol. 34.

Miserere, Spiritus paraclitus, consolatio mea, illuminatio mea, miserere, Domine Deus.

ORATIO PRÆPARATORIA AD S. DOMINI PASCHA.
Ex Manual. fol. 2.

Donet mihi Dominus Deus timorem et pœnitentiam, spem et amorem; auferat a me fermentum malitiæ et nequitiæ, et donet mihi continue celebrare Pascha suum in azymis sinceritatis et veritatis.

AD ACCIPIENDUM CORPUS ET SANGUINEM DOMINI ORATIO.
Ex Breviar. ms. S. Joannis Gualberti fol. 1

Domine sancte Pater, omnipotens æterne Deus, da mihi corpus et sanguinem Filii tui Domini nostri Jesu Christi ita sumere, ut merear per hoc remissionem peccatorum accipere, et tuo sancto Spiritu repleri : quia tu es Deus, et præter te non est alius, cujus gloriosum nomen permanet in sæcula sæculorum. Amen.

POST S. COMMUNIONEM ORATIO.
Ex Manual. fol. 9.

Tibi, Domine, ago laudes et gratias. Custodi, Domine, in me immaculatam fidem. Tibi inclino cervicem. Tibi genua flecto. Te Dominum meum, cum sis unus in S. Trinitate, confiteor. Erue me de periculis. Tuere me in omnibus causis. Erige me jacentem, et ea quæ explere non possum, quasi sint postulata, concede. Amen.

Ex Manual..... prope finem.

Talem me perpetua defensione concede servare, qualem me fieri per aquam regenerationis, Creator altissime, præstitisti, quia tua gratia redemptus sum.

Ex Manual. fol. 20.

Post decursum vero totius diei spatium cum [ad] lectulos venimus dormitum, votis omnibus rogemus Dominum cum Propheta dicentes : *Illumina oculos meos, ne unquam obdormiam in morte.* Neque enim melius mortuo dormit qui a vespere usque ad mane obturato ore in laudem Creatoris, non tam somno, quam lethargia depressus, resupinus stetit in lectulo. Verum quia contra naturam est insomnem vivere hominem, illum rogemus dormituri, qui non dormitavit neque dormiet, ut satisfaciamus dormientes non voluntati sed necessitati. Canamus propterea coram lectulo Ps. VI : *Domine, ne in furore tuo arguas me;* congruit enim et rei et tempori. Possunt tamen continuare, sicut placet et non cedit pigritiæ, Ps. XII : *Usquequo, Domine, obliviscens me in finem;* et Ps. *Levavi oculos meos in montes.*

Ex Manual. fol. 21.

A facie impiorum, quæsumus, Domine, sub umbra alarum tuarum nos protege, ut ad laudem tui nominis resurrecturi, te super nos vigilante, securi dormiamus. Per Dominum nostrum Jesum Christum, etc.

ORATIO PRO PATRE ET MATRE ET OMNI PARENTELA.
Ex Manual. fol. 9.

Dominator Domine, Deus omnipotens, qui mirabiliter cuncta condidisti et tua dispositione creasti omnia; quia præcepisti dilectionem et honorem circa patrem et matrem exhibere, exaudi me, misericors Deus, clamantem ad te pro genitore meo et genitrice mea.

Ex Manual. fol. 9.

Optimum Domino quinque psalmorum propter tribulationem de percepto gaudio sacrificium. Psal. *Exaltabo te, Domine, quoniam suscepisti me. Benedicam Dominum in omni tempore. Jubilate Deo, omnis terra, psalmum dicite nomini ejus. Nisi quia Domi-*

nus erat in nobis, dicat nunc Israel. Confitebor tibi, Domine in toto corde meo, quoniam exaudisti verba oris mei. Igitur cum pius Dominus dixisset : *Invoca me in die tribulationis, et eripiam te;* pro ipsa ereptione quærens a nobis laudis debitum, subjunxit statim : *Et honorificabis me.* Ergo cum in tentationes varias inciderimus, vel falsorum fratrum, vel sævientium dæmonum, contra hostes illos divini verbi jacula intorquentes, cum illos defecisse et nos convaluisse viderimus, mox pura nostri cordis intentione oculos manusque levantes ad cœlum in voce laudis et confessionis benedicamus illi, qui misit de cœlo et liberavit nos et dedit in opprobrium conculcantes nos, dicamus illi concordante corde et ore ps. *Exaltabo te, Domine, quoniam suscepisti me,* etc.

Docent nos SS. prophetæ suis imitabilibus exemplis prævenire faciem Domini mane orationibus nostris. Et David quidem : *Et mane oratio mea præve-*

niet te. Isaias autem sic : *Anima mea desideravit te in nocte, sed et spiritu meo in præcordiis meis de mane vigilabo ad te.* Cum his ergo tribus congruentissimis psalmis vigilet ad Dominum mane et spiritus noster, oremusque in ortu surgentis auroræ, ut a luce prima in vesperum sint oculi ejus super nos, et aures ejus in preces nostras, nostrosque dirigat gressus in viam pacis, ut absque errorum scandalo gradientes, non dominetur nostri omnis injustitia. Hos ergo canamus in ipso diei initio psalnios : *Verba mea auribus percipe, Domine. Clamavi in toto corde meo, exaudi me, Domine. Domine, exaudi orationem meam, auribus percipe obsecrationem meam,* etc. Oratio Dominica. Credo. Symbolum S. Athanasii : *Quicunque vult salvus esse.* Litaniæ, etc. Et quidam ÿ ex psalmis cum canticis, etc. Finit.

An prædictæ preces sint sancti Joannis Gualberti autographæ, an ab eo collectæ ac ab altero descriptæ, aut ab illo tantum usurpatæ, hactenus me latet. Saltem ob antiquitatem et sanctissimi Viri usum nobis sunt venerandæ. Si mihi Manuale istud videre contigisset, facile potuissem discernere, propria ejus manu expressum, et instrumento anni 1072 subnotatum, invenerim apud Franchium lib. XII, pag. 489. Non ingratum fore arbitror, si palæophilis hanc subscriptionem hic exhibeam.

Ego Johs abb ame factuss

S. JOANNIS GUALBERTI

EPISTOLA AD FRATRES.

Joannes abbas, etc. *Vide supra in priori S. Gualberti Vita, auctore Attone, col. 700.*

CIRCA ANNUM DOMINI MLXXIII.

GUNDECHARUS

EICHSTETENSIS EPISCOPUS.

NOTITIA HISTORICA ET LITTERARIA

(Pertz, *Monumenta Germaniæ,* Script. VII, 259.)

Gundechar, sive Gunzo, patre Reginhero, matre Irmingarda (1), natus die 10 Aug. 1019, Eichstadii ab infantia doctus et enutritus (2), post canonicus ibi et capellanus Agnetis imperatricis, die 20 Aug.

(1) Ita ipse in Kalendario Non. jul. et XII Kal. Nov. Raderi opinio, Gundecharum ex gente Nassaviorum dynastarum fuisse, fundamento caret, unico Toutæ nomini innixa; unde jam Boschius in Actis SS. Aug. I, 178, eam rejecit.

(2) Anonymus Hascrensis, c. 2.

1057 episcopus designatus, die 27 Decembris Poli- dæ consecratus, cathedram Eichstetensem decimus octavus per totidem annos tenuit usque ad transitus diem 2 Aug. 1075, sepultus in ecclesia cathedrali. Anno autem 1309 a Philippo episcopo translatus, ob multa quæ per eum fieri videbantur miracula a populo beati nomen meruit, tantamque venerationem, ut a. 1316 ipse imperator Ludovicus lumina ad ejus sepulcrum institueret. Vir integerrimus, omnibus charus, subditorum *non dominus, sed pater benignissimus* (3), ab omni cupiditate alienus (4), summæ modestiæ, alienis negotiis nunquam se immiscens, sed ante omnia ecclesiastici muneris officiis et veris gregis sibi commissi commodis adeo intentus, ut præter cætera quæ fecit per sedecim annos centum viginti sex ecclesias ipse dedicaverit; pastor denique bonus, *cujus tota semper erat intentio, omnia sua in usum suæ convertere Ecclesiæ* (5). Inter hæc, a. 1071 exeunte vel ineunte 1072 (6), Ordinem conscribi fecit suis sumptibus et in choro S. Willibaldi reposuit, qui LIBER PONTIFICALIS vocatus, nunc etiam in sacrario ejusdem ecclesiæ religiose servatur. Liber maximæ formæ, foliorum 204, quaternionibus 26 comprehensorum, binis columnis, una manu splendidissime exaratus, calamo ab initio usque ad finem continuo, multis versibus et vero foliis minio scriptis, litteris initialibus auro atque coloribus distinctis, fol. 7 sqq. post titulum cum formula traditionis continet nomina episcoporum Aureatensium et ecclesias a Gundecharo consecratas; fol. 13 ordinem ecclesiasticum secundum Romanos et secundum Gallos, examinandum ei qui rituum in ecclesia Germanica historiam aliquando componet; fol. 123 Kalendarium cum Necrologio variisque tabulis ad computum pertinentibus; fol. 138 indicem differentiarum musicarum; fol. 143-204 benedictiones et orationes. Cui codici ut introitum daret sancto cui destinabatur loco digniorem, Gundechar præposuit fol. 1-6, in quibus post crucem litteris compositam et post novam dedicationem priori ampliorem, imagines pingi curavit Salvatoris inter angelos sedentis, crucifixi, sanctorum duodecim diœcesis Aureatensis tutelarium, denique 17 suorum prædecessorum suamque 18am. Quibus singulis singulos versus minio superponi fecit; episcopis præterea annos sessionis atque dies emortuales adscribi ex catalogo jam fol. 7 inserto. Libro absoluto et jam in choro S. Willibaldi posito, Gundechar ipse postea manu propria nitidissima hic illic quædam inseruit, scilicet fol. 1, 204-204, nomina episcoporum et canonicorum suo tempore defunctorum; fol. 122 excerptum ex canonibus; fol. 127, 128, quædam in Kalendario. Ab aliis suppleri fecit fol. 11 dedicationes ecclesiarum libro jam confecto factas, fol. 121, 122, excerpta quædam canonum.

Ita librum Gundechar moriens Ecclesiæ suæ reliquit, ubi per sæculum intactus remansit. Primus qui aliquid adderet fuit Otto episcopus a. 1182-1195. Hic in fol. 11-12 vario tempore adjecit ecclesias quas ipse dedicavit, numero 107. Gundechari imagini adscripsit diem transitus, et in sequenti pagina, Gundecharo vacua relicta, eodem plane modo quo ille incœperat, sex successores ejus pingi fecit, in folio 6* assuto summo septimum et se octavum, quibus singulis et versus et annos addidit, in omnibus accuratissime Gundecharum imitatus. — Alius statim post mortem Ottonis diem ejus obitualem imagini adscripsit, idemque in vacua pagina fol. 12, 13, annales brevissimos inseruit, quos infra proponemus. — Secundus continuator intra a. 1229-1254 in fol. 6* ab Ottone assuto sub hujus imagine tres ejus successores pinxit diverso paululum a præcedentibus modo, uno tecto turrito comprehensos, arte pictoris majore, cura in versibus adjectis minore. Annos omisit. — Konradus de Kastel canonicus Eichstetensis, a. 1244 duernionem præfixit, cui inscribi fecit indicem codicis et acta litis de præsidio concilii Maguntini a. 1243, cui ipse interfuit (7). His ipse a. 1256 manu propria subjunxit brevem notitiam de eleemosynis in translatione sancti Willibaldi collectis; paulo post ampliorem de eadem translatione atque de miraculis narrationem (8); eodem fere tempore atque calamo fol. 13 continuavit quæ post Ottonis mortem ibi inserta fuerant; fol. 204 Gundechari catalogum defunctorum canonicorum ad sua usque tempora deduxit; fol. 122 inter lineas et in spatio vacuo scripsit *Anno D.* 1015 — *revixit;* fol. 123-128 per Kalendarium plurima hic illic notavit, repetens plerumque quæ jam alibi scripserat; fol. 5, 6, 6*, ad imagines episcoporum annos quos Gundechar omiserat, de suo supplevit, multaque alia margini aspersit. Sed hæc omnia per totum librum tam inordinate sunt conjecta, tamque confusa, toties repetita, tot denique tantisque erroribus horrida, ut cautissime tantum legi debeant nec fides ipsis haberi nisi ubi aliis testimoniis confirmantur. — Tertius continuator paulo post a. 1279 in fol. 6* verso sex sequentes episcopos pingi fecit versusque superscripsit, plane ut Gundecharus.

Hi tres in omnibus fere Gundechari vestigia pres-

---

(3) Verba sunt cleri Eistetensis in charta in Actis SS. l. l. p. 182.
(4) Ne unam quidem per totum sessionis suæ tempus a rege quæsivit donationem, tempore quo Anno atque Adalbertus innumera sibi dabant.
(5) Iterum verba cleri in illa charta.
(6) Nam f. 10 dedicatio ecclesiæ Haserensis, Kal. Oct. 1071 facta, eodem calamo continuo atque atramento exarata est quo totus liber; scriba igitur post illam demum dedicationem calamum sumpsit. Dedicatio autem capellæ S. Michaelis, vi Id. Jul. 1072 facta, in f. 11 post inserta est, codice jamjam absoluto.
(7) Numeratur inter testes ejusdem chartæ. Ipse manu propria subnotavit: *Konradus de Kastel me fecit scribi in concilio generali anno MCCXLIV*.
(8) Cujus priorem partem edidit Gretser in Catalogo epp. Eichstet., p. 475.

serunt. Sed novam prorsus viam et quam sequentes omnes tenuerunt, a. 1297 quartus ingressus est. Hic novum folium inseruit, quod medium Reimbotonis episcopi imagine ornavit præcedentibus longe majore; ad margines non jam versum, sed vitam contexuit sat amplam calamo continuo. — Quintus, Thomas, notarius Chunradi episcopi, a. 1305 vel post duo iterum folia inseruit, in quorum altero Chunradum, in opposito comitem Gebhardum episcopo castrum suum Hirsperg offerentem repræsentavit, margines vitis eorum destinavit. Postea in pagina sequenti Joannem posuit, itidem cum Vita breviori. Idem etiam per fol. 5, 6, 6', additamentis Konradi nova adjecit, et miraculorum Gundechari a. 1309 factorum narrationem in quatuor foliis indici præfixit (9). — Sextus continuator, Thomam imitatus, et pictore usus eodem, Marquardi Vitam et imaginem a. 1324 condidit in novo folio, cujus primam paginam vacuam reliquit. — In hac septimus a. 1355 Vitam Philippi supplevit, ac imaginem sat rude pictam in qua novo genere episcopus repræsentatur non jam solus, sed populo benedicens infra prostrato. Idem auctor eodem calamo post sexti continuationem Vitas Gebhardi, Friderici, Heinrici, Alberti subjecit cum imaginibus ab eodem quo Philippi pictore factis; in quavis episcopus post cujus sedem duo vassali conspiciuntur, juramentum recipit capituli. — Octavus a. 1365 Bertholdi Vitam atque imaginem addidit, calamo continuo, ut et sequentes omnes fecerunt; nonus Rabuonis a. 1383; decimus Friderici IV a. 1415; undecimus Joannis II, paulo post a. 1429; duodecimus Alberti II, a. 1445, pictore eodem quo præcedens; tertius decimus a. 1464 Joannis de Eych, perpulchre picti. Anno 1496 Leonhardus Angermair Vitam Wilhelmi episcopi, cujus capellanus et confessor fuerat, composuit, jubente episcopo Gabriele, qui et imaginem Wilhelmi ante altare prostrati fieri curavit a pictore vere præstantissimo. Ab eodem pictore Gabriel intra a. 1501 et 1521 se ipsum repræsentari fecit, in ecclesia Bambergensi a. 1501 Vitum Truchsess in episcopum consecrantem, præsente Friderico duce Saxoniæ multisque aliis ad vivum depictis; quæ pictura et arte et colorum splendore omnium pulcherrima eadem codicis ultima est. Jubente Mauritio, post annum igitur 1559, quintus decimus continuator Gabrielis et Christophori Vitas breves subjunxit, hujus imagini locum relinquens; sed defuit pictor. Sextus decimus Mauritium, Eberhardum, Martinum, Gasparum, Joannem uno calamo breviter complexus est post a. 1612; septimus decimus Joannem Christophorum a. 1637; decimus octavus Marquardum II post 1685; decimus nonus a. 1697 Joannem Eucherium. Reliquis membrana vacat.

Liber Pontificalis jam statim post Gundechari obitum exceptus fuit ab anonymo Haserensi; dein a. 1471, vel paulo post, a monacho Blankstetensi, qui ex ipso, ex anonymo Haserensi et ex Adalberto Heidenheimensi compilavit *Librum episcoporum Eystettensium*, satis jejunum, de suo nil fere addens nisi versus aliquot nil dicentes, nullius prorsus utilitatis (10); sæculo xvi ab auctore Chronicæ Eistetensis vernaculæ, quæ tota inde fluxit (11); post a Bruschio, Häuslero, Gretsero, Leublo, Falkenstein. Edita ex eo fuerunt nonnulla a Gretsero (12), sed excerpta tantum hic illic per opus dispersa; alia quædam a Boschio (13). Integrum Gundechari opus nunc primum prodit ex ipso libro, quem e sacrario S. Willibaldi depromptum vir admodum reverendus et ob egregiam qua me prosecutus est benevolentiam grato semper animo mihi colendus, David Popp, ecclesiæ cathedralis Aureatensis præpositus atque vicarius generalis, his ipsis diebus gratiose mecum communicavit. Propono inde opus, quale Gundechar moriens illud reliquit, omissis tamen quæ ad officia ecclesiastica spectant, quæ non sunt Gundechari. Additamenta imaginibus apposita in notas rejeci; reliqua per librum hic illic sparsa in unum collegi, Konradi maxime, rejectis tamen quæ ab hoc bis terque repetita nemini desiderium movebunt. E continuationibus tres tantummodo priores hic subjeci brevissimas adeoque Gundechari simillimas, ut nisi huic annexæ per se prodire non possint; reliquas ampliores cum sæculi quarti decimi scriptoribus edendas reservavimus.

Aureati, die 2 Januarii 1845.

L. C. Bethmann.

(9) Edita in Actis SS. Aug. I, 181. Thomas ipse adnotavit: *Ego Thomas notarius d. episcopi hec miracula scribi ob istius incliti presulis reverentiam procuravi.*

(10) Exstat in ultimis decem foliis codicis olim Blankstetensis postea capituli Eichstetensis n. 31. ch. qu. s. XV.

(11) Legitur in libro a. 1801, ab archivario capituli, Jung, conscripto, quem habet V. A. Rev. David Popp.

(12) In libro: *Philippi Eysteltensis de ejusdem ecclesiæ divis tutelaribus commentarius. . . . cum catalogo episcoporum. . . . ed. J. Gretser. Ingolstadii 1617, in-4°.*

(13) In Actis SS. Aug. I, 175 sqq

GUNDECHARI
LIBER PONTIFICALIS EICHSTETENSIS
EDENTE L. C. BETHMANN.

(*Monumenta Germaniae historica*, Script. tom. VII, pag. 242.)

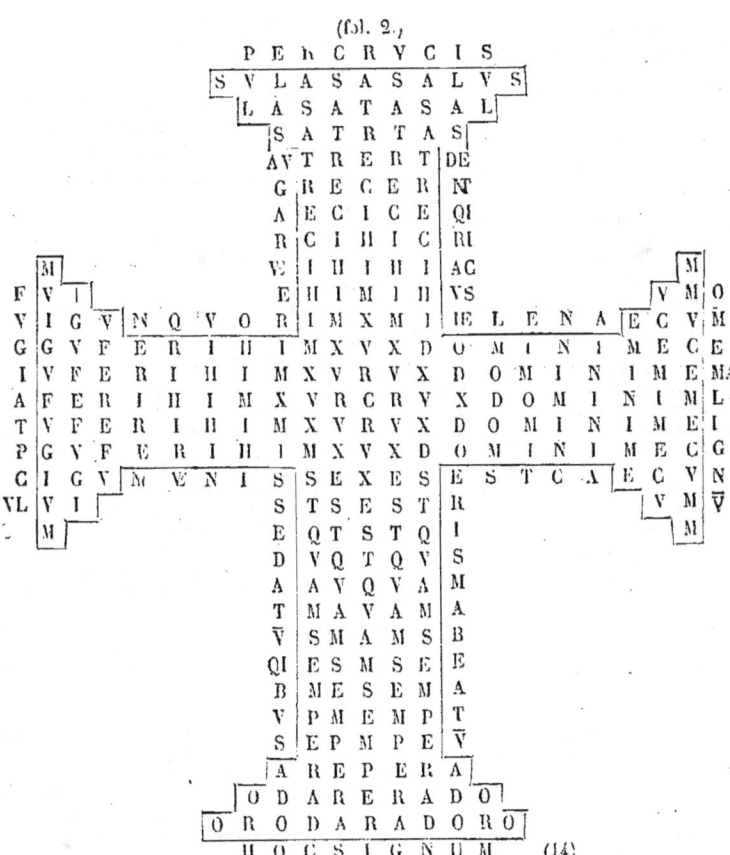

NOTÆ.

(fol. 3.) Gundecar peccator, sanctae Aureatensis ecclesiae non suis meritis, sed divina ordinante clementia octavus decimus episcopus, hunc ordinem satis utiliter colligere et ex propriis impensis conscribere fecit, et conscriptum ad altare sancti Willibaldi Christi confessoris scilicet in eodem loco cor-

(14) Haec crux effigies est crucis argenteæ quam Gundechar in collo gestare solitus erat, ut infra fol. 9 dicit; de qua cruce cf. Acta SS. Aug. I, 484. Eamdem ipsa qua hic forma Gundechar et in prima pagina Burchardianorum canonum exarari fecit, quos canones una cum libro pontificali ecclesiæ dedit, unde jam in bibliothecam seminarii Eichstetensis transierunt, n. 48 signati, formæ majoris.

Utebatur igitur hac cruce quasi signo vel ut ita dicam symbolo (*Wappen*). Litteræ in codice alternatim rubræ atræque hos dant versus:

Crux mihi certa salus, crux est quam semper adoro;
  Crux Domini mecum, crux mihi refugium.
Per crucis hoc signum fugiat procul omne malignum;
  In quo revera gaudent Quiriacus Helena,
Invenisse datum quibus est carisma beatum.

poraliter quiescentis, et ad servitium sancti Salvatoris tradidit pro se ipso et pro omnium debitorum
suorum remedio, maxime autem pro antecessorum
suorum episcoporum refrigerio, pro quorum sacra
reverentia et condigna memoria imagines eorum et
nomina et tempus quod in ordine episcopali vivebant,
diesque discessionis eorumdem hic annotare curavit,
ut et ipsi apud Deum assiduis precibus illum adjuvare
dignentur.

(Fol. 3) Laudat in excelsis te sanctum spiritus omnis;
Te Cherubin laudat, Seraphin te semper adorat;
Et prece continua *Sanctus* clamant et *Osanna* [1].

Mortificat Jesus mortem, quam contulit esus,
Et super astra vehit victor, quæ victa redemit.
Discipulum matri Dominus dat sub vice nati,
Et matrem nato propriam dat huic sibi caro [2].

(Fol. 4) Constituit vitæ Deus hos exemplar utri-
[que,
De quibus hoc mundo sonuit vox ore rotundo.
Sparsa fides verbis in eis nec mansit inermis.
Gundekar antistes vix tali nomine dignus
Me precibus sacris rogo de viciis reparetis [3].
Willibalde tuis fer opem per dona salutis.
Esse Bonifaci fac nos bonitate capaci.
Wunnebalde tuos rege cum cunctis Svalaveldos.

A Nos Waltburga Deo conterminet anglica virgo.
Vite puer fortis, penæ nos subtrahe mortis.
(Fol. 4) Tu prece condigna Gunthildis adesto be-
[nigna.
Sit de Dietkero plebi spes, gratia clero.
Fac solem vitæ nobiscum, Sola, manere.
Ulcera peccati foveat medicina Kadoldi.
Nobis, Anno, datos fac annos esse beatos.
Deothardi votis veniat protectio nobis.
Crimine polluto veniam prece conferat Uto.

(Fol. 5) Isti sunt viri sancti, quos elegit Dominus
in caritate non ficta, et dedit illis gloriam sempiternam; quorum doctrina fulget æcclesia ut sol et
luna [4]:
Willibalde, tuos primus regis Aureatenses.

B Sedit a. 36. Anno inc. Domini 781. Non. Jul.
obiit.
Gerhoch inde pius pascebat ovile secundus.
Tercius est Aganus coelesti dogmate plenus.
Laudibus eximius Adalune micat ordine quartus.
Altine quos pastor sequitur virtutis amator.
Post hos Otkerus succedebat vice sextus.

Isti quinque episcopi, Gerhoch, Aganus, Adalune, Altune, Otker, 100 annos vivendo compleverunt (15).

Isti sunt triumphatores et amici Dei, qui con-

VARIÆ LECTIONES.

[1] hi tres versus rubro exarati manu primaria circumdant imaginem Christi inter Cherubin et Seraphin in solio sedentis, librum tenentis, dextera benedicentis. [2] hi quatuor versus atramento scripti manu altera (Gundechari ut videtur), circumdant imaginem Crucifixi, ad cujus caput duo angeli lugentes, ad manus Maria et Joannes, ad pedes duo milites conspiciuntur, quorum alter acetabulum fert, alter lancea latus Domini aperit. [3] hi quinque versus manu illa circumdant imagines sex sanctorum in fundo deaurato pictas, quarum unicuique litteris rubris superscriptus est versus hexameter. Sequens pagina itidem sex con-tinet sanctos eodem modo pictos versibusque ornatos; quos duodecim versus supra posuimus. [4] hæc litteris majusculis scripta manu illa altera circumdant paginam rectam fol. 5. in qua depicti sunt sex episcopi. Cuique superscriptus est versus hexameter, litteris majusculis rubris. Sub hoc versu, ad caput sancti legitur Sedit annos, et sub pedibus ejus annus et dies mortis, utrumque litteris minusculis nigris, manu eadem. In priori tamen pagina hæc uni Willibaldo apposuit scriptor, ex catalogo infra fol. 7. jam antea exarato; de reliquis quinque nonnisi summam annorum ibi notatam invenit, quam iisdem quibus ibi legebat verbis Isti — compleverunt trium inferiorum episcoporum pedibus supposuit. Sæculo XIII. medio Konradus de Kastel de suo hæc supplevit, adscribens Gerhocho: Sedit annos XX.; Agano: Sedit annos XVIII, Ada-lungo: Sedit annos XXII.; Altino: Sedit annos XVII.; Otkero: Sedit annos XXIII. Alius denique versus finem s. XV. hisce Kouradi notulis ex altero Gundechari catalogo in fol. 7. scripto apposuit dies emortua-les, quos omisimus.

NOTÆ.

(15) Hinc apparet, chronologiam horum quinque
episcoporum jam Gundecharo incognitam fuisse;
neque recentiores quotquot ea de re scripserunt,
eam valuerunt illustrare. Nostris demum diebus
diligentius et ex ipsis fontibus eam examinavit reverendus ejusdem ecclesiæ præpositus, David Popp,
vir et doctrinæ copia et humanitatis laude præstantissimus, ex cujus Regestis episcoporum Eistetens-
sium benignissime mecum communicatis, — liber
antiquæ eruditionis, qui utinam mox lucem videat! — hæc breviter excerpta proponere juvat:
« Ueber den h. Willibald ist das Wahrscheinlichste
dies, dass er 741 zwar Bischof warde, aber Episcopus regionarius, ohne bestimmten Sprengel;
diesen erhielt er erst 745 durch die Stiftung des
Bistums Eichstädt, und starb nicht 786, wie die
Bollandisten aus zwei Fuldaer Urkunden annehmen,
sondern 781. Ueber seine vier nächsten Nachfolger
wusste schon Gundechar nichts Genaueres; die
älteste und einzige Quelle, woraus man ihre Todes-
jahre angibt, sind die Interpolationen Konrads von
Kastel am Rande ihrer Bilder; hierauf, und hierauf
allein, gründen sich die sämmtlichen Angaben aller

C Nachfolgenden, des Interpolators in Gundechar's
Kalendarium, des Mönchs von Blankstetten, der
deutschen Bischofs-chronik s. XVI, Bruschius,
Luidl's, Häusler's Gretser's, Falkenstein's. Konrad schrieb nach 1243; seine Angaben durch das
ganze Pontificale hindurch sind voll der gröbsten
Fehler, besonders in der Chronologie. Woher hat
er aber gerade diese Jahre der fünf Bischöfe ge-
schöpft? Offenbar nur aus Gundechar's *centum
annos vivendo compleverunt*. Er theilte diese in fünf
gleiche Theile, wovon er nun dem Gerhoch einen,
Agano und Adalung zusammen zwei (18 + 22 =
40), Altune und Otker zusammen wieder zwei
(17 + 23 = 40) gab. So sind also seine Angaben
durchaus willkürlich; aber sie sind auch nachweis-
lich falsch. Gerhoch wäre hiernach 801 gestorben,
Agano 819; dieser war aber noch 822 auf der Synode
zu Ergolting, vgl. Hansiz II, 125. Nagel origg. domus Boicæ p. 202. Adalung's Tod 841 ist also auch

D nicht richtig, wenn er wirklich 22 Jahr gesessen
hat. Altune soll 858 gestorben seyn; aber schon im
October 847 erscheint sein Nachfolger Otker als
Bischof von Eichstädt auf dem Concil zu Mainz.

tempnentes jussa principum, meruerunt præmia æterna; modo coronantur et accipiunt palmam³:
Septimus ecclesiam Gotescalc procurat eandem.
Sedit a. 5. 882° anno 2. Id. Nov. ob.
Est Erchaanboldus octavus in ordine magnus.
Sedit a. 21. 902° anno 13. Kal. Oct. ob.
Inde potestatem capit Oudalfridus eandem.
Sedit a. 31. 935° anno Kal. Jan. ob.
Exin Starchandus regit ecclesiam venerandus.
Sedit a. 32. 965° anno 3. Id Febr. ob. ⁶.
Musicus inde locum Regenoldus rexit eundem.
Sedit a 24. 989° anno 2. Non. Apr. ob.
Hinc malus ipse malis Megengoz, largus egenis.
Sedit a. 24. 1014. anno 4. Kal. Maii ob.
(Fol. 6.) Hinc Gundcharus virtutum germine clarus.
S. a. 5. 1019° a. 13. Kal. Jan. ob.
Post hunc Waltherius colit æcclesiam venerandus.
S. a. 2. 1021° a. 13. Kal. Jan. ob.
Hinc Heribreht, flentem qui nullum sprevit egentem.
S. a. 22. 1042ᵃ a. 9. Kal. Aug. ob.
Gezmannus paucis presul fuit inde diebus.
S. menses 2. 1042° a. 16. Kal. Nov. ob.
Et post⁷ hunc Gebehart, Romam⁸ qui deinde regebat.
S. in episc. 15, in papatu 2 a. 1057° a. 5. Kal. Aug. ob.⁹.
Gundekar ecclesiam presens modo dirigit ipsam ¹⁰.
(Fol. 1.) Anno Dominicæ incarnationis 1019°

Gundechar peccator in festo sancti Laurentii martyris natus est, anno autem 1057° episcopus electus est, anno autem 1058° (16) episcopus ordinatus est, ætate quippe 38 annorum. In designatione vero ejusdem episcopi Gundekari aderant 4 episcopi, in susceptione virgæ pastoralis 14, in ordinatione vero 14. In 13. Kal. Sept. erat designatio, 5. Non. Oct. virgæ pastoralis susceptio, 16. Kal. Nov. intronizatio, 6. Kal. Jan. episcopalis consecratio. De sessione vero Christo notum esse credo ¹¹.

(Fol. 7.) Gundechar peccator sanctæ Aureatensis æcclesiæ 18ᵘˢ episcopus tradidit hunc librum ex propriis impensis conscriptum ad altare sancti Willibaldi Christi confessoris, scilicet in eodem loco corporaliter quiescentis, et ad servitium sancti Salvatoris.

Hec sunt nomina episcoporum sanctæ Aureatensis æcclesiæ in honore sancti Salvatoris constructæ.

Anno ab incarnatione Domini 781. sanctus Willibaldus Non. Jul. consortium conscendit angelorum, ætate quippe 77 annorum; sedit annos 36.
Gerhoch obiit 4. Non. Febr.
Aganus obiit 8. Idus Nov.
Adalunc obiit 8. Kal. Aug.
Altune obiit 8. Kal. Mart.
Otker obiit 880 ¹² anno 2. Non. Jul. Isti quinque episcopi omni illorum directionis numero diligenter

VARIÆ LECTIONES.

³ *Hæc fol. 5 et 6. superscripta et subscripta sunt litteris majusculis, nigris, manu illa altera.* ⁶ *Konradus de Kastel addit:* quem rex Ungarie occidit in fluvio Lech ad latus episcopi sancti Augustensis; *idemque in Kalendario ad diem emortualem Starchandi apposuit:* quem rex Ungarorum occidit. *Sed falsum. Anonymus Haserensis nil ea de re tradit* c. 11. *ubi certe occasio erat id narrandi; Gundechar aperte contradicit, annum mortis ponens* 965. *Qui præter Konradum idem tradunt, omnes ex ipso hauserunt.* ⁷ pot. cod. ⁸ romam romam cod. ⁹ *manus sæc.* XIV. *addit:* Comes de Tollnstain et Hirsperg natus. *Quod falsum est, inde ortum, quod Gebhardus* II. *fuit comes de Hirsperg.* ¹⁰ *Otto episcopus s.* XII. *ex. addit:* Sedit annos XVIII. MLXXV. IIII. Non Aug. obiit. ¹¹ *hæc litteris majusculis scripta sunt, versibus alternatim rubris nigrisque.* ¹² *numerus in rasura, atramento pallidiori, manu ut videtur Gundechari ipsius. Haserensis quoque Anonymus* DCCCLXXX *habet.*

NOTÆ.

Hätte dieser wirklich 23 Jahr gesessen, wie Konrad angibt, so müsste er also spätestens 870 gestorben seyn; und doch setzt Gundechar seinen Tod aufs Bestimmteste in 880. Hier ist aber noch etwas zu bemerken: in einer Urkunde von Niederaltaich vom 18. Decb. 865, Mon. Boica XI, 122. heisst der dortige Abt *Otgarius abba et vocatus episcopus.* Derselbe kommt schon in Urkunden des Klosters von 857. 860. 865 vor (Mon. B. XI, 115. 117. 119. 120), aber immer nur als *abba*; also ist er erst 865 Bischof geworden, und zwar nur in Eichstädt, weil anderswo zu dieser Zeit kein Bischof des Namens nachzuweisen ist. Da nun aber schon 847 ein Otker Bischof in Eichstädt war, und der nicht eine Person mit dem Niederaltaicher seyn kann, weil dieser im J. 856 nur *abba* heisst; so müssen in Eichstädt zwei Bischöfe nach einander Otker geheissen haben, wovon der erste 865 starb, und welche Gundechar irrig zu einem einziger macht. (Sed adver tendum est diplomata illa a. 857. 860. 863. in quibus Otkerus *abba* tantum audit, a Koppio Pal. Iᵃ, 451 sqq. spuria judicari; ita ut ille *Otgarius abba et vocatus episcopus* vel sic tamen idem esse possit, qui jam a. 847 episcopus fuit, significatione vocis *vocatus* satis usitata pro *qui vocatur, seu est*.) Godescalc's Todesjahr 882 nach Gundechar mag dahin gestellt bleiben. Erchanbold aber war noch am 8. Mai 906 in Holzkirchen am Hoflager K. Ludwigs, nach der unbezweifelten Urkunde Mon. B. XXVIII, 159, und 905 in Regensburg M. B. XI, 129. Ja bei Falkenstein cod. dipl. Eist. 17. giebt ihm 908 K. Ludwig grosse Privilegien, und bei Büttner Franconia II, 59. bestätigt K. Konrad ihm gar noch am 8. März 912 seine Privilegien. Doch ist die Achtheit dieser beiden Urkunden wenigstens nicht ganz verbürgt. Jedenfalls aber sind Gundechar's beide Angaben falsch, folglich auch bei Udalfried entweder das Jahr 933, oder das *sedit a.* 51. irrig. Starchand starb nach dem Annalista Saxo 966, nach Gundechar 965; die noch neuerlich nachgesprochene Angabe, er sey 955 auf dem Lechfelde erschlagen, gründet sich nur auf Konrads von Kastel Zusatz zu seinem Bilde. Megingoz wäre nach Leopoldi chron. bei Pez I. › *Anno* 1012. *b. Colomannus ... suspensus ... Peracto post passionem ejus triennio ... a Megingauda Aichst. ep. est tumulatus* ‹ noch 1015 am Leben gewesen; doch eine andre Chronik bei Pez I. setzt dies Begräbniss in 1014. Die Angaben Gundechar's über die folgenden Bischöfe sind alle sicher. › Hæc Popp. Sperandum fore ut ex diplomatibus sæc. IX et X ob testium nomina diligenter inspectis aliquid certius reperiatur de hac chronologia.

(16) Die 27 Dec. 1057. Gundechar enim annum a nativitate Domini incipit.

in unum collecto centum annos compleverunt.
 Gotescalch obiit 882° anno, 2. Id. Nov.; sedit annos 3.
 Erchanbold obiit 902° anno, 13. Kal. Oct.; sedit annos 20.¹³.
 Oudalfrid obiit 933° anno, Kal. Jan.; sedit annos 31.
 Starchand obiit 965° anno, 3. Id. Febr.; sedit annos 32.
 Reginold obiit 989° anno, 2. Non. Apr.; sedit annos 24.
 Megengoz obiit 1014° anno, 4. Kal. Maii; sedit annos 24.
 Gundechar obiit 1019° anno, 13. Kal. Jan.; sedit annos 5.
 Walthere obiit 1021° anno, 13. Kal. Jan.; sedit annos 2.
 (Fol. 7.) Heribertus obiit 1042° anno, 9. Kal. Aug.; sedit annos 20 ¹⁴.
 Gezeman obiit 1042° anno, 16. Kal. Nov.; sedit 2 menses.
 Gebehardus obiit 1057° anno, 5. Kal. Aug.; sedit in episcopatu 13 annos, in papatu 2, et Victor vocatus est.
 Post istos autem ejusdem sanctae Aureatensis ecclesiae Gundechar ¹⁵ fratrum ultimas, sed tamen tunc temporis dominae imperatricis Agnetis capellanus, in hanc eandem sedem 13 Kal. Sept. (1057), his subnotatis episcopis presentibus, Luitboldo Magontiacensi archiepiscopo, Wilone Mediolanensi archiepiscopo, Guntherio Babenbergensi episcopo, Anshelmo Lucensi episcopo, Triburie est annulo investitus; et in 3 Non. Octobris, istis autem subnotatis episcopis presentibus, Luitboldo Mogontino archiepiscopo, Annone Coloniensi archiepiscopo, Eberhardo Treverensi archiepiscopo, Widone Mediolanensi archiepiscopo, Gebehardo Ratisponensi episcopo, Adalberone Wirceburgensi episcopo, Arnoldo Wormaciensi episcopo, Chuonrado Spirensi, Hecilone Strazburgensi, Rumaldo Constantiensi, Dietmaro Curiensi, Dieterico Wirtunensi, Ermenfrido Situnensi, Oadulrico Papiensi, exceptis abbatibus et alio multo clero, virga pastorali, sui ipsius cleri militiaeque et etiam familiae communi laude et voto, Spire est honoratus et in 16 ¹⁶ Kal. Nov. in sedem episcopalem Dei gratia inthronizatus. In die autem sancti Joannis apostoli plus caeteris Deo di-

A lecti, in loco qui dicitur Pfolede (17) ad summum gradum provectus est sacerdotis. Interfuit etiam suae consecrationi dominus ejus quartus Heinricus rex et ejus mater dilecta Agnes imperatrix augusta, cuncta ad ejus ordinationem necessaria disponens pro capellano, quasi deberet pro filio. Interfuit etiam eidem consecrationi dominus Hiltebrandus, sanctae Romanae et apostolicae sedis cardinalis subdiaconus, tunc temporis in has partes ad regem Heinricum apostolica legatione functus ¹⁷. Insuper etiam affuere jam praefati ep'scopi confratres, fraternum et benignum in ordinando prebentes auxilium, Luitboldus Mogontinus archiepiscopus, Engilhardus Magdeburgensis archiepiscopus, Adalbertus Premensis archiepiscopus, Rumaldus Constantiensis episcopus, Chounradus Spirensis, Gantheri Babenbergensis, Hecil Hilteneshemensis, Immeto Podelbrunnensis, Sizo Verdunensis, Brun Misenensis, Woffo Merseburgensis, Anshelm Lucensis, Ermenfridus Situnensis, et unus de regione quae dicitur Bolani (18).

Hanc descriptionem Gundechar peccator sanctae Aureatensis ecclesiae 18ᵘˢ episcopus fieri precepit, ut quisquis eam videat, has subnotatas ecclesias simul et altaria ab illo consecrata esse cognoscat.

(Fol. 8.) Inprimis super principale altare sancti Salvatoris. Anno ab incarnatione Domini 1060, anno autem constitutionis hujus episcopii 517 ¹⁹ indictione 13. regnante quarto Heinrico rege, constructum et consecratum est hoc altare, simul et ecclesia consecrata est 5. Kal. Nov. a Gundecharo II. hujus sanctae sedis 18° episcopo, ordinationis vero suae anno 3. in honore et nomine sancti Salvatoris et ejus sacratissimae nativitatis ¹⁵.... His igitur omnibus in unum collectis proportionibus ²⁰ (19) fiunt 456.

Super altare sancti Willibaldi, quod est in medio choro. Anno ab incarnatione Domini 1060, anno autem constitutionis hujus episcopii 517. indictione 13. regnante quarto Heinrico rege, consecratum est hoc altare in medio choro a Gundecharo hujus sedis (fol. 8.) sanctae Dei gratia venerabili 18° episcopo 11. Kal. Aug. ... His igitur collectis portionibus fiunt 74 (20).

Super altare sancti Oudalrici confessoris Christi et sanctae Gunthildis virginis. Anno ab incarnatione Domini 1060, anno autem constitutionis hujus epi-

VARIAE LECTIONES.

¹³ supra in fol. 5' imagini adscriptum est: annos XXI. ¹⁴ supra fol. 6. ad imaginem: annos XXII. ¹⁵ in summo margine scriba ipse postea haec scripsit: Anno Dominicae inc. 1019°. Gundechar peccator in festo S. Laurentii martiris natus est. Anno autem 1057° episcopus electus est. Anno autem 1058° episcopus ordinatus est, aetate quippe 38 annorum. Et in imo margine: In designatione Gundechari episcopi aderant 4 episcopi, in susceptione virgae pastoralis 14, in ordinatione vero 14. Haec ex fol. 1. huc transsumsit scriba. ¹⁶ numerus in rasur. ¹⁷ qui postea Alexandro papae successit scriba postea in margine addit. ¹⁸ ita primo fuit: jam CCCXVI ex corr. ¹⁹ quae sequuntur reliquiarum in singulis altaribus reconditarum enumerationes, hic et in sequentibus omisimus. Cf. Acta SS. Aug. I, 175 sqq. ²⁰ legendum vid. portionibus.

NOTAE.

(17) Pöhlde, prope Herzberg.
(18) Polonia.
(19) Reliquiarum scilicet.

(20) Cf. chartam de hac consecratione in Actis SS. Aug. I, 181 sqq.

scopii 317. indictione 13. regnante quarto Heinrico rege, constructum et consecratum est hoc altare Nonis Nov. a Gundecharo II. hujus sanctæ sedis 18° episcopo, ordinationis vero suæ anno 5. in (fol. 9) honore et nomine. . . . Quibus collectis fiunt 88.

Super altare quod est in capella sanctæ Mariæ et sanctæ Joannis evangelistæ. Anno ab incarnatione Domini 1062, anno autem constitutionis hujus episcopii 319. indictione 15. regnante quarto Heinrico rege, constructum et consecratum est hoc altare, simul et æcclesia consecrata est 16. Kal. Nov. a venerabili Gundecharo hujus sanctissimæ sedis 18° episcopo, ordinationis vero suæ anno 5, in qua etiam die ipse primum sedem intravit episcopalem, adjuvante et cooperante domno Mantuano episcopo Heliseo, in (fol. 9) honore. . . . Preter istas reliquias imposuit domnus episcopus in ipsum altare crucem suam argenteam, quam solitus erat in collo suo pendentem habere ad missam (21); in qua cruce subnotatæ reliquiæ sunt collocatæ. . . . His portionibus in unum collectis fiunt 172.

Super altare ad sanctos apostolos Petrum et Paulum et reliquos. Anno ab incarnatione Domini 1064, anno autem constitutionis hujus episcopii 321. indictione 2. regnante quarto Heinrico rege, consecratum est hoc altare Kal. Aug. a venerabili Gundecharo hujus sanctæ sedis 18° episcopo, ordinationis suæ anno 6. in nomine. . . . His portionibus collectis fiunt 54.

Super altare ad sanctam Crucem. Anno ab incarnatione Domini 1064, anno autem constitutionis hujus episcopii 321. indictione 2. regnante quarto Heinrico rege, regni vero ejus anno 8. consecratum est hoc altare 18. Kal. Oct. a Gundecharo II. hujus sanctæ sedis 18. episcopo, ordinationis vero suæ anno 6, in honore. . . . . (fol. 10.) His portionibus in unum collectis fiunt 40.

Super altare sancti Bonifacii martyris in cripta. Anno ab incarnatione Domini 1064. indictione 2. regnante quarto Heinrico rege, translatum est hoc altare de loco tenebroso ad lucidum, et consecratum est Non. Jun. a venerabili Gundecharo hujus sanctæ sedis 18° episcopo, in nomine. . . . . . His portionibus in unum collectis fiunt 26.

Super altare sancti Viti martyris in cripta. Anno ab incarnatione Domini 1064. indictione 2. regnante quarto Heinrico rege, translatum est hoc altare de loco tenebroso ad lucidum, et consecratum est . . His portionibus in unum collectis fiunt 24.

Anno ab incarnatione Domini 1071, indictione 9. anno autem constitutionis Eichstatensis episcopii 328. regnante quarto Heinrico rege, consecratum est principale altare Haserensis æcclesiæ, simul et æcclesia Kal. Oct. a Gundecharo II. sanctæ Eichstatensis æcclesiæ 18° episcopo, ordinationis vero suæ anno 14, adjuvante et cooperante sanctæ Augustensis sedis venerabili episcopo Embrichone, in honore . . . . (Fol. 10'.) His omnibus in unum collectis portionibus fiunt 49.

Istas quas hic cernitis subnotatas æcclesias consecravit Gundechar sanctæ Aureatensis æcclesiæ 18us episcopus : Solzchirichan. Outinhoven. Geimpfingen. Idsteten. Wizenchirichen. Penminveld. Ruite. Tegeningen, Gouliubesê. Hagenesbere. Denchendorf. Magersheim. Stéten Wizenbure. Ellingen. Stopfenheim. Wetelesheim. Moresbach. Taane. Truhemuotingen. Suaningun. Lanteresheim. Arenburen. Eschelebach. Suinâhe. Owenhûsen. Haeburg. Eschinebach. Ezziliwangen. Mecchenhusen. Slawanishusen. Bergile. Eginhuzen. Vache. Lerenhuren. Mouenheim. Wemedingun. Wattenhoven. Trômnveld. Altheim. Rüte. Aldere-heim. L. episcopatu Magontiacensi tres. Et in 5 Kal. Nov. consecravit ipsam sedem suam Eichstete, domum scilicet propriam sancti Willibaldi. Radispone. Reite. Lóchhcim. Peppenheim. Puôch. Weistheim. Hachelingun. Et unam in Eistete ad sanctum Nicolaum. Gerungesberch. Sconenbere. Otenessâzze. Meningen. Liabenstat. Capellam sanctæ Mariæ et sancti Johannis evangelistæ in Eihstete. Biricchingen. Affalterpach. Berchoven. Roatmundeshoven. Wachenhoven. Neuselingun. Bergen. Holenstein. Bônlenten. Rébederf. Tollenstein. Langenrich. Puoch. Otingun. Domum sanctæ Mariæ Spiræ. Domum Sanctæ (fol. 11.) Mariæ Augustæ. Abbatesbere. Steinbere. Wizzenloch. Foigelstal. Solenhóven. Blûmvelt. Muntelingun. Susenhoven. Salebach. Wimirisheim. Wizenburg. Ebearui.h. Ab domum Richardi. Stirne. Oberendorf. Lantbirgehoven. Rochingun. Saldericheshusen. H.ingi. Sitenbach. Brundorf. Domum sanctæ Afræ et sancti Oudalrici Auguste. Domum sancti Viti Haserieth. Lullenvelt. Vinuistat. Otingun. Schammach. Chebenhule. Tuigingen. Hagenhusen. Akefeld. Owenhusen. Antenberch. Widenewa..ch. Tanhusun. Hégeberch. Abinberch. Capellam sanctæ Mariæ. Capellam sancti Michahelis in turribus constitutas. Witeneshaim. Anesvelt. Ouzzingun. Haimenesvurt. Giselesheim. Tetenhaim. Egiwile. Urenheim. Onningun [21]. Zennehusen. Ruieschirchen.

(Fol.11'.) Super sancti Michahe!.s altare in turre australi. Anno ab incarnatione Domini 1072. indictione 10. constructa est hæc capella a Gundekaro hujus sanctæ Aureatensis eccle. 18° episcopo, consecrata vero

VARIÆ LECTIONES.

[21] Hic scriba in media pagina calamum sistit hucusque continuum. Gundechar ipse postea Zennehusen Rutesthirchen. adjecit. Seculo XII. exeunte Otto episcopus statim subjecit calamo continuo : Hee sunt ecclesie quas dedicavit domnus Otto Eistetensis ecclesie venerabilis episcopus. Tercia die post consecrationem etc. numero 62. Quibus postea, calamo toties fere resumpto, quoties singulas dedicaverat, alias adhuc 45 adjecit, ita totum paginæ vacuum explens. In sequenti pagina fol. 11. scriba primarius iterum pergit : Super sancti Michaelis etc. atramento atque habitu eodem, calamo paulum tantum mutato, sed mutato tamen.

(21) Cf. supra.

NOTÆ.

6. Id. Jul. a Sigehardo sanctae Aquileiensis ecclesiae A divina dispensante providentia venerabili patriarcha, astante et cooperante prenominato episcopo Gundekaro, in honore . . . .

Super altare sanctae Dei genitricis Mariae perpetuae Virginis et sancti Johannis Baptistae et sancti Johannis evangelistae et sanctae Mariae Magdalenae et sanctae Mariae Egyptiacae in turre. Anno ab incarnatione Domini 1072. indictione 10. constructa est hec capella a Gundekaro hujus sanctae Aureatensis ecclesiae 18° episcopo, consecrata vero 6. Idus Julii a Gebehardo, Dei ordinante clementia sanctae Salzburgensis ecclesiae archiepiscopo, astante et cooperante prenominato episcopo Gundekaro, in honore [22]. . . . .

Super altare sancti Willibaldi in cripta. Anno Dominicae incarnationis 1074. indictione 12. regnante quarto Heinrico rege haec cripta et hoc altare consecratum est 17. Kal. Jul. ab Embrichone Augustensi et a Gundekaro, hujus sanctae sedis 18° episcopo, in honore. . . . .

(Fol. 12.) Super altare sancti Kiliani martyris in cripta. Anno Dominicae incarnationis 1074. indictione 12. regnante quarto Heinrico rege hoc altare constructum et consecratum est 8. Idus Jul. a Gundekaro, hujus sanctae sedis 18° episcopo in honore [23].

(F. 124.) Kal. Ian. Oudalfridus episcopus obiit Eichstatensis [24].

11 Kal. Febr. Dedicatio ecclesiae S. Nicolai.
3 Kal. Febr. Perangerus obiit.
4 Non. Febr. Gerhoch episcopus Eihstatensis obiit.
7 Id. Febr. Gepa obiit.
5 Id. Febr. Starchandus episcopus Eihstatensis obiit [25].
16 Kal. Mart. Gisela imperatrix obiit (1043).
8 Kal. Mart. Altuni episcopus Eihstatensis obiit.
4 Kal. Mart. Reginoldus archidiaconus obiit.
Non. Mart. Adalheid obiit.
16 Kal. Apr. Gebehardus episcopus Ratisponensis obiit.
2 Non Apr. Reginoldus episcopus Eihstatensis obiit [26].

B

13 Kal. Mai. Leo nonus papa sanctae memoriae in Christo obiit. (1054.)
10 Kal. Mai. Elevatio corporis sancti Willibaldi confessoris et episcopi [27]. (989.)
4 Kal. Mai. Megingaudus episcopus Eihstatensis obiit.
3 Non. Mai. Meginwardus peregrinus et exul propter Deum in reditu de Jerosolimis felici et optato bonis omnibus transitu migravit ad Dominum.
4 Id. Mai. Mathild obiit.
3 Id. Mai. Geheno de Pouloch sanctae conversationis vir migravit ad Dominum.
Kal. Jul Aaron obiit.
2 Non. Jul. Otker episcopus Eistatensis obiit.
Non. Jul. Sancti Villibaldi confessoris et episcopi. Irmingart obiit mater episcopi G.
11 Kal. Aug. Ordinatio sancti Villibaldi.
9 Kal. Aug. Heribertus episcopus Eihstatensis obiit. (1042.)
8 Kal. Aug. Adalunc episcopus Eihstatensis obiit.
5 Kal. Aug. Obitus Victoris papae. (1057.)
15 Kal. Sept. Dedicatio basilicae sanctae Mariae.
13 Kal. Oct. Erchanbold episcopus obiit [28].
3 Kal. Oct. Volcmar juvenis obiit [29].
2 Kal. Oct. Erchanbertus episcopus obiit [30]
3 Non. Oct. Heinricus imperator obiit. Gundechar episcopus virgam suscepit. 1056.)
4 Id. Oct. Dedicatio capellae sancti Michaelis Eihstetensis.
2 Id. Oct. Dedicatio ecclesiae sanctae Walpurgae virginis. Eodem die dedicatio capellae superioris ad sanctum Laurentium.
16 Kal. Nov. Dedicatio capellae sancti Johannis evangelistae (1062) in qua domnus episcopus Gundechar secundus sepulturam suam preordinavit. Gezmannus episcopus obiit (1042). Gundechar episcopus sedem episcopalem primum intravit (1062).
13 Kal. Nov. Dedicatio ecclesiae sancti Quirini martiris.
12 Kal. Nov. Reginheri obiit, pater Gundechari episcopi.

C

VARIAE LECTIONES.

[22] hic scriba iterum calamum sistit, et reliquam fol. 11. partem cum toto fol. 12. et prima fol. 13. columna vacuam reliquit ad supplementa inserenda. Alia manus coaeva fortasse Willibaldi statim subjecit: Super altare S. Willibaldi etc. Continuo calamo usque ad finem. [23] hic desinit haec manus. Seculo post Otto episcopus haec adjecit: Anno ab inc. D. 1187. indict. Otto Aureatensis ecclesiae episcopus 6. ordinationis suae anno capellam in meridiana parte occidentaliter infra monasterium sitam de propriis expensis construens 3. Kal. Nov. pridie videlicet ante vigiliam omnium sanctorum, die Dominico, devotissime consecravit etc. Alia manus s. XII. posthaec fol. 12. notulas quasdam apposuit: « Anno milleno centeno coninus uno — 1162° funditus delevit » et fol. 13: « 1098 anno — succedens 1196° obiit » quibus Konradus de Kastel subjecit: « Cui eodem anno — occisus est 10. Kal. Dec. » Quae infra edituri sumus una cum reliquis notulis quas variae manus codici inseruerunt. In fol. 13. quod est secundi quaternionis septimum, primaria manus rubris litteris pergit: Ordo processionis ad ecclesiam sive ad missam secundum Romanos. Denunciata statione diebus festis etc. continuo calamo usque ad finem fol. 122. Tunc eadem inde a fol. 123. subjicit kalendarium, fol. 130. computum, fol. 153. catalogum antiphonarum, fol. 143. benedictiones et orationes. [24] DCCCXXXIII° anno addit manus s. XIV. quae ex catalogo Gundechari in fol. 7. sua hausit. [25] DCCCCLXV° anno addit eadem. [26] DCCCCLXXXVIIII° anno eadem. [27] prima de terra a. DCCCCLXXXVIIII addit Konradus de Kastel. [28] DCCCCII anno manus illa s. XIV. [29] haec Gundechar ipse exaravit.

6 Kal. Nov. Hatto laicus obiit.
5 Kal. Nov. Dedicatio Aureatensis æcclesiæ (1060).
Non. Nov. Dedicatio altaris sanctæ Gunthildis (1060).
Id. Nov. Aganus episcopus Eihstatensis obiit.
4 Id. Nov. Dedicatio basilicæ sancti Martini.
Id. Nov. Gotescalc episcopus Eihstatensis obiit [20].
16 Kal. Dec. Abraham presbiter obiit.
11 Kal. Dec. Touta soror episcopi Gundechari obiit [21].
9 Kal. Dec. Dedicatio æcclesiæ juxta ripam fluminis in Eihstete.
2 Kal. Dec. Dedicatio capellæ domini episcopi.
15 Kal. Jan. Gundekarus et Walterus episcopi Eihstatenses obierunt.
6 Kal. Jan. Ordinatio Gundekari episcopi (1057).

(Fol. 1.) *Hæc* [32] *sunt nomina episcoporum semper in Christo sanctæ ac felicis memoriæ post nostram ordinationem* (22) *defunctorum.* Stephanus papa. Nicolaus papa. Luitpoldus Mogontinus. Arnolt Wormaciensis. Chouno Spirensis. Hezil Starzburgensis [33]. Heinricus Augustensis. Purchart Halberstatensis. Sizo Verdunensis. Guntheri Babenbergensis. Severus Pragensis. Peldine Juvavensis. Gebehart Ratisponensis. Egilbertus Pataviensis. Engilhart Magdaburgensis. Woffo Merspurgensis. Winitheri Merseburgensis. Ruotpertus Monasteriensis. Tancwart Brandenburgensis. Brun Misenensis. Appulin Friteslariensis. Hatto Tredendinus. Dietbolt Veronensis, Gotebolt Aquileiensis. Pernhart Paduensis. Wolfram Bellunensis. Waltolf Paduensis. Meginooz de Pola. Roitcher Tarvisiensis. Adalbero Regiensis. Adalman Prixiensis. Arnolt Retiensis. Penno Cumanus. Pernhart Fercellensis. Ambrosius Pergamensis. Penzo Adrianus. Eberhart Treverensis. Reginheri Misenensis. Huc Vesuntinus episcopus. Oudalricus Papiensis. Einhart Spirensis. Rabenger Aquileiensis. Perenger Osneburgensis. Roumalt Constantiensis. Adalbero Wormaciensis. Uto Tullensis. Wolfram Tarvisiensis. Tietmar Curiensis. Adalbero Veronensis. Petrus Asculensis. Wido Mediolanensis. Heinricus Ravennensis. Kadelhohe Parmensis. Adalbertus Premensis. Berngerus Basilcensis. Bonifacius Albanensis. Petrus Damianus cardinalis tituli ad S. Rufinam. Adalbero Metensis. Oudalger Tergestensis. Perthold Abrutensis. Hademar Polensis. Ratolfus

A Sleswigensis. Liudegerus Vicentiensis. Alexander papa. Huswart Veronensis. Oudalricus Prixiensis. . . . . 66 [34].

(F. 204.) *Hæc* [35] *sunt nomina fratrum canonicorum, qui ex congregatione Eistatensi nostræ recordationis tempore effecti sunt episcopi.* Leobardus Radburgensis. Gebehardus Ravennensis. Goteboldus Aquileiensis. Gebehardus qui et Victor papa. Burchardus Paduensis. Erchanbertus Firmensis. Richolfus Tergestensis. Helyseus Mantuanus. Woffo Merseburgensis. Perengerus Osenbruggensis. Gundechar Eistetensis. Purchardus Basiliensis. Heribertus Tergestensis. Pero Vincentiensis.

(F. 204'.) *Hæc* [36] *sunt nomina fratrum canonicorum nostræ recordationis tempore ex Eistetensi congrega-*
B *tione defunctorum.* Adalo camerarius. Penno prepositus, Tiemo prepositus. Reginolt magister scolarum. Pureman cellerarius. Egilolf archipresbyter. Eceman Firmensis episcopus. Wichart presbyter. Roitger presbyter. Oudalhart cellararius. Gundolt parrochianus. Gunderam magister scolarum. Wiepoto presbyter. Ronzo custos æcclesiæ. Heripreht diaconus. Hecil subdiaconus. Babo presbyter junior. Woffo decanus. Wichart camerarius. Reginolt camerarius. Tiemo prepositus. Witelo presbyter. Sizo subdiaconus. Abel subdiaconus. Woffo subdiaconus. Eberolf. Eceman presbyter de S. Waldburga. Gotescalch presbyter. Chouno presbyter. Adalbertus presbyter. Chounradus imperator. Gisila imperatrix.
C Poulo inclusus. Richiza conversa. Hiccla conversa. Acela conversa. Leobardus episcopus Gebehardus archiepiscopus. Woffo episcopus. Perengerus episcopus. Puchardus episcopus. Dietericus prepositus. Reginolt decanus. Wolfdrigi presbyter. Hesune archidiaconus. Macelin prepositus. Meginbolt presbyter. Egilolf presbyter. Engilman presbyter. Wiso cellararius. Meginwart diaconus. Luitfridus subdiaconus. Hesune decanus. Gunzo presbyter. Hartwic subdiaconus. Abraham archipresbyter. Marewart diaconus. Meginwart presbyter. Babo prepositus. Goteboldus patriarcha. Luithere presbyter. Eppo subdiaconus. Marewart subdiaconus. Mereboto archidiaconus. Reginolt medicus presbyter. Gundolt diaconus. Heribertus subdiaconus. Pureman presby-
D ter. Lanzo presbyter. Giselbertus cellararius. Wiceman diaconus [37].

VARIÆ LECTIONES.

[30] DCCCCLXXXII anno *manus illa s. XIV.* [31] *hæc Gundechar ipse exaravit.* [32] *hæc omnia Gundechar ipse paginæ* 1. *a scriba vacuæ relictæ calamo continuo inscripsit, post annum* 1073, *ut Alexandri papæ nomen ostendit. Nomina majusculis litteris exaravit, titulos minusculis supra posuit.* [33] *ita c.* [34] *ante hunc numerum tres fere voces erasæ, fortasse. Ili faciunt insimul vel tale aliquid.* [35] *hæc iterum Gundechar manu propria, eodem fere quo præcedentia calamo, paginæ penultimæ inscripsit.* [36] *et hæc Gundechar manu propria in ultima codicis pagina.* [37] *hic calamum sistit Gundechar in media pagina. Medio s. XIII. Konradus de Kastel statim subjunxit:* Temporibus etiam Hertwici episcopi et post tempora sua hi canonici obierunt: Otto decanus dictus Hilline etc. *calamo aliquoties mutato, usque ad sua tempora, ubi desinit in* Heinrich de Wizzenburc ad Aquampendentem, sepultus est ad domum predicatorum. *Hic finit liber Pontificalis.*

NOTÆ.

22) Itaque intra a. 1057-1075

OTTONIS ET ALIORUM CONTINUATIONES.

(fol. 6.) Hi sunt viri misericordie, quorum justi- A
tie oblivionem non acceperunt; cum semine eorum
permanent bona hereditas sancta nepotes eorum [58].

Nobilis Uohricus post hos virtutis amicus.
S. a. 23. 1099° 15. Kal. Dec. ob.

In viciis tardus fuerat vivens Eberhardus.
S. a. 13. 1112° 8. Id. Jan. ob. *

Ulrico cura fuerat disponere jura.
S. a. 15. 1125° 3. Non. Sept. ob. *1

Quando vivebat Gebehart. in jure vigebat.
S. a. 24. 1149° 16. Kal. Apr. ob.

Non virtutis egens Burchardus erat bene degens.
S. a. 4. 1155° Burchardus episcopatum resignavit.

Conrado tota lex juris erat bene nota.
S. a. 18. 1171° Id. Jan. ob.

(Fol. 6') Post hos dux gentis Egelolf fuit Aurea- B
tensis.

S. a. 11. 1182° Egelolfus electus propter amissionem loquele episcopatum non ordinatus sponte
in Kal. Oct. resignavit.

Otto sue vite deducit tempora rite († 1195). *2

Hertwicus[59] vitam duxit virtute politam († 1223). *3

Hinc fuit electus Fridericus in ordine rectus. *4

Heinricus paucis bona fecit multa sub annis
(† 1229). *5

Vix [40] fuit Heinrico similis virtutis amico
(† 1237). *6

Heinricus siquidem patri successit eidem
(† 1246). *7

Est hunc non modicus in jure sequens Fridericus († 1259). *8

Heinricus morum flos, labe carens viciorum. *9

Est Engelhardus rectis celer, ad mala tardus
(† 1261). *10

Cunctis Hiltbrandus gratus fuit et venerandus [41]
(† 1279). *11

---

*) *Konradus addit*: Idem Eberhardus et sua progenies dederunt bona Suinvurt cum ejus attinenciis. *Necrologium S. Emmerammi in Mon. Boicis XIV*, 565 mortem ejus notat ad 7. Id. Jan.

*1) *Konradus*: qui dedit fratribus annuum gracie in prebenda post mortem, et possessiones in Mekenloh et Hebingen.

*2) *Alia manus s. XIII. addit*: Sedit annos 15. *Konradus addit*: qui dedit Yibingen et alias possesiones, unde annuatim 6 libre dantur, et in Non. . . . . ad unamquamque prebendam custos ministrat. Obiit anno 1195°, non 1193 ut quidam volunt; quo die nescitur.

*3) *Konradus addit*: 1195. post hos Hertwicus, germannus comitis de Sulzpah, major prepositus ibidem succedens, qui gloriose regnavit 30 annis minus 2. 1223 mortuus est sub imperatore Friderico et Heinrico filio suo. Qui procuravit . . . . . 3 panes . . . . . cuilibet prebendario singulis Idibus custos ministrat. Thomas, notarius Chunradi episcopi circa a. 1324 addit in rasura: Sedit annos 28. 1:23. 6. Non. Mai. obiit. Die 8. Nov. nondum fuit episcopus.

*4) *Konradus addit*: Fridericus de Huwenstat electus, qui successit episcopo Hertwico, 1226 obiit. Cui succedens eo anno Heinricus episcopus dictus de Zuppelingen, 1229° obiit anno. *Thomas addit*: Sedit a 2. Annus vero 1226 falsus est; successor enim Heinricus jam 2. Jul. 1223. episcopus fuit.

*5) *Manus s. XIII*: Idem episcopus redemit ecclesiam Rome a debitis contractis pro 1500 marcis, Item edificari fecit turrim in Morneshem. Item absolvit possessiones in Ehingen cum omnibus suis attinentiis pro 200 libris Werdensium et 200 marcis a comite de Ottingen. Et non vixit in episcopatu nisi 3 annis et 2 mensibus. Thomas addit in rasura: Sedit a. 3 et 2 menses. 1229° anno 4. Id. Jan. obiit, idemque in margine pinxit arma episcopi, scil. duos enses erectos albos in scuto rubro.

*6) *Thomas*: II. episcopus dictus de Tischingen sedit a. 5 minus 3 mensibus. 1254° 2. Kal. Jul. ob.

*7) *Thomas*: II. episcopus dictus de Rabenspurch sedit annos 3-1257° obiit 4. Kal. Jul.

*8) *Thomas*: F. episcopus dictus de Paisperch s. a. 9. qui fuit juris peritus 1246° 1. Kal. Jul. obiit, idemque in margine adpinxit arma, scil. scutum trifarie divisum rubrum, album, nigrum.

*9) *Thomas*: II. episcopus dictus de Wirtenberch s. a. 12 minus 4 mensibus. 1259° 3. Id. Mai. obi. et in margine adjecit arma, scil. tria cornua cervina nigra in scuto flavo.

*10) *Alia manus s. XIII. addit*: Sedit 2 annis minus 1 mense, et obiit in concilio Moguntino; quibus Thomas addit: 1261. Iste episcopus posuit fundamentum in choro S. Wilibaldi. Obiit d. 4. Maii.

*11) *Manus illa s. XIII. addit*: Sedit 18 a. minus 4 mensibus, et obiit in crastino annunciacionis; quibus Thomas iterum adscripsit: 1279. Dominus Hiltbrandus natus fuit de Mern, libere condicionis; et perfecit chorum S. Wilibaldi, et instituit ibi duos sacerdotes, idemque arma subjecit, scil. anatem albam cum cauda nigra in scuto rubro.

VARIÆ LECTIONES.

[58] haec Otto episcopus saec. XII ex litteris majusculis ipse scripsit in margine folii 6. et alterius folii quod assuit. In ipso folio 6. sex Gundechari successores, in summo folio assuto septimum et se octavum dejungi fecit eodem plane modo, quo Gundechar inceperat. Versus cuique superposuit litteris rubris; annos Otto ipse adscripsit, calamo continuo. [59] Sub Heinrico I. hi tres episcopi una pictura comprehensi sunt in inferiori pagina folii assuti, quibus manus s. XIII. hos versus superposuit in rasura, atramento scriptos, non minio, ut Gundachar atque Otto fecerant, nec littera iniciali aurea decoratos, ut versus illorum. Annos etiam hic scriba omisit. [40] hi sex episcopi sub Hilebrando picti sunt uno tempore, versusque superpositi continuo calamo atque atramento eodem. [41] hic desinit folium assutum. Sequuntur in libro pontificali 28 fere folia variis temporibus inserta, ampliores vitas continentia, quas inter fontes saeculi XIV. et XV. dandas reservavimus.

Fol. 12' manus s. xii, ex. hæc scripsit calamo continuo :

(1099.) Anno milleno centeno cominus uno Jerusalem Franci capiunt virtute potenti.

1105° anno incarnationis Domini Heinricus, rex filius imperatoris Heinrici, contra patrem suum in regnum surrexit.

1106. Heinricus quartus imperator obiit.

1107. Heinricus post mortem patris regnavit 19 annis.

1108. Heinricus rex magnam expeditionem in Italyam fecit et Pascalem papam Rome cepit.

1116. Terre motus factus est per universam terram.

1125. Heinricus imperator obiit. Lotharius in regnum eligitur.

1131. Lotharius rex profectus est in Ytaliam.

1152. Eclypsis solis facta est 4. Non. Aug. hora 9.

1136. Lotharius imperator obiit.

1158. Cuonradus rex eligitur.

1146. Cuonradus et Ludewicus reges Jerusalem pergunt.

1150. Cuonradus rex Jerosolimam reversus est.

1152. Cuonradus rex obiit, et Fridericus ei successit.

1156. Fridericus rex imperator ordinatur.

1158. Fridericus imperator Medyolanum subegit.

1162. Funditus delevit.

Eadem in fol. 15 pergit.

1098° anno incarnationis Domini Uodaricus [42] Eistetentis episcopus obiit. Cui succedens Eberhardus episcopus 1112° obiit. Cui succedens Uodalricus tempore Heinrici regis, qui post patrem regnavit, 1125° obiit. Cui succedens Gebehardus eo anno quo Heinricus imperator mortuus est ; 1148° obiit (23). Cui succedens Burkardus episcopus tempore Cunradi regis, 1153° obiit. Cui succedens Cuonradus episcopus tempore Friderici regis, 1171° obiit. Cui succedens Egelolfus electus, 1183 (24) propter amisionem loquelæ et manus dextere debilitatem episcopium inutilis sponte resignavit. Cui eodem anno Otto episcopus succedens, 1196° obiit (25).

Konradus de Kastel, statim pergit :

Cui eodem anno Hertwicus comes de Sulzpah (26) et major prepositus succedens tempore Philippi regis, 1224° obiit (27), tempore Friderici regis et inperatoris, qui inperator anno Domini 1250 obiit ; natus vero ejus rex Cunradus 1254 obiit. Episcopo vero Hertwico mortuo, cui eodem anno Fridericus episcopus succedens (28). Cui successit eodem anno A episcopus Heinricus de Zeuppelingen (1254). Illo vero mortuo, cui successit Heinricus episcopus dictus de Tisschingen. Eo vero mortuo cui successit Heinricus episcopus dictus de Rabenspurc. Hi vero quattuor episcopi post mortem Hertwici episcopi prenotati vixerunt episcopi temporibus Friderici inperatoris et Heinrici ejus nati 15 annis. Quibus vero episcopis successit Fridericus episcopus dictus de Parsperc (1257), tempore etiam Friderici imperatoris et Cunradi regis ejus nati, qui supernotati sunt. 1246° idem Fridericus episcopus obiit. Cui successit Heinricus episcopus dictus de Wirtenberc, quem domnus papa Innocencius et Phillippus ejus legatus in Alemannia tempore cismatis ecclesie Eistetensi propter discordiam que creverat inter B fratres, prefecit. In cujus temporibus, ut supra dictum est, Fridericus inperator et Cunradus ejus natus mortui sunt. Eo episcopo etiam vivente comes Willehelmus de Hollandia, post destitucionem Friderici quondam inperatoris prenotati per domnum Innocencium papam quartum, et post mortem Heinrici lancravii Thuringe, qui post latam sentenciam apud Lugedunum contra prenominatum Fridericum in regem Romanorum electus erat, illo mortuo Romana ecclesia eundem Willehelmum eidem Heinrico substituit in rengno, 1248° anno, vivente tamen Cunrado filio Friderici, qui etiam tunc vixit, qui pro rege se jessit. Qui Willehelmus rex contra Frisones magnum habens exercitum, anno Domini 1255° occisus est, 10. Kal. Dec. (29)

Idem Konradus fol. 122', et per Kalendarium hæc inseruit :

(F. 122'.) A. D. 1015, tempore Gundekari I, episcopi Eistetensis, divisio ejusdem sedis in terminis est facta, que extenditur donec ad proximam ripam que nuncupatur Pagancia (30), et non ultra. Hec ordinacio et divisio est facta aput Franchenvurt, presente inperatore Heinrico et multis principibus, in curia solemni, ad instanciam Eberhardi episcopi Babenbergensis primi, et inperatore procurante, in supsidium eorum nove plantacioni Babenberc, quo termini ex alia parte fluminis spectare dinoscantur.

Anno ab inc. D. 754, sanctus Bonifacius martirium recepit. Anno ab i. D. 781, sanctus Williwaldus mortuus est. Anno ab i. D. 989, de terra in medio cripte elevatus est, ubi requieverat 208 annis, et ibidem sarcoffogatus erat; ubi requievit 267 annis usque ad hec tempora. Alexandro papa regnante, anno ab i. D. 1256, 4 Idus Junii, sanctus Williwaldus de cripta translatus est. Eodem etiam anno 5,

VARIÆ LECTIONES.

NOTÆ.

[42] *Ita codex.*

(23) Potius a. 1149, die 17 Mart. Popp.
(24) Falsum ; resignavit a. 1182, Kal. Oct. Popp.
(25) Falsum ; obiit a. 1195. Popp.
(26) Hoc plus quam dubium. Popp.
(27) A. 1225 potius. Popp., uti et Konradus ipse supra scripserat

(28) Supple : *anno 1225 obiit,* quod Konradus scribere voluit (cf. supra ejus interpolationes), sed oblitus est.
(29) Falsum ; d. 28 Jan. 1256.
(30) Pegnitz, Norimbergæ.

11. Oct. beatus Williwaldus in monasterio sarcoffo- gatus est. Eodem vero anno Dominus Deus magnam gratiam ostendit ibidem omni populo in honorem et laudem beati Willibaldi, signis multis et magnis faciendo. Acta sunt hec post mortem sancti Willwaldi annis 400 peractis 75° anno. Anno vero 76° plura fecit signa. Quidam curvus effectus est sanus de Augusto. Eodem anno puer aput Rushoven submersus, per ejus intercessionem ad Dominum Deum revixit.

(F. 123 sqq.) 16. Kal. Febr. comes Gebehardus obiit, qui dedit Winposscungen.

Non. April. anno 1170, sanctus Tomas episcopus Canturiensis occisus est a rege Francie (51).

7. Id. Apr. Bruno prepositus major obiit, qui construxit hospitale ad Scotos (32).

6. Kal. Jul. Leo papa septimus obiit, qui sanctum Williwaldum canonizavit tunc episcopo Megengozo procurante (33).

2. Kal. Jul. Sivridus decanus obiit, qui procuravit tapeta in monasterio.

11. Kal. Sept. Leo papa octavus obiit (34).

2. Non. Oct. dedicatio ecclesie Kastellensis

10. Kal. Dec. rex Willehelmus dictus de Hollandia occisus est (35).

Id. Dec. Fridericus imperator obiit 1251° anno (56).

Aliæ manus coævæ per Kalendarium hæc habent:

1279. 7. Kal. Apr. Hilthrandus de Mern episcopus Eystetensis obiit. 1279. qui procuravit erigi chorum

(31) Potius Angliæ.
(32) Eichstadii.
(33) Hic uno calamo duos errores scripsit Konradus.. Megingoz sedit a. 989-1014 ; Leo VII vero jam

A novum beati Willibaldi, et constituit ibidem duos sacerdotes.

1297. 6. Kal. Sept. Reinboto episcopus Eystetensis obiit, dictus de Meilnhart, qui comparavit duo castra Werdenvels et Abenberh cum eorum attinentiis. Item instituit haberi plenum officium diebus sabbati de beata Virgine.

1305. 4. Non. Mart. obiit Gebhardus comes. 16. Kal. Jun. obiit domnus Conradus episcopus Eystadensis, dictus de Peffenhausen.

1324. 6. Id. Febr. obiit domnus Marquardus de Hagel episcopus Eystetensis.

1349. 19. Kal. Febr. obiit domnus Hainricus dictus Malso, qui legavit 400 libras Hallensium pro constructione novi chori.

1397. 3. Kal. Febr. tonitrua et choruscationes apparebant in conversione sancti Pauli, et postea in eadem ebdomada pluries apparebant. Et eodem anno circa autumpnum incepit regnare magna pestilencia in Eystett.

1406. 16. Kal. Jul. eclipsis solis in crastino sancti Viti.

1464. Prima Januarii obiit dominus Johannes de Aych episcopus Eystetensis.

1474. 8. Id. Jan. natus est pater mei Maur'cii episcopi, Bernhardus de Hutten.

(1539.) 9. Kal. Mart. obiit pater meus, Bernardus de Hutten, anno 59.

(1544.) 11. Kal. Mart. obiit mater mei Mauricii episcopi a. 1544, Gertrudis de Weyers.

a. 939 obiit, neque vi Kal. Julii, sed die 18 Julii.
(34) Et hoc falsum ; Leo VIII obiit d. 17 Martii 965.
(35) Falsum ; die 28 Jan. 1256.
(56) Et hoc falsum, a. 1250.

APPENDIX AD GUNDECHARUM.

ANONYMUS HASERENSIS
DE EPISCOPIS EICHSTETENSIBUS

EDENTE L. C. BETHMANN PH. D.

(*Monumenta Germaniæ historica.* Scriptorum tomo VII, pag. 253.)

MONITUM.

Auctor sequentis opusculi, patria Haserensis (1), Woffoni Merseburgensi episcopo cognatus (2), vixit

NOTÆ

(1) C. 8. *patriam nostram Haserensem abbatiam.* Monasterium S. Salvatoris in Haserieth, jam Herrieden diœc. Eistetensis antiquitate æque ac divitiis præcellens, ab Arnulfo rege Erchanboldo Eistatensi episcopo donatum fuit et per hunc monachis ejectis

in abbatiam canonicorum S. Viti conversum. Noster utrum Haserensis fuerit canonicus an Eistatensis, non liquet ; hoc tamen veri similius.
(2) C. 51.

sub Gundecharo II, episcopo Eistetensi, a quo singulari habitus benignitate, imo secretis saepe consiliis est adhibitus (3). Cui cum ultimum aegrotanti jugiter assedisset et a. 1075 defuncti interfuisset funeri (4), ad familiarem suum G. Wirceburgensem scripsit opus, incertum quot libris comprehensum, e quibus unus *Libellus Agnetis imperatricis* inscribebatur (5); alius, novissimis Gundechari temporibus destinatus (6), quasi pro introductione (7), praecedentium quoque episcoporum complectebatur historias, haustas ex libris S. Walpurgis (8), ex Wolfhardi vita S. Walpurgis (9), ex gestis S. Solae (10), ex Gundechari Libro Pontificali (11), e majorum relationibus (12) et ex iis quae auctor ipse vidit et audivit (13). Atque haec portiuncula, superadjecta tantum ab auctore, una est quae ex toto opere jam supersit; reliqua interciderunt, utrum casu temporumve injuria, an ob acerba de Hildebrando judicia (14), nescimus. Unus etenim modo exstat codex, olim Rebdorfensis, chartaceus, formae quadratae, s. xv exeunte una manu continua ita exaratus, ut scriba, Erasmus Pintzberger, Vitae sancti Wunibaldi atque Adalberti narrationi de monasterio Heidenheimensi statim Haserensis opus subjiceret, quasi pars esset Adalbertini, spatio nullo neque titulo distincto, nova tantummodo linea incipiens; at non totum — procul dubio in codice quem excepit, totum non jam fuit — sed eam tantum partem, quam hic primi proponimus integram. Gretserus enim, qui hunc ipsum codicem habuit, ex eo Adalberti librum integrum, nostrum excerptum tantum dedit in Catalogo episcoporum Eistetensium, Ingolstadii 1617, 4°. Nos eumdem codicem viri summe reverendi Davidis Popp, praepositi Eistetensis, insigni benevolentia nacti, accurate eum expressimus, ita tamen ut quae in ortographia scribae esse appareret, veluti e ubi pro æ, c pro t ubivis positum, tacite mutaremus correctiones quas alia manus coaeva per totum codicem fecit ex ipso ut apparet libro vetustiori, in textum reciperemus; et de nostro quoque, quae praetera emendanda viderentur, emendaremus; — nam scriba digitis tantum, non ingenio usus est cum scriberet; sed haec ubivis indicavimus. Numeros etiam capitibus nos adscripsimus; in codice non exstant. L. C. BETHMANN.

1. Flectendus hinc stilus est et ad alia quaedam, ut supra diximus, scribenda dirigendus. Deberes quidem, frater karissime G., communis domini nostri Gundekari episcopi exequiis una mecum interfuisse (1075), et singularem quam erga nos habuit benignitatem singularibus deplorasse querimoniis, ut memoria illius tanto apud te immortalior esset, quanto obitus ejus qualitas notior, nec posset facile animo [1] elabi quod propriis oculis contigisset intueri. Solent enim, ut nosti, visa auditis notiora esse cordique tenacius adhaerere. Sed quia in servicio alterius domini nostri, scilicet Wirzeburgensis episcopi constitutus, huic beatissimo interesse non potuisti obsequio; ego autem qui aegrotanti jugiter assidebam, pauca tibi de novissimis [2] ejus edisseram: ea videlicet intentione, ut quotiescumque hec inspexeris, animae ejus aeternam in Christo requiem depreceris. Et quia non solum novissimis ejus non interfuisti, verum etiam in vita ipsius rarissime cum eo conversatus es, quia vero is ego sum, quem dum adviveret, secretorum suorum magna ex parte fecerat conscium: nec ingratum nec inutile tum tibi tum etiam aliis arbitror, si de vita ejus prius aliqua praemisero, tumque demum de obitu illius quae prolatu digna sunt adjecero.

2. Igitur qualiter ad pontificalem pervenerit [3] dignitatem, ipse breviter composuit, et eisdem paene quibus infra notatum est verbis in nonnullis libris (15) scriptum dereliquit. Neque enim aliud initium huic breviario volui dare, quam quod ipsum constat dictasse, in quo omnium antecessorum suorum sessiones et obitus dulcisona brevitate comprehendit, et post hoc de se susque rebus non magis compendiose quam humillime subjecit hoc modo: *Hec sunt nomina episcoporum sanctae Aureatensis ecclesiae in honore sancti Salvatoris constructae. Anno ab i. D. 781. sanctus Willibaldus confessor Christi pretiosus, Non. Julii consortio conscendit angelorum. Episcopus autem factus cum esset 41 annorum* (16) *sedit in episcopatu 56 annos. Gerhoch obiit 4. Non. Febr. Agunus 8. Id. Nov. Adalunc* [4] *8. Kal. Aug. Altune 8. Kal.* [4] *Mart. Otke-*

VARIAE LECTIONES.

[1] abimo *cod.* [2] devotissime *cod. cf. statim post:* quia non solum novissimis. *et:* tumque demum ée obitu illius. [3] perveniret *cod.* [4] 8. Kal. Aug. Altune *desunt cod. supplevi ex Gund.*

NOTAE.

(3) C. 1.
(4) C. 1.
(5) C. 56. Hunc Agnetis libellum hujusce de quo loquimur operis fuisse partem, non opus per se editum, apparet ex verbis c. 56, *ut praemisimus in libello Agnetis imperatricis.* Qui c. 46 dicitur *de superiore libro,* secundus liber fuisse videtur, non idem qui Agnetis; *noster,* quem auctor c. 2 *breviarium* vocat, tertius.
(6) Hoc auctor disertis verbis dicit c. 1 ex. 2 ex. Cf. c. 24, *ad propositum redire debeo.*
(7) C. 2 ex.

(8) Jam deperditis, c. 3.
(9) C. 3, 5, 7, 9.
(10) C. 7.
(11) C. 2 et passim.
(12) C. 4. *veridica patrum relatione;* c. 13, *ut majores nostros saepe audivi dicere.* Cf. c. 18, 31
(13) Ipsius verba sunt c. 2.
(14) Cf. c. 57, 58.
(15) Ex his unus tantum superest Liber Pontificalis.
(16) Verba *e. a. f. c. e. 41 a.,* apud Gundecha-

rus 2. Non. Julii anno ab i. D. 880. Isti quinque [5] episcopi 100 annos compleverunt. Gotescalen [6] s. a. 5, obiit 2. Id. Nov. Erchanbold. s. a. 20, obiit 13. Kal. Oct. Udulfrit s. a. 31 [7], obiit Kal. [8] Jan. Starkandus s. a. 32, obiit 5, Id. Febr. Reginolt s. a. 24, obiit 2. Non April. Megingoz s. a. 24, obiit 4. Kal. Maii. Gundechar s. a. 5, obiit 15. Kal. Jan. Walthere s. a. 2, obiit 15. Kal. Jan. Heribertus s. a. 20 [9] obiit 9. Kal. Aug. Geceman s. menses 2, obiit 16 Kal. Nov. Gebehardus s. a. 15, obiit 5. Kal. Aug. Post istos autem ejusdem sancta Aureatensis ecclesiæ Gundechar secundus [10] fratrum ultimus, ibidem ab infantia doctus et enutritus (17), sed tamen tunc temporis domnæ imperatricis [11] Agnetis capellanus, in hanc eandem sedem 13. Kal. Sept. duobus archiepiscopis presentibus Triburie est anulo investitus, et in 3. Non. Oct. quattuor archiepiscopis et decem episcopis presentibus pastorali virga Spire est honoratus, et in 16. Kal. Nov. in sedem episcopalem inthronizatus, in die autem sancti Joannis evangelistæ in loco Pholede dicto, ipso domino suo Heinrico rege ejusque matre Agnete et Hiltebrando Romanæ ecclesiæ archicardinali subdiacono , preterea tribus archiepiscopis et undecim episcopis presentibus, ad summum sacerdotii gradum promotus est. Hæc descriptio prima facta est a Gundekaro episcopo eisdem pene verbis, excepto quod ipse nomina et loca eorum notavit, quod a nobis compendii gratia pretermissum est. Sed libet paulo latius de his disserere, et sic usque ad tempora ipsius pervenire, tumque demum de Vita et obitu ejus quod vidimus et audivimus edicere.

3. Anno ab i. D. 741 [12], ut in gestis pontificum Romanorum reperimus (18), Gregorio tertio [13] Romanæ sedis episcopo disponente, constitutæ sunt una eademque die duo episcopales sedes, Wirzburk et Eistet, quarum hec quidem sancto Willibaldo, altera vero consanguineo et conpatriote ejus beato commendata est Burchardo. Sancto autem Bonifacio per martyrium feliciter consummato , electus Dei confessor Willibaldus vitam ejus finemque stylo ut erat vir sapiens perpulchre descripsit (19). Vitam autem ipsius et fratris ejus, sancti scilicet Wunebaldi, soror eorum sanctissima Walpurgis simpli-

citer quidem sed pleniter et veracissime composuit. Vitam vero ipsius beatissimæ virginis plenam miraculis Wolfhardus presbyter, jubente Erchanboldo episcopo, stylo [14] ut erat monachus edidit. Verumtamen sanctus Wunebaldus senex et plenus dierum ac meritorum ad Dominum migravit [15]. Transactis autem a sanctissimo transitu ejus 15 annis et dimidio et 13 ebdomadibus, cum frater ejus episcopus, ecclesia in qua a [16] sancto Bonifacio Moguntinæ sedis archiepiscopo positus erat ampliata, ipsum elevare et dignius collocare [17] vellet : inventum est corpus ejus sanctissimum ita integrum, ut nec capillo minutum nec colore sit mutatum. Tunc admisso ad hujusmodi spectaculum omni clero sed et populo idoneo, episcopus ipse et sancta soror ejus fratrem suum simpliciter adoraverunt et nimio amore osculati sunt, et id ipsum etiam alios idoneos facere permiserunt. Dedicata est ecclesia; collocatum est corpus ejus veneratione condigna.

4. Adhuc quod mirabilius est dicam. 186º depositionis sancti Willibaldi anno (20), cum crisostomus noster Reginoldus episcopus, monasterio magnificentius exstructo et pulcherrimo ut nosti carmine facto, corpus ejus de medio choro, ubi usque modo sepulchrum ejus cernitur, in criptam ubi jam nunc requiescit transferre cogitaret : facto triduano jejunio archipresbyteri, quibus jussum fuerat, summo ut decuit timore et reverentia pretiosum corporis ejus thesaurum effoderunt, stante procul expansis ad cœlum manibus episcopo neque quousque omnia peragerentur accedere auso. Sed veridica patrum relatione percepi, omnes qui sacratissimas ejus reliquias inspexere, annum integrum in hac vita non implevisse; quid autem ipsi episcopo acciderit, non est dicendum per singula.

5. Porro sanctissimæ matris nostræ Walpurgis corpus cum post multa annorum curricula sub Erchanboldo episcopo elevaretur (893), tanta humiditate sacrosancti ejus cineres referti erant, ut quasi guttatim roris stillæ ab eis exprimi valerent, cum tamen nec pulviculus contrectantium manibus ullo modo adhæsisset (21). Unde hodieque ex sarchophago venerabiles ejus cineres continente vivæ instar

VARIÆ LECTIONES.

[5] ita codex : quatuor corrector. [6] Goteschalh cod. [7] XXXII. cod. [8] XIII. Kal. cod. [9] XXII. cod. [10] sed' cod. [11] imperatoris cod. [12] ita correxi. M-CCXVII cod. aperte corruptum ex DCCXLII; corrector in margine posuit DCCXXXII; sed anno 742 Gregorius non jam amplius inter vivos erat , et S. Willibaldus revera a. 741. medio mense Octobri episcopus est consecratus. [13] quarto cod. emendavit corrector. [14] simplici vel tale quid excidisse videtur. [15] deest hæc vox cod. [16] deest cod. [17] collocari cod.

NOTÆ.

rum non obvia, noster computavit ex illius cons. conse. ang ætate 77 a. sedit a. 36.

(17) Verba ib. ab i. d. et e. nostro tantum debemus qui ea procul dubio a Gund. ipso audierat; apud hunc non leguntur.

(18) Non in gestis pontificum Romanorum, sed in Vita S. Bonifacii archiepiscopi.

(19) Sanctæ Walpurgis opus perditum est vel saltem nondum editum; Wolfardi librum edidit Stevartius Ingolstadii 1616, 4º, ex codice Walburgensi , in quo septem priora capita omissa erant eorumque loco opusculum positum, ex ipsis sæculo

D demum xv interpolatum quod Stevartius p. 1 23 dedit. Genuina suppleri possu..t ex codice olim Blankstetensi post Eichstetensi n. 31, quo et Stevartius usus est in margine.

(20) Id est 966. Sed Philippus episcopus in Vita S. Willibaldi, circa a. 1510 scripta , de hac translatione dicit c. 58 : Translatus est retro altare b. Viti, quod fuit in eadem cripta, anno Domini 989.

(21) Hic noster ad verbum fere exscripsit Wolhardum i, 7 : Anno ab i. D. 893, ind. 3, ... apertum est mausoleum b. W....... invenerunt cineres... quasi limpha tenui madefactos, ut quasi utuatim ab

aquæ, ut o'eum de tumba sancti Nicolai, jugiter manat, multosque languidos mira efficacia sanat. Quid in his potissimum miraris, frater amabilis? Ecce utriusque fratris corpus integerrimum manet, nullusque vel minimum ex eis membrum minuere unquam ausus est; sororis autem reliquiæ per totam pene ecclesiam sunt distributæ. Quod tamen nec illi sine humani favoris dispendio, nec huic cessit sine magno ejusdem [18] impendio. Namque ubi nec nomina fratrum sciuntur, sororis et nomen et merita scientissime recoluntur.

6. Post transactum suæ angelicæ vitæ cursum (781) sancto Willibaldo Geroch filiolus in baptismo successit, vir clarus natalibus, multarum possessionum, quas patri karissimo et patrono sanctissimo contradidit. Hic calicem illum aureum, quem nosti cujus magnitudinis sit, ex optimo auro fieri jussit, et veterem illam evangeliorum capsam ex electro et auro purissimo gemmisque pretiosis parari fecit. Altare quoque aurem liberaliter inchoavit, quod postea successorum devotio prout hodie est perpolivit.

7. (Ex Gund.) Gerhocho Aganus, Agano Adalhunc, Adalungo Altunus successit; sub quo corpus sancti Solæ, ut in gestis ejus legitur (ex Erm.), elevatum et honorificentius collocatum est. Secutus est Otkerus episcopus, cui sancta Walpurgis per visionem interminando mandavit, sepulchrum ejus (22) non satis digne tractari, et si emendare dissimularet, non impunitum haberi (ex Wolfh.). Qui protinus missis venerabilibus personis præcepit, ut sacrosanctas virginis reliquias diligenter ad Aureatensem toparchiam deferrent; quod factum est.

8. Otkero Gotschalc, huic vero venerabilis Erchanboldus successit. Hic inter innumera pietatis et virtutis opera patriam nostram Haserensem abbaciam tunc Fuldensi Elenwangensi et .. ensi [19] abbaciis jure et divitiis æqualem sancto Wililbaldo acquisivit, sed tamen non totam. Arnulfus quippe tunc temporis princeps eandem abbaciam, precibus et servitio prædicti antistitis devictus, ablatis prius regalibus circa Renum curtibus, in quibus et Thusburg (23) cum omnibus suis pertinentiis, ad Eistatensem episcopatum regali donatione tradidit et cyrographo aureis litteris inscripto stabilivit. His ita peractis, prudens episcopus ejectis monachis canonicos ibi fecit eorumque prebendam paucis ex redditibus instituit, ceteris tamen sibi retentis, quos [20] militiæ distribuit. Tunc primum Aureatensis episcopatus milites habere cœpit, cum antea aut nullum aut perpaucos habuisset. Nam hodieque ex tanta Aureatensis militiæ multitudine tribus tantum seu quatuor exceptis ceteri omnes beneficiati sunt ex hujus abbatiæ bonis.

9. Idem episcopus, ut erat vir gnarus venandi [21] in talibus, petenti sanctimoniali Liubila partem ex reliquiis sanctæ Walpurgæ virginis ad monasterium Moenheim donavit, ea scilicet sub conditione ut et ipsa omne patrimonium suum illuc (24) contraderet. Quod ut perfecit (ex Wolfh.), nocte proxima, cum se sopori dedisset, astitit ei per visionem quidam veneranda canicie clericus, qui eam celeriter ad ecclesiam ire præcepit, Vade, inquit, ne moreris, quoniam sanctus Willibaldus ecclesiam cum multo agmine intravit, qualiter sanctam sororem suam reconditam habeas, videre desiderans. Quæ statim, licet podagrica esset, exiliens, ecclesiam sanissima ingressa est, Deoque simul et virgini grates debitas pro adepta sanitate persolvit.

10. Hujus episcopi tempore et jussione Wolfhardus presbyter, de quo supra diximus, Haserensium monachorum unus, Passionalem librum revera utilem, utpote singulorum in anno dierum festa pleniter continentem, edidit, sed et vitam sanctæ Walpurgæ eodem episcopo præcipiente quattuor libris explicuit. Post hec cum graviter contra eundem episcopum deliquisset et in carcerem missus veniam per nenuinem impetrare potuisset: Egomet, inquit, intercessor mihi fiam. Factisque in carcere historicis de sancta Walpurga carminibus, tandem egredi permissus ut ante episcopum venit, novum illud sanctæ virginis responsorium alta voce percantavit, sicque non solum veniam, verum etiam honorem et remunerationem promeruit.

11. Hic ergo sacerdos magnus ejusque successor Starchandus quales quantique episcopi fuerint in vita, quam periti et studiosi in divina Scriptura, optimorum quos fieri jusserunt librorum usque hodie testatur multitudo copiosa. Unde et memoria eorum non derelinquetur in sæcula. Qui Starchandus erat sancti Odalrici Augustensis episcopi contemporalis et sodalis karissimus. Quem cum defunctum idem sacer episcopus officiosissime sepelisset (965), jamque in revertendo ad veterem fagum in monte australi hodieque stantem venisset, conversus ad urbem inclinatoque capite, Vale, inquit, sancte Willibalde! karissimum mihi mortalium jam hic sepelivi; non est mihi voluntas amplius ad te re-

VARIÆ LECTIONES.

[18] eidem cod. [19] 8ensi cod. fortasse legendum Burensi. P. [20] ceteris cum s. r. cum m. cod. quod corrector mutavit in: ceteris tamen s. r. m. d. [21] ita corrector; venerandi cod.

NOTÆ.

eis roris stillæ extorqueri valerent. Qui licet tanta essent humiditate refecti, nec pulviculus tamen manibus contrectancium quoquo pacto valuit adhærere.

(22) In Heidenheim. Cæterum totum hocce caput ab aliis mutuatus est noster: Gerhocho — successit ex Gundecharo; Sub quo — coll. est ex Ermenoldi Vita Solæ; Secutus — factum est ex Wolfhardo I, 5.

(23) Duisburg. Charta illa Arnulfi non jam exstat; sed confirmatio Ludovici regis de VII Id. Febr. 900.

(24) Eichstadium, ad S. Willibaldum. Sequentia usque ad finem capitis ex Wolfhardo I, 10, sunt excepta.

niendi. Solebat quippe antea multotiens venire tum orationis causa ad Sanctum Willibaldum, tum etiam familiaritatis ad amicum. Cujus venerandi senioris nostri epytaphium, quod ipse dum adviveret sibimetipsi fecit, in libris suis inventum hic inserui, in quibus videre est sanctam ejus simplicitatem doctamque rusticitatem. Hujus psalteriis non sunt inventa similia, tot intimis orationibus et multiplicibus vigiliis decorata. Singulæ enim feriæ singulas habent vigilias, non modo lectionibus sed etiam antiphonis et responsoriis autenticis eleganter variatas.

12. Post hos venerabiles patres Riginoldus episcopus factus est, carnali quidem nobilis prosapia, sed nobilior scientia; litteris non solum Latinis et Grecis, sed etiam Hebreis imbutus, et quod unicum et singulare in eo fuit, optimus hujus temporis musicus. Hic imprimis historiam sancti Nicolai fecit, et per hoc episcopalem dignitatem promeruit. Accepto autem episcopatu, summo studio summaque devotione historica de sancto Willibaldo carmina conposuit, totamque scientiæ suæ vim in his decorandis atque mirabiliter variandis excitavit. Hinc est enim, quod quibusdam responsoriis longissimis in fine notulas apposuit, eisdemque notulis versiculos instar sequentiarum subjunxit. Quod quidem in tertio, sexto et nono fecit, et tertio paucos versiculos, sexto plures, nono dedit plurimos. Sed vide ordinem! Tercio minimum iter, id est initium peregrinationis attribuit, scilicet ubi de patria exivit; sexto majus, quo Ioniam venit; nono maximum, quo Ierosolimitani itineris qualitatem in versiculis noni responsorii conatus est exprimere. Nam quemadmodum sanctissimus viator noster de Italia in Greciam, de Grecia in Judeam, iterumque de Judea in Greciam, de Grecia in Italiam, et inde huc ad nos usque salvus pervenit: ita sollertissimus noster musicus primo Latinos, dein Grecos, mox Hebreos, iterumque Grecos, ad ultimun Latinos fecit versiculos. Fecit etiam perpulcram de sancto Wunebaldo historiam, et de sancto Blasio novissimam.

13. Cum autem monasterium (25) amplificare cogitaret, consiliumque prenominati sancti Odalrici episcopi super hac re per legatum inquireret, vir sanctus hujusmodi responsum remisit, nec opus nec bonum sibi hoc videri; satis magnam esse ecclesiam quantitate, maximam vero sanctitate; neque enim se unquam in ullam venisse, in qua melius posset orare. Hoc responso paululum revocatus ab incepto, post tamen satisfecit suo desiderio. Occidentalem namque templi partem, prius ceteris tribus æqualem, ejus partis ampliavit adjectione, quæ nunc versus occasum est hodierna sacri fontis statione. Ex eo tempore paulatim cessabant signa et prodigia, quæ ibi prius fiebant plurima. Ut enim majores nostros sæpe audivi dicere, appropinquante quotannis festivitate sancti Willibaldi tanta multitudo cæcorum, claudorum, mancorum, demoniacorum et multifarie debilium confluxit, ut porticus illa magna ad Sanctum Martinum nequaquam eos capere posset, tantusque stridor ab eis in vigilia sancti fieret, ut vesperam illam jocundissimam nonnihil impedirent; verumtamen antequam missa in die sancto finita fuisset, ferme omnes sanati Deo sanctoque Willibaldo debitas gratias referrent. Et hinc eundem episcopum antiphonam illam *Surdos cæcos, mutos mancos fecisse et priori præmisisse Miraculis signorumque variis virtutibus præpotentem effecerat.*

14. Diligebat autem idem episcopus præpotentem quandam dominam Pia vocatam, quæ omnes illius temporis feminas artificiorum subtilitate incomparabiliter dicitur superasse. Hæc multis et miris ornatibus ecclesiam nostram decoravit, non solum per semetipsam operando seu tradendo, verum etiam alias multas multa artificiorum genera docendo. Ad ultimum perfecte conversa ad Dominum, in proximo construxit monasterium sanctimonialum Bergen vocatum (26), quod regalibus, ut erat ditissima, redditibus locupletatum et omni ornamentorum genere multifariam decoratum, Romanæ ecclesiæ specialiter tradidit. Quam traditionem Johannes tunc apostolicus privilegio suo, quod hodieque nobiscum est, confirmavit, et omnes eidem monasterio aliquam injustitiam facientes terribiler anathematizavit.

15. Defuncto itaque Reginoldo episcopo (989) successit Megingaudus, antecessori suo tam moribus quam scientia dissimillimus. Ille quippe adprime, hic vero mediocriter erat litteratus; ille mitis et benignus, hic severus et iracundus; in illo perfugium miseris, in isto communis erat pernicies malis. De isto episcopo tam multa tamque mira narrantur, ut melius esset omnino reticere de eo quam parum aliquid dicere; nisi scirem, quod hoc aut invidiæ deputaretur aut inscitiæ. Dicam ergo vel pauca, nec predictorum arguar; reticebo autem multa, ne a preposito longius impediar.

16. Hujus episcopi mentionem etiam in superiori libello feci, cum de Vastolfo Haserensi, narravi, quem in confirmatione Ezzolfum jussit nominari. Ipse libentissime manducavit, ideoque nomen a jejunio ductum sibi displicuit. Solebat autem sæpissime antecessorum suorum more [22] celebrare. Qui cum venisset illuc, fratresque eum more solito suscipere vellent, cantato brevi psalmo innuit eis ne amplius quid cantarent; sedensque ad mensam, aut aprum magnum aut tale aliquid fratribus misit dicens, *Fer hoc illis Dei servis, qui me nuper tam devote et optime susceperunt.*

VARIÆ LECTIONES.

[22] *deesse aliquid apparet, uti* missam ibi, *vel simile quid.*

NOTÆ.

(25) Templum cathedrale, das Münster.   (26) Inter Eichstadt et Neuburg, ord. S. Bened.

17. Erat autem in omni divino servitio amator brevitatis, semperque malebat missam brevem quam mensam. Quodam itaque tempore cum ibidem in die sancto pasce missam publicam cantaret, tandemque ad sequentiam cantandam ventum esset, eamque præcentor solito more solemniter elevaret: iratus episcopus vocat archidiaconum, jussitque eum quantocius legere ewangelium : Illi, inquit, insaniunt et nimium diu cantando fame et siti me occidunt. Stulte! Antequam fierent sequentiæ, plures Deo placitæ cantatæ sunt missæ. Quadragesimæ tempus annuo sibi spatio longius videbatur, ideoque dato interdum pretio jejunium redimere consuevit. Per singulas enim quadragesimales dominicas, cum prima cantaretur, husonem magnum in medio choro jussit extendere cum hujusmodi legatione: Dic dominis meis, — semper enim fratres Eistetenses [23] appellare consuevit, — ut hanc caritatem habeant de me, quatenus in hac ebdomada tempestivius mihi liceat comedere. Hoc pretio conducti quamquam solito maturius cantarent, tamen cum prima cantabatur, ille meridiem, — cum tertia, ille nonam esse dicebat, statimque ad mensam accedebat.

18. Consecrationem crismatis et ecclesiarum valde simpliciter, ut antiqui soliti erant, agebat; ordinationes vero clericorum sic interdum celebrare consuevit, ut presbyterum suum duntaxat missam cantare faceret, et hora consecrationis stolam solam indueret, sedensque coram altari ordines daret, sed et stipantes se in odium sancti Villibaldi, quod tanti essent, ire juberet. Crede mihi, hisce oculis vidi nonnullos venerabiles presbiteros, qui veraciter professi sunt se ab illo in Wirzburgensi nemore consecratos. Et fortasse consecratio ejus Deo acceptior tunc erat in silva, quam quorumdam nunc in ecclesia. Ille enim per duplicitatem nichil egit, isti vero liquant culicem, camelum autem deglutiunt (Matth. XXIII, 24).

19. Solebat quoque nonnunquam facile maledicere, verum absque ulla fellis amaritudine. Denique cum Romam iturus centum maledictionum licentiam [24] a fratribus accepisset, hasque omnes quantocius erogasset, remisso ut aiunt nuncio laxiorem licentiam petiit; quam tamen postea ultra modum et numerum excessit. Cum autem familiam (27) sancti Willibaldi inprimis durius tractasset, tandemque clamor eorum ad aures clementissimi patroni pervenisset, quadam nocte bono quodam presbytero Woffo dicto sacrosanctam ejus cryptam orationis causa intrante, sanctus Dei presul manifeste apparens sibi dixit ad eum: Vade et dic episcopo, nisi velit familiam meam clementius tractare, quantocius debet locum meliori dare. Qui cum diceret, nequaquam audere tam mirabili illi episcopo hæc nuntiare: Profer, inquit, manum! et facto in eo quodam signo Hoc, ait, ostende sibi in testimonium. Quo audito et viso, episcopus ultra quam credi potest perterritus, utcumque tamen mitior est factus. Verumtamen quia naturam difficile est corrigere, antiquam in corripiendis quibuslibet personis austeritatem obtinuit et non facile cujusquam delictum reticuit.

20. Cum transiret aliquando de regalibus quidam servientibus, inter suos nonnihil gloriosus, prandiumque rogaret, interrogatur ab episcopo, quare tam longinquo itinere, — erat enim longius nescio quo iturus, — viaticum proprium non portaret? Qui cum se quicquam ferre negaret, et excusationes frivolas, ut solent, opponeret: impudenter peccatum malo homine percepit obsonium. Quippe inter prandendum, cum didicisset episcopus, quod cibaria non pauca secum ferret, abstractum de mensa loris aggredi jussit, et oblito domesticatus consortio, mendacium oris dorso infligi præcepit, Non oportere, inquiens, regales servientes mentiri, præsertim cum ipse bona sua veracibus paratus sit largiri. Qui cum vertisset se et irato animo vellet abire, accepta marderina crusena (28) talari dimissus est in pace, difficulter quidem correctus, honeste vero donatus et pleniter reconciliatus.

21. Alio quoque tempore, cum junior quidam clericus legatione Macelini Wirzeburgensis episcopi functus ad eum veniret, videns eum a longe accipitrem in manu ferentem, vocat unum ex camerariis suis et ait: Sic et sic facito cum adveniente clerico. At ille venienti occurrens, et descendentis equum devote suscipiens, addidit · Date mihi ad servandum et (29) accipitrem, donec vestram peragitis legationem. Clericus vero nihil mali suspicatus, statim tradidit alitem. At ille apprehensum per liguras [25] accipitrem, ter et quater in faciem clerici percussit, Furcifer, inquiens, quomodo ausus es ad episcopum venire hujusmodi alitem ferens? Confusus et dolens clericus ingreditur ad episcopum, non jam legationis causa sed querelarum, minitans hanc se contumeliam domino suo lacrimabiliter conquesturum. Cui episcopus: Immo ego, inquit, nisi patienter feratis, mandabo domino vestro, quam inurbane ad me venistis, et non solum gratiam ejus, sed et bona vestra et ipsum ordinem perdam vobis. Vos equidem stulte egistis; stulte egit et meus; condonate alterutrum, quod invicem peccastis; et cavete de cetero, ne umquam ad me vel ad aliquem episcopum tam irregulariter veniatis. Deinde donatus et ipse non vili munere, abdicata injuria recessit in pace.

22. Habebant autem hii duo episcopi (30) magnam inter se familiaritatem propter assiduam munerum missionem. Noster husones et serica vellera subtilesque pannos, quibus habuudabat, mittere [26], ille

VARIÆ LECTIONES.

[23] dominos excidisse videtur. [24] licencia cod. [25] i. q. ligaturas. [26] in itinere cod.

NOTÆ.

(27) Id est homines.
(28) Cf. Brunonem De bello Saxonico, cap. 92.
(29) Id est etiam.
(30) Macelinus et Megingaudus.

econtra vinum optimum, cujus sibi magna copia, seniori autem non parva erat penuria, retribuere. Ille nostrum interius, noster illum exterius procurabat, et sic munifica manus amicitiam mutuam confirmabat. Quodam autem autumpno missis noster muneribus solitis cum speratam vini remunerationem pendulus expectaret, sodes ejus sollempniter jocari volens, decem quidem carradas delicati vini misit, verum urbane [27] illum prius elusit. Præmissus quippe nuncius ejus saccos, quibus vellera ferebantur, musto impletos coram episcopo indignanter projecit et nulla salutatione premissa, *Ecce*, inquit, *dominus meus remisit vobis munuscula vestra sibi indigna, vobis necessaria.* Ad hec episcopus, *Furcifer*, inquit, *tuus dominus non erat talibus donis dignus, ideoque juste remisit, quæ suæ conditioni incongrua esse recognovit. Fatuus rex quid faceret ignoravit, cum tali talem episcopatum dedit.* Tunc legatus stricto cultro saccos temere discidit, et effuso musto episcopum in iram maximam provocavit. Exclamavit enim voce magna et dixit: *Filius meretricis, dominus tuus itane aperte ausus est mihi illudere? Per sanctum Willibaldum oculos tuos non auferes a me.* Interea, ut erat preordinatum, intrant ordinatim plaustra ducentia vinum. Tum vero legatus reverenter accedens, *Dominus meus*, inquit, *mandat vobis, domine, servitium suum et omne bonum.* Quem terribiliter intuitus episcopus dixit: *Eho, trifurcifer! Quis autem ille dominus tuus est? totne dominos habes.* « Episcopus, inquit, *est Wirzeburgensis, et has decem carradas vini misit vobis.* » Tunc ille alacer et lætabundus, *Serione tu*, ait, *hæc dicis, an iterum ludis? Credo, ut est ridendi splene cachinno, aquam misit pro vino.* Econtra legato optimum vinum esse affirmante, epicurus episcopus jam plane lætissimus, *Benedictus*, inquit, *Domino Deo sodes meus dilectissimus, benedicta munera ejus! Revera decus est Wirzeburgensium presulum. Sapiens imperator nusquam melius collocare poterat hunc optimum episcopatum.* Tam cito vituperatio illa versa est in laudem, tam cito ex tam vili tam insignis factus est episcopus. Hunc legatum nequaquam credas utcumque (31) donatum. Sic homo erat; cum nuper maxime fervebat, paulo post tam placidus, ut ovis fiebat. Denique cum aliquando durius in aliquem sæviret inpransus, post mensam flebiliter se ipsum accusabat, dicens, se propter ventris sui impatientiam innocuam sancti Willibaldi lacerasse familiam. Nec mirum, si hæc vel subditis vel æqualibus fecit, qui nec ipsi imperatori provocatus pepercit.

23. Beatæ in Christo memoriæ Heinricus imperator, Babenbergensis episcopatus institutor, cum sollempnes tam sibi quam aliis ludos exhibere vellet, mandavit huic episcopo nostro, suo vero propinquo, in parte consanguineo, ut plenum sibi in via Ratisponensi daret servitium, archiepiscopo cuilibet non nihil formidandum. Cui cum regius legatus singulatim quæ danda essent magnifice enumeraret, tandemque ad immensam vini mensuram ventum esset, *Pessime!* inquit, *dominus tuus aperte insanit. Unde deberem sibi tantum servitium dare, qui nec memetipsum satis queo pascere? Ego quidem socius ejus eram genere; sed ipse fecit rebus quasi pauperem parrochianum, et nunc regale poscit a me servitium? Unde sibi tot carradas vini? Ego quidem de vino nihil habeo nisi unam parvulam carradam, quam dedit mihi sodes meus diabolus Augustensis episcopus tantum ad sacrificium* — dicebat autem Brunonem, ipsius imperatoris germanum fratrem; — *per sanctum*, inquit, *Willibaldum, ne una quidem gutta hujus vini* [28] *intrabit in os domini tui.* Tandem cum defervisset ira ejus, pretiosos imperatori aliquot pannos misit, et legato dixit: *Hoc voluit dominus tuus, hoc habeat; hoc est Eistetensium episcoporum potius quam plenum regibus dare servitium.*

24. Quando ad curiam venit, si via lutosa erat, usque ad ipsam regalis cubiculi januam equitare solebat. Quod cum alii episcopi inconveniens esse dicerent, hiis verbis compescuit eos, dicens: *O stulti, egone deberem propter inanes facetias vestras quasi vile mancipium luto aspergi? Quid mihi equus caballus, si ad curiam veniret viator lutosus?* Transeunte cæsare, cum alii episcopi debita reverentia surgerent illeque resideret, cæteris hoc notantibus simpliciter se absolvebat, *Ego*, inquiens, *senior sum cognatus, et seniorem honorare tam gentiles quam sacræ jubent litteræ.* Multa scienter pretereo, quia et de aliis dicere et ad propositum redire debeo, ideoque de novissimis ejus breviter commemorare volo.

25. Christianissimus imperator Heinricus cum Babenbergensem [29] episcopatum regaliter ditatum consummare non posset, nisi a circumjacentibus diocesibus parrochiæ terminos redimeret, solus agonista noster, tam moribus quam genere fretus, viriliter sibi restitit, et ad vitæ usque finem iniquo concambio nullatenus acquiescere voluit. Illo vero feliciter defuncto (1014), Eistetensem episcopatum, ab initio usque tunc a nobilibus et summis viris habitum, ingeniosus imperator tunc demum servili personæ addixit; et Gunzoni cuidam, Babenbergensis ecclesiæ custodi, hoc ipsum (32) ut strueret, dedit. Sub hoc episcopo cum cæsar propositi sui properus predictum concambium maturare vellet, et novus ille episcopus capellanorum ac militum suorum tunc præcipuorum consilio fretus constanter restitisset, iracundo admodum animo cæsar fertur dixisse: *Gunzo, quid hoc audio de te? An ignoras, quia propterea episcopum te loci illius feci, ut, quia voluntatem meam cum priore, utpote socio meo, perficere non po-*

VARIÆ LECTIONES.

[27] urbana *cod.* [28] uilli *cod.* [29] Babbergensem *cod. sæpissime.*

NOTÆ.

(31) Id est *parce, taliter qualiter.* (32) Id est *concambium.*

terum, tecum, qui ejusmodi es, sine dilatione perficiam? Cave, ne unquam tale quid audiam ex te, si vel episcopatum vel gratiam meam velis retinere. Quibus auditis, episcopus quidem obmutuit; clerus vero et militia in contradictione perstiterunt, adeo ut abhominabile concambium potenter potius quam voluntarie sit factum. Hinc est, quod unus de senioribus Babenbergensium fratrum in extremis positus hoc quasi legitimum sempiternum futuris mandasse fertur generationibus, ut Eystetense concambium nunquam destrui paterentur, Wirzeburgensis vero mutationem non multum abnuerent, sed [30] ipsa episcopalis sedes in illa diocesi sua non fuisset. Propter (33) hoc inlaudabile concambium idem episcopus fecit et aliud ecclesiæ nostræ non mediocre dampnum. Nam quia venationibus ultra modum deditus erat, regalem curiam in Retia sitam, Nordelingen (34) dictam, Ratisponensi episcopo pro venatione quadam Stederach vocata prope Ungariam sita delegavit; de qua venatione omnes post eum episcopi ne unius quidem oboli pretium habuerunt.

26. Hic uno dumtaxat lustro peracto (1019), Walthero ejusdem [31] conditionis episcopo locum dedit, qui et ipse post duos annos eadem die qua antecessor suus defunctus, Ravenna urbe sepulturam accepit (1021).

27. His tam cito sublatis, denuo nobilitati [32] cessit cura pastoralis. Heribertus namque, nobilis genere, nobilior moribus, vir eleganter literatus, sancti illius Heriberti Coloniensis archiepiscopi cognatus et æquivocus, divina favente gratia factus est episcopus. Hic Herbipoli [33] nutritus, edoctus, egregia dictandi (35) dulcedine in tantum enituit, ut tunc temporis hac in arte nulli secundus fuerit. Hic Spiritu sancto efflatus, sex ymnos pulcherrimos composuit, unum de sancta cruce : *Salve crux sancta*; alterum de sancto Willibaldo : *Mare, fons, hostium*; tertium de sancta Walpurga : *Ave flos virginum*; quartum de sancti Stephani [34] inventione : *Deus deorum Domine;* quintum de sancto Laurentio : *Conscendat usque sydera;* sextum de omnibus sanctis : *Omnes superni ordines.* De sancta Maria vero fecit quinque intimas orationes, quarum omnium commune initium est : *Ave Maria gratia plena.* Fecit etiam duas has initiatas [35] modulationes : *Advertite, omnes populi;* et : *Peccatores, peccatrices quandam.* Hic 70 canonicos Eihstetensis congregationis invenit, eo ejectis una die 20 fratribus, ad 50 redegit. Quos tamen omnes, parrochiis datis, satis devotos habuit.

28. Sub hoc episcopo Gunderammus Eihstetensium scolarum magister fuerat; qui quoniam domi, non juxta Senum seu in [36] Gallia doctus erat, tam nullius ab episcopo habitus est, ut ipsum ejicere et alium substituere cogitaret. Verum ille ut granum synapis tempore tranquillitatis latuit, tempore vero contritionis quid intus saperet efficaciter ostendit. Adveniente enim [37] aliquando famoso illo Wirzeburgensium magistro Pernolfo, cum episcopus tam cum utpote compatriotam honorare, quam nostrum ut invisum vellet confundere, quadam die ad scolas venit, et accepto aritmetico libro hospitem magistrum legere et nostrum, ut inferiorem, jussit attendere. Ad hec noster intrepida voce respondit : *Hic potius oportet hic legere, et illum auditoris officium habere, nec nisi rationabiliter emendanti cedere.* His dictis recepit librum, et inreprehensibiliter perlegit folium unum. Quo audito adventicius philosophus dixit ad episcopum : *Domine, per fidem quam Deo et vobis debeo, iste locus hoc superstite meliore [38] non indiget et [39] doctiore magistro; et si ego conclaustralis ejus essem, vellet nollet cottidie lectionem ejus audirem.* Qua sententia non magis illum quam se sapientem esse monstravit. Nisi enim sapiens et bonus esset, alium æque sapientem neque tam plane dinoscere, neque tam benigne laudare posset. Hac ergo laudatione sic episcopo scolasticum reconciliavit, ut ad vitæ usque terminum non modo alium non subordinaret, verum etiam istud magisteriali honore perquam dignum duceret.

29. Sub hoc episcopo primitus apud nos cœpit veterum ædificiorum dejectio et novorum ædificatio. Antecessores ejus imis et mediocribus ædificiis contenti erant, magnamque in hiis habundantiam habere volebant. Iste vero episcopus et omnes successores ejus aut novas ecclesias aut nova palatia aut etiam castella ædificabant, et hec jugiter operando, populum sibi serviturum ultima paupertate attenuabant. Nam universum pæne tempus stercorationis, arationis totiusque agriculturæ dum solis lapidibus componendis jugiter impenditur, et tamen debitum servitium summa severitate exigitur, prior habundantia ad inopiam, et summa lætitia quæ sub prioribus episcopis erat, ad maximam redacta est tristiciam. Quod de nobis [40] dico, satis notum tibi scio, quia Wirzeburgensibus, inter quos habitas, quodammodo naturale est destruere et ædificare, quadrata rotundis mutare (36). Hoc opus, hoc studium cum his episcopis venit, quibus erat et est hereditarium. De his alias.

30. Igitur noster ille, dirutis antiquis et inveteratis veterum episcoporum ædificiis, nova subvexit, eaque in australi monasterii latere, ubi prius claustrum nostrum erat, apposuit. Hodiernam sancti

VARIÆ LECTIONES.

[30] *legendum videtur :* si ipsa e. s. in i. d. sita non. f. P. [31] *ejus cod.* [32] *nobilitate cod.* [33] *herwipolis cod.* [34] *sancto Stephano cod.* [35] *vox incerta in cod.* [36] *deest cod.* [37] *nam cod.* [38] *meliorem cod.* [39] *deest cod.* [40] *utrum ita, an vobis, incertum.*

NOTÆ.

(33) Id est *præter.*
(34) Nördlingen civitas.
(35) Id est *dichten.*
(36) Horat. ep. 1, 1, 100.

Blasii capellam pro antiqua illa sanctæ Gerdrudis substituit, quam postea Victor papa mirificis et quodammodo vivis picturis adornavit. Claustrum vero nostrum a monasterio, ut nostr, pene alienavit; quod tamen non sine causa fecit. Volebat quippe ipsum templum ex parte transferre, ita ut pars monasterii, quæ nunc orientalis est, occidentalis fieret, sicque monasterium in editiori urbis loco consisteret. Cujus novæ fabricæ parietes decem pedum mensura vidimus altiores. Quod quidem monasterium si perfectum esset, tunc utique claustrum in meridiano ejus latere, prout deberet, consisteret. Quod quia sancto Willibaldo non placuit, et opera et impensa periit. Monasterium in monte veteris urbis (57), ut est hodie, primus ædificavit, et monachicam vitam, quæ nunc, proh dolor! defecit, laudabiliter ibi instituit. Capellam sancti Bartholomei in eodem monte hac de causa fecit. Cum quidam hypocrita, in vestimentis ovium conspectus, intrinsecus autem lupus rapacissimus, brachium sanctæ Walpurgæ et calicem illum aureum, de quo supra diximus, furtim surripuisset et in monte jam dicto in quodam lapide concavo abscondisset, nullo modo inde auferre neque ipse quoquam potuit abire. Quod maximum sacrilegium quia in die sancti Bartholomei Dei gratia est revelatum, devotissimus episcopus eidem apostolo capellam ibi fieri jussit, et postea in festo ejus solemniter dedicavit. Capellam sancti Martini prius parvam per cognatum nostrum dominum Woffonem, tunc camerarium, postea Merseburgensem episcopum, ampliari et ut hodie est meliorari fecit. Idem camerarius veterem illam et sanctissimam sanctæ Mariæ capellam, in qua supra diximus sanctissimum Willibaldum a sancto Bonifacio in presbyterii gradum promotum, dejecit, et hodiernam [44] fecit, majorem quidem quantitate sed longe imparem sanctitate. Item monasterium sanctæ Walpurgæ per dominum Leodegarium innovavit, et monachas, cum prius essent canonicæ, ibidem instituit.

31. Hic est sanctæ memoriæ Leodegarius ille, qui cum esset genere et moribus divitiisque præpotens comes (38), terrenum honorem pro Christi amore dereliquit, et deposito gladio attonsaque barba, canonicus sancti Willibaldi factus est, qui et ipse (59), cum esset regis filius, regnum mundi et omnem ornatum seculi pro Christo contempsit, et terreni imperii abdicatione cœlestis regni consortium felici commercio taxavit. Quem imitatus et iste Dei famulus, hereditarias quas habuit possessiones sanctæ Walpurgæ scilicet ea conditione contradidit, ut et congregationis numerus augeretur et monachica sanctimonialium vita ibidem institueretur. Quod et factum est.

In hoc autem Dei electo specialiter hoc notandum, immo venerandum est, quod, cum esset tempore conversionis satis provectæ ætatis in accipiendis tamen ordinibus tantæ discretionis extitit, ut nonnisi unum una vice accipere et in eo aliquamdiu obedienter vellet ministrare. Eo promotionis tenore ad presbyterii dignitatem pervenit, et quadraginta prope annis in eodem ordine Deo devotissime serviens, quinquennio ante obitum instar veteris Tobiæ oculis captus est. Sed et beati Job exemplo caro ejus partim computruit. Quas temptationes ita patienter itaque hilariter pertulit, ut sua sponte nullus, exceptis secretissimorum arbitris, omnino senserit. De hoc venerabili sacerdote gloriosissimus imperator Henricus, pater istius æque gloriosi, ad dominum nostrum Gebehardum episcopum ita solitus est jocari, ut irrideret Eystetenses, comitis missam se audisse aut audituros esse simpliciter dicentes, et cetera. Cum autem tempus remunerationis suæ appropinquaret, ipseque ad Sanctum Magnum (40) inter Alpes sepulturam suam preordinatam haberet, et in ipso itinere apud monasterium suum Gemphingen, quod ipse instituit, defunctus esset, corpus ejus, ab ipsis inhiantium faucibus ereptum et Eichstat honorifice deportatum, in medio sanctæ Walpurgæ quod ipse construxit monasterio. In ipso depositionis ejusdem sacratissimæ virginis die officiosissime sepultum est. Cujus anima exeunte, ut presbyterum sibi assidentem audivi veraciter dicere, flamma instar candelæ de ore ejus exivit, tantusque horror cunctos qui aderant invasit, ut omnibus se subtrahentibus vix ipse perduraverit. Cujus vitam, conversionem et obitum breviter eloquitur hoc epitaphium:

En, Leodegari, reddis terræ sua matri;
Cœlis inde datam reddideras animam.
Presbyter ex comite pro Christi factus amore,
Tunc tua Walpurgæ tradideras, modo te
Ultima præsentis vitæ, sed prima perennis
Nona Kalendarum lux tibi Martis erat.
Oramus pro te, tu pro nobis, pater alme,
Ut tecum pacem possideamus. Amen

32. His compendiosius quam rei dignitas postularet explicitis, ad episcopum (41) redeo, et multis compendii causa prætermissis, de novissimis ejus pauca subjiciam. Ex quo cathedram episcopalem susceperat, modis omnibus solum hoc agebat totusque in hoc erat, ut episcopatum suum Babenbergensi concambio nimis depravatum melioraret, et memorabile aliquid sancto Willibaldo acquireret. Hujus rei gratia multas expeditiones admodum difficiles peregit, et dum efficeret quod voluit, nec sibimet ipsi nec suis pepercit. Ad ultimum victus imperator devotissima servitute ejus, Nuenburgensem

VARIÆ LECTIONES.

[44] *ita codex;* hodie eam *corrector.*

NOTÆ.

(57) Ubi postea castellum S. Willibaldi ædificatum fuit, de monasterio capella tantum S. Petri remanente, quæ et ipsa jam plane evanuit.
(58) De Lechsmund, cf. de eo Acta SS. 21 Februari.
(59) S. Willibaldus, scilicet Richardi regis filius.
(40) Füssen.
(41) Heribertum.

abbatiam [42] (42) Eystetensi episcopatui attribuere destinavit, ea scilicet lege, ut corpore sancti Willibaldi illuc translato, episcopalis sedes in eodem constitueretur loco. Quod quia sanctissimo patrono nostro, hunc locum specialiter amanti, non placuit, ad effectum nequaquam pervenire potuit. Sed et Nuenburgenses sanctimoniales propitiatrici suæ sanctæ Mariæ constantissimis precibus usque adeo incubuere, donec effectum petitionis obtinuere. Nam dum episcopus eandem abbatiam jam sese in manibus habere putaret, et hujus rei gratia ad curiam lætissimus veniret, repente regis animus immutatur, et tam diutinæ presulis expectationi penitus renunciatur. Quo ille audito graviter animo consternatus, in tantum ægre tulit, ut et lacrymas non contineret, et palam sanctum Willibaldum rogaret, ne unquam vivus Eistat rediret. Quod et, proh dolor! factum est; nam in redeundo ægritudinem incidit, et antequam Eistat perveniret, inter vias defunctus (1042, Jul. xxiv), a Frisingensi episcopo Egilberto illo mirabili, quem in vita plurimum coluit, accuratissime sepultus est. In tantum vero fratres de obitu tam benignissimi patris doluisse feruntur, ut ad tumulum ejus per vices usque ad tricesimum diem pernoctanter vigilarent, et nimio amore persuasi, pro sancto eum ferme haberent. Cujus sepulcro tale appositum est epitaphium ab egregio illo versificatore Willerammo abbate, consanguineo scilicet suo, compositum:

Ecce Dei servus præsul jaceo hic Heribertus, *et reliqua.*

53. Huic episcopo frater suus Gocemannus in episcopatu successit, sed nonnisi duobus mensibus superstes fuit. Verumtamen licet brevi tempore prefuerit, nonnihil memorabile in diebus suis fecit. Adjuncto namque Brunone Wirzeburgensi episcopo, supradictum sanctæ Walpurgæ monasterium in festo sancti Burchardi, ut et ipsum hic celebrem faceret, dedicavit; et deinde post tres dies defunctus (1042, Oct. xvii), a præfato Wirzeburgensi episcopo juxta fratrem suum honorifice sepultus est.

54. Secutus est Gebehardus episcopus, qui utinam aut nunquam presul fieret, aut factus tam cito subtractus non esset! Tolerabilius enim esset, talem bonum omnino nescisse quam cognitum tam cito amisisse. Hic patre Hartwigo, matre vero Beliza natus, Suevia oriundus extitit (43), et etiam regalem, ut ipse Henricus imperator fatebatur, prosapiam ex parte attigit. Quam tamen arrogantiam, ut erat facetissimus, suaviter ille declinabat, dicens, se quidem claris sat ortum parentibus, sed nequaquam ad hanc dignitatem pertinentibus. Hic vero hac occasione, immo ut verius dicam, divina hac ordinatione factus est episcopus. Postquam episcopatus noster ad petitionem memorati Brunonis episcopi duobus insimul Wirzeburgensibus datus est fratribus, Gebehardus Ratisponensis episcopus, regis patruus, postulare cœpit, ut suæ cognationis gratia Chunoni archipreposito suo daretur. Cujus petitioni benignus augustus in tantum acquievit, ut idem prepositus de episcopatu tam certus esse vellet, ut etiam quorundam clericorum servitium quasi jam debitum non recusaret. Comperto autem imperator quod presbyteri filius esset cum penitus sibi episcopatum dare noluisset, patruus ejus in tantum cœpit indignari, ut diceret, non propter prædictam excusationem, sed magis propter sui despectionem hoc sibi denegari. Quam patrui suspicionem cum cæsar excludere vellet : *Ut sciatis,* inquit, *me nihil erga vos nisi quod bonum est moliri, offerte mihi quemcunque idoneum ex vestratibus, hoc tantum excepto, et voluntatem vestram libenter adimplebo.* Ad hæc ille cum debitas egisset gratias, *Habeo,* inquit, *hic mecum juniorem quendam cognatum meum, cui si præfatum episcopatum dederitis, devotissimum me semper in omnibus habebitis.* Tum ille : *Facite,* inquit, *illum ad nos venire.* Quem adductum cæsar intuitus, *Valde,* inquit, *minor est et ad hanc dignitatem vix idoneus satis.* Deinde consultis super hac re assidentibus episcopis, et diversis diversa respondentibus, sanctus Bardo Moguntinus archiepiscopus, subtus cucullam suam ut solebat collectus et tacitus, cum et ipse ad respondendum rogaretur, postquam sæpius eum intuitus est, demisso vultu tandem ad imperatorem ait: *Domine, bene potestis hanc sibi dare potestatem, quia aliquando dabitis sibi majorem.* Quod rex admodum miratus, *Quid,* inquit, *pater dixisti de futura datione majoris potestatis?* At ille subridens, *Etiam,* inquit, *in dicendo* [43]; *verumtamen ut dixi, bene potestis hunc sibi episcopatum largiri.* Quo rex audito securus jam tanti viri testimonio, anulum sibi mox dedit cum baculo (1042). Quod cum pater ejus Hartwigus audisset, magno ut decuit gaudio repletus, sciscitatur statim quis esset hujus episcopii [44] patronus. Cui cum sanctus Willibaldus nominaretur, *Papæ!* inquit, *sompnium meum me fefellit. Olim quippe sompniabat, quod iste filius suus sancti Petri pastor esse deberet. Sed nondum venit hora ejus.*

55. Post hec sublimatus pontificali infula dominus noster Gebehardus, licet junior esset ætate, nihil tamen puerile gessit in opere, sed ita de virtute in virtutem certatim ascendit, ut inter omnes regni principes paucis inferior, multis vero esset superior. Denique inter cæteras virtutes specialem hanc habuit, quod in exercendis tam divinis quam humanis judiciis talis scientiæ tantæque velocitatis extitit, ut jam neminem mortalium hac in re superiorem habuerit. Paucis itaque annis interpositis,

VARIÆ LECTIONES.

[42] *hanc vocem codex omittit; supplevi ex excerptore Blankstetensi; cf. statim sequentia.* [43] *ita codex; sed locus est corruptus.* [44] *episcopi cod.*

NOTÆ.

(42) Neuburg.   (43) Comes de Calw ad fluvim Nagold.

adoptatus a caesare est in administrationem publici regiminis. In quo actu tam multiplici laude resplenduit, ut, quod rarissimum est, invidiam virtute superavit. Unde factum est, ut exulante ad Ungariam Chunone duce, ipse ducatum Bajoaricum ad tempus susciperet regendum. Quibus diebus inter alia gloriose gesta Schirenses, latrociniis ut hodieque sunt deditissimos, in tantum devastavit, combussit ac contrivit, ut hujus afflictionis tam perpes memoria quam querimonia penes eosdem sit. Eo tempore cum secundus a rege esset, rexque cum solo regni solio praecederet, caesar ipse aliique multi veraciter credidere, prophetiam illam sancti Bardonis de majore potestate jamjam impletam esse. Sed neque adhuc venit hora, qua implenda erat haec sententia.

36. Illis diebus sanctus papa Leo Romanam rexit ecclesiam (1049), qui jam secundus imperatoria electione apostolicae sedi praefuit. Siquidem primus Suidegerus Babenbergensis episcopus extitit; qui venerabilis pater, ut praemisimus in libello Agnetis imperatricis (44), propter hanc necessitatem ad apostolicae sedis assumptus est gubernationem. Cum antiqua Romanorum avaritia inter alia etiam apostolicam sedem venalem faceret, et modo hunc, modo illum, nunc alium super alium constituerent: gloriosus imperator indignitatem rei non ferens, cum magno exercitu Romam venit, et habita generali synodo (1046, Dec. 24), duos simoniacos uno die abjecit, et tertium catholicum apostolicae sedi imposuit, praedictum scilicet Suidegerum Babenbergensem episcopum, Clementem in papatu vocatum. Qui eisdem Babenbergensibus hoc privilegium dedit, ut in summis festivitatibus tum ministri altaris, tum etiam caeteri seniores mitras habeant in capitibus.

37. Hoc papa feliciter defuncto et Babenbergae in choro Sancti Petri singulari fratrum devotione sepulto, successit beatus hic de quo diximus Leo (1049, Febr. 12). Qui tam immensae clementiae fuit ut capitalium criminum reis nonnisi tres sextas ferias pro poenitentia injungeret, et cetera misericorditer indulgeret. Quod cum familiares ejus notarent, et simpliciores quosque ad audendum perpetrandumque facinus impunitate incitari dicerent, clementissimus papa suaviter respondit, et tam vera quam simplici sententia murmurantes compescuit. Ait enim: *Non displiceat vobis, fratres, si ego peccator peccatoribus condescendo; immo displiceat potius, quod peccantes gravius equidem quam ille, qui peccatum non fecit nec inventus est dolus in ore ejus, punio. Nusquam enim repperietis in toto evangelio, quod Dominus noster Jesus aliquem jejuniis vel verberibus afflixerit. Sed poenitenti:* « *Vade, ait, in pace, et amplius noli peccare.* » Hic contra Nortmannos pro pace ecclesiastica bellum suscepit, et maximum suae partis detrimentum incurrit. Unde insolabiliter contristatus, cottidie missam cantavit pro interfectorum animabus. Quod cum diu fecisset, tandem angelus Domini per visionem sibi astitit, et cur cottidianas pro defunctis missas ageret interrogavit. Cui cum ille respondisset, quod jure hoc pro interfectis suis faceret, angelus ad hoc, *Noli*, inquit, *pro defunctis cantare, potius* « *Sancti tui, Domine,* » *quia pretiosa est in conspectu Domini mors sanctorum in illo prelio peremptorum*. Quam missam postea cantavit pro illis ad vitae suae usque terminum. Appropinquante autem tempore vocationis ejus, vidit in visione juvenem quendam papalibus vestibus indutum accedere ad se, tres calices in manibus portare. Cujus sompnii interpretationem mox expergefactus sic exposuit suis familiaribus: juniorem quendam post se papam futurum et nonnisi tres annos victurum. Aliud quoque vidit sompnium de Hilteprando, tunc temporis Romanae ecclesiae archisubdiacono; scilicet cappam suam ardere et flammas ex se usquequaque spargere. Quod prophetice solvens ait: *Si unquam, quod absit, ad sedem apostolicam ascenderis, totum mundum perturbabis*. Quae prophetia quam vera fuerit, plus aequo jam proh dolor! et bono in nostris calamitatibus apparuit.

38. Leone ergo papa non simpliciter defuncto (1054. Apr. 19), sed vere in numero sanctorum computato, primates Romanorum Mogontiam veniunt, papam sibi ab imperatore deposcunt, et post longam deliberationem nullum nisi nostrum episcopum Gebehardum accipere voluerunt (Nov.). Qui totis viribus renisus, quanto plus oblatam dignitatem recusavit, tanto Romanorum desiderium ad optinendum eum provocavit. Denique postquam legatos suos clam, ut putatur, Romam misit, qui eum ex industria flagitiis plurimis infamarent et abhominabilem Romanis quoque modo facerent — sed frustra, — postquam etiam per doctiores quosque, in quibus et noster magister, sibi faventia quaeque canonum collegit capitula — sed et hoc frustra; *non est enim, ut Scriptura dicit, sapientia non est prudentia, non est consilium contra Dominum*: — tandem Ratisponae collectis universis regni primatibus (1055. Mart.), omni tergiversatione deposita, cunctam controversiam brevi quidem sed notabili consummavit sententia. *En*, inquit ad caesarem, *sancto Petro totum me, hoc est corpore et anima, contrado; et licet tantae sanctitatis sede me indignissimum sciam, vestris tamen jussionibus obtempero, ea scilicet pactione, ut et vos sancto Petro reddatis quae sui juris sunt*. Hac sponsione a benignissimo imperatore susceptа, Romam hilariter venit, singulari devotione susceptus est, in consecratione Victor appellatus est (Apr. 13), tribus annis apostolicam sedem gloriosissime rexit, tantaeque inter ceteras virtutes liberalitatis extitit, ut Romani non solum viventi verum etiam mortuo singularia laudum preconia attribuerent et memoria ejus celebris habeatur. Interim non immemor pacti sui, tum consentiente tum etiam invito imperatore, multos sancto Petro episcopatus, multa etiam castella injuste ablata juste recepit, Romanamque ecclesiam multis honoribus ampliavit,

(4) Prima pars fuit hujus operis, jam deperdita.

ditavit, sublimavit; et si diutius vivere licuisset, fortasse tale aliquod verbum incepisset, quod ambæ aliquorum aures tinnirent.

39. Post hæc ab eodem imperatore plurimis et accuratissimis legationibus evocatus (1056), Gosilariam venit; et inaudita quidem susceptionis gloria honoratus esset, nisi Deus, quam nulla hæc sibi forent, ardenter ostenderent. In ipso susceptionis articulo, dum regius apparatus cum exquisitissimis ornatibus obviam venienti procederet, tantus tamque subitaneus imber ingruit, ut totus ille tantæ ambitionis ornatus usquequaque dissipatus sit. Verumtamen ubi fugiendo potius quam procedendo in monasterium ventum est, magnifice susceptus est, ut papam quidem decuit, non tamen ut imperator voluit. Alias vero quam incomparabili apparatu tractatus sit, sicut supra modum fuit ipsa in re, ita longum est referre. Hoc tantum veritate ipsa non invidente licet dicere, nihil tam magnificum fuisse, quo devotionis suæ multitudinem pro desiderio suo posset ostendere.

40. Paucis itaque interpositis diebus, autumnali venatione, gratissimo utique sibi occupatus studio in nemore Hart nuncupato, ultimam valitudinem incidit, et medicis desperantibus, ingravescente infirmitate 5 Non. Octobris rebus terrenis exemptus, ad interminabilia cœlestis regni gaudia, ut vere credimus, est translatus. Et quidni credamus? cum inter innumera virtutis et pietatis opera adprime catholicus fuerit et in extremis suis ipsum apostolicum sibi utique benignissimum, totque venerabiles episcopos aliosque sacerdotes præsentes habuerit; quibus et confessionem fecit et a quibus indulgentiam accepit, quosque devotissimos pro se intercessores habuit. Quem vero ex aqua dumtaxat et Spiritu sancto renatum et in fide catholica defunctum non salvarent tot tantæque orationis et elemosinæ, quæ diem sepulturæ ejus præcessisse feruntur? Deportatus itaque a Saxonia usque ad Renum, Spiræ in monasterio sanctæ Mariæ juxta patrem suum et matrem sepultus est 25° obitus sui die, 5 Kalend. Novembr. quo et natus est die, disponente hoc et egregio papa et Agnete imperatrice, dudum Augusta, nunc vidua, ut, quo die exivit de utero carnalis matris, eodem reconderetur in gremium terræ communis, scilicet mortalium omnium matris.

41. His ita transactis, dispositisque laudabiliter regni negotiis, Romam heu! nunquam reversurus rediit, et apud Aritium Tusciæ civitatem 5 Kalend. August. immatura morte vitam finivit presentem, et ad gloriam provectus est indeficientem (1057, *Jul.* 28). Hujus venerabile corpus cum nostrates ad Eystetensem toparchiam perducere vellent, in via per dolum a Ravennatibus inhumanissime spoliati sunt, et sepulto tam glorioso papa foras muros Ravennatis urbis in basilica sanctæ Mariæ, ad similitudinem Romanæ Pantheon formata [45], piissimo desolati domino, summa onerati tristitia repatriare contendunt. Quibus ex meridiana parte descendentibus, eadem hora septentrionalem aperte Gundechar jam designatus episcopus descendit (*Aug.* 20); et illis pro amisso lugentibus domino, iste pro adepto lætatus est episcopio. De cujus electione, investitura, intronizatione consecrationeque secundum descriptionem ab ipso factam supra jam diximus. Qui mox ut ordinatus est (*Dec.* 27), cum domum sancti Willibaldi ab orientali parte dirutam invenisset, quod antecessor suus quorundam pravo consilio persuasus parvo ante obitum tempore jussit fieri, causa tamen meliorandi, nihil impensius maturandum credidit, quam ut dirutam reædificaret et reædificatam basilicam dedicaret (1058). Inter hæc primum pascha suum mirabili ambitione celebravit, vocato ad se cognato et coepiscopo suo Egilberto Pataviensi et aliis multis tam comprovincialibus quam militibus suis et cetera [46].....

VARIÆ LECTIONES.

[45] formate *cod. et excerptor.* [46] *hic desinit codex versus finem, paginæ in sequenti chartam Ottonis regis subjiciens. Neque quæ excerptor post hæc de Gundecharo habet paucissima, ex nostro sumpta esse possunt.*

INTRA ANNUM MLXXIII-XVI

LAMBERTUS HERSFELDENSIS.

PROŒMIA

AD

LAMBERTI HERSFELDENSIS ANNALES

EDENTE V. CL. LUD. FRID. HESSE (1).

SER. PRINCIPI SCHWARZBURGENSI A CONSILIIS AULICIS ET TABULARIO PUBLICO.

(Apud PERTZ, *Monumenta Germaniæ historica*, Script. tom. V, pag. 154.)

De Lamberti patria nihil certi constat. J. Chr. Krausius (1*) eum Transrhenanum ortu et fortasse Leodicensis disciplinæ alumnum fuisse, suspicatur : 1° ex nomine Lamberti, quod Lotharingiæ inferiori sive terris Mosanis fere peculiare fuerit; 2° ideo, quod Francogallorum et Walonum more vocabula exprimat, ut *Heschenewege* pro *Eschenwege*, *Boto* pro *Bodo*, *Ellenburc* pro *Nellenburg*; 3° quod in rebus Lotharingiæ inferioris et Flandriæ describendis copiosior sit. Sed hæc argumenta ad rem, quam spectant, probandam, non sufficiunt. Nam ad primum quod attinet, nomen illud alias etiam terras, ut Thuringiam habitantibus familiare fuit, ita ut eodem jure scriptor ad comites Gleichenses eorum majoribus id usitatum fuisse scimus, referri posset; deinde non liquet, Lambertum ipsum hanc talium vocabulorum scribendi rationem secutum esse, cum codices a nobis collati in iis varient; denique in rebus istarum regionum etiam propterea quod magni momenti esse et memoria dignæ viderentur, enarrandis diutius hærere et morari potuit.

[Neque majoris eorum habenda est opinio, qui Lambertum Schafnaburgensem sive Aschafnaburgensem dixerunt ipsumque in hac Franconiæ urbe natum fuisse statuerunt; cum nonnisi locus a A 1058 (2) depravatus et male intellectus hujus opinionis ansam dederit. W.]

Lambertus non a puero in monasterii cujusdam umbra et solitudine latuisse, sed, antequam Hersfeldiam se conferret, in vitæ publicæ luce et hominum frequentia versatus, ingenii animique quas a natura fautrice nactus erat facultates jam tum diligenter excoluisse : et, intima cum optimis Romanorum scriptoribus familiaritate contracta, purum et elegans dicendi genus, quod in eo laudamus, consecutus esse videtur. Nec tamen negari potest has virtutes assiduis, quæ otio monastico fruens, Latinæ linguæ impendit, studiis auctas et confirmatas cuique eo potissimum tempore libros sacros, quorum cognitione non leviter tinctus, sed totus imbutus est, diurna nocturnaque manu tractasse.

Hersfeldia litterarum studiosis optimam in iis proficiendi præbebat occasionem. Ea enim inter scholas monasteriis adjunctas et per Germaniam fama celebres sæculo XI fere principem tenebat locum. Albuinus hujus scholæ primum magister, postea ejus loci præpositus, denique Magdeburgensis abbas a Conrado imperatore mense Januario a. 1035 constitutus, ob insignem quam sibi comparaverat philosophiæ scientiam memoratur (3). Maxime fre-

NOTÆ.

(1) Cum iis quæ V. Cl. Hesse de fontibus Lamberti et subsidiorum ordine et auctoritate scripserat, nonnulla pro instituti nostri ratione addenda essent, ejus rei curam Waitzius suscepit, cujus observationes, lectorum commodo consulturus, præfationi sigla ejus addita inserui. PERTZ.

(1*) In editionis suæ præfat. p. XII, sq.

(2) Pro *Ascafnaburg* in editionibus antiquis a *Scafnaburg* legebatur; unde primus L. Schradinus eum Schafnaburgensem dixit, quod omnes, etiam loco illo a Struvio emendato, repetivisse, non satis mirari possum. W.

(3) Vid. Lambert. ad. h. a. et Ann. Hildesheim. ad ann. 1034 et ad a. 1035. Cf. Mabillon Ann. ord. S. Bened. t. IV, p. 407.

quentata et ad summum perfectionis gradum evecta est Meginhero abbatiam regente, quod ex ipsius Lamberti testimonio compertum habemus (4). Bibliotheca etiam ejusdem instructissima, Lamberto patens, libros bonæ notæ cognoscendi et in usus suos convertendi dabat occasionem. Sane dolendum est, ne minima quidem ejus vestigia nostris temporibus esse reliqua, sed omnes ejus thesauros aut periisse aut alio translatos et in diversas regiones esse dissipatos.

Anno 1058 Lambertus, jam adultus, et, si Frischii (5) conjecturæ fides est, intra annos 1034-1038 natus, accessit ad monasterium Hersfeldense, allectus fama et religione Meginheri abbatis, cujus amore tantopere captus est, ut quoties in commentariis suis sermo in eum incidit, grata mente ejus recolat memoriam, virum eum appellans « magnarum in Christo virtutum et vere unicum suæ ætatis in Teutonicis regionibus recte et monastice vivendi exemplar. » Eo ipso etiam anno in jejunio autumnali per Liutpoldum, Moguntinensem archiepiscopum, sacro presbyteri munere solemniter Aschaffaburgi est initiatus. Quo facto et rei familiaris, quam fortasse non tenuem sed satis amplam administrabat, cura, ne in via prægravaretur, abjecta, statim Hierosolymam, quo jam tum magnus hominum numerus ex Germania aliisque Europæ terris tendere religionis causa solebat, profectus est, zelo Dei, sicut ipse dicit, « sed utinam secundum scientiam (6). » Quo in itinere, quod Meginhero inscio et invito susceperat, nulla magis sollicitudine angebatur, quam quod abbatis animum hac de causa alienatum a se sibique infensum putabat; qui si ante reditum suum obiisset, neque in ejus conspectum redeundi et culpæ veniam petendi sibi oblata esset facultas, magni criminis reum se censebat. Quod eum ad iter ita accelerandum impulit, ut, qui diem natalem Domini a. 1058 Marowæ in confinio Hungariorum et Bulgariorum celebravit, anno proximo 1059, xv Kal. Octobr. (d. 17 Septembr.) in illius antistitis amplexibus hæreret; quam felicitatem sibi divinitus tributam verbis, constantis et sinceræ erga illum reverentiæ arctissimique quo inter se jungebantur amicitiæ vinculi testibus, prædicat. Sed ejus consortio et convictu diu frui non licuit; abbas enim eodem anno et mense (d. 26 Septembr.) ad superos abiit.

Meginherum in abbatia regenda secutus est Ruthardus, vir, Lamberto auctore (7), « in sacris Scripturis apprime eruditus et sic ad loquendum expeditus, ut nemo illa ætate verbum Dei copiosius, nemo subtilius, nemo elegantius tractaret, alias in observatione sanctæ regulæ paululum, quam mores et tempora expeterent, remissior erat. » Ab hoc abbate quædam negotia in aliis locis divino cultui sacratis peragenda nostro commissa sunt, qui cum anno 1071 in monasteria paulo ante ab Annone Coloniensi archiepiscopo, rigidioris disciplinæ patrono, omne studium ad eam, quæ hoc tempore collabi cœpit, emendandam et pristinæ restituendam integritati conferente, fundata Sigebergense et Salfeldense, delegavit, ut novum vitæ monasticæ ordinem in iis institutum cognosceret et de eo ad suos referret. Quo munere ita functus est, ut virum sapientem decet, non admirantem, quæ vulgus stupere solet, nec nova propter novitatem despicientem, at illud tamen vitæ genus, cui nescio quid sanctitatis inesse arbitrabantur, minime probantem. Majus, quam cui sustinendo pares essent vires humanæ, onus sibi imposuisse censet istos monachos, neque esse, quod, sui dummodo tenaces propositi et paternæ virtutis studiosi esse vellent, vitæ normam a Benedicto acceptam immutarent.

Quibus tamen negotiis bellique circa monasterium Hersfeldense sævientis strepitu vir, liberales artes amans earumque studio enutritus, non impediri se passus est, quominus otio ab illis sibi relicto ad libros componendos uteretur.

[Res enim gravissimæ, quæ tunc per totam Germaniam gerebantur, præsertim vero Saxoniæ Thuringiæque fines agitabant, Lambertum, quamvis « scientia se ad has describendas minus idoneum » putaret, ut quæ memoria digna essent oblivioni eriperet, accendebant. Et primum carmine heroico metro scripto id efficere conatus est, eodem modo quo plerosque medii ævi scriptores in versibus componendis studiorum tirocinium posuisse videmus. Quod opus, etsi auctor, ut ipsius verbis utar, in versibus plurima falsa pro veris scripsisse accusaretur (8), deperditum esse, non possumus quin doleamus.]

Postea monasterii sui historiam scribendam aggressus est, quod ex florentissimo statu jam ad penuriam fere redactum fuit (9), et eo præsertim tempore sub abbatibus strenuis et probis, si non pristinæ dignitatis recuperandæ studio flagrabat,

NOTÆ.

(4) Hist. Hersf. Cf. Pauli Langii verba in Chronico Citizensi (vid. Pistorii SS. ed. Struv. t. I, p. 1129), fortasse ex eadem repetita : *Lampertus monachus et nobilis historicus... scribit in hæc verba : « Quid dicam de ludo scholari? ubi adeo circa illud tempus studium flagrabat, ut ex aliis etiam monasteriis quoquunque festivæ spei tirunculos discendi causa illo transmitterent, et mater Herveldia ubique odorem notitiæ suæ diffunderet nobilitate filiorum in laribus philosophiæ a tenero, ut aiunt, ungue observatorum (obversatorum?) :* Exempla aliorum hujus monasterii abbatum doctorum et litteris faventium præbent Rommel. Hist. Hass. t. I, annotat. 104, p. 116, et Piderit Hist. Hersfeld., p. 40.

(5) P. 5, commentationis postea laudandæ.

(6) Quibus verbis Flacio Illyrico (qui in *Catalogo testium veritatis* ed. ex typographia Ant. Candidi. Lugd. 1597, 4, t. II. p. 595 sqq., et editionis quæ ex officina Joa. Stoer et J. Chouet 1608 fol. prodiit p. 1334-1336, de eo agit) istarum peregrinationum studium damnare videtur.

(7) A. 1059, 1073, 1074.

(8) Hist. Hersfeld. prol. infra p. 137. ad regem Bohemorum datam ap. Pez.

(9) Cf. præter ipsum Lambertum, epistolam ab Hersfeldensibus dipl. epistol. p. 292.

certe ejus memoriam tum gaudio tum dolore renovabat. His annis cum episcopis Halberstadiensi et Moguntino de decimis litigabat, hoc tempore rex Heinricus id saepissime visitabat, in ejus finibus castra ponebat ibique cum principibus Saxonicis modo hostiliter, modo ad pacem componendam conveniebat. Regina a. 1074 in ipso monasterio filium peperit, quem abbas Hartwigus et alii plerique fratres Hersfeldensis coenobii de sacro fonte susceperunt (10). Quae res cum ultima sit, cujus in hoc libro mentio fiat, et Lambertus vivo Annone archiepiscopo, qui a. 1075 obiit, se scripsisse testetur, cum anno 1074 hoc opus composuisse putarim. De cujus consilio ipsum audiamus:

Incipit Prologus in libellum de institutione Hersveldensis ecclesiae [1].

« Jhesu dormiente, navis periclitatur ecclesiae. Pugnant inter se venti in mari magno, et nullus Daniel (*Dan.* VII) invenitur qui oret pro populo. Immo non praevalet Daniel, nisi adversus principem Persarum precibus ejus resistentem archangelus praedictur Gabriel. Vere etenim, vere domus Israel domus est exasperatrix (*Ezech.* II, 8), et iniquitas ejus magna est nimis. Idcirco dedit Dominus potestatem mucroni suo, ut vadat ad dextram sive ad sinistram, quocumque faciei ejus est appetitus. Quapropter ingemiscat Ezechiel, et ingemiscat in contritione [2] lumborum (*Ezech.* XXI, 4-6), ut non faciat Dominus consumationem Israel. Dicat etiam ad Dominum angelus, qui loquitur in Zacharia: *Domine Deus exercitum, usquequo tu non misereberis Iherusalem?* (*Zach.* I, 12.) ut ab angelo, qui stat inter mirteta, mereatur audire verba bona, verba consolatoria (*Zach.* IX, 15). Quis dabit capiti meo aquam et oculis meis fontem lacrimarum (*Jer.* IX, 1), ut, etsi deflere non sufficio mala quae fiunt in ecclesia, lugeam saltem die noctuque filiam Babilonis miseram, matrem scilicet meam Herveldiam, multis miseriis et calamitatibus filiam confusionis factam? Cujus dum recordamur pulchritudinis, quasi super flumina Babilonis sedemus et flemus, quod, ut verum fateamur, peccata nostra et iniquitates patrum nostrorum post tantam pulchritudinem [3] confusionem ei modernae pepererint foeditatis. Denique, ut post dicemus, haut difficile est dictu, quantum brevi adoleverit diviciis, magnitudine, gloria, cum praecipue studiis beati Lulli Magontiacensis archiepiscopi, qui ei aedificandae manum injecerat, tum favore ac liberalitate nobilium virorum atque feminarum, tum frequentia monachorum nobiliter ibidem in castris Domini militantium, quorum numerus jam tum excreverat usque ad centum quinquaginta. Tantam siquidem ei contulerat foecunditatem, qui habitare facit sterilem in domo matrem filiorum laetantem. At nunc effoeta et exhausta, immo vero ideo effoeta quia exhausta, ingemiscit et parturit [4] usque adhuc (*Rom.* VIII, 22), et non est virtus parturiendi [5] propter violentiam praedonum, qui ei nihil reliqui fecerunt praeter parietes et saxa. « Memento, Domine, filiorum Edom, qui dicunt: Exinanite, exinanite usque ad fundamentum in ea (*Psal.* CXXXVI, 7). » Ob quod suggestioni eorum, pravae conspirationi, rei publicae atque ecclesiasticae paci contraire, assentiri periculosum ducimus. Maximam autem violentiam patimur ab his, qui defensores esse debuerant ecclesiae nostrae, quorum officium erat ex adverso adscendere et murum pro domo Israhel opponere, qui, ut sufficerent pro castris Domini stare et praeliare bella Domini, ecclesiae sunt opibus locupletati. Sed avaritia cum inferno numquam dicit: Sufficit (*Prov.* XXX, 15). Etenim acceptis, quae jure illis advocaturae competunt, beneficiis, una etiam, quae in nostros usus illis patrocinantibus debebantur, vindicant instinctu avaritiae, et devorant plebem tuam, Domine, sicut escam panis (*Psal.* XIII, 4), nihil agentes de nostra salute, eo quod nostrae professionis non sit injuriae obviam ire. *Sed mihi vindictam, et ego retribuam* (*Hebr.* X, 30), dicit Dominus, est: *Qui tangit vos, tangit pupillam oculi mei* (*Zach.* II, 8). — Nunc jam tempus flagitat, quid hoc sibi velit exordium, exponi. Scribere disposui non ostentandi sed exercendi causa ingenii, nec scientiae quae inflat sed caritatis gratia quae aedificat (*I Cor.* VIII, 1), quaecumque ad animum recurrunt eorum, quae olim me contigit super statu monasterii nostri vel legisse vel a probatissimis viris audisse, quaeque etiam ipse expertus sum, sedens cum Iheremia et flens casum et, ut ita dicam, excidium patriae meae. Ad quod studium me dormitantem vestra, si recolit, paternitas (11) saepenumero excitare curavit; sed timidum me filiumque diffidentiae tandem ad audendum perpulit laeta cujusdam Fuldensis abbatis historia subtiliter memoriae commendata; quamquam nec ea facundia nec ea mihi copia suppetat, tam subtiliter enarrandi res, partim oblivione partim temporum prolixitate procul a memoria relegatas, et ideo absque ambiguitate minus auctoritatis habituras. Ad hoc me accendunt studia rerum moderno tempore gestarum, quamquam sciam me ad has describendas minus idoneum. Quas tamen plerasque pro opibus inge-

---

VARIAE LECTIONES.

[1] de quo excerpta quedam hec sunt add. c. [2] e corr. c. [3] pulcrit. c. hoc. loco. [4] perturit c. [5] perturienti c.

NOTAE.

(10) Ann. a. 1074. (11) Abbatem alloqui videtur.

« nioli mei heroico metro strictim comprehendi.
« Sed quoniam relata ab aliis, ab aliis refelluntur,
« et in versibus plura ⁶ falsa pro veris scripisse ac-
« cusor, in hoc genere stili manifesta transcurrere,
« dubia ne attingere statui. Vestri solius, pater mi,
« in hoc opusculo expecto judicium. Oleum autem
« peccatoris non impinguet caput meum (*Psal.* CXL,
« 5). Surge, pater mi, et comede ⁷ de venatione filii
« tui ut, si faucibus tuis fuerunt dulcia, benedicat
« mihi anima tua ⁸ (*Gen.* XXVII, 49). »

Fuldensem, quam Lambertus laudat, historiam eamdam putarim quam Trithemius a Megenfredo magistro conscriptam esse sibique multa notatu digna suppeditasse dicit (12), nisi Lambertus hoc loco abbatem auctorem nominaret. Certe utrumque opus nos latet, neque Lamberti historia temporum injuriam integra evasit, cujus epitomen tantum a monacho quodam Hamerslebensi factam (13) superstitem gaudemus; qui præfationem et primi libri initium satis fideliter excepisse videtur. W.] Reliqua ab inepto epitomatore truncata et mutilata tam deformi habitu ad nos pervenerunt (14), ut vix Lamberti agnoscas manum, et locos, qui ab aliis scriptoribus inde petiti esse videntur (15), frustra apud istum quæras. Hoc saltem patet, plures libri a Lamberto conscripti codices in Germaniæ bibliothecis extitisse, quem si integrum haberemus, multo firmiorem sententiam ferre possemus de ejus pretio, quod Wenckius (16) minimum esse statuit : Lambertum, inquiens, ne initia quidem sui cœnobii recte ad annum 736 retulisse, et si litteras in tabulario ejus reconditas inspicere voluisset, multo diligentius et uberius temporibus res priores ibi actas singulaque ejus fata narraturum fuisse, excusandum tamen quodammodo, quod tunc non tam facilis fuerit talium monumentorum usus, ut scriptores ad eorum adyta penetrare et materiam libris suis aptam promere inde possent (17); denique scriptorem ipsum suam rerum Hersfeldensium inscitiam palam confiteri (18), quam etiam, plures Hersfeldiæ abbates omittendo, aliis falsos regiminis annos tribuendo, sæpe prodat, qui errores ex litteris tabularii nostro adeo tempore servatis commode emendari potuissent. Cæterum index horum antistitum, quem libellus iste exhibet, eos tantum complectitur, qui in altero Lamberti scripto, de quo jam dicturi sumus, memorantur, eodem se ordine excipientes (19).

[Nihilominus opus, in quo quædam de sæculi XI historia notatu digna referuntur, a Madero (20) ex codice Guelferbytano editum, ex eodem nobiscum a V. cl. Schœnemann communicato — chartaceus est sæc. XVI inc. jam cod. Aug. 76, 30, notatus, et foll. 23, 27 libellum nostrum continet — infra exhibendum duximus. W.]

EX LIBRO I⁹.

*) Sancto Bonifacio Mogontiacensi episcopo per martirii gloriam consummato, beatus Lullus, qui ei in episcopatu successit, omnem operam suam, sicut ei, cum adhuc rebus humanis interesset, pollicitus fuerat, in locum Fuldensem intendit. Itaque fratres frequentius invisebat, eorumque animos, super decessu beati Bonifacii anxios, verbis exquisitissimis refovebat; ubicumque res posceret aderat; inopiæ rei familiaris supplementum affatim præbebat; periculum, si quod forte immineret, propulsabat; omnia postremo liberalis atque indulgentissimi patris officia impensius amministrabat. Verum ea longe aliter quam ipse spe concepisset, cessere. Non solum enim his rebus nullum favorem, nullam eorum benivolentiam sibi conciliabat, verum etiam cunctorum ibi degentium gravissima in se odia suscitabat. Igitur post multos sudores irrita spe exhaustus, post diuturnam deliberationem, tandem victus rerum asperitate, totam ab incepto intentionem revocavit, contestatus viventem in Christo spiritum beati Bonifacii, voluisse quidem se præceptis ejus, quibus ei locum illum impensius commendaverat, parere, sed vi atque injuria fractum loco cedere. Herveldense deinde solum melioribus profecto auspiciis occupare aggreditur; in hunc locum omnes suas copias dedita opera coegit; tantas rerum inpensas alieno fundamento sine fructu acquisitas, hinc cum fructu insumere parat. Qui et acriore vi ejus rei gratia incubuit, ut fractum priori adversitate animum sequenti rerum successu

VARIÆ LECTIONES.

⁶ plu' a in *c.* ⁷ commede *coa.*, *cujus orthographiam etiam alibi leviter correxi.* ⁸ *infra rubro atramento scriptum est :* Tempore Karoli Magni fundatum est id templum Herveldie per sanctum Lullum archiepiscopum Maguntinum, qui successit sancto Bonifacio martiri et ejus loci episcopo. ⁹ EXCERPTA EX LIBELLO QUODAM DE INSTITUTIONE HERSVELDENSIS ECCLESIÆ SEQUUNTUR *ita rubra codicis.*

NOTÆ.

(12) Chron. Hirsaug. I, p. 128, 133. Cf. quæ dixi Mon. SS. IV, p. 543, n. 2. W. (*Patrologiæ tom. CXLI, in proœmiis ad* ARNOLDUM *ex comite monachum.*)

(13) Ille auctoris nomen non exprimit; Wenck vero hoc opus, Lamberti tempore scriptum, cujus etiam fragmenta ejus ingenium et sermonem referunt, ipsi, quem talem librum reliquisse Trithemius (Chron. Hirs. I, p. 202) testis est, tribuendum esse, optime docuit. (*Hist. Hass.* II, p. 278, n. c) W.

(14) Cf. etiam Stenzel Gesch. Deutschlands unter den Fränk. Kaisern II, p. 105 et de Wersebe über die Vertheilung Thüringens zwischen den alten Sachsen und Franken Fascic. I, annotat. 169, p. 67, 69 et annotat. 267, p. 98 sqq.

(15) Ut eum, quem ex Paulo Langio supra n. 4 attulimus.

(16) L. c, p. 289 et 291, not. x et y.

(17) Cui sententiæ idem monet (p. 280, n. c) non obstare verba (Ann. a. 1059): *Abbati quoque epistolam scripsit* (papa) *verbis consolatoriis, quæ usque in præsentiarum in cartario servatur Herveldensis monasterii,* quam statim post reditum ex Palæstina fando accipere potuerit, sermo sit.

(18) *Quales,* inquit, *viri* (Lullo) *in regimine loci illius successerint usque ad tempora Gozberti albatis, parum compertum habemus. Nihil enim de his litteris inditum repperimus.*

(19) Cf. Wenck. p. 279, not. d.

(20) Vetustas, sanctimonia, potentia atque majestas ducum Brunsvicensium ac Lyneburgensium domus. Helmstad. 1661. 4, p. 150 repetitum in Antiqq. Brunsv., p. 150.

Deinde rerum Germanicarum Historiam composuit. Qui liber, quanquam ex more illorum temporum non in capita divisus, revera tamen duobus voluminibus continetur, quorum alterum Annalium;

sum gloriae et magnitudinis culmen evaserat. Opibus siquidem, agris ac familiis necnon aedificiis magis magisque in dies augebatur, partim studio beati Lulli, sapientis admodum viri, partim liberalitate principum tocius regni, qui pio ejus desiderio ope summa omnes annitebantur. Ea etiam causa opes monasterii non minimum auxerat, quod frequentes eo confluebant homines celebris in seculo et famae et familiae, qui venditis rebus familiaribus precia earum afferebant, et secundum instituta primitivae ecclesiae ea substernebant pedibus apostolorum Simonis et Judae. (*His enim ecclesia loci attitulata erat* (21). Nam postea, ut Deus insigne documentum daret spectantis eo benivolentiae suae [10], idem sanctus pontifex angelica in somnis voce tertio est ammonitus, ut corpus beati Wigberti eo transferret. Is accitu beati Bonifacii de Britannia veniens, in Galliis vitam morum gloria ornatissimam exegerat, tandemque felici in Christo dormitione sopitus, in oppido Fritleslar sepulturam acceperat. Ego haut temere nec sine Dei nutu gestum credo, ut sancti pontificis et sanctorum [11], ut se mea fert opinio, fratrum [12], animi tam difficulter coalescerent. Si enim benivolentiam episcopi haec rerum procella non excepisset, nimirum in alieno fundamento nimium occupatus, privatae gloriae studium omisisset, atque Herveldense nomen, toto nunc orbe clarissimum, abiisset in vacuum, nec tanta copia sanctissimorum hominum eo loci conversantium auxisset numerum caelestium spirituum. Igitur cum beatus Lullus monasterium illud opibus, aedificiis, familiis quoque affatim exornasset, cunctumque domus Domini decorem adjungere elaborasset, multitudinem quoque fratrum centum videlicet quinquaginta temperatissimis institutis instruxisset, Karolum imperatorem, cui ex virtute nomen accessit ut Karolus Magnus diceretur, eo vocavit, et cuncta in tutelam ejus patrocinandi gratia tradidit; hancque traditionem et patrocinandi jus, cunctis deinceps in solium regni succedentibus, ratum manere statuit.

Haec de exordio Herveldensis ecclesiae strictim dicta libellus de vita sancti Lulli (22) editus latius explicat, si quis ea plenius nosse desiderat. Qualiter vero post haec locus ille per incrementa temporum ad profectum pervenerit, aut qualiter supradictus fratrum numerus centum videlicet et quinquaginta integro adhuc rerum statu, imminutus sit, vel quales viri sibimet in regimine loci illius successerint [13] usque ad tempora Gozberti abbatis, parum compertum habemus. Nihil enim de his litteris inditum repperimus, magis, ut se mea fert opinio, scriptorum incuria quam ingeniorum penuria. Quorum tamen seriem hic ponere duximus dignum, sive ne penitus vetustate e memoria aboleantur, sive quod aliqui eorum, summo functi sacerdotio (23), et usui profecto fuerunt nostro monasterio et honori (24). Balthart abbas, Buno abbas, Brunwart [14] abbas, Druogo abbas, Hardarat, abbas, Diethart abbas, item Diethart abbas et episcopus, Burchart abbas et episcopus, Megengoz abbas, Hagano abbas, Guntherus abbas, Egilof abbas, Gozbertus [15] abbas. E quibus Hagano calicem magnum de auro purissimo, electro et gemmis preciosis in ministerium Domini in gloriam et decorem fieri fecit. Umbonem vero patenae latitudine pene unius palmae totum per circuitum lapidibus preciosissimis et unionibus vestivit.

Verum nos ea, quae paulo ante nostram aetatem gesta sunt, breviter, prout ea expiscari potuimus, attingentes, haec, quae nostris modo temporibus geruntur, lamentando potius quam dictando subnectamus. Et ne quis nobis crimini ducat, quod tempora regum vel Romanorum imperatorum per successiones suas huic opusculo subtexentes, non eorum quoque feliciter vel secus gesta historiae more pariter inseramus, hoc sibi responsi habeat quicumque haec legere animum inducat, nos non statuisse omnia scribere, quae in re publica vel ecclesia gesta sunt ant geruntur, utpote monasterii carcere inclusos nec hominum expertos nec valde curiosos. Ego mihi hanc tantum operam injunxi, ut nostrae rei publicae consules, hoc est monasterii nostri patres atque rectores, cum calamitatibus, quae nos modernis temporibus oppresserunt, stili officio ad posteros transmitterem. Nam iidem ipsi [16] nimirum imperatores suorum secum habent praecones meritorum, experientia, ut ita dicam, vernacula eis scribenda dictante, et falsas opiniones veritate astipulante longius propellente. Verum haec hactenus.

Igitur Gosbertus abbas (*an.* 970), etsi non morum, studii tamen sui erga locum Herveldensem satis evidens ad nos transmisit documentum, magnam scilicet copiam librorum suo nomine ob monimentum sui attitulatorum. Plurima quoque ornamenta in auro et argento, in vestibus sacris, quibus uteretur in gloriam ingressuri sanctuarium, tabulam quoque altaris composuit (etc.), dicens: « Domine dilexi decorem domus tuae » (etc.) tempore Ottonis secundi (*qui Rubicundus dicebatur.*) Quo mortuo (*an.* 983), Ottonem filium reliquit heredem parvulum; cui patruus Heinricus [17] regnum subripuit. Inde Ludolfus, frater Ottonis, idem attemptavit (25). Sed optimatum major vis utriusque conatum repressit. Abbas Gosbertus, quia Ludolfo juraverat, Ottoni jurare noluit. Ideoque discedens, Bernharius ex ejusdem monasterii praeposito abbas successit superstiti (*an.* 985). Idem calicem

VARIAE LECTIONES.

[10] Et non sine suo nutu gestum, ut tam difficulter coalescerent animi Fuldensium fratrum cum animo pontificis *additi* c., *sed vide infra*. [11] apostolorum *add*. c. [12] factum *corr*. fratrum *Locus turbatus est; cf.* etiam n. a. [13] successerunt c. [14] brunwart c. [15] gosberthus c. [16] idem ipse c. [17] Hinricus c. *saepius*.

NOTAE.

(21) Quae littera obliqua expressa uncisque sunt nclusa, Hamerslebensis adjecisse videtur.

(22) Haec verba Lamberti esse videntur, ita ut Vita jam ejus tempore scripta esset. De qua cf. Mabillon acta III, 11, p. 400. Illa quae in cod. Erlangensi exstat cum his quae Lambertus narrat satis convenit.

(23) Id est archiepiscopatu Moguntino

(24) Cf. catalogum abbatum ex Annal. Hersfeldensibus primae Annalium parti illatum a. 798, 846, 875, 892, 901, 927, 928, 935, 956, 959, 962, 970. W.

(25) Res sane inaudita, quam quomodo Hamerslebensis acceperit — nam Lamberto non tribuere ansim — intelligere nequeo.

alterum Commentariorum nomine non inepte insignire vult F. C. Th. Piderit (26). Illo enim volumine, jam supra tom. III edito, ab Adamo initium capiens, universam Historiam in quinque ætates dimagnum cum duabus ansulis, ex puro auro, electro et margaritis comparavit. Hic monasterium sibi construxit montem sancti Petri; ibi cum suis militibus residens, rebus monasterii profuse utebatur, fratribus licentia permissa sibi vivendi in deterius. Hæc tempore Heinrici imperatoris (*sancti*), ad quem effrenati monachi contra abbatem conquesti sunt. Qui mittens ad Altahense [18] monasterium, ejusdem loci abbati Godehardo commisit Hersveldense [19] monasterium, quod tamen non acceptavit, donec paulo post obisset Bernharius (*an.* 1005). Tunc destructis cellis proprietariis, intravit reformare in melius. Regnum se accepisse dixit, non monasterium; ideoque plurima preciosa dedit pauperibus. Stolas aureas ducentas conflavit per ignem; aurum pauperibus distribuit. Godehardus, mortuo episcopo Hildesemensi (*an.* 1022), ibidem episcopus instituitur. Successit Herveldiæ Arnoldus (*an.* 1012) ex præposito ejusdem loci abbas, districtæ severitatis vir tempore Heinrici cesaris. Conradus successit cesar tempore ejus, apud quem accusatus abbas Arnoldus deponitur. Rudolfus [20] de monasterio Stabulaus abbas hic instituitur (*an.* 1031), Italus genere, mitis pater et benivolus, in Dei servicio vigilantissimus et primus [21]. Sed paulo post ab eodem Conrado in episcopum Paderburnensem instituitur. Bardo (27) abbas succedit, qui eodem anno archiepiscopus Moguntinus efficitur; ad cujus sepulcrum miracula fiunt. Megenherus [22] abbas ex monacho ejusdem loci successit (*an.* 1033), vir gravis et bonus, cujus, doctrina concordavit cum vita. Scolam instituit; omnium artium peritus fuit (28). Tempore ejus anno Domini 1038 (29), ejus anno tercio, totum monasterium incendio periit. Sed Deus optimus miraculis multis eos consolatus est ibidem ostensis per merita sanctorum patronorum Wicperti et Lulli. Inter sanatos advenit unus ex illis, qui in Collebecse, quod interpretatur prunarum rivus, coream illam famosam duxerant (30), tremulus per annos jam 25. Hic ibidem sanus factus, Ruthart nomine, servicio, sancti Wigberti se tradidit, gratus Deo et sanctis ejus. Conradus imperator tempore ejus obiit (*an.* 1039). Filius ejus Heinricus velut alter Karolus (31) in regno successit, virtuosus et pius. Nigro erat, sed venusto aspectu, statura procerus. Nam ab humero et sursum eminebat super omnem populum. Ipse aderat delicatus adhuc et inunctus rex (*an.* 1040) dedicationi ecclesiæ reparatæ Herveldiæ, quam dedicarunt Humfridus Magdeburgensis, Kasso Nuenburgensis et Hunoldus Mersburgensis episcopi (32), cum consensu Bardonis Moguntinæ sedis archiepiscopi, sub abbate Meginhero, quem idem Heinricus ut sanctum virum venerabatur et sociabat lateri suo. Decimas etiam tributorum regalium, donec viveret, concessit. Burchardus episcopus Halberstadensis post hæc obiit (*an.* 1039), (*cui auctor libelli hujus crimen imponit injustæ detentionis decimæ cujusdam, quæ pertinebat ad monasterium Hersveldense, etc. Subsequitur mors abbatis Meginheri. Heinricus cesar optimus obiit. Item Egbertus Fuldensis abbas inter eosdem obiit* (*an.* 1056.) *Plurimum commendat auctor hos tres. Sed episcopi Burchardi, viri utique sancti, qui et mortem suam prædixit, plura bona fecit et miraculis claruit, reprehensio videtur injusta, et quod crepuerit medius sicque pœnitentia ductus sera restituerit quæ injuste invaserat, non consonat veritati.*)

EX LIBRO II [23].

Heinricus Cesar moriens, (*an.* 1056) Heinricum filium parvulum reliquit heredem sub matris suæ Agnetis, prudentissimæ reginæ, regimine Ruthardus, quondam abbas Corbeiensis, Megenhero successit, abbati Herveldiæ (*an.* 1059), vir prudens et magnanimus; imperare, non imperari novit. Ad seculum prudenter se agebat, in spiritualibus mediocriter. Megenherus via contraria incesserat. Anno Coloniensis archiepiscopus filium Heinricum matri abstulit flentibus utrisque (*an.* 1062). Episcopus cum rege ad se rerum gubernacula transtulit. Rex interim Ungarorum Salomon, et ipse puer, ab avunculo regno pulsus, ad Heinricum confugit (*an.* 1063.) Utrique alterius soror desponsata fuerat. Restituit ipsum regno, Annone cooperante, Heinricus, cum ad maturam venisset ætatem, relicto episcopo, secundum propriam vixit voluntatem, promittensque Karolum Magnum suo seculo sese repræsentaturum, Roboam se repræsentavit (*De quo satis alibi scribitur.*) Anno curiæ se abdicavit ideo, in ocia se [24] recipiens Adelbertus Bremensis archiepiscopus loco ejus, non industriæ, substituitur Ruthardus abbas senio confectus, Heinrico adveniente Herveldiam, resignavit. Hartwigus, monachus ejus loci, substituitur per eundem Heinricum (*an.* 1072.) Anno hoc gratum habuit (*Cujus laudem scriptor non persequitur, quia superstes fuit temporis ejusdem.*) Ruthardus in insaniam post

VARIÆ LECTIONES.

[18] althahense *c.* [19] hersfeldense *c.* [20] Rudolphus *c.* [21] pmus *c.* [22] meghenherus *c.* [23] Ex libro secundo ejusdem collecta *rubra codicis.* [24] deest *c.*

NOTÆ.

(26) In commentat. de Lamberto Schafnaburg., monacho Hersfeldensi, rerum Germanicarum sæculi xi scriptore locupletissimo. Hersfeldiæ 1828, 4. p. 14, (cujus censuram dedimus in Ephemerid. literar. Ienens. a. 1830, n. 130). H.

(27) Hic ordo turbatus est. Bardo a. 1031, Arnoldo, Bardoni a. 1033, successit Meginherus.

(28) Locum a Paulo Langio ex hoc Chronico de Meginheri studio allatum v, supra n. 4.

(29) Anno 1037 Lamberti Annales.

(30) De hac re cf. Archiv. VII, p. 451.

(31) Cf. Paulum Lang. Chron. Citic. (ap. Struvium p. 1140), qui hoc Lamberti opere usus est: *Quem et ipsi Carolo Magno plures assimilant; eam siquidem morum excellentiam, eam in rebus agendis magnificentiam, eam humilitatem, pietatem, mansuetudinem,* B *affabilitatem atque in dandis eleemosinis liberalitatem.* « *Erat autem ipse nigro quidem sed venusto aspectu, statura procerus. Nam ab humero et sursum eminebat super omnem populum.* »

(32) Paulus Langius l. l.: *Kasso... interfuit dedicationi ecclesiæ novæ monasterii Hirsfeldensis et cryptæ ejusdem. Ad quam solemnitatem ipse invitatus fuit una cum Hunoldo Merseburgensi episcopo atque Humfrido metropolitano eorundem Magdeburgensi, in hoc consentiente Bardone Moguntinensi archiepiscopo, ejus loci diocesaneo. Erat et tunc,* UT LAMPERTUS, DICTI CŒNOBII HIRSFELDENSIS MONACHUS ET NOBILIS HISTORICUS REFERT, *præsens per se imperator Henricus tertius adhuc adolescens.* Cf. ejusdem Chron. Namburg. ap. Menkenium II. p. 12, ubi eadem fere verba leguntur. W.

stinctam ita tractat, ut usque ad ann. 703, nihil nisi sola nomina afferat, tum vero ad singulos annos ea tantum facta, quæ ad gentes Germaniæ, familias principum, rem sacram, ecclesias et monasteria, etc. pertinent, quæ memoratu digna viderentur, breviter admodum percurrat et tangat, usque ad annum 1039, quo Conradus imperator obiit. [Quæ omnia ex Annalibus in monasterio suo Hersfeldensi confectis ad verbum fere desumpta esse, jam supra dictum est (33). Illi Annales jam deperditi, sed a diversis diverse exscripti, etiam rerum annis 972-982, gestarum paulo ampliorem Historiam ipsi suppeditasse videntur (34), ipsosque in monasterio postea ope Annalium Hildesheimensium usque ad annum 1040 continuatos fuisse, Annales ostendunt Ottenburani (35) supra editi, qui usque ad hunc annum quam maxime cum Lamberto conveniunt, quamvis eos neque ipsius librum neque Hildesheimensem illum, ex quo hæc notitiæ manarunt, sed Hersfeldenses Annales secutos esse, facile sit demonstratu. His brevibus notationibus exscriptis, Lambertus lectoribus satisfecisse sibi visus est, iisque nihil addidit, nisi fortasse quædam eaque brevissima, quæ ex Annalibus antiquis Altahensibus desumpta esse videntur (36), fortasse vero jam a quopiam Annalium Hersfeldensium codici illata erant (37). Inde ab a. 1040, Lambertus proprio Marte res præcipuas adnotandas suscepit; sed ad sua tempora festinans neque multa memoriæ tradidit, neque ab erroribus cavit (38). W.] Secundo hoc volumine tempus, quo Heinricus IV regnare cœpit, persequitur, quæ est præstantissima et lectu dignissima libri pars, quoniam rebus quas tradit aut ipse interfuit, ut iis, quæ in monasterio Hersfeldensi vel in terris non longe ab eo remotis, Thuringia et Saxonia, acciderunt, aut ea, quæ in exteris regionibus, Italia, Flandria, Lotharingia inferiori, etc., gesta sunt, a testibus fide dignis facile cognoscere potuit.

Narratis, quibus Heinricus rex conflictatus est malis et calamitatibus, et quam indigne et crudeliter in Italia ab Hildebrando (Gregorio VII), summo pontifice, sit habitus, et Rudolfi, ducis Suevorum, electione Forchhemii III, Id. Mart. ann. 1077 peracta, scriptor « more inertis poetæ, extremo jam in opere languescens — in longum satis — protracto volumini » finem imponit, ut « qui postea scribendæ reliquæ hujus historiæ parti sese accincturus sit, habeat, unde apte exordiri possit. » An his verbis significare voluerit, se hunc librum jam senectute ingravescente confecisse, definire non ausim; sed cum ad describendam reliquam Historiæ partem aliam aggressurum esse speraret, certe nonnullis annis post, fortasse Rudolfo jam mortuo, hic finem fecisse videtur.

Summorum qui apud Romanos floruerunt historicorum exemplum ad imitandum sibi proposuisse Lambertum, ex dicendi, quo usus est, genere satis superque elucet. Ejus enim ingenium totius antiquitatis cognitione, optimorumque, quos tulit, scriptorum lectione non leviter tinctum, sed ita imbutum fuit, ut non imperitorum et ineptorum mediæ ætatis monachorum more anxie et infelici opera verba ex iis conquireret et parum apto loco promiscue collocaret, sed diligenti optimorum quorumcunque delectu habito, orationem suam pulcherrimis, quos ex iis decerpserat, flosculis ornaret ac distingueret. Suspicimus in eo et admiramur simplicitatem minime rudem, nativum quemdam orationis colorem, elegantiamque eam, quæ ab hujus sæculi scriptore viæ exspectari potest. Ubique magnam in exponendis rebus gestis laudem ordinis, perspicuitatis et jucunditatis meruit. Nam ejus narratio variis virorum præclarorum imaginibus, tanquam luminibus, collustrata, sermonibus eorum, quibus, antiquos historicos æmulatus, nos quasi in mediam rem rapit, animata et vividior reddita, et ars, qua excellit, uno ferre lineamento rerum faciem depingendi, ut eas pictas cernere videamus, sicut Heinricum cum uxore et reliquis comitibus Alpes superantem, lectores vel invitos allicit et mira suavitate tenet. Deinde, ordine temporum fere semper religiose servato, nunquam, quod alii solent, filum narrationis subito et præter hæc versus est Otto dux Bajoariorum ²⁵ accusatur reus in regem (an. 1070) Moguntinus archiepiscopus Sigefridus aderat (etc.) Palatium perditis moribus plenum erat. Væ enim tibi terra, cujus rex puer est! (etc.) Imperatrix parvulum peperit regem in Herveldia (an. 1074 (Sapientibus ista sufficiant, alibi plura requirant ²⁶. (an. 1074.)

VARIÆ LECTIONES.

²⁵ baioriorum c.   ²⁶ annum quo hæc scripsit 1515, addit Hamerslebensis.

NOTÆ.

(33) SS. III, p. 21. (Patrologiæ, tom. CXXXIX.)
(34) V. Giesebrecht Ann. Altah. p. 19, et quæ dixi in Ephemeridibus litter. Gotting. 1842, Nro. 58, p. 382 sqq.
(35) Quos caveas ne in Suevia conscriptos putes. Certe nusquam ejus regionis res accuratius exponunt, sed præsertim bella in Francia et Thuringia gesta memorant, semel etiam monasterii Hasungun non longe ab Hersfeldia siti mentionem faciunt (a. 1081), ita ut eos in Hassia confectos putarim.
(36) A. 741, 991, 994, 995, 996, (997), cf. quæ dixi l. I, p. 592.
(37) Nam Lambertus, qui nonnisi Annales illos exscripsit, vix tam pauca verba aliunde repetivisset, cum alios fontes prorsus negligeret. Nam neque Reginonis continuatorem neque Thietmarum adhibuit (cf. Stenzel II, p. 105), neque a. 1040—1049, cum Herimanno ita convenit, ut hunc ejus fontem agnoscere possim. — Quæ Semler (Versuch, etc., p. 140), de Lamberto monuit, nihil ad hanc rem faciunt. W.)
(38) Vide quæ in notis dicta sunt et quæ jam Stenzel II, p. 105, collegit. Res exteras etiam postea non satis compertas habuit (cf. a. 1071), easque rarissime respexit.

exspectationem abrumpit, sed producit et continuat, ita ut res unoquoque anno actas separatim a sequentis Historia tractet, et virorum clarorum, tam de re publica quam Ecclesia meritorum, in eo mortuorum memoriam recolat; quod forma Annalium, in quam librum suum redegit, flagitasse videtur, et eam quidem utilitatem præbet, ut uno obtutu, quid simul evenerit, contemplari ac dijudicare liceat. Affert vero etiam incommoda, quæ scriptor sensisse quidem, sed necessaria duxisse nec declinare ausus esse videtur. Interdum tamen angustiores hos terminos transgressus liberius vagatur, et ea, quæ arcto inter se nexa sunt vinculo, non a se invicem separat et disjungit; quod inter alia, Historia controversiæ de abbatia Malmundariensi agitata (39) et turbarum in Saxonia ortarum (40) testatur.

Sed, ut pergamus in adumbranda virtutum, quibus noster præditus est, imagine, excellit is etiam verissimo et acerrimo in recte æstimandis hominibus et æqua lance ponderandis eorum factis judicio, animoque pietatis, humanitatis misericordiæque sensu plenissimo. Valde etiam lectores afficit, et ad satietatem fugandam confert, cum scriptorem ipsum vel rei cujusdam indignatione (ut cruentæ et nefandæ illius pugnæ Goslariensis a. 1063), vel misericordia (ut Heinrici per silvas et deserta fugientis a. 1073), vel denique justa ira (ut in enarrandis, quas Saxones a regis ministris tolerarunt, vexationibus a. 1073, aut Coloniensium scelere in Annonem archiepiscopum commisso a. 1074), vehementer commotum vident.— Nusquam Lambertus Historiæ dignitatem lædit magna et gravia minoribus et levioribus confundendo, nisi quis eum cum Philippo Melanchtone ideo reprehendere velit, « quod quædam admiscuerit de privatis rebus indigna posterorum memoria », quæ tamen hic vir eximius sine dubio in priori tantum libri parte, nonnulla exigui momenti complectente, invenire sibi visus est.

A scriptorum hujus sæculi superstitione, qui fabulas aniles et absurda commenta pro veris venditare solent, hic se liberum et immunem, quantum potuit, præstare conatus est, licet passim de sanctorum miraculis malique dæmonis, quas hominibus struxisse dicitur, insidiis talia proferat, quæ negare vel in dubium vocare, illo ævo nefas putaretur, nos vero, meliora edocti, ridemus (41).

Talibus igitur virtutibus cum conspicuus sit Lambertus, quas omnes, qui ejus scripta attente legerunt, agnoscunt et prædicant, non tamen ubivis locorum operam dedit sermoni puro, emendato, qui vocabula parum Latina, aut obsoleta aut post ætatem Augusti demum in hanc linguam recepta et usu probata, verborumque structuras et sententias quibus optimi scriptores recte abstinent, intentissima cura fugit et devitat. Ejus generis sunt, præter ea, quæ vel in glossario locum tenebunt vel in annotationibus jam deterioris notæ esse monuimus, plura quæ quamvis apud plerosque medii ævi scriptores occurrant, infra tamen enotanda putavimus (42). Ita etiam, ut alia taceamus, in constructione verborum: *facere* (in significatione efficiendi cum infinitivo, ut idem sit quod jubere), *jubere* ut et *suadere*, quod modo infinito junctum vel scriptoris negligentiam vel poetæ imitationem prodit, leges purioris latinitatis migrasse existimandus est. Nec minus ingrata est repetitio eorumdem verborum et locutionum, a qua scriptores Latini, ad egestatem linguæ suæ tegendam, sedulo sibi cavent, quæ in nostro tam frequens est, ut cum aliquando inopia verborum laborasse, suspicio nobis suboriatur. Ex magno vocabulorum, phrasium, sententiarum, proverbiorum, troporum, metaphorarum, etc., quæ adamasse videtur, numero pauca tantum infra delibasse sufficiat (43). Eadem est ratio locorum, quos ex libris sacris et classicis Romanorum scriptoribus, Cicerone, Livio, Tacito, Terentio, Horatio, Ovidio aliis, affert, quorum haud paucis bis et sæpius in simili re utitur (44). Ad poetarum Latinorum carmina cognoscenda cum maximum contulisse videatur studium, in haud paucis etiam ejus commentariorum locis oratio supra prosæ simplicitatem tenuitatemque assurgit et poetico

---

(39) A. 1063.
(40) A. 1073.
(41). Quo pertinent historiæ : de multitudine miraculorum circum corpus S. Remacli coruscante a. 1071, de Attilæ gladio ibid., de dæmone seditiosis Coloniæ incolis præcurrente, de muliere homines magicis artibus dementare infamata et de præsagiis, Coloniæ in diabolo in potestatem traditum iri, significantibus a. 1074, de visione cujusdam clerici Spirensis de Huzmanni episcopi obitu a. 1073, de data Satanæ in carnem Annonis potestate et de omnibus mortem ejus portendentibus a. 1075.
(42) *Amaricare* (a. 1075), *carnalis, in carne, cœlitus, compunctio, congruus et incongruus, confortare* (a. 1075), *conversari* (a. 1076), *conversatio* (pro *vita*), *deprædatio, diversare* (a. 1075), *econtra, festivitas, juramentum, juxta* (pro *secundum*), *meliorare* (a. 1076), *modernus, mundus* (pro *homines*, etc), *pœnitudo* (a. 1074), *pompaticus* (a. 1077), *proprius* pro *suus* (a. 1074), *prolixus* (a. 1071), *reatus, revelatio* (a. 1075), *scandalum* (a. 1075), *scandalizari, transitorius* (a. 1065. 1075) *tribulatio, vas electionis*

(a. 1075), *vas diaboli* (a. 1074), *zelus*.
(43) *Quid facto opus est (esset)* a. 1056, 1066 (bis), 1073 (bis), 1074, 1076 (quater), 1077 (bis); *habenas, frena, retinacula laxare* a. 1070, 1073, 1076, *rumpere* a. 1070, 1072, 1075 (bis), 1075; *abjicere* a. 1077; *pro virili portione* a. 1070, 1073 (bis), 1075; *aboiere*, ut : *macula multis seculis non abolenda* a. 1076, cf a. 1075, *clades* (a. 1077), *ignominia non abolenda* a. 1075, etc.; *sanum aliquid sapere* a. 1075, 1074, 1077 ; *incisa spes* a. 1065, 1069, 1070, 1074, 1075, 1076.—Vocabulum *fidem* a. 1075, paucis lineis quater repetitur.
(44) Ut ex his : (*Daniel.* VIII, 25). *Directus est dolus in manu ejus* a. 1074 et 1074; cf. 1. (*Machab.* III, 6) *directa est salus in manibus eorum* a. 1076, etc.; et ex illis: *surdis tribunalibus (auribus) fabulam narrare* a. 1059, 1065, 1074. (Horat. Epist. II, 1, 199), *in arduis rebus* a. 1065, 1075. (Ejusdem carm. II, 5, 1); *ignem gladio scrutari* a. 1065, 1071. (Ejusdem serm. II, 5, 276); *frena injicere raganti licentiæ* a. 1072, 1076. (Ejusdem carm. IV, 15, 10).

quodam colore infucata est ; quod non uno exemplo confirmatur. Nimia denique copia et ubertas ubi brevitati et concinnitati commodior fuisset locus, vitio ei verti potest. Quas leves maculas, quibus, cum in Lamberti libro plura niteant, ut ei inter ætatis mediæ historicos principem pene locum concedere non dubitemus, non magnopere offendimur, ipse, emendatrice manu admota, facile abstergere et delere potuisset; excusandæ tamen sunt in homine, cujus esset, libris sacris, ecclesiasticis, liturgicis legendis omnem fere operam omneque tempus impendere.

Quibus expositis, de re non minus gravi et difficultatibus implicita quærendum est : an Lambertus historicam fidem semper servarit (45) ? Quam quidem quæstionem non melius et promptius solverimus, quam si , Lambertum vera dicere primum potuisse, deinde voluisse, paucis demonstraverimus. Omnis autem rei cardo in eo vertitur, utrum , quæ hic scriptor de Heinrici IV indole, moribus et factis , de turbis eo imperante concitatis, de calamitatibus, quæ Germaniam tum fato iniquo afflixerunt, narravit, vera sint, necne. In tantis animorum motibus, quantis Lamberti ætas agitata est, fieri non potuit quin , quam quis de rebus publicis sequeretur sententiam, in eam lectores quoque trahere vellet. Sed in hoc viro, qui inter has tempestates et procellas tantum mentis sanæ et animi quietis sibi conservavit, ut verum a falso discernere posset , tale quid non est timendum. Hersfeldensis coenobii antistes, publici concilii nunquam non particeps , quid in utraque , et Heinrici regis et Saxonum Thuringorumque, parte gereretur, non erat nescius; contigit vero ei etiam ut medius inter illum principem et hos populos, et illi ob fidem servatam gratus esset et acceptus , et apud hos ob eximiam eloquentiam cæterasque ingenii animique facultates magna polleret auctoritate , ita ut Lambertus , quem tanquam hominem non modo promptum ingenio, sed usu etiam exercitatum , sæpius fortasse itinerum et negotiorum sibi adjungebat comitem, quæ his de rebus traditurus posteris esset , ex puro et limpido potius fonte quam ex turbidis rivulis haurire posset. Uniuscujusque autem historici multum interest, si quando , viros , quorum ad arbitrium nutumque cæteri se figere et componere solent , præsentes cognoscendi, coram ex iis audiendi, quales sint eorum mores et ingenia , discendi , quæque velint et cupiant investigandi, occasionem sibi datam videt. Quæ opportunitas nostro sæpe se obtulit, Heinrico IV identidem Hersfeldiæ commorante ut anno 1066, 1071, 1073, 1074.—Sed satis de hac causa dictum puto, veniamus ad alteram. Lambertum, quæ comperta et explorata habuerit vera et sincera, nec falsa ei simulata, posteris reliquisse, cum qui in omnibus ejus narrationibus inest genuinus sine ullo fuco color, probat, tum liberæ ejus et graves de corruptis clericorum moribus et depravata rei sacræ conditione

querelæ magis confirmant. Tantum enim abest, ut quæ in monachis suæ ætatis suique ordinis vituperanda observarit, silentio premat, aut eorum culpam in alios, principes inprimis, quorum tamen injurias et vexationes quibus cives suos afficiebant, eadem acerbitate castigat, transferre velit, ut aperte in eorum mores plane deperditos invehatur deque iis querelas jactet. En ! qualem nobis, data de monachis sui temporis disserendi occasione, ambitionis, superbiæ et luxuriæ eorum imaginem proponat ad ann. 1071 : *Et revera non immerito Dominus — non esse usque ad unum*. Nec monachi tantum, sed etiam summi Ecclesiæ magistratus, si forte morum pudori et vitæ sanctitati minus studuerint, bilem ei et indignationem movent, graviterque eos reprehendit et exagitat ut ann. 1064; et a. 1070 Hermannum per Simoniacam hæresin episcopatum Bambergensem invasisse, et multis muneribus papæ datis non solum impunitatem criminis, quod objectum fuerat, consecutum, sed etiam pallium et alia quædam archiepiscopatus insignia percepisse, animo ob hoc facinus vehementer commoto tradit. (cf. a. 1075). Postquam Lambertus Rutherti abbatis Bambergensis, qui ad locum Meginwardi, abbatis Augiensis, non per justam et legitimam electionem suffectus est, sordidam vitam et quam immensa ad hanc dignitatem assequendam munera prodegisset, perstrinxit, ita pergit (a. 1071) : *Is pseudo-monachus — prolixiore opus habent tragœdia*. — Quam severam et justam est ejus de Heinrico, episcopo Spirensi, Ecclesiæ suæ opes puerili levitate dilapidante (a. 1075), et de abbatibus monachisque ad summam Fuldensis monasterii dignitatem pretio mercandam confluentibus (a. 1075) judicium ! Quibus exemplis plura alia ejusdem generis addi possent. Cui denique ipse Ruthardus in moribus remissior videbatur (a. 1074), qui Aribonem, nobilissima familia prognatum, Guillelmi et Ottonis marchionum fratrem, a servis suis occisum, « litteris quidem apprime eruditum , sed propter lasciviam morumque intemperantiam bonis omnibus invisum » (a. 1070) dicit, nonne is solam vitæ integritatem et virtutem, nulla dignitatis, generis et ordinis habita ratione, in laudando pariter ac in vituperando spectasse putandus est? — Nec tamen eo audaciæ progressus est Lambertus, ut de rebus monasticis aliam plane, quam sui sæculi homines, sententiam sequeretur, Meginhero duce, nihil nisi quod nimium esset, tum in petulantia , tum in disciplinæ severitate, aversatus.

Suspicionem etiam animi Hildebrando sive Gregorio VII pontifici tantum dediti, quantum ab Heinrico IV rege alieni, quibusdam movit Lambertus. Nam illum non modo laudibus cumulat (a. 1073), sed etiam calumnias et convicia, quibus inimici eum proscindebant, tam sedulo refutare studet, ut inde ejus officiosam gratificandi voluntatem cogno-

---

(45) Sunt enim qui hoc affirmare nolint, ut Godofredus Arnoldus (Kirchen- und Ketzerhistorie,

1729, p. 1, l. xi, c. 5, § 6, p. 567), qui etiam Justi Lipsii, Gerh. J. Vossii aliorumque testimoniis niti se ait.

scamus. Sic narrata pontificis cum Mathilde marchionissa consuetudine et convictu, quantam criminandi materiam praebuerit ista familiaritas, non praeterit quidem, at statim tamen addit (a. 1077): *Sed apud omnes sanum aliquid sapientes luce clarius constabat, falsa esse quae dicebantur. Nam et papa — satis eum contra venenatas detractorum linguas communiebant*. Eodem modo, quorum Hildebrandus in synodo Wormatiensi accusatus est, delicta excusare eorumque criminum vim et pondus infringere ac levare studet, ut ea omnia ab Hugone Blanco, homine fraudulento et ira in papam inflammato, excogitata esse dicat. Denique tumultus, vita caelibe sacro ordini imperata passim, Erfordiae praecipue ortos, ita refert, ut pontificis decreta magis probare quam improbare videatur. His igitur aliisque causis Lambertum Gregorio faventem et ab ejus partibus stantem videmus. Sed quaeso, qui fieri poterat, ut scriptor, locorum intervallo disjunctus, de viro, qui non solum vulgi opinione gravissimus, disertissimus et maximae auctoritatis esset habitus, sed intelligentium quoque hominum judicio probatissimus, aliter sentiret et loqueretur? Ad virtutum ejus, verarum et fictarum, admirationem accessisse apud Lambertum legimus grati animi sensum, quem Hildebrando, velut acerrimo libertatis Germaniae vindici, deberi omnes vel regis levitate offensi, vel ejus superbia laesi prae se ferebant ac profitebantur. Utrum jure, an injuria? Hoc dijudicare vix licuit Lamberto, qui tum superbe a rege facta et indigne ab ejus ministris vel amicis perpetrata, malaque ex munerum sacrorum nundinatione, tanquam ex perenni fonte, manantia vidit et gemuit, tum remedia his morbis, qui totum utriusque reipublicae corpus antea sanum et valens pestilenti veneno infecerant, sanandis proposita, salutaria et praesentia duxit.

Sed ea quoque culpa Lambertus vacat, quam in eum vulgo censerunt, quod in describenda Heinrici IV, vita et moribus veritati male consuluerit, quae, instituta cum aliis rerum Germanicarum ejusdem aetatis scriptoribus comparatione, facile ab eo removeri potest. Nullus enim fere horum scriptorum (46) reperitur, qui ab omni partium studio immunis, conturbatum dissidio inter pontificem et imperatorem reipublicae statum tam prudenter et quiete exposuerit, quam Lambertus. Cujus etsi commentarii satis luculenter docent, eum fidem papae debitam omnino servare voluisse et ejus signa deserere nefas duxisse, non ubique tamen ab eo facta defendit. Quo fuit probo, honestatis amante et a flagitiis sceleribusque abhorrente animo, prorsus omnes, qui leges et aliorum jura violarunt, sive clerici fuerint sive laici, ira et indignatione acriter prosequitur, ideoque pari vehementia injustam decimarum exactionem et injurias Saxonibus et Thuringis a rege illatas atque improbam eorum clericorum vitam, qui ad honorum gradus non via virtutum, sed per ambitionis praeruptum et male partarum pecuniarum profusionem immerentes ascenderant, insectatur et corripit. Quae cum ita se habeant, non mirum est Lambertum potius pontificem quam regem cum assecis insontes adeo nec refragantes injuriose et crudeliter tractantem, quae facinora quotidie et videret et audiret, favore esse complexum. In Heinrici quidem Vita duo discernenda sunt tempora, unum quo rex juvenis per paedagogos et pessimae notae familiares corruptelarum illecebris irretitus, potentiae fines paulo longius quam patriae salus permitteret, proferre conatus est; alterum, cum mala subiit, rege potentissimo, a patre avoque, viris clarissimis et optime meritis commendato, indignissima, quae summam miserationem commovere debent; cujus sensu etiam Lambertus difficile et periculosum in Italiam iter calamitatesque quibus in eo laboravit describens, se tactum esse profitetur. De illa vitae parte scriptor lene judicium fert, juvenili potius superbiae quam inveteratae male faciendi consuetudini injustam Saxonum oppressionem perniciosasque quibus flagrabat libidines tribuens, et sic eum excusans (47): *Rege ad omnia, quae jussus fuisset, puerili levitate annuente*, tum regem « juveniliter tumultuantem » appellans. Saxonibus vero et Thuringis ad maximam perniciem ab eo jam redactis, rerumque publicarum conditione omnino perturbata, prudentibusque principum consiliis prorsus spretis et neglectis, severius cum eo agit, ut non modo haec (48): *Neque enim lasciviae regis — vel levi verbo auderet redarguere*, sed etiam multa alia in regis ignominiam dicta, in his Annalibus legamus; cum, si alterum simul tempus narrando complecti licuisset, meliora de eo dicendi oblata esset facultas.

Quibus omnibus examinatis et ponderatis, haud inviti largiemur Lambertum, licet ab erroribus quorum nonnullos in annotationibus ostendimus, non prorsus liberum, plenam, perspicuam et accuratam rerum sua aetate vere gestarum narrationem posteritati reliquisse, et, cum nec causarum, quibus quaeque acta sunt, neque eorum quae cum iis conjuncta evenerunt explicationem negligat, pragmaticae ejusdemque verae historiae exstitisse auctorem. Quo factum est ut plerique historiae Germanorum scriptores, qui quidem fontes ipsos adire consueverunt, eum maximi aestimaverint, ejusque in Heinrici Vita auctoritate, tanquam hominis eloquentissimi pariter ac gravissimi, fere sola nitantur in ea acquiescant.

F. L. Hesse.

Attamen per medium aevum Lamberti nomen raro

---

(46) Quorum recensendorum nobis otium fecit Paul. Frischius Aschafnaburgensis, in comparatione critica de Lamberti Schafnab. Annalium cum aliquot ejusdem aevi chronicis. Dissertatio inauguratis. Monachii 1830, 8, 64 pp.
(47) Ad ann. 1063.
(48) A. 1075.

aut nunquam auditum est. Nam ipse illud neque praefatione quadam neque libri inscriptione neque in textu prodidit (49), ut fere mirum sit, quod posterioris aevi codices et scriptores (50) id scire potuerint. Liber vero a pluribus lectus est atque exscriptus. Quibus signa praetulisset Bernoldus, si ejus verba a. 1054 de miraculo a papa Victore facto, quae cum Lamberto prorsus conveniunt, ex hoc exscripsisset. Cum vero alibi nusquam hoc libro usus sit, id vix statuerim. Nisi haec verba Lamberto postea obtrusa putes (51), sane de communi utriusque fonte, quamvis haec nunc lateat cogitare oportet. Neque Sigebertum Gemblacensem (52) Lamberti Annalibus usum esse, V. Cl. Hirsch mihi persuasit (53) licet singulis annis (54) quasdam inter eos deprehendi similitudinem non negem.— Itaque primus, nisi fallor, Lamberti Historia monachus Sigebergensis, qui Vitam Annonis archiepiscopi Coloniensis conscripsit usus est; cui quae ille de viro celeberrimo sibique noto diligenter retulerat se ita commendabant, ut ea ad verbum in suas transferret schedas, iisque in publica archiepiscopi Vita enarranda nihil fere addendum reperiret (55).— Paulo post qui magnos illos Annales confecit, quos vulgo annalistae Saxonis nomine laudamus, Lambertum evolvit et plures ejus locos compilationi suae vastissimae intulit, quamvis, Brunonis Historia caeteris fontibus praelata, praestantissimam illius partem, eam dico, qua bellum Saxonicum describitur, intactam reliquerit, sive ne narratione copiosissima

A obrueretur veritas, sive Lambertum Saxonibus et praesertim Halberstadensibus non satis favisse ratus.
— Eodem fere tempore liber de fundatione coenobii Gozecensis scriptus est, cujus auctorem plura ex Lamberto desumpsisse (56) patet.— Etiam (57) in Chronico Laureshamensi Lambertinae narrationis vestigia deprehendi, jam Stenzel monuit (58).— In monasterio S. Petri Erfordiensis jam saeculo duodecimo incipiente Lamberti codicem fuisse, cujus fragmenta tum aliis operibus sint inserta, tum tanquam breviores Annales descripta mox videbimus. In codem vero coenobio saec. xv ex Nicolaus de Sygen magnum Thuringiae Chronicon digessit (59), in quod etiam ex Lamberto plurima recepit. Cujus au-

B tographon in archivo publico Wimariensi asservatum V. Cl. Hesse summa diligentia perlustravit et examinavit. Alii quoque rerum Erfordiensium scriptores, praesertim ille, qui satis barbaro nomine « Exphurdianus antiquitatum variloquus » audit (60), multa ex Lamberti Annalibus mutuati sunt. Praeterea vero saeculo xiv exeunte xv incipiente, plures eorum codices noti fuisse videntur, cum etiam alios rerum scriptores iis usos fuisse, V. Cl. Hesse probaverit, Wigandum Gerstenberger in Chronico Hassiaco (61), Trithemium in Chronico Hirsaugiensi (62), Paulum Langium in Chronico Citicensi (63); quibus addi possunt Andreas Lang, abbas S. Michaelis Babenbergis, qui saec. xv ex. librum De sanctis

C ordinis S. Benedicti conscripsit (64), et N. Emtantum manuscripto uti concessum fuit), ut, quae ad ann. 1524 et 1549 traduntur, ab aliena manu adjecta sint. Ejus Chronicon Thuring. et Hass. (de quo vid. Wenck l. c. t. I praefat. p. xv) typis exscriptum legitur in Schminckii Monument. Hass. t. I et II. Loci, quos ex Lamberto in id transtulit, habentur t. I, p. 46 ad ann. 998, ubi fontem, ex quo hausit, ut etiam in sequentibus paginis, falso Chronicon Lamberti Leodicensis nominat, quem errorem jam in hujus praefationis initio redarguimus, p. 106, 110, 112, 114, 116, 129, 131, 134, 142, 147, 149, 154, 160, 164, 172, 181, 190. (Ex Monachi Erfordiensis additionibus ad Lambertum petita sunt, quae continentur p. 192, 197, 198, 200, 208, 211, 214, 216, 218, 232, 238, 239, 244.) — Chronici Hersfeldensis nomine Gerstenbergerus p. 105, nonnisi Lamberti Annales indicare videtur; neque ut Wenck statuit, historia Hersfeldensis intelligenda est. HESSE.

D (62) V. a. 1063, p. 209; a. 1072, p. 232. Eum codicem Wirzburgensem habuisse, verisimile est; quem fortasse etiam P. Langius, Trithemii discipulus, inspexit.
(63) Chronicon Citizense primo edidit a. 1517; a. 1520 revisit; ubi p. 1142 (ap. Pistor, ed. Struve I) narrationem, quae incipit : *Rex Wilhelmum marchionem Thuringorum* — et desinit — *sorore Joiade* ex Lamberto ad ann. 1051, verba p. 1143 exstantia : *Rex accepto nuntio* — *omnia faciebat* ex codem ad ann. 1076 mutuatus est; quod etiam valet de iis, quae p. 1146 de Echerto marchione narrantur. — Paulo Langio non ignotum fuisse Lamberti libellum de Ecclesiae Hersfeldensis institutione, jam supra dictum est. HESSE. — Cf. ejusdem Chronicon Numburgense ap. Menkenium II, ubi eadem fere reperiuntur.
(64) Cf. de ipso Mon. SS. IV, 166. Quae fol. 181 de Wilderado abbate Fuldensi tradit, ex Lamberti

(49) V. a. 1058, 1059 ubi optimi libri N. legunt, alii vero semel *Lambertus* scribunt.
(50) Cf. infra n. 59, 60, 62, 63.
(51) Hoc etiam loco minus apto, quo haec in codice 1 leguntur indicari videtur; reliqui codices postea ordinem mutasse videntur.
(52) Verba apud Miraeum a. 1077 : *Lamberti Schafnaburgensis monachi Hersveldensis Chronicon desinit*, in nullo codice obvia, editoris esse, vocabulum *Schafnaburgensis* satis ostendit.
(53) In libro eruditione plenissimo, quem de Vita et scriptis Sigeberti edidit p. 110-113.
(54) Cf. praesertim a. 1075. At Lambertus haec a. 1075 retulit, neque video cur dubitemus quin Sigebertus de hoc regis Russorum adventu quaedam audierit. Si alibi conveniunt, plerumque res sunt notissimae; sed quae Lambertus fuse exponit, Sigebertus breviter attingit. Locos vero a. 1054, 1071 hic ex aliis fontibus recepit.
(55) Quod Delius (ap. Ledebur Archiv. V, p. 55 sqq.) sine causa in dubitationem vocavit.
(56) C. 9 de Dedone ex a. 1056 et 1042; c. 12 de Adalberto ex a. 1065 et 1072.
(57) Vol. I, p. 179 ex a. 1064.
(58) II, p. 105.
(59) De quo vide quae disputavit V. Cl. Hesse Beiträge t. I, fasc. 2, p. 5-9. Ipse Nicolaus f. 123 : *Hic* (Lampertus), inquit, *satis late scribit suam cronicam, ex qua plura ego frater Nicolaus de Sygen professus Erff. ad Sanctum Petrum collegi hunc sive praesentem sexternum, videlicet ab anno Domini 1060 usque ad a. D. 1077.*
(60) Apud Menkenium II, 471 sqq.
(61) Natus Frankenbergae in Hassia, d. 1 Mai, a. 1457, mortuus d. 27 August. 1522 (ergo tribus annis ante editum a Churrero Lamberti librum, quo igitur

ser (65), quia. 1512 Vitam sancti Bennonis Misnensis episcopi edidit (66).

Paucis annis post prima editio prodiit, quæ ingenti plausu recepta, viribus eruditis pretiosissimus visus est thesaurus (67), ita ut deinceps horum annorum Historiam Lamberto maxime auctore omnes narrarent; qui utinam etiam æquum ejus judicium imitati atque æmulati essent!

Societate aperiendis fontibus rerum Germanicarum medii ævi constituta et statim de præcipuis scriptoribus summa cura diligentiaque exhibendis cogitante, Cl. L. F. Hesse, vir de Historia Thuringica meritissimus, Lambertum, omnium medii ævi historicorum pene præstantissimum, edendum suscepit, et annis sequentibus cum codices a Pertzio et Boehmero feliciter repertos cum editis comparavit eorumque fide textum recensuit, tum verbis et rebus explicandis egregiam operam navavit, et studiorum per viginti et amplius annos continuatorum fructus in hoc loco reponere voluit.

Subsidia vero hæc ipsi ad manus fuerunt:

1) Codex Augustinensium Wittenbergensium (68), quem vir summus et de omnium scientiarum provectu optime meritus Philippus Melanchthon Secerio describendum mandavit atque Chaspari Churrero typis edendum transmisit. Qui cum jam inveniri non potuerit, sive deperditus sit sive in quodam angulo lateat (69), editio princeps, quam Churrerus a. 1525, Tubingæ apud Hulderichum Morhardum vulgavit, adhibenda erat. Exemplar enim illud genuinum Lamberti textum continuit satisque fideliter expressum esse videtur, ita ut plerumque nonnisi leviora menda aspersa atque hinc inde vocabulum (70) omissum vel additum deprehendas; quæ alio-

Ann. a. 1065 sumpta sunt, et hunc ipse auctorem laudat f. 184 ubi de Meginhero Hersfeldensi loquitur: *Is ut Lampertus in sua Chronica testatur*, etc.

(65) Ipsum affert c. 59 (ap. Menkenium II, p. 1859): *Hujus autem vastationis meminit Lampertus Herveldensis monachus, nobilis historiarum scriptor.* Quæ verba cum legisset monachus Hamerslebensis supra laudatus, Chronicon Ekkehardi, cujus epitomen fecit, Lamberto tribuendum esse putavit, ita inquiens (f. 30, Cf. Leibnitz I, p. 710): *Puto Lambertus vocatur auctor monachus Hersfeldensis nobilis historiografus; sic illum nominat Ieronimus Emser in Vita Bennonis episcopi. Si tamen sit iste.*

(66) His nescio an annumerari debeat Stephanus Leopolder, qui a. 1502-1532 in cœnobio Wessofontano vixit et Leutnero teste (Hist. Wessof. p. 559.) «Chronici Hersfeldensis compendium ex Lamberto Schafnaburgensi excerpsit», cum jam editione principe uti potuerit. — Staindelium, qui jam antea Chronicon magnum Bavaricum compilavit, non Lamberto, ut Oefelius putavit, sed Annalibus Altahensibus usum esse, Giesebrecht satis probavit p. 7. — Stenzel etiam Ann. Novesienses ex Lamberto a. 1074 descriptos esse adnotavit, quos sæculo xvi exeunte compositos hic non attulerim, cum tunc temporis jam plurimi editum Lamberti textum adhibuissent.

(67) Cf. testimonia a Vossio collecta de Hist. Lat. II, c. 47, quibus multi addi possent.

(68) Errore decepti plures codicem Tubingensem dixerunt.

(69) V. Cl. Forstemann mihi retulit, codices illius

1') Codex in archivo Dresdensi a Cl. Hessio primum evolutus, quem annis 1550-1600 manu exaratum esse opinatur, ex editione principe descriptus esse videtur, quippe qui in plerisque cum ea conveniat neque locum a. 1075, expleat (71).

1ᵃ) Auctor Vitæ S. Annonis (72) et

1ᵇ) Annalista Saxo (73) antiquos et optimæ fidei codices ante oculos habuerunt (74).

Reliqui vero libri, quotquot novimus, manarunt ex

2) Codice monasterii S. Petri Erfordiensis, qui certe sæculo xii, inc. scriptus fuisse videtur, itaque prope ad Lamberti tempora accessit et ejus verba accurate satis atque fideliter servasse putandus est, nonnulla vero adjecit quæ res Erfordienses posterorum memoriæ traderent, a genuino Lamberto secernenda. Codex ipse, quem in Thuringiæ bibliothecis frustra quæsivi, deperditus esse videtur; ex ipso vero derivati sunt

2ᵃ) Codex Gothanus Ekkehardi, mbr. s. xii, olim S. Petri Erfordiensis, de quo vide Mon. SS. III, p. 21 (*Prœm. ad Lambertum Aschafnaburgensem, Patrologiæ tom:* CXXXIX) (75). Post annum 1040 vero pauca tantum verba ex Lamberto exscripsit (76).

2ᵇ) Codex comitis de Scehoenborn in arce Gaybach asservatus, mbr. s. xii olim « S. Petri in Erfesfurt », Annales continet, a. V. Cl. Boehmero exscriptos, qui usque ad a. 1077 ex Lamberto hausti sæpe ipsa illius verba retinent, ideoque his emendandis multum inservíunt. Annales una manu usque ad a. c. 1150 exarati, postea ab aliis usque ad a. 1465 continuati, in alio Monumentorum volumine edentur (77).

Proxime ad codicem 2 accedere videtur monasterii partim in bibliothecam Wittenbergensem venisse, partim postea in Ienensem transmigrasse. In neutra jam reperitur.

(70) In priore tantum libri parte plura omissa sunt, ut a. 725, 752, 753, 786 (cui R. s.), 787, 813 (c. H. s.). De a. 718, 742, 777 v. n. 76.

(71) Eodem continentur: 1° *Origines Saxonicæ Vuolgangi Crusii* (71 pagg.); 2° *Chronicon Veteroceltense* e Conradi presbyteri Lauterbergii Annalibus et manuscripto exemplari castigatum (22 pagg.); 3° *Annales Misnenses* auctoris incerti (9 pagg.); 4° *Chronicon Pirnense* (6 pagg.); 5° *Chronicon Dresdense* (3 pagg.) Hæ quinque libri partes Germanice conscriptæ sunt; 6° *Chronicon Fribergense* Latinum (8 pagg.); 7° *civitatum, arcium ac monasteriorum fundationes*, ex innumeris Chronicorum codicibus congesta per *Vuolg. Justum Germanice,* (79 pagg.); denique 8° *Herveldensis abbas De rebus Germanorum* (240 pagg.).

(72) Codicem egregium Hallensem adhibuimus.

(73) Usi sumus cod. autographo Sangermanensi.

(74) Alii plerique, quos Lamberto usu esse diximus, non ita cum exscripserunt, ut ad verba restituenda facere possunt.

(75) cf. Archiv. VII, 505 et quæ postea dicentur.

(76) 1041 *cui Suitgerus successit;* 1051 *imperator Pentecosten — mense decedens;* 1056 *presentes erant — sepulturæ est traditum. Hermannus. Coloniensis archiepiscopus obiit; cui Anno Goslariensis prepositus successit; 1060 relicto — speciosus.*

(77) Magnam eorum partem publici juris fecit Würdtwein Nova subs. diplom. II, 238-244.

3) C. Dresdensis, olim academiæ Lipsiensis, postea Tabulario regio illatus, nunc in bibliotheca publica asservatus et I, 50 signatus. Liber sæculo xv ex vel xvi in. in charta duabus manibus, altera rudi et minus eleganti, altera comptiori exaratus est. Lamberti verbis pauca de cœnobio S. Petri addita sunt (78), præterea continuatio brevis usque ad a. 1154 adjecta, quæ cum Annalibus ibidem scriptis (2ᵇ.) quammaxime convenit.

4) C. Gottingensis, olim Albini, postea domini de Plotho et Semleri (79), chartaceus in fol. sæc. xv ex., satis diligenter et distincte scriptus (80); qui pariter atque

5) C. Wirzburgensis, olim abbatiæ S. Jacobi, quæ Scottorum erat (81), chartaceus in fol. sæc. xv ex vel xvi in., duobus calamis scriptus, — incipit ab a. 705, — maxime in prima libri parte quædam adjecit (82), et continuationem quoque illam non solum retinuit sed etiam usque ad a. 1182 prosecutus est. In minoribus quoque hi codices inter se conveniunt, quamvis alter ex altero descriptus esse nequeat, cum aliis hic aliis ille mendis sit deformatus. Eodem modo codex 3 suas habet maculas. Omnes vero non paucis locis eodem modo peccarunt, verba omiserunt, alia transposuerunt et mutaverunt (83), ut communem fontem jam ab ejusmodi erroribus haud liberum facile agnoscas. Omnes, utpote eodem fere tempore exarati, etiam in verbis scribendis valde conveniunt et ab orthographia, quam sæculo xi in usu fuisse satis constat, sæpe recedunt (84), ita tamen ut modo hic modo ille antiquiores formas retinuisse videatur. Quas,

(78) a. 858, 1068. Etiam quæ a. 718, 742, 777 de archiepiscopis Moguntinis leguntur et tam ab aliis Annalium Hersfeld. exemplaribus quam a codice 1 aliena sunt, equidem haud Lamberto, sed monacho Erfordiensi tribuerim.

(79) cf. Archiv. VII, 456 sqq. — Semlerus hunc librum ex Bibliotheca Petri de Ludewig cancellarii Hallensis aut Baumgarteni professoris comparasse videtur; cf. Baumgarten Nachrichten von einigen.. Handschriften der. Bibl. des Kanzlers von Ludewig. Halle 1749, 8, p. 31-40. Hesse.

(80) Codices Dresdensem et Gottingensem a VV. CII. nostræque rei fautoribus eximiis, Falkenstein et Beneke transmissos et ipse inspicere potui.

(81) Cf. Gerken in itinere II. p. 345. qui satis inepte de hoc codice disputavit. Hesse.

(82) V. a. 625, 705, 706. Annis 718, 742, 777, 1068 easdem quas 3 habent additiones. Sæpe etiam episcoporum et abbatum nominibus sedium indicationes adjecerunt, a. 863, 890, 892, 928, 952 etc.

(83) Cf. a. 1069, 1071, 1072, 1074 (ter), 1075, 1077 (loci, quos jam textu nondum impresso accuratius indicare non possum, facile in notis invenientur.)

(84) Ita semper fere *c* pro *t* exhibent, et ubique non solum *nichil*, *michi*, *mulctare* sed etiam *nuncius* scribunt; *y* pro *i* non raro occurrit; neque tamen in hoc neque in aliis multis sibi constant. Nam modo *solennia*, modo *solempnia*, *sollemnia*, *dampnum* et *damnum* et alia ejusmodi præbent. Sed ubique fere *unquam*, *cunque*, *aliquandiu* præferunt; 3 et 4 sæpe *h* utuntur: *sathanas*, *sathagere*, *penthecoste*, *thabus*, *thabescere*; etiam *charissimus* et *lachrimæ* interdum in 4 legitur. Magis offendunt *s* pro

A codicibus 1ᵃ et 2ᵇ adhibitis, ubique restituere conandum erat; quamvis in multis vocabulis, in quibus scribendis illius temporis scriptores nunquam fere sibi constabant, nos pristinam lectionem haud assecutos esse (85), bene sciam. Sed hæc levissima sunt, quæ nisi ipse monuissem, vix unus alterve attendisset.

6) Pistorius codicem habuit, quem vetustissimum dicit (86); sed lectiones cum 4, 5 concordantes et continuatio usque ad a. 1352 deducta atque ex Annalibus Sanpetrinis excerpta, eum ejusdem originis et fortasse non majoris ætatis fuisse ostendunt.

7) Codex Oxoniensis Bodl. n. 5128 Junii manu scriptus, brevem anni 1075 partem continet, cujus lectiones a genuino textu satis recedentes V. Cl. A. Nicoll enotavit (87).

His subsidiis ad hanc novam Lamberti editionem adornandam V. Cl. Hesse magna diligentia usus est, et quamvis nullum veterem et auctoris tempori supparem codicem integrum atque genuinum ad nos usque pervenisse ægre feramus, textum tamen quam fidelissime esse restitutum, ita ut de vera lectione nusquam fere dubitandi locus sit, lectores libenter concessuros esse confido.

Editiones vero quæ nostram præcesserunt hæ sunt: Prima sub titulo: *Quisquis es gloriæ Germanicæ et majorum studiosus, hoc utare ceu magistro libello Tubingæ* 1525 in 8° (88) curante Chasparo Churrero (89); — secunda ibidem a. 1530 (90); — tertia ibidem a. 1533 (91) curante Lutovicho Schradino, qui nomen auctoris detexit et quædam emendare (92) conatus est (93); — quarta in Schardii

z (*baptisare*, *scandalisare*), et *z* pro *s* (*thezaurus*), *w* pro *u* (*sanguis*, quod in 3 etiam *saguis* pariter ac *liqua* scribitur, *extingwi*), *n* ante *g* additum (*pungna*), litteræ bis positæ (*legittimus* 3 4 *tollerare* 3 4, *sanccire*, *dupplicare*, *aufferre*, *pallacium* 3 *rurssus* 4') aliaque quæ rudem sæculi xv orthographiam referunt, qualia sunt nomina propria præsertim in cod. 3 deformata (*ff*, *ph* pro *f*; *tt*, *dt* pro *t* et alia in notis allata). 4 plerisque locis magis ad antiquiorem quem sequitur codicem accedit, et hinc inde etc., servavit.

(85) Præsertim an præpositiones sequenti litteræ assimilaverit necne, codicibus sæpe inter se discrepantibus, dubium me tenuit.

(86) Vol. I. Epistol. dedicatoria p. 2.

(87) Vid. Archiv. V, 727.

(88) In fine legitur: *Excusum apud Hulderichum Morhardum Mense Augusto. M. D. XXV.*

(89) De ipso cf. Schurreri biogr. und liter. Nachrichten von ehemal. Lehrern der hebr. Liter. in Tubingen. Ulm. 1792, 8, p. 88 et Veesenmeyer Sammlung von kleinen Aufsatzen. Ulm. 1827, 8, p. 67 sqq. ubi etiam de Lamberto scite ut solet disseruit. Hesse.

(90) Hanc Hamberger (Zuverlassige Nachrichten III, p. 781; Director. p. 7) aliique laudant; Ebert vero (Bibl. Lexicon I, 961) an revera prodierit, dubitat. Certe neque V. Cl. Hessio innotuit, neque in bibl. Gottingensi exstat.

(91) *Tubingæ ex ædibus Morhardinis Kal. Septemb. a. 1533.*

(92) Neque tamen se codice adjutum esse dicit.

(93) Servabatur olim hujus editionis exemplum ab anonymo emendatum et notis copiosis illustratum

prima collectione (94) Francof. 1566; quinta quam dedit Grynæus (95) Basileæ ex officina H. Petri 1569 fol.; — sexta in altera Schardii collectione (96) Basileæ 1574; — septima et octava in Scriptorum a Pistorio editorum volumine I. Francof. 1583, Hanoviæ 1613 fol.; — nona cum Chronico Urspergensi Argentorati 1609 fol.; — decima in Schardio redivivo opera II. Th. Augustani Giessæ 1673 fol.; — undecima quam Struvius Pistorii libro repetito exprimendam fecit Ratisbonæ 1726 fol. (97). Post quos (98) Krause, prima libri parte omissa, duodecimam editionem adornavit (Halæ 1797, 8), qua textum quidem intactum pene reliquit, verbis vero et rebus explicandis illustrandisque primus manum admovit (99).

Quibus adnotationibus V. Cl. Hesse alias multas easque bonæ frugis plenissimas adjecit, iisque congessit quæ tam alii hinc inde monuerunt tam ipse e penu sua litteraria promenda et cum lectoribus communicanda duxit. Rarissime et ipse notulam aspersi, qua præsertim Lamberti errores, aliis scriptoribus collatis, demonstrare et refellere conatus sum.

Jam vero, prima eaque ex Ann. Hersfeldensibus hausta libri parte supra vol. III, p. 22, sqq. edita, ipsum Lambertum suorum temporum Historiam initio quidem breviter, mox vero ample et egregie exponentem audiamus.

G. WAITZ.

LAMBERTI ANNALES.

MXL.

Heinricus rex in Boemiam [27] duxit exercitum, ibique Werinherus [28] comes et Reginhart [29] signifer Fuldensis cum aliis multis occisi sunt (Aug. 22-31).

Petrus Ungariorum rex a suis expulsus, ad regem [30] Heinricum confugit, petens auxilium (100).

Eberhardus [31] Babenbergensis obiit; cui Suitgerus [32] successit. Dedicata est cripta Herveldensis [33], atque in eam translatæ sunt reliquiæ sanctorum confessorum [34] Wigberti et Lulli.

MXLI.

Heinricus rex secundo [35] Boemiam ingressus, ducem ejus in dedicionem accepit, Prenzlao [36] nomine, terramque ejus sibi [37] tributariam fecit. Inde per Bajoariam [38] regressus, festum sancti Michahelis Ratisponæ celebravit (Sept. 29).

Ouban [39], qui Ungariorum regnum invaserat [40], eruptionem in fines Bajoariorum et Carentinorum fecit, multamque prædam abegit. Sed Bajoarii coadunatis viribus insecuti, prædam excusserunt, multisque occisis, reliquos in fugam coegerunt (101).

MXLII.

Rex, prima [41] expeditione in Ungariam facta, prædictum Ouban fugavit, usque ad fluvium Raban pervenit, tres urbes maximas cepit, acceptoque a provincialibus jurejurando, in pace remeavit (Aug.-Sept.).

Herimannus [42] Mimigardenvurtensis episcopus obiit; cui Ruotbertus [43] successit. Heriberdus Eihstatensis [44] episcopus obiit; cui frater ejus Gezman [45] successit. Cui post aliquot ebdomadas [46] defuncto Gebehardus successit.

VARIÆ LECTIONES.

[27] bohemiam 3. 4. 5. sæpius (præsertim 3). [28] Wernherus 3. 4. [29] Reginhard 1. et ita sæpius d ubi codd. t. [30] deest 3. [31] Eberhard episcopus 1. [32] Sunitgerus 3. Suuttgerus 4. et ita infra; Suntgerus 5. Suiggerus. ed. 3. (2?) [33] Herveldie 4. [34] conf. plurimorum et abbatum sanctorum 4. 5. [35] seds 5. [36] prenslao 4. [37] deest 1. [38] baioriam 4. [39] Uban 3. 5. semper. [40] invaserant 3. [41] in p. 5. [42] hermannus 3. sæpius. [43] ita uo quod in codd. nonnumquam evanuit semper restitui (W.); rudhertus 1. rupertus 3. ruttbertus 4. ruthertus 5. [44] einstatensis 1. 3. 4. 5. [45] gefman 3. [46] ebdomedas 4. aliquod hepdomadas 1.

NOTÆ.

in bibl. Uffenbachiana (Vid. ejusdem catal. t. III, 18, n. 99); uti aliud adnotationibus margini adjectis illustratum et correctum, quod olim Philippus Melanchthon possedit, præstantissimæ librorum Dr. Klossii supellectili, anno hujus sæculi 55 publica venditione Londini distractæ, ornamento fuerat. Vid. Catalogue of the library of Dr. Kloss. p. 163. N. 2289. HESSE. Sed adnotationes libris quos olim ipse possederat ascriptas minime a Melanchthonis manu profectas esse, Klossius publice nuper protestatus est. PERTZ.

(94) Germanicarum rerum quatuor celebriores vetustioresque chronographi. fol.

(95) Lamberti nomen in titulo non apparet: Chronicon historicum apud Germanos, . authore monacho quodam Herveldensi.

(96) Historicum opus in quatuor tomos divisum. Vol. I.

(97) Ex hac fragmenta quædam in Bouqueti collectionem recepta sunt III, 548; V, 367; VI, 227; . 240; XI 59-69.

(98) Primus D. H. Hegewisch præstantissimos horum Annalium locos vertendi periculum fecerat; vid. Ejus characterund Sittengemalde aus teutschen Geschichtschreibern des Mittelalters mit Nachrichten die deren Aufzeichner betreffen. 1, Samml. (Leipz. 1768, 8) p. 93-260. Postea integrum Chronicon germanice interpretatus est F. B. de Bucholz. Frankfurt 1819, 8. HESSE.

(99) In ipso tamen sufficientem latinitatis, tam aurei quam barbari ævi, et Historiæ singularum Germaniæ civitatum et genealogiæ eorum, qui iis præfuerunt, scientiam desideramus, ex quo fonte multi in adnotationibus et indicibus commissi errores fluxerunt. Conjecturis etiam indulget, quæ a scriptoris ingenio et oratione non raro ita abhorrent, ut ejus sententiam miro modo detorqueat ac depravet. HESSE.

(100) A. 1041, Herimannus et Annales Altah. (restituit W. Giesebrecht. Berol. 1844, quos sæpius allaturus sum. W.).

(101) Vere a. 1042, Herim. et Ann. Altah.

MXLIII.

Rex incarnationem Domini Goslariæ celebravit. Illuc dux Boemicus adveniens, benigne susceptus a rege, et honorifice aliquamdiu habitus, tandem in pace est dimissus. Ibi inter diversarum provinciarum legatos, legati Ruscorum tristes redierunt, quia de filia regis sui, quam regi Heinrico nupturam speraverant, certum repudium reportabant (102). Ibi (103) quoque [47] legati regis Ungariorum pacem suppliciter orant, sed non impetrant, quoniam rex Petrus, quem Ouban per vim regno expulerat, præsens erat, suppliciterque Heinrici regis auxilium contra illius violentiam implorabat.

Sigewart Fuldensis abbas obiit; cui Rohingus [48] successit. Gisla imperatrix obiit, et Spiræ sepulta est (104).

Rex, secunda expeditione in Ungarios facta, prædictum Ouban ad placitam sibi pactionem coegit, acceptisque ab eo de pace juramentis et obsidibus, reversus, nuptias celebravit in Ingelenheim in conjunctione Agnetis, filiæ Willihelmi [49] comitis Pictavorum (*Nov.*).

MXLIV.

Rex nativitatem [50] Domini celebravit Treveris. Ibique omnes, qui in regiam majestatem deliquerant, crimine absolvit, eandemque legem per totum promulgavit, ut omnes sibi invicem delicta condonarent.

Gozelo dux Luteringorum [51] obiit; cujus [52] filius Gotefridus [53], nobilissimæ indolis juvenis atque in re militari admodum exercitatus, quia ducatum patris non potuit obtinere, arma contra rem publicam corripuit, Adalbertum [54] ducem, quem rex patri ejus subrogaverat, prælio victum occidit, cædes hominum et depopulationes agrorum quam maximas fecit, loca omnia usque ad Renum, præter ea quæ vel murorum præsidio hostilem impetum subterfugiebant vel se data pecunia redemerant, in cinerem redegit (*an.* 1048).

Rex, tertia expeditione in Ungariam facta, prædictum Ouban vicit (105) et expulit, Petroque regnum restituit (*Jul.* 5).

A Hazecho [55] Wormaciæ episcopus obiit; cui Adalgerus successit; cui itidem paulo post humanis rebus exempto Arnoldus successit. Diotmarus [56] Hildinesheimensis episcopus obiit (106), cui Azelinus [57] successit.

MXLV.

Dux Gotefridus a rege in dedicionem acceptus, in Gibekestein [58] missus est custodiendus [59] (107), sicque regnum brevi tempore quietum et pacatum mansit.

Petrus Ungariorum rex Ouban, æmulum atque insidiatorem regni sui, captum decollavit (108)

Brun [60] Wirciburgensis [61] episcopus obiit; cui Adalbero successit. Cathelo [62] Citicensis episcopus obiit; cui Eppo successit. Adalbrandus [63] Premensis [64] archiepiscopus obiit; cui Adalbertus [65] successit.

MXLVI.

Rex nativitatem Domini Goslariæ [66] celebravit; ubi et socrus ejus de Pictavis [67] (109) cum primoribus gentis suæ aderat.

Petrus rex [68] Ungariorum ab Andrea propinquo suo dolo circumventus cæcatur.

Eggihardus [69] marchio subitanea morte præfocatus, interiit. Drutmarus abbas Corbeiensis obiit; cui [70] Ruothardus [71] successit.

Dux Gotefridus custodia absolutus (*Mai.* 18), dum videret, nec intercessionem [72] principum, nec dedicionem, quam sponte subierat, sibi aliquid profuisse, et rei indignitate et inopiæ familiaris tædio permotus, bellum rursus de integro sumpsit (110). Inter alias, quas rei publicæ intulit clades, Neumago (111) domum regiam miri et incomparabilis operis [73] incendit, civitatem Verdonensem cepit, majorem in ea ecclesiam concremavit (*an.* 1047, *Oct.* 24). Sed post modicum facti in tantum poenituit [74], ut publice se verberari faceret, et capillos suos ne tonderentur multa pecunia redimeret, sumptus ad reædificandam ecclesiam daret, et in opere coementario per se ipsum plerumque vilis mancipii ministerio functus deserviret [75].

VARIÆ LECTIONES.

[47] ibique 3. [48] roghingus 4. 5. [49] wilhelmi 1. 3. *sæpius*. [50] natalem 1. *semper*. [51] Lutheringorum 1. Lotoringorum 3. [52] cui 3. [53] godefridus 4. 5? [54] *ita* 1b. *et ita ubique scripsi* (W.) adelb. *rell*. [55] Nazecho 3. [56] Ditmar 2b. Diothmarus 3. [57] Æzelinus 1. Ezelinus 3. [58] Gibekenstein 1. gibeleestein 3. [59] cost. 4. *semper fere*. [60] bruno 3. [61] wirceb. 1. 5. wirzeb. 3. werceb. 4. [62] Catelo 1. [63] Altbrandus 1. adelbrandus *rell*. [64] *ita* 3. 4. adelberdus 4. adelbertus *rell*. [66] celebravit Goslarie 3. [67] pictavia 2b. [68] Ung rex 3. [69] Eggih.—interiit *des*. 1. [70] *deest* 3. [71] ruihardus *omnes*. [72] intercessionne 4. 5. [73] opis 3. [74] eum p. 6. [75] serviret 3.

NOTÆ.

(102) Cf. Ann. Altah. p. 67; V. Karamsin Hist. Russiæ II, Ann. p. 19.

(103) Ann. Altah. eos Paderbrunæ mense Maio, regem adiisse dicunt.

(104) Obiit d. 15 Februar.; vid. Wedekind Not. t. II. fasc. 8, p. 407.

(105) D. 5. Jul. a. 1044 secundum Herimannum; cf. Ann. Altah. p. 70—72.

(106) Cf. Wedekind l. c.

(107) Alia exempla principum ibi custodiæ traditorum affert Conr. Fr. Reinhard in commentatione,

D in qua fabula de Ludovici II Thuring. comitis ex arce Gibichenst. saltu—refellitur. Hal. et Lips 1726, 4, p. 5 et ex rec. F. Wideburg. Hal. 1757, 4, p. 4.

(108) Quod a. 1044 narrant Herim. et A. Altah.

(109) Agnes, filia Ottonis Wilhelmi, comitis Burgundiæ, uxor Wilhelmi III comitis Pictaviæ, mater Agnetis, uxoris Heinrici III imperatoris.

(110) *Bellum—sumsit*. Ita Sallust. Jug. 20, 5. 83, 1; Tacit. Ann. 2, 45; Hist. 2, 42; 3, 43—69; 5, 25.

(111) Nimwegen.

MXLVII.

Rex nativitatem Domini Romæ celebravit [76] (112), ubi tribus depositis qui sedem apostolicam contra ecclesiasticas regulas invaserant, Suitgerum, Babenbergensem episcopum, vicarium apostolorum constituit. A quo in die sancto ipse vicissim cum Agnete regina imperiali nomine et honore est donatus. Inde Beneventum vicinasque regiones peragrans, sanctum pascha in redeundo Mantuæ celebravit (*Apr.* 19), ascensionem [77] in Augusta (*Mai.* 28); ubi Epponi episcopo defuncto Heinricum subrogavit. Deinde exercitum navalem per Renum duxit in Fresiam contra Gotefridum ejusque adjutorem Diodericum, ibique duas urbes munitissimas cepit, Rinesburgk (113) et Fleerdingen.

Suitgerus papa, qui et Clemens, obiit, et Babenberg sepultus est. Rohingus abbas Fuldensis obiit, qui eodem anno Romæ in nativitate Domini consecratus fuerat a Suitgero papa. Guntherus [78] heremita obiit (114).

MXLVIII.

Imperator nativitatem Domini Polethe [79] celebravit. Ibi legati aderant Romanorum, Suitgeri papæ obitum nunciantes (115) eique successorem postulantes. Quibus imperator Bopponem Prisniensem [80] (116) episcopum assignavit, Babenbergensem [81] vero episcopatum Hezekin [82] (117) cancellario contradidit [83].

Festum sancti Michahelis imperator iterum Polethe celebravit (*Sept.* 29). Ibi postero die Dietmarus comes frater ducis Bernhardi, cum a milite suo Arnoldo accusatus fuisset de inito contra imperatorem consilio, congressus cum eo, ut objectum crimen manu propria purgaret, victus et occisus est.

Ekbertus [84] Fuldensis abbas factus [85] fuerat statim post nativitatem Domini.

MXLIX.

Imperator nativitatem Domini Frisingæ celebravit. Ibi iterum legati Romanorum, Bopponis papæ morte nunciata, rectorem Romanæ ecclesiæ postulabant. Quibus imperator Brunonem Tholosæ [87] (118) episcopum dedit.

ML.

Leo papa propter componendum statum ecclesiarum et pacem Galliis (119) reddendam Roma egressus, Mogontiæ [88] sinodum celebravit (*an.* 1049, *Oct.-Nov.*), præsidente [89] (120) imperatore cum 42 episcopis. Ubi Sibecho [90] Spirensis episcopus de criminibus, quibus accusabatur, sacra communione se purgavit; et dux Gotefridus interventu papæ et principum gratiam imperatoris obtinuit. Expleta sinodo, imperator expeditionem movit super Balduwinum [91]; papa vero reditum ejus Aquisgrani expectavit.

MLI.

Imperator nativitatem Domini Wormaciæ celebravit (121); ubi Leo papa ei valefaciens, mediocriter compositis et causis ecclesiasticis et regni negociis, Romam reversus est, abducens [92] secum Gotefridum ducem et fratrem ejus Fridericum, qui Gebehardo [93] postmodum in sedem apostolicam [94] successit; item alios quam plures, tam clericos quam laicos, in re militari probatissimos, quorum vir.ute Nortmannis [95], qui Apuliam occupaverant, obviam ire parabat.

Consecrata est ecclesia in Goslare (122) ab Herimanno Coloniensi archiepiscopo.

Imperator Pentecosten [96] celebravit Podelbrunnum (*Mai.* 19). Ubi Bardo archiepiscopus [97], ad missam habito sermone, obitum suum instare prædicens, orationi fidelium se commendavit; qui eodem mense decessit, eique Liutpoldus [98] successit.

Dietericus Constantiensis episcopus obiit; cui Ramolt successit. Hunfridus Magadaburgensis [99] episcopus obiit; cui Engilhardus [100] successit.

VARIÆ LECTIONES.

[76] c. R. 3. celebrat 2b. *plerumque.* [77] a. in a. des. 3. [78] *add.* de thuringia 4. in thuringia 5. [79] Polcten celebrat 2b. [80] prisinensem 3. 4. [81] Babenberg 5. [82] Hexclem 3. [83] tradidit 1'. *corr.* contradidit 4. [84] Ecbertus 1. Ekebertus 4. 5. [85] *deest* 4. fuerat deest 1. 5? 6. [86] *deest* 2 b. [87] Tolosæ 1. [88] moguntie 2b. *hoc loco.* [89] *legendum esse* præsente, *Krause suspicatus est.* [90] Sibecho 1. [91] balduuinum 1. [92] secum abducens 3. *in marg.* [93] Gebehardum 1. [94] sede apostolica 3. [95] Normannis 3. [96] penthecost. 3. 4. *semper fere.* Podelbr. celebrat 2b. [97] a. Moguntinus 2b. [98] lucipoldus 3. [99] *ita* 1. Magdaburgensis 4. Magdeburgensis 3. *semper fere.* [100] engelhardus 1. 4. 5.

NOTÆ.

(112) Cf. Wedekind Noten 2, 8, p. 407.
(113) Superest nomen Rineburg tenui in vico in læva Rheni ripa eo fere loci ubi olim Romanorum castellum Matilo. STRUVE.
(114) Gunterus eremita potius obiit ann. 1045. d. 9 Oct. vid. Wedekind Noten 2, 8, p. 400 sq.
(115) Sed imperatori jam antea Clementis II mors nuntiata fuisse videtur; cf. Pagi a. 1048. N. 1. Stenzel Gesch. Deutschl. unter d. frank. Kaisern II, 225.
(116) Brixiensem, qui Damasi II nomen assumpsit, et a d. 17 Jul. an 8 Aug. 1048, quo Palestrinæ mortuus est, sanctam sedem occupavit; cf. Hofler Papste I, 270. 271.
(117) Herimanno Hacilinus; idem nomen est quod Hartwigus.

(118) Tullensem.
(119) Gallias noster Germaniam Alpibus Rhenoque propinquam intelligit. KR.
(120) Alii scriptores hanc synodum rectius referunt ad mensem Novembr. a. 1049. Vid. J A. Schmidii diss. de conciliis Moguntin. in Joannis scriptor. rer. Mogunt. tom. nov. p. 290 sqq.
(121) Imperator neque a. 1051. (1050), neque a. 1050 (1049) Nativitatem Domini Wormatiæ celebravit; illo Goslariæ (Herim.) vel Polithe (Ann. Altah.), hoc vero Polithe (A. Alt.), quo tempore papa Leo jam in itinere erat festumque sacrum Veronæ exegit (Herim.). Quæ hic narratur ad a. 1054 (1053) pertinent. W
(122) Cf. Ann. Saxo a. 1050.

Natus est imperatori filius Heinricus quartus rex [101], 3 Idus Novembris (123).

MLII.

Imperator nativitatem Domini Polethe [102] (124) celebravit. Ubi filio suo Heinrico, adhuc catecumino [103], principes regni sub juramento fidem promittere fecit. Pasca celebravit Coloniæ (125), ibique prædictus puer ab Herimanno, ejusdem civitatis archiepiscopo, baptizatus [104] est (an. 1051, Mart. 31).

Ruodolfus [105] Podelbrunnensis episcopus obiit; cui Immed [106] successit.

MLIII.

Imperator nativitatem Domini Goslariæ (126) celebravit, ubi et Immed [107] consecratus est a Liutpoldo [108] archiepiscopo. Ibi [109] quoque per Gotefridum [110] ducem heretici deprehensi sunt et suspensi.

Leo papa prefectus contra Normannos [111], conserto [112] cum eis prope Beneventum prælio (127), et fugientibus statim in prima congressione Longobardis, Teutonici [113] omnes pene [114] ad unum interfecti sunt. Ipse quoque obsessus est in Benevento, et vix tandem post multas tribulationes obsidione liberatus, cunctos dies [115], quibus supervixit tantæ calamitati, in luctu et mœrore egit.

Eo tempore Fridericus, frater Gotefridi, Romanæ ecclesiæ archidiaconus, Constantinopolim [116], apostolicæ sedis functus legatione, abierat. Ubi indicta sinodo cum imperatorem Constantinopolitanum et patriarcham evocasset, et illi primatus sui majestatem vendicantes, dicto obtemperare dedignarentur [117], egressus [118] urbem, sandalia [119] sua [120] more apostolorum publice super eos excussit (Act. XIII, 51). Quo facto, tantum terrorem omnibus Constantinopolitanis incussit, ut imperator et patriarcha cum clero et populo sequenti die, sacco et cinere obvoluti, ad eum procederent et apostolicam auctoritatem in eo proni in terram adorarent [121].

Marchio Italorum Bonifacius obiit (an. 1052, April. 26). Cujus viduam Beatricem dux Gotefridus accipiens, marcham [122] et ceteras ejus possessiones con-

A jugii prætextu sibi vendicavit. Quo comperto, imperator Heinricus gravi scrupulo perurgeri cœpit, reputans, ne forte per eum animi Italorum, semper avidi novarum rerum (128), ut a regno Teutonicorum deficerent, sollicitarentur.

MLIV.

Leo nonus papa 13 Kalendas Mai beato fine quievit in Domino (April. 19), Romæque sepultus est. Imperator interpellatus a Romanis, ut antistitem sedi apostolicæ [123] provideret, Gevehardum Eihstadensem [124] episcopum misit [125]; datisque clanculo [126] litteris ad omnes, qui in Italia opibus aut virtute militari plurimum poterant, deprecabatur eos, ut ducem Gotefridum, ne quid forte mali contra rem publicam machinaretur, observarent; promittebatque, se ipsum vita comite proximo anno affuturum, et quid facto opus esset, visurum.

Huic (129) sub diaconus toxicum in calicem misit. Quem cum ipse post consecrationem levare vellet nec posset, a Domino causam facti inquisiturus, cum [127] populo ad orationem prosternitur, statimque toxicator a demone arripitur [128]. Ita igitur causa manifestata, domnus [129] papa calicem cum sanguine dominico cuidam altari jussit includi et pro reliquiis in perpetuum conservari. Deinde iterum cum populo tam diu ad orationem prosterni ur, quousque subdiaconus a demonio liberaretur.

Fridericus archidiaconus Constantinopoli (130) regressus, ubi comperit, Leonem papam humanis rebus excessisse et alium jam ecclesiastici regiminis jura suscepisse, dona quidem, quæ ab imperatore Constantinopolitano [130] permagnifica deferebat, ecclesiæ Romanæ consignavit, et statim Urbe excedens, in monasterium Casinum [131] se contulit, ibi deinceps Christo sub sanctæ professionis titulo militaturus. Quod factum male plerique interpretabantur. Sed nemo qui sanum sapiebat aliter hoc eum quam ardore fidei et tædio secularium negociorum fecisse credebat, præsertim cum eodem tempore et longi itineris labore exhaustus et gravi corporis molestia pulsatus, diu se posse vivere desperaret.

Azelinus Hildenesheimensis episcopus obiit; cui

VARIÆ LECTIONES.

[101] deest 3. [102] Polete 2b. [103] cathecumino 3. caticumino 1.4.5. [104] baptisatus 3.4. sæpius. [105] rudolfus 1.4. Rodulffus Polbrunnensis 5. podebrunn 5. [106] Humedt 5. [107] humed 5. [108] Lupoldo 5. Luitpoldo 1. [109] Ibi—et suspensi 1. infra habet post adorarent. Hoc loco vero etiam 1b. ea legit. — et suspensi desunt 4. [110] gotifridum. 4. [111] Normannos 3, semper fere. [112] contulite. e. p. b, signa 1. [113] theutunici 3. [114] deest 5. [115] cunctis diebus 5. [116] constantinopoli 1. [117] dignarentur 3. [118] regressus 1. [119] scandalia 4. [120] suo 3. [121] 1. add. Ibi—suspensi quæ supra. [122] marchiam 3. [123] apostolice sedis 3. [124] einstadensem 1.3.4.5. [125] 3.4.5. add. quæ infra Huic — liberaretur et pergunt Imperator quoque datis clanculo. [126] clanculum 5, [127] bis scriptum 4. [128] corripitur 3. [129] ita 1b. dominus rell. [130] Const. imperatore 4. [131] Cassinum 3.

NOTÆ.

(123) a. 1050 Herim.
(124) Secundum Herimannum (et Ann. Alt.) Goslariæ. Lambertus semper uno anno a vero recedit.
(125) a. 1051.
(126) Anno præterito, hoc vero Wormatiæ; quod Lambertus in a. 1051 retulit, duo Leonis itinera non discernens.
(127) D. 18 Jun. ad Civitellam. Leo papa d. 23

ejusdem mensis Beneventum se contulit, et ibi usque ad d. 12 Mart. a. 1054 mansit.
(128) Avidi rer. nov. cf. liv. 22, 21: Ingenia ad res novas avida.
(129) Scilicet papæ. Eadem verba apud Bernoldum anno sequenti leguntur; cf. præfationem supra, p. 147.
(130) Ubi hoc anno mense Jun. concilium habitum fuit.

Hecelo [132] successit. Sibicho [133] Spirensis episcopus obiit; cui Arnoldus successit. Hezeken [134] Babenbergensis episcopus obiit; cui Adalberto [135] successit.

Imperatoris filius Heinricus consecratus est in regem Aquisgrani (*Jul.* 17) ab Herimanno [136] Coloniensi archiepiscopo, vix et ægre super hoc impetrato consensu Liupoldi [137] archiepiscopi, ad quem propter primatum Mogontinæ [138] sedis consecratio regis et cetera negociorum [139] regni dispositio potissimum pertinebat. Sed imperator potius Herimanno archiepiscopo hoc privilegium vendicabat propter claritatem generis ejus, et quia intra [140] dioces'm ipsius consecratio hæc celebranda contigisset (151).

MLV.

Heinricus imperator nativitatem Domini Gos'ariæ celebravit, statimque exactis feriis solemnibus, in Italiam perrexit, vocatus eo [141] legatione Romanorum, qui nunciaverant, nimium in Italia contra rem publicam crescere opes et potentiam Gotefridi ducis, et nisi turbatis rebus mature consuleretur, ipsum quoque regnum propediem ab eo, dissimulato pudore, occupandum fore. Sed ubi Italiam ingressus est, dux Gotefridus, missis in occursum ejus nunciis, mandavit, nihil se minus quam rebellionem cogitare, paratum potius pro statu rei publicæ et imperatoris salute extrema etiam [142] omnia experiri (152), gratum [143] se habere, quod patriis finibus extorris [144] (153), patriis possessionibus [145] ejectus, opibus saltem uxoris suæ in peregrinatione sustentaretur; quam nec dolo nec rapto, sed ipsius placito, et celebratis solemniter nuptiis, in matrimonium sibi junxisset. Beatrix quoque, dissimulato metu, imperatori obviam processit, et vix impetrata dicendi copia, ait, nihil se egisse præterquam quod jure gentium sibi agere licuisset; destitutam se priori marito, desolatæ domui patronum paravisse, et ingenuam ingenuo sine fuco nefariæ cujusquam machinationis nupsisse; nec æqui, nec boni memorem eum esse, si id sibi pace ejus non liceret, quod in imperio Romano feminis nobilibus semper licuisset. Imperator itaque, accepto a primoribus consilio, Gotefridum crimine absolvit, non tam probans satisfactionem ejus, quam metuens, ne malis recentibus exasperatus, Nortmannis infestantibus Italiam duce belli se præberet, et fierent novissima ejus pejora prioribus. Beatricem tamen, quasi per dedicionem acceptam, secum abduxit [146], hoc illi culpæ objiciens, quod, contractis se inconsulto nuptiis, hosti publico Italiam prodidisset. Deinde anno integro intra [147] Italiam commoratus, cuncta quæ rei utilitas exposcere videbatur magnifice pro loco et tempore ordinavit.

MLVI.

Guntherus tunc temporis cancellarius visionem vidit memoria dignam: Dominum [148] in solio majestatis suæ residere, et elevato in altum brachio, districtum gladium magno nisu vibrare, et circumstantibus dicere: *Reddam ultionem hostibus meis, et his qui oderunt me retribuam* (*Deut.* xxxii, 41). Quam visionem protinus mortalitas subsecuta [149] est principum regni. Eaque expleta, vidit eodem rursus scemate Dominum residere, et remisso jam in vaginam gladio et super genua sua reclinato, dicere circumstantibus: *Ignis succensus est* [150] *in furore meo et ardebit usque ad inferni novissima* (*Jer.* xvii, 4).

Herimannus [151] Coloniensis episcopus [152] obiit (*Feb.* 11); cui Anno Goslariensis præpositus successit (*Mart.* 3).

Imperator regressus de Italia, sanctum pascha Podelbrunnæ celebravit (*April.* 7), brevique [153] commoratus in Goslaria, perrexit ad villam Civois (154), in confinio sitam regni Francorum ac Teutonicorum [154], colloquium ibi [155] habiturus cum rege Francorum. A quo contumeliose atque hostiliter objurgatus, quod multa sæpe sibi mentitus fuisset, et quod partem maximam [156] regni Francorum, dolo a patribus ejus occupatam, reddere tam diu distulisset; cum imperator paratum se diceret, singulariter cum eo conserta manu objecta refellere, ille proxima nocte fuga lapsus, [157] in suos se fines recepit.

Imperator nativitatem [158] sanctæ Mariæ Goslariæ celebravit (*Sept.* 8), ibique Victorem papam, qui et Gebehart, magnifico apparatu suscepit hospicio, collectis scilicet ad ornandam tantæ diei solemnitatem cunctis pene regni opibus et principibus. Inde profectus Botfelden [159] (155), cum ibi aliquandiu venationi deditus moraretur, comperit Willihelmum marchionem et Dioteticum comitem cum infinita

VARIÆ LECTIONES.

[132] hecelo—obiit cui *desunt* 3. [133] Siuiko 1. [134] Hezeleen 5. [135] adelbero *omnes*. [136] Herimanoa. C. 2b. [137] Lupoldi 3. [138] mogontie 4. 5. *corr. ut videtur* mogontine 3. [139] negotia atque r. 3. [140] inter 4. [141] et 5 ea 5. [142] *deest* 5. [143] se g. 3. [144] et terris 3. [145] successionibus 4. [146] duxit 4. [147] inter 4. [148] Deum 3. 5. [149] secuta 3. [150] *deest* 4. [151] Herimannus — successit 3. 4. 5. *infra habent. Sed videntur hic recte collocari, quoniam scriptor etiam in seqq. ordinem chronolog mensium servavit.* 2a. *ea post* suscepit hospicio *collocavit.* [152] archiepiscopus 3. [153] temporis *add.* 3. [154] teutunicorum 5. [155] *deest* 5. [156] magnam 5. [157] elapsus 3. [158] nat. D. Goslarie 2b. [159] in Verbotfelden 5.

NOTÆ.

(151) Vid. I. G. Reuter uber die Kronungsmunzen der rom. Kœnige Rudolph I, Adolf, Albert I, u. Heinrich VII. (Nurnb. 1804, 8) p. 21.

(152) *Extrema omnia experiri*, Sallust. Cat. 26, 5.

(153) *Patriis finibus extorris*, ita etiam a. 1071. Cf. Sallust. Jug. 14, 14. extr.: *Extorris patria domo*, etc., Tacit. Ann. 6, 36: *sedibus extorris*, Duker. ad Hor. 3, 13, 4.

(154) Ivois, Ipsch. Colloquium etiam ibi habuit Henricus III imp. cum rege Francorum d. 13. Oct. a. 1048.

(155) Ad Bodam supra Quedlinburgum.

multitudine Saxonici exercitus, quos contra Luticios miserat, male gestis rebus, occubuisse [160]. Nec multo post ipse corporis molestia [161] correptus, cum septem aut eo amplius diebus lecto decubasset, diem clausit extremum (*Oct.* 5). Praesentes erant, quasi ad officium tanti [162] funeris ex industria evocati, Romanus pontifex, Aquileiensis [163] patriarcha, patruus [164] imperatoris Ratisponensis episcopus, item innumerabiles [165] tam laici quam ecclesiastici ordinis [166] dignitates; notatumque est, nulla retro majorum memoria sine publica indictione tot illustres personas in unum confluxisse. Corpus ejus Spiram translatum est; et celebratis regio more exequiis, die natalitio apostolorum Simonis et Judae (*Oct.* 28), quo scilicet die etiam natus fuerat, sepulturae est traditum. Regnum pro patre obtinuit filius ejus Heinricus quartus, quinque annorum infantulus, anno postquam in regem unctus fuerat tercio. Summa tamen rerum et omnium [167] quibus facto opus erat (136) administratio penes imperatricem remansit, quae tanta arte periclitantis rei publicae statum tutata est, ut nihil in ea tumultus, nihil simultatis tantae rei novitas generaret.

Arnoldus Spirensis episcopus obiit; cui Counradus [168] successit [169].

Counradus [166], filius imperatoris, dux Bajoariae obiit. Ducatum ejus imperator imperatrici dedit, privato jure, quoad vellet, possidendum.

Dedi palatinus comes (137) a quodam clerico Premensi occisus est, quem a fratre suo archiepiscopo [170] (138) susceperat pro criminibus quae ei objiciebantur exilio deportandum; sepultus est [171] jubente imperatore [172] in Goslaria.

Willehelmo marchioni successit Uodo [173] comes, vir valde industrius et regis consanguinitate [174] proximus (139).

MLVII.

Rex nativitatem Domini Ratisponae celebravit, praesente adhuc Victore papa. Qui exinde, compositis mediocriter, prout tunc copia erat, regni negociis in Italiam regressus, 5 Kalendas Augusti migravit ad Dominum. Eihstatensem [175] episcopatum, quo se ille papa factus non abdicaverat, Gunzo suscepit. Tum vero universi, quicquid principum, quicquid plebis Romanae erat, uno animo, pari voluntate, in electionem consenserunt Friderici, fratris Gotefridi ducis, extractumque de monasterio Casino [176], ubi lucerna Dei ardens et lucens sub lecto (*Marc.* IV, 21; *Luc.* VIII, 16) monasticae quietis delitescebat, super candelabrum extulerunt sedis apostolicae. Nec quisquam sane multis retro annis laetioribus suffragiis, majori omnium expectatione, ad regimen [177] processerat Romanae ecclesiae. Sed tantam spem, heu! frustrata est mors immatura (*Aug.* 2).

Uoto [178] marchio (140) obiit; cui filius [179] ejus, Uoto [178] junior, successit.

Principes Saxoniae crebris conventiculis agitabant de injuriis, quibus sub imperatore affecti fuerant, arbitrabanturque [180], pulchre sibi [181] de his satisfactum fore, si filio ejus, dum adhuc aetas oportuna injuriae esset, regnum eriperent; nec procul ab [182] fide aberat, filium in mores vitamque patris pedibus, ut aiunt, iturum esse. Accessit ex insperato magnum turbandis rebus adjumentum Otto, frater Willehelmi marchionis, sed matrimonio impari, matre scilicet Slavia [183] (141), natus, vir acer ingenio [184] et manu impiger. Is apud gentem Boemorum jam a puero exulaverat; sed comperta morte fratris, magna spe obtinendae hereditatis regressus in Saxoniam, a cunctis illic principibus benigne excipitur [185], magnisque omnium adhortationibus [186] instigatur, non modo marcham [187], quae sibi jure hereditario competeret, sed ipsum quoque regnum affectare (142). Ubi alacrem paratumque negocio advertunt, fidem [188] omnes dicunt; suas quique [189] manus, suam operam pollicentur; regemque, ubicumque fortuna oportunum fecisset, interficere constituunt. Perculsis metu omnibus, quibus rerum publicarum sollicitudo aliqua erat, et magnopere intentis ad sedandam turbam quae oriebatur, placuit regem ocius in Saxoniam venire, et periclitanti rei publicae, quaqua posset [190] ratione, consulere. Itaque nativitatem sanctorum apostolorum Petri et Pauli Mersenburg [191] celebraturus [192] erat. Eo, quicquid principum erat in Saxonia, ad colloquium evocari jussit (*Jun.* 29). Quo dum pergerent, pro sua singuli copia magna militum stipati, contigit ut Brun et Eggeberdus [193], patrueles regis, casu inciderent in multitudinem praedicti Ottonis, conglobato agmine ad curtem [194] regiam proficiscentis. Hi praeter causam

VARIAE LECTIONES.

[160] obcubuisse 4. [161] modestia 4. [162] *deest* 4. [163] aquilegiensis 1. [164] et p. 1. 5? et p. i. Gebehardus R. 1b. [165] i. aliae inn. 4. et alii (?) 1b. [166] *deest* 3. *ubi* dignitatis. [167] omnibus 3. [168] cunradus *omnes*. [69] 3. 4. 5. *addunt* : Herimannus — successit *quae supra*. [170] archieps 4. [171] *deest* 4. 5. [172] rege 5. [173] Ulo *omnes*. [174] consanguinitati 5. [175] einst. 1. 3. 4. 5. [176] Cassino 3. [177] regnum 3. 5. [178] Uto *omnes*. [179] f. e. *desunt* 4. [180] que *deest* 4. [181] de h. s. 3. [182] a 3. [183] Sclavica 1. 1b. [184] ingenii 3. [185] accipitur 4. [186] exhortationibus 5. [187] marchiam 3. 5. [188] f. illi 6. [189] quisque 1. [190] posse 4. [191] in Ersenburg 1. [192] c. e. M. 5. [193] Echertus Egebertus 5. *et ita infra*. [94] curte 3.

NOTAE.

(136) *Quibus facto opus erat.* Hac formula dicendi saepissime utitur noster ut a. 1066 (bis), 1075 (bis), 1074, 1075, 1076 (quater), 1077; cf. Terent. Adelph. 5, 9, 59.

(137) Friderici I et Agnetis filius; cf. libellum de fundat. monast. Gosec. c. 9.

(138) Adelberto.

(139) Cf. Ann. Saxonem h. a.

(140) Aquilonalis; cf. Gebhardi aquil. marchiones p. 48.

(141) Germ. *unfrei*; cf. de Furh Ministerialen p. 69.

(142) *Regnum affectare*, cf. Sallust. Jug. 66, 1; Tacit. Ann. 2, 88.

publicam privatis quoque inimicitiis infestissimi illi erant. Nec mora, dato militibus signo ad pugnam, equis subdunt calcaria, et pari utraque pars audatia, paribus odiis in mutua vulnera ruunt. Ibi in prima fronte Brun [195] et Otto, ambo pleni irarum (143), ambo sui tegendi [196] immemores, dum hostem ferirent, tam concitatos in sese vicissim impetus dederunt, ut uterque alterum primo incursu equo excussum, letali vulnere transfoderet. Amissis ducibus, aliquamdiu utramque aciem anceps pugna tenuit. Sed Eggeberdus [197] quamquam graviter saucius, dolore tamen interempti fratris efferatus, rapido cursu in confertissimos hostes præcipitem se mittit, Bernhardi comitis filium, egregium adolescentem [198], sed vixdum militiæ maturum, interficit; ceteros [199] languidius, quoniam ducem perdidissent, pugnantes, in fugam convertit. Sic res publica maximo metu liberata est, et Saxones, adempto rebellionis signifero, nihil ulterius quod secus esset contra regem moliti sunt.

Cuono [200], cognatus regis, dux factus est Carentinorum [201]. Frater ejus Heinricus, palatinus comes Lulhariorum, instinctu demonis monasticam vitam professus est in Gorzia. Sed post paucos dies, vulgante se demonio quo illusus fuerat, sanctæ conversationis habitum, quo se angelus sathanæ in angelum lucis transfiguraverat [202], abjecit, uxoremque suam et possessiones, desertor Dei et transfuga, recepit.

MLVIII.

Rex nativitatem Domini Mersinburg [203] (144) celebravit, aderatque ibi [204] inter alios regni principes etiam Hildibrant [205] abbas de Sancto Paulo (145), mandata deferens ab [206] sede apostolica, vir et [207] eloquentia et sacrarum litterarum eruditione valde admirandus [208].

Ego N. [209] vulgatam toto orbe abbatis Meginheri placitam Deo conversationem æmulatus, rei familiaris curam, ne in via Dei prægravarer, abjeci, sanctamque vestem ab ejus sanctissimis manibus Idibus Marcii, heu! nimium impar tali armaturæ, suscepi.

Piæ memoriæ Stephanus [210] papa, qui et Fridericus, cum in civitate Florentia [211] moraretur, 4. Kalendas Aprilis naturæ mortali debitum solvit (Mart. A 29), et vere, ut speramus, de [212] hac convalle [213] lacrimarum [214] (Psal. LXXXIII, 7) ad gaudium transiit angelorum. Indicio sunt signa et prodigia, quibus sepulchrum ejus in eadem civitate usque hodie divinitus illustratur. Sedem apostolicam protinus, inconsulto rege et principibus, invasit Benedictus quidam Lateranensis [215], adjutus factione popularium, quos pecunia corruperat.

Otto de Suinfurde [216] dux Suevorum [217] obiit [218]. Ducatum ejus Ruodolfus [219] obtinuit, et ut regi in dubiis tunc rebus ex affinitate divinctior fideliorque in rem publicam foret, soror quoque regis ei desponsata est, tenera adhuc ætate, traditaque est episcopo Constantiensi nutrienda, dum thoro conjugali maturesceret [220].

Cuono [221] dux Carentinorum, contractis ingentibus copiis, ad occupandum ducatum suum, quem tanto tempore metu rebellionis non inviserat [222], primam profectionem parabat; sed morte præventus, cœptum iter [223] non explevit.

Ego N. [224] presbyter ordinatus sum Ascafnaburg in jejunio autumnali a Liupoldo archiepiscopo, statimque peregrinationem Hierosolimitanam [225] aggressus sum zelo Dei; sed utinam secundum scientiam (146).

Ecberdus [226], qui et Eppo, abbas Fuldensis 15. Kalendas Decembr. obiit; cui Sigefridus, ejusdem cœnobii monachus, successit.

MLIX.

Nativitatem Domini in civitate Marouwa [227] celebravi, in confinio sita Ungariorum et Bulgariorum (147).

Romani (148) principes satisfactionem ad regem mittunt, se scilicet fidem, quam patri dixissent, filio, quoad possent, servaturos, eoque animo vacanti Romanæ ecclesiæ pontificem usque ad id tempus non subrogasse; ejus magis super hoc expectare sententiam; orantque sedule, ut quem ipse velit transmittat; nihil ejus ordinationi obstare, si quis non per legittimæ electionis [228] ostium, sed aliunde ascendisset in ovile ovium (Joan. x, 1). Rex, habita cum primoribus deliberatione, Gerhardum Florentinum episcopum, in quem et Romanorum et Teutonicorum [229] studia consenserant, pontificem designat, Romamque per Gotefridum [230] marchionem

VARIÆ LECTIONES.

[195] Bruno 3. [196] tangendi memores 3. [197] Eggebertus 4. 5. [198] adulescentem 4. [199] ceteros l. quam d. p. pugnantes in f. c. *in marg. post add*. 4. [200] Cuno 3. [201] Carenthinorum 3. [202] transformaverat 5. [203] *ita* 1. 3. 4. [204] *deest* 4. [205] Hildebrant 1. Hilitbrandi 5. [206] a 3. [207] *deest* 3. [208] amm. 1. 4. [209] Lampertus 4. 5. [210] Steffanus 4. [211] florentina 4. [212] *deest* 5. [213] lacrimarum valle 4. [214] miseriarum 1*. [215] latranensis 4. [216] Suniforde 3. Suuinfurde 4. 5. [217] Suueuorum 4. Sueeciorum 5. [218] abiit 3. [219] Rudolphus 5. *sæpius; rudolfus rell*. [220] maturescere 5. [221] Cuno 3. [222] invaserat 1*. 3. 4. [223] tunc 4. [224] Ego enn. 5. [225] ieros. 3. 4. 5. *semper*. [226] Egbertus 5. 5. [227] Marouuua 5. Marouinia 5. [228] ordinationis 4. [229] theutonicorum 5. [230] gothefr. 3.

NOTÆ.

(143) Ita a. 1075 : *irarumque plenus*.
(144) Goslariæ, Ann. Altah.
(145) Monasterio Romano.
(146) Cf. a. 1075 de Hermanno Babenbergensi : *zelo quidem Dei, sed non secundum scientiam*; Piderit in comm. de Lamberto p. 11, hæc interpretatus est, ipsum in errore fuisse, plus boni inde sperasse quam invenisse.

(147) Civitas Marouwa est hodie Nissa in Servia ad Nissam s. Nissavam fluvium, qui non longe ab hac urbe cum Morawa fluvio jungitur. KR. Sed in mappis geographicis invenitur etiam locus *Morawa* ad eumdem fluvium, in via a Nissa ad Albam Græcam (Belgrad.) situs.
(148) Hæc ad annum præteritum pertinere jam monuit Stenzel. I, p. 197, n. cf. Ann. Altah.

transmittit. Ita Benedicto, qui injussu regis et principum sacerdotium usurpaverat, reprobato, 'Gerhardus, qui et Nicolaus, pontificatum obtinuit. Is [231] eodem anno ab abbate Meginhero [232] interpellatus propter decimationes Saxoniæ, litteras et mandata direxit Burchardo Halberstadensi episcopo, ne statutos patrum terminos transgrederetur, neu monasterium Herveldense superfluis concertationibus inquietaret; si pergeret molestus esse, necessario se apostolicæ [233] auctoritatis virga usurum adversus ejus inobedientiam, præsertim cum monasterium illud sub jurisdictione esse Romani pontificis tot prædecessorum ejus privilegia testarentur. Abbati quoque epistolam scripsit verbis consolatoriis, quæ usque in præsentiarum in cartario servatur Herveldensis monasterii (149).

Ego, exacta peregrinatione Hierosolimitana, 15. Kalendas Octobris ad monasterium reversus sum, et quod in omni illa profectione mea præcipuum a Deo postulaveram, Meginherum [234] abbatem superstitem inveni. Timebam scilicet, quoniam sine benedictione illius profectus fuissem, si offensus inreconciliatusque decessisset, magni criminis reum [235] me teneri apud Deum [236]. Sed non abfuit propicia divinitas redeunti, quæ tanto illo itinere sæpe usque ad ultimam necessitatem periclitatum misericordissime texerat. Incolomem reperi [237]; peccato [238] indulsit; et quasi ex inferis redivivus emergerem, sic obviis [239], ut aiunt, manibus (150) me gratulabundus excepit. Mirum autem in modum, diceres, vitam ejus absolutioni meæ ex industria servatam fuisse: codem die [240], quo me crimine absolverat, febre correptus est, et sic per octo dies gravi ægritudine decoctus, 6. Kalendas Octobris, feliciter consummato cursu, quievit in Domino; vir magnarum in Christo virtutum, et vere — quod omnium modernorum abbatum [241] pace dixerim — unicum sua ætate in Teutonicis regionibus recte ac monastice vivendi exemplar (151).

Is, ut prædictum est, cum Burchardo Halberstadensi episcopo diuturnam traxerat litem propter decimationes Saxoniæ, quas ille Herveldensi monasterio ereptas, per occasionem episcopalis regiminis sibi vindicabat. Contra cujus improbitatem cum nec forenses nec ecclesiasticæ leges quicquam valerent, et abbas, sæpe querimonia in jus relata, surdis tribunalibus fabulam narrasset (152): tandem brevi antequam vita excederet, mandavit ei per Fridericum palatinum comitem, se quidem tamquam viribus imparem causa cadere, Deo tamen vires ad tuendam æquitatem non defuturas esse; proinde parati ambo essent, ut intra [242] paucos dies ad tribunal æquissimi judicis Dei causam dicerent; victurum ibi esse, non qui plus posset, sed cujus causa justior esset. Nec fefellit eventus. Nam post dormitionem (153) abbatis pauci dies intercesserant; et ecce episcopus (154), cum prædictæ rei gratia sinodum indixisset, et admoto jam equo illuc properare vellet, repente divina animadversione ictus corruit, reportatusque ad cubiculum, ascitis ocius presbiteris suis, per Deum obtestabatur ut decimationes suas Herveldensi monasterio restituerent, atque omnem in perpetuum super hac re litem præciderent [243], scirentque, cunctis qui eadem temptassent sic infeliciter rem cessuram ut sibi cessisset, qui injustæ exactionis tam acerbum vindicem ipsum experiretur Deum [244]. Cumque Magadaburgensis et Hildinesheimensis [245] episcopi visitatum cum advenissent, cum magno ejulatu fatebatur, se juxta prædictum eximii abbatis ad tribunal Dei jam jam abripi et pro invasis rebus alienis rationem exigi, rogabatque obnixe, ut, missis Herveldiam nunciis, veniam sibi pro admisso supplices precarentur. Nec multo post, diruptis miserabili genere morbi visceribus expiravit (Oct. 17). Uoto [246] quoque archipresbiter ejus, quo ille potissimum incentore in hanc [247] sævitiam [248] inarserat, quique exactor atque administrator [249] hujus calumniæ vehementissimus extiterat; codem anno subitanea morte sine [250] confessione, sine sacra communione interiit, a diabolo, ut fama vulgatior loquebatur, suffocatus. Meginhero abbati 6 Idus Novembris substitutus est Ruothardus [251], Corbeiensis disciplinæ [252] monachus, qui in monasterio Corbeiensi abbas quondam fuerat ordinatus, sed quorumdam criminum postea, falso ut creditur, insimulatus, abbatia amissa, nonnullos

VARIÆ LECTIONES.

[231] ab add. sed del. 4.   [232] Mehingero 3. Herveld add. 4. Herffeldensi 5.   [233] deest 4.   [234] Mehingerum abbatem abbatem 3.   [235] me reum a. d. t. 5. m t. reum 4.   [236] dominum 1.   [237] repperi 1. 4. 5.   [238] peccatum 4.   [239] obvius 4.   [240] deest 5.   [241] deest 5.   [242] inter 4.   [243] præciderent 5.   [244] dominum 1. deum experiretur 5.   [245] hildenesheimensis 1. hildisheimensis 5. hildimesh. 5.   [246] Uto omnes.   [247] deest 5.   [248] sentenciam 3. sententiam exarserat Nic. de Sygen.   [249] administer 1. 5? minister Nic. de Syg.   [250] s. c. desunt 3.   [251] Ruthardus 3.   [252] d. m. q. in m. c. desunt 5.

NOTÆ.

(149) Hæc epistola non ad nostra tempora pervenisse videtur, cum nusquam ejus mentio fiat.

(150) Ita etiam a. 1076: *obviis, ut dici solet, manibus.*

(151) Cf. Lamberti Hist. Hersfe.d. supra p. 140, 141.

(152) *Surdis trib.* (a. 1063 et 1074 fin. *auribus*) *fabulam narrare*, Terent. Heaut. 1, 2, 48; Horat. Ep. II, 1, 199; Stat. Theb. 8, 557. De hoc proverbio vid. Liv. 4, 8, 40. Ruhnk. ad Terent. Heaut. 2, 1, D 10. (1, 3, 10. ed. Schmieder.) interpr. ad Propert. 4, 8, 47: *surdo cantare*, Virg. Ecl. 10, 8: *surdis auribus canere*.

(153) Obitum.

(154) Quæ h. l. de Burchardi obitu narrantur, suspecta sunt fidei, cum noster nimis favisse Hersfeldensium partibus et hæc odio illius episcopi permotus litteris mandasse videatur. Cf. Leuckfeld. antiq. Halberstad. p. 445-447.

per diversa monasteria privatus [253] jam exegerat annos, Burchardo episcopo successit Bucco [254] Goslariensis præpositus (155). Qui præcessoris sui recenti adhuc exitio conterritus, ab infestatione Herveldensis monasterii temperabat. Minabatur tamen plerumque, magna se facturum; sed ultra verba non processit.

Liupoldus [255] archiepiscopus Mogontinus [256] 7. Idus Decembris obiit, relicto in monimentum sui monasterio sancti Jacobi, quod propriis impensis extruxerat Mogontiæ foris murum in monte qui dicitur Speciosus (156). Cui successit (157) Sigefridus abbas Fuldensis (an. 1060, Jan. 6). Abbatiam vero [257] Wideradus obtinuit [258], ejusdem cœnobii monachus, ejusdem quoque familiæ oriundus.

MLX.

Rex nativitatem Domini Wormaciæ (158) celebravit. Ubi et sinodus indicta fuerat. Sed excusantibus se [259] per infirmitatem et pestilentiam, quæ tunc temporis vehementer grassabatur in Gallia, ad effectum non pervenit.

Sizzo [260] Verdensis episcopus obiit; cui Richbertus successit. Gebehardus Ratisponensis episcopus obiit; cui Otto successit. Counradus [261] Spirensis episcopus [262] obiit [263] · cui Einhart successit.

MLXI.

Andreas rex Ungariorum videns Belem, quendam propinquum suum (159), regnum affectare, et Ungaries a se paulatim ad eum deficere, uxorem suam et filium Salomonem, cui imperator filiam suam (160), parvulo parvulam [264], desponderat, cum multis opibus ad regem Heinricum transmisit, petens, ut et sibi misso exercitu subveniret, et suos, donec rebus tranquillitas redderetur, servaret. Rex Willihelmum [265] marchionem Thuringorum et Epponem Citicensem episcopum cum duce Boemorum et exercitu Bajoarico illuc misit. Sed marchio et episcopus priores Ungariam ingressi, non expectato [266] duce Boemorum, cum Bele signa contulerunt, atque infinitam multitudinem Ungariorum peremerunt. Deinde cum ex [267] omni parte Ungarii ad ferendum suis auxilium frequentes confluxissent, videntes missi regis, tantæ multitudini se numero et viribus impares esse, finibus hostium excedere volebant. Verum illi loca omnia, per quæ exitus esse poterant [268], occluserant, tum ne quid cibi aut potus in [269] via reperiretur, providerant. Cumque insuper abeuntes crebra incursione infestarent, et illi semper periculum virtute propulsantes, magnas hostium strages darent, tandem diuturna cæde exhaustis viribus, Andreas equo forte excussus, pugnantium pedibus est conculcatus; episcopus captus, marchio fame magis quam ferro expugnatus, se dedidit; cujus virtus tantæ admirationi apud barbaros fuit, ut Joas, filius Belis, pro illius tum gentis [270] moribus haut desperatæ indolis adolescens, ultro patrem exoraret, non modo ut cum jure belli intactum sineret, sed etiam ut affinitate sibi jungeret, desponsata ei filia sua, sorore [271] Joiade [272] (161).

Imperatrix ducatum Bajoariæ, quem post mortem Counradi [273] filii sui usque ad id tempus per se ipsam administraverat, Ottoni dedit (162), videns eum virum industrium et juvandis regni negociis satis oportunum.

Heinricus, comes [274] palatinus Lutharorium, uxorem suam (163) manu propria interfecit, et sic tandem publicata evidentius infestatione demonis, quam diu dissimulaverat, missus est in monasterium Efdernachen [275] (164), ibique diuturna vexatione consumptus interiit.

MLXII.

Willihelmus [276] marchio reversus in Thuringiam, dum redire in Ungariam et sponsam suam cum magna opum suarum ostentatione adducere pararet, inter eundum secunda mansione morbo correptus obiit. Sponsam ejus Oudalricus [277] marchio Carentinorum, cognatus ejus, accepit; marcham Otto, frater

VARIÆ LECTIONES.

[253] deest jam post addito 4. [254] Burco 4. 5. [255] Luipoldus (?) 2b. Lupoldus 1. 3. 4. 5. [256] moguntinus 5. sæpius. [257] deest 2b [258] optinuit 2b. 4. 5. sæpius. Sed plerumque libri manuscripti cum 1. habent obtinui, quod retinendum duxi (W.) [259] ii quibus indicta erat add. 5. episcopis suppl. 1. [260] Sitto 1. Sizo 3. [261] conradus 4. 5. 5? conradus 4. [262] deest 4. 5. [263] moritur. in cujus locum Einhart promovetur 4. [264] parvula 5. [265] Vuilehelmum 1. Willehelmum 2b. 3. [266] expecto 4. [267] deest 2b. [268] poterat 4. 5. 5. [269] in via desunt 4. [270] i. turgentis 4. cum g. 1. [271] deest 4. [272] joiada 6. [273] cuonradi 4. 5. cunradi rell. [274] c. p. corr. p. c. 4. p. c. 1. 5? [275] Endernachen 3. 4. 5. [276] ita 5. 4. 5. Willehelmus 2b. [277] ita 2b. 4. 5. Udalr. 1, 3. semper.

NOTÆ.

(155) Lenzius in Hist. Halberstad. p. 41, dubitat an Bucco prius Goslariensis præpositus fuerit, sed hæc res firmis argumentis stabilitur a Delio (ap. Ledebur Archiv. Vol. V. fasc. I, p. 41.

(156) Monasterium S. Jacobi Benedictinorum, ad Mogontiæ muros, postea intra urbis propugnacula, vulgo auf der Schanze, prope saxum glandiforme (Eichelstein, montem, s. collem Drusi) jam a. 1030, a Bardone archiep. ædificari cœptum, sub Lupoldo a. 1055 finitum et dedicatum est. Cf. Joann. ad Serar. t. I, p. 77, 494 sqq.; t. II, p. 445, 799, 828, et de anno quo Lupoldus obiit eumd. t. I, p. 495.

(157) Anno sequenti, cum Epiphaniam rex Ottingæ celebraret, Ann. Altah.

(158) Frisingæ, Ann. Altah.

(159) Latuisse videtur Lambertum, Belem Andreæ fratrem fuisse. — Hæc vero Ann. Altah. ad a. 1060 referunt.

(160) Sophiam.

(161) Vid. de Hormayr Herzog Luitpold. Gedaechtnissrede, etc., Munchen 1831, 4, Ann. ad p. 51-55 et Wedekind Noten f. 2, p. 188-198, cui nomen Joiada esse videtur, genitivus voc. Joas, pro Joadis sive Jozdæ.

(162) De Nordheim, Saxoni.

(163) Vid. supra a. 1057. Uxor Heinrici fuit Mathildis, Gozelonis I, Lotharing. ducis filia, tertio loco nata.

(164) Epternach.

ejus, obtinuit. Sed is beneficia Mogontini episcopatus aliter obtinere non potuit, nisi promitteret, decimas se de suis in Thuringia possessionibus daturum et ceteros Thuringos ut idem facerent coacturum. Quae res multorum malorum seminarium fuit, detestantibus omnibus Thuringis factum ejus et asserentibus, mori se malle quam patrum suorum legittima [278] (165) amittere (166).

Imperatrix nutriens adhuc filium suum, regni negocia per se ipsam curabat, utebaturque plurimum consilio Heinrici Augustensis episcopi. Unde nec suspicionem incesti amoris effugere potuit, passim fama jactitante, quod non sine turpi commercio in tantam coaluissent [279] familiaritatem. Ea res principes [280] graviter offendebat, videntes scilicet quod propter unius privatum amorem sua, quae potissimum in re publica valere debuerat, auctoritas pene obliterata fuisset. Itaque indignitatem rei non ferentes, crebra conventicula facere, circa publicas functiones remissius agere, adversus imperatricem popularium animos sollicitare, postremo omnibus modis niti, ut a matre puerum distraherent et regni administrationem in se transferrent. Ad ultimum Coloniensis episcopus, communicatis [281] cum Ecberto [282] comite et cum Ottone duce Bajoariorum [283] consiliis [284] navigio per Renum ad locum qui dicitur sancti Suitberti [285] insula (167) venit [286] (Mai). Ibi tum [287] rex erat. Qui dum quadam die post solemnes epulas factus fuisset hilarior, hortari cum episcopus coepit ut navim quandam suam, quam ad hoc ipsum miro opere instruxerat, spectatum procederet. Facile hoc persuasit puero simplici et nihil minus quam insidias suspicanti. Cumque navim ingressus fuisset, stipantibus eum his, quos episcopus factionis suae socios ac ministros paraverat, repente remiges insurgunt, remis incumbunt, navim dicto citius in medium fluminis impellunt. Rex nova rerum facie confusus, incertusque animi, nec aliud quam vim et necem sibi paratam arbitratus, in flumen se praecipitem dedit; citiusque cum aqua violentior suffocasset, nisi Ecbertus comes, dato post eum saltu, periclitantem, ipse quoque non minimum periclitatus, vix et aegre morti eriperet et navi restitueret. Exin [288] blandiciis quibus poterant delinitum, Coloniam perducunt. Cetera multitudo per terram subsequitur, criminantibus plurimis, quod regia maje-

stas violata suique impos facta foret. Episcopus, ut invidiam facti mitigaret, ne videlicet privatae gloriae potius quam communis commodi ratione haec admisisse videretur, statuit ut episcopus quilibet, in cujus diocesi rex dum [289] temporis moraretur, ne quid detrimenti res publica pateretur, provideret, et [290] causis quae ad regem delatae fuissent, potissimum responderet. Imperatrix nec filium sequi nec injurias suas jure gentium expostulare voluit, sed in propria recedens [291], privata [292] deinceps aetatem agere proposuit. Nec multo post taedium passa aerumnarum seculi, domesticis quoque erudita calamitatibus, quam cito et velociter exsufflante spiritu Dei exsiccetur foenum temporalis gloriae (*Isai.* XL, 7, 8), cogitavit seculo renunciare; statimque ad explendum quod cogitaverat praeceps abisset, nisi in ea impetum spiritus amici maturioribus [293] consiliis inhibuissent.

MLXIII.

Rex nativitatem Domini Goslariae celebravit. Ubi ipsa die, dum ad vesperam sellae episcoporum locarentur, inter camerarios Hecelonis [294] Hildensheimensis episcopi et camerarios Wideradi Fuldensis abbatis gravis concertatio oborta est, et primo jurgiis, deinde pugnis res gesta est, citoque ad gladios prorupissent, nisi [295] Ottonis ducis Bajoariorum, qui causam abbatis tuebatur, auctoritas [296] intercessisset. Causa vero talis erat. Consuetudo [297] erat in regno per multos retro majores observata, ut semper in conventu episcoporum abbas Fuldensis archiepiscopo Mogontino proximus assideret (168). Sed episcopus causabatur, neminem [298] sibi intra [299] diocesim suam post archiepiscopum debere praeferri, animatus ad hoc et opum gloria, qua [300] antecessores suos longe supergrediebatur, et temporis [301] oportunitate, quia, rege adhuc in puerilibus annis constituto, singuli quod sibi animus suggessisset facere impune poterant.

Gerhardus papa, qui et Nicolaus, obiit (*an.* 1061, *Jul.*). In cujus locum per electionem regis et quorundam principum Parmensis episcopus substitutus est (*Nov.* 1062), et Romam per Bucconem Halberstadensem episcopum missus. Cui redeunti pro praemio bene curatae legationis pallium dedit et alia quaedam archiepiscopatus insignia. Quod archiepiscopus Mogontinus ad obfuscandum sui prioratus

---

VARIAE LECTIONES.

[278] *ita* 3. 4. 5 *legitima* 1. 2b? [279] *coaluisset* 3. [280] *deest* 5. [281] *communicato* 5. 4. 5. [282] *egberto* 3. [283] *Bauuariorum* 4. [284] *consilio* 5. [285] *Swittberti* 5. *Suuitberti* 4. 5. [286] *venerunt* 4. [287] *tunc* 3. [288] *Exinde* 4. [289] *ita* 3. 4 *tunc* 1. 5? [290] *et — responderet desunt* 4. [291] *decedens* 5. [292] *privatam* 5. 5. [293] *deest* 3. [294] *Hezelonis hildemensis* 5. [295] *ni* 5. [296] *non add.* 4. 5. [297] *in regno p. m. r. m. consuetudo erat obs.* 4. [298] *quod intra d. s. p. a neminem sibi debere preferri* 5. [299] *int'* 4. [300] *quia* 5. [301] *et temporis et loci opportunitate. Nic. de Sygen.*

NOTAE.

(165) Vox Lamberto usitata pro : privilegia, praerogativae. Kr.
(166) Cf. de hoc litigio Wenck Hist. Hass. III, p. 54. sqq.
(167) Kaiserswerth, ubi S. Suibertus sepultus. Str. — *in loco qui Weriae dicitur.* Ann. Altah.

(168) Abbates Fuldenses ideo hanc praerogativam sibi vindicare videntur, quod archicancellariatus munere apud imperatricem jam tunc fungi solerent, proximum propterea a Mogontino locum sibi deberi rati, idem munus apud Caesarem obeunte.

fastigium factum interpretatus, indignissime tulit (169). Sed per archiepiscopi Coloniensis interventum satisfactione accepta, quievit indignatio ejus.

Rex pentecosten[302] Goslariæ celebravit (170) (Jun. 8). Ibi[303] dum ad vespertinalem sinaxim (171) rex et episcopi convenissent, rursus de positione sellarum episcopalium tumultus exoritur, non fortuita, ut prius, concursione, sed præmeditata diu machinatione. Nam episcopus Hildenesheimensis[304] acceptæ prius contumeliæ memor, Ecbertum comitem cum expeditis militibus retro altare occuluerat[305]. Hi, audito tumultuantium camerariorum strepitu, ocius advolant, Fuldensium alios pugnis, alios fustibus cædunt, prosternunt, et de sacrario ecclesiæ inopinato periculo attonitos facile proturbant[306]. Quibus ilico ad arma conclamantibus, Fuldenses, quibus arma in promptu erant, facto grege, ecclesiam irrumpunt, in medio chori psallentiumque fratrum manus conserunt, rem non jam fustibus sed gladiis gerunt. Pugna atrox committitur (Jun.), atque per totam ecclesiam pro ymnis et canticis spiritualibus vociferatio adhortantium et ululatus[307] morientium exauditur. Super altaria Dei tristes jugulantur hostiæ, passimque per ecclesiam sanguinis currunt flumina, non legali, ut quondam, religione, sed hostili crudelitate profusa. Episcopus Hildenesheimensis[308], capto editiori loco, tamquam militari quodam classico suos, ut fortiter præliarentur, hortabatur, et ne loci[309] religione ab armis terrerentur, suæ auctoritatis et permissionis titulum obtendebat. Multi utrimque vulnerati, multi occisi sunt, inter quos præcipui erant Reginboto[310], signifer Fuldensis, et Bero, Echerto comiti miles carissimus. Rex inter hæc vociferans et sub obtentu regiæ majestatis populum[311] adjurans, surdis fabulam narrare (172) videbatur. Tandem monitus a suis, ut vitæ propriæ pugna excedens consuleret, vixque[312] inter constipatam artius multitudinem eluctatus, in palatium se recepit. Hildenesheimenses, qui instructi præmeditatique ad pugnam venerant, superiores efficiuntur. Fuldenses, utpote quos inermes inopinatosque subito exortæ seditionis procella contraxerat, fusi fugatique atque[313] de ecclesia expulsi sunt. Fores ilico obserantur. Fuldenses, qui primo tumultu ad arma tollenda paulo[314] longius discurrerant, frequentes armatique assunt, atrium ecclesiæ occupant, aciem instruunt, ut de ecclesia progressos statim adoriantur; sed nox concertationem diremit. Postero die severissime habita quæstione, Ecbertus comes facile crimen removit, non tantum juris et legum patrocinio, quantum favore et indulgentia regis, cujus patruelis erat. Totum accusationis pondus in abbatem versum est. Hunc, inquiunt, omnium quæ acciderant caput fomitemque fuisse, hunc[315] ad disturbandam quietem regiæ curtis præmeditato furore venisse; argumento rei esse, quod tanta vi hominum, tanta bellici apparatus pompa instructus, nullo periculi metu urgente, eo venisset[316]. Tum vero urgebat et ille apostolicæ sanctitatis ac Mosaicæ mansuetudinis episcopus, qui tanti sanguinis effusione manus suas Deo consecraverat et violatæ ecclesiæ injurias truculentius atque immitius quam rex suas persequebatur. In quorum corpora prius ferro debacchatus fuerat, ad perimendas horum animas gladio spiritus modo[317] fulminabat, præcidens tam defunctos quam eos qui cædi superfuerant de corpore ecclesiæ. Abbatem præter acerbitatem, rei[318] quæ acciderat, odium quoque gravabat nominis monachi[319], quod inveterata malitia homines seculi (173) semper obfuscare atque opprimere conabantur. Sic undique impetitus, obpugnatus, oppressus, post tot tantasque contumelias privatus abscessisset, nisi quem vix lex nec innocentia tueri poterant, pecunia tutata fuisset. Nam distractis ac dilapidatis (174) rebus Fuldensis monasterii, se suosque carissimo mercimonio redemit. Quantum regi, quantum auriculariis (175), quantum episcopo datum sit, haut satis certo comperimus. Cautum enim fuerat, ne passim vulgaretur. Hoc haut dubio constat sic ea tempestate exhaustas atque attritas esse illius monasterii opes, quæ usque ad id temporis florentissimæ erant, cunctisque Galliarum ecclesiis eminebant[320], ut modo ibi prioris opulentiæ vix monimenta reperias.

Abbas post hæc, accepta licentia, Fuldam remeavit, amaro et confecto nimis super tantis calamitatibus animo. Et ecce ibi acerbiori pene rerum asperitate excipitur, et secundum prophetæ[321] elogium, fugiens arma ferrea, incidit in arcum æreum (Job. xx, 24). Fratres Fuldenses a principio austerum ejus et minus quam decuit populare ingenium offenderat. Auxit ipse invidiam et facem non minimam æmulationi[322] subdidit, prædia ecclesiæ militibus improbe erogando[323] et victualia fratrum, priorum

VARIÆ LECTIONES.

[302] penthecosten 5. 4, semper fere. [303] Ubi 5. [304] Hildehemensis 5. [305] occultauerat 4. 5. [306] perturbant 4. 5. [307] ululancium 5. [308] hildeneshemensis 3. et infra. [309] loca 5. [310] Regenbodo 1. Reginbodo 4. 5. reinhodo 1b. [311] deest 3. [312] vix 4. [313] deest 3. [314] deest 4. [315] hic 5. [316] u. convenisset 5. [317] deest 5. [318] deest 5. [319] monachici 1. [320] imminebant 3. [321] prophetie 5. [322] emulacione 3. [323] erongando 5.

NOTÆ.

(169) Cf. Joann. ac Serar. t. I, p. 496, et scriptores ibi laudatos, quibus add. Leuckfeld. l. l., p. 455 et 680, n. 50

(170) Vid. Wedekind. Not. Vol. II, fasc. 8, p. 407.

(171) Idem h. l. ac vesperæ, s. decantatio horarum ad vesperam.

(172) Cf. supra not. 152.

(173) Id est laici.

(174) dilapidatis rebus, cf. a. 1075 : thesauros dilap.; Terent. Phorm. V, vii, 4 : dilap. minas.

(175) Intelliguntur regis amici, qui aurem regis inbebant; eadem vox infra occurrit a. 1071, 1075, 1076.

abbatum liberalitate statuta, minuendo. Murmura-bant de his cottidie [324], et intestinis simultatibus quatiebatur monasterium. Tolerabantur tamen timore magis quam amore, ne scilicet, immature vulgata querimonia, favor regis et principum eum tuerentur. At ubi nuncius acceptae in Goslaria cladis Fuldam venit, tum vero et [325] recentis vulneris dolore et praeteritorum memoria accensi, fremere omnes et se vicissim hortari [326], ut tantam temporis commoditatem divinitus oblatam non [327] negligerent; agendo negocio nihil praeter operam industriamque suam deesse [328], urgeri hominem propriis iniquitatibus ad interitum; agerent nunc singuli pro virili portione et se suumque monasterium liberarent acerrimo non patre sed hoste, qui Fuldense nomen, caelo prius aequatum, probro nunc ludibrioque cunctis exposuisset. Sic inflammatae seditioni tamquam oleum igni (176) addidit injuria recentior. Reginboto [329], qui in illa Goslariensi congressione occubuerat, equum unum magni precii fratribus Fuldensibus ob recordationem animae suae dederat, quem protinus abbas, ipsis inconsultis, laico cuidam dedit. Hunc efferatis animis, intemperatissimis clamoribus fratres repetunt; diu se tirannidem ejus magis quam dominatum servili patientia tulisse, non ultra laturos fore; redderet ocius per vim erepta sibi alienae liberalitatis beneficia; si cunctaretur, non jam [330] clandestinis [331] musitationibus se acturos, sed palam aditis tribunalibus divinam et humanam opem contra violentiam ejus imploraturos. Abbati pondus malorum primo consilium respondendi ademerat. Dein [332] totus ad preces lacrimasque versus, orare et obtestari per Deum, ne juxta vetus proverbium ignem gladio scrutarentur (177), ne Goslariensis contumeliae vulnus recens adhuc, et necdum in cicatricem obductum, novis doloribus exulcerarent; memorentur calamum [333] conquassatum [334] non contenendum (178), nec linum fumigans (Isai, XLII, 5) in favillas cineresque redigendum; parcerent, si minus existimationi propriae, at [335] calamitati ejus et [335] miseriae, quae tanta esset, ut hostibus quoque [336] suis lacrimas [337] excutere posset; se, si angelus Domini persequens eum paululum remisisset, si ab tantis malis vita comite umquam [338] respirasset, non modo adempta rediturum, sed duplicatis quoque muneribus cumulaturum. His qui aetate et sensu maturiores erant cito haec verba satisfecerant. Sed juventus more suo nihil veniae, nihil laxamenti admittebat; diu simplicitati suae per mollia verba insultatum fuisse; fidem ejus, tanto tempore, tot rebus spectatam; ultra [339] fallere non posse; eos mores, eam improbitatem hominis esse, quicquid urgentibus inpraesentiarum malis non fecisset, id, nisi iterum vis [340] adhiberetur, perpetuo infectum fore; propterea se ab [341] jure suo non cessuros esse, donec ad expugnandam animi ejus duritiam omnia divinae, omnia humanae opis suffragia pertemptassent. Abbas diu immoratus, ubi se videt nihil supplicando agere, nec copiam sibi esse ad reddenda quae exigebantur [342], praesertim exhaustis pene cunctis opibus monasterii, nec sufficientibus tamen ad exsaturandam ingluviem avaritiae eorum, qui in Goslariensi tumultu laesi fuerant: tandem regis jussione accersitus, ad curtim [343] regiam proficiscitur, dato necessariis suis negocio, ut terroribus et blandimentis, quaqua via possent, efferatae juventutis animos mitigarent [344]. Sed hoc in irritum cessit. Denique post abscessum [345] ejus principes juventutis, quibus potissimum incentoribus tantum malum exarserat, totam adeunt [346] congregationem, indicant, animo sibi fixum esse, ut, eruptione facta de monasterio, regem, ubicumque gentium reperiatur, perquirant, contra saevitiam abbatis ejus potentiam [347] patrocinium exposcant; orantque, ut quibus valitudo non obsistat secum proficiscantur, qui vero aetate vel morbo praegravante id non possint scripti sui astipulatione [348] factum eorum corroborarent [349]. Res foeda et dictu quoque horrenda visa est senioribus, fusique in terram, per Deum precabantur, ne se et ipsum Fuldensis spei exiguum quod restabat perditum irent (179); turbatam graviter Goslariensi clade rem Fuldensem; si ipsi monasterii limen ea mente excessissent [350], non turbandam modo, sed omnino in praeceps ituram. Nihil illi his sermonibus moti — jam enim pertinacia in amentiam atque in rabiem se verterat — concite per monasterium discurrunt, invicem se ad audendum [351] facinus adhortantur, et sic tandem adulta conspiratione sedecim numero, crucem sibi praeferentes, antiphona imposita (180), claustris monasterii erumpunt. Sequebantur eos eminus majores natu, qui sanum aliquid sapiebant, cum tanto luctu atque ejulatu, ac si

VARIAE LECTIONES.

[324] quottidie 3. semper et ita plerumque etiam 4. [325] deest 4. [326] cepere add. 3. [327] deest 5. [328] esse 5. [329] Reginbodo 1. 4. 5. [330] deest 5. [331] clandestinis 4. 5. [332] Deinde 4. [333] deest 5. [334] quassatum 4. [335] ac — ac 3. [336] quique 4. deest 5. [337] exc. l. p. 3. [338] unaque 5. [339] n. u. f. posse 5. [340] jus 4. 5. [341] a. 4. 5? [342] exigebatur 3. 5. [343] curtem 5. saepius. [344] mitigare 4. [345] abcessum 4. 5. [346] ad eum 5. [347] ita 4. Nic. de S. potentiae 1. 5? potentiam et patrocinium 3. [348] asst. 5. [349] corroborent 1. [350] excesserint 3. [351] audiendum 4.

NOTAE.

(176) Ita etiam a. 1074.
(177) *Ignem gladio scrutari* cf. a. 1071 (1075: *ignem gladio purgare*), Horat. Sat. 2, 5, 276, ubi vid. Heindorf, et symbola Pythagorica a var. scriptor. collecta in Orellii Opuscul. Graecor. vet. sentent. t. 1, p. 62; ex Athen. X, 54 et Plutarch. de puerorum educat, c. 17, ubi ita explicatur: Potentium iram tumentemque indignationem non commovendum, vel: ira percitum non lacessendum sed cedendum et obsecundandum iratis.
(178) Cf. a. 1077.
(179) *Perditum irent*, Sallust. Cat. 56, 4.
(180) Id est cantum incipere et quo vocis sono decantari debeat designare, *anstimmen*.

eos ad sepulturam funebris pompa ultimum vale audituros (181) efferret. Itaque ne rei tam atrocis novitas repente nunciata regi stuporem incuteret, unum ex numero suo, citato quantum poterat equo, præmittunt, qui litteras ad regem tantæ calamitatis indices perferat [352], et qua vi, qua necessitate ad hæc extrema experienda coacti sint, edoceat. Ipsi paulatim pedestres, servatis ordinibus, subsequuntur. Postquam nuncius eo pervenit lectæque [353] sunt litteræ, horror quidam perculit omnes qui in palatio erant super tam procaci facto, mirabanturque, inter eximios et apostolicæ conversationis viros tantum flagitii potuisse reperiri, ut privatas injurias tam pessimo exemplo [354] ulciscerentur, nec [355] filii patris, in ea potissimum calamitate, miserentur, in qua hostes quoque [356] suos ad miserationem et ad lacrimas provocare potuisset. Placuit itaque omnibus, insigne hoc facinus insigni aliquo exemplo vindicari. Tum rex, consilio usus Coloniensis archiepiscopi et Ottonis ducis Bajoariorum, quorum tunc arbitrio res publica administrabatur, præcepit ut ipse bajulus litterarum cum aliis tribus, qui auctores seditionis fuerant, per diversa monasteria in custodia habendi mitterentur; ad compescendam vero ceteram multitudinem, quoniam [357] nec spiritu lenitatis nec virga monasticæ correptionis sanari potuissent, abbas militari manu uteretur. Tunc [358] abbas, missis obviam militibus, sine vi et tumultu eos Fuldam reduci jussit, et extra monasterium custodibus adhibitis suum præstolari reditum. Ipse quoque, regi vale facto, eos e vestigio est subsecutus. Ibi collectos fratres et primos militum Fuldensium diu ea consultatio tenuit, laicorum an monachorum judicio in eos animadverti oporteret. Vicit ea sententia, quæ [359] censebat eos, qui, excusso jugo regulæ, contempto abbate, per contumaciam egressi et necdum in monasterium recepti essent, laicorum potius lege judicandos [360] fore. Ita abbas laicorum jurisdictionem secutus, duos ex eis, alterum presbiteratus alterum diaconii honore insignes, jussit publice virgis cæsos et attonsos expelli; reliquos multis plagis maceratos, per vicina monasteria a jam alio transmisit. De singulis tamen non pro modo culpæ, sed pro natalium suorum claritate vel obscuritate, mitius vel atrocius sumptum supplicium est. Viderit abbas, an vi doloris impulsus injurias suas acerbius quam decuit vindicando, modum forte excesserit. Id constat inustam esse ea tempestate maculam Fuldensi monasterio, quæ longa forsitan succedentium temporum serie ablui et extergi [361] non possit.

Bel (182), qui regnum invaserat Ungariorum, obiit. Joas, filius ejus, satius putans moderatis opibus in pace perfrui, quam [362] immoderatas ambiendo calamitatem atque excidium parere [363] genti suæ, mandavit [364] regi Heinrico, si sibi apud Salomonem, filium Andreæ regis, natalibus et meritis suis condignus honor haberetur, subditum se ei fidelemque futurum, et malle beneficiis cum eo quam armis, fide quam acie dimicare. Eadem Ungarii omnes assidua legatione pollicebantur. Ita rex Heinricus Ungariam cum exercitu ingressus (Aug.), Salomonem in solium patris restituit, juncta ei in conjugium sorore sua, ablatisque omnibus quæ regi scrupulum movere vel regni statum labefactare poterant, in pace remeavit ad Gallias.

Educatio regis atque ordinatio omnium rerum publicarum penes episcopos erat, eminebatque inter eos Mogontini et Coloniensis archiepiscoporum auctoritas. A quibus cum in partem consilii Adalbertus Premensis archiepiscopus assumptus fuisset, tum propter claritatem generis, tum propter ætatis atque archiepiscopatus prærogativam, ille sæpius colloquendo, obsequendo etiam atque assentando, ita sibi regem brevi devinxerat, ut, ceteris episcopis posthabitis, totus in eum inclinaretur, et ipse in regno communi pene [365] monarchiam usurpare videretur. Secundas [366] post eum partes agebat Wernheri (183) comes, juvenis tam ingenio quam ætate ferox (184). Hi duo pro rege imperitabant; ab his episcopatus et abbatiæ, ab his quicquid ecclesiasticarum, quicquid secularium dignitatum est, emebatur. Nec alia cuiquam, licet industrio atque egregio viro, spes adipiscendi honoris ullius erat, quam ut hos prius ingenti profusione pecuniarum suarum redemisset. Et ab episcopis quidem et ducibus metu magis quam religione temperabant. In abbates vero, quod hi injuriæ obviam ire non poterant, tota libertate grassabantur, illud præ se ferentes, nihil minus regem in hos juris ac potestatis habere quam in villicos suos vel in alios quoslibet regalis fisci dispensatores. Et primo quidem prædia monasteriorum fautoribus suis, prout libitum erat, distribuebant, et quod reliquum erat crebra regalium servitiorum exactione usque ad feces ultimas exhauriebant. Dein [367] convalescente audatia, in ipsa monasteria impetum faciebant, atque ea inter se tamquam provincias partiebantur, rege ad omnia quæ jussus fuisset puerili facilitate annuente. Itaque Premensis archiepiscopus duas occupat abbatias (an. 1066),

VARIÆ LECTIONES.

[352] perferret corr. perferat 5. [353] que deest 4. [354] ita 1. Nic. de Sygen. pessimum exemplum etiam dixit noster a. 1073. 1076. p. publico 3. 4. 5. [355] nec — miseremur desunt 4. [356] quique 4. 5. Nic. de Syg. [357] quam 4. [358] Item 4. [359] qua 4. [360] vindicandos 5. [361] extingwi 4. [362] quia 5. [363] parcere 1. [364] mandatum 5. [365] deest 5. [366] Secundus 5. [367] Deinde 4. 5?

NOTÆ.

(181) *Ultimum vale aud.*, Ovid. Met. x, 62.
(182) Cf. Ann. Altah. p. 103.
(183) Cf. Wenck Hist. Hess. III, p. 27. sqq. Remmel I, p. 159.
(184) Ita Livius VI, 23, de Lucio Furio tribuno militum: *ferox quum ætate et ingenio.*

Laurensem (185) et Corbeiensem, præmium hoc asserens esse fidei ac devotionis suæ erga regem. Ne id invidiosum apud ceteros regni principes foret, persuaso rege, dat Coloniensi archiepiscopo duas, Malmendren [368] et Endan [369] (186), Mogontino archiepiscopo unam in Selechinstat [370] (187), Ottoni duci Bajoariorum [371] unam in Altaba, Ruodolfo [372] duci Suevorum unam in Kenbeten [373] (188). Igitur Premensis archiepiscopus, ut totam tirannidi suæ vacantem redderet Corbeiensem [374] abbatiam, ridiculam commentatur fabulam. Disseminatis per curtem regiam rumoribus, divulgat episcopum civitatis cujusdam Transalpinæ, cui Pole (189) nomen est, humanis rebus excessisse. Huic successorem, persuaso rege, subrogat abbatem Corbeiensem, jubetque ut destitutam rectore ecclesiam quantocius eat invisere. Verum inter moras, quibus ille itineri necessaria parabat, dum quidam de Italia venientes episcopum, qui mortuus dictus fuerat, vivum et incolumem nunciassent, irridere omnes et detestari fraudem archiepiscopi cœperunt [375]. Tum Otto dux Bajoariorum ad prohibendum tantum nefas divino spiritu animatus, multis conatibus circumquaque explicitis [376], vix et ægre obtinuit, ut tam abbati quam monasterio Corbeiensi suus honor, sua dignitas incolumis servaretur. Porro cum in monasterium Laurense satellites archiepiscopi venissent nunciantes, quod regia donatione locus ipse in jus potestatemque archiepiscopi concessisset, juberentque ut abbas ei constituto loco non pigritaretur occurrere, tantus dolor et indignatio omnes invasit, ut nec manibus in legatos ipsos temperassent, nisi jus gentium plus quam ira valuisset. Contumeliose auditi, contumeliosius multo sunt dimissi. Quod postquam regi nunciatum est, missis aliis nunciis, jussit abbati sub interminatione salutis propriæ, ut abbatia se abdicaret festinusque monasterio excederet. Ille comperta, priusquam legati advenirent, regis sententia, benigne eos suscipi jussit, atque in diem posterum eorum quæ in mandatis habebant audientiam distulit. Nocte, paucis sibi adhibitis, inde discedens, in loca tutissima, omnibus præter admodum paucos ignoratis [377], se recepit, cum et prius omnes ecclesiæ thesauros clanculo exportatos [378] in tutum locasset. Ita legati die postero cui jussa regis exponerent non habentes, multumque viri prudentiam admirantes, infecta legatione redierunt. Tum milites ejus, quos eo tempore et opum gloria et militaris [379] rei industria clarissimos habebat, collatis viribus montem (190) qui proximus adjacet monasterio occupant, castellum exstruunt, præsidium imponunt; parati archiepiscopum ab infestatione monasterii capitis quoque [380] sui periculo arcere.

MLXIV.

Causabantur Romani principes, quod rex eis inconsultis Romanæ ecclesiæ pontificem constituisset, et ob eam injuriam defectionem meditari videbantur. Propter quod placuit Coloniensem archiepiscopum Romam mitti (191). Qui veniens eo, cum aliud turbatis rebus invenire non posset remedium, judicavit ordinationem, quæ inscio senatu Romano facta fuisset, irritam fore, et sic amoto Parmensi episcopo, per electionem eorum Anshelmum [381] Luccensem [382] episcopum pro eo ordinari constituit (192). Verum ubi ipse peracta legatione regressus est in Galliam, Parmensis episcopus, armata multitudine non modica, Luccensem episcopum sede apostolica per vim deturbare aggressus est. Econtra fautoribus illius ad arma impigre concurrentibus, congressio facta est, multique hinc et inde vulneribus acceptis corruerunt. Sic depravata ecclesiastici rigoris censura, homines non ut quondam, ut præessent ecclesiæ Dei injecta manu trahebantur, sed ne non præessent armata manu præliabantur, fundebantque mutuo sanguinem non pro ovibus Christi, sed ne non [383] dominarentur [384] ovibus Christi. Anshelmus tamen, qui et Alexander [385], et virtute militum et favore principum sedem obtinuit. Alter vero, etsi per contumeliam repulsus, tamen quoad vixit ab jure suo non cedebat; huic semper derogans hunc adulterum ecclesiæ Dei, hunc pseudoapostolum appellans; missas quoque seorsum celebrans, ordinationes facere et sua per ecclesias decreta et epistolas more sedis apostolicæ destinare non desistebat. Verum nullus attendebat, criminantibus universis, quod in ultionem privatæ contumeliæ sedem quoque apostolicam homicidio [386] maculasset.

Heinricus Augustensis episcopus obiit (193), invisus regi, invisus episcopis omnibus, propter superbe administratam regni gubernationem tempore [387] imperatricis. Embricho [388] ei successit, præpositus Mogontinus, vir pontificalis modestiæ et gravitatis.

VARIÆ LECTIONES.

[368] Milmundren 5. [369] Eldan 5. [370] Selechinstatt 5. [371] Bavarie 5. [372] Rudolffo 5. Rodolfo 4. [373] Kenbetten 5. [374] Gorbeiensem 4. [375] cepere 5. [376] implicitis 5. [377] paucis incognitus 5. [378] thezauros (ita semper) cl. deportatos 4. [379] rei militaris 5. [380] deest 1°. [381] Anselmum 1. 3. et infra. [382] lucensem 3. et infra. [383] ne corr. ut 5. [384] nondeuarentur 4. [385] Allexander 4. [386] deest 5. [387] tempore (superscr. temporaliter) imperatrici 4. [388] Embrichio 5.

NOTÆ.

(185) Quæ hac de re in Chronico Laureshamensi p. 179, sqq. narrantur cum iis, quæ noster de ea tradidit, apprime consentiunt. Regis diplomata data sunt Sept. 6, a. 1066, et in Tabulario regio Hannoverano exstant.

(186) Malmundarium et Inda sive Cornelii monasterium.

(187) Vid. tabulas imperatoris xvm Kal. Jul. ejusdem anni, datas ap. Guden cod. dipl. I p. 25.

(188) Kempten.
(189) Pola Istriæ.
(190) Cf. Chron. Laur. l. l., p. 182.
(191) Cf. Ann. Altah. p. 105 et Giesebrecht ibid. p. 179, sqq.
(192) Jam a. 1061 electus. Sequentia quoque ad 1062 pertinent.
(193) A. 1063; Ann. August.

Wernheri comes villam monasterii nostri, quæ dicitur Kirhberc [389] (194), inconsulto abbate, a rege petiit et impetravit. Pro qua recipienda diuturnum agonem desudavimus, dimicantes adversus tanti hostis sævitiam non armis carnalibus, sed jejuniis et crebris orationibus. Unde ille mordaciter magis quam facete [380] jocari solebat, magno munere dignum se esse apud regem, qui monachos ejus, languidos prius in [391] opere Dei et tepidos, novis facibus adhibitis, exsuscitasset [392] invitosque ad jejunia et nudipedalia coegisset.

Sigefridus Mogontinus episcopus et Guntherus Babenbergensis et Otto Ratisponensis et Willehelmus Trajectensis episcopi, item alii quam plures, columnæ et capita Galliarum, autumnali tempore Hierosolimam proficiscuntur.

MLXV.

Rex nativitatem Domini Goslariæ celebravit, pascha Wormaciæ (Mart. 27). Ubi archiepiscopus Premensis inter sacra missarum solemnia, dum debitum tantæ festivitati sermonem faceret, hominem ab infestatione dæmonis purgavit, fusis pro eo tam suis quam tocius populi qui præsens erat precibus. Ea res grandi miraculo cunctis erat, stupentibus scilicet, quod vir tam pessimæ in populo existimationis, qui vitam virtutum non haberet, signa virtutum faceret. Sed æmuli ejus invidiose [393] hoc interpretabantur, non meritis ejus sed præsentium populorum supplicationi ascribendum esse tantæ rei effectum. Ibi per concessionem ejusdem archiepiscopi primum se rex arma [394] bellica succinxit (Mart. 29), statimque primam susceptæ armaturæ experientiam (195) in archiepiscopum Coloniensem [395] dedisset et ad persequendum eum ferro et igne [396] præceps abisset [397], nisi res turbatas imperatrix tempestivo valde consilio composuisset. Inter cetera id potissimum invidiæ ei erat, quod ante aliquot annos, dum imperatrici jus regni rerumque gubernacula eripere vellet, ipsum pene regem in ultimum discrimen præcipitasset.

Heceloni Argentorati episcopo paulo ante defuncto, successor substitutus est Wernheri, propinquus Wernheri comitis.

Interea prædicti episcopi Hierosolimam pergentes, dum magnitudinem opum suarum gentibus, per quas iter habebant, inconsultius ostentarent, ultimum sibi periculum consciverant [398], nisi rem humana temeritate prolapsam divina misericordia restituisset. Nam barbaros, qui ex urbibus et agris ad spectandos tam illustres viros catervatim profluebant, primo peregrini cultus ac magnifici apparatus ingens miraculum, dein [399], ut fit, non minor prædæ spes ac desiderium cepit. Itaque cum transita Licia fines Sarracenorum introissent [400] et jam a civitate cui Ramulo nomen est una vel paulo plus mansione abessent, proximo parasceve ante pascha (Mart.), circa terciam diei horam, incursionem passi sunt ab Arabitis, qui comperto tam insignium virorum adventu, undique ad spolia diripienda frequentes armatique confluxerant. Plerique christianorum [401] religiosum putantes, manu sibi auxilium ferre [402] et salutem suam, quam peregre proficiscentes Deo devoverant, armis corporalibus tueri, prima statim congressione prostrati, vulneribus multis confecti, et omnibus quæ habebant a filo subteminis [403] (196) usque ad corrigiam caligæ exspoliati sunt (Gen. XIV, 23). Inter quos Willihelmus quoque Trajectensis episcopus, brachio pene plagis debilitato, nudus ac semivivus relictus [404] est. Ceteri christiani jactu lapidum, quod genus teli forte locus ipse affatim ministrabat, non tam periculum propulsabant, quam mortem, quæ præsens urgebat, differre conabantur. Pedem etiam paulatim subtrahendo, ad villam declinabant, quæ ab ipso itinere spatio mediocri distabat. Capharnaum hanc fuisse, ex similitudine vocabuli coniciebant. Quam ut ingressi sunt, episcopi omnes atrium quoddam occupant, humili septum maceria et tam fragili, ut etiamsi nulla vis adhiberetur, sola vetustate facile corrueret; in cujus medio domus erat, cœnaculum habens satis editum et ad repugnandum quasi ex industria [405] præparatum. Hujus superiora episcopus Mogontinus et Babenbergensis cum clericis suis, inferiora ceteri episcopi sibi vendicant. Laici omnes ad arcendam vim hostium et maceriam defendendam impigre discurrunt, et primam quidem certaminis procellam lapidum jactu, ut prædictum est, sustinere. Dein [406] cum barbari magnam telorum nubem in castra conjecissent, et ipsi plerumque, impressione in eos facta, clipeos et gladios manibus eorum vi extorsissent, non solum jam maceriam tueri sufficiunt, sed portis [407] etiam interdum erumpere et pugnam comminus [408] lacessere audent. Quorum impetum dum Arabes nullo jam loco, nulla acie sustinere possent, consilium tandem a [409] tumultuaria congressione ad obsidionem vertunt, et inedia atque lassitudine conficere aggrediuntur, quos ferro expugnare non poterant. Itaque multitudinem, qua [409*] superhabundabant, conglobatis scilicet cir-

VARIÆ LECTIONES.

[389] Kirchberg 1. 3. 5. Kirchbergk 4; cf. infra a. 1066. [390] facere 5. [391] p. et 1. in o. d. 5. [392] exsuscitasse 4. [393] insidiose 5. [394] ad arma 6. [395] Coloniensium 5. [396] igni 5. [397] abiisset 5. [398] consciverant 1. 5? [399] deinde 1*. [400] retroissent 4. [401] crist. 4. (ita aut xpi semper). [402] reterre 5. [403] ita 1. 5. 4. subtegminis 6. [404] derelictus 5. [405] ad industriam 1*. [406] Deinde 1*. 4. [407] portas 4. [408] ita 4. semper; cominus 1. semper; modo comminus modo cominus 5. [409] deest 4. [409*] quia 5.

NOTÆ.

(194) In præfectura Gudensberg; cf. Wenck III, p. 31, n. p.

(195) Cf. Grimm Deutsche Rechtsalterthumer

(196) Idem quod interula.

citer duodecim millibus, partiuntur, ut alii aliis vicissim ad obpugnationis studium succederent, nullam illis vel paululum respirandi [410] copiam facerent, suspicantes, quod propter inopiam rerum omnium [411] quibus vita humana sustentari solet, dimicandi laborem non diu toleraturi forent. Ita christiani toto parasceve, toto sabbato [412] sancto usque ad terciam fere horam paschalis diei (*Mart.* 25-27) sine intermissione obpugnabantur; nec eis hostilis improbitas vel modicum temporis punctum, quo saltem somni perceptione corpora recrearent, indulgebat. Nam [413] cibum et potum, nec mortem prae oculis habentes, desiderabant, nec, si magnopere desideraretur, quid sumerent, omnium inopes, habebant [414]. Cumque die tercio, labore et inedia exhausti, ad extremum pervenissent, et fortia plerumque conatos [415] virtus jejunio infracta frustraretur, quidam ex numero presbiterorum exclamavit, non recte eos agere, quod in armis suis plus quam in Deo spei ac roboris ponerent, et calamitatem, quem eo permittente incidissent, propriis viribus propulsare conarentur, propterea placere sibi, ut se dederent, praesertim cum triduana jam abstinentia militaribus rebus eos inutiles prorsus reddidisset; non esse Deo difficile ut deditis eis et ab hoste sub jugum missis misericordiam praestaret, qui suos totiens etiam in ultima necessitate conclusos mirabiliter liberasset; ut hoc quoque inferret, barbaros nequaquam propter ipsos occidendos tanto molimine grassari, sed ut pecunias eorum auferrent; quibus si potiti fuissent, liberos eos deinceps intactosque sine vi, sine molestia abire passuros. Placuit consilium omnibus, statimque ab armis ad preces versi, per interpretem, ut in dedicionem acciperentur, orabant. Quo comperto, dux Arabum citato equo in primos advolat, et ceteros quidem longius summovet, cavens, ne, temere admissa multitudine, praeda confuse distraheretur. Ipse decem et septem honoratissimos gentis suae secum assumens, castra ingressus est patentia, relicto ad portas praesidii causa filio suo, ne quis forte praedae avidus [416] post se non vocatus [417] irrumperet. Cumque admotis scalis in coenaculum, ubi Mogontinus [418] et Babenbergensis episcopi latitabant, cum paucis ascendisset, Babenbergensis [419] episcopus, cui, licet junior aetate esset, tamen propter virtutum praerogativam et tocius corporis admirandam dignitatem praecipuus a cunctis honor deferebatur, rogare eum coepit, ut, omnibus quae [420] haberent usque ad novissimum quadrantem sublatis, nudos se abire sineret. Ille et victoria elatus et praeter ingenitam morum barbariem accepta quoque tot

A congressionibus clade nimium efferatus, ait, se adversus [421] eos jam triduo non sine grandi dampno exercitus sui ea mente bellum gessisse, ut suis condicionibus erga victos uteretur, non quas [422] ipsi constituissent; ne ergo falsa spe eluderentur, se, omnibus quae haberent sublatis, carnes eorum comesturum et sanguinem bibiturum. Nec moratus, linteum [423], quo caput more gentis [424] obvolverat, expediens, facto vinculo, in collum episcopi injecit. Episcopus, ut erat vir liberalis verecundiae [425] et maturae admodum gravitatis, ignominiam non ferens, tanto nisu pugnum ei dedit in faciem, ut uno ictu consternatum ad pavimentum usque praecipitem daret, vociferans insuper, prius cum poenas pro impietate daturum, quod impuras manus in sacerdotem Christi profanus et idololatra mittere praesumpsisset. Irruunt protinus alii clerici et laici, et tam huic quam ceteris qui in coenaculum ascenderant adeo artis nexibus manus a tergo constringunt, ut sanguis plerisque rupta cute per ungues proflueret. Perlato audacis facti indicio ad eos qui in inferiori [426] parte [427] consistebant, ipsi quoque his qui apud se erant Arabum principibus idem faciunt. Dein [428] laici omnes, sublato in altum clamore, vocatoque in auxilium sibi omnium rerum opifice Deo, rursus arma capessunt [429], maceriam occupant, praesidium, quod circa portas erat, conserta manu fundunt fugantque, et sic alacres, sic innovatis inopino successu viribus, ubique rem peragunt, ut nihil lassitudinis, nihil incommodi ex triduana eis inedia et labore accessisse putares. Alacritatem tantam, repente ex trepidis rebus et ultima desperatione coortam, nimium admirati Arabes, nec aliam novitatis hujus causam suspicati, quam quod de principibus suis sumptam fuisset supplicium, infestissimis animis in pugnam ruunt, et facto grege, per arma, per viros in castra perrumpere [430] parant. Et acta res foret, nisi mature [431] orto consilio christiani vinctos eo loco principes statuerent [432] ubi atrocissimus vis hostium et creberrimus telorum imber incumbebat, apposito super capita eorum spiculatore, qui districtum in manibus gladium tenens, clamitabat per interpretem, nisi ab obpugnatione quiescerent, non armis se adversum eos sed principum capitibus dimicaturos. Tum ipsi principes, quos praeter vinculorum acerbitatem imminens quoque cervicibus gladius vehementer angebat, cum magno ejulatu suos obtestabantur, ut moderatius agerent, ne obstinate certamen hostibus inferentes, eos ad supplicium necemque suam, cum incisa [433] spes (197) esset [434] veniae, inflammarent. Patris periculo atto-

VARIAE LECTIONES.

[410] respirandi 4.   [411] omnibus 4. 5.   [412] sabbatho 5. sabato 4.   [413] Non jam c. et p. mortem 4. 5 (*deleto nec ante mortem*).   [414] habebantur 4.   [415] conatus 5.   [416] avide 5.   [417] vocatos 5.   [418] Magontinus 4.   [419] babenbergensis 4.   [420] *deest* 5.   [421] adversos 4.   [422] quasi 4. quia 5.   [423] lintheum 5. 4. 5.   [424] gentium 4.   [425] verecunde 4.   [426] inferiori in p. 5.   [427] p. domus 1.   [428] Deinde 4. 4.   [429] capessant 4.   [430] prorumpere 5.   [431] maturo 4.   [432] statuerent 4. stat. princ. 5.   [433] inscisa 5. 4. 5.   [434] esset spes 5. 5.

NOTAE.

(197) *Incisa spes.* Ita Lambertus saepius dicit, a. 1069, 1070, 1075, 1076; cf. Liv. 5, 18.

nitus filius ducis Arabum, quem ad portam atrii a patre causa præsidii relictum supra memoravi, citato gradu in confertissimos suorum cuneos se dedit, et furentis exercitus impetum voce et manu increpitans retinuit, et tela in hostes jacere prohibuit, quæ [435] non hostes, ut ipsi putarent, sed principes sui propriis pectoribus excepturi forent. Per hanc [436] occasionem paululum ab armis et incursione [437] vacatione data, nuncius venit in castra ad christianos, missus ab his qui in parasceve omnibus amissis nudi et saucii usque Ramulo pertenderant. Is amaritudine et metu confectis mentibus magnum attulit refrigerium, indicans, ducem prædictæ civitatis, licet paganum, divino tamen, ut putabatur, instinctu animatum, cum ingentibus copiis ad ipsos liberandos advenire. Nec latere potuit Arabitas advenientium hostium fama; statimque omnes, aversis ab aliorum obpugnatione ad se ipsos salvandos cogitationibus, præcipiti fuga, quo quemque [438] spes evadendi vocabat, dilabuntur. In ea trepidatione dum alii ad alia curanda discurrerent, unus vinctorum evasit, opera usus Sarraceni cujusdam, quem ducem itineris christiani habebant, tanto omnium dolore, tanto gemitu, ut ab eo, cujus indulgentia dimissus fuerat, vix manus inhiberent [439]. Nec multo post dux ipse, ut nunciatum fuerat, cum exercitu advenit, pacificeque in atrium a [440] christianis susceptus est; suspensis tamen omnibus inter spem et metum, ne forte non sublata calamitas sed hostis [441] tantum mutatus esset, et propter novitatem rei difficile credentibus, quod satanas [442] satanam eicere, hoc est paganus paganum ab infestatione christianorum cohibere vellet. Primo omnium vinctos sibi præsentari jussit. Quos cum aspexisset et quæ facta fuerant ordine audisset, maximas christianis gratias egit pro magnifice gestis rebus et expugnatis rei publicæ acerrimis hostibus, qui regnum Babilonium jam per multos annos assiduis populationibus infestassent et magnas plerumque adversum se instructas acies commisso certamine obtrivissent [443]. Traditos eos custodibus, regi Babiloniorum vivos servari præcepit. Ipse, accepta a christianis quanta convenerat pecunia secum eos Ramulo perduxit. Inde, adhibito eis expeditorum juvenum præsidio, ne qua denuo latronum incursione periclitarentur, usque Hierosolimam eos perduci jussit. Nihil deinceps difficultatis in eundo, nihil in redeundo perpessi, Liciam pervenerunt, gratias [444] Deo referentes quod, emensis [445] tot rerum asperitatibus, vivos eos et incolumes in tutum restituisset. Ex hoc per christianorum fines reditum facientibus omnia cedebant ex sententia. Verum posteaquam in Unga-

riam ventum est, Guntherus Babenbergensis [446] episcopus, heu! immatura morte præventus, prosperæ ac lætæ reversionis lugubrem omnibus exitum fecit. Decessit (198) autem 10 Kalendas Augusti (*Jul.* 23), ætate integra ad [447] perfruendum hoc seculo maxime matura [448], vir præter morum gloriam et animæ divicias corporis quoque bonis adprime ornatus. Natus erat ex primis palatii, privatis possessionibus præter episcopatum affluentissimus, lingua promptus et consilio, litteris eruditus tam divinis quam humanis, tum statura et formæ elegantia ac tocius corporis integritate ita [449] ceteris [450] eminens mortalibus, ut in illo Hierosolimitano itinere ex urbibus et agris spectandi ejus studio profluerent, et bene secum actum crederet, cui eum videre contigisset. Unde, cum, positis eis in diversorio, plerumque turba intemperans propter eum nimis molesta foret, compulsus est aliquotiens a ceteris episcopis, ut in publicum prœcederet, et obsidentem fores [451] multitudinem suo spectaculo a ceterorum vexatione avocaret. Tantum hunc transitoriæ felicitatis splendorem vitæ innocentia et morum temperantia clariorem in eo cumulatioremque faciebant. Nam tantam in se utriusque [452] hominis gloriam, quam omnes mirabantur, solus ipse ita [453] propter Deum contempnebat, ut infimæ quoque conditionis hominibus popularem se communemque præberet, et a servis suis plerumque maximas verborum contumelias inultus acciperet. Celebri ergo pompa funeris in patriam reportatus, et magnis omnium qui eum noverant planctibus exceptus, in Babenbergensi ecclesia, ubi a puero adoleverat, sepultus est. Successit ei in episcopatu Herimannus vicedomnus (199) Mogontinus, qui in eadem Hierosolimitana peregrinatione constitutus, dum eum invalescente morbo ad exitum urgeri videret, legationem præmisit ad necessarios suos, quibus patria excedens suæ rei familiaris dispensationem delegaverat, petens, ut sibi ad episcopatum, quaqua possent ratione, aditum patefacerent. Quod et sedulo fecerunt, profuso in coemptionem ejus argenti et auri inæstimabili pondere.

Eilbertus [454] Patavii episcopus obiit (*Mai.* 27); cui Altman cappellanus imperatricis [455] successit, qui, dum ipso tempore cum ceteris principibus Hierosolimam abisset, per interventum imperatricis absens designatus est episcopus. Arnolfus Wormaciæ episcopus, vir pontificalis modestiæ et sanctitatis, migravit ad Dominum; successitque ei [456] Adalbero [457], monachus ex monasterio sancti Galli, frater Ruodolfi [458] ducis, uno pede omnino debilis, vir per omnia dignus spectaculo. Erat enim fortitudinis

VARIÆ LECTIONES.

[435] qui 5. [436] deest 4. [437] incursionibus 1. [438] quocumque 4. [439] inhiberet 4. [440] deest 1. [441] t. h. 3. [442] sathanas 3. 4. 5 *semper*. [443] obtinuissent 5. [444] gra 5. [445] emersis 4. immensis 5. [446] babnburgensis 4. [447] et ad 1. [448] natura 5. [449] ita ut 4. [450] cunctis 5. [451] foris 3. 5. [452] h. u. 3. [453] deesi 3. [454] Gilbertus Pataui 3. Cilbertus (?) 5. [455] imperatoris 5. [456] deest 5. [457] adelbero omnes. [458] ita 4.

NOTÆ.

(198) Albanii sive albæ Regal. (Stuhlweissenburg). (199) OEconomus, syndicus ecclesiæ.

magnæ, edacitatis nimiæ, crassitudinis tantæ, quæ aspicientibus horrorem magis incuteret quam admirationem; nec ita centimanus gigas (200) aut aliud antiquitatis monstrum, si ab inferis emergeret, stupentis populi oculos in se atque ora converteret.

MLXVI.

Rex nativitatem Domini Goslariæ [459] (201) celebravit. Ubi ab ipso jam initio autumni usque ad eam partem hiemis tamquam stativis castris se continuerat, sumptus habens regiæ magnificentiæ multum impares. Nam præter pauca quæ ex reditibus [460] regalis fisci veniebant vel quæ abbates coactitio [461] famulatu ministrabant, cetera omnia in cottidianos [462] usus ejus cottidianis [462*] impensis emebantur. Hoc adeo fiebat odio Premensis archiepiscopi, quem omnes criminabantur sub prætextu regiæ familiaritatis monarchiam usurpasse manifestæ tyrannidis; et ipsi ergo consueta regi servitia detractabant [463], et ille in alias regni partes regem abducere nolebat, ne scilicet cum aliis principibus communicando principatum consiliorum et familiaritatis, ipse sibi aliquid imminueret [464] de fastigio usurpatæ singularitatis. Sed non ultra laturi injuriam videbantur principes regni. Archiepiscopi Mogontinus et Coloniensis cum ceteris, quibus curæ erat res publica, crebra conventicula faciebant, atque omnes in commune, quid facto opus esset, consulere rogitabant. Dein jam adulta conspiratione, diem generalis colloquii omnibus indixere regni principibus (Januar.) ut Triburiam convenientes, Premensem archiepiscopum, communem omnium hostem, communibus omnes studiis obpugnarent, regique denunciarent, aut regno ei cedendum esse [465], aut familiaritate et amicitia Premensis archiepiscopi defungendum. Perlato Goslariam atrocis rei nuncio, rex ad statutam diem concitus properabat; cum quo et Wernheri comes veniens, in villam Ingilneheim, cujus pars aliqua ad nostrum quoque monasterium pertinet, hospitatum divertit. Ubi dum milites ejus ab incolis prædas agerent et illi ad arma conclamantes manu se vindicare niterentur, atrox pugna coorta est. In qua dum Wernheri comes ad ferendum suis opem impigre discurreret, a quodam nostri monasterii vilissimo mancipio, vel, ut alii ferunt, a femina saltatrice, clava percussus in capite, corruit, atque ad regem semivivus est reportatus. Admonitus ab episcopis qui præsentes erant, ut pro peccatis suis Deo, in extremo jam spiritu constitutus, satisfaceret, seque Herveldensium monachorum precibus interemptum recognoscens, villam Kirhbero [466], quam injuste invaserat, redderet: nullo modo adquievit, donec episcopi consensu facto ministrarentur se ei sacram communionem morienti non daturos, nisi prius tanti peccati pondere se exonerasset. Sic tandem pudore magis quam religione victus reddidit, statimque vita excessit. Statuta die tristis in regem omnium vultus, tristis erat sententia, ut aut regno se abdicaret, aut archiepiscopum Premensem a consiliis suis atque a regni consortio amoveret. Tergiversanti et quid potius eligeret hæsitanti archiepiscopus consilium dedit, ut proxima nocte, ablatis secum regni insignibus, clam aufugeret, et Goslariam aut in alium locum se reciperet, ubi ab [467] injuria tutus foret, donec turba hæc conquiesceret. Adveniente vespera, thesauros [468] regios per satellites et socios fraudis suæ jam exportare cœperat, cum repente ad ministros regis consilium hoc, nescio quo indicio, permanavit. Qui statim raptis armis curtim regiam circumdederunt, totamque deinceps noctem ducentes pervigilem, ne quid novi accideret, asservabant. Facto mane infensis adeo animis omnes in archiepiscopum coorti sunt, ut nec manibus temperassent, nisi regia majestas vix et ægre iracundiam cohibuisset. Contumeliose itaque ejectus est de curte regia cum omnibus tyrannidis suæ fautoribus, misitque cum eo rex amicorum suorum non modicam manum, ne scilicet ab æmulis suis insidias in via pateretur. Sic iterum [469] rerum publicarum administratio ad episcopos rediit, ut singuli suis vicibus, quid regi, quid rei publicæ facto [470] opus esset, præviderent (202).

Rex pascha [471] Trajecti (203) celebravit (April. 16).

Eberhardus Treverorum archiepiscopus dum in sabbato [472] sancto (204) tantæ diei misterium solemniter populo exhibuisset (April. 15), regressus in secretarium [473] (205), caput in sinum archidiaconi reclinavit, circumstantibusque fratribus, spiritum exalavit. Episcopatum ejus per interventum [474]

VARIÆ LECTIONES.

[459] Goslare 5. [460] retibus corr. reditibus 4. redditibus 5. [461] coacto 3. [462] quottid. 4. 5. [463] mittere d. 1. m. detrectabant 6. [464] imminuere 4. immineret 5. [465] esset 4. [466] ita 1. Kirchberg 3. 4. 5. [467] deest 4. [468] thezaurus 4. semper fere. [469] dum 5. [470] deest 4. [471] pasche 5. [472] sabato 4. [473] sacrarium 1. [474] intercessionem 5.

NOTÆ.

(200) centimanus gigas. Horat., Od. II, 17, 14; III, 4, 69.

(201) Moguntiæ, Ann. Altah. Sed certe autumni tempore regem Goslariæ fuisse, diplomata ostendunt ibi data (Bohmer n. 1807. 1810).

(202) Hic Lamberti locus illustratur ex dipl. Heinrici regis dato Mersburgi VII Kal Novembr., a. 1064; ap. Heinecc. l. c. p. 82: *Quare in omne sæculum notum esse volumus, quo pacto nos, submonentibus et consilium dantibus fidelibus nostris, Bertha thori regnique consorte, tum Herimanno Bambergensium episcopo, eo tempore in curia, communi principum nostrorum consilio, negotia omnia administrante*, etc.

(203) Ita etiam Bertholdus. Minus recte, ut videtur, Ann. Altah. Spiræ.

(204) illud quod Pascha præcedit. Wedekind. l. c. t. II. fasc. 8, p. 408.

(205) id est diaconarium, sacristia, ædicula s. camera vice exedræ templo seu ædi sacræ adjuncta, in qua sacra ecclesiæ ministeria reconduntur et in qua etiam sacerdotes et clerici, antequam ad sacra procedunt, vestes ecclesiasticas induunt.

Coloniensis archiepispopi suscepit Cuono præpositus [475] Coloniensis. Graviter et indigne nimis tulit tam clerus quam populus Treverorum, quod ipsi in electionem [476] admissi consultique non essent, seque vicissim hortabantur, ut insignem hanc contumeliam insigni aliquo exemplo eluerent. Erat tunc [477] temporis major domus (206) ecclesiæ Treverorum Dietericus [478] comes, adolescens tam natura ferox quam ætate. Is die, quo episcopus urbem ingressurus sperabatur, cum ingentibus copiis ei obviam [479] processit, atque in ipso lucis crepusculo, priusquam hospitio progrederetur, super eum irruens, paucos resistere temptantes occidit, ceteros inopino terrore perculsos facile fudit fugavitque, opes, quas [480] amplissimas advexerat, diripuit [481], ipsum episcopum captum traditumque in manus carnificum, de rupe altissima præcipitari et sic interfici jussit. Corpus ejus a religiosis viris collectum atque in monasterio Doleiensi (207) sepultum est; ubi usque in præsens tempus magnis, ut fertur, miraculis divinitus sæpe illustratur. Successit ei in episcopatum Uoto [451], concordante in electionem ejus tam clero quam populo.

In festis paschalibus per quatuordecim fere noctes continuas cometa [482] apparebat. Quo in tempore atrox et lacrimabile nimis prælium [484] factum est in partibus aquilonis; in quo rex Anglisaxonum tres reges cum infinito eorum [485] exercitu usque ad internitionem delevit.

Rex Friteslare [486] veniens (*Mai.*), gravissimam ægritudinem incidit, ita ut a medicis desperaretur, et principes de regni successione consilia conferre cœpissent. A qua infirmitate vixdum plene resumptis viribus, pentecosten Herveldiæ celebravit (*Jun.* 4). Nec multo post nuptias in Triburia regio apparatu celebravit, in conjunctione Berthæ [487] reginæ, filiæ Ottonis marchionis Italorum.

Reginherus Misnensis episcopus obiit; cui Craft [488] præpositus Goslariensis successit. Sed is dum suscepto episcopatu Goslariam venisset, post refectionem in cubiculum, ubi thesauros suos, quorum nimius amator erat, nullo conscio infoderat, quasi paululum requiescere volens, sese inclusit. Cumque jam die vergente in vesperam præter modum consuetudinemque suam somno indulgere videretur, rem insolitam mirantes cubicularii, pulsare ostium cœperunt. Sed nec pulsantibus nec vociferantibus ullum dabatur responsum. Tandem effractis foribus irrumpentes, invenerunt eum fractis cervicibus, colore tetro, exanimem, ipsis thesauris [489] suis miserabilem [490] in modum incubantem. Episcopatum pro eo suscepit Benno, prædictæ Goslariensis ecclesiæ canonicus.

MLXVII.

Otto marchio Thuringorum obiit, gaudentibus admodum in morte ejus omnibus Thuringis [491], eo quod ipse primus ex principibus Thuringorum, ut prædictum est (207'), decimas ex suis in Thuringia possessionibus dare consensisset, et per hoc calamitatem maximam genti suæ invexisse videretur. Marcham [492] ejus Egbertus, patruelis regis, suscepit.

Einhardus Spirensis episcopus obiit; cui Heinricus successit, Goslariensis ecclesiæ canonicus, tantæ [493] dignitati vix dum per ætatem maturus, et non tam electione principum ad hanc provectus [494] quam indulgentia regis, cui in puerili ætate fuerat familiarissime assentatus. Benno Osenburgensis episcopus obiit (*Nov.* 23.); cui alius Benno successit.

Rex in nativitate sancti Martini Goslariam veniens (*Nov.* 11.), graviter infirmari cœpit, atque eadem valitudine per multos dies laborans, lecto recubabat.

MLXVIII.

Rex nativitatem Domini Goslariæ, necdum sospitate ad plenum recuperata, celebravit; a quo Egbertus [495] marchio, exactis diebus festis, digressus, cum se in sua recepisset, modica febre pulsatus, terminum vitæ accepit. Sed marcham adhuc vivens adquisierat filio suo, tenerrimæ ætatis infantulo (208), quem ei vidua (209) ducis [496] Ottonis de Swinefurt pepererat [497]; cui tamen ipse paucis diebus antequam vita excederet repudium scribere cogitaverat, et contra leges ac [498] statuta canonum viduam Ottonis marchionis matrimonio sibi jungere [499], quod hæc forma elegantior et efferatis moribus suis oportunior videretur; sed mors oportune [500] interveniens nefarios conatus [501] ejus intercepit.

Ravenger patriarcha Aquileiensis [502] obiit; cui Sigehardus cancellarius successit; pro quo Bibo cancellarius est substitutus'.

MLXIX.

Rex nativitatem Domini Goslariæ (210) celebra-

---

*) Ecclesia sancti Petri in Monte (in m. s. p. 4. 5.) exusta est XVIII Kalendas Decembris. add. 3. 4. 5.

VARIÆ LECTIONES.

[475] Cuno Col. p. 3. [476] e. ejus 4. [477] tum 5? [478] Diedericus 4. 4. 5, [479] o. ei 3. [480] quam 5. 4. 5. [481] adduxerat dirupuit 4. [482] ita 4. [483] deest 3. [484] premium 3 [485] deest 3. [486] friteslarie corr. friteslaree 4. [487] ita 1. berthe rell. [488] craht 1b. [489] thezauris 5. ut semper 4. [490] miserabiliter in m. incumbentem 4. [491] turing. 4. [492] marchiam 1". marchia 1. [493] ante 5. [494] profectus 1. 4. [495] ecbertus 5. [496] deest 4. [497] peperat 4. [498] et 3. [499] conjungere 3. [500] inoportune 3. [501] conatos 4. [502] aquilegiensis 3.

NOTÆ.

(206) Advocatus, *stiftsvogt.*
(207) Tholey ditionis Trevirensis.
(207') a. 1062, p 162.
(208) Cf. F. A. G. Wenck de Henrico I. Misn. et Lus. march. comment. II, p. 19 sqq. et Stenzel. I, p. 253.
(209) Immula vel Irmingardis, Ann. S.
(210) Moguntiæ, Ann. Altah.

vit, pascha (*Apr. 10*) Quidelenburg, pentecosten Coloniae (211). Post pentecosten [*Jun. 1.*] Wormaciae cum principibus regni colloquium habuit. Ibi primum cum Mogontino [503] rem secreto agit [504], ejusque opem ad perficiendum quod mente machinetur obnixe implorat; si impetret, se deinceps ei subditum et dicto obtemperantem fore; ad hoc Thuringos armata [505] manu, si aliter nequeat, coacturum, ut decimas sine ulla in perpetuum contradictione persolvant. Annuente episcopo, et pactione utrimque firmata, rex ad publicum refert, sibi cum uxore sua non convenire; diu oculos hominum fefellisse, ultra fallere [506] nolle; nullum ejus crimen, quo juste repudium mereatur, afferre, sed se, incertum quo fato, quo Dei judicio, nullam cum ea maritalis operis copiam habere; proinde per Deum orare, ut se male ominata compede (212) absolvant patianturque aequo animo discidium fieri, ut illa [507] sibi et ipse ei, si ita Deus velit, felicioris matrimonii viam patefaciat; et ne quis violatum [508] semel pudorem causetur obstare iterum nupturae, se sub jurejurando confirmare, quod eam ut acceperit [509] sic incontaminatam inlibatoque virginitatis pudore conservaverit (213). Foeda res et ab regia majestate nimium abhorrens visa est omnibus qui aderant. Negocio tamen, cui rex tam fervide animum adjecisset, detractare, singuli religiosum arbitrabantur. Episcopus quoque tam preciosa pollicitatione redemptus, quantum poterat salva verecundia, haut aegre causam regis tuebatur. Itaque cunctis id fieri decernentibus, synodum conficiendo negocio indixit Mogontiae, proxima post festum sancti Michaelis ebdomada. Hac expectatione rebus suspensis, regina Loresham, ut statutum tempus ibi praestolaretur, missa est; rex alio, qua regni negocia vocabant, abiit.

Interea Dedi marchio Saxonicus cum viduam duxisset Ottonis marchionis, tertio prius anno defuncti, praedia etiam, quae ille a diversis dominis beneficii loco habuerat, summa vi nitebatur adquirere. Cum nullus daret postulanti, indignitatem non ferens, regi, per quem potissimum stetisset ne darentur, bellum parabat, crebrisque colloquiis Thuringos ad societatem armorum sollicitabat. Promptum hoc fore sperabat, eo quod rex archi-episcopum adjuvando in exigendis decimationibus, multum a se avertisset animos eorum. Incitamentum tamen [510] illi furoris vel maximum erat uxor saevissima: Haec placido hominis ingenio et per aetatem jam mansuefacto juveniles animos inspirabat, saepius obtundens, quia, si vir esset, non inultus injurias acciperet, nec priori marito ejus audacia se imparem gereret, quo et virtute et opulentia superior esset. Rex [511] accepto nuncio graviter permotus, ingentes copias et quae pluribus [512] etiam bellis satis essent celerrime contraxit. Tum vero episcopus Mogontinus, tempus se accepisse ratus, quo per occasionem publici belli privatum in Thuringos odium vindicaret, infestissimus aderat, regem quam atrocissime rem agere instigabat; ipse quoque totis amicorum, totis [513] Mogontini episcopatus opibus coepto annitebatur: Non fefellit Thuringos efferatus in se animus episcopi, nec ipsi in cum mitiores spiritus gerentes; legatos ad regem miserunt; se nihil iniquum, nihil quod secus sit moliri adversus eum, nec arma contra [514] rem publicam suo consilio aut favore sumpta esse; paratos se potius hostem publicum capitis quoque sui periculo expugnare; promptius autem ac devotius id facturos esse, si decimationum leges, priorum regum et episcoporum indulgentia sibi statutas, ratas inviolatasque fore pateretur; quod si episcopus ad eos rem divinam non divinis, sed humanis armis expugnatum [515] veniret, et decimas [516] jure belli sibi extorquere vellet, quas nec jure ecclesiastico, nec lege forensi potuisset. jam pridem se sacramento obstrictos obligatosque fuisse, ut raptores et praedatores inultos non sinerent, satius sibi [517] esse mori in bello quam amissis patrum legitimis perjuros vivere. Rex ad haec benigne respondit, auxiliumque suum, si in fide permanerent, certissimos sperare jussit; dehinc ubi res matura visa est, infesto agmine Thuringiam intravit. Duo ibi castella, quibus marchio praesidium imposuerat, Bichelingun [518] (214) et Scidingen [519] (215), alterum per dedicionem, alterum manu expugnatum recepit. Ceteris ilico admovendus erat exercitus. Sed marchio advertens nullo loco vel munitione sustineri posse impetum regis, incisa [520] spe resistendi, se suaque omnia dedidit. Thuringi, etsi, ut promiserant, erga regem et causam publicam

VARIAE LECTIONES.

[503] Maguntino 3. episcopo M. 1. [504] habuit 3. [505] adarmata 3. [506] vallere 5. [507] ille s. et ipsa 3. [508] violatum 5. [509] accepit 3. [510] deest 3. [511] Rex — contraxit desunt 3. [512] plurimis 4. [513] deest 5. [514] deest 5. [515] expugnaturus 4. [516] deest 3. [517] enim 3. [518] bichelingem 3. bichelingum 1* [519] seidingen 4. schidingen 1. — scidingum *scribere malim* (W). [520] inscisa 3.

NOTAE

(211) Stenzelius l. c. II, p. 234. Lambertum errasse suspicatur, cum exstent ap. Wenck, Hist. Hass. t. III, cod. diplomat. p. 45 sq. litterae Heinrici d. 1. Jun. a. 1059. Moguntiae, non Coloniae, ubi rex Pentecosten celebrasse dicitur, datae, nostrum tamen scriptorem saepe omnes festos Pentecost. dies, non semper primum, hoc nomine intelligere. Sed fortasse in isto diplomate verba: *Data est Kalendis Junii* — et: *Actum Mogontie* — ita discernenda sunt, ut res jam ante in hac urbe acta, Kalendis demum Junii litteris consignata sit.

(212) Ita Horat.. carm., l. III, od. 14 v. 11 sq. *male ominata verba dixit*; cf. l. IV, od. 11, v. 24.

(213) Hoc illustrari potest ex ipsius Sigefridi archiep. Mogunt. ad Alexandrum papam epistola; Conc. t. IX, p. 1200, ubi rem prorsus aliter ac hic Lambertus narrat

(214) Beichlingen.

(215) Burgscheidungen.

devoti fidelesque essent, in episcopum tamen Mogontinum hostilia pleraque fecere [521], probris et conviciis in eundem lacessere, milites ejus, dum praedas agerent, facto grege saepius incursare, rapinam excutere, fundere, fugare, nonnullos denique ministros ejus, nec hos mediocri fortuna vel humili loco natos [522], dum ab exercitu regis paulo longius praedatum ibissent [523], comprehensos suspenderunt [524]. Jussum tamen eis est ab rege facile et contemptim, ut decimas darent, non quo recusantibus vim ferre [525] in animo esset, sed ne, non reddito promisso, archiepiscopum offenderet. Dedi [526] marchio aliquamdiu habitus in custodia, tandem, adempta possessionum et redituum non modica parte, dimissus est. Filius ejus Dedi junior patrem ea tempestate infestius acerbiusque quam alius quisquam insectatus est. Ob eam rem, exacto bello, ingenti gloria esse coepit apud regem, egregiae indolis adolescens, nisi ambitionis spiritu et praepropera dominandi cupidine praeceps raperetur. Is non multo post, cum nocte quadam ad necessitatem naturae secessisset, apposito extrinsecus [527] insidiatore, confossus in inguine et occisus est. Quis necis ejus auctor fuerit, non satis constat, quamquam dolo novercae interfectum vulgi sermonibus passim jactaretur. Illud haut dubie liquet monasteria et ecclesias, moriente eo, magna formidine exoneratas esse, cum mentibus omnium certissima opinio insedisset, eum augendarum opum studio non Deo, non [528] homini [529] parciturum, qui patri proprio non pepercisset.

Imminente jam die, qui scindendo [530] regis conjugio dictus fuerat, rex Mogontiam concitus properabat. Et ecce inter eundum comperit, legatum sedis apostolicae suum Mogontiae adventum praestolari, qui discidium fieri prohibeat [531] et episcopo Mogontino apostolicae animadversionis sententiam minitetur, quod tam nefariae separationis se auctorem promiserit. Consternatus ilico, quod rem diu exoptatam perdidisset e manibus, per iter [532] quo venerat in Saxoniam redire volebat. Vix et aegre tamen amicorum consiliis superatus, ne principes regni frustraretur, quos summa frequentia sibi Mogontiae occurrere jussisset Franconofurt [533] abiit, ibique eos qui [534] Mogontiae convenerant statuto die adesse jussit (Oct.). Quo dum frequentes venissent, Petrus Damianus — is legatus erat sedis apostolicae, vir aetate et vitae innocentia admodum reverendus — mandata exposuit Romani pontificis: pessimam rem et ab nomine christiano, nedum ab regio multum abhorrentem esse, quam moliatur; si minus humanis legibus vel canonum sanctionibus terreretur, parceret saltem famae et existimationi propriae, ne scilicet tam foedi exempli venenum, ab rege sumpto initio, totum commacularet populum christianum, et qui ultor esse [535] debuisset criminis, ipse auctor et signifer fieret [536] ad flagitium; postremo si non flecteretur consiliis, se necessario vim ecclesiasticam adhibiturum et canonum lege scelus prohibiturum; ad haec [537], suis manibus numquam imperatorem consecrandum fore, qui tam pestilenti exemplo, quantum in se esset, fidem christianam prodidisset. Tum vero in eum coorti omnes qui aderant principes aiebant, aequa [538] censere Romanum pontificem, et per Deum rogabant, ne crimen inferret gloriae suae [539] et regii nominis majestatem tam turpis facti colluvione [540] macularet; praeterea ne parentibus reginae causam defectionis et justam turbandae rei publicae occasionem daret; qui si viri essent, cum armis et opibus plurimum possent, tantam filiae suae contumeliam procul dubio insigni aliquo facinore expiaturi essent. Hac oratione [541] fractus magis quam inflexus: *Si id,* inquit, *fixum obstinatumque est vobis* (216), *imperabo egomet mihi, feramque, ut potero, onus, quod deponere non valeo.* Ita efferato magis per studium concordiae odio, annuit quidem, et in regni consortium regina revocaretur, ipse tamen, ut congressum ejus conspectumque vitaret, adhibitis sibi vix 40 militibus, in Saxoniam concitus rediit. Regina cum cetera multitudine et regni insignibus paulatim subsecuta est. Cumque ad eum Goslariam venisset, vix compulsus ille a familiaribus suis, ut ei obviam procederet, satis superque pro consuetudine eam benigne suscepit; sed protinus refrigescente amore, ad ingenium suum atque ad pristinum rigorem animi rediit; et quia consilia scindendi conjugii saepe (217) jam temptata non processerant, statuit deinceps, communicato cum ea solum regni nomine, sic eam habere, quasi non haberet (218).

Maxima eo anno vinearum omniumque silvestrium arborum sterilitas fuit.

Meginwardus abbas Hildeneshcimensis abbatiam suscepit Augiensem, patefacto in eam [542] sibi per multam largitionem aditu.

Rumoldus Constantiensis episcopus, maturae admodum gravitatis vir, obiit (*Nov.* 2.); cui Karolus [543] successit, Magadaburgensis, canonicus Is (219) a clericis Constantiensibus primo benigne susceptus est; sed processu temporis dum pro libito suo magis

VARIAE LECTIONES.

[521] facere ed. (*secunda?*) *tertia rell.* [522] ortos 1. [523] abiissent 3. [524] suspenderent 1. [525] inferre 3. *et ed.* II. [526] Dedo 1* *et infra.* [527] extrinseco 4. [528] nec — nec 4. [529] hominibus 4. [530] scindendi. 3. 4. 5. [531] prohibebat 3. [532] ita 5. 4. *pariter* 1. 5? *cf. infra* p. 178. *n.* k. [533] frankonefurt 4. franconofurt 1. [534] deest 5 [535] u. deb. crim. esse 3. [536] foret 5. [537] hoc 5. [538] eque 5. [539] deest 4. [540] colluvie 1*. [541] ratione 4. [542] ca 5. [543] Carolus 3.

NOTAE.

(216) *Fixum obstinatumque est robis.* Sic Tacit. Ann. 1, 47, 1 : *Immotum fixumque Tiberio.*
(217) Vid. Stenzel. 1, p. 254, not. 28.
(218) His contradicere videntur, quae ad annum 1071, de nato a regina primo filio narratur. Sed omnem scrupulum tollit Stenzel. II, p. 62 sq.
(219) cf. Berthold. Constantiens. h. a.

quam ex ratione rem gereret, indignantes clerici, a communione ejus se abstinere cœperunt propter simoniacam heresim, per quam episcopatum usurpasse dicebatur; id quoque ei crimini dantes, quod plerosque ecclesiæ thesauros furtive abstulisset. Qua accusatione Romam perlata, Romanus pontifex mandata direxit Mogontino archiepiscopo, ne ullo modo ab eo consecraretur, donec in sui præsentia causa diligentius ventilaretur. Tolosæ (220) episcopus obiit; cui Bibo cancellarius successit; pro quo Adalbero [544] canonicus Mettensis-[545] cancellarius est substitutus [546].

MLXX.

Rex nativitatem Domini Frisingæ celebravit.

Episcopus Mogontinus et Coloniensis et Babenbergensis a domino apostolico evocati, Romam venerunt. Ibi episcopus Babenbergensis accusatus, quod per simoniacam heresim data pecunia episcopatum invasisset, multa et preciosa munera papæ dedit (221), et per hæc efferatam adversus se [547] mentem ejus ad tantam mansuetudinem reduxit, ut, qui non sine periculo honoris et gradus sui evasurus putabatur, non solum impunitatem criminis, quod objectum fuerat, consequeretur, sed etiam pallium et alia quædam archiepiscopatus insignia ab [548] sede apostolica pro benedictione perciperet. Mogontinus archiepiscopus ultro se episcopatu abdicare atque in otium privatæ conversationis secedere magnopere cupiebat; sed tam Romani pontificis auctoritate quam eorum qui præsentes erant maturioribus consiliis vix et ægre abductus est a sententia. Omnes in commune acerbe objurgati, quod sacros ordines per simoniacam heresim venderent et ementibus indifferenter communicarent manusque imponerent; tandem, accepto [549] ab eis jurejurando quod hæc ulterius facturi non essent, in sua cum pace dimissi sunt.

Dux Luteringorum [550] Gotefridus, omnibus pene terris magnitudine suarum rerum gestarum compertus et cognitus, obiit (an. 1069, Dec. 24), et Verdunis [551] sepultus est; cui filius ejus Gozelo [552] successit, præstantis quidem animi adolescens, sed gibbosus. — Udalricus [553] marchio Carentinorum obiit (222).

Rex pascha in Hildeneshem (223) celebravit (Apr. 4). Ibi inter milites regis et milites episcopi seditio facta est. Sed milites regis in congressione A superiores facti, plerosque ex militibus episcopi peremerunt, captosque [554] seditionis auctores ex edicto regis in vincula conjecerunt [555]. Rex ascensionem Domini Quidelenburc [556] (Mai. 15), pentecosten Merseburc [557] celebravit (Mai. 25).

Augussimum [558] in Quidelenburc [559] templum cum omnibus attiguis sibi ædificiis, incertum divina ultione an fortuita calamitate, incensum atque in cineres redactum est (224).

Clarus eo tempore in palatio [560] et magnæ in re publica auctoritatis erat [561] Otto dux Bajoariorum. Sed sicut semper gloriam sequi solet invidia, invidentes ei plerique homines nequam, qui malitiæ suæ potentiam [562] ejus atque [563] immoderatam gloriam obstare querebantur [564], sollicite B opportunitatem ad opprimendum eum quærebant. Itaque quendam, Egenen nomine, hominem ingenuum, sed omni flagitiorum genere infamatum, in necem exitiumque ejus subornaverunt. Is crimen adversus eum detulit, quod se ad occidendum regem precibus et pollicitationibus multis sæpenumero sollicitasset, atque in [565] argumentum fidei gladium ostentabat, quem sibi ab eo in hos tam sceleratos [566] nefariosque usus [567] datum asserebat; si inficiaretur, paratum se quovis judicio verbis suis fidem facere. Qua accusatione vulgata, hi, quos ratione communis commodi [568] aliquando offenderat, omnes infensi infestique aderant, et iracundiam regis adversus eum inflammare summa vi, summa ope nitebantur. Igitur rex eum [569] Mogontiam cum ceteris principibus ad colloquium C evocavit (Jun.), quid delatum esset exposuit, negantique inducias in sex ebdomadas [570] dedit, ut Kalendis Augusti Goslariam veniens, objectum crimen, congressus [571] cum accusatore suo, manu [572] propria refelleret [573]. Cum in hæc verba discessum esset, causari principes de iniquitate conditionis cœperunt, nec bonum nec æquum esse dicentes, ut homo nobilissimus, integerrimæ apud omnes existimationis, nec ulla umquam sinistri rumoris macula attaminatus, manum conferre juberetur cum homine sceleratissimo, qui si quid ingenuitatis a parentibus accepisset, id per furta, per latrocinia, denique per omnia [574] vitiorum probra D jam dudum oblitterasset. Ille tamen et indignitate rei efferatus et Deo innocentiæ suæ teste et con-

VARIÆ LECTIONES.

[544] adelbero 3. 4. 5. [545] metensis 3. sæpius. [546] s. est 5. [547] deest 5. [548] a 4. 5? [549] ab iis acc. 5. [550] lutheringorum 1. 4. [551] verdunisse 5. [552] Godefridus 1: Gotefridus superscripto Gozelo 4. Godefridus qui et Gozelo 1b. [553] ita omnes. [554] capkos 4. [555] conicèretur 4. [556] Quidilenburg 3. Quidelenburg 4. 5. [557] Merseburg 3. 4. 5. [558] Augussimum 5. [559] Quidelinburg 5. Qnidelenburg 5. [560] pallacio erat 5. [561] deest 5. [562] deest 4. [563] ejus atque suam i. 4. [564] querebant 4. [565] deest 5. [566] celeratos 5. [567] an ausus? W. [568] comodi 5. [569] cum 5. et infra eum ad c. [570] hebdomadas 4. [571] deest 5. [572] p. m. 5. [573] revelleret 1. 5. [574] omnium 4.

NOTÆ.

(220) Tulli.
(221) Ipsum se jurejurando purgasse, Lambertus tradit a. 1075.
(222) Die 6 Mart. hujus anni; cf. Wedekind. Not., fascic. 2, p. 190, annotat. 14.

(223) Spiræ, Ann. Altah., qui Pentecosten Missenæ regem celebrasse dicunt.
(224) Vid. Ranke et Kugler Beschreibung und Geschichte der Schlosskirche zu Quedlinburg (Berlin 1838), p. 60.

scio fretus, cum quovis, etiam indigno, etiam agrorumque cultores, si quos fors [583] obtulisset, praeter natales suos, pugnare malebat, quam tanti obtruncant, lacerant, jugulant. Sic postremo praeter sceleris suscipione teneri. Igitur die statuta ad proximo Goslariae loca cum armata multitudine venit (Aug. 1); missis ad regem nunciis mandavit, si sibi [575] tuto venire, si tuto causam dicere liceret, paratum se coram venire, et conditione, quam principes regni aequam judicassent, crimen, cujus insimulatus fuerat, refellere. Rex ad haec atrociter et acerbe respondit, se ei nec in veniendo nec in causa dicenda pacem aut securitatem polliceri; id solum expectare, ut juxta condictum Goslariam comminus veniret, et si quid de innocentia sua praesumeret, conserta cum adversario suo manu, aequissimo judici Deo rem committeret; ni id faceret, se, omissa legum dissidentium simultate, relegato sententiarum certamine, pro convicto confessoque eum in tanti [576] sceleris immanite habiturum. Relato ad ducem hoc responso, nec tutum nec satis honestum ejus [577] rationibus visum est his qui recte ei consultum cupiebant, ut sic inflammatae adversus se regis iracundiae illudendum se vexandumque objiceret, cum sibi, integris adhuc rebus et crimine necdum comprobato, tuto coram venire non licuisset; quod tam jure caeli quam jure fori omnibus semper reis, omnibus in causis licuisset. Ita incisa [578] spe veniae, infectis rebus, in sua se recepit, satius putans, quoad posset, armis salutem tueri, quam ad [579] exsaturanda hostium suorum odia turpiter more pecudum jugulari. Postera die rex principes Saxoniae, quod ex his oriundus esset et hi propter privatas inimicitias maxime invisum eum haberent, sententiam super eo [580] rogavit. Qui cum tamquam manifesti criminis deprehensum reum majestatis judicaverunt, et, si caperetur, capitali in eum sententia animadvertendum fore decreverunt. Illico amici regis ferro et igne (225) persequi eum, singuli pro virili portione, aggrediuntur; plerique etiam nec fide erga regem, nec studio erga rem publicam, nec ultione cujusquam privatae injuriae, sed sola [581] rapinarum cupiditate, arma contra eum capiunt. Itaque [582] undique laxatis, immo ruptis irarum habenis, omnes in eum irruunt, praedia ejus et possessiones alias diripiunt, vastant, incendunt, ministros ejus modum modestiamque ira immod ratio debachabatur, ut nec ab ecclesiis nec templis, quae ille propriis impensis Deo construxerat, hostilis saevitiae impetus temperaret. Deinde rex collecto exercitu egressus, extremam operi manum per se ipsum imposuit; principes quos ei consanguinitate vel alia necessitudine obnoxios noverat, aut acceptis obsidibus aut jurejurando, ne ad eum deficerent, obligavit. Castellum ejus Hanenstein (226), a quo ad primum statim belli terrorem praesidium abductum fuerat, funditus everti jussit. Alii castello, quod Tesenberg [584] (227) dicitur, exercitum jam admoverat. Sed hi qui intus erant, etsi loci situ inexpugnabiles essent, et copiis omnibus quae administrando bello necessariae erant affatim affluerent, ultro tamen se dedere quam ancipitem belli fortunam temptare maluerunt. Relicto illic praesidio, rex in ulteriora loca ad demoliendas uxoris quoque ejus possessiones (228) exercitum abduxit, villas multas opibus et aedificiis ornatissimas incendit, bona diripuit. in mulieres et pueros — nam viri in montes et in saltus [585] devios se abdiderant — foeda et hostilia multa commisit; tantaque in ea expeditione acerba et crudelia perpessi sunt a rege proprio homines innocentes et nulla saltem suspicione criminis cujusquam infamati, ut nihil acerbius, nihil crudelius a barbaris perpeti potuissent. Tandem dux Otto perdoluit, et calamitatum pondere superata est constantia patientiae. Itaque assumptis secum ad tria milia viris electis et omni militaris disciplinae studio exercitatis, impetum in Thuringiam fecit, villas regalis fisci, rebus cunctis affluentissimas, incendit, praedam multam abegit, et milites suos, quorum plerosque ad societatem belli sola spes rapinarum allexerat, hac primum mercede inescavit fidosque ac firmos sibi effecit. Ita populabundus ultra Heschenewege (229), pervenit. Ibi confluentibus ad se agrorum suorum cultoribus, quibus milites regis praeter miseram vitam nihil reliqui fecerant, partem aliquam praedae distribuit, verbera [586] divinae animadversionis fortibus animis tolerare admonuit, et pro se quoniam arma ferre non possent (230), suppliciter ad Deum vota

VARIAE LECTIONES.

[575] ut si 1'. [576] tanta 4. [577] deest 5. [578] inscisa 3. 4. [579] deest 4. [580] eum 3. [581] solum 4. [582] Ita 1. 5.7 [583] sors 4. 5. [584] Tesinberg 1'. [585] saltos 4. [586] verba 5.

NOTAE.

(225) Apud alios: *rem flamma et ferro, Marte et Vulcanos ducibus, gerere*; cf. Casp. Barth. ad Briton. Philipp., III, 292, p. 269.

(226) Non in Bajoaria, sed in praediis Ottonis patrimonialibus quaerendum ad Wirraham, non longe a Gotinga dissitum, unde gens Hansteinia nomen traxit, vid. de Gudenus, cod. dipl. tom. I, p. 418. Orig. Guelf. t. III, p. 626. Kr. et Schrader die Dynastenstämme, etc., tom. I, p. 185 sqq., et p. 39, n. 47.

(227) Procul dubio Desenberg in episcopatu Paderbornensi, olim in patrimonio ducum Brunsvicensium. KR. Cf. Fürstenberg Monument. Paderborn. p. 155; Mascov, l. c., p. 24, not. a. Schrader, l. c., p. 186 sqq.

(228) In Westfaliam. Uxor enim Ottonis Richinza fuit, vidua Hermanni comitis de Werla.

(229) Eschwege ad Werram; cf. Wersche über die Vertheilung Thüringens, II, p. 156. n. 259.

(230) Cf. de h. l. Schrader in libro laudato, vol. I, p. 69, not. 1.

PATROL. CXLVI.

facere flagitavit. Interea Thuringi, qui se ante
aliquot annos sacramento obstrinxissent, ne latrones aut raptores inultos sinerent, rerum suarum
direptionibus exacerbati, ad arma conclamant, conglobatis propere [587] ingentibus copiis; hostes e vestigio insequuntur, inventisque haut procul ab
Heschenewege [588] certamen? inferunt 4 Nonas Septembris (*Sept.* 2). Nec diu anceps pugna fuit. Nam
[589] his qui cum duce Ottone erant impigre occur-
santibus, vix primam praelii procellam sustinentes in
fugam vertuntur, et alii in proximos montes et silvas
evadere, alii per iter [590] quo venerant citatis equis reverti [591], summo conamine nitebantur, haut satis auspicato temp'atam fortunae aleam detestantes. Ipse
denique, qui primo ut res certamini committeretur
vehementissimus auctor incentorque fuerat, Ruotgerus [592] comes (231), is nunc primus fugiendi auctor ac
signifer apparebat, omnique, ut vulgo dicitur, vento
citatior montes et colles modernus [593] Idithum [594]
(232) transmittebat. Trecenti plus vel minus [595] in ea
congressione ex Thuringis corruerunt; ex parte
altera unus occisus, duo sunt vulnerati. Dux Otto,
signo receptui dato, cum a caede hostium vix et
aegre militem suum revocasset, aliquamdiu in eisdem castris commoratus est, et vergente jam in
vesperam die, plerosque principes exercitus sui
singulos [596] in sua cum pace dimisit. Ipse, adhibitis
sibi quantas res poscere videbatur copiis, in ulteriorem Saxoniam contendit; ibique totam hiemem
usque ad nativitatem Domini exegit, partim rapinis
et depraedationibus victitans, partim ex possessionibus Magni comitis, quem belli periculorumque
omnium socium et innocentiae suae [597] devotissimum
assertorem habebat. Is filius erat Ottonis (233) ducis Saxoniae, egregius adolescens, boni [597] et aequi
in pace supra annos suos servantissimus, et in bello
audacia et virtute militari nulli secundus. Perlato
ad regem nuncio acceptae [598] in Heschenewege [599]
cladis omissis rebus aliis, Goslariam concitus remeavit, nec inde usquam [600] ante nativitatem Domini abscessit [601], timens scilicet, ne tam caram
tamque acceptam sibi villam, quam pro patria ac
pro lare domestico Teutonici [602] reges incolere soliti

A erant, hostes per absentiam ejus, quod militari et
crebris usurpare sermonibus dicebantur, in favillas
cineresque redigerent.

Adalberto [603] Wormaciae episcopus, propria, ut
fertur [604], crassitudine praefocatus, interiit; cui [605]
Adalbertus successit.

Aribo [606] diaconus, frater Willehelmi et Ottonis
marchionum, occisus est a propriis serviis suis, vir
tam divinis quam secularibus litteris adprime eruditus, sed propter lasciviam morumque intemperantiam merito bonis omnibus gravis et invisus.

Silvestrium arborum caedem quae priore anno
sterilitas permansit. Sed vinearum tanta fertilitas
fuit, ut plerisque in locis prae multitudine vix colligi
vindemia posset.

MLXXI.

Rex nativitatem Domini Goslariae (234) celebravit.
Ibi per interventum Ruodolfii [607] ducis Suevorum
B Welf [608], filius Azzonis marchionis Italorum, ducatum Bajoariae [609] suscepit. Is filiam Ottonis ducis
Bajoariorum uxorem duxerat, et [610] per jusjurandum
altera jam vice matrimonio fidem dixerat; quamdiu
itaque res tranquillae [611] erant, quamdiu etiam bellum temere coeptum sine grandi permutatione
rerum sedari posse sperabat, maritalem uxori [612]
affectum et honorem deferebat, et causam soceri,
quantum poterat, armis et consiliis tuebatur (235);
at ubi animadvertit datam in eum sententiam [613],
et bellum iracundiamque regis magis in dies adversus eum crudescere, leges omnes vinculaque
C omnia, quibus vicissim propinquitatem firmaverant,
abrupit; satius putans perjurii crimen et violatae
fidei verecundiam sustinere, quam res suas floren-
tissimas desperatis ac perditis ejus rebus admiscere.
Et primo in tam trepidis rebus (236) petenti
auxilium denegavit, dein [615] filiam ejus a complexibus suis et thori consortio segregavit patrique remisit; postremo ad ipsum ejus ducatum occupandum omnem operam intendit, nihil pensi habens
(237), quantum auri, quantum argenti, quantum
reditum ac possessionum [616] dilapidaret, dummodo
quod cupiebat assequeretur. Directus est ergo dolus
in manu ejus [617] (258), et potuit [618] et invaluit, cunctis

VARIAE LECTIONES.

[587] prope 4. [588] Heschenwege 3. [589] Nas 4. [590] *ita* 5. pariter *corr.* per iter 4. pariter 1. 5? [591] *deest* 5.
[592] ita 3. 4. [593] modernos 4. [594] idithim 3. 4. [595] minusve 1. [596] singuli 4. [597] *deest* 4. [598] percepte
5. accepit 4. [599] Heschenewege 3. Heschenenuusge 1. [600] usque 4. [601] recessit 3. abcessit 5. [602] Theutonici 1. 4. 5. [603] Adalberus 1. Adelbero Wormatiensis 5. [604] ferunt 5. [605] c. A. s. *desunt* 5. [606] Eribo
4. Kriho 1. [607] *ita* 4. [608] Wel 3. [609] Bajoariorum 3. [610] et — dixerat *desunt* 5. [611] intranquille 3.
[612] uxoris 5. [613] esse s. 1. [614] *deest* 3. [615] deinde 4. [616] p. suarum 4. [617] in manu ejus *per errorem*
repetitur 5. [618] potuit *omnes quod et edit., sed fort.* patuit *scribendum*.

NOTAE.

(231) de Bielstein ad Werram; v. Gebhardi
hist. gen. Abb., III, p. 102 sqq. Wenck, l. l.,
III, p. 59.
(232) Cf. 1 Paral. xxv, 3, etc., Isidor. Originum
l. vi, c. 8, 28 : *Idithum interpretatur* TRANSILIENS
EOS *sive* SALIENS EOS. *Quosdam enim inhaerentes humo,
curvatos in terram, et ea quae in imo sunt cogitantes,
et in rebus transeuntibus spem ponentes, transilivit
canendo iste, qui vocatur transiliens. Quod huic di-*

D ctioni ansam dedisse videtur.
(233) Ordulfum alii vocant.
(234) Ann. Altah. minus recte : Babenberg.
(235) Cf. Stenzel, II, p. 103.
(236) *In tam trepidis rebus;* cf. Horat., od. III, 2,
5; liv. 1, 27.
(237) *Nihil pensi habens,* Sallust., Cat. c. 5 et 12.
(238) Cf. Daniel, VIII, 25.

detestantibus, quod carissimam atque opinatissimam in re publica dignitatem tam foeda ambitione [619] polluisset. Noverat rex, haut satis placiturum principibus Bajoariæ, quod hoc tum [620] contra morem et jus, tum ipsis inconsultis factum fuisset (239), et propterea quantocius ire in Bajoariam cogitabat, ut tumultum, si quis forte oriretur, per se ipsum reprimeret. Sed e diverso haut nescius erat, si ipse longius abisset, hostes ilico in Goslariam impetum facturos et clarissimum illud regni domicilium in [621] cinerem redacturos. Accepto a familiaribus suis consilio, quosdam Saxoniæ principes illic præsidii causa reliquit; et ipse, sicut instituerat, in Bajoariam proficisci parabat. Interea dux Otto videns sibi nihil jam spei reliquum esse, cujus et bona omnia flamma hostilis absumpsisset et ducatum alius in suam potissimum contumeliam invasisset, statuit, rem in extremum discrimen adducere, et cum rege, ubi primum copia fieret, collatis signis dimicare. Itaque montem qui dicitur Hasengun (240) occupavit [622] (Januar.), ut is scilicet militibus suis, quomodocumque res in prælio cecidissent, receptui foret. Eum [623], etsi natura et situ ipso satis munitum, munitiorem tamen manu atque opere fecit, ibique convecta ex circumjacentibus agris præda, regem præstolabatur. Rex accepto nuncio nihil moratus, quantas in ea trepidatione potuit copias ex Saxonia, ex [624] Thuringia atque [625] ex Hassia celerrime contraxit. Ceteris principibus, qui longius aberant, mandavit, ut, si forte res sine mora et diuturnitate confici non posset, sibi quam citius possent armata manu concurrerent. Plurimum eo tempore rex consiliis utebatur Eberhardi comitis (241) sapientis admodum viri. Is videns hostes, sic ad bellum exercitatos, sic ipsa jam [626] desperatione, quæ plerumque timidis [627] etiam virtutem addere solet (242), efferatos, sine magno detrimento rei publicæ nec vinci nec vincere posse, abiit ad ducem [628] Ottonem, cumque per Deum obtestari coepit, ne se suosque in tantum discrimen præcipitaret; necdum ei omnem spem veniæ, omnem respirandi facultatem ereptam esse; si de monte, quem occupaverat, exercitum abduceret, seque regi justis conditionibus [629] dederet, sub juramento se ei promitteret, quod et veniam culpæ, cujus insimulatus fuerat, et omnium quæ jure belli amiserat restitutionem ei [630] a rege impetraret. Annuente eo, rem ad regem detulit, et eum haut difficulter in sententiam adduxit, quippe cum tædere eum jam belli coepisset, quod propter privatum hominis amorem a principibus per ingenium trahi ac segniter geri videbat. Pace per jusjurandum utrimque firmata, induciæ datæ sunt Ottoni duci usque in pascha, ut Coloniam veniens, dedicionem lege quam principes æquam judicassent perficeret. Inter has inducias, dum dux Otto exercitum, singulos in sua, dimisisset, Retheri [631] comes (243), partium ejus haut leve momentum, occisus est ab hostibus suis propter quasdam [632] privatas simultates.

Saricho abbas Corbeiensis obiit; cui Wernheri [633], ejusdem coenobii monachus, successit.

Rex, sicut instituerat, in Bajoariam abiit, ibique compositis mediocriter, prout tum copia erat, regni negociis, ad Renum [634] rediit (April.). Castellum Hamerstein [635] (244), quod a superioribus regibus jam olim dirutum fuerat (245), summo nisu instauravit. Pascha Coloniæ celebravit (April. 24), ibique rursus Ottoni duci inducias usque in pentecosten dedit. Exacta solemnitate paschali, Leodium abiit [636]. Ibi ad eum vidua Balduwini [6-7] comitis venit, regiæ majestatis patrocinium expetens contra violentiam improbitatemque [638] Ruotberti [639], fratris Balduwini [637], qui et fratrem prælio victum vita privasset, et comitatum ejus, expulsis uxore et liberis, tirannica crudelitate occupasset.

Non ingratum fortassis lectori fecero, si gestæ rei historiam quam paucis potero absolvam. In comitatu Balduwini [637] ejusque familia id multis jam seculis servabatur quasi sancitum lege perpetua, ut unus filiorum, qui patri potissimum placuisset, nomen patris acciperet [640] et [641] tocius Flandriæ principatum solus hereditaria successione obtineret, ceteri vero fratres aut huic subditi dictoque obtemperantes [642] ingloriam vitam ducerent, aut

VARIÆ LECTIONES.

[619] poll amb. 4. [620] dum 5. [621] in c. r. desunt 5. [622] deest 5. [623] cum 4. 5. [624] et 4. [625] et 1. [626] deest 5. jam ipsa 5. [627] etiam tim. 3. [628] adducere 5. [629] deest 4. [630] deest 5. [631] Recheri 3. [632] deest 4. [633] Werenher 5. Vuernher 1*. [634] Rhenum 4. [635] Hammerstein 3. [636] adiit 4. [637] Balduini 3. [638] deest 5. [639] Rutberti omnes. [640] p. p. nomen patris placuisset, nomen patris acciperet 3. [641] et — obtineret desunt 5. [642] temper. 3.

NOTÆ.

(239) Cf. Thietmar., V, 8 (ex quo Adelboldus, c. 9).

(240) In Hassia, Hasungen am Habichtswalde. Cf. Wenck, l. I, III, p. 40, n. h.

(241) Ex monte Gebhardi, hist. gen. Abh., III, p. 402 sqq., fuit frater Rutgeri comitis de Bielstein ad Werram; cf. Schneidt vom Adel, p. 175. Wenck, l. l., II; cod. dipl., p. 47-50.

(242) Hanc nobilem sententiam usu sæpe probatam illustrat Barth. ad Briton. Phil., V, 525, p. 539, locis similibus Statii Theb. X, 495; Curtii Ruf., V, 4, 51 : Ut opinor ignaviam quoque necessitas acuit, et sæpe desperatio spei causa est. Arator., hist. apostol., II, 706 :

. . . . . labor ultimus omnia secum,
Si desperat, habet; sola est via vincere victis,
Formidare nihil . . . .

(243) Videtur fuisse comes de Insula (Giselwerder). Cf. Guden., cod. dipl. M., I, p. 207, ubi a. 1134 ejusdem nominis comes, Ottonis Brunsv. vasallus, familiam nostri signat. Adde Scheidt ad Moseri jus publ. Brunsv., p. 82, etc. KR.

(244) V. Schoepff Ausführung von Marggraf Otten aus dem Nordgau und zugleich von Hammerstein. Laubach, 1735, 4, p. 28 sqq.

(245) V. Ann. Quedl., a. 1020, SS. III, p. 85. Ruperti Vitam S. Heriberti, SS. IV, p. 749.

peregre profecti, magis propriis rebus gestis florere contenderent, quam [643], desidiæ ac socordiæ dediti, egestatem suam vana majorum opinione consolarentur. Hoc scilicet fiebat ne, in plures divisa provincia, claritas illius familiæ per inopiam rei familiaris obsoleret (246). Igitur cum Balduwinus senior duos genuisset filios, Balduwinum et Ruothertum [644], Balduwinum omnium quæ habebat heredem instituit, Ruotberto [645], ubi primum ætas faciendis stipendiis matura visa est, naves paravit, aurum, argentum et ceteras longinquæ profectionis impensas affatim præbuit, jussitque ut ad gentes exteras iret, et, si vir esset, propria sibi virtute regnum diviciasque pararet. Ille patri acquiescens, assumpta secum multitudine, qua regio prægravari videbatur, navem ascendit, et in Galliciam ire camque, si votis Deus successum annuisset, sibi sublere cogitavit. Cumque post paucos dies ad ignota quædam littora applicuisset, et egressus [646] in terram ab incolis loci prædas agere cœpisset, illi ex omnibus partibus [647] ad arcendam vim ilico armati conveniunt. Facta congressione, eum [648], cum aliquamdin pugnam fortiter sustinuisset, in fugam vertunt, fugientem usque ad naves persequuntur, sociosque ejus pene ad internitionem prosternunt. Ipse cum paucis vix fuga elapsus, ad patrem tantæ calamitatis nuntius rediit. A quo propter male gestas res contumeliose repulsus, alia rursum via, quoniam hac non successisset, fortunam temptare aggreditur, omnia paratus, etiam extrema perpeti, ut maculam veterem factis recentioribus elueret. Reparatis navibus et numero militum instaurato, marinis iterum fluctibus se credidit, in regionem longinquam, ubi sedem vaganti Deus [649] ostendisset, iter facturus. Et ecce post paucos dies tempestate infestissima circumventus, multis suorum naufragio amissis, ipse nudus omniumque rerum egens vix et ægre in littus evasit (247). Dehinc assumpto plebeio habitu, inter eos, qui Hierosolimam causa orationis pergebant, Constantinopolim ire parabat, vocatus [650] eo crebris legationibus Northmannorum [651] (248), qui sub imperatore [652] Constantinopolitano militabant, quique ei, si illuc veniret totius Græciæ principatum pollicebantur. Sed imperator Constantinopolitanus, comperto hoc consilio, omnia flumina, per quæ transitus [653] in Greciam esse poterat, appositis custodibus, observari fecit, ut deprehensus ilico trucidaretur. Sic conatus cœptumque ejus [654] irritum fuit. Tandem advertens sic infeliciter sibi cedere quamcumque viam temptasset amplificandæ gloriæ suæ, deinceps in perpetuum [655] ab oppugnatione exterarum gentium animum avocavit, atque in Fresiam (249), quæ confinis est Flandriæ, cui Thiedericus [656] quondam comes, et post hunc [657] Florentius, frater ejus, imperaverat, irruptionem fecit. Bis ibi commisso prælio victus et [658] fugatus est. Tandem incolæ loci, multis certaminibus exhausti, cum animum ejus vel ad mortem vel ad victoriam obstinatum cernerent, ultro se ei dediderunt (250). Quod ubi frater ejus Balduwinus comperit — jam enim pater ejus morbo ac senio confectus naturæ concesserat —, armata multitudine his eum sedibus proturbare [659] magna vi, magno molimine parabat (251). Cui cum exercitu advenanti Ruotbertus [660] legatos obviam misit, obtestans per Deum, ut se fratrem suum reminisceretur, nec jura germanitatis, apud barbaros quoque semper sancrosancta et inviolata, pollueret; misereretur potius peregrinationis, laborum et calamitatum, in quibus totam ætatem suam detrivisset; gauderet ipse beatus [661] sorte sua (252), quod totam communis patris hæreditatem, quam jure gentium secum dividere debuisset, solus sine

VARIÆ LECTIONES.

[643] deest 5. [644] Rubertum 3. Rutbertum 4. 5. Rubertum 1. semper fere. [645] Rutberto 3. 4. 5. plerumque. [646] ingressus 4. [647] deest 4. [648] c. contra eum al. 4. [649] deest 5. [650] vocatis 3. [651] Normannorum 3. [652] imparatore 4. [653] trans esse pot. in g. 3. [654] deest 3. [655] imperp. 4. [656] Thidericus 1. 4. [657] eum 4. [658] ac 5? [659] perturbare 1* 4. [660] ita 4. [661] deest 4.

NOTÆ.

(246) Cf. Nachricht von einigen Hausern des Geschlechts der von Schlieffen. (Cassel, 1784, 4) p. 51, not. 1, 2, et: Die Ministerialen. Von Aug. Freih. v. Furth (Coln am Rhein 1856, 8). p. 853. — Hermannus, de restauratione S. Martini Tornac., ap. Dachery, ed. II, pag. 892, hæc rectius ita narrare videtur: *Balduinus, qui Insulæ jacet, timens ne post mortem suam seditio nasceretur inter filios suos Balduinum et Robertum, totam terram suam in vita sua Balduino dedit, et optimates suos hominium et fidelitatem promittere fecit, ita ut apud Aldenardum super reliquias sanctorum præsente patre et filio multisque principibus, idem Robertus publice juravit quod nec ipsi Balduino nec hæreditus ejus aliquo modo de terra Flandriæ noceret; quo juramento completo, de Flandria exivit et in Fristam secessit.* W.

(247) Quæ de his duabus expeditionibus a Lamberto narrantur, in libro egregio: *L'art de vérifier les dates*, t. XIII, p. 291, ad fabulæ Romanensis similitudinem quodammodo accedere dicuntur.

(248) Qui alias Barangi, Warægi.

(249) I. e. Hollandiam.

(250) Nupsit Gertrudi, viduæ comitis Florentii; cf. Wilhelm. Gemmet. cont. VIII, 14; Albericum ex Guidone, a. 1072. W.

(251) Hæc minus recte Lambertus tradere videtur. Hermannus Torn., l. l., pergit: 15. *Post aliquot vero annos audiens Balduinum germanum suum defunctum et in cœnobio Hasnoniensi sepultum, filiumque ejus Ernulfum jam Flandrensem comitem factum, quibusdam Flandriæ principibus secrete convocatis, multisque muneribus promissis, Flandriam intravit, prætermissoque juramento quod fecerat, bellum contra nepotem suum paravit. Quod audiens Ernulfus, juncto sibi Philippo Francorum rege, de cujus manu terram susceperat, patruo suo Roberto cum exercitu suo apud Casletum occurrit, ibique prælio conserto et Ernulfo interfecto, Robertus Flandriam obtinuit, et Richeldis, mater Ernulfi, de Flandria vulsa cum altero filio suo Balduino, comitatum Hainœnsem repetiit.* Cf. etiam Ordericum Vit., IV, 8, ed. Le Prevost, II, p. 234. W.

(252) Cf. Horat., Epod. 14, 15.

consorte obtineret, se patriis [662] finibus extorrem, paterna hæreditate destitutum, ab summa gloria majorum suorum ad ultimam egestatem coactum, cæteras [663] gentes bello lacessisse, terras ac maria concitasse, nihil denique prætermisisse, ne de portione paternæ substantiæ, quæ se contingeret, fratri molestus esset; nunc laboribus exhaustum, adversitatibus defatigatum [664], vix et ægre parvissimo terrarum angulo insedisse, cujus nullam partem constet ad ejus dominium pertinere; postremo id se animo fixum habere, nec ab sententia [665] ulla vi, ulla necessitate abduci posse, ut hic aut instantis jam senectutis requiem aut honestæ saltem mortis sepulchrum sit habiturus. Nihil ille his verbis motus, exercitum haut segniter ad Fresiam admovebat. Tum Ruotbertus [666] necessitate compulsus, armata juventute [667], quam secum lectissimam habebat, obviam ei processit; commissoque prœlio, ex parte Balduwini [668] multi occisi [669], plures vulnerati, omnes in fugam versi sunt; quos dum ipse loco pulsos sistere pugnamque restituere summo conamine moliretur, in confertissimos hostium cuneos temere invectus, occiditur. Cujus morte comperta, Ruotbertus ilico in Flandriam irruptionem fecit, eamque sibi tamquam ex jure debitæ successionis totam mancipavit. Filius erat Balduwino, impubis adhuc adolescens et needum armis militaribus maturus. Is repente et perempti patris et hostilis irruptionis atroci nuncio attonitus, ad regem Francorum, Philippum nomine, confugit, auxilium et necis paternæ vindictam expetens, eo quod pater ejus tam ipsi quam majoribus ejus sæpe in arduis rebus commodissime [670] affuisset et civitates quasdam ex his quas Ruotbertus occupaverat pro donativo ab eo accepisset. Ille rei indignitate gravissime permotus, statim temere et tumultuario tantum milite collectum [671] exercitum duxit [672] in Flandriam, de magnitudine virium suarum et hostis imbecillitate nimium præsumens. Sed Ruotbertus [673], quo viribus erat impar, eo magis ut rem astu [674] tractaret [675] intentus, simulato aliquamdiu metu et fugiendi [676] studio, ex insperato atque ex insidiis copias suas super exercitum regis effudit, tantumque eis terrorem incussit, ut abjectis armis fugiendo saluti consulere summa ope conarentur. Filius Balduwini [677] cum deinceps parum spei in armis [678] poneret, assumpta matre sua, ad regem Teutonicorum [679] Heinricum, Leodii, ut prædictum est, tum temporis positum, venit, opemque ejus adversus patrui violentiam supplex imploravit, atque ut magis eum sibi obnoxium faceret, comitatum Reginheri quondam comitis cum castello munitissimo, Mons nomine [680], quæ scilicet prædia mater ejus a priore marito suo dotis nomine acceperat (253), sancto Lamperto (254) tradidit; quæ rursum episcopus Leodiensis duci Gotefrido, ille itidem ipsi filio Balduwini [681] beneficii loco dedit. Hoc rex quasi precio redemptus, episcopo Leodiensi atque duci Gotefrido, item aliis Lutheringiæ [682] principibus præcepit, ut in arduis rebus (255) præsidio [683] illi essent, et Ruotbertum [684], si injuste invasis sedibus ultro excedere nollet, vi et armis expellerent. Qui protinus coadunato exercitu in Flandriam profecti sunt. Sed comperto quod Ruotbertus [684] cum rege Francorum jam in gratiam redisset, et expiata veteri contumelia, firmum sibi eum fidelemque fecisset, infectis rebus in sua rediere [685], temerarium judicantes cum rege potentissimo privatis viribus acie confligere. Sic Ruotbertus [686] deinceps [687] Flandriæ principatu in securitate potiebatur (256).

VARIÆ LECTIONES.

[662] patris 1. 3. 5. patribus 4. [663] ceteras 4. [664] fatigatum 5. [665] absentem 5. [666] ita 4. Rutpertus 3. (et infra); Rupertus 5. [667] vi venture 4. [668] balduini 3. et ita infra. Hinc inde etiam 4. [669] o. sunt 1*. [670] commodisve 3. [671] deest 3. [672] in fl. d. 3. [673] Rupertus 3. hoc loco. [674] actu 3. 4. 5. [675] tractare 4. [676] confugiendi 4. [677] Balduini 1. 4. [678] a. francorum 1. [679] Theutonicorum 1. 4. 5. [680] acceperat add. 4. [681] Balduini 1. 3. 4. [682] in Luthoringie 3. in L. 5. [683] prelio illi adessent 5. [684] Rupert 3. [685] redire 4. [686] Rupertus 5. [687] deest 3.

NOTÆ.

(253) Richildis, uxor Hermanni comitis Hannoniensis.

(254) V. Diploma Heinrici regis hac de re datum v Idus Maii ann. 1071, quod exstat ap. Lunigium in Spicileg. ecclesiast., t. III, p. 494. Chapeavill., l. c., t. II, p. 11 sqq., et in libro qui inscribitur: Annales de la province et comté d'Haynau, recueillies par feu François Vinchant prestre, augmentées et achevées par le R. P. Antoine Ruteau, de l'ordre des PP. Minimes: à Mons en Haynau, 1648, in-fol., p. 191, unde id deprompsit Mart. Gerbertus de Rudolpho Suevico, p. 17 sq.

(255) In arduis rebus, cf. a. 1075. Horat. Od. II, 5, 1.

(256) Cf. quæ narrat Hermannus Tornac., l. l.: Robertus autem statim leg. tos ad Henricum imperatorem direxit, rogans ut si necesse esset sibi adjutor existeret. Ex his legatis fuit unus Balduinus advocatus Tornacensis, qui postea monachus fuit domini Anselmi Cantuariensis archiepiscopi, quique retulit quod, dum Coloniæ propinquassent, obviaverunt cuidam matronæ honestæ et ignotæ, a qua requisiti qui essent, unde venirent, quo tenderent, cum nollent ei rem sicut erat revelare: « Scio, inquit, vos esse legatos Roberti Flandrensis comitis, qui juramentum quod patri suo pro germano suo fecerat prætergressus, filium ejus interfecit et terram ejus invasit; vos quoque nunc ad imperatorem Henricum propter obtinendam gratiam et amicitiam dirigit. Sciatis itaque vos prosperum iter et gratiam Cæsaris habituros, ipsumque Robertum cum filio suo Flandriam pacifice possessurum, sed nepotem suum, qui ex filio suo genitus fuerit, sine prole moriturum; cui succedet quidam pulcher juvenis de Dacia veniens, qui tamen et ipse sine prole morietur; post quem duo alii de Flandria contendent, alterque eorum alterum interficiet et victor Flandriam obtinebit, ipsiusque hæredes Flandriam possidebunt usque ad tempus antichristi. » Hæc ego adhuc parvulus a præfato Balduino Tornacensi advocato, qui unus ex legatis fuerat, narrari audivi, nunc autem jam in senium vergens vera esse propriis oculis sicut dixerat conspicio. W.

(*Mai.*) Fratres de monasterio Stabulaus ⁶⁸⁸ (257) cottidie aures regias obtundebant (258) pro repetitione monasterii Malmendrensis, quod abbati ereptum, rex consilio Premensis episcopi, ut prædictum est (259), dono dederat Coloniensi archiepiscopo. Cumque nihil ⁶⁸⁹ ille precibus, nihil lacrimis, nihil ipsa perurgentium ⁶⁹⁰ importunitate moveretur, inito consilio, et, ut fertur, divina revelatione ad hoc faciendum incitati, ossa beati Remacli ⁶⁹¹ levant, Leodium deferunt, et, rege ⁶⁹² celebri quodam loco convivium agente, super mensam ipsam apponunt, obsecrantes per Deum, ut, si minus filiorum, saltem patris ⁶⁹³ miseretur ⁶⁹⁴ jam cum Christo regnantis et de injuriis suis cottidie ad tribunal æterni judicis proclamationem facientis; cui nisi sua restitueret, ultra ei propter penuriam rerum necessariarum militaturi non essent. Hoc supplicationis genere, quod ad captandam benivolentiam comparatum fuerat, rex versa vice nimium efferatus, concitus se, relictis epulis, in palatium proripuit, et quo exemplo in abbatem, tam audacis facti incentorem, animadvertere deberet, plenus irarum cogitabat. Sed ecce mensa, cui superpositæ erant sacræ reliquiæ (260), divina virtute confracta ⁶⁹⁵ corruit, ministroque regis, haut obscuri nominis viro, crura pedesque contrivit; qui paulo post, exorata per intercessionem beati Remacli pietate divina, ita pristinæ restitutus est sospitati ⁶⁹⁶, ut ne ⁶⁹⁷ cicatrix quidem in argumentum læsionis abolitæ relinqueretur. Atque ita deinceps per totam noctem sequentemque diem tanta circa sanctum corpus coruscabat miraculorum multitudo, ut corporali quodammodo proclamatione videretur beatus Remaclus jus suum expostulare. Attonitis omnibus tantæ rei novitate, rex timore vehementissimo correptus, ne forte, si cunctaretur, cælestis in eum protinus ⁶⁹⁸ ultio procederet, non solum ablata restituit, sed recentibus etiam donis pro munificentia regia magnifice cumulavit. Hinc digressus, pentecosten Halberstat celebravit (*Jun.* 12). Ibi Ottonem ducem ceterosque ingenuos, qui cum eo arma contra rem publicam sumpsisse arguebantur, in dedicionem suscepit, principibusque regni in custodia habendos et statuto die sibi restituendos commendavit (*Jun.* 14).

Meginwardus abbas Augiensis dignitate sua ultro se abdicavit, offensus tum infestatione quorundam militum suorum, qui eum gravibus contumeliis affecerant, tum importunitate regis, qui frequentibus cum edictis urgebat, ut prædia monasterii, quæ tam ejus quam priorum abbatum largitione dilapidata vix jam in usus fratrum sufficere poterant, militibus suis ⁶⁹⁹ in beneficium erogaret. In locum ejus non per electionis ostium, sed per simoniacæ hereseos cuniculum, protinus irrupit Ruobertus ⁷⁰⁰ abbas Babenbergensis, cognomento Nummularius, annumeratis in ærarium regis mille pondo argenti purissimi (261). Hic sordidissimis ⁷⁰¹ quæstibus et usuris, quas etiam privatus adhuc in monasterio exercuerat ⁷⁰², infinitam sibi pecuniam conflaverat, et propterea mortes episcoporum et ⁷⁰³ abbatum anxia expectatione jam dudum suspiraverat. Cumque eos diutius vivendo vota sua et effrenatæ ambitionis impetum, quo præceps rapiebatur, morari graviter et impatientissime ferret, eo vesaniæ evasit, ut præter occulta ⁷⁰⁴ munera, quibus auriculariorum favor redimendus erat, regi centum pondo auri promitteret, ut, ejecto eximiæ sanctitatis viro abbate Widerado, sibi abbatia Fuldensis traderetur. Et profecto, quod nefarie concupiverat, flagitiosissime obtinuisset, nisi pauci, quibus leges ecclesiasticæ pecunia cariores erant, in facicm regi, ne id faceret ⁷⁰⁵, obstitissent. Is pseudomonachus, dicam expressius vi doloris impulsus, is angelus satanæ transfiguratus in angelum lucis, ita sanctam et angelicam monachorum professionem infamavit, corrupit, vitiavit, ut monachi nostris temporibus atque in his regionibus non innocentia æstimentur ⁷⁰⁶ atque integritate vitæ, sed quantitate pecuniæ, nec quæratur in abbatibus eligendis, quis dignius ⁷⁰⁷ præesse, sed quis carius abbatiam possit emere. Ita proprio hujus ⁷⁰⁸ invento novo atque infausto hujus ⁷⁰⁸ aucupio, hæc in ecclesiam introducta est consuetudo, ut abbatiæ publice venales prostituantur in palatio ⁷⁰⁹, nec quisquam tanti venales proponere queat, quin protinus emptorem inveniat, monachis inter se non de observantia regulæ zelo bono, sed de quæstibus et usuris zelo ⁷¹⁰ amaro contendentibus. Sed hæc ut digne defleri possint, pro magnitudine sua et proprio volumine et proli-

VARIÆ LECTIONES.

⁶⁸⁸ proturbati 4. ⁶⁸⁹ ille nichil 3. ⁶⁹⁰ per urgentum 4. 5. ⁶⁹¹ Reinardi 3. ⁶⁹² regi 4. ⁶⁹³ p. tanti 4. ⁶⁹⁴ miseretur 1. misereatur 1*. ⁶⁹⁵ fracta 4. ⁶⁹⁶ sanitati 4. ⁶⁹⁷ nec 4. ⁶⁹⁸ deest 3. ⁶⁹⁹ suum 5. ⁷⁰⁰ ita 4. Rupertus 3. ⁷⁰¹ sordissimis 4. ⁷⁰² excreverat 4. ⁷⁰³ et a. desunt 4. ⁷⁰⁴ oculta 3. ⁷⁰⁵ regine id facere 4. ⁷⁰⁶ estimantur 4. 5. ⁷⁰⁷ dignus 5. 1*. ⁷⁰⁸ hujusmodi 3. ⁷⁰⁹ pallacio 5. sæpius. ⁷¹⁰ scelo 1.

NOTÆ.

(257) Triumphus S. Remacli de Malmundariensi coenobio ap. Chapeavill., l. c., t. II, pag. 552 sqq. cf. etiam Stenzel, I, p. 224, not. 17.
(258) Cf. infra h. a. et a. 1075, 1077. Terent., Eunuch. III, v, 6; Cic. Orat. c. 66.
(259) A. 1065.
(260) Cf. C. Barth. ad Briton. Philipp., IV, 4, p. 544.
(261) Pondo i. q. libra, marca. Libra argenti constabat tunc temporis adhuc 20 nummis sive solidis; quorum unus æquiparandus minimum dimidio thaleto; unde patet tantum argenti abbatiæ vel ditissimæ acquirendæ vix impensum fuisse. Centum pondo auri paulo inferius memorata eamdem efficiunt summam; decuplo scilicet plus erat pondo auri quam argenti. KR. Cf. Westenrieder, Glossar., voc. *Pfennig*, pag. 424 sqq. et Klotzsch Sachs. Münzgeschichte, I, p. 27 sqq.

xjore opus habent tragedia. Ad cœptum potius revertamur. Advocatus Augiensis monasterii postquam pecuniarium hunc abbatem advenire comperit, et quanta largitione aditum sibi in ovile Christi lupus rapax patefecisset audivit, missa obviam legatione, denunciavit ei sub interminatione salutis propriæ, ne intra possessiones Augiensis monasterii præsumeret accedere; alioquin occursurum se et armata manu vindicaturum in libertatem quos ipse tam caro mercimonio emisset in servitutem. His ille auditis, nimium animo consternatus est, tum propter gravem jacturam pecuniarum suarum, tum propter ereptum sibi tamquam de faucibus, cui diu anxie inhiasset, honorem. Et primo quidem animum induxerat, rem armis experiri (262) et, ut dici solet, ignem gladio scrutari (263), hoc est simoniacam[711] heresim homicidiis cumulare; sed asserentibus his qui cum eo erant, supra vires suas esse negocium, confuso, ut dignum erat, et confecto animo abiit in possessiones fratris sui, præstolaturus ibi quos exitus tam [712] tristibus initiis fors [713] esset allatura. Nam abbatiam Babenbergensem interea susceperat Ekebertus, Gorziensis [714] disciplinæ monachus. Ad cujus ingressum omnes protinus fratres, quos prior ille abbas suis, hoc est mercatoriæ atque usurariæ artis disciplinis instituerat, et quasi filios [715] pater [716] in vitam moresque suos pedibus, ut dicitur, ire (264) docuerat, tamquam folia quæ vento raptantur diffugerunt [717].

Karolus [718], cui rex Constantiensem episcopatum dederat, assiduis proclamationibus pro ordinatione sua sedem apostolicam appellabat. Econtra fratres Constantienses obstinata contentione obluctabantur; ne contra canonum instituta is, qui præter simoniacam heresim furti quoque insimulatus fuerat, sibi episcopus ordinaretur. Papa, cum ei molesti essent, cognitionem causæ a se ad [719] archiepiscopum Mogontinum rejecit, jussitque ut, utrisque vocatis ad sinodum, rem diligentissime ventilaret, et si crimina quæ objiciebantur [720] refellere non posset, nulla eum ratione consecraret. Hac de causa sinodum archiepiscopus Mogontiæ indixit in mensem Augustum (265). Rex concertationem hanc iniquo valde animo ferebat, propter amicitiam Karoli [721] et plurima servitia [722] quibus etiam in re familiari plerumque sibi commodissime affuerat; et idcirco munera [723] sua rata ei [724] manere, cupidissime volebat. Unde Mogontino archiepiscopo graviter succensebat, quod non statim eum, contemptis obstrepentium fratrum simultatibus, ordinasset. Sed ille immobilis persistebat in sententia, illud præ se ferens, quam [725] terribiliter [726] anno superiore [727] a papa pro simili causa objurgatus fuisset, et quam vix et ægre sine dampno gradus sui evasisset, et quod postea recentibus litteris sedis apostolicæ, ne sine diligentissima discussione manus illi imponeret, commonitus fuisset.

Itaque instantibus jam Kalendis Augusti, rex Mogontiam properabat, cupiens ipse in discussione tanti negocii cum archiepiscopo cognitor assidere. Inter eundum Herveldiam venit. Inde digressus, die postrea in villam [728] quæ dicitur Utenhusen [729] (266) prandendi gratia divertit. Cumque refecti jam ferventissimo accelerandi itineris studio certatim omnes caballos repeterent, accedit ut Liupoldus de Mersburg [730] (267), quidam regi carissimus, cujus opera et consiliis familiarissime uti solitus erat, caballo forte laberetur, et proprio mucrone transfossus, expiraret [731]. Cujus calamitas intolerabili [732] dolore et mœstitia regem confecit, statimque Herveldiam [733] reportatum in medio ecclesiæ cum magnifica funebris officii pompa sepelivit; 30 quoque mansos pro anima ejus monasterio contradidit (268) in loco qui dicitur Mertenefelt [734] (269). Notatum autem est, hunc ipsum gladium fuisse, quo famosissimus quondam rex Hunorum Attila in necem christianorum atque in excidium Galliarum hostiliter debachatus fuerat. Hunc siquidem regina Ungariorum, mater Salomonis regis, duci Bajoariorum Ottoni dono dederat, cum eo suggerente atque [735] annitente rex filium ejus in regnum paternum restituisset; cumque eum dux Otto filio Dedi marchionis Dedi juniori in argumentum pignusque individuæ dilectionis ad tempus præstitisset, illo, ut prædictum est (270), perempto, regi, et per regem Liupoldo huic casu obvenerat. Unde plerique ducis Ottonis fautores, divino hunc judicio per eum qui ducis Ottonis fuisset gladium occisum interpretabantur, eo quod ad illum perse-

VARIÆ LECTIONES.

[711] symonicam 5. [712] jam 3. [713] sors 3. 5. [714] Gorsiensis 4. [715] filius 5. [716] patri 3. 4. [717] fugierunt 4. [718] Carolus 3. [719] deest 4. [720] obiciuntur 4. [721] Caroli 3. [722] deest 5. [723] universa 5. [724] deest 5. [725] quia 5. [726] deest 5. [727] superiori 4. [728] villa 3. [729] Vtenhusen 5. [730] Mercisburch 4. Luipoldus de Merscberg 5. Lupoldus quidam de Merspurg 1. de M. desunt 5. ubi liupuldus. [731] illico exp. 4. [732] intollerabili corr. intolerabili 4. [733] Herueldie 4. [734] Mertenefeldt 5. [735] deest 5.

NOTÆ.

(262) Rem armis experiri, Terent., Eunuch. 4, 7, 19.
(263) Cf. supra, n. 477.
(264) In vitam — pedibus ire, uti pedibus in sententiam ire, a. 1073, de qua dictione vid. Herzog ad Sall., Cat., 50, 4.
(265) Cf. I. A. Schmidius, I. c., p. 291, et Würdtwein, de concil. Mogunt., p. 57.
(266) Hodie Odenhausen in judicio Londorf. non longe ab urbe Giessen. Stenzel II, p. 255 dicit Vutzhausen apud Schlitz.
(267) Morsburg in Suevia ad lacum Bodamicum.
(268) Litteræ Heinrici IV Herolfesfelde in Kalendas Augusti, a. 1071 datæ leguntur ap. Wenck, cod. diplomat., ad t. III, Hist. Hass., n. LX, p. 60, sq.
(269) Non procul ab urbe Heiligenstadt; cf. Wenck, Hist. Hass., III, p. 42.
(270) A. 1069.

quemcum et de palatio ejiciendum is potissimum regem instigasse diceretur. Legitur autem de hoc gladio in gestis Getarum [736] (271) qui et Gothi dicuntur, quod Martis quondam fuerit, quem bellandi praesidem et militarium armorum primum repertorem gentiles mentiebantur, eumque post multa tempora pastor quidam in terra leviter absconsum deprehenderit ex sanguine bovis, cujus pedem, dum in gramine pasceretur, vulneraverat; isque eum [737] Attilae [738] regi detulerit, divinatumque illi fuerit omnium [739] tunc temporis aruspicum responsis, quod

A gladius idem ad interitum orbis terrarum atque ad perniciem multarum gentium fatalis esset. Quod verum fuisse oraculum, multarum nobilissimarum in Galliis civitatum hodieque testantur excidia, in tantum ut gladius ipse vindex irae Dei sive flagellum Dei a barbaris quoque diceretur. Haec, quoniam gladii hujus mentio inciderat, per excessum sint dicta.

Rex magnifice ac regaliter curato funere, Mogontiam, sicut instituerat, properavit. Cumque statuta die (Aug. 15) in sinodo * cum episcopis assedisset

*) Hujus concilii narrationem ex cod. Udalr., n. 123. Tengnagel p. 291, et Eccardus, II, p. 112, ediderunt, quam hic ex codd. Zwetlensi 1. et Vindob. 2. emendatam exhibemus: Imperante super omnia aeternalitater regum rege domino nostro Jesu Christo et sub eo regnante temporaliter serenissimo Heinrico [740] rege hujus nominis IV, venerabili quoque sanctae Moguntinae ecclesiae primate et apostolicae sedis legato aurigante currum Dei anno jam 12, qui tunc volvebatur annus incarnationis verbi 1071, 8. indictione Romani census, celebrata est sancta synodus apud Moguntiam metropolim orientalis Franciae, principalem vero pontificii sedem tocius Germaniae et Galliae Cisalpinae, cui praesedit idem memorabilis Sigefridus [741], assidentibus et cooperantibus sibi venerabilibus archiepiscopis, Gebehardo Juvavensi et Utone Treverensi; considentibus vero et collaborantibus reverendis episcopis, Alberone Wirzeburgensi, Werinhero Argentinensi, Heinrico Spirensi, Guondecharo Eistetensi, Embricone Augustensi, Hermanno Babenbergensi, Bennone Osniburgensi, Ermenfrido Sedunensi, Herberto Mutinensi; considentibus vero et annitentibus sanctissimis abbatibus necnon inferiorum ordinum quamplurimis magnae auctoritatis et sapientiae viris. Aderant etiam legati reliquorum fratrum, videlicet suffraganeorum ejusdem metropolitani antistitis, epistolas et mandata ferentes, quibus excusati haberentur, quod invitati concilio interesse non possent, certis quibusdam impedientibus causis, alii quidem corporeae infirmitatis urgente molestia, alii in quibusdam regni negociis regiae jussionis detinente potentia; qui dum canonice sunt excusati, ipsi legati competenti [742] loco et ordine eorum funguntur, unusquisque vice antistitis sui. Haec denique sancta synodus cum propter multa pastoralis curae negocia pluresque causas, quibus juste adhibenda erat ecclesiasticae correctionis censura, tum maxime indicta et habita est propter Karolum quendam, qui Constantiensis ecclesiae designatus erat episcopus, sed, ut post rei exitus docuit, non satis canonice electus et provectus. Hinc, ut sollempne est, accepta a rege pontificialis anuli et pastoralis ferulae investitura et in sede episcopii receptus, regiae potestatis jubente censura, postulabat a primate Moguncensi ejusdem Constantiensis ecclesiae se episcopum consecrari. Sed venerabilis Sigefridus [743] columbino oculo serpentinae prudentiae omnem praecavens impietatem, dicebat, hoc apostolicae benedictionis sacramentum nec debere nec canonice posse in eo sine examinatione celebrari, pro eo quod fidelium graviumque personarum relatione didicerit, quin immo et fama usquequaque vulgaverit, quod non per ostium in ovile ovium vellet intrare, sed per furtivam simoniacae impietatis scalam aliunde niteretur ascendere; se quoque talis introitus ejus nolle ostiarium fieri, cui Christus ipse, qui ostium est, videretur obniti; quin ipsam impietatis scalam in lapide offensionis et petra scandali se velle conterere, ipsumque a mercennaria Domini gregis occupatione longe lateque repellere. Ille econtra se hujus criminis et hereticae impietatis immunem multis argumentis asserere nitebatur, seque, si ei copia tempusque detur, hujus infamiae notam a se propellere velle testatur; indeque petit synodalis concilii audientiam, in qua super hac re suam probare possit innocentiam, ibique consecrationem quam petebat aut canonice sibi dari aut canonice sibi negari. Mittuntur interea ad venerabilem metropolitanum crebrae de palacio legationes, mixtis precibus minas et imperiosa de hac consecratione mandata ferentes; mittuntur et litterae a praesule apostolicae sedis, mandantes ne ullo modo consecraretur sine scrutinio canonicae purgationis; et quod rex potestate jubebat, Romanus pontifex auctoritate prohibebat. Accedunt etiam canonici Constantiensis ecclesiae, ex communi tocius cleri et populi legatione unanimiter asserentes Karolum nulla ratione consecrari debere, quia, ex quo eum inviti et sub conditione elegerunt et receperunt, nullam eis pastoralis officii impendisset curam, quin potius tyrannicae dominationis non cessasset super eos exercere pressuram, nec manum continuisset a sacris, nec pepercisset in diripiendis ecclesiae thesauris, et quaecumque rapaci violentia undecumque corradere potuisset, hoc totum ministris magni immomagi illius Symonis, id est suis fautoribus distribuisset, ut quorum annisu adulterinam meruisset electionem, eorum venali mercimonio consequeretur mercennariam pro consecratione execrationem, pro benedictione maledictionem. At metropolitanus antistes [744] inter hujusmodi legationum varietates, velut inter duros tempestatum turbines, laudabili constantia in se ipso fixus haeret et immobilis, et nusquam favore vel gratia, terrore vel munere inflectitur a statu canonicae institutionis. Multis itaque nunciis et renunciis hinc inde missis et remissis, multis quoque diebus huic audientiae delegatis et, cognitores causae principis occupante praecepto, non impletis, cum ecclesia Constantiensis, suo viduata [pastore] jam fere biennio sacerdotali careret benedictione, tandem miseratione divina potestati praeponderavit auctoritas, et Christi sacerdotibus divina aspiravit voluntas. Unde eorum communi consensu [745] synodalis concilii certa legitimaque dies denunciatur, et coepiscopo um unanimitas

VARIAE LECTIONES

[736] Getharum 3. [737] deest 4. [738] Attale 5. [739] omniumque 3. [740] H. codd. [741] S. codd. [742] deest 2. [743] S. codd. [744] deest 2. [745] assensu 1.

NOTAE.

(271) Jordanis De reb. Getic., cap. 35. Cf. Grimm altdeutsche Wälder I, p. 212, not. 10 et p. 319, et Deutsche Sagen II, n. 380, p. 17.

aderat Karolus, aderant et fratres Constantienses, A quos rex, quantum salva verecundia poterat, dedita magnam ei molem criminum objectantes. Contra opera nitebatur, et modo objecta purgare, modo [746] ad concilium invitatur; quorum alii, ut oportebat, sine dilatione affuerunt, alii vero, qui certa de causa adesse non poterant, canonice excusati supparem præsentiam vicaria legatione suppleverunt.

Primo igitur concilii die (*Aug*. 15), quem sanctæ Mariæ dormitio tunc celeberrimum exhibebat cum spiritualis curiæ senatores patrocinante Spiritu sancto intra regiam majoris ecclesiæ ante cancellos altaris prothomartiris Stephani, quod in orientali abside consecratum est, convenissent in unum : primo, ut par erat, sanctæ et individuæ Trinitati debitas referunt gratiarum [747] actiones et pro incolomitate [748] tocius ecclesiæ statu supplices Deo offerunt preces; deinde post mutuam fratrum salutationem et debitam sedium recognitionem juxta autenticum paternæ traditionis synodum, conferunt ad invicem de veritate catholicæ fidei, dampnantes Symonem et omnes heresiarchas cum dogmatibus suis et sequacibus suis; pauca pro tempore tractant de qualitate instantis negocii ; ac sic demum propter celebranda tantæ sollempnitatis officia solvunt concilium, crastino maturius redituri in id ipsum.

Postera vero die certa concilii hora cum iterum apostolici sacerdotes in unum convenissent, et præmissis Deo laudibus et precibus et salutari, consedissent, quod cuique sacerdoti in sua diocesi venit in dubium, rationabili disciplina deducunt ad medium, et prout res postulabat, unumquodque tractatum aut terminatum est synodali judicio, aut ut melius de eo consuleretur dilatum est sapienti consilio. Illud vero quod maxime in causa fuit, de Constantiensi apposito, inter fratres studiose ventilatur; sed iteru m, interveniente principis mandato, in sequentem diem procrastinatur, agentibus internunciis, ut sacerdotes Domini a constantiæ suæ rigore ad regiam se inflecterent voluntatem, aliis vero instantibus, ut designatus ille male usurpatum sponte dimitteret honorem.

Tertia vero die [749] Christi sacerdotes hujus negocii longa expectatione suspensi, et libera quadam indignatione, immo zelo justiciæ accensi, sacerdotali constantia principem suum adeunt, eumque de salute animæ suæ, de pace ecclesiarum dequesta tu regni spirituali disciplina conveniunt, proponentes ei de scripturis et gestis veteris ac novi testamenti congrua doctrinæ salutaria exempla, quibus animus ejus adhuc cereus et indocilis [*f*. docilis EDIT., PATROL]. formaretur ad similia, dicentes et docentes solium regni ejus nullatenus posse stabiliri, nisi firmatur [750] justicia et observatione mandatorum Dei. Sumus autem ille dominorum Dominus, qui omni potentatui dominatur, ita temperavit animum principis, ita mitigavit eum ad verba sanctæ exhortationis, ut nulla juvenili moveretur acerbitate, et quod in potestatibus difficile est, nulla sacerdotes insolenti læderet responsione, multum tamen eas excusans, in hoc suæ potestatis dono nullam se exercuisse venalitatem, nullam super hac re cum eodem Karolo [751] se pepigisse conventionem ; si quid autem cum domesticis et familiaribus suis propter opem intercessionis ipso ignorante pepigerit, suum non esse [752] accusare vel excusare, hoc ipse viderit; de dextera vero sua, quæ illi propter antiquam in præpositura benivolentiam gratiæ suæ donum porrexit, omnem avaritiæ labem dixit se excutere, et quod ipse simpliciter fecit, si ille veneno alicujus malitiæ corruperit, se ob id divinæ justiciæ nolle contraire. Hac autem salubri sermocinatione cum sacerdotibus habita, cum eis venit in concilium, et ille Constantiensis designatus intromittitur ad audiendum. Adsunt etiam præ [753] foribus Constantienses clerici, postulantes per legatos, ut et ipsi mererentur admitti. Tunc vero videns [754] lætissima sanctæ ecclesiæ gaudia et vera mundi convenisse luminaria, quando circumfulgebat nonilis corona sacrorum ordinum, vivis gemmata lapilibus christianorum sacerdotum, velut fulgoribus micantium astrorum ; tunc cœli enarrabant gloriam Dei, et verbum eructuabat dies diei, quando sacerdos sacerdoti sententiam justiciæ exponebat, et canonem ecclesiam salutaris corum doctrina instruebat; tunc vasa electionis superefiluebant ambrosium liquorem Spiritus sancti, et justi fulgebant sicut splendor firmamenti, quando sacerdotes Domini verba sapientiæ velut nubes pluebant, et corda audientium velut terram fructiferam ad germinandum infundebant. Iis ergo ita dispositis et digito Dei ordinante distinctis, utrique admittuntur ad audientiam, prædictus scilicet Karolus [755] et hi qui accusationibus pulsabant personam. Prima autem actione regularis prælatus [756] Constantiensis ecclesiæ protulit libellum accusationis, in quo continebantur causæ quibus indignus haberetur et judicaretur sacramento apostolicæ benedictionis ; quarum prima et maxima erat, quod exemplo magistri sui Symonis pestiferi per pecuniam invasisset sedem ; cetera omnia, quæ ibi legebantur, proclamabant violentam ejusdem ecclesiæ devastationem. Ille idem prælatus [756] et fratres ejus qui aderant item offerunt suæ testificationis libellos, in quibus singuli, nomen et officium suum designantes, quicquid accusando vel testificando proposuerant, asserunt se canonice probaturos. Karolus econtra nititur improbare personas, dicens quod ejus infamiæ nota essent respersi, quod nec se nec quemquam alium possent canonice accusare ; adjungit quoque se omnia objecta synodali judicio purgaturum, et in omnibus quibus cum impetebant, se esse innoxium. Longa igitur altercatione hinc inde disceptatum est, et, multis tota die in adversum nitentibus, usque in profundam noctem concilium protractum est, dum inter multos ambigitur de numero accusatorum et testium, dum longa deliberatione quæritur judicum, utrum isti liceat se excusare adversus accusationem istorum. Dum res inter fratres diutissime disseritur, concilium propter intempestam noctem adhuc sine operæ pectio dirimitur. Quid autem ipse Karolus [755] secum illa nocte egerit, quibus retractationum verberibus ream conscientiam flagellaverit, sequens utique dies declaravit. Nam, ut ex ipso effectu gestæ rei probari potest, vere credimus quod Deus, conscientiæ judex et testis, in corde suo sederit pro tribunali et cum eo exercuerit censuram judicii sui, nisi peccatrix conscientia cogitationum accusantium non excusantium testimonio, ne veritati et æquitati resisteret, dampnata est et constricta. In crastinum namque, quando sperabamus, quod juxta promissum suum objecta purgaret, et consecratione dignum, innocentiam suam monstrando, se probaret, ille jam mente confusus, non ultra ferens aspectum concilii,

VARIÆ LECTIONES.

[746] modo — purgare *desunt* 4. [747] *e corr*. 2. [748] incolomi ? [749] dei 2. [750] firmetur ? [751] *deest* 2. [752] esse non 2. [753] pro 2. [754] videres ? [755] K. *codd*. [756] *supra scriptum* procurator 2.

pondus objectorum, quæ non poterat purgare, callidis sermonibus conabatur [757] attenuare; plerumque etiam instantium ac perurgentium procacitatem verbis durioribus corripiebat, ac frontis impudentiam opposita [758] auctoritatis suæ majestate refringere temptabat. Primum et secundum diem in hoc negocio insumpsit. Cumque accusatorum constantiam nec veritate responsionis nec arte dictionis eludere posset, ad ultimum, probatis quæ objecta fuerant criminibus, baculum episcopalem ab eo recepit. Verbis tamen exquisitissimis mœstitiam ejus consolabatur, promittens quod, dum primum sibi oportunum fieret, benigna vice hanc calamitatem ei compensaret. Ipsis diebus regina, quæ una cum rege Mogontiæ aderat, filium perperit. Sed is baptizatus [759] statim obiit, delatusque in Hartesburg, ibi sepultus est. Episcopatum Constantiensem rex Ottoni canonico Goslariensi dedit, recentisque calumpniæ exemplo conterritus, confestim eum consecrari fecit, ne quis scilicet adversus eum scrupulus denuo per dilationem consecrationis oriretur.

Inter ducem Polenorum (272) et ducem Beheimorum [760] (273) infestissima dissensio [761] erat Propter quod eos rex in civitatem Misene [762] autumnali tempore evocatos, durius corripuit, et ut deinceps suis [763] singuli terminis contenti essent nec se vicissim temerariis incursionibus lacesserent, sub obtentu majestatis præcepit; alioquin se hostem et A vindicem expertu us foret qui prior alteri arma intulisset.

Anno [764] Coloniensis archiepiscopus, expulsis de Salefelt [765] canonicis, vitam illic instituit monasticam (274), missis co de Sigeberg et de Sancto Pantaleone [766] monachis. Quo in tempore et ego illuc veni, conferre cum eis de ordine et disciplina [767] monasterialis vitæ, eo quod magna quædam et præclara de illis vulgi opinione jactarentur. Denique, sicut vulgo assiduitate vilescunt omnia, et popularium animi novarum rerum avidi magis semper stupent ad incognita, nos, quos usu noverant, nihili æstimabant, et hos, quia novum inusitatumque aliquid præferre videbantur, non homines sed angelos, non carnem sed spiritum arbitrabantur. Et hæc opinio B principum [768] quam privatorum mentibus [769] altius pressiusque insederat. A quibus ad populum derivatus rumor, tantum terroris plerisque in hac regione monasteriis injecit, ut ad ingressum illorum alias 30, alias 40, alias 50 monachi, austerioris vitæ metu scandalizati [770], de monasteriis abscederent, satiusque ducerent de salute animæ in seculo periclitari, quam supra [771] virium suarum mensuram vim facere regno cœlorum. Et revera non immerito Dominus super nostrates monachos despectionem effundere videbatur [772]. Nam quorundam pseudomonachorum privata ignominia nomen C monachorum vehementer infamaverat, qui, omisso [773] et interius judicatus, non extra sustinens pondus imminentis judicii, ultroneus ipse in se sententiam tulit, et annulum et ferulam pastoralem ei a quo injuste acceperat resignans, sacerdotum spem et metum, quem pro eo gerebant, labore long'oris quæstionis absolvit, culpam suam uno tegens pallio excusationis, quod juxta decretalia Celestini papæ episcopus dari nollet invitis. Videntes autem sanctissimi sacerdotes magnalia quæ fecit Dominus, et fideli ammiratione retractantes quam incomprehensibilia sunt judicia ejus et investigabiles viæ ejus, corde et ore et omnimoda devotione benedicunt Deo altissimo, qui longos eorum labores tam inopino terminavit compendio, orantes et deprecantes ut de regno suo eliminet omnem apostasiam et omnia scandala, nec ultra sathan ejusque apostolos in sua sancta regnare sinat ecclesia; sed in omnibus consiliis et operibus eorum dignetur servos suos consolari, et clementer implere quod ecclesiæ suæ se promisit affuturum omnibus diebus vitæ usque ad consummationem seculi. Communi autem decreto præcipiunt, ea, quæ in hac synodo gesta sunt, ecclesiasticis inseri gestis et in archivis sanctæ Moguntinæ ecclesiæ servari, ad perpetuam memoriam et eruditionem venturæ posteritatis, ut hoc majorum exemplo minores instructi non timeant resistere, si in hujusmodi negocio se viderint prægravari, certissime scientes, nullo modo gratiam sancti Spiritus fidelibus defuturam, si in sanctitate et justicia restiterint injusticiæ usque ad perseverantiæ coronam. Decernunt præterea ex antiqua patrum traditione et autentica priscorum conciliorum rectitudine, ut hæc omnia Romano pontifici seriatim litteris inserta nuncientur, ut cujus mandato et hortatu cœpta et perfecta sunt, ejus apostolica auctoritate roborata firmentur, et omnipotenti Deo, qui omnium bonorum auctor est, Romæ et Moguntiæ, et ubicumque terrarum hæc lecta vel audita fuerint, debitæ gratiarum actiones fideli devotione solvantur.

Acta sunt autem hæc apud Moguntiam metropolim orientalis Franciæ, anno ab incarnatione Domini 1071, ind. 8. 18. Kal. Septembr. regnante serenissimo Heinrico rege hujus nominis IV. anno regni ejus 15. ordinationis vero ejusdem 17. apud Moguntiam vero præsulante reverentissimo primate Sigefrido anno ordinationis ejus 12. super omnia autem regnante domino nostro Jesu Christo, cui non accedit cras futurum nec recedit heri præteritum, sed permanet sempiternum hodie in secula seculorum. Amen.

VARIÆ LECTIONES.

[757] nitebatur 3. 5. [758] apposita 4. [759] baptisatus 3. [760] Bohemiorum 3. [761] dissentio 1. [762] Missæue 3. [763] sui 4. 5. [764] Hoc anno 1. Anno eodem 4. [765] Salefeld 3. [766] Panthaleone 3 4. [767] de d. 3. [768] tam pr. 5. [769] deest 3. [770] scandalisati 3. 4. [771] super 4. [772] nitebatur 4. [773] obmisso 3.

NOTÆ.

(272) Boleslaun II, Casimiri I filium, primo ducem, deinde regem Poloniæ, ab a. 1058-1085.
(273) Wratislaum II, primum Bohemiæ regem, ab ac 1061-1092. d. 14. Jan.
(274) De tabulis Annonis in Chr. Schlegelii schediasmate de nummis Salefeldensibus impressis; v. Mabillon., Ann. S. Ben. V, p. 44. — Ecclesia Saalfeld in Thuringia Annoni a Richeza regina Poloniæ concessa erat. V. Vitam S. Annonis I, c. 30.

studio divinarum rerum, totam operam pecuniis et quæstibus insumebant [774]. Hi pro abbatiis et episcopatibus aures principum importune obtundebant, et ad honores ecclesiasticos non via virtutum, ut majores nostri consueverant, sed per ambitionis præruptum et male partarum pecuniarum profusionem grassabantur. Denique in coemptionem exigui honoris aureos montes cottidie promittebant (275) secularesque emptores largitionis suæ immoderantia excludebant, nec venditor tantum audebat exposcere, quantum emptor paratus erat exsolvere. Mirabatur mundus, unde tantus pecuniarum scateret fluvius, unde Cresi et Tantali opes in privatos homines congestæ fuissent, et eos potissimum homines qui crucis scandalum et paupertatis titulum præferrent, et præter simplicem victum et vestitum nihil rei familiaris habere se mentirentur. Ista Dominici agri zizania (*Matth.* xiii, 30, 40), hæc vineæ Dei arida sarmenta et stipula æternis ignibus præparata totum sacri gregis corpus quasi tabo quodam infecerant, et, secundum Apostolum, modicum fermentum totam corruperat massam (*I Cor.* v, 6), ita ut omnes similes æstimaremur, nec esse in nobis putaretur qui faceret bonum, non esse usque ad unum (*Psal.* xiv, 1). Propter hoc principes regni ad instituendam in Galliis divini servitii scolam Transalpinos monachos evocabant, nostrates autem, quicumque in illorum instituta ultro concedere noluissent, de monasteriis cum ignominia ejiciebant. Ego tamen, ut prædixi, ad eos veniens, et per 14 ebdomadas [775] apud eos partim in Salefelt [776], partim in Sigeberg commoratus, animadverti nostras quam illorum consuetudines regulæ sancti Benedicti melius congruere, si tam tenaces propositi (276) tamque rigidi paternarum nostrarum traditionum æmulatores vellemus existere.

Archiepiscopus Mogontinus a festivitate sancti Michaelis usque in pentecosten mala valitudine laborabat, ita ut etiam desperaretur a medicis et de successione ejus plerique intentissimis studiis satagerent.

Karolus [777], quem ab episcopatu Constantiensi dejectum supra diximus, regressus ad Magadaburgensem diocesim, 6 Kalendas Januarii obiit.

MLXXII.

Rex nativitatem Domini Wormaciæ celebravit. Inde, peregrata aliquanta regni parte, Goslariam regressus, totam ibidem [778] quadragesimam exegit.

Burchardus, camerarius archiepiscopi Mogontini, episcopus ordinatus est in Basilea.

Primus tunc in palatio erat Adalbertus [779] Premensis archiepiscopus; qui, triumphatis æmulis suis, qui eum ante aliquot annos de palatio ejecerant, solus nunc rege fruebatur, receptus non modo in gratiam et familiaritatem, sed pene in regni consortium et omnium quæ publice vel privatim agenda erant societatem. Ita regem callidis subreptionibus suum fecerat. Sed is, morbo et ætate exhaustus, cum diu per exquisitissimas medicorum operas morti obluctatus fuisset, quasi naturam arte eludere posset, mediante quadragesima, 16 Kalendas Aprilis (*Mart.* 17) debitum conditioni persolvit, et pertinacibus odiis hominum, quod numquam potuerat vivendo, tandem aliquando satisfecit moriendo. Erat plane vir admirandæ compunctionis, et potissimum dum salutarem Deo hostiam immolaret totus in lacrimas effluebat. Virgo quoque, ut ferebatur, ab utero matris permanebat. Sed has in eo virtutes nimium in oculis hominum morum insolentia et jactantiæ levitas obfuscabant. Corpus ejus ex Goslaria in sedem episcopatus sui delatum atque sepultum est.

Rex palmas Coloniæ (*Apr.* 1), pascha Trajecti [780] celebravit (*Apr.* 8). Ubi dum ei populus vehementer obstreperet pro injuriis et calamitatibus quibus passim per totum regnum innocentes opprimebantur, pupilli et viduæ diripiebantur, monasteria et ecclesiæ vastabantur, et ruptis iniquitas habenis in omne quod voluisset facinus impune bacchabatur : permotus tandem vel ipsa rei acerbitate vel proclamantium importunitate, annitentibus in hoc ipsum cunctis regni principibus, exoravit Coloniensem archiepiscopum, ut post se rerum publicarum administrationem susciperet. Diu ille restitit petenti, partim memoria veterum injuriarum, partim quia homo totus in Deum suspensus divinis quam secularibus negotiis implicari maluisset. Superatus tamen unanimitate [781] postulantium, privatum commodum publico postposuit. Tum [782] primum res publica in pristinum statum dignitatemque reformari cœpit, frenaque injecta sunt vaganti usque ad id tempus licentiæ (277). Nam cum rex omnem causarum cognitionem a se ad archiepiscopum tamquam ad patrem ac [783] salutis suæ tutorem rejicere soleret, ille nec gratia cujusquam nec odio ab jure ad injuriam umquam abduci poterat, sed judicabat omnia, sicut scriptum est, sine personarum acceptione (*I Petr.* i, 17), nec considerans personam pauperis in judicio, nec honorans vultum potentis (*Levit.* xix, 15). Divites, si qui per potentiam pauperes oppressisse delati fuissent, severissima animadversione castigavit; castella eorum, quæ male agentibus perfugium erant, funditus everti jussit; plerosque ex ipsis, et genere et opibus clarissimos, in vincula conjecit. Inter quos illum nostra ætate nominatissimum Egeneu, qui duci Bajoariorum [784]

VARIÆ LECTIONES.

[774] insummebant 4. [775] hebdomadas 4. [776] Salefeldt 3. [777] Carolus 3. [778] ibi 5. [779] Adelbertus 3. 5. [780] Traecti 5. [781] immanitate 4. immanite 5. [782] Tunc 4. [783] et 3. [784] boioar. 4.

NOTÆ.

(275) *Aureos montes promittebant;* ita Terent. Phorm. 1, 2, 18 : *montes auri pollicens.*

(276) Horat., Carm., iii, 3, init.
(277) Cf. a. 1076 ; Horat. Od. iv, 15, 9.

Ottoni calamitatis tantæ causa extiterat, cum plurimi adversus eum pro privatis injuriis et deprædationibus faciem regis interpellassent, teneri fecit, cumque catenis oneratum plerumque ad spectaculum vulgi deduci jussit, ad gratificandam scilicet popularium animis regiam severitatem. Postremo eo moderamine, ea industria atque auctoritate rem tractabat, ut profecto ambigeres, pontificali eum an regio nomine digniorem judicares, atque in rege ipso, qui in cultu atque socordia pene præceps ierat, paternam virtutem et [785] paternos mores brevi exsuscitaret.

Rex Aquisgrani [786] profectus, sanctum Speum (278) confessorem et brachium justi Simeonis, cujus mentio est in evangelio, et caput Anastasii monachi et martiris aliorumque sanctorum reliquias ibi accepit atque in Hasterburc [787] transtulit. Treveris quoque apud Sanctum Paulinum 13 corpora sanctorum Thebeæ, ut putatur [788], legionis reperta sunt, quorum [789] hæc nomina, in tabulis plumbeis (279) conscripta, ibidem reperta sunt: Palmatius, Tirsus [790], Maxentius, Constantius, Crescentius, Justinus, Leander, Alexander, Soter [791], Hormista [792], Papirius, Constans, Jovianus. Dumque ex cripta, ubi sancti pausabant (280), terra portaretur, os quoddam incaute projectum, sanguinem fudit non modicum, et usque hodie permanet sanguinolentum (281). De passione eorum hæc ab nos ab ipsis Treverensibus scripta perlata sunt: « Rictiovarus [793], Maximiani imperatoris præfectus, legionem Thebeam jussu ipsius circumquaque persecutus. Treverim propter ipsos 4 Nonas Octobris est ingressus, et eadem die occidit ibi [794] ducem ejusdem legionis Tirsum [795] cum omnibus comitatibus suis. Sequenti autem die Palmatium, Trevericæ civitatis consulem et patricium, cum omnibus ejusdem civitatis principibus interfecit. Tercia vero die cædem exercuit in plebe sexus utriusque. Horum autem martirum corpora innumerabilia in sancti Paulini archiepiscopi jacent ecclesia. »

Rex ascensionem [796] Domini Goslariæ (Mai. 17), pentecosten Magadaburg [797] celebravit (282) [Mai. 27]. Ubi Adalberto [798] Premensi archiepiscopo, in quadragesima, ut prædictum est, defuncto, successorem constituit Liemarum, optimæ spei juvenem et omnium liberalium artium peritia adprime insignem. Ibi quoque Otto dux Bajoariorum post integrum annum dedicionis suæ gratiam regis recepit, data vel regi vel his qui regi pro eo suggesserant non modica portione prædiorum suorum.

Rex in nativitate sancti Jacobi (Jul. 25) Wormaciæ occurrit matri suæ Agneti imperatrici, de Transalpinis partibus redeunti; ubi sex aut [799] eo amplius annos jam demorata fuerat, sub nimia austeritate vitam instituens, adeo [800] ut communem humanarum virium mensuram excederet jejuniorum ac vigiliarum patientia. Reversionis autem ejus in Galliam hæc causa erat. Ruodolfus [801] dux Sueviæ (283) ab his qui ei male consultum cupiebant accusatus apud regem fuerat quod iniquum aliquid contra regem contraque rem publicam moliretur; propter quod assiduis legationibus ad curtim regiam, ut causam diceret, accersiebatur. Sed ille, licet ab culpa remotissimum se sciret, conterritus tamen ducis Bajoariæ Ottonis recenti exemplo et aliorum quorundam, quos rex præcipitata sententia absque discussione legitima damnaverat, temere in periculum se dare nolebat. Cumque esset imperatrici ob vetus meritum suum acceptissimus, propinquitate etiam devinctus propter filiam ejus, quæ [802] ei, ut prædictum est (284), nupserat, sed intra [803] paucos dies celebratæ conjunctionis decesserat, misit, eamque obnixis precibus in Galliam evocavit, ad sedandam quæ oriebatur intestini belli tempestatem. Nam firmiter apud se statuerat, si pax non convenisset, armata potius manu, quoad posset, salutem tueri, quam probris et contumeliis deformandum regiæ se tradere potentiæ. Imperatrix, quamquam cuncta seculi negocia religionis obtentu in perpetuum abjurasset, nec a proposito tamen suo nimium [804] abhorrere nec ab ecclesiastica functione alienum fore judicavit, si viro optime erga se merito in angustis rebus opem ferret et filio juveniliter tumultuanti modum imponeret. Venit itaque Wormaciam, amplissimo stipata numero abbatum et monachorum, et prædictum ducem, cum interposita fide Coloniensis et Mogontini [805] archiepiscoporum coram venisset, omni [806] criminis suspicione absolvit, statimque compositis propter quæ venerat, a filio abscessit [807], ut non tam carnali affectione quam communis commodi ratione ad hanc secularis negocii administrationem

---

VARIÆ LECTIONES.

[785] atque 3. [786] aquasgrani 1. 5? [787] Hartesburg 5. 5. hartespurg 1. [788] putant 3. [789] quorum — sunt desunt 4. [790] Tyrsus 4. 5. [791] Sother 4. 4. [792] Hormisda 4*. [793] Rictiouarius 4. [794] ibidem 5. [795] Tyrsum 1* [796] ascendens de Goslaria 5. [797] magadeburg 5. [798] ita 1. [799] et 5. [800] deest 4. [801] ita 4. [802] quam 4. [803] inter 4. [804] deest 5. [805] Maguntinensis 5. [806] cum 5. [807] abcessit 5.

NOTÆ.

(278) S. Speus, confessor, cujus dies anniversarius incidit in d. 28 Januar.
(279) Tabulam, cujus fragmentum infra legitur, indicantem situm corporum S. Paulini archiep. et SS martyrum qui sub Maximiano Treviris passi sunt, exhibet Hontheim Histor. Treverens. dipl. p. 1, p. 221. sqq.: cf. ejusd. Prodrom. hist. Trev., p. 1, p. 70, sqq. 87—124.

(280) Cf. Barth. animadv. ad Briton. Philipp. III 785, p. 348 sqq.
(281) De hoc miraculo vid. Hontheim Prodr., l. c. p. 120—125.
(282) Cf. Wedekind, Not. 1. II, fasc. 8, p. 407.
(283) Vid. Gerbert. de Rudolpho Suevico, p. 18. sqq.
(284) A. 1058.

se adductam liquido cunctis patefaceret [608]. Dux quoque a rege dimissus in pace, protinus se in sua recepit, certum tenens non ex integro abolitas ab animo regis inimicitias, sed ademptam interim nocendi facultatem esse. Ibi etiam Hugo Cloniacensis [609] abbas, qui cum imperatrice eo advenerat, Ruoberto [610] Augiensi abbati Romani pontificis mandata et litteras detulit, quod scilicet apostolicæ sedis anathemate de corpore ecclesiæ præcisus [611] esset, quod omne ei divinum officium præter psalmodiam interdictum esset, quod omnis ei in perpetuum [612] ad abbatiam Augiensem vel ad aliquam dignitatem ecclesiasticam accessus occlusus esset; propterea quod, de simoniaca heresi insimulatus, et ut objectum crimen purgaret ad sinodum secundo ac tercio vocatus, venire distulisset. Ita ille compulsus a rege, baculum pastoralem, quem non ut pastor sed ut mercennarius usurpaverat [613], multa cum amaritudine reddidit.

Clara et celebris valde his temporibus per Gallias erat memoria sancti Sebaldi [614] in Nurinberg [615] et sancti Heimeradi [616] in Hasengun [617] (285), et magno populorum concursu [618] cottidie frequentabantur, propter [619] opitulationes quæ divinitus illic languentibus sæpenumero conferebantur [620].

Archiepiscopus Mogontinus in nativitate sanctæ Mariæ (Sept. 8) Mogontia egressus, cum in Galliciam quasi orationis causa profectionem simulasset, in Cloniacense [621] monasterium secessit (286), dimissisque his qui una venerant, abdicatis [622] etiam omnibus quæ habebat, statuit ibi deinceps privatus ætatem agere, atque ab omni secularium negociorum strepitu sub voluntariæ paupertatis titulo in perpetuum feriari. Sed brevi perstitit in proposito. Revocante eum tam clero quam populo Mogontiacensi [623], vix [624] et ægre abstractus de monasterio, in natalem sancti Andreæ (Nov. 30) apostoli Mogontiam rediit, atque opus arduum quam præcipitanter arripuerat, tam præcipitanter, quoniam communi omnium sententiæ obluctari non poterat, deseruit.

Ruothardus [625] abbas Herveldensis mense Januario [626] ægrotare cœpit, et sic per annum continua se ægritudine decoctus, cum evasurum se desperaret, abbatia et pastorali dignitate, quam per infirmitatem administrare non poterat, 3 Idus Decembris ultro se abdicavit, anno postquam abbati Meginhero successerat [627] decimo tercio jam exacto. Successitque ei protinus secundum ipsius postulationem H. (287) ejusdem cœnobii monachus.

Adalbero [628] Mettensis [629] episcopus obiit; cui Herimannus Leodiensis præpositus successit [630].

MLXXIII.

Rex nativitatem Domini Babenberg celebravit. Ibi Berhtoldo [631] duci Carnotensium (288) ducatum sine legitima discussione absenti [632] abstulit, et Marewardo [633] cuidam propinquo suo tradidit. Ruodolfus [634] quoque dux Suevorum tumultum aliquem rei publicæ machinari formidabatur. Sed discurrentes utrimque frequentes legati, et illum, ne præcipitanter in arma prorueret [635], et regem, ne cunctantem obstinata importunitate lacesseret, salubri moderamine retinebant. Ei quoque Coloniensis archiepiscopus, offensus his quæ plurima præter æquum et bonum fiebant in palatio, petiit a rege vacationem deinceps dari [636] sibi ab rerum publicarum administratione [637], causatus in senium jam vergentem ætatem et laboriosis regni negociis minus minusque in dies sufficientem. Quod rex haut difficulter annuit, quia pravis libidinibus suis et juvenilibus ineptiis [638] jam dudum animadverterat eum graviter offendi et plerumque, quantum salva regia [639] dignitate poterat, pro virili portione obniti. Is ergo ubi se in sua recepit, rex [640] tamquam severissimo pedagogo liberatus, statim in omnia genera flagitiorum, ruptis omnibus modestiæ et temperantiæ frenis, præcipitem se dedit.

Montes omnes colliculosque Saxoniæ et Thuringiæ castellis munitissimis extruxit, præsidiumque imposuit (289). Quibus cum victui necessaria minus sufficerent, permisit ut ex proximis villis et agris hostili more prædas agerent, et ad ipsa castella munienda circumquaque manentes cogerent, et impensas affatim convectare, et per se ipsos servili [641] manu desudare [642]. Verum ne manifestæ tirannidis

VARIÆ LECTIONES.

[608] patefeceret 4. [609] Cluniacensis 3. 5. [610] ita 4. Ruperto 3. [611] prescisus 3. [612] perpetuam 4. [613] occupaverat cum multa 4. [614] Seboldi 1. 4. [615] Nurnberg 1. Nurmberg 3. [616] Hemerad 1. Hemeradi 5. [617] Hasegun 5. [618] magno concursione 3. [619] propter — conferebantur desunt 4. [620] frequentabantur 3. [621] Cluniacense 5. 5. Clun. corr. Clon. 4. [622] abdicans 4. [623] Mogontien 3. [624] vix — Mogontiam desunt 3. 4. 5. et ap. Nic. de Sygen. [625] ita 4 Ruthardus rell. [626] mense uno an 3. januarii 4. [627] successit 4. [628] Adelbero 3. 4. [629] Metensis 4. 5. sæpius. [630] In 4. linea expleta est his verbis : Succurre gloriose Jeronime doctorum flos. [631] Bertoldo 3. 5. Bertholdo 1. [632] deest 5. [633] marewardo 4. [634] ita 4. [635] rueret 3. [636] dare 4. [637] ammin. 2b. [638] inceptis 4. [639] regia dign. salva 3. s. regia majestate vel dignitate 4. [640] deest 5. [641] vili 4. [642] desiderare 5.

NOTÆ.

(285) Cf. Vitam S. Heimeradi ap. Leibn. I, p. D 565. Hanc ob causam Sigefridus Mogont. archiep. anno 1074 præposituram « in loco qui vocatur Hasungun, ubi sanctus Heimeradus requiescit, » constituit, Vid. dipl. ap. Wenck, l. c., cod. diplomat., ad t. II, n. XXXVIII, p. 48, sq.

(286) Vid. Joann. l. l., p. 504.

(287) Hartwigus; cf. Lamberti librum de cœnob. Hersveld. lib. II, supra col. 1057.

(288) Id est Carantanorum.

(289) Has Saxonum querelas nimias neque omnino veras fuisse, contendit Delius, Untersuchungen uber die Geschichte der Harzburg. (Halberst. 1826, 8), p. 56, sq., not. 71, inter alia monens, sex tantum castra a Lamberto a. 1075 nominari, quorum quinque in Thuringia, unum modo in Saxonia sita fuisse videantur.

notaretur, si contra innocentes atque in regnum proprium tam barbara crudelitate grassaretur; ut impietatem suam quadam religionis specie palliaret, archiepiscopum [843] Mogontinum modis omnibus instigavit ut decimationes Thuringiæ, sicut ante plures annos instituerat, exigeret; pollicens se [844] ei in exigendo summa ope affuturum, et [845] dicto obtemperare nolentes regia majestate coacturum; ea tamen pactione ut ipsarum decimationum partem sibi, quæ et regiæ magnificentiæ et tanto labori suo digna foret, tribueret. Ita episcopus vanissima spe animatus, sinodum indixit in Erphesfurt 6 Idus [846] Martii (290). [*Mart. 10.*]

Statuto die aderat rex, aderat archiepiscopus, stipatus uterque magno grege philosophorum [847], immo sophistarum, quos ex diversis locis summo studio consciverant, ut canones sibi non pro rei veritate, sed pro episcopi voluntate interpretarentur, et causam ejus, quoniam [848] veris non poterant, sophisticis [849] allegationibus roborarent. Assidebant ergo cum rege et archiepiscopo Mogontino Herimannus Babenbergensis episcopus, Hecel Hildenesheimensis episcopus, Eppo Citicensis episcopus, Benno Osenbruggensis [850] episcopus; qui non ad discutiendam juxta ecclesiasticas leges causam fuerant evocati, sed ut id quod rex volebat arte dictionis et sententiarum pondere, postremo quaqua possent ratione et consilio obtineret; quamquam plerique eorum id quod rex moliebatur vehementissime improbarent; sed ne libere quod sentiebant eloquerentur [851], et regis terrore et privata archiepiscopi amicitia inhibebantur [852]. Habebat præterea rex circa se armatorum copias non modicas, quibus eos, si qui forte negocium interturbare conarentur, militari manu cohercerct. Thuringorum spes et fiducia potissimum in abbate Fuldensi et abbate [853] Herveldensi nitebatur, quod hi ecclesias decimales plurimas et prædia infinita haberent in Thuringia, et hi si [854] causa occidissent, sibi una cadendum esset [855]. Qui publica discussione interpellati pro decimarum [856] redditione. primo per Deum rogabant archiepiscopum, ut antiquitus tradita monasteriis suis legitima rata inconvulsaque manere sineret, quæ et [857] sedes apostolica et [858] veteribus et recentibus scriptis crebro sibi firmasset, et præcessores ejus Mogontini pontifices, summi ac sanctissimi viri, usque ad Liupoldum episcopum (291) numquam [859] infringere temptassent. Id

atroci responso archiepiscopus repulit, scilicet præcessores suos sua ætate pro suo arbitratu ecclesiæ Dei moderatos fuisse, eosque rudibus in fide auditoribus et pene adhuc neophitis [860] lac potum dedisse, non escam, et sapienti dispensatione multa indulsisse, quæ processu temporis, dum in fide convaluissent, successorum suorum industria resecari vellent; se autem, jam adulta vel potius [861] senescente ecclesia, spiritualia comparare spiritualibus, nec jam parvulis lac, sed perfectis solidum cibum (*Hebr.* v, 12) ministrare, atque a filiis ecclesiæ leges ecclesiasticas exigere; proinde esse eis aut ab unitate ecclesiæ secedendum aut legibus ecclesiæ æquanimiter adquiescendum. Tum illi rursus per Deum orare ut, si in Romani pontificis auctoritate, si in Karoli [862] aliorumque imperatorum privilegiis, si in præcessorum ejus Mogontinorum pontificum indulgentia nihil sibi præsidii aut spei reliquum esset, ipsarum saltem decimarum eam ipse [863] partitionem [864] fieri sineret, quam et canonum scita æquam judicassent et ceteræ per orbem terrarum ecclesiæ usitatam haberent, scilicet ut quarta parte ipse pro suo suorumque missorum servitio contentus, tres reliquas portiones ecclesiis, quibus antiquitus attitulatæ fuissent, permitteret. Econtra episcopus, non ea mente se, ait, tantum laborem trivisse et jam per decem ferme annos laboriosum hoc saxum volvere(292), ut, tandem aliquando voti compos effectus, ultro jure suo cederet et tanto molimine extortas eis decimas ipsis pro libito [865] suo partiendas addiceret [866]. Primus ac secundus dies in hac concertatione jam fluxerat, ancipiti adhuc fortuna, utra pars utri cessura foret. Jamque in eo res vertebatur ut Thuringi, improbata sinodo, sedem apostolicam appellarent. Sed rex sub attestatione nominis divini affirmabat se in eum, si quis id præsumpsisset, capitali sententia animadversurum, et omnia quæ ejus essent usque ad [867] internitionem dissipaturum, clademque ejus diei [868] multis postea seculis non abolendam. Ita abbas Herveldensis suorum periculo conterritus, quoniam aliud, in artum conclusis rebus, non patebat effugium, rem consilio regis permisit, quatenus, prout ipse bonum et æquum judicaret, causam inter se et archiepiscopum terminaret. Diu igitur habita deliberatione, in hanc tandem pactionem mediante rege abbas et archiepiscopus consenserunt, ut abbas in decem suis decimalibus ecclesiis duas partes decimarum, terciam archiepi-

VARIÆ LECTIONES.

[843] archiepiscopus Mogontinus 4. [844] deest 5. [845] *bis scriptum* 5. [846] VI. idus m. desunt 5. [847] philozophorum ymmo zophistarum 5. [848] quam? 2b. [849] zoph. 5. [850] Ossembruggensis 5. 5. [851] loquerentur 5. [852] prohibebantur 3. [853] in a 5. [854] in *superscr*. 2b. *legitur* 3. 4. 5. [855] esse 5. 4. 5. [856] decimationum 1". [857] etsi 5. [858] deest. 5. [859] iniqua 5. [860] neofitis 5. [861] deest 4. [862] Caroli 5. [863] sibi 3. [864] participationem 4. [865] libito 1. 2b ? 5 ?. [866] adyceret 5. [867] deest 1. 2b (?). [868] deest 5.

NOTÆ.

(290) Vid. de hac synodo tertia Erfordensi Jos. Heine collectio synodorum Erfordiensum historico-critice elucubrata. (Erf. 1792. 8), p. 55-59.

(291) V. diploma ab hoc a. 1059 impetratum ap. Gudenum C. dipl. I, p. 575.

(292) Terent. Eunuch. 5, 8, 55.

scopus acciperet, in reliquis vero ejus [869] ecclesiis dimidia abbati, dimidia archiepiscopo contingeret; ubi vero ecclesia decimalis propria archiepiscopi esset, tota illic ei decima cederet; præterea ut omnes dominicales [870] archiepiscopi curtes, in quacumque essent parrochia, ab omni penitus decimarum exactione immunes manerent. Sub jugum misso abbate Herveldensi, statim Thuringi, omni spe adempta, eo quod in illius prudentia et eloquentia plurimum fiduciæ sibi posuissent, non ultra restiterunt, sed decimas in reliquum absque retractatione dare professi sunt. Fuldensis abbas aliquantis postea diebus obstinatus in proposito perstitit. Sed cum nec regis gratiam recipere nec ad sua redeundi licentiam impetrare posset, nisi in communem sententiam concederet, tandem, rerum difficultate superatus, ad hanc conditionem non tam consilio quam imperio et metu regis coactus est, ut in cunctis decimalibus ecclesiis suis partem dimidiam decimarum ipse [871], dimidiam archiepiscopus acciperet, dominicales autem curtes suas, sicut archiepiscopus, omnes ab omni decimarum redditione liberas haberet. Tum [872] rex, sciens haut bene placitura Romano pontifici quæ gesta fuerant, sub interminatione gratiæ suæ utrique abbati præcipit ut neque per se ipsos, neque per nuncium, neque alio quovis modo, pro insimulanda sinodo apostolicam sedem interpellarent (293).

Atque ita omnibus [873] quæ intenderat pro voluntate exactis, concitus Ratisponam contendit, sanctum pascha ibi celebraturus. Cumque in civitate Augusta (294) diem palmarum ageret (*Mart.* 24), Ruodolfum [874] ducem Suevorum et alios quosdam, qui sinistrum aliquid contra rem publicam moliri jam pridem [875] delati fuerant, in gratiam recepit. Dein [876] sanctum pascha (*Mart.* 31), sicut instituerat, Ratisponæ, pentecosten in Augusta celebravit (295) (*Mai.* 19).

Alexander papa, qui et Anshelmus, decessit (*April.* 21). Cui Romani protinus inconsulto rege successorem elegerunt Hildebrandum, sacris [877] litteris eruditissimum et in tota ecclesia, tempore quoque priorum pontificum, omni [878] virtutum genere celeberrimum. Is quoniam zelo Dei ferventissimus erat, episcopi Galliarum protinus [879] grandi scrupulo permoveri cœperunt, ne vir vehementis ingenii et acris erga Deum fidei districtius eos pro negligentiis [880] suis quandoque discuteret. Atque ideo communibus omnes consiliis regem adorti [881], orabant ut electionem, quæ ejus injussu facta fuerat, irritari fore decerneret; asserentes quod, nisi impetum hominis prævenire maturaret, malum hoc non in alium gravius [882] quam in ipsum regem redundaturum esset. Statim rex a latere [883] suo Eberhardum comitem misit, qui, Romanos proceres conveniens, causam ab eis sciscitaretur quare, præter consuetudinem majorum, rege inconsulto Romanæ ecclesiæ pontificem ordinassent, ipsumque, si non idonee satisfaceret, illicite accepta dignitate abdicare se præciperet. Is veniens Romam, benigne a prædicto viro susceptus est. Cumque illi mandata regis exposuisset, respondit se, Deo teste, honoris hujus apicem numquam per ambitionem affectasse, sed electum se a Romanis, et violenter sibi impositam fuisse ecclesiastici regiminis necessitatem; cogi tamen nullomodo potuisse ut ordinari se permitteret, donec in electionem suam tam regem quam principes Teutonici regni consensisse certa legatione cognosceret; hac ratione distulisse adhuc ordinationem suam, et sine dubio dilaturum, donec sibi voluntatem regis certus inde veniens nuncius intimaret. Hoc ubi regi est nunciatum, libenter suscepit satisfactionem, et lætissimo suffragio ut ordinaretur mandavit; quod et factum est anno sequente in purificatione sanctæ Mariæ (296).

Interea hi qui in castellis supra memoratis erant, graviter nimis imminebant populo Saxoniæ et Thuringiæ. Omnia quæ in villis et agris erant, in dies eruptione facta diripiebant, tributa et vectigalia silvarum et camporum importabilia [884] exigebant, et plerumque sub prætextu decimarum totos simul greges abigebant. Ipsos provinciales, et plerosque ex his honesto loco natos et re familiari florentissimos, vilium mancipiorum ritu servire [885] sibi cogebant; filias eorum et uxores, consciis et pene aspicientibus maritis, violabant; nonnullas etiam, vi [886] in castella sua raptas et quanto tempore libido suggessisset impudicissime habitas, ad ultimum maritis cum ignominiosa exprobratione remittebant. Quorum si quis inter tanta mala suspirare et internum animi dolorem levi saltem querimonia solari atque evaporare ausus fuisset, statim, velut qui gravem injuriam regi fecisset, in vincula coniciebatur, nec inde exire poterat, nisi tocius suppellectilis suæ distractione vitam salutemque suam redemisset [887]. Cumque ex omnibus locis catervatim cotti-

VARIÆ LECTIONES.

[869] deest 3. [870] decimales 4. [871] deest 3. [872] Tunc 4. [873] in o. 3. [874] ita 4. [875] del. jam pridem 3. [876] Deinde 4. [877] H. virum sacris 1. [878] omnium 4. 5. [879] deest 4. [880] negligentissimis actibus suis 3. negligentiæ (*Versäumnisse*) in numero plurali apud scriptores ecclesiasticos, ut negligentiæ cogitationum ap. Salvianum adversus avarit I, 12, ubi vidend. Baluz. (ed. IV. Pedeponti 1742. 4. p. 225). [881] ita 1. adorsi 3. 4. 5. et ita etiam infra p. 200 n. i, sed alis locis omnes adorti. [882] deest 4. [883] altare 5. [884] importibilia 3. [885] sibi serv. 5. [886] deest 3. 4. [887] redemisse 5.

NOTÆ.

(293) Ipse vero Sifridus ad Alexandrum II sub id tempus dedit litteras, e quibus locum huc spectantem affert Joannis ad Serar. t. I, p. 507.
(294) Eichstet, Ann. Altah., p. 117.
(295) Cf. Wedekind, l. c., t. II, fasc. 8, p. 403.

(296) De tempore ordinationis paululum aliter Acta Vaticana quæ affert Mascov, p. 51, not. 8. Eam factam esse d. 29 Jun., ann. 1073 probavit Stenzel. II, p. 258, sq.

die [888] pro his regiam majestatem interpellarent, quæ unicum antehac omnibus afflictis refugium esse consueverat, cum gravi contumelia rejiciebantur, dicente rege ista eos pro injusta decimarum retentione [889] pati, seque, tamquam vindicem causæ Dei, necessario armata manu eos coherere, qui legibus ecclesiasticis sponte nollent adquiescere [890]. Itaque videns rex omnes circumquaque manentes metu attonitos et ad suscipiendas quascumque imposuisset conditiones patientissimos, magnum quiddam [891] et a nullo majorum suorum antehac temptatum machinari cœpit, videlicet ut omnes Saxones et Thuringos [892] in servitutem redigeret, et prædia eorum fisco publico adiceret (297). Cavebat tamen ne consilium hoc, immature vulgatum, et effectu careret et principibus regni justæ murmurationis occasionem præberet. Itaque secreto cum rege Danorum colloquium (298) facit, et cum eo magna quadam parte Saxoniæ, quæ Uotoni [893] marchioni pertinebat (299), paciscitur ut, in conficiendis rebus quas animo agitabat, auxilio sibi foret, et se Saxonibus ex uno latere bellum inferente, ipse eos ex alio latere adoriretur. Id ipsum aliis qui Saxoniæ [894] contigui erant regibus et gentibus injungit.

(Mai.) Ubi satis adminiculorum visum est, cunctis regni principibus expeditionem indixit in Polenos [895], id causæ prætendens quod Boemos [896] contra vetitum suum bello impetissent, et fines eorum ferro et igne infestassent. Hanc, ut dixi, causam in promptu habebat. Ceterum [897], ut fama vulgatior postmodum loquebatur, sub occasione Polenorum volebat in Saxoniam exercitum ducere, et, deletis usque ad internitionem Saxonibus, loco eorum gentem Suevorum constituere. Hæc enim illi gens erat acceptissima, et eorum plerosque, obscuris et pene nullis majoribus [898] ortos (300), amplissimis honoribus extulerat et primos in palatio fecerat; et ad eorum nutum cuncta regni negocia disponebantur. Quæ res eum [899] valde exosum invisumque principibus reddiderat; et eorum plerique indignitatem rei non ferentes, nisi pro responso necessario evocati, in totum palatio abstinebant. Igitur exercitum suum in expeditionem adunari constituit, septimo die post assumptionem [900] sanctæ Dei genitricis Mariæ. Qua expectatione suspensis et intentis omnibus, ipse jam [901] ferocius [902] solito atque infestius agebat, posthabitis principibus, solos circa se Suevos assidue habebat [903], ex his [904] sibi auricularios a secretis, ex his tam familiarium quam publicorum [905] negociorum procuratores instituebat. Tum [906] Saxones omnes servilis [907] conditionis esse, crebro sermone usurpabat, nonnullos etiam ex eis, missis nunciis, objurgabat, cur sibi juxta conditionem natalium suorum, ut ipso verbo utar, serviliter non servirent, nec de [908] redditibus [909] suis fiscalia sibi obsequia impenderent. Contradicentes, quasi qui majestatem regiam violassent, totis regni viribus persequi et de regno proturbare [910] minabatur.

His atque hujusmodi indiciis principes Saxoniæ malum quod cervicibus suis impendebat indamaverterunt [911], statimque graviter ancipiti periculo permoti, clandestina [912] conventicula crebro faciebant, et se vicissim, quid facto optus esset, in medium consulere hortabantur. Una omnium voluntas, eadem erat sententia eamque dato, et accepto vicissim sacramento confirmabant, malle se mori atque extrema omnia prius [913] experiri (301), quam acceptam a parentibus libertatem per dedecus amittere. Hujus conjurationis auctores ac signiferi quidam [914] erant Bucco Halberstatensis [915] episcopus, Otto dux quondam Bajoariæ, atque Hermannus [916] frater Ottonis Saxonici ducis, qui superiore anno decessarat (302). Sed Bucco, licet frequentibus injuriis a rege lacessitus fuisset, tamen, quia vir eximiæ sanctitatis erat et optimæ in ecclesia Dei existimationis, credi nullo modo potest aliter in hanc audaciam prorupisse nisi zelo Dei et sola communis commodi ratione. Ceteri duo præter publicam gentis suæ causam etiam privato odio jam pridem a rege desciverant, propter Magnum, Ottonis ducis Saxonici filium, quem rex, in dedicionem acceptum, jam per biennium in custodia tenebat (303). Huic veniam admissi non alias impetrare poterant, nisi ducatu, et aliis quæ sibi ex defunctis [917] parentibus hereditario jure competebant, in perpetuum

VARIÆ LECTIONES.

[888] quotidie 4. *hoc loco*. [889] pati pro i. d. detentione pati 3. retentatione 4. 5. [890] acq. 5. 4. 5. *hoc loco*. [891] qu ddam 4. [892] tur. [893] Vtoni *omnes*. [894] contigui erant Sax. reg. 5. [895] Polonos 5 *et ita infra*. [896] Bohemos 5. *ut semper*. [897] Certum 4. [898] *deest* 5. [899] cum 4. [900] assumptionis 4. [901] *deest* 4. [902] ferocis 5. [903] se habebat 5. [904] *deest* 5. [905] publicorum 4. [906] Tunc 4. [907] *deest* 4, 5 *in marg*. *post esse suppl*. 5. [908] *deest* 5. 5. [909] redditibus 5. 4. 5. *hoc loco*. [910] perturbare 4. [911] animadvertere 4. [912] clandestina 5. [913] *deest* 5. [914] *ita omnes*; quidem? [915] Halberstatensis 5. [916] Hermannus 4. Heremannus 5. [917] *deest* 5.

NOTÆ.

(297) Vid. Schaumann Hist. Saxon. infer., p. 190, sqq., 196. W.
(298) Bruno Bardovici habitum colloquium cum Suenone II scribit, Adamus l. IV, c. 26, Luneburgi.
(299) Wedekind in Not. fasc. 3, p. 215, not. 170 hanc Saxoniæ partem tantum de comitatu Ditmarsico (Ditmarsen) intelligendam esse credit.
(300) *pene nullis majoribus ortos*, Horat., Sat. I, 6, 40.

(301) *extrema omnia experiri*, Sallust., Cat. 26, 5.
(302) Anno 1071, Mart. 28; Wedekind, Hermann, Herzog v. Sachsen, p. 66. Ejusd. N. II, fasc. 8; not. LXXVII, p. 404, sq.; 410, sq., secundum Stenzel. II, p. 256, anno 1072.
(303) cf. Zepernick, analect jur. feud., t. I, p. 233.

se abdicaret. Quod ille nulla ratione [915] se facturum protestabatur, etiamsi sibi quicquid ætatis reliquum esset in custodia et in vinculis exigendum, etiamsi per omnes cruciatus et per omnia suppliciorum genera anima ponenda esset. Cumque nihil [919] supplicando, nihil pecuniam atque infinita prædia offerendo, nihil sua utrique [920] erga ipsum regem atque erga rem publicam multa sæpe bene merita commemorando, proficerent, ad ultimum Otto dux quondam Bajoariæ se ipsum regi obtulit, quamdiu vellet in vinculis habendum, et omnia sua, tamquam priori conventione nihil actum esset, pro arbitratu suo distribuenda, dummodo propinquum suum, qui solo suarum partium studio in eam calamitatem devenerat, dedicione absolveret. Ad hæc fertur rex atrox nimis dedisse responsum, ipsum et omnia quæ ipsius essent jam pridem dedicionis jure in potestatem regiam cessisse, nec eum [921] objecto quondam crimine adhuc ita purgatum, ut sui vel [922] suarum rerum jure gentium traditionem ullam liberam haberet. Ea vox acerbe prolata acerbius est accepta, magnumque odii seminarium irarumque fomitem ministravit.

Iis auctoribus orta seditio, ita brevi totum Saxoniæ populum quasi rabie quadam infecit, ut omnis dignitas, omnis conditio, omnis ætas quæ modo faciendis stipendiis idonea foret, uno animo, pari voluntate, ad arma conclamaret, et se sub sacramento promitteret aut obstinate morituros, aut gentem suam in libertatem vindicaturos. Erant in ea conjuratione principes isti : Wezel Magadaburgensis archiepiscopus [923], Bucco Halberstadensis [924] episcopus, Hecel Hildeneshemensis [925] episcopus, Wernheri Merseburgensis [926] episcopus, Eilbertus [927] Mindensis episcopus, Immet Podelbrunnensis [928] episcopus, Friderich Mimegardefurdensis [929] episcopus (304), Benno Misinensis [930] episcopus, Otto dux quondam Bajoariæ, Uoto [931] marchio (305), De li marchio (306), et omni marchione animosior atque implacatior uxor ejus Adela, Egbertus marchio Thuringorum, puer adhuc infra militares annos, Friderich palatinus comes, Diedericus [932] comes (307), Adalbertus [933] comes (308), Otto comes, Counradus [934] comes (309), Heinricus [935] comes ; tum vulgus promiscuum supra 60 milia erat, qui ad asserendam [936] libertatem patriæ legesque tuendas promptissimo animo manus operamque suam promittebant. Et vere divinitus oblatam sibi esse [937] occasionem dicebant, qua jugum iniquissimæ dominationis a cervicibus suis excuterent. Dux Saxoniæ necdum aliquis constitutus [938] fuerat, quia, sicut supra memoratum est, dux Otto paulo ante humanis rebus excesserat et filius ejus [939] Magnus, cui ducatus legitima successione debebatur (310), adhuc in castello Hartesburg [940] deditus servabatur. Et quia rex in bona ejus inhiaverat, id præstolari putabatur, ut malorum pondere ac longæ dedicionis tædio fatigatus ultro jure suo cederet et ducatum cui rex [941] voluisset dandum permitteret [942]. Liemarus Premensis archiepiscopus, Eppo Citicensis episcopus et Benno Osenbruggensis [943] episcopus, quia in communem sententiam gentis suæ concedere nolebant, de finibus Saxoniæ effugati, ad regem se contulerunt, eique toto belli hujus tempore individui comites adhæserunt.

(*Jul. Aug.*) Igitur circiter [944] Kalendas Augusti, adulta jam satisque roborata conjuratione, legatos mittunt ad [945] regem, tum [946] temporis [947] Goslariæ constitutum, postulantes ut expeditio, quam in Polonos [948] instituerat, sibi remitteretur; se adversum acerrimos hostes Luticios [949] die ac nocte in procinctu atque in acie stare, et si paululum manus remittant, ilico finibus suis insultantes adversarios et omnia cæde atque incendio depopulantes aspicere; ad horum vim arcendam vix sibi satis copiarum esse; proinde stultum fore, ut exteris ac longe positis gentibus arma inferant, qui domesticis ac pene intestinis sine intermissione bellis quatiantur. Præterea [950] postulant ut castella, quæ ad eversionem Saxoniæ per singulos montes colliculosque extruxerat [951], dirui juberet; ut principibus Saxoniæ, quibus sine legitima discussione bona sua ademerat, secundum principum suorum jurisdictionem satisfaceret; ut, relicta interdum Saxonia, in qua jam a puero residens, otio atque ignavia pene emarcuisset, etiam alias regni sui partes inviseret; ut vilissimos homines, quorum consilio seque remque publicam præcipitem dedisset, de palatio

VARIÆ LECTIONES.

[918] se r. 5. [919] erga ipsum regem *add.* 4. [920] uterque 4. [921] cum 1. 4. [922] ut simul 4. 5. [923] episcopus 5. [924] Halberstadensis 5. [925] Hildefenehmensis 5. [926] Merspurgensis 4. [927] Gilbertus 5. [928] Podenbr. 4. 5. Poderbr. 1. [929] Mimig. 5. [930] Misfenensis 5. [931] Vto omnes. [932] Dithericus 1. [933] Adelb. *omnes.* [934] Cunradus 1. 5. Conr. 4. 5? [935] Henr. 5. [936] ad serendam 5. [937] *deest* 5. [938] fuerat const. 5. [939] *deest* 5. [940] Hartteburg 5. [941] v. rex 5. [942] prom. 5. [943] Osfenbruggensis 5. Osenbrugensis 4. 5. [944] circa. 5. [945] ad regem *desunt* 5. [946] tunc 4. [947] *deest* 5 [948] Polonos 5. [949] Luitticios 5. [950] *codd.* 5 et 4. *conditiones singulas numeris in margine vel super lineam positis indicant.* [951] *deest* 5.

NOTÆ.

(304) Ex Brunone, c. 27, 50, colligas potius in regis partibus hunc Fridericum fuisse.
(305) V. supra a. 1057.
(306) V. supra a. 1069.
(307) de Katelenburch ; vid. Gebhardi Hist. gen. Abh., II, p. 245, sqq.; Schrader Dynasten, p. 97; n. 78, p. 184.

(308) Esse videtur comes senior de Ballenstide', sator gentis Anhaltinæ.
(309) Forsan Cueno de Bichelingen, Ottonis quondam Bajoariæ ducis filius. ER.
(310) cf. Wedekind, Hermann, Herzog von Sachsen, p. 47, sq.

eiceret [953], et regni negocia regni principibus, quibus ea competerent, curanda atque administranda permitteret; ut abdicato grege concubinarum, quibus contra scita [953] canonum attrito frontis rubore incubabat, reginam, quam sibi secundum ecclesiasticas traditiones thori sociam regnique consortem delegisset, conjugali loco haberet [954] et diligeret; ut cetera flagitiorum probra, quibus dignitatem regiam adolescens infamaverat, nunc saltem maturato sensu et ætate abdicaret. Postremo per Deum rogant ut justa postulantibus sponte annueret, nec sibi magni cujusquam atque inusitati facinoris necessitatem imponeret. Si ita faceret, se promptissimo animo ei sicut actenus [955] servituros, eo tamen modo, quo ingenuos homines atque in libero imperio natos regi servire oporteret; sin autem, christianos se esse, nec velle hominis, qui fidem christianam capitalibus flagitiis prodidisset, communione maculari. Quod si armis cogere instituisset, sibi quoque nec arma deesse nec militaris rei peritiam. Sacramento se ei fidem dixisse; sed si ad ædificationem, non ad destructionem ecclesiæ Dei, rex esse vellet, si juste, si legitime, si more majorum rebus moderaretur, si suum cuique ordinem, suam dignitatem, suas leges tutas inviolatasque manere pateretur. Sin ista prior ipse temerasset, se jam sacramenti hujus religione non teneri, sed quasi cum barbaro hoste et christiani nominis oppressore justum deinceps bellum gesturos, et quoad ultima vitalis caloris scintilla superesset, pro ecclesia Dei, pro fide christiana, pro libertate etiam sua dimicaturos. Vehementer regem permovit hæc legatio. Verum consiliariis ejus dicentibus, quod ad primum belli terrorem tanti motus irarum deflagraturi essent, paululum resumpto spiritu, leviter et contemptim legatos respondit, nihilque certi reportantes dimisit. Quod ubi suis nunciarunt, atrox omnium mentibus ira incanduit, seque mutuo sermone, ut contemptum sui manu vindicarent, hortabantur. *Obstinatum*, inquiunt, *in malis ingenium, nisi acrior vis adhibeatur, emolliri non poterit, et nisi ad virum propiusque* [956] *medullas mucro adigatur, sensum doloris non admittet* [957].

Igitur armati instructique Goslariam contendunt, ibique mediocri a villa intervallo castra locant; statimque efferato animo in eum irruissent et jus suum non jam rhetoricis allegationibus sed bellicis terroribus expostulassent, nisi Bucco Halberstatensis episcopus, et pauci admodum qui sanum aliquid sapiebant, impetum tumultuantis turbæ salubri moderatione inhibuissent. Rex, accepto nuncio vicini jamque instantis periculi, graviter mente conster-

natus, propere in Hartesburc [958] se contulit, eoque secum regni insignia et thesaurorum suorum quantam in ea trepidatione potuit partem convexit. Erant tunc temporis cum eo Eppo Citicensis episcopus et Benno Ossenbruggensis [959] episcopus, eorumque consilio et prius tranquilla et nunc turbata re publica omnia faciebat. Casu quoque nuper advenerat, nescio quid privatæ [960] causæ acturus in palatio, Bertoldus dux quondam Carentinorum. Huic rex quam sanctis obtestationibus se purgabat, quod ducatum ejus nulli alii tradidisset; sed Macwardum [961] privata præsumptione fines alienos invasisse, nec ei quicquam de jure suo propterea [962] imminutum esse, si, suo injussu, sine consulto principum, honores publicos homo ineptissimus temerasset. Ille, licet hæc ficta esse sciret (511) et regis malitiam non tam voluntate quam fortunæ violenta correctam esse, tamen suscepit satisfactionem, promisit [963] operam suam rei publicæ utilitatibus nusquam [964] defuturam. Hunc itaque, quia vir [965] erat summæ prudentiæ et popularis eloquentiæ, cum duobus [966] supra memoratis episcopis rex legatum misit ad Saxones. Ad quos cum venisset, rogabant eos per Deum ut ab armis, quæ, honesto licet nomine, pessimo tamen exemplo, sumpsissent, mature discederent, nec rem supra modum supraque vires suas temptarent, quæ a ceteris regni principibus nimium improbanda foret, utpote quam nec sua nec majorum suorum memoria umquam [967] gens ulla temptasset; justam eorum esse causam, quos summis sæpe injuriis regis inclementia ad hæc extrema experienda coegisset [968], honori tamen suo magis consulendum quam iracundiæ, et deferendum regiæ majestati, quæ apud barbaras etiam [969] nationes semper tuta inviolataque fuisset [970]; proinde remisso armorum strepitu, pacatis animis, sopitis simultatibus, tempus locumque constituerent, quo rex tocius regni principes evocaret, ut juxta communem sententiam et objecta purgaret et quæ correctionis egere viderentur corrigeret. Ad hæc illi: *Non eadem*, inquiunt, *ceteris regni principibus et nobis incumbit necessitas rebellionis. Ceteris enim gentibus vacatione data, et pene feriatis omnibus, nos solos sibi peculiariter elegerat, quos secundum prophetæ* [971] *elogium* (Amos I, 13) *in plaustris ferreis* [972] *trituraret* [973]; *quorum regionibus post initum semel principatum numquam excederet; quibus post erepta patrimonia libertatem quoque eriperet, et natalibus omnium infamatis, durissimæ servitutis jugum injiceret; ad quorum oppressionem singulis montibus colliculisque præsidium imponeret, ut aquas nostras pecunia*

VARIÆ LECTIONES.

[953] dejiceret 3. [953] jura *superscr.* scita 4. [954] diligeret et haberet 3. [955] hactenus 4. 5. [956] propius 4*. [957] admittit 3. [958] Hartesburg 1. 3. 4. [959] Ossenbruggensis 3. [960] deest 3. [961] Marchwardum 3. [962] deest 5. [963] promisitque 1. 5? [964] numquam 3. [965] erat vir 3. [966] ducibus 4. [967] iniqua 5. [968] coegissent 4. [969] deest 3. 5. [970] deest 5. [971] prophecie 5. [972] consternatus 5. [973] deest 4. habet 6. cum 3. 4. 5.

NOTÆ.

(511) V. supra col. 1122, 1123.

bibere et ligna nostra precio comparare cogeremur; quorum uxores et filias militibus suis, publicæ libidinis victimas, prostitueret; quorum terram — *quod omnium quæ passi sumus gravissimum ducimus* — *inauditis adinventionibus* [974] *nec christiano ore nominandis criminibus incestaret. Si cum ceteris regni principibus hæc nobis communis esset injuria, merito ad illorum cognitionem communemque audientiam nos rejiceret; nunc autem, cum nobis aut privata calamitate cadendum aut privata virtute injuriis sit* [975] *obviam eundum, nihil nostra interest super nostris miseriis aliorum expectare sententiam. Quapropter, si eum malefactorum tandem aliquando piget pœnitetque, in argumentum non fictæ pœnitentiæ castella, quæ in perniciem nostram extruxit, absque procrastinatione diruat; patrimonia nobis per vim seu per calumpniam erepta restituat; postremo jusjurandum det* [976] *quod legitima, genti nostræ a primis temporibus constituta, numquam deinceps infringere moliatur. Si hoc facit, licet sæpe elusi, sæpe verbis pacificis in dolo irrisi, tamen utcumque adhuc credimus bona pollicenti, sin autem, omni dilatione relegata, nec expectatis aliarum gentium aut aliorum principum decretis, jugum, quod cervicibus nostris impendet, excutere conabimur, liberosque nostros nostra vel morte vel victoria in libertatem asseremus.* In hæc verba legatos dimiserunt. Qui iterum missi, iterumque remissi, in eadem eos sententia obstinatos invenerunt. Itaque omnes vias, per quas descensus esse poterat de castello, adhibitis custodibus, observari statuerunt, summa ope id præcavendum æstimantes, ne [977] qua ei copia fieret effugiendi et in alias regni partes bellum transferendi. Et profecto, si id rite curassent, facili dispendio et paucis admodum diebus res conficeretur, quæ postmodum tanto tempore tracta, in extremum pene discrimen cunctas regni provincias attraxerat. Neque hoc ipsum regem latebat. Idcirco modis omnibus intentus agebat qualiter hostium custodias falleret [978], et de angustiis Saxoniæ in latissimam regni aream bellum trajiceret, maximeque ad episcopos Reni, quos sibi ob crebra sua merita fidos firmosque in adversis fore sperabat.

Castellum in altissimo colle situm erat, et uno tantum itinere ipsoque difficillimo [979] adiri poterat. Cetera montis latera vastissima silva inumbrabat, quæ exinde per multa milia passuum continua vastitate in latum extenditur usque ad confinium Thuringiæ, et ideo [980] nulla obsidentium diligentia conclusis egressum [981] vel ingressum eripere poterat. Rex, collato cum suis consilio, frequentes ad eos legatos mittebat, pacem postulans [982], et omnium quæ illos [983] offenderant emendationem pollicens. In quam [984] actionem intentis suspensisque omnibus et jam propter res bene gestas immatura securitate torpentibus, nocte quadam (*Aug.* 9), cum nihil minus suspicarentur, ipse Bertoldum ducem et duos supra memoratos episcopos et alios plerosque familiares suos secum assumpsit, et, præmissis ante se in sarcinis regni insignibus et quanta tempus et res patiebantur parte thesaurorum, clam egressus est de castello, dato negocio his qui intus remanebant, ut postera die quanta possent arte præsentiam sui simularent, et hostium [985] animos a suspicionibus fugæ suæ avocarent. Triduo per vastissimam silvam jejuni, ut fertur [986], gradiebantur, angustissimo et paucis antehac comperto tramite, quem venator quidam, dux itineris, qui venandi studio sollertius silvarum abdita rimaretur, deprehenderat, undique circumspectantes gladium, et ad quemlibet perstrepentis auræ sonitum incursus hostium jamque jugulo incumbentem interitum formidantes. Quarto die (*Aug.* 12) inedia, vigiliis ac longi itineris labore usque ad extremam lassitudinem confecti, Eschenewege [987] pervenerunt. Ubi cibo somnoque paululum recreati, postero die, id est [988] Idibus Augusti (512) (*Aug.* 13), cum jam miles frequentior ad regem confluere cœpisset, Herveldiam contenderunt. Quator deinceps diebus ibidem commoratus est, operiens exercitum, quem in expeditionem contra Polenos [989] de toto regno suo evocaverat.

Jam enim dies instabat, quem coadunando militi constituerat. Adalbero [990] Wirciburgensis [991] episcopus et Herimannus Babenbergensis episcopus et alii plerique principes, qui ad militiam proficiscentes in vicina [992] loca jam devenerant [993], audito quod acciderat, propere ad regem, adhuc Herveldiæ constitutum (513), concurrerunt. Ruodolfus [994] dux Suevorum cum episcopis Reni, [995] Sueviæ [996] atque Bajoariæ, circa Mongontiam castris positis, nuncium regis præstolabatur, per quem certius edoceretur, quonam in loco ei occurrere deberet. Audierat [997] enim eum ab hac expeditione ad alia regni negocia animum revocasse, sed quænam mutandæ sententiæ necessitas repente incidisset, certo non compererat [998]. Plerique tamen jactitabant cum conjurationis hujus conscium participemque extitisse, ideoque tam lento gradu ad militiam pro-

VARIÆ LECTIONES.

[974] inventionibus 5. [975] sit obviam eundum injuriis 1*. [976] nobis det 1. [977] nec 4. [978] deest 4. [979] difficilimo 4. [980] ide 4. [981] bis scripsit 4. [982] deest 4. [983] illum 4. [984] qua 4. [985] animos hostium 2b. [986] ferunt 1. 2b (?) [987] Eskenewege 2b. [988] j. e. desunt 1. 2b (?) [989] polonos 3. *semper*. [990] adelbero omnes. [991] Wirciburgensis 3. [992] vicinia 4. [993] advenerant 5. [994] ita 4. *plerumque*. [995] rheni 4. 5. *sæpius, alibi etiam* 3. [996] Swevie 4. [997] Auderat 4. [998] comperat 4.

NOTÆ.

(512) die 15 mens. Augusti. Egressus igitur est castello Hartesburg d. 9 (secundum Stenzel. II, 259, d. 8). Aug. Quæ de hujus fugæ molestiis a nostro narrantur non tam verisimilia sunt quam quæ Bruno tradit.

(513) Commoratus esse videtur Heinricus Hersfeldiæ usque ad 17 aut 18 d. mens. August; Stenzel; l. c., p. 259.

cedere, ne aut regi in tanto discrimine contra propositum suum pudore victus auxilium præberet, aut, si negaret, defectionem suam consiliumque immature prodere cogeretur. Rex itaque missis nunciis mandavit ut tam ipse quam ceteri qui cum eo erant principes, citato quantum possent itinere, sibi occurrerent in villa quæ dicitur Capella [999] (314) haut procul ab Herveldia. Quo cum venissent, pedibus eorum provolutus (315), orabat per respectum Dei, sub cujus testificatione sibi fidem dixissent, ut super infelicibus eventis [1000] suis misereretur pariter et indignarentur; communia ipsorum beneficia prærepta sibi esse paucorum malignitate, qui, immemores jurisjurandi, immemores beneficiorum quibus eos sæpenumero et privatim et publice sibi obligasset, cum regno etiam vitam sibi eripuissent, nisi fugæ præsidio periculum declinasset; violatæ regiæ majestatis injuriam non ad se solum pertinere, publicam esse contumeliam omnium eorum qui se regem creassent, et quorum auxilio ab improbis hominibus tutus esse debuisset; proinde omnes pro virili portione satagerent, ne regia dignitas, quam a majoribus suis honestissimam atque præclarissimam acceperant, sua ignavia fuscaretur [1001], neve [1002] tam pessimum exemplum suorum temporum ad posteros suos inultum transmitterent. Hæc [1003] memorando, tam deformitate casuum suorum quam miserabilis querimoniæ prosecutione omnibus qui aderant lacrimas excussit. Erant qui censerent, quoniam in expeditionem contra Polenos armati instructique venissent, ut protinus in Saxoniam exercitus duceretur, et recentis contumeliæ vulnus recentis vindictæ antidoto curaretur. Alii decernebant non esse rem præcipitanter aggrediendam; gentem Saxonum esse robustissimam et bellorum usu propter ingenitam feritatem exercitatissimam, quæ insuper frequentibus injuriis efferata, ruptis jam omnibus juris et legum retinaculis, aut mori aut vincere sit obstinata; propterea dandas sibi esse inducias [1004], quibus domum redeant, copias instruant, impensas augeant, ut multiplicatis sumptibus ad protrahendum in quaslibet moras bellum durare valeant. Horum sententia ab omnibus comprobata, decrevit [1005] rex, ut septimo die post festum sancti Michaelis miles in expeditionem adunaretur [1006] in villa Herveldensis monasterii quæ dicitur Bredingen (316). Ita, assumptis secum qui advenerant principibus, abiit, Triburam et cetera circa Renum loca invisere. Missis etiam circumquaque nunciis, obnixe non solum principibus, sed et popularibus, ne a se deficerent, supplicabat, multa largiendo, plura pollicendo, nonnullis etiam sua restituendo, quæ superioribus annis, dum prosperis successibus immoderatius indulgeret, per calumpniam abstulerat.

Saxones, comperto quod elusis custodibus suis rex in alias regni partes evasisset, vehementer sunt contristati [1007], arbitrantes, id quod res exigebat, nihil sibi deinceps otii aut remissi habendum, nec [1008] pestem hanc, ut hactenus, intra [1009] domesticos parietes cohibendam, sed revelata facie bellum publicum cum hoste publico gerendum; ideoque sibi expedire ut quantascumque possent gentes et regna adversus regem concitarent. Protinus legatos miserunt ad Thuringos, auxilium petere, et rogare ut ipsi pro sua quoque libertate, et frequentibus contumeliis quibus lacessiti fuerant, arma sumere non pigritarentur. Thuringi, celeberrimo conventu habito in loco qui dicitur Triteburc [1010] (317), ubi legationem Saxonum audierunt, promptissime assensi sunt, nec ulla umquam legatio lætioribus acclamationibus excepta [1011] est. Nec mora, jusjurandum dant nusquam se defuturos negocio, communem sibi esse cum eis rebellandi [1012] necessitatem, et ideo commune periculum, communem etiam, si Deus annueret, victoriam futuram, seque usque ad extremum spiritum pro communi utilitate dimicaturos. Denunciant præterea abbati Fuldensi et abbati Herveldensi et ceteris principibus qui in Thuringia prædiorum aliquid haberent, ut ad ferendum genti suæ auxilium die statuto conjuraturi venirent; nisi [1013] id facerent, se bona eorum protinus omnia direpturos. Legati etiam regis supervenerunt, ingentia eis beneficia pollicentes, si fœdus Saxonum belliqueque societatem respuerent; sed cum gravi contumelia sunt repulsi, in tantum ut [1014] nec manibus in eos furor populi temperasset, nisi paucorum sapientum moderatio propter jus gentium, quo legatis est deferendum, intercessisset [1015]. Archiepiscopus Mogontinus Erphesfurd [1016] eo [1017] tempore morabatur. Hunc adorti [1018], in communem sententiam concedere urgebant, nec prius regionibus illis excedere passi sunt, donec

---

VARIÆ LECTIONES.

[999] Capella 5. [1000] eventibus 4. [1001] ita 1. frustraretur 3. 4. 5. [1002] ne 5. [1003] Hoc 5. [1004] deest 1. [1005] ita d. 3. [1006] vniretur cor. adunaretur 5. [1007] tristati 5. [1008] ne 5. 5. [1009] inter 4. [1010] Treteburc 5. [1011] accepta corr. excepta 4. [1012] rebellendi 2 b. [1013] ni 1. 5? [1014] quod superscr. ut 4. [1015] deest 4. 5. cf. p. 194. n. e. [1016] Erpesfurd 1. Erphesphurd 4. Erphesfurdt 5. [1017] morabatur eo tempore 2 b. [1018] adorsi 5.

NOTÆ.

(314) Hodie Spiescappel, in vicinia civitatis Ziegenhain.

(315) Hæc non ad verbum intelligenda esse, sed nonnisi instanter, humiliter petere significare, monuit Stenzel, II, p. 106. Cf. a. 1075: *prorsus in terram*; et Liv., 54, 11; Curt. Ruf., 3, 12; Justin. 11, 9.

(316) Herren-Breitungen, ditionis Hennebergicæ. KR. Sed Wenck. hist. Hass., III, p. 45 (cf. II, p. 402, n. p.), rectius habet pro pago Breidenbach ad Fuldam prope Hersfeld supra Rothenburg.

(317) Trettenburg, collis haud ita procul a Ge-

datis obsidibus fidem suam firmaret nihil se ad- versum [1019] eos armis aut consilio moliturum; quamquam nonnulli existimarent tam eum quam archiepiscopum Coloniensem, et alios plerosque Reni principes, jam a principio conjurationis hujus conscios participesque [1020] extitisse. Id tamen, dum incertus adhuc rerum eventus pendebat, summa ope dissimulabant.

Igitur, quoniam in exteras gentes regem persequi consilium non erat, omnem operam suam ad expugnanda castella ejus verterunt. Hæc autem sunt castella, quæ ipse, postquam pater ejus decesserat, extruxit, quæ tamen ad præsens memoriæ occurrunt, Hartesburg [1021], Wigantestein [1022] (318), Moseburg (319), Sassenstein (520), Spatenberg (521), Heimenburg [1023] (322), Asenberg (323). Vocenroth [1024] (524) Friderici palatini comitis fuerat, idque ei rex quadam legum violentia eripuerat, præsidiumque suum imposuerat. Liuniburc [1025] (525) quoque, oppidum [1026] maximum Ottonis ducis Saxonici, situm in confinio Saxonum et Luticiorum, occupaverat, militesque lectissimos cum Eberhardo, filio Eberhardi comitis de Ellenburc [1027] (526), imposuerat, non aliam ob rationem nisi quod omnia quæ prædicti ducis fuerant, in potestatem regiam jure dedicionis per Magnum, filium ejus, venisse, argumentabatur. Alia præter hæc quam plurima extruere aggressus fuerat, sed eum ab incepto repente oborta bellorum tempestas revocavit.

Herimannus, frater ducis Saxonici, jam pridem antequam rex Saxonia effugaretur Liuneburc [1028] obsederat, militesque regis, quoniam temere ingressi alimenta non habebant, paucis diebus ad dedicionem coegit; nec tamen dimittere victos aut punire volebat, sed intra oppidum diligenti custodia ne effugerent observatos, secundum prophetam [1029] pane arto et aqua brevi (Isai., xxx, 20) sustentabat, mittensque ad regem, mandavit ut, si suos qui obsidebantur vivos incolumesque recipere vellet, Magnum, fratris sui filium, dedicione absolveret sibique remitteret; ni id faceret, se de his, tamquam de hostibus qui fines alienos contra leges invasissent, juxta leges gentis suæ capitale supplicium sumpturum. Diu rex quid ageret ambigebat; inhumanum scilicet

B fore sciebat, si suis, extrema necessitate circumventis, non consuleret; sed reputabat econtra, quantum rationibus suis deperiret, si eum, de cujus interitu sibi totius Saxoniæ dominatum pollicitus fuerat, dimitteret suique competem faceret, præsertim cum propter recentes injurias, quibus eum jam triennio in custodia habitum afflixerat, gravius ceteris omnibus [1030] rem publicam vexaturus timeretur. Non paucis diebus [1031] hæc deliberatio eum incertum suspensumque tenebat. Et profecto vicisset avaritia, privatisque utilitatibus salutem militum posthabuisset, nisi principes regni, crebris legationibus fatigati ab his qui obsidebantur, unanimi consilio eum adorirentur, et non tam supplicando

VARIÆ LECTIONES.

[1019] aduersus 4. [1020] participes consciosque 3. [1021] Hartespurg 1. 5? Hartespurgk 4. (- purc hic et infra contra codicum fidem corrigere nolui. W.) [1022] Wiganstein 5. Wigantenstein 1. [1023] Hennenburg 3. 4? Ita etiam poeta de bello Sax. I. v. 75 : Sex ibi castellis multo munimine firmis Præsidia imposuit, victum quoque largiter addit. —— Hennenberg primum —— aggressi. (Sed etiam in Ann. Sax. ubi olim a. 1115. Hermenburg legebatur jam ex cod. autographo Heimenburg ut a. 1123. restitutum est, W.) [1024] Volcenroth 2. Vockenroth 4. 5. Vokenroht 1. s[1025] Lunuburg 4. Luniburc 3. [1026] opidum 5. et ita infra. [1027] Ellenburg 4. 5. [1028] Luneburg 3. Luineburg 4. 5. [1029] propheciam. 5. [1030] deest 3. [1031] deest 4.

NOTÆ.

bosca, Herbsleben et Tennstadio dissitus. KR. Cf. A. Toppius Gebesee und Tretenburg. Erfurt 1661, 4. In hoc colle placita sive judicia celebrabantur; cf. dipl. Heinrici IV (iv Non. Jan. 1089) in Thuringia sacra p. 59.

(318) Cujus situm quantum scio nemo unquam indagavit. KR. Wenck. Hist. Hass. III, p. 96, n. f. existimat hoc nomine significari castrum Giebichenstein ad Halam, quæ opinio non improbabilis esse videtur. — (Prorsus a vero adhorrere videtur, cum Gibekestein sub hoc nomine Lamberto bene notum esset; v. a. 1045. W.)

(319) Putatur fuisse illud in principatu Luneburgico (Moisburg), KR. (qua de re dubitarim. W.)

(320) Sita erat olim ejusdem nominis arx ad oppidulum Sachsa in comitatu Hohnstein, cujus hodienum rudera exstant, quod nostrum fuisse vero similllimum. KR.

(321) Olim juxta Sondershusam situm, de quo vid. I. F. Muldener Nachrichten von einigen Bergschlossern in Thuringen (Leipz. 1752, 4), p. 55—43.

(322) Heimburg prope Blankenburg. KR. Quod non tam certum esse videtur, quoniam Thuringi hoc castrum obsident. Sed vidi Gebhardi Hist. gen.

Abhandl. IV, p. 54.

(323) Ex a. 1075 apparet, Asenberg nullo modo esse Asseburg in ditione Guelferbytana, sed Thuringiæ castellum. Aliud in Mansfeldiæ comitatu situm sæc. XVI, finente demum exstructum est. KR. F. L. Jahn opinatur, Asenburg fuisse antiquius nomen castri Kiffhausen in inferiori principatus Schwarzb. Rudolstad. tractu. Vid. Archiv des henneberg.|alterthumsforschenden Vereins, herausgeg., v. F. Chr. Kumpel. 2 Lief. (Hildburgh. 1837, 8), p. 78, sq.; Forstemann vero (Mittheilungen V, 1, p. 20 u.), Hasenburg prope Nordhausen.

(324) Volkerode ditionis Gothanæ esse plures putarunt. Aliud Volkerode visitur haud longe a monte Hulfsberg in Eichsfeldia. Mihi certum est neutrum horum esse hoc castrum. KR. Sed vide Grashofii comm. De originibus atque antiquitat. liberæ civitatis Muhlhusæ (Lips. et Gorlic. 1749, 4), p. 19, sqq., n. ††.

(325) Vid. Wedekind, Not., fasc. 3, p. 215, sqq., 224, sqq. et ejusd. Hermann Herzog von Sachsen. p. 22, sq., not. 20.

(326) I. q. Nellenburg; cf. Ann. Einsidl. Mon., SS. III, p. 146.

quam comminando et terrendo ab sententia deducerent. Itaque in assumptione sanctæ Mariæ (*Aug.* 15), cum adhuc Herveldiæ esset, misit qui Magnum custodiæ exemptum suis restituerent (527), et eos qui in prædicto castello jam [1032] jam puniendi servabantur obsidione et periculo liberarent.

Thuringi quoque, conglobata ex vicinis locis multitudine, Heimenburc [1033] castellum obsederunt, paucisque diebus vi et armis oppugnatum ceperunt atque succenderunt. Eos qui intus [1034] erant, castello everso, dimiserunt impunitos, ut scilicet se probarent non hostili odio adversus regem arma sumpsisse, sed tantum ut injurias, quibus regio eorum per calumpniam opprimebatur, propulsarent. Protinus alii [1035] castello quod Asenberc [1036] dicebatur exercitum admoverunt, et, quia propter difficultatem locorum militari manu capi posse desperabatur, castris circumquaque positis, satagebant ne cui ingrediendi vel egrediendi copia fieret ut, quos humana vis non poterat, alimentorum inopia expugnaret; haut dubie scientes quod cibaria, quantumvis copiose congesta, multitudini quæ intus erat in longum tempus sufficere non possent.

Interea rex, videns conjurationem magis magisque in dies convalescere, copiasque hostium augeri, conterritus etiam dampno castellorum suorum, quorum alia jam capta, alia summo molimine oppugnari audiebat, rogavit Mogontinum et Coloniensem archiepiscopos [1037] ut Saxones convenirent, et turbatis rebus aliquod remedium invenire conarentur. Qui, dicto obtemperantes, mandaverunt principibus Saxoniæ ut sibi in monasterio Corbeiensi [1038] 9 Kalendas Septembris (*Aug.* 24) occurrerent, de communi commodo tractaturis. Episcopus Coloniensis, casu nescio an per industriam remoratus, die statuto non venit; nuncios tamen misit, qui pro se causam dicerent, promittens, omnibus, quæ ipsi de suis reique publicæ utilitatibus rationabiliter statuissent, se promptissime assensurum, et pro communi salute quantum posset operam daturum. Mogontinus archiepiscopus residens cum Saxonibus qui occurrerant, sedulo nitebatur pacare eos [1039] regique reconciliare [1040]; sed illi econtra, præter vulgatas ubique injurias suas, quibus ab eo vehementer attriti fuerant, graves causas afferebant, quibus probarent eum sine magna christianæ religionis jactura non posse ulterius regnare, ea scilicet in familiarissimos amicos, ea in uxorem, ea in sororem propriam abbatissam de Quidelenburc [1041],

ea in alias personas naturæ necessitate sibi conjunctissimas facinora patrasse, quæ, si secundum ecclesiasticas leges judicarentur, et conjugium et militiæ cingulum (528), et omnem prorsus seculi usum, quanto magis regnum, abdicare censeretur. Longis itaque contentionibus ad hunc finem res postremo deducta est, ut decernerent 12 ex sua gente, 12 ex parte regis obsides dari, quorum fide interposita, ipsi tuto ad colloquium venire possent cum ceteris principibus regni, ut causæ, quas adversus regem afferrent, eorum judicio discuterentur et terminarentur, ipso rege, si ita expedire videretur, præsente et crimina quæ obicerentur, si posset, refellente. Dandis accipiendisque obsidibus dies statutus est Idus Septembris infra Thuringiam in loco qui dicitur Hoenburg (529). Habendo autem cum principibus colloquio dies statutus est 15. Kalend. Novembris in confinio Thuringiæ et Hassiæ in villa quæ dicitur Gerstengun [1042] (530). In hanc conditionem discessum est. Saxones tamen de apparatu belli et oppugnandis regis castellis nihil propterea remittebant. Cumque regi quæ gesta fuerant nunciata fuissent, visum est his qui partes ejus adjuvabant, multum abhorrere a majestate regia, ut ipse Saxonibus pro se obsides daret, nimiumque gravari nomen regium fœdissimæ conditionis injuria. Quapropter Mogontinus et Coloniensis episcopi statuta die (*Sept.* 15) Hoenburg profecti, obtinuerunt [1043] ut, omisssis [1044] ex utraque parte obsidibus, ipsi tantum pro pace firmanda fidem suam interponerent, et hoc pignore venturis ad colloquium principibus omnem periculi metum adimerent.

Interea rex legatos misit ad Luticios, gentem Saxonibus infestissimam, eisque infinitam pecuniam promisit, ut Saxonibus bellum inferrent, asserens eos nunc intestinis simultatibus occupatos, facili externorum bellorum impulsu posse usque ad internitionem deleri. Quod ubi Saxonibus compertum est, ipsi quoque nuncios ad eos miserunt, et multo copiosiorem eis pecuniam promiserunt, ut ab infestatione sua tam iniquo tempore quiescerent; quod si non facerent, ne inani opinione fallerentur [1045], se utrique hosti, si ea necessitas incumbat, et multitudine et virtute militum posse sufficere. Barbarorum alii regis, alii Saxonum fœdus pecuniamque suscipiendam [1046] clamitabant. Unde orta per imperitæ multitudinis intemperantiam seditione, tanta se cæde dilaniaverunt [1047], ut multa milia hominum in ea congressione interfecta referantur.

VARIÆ LECTIONES.

[1032] jam *deest* 1. 5? [1033] Hennebure 4. Hennburg 4? [1034] intro 5. [1035] alio 2b. [1036] Asenberg 2b. 3. 4. 5. [1037] episcopos 2b. [1038] Corbiensi 4. [1039] eosque regi 4. [1040] conciliare 4. [1041] Quidelenburg 5. [1042] Gerstengen *omnes hoc loco*. [1043] obtinuere 4. [1044] obmissis 5. [1045] fallerent 4. [1046] cl. s. 5. [1047] laniauerunt 1.

NOTÆ.

(527) Vid. Wedekind., Not., fasc. 2, p. 187, not. 140.
(528) Cf. Zepernich Sammlung auserlesener Abhandl. vom. Lehrrechte II, p. 55.
(529) Hohenburg, Homburg, olim monasterium ad Unstrutam, inter Langensaltzam et Thomasbruck, de quo infra ad a. 1075. KR.
(530) Thuringiæ antiquum oppidum, ditionis Isenacensis; cf. Wenck, Hist. Hass. II, p. 472.

Atque ita deinceps multis diebus in se ipsos et in sua viscera hostili gladio debacchantes, externis bellis necessario supersedere cogebantur. — Rex quoque Danorum, memor firmatæ jam pridem cum rege pactionis, cum exercitu navali applicuit ad Saxoniam, et tractis per longa terrarum spacia navibus in fluvium, qui administrando negocio oportunus videbatur, igne et ferro regionem infestare parabat. Sed miles ejus vehementer detrectabat [1048] militiam, obiciens quod sibi, quotiens externorum hostium incursionibus quaterentur, Saxones pro muro fuerint, nec ullis umquam, cum facultas suppeteret, lacessierint injuriis; postremo si calamitatem, quæ ad præsens urgeret, quandoque propulsarent, graves pœnas injustæ hujus infestationis a populo Danorum exacturos. Cum hæc privatim et publice jactitarent, rex veritus ne, in eo discrimine a milite desertus, ludibrio fieret hostibus, naves retrahi jussit, et nulla regioni clade illata, Saxonia excessit. Ita tantus ille bellici apparatus fervor impune deflagravit.

Principes Saxoniæ 13 Kalendas Novembris (*Oct.* 20) juxta condictum venerunt in Gerstengun [1049], cum 14 milibus armatis, cetera multitudine ad custodiam regionis atque in obsidione castellorum derelicta. Aderant ex [1050] parte regis Mogontinus archiepiscopus, Coloniensis [1051] archiepiscopus, Mettensis episcopus, Babenbergensis episcopus, Gozelo Luteringorum [1052] dux [1053], Ruodolfus Suevorum dux, Berhtoldus [1054] Carentinorum dux, missi a rege ut causam, quam adversum se afferrent, discuterent. Ipse eo venire noluit, sed in civitate [1055] Wirceburg [1056] exitum rei præstolabatur, præcavens scilicet ne tumultuantis populi furor, sua magis præsentia efferatus, aliquid forsitan in se quod secus esset admitteret. Igitur principes Saxoniæ principum qui a rege venerant pedibus provoluti, rogabant per Deum, ut ad ventilandam causam suam intenti cognitores et justi judices adessent, nec perpenderent quantum quamque in re publica inusitatum opus aggressi essent, sed quæ calamitas eos ad hæc extrema coegisset. Accepta deinde dicendi copia, suas singuli injurias exposuerunt, quæ in ipsos singulos, quæ etiam in gentem [1057] rex nefanda facinora commisisset, quibus [1058] præterea inauditis criminibus ipsam regii nominis majestatem polluisset. (*Jer.* XIX, 3.) Obstupuerunt [1059] principes qui a rege venerant, et præ immanitate scelerum secundum prophetam [1060] tinniebant aures omnium, nec eos, quod pro libertate sua, pro conjugibus, pro liberis arma sumpsissent, sed quod intolerabiles contumelias muliebri [1061] patientia tam diu supportassent, culpandos censebant. (*Oct.* 22.) Cumque toto triduo consilia contulissent, et quid facto opus esset communi sollicitudine perquirerent, hæc postremo cunctis sententia convenit, ut, reprobato rege, alium, qui gubernando regno idoneus esset, eligerent. Id tamen haut temere publicari placuit, donec, rege per occasionem pacis in remotiores partes regni abducto, cum ceteris regni principibus consilium hoc communicarent. Propter hoc vulgari jubent in plebem, in hanc sententiam utriusque partis principes consensisse, ut Saxones regi pro admissa in cum atque in rem publicam temeritate [1062] satisfactionem congruam proponerent, rex autem eis et facti impunitatem et injuriarum, quibus ad defectionem eos coegisse insimulabatur, de cetero securitatem sub jurejurando promitteret. His rebus conficiendis tempus statutum est in nativitatem [1063] Domini, rege eam festivitatem Coloniæ celebraturo. Et profecto Ruodolfum ducem ibidem absque dilatione regem constituissent, nisi ille pertinaciter resistendo juraret, numquam se in hoc consensurum, nisi a cunctis principibus conventu habito, sine nota perjurii, integra existimatione sua, id facere posse decerneretur.

Saxones in sua cum pace redierunt. Ceteri principes Wirceburc [1064] profecti sunt, regi quæ gesta fuerant nunciaturi. (*Oct.* 27.) Qui protinus nihil hæsitans, pedibus, ut dici solet, in sententiam abiit, et dummodo pax conveniret, quascumque conditiones imposuissent, se promptissime laturum, spopondit [1065]. Celebrata ibidem Omnium Sanctorum festivitate, Ratisponam ire instituit, animadvertens quod principes Reni, aliquantula Saxonici furoris labe jam infecti, minus minusque in dies [1066] ad exhibenda sibi obsequia [1067] devoti [1068] ac benivoli essent. Cumque inter eundem aliquot diebus Nurenberg moraretur, quidam qui lateri ejus jam diu familiarissime observatus fuerat, Regenger nomine, incertum aliorum instinctu an privato in cum (351) odio suscitatus, repente prorupit in medium, et ducibus Ruodolfo ac [1069] Berhtoldo grave adversus cum crimen detulit. *Ego,* inquit, *et alii plerique, quos pessimæ machinationis suæ rex idoneos fore administros speraverat* [1070]*, nuper multis precibus magnisque pollicitationibus ab eo sollicitati sumus, ut, vobis ac ceteris regni principibus Wirceburg* [1071] *convenien-*

VARIÆ LECTIONES.

[1048] detractabat 1. [1049] Gerstengen 3. 4. [1050] etiam ex 1. [1051] col. ar. desunt 4. [1052] Lutheringorum 4. 5. Lutther. 1. [1053] et 5. [1054] Berthoidus 1. 4. 5. Beriodus 5. [1055] deest 5. [1056] Wirezburg 5. [1057] g. suam 4. [1058] quibus — polluisset desunt 4. [1059] Obstupuere 4. [1060] prophetiam 5. [1061] mulibri 4. [1062] temeritatis 5. [1063] nativitate 3. nat. 5. natale 1. [1064] ita 1. Wirezburg 5. Wirceburg 4. 5? [1065] respondit 5. [1066] in d. desunt 4. [1067] exh. colloquia 5. [1068] devota 4. [1069] et 5. Bertholdo omnes. [1070] sperabat superscripto speraverat 4. [1071] Wirczburg 3

NOTÆ.

(351) Regem.

,ibus et secretioris colloquii gratia paululum a multitudine remotis, armati in vos irrueremus, et, trucidatis seditionis auctoribus, ipsum periculo, rem publicam perturbatione [1072] liberaremus. Et ceteri quidem satis impigre susceperunt negocium. Solus ego tam justiciæ respectu quam futuri judicii metu detrectavam opus nefarium, et, quantum obluctari obstinatæ sententiæ audebam, dehortari eum conabar a proposito. Quapropter tanta in me incanduit indignatione, ut a contubernio suo, quo me hactenus ceteris [1073] familiarius perfruitum optime nostis, protinus me amoveret, et jugulandum apparitoribus suis objecisset, nisi periculum imminens, penetralibus propere [1074] excedendo, declinassem. His dictis, in argumentum fidei locum expressit, conscios nominavit, et, si rex inficiaretur, paratum se ait cum ipso, si id leges paterentur, vel cum quovis homine, conserta manu, rem divino judicio committere. Vehementer hæc verba permoverunt prædictos duces, cum esset is qui deferebat homo haut obscuri nominis in palatio et apud suos inviolatæ existimationis. Præterea ea res potissimum dictis fidem conciliabat, quod rex et aliis quibusdam principibus suis simili modo necem paravisse et plerosque ex familiaribus suis etiam occidisse jam pridem infamatus fuerat. Itaque legatos ad eum mittunt, mandantque se jam nulla religione teneri sacramenti, quo ei fidem subjectionemque firmassent, cum ipse prior fidem prodidisset et de salute sua tractantibus insidias machinatus fuisset; proinde, nisi objecta diluisset, nullam deinceps a se vel in tranquillis rebus fidem vel in perturbatis auxilium sperare debere. Ægre nimis id passus rex, statim ad populum retulit de importunitate Ruodolfi ducis, qui, ut invadendi regni occasionem inveniret, cum verum sibi crimen impingere non posset, falsis suspicionibus et arte compositis rumoribus impeteret [1075] et obruere conaretur [1076] innocentiam suam. Sed procul, ait, facessant verborum pugnæ, cessent callida [1077] argumentorum fantasmata [1078]. Ego non verbis, sed manu mea refellam mendacium, et neglecta interim regii nominis majestate, cum ipso duce Ruodolfo congressus, detegam cuniculos fictæ hujus criminationis, qua maliliam suam palliare conatur, ut, si regnum amisero, non mea culpa, sed per illius supplantationem perjuriumque intelligar amisisse. Tunc [1079] Oudalricus [1080] de Cosheim, unus ex his qui consilii participes et sceleris administri destinati fuisse accusabantur, lenibus verbis dolorem regis mitigare studebat, rogabatque eum ne aliquid quod infra regiam magnificentiam esset, vi doloris impulsus, profiteretur; se melius multoque rectius, cum Regingero vel cum A quolibet homine collata manu, et suam et ipsius innocentiam asserturum. Statimque ad ducem Ruodolfum abiit, seque paratum dixit, quocumque modo ipse æquum judicasset, mendacium Regingeri refellere. Ille satisfactionem nec suscepit nec aperta fronte abnuit, sed ait se super hac [1081] deliberatione ceterorum principum sententiam expectaturum. Rex, sicut instituerat [1082], Ratisponam contendit (Nor. 26), omnibus invisus, omnibus suspectus, nec ipse jam cuiquam hominum satis fidei habens, cum hi quoque quos intima familiaritate sibi devinxerat, ad primam ingruentis tempestatis nubeculam a se defecissent.

Interea Saxones crebris legationibus urgebant principes Reni, ut vel sibi constituendi regis potestatem facerent, vel ipsi, quoniam et dignitate et multitudine superiores essent, quemcumque vellent, Saxonibus suffragium ferentibus, eligerent et constituerent, nec sinerent rem publicam unius hominis ignavia ad extremam usque vastitatem deperire. His accensus [1083] archiepiscopus Mogontinus, cui potissimum propter primatum [1084] Mogontinæ sedis eligendi et consecrandi regis auctoritas deferebatur, principes de toto regno Mogontiam evocavit, ut communi consilio Ruodolfum ducem regem [1085] constitueret. Quod ubi regi compertum est, assumptis secum quoscumque donis vel promissis ad studium suarum partium allicere potuit, concitus de Bajoaria remeavit, ratus ante omnia impediendæ tantæ rei curam agendam. Cumque prope Wormaciam in locum qui dicitur Lovendeburg [1086] (552) venisset, gravissima ægritudine correptus (Debr. 4), multis diebus lecto decumbabat, spemque maximam hostibus suis fecerat, tantos irarum motus sine sanguinis effusione posse confici. Sed ab infirmitate vixdum plene recreatus, Wormaciam festinavit; ubi cum magna pompa a civibus in urbem susceptus est, qui et paulo ante, ut sua erga eum studia clariora facerent, milites episcopi, ingressum ejus prohibere temptantes, urbe expulerant [1087], et ipsum episcopum, nisi mature fuga lapsus civitate excessisset, comprehendissent et vinctum ei misissent. Venienti ergo ei armati instructique obviam procedunt, non ad vim faciendam, sed ut, conspecta eorum multitudine, armorum apparatu, expeditorum juvenum frequentia, animadverteret, in arduis rebus suis quantum spei in eis ponere debuisset. Operam suam benigne spondent, jusjurandum dant, sumptus ad bellum administrandum ex sua re familiari singuli pro virili portione offerunt, et quoad vivant [1088] pro honore ejus devote se militaturos confirmant. Ita rex civitate minutissima potitus, hanc deinceps

---

VARIÆ LECTIONES.

[1072] deest 4. [1073] deest 5. [1074] propie 5. [1075] impetraret 4. [1076] niteretur 5. [1077] calida 5. [1078] ita 5. phant. rell. [1079] Tum 5. [1080] Udalr. omnes hic et infra. [1081] hac re d. 4. 5? [1082] constituit 5 [1083] ascensus 5. [1084] deest 4. [1085] deest 5. [1086] louendoburg 4. [1087] expulerunt 1*. [1088] coad juvant 5.

NOTÆ.

(552) die Ladenburg ad Nicarim.

belli sedem, hanc regni arcem, hanc, utcumque res cecidissent, tutissimum asilum habere cœpit, eo quod esset et civibus frequens, et murorum firmitate inexpugnabilis, et ubertate circumjacentium regionum opulentissima, et omnibus quæ in bello usui esse solent copiis instructissima. Porro hi qui ab archiepiscopo Mogontino ad colloquium Mogontiam evocati fuerant, audito quod rex concitus adventaret, plures metu perculsi, eo venire dissimulaverunt; pauci qui venerunt, cum de tantis rebus sine aliorum principum discussione sententiam ferre non auderent, irriti frustratique discesserunt. Ad quos rex legatos mittens, multis precibus eis vix et ægre extorsit, ut sibi familiaris colloquii gratia in Oppenheim [1089] occurrerent. Quo dum, datis utrimque obsidibus propter periculi suspicionem, venissent, pedibus eorum provolutus, suppliciter orabat ut, memores justi judicis Dei, memores sacramenti quo se Deo mediante obligassent, fidem sibi servarent in adversis; si quid antehac excessisset, juvenilibus animis [1090] et ætati in vicium pronæ veniam darent; deinceps et malo correctum et annorum sensusque maturitate roboratum, quæ parvuli sint [1091] evacuaturum, et quæ virtutis, quæ honoris, quæ regiæ dignitatis, quæ postremo virum deceant, cogitaturum et amplexurum. Ad hæc illi responderunt frustra cum a se fidem expetere, quam ipse nec Deo umquam nec homini præstitisset, de quo ambigerent, in pace an in bello, amicis an inimicis infestior suspectiorque esset, quique ante paucos dies, positis sibi in Wirceburg [1092] et de salute ejus tractantibus, clanculo carnifices mortemque præparasset; sin aliquid haberet obtendere aut per quorumdam factionem [1093] falsis criminibus se impetitum putaret, sineret Oudalricum de Cosheim, sicut professus fuisset, manum conferre cum Regingero, ut, si vicisset, eos deinceps fidos sibi obnoxiosque sine omni in perpetuum [1094] contradictione haberet. Libenter rex suscepit conditionem, statuitque ut certo [1095] die post octavam [1096] epiphaniæ congressi prope Moguntiam in insula Reni quæ dicitur Marowa (333), utriusque partis allegationem justo judici Deo decernendam [1097] permitterent.

Ea tempestate hi qui in Hartesburg erant, multa et præclara militaris audaciæ facinora fecerunt. Nam sæpenumero erumpentes, prædas in vicinis regionibus et strages hominum non modicas agebant, et priusquam Saxones ad vim arcendam frequentes confluere possent, se in castellum receperant. Maxime autem Goslariensibus propter viciniam [1098] exitiales erant. Plurimos enim eorum peremerunt,

et bona eorum, quæ extra villam reperta fuissent, crebra incursione populabantur, et mercatores exterarum gentium, ne consuetas merces eo conferrent, metu vitæ amittendæ inhibebant. Cumque tempore quodam ad modicum inter eos pax convenisset, quidam ex castello Goslariam, privatæ rei aliquid [1099] ibi acturi, venerunt; ubi, cibo potuque distenti, dum nimia potione incaluissent, sicut ebrietas mater esse [1100] solet jurgiorum, cœperunt adversum eos cum quibus accumbebant ineptos inconditosque sermones jactitare, et Saxonibus ignaviam exprobrare [1101], quod non militari sed ovina mente adversus regem arma sumpsissent. Indignati qui aderant Saxones, seditione concitata, eos trucidaverunt forasque projecerunt. Quod ubi his qui in Hartesburg erant [1102] compertum est, dedita opera se in ultionem sociorum suorum accinxerunt; et quia villam, viris fortibus, vallis et seris undique [1103] munitam, incursare haut satis tutum putabatur, dolo eos circumvenire parabant. Erat quidam Goslariæ præfectus, Bodo [1104] nomine, regi tempore pacis acceptissimus, nunc quoque turbata re publica fidem inviolatam ei servans, occulte tamen metu Saxonum, ne deprehensus factione vulgi omnia sua amitteret. Is [1105] edoctus ab his qui in castello erant, pastores, qui Goslariensium pecora servabant, precio corrupit, ut gregem paulo longius a villa in pastum ejicerent. Missi de castello equites, ea protinus abegerunt. Ceteri in montibus et silvis armati se abdiderunt. Perlato Goslariam rumore abactorum pecorum, unanimiter ad arma conclamant, summis omnes viribus in certamen ruunt, nec quisquam alterum operiebatur, sed citato quisque quantum poterat equo, prior hostem insequi prædamque excutere contendebat. Illi paululum fuga simulata cedebant insequentibus, donec eos ultra locum insidiarum incautos protraherent. Tunc sublato undique clamore, tam hi qui in castello remanserant, quam hi qui in vicinis montibus se occultaverant, impetum in eos fecerunt, et tam diu palantes fugientesque prosternebant, donec non ratio sed fusi sanguinis horror ac satietas occidioni [1106] finem facerent. Propter hæc et alia hujusmodi placuit Saxonibus proximum castello collem occupare, militesque imponere, qui contra excursiones hostium sine intermissione intenti sollicitique excubarent. Nec sic tamen audaciæ eorum modum imposuerunt, sed ubicumque oportunitas se præbuit, multa et in eos a quibus asservabantur et in alios provinciales hostilia fecerunt.

Interea instante jam natali die [1107] Domini, milites regis qui [1108] in [1109] Asenberg obsidebantur assidue

VARIÆ LECTIONES.

[1089] Oppenheim 3. [1090] annis ed. II. [1091] sunt 5. [1092] Wirczeburg 3. [1093] quorum damnacionem 5. [1094] perpertuum 5. [1095] in c. 5. [1096] octavas 3. [1097] discernendam 5. [1098] vicinia 5. [1099] ibi rei al. 5. [1100] solet esse 5. [1101] exprobare 4. [1102] deest 5. [1103] m. u. 5. [1104] fortasse comes Stolbergi Ottonis filius 4*. *annotat in margine.* [1105] Hic 3. [1106] occisioni 3. [1107] deest 4. [1108] deest 4. [1109] deest 4.

NOTÆ.

(333) Fortasse hodie *die Marsaue.*

sed ad se protegendos injuriasque propulsandas arma sumpsisse; si ea necessitas adimatur, etiam nunc pacem quam bellum [1153] malle, et districtos jam gladios libenter in vaginam remittere. Grata admodum erat his qui cum rege erant responsio.

Tunc missi sunt quatuor ex episcopis, agere cum eis de pace et promittere ex nomine regis, quod omnibus quæ rationabiliter postulassent, et quæ electi ex utraque parte judices æqua [1154] censuissent, promptissime annueret, dum ipsi quoque vicissim justis conditionibus adquiescerent, et mansuetudinem ejus quam manum militarem experiri mallent. Ad hæc illi responderunt [1155] nihil aliud se postulare quam quod multis jam [1156] sæpe legationibus postulassent, scilicet ut castella, quæ ad oppressionem eorum per Saxoniam et Thuringiam extruxerat, sine dilatione dirui jubeat; ut sua singulis patrimonia, per vim seu per [1157] calumpniam erepta, restituat; ut duci Ottoni, ad quem extinguendum falsa criminatione et pessimo nefarii [1158] hominis artificio impudenter abusus sit, ducatum Bajoariæ reddat; ut episcopo Mogontino, episcopo Coloniensi, duci Ruodolfo, postremo omnibus qui in hac dissensione ab eo defecissent, aut aliquid quod eum læderet aliarum partium studio admississent, impunitatem tribuat, nullasque [1159] in perpetuum [1160] offensæ hujus pœnas exigat; ut libertatem genti suæ et legitima a primis temporibus statuta rata atque inviolata manere sinat; ut totam in sola Saxonia ætatem, inerti otio deditus, non transigat, sed interdum Goslaria decedens, regnum suum, quod majorum ejus industria latissimum sit, circueat; ecclesiis et monasteriis, viduis et orphanis, et ceteris qui calumpniam patiantur, justa faciat; et regiam dignitatem, quam nomine præferat, regalium morum et operum claritate exornet; si hæc se facturum fidelissime polliceatur et ad firmamentum indubitatæ fidei fidejussores sibi det eosdem, quos nunc habeat recuperandæ pacis intercessores, principes regni: paratos se arma deponere, pacem suscipere, et deinceps dicto obtemperantes vivere; sin autem, sacramento se obstrictos esse ut, quamdiu sibi vitalis caloris ultima scintilla supervivat, pro libertate, pro legibus, pro patria sua indefessi dimicent. Dura nimis regi visa est exactio, cœpitque huc et illuc anxius tergiversari, fidemque principum suorum appellare, ne se sub jugum tam fœdæ conditionis ad sui omnium ignominiam mitti paterentur; illud præ cæteris intolerabile judicans, quod castella sua destruere et hostibus suis præmia pro suppliciis reddere cogebatur. Cumque, spreta pace quæ offerebatur, sequenti die exercitum recenseri aciemque ad pugnam instrui placuisset, misit circumquaque ad habitacula principum, jubens ut suos singuli ad aciem instruendam producerent. Omnes promptissime se dicto parere spoponderunt; sed redeuntibus nunciis, nullus castris est [1161] egressus; detrectantibus cunctis opus nefarium, ut eis, quorum causam justissimam æstimarent, certamen inferrent. Ex alia quoque parte castra Saxonum non minima seditione quatiebantur; plebs universa tumultuabatur contra principes, quod se frustra in tantas bellorum procellas impulissent. Cum enim nunc victoriam omnia spondeant et opportunitas ad votum arrideat, ad quam ab exordio belli anhelantibus semper animis suspiravissent, ipsi repentina pœnitudine correcti, manus supplices tendant, pacem petant, et ei, a quo totiens elusi sint, iterum se eludendos muliebri socordia et puerili levitate tradant. Duci quoque Ottoni vehementer insistebant [1162], ut, accepto super se regno, ducatum sibi præberet ineundi certaminis, et prospera omnia promittenti Deo manus suas operamque non negaret.

(Feb. 1?) Tunc circumstantes regem hi quorum consilio familiarius uti consueverat, cum subterfugiendæ conditionis studio divina atque humana omnia sollicitantem viderent: *Nullum*, inquiunt, *o rex, habemus diverticulum: aut æquanimiter suscipienda est conditio quam imposuerint, aut regnum cum magno etiam vitæ periculo amittendum. Acie vis configere, periculumque* [1162*] *armis propulsare; sed qua virtute, putas, is miles hostem congressus proteret, qui modo ad recensendum exercitum nomen dare jussus, nec castris quidem exire voluit* [1163] *? Parvulo intervallo abest hostium infinitus exercitus; sed cunctis hostibus plus tibi formidandi sunt hi* [1164] *qui lateri tuo familiariter obversantur, qui interim tibi simulata fide blanda loquuntur, quamdiu eos quibus se sacramento obligaverunt* [1165] *prælio lacessere non coguntur. Quod si classica insonuerint, et pressius posito pede aut* [1166] *feriri aut ferire angustia loci coartabuntur, nimirum aut dicto citius diffugient; aut te deserto ad partes hostium transibunt. Unde satius* [1167] *fuerat Wormaciam* [1168] *non excedere, quam, in extremum discrimen progressum, fidei principum tam iniquo tempore experimentum quærere. Unum tamen patet incisæ* [1169] *spei et undique impeditis rebus effugium, si facturum te quæ postularis incunctanter promittas. Ita et juveniliter exultantium hostium ferocitatem eludere, et periculum, quod faucibus urget, evadere, et regnum deinceps, sopitis in perpetuum cunctis simultatibus, poteris obtinere.* Tum [1170] ille non tam ratione victus quam necessitate, cum omnia prius incassum pertemptasset diverticula, tandem, accitis ad [1171] concilium principibus, permisit [1172], ut pro suo arbitratu tantos motus componerent; promittens se indubitata

VARIÆ LECTIONES.

[1153] bella 4. [1154] deest 5. [1155] respondere 4. [1156] deest 5. s. jam 4. [1157] deest 5. [1158] h. n. 4. [1159] nullamque 5. [1160] imp. 4. [1161] deest 4. [1162] instabant 5. [1162*] periculum 5. [1163] voluerit 4. 5? [1164] deest 5. [1165] obligavere 4. [1166] aut feriri desunt 3. 4. 5? [1167] satis 5. [1168] Wormacia 1. 5? [1169] inscise 5. [1170] Tunc 4. [1171] in 4. [1172] promisit 4.

fide omnibus [1173] annuere, quæ ipsi conficiendis tantis rebus competere judicassent. At illi responderunt [1174] non aliam prorsus patere viam subterfugiendi, quod stricto [1175] jam mucrone comminus intentaretur, prælii, quam ut faceret quæ Saxones postulassent. Quod cum sub testificatione nominis Christi spopondisset, profecti sunt ad eos 15 episcopi (557) et quicquid principum in castris erat, referre illis regis voluntatem. Multæ ibi dictæ sententiæ, multa sunt conquisita argumenta, cum propter suspectam regis ferocitatem et sæpenumero spectatam fidem nulla Saxonibus viderentur satis tuta consilia. In longum protracta [1176] deliberatione, ad ultimum hoc pacto recuperandæ paci consenserunt [1177], ut, si quando rex, acceptæ læsionis memor, sententiam revocare, aut aliquid eorum quæ modo, suprema necessitate compulsus, statuisset, in irritum ducere conaretur, omnes, eodem quo nunc sacramento obstricti, arma repeterent, injuriæ obvjam irent, et, tamquam evidentis perjurii reum, cunctis regni principibus suffragium ferentibus, de regno proturbarent. In hæc verba omnes ut erant conglobato agmine ad videndam faciem regis processerunt, ipso die purificationis sanctæ Mariæ (Febr. 2), præeuntibus his qui reparandæ pacis mediatores fuerant episcopis et aliis principibus. Quos ille venientes honorifice suscepit [1178], osculum præbuit, et pacis conditiones, quas per internuncios significaverat, vivæ vocis auctoritate roboravit.

Ita compositis omnibus ex sententia, his qui partes suas impensius curaverant dona juxta magnificentiam regiam largitus est, dimissisque singulis in locum suum, ipse junctus Saxonibus Goslariam perrexit. Destinatis etiam circumquaque nunciis mandavit ut ab oppugnatione castellorum exercitus abduceretur, et hi qui in castellis erant nihil deinceps hostile in provinciales facerent, sed ubi primum cibaria, quæ in [1179] diutinam belli administrationem affatim congesta fuerant, consumpsissent, ipsa castella provincialibus traderent funditus diruenda. Nec Saxones magnopere curabant has inducias, quamvis non minimum haberent suspectas, cum in potestatem suam redactum scirent communi sententiæ non posse refragari. Igitur cum venisset Goslariam, juvenes qui in Hartesburg fuerant, quique propter res bene gestas in magna apud eum admiratione habebantur, vehementer improbabant conventionem pacis, et quia, secundum prophetam, [1180] dolus directus fuerat in manibus eorum (Dan.

A VIII, 25), multa et supra mensuram suam magnifica ei promittebant de viribus suis, si in procinctu perstitisset. Ostentabant etiam ad experimentum virtutis suæ titulos (558) interfectorum Goslariensium, dispositos per omne illud spacium quod a Goslaria usque in Hartesburg duobus ferme milibus [1181] interjacet. Hæc [1182] audiendo, malis assuetus animus et per ætatem gloriæ militaris avidus paulatim reformabatur ad ingenium suum atque ad [1183] rigorem pristinum, factique jam non [1184] mediocriter pœnitebat. Cumque a Saxonibus promissa sua reposceretur [1185], cœpit rursum callidis responsionibus tergiversari, et petere ut ad conventum principum regni communemque audientiam res integra differretur, quatenus eorum judicio de singulis, quod honori, quod utilitati rei publicæ conduceret [1186], statueretur. Illis annuentibus, præcepit ut 6. Idus Martii (Mart. 10) principes de toto regno Goslariam convenirent.

Statuto die ceterorum principum nullus eo venit Saxones et Thuringi cum infinita multitudine de tota Saxonia et Thuringia, sacramento evocati, aderant, et haut procul a Goslaria castra metati, legatos ad regem miserunt, agere cum eo de conditionibus quibus inter se et cum pax convenisset. Triduo integro (Mart. 12) et hi, modo supplicando, modo terrorem bellicum intentando [1187], acriter instabant, et ille sedulitatem instantium lubricis responsionibus eludere conabatur, et modo de absentia principum causabatur, ad quorum judicium ea res potissimum spectaret, modo obnixe flagitabat ut, ceteris omnibus juxta condictum manentibus, sola castella, quæ summis impensis ad munimentum [1188] regni extruxisset, sibi condonarentur. His scilicet salvis, facilem ducebat ceterarum rerum jacturam, eo quod speraret se in his, utcumque res cecidissent, semper refugium habiturum, et perpetuas a Saxonibus ejus [1189] quam nunc intulissent contumeliæ pœnas exacturum. Jamque, spretis legatorum supplicationibus, reprobatis familiarium suorum consiliis, fixus obstinatusque persistebat in proposito, cum subito nunciatur quod Saxones, omissis [1190] internunciis per quos antehac res agebatur, armati instructique ad palatium tenderent, nec jam promissa reposcere, sed ei valefacto, regem, quem deinceps belli ducem habeant, constituere vellent. Præterea archiepiscopus Premensis, episcopus Citicensis, episcopus Osenbruggensis, et ceteri, qui propter impensius studium partium ejus

VARIÆ LECTIONES.

[1173] deest 3. [1174] respondere 4. [1175] districto 4. [1176] protracti 5. [1177] consensere 3. [1178] excepit 1*. [1179] ad 4. [1180] prophetiam 5. [1181] miliaribus 1* [1182] Nec 4. [1183] deest 5. [1184] deest 5. [1185] reposcerentur 1* [1186] condeceret 5. [1187] intemptando 5. [1188] monimentum 3. 4. 5. [1189] omnibus 1. [1190] obmissis 5.

NOTÆ.

(557) De numero dubitavit Stenzel. I, p. 514, n. 23.

(558) monumenta sepulcralia; puta cruces ad viam KR. Denksteine. Ita, apud Juvenalem, titulus sepulcri est inscriptio sepulcralis.

Saxonia effugati, possess onibus nudati, pluribus ignominiis deformati fuerant, unanimiter circumsteterunt eum, per Deum obsecrantes ut, si minus propriæ, saltem eorum calamitatis misereretur, qui, propriis sedibus odio nominis ejus expulsi, anno jam ferme integro per omnes miserias vitam traxissent; fidem se ei in adversis [1192] intemeratam servasse, et quæcumque præter voluntatem accidissent, communicato labore tolerasse; nunc, quoniam Deus tantas rerum procellas benigna vice in sedem reduxisset (339), gauderet sorte sua (340), et ne deinceps tale naufragium incideret, tuta nunc statione locatus provideret. Quod si res tranquillas et propicia Divinitate jam ad honorem ejus ex sententia compositas rursus interturbare atque implicare vellet, quos exitus habiturus esset, ipse prospiceret; se superioribus malis jam usque ad extremam lassitudinem defatigatos, necessario deinceps loco et tempori concessuros, et genti suæ, ne denuo patria expellantur, obnoxios futuros. Inter hæc verba cum Saxones jam armata multitudine atrium palatii replesse [1193] et ad vim faciendam paratos inconditis motibus perstrepere cerneret, tandem ancipiti periculo permotus, consensit ut duci Ottoni, ducatum Bajoariæ reposcenti, intra [1194] anni spacium juxta principum jurisdictionem satisfaceret, castella vero sua omnia sine dilatione destrueret, sed ea conditione ut Saxones et Thuringi sua quoque castella, quæ tempore regni ejus extructa fuissent, pari modo diruerent, cetera etiam omnia, quæ in Gerstungun [1195] pollicitus fuerat, fide integra exsolverentur [1196]. Nec perficiendis quæ promiserat improbitas Saxonum ullas indulsit inducias. Unde continuo missis circumquaque nunciis, Vokenrot [1197] et Spatenberg et cetera castella, de quibus quæstio promulgata fuerat, succendi ac penitus dirui fecit. In Hartesburg muri tantum sunt diruti, quantum ad infirmandam munitionem difficultatemque loci [1198] adimendam sufficeret. Ceteris ædificiis status mansit incolumis, eo quod ecclesia illic constructa et canonicorum congregationi instituendæ locus attitulatus fuisset. Ita pacatis Saxonibus, rex Goslaria decedens, Wormaciam abiit, ibique totam quadragesimam (*Mart. April.*), ab omni deinceps belli apparatu feriatus, exegit.

Porro vulgus Saxoniæ, id potissimum quod contiguas castello Hartesburg villulas incolebat, vehementer offenderat, quod in Hartesburg ullæ servatæ essent reliquiæ; nec quicquam tantis laboribus actum putabant, stante atque incolumi castello, quod omnium cladium quas acceperant caput principiumque extitisset, et quod circumjacentis regionis opulentissimas quondam villas nunc in horrorem vastamque solitudinem redegisset; non detulisse regem cultui divino, sed sub prætextu religionis crudelitatis suæ patrocinium [1199] quæsisse, ut scilicet, instaurato post modicum bello, cum hæc ira Saxonibus deferbuisset, locum habeat [1200] ubi milites suos rursus ad eversionem Saxoniæ tuto emittat, tuto recipiat, et tunc tanto victis incumbat infestior, quanto nunc discedat Saxonum lætis successibus efferatior. Hæc vicissim intemperatis clamoribus serendo, in magnam se ferocitatem inflammarunt [1201]. Igitur tercio die (341) postquam rex abscesserat [1202], insciis inconsultisque principibus, facto grege in Hartesburg irruunt, quod residuum erat murorum a fundamento dejiciunt, lapides longe lateque dispergunt. Ceteris ædificiis, quæ indulgentia principum integra servaverat, idem faciunt, ecclesiam, quæ [1203] accelerandi operis studio interim lignis elegantissime constructa fuerat, incendunt [1204], thesauros diruunt, altaria confringunt. Postremo, ne qua regi instaurandi castelli occasio reliqua esset, filium ejus et fratrem, quos ille ad gratificandum popularibus locum ibi tumulaverat, effodiunt, aguntque omnia, quantum possunt, ne administrando bello deinceps mons complanatus ullam præstare possit [1205] oportunitatem. Reliquias sanctorum, quæ effractis altaribus erutæ fuerant, et effossa defunctorum corpora abbas ex vicino cœnobio (342), oportune superveniens, furenti vulgo eripuit atque in suum monasterium cum honore transvexit.

Perlatus ad principes Saxoniæ rumor admissi facinoris grandi eos formidine perculit, ne rex, tanta injuria exacerbatus, causaretur ab ipsis fœdus esse violatum, et justam exinde occasionem instaurandi belli nactus, cunctas adversus eos regni vires concitaret. Id consulto prævenire cupientes, graviter in eos qui tale flagitium admiserant animadvertunt [1206]. Deinde legatos ad regem mittunt, obsecrantes per Deum ut se habeat excusatos; nec conscios se tanti sceleris nec incentores extitisse, patratumque non secus quam ipsum graviter et iniquo animo ferre; quod si minus fidei habeat negantibus, paratos se quovis genere satisfactionis dictis fidem facere et violatæ pacis a se suspicionem amovere. Ille vehementer efferatus, quod dolorem pristinum,

VARIÆ LECTIONES.

[1191] *deesi* 5.   [1192] *adversus* 3.   [1193] *implesse superscr.* re 3.   [1194] *inter* 4.   [1195] Gerstengun 1. 4. 5? [1196] *exoluerentur* 1. 4.   [1197] Volkenrott 3.   [1198] *loca supersc.* loci 4.   [1199] quesisse p. 3.   [1200] haberet 4. [1201] inflammare 4.   [1202] abcesserat 5.   [1203] quam — construxerat 3.   [1204] accendunt 3.   [1205] posset 4. [1206] animadverterunt 1.

NOTÆ.

(339) Cf. Horat., Epod. xiii, 7, 8.
(340) Cf. supra a. 1071.
(341) Hoc non ante d. 17 Mart., sed paucos dies post factum esse putat Delius in libro de castro Harzburg., p. 85, sq.
(342) Abbatem monasterii Ilsenburgensis fuisse, suspicatur Delius, l. c., p. 86, sq.

qui necdum in cicatricem cutem obduxisset, recentibus injuriis exulcerassent : *Quandoquidem*, inquit, *nec forenses leges contra violentiam Saxonum quicquam proficiunt, nec injurias meas, desertus a milite, armis persequi [1207] valeo : ad leges ecclesiasticas, jam necessitate coactus, confugiam, et ubi humana cessant auxilia, divinam opem implorabo.* Protinus legatos Romam misit, sedem apostolicam contra eos [1208] interpellare, qui ecclesiam incendissent, altaria confregissent, sepulchra violassent, et odio viventis in sepultos cineres barbara crudelitate debachati fuissent. Pascha [1209] Babenberg celebravit (*April.* 20), erantque cum eo archiepiscopus Mogontinus, dux Carentinorum Bertoldus, et alii quam plures ex his qui bello Saxonico ab eo defecerant. Cum enim crimen rebellionis Saxonibus donasset, aliis regni principibus, qui conjurationis socii fuerant, quod juste succenseret, non habebat.

Ipso tempore Coloniæ res accidit digna omnium honorum miseratione et lacrimis, incertum levitate vulgi an factione eorum qui vicem regis in archiepiscopum ulcisci cupiebant. Id magis venit in suspicionem, quod, cum celebre apud omnes esset nomen Wormaciensium pro eo quod regi [1210] fidem in adversis servassent et episcopum rebellare tentantem civitate expulissent, Colonienses pessimum exemplum æmulati, suam quoque devotionem insigni aliquo facinore regi gratificare vellent. Ad [1211] patrandum quod nefarie machinabantur, casus idoneam attulit occasionem. Archiepiscopus pascha Coloniæ celebravit, eratque cum eo episcopus Mimigardefurdensis [1212], ad communicanda tantæ solemnitatis gaudia familiaris amicitiæ obtentu evocatus. Cumque, exactis ex parte feriis paschalibus (*April.* 23), abscedere pararet, hi qui archiepiscopi domestica [1213] negotia curabant jubentur ad evectionem ejus navem [1214] idoneam providere. Lustratis perspectisque [1215] omnibus, unam mercatoris cujusdam prædivitis navim, quia in eos usus competens videbatur, occupant, eamque in ministerium archiepiscopi, ejectis mercibus quas habebat, ocius expediri jubent. Negantibus famulis [1216] qui navim servandam susceperant, vim, nisi mature [1217] jussa capessant, minitantur. Illi quantum poterant citato cursu ad dominum navis rem deferunt, et quid facto opus sit, consulunt. Habebat ille filium adulta ætate non minus audacia quam viribus excellentem, et tum propter generis affinitatem tum ob merita sua primoribus civitatis maxime [1218] carum et acceptum. Is, assumptis famulis suis et juvenibus ex civitate, quantos in ea trepidatione in auxilium suum consciscere potuit, concitus ad navem [1219] evolat, et ministros archiepiscopi, acriter ut navis exoccuparetur insistentes, cum injuria proturbat. Dehinc advocatum urbis (543), in idem opus succedentem tumultusque instaurantem, simili constantia repellit, fundit et fugat. Jamque et his et illi, sui singulis [1220] amici armati subsidio accurrunt, et ad magnum [1221] discrimen pugnamque ancipitem res spectare videbatur. Perlato nuncio ad archiepiscopum, quod atrocissima seditione confunderetur civitas, misit festinanter ad sedandos motus populi, irarumque plenus minabatur se proxima sessione seditiosos juvenes merita pœna cohercituram. Erat quippe vir omni genere virtutum florentissimus et in causis tam rei publicæ quam ecclesiæ Dei spectatæ sæpius [1222] probitatis; sed unum in tantis virtutibus vicium tamquam tenuis in pulcherrimo corpore nævus [1223] (544) apparebat, quod, dum ira incanduisset, linguæ non satis moderari poterat, sed in omnes sine personarum acceptione rixas et convicia amarissima rotabat. Hoc in se, cum iram paululum digessisset, vehementer et ipse reprehendebat. Vix ad modicum dirempta [1224] est concertatio. Sed ferox animis et elatus primo successu juvenis non cessabat interturbare omnia, percurrensque civitatem, varios sermones per populum serebat [1225] de insolentia et austeritate archiepiscopi, qui totiens injusta præciperet, totiens innocentibus sua adimeret, totiens honestissimos cives procacissimis verbis incesseret. Nec difficile fuit, id hominum genus in omne quod velles, tamquam folium quod vento rapitur, transformare, quippe qui ab ineunte ætate inter urbanas delicias educati, nullam in bellicis [1226] rebus experientiam habebant, quique post venditas merces inter vina et epulas de re militari disputare soliti, omnia quæ animo occurrissent tam facilia factu quam dictu putabant, exitus rerum metiri nesciebant [1227]. Præterea in mentem veniebat Wormaciensium insigne præclarumque facinus, quod episcopum suum, insolentius agere incipientem, urbe expulissent, et cum ipsi multitudine opibus armisque instructiores sint, dedignantur [1228], quod inferiores æstimentur audacia, et archiepiscopum, tirannico sibi fastu imperitantem, tam diu muliebriter patiantur. Con-

---

VARIÆ LECTIONES.

[1207] prosequi 5. [1208] co 5. [1209] Rex pascha 4. [1210] regis 4. [1211] *sequentia exscripsit Vita S. Ann. l. II. c.* 21. (1b.). [1212] Mimigarden 5. Mimigardeuurdensis 1. 1b. *et infra*. [1213] deest 4. [1214] navim 1b. codd. *hic* navem *mox* navim. [1215] prosp. 5. [1216] deest 3. 4. 5. [1217] i. mat. 3. [1218] per maxime 4. [1219] navim 1b. [1220] singuli 3. 4. 5. [1221] magnam 4. [1222] sepe 4. [1223] neruus *corr.* næuus 4. [1224] dirupta 5. [1225] serencia 5. [1226] ibecillis 5. [1227] nescientes 1b. [1228] indignantur 5.

[NOTÆ.]

(543) Advocati urbium dicebantur prætores, qui nomine regum jus dicebant, quales in plerisque imperialibus urbibus prisci imperatores habuerunt.

(544) Cf. Horat., Sat. I, 6, 66 : *velut si Egregio inspersos reprendas corpore nævos.*

ferunt priniores inepta consilia, sævit vulgus intemperans novarum rerum studio, et per totam civitatem spiritu diabolico raptatum, ad arma conclamat (345); nec jam archiepiscopum urbe expellere sicut Wormacienses, sed per omnes cruciatus trucidare, si copia detur, conspirat [1229]. Natalis erat beati Georgii martiris, qui eo anno 4. feria ebdomadæ paschalis obvenerat (346); et archiepiscopus, celebrata missarum solemnitate apud Beatum Georgium, cum sermonem faceret ad populum, præsagio quodam futurorum, nescius ipse mali quod imminebat, contestatus fuerat audientibus quod civitas diabolo in potestatem tradita esset et propediem peritura, nisi jamjam impendentem iram Dei per pœnitentiam inflectere maturarent. Igitur post meridiem, inclinata jam die in vesperum, cum igni oleum [1230] (347), iracundiæ accessisset ebrietas, ex omnibus partibus urbis ruunt ad curtim archiepiscopi, et eum [1231] celebri quodam loco cum episcopo Mimigardefurdensi [1232] cœnantem adorti, tela contorquent, saxa jaciunt, nonnullos ex assistentibus interficiunt, céteros plagis et vulneribus confectos in fugam vertunt. Iter hæc conspicantur quamplurimi ipsum talium furiarum incentorem demonem [1233] præcurrere insanienti populo, galeatum, loricatum igneo mucrone teribiliter fulgurantem; nec ulli quam sibi similiorem. Cumque militari quodam classico cunctantes, ut se in pugnam sequerentur, concitaret, in ipso impetu, quo portarum seras effracturus vociferando irruebat, repetente ex oculis sequentium disparuit (April. 25). Archiepiscopum sui, inter cuneos hostium nubemque jaculorum (348) vix et ægre expeditum, in templum sancti Petri abripiunt [1234], foresque non modo seris et vectibus, sed admotis etiam magnis molibus obfirmant. Sæviunt foris, et instar inundantis aquæ rugiunt vasa diaboli, plena vino furoris Dei, et per omnia episcopii [1235] penetralia discurrentes, fores infringunt, thesauros [1236] diripiunt, vasa vinaria concidunt, et dum vina in diutinos [1237] usus summa ope congesta præcipitantius effundunt, repletum subito cellarium ipsos — quod dictu quoque ridiculum sit — inopinis fluctibus periclitatos pene suffocaverat. Alii, capellam archiepiscopi irrumpentes, altare [1238] spoliant, sacra vasa pollutis manibus contrectant, vestimenta pontificalia diripiunt, dumque omnem suppellectilem sacri ministerii curiosa, immo furiosa, diligentia evertunt, reperientes illic

A quemdam præ timore se in angulo [1239] occultantem, et putantes quod archiepiscopus esset, interficiunt, non sine gratulabunda exprobratione [1240], quod petulantissimæ linguæ tandem aliquando modum imposuerint [1241]. Sed, cognito quod decepti similitudine essent, et archiepiscopus [1242] intra [1243] templum sancti Petri et loci religione et murorum firmitate se tutaretur, undique conglobati ipsum templum obsident, muros perfringere dedita opera moliuntur, postremo, nisi ocius sibi tradatur archiepiscopus, ignem quoque [1244] se [1245] adhibituros, minitantur. Tum [1246] hi qui intus erant, videntes obstinatos esse ad necem ejus animos populi, nec ebrietate sola, quæ tempore digeri solet, sed pertinacibus [1247] etiam odiis et frenetico quodam furore homines agitari, suadent ei, ut mutato habitu effugere conetur de ecclesia et fallere obsidentes, hoc facto et sacras ædes incendii [1248] et se mortis periculo liberaturus [1249]. Oportunum fugæ patrocinium tempus pollicebatur. Seditione in mediam noctem protracta, horrebant omnia tenebris et caligine, ut haut facile cuiquam esset vultus occursantium discernere. Angustus aditus patebat de templo in dormitorium, item de dormitorio in atrium domumque canonici cujusdam, adhærentem muro civitatis. Isque ante paucos dies ortæ seditionis impetraverat ab archiepiscopo, Deo ad salutem archiepiscopi hoc ipsum misericorditer providente, ut rupto muro civitatis parvulum sibi posticum facere sineretur. Ibi eductus archiepiscopus, applicitis propere in evectionem ejus et comitum ejus [1250] quatuor equis, abiit, opacæ noctis tenebris, ne ab obviantibus agnosceretur, commodissime usus; repertoque post modicum episcopo Mimigardefurdensi (April. 24), sociis jam pulchre pro ea tum calamitate constipatus, in locum cui Noussen [1251] (349) nomen est pervenit. Interim hi qui circa templum erant crebris arietum ictibus muros quatiebant, eratque confusa vox tumultuantium et fidem Dei omnipotentis testantium [1252] quod non evasurus esset manus suas, non decepturus obsidentium diligentiam, etiamsi in minima terræ reptilia se transfiguraret. Econtra hi qui [1253] obsidebantur, nunc supplicando, nunc pollicendo quod diligentissime quæsitum, si inveniretur, ipsis tradituri essent, callide ludebant operam perurgentium, usque quo archiepiscopum longius evectum atque in tuta jam [1254] loca progressum esse

VARIÆ LECTIONES.

[1229] conspirant 1b. [1230] ol. acc. ir. ebr. 5. [1231] cum 4. [1232] Mimigardfurdensi 5. Monasteriensi 1b. [1233] dyabolum. [1234] arripiunt 5. 4. 5. [1235] episcopi 4. ed. 2. [1236] thesauros 5. 4. (semper). [1237] divinos 5. [1238] altaria 5. [1239] angulo altaris occ. 1b [1240] gr. exultatione et expr. 4. [1241] imposuerunt 5. [1242] episcopus 1b. [1243] inter 4. [1244] deest 5. [1245] deest 4. [1246] Tunc 1b. [1247] deest 1b. [1248] incendio 4b. [1249] liberaturos 5. [1250] deest 4. [1251] nose 1b nussen 1. 5. [1252] attestancium 5. [1253] deest 5. [1254] deest 1b.

NOTÆ.

(345) *Vulgus — ad arma conclamat.* Exempla hujus dictionis vid. ap. Mitscherlich et Orell., ad Horat., Od. I, 35, 16.
(346) Cf. Wedekind, Not., t. II, fasc. 8, p. 408, seq.

(347). V. supra a. 1063.
(348) *Nubemque jaculorum.* Ita Liv. 21, 55, 6 : *velut nube jaculorum.*
(349) Neuss.

arbitrarentur. Tum demum reclusis foribus, ipsos ei gratiæ apud populares conciliabat. Exclamant ingredi et pro libitu suo quærere sinunt, adjiciuntque, frustra eum quæri intra septa templi, quem certo comperissent primo incursu concitatæ multitudinis clara adhuc die urbe egressum, jam in longinquas partes transire potuisse; idque magis suspicandum, quod, contractis undique per moram nocturni temporis copiis, primo mane ad occupandam armis civitatem sit adventurus. Igitur ingressi, cum omnia templi penetralia diligentius investigando evertissent, vix tandem admissa fide quod falli potuissent, deinceps ab inquisitionis studio ad tuendam urbem animos vertunt, armatamque multitudinem circumquaque per propugnacula dispertiunt. Inter hæc arreptum quemdam de turba super portam urbis ad ignominiam archiepiscopi [1255] suspendunt; magis in hoc furori [1256] suo, quo præcipites raptabantur, satisfacientes, quam quod crimen ullum suspendio dignum misero obtendere possent [1257]. Mulierem etiam quamdam de summitate murorum præcipitant fractisque cervicibus interficiunt (April. 24, 25); hoc ei crimini [1258] dantes, quod homines plerumque magicis artibus dementare infamata fuisset. Sed hoc scelus commodiori [1259] tempore et pacatiore animo vindicare debuerant. Induxerant etiam in animum, nisi Deus consulens servis suis breviasset dies amentiæ eorum, ut monachos de Sancto Pantaleone [1260] omnes trucidarent, pro eo quod, expulsis ab archiepiscopo prioribus monachis, novum illic inusitatumque [1261] religionis genus instituissent. Præterea juvenes impigros, citato quantum possent gradu, ad regem ire jubent, nunciare ei quægesta fuerant, et suggerere ut quantocius veniat vacantem expulso archiepiscopo civitatem occupare; in eo verti salutem civitatis et ipsius utilitatem maximam, ut grandia molientem de vindicanda injuria sua archiepiscopum anticipare (350) conetur. Talibus furiis toto triduo agitabantur. Postquam auditum est per provinciam et celebri rumore vulgatum quod Colonienses archiepiscopum, probris [1262] et contumeliis affectum, urbe fugassent, exhorruit omnis populus novitatem rei, atrocitatem sceleris, spectaculum humanarum rerum, quod vir tantarum in Christo virtutum tam indigna perpeti Deo aspiciente potuisset. Magna ejus in pauperes liberalitas, multa in divinis rebus devotio, multa in humanis moderatio, vehemens in corrigendis legibus studium, libera in corripiendis qui male agerent severitas omnium ore celebrabantur, earumque rerum commemoratio non minimum omnes ad suam magis injuriam pertinere violatam pontificalis nominis majestatem, et mori sibi satius esse quam ut tantum flagitium suorum temporum inultum patiantur. Igitur per quatuor vel quinque milliaria circumquaque ad arma conclamant; multa hominum milia dicto citius concurrunt, nullo qui per ætatem arma ferre posset tam religiosam militiam detrectante; conglobatique in unum rogant archiepiscopum et cunctantem vi [1263] impellunt ut ad recuperandam civitatem quantocius festinet; se pro eo dimicaturos, et, si ea necessitas incumbat, oves pro pastore, filios pro patre libenter mortem excepturos; quod nisi Colonienses maturent venientem suscipere et pro ipsius arbitratu satisfacere offenso, se aut ingesto igne populum [1264] cum civitate consumpturos, aut dissipato muro cum super congeriem occisorum in cathedram pontificalem reducturos. Ita archiepiscopus quarto die postquam exierat (April. 26), magno vallatus agmine, ad urbem accessit. Quod ubi Coloniensibus compertum est, et se tantæ tamque efferatæ multitudinis impetum nec muro nec acie sustinere posse animadvertunt, tum primum furor deflagrare, ebrietas vanescere [1265] cœpit; magnoque terrore concussi, obviam legatos de pace miserunt, se reos confitentes et omnem quam [1266] vita incolumi juberentur pœnam pendere paratos. Archiepiscopus digne pœnitentibus se veniam non negaturum, respondit. Tum [1267], celebrata missarum solemnitate apud Sanctum Georgium, eos qui pontificem sede propria expulissent, qui ecclesiam homicidio polluissent, qui templum Sancti Petri hostiliter impetissent, qui cetera religionis jura ausu barbaro temerassent, episcopali banno ad satisfactionem vocavit. Protinus omnes nudis pedibus, laneis ad carnem induti, processerunt, vix et ægre impetrata pace multitudinis quæ circa episcopum erat, ut hoc toto facere sinerentur. Nam et vehementer ei succensebant, quod, dum immoderatius clementiam ostentando popularis fieri vellet, nefarios homines ad audenda nequiora hujus sceleris impunitate animaret. Archiepiscopus eos postero die ad suscipiendam secundum canonum scita pœnitentiam tam immanis flagitii ad Sanctum Petrum præsto esse jubet. Ipse progressus ad Sanctum Gereonem, ibi extra urbem pernoctare statuit; veritusque [1268], quod tradita civitate vis concitatæ multitudinis inhiberi non posset, sed partim injuria partim prædæ cupidine accensi acerbius sævirent in populum, obnixe rogat provinciales qui secum

VARIÆ LECTIONES.

[1255] episcopi 1b. [1256] furore 5. [1257] Alteri crura succiderunt. add. 1b. [1258] criminis 1b. [1259] commodociori 4. [1260] Panthaleone 3. 4. [1261] que deest 5. [1262] probro 5. [1263] deest 3. 5. [1264] populus 4. [1265] evanescere 1b. [1266] que 5. [1267] Tunc 4. [1268] que deest 4.

NOTÆ.

(350) *Archiepiscopum anticipare* (cf. n. 1077). Ita absolute Lucret., V, 658. Varro ap. Non., 70, 13. Plin., Hist. nat. 2, 47.

erant, ut singuli in sua cum pace recederent [1269]; satis se opera eorum usum, et evidens tulisse documentum quid animi oves erga pastorem, filii erga patrem gererent; asperrimam partem negocii multa eorum virtute exactam esse; cetera quae restent facile jam privata ac domestica manu posse confici; proinde, quod bonum felix faustumque esset, abirent in domos suas, hanc reportantes spem, quod hujus beneficii gratia apud eum, seu vivum seu defunctum, perpetuo mansura foret. Hoc vix impetrato, milites suos, quantos ad comprimendos urbanos motus, si qui forte levitate vulgi instaurarentur, sufficere putabat, praecedere in civitatem jubet (*April.* 26), secuturus ipse proxima luce, cum eorum qui praecessissent diligentia, ne quid forte insidiarum lateret in civitate, praecavisset. Ea nocte sexcenti [1270] aut eo amplius mercatores opulentissimi, ex urbe profugi, ad regem se contulerunt, intercessionis ejus opem adversus archiepiscopi [1271] saevitiam imploraturi (351). Ceteri ingresso archiepiscopo civitatem, et toto triduo juxta condictum expectanti (*April.* 27-29), minime se praesentaverunt ad proponendum aliquod satisfactionis genus. Unde indignitatem rei non ferentes episcopi milites, inscio, ut plurimi asserunt, atque inconsulto archiepiscopo, arma rapiunt, domos incursant, possessiones diripiunt, occursantes partim sternunt, partim captos in vincula conjiciunt, et prorsus, ut veritati vel coacto [1272] assentiamur, multo ferocius quam tanti pontificis existimationi competeret justae ultionis negocium exsequuntur [1273]. Sed gravior morbus acriori indigebat antidoto. Filius supra memorati mercatoris, qui primus seditione inflammaverat populum, et pauci alii luminibus sunt orbati, nonnulli virgis caesi ac detonsi, omnes gravissimo rei familiaris dampno [1274] multati atque jusjurandum dare compulsi quod deinceps archiepiscopo civitatem contra omnium hominum violentiam, quantum consilio et armis possent, vindicaturi essent, et eos qui ex urbe profugerant, quoad digne archiepiscopo satisfecissent, semper pro infestissimis hostibus habituri. Ita civitas, paulo ante civibus frequentissima et post Mogontiam caput et princeps Gallicarum urbium, subito pene redacta est in solitudinem; et cujus plateae

A vix capiebant stipata viantium examina, nunc rarum ostendit hominem, silentio et horrore omnia desiderii quondam ac deliciarum loca possidentibus. Nec futurum hoc dubia significaverant praesagia. Peregrinus quidam ad celebrandam [1275] palmarum festivitatem illuc ipso anno devenerat. Is vidit [1276] per somnium [1277] corvum quendam horrendae magnitudinis per totam volitare Coloniam, et terribiliter crocitando populum, tali spectaculo attonitum, huc et illuc agitare; supervenire post haec [1278] virum tam veste quam forma praecellentem, qui et corvum horrifico sonitu perstrepentem urbe expelleret, et populum, mente consternatum jamque [1279] extrema omnia formidantem, cassa formidine absolveret. Cumque a circumstantibus interpretationem somnii horrore concussus quaereret audivit, quod civitas propter peccata populi diabolo in potestatem tradita fuisset, sed interventu Georgii [1280] martiris liberata, instantis jam atque a Deo praedestinati interitus necessitatem evasisset [1281].

(*April. Mai.*) Rex, celebrata in [1282] Babenberg paschali solemnitate, in Nourenberg [1283] perrexit obviam legatis apostolicae sedis (352). Erant autem hi: mater ejus imperatrix, episcopus Ostiensis (353), episcopus Praenestinus (354), episcopus Curiensis (355), episcopus Cumensis (356), missi a Romano pontifice, componere, si possent, multo jam tempore vacillantem statum Galliarum. Nec tamen cum rege sermonem communicare saepius rogati consenserunt, donec secundum ecclesiasticas leges poenitentiam professus, per judicium eorum anathemate absolveretur, pro eo quod propter venditas ecclesiasticas dignitates simoniacae heresos insimulatus fuisset apud sedem apostolicam. Itaque petierunt verbis Romani pontificis, ut sinodum tenere intra [1284] Gallias pace episcoporum sinerentur. Vehementer hoc [1285] abnuerunt omnes episcopi tanquam inusitatum longeque a suis rationibus alienum, nec se hujus auctoritatis privilegium ulli alii praeterquam ipsi Romano pontifici unquam delaturos affirmabant (357). Siquidem intenderat Romanus pontifex ut omnes episcopos et abbates, qui sacros gradus precio redemissent, discussione habita, deponeret; jamque hac de causa Babenbergensem episcopum et alios

VARIAE LECTIONES.

[1269] recederant 5. [1270] sexcenta 4. [1271] episcopi 1 b. [1272] coacti 1. 5? [1273] exsecuntur 1. 4. exequuntur 1 b. exsequuntur 2. [1274] deest 5. [1275] celebrandum 5. [1276] videt 4. [1277] somnum 1. [1278] hoc 4. [1279] que deest 5. 4. [1280] sancti Georgii 4. [1281] evasit 5. [1282] deest 5. [1283] ita 4. Nurmberg 5. Nuremberg 1. [1284] inter 4. [1285] hoc 5. 4. 5.

NOTAE.

(351) Quos postea anathemate punivit; cf. epistolam ab Annone ad Uotonem Treviriensem scriptam, in cod. regio Hannoverano, f. 248. W.

(352) Cf. Gerbert de Rudolpho Suev., p. 53. Legationis hujus ipse meminit rex Heinricus in dipl. dato vi Kal. April., a. 1076, quo donationem facit Ecclesiae Rueggispergensi in Helvetia: *Jubente matre mea Agnete, quae cum apostolici Gregorii legato Geroldo Hostiensi episcopo et cardinalium primo praesens aderat.* Vid. Schoepflin, Hist. Zaringo-Bad., t. V, p. 22. Marianus Scotus ad ann. 1074 legatos indicat tantum duos. Ipse Gregorius etiam duos modo commemorat in epist. ad Germanos ap. Brunonem c. 72.

Cf. Mascov commentar. De reb. imper. R. Germ. sub Henrico IV et V, p. 52, sq., not. 3. Stenzel., I, p. 532, sqq.

(353) Geroldus (Gerardus) Ratisbonae in Germania natus, factus Ostiensis episc. a. 1072, captus est ab Henrici militibus, cum legatus ad illum Mediolanum missus esset a Gregorio. Obiit Romae d. 6. Dec. a. 1077.

(354) Humbertus (Hubertus, Ubertus) cardinalis Praenestinus creatus fuit ab Alexandro II.

(355) Heinricus.

(356) Rainaldus.

(357) Insignis hic locus est propter veterem liber-

nonnullos ab omni divino officio suspenderat, donec coram venientes inustum sibi crimen hereseos digna satisfactione purgarent. Et rex quidem cupide [hoc [1286] volebat odio Wormaciensis episcopi et quorundam aliorum, qui eum bello Saxonico offenderant; quos hac calumnia involvendos et dignitatis suæ detrimenta passuros, spe certissima præsumpserat. Sed quia per legatos res tanta confici posse desperabatur, consulto in audientiam ipsius Romani pontificis dilata est.

Rex, dimissis legatis, non solemni more indictam expeditionem, sed repentino ac tumultuario milite (558) collectum exercitum ducere [parabat [1287]] in Ungariam, comperto quod Salomon rex Ungariorum a Joiade, Beli filio, bello [1288] impetitus, [1289] et tribus jam præliis victus, amisso exercitu, vix de regno effugisset. Ut ejus miseriæ subveniret, et affinitati præstabat, quam tradita illi [1290] in conjugium sorore sua contraxerat, et utilitatibus propriis, quia magnam ei partem regni sui pollicitus fuerat, si ejus beneficio [1291] expugnatis hostibus in regnum restitueretur. Cumque Ratisponam venisset, insecuta est eum legatio familiarium ejus, nunciantium quod Willehelmus cognomento Bostar (559) rex Anglorum, ab [1292] archiepiscopo Coloniensi vana pollicitatione illectus, cum magno exercitu adventaret, regni sedem Aquisgrani occupare paratus. Territus rex tam atroci nuncio, ac privatæ rei curam externis negociis antehabendam ratus, omissa [1293] in Ungariam expeditione, ad Renum concitus remeavit. Pentecosten Mogontiæ celebravit (Jun. 8), splendide ac populariter ab archiepiscopo Mogontiacensi acceptus atque habitus. Inde cum Coloniam ire instituisset, multum spirans irarum et comminationis in archiepiscopum Coloniensem, ille, missis in occursum ejus nunciis, mandavit falsam omnino ac scenicis figmentis similem esse fabulam quam in eum æmuli sui composuissent, hi nimirum qui eum paulo ante urbe expulissent, et nunc ad opprimendum eum, quoniam armis non possent, mendaciis grassarentur; se non ita rationis expertem vel communis commodi negligentem esse, ut in ultionem privatæ injuriæ patriam suam barbaris prodere velit, nec ea levitate a puero vitam [1294] instituisse, ut quisquam sanum aliquid sapiens tam inepta de se suspicari possit [1295]. Impetrata per legatos coram veniendi copia, in Andernachin [1296] regi occurrit. Cumque rex de his quæ compererat [1297] severissime quæstionem promulgaret, prodita quidem rei publicæ crimen, quod objiciebatur, sacramento purgavit. Cetera quæ delata fuerant, ait rex se veteri amicitiæ ac pontificali nomini [1298] condonare, nec pro jure suo expostulare velle. Ita non extincto sed interim cohibito furore, Coloniam processit. Ibi postero die ad judicandum populo assedit, sperans, per accusationem [1299] eorum quos archiepiscopus propter injurias suas [1300] pœna affecerat, occasionem sibi futuram, ut eum, seditione concitata, rursus civitate exturbaret, vel propter oppressos per calumpniam innocentes saltem reum majestatis faceret. Sed ille omnes accusationum [1301] strophas (560) responsi veritate [1302] ac sententiarum gravitate tamquam aranearum telas dirupit [1303]. Postquam rex innocentia [1304] ejus ac vitæ integritate consiliis quoque omnia septa vidit, nec ullum patere locum calumpniæ, ad aliud se vertit genus injuriarum. Exegit ab eo, non precibus quidem ut oportuit, sed imperiosa quadam auctoritate, ut Coloniensibus admissæ in se temeritatis veniam daret, excommunicatosque ecclesiæ reconciliaret; præterea ut, ad firmamentum conservandæ erga se in perpetuum fidei, sex sibi ex militibus suis obsides daret. Utrumque ille cum magna constantia negavit: obsides quidem, quod nullus regum priorum tale quid ab aliquo præcessore [1305] suo postulasset; excommunicatorum [1306] autem reconciliationem, quod sine digna pœnitentiæ satisfactione excommunicatos in ecclesiam recipi leges ecclesiasticæ vetarent. Imminebat ille vehementer, comminans omnia se incommoda [1307] illaturum, et cuncta quæ illius sint ferro et igne demoliturum. Perstabat hic fixus in proposito, dicens se mori [1308] quidem paratum, si ipse cum Coloniensibus conspirasset ad eum interficiendum, sed numquam retinendæ vitæ studio ab jure [1309] ad injuriam declinaturum. Diu anceps erat pugna, et utrorumque milites magna concusserat sollicitudo expectatione tam tristis spectaculi. Tandem evictus rex ab his quorum consiliis plurimum tribuebat, flexit sententiam, et ait malle se cum eo beneficiis certare quam maleficiis, et, si eum fidum sibi devotumque in causis rei publicæ experiretur, primum deinceps inter amicos habiturum. Hoc modo reconciliatus archiepiscopo, Aquasgrani [1310] perrexit, et adversus ea quæ de irruptione barbarorum fama vulgaverat, eam regni partem, quantum poterat, communivit [1311].

VARIÆ LECTIONES.

[1286] deest 3. 4. 5. [1287] deest 5. 4. 5. [1288] deest 5. [1289] impetus 5. [1290] sibi superscr. illi 4. [1291] beneficiis 5. [1292] deest 5. [1293] obmissa 5. [1294] deest 4. vitam a puero 1 b. [1295] posset corr. possit 4. [1296] Andernachen 1. 4. 5. Andernaco villa 1 b. [1297] comperat 4. [1298] nomine 1. [1299] occasionem 4. [1300] deest 4. [1301] occasionum 4. [1302] veritati 4. [1303] diripuit 1. disrupit 1 b. [1304] innocentie 4. [1305] predecessore 5. [1306] exc. — satisfactione desunt 3. [1307] incommoda 4. [1308] quidem mori 5. [1309] june 4. [1310] Aquisgrani 5. [1311] communivit etc. 4 et ita sæpius in fine lineæ.

NOTÆ.

tatem ecclesiæ Germanicæ, et excuti diligentius meretur, quod jam tentavit Schilterus de libertate eccles. Germ., L. IV, c. 2; Mascov. l. c. p. 54, not. 5.
(558) Tumultuario milite, L. 1, 57, 55, 2.
(559) I. e. Bastardus.

(560) Accusationum strophas (i. e. fraudes, dolos, nequitias) tanq. aran. tel. dirupit (cf. a. 1076, 1077). Ita Plin., Ep. 1, 18, 6. Ego aliquam stropham inveniam. De similitudine cf. Plaut. Stich., II, 11, 25. Dejiciamne earum omnis telas.

Ruothardus [1312], abbas Herveldensis monasterii, 5 Idus Junii decessit, vir in sacris Scripturis adprime eruditus et sic ad loquendum [1313] expeditus, ut nemo illa ætate verbum Dei copiosius, nemo subtilius, nemo elegantius tractaret. Alias in observatione sanctæ regulæ paululum quam mores et tempora expeterent remissior erat. Is miro judicio Dei, qui quos diligit corripit, et flagellat omnem filium quem recipit (*Hebr.* xii, 6), ante diem mortis suæ sensu defecit, et per continuos duos annos et sex menses frenesi pariter et epilempsi [1314] gravissime vexabatur. Defunctus est autem anno [1315] integro et sex mensibus exactis posteaquam abbatia se abdicaverat. Quod tamen factum adeo pœnitens deflebat, quotiens a stupore atque hebetudine mentis paululum respiraverat, ut ambiguum esset, morbo [1316] an mærore gravius acerbiusque tabesceret.

Mediante Julio regressum regem de Lutcringia [1317] Wormaciam iterum adierunt legati regis Ungariorum, orantes obnixe ut, memor affinitatis, memor actæ simul a puero ætatis, maturius [1318] subveniret expulso. Et, quia preces tardius movebant privatis occupationibus intentum, datis 12 obsidibus fidem [1319] ei firmabant [1320] quod, si ejus beneficio in regnum restitueretur, deinceps ei tributarius dictoque obtemperans foret, et sex ei munitissimas Ungariæ civitates in argumentum numquam irrumpendæ fidei traderet. Hac mercede redemptus, ilico, missis circumcumque nunciis, principes in expeditionem solemni indictione evocavit. Sed alii temporis angustias, alii rei familiaris inopiam, plerique quod opes suæ bello Saxonico nimium attritæ fuissent, item alii aliud excusationis genus obtendentes, omnes pariter militiam detrectabant. Ipse tamen, ne tantum rei publicæ commodum, casu [1321] oblatum, sua ignavia corrumperetur, gregario (361) tantum ac privato milite contentus, infesto exercitu ingressus est Ungariam, et nonnullas ejus regiones hostiliter peragravit. Porro Joas, qui Ungariam occupaverat, comperto ejus adventu, summa industria id operam dedit ut, in locis in quibus irruptio hostium timebatur, nihil homines alimentorum, nihil animalia pabulorum reperirent, et sic ipse cum omnibus [1322] in quamdam insulam, propter locorum difficultatem omnino hostibus inaccessibilem, se contulit. Exercitus regis, qui ad tanti [1323] belli administrationem nihil sumptuum præparaverat, gravissima statim laborabat inedia, adeo ut homines plerosque, animalia pene omnia brevi pestilentia et fames consumerent. Qua [1324] necessitate compulsus rex, nullo insigni facinore perpetrato, Ungaria excessit, et post festum sancti Michaelis Wormaciam reversus (*Oct.br.*), ordinatis ibi pro tempore et copia regni negociis, Ratisponam rediit; dispositum habens, id quod reliquum erat temporis usque ad nativitatem Domini in peragrandis [1325] Bajoariæ atque Alemanniæ [1326] civitatibus insumere.

Hildebrandus papa, cum episcopis Italiæ conveniens jam frequentibus sinodis, decreverat ut secundum instituta antiquorum canonum (362) presbiteri uxores non habeant, habentes aut [1327] dimittant aut deponantur, nec quisquam omnino ad sacerdotium admittatur, qui non in perpetuum continentiam vitamque cœlibem profiteatur. Hoc decreto per totam Italiam promulgato, crebras litteras ad episcopos Galliarum transmittebat, præcipiens ut ipsi quoque in suis ecclesiis similiter facerent, atque a contubernio sacerdotum omnes omnino feminas perpetuo anathemate resecarent. Adversus hoc decretum protinus vehementer infremuit tota [1328] factio clericorum; hominem plane hereticum et vesani dogmatis esse clamitans, qui oblitus sermonis Domini, quo ait: *Non omnes capiunt hoc verbum; qui potest capere, capiat* (*Matth.* xix, 11, 12); et Apostolus: *Qui se non continet, nubat; melius est enim nubere quam uri* (*I Cor.* vii, 9), violenta exactione homines vivere cogeret ritu angelorum, et dum consuetum cursum naturæ negaret, fornicationi et immunditiæ frena laxaret; quod si pergeret sententiam confirmare, malle se sacerdotium quam conjugium deserere, et tunc visurum eum, cui homines sorderent, unde gubernandis per ecclesiam Dei plebibus angelos comparaturus esset. Nihilominus ille instabat, et assiduis legationibus episcopos omnes socordiæ ac desidiæ arguebat, et nisi ocius injunctum sibi negocium exequerentur, apostolica se censura in eos animadversurum comminabatur. Archiepiscopus Moguntinus sciens non parvo constare operam hanc ut tanto tempore inolitam consuetudinem revelleret [1329], atque ad rudimenta nascentis ecclesiæ senescentem jam [1330] mundum reformaret, moderatius agebat cum eis; et primo eis in dimidium annum inducias et deliberandi copiam dedit, hortans eos ut, quod necessario faciendum sit, sponte faciant, et tam sibi quam Romano pontifici necessitatem adimant aliquid in eos quod secus sit decernendi. Ad ultimum congregata sinodo in Erphesfurt [1331] 365) mense Octobri pressius jam

VARIÆ LECTIONES.

[1312] *ita* 4. [1313] *alloquendum* 4. [1314] *ephilempsi* 4. 5. [1315] *deest* 5. [1316] *an m. an* 5. [1317] *luther.* 1. 4. [1318] *maturius — privatis desunt* 3. 4. 5. [1319] *fidei* 4. [1320] *firmabat* 1*. [1321] *casum* 4. [1322] *o. suis* 4. [1323] *tantam* 5. [1324] *Quia* 5. [1325] *peragendis* 5. [1326] *alemanie* 5. 4. [1327] *autem* 4. 5. [1328] *omnis superscr.* tota 5. [1329] *reselleret* 5. [1330] *jam deest* 2ᵇ. [1331] *Erpesfurht* 1. *Erphesfurdt* 4.

NOTÆ.

(361) I. e. forsan conductitius. KR. cf. Adelung Directorium, p. 66.
(362) Concil. Ancyr., can. 10; Neocæs., cap. 1; Nicæni I, can. 3; Carth. II, can. 2; Carth. V, can. 3; African., can 37; Arelat II, c. 2; Aurelian III, c. 2; Aquisgran. I, c. 6; Wormaciens., c. 9; Moguntin., c. 10; utrumque lib. i, cap. 53; Serar. ad Joann., l. i, p. 540.
(363) Cf. Heine, coll. synodorum Erford., p. 60, sqq.

imminebat, ut, relegata omni tergiversatione, in præsentiarum aut conjugium abjurarent aut sacri altaris ministerio se abdicarent. Multas econtra illi rationes asserebant [1332], quibus instantis perurgentisque improbitatem eludere sententiamque cassare niterentur. Cumque adversus apostolicæ sedis auctoritatem, qua se ille ad hanc exactionem præter voluntatem propriam compulsum ostendebat, nihil argumenta, nihil supplicationes precesque [1333] proficerent : egressi tamquam ad consultandum, consilium ineunt ut in sinodum non redeant, sed injussi omnes in domos suas discedant. Nonnulli etiam confusis vocibus clamitabant melius sibi videri ut, in sinodum regressi, ipsum episcopum, priusquam execrabilem adversum [1334] eos sententiam promulgaret, cathedra episcopali deturbarent, et merita morte multato, insigne monimentum ad posteros transmitterent, ne quis deinceps successorum ejus talem sacerdotali nomini calumpniam struere temptaret. Cum ad episcopum relatum esset hoc eos machinari, commonitus a suis ut tumultum qui oriebatur matura moderatione præverteret, misit ad eos foras, rogavitque ut sedato pectore in sinodum regrederentur; se, cum primum opportunitas arrisisset, Romam missurum, et domnum apostolicum, si qua posset ratione, ab hac sententiæ austeritate deducturum. Postero die admissis in auditorium [1335] communiter laicis et clericis, veterem illam de reddendis decimis querelam replicat [1336], et quasi nihil bello Saxonico, nihil actum sit conditionibus quibus paulo superius in Gerstingun [1337] pax convenerat, de integro Thuringos [1338] omnes de injusta decimarum retentatione [1339] reos addicere molitur, nec recogitat hanc causam originem seminariumque extitisse omnium calamitatum quibus per plures jam annos res publica incommodissime vexabatur. Indigne nimis tulerunt [1340] hoc Thuringi, utpote qui propter recentem belli successum tumidos adhuc spiritus gerebant, sibique vanissime [1341] persuaserant quod post triumphatum regem et acceptum gustum audaciæ eorum, nullus deinceps futurus esset episcopus qui eis aliquam super hac re movere molestiam auderet. Primo tamen temperatis responsionibus ei suggerunt, non alia [1344] se ratione in Gerstingun recuperandæ paci consensisse, quam ut legitima sua a primis diebus statuta rata [1345] sibi in perpetuum atque inconvulsa manerent. Cum hæc replicando surdis auribus fabulam narrare (564) viderentur, subito efferata mente se foras proripiunt, ad arma conclamant, et ad momentum contracta ingenti [1344] multitudine, in sinodum prorumpunt; et nisi maturius milites episcopi intercessissent et blandiendo rationemque reddendo potius quam repugnando, quoniam viribus impares erant, ferocientis turbæ impetum inhibuissent, in ipsa cathedra episcopali episcopum oppressissent. Ita soluta est sinodus, tam episcopo quam cunctis qui assederant clericis ultima formidine consternatis, et passim per omnes ecclesiæ angulos latebras sibi quærentibus. Statim episcopus ab Erphesfurt [1345] discedens, reliquam partem anni usque ad epiphaniam in Heiligenstat [1346] (565) exegit, et per omnes festos dies inter sacra missarum solemnia eos qui sanctam sinodum turbaverant ad pœnitentiam sub episcopali banno evocavit (566).

MLXXV.

Rex nativitatem Domini Argentorati celebravit. Cumque adessent quam plurimi ex principibus, quos ille dedita opera de toto regno ad diem festum evocaverat, habuit cum eis misterium consilii sui, et eos modis omnibus ad instaurandum bellum Saxonicum sollicitabat. Multa in præsens largiebatur, plura in futurum pollicebatur, nullum postremo vel infimæ conditionis, qui modo conficiendis tantis rebus commodus putaretur, relinquebat, quem non dato vicissim et accepto jurejurando fidum sibi et obnoxium faceret; cum ea potissimum pollicitatio omnes ad consentiendum inflecteret, quod sub testificatione jurisjurandi singulis promittebat, si eorum auxilio Saxoniam Thuringiamque recuperasset, quod ipsis utramque provinciam pro arbitratu suo inter [1347] se partiendam et perpetuo jure possidendam traditurus esset. Ita ira æstuans, nihil quam sanguinem eorum qui se offenderant malebat. Quod tamen anno [1348] integro quam maxime dissimulaverat, adeo ut principes Saxoniæ, quotiens ad eum venissent, magnifice susciperet, et ad absentes pacifica sæpenumero atque honorifica mandata destinaret.

Paucis post diebus Mogontiam venit (*Januar.*), ibique occurrit ei Ruzenorum [1349] rex, Demetrius (567) nomine, deferens ei inestimabiles divicias in vasis aureis et argenteis et vestibus (568) valde preciosis, petiitque ut auxilio sibi foret contra fratrem suum,

VARIÆ LECTIONES.

[1332] afferebant 3. [1333] que *deest* 2b. [1334] adversus 5. *et Nic. de Sygen.* [1335] adjutorium 5. *corr.* auditorium 4. [1336] repetit 1*. [1337] Gerstungun 5. Gerstingim 4. *et ita infra* [1338] Thuringis 4. [1339] detentione 5. [1340] hoc tul. 5. [1341] *deest* 2b. [1342] *deest* 5. [1343] *deest* 4. [1344] mult. ingenti 5. [1345] Erphesfurt 4. Erphesfurd 4. [1346] Heilegenstat 4. Helingenstadt 5. Helegenstat 4. Heiligenstait *Nic. de Sygen.* [1347] infra 5. [1348] a. jam i. 4. [1349] Ruzzenorum 5. Russenorum 4. *et ita infra*.

NOTÆ.

(564) Cf., supra not. 152.
(565) Heiligenstadt in Eichsfeldia.
(566) *Evocare* videtur nostro fuisse vocabulum solemne in hac re, cum sæpius eo usus sit, sicut hac ipsa columna paulo inferius, et a. 1075 (bis), 1076, 1077.
(567) Demetrius Dlugosso et Theodosio Kiovensi Izaslaus, major natu frater Wsewolodi, audit. Cf.

Gebhardi aquilonales marchiones, p. 56, sqq. Hist. gen Abh., IV, p. 153, sqq. Mascov., l. c., p. 43, et Karamsin, Hist. Russ., vers. germ. II, p. 64, sqq.; et Ann., p. 44, sqq., ann. 88 et 89.
(568) Cf. cod. a. 1075, col. 1189. Vestes utroque loco commemoratas Karamsin in Hist. Russ., t. II, p. 45, annot. 89 explicat : Stoffe, non Gewander.

qui se per vim regno expulisset et regnum tirannica immanitate occupasset. Missus est protinus a rege Burchardus [1350] (369), Treverensis ecclesiæ [1351] præpositus, agere cum illo de injuriis quas fratri intulerat, et commonere ut regno, quod injuste [1352] invasisset, ultro decederet; alioquin auctoritatem et arma Teutonici regni propediem experturum [1353] fore. Is legationi huic propterea oportunus videbatur, quod ille ad quem mittebatur sororem ejus in conjugio habebat, et ipse hac de causa apud regem, ne quid in illum interim gravius decerneretur summis precibus obtinuerat. Ruzenorum rex Dedi [1354] marchioni Saxonico, cujus ductu eo advenerat, a rege commissus est servandus, donec legati reverterentur.

His diebus contigit gravi scandalo Babenbergensis ecclesiæ statum labefactari. Herimannus episcopus (370) ecclesiam in honorem [1355] beati Jacobi Babenberg foris murum propriis impensis extruxerat, ibique clericos 25, scientia, moribus et canonicæ conversationis disciplinis haut obscuros, congregaverat, et eis quæ ad victum vestitumque sufficerent affatim providerat. Cumque is quem congregationi præfecerat morbo præventus diem clausisset extremum, nactus oportunitatem temporis, clericos expulit, et locum ipsum cum omnibus appendiciis suis Egberto [1356] abbati de Sancto Michaele tradidit ad [1357] instituendum illic ordinem monasticum; non offensus crimine aliquo clericorum, cum, ut dixi, honestissime juxta ecclesiasticas [1358] leges vitam instituerent; sed monasticæ conversationis munditia delectatus, in toto episcopatu suo, si fieri posset, hanc solam esse vitam cupiebat; zelo quidem Dei, sed non secundum scientiam, sic æmulatus Rachelis pulchitudinem, ut Liæ fecunditatem (*Gen.* XXIX, 17, 31) in thalamum cœlestis sponsi non crederet admittendam. Clerici qui expulsi fuerant, graviter ferebant sine causa destitutos se esse stipe [1359] ecclesiastica, qua alebantur. Clerici quoque ma'oris ecclesiæ Babenbergensis tam illorum quam suam vicem dolebant, quod scilicet non sine magna sui ordinis injuria [1360] tantum episcopus deferret ordini monastico. Igitur junctis [1361] precibus adorti [1362] sunt eum, obsecrantes per Deum ne his, quibus nullum crimen impingeret, sine legitima discussione et audientia eriperet canonice suscepta ecclesiasticæ sustentationis beneficia, nec sineret eos, destitutos spiritualis militiæ

A stipendiis, quibus præterea nihil amplius esset rei familiaris, probro et ostentui fieri secularibus; episcopatum Babenbergensem paucas habere congregationes clericorum, et ideo non tam monachis sibi opus esse quam clericis, quorum ipsi solatio diebus solemnibus in processionibus, in susceptione hospitum uterentur [1363]; præterea ecclesiam, quam noviter extruxisset [1364], loco celebri in mediis huc et illuc diversantium turbarum fluctibus sitam, nec a majore ecclesia Babenbergensi plus 30 passibus disparatam, multo clericis oportuniorem esse quam monachis, qui scilicet monachi, cum abhominationes [1365] Ægiptiorum immolare jubeantur Domino (*Exod.* VIII, 26, 27) Deo suo, secerni a multitudine, et, sicut scriptum est, viam trium dierum ire debeant in solitudinem, ne, si ea quæ colunt et prima ducunt seculares immolent coram oculis eorum, scandalizati [1366], lapidibus irrisionum suarum obruant et infament sanctam et apostolicam vitam; si Deo familiarius adhæreant monachi tamquam honestior et sublimior portio corporis Christi, non idcirco clericos tamquam membra putrida penitus abscindendos esse ab ecclesia, quia, licet stellæ ab stellis differant in claritate, unam tamen cœli faciem decentissime distinguant sua varietate: et licet membra disparia sint et suis singula functa officiis, concordi tamen licet dispari famulatu necessitatem expleant unius ejusdemque corporis. Episcopus nec ratione movebatur nec supplicatione, asserens honorem quem deferret monachis in nullo præjudicare clericis, bona autem quæ in usus pauperum proprio labore congessisset, sui juris, sui arbitratus esse, utrum clericis attitularet (371) an monachis. Clerici et inopia familiari et indignitate rei vehementer exacerbati, regis et omnium principum regni aures cottidiana proclamatione obtundebant [1367] (372) pro injuria sua. Cumque nihil usquam opis [1368], nihil spei esset, versi ad validissimum illud, quod in sancta [1369] ecclesia ultimæ semper necessitatis unicum esse præsidium consuevit, Romam pergunt, et [1370] recitata Romano [1371] pontifici per ordinem suæ calamitatis historia, apostolicæ sedis patrocinium contra tanti calumpniatoris violentiam suppliciter implorant. Adest simul tocius cleri Babenbergensis legatio, querelam ingeminant et Romani pontificis patientiam vehementer incusant, cur ecclesiam Dei tam diu sinat hominis heretici commu-

---

VARIÆ LECTIONES.

[1350] Burgardhus 5. [1351] *deest* 5. [1352] *deest* 3. [1353] experiturum 4. [1354] Dedoni 1*. [1355] honore 5. [1356] Egbertho 1. Egberdo 4. 5. [1357] et ad 5. [1358] l. eccl. 3. [1359] stipa 4. [1360] jactura 3. [1361] cuncti 3. [1362] adorsi 3. 4. 5. [1363] niterentur 3. [1364] extruissset 4. [1365] abhominaces 5. [1366] scandalizati 3. 4. [1367] obtendabant 4. [1368] operis 5. [1369] ecclesia sancta 5. [1370] *deest* 5. [1371] summo 3.

NOTÆ.

(369) Frater Odæ quæ nupsit Swentoslao, Demetrii fratri; cf. Albert. Stad., p. 260; Gebhardi aquilon. march., p. 58 Hist. gen. Abh., IV, p. 134.

(370) Cum multum discrepet Lamberti narratio ab iis quæ in Gregorii papæ hac de re epistolis (1 et 5 libri III.) leguntur, illius fides suspecta videtur Ussermanno. Vid. ejusd. episcopat. Bamberg. p. 41, sqq.

(371) Id est titulum tradere, beneficio dare. ER.
(372) Vid. supra not. 258.

nione [1372] maculari; qui non ut pastor per ostium, sed ut fur et latro per simoniacam heresim et ingentium pecuniarum profusionem irrepserit in ovile ovium; qui apud praedecessorem ejus Nicolaum (573) papam tanti criminis insimulatus, ut dici solet, igneum gladio (574), hoc est heresim perjurio purgaverit; qui cathedram episcopalem et sanctae praedicationis ministerium, expers ipse omnino litterarum, contra sacros canones impudenter occupasset; qui ante episcopatum cunctis capitalibus criminibus atque omni proborum genere Mogontinae civitati, in qua nutritus sit, celebrem se spectabilemque fecerit; qui pecuniariam atque usurariam artem, qua a puero sit institutus, postquam coelestium talentorum negociator constitutus sit, multo sollicitius exerceat, ita ut abbatias et ecclesias intra [1373] diocesim suam sitas, quas foede comparaverit, foedissime vendat, et familiam (575) Babenbergensis ecclesiae, paulo ante opulentissimam ac bonis [1374] omnibus florentissimam, ad summam redegerit paupertatem (*Matth.* vii, 15); quia nunc super omnia mala sua, ut in vestimentis ovium lupinam exerceat feritatem et facilius illudat simplicium innocentiae, transfiguratus in angelum lucis angelus satanae (*II Cor.* xi, 14) clericos absque ulla discussione de ecclesiis suis ejiciat, atque omnibus in quibus possit locis vitam monasticam, non tam amator religionis quam subdolus [1375] simulator, instituat. Postremo per Deum omnipotentem exorant ut, tandem aliquando expergefactus, Simon Petrus baculum pastoralis zeli exerat contra lupum improbe rapientem et dispergentem oves (*Joan.* x, 12) Dei; et Simonem magum (*Act.* viii, 9, 18), iterum in ecclesia Dei nummulariorum mensas (*Matth.* xxi, 12) et aera proponentem, cum pecunia sua mittat in perditionem. Romanus pontifex jam pridem eum a sacri altaris ministerio suspenderat. Praesenti autem relatione efferatus, absque dilatione excommunicavit cum, ea scilicet ex causa quod, de gravissimis criminibus jam olim accusatus et ut causam diceret crebro per biennium Romam evocatus, venire contempsisset. Clericis quoque, qui se per calumpniam expulsos querebantur, ecclesiam suam restitui praecepit, et destinatis ad clerum Babenbergensem litteris mandavit ut se a communione illius abstinerent, contestatus quam sancte, quod, si [1376] communionem aliquando, at [1377] pontificatum, quem contra ecclesiasticas leges invasisset, numquam deinceps se vivo recepturus foret (576). Quod ubi clericis Babenbergensibus legati sui retulerunt, et

iram veterem armavit tantae pollicitationis fiducia. Occultata interim apostolicae sedis legatione, mittunt ad episcopum, qui tunc temporis Babenberg consistebat, eique denunciant ut quantocius de urbe discedat; non posse eum ultra sibi episcopum esse, quoniam et episcopatum per simoniacam heresim contra ecclesiasticas sanctiones coemisset, et eum administrare, ignarus omnino litterarum, non posset. Atrocissimae per se legationi adjecta est gravis contumelia. Adolescens quidam ex numero clericorum, et animis ferox et aetate, versiculum brevem ex psalterio proposuit: *Hujus*, inquit, *capituli non misticum sensum, non allegoricam significationem, sed verbum ex verbo fidus interpres si mihi recte explicaveris, ego te omni quaestione liberatum, cunctis criminibus quibus te impetimus, absolutum, dignissimum plane episcopatu pronunciabo.* Ille insolita re attonitus, cum quid hoc esset, unde nova haec et inusitata mitium antehac clericorum asperitas procederet, turbulentus sciscitaretur, et dictis atrocibus responsa atrociora redderet, repente in medium procedunt legati sedis apostolicae et, praeter litteras quas manibus praeferunt, viva voce ei ex nomine Romani pontificis denunciant ut nullum deinceps pontificalis officii jus potestatemque habeat, sciatque se apostolicae excommunicationis gladio de corpore universalis ecclesiae praecisum [1378] esse, propterea quod objectum sibi crimen simoniacae hereseos, totiens apostolicis epistolis Romam evocatus, purgare distulisset. Praecipiunt etiam clericis Babenbergensibus, ut nullum ultra ei tamquam episcopo honorem reverentiamque deferant, sed ab ejus communione omni modo [1379] se abstineant, ne deprehensi tamquam ecclesiasticae sanctionis transgressores, similem cum eo sortiantur [1380] excommunicationis vindictam. Ibi primum episcopus circumventum se fraude clericorum suorum advertit. Quibus acriter insistentibus ut quantocius episcopatu abdicatus abscederet, cum nulla ratione satisfacere posset, assererentque sub testificatione nominis divini nullum se in ecclesia opus Dei acturos fore, ipso in ea persistente: incertus confususque animi misit ad episcopum Mogontinum, fidissimum sibi amicum, quem multis saepe beneficiis privatim et publice sibi devinxisset, quique omnium quae in adquirendo vel administrando episcopatu gessisset, conscius sibi particepsque extitisset, rogavitque ut quam citissime veniret, et tumultuantem intestinis simultatibus clerum quoquo posset modo compesceret. Ille nihil moratus affuit, egitque, ut rogabatur, cum clericis, ne, obliti pudoris ac modestiae

VARIAE LECTIONES.

[1372] communicione 4. [1373] inter 4. [1374] o. bonis 3. [1375] sudolus 3. [1376] deletum 3. [1377] aut 3. [1378] praecisum 3. [1379] omnino 4. [1380] exc. sort. 4.

NOTAE.

(573) Alexandrum potius; vid Usserm., l. c., p. 41.
(574) Vide supra not. 177.
(575) Cf. Furth ministerialen, p. 59

(576) Litteras ipsas exhibent Harduini Concil., t VI, p. 4; Epist. Gregor. VII lib. i, 84; II, 75; III, 1, 3.

suæ, in episcopum suum, quem propter Deum patris loco venerari debuissent, sine causa exardescerent, cum eos nec dicto nec facto, quod juste in querelam vocare possent, sciens provocasset, vel si quid quod eos læderet, forte inscius admisisset, se cognitore atque arbitro paratus esset quovis modo satisfacere offensis; parcerent, si minus ejus innocentiæ, at honori atque existimationi propriæ, ne ad contempnendos episcopos suos ceteri per orbem terrarum clerici hoc animarentur exemplo, et rebellionis atque contumaciæ pestilens hic morbus, sumpto a Babenbergensibus initio [1381], totum inficeret corpus gregis dominici. Nihil illi placationis, nihil laxamenti admittentes, gravissimis eum conviciis confutarunt, justissime [1382] dicentes, in cum quoque apostolicæ excommunicationis anathema [1383] procedere debuisse [1384], qui hominem omnibus probris infamatum et nihil in moribus, nihil in scientia dignum sacerdotio afferentem, per simoniacam heresim episcopum ordinasset; nec ad excusandas accusationes [1385] in peccatis obtendere posse ignorantiam, cum actus ejus omnemque vitæ institutionem, tamquam qui in laribus suis diu familiarissime observatus sit, optime cognovisset: et omnibus quæ in coemendo episcopatu acta sint medius ipse atque intimus interfuisset. Videns archiepiscopus, obstinatos in contentione clericos nulla ratione mitigari [1386] posse, ne quid pro amico suo intactum intemptatumque relinqueret, assumpto eo, Romam ire statuit, sperans Romanum pontificem vel pecunia vel supplicatione expugnari posse, ut cum crimine atque anathemate absolveret. Sed inter eundum reputans haut satis [1387] tutum esse ut cum, non prius explorato Romani pontificis animo, Romam perduceret, suasit ei, in extrinsecis ecclesiæ Babenbergensis possessionibus reditum suum præstolari; et ipse cum paucis, ut instituerat, concitus Romam contendit. Quo dum venisset, vix et ægre ut a Romano pontifice in communionem susciperetur obtinuit, et, qui alienis [1388] criminibus patronum se paraverat, ipse de propriis insimulatus, quod Babenbergensem [1389] episcopum per simoniacam heresim sciens ordinasset, pene gradus sui periculum incurrerat. Ad ultimum discedenti jussum est ut ab ejus communione omnino [1390] abstineret, et

A promulgatam adversus eum apostolicæ excommunicationis sententiam omnibus Teutonici regni principibus notam faceret, et, cum primum conficiendæ rei temporis oportunitas arrisisset, alium pro eo Babenbergensibus episcopum ordinaret. Quod ubi Babenbergensi episcopo compertum est, nullam deinceps spem sibi reliquam nisi in clementia Romani pontificis fore ratus, conductis qui causam suam apud sedem apostolicam dicendi arte tuerentur, Romam perrexit. Sed Romani pontificis constantia et invictus adversus avariciam animus omnia excludebat argumenta humanæ fallaciæ. Multis lacrymis, multis supplicationibus, multis [1391] rethorica arte compositis disceptationibus, vix hoc solum obti-
B nuit, ut ea conditione anathemate absolveretur, quatenus, ubi primum [1392] in patriam redisset, monasterium ingrederetur, atque ibi deinceps, a cunctis in perpetuum seculi actibus feriatus, scandalizatam sua ambitione Ecclesiam digna satisfactione defleret (577). Ita regressus in patriam, cum jussa Romani pontificis retulisset ad milites suos, quibus se multa largitione admodum popularem acceptumque fecerat, vehementer restiterunt [1393], indignissimum fore dicentes et nulla retro majorum memoria in ecclesiis Galliarum hoc accidisse, ut sine publica audientia et canonica discussione, quod nec infimis quidem gradibus competeret, episcopus deponeretur; non hanc privatam illius esse injuriam, ad communem pocius spectare contumeliam omnium, qui tuendæ Babenbergensis
C ecclesiæ dignitati operam suam deberent et ejus episcopo sub jurejurando fidem dixissent; et ideo extrema omnia prius se [1394] experturos esse, quam servatum ad sua tempora illius ecclesiæ honorem sinerent fœdissimo hoc exemplo contaminari. His ille promissis animatus, neglecto Romani pontificis decreto, Babenberg rediit, ibique 4 vel 5 ebdomadas commoratus, præter altaris officium, in ceteris omnibus, quæ scilicet ad exteriorem episcopii administrationem pertinebant, nullo modo jure suo cedebat, irritam reputans excommunicationem, quam non canonice in se promulgatam cavillabatur. Quibus diebus in civitate Babenbergensi nullum publice actum est opus Dei, clericis refugientibus
D atque omnino execrantibus communionem ejus. Ceteram [1395] ejus anni partem in extrinsecis

VARIÆ LECTIONES.

[1381] exemplo vel i. 5. [1382] i. d. desunt 5. [1383] pena 5. [1384] debuisset. 4. [1385] ita 4. excusationes 4. 5. 4. 5. [1386] mitigare 4. [1387] deest 5. [1388] in a. 4. [1389] babengersem 5. [1390] omni modo 4. 5? [1391] multis r. a. c. d. desunt 5. [1392] deest 4. [1393] restituere 4. [1394] deest 4. [1395] Certam. 5.

NOTÆ

(577) Scilicet Hermannum Bambergensem anno superiori Gregorius officio ad tempus abstinere jussit. Hoc vero, qui post Domini Natalem 1075 fuit, variorum capitum a clero Bambergensi accusatus gravibus anathematum religionibus involvit, et ipsa muneris gerendi potestate in perpetuum exuit; de quo, præter Lambertum, vide litteras quas ad clerum ille Bambergensem xii Kalend. Maii et xiii Kalend. Augusti dedit, in diplomatum Bambergensium codicillo Appendice, n. 54 et 55. Sacrorum interdicto subditum ac dignitate depulsum litteris Laurenti xiii Kalend. Aug. datis (quas l. d., n. 55 legas) Sifrido significavit, simulque præcepit ut id sedis Moguntinæ suffraganeis notum faceret, ac Ecclesiæ Bambergensi alium præficeret ordinaretque pastorem. Hermanno hac pontificis sententia perculso ædis cathedralis canonici reverentiam denegabant, ac ut quantocius urbe et episcopio excederet, acriter satis exigebant. Quo factum ut, has dejectus in angustias, Sifridum rogaret ne miserum sua destitueret ope, sed quamprimum Bambergam veniret; quod et ille sine mora fecit.

Babenbergensis ecclesiæ possessionibus, militum suorum præsidio fultus, exegit. Verum neque rex neque episcopus, neque alius quisquam qui sanum saperet, ei communicare volebat.

Rex pascha Wormaciæ celebravit (*Apr. 5*). Quo dum ad salutandum eum quidam ex principibus Saxoniæ pergere instituissent, missi obviam eis legati denunciaverunt ut ocius in sua redirent; alioquin haut tuto visuros esse faciem regis, quem post tam graves contumelias digna adhuc satisfactione non placassent [1396]. Ibi primo malum, quod cervicibus impendebat, adverterunt. Rex, omnibus quæ bello administrando necessaria erant affatim provisis [1397] jam et instructis, solemni edicto cunctis qui in regno suo erant expeditionem indixit in Saxoniam; diemque et locum statuit coadunandi exercitus, videlicet 6 Idus Junii, in possessione Hervelldensis monasterii in loco [1398] qui dicitur Bredingin [1399]. Misit etiam legatos ad Saxones, qui tunc ineundi consilii gratia frequentes Goslariam convenerant, dicere eis, memorem se gravium injuriarum, violatæ regiæ majestatis, et turpis fugæ qua extremo in periculo vitæ consulere coactus fuisset; nec se cunctis generaliter Saxonibus crimen hoc intendere; paucos fuisse principes, qui imperitam multitudinem et naturali levitate semper novarum rerum avidam hac [1400] rabie inflammassent; ab his concitatæ seditionis et turbatæ rei publicæ poenam se, quoniam legibus non potuerit, armata manu exacturum [1401]; proinde rogare se ceteros et sub interminatione gratiæ suæ [1402] præcipere ne hostes publicos armis aut opibus tueantur; si obediant, veniam se eis dare veteris culpæ, quod tam inusitati facinoris socii participesque antehac extitissent; sin autem, excusationem deinceps non habituros esse peccati, quod scientes præmonitique admisissent. Ad hæc Saxones: *Gratissimam* [1403], aiebant, *habemus legationem ; et nisi principes nostri de omnibus quæ objiciuntur juxta magnificentiam regiam ei satisfacere spondeant, eos sine mora vel captos et in vincula conjectos* [1404] *ejus examini reservabimus, vel in favillam redactis omnibus quæ ad eos pertinent, Saxonia procul effugabimus. Quod si justis et regio nomine dignis conditionibus parati sunt vel objecta purgare vel quæ peccaverunt expiare, oramus et per Deum obtestamur ut honori pocius suo quam iracundiæ consulat, nec ante publicam principum ceterorum audientiam et legitimam discussionem aliquid in eos, quod se non deceat, decernat; diem pocius statuat, locum designet, copiam det tuto coram veniendi et tuto causam dicendi, ut secundum palatinas leges* (378) *justa examinatione habita, vel puniat convictos vel absolvat innocentes. Quod si ira immoderatior nullam admittit satisfactionem, nec alio pacto quam sanguine principum nostrorum restingui poterit, quid prodest ambiguis responsionibus sententias involvere? Extremæ* [1405] *impietatis fore judicamus, ut principes nostros deseramus et eos pro nobis jugulandos objiciamus, quos haut dubie scimus nullo privato odio vel gratia, sed sola* [1406] *tuendæ salutis nostræ et vindicandæ libertatis nostræ causa, contra regem arma sumpsisse. Quapropter id supplices petimus, ut eadem nobis et illis venia concedatur admissæ præsumptionis, aut si nulla supplicationum victima cæpiari potest quod fecimus, eodem in nos et illes supplicio animadvertatur* [1407]. Tunc Bucco Halberstatensis episcopus, Weccl [1408] archiepiscopus Magadaburgensis, Magnus dux Saxoniæ, Otto dux quondam Bajoariæ, et ceteri principes quos rex specialiter tam truculenta comminatione impetebat, dixerunt nequaquam se sibi conscios esse quod pacem, quæ anno priore in Gerstingun [1409] convenerat, facto aliquo vel dicto violassent. Nam si rex instinctu eorum vel consilio factum suspicaretur ut ecclesia in Hartesburc [1410] incenderetur, thesauri [1411] diriperentur, corpora sepulchris eicerentur, aut aliud aliquid contra statutum illius conventionis perpetraretur: paratos se esse ut quavis [1412] conditione, quam modo ceteri principes regni æquam judicassent, crimen refellerent et innocentiam suam assererent; insuper ipsam ecclesiam propriis impensis ambitiosius quam fuerat instaurarent [1413], amplioribus ornamentis excolerent; omnia etiam, quæ ineptum vulgus, maligno spiritu suscitatum, ausu nefario infregisset, diripuisset, temerasset, multiplicius restituerent; super hæc omnia auri et argenti et prædiorum suorum, quantum salvo pudore suo et regni [1414] majestate accipere vellet, prompta mente darent, dummodo in gratiam rediret, et gladium, quem in cervices eorum et in eversionem tocius Saxoniæ iratus extenderat, placatus remitteret in vaginam. (*April. Mai.*) Quod si obstinatum adversus omnes preces et supplicationes animum gereret, se deinceps contra eum nec arma laturos nec aciem instructuros, sed nudis pedibus venienti obviam processuros, et sententiam, quamcumque vel iratus dictasset, porrecto jugulo excepturos. In hæc verba nuncios regis dimiserunt, et ipsi protinus suos eadem ad eum [1415] responsa deferentes destinarunt. Quos ubi rex advenire comperit præcepit ut nulla ra-

VARIÆ LECTIONES.

[1396] placuissent 4. — [1397] promissis 5. — [1398] locum 5. — [1399] Bredingen 1. 4. 5. — [1400] ac 4. — [1401] coacturum 4. eos acturum 5. — [1402] sua 5. — [1403] gravissimam 1. 4? — [1404] deest 4. — [1405] Extrema 5. — [1406] solo 4. — [1407] animadverterat 4. — [1408] Wecil 5. — [1409] Gerstungun 5. *semper*. — [1410] Hartesburg 1. 4. 5. — [1411] thes. — ciceretur *desunt* 5. — [1412] quavis 5. — [1413] insuper ipsam ecclesiam *repetit* 4. — [1414] regia 5. — [1415] r. ad eum 5.

NOTÆ.

(378) Mihi quidem non tam leges scriptæ esse videntur, quam receptæ consuetudines usus fori, in dijudicandis causis principum, quod in palatio sive coram rege judicio parium ex legibus fieri debuit. KR.

tione in conspectum suum admitterentur, mandavitque eis per occultos indices [1416] ut quantocius recederent, nec se oculis ejus, cui contumeliam fecissent, sic temere ingererent; alioquin regia censura coerciturum se hostes publicos et insidiatores regni, qui sub prætextu legationis mendacia sua per populum sererent ad sollicitandos animos principum et expeditionem suam impediendam. Ita legati sine effectu reversi sunt. Iterum alios atque alios miserunt; sed eodem omnes rigore obfirmatas contra se tam fores quam aures regias invenerunt. Semel cum unus legatorum, captata loci et temporis opportunitate, se improvisus in conspectum regis proripuisset, et quæ in mandatis habebat proloqui cœpisset, vix ad primum sermonis exordium dato silentio statim cum gravi indignatione rejectus est, et cum ab Oudalrico [1417], quodam regio satellite, in crastinum servandus abductus vel pocius abreptus fuisset, proximo [1418] mane, elusis custodibus, vix vita comite effugit.

Dehinc crebris legationibus adorti ducem Ruodolfum [1419], ducem Berhtoldum [1420], ducem Gozelonem et ceteros principes, quos superiore bello conjurationis socios habuerant, fidem implorant, fœderis quod pepigissent [1421] (379) admonent, obtestanturque [1422] per Deum, per cujus nomen in unius ejusdemque [1423] militiæ sacramenta jurassent, ut [1424] assint periclitantibus, et sicut prius gerendo bello favorem suum, ita nunc reparandæ paci, quoniam eos belli pœniteat, auxilium consiliumque suum non subtrahant. Sed regis prudentia, qua supra [1425] ætatem suam mirum in modum callebat, omnia sepserat, omnes vias, omnes aditus obstruxerat. Siquidem a cunctis principibus suis jusjurandum acceperat, quod nullas eorum legationes se inconsulto susciperent, quod eos nec armis publice nec consiliis secreto tutarentur, nec sibi pro eis preces aliquando supplicationesque deferrent, donec se acceptæ ab eis ignominiæ maculam digna animadversione eluisse [1426] ipse judex testisque fateretur. Ita, quocumque intendissent, quamcumque viam pertemptassent, omnia obfirmata, implicata, impedita repererunt.

Exin [1427] crebra per Saxoniam Thuringiamque conventicula faciunt, quid [1428] facto opus sit consulunt; discussis et eventilatis omnibus quæ tanto malo remedium aliquod polliceri videbantur, cum nulla usquam humani auxilii spes eluceret, statuunt unanimiter a Deo sibi deinceps quærendum esse subsidium, qui solus tam obstinatam regis ferocitatem emollire et rem implicitam expedire queat. [1429] Jubent ergo ut per totam Saxoniam et Thuringiam, depositis cultioribus indumentis [1430], sacco et laneis vestiantur [1431], cibo et potu statutis diebus abstineant, sumptus [1432] in pauperes pro sua quisque re familiari conferant, et, per ecclesias nudis pedibus discurrentes, Deum communi lamentatione deprecentur ut manum suam, quæ [1433], humano ubique cessante adjutorio, sola jam possit opitulari, undique conclusis ad ereptionem eorum extendat. Præterea placet ut, die quo regis exercitus juxta publicam indictionem in Bredingen [1434] coadunandus [1435] conveniret, ipsi in loco qui dicitur Lupezen [1436] (380) sex milibus ab eis disparati, castra locarent, et, iterum atque iterum repetitis supplicationibus aures ejus et principum ejus obtundentes, si evincerent, gratias Deo; sin autem, in eodem loco venientem præstolati, collatis signis, æquissimo judici Deo rem committerent.

Superveniunt etiam hinc Luticiorum, hinc Polenorum [1437] nuncii, suam utrique operam, socias manus et pares, ad cuncta quæ belli artibus transigenda sint, animos pollicentes; et quod parati sint, die quem [1438] Saxones designaverint, armatorum copias quam maximas in Saxoniam mittere, vel [1439], si hoc malint, contra Danos et alias gentes quas vulgatum erat ad irruptionem Saxoniæ a rege sollicitatas esse, stationes [1440] jugesque excubias agant, ut hac parte sollicitudinis exonerent alias occupatos. Hoc nuncio paululum recreatis animis, digressi, quantum temporis supererat usque ad diem coadunandi exercitus, in jejuniis et vigiliis exigunt, ecclesias indefessi obsident, in cinere volutantur et cilicio, noctes perinde ac dies precibus insumunt, nullum postremo religionis genus, quod ad placandum Deum ecclesiastica traditione comparatum sit, prætermittunt. Sed ira Dei, quæ in eos exarserat, major erat quam ut lacrimis restingui, hostiis et muneribus mitigari posset [1441].

Rex pentecosten Wormaciæ cum paucis celebravit (*Mai.* 24), principibus in præparationem militiæ singulis privata sollicitudine occupatis. Statuta [1442] die venit in Bredingen (*Jun.*) cum infinita multitudine, planeque omnium unanimi consensu constitit.

VARIÆ LECTIONES.

[1416] judices 4. [1417] Vdalr. *omnes.* [1418] primo 5. [1419] Rudolfum *omnes.* [1420] Bertholdum 1. 3. 4. [1421] pepigissent 5. [1422] que *deest* 5. [1423] que *deest* 4. [1424] at 4. [1425] super 4. [1426] eluisset 4. [1427] Exinde 4. [1428] quod 5. [1429] queant 5. [1430] vestimentis *superscr.* indu 3. [1431] induantur *superscr.* vestiantur 4. [1432] sumptos 5. [1433] quam 5. qui 5. [1434] ita h. l. *omnes.* [1435] coadunatus 1*. [1436] Lupesen 4. [1437] Polonorum 5. [1438] quam 5. [1439] Sed 4. [1440] *deest* 5. [1441] potuisset *superscr.* posset 4. [1442] Statuta — multitudine *desunt* 5. 4. 3.

NOTÆ.

(579) Virgil., Æn. x, 902.
(380) Gross- et Wenigenlupniz (Luppeniz) inter Eisenach et Langensalza; cf. Wersebe uber die Vertheilung Thuringens, etc., II, p. 140, sqq., n. 262, 263.

nulla umquam retro majorum memoria tantum exercitum, tam fortem, tam militariter instructum, in regno Teutonico a quoquam rege contractum fuisse. Quicquid in regno episcoporum erat, quicquid ducum, quicquid comitum, quicquid ecclesiasticarum aut secularium dignitatum, omnes summa vi, summa ope in hoc bellum enisi convenerant. Nemo prorsus, nisi quem forte g avis admodum et omnino inexplicabilis necessitas excusasset, aberat. Episcopus Coloniensis, causatus [1443] impium fore si calamitatis quæ oppressura esset fratrem suum Magdaburgensem episcopum et consobrinum suum Halberstatensem [1444] episcopum, spectator adesset, vacationem impetraverat, haut gravate hoc concedente rege, eo quod post primam defectionem invisum semper eum suspectumque [1445] habuisset. Leodiensis [1446] episcopus, vir præter decrepitam ætatem longa etiam ægritudine exhaustus, reginam interim servandam susceperat, et hac occasione ipse quoque militia defungebatur. Uterque tamen milites suos amplissimo numero transmisit. Dux quoque Boemorum aderat, tanto stipatus agmine, ut se solum bello Saxonico sufficere posse, vana spe elusus, arbitraretur. Wideradus abbas Fuldensis, præter quod ab ineunte ætate uno pede graviter claudicaverat, jam per biennium ita paralisi dissolutus erat, ut nisi baculo aut ministrorum humeris innixus nusquam progredi posset. Eum tamen nec tam molesta valitudo excusare poterat a militia, id potissimum curante rege ut omnium principum suorum titulis ac fascibus quam maxime insignem faceret expeditionem. Cumque ad locum coadunandi exercitus ferventissima æstate vehiculo sedens pergeret, strepitu circumfusæ multitudinis et vi concitati pulveris suffocatus, pene spiritum exalaverat. Relatus in monasterium, a stupore quidem mentis post paululum respiravit, nullum tamen ultra verbum proloqui potuit, atque ita deinceps per 6 ebdomadas gravissima corporis molestia decoctus, 17 Kalendas Augusti humanis rebus exemptus est. Vir plane ferventis in Deum fidei, suis tamen omnibus admodum invisus, propterea quod in diebus ejus Fuldense nomen multis calamitatibus vehementer attritum et pene omnino obliteratum fuisset. Sed ad cœptum, unde digressi sumus, redeamus.

Misssi a rege exploratores speculari exercitum Saxonum [1447], retulerunt eos, multitudine et armis haud impares, cetero belli apparatu etiam superiores esse; opes multas et sufficientes in longum quo-A que tempus sumptus convexisse; nihil permotos tantorum hostium adventu, in proximo castra locasse; post laborem itineris otioso jam animo, fixis [1448] tentoriis, recreando corpori indulgere; hoc statuisse, ut legatos supplices de pace mittant, si non impetrent, æquo certamine adoriantur venientes. Facile et contemptim [1449] hoc auditum est ab his qui cum rege erant, passim jactantibus nec ferreas vel [1450] adamantinas acies multitudini [1451] et virtuti suæ inexpugnabiles fore; secum esse militem lectissimum, qui in faciendis stipendiis ætatem exegisset, et quem singuli principes, diligenti delectu [1452] habito, de toto orbe exquisissent; illinc vulgus esse ineptum, agriculturæ pocius quam militiæ assuetum, quod non animo militari sed principum terrore coactum, contra mores et instituta sua in aciem processisset, et ideo non expectaturum ut commisso certamine comminus stricto ense feriret et feriretur, sed ante commissum prælium solo concurrentis exercitu strepitu et clamore terrendum fugandum et fundendum esse [1453]. Rex non tam metuebat ne prælio quam ne supplicatione vinceretur, neu principes sui eis bellum inferre irreligiosum [1454] ducerent qui se ad quascumque conditiones pacatissimos [1455] præberent, et ignominiæ suæ vindicta, qua nihil ardentius cupiebat, e manibus sibi raperetur. Hoc præcavens, quam maxime satagebat ut ante exercitus committerent, quam legati Saxonum pacem postulaturi venirent; plurimum in hoc ipsum annitente [1456] duce Suevorum Ruodolfo, propterea quod, anno priore regnum affectasse infamatus, suspicionem hanc novis erga regem studiis abstergere cupidissime volebat (581).

Profectus rex de Bredingin [1457], die prima venit in Elenen (582). Sequenti die præcipitato nimium gradu duorum pene dierum iter confecit [1458], atque in Beringe (583) castra posuit (*Jun.* 8), haut multo a Saxonibus intervallo. Jam, fixis [1459] tentoriis, singuli quæ exhaustis lassitudine corporibus necessaria forent circumquaque dispersi providebant, rex etiam refrigerandi gratia se in lectum reclinaverat, cum subito dux Ruodolfus ingrediens nunciat Saxones brevissimo spacio abesse, et, incertum negligentes an ignaros advenientium hostium, inter epulas et pocula ineptis lascivire lusibus, quasi [1460] vel ad punctum temporis inultum habeant quod sumpta contra rem publicam et leges majorum arma sic improbe conspectibus regis [1461] invexissent; ignominiam hanc Teutonici regni nullis deinceps seculis

VARIÆ LECTIONES.

[1443] causatur 5. [1444] Halberstadensem 4. 5. [1445] susceptumque 5. [1446] Lediensis 5. [1447] Saxonum tum 4. Saxonicum 5. [1448] suis 5. [1449] Facile in contemptum hoc 5. [1450] nec 4. [1451] m. sue et v. 5. [1452] dilectu 4. [1453] esset 4. [1454] religiosum 1. [1455] paratissimos *ed.* 2. *Krause.* [1456] annnuente 4. [1457] Breidingen 5. Bredingen 1. 5. [1458] fecit 4. [1459] suis 5. [1460] qui si 1. [1461] regis sic inv. 5.

NOTÆ.

(581) Cf. Gerbert de Rudolpho Suev., p. 30.
(582) Oberellen est pagus in præfectura Meiningensi Salzungen, ubique a ditione Isenacensi cinctus; Unterellen pagus ad præfecturam Isenacensem spectans.
(583) Grossen-, Wolfs- et Œster-Behringen in præfectura Gotha ducatus Sax. Goth., sed ultimi etiam pagi pars ad ducatum Isenacensem pertinet.

abolendam esse; placere sibi, cum adhuc major pars supersit diei, ut acies instruatur, praelium committatur, vel, si praelium detrectantes intra 1462 castra se tutentur, ipsa castra admoto exercitu expugnentur. Rex ei pronus in terram gratias agit, et hujus beneficii quoad 1463 vivat numquam se immemorem futurum, Deo in testimonium ascito, pollicetur. Ita ambo se tentorio proripiunt. Dato ad pugnam signo, ocius omnes assunt; longe lateque [patentes 1464] campos occupant; singuli duces suas seorsum 1465 legiones instruunt. Et quia nec situs loci nec multitudo patiebatur ut uno eodemque tempore omnibus una fieret manus conserendi copia, datum negocium est duci Ruodolfo ut ipse cum suis prima acie confligeret, peculiari scilicet Suevorum privilegio (384), quibus ab antiquis jam diebus lege latum est ut in omni expeditione regis Teutonici ipsi exercitum praecedere et primi committere debeant. Ceteris jussum ut, propter 1466 assistentes, pugnantibus, prout res 1467 posceret, auxilio concurrerent. Rex in quinta erat legione, quam ex lectissimis et erga se admodum spectatae fidei juvenibus stipatam ornatissimamque instituerat (385). Ita paulatim servatis ordinibus ad castra Saxonum procedunt 1468.

Saxones, qui sibi stultissime persuaserant spacium illud quo a rege aberant, vix ab equite expedito, nedum ab exercitu sarcinis aliisque impedimentis implicato, uno die transmitti posse, nihil minus quam regem eo die ad se perventurum suspicabantur; ideoque 1469, vana securitate resoluti, omne studium ab armis ad curam corporum verterant; cum repente conspicantur caelum pulvere obtenebratum, exercitum, super arenam maris innumerabilem, totam adjacentis campi latitudinem instar locustarum occupasse, et fere jam emenso 1470 quod in medio erat spacio, ad ipsa castra opprimenda, nisi maturent egredi, citato paululum gradu properare. Inopinata re trepidi, et se invicem inertiae, quod hostem non praevidissent, incusantes, protinus sublatis in caelum vocibus conclamant, arma rapiunt, portis prorumpunt. Pauci 1471 loricis corpora muniunt, ceteri, dum morarum impatientes ruunt, nec vestes, quibus se paulo ante largiori otio indulgentes exuerant, resumere meminerunt. Nullus alterum cunctantem operitur, sed singuli passim, prout ocius seriusve arma expedierant, accurrunt. Quam plurimi etiam trans fluvium Unstrut longius metati, prius infeliciter gestae rei quam committendi certaminis nuncium acceperunt. Nec legiones ordinare augustia temporis sinebat, nec militem adhortari, nec castra consuetis stationibus munire, nec aliud quicquam facere, quod militaris disciplinae solemnitas exigebat. Repentinus regis adventus omnia praeverterat. Vix tandem ex illa trepidatione resumpto spiritu, cum in globum densissimum tumultuaria se statione stipassent, non expectato signo, ut consuetudo est pugnaturis, equis subdunt calcaria, et summo nisu praecipites feruntur in adversarios, haut procul ab Hohenburg 1472 (386). Nec impetum sustinere vel ad horam Suevi potuissent, nisi loco motis jamque pedem retro ferentibus dux Welf cum exercitu Bajoarico concurrisset 1473. Prima certaminis procella hastas et lanceas consumpsit; reliquam partem gladiis, qua pugnandi arte 1474 plurimum excellit miles Saxonicus, peragunt, praecincti singuli duobus vel tribus gladiis; tantaque vi, tanta ferocitate, tanta feriendi calliditate grassantur, ut hostibus etiam non minus admirationi quam terrori essent. Ibi Ernost marchio Bajoariorum, vir in regno clarissimus et multis saepe adversum Ungarios victoriis insignis, graviter vulneratus est, et, cum in castra semivivus relatus fuisset, postero die expiravit. Ibi Engilbertus comes, ibi duo filii Eberhardi comitis de Ellenburg (387), ibi quam plurimi nobiles ex Suevis, quam plurimi ex Bajoariis corruerunt; paucique admodum sine vulneribus praelio excesserunt. Ruodolfus dux multis saepe gladiis impetitus, quamquam tenacissimae loricae praesidio ictus omnes frustraretur, multis tamen ex assidua contusione membrorum affectus est incommodis (388). In exercitu Saxonico

VARIAE LECTIONES

1462 inter 4. 1463 q. v. n. desunt 3. 1464 deest 3. 4. 1465 deorsum 4. 1466 prope 3. 1467 deest 3. 4. 5. p. necessitas 3. 1468 procederet 4. 1469 ideo quod 4. 1470 emerso 4. 1471 Paucis 3. 1472 Hoenburg 3. 1473 concurrisset 4. 1474 deest. 4.

NOTAE

(384) in jure provinciali Alemannico (in Senckenberg. corp. jur. German., t. II, p. 330 sq.), cap. 276. (Gold., c. 272; Berg., p. 53; Schilt., c. 31), n. 4 haec leguntur: *Indulsit etiam Suevis hoc* (Carolus M.), *quod, si imperii causa pugna esset suscipienda, ipsis jus esset prima in acie ante omnes nationes pugnare, eorumque ductor esse deberet Sueviae dux,* etc. Suevorum enim ope Carolus Romam a. 799 expugnavit. Alii hunc honorem Suevis tributum a praelio in Hispania ad Roncevallim, alii ab expugnatione Mediolani repetunt. Poeta de bello Saxon. l. III, v. 141 — 143 canit:

Suevi, Bojarii, qui regis in agmine primo
E stant, quos celebrat numerosis fama triumphis.
Praecurrunt celeres primique feruntur in hostes.

Cf. Berthold. Const. a. 1075; Stenzel. I., c. I, 328. Ejusd. Gesch. der d. Kriegsverfassung, p. 227. — Koenigshofen Elsass., Chronic., p. 527, et loc. poetar. vet. German., quos exhibent: Deutsche Sagen herausgeg. von den Brüdern Grimm., t. II, p. 125, N. 450.

(385) Vid. Widukind., III, 44; SS. III, p. 458 et Hist. belli Sax., l. III, v. 69 — 74.

(386) Vide supra a. 1075, et cf. Stenzel. I., p. 528, n. 14. Delius l. l, p. 88, n. 119.

(387) Heinricus et Eberhardus dicuntur in Ann. Einsidl., SS. III, p. 146; cf. Gerbert de Rudolpho, p. 52.

(388) cf. Bruno, c. 46.

præclarissime enituit virtus Ottonis, ducis quondam Bajoariæ. Is, fortissimis [1475] juvenibus septus, modo in prima acie pugnam lacessere (589), ubicumque acrior vis hostium incubuisset comminus adesse, insistentium vultus gladio ferire, per hostiles cuneos quaquaversum viam sibi ferro [1476] parare, modo in postremis cessantes adhortari, causæ qua arma sumpserant admonere, et ut nunc, quod sæpe quam sancte jurassent, libertatem suam manu vindicarent, omnes in commune per Deum obsecrare. Strenue profecto et egregii militis et optimi ducis officio fungebatur (590). Protractum ad media die usque in horam nonam certamen jam [in eo erat ut duo duorum regnorum exercitus, Sueviæ et Bajoariæ, terga verterent; et regi frequentes nuncii salutem suorum in extremo sitam nunciabant : cum repente ex uno latere Herimannus comes de Glizberg [1477] (591), ex [1478] alio latere Babenbergenses milites signa inferunt. Tum dux Boemorum, tum Gozelo dux Luteringorum [1479], multis prius periclitantium in prælio legationibus et supplicationibus fatigatus, suas uterque copias, incitatis ad cursum equis, immittit. Non ultra Saxones vim multitudinis sustinere poterant; paulatimque cedentes, cum inclinatas jam [1480] ad fugam acies dux Otto restituere, obsecrando, increpando, inertiam desidiamque exprobrando, diu multumque conatus fuisset, tandem versis frenis omnes diversas in partes aufugerunt. Tum [1481] vero — ut semper in fuga hostium ignavissimis et fortissimis par solet esse audacia, par gloria — omnes in exercitu regis legiones confusis ordinibus, omnes etiam plebei ac rustici, qui castrorum usibus servilem operam dependebant, ocius se ad persequendos fugientes expediunt, equos calcaribus enecant, latissimos campos dicto citius transvolant, obstantia quæque conculcant, fugientes, cum in castra tamquam illic latibulum habituri se recepissent, captis castris et direptis exagitant ; loca omnia per quæ fuga est, per miliaria duo vel tria, circumquaque cædibus cruentant, cadaverum acervis exaggerant ; et, quia concitatus ungulis equorum pulvis oculis prospectum, rebus discrimen eripuerat, ut haut facile socios ab hostibus visu caligante secernere possent, quam plurimos ex sociis suis, dum hostes arbitrantur, interficiunt. Principes (*Jun.* 9.) Saxoniæ et nobiles, præter duos mediocri loco natos (592)' omnes vivi integrique evadunt, tum peritia locorum, tum obtenebrati aeris densitate, tum equorum velocitate commodissime usi. Porro in vulgus pedestre, quod, congressis equitibus, adhuc in castris resederat, ita ultra modum omnem modestiamque debacchata est hostilis feritas, ut, christianæ verecundiæ obliti, pecudes sibi, non homines jugulare viderentur. Plurimam etiam partem fluvius Unstrut, dum metu gladii imminentis præcipitantius irruunt, obsorbuit. Cædi nox finem fecit, et quod ultra fluvium persequi fugientes haut satis tutum putaretur. Conversi milites ad spolia diripienda, tantam in castris hostium invenerunt ciborum affluentiam, tantam auri et argenti vestiumque preciosarum multitudinem, ut non ad bellum inferendum, sed ad epulum præbendum regis exercitui et ostentandam opum suarum magnificentiam, occurrisse viderentur

Rex paulo post occasum solis inter faustas, ut solemne est, militum acclamationes in castra revertitur, lætus et æstuans gaudio [1482] quod hostes infestissimos insigni victoria subegisset, maxime jactantibus passim militibus quod illos et illos de primis principibus Saxoniæ manu propria peremissent. Cumque, ad locum congressionis reversi, alius dominum suum, alius patrem, alius fratrem, alius cognatum, aut alia quavis necessitudine sibi devinctum, in acie corruisse reperissent : lætitia omnis in mœrorem, cantus versus est in vocem flentium; planctu et ululatu castra universa perstrepebant. Sequentem diem in eisdem castris agentes (*Jun.* 10), occisos terra obruunt; qui clariores inter eos ditioresque extiterant, in patriam, unde quisque oriundus erat, sepeliendos remittunt ; vulneratis curam adhibent ; quos militiæ in reliquum inutiles vulnera reddiderant, suis in patriam curandos destinant. Nec facile æstimari poterat quot hac, quot illa in acie cæsa essent milia ; hoc tamen palam constante, plus hic nobilium, plus illic cecidisse plebeiæ multitudinis, et propter amissionem clarissimorum virorum majus victores quam victos tulisse dispendium (593). Mœrore et luctu affectis omnibus, gravior accessit dolor et facti pœnitentia, comperto quod principes Saxoniæ, quos ad unum interfectos pridie vano rumore vulgaverant, omnes integro numero viverent, atque ad iterandum prælium novas denuo copias pleni animorum contraherent. Graviter nimis ferebant et inter se haut obscuris musi-

VARIÆ LECTIONES.

[1475] fortissimus 1. 4. [1476] *deest* 3. [1477] Glisberg 4. [1478] et 3. [1479] Lutoringorum 3. Lutteringorum 1. [1480] i. ad f. *bis scriptum* 4. [1481] Tunc 4. [1482] gladio 1*.

NOTÆ.

(589) *Pugnam lacessere,* cf. Virgil. Æ., v, 426 ; xi, 254.
(590) Cf. Sallust., Catil., c. 60.
(591) V. Gebhardi Hist. gen. Abh. II, p. 107. Wenck. Hist. Hass., III, p. 217.
(592) Gebehardus, pater Lotharii imp., et Ernestus, pater Alberti marchionis. KR. Cf. Delius in diss. de comitibus Velthemio-Osterburg. (ap Ledebur., Archiv., t. V, fasc. I, p. 53, annot. 44), qui secundum Brunonem ex mediis Folcmarum et Liudgerum cecidisse monet, et fortasse in Lamberti Chron. unam lineam excidisse putat, in qua mentio facta esset Gebhardi et Ernesti nobilium. — *Mediocri loco natus* infra quoque h. a. et a. 1076 legitur.
(593) Ex Saxonibus ferme ad octo millia, ex regis exercitu quinque millia cecidisse, auctor est Berthold. Const.

tationibus fremebant quod, maximo sui piaculo, minimo rei publicae emolumento, manus suas [1483] innoxiae plebis sanguine polluissent.

Rex ipse quam plurimum verebatur ne miles, in irritum fusi tanti sanguinis poenitens, religionis obtentu deinceps militiam detrectaret, quam sine peccato et gravi offensa Dei administrare non posset. Pessimae rei pessimum Mogontinus archiepiscopus remedium adhibuit. Collato cum paucis familiaribus regis consilio, repente processit in publicum, et principes Thuringiae, nec canonice ad sinodum evocatos, nec sinodali audientia secundum ecclesiasticas leges discussos praecipiti sententia excommunicavit; ea scilicet causa quod cum anno priore Erphesfurth [1484], cum ad exigendas decimas assedisset, districtis gladiis intra [1485] ecclesiam impetissent. Et ne quis ei forte hoc crimini daret quod contra canonum scita miseros homines, tam inexplicabilibus negociis ad praesens implicitos, tam iniquo tempore a lor us fuisset, quando tantis undique bellorum procellis jactati non causis dicendis vacare, sed vitam suam fuga vel armis servare necesse haberent; ait a Romano pontifice [1486] sibi hoc permissum esse ut, absque legitimis induciis, absque legitima discussione, die quo sibi occurreret, eos justo anathemate ab ecclesia recideret. Nullum tamen sapientem latere potuit quo potissimum spectaret hoc factum, eo scilicet ut exercitus regis promptior deinceps fidentiorque adversum eos bellum gereret, de quorum occisione, si post excommunicationem occisi fuissent, putaret se nec peccatis [1487] obnoxium fore, nec poenis quas leges ecclesiasticae statuunt homicidis.

Igitur movit exercitus de loco certaminis, et transita Thuringia [1488] ingressus est Saxoniam, omnia circumquaque ferro et igne depopulans, tantasque in villis singulis reperit opes, fecundissima scilicet regione et nullis antehac bellis attacta [1489], ut avidissimae plebi castrorum, quae sola spe rapinarum exercitum sequebatur, copia pareret fastidium. Rex tamen assiduas ad principes Saxoniae legationes tum suo tum principum suorum nomine destinabat, hortans eos ut se dederent, atque in clementia ejus potius quam in armis suis, quae semel infeliciter temptassent, spem sibi deinceps ponerent. Sed illi haut dubiis indiciis compertum habentes quanto in eos odio aestuaret, extremae [1490] dementiae esse judicabant ut ei praecipitanter sanguinis sui jus potestatemque facerent, cujus iram tantis ante expeditionem supplicationibus mitigare nequivissent. Tamen mandaverunt ei

A verbis supplicibus se pacem quam bellum, clementiam ejus quam indignationem [1491] semper maluisse, et eam si alio precio quam proprio sanguine redimere potuissent, nunquam ad haec extrema audenda experiendaque processuros fuisse; quod si vel nunc saltem post illatam cladem cor ejus tetigisset Deus, ut calamitatibus eorum condoleret quos pene usque [1492] ad internitionem prostravisset, se hoc gratanter amplecti, et, oblitteratis a corde suo omnibus malis quibus in eos iram odiumque suum explesset, deinceps ei fidos devotosque futuros; si autem hoc aliter quam per dedicionem fieri non posset, consultius sibi esse ut salva existimatione sua, incolumi libertate sua, in congressione publica morerentur, quam dediti ritu pecudum

B jugularentur, vel diu in custodia habiti, insuper fame et siti aliisque cruciatibus macerati, omni morte tristiorem vitam exigerent. Ad ultimum jussu regis profectus est episcopus Mogontinus et alii quidam ex principibus, et haec eadem viva voce cum eis egerunt, obsecrantes eos per Deum ut, postquam male auspicato rem certamini commississent et cladem multis posthac seculis non abolendam accepissent, nunc saltem, malo suo coacti, resipiscerent a stultitia, nec se gentemque [1494] suam obstinata desperatione omnino perditum irent; se in conspectu omnia cernentis Dei fidem [1494] interponere quod, si se ultro dedidissent, aut eadem die aut brevissimo post tempore dedicione absol-

C venai essent, salvis sibi dignitatibus, beneficiis praediis et aliis facultatibus suis. Econtra illi satis sibi aiebant re ipsa cognitam et spectatam esse et principum fidem et regis atrox atque implacabile [1495] ingenium, cum, post illas conditiones pacis quas priore anno in Gerstingun [1496] rex, principibus suffragium ferentibus, quam [1497] sanctae firmasset, tam crudeliter in eos culpae, quam tunc condonaverat, vindictam exercuisset, nec principum fides periclitantibus quicquam opis praesidiique contulisset; proinde frustra eos rogare ut fidem suam nunc experiantur quasi incognitam, quam in campis Thuringiae luce clarius multo suo incommodo experti fuissent. Ita, defixi in sententia persistentes, haut procul a Magadaburg locis munitissimis se contine-

D bant, quia, licet multitudine habundarent, congressionibus tamen deinceps abstinendum, nisi inevitabilis necessitas incidisset, decreverant. Tamen Uodo [1498] marchio [pro se [1498]] et episcopus Merseburgensis et pauci alii nobiles Saxoniae dedicioni consenserunt. Ex quibus Uodo [1499] marchio, dato pro se obside filio suo, statim dedicione absolutus est; episcopus in monasterium Loressan [1500] missus;

VARIAE LECTIONES.

[1483] *deest* 4. [1484] Erphesfurdt 4. [1485] *inter* 4. [1486] *sibi* h. p. 5. [1487] *se peccatis nec o.* 4. [1488] turingia 1 (*semper*). 4. [1489] tacta 5. [1490] *c. d. e. i. desunt* 4. [1491] indignitatem 1. [1492] *ad internicionem usque* 4. [1493] gentem 1 [1494] f. suam 1. 5? [1495] implicabile 4. [1496] Gerstungen 5. Gerstingin 4. [1497] tam 5. quas 4. [1498] Udo *omnes* [1499] ita 5. 4. 5. *sed verba* pro se *ex seqq. huc translata esse verisimile est*. [1500] Laressan 5.

alii diversis principibus, ut ad tempus servarentur, commendati sunt.

Rex usque Halberstat [1501] cum exercitu venit (Jul.), omnia, ut cœperat, circumquaque ferro et igne depopulans. Goslariam quoque cum paucis perrexit, parcens loco ditissimo et sibi semper gratissimo, ne [1502] quam admissa multitudine sentiret deprædationis injuriam. Cumque exercitus in dies fame et siti deperiret, veteri frumento partim igne, partim tantæ multitudinis usibus absumpto, novo autem necdum maturo; cumque spes nulla esset sine largioribus induciis et majoribus impensis bellum hoc conficị posse: exoratus rex a principibus Saxonia excessit, et transitis finibus Thuringiæ, ubi Eschenewege [1503] pervenit, exercitum dimisit, accepta a principibus firmissima sponsione quod ad [1504] iterandam expeditionem 11 [1505] Kalendas Novembris majores et ambitiosius instructas sibi in Gerstingun [1506] copias adducturi essent.

Quo in tempore nunciatum est regi Dietwinum Leodiensem episcopum, virum multis ornatum virtutibus et per plures jam annos sacerdotio perfunctum, ab hac luce migrasse (394). Cui protinus rex per interventum Gozelonis ducis, propter ejus excellens in militia meritum, successorem constituit Heinricum quendam Vertunensem [1507] canonicum, ipsi duci consanguinitate proximum (395). Quo ille beneficio regi devinctus, operam suam futuræ expeditioni quam maximam pollicebatur.

Rex, dimisso exercitu, concitus Wormaciam venit. Nec multo post Burchardus præpositus [1508] Treverensis ecclesiæ, qui ad regem Ruzenorum [1509] legatione regia functus ierat, reversus est, tantum regi deferens auri et argenti [1510] et vestium preciosarum, ut nulla retro memoria tantum regno Teutonico uno tempore illatum referatur (396). Qua regem mercede ad hoc tantum redimere volebat rex Ruzenorum, ut fratri suo, quem regno expulerat, adversum se non præberet auxilium. Quod certe gratis etiam impetrare potuisset, quia, intestinis ac domesticis bellis occupatus [1511], ad externa tamque remotis gentibus inferenda bella nullo modo vacabat. Per se magno muneri magnum addidit [1512] precium temporis oportunitas. Nam ingentibus [1513] recentis belli expensis ærarium regis exhaustum fuerat, et miles vehementer instabat, nuper exactæ militiæ præmium efflagitans [1514]; cui nisi ad votum regia largitione satisfecisset, haut dubie constabat quod eum ad reliquam negocii partem quæ profecto major restare timebatur [1515], minus devotum habiturus esset.

Mogontinus archiepiscopus, efferatus in Halberstatensem [1516] episcopum, pro eo quod per eum potissimum stetisse videretur ne Saxones dedicioni consentirent, spirituali armatura debellare parat quem militari manu non potuerat [1517]. Legatum ei mittit, cumque ad sinodum evocat, intentans ei crimen perjurii, ea de causa quod contra rem publicam et regem, cui sub jurejurando fidem spopondisset, instructam aciem dux ipse belli direxisset [1518]; et hac occasione [1519] episcopatu eum deturbare, si vota sequatur effectus, machinatur; parum recolens se ipsum eadem noxa teneri, quia et ipse et cuncti principes regni, qui nunc partium regis erant, in hæc eadem contra regem bella a principio conjuraverant. Sed nuncius metu hostium, per quorum terras transcundum erat, retardatus est, ne ad legitimas inducias, sicut solemne est, ei diem diceret; atque ita ineptum consilium eadem levitate evanuit qua cœptum fuerat. Sinodum tamen eodem anno mense Octobri Mogontiæ (397) congregavit; ubi inter alios [1520] qui convenerant aderat Curiensis episcopus, apostolicæ [1521] sedis litteras et mandata deferens: quibus ei sub interminatione gradus et ordinis sui præcipiebat, sicut antea quoque multis legationibus præceperat, ut presbiteros omnes, qui intra suam diocesim essent, cogeret aut in præsentiarum conjugibus renunciare, aut se in perpetuum sacri altaris ministerio [1522] abdicare [1523]. Quod dum facere vellet, exurgentes, qui undique assidebant, clerici ita eum verbis confutabant, ita manibus et tocius corporis gestu in eum debachabantur, ut se vita comite sinodo excessurum desperaret. Sic tandem, rei difficultate superatus, statuit sibi deinceps tali quæstione omnino supersedendum, et Romano pontifici relinquendum ut causam, quam ipse toties [1524] inutiliter proposuisset, ille per semetipsum, quando vellet et quomodo vellet, peroraret.

Henricus Spirensis episcopus, cum jam thesauros ecclesiæ Spirensis pene omnes pueruli levitate dilapidasset et prædia militibus suis in beneficium erogasset, in tantum ut vix in dimidium annum sumptus ei ex reditibus ecclesiæ ministrari possent, inopinata morte subtractus est. De cujus obitu dignam memoria visionem vidit clericus quidam, qui ei defuncto protinus in episcopatum successit, nomine Huzmannus [1525]. Putabat se in choro Spirensi

---

VARIÆ LECTIONES.

[1501] Halberstad 4. [1502] ne — injuriam desunt 4. [1503] Eschenwege 3. [1504] deest 3. 4. 5. [1505] XVI. 4. [1506] Gerstungun 3. [1507] ita omnes. [1508] Tr. ecclesiæ p. 3. [1509] Rusenorum regia l. 4. [1510] def. regi argenti et auri 3. [1511] implicatus 5. [1512] addidit 4. [1513] ingentis 1. [1514] exagitans 4. [1515] videbatur et tim. 4. [1516] Halberstadensem 4. [1517] poterat 4. [1518] dixisset 1. duxisset ed. 2. [1519] et h. o. bis scriptum 4. [1520] alios episcopos 1. [1521] Hoc loco in 3. alia manus incipit. [1522] misterio 3. [1523] abdicaret 4. [1524] timens 4. [1525] Husmannus 4.

NOTÆ.

(394) Obiit d. 24 Mai.
(395) Filium Friderici comitis Tullensis.
(396) cf. supra col. 1170; et vid. Karamsin, Hist. Russ. II, 65 et Stenzel. I, 534, sq.
(397) Vid. I. A. Schmid l. c., p. 291, sq.

cum episcopo et ceteris clericis stare; et ecce ingrediebantur chorum tres viri, unus exacta [1526] ætate, canicie veneranda, duo juvenes, tamquam in obsequium senioris destinati. Cumque in medio chori aliquamdiu taciti constitissent, ait senior his qui circa se erant juvenibus : *Quid tardatis quod vobis jussum est explere?* At illi : *Tuum,* inquiunt, *pater, est, primo adversus eum dictare sententiam, et nos sine dilatione quicquid judicaveris exequemur.* Et ille : *Propter multa,* inquit, *mala quæ in locum hunc et in sanctam Dei genitricem operatus est, egressa est a Deo sententia ut interficiatur.* Ad hanc vocem corripientes episcopum, decollaverunt, et truncum in ligno crucis, quod in eadem ecclesia in sublime elatum stabat, suspenderunt. Cumque mane facto clericus, nimio horrore concussus, episcopo somnium retulisset, visus est ei quasi deliramenta loqui, et propter sospitatem corporis sui optimeque constantem omnibus membris vigorem suum, nullum tam e vicino imminentis exitii sensum admisit. Et ecce septimo dehinc [1527] die, cum ad vespertinalem sinaxim cum fratribus in choro staret, sensit repente, parvulam sibi instar [1528] puncti pustulam in collo excrescere, qua paulatim in immensum intumescente, ante mediam noctem defunctus est (398).

Post abductum de Saxonia regis exercitum, iterum Saxones et Thuringi crebra conventicula faciebant (*Jul. Aug.*), in quibus plebs contra principes, et principes contra plebem gravissima simultate tumultuabantur. Succensebat plebs principibus, quod eam ad sumenda contra regem arma importunis suasionibus impulissent, et nunc, cum ad certamen ventum esset, ipsi, fuga elapsi, plebem prosternendam, conculcandam et ritu inertium pecudum jugulandam hostibus exposuissent. Irascebantur principes plebi, quod, ipsis in aciem progressis et pro numero suo satis impigre rem gerentibus, plebs intra castra inerti otio desedisset, et periclitantibus plurimum irritæ spei, nihil opis præsidiique diu expectata contulisset. Tum [1529] vero omnes in commune Saxones omnes Thuringos infestissime aversabantur, et cum his justius quam cum rege bellum sibi fore dicebant, quod, in fugam verso Saxonico exercitu, Thuringi, per omnes vias et compita [1530] oppositi, fugientes invaderent, raperent, lacerarent, et ignominiosa nuditate fœdatos de suis finibus effugarent. Jam in eo erat ut ad vim [1531] magnumque aliquod malum jurgia spectare viderentur. Sed episcopus Halberstadensis [1532] et Otto dux quondam Bajoariæ, quorum potissimum consilio bellum Saxonicum administrabatur, efferatæ multitudinis animos salubri moderatione mitigabant; orantes eos per Deum ne arma, quæ pro vindicanda libertate sua concorditer sumpsissent, nunc diabolico furore raptati, in propria viscera retorquerent [1533]; neu hostibus suis, qui luctuosam a se victoriam reportassent, per intestinam hanc seditionem animos audaciamque repararent. Præterea cernentes quod infractam prima adversitate plebem vehementer jam belli pœniteret pariter et tæderet, veriti etiam, ut semper varium et instabile est plebis ingenium (399), ne ipsos principes captos regi traderent et suam salutem eorum sanguine redimerent, retulerunt ad eos de pace instauranda, suaseruntque ut, quoniam semel accepta clades belli eis [1534] tædium horroremque incussisset [1535], omnem nunc operam verterent ad placandam regis adversum se indignationem. Gratanter nimis hoc auditum acceptumque est ab omni plebe. Statimque episcopum Premensem et Uodonem [1536] marchionem, collato consilio, ad regem miserunt : orare per Deum ut, saltem nunc sanguine eorum exsaturatus, iracundiæ suæ modum poneret, nec exiguum gentis Saxonicæ, quod atrocissimæ cædi superfuerat, usque ad internitionem deleret; diem pocius locumque constitueret, quo tuto venire, tuto causam dicere liceret; se juxta jurisdictionem omnium regni principum, de omni injuria qua se læsum diceret, paratos ei ad votum satisfacere, omnem postremo satisfactionem proponere, omnia, salva modo vita et libertate, libenter passuros fore, si tantum expeditionem, quam adversum se omnibus regni principibus indictam comperissent, ad tempus inhiberet. Ad hæc rex ait se nec eis nec cuiquam justam satisfactionem de culpa proponenti veniam negaturum, de tanto autem tamque [1537] atroci negocio præcipitanter sententiam ferre nec velle nec debere, donec principes regni in unum convenirent, in quorum communem ignominiam læsæ regiæ majestatis injuria redundaret, et quorum tam virtute bellum transigendum quam consilio pax reparanda esset, præsertim cum jam sæpenumero bona et pacifica promittentes fefellissent; se principibus suis in expeditionem coadunandi exercitus diem 11 Kalendas Novembris constituisse in Gerstingun; si eos patrati facinoris revera pœniteret, eo venirent, accepturi illic quamcumque [1538] regni principes æquam judicassent pro admissa temeritate sententiam. Hoc ubi Saxonibus nunciatum est, in-

VARIÆ LECTIONES.

[1526] exacta 3. exucta (?) 1*. [1527] die hinc die *deleto primo die* 3. [152] puncti instar 4. [1529] Tunc 4. [1530] competa 3. [1531] adm 3. [1532] ita omnes hoc loco. [1533] retorte querent 5. [1534] ejus 1. 5? [1535] incusisset 4. [1536] Udonem *omnes.* [1537] tamquam 3. [1538] quecumque — equa 3.

NOTÆ.

(398) Cf. Bertholdi Const., Chron., et Bernoldi opusc. III, epist. 3 ad Alboin. n. 22, ed. Usserm., t. II, p. 268, qui tamen in nonnullis a Lamberti narratione recedunt.

(399) Virgil., Æn., IV, 569; Sall., Cat., c. 5.

gens eos metus invasit; omnesque certatim animi conatus intendunt ad placandam [1539], quoquo modo possint, regis iracundiam, ea præ omnibus cura habita ut expeditionem, quæ tam atrociter indicta fuerat, præverterent; recolentes quantum calamitatis superiore expeditione accepissent, et haut dubie scientes quod infestiorem nunc hostem instaurata post fugam bella sibi redditura essent. Itaque supra memoratos nuncios et cum his [1540] Hildinisheimensem [1541] episcopum mittunt, nec regi solum sed cunctis etiam principibus pro recuperatione pacis obnixius supplicare jubent; omnem admissi facinoris satisfactionem, etiam supra leges et natales suos, promittunt. Et, ne verbis minus fidei sit, obsides ipsis legatis, quantos accipere velint, tradunt: quibus se obligent nulla unquam levitate, nulla necessitate, nulla ingruentium casuum mutabilitate, promissionibus suis defuturos fore. Sed rex, comperto per occultos indices quod id molirentur, omnibus modis satagebat ne qua deinceps ante instructam expeditionem legatis Saxonum copia fieret colloquendi secum; præcavens scilicet ne forte principes regni, supplicationibus eorum et satisfactionis humilitate evicti [1542], clementiorem in eos animum acciperent. Quin immo tam honori quam iracundiæ suæ hoc consultius [1543] fore judicabat, ut, si fieri posset, novis occasionibus veteres inimicitiæ instaurarentur, et vulnus, quod præpropere in cicatricem obduci metuebat, recentibus plagis exulceraretur. Ad hoc efficiendum novo exquisito utitur artificio. Simulat se a Salomone, viro sororis suæ, rege Ungariorum, in Ungariam evocatum, ut lites, quæ inter ipsum erant et Joiadam [1544], qui eum regno expulerat, habito cum utrisque familiari colloquio, componeret.

Hujus itineris prætextu, elusis omnibus regni principibus, in [1545] Boemiam proficiscitur (Sept.); nullum secum habens ex principibus præter Herimannum comitem de Glizberg [1546], equites autem expeditos et tanto negocio allectissimos [1547] pene quingentos, qui, rejectis sarcinis et ceteris bellorum impedimentis, itineri tantum et certamini se expedierant. Assumpto in Boemia duce et exercitu Boemico, per occultos ac difficillimos [1548] tramites in Saxoniam contendit, sperans se eos, ut dici solet, inter oscitantes (400), cum inopinatus irrueret, facile oppressurum, aut, si rebellare temptarent, justam deinceps adversum eos belli et satisfactionis non suscipiendæ causam habiturum. Igitur usque Misenen pervenit urbem sitam in confinio Boemiæ et Saxoniæ. Ibi a civibus pacifice in civitatem susceptus, episcopum (401) civitatis ipsius comprehendit, omnia quæ ejus erant diripuit, hoc solo reum majestatis eum adjudicans, quod toto tempore belli Saxonici nullos ad eum, servatæ erga rem publicam fidei indices, nuncios vel litteras destinasset. Ceterum homo ecclesiasticæ paupertatis, et nihil aut parum habens pompæ militaris, vota forsitan contra rem publicam facere, arma ferre non poterat, nec magnum vel his vel illis partibus momentum amicus sive inimicus extitisset. Paulo ulterius progressus, villas nonnullas incendit, homines plerosque ingenuos in dedicionem accepit, cum repente præmissi exploratores retulerunt jam dudum consilii [1549] hujus famam ad Saxones prævenisse, eosque, contractis plus quam 15 milibus armatorum, haut procul castra posuisse, paratos cum eo proxima die, nisi satisfactionem eorum pacisque conditiones ultro susciperet, collatis signis confligere; postremo de ejus suorumque omnium salute actum esse, si vel ultra progredi vel in eisdem castris posteram diem operiri vellet, præsertim cum nullum undique conclusis effugium pateret, nec periculum manu propulsare multitudine impares possent. Ingens omnes qui cum rege erant metus perculit, vehementerque ejus ineptiam incusabant, quod successus suos nimium ipse urgeret, et, morarum impatiens multorum annorum bella uno impetu conficere immoderata præsumptione festinaret, se suosque hostibus puerili levitate prodidisset. Eorum monitis obtemperans, citato quantum poterat reditu, in Boemiam, unde eruperat, se recepit. Quem abeuntem quidam ex Saxonibus expediti equites, insciis principibus insecuti, priusquam Saxonia excederet, oppressissent, nisi Boto comes (402), qui ad Saxones a rege orator ierat provocare eos ad dedicionem, vel, quod verius est, vana pollicitatione veniæ implicare eos, ne persequerentur abeuntem, hac arte eos fefellisset. Digrediens a castris Saxonum, cum eos paulatim vestigia sua insequi cerneret, iter unius diei, quo ad regem redire poterat, longos anfractus [1550] et longa viarum dispendia legendo, vix triduo confecit, ut per hanc scilicet moram rex, elusis hostibus, in tutum evadere potuisset. Ita periculo liberatus rex, militem suum, labore et vigiliis, tum potissimum fame ac siti pene usque ad defectionem spiritus confectum, post paucos dies Ratisponam reduxit, e vicino jam imminente die quo in expeditionem exercitus adunandus erat; in-

VARIÆ LECTIONES.

[1539] placandum 4.   [1540] deest 4.   [1541] Hildinishemensem 5. Hildineshemensem 4.   [1542] devicti 4. [1543] et stultius post corr. consultius 5.   [1544] Joiadem superscriptoa 4.   [1545] in — principibus desunt 4. [1546] Glisberg 4   [1547] elect. corr. alect. 5.   [1548] difficillimos 4. 4.   [1549] consili 5.   [1550] anfractos 4. et ed. 2.

NOTÆ.

(400) *Interoscitantes* in ed. I uno voc. typis exscriptum videtur, quod præferrem, si scriptores medii ævi *interoscitare* dixisse exemplis probari possct. — Cf. Terent., Andr., I, 2, 10 (7) : *Sperantes tam amoto metu, interea oscitantes Opprimi*, ubi oscitans, auctore Donato, securum et nihil providentem significat. Fort. Lambertus Terentium secutus scripsit : *interea oscitantes*.

(401) Bennonem.

(402) Idem videtur qui supra a. 1073.

venitque ibi legatos Saxonum, multo jam tempore reditum ejus præstolantes. Quos responsum differendo diu suspensos tenuit, ut redire ad suos, nisi sub ipso imminentis jam expeditionis articulo et pene incumbente jam cervicibus eorum hostili gladio, non possent. Cumque sub idem fere tempus Dedi [1551] marchio, longa ægritudine absumptus, decessisset, marcham ejus Boemico duci in præmium exactæ militiæ dedit (403), tametsi uxor marchionis Adala filium suum, cui hereditaria successione marcha debebatur, ei paulo ante pro se obsidem misisset, et ipse marchio post recuperatam pacem in Gerstingun [1552] intemeratam semper erga regem remque publicam fidem servasset.

Interea Saxones et Thuringi inter spem et metum, inter pacem et bellum, inter comminationes et supplicationes, vario curarum æstu fluctuabant (404), nec quid agerent, quo se verterent, quibus modis impeditam rem explicarent, crebra conventicula facientes, deliberare poterant. Censebant alii, quoniam rex ad internitionem [1553] tocius Saxonicæ gentis animum obstinasset, ut quicquid Saxoniæ vel Thuringiæ hostilis exercitus reliquum fecisset, id ipsi [1554] injecto igne absumerent, et sic cum omnibus suis ultra fluvium Albim commearent; alii, ut [1555] Luticios [1556], infestissimam nomini christiano gentem, finibus suis excirent, et barbaro milite adversus barbarum atque [1557] implacabilem hostem uterentur; alii, ut castella, quæ rex per Thuringiam et Saxoniam dirui jusserat, instaurarent, et locorum difficultate, quoniam armis non possent, salutem suam, quoad indignatio domini deflagraret, tutarentur. Sed plebs omnem spem suam ab armis ad preces verterat; quæ si non proficerent, incunctanter animo fixerat [1558], omnia fœda et dira atque crudelia potius tolerare, quam se certamini committere et ancipitem fortunæ aleam, quam semel infausta congressione experta fuisset, denuo temptare. Econtra principes, quibus primum auctoribus ea rabies inarserat, sedulo instabant, obsecrantes ut, pristinæ virtutis memores crimen non inferrent gloriæ suæ nec optime cœpta fœdissime nunc desererent; quod prima congressione res secus cessisset, id causæ extitisse, quod nec regem nec principem habuissent, cujus ductu et auspicio bellum gerere, ad cujus imperium castra locare, in aciem procedere, manum cum hostibus conferre, et cetera militaris disciplinæ munia observare, sacramenti militaris religione cogerentur; si is [1559] scrupulus ademptus esset, nullum regem, nullum deinceps exercitum virtuti Saxonicæ insuperabilem fore; proinde malæ rei, pessimæ spei, unicum hoc remedium et adversus insolentiam hostium vehemens telum esse, si regem sibi [1560] crearent et in ejus verba jurarent (405), se pro patria, pro conjugibus, pro liberis [pro [1561] legibus], pro libertate sua, usque ad mortem militaturos esse. In his et hujuscemodi deliberationibus cum sæpe septem, sæpe 14 dies continua consultatione trivissent, incertiores semper quam venerant domum revertebantur. Ita cum omnia [1562] deliberando pertemptassent, omnia discussissent, propter acceptæ cladis recentem memoriam nihil rationibus suis satis tutum, satis firmum putabant.

Rex 11 Kalendas Novembris (Oct. 22) juxta condictum venit in Gerstingun [1563]. Venerunt omnes Teutonici regni episcopi et comites; aderat Tiodericus [1564] dux Mosellæ regionis; aderat Gozelo dux Luteringiæ [1566], tantas habens copias, ita militaribus armis instructas, ita, de tota cui præerat regione severissimo delectu [1567] habito, exquisitas, ut solæ ceterum regis exercitum et numero et bellici apparatus gloria præcellere ac supergredi viderentur. Alii duces, Ruodolfus scilicet dux Suevorum, Welf dux Bajoariorum, Bertoldus dux Carentinorum, regi auxilium suum petenti denegaverant, pœnitentes, ut aiebant, superiori expeditione in irritum fusi tanti sanguinis; offensi etiam regis immiti atque implacabili ingenio, cujus iracundiæ incendium nec lacrimæ Saxonum nec inundantes campis Thuringiæ rivi sanguinis restinguere potuissent. Ceteri tamen principes, qui frequentissimi convenerant, magnum satis ac validum exercitum fecerant, ei tamen longe ac longe imparem, quem prior illa expeditio contraxerat. Saxones et Thuringi, ultima jam necessitate exciti, amplissimo numero convenere, et positis castris haut procul a curte regia Northusun, archiepiscopum Premensem, episcopum Hiltinisheimensem [1568], Uodonem [1569] marchionem regi obviam in Gerstingun miserunt, obnixe postulantes ut a latere suo principes quos vellet ad eos transmitteret; paratos se, collato cum eis consilio, omnibus quæ justa sint [1570] promptissime assensum præbere. Abnuit rex, non principes suos de tam remotis regni partibus ad sententias dicendas confluxisse, sed ut manu militari ab hostibus communes rei publicæ injurias expostularent. Sed cum ei hoc vix et ægre supplicatio legatorum extorsisset,

VARIÆ LECTIONES.

[1551] Dedo 1'. [1552] Gerstimgun 5. [1553] internecionem 4. *jam sæpius*. [1554] ipso 5. [1555] deest 4. [1556] luticios i. nomino 5. [1557] et 4. [1558] fuerat 5. [1559] his 5. [1560] vel 5. [1561] p. l. desunt 5. 4. 5. [1562] deest 4. [1563] Gerstimgun 5. [1564] Theodericus 5. Diodericus 4. [1565] Gozzelo 4. [1566] Lauteringie 3. Lutteringie 4. 4. [1567] dilectu 5. 4. 5. (*quod Lambertum scripsisse putarim; cf. supra p.* . W.) [1568] Hiltinishemensem 5. 5. Hildenesheimensem 4. [1569] *ita* 5. [1570] sunt 4.

NOTÆ.

(403) Vid. Wenck. de Henrico I Misniæ march., commentat., II, p. 7.
(404) Cf. Virg. Æn., IV, 532, 564; VIII, 19; magno curarum fluctuat æstu.
(405) *Et in ej. verba jurarent*; Horat., Epod., 15, 4; Epist. I, 1, 14; et ap. Livium.

nullus erat ex principibus, qui eo munere fungi consentiret, singulis videlicet timentibus, ne vel apud regem perfidiae notarentur, si quid in Saxones clementius agerent, vel apud Saxones mendacii crimine infamarentur, si veniam eis admissi pollicerentur [1571], quam incunctanter scirent nullam eos a rege consecuturos (*Oct. 24*). Triduo in hac cunctatione cessatum est, legatis assidue euntibus ac redeuntibus atque in eadem verba regis et omnium principum aures obtundentibus. Nec propterea rex profectionem distulit, sed instructo exercitu, praelatis militaribus signis, lento cottidie gradu, in ulteriora populabundus contendebat. Tandem placuit mitti ad eos Mogontinum archiepiscopum, Salzburgensem archiepiscopum (406), Augustensem episcopum (407), Wirciburgensem [1572] episcopum (408), et cum his ducem Gozelonem [1573], cujus potissimum in ea expeditione auctoritas valebat, et in eo omnium quae agenda erant summa et cardo vertebatur, pro eo quod, licet statura pusillus et gibbo deformis [1574] esset, tamen opum gloria et militum lectissimorum copia, tum sapientiae et eloquii maturitate, ceteris principibus quam plurimum eminebat. Hos quinque nominatim ad colloquium suum Saxones expetierant, quod hos constantissimae fidei et veritatis esse compererant, et quicquid hi spopondissent, ratum fore haut dubio credebant. Cumque in castra Saxonum venissent, provoluti pedibus eorum principes Saxoniae [1575], obtestabantur per Deum ut calamitatis eorum miserentur, quos regis inclementia et primo ad audendum [1576] hoc immane facinus coegisset et nunc victos et pene usque ad internitionem deletos ad exitiales cruciatus insatiabili odio deposceret. Quod si legibus, si judiciis, si more majorum innocentiam suam asserere permittantur, facile crimen refellant, et se acceptas in Gerstingun pacis conditiones nullo deinceps ausu temerario violasse probent, vel si probare nequeant, poenas, quas leges et scita majorum in similium criminum reos sanxerint, persolvere non abnuant. Nunc [1577] vero novo crudelitatis genere innocentibus refellendi criminis copiam non dari, placationem non recipi, satisfactionem non admitti, sed semel conceptae indignationis virus ita penitus imis insedisse visceribus, ut non alio medicamine quam tocius Saxonicae gentis exterminio sedari valeat. Proinde videant ipsi, memores humanarum rerum, ne forte pestilentis hujus exempli contagium, sumpto ab Saxonibus exordio, ceteros etiam quandoque regni principes inficiat; et ita nunc infelicibus eventis Saxonum moderentur, ita [1578] calicem hunc fellis et absinthii (*Tiren*. III, 19) misceant et propinent Saxonibus, ut sibi quoque paulo post eundem meminerint esse bibendum. Se jam, incisa spe, omissa deinceps salutis propriae cura, hoc firmiter animo statuisse ut, quicquid illi agendum censeant, suadeant, jubeant, incunctanter agant, nec suarum partium studio patiantur ulterius tocius rei publicae statum periclitari. Ad haec illi responderunt se causam, qua primum adversus regem arma sumpserint, non admodum improbare, nec placere sibi obstinatum ad perniciem eorum regis animum et pertinax odium; consensisse tamen in hoc omnes regni principes, de usurpato in re publica novo hoc et multis retro seculis inaudito facinore non aliter regi vel rei publicae posse satisfieri, quam ut se absque ulla exceptione dedant; sibi autem, quorum hoc [1579] consilio agant [1580], curae futurum ut nihil ex hac deditione, quod saluti eorum, quod honori, quod rei familiari officiat, experiantur. Adversus hanc vocem vehementer infremuit vulgus Saxonicum; durumque omnibus visum est et intolerabile, ei [1581] sanguinis sui jus potestatemque facere, cujus [1582] crudelitatis tam clara cepissent experimenta; qui post depopulationes Thuringiae et Saxoniae, post multa hominum milia [1583] caesa, adhuc spirans minarum et caedis, omnia adversum eos mundi regna concitasset; cujus iracundiae in secundis rebus non pietas, non miseratio, non Dei, non hominum respectus umquam modum fecissent; satius [1584] sibi fore ut, aequo certamine congressi, more virorum fortium moriantur in bello, quam ut in exiliis et carceribus ritu pecudum [1585] jugulati, ridiculum hostibus suis spectaculum praebeant. Econtra illi sedulo instabant, deprecantes ut salutaribus monitis adquiescerent, neque exiguum Saxonici nominis, quod caedi ac depopulationi superfuisset, vana desperatione perditum irent; se, si minus salutis eorum, at propriae existimationis curam per maximam habere, qui profecto maculam sibi et crimen, nulla deinceps aetate, nulla virtute abolendum, contraherent, si [1586] fidei suae creditos adversitatis cujusquam vel levis aura perstringeret; proinde ituros se ad regem, et si tuto fidem dicere, tuto veniam polliceri possent, comperturos, et quae comperta fuissent, die postera renunciaturos. Rex gratissime amplexus pacis conventionem, promisit, et, sicut vulgata in plurimos fama loquebatur, etiam jusjurandum dedit, nihil se in eos, si dediti fuissent, praeter voluntatem et sententiam acturum eorum

VARIAE LECTIONES.

[1571] pollicitarentur 4. [1572] Wirzeb. 5. Werzeb. 1. 4. 5. [1573] Goselonem 4. [1574] difformis 4. [1575] saxonice 5. [1576] audiendum 5. [1577] Nec 5. [1578] ita ut 4. [1579] deest 4. [1580] agatur 3. [1581] eis 5. [1582] deest 5. [1583] multa milia h. 5. [1584] satis 4. [1585] pecodum 5. [1586] si perstringerent *desunt* 4.

NOTAE.

(406) Gebehardus.
(407) Embricho.

(408) Adalbero.

quorum opera et beneficio incruenta sibi hæc victoria obtigisset. Sæpe itum ac reditum est. Sæpe Saxones, refutato dedicionis consilio, arma expediri atque in aciem signa efferri conclamaverant, dum omnia fide regis tutiora sibi arbitrarentur. Sed Gozelo [1587] dux et qui cum eo erant [1588] satis impigros se exhibuerunt negocio, et ferocientis multitudinis tumultum nunc minis nunc blandimentis comprimebant; pollicentes, et, quia verbis parum fidei erat, etiam sub jurejurando confirmantes, non salutis, non libertatis, non prædiorum, non beneficiorum, non ceteræ suppellectilis suæ ullam eos jacturam sensuros, sed, postquam faciem regis et regni majestatem momentanea satisfactione magnificassent, statim dedicione absolvendos et patriæ libertatique, in nullis imminuto sibi conditionis suæ statu, restituendos esse. Non verba, non juramenta, non promissiones ullæ principibus Saxoniæ metum ademerant; sed, quia nec utiliter hostibus congredi, numero ac virtute impares, valebant, nec bellum diutius trahi, plebe [1589] jam olim tædio affecta et pacis recuperandæ cupidissima, poterat: post longas deliberationes, post multas tergiversationes, lacrimantes atque alta suspiria ab imis trahentes visceribus, tandem dedicioni consenserunt, et fidem principum regisque clementiam propriæ salutis periculo experiri statuerunt. Quod ubi protinus per exercitum regis celebris rumor vulgaverat, ingens gaudium, vehemens erat gratulatio, omnique triumpho illustriorem, omnibus spoliis opimiorem æstimabant victoriam, quod adempta sibi fuisset necessitas cum his manum denuo conferendi, qui prima congressione, extinctis pene omnibus Sueviæ ac Bajoariæ luminibus, luctuosam victoribus victi cladem intulissent.

Postera die (Oct. 25) rex ad suscipiendos eos in media [1590] late patentis campi planicie, in loco qui dicitur Spiraha (409) assedit, toto exercitu ad hoc spectaculum solemniter evocato, latissimo inter constipatam multitudinem vacante spacio; ubi dum procederent, tocius exercitus oculis conspicui forent. Igitur introducuntur per ordinem Saxoniæ ac Thuringiæ primo principes (410), Wezil [1591] archiepiscopus Magadaburgensis, Bucco episcopus Halberstadensis, Otto dux quondam Baioariæ, Magnus dux Saxoniæ, Herimannus comes, patruus ejus, Fridericus palatinus comes, Diedericus comes de Cadelenburg [1592] (411), Adalbertus [1593] comes de Thurin-gia, Ruodeger [1594] (412), Sizzo (413), Berenger [1595] (414), Bern, comites, deinde ingenui omnes, qui generis vel opum claritate aliquantulum eminebant in populo; et, sicut convenerat, absque ulla exceptione regi se dediderunt. Rex eos principibus suis, singulis singulos, donec de eis communi consilio deliberaretur, servandos commisit, et paulo post, rupto fœdere, contemptis omnibus quibus se obligaverat jurisjurandi vinculis, eos per Galliam, Sueviam et Bajoariam, per Italiam et Burgundiam deportari fecit. Beneficia quoque eorum militibus suis, quorum præcipue opera in bello Saxonico usus fuerat, distribuit. Commoratus etiam paucis diebus in Thuringia, castellum in Asenberg instauravit, præsidiumque imposuit, præcavens ne quid post digressum suum instabilis vulgi levitate novaretur. Præterea ingenuis omnibus, qui vel casu abfuerant vel metu se subtraxerant, diem statuit, ante quem si in dedicionem non venissent, tamquam hostes publici, ab omnibus quibus res publica curæ esset, ferro et igne infestarentur. Atque ita, dimisso exercitu, victor rediens, natalem sancti Martini Wormaciæ celebravit (Nov. 10).

Interea Romanus pontifex crebris legationibus et Babenbergenses clerici assiduis supplicationibus vehementer regi imminebant, ut jam diu vacanti ecclesiæ [1596] Babenbergensi rectorem provideret. Siquidem prior episcopus, licet extrinsecis ecclesiæ possessionibus, militum suorum, ut supra dictum est (415), præsidio fultus, contra vetitum incubaret, nullam tamen pontificalis officii administrationem usurpabat, apostolici anathematis religione absterritus. Cumque regi in pace et in bello, tranquilla seu turbata re publica, semper commodissime afuisset, et, scandalizatis in eo ceteris regni principibus, solus ille numquam scandalizatus fuisset, sed in cunctis quæ ei accidissent calamitatibus pondus diei et æstus (Matth. xx, 12) cum eo inconcussa fide portasset: numquam tamen rex vel levi verbo calumpniatoribus ejus obstitit, quin immo haut gravate adversus eum accusationem recipere videbatur, eo videlicet [1597] ut plerique interpretabantur, intendens, ut per hujus dejectionem via sibi pateficeret [1598] ad Wormaciensem episcopum et alios nonnullos, quibus in ultionem pristinæ defectionis jam pridem summa ope calumpniam struere sentiebatur. Igitur profectus Babenberg, Ruopertum [1599] Goslariensem præpositum in nativitate sancti Andreæ apostoli

VARIÆ LECTIONES.

[1587] Goselo 4. Gezelo 5. Gozzilo 1. [1588] c. episcopi 4. [1589] plebi 4. [1590] medio 3. [1591] Wezum 5. [1592] Cadelenburg 4. [1593] Adelbertus omnes [1594] Ruodegerus 5. Rudeger rell. [1595] Berrenger 5. [1596] e.b. ecclesie 4. [1597] scilicet 1°. [1598] fieret 4. [1599] ita 5. 4.

NOTÆ.

(409) Vicus est ditionis Sondershusanæ, prope Helbam fluvium inter oppida Greussen et Kindelbrücken; cf. Stenzel. I, p. 341.

(410) Sub principibus Schraderus, l. c., p. 77, not. 20 et p. 85, sq., not. 40, intelligit episcopos, duces et comites, sub ingenuis eos qui et natalium splendore aut opum et divitiarum magnitudine inter cæteros eminebant.

(411) V. supra a. 1075, n. 2. 3.
(412) A. 1070. Ruotgerus occurrit.
(413) De Kevernburg?
(414) De Sangerhausen, filius Ludewici Barbati comitis in Thuringia.
(415) Col. 1177.

(Nov. 30) pro eo ordinari fecit episcopum, virum pessimæ existimationis in populo, eo quod regi familiarissimus et omnibus ejus secretis semper intimus fuisset, et omnium quæ rex perperam et præter regiam magnificentiam in re publica gessisset, potissimus incentor extitisse putaretur. Et milites quidem [1600] acerrime factum improbabant, quod scilicet, vivente priore episcopo nec canonice ad sinodum evocato nec canonice adjudicato, alius ad adulterandum ecclesiæ Babenbergensis castitatem superordinatus fuisset episcopus. Clerici autem, etsi eos quam maxime offenderet persona ordinati, haut sane bonum testimonium habens ab his qui foris erant, malebant tamen qualemcumque habere, quam cum adversus quem sedem apostolicam appellaverant, et cujus vitæ institutionisque lugubrem tragediam toto mundi [1601] hujus theatro decantandam vulgaverant, recipere

Postera die (*Dec.* 1), cum ad eligendum Faldensem abbatem rex cum principibus assedisset, grandis erat inter abbates et monachos, qui ex diversis locis frequentes confluxerant, concertatio. Tamquam solemniter indicto agone, singuli pro virili portione currentes, alius aureos montes, alius ingentia beneficia ex agro Fuldensi, alius solito impensiora in rem publicam servitia promittebant, nec prorsus in promittendo modum aut modestiam ullam servabant. Et o mores, o tempora (416) ! o abhominationem desolationis (*Dan.* ix, 27) stantem in loco ubi non debet, et mammonam nostris temporibus publice sedentem in templo Dei et extollentem se supra [1602] omne quod dicitur Deus aut quod colitur! Abbates et monachi ita ambitionis spiritu præcipites rapiebantur, ut eos a cupiditate sua non pudor nominis christiani, non habitus artioris propositi, non ipsum denique deterreret recens exemplum Babenbergensis episcopi, quem pridie videbant non aliam ob causam et episcopatu privatum et communione, quam quod ad sacrum ordinem illicita largitione aditum sibi affectasset. Horum impudentiam rex vehementissime, ut dignum erat, detestatus, cum hinc inde importune [1603] obtundentium precibus urgeretur, repente divino, ut creditur, spiritu actus, monachum quendam Herveldensem, Ruozelinum [1604] nomine, qui pro causa monasterii jussu abbatis sui ad curtem venerat, in medium evocat, et nihil minus suspicanti, etiam inopinatæ rei miraculo pene exanimi, baculum pastoralem offerens, primus ipse abbatem eligit, dein [1605] ceteros tam monachos quam milites, ut in electionem ejus consentiant, obnixe efflagitat. Ita cunctis qui aderant lætissima acclamatione suffragium ferentibus, abbatiam suscipere jubetur ; et cum diu [1606] nunc imperitiam suam, nunc malam valitudinem, nunc abbatis sui absentiam causatus restitisset, vix tandem aliquando, præsentium episcoporum obtestatione adjuratus, suscipere consensit. Similiter, defuncto nuper Oadalrico [1607] abbate de Loressan, cum monachi et milites in electionem præpositi concorditer adunati ad curtem venissent, neque rex aliter sensurus putaretur propter multa servitia quibus ille, dum præpositus monasterii esset, gratiam dilectionemque ejus officiosa admodum sedulitate redemerat : rex alium quendam [1608] ejusdem coenobii monachum, Adalbertum [1609] nomine, qui cum ceteris fratribus nihil tale opinatus advenerat, repente injecta [1610] manu in medium protrahit, et rei novitate attonito baculum pastoralem, cunctis stupentibus, tradit. [1611]

Herimannus Babenbergensis episcopus, comperto quod alius in locum ejus subrogatus esset (417) episcopus, cum omnis jam ei [1612] spes adempta esset recuperandæ deinceps dignitatis suæ, nec ad eludendam Romani pontificis sententiam ullum ultra pateret diverticulum, in monasterium cui nomen est Suarza (418) secessit, ibique sub Egberto [1613] abbate sanctæ conversationis habitum suscepit. Statimque assumpto secum eodem abbate suo, Romam profectus [1614], cum de inobedientia sua humiliter apud sedem apostolicam poenitentiam egisset, et anathemate liberatus, et sacerdotalis ministerii, præter pontificalem dignitatem, denuo licentiam est consecutus [1615].

Annum [1616] hunc, multis cladibus insignem, potissimum lugubrem fecit obitus Annonis [1617] Coloniensis archiepiscopi, qui post longam ægrotationem, qua Dominus vas electionis suæ in camino tribulationis [1618] transitoriæ purius auro, purgatius mundo obrizo decoxerat, pridie Nonas Decembris (*Dec.* 4) beato fine perfunctus, ad angelos ex hominibus, ad immortalia ex mortalibus transmigravit. Testantur hoc signa et prodigia, quæ cottidie circa sepulchrum ejus Dominus ostendere dignatur, ad confutandam [1619] impudentiam eorum qui paulo ante vitam ejus sanctissimam atque ab omni hujus mundi labe quantum ad hominem integerrimam, livido dente carpebant (419), et preciosam margaritam, jam olim

VARIÆ LECTIONES.

[16] quidam 4. [1601] mundo 5. [1602] super 4. [03] oportune 4. [1604] ita 5. [1605] deinde 4. [1606] deletam 5. [1607] Vdalr. 3. 5. Udalr. *rell.* [1608] quandam 5. [1609] Adelb. *omnes*. [1610] injectu 5. [1611] tradit etc. sancta anna 4. [1612] spes ei 4. [1613] Eggeberto 1. Egeberdo 5. Egberdo *Nic. de Sygen*. [1614] p. est i. [1615] consecratus 4. [1616] *Hic incipit Lamberti fragmentum a Junio exscriptum*. [1617] Aimonis 5. [1618] transitoriæ tribul. 1a. *ubi hæc exscripta sunt* (III, 15). [1619] confundendam 7.

NOTÆ.

(416) Cic., I orat. in Catil., c. 1
(417) Cf. Liv. II, 7 ; XXXIX, 59.
(418) Schwarzach.

(419) *Livido dente carpebant*, Horat., Od., IV, 3, 16 ; Epod., 6, 15 ; Epist., I, 18, 82 ; Serm., II 1, 150, et al. loc. cf. Cic. pro Balb., c. 26, § 57.

cælestis regis diademati destinatam, falsis rumoribus obfuscare conabantur. Is in Babenbergensi ecclesia in ludo tam divinarum quam secularium litterarum enutritus, postquam adolevit, nulla commendatione majorum — erat quippe loco mediocri natus (420) — sed sola sapientiæ ac virtutis suæ prærogativa, imperatori [1620] Heinrico [1621] innotuit. A quo in palatium assumptus, brevi apud eum, præ omnibus clericis qui in foribus palatii excubabant, primum gratiæ et familiaritatis gradum obtinuit, hoc præcipue diligentibus in eo omnibus bonis, quod justi ac recti admodum tenax erat, atque in omnibus causis, pro suo tum [1622] statu, non adulando ut ceteri, sed cum magna libertate obloquendo, justiciæ patrocinabatur. Erat autem, præter virtutes animi et morum gloriam, corporis quoque bonis ornatissimus, statura procerus, vultu decorus [1623], lingua promptus, vigiliarum et inediæ patientissimus, postremo ad omne boni operis excercitium naturæ muneribus affatim instructus. Exactis in palatio haut multis annis, magna imperatoris, magna omnium qui eum noverant expectatione, adeptus est Coloniensem archiepiscopatum [1624], atque ita deinceps in omnibus tam ecclesiasticis quam rei publicæ negociis haut imparem se acceptæ dignitati gerebat, et sicut editioris loci insignibus, ita cunctis virtutum generibus inter ceteros regni principes conspicuus incedebat. Reddebat sollicitus quæ sunt cesaris cesari, et quæ sunt Dei Deo, quia Coloniensis [1625] nominis majestatem et secularem pompam ambitiosius pene quam aliquis ex præcessoribus ejus ostentabat ad populum, nec propterea tamen invictum inter tantas occupationum procellas spiritum umquam relaxabat a studio divinarum rerum. Crebris jejuniis corpus suum macerabat et in servitutem redigebat. Pernoctabat plerumque in orationibus, et per ecclesias, uno tantum puero contentus comite, nudis pedibus discurrebat; et diem quidem in disponendis privatis seu publicis negociis, noctem vero totam in opere Dei [1626] expendebat. Multa illius in pauperes, in peregrinos, in clericos, in monachos benignitas, mira liberalitas erat. Nullam intra diocesim suam congregationem prætermisit, quam non prædiis, ædificiis, stipendiis, sua specialiter [1627] donatione auctam, vita decedens relinqueret. Et plane apud [1628] omnes indubia fide constitit, ex quo Colonia fundata est, unius numquam episcopi studio tantum opes et gloriam crevisse Coloniensis ecclesiæ. In judicandis causis subditorum nec odio nec gratia cujusquam a vero abducebatur, sed semper in omnibus propositam indeclinabiliter sequens æquitatis [1629] lineam, ad evertendum judicium nec accipiebat personam pauperis, nec honorabat vultum [1630] potentis. Tum vero verbum Dei ita luculente [1631], ita magnifice disserebat, ut saxeis etiam cordibus sermo ejus [1632] lacrimas excutere posse videretur, et semper ad exhortationem ejus planctu et ululatu compunctæ multitudinis ecclesia tota resonaret. Duas Coloniæ congregationes clericorum ex integro propriis impensis instituit: unam in loco qui dicitur Ad gradus, titulo sanctæ Mariæ; alteram foras murum, titulo sancti Georgii martiris. Tres etiam congregationes monachorum diversis in locis ex suo construxit: unam, in monte qui a præterfluente fluvio cognominatur Sigeberg (421); aliam in regione Sclavorum [1633] in loco qui dicitur Salefelt [1634] (422); terciam in regione Westfaal in loco qui dicitur Grascaf [1635] (423); quas omnes et augustissimis [1636] ædificiis excoluit, et exquisitissimis ecclesiæ ornamentis illustravit, et amplissimis atque in multorum fratrum usus sufficientibus prædiis locupletavit. Cumque in omnibus Teutonici regni monasteriis cerneret antiquum illum regularis disciplinæ fervorem admodum refrixisse, et monachos a vita communi ad rem familiarem curam omnem studiumque convertisse, gravi tædio angebatur animus [1637] ejus, quod ingentibus expensis nihil Deo dignum confecturus putaretur. Interea contigit ut pro causa rei publicæ Romam pergeret. Cumque aliquas Italiæ regiones peragraret, principes ejus regni ne a rege deficerent suis exhortationibus confortaturus, ad monasterium quoddam, cui Fructuaria (424) nomen est, causa orationis divertit. Ibi admiratus monachorum artissimam et secundum regulæ instituta conversationem, nonnullos eorum, in opere Dei probatissimos, secum rediens abduxit, et eos ad tradendam [1638] Galliis ejusdem disciplinæ formulam in Sigeberg constituit; prioribus monachis, quos ex Sancto Maximino asciverat, quoniam in horum instituta concedere noluerant, honorifice in locum suum remissis. Quod ejus factum imitati ceteri Galliarum episcopi, alii ex Gorzia [1639], alii ex Cloniaca [1640], alii ex Sigeberg, alii ex aliis monasteriis monachos evocantes, novam divini servitii scolam in suis singuli [1641] monasteriis instituerunt; adeoque brevi convaluit felicis hujus facti æmulatio, ut pauca intra [1642] Galliam monasteria

VARIÆ LECTIONES.

[1620] imparatori 4. [1621] Henrico 5. [1622] tamen 5. 4. [1623] venerandus 1a (I, 2). [1624] episcopatum 1. [1625] Colloniensis 5. [1626] dei opere 1a (I, 5). [1627] speciali 5. [1628] deest 5. [1629] etatis 5. [1630] multum 4. [1631] ita 1. 5. 4. 5. [1632] etiam add. 7. [1633] in confinio Duringorum et Sclavorum 1a (I, 28). [1634] Salevelt 1a. [1635] Grafscaf 5. [1636] angustissimis 5. [1637] animum 5. [1638] tradendum 1a (I, 25). [1639] Gorzaa 5. [1640] Clomaca 5. [1641] singulis 5. [1642] inter 4.

NOTÆ.

(420) Eum ex comitum Veltheimensium familia originem duxisse probare studet Delius ap. Ledebur Archiv. V, p. 55, sqq.
(421) Cf. Vitam S. Annonis I, 18-23.

(422) Vide supra a. 1071.
(423) Hodienum Grafschaft, ditionis Coloniensis.
(424) In Italia in episcopatu Taurinensi situm.

videamus, quæ non jam novæ hujus institutionis jugum subacta receperint [1643]. Ipse vero monachos suos, juxta quod in Fructuaria compererat, cernens artissimis vivere disciplinis, et, conversationis eorum [1644] opinione longe lateque vulgata, multos ad mundi contemptum inflammari et eorum magisterio se in via Dei erudiendos tradere: magnas Deo gratias referebat, quod non confudisset eum ab expectatione sua. Omnem quoque diligentiam adhibebat, ne quam earum rerum [1645], quibus corporis [1646] imbecillitati consulendum sit, penuriam sustinerent. Honorabat ac venerabatur eos ut dominos suos, nec solum abbati, sed decanis etiam monasterii ita subditus dictoque obtemperans erat, ut ad primum eorum imperium, quantumlibet gravibus publicæ seu privatæ rei negociis implicitus [1647] teneretur, ilico exoccupatis manibus surgeret, et omne quod jussissent instar vilis mancipii exequeretur. Cibos summa industria confectos cottidie, dum adesse potuisset, ipse eis inferebat, ipse apponebat, ipse potum miscebat, ipse reficientibus ad omne obsequium quolibet famulo promptior paratiorque assistebat [1648]. Silentium quoque ac ceteras monasterii consuetudines, dum inter eos diversaretur, ita attentus sollicitusque servabat, acsi pro excessibus suis ipse quoque cottidie in capitulo eorum causam dicturus et sententiam accepturus foret. Hoc ejus in Sigeberg, hoc in Salefelt [1649], hoc in Grascaf [1650] studium, hæc institutio erat. — Porro a rege gravissimis sæpenumero inimicitiis dissidebat, et eum acerrimis increpationibus objurgabat, propter multa quæ præter [1651] æquum et bonum ejus jussu vel permissu cottidie admittebantur in re publica. Unde rex plerumque efferatus, omnia quæ illius erant ferro et igne [1652] demoliturum se comminabatur, plerumque autem, supplex ei factus, amplissimis promissionibus iratum demulcebat; et tam sui quam tocius regni jus potestatemque ei se facturum pollicebatur, si modo fidum eum sibi nec adeo cunctis voluntatibus suis adversum experiretur. Ad [1653] hæc ille, in cunctis, aiebat, quæ recte et juxta regiam magnificentiam conaretur, nusquam ei defuturam esse operam suam; si quid vero perperam et contra leges ac scita majorum, nequam hominum suggestionibus depravata, agere vellet, ut his consensum auctoritatemque suam accommodaret, nullo se [1654] vel [1655] precio redimi vel terrore compelli posse. Et nunc quidem in summam familiaritatem et pene in regni consortium a rege assumebatur, nunc vero, quoniam ea quæ in regno perperam gerebantur vehementer detestaretur et acerrime impugnaret, cum contumelia de palatio ejiciebatur [1656], et ad extinguendum omnino nomen ejus totum regni robur concitabatur. His vicissitudinibus per plures annos ejus [1657] concertatio cum rege trahebatur. Neque enim lasciviæ regis vel ratio modum faciebat vel ætatis accessus vel amici cujusquam objurgatio, sed cottidie se ipso deterior efficiebatur, et, ruptis omnibus humani, ne [1658] dicam christiani, pudoris frenis, in omne quod animus suggessisset flagitium præcipitantior ruebat; et, oppressis jam terrore principibus, nullus erat qui peccantem et divina atque humana omnia absque discrimine permiscentem vel levi verbo auderet redarguere. Ad ultimum considerans archiepiscopus completam esse malitiam ejus, et obstinatum in malis ingenium nec tempore jam corrigi posse nec ratione, anno pene ante exortum bellum Saxonicum, petiit vacationem deinceps [1659] sibi dari ab exterioribus rei publicæ negociis; et sic impetrato commeatu, in Sigebergense monasterium secedens, illic in vigiliis et jejuniis, in orationibus et elemosinis quod supererat ætatis exigebat; nec inde uspiam, nisi summa forte ac inevitabili necessitate extractus, abscedebat [1660]. Cetera, quæ circa rei publicæ administrationem vel egit vel passus est, si quis plenius scire voluerit; superiora libelli [1661] hujus revolvat, et singula ex quo gesta sunt ordine et tempore copiose [1662] descripta inveniet. Sed pius Dominus, qui quos amat arguit et castigat, hanc quoque dilectam sibi animam ante diem vocationis suæ multis temptari permisit incommodis, ut scilicet ab eo [1663] omnem scoriam terrenæ conversationis excoqueret [1664] caminus transitoriæ tribulationis. Primum, moto [1665] bello Saxonico, fratrem ejus Wecel Magadaburgensem [1666] archiepiscopum, et consobrinum ejus Bucconem Halberstadensem episcopum, tempestas involvit gravissimæ persecutionis. Contra hos cum non satis impigre regi, tocius Saxonicæ gentis exterminium anhelanti, opem ferret, naturæ profecto legibus et carnali affectione inhibitus, invisus ei suspectusque efficitur, perjurii ac perfidiæ insimulatur; cives Colonienses, quibus paulo ante unice carus acceptusque fuerat, ad interficiendum eum donis ac [1667] promissionibus sollicitantur. Sopito utcumque hoc malo, duo ministri ejus, qui in laribus ejus familiarissime obversabantur [1668], insidias ei tendunt, et, nisi Dei misericordia malum hoc prævertisset [1669], nihil tale suspicantem trucidassent.

Alii cuidam, quem beneficiis suis maxime fidum sibi obnoxiumque fecerat, familiares litteras, a se ipso in tabulis propter majorem secreti cautelam [1670] conscriptas, dedit episcopo Halberstadensi [1671] per-

VARIÆ LECTIONES.

[1643] receperunt 4. 5. susceperunt 7. [1644] optime opinione 4. [1645] rerum earum 3. [1646] corpori 4. [1647] implicatus 3. [1648] asistebat 5. [1649] Saleuelt 1a. (I, 23). [1650] Grafscaf 5. Grascaff 1a. [1651] propter 4. [1652] igne et ferro Nic. de Sygen. [1653] At. 4. [1654] deest 7. [1655] igitur 5. [1656] eiciebatur 4. [1657] deest 1a. (I, 24) 4. [1658] nec 4. 5. corr. ne 5. [1659] sibi deinceps 7. [1660] abcessit 7. [1661] hujus libelli 4. [1662] copiosa post corr. copiose 3. [1663] ea 1a. (II, 20.) [1664] exquoqueret 3. [1665] mota 5. [1666] Magadabergensem 3. [1667] et 4. [1668] servabantur 1a. (II, 23.) [1669] pervertisset 5. [1670] verba cautelam — nepotem desunt 1. 1*. exstant etiam 1a. — supplevit ea Struve ex exemplari edit. 1. ubi calamo adjecta erant. [1671] Halverstensi Struve.

ferendas, quibus nepotem suum (425), tantis undique adversitatum procellis jactatum et pene naufragantem, consolaretur et instrueret. At ille ex ipsa tam operosa secreti communitione conjiciens aliquid regi reique publicae adversum his [1672] litteris contineri, regi eas detulit. Quas ille deinceps in argumentum laesae fidei archiepiscopo improperans, necem ei et omnibus quae [1673] ejus essent ultimum, si copia fieret, exterminium machinabatur. Item alius quidam ex ministris ejus, quem Coloniensi ecclesiae propria industria ipse adquisierat, quemque ob hoc indulgentissimo semper affectu coluerat et bonis omnibus, etiam supra natales suos, locupletaverat, repente insolentia servili elatus, jugum ecclesiasticae servitutis coepit detractare [1674], seque in libertatem violento quodam jure fori cum magna archiepiscopi contumelia asseruit (426). Tum vero crebris mortibus carorum suorum ita amaricatus est et vulnere concisus super vulnus, ut saxeum quoque pectus et supra petram fundatum aedificium concutere posset tam vehemens ille turbo temptationis. Ad ultimum data Satanae in carnem quoque [1675] ejus potestate, ulcere pessimo percussus est in utroque pede, ita ut putrescentes paulatim carnes defluerent, et hinc inde abducta cute, consumptis [1676] carnibus, foedo aspectu ossa nudarentur. Qui morbus primo pedes, dein [1677] crura et femora miserabili modo depastus est, ac sic post diuturnam macerationem penetrans ad vitalia, animam, super argentum igne examinatum [1678] probatam et purgatam septuplum, de hac domo lutea transmisit ad domum non manu factam aeternam in caelis. De qua re, dimidio fere anno priusquam vita excederet, certum cum fecerat manifesta revelatio. Visus (427) est enim sibi domum quandam, omni decore intus et foris resplendentem, intrare. Et ecce in subselliis judicialibus, tamquam ad concilium [1679] solemniter evocati, residebant Heribertus [1680] Coloniensis archiepiscopus, Bardo Mogontinus archiepiscopus, Boppo [1681] et Everhardus Treverenses archiepiscopi, Arnolfus Wormaciensis episcopus et alii quam plures Galliarum episcopi, quorum alios ipse in carne noverat, alios fama tantum vel lectione compererat, amicti omnes stolis pontificalibus et habentes vestem instar nivis candidam. Ipse quoque candidis admodum ac preciosis indutus sibi videbatur, sed partem candentis vestimenti, eam scilicet qua pectus tegebatur, sordida quaedam ac

foeda caligo obduxerat, ac ceterum cultus ejus splendorem sua foeditate plurimum obfuscabat; quam tamen ipse, nimio rubore perfusus, objecta manu tegere ac celare, ne inspicientium offenderet obtutum, conabatur. Vidit praeterea inter eos sibi quoque sedem miri decoris paratam. Quam cum [1682] occupare, gaudio et exultatione aestuans, properaret, surgens Arnolfus Wormaciensis episcopus, modesta voce cum prohibuit, dicens reverendos Patres, qui assiderent, nolle eum in suum admittere consessum, propterea quod vestem ejus turpis [1683] haec macula foedaret. Cumque, jussus loco cedere, flens confectoque nimium animo egrederetur, insecutus cum idem episcopus: *Aequo animo*, ait [1684], *esto, pater. Maculam tantum hanc, quae vestem tuam infecit, maturius ablui praecipe, quia non post* [1685] *multos dies beatae hujus mansionis consortium et sanctorum* [1686] *patrum, quos aspexisti, consessum voti compos percipies.* Mane facto, cum familiari cuidam suo visionem retulisset, ille sapienter rem conjiciens: *Macula*, inquit, *haec vesti tuae illita nihil aliud est, pater* [1687], *ut aestimo, quam memoria injuriae cirium tuorum, qui te anno superiore Colonia expulerunt, quibus te divinae pietatis respectu jam olim oportuerat admissi hujus veniam dedisse. Haec, quod bona venia dixerim, pectori tuo tenacius quam aequum sit insidens et amarissimo maerore contra fas mentem tuam decoquens, ceteram sanctissimae* [1688] *conversationis tuae claritatem molesta quadam caligine obducit et obscurat.* Archiepiscopus conscientiae suae testimonio convictus, ne inficiaretur quod audiebat, reatum suum humiliter agnovit; statimque destinatis circumquaque nunciis, cives omnes [1689] Coloniae, quos in ultionem injuriae suae excommunicatos urbe fugaverat, ad se evocavit, eisque proxima festivitate paschali — nam in quadragesima visionem viderat — non solum communionem ecclesiasticam, sed etiam bona sua omnia, quae direpta fuerant, benignissime restituit. Sic gravis illa tempestas, quae spiritu diabolico suscitata totam concusserat Coloniam, conquievit; pater filios, filii patrem recognoverunt; archiepiscopus amaritudine, populus metu et [1690] sollicitudine, civitas liberata est solitudine. Archiepiscopus jam a principio sepulturam sibi providerat Coloniae in ecclesia beatae Mariae quae dicitur Ad gradus. Postmodum offensus temeritate Coloniensum, qua in eum inaudita rabie debachati fue-

VARIAE LECTIONES.

[1672] h. l. *desunt* 7.   [1673] qui 7.   [1674] ita 1. 3. 4. 5. detrectare 1a.   [1675] *deest* 4.   [1676] consumptisque 7. [1677] deinde 4.   [1678] examinatam 4.   [1679] consilium 4.   [1680] Heriberdus 4. 5. Heriberthus 1.   [1681] Poppo 1a. (II, 25.)   [1682] *deest* 5.   [1683] h. turpis 1a.   [1684] inquit 7.   [1685] post non 7.   [1686] sanct. quos patrum 1.   [1687] *deest* 1a.   [1688] sanctissimam 4.   [1689] omnes Coloniae cives 7.   [1690] et s. *desunt* 4.

NOTAE.

(425) Supra eumdem Burchardum *consobrinum* (i. e. filium sororis suae) vocat. Cf. Delius l. c., p. 36, 9t. 6, 54; d. 55, 4.
Videntur ad eum pertinere, quae in Vita S. Annonis l. II, c. 10 narrantur.
(427) Cf. carmen Germanicum in laudem S. Annonis editum v. 712, sqq.

rant non modo animum, sed corpus quoque suum [1691] de Colonia in Sigeberg transferendum censuit, ibique sepeliri [1692] se omni modo [1693] definivit. Cumque, appropinquante die vocationis suæ, Coloniæ ægrotaret, jamque in extremo spiritu constitutus animadverteret populum Coloniensem graviter nimis ferre quod tam desiderabili thesauro defraudandus esset : paululum resumpto spiritu, in lecto consedit, acceptaque stola pontificali, ut videlicet verbis plus inesset auctoritatis, familiares suos sub testificatione nominis divini adjuravit ne alibi eum quam in Sigeberg poni [1694] sinerent. Factum est ergo quod jusserat. Defunctus enim post modicum, gloria ingenti, magno cleri et plebis studio, summo matronarum Coloniensium luctu, in Sigeberg delatus, atque in medio ecclesiæ sepultus est (428). Ubi cottidie per ejus interventum fideliter postulantibus multa præstantur divinæ opitulationis beneficia.

MLXXVI.

Rex nativitatem Domini Goslariæ celebravit. Cumque eo [1695] omnes regni principes evocasset, ut de principibus Saxoniæ, qui in dedicionem venerant, communi consilio deliberaretur, præter ducem Boemicum pauci admodum venerunt. Ab ipsis tamen qui venerant jusjurandum exegit et accepit, ut non alium post eum quam filium ejus, tenerum adhuc infantulum, regem sibi eligerent. Ibi Otto, dux quondam Bajoariæ, datis pro se duobus filiis suis obsidibus, dedicione absolutus est ; nec solum in gratiam, sed in tantam quoque familiaritatem receptus est a rege, ut omnia deinceps consilia, tam de privata quam de re publica, ceteris auricularis familiarius cum eo communicaret. Ceterorum qui se dediderant nec mentio habita est.

Coloniensis etiam clerus et populus ad eligendum sibi antistitem frequens confluxerat. Quibus rex Hildolfum quendam, Goslariensem canonicum, offerebat, atque ut eligerent dedita opera insistebat. Illi contra summa ope nitebantur, objicientes quod homo statura pusillus [1696], vultu despicabilis, genere obscurus, nec animi nec corporis virtutibus quicquam tanto sacerdotio dignum prætenderet. Unde indignitate rei tanta in eum concitata sunt omnium qui in curte regia erant odia, ut, sicubi in publico apparuisset, omnes eum tanquam aliquod [1697] antiquitatis monstrum inconditis clamoribus et canticis perurgerent, lapidesque in eum et pulverem vel quodcumque aliud furentibus casus obtulisset jactarent. Sed rex recolens Annonis [1698] archiepiscopi constantiam et invictum adversum omnes nefarios suos conatus spiritum, consulto talem ei successorem ordinari satagebat, cujus facilitate ad omnia quæ vellet pro libito suo abuti posset. Cumque, diu multumque conatus, nulla ratione ut eligeretur obtinere potuisset, Colonienses infecto negocio in sua remisit, iterumque media quadragesima rectius, si fieri posset, consultos præsto esse præcepit; contestatus quam sancte, se vivo aut nullum eos aut hunc habituros esse pontificem.

(Jan.) Aderant præterea Hildebrandi [1699] papæ legati (429), denunciantes regi ut secunda feria secundæ ebdomadæ in quadragesima (430) ad sinodum Romæ occurreret de criminibus quæ obiicerentur causam dicturus; alioquin sciret se absque omni procrastinatione eodem die de corpore sanctæ ecclesiæ apostolico anathemate abscidendum esse. Quæ legatio regem vehementer permovit; statimque abjectis cum gravi contumelia legatis, omnes qui [1700] in regno suo essent episcopi et abbates, Wormaciæ dominica septuagesimæ convenire præcepit, tractare cum eis volens, ad deponendum Romanum pontificem si qua sibi via, si qua ratio pateret; in hoc cardine totam verti ratus [1701] salutem suam et regni stabilitatem, si is non esset episcopus.

Ipso tempore contigit papam per immissionem Satanæ gravissima pulsari adversitate. Quidam urbis præfectus Romanæ, Quintius nomine, et generis claritate et opum gloria eminens, valde in tota Italia multa in possessionibus Romanæ ecclesiæ præter leges faciebat. Perlata ad papam querimonia, cum eum sæpius modeste corriperet, nec quicquam proficeret secreta correptio, tandem excommunicavit eum, arbitratus hoc saltem modo improbitatem ejus coercendam fore. Hinc ille majori [1702] dementia efferatus, ipsa nocte natalis Domini cum armatis inopinato irruit in ecclesiam, in qua papa, vestimentis pontificalibus indutus, sacro altari astabat missarum solemnia celebrans, injectaque — quod dictu quoque nefas est — in capillos ejus manu, multis contumeliis affectum de ecclesia protraxit, et priusquam, vulgato per civitatem rumore, populus frequens auxilio concurreret, in domum quandam munitissimam abripuit. Fama tam atrocis facti totam ilico replevit urbem. Undique ad arma conclamatur. Divites et pauperes, nobiles et ignobiles, uno omnes animo accurrunt, atque in ipso statim orientis diei crepusculo domum Quintii oppugnare

VARIÆ LECTIONES.

[1691] deest 4. [1692] se sep. 5. [1693] omnino 5. [1694] ne a. q. in S. cum p. s. 7. [1695] eos 5. [1696] pusillos 4. [1697] aliquid 4. [1698] Aimonis 3. [1699] Hildibrandi 3 [1700] quia 4. [1701] deest 4. [1702] majore 5.

NOTÆ.

(428) Hæc in tertio libro Vitæ S. Annonis fusius narrantur.
(429) Lambertus hoc referre videtur ad Nativ. Chr. a. 1075 (ex nostra computandi ratione), sed verisimilius factum esse exeunte mense Januar.

1076. Vid. Stenzel. I, p. 579, not. 18, II, p. 266; Mascov. l. c., p. 56, sq., not. 3; Usserm. ad Berthold., Const., p. 40, not. 2.
(430) i. e. die 22. Febr.

summa vi aggrediuntur; et [1703] nisi ille, mali quod imminebat haut improvidus, papam dimittere maturasset, domum ipsam, peremptis omnibus qui in ea erant, a fundamento evertissent. Papa interveniente, concitatæ multitudinis furor vix et ægre compressus est. Romani quod factum fuerat graviter nimis et indigne ferentes, omnia quæ Quintii erant, tam intra [1704] muros quam extra, ferro et igne demoliti sunt. Nec minus ille militaris [1705] audaciæ facinora contra faciebat, succendens et evertens omnia quæ poterat de possessionibus Romanæ ecclesiæ. Ita per multos dies non sine magno et harum et illarum partium dispendio [1706] simultas hæc trahebatur.

Rex statuta die (*Jan.* 24) venit Wormaciam; venerunt etiam episcopi et abbates amplissimo numero. Commode quoque conficiendis tantis rebus intervenit quidam ex cardinalibus Romanis Hugo cognomento Blancus, quem ante paucos dies propter ineptiam ejus et mores inconditos papa de statione sua [1707] amoverat, deferens secum de vita et institutione papæ scenicis figmentis consimilem tragediam: scilicet unde oriundus (451), qualiter ab ineunte ætate conversatus, quam perverso ordine sedem apostolicam occupaverit [1708], quæ ante episcopatum, quæ post acceptum episcopatum memoratu quoque incredibilia flagitia commiserit. Hujus auctoritatem, tamquam divinitus sibi destinatam, gratissime amplexati et promptissime secuti, sententiam promulgarunt quod papa esse non possit, nec ullam juxta privilegium Romanæ sedis ligandi aut solvendi potestatem habeat vel aliquando habuerit, qui tantis vitam probris ac criminibus commaculaverit. Cumque ceteri omnes damnationi ejus nihil hæsitantes subscriberent, Adalbero [1709] Wirciburgensis [1710] episcopus et Herimannus Mettensis [1711] episcopus aliquamdiu restiterunt; dicentes incongruum valde et contra canonum scita esse ut episcopus aliquis absens, absque generali concilio, sine legitimis et idoneis accusatoribus [1712] et testibus, necdum probatis criminibus quæ objicerentur, condempnaretur; nedum Romanus pontifex, adversus quem nec episcopi nec archiepiscopi cujusquam recipienda sit accusatio. Sed Willihelmus Trajectensis episcopus, qui causam regis pertinacius tuebatur, vehementer imminebat, ut aut cum ceteris in dampnationem [1713] papæ subscriberent, aut regi, cui sub jurejurando fidem spopondissent, protinus renunciarent. Is eo tempore regi admodum carus acceptusque erat, eique rex omnium quæ privatim vel publice agenda erant post se ordinationem delegaverat, vir secularibus litteris adprime eruditus, sed fastu nimio inflatus, vix se ipse ferebat. Igitur ex nomine omnium qui convenerant episcoporum et abbatum plenæ contumeliarum litteræ Romam destinantur, quibus denuncietur Romano pontifici ut pontificatu, quem contra ecclesiasticas leges usurpasset, sese abdicet, sciatque, post eam diem quicquid agat, jubeat, decernat, irritum haberi.

Legati, ut jussum fuerat, summo conatu iter accelerantes, pridie quam sinodus indicta celebraretur, Romam ingressi (*Febr.* 21), litteras tradunt. Tunc [1714] cæteram legationem, sicut in mandatis habebant, verbo non minus contumelioso quam scripto exequuntur. Papa nihil permotus atrocitate nuncii, postera die (*Febr.* 22), cum clerus et populus ad sinodum frequens confluxisset, in auribus omnium litteras recitari fecit, et, sic cunctis qui convenerant episcopis id fieri decernentibus, regem excommunicavit [1715] et cum eo [1716] archiepiscopum Mogontinum Sigefridum [1717], episcopum Trajectensem Willihelmum, episcopum Babenbergensem Ruotbertum [1718], cæteris, qui conspirationis hujus participes extiterant, diem statuit qua, nisi Romæ præsentati causam dicerent novæ hujus et inusitatæ contra sedem apostolicam rebellionis, similem cæteris excommunicationis sententiam sortirentur (452). Porro Ottonem Ratisponensem episcopum, et Ottonem Constantiensem episcopum, et Burchardum Losannensem [1719] episcopum, Eberhardum [1720] comitem, Oudalricum [1721] et alios nonnullos, quibus rex potissimum consiliariis utebatur, jam pridem excommunicaverat.

Gozilo dux Lutheringorum [1722], cum esset in confinio Lotharingiæ et Flandriæ in civitate quæ dicitur Antwerpha, occisus est per insidias, ut putabatur, Ruoberti [1723] Flandrensis comitis. Cum enim quadam nocte (*Febr.* 26), quiescentibus omnibus, ad necessitatem naturæ secessisset, appositus extra domum spiculator [1724] confodit eum per secreta natium, relictoque in vulnere ferro, concitus aufugit. Vix deinceps septem diebus accepto vulneri superstes, 4 Kalendas Martii vita decessit, atque Verdunis [1725] juxta patrem sepultus est; magnum regni Teutonici [1726] robur ac momentum [1727], quoniam, ut sæpe jam dictum est, licet staturæ pusillitate atque

VARIÆ LECTIONES

[1703] *deest* 3. [1704] inter 4. [1705] multa mil. a. f. 1. [1706] dispensio 4. [1707] *deest* 3. [1708] occupaverat 4. [1709] Adelbero 3. 4. 5. [1710] Wirceb. 1. Wirczib. 4. [1711] Metensis 3. 5. [1712] accusationibus 4. [1713] dampnatione 5. [1714] Tum 5. [1715] excommunicatum 1. [1716] *deest* 4. [1717] Sigifridum 1. Sifridum 1* [1718] Rubertum 1. [1719] Josannensem 5. [1720] Ehrardum 5. [1721] Udalricum 5. 4. 5. [1722] Lotheringorum 1. 5. [1723] Ruoberti 1. b. [1724] speculator 4. [1725] Werdunis 4. 1. b. [1726] Theutonici 5. [1727] momentum 1. monimentum 5. 4. munimentum 5. (cf. a. 1071. p. 180: Rether comes partium ejus haut leve momentum, et a. 1075. p. 232: nec magnum his vel illis partibus momentum).

NOTÆ.

(451) Ex hoc fonte permanasse videtur figmentum, Hildebrandum fabri ferrarii fuisse filium. KR.

(452) V. Acta hujus concilii Mansi XX, p. 476. W.

gibbo despicabilis videretur, opum tamen gloria et fortissimorum militum copia, prudentiae quoque maturitate, postremo tocius vitae temperantia, longe caeteris principibus supereminebat.

Rex, finito in Wormacia colloquio, concitus Goslariam rediit (*Mart.*), ibique iram suam, qua multo jam tempore in Saxones anxie aestuaverat, omni crudelitate explebat. Principes Saxoniae, qui in dedicionem venerant, in ultimas regni partes relegabat; bona eorum suis fautoribus pro libito suo diripienda permittebat; eos qui necdum dediti fuerant acerrimis in dies edictis ad dedicionem urgebat, et nisi quantocius dederentur, ferro et igne infestari et longius natali solo effugari comminabatur. Tum [1728] omnia castella, quae superiori [1729] anno (433) dirui [1730] jusserat, summo nisu, summo provincialium labore et aerumna instaurabat. Nova quoque in omnibus per Saxoniam montibus et collibus, qui modo ad arcendam vim [1731] paululum quid commoditatis habere videbantur, extruebat; illis etiam quae deditis Saxonibus in jus ejus venerant, praesidium imponebat; et multiplicata sunt mala, calamitas et vastitas per universam Saxoniam et Thuringiam supra omnem retro majorum memoriam.

Discessurus Goslaria, pridie Nonas Martii (*Mart* 6) episcopatum Coloniensem, sicut a primis obstinato intenderat, Hildolfo dedit. Cleri [1732] Coloniensis tres tantum, militum etiam paucissimi aderant; caeteros, ne ad suffragia ferenda occurrerent, indignitas detinuerat [1733]; ipsos qui occurrerant vix contemptim et [1734] summis, ut dici solet, labiis (454) super electione ejus consuluit, risui prorsus ac ludibrio habendos, si non protinus acclamassent. Et ne quis forte adversus eum tumultus seditione vulgi per dilationem consecrationis concitaretur, statim Coloniam profectus, consecrari cum fecit ab Willihelmo Trajectensi episcopo, cujus consobrino episcopatum Poderbrunnensem [1735], ne qua per eum mora ordinationi ejus fieret, promittebat.

Pascha Trajecti celebravit (*Mart.* 27), ibique ducatum Lotharingiae filio suo Counrado [1736], marcham vero quae dicitur Antwerpha Gotefrido, consobrino Gozelonis ducis, filio Eustachii comitis, impigro et ad rem militarem acerrimo adolescenti, tradidit.

Ipso tempore Ruodolfus dux Suevorum, Welf dux Bajoariorum, Bertholdus [1737] dux Carentinorum, Adalbero [1738] episcopus Wirciburgensis [1739], Heri-

mannus episcopus Mettensis et alii plerique principes convenientes in unum (*April.*), consilia conferebant, in tantis calamitatibus quibus res publica vexabatur, quid facto opus esset; regem post bellum Saxonicum eundem permanere qui fuerat; nihil eum [1740] de levitate, de crudelitate, de [1741] pessimorum hominum convictu ac familiaritate mutasse; ad hoc tantum tam insignem suam adversum [1742] Saxones victoriam profecisse, ut ille sui omnium sanguinis jus potestatemque acciperet, et ad perniciem bonorum omnium et ad omne quod animo concepisset flagitium impunita libertate grassaretur; nihil sibi deinceps spei, nihil praesidii reliquum fore, si forte, ut sunt humana, eum offendissent, cum in dediticios contra jusjurandum, contra fidem principum, tam foeda, tam crudelia exercuisset. Haec causa non solum ipsos, sed et cunctos regni principes vehementer permoverat, et eos potissimum quorum [1743] consilio [1744] principes Saxoniae se in periculum dederant. Facta est igitur conspiratio non modica, et magis ac magis in dies roboratur [1745], ea re maxime omnibus ausum et fiduciam praebente, quod excommunicatum esse regem a Romano pontifice frequentes ab Italia nuncii cottidie deferebant. His animatus Mettensis episcopus et alii plerique, nonnullos ex principibus Saxoniae, quos a rege in custodia habendos susceperant, inscio rege in sua liberos redire permiserunt.

Willehelmus [1746] Trajectensis episcopus causam regis, ut supra dictum est, contra bonum et aequum obstinato [1747] tuebatur, et studio partium regis multa in [1748] injuriam Romani pontificis omnibus pene diebus solemnibus [1749] inter missarum solemnia rabido ore declamabat; perjurum eum, adulterum et pseudoapostolum appellans, et tam a se quam a caeteris episcopis saepenumero excommunicatum pronuncians. Is brevi, posteaquam rex exactis paschalibus feriis Trajecto discesserat, repente gravissima aegritudine correptus est. Cumque per acerrimos cruciatus animae ac corporis urgeretur, miserabili ejulatu coram omnibus qui aderant vociferabatur justo Dei judicio se et praesentem vitam amisisse et aeternam, quod regi ad omnia quae perperam intendisset operam suam summo annisu praebuisset, atque in spem gratiae ejus Romano pontifici, sanctissimo et apostolicarum virtutum viro, graves contumelias, sciens et prudens, innocenti irrogasset. In

VARIAE LECTIONES.

[1728] Tunc 4. [1729] superiore 4. [1730] dum *post. corr.* dirui 3. [1731] in 5. [1732] Clerici cr. *ut videtur* Cleri 5. [1733] *deest.* 3. 4. 5. [1734] ut 4. [1735] Poderburnensem *corr.* Poderbornensem 5. [1736] ita 4. Cunrado 1. 3 *et infra.* [1737] Beltholdus 3. Bertholdus *rell.* [1738] Adelbero 5. 4. [1739] Wirczeburgensis 4. [1740] *deest* 4. [1741] de — mutasse *desunt* 5. [1742] adversus 4. [1743] his scriptum 4. [1744] concilio 4. [1745] roborabatur 1. 5? [1746] Wilhelmus 1 (*saepius*). 4. [1747] ita 3. 4. 5. *fort. omissa voce* animo, *quam Nic. de Sygen addit.* — obstinate 1. [1748] *deest* 5. [1749] sollempnibus i. m. solemnia 3. *et ita semper variat.*

NOTAE.

(433) Sed hoc potius jam ante duos annos fieri jusserat; cf. Delius l. c., p. 89, annotat. 121.
(454) Cf. Senec., ep. 10 : *Non a summis labris ista venerunt.* Ita etiam vett. dicunt : *primis, primoribus, prioribus labris* s. *labiis.*

hanc vocem, ut [1759] asserunt, sine communione, sine ulla satisfactione expiravit (455) [April. 28]. Successit ei in episcopatum [1751] Counradus, Mogontini archiepiscopi camerarius. Poderbrunnensem vero episcopatum Boppo [1752] Babenbergensis præpositus obtinuit; cujus potissimum factione et studio Herimannus Babenbergensis episcopus episcopatu dejectus fuerat.

Ruopertus [1753] abbas quondam Augiensis [1754], monasterium quoddam in Alsatiæ partibus (456), cui Gengebach [1755] nomen est, a Babenbergensi episcopo susceperat gubernandum. Ubi dum pro consuetudine sua lucris temporalibus immoderatius insudaret, paupertatem loci industria sua evincere satagens, occisus est cum alio haut desperatæ indolis monacho adolescente, qui cum de Babenbergensi monasterio secutus fuerat, a servitoribus supradicti monasterii, contra quos possessiones monasterii et jus suum, progressus ipse ad vim arcendam, defendere volebat.

Saxones, deportatis in exilium principibus suis, tædio et mœrore tabescebant, nec calamitatis ullum usquam patebat effugium. Amicir egis, per montes et colles dispersi, cervicibus imminebant, nec eos ut antea conventus facere, consilia conferre aut ullam recuperandæ salutis viam temptare sinebant. Insuper cottidie ex agris et villis prædas agebant, tributa regioni difficillima [1756] imponebant, castella sua summo provincialium labore et impensis communiebant [1757], et graves prorsus atque [1758] inexplicabiles pristinæ rebellionis pœnas exigebant. Erant duo cujusdam Geronis comitis filii (457), satis quidem edito loco nati, sed propter inopiam rei familiaris inter principes Saxoniæ nullius nominis vel momenti. Hi tempore dedicionis ultra Albim fluvium refugerant, ibique rei eventum præstolabantur, facile a rege propter obscuritatem nominis vel ignorati vel contempti. Cumque viderent [1759] mala quæ fiebant, non aliud scilicet actum dedicione principum, quam [1760] proditam plane esse libertatem patriæ, totamque gentem Saxonum, quo rex semper intenderat, in servitutem atque sub jugum redactam; quamvis patriis finibus extorres, quamvis munitionibus amissis, perdito patrimonio, rerum omnium inopes remansissent, gaudebant tamen admodum quod cum ceteris Saxoniæ principibus in tempestuosum illud dedicionis naufragium non incidissent. Cum [1761]

urgeret penuria, contractis ex sui similium numero aliquantis copiis, rapto sibi victum quærere cœperunt. Plerumque etiam, ubi oportunitas accidisset, regis exactoribus resistere et injurias manu propulsare temptabant. Cumque eis semel et secundo res prospere cessissent, milites principum qui relegati fuerant, ingenui quoque omnes qui necdum dediti fuerant, quique extrema omnia quam fidem regis ultra experiri malebant, catervatim ad eos [1762] confluebant; et facta est intra [1763] dies paucos permaxima multitudo, ita ut jam non ad insidias modo et clandestinas [1764] latrocinantium more excursiones, sed ad apertam vim et publicas congressiones pares se hostibus arbitrarentur. Præterea provinciales, quibus inter ultimas desperationis tenebras lux aliqua salutis [1765] et consolationis cælitus emicuerat, omnes promptissimo animo socias manus communemque operam publicis negociis pollicentur; satius judicantes pro patria, pro liberis, pro conjugibus, honesta morte perfungi, quam inter tantas tribulationes omni morte tristiorem vitam agere.

Inter hæc rediens Herimannus, patruus Magni ducis, et alii plerique ex principibus dediticiis, quos, ut prædictum est, inconsulto rege indulgentia eorum a quibus tenebantur dedicione absolverat, inopinatum cunctis gaudium præstiterunt, atque omnem, si quis adhuc mentibus resederat, scrupulum ademerunt. Tanta siquidem tamque inopinata rerum prosperitas evidens cunctis erat documentum respicientis eos misericordiæ Dei. Igitur armata juventute Saxoniam peragrantes, castella, quibus rex præsidium imposuerat, alia dedicione, alia militari manu brevi omnia receperunt; eos qui intus erant [1766], direptis spoliis, incolumes dimiserunt, accepto ab eis sacramento quod ulterius in Saxoniam hostiliter non venirent. Amicos regis omnes, præterea quicumque communibus negociis operam suam spondere noluissent, dissipatis omnibus quæ habebant, procul Saxonia effugarunt; et directa est salus in manibus eorum [1767] (458) ad recuperationem libertatis pristinæ.

Solus adhuc Otto, dux quondam Bajoariæ, in castello Hartesburg residebat. Huic rex per totam Saxoniam vices suas et publicarum rerum procurationem delegaverat; dato insuper negocio ut castellum Hartesburg [1768] et aliud in monte qui dicitur

VARIÆ LECTIONES.

[1750] ut a. desunt 5. [1751] episcopatu Counradus 4. [1752] Poppo 1. 3. 5. [1753] ita 5. [1754] A. monasterii monasterium 4. [1755] Gengenbach 1*. et Nic. de Sygen. [1756] difficilima 4. [1757] comminuebant 5. [1758] at (ac)? 5. [1759] videbant 4. [1760] quo 4. [1761] Et cum 1. [1762] eosdem 4. [1763] inter 4. [1764] clandestinas 4. 5. et ed. 2. [1765] cons. et sal. 4. [1766] intererant 1. [1767] deest 4. [1768] in H. 1.

NOTÆ.

(455) Quod de infelici Wilhelmi obitu tradit Lambertus, odio partium confictum esse, inquit in annotat. ad Bekam Buchelius; vacillat enim scriptor, cum ait: *ut asserunt*. Certe scriptores Batavi nihil hujusmodi habent. Cf. vero Brunonem de b. S. c. 74.

(456) Gengenbach, in magno-ducatu Badensi.

(457) Vid. de h. l. L. Schrader Dynasteustamme t. I, p. 75, not. 14. — Dietericus et Vilhelmus, filii Geronis comitis de Kamburg, nepotes (neffen) Dedonis marchionis Lusicensis, ex familia Wettinensi; cf. Stenzel., I, p. 389. Weisse Neves Museum fur die Sachs. Gesch., t. IV, f. 2, p. 13; [Wenck. de Henrico I. Misn. et Lus. march., comm. 5, p. v, n. 4.

(458) Cf. Daniel, 8, 25.

Lapideus [1769] (439), qui proximus Goslariæ imminet, summa ope extrueret. Ad hunc legatos dirigunt, mandantes ut, omisso opere quod ad eversionem gentis snæ immemor libertatis extruere aggressus sit, consilium potius perquirat ad ereptionem principum, quibus ipse ut se dederent vehementissimus auctor fuerit [1770]; jam dudum opinionem indubiam multorum mentibus insedisse, quod idcirco dedicionem ceteris tantopere suaserit, ut eorum sanguine regis sibi animum deplacaret [1771] et communi exitio suam ipse salutem mercaretur; hoc nunc evidentibus indiciis elucere, cum illis in ultimas partes terrarum deportatis, ipse proditionis suæ mercedem a rege totius Saxoniæ principatum acceperit, et regiæ crudelitatis carnifex atque omnium quæ ferociter rex meditetur ferocior administer existat; bene igitur famæ et honori suo consulat, si tantæ infamiæ maculam claro aliquo erga patriam suam beneficio purgare conetur, et genti suæ, patriam libertatemque armis recuperare cupienti, auxilio concurrat; postremo, si monitis ultro non assentiatur, se procul dubio vim adhibituros, et patriæ proditorem, communium castrorum desertorem, ut dignus sit, eversis omnibus quæ ejus sint, procul Saxonia expulsuros. Ad hæc ille obnixe eos per Deum obtestabatur [1772] ut mitius pacatiusque agerent; quæ pro communi commodo moliantur, ratione quam temeritate melius procedere; se protinus missurum, et regi modis omnibus suasurum ut principes dedicione absolvat, castella, quæ metu rebellionis pristinæ extruxerit [1773], diruat, genti Saxonum libertatem, leges ac jura majorum, quæ per vim erepta toties armis repetiverint, restituat; si consilio adquiescat, gravis atque ancipitis belli necessitate sine sanguine liberatam esse Saxoniam; sin autem, se nec indulti honoris amore nec mortis metu nec jurisjurandi religione inhiberi posse ne communem patriæ parentumque suorum causam usque ad extremum spiritum quanta possit virtute defendat, juvet, tueatur. In hæc verba legatos Saxonum dimisit, statimque suos ad regem, sicut pollicitus fuerat, destinavit, præsidio quoque ab utroque monte quem occupaverat abducto, communem deinceps cum Saxonibus ac socialem vitam agebat.

Rex, de his quæ acciderant in Saxonia gravi nuncio accepto, comperto etiam quod ceteri principes, collatis per crebra conventicula consiliis, defectionem meditarentur, hinc ira, hinc sollicitudine in diversa raptatus [1774], cui primum morbo mederetur anxius ambigebat. Sed quo ira impellebat inclinatior, ad [1775] oppugnandam Mettensem urbem exercitum admovere cogitabat, et ab episcopo loci, quod creditos custodiæ suæ principes se inconsulto dimisisset, vindictam expetere. Sed contra reputans, turbata re publica, dubia fide principum, exhausto superioribus bellis milite, extremæ dementiæ esse, arduum aliquid præcipitanter attemptare, impetum animi ab temeritate ad pacatiora [1776] consilia revocavit. Missis igitur circumquaque nunciis (440), omnes regni principes in pentecosten Wormaciæ sibi occurrere jussit, quid facto opus esset, communi consilio, ut prætendebat, deliberaturus. Statuta die (*Mai.* 15) ceteris amplo satis numero occurrentibus, nullus aderat supradictorum ducum, a quibus rei publicæ periculum timebatur, et quorum potissimum auctoritate, si res tranquillæ essent, summam publicorum negociorum disponi oportuerat. Ita conventus ille principum, cassata voluntate regis, nullum habuit effectum. Iterum in natale sancti Petri apostoli (*Jun.* 29) Mogontiæ eos adesse, addita jam edicto obnixa supplicatione [1777], præcepit. Sed ne [1778] tunc quidem quisquam eorum vel supplicantem adtendit vel præcipientem, omnibus plane ad rebellionis studium immobiliter obstinatis. Ipsi qui convenerant, fœda simultate a se invicem dissidebant. Jam enim solutus carcere suo Satanas non solum corporali sed et spirituali armatura obpugnabat pacem ecclesiasticam, et quorum corpora jugulabat, animas quoque, ne in æternum viverent, extinguere satagebat.

Uoto [1779] episcopus Treverensis, Roma nuper reversus, communicare nolebat episcopo Mogontino, episcopo Coloniensi et aliis quam pluribus, qui apud regem præ ceteris assidui erant et quorum rex omnia faciebat consilio; obtendens et eos et ipsum regem excommunicatos esse a Romano pontifice; sibi tamen, quod ipsum vix summis precibus extorserit, indultam esse colloquendi tantum regis licentiam; nulla præter hæc in cibo, in potu, in oratione vel in ceteris omnibus communione ejus permissa. Hujus auctoritate animati complures alii, quorum et in Deum fides purior et ad dignitatem rei publicæ sententia potior, paulatim se palatio subtrahebant, ne videlicet supradictorum communione macularentur [1780]; et ad regem, licet crebris jussionibus evocati, redire nolebant, satius judicantes regem quam Deum offendere, corporis quam animæ dispendium incidere. Illi econtra irasci, fremere, insanire, minas et convicia in omnes passim jaculari (441); injustam et idcirco nihili æstimandam esse Romani pontificis sententiam, qui se nec canonice ad syno-

VARIÆ LECTIONES.

[1769] lapideus 4. [1770] fuerat *corr.* fuerit 5. [1771] placaret 5. [1772] ostestatur 4. [1773] extruxerat 4. [1774] raptus 4. [1775] Et ad 4. [1776] pacciora 4. [1777] supplicatio 5. [1778] nec 4. [1779] Uto *omnes.* [1780] commacularentur 4

NOTÆ.

(439) Sive Steinberg, de quo Jo. Mich. Heineccius, Ant. Goslar., lib. 1, p. 93; cf. Delius, l. c., p. 90, annot. 124.
(440) Cf. litteras Mon. Legg., II, p. 48, editas.
(441) Liv. xlii, 54.

dum evocatos, nec canonice discussos, nec objecti criminis juxta scita canonum convictos vel confessos praecipiti furore potius quam ratione excommunicasset; episcopum Treverensem et ceteros, qui cum eo ad evertendum rei publicae statum [1781] jampridem conspirassent, aliorsum intendere quam loquerentur, nec tam apostolicae sedi auctoritatem deferre [1782], quam ut dignitatem regiam subruant occasionem quaerere, et inveterata adversus regem odia novo religionis vocabulo palliare; cum recte honori suo prospicere, si in hostes suos gladium, quem juxta apostolici vocem ad vindictam malorum (*Rom.* XIII, 4) acceperit, maturius distringat, et contemptis inanium occasionum latibulis, manifestos regni insidiatores poena quam mereantur afficiat. Nec difficile fuit ingenium regis, per se atrox et implacabile, in iram excitare.

Sed cum videret sub obtentu religionis principes a se paulatim deficere, et, destituto jam auxiliis imperio, vanam esse comminationem quae vim facere non posset quibus comminaretur; ratus — id quod tempus exigebat — utilitati [1783] magis quam iracundiae consulendum, iterum atque iterum aversos [1784] principum animos blandis legationibus mitigare temptabat. Nec tamen, quod dictu mirum sit, tanta hac rerum asperitate, tanta ingruentium periculorum mole evinci poterat ut, unde potissimum haec flamma invidiae et odii adversus eum exarserat, principes Saxoniae dedicione absolveret. Quin immo, conterritus recenti exemplo eorum qui plerosque ex ipsis se inconsulto dimiserant, residuis, qui adhuc in custodia tenebantur, omnem adhiberi diligentiam jubebat, ne elaberentur. Ideoque saepius his quibus eos servandos crediderat mandabat ut, memores beneficiorum suorum, memores jurisjurandi quo sibi fidem suam firmassent, traditos custodiae suae intemerata fide, donec reposcerentur, servarent, nec aliorum principum foedissimo corrumperentur exemplo, qui, dimissis suo injussu dediticiis, dum privatas suas injurias in regem ulcisci vellent, cladem maximam et maculam multis seculis non abolendam rei publicae intulissent.

Et omnibus quidem infensus, omnium, ut videbatur, sanguinis avidus erat. Praecipue tamen episcopi Halberstadensis, quem, tamquam tocius Saxonicae rebellionis principem et omnium quae secus acciderant fomitem atque incentivum, inexorabili odio insectabatur; et, nisi pontificalis nominis reverentia et fides principum, quae in dedicione intercesserat, obstarent, vitam ejus per omnes cruciatus extorsisset. Hunc Ruoperto Babenbergensi episcopo servandum crediderat, velut praeter ceteros familiares suos immitis ac ferocis ingenii viro, et erga se in [1785] adversis rebus spectatae saepe fidei. Sed postquam, inclinatis ad defectionem principibus, iterum novis rem publicam tempestatibus quati aspexit, quamvis custodis diligentiae non diffideret, veritus tamen ne forte, subrepente per hanc moram negligentia, aliquid in eo vis vel [1786] fraus hostilis [1787] operaretur, ad palatium eum evocavit, et ibi nunc inter camerarios suos, nunc inter cocos et coquinarum spurcitiis [1788] indignissimo loco habitum, sub omni diligentia custodiri fecit, donec tam feralibus odiis competens exilium excogitaret. Erat ipso tempore apud regem soror ejus, uxor Salomonis regis Ungariorum, quam maritus regno expulsus, dum in armis et procinctu esset, nusquam tutius quam apud fratrem manere judicaverat, donec, recuperato, si fieri posset, regno, in jocunditate perfrui conjugio liceret. Cumque post multum jam tempus ad maritum, in finibus Ungariae commorantem, redire pararet, rex opportunam [1789] eam arbitratus quae crudelitatis hujus munere fungeretur, rogavit eam ut episcopum Halberstadensem [1790] secum abduceret, atque in locum ex quo nulla ei deinceps in regnum Teutonicum redeundi copia fieret deportari faceret. Annuit illa petenti, et navi imposito cum hominibus suis praemisit, ipsa paucis post diebus, cum profectioni suae necessaria ordinasset, insecutura praecedentem. Habebat idem episcopus militem quendam Oudalricum [1791] nomine, multis in Bajoaria possessionibus praeditivem, regi quoque adprime carum et acceptum. Is ubi advertit mala quae episcopo parabantur, motus miseratione atque ipsa humanarum rerum consideratione, quod tantus ac talis vir, ingens columna et firmamentum rei publicae nisi regis temeritas divina atque humana omnia confudisset, tam pessimo nunc exemplo periturus foret: accessit ad eum paulo antequam navigare inciperet, et quae in eum rex decrevisset per ordinem exposuit; actum esse de salute ejus, nisi propicia [1792] divinitas, quae sola jam posset, periclitanti succurreret. Edocet praeterea, possessiones suas et castellum munitissimum [1793] haut procul ab littoribus Danubii fluminis abesse, monetque ut, dum ad ea loca navigans pervenisset, rogaret saepius eos cum quibus navigaret, quatenus applicarent et sibi paululum in terram progrediendi facultatem facerent, obtenta vel refrigerandi vel alius cujusvis necessitatis occasione [1794], quae modo tali artificio idonea [1795] patrocinaretur; se memorem fidei qua ei obnoxius sit, omnia quae possit pro virili portione facturum, et, si quam exceptionis [1796] ejus viam Deus ostendat, temptaturum. Fecit ille ut edoctus fuerat; atque ubi ad praedicta loca propinquare coepit, simulata mala valitudine, quae sibi ex assidua navigatione corpus affecisset insolitum, et, nisi mature consuleretur, extremam perniciem allatura foret [1797] languenti: facile

VARIAE LECTIONES.

[1781] *deest* 5. [1782] *deferri corr. deferre* 5. [1783] *utilitatis* 5. [1784] *adversos* 3. 5. [1785] *et* 3. [1786] *et* 5. [1787] *hostialis corr. hostilis* 5. [1788] *spurcitias* 4. [1789] *oportunum* 3. [1790] *Halberstatensem* 5. [1791] *Udalricum* 3. 5. *Udalr.* 1. 4. [1792] *div. propicia* 4. [1793] *minutissimum* 3. [1794] *Inde ab h. l. codex* 5. *alia manu exaratus est.* [1795] *idoneo* 5. [1796] *exceptionis* 4. [1797] *fore* 5.

obtinuit apud nautas, qui pontificalis nominis intuitu magnam humanitatem ei præstabant, ut quotiens vellet applicarent, et ei egrediendi atque in terra, prout libitum erat, recreandi corporis copiam facerent. Longinqua regio, custodum multitudo, debilitas languentis omnem metum, omnem fugæ vel insidiarum suspicionem ademerant. Egrediebatur sæpius et regrediebatur, circumspiciens undique et omnia diligenti obtutu [1798] perlustrans; nullum usquam promissæ salutis indicium, nulla spes elucebat. Forte beati Joannis Baptistæ nativitas occurrerat; et mane, dum præterlaberentur, conspicatus contiguam littori ecclesiam, rogavit ut, appulsa navi, ad celebranda tam sacratissimo die missarum solemnia ad ecclesiam procederent [1799]. Assentientibus illis, ingressus ecclesiam, salutarem Deo hostiam offerre, sacerdotalibus, ut solemne est, infulis indutus, cœpit. Cui rei intentis omnibus, supradictus Oudalricus, recte per exploratorum diligentiam captata loci oportunitate, repente armata multitudine ecclesiam circumdedit; ingressusque modeste, interim dissimulato propter quod venerat negocio, consummationem sacri ministerii tacitus tranquillusque præstolabatur. Quo expleto, suos quantocius ad navim convolare [1800] et omnia quæ episcopi sint efferri jubet. Ipse fortissimorum juvenum agmine stipatus, procedentem [1801] ab ecclesia episcopum salutat, osculum porrigit, equum, quem evectioni ejus optimum aptaverat, ocius conscendere jubet. Stupentibus qui episcopum abduxerant, quid hoc rei esset, et post irritas ratiocinationes ad arma concurrentibus, jubet ut, si vitæ ac saluti suæ consultum velint, quieti maneant, arma ponant, naves pacatis [1802] animis repetant; gratum habentes quod commissi in tantum pontificem piaculi pœnas non exigantur [1803]; si verbis inanibus, si motibus incompositis lacessere pergant, facile gladios procaeitati modum facturos; episcopum episcopalis ministerii munia ecclesiæ Halberstadensi [1804], cui ordinatus sit episcopus, rectius præstare quam ipsi. Illi, cum numero et virtute impares essent, temerarium arbitrati rem certamini committere, tristi confectoque animo ad naves redierunt. Episcopus in [1805] castellum quod haut longe aberat concessit. Ibique paucis diebus commoratus, donec absumpta novitate studia conquiescerent omnium, si qui [1806] forte rediturro insidiabantur: tandem assumpto laico habitu, quo falleret occursantes, in Saxoniam contendit, et desperantibus jam reditum ejus Saxonibus repente, tamquam ab inferis vivus emergens, restitutus est.

Rex, ubi gestæ rei nuncium accepit, graviter et iniquo nimis animo ferebat tantos conatus [1807] suos in irritum cessisse, præreptam sibi tantarum contumeliarum vindictam, redditum cum impunitate hostibus virum in quo tocius Saxonici belli summa et cardo verteretur. Nec dubitare poterat paululum jam sopitos ignes Saxonici furoris hoc incentore ilico suscitandos et propediem in immensum conflagraturos, atque eo infestius id acturum, quo se meminisset post dedicionem nullam in rege clementiam, nullam expertum fuisse humanitatem. Verebatur præterea ne simili modo ceteri quoque elaberentur dediticii, et sibi tam insignis victoriæ, tam operosæ [1808] dedicionis fructus deperiret, assecutis eis se invito libertatem. Omnia consideranti placuit tandem alia deinceps grassari via; et Saxones, quos extranei totiens temptatos non vicerant, suis jam armis, suis parat expugnare viribus; sapienti certe usus [1809] consilio, quoniam constet omne regnum nulla vi, nulla clade citius quam domestica atque intestina simultate labefactum corruere. Episcopum Magadaburgensem, episcopum Merseburgensem, episcopum Misenensem, Magnum ducem, Fridericum palatinum comitem, præterea omnes Saxoniæ et Thuringiæ principes, qui adhuc in dedicione tenebantur, ab exilio revocari jubet, et clementer accersitis ait se, cum juxta palatinas leges extremo in eos supplicio animadvertere possit, et hoc jure faciat gravibus sæpe ab eis contumeliis lacessitus: tamen memorem generis eorum, memorem virtutis quæ rei publicæ et honori esse possit, et munimento, tam atrocis facti veniam dare, et, quod amplius sit, non aliud ab eis quærere redemptionis suæ precium, quam ut sibi deinceps in dubiis rebus fideles ac devoti maneant auxiliumque præstent ad componendum regni statum et compescendos homines factiosos, eos potissimum qui gentem Saxonicam simplicem et malarum artium nesciam [1810] intestinis cottidie dissensionibus inquietent; si id faciant nec ulla ut prius levitate fidem permutent, se [1811] primos in amicis habiturum, et, cum se oportunitas præbuerit, beneficiis, prout regiam munificentiam deceat, honoraturum. Illi, etsi eum hæc [1812] ficta loqui scirent, et necessitate magis quam pietate genuinum animi rigorem laxasse, tamen impunitatis amore libenter amplexantur oblata, promittunt quicquid jubet, promissa repetito sæpius sacramento roborant, et accepto commeatu, in sua singuli cum gaudio revertuntur. (Jul.)

Rex, ut supra dictum est, commonitus ab Ottone duce quondam Bajoariæ ut turbatis rebus in Saxonia mature consuleret, mandaverat ei ut sibi certa die in Salefelt occurreret, quatenus, communiter habita discussione, quid facto opus esset deliberarent. Postmodum vero fretus his quos dedicione absolverat, quod eorum auxilio in Saxones, qui se

---

VARIÆ LECTIONES.

[1798] obtuitu 5. [1799] prederent 5. [1800] revolare 5. [1801] predentem 5. [1802] placatis 3. [1803] ita 1. 3. 4. pœnæ e. 1. pœnas exigant 5. [1804] Halberstatensi 3. [1805] ad 5. [1806] qui si 5. [1807] conatos 3. [1808] operiose 3. [1809] usus est 4. [1810] consciam 4. [1811] sed 4. [1812] deest 5.

læserant, iram suam idonee ulcisci posset, consilium mutavit, et statuta die nuncios pro se in Salefelt duci [1813] Ottoni misit, qui ei dicerent ut, contractis quantiscumque [1814] posset copiis, sibi in marcha Misinensi concurreret; se per Boemiam ducto [1815] exercitu adventurum, et filiis Geronis comitis, qui imperitam multitudinem malo auspicato ad arma concitassent, si Deus vota prosperaret, redditurum quod mererentur. Principibus quoque Saxoniæ et Thuringiæ, quos patriæ nuper remiserat, eadem mandat, obsecrans ut, præstitæ sibi indulgentiæ gratiam referentes, cunctos quos valeant ab hominum perditorum societate dehortentur, et ipsi ad ferenda publicis negociis auxilia designato die et loco armati instructique præsto assint. Ipse, ut instituerat, paucissimos secum assumens Teutonici exercitus milites, ceteris omnino quid moliretur ignorantibus, in Boemiam contendit; ibique juncto sibi duce ac milite Boemico, repente plus quam tanto operi expediret, fidens nescio an negligens, in marcham Misinensem se infudit; videlicet vana spe elusus, quod ducis Ottonis industria et ceterorum quos beneficio suo devinctos sibi gloriabatur, omnem rebus moram, omnem conficiendo negocio difficultatem ademptura [1816] foret. Sed dux Otto, sciens genti Saxonum justas esse causas rebellionis, id multo jam tempore apud regem crebris legationibus egerat ut belli seminarium irarumque causas amoveret, leges ac jura sua Saxonibus rata manere sineret, æquitate pocius quam armis tumultuantes compesceret, et tantos labores, tantum, qui prælio fundendus esset, sanguinem lucratus, sine difficultate in perpetuum opulentissimæ gentis servitio frueretur; hanc regis ac [1817] tiranni esse distantiam, quod hic vi atque crudelitate obedientiam extorqueat [1818] ab invitis, ille legibus ac more majorum moderetur subjectis præcipiatque facienda. Verum ille homo in imperio natus et nutritus, ut tantos natales, tantos prosapiæ fasces ac titulos decebat, regium in omnibus semper adversis animum gerebat, mori quam vinci malebat. Inexpiabilis ignominiæ maculam putabat, impune injuriam accepisse, et econtra summum decus et vitæ precio [1819] comparandum æstimabat, nihil quod secus accidisset inultum præterisse. Ad hoc homines sibi asciverat, talium rerum artifices, mediocri quidem loco natos sed consilio ac manu promptissimos, qui, secundum quod propheta dicit, loquebantur ei placentia et divinabant ei errores (Isai. xxx, 10), et ægrotum animum et per se affinem iracundiæ ac temeritati adulationibus [1820] suis, tamquam subposita face, in omne quod libuerat inflammabant; ideoque, ut opera sua magis illi foret necessaria, perpetuis rem publicam tempestatibus vexari quam maxime satagebant. His pessimis usus consultoribus, principes regni recta suadentes plurimum aversabatur, nec eos ad consilium suum, nisi forte inexplicabilis [1821] necessitas incidisset, admittebat; quin immo auctoritatem eorum, si copia fieret, opprimi ac penitus obliterari cupiebat, ut in omne quod animus suggessisset effrenata libertate grassanti nullus obsisteret, nemo obloqueretur. Igitur dux Otto, vehementer efferatus quod contra consilium suum rex Saxoniam bello rursus impeteret, ait ad Epponem Citicensem episcopum; qui ei, ut dictum est, in Salefelt functus legatione regis occurrerat, se regi quod honori ejus, quod commodo [1822] rei publicæ competeret, suggessisse; sed, quoniam plus apud eum fidei sit ineptis assentatoribus quam sibi, plus spei ac fiduciæ ponatur in milite Boemico quam in Teutonici exercitus robore, ad eum pertinere, quem cœpta exitum sortiantur; se nec rebus bene gestis gloriam, nec, si aliter cesserint, ignominiam habiturum; præterea nulla jam sacramenti, quo ei fidem dixerit, religione teneri, cum recta et utilia suadens non audiatur, insuper contra leges Dei, contra decus imperii, contra salutem animæ suæ, ad effundendum sanguinem innocentem gentili ritu arma sumere jubeatur; proinde omni perjurio absolutum, libere deinceps causam gentis suæ, quæ justa sit, quantum valeat armis et opibus asserturum. Eadem protestabantur ceteri quoque principes tam Saxoniæ quam Thuringiæ. Qui etiamsi [1823] cupidissime vellent, nullum petenti præstare possent auxilium, unanimiter scilicet detrectantibus militibus eorum infaustam contra patriam parentesque [1824] suos militiam. Jam enim non dubia fide, vacillantibus animis, ut prius cum [1825] inter spem et metum fluctuarent, sed unanimi sententia, obstinata contentione, ab rebellandum conspiraverant; neque callidis principum exhortationibus ut antea concitatum vulgus ad arma prosiluerant [1826], sed omnes simul provinciales, non ductu auspicioque principum, sed privatis studiis, privatis impensis bellum gerere proposuerant; sibi dimicare, sibi, si Deus annuerit [1827], vincere parati; nec aliud a quoquam militiæ suæ stipendium præstolantes, quam conjugum liberorumque suorum salutem, atque ut a cervicibus suis durissimæ servitutis jugum excuterent. Ipses denique principes, si obniti, si contrahiscere temptarent, dissipatis vel [1828] incensis omnibus quæ eorum essent, procul patriis finibus expellere minabantur. Ad ultimum ea mente rem gerendam susceperant, ut vel vincerent obstinate vel morerentur. Ultima desperatio sic studia inflammaverat, quoniam certa superioribus annis documenta ceperant, nullam apud regem victis esse spem veniæ, cum ferocitatem pectoris ejus et inexorabile Saxonici nominis odium nec voluntaria

---

VARIÆ LECTIONES.

[1813] misit d. O. 5. [1814] quantascunque 4. [1815] ducto 5. [1816] adeptura 5. [1817] et 4. [1818] extorquet 1*. [1819] præsenti 4. [1820] adulantibus 5. [1821] inexplicabiles 4. [1822] commodo 5. sæpius. [1823] etiam 4. [1824] parentes 5. [1825] deest 4. [1826] prosiluerat 1*. [1827] annueret 1. [1828] et 5.

dedicio principum nec tantus in Thuringia fusus sanguis restrinxisset [1829].

Igitur ubi per Saxoniam rumor percrebruit, quod rex conterminam regni Saxonici marcham Misinensem ferro et igne depopularetur, ad arma conclamant; multa milia hominum brevi concurrunt, consercndi certaminis intolerabili fervent desiderio, obviam ire hostibus unanimi alacritate contendunt. Sed quoniam accelerando itineri turba frequentior, armis atque aliis impedimentis implicita, parum pro voto satagere valebat, filii Geronis comitis, assumptis secum septem milibus expeditorum equitum, summo nisu, ardentissima citius conficiendi negocii aviditate, in occursum properant. Quod si regem consequi et sic efferato milite, sic ferventibus studiis signa conferre contigisset, ut multorum ferebat opinio, tractum tot annis bellum Saxonicum facili compendio confectum fuisset, et regem cunctumque [1830] ejus comitatum vel [1831] mors certissima vel [1831] ignominia difficile abolenda occupasset. Nam præter exercitum Boemicum, qui nec ipse vel armis vel [1831] numero vel [1831] virtute tanto negocio se parem præstiterat, paucissimos secum habebat, quoniam supervacaneum arbitratus fuerat, Teutonicis militibus tam longinquæ expeditionis laborem indicere, cum speraret, ut dictum est, industria Ottonis ducis et aliorum quos dedicione gratis absolverat, omnes Saxonum vires facile enervandas [1832], et copias sibi majoribus etiam bellis sufficientes statuto die ac loco affuturas. Forte tum [1833] temporis, Deo misericorditer saluti regis prospiciente, fluvius Milda (442), qui utrumque exercitum medius dirimebat, effusis nuper imbribus vehementer intumuerat atque omnem transmeandi facultatem ademerat. Cujus rex inundatione commodissime pro se usus, non expectata decrescentium aquarum vicissitudine, in Boemiam se recepit, maturatoque per Bajoariam reditu, mœstus ac pœnitens, quod tantos labores in vacuum expendisset, Wormaciam repedavit. Et quoniam digrediens duci Boemico marcham Misinensem, tam spectatæ in arduis rebus fidei præmium, dederat, Ecbertus [1834] marchio, cujus eadem (443) marcha erat, filius patruelis regis, puer longe adhuc intra militares annos, ubi primum decrescentibus aquis fluvius factus est transmeabilis, adjunctis [1835] sibi Saxonibus, Misinen [1836] perrexit, omniaque castella, quibus dux Boemicus præsidium imposuerat, admota militari manu recepit, suosque milites, qui deinceps contra omnem [1837] hostium irruptionem indefessi excubarent, imposuit; mirantibus cunctis, quod regem nec ætatis nec propinquitatis respectus ab hac injuria revocasset.

Interea Ruodolfus [1838] dux Suevorum, Welf dux Bajoariorum, Berhtoldus [1839] dux Carentinorum, Adalbero [1840] episcopus Wirciburgensis, Adalbertus [1841] episcopus Wormaciensis, et alii quos rei publicæ calamitas movebat, in loco qui dicitur Ulma conventu habito (444), statuerunt, ut omnes, quicumque rei publicæ consultum vellent, 17 Kalendas Novembris Triburiam convenirent, et variis cladibus, quibus permultos jam annos pax ecclesiastica turbabatur, tandem aliquando malorum pertæsi [1842], finem facerent. Hoc Sueviæ, hoc Bajoariæ, hoc Saxoniæ, hoc Lutheringiæ [1843], hoc Franciæ Teutonicæ principibus denunciarunt, universosque in commune per Deum obtestabantur, ut omni excusatione relegata, cuncta privatæ rei sollicitudine posthabita, hanc singuli communibus [1844] commodis vel [1845] extremam operam dependerent. Qua expectatione suspensis atque attonitis omnibus, episcopus Mogontinus et alii quamplures, qui eatenus partes regis vehementius tuebantur, ab eo defecerunt, et adjuncti supradictis principibus, ad meliorandum regni statum ardentissimo zelo exarserunt. Miro etiam atque inopinato rerum successu, ut quod moliebantur nullis jam retardaretur impedimentis, obsides, quibus nonnulli ex principibus superiore anno fidem suam apud regem obligaverant, repente his qui eos dederant sunt restituti. Duos duces Ottonis filios, alterum rex ipse, alterum is qui a rege servandum susceperat, inscio rege, patri nec opinanti remisit.

Filius Uotonis [1846] marchionis et filius Adelæ, derelictæ Dedi marchionis (445), ambo teneræ ætatis et longe adhuc infra pubertatis annos pueruli, cum in munitione cujusdam Everhardi ministri regis custodirentur, magnum quoddam et posterorum memoria dignum nobilissimæ indolis documentum ediderunt. Jusserat rex eidem Everhardo, vel [1847] propter tanti generis claritatem vel [1847] propter ætatis infirmæ compassionem, ut eos indulgentissime nutriret et, ne aut inerti otio aut jugis custodiæ tædio tabescerent, sineret [1848] eos interdum cum æqualibus suis ludicris [1849] puerilibus exerceri. Hoc

VARIÆ LECTIONES.

[1829] restinxisset 1. — [1830] totumque 5. — [1831] et — et — et — et 5. — [1832] evertendas *superscr.* enervandas 5. — [1833] tunc 4. — [1834] Robertus 3. — [1835] advinctis 4. — [1836] Missenen 1. Misenen 4. 5. — [1837] omnium 4. — [1838] Rudulfus 3. — [1839] Bertholdus 4. — [1840] Adelbero *omnes.* — [1841] Adelbertus 1. 5. — [1842] parte si. 4. — [1843] Lutheringie 1. 3. — [1844] communis 5. — [1845] et 5. — [1846] *ita* 3. 4. vero Conis 5. — [1847] et — et 5. — [1848] sineret 5. — [1849] ludicis 3.

NOTÆ.

(442) Hodie Mulde.
(443) Christ. Schlegelius in Histor. Saxon. succincta et accurata (Ms. in bibliotli. Vinar.) opinatur cum Sagittario, hunc locum a librariis esse corruptum et pro voc. *eadem* esse scribendum : *Thuringica*, aut saltem Ecberto ob propinquitatem et cognationem proximum etiam jus in eamdem competiisse. Vid. etiam Mascov., p. 64, not. 7.
(444) De hoc conventu Ulmensi cf. Bertholdum h. a.
(445) Heinricus I, postea marchio Misnensis et Lusatiæ.

ipsum parentes, crebra custodibus munuscula destinantes, flagitabant. Fecit ille ut petebatur, et modo intra munitionem modo extra, adhibitis custodibus, prout libitum erat ludere patiebatur, nihil sinistrum in aetate simplici et fraudis nescia suspicatus [1850]. Interdum etiam in nemus quod munitioni contiguum erat venatum pergens, impositos equis, cujus rei vixdum aetas patiens erat, secum ire permittebat, ut oppressas moerore ac taedio mentes hoc advocamento [1851] recrearent. Cum hoc saepius faceret, consuetudo fiduciam, fiducia custodibus securitatem pariebat, ut eis indulgentius in dies diligentis custodiae frena laxarent, et absumpta jam omni suspicione, quicquid voluissent etiam absque arbitris eos agere paterentur. Coeperunt igitur, ubicumque tempus et locum secretiorem nacti fuerant, sermones conserere, patriae parentumque recordari, peregrinationis molestias deplorare, et ut pro salute sua aliquid Deo auspice conarentur, mutuis se suasionibus incitare. Quadam ergo die, cum juxta solitum praedictus Everhardus, secum assumptis eis, venatum exisset, et ad insectandam, quae casu occurrerat, feram omnes, ut fieri assolet, inconditis clamoribus, ferventissimis studiis discurrissent, pueruli ubi se solos adverterunt, custodem nullum, eos qui simul venatum processerant aliarum rerum immemores, soli quae agebatur venationi intentissimos, quantis possunt viribus, equis subdunt calcaria, per condensa silvarum, per abrupta montium, per concava vallium, periculi sui vel negligentes vel contemptores, dicto citius evolant; nec in certum aliquem locum, regionis ignari, cursum dirigunt, sed [1852] laxatis temere habenis, quocumque impetus equos ferebat, praecipites ruunt. Celeri cursu transmisso nemore ad Moenum [1853] perveniunt, piscatorem illic offendunt in scapha piscatoria [1854] capturis piscium incumbentem, evehi se Mogontiam petunt, clamides suas quibus vestiebantur, quoniam aliud in promptu non erat, evectionis precium offerunt. Ille vel precio allectus, vel miseratione periclitantium permotus — hoc enim ex trepidatione et cetero corporis gestu facile conjiciebat — benigne in naviculam suscepit, et utensilibus quae in navicula erant adopertos, ne scilicet ab insequentibus agnoscerentur, Mogontiam, ut rogaverant, evexit. Equi eorum, transito amne, in ulteriore ripa, juxta naviculam mirum in modum moderato gradu decurrebant, ita ut cum eunte navicula pariter irent, cum subsistente pariter subsisterent. Brutis pecoribus [1855] humanas inesse animas crederes. Ubi Mogontiam ventum est, receptis equis suis, in domum quandam ripae contiguam clanculo se immergunt, dominumque domus per Deum obtestantur, ne eos cuiquam prodat; se archiepiscopo Mogontino genere conjunctissimos esse, cui si incolumes intemerata fide restituat, tam ab ipso quam a ceteris parentibus suis, qui inter regni principes et opum et dignitatis speciali praerogativa emineant, digna meritis praemia relaturus sit. Nec multo post aderat Everhardus [1856], fremens et stridens dentibus prae doloris impatientia, compertoque per veridicos indices, quo pueri divertissent, summa vi, summo conamine domum expugnare foresque infringere parabat, et nisi obsides regis mature redderentur, ignem tectis se injecturum minabatur. Concurrit civitas ad spectaculum, et facta est pro studiis partium confusa et dissona aliud atque aliud clamantium turbarum vociferatio. Perlato ad episcopum Mogontinum tumultuantis civitatis nuncio, misit confestim cum armatis Conradum comitem de castello quod dicitur Liuzelenburg [1857], qui tum forte apud episcopum praesens erat. Qui veniens Everhardum, improbe [1858] saevientem atque in omnes qui obsisterent nunc vi nunc comminatione grassantem, ab olpugnatione aedium cum contumelia repulit, susceptosque pueros episcopo praesentavit. Ille admodum gratulatus, quod causam principum, qui pro communi commodo arma sumere meditabantur, hac etiam parte impedimentorum [1859] liberasset, suis singulos parentibus cum omni diligentia, ne quis scilicet insidiaretur abeuntibus, remisit.

Statuta die (*Oct.* 16) juxta condictum principes Sueviae et Saxoniae Triburiam convenerunt amplissimo numero, obstinatis mentibus ad summovendum a negociis regni regem Heinricum, et alium in quem communis electio consensisset creandum. Aderant una legati apostolicae sedis, Sigehardus patriarcha Aquileiensis et Altmannus Pataviensis episcopus, vir apostolicae conversationis et magnarum in Christo virtutum, cui papa vices suas in dispositione ecclesiasticarum causarum delegaverat, et laici nonnulli, qui magnis opibus relictis ultro se ad privatam tenuemque vitam propter Deum contulerant, missi a Romano pontifice, ut palam omnibus per Gallias contestarentur, justis de causis excommunicatum esse regem Heinricum, et ad eligendum alium [1860] apostolici consensus et auctoritatis suffragium pollicerentur. Hi nec principi nec privato cuiquam, qui regi Heinrico dicto vel facto aliquatenus post excommunicationem communicasset, communicare volebant, donec publice professus poenitentiam, per Altmannum, vicarium Romani pontificis, anathemate absolveretur. Pari cautela eorum quoque communionem vitabant, qui presbiteris conjugatis vel eis qui ecclesiasticas ordinationes precio comparaverant in oratione communicassent. Per septem (446) itaque continuos dies consilia conferentes, quid

VARIAE LECTIONES.

[1850] conspicatus 1*. [1851] *legendum*: avocamento, *quod vocabulum, Plinio jun. et Lactantio usitatum, animi remissionem (Linderungs-, Erholungs-, Zerstreuungsmittel) significat.* [1852] si 4. [1853] montem 5. m. fluvium 1. [1854] piscatori 4. [1855] pectoribus *vel* peccoribus 5. 4. 5. [1856] Eberhardus 5. 4. 5? *hic et infra.* 4. *semper.* [1857] Linzelenburg 5. 5? [1858] deest 4. [1859] impeditorum 5. [1860] aliun regem 1.

NOTAE.

(446) Alii, ut Bertholdus, habent *decem.*

facto opus esset, qua ratione periclitanti et jam jam naufragium minitanti rei publicæ consulendum foret, perquirebant. Replicabant ab tenero, ut aiunt, ungue (447) omnem vitæ regis institutionem, quibus probris, quibus flagitiis existimationem suam decusque imperii vixdum adulta ætate maculasset; quas injurias singulis, quas in commune omnibus, ubi primum pubertatis annos attigit, irrogasset; quod remotis a familiaritate sua principibus, infimos homines et nullis majoribus ortos summis honoribus extulisset, et cum eis noctes perinde ac dies in deliberationibus insumens, ultimum, si possit, nobilitati exterminium machinaretur; quod barbaris gentibus vacatione data, in subditos sibi populos dedita opera ferrum distrinxisset et in eorum nece hostili [1861] crudelitate grassaretur; regnum, quod a parentibus suis pacatissimum et bonis omnibus florentissimum accepit, quam fœdum, quam despicabile, quam intestinis cladibus infestum cruentumque reddidisset; ecclesias et monasteria destructa, victualia servorum Dei versa esse in stipendia militum, studium religionis et rerum ecclesiasticarum transisse ad arma militaria et ad munitiones extruendas, non quibus vis et impetus barbarorum arceatur, sed quibus patriæ tranquillitas eripiatur [1862] et liberis [1863] cervicibus durissimæ servitutis jugum imponatur; nullum usquam esse viduis et orphanis solatium, nullum oppressis et calumpniam sustinentibus refugium, non legibus reverentiam, non moribus disciplinam, non ecclesiæ auctoritatem suam, non rei publicæ manere dignitatem suam; ita unius hominis temeritate sacra et profana, divina et humana, fasque nefasque confusa esse et implicita [1864]; proinde tantarum calamitatum unicum ac singulare superesse remedium, ut quantocius amoto eo, alius rex crearetur, qui tamdiu terminos suos evaganti licentiæ frena injiceret [1865] (447*) et mundi vacillantis ruinam subjectis humeris sustentaret.

Rex Heinricus, contractis in unum suæ partis assertoribus, in villa quæ dicitur Oppenheim se continebat, Reno fluvio utraque castra dirimente, frequentesque ad eos in dies legatos mittebat, pollicens omnium quæ eos offenderant in reliquum emendationem; se veterum injuriarum memoriam sequentibus beneficiis, si vita comes foret, aboliturum, nihilque deinceps circa rerum publicarum administrationem absque communi consulto acturum; postremo ultro se jure suo cedere eisque gubernandi disponendique pro suo arbitratu tocius regni jus potestatemque facere, dummodo æquo animo paterentur, sola regii nominis regiique cultus rata sibi manere insignia, quæ semel legitime accepta, sine

summa omnium eorum ignominia amittere non posset, nec sincerent regni Teutonici [1866] splendorem, omnibus retro seculis intactum incontaminatumque, sua ætate tam turpis exempli macula sordescere; quod si verba sua difficilius admitterent, magnificis promissionibus toties elusi, paratum se, quibus sacramentis, quibus vellent obsidibus, fidem facere, quod nulla umquam dies, nulla rerum vel casuum mutabilitas hanc suam in eos benivolentiam corruptura foret. Ad hæc illi [1867]: *Nulla*, inquiunt, *jam supersunt argumenta, quibus toties recognita atque spectata fides ejus probari ultra vel obligari valeat, cum toties morum suorum emendationem coram oculis omnia cernentis Dei quam sancte pollicitus, omnia quibus se obstrinxerat vincula, ubi primum calamitas quæ ad præsens urgebat [1868] præteriit, tamquam aranearum telas ruperit (448), et semper se ipso deterior, cursum mali operis, sicut equus impetu vadens in prælium, effrenata libertate repetierit. Neque nos præcipiti temeritate ad hæc extrema experienda prorupimus [1869]. Omnes vias, omnia prius consilia pertemptavimus, si qua ratione rigidum obstinatumque in malis desperati hominis ingenium emolliri possit. Sed inveteratus morbus atque imis penitus jam insidens visceribus, nihil spei, nihil admittit remedii, omnem artem, omnem evincens industriam medicantium; quin immo, dum levitati ejus impensius morem gerere studemus, et cunctis, quæ perperam molitur, religionis obtentu muliebrem præbemus patientiam, status rei publicæ eversus est, tranquillitas ecclesiarum turbata, majestas imperii ablata, auctoritas principum evacuata, mores inversi, leges abolitæ, et secundum prophetæ elogium maledictum et mendacium et homicidium et furtum et adulterium inundaverunt et sanguis sanguinem tetigit (Osee, IV, 2); postremo omnis [1870] justiciæ et pietatis, religionis et honestatis disciplina situ atque incultu obsolevit. Hæc [1871] quidem, dum sola vitæ temporalis detrimenta, dum solam famæ et existimationis labem minitarentur, tametsi viris [1872] ferenda non essent, tulimus tamen, ne contra jusjurandum, quo tenebamur, præcipitanter impudenterque venire videremur, et dum gloriæ nostræ consulere conaremur, animæ naufragium pateremur. Nunc vero cum ab ecclesiæ corpore propter flagitia sua apostolici anathematis mucrone præcisus sit, cum ei communicare sine communionis ecclesiasticæ dampno et fidei jactura non possimus, cum fidem nostram, multis apud cum sacramentis implicitam, Romanus pontifex apostolica auctoritate explicuerit: extremæ profecto dementiæ esset [1873], divinitus oblatam salutis occasionem non obviis, ut dici solet,*

VARIÆ LECTIONES.

[1861] crud. host. 4. [1862] expiatur 4. [1863] liberæ gentis cervicibus 4. [1864] implicata 5. [1865] vinceret 4. [1866] theut. h. l. omnes. [1867] hæc nulla illi 5. [1868] urgebat 5. [1869] prorumpimus 5. [1870] omnes 4. oms 5. [187*] Nec 3. [1872] juris 5. [1873] est 3. 4.

NOTÆ.

(447) Horat., Od. III, 6, 24.
(447*) Cf. Horat., Od. IV, 15, 9.

(448) Cf. supra not. 366

manibus (449) *excipere, et quod jam diu praemeditatum sit ut agatur, tam oportuno tempore non agere, cum leges humanae et ecclesiasticae sinant, cum locus et tempus arrideant, cum denique omnia, quae paci vel bello usui esse solent, conficiendae tantae rei favorem suum polliceantur. Quapropter contemptis inanium argumentorum cuniculis, quibus denuo in cervices jugulosque nostros viam gladio suo affectat, immobiliter animo fixum tenemus* (450), *ut absque ulla dilatione virum nobis provideamus, qui praecedat nos* [1874] *et praelietur bellum Domini ad expugnandam et destruendam omnem cujuscumque hominis altitudinem, elevantem et extollentem se adversus justiciam et veritatem Dei et sanctae Romanae Ecclesiae auctoritatem.* In haec verba legatos regis dimiserunt.

Iterum alios atque alios misit, nullum supplicationis genus, quod impediendae tantae rei proficuum putaretur, praetermittens. Sed illi in eadem sententia fixi obstinatique manebant. Jamque utraque ex parte ad magnum discrimen res spectare videbatur. Denique et hi regem alium sibi protinus constituere, et transmisso Reno fluvio — navigium enim omne episcopus Mogontinus in eam ripam coegerat — proxima luce regi Heinrico arma inferre parabant; et ille, incisa spe dilationis impetrandae, suos, qui per proximas villas dispersi erant, in unum coire [1875] atque arma expedire jubebat, ut in ulteriorem ripam progressos confestim praelio adoriretur. In hac tantarum expectatione rerum intentis sollicitisque omnibus, ecce primo diluculo sequentis diei, quae ultimam cladem rei publicae allatura timebatur, Suevi et Saxones legatos ad regem miserunt, qui ei dicerent: Tametsi nec in bello nec in pace ulla umquam vel justiciae vel legum cura fuerit, se tamen legibus cum eo agere velle, et cum crimina, quae ei obiciantur, omnibus constent luce clariora, se tamen rem integram Romani pontificis cognitioni reservare; acturos se cum eo, ut [1876] in purificatione sanctae Mariae Augustam occurrat, ibique celeberrimo conventu habito principum tocius regni, discussis utrarumque partium allegationibus, ipse suo judicio vel addicat vel absolvat accusatum; quod si ante diem anniversarium excommunicationis suae, suo praesertim vicio, excommunicatione non absolvatur, absque retractatione in perpetuum causa ceciderit, nec legibus deinceps regnum repetere possit, quod legibus ultra administrare, annuam passus excommunicationem, non possit; si oblatam conditionem grataner amplexetur et Romano pontifici per omnia subditum

A se dictoque obtemperantem fore polliceatur, hinc se experimentum capturos: omnes, quos ille excommunicavit, extemplo [1877] an convictu contubernioque suo amoveat, ipse in urbem Spirensium dimisso exercitu secedat, ibique solo Verdunensi [1878] episcopo (451) paucisque ministris, quos tamen sententia principum ab hac excommunicatione integros incorruptosque probaverit, contentus, privatam interim vitam agat, ecclesiam non ingrediens, nihil circa publica negocia suo jure disponens, nullam regii apparatus pompam, nulla regiae dignitatis insignia sibi [1879] juxta solitum adhibens usque ad sinodicam causae suae examinationem; praeterea civitatem Wormaciensem, quam expulso episcopo, dissipato coelestis militiae sanctuario, arcem belli spelancamque latronum fecerat, abducto praesidio, episcopo Wormaciensi restituat, datis insuper sacramentis et obsidibus, ne quid deinceps rebellionis vel insidiarum ab civibus timere debeat; porro si quid horum praevaricetur, tum [1880] se omni culpa, omni jurisjurandi religione, omni perfidiae infamia liberatos, non expectato ulterius Romani pontificis judicio, quid rei publicae expediat, communi consilio visuros. Rex, cujus omnis [1881] spes omnesque [1882] copiae in artum coactae fuerant, gratulatus admodum, quod aliqua, quantumvis foeda, conditione urgentem ad praesens calamitatem declinasset, promptissime per omnia obedientiam pollicetur (452). Statimque Coloniensem episcopum, Babenbergensem episcopum, Strazburgensem [1883] episcopum, Basilensem [1884] episcopum, Spirensem [1885] episcopum, Losannensem [1886] episcopum, Citicensem episcopum, Osenbruggensem episcopum, Oudalricum [1887] de Cosheim, Everhardum, Hartmannum, ceterosque excommunicatos, quorum antehac opera consiliisque gratissime utebatur, omnes castris egredi jubet; missis quoque Wormaciam nunciis, milites, quos illic praesidii causa constituerat, abscedere urbemque episcopo patere praecipit [1888]; dehinc ceteris, qui ad auxilia sibi ferenda frequentes convenerant, singulis in sua dimissis, ipse juxta condictum cum paucis Spiram contendit, ibique intra [1889] terminos et leges, quas principes praescripserant, aliquanto tempore mediocriter vitam moresque cohibebat.

(*Norbr.*) Suevi et Saxones, postquam, deditis Wormaciensibus, statum civitatis episcopo [1890] pacatissimum reddiderunt, laeti ovantesque patriam repetebant, confestimque legatos Romam destinarunt, qui papam rei gestae ordinem edocerent enixeque flagitarent, ut sedandis per Gallias tantis bellorum civilium tempestatibus ipse statuta die

VARIAE LECTIONES.

[1874] *deest* 4. [1875] *ire* 5. [1876] *deest* 3. 4. [1877] *extimplo* 5. [1878] Verdinensi 5. [1879] *deest* 4. [1880] tunc 4. [1881] omnes spes 1. [1882] omnisque 3. 4. [1883] Strasburg. 4. 5. [1884] Basiliensem 4. 5? [1885] Spirensensem 5. [1886] L. c. *desunt* 4. Josannensem 1. 5. [1887] Vdahr. 3. 4. Vdahr. 1. [1888] precepit 3. 4. [1889] inter 4. [1890] *deest* 4.

NOTAE.

(449) Cf. supra an. 1059.
(450) Cf. Virgil., Æn. IV, 15.
(451) Theoderico.

(452) Cf. promissionem regis, se Gregorio obediturum esse, Mon. Legg., II, p. 49.

suam non dedignaretur præstare præsentiam. Rex etiam certo sciens omnem suam in eo verti salutem, si ante anniversariam diem excommunicatione absolveretur, nec satis tutum suis rationibus existimans, ut expectato intra [1891] Gallias Romani pontificis adventu, sic infesto judici, sic obstinatis accusatoribus causam [1892] addiceret ventilandam, optimum factu sibi judicavit pro eo tum statu rerum suarum, ut in Gallias proficiscenti Romano pontifici (*Decbr.*) intra [1893] Italiam occurreret et anathematis absolutionem quoquo posset modo impetrare conaretur; hac impetrata, ceteram rebus difficultatem facile adimendam, cum colloqui principibus et conferre consilia et fidem amicorum in adversis implorare nulla deinceps vetaret religio. Paucis igitur ante natalem Domini diebus Spirensi urbe discedens, cum uxore et filio parvulo iter aggressus est, nec quisquam ex omnibus Teutonicis vir ingenuus comitatus est regno excedentem, præter unum, et ipsum nec genere nec opibus conspicuum. Cumque impensis tam longi itineris egeret, multisque supplicaret quibus incolumi rei publica sæpenumero profuerat, pauci admodum erant, qui vel veterum beneficiorum memoria vel præsenti humanarum rerum spectaculo permoti necessitatem ejus aliquatenus relevarent. Eo miseriarum et calamitatis ex summa gloria summisque opibus repente pervenerat. Similiter quoque ceteri excommunicati obtinendæ citius absolutionis studio ardentissime iter [1894] accelerabant in Italiam, nec tamen in societatem itineris regem admittere, principum vel pocius Romani pontificis metu absterriti, patiebantur.

— Vis atque inclementia hiemis hoc anno adeo jugis solitoque asperior inhorruerat, ut a festivitate sancti Martini Renus fluvius, glaciali frigore constrictus, pene usque ad Kalendas Aprilis pedestri itineri transmeabilis maneret, et plerisque in locis vineta, exsiccatis frigore radicibus, omnino arescerent.

MLXXVII.

Dux Polenorum (453), qui per multos jam annos

Rex A regibus Teutonicis tributarius fuerat, cujusque [1895] etiam regnum jam olim Teutonicorum [1896] virtute subactum atque in provinciam redactum fuerat, repente in superbiam elatus, propterea quod principes Teutonicos [1897] cerneret domesticis seditionibus occupatos, nequaquam ad inferenda exteris [1898] gentibus arma vacare, regiam dignitatem regiumque nomen sibi usurpavit, diadema [1899] imposuit, atque ipso die natalis Domini a 15 (454) episcopis in regem est consecratus. Quæ brevi post comperta principes [1900] quibus rei publicæ dignitas curæ fuit graviter affecere, sibique invicem succensebant, quod, dum intestinis in se atque in sua viscera odiis sævirent et digladiarentur, potentiam opesque barbarorum in tantum aluissent, ut jam tercio dux Boemicus B regnum Teutonicum [1901] ferro et igne populabundus peragrasset, et nunc dux Polenorum in ignominiam regni Teutonici [1902] contra leges ac jura majorum regium nomen regiumque diadema impudens affectasset.

Rex Heinricus in Italiam proficiscens, intra [1903] Burgundiam in loco qui dicitur Bisenzun [1903] (455), natalem Domini celebravit, satis magnifice pro sua tum [1904] calamitate susceptus et habitus ab avunculo matris suæ, Willihelmo comite, cujus in illis locis amplissimæ et florentissimæ opes erant. Ea porro causa erat, ut relicto recto itinere in Burgundiam diverteret, quod certo compererat duces Ruodolfum, Welf et Berhtoldum [1905] omnes vias om-
C nesque aditus qui ad Italiam mittunt, quos vulgato nomine clusas vocant, appositis custodibus anticipasse, ut nulla illic ei copia transeundi fieret. Exacta solemnitate natalis Domini profectus inde, cum in locum qui Cinis [1906] (456) dicitur venisset, obviam habuit socrum suam (457) filiumque ejus Amedeum (458) nomine, quorum in illis regionibus et auctoritas clarissima et possessiones amplissimæ (459) et nomen celeberrimum erat. Hi venientem honorifice susceperunt; transitum tamen per terminos suos alias ei concedere nolebant, nisi D tiguos, eis redimendi [1907] itineris precium traderet,

VARIÆ LECTIONES.

[1891] inter 4. [1892] c. suam 1. [1893] inter 4. [1894] tunc 4. [1895] que *deest* 4. [1896] Theutonicorum 4. 5. [1897] Theutonicos 3. 4. [1898] ceteris 5. [1899] deadema 3. [1900] Teutonicos 1. [1901] Theut. 3. [1902] inter 4. [1903] Bizensim 3. [1904] tamen 4. [1905] Bertholdum 1. 4. [1906] *ita Krause restituit et habet* 3. Civis 1. Cuus 4. 5? [1907] redimendis 4.

NOTÆ.

(453) Boleslaus II, Casimiri filius.
(454) Mendosa scriptura, legendumque pro *quindecim: quinque*; tunc temporis enim Polonia vix plures habere potuit episcopatus (cf. Pagi, Critic. Annal. Baronii ad h. a. n. 22), nisi magis placeat, prorsus aliam voculam, ut *suis*, substituere. KR
(455) Besançon.
(456) I. e. mons Cenis s. Cinisius satis superque notus, quem qui Italiam ex Gallia petunt superare et hodie solent. Quod *locus* n minetur mons, nec nostro nec aliis medii ævi scriptoribus infrequens, e. c. locus Triteburc supra a. 1075. KR. ; cf. de hujus voc. significatione inter alios Waitz : Heinrich I, p. 150, sq., not. 4.
(457) Adelheidam, matrem reginæ Berthæ.

(458) Ita ex opinione Guichenoni in Hist. geneal. domus Sabaud. comites hujus terræ sibi successerunt : Amedeus I; Odo s. Otto, filius quartus Humberti I; Amedeus II, filius ejusdem et Adelheidis, ultimæ marchionissæ de Susa; sed contradicente alio scriptore Saint-Marc, apud quem ita se invicem excipiunt : Amedeus I, filius maximus natu Humberti I, ab anno 1048 usque ad a. 1072, cujus uxorem Adelheidem confusam esse dicit cum Adelheide marchionissa Susæ ; Humbertus II, circa ann. 1072, usque ad d. 19 Octobr. 1108 ; Amedeus II, Humberti II filius.
(459) Susa, Pedemontii pars, Vallis Augusta et alia. KR.

Durum hoc nimis atque intolerabile omnibus regis consiliariis visum est. Sed cum ei inevitabilis incumberet necessitas quoquo [1908] posset pacto redimendi itineris, et illi nec jure propinquitatis nec tantæ calamitatis miseratione quicquam moverentur, multo labore et tempore in hac deliberatione insumpto, vix et ægre tandem impetratum est, ut provinciam quandam Burgundiæ (460), bonis omnibus locupletissimam, concedendi transitus mercedem dignarentur [1909] accipere. Ita indignatio Domini [1910] non solum sacramentis et frequentibus beneficiis sibi obnoxios, sed etiam amicos et genere propinquos ab eo averterat. Difficulter assecuto transeundi licentiam protinus alia successit difficultas (Januar.) Hiemps erat asperrima, et montes per quos transitus erat in immensum porrecti et pene nubibus cacumen ingerentes, ita mole nivium et glaciali frigore obriguerant, ut per lubricum præcipitemque decessum [1911] nec equitis nec peditis gressum sine periculo admitterent. Sed dies anniversarius, quo rex in excommunicationem deveneral, e vicino imminens [1912], nullas accelerandi itineris [1913] moras patiebatur, quia, nisi ante eam diem anathemate absolveretur, decretum noverat communi principum sententia, ut et causa in perpetuum [1914] cecidisset et regnum sine ullo deinceps restitutionis remedio amisisset. Igitur quosdam ex indigenis locorum peritos et præruptis Alpium jugis assuetos, mercede conduxit, qui comitatum ejus per abruptum montem [1915] et moles nivium [1916] præcederent, et subsequentibus, quaqua possent arte, itineris asperitatem levigarent. His ductoribus cum in verticem montis magna cum difficultate evasissent, nulla ulterius progrediendi copia erat, eo quod præceps montis latus, et ut dictum est glaciali frigore lubricum, omnem penitus decessum [1917] negare videretur. Ibi viri periculum omne viribus evincere conantes, nunc manibus et pedibus reptando, nunc ductorum suorum humeris innitendo, interdum quoque titubante per lubricum gressu cadendo et longius volutando, vix tandem aliquando cum gravi salutis suæ periculo ad campestria pervenerunt. Reginam et alias quæ in obsequio ejus erant mulieres, boum coriis impositas, duces itineris, conductu præeuntes, deorsum trahebant. Equorum alios per machinas quasdam summittebant, alios colligatis pedibus trahebant, ex quibus multi dum trahe-

rentur mortui, plures debilitati, pauci admodum integri incolumesque periculum evadere potuerunt.

Postquam per Italiam fama percrebruit, venisse regem, et superatis asperrimis rupibus jam intra [1918] Italiæ fines [1919] consistere, certatim ad eum omnes Italiæ episcopi et comites confluebant, eumque, ut regia magnificentia dignum erat, summo cum honore suscipiebant, atque intra [1920] paucos dies [1921] infinitæ multitudinis ad eum congregatus est exercitus. Erant enim jam ab exordio regni ejus semper desiderantes adventum ejus in Italiam, eo quod regnum illud bellis, seditionibus et latrociniis ac variis privatorum infestationibus assidue infestaretur et omnia quæ præter leges et jura majorum ab improbis hominibus præsumebantur, regiæ auctoritatis censura corrigi sperarent. Præterea, quia fama vulgaverat, ad deponendum papam ferocibus cum animis properare [1922], admodum gratulabantur, oblatam sibi occasionem esse, qua in eum, qui se jam pridem ab ecclesiastica communione suspenderat, injuriam suam idonee vindicarent.

Interea papa rogatus per litteras a principibus Teutonicis [1923] qui in Oppenheim convenerant, ut in purificatione sanctæ Mariæ ad discutiendam causam regis Augustæ occurreret, invitis Romanis principibus et propter incertum rei eventum iter [1924] illud dissuadentibus, Roma egressus est, et quantum poterat profectionem accelerans, statuto die præsto esse satagebat, ducatum (461) ei præbente Mathilda, derelicta ducis Luteringorum [1925] Gozelonis, filia Borifacii marchionis et Beatricis comitissæ. Hæc, vivente adhuc viro suo, quandam viduitatis speciem, longissimis ab eo spaciis exclusa, prætendebat, cum nec ipsa maritum in Luteringiam [1926] extra natale solum sequi vellet, et ille, ducatus quem in Luteringia [1927] administrabat negociis implicitus, vix [1928] post tercium vel quartum annum semel marcham Italicam inviseret. Post cujus mortem Romani pontificis lateri [1929] pene comes individua adhærebat (462), eumque miro colebat affectu. Cumque magna pars Italiæ ejus pareret imperio, et omnibus quæ prima mortales ducunt supra ceteros terræ illius principes habundaret, ubicumque opera ejus papa indiguisset, ocius [1930] aderat et tamquam patri vel domino sedulum exibebat officium. Unde nec evadere potuit incesti amoris suspicionem, passim jactantibus regis

VARIÆ LECTIONES.

[1908] quoque 4. [1909] dignarenter 4. [1910] deum 4. [1911] decessum 5. *corr.* decessum 4, *fortasse* descensum? [1912] deest 5. 4. 5. [1913] deest 4. [1914] imperp. 5. *sæpius*. [1915] montes 5. [1916] invium 5. [1917] descensum? [1918] inter 4. [1919] fines — Italiæ *desunt* 5. 4. 5. [1920] inter 5. 4. [1921] deest 4. [1922] deest 4. [1923] Theutonicis 5. [1924] tunc 5. [1925] Lutteringorum 5. 4. 5. Luther. 4. [1926] Lutheringiam 4. 5. [1927] Lutheringia 4. 5. 4. [1928] post vix 5. [1929] latere 4. [1930] cicius 5.

NOTÆ.

(460) Bugey (Beugesia, Bugia) inter Rhodanum et Danum (Ain) fluvios, jam pars provinciæ Gallicæ Ain, cujus metropolis fuit Bellay (Belica, Belleuenum), fuisse opinatur Guichenon, quod qua ratione juris Sabaudici factum sit, aliunde non liqueat. ER.
(461) Conductum militarem, itineris præsidium; *geleit*.
(462) Cf. Liv., XXXIX, 25.

fautoribus, et præcipue clericis, quibus illicita et contra scita canonum contracta conjugia prohibebat, quod die ac nocte impudenter papa [1031] in ejus volutaretur amplexibus, et illa fu. tivis papæ amoribus præoccupata, post amissum conjugem ultra [1032] secundas contrahere nuptias detrectaret [1033]. Sed apud omnes [1034] sanum aliquid sapientes luce clarius constabat, falsa esse quæ dicebantur. Nam et papa tam eximie tamque apostolice [1035] vitam instituebat, ut nec minimam sinistri rumoris maculam conversationis ejus sublimitas admitteret, et illa in urbe celeberrima atque in tanta obsequentium frequentia obscœnum aliquid perpetrans latere nequaquam potuisset. Signa etiam et prodigia, quæ per orationes papæ frequentius fiebant, et zelus ejus ferventissimus pro Deo et pro ecclesiasticis legibus, satis cum contra venenatas detractorum linguas (463) communiebant. Igitur papa, dum in Gallias properaret, ex insperato [1036] audiens, regem jam esse intra [1037] Italiam, hortante Mathilda, in castellum quoddam munitissimum quod Canusium [1038] (464) dicitur divertit, expectare volens donec consilium adventus ejus diligentius exploraret, utrum scilicet veniam admissi postulare, an injuriam excommunicationis suæ militari manu persequi plenus animorum, adveniret.

Diedericus episcopus Verdunensis, vir constantissimæ erga regem fidei, dum regem in Italiam proficiscentem paulo post insequi vellet, captus est ab Adalberto [1039] comite de castello quod dicitur [1040] Calewo (465), et spoliatus omnibus, quas studiosissime convexerat, tam longi itineris impensis. A quo diu habitus in custodia, tandem dato, quodcumque exigebatur, redemptionis suæ precio, addito etiam jurejurando, quod injuriæ hujus nec spiritualem nec corporalem vindictam aliquando expeteret, liber abire dimissus est. Ruotbertus [1041] quoque Babenbergensis episcopus, dum in Italiam pergens per Bajoariam iter ageret, captus est ab Welf [1042] duce Bajoariorum; qui, sublatis omnibus quæ illius fuerant peculiaria, vestes pontificales et ceterum ecclesiasticum ornatum, quem in thesauris ejus repperit [1043], ecclesiæ Babenbergensi cum omni integritate reconsignavit, ipsum vero in castello munitissimo a natale Domini usque ad festivitatem sancti Bartholomei apostoli sub diligenti custodia tenuit, nec ullis amicorum ejus precibus aut muneribus ut dimitteret evinci potuit. Ceteri episcopi (466) et laici, quos papa excommunicaverat, quosque rex hujus rei gratia a latere suo, extrema necessitate compulsus, amoverat, elusis custodibus qui clusas obsidebant, in Italiam illæsi pervenerunt, repertoque papa in Canusio, veniam præsumptæ rebellionis atque ut excommunicatione absolverentur, nudis pedibus et laneis ad carnem induti (467), suppliciter postulabant. Ille his, qui veraciter peccatum suum agnoscerent et deflerent, non esse, aiebat [1044], misericordiam denegandam, sed longam inobedientiam et diu incretam peccati rubiginem diuturnioris pœnitentiæ igne exuri et excoqui oportere; quapropter, si eos revera facti pœniteret, æquo animo paterentur, quodcumque sanandis vulneribus eorum adhiberet ecclesiasticæ correptionis cauterium, ne ex facilitate indulgentiæ culpa, quæ adversus sedem apostolicam atrox et vehemens præsumpta fuisset, vel parva vel nulla videretur. Illis paratos se profitentibus ad omnia quæ imposuisset sufferenda, episcopos omnes a se invicem separatos præcepit singulis cellis solitarios includi, nec ullum cum aliquo habere colloquium, ad vesperam autem cibi et potus mediocri mensura refici; laicis quoque pro ætatis et [1045] virium consideratione congruentem singulis pœnitentiam indixit. Ita per aliquot dies examinatos tandem ad se vocavit, et leniter pro admissis objurgatos, et ne deinceps simile quid admitterent commonitos [1046], excommunicatione absolvit, abeuntibusque id ante omnia repetens iterum iterumque [1047] præcepit, ne regi [1048] Heinrico, donec sedi [1049] apostolicæ post factam injuriam satisfecisset, aliquatenus communicarent, aut ei ad evertendum statum rei publicæ turbandamque pacem ecclesiasticam in aliquo operam suam accommodarent; ad hoc tamen omnibus indifferenter ejus permisso colloquio, ut ad pœnitentiam provocaretur et a cursu mali operis, quo præceps rapi videbatur, retraheretur.

VARIÆ LECTIONES.

[1031] papam 4. [1032] deest 5. [1033] detractaret 5. [1034] os deletum 5. [1035] deest 5 4. (ubi tanquam), 5. [1036] inspirato 4. [1037] inter 4. [1038] Canusium 4. [1039] Adalbero 4. [1040] deest 4. 5. quod Caleuuo dic. 5. [1041] ita 5. 4. [1042] a Welff 4. [1043] ita hoc loco omnes. [1044] ait 4. [1045] vel 1. 5? [1046] communicatos 5. 4. [1047] iterum atque iterum 4. [1048] rege 1. 5? [1049] sibi 1. 5. 4. 5.

NOTÆ.

(463) Casp. Barthius hunc locum comparat cum Britonis Philipp. III, v. 268, sq. : *queis quum nequeant probitate nocere, Garrulitate nocent solita linguæque veneno*. Ita etiam Horat., Epist I, 14, 38, morsum *venenosum* calumniam dicit : *Non istic — mea commoda quisquam odio obscuro morsuque venenat*. Vid. Barth., animadvers. ad Brit., p 168, et eumd. ad Stat. Theb. I, 471 animadvers. t. I, p. 49, seq..

(464) Canossa in ducatu Regiensi.

(465) Calw. (Calwa) ditionis Wirtembergicæ; cf. Trithem., Ann. Hirsaug. I, p. 247. Hujus mentio fit ab ann. 1018 usq. ad ann. 1099, quo d. 22 Sept. mortuus est. Exstat tabula geneal. horum comitum in G. Chr. Crollii Zweiter Fortsetz. der erlaeut Reihe der Pfalzgr. zu Aachen u. bei Rhein p. 240. coll., p. 184, sqq. Cf. Staelin Hist. Wirtemb., I, p. 567.

(466) In his etiam Benno Osnabrugensis episcopus.

(467) Illo tempore moris fuisse, nudis pedibus pœnitentiam agere, probat exemplum Ottonis regis in Chron. Halberst. ad ann. 955, ap. Leibnit. SS. R. Brunsv., t. II, p. 115, et Werinharii ap. Thietmar. Merseb. IV, 26; Mon. SS. III, 780. Vid. etiam supra a. 1074, p. 214.

Interea rex Heinricus Mathildam comitissam ad colloquium evocavit, eamque precibus ac promissionibus oneratam ad papam transmisit, et cum ea socrum suam filiumque ejus, Azzonem etiam marchionem (468) et abbatem Cluniacensem (469) et alios nonnullos ex primis Italiae principibus, quorum auctoritatem magni apud eum momenti esse non ambigebat; obsecrans ut excommunicatione absolveretur, nec principibus Teutonicis [1950] qui ad accusandum eum stimulo invidiae magis quam zelo justiciae exarsissent, temere fides haberetur. Quorum papa legatione audita, ait, incongruum valde esse et ab ecclesiasticis legibus omnino alienum, ut absentibus accusatoribus causa accusati ventilaretur; quin immo, si innocentiae suae confideret, omni timoris scrupulo liberatus, statuto die in Augustam, quo ceteri principes convenire statuissent, fiducialiter occurreret; se illic, discussis utrarumque partium allegationibus, nec odio nec gratia ab jure ad injuriam devolvendum, sed [1951] juxta leges ecclesiasticas quam rectissimam possit de singulis sententiam laturum esse. Ad haec illi responderunt regem illius nusquam terrarum subterfugere judicium, quem sciat aequitatis et innocentiae incorruptissimum vindicem et advocatum fore, sed e vicino jam urgere diem anniversarium, quo excommunicatus fuisset, et principes regni hac expectatione suspensos attentosque anxie rei eventum praestolari, ut, si ante hanc [1952] diem excommunicatione non absolvatur, deinceps juxta palatinas leges indignus regio honore habeatur, nec ultra pro asserenda innocentia sua audientiam mereatur; proinde obnixius petere, et hoc omni quo papa jubeat satisfactionis genere paratum emereri, ut solo interim anathemate absolvatur et communionis ecclesiasticae gratiam recipiat, responsurus ex integro, quacumque [1953] die, quocumque loco papa praecipiat, tamquam nihil hac conventione actum sit, omnibus quae accusatores ejus objecissent criminibus, et juxta sententiam ejus regnum vel retenturus, si objecta purgasset, vel aequo animo, si causa cecidisset, amissurus. Diu papa restitit, veritus in rege juvenilis animi inconstantiam et proclive, quocumque assentatores impulissent, ingenium; sed superatus tandem importunitate perurgentium et gravitate sententiarum : *Si veraciter,* inquit, *eum facti poenitet, coronam et cetera regni insignia in argumentum verae et ex animo actae poenitudinis nostrae potestati dedat, et se post tam contumax admissum regio nomine et honore deinceps indignum profiteatur.* Durum

A nimis hoc visum est legatis. Cumque vehementer insisterent ut sententiam temperaret, nec calamum conquassatum (*Isa.* XLII, 3) judicii austeritate penitus contereret (470), vix et aegre tandem exoratus annuit, ut comminus veniret, et si veram pro admissis poenitudinem gereret, culpam, quam sedi apostolicae contumeliam irrogando contraxerat, sedis apostolicae decretis nunc obediendo [1954] expiaret (471). Venit ille (*Januar.* 25), ut jussum fuerat, et cum castellum illud triplici muro septum esset (472), intra [1955] secundum murorum ambitum receptus, foris derelicto omni comitatu suo, deposito cultu regio, nihil praeferens regium, nihil ostentans pompaticum, nudis pedibus jejunus a mane usque ad vesperam perstabat, Romani pontificis sententiam praestolando. Hoc secundo, hoc tercio die fecit (26-28). Quarto demum die in conspectum ejus admissus, post multas hinc inde dictas sententias, his postremo conditionibus excommunicatione absolutus est (473) : ut die et loco, quemcumque papa designasset [1956], evocatis ad generale concilium Teutonicis principibus praesto esset, et accusationibus quae intenderentur responderet, ipso papa, si ita expedire videretur, cognitore causarum assidente, et ad ejus sententiam vel retineret regnum, si objecta purgasset, vel aequo animo amitteret, si probatis criminibus regio deinceps honore indignus juxta ecclesiasticas leges decerneretur; nullam, sive retento sive amisso regno, hujus injuriae vindictam a quopiam hominum in perpetuum exacturus; usque ad eam autem diem, qua causa ejus legitime discussa terminaretur, nulla regii cultus ornamenta, nulla regiae dignitatis insignia sibi adhiberet, nihil circa rerum publicarum administrationem juxta consuetudinem suo jure ageret, nihil, quod ratum fore oporteat, decerneret; postremo praeter regalium servitiorum exactionem, quibus necessario ipse et sui sustentandi essent, nihil regium, nihil publicum usurparet; omnes etiam qui ei sub jurejurando fidem dixissent, ab hujus sacramenti vinculo et conservandae erga eum fidei debito apud Deum et apud homines interim liberi expeditique manerent; Ruotbertum Babenbergensem episcopum et Oudalricum [1957] de Cosheim et ceteros, quorum consiliis se remque publicam prodidisset, a sua in perpetuum familiaritate amoveret; quod si, purgatis quae objicerentur, potens confortatusque in regno perstitisset, subditus Romano pontifici semper dictoque obtemperans foret, et ad corrigenda, quaecumque in regno ejus contra ecclesiasticas leges prava consuetudine

VARIAE LECTIONES.

[1950] Theut. 5. *saepius.* [1951] se 5. [1952] hac 5. [1953] quocunque 5. [1954] obidiendo 4. [1955] inter 4. [1956] assignasset 4. [1957] Vodalr. 5. 4. Vdalr. 4 *et ita saepius.*

NOTAE.

(468) Estensem.
(469) Hugonem.
(470) Cf. supra a. 1063.
(471) Vid. de H. I. Wedekind. Not. fasc. 2, not. XIV, p. 169 — 171.

(472) Aliorum castellorum tribus muris fossisque cinctorum exempla affert C. Barthius ad Briton. Philipp., I, 644, p. 75.
(473) Cf. Mascov. p. 70, sq., not. 4.

inolevissent, consentiens ei et pro virili portione cooperator existeret; ad ultimum, si quid horum prævaricaretur, irritam fore hanc, quæ tunc [1958] tantopere expetita sit, anathematis absolutionem, quin immo jam pro convicto confessoque habendum esse [1959], nec ultra pro asserenda innocentia sua audientiam impetraturum, principesque regni, omni deinceps quæstione, cuncta jurisjurandi religione liberatos, regem alium, in quem communis electio consensisset, creaturos esse. Gratanter rex accepit conditiones, et servaturum se omnia, quam sanctissimis [1960] poterat assertionibus promittebat (474). Nec tamen promittenti temere fides habita est; sed abbas Cloniacensis, quoniam [1961] jurare monasticæ religionis obtentu detrectabat, fidem suam coram oculis omnia cernentis Dei interposuit; episcopus quoque Citicensis et episcopus Vercellensis (475) et Azzo marchio et alii conventionis ejus principes, allatis sanctorum reliquiis, sub jurejurando confirmaverunt, facturum eum esse quæ pollicebatur, nec aliqua rerum asperitate vel casuum varie succedentium mutabilitate ab sententia [1962] deducendum.

Ita absoluto eo excommunicatione, papa missarum solemnia celebravit, confectaque sacra oblatione, regem cum cetera, quæ frequens aderat, multitudine ad altare evocavit, præferensque manu corpus Dominicum (476) : Ego, inquit, jam pridem a te tuisque fautoribus litteras accepi, quibus me insimulabas sedem apostolicam per Simoniacam heresim occupasse, et aliis quibusdam, tam ante episcopatum quam post acceptum episcopatum, criminibus vitam maculasse, quæ mihi secundum scita canonum omnem ad sacros ordines accessum obstruxerint. Et licet multorum idoneorum certe testium astipulatione crimen refellere queam, eorum scilicet qui omnem vitæ meæ ab ineunte ætate institutionem integerrime noverunt, et eorum qui meæ ad episcopatum promotionis auctores fuerunt : ego tamen, ne humano pocius quam divino niti videar testimonio, ut satisfactionis compendio omnem omnibus scandali scrupulum de medio auferam, ecce corpus Dominicum, quod sumpturus ero, in experimentum mihi hodie fiat innocentiæ meæ, ut omnipotens Deus suo me hodie judicio vel absolvat objecti criminis suspicione, si innocens sum, vel subitanea interimat [1963] morte, si reus. Hæc et alia, ut solemne est, præfatus verba terribilia, quibus Deum causæ suæ æquissimum judicem et innocentiæ assertorem adesse precabatur, partem Dominici corporis accepit et comedit (Januar. 28). Qua liberrime absumpta [1964], cum populus in laudes Dei, innocentiæ ejus congratulatus, aliquamdiu acclamasset, tandem impetrato silentio, conversus ad regem : Fac ergo, inquit, fili, si placet, quod me facere vidisti. Principes Teutonici regni suis in dies accusationibus aures nostras obtundunt, magnam tibi molem capitalium criminum impingentes, pro quibus non modo ab omni rerum publicarum administratione, sed ab ecclesiastica etiam communione et ab omnimoda vitæ sæcularis conversatione usque ad extremum spiritum te suspendi oportere existimant. Petunt [1965] etiam magnopere diem et locum statui audientiamque præstari canonice discutiendis, quas adversum te afferant, accusationibus. Et nosti optime, humana plerumque vacillare judicia et in publicis disceptationibus nonnunquam falsa pro veris persuaderi, dum pro disertorum [1966] hominum ingeniis [1967] et dicendi copia et suavitate falsitas verborum phaleris adornata libenter auditur, et veritas nullis eloquentiæ nixa adminiculis contemnitur. Cum ergo tibi bene consultum cupiam, pro eo, quod in calamitatibus tuis supplex apostolicæ sedis patrocinium expetisti, fac quod moneo. Si te innocentem nosti et existimationem tuam ab æmulis tuis per calumpniam falsis criminationibus impeti, libera compendiose et Ecclesiam Dei scandalo et te ipsum longæ concertationis ambiguo, et sume hanc residuam partem Dominici corporis (477), ut comprobata Deo teste innocentia tua, obstruatur omne os adversum te iniqua [1968] garrientium, et me deinceps causæ tuæ advocato et innocentiæ tuæ vehementissimo assertore, principes tibi reconcilientur, regnum [1969] restituatur, omnes, quibus jam diu res publica vexatur, bellorum civilium tempestates in perpetuum sopiantur. Ad hæc ille, inopinata re attonitus, æstuare, tergiversari, consilia cum suis familiaribus segregatus a multitudine conferre, et quid facto opus esset, qualiter tam horrendi examinis necessitatem evaderet, trepidus consulere. Resumpto demum spiritu, causari apud papam cœpit de absentia principum, qui sibi in adversis fidem adhuc integram servassent, quibus [1970] inconsultis et potissimum absentibus, accusatoribus, irritam fore nec quicquam virium apud incredulos habituram esse, quamcumque pro experienda innocentia sua satisfactionem paucis qui aderant proposuisset; proinde sedulo papam orare ut rem integram generali concilio communique audientiæ differret, ut ibi congregatis accusatoribus et secundum leges ecclesiasticas discussis tam accusationibus quam accusatorum personis, conditionibus, quascumque principes regni æquas judicassent, objecta refelleret. Haut gravate papa petenti adquievit, expletoque sacro ministerio, regem ad prandium vocavit, benignissimeque refectum, et de omnibus quæ eum ob-

VARIÆ LECTIONES.

[1958] nunc 1. 5? [1959] esset 5. [1960] sanctissim' 5. [1961] quomodo 4. [1962] absentium a corr. 5. [1963] interveniat 4. interminat 1. [1964] assumpta 4. [1965] Petivit 4. [1966] desideriorum 4. discretorum corr. disertorum 3. [1967] in genus 4. [1968] iniquæ 5. [1969] r. tibi 4. [1970] q. i. et p. desunt 4.

NOTÆ.

(474) V. promissionem regis, Mon. Legg., II, p. 50.
(475) Gregorius.
(476) Vid. Stenzel. I, 411, not. 16.
(477) Simile examen per eucharistiam Lothario regi injunxit Nicolaus papa a. 869. Vid. Reginonis Annal. ad h. a.

servare oporteret diligenter instructum, cum pace ad suos, qui longius extra castellum remanserant, dimisit. Epponem quoque Citicensem episcopum præmisit ante eum, ut eos, qui ei excommunicato, priusquam anathemate absolveretur, indifferenter communicaverant, vice sua excommunicatione absolveret, benigne præcavens, ne quam denuo receptæ communionis maculam contraheret.

Qui dum venisset (*Febr.*), et causam pro qua missus fuerat Italis exposuisset, vehemens in eum ira et indignatio coorta [1971] est. Fremere omnes et sævire verbis ac manibus cœperunt, apostolicæ legationi irrisoriis exclamationibus obstrepere, convicia et maledicta, utcumque turpissima furor suggessisset, irrogare : se excommunicationem illius nihili æstimare, quem ipsum omnes Italiæ episcopi justis ex causis jam pridem excommunicassent, qui sedem apostolicam per Simoniacam heresim occupasset, homicidiis cruentasset, adulteriis aliisque capitalibus criminibus polluisset; regem secus ac deceat egisse crimenque gloriæ suæ intulisse numquam abolendum, quod homini heretico et probris omnibus infamato majestatem regiam summiserit, et quem justiciæ patronum legumque ecclesiasticarum vindicem sibi parassent, is fœdissima subjectione sua fidem plane catholicam, auctoritatem Ecclesiæ, dignitatem rei publicæ prodiderit; se in ultionem ejus omnes quas potuerint papæ injurias irrogasse, et nunc, quod dictu quoque turpe sit, se in mediis perturbationum fluctibus relictis, ipsum sibi consuluisse et cum [1972] hoste publico privata necessitudine in gratiam rediisse. Hæc potissimum principes Italiæ jactando et passim per populum serendo, ingens regi odium brevi conflaverant. Adulta postremo seditione, una omnium voluntas, una sententia erat, ut, abdicato patre, qui ultro regni fascibus indignum se effecisset, filium ejus, licet impubem adhuc et regni negociis immaturum, regem sibi facerent, et cum eo [1973] Romam profecti papam alium eligerent per quem et ipse protinus imperator consecraretur, et omnia papæ hujus apostatici gesta cassarentur [1974].

Perlato ad regem tam molestæ conspirationis nuncio, misit propere quicquid apud se principum erat, ut quaqua ratione, quaqua possent industria, efferatæ multitudinis animos mitigarent; ne molestæ acciperent aut in contumeliam suam factum reputarent, quod extrema necessitate compulsus communis commodi ratione fecisset; nec Teutonicis principibus, qui sibi per calumpniam regnum eripere dedita opera machinarentur, nec Romano pontifici, qui ad evertendum statum sanctæ Ecclesiæ spirituali gladio (*Ephes.* vi, 17), circumquaque fulguraret [1975], aliter satisfieri potuisse [1976], quam ut ante statutam diem excommunicatione absolveretur ; nunc se omnibus angustiis quibus vias ejus conclusissent inimici liberatum, omnem deinceps curam indrustriamque ad vindicandas suas et illorum injurias translaturum. Vix tandem compresso pocius quam extincto concitati tumultus incendio, plerique ex principibus castris se per iram subtrahentes, injussi in sua rediere. Ceteri, dissimulata interim iracundia, redeuntem regem pacifice exceperunt, sed neque [1977] consuetam ei reverentiam deferebant [1978], neque tam sumptuosa, ut prius utque regiam magnificentiam decuerat, servitia ei exhibebant, sed aversis oculis, infestis mentibus, passim per omnes angulos de levitate et ineptia ejus musitabant, socordiamque accusabant [1979], quod tam diu expectatus, tam auxie desideratus, periclitantis Italiæ calamitatibus nihil postremo spei, nihil præsidii attulisset. Cumque Italiam peragraret, ut his, qui oppressi fuerant calumpniamve patiebantur, regio more justa faceret; nec in civitates cum recipiebatur, nec cum faculis et faustis acclamationibus, ut prioribus regibus consueverant, obviam ei procedebant, sed foris, in suburbanis locis castris positis, commorari jubebatur [1980], et illuc ei alimenta, quibus exercitus sustentaretur, et ipsa modica et vix necessitatem pocius quam regalium epularum solitum splendorem copiamve explentia, ne manifestæ defectionis immature argui possent, ministrabant; apposito singulis in locis præsidio, ut prædas forte de agris vel villis agere volentes armata manu coercerentur.

Territus rex insolita rerum facie, seroque pœnitens, quod incognitæ gentis inexpertæ prius fidei temere se credidisset, et Teutonicis finibus excedendo hostem mutasset [1981], non evasisset, gravi sollicitudine et metu perurgebatur, nec ullum usquam effugium inveniebat, nisi in reconciliandis forte, si qua ratione posset, quos offenderat, Italorum animis. Ratus itaque hujus rei unicum hoc esse præsidium, ut initum cum Romano [1982] pontifice fœdus abrumperet, et inde reparandæ concordiæ initium faceret, unde fuerat orta discordia : Oudalricum de Cosheim et ceteros, quos ille severissimo anathemate a contubernio ejus amoverat, in pristinum gratiæ et familiaritatis suæ gradum revocavit, et cum eis denuo de privatis, de publicis negociis eadem [1983] qua consueverat singularitate ac privilegio consilia conferebat. Tum assidue in conventu principum criminabatur et detrahebat Romano [1984] pontifici, quod ipse omnem hunc, qui rem publicam concussisset, ventum turbinis et commotionis sævissimæ procellam suis machinationibus concitasset [1985], ipse omnium, quæ in ecclesia Dei [1986] recenti memoria secus accidissent, auctor incentorque

VARIÆ LECTIONES.

[1971] *exorta* 4. [1972] *eum* 4. [1973] *deest* 4. [1974] *cessarentur* 5. [1975] *fulgaret* 4. [1976] *potuisset corr. potuisse* 3. [1977] *deest* 4. [1978] *non d.* 4. [1979] *incusabant* 4. [1980] *videbatur* 4. [1981] *imitasset* 5. [1982] *rhomano* 5. [1983] *eandem* 4. [1984] *rhomano* 5. *jam sæpius.* [1985] *concitassent* 4. [1986] *omni* 1. 5?

extitisset; hortabaturque omnes in commune, ut suo ductu suisque auspiciis tantarum ab eo injuriarum vindictam expeterent. Dein [1987] conditiones omnes et universa ecclesiasticarum legum vincula, quibus ille cum apostolica auctoritate in salutem obstrinxerat, contemptim tamquam aranearum telas dirupit [1988], (478) abjectisque omnibus timoris Dei habenis, in omne quod animus suggessisset effrenata libertate ferebatur. His paulatim rebus Italorum indignatio mitigari, furor deflagrare, studia denuo in eum incalescere cœperunt, ita ut frequentior in dies ad eum [1989] multitudo confueret, sumptus exercitui copiosiores ministrarent, et ad omne quod jussisset promptissime jam manus operamque suam pollicerentur. Erant tunc temporis apud eum ex Teutonicis principibus [1990] Liemarus Premensis archiepiscopus, Eppo Citicensis episcopus [1991], Benno Osenbruggensis [1992] episcopus, Burchardus Losannensis [1993] episcopus, Burchardus Basiliensis [1994] episcopus; laici Oudalricus, Eberhardus, Berhtoldus [1995] et alii pene omnes, quos in Oppenheim legati apostolicæ sedis a [1996] contubernio ejus propter excommunicationem segregaverant; qui nunc post receptam communionem cum eum [1997] quoque Ecclesiæ reconciliatum comperissent, unanimiter ad eum confluxerunt, et ei deinceps peregrinationis ejus individui comites adhærebant.

Interea Mogontinus, Wirceburgensis [1998] et Mettensis episcopi, Ruodolfus, Welf, Berhtoldus [1999] duces et alii plerique ex principibus Teutonicis convenientes, tractare de utilitatibus rei publicæ statuerunt, ut principes Saxoniæ et omnes quibuscumque res publica curæ foret, 5 Idus Martii in Forecheim (479) occurrerent, et communi consilio, quid facto opus esset, decernerent, præsertim cum, per absentiam regis tranquillis rebus, tempus oportunum deliberationibus ac consultationibus nacti fuissent. Romano quoque pontifici scripserunt, ut, quoniam in purificatione sanctæ Mariæ Augustam juxta condictum, dolo regis [2000] præventus, occurrere non potuerat, saltem in Forecheim statuta die præsto esse sataigeret, et sedandis bellorum civilium tempestatibus, quibus jam diu periclitaretur res publica, apostolici moderaminis gubernaculum adhiberet. Adhuc ille in Canusio et aliis circa firmissimis munitionibus se continebat, dispositum habens, non prius Romam regredi, quam confecto itinere quod instituerat, si Deo propicio conatum sequeretur effectus, pacem Ecclesiæ Dei reddidisset. Igitur acceptis litteris, tametsi jam pridem frequens ad eum fama detulisset, regem mutata mente hostiles adversum se spiritus [2001] gerere, et contemptis conditionibus quibus excommunicatione absolutus fuerat, animo fixum tenere, ut leges ecclesiasticas manu militari debellaret: misit tamen unum ex cardinalibus episcopis Romanæ Ecclesiæ, Gregorium nomine, et alios quos ei negocio idoneos arbitrabatur, qui ei dicerent tempus esse ut promissa compleret; conventuros in Forecheim 5 Idus Martii principes Teutonici regni ad componendum, si Deus votis annuat, statum rei publicæ; veniret ergo, ut pollicitus sit, et crimina, quibus innocens, ut ipse asserat, a [2002] calumniatoribus suis impetitus sit, se cognitore et judice præsidente, responderet; multum rebus suis salutique et [2003] apud Deum et apud homines collaturus, si Ecclesiam scandalis, rem publicam bellis civilibus, se ipsum fœdissimæ existimationis macula liberaret; præsertim cum ea die, discussis sinodice quæ adversum eum [2004] afferantur causis, vel recepturus esset regnum, vel se omni deinceps retractatione amissurus. Legatis mandata perferentibus, ille, dissimulatis mediociter his quæ animo agitabat, respondit, se post acceptum regnum hac primum vice Italiam intrasse, et ideo multis nunc et magnis rei publicæ negociis implicitum, non posse tam cito infectis rebus provincia excedere, quia, si id faciat, Italos, quos longo tempore anxia adventus sui expectatione suspendisset, gravissime [2005] offendat; præterea diem conventui habendo statutum e vicino imminere, seque tam brevibus induciis tanta terrarum spacia nulla equorum celeritate posse transcurrere, etiamsi nullis extrinsecus retardetur [2006] impedimentis. In hæc verba legatos dimisit.

Papa certior jam factus de immutatione animi ejus et ceteris rebus, quas ad eum jam pridem fama

VARIÆ LECTIONES.

[1987] Deinde 4. [1988] diripuit 1*. [1989] ad eum in dies 4. [1990] principio 1. [1991] deest 5. 4. 5. [1992] Ossenh. 5. [1993] Josannensis 3. [1994] Basilensis 3. 5. [1995] Berhtoldus 1. 4. Berntoldus 5. *et ita infra*. [1996] ac c. 5. [1997] eum cum 1. [1998] Werceburgensis 1. 4. [1999] Berdolfus 1. B. et alii duces et alii plerique 5. 4. 5. *Quum præter Rudolfum, Welfonem, Bertholdum chronographi nullum alium ducem quam Ottonem de Northeim nominent, qui huic conventui interfuerit, verba:* et alii ex sequentibus huc translata esse videntur. [2000] regis dolo 1*. [2001] spes (species) 5. [2002] et 3. 4. [2003] et a. d, desunt 3. 4. [2004] ea 3. [2005] gravissse 4. [2006] retardaretur 4.

NOTÆ.

(478) Cf., supra a. 1074.
(479) Dumbeck in Geographia pagorum vetust. German. Cisrhenan. (Berol. 1818, 8) p. 287, sq., opinatur quidem, hæc facta esse Forchhemii in pago Auciacensi (Ufgau, Usgau), vico hodie prope Mühlbergam, haud procul ab amne Albæ, suamque opinionem quatuor potissimum argumentis, quorum primum a vicinia urbis Moguntiæ, ubi Rudolphus consecratus fuit, repetitum est, confirmare conatur, quæ tamen singula refutare studuit P. Œsterreicher (vid. ejus Neue Beitrage zur Geschichte 2. H. Bamb. 1824, 8, p. 78, sq.), ipse curtim regiam s. villam regalem hujus nominis in Franconiæ pago Radenzgau intelligens.

detulerat, misit protinus Bernhardum abbatem de A Francorum, quod diu jam unius hominis puerili Massilia (480), virum eximiæ conversationis et multarum in Christo virtutum, item alium Bernhardum, cardinalem diaconum sanctæ Romanæ Ecclesiæ, ut principibus Teutonici regni, qui, ut supra dictum est, 5 Idus Martii Forccheim [2007] conventuri erant, occurrerent, eosque per ordinem quæ [2008] gesta erant edocerent se juxta placitum dedita opera enisum fuisse, ut die et loco statuto communibus sanctæ Ecclesiæ utilitatibus tractandis præsto esset, sed [2009] domni Heinrici diligentia ita circumventum, ita omnes, per quas transitus esse potuisset, itinerum angustias præoccupatas, ut nec tuto in Germaniam progredi nec tuto Romam regredi valeat; proinde monere eos, ut suis interim rebus et regno levitate vexetur, quaqua possint ratione moderentur: donec, si Deus velit, adempta itineris difficultate, ipse venire, et collatis in medium consiliis, quid utilitati, quid honestati omnium, quid paci ecclesiasticæ expediat, secundum ecclesiasticas leges decernere possit.

Nos more inertis poetæ extremo jam in opere languescentes, ingentisque materiæ mole superati, in longum satis, ut videtur, protracto volumini hic tandem finem imponimus, ut, si cui forte post nos ad describendam [2010] reliquam partem hujus historiæ manum mittere libuerit, ab electione Ruodolfi regis congruum scribendi exordium faciat.

VARIÆ LECTIONES.

[2007] in F. 5.   [2008] ea que 4.   [2009] Se 5.   [2010] ad scribendum 4.

NOTÆ.

(480) Cf. Bertholdum hoc anno.

ANNO DOMINI MLXXIII.

PETRUS

MALLEACENSIS MONACHUS, ORDINIS S. BENEDICTI.

NOTITIA HISTORICA.

Petrus Malleacensis, monachus Gallus ordin. S. Bened., scripsit libros duos De antiquitate et commutatione in melius Malleacensis insulæ, et translatione corporis S. Rigomeri, ad Goderannum abbatem. Edidit postrema parte mutilos Labbeus tom. II Bibliothecæ novæ Manuscriptorum, p. 222-258. Goderannus abbas fuit ab an. 1070 ad 1074.

PETRI MALLEACENSIS
AD GODERANNUM ABBATEM
LIBRI DUO:
DE ANTIQUITATE ET COMMUTATIONE IN MELIUS
MALLEACENCIS INSULÆ,
ET TRANSLATIONE CORPORIS SANCTI RIGOMERI;

SIVE

Qualiter fuit constructum Malleacense monasterium, et corpus sancti Rigomeri translatum

LIBRI PRIMI PRÆFATIO.

Domino Patri GODERANNO *famulorum Domini ultimus famulus* PETRUS.

Quoniam quidem auxiliante omnipotentissima Dei et Domini nostri Jesu Christi manu, vitam actusque venerabilis confessoris Rigomeri ad calcem usque pro posse correxi; reverentia autem charitatis tuæ, Pater honorande, mihi sat jocunde, licet liberali peritia imperito, imposuit, ut quemadmodum, a quibusve personis in Malleacensi ecclesia sacrum corpus ejus translatum sit, quibus atque ibi miraculis claruerit, prout relatio virorum veracium qui interfuisse prædicantur, ne posteros lateret, chartis mandarem: primum quidem, fateor rem, erubui, deinde memetipsum fragilitatisque ruborem pervincens obedientiæ vigore Domino me committens, atque ab eo tantæ rei perfectionem ardenti corde expetens aggressus sum. Verum prius libuit animo, ne ingratus essem patriæ, statum Malleacensis insulæ, prout ad nos ab antiquitate valuit transvadare, quibus quoque auctoribus exordium habuere ipsa quæ in eadem cernuntur ecclesia, depingere : demum autem quæ proposui enodando terminare. Jam vero meum erit operi incumbere : tuum autem ne frustra desudem, precibus adjuvare. Verborum ergo pomposa folia isthic minime requirantur, cum in ædibus Domini divina assertione plantari nemus veretur, et hæc exsequi nequeat paupertas sensus, sed simpliciter gaudeat grex Christi pusillus.

RELATIO INCIPIT.

§ I.

Igitur illa quæ Malliacensis dicitur insula, densissima pulcherrimaque quondam dicitur fuisse silva multitudine nihilominus ferarum admodum ditata. Amplissimo siquidem marisco hinc et inde cingebatur, qui ex duobus propter fluentibus fluminibus, quorum orientalis Alteria, australis quoque Separis vocatur, emanare cernitur, cujus crebris e paludibus voluptuosa pullulabant gramina, et apta omnium belluarum generibus, quarum quantus illic illis excreverat numerus diebus ad recitandum et lingua deficit et calamus. Immanissime autem eo præcipue undecunque sues adventabant, quo et jugis terræ humor, secundum sui naturam, apta prætendebat volutabra, et excelsæ quercus optata pabula. Dumosa sane inter altas fagos, quarum innumera multitudo erat, succreverant fruteta, quorum densitudo bestias ab impetu et laqueis venantium protegebat. Animalium equidem multitudine hujusmodi saltus carere nequibat, quoniam, ut prælibatum est, et propter fluentem amnem, et numerosam paludem, et seminum idoneorum pastus, volucrum varietate, ac herbarum luxurie quarumcunque specierum animalia confluerent, in sese educabat largissime. Circa vero matutinas et vespertinas horas sat haurire auribus erat, quantum pro echo, tum ferarum ad sonos, tum volucrum garrulitates gracili silva tinnitu respondebat.

Princeps porro terræ Pictavorum, dux scilicet Aquitanorum, aulam non modicam ædificarat in ejusdem saltus latere, in qua, quotiescunque juvabat, corpus plus solito venando exerceret, decrant enim incolæ, valeret post nimios sudores congrua uti quiete. Sed et basilica, miro opere fundata, haud procul ab aulæ atrio in veneratione beatissimi pontificis Hilarii antiquitus fuerat ; quo cum duce advenientes quique religiosi sacrosancta celebrabant missarum solemnia. In extremis quoque insulæ unde agitur, supra Separis alveum, quoddam genus hominum piscando quæritans victum, nonnulla tuguria confecerat, quod a majoribus Collibertorum vocabulum contraxerat. Quod nomen quanquam quædam servorum portio sortita sit, videtur tamen quod in istis conditione aliqua derivatum sit. Unde quoniam adest occasio ipsius vocabuli, perscrutetur interpretatio. Etenim Collibertus a cultu imbrium descendere putatur ab aliquibus. Progenies autem istorum Collibertorum hinc forte istud ore vulgi, multa interdum ex usibus rerum vera dicentis, contraxit vocabulum, quoniam, ubi inundantia pluviarum Separis excrescere fecisset fluvium, relictis quibus incolebant locis, hinc enim procul habitabant nonnulli, properabant illo causa piscium. Sive ergo sit hoc aut aliud aliquid, hoc unum de illis fertur quod sint et ira leves, et pene implacabiles, immites, crudeles, increduli, et indociles et omnis propemodum humanitatis expertes. Aquilonaris certe gens, Normanni videlicet, quæ semper prædis, incendiis et rapinis ultra modum alios vexare parata prædicatur, præfatum flumen quam sæpe solita erat introire, ac quoscunque poterat bonis omnibus nudatos neci dabat. Horum gladio Collibertorum post non minimam suorum stragem deleta cantatur maxima multitudo.

Istius nempe modi a veteribus accepimus insulam fuisse ad usque piæ recordationis Willelmi Aquitanorum fortissimi ducis, et Pictaviensium comitis tempora, illius Willelmi genitoris, cujus ope et auxilio fundata sunt moenia Monasterii Malleacensis, in quo venerantur pia gloriosi Rigomeri membra Christi Domini confessoris ac sacerdotis. Verum hujus rei relatio congruo, Deo auctore, narrabitur loco. Qui gloriosus princeps, dum ad regni fastigia ordinanda esset adscitus, eaque maxime animi virtute quam ferro regere exoptaret, optimatum propriorum consiliis, sororis Odonis famosissimi comitis, Hemmæ, scilicet religionis amicæ ac scientia suffultæ, ut patuit ex fine, conjugio donatus est. Celebratis enim ipsius ex more nuptiis mox Malleacensi sese repræsentat silvæ causa, sicut credebatur, venandi. Sed longe aliter providentia nostri clementia Redemptoris. Jam quippe tempus imminebat quo in ferarum conventiculis Jesu Christi, Dei et Domini nostri, ineffabilis misericordia condere asilum imperarat, quod miseros a diaboli morsibus erutos, a suaque vanitate secretos, coelestia perduceret ad regna. Adveniente vero principe Normannorum jam dicta rabies illum non valuit latere. Ad horum denique feritatem refrenandam, nutu sapientissimæ recenter acceptæ conjugis eo in loco quo gloriosi apostoli Petri modo cernitur monasterium, jubet dux multæ fortitudinis erigi oppidum vallis, machinis propugnaculisque decentissime decoratum.

Interea dum inibi aliquantisper moraretur, quo res celestis ad effectum perduceretur, diatim pro foribus aulæ, de qua superius dicebamus, miræ magnitudinis adventabat silvestris porcus, mosque excitatis canibus et hominibus, ac si delusor quidam ad cavernæ repedabat tutelam toto impetu qua pernoctare solitus erat. Die itaque quadam, dum hujus bestiæ creberrimam impune provocationem viri venandi gnari in opprobrium sui conquerendo ascriberent, adest sus, iterat quæ diximus. Verum cum duce ea tempestate morabatur quidam miles, nomine Gaucelinus, et genere et corporis robore clarus, qui aliorum ad feram insequendam instigatus clamoribus, accinctus gladio, jam fuga lapsam ante reliquos persequitur totis nisibus. Tandem ipsa multo cursu fessa, stratum repetit læta, quo cubitum ire consueverat. At Gaucelinus, cursu rapidissimo omnes præveniens, inter densissima viburna deprehendit quo sese aper substraxerat. Verum quia multiplicitas spinarum callem concluserat, evaginato gladio, quæque nociva vicina exstirpat, sicque ad bestiam ferox appropiat. Is autem erat locus quo est monasterium quod dicitur Vetus. Illic etenim, sicut antiquissima post docuerunt fundamina, antiquitus fuit ecclesia, cujus eversionis a nobis ignoratur causa. Remanserant enim tunc ipsa terna quæ in cryptis habentur altaria, licet fuissent tam imbre quam pruina valde detrita, inter quæ illa, de qua agimus, jacebat bestia. Quam ut sæpe fatus Gaucelinus cernere valuit, erat enim miræ magnitudinis, ne sese invaderet, tinnuit, et casu, utpote tremefactus, sacrum titulum illa de ara, quæ nunc venerationem beati continet Petri, ad eam aggrediendam comprehendit; sed postquam illud attigit (mirum dictu!) oculorum mox lumen amisit, atque omni pene corpore obriguit. Pro posse tamen sociis, quorum clamor circumcirca cuncta implebat, ascitis : Certissime, inquit, funestæ morti sum destinatus, quoniam in specie animalis istius hostis latet antiquus, cujus visione, quibus cernere facile est, opprimor doloribus. Cernentes equidem socii, qui advenerant, novitatem rei, et quid facto opus esset inscii, in manibus tollentes corpus ægroti, deferunt comitissæ vultu valde lugubri. Sapientissima vero mulier, eventu rei accepto, quam celerrime locum adiit, atque tam ex acervis altariorum quam etiam ex parietibus cryptarum quondam exstitisse ecclesiam colligens, ad ægrum rediit ; utque binas faceret candelas, quarum longitudo et altitudinem corporis, et complexionem proprii retineret capitis admonuit. Ipsas autem in loco illo ardendas, ut pervigil servaret, edocuit. Quod is ubi egit, tacendum non est quid sibi evenerit. Nam ad suggestionem feminæ prudentis candelas æger faciens, ad illum quo illa, ut credebat, infortunia sibi acciderant, sociorum manibus defertur; eoque tandiu luminaribus accensis excubando perstitit, donec difficultate somni oppressus, licet nollens, quieti daret defessos artus. Tandem tenebris vivacitate crepusculi depulsis, custos interea dormire nescius, clementiam ægro impendit suæ pietatis. Jam vero Titan adventu ortus sui orbem lætificare cœperat, cum is, unde agimus, bajulorum voce excitus, et amissum lumen, et omnino valetudinem sese recepisse benedicens Dominum cunctis propalat. Quæ ubi comitissæ indicata sunt, quid super iis tractaverit, sequentia, Deo propitio, perdocebunt.

Princeps interea conjugem adiit, ordinem rei ab ea accepit. Et primum quidem dux his attonitus, deinde vocem exaltat in Christi laudibus. Mulier vero quodammodo præsagans mariti animos a Domino inspiratos : Non abs re, ait, domine mi, opinor, talia diebus tuis contigisse, quin potius per hæc conjecto te ad majora quædam Dominum provocare. At ille : Fateor, inquit, hæc mea est cogitatio. Verum quonam modo id exsequi debeat, mente adhuc pertracto. Tu autem si quid super his habes, dicito quo utrum conveniat rei communi deliberetur, consulto. Restauretur, intulit illa, ad Domini, si placet, famulatum locus, dicenturque expensæ quibus satis sit ædificatoribus. Et quia communis regni utilitas, et bellicus labor tui eget, meum, si jubes, erit operi incumbere ; tum quoque necessitatibus mortalium obviare. Siquidem videtur consequens quoniam juxta illum locum construis causa tuendæ patriæ oppidum, quo ad animarum salutem pro me, quæ caro tua effecta sum, aliquod erigatur confugium. His oblectatus affatibus heros consona petitioni ejus omnimodis concedit, utque opus acceleraret obsecravit. Porro mulier assecutis votis cordis sui, idoneos diversis e partibus artifices collegit, nutibusque eorum plene obsecundans, quæcunque ejusmodi expetebant exercitia, brevi primo paravit, deinde mundato, et emenso loco, jam Christo duce fundamenta conjecit. Postremo, dispositis ad opus instigandum procuratoribus, jam secura aliis sese impertita est rebus.

§ II. — *Natus est Willermus cognomento* FERA BRACHIA.

Nec multo post filium concipit, quem paterno nomine appellavit. Enimvero jam parietes cœpti operis undique in alto se erexerant, ac præpositi venerabilis feminæ materiem ad tecta componenda præcidi jusserant, cum ecce hostis teterrimus humani generis diabolus fomenta odii inserit utriusque conjugis pectoribus. Celebrabatur namque ea tempestate ore multorum, principem, dum a Britonum finibus reverteretur hospitandi gratia Toarcense adiisse oppidum, ac cum conjuge vicecomitis admisisse adulterium. Cujus flagitii dedecus, ubi primum comitissæ innotuit, jamjam marito molesta existere, quotidieque despectum sui improperare cœpit. Ille quoque quamplurimis verbis sese excusare gestiens, postquam advertit feminam levitatem sedare non verbo tenus posse, querimonias ejus statuit surda aure postponere. Paucis vero hinc evolutis diebus, dum illa per campestria Thalamonensis terræ iter faceret, offendit eam, quam virum suum credebat stuprasse. Irruens ergo toto impetu in eam, de equo quam turpiter præcipitat, ac multiplicibus contumetiis affectam, comitantes se quatenus libidinose notae quae imminebat, tota ea abuterentur, concitat. Quod illi exsequentes mane facto pedibus illam effugant. Iis ita patratis ad sese rediens mulier, quale facinus egerat, quamque grave mente perpendit : revolvensque secum quod consequens erat, dico autem iram super tanta audacia, imo stultitia, implacabilem mariti, noctu cum paucis elapsa Cainonem castrum, quod suae tunc ditionis erat, expetiit. Quae omnia ubi princeps accepit, indicibiliter moestus, qualem tanto sceleri rependeret vicem anxius exquirere coepit. Verum quoniam aberat persona hujusce pravitatis auctrix, impuneque abscesserat, furorem repressit : res tamen, quibus eam dotaverat, cuidam strenuissimo secundum hujus saeculi pompam militi contradidit. Verum ut Malliacense, quod ipsa inchoarat coenobium, inde perficeret imperavit. Dat ille fidem. Creditum est. Porro autem is, quod promiserat, utpote carnis filius postponens, quaeque potiora suo reservabat usui praeter pauca quae praebebat intimato operi. Nam quaecunque ex his rebus quae monasterii coepti causa et maritus conjugi et ea destinaverat construentibus illud juris militi suppetebant ex integro, ipse ejusque sequaces nimia voracitate, temulentia, luxuria exstirpabant.

At clementissimus rerum omnium rector Deus, qui piorum vota misericors adjuvare est solitus, post duorum, ut fertur, annorum curriculum consilio virorum sapientium utriusque conjugis unire dignatus est divortium. Siquidem omnis terrae populus tam diuturnam ducis sui erga uxorem iram vehementer exhorrebat, et quoniam multiplici copia boni donec illa secum adesset mundum cingeret, replicabat quae ea fugiente recesserit, miserandaque calamitas mox assurgens, quae suae subjacebant ditioni oppresserit. Credidit igitur princeps his quae dicebantur, furoreque sedato mulieri annectitur : quaeque illi prius delegaverat augmentatis sese, dum sibi indignaretur, graviter errasse confitetur. Prudentissima denique femina pristino vigore resumpto quaecunque ad supplementum Malliacensis ecclesiae congruere accipiebat quam celerrime efficere cogebat, censumque non minimum aedificatoribus effundebat. Nec multo post, volente Domino, illud aedificium plenum accepit effectum. Gaudet princeps omnisque regni conventus.

Quadam autem die cum marito familiare iniit colloquium, rogitans illic viros plantare ad Dei aptos famulatum. Cui ille : Si quid tu in principio petisti, quia et ego alias intendo, tu hanc rem prudenter disponere memento ; quaeque vero utiliter perfeceris mihi complacere credito. Tum illa Gaubertum monasterii Sancti Juliani martyris abbatem quod Turonis habetur ad se accersiens totius ordinem rei enarrat ; seque illic tredecim fratres, quorum unus Prior diceretur titulare velle, et ex suo eos coenobio praestolari, si ipse votis ejus annueret, praedicat.

Abbas quoque, quoniam sibi ei consanguinitate et multo erat munere obnoxius, libenter obaudit fratresque ad hoc idoneos contradit.

Praelocutum tamen ac definitum est tandiu ecclesiam illam et monachos suae ordinationi subesse, donec largitate utriusque conjugis atque reliquorum terrae dominium tenentium virorum ita temporalibus dignitatibus ditetur ut abbas loco illo opportune instituatur proprius. Scriptura firmatum est. Deinde saepedicti fratres advenerunt. Monasterium receperunt, monachile pensum domino more solito obtulerunt. Indicibile gaudium adventu suo comitissae praebuerunt.

Paucis vero evolutis diebus plerisque episcoporum ad curiam ducis praefati adveniunt, ac de communibus ecclesiae sanctae utilitatibus, praesente principe disserentes, nonnulla idonee decreta statuunt. Inter quos Burdegalensis archiepiscopus vocabulo Gumbaldus cum aliquibus suffraganeis suis aderat, quem princeps consilio conjugis, quoniam religionis amicus ferebatur, ad dedicandum Malleacense coenobium invitat. Consentit ipse, et una cum reliquis ejusdem ordinis solemniter celebrat consecrationem basilicae : qua expleta aliquos episcoporum princeps secum assumens causa consecrationis ecclesiae Beati Hilarii, quam coram ipsius aula principis constitutam praediximus, ad eam eos duxit. Pictaviensem vero solum pontificem secum comitissa retinuit ac multa Sanctorum pignera quae undecunque collegerat, in sinistro coenobii unde agimus membro illo teste recondidit. Postremo coram principali ara veniens quaecunque a marito sub appellatione dotis acceperat in vicinia insulae terram scilicet quae Podius Letardi vocatur uno cum servis quos illuc ex nativo solo suo adduxerat, loco et monachis tradidit, sieque laeta discessit. Verum quoniam Malliacensium ecclesiarum auctores prodere promisimus, tempus suadet et res, ut aliquantulum illuc stylum deflectamus.

§ III. — *Qualiter fundata est ecclesia de Lihœe.*

Eadem sane tempestate patriae huic sese quidam praesentat monachus arte medicus, natione, ut fertur, Italus, qui pro artis peritia mox duci, qui aliquibus vexabatur doloribus, fit notissimus. Is autem postquam ex urina viri vim naturamque passionum collegit, congruens eidem remedium praestitit. Nihil tamen ab eo lucri expetiit, nisi ut concederet locellum sibi in amplitudine Malleacensis silvae, quod cellulam et breve oratorium retinere posset in veneratione Genitricis Christi Domini nostri. Quo annuente fundavit ecclesiam quam hactenus vocamus Lieeensem capellam. Unum porro de eodem viro accepi quod litteris mandare ratum credidi : Quoddam quippe adierat oppidum Mareventum vocatum : quatenus cuidam nobili aliquod scientiae suae impenderet (nam aegrotabat) medicamentum. Porro autem dum aliquot ibi dies faceret, praesensit quod irrevocabiliter immatura mors sibi immineret : accitoque, qui se comitabatur, puero, quasdam specierum suarum potiones terere, vinoque miscere designavit : demum autem quatenus retrogradum iter quam cito arriperent, imperavit. Mirum dictu ! per omnem viam quotiescunque dolorem mortem minitantem sentiebat, paululum potionis praedictae sorbebat, mortem avulsam valetudinemque corporis resumptam viva voce ostentabat. Quod tandiu fecit, donec ad ecclesiam quam a se aedificatam diximus, venit. Verum ubi sepultura ad votum ejus esset effecta : Humana, inquit, cedant medicamina, et reparationis nostrae, dico autem corporis et sanguinis Christi Dei mei afferantur cibaria. Allatum est ergo quod postulavit, piaque devotione sumens ergastulum carnis exivit. Haec de tanto viro cum mihi retulisse sit gratum, nulli cogito fore onerosum.

§ IV. — *De ecclesia Sancti Pientii.*

Praeterea in eadem insula cernitur ecclesia in honore beati Pientii, ut dicitur, episcopi fundata ; quae ipsa vetustate admodum probatur antiqua. Cum autem persona ejusdem fundatoris ecclesiae, quisve beatus fuerit Pientius quaeritur, quantum adverto utriusque rei certitudo ab hominibus nescitur. Totius nempe vulgi ore praedicatur, quod Colliberti, de quibus superius dicebamus, eam ecclesiam aedificaverunt, atque in ea quoties piscandi gratia illuc advenissent, mysteria missae audiverint. Sed et de beato Pientio refertur, quod cujusdam custodis ecclesiae beati Petri Pictavis fuerit filius, atque in eadem crescente religione vitaeque merito postea officium susceperit episcopatus. Verum haec utrum sint vera, ut diximus, dubitatur. Haec de antiquitate Malliacensis insulae nobis comperta fideliter descripsimus. Restat itaque ut quae proposuimus, omissa digressione, exsequamur.

§ V. *Willelmus dux et Emmelina conjux iterum irascuntur.*

Uterque conjux unde sermo huc usque pertractus est, iterum ad invicem irascuntur, et mulieri multiplices poenae minantur. Quid amplius morer? Iterum fugatur. Quae ad suos veniens filium, quem ex principe susceperat, ipsi furari fecit : aestimans namque furorem viri sui implacabilem, suumve reditum desperans, Burguliense coenobium aedificare coepit quod, auctore Domino, in brevi completum consecrare fecit, beatique Petri Romae ditioni submisit. Interea maritus multo jam senio confractus mundialem pompam spernens apud beatum Cyprianum Pictavis sanctae religionis habitum suscepit, ac Malliacensem ecclesiam projectis Turonensibus monachis ob contemptum uxoris beato Cypriano subjecit. Nec multo post abbati ejusdem monasterii iratus eum deseruit, et beati Maxentii coenobium ingrediens, usque ad mortem illuc se perseveraturum spopondit. Post quinquennium quoque grave incommodum incurrit, quod sibi accidisse nonnulli asserebant ob facinus amissae uxoris. Credidit homo accusatoribus ac honorabiles regni sui deligens legatos ad complanandos exasperatae feminae dirigit animos, obsecrans ut se visitet priusquam se amara opprimat mors. Verum illa primum venire abnegat, post nihilominus dulcedine eloquentiae nuntiorum multipliciter delinita atque fletuum et precum varietate instigata una cum filio ad virum properat nobilium multorum agmine vallata. Enimvero cernens princeps prudentiam cum potentia mulieris et pulchritudinem filii de se nati ad referendas innumeras laudes Christo se totum convertit eo quod et nobilissimam filii indolem ad regni gubernacula aptam ultra quam credebat et conjugem diu male tractam amori suo reconciliari paratam sentiebat. Paululum igitur hujusce laetitiae causa a morbo relevatus communi consultu matri ac nato regnum tradit, quaeque eis agenda fuerant prudenter admodum imperando disposuit. Ante omnia quoque dolum Bosonis Marchiensis comitis contra se actitatum allegans non solum filium, verum etiam cunctos qui eo confluxerant proceres ad vindictam sub jurejurando constrinxit. Is enim Boso ubi advertebat principem unde agimus, cujus dono, ope et auxilio ad comitatum provectus erat, chiragrico morbo oppressum, variisque passionibus obsitum, praesagiens quoque, quod pene imminebat ejus videlicet obitum, fide quam promiserat oblita, prius calliditate occulta coepit sibi subjugare ejus oppida rura et municipia ; deinde amicitiis muneribusque colligare nobiles quosque ac sua castella : postremo crescente aemulatione Pictavam civitatem noctu multo stipatus milite irrumpere aggressus est, reliquaque nihilominus regni possidere jura, sed avertit eum Redemptoris mundi clementia. Postquam itaque ex dispositione regni itemque procuratione sui dux verbum conclusit sacrosancta mysteria nostrae reparationis obnixe expetiit : quibus assumptis coram suis, ut scriptum est, in senectute bona vivendi finem fecit. Sepultus sane est post triduum in sinistro sancti Maxentii latere atque multorum precibus ac lacrymis Deo commendatus Christiano conditus est more. Post ejus exsequias ad praeceptum filii sui Pictavis terrae nobilitas convenit deliberatura quo pacto paternum dedecus in hoste ulcisci et divisa provincia valeret concordari. Breviter compertum est ac sacramento firmatum, neque adhuc Bosonis audacia quiescebat.

§ VI. *Qualiter fuit bellum inter Bosonem comitem Marchiae et Guillermum ducem Pictaviae, et qualiter Adalmodis comitissa fuit uxorata dicto Guillelmo duci, mortuo ejus marito.*

Adalmodis quidem uxor ejus observatrix admodum carajorum atque maleficiorum quodam responso diabolico jactabat se accepisse in brevi Pictavensem se comitissam fore. Maritus autem qui nonnulla vera ejus praesagio audiverat, laetus effectus, quippe uxorem absque se consedere non posse ad conjectati honoris credens fastum jamjam patulo et dictis et factis Pictavorum detectus est adversarius. Obsedit quippe ubi dominum suum obiisse veloci nuntio advertere potuit, castellum quod Gentiacum dicitur, eo quod et civitati proximum et multi copia boni completum, et subita juventute munitum illo tempore habebatur. Conjiciebat etenim dubio procul quod consequens videbatur esse, videlicet a se illud captum iri posse, quod nullum sibi ulterius municipium obsisteret. Quam factionem ubi modernus princeps præsensit, liberare suos collecto exercitu obsessos armis ultricibus quam celerrime properavit. Cumque vicinia hostilis exercitus experisset, nobiles quosque ac belli procurandi gnaros ordinandi informandique causa per omnes acies dirigit; et ut ad hujusmodi negotium, partim verbo partim majorum exemplo, sufficienter instruerent, viva voce imperavit. Nec dissimilia his dabat Boso præcepta suis. Verum ubi ad conflictum ventum est, post multorum vulnera et neces tandem Boso, cuncto pene amisso milite, addictus turpiterque fugatus est. Qua patrata Pictavorum dux, Domino permittente, juvamenque ferente, victoria, oppidum quod Rupes Medeldis vocitatur, eo quod ditioni Bosonis præfati subjacebat, obsedit, et oppugnando cepit: in quo Adalmodem ejusdem Bosonis conjugem repertam fidelibus suis servandam contradidit. Quam cum lascivia juventutis quæ latera observabat principis et mariti injuriam decerneret ludibrio tradi, severe dux restitit, nobilitatemque feminæ miseratus, atque electis sufficienter militibus ad matrem, quæ Candida dicebatur, eam honorifice direxit. Pro cujus humanitatis gratia promisit mater Candida usque fluvium Rhodanum regni ejusdem principis per se dilatare jura. Nec est mentita. Porro autem Boso paucis emensis diebus gravi incommodo correptus turpiter decessit, factionum quoque in dominum commissarum pœnas luit. Cujus Emma principis Pictaviensis genitrix fine agnito, clam legatos ad Candidam mittit, eaque consulta, Adalmodem ejusdem Candidæ filiam filii sui conjugio sociavit. At Candida haud immemor sponsionis suæ eo usque quo prædixerat, Pictaviensem ducatum augmentavit.

His denique et hujusmodi prosperitatibus principis confirmatus in regnum, matre suggerente, ad Malliacense cœnobium extollendum convertit studium. Nam quo primum tempore pater ejus ad idem cœnobium ædificandum conjugem suam, sicut supra retulimus, perpulit, totum insulæ corpus, ob silvam in ea concretam, præter particulam quamdam ad Aquilonem Mariscam a via vocata vetere vergentem, sibi venandi causa retinuit. Tum itaque dux votis piæ matris alludens, Turonenses fratres, quos genitor a prædicto cœnobio, causis præibatis intercedentibus, fugarat, clementer revocavit, quæque prius habuerant restituit, atque eos honorifice se tractaturum respondit. Credunt illi et veniunt, et promissa omnia adepti sunt. Nec multo post venerabilis Emma ducis genitrix, post multiplicia sanctorum ac- tuum exercitia, quadragesimo primo ætatis suæ anno, regni vero filii, ut aiunt, secundo, e carnis progressa est ergastulo. Verum priusquam decederet, filium ad se accersens: Mi, inquit, nate, ego jam, cujus te charitas ultra humanos, si dici fas sit, educavit affectus, ut cernis, defungor. Hoc unum vero ante a te expeto, quatenus, ob mei perpetuam memoriam Ecclesiæque Malliacensensis augmentationem tuitionemque, ultimo ac si valedicentes jungamur osculo, demum autem læta emigro. Cumque illius vocem ad hanc petitionem matris ubertas lacrymarum intercluderet ac singultum, nutibus tamen, quibus poterat, ipsius desideriis corde tenus annuere se indicabat, et quia de his meminerit, post ejus obitum operibus declaravit.

§ VII. *De Theodelino abbate Sancti Petri veteris.*

Ut autem ad superiora redeamus, cum Turonensibus monachis quidam advenit frater, vocabulo Theodelinus; de quo quoniam grandis nobis est sermo habendus, ejus et patria significanda est et genus. Fuit quippe, ut fertur, genere Hebræus, natione Gallus; jamque adolescens monachicis disciplinis instructus, atque procedente tempore vita et conversatione simulque activis exercitiis solertissime præditus, itemque ingenio, modestia, consilio, constantia, prudentia, præcipue vero lenitate decentissime ornatus. Huic sane et præposituræ laborem et totius monasterii deliberationem abbas suus, imo per eum commisit Dominus. Qui prima adventus sui fronte, quippe prudentissimus, explorare eorum incolarum, ad quos accedebat, animos volens, quædam famulis extraneisve, quasi vecordis, prætendebat indicia; quo facilius ex eorumdem verbis et gestis, virtutis an imbecillitatis viri essent, dum se ac si insanum attenderent, aliqua colligeret argumenta. At ubi paulo post levitatis eos ventosæque jactantiæ malo laborare animadvertit, tum quo pacto eorum pompam tolerando quamlibet amicitiæ suæ adjungeret pertractare cœpit. Et quidem potentium fastus muneribus interdum placabat; mediocrium vero tum leni moderatione, tum exhortatorio sermone complanabat; præcipue autem subjectis sibi fratribus quæque necessaria sufficienter admodum et humane impendebat, et ita unicuique sese liberalem atque hilarem ostentabat, ut singulus eorum amplius cæteris ab eo se diligi corde crederet. Cumque his et hujusmodi domi forisque floreret, famaque probitatis ejus longe lateque percurrens nec ipsum terræ ducem lateret, sed etiam alloquiis ejus sæpissime privatim et publice uteretur; post aliquantum temporis apud abbatem suum invidia delatorum ac si tyrannus accusatur, liberalitasque ejus in ambitionis partem ascribitur, quodque cam non causa Domini, quin potius acquirendi honoris gratia exerceat, divulgatum habetur. His igitur commonitis elusus abbas quam facile nugacibus prælatorum more credidit, propediemque sese id experiri per semetipsum necessariis amicis intimavit. Accelerato siquidem itinere clam Burguliensi cœnobio, cui et præerat, se excutiens, Pictavorum fines ingreditur, fratrem quoque accusatum nimiis profligari contumeliis, jam patulo minitatur. Postera nimirum die in quadam Burguliensis cœnobii cella divertens, quæ Malliacensis ecclesiæ habetur affinis, industria quorumdam se amantium nocte eadem viro Dei Theodelino patefiunt minæ et odia proprii abbatis. Mane itaque facto, fortissimo rerum Domino invocato, simulque puritate conscientiæ confisus, apparatu venturi Patris necessario famulis commisso, conscenso equo obviare ei studuit corde constantissimo. Cumque non longe processisset a monasterio Patre obvio, equo cui insederat, neglecto, toto corpore in palude, quæ magna eo loco erat, prostrato, benedictionem ab eodem more implorat solito. Is autem in eo neque visum deflectens, neque verbum aliquod proferens citato gressu pertransiit, eumve, ceu hostem, obduratis visceribus sprevit. Tum mirabilis Theodelinus proverbium memoratu dignissimum, voce est libera prosecutus. « Certe, inquit, reipsa probabitur utrum tu duritia improvisa, an ego patientia mecum a cunabulis, si dici fas sit, concreta victoriam adipiscar facilius. Nam, nisi hinc me assurgere jusseris, definitum in Christo opperior quod hic me inveniat finis. Interea abbas talia non curans longiuscule a loco secesserat, cum ab audientibus accipit quæ humiliter prostratus vir jam dictus ei dixerat. Verum hi qui secum aderant fratres, valde miserati hominem, ante rei examinationem, præsertim publice, id abbatem facere non debuisse lacrymabiliter allegant; atque hujusmodi factum monachis quidem inauditum, sæcularibus vero detestandum enuntiant.

Quorum suggestionibus paululum abbas inclinatus: « Retrogradum, inquit, iter unus vestrum arripiens virum conveniat, eumque surgere mei vice cogat, et nos subsequi admoneat, ut, si obedierit, quia vere humilis sit cunctis clarescat. » Ubi autem ad virum Dei abbatis delata sunt edicta, ac si cœlitus admoneretur, surrexit, totaque illa die aspectus ejusdem Patris valde sapienter declinans, parvitate cibi potusque etiam inimicos ad misericordiam protraxit. Delatores sane injurias cum sat modeste perferre, itemque rei discussionem omni aviditate præstolari cernentes, simulque pudore commentatæ a se falsitatis metuentes noctu effugiunt; sacrum vero hoc judicium pravitatis intentatæ sapientibus relinquunt. Porro subsequenti die ad negotium dirimendum locus expetitur, accusatores una cum diffamato citaverunt. Is alacer corpore nitida conscientia fisus adest, nugaces abesse renuntiantur. Quo abbas accepto, dum præ confusione aperire sibi os non esset, quoniam quidem nihil justæ querimoniæ erga male tractatum fratrem revera inveniret, prius quidem levitatem animi in credendo falsa apud se reprehendens, postea vero quæque a personis talibus audierat, verecunde tamen, his qui se circumstabant referens, cur indignatus sit exponit. Cumque præfatus frater rationem redderet honeste de objectis : « Te, abbas etiam inquit, fili, horum fuga et suam invidiam et tuam quoque innocentiam aperte detexit. » Hæc quoque dicens surrexit, priorque satisfaciens veniam supplex ei postulavit. Quod Theodelinus cernens humo et ipse acclinis noxam Patri benigne remisit. Peracta itaque reconciliatione, utilitatibus quas in commisso sibi officio Theodelinus fecerat abbas delectatus, et ut quotidie in melius proficeret, neque adulantium linguas amplius metueret paterne est exhortatus. Ad monasterium igitur post triduum sæpedictus abbas revertitur : Theodelino fratri multo plura quam prius committuntur. Nec multo post et abbas moritur. Quo defuncto princeps Pictavorum Malliacum adiit, cuique ipsum cœnobium, cui jam multa largitus fuerat ac largiri sperabat, commendabat, tractare cœpit. Cumque parentum confœderatio memoriæ occurrisset, quandoquidem jam tot prædia eadem possedisset ecclesia, quorum amplitudo abbatem proprium exigeret, etiam si progenitorum ejus id industria in primordio cœpti operis non statuisset, licet ipsa insula adhuc præter prædictam particulam sibi deesset, nulli justius quam Theodelino, qui multos eo in loco sustinuisset labores, regimini ejusdem præficere basilicæ animadvertit, quique multos nobilium suæ obnoxios fecisset bonitati. Quod ubi optimatibus qui secum aderant significasset, eisque hoc complacere perponderet, sæpe taxatum virum Dei advocat, quidque sibi super eo in hujusmodi negotio animus suggereret ei revelat. At ille modeste quidem ac rationabiliter dum ei et prioribus suis etiam post Patris decessum et sanctæ maxime regulæ se subesse, ideoque tale quid sine fratrum consilio, voluntate et licentia suscipere non posse inferret, tum dux viros ad rem peragendam gnaros ad fratres monasterii intimatos direxit, obsecrans sibi et virum concedi et scriptis plene tali annuere electioni. Illi vero pro sui reverentia libenti animo prætendunt principi quæ postularat omnia. Qui assecuto cordis sui voto, præsule urbis suæ vocato, Malliacensi cœnobio Theodelinum Patrem præficit, auctore Domino. Is autem quam prudenter quamque humane officium sibi commissum administraverit, quia ullius eloquentia plene id nequit, sequens ex parte pagina, si Deus annuerit, prædocebit Sed jam hic sermonem claudamus, quæque restant alio principio ordiamur.

LIBRI SECUNDI PRÆFATIO.

Omnis res quæ partibus constat tandiu imperfectionis dispendio notatur, donec eadem necessariis omnino supplementis cumuletur. Nam, licet quilibet domum ædificare volens vitæ fundamenta jaciat, cœmento ac lapidibus parietes undique pro modo componat dispositæ qualitatis, quousque tamen desunt tigna, laquearia et tecta, ædificium illud pars vocari potest, plene domus non potest. Et in omnibus quidem penitus ædificiis hæc eadem valet consideratio reperiri. Sed et Redemptor noster, ubi ædificatorem turris sumptuum necessaria ad supplementum operis opportuna providere debere, alioquin illusionibus videntium eum subjacere admonuit, quam sit pro nihilo habendum incipere et non consummare luce clarius propalavit. Si igitur inchoatio etiam boni imperfecta parvipendenda est delusionique obnoxia, res autem bene cœpta ac solide compacta laude dubio procul dignissima; insistendum ergo est omni incipere conanti ut principium operis exornet decore perfectionis. Quapropter ego, qui jussis tuis, Pater venerabilis Goderanne, cum meo etiam pudore parens, quippe imperitus, in præcedentibus succincte quidem sed sufficienter, ut puto, quia vere de antiquitate et commutatione in melius Malliacensis insulæ, quæ Deo duce nonnullis jam repromissionis terra effecta est, aliqua retuli, atque ad cum usque locum quo sacrosancta religio primum in eadem caput extulit, cœnobiumque in ea recenter constructum abbatem promeruit, protraxi; ne cœpta parvitatis meæ consummatione careant, orationibus tuis fisus, ad supplenda quæ restant, imo de Domini auxilio præsumens, stylum deflexi. Parum autem mundi sapientum, præcipueque Peripateticorum versuta sophismata, si quando simplicitatem indoctæ linguæ meæ subsannaverint, revereor; quoniam quidem ipsi tum majores scientiæ partes se assecutos jactitant, quando confuso ordine profusis circumlocutionum ambagibus, esse alicui, quod est, negato, et quod non est, sophistice imposito, vera, quantum in ipsis est, occultantes, ficta quasi probabiliter pro certis inducunt. Quorum astutiam quivis enervare poterit, si, quando aliquid proponunt, silentium sibi indixerit; neque enim melius eorum tumor dicendi frangitur, quam ut silendo rejiciatur. Ludant ergo insultantes superbum sapienter simplicibus; tolerent simplices, et tacendo negligant horum plausus. Verum jam hæc omittentes ad propositum accedamus, surda aure quoque quorumcunque sugillantium felleos rancores transgrediendo linquamus.

§ I. *Qualiter abbas Theodelinus rexit suos monachos apud Sanctum Petrum, et qualiter erat primus de consilio Guillelmi comitis.*

Igitur, modo quo superius duximus, viro Dei Theodelino levato abbate, de ampliatione ac augmentatione commissæ sibi Ecclesiæ cœpit multa sollicitudine secum multa pertractare. Quo tempore quidam vir Maroliensis oppidi, non mediocriter dilatus, comperta fama fidei et probitatis ejus, cum adiit, multamque summam denariorum ultra nongentas libras ei commisit. Ex qua omni summa tertiam ei partem obtulit, quatenus quod restabat sibi suisque custodiret filiis. Quod ipse libenter fideliterque adimplevit. Verum, quoniam jam illo tempore abundantia iniquitatis maxima ex parte bonum excludere cœperat charitatis, adeo ut debita reverentia minime impenderetur antiquis etiam sanctorum locis, quam [f., quæ] potius conculcabantur a pessimis, colligens animo reverendus heros noviter ædificatum cœnobium dilatari nequaquam facile posse absque denariis terræ principis, quam familiariter ei adhærere ac imperiis ejus humiliter parere, atque ex collatis sibi muneribus cum sæpissime honorare sedulaque officia, prout opportunitas et rei et temporis exigebat, exhibere consilium fuit. Cumque exercitiis hujusmodi intentus principi acceptus esset et gratus, adeo ut in maximis quoque negotiis ejus consiliis et dispositionibus magis fidem daret quam cunctis suis optimatibus, hacque de causa apud ipsos etiam aulicos honorabilis haberetur, cœpit ei idem princeps quam multa quam grandia repromittere; idque ipsi potissimum jubet observare ut si sibi aliquid ex decessione et successione nobilium viderit contingere, id a se non tardet expetere, quandoquidem, ut asserebat, sibi commissæ Ecclesiæ potius quam alicui tyrannorum optabat conferre. Et hæc pater Theodelinus surda haud hauriebat aure, sed lento potius gradu quam concito, et opportune magis quam prociter ad animi sui vota cupiebat scandere. Idcirco siquidem se nolle ab eo postulare, ut postea ipse asseruit, dissimulabat, ut, si quando aliqua grandia deposceret, ea facilius ex tarditate petitionis obtineret. Religiosum id namque præcipue monachis asserebat officium raro infestare mendicando animos principum. Oppidum nimirum quod ejusdem ducis genitor, sicut superius meminimus, causa Normannorum ædificarat in Malliacensi insula, adhuc in ea tunc temporis habebatur; super cujus diuturnitate præfatus Pater gravi mœrore afficiebatur, illiusque potissimum eversionis causa Palatinus videbatur. Siquidem valde metuebat ne post ducis decessum aliquis illud tyrannorum sequentis sobolis fraudulenter irrumperet, atque hinc quæque monasterio concessa vastaret, exstirparet, dispergeret.

§ II. *Qualiter Guillelmus dux acquiescens ad requestam Theodelini abbatis, dedit castrum cum tota insula, ut in dictum castrum transferretur cœnobium, quod tunc temporis erat apud S. Petrum.*

Unde die quadam, dum primus anniversarius dies matris ageretur, et dux circa pia opera esset intentus, atque ob memoriæ ejus solemnem recordationem multis lacrymis fieret suffectus, post completas orationes mirabilis Theodelinus eum adiit, atque tum xeniis, tum blandimentis plus solito demulcens, ubi illum plene aliis repulsis negotiis ad se intentum conspicit: «Quoniam, inquit, dulcissime domine, decet me tibi tuisque omni vigilantia bona providere, ac mala futura quomodo evitentur præmonere; vellem, si adsit animo, aliqua tibi utilia, private tamen perorare. » Mox ergo eo annuente, ocum ad hoc aptum expetunt, demum quoque præfatus vir tale dicendi arripuit exordium : « Cum omnes, inquit, quos ad regni fastigium disponendum divinum sublimavit auxilium, iniquitatem fugere, avaritiam libidinemque ac si pestiferum virus perhorrescere, cæteraque superbiæ membra a se eliminare, justitiam et pietatem colere, largitatem munificentissimam sine censu etiam prætendere, continentiam et castitatem indesinenter inviolateque conservare, ac reliqua sanctæ humilitatis exercitia semper deceat adimplere; videris te potissimum, quem et parentum nobilitas et liberalis pietas decoravit, his studiis debere operam dare. Quæ omnia te exsequi velle istud erit argumentum, si ea quæ sub te Domino dicata sunt, te disponente in ampliorem erecta statum fuerint ac expolita, ne te decedente in sese retineant quod sibi verti queat in scandalum. » Cumque princeps iis attonitus, cur ista proposuisset diligenter inquireret, consequenter intulit ille : « Insula quidem, Pater reverende, cui nos pios genitorum tuorum conatus complens præfecisti, in sui fortiori parte, te teste, retinet castrum tuæ ditioni subditum, quod nisi, dum advivis, jubeas iri perditum, quando quem tuo cœnobio famulantibus futurum sit contrarium, nec intellectus concipere valet mortalium, sed si idem, vitæ causa perennis, nobis filiis tuis largiri placuerit, vere quod modo et nobis metus est mali, et quandoque suavis (sic) consilium poterit fore iniquum, vertetur ac manebit pauperibus Christi in refugium, efficieturque illo limes quo rapiatur cœlum. » Igitur eo quod se manebat explicante, tum dux Dei omnipotentis, ut credimus, aspiratione commotus : « Si, inquit, illic alicujus magnitudinis erigere basilicam rite spoponderis, et castello a me cum toto insulæ corpore, itemque præterea multo munere donaberis. »

Prius autem quam hæc contingerent vix octo socios emensi fuerant, cum vigiles castelli de quo agimus, permaximum luminis pharum, ad sphæramodum cochleatam, noctu super Malliacense cœnobium cœlitus lapsum conspexerant, cujus splendore illustrati adeo exterriti fuerant, ut voce confusa socios assurgere, arma corripere, hostes insulam irrupisse, atque monasterium concremasse multo assererent clamore. Quorum ipsi clamoribus expergefacti concite assurgentes partem quidem luminis conspexerunt, illudque non humanum, sed divinum veritate cogente confessi sunt. Deinde nimirum nocte alia homuncio quidam arte piscator dum ad officium exercendum properaret, tres splendidissimos viros luminum trium portitores eamdem ecclesiam ingredi [vidit], ac per tres ferme horas eos utrum regrederentur præstolans, spe illa frustratus est. Itaque dum visiones hujusmodi fratribus ejusdem ecclesiæ revelarentur, sese a Domino visitari, locum quoque suum in brevi augmentari maturiores quique profitentur. Nec multo post Patris Theodelini et ducis sæpefati confœderatio prælocuta et astipulata est. Sed jam res ipsa exsequenda videtur.

Porro vir Dei Theodelinus, ut dicere cœperam, ex verbis ducis quæ dudum speraverat effectui appropiare agnoscens, gaudii sui magnitudine ad vestigia ipsius corruens, et ut dicta chartis firmaret, supplex expostulavit. Cujus precibus dux haud segniter assensum præbens : « Quoniam, inquit, quæ expetis firme stabiliterque locanda sunt, repete quantocius propria, et quæcunque genitores nostri et nos cœnobio tuo contulimus litteris manda, primaque scribatur ipsa qua a me hodie donaris insula; demum quoque una nobiscum Romana beati Petri apostoli adies limina; subjiciamque tum cœnobium cœleste clavigero præsente papa, et juncta ad se pertinentia; quatenus amodo et in perpetuum ab omni servitutis vinculo libera permaneant et absoluta, nulliusque sint episcopi aut alterius monasterii ditione subjecta, præter Romanam principis apostolorum Ecclesiam, cui quotannis viginti solidos pro censu solvetis ac ponetis principali ejusdem ecclesiæ in ara, eritque munus hoc memoriale ad vestræ ecclesiæ subsidia, et ad hæc quæ diximus perpetuo conservanda. » Nec mora, post hæc a facie principis abbas se subripiens quæcunque imperata sibi fuerant litteris tradit die ipsa, eique principi offert, et ut firmet more solito coram optimatibus suis instantissime rogitat. Quid multa? Princeps libentissime annuit, firmat chartam reliquisque nobilibus firmandam tradit, nomenque matris inter testatores ac si viveret, pro eo quod ejus anniversarius dies mortis agebatur, conscribere fecit. Et quidem tum ab Incarnatione Domini nostri Redemptoris millesimus tertius annus volvebatur, cum hæc mense Julio Pictavis agebantur, ac regnare Francis rex Robertus ferebatur. Facta autem est ac votum abbatis ac principis primum Pictavis eadem charta; sed subsequenti anno Romæ recitata ac roborata et in apostolico privilegio translata. Denique subsequenti tempore vir Dei Theodelinus secundum ducis voluntatem cum eodem Romam perrexit, et, præsente eodem principe, quæ gesta fuerant Sergio papæ, qui tum sedi apostolicæ præerat, exposuit. Cumque Sergius an ita se res haberet a principe requireret, tum ipse assurgens ita esse asseruit, utque hæc privilegio auctoritatis apostolicæ confirmaret votive sat supplicavit.

§ III. *Qualiter fuit castrum destructum et cœnobium astructum.*

Papa vero desiderio viri alludens duo super hoc negotio jubet fieri privilegia, quorum unum sancti Petri perpetuo retineret bibliotheca; aliud alias in papyro more majorum scriptum deferret ad propria. Quæ ubi ad votum utriusque completa sunt, firmati viri benedictione apostolica ovanter repedarunt ad sua. Donaria sane quæ in privilegiis retinentur prætereo, quoniam hæc habentur in propatulo. Porro autem regrediens princeps oppidum funditus destruxit, atque designatis consequenter in locis, auctore Domino, futuri cœnobii fundamenta primus jacere cœpit. Quid multa? Tanta celeritate aiunt ædificium illud ad perfectionem venisse, ut post quatuor annos prioris monasterii fratres illo commigraverint, et aliquantum temporis in ligneis officinis habitaverint. Quæ officinæ postea opportune effectæ sunt lapideæ. Jam vero Malliacensis ecclesia non modice excreverat, famaque pulchritudinis et magnitudinis ejus per multa sese sparserat, cum Bernone Burguliensis abbas qui Gauiberto prælibato successerat, corporeo rejecto tegmine ad æterna demigrat. Post cujus decessum fratres ejusdem monasterii tanto viro orbati Pictaviensem principem sæpefatum conveniunt, querimoniam allegant, casum exponunt, sui misereri, Theodelinum sibi Patris officio fungi debere implorant; Burguliensis ecclesiæ curam ad eumdem principem ceu Malliacensis, quippe a se et a genitrice fundatæ, jure fundatoris pertinere toto affectu ingeminant. Quorum petitionem rationabilem idem princeps suspicatus patrocinium viri eis concessit, sed ea conditione quatenus se potissimum non abnegaret Malliacensi operi, illumque locum semper sibi attenderet specialiter commissum.

Multa denique ea tempestate eidem Patri, exceptis his duobus, licet invito commissa sunt cœnobia quorum quidem alia per se regebat; alia vero prolis ac religiosis fratribus injungebat disponenda. Et licet ab uno viro plures regi Ecclesias non esse canonicum sciam, idcirco tamen mihi non approbando referre rem placuit; sed ut per hæc quilibet agnoscat quanta in Theodelino discreta misericordia cum moderata prudentia viguerit. Videre namque mihi videor multiplicia in eo bonorum operum excrevisse exercitia, quem ita omnis ætas regularis disciplinæ amplectebatur reverentia. Nonne ergo si catervas fratrum cœnobiorum sibi submissorum ejus regimen toto affectu sitientium intueamur, Isaianum illud oraculum quodammodo : « Panem nostrum comedemus, et vestimentis nostris operiemur, tantummodo invocetur nomen tuum super nos, aufer opprobrium nostrum (*Isai.* IV), » animo mox in his non compensamus. Quam autem in pupillorum ac viduarum ex familia sancti Petri existentium consolatione largissimus, quamque erga famulos proprios, ut in adipiscendis bonarum artium officiis invigilarent sollicitus fuerit taceo, ne in immensum protelatur narratio : ea duntaxat quæ suscepti operis exigit dispositio, commemoro.

Ea siquidem tempestate millesimus decimus fertur ab Incarnatione Salvatoris emersisse annus, gerebatque urbis Pictavæ præsulatum Gislebertus, Francis vero imperabat Rotbertus, cum vehementissime mirabilis angebatur Theodelinus, quia, cum omnium bonorum affluentia abundaret Malliacensis locus, sola sanctorum deerant pignera quibus honoraretur atque defensaretur. Sed clementia insita

A summo principi ac domino omnium rerum, quippe cujus hoc est singulare privilegium ut pia piorum desideria plene perducat ad effectum, super hoc satisfecit eidem in hunc quem paulo post, ipso donante, assignare decernimus modum. Prius autem tale quid narrabimus.

Abbas Angiriacensis ecclesiæ illis diebus caput sanctissimum præcursoris Joannis Baptistæ Domini, quod antiquitus in eadem absconditum ecclesia ferebatur, levare, atque omni populo, quo ipsum caput vere Joannis esse fidem faceret, ostentare voluit, ac ad tale spectaculum inter reliquos Theodelinum Patrem invitavit. Adveniente itaque statuta die Angiriaco innumera plebs adfuit; sacerdotum denique et monachorum cœtus confluxit inæstimabilis. Cumque ad rem peragendam ventum esset, et inter priores quosque persona cui tantus thesaurus elevandus committeretur idonea quæreretur, prosiliens præfatus vir e medio : « Si, inquit, o Patres, jubetis, dilectum cœlestis sponsi ego libentissime accipio, ac præ magnitudine sui ac reverentia multoties exosculatum vestris visibus repræsento. » Cujus professioni dum omnes alluderent, solemni præmissa oratione ad sanctas gazas supplex accessit, detexit, omnique multitudini expositas per duarum ferme horarum spatium demonstravit. Quo expleto, cum eum reconderecum omnes urgerent, diu multumque prolixam orationem simulavit, sanctisque e dentibus unum in ore occulit. Verum mox condigno multatus verbere, nam tum oculorum caruit lumine : quæ fecerat, his, qui astabant, verecunde licet, reserat, deinde male amissam valetudinem confitendo digne secum reportat. Hæc pio ostentando viri voto erga sanctorum pignera inseruisse suffecerit. Jam vero stylum retorqueamus ad id quomodo desiderio ipsius satisfactum sit.

§ IV. *Qualiter, et a quibus personis, et a quibus locis, et quæ miracula facta sint, et quo loco translatum est corpus sancti Rigomeri.*

Igitur post terminum rei præscriptæ, dum ad propria remeasset is de quo aginus, causa intercessit qua cum Hugo Cenomanensis comes conveniret. Siquidem imminebant ipsi per maxima quæque negotia, quæ eo inconsulto, diligebat namque illum charitate libera, sibi timebat nocitura. Cumque ex omnibus quibus eum consulturum pararat egregie accepisset responsa, demumque ad invicem familiaria quædam alternarent colloquia, inter hæc et illa, comes, ut videtur Domino inspirante, abbatem rogat utrum sibi ad tanti operis supplementum boni afflueret ubertas, an se circumcingeret, uti in recentibus sæpe accidit, rerum tenuitas. At ille : « Plurimis, inquit, si de temporalibus disputas, bonorum ad explendum abunde omnium copiis, sed quid mihi ex iis solaminis, dum sanctorum pigneribus careo sacrosanctis? » Cumque allegantis modo nonnulla replicaret : « Sed quoniam mihi tibique orta est hinc fabula, venerabile caput tuum deprecor; latissimas memoriæ campos percurrendo retracta, ac si quid prævales, præbe unde sitis meæ ardor capiat refrigeria. » Ad hæc admodum attonitus comes primum quidem paululum verba faucibus occludit, deinde : « Quoniam, inquit, nequaquam hæc tui tantum reor petere causa, quin potius multorum commodi gratia, et, ut legimus, plus aliorum quam nostra nos quærere decet opportuna præsidia, tale quale postulas in quadam juris mei Ecclesia thesaurum progenitorum meorum reservavit industria, quo, tua obstrictus dilectione, me exspolio, tibique hunc liberum concedo. » Fuit siquidem Jesu Christi servus vocabulo Rigomerus, cujus viri leguntur actus et apud nos crebris refulget miraculis, cujus forsan nec famam acceperas hactenus. Mecum itaque aliquem arcani fidum custodem necnon et religione probatum dirigito. Ego autem ejus assignatione ad usquequo inferendus est locum digno, in quantum valuero, dignissimo prosequar obsequio. Illis auditis vir venerandus quanto tripudiavit gaudio, quamque festive summo Domino tantique boni largitori multipliciter innumeras rependit gratias reticeo, quoniam quidem summorum oratorum poemata his succumbere credo. Deligitur tandem communi consilio frater quidam et bonitate celeberrimus, et hujusmodi negotii, ut ferunt, ordinator peritissimus, comitique longe sub alius operis intimatione associatur. At ubi Cenomanicam urbem ingressi sunt, intimat monacho præfatus comes ut a sui consortio se subtrahat, et quoquo potuerit, ac si eum a se pepulerit, hospitandi gratia divertat; rebus nocte decoloratis, ad sui suasionem legati se quam celerrime adeat. Hæc verbis ille; factis haud aliter supplevit iste. Denique ingreditur ille comitatum, familiaribus se aliqua sanctorum loca expetere velle orationis causa simulat, sagmarios demum itemque sufficientem apparatum, prout longioris viæ necessitas postulasset, parari officialibus sub ejusdem noctis articulo imperatit. Finito autem die, cum omnes sui monitis ejus parando opportuna persterperent, urbs vero omnis peregrinari eum velle opinaretur, rem nimirum subsecuturam nec ullus quidem levissime saltem suspicaretur, clam idem comes accersito secundum significatum fœdus fratre de quo superius dicebamus, una cum eo ecclesiam Rigomeri gloriosi penetrat, custodes quatenus rem occulant, jurejurando obligat; deinde, suppliciter præmisso oratu, ad glebam quæ sanctissimum prælibati Patris retinebat corpus appropiat; postremo, patefactis ejusdem glebæ ostiis, sacrosanctos artus inde cum indicibili abstrahens reverentia in scriniis ad hoc opportune paratis transfert, omnique diligentia signat. Cumque hæc agerentur, subito inopina concrepant tonitrua, densissimaque coruscant fulgura, licet paulo ante temperies adesset quam serena. Mox quoque rei procuratores, præter comitem ac monachum, sese hinc subtrahentes, metu cor-

repti, conclamabant priori debere restitui loco sancta pignera, alioquin nequaquam evasuros hujusmodi discrimina. Quæ idcirco, ut credimus, divina egit potentia, quatenus is qui transferri conabatur, solidiori veneraretur et coleretur diligentia. Enimvero paulo post reddito sereno, volente Christo, congrue omnibus quæ res flagitabat dispositis, viri ecclesiam egrediuntur acceptoque itinere eadem die ad usque Andegavense oppidum mira celeritate proficiscuntur. Et, quoniam ipsa eadem die anniversariæ solemnitatis beati Albini episcopi urbis Andegavæ plebs festa recolebat, missæ adipiscendæ voto, sancti thesauri bajuli in basilica ejusdem sancti divertunt, scrinia deponunt, officii cujus causa ædem sacram adierant expetunt, sed quid tunc novi per exanimata nostri Rigomeri membra effecerit Arbiter supremus proferendum quam tacendum videtur gratius. Ut namque hinc paululum ludendo canam :

Virtus tecta parum refert, vitiumque sepultum.

Porro autem dum sacrosancta mysteria præstolarentur viri, et scrinia, quæ, ut diximus, sacris erant pignoribus ditata, quodam ecclesiæ loco exposita haberentur, protinus quidam paralyticus pene omnis corporeæ valetudinis expers portitoris officio ille adfertur, casuque supra prædicta scrinia orandi gratia nescius quid in se retinerent recubans, plus solito obrigitur, deinde tot incommodi infestationibus agitatur, ut sibi vitalem flatum amisisse videretur. Paulo post vero, mirum dictu ! stupentibus qui aderant omnibus, adest inopina salus, ac per mortui membra, viventi medela diu præstolata porrigitur. Quo patrato, dum plebs quæ illuc solemnizandi causa convenerat una cum meliorato ægroto exsultaret pro miraculo in Domini laudibus; nullusque rei certitudinem agnosceret, præter comitem ac socios ejus ; ipsi autem timore Fulconis ejusdem urbis comitis, ad quem attinebat et Cenomanensis comitatus, de S. Rigomeri deportatione et ab eo collata ægroto sospitate conticerent penitus, prodigium illud magnifice beati Albini laudibus ascribitur. Verum sancti thesauri latores moras omnes rumpentes, accepto iter studiose persequentes, sequenti die cœnobium petivere Burguliense. Et quoniam Theodelinum præfatum Patrem illuc suspicabantur, nam spoponderat occurrisse, atque adventum eorum opperiri valde sollicite, apparatum quoque nihilominus tantæ rei sufficientem vigilanter providere ; e sociis aliquem præmittunt, se adesse, itemque cuncta quæ optarant, auctore Domino Christo, gnaviter, sed et ultra quam speraverant, qui intimaret complesse. Quo vir Dei accepto, quanto lætificatus est tripudio, quantoque exhilaratus jubilo, quando id alicujus expediet etiam rhetoris oratio ? Tandem accersitis ejusdem cœnobii fratribus, rem patefecit, atque ut sese ad susceptionem cœlestis protectionis præpararent supplex imploravit. Illi vero hoc solemnissime exsequentes omni studio receperunt, et in ecclesia Burguliensi quam decenter exposuerunt, felices hos pronuntiantes quibus tale Deus dirigebat patrocinium.

Interea Pater Theodelinus ipsa eadem hora quodam citissimo accito veredario, negotii totius seriem Malliacensibus fratribus intimavit, quidque ipsis in procinctu exceptionis sititæ providendum potissimumque procurandum necessario instaret litteris ordinavit. Cujus Malliacenses nutibus haustis legatarios circumquaque emittunt, multorum populorum catervas, itemque monachorum et clericorum non minimum cœtum mira agilitate colligunt. Nocte interim illa qua emigrata sacrosanctæ gazæ Malliacensi monasterio erant inferendæ, quidam fratrum in eo quiescens, Barcinone natione, Tezo nomine, immensum luminis splendorem ab Oriente in somnis emergere [vidit], deinde pedetentim omne cœnobii corpus complere, nec multo post innumeram populorum frequentiam undique concurrere, ac mirum nescio quid in eodem lumine suspensam exspectare, itemque sibi quasi submurmurando promittere. Et ipsum quidem hactenus beati Rigomeri latebat adventus. Si autem mortalium somnis nostra conjectura digne porrigitur, videtur haud absurde non unius tantum illius diei solemnem lætitiam, quin potius largifluam bonorum omnium affluentiam ac ægrotantium non solum carne, sed etiam animis consolationem, quam ad beati Rigomeri suffragia concurrentibus confert Dominus, portendere optatam. Verum ubi latores superius assignati una cum Theodelino venerando pretiosissimam gemmam Malliacensi insulæ intulerunt, clamor ingens utrinque oboritur, adest sacer conventus fratrum, hinc quoque et inde multiplex frequentia turbarum laudem Domini undique resonantium: ministri necnon, cum crucibus et cereis circumstantibus aliis, humeris ovantes sanctum corpus imponunt, reliqua vero multitudo, flexis poplitibus, Rigomeri gloriosi cum multis lacrymis, oppido licet exoptarent, rogitant patronicium. Tandem sane supplicatione debita completa, antiphonaque imposita, Malliacensi inducunt ecclesiæ jam olim a Domino prædestinata charismata, circumquaque concrepante lætitia. Et quoniam major ejusdem ecclesiæ crypta infecta adhuc his diebus manebat, in dextro membro componunt omni cum diligentia, quo sanctæ Dei Genitricis ac perpetuæ Virginis habetur et ara.

De miraculis sane deinceps per eum ibidem gestis, quæ tot ac tanta sunt ut ea plene referre nullus hominum, ut aiunt, sufficiat, ad præsens quidem tacemus; si vitam autem Deus dederit aliquantulum longam, quæ vel quanta seniorum probatissimorum assertione de his accipimus, quolibet sermone, ad laudem Domini nostri Jesu Christi, qui fecit quæ futura sunt, exarare aggrediemur. Terminum autem istic, quoniam et brevitatem nostri ingenii et narrationem paulo amplius quam decuerit forte protelatam mensuramus, terminum, inquam, chartulæ posuissemus, nisi adhuc paucula capitula huic ordini necessaria subjungere congruum decrevissemus. Composito igitur sancto Domini loco et ordine prætitulato, adhuc inconcussa perstabat beatissimi Aquitanorum patroni Hilarii basilica, quam præcedenti libellulo ædificavimus coram principis aula. In qua nonnulla patrata feruntur miracula, quæ, dum compendio operam damus, satius ducimus reticenda. Porro vero in sæpe taxato cœnobio, quidam Constantius, cui agnomen erat Brizaldus, præpositurae officio potiebatur, quoniam sæcularium expeditionum industrius apprime putabatur. Hic ergo die quadam Theodelinum patrem conveniens, multitudinem ecclesiarum insulæ omnino exprobrabat, atque conquerendo aliquam earum merito convellendam garriebat. Cujus primum suggestionibus vir Dei resultans; postmodum vero ejus instigationibus addictus, ejus voluntati rem dimisit. At ille inde egressus, multitudinemque virorum colligens ad ecclesiam beati Hilarii accessit, eamque funditus evertit. Quantum nimirum ejus Domino grata fuerit opera, ultio detexit manifeste subsecuta. Namque nec dum penitus corruerat paries ultimus, cum ecce idem præsumptor monachus lethali morbo correptus, de equo cui insederat proruit, denique caduco incommodo est fatigatus. Postremo grandi emenso intervallo parumper cessante morbo respiravit, et quæ erga se gesta fuerant, dum ipse nesciret, a videntibus accepit. Tum itaque publice se peccasse, se gravissime errasse confessus est; deinde officio famulorum ad monasterium defertur, casus ejus Patri ac fratribus reseratur. Quo audito validus omnes timor corripuit, communique consulto ad locum dirutum aliquos e fratribus Dominum reverentes dirigunt, altarisque lapides et cæmentum quod intactum remanserat caute nimis colligere, atque in monasterio ad se afferre præcipiunt. Illi quidem alacres obaudiunt; isti vero ipsum idem altare in capite designati monasterii in honorem ejusdem sancti Hilarii erigunt. Frater sane ille cujus temeritas locum profligaverat, quatuor quidem, ut aiunt, menses superstes exstitit, nec tamen aliquod doloris levamen adipisci promeruit. Sed et Patri sæpe taxato Theodelino, sicut in prima fronte multa prospera, ita e contrario juxta vitæ terminum nonnulla obviavere adversa. Et primo quidem rerum possessarum creberrima et gravissima damna, deinde suo corpori, ac familiarum amicorum prosperitati pene importabilia ingruebant incommoda; postremo dum ipse noctu decubaret in domo infirmorum, cogente necessitate ægritudinis prævalida, subito evaginatis gladiis, duo quidam servorum ex sancti Petri familia, quorum alter Hercambaldus, sequens vero Galterius dictus, in baptismate ejus filius erat, super eum irruunt, mortem inferre gestiunt omni audacia. Tum autem quam Dominum timuerit idem Pater liquido claruit, dum cervice extra stratum exerta neque veniam aliquam deprecans, nec verbum aliquod pro ereptione sui protulit, sed ac si mutus regulare silentium custodivit. Tandem vero, donante Domino, qui circumjacebant, horrore nescio quo propulsi evigilantes, fures adesse deprehendunt, effugant, et a timore hominem liberant. Rursus quoque Pictavis e simili discrimine sed a dissimilibus personis illato mirabiliter divina eripuit dignatio. Præterea multa sibi accidere infestissima, quæ incredibili toleravit sufferentia. Sed exsequamur proposita, omittentes ista. Ea vero tempestate quidam ditissimus vir vocabulo Ainricus multis muneribus, multis blandimentis Patrem Theodelinum circumveniens, ab eo ut ecclesiam ad portum Malliaci construeret impetravit. Impetravit heu proh nefas! et Simoniace ædificavit. Sed de hoc satis sit dictum.

Verum dux de quo in superioribus dicebamus cum de Patris Theodelini provectu loqueremur, sexagesimo primo, ut fertur, ætatis anno, regni vero trigesimo septimo, filiis in principatu relictis anno ab Incarnatione Domini et Salvatoris nostri millesimo trigesimo defungitur, atque in Malliacensi claustro honorifice sepelitur. Post cujus decessum quindecim venerabilis Pater Theodelinus annis in corporea carne mansit, atque millesimo ab Incarnatione Domini ac quadragesimo quinto anno Kalendis Januarii apud Burguliense cœnobium sancti mysteriis initiatus, corpus terris, spiritum reddidit sæculis æternis, Abrahæ, ut credimus et optamus, sinibus locatus, Christi fruitur bonis. Cui succedens vir mansuetissimus et humilis vocabulo Humbertus quindecim annis Malliacense cœnobium sat moderastiæ rexit, atque patientiæ et longanimitatis suæ clarissimum charissimis filiis specimen relinquens, millesimo sexagesimo anno ab Domini Incarnatione vivendi finem fecit.

Post hunc quoque eidem regimini quidam præfuit Goderannus, natione, uti ego accepi, Gallus, alterius quidem monasterii monachus; sed necessario, ut multis videtur, illuc exstitit subrogatus. Nam de eo tenet sermo quod, si rebus tum gestis quando electus est digna imponatur consideratio, vere, secundum viri prudentis assertionem, ipse in tempore iræ factus est reconciliatio. Sed quoniam dum hæc scribimus adhuc humanis interest rebus, ejus ex actibus silentium nobis indicimus, ne adulatoris notam incurramus. Utrum autem amore Domini an odio dignus sit posteris judicandum servemus:

Hic rivulum verbi libuit defigere nostri.
Ne protracta nimis tædio sit pagina doctis.

Alia manu : Et est notandum quod Guillermus fundator Malleacensis in fine dierum suorum effectus est monachus, et tempus totius vitæ suæ fuit 74 annorum, et obiit ac sepultus in choro dicti loci, anno Domini 1019.

Cum oraculum vatis divinitus inspirati ut laudare Dominum in sanctis ejus atque in virtutibus ejus merito debeat humana propago, adhortetur, quandoquidem holocausta laudis bono animo emissa aditus quodammodo fit, quo sibi unigenitus filius ostendatur Filius Dei qui passim in divinis lineis aut salutare Dei dicitur, eo quod salvos faciat suos, aut brachium sive dextra : *Cætera desiderantur in codice ms. quo usus sum.*

ANNO DOMINI MLXXIII.

ALEXANDER II

PONTIFEX ROMANUS.

NOTITIA HISTORICA IN ALEXANDRUM II.

(CIACONI, *Vitæ et Gesta Romanorum pontificum et cardinalium*, II, 517.)

Agebatur annus salutis sexagesimus primus supra millesimum, cum, Nicolao II vita functo, ingens seditio de novo pontifice deligendo clerum populumque Romanum invasit. Alii enim, Cæsare Henrico inconsulto, pontificem dicere constituerant. Alii vero, more per id temporis in aliquot Romanorum pontificum creationibus usurpato, et Cæsaris voluntate pontificem creari petebant. Quorum caput Hugo Candidus, Tridentinus, presbyter cardinalis tituli Sancti Clementis erat. Cæsar, maximo episcoporum conventu Basileæ habito, auctoribus maxime Giberto Corrigia Parmensi, Cæsareæ aulæ cancellario, Placentino, et Vercellensi episcopis, Cadaloum Palovicinum, episcopum Parmensem, absentem ad suum episcopatum, summum pontificem designari curavit. Qui, electionis decretum probans, Honorii II nomen accepit, eique Cisalpini omnes episcopi obtemperaverunt. Quæ dum in Germania gererentur, cardinalium et populi Romani pars major, auctore Hildebrando archidiacono qui unus omnium maxime laboravit, Anselmum, de Bædagio nobilem, Mediolanensem, doctrina et vitæ integritate illustrem, Anselnis viri olim in ea urbe primarii filium, tunc episcopum Lucensem etiam absentem, Romanum pontificem renuntiaverunt. Is, dudum canonicus regularis in monasterio Lateranensi factus, ex eo ordine ad Ecclesiam Luccensem promotus fuerat. Lucca accitus, Romam illico venit; ubi antequam Cadalous ut consecraretur accederet, pridie Kal. Octobris, die Dominico, in basilica Sancti Petri, ab episcopis cardinalibus inauguratus, Alexandri II appellationem sibi imposuit, seditque, Cæsare Henrico IV, annos undecim, menses sex, dies viginti duos.

Hæc audiens Cadalous, imperatorem Augustæ Vindelicorum adiit, et insignia pontificalia, illi ab Urbe transmissa, usurpans, se pontificem maximum appellabat, et bellum contra Alexandrum adornans, in Italiam venit, et haud contemnendis Longobardorum copiis comparatis, armata manu Romam, ut apostolicam sedem vi consequeretur, accessit. Cui B Cincio quodam nobili Romano, Stephani præfecti filio, urbs Leonina, arx S. Angeli, pons Milvius prodita fuere, quæ valido præsidio ab eo munita sunt. Cadaolo superveniente, in pratis Neronianis gravis pugna committitur, qua multi utrinque occidere; pars tamen Cadaloi prævalere visa est, plurimis Alexandrinorum cæsis. Alexander tum Laterani armato præsidio se continebat. Superveniens interim dux Gothefridus, ambas partes discedere ab armis jussit, suasitque ut controversia, non ferro, sed jure finiretur. Quievere aliquantisper factiones. Alexander, media Quadragesima anni 1062, synodo episcoporum Laterani coacta, Cadaloum excommunicavit. Cadalous, Parmam reversus, idem cum consentientibus episcopis adversus Alexandrum fecit, majorique exercitu coacto, anno qui secutus est, ad urbis oppugnationem rediit. At vero, erumpentibus Romanis cum Gothefridi ducis copiis, tantus terror Honorianos invasit ut omnes in fugam acti sint, et paulum abfuerit quin Cadaolus, a suis desertus, in hostium potestatem veniret, quem Cincius, facto cum suis cuneo, per media civium agmina, ægre in Hadriani arce perduxit. Ubi aliquandiu cum obsessus et nullam sibi libere abeundi facultatem esse videret, trecentis argenti libris Cincio persolutis, incolumis dimissus est. Cum magnas urbi duplici oppugnatione calamitates intulisset, turpi fuga cum paucis aliquot actus, Parmam rediit, et pontificalia munia usurpabat. At vero cum schisma in longum protraheretur, actum est ut Mantuæ concilium indiceretur in Quadragesima proxima, anno Domini 1064.

Advenere ex Germania Vanno, archiepiscopus Coloniensis, cui regni administratio et pueri imperatoris tutela ab imperii principibus, matre Agnete exclusa, commissa fuerant, et Vinceslaus Altaichii episcopus, Annalium Baiorum scriptor, multis episcopis comitati, et ex Italia episcopi et abbates multi; ad quod Alexander cum cardinalibus accessit. Honorius ad Aquas Nigras subsistens, eo accedere recusavit, nisi ex officio suo synodo præesse permitteretur, cujus superbiam et pertinaciam cuncta synodus damnans, eum quod ve- A nire gravatus esset pontificatu privavit, et Alexandrum, ut legitimum pontificem, complectitur. Qui objecta sibi Simoniæ, et adversus Cæsarem cum Normandis conspirationis, crimina diluit. Tum ab omnibus episcopis, et præsertim Longobardis, qui ejus creationem maxime oppugnaverant, ut verus Christi vicarius veneratur; quos blandissime allocutos, sibi amicissimos, et fidos dimisit. Rebus omnibus ex sententia compositis, et Mantuana synodo absoluta, Alexander Romam versus iter cepit; Cadalous Parmam, et alii ad urbes suas reversi sunt. Atque hac ratione, archidiacono Hildebrando præcipuo auctore, Romana Ecclesia in creatione pontificum suam libertatem recuperavit. Alexander, Romam rediens, Luccæ tandiu subsistit quoad archidiaconus Romæ res Normannorum tumultu turbatas componeret.

Luccæ ecclesiam, cujus antea episcopus fuerat, dedicavit, et multis privilegiis exornavit. Quo anno Hugo Candidus cardinalis, totius schismatis auctor, pœnitentia ductus, veniam supplex ab Alexandro petiit et impetravit.

Anno salutis 1065, rebus omnibus Hildebrandi diligentia in urbe pacatis, Alexander Romam rediit, cujus suasu Hildebrandus, Gothefridi ducis et Mathildis comitissæ auxiliaribus copiis fretus, quæ schismatis tempore Normanni in Campania de Ecclesia Romana vi abstulerant, recepit, pacemque cum iis renovavit, et ipsorum dux Robertus Guiscardus principatus sui possessionem beneficiario jure ab Alexandro secundo, quemadmodum etiam a Nicolao secundo etiam tum primum fecerat, suscepit; pontifex postea in Campaniam profectus, Cassini aliquot monachos Cassinates variis dignitatibus, etiam cardinalatu, Hildebrandi rogatu, exornavit. Apud urbem Melphim primum, post schisma, concilium alterum Laterani in urbem reversus celebravit. Petrum Damiani Ostiensem episcopum ad imperatorem Henricum IV cum legatione misit, ne legitimam uxorem, pellice inducta, sine causa ejiceret. Eumdem imperatorem ad satisfactionem Romam vocavit pro labe Simoniaca sibi objecta, quippe qui episcopatus et abbatias plus offerentibus et hominibus his honoribus indignis vendidisse diceretur. Carolum episcopum Constantiensem, de Simoniaca labe convictum in synodo Moguntiæ coacta, episcopatu ejici jussit; Robertum Augiensem abbatem, ejusdem criminis reum, opera Hugonis abbatis Cluniacensis legato apostolico private. Cassinatem ecclesiam, ab abbate Desiderio a fundamentis ædificatam, magno Italiæ episcoporum et procerum numero congregato, Kal. octobris anni 1061 multa cum solemnitate dedicavit. Interfuerunt tantæ celebritati pontifex cum cardinalibus, archiepiscopi, episcopi XLIV, et totius Apuliæ et Calabriæ proceres.

Eidem cœnobio pontifex monasterium Palladium Romæ et Tarracinam concessit. Anno qui secutus est pontifex aliud Laterani concilium quintum egit, in quo episcopos aliquot et abbates Teutonicos, de

Simoniaca labe convictos, damnavit, et legatum ad eam reprimendam misit Hugonem abbatem Cluniacensem. In sequentis anni synodo alia Lateranensi, quæ sexta fuit earum quas ab eo congregatas constat, aliquot prælati honoribus exuti sunt. Gibertus Corrigia Parmensis, olim imperialis aulæ cancellarius, rogatu Augustæ Agnetis, archiepiscopus Ravennas ab Alexandro papa, quanquam fere invito et relu- ctante, consecratus est, cum quanta mala Dei Ecclesiæ cum illaturum esse vir sanctus præsageret. Et haud longe post, festis paschalibus celebratis, Alexander papa, senio confectus, Romæ in palatio Lateranensi beato fine quievit. Cujus corpus in basilica Constantiniana, cujus olim canonicus fuerat et in qua eumdem ordinem collapsum restituerat, sepultum est. Non vacavit sedes.

NOTITIA HISTORICA ALTERA.

(Mansi, *Concilia generalia*, tom. XIX, pag. 959.)

Alexander, patria Mediolanensis, episcopus Lucensis, antea Anselmus nuncupatus, post tres menses interregni, a cardinalibus sanctæ Romanæ Ecclesiæ legitimo ritu pontifex Romanus hujus nominis secundus electus est anno Christi 1061, tempore regnantis Henrici IV. Cum obitus Nicolai papæ innotuisset, comites Tusculani et Galeriani aliique Romani proceres, propter fœdus cum Normannis initum sanctæ Romanæ Ecclesiæ cardinalibus infensi, habita pseudosynodo Basileensi, comitem quemdam Galeriæ deputarunt, qui coronam auream et insignem patriciatus titulum, ad regem Henricum deferens, pro Romano pontifice ex Longobardia eligendo sollicitaret. Cardinales, circumventione eorum cognita, idem præstiterunt, et ad eumdem regem Stephanum cardinalem presbyterum, quondam Cluniacensis cœnobii monachum, ablegarunt. Qui cum, regiis ministris obstantibus, contra jus gentium ad colloquium regis non admitteretur, rediit ad suos, quidque sibi evenisset coram omnibus exposuit. Facta relatione, circa Kalendas Octobris cardinales pontificem elegerunt, non quem vellent, sed quem regi gratum fore putabant: nimirum Anselmum, patria Mediolanensem, episcopum Luccensem, regis familiarem, aulæque regiæ quasi alumnum et domesticum. Sed quid accidit? Audita electione Anselmi, quæ inscio et inconsulto rege contigisset, conclamata est ab omnibus in aula regis injuria regi illata. Hortatu ergo Guiberti Parmensis cancellarii, duo episcopi publico concubinatu infamati cum Gerardo ille Galeriæ comite et sacrilego prædone, quem Nicolaus in Romano concilio excommunicaverat, ipso festo Simonis et Judæ convenientes, Cadaloum Parmensem episcopum jam antea excommunicatum elegerunt, novumque schisma concitarunt. Petrus Damiani schismaticum per litteras increpavit, sed tantum abest ut homo pestilens litteris Petri exterritus cessaret, ut etiam ipse turpissimus turpissime viveret, aliisque turpiter viventibus conniveret. Cumque ea re incontinentium clericorum omnium animos sibi conciliaret libidinique frena laxaret, dicti sunt Cadaloitæ, qui antea Nicolaitæ dicebantur.

Alexander Hildebrandum, statura quidem parvum sed viribus ingenii et gratia Spiritus sancti admirabilem, ex archidiacono creavit cancellarium, cui universæ Romanæ Ecclesiæ administratio ex officio committeretur. Cadalous, corruptis auro proceribus Urbis, Romam armata manu ingredi tentavit: sed repulsus magna sui confusione ad propria revertit. Cumque hæc omnia fierent studio, instinctu et opera istius Guiberti principis, quem imperatrix cancellarium fecerat, singulari Dei consilio accidit ut sancto Annoni Coloniensi archiepiscopo (qui Henricum regem puerum jam annorum decem a matre Agnete imperatrice subduxerat, blanditiisque delinitum, cæterorumque Germaniæ principum obsequio frequentatum et cultum, educandum retinuerat) regis custodia et regni administratio, habitis desuper comitiis, demandaretur. Hanc potestatem consecutus, ad res Ecclesiæ componendas atque schisma novum plane exstirpandum contulit se in Italiam, et Romam usque pervenit. Inde in Germaniam reversus, hortatu Petri Damiani in præsentia regis episcoporum Germaniæ et Italiæ synodum convocavit: qua, post disputationem inter Romanæ Ecclesiæ defensorem et advocatum regium habitam, omnium acclamatione Cadalous pseudopontifex est damnatus, Alexandri autem electio comprobata. Quod cum Patres Mantuani concilii, cui Anno Coloniensis legatione regis nomine functus interfuerat, sua sententia confirmassent et schismaticus secundo Urbem infeliciter expugnare tentasset, tandem pseudopontifex a schismate recedens, petita et obtenta venia Alexandro, paucis post diebus malam mortem incurrit. Augusta quæ nefariæ Cadaloi promotioni faverat, pœnitentiam actura Romam venit ad limina apostolorum, seque non tantum imperio, verum etiam sæculari cura et honore totam abdicavit. Alexander pontifex sedem apostolicam quiete adeptus, legationem misit ad Eduardum regem Angliæ pro Wulstano Wigorniensis Ecclesiæ episcopo eligendo. Petrum Damiani ablegavit in Gallias propter angustias quibus Cluniacenses monachi affligebantur; eumdem misit Florentiam ad schisma ibidem conflatum denuo componendum.

Hæresim Nicolaitarum, qui clericorum

nentium conjugia pertinaciter defendebant, per Damianum confutavit et eradicavit. Incestuosorum vero hæresim, quæ auctoritate Justiniani imperatoris asserebat, eadem ratione qua in successionibus numerandos esse gradus consanguinitatis, non tantum per epistolam Petri Damiani, verum etiam duobus pluribusque Romæ habitis conciliis impugnavit. Contra novos hæreticos hoc tempore emergentes, qui docebant episcopatus a principibus laicis absque crimine Simoniæ licite emi posse, quosque Petrus Damiani scriptis suis graviter insectatus est, decretum edidit quo omnis beneficii ecclesiastici venditionem et emptionem interdixit.

Per Godefridum Tusciæ marchionem, Romanam Ecclesiam liberavit a Nortmannis : cum jam Richardus Nortmannorum princeps Aquinum usque victor pervenisset, Urbem proxime invasurus, ut a pontifice imperatoris insigne consequi posset. Ad Guillelmum comitem Nortmanniæ, quem Edwardus, virgo virginem habens uxorem Editham, nulla prole relicta, successorem regni constituerat, misit vexillum, ut Haroldum tyrannum Angliæ regnum occupantem post obitum sancti Edwardi regis expelleret, atque ut legitimus successor eodem regno potiretur. Pro componendis seditionibus per Simoniacos et fornicarios clericos exortis, legationem misit ad Mediolanenses. Decreta autoritate apostolica ipsis præscripta infra subjunguntur. A Guilielmo comite Burgundiæ, et compluribus Francorum nobilibus, pro defendenda Romana Ecclesia, quoties opus erat, juratam promissionem accepit. Usum mitræ, laicis hactenus inconcessum, Vratislao duci Bohemorum concessit. Henricum regem, qui juvenili furore Bertam conjugem repudiare parabat, per Petrum Damiani apostolica legatione a proposito revocavit. Argentinensem episcopum, Guarnerum nomine, ob crimen Simoniæ episcopatu privavit. Cum Moguntino et Bambergensi de Simoniæ crimine accusatis sanctum Annonem ad se venientem, et pro reis episcopis intercedentem, honorifice excepit, brachio sancti Cæsarii donavit; ejusque favore, citra munerum acceptionem, ut cum injuria pontificis suspicatur Lambertus, prædictos absolvit. Per legatos a latere suo in Angliam missos in concilio Wintoniensi Stigandum, Cantuariensis Ecclesiæ invasorem, deposuit; Lanfranco eidem subrogato duplex pallium concessit. Petrum Anagninæ civitatis episcopum, ad Michaelem VII, Orientis imperatorem, apocrisiarium misit; unde eumdem imperatorem cum Romana Ecclesia communione conjunctum fuisse aperte colligitur. Basilicam Sancti Benedicti in monasterio Cassinensi ipse in præsentia omnium cardinalium dedicavit. Henricum regem, quem propter Simoniacas abbatiarum et episcopatuum nundinationes, aliaque plura delicta, Saxones et principes imperii apud pontificem accusaverant, quemque sanctus Anno, abdicata hanc ob causam regni cura et administratione, ab impietate et sacrilegiis apud eumdem pontificem graphice descripserat, per litteras Romam citavit : verum morte præventus, causam regis successori dijudicandam reliquit. Mortuus est pontifex, miraculosa dæmonis expulsione et claudi hominis cura celeberrimus, Romæ, decimo Kalendas Maii, anno 1072, cum sedisset annos undecim, menses sex, et dies viginti duos.

NOTITIA DIPLOMATICA.

(JAFFE, *Regesta pontificum Romanorum*, pag. 389.)

In Alexandri II bullis (quarum signa chronologica haud raro sunt depravata) hæc insunt sententiæ : MAGNUS DEUS NOSTER ET MAGNA VIRTUS EJUS ; — DEUS NOSTRUM REFUGIUM ET VIRTUS ; — EXALTAVIT ME DEUS IN VIRTUTE BRACHII SUI.

Testes subscripserunt :
  Bonifacius episcopus Albanensis (27, 49).
  Petrus Damianus episcopus Ostiensis (27, 49).
  Joannes episcopus Portuensis (27, 29).
  Leopertus episcopus Prænestinus (49).
  Mainardus S. Rufinæ episcopus (27).
  Hubaldus episcopus Sabinensis (27, 49).
  Joannes episcopus Tusculanensis (27).
  Desiderius presb. card. rom. Eccl. et abbas S. Benedicti (27).
  Joannes, qui et Minutus, card. tit. S. Mariæ trans Tiberim (49).
  Stephanus vocatus cardinalis (49).
  Hildebrandus S. R. E. archidiaconus (27, 29).
Scriptæ bullæ sunt per manum :
  Rainerii scriniarii et notarii sacri palatii (13, 35).
  Guinizonis notarii sacri palatii sanctæque R. E. (26).
  Stephani notarii regionarii et scrinarii S. R. E. (29).
  Octavii scriniarii et notarii sacri palatii (51, 52).
  Joannis notarii et regionarii ac scrinarii s. sed. apost. (58, 59).
Datæ,
  Mense januario 1063 :
Per manum : *Mainardi s. Ecclesiæ Silvæ Candidæ episcopi et apost. sed. bibliothecarii* (8, 10).
  A Januario 1063 ad Januarium 1069 :
Per manum : *Petri bibliothecarii* (9, 25, 26, 29).

Petri bibliothecarii S. R. E. acolythi vice domini Annonis Coloniensis archiepiscopi et ipsius S. R. E. archicancellarii (11).

Petri S. R. E. subdiaconi et cancellarii vice domini Annonis Coloniensis archiepiscopi et sed. apost. archicancellarii (13, 14, 24, 52, 53, 47).

Petri S. R. E. subdiaconi atque bibliothecarii (27, 31, 54, 55, 50, 53, 55, 57 bis, 59, 60, 62).

Rembaldi subdiaconi (48).

Petri clerici fungentis vice Petri S. R. E. subdiaconi et bibliothecarii (61, 63, 67).

A Januario ad Junium 1070 :

Per manum : Petri clerici fungentis vice Petri S. R. E. cardinalis et bibliothecarii (71, 72, 73, 75).

Ab Octobri 1070 ad Martium 1073 :

Per manum : Petri S. R. E. cardinalis presbyteri ac bibliothecarii (76, 77, 78, 80, 81, 87, 88, 89, 90, 145).

ALEXANDRI II

PONTIFICIS ROMANI

EPISTOLÆ ET DIPLOMATA.

I.

Alexandri II Epistola ad Mediolanenses conterraneos suos. — Excitat eos ad virtutum exercitia.

(Anno 1061.)

[MANSI, *Concil.* XIX, 941.]

ALEXANDER episcopus, servus servorum Dei, omnibus Mediolanensibus clero et populo salutem et apostolicam benedictionem.

Divini judicii dispositione provisum est ut Mediolanensis Ecclesiæ filius, et Ambrosianis uberibus sublactatus, ad famulatum apostolicæ sedis indignus ascenderem ac matri omnium Ecclesiarum pastoralis curæ sollicitudine deservirem. Unde cum totius universalis Ecclesiæ cura nobis non levis incumbat, propensius circa vos ipsa natura nos provocat esse pervigiles : ut unde nos constat originis duxisse primordium, ibi etiam majoris ad æternam salutem habeamus sollicitudinis incrementum. Nam et ignis ea primum ligna conflagrat ex quibus oritur, et fons ante omnia illas terræ venas infundit ex quibus fluens derivatur. Unde vos, dilectissimi, internæ dilectionis studio cohortans, rogo, ut ad cœlum se vester spiritus erigat, deceptoria terrenarum rerum et caduca lucra contemnat, ab amore cœnosi hujus mundi se prudenter expediat, ad Creatoris sui desiderium medullitus inardescat. Estis enim, sicut beatus dicit apostolus, *gens sancta, populus acquisitionis : ut virtutes annuntietis ejus, qui de tenebris vos vocavit ad admirabile lumen suum* (I Petr. II). Quibus ergo hæreditas incontaminata, immarcescibilis, conservatur in cœlis : absit ut eorum mens per amorem rebus sit involuta terrenis.

Plane, quia etiam vulgaribus loquimur, vulgatum Scripturæ testimonium libentius exhibemus. Mementote itaque, fratres mei, quod in oratione Dominica dicitis : *Pater noster, qui es in cœlis* (Matth. VI). Quem itaque Patrem vocamus, ad ejus hæreditatem tota mentis concupiscentia festinare debemus. De terrena porro hæreditate scriptum est : *Hæreditas, ad quam in principio festinatur, in novissimo benedictione carebit* (Prov. XX). Cur ergo, cum dicimus : *Pater noster*, præsto subjungimus : *Qui es in cœlis*, et non potius, qui es in terris, videlicet quæ nobis notiores sunt; sive, qui es in aquis, aut in abyssis, cum ubique Deus sit, nihilque ab ejus præsentia vacuum sit? sed cum dicimus : *Pater noster*, idcirco addimus : *Qui es in cœlis*, ut ad illam cœlestem hæreditatem sese noster animus erigat atque, in tam sublime germen adscitus ut sit hæres Dei, terrena quælibet ignobiliter non requirat. Enim vero Pater fidei, Abraham, plures habuit filios, sed solus ille nobilis, qui fuit uxoris; qui vero ex concubinarum sunt ignobilitate suscepti, paternæ hæreditatis successione leguntur exclusi. Porro autem, dum eos aluit Abraham, omnes dicebantur filii Abraham; at vero, cum testamentum venit, qui esset legitimus hæres, qui fieri deberet exhæres patenter ostendit. Nam, Scriptura testante, dedit Abraham omnem hæreditatem filio suo Isaac; filiis autem concubinarum dedit munera, et segregavit eos a filio suo Isaac (Gen. XXV).

Ecce itaque omnes dicebantur filii, sed non omnes hæreditatis paternæ sunt jura sortiti. Sic profecto fratres quamplures sunt hodie Christianæ professionis titulo decorati, qui videlicet in Christi hæreditate nequaquam merentur ascribi; et nunc quidem paterno vocabulo gloriantur, sed nequaquam ad hæreditanda paterna bona perveniunt, quia, velut spurii, non cœlestia, sed terrena ignobiliter concupiscunt. Vos autem, dilectissimi, membra mea, viscera animæ meæ, sic satagite per viam mandati cœlestis incedere ut mens nostra merito semper debeat de sancta consanguineorum suorum conversione gaudere. Speramus autem in eo qui de Virgine dignatus est nasci quia, nostri ministerii tempore, sancta clericorum castitas exaltabitur, et incontinentium luxuria cum cæteris hæresibus confundetur. Omnipotens Deus, dilectissimi fratres mei, ab omni vos pravitate custodiat, et per justitiæ semitam ad cœlestia vos regna perducat.

II.

Alexandri II epistola ad Landulfum et Arialdum clericos. — Non ita esse indulgendum perjuris ut perjurandi detur occasio.

(Fragmentum. — Anno 1061.)

[MANSI *Concil.* XIX, col. 980.]

Possumus in perjurio aliquo crimine lapsis misericordiæ manum porrigere, sed non debemus ad futuræ perditionis exemplum licentiam dare.

III.

Alexandri II epistola ad Haraldum Norvegiæ regem. — Hortatur eum ad obediendum Adalberto Hamburgensi archiepiscopo.

(Anno 1061.)

[MANSI, *Concil.* XIX, 942.]

ALEXANDER episcopus, servus servorum Dei, HARALDO Nortmannorum regi salutem et apostolicam benedictionem.

Quia adhuc rudes in fide existitis et in ecclesiastica disciplina quodammodo claudicatis, oportet nos, quibus totius Ecclesiæ est commissum regimen, divinis admonitionibus vos frequentius visitare. Sed quia ob longarum difficultatem viarum per nos hoc agere minime valemus, sciatis nos Alberto [Adalberto] Bremensi archiepiscopo vicario nostro hæc firmiter commisisse. Prædictus itaque archiepiscopus legatus noster suis nobis est conquestus epistolis quod quidam episcopi vestræ provinciæ aut non sunt consecrati, aut data pecunia contra Romana privilegia quæ suæ ecclesiæ sibique data sunt in Anglia vel in Gallia pessime sunt ordinati. Unde ex auctoritate apostolorum Petri et Pauli vos admonemus ut, sicuti apostolicæ sedi reverentiam subjectionis debetis exhibere, ita præfatam venerabili archiepiscopo vicario nostro et vice nostra fungenti, vos vestrique episcopi impendatis, etc.

IV.

Alexandri II epistola ad episcopos Daniæ. — Præcipit ut Edbertum, episcopum Farriensem, ab Adalberto, archiepiscopo Hamburgensi, per triennium ad synodum vocatum, inducere ad inobedientiam desistant.

(Anno 1061.)

[ADAMI *Gesta Hamburg. Pont.*, apud PERTZ, *Monum. Germ. hist.*, Script. tom. VII, p. 565.]

ALEXANDER episcopus, servus servorum Dei, omnibus episcopis in regno Danorum constitutis, apostolicæ sedi et nostro vicario obedientibus, salutem et apostolicam benedictionem.

Adalbertus, Hammaburgensis archiepiscopus venerabilis, vicarius noster, litteris et legatis suis conquestus est quod quidam Edbertus, Farriensis episcopus, multis criminibus involutus, ad synodum suam per triennium vocatus, venire contempserit; quod quia consilio quorumdam vestrorum dicitur esse factum, mandamus et apostolica auctoritate præcipimus, ut ab hujusmodi recedatis omnino consilio, eumque ad audientiam prædicti fratris nostri ire admoneatis, quatenus post factam examinationem canonice judicetur.

V.

Bulla Alexandri papæ II pro stabilitate bonorum Rivipollensis monasterii contra cujuscunque personæ infestationem.

(Anno 1062.)

[COCQUELINES, *bullarum Collectio*, tom. II, p. 4.]

ALEXANDER episcopus, servus servorum Dei, fratribus in Rivipollensi cœnobio sub Dei Genitricis tuitione degentibus, salutem et apostolicam benedictionem.

Quoniam, divina favente clementia, cum apostolicæ sedis regimine cunctarum Ecclesiarum sollicitudo nobis incumbit, idcirco justis petitionibus quorumcunque fidelium nos convenit annuere, et ad nostræ pietatis auxilium confugientes auctoritatis apostolicæ clypeo munire. Quocirca dilectionis ac fraternitatis vestræ litteras per fratrum S. suscipientes, et quod in eis expetere videbamini diligentissime perpendentes, quoniam justam petitionem et auctoritate nostra ad perficiendum non indignam judicavimus, vestris petitionibus acquiescere non recusavimus. Unde vos debita charitate monemus ut professionis sanctæ propositum, quod Deo aspirante suscepistis, pro viribus semper custodiatis, nec ab illo in neutram partem ullo modo deflectatis. Episcopos autem, comites, principes, magistratus, et potentes vestra vicinia incolentes, paterna sollicitudine commonemus ut vestri cœnobii semper in omnibus adjutores, defensores ac propagatores existant, et quoscunque contrarios, vel ad nocendum avidissimos esse viderint, digna censura coerceant, quatenus et a Deo retributionem percipiant, et apostolicæ simul ac nostræ benedictionis participium habeant. Illos vero qui prædia, quæ vobis jure debentur, dono abbatum non satis digne præsidentium, seu rapina, vel invasione, sive qualicunque injusta occasione possidere videntur, auctoritate apostolica convenimus, et insuper interminando mandamus ut illa nequaquam retineant, sed sicut Dei esse noscuntur, ita Deo quantocius reddere studeant. Quodsi postquam hanc nostræ paternitatis interminationem audierint, infra sex mensium spatium reddere distulerint, sciant se a totius Ecclesiæ corpore separandos, et perpetuæ excommunicationis jaculo feriendos, donec resipiscant et digna pœnitudine satisfaciant. Porro commonemus et apostolica simulque canonica auctoritate præcipimus ut nullus amodo et deinceps vestri cœnobii regimen per Simoniacam hæresim obtineat, nec qualicunque ingenio ante vel post acceptam honorem per pecunias locum abbatis arripiat. Quod qui præsum-

pserit, quandiu retinere tentaverit, telo justissimæ
damnationis subjacebit. His igitur vestri voti peractis,
hortamur dilectionem vestram ut semper ad meliora
proficere studeatis, et pro nobis ac totius Ecclesiæ
statu intentissimas et assiduas preces indesinenter ad
Deum effundere non negligatis, quatenus divinæ protectionis et apostolicæ benedictionis participes esse
valeatis. Amen.

Data XII Kal. Junii, anno millesimo sexagesimo
tertio Nativitatis Christi, indictione XV.

VI.

*Alexandri II epistola ad Suenonem regem Danorum.
— Exigit censum a Suenone Danorum rege, quem
majores ejus persolvere consueverunt.*

(Fragmentum. Anno 1062.)

[MANSI, *Concil.* XIX, 943.]

ALEXANDER episcopus, servus servorum Dei,
SUENONI regi Danorum.

Quapropter prudentiam tuam admonemus ut censum regni tui, quem prædecessores tui sanctæ
apostolicæ Ecclesiæ persolvere soliti sunt, nobis et
successoribus nostris transmittere studeat, ita tamen ut non, sicut oblatio, in altari ponatur, sed, ut
supra diximus, tam nobis quam successoribus nostris, ut certius approbetur, præsentialiter offeratur.

VII.

*Alexandri II epistola ad Gervasium Remensem archiepiscopum. Mandat ut monasterium Corbeiense
a Guidonis Ambianensis injuriis tueatur.*

(Anno 1062-3.)

[MABILL. *Annal. Bened.* IV, 623.]

ALEXANDER GERVASIO.

Clamor ad aures nostras perlatus est super Ambianensi episcopo Guidone quod, contra decreta
sedis apostolicæ, monasterium Corbeiense frequenter
inquietet, habens, prout sibi videtur, ad sui defensionem decreti verbum : « Nisi quantum canonicus
ordo permittit. » Quod si bene perpendat, inveniet
privilegii auctorem hoc dicto præcedentia sequentiaque minime infirmasse. Esset quippe ridiculosum,
si quæ prius corroboraverat ipse etiam violanda
mandaret. Unde tibi apostolica mandamus auctoritate ut, quia illum monasterium specialiter sub
protectione sedis apostolicæ fovetur, tuæ fraternitatis diligentia defensetur. Nam, sicut te specialiter
ulnis charitatis amplectimur, sic te quæ nostri juris
specialiter esse videntur diligere mandamus. Igitur
episcopus et ablata altaria loco restituat et ab omni
inquietudine monasterii desistat. Quod si noluerit,
et decretum apostolicæ sanctionis irrumpere tentaverit, fretus apostolica auctoritate ei episcopale officium interdicas. Ablati vero quem suspendit officium suum restituas, et in omnibus negotiis suis
auxilium tuæ protectionis exhibeas. Vale.

VIII.

*Alexander II papa confirmat canonicam in Pisana
ecclesia erectam, et bona ad eam pertinentia.*

(Anno 1063.)

[COCQUELINES, *Bullarum, privilegiorum ac diplomatum Romanorum pontificum amplissima collectio.*
Romæ 1739, 8, tom. II, pag. 4.]

ALEXANDER episcopus, servus servorum Dei, GERARDO venerabili canonico, salutem et apostolicam
benedictionem.

Ad apostolicæ sedis speculam sublimati, et ad
sollicitudinem et curam omnium Ecclesiarum non
nostris meritis, sed divina solummodo dignatione
promoti, oculos discretionis manusque consilii debemus avidius extendere, ubi piæ religionis exercitia et sollicitudinis ecclesiasticæ instantiam comperimus fore. Proinde justæ petitioni tuæ, quam
respectu supernæ remunerationis super incolumitate
ecclesiæ Sanctæ Mariæ, quæ Pisanæ civitatis dignoscitur principalis, audientiæ nostræ approbavimus allatæ, auctoritatis nostræ patrocinium consulentes exhibemus, et ut magis magisque pristinum
devotionis tuæ augeatur studium, benignissime
exhortamur. Igitur, juxta sinceræ petitionis tuæ
affectum, canonicam supradictæ ecclesiæ quam
tenes, sibique juste pertinentia omnia, et quidquid
a te juste acquisitum, vel Deo consentiente acquirendum est, apostolatus nostri auctoritate et per
hujus nostri privilegii paginam confirmamus, per
omnia quidem interdicentes ut neque imperator,
neque marchio, neque episcopus, neque cujuslibet
ordinis homo, præfatas res agere vel causare, seu
per aliquod ingenium præsumat diminuere. Quod si
huic nostræ confirmationi aliquis ex his quos supra
memoravimus debitæ obedientiæ non inclinaverit, et
supra dictis rebus contemptor apostolicæ sedis aliquo
modo nocere præsumpserit, condignæ excommunicationis gladio feriendum et a communione sanctæ
Ecclesiæ se omnimodis noverit esse separandum,
et insuper viginti libras auri, medietatem cameræ
nostræ et medietatem tibi, sciat se esse compositurum.

Datum Luccæ per manus Mainardi sanctæ Ecclesiæ
Candidæ cardinalis, apostolicæ sedis bibliothecarii,
anno Dominicæ incarnationis 1063, indictione I.

IX.

*Bulla Alexandri papæ II pro ecclesia Sancti Donati
Luccensi.*

(Anno 1063.)

[FIORENTINI, *Memorie della gran contessa Mathilda,
Documenti*, p. 58.]

ALEXANDER episcopus, servus servorum Dei, dilectis filiis ordinariis S. Luccensis ecclesiæ dedicatæ
in honorem S. confessoris Donati in perpetuum.

Quoties a nostra mansuetudine illa postulantur
quæ a recti itineris ratione non deviant, non solum
deneganda non sunt nostris fidelibus, verum etiam
prompta et benevola sunt largitione concedenda; et
si erga laicorum personas, in quantum justitiæ
ratio non contradicat, munificos et largos nos esse
oportet, quanto magis erga devotam clericorum ordinem strenuos condecet esse, ut justis remunerationibus eorum recompensemus labores, qui assidue
in Dei vinea nostri cooperatores inveniuntur. Qua-

propter ego Alexander, sanctæ Romanæ Ecclesiæ divina providentia pontifex et episcopus Luccensis Ecclesiæ, pro vestro qui supra memorati estis servitio, et benevola erga nos dilectione per hoc apostolicæ sedis privilegium concedo et confirmo vobis præmemoratis unam petiam de terra Luccensis nostri episcopatus, sitam juxta præfatam ecclesiam S. Donati, cum casa, et horto, et omni suo ædificio, et intratoriis, et egressionibus ejus, et cum omnibus rebus quæ ibi sunt aut quas in antea tibi Dominus dederit : tenentem scilicet ambo capita unum latus in terra domni regis, aliud vero latus in muro præfatæ ecclesiæ, et in terra quæ fuit Leonis et Germanorum : cum eo videlicet ordine ut libere et quieti ipsi et successores eorum cum omnibus suis cohabitantibus in dictam terram, et casam, et cum omnibus quæ prædiximus teneant et possideant, et ibi habitent, remota omni molestia, et inquietudine nostra nostrorumque successorum, qui voluimus et firmiter constituimus ut non solum illi nostri præfati Dei, et illorum successores cum omnibus suis cohabitatoribus, sicut dictum est, habeant, et teneant, et habitent memoratam terram, et casam cum omni suo ædificio, et intratoriis, et egressionibus, atque omni pertinentia sua, velut superius dictum est, sed etiam similiter omnes illi qui in dicta nostra ecclesia ordinati fuerint, et ibi communem vitam ducere voluerint et canonice vixerint, et obedierint, et rectam fidem portaverint, et non inique insidiati fuerint mihi meisque successoribus. Si quis autem ordinarius de sæpe dicta ecclesia deinceps in antea Dei judicio de hoc sæculo migraverit, et talis clericus a vobis inventus fuerit qui moribus et officio utilis videatur prædictæ ecclesiæ, et canonice vivere promiserit, illum talem constituimus et omni stabilitate confirmamus ad vivendum regulariter sine mala intentione ordinari a proprio episcopo in loco defuncti absque pretii acceptione, nullaque venalitas pro prædicta ordinatione jam dictis clericis irrogetur, vel alicujus pretii illatio ab eis exigatur, si tantum pro obedientia quam suam debent exhibere episcopo per singulos annos si a suo præsule moniti fuerint semel et una vice aut ad domnum papam Romam cum eodem episcopo unus eorum pergere debeat, vel, si necesse fuerit, ultra montes ad regem, scilicet si ipse episcopus stipendium itineris eis largitus fuerit; ut autem hæc nostra decreta, quæ de me et meis successoribus superius dicta sunt, firmiter in perpetuo maneant, volumus et decernimus, atque cum omni firmitate constituimus, ut nulli liceat ea unquam malo ordine infringere aut violare; unde si quis episcopus aut quælibet magna parvaque persona memoratam petiam de terra cum casa et omni suo ædificio, et intratoriis, et egressionibus ejus, et cum omnibus rebus quæ ibi sunt, aut quas in antea ibi Dominus dederit, atque cum omni pertinentia sua ab eo ministerio, et quæ ad quod eam concessimus subtraxerit, vel malo ordine tulerit aut invaserit, seu de ordinatione clericorum aliter quam dictum est fecerit, componat auri optimi libras centum, medietatem cameræ domni regis, et medietatem illis quibus injuria illata fuerit, et insuper perpetuo anathemate inretitus omni maledictione subjaceat. Ut autem hæc verius credantur, manu propria subscribentes hanc paginam roboramus.

(*In circulo :* MAGNUS DEUS NOSTER, ET MAGNA VIRTUS EJUS; *et in circuitu ejusdem circuli :* EXALTAVIT ME DEUS IN VIRTUTE BRACHII SUI.) Datum VII Idus Januarii in comitatu Senensi, anno vero II domni Alexandri II PP., per manus Petri bibliothecarii an. 1063, indict. prima.

X.

Alexandri II epistola ad Burchardum Halberstadensem episcopum. — Laudes ejus commendat, et pallium pro merito concedit.
(Anno 1063.)
[MANSI *Concil.* XIX, pag. 983.]

ALEXANDER episcopus servus servorum Dei dilectissimo in Christo BURCHARDO Halberstadensi episcopo in Domino salutem et apostolicam benedictionem.

Inter multa quæ Magister et Doctor gentium, minister quidem Christi et secundum Dei gratiæ donum dispensator mysteriorum ejus, discrete et spiritualiter instituit, quosdam in Ecclesia sancta non ut hospites et advenas, sed ut cives, et cohæredes et concorporales in habitaculum Dei coædificatos, in area quoque Dominica compartícipes et cooperatores singulari munificentia excellenter donari præmonuit. *Dum tempus,* inquit, *habemus, bonum operemur ad omnes, maxime autem ad domesticos fidei* (*Gal.* VI, 10). Unde etiam, mi dilectissime fili Burcharde, venerande coepiscope, fidei tuæ quæ per charitatem operatur (*Gal.* V, 6), et justitiæ tuæ quæ ex fide est (*Rom.* X, 6), plurimum congratulamur. Temporibus autem istis, in quibus venit ira Dei in filios diffidentiæ, de quibus vere possumus cum Apostolo dicere : Videte canes malos operari concisionem (*Phil.* III, 2), opus ministerii tui, et ædificationem corpus [corporis] Christi ad honorem apostolorum Petri et Pauli, ad voluntatem et jussionem dilectissimi nostri filii Henrici IV regis, scilicet ut ecclesiasticæ pacis inquietudinem regius advocatus propulsares, quod cum omni gaudio suscepisti. Itaque post susceptum legationis obsequium, semper unanimis uno spiritu et sincera affectione pro nobis ac Romana Ecclesia nobis cum sollicitus fuisti, non tamen quærens quæ tua quantum quæ sunt Jesu Christi. Pro tanto igitur Deo ejusque sanctis apostolis a te collato servitio, in primis ipsi gratias laudesque debitas referimus qui dilectissimo filio nostro, prænominato regi, tam sanctum opus tibi injungere tibique suscipere inspiravit. Deinde quia sancta Romana Ecclesia, quæ bene fundata est super firmam petram, hoc semper habuit veræ charitatis judicium, ut aut nunquam aut raro ab aliquo gratis habere vellet beneficium, competit nostro apostolico moderamini aliquod honestum, aut singulare donativum pro nostro jure tibi tuæque Ecclesiæ privilegiorum auctoritate concedi. Itaque et locum et nomen filii spiritualis singulari ac familiari affectu tibi concedimus, sanctæ quoque Halberstadensi Ecclesiæ tuæ, ut sit filia Romanæ Ecclesiæ prærogativam quamdam attribuimus. Insuper quoque pio paternoque affectu pallio te adornare decrevimus, salva tamen auctoritate aut magisterio sanctæ metropolis Moguntinæ Ecclesiæ, salvo quoque fratrum tuorum coepiscoporum et ordine et loco. Sed tuum est ut sicut nos forinsecus, ita te ipse adornes intrinsecus, ut docendo et faciendo quæcunque sunt justa, quæcunque honesta, ante et retro esse possis conspicuus. Pallium in determinatis diebus, ad sacra missarum solemnia celebranda tibi concedimus, in natali Domini, in festo S. Stephani protomartyris et S. Joannis evangelistæ, in epiphania Domini, in purificatione, et assumptione et nativitate sanctæ Mariæ, in cœna Domini, in S. Sabbato, in die Resurrectionis, in ascensione Domini, in Pentecostes festo S. Joannis Baptistæ, in festo Joannis et Pauli, inventione corporis S. Stephani, in festo S. Sixti, et S. Michaeli, et Omnium Sanctorum, ut nativitate apostolorum Petri et Pauli, et Andreæ, in dedicatione ecclesiarum, in faciendis ordinibus. Crucem etiam ante te et ante successores tuos portandi licentiam donamus. In stationibus quoque festivis super Naccum (id est equum, solemniter ornatum; videatur simile diploma Coloniensi Ecclesiæ datum) equitandum permittimus tibi et successoribus tuis. Insuper mitras tibi, et successoribus tuis ac canonicis excellentioribus, scilicet presbyteris et diaconis, inter missarum solemnia ministraturis, subdiaconis in majori ecclesia tua et suprascriptis festivitatibus portandas concedimus. Et omnia quæ privilegiorum auctoritate tibi et tuæ Ecclesiæ a prædecessoribus nostris, videlicet summis pontificibus, insuper etiam sive regum, sive imperatorum confirmationibus, seu quarumlibet personarum donationibus juste collatæ sunt, nostro quoque auctoritatis privilegio confirmamus. Præterea quoque statuimus coram Deo, ac terribili ejus examine futuro, et per hujus nostri privilegii et apostolici (præcepti) seriem ac constitutionem sancimus, ac B. Dei genitricis semperque virginis Mariæ, nec non beatissimorum apostolorum Petri et Pauli, sanctorum etiam martyrum Stephani ac Xixti [Sixti] cæterorumque omnium sanctorum auctoritate, in quorum nomine prænominata tua ecclesia dedicata est, decernimus atque obtestamur tam apostolicæ sedis futuros pontifices quam qui ecclesiasticas administraverint actiones, cunctosque Christianorum titulo insignitos, ut nullus hanc licentiam (sibi sumat) de his omnibus, quæ eidem Ecclesiæ a prædecessoribus nostris per privilegia juste concessa, vel a nobis data vel danda, aut ab aliquibus fidelibus viris ac mulieribus præfatæ Ecclesiæ tradita sunt, vel futuris temporibus contradentur, tam in abbatiis, quam in monasteriis, ac xenodochiis, tam in familiis quam in terris, et comitatibus, seu aliquibus possessionibus convellendi, disvestiendi, molestandi vel alienandi.

XI.

Monasterium Fructuariense sub apostolicæ sedis protectione recipitur; confirmaturque permutatio terræ cujusdam, inter abbatem et Albertum Ypporegiensem episcopum inita.

(Anno 1063.)

[COCQUELINES, *Bullarum*, privileg. etc. *ampl. Collect.* tom. II, pag. 2, ex vet. cod. *Vatic.*]

ALEXANDER episcopus, servus servorum Dei, ALBERTO venerabili abbati Sanctæ Fructuariensis ecclesiæ, suisque successoribus, salutem et apostolicam benedictionem.

Cognoscentes quod Fructuariense cœnobium, quod constructum est a domno Willelmo abbate Divionensis cœnobii, jam olim a prædecessoribus nostris, Joanne, et Benedicto, item Joanne, Clemente atque Leone totius libertatis et securitatis munitum est, et nos humillimis precibus abbatis ipsius monasterii, nomine Alberti, corroboramus nostri etiam privilegii firmitate, ut sub tuitione apostolicæ sedis constitutum nullius alterius Ecclesiæ potestati, ullo modo subdatur. Ideo Dei, sanctique Petri ac nostra auctoritate statuimus ut neque in mundanis neque in ecclesiasticis rebus, vel ordinationibus nullus homo, etc., aliqua gravamina vel præjudicia audeat inferre, sed omnia quæ collata sunt eidem cœnobio et usque in finem sæculi conferenda, in quibuscunque rebus mobilibus et immobilibus, in potestate et ordinatione abbatum ipsius loci sine alicujus contradictione consistant. Igitur præcipientes præcipimus et statuentes statuimus ex auctoritate beati Petri principis apostolorum ut nulli liceat, etc.

Insuper etiam confirmamus, et ex nostra auctoritate constituimus ut supradictum monasterium in perpetuo teneat et possideat sine alicujus contradictione terram et decimas quas Albertus Ipporegiensis episcopus commutavit cum Alberto abbate prædicti monasterii, sicut in chartula commutationis continetur, anno ab incarnatione Domini nostri Jesu-Christi 1063; secundo die mensis Februarii, inductione prima. Sed ne iis sanctis ordinationibus quispiam invidus vel audax rebellis præsumat obviare, apostolica censura interdicimus et prohibemus sub divini judicii obtrectatione, atque anathematis interminatione. Idcirco, etc.

Datum in sacro Lateranensi palatio, decima Kalendas Aprilis, per manus Petri bibliothecarii S. Romanæ Ecclesiæ acoluti, vice domni Annonis Colonensis archiepiscopi, et ipsius Sanctæ Romanæ Ecclesiæ archicancellarii, anno vero secundo domni Alexandri II papæ, ab incarnatione Domini 1063, indictione prima.

XII.

Synodica ad omnes episcopos de rebus in synodo Romana 1 gestis.

(Anno 1063.)

[MANSI, *Concil.* XIX, 1023.]

ALEXANDER episcopus, servus servorum Dei, omnibus episcopis catholicis, cunctoque clero et populo, salutem et apostolicam benedictionem.

Vigilantia universalis Ecclesiæ regiminis assiduam sollicitudinem debentes omnibus, quæ in Constantiniana synodo nuper celebrata coram centum amplius episcopis, licet nobis immeritis præsentibus, sunt canonice instituta, vobis notificare curamus, quia ad salutem vestram exsecutores eorum vos esse optamus et apostolica auctoritate jubendo mandamus.

CAPITULA.

1. Primo namque inspectore Deo, sicut a sancto papa Leone, et a sanctæ memoriæ papa Nicolao primum statutum est, erga Simoniacos nullam misericordiam in dignitate servanda habendam esse decernimus; sed juxta canonum sanctiones, et decreta sanctorum Patrum, eos omnino damnamus, ac in Ecclesia non præesse apostolica auctoritate sancimus.

2. De his autem qui non per pecuniam, sed gratis sunt a Simoniacis ordinati, quia quæsita jam a longo tempore diutius ventilata est quæstio, omnem nodum dubietatis absolvimus, ita ut super hoc capitulo neminem deinceps ambigere permittamus. Quia igitur usque adeo hæc venenata pernicies hactenus inolevit, ut vix quælibet Ecclesia valeat reperiri quæ hoc morbo non sit aliqua ex parte corrupta, eos qui usque modo gratis sunt a Simoniacis ordinati, non tam obtentu justitiæ quam intuitu misericordiæ, in acceptis ordinibus manere permittimus, nisi forte alia culpa ex vita eorum secundum canones eis obsistat. Tanta quippe talium multitudo est, ut dum rigorem canonici vigoris super eos servare non possumus, necesse sit ut dispensatione ad piæ condescensionis studium nostros animos ad præsens inclinemus. Ita tamen, ut auctoritate sanctorum apostolorum Petri et Pauli omnimodis interdicamus ne aliquis successorum nostrorum ex hac nostra permissione regulam sibi, vel alicui sumat, vel præfigat; quia non hanc aliquis antiquorum Patrum jubendo aut concedendo promulgavit, sed temporis nimia necessitas permittendo a nobis extorsit. De cætero autem statuimus ut si quis in posterum ab eo quem Simoniacum esse non dubitat, se consecrari permiserit, et consecrator et consecratus non disparem damnationis sententiam subeant, ut uterque depositus agat pœnitentiam, et privatus ab ea propria dignitate persistat.

3. Præter hæc autem præcipiendo mandamus, ut nullus missam audiat presbyteri, quem scit concubinam indubitanter habere, vel subintroductam mulierem. Unde sancta synodus hæc a capite sub excommunicatione statuit, dicens : « Quicunque sacerdos vel diaconus post constitutum beatæ memoriæ prædecessoris nostri sanctissimi papæ Leonis aut Nicolai de castitate clericorum, concubinam duxerit palam, vel ductam non reliquerit, ex parte omnipotentis Dei, et auctoritate apostolorum Petri et Pauli præcipimus, et omnino interdicimus, ut non cantet missam, neque evangelium, neque epistolam ad missam legat, neque in presbyterio ad divina officia cum his, qui præfatæ constitutioni obedientes fuerint, maneat, neque partem ab ecclesia suscipiat. »

4. Et præcipientes statuimus ut hi prædictorum ordinum, qui iisdem prædecessoribus nostris obedientes castitatem servaverint, juxta ecclesias quibus ordinati sunt, sicut oportet religiosos clericos, simul manducent et dormiant, et quidquid eis ab ecclesia competit, communiter habeant. Et rogantes monemus ut ad apostolicam communem vitam summopere pervenire studeant, quatenus perfectionem consecuti, cum his qui centesimo fructu ditantur in cœlesti patria mereantur ascribi.

5. Ut decimæ, primitiæ seu oblationes vivorum et mortuorum, reddantur a laicis, et in dispositione episcoporum sint; quas qui tenuerit, a sanctæ Ecclesiæ separetur communione.

6. Ut per laicos nullo modo quilibet clericus aut presbyter obtineat ecclesiam nec gratis nec pretio.

7. Nec aliquis presbyter duas ecclesias obtineat.

8. Ut per Simoniacam hæresim nemo ordinetur vel promoveatur ad quolibet officium ecclesiasticum, neque ecclesiis præficiatur.

9. Et ut de consanguinitate sua nullus uxorem ducat usque ad septimam generationem, vel quousque parentela cognosci poterit. Quod prius a Nicolao II statutum fuit.

10. Et ut laicus uxorem simul habens et concubinam, non communicet Ecclesiæ.

11. Ut nullus habitum monachalem suscipiat, spem aut promissionem habens ut abbas fiat.

12. Ut nullus laicus ad quemlibet gradum ecclesiasticum repente promoveatur, nisi prius, mutato habitu sæculari, divina consecratione inter clericos fuerit comprobatus. Vos ergo hæc et alia sanctorum Patrum statuta fideliter et Christiana reverentia observate, si vultis sanctæ Ecclesiæ Romanæ et apostolicæ sedis pace et communione atque benedictione et absolutione gaudere. Valete.

ADDITIO G. C.

Adde ex Dolensi chronico : Hoc anno in Romano concilio definitum est ab Alexandro II, quod episcopus Nannetensis abbati Raimundo et monachis Dolensis cœnobii prius redintegret damnum omne quod eis violenter intulit, quam judicium inter eos celebretur.

NOTA SEVERINI BINII.

Hæc de his quæ in concilio sunt statuta summatim Alexander universæ Ecclesiæ. Quod autem spectat ad quartum canonem, quo decernitur ut clerici simul manducent et dormiant, bonaque in communi possideant, scias id factum suggestione Petri

Damiani, scriptis suis Alexandrum pontificem ad hæc sancienda rogantis. Exstant adhuc ipsæ litteræ quibus iste præponitur titulus : *Ut canonicis, a quibus in congregatione vivitur, proprietatis habendæ licentia denegetur.* Deinde : *Domino Alexandro beatissimo papæ Petrus peccator monachus servitutem. Quantum ad nostræ intelligentiæ modulum, nullum in humano genere malum perniciosioris est criminis, quam defensio proprietatis,* etc. Prolixior est disputatio in sæpius citato codice bibliothecæ Sancti Petri in Vaticano. Non de monachis, sed de clericis hujusmodi est sancitus canon ; at nec de omnibus clericis, sed his qui collegiatis servirent ecclesiis, quos frequentiore usu canonicos appellare consuevimus, ob id scilicet quod hisce tenerentur canonibus obligati, ad quorum præscriptum vitam ducerent clericalem in omnibus regularem, nihil sibi proprium vindicantem. Ad finem vero prolixioris disputationis, adversus proprietarios clericos institutæ, Petrus ita perorat, dicens : *Verumtamen ut hæc apud inobedientiam clericorum, imo nummicolarum rebellionem efficaciter valeant, sancti apostolatus vestri vigor impellat.* Quod dicti superius canonis sanctione factum audisti. In hoc eodem concilio canon ille de celebratione missarum ab eodem Alexandro sancitus esse putatur, qui recitatur a Gratiano verbis istis : *Sufficit sacerdoti unam missam in die uno celebrare,* etc. Cogendæ synodi occasionem præbuit Petrus Florentinus episcopus, qui a clero populoque Florentino per litteras, quas recitat Baronius, de Simonia et hæresi accusatus, episcopali honore privatus est. Hæc ex actis sancti Joannis Gualberti apud Surium Baronius anno prædicto.

XIII.
Alexandri II privilegium pro monasterio Vindocinensi.

(Anno 1065.)

Mansi, Concil. XIX, 970.]

Alexander episcopus, servus servorum Dei, dilectissimo filio Odrico abbati, Vindocinensis monasterii, cunctisque successoribus ejus ibidem regulariter promovendis in perpetuum.

Omnibus votis quæ de justo ac puro desiderio procedunt succurrere nos debere ipsa apostolica censura monemur. Quanto enim quisque altius effert oculos mentis ad divinæ speciem contemplationis, tanto nos ejus intentionem studiosius animare et exaltare debemus, ut ad illum qui est fructus et merces operum bonorum possit pervenire desiderium bonum. Confirmamus igitur atque per hujus nostri privilegii paginam corroboramus monasterium Sanctæ Trinitatis apud castrum Vindocinum situm, quod videlicet Gaufredus Andegavensis comes, et uxor ejus Agnes Pictavensis comitissa, fundaverunt et beato Petro in allodium et patrimonium cum universis rebus ad eumdem locum pertinentibus pia devotione obtulerunt. Hoc itaque monasterium, studio bonæ voluntatis fundatum et juri beati Petri contraditum, juxta fundatorum institutionem et tuæ religionis petitionem, charissime fili abba Odrice, ita apostolica auctoritate munimus, quatenus inter primæ et apostolicæ sedis pontificem et Vindocinensis monasterii abbatem nulla cujuscunque dignitatis vel ordinis persona sit media habeatur. Concedimus etiam omnibus hujus loci abbatibus ecclesiam Beatæ Priscæ, sancti Spiritus ju-

dicio decernentes ut nulla deinceps ecclesiastica sæcularisve persona prædictam Beatæ Priscæ ecclesiam seu ecclesiæ dignitatem eis auferre præsumat ; abbas Vindocinensis, qui alodiarius beati Petri noscitur, ab episcopo, vel a quolibet nostræ sedis vicario, ad concilium nullatenus vocetur. Hoc etiam præsentis decreti auctoritate prohibemus ut nulla, nisi solius papæ persona, potestatem aliquam aut dominationem in prædicto Vindocinensi cœnobio exercere audeat, vel pro aliquibus rebus ejusdem loci abbatem sive fratres sollicitare contendat. Sed si quis contra eos causari voluerit, papæ præsentia requiratur, cujus monasterium ipsum et res ad monasterium pertinentes esse noscuntur. Quod si legatus, a nostro vel nostrorum successorum latere missus, ad partes Transalpinas descenderit et prædictum locum Beati Petri placuerit visitare, ibi charitative suscipiatur, et ei quæ corpori erunt necessaria, juxta loci possibilitatem, ministrentur. Ipse vero in eodem loco nihil disponat, nihil corrigat, nec occasione legationis quidquam molestiæ loci habitatoribus inferat ; sed si quid agnoverit corrigendum, papæ notificare licebit. Præterea statuimus ut defuncto abbate ipsius loci, successor ei eligatur de eadem congregatione : si tamen sancto regimine dignus inveniatur. Si apud eos dignus prælatione inventus non fuerit, a Cluniaco, seu a Majori Monasterio, uti undecunque melius poterunt, procurent monachi Patrem sibi secundum Deum eligere. Electus autem, ad nos, vel ad nostros successores, ordinandus accedat, et a sede beati Petri apostoli cujus est juris, baculum et consecrationem accipiat. Si vero grave fuerit electo pro sua ordinatione statim Romam venire, licentiam habeat a quocunque voluerit catholico episcopo abbatis benedictionem suscipere. Quomodo tamen vel qualiter electio ipsa vel ordinatio facta exstiterit, studeant monachi ejusdem loci papæ litteris intimare ut aut emendet, si opus fuerit emendandum, aut si fuerit secundum Deum et Beati Benedicti regulam facta, bono studio gratuletur et sua auctoritate firmetur.

Neque illud omittendum est, magis autem huic nostræ confirmationi adnectendum, quod Theodericus Sanctæ Mariæ Carnotensis Ecclesiæ episcopus, in cujus diœcesi prædictus Vindocinensis locus situs noscitur, Clementi papæ epistolam suam transmiserit, rogans eum quatenus hic locus, consilio ejus et voluntate beato Petro oblatus, tali per eum corroboraretur auctoritate ut neque illi, neque successoribus suis hujus loci rebus vim vel calumniam inferre, sive de his quidquam subtrahere, vel pro qualicunque causa excommunicare sive interdicere, seu quamlibet potestatem aut dominationem in ipso loco exercere liceret, vel qualibet occasione rectorem loci vel fratres molestare præsumeret. Quod benigne Clemens papa annuit et sua auctoritate firmavit. Et nos nostra auctoritate dignum annuere censemus, et perpetuo anathemate prædicti episcopi damnamus successorem his præceptionibus refragantem, et calumniam inferre tentantem, donec resipiscat et Romanæ Ecclesiæ satisfaciat. Omnia autem, quæ præfatum monasterium usque hodie possedisse noscitur, firma, inconcussa eidem loco manere sine cujusquam retractatione sancimus. Censum vero duodecim solidorum de moneta illius patriæ BeatoPetro per unumquemque annum reddi volumus. Si comes Vindocinensis, vel quilibet de hominibus suis adversus prædicti loci abbatem querelam habuerit, in curia abbatis. pro dignitate loci. querela ipsa finiatur. Dimidia tamen sors torfacti, secundum constitutionem fundatorum monasterii, condonetur. Quicunque igitur contra hujus nostræ auctoritatis præceptionem scienter fecerit, nisi se correxerit digna satisfactione, maledictione Dei omnipotentis Patris, et Filii, et Spiritus sancti damnetur, confundatur, pereat, in cujus honore et nomine locus ipse constructus est. Deinde incurrat iram Dei genitricis, et apostoli Petri et omnium sanctorum, et nostra auctoritate sit excommunicatus, ut nunquam regnum Dei videat, sed cum diabolo et Juda traditore omnibusque impiis sit damnatus et in tenebris maneat et umbra mortis. Qui autem conservator hujus nostræ apostolicæ confirmationis et tuitionis exstiterit, ipse benedicatur omni benedictione, et partem habeat in regno Dei et gaudeat lætitia sempiterna in illa luce et claritate cœlorum, ubi est omne bonum in sæcula sæculorum. Amen.

Scriptum per manus Rainerii scriniarii et notarii sacri palatii in mense Maii, indictione I.

Datum Laterani per manus Petri sanctæ Romanæ Ecclesiæ subdiaconi atque cancellarii, vice domini Annonis Coloniensis archiepiscopi, VIII Idus Maii, anno II domni Alexandri II papæ, ab Incarnatione Domini 1065, indict. I.

XIV.

Alexandri II epistola ad Hugonem abbatem Cluniacensem. — Quod nemo sine apostolico judicio potest excommunicare monachos Cluniacenses, nec interdicere.

(Anno 1065.)

[Mansi, Concil. XIX, 973, ex Biblioth. Cluniac.]

Alexander episcopus, servus servorum Dei, dilectissimo filio Hugoni abbati monasterii, quod dicitur Cluniacum, in honore beatorum apostolorum Petri et Pauli consecratum, in comitatu Matisconensi situm, et per te cunctis successoribus tuis abbatibus in perpetuum.

Cum omnium fidelium perditionibus et necessitatibus subvenire debeat apostolicæ charitatis gratia, multo magis his est impertienda ejus beneficii clementia quos singulariter proprios, et specialiter se gaudet filios habere sancta Romana mater Ecclesia, et suæ utilitatis gratia, et præcedentium Patrum auctoritate egregia. Quorum etiam desideriis et votis eo plenius parere debet auctoritas apostolicæ sublimitatis quo certius constat eos non nisi illa desiderare et expetere quæ sunt ad honorem sanctæ pietatis et utilitatem veræ religionis. Et quoties in suæ necessitatis commodis nostrum assensum et solitum apostolicæ auctoritatis studuerunt humiliter requirere præsidium, ultro benignitatis intuitu nos convenit subvenire et rite pro magna securitate solidare, ut ex hoc nobis potissimum præmium a Conditore omnium, Deo, in sidereis arcibus conscribatur. Et ideo quia postulasti a nobis ut præfatum monasterium apostolicæ auctoritatis serie muniremus, et omnia ejus pertinentia perenni jure ibidem inviolabiliter permanendo confirmaremus et absque omni jugo seu ditione cujuscunque personæ, constabilire nostri privilegii pagina studeremus, propterea tuis flexus precibus, per hujus nostræ auctoritatis privilegium statuentes decernimus ut cuncta loca et monasteria, ad supradictum Cluniacum cœnobium pertinentia, quæ ab aliquibus fidelissimis Christianis, regibus, episcopis, ducibus, seu principibus eidem loco sunt concessa et ab antecessoribus tuis acquisita, Bernone videlicet, Odone, Eymardo, et beatæ recordationis S. Majolo, et bonæ memoriæ Odilone prædecessore tuo, vel quæcunque ad eumdem locum pertinere videntur, absque ullius contradictione, cum magna securitate quietus debeas possidere; et per te, universi successores tui in perpetuum. Necnon sub divini judicii promulgatione et confirmatione, et anathematis interdictione, corroborantes decrevimus ut nullus episcopus, seu quilibet sacerdotum, in eodem cœnobio, pro aliqua ordinatione sive consecratione ecclesiæ, presbyterorum vel diaconorum, missarum celebratione, nisi ab abbate ejusdem loci invitatus fuerit, venire ad agendum præsumat. Sed liceat monachis ipsius loci, cujuscunque voluerint ordinationis gradum suscipere, ubicunque tibi tuisque successoribus placuerit. Interdicimus autem sub simili anathematis promulgatione ut idem locus sub nullius cujuscunque episcopi, vel sacerdotis, deprimatur interdictionis titulo, seu excommunicationis vel anathematis vinculo. Non enim patitur sanctæ sedis apostolicæ auctoritas ut ullius cujuscunque personæ obligatione proscindatur a se cuilibet concessa liberalis libertas; neque ipsius loci fratres ubicunque positi, cujuscunque episcopi maledictionis vel excommunicationis vinculo teneantur astricti. Inhonestum enim nobis videtur ut sine nostro judicio a quodam anathematizetur sanctæ sedis apostolicæ filius, veluti cujuscunque subjectæ Ecclesiæ discipulus. Si qua vero competens ratio adversus eos quemquam moverit, et hoc aliter determinari nequiverit, judicium apostolicum, quod nulli præjudicium prætendere patitur, supra hoc patienter præstoletur et humiliter requiratur. Decernimus etiam et illius cujus vice, quamvis indigni, fungimur, auctoritate sancimus, ut isdem locus omnibus ad se ob salutem confugientibus sit misericordiæ sinus, sit totius pietatis et salutis portus. Obtineat in eo locum justus, nec repellatur pœnitere volens iniquus. Præbeatur innocentibus charitas mutuæ fraternitatis, nec negetur offensis spes salutis et indulgentia pietatis. Et si aliquis eumdem locum expetierit suæ humilitatis et salutis gratia, minime a venia et optata misericordia excludatur, sed oleo medicamenti salutaris fovendus benigniter colligatur, quia et justum sic est ut in domo pietatis et justa præbeatur dilectio sanctæ fraternitatis, et ad veniam confugienti peccatori non negetur medicamentum indulgentiæ et salutis. Sit autem omnibus ibi advenientibus causa salutis, hic et in perpetuum divinæ miserationis et pietatis refugium, et apostolicæ benedictionis et absolutionis præsidium. Decernimus præterea et omnino constituimus ut, prædicti loci obeunte abbate, non ibi alius cujuscunque personæ violentia constituatur ordinandus, sed ab ipsa congregatione loci, secundum timorem Dei et institutionem legislatoris Benedicti, Pater qui sibi præesse debeat eligatur, et ad eum ordinandum, quicunque illis placuerit episcopus advocetur. Quascunque vero terras nunc tenes, et quas tu tuique successores acquirere potueritis, in perpetuum possidendas concedimus vobis. Si quis autem temerario ausu, quod fieri non credimus, contra hujus nostræ apostolicæ confirmationis seriem venire aut agere tentaverit, sciat se Domini nostri Jesu Christi et apostolorum principis Petri anathematis vinculo innodandum, et cum diabolo ejusque atrocissimis pompis, atque cum Juda traditore Domini et Salvatoris nostri Jesu Christi in æternum ignem concremandum, simulque in voraginem, tartareumque chaos demersum cum impiis dejiciendum. Qui vero custos et observator nostri privilegii exstiterit, benedictionis gratiam et vitam æternam a Domino consequatur, etc.

XV.

Alexandri II epistola ad archiepiscopos Galliæ. — Mandat ut Petro Damiano Ostiensi episcopo, legato sedis apostolicæ, in omnibus fidem habeant et debite obediant.

(Anno 1063.)

[Mansi, *Concil.* XIX, 958.]

Alexander episcopus, servus servorum Dei, Gervasio Remensi, Richerio Senonensi, Bartholomæo Turonensi, M......... Bituricensi, T....... Burdigalensi, archiepiscopis, salutem et apostolicam benedictionem.

Non ignorat sancta vestra fraternitas, dilectissimi, quod ex auctoritate sedis apostolicæ, cui nos indignos clementia divina præfecit, totius universalis Ecclesiæ regendus ac disponendus nobis status incumbit. Quoniam igitur pluribus Ecclesiarum negotiis occupati, ad vos ipsi venire non possumus, talem vobis virum destinare curavimus quo nimirum post nos major in Romana Ecclesia auctoritas non habetur, Petrum videlicet Damianum Ostiensem episcopum, qui nimirum et noster est oculus et apostolicæ sedis immobile firmamentum. Huic itaque vicem nostram pleno jure commisimus, ut quidquid in illis partibus, Deo auxiliante, statuerit, ita ratum teneatur et firmum ac si speciali nostri examinis fuerit sententia promulgatum. Quapropter venerabilem sanctitatem vestram fraterna charitate monemus, et insuper apostolica vobis auctoritate præcipimus ut talem tantumque virum, tanquam nostram personam, digna studeatis devotione suscipere, ejusque sententiis atque judiciis, propter beati Petri apostolorum principis reverentiam, humiliter obedire. Quisquis enim fastu superbiæ, quod absit! inflatus, illius judicio contradictor vel adversator exstiterit, usque ad dignam satisfactionem, nostram vel Romanæ Ecclesiæ gratiam non habebit. Quia vero, cum ad vos Ghelmum misimus, adhuc adventum præfati domini Petri nos impetrare posse nullatenus speraremus, voluimus ut si quid apud vos Ghelmus cœpit, ad domini Petri magisterium veniat, et per ejus manum quidquid agendum est, fiat.

XVI.

Alexandri II epistola ad Gervasium Remensem archiepiscopum. — Prohibet ne consecret Josselinum Suessionensem episcopum de Simonia convictum. Belvacensem episcopum corrigi, et Ambianensem, ob injuriam Corbeiensi abbati illatam, ad satisfactionem adigi præcipit.

(Anno 1063.)

[Mansi, *Concil.* XIX, 956.]

Alexander episcopus, servus servorum Dei, Gervasio venerabili Remorum archiepiscopo, salutem et apostolicam benedictionem.

Pestem Simoniacam, quæ hactenus vestris in partibus quasi timida serpere solebat, nunc caput accepimus extulisse et gregi Dominico, tam timore quam pudore remoto, gravissimam jacturam instantissime inferre. Unde non mediocri mœrore afficimur, quippe qui nobis creditos et Christi sanguine redemptos quorumdam perversitate perire videamus. Quod totum sane archiepiscopis imputamus; nemo enim Simoniacus emptionem iniret, si se consecrandum fore desperaret. Sed quia archiepiscopi sine discretione consecrant, multi indiscrete ad episcopatus aspirant. Verum cum tempus acceperimus, adjutore Deo, et de consecratis et de consecratoribus justitias judicabimus. At vero audito tuo erga sanctam religionem bono studio, non modice gaudemus; quem strenuum cultorem ita in vinea Domini operari audivimus ut nulla Simonis propago in ea, quantum ad te attinet, radicare possit. Et quanquam admonitione non videaris egere, te tamen admonemus, atque præcipimus ut Josselinum Suessionensis Ecclesiæ non consecres episcopum qui, archidiaconatum Simoniace obtinuisse non contentus, episcopari etiam pecunia contendit. Belvacensem autem episcopum, quem res ecclesiasticas et populum Dei atrociter disperdentem audivimus, si verum est, jubemus ita virga sanctæ auctoritatis ferias ut cæteros, si qui sunt similes ejus, exemplo corrigantur. Porro Ambianensis episcopus, a nobis admonitus ab injuria Corbeiensi abbati illata, non veritus nostram auctoritatem, non modo non desistit, verum etiam in dies eam multiplicat. Quare utrumque ad te maturius convoces, eorum contentioni finem canonice impositurus. Quod si per te nequiveris, rem totam ad sedem apostolicam tempestivius per epistolam referas, ut apostolica auctoritate hæc contentio sopita conquiescat. Hæc agas et aliis quoque Ecclesiæ utilitatibus hortamur inservias, ut laboris tui Dominum Jesum quandoque habeas largissimum retributorem, et nostram erga te benevolentiam sentias certiorem.

XVII

Alexandri II epistola ad Jocelinum archidiaconum Parisiensem. — De eo qui episcopatum per Simoniam et homicidium acquisiit.

(Anno 1063.)

[Mansi, Concil. XIX, 978.]

Litteris ad sedem apostolicam allatis comperuimus te, contempto sanctorum Patrum anathemate, archidiaconatum non modo pecunia, verum etiam homicidio acquisiisse, et nunc, tanta sceleris contagione maculatum, Suessionensem episcopatum per detestabile Simoniacæ hæresis commercium comparasse. Unde apostolica auctoritate tibi interdicimus ut ordinationem suscipere non præsumas, donec ante nos vel legatum nostrum purificare te super hac infamia studeas

XVIII.

Alexandri II epistola ad Widonem episcopum Ambianensem. — Jubet ut desistat ab inquietatione abbatis et monasterii Corbeiensis; alioquin suspendit ipsum ab officio, et excommunicat, donec abbati coram archiepiscopo Remensi satisfaciat.

(Anno 1063.)

[Mansi, Concil. XIX, 975, ex apographo Sirmondi.]

Alexander, servus servorum Dei, Widoni Ambianensi episcopo, salutem et apostolicam benedictionem.

Miramur fraternitatem tuam, neglectis sanctorum canonum auctoritatibus, postposita quoque sanctæ apostolicæ sedis reverentia, injuste et sine ulla ratione monasterium Corbeiense inquietare et abbatem, a prædecessore nostro piæ memoriæ Leone ordinatum, temeraria præsumptione excommunicasse; altaria quoque, juri ipsius monasterii pertinentia, contra sanctorum canonum instituta, aliis, unde maxime indignamur, collata, dato ab ejusdem monasterii abbate pretio, non reddidisse, ita videlicet ut in his prædictis omnibus privilegia, ab antecessoribus nostris canonica et apostolica auctoritate confirmata, pro nihilo duceres et sanctæ universali Ecclesiæ nullius obedientiæ reverentiam exhiberes. Unde monemus et apostolica auctoritate omnino præcipimus ut ab istiusmodi præsumptionibus manum retrahas et injuriam præfato monasterio et abbati ulterius inferre non præsumas. Quod si huic nostræ admonitioni aurem debitæ obedientiæ non inclinaveris et supra memoratum monasterium ulterius inquietare tentaveris, apostolica auctoritate sancimus ut idem chrisma, et ordinationes, et cætera, quæ a te solitus est recipere, ab archiepiscopo Remensi, vel a quolibet alio quem sibi opportunius providerit, deinceps recipiat. Si autem superbia elatus, his nostris præceptionibus obviaveris et supra dicto monasterio injuriam amplius inferre præsumpseris, scias te omni episcopali officio et sacerdotali privatum esse, donec tumorem superbiæ debitam per humilitatem dimiseris et nobis et sanctæ apostolicæ sedi per condignam obedientiam satisfacere studueris. Si autem, secundum duritiam et impœnitens cor tuum, iram tibi apostolicæ sedis, spreta hac nostra admonitione, thesaurizaveris, omnino tibi sacrosanctam communionem interdicimus, nisi, cum in periculo mortis fueris constitutus, donec ante præsentiam fratris nostri Remensis archiepiscopi, cujus judicio omnem hanc causam commisimus, supra dicto abbati satisfacias.

XIX.

Alexandri II epistola ad Gervasium archiepiscopum Remensem, de Cadaloi pseudopontificis vinculis, et de Simoniacis extirpandis.

(Anno 1063.)

Mansi, Concil. XIX, 945.]

Alexander episcopus, servus servorum Dei, charissimo confratri Gervasio Remensi archiepiscopo, salutem et apostolicam benedictionem.

Visis fraternitatis tuæ litteris evidenter intelleximus eam matri suæ, sanctæ Romanæ Ecclesiæ, sinceram compassionem exhibere, ipsamque, si facultas daretur, præsentia corporis velle visitare. Et quia sollicitudinem tuam de ejusdem prosperitate lætari, quemadmodum de infortunio contristari, non dubitamus, annuntiamus tibi, divina suffragante clementia, Cadaloi præsumptionem, extollentem se adversus apostolicam sedem, tanto amplius ad majorem sui ignominiam devenisse quanto ipse speraverat altioris superbiæ culmen ascendisse. Siquidem proprii nominis etymologiam evidenter intelligens ad reparandam pecuniam, in periculum capitis sui a fautoribus suis distributam, cujusdam turris præsidio gemebundus servatur.

Unde per misericordiam Dei speramus nullo modo posse evadere, donec quidquid contra sanctum Petrum nequitia sua præsumpsit, satisfecerit digna emendatione. Quod igitur Simoniacæ hæreseos pestem, quæ in partibus illis vires adhuc obtinet ejus dolo, velle insequi significasti, non parum devotionis tuæ studio congaudemus. In quo nimirum adeo specialem dilectionem a nobis et filiis sanctæ Romanæ Ecclesiæ promeruisti, ut a nonnullis, te odio habentibus, odium nobis evidentibus indiciis exhiberi declaretur. Super Aurelianensem denique, qui Simoniace episcopatum obtinuisse et inde perjurium tribus aliis sibi adhibitis incurrisse probatur, sententiam dare archiepiscopum Senonensem litteris nostris admonuimus; quem nimirum, ut cum ipso convenias et negotium illud pariter agas, apostolica auctoritate hortamur. Abbatem quoque Sancti Medardi, jam pridem excommunicationis vinculis innodatum, omnibus modis operam dare studeas, ut de abbatia quam injuste retinet ejiciatur, et alter digne et canonice substituatur.

Cætera vero quæ in litteris tuis continentur ad præsens distulimus, præsertim cum in præsentia tui, quam desideramus videre, id melius fieri existimamus; non enim panis securi, neque arbor cultro succidi solet. De causa autem Amelrici iterum et iterum te admonemus ut quod in apertis litteris nostris continetur, omni studio omnique sollicitudine peragas.

XX.

Alexander II papa Lanfranci abbatis monasterium, « quod Cadomi construitur, » tuendum suscipit.

(Anno 1063.)

[MABILL., Annal. Ord. S. Bened. IV, 645.]

Charissime fili Lanfrance abbas, quia in tantam te excrevisse religionem cognoscimus, ut non solum de propria salute studiosus existeres, verum etiam communem vitam eligentibus monasterium construeres ac formam religionis provideres, inclinati precibus tuis, monasterium tuum quod Cadomi construitur sub tutela et defensione apostolicæ sedis recipimus, et omne jus ipsius monasterii ad sollicitudinis tuæ tuorumque successorum studium decernimus pertinere.

XXI.

Alexander papa II confirmat donationes et privilegia Conventriensi cœnobio ab Edwardo rege concessa.

(Anno 1065?)

[COCQUELINES, bullarum, privileg. etc., summorum pontificum ampliss. Collectio, II, 4.]

ALEXANDER episcopus, servus servorum Dei, dilecto filio EDWARDO regi Anglorum, salutem et apostolicam benedictionem.

Scriptorum vestrorum eloquia, incolumitatem vestram significantia, læti suscepimus. Gratias itaque omnipotenti Deo retulimus, qui cordis vestri sinceritatem ad omnia utilia sanctæ matris Ecclesiæ compungit. Proinde, juxta scripta vestra, monasterio Sanctæ Mariæ de Conventria ubi servorum Dei constituta est congregatio a reverendæ memoriæ Leofrico, duce nuper exstincto, hujusmodi privilegia præsentis auctoritatis nostræ indulgemus, concedimus atque confirmamus, statuentes ut ipse locus, regiis præceptis et privilegiis apostolicis fultus, per omnia tempora sine vexatione cujuscunque diœcesani episcopi, aut alicujus judiciariæ potestatis, cujuscunque ordinis vel dignitatis sit, et semper, sicut præoptat et expetit benevolentia tua regalis, futuro tempore permaneat. Fratres igitur ejusdem loci idoneos ex se, vel ex qua volueriut congregatione, abbates sive decanos sibi per successiones eligendi habeant potestatem; et ne impediantur auctoritate apostolica prohibemus. Præterea quidquid illi loco contulerunt, vel collatum est, vel conferetur, divina et nostra auctoritate roboramus. Nec non privilegia vestra ad honorem Dei pertinentia quæ ibi instituere volueris, gratanti

affectu annuimus, confirmamus et confirmando in perpetuum stare decrevimus. Et infractores eorum æterna maledictione damnamus.

Acta anno Dominicæ Incarnationis millesimo [leg. sexagesimo] quadragesimo tertio.

XXII.

Alexandri II epistola ad Gervasium Remensem archiepiscopum ejusdemque suffraganeos. — Excommunicationis sententiam in Reginaldum monasterii Sancti Medardi invasorem a Petro Damiani latam confirmat, eamque exsecutioni mandari præcipit.

(Anno 1064.)

[MANSI, Concil. XIX, 958.]

Si quod officii vestri est exsequeremini, non abbatem, sed maleficum Reginaldum, a Petro Ostiensi episcopo et a vobis in conciliis justa ratione, ut nobis relatum est, condemnatum, ab ipso Sancti Medardi, quod Simoniace invasit, cœnobio penitus eliminaretis. Quod, si causa cupiditatis, aut amore vel timore alicujus potentis personæ, explere renuistis, hæc omnia Dei omnipotentis timori præposuistis et nullum dispersis monachis solatium regrediendi præbuistis. Quapropter ejusdem Rainaldi malitia magis multiplicatur et crescit. Hæc vero idcirco mandare curavimus, quia ex iisdem dispersis monachis quidam ad nos venerunt flentes et ejulantes, alii litteras direxerunt lamentabiles, justitiam sancti Petri, nostramque consolationem pro tali injustitia requirentes. Unde supradicti Petri vestramque nostra auctoritate corroboramus sententiam, eumdemque Rainaldum ei consentaneos ejus anathematizamus, ipsumque cœnobium, quandiu in eo manserit, interdicimus, et ut idem faciatis vobis mandamus.

XXIII.

Alexandri II epistola ad Gervasium Remensem archiepiscopum. — De amoto Carnotensis Ecclesiæ Simoniaco invasore Gervasio et regi gratias agit; Aurelianensem eadem de causa amoveri petit.

(Anno 1064.)

[MANSI, Concil. XIX, 959.]

ALEXANDER episcopus, servus servorum Dei, charissimo fratri GERVASIO Remensi archiepiscopo, salutem et apostolicam benedictionem.

Debitas fraternitati tuæ grates rependimus quod, in ejectione Hi...a nobis damnati, quod Carnotensem Ecclesiam Simoniace invaserat, te promptum sollicitumque ostendisti, quodque, ut alter dignus et idoneus eidem Ecclesiæ canonice substitueretur charissimo filio nostro, Philippo, Francorum regi, consilium dedisti. Cui nimirum suisque optimatibus ut dignas super hoc grates rependas prudentiam tuam invitamus. Noverit etiam fraternitas tua nos confratrem nostrum Senonensem archiepiscopum admonuisse quatenus Aurelianensis Ecclesiæ invasorem (Hadericum) nostra apostolica auctoritate excommunicet. Claret enim ipsum Simoniace episcopatum obtinere, et ad obtegendam reatus sui improbitatem perjurium in Cabilonensi synodo incurrisse, suaque fraudulentia confratrem nostrum Petram Ostiensem episcopum, a quo eadem synodus celebrata est, decepisse Super hæc etiam, ad augmentum criminum suorum, litteras apostolatus nostri, quibus ad hæc examinanda vocabatur, omnino refutavit. Quapropter charitatem tuam apostolica auctoritate admonemus ut præfato Senonensi archiepiscopo in damnatione Aurelianensis invasoris contempto timore et gratia omnium, te socium et adjutorem adhibeas.

XXIV.
Privilegium Alexandri II papæ pro monasterio Salvatoris et S. Bonifacii Fuldensis.
(Anno 1064.)
[DRONKE, *Codex diplomaticus Fuld.*, pag. 570.]

† A. episcopus, servus servorum Dei, WIDERATO pio et religioso abbati venerabilis monasterii Salvatoris Domini nostri Jesu Christi et Sancti Bonifacii, quod situm est in loco qui vocatur Bochonia juxta ripam fluminis quod vocatur Fulda, et per te eidem venerabili monasterio tuisque successoribus in perpetuum.

Convenit apostolico moderamini pia religione pollentibus benevola compassione succurrere et poscentibus juste et religiose alacri devotione assensum impertiri. Ex hoc enim lucri potissimum præmium a conditore omnium, Deo, procul dubio promeremur, si venerabilia loca opportune ordinata ad meliorem fuerint sine dubio statum perducta. Igitur, quia postulastis a nobis, decrevimus nostra apostolica præceptione reconcedere ac reconfirmare perpetualiter vobis vestrisque successoribus prædictum monasterium Salvatoris Domini nostri Jesu Christi et Sancti Bonifacii, situm in loco qui vocatur Bochonia juxta ripam fluminis quod dicitur Fulda, cum omnibus rebus mobilibus et immobilibus sibi pertinentibus, quas nunc habet, et in futuro, Deo auxiliante, habebit. Concedimus etiam atque donamus vobis, charissime ac dilectissime fili, vestrisque successoribus abbatibus in perpetuum pro magno nostro amore nimiaque dilectione, quam circa vos habemus et habere deinceps cupimus, monasterium Sancti Andreæ apostoli, quod vocatur Exaiulum, situm Romæ juxta ecclesiam Sanctæ Dei genitricis Mariæ semper Virginis, quæ vocatur Ad Præsepe, cum omnibus mansionibus, caminatis, cellis vinariis, et coquina, cum vineis, hortis, diversisque generibus pomorum, cum curte et puteo et introitu per portam majorem a via publica, et cum omnibus ad idem monasterium generaliter pertinentibus, tam intra quam extra urbem sitis, quæ ei juste ac recte pertinere dignoscuntur. Prohibemus autem omnem cujuslibet Ecclesiæ sacerdotem in idem vestrum Fuldense monasterium quamlibet ditionem habere, vel auctoritatem, præter nostram apostolicam sedem; specialiter episcopum in cujus diœcesi constructum esse videtur, ita ut, nisi ab abbate monasterii fuerit invitatus, nec missarum solemnia ibidem celebrare præsumat. Dona vero, et oblationes decimasque fidelium, absque ullius personæ contrarietate, firmitate perpetua ipsi monasterio vestro, secundum prædecessorum nostrorum privilegia, confirmamus et corroboramus. Decernimus etiam ne alicui personæ magnæ vel parvæ liceat aliquam vim vel controversiam inferre eidem monasterio in rebus ac familiis ejus, et ne femina unquam illuc ingredi præsumat nostra apostolica interdicimus auctoritate, et ne quis unquam placitum ibi habeat vel in cæteris ejus locis nec servos nec colonos ad aliquod servitium constringat, nisi cui abbas ad utilitatem suæ necessitatis assensum præbuerit. Eligendi quoque abbatem sibi, quando opus fuerit, fratres inter se potestatem habeant secundum regulam sancti Benedicti, sine ullius contradictione personæ.

Cæterum vero hoc deliberantes decernimus ut, congruis temporibus, nostræ sollicitudini ecclesiasticæ intimetur qualiter religio monastica regulari habitu dirigatur, concordiaque convenienti ecclesiastico studio mancipetur, ne forte, quod absit! sub hujus privilegii obtentu, animus gressusque rectitudinis vestræ a norma justitiæ aliquo modo retorqueatur. Concedimus etiam tibi, quem bene eruditum et bene eloquentem virum esse novimus, dulcissime fili, prædicare verbum Dei auctoritate sancti Petri apostoli Dei et nostra ejus vicarii, et ut tam vos quam successores vestri ante alios abbates Galliæ seu Germaniæ primatum in omni loco conventuque nostra apostolica auctoritate obtineatis. Usum quoque dalmaticæ et sandaliorum in missarum solemniis licentia nostræ apostolicæ auctoritatis concedimus tam vobis quam successoribus vestris, secundum quod in privilegiis prædecessorum nostrorum habetur. Abbas vero nonnisi a nostra apostolica sede benedicatur, a qua benedici debet, et si in aliquo crimine accusatus fuerit, de eadem nostra apostolica sede tantum judicium exspectet. Illud etiam generaliter addendum dignum duximus ut, quidquid auctoritate antecessorum quorumlibet nostrorum, regum et imperatorum, ipsi vestro Fuldensi monasterio constat fuisse concessum, sit etiam nostra apostolica auctoritate per hoc nostrum privilegium confirmatum atque corroboratum, statuentes apostolica censura; sub divini judicii obtestatione, ne quis unquam nostrorum successorum pontificum Romanorum, regum, ducum, marchionum, comitum, et præterea archiepiscoporum, episcoporum, aut cujuslibet dignitatis vel conditionis hominum contra hoc nostrum privilegium quidquam audeat attentare. Quod si quis præsumpserit, sciat se nostri anathematis vinculo usque ad dignam satisfactionem insolubiliter innodatum. Qui autem pio intuitu se custodierit, et ne in aliquo infringatur a se observaverit, benedictionis gratiam et peccatorum suorum absolutionem a retributore omnium bonorum Deo consequi mereatur ut in cœlesti sede glorietur.

Datum per manus Petri, sanctæ Romanæ Ecclesiæ subdiaconi, et vice domni Annonis Coloniensis archiepiscopi, cancellarii in Lateranensi palatio,

XXV.

Alexander II papa concedit privilegium monasterio Sancti Miniatis.

(Anno 1063.)

[LAMI, *Ecclesiæ Florentinæ Monumenta*, tom. II, pag. 1183.]

ALEXANDER episcopus, servus servorum Dei, OBERTO monasterii Sancti Miniatis abbati, suisque successoribus, in perpetuum.

Nostræ intentionis tunc bene implemus officium, cum juste petentibus facile præbemus auditum. Ideo enim apostolica sedes, cui, Deo propitio, præsidemus, infirmissimæ petræ posita est specula, ut undique puro mentis spiritu circumspiciens, et per devia gradientes, æquitate judice, corrigat, et ad salutis portum tendentibus ducatum diligenti sollicitudine porrigat; tanto siquidem charitatis præcepta melius implemus, quanto studiosius Deo famulantibus auxilii manum præbemus : necessitatibus quippe sanctorum vere communicamus, si eorum sacratissima corpora custodientibus et adjutorii subsidium et defensionis præsidium damus. Sic denique sacrarium exauditionis nobis aperiri speramus, si in oratione quotidie perseverantes pia devotione adjuvamus. Quapropter, fili charissime, o venerabilis abbas, te prælibatumque monasterium præfati martyris Miniatis, suorumque septem comitum, in specie septiformis gratiæ sancti Spiritus sanguine consecratum, ac eodem præfulgente octo beatitudinum similitudine decoratum, inclinati precibus tuis in tutelam apostolicæ defensionis suscipimus, atque, quia in prædicto insigni monasterio, sito in monte Florentino, non longe ab urbe præmissorum octo beatorum martyrum suorumque innumerosorum sociorum corpora requiescunt, illud apostolicæ auctoritatis vigore roboramus, sibique confirmamus omnia quæcunque possidet, et quæ reges et imperatores, et Hildebrandus, Lambertus, Attho, etc., Gerardus, Florentini præsules, contulerunt, nominatim Montem Regis, in quo prædicto Miniatis martyris ecclesia posita est, cum omni pertinentia ejusdem curtis, et campum Martii, et Bisarium a flumine Arno usque ad viam publicam, stabiliter cum omnibus castellis, agris, vineis, silvis atque familiis a prælibatis regibus sive imperatoribus atque præsulibus collatis, inviolabili sanctione concedimus, et concessa in sæpe dicto monasterio ad monachorum hospitumque usum in perpetuum permansura mandamus.

Confirmantes quoque sibi ecclesiam Sanctæ Mariæ Albuini, sitam in Albarito cum omnibus pertinentiis suis, et omnia castella et ecclesias, curtes atque terras, et familias cum omnibus pertinentiis suis quæ jam dicto monasterio Sancti Miniatis dederunt Azo, Azonis filius, et uxor ejus Amaldruda, et Guelfredus, filius Teuzonis, et uxor ejus Maria, et Azo, filius Rainerii, et Ermingarda filia prælibati Azonis; et Raimbertus, filius Addolfi, et mater sua, et Rodulfus, qui Feuscolus vocatur, Gerardii filius; et Theodicius, filius Rainerii, et uxor et filii eorum; ecclesiam quoque Sancti Petri, juxta Imam fluvium positam, cum omnibus pertinentiis suis. Hæc et omnia quæ supra dicta beati Miniatis martyris ecclesia per diversa tempora a principio sui juste recepit vel acquisivit, aut receptura vel acquisitura est in futurum, constituimus, sancimus atque inviolabiliter eidem ecclesiæ duratura stabilimus, ita ut nullus rex, nullus dux, nullus marchio, nullus vicecomes, castaldio vel curialis, nulla prælata vel privata, magna sive parva persona, te præfatumque monasterium in bonis suis minuere, vexare, inquietare, aut molestias inferre temeraria præsumptione audeat, salva tamen Florentini episcopi reverentia, cujus juri eidem monasterium legaliter subjicietur. Si quis autem sciens hanc nostram apostolicam constitutionem contumax infregerit et admonitus non emendaverit, anathematis jaculo confossus cum Juda traditore pereat. Si quis autem devotus conservator exstiterit, Christo duce, ac intercedente Petro, antiquæ promissionis et novæ redemptionis patriam sine fine possideat. Cætera desunt.

XXVI.

Constitutio Alexandri papæ II pro monasterio Sancti Petri Perusini.

(Anno 1065, Aprilis 27.)

[MARGARINI, *Bullar. Casin.*, tom. II, pag. 98, ex archiv. S. Petri Perusini.]

ALEXANDER episcopus, servus servorum Dei, venerabili monasterio beati Petri apostoli, sito extra, imo et juxta civitatem Perusiam, in loco qui dicitur Caprarius, et per illud RAYNERIO abbati, ejusque successoribus ibidem jure et regulariter promovendis in perpetuum.

Cum universalis sancta mater Ecclesia per gloriosos apostolorum principes, Petrum scilicet piscatorem hominum, ac Paulum doctorem gentium, præ cæteris cooperatoribus maxime sit coadunata, instituta et ditata, convenit eis confirmari et detineri omnia, quæ suæ ditionis ac potestatis reperiuntur specialia. Quapropter ad hujus supradicti monasterii honorem semper augendum et nunquam minuendum concedimus, per hoc apostolicæ defensionis privilegium, ut teneat et habeat pacifice et quiete quod hactenus tenuit et habuit, et nunc tenet et habet, scilicet cellas suas et ecclesias, cortes suas ac plebes, fundos etiam et casales, plebem scilicet Sancti Constantii, et Sancti Ruphini, ac Sancti Martini; ecclesiam Sanctæ Mariæ in Agellione, cum suis pertinentiis; cortem de Casale, et cortem Sancti Justini, cortem de Petroniano, ecclesiam Sancti Andreæ de Aliano cum sua pertinentia, ecclesiamque Sanctæ Mariæ in Petiniano, et ecclesiam Sancti Clementis, atque medietatem ecclesiæ Sancti Donati in civitella, necnon et terram Ugonis, nepotis Bernonis de Monte Nigro. Apostolica quoque auctoritate tibi corroboramus quod in privilegio prædecessoris nostri beatæ memoriæ Nicolai continetur, videlicet in comitatu Perusino bona quædam ecclesiæ sanctorum Apollinaris, Blasii, nec non et Montani, quod ecclesiæ Farfensi Sanctæ Mariæ dedit Hugo Alberici filius, cum suis adjacentiis, quidquid sit, seu castellum, seu villæ, sive servi, sive ancillæ, seu terra culta vel inculta, seu postea quidquid omnibus suprascriptis ecclesiis ab ipsis monachis acquisitum, uti hoc prædictum bonum, ut prælibavimus, abbas Farfensis prædecessor Berizoni abbati suisque successoribus, sub censu definito, singulis annis persolvendo, duodecim scilicet solidorum monetæ Papiensis, contulit. Insuperque confirmamus eidem monasterio in perpetuum massas tres in comitatu Perusino positas, unam quæ vocatur Pusulo, alteram Filoncio, et aliam quæ nuncupatur Casalini, cum ecclesiis, casis, vineis, campis, hortis, montibus cultis et incultis, omnibusque suis pertinentiis. Monasterium quoque Sancti Angeli in comitatu Arisati, in loco qui dicitur Tolliano, et Limisano, cum cellis et capellis suis et cum omnibus sibi pertinentibus, necnon quidquid deinceps præfatum Sancti Petri monasterium, quovis modo divinis vel humanis legibus cognito, acquirere potuerit hujus nostri apostolici privilegii tenore confirmamus. Licentiam quoque damus tibi de omnibus tuis clericis, tam in monasterio degentibus, quamque etiam foris in possessionibus tuis manentibus, a quocunque volueris idoneo et canonice locato episcopo eos ordinandi, et chrisma in suis plebibus accipere; si tamen ab episcopo, in cujus diœcesi præfatum monasterium situm est, nec ordinationes, nec chrisma potueris canonice et gratis obtinere, aut impetrare, et de ecclesiis consecrandis eodem modo. Et nullus episcopus ad idem monasterium pertinentem excommunicare, aut damnare audeat, si in causa sua nostrum ac sanctæ apostolicæ sedis patrocinium et examen flagitat. Romani autem pontificis donum abbatiæ et abbas ipse et consecratio abbatis sit in perpetuum. Etenim remota excusatione, nisi canonica, ad synodum quandocunque a summo pontifice vocatus fuerit, veniat. Porro oblationes, eidem monasterio collatæ vel conferendæ, tam pro vivis quam pro defunctis, a nullo episcoporum pervadantur, sed ex integro proficiant monasterii utilitatibus, ac fratrum necessitatibus. Decimæ autem ejusdem monasterii in susceptione hospitum et peregrinorum ad portam ipsius monasterii conferantur. Servitium quoque et quod vulgariter dicunt *Foderum*, nec imperatori, nec regi, nec marchioni, nec alicui hominum liceat ex eodem monasterio, aut ex pertinentia ejus requirere nisi soli apostolicæ sedi nostræ. Insuper et ibidem sepeliri nequaquam prohibeat mortuum. Episcopus vero publicus missas et stationes ibidem facere non audeat, nisi ab abbate ipsius monasterii fuerit invitatus, ne, sicut beatus Gregorius dicit, in

servorum Dei secessibus ulla occasio præbeatur popularibus conventibus; et simpliciores ex hoc animos plerumque, quod absit, in scandalum trahat, frequentior quoque mulierum introitus. Quod si, invitante vel annuente abbate, episcopus missas publicas ibidem facere voluerit, his tantum diebus id agat, scilicet secunda feria Paschæ, et beatorum Petri et Pauli natalitiis, sed nullas inde oblationes tollat ipse aut aliquis clericorum ejus, invito abbate ac fratribus.

Statuimus quoque ut, obeunte abbate monasterii ipsius, nec episcopus nec aliquis clericorum ejus, in distribuendis providendisque acquisitis, acquirendisve ejusdem monasterii rebus, nulla se occasione permisceant. Abbatem vero eidem monasterio non alium, sed quem dignum moribus atque aptum disciplinæ monasticæ, communi consensu, congregatio tota poposcerit, si ex se habuerit; vel si ab alia congregatione sibi elegerit, absque aliqua venalitate, a Romano pontifice conservandum.

Decernimus etiam ut omnes eidem monasterio chartæ contrariæ et nocivæ, omnino vacuæ et inanes existant. Præterea apostolica nostra auctoritate constituimus et confirmamus ut nullus imperator, rex, episcopus, dux, marchio, comes, vicecomes, castaldio, aut aliqua quælibet magna parvaque persona, prædictum abbatem suosque successores canonice intrantes de jam dicto monasterio, vel de omnibus suis rebus et proprietatibus, mobilibus et immobilibus ac sese moventibus molestare, devestire aut inquietare audeat. Si quis ergo contra hujus nostri apostolici privilegii decretalem paginam temere agere tentaverit vel præsumpserit, auctoritate sanctæ et individuæ Trinitatis, et beatorum apostolorum Petri et Pauli, et nostra, perpetuæ maledictionis anathemati se subjacere noverit, donec resipiscens satisfecerit; insuper compositurus existat duodecim libras auri; medietatem nostro sacro palatio, medietatem ipsi monasterio. Qui vero pio studio hanc observare voluerit, et præfatum monasterium in nulla sua justitia, vel rebus suis fraudaverit, sive qui ei reverentiam habens, pro Deo, de suis aliquid contulerit, benedictionis gratiam a Domino Deo consequatur, et per clavigerum principem cœli, januas regni cœlestis introduci mereatur.

Scriptum per manum Guinizonis notarii sacri palatii, sanctæque Romanæ Ecclesiæ, in mense Aprilis, et indictione tertia.

Datum Laterani xv Kal. Maii, per manus Petri sanctæ Romanæ Ecclesiæ bibliothecarii, anno iv domni Alexandri papæ II.

XXVII.

Alexandri papæ II privilegium pro abbatia Sancti Dionysii.

(Anno 1065.)

[DOUBLET. *Hist. de l'abbaye de Saint-Denis*, p. 466.]

ALEXANDER episcopus, servus servorum Dei, regibus et ducibus, principibus atque dominatoribus, et eis omnibus qui tunc sunt et venturi sunt futuris temporibus.

Quoniam justis petitionibus assensum nos præbere, et Ecclesiæ sanctæ vigilanter utilitatibus oportet inservire, Deo nostro sine dubio per hoc speramus nos placere, si res et ecclesiasticas constitutiones a sanctis Patribus ita ut constitutæ sunt cogamus permanere, et ne deinceps ab iniquis impune corrumpantur, nostra auctoritate corroborare. Quapropter notum facimus præsentibus et futuris omnibus, videlicet regibus et ducibus, principibus et dominatoribus, seu cunctis apostolicæ sedis fidelibus, quod venerabilis abbas Rainerius, et monachi monasterii beati Dionysii martyris, ubi ipse sanctus in corpore quiescit, nostram præsentiam adierunt, suppliciter postulantes quatenus privilegia, eidem monasterio a domno Dagoberto, Francorum rege, ipsius loci fundatore concessa, sed et Clodovei, filii ipsuis Dagoberti, regumque simul eorum omnium immunitatum confirmationes, quicunque suam illi monasterio beati Dionysii martyris auctoritatem promulgantes præstiterunt, sed et privilegium quod fecit dominus et venerabilis Landericus Parisiacæ urbis episcopus, una cum consensu suorum canonicorum pariterque regionis illius episcoporum, de libertate et emissione clericorum in suis ordinibus omnibus, quod videlicet omnes secundum metas a se discretas in circumscripto ecclesiis deservientes, a sua et omnium suorum successorum potestate absolvit, et abbati et fratribus monachis supradicti monasterii regendum et disponendum contradidit, sanctorumque prædecessorum nostrorum Romanorum pontificum, Zachariæ, Stephani, Leonis, Adriani, Nicolai atque beatæ memoriæ domini Leonis privilegiorum decreta, sancta et apostolica auctoritate confirmata, nec non privilegium episcoporum illius patriæ de prædicti loci corroboratione temporibus Caroli regis factum, nos demum manum imponentes, nostra etiam auctoritate dignaremus roborare.

Providentes ergo eidem Ecclesiæ, et ad munimentum prælati ibi abbatis, atque fratrum præsentium et futurorum, qui in ipso venerabili monasterio Deo militare vident et utile fore auctoritate beati Petri apostoli (cujus nos immeriti vicarii existimus) et nostræ privilegio paginæ prædictorum regum, seu prædecessorum nostrorum et ejusdem patriæ venerabilium episcoporum decreta roboramus, regum omnium potentiam, sive successorum nostrorum a Christo creditam auctoritatem obtestantes, ne locum sancti Dionysii Christi martyris, suis auctoritatibus et privilegiis roboratum, vel per se, vel sibi subditos, quoquomodo temerare patiantur in ævum. Sancientes etiam promulgamus ne ullus aliquando Parisiacæ urbis, vel aliarum Ecclesiarum episcopus, quaqua ratione vel quacunque causa ab abbate, vel a fratribus prædicti loci, vel ab his omnibus qui sub eorum potestate, secundum Patrum prædictorum decreta, sunt constituti, aliquid in piis privilegiis a nobis corroboratum audeat utcunque repetere. Præcipimus quoque ne quis eorum episcoporum a quibus ista postulare voluerint, eis oleum, chrisma, tabulas, benedictiones, consecrationes, ordines, suis temporibus (prout ipse abbas vel patres vel eorum successores expetierint) præsumat denegare, et ne quis episcopus Parisiacæ sedis hæc eis deneget, vel alium qui eis contulerit pro hoc interpellare tentet, omnino interdicentes prohibemus. Hoc insuper etiam jubemus, ut, pro causis et responsis ecclesiæ suæ, nostram atque nostrorum successorum audientiam licenter habeant appellare et adire, nullusque eos interim condemnare, vel res eorum invadere conetur. Quod a nostris utique prædecessoribus eis ante constitutum est.

Quod si quisquam cujuscunque potentiæ, vel persona cujuscunque ordinis vel ætatis, hoc nostræ nostrorumque prædecessorum auctoritatis privilegium quoquomodo ausus fuerit violare, sempiterno damnetur anathemate, ligatus beato Petro nobisque a Deo concessa potestate; conservatores autem perpetua fruantur benedictione.

Datum Laterani secundo Nonas Maii, per manum Petri sanctæ Romanæ Ecclesiæ subdiaconi atque bibliothecarii, anno quarto pontificatus domni Alexandri secundi papæ, indictione quarta. Hildebrandus, sanctæ Romanæ Ecclesiæ archidiaconus, consensit. Desiderius, cardinalis Sancti Petri et abbas Sancti Benedicti, cons. Bonifacius Albanensis episc. cons. Joannes Portuensis episc. cons. Petrus Damianus Hostiens. episc. cons. Mainardus de Sancta Rufina episc. cons. Hubaldus Sabin. episc. cons. Joannes Tusculanens. episc. cons. Joannes Thiburtinæ episc. cons. Hubertus Ariminensis episc. cons. Andulfus Feretranensium episc. cons. Guvinieldus Sinogaliens. episc. cons. Clotharius Acsimanensium episc. cons. Benedictus Fossabrunensis episc. cons. Aginus Asisinatensium episc. cons. Dominicus Balbinostiscium episc. cons. Joannes Piscencium episc. cons. Rainerius Forianensecium episc cons. Dominicus Pensauriensecium episc. cons. Gisilbertus Tuscanecium episc. cons. Joannes Balneoregense civitatis episc. cons. Jeronymus Frequatinecium episc. cons. Petrus Castellanecium episc. cons. Atinolfus Gatensis episc. cons. Adelbertus Marimens. episc. cons. Joannes Subtrensis episc. cons. Mainardus Urbinens. episc. cons. Bernardus Populonensis episc. cons. Leo Pistoriensis episc. cons. Lanfrancus Elusinæ civitatis episc. cons. Vuido Pisanecium episc. cons. Joannes Biternecium episc. cons. Constantinus Aretinus episc. cons. Dominicus Grandensis patriarcha cons. Andreas Spoletinus episc. cons. Alto Folomensis episc. consensit. Hermenfredus Sedunens. episc. cons. Drogo Matisconens. episc. cons. Gaufredus Parisiensis episc. cons. Harro Aurelianensis episc. cons. Vuido Belvacensis episc. cons. Hugo Trecassinus episc. cons. Gaufredus Antissiodorensis episc. cons. Goscelinus Burdegalensis episc. cons. Willelmus Engolismæ episc. consentit.

XXVIII.
Alexandri II epistola ad Gervasium Remensem archiepiscopum. — Privilegia monasterio Sancti Dionysii a prædecessoribus contra Parisiensem episcopum concessa confirmat.

(Anno 1065.)
[Mansi, *Concil.* XIX, 957.]

Alexander, servus servorum Dei, clarissimo fratri Gervasio Remensi archiepiscopo, salutem et apostolicam benedictionem.

Devotioni tuæ notum fieri volumus quod abbas monasterii Sancti Dionysii martyris apud nostram audientiam super episcopo Parisiensi semel et secundo fuerit questus, videlicet quod ipse, contra jus privilegiorum, a sanctis et apostolicis viris salubriter eidem monasterio multoties concessum, contraque Francorum regum et episcoporum ipsius patriæ constitutiones, subripere, sibique vindicare jam dicti monasterii potestatem attentaverit. Ad quæ nimirum dirimenda ad sedem apostolicam utcunque venire invitavimus, ut ibi congregatis ecclesiarum judicibus hujus causam litigii canonice determinaremus. His igitur in sancto concilio repræsentatis, post longam discussionem, post varias utriusque partis oppositiones, claruit justitiam præfato monasterio favere, nec tot aut tantorum pontificum auctoritate absque horrendo anathemate aliquem posse obviare. Unde consilio totius sancti conventus, quæ a sanctis prædecessoribus nostris sancte sunt instituta, firmavimus atque corroboravimus. Rogando itaque fraternitatem tuam admonemus quatenus, si invitatus fueris ab abbate vel fratribus ejusdem monasterii, chrisma et oleum et cætera quæ eis ex episcopali officio videntur necessaria, tribuas ac tuos suffraganeos tribuere præcipias.

XXIX.
Bulla Alexandri papæ II ad clerum Velitrensem.

(Anno 1065, III Idus Junii.)
[Mittarelli, *Annal. Camaldul.* tom. II, pag. 201, ex autographo tabularii ecclesiæ Velitrensis, apud Alexandrum Borgiam archiepiscopum Firmanum in Historia Velitrensi, pag. 185.]

Alexander episcopus, servus servorum Dei, dilectissimis in Christo Jesu filiis, Tito archipresbytero venerabilis ecclesiæ sancti Christi martyris Clementis, quæ ponitur in episcopatu Veletrensis civitatis, ceu Gregorius archipresbyter ecclesiæ Sancti Angeli in castello, nec non Dominicus archipresbyter Sancti Joannis de Plagis, simulque archipresbyter Petrus Sancti Martini, atque Joannes sancti Antonini, Adrianus presbyter Sancti Laurentii, et Joannis presbyter Sancti Salvatoris atque Stephanus archipresbyter Sancti Pauli cæterisque aliis presbyteris in eadem civitate Velletri commanentibus intus et foris, successoribusque vestris in perpetuum.

Si extraneis laicisque personis apostolica suffragia irrogamus, quanto elegantius agitur, si sanctæ nostræ Ecclesiæ militantibus fideliaque servitia exhibentibus, ecclesiasticis rebus collocemus. Quapropter fidelissimis servitiis vestris expressis a Petro Damiani nostro coepiscopo ex nostro dono confirmavimus vobis, ut nullus ex vobis quodlibet servitium atque angariam faciatis, foderum autem non detis, hostem vero minime faciatis, neque bandum, neque ullam donationem aut quoquo modo promissionem detis; solum episcopalis reddituum, scilicet tertiam partem oblationis trium missarum et quarta pars decimarum, a præsenti tertia indictione successoribus vestris in perpetuum, statuentes apostolica censura, sub divini judicii obtestationibus et anathematis interdictis, ut nullum quam nostrum, nostrorum successorum pontificum, vel alia cujuslibet magna parvaque persona cujuscunque ordine sit vel dignitate, contra hoc nostrum apostolicum privilegium aliquam inferre calumniam, si quis quod non optaverit, temerario ausu venire tentaverit et ita perficere non dimiserit, sciat se, nisi resipuerit, anathematis vinculo esse innodatum, et insuper compositurus existat auri optimi solidos quinquaginta, medietatem sacri palatii et medietatem vobis cæterisque successoribus (sic). Qui vero pio intuitu custos et observator hujus nostri privilegii exstiterit, benedictionis gratiam justo judice Deo nostro consequi mereatur.

Scriptum per manus Stephani notarii regionarii et scriniarii sanctæ Romanæ Ecclesiæ, in mense Junio et indictione suprascripta tertia.

Joannis Portuensis episcopus subscripsi.
Ego Hildebrandus archidiaconus subscripsi.
Bene valete.

Datum Romæ III Idus Junii per manus Petri sanctæ Romanæ Ecclesiæ bibliothecarii, anno IV pontificatus domni Alexandri papæ secundi, indictione tertia.

XXX.
Alexandri II privilegium pro monasterio Dervensi.

(Anno 1065.)
[Mabill. *Annal. Bened.*, IV, 665.]

Alexander episcopus, servus servorum Dei, coepiscopis Richerio Senonensi, Hugoni Trecassino, Rogero Catalaunensi, salutem et apostolicam benedictionem.

Quoniam quidem omnium Ecclesiarum sollicitudinem nobis commisit dignatio divina, instantius, ut nostis, procurare debet provisio nostra ne quid detrimenti seu inquietudinis quælibet earum incurrat nostra sub custodia. Unde jam annis anterioribus fraternitati vestræ præcepisse meminimus super adversis Ecclesiæ Dervensis, quæ sibi inferuntur a nonnullis minus Deum timentibus, auctoritate apostolica præcipientes vobis ut ex adverso ascenderetis, et murum pro defensione ejusdem Ecclesiæ opponeretis. Quod aliquandiu diligenter executi estis; verum nunc aliquantulum intepescit fervor zeli prioris. Proinde iterato dirigimus apices hujus nostræ commonitionis, ut virga ecclesiasticæ animadversionis eorum impudentiam qui adversus eam insurgunt, coercere curetis, ne quam posthac querimoniam infundere quærat auribus nostris. Et quoniam abbatem ecclesiæ ipsius virum virtutis novimus esse, nobisque jam pridem devinctum familiari dilectione, quem prædecessor noster bonæ memoriæ Leo papa tanto suæ charitatis dignum duxit amore ut cum sui nominis, dicti Brunonis, quod ante apostolicatum in baptismate sortitus fuerat, donaret honore, nolumus quemquam sibi suisque in aliquo molestum esse. Quod si fiat a quibuscunque, concedimus ei apostolica auctoritate, et omnibus successoribus ecclesiæ ipsius quoscunque insurgentes contra eam frangere anathematis ultione ut cum securiori quiete Deo valeant liberius vacare.

Valete.

XXXI.

Bulla Alexandri II pro monasterio Gellonensi.

(Anno 1066.)

[*Gall. Christ.*, tom. VI, pag. 275, ex chart. Gellon.]

ALEXANDER episcopus, servus servorum Dei, PETRO abbati monasterii Gellonensis, suisque successoribus, secundum regulam sancti Benedicti, intraturis.

Quia divina clementia nos universaliter suæ Ecclesiæ præesse voluit, omnibus ubique terrarum constructis ecclesiis consulere auxiliique manum porrigere ex ipsius sanctæ apostolicæ sedis consideratione debemus, quatenus Ecclesiarum Dei ministri nostræ apostolicæ auctoritatis robore fulti atque muniti, securius et devotius omnipotenti Deo servire, sibique debitas preces et laudes queant persolvere. Unde quia charissimus confrater noster Rostagnus, Lutevensis episcopus, significavit sanctæ apostolicæ sedi quædam munimina privilegiorum, Gellonensis monasterii, ubi corpus sancti Guillelmi requiescit, igne esse consumpta, nos ipsius justis petitionibus inclinati, idem monasterium sub tutela et defensione sanctæ apostolicæ sedis suscepimus, et omnia quæ juris ipsius quæque a triginta annis retro pacifice tenuit, sed et omnia quæ in futuro tempore ibidem sunt conferenda in quibuscunque rebus mobilibus et immobilibus privilegii nostri pagina confirmamus atque corroboramus. Statuentes itaque apostolica censura, et sub divini judicii obtestatione interdicentes, sancimus ut nullus rex, dux, marchio comes, vicecomes, sed neque archiepiscopus, aut episcopus, seu alicujus dignitatis persona vel conditionis, de his omnibus, quæ præfato monasterio præsenti pagina confirmamus, auferre, alienare, seu diminuere præsumat. Quod si aliquis temerario ausu hujus nostræ sanctionis auctoritatem infringere tentaverit, et admonitus supradicto venerabili loco dignæ non satisfecerit, sciat se usque ad condignam emendationem auctoritate beatorum principum apostolorum Petri et Pauli vinculo excommunicationis innodatum. At vero qui custos et observator fuerit, et eidem venerabili loco de propriis rebus aliquam oblationem dare studuerit, absolutionem peccatorum suorum a remuneratore omnium bonorum, et in

A cœlesti sede sanctorum consortio feliciter gloríetur.

Datum Romæ vii Idus Martii, per manus Petri sanctæ Romanæ Ecclesiæ subdiaconi atque bibliothecarii, anno v pontificatus domni Alexandri papæ II, indictione iv.

XXXII.

Alexander II monasterium S. Michaelis Siegburgense munimine apostolico confirmat.

(Anno 1066.)

[WÜRTWEIN, *Nova Subsidia diplomatica*, tom. IV, p. 41, ex autographo.]

ALEXANDER episcopus, servus servorum Dei, ANNONI sanctæ Coloniensis Ecclesiæ venerabili archiepiscopo, in Christo Jesu fratri charissimo.

Quod a nobis, Deo dilecte frater, expetis, ex officio suscepto et auctoritate apostolica universis delemus ecclesiis, videlicet ut cum aliquis fidelium in vinea Domini Sabaoth laborans propagines ejus extenderit, nos eam sepiendo munire convenit, ne vel a prætereuntibus conculcetur, vel a latrunculis in labores alienos detur aditus. Quare mihi, in Deo dilecte frater, tecum agendum est longe aliter, quippe apud virum religiosum, et revera tam operibus quam nomine episcopum, quique cum fidelis servus et prudens totis anhelans visceribus propriæ deservis Ecclesiæ; de medio laborum matrem laborantem respiciens pios ei subponis humeros, ne labori succumbens, cum per multa incedas obstacula, declines a via regia, atque hoc est, quod nos præter commune pensum in omnem voluntatem tuam excitas, etiamsi ab apostolica sede petisses aliquid difficillimum: quæris igitur, in Deo dilecte frater, quatenus cœnobium monachorum quod in honorem sancti Michaelis, archangeli in Monte piæ devotionis ædificare laboras studio, nos munimine confirmemus apostolico; cui juste postulationi tuæ tam facilem quam debitum præbemus assensum. Itaque ex parte Domini nostri Jesu Christi et sanctæ Dei genitricis Mariæ, sanctorumque apostolorum Petri et Pauli, omniumque sanctorum electorum confirmamus et corroboramus cœnobium, seu abbatiam supradictam in perpetuum, scilicet ne qua persona magna vel parva, non aliquis successorum tuorum, non rex aut comes, nullus, inquam, hominum ex ea quidquam ad destructionem illius loci demoliri audeat, verum omnibus inibi injuste collatis atque conferendis pax sit permanens et inconvulsa. Illud quoque auctoritate statuimus apostolica quatenus prima ista, quæ modo instituitur, apud monachos ipsius loci permaneat consuetudo, sitque illis libera de abbate electio; sive de semetipsis in ipso cœnobio, seu utilius eis visum fuerit undecunque magis religiosum sibi proponendi liberum habeant arbitrium, secundum regulam S. Benedicti. Si quis igitur hujus nostri privilegii temerarius violator exstiterit et monitus canonice emendare contempserit, perpetui anathematis vinculo innodandum noverit, nisi forte resipiscens digne satisl.cerit. Qui vero pia devotione observator esse studuerit, precibus apostolorum principum Petri et Pauli peccatorum suorum omnium ab omnipotenti Deo consequatur veniam, et æternæ beatitudinis mereatur gloriam.

Datum Laterani, Id. Maii, per manus Petri sanctæ Romanæ Ecclesiæ subdiaconi atque cancellarii, vice domni Annonis Coloniensis archiepiscopi et sanctæ sedis apostolicæ archicancellarii, anno v pontificatus domni Alexandri II papæ, indictione iv.

XXXIII.
Sanctæ Priscæ monasterii donatio Vindocinensibus facta.

(Anno 1066.)

[Mabill. Annal. Bened., IV, 755, ex archiv. Vindocinensi.]

Alexander episcopus, servus servorum Dei, Odrico dilectissimo filio Vindocinensi abbati, et post eum cunctis successoribus ejus in perpetuum.

Convenit apostolico moderamini justis petitionibus assensum præbere et piis admonitionibus manum auxilii porrigere. Unde, charissime fili Odrice abbas Vindocinensis monasterii, quoniam petis, ut convenientiam, quam cum charissimo filio nostro Heldiprando archidiacono atque cœnobii Sancti Pauli œconomo de ecclesia Sanctæ Priscæ quæ sita est in monte Aventino, fecisti, apostolica auctoritate confirmemus. Convenit enim præfatus filius noster Heldiprandus, Sanctique Pauli monasterii rector, tibi tuisque successoribus Vindocinensis monasterii abbatibus, prædictam Sanctæ Priscæ ecclesiam cum omnibus suis pertinentiis in perpetuum largiri ad utendum, fruendum, possidendumque dignitate cardinali, eo videlicet tenore ut ita præfatum Sanctæ Priscæ monasterium ordinare ac disponere studeas, ut semper ibi ad serviendum Deo duodecim, nunquam autem minus octo, monachi regulariter valeant conversari. Pensio vero et cætera omnia, sicut in charta, quam vobis prædictus Heldiprandus archidiaconus ac Sancti Pauli rector cum monachorum Sancti Pauli generali capitulo consensu tradidit et firmavit, continetur, persolventur. Ergo utrarumque ecclesiarum utilitatem in hoc negotio perpendentes, beatorum Petri et Pauli principum apostolorum auctoritate præfatum Sanctæ Priscæ monasterium, secundum prædictum tenorem, cum omnibus suis ubique pertinentiis confirmamus, sancti Spiritus judicio decernentes ut nullus unquam Sancti Pauli abbas, prior vel monachus, nullaque prorsus ecclesiastica sæcularisve persona infringere vel auferre tibi vel tuis successoribus abbatibus Vindocinensis monasterii præsumat. Quod qui fecerit, nisi dignos pœnitentiæ fructus exhibeat, sit anathema, maranatha. Qui vero conservator et obediens apostolicæ auctoritati fuerit, benedictione et gratia omnipotentis Dei perfruatur, et inter prospera humilis et inter adversa maneat securus, ut divina misericordia munitus valeat per beatum Petrum cœlestia regna intrare et cum Christo in æternum gaudere. Scriptum per manus Rainerii, scriniarii et notarii palatii, in mense Julio, indictione quarta.

Datum Laterani, Kal. Julii, per manus Petri, sanctæ Romanæ Ecclesiæ subdiaconi atque cancellarii, vice domini Annonis Coloniensis archiepiscopi, anno quinto pontificatus domni Alexandri papæ secund., indictione quarta.

XXXIV.
Alexander II Ecclesiæ Cremonensis possessiones et jura confirmat.

(Anno 1066.)

[Ughell., Italia sacra, IV, 597.]

Alexander episcopus, servus servorum Dei, Charissimo fratri Hubaldo Cremonensi episcopo, suisque successoribus.

Pastorali sollicitudine erga salutem Dominicarum ovium seu reparationem bonorum ecclesiarum vigilantibus tanto promptius apostolicæ auctoritatis protectione debemus providere quanto eos tam ea quæ Jesu Christi constat, quam quæ sua sunt, quærere. Unde, charissime frater, quia religionem tuam eorum magis pontificum formam qui laboris sui diligentia pauperes ecclesias sibi commissas ditaret, studes per omnia imitari quam eos qui deliciis et sæcularibus pompis ecclesiasticas divitias in miserabilem redigunt paupertatem, justæ petitioni tuæ assensum præbemus, et memores inconcussæ fidelitatis tuæ erga apostolicam sedem, ea quæ tuæ ecclesiæ sunt juste collata, seu in futurum conferenda, quæque in præcepto charissimi filii nostri regis Henrici continentur sub tutela sanctæ Romanæ Ecclesiæ suscipimus, et per hujus nostri privilegii paginam confirmamus tibi tuisque successoribus quidquid... telonei, atque portatici, seu ripatici, de Cremonensi civitate ad publicam functionem pertinuit, quam de ipsis civitatibus comitatus, quam de parte curtis Sexpilæ, nec non ripas, et piscarias, a Vulpariolo usque in caput Adduæ, cum molendinis et cum uniuscujusque navis solito censu, sicut continetur in præcepto et novitiis tuis, seu cum per solutionem omnium navium causa navigandi Cremonam adeuntium, tam Veneticorum quam cæterorum navium, et cum curata omnium negotiorum quæ fiunt in prædicta ripa; districtionem vero civitatis, infra et extra, per quinque milliariorum spatia ; altare quoque Sancti Hymerii, canonicam, portas, multones, equos, tractus, opera, districtus, legationes, hostes, munera, sotrum, et cætera quæ in præfato præcepto continentur; curtem quoque, quæ Barianum dicitur, Malcum, Crottam, Moncodanum, Nualtellam, Monterionem cum castris, et villis eorumque pertinentiis; castrum de Romenengo cum omni sua integritate, medietatem curtis Botariano infra Castrum, et cætera, et partes in curtibus Gabiano, Vidalasco, Terciolasco, publica intra et extra, seu Manzanello, Fontanella et quæcumque prudentiæ tuæ studio prænominatæ ecclesiæ juste acquisita, vel acquirenda sunt, præsenti apostolicæ sanctionis nostræ pagina corroboramus, statuentes sub divini judicii obtestatione ut nullus imperator, rex, dux, marchio, comes, vicecomes, neque ulla magna parvaque persona, de his omnibus, quæ supra leguntur; præsumat aliquo malo studio auferre, seu te tuosque successores inquietare. Quod si aliquis temerario ausu contra hujus nostri privilegii auctoritatem agere præsumpserit, et post notitiam hujus auctoritatis emendare contempserit, auctoritate beatorum apostolorum Petri et Pauli omniumque sanctorum sciat se usque ad dignam satisfactionem excommunicatum et a regno Dei alienum. At vero qui custos et observator exstiterit, a misericordissimo Domino omnipotente, Domino nostro Jesu Christo, consequatur æternam vitam.

Datum Laterani, III Kalend. Novemb., per manus sanctæ Romanæ Ecclesiæ subdiaconi, ac bibliothecarii, anno VII pontif. D. Alexandri papæ II, ab Incarnatione vero Domini 1066, indict. V.

XXXV.

Alexander II monasterii Gellenensis totam ordinationem et dispositionem abbati et congregationi Anianensi asserit.

(Anno 1066.)

[Mabill. Annal. Bened. IV, 679.]

Anianensi in Septimania monasterio hoc anno (1066) præerat Emmeno abbas, antea Gellonensis monachus, dein cœnobii Sancti Petri de Salve, quod Gelloni suberat, in pago Nemausensi prior, ac demum ante circiter annos Pontio Anianæ abbati subrogatus. Ejus tempore Gellonenses, qui ab origine Anianæ subjecti fuerant, Anianensium jugum excutere moliebantur, et proprios, inconsultis Anianensibus, sibi proficere abbates. Id non passus Emmeno, tametsi olim Gellonensis monachus, hoc de re expostulavit apud Alexandrum papam. Ad ejus querelas breve apostolicum rescripsit Alexander, veluitque ne quivis episcopus in loco Gellonensi abbatem benedicere præsumat; statuens ut tota ordinatio et dispositio illius cellæ in manu abbatis et congregationis Anianensis consistat.

Datum Lateranis VII Idus Novembris per manum Petri S. R. E. subdiaconi atque bibliothecarii, anno ab Incarnatione Domini 1066, anno quoque pontificatus Alexandri papæ secundi IV, indictione IV.

Verum his litteris nequaquam deterriti Gellonenses, proprios sibi abbates nihilosecus asciverunt: Qua de re querelas apud Gregorium VII Emmeno iteravit.

XXXVI.

Alexandri II epistola ad clerum Cremonensem.

(Anno 1066.)

[Bonizonis Lib. ad. am., apud OEFELE Rerum Boicarum Script., II, 808.]

ALEXANDER, servus servorum Dei, Cremonensis Ecclesiæ religiosis clericis, et fidelibus laicis, salutem et apostolicam benedictionem.

Inspiratori omnium bonorum Deo et bonæ voluntatis auctori uberes referimus gratias, qui vos adversus hostem humani generis virtutum suarum telis armavit, et ad destruendam Simoniacam hæresim ac fornicationum spurcitias clericorum ferventer accendit. Erexistis enim, sicut in litteris vestris cognovimus, contra versutiam serpentis antiqui, et qui, velut biceps coluber, per fistulas geminarum faucium nequitiæ suæ super vos venena nequiter evomebat, sancti zeli vestri zelo perfossum atque præcisum se virtutis vestræ pugione suspirat. Plane qui serpenti dudum in paradiso damnationis æternæ judicium intulit, ipse vos adversus modernam occulti draconis astutiam unanimiter incitavit. Quam ob rem sanctis conatibus vestris et hujus sanctæ sedis apostolicæ accedat vigor, hoc ipsum apud vos per omnia decernimus observandum quod a sanctis prædecessoribus nostris et a cunctis pene sanctorum canonum conditoribus non ambigimus institutum, videlicet ut tam subdiaconi quam diaconi sed et permaxime sacerdotes, qui mulieribus carnali commercio admiscentur et Simoniaca sorde polluti sunt, et ecclesiasticis careant beneficiis et perceptæ priventur officio dignitatis. Indignum est enim ut qui vel per incontinentiam carnis, vel per commercium sacrilegæ venalitatis suscepti ordinis privatur honore, ecclesiastica potiatur ulterius facultate.

Cæteros autem clericos, qui videlicet inferioribus potiuntur officiis, si legalibus conjugiis sunt obligati in suis gradibus manere præcipimus, et competentia ecclesiastici sumptus beneficia non negamus. Sed quia nonnulla præter hæc quæ vobis sunt admodum necessaria, ut a nostra respondeatur auctoritate consulti hortamur ut synodale concilium, quod auctore Deo post proximum Pascha celebraturi sumus, prudentes ex vobis viros venire non pigeat qui nobis quidquid exigendum est, vestrisque utilitatibus conferendum non per judicia litterarum, sed per vivæ vocis officium patenter exponant. Huic enim bello, quod zelo divini fervoris estis aggressi, non segniter sed omni virtutis instantia Romana sedes accurrit, brachium porrigit, clypeum defensionis opponit et vos, ut magis ac magis circa membra diaboli non enerviter (*ita codex*) insurgere debeatis, accendit. Igitur unusquisque vestrum divinæ virtutis mucrone præcinctus dicat: Si quis est Domini jungat se mecum, sicque cum Moyso quasi de porta in portam castrorum tanquam fervidus bellator in sacrilegos irruat, ut Simoniacæ venalitatis et clericalis adulterii januas, per quas diabolus in vestram fuerat ingressus Ecclesiam cæsis cadaveribus claudat. Omnipotens, dilectissimi filii, sua vos dextera benedicat et per officium beati apostoli sui Petri januam vobis cœlestis regni aperiat. Amen.

XXXVII.

Alexandri II epistola ad Gervasium Remensem archiepiscopum. — Compatitur afflicto statui Ecclesiæ Remensis; illatamque injuriam legitime vindicandam pollicetur.

(Anno 1066.)

[MANSI, Concil. XIX, 952.]

ALEXANDER, servus servorum Dei, dilectissimo fratri GERVASIO archiepiscopo, salutem et apostolicam benedictionem.

Dilectionis tuæ litteras diligenter accepimus, et gratanter amplectentes, intento mentis intuitu charitative perspeximus. Sed querelis et doloribus plenas cernentes, charitative compatimur et condolemus, tum quia Ecclesia tua antiquitus inter cæteras occidentales, Deo propitio, nitore prudentiæ atque religionis resplenduit, ac per apostolicam, cui Deo auctore licet indigni deservimus, sedem, magnificata emicuit, cum eadem, a prioribus Patribus et prædecessoribus non discrepans, in sinu suo te retinere et charitatis dulcedine fovere desiderat. Quæ querelæ, etsi inter damna Ecclesiæ quæ referunt, inter dolores et gemitus cordis tui quos depingere contendunt, saltem [*al.*, salutem] pectoris tui et fidelitatem quam nostræ Romanæ adhibes, et unicam et sinceram dilectionem quam tuæ Remensi servas Ecclesiæ, satis urbane et honeste monstraverint, nos tamen utcunque arguunt quia vindicem gladium manu apostolicæ ultionis in adversarios tuos jam [*for.*, non jam] porreximus; siquidem antiqui hostis invidia, Antichristum per iniquitatis conceptionem suorum viscerum egerens de sentina, tantis eo ingruente Romanam Ecclesiam per quinquennium, nunc callida tergiversatione, nunc hostili invasione oppressit periculis, ut intestina nostræ specialis Ecclesiæ negotia vix possemus ventilare, nedum longinqua ad plenum extricare. Verum post longam tempestatem et crebras procellas, sereno, nube expulsa, Deo jubente, reddito, forensibus jam occurrere valemus, quia, Deo propitio, unde ire debeamus viam videmus. (Ivo, p. 14, c. 41.) Non tamen juste, ut vestra diligentia novit, potest fieri ut prius quis a quoquam prælato excommunicetur quam missa synodica canonice ad respondendum vocetur. Age modo, debitum tenentes ordinem et adversariis tuis vocatorias litteras dirigemus, et tibi tuæque Ecclesiæ justitiam exsequi procul dubio pollicemur. Quapropter, quia, ut aiunt, nunquam consequimur victoriam, nisi prius præcedat pugna; ut tuæ, sicut amantissimus sponsus et egregius patronus, Ecclesiæ viriliter subvenias, et Romanæ per beatum Petrum, velut bonus filius, strenue adjuvando obedias, et vineæ Domini indefessus collaborator centenum fructum tempore messionis recipias, ad synodum, Deo annuente, quinto decimo die post proximum Pascha cum præsentiæ tuæ dilectione celebrandam, sanctitatem tuam venire desideramus, ac sancto conventui interfore apostolica auctoritate invitamus. Ad hæc si dilectus filius noster Petrus sanctæ Romanæ Ecclesiæ subdiaconus, et noster cancellarius, quem pro responsis ecclesiasticis vestras ad partes misimus, per vos transierit, ita erga eum se tua fraternitas habeat ut quemadmodum nos diligat ostendat. Quod autem citius apicibus tuis non respondimus, non nobis, sed tui legati nimiæ deputes festinationi.

XXXVIII.

Alexandri II epistola ad Gervasium Remensem archiepiscopum. — Condolet necessitatibus Ecclesiæ Remensis, eique auxilium pollicetur.

(Anno 1066.)

[MANSI, *Concil.* XIX, 955.]

ALEXANDER, servus servorum Dei, GERVASIO Remensium diligentissimo archipræsuli, atque in Christo dilectissimo fratri, salutem et apostolicam benedictionem.

Visis fraternitatis tuæ litteris, coepiscoporum quoque tuorum, nec non et clericorum flebilibus auditis querelis, sensibiliter intelleximus quam maximis cladibus et ærumnis, præter solitum, Remensis gloriosissima opprimatur Ecclesia, quantoque tua religiosa dilectio immerito versetur [*f.* vexetur] incommodo. Quapropter vera affecti compassione, tum ex loci cui immeriti præsidemus, sollicita consideratione, tum etiam ex tuæ prudentiæ necessitudine, quam pio diligimus sinceri cordis amore, gravi gemitu detrimento tuæ condolemus Ecclesiæ, nec non fastidio tuo, charissime, procul dubio compatimur præcipue. Auxilii quoque dexteram, quam a nostra tantopere postulare studuisti apostolica sede, integro affectu prompti sumus, pro viribus nostris proque temporis qualitate, necessitati tuæ benigne impendere atque apostolicæ auctoritatis clypeum omnibus Remensis Ecclesiæ adversariis libenter opponere. Sed prænuntii tui festinatione, qui se asserebat collegas nullo modo posse relinquere, tuæ causæ habiles, utpote in momento temporum, minime tunc, absentibus etiam nostris fratribus cardinalibus, reperire valuimus consilium. Ipsi autem post paululum, tuæ legationis communicata supplicatione, et aptum consilium invenire et inventum una cum legato, quem a latere nostro poposcisti, auxiliante Deo, quam citius poterimus, curabimus partibus vestris dirigere. Interim vero hanc nostram responsionem suffraganeis tuis episcopis, qui similiter nostrum per litteras imploraverunt suffragium suæ matri Ecclesiæ Remensi, intimare ne negligas, apostolicæ sedis, nisi morte fuerimus præventi, certissime præstolando legatum.

XXXIX.

Alexandri II epistola ad Gervasium Remensem archiepiscopum. — Monet iterum ut duorum clericorum Remensium causam terminet.

(Anno 1061-67.)

[MANSI, *Concil.* XIX, 9.]

ALEXANDER episcopus, servus servorum Dei, GERVASIO venerabili confratri Remorum archiepiscopo, salutem et apostolicam benedictionem.

Miramur diligentiam tuam, dilectissime frater, auctoritatem nostram ita parvipendere ut ea quæ crebris orationibus nostris digne admoneris atque rogaris minime videaris perficere. Si enim aliquis in tui auxilii favore confisus, a partibus nostris ad te veniendi fastidium arriperet et in confidentia sua deceptus nihil proficeret, credimus quod charitas tua non parum doleret. Ut enim de patientia nostra interim taceamus, qua fiducia beatissimum Petrum, cœlestis regni clavigerum, in tuis petitionibus vales invitare cum jam per biennium ii qui ejus patrocinium longis itineribus gravibusque laboribus petierunt fere nihil, nobis vice sua instantibus, adhuc potuerunt impetrare? Cum enim in hac petra, in qua Christi Ecclesia ædificata est, singulare sit refugium tribulantibus constitutum, ut qui ad eam confugiunt semper soleant invenire solatium, hujuscemodi tempore nostro evacuari Romanæ Ecclesiæ privilegium dissimulando ferre non possumus. Quapropter fraternitatem tuam his nostris affatibus diligenter admonemus, atque admonentes præcipimus ut ita te nunc in causa Manasse et Amalrici Ecclesiæ tuæ clericorum pium reddas, ita benignum exhibeas quo ulterius aures nostræ inde querelam non audiant, quatenus sicut in uno cœpisti restaurationem, ita justa exsecutione perficias in utroque, quia non incipientibus, sed perseverantibus promittitur præmium. Si autem in hac re verba nostra tibi levia fuerint, amicitia inter nos durare non poterit.

XL.

Alexandri II epistola ad Gervasium Remensem archiepiscopum. — Hortatur ut in causa abbatissæ e Laudunensi monasterio injuste ejectæ cognoscenda, Elinando Laudunensi episcopo, juxta tenorem commissionis apostolicæ, consilio assistat.

(Anno 1061-67.)

[MANSI, Concil. XIX, 955.]

ALEXANDER episcopus, servus servorum Dei, charissimo fratri GERVASIO Remensi archiepiscopo, salutem et apostolicam benedictionem.

Proclamatio delata est sanctæ apostolicæ sedi, quod abbatissa Laudunensis, monasterii scilicet Sancti Joannis, sine canonica audientia et judicio episcopi sui a regimine suo ejiciatur. Quod nimirum quia canonicis institutionibus omnino videtur esse contrarium, admonuimus confratrem nostrum Elinandum Laudunensem episcopum ut hanc causam diligenter discutiat atque canonice definiat; ita tamen, ut eadem abbatissa, priusquam discussio fiat, regimini suo, sicut sacri canones præcipiunt, restituatur. Invitamus igitur fraternitatem tuam, ut manum adjutorii tui ad hæc exsequenda sibi tribuat, et, ut hoc negotium juxta tenorem litterarum nostrarum quas tibi misimus, determinetur, te adjutorem et cooperatorem adhibeas. Quod quidem sollicitudinis studium, etiamsi apostolatus nostri litteris præmonitus non esses, oporteret tamen devotionem tuam impendere, ipsumque Laudunensem episcopum, quia parochianus tuus est, ad hoc peragendum incitare. Non dubitet igitur prudentia tua hunc laborem arripere seque pro domo Israel murum opponere. Et quia officii tui est pacem diligere, sicut jam te sæpius admonuimus, iterum admonemus ut pacem cum charissimo nostro duce Godefrido studeas componere. Periculosum est enim Ecclesiam tuam tanto discrimine fatigari ei nobis importabile tot accusationibus pulsari.

XLI.

Alexandri II epistola ad Gervasium Remensem et ad Senonensem, archiepiscopos, eorumque suffraganeos. — Causam divortii inter Radulfum comitem ejusque uxorem, utrique dijudicandam committit.

(Anno 1061-67.)

[MANSI, Concil. XIX, 959.]

ALEXANDER episcopus, servus servorum Dei, charissimo fratri GERVASIO Remensi archiepiscopo omnibusque suffraganeis suis, necnon Senonensi archiepiscopo suisque suffraganeis, salutem et apostolicam benedictionem.

Mulier ista, præsentium litterarum portatrix, apostolorum limina adiens, conquesta est quod ei comes Radulphus omnia bona sua abstulerit, eaque dimissa, crimine fornicationis fallaciter objecto, alteram ducere velit; quod quam sit divinis et humanis legibus contrarium fraternitas vestra perpendat. Quapropter studeat religio vestra ipsum convenire; et si causa talis est ut ista asserit, redditis propriis bonis, ut ipsa ab eodem recipiatur satagite. Quod si ipse rationi acquiescere recusaverit, vos super eum canonicum deliberate judicium quod nos, sequentes sanctorum Patrum auctoritatem ubi sententiam vestram audierimus, confirmabimus.

XLII.

Alexandri II epistola ad Gervasium archiepiscopum Remensem. — Ut corpus sancti Menni, ab ecclesia sua indebite per Catalaunensium episcopum translatum, ad propriam ecclesiam comminatione censurarum ecclesiasticarum referatur.

(Anno 1061-67.)

[MANSI, Concil. XIX, 960.]

ALEXANDER episcopus, servus servorum Dei, GERVASIO Remensi episcopo, confratri dilectissimo, salutem et apostolicam benedictionem.

Quoniam ad universalem sedem, cui divina providentia præsidemus, lacrymabilis et inaudita ecclesiæ Sancti Menni querimonia est allata, sanctissimi scilicet ejus corporis absentia desolata, domibus quoque et cæteris omnibus bonis impie et sine more denudata, lacrymas nos et Romanam fundere cogit Ecclesiam. Unde fraternitati tuæ rogando curavimus mandare ut corpus sanctissimi viri, ab episcopo Catalaunensium a propria sede deportatum et, quod lacrymabilius est, cruentis armatorum militum manibus, velut in partem prædæ, discissum, ad propria redire remota omni excusationis simulatione facias. Eversionem quoque domorum et direptionem cæterorum bonorum, sicut justum est et officium magisterii tui decet, ut emendare compellas ex parte beatorum apostolorum Petri et Pauli præcipiendo mandamus. Quod si sententiæ nostræ, imo tuæ justæ deliberationi, parere noluerit, virga magistratus tui, ex auctoritate sancti Petri, ardentissime feriatur.

XLIII.

De episcopis duobus depositis.

(Fragmentum. — Anno 1062-1067.)

[MANSI, Concil. XIX, 978.]

Ernolfus Santonensis, in Francia, et Landus Nucerinus, in Italia, episcopi, multis certisque criminibus accusati, alter, quod ecclesiarum ecclesiasticorum ordinum consecrationem Simoniace et interveniente pecunia fecerit; alter, quod officium ab apostolico sibi interdictum præsumpserit, convicti, sunt synodali judicio depositi.

XLIV.

Alexandri II epistola ad Gervasium Remensem archiepiscopum. — Blandinensis et alterius cœnobii invasores, nisi rationi acquiescant, excommunicari jubet.

(Anno 1064-67.)

[Mansi *Concil.* XIX, 955.]

ALEXANDER episcopus, servus servorum Dei, GERVASIO Remensi archiepiscopo, salutem et apostolicam benedictionem.

Licet Carnotensium causam, contra præceptum sanctæ apostolicæ sedis et pristinæ rectitudinis tuæ zelum, reprehensibiliter neglexisse proberis, tamen, quia messis multa et operarii pauci, ad definienda ecclesiastica negotia quæ nobis deferuntur prudentiam tuam nobis cooperatricem esse exposcimus. Præsentium itaque portitoris lacrymabiles querimonias audientes, compassionem, ut oportuit, exhibuimus. Deploravit enim se honore propriæ abbatiæ, altero Simoniace subrogato, privatum, seque nullam inde justitiam consequi potuisse. Litteras etiam Blandinensis cœnobii nobis attulit quod quidam Everelmus monasterium illud Simoniace invaserit, ipsiusque bona ejectis monachis ad nihilum redegerit, vitamque suam adulteriis variisque criminibus, ultra humanam consuetudinem, polluerit. Admonemus itaque charitatem tuam ut utrumque invasorem convenias, et, si res ita est, hanc præsumptionem in partibus illis ulterius locis venerabilibus obesse non permittas. Quod si præfati invasores canonicæ rationi acquiescere contempserint, et quibus debentur ipsa monasteria dimittere noluerint, nostra eos apostolica auctoritate studeas cum omnibus fautoribus suis excommunicare.

XLV.

Alexandri II epistola ad Gervasium Remensem archiepiscopum. — Cur monasterium Corbeiense ab episcopo exemerit.

(Anno 1064-67.)

[Mansi *Concil.* XIX, 957.]

ALEXANDER episcopus, servus servorum Dei, fratri GERVASIO, salutem et apostolicam benedictionem.

Privilegia cœnobii Corbeiensis, ab antecessoribus nostris instituta antiquitus, noverit nos tua dilectio confirmasse et, ut in perpetuum rata sint, auctoritate sanctorum Petri et Pauli roborasse. Quod nostræ sanctionis edictum te quoque observare voluimus et per omnia observari facias pia sollicitudine commonemus. Miramur autem tuæ prudentiæ videri prædicta privilegia dissentiri ecclesiastico canoni, cum constet apud te alias esse leges Ecclesiarum quæ sunt generales, et alias esse eas quæ specialiter, in privilegiis, quibusdam prærogentur Ecclesiis ad immunitatem, ne quorumlibet importunitate patiantur inquietudines. Causam vero, quæ

PATROL. CXLVI.

summa et principalis erat inter episcopum et abbatem, canonice in concilio discussam scias nos penitus terminasse, eumdemque episcopum nobis et sanctæ Romanæ et apostolicæ sedi, cui Deo auctore præsidemus, coram fratribus et coepiscopis nostris satisfecisse in synodo, ipsumque pro inobedientia sua suspensum fuisse ab officio. Cætera autem, de quibus abbas conqueritur, mandamus fraternitati tuæ ut audias, et, secundum quod tibi justum videbitur, definias. Chrisma vero et ordinationes si episcopus spiritu superbiæ inflatus dare noluerit, nostra licentia præfato monasterio concedas et in omnibus negotiis auxilium tuæ protectionis exhibeas.

XLVI.

Alexandri II epistola ad Gervasium Remensem archiepiscopum. — Monet ut controversiam quæ est inter clericos citra affectum componat. Significat comitibus esse scriptum, ut Ecclesiæ læsæ satisfaciant, vel ad synodum futuram Romæ compareant.

(Anno 1067.)

[Mansi *Concil.* XIX, 955.]

ALEXANDER episcopus, servus servorum Dei, GERVASIO Remensi archiepiscopo, fratri charissimo, salutem et apostolicam benedictionem.

Si sacerdotale quod administramus officium mentis integritate pensemus, sic nos cum filiis nostris individuæ charitatis debet unire concordia ut, sicut patres in nomine, ita affectu probemur in opere. Ideoque desideramus ut quos diversitas voluntatis ab alterutra dilectione facit esse divisos, eos ad concordiam redeuntes charitas faciat esse in gratia unitos. Litteras itaque sanctitatis vestræ suscipientes solita diligentia relegimus; in quibus continebatur controversia quæ inter vos et clericos vestros M. et A. (*Manassem et Amalricum*) vertitur; et damna, quæ M. et R. comites, Ecclesiæ vestræ atque canonicis inferunt. Unde ipse professus es te ante legatos nostros aut satisfaciendo corrigere, aut plenissime purgare. Quapropter dilectionem tuam intente hortamur ut ante legatos nostros P. sanctæ Romanæ Ecclesiæ bibliothecarium, atque V. cardinalem presbyterum, si ipsi adesse potuerint, congregatis suffraganeis tuis, admisso etiam Laudunensi, cui instans negotium commiseramus, episcopo, ita æquitatis lance terminetur ut neutra pars de injustitia amplius causetur. Illi tamen, quia ad beatissimi Petri sacratissimum corpus venerunt, in quo totius Christianitatis est singulare refugium, sibi sentiant adesse præsidium quo per nos non videamini moti ad iracundiam, quia si proximorum necessitatibus benigna mente compatimur, nostris procul dubio petitionibus clementem Dominum repetimus. Ita ergo, frater beatissime, stude quatenus, dum ad synodum, ad quam pro adjutorio sanctæ Ecclesiæ invitatus es, Deo auxiliante, veneris, de his expeditus, solummodo ad ecclesiastici negotii vaces concilium, et sanctæ tuæ universali matri Ecclesiæ, ut prudentissimus consiliator et fortissimus propugnator, contra hostes suos ultionis atque defensionis impendas

42

auxilium. Comitibus autem illis, qui Ecclesiæ tuæ, adversantur iterum scripsimus, ut aut ante legatos nostros mala quæ Ecclesiæ tuæ intulerunt satisfacientes digne emendando corrigant, aut ad præfatam synodum omni posthabita occasione ad respondendum de objectis veniant. Ubi si rebelles fuerint, quod justum visum fuerit decernemus, et officium nostrum adimplere non omittemus. Præfatos autem legatos vestræ benignitati iterum commendamus; quos tamen a fraternitate tua honeste tractari non dubitamus.

XLVII.
Alexandri II epistola ad Petrum Antibarensem episcopum.
(Anno 1067.)

[BARON. *Annal.* ad ann. 1062, tom. XI, pag. 544.]

ALEXANDER, servus servorum Dei, PETRO venerabili archiepiscopo Diocliensis atque Antibarensis Ecclesiæ, salutem perpetuam in Christo.

Si pastores ovium sole geluque pro gregis sui custodia die ac nocte intenti sunt, et, ne qua ex eis aut errando pereat aut ferinis laniata morsibus deficiat, oculis semper vigilantibus circumspectat, quanto sudore quantaque cura debemus esse pervigiles nos qui pastores animarum esse dicimur? Attendamus igitur ut susceptum officium exhibere erga custodiam Dominicarum ovium non cessemus, ne in die divini examinis pro desidia nostra ante summum Pastorem negligentiæ nos reatus excruciet, unde modo honoris reverentia inter cæteros sublimiores judicamur. Igitur, dilectissime frater, petitionibus tuis justis annuentes, apostolica auctoritate decernimus ut per hujus privilegii nostri paginam sic sanctissimam Diocliensem ecclesiam cum omnibus pertinentiis, Antibarensem ecclesiam cum omnibus suis pertinentiis, Elaterensem ecclesiam cum omnibus suis pertinentiis, Palechiensem ecclesiam cum omnibus suis pertinentiis, Suatinensem ecclesiam cum omnibus suis pertinentiis, Scodriensem ecclesiam cum omnibus suis pertinentiis, Dinnastinensem ecclesiam cum omnibus suis pertinentiis, Polatinensem ecclesiam cum omnibus suis pertinentiis, Serbiensem ecclesiam cum suis pertinentiis, Boloniensem ecclesiam cum suis pertinentiis, Tibuniensem ecclesiam cum suis pertinentiis, monasteria quoque, tam Latinorum quam Græcorum, sive Slavorum cures, ut scias et hæc omnia unam Ecclesiam esse teque omnibus prædictis locis episcopali regimine præesse.

Pallium autem fraternitati tuæ ex more ad missarum solemnia celebranda, sicut antecessoribus tuis concessum est, concedimus, videlicet in natali Domini, Epiphania, cœna Domini, Pascha, Ascensione, Pentecoste; sic natali sancti Joannis Baptistæ, natali apostolorum Petri et Pauli, et quatuor festivatibus sanctæ Mariæ, scilicet Nativitate, Annuntiatione, Purificatione, Assumptione, et duobus festis a sancti Angeli, sic pro nataliliis quoque duodecim apostolorum, natali sancti Gregorii, et sanctorum Sergii et Bacchi, et festivitate Omnium Sanctorum, atque natali tuo, et quoties ordinationem vel consecrationem ecclesiarum celebramus. Hortamur itaque charitatem tuam, ut mores vitæ tuæ tanto honori conveniant quatenus, auctore Deo, exemplis verbisque possis esse conspicuus. Vita igitur tua filiis tuis sit regula, ut si quæ fortitudo in illis deprehenditur, in ea dirigatur. Cor ergo tuum neque prospera, quæ corporaliter hic blandiuntur, extollant, neque adversa adjiciant; sed quidquid illud fuerit, virtutis puritate devincat.

Nullum apud te locum ira, odium, nullam furor indiscretus inveniat. Sacræ benedictionis tuæ, justitiæ judicii opus nulla venalitatis interventio commaculet. Sit in te et boni pastoris dulcedo, sit et judicis severa districtio, unum scilicet quod innocenter viventes foveat, aliud quod inquietos a pravitate compescat. Misericordem te, prout... patiatur, pauperibus exhibe, oppressis defensio tua subveniat, opprimentibus modesta ratio contradicat. Nullius faciem contra justitiam accipias. Nullum quærentem justa despicias, custodia in te æquitatis extollat, ut nec dives potentia sua aliquid apud vos extra viam suadeat rationis ardore, nec pauperum de se sua faciat humilitas desperare, quatenus, Deo miserante, talis possis existere qualem sacra lectio præcipit, dicens : *Oportet episcopum irreprehensibilem esse*. Sed his omnibus uti salubriter poteris si charitatem magistram habueris, quam qui secutus fuerit, a recto aliquando tramite non recedit. Ecce, frater charissime, inter multa alia ista sunt sacerdotii, ista sunt pallii ornamenta, quæ si studiose observaveris, quod foris accepisse ostenderis intus habebis. Crux etiam ante te, sicut ante prædecessores tuos per Dalmatiam et Slavoniam, ubique geratur. Archiepiscopatum quoque Ecclesiæ tuæ, juxta formam sanctorum prædecessorum nostrorum, a quorum auctoritate non debes aberrare, concedimus et confirmamus. Sancta Trinitas gratia suæ protectionis fraternitatem tuam circumdet atque in timoris sui vos viam dirigat, ut post hujus vitæ amaritudinem ad æternam possis simul dulcedinem pervenire.

Bene valete.

Subjacet his sigillum, nempe circulus quadrifidus in formam crucis cum nomine ejusdem pontificis Alexandri papæ II, circumcirca ejusmodi habens inscriptionem.

† EXALTAVIT ME DEUS IN VIRTUTE BRACHII SUI.

Post sigillum ista subjicitur subscriptio post notam temporis :

Pontificatus domini Alexandri II, papæ II, indictione XII.

Datum Romæ XV Kal. April.

Manus Petri cancellarii, vicedomini Annonis Coloniensis archiepiscopi, anno sexto (1).

---

(1) Confusa clausulæ verba sic disponenda sunt : « Dat. Romæ XV Kal. April. p. m. Petri canc. v. dom. Annonis Colon. archiep., anno VI pont. » D. Alexandri papæ II, ind. XII. » Ind. XII manifesto falsa est, quippe quæ in Alexandri pontificatum omnino non inciderit. JAFFÉ.

XLVIII.
Alexandri papæ II privilegium pro ecclesia S. Petri Insulensi.
(Anno 1067.)

[BUZELINI, *Gallo-Flandria*, parte I, lib. II, p. 510.]

ALEXANDER episcopus, servus servorum Dei, BALDUINO illustrissimo Flandrensis comitis, salutem et apostolicam benedictionem.

Quia ex auctoritate apostolicæ sedis, cui, licet indigni, Deo auctore, præsidemus, nobis imminet ut cujuscunque justis petitionibus merito debeamus annuere, petita vero postmodum firmissimis apostolicæ auctoritatis roborationibus confirmare ; quod ab apostolatu nostro suppliciter satagis petere, charitatis etiam tuæ respectu inclinati liberalissime non dedignamur concedere. Unde hæc omnia illa quæ a Balduino Noviomensis Ecclesiæ episcopo Islensi ecclesiæ, quam ipse in honore beati Petri apostolorum principis a fundamento construxisti, religionis respectu remissa, sive concessa sunt, ut, in ejus litteris ab eo nobis missis continetur, apostolica auctoritate confirmamus, per hujus nostræ conscriptionis paginam inviolabiliter corroboramus, ita ut nec præfatus episcopus, nec aliquis suorum successorum, non etiam tu ipse, vel aliquis tuorum posterorum, nec ulla alicujus conditionis magna vel parva persona prælibatæ ecclesiæ de his quæ modo sibi sunt à te, vel ab aliis concessa, seu in posterum concedenda, aliquam temerario præsumat ausu inferre molestiam, aut quamcunque injuriam. Si vero, quod absit! contra hujus nostræ institutionis præceptum, aliquis vir tentaverit, et loco illo suarum rerum invasionem, alienationem, seu oppressionem inferre molitus fuerit, apostolica consideratione addentes præcipimus ut illi quibus injuria illata fuerit liberum habeant locum apostolicæ sedis appellandi refugium. Quisquis igitur hujus nostræ institutionis temerarius violator fuerit, beatorum apostolorum Petri et Pauli, nisi per dignos pœnitentiæ fructus resipuerit, gratiam amittat. Qui vero devotus observator exstiterit, Christo duce, et beato Petro intercedente, antiquæ promissionis et novæ redemptionis patriam sine fine possideat.

Datum Romæ jussione præfati domni papæ Alexandri II, per manum Rembaldi subdiaconi anno Dominicæ Incarnationis 1066, vi Idus Aprilis, indictione quinta, anno pontificatus Alexandri papæ sexto.

XLIX.
Alexandri papæ II bulla pro monasterio Casinensi.
(Anno 1067.)

[TOSTI, *Storia della badia Casin.*, tom. I, pag. 422.]

ALEXANDER episcopus, servus servo:um Dei, DESIDERIO dilecto filio, abbati venerabilis cœnobii almi Patris Benedicti, quod nuncupatur Mons Cassinus, cunctisque successoribus ejus illic regulariter ad regimen provehendis in perpetuum.

Pastoralis sollicitudinis nostræ bonum si debet prospicere et proficere omnibus etiam extraneis

(1*) Locus obscurus

A et longinquis, multo magis domesticis et propinquis. Ipsis quippe secundo gradu post Deum admovenda est invisibilis charitas, ut per eos, velut quædam visibilis flamma, gradatim ad remotiores quosque discurrat. Piis ergo locis et divina religione venerabilibus debitæ consolationis et defensionis porrecturi manus, illum cæteris præferendum non ambigimus quem monasticæ normæ constat esse principale gymnasium et sanctæ Romanæ et apostolicæ sedi contiguum, quem cives Romani, Patres videlicet eximii, Benedictus, Maurus et Placidus cum nonnullis aliis fundarunt, quemque a gentibus destructum Romani pontifices nihilominus sua auctoritate restruxerunt, et privilegiis apostolicæ sedis merito cæteris cœnobiis prætulerunt atque contra quorumlibet suspectas injurias efficaciter munierunt. Quorum nos sacræ auctoritatis sicut tempore et loco succedimus, sic eorum exemplo, ut oportet, innitimur, et per hujus nostræ decretalis paginæ tenorem tibi, dilectissime fili abba Desideri, concedimus, secundum privilegia antecessorum nostrorum atque consuetudinem monimentorum almi Patris Benedicti, situm monte Castro Cassino, cunctamque ipsius monasterii abbatiam in integro cum cellis suis, castellis, prædiis, et omni sua pertinentia ex hac nostra auctoritate confirmamus, tam in finibus Beneventanorum, Apulorum et Calabrorum, quam etiam in finibus Marsorum et in marchiis, sive ubicunque longe et prope hactenus jure sibi pertinet aliquid, sive quidquid deinceps ubivis juste acquisierit.

Ad hæc justitiam vel aliquod debitum, quod officiales nostri sacri palatii exigent a navibus ad Romanum portum applicantibus, vestri cœnobii navi peculiarii gratanter relaxamus. Usum quoque sandaliorum et dalmaticæ, quamvis jure cardinalatus tui ab apostolica sede perceperis, a nobis tamen tibi et loco deinceps, in principalibus tantum festis, ad honorificentiam tam venerabilis cœnobii et ob dilectionem tuam, concedimus. Præterea corroboramus tibi tuisque successoribus, in omni conventu episcoporum et principum superiorem omnibus abbatibus sedere, et in conciliis et judiciis priorem sui ordinis hominibus sententiam, pro reverentia tanti loci qui primum et summum monasticæ legislatorem vivum et mortuum retinere promeruit, quique ipsius legislationem scripto, verbo et exemplo cœnobiale propositum appetendo in toto mundo sole clarius vibravit (1*). Defuncto autem abbate, ex seipsa congregatio secundum sanius consilium sapientum et seniorum fratrum sibi abbatem eligat, et apostolicæ sedis pontifici firmandum et consecrandum exhibeat; nec aliter ibi abbas constituatur, aut aliunde illuc intromittatur, nisi forte ex se aliquem tanto regimini idoneum non habuerit, et ob id saniori consilio extraneum sibi elegerit. Porro præter summum apostolicæ sedis præsulem, cujuslibet ecclesiæ episcopum vel sacerdotem, in præfato monasterio vel in cellis ipsius, additionem quamlibet sibi præsumere hac nostra interdicimus auctoritate, ita ut nisi ab abbate fuerit invitatus, nec missarum inibi audeat solemnia celebrare. Contra quam auctoritatem quia Hildebrandus Capuanus archiepiscopus submurmurare præsumpsit, coram nobis in ecclesia Domini Salvatoris Lateranensis, videlicet patriarchio, synodum celebrantibus privilegiis apostolicæ sedis, convictus, se peccasse confessus est. Unde tam sibi quam suis successoribus apostolica auctoritate sub districti anathematis vinculo interdicimus ut nullam ulterius inde audeant assumere quæstionem, vel contra præfatum venerabilem locum litem promovere, sed remota et propulsata qualibet oppressione ecclesiasticarum vel sæcularium personarum, sicut hactenus mansit a præsenti quinta indictione, hoc nostro privilegio in perpetuum quietus et liber ad servitium et gloriam Dei maneat, sub defensione et jure sanctæ Romanæ et apostolicæ sedis cum suis omnibus.

Ex quibus summatim et generaliter omnibus hæc nominatim et specialiter tantum istic digessimus: in primis, monasterium Domini Salvatoris positum ad pedem ipsius montis, atque monasterium sanctæ Dei Genitricis et Virginis Mariæ qui vocatur Plumbarolo, seu et castellum Sancti Petri ad pedem ipsius montis, quod ab antiquis dictum est Castrum Cassinum; nec non et castellum Sancti Angeli, castellum qui vocatur Pinjatari, castellum Sancti Giorgii et Sancti Apollinaris, Sancti Ambrosii et Sancti Andreæ, et castellum qui vocatur Vallis Frigida, castellum qui dicitur Bantra, et Sancti Petri Inflia, et Sancti Victoris Torocolum, et Cervarum, et Sanctæ Heliæ, et Vallis Rotunda Rocca de Bantra, cum omnibus suis pertinentiis, castellum qui dicitur Saracaniscus, et Sancti Stephani, et castellum qui dicitur Serame, et castellum qui vocatur Fratie, quos commutastis a Riccardo principe, et castellum qui vocatur Mortula, cum ipsa curta quæ vocatur Casa Fortini, et monasterium Sancti Salvatoris qui vocatur Cucuruzzu, cum omnibus suis pertinentiis; in comitatu Aquinense cellam Sancti Gregorii, Sancti Mauricii, et Sancti Nicolai in Pica S. Angeline cannuccio, Sanctæ Mariæ, in Verule, et Sancti Petri in Ateleto; in lucca cellam Sancti Georgii, prope posterulam Giurigalam, cellam Sanctæ Scholasticæ in Cajeta, Sancti Stephani in Serracina, Sanctæ Luciæ, S. Petri in curili, S. Sylvestri et Sanctæ Luciæ in Arpino, Sancti Benedicti in colle Insula, S. Germani in Sura, curtem S. Urbani in Comino, cellam S. Pauli ibidem, S Nazari, et S. Valentini, ac S. Salvatoris, cellam S. Benedicti in Benafro, et S. Razarii, et Sanctæ Mariæ in Sale, curtem S. Benedicti Minoris ibidem, cellam in loco qui vocatur Cesoma, cellam S. Benedicti in Suessa, necnon et S. Benedicti in Capua, cum ipso Gualdo ligure et cum omnibus suis pertinentiis, cellam S. Joannis ancillarum Dei in eadem civitate; in Tusculanis cellam Sanctæ Agathæ, et monasterium ibidem, qui vocatur Jerusalem; in Calvo cellam Sanctæ Mariæ, S. Mariæ in Cinola, S. Adjutoris in Alifas, Sanctæ Cæciliæ in Neapolim, ecclesiam Sanctæ Crucis in Amalfi, cellam S. Benedicti in Salerno, et cellam S. Laurentii ibidem, et Sanctæ Sophiæ infra civitatem Beneventanam, S. Benedicti in Ascuto, Sancti Benedicti in Trani, et S. Benedicti in Bavi, Sanctæ Mariæ ancillarum Dei in civitate Cosensia, cellam S. Benedicti in Pittinara, Sanctæ Mariæ Banze. Sancti Benedicti in marino, cellam S. Eustasii, quem sancto Benedicto obtulit Adelferius Pantasia; Sanctæ Mariæ in Barretano, S. Mariæ in cannete juxta fluvium Trinium, S. Benedicti in ripa versa cum omnibus suis pertinentiis, nec non et castellum qui vocatur Lastinianus, et alia tria castella. Quæ duo Trasmundus comes filius Attonis beato Benedicto obtulit, in monte Casino legali donatione, et chartarum monumentis contulit. Tertium autem castellum Frisam, quod præfati Trasmundi.... pro anima sua, consentiente viro suo, S. Benedicto obtulit, Sancta Turta ibidem, cellam Sancti Focati in Alanino, S. Giorgii in Termule, cellam S. Liberatoris in marchia cum omnibus suis pertinentiis, S. Salvatoris in Tabe, Sanctæ Scholasticæ in Pinne, S. Martini in Salino, S. Nicolai in Apruzo, S. Angeli in Morano, cum omnibus cellis suis, sanctorum septem fratrum, S. Laurentii, et S. Benedicti in Trunto, S. Apollinaris in Firmo, S. Benedicti in Tisino, et Sanctæ Mariæ in Arbosia, cellam S. Benedicti in Marsi, et sanctorum Cosmæ et Damiani, et Sanctæ Mariæ in cellis, S. Benedicti in Pomperano, et S. Petri in Morino, cellam S. Angeli, in valle regia, cum castellis, et omnibus suis pertinentiis.

His igitur et omnibus quæ præfato cœnobio juste pertinent nunc, et quæ in futuro juste pertinebunt, sub tutela et Romana libertate hoc privilegio perpetualiter ad temporalem servorum Dei, præsentium scilicet atque futurorum, quietem, statutis atque firmatis, apostolica censura, sub interpositione districti anathematis et divini contestatione judicii interminamus omnibus, tam præsentibus quam futuris, cujuscunque officii, seu quælibet parva aut magna persona, quibuscunque rebus vel personis præfato monasterio juste pertinentibus aliquam violentiam inferat, aut calumniosus existat vel incumbat. Insuper quia... secundum præceptum regulæ almi Patris Benedicti, æstivis et hiemalibus temporibus præfixus est, auctoritate apostolica concedimus ut liceat fratribus signum pulsare in omnibus cellis ejusdem monasterii, tam ad diurnas quam ad nocturnas horas, quandocunque voluerint. Liceat quoque ipsius monasterii et cellarum ejus fratribus clericum cujuscunque ordinis, de quocunque episcopatu fuerit, secundum traditionem sanctorum Patrum suscipere cum in rebus suis ad conversandum, et monachicum habitum suscipiendum absque interdictione quorumlibet episcoporum, et liceat eisdem subjectos monasteriis eorum judicare, tam monachos quam et sanctimoniales feminas, absque prohibitione et contradictione cujuslibet saecularis potestatis, seu ecclesiasticae. Ad haec liceat vobis sacrum chrisma et ecclesiasticos ordines, et altarium consecrationes ab episcopo quolibet canonice promoto accipere, et christianissimum (sic) in ecclesiis vestris agere per clericos vestros, et hymnum angelicum per dies Dominicos et festivitates ad missarum solemnia rite decantare, et nullus episcopus praesumat in jamdicto monasterio, vel in ecclesiis sibi subjectis sacerdotem excommunicare, vel ad synodum provocare, aut abbates et monachos earumdem ecclesiarum.

Porro cupientes consulere monasticae religioni, quae peccatis exigentibus passim depravatur, te, tantummodo diebus vitae tuae, vicarium nobis ad correctionem omnium monasteriorum, et monacharum, seu monacharum ab ipso fluvio Piscaria sicut influit in mare, scilicet per totam Campaniam, principatum quoque et Apuliam atque Calabriam assumere decrevimus, ita ut capitulum in eis habeas, et vice nostra indisciplinatos cum adjutorio episcoporum, ad quos monasteria ipsa pertinent, corrigas, et quae sunt emendanda, si potueris, secundum Deum emendes, aut apostolicae sedis pontifici renunties, ad perpetuam animae nostrae mercedem, et monasticae religionis emendationem et conservationem. Pariter quoque honorificentiam et gratiam............ per te religiosum et prudentissimum illius successorem. Si quis vero, quod non optamus, hujus nostri privilegii decretalem paginam temerario ausu in aliquo infringere tentaverit, aeternae maledictionis innodatum vinculis se noverit, et perpetua supplicia luiturum cum diabolo et angelis ejus, nisi forte prius resipiscens satisfecerit. At qui pietatis intuitu ipsius privilegii devotus observator exstiterit, interventu almi Patris Benedicti, perfectorumque sequacium sociorum ejus sempiternae benedictioni particeps, et paradisi beatus possessor efficiatur.

Scriptum per manus Octaviani, scriniarii et notarii sacri palatii. EXALTAVIT ME DEUS IN VIRTUTE BRACHII SUI. MAGNUS DOMINUS NOSTER, ET MAGNA VIRTUS EJUS.

Bene valete. Ego Bonifacius Albanensis episcopus subscripsi. Ego Petrus peccator Ostiensis episc. SS. Ego Ildeprandus sanctae Romanae Ecclesiae qualicunque archidiaconus SS. Ego Hubaldus Sabinensis episcop. SS. Stephanus vocatus cardinalis SS. Ego Joannes qui et minutus cardinalis de titulo Sanctae Mariae trans Tiberim SS. Ego Leopertus Praenestinus episc. subscripsi.

Datum Laterani sexto Idus maii per manum Petri S. Rom. Ecclesiae subdiaconi, atque vice domni Annonis Coloniensis archiepiscopi bibliothecarii, anno sexto pontificatus domni Alexandri papae secundi; ab Incarnatione vero Domini millesimo sexagesimo septimo, indictione v.

L.

Alexander II Parthenonem S. Petri Florentinum confirmat.

(Anno 1067.)

[UGHELLI, *Italia sacra*, III, 76.]

ALEXANDER episcopus, servus servorum Dei, charissimo fratri PETRO Florentino episcopo, suisque successoribus

Pia postulatio voluntatis affectu debet prosequente compleri, quatenus et devotius et sincerius laudabiliter innotescat, et utilitas postulata vires indubitanter assumat. Et quia fraternitas tua insinuavit sanctae apostolicae sedi se, ad communem sanctimonialium usum, in ecclesia Sancti Petri, sita in suburbio Florentinae civitatis, monasterium constituisse, et praediorum tam a te quam etiam a quadam religiosa femina, nomine Gisla, nonnulla beneficia eidem ecclesiae collata esse, non solum devotionis tuae studium laudamus, sed ordinationis tuae constitutionem, quam interim per donationis paginam eidem ecclesiae fecisti, auctoritatis apostolicae privilegio confirmamus atque in perpetuum ratum firmumque fore corroboramus, et jam praefatae ecclesiae, tum ea quae nunc juste tenet, quaeque a praenominata matrona collata sunt, quam quae ab eadem seu caeteris in futurum juste conferenda sunt fidelibus. Sub divini igitur judicis obtestatione statuimus ut neque rex, neque dux, marchio, comes, vicecomes, sed neque episcopus, aut aliqua praeditus dignitate, postremo nulla magna parvaque persona sub cujuslibet causae et occasionis specie hujus nostrae apostolicae sanctionis decretum infringere, seu ea quae jam juste collata sunt, quaeque in futurum sunt juste conferenda, aliquo modo ac studio minuere vel auferre praesumat. Quod si aliquis temerario ausu hanc confirmationis nostrae paginam violare praesumpserit, et admonitus a te seu a successoribus tuis emendare contempserit, auctoritate beatorum apostolorum Petri et Pauli sciat se excommunicatum et poena centum librarum auri mulctandum; at vero qui observator exstiterit, repleatur abundantia apostolicae benedictionis.

Datum Laterani, XI Kal. Junii, per manum Petri, sanctae Romanae Ecclesiae subdiaconi et bibliothecarii, anno sexto pontificatus, domini Alexandri papae secundi, ab Incarnatione vero Domini 1067, indict. V.

LI.

Alexandri II privilegium pro monasterio SS. Dionysii, Rustici et Eleutherii Remensis.

(Anno 1067.)

[MARLOT, *Metropol. Rom. II*, 142.]

ALEXANDER episcopus, servus servorum Dei, praeposito ecclesiae sanctorum martyrum Dionysii, Rustici et Eleutherii, Remis sitae, dilecto filio, suisque successoribus in perpetuum.

Piae postulatio voluntatis effectu debet prosequente compleri, quatenus et devotionis sinceritas laudabiliter enitescat, et utilitas postulata vires indubitante-

assumat. Proinde juxta petitionem confratris nostri Gervasii, venerabilis Remensis archiepiscopi, ecclesiæ beatorum martyrum Dionysii, Rustici et Eleuterii, quæ a præfato Gervasio archiepiscopo et ædificiis et munificentiis recuperata (cui in canonica congregatione sub regula beati Augustini præesse dignosceris) hujusmodi privilegium præsenti auctoritatis nostræ decreto indulgemus, concedimus, atque firmamus, statuentes nullum regum, nullumque antistitum, nullum quacunque præditum dignitate, vel quemquam alium de his quæ eidem ecclesiæ a præfato Gervasio archiepiscopo vel ab aliis fidelibus jam donata sunt et in futurum fuerint collata, sub cujuslibet causæ, occasionisque specie minuere vel auferre, suis usibus applicare vel aliis piis causis pro suæ malitiæ excusatione concedere, sed cuncta quæ oblata sunt, vel offerri contigerit, tam a te quam ab eis qui in tuo officio locoque successerint, a tempore præsenti illibata et sine inquietudine aliqua possidere, eorum tamen usibus pro quorum sustentatione gubernationeque concessa sunt modis omnibus profutura.

Item constituimus ut, obeunte te, vel post te, aliquo ejusdem ecclesiæ præposito, non alius ibi quacunque obreptionis astutia ordinetur, nisi quem Remensis archiepiscopus cum omni assensu ejusdem ecclesiæ canonicorum secundum Dei timorem elegerit ac providerit ordinandum. Hoc quoque capitulo præsenti subjungimus; ut locum avaritiæ secludamus, nullus de regibus, nullus de sacerdotibus, vel quicunque alius per se suppositamque personam, de ordinatione ejusdem præpositi vel quibuscunque causis ad ecclesiam ipsam pertinentibus, audeat in auro vel in alia qualibet commodi specie quidquam, neque idem præpositus ordinationis suæ causa dare præsumat, ne hac occasione ea quæ fidelibus piis locis offeruntur, aut jam oblata sunt, consumantur.

Et quoniam multæ occasiones in deceptione religiosarum personarum a pravis hominibus exquiruntur, præpositum prædictæ ecclesiæ nullo modo privandum deponendumque esse censemus, nisi specialiter causa criminis exigente. Unde necesse est ut, si qua contra eum hujusmodi querela surrexerit, non solus archiepiscopus Remensis causam examinet, sed, adhibitis sibi aliis episcopis suis, subtili hoc investigatione perquirat, quatenus, cunctis concorditer judicantibus, canonicæ districtionis censura aut reum facere aut innocentem possit absolvere.

Quoties tamen præpositus prædictæ ecclesiæ episcoporum præjudicio se gravari præviderit, apostolicam sedem liber appellet, vel cum pro hujusmodi præjudicio vel pro utilitate Ecclesiæ suæ ad Romanum pontificem venire voluerit, ei modis omnibus liceat. Hæc ergo omnia, quæ hujusmodi decreti præceptive nostri pagina continet, tam tibi quam cunctis qui in eo in quo es ordine locoque successerint, vel eis quorum interesse poterint, in perpetuum servandum decernimus. Si quis vero regum, sacerdotum, judicum ac sæcularium personarum hanc nostræ constitutionis paginam agnoscens, contra eam venire tentaverit, potestatis, honorisque sui dignitate careat, reumque se divino judicio existere de perpetrata..... cognoscat, et nisi ea quæ ab illo male ablata sunt restituerit, vel digna pœnitentia illicita deterserit, a sacratissimo corpore et sanguine Dei Redemptoris nostri Jesu Christi alienus fiat, atque in æterno examine districtæ ultioni subjaceat; cunctis autem eidem loco jura servantibus sit pax Domini nostri Jesu Christi quatenus et hic fructum bonæ actionis recipiat, et apud districtum judicem præmia æternæ pacis inveniat. Scriptum per manus Octaviani, scrinii et notarii sanctæ Romanæ sedis apostolicæ

Datum Lugduni, Nonis Julii, pontificatus nostri anno quarto.....

LII.

Privilegium D. Alexandri papæ II pro monasterio S. Nicasii Remensis.

(Anno 1067.)

[Varin, *Archives adm. de la ville de Reims*, tom. I, p. 215.]

Alexander episcopus, servus servorum Dei, abbati monasterii Sancti Nicasii martyris, sive Beati Agricolæ in Remensi territorio siti, dilecto filio suisque successoribus in perpetuum.

Pia postulatio voluntatis effectu debet prosequente compleri, quatenus et devotionis sinceritas laudabiliter enitescat, et utilitas postulata vires indubitanter assumat. Proinde juxta petitionem confratris nostri Gervasii venerabilis Remensis archiepiscopi, monasterio beati Nicasii.... sive Sancti Agricolæ, quod olim a Jovino præfecto ædificatum, nunc autem a prædicto Gervasio est recuperatum, cui sub regula beati Benedicti præesse dignosceris, hujusmodi privilegium præsenti auctoritatis nostræ decreto indulgemus, concedimus atque firmamus, statuentes nullum regum, nullum antistitum, nullum qualibet præditum dignitate, vel quemque alium, de his quæ eidem monasterio a præfato Gervasio archiepiscopo, vel ab aliis fidelibus jam donata sunt, vel in futurum a quibuslibet aliis de proprio jure fuerint collata, sub cujuslibet causa vel occasionis specie, minuere vel auferre, sive suis usibus applicare vel aliis quasi piis causis pro suæ avaritiæ excusatione concedere; sed cuncta quæ ibi oblata sunt, vel offerri contigerit tam a te quam ab eis qui in tuo officio locoque successerint, a præsenti tempore, illibata ac sine inquietudine aliqua possideri; eorum tamen usibus pro quorum substentatione gubernationeque concessa sunt, modis omnibus profutura. Item constituimus ut obeunte te et post te aliquo ejusdem monasterii abbate, non alius ibi quacunque obreptionis astutia ordinetur, nisi quem Remensis archiepiscopus, cum communi consensu ejusdem cœnobii monachorum, secundum Dei timorem elegerit, aut præviderit ordinandum. Hoc quoque capitulo præsenti subjungimus, ut locum avaritiæ recludamus, nullum de regibus, nullum de sacerdotibus, vel quemcunque alium per se, suppositamve personam, de ordinatione ejusdem abbatis, vel quibuscunque causis ad ecclesiam istam pertinentibus, aut de re in auro, vel in alia qualibet commodi specie quidquam accipere, neque eumdem abbatem ordinationis sine causa dare præsumere, ne in hac occasione ea quæ a fidelibus piis locis offeruntur, aut jam oblata sunt, consumantur. Et cum multæ occasiones in deceptione religiosarum personarum a pravis hominibus exquiruntur, abbatem prædicti monasterii nullo modo privandum deponendumque esse censemus, nisi specialiter causa criminis exigente. Unde necesse est ut si qua contra eum hujusmodi querela surrexerit, non solus archiepiscopus Remensis causam examinet, sed adhibitis sibi aliis episcopis suis, subtili hoc investigatione perquirat, quatenus cunctis concorditer judicantibus, canonicæ districtionis censura aut reum punire, aut innocentem possit absolvere. Quoties tamen prænominati monasterii abbas episcoporum præjudicio se gravari præviderit, apostolicam sedem libere appellet; vel cum pro hujusmodi præjudicio, vel pro utilitate monasterii sui, ad Romanum pontificem venire voluerit, ei modis omnibus liceat. Hæc igitur omnia quæ hujus præcepti decretique nostri pagina continet, tam ibi quam cunctis qui in eo loco in quo es, ordine locorum successerint, vel eis quorum interesse potuerit, in perpetuum servanda decernimus. Si quis vero regum, sacerdotum aut sæcularium personarum, hanc constitutionis nostræ paginam agnoscens, contra eam venire tentaverit, potestatis honorisque sui dignitate careat, reumque se a divino judicio existere de perpetrata iniquitate agnoscat; et nisi ea quæ ab illo sunt male oblata restituerit, vel digna pœnitentia illicite acta deleverit, a sacratissimo corpore et sanguine Dei Domini redemptoris nostri Jesu Christi alienus fiat, atque in æterno examine districtæ ultioni subjaceat. Cunctis autem eidem loco justa servantibus sit pax Domini..... Quatenus fructum bonæ actionis recipiant, et apud districtum Judicem præmia æternæ pacis inveniant.

Scriptum per manus Octaviani, scriniarii et notarii sacri palatii.

LIII.

Alexandri II papæ privilegium pro monasterio S. Sylvestri Nonantulani.

(Anno 1067.)

[TIRABOSCHI, *Storia della augusta badia di Nonantola*, tom. II, p. 496, ex autographo in arch. Nonant.]

ALEXANDER episcopus, servus servorum Dei, LANDULFO, venerabili abbati monasterii Sancti Sylvestri apud Nonantulam constituti, suisque successoribus, necnon universæ congregationi sub eedem æterno regi militanti perpetuam in Domino salutem.

Quemcunque ad laudem Redemptoris nostri Domini Jesu Christi pertinere et ad stabilitatem venerabilium locorum respicere noscuntur cum magnæ sollicitudinis studio convenit nos apostolica et rationabili censura procurare, quatenus ex hoc juges eidem propitiatori nostro carminum persolvantur laudes, et nobis, qui licet immeriti divina tamen gratia proveniente apostolici regiminis curam gerimus, opima in sidereis arcibus remunerationis præmia concedantur. Igitur quia religio tua, dilectissime fili Landulphe venerabilis abba, postulavit a nobis, quatenus monasterium Sancti Sylvestri, cui Deo auctore præesse dignosceris, apostolicæ auctoritatis juxta formam antecessorum nostrorum privilegio muniremus, justæ petitioni tuæ libenter annuimus. Cum enim in Mediolanensi Ecclesia, naturali videlicet matre nostra, unicam et specialem ab ipso primævæ ætatis tyrocinio charitatem invicem servaverimus, multo nunc vigilantius eamdem tibi convenit nos charitatem impendere, quam non solum in nostra sed etiam sanctæ Romanæ Ecclesiæ fidelitate constat ardenti desiderio exercuisse. Nos itaque inclinati devotionis tuæ precibus eidem venerabili monasterio ejusque abbatibus qui pro tempore fuerint auctoritate beati apostoli, cui a Domino Deo tradita est potestas et interpellandi ac solvendi, firmissimam stabilitatem nostræ censuræ apostolicæ concedimus, confirmantes et promulgantes vestrum venerabile monasterium massas, fundos, casales, cortes, castella, casas atque familias, servos..... les simulque reliquis rebus et possessionibus, frugibus, decimationibus, aquimolis, olivetis, et quidquid in quibuscunque locis habere, vel tenere videtur, et ex hoc nunc legaliter ei donatum sive datum fuerit, aut quolibet modo juste evenerit, tenere et possidere sine qualibet controversia perpetuis temporibus valeat; et nulli unquam liceat regum, episcoporum, ducum vel aliorum magnæ parvæque personæ, in prædicto venerabili monasterio vel in eis, quæ eidem monasterio pertinere noscuntur, quocunque modo incumbere, vel invasionem facere..... quispiam sacerdotum ibidem præsumat missarum solemnia celebrare, nisi ab abbate vel congregatione loci fuerit invitatus, et neque episcopus, neque abbas aliquis, comes, seu vicecomes, vel quælibet magna parvaque persona in præfato monasterio vel in ejus cellis, vel ecclesiis mansiones facere vel expensas repetere aut aliquid per potestatem servitium præter peregrini et legitimi hospites, et neque colloquium qualecunque aut placitum in ipso monasterio, aut in ejus prænominatis cellis tenere quis audeat nisi abbate fuerit invitatus. Quatenus hoc quod ad laudem Dei et stabilitatem prædicti monasterii statuimus firma stabilitate permaneat. Interdicentes omnino episcopo Mutinensi, in cujus parochia esse videtur prædictum monasterium constitutum, ut nihil contra tenorem præsentis decreti pia postulatione indulti quidquam attentet... neque aliquando... baptismales ecclesias sibi vindicet, neque ipse suique successores præsumant prohibita contingere, sed neque missarum

solemnia ibidem persolvere praesumant nisi ab abbate suprascripti monasterii fuerit invitatus, neque ordinationem sacerdotum, abbatum, episcoporum in praefato monasterio vel ejus jure quod nunc habet aut suo clero agere audeat, nisi, ut praelatum est, ab abbate fuerit evocatus. Chrisma igitur vel quidquid ad sacra mysteria pertinet, si a parte vestra..... a quibuscunque providerit praesulibus, concedimus..... Sed neque decimas usquam dare concedimus nisi ecclesiis supradicti venerabilis monasterii ad nostram. . . . .
Sed et hoc statuimus et inviolabili sanctione de apostolica auctoritate firmamus, ut nullus aliquando in praedicto monasterio de aliis monasteriis seu quibuscunque ecclesiis in quibus. . . . . . .
. . . . defunctus fuerit, de propria semper congregatione eligatur abbas, si ibi idoneus inventus fuerit; qui ab omnium monachorum consensu ibi constituatur ad augmentum et. . . . .
. . . . nihilominus omnibus......... interdictione prohibemus aliquam scripturam vel confirmationem de praedicti monasterii rebus vel de praenominata abbatia quoquo ingenio contra hoc nostrum praeceptum petere, si quae igitur scriptura vel petitio impetrata fuerit aut in reliquo apparuerit, has irritas esse vacuasque omni robore jubemus. Si quis praeterea, quod non credimus, praesumpserit hoc nostri apostolici privilegii statutum in aliquo transgredi aut contemnere, sciat se auctoritate beatorum Petri et Pauli apostolorum principum. . . . .
. . . .
. . . . atque Juda traditore Domini nostri Jesu Christi aeterni incendii suppliciis deputatus, a regno Dei penitus segregatus. . . . . ad dignam satisfactionem. . . . .
. . . . servatus et. . . . . . .
. . . . . misericordissimo Domino nostro benedictionis gratiam et vitam perpetuam consequatur.

Datum Lucae vii Idus Julii, per manus Petri sanctae Romanae Ecclesiae subdiaconi ac bibliothecarii, anno vii pontificatus domni Alexandri papae secundi, videlicet anno Dominicae Incarnationis millesimo sexagesimo septimo, indictione quinta (2).

SIGILLUM AVULSUM.

LIV.

Alexander II Ecclesiae Salernitanae bona, a Guillelmo filio Tancredi, in « episcoporum, et abbatum, et aliorum fidelium conventu » restituta, confirmat.

(Anno 1069.)

[MANSI *Concil.* XIX, 1065.]

ALEXANDER episcopus, servus servorum Dei.

(2) Si aggiugne al solito appiè della bolla da una parte il monogramma di *Bene Valete*, dall' altra una croce in mezzo a due circoli concentrici. Fra essi si leggono le parole, *Deus nostrum refugium et virtus*. Ne' quattro spazj della croce si legge : *Magnus Dominus noster, et magna virtus ejus*. Non sono questi i soliti motti delle bolle di Alessandro II, e potrebbe anche muovere qualche dubbio il non veder qui le sottoscrizioni consuete del papa et de' cardinali.

Notum sit omnibus sanctae Ecclesiae filiis quoniam in synodo, quae sexto pontificatus nostri anno apud Melphim in ecclesia B. Petri apostolorum principis, quae est ejusdem civitatis sedes episcopatus, praesidentibus nobis, et aliis coepiscopis et abbatibus, die Kalendarum Augustarum celebrata est, confrater noster Alphonsus S. Salernitanae Ecclesiae archiepiscopus de haereditatibus eidem Ecclesiae pertinentibus, quas Guillelmus filius Tancredae et milites sui invaserant, querimoniam fecit. Unde cum a nobis hac de ratione vocatum, ut quae violenter invaserat juste eidem Ecclesiae redderet, paterna charitate monuimus; sed quia in contumacia sua perdurans obedire nobis et tanto conventui noluit, judicio totius sacri concilii eum et fautores suos a liminibus sanctae Ecclesiae sequestravimus, et anathematis vinculo, quousque resipisceret, innodavimus : sed postea inspirante sibi illo, qui neminem vult perire (*Petr.* III, 9), ad poenitentiam et ad emendationem, cum Salerni essemus, ante nostram praesentiam cum militibus suis humiliter venit. Quapropter episcoporum, et abbatum, et aliorum fidelium congregato conventu, inter quos fuerunt Joannes Tusculanensis episcopus cardinalis, et Ildebrandus S. R. E. archidiaconus, et Ambrosius Terracinensis episcopus, et Balduinus Melphis episcopus, et Stephanus Trojanus episcopus, et Ingilbertus Tuscensis episcopus, et Gisulfus Salernitanus princeps cum fratribus suis Guidone et Joanne, Robertus dux, et Rogerius comes frater ejus, et alii plures Longobardi et Nortmanni, idem Guillelmus, et Girmondus filius Gimundi, qui dicitur de Mulsi miles, ejus haereditarius S. Salernitanae Ecclesiae nominatim curtem S. Petri Dataro, et curtem S. Viti de Siler, quae sunt juxta eumdem fluvium, et ecclesiam S. Michaelis archangeli, quae sita est in crypta montis, qui dicitur *Aureus*, cum omnibus hominibus et pertinentiis suis, et res de lacu majore cum toto ipso lacu, et res de Tusciano, et de Lama, et de Rivoalto, et de Asa, et de Pecentino, et Jufūni, et Salsanicum, et Forino, et Anguillario, et Prato, et omnes alias res ipsi matri ecclesiae, et caeteris Ecclesiis Salernitanis pertinentes sub nomine fidei, quam Deo et S. Petro debebant, in manu vestra refutaverunt atque dimiserunt. et se confirmaverunt esse sub anathemate, si eas amplius praesumerent invadere. Inde nos omnibus supradictis coram astantibus episcoporum judicio, et laudatione Longobardorum, et Nortmannorum, qui intererant, S. Salernitanae Ecclesiae, et per eam tibi, confrater Alfane Salernitane archiepiscope, successoribusque tuis supradictas res et haereditates

Ma i dotti Maurini autori del nuovo Trattato di diplomatica (t. V, p. 234, not. 5) accennano un' altra bolla di questo pontefice a questa nostra perfettamente conforme e ne' motti e nella mancanza delle sotto scrizioni. Alessandro II, dovette in questo tempo trovarsi in Lucca all' occasione di trasportarsi al concilio tenuto quest' anno in Mantova, a cui egli intervenne.

stabilivimus, concessimus, et in perpetuum confirmamus, et deinceps salvo tuo, successorumque tuorum vigore earum invasores, et deprædatores, et persecutores perpetuo anathematis vinculo religamus. Si quis vero contra hujus nostræ præceptionis scriptum temere agere præsumpserit, aut fautor exstiterit, sciat se auctoritate B. Petri apostolorum principis et nostra, a regno Dei alienatum, atque cum Juda traditore Domini in æternum damnatum. Qui autem hujus nostræ concessionis et confirmationis constitutionem observaverit devotus, a sancta et individua Trinitate benedicatur, et æterni regni intervenientibus Dei genitrice Maria et B. Matthæo apostolo et Evangelista, quorum causam adjuverit, particeps effici mereatur, etc.

Ego Alexander, solius Dei misericordia, licet indignus S. R. et apostolicæ Ecclesiæ episcopus, in hac constitutionis pagina ad confirmandum volens subscripsi.

Ego Joannes, Tusculanensis episcopus, me adfuisse testificans subscripsi.

Ego Hugo, Ydruntinus archiepiscopus, me adfuisse testificans subscripsi.

Ego Ambrosius, Terracinæ episcopus, subscripsi.

Ego Hildebrandus, S. R. E. diaconus, subscripsi.

LV.

Alexander II Ecclesiæ Salernitanæ jura possessionesque, Alphani archiepiscopi rogatu, confirmat.

(Anno 1067.)

[UGHELLI *Italia sacra*, VII, 382.]

ALEXANDER episcopus, servus servorum Dei, Sanctæ Salernitanæ ecclesiæ, quæ beatæ et gloriosæ semper Virginis Dei genitricis Mariæ, ubi etiam apostoli gloriosum Matthæi et evangelistæ corpus, cum beatis martyribus Fortunato, Gaio et Anthes, requiescit, et per eam confratri ALFANO ejusdem Ecclesiæ archiepiscopo, suisque successoribus in perpetuum.

Ex consideratione pastoralis curæ quam ex administratione apostolicæ sedis gerimus cum Deo auctore, sicut indigni, decernimus omnium quæ sunt Ecclesiarum provectui invigilare ac justis fidelium postulationibus æquitatis assensum præbere, necessario compellimur viscera deserere, ne Dominico gregi debitæ consolationis suffragium videamur subtrahere. Unde, charissime frater Alfane archiepiscope, quia devotio tua, honestis moribus fulta, postulare studuit quatenus statuta et privilegia quæ sanctissimi prædecessores nostri apostolica auctoritate Salernitanæ ecclesiæ tuisque prædecessoribus sanxerunt, nos tibi tuisque successoribus firmaremus, tuis precibus, quæ a justitia discrepare non videntur, libentissime annuimus. Qua de re hujus nostri privilegii authentica constitutione concedimus et confirmamus tibi totam ex integro Salernitanam ecclesiam, quæ est archiepiscopalis sedes infra urbis mœnia constituta, cum omnibus quæ sibi pertinent, tam hæreditario quam parochiali jure, sicut illam integram habuere et tenuere prædecessores tui episcopi et archiepiscopi, ita ut tui juris tuæque potestatis quidquid ad ecclesiasticum et episcopale pertinet officium, tam intra Salernum quam per omnem Salernitanam parochiam, canonica dispensatione requirere, et ordine, et canonicis ecclesiis diversorum ordinum clericos, servitium Dei provehere et ordinare, in monasteriis quoque et abbatiis, abbates providere, et benedicere, et Dei servitio et utilitati semper consulere, ut omnia fiant fautore Deo ad incrementum sanctæ Ecclesiæ. Archiepiscopalis etiam magisterii prædecessoribus tuis apostolica auctoritate concessum fraternitati tuæ confirmamus, ut liceat te intra scriptam provinciam, episcopos juxta sacrorum canonum statuta congruis in locis ordinare, et quæcunque metropolitanis sanctorum Patrum statuta attribuunt, tibi concedimus licere; ad hæc etiam apostolicæ auctoritatis sanctione confirmamus tibi, tuisque successoribus, quæcunque prædecessores nostri, imperatores, reges, principes, vel quicunque fideles sanctæ Salernitanæ ecclesiæ contulere, et ea quæ Gisulfus fidelis noster, qui nunc Salerni clare principatur, liberali munificentia contulit et collaturus est. Nominatim autem dicimus, ecclesiam sancti martyris Viti, quæ constructa est juxta plateam quæ dicitur ad portam-Elini, cum omnibus suis pertinentiis, quam Landimorius filius Ademarti scripto jam dictæ ecclesiæ obtulit, et ecclesiam Sancti Gramatii cum suis pertinentiis, et casas illas quæ sunt juxta eamdem Ecclesiam, quas Malfrit, et Adelfrit tuo episcopio obtulerunt; sed et monasterium Sancti Viti, quod constructum est juxta Salernum prope littus maris, cum suis pertinentiis, quod ecclesia tibi commissa a prædicto Gisulfo Principe commutationis ordine recepit; terras quoque et partes, pro quibus super Troytium de Rota, pro tuo episcopio, et cæteris Salernitanis ecclesiis interpellasti quod invasas detineret. Unde cum Salerni nolentem justitiam facere excommunicavimus; quas, postea resipiscens, Capuæ in nostram manum legaliter reddidit, videlicet quæcunque uno anno, priusquam ipse Rotam intraret; et Salernitanæ ecclesiæ tenebant, quæ juris tuæ ecclesiæ fuere tibi tuisque successoribus reddimus, et confirmamus et per te cæteris ecclesiis tua... Castellum quoque Olibani et cryptam S. Angeli, quæ dicitur Montis Aurei, cum omnibus eorum pertinentiis, et cuncta quæ Wilelmus filius Tancrede, et Wimundus miles tuus in nostram manum reddidere. Et universa quæ prædicta Salernitana ecclesia juste et legaliter habuit, vel qualicunque contractu acquisitura est, tibi tuæque fraternitati ecclesiæ commissæ concedimus et confirmamus, et in perpetuum stabilimus, tam ea quæ ecclesiastici regiminis sunt quam quæ hæreditate juris, contestantes, sub protestatione anathematis, ut nullus unquam alicujus dignitatis vel potestatis homo audere temerario ausu aliquam violentiam tibi tuæque ecclesiæ inferre, vel justitiam aut dignitatem minuere, salvo in omnibus apostolicæ sedis privilegio. Si quis vero contra hujus nostræ constitutionis privilegium, vilipendens apostolica statuta, temere agere præsumpserit, aut præsumentibus fautor exstiterit, judicio sancti Spiritus sciat se, auctoritate beati Petri apostolorum principis et nostra, anathematis vinculo innodatum, et ut transgressorem terminorum, quos sancti Patres nostri posuerunt, cum diabolo et trangressoribus angelis, canonica traditione, æternis suppliciis deputatum. Observantibus autem et devotis gratia et benedictio a Domino Deo nostro multiplicentur, et intercedente beata Dei genitrice Maria, et beato Mattheo apostolo et evangelista, æterni regni participes effici mereantur. N. OEN. BES.

Datum Capuæ, IV Id. Octobris, per manus Speri sanctæ Romanæ Ecclesiæ subdiaconi et bibliothecarii, anno VII pontificatus domni Alexandri papæ II, indict. VII.

LVI.

Alexandri II epistola ad Joannem Abrincensem episcopum.

(Anno 1068.)

[*Acta archiep. Rotom.* apud MABILL. *Analect.* nov. edit. 224.]

ALEXANDER episcopus, servus servorum Dei, JOANNI Abricensium venerabili episcopo, salutem et apostolicam benedictionem.

Destituta Rothomagensi Ecclesia pastore, comperimus Sedunensis episcopi et Lanfranci abbatis relatione te ex electione principis tui dilectissimi filii nostri Guillelmi regis Anglorum, ob vitæ et morum probitatem, ad majorem sedem promovendum, si ex auctoritate sedis apostolicæ fuerit assensus, cui Deo auctore præsidemus. Nos igitur moti illorum precibus, ob salutem illius Ecclesiæ et omnium in tuis partibus, volumus atque dilectioni tuæ apostolica auctoritate præcipimus ut quod divina dispensatio de te providit non contradicas, et electioni te obedientem exhibeas. Admonemus itaque fraternitatem dulcedinis tuæ, ut si in modico fuisti fidelis, in majori bene operari non desinas, populum divini Verbi pabulo reficias, ut merearis audire illam benignam vocem Domini dicentis : *Euge, serve bone et fidelis, quia super pauca fuisti fidelis, supra multa te constituam.* De cætero secretiorem animi nostri voluntatem planius audies per nostrorum legatorum veridicam relationem.

LVII.

Alexander II monasterium S. Stephani Cadomense tuendum suscipit privilegiisque ornat, Lanfranco abbate petente.

(Anno 1068.)

[LANFRANCI Opp. pag. 27.]

ALEXANDER episcopus, servus servorum Dei, dilecto in Christo filio LANFRANCO abbati, suisque successoribus regulariter promovendis in perpetuum.

Quisquis divina inspiratione compunctus, relictis sæculi hujus actionibus, ad Deum converti festinat, ita cum charitate ab apostolica sede, cui licet indigni præsidemus, suscipiendus est et blandis per omnia consolationibus refovendus ut in ea quam elegit, Deo adjuvante, delectetur conversatione persistere, et quod semel cœpit usque in finem irreprehensibiliter valeat exhibere. Unde quia, charissime fili Lanfrance abbas, in tantam te excrevisse religionem cognoscimus ut non solum de propria salute studiosus existeres, verum etiam communem vitæ ligentibus monasterium construeres ac forma religionis provideres, inclinati precibus tuis monasterium tuum, quod in honorem beati protomartyris Stephani a glorioso Willelmo principe Normannorum, ac victoriosissimo rege Anglorum, Cadomi construitur ac largitate possessionis ditatur, sub tutela et defensione sanctæ sedis apostolicæ recipimus, statuentes nullum, ecclesiastica seu sæculari præditum dignitate, in rebus vel dispositione ejusdem monasterii aliquam habere potestatem, sed omne jus ipsius monasterii ad sollicitudinis tuæ tuorumque successorum studium decernimus pertinere. Qui nimirum si alicujus episcopi molestia prægravatus tu, vel successores tui fueritis, sanctamque apostolicam sedem appellaveritis, nulli ulterius episcoporum liceat contra vos litem provocare, donec causa vestra ante papam deferatur, ejusque judicio diffiniatur; et hac præsentis privilegii nostri pagina statuimus ut Baiocensis episcopus, præ qualibet abbatis vel monachorum culpa, præfatum monasterium non præsumat excommunicare, vel divinum in eo officium prohibere. Quod si abbas vel congregatio ordini et professionibus suis contraria gesserit, et abbas vel se vel monachos suos regulariter emendare neglexerit, Baiocensis episcopus secreto atque amicabili colloquio ut se vel subjectos suos corrigat admoneat. Porro si paternæ admonitioni obedire contumacia pertinaci contempserit, non quidem eum Baiocensis episcopus ad suæ Ecclesiæ synodum convocet, sed rem ad Rothomagensem archiepiscopum, seu ad totius provinciæ universale concilium perferat, ut eorum consilio, auctoritate, diffinitione, audiat, discat, accipiat quid agi sive statui de eo oporteat; sententia tamen de capitalibus apostolicæ sedi reservata. Ad quem Baiocensem episcopum nihil aliud ipsius monasterii pertinere decernimus, nisi abbatis et cæterorum qui ibidem sunt promovendi ordinationes, sacri chrismatis donum, et ecclesiarum dedicationes, laicorum, qui criminalia peccata incurrerint, consilia et pœnitentiarum injunctiones. Si vero prænominatum Baiocensem episcopum claruerit esse Simoniacum, vel ab apostolica sede excommunicatum, vel si ipse episcopus alicujus malitiæ studio eorum ordinationes ultra spatium unius mensis distulerit, tunc liberam habeant potestatem adeundi Romanum pontificem, vel quemcunque religiosum episcopum elegerint. Si quis igitur temerario ausu hujus nostræ sanctionis scriptum violare præsumpserit, auctoritate beatorum apostolorum Petri et Pauli sciat se innodatum vinculo excommunicationis, quousque dignos pœnitentiæ fructus sanctæ apostolicæ sedi repræsentaverit.

LVII bis.

Rescriptum Alexandri papæ II ad Petrum abbatem Gellonis, quo monasterium Gellonicum sub defensione sedis apostolicæ suscipit.

(Anno 1068.)

[*Gall. Christ.* tom. VI, p. 274.]

ALEXANDER episcopus, servus servorum Dei, venerabili abbati monasterii Sancti Salvatoris, in episcopatu Luterensi, constituti in loco qui dicitur Gellonis, suisque successoribus canonice substituendis, perpetuam in Domino salutem.

Licet generali sollicitudine circa statum omnium Ecclesiarum invigilare debeamus, specialius tamen eorum utilitatibus nos convenit providere quorum vitam et conversationem studio monasticæ religionis claret resplendere; tanto enim sanctæ apostolicæ sedis, cui, licet indigni, deservimus, protectionem merentur, quanto internæ contemplationis ardore Domino nostro Jesu Christo vicinius adhærere probantur. Proinde quia devotio vestra postulavit a nobis ut monasterium vestrum defensione nostræ Romanæ Ecclesiæ muniremus, inclinati precibus vestris idem cum omnibus juste sibi pertinentibus sub tutela et defensione apostolicæ sedis recipimus, et ab omni conditione liberum et quietum esse decernimus, ita tamen ut, proprii tantummodo episcopi reverentia servata, nulli loco subjaceat, nisi huic sanctæ Romanæ Ecclesiæ; qui, videlicet episcopus, nullum in prædicto monasterii abbatem præsumat ordinare, nisi quem monachi ejusdem monasterii, Deum timentes, juxta regulæ beati Benedicti tenorem, elegerint, ipsum vero sine omni fraude et contradictione benedicat; a quo nimirum episcopo, si abbas vel monachi ipsius monasterii se injuste prægravari cognoverint, ad defendendam propriam innocentiam et episcopi infestationem corrigendam libere hanc sedem appellent.

Confirmamus etiam præfato monasterio quidquid nunc juste tenet, vel deinceps tenere debet, tam in cellis, ecclesiis, castellis, villis, prædiis quam etiam in cæteris rebus, mobilibus videlicet et immobilibus, constituentes, per hujus nostri privilegii auctoritatem, ut nulla spiritualis, seu sæcularis persona præsumat hujus nostræ sanctionis scriptum in totum, parteinve infringere, quatenus ab omni humana perturbatione securi atque quieti omnipotenti Deo valeant militare. Si quis igitur ausu temerario hanc nostram constitutionem violare præsumpserit, beatorum apostolorum Petri et Pauli sciat se usque ad dignam emendationem auctoritate excommunicationis vinculo innodatum, et cum impiis et sacrilegis æternis Jehennæ incendiis deputatum. At vero qui pio intuitu custos et observator exstiterit, repleatur abundantia apostolicæ benedictionis.

Datum Laterani xiv Kal. Aprilis per manus Petri sanctæ Romanæ Ecclesiæ subdiaconi ac bibliothecarii, anno vii pontificatus domini Alexandri papæ II.

LVIII.

Alexandri II papæ epistola ad Udonem Trevirensis Ecclesiæ archiepiscopum.

(Anno 1068.)

[ERHARD, *Zeidts Christ fur Vaterlandische*, tom. X, p. 310.]

ALEXANDER episcopus, servus servorum Dei, dilecto fratri nostro UDONI sanctæ Ecclesiæ Trevirensis venerando archiepiscopo.

Diebus vitæ tuæ. Et si pastores ovium solem geluque pro gregis sui custodia die noctuque ferre intenti sunt, ut neque ex eis aut errando pereat et ferinis laniata morsibus deficiat, et oculis semper vigilantibus circumspiciunt; quanto sudore, quanta cura debemus esse pervigiles nos, qui pastores animarum esse dicimur. Attendamus igitur ut si sacrum officium exhibere erga custodiam commissarum ovium non assumus, ne in die divini examinis pro desidia nostra ante summum Pastorem negligentiæ nos reatus excruciet, unde modo honoris reverentia inter cæteros sublimiores judicamur. Pallium autem fraternitati tuæ ex more ad missarum solemnia celebranda sicut concessum est antecessoribus tuis concedimus, videlicet ut in Natale Domini, in Epiphania Domini, in Purificatione et in aliis festivitatibus sanctæ Mariæ, in Palmis, in Cœna Domini, in Sabbato sancto, in die Dominica Resurrectionis, in octava Paschæ, in Ascensione Domini, in Pentecoste, in natali sancti Joannis Baptistæ, in natali omnium apostolorum, in festo S. Laurentii et S. Mauritii, in festo S. Michaelis et Omnium Sanctorum, et S. Martini et sanctorum virorum, quorum corpora apud vos habentur, in Dedicatione Ecclesiæ, et in anniversario tuo et quando ordines facis. Hortamur itaque charitatem tuam ut mores vitæ tuæ tanto honoris ornamento conveniant, quibus auctore Deo exempli verbo possis esse conspicuus. Vita igitur tua sit filiis tuis regula, ut si qua corritudo (so steht deutlich) in illis deprehenditur, in ea dirigatur. Cor ergo tuum neque prospera quæ temporaliter blandiuntur, extollant, neque adversa dejiciant, sed quidquid illud fuerit, virtute patientiæ devinciatur. Nullum apud te locum odia, nullum favor indiscretus inveniat. (Hier eine Lücte im Lert) benedictionis tuæ justique judicii opus (wieder eine Lücte) vitio commaculet. Sit in te et boni patris dulcedo et judicis pura discretio, unum quod innocenter viventes foveat, aliud inquietos a pravitate compescat. Misericordem te prout virtus patitur pauperibus exhibe. Oppressis defensio tua subveniat, opprimentibus modesta ratio contradicat. Nullius faciem contra justitiam accipias, nullum quærentem justa despicias. Custodia vitæ in te æquitatis excellat, ut nec divitem potentia sua aliquid apud vos extra viam suadeat rationis audire nec pauperem dare sua faciat humilitas desperare. Quatenus Deo miserante talis possis existere, qualem sacra sanctio præcipit, dicens : *Oportet episcopum irreprehensibilem esse.* Sed his omnibus uti salubriter poteris, si magistram charitatem habueris, quam qui secutus fuit, a recto aliquando tramite non recedit. Ecce, frater charissime, intus multa alia ista sunt sacerdotii, ista sunt pallii, quæ si studiose servaris, quod feceris accepisse ostenderis intus habebis. Crux autem ante te sicut ante decessores tuos ubi geratur, primatum quoque Ecclesiæ tuæ juxta formam sanctorum prædecessorum nostrorum; a quorum auctoritate non debemus oberrare concedimus et confirmamus. Sancta Trinitas fraternitatem tuam gratiæ suæ protectione circumdet atque ita in timoris sui via nos dirigat, ut post vitæ hujus amaritudinem ad æternam simul dulcedinem pervenire mereamur.

Scriptum per manum Joannis notarii et regionarii ac scriniarii sanctæ sedis apostolicæ, indictione VI, anno 1065.

LIX.

Alexander II Arnoldo archiepiscopo Acheruntino pallii usum tribuit.

(Anno 1068.)

[Ughelli, *Italia sacra*, VII, 25.]

Alexander episcopus, servus servorum Dei, Arnoldo Acheruntinæ Ecclesiæ venerabili archiepiscopo, perpetuam in Domino salutem.

Convenit apostolico moderamini pia religione pollentibus affectu debitæ charitatis in necessitatibus subvenire et eorum justis petitionibus benevolum præbere assensum. Tunc enim lucri potissimum præmium apud conditorem omnium Deum nos habituros speramus, si venerabilia loca sanctorum per nos fuerint ad meliorem statum perducta. Igitur quia postulastis a nobis quatenus concederemus, confirmaremus tibi archiepiscopatum prædictæ Acheruntinæ Ecclesiæ, cum omnibus parochiis suis, civitatibus quinque, videlicet Venusio, Monte Milone, Potenza, Tulba, Tricario, Monte Peloso, Gravina, Matera, Oblano, Turri Tursio, Lasiniano, sancto Quiriaco, Viroló, cum castellis et villis, monasteriis ac plebibus, tam Græcis quam Latinis, exceptis iis, quæ ad dominatum nostrum jure nobis retinemus, petitioni tuæ libentes annuimus, Montem Urrani quoque et armentum, quæ largitione fidelium in dominium sanctæ Acheruntinæ Ecclesiæ recenter transierunt, tibi tuisque successoribus concedimus et confirmamus. Pallium autem fraternitati tuæ ex more ad missarum solemnia celebranda, sicut concessum est antecessoribus tuis, concedimus, videlicet in Natali Domini, in octava Domini, in Epiphania, in Purificatione et aliis festivitatibus sanctæ Mariæ, in Cœna Domini, in Sabbato sancto, in die Dominico Resurrectionis, in Ascensione Domini, in Pentecoste, in nativitate S. Joannis Baptistæ, in natali omnium apostolorum, et sancti Michaelis archangeli, et Omnium Sanctorum, ac vestrorum sanctorum, quorum corpora apud vos habetis; in dedicatione ecclesiarum, et quando ordinationes facis. Hortamur itaque charitatem tuam, ut mores vitæ tuæ tanti honoris ornamento exempli ubique possint esse conspicui. Vita igitur tua filiis tuis sit regula, ut si qua fortitudo deprehenditur in ea, dirigatur cor erga suum, neque prospera quæ temporaliter blandiuntur extollant, neque adversa dejiciant, sed quidquid illud fuerit, virtutum puritate devincatur. Nullum apud te locum odia, nullus favor indiscretus inveniat. Sacræ benedictionis tuæ justique judicii opus nulla venalitatis interventio commaculet; sit in te et boni pastoris dulcedo et judicis severa districtio, unum scilicet innocenter viventes foveat, aliud inquietos a pravitate compescat. Misericordem te, prout virtus patiatur, pauperibus exhibe, oppressis defensio tua subveniat. Opprimentibus modesta ratio contradicat. Nullius faciem contra justitiam accipe. Custodia in te æquitatis excellat, ut nec divitem potentia sua aliquid apud vos extra viam rationis audire suadeat. Nec pauperem de re tua faciat humilitas desperare, quatenus Domino miserante talis possis existere, qualem sacra lectio præcipit dicens : *Oportet episcopum irreprehensibilem esse.* Sed iis omnibus uti salubriter poteris, si magistram charitatem habueris, quam qui secutus fuerit a recto tramite non secedit. Scriptum per manus Joannis scriniarii et notarii, ac regionarii sacri palatii.

Datum Later., Idibus Aprilis, per manus Petri sanctæ Romanæ Ecclesiæ subdiaconi ac bibliothecarii, anno ab Incarnatione Domini 1068, ind. VI, pontificatus vero Dom. Alexandri papæ II, an. VII.

LX.

Alexander II ecclesiæ S. Mariæ Magdalenæ Virdunensis protectionem suscipit bonaque confirmat.

(Anno 1068.)

[Dom Calmet, *Histoire de Lorraine*, I, *Preuves*, p. 462.]

Alexander episcopus, servus servorum Dei, Ermentrido venerabili presbytero, fundatori ac præposito ecclesiæ Sanctæ Mariæ Magdalenæ, sitæ in Virdunensi civitate, suisque successoribus in perpetuum.

Ex consideratione apostolicæ sedis, cui licet indigni deservimus, saluti omnium et Ecclesiarum utilitati compellimur invigilare et propositum unicuique earum jus defendendo servare? Unde quia religio tua in Christo sanctæ operationis studia, quibus per Galliarum provincias prædicatur, ecclesiam Sanctæ Mariæ Magdalenæ, sitam infra Virdunensem civitatem, possessione simul ac religione præit, hæreditavit, tanto convenit nos in Domino gaudere quanto gloriosus eamdem ecclesiam canonica religione decet excrescere. Unde, juxta postulationem devotionis tuæ, præfatam ecclesiam sub tutela et defensione sanctæ apostolicæ sedis constituimus, salva tamen canonica reverentia Virdunensis episcopi, confirmamus tibi quidquid nunc jure possessionis habere videtur seu deinceps habitura est, videlicet Erisiam cum ecclesia et suis appenditiis, Villare cum ecclesia ibidem constituta, Ciranivam cum suis appenditiis, Duosam curtem cum suis appendiciis, prædia et vineas, cum familia, quæ sunt apud Aquilam, Stabuletum cum molendino, ecclesiam de Hemandres; præterea curtem quæ vocatur Manera, et quinque mansos apud Sufingas, quam Agnes, illustris imperatrix una cum filio suo Henrico glorioso rege, eidem ecclesiæ contulit præsentis privilegii pagina confirmamus, omnibus modis interdicentes ut nullus imperator, rex, dux, marchio, comes, sed neque episcopus, aut aliquis episcopali sæcularive præditus dignitate, præsumat ista atque omnia quæ superius continentur, a jure ipsius ecclesiæ subtrahere atque studio deprecationum, aut quarumlibet oppressionum auferre. Confirmamus etiam convenientiam quam gloriosus dux Godefridus in præsentia nostra tecum fecit, videlicet quod de advocatione præfatæ curtis, id est, Macræ, nihil nisi tantummodo lucrum divinæ remunerationis ipse atque posteri sui debeant unquam exigere. Si vero aliquis, temerario ausu, hujusmodi nostræ confirmationis scriptum violare præsumpserit, usque ad dignam satisfactionem sciat se innodandum vinculo excommunicationis. At vero qui pio intuitu custos et observator exstiterit, repleatur abundantia apostolicæ benedictionis.

Datum Lateranis, Idus Aprilis, per manus Petri, sanctæ Romanæ Ecclesiæ subdiaconi et bibliothecarii, anno VII pontificatus domini Alexandri papæ II, ab Incarnatione vero Domini millesimo sexcentesimo sexto, indictione VII.

LXI.

Alexander II canonicorum Ferrariensium patrocinium suscipit et possessiones confirmat.

(Anno 1068.)

[UGHELLI, *Italia sacra*, II, 554.]

ALEXANDER episcopus, servus servorum Dei, EVERARDO archipresbytero, et ROMANO archidiacono, et reliquis canonicis S. Ferrariensis Ecclesiæ, suisque successoribus in perpetuum.

Si justis servorum Dei petitionibus satisfecerimus, procul dubio apostolica præcepta servamus. Quapropter inclinati precibus vestris, filii charissimi, vos vestraque bona in munimime apostolicæ defensionis suscipimus atque confirmamus et corroboramus vobis vestrisque successoribus canonicis quidquid juste habetis, id est villam quæ dicitur Quatisana, et fundum contra Padum, et locum Cuculi, et caput Redæ, et Baniolum, et Wartiaticam, et fundum Pecorile, villam quæ dicitur Fossa Nova, cum capella Sancti Marci ibidem sitam, ecclesiam quoque Sancti Stephani in burgo Ferrariæ cum omnibus quæ ei attinent; insuper etiam medietatem decimationis plebis Sancti Georgii in episcopio, medietatemque omnium rerum, quæ pro animabus fidelium defunctorum eidem ecclesiæ relinquuntur, tam mobilium quam immobilium, totam etiam decimam totius villæ quæ dicitur Cocomario, et cætera quæ eidem canonicæ pertinent, scilicet terras, vineas, prata, agros cultos et incultos, aquas aquarumque decursus, piscationes, venationes seu molendina, servos et ancillas, aldiones et aldianas, quidquid habetis, tam de parte ecclesiæ quam de vestrorum parentum hæreditate, necnon duodecim homines illius loci qui navigent quocunque usus vester fuerit sine omni pretio; seu cunctas res mobiles et immobiles; vel quidquid deinceps juste acquisieri estis, ea videlicet ratione ut nullus in vos jam dictos canonicos, sive vestros successores, distringere vel molestare audeat, neque vestros colonos vel colonas, vestrasque facultates, sine voluntate et consensu ipsius ecclesiæ præsulis. Statuentes igitur jubemus ut quiete et pacifice omnia quæ super leguntur teneatis et possideatis, omnium hominum contradictione remota, ita ut nullus dux, marchio, archiepiscopus, episcopus, comes, vicecomes, nullaque magna vel parva persona de cunctis prænominatis rebus, tam de ecclesiasticis quam de propriis vos vestrosque successores molestet, sive in placito conturbet, vel colonos vestros aut colonas distringere, seu publicam functionem solvere cogat. Quod qui temerario ausu fecerit, nisi infra quadraginta dierum spatia emendaverit, anathematis vinculo obligetur et a liminibus sanctæ ecclesiæ alienetur usque ad dignam satisfactionem. Qui vero custos hujus nostræ sanctionis exstiterit, benedictionem et gratiam omnipotentis Dei, et beati Petri apostolorum principis, et nostram habeat, et in futurum æternam retributionem percipiat. Amen.

Datum XII Kal. Julii per manus Petri, fungentis vice sacro sanctæ Romanæ Ecclesiæ subdiaconi, et bibliothecarii, anno ab Incarnatione Domini 1068, septimo vero pontificatus domni Alexandri papæ II, indictione VI.

LXII.

Privilegio di Alessandro II conceduto ai canonici regolari di S. Frediano di Lucca, col quale mette sotto la difesa e protezione della santa sede i beni che essi possedono nelle Maremme.

(Anno 1068.)

[*Memorie e documenti per servire all' istoria del principato Lucccse.* Lucca, 1813, in-4°, IV, II, 144.]

ALEXANDER episcopus, servus servorum Dei, canonicis ecclesiæ Sancti Frigiani eorumque successoribus in perpetuum.

Quoties a nostris filiis illa poscuntur, quæ ab æquitatis ratione non discrepant, illorum dignum est justis condescendere petitionibus, eorumque desideriis vera cordis sinceritate favere. Tunc namque nobis Dei nostri voluntatem conciliamus, si quod nobis, ratione dictante, impendi volumus, recte hoc aliis concedere minime dubitamus. Et si laicorum postulationibus sæpissime larga et benigna mansuetudine annuimus, videlicet ut ab illis digne postulata largiamur; multo magis erga ecclesiarum nostrarum utilitatem, et clericorum ibidem Deo militantium devotissimum collegium, munificentissimos, et benevolos esse nos condecet, qui in ecclesiastici ordinis militia nobiscum divina operante clementia, uniti esse videntur. Quapropter ego Alexander sanctæ et universalis Romanæ Ecclesiæ pontifex, et Ecclesiæ sanctæ Lucensis episcopus inclinati precibus vestris, et sperantes meritis et intercessionibus beati Frigiani apud tremendum Judicem adjuvari suscepimus sub defensione et privilegio apostolicæ sedis quidquid in maritima ejusdem sanctissimi Frigiani Ecclesiæ pertinere videtur, scilicet in rivo de Menthe [*f.* Marthure], et monte Burli [Buruli], et Castani, et a la Peira, et in monte presbyteri Joannis et Pungulini, et quidquid in aliis locis et vocabulis ab antiquis vetustioribusque hominibus habuisse memoratur. Ita sane, ut ab hac hora in antea consistant, et permaneant supradictæ res in potestate vestra presbyteri, et diaconi, subdiaconi, sive etiam clerici, qui in præfata Ecclesia modo ordinati fuerint, et officium Dei ibi fecerint: Statuimus præterea, et apostolica auctoritate sancimus, ut de jam dictis rebus prænominatæ Ecclesiæ, vel clericis ejusdem ecclesiæ, seu loco beneficii ab ecclesia eas retinentibus, nullus præsumat aliquam inferre violentiam, aut molestiam facere, seu deprædari, vel aliquo ingenio diminuere; non aliquis successorum nostrorum, non dux, non marchio, non comes, vicecomes, capitaneus, castaldus, exactor, seu aliqua sæcularis potestas, vel aliqua hominum magna, parvaque persona. Quod si aliquis, quod non credimus, diabolico instinctu, quod a nobis firmatum est infringere tentaverit, vel aliter permutare præsumpserit, vel contra jam dicta aliquid ausus fuerit moliri, timeat super se venturum omnipotentis Dei judicium, et conscius sibi tristetur de futura super eum Dei et sanctorum omnium maledictione. Insuper sciat se ex auctoritate beatorum apostolorum Petri et Pauli, et nostra, nisi resipuerit, perpetuo anathematis vinculo innodatum. At vero custos et observator hujus sacri nostri privilegii de cœlesti super se ventura benedictione gratuletur, et post præsentis vitæ spatium, accipiat perennis vitæ bravium.

Datum Lucæ III Idus Octobris per manus Petri, sanctæ Romanæ Ecclesiæ subdiaconi ac bibliotecarii, anno VII pontificatus domni Alexandri II papæ, anno videlicet Dominicæ Incarnationis millesimo sexagesimo octavo, indictione VII.

LXIII.

Alexander II episcopum Clusinum, in concilio Romano Simonia accusatum, cum causa et Lucæ et Clusii tractata esset, absolutionem a sese impetrasse testatur.

(Anno 1068.)

[UGHELLI, *Italia sacra*, III, 629.]

ALEXANDER episcopus, servus servorum Dei, sanctæ Clusinæ Ecclesiæ, in perpetuum.

Quoniam divinæ miserationis respectu ad hoc universalis administrationis curam suscepimus ut omnium ecclesiarum quietem solerti studio procuremus, omniumque animarum prælati providere omni tempore ac universas quæstiones in sancta Ecclesia emergentes diligenter perquirere, inquisitis vero legaliter calculum diffinitionis debemus imponere, ex hac ipsa consideratione nostri officii coacti sumus quamdam quæstionem in Clusinensi ecclesia ortam sagaci indagatione tractare. Quæstio denique quædam in jam dicta Clusina ecclesia exorta est, atque in concilio ad apostolicam sedem delata. Ex antiqua namque consuetudine parochianæ ecclesiæ Clusini episcopatus bis in anno quasdam conditiones episcopo exhibebant semel in majori hebdomada ante Pascham, secundo vero dum episcopus synodale concilium celebraret. Hinc nata occasione, conquesti sunt clerici illius Ecclesiæ adversus episcopum suum, quod ipse exigeret ab eis quemdam annalem tributum quod dicebant quasi pro chrismate pretium, necnon pro administratione sacri verbi, quam illis in sua synodo exhibebat aliud quoddam statutum. Quod nos audientes nimium exhorruimus, atque si ita esset, omnino damnare statuimus, quia Simoniacæ venalitatis fere infecta hæc talia videbantur. Discussimus itaque te per hoc, prout voluimus, sed quia plurimis et maximis ecclesiasticis negotiis occuparemur, plenaliter diffinire nequivimus, ac proinde ad nostram audientiam tandem deferendam statuimus tempore quo eum nobis liceret quietis perscrutari; licet ita demum canonica diffinitione concludere. Unde actum est ut paulo post nobis Roma ad Lucensium preces proficiscentibus ipsa eadem quæstio in itinere, dum per partes illas transiremus, repræsentaretur, et cum inibi du episcopo clericisque præsentibus ventilaretur quibusdam astantibus, nec adhuc plane diffinitionis sententiam censere dignum duximus, sicque denuo evenit ut cum Luca Romam reverteremur, invitati episcopo ad prædictam Clusinam ecclesiam, pia et efficacii ipsius episcopi rogatione inflexi veniremus. Tunc evocato ibi universo clero prædicti episcopatus, maximaque parte populi congregata, supradictam quæstionem diligenti examinatione perquisivimus, residente nobiscum dilecto fratre nostro Joanne sanctæ Romanæ Ecclesiæ cardinali Tusculano episcopo, astantibus quoque plurimis religiosis abbatibus, et sacerdotibus, etiam Raynerio filio Burgarelli et Bernardo filio Ardinghi, multisque aliis majoribus et minoribus. Quam divino nutu provida consideratione inspectam, ita visum est nobis fore diffiniendam, scilicet ut hujusmodi infamia, quæ talibus occasionibus Clusinæ ecclesiæ inoleverat, his omnibus amputatis abscinderetur, et statutum, quod sacri canones de redditibus et votis ecclesiarum præcipiunt, ab utrisque partibus inviolabiliter custodiretur. Sequentes igitur præcepta, canoni papali ab episcopo quarta parte decimarum dari, temporibus vero reliquis in dispositione episcopi præsidentibus, episcopum vero medietatem omnium primitiarum, tertiamque totius oblationis cunctarum ecclesiarum episcopatus vivorum ac mortuorum, tam in terris quam in vineis, mobilibus vel immobilibus, seu cujuslibet generis possessionibus habere censuimus, oblationibus antiquorum monasteriorum exceptis, videlicet, S. Anthymi, S. Salvatoris, necnon S. Benedicti, et S. Petri in Campo. Addidimus etiam quod nullus laicorum ecclesias tenere vel oblationes vivorum et mortuorum in proprios usus retorquere præsumat; sunt enim plurimi, qui ecclesiasticas res, quasi jure hæreditario a parentibus relictas, impudenter sibi usurpant; quod quia ecclesiasticis statutionibus nimis oppugnet, modis omnibus inhibemus. Quicunque ergo temerario ausu huic nostræ sanctioni contraierit, et hoc nostrum apostolicum decretum in totum partemve infregerit, si ex sacris ordinibus fuerit, sui ordinis periculum incurrat, si vero laicus, nostræ apostolicæ excommunicationi subjaceat. Et insuper bannum nostrum componat, septuaginta videlicet optimi auri libras, medietatem Lateranensi palatio, medietatem autem parti nostrum apostolicum servanti decretum.

Datum Perusiæ, tertio Kal. Januarii, per manus Petri clerici fungentis vice Petri sanctæ Romanæ Ecclesiæ subdiaconi ac bibliothecarii, anno ab Incarnatione Domini 1068, pontificatus vero domni Alexandri II anno VIII, indict. VI.

LXIV.

Alexandri II epistola ad Rumoldum Constantiensem episcopum. — De abbate cujus servus furtis uno ictu ab ipso percussus, post sex menses mortuus est.

(Anno 1061-69.)

[Mansi *Concil.* XIX, 965.]

Alexander, Rumoldo Constantiensi episcopo.

Intelleximus in litteris tuis quod earum lator, sacerdos videlicet et abbas, ita acerrime stimulatus servientem uno fustis ictu in dorso percusserit, et sic percussus ut per conjecturam admittitur, sex tamen mensibus transactis obierit. Unde hunc, quasi homicidii culpa notatum, et sui gradus horrens incurrisse periculum et dignitatis perpendimus pertulisse naufragium. In qua re, salvo tui ordinis privilegio, quodammodo repentina severitas et statuisse videtur præjudicium et præcipue discretionis excessisse modum, quæ nimirum clementiori nobis videtur moderamine temperanda. De qua videlicet habenda discretione si tua fraternitas hæsitat, Gregorianæ auctoritatis testimonium legat. *Item.* Fraternitati tuæ mandamus ut fratrem istum abbatiæ restituat; et si jam annus pœnitentiæ transactus habetur, sacerdotali sibi officio restituto, cum sacris altaribus ministrare permittat.

LXV.

Alexandri II epistola ad Romaldum Constantiensem episcopum.

(Anno 1061-69.)

[Mansi *Concil.* XIX, 985.]

Ad sequentem epistolam collectoris admonitio.

Quicunque Ivonem accusant de corrupto interpolatoque textu canonum et decretorum quæ in collectionem suam transtulit, illis profecto accidet opportunum fragmentum sequentis Alexandri epistolæ, quod ego offendi in ms. Pistoriensis cathedralis codice, in quo Ivonis decretum cum aliis nonnullis decretalibus sanctionibus in extremis pagellarum ora adjectis continetur. Ex hac ipsa enim epistola excerpsit Ivo cap. 409, et ex illo Gratianus, dist. 52, cap. *Sollicitudo*, canonem illum, quem et Labbeus inter Alexandri epistolas num. 52 recitat. In eodem Ivonis decreto data hæc epistola legitur ad Romaldum Constantiensem; in codice vero Pistoriensi ejus, ad quem dirigitur, nomen desideratur. Ad lectorum commodum utramque lectionem ex adverso positam exhibebo.

Ex edito Ivonis et Gratiani.	Ex m. s. cod. Piston.
Ad Romaldum Constantiensem episcopum. De eo qui, subdiaconatus ordine postposito, diaconus et presbyter est ordinatus.	*Alexander papa II. De quodam sacerdote mal ordinato.*
Sollicitudo dilectionis tuæ studuit consulere utrum portitor istarum litterarum diaconatus et presbyteratus officium sit idoneus peragere, necne, cum ad id præpropero cursu, videlicet sine subdiaconatus ordine, negligentia potius quam superbia cognoscatur ascendisse. Unde nos consulendo charitati tuæ mandavimus ut ab officio sacerdotali eum prohibeas, donec proximo quatuor temporum jejunio subdiaconatus ministerium sibi rite imponas, et sic deinceps ad majora officia eum redire concedas.	Quidam in clericalibus officiis educatus subdiaconatus gradum suscipere neglexit, et diaconatus ac presbyteratus honorem, non quidem ambitiose, sed negligenter conscendit. In quo præceptum canonicum non nos invenisse meminimus; consilium autem ex prærogativa auctoritatis apostolicæ damus. Ab utriusque itaque, id est sacerdotalis et leviticæ, quos inordinate suscepit, officio suspendatur, donec congruo tempore intersit ejus qui est ad subdiaconi benedicendum honorem; et cum eis subdiaconatus suscipiat benedictionem. Prius tamen discutiendum si ejus vita digna officio habeatur; et sic, si vitæ canones non obviaverit, in priore ordinatione diaconus et presbyter teneatur.

LXVI.

Alexandri II epistola ad Wilielmum marchionem. — Excommunicatus alium excommunicare ne possit.

(Anno 1061-69.)

[Mansi *Concil.* XIX, 977.]

Audivimus quod Henricus, Ravennas dictus archiepiscopus, nisus sit te excommunicare; quod, quia excommunicatus excommunicare non potuit, apostolica auctoritate te tuosque absolventes, mandamus exinde non curare.

LXVII.
Alexander II canonicam S. Mariæ Spoletinam tuendam suscipit et bona ejus confirmat.

(Anno 1069.)

[UGHELLI, *Italia sacra*, I, 1260.]

ALEXANDER episcopus, servus servorum Dei, PETRO venerabili præposito canonicæ S. Mariæ in matrice ecclesia Spoletani episcopatus, suisque successoribus in perpetuum.

Quoniam divinæ miserationis clementia nos in specula universalis administrationis constituit, ex consideratione nostri officii cogimur universis Ecclesiis providere. Ideoque tum rogatione episcopi tui Andreæ, tum tuis devotis precibus, amandi filii, flexi, te tuosque fratres ac præfatam canonicam cum omnibus sibi legaliter pertinentibus sub munimine ac tutela apostolicæ defensionis suscipimus, et confirmamus præfatæ canonicæ quidquid nunc juste habet, et quidquid prædictus Andreas episcopus ejusdem Ecclesiæ eidem canonicæ tradidit atque concessit, videlicet plebem S. Joannis in campo, et decimam S. Mariæ in campo cum decima Azzanine Fractæ, ac plebe S. Gregorii in Nido, et curtim S. Angeli in capite cum omnibus infra se habentibus, et plebem de Verelano, et plebem de Turino, et plebem de Bernano, et plebem de Lederano, et tres partes totius civitatis, decimæ videlicet Spoletanæ cum tribus partibus oblationem vivorum ac mortuorum, et terram totam pertinentem præfatæ canonicæ, et quidquid prædicta canonica deinceps juste acquisitura et tam largitione prædicti episcopi Andreæ, sive omnium successorum ejus quam oblatione quorumcunque fidelium in plebibus et capellis, decimis et pertinentiis, terris et vineis, seu cujuslibet generis possessionibus, salva in omnibus reverentia proprii episcopi. Concedimus itaque tibi Petro præposito, et omnibus ejusdem canonicæ fratribus vestrisque omnibus successoribus hæc omnia, quæ supra scripta sunt, statuentes ut nullus archiepiscopus, episcopus, rex, dux, marchio, comes, seu aliqua ecclesiasticarum, vel sæcularium magna parvaque persona vos inquietare, et jam dictam canonicam de omnibus supra memoratis rebus divestire, vel quid ab ejus jure in aliud transferre præsumat; servato in omnibus jure S. Romanæ Ecclesiæ et privilegio. Quisquis autem temerario ausu, quod absit, hujus nostræ sanctionis privilegium contraierit, et illud in totum partemve infregerit, nisi admonitus digna satisfactione, quod contra nostra apostolica statuta deliquerat, emendaverit, sciat se apostolicæ excommunicationis ac anathematis vinculo graviter innodatum, ac per hoc diabolo, et angelis ejus atrocibus pœnis miserabiliter deputatum. At vero, qui pio intuitu custos et observator hujus nostræ statutionis exstiterit, apostolicæ benedictionis abundantia repleatur.

Datum Narnensi urbe, XVII Kal. Februarii, per manus Petri clerici fungentis vices Leies sanctæ Romanæ Ecclesiæ subdiaconi ac bibliothecarii, anno ab Incarnatione Domini 1069, pontificatus vero domini Alexandri papæ II octavo, ind. VII.

LXVIII.
Alexander II ecclesiæ Narniensis canonicorum bona confirmat.

(Anno 1069.)

[[UGHELLI, *Italia sacra*, I, 1014.]

ALEXANDER episcopus, servus servorum Dei, dilecto in Christo filio ALBERTO archidiacono Narniensis Ecclesiæ, cunctisque canonicis S. Juvenalis, et Cassii, necnon et Maximi, illorumque successoribus in perpetuum

Convenit apostolico moderamini pia religione pollentibus benevola compassione succurrere et petentium votis congruum impertiri suffragium. Igitur, quia postulatis a nobis quatenus concederemus et confirmaremus vobis omnia bona ipsius canonicæ, inclinati precibus vestris, per hujus nostræ confirmationis serie.n confirmamus et corroboramus vobis vestrisque successoribus bona ipsius canonicæ, quæ modo juste habetis et in perpetuum juste habituri estis, sive sint mobilia, sive sint immobilia; sicut in decreto actorum habetis, episcopi scilicet vestri, salva in omnibus justitia et reverentia... vestra, statuentes apostolicam censuram subducere obtestatione judicii, ut nullus archiepiscopus, episcopus, dux, marchio, sive comes, seu vicecomes, aut aliqua ecclesiastica vel sæcularis, magna parvaque persona contra hanc nostram confirmationem agere præsumat, servato in omnibus jure sanctæ Romanæ Ecclesiæ, et privilegio. Quisquis autem hujus nostræ sanctionis privilegium violaverit, et admonitus digna satisfactione, quod contra nostra apostolica statuta deliquerit, non emendaverit... se apostolicæ excommunicationis ac anathematis vinculo graviter innodat; at vero qui, pro intuitu justo, et observator exstiterit apostolicæ benedictionis abundantia repleatur.

Datum in monasterio Sancti Laurenti Catiliani, XVI Kal. Febr. per manus... Ecclesiæ subdiaconi ac bibliothecarii, anno ab Incarnatione Domini millesimo sexagesimo nono, pontificatus vero domni Alexandri papæ II, anno VIII, ind. VII.

LXIX.
Alexander II monasterii S. Petri Cœli Aurei Papiensis privilegia confirmat.

(Anno 1069.)

[ROBOLINI, *Notizie appartenti alla Storia della sua patria*, Pavia, 1823, in-8°, III, 64.]

Sotto questo anno 1069 abbiamo giusta la Cronaca di S. Petro in Ciel d'Oro una bolla del papa Alessandro II, diretta a Benedetto abbate del detto monastero, alquale conferma gli antichi privilegi Le note cronologiche sono:

Dat. Lucæ, octavo Idus Novembris..... anno x pontificatus domni Alexandri II papæ, Incarnationis autem Domini 1069; indict. VII (3).

(3) Signa chronologica sunt corrupta. JAFFÉ.

LXX.
Alexandri II epistola ad Lanfrancum.
(Anno 1061-70.)

[THEINERUS, *Disquisitiones criticæ*, pag. 206.]

ALEXANDER episcopus, servus servorum Dei, LANFRANCO utriusque sapientiæ gratia repleto salutem et apostolicam benedictionem.

Gratias omnipotenti Deo referimus, qui post eruditionem mundanæ sapientiæ ad illius te transtulit sapientiæ studium, quæ vera est et de qua scriptum est: *Beatus homo, qui invenit sapientiam et affluit orudentia*. Merito enim illi multiplices gratiæ agendæ sunt cujus Spiritus sic te utriusque disciplinæ fonte replevit ut in uno fere omnibus sis excellentia dissimilis, et in altero virtutum merito laudabilis. Hujus itaque gratiæ venerabilis fama, circumquaque diffusa, quia ab omnibus fere mundi partibus ad tuæ fluenta eloquentiæ multos allexit, quemdam nostrum fratruelem, quem paternis ut nosmetipsos diligimus affectibus, ad ejusdem tuæ eloquentiæ dulcedinem nimium gliscentem dirigere cupimus, qui tamen Deo gratias, grammaticæ artis peritia bene instructus, dialecticæ omnino non est alienus. De quo si ad votum nostrum pro scire et valere tuo te habueris, scias ibidem procul dubio nos tibi utriusque remunerationis merito pie et liberaliter recompensaturos. Quid autem ex hoc confidere possimus, notificare studeas quantocius.

LXXI.
Alexander II papa confirmat Harlebecani collegii canonicorum institutionem.
(Anno 1070.)

[MIRÆUS, *Opp. diplom.*, t. I, pag. 61.]

ALEXANDER episcopus, servus servorum Dei, ENGELBOLDO præposito Harlebecensis canonicæ S. Salvatoris, sitæ in episcopatu Noviomensi, cunctisque suis successoribus regulariter promovendis in perpetuum.

Quandoquidem divinæ providentiæ dispensatione universalis administrationis curam suscepimus, ex debito nostri officii cogimur cunctis ecclesiis per orbem terrarum late diffusis providere et utilitatibus earum ac saluti animarum, quæ in eis sunt, solerti studio invigilare, præsertim his locis, quæ pia religione pollere noscuntur, et nostro munimine specialiter quodammodo se tueri humili prece deposcunt, qui in eis habitat Domino servientium chorus, quatenus a turbine sæcularium adversitatum nostra protectione defensi, liberius vota sua continuata Domino reddere, et eodem quo cœperunt sancto proposito usque in finem securi perseverare prævaleant.

Quare cum interventu præclaræ comitissæ Adelæ, tum tuis devotis precibus flexi, dilecte fili, te ac prænominatam canonicam cum omnibus sibi pertinentibus sub tutela apostolicæ defensionis suscipimus, et confirmamus jam dictæ venerabili canonicæ

(4) *Vineis.* Si Lovanium excipias, vix alibi apud Belgas nostros vineæ, saltem ad vini copiam habendam, hodie excoluntur. Ex isto tamen diplomate et

A quidquid hactenus habuit, tam largitione piissimorum principum, quam oblatione quorumcunque fidelium, juxta nobilissimi præceptum regis Francorum Philippi, et præceptum Balduini Noviomensis episcopi, vel deinceps habitura est, tam in terris quam in vineis (4), et villis, et ecclesiis majoribus et minoribus omnibusque rebus mobilibus et immobilibus, ita ut non liceat cuiquam ecclesiasticorum vel sæcularium magnæ parvæque personæ prænominatam canonicam de suis omnibus inquietare, vel quid ab eis jure in alienum transferre, salva in omnibus proprii episcopi reverentia. De ordinando vero præposito in eodem loco, hoc apostolica auctoritate sancimus, ut nullus ibi præsumat quemquam præponere contra canonicam regulam, sed defuncto præposito suo, congregatio eligat, vel de eadem congregatione, si ibi idoneus inventus fuerit, vel de alia, quem potiorem vitæ meritum commendaverit, juxta canonicam regulam.

Si quis vero hujus nostræ sanctionis privilegium spiritu superbiæ ductus contraierit, et illud in totum partemve infregit, nisi admonitus digna satisfactione, quod in venerabilem locum deliquerat, emendaverit, noverit se apostolici anathematis vinculo innodandum. At vero qui pio intuitu custos et observator exstiterit, perpetuæ benedictionis abundantia repleatur.

Datum Laterani quinto Kal. Feb., per manus Petri clerici, fungentis vice Petri sanctæ Romanæ Ecclesiæ cardinalis ac bibliothecarii: anno vero ab Incarnatione Domini millesimo septuagesimo, pontificatus autem domni Alexandri papæ II octavo, indictione VIII.

LXXII.
Alexandri II epistola ad Gebehardum Salzburgensem archiepiscopum. — Concedit ut episcopatum unum in sua parochia constituat.
(Anno 1070.)

[MANSI, *Concil.* XIX, 975, ex Metropoli Salisburg., tom. I.]

ALEXANDER episcopus, servus servorum Dei, GEBEHARDO Salzburgensi archiepiscopo, suisque successoribus in perpetuum.

Quoties ea a nobis petuntur quæ religioni conveniunt, prompta debemus concessione annuere et favoris nostri gratanter præbere assensum, quoniam ex consideratione nostri officii cogimur ecclesiarum utilitatibus, etiam si minime exigantur, sollicite invigilare et animarum saluti solerti studio providere. Quapropter, dilectissime frater, quia postulasti a nobis quatenus apostolica auctoritate concederemus tibi unum episcopatum in tua parochia constituere, quia Ecclesia tua tam ample diffusa est, quod per te solum non possis eam in chrismate aliisque pluribus, quibus episcopali officio indiget, decenter ac rationabiliter regere, piis precibus tuis inclinati, libenter annuimus, et ut etiam impleatur satagimus.

aliis supra recitatis liquet, olim *Harlebecæ*, *Maricolis*, et alibi a majoribus nostris vineas studiose cultas fuisse.

Apostolica igitur auctoritate, venerande frater, religioni tuæ concedimus, volumus, et firmamus, atque auctoritate beati Petri apostolorum principis in quocunque loco tibi melius visum fuerit, episcopatum in tua parochia construe, et ad procurandam salutem animarum adjutorem tibi tua consideratione ibi præpone, ita tamen ut episcopatus ille Ecclesiæ tuæ, tibique vel tuis successoribus nunquam subtrahatur, et nullus ibi episcopus quandoque, sive per investituram, ut dici assolet, vel quocunque pacto inibi constituatur, nisi quem tu vel tui successores prompta voluntate elegerint, ordinaverint et consecraverint. Indignum enim atque detestabile est ut hoc quod studio pietatis a vobis quæsitum, apostolica auctoritate firmatum, ad detrimentum Ecclesiæ tuæ quolibet modo vertatur. Si quis autem temerario ausu hujus nostræ sanctionis privilegium infregerit, noverit se apostolicæ excommunicationis atque anathematis vinculo innodatum. At vero, qui pio intuitu custos et observator exstiterit, perpetuæ benedictionis abundantia repleatur.

Data Lateranis, XII Kal. Aprilis, per manus Petri clerici, fungentis vice Petri sanctæ Romanæ Ecclesiæ cardinalis ac bibliothecarii, anno ab Incarnatione Domini 1070, pontificatus vero domini Alexandri papæ II nono, indict. VIII.

LXXIII.

Ecclesia collegiata S. Mariæ de Belliloco in diœcesi Matisconensi, in protectionem apostolicæ sedis recipitur, eique bona omnia et privilegia confirmantur.

(Anno 1070.)

[COCQUELINES, *Bull. Rom.*, tom. II, p. 15.]

ALEXANDER episcopus, servus servorum Dei, canonicis ecclesiæ Sanctæ Mariæ, sitæ in episcopatu Matisconensi, loco Belliloco, illorumque successoribus in perpetuum.

Quoties ea a nobis petuntur, quæ a religione non discrepant, libenter debemus annuere, et favoris nostri gratanter præbere assensum, quoniam ex consideratione apostolicæ sedis, cui Deo auctore, licet indigni meritis, præsidemus, cogimur, etiam si a nobis exigantur, his talibus semper invigilare, ac saluti animarum solerti studio providere. Quapropter, dilectissimi filii, quia postulastis a nobis, quatenus et ecclesiam, circa quam degitis, sub tutela apostolicæ defensionis susciperemus, cum per interventum episcopi vestri per litteras vestras, tum devotis precibus vestris flexi, petitioni vestræ libenter annuimus. Inclinati ergo vestris rogationibus vos, vestraque bona atque prædictam ecclesiam sub munimine apostolicæ protectionis suscipimus; et confirmamus quidquid dicta ecclesia juste habet, vel deinceps juste acquisitura est, ta n in terris quam in vineis, seu cujuslibet generis possessionibus: ita ut non liceat cuiquam ecclesiasticorum vel sæcularium magnæ parvæque personæ vos inquietare, vel quidquid injuria prænominatæ ecclesiæ in alienum transferre: salva matris Ecclesiæ, et proprii episcopi reverentia. Quisquis autem temerario ausu hujus nostræ sanctionis privilegium infregerit, nisi resipuerit, noverit se excommunicationis atque anathematis vinculo innodandum. At vero qui pio intuitu custos et observator exstiterit, perpetuæ benedictionis abundantia repleatur.

Datum Laterani II Kal. April., per manus Petri clerici, fungentis munere Petri sanctæ Romanæ Ecclesiæ cardinalis, ac bibliothecarii, anno Incarnationis Domini 1070, pontificatus D. Alexandri II papæ IX, indict. VIII.

LXXIV.

Alexander II confirmat privilegia abbatiæ Sancti Benigni Fructuariensis.

(Anno 1070.)

[COCQUELINES, *Bull. Rom. Pont.*, tom. II, pag. 14.]

ALEXANDER episcopus, servus servorum Dei, venerabili ALBERTO abbati monasterii Sanctæ Mariæ, siti in Ipporegiensi loco, qui dicitur Fructuaria, suisque successoribus regulariter promovendis in perpetuum, salutem.

Ex consideratione hujus sanctæ apostolicæ sedis, cui Deo auctore, licet indigni meritis, præsidemus cogimur universis Ecclesiis providere, præsertim iis locis qui pia religione pollere noscuntur. Multum enim Domino nostro Jesu Christo sollicitudinis nostræ curam placere confidimus, si servos ejus, ut sibi securius militare valeant, a turbine sæcularium perturbationum scuto nostræ protectionis defendimus. Quapropter, fili charissime, cum interventu dilectissimæ filiæ nostræ Agnetis imperatricis, tum dilecti ac venerabilis Annonis Coloniensis archiepiscopi rogatione, tuis etiam precibus per nuntios tuos inclinati, jam dictum monasterium, quod per studium servorum Dei constructum absque aliqua sæculari potentia ad hoc, quod esse videtur pervenit quodque hactenus summa devotione ad hanc sanctam sedem respexit, sub tutela apostolicæ defensionis suscipimus, et confirmamus quidquid recte habet, vel deinceps est acquisiturum in mobilibus, imo et immobilibus, ita ut non liceat cuiquam magnæ vel parvæ personæ servos Dei, ibi vel in cellis suis degentes, inquietare, vel de substantia sua imminuere, nec quidquam de ejus jure in alium transferre, vel sæculare placitum facere. Specialiter autem Ipporegiensi episcopo, ne ibi hospitium faciat, apostolica auctoritate interdicimus, salvo in omnibus Ecclesiæ Romanæ privilegio. Si quis autem temerario ausu hujus nostræ sanctionis privilegium in totum vel in partem infregerit, nisi digna satisfactione emendaverit, norit se apostolicæ excommunicationis et anathematis vinculo innodandum. At vero qui pio intuitu custos et observator exstiterit, perpetuæ benedictionis abundantia repleatur.

Datum Laterani, anno Domini 1070.

LXXV.
Alexander II Ecclesiæ Aretinæ possessiones, petente Constantino episcopo, confirmat.
(Anno 1070.)
[UGHELLI, *Italia sacra*, I, 416.]

ALEXANDER episcopus, servus servorum Dei, CONSTANTINO, episcopo Aretinæ Ecclesiæ, ejusque successoribus promovendis in perpetuum.

Convenit apostolico mandamini pia religione pollentibus benevola compassione succurrere, et poscentium animis alacri devotione impertiri assensum, ut ea quæ mota et legaliter examinata sunt, atque apostolica auctoritate firmata, perpetuis temporibus maneant inconcussa. Quapropter nostræ pontificatus auctoritatis præcepto fieri decrevimus confirmantes scilicet S. sedis Aretinæ Ecclesiæ omnia, quæ ab antecessoribus nostris, Leone videlicet, et Stephano atque Paschali, Adriano, Victore, item Stephano pontifice IX per apostolici privilegii seriem juste, canonice, et perpetuo jure firmata sunt, videlicet plebem S. Felicis in Brolio, plebem S. Mariæ in Pacina, ecclesiam S. Ansani, cum omnibus suis pertinentibus, plebem S. Victoris, plebem S. Viti in Versure, plebem S. Andreæ in Maleno, plebem S. Stephani in Acinano, plebem S. Mariæ in Papa, plebem S. Mariæ in Saltu, plebem S. Agathæ, et plebem S. Joannis in Vescona, plebem S. Viti in Corsignano, plebem S. Mariæ in Cosona, plebem S. Donati in Sintigliano, monasterium S. Petri in Assu cum omnia sua pertinentia. Præterea confirmamus eidem S. Aretinæ Ecclesiæ præfatam ecclesiam S. Ansani, cum omnibus suis pertinentibus, ita ut synodica sanctio (quæ tempore Luitprandi regis Longobardorum) inter Adeodatum Senensis Ecclesiæ episcopum, et Lupertianum Aretinum episcopum, necnon quæ tempore Karoli Magni inter Aribertum præfatæ Ecclesiæ Aretinæ episcopum, et Andream Senensem episcopum, nihilominus canonice data est. Hæc nostra auctoritate perpetuo firma ac rata habeantur, nec ulla deinceps calumnia Senensium episcoporum audiatur. His ita corroboratis, apostolica censura, sub divini nominis constitutione atque districti decreti anathematis interpositione, interdicimus ut nulla quamlibet et quantumlibet magna vel parva persona, seu cujuscunque conditionis homo, tam de præfatis plebibus et S. Ansani basilica quam etiam ex cunctis quæ ex Aretinæ Ecclesiæ de jure competunt, rebus mobilibus, vel immobilibus, sese moventibus eam inquietare, seu divestire, vel calumniare præsumat. Si quis autem, quod non optamus, contra hoc nostræ constitutionis edictum temerario ausu insurgere tentaverit, quod molitus fuerit annihiletur, et insuper divino anathemate percussus, nisi forte satisfaciendo resipiscat, damnetur. Conservator vero hujus nostri apostolici privilegii benedictionis gratia donatus, intra paradisi mœnia, cum sanctis omnibus in sempiternum gaudeat. Amen.

Data in episcopatu Aretino, vi idus Junii, per manus Petri clerici, fungentis vices Petri S. R. E. card. anno ab incarn. Domini 1070, pontificatus autem Domini Alexandri II nono, ind. VIII.

LXXVI.
Alexandri papæ II privilegium pro monasterio S. Mariæ de Florentia.
(Anno 1070.)
[MARGARINI, *Bullar. Casin.* tom, II, pag. 100, ex archiv. S. Mariæ Florent., caps. M, num. 43.]

ALEXANDER episcopus, servus servorum Dei, PETRO Florentino abbati, suisque successoribus regulariter promovendis, in perpetuum, salutem et apostolicam benedictionem.

Cum sedis apostolicæ, cui præsidemus indigni, sollicitudo deposcat, ut ad omnium ecclesiarum providentiam, cura nostra discurrat; incongruum nobis visum est, parcius nos illis impendere, qui tantum ad monasticæ religionis studia videntur attendere. Hac ergo causa, tum etiam reverentissimi, atque sanctissimi episcopi Petri Damiani Hostiensis, confratris et cardinalis nostri interventu, ac dilectione plurima; precibus quoque Petri Florentini reverentissimi abbatis, suorumque confratrum, sic aures animumque deflectimus, ut præcepti nostri vigore, omnium possessionum, jure ipsius monasterii, dominia confirmaremus. Auctoritate igitur apostolica, nostra statuit infirmitas, ut prædictum monasterium Sanctæ Mariæ Florentinæ civitatis secure et quiete habeat, firmiterque teneat, quidquid antiquitus habuit, tenuitque vel juste illi competunt, vel in posterum est habiturum. Castrum scilicet de Viclo, cum curte, et ecclesiis, et omnibus possessionibus ad eum pertinentibus. Castrum de Signa, et tertiam partem castri de Grumulo, cum ecclesia et pertinentibus eorum. Curtem de Greve, cum ecclesia Sancti Martini, cæterisque possessionibus suis. Ecclesiam Sancti Bartholomæi, cum curte, et terra Genzonis et Azzæ uxoris ejus de Radda. Insuper et terram, et curtem ejusdem de Petrorio, seu in quibuscunque locis, cum omnibus proprietatibus, possessionibus ac pertinentiis suis. Castrum Radda cum curte, et ecclesiis, cæterisque possessionibus ad eam pertinentibus. Castri de Tignano tertiam partem, cum ecclesiis et proprietatibus, seu pertinentiis, monasterii competentem. Ecclesiam Sancti Nicolai in campo Clarentis, cum curte domnicatis proprietatibus, et omnibus adjacentiis eidem pertinentibus. Castrum de Collemontis, cum curte de Foscis, et omnibus proprietatibus, et pertinentiis sibi competentibus. Curtem Caccerini, cum proprietatibus, cæterisque possessionibus suis. Castrum Bibianum, cum curte, et ecclesiis, et proprietatibus ad eum pertinentibus. Ecclesiam Sancti Martini in loco confluenti, cum proprietatibus suis. Ecclesiam Sancti Martini infra civitatem, quæ est juxta prælibatum monasterium, cum omnibus terris, casis, dominicatis, proprietatibus et pertinentiis suis. Ecclesiam sancti Martini in Melsula, cum omnibus terris et pertinentiis eidem competentibus. Curtem Montis

Domini, cum omnibus proprietatibus et possessionibus ad eum pertinentibus. Curtem de Mandria cum proprietatibus, omnibusque adjacentiis suis. Terram Joannis filii Teudi, cum casis et dominicatis, cæterisque possessionibus et proprietatibus, sicut per cartulam offersionis, Donatus ejusdem Joannis filius et Maria mater ejus, monasterio obtulerunt. Ecclesiam Sancti Laurentii in Signa quæ libellario nomine episcopatu est acquisita. Ecclesiam Sancti Proculi cum terris suis, et domibus circa se. Terram quoque et sterpetum in Podio rivi frigidi, quæ et Carcia dicitur. Decimam de curte Viclo, quam ab episcopatu per libellum tenet. Decimam quam Guido Vulteranensis episcopus, per cartulam offersionis, monasterio obtulit. Decimationem terræ, quæ Miccina dicitur; et decimationem curtis Caccerini. Præter hæc omnia, interveniente prædicto Petro episcopo, et cardinali nostro, et Petro præfati monasterii venerabili abbate, cum omnibus confratribus suis, adjudicamus et confirmamus quæcunque hospitali prælibati, monasterii extra et juxta portam posito, ipse Petrus venerabilis abbas, vel ejus prædecessores, ad usum pauperum ac peregrinorum per cartulam donationis cum suis fratribus contulerunt, scilicet: decimationem de Viclo et de Grove, de Signa, de Palude nova et vetere, cæteraque omnia quæ in chartula donationis scripta sunt et quæcunque largitione fidelium in perpetuum est habiturum. Potestatem etiam quoscunque mortuos recipiendi monasterio eidem concedimus, ac sepeliendi. Siquidem episcopum Florentinæ civitatis Romana Ecclesia catholicum habuerit, consecrationem ab eo recipiat; quod si suspectus Ecclesiæ Romanæ fuerit, licentiam petendi quemcunque meliorem habeat. Hæc omnia, ita confirmamus, ita statuimus, ita observari præcipimus, ut nullus rex, dux, marchio, comes, vicecomes, castaldio, nullus episcopus, nullus dominus, nulla omnino magna parvaque persona, cum dignitate, vel privata, hujus nostri privilegii præcepta violare præsumant. Sed præfatus venerabilis abbas, et omnes successores ejus, in perpetuum omnium supra nominatorum jura, quiete et secure possideant, teneant rationabiliter et regulariter disponant; nec unquam ab eorum dominio recedant. Sed omnium hominum sublata perturbatione, firma semper permaneant. Hæc statuta nostri privilegii, apostolica auctoritate confirmati, si quis ausu temerario violaverit, ex parte Dei omnipotentis, Patris et Filii, et Spiritus sancti excommunicationis, et perpetui anathematis non dubitet se, usque ad emendationem vinculis innodatum. Quisquis vero horum omnium, quæ supra statuimus, observator exstiterit, benedictio Dei omnipotentis et beatorum Petri et Pauli, super eum, velut uberrimus imber cœlitus influat, et hæreditatem cœlestis gloriæ perpetuo jure possideat.

Datum Lucæ Nonis Octobris, per manus Petri, sanctæ R. E. cardinalis presbyteri ac bibliothecarii, anno X pontificatus D. Alexandri papæ II, Dominicæ vero Incarnationis 1070, indictione IX.

LXXVII.

Alexandri II papæ privilegium pro Lucensibus episcopis.

(Anno 1070.)

[FIORENTINI, *Memorie della gran contessa Matilda*, Documenti, pag. 52.]

ALEXANDER episcopus, servus servorum Dei, Lucensibus episcopis in perpetuum.

Cum universis per orbem terrarum Ecclesiis ex consideratione apostolicæ sedis, cui Deo auctore præsidemus nos conveniat providere, præcipue tamen illis quæ nobis speciali, et peculiari amore devinctæ sunt. Ideoque volentes episcopatum Lucensem ab omnibus infestationibus esse tutum et quietum, ne quod absit, ab invasoribus diminutionem, aut invasionem patiatur, firmamus, ac confirmamus episcopis ejus omnes plebes ipsius episcopatus cum capellis infra eas ædificatis, et ædificandis, ut quiete habeant, et possideant prædictas plebes et capellas, ut nullus rex, nullus episcopus, abbas, marchio, comes, vicecomes, presbyter clericus, aut monachus invadat, surripiat, vel subtrahat, a ditione et dominio prædictorum episcoporum, sed omnes administrantes jam dictis plebibus, et capellis debitam aut solitam obedientiam illis persolvant. Si quis autem, quod non credimus, temerario ausu, huic nostro apostolico privilegio contrarius exstiterit, sciat se, nisi resipuerit et damnum quod fecerit emendaverit, auctoritate Dei omnipotentis et B. Petri apostolorum principis, ac nostro anathematis vinculo innodatus, et a regno Dei alienus, atque cum Juda traditore sociatus; insuper compositurus existat auri optimi libras decem, medietatem sacro nostro palatio, medietatem Lucensi episcopo, et super hæc quod diripuit, vel invasit prædicto restituat episcopatui. Qui vero pio intuitu custos, et observator hujus nostri apostolici præcepti exstiterit benedictionis apostolicæ gratiam, vitamque æternam a Domino Deo nostro mereatur in sæcula sæculorum, Amen.

(*Intra crucem circuli:* MAGNUS DOMINUS NOSTER, ET MAGNA VIRTUS EJUS. *In circuitu vero:* DEUS NOSTER REFUGIUM ET VIRTUS.)

Datum Lucæ, III Nonas Decembris per manus Petri, sanctæ Romanæ Ecclesiæ presbyteri cardinalis ac bibliothecarii; annox pontific. domni Alexandri II papæ, Incarnat. vero Dom. mill. septuag., indict. septima.

(*Adest bulla plumbea, quæ ex uno latere Petrum claves a cœlesti manu suscipientem demonstrat, his in circuitu signatis litteris:*
QUOD NECTIS NECTAM, QUOD SOLVIS, PETRE, RESOLVAM.
Altera vero parte hæc circum notantur verba: ALEXANDER PAPA, *et in medio numerus II conspicitur.*)

LXXVIII.

Alexander papa recipit in clientelam abbatiam Sancti Rigaldi, et tribuit facultatem fratribus eligendi abbatem secundum regulam S. Benedicti.

(Anno 1071.)

[MABILL., *Annal. Bened.*, V, 628.]

ALEXANDER episcopus, servus servorum Dei, con-

gregationi de monasterio Sancti Rigaldi de Ancisa A anno x pontificatus domni Alexandri II papæ, Dominicæ vero incarnationis 1071, indictione ix.
in perpetuum.

Religiosis desideriis ea pietate et benevolentia consulendum atque concedendum est ut propositum piæ devotionis de fructu suæ provectionis gaudeat et meritum benignitatis acquirat, quod huic sine difficultate præsidia præstat. Igitur venerabilis frater Eustorgius, monasterii S. Austremonii de Alverno monachus, in silva quadam quæ dicitur Adversa, in episcopatu Matisconensi, eremum inhabitaverat, et desertum loci ad usque monasterii et aliquantulæ congregationis fructum, adjutorio divinæ miserationis et pia collatione fidelium animarum excoluerat; apostolatus nostri præsentiam adiens, intervenientibus fratris nostri Aganonis Augustodunensis episcopi precibus, suppliciter postulavit ut idem monasterium in apostolica jura reciperemus et privilegio apostolicæ tuitionis muniremus, quatenus ille venerabilis locus singulari patrocinio et defensione matris omnium Ecclesiarum suffultus et roboratus, et felicior in omni bono crescat, et securior inter humana testamenta consistat. Cujus precibus sine contemptu pietatis et justitiæ effectum non potuimus denegare. Notum ergo sit omnibus fidelibus in perpetuum quoniam eidem fratri et charissimo filio nostro Eustorgio suisque fratribus, cunctisque eorum successoribus privilegium nostræ apostolicæ tuitionis concessimus, statuentes et expresse decernentes ut ipsum monasterium Sancti Rigaldi de Ancisa, et omnia quæcunque jure habet, aut divina pietas.... in futurum sibi habenda concesserit, ita sub jure et apostolicæ majestatis protectione consistat ut nullus imperator, rex, dux, marchio, episcopus, comes seu abbas, vel aliqua persona sæcularis aut ecclesiastica, magna vel parva, aut invadere aut molestare, vel in aliquo inquietare et a statu suo aliquid conditionaliter inde exigendo turbare præsumat. His etiam addimus ut nullus in eodem monasterio, nisi per electionem fratrum, juxta regulam sancti Benedicti, abbas constituatur; et episcopus Matisconensis, in cujus parochia est, si gratis, hoc est sine pretio, licet velit facere, electum a fratribus debeat consecrare, et suo regimini cœtui sibi commendare; sin vero pretium exigat pro consecratione aut aliquo modo canonicam electionem fratrum tentet impedire, ad apostolicam sedem pro ordinando et consecrando abbate suo veniant. Si quis vero citra hujus nostræ constitutionis et confirmationis paginam nefario ausu agere et venire tentaverit, nisi resipiscat, auctoritate apostolorum Petri et Pauli ac nostra excommunicandum et ab omni consortio fidelium repellendum se esse pertimescat. Qui autem piæ venerationis intuitu observaverit, et hic apostolicæ benedictionis gratiam et consolationem habeat, et æternæ remunerationis præmium Deo donante capiat.

Datum Laterani, xvi Kal. Aprilis, per manus Petri sanctæ Romanæ Ecclesiæ presbyteri cardinalis,

LXXIX.

Clero Mediolanensi. — *De archiepiscopo Simoniaco.*

(Fragm. — Anno 1071.)

[Mansi, *Concil.* XIX, 979.]

Archiepiscopum vestrum Simoniacum fuisse nullus vestrum ignorat, quia, dum abbatias et ordines vendit, hoc etiam ipse propalat.

LXXX.

Alexander II monasterii S. Joannis Pinnensis, præsente Hugone Candido presbytero cardinali a Sancio Hispaniæ rege cum cæteris monasteriis B. Petro abbati, protectionem suscipit et privilegia instituit.

(Anno 1071.)

[Mabill., *Annal. Bened.*, V, 42.]

Charissimo filio Aquilino, religioso abbati monasterii Sancti Joannis Baptistæ de Pinna, in Aragonia provincia.

Apostolicæ sedi non nostris meritis, sed sola Dei misericordia præsidentes, accepimus, in partibus Hispaniæ, catholicæ fidei unitatem a sua plenitudine declinasse, et pene omnes ab ecclesiastica disciplina et divinorum cultu interiorum aberrasse. Itaque, instigante nos commissæ sanctæ et universalis Ecclesiæ providentia, ad correctionem Ecclesiarum Dei, filium nostrum Hugonem Candidum, et cardinalem presbyterum, in partes illas misimus, qui divina suffragante clementia Christianæ fidei robur et integritatem ibi restauravit, Simoniacæ hæresis inquinamenta mundavit et confusos ritus divinorum obsequiorum ad regulam canonicam et ordinem reformavit. Dilectus ergo filius noster Sancius rex Hispaniæ, divina gratia præventus et accensus amore, cum omnibus quibus potuit, ad veram perfectamque fidem nobilitatis suæ gloriam convertit et protinus semetipsum apostolicæ dignitati commisit ac subdidit, et monasteria suæ ditionis diu alienata Romanæ Ecclesiæ proprio jure tenenda reddidit. Hæc autem rex piissimus per te, dilectissime fili, prædicti monasterii Sancti Joannis Baptistæ de Pinna abbatem et suum spiritualem patrem, mediante Hugone cardinale nostro, in nostram præsentiam cum chartarum monumento deferri destinavit, et proprium testem suæ devotionis adhibuit, specialiter quidem hoc a nobis impetrare desiderans ut præfatum monasterium, cui eo juvante serviendo præsides, juxta votum et postulationis suæ desiderium, constituto censu, videlicet unius unciæ auri, per singulos annos in tutelam et singulare patrocinium sanctæ Romanæ Ecclesiæ susciperemus, et privilegio apostolicæ tuitionis idem monasterium cum omnibus sibi pertinentibus muniremus. Cujus oblationem et dignam petitionem per te omni charitate et benevolentia suscipientes, pariterque religiosis desideriis suis libenter annuentes (quoniam te apostolicæ dignitati devote subjectum, et ad reginæn abbatiæ reluctantem et invitum adductum esse cognovimus), te, et monasterium tuum, cum omnibus sibi

Pertinentibus, in jus et defensionem sedis apostolicæ suscipientes, privilegii apostolici ornamentum præsidiumque tibi concedimus. Ad hæc statuit pontifex, ut abbas in eodem monasterio, sicut regula sancti Benedicti præcipit, nonnisi communi fratrum consensu eligatur, et ab episcopo illius diœcesis, si catholicus fuerit, alias a quolibet alio episcopo ordinetur, qui nullatenus sine judicio sedis apostolicæ deponatur.

Datum Laterani xv Kal. Novembris per manus Petri S. R. E. presbyteri cardinalis ac bibliothecarii, anno xi pontificatus domni Alexandri II papæ, anno scilicet Dominicæ Incarnationis 1071, indictione ix.

LXXXI.

Monasterium S. Edmundi sub protectione sedis apostolicæ recipitur, ejusque bona omnia confirmantur.

(Anno 1071.)

[COCQUILINES, *Bull. Rom.*, tom. II, pag. 45.]

ALEXANDER episcopus, servus servorum Dei, dilecto in Christo filio BALDUINO, abbati monasterii S. Edmundi quod Badricesburde nuncupatur, in Anglia constituti, ejusque successoribus, in perpetuum.

Quanquam sedes apostolica, universalis mater et omnium ecclesiarum princeps, universas Ecclesias communi jure et dispositione contineat; pleraque tamen inveniuntur, quæ in singulare patrocinium Sanctæ Romanæ Ecclesiæ commendari, ac proprie ejus juri applicari ac submitti cupiunt; quatenus singulari providentia et charitate suæ matris amplexæ, usquequaque liberiores et munitiores existant; et ad exercenda divinæ servitutis obsequia inde tranquillitatis et præsidii munitiores accipiant, unde magisterium sacræ traditionis exspectant. Si igitur in eadem apostolica sede præsidentibus hæc sollicitudo et cura singularis incumbit, ut ex ipsa consideratione regiminis, omnibus tam in defensione et corroboratione diligentiam, quam in spiritali speculatione et doctrina vigilantiam, quantum Deo auxiliante prævalet, circumferre debeat; valde congruit, ut si quando ea, quæ ad honorem et utilitatem Ecclesiarum Dei pertinent, ab eo postulantur, benevola donatione concedat, et ad sinum matris, id est S. R. E. domicilium propriæ commendationis devotione fluentes egregia benignitate, affectuque custodiendi suscipiat. Nos itaque, dilectissime fili, Balduine, in apostolatus administratione, non nostris meritis, sed divina locati gratia, æquitatem tuæ postulationis, et commissæ tuæ congregationis; necnon charissimi filii nostri Willelmi regis benignæ interpellationis vota attendentes, videlicet ut prædictum monasterium S. Edmundi, cui divina dispositione præesse dinosceris, in tutelam et defensionem S. R. E. susciperemus, ejusque statum et attinentia bona apostolici privilegii firmamento muniremus, cum omni benevolentia charitate vobis concedendum esse pervidimus.

Quapropter in hac præsenti sanctionis nostræ pagina (salva quidem in omnibus hujus sedis reverentia) concedimus et confirmamus tibi tuisque successoribus præfatum monasterium in futurum cum omnibus quæ nunc sibi jure pertinent, aut in futurum, Deo annuente, ibi conferenda sunt : ut sine omni molestia et inquietudine illud in vestra gubernatione teneatis; statuentes, et apostolica auctoritate corroborantes, ut idem monasterium in hoc statu et monastico ordine persæcularis aut ecclesiastica eumdem venerabilem locum ad episcopalem sedem mutare possit, aut debeat. Et quæcunque donationes rerum, aut libertatis, eidem monasterio regiis statutis et nomine conferendæ, ex nostra apostolica confirmatione ratæ illibatæque permaneant, salva primatis episcopi canonica reverentia. Igitur ad honorem Dei, et prædicti monasterii utilitatem cupientes hanc nostram constitutionem sempiterna stabilitate teneri, sancimus, et apostolica auctoritate firmamus, ut nullus rex, dux, comes, episcopus, abbas, seu aliqua persona, sæcularis aut ecclesiastica, jam sæpe fatum monasterium, vel fratres ibi Deo servientes inquietare præsumat, nec aliquid eorum quæ nunc jure habet, aut in futurum, Deo concedente acquisierit, cujuscunque modi sint, ab eo alienare, aut invadendo diripere, nec aliqua occasione vexare, aut sine licentia abbatis tenere audeat. Si quis autem temerario ausu hæc nostra statuta contaminare præsumpserit, aut infringere, anathematis laqueo se innodatum et judicio superni Judicis plectendum esse cognoscat. Qui vero piæ devotionis intuitu hujus nostræ sanctionis custos et observator exstiterit, et bona sua ad amplificationem monasterii contulerit, aut conferre studuerit, apostolicæ benegnitatis gratiam consequatur, et æternæ retributionis gloria repleatur. Bene valete.

Datum Laterani vi Kalend. Novembr. per manus Petri S. R. E. presbyteri cardinalis, et bibliothecarii, anno xi pontificatus domni Alexandri papæ anno videlicet Dominicæ Incarnationis millesimo septuagesimo primo, indictione x.

LXXXII.

Bulla Alexandri papæ II, pallium Eboracensi archiepiscopo concedens.

(Anno 1071.)

[*Monasticon Anglicanum*, tom. III, pag. 133.]

ALEXANDER episcopus, servus servorum Dei, dilecto in Christo fratri THOMÆ, Eborum archiepiscopus perpetuam in Christo salutem.

Cum pastores ovium, sole geluque pro gregis sui custodia, pervigiles existunt, multo vigilantius pro cura quæ nobis committitur, convenit nos gerere, ut in die judicii, cum pastor pastorum, omnium facta discusserit, non de negligentia ut mercenarii judicemur, sed de injuncti officii dispensatione remuneremur. Quapropter fraternitati tuæ pallium ex more concedimus, quatenus utaris eo, ipsis festivitatibus, quibus apostolicæ sedis auctoritate tuis concesserit antecessoribus, videlicet, in natale Domini, Epiphania Domini, in festivitatibus S. Virginis, in cœna Domini, in Pentecostes, et in tua ordinatione, et in S. Joannis Baptistæ, omniumque apostolorum festivitatibus, necnon in consecratione ecclesiarum, et benedictione episcoporum, ac presbyterorum, et in anniversario Dedicationis, et principalibus festis Ecclesiæ tuæ. Hortamur igitur charitatem tuam, ut memores conversationis tuæ, tanto ornamento conveniant, sicque exterior homo inde glorietur, ut interior conscia virtutum perfectione solidetur. Si quid istud est sacerdotii, istud est pallii, vix habere quod foris ostenderis accepisse, et ut apostolum irreprehensibile maneat; et bonæ conversationis exemplum subditorum montibus præbeas.

LXXXIII.

Alexandri II epistola ad Wilielmum regem Anglorum. — Fidem laudat eique ecclesiasticarum personarum defensionem et Lanfranci causam commendat.

(Anno 1071.)

[MANSI, *Concil.* XIX, 950.]

ALEXANDER episcopus, servus servorum Dei, charissimo filio WILIELMO glorioso regi Anglorum, salutem et apostolicam benedictionem.

Omnipotenti Deo laudes gratiasque referimus quod, in hoc tempore, licet mundus in maligno positus plus solito pravis incumbat studiis, tamen inter mundi principes et rectores egregiam vestræ religionis famam intelligimus et, quantum honoris sanctæ Ecclesiæ tum Simoniacæ hæresis vires opprimendo, tum catholicæ libertatis usus et officia confirmando vestra virtus impendat, non dubia relatione cognoscimus. Sed quia non iis qui bona demonstrant, justitia [initia], sed in fine probatis præmium et corona promittitur, excellentiam vestram plena dilectione monemus ut in studio Christianissimæ devotionis vestræ persistatis, et primo quidem ecclesias Christi quæ in regno vestro sunt, religioso cultu et justis dispositionibus exornetis, commissa vobis regni gubernacula ita justitia tenendo tractetis ut, ex operum rectitudine, quod scriptum est : *Cor regis in manu Dei* (Prov. XXI, 1), vobis manifeste congruat.

Rogamus etiam dilectionem vestram ut ecclesiasticas personas ab injuria defendatis, viduas, et orphanos, et oppressos misericorditer relevando protegatis. Quoniam licet ille Rex regum et supernus arbiter totius regni quod vobis tradidit rationem a vobis exigat pro his tamen districtius appellabit quibus non fuerunt vires [ms. *Angl.*, hic non sunt vires] et arma nisi vestra potentia. Ad hæc igitur perficienda et aliarum virtutum incrementa percipienda, fratris nostri Lanfranci Cantuariensis archiepiscopi monitis et consiliis gloriam vestram hortamur acquiescere, quem charissimum membrum et unum ex primis Romanæ Ecclesiæ filiis lateri nostro assidue non adjunctum esse dolemus sed ex fructu quem Ecclesiæ in regno vestro tribuit consolationem ejus absentiæ sumimus.

Præterea eminentiæ vestræ notum esse volumus quod causa Alricii, qui olim Cicestrensis Ecclesiæ præsul dictus, a suppositis legatorum nostrorum depositus est, non ad plenum nobis tractata videtur, ideoque, sicut in canonibus cautum est, in pristinum locum debere restitui judicavimus. Deinde causam ejus, juxta censuram canonicæ traditionis, diligenter retractandam et definiendam prædicto fratri nostro archiepiscopo Lanfranco commisimus. Item sibi negotium de discernenda lite quæ inter archiepiscopum Eboracensem et episcopum Dorcacestrensem de pertinentia diœcesis eorum est firmiter injungendo commendavimus, ut hanc causam diligentissima perquisitione pertractet, et justo fine determinet. In causis autem pertractandis, et definiendis ita sibi nostræ [ms. *Angl.*, vestræ] et apostolicæ auctoritatis vicem dedimus, ut quidquid in eis, justitia dictante, determinaverit, quasi in nostra præsentia definitum, deinceps firmum et indissolubile teneatur. Multa vobis præter hæc significata dedissemus, nisi quod ea in hujus dilectissimi fratris nostri Lanfranci et ejusdem fidelissimi vobis ore posuimus, ut ejus viva voce et nostræ dilectionis affectum plenius cognoscatis et reliqua nostræ legationis verba attentius audiatis. Deus autem omnipotens det vobis quæcunque sibi sunt placita velle et posse, ut et hic auctor sit vestri [ms. *Angl.*, nostri] gubernaculi et retributor in gloria sempiterni gaudii.

LXXXIV.

Alexandri II papæ epistola ad Wratizlaum Bohemiæ ducem. — Ut concordiam et pacem cum fratre quamprimum ineat, cujus causa se legatos missurum spondet.

(Anno 1071.)

[PEZ. *Thesaurus Anecdot.* VI, 246.]

ALEXANDER episcopus, servus servorum Dei, charissimo in Christo filio W., Bohemiorum inclyto duci, salutem et apostolicam benedictionem.

Nobilitatis tuæ cor et animum ea devotione erga reverentiam sanctæ Romanæ Ecclesiæ institutum esse cognovimus ut, habita in te plena dilectione, causis tuis, quoties ad nos referuntur, quantum justitia comitante valemus, nostræ apostolicæ auctoritatis curam undique impendere cupiamus. Itaque de lite, quæ inter te et fratrem tuum episcopum protracta est, et pro qua compescenda jam aliquoties utrique scripsimus, valde solliciti sumus. Et quanquam officii nostri sit per universam Ecclesiam pacem et concordiam cum Dei adjutorio seminare, tamen inter vos fœdus amicitiæ tanto ardentius convenire cupimus quanto germanum odium non modo vestris honoribus, verum etiam saluti periculosius obesse perpendimus; præsertim cum utriusque querimonias, et de exstinguenda lite vestra deprecatorias meminerimus sæpe nos accepisse litteras. Unde, sicut per nuntios tuos te desiderare intelleximus, in partes illas ad hæc et cætera negotia pertractanda idoneos mittere legatos destinavimus, quos si opitulante Deo illuc usque venire contigerit, jam nunc te commonitum esse volumus illorum consiliis ac decretis sic acquiescere, sic favere prout nostræ erga te benevolentiæ debito et exsequendis Ecclesiæ Dei utilitatibus congruit. Præterea, sicut charissimum filium te admonemus, ut humanæ conditionis memor cogites quam hæc vita fragilis est et incerta, quidve in futuro examine districto Judici, omnes conscientias tuas perscrutanti, responsurus sis, et hos honores caducos et transitorios ita gerere ac transire studeas ut pro his incomparabiles divitias et indeficientem regni Dei gloriam non amittas. Inter omnia vero et præ omnibus hoc hortamur, hoc rogamus, ut ecclesias et monasteria, quæ in tua potestate sunt posita, ab injuriis protegas, et, ut qui ad sacrosancta mysteria electi sunt caste et religiose Deo serviant; quantum possis, studium ac diligentiam habeas. Plura tibi in scriptis miserimus, nisi quod futuros legatos ea melius viva voce indicaturos esse putavimus.

LXXXV.

Alexandri II papæ privilegium pro ecclesia Sanctæ Mariæ Florentinæ.

(Anno 1072.)

[LAMI, *S. Ecclesiæ Florentinæ Monumenta*, tom. I, pag. 107.]

ALEXANDER episcopus, servus servorum Dei, PETRO abbati suisque successoribus regulariter promovendis in perpetuum salutem et apostolicam benedictionem.

Cum sedis apostolicæ cui præsidemus indigni, sollicitudo deposcat, ut ad bonum ecclesiarum providentia curæ nostræ discurrat, incongruum nobis visum est, parcius nos illis impendere, quæ tantum ad monasticæ religionis studia videntur attendere. Hac ergo causa, tum etiam reverentissimi atque sanctissimi episcopi Petri Damiani Hostiensis, et cardinalis nostri interventu ac dilectione plurima precibus suorumque confratrum, sic aures animumque deflectimus, ut præcepti nostri vigore omnium possessionum jura ipsius monasterii dominio confirmaremus. Auctoritate igitur apostolica nostra statuit infirmitas, ut prædictum monasterium S. Mariæ Florentinæ civitatis secure et quiete habeat, firmiterque teneat, quidquid antiquitus habuit tenuitque, vel juste illi competunt, vel in posterum est habiturum. Castrum scilicet de Viclo cum curte, et ecclesia, et omnibus possessionibus ad cum pertinentibus; castrum de Signa, et tertiam partem castri de Crumulo cum ecclesia et pertinentiis eorum. Curtem de Greve cum ecclesia S. Martini, cæterisque possessionibus suis. Ecclesiam Sancti Bartholomæi cum curte, et terram Benzonis et Azzæ uxoris ejus, de Radda. Insuper et terram, et curtem ejusdem de Peroio [f., Petroio], seu in quibuscunque locis cum omnibus pertinentibus possessionibus, ac pertinentiis suis. Castrum Radda cum curte et ecclesia cæterisque possessionibus ad eam pertinentibus. Castri de Tignano tertiam partem cum ecclesiis et pertinentibus, seu pertinentiis suis......... monasterii pertinentem. Ecclesiam Sancti Nicolai in campo Clarenti cum curte, dominicatis, proprietatibus, et omnibus adjacentiis eidem pertinentibus. Castrum de Collemontis cum curte de Fosci, et omnibus pertinentibus, et pertinentiis sibi competentibus; curtem Azzexi cum proprietatibus, cæterisque possessionibus suis. Castrum Bibianum cum curte et ecclesia, et proprietatibus ad eam pertinentibus. Ecclesiam S. Martini in loco Confluenti cum proprietatibus suis. Ecclesiam S. Martini infra civitatem, quæ est juxta prælibatum monasterium, cum omnibus terris, casis, dominicatis, proprietatibus, et pertinentiis suis. Ecclesiam S. Martini in Mensula, cum omnibus terris et pertinentiis eidem competentibus. Curtem montis Domini cum omnibus proprietatibus et possessionibus ad eam pertinentibus. Curtem de Mandria cum proprietatibus, omnibusque adventitiis suis. Terram Joannis, filii Teudi, cum casis et dominicatis, cæterisque possessionibus et proprietatibus, sicut per chartulam offersionis, et donationis ejusdem Joannis filius, et Mariæ mater ejus, monasterio obtulerunt. Ecclesiam S. Laurentii in Signa, quæ libellario nomine ab episcopatu est acquisita. Ecclesiam S. Proculi cum terris suis et domibus circa se. Terram quoque, et sterpetum in podio Rivifrigidi, quæ et Carcia dicitur. Decimam de curte Viclo, quam ab episcopatu per libellum tenet. Decimam quam Guido Vulterannensis episcopus per chartulam offersionis monasterio obtulit. Decimationem terræ, quæ Micina dicitur, et decimationem curtis Citerani. Præter hæc omnia interveniente Petro episcopo, et cardinali nostro, et Petro præfati monasterii venerabili abbate cum omnibus confratribus suis, adjudicamus et confirmamus quæcunque hospitati prælibati monasterii extra et juxta portam posito, quod ipse Petrus venerabilis abbas, vel ejus prædecessores ad usum pauperum, et peregrinorum per chartulam donationis cum suis fratribus contulerint, scilicet, decimationem de Viclo, et de Greve, et de Signa, de Palude nova et vetere, cæteraque omnia, quæ in chartula donationis scripta sunt; et quæcunque largitione fidelium in perpetuum est habitura. Potestatem etiam quoscunque mortuos recipiendi monasterio eidem concedimus, ac sepeliendi. Si quidem episcopum Florentinæ civitatis Romana Ecclesia catholicum habuerit, quamlibet consecrationem ab eo recipiat; quod si suspectus Ecclesiæ Romanæ fuerit, licentiam petendi quemcunque meliorem habeat. Hæc omnia ita confirmamus, ita statuimus, ita observari præcipimus, ut nullus rex, dux, marchio, comes, vicecomes, castaldio, nullus episcopus, nullus dominus, nulla omnino magna, parvaque persona, cum dignitate, vel privata, hujus nostri privilegii præcepta violare præsumat. Sed præfatus venerabilis abbas, et omnes successores in perpetuum, omnium supra nominatorum jura quiete et secure possideant, teneant rationabiliter, regulariter disponant, nec unquam ab eorum dominio recedant, sed omnium hominum sublata perturbatione firma semper permaneant. Hæc statuta nostri privilegii apostolica auctoritate firmavi. Si quis ausu temerario violaverit, ex parte Domini omnipotentis, Patris, et Filii, et Spiritus sancti, excommunicationis et perpetui anathematis non dubitet se usque ad emendationem vinculis innodandum. Quisquis vero horum omnium, quæ supra statuimus, observator exstiterit, benedictio Dei omnipotentis, et beatorum Petri et Pauli apostolorum, super eum velut uberrimus imber cœlitus influat, et hæreditatem cœlestis gloriæ perpetuo jure possideat.

LXXXVI.
Alexandri II privilegium pro ecclesia Petri Damiani.

(Anno 1061-72.)

[Mansi, *Concil.* XIX, 972.]

Alexander episcopus, servus servorum Dei, omnibus Eugubinis, clero et populo, fidelibus videlicet Sancti Petri, salutem et apostolicam benedictionem.

Non ignorat sancta vestra devotio, dilectissimi fratres et filii, quia ecclesiam charissimi fratris et coepiscopi nostri Petri Damiani, in beati Lucæ evangelistæ nomine consecratam, nos in beati Petri apostolorum principis nostraque tutela ac defensione suscepimus, salva reverentia et utilitate sanctæ Romanæ Ecclesiæ, eamque, ut ad orationis et sacrificii gratiam vigeat ac illibata permaneat, ex apostolicæ sedis auctoritate firmamus. Quapropter quicunque prædictum oratorium qualibet machinatione vel studio destruere, vel hostiliter impugnare tentaverit, ab omnipotenti Deo ac beato Petro apostolo excommunicandum se esse non ambigat, et usque ad satisfactionem congruam excludendum sea liminibus sanctæ ecclesiæ, prout dignum est, perhorrescat : sicut dicit Apostolus : *Si quis templum Dei violaverit, disperdet illum Deus* (*I Cor.* III). Qui præfatum locum sanctorum pro Christi amore coluerit, et intemeratum atque incolumem servare studuerit, ipse quoque, per intercessionem beati Petri, templum Christi fiat, et benedictionem sui Redemptoris hæreditate possideat.

LXXXVII.
Alexander II ecclesiam Furconiensem tuendam suscipit ejusque possessiones confirmat, petente Ragnerio episcopo.

(Anno 1072.)

[Muratori, *Antiq. Ital.*, VI, 492.]

Alexander episcopus servus servorum Dei, in Christo fratri Raynerio Furconensi episcopo, salutem et apostolicam benedictionem.

Quoniam multa te in episcopatu commode et prudenter, adjuvante Domino, egisse cognovimus ; quod, inter laborem suscepti regiminis et quotidianam sollicitudinem salvandarum animarum, Ecclesiam tuam temporibus etiam bonis decenter germinare, et thesaurizare perpendimus; secundum quod omne opus bonum ex fine suo maximam laudem capit et præmium . . . . . . ea qua cunctis debitores sumus charitate et sollicitudine dilectionem tuam exhortari volumus, ut in proposito bonorum operum indefesso sudore et infatigabili virtute persistas, et de virtute in virtutem per misericordiam Domini consolatoris et confortatoris ascendens, Ecclesiam tuæ gubernationi traditam, sicut bonus pastor et rector valeas argumentare et sublevare, et speculatore munire et ex suis justis facultatibus ita exstruere studeas quantus expleto cursu hujus temporis in illo consortio lætus ascribi valeas, quibus vox superni Judicis dictura est : *Venite ad me, omnes qui laboratis et onerati estis, et ego reficiam vos* (*Matth.* XI, 28). Ut autem præsentis laboris fructus et studium, tam in vita tua quam post obitum tuum, præsidio apostolicæ defensionis roboretur, et obtineat probabilitatem quod in posterum elevetur, juxta votum et postulationem tuam, Ecclesiam, cui Deo dignante præesse dignosceris, in jus et tutelam apostolicæ defensionis suscipientes, hujus nostræ sanctionis privilegium benevola tibi concessione tribuimus, statuentes et confirmantes ut omnia, tam in locis quam in decimis, seu oblationibus, campis, vineis, pratis, pascuis, terris, et castris, vel quibuslibet rebus juste sibi pertinentia, necnon et ea quæ Deo dante tuo in tempore acquisivit, vel acquisitura est, et omnia quæ justo titulo per succedentia tempora habere contigerit, et pace et tranquillitate semper obtineat, ut nullus imperator, rex, dux, comes, aut episcopus, seu abbas, vel aliqua persona sæcularis aut ecclesiastica ea in aliquibus molestare aut inquietare vel minime audeat; vel tibi prædicto Fr. Raynerio, tuisque successoribus in regendis et obtinendis prænominatæ ecclesiæ, bonis violentiam, vel aliquod impedimentum quocunque modo ingerendum, inferre præsumat. Si quis autem contra hanc nostram paginam, etc.

Datum Reate xv Kalend. Februar., per manus Petri S. R. E. presb. card. ac bibliothecarii, anno pontificat. D. Alexandri II papæ, Dominicæ vero incarnat. 1072, indict. septima [decima].

LXXXVIII.
Alexandri papæ II privilegium pro monasterio Sancti Prosperi Regiensis (nunc vero S. Petri).

(Anno 1072, Maii 12.)

[Margarini, *Bullar. Casin.*, tom. II, p. 104.]

Alexander episcopus, servus servorum Dei, dilectissimo et reverendissimo filio Giselberto, abbati venerabilis cœnobii Sancti Prosperi confessoris Christi, ubi sacratissimi ejus cineres conditi, et ossa reservantur, subter civitatem Regium constituti, et per eum cunctis successoribus ipsius inibi regulariter promovendis in perpetuum.

Quemadmodum regi, defendi, et gubernari ab illo, a quo sumus, optamus, ita per universum orbem

Christianum, juxta quod nobis commissum esse constat, a singulis provisoribus Ecclesiarum Dei, prout cuicunque eorum expedit, sperare non dubitamus. Ideoque huic operi tanto vigilantius insistere debemus, quanto, permittente Deo, malefactorum sævitiam hoc tempore adversus ovium Domini pastores nullo resistente, efferatam, attendimus.

Quapropter justa et salubri suggestione tua, charissime frater Gisleberte abba, ad utilitatem tuam, successorumque tuorum commoti, et commoniti per hujus nostræ apostolicæ constitutionis paginam, confirmamus et corroboramus venerabili cœnobio Sancti Prosperi Regiensis episcopi, ut electio et ordinatio abbatis ipsius monasterii fiant omnino secundum regulam sancti Benedicti. Et quia a sanctæ recordationis domino, videlicet Stephano papæ sanctissimo, privilegium, et a beatissimæ memoriæ Conrado, et Henrico ejus filio imperatoribus, ac nonnullis aliis regibus, præcepta, et a venerabili Sigefrido, et Adelberto prædictæ sanctæ Regiensis Ecclesiæ episcopis decreta, non totum de ipsa abbatum electione, verum et de omnibus rebus ipsi monasterio juste acquisitis, vel acquirendis constant, secundum tenorem illorum, et quod majus est, secundum veritatis et justitiæ rationem. Per hujus nostræ auctoritatis privilegium nominatim concedimus, atque decernimus ipsi venerabili cœnobio Sancti Prosperi, quod in tutela beati Petri, et nostra, successorumque nostrorum perpetuo suscipimus. Fundum ipsius ecclesiæ Sancti Prosperi sub urbe Regii sitæ, cum cœmeterio ipsius, et novem jugera terræ, cum capella Sancti Nazarii, quam a præposito ecclesiæ ejusdem Sancti Prosperi, intra castrum ejusdem civitatis sita, per commutationem juste factam, abbas, qui tunc temporis erat, accepit; nec non et omnem illam terram de corticella, vel in circuitu ipsius monasterii, quæ ab episcopis, vel canonicis ejusdem loci, vel a quibuscunque fidelibus, jam dicto monasterio data est. Insuper duodecim mansos in Fossule, quatuor in Palude, quatuor in Campagnola, tres in Quingente, unum in Curtenova, unum in Gurgo, unum in Fossudunde; quinque in Bagnolo, et capella Sanctæ Mustiolæ, cum suis pertinentiis. Unum mansum in Crustulo veteri, unum in vico de Sbregato, unum in Magno casale, et capella Sancti Silvestri, cum dominicatu de eadem villa Magno casale. Tres mansos in Regio, et dominicatum Regii. Braidam Regis, et omnem terram prædicti monasterii circa eamdem civitatem sitam. Tres mansos in Rodano, tres in Marmirolo, unum in Miano, unum in Bubiano, unum in Piano, unum in Mulazano. Unum in Planzo. Unum in castro Oleriani, et curtem de Nasseto, cum Lama Fraularia, et campo, et rivum de Vasseto, quæ a Carolo rege piissimo per præceptum, juxta fines ibi designatos, Regiensi Ecclesiæ data esse dignoscitur; et terram, quam dedit Rolandus filius Eririi. In Mutilena quatuor mansos cum capella, et uoNam parte castri. In Albinca quatuor mansos, et capellam Sanctæ Mariæ in Pisignano, cum oliveto sibi adjacente. In Vergnam duos mansos, et octo mansos, quos dedit Ardicio filius Attonis, filii Gandulphi, et capellam Sancti Damiani in Medulæ quam dedit Ubertus, Vineam cum septem mansibus. Capellam Sancti Petri in Convanello, cum omnibus suis pertinentiis. In Spretiano unum mansum. In Sancto Floriano unum, unum in monte Baranzonis, et quamdam partem in capela Sancti Martini in Revere; et quatuor partes in prædicta Revere; duas in ecclesia Sanctæ Mariæ; unam in Sancto Florentino, unam in S. Laurentio; duos mansos in Pulianello, et quidquid intra Italicum regium juste possidet, vel si non possidet juste possidere debet. Itaque tum ea quæ prædiximus, quam devotione quorumcunque fidelium juste acquisita deinceps fuerint, in perpetuum, sine alicujus inquietudine, ut præfatum monasterium sub tutela beati Petri perpetualiter suscipimus, possidere apostolicæ auctoritate sancimus. Illud etiam ad reverentiam tanti confessoris præcipueque Domini, præsenti auctoritate, tibi, dilectissime fili Giselberte abba, tuisque successoribus, et quibus tu, vel quem supradicti monasterii fratres jusserint, in sacerdotali officio positis, apostolico privilegio concedimus ex charitate, quæ Deus est, in virtute Spiritus sancti, auctoritate beati Petri cœlorum clavigeri, confirmamus, ut populus per sæcula, unde quoque sanctissimi confessoris suffragia expetendo concurrentibus; sive ipsius terræ incolis, ad eamdem Ecclesiam convenientibus; ad honorem Dei et beatissimi Prosperi confessoris devote super ipsius sacris reliquiis solemnes, et publicas missas celebrare, et pane verbi Dei eos congrue reficere, atque sæpius prænominati Domini et magni patroni, videlicet beatissimi Prosperi meritis, et nostra præsenti auctoritate roborati, eorum devotas confessiones suscipientes vestrarum ipsarum, aliarumque orationum, sermonum quoque, vigiliarum, jejuniorum etiam et eleemosynarum illis subministrantes præsidium; delictorum eorum expiandorum conferatis solatium. Præcipimus quoque, ne quis ejusdem civitatis episcopus, sed nec quidem aliquis primas, vel metropolitanus, aut quælibet parva, magnaque ecclesiastica, sæcularisve persona quidquam earum, quæ supra taxavimus, pervertere audeat, sed nec aliquam potestatem exercere, contra eumdem vestrum cœnobium, neque quavis occasione, inibi missas celebrare, aut ordinationem aliquam; quamvis parvissimam, sine voluntate abbatis et fratrum agere, aut excommunicationem contra eos ferre, vel aliquod officium, aut sepulturam mortuorum condere audeat, qui non vult æternaliter damnari et perpetuo anathemate feriri. Quod si aliquo unquam tempore apparuerit aliquis qui contra hæc ire velit, auctoritate beati Petri, ut prædiximus, irritum habeatur, quod præsumpserit appetere; neque a te, vel a tuis successoribus obediatur. Porro super electione seu ordinatione abbatis, in quod maxime salus cœnobitarum competit, hoc in fine repetimus, ut tanto tenacius hæreat præsentium et futurorum mentibus, quanto pro sui speciali, vel singulari utilitate inculcatur crebrius. Si quis ergo quocunque ingenio per aliquam venalitatem, vel humanam gratiam, defuncto abbate, successorem ei subrogare præsumpserit, aut aliter quam a beatissimo Patre nostro Benedicto constitutum est, in electione vel ordinatione abbatis egerit; electio illa vel ordinatio, auctoritate sanctæ Romanæ et apostolicæ sedis, omnimode habeatur irrita; et auctores ejus, vel mediatores, nisi resipuerint, perpetuo damnati sint anathemate maranata. Hinc hujus privilegii transgressor, quicunque temere tentare præsumpserit, districto anathemate se condemnatum noverit; nisi forte resipiscens, digne satisfecerit. Qui vero devotus conservator exstiterit, divinis repleatur benedictionibus, et principis apostolorum auctoritate ab omnibus delictorum suorum absolvatur nexibus. Amen.

Datum Lucæ quarto Idus Martii, per manus Petri, sanctæ Romanæ Ecclesiæ presbyteri cardinalis et bibliothecarii, anno xi pontificatus domni Alexandri II papæ, Dominicæ vero Incarnationis 1072, indictione nona.

LXXXIX.

Approbatio congregationis monachorum eremitarum Camaldulensium, alias Campi Amabilis ordinis Sancti Benedicti.

(Anno 1072.)

[*Bullar. Rom.* edit. Lugdun. 1673. I, 51.]

ALEXANDER episcopus, servus servorum Dei, RUSTICO priori, et cunctæ ejus congregationi, de loco qui dicitur Campus Amabilis, in perpetuum.

Nulli fidelium venit in dubium quin sedes apostolica, eo quod princeps existat omnium Ecclesiarum, omnibus hoc jure et debita sollicitudine Ecclesiis præesse debeat, ut non solum eas catholicæ religionis unitate concludat, sed generaliter ab his quæ extrinsecus promoventur sua auctoritate salvet et muniat. Inter quas tamen complures inveniuntur quæ speciali et propria commendatione in tutelam ejusdem sedis apostolicæ se contulere, ut speciali charitate et studio suæ matris amplexæ, securiores et liberiores ab omni infestatione consisterent. Quas, ut dignum erat, ita in suo sinu Romana suscepit Ecclesia, tantaque protexit undique diligentia ut omnibus ornamenta, præsidia, nonnullis quoque et gratiam consecret [conferret] amplificationis. Cujus rei nobis plurima exempla sanctissimi viri prædecessores nostri reliquere qui ante nos in ea, quam diximus, apostolica sede fulgentes, pro honore Ecclesiarum Dei et earum exaltatione, magis quam pro vita aut salute sua solliciti fuere. Novimus monasteria plurima et cætera ecclesiastica bona quæ a religiosis viris ad patrocinium et defensionem apostolicæ sedis sunt delata, cum summa charitate ab illis suscepta, et privilegio apostolicæ defensionis quasi muro munita firmissimo. In qua re quam sante fecerint, et illorum nobis ostendit gloria, et ipsius rei tam fructuosa gratia. Nam cum oratoria in pace et tranquillitate consistunt, ecclesiastica beneficia pauperes Christi nutriunt, laus Deo condigna depromitur et remedia peccatorum, tam vivis quam defunctis pie impenduntur.

Unde nos in eadem apostolica sede, non nostris meritis, sed divina locati gratia, oratorium Sancti Salvatoris in Campo Amabili constructum, et omnes cellas ipsi adhærentes et circumcirca adjacentes, et omnia ad ipsum pertinentia communi rogatione fratrum in tutelam apostolicæ auctoritatis et nostram, successorumque nostrorum, suscipimus defensionem; salva quidem suæ matricis Ecclesiæ debita et canonica reverentia. Volentes ut tam pia fidelium animarum devotio, a quibus idem oratorium fuit inceptum, et adhuc usque productum, Deo crescat, et illis eorumque posteris et successoribus, ad salutem corporis et animæ proficiat. Sic denique ipsum oratorium et prædictum locum, cum omnibus cellulis et hospitiis suis, seu universis rebus ad eum pertinentibus, in nostram defensionem suscipimus ut tam illa quæ modo habere et tenere videtur quam quæ in antea Deo largiente juste acquirere poterit, ubicunque posita fuerint, sub apostolicæ sedis custodia et tuitione consistant.

Primo itaque loco ponimus eremum et oratorium situm in loco qui dicitur Campus Amabilis; secundo, hospitium ejus, quod dicitur Fons Bonus; tertio cœnobium quod est constructum in loco qui dicitur Cerreto, qui est infra comitatum Vulterensem; quarto in loco qui dicitur Agna; quinto, in loco, qui dicitur Monte, et Soci; sexto in loco qui dicitur Arcina; septimo, in loco qui dicitur in Chaliano et Punina; octavo, in loco qui dicitur in Chio, et ecclesia Sancti Savini; nono, in loco qui dicitur Fogiano.

Sancimus igitur hoc nostro privilegio ut neque rex, imperator, dux, comes, aut pontifex, aut aliqua persona, idem oratorium, aut fratres ibi Deo servientes, ejusque territoria, aut aliqua sibi juste, modo aut antea pertinentia, invadere aut molestare, vel aliquo modo inquietare præsumat. Libertatem vel licentiam ecclesiastici juris, quam hucusque habere visi sunt, seu quam juste in antea habere poterunt, in hac eadem serie confirmamus, et perpetuam fore statuimus. Ne quis etiam malas consuetudines superinducat; quibus idem oratorium a sua religione turbetur, apostolica auctoritate prohibemus.

Ita tamen volumus et constituimus ut jam dictum oratorium cum cellis suis, omni tempore, eo modo atque tenore, quo prius inchoatum est, et ad nostra usque tempora productum, maneat in suo vigore atque stabilitate, scilicet ut semper eremitico tramite, contemplativæ vitæ celsitudine perseveret. Nec liceat cuiquam unquam, aut abbatem ibi ponere, aut cœnobium facere, sed semper solitariæ vitæ locus ipse sit deditus, et firmitate continua dedicatus.

Hoc quoque vestra charitate rogante, et huic apostolicæ sedis privilegio adnectimus ut, si quando opportunum fuerit, aliquem ex vestra congregatione in ecclesiasticos gradus ordinari, et episcopus, ad cujus parochiam jam pertinet prædictum oratorium S. Salvatoris, seu aliqua ex ecclesiis, vel cellulis vestris in antea pertinebit Simoniaca hæresi fuerit depravatus, ut rite, et canonice episcopale non possit implere officium; tunc libera facultas, et licentia pareat vobis, adire catholicum et bene viventem episcopum ubicunque in vestra, vel proxima provincia inveniri potuerit, ut ab ipso ecclesiasticis gradibus, et officiis ordinari ex vestra congregatione dignus esse possit. Sacris enim canonibus et bonis congruit moribus, ut sicuti qui ordinandi sunt bonæ vitæ rectæque scientiæ existere debent, sic juxta Apostoli sententiam, illi qui manus ordinandis imponunt, irreprehensibiles et absque crimine inveniantur.

Si quis autem temerario ausu, quod fieri non credimus, contra hujus nostræ apostolicæ auctoritatis confirmationis seriem, agere tentaverit, sciat se esse excommunicatum a beato Petro apostolorum principe, et nostra apostolica auctoritate.

Qui vero custos et observator hujus nostri privilegii exstiterit, benedictionis gratiam, et vitam æternam a Domino Deo consequi mereatur.

Datum Lucæ IV Kalend. Novembris, per manus Petri sanctæ Romanæ Ecclesiæ presbyteri cardinalis ac bibliothecarii, anno duodecimo pontificatus ipsius domini Alexandri papæ II.

XC.

Concessio privilegiorum monasterii Floriacensis, bonorumque ad illud spectantium confirmatio.

(Anno 1072.)

[COCQUELINES, *Bull. Rom.*, tom. II, pag. 16.]

ALEXANDER episcopus, servus servorum Dei, GUILLELMO, venerabili abbati Floriacensis monasterii, ubi venerabile corpus beati Benedicti requiescit, ejusque successoribus regulariter intrantibus, in perpetuum.

Si in apostolica sede præsidenti hæc sollicitudo et cura singularis incumbit, ut, ex ipsa consideratione regiminis omnibus ecclesiis, et venerabilibus locis tam in temporali defensione et corroboratione diligentiam, quam in spirituali speculatione et doctrina, quantum Deo auxiliante prævalet, vigilantiam adhibere debeat, valde congruit, ut earum provectui et utilitatibus, quæ sub tutela sanctæ Romanæ Ecclesiæ specialiter constitutæ sunt, tanto impensioris curæ studium impertiatur, quanto et generalis providentiæ corpus cum cæteris, et singularem apostolici privilegii lineam præ cæteris sortiuntur. Nos itaque in apostolatus administratione, non nostris meritis, sed divina locati gratia petitionibus tuis, charissime fili et frater in Christo Guillelme, cum omni charitate et benevolentia consentientes, venerabili loco, cui præesse dignosceris, tibi quoque tuisque successoribus, nostræ apostolicæ defensionis et confirmationis privilegia, prædecessorum nostrorum statuta servantes, impendimus; statuentes et apostolica auctoritate corroborantes, ut ipsum monasterium et possessiones ejus, res tam mobiles quam immobiles seu cujuscunque modi bona sint, quæ nunc ibidem juste sunt collata, vel in posterum Deo annuente a fidelibus conferenda, sine omni inquietudine sub tua tuorumque successorum gubernatione firma et inconvulsa permaneant, ut nulla potestas sæcularis, ecclesiastica, seu aliqua persona magna vel parva, idem monasterium vel ejus pertinentia invadere, vel comminuere, aut in quocunque molestare audeat, nec subjectas illi personas, sine voluntate abbatis distringere; vel quidquid fiscus exigit aliquo modo præripere præsumat. Addimus etiam, ut quia venerabilis Pater Benedictus, monachorum legislator, ex divina gratia, dux est monasticæ religionis, sit etiam qui eidem monasterio præfuerit, primus inter abbates Galliæ. Nec aliquis de ordine sacerdotali, archiepiscopus scilicet, aut episcopus, aut inferioris ordinis, eum inquietare, nec contra voluntatem ipsius ad idem monasterium venire, aut aliquam ordinationem facere, vel missas celebrare præsumat. Ut omni tempore quieti et securi absque omni molestia vel controversia monachi in eodem monasterio Deo servire possint. Abbas vero, qui ordinandus ibi est, cum electione fratrum propter vitæ meritum et honestatem morum, et non propter turpia lucra, seu pro pecunia, eligatur, et absque ulla calumnia a quocunque episcopo, prout sibi placuerit, benedicatur.

De sacerdotibus vero aut diaconibus ordinandis id observetur, quod in regula præcipitur: ne saltem aliquis episcopus subjectionem ab eis requirat, quos ordinaverit; nec unquam officio dignos ordinare differat.

Denique si contigerit ut abbas accusetur criminalibus causis, non unius episcopi judicio determinetur sententia, sed provincialis concilii exspectetur censura; aut si forte maluerit appellare sedem apostolicam, res ad Romani pontificis deferatur audientiam. Et quotiescunque necessitas urgebit eum venire Romam, ei in omnibus liceat. Sed et solvendi et ligandi eam potestatem habeas quam antecessores tui per Romana privilegia probantur habuisse. Quod si peccatis habitatorum terræ exigentibus, excommunicationis anathema ad eos pervenerit, id privilegium eidem monasterio indulsimus, ut fratres ejusdem congregationis, exclusis aliis omnibus, ipsi absoluti divinum officium peragant. Visum quoque nobis est, ut hanc licentiam eidem tribuamus: ut fratres, qui in quibusdam cœnobiis degunt, quod vivere regulariter nequeant, si voluerint studio meliorandæ vitæ, ad ipsum ducem monachorum confugere, permittatur eis in eodem cœnobio tandiu degere, quousque in suis monasteriis videatur ordo redire. Permittimus etiam ut si alicujus de ipsis fratribus onerosa conversatio fuerit, ipse potius cum suo detrimento discedat, quam alios inquiret.

Hæc igitur omnia, quæ hujus præcepti decretique nostri pagina continet, tam eidem abbati quam cunctis in eo in quo est, ordine locoque successuris, in perpetuum servanda decernimus. Si quis vero regum, sacerdotum atque quarumlibet personarum, hanc constitutionis nostræ paginam agnoscens, contra eam venire tentaverit, vel de ecclesia Sanctæ Mariæ cum omnibus appendiciis, pertinentibus ad ipsam ecclesiam, quæ est in castro Sancti Brictii, quam Robertus dominus ipsius castri ipsi monasterio contulit, aliquid abstulerit, potestatis honorisque sui dignitate careat, reumque se divino judicio existere de perpetrata iniquitate agnoscat. Et nisi illa, quæ ab illo sunt male ablata, restituerit, et digna satisfactione acta emendaverit, sub anathematis interdictione fiat; atque in æterno examine districtæ ultioni subjaceat. Cunctis autem eidem loco justa servantibus, sit pax Domini nostri Jesu Christi, quatenus et hic fructum bonæ actionis recipiant, et apud districtum judicem præmia æternæ pacis inveniant.

Datum Lucæ vii Idus Novembris per manus Petri, sanctæ Romanæ Ecclesiæ cardinalis, anno xi pontif. domni Alexandri papæ, indictione decima.

XCI.

Litteræ Alexandri II papæ in gratiam Ecclesiæ Cabilonensis, quas Roclenus episcopus ab aliis postea curavit episcopis subscribi et confirmari.

[(Anno 1072.)]

[*Gall. Christ.*, tom. IV, *Instr.*, pag. 229.]

ALEXANDER, Christi Domini favente gratia, Romanæ sedis episcopus, reverendo cæteri totius cleri Cabilonicæ urbis secus morem ecclesiasticæ institutionis constituto sub tutela matris Ecclesiæ beati Vincentii levitæ et martyris, prosperari feliciter munimine totius salutis, ac pollere perpetuo continua defensione apostolicæ benedictionis.

Quamvis quidem bene et specialiter summo conveniat moderamini sacrosanctæ et apostolicæ sedis Romanæ, omnibus Christiana pollentibus religione opem sui juvaminis pro sui necessitate fideli expetentibus devotione, paterno totius pietatis affectu, ac clementissima semper compati ac misereri subventione, maxime tamen qui de rebus ecclesiastici juris insigne apostolici præsidii juvamen ac placidam suæ serenitatis audientiam rite videntur consultare, illos oportet faciliori suæ tranquillæ miserationis respectu de his, quæ fideliter et canonice expetant prius clementer exaudiri debere, post vero ne ulterius fieri valeant irrita, inviolabili auctoritatis apostolicæ privilegio corroborari perpetuali confirmatione. Porro tam reverendam ac penitus intemeratam a primordio Christianæ religionis auctoritatem sedis apostolicæ, nostro quoque in tempore omnino inviolabiliter percupientes stabilire, patefieri volumus cunctis reverendis confratribus ac filiis fidelibus intra gremium constitutis sacrosanctæ matris Ecclesiæ, qualiter nonnulli ex reverendi cleri collegio beati Vincentii Cabilonensis cathedræ, pridem sacratissima apostolorum Petri et Pauli limina ac placidam nostræ serenitatis studuerunt reverentiam adire, submittentes supplici prece in nostræ paternitatis præsentia quamdam nefandæ factionis querimoniam cum canonica proclamatione de quibusdam scilicet ecclesiis communitatis suæ, et rebus proprii juris suæ matris Ecclesiæ, quæ sibi violenta auferri videbantur direptione, crudeli quoque et immoderata rapacitate non solum a quibusdam irreligiosis laicis hujus potestatis mundanæ, verum etiam, a nonnullis suæ ecclesiæ prælatis similia illis inferentibus violenta et tyrannica pervasione. Quorum miserabili querimoniæ ac petitioni eorum canonicæ placidas nostræ serenitatis aures submittendo libentissime litteris illud directis a B. Petri et nostra parte procuravimus mandare apostolica præceptione ea quæ illis injuste ablata fuerunt restitui certissime; post quoque inviolabili privilegio sedis apostolicæ, ne illis ulterius auferantur, decrevimus perpetuo corroborare. Est nempe, uti evidentissimis declaratur indiciis, eadem beati Vincentii mater Ecclesia præ cæteris totius Galliæ ecclesiis, huic apostolicæ sedi familiari ac speciali charitatis copulatione connexa, adeo ut a reverendis sanctæ sedis Romanæ vicariis illuc nostra directis licentia, statutis temporibus reverenda Jesu Domino annuente inibi celebrentur concilia, quorum prorsus celebratione reparatur status sacrosanctæ et universalis Ecclesiæ, Christi Domini juvante gratia, ac per sacrorum instituta canonum examinatur in Domini fide religio Christiana. Igitur imperioso catholicæ et apostolicæ sedis edicto statuimus ac statuendo irrefragabili auctoritatis nostræ privilegio sanciri decernimus, quatenus istæ ecclesiæ a nobis denominandæ prædictorum communitati clericorum et prælibatæ matris ecclesiæ beati Vincentii perpetuis deserviant usibus; in primis scilicet ecclesia fundi Baugiacensis, quam sequitur quoque ecclesia ruris Cerliacensis, nihilominus etiam ecclesia Bregniacensis, postremo ecclesia de S. Martino de Monte, ita nuncupata vulgaribus verbis, ad ultimum vero ecclesia de S. Privato ita vocitata a temporibus antiquis, his siquidem ecclesiis nominatim designatis, uti prælibavimus, matri ecclesiæ beati Vincentii Cabilonicæ sedis, communi quoque a sui totius cleri inibi degentis, inconvulso sanctæ sedis Romanæ perpetualiter privilegio concessis, in monumentum quoque specialissimæ familiaritatis, quam inter se videntur obtinere, eadem scilicet mater ecclesia Cabilonicæ urbis, ac insignis toto orbe sedes, apostolicæ sublimitatis, opportunum procul dubio duximus cuncta antiqua ejusdem matris Ecclesiæ privilegia, sibi firmissimo tenore concessa a prædecessoribus nostris, inviolabili confirmatione stabilire ac indissolubili tenore consolidare, secus auctoritatem apostolicam sacrosanctæ Romanæ sedis, sancientes eadem apostolica auctoritate illibata et intemerata permanere, succedentibus sibi invicem omne per ævum temporibus cunctis. Si quis vero cujuscunque conditionis aut potestatis homo huic nostræ apostolicæ auctoritatis privilegio contradictor temerarius voluerit existere, auctoritate profecto humanæ et individuæ Trinitatis et beati Petri apostolorum principis, nostra quoque, qui ejus vices exsequendo cathedræ ipsius videmur præsidere, noverit se indissolubili feriendum anathemate et cum Dathan et Abiron, in tartareum chaos demergendum post occasum vitæ, in flammis quoque gehennæ se perpetualiter concremandum cum Juda Jesu Domini proditore.

† Ego G. Dei gratia Ostiensis episcopus et S. Romanæ Ecclesiæ legatus, rogatu domni Rocleni Cabilonensis episcopi legi laudavi et subscripsi.

† Ego Humbertus archipræsul Lugdunensis Ecclesiæ subscripsi.

† Ego Ermannus (*lege* Varmundus) Viennensis archiepiscopus subscripsi.

† Ego Ugo Bituricensis archiepiscopus subscripsi.

† Ego Agano Eduensis episcopus relegi.

† Ego Guntardus Valentinensis episcopus subscripsi.

† Ego Ermenfredus Sedunensis episcopus subscripsi.

† Raimbaldus apostolicæ sedis legatus. M. S. S. (5).

XCII.

Alexandri II epistola ad episcopos, clericos et judidices Italiæ. — Quomodo computandi gradus consanguinitatis.

(Anno 1061-73.)

[Mansi, *Concil.* XIX, 966.]

Ad sedem apostolicam perlata est quæstio noviter exorta de gradibus consanguinitatis; quam quidam legum et canonum imperiti excitantes, eosdem propinquitatis gradus contra sacros canones et ecclesiasticum morem numerare nituntur, novo et inaudito errore affirmantes quod germani fratres vel sorores inter se sint in secunda generatione; filii eorum vel filiæ, in quarta; nepotes vel neptes eorum, in sexta. Talique modo progeniem computantes et hujusmodi sexto eam gradu terminantes dicunt, deinceps viros ac mulieres inter se posse nuptialia jura contrahere. Et ad hujusmodi profanum errorem confi mandum, in argumentum assumunt sæculares leges quas Justinianus imperator promulgavit de successionibus consanguineorum. Quibus confisi ostendere moliuntur fratres in secundo gradu esse numeratos, filios eorum in quarto, nepotes in sexto. Sic seriem genealogiæ terminantes, numerationem sanctorum Patrum et antiquam Ecclesiæ computationem, ad nos usque perductam, perversa quadam calliditate disturbare nituntur. Nos vero, Deo annuente, hanc quæstionem discutere curavimus, in synodo habita in Lateranensi consistorio, convocatis ad hoc opus episcopis et clericis, atque judicibus diversarum provinciarum. Denique, diu ventilatis legibus et sacris canonibus, distincte invenimus, ob aliam causam alteram legum fieri, alteram canonum computationem. In legibus siquidem ob nihil aliud ipsorum graduum mentio facta est, nisi ut hæreditas, vel successio, ab una ad alteram personam inter consanguineos deferatur. In canonibus vero ob hoc progenies computatur, ut aperte monstretur usque ad quotam generationem a consanguineorum sit nuptiis abstinendum. Ibi præscribitur ut hæreditas propinquis modo legitimo conferatur; hic vero, ut rite et canonice inter fideles nuptiæ celebrentur. In legibus districte non numerantur gradus, nisi usque ad sextam; in canonibus autem usque ad septimam distinguuntur generationem. Hac igitur de causa, quia hæreditates nequeunt deferri nisi de una ad alteram personam, idcirco curavit sæcularis imperator in singulis personis singulos præfigere gradus. Quia vero nuptiæ sine duabus non valent fieri personis, ideo sacri canones duas in uno gradu constituere personas. Utramque tamen computationem, si attente ac subtiliter perspecta fuerit, idem sensisse et eamdem esse in eis sententiam atque ad eumdem terminum convenire manifestissimum erit. Justinianus namque usque ad quem gradum consanguinitas ipsa perduret in suis legibus non definivit. Canones vero ultra septimam, nullam numeravere generationem. Sexto quippe gradu determinato, in ipsis legibus subintulit imperator. (Hactenus ostendisse sufficiat quemadmodum gradus cognationis numerentur. Namque ex his palam est intelligere quemadmodum ulteriores quoque gradus numerare debeamus. Generata quippe persona semper gradum adjicit.) Ecce in his brevibus verbis aperte ostenditur tales gradus, quales isti computant, non tantum usque ad sextum, verum etiam ultra numerari debere, quippe cum ultra sextum ulteriores gradus numerandos esse decernat. Ubi enim ulteriores nominat gradus, aperte indicat non sex tantummodo esse gradus, sed sex finitis, adhuc alios numerandos. Nec mirum, cum in præcedentibus ipse firmaverit imperator decimo etiam gradu consanguineos sibi inter se posse succedere. Cum enim decimum nominat, non esse tantummodo sex luce clarius confitetur.

Hi ergo evigilent, et aciem mentis, si possunt, intendant quos hactenus istiusmodi pertulit error. Enimvero ubi, secundum leges, inter agnatos, vel cognatos defertur successio, consanguineos esse non dubium est. Neque enim sibi succederent, nisi inter se parentelæ vinculo tenerentur. Succedunt autem inter se, teste Justiniano, in decimo gradu; con-

---

(5) Nota quod subscriptio Raimbaldi, sedis apostolicæ legati, non videtur eodem tempore exarata quo aliæ subscriptiones, unde et ultimo ponitur.

sanguinei igitur sibi sunt, qui sibi succedunt. Quod si in decimo gradu consanguinei sibi existunt, non est terminata consanguinitas, ut isti fatentur, in sexto tantummodo gradu. Quid igitur dicent? computatis namque gradibus, sicut isti numerant, aut finitur consanguinitas in sexto gradu, aut non. Si finitur, fallaces erunt leges, quibus isti nituntur, quæ in decimo gradu sibi succedere consanguineos jubent. Quod si non finitur consanguinitas in isto sexto gradu, falsidici erunt ipsi, qui ultra illum sextum gradum nolunt computare consanguinitatem. Igitur aut leges erunt falsæ, aut isti qui sic finiunt generationem. Sed ut veridicæ leges et veraces sint canones, dicamus hoc quod veritas habet, scilicet quod anno terminatur consanguinitas in hujusmodi sexto gradu, sed terminatur, secundum canones, in septimo gradu. Utraque enim computatio, sicut superius diximus, uno fine concluditur. Namque duo gradus legales unum gradum canonicum constituunt. Fratres itaque qui, secundum sæculares leges, dicuntur in secundo gradu, juxta canones, numerantur in primo; filii fratrum, qui illic numerantur in quarto, hic computantur in secundo; nepotes, qui in sexto ibi, istic numerantur in tertio; sic deinceps qui in legibus scribuntur in octavo et decimo, in canonibus definiuntur in quarto et quinto. Atque hoc modo de reliquis sentiendum est, ut qui, secundum canones, dicuntur sexto vel septimo, secundum leges, accipiantur in duodecimo, vel quarto decimo. Hanc computationem intelligens prudentissimus papa Gregorius, dum quæreretur in quota generatione conjungi fideles debeant, ipsas sæculares leges in testimonium adducens, Augustino Anglorum episcopo sic rescripsit : « Quædam terrena lex in Romana republica permittit, ut sive fratris et sororis, sive duorum fratrum germanorum, seu duarum sororum filius et filia misceantur. Sed experimento didicimus ex tali conjugio sobolem non posse succrescere. Unde necesse est, ut jam in tertia, vel in quarta generatione copulatio fidelium licenter sibi conjungi debeat. Nam a secunda, quam prædiximus, omnimodo debent abstinere. » Ecce hic aperte monstratur, filios et filias fratrum in secunda generatione numerari. Et, si fratrum filii et filiæ numerantur in secunda, fieri non potest, ut ipsi fratres non sint in prima. Quod si fratres computantur in prima, filii eorum in secunda, dubium non est quin eorum nepotes sint in tertia, pronepotes in quarta, et sic de reliquis usque ad septimam. Sed sunt quidam qui ex his Gregorii verbis, quibus ait, ut in tertia, vel quarta generatione copulentur fideles, occasionem accipiunt illicita matrimonia contrahendi, dicentes se hoc juste facere posse quod prudentissimus doctor sua sententia definivit. Isti itaque qui se hoc velamento defendere nituntur advertant, in ejusdem Patris sententiis, hoc non generaliter cunctis, sed specialiter Anglorum genti mandasse. Nam postmodum a Felice Messanæ Siciliæ præsule requisitus an hoc, quod Augustino mandaverat, generaliter cunctæ Ecclesiæ tenendum esset, apertissime firmavit non aliis hoc quam illi genti mandasse, ne bonum quod cœperant, metuendo austeriora, desererent. Sed ex illis, postquam in fide essent firma radice solidati, et universali Ecclesiæ, censuit semper esse tenendum ut nullam de propria consanguinitate vel affinitate, infra septimam generationem, aliquis sibi audeat conjugio copulare.

Ecce aperte monstratum est, et ex verbis ipsius legis et auctoritate prudentissimi papæ Gregorii, quid de gradibus consanguinitatis numerandis sentire debeamus. Quamvis alia quoque ratio pari modo ipsos revincat adversarios. Nam si, ut ipsi fatentur, in illo sexto gradu consanguinitas finiretur, omnes personarum ramusculos, qui ultra illum gradum in pictura arboris continentur, velut superfluos oporteret detruncari. Sed quia omnes qui in prædictæ arboris pictura numerantur, ex una parentela consistunt, nunquam sine diminutione consanguinitatis a se poterunt separari, veluti non sine damno cujusque personæ valent a proprio corpore, manus, brachia, et pedes truncari. Illa quoque sacrorum præceptio canonum quæ jubet a propria abstinere consanguinitate, quandiu generatio recordatur, aut memoria retinetur, nec a prædicta parentelæ discrepat computatione: Nam in septem gradibus, si canonice et usualiter numerentur, omnia propinquitatum nomina continentur. Ultra quos nec consanguinitas invenitur, nec nomina graduum reperiuntur, nec successio potest amplius prorogari, nec memoriter ab aliquo generatio recordari. Ne vero in hac consanguinitatis computatione, aliqua dehinc valeat ambiguitas remanere ; aliam, quam quidam faciunt, numerationem, in hac etiam disputatione duximus finiendam. Sunt enim quidam, qui non a fratribus, sed a filiis eorum, id est patruelibus, vel consobrinis, genealogiam numerare incipiunt, docentes filios fratrum in prima generatione computari debere : quia fratres, quasi quidam truncus ex quo cæteri ramusculi oriuntur, existunt. Sed nec ista graduum computatio, si bene intellecta fuerit, ab ea quam superius exposuimus in sententia poterit esse diversa. Isti enim qui numerandi initium sumunt a filiis fratrum non progrediuntur ultra sextam generationem; sed, sicut totius mundi sex ætates existunt et humanæ vitæ itidem sex, ita et in consanguinitate sex tantummodo autumant computandas esse generationes; quibus finitis, novæ conjunctionis dicunt posse fieri initium, ut, quasi fugientem, revocare possint consanguinitatem. Hæc itaque computatio quæ incipit a fratrum filiis, et numerat usque ad sextam generationem, tantumdem valet quantum ea quæ incipit a fratribus et competat usque ad septimam. Nec ulla in sensu existit diversitas, quamvis in numero graduum varietas videatur. Ultima enim generatio, si initium numerandi sumat a fratribus, septima invenitur, si a filiis fratrum, reperitur sexta. Taliter igitur determinatis gradibus consanguinitatis, apostolica vos auctoritate monemus, fratres et filii, ut omnibus sic seriei genealogiæ computandam esse intimetis quemadmodum sancti Patres numerandam esse sanxerunt, et antiquus mos sanctæ et universalis Ecclesiæ per longa tempora olim computasse monstratur. Nam si quis perversa et obstinata mente a recto tramite apostolicæ sedis deviare voluerit, et aliter quam nos in nuptiis celebrandis gradus parentelæ numerare contenderit, primum pro sua temeritate, cœlesti pœna plectetur, postmodum vero gladio perpetui anathematis se noverit jugulandum.

Data Romæ, etc.

XCIII.

Clero Mediolanensi. — De Simoniacis, et presbyteris diaconis qui feminis abutuntur.

(Anno 1061-73.)

[MANSI, *Concil.* XIX, 978.]

Noveritis nos in synodo nostra Romana, episcopis omnibus et religiosis fratribus adjudicantibus, decrevisse a Simoniacis et fornicatoribus officium celebrari non debere, nec aliquem Christianum id ab iis audire. Populum itaque a Simoniacis et ab his quos feminis abuti cognoscitis officium audire interdicite, et sacerdotes nihilominus a tam nefaria præsumptione repellite (*Can.* 17, dist. 81). Si quis vero sacerdotum, diaconorum, vel subdiaconorum, officium contumaciter deserens, feminam sibi potius eligit, sicut sponte ob fornicationem dimittit officium, ita ob prævaricationem dimittere cogatur et invitus beneficium.

XCIV.

Populo Mediolanensi. — De presbyteris Simoniacis et fornicatoribus.

[MANSI, *Concil.* XIX, 978.]

Sciat nobilitas vestra nos in Romana synodo consilio totius sancti conventus decrevisse ut a presbytero Simoniaco, seu concubinam habente, missa a nullo fidelium audiatur. Eos etiam qui, ut fornicari liceat, divinum officium derelinquunt, et ab eo recedentes, diabolo et ejus operibus serviunt, sicut se justissime ab officio alienos faciunt ita beneficio ecclesiarum privatos adjudicamus.

XCV.

Philippo regi Francorum. — Quod Romanæ sedis decreta tanquam regulæ canonum admittenda sunt.

(Fragm. — Anno 1061-73.)

[MANSI, *Concil.* XIX, 979.]

Ignorant miseri quod hujus sanctæ sedis decreta ita pia fide a filiis matris Ecclesiæ accipienda sint et veneranda ut, tanquam regula canonum, ab eisdem absque ullo scrupulo admittantur.

XCVI.

Alexandri papæ II epistola Reibaldo Arelatensi archiepiscopo.

(Anno 1061-73.)

[*Gall. Christ.*, tom. I, pag. 96.]

ALEXANDER episcopus, servus servorum Dei, venerabilibus REIBALDO Arelatensi archiepiscopo et BERTRANDO Forojuliensi episcopo, perpetuam in Domini salutem.

Quoties illa [*f. add.* res] a nobis requiritur quæ justitiæ concordare videtur, libenter debemus impendere, et justa poscentium animis condescendere. Quia igitur, charissime frater Reibalde Arelatensis archiepiscope, postulasti a nobis ut ecclesiam Sanctæ Mariæ sitam in villa quæ vocatur Barjolis, in territorio vestræ civitatis Forojulii, quam beati Patri perpetualiter juri supposuisti, privilegio confirmaremus apostolicæ sedis, inclinati precibus tuis, ipsam ecclesiam sub tutela et defensione S. Romanæ Ecclesiæ recipimus eamque ab omni infestatione liberam et quietam esse decernimus; ita quidem, ut pro ea annualiter sanctus Petrus habeat unum aureum denarium. Propterea confirmamus ut quidquid nunc juste possidet vel deinceps apostolica interdicente auctoritate..... ut nullus ibi præpositus constituatur, neque clericus aut monachus inducatur absque voluntate eorum qui vi perfectionis [professionis] sese eidem ecclesiæ servituros devoverent... Interdicimus etiam ut nulla ecclesiastica sæcularisve persona præsumat præfatam ecclesiam inquietare, aut ea quæ superius continet infringere. Quod si quis temerario ausu præsumpserit... At vero qui custos et observator exstiterit, et pio intuitu aliquod bonum ibi conservare studuerit, repleatur abundantia apostolicæ benedictionis.

XCVII.

Bulla Alexandri II pro Giraldo Tricastinensis é Arausicæ civitatis episcopo.

(Anno 1061-73.)

[*Gall. Christ.*, tom. I, *Instrum.*, pag. 119.]

ALEXANDER episcopus, servus servorum Dei, universo clero et populo Tricastinensis et Arausicæ civitatis.

Admonemus vos, charissimi filii, ut fratri nostro Giraldo pastori (Dasteri), et episcopo vestro dignam obedientiam exhibeatis, et quia divina dispositio eum custodem animarum vestrarum ponit, hortamur vos ut in omni pace et concordia sub ejus regimine indissolubili charitate persistatis, et eum cum omni reverentia in patrem et proprium colatis episcopum. Illudque apostolica auctoritate vos monere destinavimus, ne quis vestrum in hoc consilio aut facto consentiat, ut Bertrannus, vel aliquis mortalium Arausicanam ecclesiam ab unitate Tricastinæ ecclesiæ dirimat, aut in aliqua parte constitutionem sanctissimi Patris nostri Gregorii, qui utrasque ecclesias conjunxit et univit, corrumpat aut minuat. Scientes quod omnis, qui in hac divisione, consilio aut facto commiscetur, a parte B. Petri et nostra apostolica auctoritate excommunicatur, et divinum officium penitus interdicitur.

Datum Romæ, etc.

XCVIII.

Bulla Alexandri papæ, qua Geraldum episcopum utriusque simul Ecclesiæ Tricastinensis et Arausicæ tuetur et confirmat.

(Anno 1061-73.)

[*Gall. Christ.*, tom. I, *Instrum.*, pag. 120.]

ALEXANDER episcopus, servus servorum Dei, BERTRANDO filio Raimbaldi, si obedierit, salutem et apostolicam benedictionem.

Si vera sunt quæ te conari intelleximus, nec salutem animæ tuæ, sed ad perpetuam damnationem tuam te ejectum esse perpendimus; videlicet domini nostri Gregorii papæ statuta et ordinationes summopere labores infringere, et Arausicanam Ecclesiam, quam ipse justissima consideratione Tricastinæ Ecclesiæ conjunxit, et unum episcopatum esse constituit, die nocteque inde evellere studeas et separare; nec Geraldum utriusque urbis episcopum eamdem Ecclesiam Arausicanam patiaris in pace, sicut episcopum oportet, tenere et regere præfatum, ac si prædictæ Ecclesiæ non tam antiqua constitutione et auctoritate domni Gregorii ad unius episcopatus continentiam copulatæ et unitæ fuissent. Propterea ex parte sancti Petri et nostra monemus ne prædictam Arausicanam Ecclesiam amplius a Tricastina Ecclesia separare præsumas, sed prædictum Geraldum episcopum episcopali jure et providentia juxta constitutiones sanctissimi patris Gregorii cam Tricastinensi Ecclesiæ conjunctam regere et gubernare permittas. Quod si non feceris, scias te et omnes in hac causa tibi consentientes ex parte beati Petri et nostra excommunicatos esse, et omne divinum officium per totam terram tuam suspendi decrevimus.

Datum Romæ, etc.

XCIX.

Alexandri II epistola ad abbatem et congregationem Anianensem. — Ut episcopo Magalonensi pareant.

(Anno 1061-73.)

[BALUZ., *Miscell.* II, 119].

ALEXANDER episcopus, servus servorum Dei, abbati et universæ congregationi Anianensis monasterii salutem et apostolicam benedictionem.

Pervenit ad nos querela Magalonensis episcopi super intolerabili præsumptione et inobedientia vestra, quod, quamvis Romanam Ecclesiam episcopum eum censere et tolerare cognoveritis, nullius tamen episcopatis reverentiæ honorem sibi attribuitis, imo et contemptu ejus illicita vobis usurpantes, in corpus totius Ecclesiæ graviter ac nefande delinquitis. Nam quod excommunicatos illius nulla auctoritate fulti suscipitis, et quod, ejus manus impositione contempta, ordinationes vestras ad libitum vestrum aliunde petitis, in hoc et canonicæ traditionis instituta corrumpitis, et exemplo reprobo grave scandalum in Ecclesia generatis. Unde vos auctoritate apostolica commonemus ut, hæc et alia hujusmodi penitus relinquentes, præfato episcopo vestro deinceps totius subjectionis et reverentiæ de-

A bitum exhibeatis, scientes quoniam, si hæc querela ulterius ad nos delata fuerit, districtam in se temeritatis vestræ pertinacia vindictam provocabit.

C.

Alexandri II epistola ad Guillelmum Petracoricensem et Durannum Tolosanum episcopos, et Hugonem abbatem. — Præscribit modum pœnitentiæ ab eo peragendæ qui fraternæ cædis nolens causa fuerat.

(Anno 1061-73.)

[MANSI, *Concil.* XIX, 963.]

ALEXANDER episcopus, servus servorum Dei, GUILLELMO Petragoricensi, DURANNO Tolosensi, episcopis, et HUGONI abbati.

Præsentium portitor litterarum, ad nos perveniens, lacrymabiliter confessus est se fratricidii crimen incurrisse. Qui, licet tanti facinoris efficiens causa fuerit, tamen minime sua voluntate peractum intimavit. Cum enim fratrem suum inimicantem sibi paratis insidiis cepisset, et ipsum ut secum iret percussione capuli ensis coegisset, consobrinus quidam suus secum perveniens, sine consilio et præmeditatione, sine voluntate etiam ipsius, ut astruit, eum interfecit. Cui licet condignam religio vestra injunxerit et laudabilem pœnitentiam, tamen circa eum misericordiæ viscera exhibentes, præcipimus ut, cum domum redierit, medietatem totius patrimonii sui, pro fratris animæque suæ remedio pauperibus tribuat, alterius [*f.* alteram] quoque hæreditatis suæ portionem nihilominus pro eadem causa distribuens, usumfructum suæ necessitati reservet. Et sic ordinatis omnibus suis, liber in monasterium ingrediatur, et ibi per unum annum hujusmodi pœnitentia maceretur, scilicet ut a Pentecoste usque ad sancti Michaelis festivitatem bis in unaquaque hebdomada jejunet in pane et aqua. Dehinc autem usque ad Quadragesimam tribus diebus jejunet similiter in pane et aqua, et ut a corpore et sanguine Domini usque ad tres annos expletos abstineat, nisi periculum mortis immineat. Quadragesimam totam, præter dies Dominicos, similiter jejunet; arma nullo modo in vita sua induat; conjugio usque ad peractam septem annorum pœnitentiam non utatur; sexta feria, donec vixerit, jejunet. Hæc omnia ita illi conjunximus ut, si infirmitatem ejus hæc minime ferre posse providentia vestra præsenserit, licentiam habeat miserendi, prout placuerit.

CI.

Alexandri II epistola ad omnes episcopos Hispaniæ [*al.*, *Galliæ*]. — *Quod Judæi servari debeant, non occidi.*

(Anno 1061-73.)

[MANSI, *Concil.* XIX, 964.]

ALEXANDER papa, omnibus episcopis Hispaniæ.

Placuit nobis sermo quem nuper de vobis audivimus, quomodo tutati estis Judæos qui inter vos habitant, ne interimerentur ab illis qui contra Sarracenos in Hispaniam proficiscebantur. Illi quippe stulta ignorantia, vel forte cæca cupiditate commoti, in eorum necem volebant sævire, quos fortasse divina pietas ad salutem prædestinavit. Sic etiam beatus Gregorius quosdam qui ad eos delendos exardescebant prohibuit, impium esse denuntians eos delere velle, qui Dei misericordia servati sunt, ut, patria libertateque amissa, diuturna pœnitentia, patrum præjudicio in effusione sanguinis Salvatoris damnati, per terrarum orbis plagas dispersi vivant. (*Can*. 11, 23, 4, 8). Dispar nimirum est Judæorum et Sarracenorum causa. In illos enim, qui Christianos persequuntur et ex urbibus et propriis sedibus pellunt, juste pugnatur ; hi vero ubique parati sunt servire. Quemdam etiam episcopum synagogam eorum destruere volentem prohibuit.

CII.

Berengario Narbonensi vicecomiti. — *Non esse occidendos Judæos.*

(Fragm. — Anno 1061-73.

[Mansi, *Concil.* XIX, 980.]

Noverit prudentia vestra nobis placuisse quod Judæos qui sub vestra potestate habitant tutati estis ne occiderentur. Non enim gaudet Deus effusione sanguinis, neque lætatur in perditione malorum.

CIII.

Wifredo Narbonensi archiepiscopo. — *De eodem.*

(Fragm. — Anno 1061-73.)

[Mansi, *Concil.* ibid.]

Noverit prudentia vestra quod omnes leges, tam ecclesiasticæ quam sæculares, effusionem humani sanguinis prohibent.

CIV.

Guillelmo de Monstrolio [al., *Monasteriolo*]. — *Nisi coram Ecclesia consanguinitate probata, uxorem dimittere non licet.*

(Anno 1061-73.)

[Mansi, *Concil.* XIX, 980.]

Multorum relatione cognovimus te propriam velle abjicere uxorem et adhærere alteri, prætendentem consanguinitatis occasionem. Unde apostolica auctoritate interdicendo mandamus tibi ut hanc quam nunc habes uxorem nullatenus præsumas dimittere vel aliam ducere, donec episcoporum religiosorum concilium causam istam examinaverit.

In sequentem epistolam collectoris præmonitio.

Ex nonnullis epistolæ quam hic exhibeo laciniis, a Gratiano simul junctis et assutis, compingitur epistola illa ad Lucenses, quam Labbeus num. 36 dedit. Integram duplo ac triplo majorem ex archetypo Lucensi, quem servant Archiva canonicorum ecclesiæ illius cathedralis pluteo BB. I, vulgavit primus omnium Florentinus noster in Opere inscripto *Memorie della contessa Matilda*, in append. Veter. Monum., pag. 129. Ex illo vero hic transtuli, ne deinceps in collectionibus conciliorum mutila, et hinc inde detruncata, spectaculum sui miserandum lugendumque lectoribus reioue canonicæ amatoribus præbeat.

CV.

Alexandri II epistola ad clerum et populum Lucensem. — *Contra sacras ordinationes et beneficiorum collationes Simoniacas.*

(Anno 1061-73.)

[Mansi, *Concil.* XIX, 983.]

Alexander episcopus, servus servorum Dei, Lucensis Ecclesiæ clero et populo in perpetuum.

Cum divina providentia idcirco nos in sede apostolica constituere voluerit ut omnium ecclesiarum generalem curam gerere debeamus, tum maxime illi Ecclesiæ studium nostræ devotionis sollicitius est exhibendum, in qua, ante susceptum universalis regiminis opus, ecclesiastici officii necessitate laboravimus, et cui privata quodammodo dilectione prius deservire studuimus. Circa Lucensem itaque Ecclesiam tanto specialius nostræ devotionis studium desideramus impendere, quanto et illi privata ejus et publica omnium ura compellimur providere. In ea igitur quod multis temporibus male pullulasse, et in robur jam inveteratæ malitiæ comperimus, excrevisse, divini verbi gladio succidere, et penitus exstirpare optamus, ut, Deo volente, erutis spinis vitiorum, in fertilem postmodum messem semen illic satum valeat abundare. Ex multis temporibus hoc detestabile malum intra ipsam Ecclesiam inolevisse cognovimus, ut nulli unquam clerico, quamvis religioso, quamvis scientia et moribus prædito ecclesiasticum beneficium concederetur, nisi ei qui profano pecuniæ munere illud emere studuisset ; fiebat ecclesia et res ejus ita venalis, veluti quædam terrena et vilis merx a negotiatoribus ad vendendum exposita. Quod malum quam detestabile, quantum Deo sanctisque sit contrarium, et sacri canones docent et fere omnibus manifestum existit. Chalcedonense nempe concilium, unum ex principalibus, simili pœna condemnat eos qui sacram manus impositionem (per quam Spiritus sanctus confertur) mercari dignoscuntur. Utrosque enim auctoritate inexpugnabili, illos a beneficio, istos sacro ordine jubet repelli. Sacrorum vero canonum auctoritate docemur omnia quæ Deo vel ejus Ecclesiæ offeruntur sacra fieri ipsa oblatione ; nullaque autem sacra fieri possunt nisi Spiritu sancto, a quo omnis sanctificatio procedit. Nam, sicut omnis quælibet res cum imperatori defertur imperialis efficitur, sic, cum ex voto Deo vel sanctis offertur, divina, ac per hoc sanctificata cognoscitur. Non igitur mirum si par pœna constringit eos qui aut sacrum ordinem aut sacram rem Ecclesiæ vendere seu emere audent ; cum neutrum, nisi sancti Spiritus dono valeat sanctificari. Præterea cum sacrorum canonum auctoritas quatuor ex rebus Ecclesiæ jubeat fieri portiones, quarum una pauperibus, altera fabricis ecclesiarum sit impendenda, tertia episcopo, quarta clericis conferenda ; sicut pauperibus Ecclesiæ singulæ partes gratis sunt concedendæ, ita quoque reliquæ partes nec ab ipso episcopo vel clero sunt retinendæ aut vendendæ ; sed eis pro Evangelii græce pto, et officii sui labore eodem modo conferendæ. In Veteri quoque Testamento, cum adhuc gratia Evangelii adhuc non coruscaret in mundo, legimus scelus hoc quantum abominabile esset, cum, tempore Jeroboam, quicunque volebat implebat manum suam, et fiebat sacerdos excelsorum; et propter hanc causam peccavit domus Jeroboam et deleta est de superficie terræ. Si vero domus Jeroboam ob hoc deleta est quod pecuniam accipiens constituebat sacerdotes in excelsis, non immerito de libro vitæ cœlestis eorum nomina delentur, qui interventu pecuniæ sacerdotes, vel clericos in domo Dei constituunt. Puto enim quod hi tales nunquam adverterunt Psalmistæ sententiam dicentis : *Quia non cognovi negotiationem, introibo in potentias Domini* (*Psal.* LXX, 15). Nam si quis ideo intrat in potentias Domini quia non cognovit negotiationem, aperte consequitur ut non intret in eas qui negotiationes maxime ecclesiasticarum rerum non solum cognoverit, sed etiam exercuerit. In Novo autem Testamento humani generis Redemptor, omnes ementes et vendentes de templo ejiciens, cathedras vendentium columbas evertit, nummulariorum effundit æs, præcepti sui auctoritate denuntians et dicens : *Nolite facere domum Patris mei domum negotiationis* (*Joan.* II, 16).

In quo Salvatoris facto vigilanter est advertendum quod non dicitur cathedras vendentium movisse, sed evertisse (*ibid.*, 15). Levius utique ferendum esset si talium negotiatorum cathedræ moverentur, quam si everterentur, sicut per Joannem Dominica voce angelo idem prædicatori Ephesi Ecclesiæ dicitur : *Age pœnitentiam, et prima opera fac, alioquin veniam ad te, et movebo candelabrum tuum de loco suo* (*Apoc.* II, 5). Illud quoque in eodem facto sollicite considerate, quod per totum textum sancti Evangelii nusquam reperitur Dominum tanta severitate, tam districta censura justitiæ peccantes corripuisse, cum non solum eloquio increpans, verum etiam facto flagello de funiculis verberans, omnes eliminavit de templo, aperte demonstrans quod tales negotiatores non sicut cæteri peccatores sunt corripiendi, sed a templo Dei, id est a sancta Ecclesia, longius sunt projiciendi. Nam, sicut per columbarum venditores illi denotantur qui sacram manus impositionem vendere conantur, sic per nummularios ecclesiastici beneficii venditores designantur, qui domum Dei, teste Evangelio, speluncam latronum efficiunt (*Matth.* XXI, 13); quia ab hujusmodi mercatoribus quidquid possunt capiunt, et gladio suæ malitiæ non corpora, sed, quod pejus est, animos trucidare noscuntur. Tempore vero apostolorum, cum multi rerum suarum pretia ad pedes eorum ponerent, Anania et Saphira, inspirante sancto Spiritu, voto cordis pretium agrorum suorum Deo obtulerunt. Qui postmodum, quia suggerente diabolo partem ipsius pretii retinere conati sunt, voce beati Petri principis apostolorum Spiritui sancto mentiti esse dicuntur, et quam grave scelus contraxerint utriusque repentina morte monstratur (*Act.* V). Si ergo illi initio surgentis Ecclesiæ tam horribili pœna divinitus sunt puniti pro eo solummodo quod partem pretii retinuissent quod solo voto Ecclesiæ obtulerant, quid dicendum est de his mercatoribus qui non suas, sed res Ecclesiæ in usus suos et propinquorum suorum non verentur vertere? Profecto, sicut deterius est distrahere vel comparare res ecclesiæ, non quas ipsi ecclesiæ conferunt, seu quas pro animabus suis fideles offerunt, quam solam pretii partem rerum a se oblatarum retinuisse, sic talium negotiatorum interitus gravior et profundior quam illorum esse convincitur; ex hac quoque pessima venditione pene malorum omnium semina pullulare noscuntur. Nam ii qui res Ecclesiarum et potiora earum pretio student acquirere, non Deo vel ejus Ecclesiæ velle famulari, sed soli mammonæ velle servire veridica ratione probantur. Sicut etiam sanctus Gregorius de Simoniacis testatur, non vitam moribus componere, non scientia curant exornare, sed solummodo aurum et pecuniam, quibus res emant ecclesiæ, inhiantes desiderant congregare. Ac si tandem malitiæ suæ votum impleverint, et data numerosa pecunia rerum ecclesiasticarum penes se dominium habere cœperint, tunc aperiunt qua intentione Ecclesiæ militare decreverunt. Toto enim mentis adnisu undecunque possunt corradere pecuniam student, ut quæ prius evacuaverant possint redimplere marsupia; cujus aviditate impulsi sacris non parcunt altaribus, sed, veluti fures et sacrilegi, profanas eis manus injiciunt, pauperibus et ecclesiarum fabricis decimas et oblationes juste et canonice competentes more prædonum diripiunt, a mortuis etiam, quasi fisci exactores, importunis clamoribus velut tributa exigunt. Terras quoque, quas fideles pro suis peccatis ecclesiæ contulerunt, quia eas ex toto vendere non possunt, ob vilissimum redditum pecunia accepta quibusque concedunt. Inter se autem ubi de lege divina, et de animarum salute esset tractandum, litibus et contentionibus, clamoribus et injuriis perstrepere non desistunt. Quibus ad cumulum suæ damnationis non sufficit quod ipsi pereunt, sed insuper laicos, quibus ducatum rectæ viæ præbere debuerant, secum malo exemplo trahunt in profundam inferni voraginem.

Quapropter, ego Alexander, sanctæ Romanæ Ecclesiæ et apostolicæ sedis episcopus (imo minister indignus), tot et tanta mala in multis Ecclesiis et maxime in Lucensi Ecclesia ex iniqua concupiscentia fieri conspiciens, ne sanguis iniquorum a districto Judice [de manu] nostra requiratur, illa exstirpare et penitus eradicare decrevimus. Constituimus istis, et præsenti decreto firmamus (sicut olim nostri decessores fecisse noscuntur) ut nullus deinceps episcoporum beneficium Ecclesiæ (quod quidam canonicam, vel præbendas, seu etiam ordines vocant) pro aliquo pretio vel munere clericis audeat unquam conferre; sed etiam ministros et servitores Ecclesiæ gratis et absque ulla venalitate in sancta Ecclesia studeant ordinare. Nec eligant in domo Domini qui majores sacculos pecuniæ conferant, sed eos qui moribus et disciplina atque scientia divites pro officio suo ipsam valeant sustentare Ecclesiam. Sponte Christi donaria non pro libitu cujusque, invito Sponso, venalia fiant, sed gratis et pro vitæ meritis tribuantur, nec audeat ullus cujuscunque gradus sit clericus per se vel per interpositam personam aliquo ingenio pretium vel dare vel promittere, nec ipsi episcopo nec alicui ex ejus ministris, seu cuicumque magnæ vel mediocri aut parvæ personæ. Ne vero calliditas aut fraus diaboli sub specie religionis aliquos suæ malitiæ laqueo capiat, constituimus et eodem modo firmamus ut nullus cujuscunque gradus clericus pro ecclesiæ beneficio aliquid audeat conferre aut fabricæ ecclesiarum, vel donariis ecclesiarum, seu etiam quod pauperibus sit tribuendum ; quia (teste Scriptura) qui aliquid male accipit ut quasi bene dispenset, potius gravatur quam juvatur. Quod si aliquis, divinorum præceptorum et animarum salutis immemor, præfatum beneficium ecclesiæ iniqua cupiditate ductus vendere vel emere temerario ausu præsumpserit, sicut in Chalcedonensi concilio definitum est, gradus sui periculo cum subjacere decernimus, nec ministrari possit Ecclesiæ, quam pecunia venalem fieri concupivit, et insuper, terribili anathematis mucrone perfossus (nisi resipuerit), ab Ecclesia Dei, quam læsit, modis omnibus abscindatur.

Ego Alexander solius Domini misericordia sanctæ Romanæ et apostolicæ Ecclesiæ præsul, et Lucensis episcopus, in hoc decreto ad confirmandum ss.

CVI.
Alexander II de Ecclesiæ Lucensis muneribus in probos doctrinaque instructos viros conferendis leges condit.

(Anno 1061-73.)

[UGHELLI, *Italia sacra*, I, 811].

ALEXANDER episcopus, servus servorum Dei, Lucensis Ecclesiæ canonicis, ac filiis per omnia dilectis, eorumque successoribus in perpetuum.

Quamvis ecclesiasticæ disciplina censuræ, pro officio a Deo nobis commisso, nos admoneat vigilanti cura universis Ecclesiis toto orbe terrarum diffusis providere, speciali tamen speculatione nostræ Lucensi Ecclesiæ pro posse nos opitulari oportet, cujus regimen, antequam ad apostolicæ sedis curam vocaremur, divina nobis imposuit providentia. Unde cum omnibus simpliciter, huic tamen dupliciter, oculum nostræ speculationis intendere oportet. Nam quia, inimico humani generis insidiante, sanctæ matris Ecclesiæ compositos mores ab antiquis patribus institutos prava quorumdam temeritas, seu potius cupiditas, violare non metuit, idcirco studiosos sollicitosque convenit esse, ut quæ mala quotidie pullulant mucrone justitiæ resecentur. Nam, charissimi filii, vestra bene novit dilectio, in nostra prælibata Ecclesia pessima inoleverat consuetudo ut ordines et canonicæ ipsius Ecclesiæ sic passim et indiscrete cuique tribuerentur, ut ille sacerdotalis ordinis iniret officium qui necdum etiam ostiarii vel lectoris ministerium suscepisset. Nec stabili ordine sortitum fuerat quis missarum solemnia celebrare, quis sanctum Evangelium vel Apostolum legere debuisset. Indisciplinatis etiam et sæcularibus clericis vita et scientia longe ab ecclesiastica doctrina sejunctis, prælibatæ canonicæ conferebantur, nec tamen absque interventu pecuniæ vel etiam præmiorum, qui ipsam Ecclesiam potius perturbare quam moribus videbantur ornare. Quæ omnia quantum Deo et ecclesiasticæ religioni contraria et inimica existant, nullum ignorare putamus, vobis autem tanto verius sunt cognita quanto divinitus sustentata. Quapropter, divino adjutorio simul et apostolica fulti auctoritate, hæc deinceps resecanda et in melius reformanda decernimus, eo scilicet tenore, hac ratione ut ex triginta ordinibus qui in jam nominata ecclesia esse noscuntur, duodecim presbyteris traderentur, qui quotidie missarum solemnia et quæ sacerdotali officio congruunt peragere possent. Septem vero diaconos, totidem subdiaconos in his semper ordinibus, qui competenter ecclesiasticum officium juxta ordinem suum adimplere valerent; reliquos vero choro tantummodo deputavimus. Nos ergo in præfatis ordinibus ita eligi decrevimus ut si quando, Deo vocante, aliquis eorum ex hac luce decesserit, loco ejus nullus alius subrogetur, nisi ille qui decedentis officium integritate vitæ et puritate scientiæ valeat adimplere, ut si presbyter fuerit decessor, loco ejus vel presbyter substituatur, qui eodem anno presbyterii valeat honorem accipere. Similiter de diaconibus et de subdiaconibus eadem ratio idemque ordo procedat.

Horum autem omnium ordinationem ita, Deo annuente, volumus canonice fieri, ut nulla venalitatis fraus, vel pecuniæ interventus aliqua possit ratione subripere, sed gratis et absque ullius commodi ratione consistat, nisi ordinandus non statuto pretio, sed sua sponte, ad utilitatem vel honestatem ecclesiæ aliquid largiri voluerit. Avaritiam etenim de templo Dei eliminandam sacrum testatur Evangelium, quod refert et Dominum per se ipsum nummulariorum æs effudisse, et cathedras vendentium columbas evertisse. Officium autem ipsius Ecclesiæ ita ad honorem Dei fieri volumus ut omni die una solemnis missa cum diacono et subdiacono hora tertia celebretur cum canonicis horis, sicut consuetudo deposcit matricis ecclesiæ. Illud quoque non minima correctione indigere prospeximus, quod quidam clericorum, plus suæ avaritiæ quam Ecclesiæ consulentes, in duabus vel etiam in tribus ecclesiis ministrare noscuntur, et cum uni vix congrue et opportune sufficiant, ambitu pecuniarum illecti duabus vel tribus, sicut diximus, suum officium pollicentur. Sicque fit ut, dum plures vicissim percurrunt, nullam canonice et juste regere valeant. Quapropter, hanc quoque causam in melius reformantes, constituimus et præsenti decreto firmamus nullum qui in majori et matrici ecclesia deinceps fuerit ordinatus, aliam præter ipsam posse tenere Ecclesiam, sed, sicut sacri præcipiunt canones, ipsa et sola contentus, ut competens in ea possit exercere servitium. Nec vaget, et instabilis huc illucque discurrat, sed singulari ecclesiæ qua fixus est immobilis perseveret. Quod si quis temerario ausu hæc omnia, quæ salubriter ad utilitatem sanctæ Ecclesiæ constituta sunt, violare vel infringere tentaverit, noverit se apostolica auctoritate, nisi resipuerit, gradus sui periculo subjacere, et ecclesiastici beneficii fieri expertem, et insuper, pro sua temeritate a clero repulsus, laicorum tantum communioni deputetur. Si vero adhuc quoque obstinato animo in eadem pertinacia manere præsumpserit, et admonitus ad hoc quod salubriter decrevimus reverti noluerit, a liminibus sanctæ matris Ecclesiæ, quam impugnare non desinit, alienus existat. Conservator autem hujus nostræ canonicæ dispositionis, apostolica sit munitus intercessione, et gaudeat cœlesti repletus benedictione.

Ego Alexander, solius Dei misericordia, licet indignus, sanctæ Romanæ et apostolicæ Ecclesiæ præsul et Lucensis episcopus, in hoc decreto a me facto ad confirmandum scripsi.

CVII.
Alexandri II privilegium pro ecclesia Lucensi. — Bona ejus alienari vetat.

(Anno 1061-75.)

[UGHELLI, *Italia sacra*, I, 812.]

ALEXANDER episcopus, servus servorum Dei, clero et populo S. Lucensis Ecclesiæ in perpetuum.

Quamvis circa omnes Ecclesias per orbem terrarum longe lateque diffusas pro earum gubernatione oculum nostræ speculationis intendere oporteat, præcipue tamen erga Lucanam Ecclesiam attentissime vigilare nos convenit; quia ei et propter episcopatus suscepti administrationem, et pro universalis apostolicæ [curæ] consideratione dupliciter quodammodo providere compellimur; qua de causa hæc nostri cordis, Deo aspirante, voluntas semper inhærere debebit ut quæ in ea, vel incuria vel malitia quorumdam, hactenus male pullulare cognovimus, resecare et emendare studeamus, et quæ ad honorem et salutem ipsius ecclesiæ spectare videantur, congrue ordinare et firmiter statuere debeamus. Ante nostra etenim tempora prædecessores nostri qui eidem ecclesiæ præesse visi sunt, seu propter carnalium propinquorum affectus, seu pecuniæ amore illecti, vel etiam quorumdam potentium nimia importunitate devicti, castella, terras, possessiones ipsius Ecclesiæ ita indiscrete superflua effusione largiti sunt, ut nec sibi nec familiæ suæ vel reliquis sibi ministrantibus, prout congruebat, in propriis necessitatibus succurrere potuissent. Fiebat itaque propter rerum penuriam ut ordines sacros et ecclesiastica officia, quæ pure et absque ulla venalitate, solo vitæ æternæ intuitu concedi oportet, pro pecuniæ acceptione et diversorum munerum exactione profanis quibusdam et indignis tribuerunt, et, quod omnes catholicos detestari et abominari oportet, de morte animæ vitam corporis sustentarent. Proinde, divina inspiratione commoniti, ne de cætero tam grave peccatum ex occasione paupertatis emergat, præsenti decreto constituimus et apostolica auctoritate firmamus ut nullus deinceps pontificum quibus ipsa sancta Ecclesia commissa fuerit, castella, mansos, terras, possessiones, quas non modo ad manus nostras habemus, vel quas ipsa Ecclesia in antea, Deo largiente, pure et absque contradictione acquisitura est, præter illa quæ in beneficium nunc usque dari consueverunt, aliquo ingenio alienare, vel auferre, seu alicui dare moliatur (nisi necessitate cogente in pignus ea sine malo ingenio ad tempus tradiderit; ea ratione ut ante statutum tempus eas persolvat et recipiat. Ita sane omnem alienationem et quamcunque dationem penitus interdicimus, ut nemo in posterum præsumat prædictas res ecclesiæ vel per beneficium dare, aut per libellum concedere, aut quovis modo alicui personæ tribuere, nisi tantum agricolis et laborantibus, et ipsi episcopo vel ejus misso aut ministeriali rationem reddentibus; sed omni tempore intactæ et illæsæ subsistant ad utilitatem episcopi et suæ necessitatem familiæ sustentandam. Ne vero in dubium venire possit a quarum rerum traditione nos nostrosque successores per omnia volumus abstinere, præsentis decreti pagina nominatim illas inserere adnotari præcipimus, ne vel ipsos episcopos, vel procaces et importunos petitores latere possit ipsarum rerum notitia. *Hic enumerata bona consulto relinquuntur.*

Hæc itaque omnia quæ præsenti decreto connumeravimus, et si quæ alia noviter acquirenda, quæ Deus in manus nostras vel nostrorum successorum, sicut superius dictum est, dare voluerit, eo modo ordinamus et firma stabilitate componimus, ut semper deinceps ad manus Lucensis episcopi teneantur et ad privatas ejus rationes spectare videantur, ut ex his valeat suæ utilitati simul et honestati consulere, ac suæ familiæ decenter necessitati succurrere. Id si quis nostrorum successorum hæc, quæ salubriter ad Ecclesiæ honestatem et ipsius episcopi utilitatem statuta sunt, temerario ausu infringere vel violare præsumpserit, vel carnali amore vel iniqua cupiditate devictus contra hæc aliquo ingenio venire tentaverit, pro sua præsumptione nodo excommunicationis et maledictionis alligatum se esse cognoscat, et ab episcopali officio usque ad satisfactionem removendum, ita ut omne damnum quod ex sua malitia sibimet ipsi et Ecclesiæ ex hac re intulit, resarcire cogatur. Ut vero omnia quæ superius comprehensa sunt firma et illibata, Deo auctore, serventur, hanc decreti paginam manus nostræ subscriptione et sigilli nostri impressione confirmari præcepimus.

Ego Alexander, solius Dei misericordia, licet indignus, sanctæ Romanæ et apostolicæ Ecclesiæ præ-

sul, et Lucensis episcopus, in hac constitutionis a A Salvatoris ad montem Magellæ, suisque successoribus in perpetuum.
me factæ pagina subscripsi.

CVIII.
Alexander II Desiderio abbati Casinensi abbatiam SS. Sebastiani et Zosimi, quæ Palaria vocatur, tribuit, recepto cœnobio S. Hierusalem.

(Anno 1061-13.)

[PERTZ, *Monum. germ. hist.* Script. VII, 729, not.]

ALEXANDER, etc.

Quapropter, charissime frater et consacerdos, quia prudentiam tuam maxime lateri nostro optamus adhærere sereno vultu, tam tibi quam tuis successoribus Casini Montis abbatibus, recepta investitura Sanctæ Hierusalem cœnobii, quam felicis memoriæ Leo episcopus, hospitandi gratia, Richerio antecessori tuo contulit, tradimus et concedimus abbatiam sanctorum martyrum Sebastiani et Zosimi, quam vulgares usitato Domine Palariam solent nuncupare, etc.

CIX.
(6) *Alexander II papa monasterio Sancti Salvatoris de Magella* [al. *Majella*] (7) *ejusque ecclesiis ac bonis exemptionem ac libertatem asserit perpetuam.*

(Anno 1061-13.)

[*Bullar. Vatic.*, tom. I, pag. 59, ex veteri ms. in tabulario S. Petri, caps. 21, fasc. 59].

ALEXANDER episcopus, servus servorum Dei, dilecto in Christo filio RAINERIO abbati eremi Sancti

(6) Hanc bullam, Alexandri II nomine inscriptam, ipsimet Alexandro pontifici reipsa tribuendam esse cum res ipsa docet, tum Cencii camerarii suadet auctoritas. Hæc præcipua constitutionis materies, bona nimirum atque ecclesias abbatiæ Magellanæ subjectas enumerare simul ac vindicare. Porro quot recensentur ecclesiæ, quot describuntur bona, ad abbatiam eamdem pervenerant aut ipsomet Alexandro pontifice adhuc superstite, aut non multis ante Alexandri II pontificatum annis, ut ex accurata temporum ratione, quam infra dabimus in unaquaque ecclesia sigillatim definienda, compertum erit. Frustra igitur quis nobis objiciat Alexandrum III hujusce constitutionis auctorem; suam et hic favore abbatiæ Magellanæ bullam edidit, quam suo attexemus loco. Sed longe plures ecclesias commemorat, novaque superaddit bona; quod, nimirum, successu temporis, ex fidelium pietate ac largitionibus nova rerum ac bonorum accessio abbatiæ Magellanæ fines ampliaverit. Hinc Alexandri III constitutio, sicut ætate posterior est, ita bonorum copia atque ecclesiarum numero uberior.

Monumentum ex Cencio camerario depromptum summa nobis humanitate suppeditavit vir clarissimus ac secretionis Tabularii apostolici Vaticani præfectus Philippus Antonius Ronconus. Ex quodam Cencii camerarii volumine, cui Alexandri II nomen præfixum est, hæc ad rem nostram, ex fol. 101, colum. 2 et 5, collegit : « Invenitur juris B. Petri (hoc est apostolicæ sedis; nondum enim in potestatem ac jus Vaticanæ basilicæ devenerat abbatia Magellana) monasterium montis Magellæ cum omnibus sibi pertinentibus; et monasterium Sancti Pancratii, et Sancti Clementis, et ecclesia Sancti Barbati, et eremo Sancti Angeli, et Sancti Nicolai cum quarta portione de uno portu integro, quod appellatur de Sancto Vito, et eremo in comitatu Pinnensi, et castra Cepalia, et ecclesia S. Martini, et ecclesia S. Justæ

Quamvis ex universalitate sedis apostolicæ cui, licet indigni, præsidemus, omnibus Ecclesiis et venerabilibus locis passim sollicitudinem........ tuitionis opere exhibere debeamus, propensiore tamen cura et studio iis invigilare et contra adversitatum hujus mundi turbines, per Deum, quæ possumus præsidia debemus impendere, qui..., tutela sanctæ Romanæ Ecclesiæ positi tam generalis quam singularis providentiæ debito consulere et apostolici muniminis scutum præfigere cogimur. Itaque, dilecte fili, postulante te ut venerabilem locum tuum, præditam, videlicet eremum, quam cum omnibus pertinentiis suis in pro..... jus sanctæ Romanæ Ecclesiæ, voluntate et consensu fratrum quibus præesse dignosceris, tradidisti, apostolicis privilegiis muniremus, benevola concessione vot.s tuis annuendum esse decrevimus, per quæ... inhabitatio tantæ religionis, ab omni humano jure et potestate libera et absoluta sub alis hujus summæ et apostolicæ sedis tutior in omni tranquillitate consistat, et fruc.... in divina servitute proficiat. Igitur [*sup.* in vim; *aut virtute, aut quid simile*] præsentis privilegii constituimus et confirmamus præfatæ eremo et ibi Deo famulantibus monasteria, cellas et ecclesias ...... ecclesiam Sancti Salvatoris de Angre (8). Et Sancti Martini desuper Cephalia (9), et Sancti Pancratii cum omnibus suis sita in pertinentia castri Castilionis, et ecclesia S. Cancianæ, et medietate ecclesiæ S. Nicolai sitæ in territorio castri Faræ cum X mansis intra dictum castrum, seu molendinis, et ecclesia S. Crucis cum omnibus suis. Item ecclesiam S. Blasii, et medietatem ecclesiæ S. Agathæ, et Roua quæ dicitur Penna, et castro Famedano, et tunc ecclesiam S. Angeli, et S. Petri cum omnibus earum pertinentiis, et omnia præfata monasteria Magellæ concessa et concedenda. An bona isthæc, quæ Cencius enumerat cum Alexandri II bulla rite componantur, res patet ad oculum. »

(7) Mirari forte subit cur Alexandrinam hanc bullam, quæ cum basilica S. Petri nil commune habet, hic assuamus. Mirari desinet quisquis norit abbatiam Magellanam, de qua bulla loquitur, sub Julio III, an. 1554, in Vaticanæ basilicæ jus ac proprietatem aliquando fuisse translatam. Quæ igitur prima facie aliena videntur, reipsa nostra sunt, ideoque digna ut a nobis, qua licebit via ac ratione, (provinciam namque aggredimur salebrosam multaque obductam caligine) illustrentur. Quæ de Magellana hac abbatia ejusque juribus ac possessionibus statuerint Romani pontifices, multas implent paginas, nec possunt brevioribus hisce notis comprehendi. Peculiaris ac prolixior hac de re ad præsentis tomi calcem sermo instituetur. Hoc unum nobis hic propositum, abbatiales ecclesias, quas bullæ recensent, elucidare, earumque primordia, situm, atque erga Vaticanam basilicam obsequium, extento veluti digito duntaxat innuere.

(8) Ecclesiam Sancti Salvatoris in Magellano monasterio ordinis S. Benedicti fuisse præcipuam, ideoque abbatiam S. Salvatoris cognomen ab ea sumpsisse

(9) *Cephalia* castrum fuisse, ex Cencii camerarii testimonio a nobis supra relato tum est, etsi, mutato

ecclesiam (10), quæ est ad radicem montis ipsius Magellæ, et Sancti Andreæ (11), et S. Clementis (12), sumpsisse trita res est. Status Ecclesiæ ac monasterii locus vallis Magellana (hoc est vallis postrema pars, quæ ad montis Magellæ radices protenditur), designatur in Actis Visitationis quam, anno 1598, Aloysius Rainaldutius, basilicæ Vaticanæ canonicus ac commissarius, perfecit; ita namque, fol. 15, legimus : « Procedens idem domnus visitator et ingressus vallem Magellanam, pervenit ad locum ipsius abbatiæ Magellæ, quam dolenti animo invenit, olim quidem, ut apparet, egregiis structuris marmoreis constructam et ornatam, sed modo fere totam ruinosam, collapsam et ferarum receptaculum. Sub ecclesia superiori adest altera inferior, parvis columnis marmoreis sustentata, in qua invenit altare lapideum marmoreum integrum, alias consecratum, ut apparet, modo profanatum, cum antiqua imagine Crucifixi. Cui vero, an hominum vel temporum injuriæ, an cœli inclementiæ ejusmodi excidium tribuendum sit, penitus ignoramus. » Illud ratum, ex fol. 59 alterius visitationis quam Alexander Canziros, mandante capitulo S. Petri, obivit an. 1604, ecclesiam simul ac monasterium solo æquata tunc temporis jacuisse, ideoque et in area ecclesiæ dirutæ ligneam crucem fuisse erectam, et S. Salvatoris titulum in parochialem ecclesiam S. Sylvestri, quæ in terra Guardiæ Grelis præposituræ nomine donatur, fuisse translatum.

Quæ de ecclesia S. Salvatoris in extremo vallis Magellanæ posita huc usque protulimus, ad ecclesiam S. *Salvatoris de Angre*, cujus Alexandrina bulla primo meminit loco, transferri non possunt. Dissimilis variusque ecclesiæ situs, ætas dissimilis. Differt Magellanum territorium a feudo Angre quod in Pinnensi provincia vetera monumenta nobis exhibent, nec ætas ecclesiæ S. Salvatoris de Angre ea est quæ alterius ecclesiæ S. Salvatoris de Magella vetustatem assequatur. Primordia abbatiæ Magellanæ ignoramus hactenus; novimus tamen remotissima, quandoquidem jam tunc ab anno Christi millesimo ecclesia S. Procopii ad ecclesiam S. Salvatoris de Magella, ex donatione Gerolfi sacerdotis translata est; contra vero feudum Angre, nonnisi ab anno 1010, ad abbatiam Magellanam pervenit, ea lege ut in eo monachorum cœnobium construeretur. Igitur quo tempore eremus Magellana vigebat, feudum Angre ecclesiis ac monasterio erat vacuum. Unde vero quæ jactamus monumenta decerpsimus? Ex Tabularii nostri libello, qui, ut ex indicio temporis quod sub initium præfigitur patet, anno 1220 conscriptus est, atque in cap. 72, fasc. 55 asservatur. Hujusce libelli, quandoquidem illustrium virorum donationes favore abbatiæ Magellanæ exhibet quamplurimas, frequentior nobis erit usus in ecclesiis quæ ad abbatiam eamdem pertinent, illustrandis. Ubi vero peculiaris de Magellana abbatia instituenda erit dissertatio, ipsummet libellum fere integrum exscribemus. Illud addimus ex vetusto bonorum abbatiæ memoratæ inventario, in Tabularii nostri, caps. et fascic. supra relat., nimirum monasterium S. Salvatoris de Angre inter bona abbatiæ subjecta, in quibus jurisdictionem quasi episcopalem abbas exercebat, enumerari; quod argumenta est omnimodæ dissimilitudinis inter ambas Sancti Salvatoris ecclesias. Inventarium hocce anno 1363 confectum est.

Mutato paulisper nomine, Cencius Cepalia appellarit. Certam castri sedem solis innixi conjecturis, cum indubia deficiant argumenta, describimus. Bullarum contextum componamus. Ecclesiam Sancti Salvatoris de Angre, et Sancti Martini super Cephalia nominat Alexander II; at Eugenius III, cui succinit Alexander item III, cum ecclesias easdem recenset, ita loquitur : « Ecclesiam sancti Salvatoris de Angre, castella cum subjacenti Podio Cephaliæ; ecclesiam S. Martini cum cellis suis. » Igitur feudo Angre proximum erat castrum Cephalia; ex quo Podium Cephaliæ denominatum. Feudum Angre in Pinnensi provincia fuisse positum, ex ipsa feudi donatione suo loco demonstrabimus : Ibidem ergo castrum Cephalia cujus nulla supersunt hodie vestigia, et S. Martini ecclesiam castro conterminam statuamus necesse est.

(10) Suspicamur hanc Sancti Pancratii ecclesiam eam ipsam esse quam anno 1057 monasterio Magellano largiti sunt Monardus et Adam, quorum donationis integram seriem ex libello supra memorato depromptam alibi producimus. Suspicio hæc ex aliarum ecclesiarum, quas bulla subjicit vicinia petitur. Fatemur ecclesiam S. Pancratii, quam donatio exhibet, in territorio Gardiæ Grelis collocari; in bulla vero Alexandri II ad radices Magellæ rejici. Verum si animadvertamus Magellæ montem, mole sua maximum, usque adeo protensum esse ut ad ipsas terræ Guardiæ Grelis partes pertingat, universus fortasse cessabit scrupulus.

(11) Hanc Sancti Andreæ ecclesiam in territorio castri Rapini collocat Aloysius Rainaldutius, Visitation. pag. 24, ubi rurale sacellum uno instructum altari ac campana destitutum describit; ideoque, apposito contra beneficii rectorem sequestro, ecclesiam præcipit instaurandam.

(12) Superiori proxima ac fere contermina designatur in præcitata Visitatione hæc quam attingimus S. Clementis ecclesia; vix enim milliaris dimidium inter utramque intercurrit. Esto una ad Rapini; et altera ad feudi Comminarum, sive Commone, quod in territorio Guardiæ Grelis exisit, ditionem pertineat. Verum jam tum ab anno 1598, S. Clementis ecclesia ruinis erat obruta; titulo tamen ac beneficio adhuc reliquo, cujus possessionem ex capituli collatione Maccagnano de Maccagnanis Valentani (non montis Falisci, ut visitationis Acta perperam enuntiant, fol. 24) archipresbytero fuisse delatam, ex eodem Visitationis codice passim colligimus.

Ecclesiam utramque, alteram S. Andreæ, S. Clementis alteram a nobis modo propositam, non simplicem, sed adjecto monasterio ædificio fuisse nobilitatam, ex donationum, quas toties laudatus libellus recenset, catalogo, indubia res est. Monasterium S. Andreæ, in territorio Rapini positum, donavit anno 1066 Giso Coni filius; idemque monasterium injuste ablatum restituit Roamundus Morspelli comes, anno 1144. Cœnobium S. Clementis, anno 1056, ex munificentia Raynerii et Coni abbatiæ Magellanæ adjectum est. Hæc quæ ex memorato libello innuimus duntaxat fusiore calamo suo loco tractabimus.

(13) Ecclesiam S. Mariæ della Vella in territorio castri Pinnæ Pedemontis collocant cum vetera, tum recentia monumenta quæcunque. In visitatione habita anno 1594, ejus a castro distantia solo milliaris dimidio definitur, fol. 15; ex donationis quam anno 1070 perfecit Mascarellus, Mascarelli filius, tenore docemur nedum ecclesiam S. Mariæ della Vella, sed et monasterium illi appositum dono fuisse traditum abbati Magellano. Quæcunque vero fuerit cum monasterii tum ecclesiæ moles, ea tandem corruit universa. Quo tempore, anno nimirum 1598, commissarius Rainaldutius hanc ipsam describit ecclesiam, ejus macerias spinis ac fructicibus suburtis coopertas indigitat. Ut ecclesiam collapsam instauraret, nullum ille non movit lapidem; verum conatus omnes irritos cecidisse, quæ anno 1604 iterata est visitatio satis probat, quandoquidem, fol. 188, hæc eadem ecclesia eisdem sepulta ruinis repræsentatur.

la Penna (14), cum omnibus suis pertinentiis, et villa quæ vocatur Grele (15) cum ecclesiis et omnibus pertinentiis suis, S. Crucis dec.... (16). Et sancti Blasii de Sancto Angelo in trifinio (17). Et Sancti Angeli ad Gruttam (18) et Sancti Barbati de super Polotri (19). Et Sancti Nicolai della Ilice (20). Et Sanctæ Duciæ de Calo..... (21). Has itaque ecclesias cum cellis, et omnibus rebus suis, vel quascunque possessiones in terris, silvis, vineis, et olivetis, aut in aliquibus locis cultis aut incultis, res etiam mobiles seu immobiles, et omnia bona quæ nunc habet, aut in futurum, Deo donante, habere contigerit, ut ea omni tempore sine omni inquietudine tenere possideat.

Quod ad corroborandum et memorabili stabilitate fulciendum, sanximus et apostolica auctoritate statuimus, in perpetuum libertate consistimus (22) ut nullus rex, imperator, dux, comes, episcopus, seu aliqua persona sæcularis aut ecclesiastica, venerabilem locum illum a statu religionis suæ divellere, aut turbare præsumat, nec quidquam de locis aut rebus sibi pertinentibus invadere, rapere, imminuere, aut aliquo modo sibi usurpare, aut ab usu fratrum alienare audeat. Si quis igitur contra hujus nostræ constitutionis paginam temerario ausu venire præsumpserit, usque ad dignam satisfactionem anathematis nexibus se innodatum, et a liminibus totius Ecclesiæ expellendum noverit. Qui vero hæc eadem pio intuitu et veneratione observare curaverit, et venerabilem locum illum fideli devotione consolari et adjuvare studuerit, divinæ remunerationis gratiam, et apostolicæ benedictionis consequatur abundantiam (23).

CX.

Alexander II episcopatum Trojanum, petente Stephano episcopo, confirmat.

(Anno 1061-75.)

[UGHELLI, *Italia sacra*, I, 1344.]

ALEXANDER episcopus, servus servorum Dei, dilecto filio STEPHANO Trojano episcopo, perpetuam in Domino salutem.

Concedimus et donamus, secundum tenorem privilegii serenissimorum imperatorum Constantinopolitanorum, Constantini et Basilii fratrum, qui ipsam civitatem Trojanam reædificare fecerunt per Bubajanum capitaneum suum et fidelem, fines et terminos statuerunt auctoritate imperiali; concedimus tibi et successoribus tuis, canonice intrantibus in ipsam civitatem, et in tota parochia jura episcopalia libere exercenda, et quod Trojani pontifices a nullo alio nisi a Romano pontifice consecrentur. Cui numerum ecclesiarum tibique et successoribus tuis legitimo jure paroc-

(14) De castro *Pinnæ* aliquid peculiare in bulla Eugenii III occurrit dicendum.

(15) Villa *Grele* abbatiæ Magellanæ subjecta oppidum Gardiæ Grelis in Frentanis situm designat, inter Ortium, sive Ortinium, ac Filetum jacet, atque Magellæ radicibus ab occidentali parte proximum est. Putatur a Longobardis exstructum, aut saltem a collocato ibi militum præsidio nomen adeptum.

(16) *Ecclesiam S. Crucis dec.....* legimus in bullæ copia, eamdemque lectionem in bulla typis subjecta servavimus. Verum, quo tandem pertineat mutilæ vocis initium, ignoramus. Si initialis syllaba *dec...*, in aliam fere geminam *buc....* immutetur, obvia res est; ita namque docemur ecclesiam S. Crucis in Bucclani territorio fuisse positam, ubi revera exstitit aliquando; etsi anno 1598, in Actis visitationis, fol. 54, excisa dicatur, ne reliquis quidem veteris ruinæ vestigiis. Hanc eamdem S. Crucis ecclesiam, apud Bucclanum constitutam, Conus, Coni filius, anno 1064, gratuita donatione in abbatiam transtulit Magellanam.

(17) Non una S. Blasii ecclesia abbati Magellano subjecta erat. Trifini locus, qui hancce definit ecclesiam, est nobis plane inaccessus. Hoc unum, quod certe novimus, adnotamus, ecclesiam Sancti Angeli in Trifino ex donatione Joannis ac Gisonis sacerdotum jam tunc ab anno 1059 ad abbatiam S. Salvatoris pervenisse.

(18) Unde *Gruttæ* cognomen sit, latet adhuc. Hinc cum multæ sub uno S. Angeli titulo numerentur ecclesiæ in abbatia Magellana, certum hic definire non ausim.

(19) De S. Barbati ecclesia quæ in peculiarem abbatiam tandem evasit, sola attingimus initia; cætera omittimus, ne materiam, quam dissertationi reservamus, hic præoccupemus. Anno 1015, Raynerius et Engeltruda conjuges, cœnobium cum ecclesia, Sancto Barbato pontifici dicata, in territorio Pollutri, ædificandum curant, atque nonnullis ditatum bonis monachis Benedictini ordinis offerunt inhabitandum. Successu temporis, anno nimirum 1045, Raynaldus, Raynerii ac Engeltrudæ filius,

idem cœnobium, ecclesiam ejusque bona abbatiæ Magellanæ, a qua nunquam divulsa sunt, possidenda concedit. Devoluta ad basilicam S. Petri Magellæ abbatia et ipsum S. Barbati monasterium accessit, quod tandem Sacristiæ nostræ Vaticanæ basilicæ Gregorius XIII nexu copulavit perpetuo.

(20) Ilicis castrum, aliqui nobis ignotum, in Pinnensi diœcesi collocat catalogus bonorum abbatiæ Magellanæ, anno 1599 coordinatus. Consulatur pag. 317, ubi duæ rurales ecclesiæ S. Angeli, et S. Martini nominantur. Si quid ex locorum vicinia liceret conjicere, posset fortasse ecclesia S. Angeli ad Gruttam, de qua supra, ad castri Ilicis territorium revocari.

(21) *Ecclesia S. Luciæ de Cala...* Quas in mutila hac voce deprehendimus litteras, describendas curavimus; reliquas, quæ nostrum fugiunt aspectum, omisimus, punctis appositis. Quidnam vero mutilæ vocis initium designet, nescire fatemur. Ecclesiæ S. Mariæ della Vella, quæ extra Pinnæ castrum exstat olim exstructa, supra meminimus, Hic S. Luciæ ecclesia in bulla proponitur. Fieri ergo potest ut ecclesia S. Luciæ, quæ ipsi ecclesiæ S. Mariæ della Vella erat proxima, ut ex Actis visitationis, anno 1598, fol. 25, compertum est, in bulla hac designetur. Hæc tamen conjiciendo potius ac divinando quam affirmando proponimus.

(22) Mutilus ac mendosus bullæ locus; hinc obscurus).

(23) Quæ deficit postrema bullæ pars, bullæ ætatem, ut præmonuimus, reddit obscuram, cum nec Alexandri pontificis anni neque indictionis nota ullam præferant facem. Nihilominus, sin minus statum bullæ annum possimus assequi, possumus tamen, ex bonorum quæ ad Magellanam abbatiam accesserunt ætate, tempus, alioqui vagum nimis, certis limitibus circumscribere. Enumerat bulla, inter cætera abbatiæ bona, ecclesiam S. Mariæ della Vella, quam an. 1070 dono oblatam animadvertimus. Aut hoc igitur anno, aut sequentibus, qui ad mortem Alexandri II effluxerunt, bullam ab Alexandro procusam fateamur oportet.

chiali concedimus et donamus. Imprimis suburbium Crepacordis cum ecclesiis suis; monasterium S. Mariæ de facto cum ecclesiis ad eam pertinentibus; S. Crucem de Portula; S. Felicem; S. Panochilum, juxta locum Biccharii; Biccharum cum ecclesiis ad eum pertinentibus; abbatiam S. Petri de Burgano ad benedicendum in ea abbatem, et jura archiepiscopalia exercenda; ecclesiam S. Georgii; ecclesiam S. Viti; monasterium S. Mariæ in Monte Arato; ecclesiam S. Petri de Montilla; casale S. Justæ; casale S. Nicolai de Blanca Terra; villam Fogia cum ecclesiis suis; Castellionem; ecclesiam S. Ægidii in valle Ficuum; ecclesiam S. Leonardi; casale S. Laurentii in Carmin cum ecclesiis suis; monasterium S. Mariæ Coronatæ cum benedictione abbatis; fabricam Pontis Albanensis cum ecclesiis suis ad eum pertinentibus; Montem Calcecllum Sanctum de Sandoro; abbatiam S. Nazarii; S. Nicandrum; casale de Ripalonga. Hæc omnia tuæ cond. habenda concedimus in perpetuum, et donamus in perpetuum jure parochiali. *Reliqua desunt.*

CXI.

Alexandri II decretalis epistola contra malefactores ecclesiæ S. Clementis.

(Anno 1061-73.)

[Muratori, *Rer. Ital. Script.* II, II, 862.]

Alexander episcopus, servus servorum Dei, nobilibus viris Trasmundo, Bernardo, Berardo filiis Sansonis, salutem et apostolicam benedictionem.

Quoniam erga monasterium Sanctæ Clementis piæ devotionis studium vos habuisse et ad ejus honorem plerumque benefacta vos contulisse a confratre nostro Dominico Valvensi episcopo et ejusdem loci abbate cognovimus, grates vobis et nostræ dilectionis benevolentiam per hæc scripta mandamus. Sed quia Deus ad finem bonæ operationis maxime respicit, et non incipientibus, sed in bona actione persistentibus, larga remunerationis præmia pollicetur et tribuit, rogamus, et ut charissimos filios vos admonemus, ut in Dei servitio et in amplificando honore præfati monasterii vestra fides et studiosa devotio crescat, consilium, et ubi necesse sit, adjutorium vestra nobilitas sibi exhibere studeat, quatenus per interventum B. Martyris Clementis divinæ protectionis gratia et apostolicæ benedictionis abundantia in hoc sæculo et in futuro vos protegat et conservet. Illud autem vobis et omnibus qui inter vos sunt notum esse volumus, quoniam quisquis ad injuriam præfati monasterii se erexerit, et abbati qui nunc ibi præsidet, suisve successoribus, in regendis et tenendis bonis Ecclesiæ contrarius exstiterit; nisi a tam nefanda et sacrilega temeritate se retrahat, et damna quæ Ecclesiæ intulit digna emendatione restituat, sine dubio apostolicæ maledictionis, et districtam nostræ excommunicationis ultionem super se venturam esse pertimescat, et ab omni Christiana communione se separandum esse expavescat.

CXII.

Alexandri II epistola ad Landulphum. — *Respondet quod non aliter quam cum consensu uxoris suæ monasticam vitam ingredi et votum continentiæ emittere possit.*

(Anno 1061-73.)

(Mansi, *Concil.* XIX, 951.)

Alexander II Landulfo in Corsica.

Notificasti te morte tenus infirmatum esse, et peccatorum tuorum recordatione et terrore valde pavefactum, anxie quæsisse monachum fieri, et a tua uxore minis et terroribus eam occidendi ad hæc licentiam extorsisse, et sic te monachicam vestem sine abbate sumpsisse et monasterium petiisse. Postea vero cum sanus factus esses, tuæ uxoris reclamantibus ejulationibus et planctibus, tuæque familiæ dispersionibus, utpote pœnitens [*al.*, utpote penitus] devictus, domum remeasse et post multos dies quorumdam sapientum consilio ad jam dictæ mulieris cubile rediisse diceris. Nunc autem, si tua uxore uti liceat, nostrum requiris consilium. Si ita denique est ut tuus nuntius narrat, non videtur nobis rationabiliter neque sana mente id factum. Quoniam cum omni homini ad monachicam vitam tendenti legaliter et juste sit peragendum, tu contra leges minaciter et violenter a tua uxore, partim terrore mortis, partim tuæ infirmitatis doloribus exanimatus, devia secutus [*al.*, de via securus], nulla, ut dicitur, licentia accepta, recessisti et monasterium petisti. Non enim violentia, sed ex pari voluntate et consensu, sicut sancti Patres dicunt, hæc fieri debent. Neque vir in monasterio recipiendus est, nisi uxor illius femineum monasterium elegerit, aut professa continentia, habitum cum festinatione mutaverit [*al.*, neque vir monasterium eligere, aut professa continentia habitum cum festinatione debet mutare (*can.* 2, 33, q. 5)]. Sanctus enim Basilius episcopus de hac re taliter dicit : « Si quis conjugatus vult converti ad monasterium, non est recipiendus, nisi prius a conjuge castimoniam profitente fuerit absolutus. Nam si illa, illo vivente, alteri per incontinentiam nupserit, procul dubio adultera erit; nec recipitur apud Dominum ejusmodi viri conversio quam sequitur conjugalis fœderis prostitutio. Tales igitur tunc sine culpa relicto sæculo sequuntur Christum, si habeant ex pari voluntate castitatis consensum. » Itaque, fili charissime, perpende et vide si sic canonice a tua es solutus uxore, et tua uxor ita pollicita est; et tu et illa adimplete bonum incœptum, et votum vestrum; aliter enim non debemus vobis necessitatem separationis imponere.

CXIII.

Alexandri II epistola ad clericos Neapolitanos. — *Quomodo gradus consanguinitatis computandi sint.*

(Anno 1061-73.)

[Mansi, *Concil.* XIX, 961.]

Alexander II clericis Neapolitanis.

De parentelæ gradibus tam famosæ quæstionis

apud illos scrupulum nuper etiam inter vos emersisse cognovimus; super qua nonnullos perniciosos interpretes ac disputatores contra veritatis regulam sanamque doctrinam dogmatizare dolemus. Sedentes enim in cathedra pestilentiæ dictant jura quæ nesciunt, et docent illa quæ nullatenus didicerunt. Nam, ut fertur, ita generationes a duobus fratribus altrinsecus prodeuntes enumerant ut eorum invicem filios quartam, nepotes sextam, pronepotes octavam generationem esse perhibeant. Hoc itaque modo unumquemque generationis gradum, qui unus procul dubio dicendus est, dividunt, atque imperite numerandam progeniem desecare contendunt. Qui nimirum nequaquam in hujus fetoris ructus pestilenter irrumperent, si sacræ pabulum Scripturæ vivacis ingenii faucibus ruminarent. Nam quod duorum fratrum, sive nepotum, vel deinceps utrinque descendentium generations, non diversæ dici, sed eodem ac sub uno nomine debeant uniformiter appellari, testatur liber Geneseos, cum dicit: *Vixit Joseph centum decem annis. Et vidit Ephraim filios usque ad tertiam generationem. Filii quoque Machir, filii Manasse, nati sunt in genibus Joseph* (Gen. L, 23). Porro autem si sic cognationes supputari deberent ut vestri disputatores autumant, dum Joseph ex utroque filio, Ephraim scilicet et Manasse, nepotes haberet, nequaquam Scriptura diceret, quia vidit filios Ephraim usque ad tertiam, sed usque ad sextam generationem. Item beatus quoque Gregorius, dum super Anglorum conjugiis scriberet, hæc fere verba deprompsit. Quædam lex in Romana republica præcepit ut duorum fratrum, vel sororum filius, vel filia, in conjugio copularentur. Sed omnino cognoscitur ex hoc conjugio sobolem non posse succrescere. Unde necesse est ut jam quatuor vel quinque invicem generationes copulentur. In quibus nimirum verbis luce clarius patet quia, dum doctor insignis duorum fratrum soboles prohibet in matrimonio jungi, in quarta vero generatione permittit neophytos copulari, nequaquam, ut cultores perversi dogmatis astruunt, generatio quarta in duorum fratrum filiis valeat inveniri.

CXIV.

Alexandri II epistola ad Constantinum Aretinum episcopum. — Ut qui concubinæ suæ consanguineam, alteri desponsatam, uxorem duxit, eam sponso restituat.

(Anno 1061-73.)
[Mansi, *Concil.* XIX, 961.]

Scripsisti quemdam Ecclesiæ tuæ filium concubinæ suæ in quarta linea consanguineam, alterius scilicet desponsatam, pro conjuge duxisse. Juraverat enim eam, ut asseris, in matrimonium prius ducere sponsus; juravit etiam illam in fornicatione retinere incestuosus. *Item infra.* Apostolica fulti auctoritate tibi judicando consuluimus sponsam proprio sponso concedi, illi videlicet qui nulla consanguinitatis copula jungitur sibi, quoniam misericor-

dius perjurii pœna, quam pro vitandis culpis contrahit, indulgenda est, quam pœna perjurii cum perseverantia criminis vel delicti. Tribus denique peccator iste notatur criminibus, perjurio, adulterio, incestu. Perjurio namque, quia quod observare legaliter non potuit sine judicio parentum vel judicum temere jurare præsumpsit; adulterio quidem, quoniam alterius sponsam vivente proximo concupivit et seduxit; incestu, quia, contra decreta Patrum, vicinius quam liceat permiscere sanguinem sanguini non veretur. *Item infra.* Nosti quid sacri canones super hujuscemodi homine decreverunt, videlicet: si laicus, ut non promoveatur ad clerum; si clericus, ulterius non ascendat.

CXV.

Alexandri II epistola ad Amalgerium Civitatensem episcopum. — De pœnitentia presbyteri qui presbyterum occidit.

(Anno 1061-73.)
[Mansi, *Concil.* XIX, 962.]

Fratri huic, quem perpetrati homicidii reatu ad judicium canonicæ pœnitentiæ suscipiendum ad apostolicam sedem misisti, noveris nos hujus ordinis pœnitentiam misericordiæ respectu injunxisse. Nam quia presbyter presbyterum occidit, quadrupliciter, viginti octo videlicet annis, eum pœnitere oportet; quatuordecim annos sibi misericorditer indiximus, irrecuperabiliter dejicientes eum presbyteratu et omni administratione altaris. Quos quidem quatuordecim annos hoc ordine observabit. Tribus prioribus annis extra ecclesiam, nisi ad extrema mortis, absque communione, et mensæ participatione, et pace sit. Sed a Cœna Domini solummodo reconcilietur usque ad octavas Pentecostes. Hac præsenti Quadragesima quotidie jejunet in pane et aqua diebus tribus hebdomadæ, usque in Pascha. Ab octavis Pentecostes usque in festum sancti Michaelis, duobus diebus; deinde tribus. Post tres annos, reddita sibi communione ecclesiæ et mensæ, inter idiotas sit usque ad expletos septem annos, eodem modo totum pœnitentiæ tempus servans. Et quia convenit eum esse sub regimine abbatis, mandamus tibi ut mittas eum in aliquo monasterio, ut ibi condigne pœnitens salvetur, et si tibi vel abbati videtur, sibi remittere, si hunc observasse pœnitentiam videris, post tres annos licet.

CXVI.

Alexandri II epistola ad clerum Vulturnensem. — De pœnitentia ejus qui presbyterum in se armis irruentem interfecerit.

(Anno 1061-73.)
[Mansi, *Concil.* XIX, 962.]

Pœnitens præsentium portitor ad nos veniens, retulit se instinctu diaboli quemdam presbyterum, armatum super se irruentem ictamque ferentem, occidisse. Unde, quia in canonibus habetur pro interfectione armati presbyteri simplicem pœnitentiam esse dandam, injunximus pœnitentiam decem annorum, ita ut hinc usque ad Pascha jejunet tribus diebus per septimanam in pane et aqua, et non utatur calceamentis neque lino. Ab octava Pentecostes usque ad festivitatem sancti Martini jejunet duobus diebus per septimanam, et a festivitate sancti Martini usque ad natalem Domini aut faciat carcerem, jejunans quotidie in pane et aqua, aut eat exsul et jejunet tribus diebus in pane et aqua. Ab octava Epiphaniæ usque ad Quadragesimam jejunet duobus diebus. A Quadragesima usque in Pascha jejunet tribus diebus in pane et aqua; et hæc faciat usque ad annos quinque. Ab ingressu autem ecclesiæ et communione septem annos abstineat.

CXVII.
Alexandri II epistola ad Wltinensis Ecclesiæ clericos. — Quam imposuit pœnitentiam Theoderico, qui filium non sponte occidit.

(Anno 1061-73.)

[Mansi, Concil. XIX, 966.]

Diligentia vestra noscat huic Theoderico [Teuderico] pro parricidio, videlicet morte filii sui, non sponte commisso, auctoritate beatissimorum apostolorum et canonum pœnitentiam nos septennio composuisse [imposuisse], in eodem peractæ pœnitentiæ tempus connumerantes [in eodem pacto pœnit. connumeravimus], ita ut amodo usque sancti Martini festum duobus jejunet in hebdomada diebus, quarta feria videlicet et sexta, in pane et aqua. A sancti Martini festivitate usque ad Domini nativitatem, continuum agat jejunium in pane et aqua, exceptis Dominicis et quintis feriis, in quibus quadragesimali cibo vescatur. Ab octavis Theophaniæ usque ad Quadragesimam, duobus in hebdomada jejunet diebus, quarta et sexta feria, in pane et aqua, exceptis festis principalibus, in quibus eleemosyna se redimat. In Quadragesimali vero tempore continuum agendum est jejunium in pane et aqua, exceptis Dominicis. In quinta feria tantum, vinum ei bibere [al., tamen vinum exhibere] et quadragesimali uti cibo concedimus. Post annum vero completum, in toto anno duobus diebus in unaquaque hebdomada in pane et aqua jejunet. In quadragesima tamen continuum agat jejunium in pane et aqua. Et in unoquoque anno usque ad expletum pœnitentiæ tempus hujusmodi jejunium agendum est, et a carne se abstineat. Per unum annum ecclesiam ei denegamus. Post ingressum ecclesiæ, tribus annis cum a communione separamus, nisi mortis fuerit timore præventus. Si quis autem episcopus, vel religiosus presbyter, causa pietatis aliquid sibi relaxare voluerit, hoc ei apostolica auctoritate concedimus.

CXVIII.
Dominico Gradensi Patriarchæ. — De presbyteris, diaconis, subdiaconis caste non viventibus.

(Fragm.—Anno 1061-73.)

[Mansi, Concil. XIX, 977.]

Erubescant impii, et aperte nos intelligant judicio sancti Spiritus eos qui in tribus sacris gradibus, presbyteratu scilicet, diaconatu et subdiaconatu positi, mulierculas non abjecerunt et caste non vixerunt, excludere ab eorumdem graduum dignitate. De manifestis loquimur; secretorum autem cognitor et judex Deus est.

CXIX.
De episcopo Simoniaco et fornicatore.

(Fragm.—Anno 1061-73.)

[Mansi, Concil. XIX, 978]

Lancium Micernium episcopum ab episcopio deposui, quia accusatus est et convictus de fornicatione et Simoniaca episcopatus adeptione sacrorumque ordinum venditione.

CXX.
Clero et populo Florentino. — Monachi intra claustra morentur, et a prædicatione abstineant, non ministrent.

(Fragm.—Anno 1061-73.)

[Mansi, Concil. XIX, 979.]

Juxta Chalcedonensis tenorem optimi concilii, monachis, quamvis religiosis, ad normam sancti Benedicti, intra claustrum morari præcipimus: vicos, castella, civitates peragrare prohibemus, nisi forte quis, de suæ animæ salute sollicitus, ut eorum habitum assumat, eos intra claustrum consulere voluerit.

CXXI.
Mangiso Venetensi episcopo. — Nullis eleemosynis redimi posse, quin consanguinei separentur.

(Fragm.—Anno 1061-73.)

[Mansi, Concil. XIX, 979.]

Hujus viri causam super qua apostolicam sedem consuluisti retractantes, si quo modo misericorditer conjunctam sibi illicite consanguineam retinere posset et orationibus, jejuniis, ac hæreditatis et eleemosynarum se largitione redimere, nullam auctoritatem comperimus qua sibi concederemus.

CXXII.
Epistola Alexandri II ad Romaldum (24) Cumanum episcopum.

Super causas Gissandi presbyteri, de morte episcopi sui prædecessoris tui infamati, in medium consuluimus. Itaque circa omnium astantium fratrum assensu unanimi tuæ dilectioni rescribimus præfatum Gissandum ante te præsentandum, ubi, si certi accusatores defuerint, tunc, dictante justitia, sine omni controversia presbyter quæcunque ob hoc injuste amisit, ac sacerdotium et integra accipiat beneficia. Purgationem (25) tamen ante te, duobus tibi sacerdotibus junctis, ubi accusator cessaverit, eumdem ex se præbere tuo committimus arbitrio. Vulgarem denique legem, a nulla canonica sanctione fultam, ferventis scilicet sive frigidæ aquæ ignitique ferri contactum, aut cujuslibet popularis inventionis (quia fabricante hæc sunt omnino facta invidia) nec ipsum exhibere, nec aliquo modo te volumus dem; sed perperam, cum revera sit Alexandri II, nec in edita epistola S. Gregorii legatur, ut notant correctores Romani in idem caput *Mennam.*

---

(24) *Gratian. in edito* Raynaldo *Ms. meus* Ramaldo.
(25) Exstat hæc periocha in cap. *Mennam* 2, q. 5, assuta fragmento epistolæ S. Gregorii ad Brunichil-

postulare, imo apostolica auctoritate prohibemus firmissime.

CXXIII.
Alexander II [Heliseo] episcopo Mantuano mandat ut Leonis IX de corpore Simeonis eremitæ (Padilironensis) præceptum una cum Ferrariensi et Veronensi episcopis exsequatur.

(Anno 1061-73.)
[MABILL., *Acta Bened.* Sæc. VI, part. I, pag. 168.

A. [ALEXANDER] episcopus, servus servorum Dei, H. [HELISEO] Mantuano pontifici, salutem et apostolicam benedictionem.

Visis litteris quas antecessor noster, beatæ memoriæ papa Leo, conscribi fecerat de corpore Simeonis monachi et eremitæ, ejus sanctitate confisi quidquid ipse laudavit nos laudamus. Ad hoc autem perficiendum Ferrariensem seu Veronensem episcopos associamus.

CXXIV.
Episcopis et regi Dalmatiarum. — De auctoritate Mainardi episcopi et Joannis archiepiscopi.

(Anno 1061-73.)
[MANSI, *Concil.* XIX, 977.]

Notificamus omnia capitula quæ per confratres nostros venerabiles, Mainardum scilicet collateralem episcopum nostrum et Joannem archipræsulem nostrum, in Spalæto aliisque civitatibus sunt statuta, eadem in Romana synodo, seriatim ea referente, a beatæ memoriæ prædecessore nostro Nicolao apostolica auctoritate roborata, et sub anathematis interpositione roborata.

CXXV.
Episcopis et regi Dalmatiarum. — De episcopis, presbyteris, diaconis feminam accipientibus et retinentibus.

(Fragm. — Anno 1061-73.)
[MANSI, *Concil.* XIX, 977.]

Si quis amodo episcopus, presbyter, diaconus, feminam acceperit, vel acceptam retinuerit, proprio gradu decidat usque ad satisfactionem; nec in choro psallentium maneat, nec aliquam portionem de rebus ecclesiasticis habeat.

CXXVI.
Alexandri II epistola ad Gebonardum Viennensem archiepiscopum. — De presbytero qui caduco morbo laborabat.

(Anno 1061-73.)
[MANSI, *Concil.* XIX, 965.]

In tuis litteris continebatur sic: Hic clericus ordinem habet presbyterii; sed quia caduco morbo laborat, et ipsi in præsentiarum hoc agnovimus, non ausi fuimus concedere sibi ut offerret vel missam celebraret. Quia vero languor in culpa non est, super hac re auctoritatis nostræ decreto consulendum deliberavimus. Consulimus itaque ut, si frequenter hoc morbo tangitur, ab oblatione et missarum celebratione modis omnibus prohibeatur. Indecens enim est et periculosum ut in consecratione Eucharistiæ morbo victus epileptico cadat. Si vero Dei misericordia convaluerit, quandoquidem non culpa, sed infirmitas est in causa, cum sacrificare jam non interdicimus.

CXXVII.
Berengario Basileensi episcopo. — De pœnitentia ejus qui filiam patrui corruperat.

(Fragm. — Anno 1061-73.)
[MANSI, *Concil.* XIX, 979.]

Iste pœnitens venit ad nos confessusque est se filiam patrui sui corrupisse. Cui quatuordecim annorum pœnitentiam injunximus, ut jejunet quidem tribus quadragesimis. In quadragesima post Pentecosten, duobus diebus in pane et aqua in septimana; et in Adventu, tribus; et in majori quadragesima, tribus; et abstineat se ab ingressu ecclesiæ, et a communione, duobus annis.

CXXVIII.
Wifredo Constantiæ episcopo. — De misericordia impendenda his qui homicidio supervenientes, nec voluntate, nec actione perpetraverint.

(Fragm. — Anno 1061-73.)
[MANSI, *Concil.* XIX, 980.]

Dicebant se latores præsentium homicidio illi, pro quo pœnitentia illis injuncta est, penitus non interfuisse, sed præliantibus solummodo casu supervenisse. Quod si ita est, quandoquidem nec in causa homicidii nec in culpa fuerint, misericordia super eos moti, exsilium eis apostolica auctoritate remisimus.

CXXIX.
Alexandri II pont. max. litteræ quibus Adalberonem episcopum Herbipolensem hortatur ut ab iniqua venatione, qua ecclesiam Fuldensem affligebat, in posterum abstineat.

(Anno 1061-73.)
[SCHANNAT, *Diœcesis Fuld.*, p. 252.]

ALEXANDER episcopus, servus servorum Dei, ADALBERONI, Wirciburgensi episcopo, salutem et apostolicam benedictionem.

Wideradus charissimus filius noster, abbas Vuldensis, conqueritur quod fraternitas tua injusta exactione monasterium suum turbaverit: videlicet quod per trecentos annos eidem monasterio per multa antecessorum nostrorum privilegia firmatum est, subtrahere coneris, qua in re licet Romanæ Ecclesiæ, cujus defensione locus ille munitus, non modicam injuriam intuleris, memores tamen tuæ pristinæ dilectionis, affectum tibi paternæ charitatis spe futuræ emendationis servamus; cum enim tot sanctorum patrum auctoritatem violasse proberis, et nostros apices pro eadem causa destinatos vilipendisse videaris, quod merearis perpende.

Tamen quia nostræ mansuetudinis est diu amicos portare, maluimus sensum tuum ad exsecutionem justitiæ amicabiliter revocare, quam conatus tuos dura invectione redarguere, unde religionem tuam monemus ut præfato Vuldensi monasterio nullam ulterius inquietudinem inferas, neque quod tot sancti patres per auctoritatem a Domino nostro Jesu Christo collatam prohibuerunt, exigere præsumas, sicque religio tua a prædicto monasterio inquietudinis manum retrahat, ut beati Petri apostolorum principis, cujus tutelæ ipse locus per omnia subditus, gratiam semper habeas, et apostolicæ sedis dilectionem retineas, et ulterius conquerendi necessitatem congregatio ipsa non habeat, alioquin, licet invitos nos ad ulciscendam injuriam Romanæ Ecclesiæ provocabis.

CXXX.

Alexandri II epistola ad Sigfridum archiepiscopum Moguntinum. — Illum reprehendit quod, neglectis adhortationibus suis, monasterio Fuldensi injurias inferre perrexerit.

(Anno 1061-73.)

[SCHANNAT, *Diœces. Fuld.*, 253.]

Si fraternitatis tuæ preces et vota pro honore tuo non solum re, sed, quod difficillimum est, tempore etiam longe præcessimus, æquum fuerat ut et tu, tum ex debito subjectionis, tum exemplo charitatis, admonitionibus nostris debitam reverentiam non negares. Meministi enim quod jam secundo tibi p. o Vuldensi monasterio scripsimus, admonentes ut te tuosque ab ejus injuria cohiberes, et nisi privilegia apostolicæ sedis violare desisteres, de periculo vindictæ non dubitares; sed quoniam acceptis litteris nostris, ut querimoniæ abbatis nobis indicant, injurias exaggerasti, et tertio nos per contemptum apostolicæ auctoritatis ad mandata compulisti, non jam aliud tibi mandamus aut scribimus quam quod episcopo Herbipolensi in præsentia legatorum abbatis de simili causa, viva voce constituimus : videlicet præcipientes tibi per obedientiam quam sancto Petro debes et nobis, ut sine omni mora contradictionis, monasterio omnia quæ per se sunt abbata restituas, ecclesias ab officio suspensas absolvas, et quæcunque monasterium tenuit, quando tu episcopus factus es, deinceps cum omni pace tenere permittas, donec, si legatus noster prius apud vos hanc litem non deciderit in eventura synodo, aut per vos aut per idoneos nuntios vestros ad judicium et determinationem hujus rei in nostra præsentia conveniatis : alioquin, quod non optamus, ab officii tui cautela longe te digressum esse canonica districtio commonebit.

CXXXI.

Alexandri II pontificis litteræ quibus Widerado Fuldensi abbati fuse exponit quæ et quanta pro tuitione jurium ejus Ecclesiæ egerit.

(Anno 1061-73.)

[SCHANNAT, *Diœces. Fuld.*, pag. 253.]

ALEXANDER episcopus, servus servorum Dei, dilectissimo in Christo filio Fuldensi abbati, salutem et apostolicam benedictionem.

Si te ex corde diligimus, si te singularem sancti Petri filium omni diligentia fovere curamus, et legati tui referre poterunt, et negotia tua ex ipsa sui pertractatione nuntiabunt; verum hæc qualiter in præsentia legatorum tuorum apud nos procurata sunt, in subditis cognoscere potes.

Convocato episcopo Herbipolensi, cum singula [quæ] adversum te et monasterium tuum verbis aut factis commisisse dicitur, graviter ab eo exigeremus, et in his omnibus contemptum apostolicæ sedis; sicut æquum fuerat, principaliter sibi opponentes, in nosmetipsos etiam specialiter et gravius eum deliquisse probaremus; licet ante quibusdam occasionibus causam declinare et differre quæreret, nostra tamen constantia flexus, hoc modo processit : primo omnium de verbo contumeliæ, et tuæ Simoniacæ ordinationis opprobrio, quod nos quidem vehementer affligit, juramento se purgandum obtulit; itaque accepto libro, atque in hunc modum dictato sacramento, quod nunquam se sciente dixerit te Simoniace consecrationem a nobis accepisse, aut, ideo quia ad nos pro consecratione veneras, te excommunicatum esse, gratia Dominicæ resurrectionis, et sancti Petri, complementum perdonavimus; deinde vero de contemptu litterarum nostrarum se confessus reum humiliavit, et culpabilem, et pœnitentiæ subiit correctionem. Postremo de usurpatione juris et bonorum tui monasterii ex nostra jussione ita spopondit, specialiter quidem de ecclesia illa et capellis, unde advocato suo procurationem, quasi pro obtinendo jure suo, citra nostrum tradiderat interdictum, et præterea de omnibus quæ monasterium, cum ipse episcopus factus est, tenuit, ut amplius se inde non intromittat, neque per se aut per suos aliquod impedimentum monasterio ad hæc obtinenda faciat, donec, si legatus noster prius apud vos hanc litem non deciderit in ventura synodo, aut per se aut per idoneos nuntios suos ad judicium et terminationem hujus rei in nostram præsentiam veniat, in quo si denuo mutatus fuerit, quod non optamus, officii sui periculo subjacebit.

CXXXII.

Quot missas in die sacerdoti celebrare liceat.

(Fragm. — Anno 1061-73.)

[MANSI, *Concil.* XIX, 979.]

Sufficit sacerdoti missam unam in die celebrare, quia Christus semel passus est et totum mundum redemit. Non modica res est unam missam facere, et valde felix est qui unam digne celebrare potest. Quidam tamen pro defunctis unam faciunt et alteram de die, si necesse sit. Nam quicunque pro pecuniis aut adulationibus sæcularium una die præsumunt plures facere missas, non existimo evadere condemnationem.

CXXXIII.

Consecretur qui electus est ab Ecclesia, et est altero dignior, licet filius sacerdotis.

(Fragm. — Anno 1061-73.)

[MANSI, *Concil.* XIX, 980.]

Apostolica auctoritate præcipimus vobis ut, si eum qui ab Ecclesia electus est altero digniorem esse canonicamque ejus electionem probaveritis, fulti nostra auctoritate consecretis. Nam pro eo quod filius sacerdotis dicitur, si cæteræ virtutes in eum conveniant, non rejicimus, sed suffragantibus meritis connivendo, eum recipimus.

CXXXIV.
Fratrem aut sororem uxoris æquivoce tantum dici cognatos.

(Fragm. — Anno 1061-73.)
[Mansi, *Concil.* XIX, 984.]

Quod autem frater sororve uxoris tuæ cognati tui dicuntur, æquivocationis jure fit et necessitate vulgaris appellationis, potius quam ulla causa cognationis. Uxor enim fratris fratrissa potius quam cognata vocatur. Mariti frater levir dicitur. Duorum autem uxores vocantur janitrices, quasi eamdem januam tenentes, vel per eamdem januam intrantes. Viri soror glos appellatur. Sororis autem vir non habet nomen speciale, non uxoris frater.

CXXXV.
Responsio ad episcopi cujusdam inquisita.

(Anno 1061-73.)
[Mansi, *Concil.* XIX, 981.]

Fraternitatis tuæ studiosæ sagacitati, frater amande, quia debeo, refero grates; quoniam quæsisti quæ debuisti, jucundum me reddidisti. Unde placide ad inquisita respondeo. Sedem apostolicam consulere decrevisti si mulier, copula nuptiali extraneo viro juncta, cognationi ejus pertineat, si eo defuncto cognatio maneat eadem, vel si ab alio viro cognationis vocabula [vincula?] dissolvantur, vel si susceptæ soboles possint legitime ad prioris viri cognationem [cognationis] transire copulam. Est enim verbum Domini validum et forte, est durabile, est præservabile et immutabile, non momentaneum, non transitorium; ait autem per se ipsa Veritas, quæ Deus est, et Verbum Dei : *Cœlum et terra transibunt, verba autem mea non transibunt* (*Marc.* XIII, 31). Antequam Deus in carne inter homines appareret, eo inspirante, dixit ei Adam : *Quamobrem relinquet homo patrem suum, et matrem, et adhærebit uxori suæ, et erunt duo in carne una* (*Gen.* II, 24); cui non contradixit Dominus.

Deinde, cum Veritas oriretur de terra, in terra et visibilis in humanitate apparuit, interrogatum est si licitum esset homini uxorem relinquere. Quod perhibens vetuit fieri, præsertim si fornicatio sola excluderet copulam maritalem : unde protulit statim in medium eamdem ipsam sententiam quam ante sæcula manens cum Patre Verbum inspiraverat in Adam, ipse confirmans quod ipse primus protulit homo : *Quamobrem relinquet homo patrem suum, et matrem, et adhærebit uxori suæ, et erunt duo in carne una.*

Si una caro fiunt, quomodo potest aliquis eorum propinquus uni pertinere, nisi pertineat alteri? quod minime fieri posse credendum est; nam uno defuncto, in superstite affinitas non deletur, nec alia copula conjugalis affinitatem prioris copulæ solvere valet. Sed neque alius conjunctionis soboles placet ad ipsius affinitatis, prioris siquidem, transire consortium, pro eo quod verbum Domini validum est, et forte et, ut inquiens dixit propheta : *Verbum Domini stabit in æternum* (*Isa.* XL, 8); et alius propheta : *Quoniam ipse dixit, et facta sunt; ipse mandavit et creata sunt : statuit ea in æternum et in sæculum sæculi; præceptum posuit, et non præteribit* (*Psal.* CXLVIII, 5). Nam per verbum suum atque præceptum efficere duo carnem unam, id est masculum et feminam, qui innumeram multitudinem sexus utriusque non destitit secum facere unum, sicut per se Veritas dixit : *Non rogo pro his tantum, sed pro eis qui credituri sunt per verbum eorum in me, ut unum sint sicut tu, Pater, in me, et ego in te, ut et ipsi in nobis unum sint* (*Joan.* XVII, 20). Si quis sacrilego et temerario ausu in defuncto quærit propinquitatem vel sub altero affinitatis vocabula dissipare, et susceptas soboles alterius copulæ credens legitime sociari propinquitati prioris, hic negat Dei verbum validum esse vel forte.

Et quia tam facile et tam velociter quærit dissolvere, hic non credit verbum Domini manere in æternum. Confice...... ex quatuor locis a se distantibus magna intercapedine, et confecta et conglutinata finge cujuscunque figuræ vel immensitatis volueris corpus. Nunquid erit humanum ingenium quod ipsas quatuor partes ab invicem valeat segregare, ut unaquæque possit agnosci, sicut a quatuor avis duo conficiuntur in unum, et de duobus fit concretio una? An similitudinem de quatuor elementis, unde homo concretus est, potes colligere, si eorum unaquæque species, quoniam in multas divisiones partita est, discretas inter se conferas partes aliquas? Fit idem in metallis, hoc etiam in liquoribus; probat etiam in coloribus pictor qui sequitur arte naturam, fucis admiscendo colores ex invisibilibus corpora fingens. Sed ne alia Domini constitutio vel jussio cassaretur, et ne tellus a proprio vacaret ornatu, Spiritu sancto reflante, posuit terminum constitutio *Sancta sanctorum*. Ait autem præceptio sancta divina : *Crescite, et multiplicamini, et replete terram* (*Gen.* IX, 1). Posuit enim Dominus terminos causis, ætatibus sæculi finem statuit, compagibus membrorum hominum posuit numerum. Lex Ecclesiæ regulaque sanctorum cognationi mortalium, agnatis atque affinibus terminum reciprocationis instituit ; quod valde metuendum exterminari sancimus. Quisquis exterminari non metuit, catholicus non esse convincitur.

CXXXVI.
Nisi canonice judicatum episcopum qui comprehenderit laicus excommunicetur.

(Fragm. — Anno 1061-73.)
[Mansi, *Concil.* XIX, 982.]

Si quis deinceps priorum, aut cujuscunque dignitatis vel cujuscunque ordinis laicorum episcopum comprehenderit, percusserit, aut aliqua vi a propria sede expulerit, nisi forte judicatum canonice, auctores et cooperatores tanti sceleris anathematizentur, et bona eorum Ecclesiæ ipsius juri perpetuo tradantur. Si vero in presbyterum, vel in quemcunque inferiorum graduum clericum hæc eadem præsumpserit, canonicæ pœnitentiæ atque depositioni subjacebit. Si contumax fuerit, excommunicetur.

CXXXVII.

Alexandri II epistola ad Adelardum Suessionensem episcopum.

(Fragm.—Anno 1064-73.)
[MANSI, *Concil.* XIX, 989.]

Quod xxx annorum longitudinem homicidii in terra Dei facti pœnitentiam extendistis, constitutioni huic auctoritatem non damus, quia in sacris hoc canonibus non invenimus. Tamen, quoniam a prudentibus et religionis viris treva Dei pro conservanda in populo pace est constituta, omnino non reprobamus.

CXXXVIII.

Bulla Alexandri II de canonizatione S. Theobaldi.

(Anno 1066-73.)
[MABILL. *Acta SS. Bened.* VI, ii, 182.]

ALEXANDER episcopus, servus servorum Dei, omnibus fidem Christi colentibus gratiam et apostolicam benedictionem.

Multa præclara et admiratione digna de quodam eremita religioso viro, Theobaldo nomine, celebris fama divulgat; quam sancte et religiose vixerit, et exutus omnibus Dominica præcepta secutus sit, cum in præsentiarum fuisset, manifeste patet. Miraculorum vero indicia indubitata fide ejus merita commendant, multis religiosis viris super his cognita et vera referentibus. Quapropter, vitæ ejus conversatione cognita et miraculorum indiciis probatis per non fallacia testimonia, suggerentibus nobis de co Mainardo et Damiano episcopis et Vincentiæ populo, illum celebri memoria dignum Romana decrevit Ecclesia. Et, quia procul dubio cum electis coronatur in cœlis, ut ejus memoria, sicuti aliorum sanctorum, præcipimus solemniter celebretur in terris.

CXXXIX.

Alexandri II epistola ad Wilielmum regem Anglorum, pro exactione denarii sancti Petri.

(Fragmentum. — Anno 1066-73.)
[MANSI, *Conc.* XIX, 949.]

ALEXANDER WILIELMO regi Anglorum.

Novit prudentia tua Anglorum regnum, ex quo nomen Christi ibi clarificatum est, sub apostolorum Principis manu et tutela exstitisse, donec quidam, membra mali capitis effecti, zelantes superbiam patris sui Satanæ, pactum Dei abjecerunt et Anglorum populum a via veritatis averterunt. *Et paulo post:* Nam, ut bene nosti, donec Angli fideles erant, piæ devotionis respectu ad cognitionem religionis annuam pensionem apostolicæ sedi exhibebant, ex qua pars Romano pontifici, pars ecclesiæ Sanctæ Mariæ, quæ vocatur Schola Anglorum, in usum fratrum deferebatur.

CXL.

Alexandri II epistola ad Udonem Trevirensem, et Theodoricum Virdunensem episcopos. — Ut qui in morbo monachum se futurum promiserat, et beneficia abdicaverat, si deinde convalescens monachus fieri nolit, beneficia illi restituantur.

(Anno 1066-73.)
[MANSI, *Concil.* XIX, 960.]

ALEXANDER episcopus, servus servorum Dei, UDONI Trevirensi, et THEODORICO Virdunensi episcopis, salutem perpetuam.

Præsentium lator Cosaldus presbyter ad limina apostolorum veniens querelam apostolicæ sedi deposuit, beneficium et altaria quæ per canonicam Virdunensis Ecclesiæ obtinere solebat, a quodam diacono, Richerio nomine, sibi ablata esse. Dixit enim quod quondam in infirmitate, fervore passionis oppressus, monachum se facere promiserit, non tamen ut monasterio vel abbati se tradiderit vel promissionem scripserit, sed confitetur quod beneficium in manu advocati ecclesiæ refutaverit. At postquam convaluit, monachum [sc] facere mox negavit. Dixit etiam quod, cum infirmus jaceret, prædictus Richerius beneficium suum ab episcopo Virdunensi acquirere potuisset, quia dixit eum monachum jam factum esse. Causa differtur in Trevirensem synodum, in qua præfatus Richerius diaconus mala fide acquisisse ac male intrasse convictus est. Quapropter quia beati Benedicti, canonicaque et præcipue Patris et prædecessoris nostri sancti Gregorii papæ, constitutio interdicit ante unius anni probationem effici monachum, si ita est ut dixit, judicamus et auctoritate apostolica præcipimus ut diligentia vestra atque clementia harum portitor, Cosaldus presbyter videlicet, beneficia et altaria recipiat, habeat et quiete retineat.

CXLI.

Epistola Alexandri PP. II ad Udonem archiepiscopum Trevirensem. —De pœnitentia sacerdotis incestuosi perpetua.

(Anno 1066-73.)
[HONTHEIM, *Hist. Trevir. diplom.*, I, 416.]

ALEXANDER episcopus, servus servorum Dei, UDONI charissimo fratri, Trevirorum archipræsuli, salutem et apostolicam benedictionem.

Litteris tuis, dilectissime frater, susceptis, quemdam sacerdotem matris et filiæ commistione pollutum didicimus, eumdemque, officio prohibito susceptoque pœnitendi judicio, missarum officia usurpasse cognovimus ; item depositum, psalmodiis quotidianis addictum, carnibus vetitis jejunio maceratum intelleximus : propterea, quod a te caute provisum sapienterque dispositum est, ex toto commutare indignum ; sed ut in hac pœnitentia cum omnibus diebus vitæ suæ facias permanere, nobis scias per omnia complacere. Veruntamen, quia per baculum principis apostolorum Petri, quem per manus sancti Eucharii discipuli Domini suscepisti, præ omnibus Galliæ et Germaniæ suffultus, viciniori nimirum Romanæ sedis affinitate in Domino gloriaris, ne nostri, quod absit ! temporibus, tantæ dignitatis privilegio aliquatenus destituaris, volumus ut in hujus clerici pœnitentia et in omnibus a te dandis vel adimendis pœnitentiæ vinculis, liberiori queque præ cæteris Galliæ et Germaniæ pia moderatione episcopis propriæ discretionis arbitrio fungaris ; quatenus et afflictioribus et spiritu contritioribus frenum disciplinæ pia moderatione remittere sufficias, superbis vero jugumque disciplinæ Domini detrectantibus eadem ligamina justa severitate constringere prævaleas.

Vale.

Data Romæ, *etc.*

CXLII.

Alexandri II epistola ad Lanfrancum Cantuariensem archiepiscopum. — Prædecessorum suorum decreta confirmat, ut monachis ecclesias cathedrales obtinere liceat.

(Anno 1071-75.)

[MANSI, *Concil.* XIX, 969.]

ALEXANDER episcopus, servus servorum Dei, reverendissimo fratri in Christo LANFRANCO venerabili Cantuariensi archiepiscopo, salutem et apostolicam benedictionem

(*Edit. inter epist. Lanfranci*) Accepimus a quibusdam venientibus de partibus vestris ad limina sanctorum apostolorum Petri et Pauli quod quidam clerici, associato sibi terrenæ potestatis, laicorum videlicet, auxilio, diabolico Spiritu repleti, moliuntur de ecclesia Sancti Salvatoris in Dorobernia, quæ est metropolis totius Britanniæ, monachos expellere et clericos inibi constituere. Cui nefario operi molitionis suæ hoc adjicere conantur ut in omni sede episcopali ordo monachorum exstirpetur, quasi in eis non vigeat auctoritas religionis.

Qua de re, zelo Dei compulsi, scrutinium de privilegiis Ecclesiarum fieri præcepimus, et venit ad manus statutum prædecessoris nostri beatæ memoriæ Gregorii Majoris, de Ecclesiis Angliæ, quomodo scilicet præcepit Augustino, gentis vestræ apostolo, ut ejusdem ordinis viros, cujus et ipse noscitur esse, poneret in præfata sede metropolitana. Cujus præceptiones inter alia hæc subnexa sunt : « Quia, inquit, tua fraternitas monasterii regulis erudita, in Ecclesia Anglorum, quæ nuper, auctore Deo, ad fidem perducta est, hanc debet conversationem instituere quæ in initio nascentis Ecclesiæ fuit Patribus nostris, in quibus nullus eorum ex iis quæ possidebant aliquid suum esse dicebat, sed erant illi omnia communia : » Quam communionis regulam ordini monachorum permaxime congruere, nemo qui dubitat. Hinc habetur epistola Bonifacii, qui quartus a beato Gregorio Ecclesiæ Romanæ, cui auctore Deo præsidemus, præfuit, quam Atelberto regi Anglorum et Laurentio prædecessori vestro misit; in qua præmissis hujusmodi censura anathematis usus est : « Gloriose, inquit, fili, quod ab apostolica sede per coepiscopum nostrum Mellitum postulasti, libenti animo concedimus, id est, ut vestra benignitas in monasterio Dorobernensi civitate constituto, quod sanctus doctor noster [*f.,* vester] Augustinus beatæ memoriæ, Gregorii discipulus, Sancti Salvatoris nomini consecravit, cui ad præsens præesse dignoscitur dilectissimus frater noster Laurentius, licenter per omnia monachorum regulariter viventium habitationem statuat; apostolica auctoritate decernentes ut ipsi vestræ salutis prædicatores monachi monachorum gregem associet, et eorum vitam sanctitatum moribus exornent. Quæ nostra decreta si quis successorum nostrorum, regum sive episcoporum, clericorum sive laicorum irrita facere tentaverit, a principe apostolorum Petro et a cunctis successoribus suis, anathematis vinculo subjaceat, quoadusque, quod temerario ausu peregit, Deo placita satisfactione pœniteat, et hujus inquietudinis vestræ emendationem promittat. » Unde, quia ratione dictante quieti Ecclesiarum utile esse perspeximus, præsens decretum prænominatorum Patrum confirmamus, et vice apostolorum sub eodem anathemate eos constringimus quicunque huic obviare contenderint.

CXLIII.

Alexandri II epistola ad Lanfrancum Cantuariensem archiepiscopum. — Monet ut monasterii Wintoniensis statum tueatur.

(Anno 1071-75.)

[MABILL. *Annal. Bened.* V, 56.]

ALEXANDER episcopus, servus servorum Dei, in Christo fratri LANFRANCO Cantuariorum archiepiscopo, salutem et apostolicam benedictionem.

Pervenit ad aures nostras quod monasterium Wintoniæ multas persecutiones et indignas oppressiones ab his sustineat quorum immoderata pravitas ordinem et officium monachorum inde ejicere ac prorsus expellere certat. Verum, quia nobis non leve videtur tam antiquas constitutiones, et, ut dicitur, a beato Augustino prædicatore ejus terræ profectas et ductas, subita et inconsulta permutatione diruere, nec eas catholicæ fidei eruditionibus obviare videmus, fraternitatem tuam rogando monemus ut his qui talia conantur prudenti defensione resistat, et præfatum monasterium a statu et ordine monasticæ congregationis labefactari aut destitui, quoad potest, nullatenus patiatur neque permittat. Præterea de liberatione capti episcopi, quod experientiæ tuæ commisimus, valde miramur an hoc tua prætermiserit negligentia, an regis pœnam adjiciens contempserit inobedientia. Per præsentium etiam latorem dilectionem tuam interpellare curavimus, ut quæ apud te impetrare desiderat, dummodo concedenda sint, tua sibi benignitas pro nostra charitate concedat.

CXLIV.

Alexandri II epistolæ ad congregationem monasterii Wintoniensis.

(Anno 1071-75.)

[MABILL., *Annal. Bened.*, V, 56.]

ALEXANDER episcopus, servus servorum Dei, congregationi monasterii Wintoniæ, salutem et apostolicam benedictionem.

Legati nostri, qui ad partes vestras missi concilium ibi celebraverunt, sicut a plerisque majoribus et antiquioribus gentis vestræ se didicisse confessi sunt, ecclesiam vestram a vetusta constitutione in ordine et officio atque cultu monachorum exstitisse nobis indicaverunt. Sunt etiam nonnulli qui asserunt, fere omnes majores ecclesias ejus terræ consuetudinem monastici ordinis ex eo cepisse et tenuisse, quod S. Augustinus, legatus beatissimi papæ Gregorii et ejus terræ prædicator, quos percepta fide ad obsequium divini ministerii et ecclesiasticos ordines perducere potuit in hac forma religionis et cultu præcipue constituit et ordinavit. Quibus quoniam longe nos impares esse cognoscimur, statuta mutare vel infringere indignum esse ducimus, præsertim cum ea catholicæ fidei eruditionibus obesse non invenimus. Unde per præsentia scripta statuimus et confirmamus ut ecclesia vestra in eo statu monastici ordinis, quo hactenus mansit, deinceps sine omni læsione et perturbatione consistat. Vos autem ut charissimos filios admonemus, quatenus propositum vestræ professionis ea sinceritate et studio de die in diem, adjuvante Domino, in melius proficiendo peragatis ut ex interiori conscientia vestra servitus et devotio divino conspectui placeat et exterioris forma conversationis nulli reprehendendi vos occasionem tribuat, sed omnibus exemplum sanctitatis, et erga diligentiam vestræ religionis amorem et desiderium confirmandæ dilectionis præbeat. Cæterum si quis audaci temeritate, vel pravo studio, hunc statum et ordinem ecclesiæ vestræ mutare vel confundere attentaverit, procul dubio sciat se iracundiam apostolicæ sedis incurrere, et, nisi cesset, anathematis in se judicium provocare.

CXLV.

Alexandri II privilegium pro ecclesia ab Altmanno, Pataviensi episcopo, ad regularem canonicorum vitam ædificata.

(Anno 1073.)

[Mansi, Concil. XIX, 976, ex Metropoli Salisburg., tom. II.]

Alexander episcopus, servus servorum Dei, dilecto fratri in Christo Altmanno Patav. episcopo, et per cum ecclesiæ quam in territorio ejusdem civitatis in portu Oeni fluminis construxit, et in honore sanctæ Trinitatis, et passionis Domini nostri Jesu Christi, et sanctorum Andreæ apostoli, Pantaleonis martyris, et sancti Nicolai confessoris consecravit, in perpetuum.

Convenit apostolico moderamini religiosis desideriis et petitionibus ea benignitate et pietatis studio condescendere effectumque præbere ut, dum spiritualis auctoritas officii sui debitum peragit, dum pia fidelium statuta roborando venerabilibus locis præsidium defensionis impendit, hinc affectus supernæ retributionis lucretur initium quod in parandæ beneficio non minor fuit charitas quam potestas. Hoc enim et bonorum studiis, spe proficiendi, augmentum tribuit et opus proprium, fructu profectionis, Deo acceptabile reddit. Itaque, dilecte frater, charissima Sancti Petri filia, imperatrice Agnete semper Augusta, indicante nobis te, in suburbio civitatis tuæ, juxta portum prædicti fluminis Oeni, ad communem et regularem canonicorum vitam, ecclesiam construxisse, et, ut eam, juxta propositum tuæ devotionis et constitutionis, apostolicis privilegiis firmaremus, tum ipsa partes tuas referente, tum ipso pro te sanctissimo desiderio postulante, tanto promptius utriusque voluntati annuendum esse judicavimus quanto et tua vota justa esse certius intelligimus, et illius desideria divino accensa Spiritu ubique prosperari cupimus. Concedentes igitur tibi et præfatæ ecclesiæ hujus nostri apostolici decreti privilegium, sancimus et apostolica auctoritate statuimus ut clerici qui vel nunc in eadem ecclesia sunt ordinati sub communi semper vita et claustrali conversatione consistant. Ad quorum communem usum confirmamus et incommutabiliter tenenda decernimus determinate quidem et ea quæ prænominata imperatrix Augusta pro remedio animæ suæ donavit.

(*Enumerat possessiones, tum ab imperatrice, tum ab episcopo huic ecclesiæ donatas.*)

Hæc, inquam, omnia et quæcunque etiam innominata bona eidem ecclesiæ vel nunc juste collata sunt, vel in posterum Deo disponente conferenda, eo tenore et auctoritate ad communem usum fratrum ibidem Deo famulantium decernimus et corroboramus, ut communem et regularem vitam ducentes, nihil de bonis ecclesiæ præposito et singulari usui vindicent. Ut hæc igitur nostra decreta, adjuvante Domino, undique firma illibataque permaneant, apostolica auctoritate constituimus ut nullus rex, imperator, dux, comes, episcopus, vel archiepiscopus, seu aliqua persona sæcularis aut ecclesiastica, præfatam ecclesiam ab eo statu et ordine, quem superius confirmavimus, divellere aut aliqua perturbatione impedire præsumat, vel quidquam de rebus et bonis ecclesiæ invadere aut diminuere, vel ab usu fructuum subtrahere audeat. Si quis autem contra hujus nostræ sanctionis decreta temerario ausu venire tentaverit, usque ad dignam satisfactionem anathematis laqueo se irretitum noverit. Qui vero hæc eadem fideli devotione observare curaverit, divinæ remunerationis gratiam et apostolicæ benedictionis hic et in futuro consequatur abundantiam.

Datum Romæ, v Non. Martii, per manus Petri, sanctæ Romanæ Ecclesiæ presbyt. cardinalis ac bibliothecarii, anno XII pontificatus domini Alexandri II papæ, indictione XI.

CXLVI.

Alexandri papæ II privilegium pro ecclesia Sanctæ Mariæ Madgelenæ Vezantionensi.

(Anno 1073.)

[*Mémoires et documents inédits de la Franche Comté.* II, 316.]

Alexander, etc....

Notum esse volumus omnibus qui in Christo sunt,

nos ecclesiam Sanctæ Mariæ Magdalenæ, sitam Bisontii ultra flumen Dubium, juxta pontem ejusdem fluvii constitutum, ab Hugone bonæ memoriæ, ejusdem loci archiepiscopo. . . . .
Datum Laterani, xv Kal. Maii, anno xii pontificatus Alexandri secundi papæ, indictione xi.

DUBIA.

CXLVII.

Alexandri II epistola ad Liemarum Hamburgensem archiepiscopum. — Illi pallium mittit et privilegia Ecclesiæ ejus confirmat.

(Anno 1073.)

[LAPPENBERG, *Hamburg. Urkund.* I, 99.]

ALEXANDER episcopus, servus servorum Dei, reverentissimo et sanctissimo LIEMARO, sanctæ Hammaburgensis Ecclesiæ archiepiscopo suisque successoribus, pacem et salutem in perpetuum.

Convenit apostolico moderamini pia religione pollentibus benevola compassione succurrere et poscentium animis alacri devotione impertiri. Ex hoc enim lucri potissimum præmium apud conditorem omnium Dominum procul dubio promeremur, dum venerabilia loca opportune ad meliorem fuerint statum sine dubio perducta. Igitur, quia postulastis a nobis quatenus pallium tibi transmitteremus et archiepiscopatum Hammaburgensis Ecclesiæ totum in integrum tibi confirmaremus, sicut a prædecessore nostro, domino Nicolao, hujus apostolicæ sedis, et cæteris successoribus suis decretum est, inclinati petitionibus domni H. Francorum et Romanorum regis, apostolica auctoritate concedimus. . . . . decernimus, et in omnia prædicta regna te, vice nostra, legatum constituimus. Deinceps. . . esse et vocari. Legationem quoque et archiepiscopalem potestatem in omnia regna septentrionalia, Danorum scilicet, Suedorum, Norvenorum, Islandicorum et omnium insularum iis regnis adjacentium tibi et omnibus successoribus tuis perpetuo tenenda concedimus. Omnem quoque adversantem vel contradicentem, atque piis nostris studiis quolibet modo insidiantem, anathematis mucrone percutimus, perpetuæque ultionis reum diabolica sorte damnamus; ut culmen apostolicum more prædecessorum nostrorum, causaque Dei pro affectu zelantes ab adversis hinc inde partibus muniamus. Auctoritate... mereatur.

Data iv Nonas Februarii, indictione v, per manum Hildebrandi, cancellarii S. Petri atque abbatis sancti Pauli.

CXLVIII.

Alexandri papæ II, privilegium pro monasterio S. Salvatoris et S. Juliæ Brixiensis.

(Anno 1065, Aprilis 19.)

[MARGARINI *Bullarium Casinense*, tom. II, pag. 98, ex archivio monast. S. Juliæ Brixiensis.]

ALEXANDER episcopus, servus servorum Dei, charissimæ in Christo filiæ ALDÆ, abbatissæ monasterii Domini Salvatoris, et sanctæ Juliæ virginis et martyris, quod Novum dicitur, et in civitate Brixia situm est, ejusque sororibus, tam præsentibus quam futuris in perpetuum.

Convenit apostolico moderamini pia religione pollentibus, benevola compassione succurrere, et poscentium animis alacri devotione impertiri assensum. Poposcit quidem a nobis veneratio tua, religiosa Alda abbatissa, quatenus monasterium Domini Salvatoris, et sanctæ Juliæ virginis et martyris, cæteraque monasteria, cum universis basilicis ad se pertinentibus, quod a piissimæ Ansæ reginæ jure constructum esse noscitur, nostræ auctoritatis privilegiis et sicuti ab antecessoribus nostris, decoretur. Quapropter, piis desideriis vestris annuentes, hac nostra auctoritate id, quod recte expositur, effectui mancipamus. Per præsentis igitur scripti paginam constituimus, ut idem monasterium sub apostolicæ sedis protectione, et regia defensione submissum, nullius unquam alterius jurisdictionibus submittatur, adeo ut quisquam sacerdotum, nisi ab ipsius loci abbatissa fuerit invitatus, nec missarum ibi solemnia celebrare præsumat. Possessiones autem ipsius loci, quæ ab aliis fidelibus legaliter concessæ sunt, tibi, tuisque sororibus, et his quæ post vos in eadem religione susceperint, confirmamus : scilicet curtes, villas, castella, cum omnibus basilicis, in terris jam dicto monasterio pertinentibus constructis, et omnia eidem monasterio pertinentia. Quæcunque præterea in futurum, largiente Deo, juste atque canonice poteritis adipisci, firma tibi tuisque successatricibus, et eidem monasterio, illibataque permaneant. Decernimus ergo ut nullus episcopus, dux, marchio, comes, vicecomes, vel aliqua magna, parvaque persona, idem monasterium temere audeat perturbare, aut ejus possessiones auferre, vel ablatas retinere, minuere, vel temerariis vexationibus fatigare ; aut ullum districtum in aliquibus locis ipsius monasterii judicare ; seu aliquod placitum, absque licentia abatissæ habere præsumat ; aut aliquas res ejusdem monasterii quovis modo alienare, vel ibi molestiam inferre ; aut lodrum, vel mansionaticum, seu ripaticum, aut paratas, sive aliquas audeat functiones exigere ; sed omnia integra conserventur earum, pro quarum sustentatione et gubernatione concessa sunt, usibus omnibus profutura. Decimas præterea, et primitias laborum vestrorum, et districtum servorum, et laboratorum ad vestrum cœnobium pertinentium, confirmamus. Sane abbatissa ipsius loci licentiam habeat ad honorem Dei ecclesias construendi, mercatum, et castella in terris ad præfatum monasterium pertinentibus, ubicunque voluerit, pro utilitate monasterii construendi. Obeunte te, vel aliqua ipsius monasterii abbatissa, nulla ibi qualibet subreptionis astutia præponatur, nisi quam sorores communi consensu, vel sororum pars consilii sanioris, secundum Dei timorem et beati Benedicti regulam elegerint. Chrisma quoque, oleum sanctum consecrationis altarium atque basilicarum ordinationis abbatissæ, vel monachorum sive clericorum, qui ad sacros fuerint ordines promovendi, seu quidquid ad sacrum mysterium pertinet, a quibuscunque catholicis præsulibus malueris postulare, gratis concedimus, et absque reprehensione tribuenda, sicut Anselperga prima abbatissa ejusdem monasterii a Paulo beatæ memoriæ apostolicæ sedis pontifice, pro fragilitate feminei exus, obtinuit. Si qua igitur in futurum ecclesiastica sæcularisve persona, temerario ausu, quod non optamus, contra hoc nostrum privilegium temere venire tentaverit, secundo tertiove commonita, si non satisfactione congrua emendaverit, potestatis, honorisque sui dignitate careat, reamque se divino judicio existere de commissa iniquitate cognoscat, atque a sacratissimo Dei et Domini redemptoris nostri Jesu Christi corpore et sanguine aliena fiat, ac in extremo examine districtæ ultioni subjaceat. Cunctis autem eidem loco jura sua servantibus sit pax Domini nostri Jesu Christi, quatenus et hic fructum bonæ actionis percipiant, et apud districtum Judicem præmia æternæ pacis inveniant. Amen.

Scriptum per manum Antonii regionarii notarii, et scriniarii sanctæ Romanæ Ecclesiæ, indictione prima.

Datum XIII Kal. Maii, per manum Joannis episcopi sanctæ Albanensis Ecclesiæ et bibliothecarii sanctæ Romanæ Ecclesiæ, anno Domini nostri Jesu Christi 1073, anno vero pontificatus domni PP. Alexandri Junioris III, indictione prima.

CXLIX.

Alexandri II bulla confirmatoria omnium privilegiorum et jurium monasterii sacrarum virginum Ticinensium, quod appellatur Senatoris.

(Anno 1061.)

[MURATORI, *Antiq. Ital.*, V, 993.]

In nomine sanctæ et individuæ Trinitatis, ALEXANDER universalis papa. Quoniam universæ Ecclesiæ toto orbe diffusæ studium, curam ac regimen divina dispositione nobis habendum, etsi indigno, commissum videtur, pro quiete et pace Ecclesiarum in Dei peragendis laudibus, et nostrum officium peragendo congauderemus, earumque calamitates et lapsus omni conamine suppositis humeris sublevaremus, solerti studio regere, gubernare, tueri atque defendere eas, competenti labore incessanter nostra paterna satagere debet cura, quatenus, Dei opitulante clementia, a luporum faucibus, quanto plus aliquant nostrarum ovium rapere indagant, tanto magis solerti custodia eas protegamus, ut ad caulas veri Pastoris illæsas perducere possimus. Ea propter precibus Luciæ venerabilis abbatissæ, Romanæ sedis filiæ, cæterarumque sororum ejus monasterii Senatoris, in honore beatissimæ Dei genetricis Mariæ constructi, aures nostras accommodare non distulimus. Ut senator constituit, multorumque nostrorum prædecessorum et regum auctoritate firmatum est, nulla abbatissa illic ordinetur, nisi quam secundum regulam beati Benedicti universa ex eadem congregatione congregatio elegerit. Et res, quas senator pro mercede animæ suæ ad alendum sanctimoniales, vel quidquid ibi monachæ ordinatæ acquisiverint, vel Dei misericordia acquirere potuerunt, ut multorum regum præceptis statutum est, nostra tuitione, protectione atque cura, omni molestia, apostolicæ sedis auctoritate, immunes conservare disposuimus, ut nec Ticinensis præsens episcopus, aut qui antea ejus vice ordinatus fuerit, aliquam molestiam inferat, nec ullum dominium, nec aliquam subjectionem inde habeat, nec etiam celebrandi aliqua officia intra teneatur monasterium, nisi causa concilii vel consecrationis, cum invitatus fuerit. Et si Ticinensis præsens episcopus, aut aliquis ex successoribus suis causa suæ auctoritatis vel potentiæ, aliter disponere vel ordinare voluerit, statim monasterium per debitam obedientiam nostræ ditioni dimittat, quia nec nos, nec aliquis aliter quam senator bonæ memoriæ, cum Deo constituere valemus. Et res suas in Dertonensi episcopatu positas, ad utilitatem sororum, videlicet Viqueria cum capella Sancti Hilarii, cassellas et Fauratundum cum capellis Sanctæ Margaritæ, cum integritate sui honoris sine omni molestia teneant. In Parmensi territorio Rivum Nigrum et Costicellam. In Veronensi episcopatu curtem Codena et Ambariana, et terram, quæ Carcer appellatur; et terram, quæ ad Arca-rupta dicitur; et terram, quæ est ad Pontem juxta portam civitatis. In Brixiano episcopatu fictum olei, et terram, quæ Acarferria dicitur. In Laudensi episcopatu villam Pulpignianam cum capella Sancti Michaelis, et Crispiadem cum Sancti Andreæ, et terram, quæ ad Beccanellum et Bagnolum habetur. In Placentino episcopatu Sarmitum cum capella sanctæ Mariæ et terras, quæ esse ad Cantuariam dicuntur; et mansos tres ad Sanctum Georgium. In Cumano episcopatu terram etiam cum portu et curtem quæ est supra lacum Cumanum, cum omni sua integritate, villam Nessii in valle Volterinæ, cum ecclesia sanctæ Agathæ de Vedeo, cum piscaria, et cum monte de Veterano, et aliis ecclesiis, scilicet Sancta Maria de Massemanego, et Sanctus Julianus, qui est in monte de Massemanego, et Sanctus Quiricus, qui est juxta illum montem, et confinis istarum ecclesiarum est a mane curtis de Rubino in monte et in plano est episcopus de Laude, et a sero de Coregho, et istæ terræ istarum ecclesiarum tenentur ab omnibus partibus usque in culmis, et a nullo hora tenent per totum usque in lacum ; cohæret de monte Veterano a monte Vallis grandis, quæ dicitur Vallis Major, et aqua, quæ dicitur Bidus, a sero per totum Vallis Malla a fundo Aquægrandæ usque ad culmen, et usque in cimam culminis. In Mediolanensi archiepiscopatu Purlicia cum capellis octo, et Alpes in Camussia, et lacum Lugnascum cum piscaria et nave quocunque velit ire, et flumen Cusin cum piscaria. In Taurinensi territorio terram de Vangio, et quæ in Sanctadona habentur. In monarchia adhuc regia viginti quinque mansos cum capella Sancti Joannis. In Ticinensi suburbio ecclesiam Sancti Georgii et Sancti Patricii, in Roncalia tres Massavitias ex parte Regia. In Pado piscaria, quæ dicitur Collateralii. Vel quidquid habere videntur tam intra civitatem Papiæ, quamque et foris, vel ubicunque per loca infra Italicum regnum habent, vel, Deo annuente, juste acquirere potuerint, omni remota molestia, cum integritate sui honoris teneant atque possideant, nec ulla magna vel parva persona eas molestare præsumat. Si quis hujus nostræ institutionis paginam aliquo ingenio violare præsumpserit, ex parte Dei omnipotentis et beatæ Virginis Mariæ, et sanctorum apostolorum Petri et Pauli, et omnium sanctorum nec non et apostolicæ sedis et nostra, sciat se anathematis vinculo alligatum esse, atque cum Juda proditore et cum omnibus reprobis, nisi resipuerit, in futuro judicio ante tribunal Domini maledictionis sententiam percipiat, et pœnæ nomine centum libras auri componat, medietatem papæ apostolicæ sedis, et medietatem monachabus, quæ inibi ordinatæ fuerint. Hoc vero ut habeatur firmius, nos propria manu subter firmavimus, ac nostri sigilli notatione insigniri fecimus.

Ego Alexander, humilis apostolicæ sedis episcopus, hoc privilegium beatæ Mariæ et beati Aureliani manu propria confirmavi.

Scriptum per manus Joannis scriptoris dictæ Romanæ Ecclesiæ.

Confirmatum per manus Gregorii episcopi et cardinalis sanctæ apostolicæ sedis.

Ego Joannes, quamvis indignus episcopus et cardinalis, subscripsi.

Ego Stephanus, diaconus et cardinalis, subscripsi.

Ego Benedictus, diaconus et capellanus, subscripsi.

Ego Petrus, subdiaconus Romanæ Ecclesiæ, subscripsi.

Datum Laterani, VI Kalendas Maii, anno pontificatus antedicti Alexandri papæ XII, anno Dominicæ Incarnationis 1061, indictione XIII.

CL.

Alexandri II privilegium pro ecclesia S. Salvatoris Wissegradensi, a Wratislao duce condita.

(Anno 1062.)

[Mansi, *Concil.* XIX, 999.]

ALEXANDER, servus servorum Dei, urbis Romæ episcopis et papis suis successoribus, nec non catholicis episcopis, sanctæque Romanæ Ecclesiæ subjectis cunctis, utriusque vitæ prosperitatem et apostolicam benedictionem a summo Deo cum omnibus sanctis.

Ea quæ Dominus Deus, suam per clementiam, ad augmentum apostolicæ sedis condonare dignatus est, ad agnitionem omnigenarum linguarum hoc sub chirographo propagari volumus. Primum quidem misericordiam Dei super nos diffusam liquide annuntiamus. Bohemorum dux Wratislaus, vir Christianus, fidei integerrimus amator, rebus in bellicis magnificus triumphator, quod serenissime ubique terrarum claruit, limina apostolorum Petri et Pauli honestos per nuntios quotidie visitans, nos, cæterosque in Dei servitio devotissimos omni beneficio non minime præteriens piæ mentis devotione innotuit: Multa ante tempora votum Deo vovi quod adhuc nequaquam implevi. Ecclesiam in honorem Salvatoris nostri, cujus ubique protectione munitus, vestræ pietatis auxilio ædificare cupio. Dictis talibus auditis, pontificalis apex ut accresceret, sanctorum Patrum numero septuaginta duorum communi consilio penitus collaudavimus. Igitur ad hæc perficienda Joannem episcopum Tusculanensem, fundamentum dare misimus, cujus in præsentia ipse præfatus dux cophinos terra onustatos duodecim propriis humeris portasse videbatur. Locus ergo, in quo est erecta, Wissegrada cognominatur, quod sonat litteraliter altior civitatibus. Quam sacrosanctam Ecclesiam totius provinciæ caput dici, venerari sanximus; prædiis, mancipiis, auro, argento, cæterisque ornamentis ditatam comperimus. Episcopi ejus sub dominio suis de decimis, trecentos homines ad eamdem ecclesiam segregaverunt; præsul Pragensis ducentos, Olomucensis centum, fratrum suorum Conradi, Ottonis consensu. Hoc itidem asylum tutamini B. Petri principis apostolorum, cunctisque in ejus sede sessuris firmiter commendavit. Marcas XII de eadem ecclesia ad pedes universalis papæ, quicunque erit, omni anno offerendas sub Christi testimonio destinavit. Hujus vero conditionis gratia cunctis celsior in eadem regione ut videretur ecclesiis, qualicunque apparamento septem cardinales altari Sancti Petri ministrare student, mitra, sandaliis, simili modo ipsius ecclesiæ præpositum, presbyterum, diaconum, subdiaconum incedere præcipimus. Laudes, quas sub diademate statutis diebus proclamare solemus, solummodo in ista ecclesia astante duce summa diligentia Christum collaudare permittimus, chrisma baptizandi, consecrationem clericorum, episcopus loci illius invidia diaboli attactus abnegare si præsumpserit, nostri decreti judicio apud quemlibet episcopum inveniat et accipiat. Nemine autem præpediente omnem injuriam in Romana synodo libere proclamet. Scripta istarum litterarum sigillo impresso supra venerandum corpus B. Petri apostoli posuimus, maxime ea pro causa ut si quis Dei inimicus mandatorumque ejus contemptor hoc divellere voluerit, sciat se ab omnipotenti Deo in perpetuum condemnatum, ac cum cœtibus sanctorum nil commune fore, sed cum diabolo inexstinguibili gehennæ incendio æternaliter concremari.

Data hæc in manus Petri præpositi S. Georgii in palatio Lateranensi, sub Henrico rege filio Henrici gloriosissimi imperatoris, VII Idus Maii.

CLI.

Alexandri II papæ privilegium pro abbatia Montis-Casini.

(Anno 1071, Oct. 1.)

[MARGARINI, *Bullar. Casin.*, II, 105.]

ALEXANDER episcopus, servus servorum Dei, omnibus Ecclesiæ catholicæ filiis salutem et apostolicam benedictionem.

Pastoralis sollicitudinis nostræ bonum si debet prospicere et proficere omnibus etiam extraneis, et longinquis, multo magis domesticis et propinquis. Ipsis quippe secundo gradu post Deum admonenda est invisibilis charitas, ut per eos, velut quædam visibilis forma gradatim ad remotiores quosque discurrat. Piis ergo locis, et divina religione venerabilibus, debitæ consolationis et defensionis porrecturi manus, illud cæteris præferendum non ambigimus, quod monasticæ normæ constat esse principale gymnasium, et sancto Petro, et apostolicæ sedi contiguum, quem cives Romanorum, Patres videlicet eximii, Benedictus, Maurus et Placidus, cum nonnullis aliis fundaverunt, quemque a gentibus destructum, sanctissimi prædecessores nostri Gregorius et Zacharias restruxerunt, et privilegiis apostolicis, cæteris cœnobiis prætulerunt, utpote, non studio hominum, sed Dei imperio et sanctissimo patre Benedicto constructum est; quorum nos sacræ auctoritatis, sicut tempore et loco succedimus, sic eorum exemplis, ut oportet, innitimur. Sed quia rerum gestarum series ad hoc litterarum fidei innituntur, ne illa veritas posterorum memoriæ subtrahatur; ea quæ nostris temporibus acta sunt pandere curamus. Nam cum dilectus filius noster Desiderius eamdem renovaret ecclesiam, et atrium basilicæ disponeret adæquare, cum tres non ulnas integras fodisset in dextro altaris latere, reperiit tumulum, ejusdem confessoris corpus continentem; cumque fragmenta altaris remota fuissent, invenit super sepulchra syndonem expansam candidissimam, quæ cum tangebatur non evanescebat. Hac ratione certissimus redditus, reserari sanctissimi Patris præcepit tumulum; quo facto, sanctissima corpora intemerata, et indiminuta invenientes, nuntios nostros asciscens, pretiosissima corpora eis ostendens, tam præsentes quam futuros certissimos et indubios de sanctissimis corporibus reddidit. Igitur cum ad eamdem dedicandam devenissemus ecclesiam, una cum decem archiepiscopis, et quadraginta quatuor episcopis, cleroque sanctæ Romanæ Ecclesiæ, idem filius noster Desiderius conquestus est, esse quosdam, nec Deum timentes, nec homines reverentes, qui possessiones beati Benedicti per diversa loca Casinensi cœnobio auferentes, in suum retorquere dominium satagant. Unde coepiscoporum nostrorum præsentium, ac cardinalium consilio habito, præfato cœnobio possessiones suas confirmantes, in perpetuum habendas statuimus. Si quis vero, quod non optamus, possessiones, ecclesias, villas, civitates, et castra sanctissimi Benedicti invaserit, et bis A aut ter admonitus non emendaverit, sciat se auctoritate Dei omnipotentis, et beatæ Mariæ semper Virginis, et beatorum apostolorum Petri et Pauli, et beati Benedicti, et omnium sanctorum, esse excommunicatum, et perpetuo anathematis vinculo innodatum, et a regno Dei alienatum, et cum diabolo, et ejus atrocissimis pompis, et Juda, Jesu Christi Domini nostri proditore, æterno supplicio, æternæque maledictioni deputatum; et sicut lucernæ exstinguuntur, ita ante Deum lucerna illius exstinguatur; nisi forte res injuste invasas sancto Benedicto reddiderit, et dictorum pœnitentiam gesserit. At vero qui hujus apostolici constituti observator exstiterit, benedictionis gratiam a Domino Deo nostro, per intercessionem beati Benedicti consequatur, et vitam æternam accipere mereatur. Statuimus etiam ut quicunque devotus ad ejusdem ecclesiæ dedicationem annualiter venerit, de peccatis suis quadraginta dierum remissionem accipiat.

Datum in Castro Casino, die Kalendarum Octobris, per manus Petri, sanctæ Romanæ Ecclesiæ subdiaconi, atque vice domni Annonis Coloniensis archiepiscopi bibliothecarii, anno decimo pontificatus domni Alexandri papæ secundi, ab Incarnatione vero Domini millesimo septuagesimo primo, indictione nona.

CLII.

Bulla Alexandri II papæ confirmantis bona monasterii S. Severi in Classe.

(Anno 1062, VI Kal. Januarii.)

[MITTARELLI, *Annal. Camaldul.*, tom. II, col. 179, ex antiquo autographo ejusdem monasterii.]

ALEXANDER episcopus, servus servorum Dei, dilectis filiis BONIZO, abbati Sancti Severi Classis, ejusque fratribus, tam præsentibus quam futuris, regularem vitam professis in perpetuum.

Quoties a nobis petitur quod religioni et honestati convenire dignoscitur, animo nos decet libenti concedere et petentium desideriis effectum congruum impertiri. Ea propter, dilecti in Domino filii, vestris justis postulationibus clementer annuimus, et præfatam ecclesiam in qua divino estis obsequio mancipati, ad exemplar felicis recordationis Anastasii, Leonis et Benedicti, Romanorum pontificum, sub beati Petri et nostra protectione suscipimus, et præsentis scripti privilegio communimus. Imprimis siquidem statuentes, ut ordo monasticus qui secundum beati Benedicti regulam in vestro monasterio noscitur institutum, perpetuis ibidem temporibus inviolabiliter observetur. Præterea quascunque possessiones, quæcunque bona idem monasterium in præsentiarum juste et canonice possidet, aut in futurum concessione pontificum, largitione regum vel principum, oblatione fidelium, seu aliis justis modis præstante Domino poterit adipisci, firma vobis vestrisque successoribus et illibata permanent, in quibus hæc propriis duximus exprimenda vocabulis: ecclesiam præfatam Sancti Severi cum parochia et omni jure suo et suis pertinentiis, et monasteria Sanctorum Gaudentii, Sergii, Theodori, et Sanctæ Agnetis, et Sanctorum Cosmæ et Damiani, et omnia olim quæ fuerunt sita in civitate Classis cum omnibus rebus et possessionibus eorum, sita tam in civitate, quam extra, vel in civitate Ravennæ, vel ubicunque inveniuntur per diversa loca; et monasterium Sancti Joannis et Stephani, quod dicitur ad Titum, fundatum dudum Classis, in loco qui dicitur Armeniæ, quod nunc demolitum esse videtur, cum omnibus suis juribus et possessionibus ejus, et quidquid juris habuit in civitate jam dicta, et in civitate Ravenna, vel in comitatu Decimano, sive in comitatu Boboniensi, aut in comitatu Corneliensi vel Faventino, aut Liviensi, sive Pupulensi, necnon Cesenate, aut Ficoclensi. Et ecclesiam Sancti Angeli in civitate Arimini cum parochia et suo cœmeterio, et cum omni jure suo. Ecclesiam Sanctæ Mariæ in Mariniano cum omnibus suis bonis et portionem de plebe de Candelara cum omnibus suis bonis; ecclesiam Sancti Jacobi in civitate Pesauriensi cum parochia et cœmeterio, et omnibus suis pertinentiis, et omnibus rebus et possessionibus, et cum omnibus quæ habetis in jam dicta civitate, et in ejus comitatu, aut in comitatu Fanestre vel in comitatu Senogaliæ, videlicet: ecclesiam Sancti Benedicti de Castaniola, quæ est fundata in fundo Brozale cum omnibus suis pertinentiis, et suo jure, et cum fundo de Ingildruda cum molendinis et aquimolis; Ecclesiam Sancti Andreæ, quæ est fundata juxta rigo de lo Trepuntio, et silva de Castaniola cum decimis, terris, silvis et molendinis cum aquimolis in rigo jam dicto Trepuntio et cum omni jure suo; ecclesiam Sancti Joannis de Pergumato cum ipso fundo, et molendino cum aquimolo suo in rigo Trepuntio; ecclesiam de Orzolo cum decimis et omnibus pertinentiis suis et omnia bona quæ fuerunt de Bernardo Carbone; ecclesiam Sancti Martini de Salmariano cum parochia et castro jam dicto de Salmeriano cum habitatoribus suis, et cum omnibus suis pertinentiis; et medietatem de curte de Lisano cum omnibus suis pertinentiis; ecclesiam Sancti Joannis de Cornutula cum parochia et decimis, et omni jure suo; ecclesiam Sancti Joannis de Cassiano cum parochia et decimis, et cum fundo suo integro, et cum omni jure suo, et tota insula de la Phara cum districtu suo, et cum fundo de lo Pozo, et quidquid habetis in fundo de la Vaccaria, et in Catiliano, et in Albiniano, et quartam partem de la Colliula; et medietatem de ecclesia Sancti Gali cum omnibus suis bonis; et fundum de Campore cum terris, vineis et omnibus suis pertinentiis; et medietatem de castro de Luzano cum omnibus suis bonis, et quod habetis in fundo Rubiono et in fundo la Plana; ecclesiam Sancti Petri in Caniani, cum omnia bona sua (sic); ecclesiam Sancti Martini de Muruco, quartam partem cum parochia, et cum omni bona sua; et in comitatu Esini monasterium Sancti Laurentii de Castaniola, quod est fundatum in fundo Laptula, cum parochia et cœmeterio, cum castro suo, et suis habitaroribus, et fundum Farnaclo, fundum Lecese et Camolia, Taveliesca, et fundum le Cone et fundum lo Remorto, cum ecclesia Sanctæ Mariæ, quæ ibi est fundata, cum parochia et decimis, et cum omni jure suo; ecclesiam Sancti Blasii de la insula delo Remorto cum parochia, et cum ipsa insula de Alama casco cum aquimolis, et omnibus pertinentiis, fundum Felcareto, fundum Rota Marcanesca, fundum Vavile medium cum molendinis, decursibus aquarum, et suis pertinentiis, et fundum le Senze, et fundum le Mad.... et medietatem silvæ de lo Guardengo; ecclesiam Sancti Stephani de Li...... parochia, et cœmeterio et decimis, et fundo integro cum eorum vocabulis et cum suis.... Laureto majore cum parochia et cœmeterio et........ omnibus suis pertinentiis, fundum Fabrati cum suis pertinentiis, fundum Albareto cum suis pertinentiis; ecclesiam Sancti Cassiani cum parochia et cœmeterio e toto fondo cum omnibus suis pertinentiis, fundum monte de lo Vico, fundum Fontanele, fundum lo Pozo, fundum Sancti Marcelli... cum omnibus suis pertinentiis, et in comitatu Amone monasterium Sanctæ Mariæ de Tugano cum decimis, parochia et sepultura, et fundo integro cum omnibus suis pertinentiis, videlicet fundum de Camorata cum ecclesia Sanctæ Mariæ cum omni jure suo, fundum..... te Valentino, fundum Lupicelli cum cursibus aquarum, fundum Friviano et Rivianello, fundum Amariano et Roveloto, fundum Casa novula livalli monte de la abbate, fundum de Sala cum omnibus eorum pertinentiis; ecclesiam Sancti Angeli de Salichu cum parochia et decimis, cum castro et omnibus suis pertinentiis et cum tota massa de Pariano cum eorum vocabulis, et castrum de Leemosi, fundum Faldo, cum ecclesia Sancti Angeli in Turricli cum omnibus eorum pertinentiis, ecclesiam Sanctæ Mariæ de Mimano cum castro et fundo suis pertinentiis, ecclesiam Sancti Cyriaci cum parochia et cœmeterio cum fundo integro, cum omnibus et suis pertinentiis, et fundum Cozziano; ecclesiam Sanctæ Mariæ de Aguliano medietatem cum omnibus suis bonis; ecclesiam Sancti Joannis de Palumbici cum decimis, et fundo integro; ecclesiam Sancti Joannis de Agelli cum decimis, molendinis, et aquimolis, et fundo integro cum eorum vocabulis; ecclesiam Sancti Andreæ de lo Sterpeto; ecclesiam Sancti Laurentii de Laureto; ecclesiam Sanctæ Bazileæ cum omnibus earum pertinentiis, et quod habetis in comitatu Auximano, et in comitatu Callemi, monasterium Sancti Abundi, et plebe Sancti Angeli in Claudeda cum omnibus juribus earum, et quod habetis in comitatu Eugubiensi, et in civitate Castelli et in comitatu suo castrum de Afra cum ecclesia et omnibus suis pertinentiis; sane novalium vestrorum, quos propriis manibus aut servitiis colitis, sive de nutrimentis animalium vestrarum, nullus a vobis decimas exigere vel extorquere præsumat.

Liceat quoque vobis personas liberas et absolutas e sæculo fugientes ad conversationem recipere, et eas absque contradictione aliqua retinere. Cum autem generale interdictum terræ fuerit, liceat vobis, clausis januis, non pulsatis campanis, exclusis excommunicatis et interdictis, suppressa voce, divina officia celebrare. Sepulturam præterea ipsius loci liberam esse decernimus, ut eorum devotioni et extremæ voluntati qui se illic sepeliri deliberaverint, nisi forte excommunicati vel interdicti sint, nullus obsistat, salva tamen justitia parochialium ecclesiarum a quibus mortuorum corpora assumuntur. Obeunte vero te nunc ejusdem loci abbate, vel tuorum quolibet successorum, nullus ibi qualibet subreptionis vel... seu violentia præponatur, nisi quem fratres communi consensu, vel fratrum pars consilii sanioris, secundum Dei timorem et beati Benedicti regulam, provideant eligere....... auctoritate apostolica inhibemus, ut in vos vel clericos vestros, aut in ecclesias vestras excommunicationis vel interdicti sententiam absque manifesta et rationabili causa nullus promulget, nec novas aut indebitas exsecutiones monasterio vestro, vel ecclesiis ipsis imponat. Decernimus ergo ut nulli omnino hominum liceat præfatum monasterium temere perturbare, aut ejus possessiones auferre, vel ablatas retinere, minuere seu quibuslibet vexationibus fatigare, sed omnia integra conserventur eorum pro quorum gubernatione ac sustentatione concessa sunt, usibus omnimodis profutura, salva sedis apostolicæ auctoritate et diœcesani episcopi canonica justitia. Si qua igitur in futurum ecclesiastica sæcularisve persona hanc nostræ constitutionis paginam sciens contra eam venire tentaverit, secundo tertiove commonita, nisi reatum suum congrua satisfactione correxerit, potestatis honorisque sui careat dignitate, reamque se divino judicio existere de perpetrata iniquitate cognoscat, et a sacratissimo corpore et sanguine Dei et Domini Redemptoris nostri Jesu Christi aliena fiat, atque in extremo examine districtæ ultioni subjaceat. Cunctis autem eidem loco sua jura servantibus, sit pars Domini nostri Jesu Christi, quatenus et hic fructum bonæ actionis percipiant, et apud districtum Judicem præmia æternæ pacis inveniant. Amen.

Salutaris noster. Adjuva nos, Deus.

† Ego Alexander, catholicæ Ecclesiæ episcopus, ss.

† Ego Henricus, Portuensis Sanctæ Rufinæ sedis, ss.

† Ego Leo, presbyter cardinalis tit. Sancti Marci, ss.

† Ego Petrus, cardinalis tit. Sanctæ Susannæ, ss.

† Ego Joannes, presbyter cardinalis basilicæ XII apostolorum, ss.

† Ego Ubaldus, presbyter cardinalis Sanctæ Mariæ transtiberim, tit. Calisti, ss.

† Ego Wgo, Sancti Stephani in Cœlio monte presbyter card., ss.

† Ego Leo, diaconus card. Sanctæ Mariæ cosmydyn ss.

† Ego Rubertus, diaconus Sancti Theodori ss.

† Ego Arduvinus, Sanctorum Cosmæ et Damiani diaconus card. ss.

Datum Anagniæ, per manum Alberti sanctæ Romanæ Ecclesiæ presbyteri cardinalis et cancellarii, VI Kal. Januarii, indictione XV, Incarnationis Dominicæ anno 1062, pontificatus vero domni Alexandri papæ II anno secundo.

APPENDIX

AD EPISTOLAS ET DIPLOMATA ALEXANDRI II PAPÆ.

EPISTOLÆ BEATI PETRI DAMIANI

AD ALEXANDRUM II PAPAM.

(*Vide inter Opera B. Petri Damiani Patrologiæ, t. CXLIV.*)

EPISTOLÆ
SIGEFRIDI EPISCOPI MOGUNTINI

AD ALEXANDRUM II.

(Apud LABBE, *Concil.* tom. IX, pag. 1199, 1206, 1254.)

EPISTOLA PRIMA.

Regi Henrico se in faciem restitisse ait, et minitatum esse excommunicationem; indictum tamen a coepiscopis suis, ad rem disceptandam ac definiendam, Moguntinum concilium. *Ad extremum, pontificem rogat ut aliquos de latere suo mittat qui huic consilio præsint.*

Domino beatissimo et vere apostolici culminis honore reverendo Alexandro II, Sifridus, Moguntinæ speculator Ecclesiæ, debitæ subjectionis reverentiam, omnimodæ servitutis obsequelam.

Licet universalis Ecclesiæ status generaliter innitatur super fundamentum apostolorum et prophetarum, et in ipso sui verticis culmine angularem gestet lapidem, Dominum scilicet Jesum Christum, specialiter tamen magnus ille Petrus, juxta solidissimam sui nominis firmitatem, et firmissimam fidei et confessionis suæ soliditatem, ejus totam sustentat fabricam : ad hoc quidem electus a Domino, ubi dicitur : *Super hanc petram ædificabo Ecclesiam meam* (*Matth.* xvi). Inde namque omnis apostolicorum Patrum beata successio, auctoritate ipsius Domini, sedi ejus, Romanæ scilicet Ecclesiæ, hanc dedicavit excellentiam, et in cunctis semper hujus privilegii servavit reverentiam, ut majora Ecclesiæ negotia, et difficiliores causarum exitus, ad ipsam, velut ad caput, referantur, ejusque judicio cuncta salubriter examinata, in portum salutis dirigantur. Quia vero divinæ miserationis gratia vos in hanc sedem inthronizavit, et vice ipsius Petri omnium Ecclesiarum sollicitudinem imposuit, necessarium duximus vestro reservari judicio, quas novimus nec posse, nec debere, sine vestra auctoritate nostro terminari studio.

Inter multimoda Ecclesiæ negotia, quæ vestrum exspectant examen, sollicitudini vestræ quiddam tale incubuit, quod et ecclesiasticis judiciis valde est insolitum, et omni moderni temporis ætati et memoriæ pene inauditum. Filius enim vester, Heinricus noster, ante paucos dies conjugem suam voluit dimittere, et eam quam legitimis sponsalibus, conjugali dote, regali consecratione, et publicis nuptiis, regali corona et sacramento sibi firmatam sociavit, nullam primo interponens discidii culpam vel causam, omnino a se separare voluit. Quo nos, veluti monstro attoniti, et insolita rei facie permoti, consilio magnatum, quotquot tunc aderant in palatio, in faciem ei restitimus ; et nisi certam exponeret discidii causam, sine respectu regiæ potestatis, sine metu gladii imminentis, eum, si vestra præcederet auctoritas, a sinu et a communione Ecclesiæ nos segregaturos prædiximus.

Ille vero retulit nobis ea de causa ab ea se velle separari quia non posset ei tam naturali quam maritali coitus fœdere copulari. Quod inquisitum, cum et ipsa fateretur, omnium nostrorum animos nimio mœrore affecit, et ipsa rei magnitudo nimia dubietate turbavit. Super qua re sanctissimum apostolatum vestrum, sicut divinum consulimus oraculum, et velut membra ad caput, tantum referimus negotium. Et quia hoc valde rarum quæstionibus occurrit ecclesiasticis, et de regiis pene inauditum est personis, vestæ sanctitatis erit quid super tanta re facto opus sit decernere, et ad consulta nostra de sanctuario sacri pectoris vestri responsalia remittere : ut et instans negotium, ad salutem modernæ ætatis, ecclesiastica pace finiatur, et de tam insolita et dubia re vestra auctoritate posteritas instruatur.

Denique fratres nostri, qui tunc huic rei intererant, condixerunt ut concilium quod tanto negotio competeret, in urbe nostra congregaretur ; et utrique, regi scilicet et reginæ, ad synodalem venire audientiam, et super hac re terminalem subire sententiam indiceretur. Nos autem dubia tantæ rei consideratione habita, nullomodo hoc sine vestra auctoritate fieri decrevimus, et totius negotii terminum ad vestræ exspectationem sententiæ suspendimus. postulantes sanctitatem vestram ut, si id quod instat ratum ducitis, per nos synodaliter terminari, de latere vestro personas cum scriptis vestræ auctoritatis ad examen et judicium tantæ rei mittere dignemini, quorum et audientia res ventiletur, et * conventia in beneplacito Dei terminetur.

EPISTOLA II.
De Carolo Constantiensi episcopo designato.

Apostolico sacerdoti, et universali papæ, Sigifridus, Moguntinæ speculator Ecclesiæ, debitam, ut Patri, reverentiam, et promptam; ut tanto pastori, obedientiam.

Altissimus ille deorum Deus, qui cœlestis militiæ ordines ita disposuit, ut alter alteri præemineat, et ad obsequium Conditoris minor dignitas majori pareat, ipse in Ecclesia sua ita distinxit cœlos, opera digitorum suorum, ut sicut stella a stella differt in claritate, ita alter alterum præcedat excellentiæ dignitate. Hanc autem graduum et officiorum diversitatem ita ad unam reducit concordiam unitas charitatis, ut, sicut in sanctis angelis, ita et hic non sit invidia imparis claritatis. Quia ergo idem Altissimus vos, mi reverende Pater, constituit in hac arce prælationis, ut vice illius magni Petri sitis caput totius ecclesiasticæ dignitatis, se vobis omnis inferior ordo submittit, merito omnis membrorum articulata contextio vobis ut capiti obedit, juxta quod præcipit Vas electionis : *Omnis anima potestatibus sublimioribus subdita sit* (Rom. xiii).

Ad hanc ergo formam cum vobis exhiberem debitæ subjectionis obedientiam, multis sane injuriis affectus sum, multa vobis indigna et mihi intolerabilia passus sum. Namque mihi Romæ posito, viva voce, et postea apostolica legatione, interdixistis, ne eum qui designatus est in Constantiensem episcopum, ullo modo consecrarem, quia audistis elogio Simoniacæ hæreseos eum notabilem. In quo quia vobis obedivi, multa, ut præmissum est, a domino meo sustinui, timeoque me adhuc graviora passurum, et Ecclesiæ meæ magnum fore detrimentum, nisi benignus ille Petrus clave sua me defendat, et vestræ auctoritatis potestas adversus regiam potestatem, zelo justitiæ me protegendo, se accingat.

Accepi autem litteras vestræ sanctitatis, in quibus continebatur ut ex præcepto vestro Coloniensem archiepiscopum invitarem, et convocatis fratribus concilium celebrarem, in quo ejusdem designati episcopi causa juxta veritatem discuteretur, ut aut reus criminis quo insimulatur a dignitate rejiceretur, aut innocens canonice consecraretur. In hoc etiam parui vestræ auctoritati, invitatis prædicto archiepiscopo et fratribus, locum et diem præscripsi; sed concilium celebrandum perturbavit indictio regiæ potestatis, cogens me et alios regni principes in militiam suæ expeditionis. In qua re obsecro ut sanctitas vestra obsequium meum habeat excusatum : et nisi impedirer, implessem præceptum vestrum.

Præterea relatum est nobis quia regia legatio eumdem designatum episcopum ad vos discutiendum consecrandumque deducat. In qua re quid æquitatis et justitiæ sit, discretionis vestræ libra recte dijudicet. Rogo autem excellentiam vestræ paternitatis quod si ita verum est, ne ipse hoc a vobis accipiat, quod mihi, qui hoc canonice facere debeo, auctoritas vestra interdixerat. Quia si ita fiet, inde magis videbor peccasse principi meo, quod plus odio consecrare eum noluerim, quam justa causa vel præcepto vestro. Si ergo a vobis discussus, innocens fuerit inventus, remittite eum mihi et fratribus meis consecrandum, ut sicut oportet, a nobis canonice accipiat oleum consecrationis. Hoc autem in fronte et in calce nostra teneat epistola, quod non est homo vivens qui promptior sit me ad omnia vestræ jussionis obsequia. Qui vos prævenit in benedictionibus dulcedinis, ponat super caput vestrum coronam æternæ beatitudinis (26).

EPISTOLA III.

Alexandrum rogat ut canonice ulciscatur et severissime puniat nefandam Canonis archiepiscopi Trevirensis cædem, et ut de latere suo homines mittat qui synodo congregandæ præsint.

Domno beatissimo, et vere apostolici culminis honore reverendo, sancto patrum patri, et summo præsulum præsuli ALEXANDRO II, SITRIDUS Moguntinæ speculator Ecclesiæ, quidquid filius patri, et membrum capiti.

Apostolicæ institutionis documento didicimus matrem ac radicem virtutum esse charitatem ; cui quidquid inseritur boni operis, Christo incrementum dante, parit fructum æternæ beatitudinis. Hæc in sanctissimo pectore vestro æternam posuit sedem, et in fecundissima corporis vestri terra altam fixit radicem ; de qua, rore cœlestis gratiæ irrigante, per totam sanctæ Ecclesiæ aream multiplices sacræ doctrinæ et bonorum operum protenduntur rami, quorum fructifera ubertate aluntur, et umbra proteguntur oves quas pascendas suscepistis vice illius magni Petri. Hac ergo dictante, nos quoque, qui sanctissimo apostolatui vestro in fructiferam olivam sumus inserti, et sub clavigera tanti pontificis manu, in opus ministerii assumpti : nos, inquam, paternæ semper dilectionis benevolentia gratanter accepistis, et quidquid vel consulendum, vel corrigendum, ad apostolicum vestri culminis verticem

(26) Quid responsi dederit Alexander ex eventu et actis ipsis concilii Moguntini discimus, jussisse ni-

retulimus. Nostræ favendo parti, ut patrem decuit, ad meliora direxistis. Unde, sicut oportet, reverendissimæ celsitudini vestræ multiplices gratiarum actiones, et humile exhibemus inclinium, continuis orationum victimis divinam exorantes clementiam ut ad stabilitatem sanctæ Ecclesiæ suæ longævum et incolume custodiat apostolatum vestrum.

Porro adhuc antiquam nostram super rebellibus Thuringis conquestionem ad notitiam almæ sedis vestræ referimus, obnixe rogantes ut armata manu gladio Spiritus sancti, usque ad expurgationem eorum nobis dexteram feratis auxilii. Suggerimus quoque sanctitati vestræ quod synodum super his post Pascha celebrare decrevimus, ad quam de latere vestro legatos mitti postulamus, qui auctoritate vestra et ipsi synodo præsint, et hæc quæ de Thuringis agimus canonice terminent, et si quæ alia corrigenda occurrerint. Quod si fieri nequit, aliis vos occupantibus negotiis, saltem petimus ipsam synodum nostram, quæ utique et vestra est, apostolicis sanctitatis vestræ litteris roborari, quæ et rebellibus anathema denuntient, et quæcunque inibi canonice gesta, vestra auctoritate confirment.

Quia vero maxima quæque ecclesiasticæ disciplinæ negotia ab ipso præsulum vertice debent examinari, cujus ex injuncta omnium ecclesiarum sollicitudine, privilegium est, quod per nos non possumus corrigere, ad patrocinium almitatis vestræ referimus, quod etiam pridem ad vos pervenisse cognovimus de crudelissima et inaudita nece designati Treverensium episcopi, qui Christianis temporibus, nefandissima et sceleratissima Neronianæ et Decianæ persecutionis cruciamenta expertus, horribili et exsecrabili pœnarum genere addictus est morti. Ad cujus monstruosæ necis ultionem, testamenti sui recordatus primum assurgat Dominus Jesus Christus, deinde vestræ auctoritatis fortissima et patrocinalis manus. Sacris namque canonum decretis sancitum est ut sicubi episcopus ordinetur, qui vita vel moribus a tanta discrepet dignitate, vel qui ad tantum ascendat apicem subreptione non electione, ei audientiam non negari, et hoc etiam præter sententiam Romani pontificis non debere fieri. In qua re, si se clerus vel populus cujuslibet civitatis sæculari potentia viderit prægravari, ad sacram vestræ sedis defensionem habeat confugium, cui præcipiente Domino delegatus est primatus omnium Ecclesiarum. Nunc vero, ne dum isti de quo agitur canonica daretur audientia, ne dum vestri examinis exspectaretur sententia, quasi furtiva latrociniantium manu captus et spoliatus, dein gravissima de loco ad locum transportatione afflictus, tandem, ut asserunt, communi illorum consilio morte turpissima mulctatus est.

Qua de re quam graviter unanimitas fratrum sit concussa, quam atrociter audax facinorosorum hominum violentia ad sacri ordinis injuriam sit cremirum ut congregaretur synodus quæ de Caroli causa judicium ferret.

cta, vestræ sanctitatis est prudenter perpendere, et hoc nefarium scelus canonice ulciscendo, ne de cætero tale quid præsumatur, posteris exemplum relinquere. Orat ergo sanctitatem vestram socialis fratrum nostrorum concordia, et hoc a vestri culminis patrocinio tota implorat Ecclesia, ut tanti sceleris auctores diligentissime perquiratis, inventos districtissime puniatis. Qui si forte dissimulando latent, gladio Spiritus sancti, velut putrida membra, de corpore Christi abscindatis, et ut omnes, etiam sacerdotes nostri, eos perpetuæ maledictionis anathemate feriant, firmissime præcipiatis.

ANNO DOMINI MLXXIV.

HUGO I
TRECENSIS EPISCOPUS.

NOTITIA HISTORICA.

(*Gallia Christiana*, novæ editionis tom. VIII.)

Synodo Romæ a Nicolao papa anno 1059 mense Aprili habitæ astitit Hugo, ubi definita monachorum Vindocinensium adversus Andegavenses S. Albini de cella Credonensi causa, definitionemque significavit Bartholomæo Turonensi et Eusebio Andegavensi episcopis epistola quam habes Anecdot. t. IV, col. 91, et lecta fuit in synodo Burdegalensi Kal. Aprilis 1068. Sacro Philippi regis die S. Pentecostes anni 1059 astitit Hugo, qui subscripsit diplomati regis ejusdem canonicos regulares in ecclesiam S. Martini a Campis Paris. inducentis anno 1060. Monachis Caziacensibus villam Caroli confirmavit an. 1063. Cum aliis episcopis consensit privilegio Alexandri II in gratiam Rainerii abbatis S. Dionysii pridie Nonas Maii, pontificatus IV. Testis fuit donatæ VIII Kal. Febr. 1064 monachis Majoris Monasterii a Theobaldo comite ecclesiæ de Juviniaco. Subscripsit an. 1067 diplomati Philippi I regis pro monasterio S. Martini Campensis, et adfuit dedicationi ecclesiæ. Adfuit quoque dedicationi ecclesiæ S. Quintini Bellovacensis an. 1069. Ecclesiam S. Andreæ monasterio Cellensi dedit, quam Philippus rex confirmavit an. 1071; cujus in litteris eodem anno eidem cœnobio ecclesiam S. Savinæ donantis subscripsit. Subscripsit et eodem anno præcepto Burchardi Corboliensis pro abbatia Corboliensi. Utrum pervenerit ad annum 1075 non liquet.

EPISTOLA HUGONIS

EPISCOPI TRECENSIS

AD BARTHOLOMÆUM TURONENSEM ARCHIEPISCOPUM.

(Anno 1059.)

De cella Credonensi in concilio Romano sub Nicolao papa Vindocinensibus monachis asserta.

(MARTEN. *Thesaurus Anecdot.*, tom. IV, col. 91, ex chartario Vindocinensi.)

ARTHOLOMÆO domino ac venerabili Turonensi archiepiscopo, EUSEBIO quoque Andegavensi episcopo, necnon et GAUFREDO comiti Christianissimo, HUGO Augustæ Trecorum episcopus, quidquid eis est utilius.

Quod vidimus atque audivimus, quod etiam cum aliis fratribus nostris Nivernensi episcopo Hugone, atque Meldensi episcopo Walterio in Romana synodo determinavimus, hoc viva voce veritatis testificamur. Vidimus namque in sancto Romano concilio quemdam ex fratribus S. Albini Andegavensis, atque audivimus, loquentibus scilicet litteris ecclesiæ S. Albini clamorem adversus fratres S. Trinitatis Vindocinensis cœnobii, de quadam videlicet ecclesia S. Clementis Credonensi. Sed cum Vindocinensium audiremus econtra privilegium, residente bonæ memoriæ papa Nicolao, nos totaque Romana synodus partes Vindocinensium justissimas diffinivimus, quod etiam viderunt et audierunt venerabiles nostræ Ecclesiæ clerici, archidiaconi Gosbertus et Ansellus, clerici vero Stephanus et Burdinus.

ANNO DOMINI MLXXV.

DEODUINUS

LEODIENSIS EPISCOPUS.

NOTITIA HISTORICA IN DEODUINUM.

(*Gallia Christiana*, nov. edit., tom. III, pag. 868.)

Deoduinus qui et *Theoduinus, Dietwinus* ac *Tietwinus*, natione Noricus de Bavaria, consanguineus imperatoris, ait Albericus in Chronico, ex præfecto S. Donatiani Brugensis, aiunt Sammarthani, Wasoni successor datus est ab Henrico III imperatore, ut ait ms. codex Alnensis (qui et consanguineum ejus fuisse asserit), ante Kalendas Augusti anno 1048, ut patet ex ejus diplomate pro Huensi basilica, in quo ejus annus decimus nonus conjungitur cum anno Christi millesimo sexagesimo sexto. Eum Leodiensis Ecclesiæ *placidum sidus* appellant commentarii cœnobii S. Laurentii. Belli motibus initia pontificatus ejus turbata sunt: motus in Hollandia ciebat Theodoricus marchio, nec reprimere potuit Cæsar. At anno sequenti 1049 Deoduinus ipse cum Ultrajectensi ac Metensi præsulibus, finitimaque nobilitate conjunctis copiis viam glacie aperiente Theodorici ditionem penetravit, et ipsum occurrere ausum vicit, et cecidit, Godefridum suppetias ferentem expugnavit ac fudit. Sic Leodienses auctores, quanquam longe aliter referant Hollandi. Eodem fere tempore Leodium advenit Leo IX qui pacem restituit. Anno 1050, sparso rumore de concilio Parisiensi adversus Henricum Andegavensem episcopum et Berengarium, ab Henrico rege indicto, litteras ad ipsum dedit, quibus a concilii celebratione dehortatur, eo præcipue quod cum episcopus sine apostolica auctoritate damnationis subire sententiam non possit, quidquid contra illos fiet, scandalum in omnium fidelium populo generabit, quia quos videbunt impunitos, et nequaquam a sui gradus honore dejectos, eosdem putabunt ab omni concilio aut vinci non potuisse, aut purgatos esse. Prolatis deinde nonnullis SS. Patrum auctoritatibus, varios eorum errores confutat.

Anno 1055, bellum iterum imperatorem inter et Balduinum Flandriæ comitem recruduit. Hic primum impetum fecit in Leodiensium fines; ipse Thudinium, filius cognominis Hoium, capit, incendit, ac penitus evertit. Pietatis ac munificentiæ Deoduino occasionem dedit tam funesta calamitas, Huenseque castrum suscepit instaurandum; at in primis Dei Genitricis ædem pro singulari qua ardebat in illam religione, veteri longe ampliorem ac magnificentiorem a fundamentis evexit. Hoc ipso anno, cum Anselmo S. Lamberti canonico, qui nonnullorum Leodiensium præsulum gesta conscripsit, Romam profectus, ibi Theodericum Laubiensem monachum Jerosolymitanum iter aggressum reperit, quanquam Fuldensibus monachis professorem designatum in locum defuncti Adelardi Andaginensis abbatis substituit anno 1055, ut refert Vita Theoderici, Act. Benedict. Sæc. VI, parte II, p. 567. An. sequenti allatas ex Gallæcia ab Herimanno consule de Grez et Roberto S. Jacobi Leodic. monacho reliquias jussit debito honore, maximaque pompa in urbem induci, et in monasterio sub S. Apostoli nomine dicato recondi. Ecclesiam B. Mariæ Hoiensis, quam tot sumptibus perfecerat una cum episcopo Cameracensi Lietberto dedicavit anno 1066, pontificatus sui anno 19, VIII Kalend. Septembr. Ei deserviendæ 15 canonicos, totidem jam antea creatis, adjunxit; ac triduo post civibus libertatem aliaque privilegia concessit dato diplomate quod exhibet Chapeavill. Gest. Leod. pontif., tom. II, p. IV. In charta tamen dotationis, quam refert Miræus, Notit. eccl. Belg., data dicitur 1066. An. 1071 Richildis Flandriæ et Hannoniæ comitissa, cum a mariti fratre Flandria armis occupata fuisset, ultionis æstuans desiderio, immensam pecuniæ summam a Deoduino postulavit, deditque vicissim Hannoniæ comitatum, quem ab eo postea recepit in feodum. Ingens sane decus ac potentia huic Ecclesiæ Leodiensi advenere, sed ad solutionem expilati basilicarum thesauri, vasa ipsa sacra ab illis asportata, et aliis nihilo æquioribus modis consignita pecunia emptionem confirmavit imperator Henricus IV, dato præcepto, quod retulit Ægidius, qui jam anno præcedenti, decessorum suorum donationes Ecclesiæ Leodiensi factas diplomate ratas habuerat. Ecclesiam S. Evermaro consecravit post patratum ab eo miraculum. Cum sub annum 1074 Theodoricus S. Huberti abbas Romam cum Herimanno Metensi episcopo profectus esset, a Gregorio VII, cui jampridem familiaris erat, perhumaniter exceptus est, et privilegium obtinuit sub gravi interminatione, vetans ne ullus dux, comes, aut quivis alius quidquam de monasterii possessionibus detraheret; id malevolarum censilio graviter tulit Deoduinus, litteras apostolicas rejecit, et abbatem a suo conspectu repulit. Quod cum accepisset Gregorius VII, litteras ei scripsit datas 10 April. anni sequentis, quibus Theodoricum excusat asseritque nihil contra ipsius Ecclesiæ honorem fecisse, monet et rogat ut eum tranquille agere permittat. Graviter cum reprehendit quod plura in episcopatu adversus SS. Patrum instituta perpetrarit, videlicet in venditionibus ecclesiasticarum dignitatum et canonicarum præbendarum : asserit ratione justitiæ his de causis sententia in ipsum animadvertendum esse, sed parcere se propter senilem ætatem, et quia Herimannus Metensis episcopus eum apud se pluribus excusarat; denique quia in extremis positus videbatur, eum a peccatis absolvit. His litteris commotus episcopus, post multas tergiversationes Theodericum audivit in Hoyensi conventu et absolvit. Non multo post rebus humanis excessit Deoduinus ix Kal. Julias, imo Kal. Julii, inquit ms. cod. Alnensis, anno episcopatus 26, hoc eodem anno 1075, ut refertur in Vita B. Theoderici, Act. Bened., tom. VI, part. II, p. 576; asserunt Ægidius apud Chapeavill., t. II, p. 51, et Chronic. Leodiense apud Labb. Hist. ms., tom. I, p. 337, ut et Albericus in Chronico, quanquam ejus obitum anno præcedenti consignat breve Chronic. Lobiense, apud Marten. Anecdot., t. III, col. 1449. Sepultus est Hoyi in æde, quam Deiparæ Virgini consecrarat.

DEODUINI LEODIENSIS

AD HENRICUM REGEM

CONTRA BRUNONEM ET BERENGARIUM EPISTOLA.

(GALLAND., *Veterum Patrum Bibliotheca*.)

Gloriosissimo et invictissimo regi Francorum, HENRICO, DURANDUS [DEODUINUS] Leodicensis antistes, temporalis regni gubernationem ita moderari, ut in æternum cum sanctis ab omnipotente Deo merito debeat coronari.

Fama supremos Galliæ fines prætergressa totam Germaniam pervasit, jamque omnium nostrum replevit aures, qualiter Bruno Andegavensis episcopus, item Berengarius Turonensis, antiquas hæreses modernis temporibus introducendo, astruant corpus Domini non tam corpus esse quam umbram et figuram corporis Domini; legitima conjugia destruant, et quantum in ipsis est, baptismum parvulorum evertant. Quos ad revincendum ac publice confutandum, eo zelo eoque fervore quo erga sanctam Ecclesiam divina inspiratione plurimum semper ardetis, aiunt vos concilium advocasse, ubi tandem illud totius nobilissimi regni vestri (heu nimis turpe opprobrium!) de medio auferatis, et in æternum, si fieri potest, ab ipsa omnium memoria deleatis. O pia voluntas, et vere rege dignissima! quæ utinam effectum habere posset, ut in tanto sacrilegio convictos (quod certe facillimum est) absque ulla dilatione debita ultio consequeretur! Sed desperamus id fieri posse, cum Bruno existat episcopus : episcopum autem non oportet damnationis subire sententiam præter apostolicam auctoritatem. Igitur omnes quicunque sumus filii sanctæ matris Ecclesiæ, in maximo dolore positi sumus. Nam plurimum veremur si illis miserrimis et perditissimis viris audientia sancti concilii (sicut ipsi de pœna securi postulant) permittatur, cum de tanta præsumptione revictos puniri minime concedatur, gravissima scandala in omni populo fidelium generari. Certe quos videbunt impunitos, et nequaquam a sui gradus honore dejectos, eosdem putabunt ab omni concilio aut vinci non potuisse, aut justificatos esse ; *eruntque*, ut ita dicam, *novissima pejora prioribus.* Ergo majestatem vestram omnes exoratam vellemus, ut interim illorum impiam, sacrilegam et nefariam assertionem audire contemneretis, donec, accepta Romanæ sedis audientia, damnandi potestatem haberetis. Quanquam hujusmodi homines nequaquam oporteat audiri, neque tam est pro illis concilium advocandum, quam de illorum supplicio exquirendum. Tunc quippe hæretici necessario audiendi fuerunt, quando et hæ ipsæ et hujusmodi quæstiones, utpote quæ nondum ad unguem discussæ fuissent, in dubium venire potuerunt, ut per congressum certaminis patesceret utra pars astaret pro defensione veritatis. Quod idem nunc profecto fieri non oportet, quia creberrimis sanctorum Patrum conciliis, tum etiam venerabilium doctorum clarissimis sententiis, ita omnia sunt eliquata, ut ne minimum quid resederit de omni fæce dubitationis. Sed nos ex multis, epistolari brevitate cogente, pauca exponemus, et primo ponemus exempla pertinentia ad corpus et sanguinem Domini. Ait itaque beatus Leo papa : *Si sacræ mensæ communicare debetis, ut nihil prorsus de veritate corporis et sangui-*

nis Christi ambigatis. Item sanctus Cyrillus : *Non communem carnem,* inquit, *accipientes, sed vere vivificationem, et ipsius Verbi propriam factam.* Ergo, si propria, quomodo umbra? si propria, quomodo figura? Item beatus Ambrosius : *Ne esset,* ait, *velut quidam horror cruoris, sed maneret tamen gratia Redemptoris, ideo similitudinem accipis, sed veræ naturæ gratiam, virtutemque consequeris.* Item ipse in libro de Sacramentis : *Quid hic,* ait, *quæris naturæ ordinem in Christi corpore, cum præter naturam sit ipse Dominus Jesus partus ex Virgine? Ante benedictionem alia species nominatur, post consecrationem, corpus efficitur.* Item ipse in eodem : *Vinum,* inquit, *et aqua in calicem mittitur, sed fit sanguis consecratione verbi cœlestis; pretiosum sanguinem bibis, ut nullus horror cruoris sit, et præmium tamen operetur redemptionis.* Et beatus Augustinus dicit ita : *In ipsa carne ambulavit, et ipsam carnem nobis manducandam ad salutem dedit.* Ergo, si ipsam, non umbram, non figuram, ut Bruno et Berengarius affirmant. Et in alio loco idem ipse exponens qualiter dictum sit de David, *efferebatur manibus suis : Quomodo,* inquit, *intelligatur in ipso David, non invenimus secundum litteram, in Christo autem invenimus : ferebatur enim Christus in manibus suis, quando commendans corpus suum,* ait, Hoc est corpus meum; *ferebatur enim illud corpus in manibus suis.* Corpus suum dicit, non, sicut Bruno et Berengarius, umbram et figuram. Item Basilius : *O miraculum! Et Dei in nos benevolentia,* ait, *qui sursum sedet ad dexteram Patris, sacrificii tamen tempore hominum manibus continetur, traditurque lambere cupientibus eum.* Item Eusebius dicit : *Vere unica perfecta hostia, fide existimanda non specie, nec exteriore censenda visu, sed interiore affectu.* Hilarius quoque idipsum testatur : *De veritate,* inquit, *carnis et sanguinis non est relictus ambigendi locus.* Plura præter hæc exempla congerere possemus, nisi vitarem modum excedere. Nunc de Baptismo parvulorum ex libro divi Augustini de verbis Domini pauca ponemus ubi ille sic ait : *Parvulus ad verba aliena sanatur, quia ad factum alienum vulneratur.* Credis in Jesum Christum? fit interrogatio. Respondetur : Credo : *pro non loquente, pro silente, pro flente, et flendo quodammodo ut subveniatur orante, respondetur.* Item : *Ubi,* inquit, *ponis parvulos baptizatos? Profecto in numero credentium.* Rursus ipse : *Inter credentes igitur baptizatos parvulos numerabis, nec judicare ullo modo aliter audebis, si non vis aperte esse hæreticus.* De legitimo autem conjugio, cum Novi et Veteris Instrumenti multiplici auctoritate confirmetur, cumque non modo Christiani, verum Judæi, imo etiam gentiles, legalium nuptiarum copulis fœderentur; unum duntaxat adversus testimonium sufficere potest. Est igitur in constitutione ejusdem concilii capitulum 17 : *Si quis dixerit vel crediderit conjugia hominum quæ secundum legem divinam licet habere, exsecrabilia esse, anathema sit.* Quamobrem Brunonem et Berengarium jam anathematizatos arbitramur. Quod si ita est, vere illis audientia concilii deneganda est, et cum vestris cumque nostris episcopis, si vobis ita videtur, cum amico vestro imperatore, cum ipso papa, quæ vindicta in illos statuatur, deliberandum. Est enim justum ut quorum *manus sint contra omnes, omnium manus etiam contra ipsos excitentur.*

EPISTOLA D. EPISCOPI AD I. EPISCOPUM.

(Anno 1071).

Gratias agit de munere, exponitque ei triumphum S. Remacli de adversariis.

[Marten. *Ampl. collect.* I, 491.]

Domno I. (1) gratia Dei venerabili episcopo, D. (2) coepiscopus, fidele servitium cum orationibus.

Sepositis interim, dulcissime mi domine, veteribus iisdemque celeberrimis vestræ in nos munificentiæ impendiis, novissima quæ palatio non incongrua et futurorum demonstrativa satis exquisite misistis, tanta cum exsultatione amplexati sumus ac veneramur, quanto non tam dona quam, ut ita dicam, mysteria ex ipsa rei veritate per Dei gratiam facta, altiore intellectu profitemur. Misistis enim ursos cum melle, mellisque alumno, pretiosaque contexta, quibus quatuor insignibus et aliud quiddam innuit res gesta. Nam quid per ferocitatem ursinam nullius tam rei quam mellis avidam, nisi gens illa Hemaucensium (3), quæ semper exasperata est inter fluctus bellorum, signatur? Quid vero per mel-

---

(1) Imado procul dubio Paderbornensi, qui Rothoni subrogatus anno 1052, sedit ad annum usque 1076. *Dignissimus,* inquit Nicolaus Schaten auctor Annalium Paderborn., *qui inter primos sanctissimosque Saxoniæ episcopos numeretur; quo prisca cleri disciplina, et vitæ sanctioris vigor servatus sit, quem suomet exemplo ipse prius omnibus impresserit.* Annal. Paderborn. lib. vi, ad ann. 1076.

(2) Deoduinus, qui sedi Leodiensi præerat, cum S. Remacli corpus Leodium delatum est a Stabulensibus, ut justitiam adversus Malmundarienses, qui sese ab his separare gestiebant, impetrarent.

(3) Forte legendum *gens illa Hannonensium;* hæc quippe, probante Cæsare, in ditionem venit Deoduini anno 1071. Vide Fisenium ad hunc annum, Chapeavillam in Deoduino, atque alios Leodiensium Annalium sartores.

lis alumnum, nisi regem dixerimus Dominum nostrum]? Quam dum sanctæ Dei genitricis beatissimæque ecclesiæ martyris (4) mancipando substernit, quid aliud nisi indomitam rabiem in melleum saporem convertit? ac postmodum pace informata hæredumque successione exclusa, pretiosis quasi involuta contextis requiescere novit secum. Sic sic xenia vestra, dulcis amice, non tam sunt dona, quam signa significata per charitatis affectum, sed potius edita per Spiritum sanctum; ac ne quid vobis de jucunditate nostri conventus subtraham, ea quæ gloriose facta sunt apud nos his diebus fideliter aperiam. Post multas corporis beatissimi Remacli (5) repulsiones, exquisitione bonorum Malmundariensium etiam nunc apud nos retentare fuit consilium, ut quasi quod per se non poterat, pietas divina per cooperatorem suppleret Lambertum. Ventum est ad nos cum admirabili plebis multitudine simul ac devotione, feretrumque jactatum super mensam cum devotione, cum ne sic quidem cor regis, quod in manu Dei est, ad misericordiam devolveretur; sed potius ad iracundiam concitatus, exsiliens de accubitu conclavium receptus secum stomacharetur; qua perturbatione grex antea devolutus, velut ex desperatione labitur in iram, et pro precibus solitis omnem verborum ingerunt contumeliam : Vel nunc, inquiunt, ignavissime senex, luce clarius patet quid valeas, quando in adventu tuo nedum postulata consummet, etiam loco stare indignatur regia potestas. His atque similibus hymnis in eodem loco noctem circumsæviunt unam, cum mane vix extorqueri posset, ut referretur in ecclesiam, ubi consociatis præsulis utriusque meritis, tanta confestim subsecuta est gratia, ut manus ac pedes contracti solverentur, orbatæ mulieris oculi aperirentur, Elecelluti cujusdam pedes distorti relocarentur, in quo nulli dubium fuit Trinitatem sanctam fidelibus suis evidenter adfuisse, ubi per merita sanctorum tres illi sani videbantur astare. Fit inenarrabilis populi commotio, cantat ecclesia, contremiscit aula, rex accurrit anhelus, bona quæ abstulerat sanctissimo corpori utrisque repræsentat manibus. Unde, mi frater et domine, cui, Jesum testor, debeo quidquid boni deberi potest homini ab homine, in summo munere rogo, ut meis verbis divinam majestatem adorare velitis super hoc duplici negotio, quod in tempore nostri episcopatus tam mirabiliter operari in nobis dignatus est Dominus.

---

(4) Martyris S. Lamberti Leodiensis ecclesiæ patroni.
(5) Integram triumphi S. Remacli historiam habes apud Chapeavillam, ad calcem tomi secundi de Gestis episcoporum Leodiensium (*Patrologiæ* tom. CXLIX).

DEODUINI LEODIENSIS
PRIVILEGIUM
PRO COLLEGIATA B. MARIÆ ECCLESIA HOIENSI.
(Anno 1066.)

Amplissimam ei facit donationem in ipsius dedicatione, eamque eligit pro sepulturæ loco.
(Dom MARTEN., *Ampliss. Collect.*, I, 467.)

In nomine sanctæ et individuæ Trinitatis. Bona vitæ præsentis omnibus qui eam diligunt avare, nullam salutem, sed mortem pariunt sempiternam. Qui autem per eadem bona operibus misericordiæ florere studuerint, serunt quidem temporalia centuplo fructu sine fine mansura. Proinde igitur ego Dietwinus Leodiensis gratia Dei episcopus exemplo domni Richarii, Evracri, Notgeri, aliorumque diversorum hujus sedis, qui non solum extrinsecus acquisitis, sed multa etiam sibi et successoribus detrahentes, laborantius inopia congregationibus pie et misericorditer subvenerunt; in salutem et redemptionem animæ meæ ecclesiæ in Hoio sanctæ Dei Genitricis Mariæ (6) sanctique Domitiani contuli ad usus fratrum hæc subter adnotata : ecclesiam de Housle, ecclesiam de Fredeis-villa, capellam de S. Petri-monte, teloneum de Havelange, prædium quod ibidem et terram quam in Heristallio acquisivi, octavam partem allodii in villa Hisemale, prædium quod acquisivi, in loco Ungravi, partem comitis Godefridi, quam habuit in villis Langen, Lettafambre, Engelrode, et in ecclesia quæ est in villa Reymest, in villa Taolieres mansos duos, curtem Lustin cum ecclesia et omnibus appenditiis suis, allodium quod habuit Hano in villa Hirgeis, dimidiam ecclesiam de Wenterluche cum omni familia, et tota dote ipsius. Quia vero ipsa domus sanctæ Mariæ multis impendiis opus habet, ecclesiam de Allecha ad custodiam delegavimus, et ad has necessitates a

---

(6) Ecclesiam Hoiensem beatæ Mariæ a Bosone archidiacono pro XV canonicis fundatam, a Deodumo episcopo Leodiensi restauratam, et a fundamentis erectam, additis etiam XV canonicis, scribit Egidius de Aurea-Valle.

prebenda fratrum distinximus, itaque distinctam perpetuo manere volumus ab ecclesia Sancti Stephani, usque ad pontem Mosæ in atrium dedicamus, in quo nisi domos fratrum et hospitale fieri sub anathemate interdiximus. Ubi etiam, quia locus erat aptus, cursum aquæ adjicientes, molendinum fratrum fieri decrevimus. Quoniam vero in eadem ecclesia requiem elegi in sæculum sæculi, eam cum appendicibus, ecclesiis, et omni clero ab omni subjectione archidiaconi, ipso annuente et tota Leodiensi ecclesia, absolvimus, et eorum omnium curam decano ejusdem delegavimus. Decrevimus etiam ut neque familia ad altare pertinens, neque possessio aliqua libere tradita sæcularem vel substitutum haberet advocatum, sed legitimus advocatus eis præesset ad defensionem, non ad exactionem. Hæc omnia vero peracta ipso die quo ecclesiam dedicavi, adjuvante Lietberto (7)

(7) Lietbertus anno 1049 Gerardo episcopo Cameracensi suffectus est; abbatiam S. Sepulcri ordinis A Cameracensi episcopo, Gosbertus archidiaconus alta voce recitavit sine contradictione. Ego autem et prædictus episcopus perpetuo anathemate obligavimus quisquis aliquid eorum violare præsumpserit, ut æternos cruciatus cum diabolo et angelis ejus perferat, nisi de injuria satisfaciat. Visum est autem et advocatum et testes subter annotare archidiaconos; Herimannus præpositus, Godescalcus, Godescalcus, Godescalcus tertius, Boso, Dietwimus. Præterea Wolbertus decanus, Asculfus cantor, Franco scholasticus. Laici vero comes Adelbertus, comes Heinricus, comes Cono, Walcherus advocatus ecclesiæ, Godescalcus de Cennaco, Godefridus et Arnulfus de Florinis, Theodricus de Floreffiæ et frater ejus Christinus. Herimannus de B Gers, Stephanus de Faule. Facta sunt hæc anno episcopatus domni Dietwini XVIII, regis vero Henrici anno XI. Ego Franco scholasticus recognovi.

S. Benedicti, in qua conditus jacet, fundavit; obiit meritis plenus anno 1076.

DEODUINI

DIPLOMA

Quo in ecclesia, Hoiensi seu Hiensi quindecim canonicos instituit.

(Anno 1066.)

(Miræus, *Opp. diplom.*, tom. I, pag. 68.)

(8) Ego Deoduinus, Dei gratia Leodicensis episco- C postmodum dimidiavit.
pus, notum esse volo tam præsentibus quam futuris, qualiter post libertatem Hoiensis ecclesiæ, quam Maternus beatæ memoriæ episcopus consecrando primitiavit, adjecerim libertatem etiam villæ. Præfatam siquidem ecclesiam a fundamentis ad laquearia, a laquearibus et ultra reædificavi, quam etiam in auro, argento, gemmis et prædiis, pro modulo meo ditavi, et de Agar Saram esse feci.

Prænominata vero villa pro libertate sua ad sumptus ecclesiæ necessarios, omnia mobilia sua primo mihi tertiavit; qua libertate ut amplius frueretur,

(8) Theoduini diploma, sed mutilum, Ægidius Vallis Aureæ monachus, Brusthemius et Chappeavillus, rerum Leodiensium scriptores, recitant quod quidem signarunt, ut iidem scriptores asserunt:
Hermannus archidiaconus,
Godeschalcus præpositus,
Wolbortus decanus,
Aistulphus cantor,
Franco scholasticus,
Bono canonicus, Emo et Wolbodo,
Godefridus barbatus, senior, dux Lotharingiæ,
Albertus comes Namurcensis,
Henricus comes Luceburgensis,
Cono comes Montis Acuti,
Walterus advocatus ejusdem villæ,
Godescl.alcus de Cennaco

Prima libertas hæc est, quod defuncto in pace episcopo, usque ad plenariam alterius institutionem, Burgenses villæ, bona fide et bono consilio, castrum Hoiense de reditibus villæ conservabunt. Si vero nos, vel aliquis successorum nostrorum præscriptam libertatem, vel aliqua jura eorum (quod absit) infringere tentaverit, concedimus et statuimus ut dux Lotharingiæ, et alii tam clerici quam laici subnotati ad conservandam libertatem, et jura eorum D (admonitione tamen præmissa) eis efficaciter assistere non omittant.

Godefridus et Arnulfus de Florines,
Godefridus de Floreffia,
Christianus ejus frater.

Cæterum Bozo archidiaconus, et abbas S. Mariæ 15 canonicos in Huiensi S. Mariæ ecclesia posuerat. His alios totidem Theoduinus episcopus addidit, et eamdem ecclesiam, a fundamentis usque ad laquearia a se perfectam, anno 1066 dedicavit, præsente Lietberto Cameracensi episcopo. Iidem pontifices corpus S. Domitiani episcopi, ad dictam ecclesiam, ex ecclesiola, per S. Maternum, primum Tungrensium episcopum, constructa, transtulerunt; ut idem Ægidius in Gestis episcoporum Leodiensium tradit. Theoduinus episcopus obiit anno 1075, et sepultus est in memorata ecclesia Huensi.

Die tertio dedicationis Hoiensis ecclesiæ, hæc omnia supradicta a meipso corroborata sunt et confirmata, sub anathematis vinculo, et a compatre meo et cooperatore Lietberto Cameracensi episcopo, et ab omnibus sacerdotibus inibi astantibus. Et ne in posterum prece vel pretio ista possent immutari, impressione sigilli nostri prædicta voluimus communiri, sub assensu et testimonio tam clericorum quam laicorum.

Acta sunt hæc anno Domini 1066 indictione IV, pontificatus nostri anno XVIII, regni vero Henrici XI.

ANNO DOMINI MLXXVI.

SANCTUS LIETBERTUS

CAMERACENSIS EPISCOPUS.

NOTITIA HISTORICA IN LIETBERTUM.

(D. LEGLAY, *Cameracum Christianum*, pag. 24.)

S. Lietbertus, Brabantinus, nepos S. Gerardi episcopi, cui educandus traditus est, ex magistro scholæ, archidiacono et præposito, factus est episcopus Cameracensis an. 1049, ex charta S. Petri Hasnoniensis; quod confirmat instrumentum Corbeiense de comitiis regni ibidem habitis an. 1065, indict. III, epacta XI, regnante Philippo rege an. VI, episcopante Lietberto Cameracensi an. XVII. Si enim annis 1049 decem et septem addantur, habetis 1065; quare vitiosas putamus temporis notas in chartario S. Sepulcri, ubi legimus eum huic monasterio concessisse altaria de Bullari et de Brugeletis an. 1070, sui episcopatus 24. Attamen tardius ordinatus est; nam ex ejus Vitæ scriptore, habemus hujus episcopi consecrationem Remis esse factam in eodem conventu, in quo celebratæ sunt nuptiæ Henrici Francorum regis cum Anna, quas factas fuisse an. 1051 nemo nescit.

Ejus in monasteria studium patuit erga Santandreanum a suo decessore in castro S. Mariæ condi cœptum, quod perficere sollicitus fuit fere statim post onus pastorale susceptum. Cœnobium S. Sepulcri in ipsa urbe Cameracensi an. 1064 fundavit, ex peregrinatione sacra reversus (1).

Eodem anno dedit privilegium pro monasterio Eihamensi, territorii Brachatensis, quod cum prius floruisset, tunc ob bellorum calamitates jacebat; sed Balduinus comes, et religiosa ejus conjux Adela monasterium ibi ædificarunt, quod Vedastino tanquam matri ecclesiæ subditum erat, petieruntque a Lietberto episcopo ut amplo privilegio novum donaret cœnobium. Huic privilegio subscripserunt Gerardus præpositus et archidiaconus, quinque alii archidiaconi, Erchembaldus abbas Atrebatensis, Alardus Laubacensis, Guidricus de S. Ghisleno, Albertus Maricolensis. Walbertus fuit primus Eihamensis abbas.

An. 1066, amotis canonicis sæcularibus, regulares substituit in Cameracensi S. Autberti cœnobio, uti probant ejusdem litteræ, quas recitat Miræus, tum cap. 56; tom. I, diplom. Belgic., tum. cap. 96 notitiæ eccles. Belg. Eosdem regulares admisit in abbatiam Montis S. Eligii, anno 1070, petente Eustachio Boloniæ comite.

Collegio canonicorum Lensensium multa concessit privilegia, de quibus Miræus, cap. 58 et 59, diplom. Belg. Bruxellensem ecclesiam in qua Lambertus comes canonicos posuerat libertate donavit anno episcopatus 23, qui respondet an. 1072, vel 1073. Plura de similibus pietatis operibus erga monasteria referre supersedeo. Adfuit coronationi Philippi regis factæ Remis an. 1059, die Pentecostes, coram Henrico patre. Obiit S. Lietbertus an. 1076, IV Kal. Octobris (2), ex ipsius Historia seu Vita quæ habetur tomo IX Spicilegii, cujus auctor fuit Rodulfus monachus, deinde abbas S. Trudonis, ut autumat Mabill. tom. II Analect. p. 554 (3). Obiit vero

---

(1) La charte de fondation de l'abbaye du Saint-Sépulcre se trouve dans Aub. Le Mire, édit. Foppens, I, 155. Liébert avait entrepris le voyage de Jérusalem, mais il ne put aller au delà de Laodicée en Syrie, parce que le roi de Babylone, qui occupait les lieux saints, ne permettait plus aux chrétiens d'y pénétrer. Le pieux évêque, ne pouvant accomplir son vœu, tâcha d'y suppléer par la fondation d'un monastère en l'honneur du Sépulcre de N. S.

(2) Suivant d'autres, il mourut le 22 juin. L'Eglise de Cambrai ne solennise pas la fête de ce saint, mais le 23 juin, jour de sa sépulture, et le 28 septembre, anniversaire de sa première translation, on chantait une messe votive de la sainte Trinité.

(3) Paquot estime que Mabillon s'est trompé en ne faisant qu'un seul personnage, de Raoul, auteur de la Vie de saint Liébert, et de Raoul, abbé de Saint-Trond. V. *Mém. pour servir à l'hist. litt. des Pays-Bas*. XII 42-45.

Rodulfus anno 1158. De his consulendi hagiographi, maxime socii Bollandiani. Depositus est in monasterio S. Sepulcri ab ipso condito, ubi quotannis habet in die obitus vigilias solemnes mortuorum, inquit Raissius in Belgica Christ., p. III. Huic episcopo Ursio abbas Altismontensis nuncupavit historiam de S. Marcello, quæ legitur apud Bollandum ad diem 16 Januarii.

VITA SANCTI LIETBERTI

CAMERACENSIS EPISCOPI,

AUCTORE RODULPHO ABBATE S. TRUDONIS.

(Apud Acherium, *Spicilegii* tom. IX, pag. 675.)

CAPUT PRIMUM.
De Ottone et Henrico imperatoribus.

Romani principatus imperiale solium brachio militari sustentabat Otto Junior, regumque veterum potentiam relegens, mobilitate juvenilis animi conabatur omnium fieri potentior. Ut autem meditata compleret, admittebat consiliis imperialibus commercatricem Romanorum barbariem [*f.* avaritiam], donis et beneficiis saturare gestiens eorum ingluviem : sed palatinis canibus, ut assolet, accedebat ex frequenti assiduitate contumax insolentia, et ex nimia familiaritate contemptus. Adeo efferbuit factionum insania, ut pelleretur ab urbe imperator non sine morte suorum. Dum cogit ad vindicandas injurias militum castra, dum stipat imperiales turmas, defungitur; atque cum luctu et mœrore suorum honore regio in ecclesia Aquisgrani sepelitur.

Eo de medio facto Henricus Baioariorum ducis Henrici filius (4) nutu et providentia Dei ex consilio Lothariensium purpura vestitus regia, armis insignitur imperialibus; qui quam prudenter, quam fortiter, quam pacifice, quam catholice suum rexit imperium, monstrat nominis ipsius intitulatio, per quam non modo Augustus et Imperator, sed insuper Orthodoxus atque Pacificus attitulatur. Sedatis sine sanguine hostibus, sibi suoque potens vixit imperio, plus paci et pietati studens quam militiæ, plus catholicæ et apostolicæ religioni serviens quam furori Martio.

CAPUT II.
De Gerardo episcopo Cameracensi.

Inter hæc Erluino Cameracensium pontifice defuncto, ipse dominus imperator suorum usus non segni consilio, Gerardo suo capellano, Lothariensium atque Karlensium parentibus edito non infimis, assensum præbuit super electione de eo facta Cameracensis episcopi. Qui factus pontifex quam sancte vixerit, quam canonice Ecclesiam sibi commissam rexerit, testes sacræ religionis homines, nostris adhuc temporibus superstites, testes instauratio et restauratio domorum sanctæ matris Ecclesiæ, index est Florinarum nobile cœnobium, in honore Dei et memoria beati Joannis et indicis Christi, sumptibus ejus constructum, paternisque hæreditatibus adhæreditatum : monstrat Cameracensis sedes ope studioque ipsius nobiliter decorata; necnon in capite sedis ejusdem pontificaliter exaltata; testatur Atrebatensis ecclesia, per eumdem pontificem melius pulchriusque quam fuerat restaurata post conflagrationem cœlestis incendii. Cujus rei ordinem cæterorumque bene gestorum scire volentes, ad ejus Vitæ textum dirigimus : nos in sumpto fasce desudabimus.

CAPUT III.
De ortu domni Lietberti, et de profectu ejus in studio litterarum.

Tripudiabat Christianus orbis pacifici regis sustentatus brachio; gaudebat mater Ecclesia sanctorum concordi justitia, de virtute in virtutem gradientibus cunctis : sub evidenti cœlestis Sponsi cantico : *Quam pulchri sunt gressus tui in calceamentis, filia principis!* (*Cant.* VII, 1.) In hoc ergo pacis tranquillitatisque solstitio, bene sibi consentientibus regno cum sacerdotio, præclari decoris jubar effulsit in Brachatensi (*vulgo* Brakele) provincia, nobilis infans nobili ortus prosapia consueto more Christianitatis traditur ecclesiasticis sanctionibus, postque sanctum baptisma chrismatis unguine delibutus, divino præsagio nomen accepit Lietbertus, et merito, quippe qui liberaturus erat plebem sibi committendam de hostis rabidi versutis hiatibus tantum reipublicæ studuit libertati, ut suis imaginibus *Lietbertus publica tranquillitas* ascribatur.

Ablactato puero, nullum fit discidium, pari consensu parentis utriusque clementis imprimitur litterarum; et quanquam generi repugnaret nobilitas, militemque magis quam clericum quæreret maternarum paternarumque multiformis possessionum hæreditas, forti supervenit fortior, qui potis est vasa fortis diripere; suoque corpori sanctissimo coadunare discit, auditque puer docibilis, et docilem puerum vicinia cuncta reclamantes audiunt parentes et propinqui, et congratulantur ei. Ita rumore secundo insinuatur præfato Gerardo præsuli, carnis genere sibi propinquo : mox ad audita requisitus puer transfertur educandus in aula pontificali, daturus tritici mensuram suo in tempore familiæ domini sui. Traditur pædagogis sub scholari magisterio, servaturus pastorali cura greges tonsarum quæ ascenderunt de lavacro. Ducitur sitibundo pectore currens ad fontem philosophiæ, et saporis tripertiti septem rivos bibens, modo studet logicæ, nunc insudat physicæ, sic intendens vacat ethicæ : mirantibus magistris penetrat labyrinthos Scripturarum, et conferens cum collegis dissoluta colligat, et complicata disserat. Fit magister ex discipulo, et qui docendus venerat, docet doctore judicio; a magistris recitatur pontifici de adolescentis industria, de moribus, de scientia, de religione munda.

CAPUT IV.
Ubi scientiæ merito archischolus efficitur.

Domni episcopi jussu omniumque suorum fidelium assensu præficitur cunctis scholaribus prudenti dispensatione, ut in hoc probaretur utrum perseveraret in devotis moribus. Suscepit magisterii scholaris dominatum; sed ne solliciti laboris studiosum pondus abjicere videretur, contra spem quorumdam columbinis oculis gaudet ex munere. Ingreditur imperialis magistri bene pudorata gravitas scholarum palatia, cujus ad aspectum pallentibus labiis cunctorum suspiciunt obtutus : expectant intenti quid velit, quid innuat, quid vel cui subeat; fervet studium, præcipit quisque sibi locum : ingeruntur multiplices diversarum lectionum quæstiones, omnibus ad omnia prudentissimus doctor responsa parat; quippe scientia cujus erat crater tornatilis nunquam indigens poculis, ita multiplicem sensum peritissimi cordis, temperans affabiliter, quos erudiendos susceperat, inservit diligenter; diligenter, inquam, introducendus in cubiculum Regis dormiebat « tanquam potens crapulatus a vino » (*Psal.* LXXVI, 65), « inter medios cleros pennæ columbæ deargentatæ, cujus dorsi posteriora in viriditate auri » (*Psal.* LXVII, 14), scilicet inter mysteria utriusque Testamenti, servante enim gentilium litterarum disciplina rutilantis eloquii præclarum leporem, retinebat intra sacrum cordis docti armarium divinarum Scripturarum testimonio doctrinæ cœlestis aureum nitorem. Felix et prudens scientia quæ tunc assuescebat in scholarium studiis, quæ post declamatura erat in populis; quodque dicatur planius, post peractum studii scholaris magisterium commutatus est in honore regio, sublimatus ad summi sacerdotii cœleste ministerium, intercurrentium nuntiorum relatione jucunda replicatur pontifici quid noster archischolus agat, qualiter se habeat : prædicatur indicibilis scientia, prædicabilis doctrina, sollicitudo non pigra, religio munda et immaculata. Miratur pontifex et exsultat, Deique collaudans munificentiam, votis supplicibus auditis meliora precatur.

CAPUT V.
Ubi procurator domus episcopi constituitur.

Sed quoniam tanti senis ætas in dies ad decrepitum vergebat, præcavens quod assolet in ea ætate, scilicet minus provide sua disponere, deliberat prudenti consilio illum de cujus gloriabatur præconio suis domesticis præficere. Deliberata complentur; scholis abstrahitur, et inter palatinos proceres pontificalis domus procurator exaltatur. Felix regia [*id est*, palatium episcopi] tanto sustentanda procuratore! sed felicior familia tam prudenti gubernanda provisore. Doctor puerorum fit consul populorum. Quique concutiebat crepantes ferulas inter carmina poetarum, discernit [*f.*, discit] super civiles multiplicium causarum querimonias judicare..... legum ordinaria jura. Benedictio perituri super eum veniebat, et cor viduæ consolatur; et conterebat molas iniqui et dentibus ejus rapiebat prædam : quodque magis stupeas, ab omni munere manus excutiebat.

CAPUT VI.
Ubi cum præpositura honor ei archidiaconatus tribuitur.

Tertiam jam ætatem hominum vivebat, nec erat ei verendum ne vera prædicans videretur insolens aut loquax, ex cujus ore dulcior melle fluebat oratio. Ad præclaram enim magnitudinem animi doctrinæ uberior accesserat, et illud omnino canorum in voce splendescebat. Liberalis procuratoris tam liberalem libertatem percipiens sancta mater Ecclesia, filium quem sibi nutrierat substractum suspirat, vincisque forensibus custodem positum conquesta, ut etiam suam vineam custodiat, ordinari sibi archidiaconum deposcit quo carebat. Senio gravescente defessus jam dudum pontifex veretur invidiam, profusisque lacrymis super hac re cœlestis oraculi recurrit ad arcam : tandem apparente nube divini consilii suscipit responsum, non absurde sanctam Ecclesiam suum reposcere filium. Fit discidium prædicabile, fit divortium memorabile; aulici potentia militari suum retentant præpositum, clerus et populus jure catholico sibi viriliter extorquent archidiaconum. Diuque pensatis viri virtutibus, accepto consilio, Dei nutu judicatur dignus sublimari non solum præpositura dominio, sed insuper insigniri archidiaconatus officio. Et quia eum divina clementia et sapientia et virtutibus exaltaverat, commodum duxit episcopus eum magnificare, conferens archidiaconatum cum ministerio præposituræ.

CAPUT VII.
Quam sancte et religiose in his officiis se habuerit.

Acceptis honoribus ita utebatur ut perfruendis majoribus dignior judicaretur. Recipit mater Ecclesia non prodigum filium, porcorum siliquas esurientem, sed Simonem [*id est*, Petrum apostolum] nostrum columbæ septemplicis filium, post esum serpentum reptiliumque Cæsaream introeuntem (*Act.* XI, 6); Corneliique domum, scilicet sanctam Ecclesiam, verbi Dei pabulo satiantem. Videres in uno homine Mariam et Martham, nunc circa frequens ministerium satagentem, nunc ad pedes Jesu cum lacrymis et attentis orationibus cor pectusque tundendo suppliciter procumbentem; modo cum Jacob in agro contrariis aeris tempestatibus afficiebatur, modo rediens domum lactis coagulos mellisque favos pueris partiebatur; nunc in navi residens diversarum tempestatum marinis fluctibus premebatur; nunc introductus in cellam vinariam, per dilectionem Dei extendens se in amorem proximi, sanctae charitatis exercebat fructus. En noster Salomon, veri David filius, templum Domini sapienter administrat, in cujus structura nec securis nec malleus sonat. En verus Moyses sacris undis servatur, et in domum Pharaonis constitutus, gladio spiritus, quod est verbum Dei..... transit de porta in portam, ut destruat, evellat, et aedificet, et plantet. Temporum labente curriculo Gerardo pontifici vergentibus annis ad occasum quarta supererat senectuti causa, quae maxime angere atque sollicitam habere eam aetatem videtur, appropinquatio scilicet mortis, quae certe a senectute non potest longe abesse; sed Lietbertus levita magnificus, curiae pontificalis provisor sollicitus, quem honoribus exaltaverat, in omnibus eum sapienter juvabat.

CAPUT VIII.
De Waltero Cameracensi castellano, et Joanne Atrebatensi advocato.

Erat tunc temporis Walterus Cameracensis castellanus, qui ob nimiam sui fastus superbiam, suaeque potentiae indicibilem insolentiam ab inimicis suis interfectus interiit; unicumque filium cum uxore sua superstites reliquit; quae quidem uxor, Ermentrudis nomine, ab insania mariti sui non cessabat, sed pejora quaeque [*f.*, quoque] operans mariti malitias superexcellebat : et quia ut desiderabat, id per se adimplere non potuit, filius enim ejus puer erat, tyrannum quemdam nomine Joannem, advocatum Atrebatensem, in conjugium sibi copulavit, suumque et filii sui tutorem esse constituit. Filius autem ille mox mortem obiit, secundum quod scriptum est : *Cognatio impiorum peribit* (Prov. x, 28). Joannes autem satagebat quocunque poterat post mortem privigni castellaturam sibi transducere; quod lex nulla permittebat : obstabat insuper rector sapientissimus, cui subrepere nullus poterat dolus. Unde confictis causis Joannes inimicitias ei insimulabat, quin etiam ei mortem collaturum plerisque revelabat; sed quoniam justus in Deo confidit, parvi pendebat signifer matris Ecclesiae consilia malignitatis, implere studens opere quem gestabat nomine tropaeum libertatis.

CAPUT IX.
Quam strenue et prudenter Lietbertus Novum Castellum custodierit.

Interea praesul infirmabatur, et cum aetatis decrepitae molestia febris acutae valetudine angebatur, ita ut a domo sua nisi alterius manibus asportatus exire nequiret, neque disponere quid quod sibi vel reipublicae utile foret. Libertas autem patriae Lietbertus cum eo assiduus esse non poterat, quoniam apud Novum Castellum ejus custodiae deputatum manebat. Ibi miles Christi totius provinciae propter incursantium latronum rapinas, opportunas vicinias tutabatur, de cujus defensionis auxilio tam sui quam externi, tam vicini quam longinqui gloriabantur. Si quomodo quilibet hostis incursans ipsius provinciae fines positos intrasset, auditis viri virtutibus et nomine, statim retrogradus tanquam viator viso serpente refugit, necnon intra securas latebras accelerando sese recipit. Pacis erat subsidium, salus provinciae, pes claudo, lumen caecis, defensio pauperum, spes viduarum, protectio pupillorum, timor hostis et arma suorum. Nec enim incursione, nec eminus hostis aut cominus gladiis utebatur, sed ratione, consilio et scientia. Et quamvis ad cunctorum nutum penderet et arbitrium, praeferebat tamen omnibus domni pontificis imperium, quem saepius revisebat, necnon amaritudinem dolorum et infirmitatum, conturbationesque causarum consolationum suarum mellitis refocillationibus dulcorabat : ut enim adolescentibus bona indole praeditis sapientes senes delectantur, leniorque est eorum senectus qui a juventute coluntur et diliguntur, sic adolescentes senum praeceptis gaudent, quibus ad virtutum studia ducuntur.

CAPUT X.
De morte Gerardi et electione Lietberti archidiaconi.

Superveniente suae vocationis tempore praesul Gerardus defungitur; Joannes tamen remanet in civitate castellatura indonatus. Porro, sepulto pontifice, cum reverentia qua decebat et honore, convenit in unum Cameracensis Ecclesia pari consensu electura domnum Lietbertum provehi ad pontificatus honorem. Hunc itaque clerus et populus totis nisibus expetunt pastorem, quem pium senserant contra hostes protectorem; sciunt eum rapacibus non cedere lupis, quem Gerardi et Joannis caeterorumque tyrannorum non cessisse noverant armis. Igitur pari consensu, simili consilio, consona voce ordinari sibi deposcunt episcopum, quem plenum pietate et misericordia hactenus habuerant archidiaconum : justum quippe fuerat ut ubi devote militaverat, ibidem promotionis culmen obtineret; sed eo contradicente, simul humanae fragilitatis multimoda discrimina sapienter opponente, capitur, trahitur, pontificali throno sublimis exaltatur. Victus liberalis archidiaconus modo precibus, modo ratione, non sine lacrymis cessit precantum votis; fit gaudium celebre pariter consonantibus signis, divini respectus misericordiam laudantibus cunctis. Neque parvipendebant sese adeptos quod petierant : merito quippe gratulabantur, qui per Deum boni pastoris electione gratulabantur. Non enim viri virtutes et justitiam populi noverant fama, sed dicto crebrius in suis necessitatibus senserant experientia. Cum laudibus hymnisonis ad aulam ducitur pontificum, protensisque manibus omnes ei spondent fidelitatem.

CAPUT XI.
Electus cum aliis personis Cæsarem adiit.

Post hæc Henricum regem adeunt novus electus, scilicet domnus Lietbertus præpositus et archidiaconus, aliique archidiaconi, cum casatis Cameracensis Ecclesiæ, nuntiantes destructionis suæ casum flebilem, et episcopi sui depositionem : illis quippe diebus apud Agrippinensem Coloniam excubans super observationis Quadragesimæ diem Resurrectionis Dominicæ præstolabatur Dominicum, consulturus ibidem nobile suorum palatinorum consilium ; audiens obitum tanti viri, pie ei eo quod omnibus amabilis erat condoluit, cœpitque quærere diligenter quis in loco ejus stabiliri potuisset. Sed quoniam veneranda dies superveniebat ea quæ Parasceves denominativum accepit, suorum sententiam procerum super hac re dominus imperator consulere distulit : cui quidem in hac re sollicito suggestum est a Cameracensibus, quod Lietbertus, ejusdem Cameracenæ civitatis præpositus, qui suus jamdudum capellanus erat, quem fidelissimum sibi et civitati illi sæpe necessarium probaverat, ad regendam Cameracensem Ecclesiam electus esset ab omnibus : idipsum tamen ne Dominicæ passionis sacramenta Christianæque religionis ob suorum recordationem præceptorum Dominicorumque venerationem supplicum votiva silentia intercidere videretur, interim siluit, donec sacrosanctæ Resurrectionis illucesceret dies. O altitudo divitiarum sapientiæ et scientiæ Dei, quam incomprehensibilia sunt judicia ejus, et investigabiles viæ ejus ! (Rom. XI, 33.) O præclara divinæ dispensationis scientia ! o venerandam catholicæ fidei gratiam ! o quam gaudiosum, quam conveniens est ut eodem die regali necnon imperiali liberalitate levita magnificus Lietbertus obtineret pontificalis electionis regalem prærogativam, quo Rex regum Christus victor rediens ab inferis, triumphato diabolo, suum liberavit plasma ! o præsagium prudens ! o diem celebrem, in quo Liberator animarum et Salvator universorum Lietberto levitæ liberalem pontificatus largitus est provectum ! Jam sanctum mane fenestras intrabat,

Noctifugasque suo radios spargebat in orbe,
Propellens tenebras Hecates Phœbeia lampas,

Cum rex sopore depulso cubicularios vocat, sibique imperialem sessionem parari mandat. Convocatis itaque Cameracensis Ecclesiæ legatis, suæ voluntatis sententiam rex eis aperuit, Lietbertum scilicet præpositum se simul cum eis eligere Cameracensis Ecclesiæ episcopum. Audito viri nomine subrectis in cœlum luminibus, omnes Deum regemque laudaverunt, regiæque voluntati lætantes assensi sunt.

CAPUT XII.
De Guone ejus adversario.

Huic imperiali consilio cunctis assentientibus, submurmurando cœpit obsistere unus legatorum, scilicet archidiaconus Guo, qui sicut aversus vocabulo, sic discors et judicio. Hoc tamen probatum est cum fecisse duabus ex causis, factione Joannis prænominati, vel quod huic aspirabat honori ; sed quia probata virtus corripit insipientes, mox a domino requisitus imperatore, palam confessus est majoris et sublimioris honoris dignissimum, quem huic submurmurabat non aptum. Nam dum palam privatimque sciscitaretur quid in viro Dei contradictionis et calumniæ nosset, respondit, sub sacramento veritatis et fidei, neque nosse neque novisse quod ei officere posset : insuper pretestatur diaconum sine reprehensione, judicem ornatum moribus, bene catholicum, domui Dei provisorem sapientissimum ; confirmabat totum sine macula, quem Deus perfuderat gratia, astruebat magnopere viri virtutes egregias, animi constantiam, sollicitudinem non pigram, jejuniorum vigiliarumque assiduitatem, orationum lacrymarumque devotionem. Ad hoc dominus imperator substitit paululum, regalesque vultus componens, sic demum ora resolvit :

Plurima sanctorum relegentes gesta virorum,
Scimus Martinum virtutis culmine dignum
Tunc et laudatum, dum credit eum reprobatum
Præsul defensor, non sanus ad omnia censor
Consimilis facti, similis sententia pacti,
Lex eadem fraudis, si non par gloria laudis.
Unde per has notas quas præsens contulit ætas
Culmine pontifico, testante quod est inimico,
Ni defraudetur, me judice dignus habetur.

It cœlo clamor Dei cuncta gubernantis laudantium gloriam, domni que regis confirmantium sententiam.

CAPUT XIII.
Ubi electio Domni Lietberti ab Augusto et cunctis principibus confirmatur.

Electus est in die sancto Paschæ domnus noster Lietbertus ab imperatore cunctisque palatinis principibus, atque laudatus et testificatus a suis omnibus. Videres omne palatium gaudio et exsultatione repletum, ipsum etiam imperatorem incipientem Te Deum laudamus, prosequentibus cunctis ad ecclesiam cum hujus hymni jubilatione : solemnizabat mater Ecclesia coronata episcopi resurrectione et victoria [f., Christi resurrectionem et victoriam], plaudebat domni Lietberti celebri electione, præsertim ad prærogativam electionis imperatoris. Actum est Agrippinæ in palatio imperiali, confirmatum in ecclesia S. Petri principis apostolorum et cœlestis clavigeri, ita annuente Guone cum cæteris omnibus, donavit civitatem Cameracensem cum suis appendiciis omnibus domno Lietberto imperator Romanorum Henricus IV (4-5). Sic accepta missione, et

---

(4-5) Leg. III, si Henricum cognomento Aucupem imperatoribus adnumeres, alias II, uti scribit Baldericus in Chronici lib. III, c. 64, qui primum locum tribui S. Henrico Bajoario : nam Lietbertus an. 1050 consecratus est episcopus, quo tempore Henricus II seu III imperabat.

CAPUT XIV.

Ubi Joannes ecclesiam S. Mariæ et aulam episcopi invadit, et extra portas urbis eum claudit.

Fama præcurrente, nuntiatur Joanni quod factum fuerat; qua de causa nimium perterritus diuque reputat quid facto opus sit; postea suis in unum coactis animi sui secretum revelat, affirmans domno Lietberto nullum civitatis introitum præbere, nisi sibi castellaturam quam ambiebat prius voluerit dare. Tali consilio matrem ecclesiam dominæ nostræ sanctæ Mariæ violenter invasit, et ejectis clericis thesauros ecclesiæ et quodcunque intro reperit, suæ ditioni mancipavit, militesque suos armatos inibi posuit; aulam pontificalem superbus intravit, uxorem suam in cameram pontificis introducens, stratumque suum in lecto pontificis fecit parari, sibique et satellitibus suis de sumptibus episcopi præcepit ministrari. Cum hæc agerentur, novus civitati appropinquat domnus, cui Joannes cum parato occurrens exercitu portas clausit, et longe repulit ab introitu. Itaque divertens ad Novum Castellum cum honore et lætitia recipitur a suis, ibique aliquandiu manet.

CAPUT XV.

Ubi comes Flandriæ electum episcopum a Castello usque ad urbem secum deducit.

Rediens comes Flandriarum Balduinus a rege Francorum cum ibi invenit, et de dominio ejus lætus effectus usque ad civitatem Cameracensem secum deduxit. Appropinquantibus eis, nuntiatur Joanni, qui mox fuga lapsus liberum introitum concessit domino venienti. Exhilaratus gaudet princeps patriæ mox sacrandus episcopus, tum pro adepta gratia imperatoris, tum de rabidi Joannis superata superbia, civitatem Cameracum omnimodis exaltare satagebat. Cives itaque qui diutinæ seditionis oppressione paupertati redacti fuerant, pacis dulcedine vivificati, quasi de barathro mortis resurgebant, sollicitudine quidem et studio principis novi in civitate Cameracensi, et circumquaque in omnibus appendiciis misericordia et veritas sibi obviabant, et pacis oscula libabant; aperta et reserata sunt omnia, nec fur inventus, nec prædo, neque quilibet injurians, qui damna inferat alicui. Clerici in ecclesiis opulentia referti laudes Deo referebant. Laici cum omni pace victualia sua conquærebant. *Beatum dixerunt populum cui hæc sunt* (Psal. CXLIII, 18), imo beatiorem domnum, per quem tanta pacis subsidia pullularunt. Sic rerum gubernatore Deo Domini ac patroni nostri principatus primordia disponente, subsidio pacis et religionis exhilarata gaudebat plebs civilis atque suburbana.

CAPUT XVI.

Ubi a metropolitano et comprovincialibus episcopis ejus electio approbatur.

Remensi metropoli præsidebat Guido antistes (Guy de Chastillon), vir sane conspicuus, interque omnibus competentibus adimpletis, properabat ad suos compatriotas per omnia clarus; cui quoniam suam civitatem reverti. sui juris id erat, de prænominata per idoneas personas electione suggeritur, suæque corroborationis auctoritas suppliciter imploratur; episcoporum comprovincialium subjungitur epistolaris assensus, electique pontificis dies consecrationis requiritur ab omnibus. Audita Remensis metropolitanus tam religiosa tamque celebri electione, consideratisque viri virtutibus, Dei munificentiam laudat et ipse. Deinde constituto die locoque dirigitur epistola quæ paterne commoneat Lietbertum levitam non tantummodo probatum ascendere gradum, quin potius regiminis præsulatum. Parantur comites et impensæ, suscipitur labor itineris, ne vel Dei vel metropolitani videatur jussionibus contraire; peragunt augustam legationem, mansionemque primæ noctis metantur apud Laudunum. Suscipit levitam lætabunda Laudunus, et jure fovebat hospitii, moxque præcessura cum hymnis et laudibus, cultu et religione canonica repatrianti pontifici.

Titoni croceum linquens Aurora cubile,
Noctem pellebat, lucem radiosque ferebat.

Dum comitibus experrectis matutinum iter arripitur, Remensemque civitatem versus dirigitur, quo postquam ventum est, dominoque metropolitano innuitur adesse cum suis Cameracensem archidiaconum, admittuntur quantocius, inclinatur ad genua, ad oscula erigitur, cunctis invicem resalutatis, causæ dicuntur adventus, quæ mox auctoritate metropolitana corroborantur, cæteris idem prosequentibus. Sed quia non poterat tanta negotia subire solus, agitur inter eos quis archidiaconum provehat ad honorem.

CAPUT XVII.

Ubi ab episcopo Catalaunensi probatur ordinatus.

Apud Catalaunum familiæ episcopii dispensabat pabulum vitæ præsul Rogerus, vir vitæ venerabilis et morum dote magnificus. Huic transmittitur provehendus ad presbyterii culmen atque docendus offerre sacrosancti corporis et sanguinis Christi vivificum libamen. Die constituto levita provehendus procedit ad ecclesiam sancti protomartyris et levitæ Stephani pignoribus ac nomine sacram. Ingressus omni supplex corpore Deum toto mentis orat affectu, quatenus Deo digne promoveatur sancti martyris meritis et interventu; procedit et antistes pontificalibus infulis redimitus, sanctorum comitibus ordinum decenter introductus, more canonico factis scrutiniis, ordinandorum personæ præsentantur et nomina, inter quos et præ quibus domnus Liebertus levita; suis locis et competentiis consecrantur cæteri, donec ventum est ad ordinem presbyterii. Cumque ad manus impositionem pontificalis inter ordinandum diceretur novo presbytero: *Accipe Spiritum sanctum; quorum remiseris peccata, remittuntur eis* (Joan. XX, 22), infremuit, habitamque mentis vultus significatione monstravit; liberalis ejus facies puritate mentis incanduit, oculi familiaribus lacrymis profluentes insignia sacerdotalium vestimentorum quibus vestitus erat sancto rore perfundunt.

CAPUT XVIII.
Ubi episcopus consecratur, et tale prognosticon reperitur : Hic est Filius meus, in quo, *etc.*

Functus officio presbyterii, quo noverat iter relegit, repetensque dominum archiepiscopum, præstolatur postero die summi sacerdotii pontificatum, vigilias et jejunium protelat novus presbyter in crastinum.

Postera jam tenebris surgens Aurora fugatis
Illustrabat eum quem Phœbus circuit orbem.

Cum dominus metropolitanus matutinalium hymnorum decursa melodia fieri consessum mandat, episcopisque diœceseos accitis de consecratione Cameracensis episcopi tractat. Cunctis idipsum sentientibus itur ad ecclesiam, citantur æditui, exponuntur utensilia, signis consonantibus fit frequens conventus : infulis redimitus procedit metropolita, consequuntur pontifices, populorum stipante caterva. Dum ventum est ad id divini officii ut ab incentore diceretur : *Accedite ad eum et illuminamini* (*Psal.* XXXIII, 6), signo dato, sacrandus introducitur episcopus, sistitur Deo, præsentatur pontifici, recitatur electio, et testificatur a cunctis ; fit concursus populorum, fit strepitus gaudiorum, omnes in cœlum protendentes manus precabantur : erat enim pia commistæ multitudinis et sacrandi sacerdotis in oratione positi exspectatio ; et hi quidem omnes ut hæc consecratio confirmaretur invocabant Dominum : metropolita vero toto mentis affectu proferebat orationes precum. Huic consecrationi palam contestatur gratia. Nam dum sanctorum codex aperitur Evangeliorum, expetitum est quod ait : *Hic est Filius meus in quo mihi complacui* (*Matth.* XVII, 5), delibutus oleo lætitiæ et exsultationis, infulatusque pontificalibus indumentis, donatus insuper episcopio Cameracensi. Benedictione completa, novus episcopus intrat celebrare sacrosancta missarum solemnia.

CAPUT XIX.
Quod in eodem conventu regis Francorum uxor desponsata et coronata fuit.

Regnum Francorum rex regebat Henricus, vir armis strenuus, et regno quod tenebat dignus, qui juvenili florens ætate nullius adhuc copulæ subierat connubium ; sed Rusciorum gentis regis filiam Francorum nobilitas ei parabat. Audiens Cameracensis episcopi consecrationem futuram, quoniam videre virum diu peroptaverat, interfuit, acturus quoque sui negotii causam, petiit ut sponsa quæ sibi parabatur in eodem conventu benediceretur, regaliaque consecratione pariter insigniretur. Huic regiæ consecrationi dominus noster Lietbertus episcopus interfuit et præfuit.

CAPUT XX.
Comparatio sponsæ regi Francorum conjunctæ et Ecclesiæ præsuli Lietberto commissæ.

Regi Francorum conjungitur carnalis sponsa, a domno Lietberto Cameracensium pontifici, regio et sacerdotali cubiculario, sancta committitur Ecclesia. Sed hæc copula quanto sanctior, tanto melior : illa sobolem generat carnalem, ista adoptionis procreat sanctam progeniem ; illa corruptionis, ista virginitatis. Sic enim ait Apostolus : *Despondi vos uni viro virginem castam exhibere Christo* (*II Cor* XI, 12). Illa in dolore parit filios, ista cantans ex aqua et Spiritu sancto renasci facit. Regi Francorum ducitur filia regis terreni, domino nostro Lietberto præsuli committitur sponsa Regis regum, Christi.

CAPUT XXI.
Ubi Laudunum veniens cum honore suscipitur.

Omnibus peractis, et sua benedictione et regia consecratione, repetit iter quo venerat, divertens apud Laudunum hospitii gratia ; præcurrentibus nuntiis audiunt venientem, gaudent omnes, exsultat civitas, coronatur ecclesia, more ecclesiastico procedunt omnes obviam : susceptum ducunt ad ecclesiam, perfruuntur ejus benedictione, quam præferunt omni auro et lapidi pretioso cum summa devotione.

CAPUT XXII.
Ubi ab urbe propria cum lætitia et gloria suscipitur.

Fama volans celeri cursu, rumore secundo nuntiat Cameracensibus cum gloria benedictionis antistitem suum venire. Omnes exhilarantur, juvenes et virgines, senes cum junioribus, quantoque potest tripudiat gaudio omnis ætas ; uterque sexus. Adest illa dies omni die sanctior, in qua Cameracum obtinere meruit sibi præesse Lietbertum præsulem. Felix ille dies, in quo Cameracensis Ecclesia suscepit episcopum, qui sese formam justitiæ et veritatis omnibus præbuit et exemplum ! felix inquam dies, in quo Lietbertus libertas publica possidet Cameracum, liberaturus plebem sibi commissam de fastu superborum et rabie tyrannorum ! O felix festum, festique diei gaudium, in quo mortua nobilitas revivescit, captivata libertas ad libertatem redit ! hunc diem annum jubilæum dixerim, cum cuique jura sua restituuntur. Tunc possessor magnificus suam intrans civitatem, et susceptus cum honore et reverentia vadit ad ecclesiam suarum ovium magna stipante caterva.

CAPUT XXIII.
Quod eadem die orans in ecclesia omnes ad affectum devotionis commovit.

Quas ibi preces, quas fuderit lacrymas, quæ cordis puritate traxerit suspiria, testis est Spiritus qui scrutatur omnia. Orabat tanta Dei gratia plenus, ut omnium oculos in se converteret, atque ad devotionis affectum compunctionisque gratiam corda moveret. Putares publicanum a longe stantem, pectusque percutientem, nec oculos in cœlum levantem. Diceres Petrum cum Joanne in porta Speciosa claudi gressus erigentem (*Act.* III, 2), vel in Joppe Thabitam suscitantem.

CAPUT XXIV.

Quod post orationem verbum fecit ad populum

Completa oratione conversus ad circumstantes pro tempore pauca locutus est :

« Hortor vos, homines et proximi mei, meque
« ipsum hortor vobiscum, ut ad id quo nos Deus per
« sapientiam hortatur, quanta possumus celeritate
« curramus : non diligamus mundum, quoniam
« omnia sunt concupiscentia carnis, et concupiscen-
« tia oculorum, et ambitio sæculi (*Joan.* II, 16); qui
« enim magis amant ire quam redire, in longin-
« quiora mittendi sunt, quoniam caro sunt et spes
« ambulans et non rediens : qui vero bene utitur
« vel ipsis quinque sensibus corporis ad credenda et
« prædicanda opera Dei, et nutriendam charitatem
« ipsius, vel actione vel cognitione ad pacificandam
« naturam suam et cognoscendum Deum, intrat in
« gaudium Domini sui; propterea talentum, quod
« male utenti aufertur, illi datur qui talentis quin-
« que bene usus est; non quia transferri potest
« acumen intelligentis, sed ita significatum est posse
« hoc amittere negligentes et impios ingeniosos et ad
« eam pervenire diligentes et pios, quamvis ingenio
« tardiores. Non enim datum est ei qui duo acceperat,
« habet enim ex hoc quia jam actione et cognitione
« bene vivit, sed ei qui acceperat quinque ; nondum
« enim habet ad æterna contemplanda, qui visibili-
« bus tantum, id est temporalibus, credit; sed ha-
« bere potest qui horum omnium visibilium Deum
« artificem laudat, et quidem persuadet fide, exspe-
« ctat spe et quærit charitate. Qui vero male utun-
« tur tanto mentis bono, dabuntur eis exteriores te-
« nebræ; et hoc significare arbitror quod ligantur
« eis manus et pedes, id est facilitas omnis aufertur
« operandi. Hoc enim in eis perficietur post hanc
« vitam, quod in hac vita plus diligunt. Sed si con-
« cordemus cum adversario, dum sumus cum illo
« in via, liberabit nos de corpore mortis hujus gra-
« tia Dei per Jesum Christum Dominum nostrum. »

Hac et simili sanctiorique recreatos admonitione necnon sanctificatos pontificali benedictione dimittit ad propria.

Egregios mores exhinc carnisque labores
Dicemus prompte Domino vitaque volente.

CAPUT XXV.

Qualem se in episcopatu verbo et exemplo exhibuerit.

Constitutus in sede pontificali qualis quantusque vixerit scribere quidem non opis nostræ est, sed ejus qui dat affluenter, et cum dederit non improperat (*Jac.* I, 5); de cujus gratuito munere fisi, quantum donaverit dicemus, quantumque majorum series perstrinxit in annalibus (6) : recitabimus inquam, non ut decet, sed pro posse pontificis opera, partim cum suis familiaribus clam operata, quædam ut in odorem unguentorum ipsius currant adolescentulæ misericorditer effusa. Turrim pingimus

David quæ ædificata est cum propugnaculis, de qua pendent mille clypei, id est omnis armatura fortium adversus principatus et potestates, adversus mundi rectores tenebrarum harum; contra spiritalia nequitiæ in cœlestibus constituta in Libano, et respicit contra Damascum, discernens inter bonum et malum, ne se ignorans ingrederetur et abiret post vestigia gregum pascens hædos juxta tabernacula pastorum.

Studiosus divinæ legis pontifex exemplum suis ita vivebat, ut ab immodesto corporis cultu et ornatu, ab inanibus negotiis ludorum, a torpore somni et pigritiæ, ab æmulatione, obtrectatione, invidia, ab ipsius etiam laudis immodica cupiditate se abstineret : amorem vero pecuniæ totius suæ spei certissimum credebat esse [*supple* detrimentum, *vel quid simile*]. Nihil faciebat imprudenter, nihil audacter : in peccatis autem suorum vel pellebat omnino iram, vel ita frenabat ut esset pulsæ similis. Magnopere observabat cum vindicabat, ne nimium; cum ignoscebat, ne parum; nihil puniebat quod non valeret ad melius, nihil indulgebat quod verteretur in pejus. Quos [*f.*, suos] putabat dominos, in quos potestas sibi data fuerat, eis ita serviebat, ut cum dominari puderet; ita dominabatur, ut eos servire delectaret. In alienorum peccatis molestus non erat invitis. Inimicitias vitabat cautissime, ferebat æquissime, finiebat citissime; in omni contactu [*f.*, contractu] atque conversatione cum hominibus diligenter servabat illud vulgare proverbium : « Nemini facias quod pati non vis. » In omni loco, tempore, amicos aut habebat aut habere studebat; obsequebatur dignis etiam non hoc expetentibus, superbos minus curabat, minime erat [*supple* superbus]. Apte congruenterque vivebat, Deum colebat, cogitabat, quærebat fide, spe, charitate. Hac in virtute animi diligenter positus optabat tranquillitatem, atque certum cursum studii sui, omniumque conviventium, et sibi, quibusque poterat, mentem bonam, vitam pacatam.

Ita novus homo et interior et cœlestis, proportione non annis, sed profectibus distinctas quasdam spirituales ætates suas ad summam et incommutabilem legem passibus rationis innitebatur, et emicans in virum perfectum atque aptum et idoneum omnibus mundi persecutionibus sustinendis atque frangendis, vivebat pacatus in opibus et abundantia ineffabilis sapientiæ, mutatus ad oblivionem vitæ temporalis, et transiens in perfectam formam quæ facta est ad imaginem et similitudinem Dei. His gradibus justitiæ temperanter scandens ad thronum prudentiæ, fortiter hærebat Deo, non ut ab eo aliquid boni extra mereretur, sed cui nihil aliud quam ipsum hærere Deo bonum fuerat. Hic vir quandiu fuit in hac vita utebatur amicis ad rependendam gratiam, utebatur inimicis ad patientiam, utebatur quibus poterat ad beneficentiam, utebatur omnibus

---

(6) Id est, quæ de eo claro præsule referunt scriptores in Annal. Lege Balduini Chronicon., lib. II, c. 64 et seqq.

ad benevolentiam; et quanquam temporalia non diligeret, tamen recte utebatur temporalibus, et pro eorum sorte consulebat hominibus, si æqualiter non poterat omnibus; quare si aliquem familiarium suorum promptius quam quemlibet alloqueretur, non eum magis diligebat, sed ad eum majorem habebat fiduciam, et apertiorem temporis januam : tractabat enim tempori deditos tanto melius, quanto minus ipse obligatus esset tempori : postremo in omnibus officiis, laboribus, futuræ quietis certa exspectatione, non frangebatur : et quoniam delectabat cum libertas, quam nomine et opere præferebat, ab amore mutabilium rerum liber esse appetebat.

CAPUT XXVI.
Quod in operibus et passionibus Christi meditabatur.

Ideoque deponens omne pondus et omne circumstans se peccatum, per patientiam currebat propositum sibi certamen (*Hebr.* xii, 2), aspiciens in auctorem fidei et consummatorem Christum Jesum, qui ut sanctificaret per suum sanguinem populum, extra portam passus est. Considerabat quam misericorditer humano generi consultum est, cum ipse Dei Filius consubstantialis Patri hominem suscipere dignatus est et habitavit in nobis; ita enim demonstravit carnalibus et non valentibus intueri mente veritatem, corporisque sensibus deditis, quam excelsum locum inter creaturas habeat humana natura, quod etiam potuit et in aliquo æthereo corpore ad nostrorum aspectuum tolerantiam temperato, sed in hominibus in vero homine apparuit [*id est* inter homines verus homo Christus apparuit]: ipsa enim natura erat suscipienda, quæ et liberanda; et ne quis sexus a suo Creatore se contemptum putaret [*an. verum, id est,* humanam naturam, *seu* virilem sexum], suscepit natus ex femina : nihil egit vi, sed omnia suadendo, monendo conciliavit nostram fidem Deo miraculis, qui erat homini passione similis : loquens ad turbas doctrina Deus apparebat, ætatibus homo. Populi, satellites voluptatum, divitias appetebant, pauper esse voluit; honoribus et imperiis inhiabant, rex fieri noluit; contumelias horrebant, omne contumeliarum genus sustinuit; injurias esse intolerabiles arbitrabantur : quæ major injuria justum innocentemque damnari ? Dolores exsecrabantur corporis, flagellis et spinis cruciatus est; ignominiosum genus mortis crucem putabant, crucifixus est; mori metuebant, morte mulctatus est; omnia quæ evitare cupiebamus a studio veritatis deviantes, perpetiendo dejecit. Non enim ullum peccatum committi potest, nisi dum appetuntur ea quæ ipse contempsit, aut fugiuntur quæ ille sustinuit. Tota itaque vita ejus in terris per hominem quem suscipere dignatus est disciplina morum fuit.

CAPUT XXVII.
Quod his meditationibus compunctus, concipit desiderium pergendi Hierosolymam.

His cæterisque beneficiis bene compunctus Deo dignus pontifex ut obsequeretur Apostolo dicenti :

Exeamus ad eum extra castra, improperium ejus portantes : non enim habemus hic manentem civitatem, sed futuram inquirimus (*Heb.* xiii, 13), toto mentis affectu concepit desiderium pergendi Hierosolymam; sed neque gratia videndi lapides turrium, aut domorum culmina, sed amplectendi et osculandi vestigia pedibus Jesu calcata. Beatum quippe fore credebat præsepis angustias videre, vagientem puerum mente cum pastoribus adorare; in Golgotana ecclesia beatæ passionis, crucifixionis et mortis sac amenta celebrare; cum beatis mulieribus ad sepulcrum Christi mortem flere, prorsus intra septa sepulcri suas suorumque noxas fletibus diluere, in montem Oliveti super cœlos ascendentem Christum cum Maria Matre Jesu, beatisque apostolis intimo cordis affectu sequi velle : sed ut prudenter id ageret, meditatur qualiter vel civitatem vel Ecclesiam sibi commissam tranquillam pacatamque relinqueret, totique patriæ propugnatorem et defensorem idoneum provideret.

CAPUT XXVIII.
De Hugone puero, et custode illius Ansello.

Eodem tempore lapso fuga Joanne Atrebatensi advocato, sicut dictum est, præcavens pontifex in futurum, et timens ne vel ipse Joannes, vel quilibet tyrannus huic similis prædictam castellaturam de qua idem Joannes projectus fuerat, aut vi aut ingenio intraret, et postea justus hæres eam repetens inde turbas faceret, Hugonem, Gualteri castellani nepotem, qui proximus erat hæres, ascivit, eique castellaturam concessit : et quia iste Hugo adhuc puer erat, sed propinquum quemdam, Ansellum nomine, moribus et armis egregium, habebat, hujus custodiæ puerum deputat, quem Ansellus ille usque ad præfinitum tempus cum omni castellatura fideliter et optime rexit. Joannes, castellatura privatus, nec quidquam mali proinde adversus episcopum præsumens facere (prohibitus enim fuerat a comite Flandrensi Balduino, cujus antea miles erat), ipsum reliquit, et ad imperatorem Henricum se contulit. Erant tunc temporis maximæ simultates et inimicitiæ inter imperatorem et prædictum comitem; cujus rei seriem, quoniam in gestis pontificalibus legitur et plenius describitur, omittimus, et ad exsequendum pontificis iter stylum dirigimus.

CAPUT XXIX.
Ubi cognito episcopi proposito dissuadent plurimi.

Ita Ansello procuratore et propugnatore Cameracensi patriæ constituto, pontifex de ejus fidelitate confidens et diligentia, paulatim sua suorumque in rebus publicis intermittebat negotia, totoque mentis conamine concepti itineris procurabat impendia. Interim satagebat magnopere quatenus id celare posset. Sciebat quod si resciretur procul dubio contradiceretur. Sed, ut ait Scriptura, *Frequens meditatio carnis afflictio est* (*Eccle.* xii, 12). Submissus aspectus, macilenta facies, assiduitas vigiliarum, frequens solitudo, propalabant quod celare volebat. Tandem conventus familiariter a suis, cordis aperit secretum, quærit consilium : mente consternantur auxilium. Jam quippe sub ejus contubernio tanta omnes, dissuadent plurimi, proponuntur multimoda tamque multiplex copia populi coierat, ut exercitus causarum discrimina, mortis intercessio, patriæ desolatio, simul Ecclesiæ sibi commissæ destitutio. Quibus mens sanior fuit, altius considerantes pontificale propositum, verentur contradicere, metuentes ex hoc Dei vel domini sui animadversionem subire. Domino pontifice protestante, *Reddam Deo vota mea quæ distinxerunt labia mea* (Psal. LX, 9), non sine fletu pariter omnes assentiunt.

CAPUT XXX.

Ubi confirmato consilio fœderantur viæ comites.

Consilio confirmato fœderantur comites, inter quos et præ quibus hi quorum nomina subtitulamus: domnus Walcherus archidiaconus et præpositus curiæ, Hugo capellanus, cujus sanctitatem monstrant claustra canonicorum ecclesiæ matris, monstrat monasterium Aquicicinctense; Erleboldus judex et procurator civitatis, et alter Erleboldus, cognomento Rubeus, quem qualis fuerit prædicat ecclesia Sanctæ Crucis; sed hi duo, scilicet domnus Walcherus et judex Erleboldus, quantæ sanctitatis fuerint, qualesque cooperatores et adjutores domni pontificis, suo loco dicemus, si Deus voluerit.

CAPUT XXXI.

Ubi egrediens a Cameraco Hierosolymam pergit.

Millesimo quinquagesimo quarto Dominicæ Incarnationis anno, missione tam cleri quam populi vix impetrata, libertas patriæ, Ecclesiæ decus, Deo dignus pontifex Lietbertus egreditur a civitate sua Cameraco tenens iter Hierosolymam versus; prosequitur eum fere ad tria millia non sine lacrymis et immensis gemitibus, omnis ætas utriusque sexus. Præterlegens civitates et oppida, civitatum regiones et provincias, montium discrimina, silvarum pericula, cultu, moribus et lingua barbaram quam colunt Huni transmeat patriam; et ut prolixioris viæ lucraretur compendium, transvadato Danubio, penetrat Pannoniam, sancti Martini nativitate præclaram.

CAPUT XXXII.

Ubi a rege Pannoniæ reverenter excipitur.

Nuntiatur regi ab exteris partibus habitu peregrino quosdam venisse homines, sui regni fines transire volentes, qui mox accitos sibi præsentari jussit. Videns itaque rex pontificem, Dei nutu mutata mente pristina, surgit citius a solio, necnon officiosissime salutatum invitat in consistorio, quærit causas itineris, miratur auditis, miratur talem ac tantum virum tam difficilis pondus subiisse laboris : sed quoniam illis diebus vix quilibet aut pene nullus hoc iter arripiebat, cogitabat ne simularent id alterius negotii gratia; unde vocatis suis jubet eos evestigio diligenter observari, ne moliantur quidlibet sinistri. Explorata per aliquot dies religiosa pontificis sanctitate, simul audita in stipendiis pauperum liberalissima largitate, in vigiliis, orationibus, jejuniis, assiduitate, devotus rex impendit obsequium, quodque petebat sibi suisque pontifex præstat libens Domini diceretur; sic usque in extremos fines regni sui, dato duce, Dei procurante misericordia, securum concessit abire.

CAPUT XXXIII.

Ubi socios metu barbarorum exterritos hortatur ne paveant.

Prætergressus Romanorum fines limitaneos, ingreditur solitudines saltuosas, quas deserta Bulgariæ nominant, quasque latrunculi Scythicæ gentis inhabitant : hi degentes more ferarum nullis coercentur legibus, nullis continentur urbibus, sub dio manent, quas nox coegerit sedes habent, prætereuntes obsident, obvios interficiunt, cæteros deprædantur, gregatim vadunt, omnia sua secum portantes cum tota supellectile, parvulis et uxoribus : nullius hæresis nominata secta, nullius religionis divino cultu tenentur; tamen sicut ex eorum interfectis vidimus, more Saracenorum circumciduntur, barbari, crudeles, homicidæ, sine affectu, sine pietate.

Has mortiferas præsul ingrediens cum illo suo comitatu solitudines, obvius fuit quibusdam refugientibus, suique refugii causam flebiliter intimantibus. Quamplures terrentur, pariterque retrocedere cum refugientibus meditantur. Narrabant sese latronum cuneos incurrisse, suorum plurimos oppetiisse, cæteros ad internecionem vulneratos, ut videre erat, vix evasisse. Conturbantur omnes, divinique respectus misericordiam flebiliter implorant, quoniam quid facto opus sit ignorabant. Audita domnus pontifex turbatæ multitudinis lamentatione, pedes enim subsequebatur solus ut attentius vacaret psalmis et orationibus, substitit, et cur lamentarentur inquirit : cognito casu signum sanctæ crucis indidit, erectaque dextra qua iturus erat parte, signavit, post recolligens secum verba psalmi quibus orabat, invenit hunc versum : *Eripe me de operantibus iniquitatem, et de viris sanguinum salva me* (Psal. LVIII, 3). Sic miles Christi paululum progreditur, cunctosque qui aderant breviter alloquitur.

« Commilitones mei, non vos deterreat adversa-
« rius vester diabolus, qui *tanquam leo circuit quæ-
« rens quem devoret; cui resistite fortes in fide.*(I
« Petr. V, 8), quoniam *si Deus pro nobis, quis con-
« tra nos ?* (Rom. VIII, 91.) Quapropter, *induite vos
« armaturam Dei ut possitis stare, et in omnibus
« perfecti esse* (Ephes. VI, 11); quia tentat vos Deus
« vester, ut sciat si diligatis eum. Sed faciet cum
« tentatione proventum ut possitis sustinere; pro-
« perantes inter quod arripuistis accelerate, quia
« nemo mittens manum suam ad aratrum, et respi-
« ciens retro, aptus est regno Dei. »

Ita miles Dei Christi cum suo familiari et domestico comitatu princeps graditur, exercitumque Dei ne paveat exhortatur. Decem et eo amplius diebus peragrant eas solitudines, per quas, ut dictum est, semper Saraceni sedibus incertis huc illucque vagantur.

CAPUT XXXIV.

Ubi optat aut ab eis occidi aut captivari pro Christo.

Cumque jam die septimo crederetur evasisse periculum, vident subito sessores equorum camelorumque latrunculos inter condensa silvarum cristatis vittatisque capitibus, ac seminudo corpore pallia trahentes et latas caligas: pendebant ex humeris pharetræ, laxos arcus et hastilia longa ferebant; quibus visis terrentur cæteri, sed domnus pontifex fit hilarior, sperans comprehendere bravium, pro quo tanti cursus subierat laborem. Hoc erat in votis, hoc toto mentis amore sedulus orabat, ut ab his interimeretur, vel captivus in exteras et barbaras nationes propter nomen Christi distrahendus duceretur. Proponebat sibi devotæ mentis affectu, felici commercio pro redemptione generis humani distractum Salvatorem, ut jura mortis destrueret vivificæ crucis subiisse passionem : unde peroptans existere martyrii et calicis Christi particeps, et communicare Christi passionibus, ut in revelatione ejus gauderet, dicebat (*Psal.* LV, 12) : *In me sunt, Deus, vota tua, quæ reddam laudationes tibi.* Sed qui regit orbem terrarum in æquitate, Cameracensis Ecclesiæ precibus attendens quibus ei suum deponebat [*id est,* commendabat] diu noctuque pontificem in hoc tanto mortis discrimine cum suis omnibus cum conservavit incolumem. Videres in adventu pontificis obrigescere miseros, inque suo conatu deficere; quodque magis stupeas, cedendo loco viam transeuntibus quodammodo demonstrare. Hoc modo dignus Deo pontifex cum suis comitibus mortiferam regionem latronumque domicilia pertransiit indemnis.

CAPUT XXXV.

Ubi ecclesiam Dominici sepulcri a rege Babyloniæ obseratam audivit.

Ingressus Dalmatiam, locisque peragratis in quibus olim Diocletianus thermas ædificando diversa mortis intulerat supplicia Christi martyribus, cursum flectit Isauriam versus; quam præteriens devenit Chorinerum (7), illicque audiens Demetrii sancti inter martyres præclari corpus quiescere, sepulcrum ejus expetiit, totoque mentis affectu meritis ipsius divinum auxilium quærit. Inde progressus, Laodiciam Syriæ pervenit; comperiens ecclesiam Dominici sepulcri, Christianis ejectis, a rege Babyloniorum violenter obseratam, viamque paganorum metu per terram penitus interclusam, per tres menses in eadem civitate moras fecit; sed cæteris de profectione desperantibus, ac ubique locorum dispersis, ipse cum suo nobili familiarique comitatu perstitit; et quia terra non poterat ire, marino itineri se commisit: littoribus prospectis, naviumque magistris diligenter inquisitis, piorum numerus computatur, victualia convehuntur, ne signo dato mora fieret in eundo.

CAPUT XXXVI.

Ubi Fulcherum ægrotantem Deo et Matri ejus committens, iter cœptum exsequitur.

Dum tempus navigandi aptum præstolatur, unus comitum, videlicet domnus Fulcherus, decidit in lectum. Cumque languor in dies augmentaretur tempusque navigandi superveniret, domnus pontifex magnis cogitationum quatiebatur fluctibus; angebatur utrum navigationem differret, anne comitis ægrotantis discrimen exspectaret. Crescente languore tempus navigationis effluebat, et mentem pontificis metus cum desiderio torquebat: metus, ne comes fidelissimus eo absente defungeretur; desiderium, ne cœpti itineris tempus intercluderetur. In hoc mentis angore posito pontifice, ægrotantis salus a medicis desperatur, tactuque venarum per indiculum pulsus diutinæ passionis futura mors denuntiatur. Tempus aderat, navisque magister navigationis iter parabat, profectionis tempus ei horam pronuntiabat, singuli citabantur, præripientium sibi destinatas stationes magnus erat tumultus. Quid ageret miles Christi? Desereretne comitem, an differret navigationem? Non tulit amplius Omnipotens eum perturbari, quem sibi videbat devote famulari; indidit consilium qui Petro mergenti porrexit manum, reddidit ipsius memoriæ responsum, quod quondam dedit volenti sepelire patrem suum : *Relinque mortuos sepelire mortuos suos* (*Matth.* VIII, 22). Hac voce Salvatoris corroboratus vicit dilectione Dei necessitatem carnis, revisit ægrotum, et velut in corpore mortuo ultimum quodammodo trahentem spiritum; quem modo voce, modo nutibus compellans, quomodocunque poterat missionem petebat : sed æger quamvis sæculo jam traderetur alteri, voces atque singultus recognoscens pontificis, resumpto spiritu, oculos aperuit, cumque gravi difficultate verba loquentis intelligens, similiter petit et ipse missionem, tanquam qui recederet a sæculo; quem venerabilis pontifex cum maximis lamentis totoque mentis affectu Deo commendans, sancto commisit Andreæ apostolo, atque gloriosæ reginæ Mariæ Genitricis Dei precibus et meritis: nec mirum quod eum quem diligebat illis sanctis deposuerit, quos præ cæteris omnibus attentus excolebat.

Post hæc velut ultimum vale dicentes et osculum pacis dantes invicem, domnus episcopus ire perrexit, ægro remanente ibidem, qui quanquam desperatus a medicis, a comitibus derelictus, jam videretur defungi, tamen benedictione recreatus pontificis, refocillatus lacrymis, quantulumcunque respiravit, mentisque vigore quomodocunque poterat vocis acrem traxit: dehinc apud se recolligens verba quibus domnus pontifex ipsum sancto commiserat apostolo Andreæ, quibusque imploraverat sanctam Dei Genitricem, per se intima trahens cordis suspiria lacrymis obortis ait (ut ipse postmodum testatus

---

(7) Forte Thessalonicam, si de Demetrio proconsule insigni mart. hic agit auctor.

est); « O sancte Andrea, cujus me tutelæ dominus meus Lietbertus episcopus commisit, cujusque memoriam in cœnobio quod est apud Novum Castellum situm excolit, si tu vere ille es Andreas decorus, virilis apostolus Christi, amicus Dei, quem Dominus dilexit in odorem suavitatis, succurrere festina, miserere, digitumque tuum intingens in oleo misericordiæ Genitricis Dei dominæ nostræ sanctæ Mariæ, precibus tuis animam deficientem sustenta, laborantem adjuva; succurre, amice Dei, per secretum Christi magistri tui; jam morior, et quod per me non possum, misericordiam posce pietatis, quatenus mihi subsidietur; non meis meritis quibus pœna mortis debetur, sed ejus qui me vobis commisit lacrymis et precibus. » Noctem illam pontifex duxit insomnem; se suosque Deo commendans gemitibus solitis, votisque supplicibus morientis amici vitam.

CAPUT XXXVII.
Ubi Fulcherus moriens duos dæmones sibi insistentes vidit.

Jamque propinquabat noctis quarta vigilia, cum cæteris qui in domo erant in qua decumbebat languidus soporatis, visus est sibimet quasi semivigilans obdormivisse, et ecce videt binos dæmonum spiritus contra se stare, ferream tridentem flammivomamque velut de fornace ignis erutam ferentes, quam, sicut idem retulit, mortis aculeum nominabant: dicebant enim se ad hoc detulisse, ut eam cordi ejus affigerent, et sic animam ejicerent. Quis timor ille, Deus? quis dolor? quæ angustiæ? Laborabat æger, laborabat et deficiebat, aspiciebat ictus ferire minantium, penitusque dissolvebatur; singultiens dissolvebatur, et inter singultus tantum sonabat, *Sancta Virgo virginum, mater Jesu, sancte Andrea*.

CAPUT XXXVIII.
Ubi Virgo Maria cum Andrea apostolo Fulcherum visitans dæmones increpat.

In hoc tanto tamque terribili tribulationis articulo, inter caligines et umbras mortis cœlitus effulgurans irradiat locum sua sanctissima potentia, Stella maris, Mater pietatis, et, si dici fas est, pietas pietatis, cujus precatu pietas Dei parcit peccantum culpis; adest, inquam, spes miserorum, salus debilium, gaudium Christianorum, dæmonum forte lamentum, ferens dextera, qua Christum pannis involutum reclinavit in præsepio, vivificæ crucis signum; sinistrorsum acclinis super S. Andream apostolum: « Ecquid, inquit, nequissimi spiritus, tantus terror furoris vestri? quo ruitis? quæ tanta superbia vobis est?

Tantane vos generis tenuit fiducia vestri,

ut eos qui nobis commissi sunt vindicare velitis? Quid vobis et ægro quem Filius meus reddit sospitati hujus sancti Andreæ precibus? Abite hinc quantocius, abite. » Cujus ad imperium dicto citius evanescunt illi dæmonum spiritus. Tunc Mater pietatis ægrum respexit vultu serenitatis, vultu quo plorantem deducebat Filium, vultu quo inter convivantes suggerebat deficere vinum; illo, inquam, vultu quo dolentem respexit Theophilum, vultu dulcedinis et gratiæ : eo, inquam, vultu languidum jam pene mortuum dæmonum manibus erutum respexit, et ut surgeret pontificemque sequeretur imperando significavit, sicque recessit.

CAPUT XXXIX.
Ubi Fulcherus, effectus sospes, eadem die episcopum subsequitur.

Recedente visione, qui sibi dormire videbatur æger oculos aperuit, et ita se sanum sospitemque reperit ac si nihil mali pertulisset. Mox clamato puero qui sibi ad hoc remanserat si moreretur, ne insepultus maneret, præcepit ut quantocius vestimenta sibi deferret, viæque pontificem subsecuturæ necessaria cuncta pararet. Illo eum amentem putante protinus surrexit, ipse dominum domus vocavit; quantum pro impendiis sibi collatis debeatur quæsivit; computatis et redditis equos suos quam celeriter parari jubet, puerumque supellectilis suæ nihil oblivisci monet, quem non solum paterfamilias in cujus hospitio manserat miratur incolumem, sed et omnis vicinia gaudet sospitem : gaudet cuncta civitas et applaudit, quoniam quem præcepto evangelico statuerant morientem sero sepelire, cernebant mane velocissimo equum suum passibus amittere [f., antcire]. Ipse vero cunctis quærentibus lætus referebat quanta sibi per suam gloriosam Genitricem sanctumque Andream apostolum fecisset Deus. Inde gradu citissimo, suo comitatus cliente, festinat consequi pontificem, quem pietas et providentia Dei detinebat in littore. Sol exoriens oculis nautarum crinitos infuderat radios; quibus visis magister puppis futuram prænotabant tempestatem : consilio communi præstolabantur donec hora diei media captarent quid solis splendor portenderet. Inter hæc hora diei tertia dum pontifex in littore deambulando pensaret miserias vitæ præsentis, secumque ploraret casum derelicti fidelis, nuntiatur ei a prospicientibus domum venire Fulcherum. Primo stupefactus, dehinc mentem recolligens inquirit qualiter id scirent; illis referentibus equos quos equitare solebat, sed et vestimenta ejus veraciter vidisse, suspirans respondisse fertur : « Potest esse? non est Fulcherus, sed fortassis puer ipsius qui sepulto domno nos prosequitur; nam Fulcherum nisi sola Dei clementia jam non spero videre; attamen non diffido de Christi misericordia, quæ sororibus reddidit Lazarum, viduæ filium unicum, quippe credulus quibus eum fidejussoribus deposueram. » Dum hæc secum loqueretur et intenti venientes prospicerent, adest Fulcherus. O quam fuerit gaudiosum gaudium, quam læta lætitia, noverit mens humana ! Quid qualiterve sibi contigisset non erat referre licitum, tantus erat tumultus, atque tanta frequentia sese complexibus ejus ingerentium.

CAPUT XL.

Ubi, inopinate recepto comite, episcopus navem ascendit.

Accepto comite, jussu nautarum domnus pontifex navem conscendit cum suis. Nautæ remis insurgunt viribus totis,

Prosequitur surgens a puppi ventus eunles;
(VIRGIL. *Æneid*, lib. III.)

linquunt Laodiciæ portus, pelagoque volant, crebris legunt freta concita terris, vela pandunt et cava trabe vastum currunt æquor. Postquam altum tenuit navis, nec jam amplius ullæ apparent terræ, cæruleus supra caput astitit imber, noctem hiememque ferens, et inhorruit unda tenebris. Continuo involvunt venti mare, nigraque surgunt æquora, periclitantes jactantur gurgite vasto : involvere diem nimbi, et nox humida cœlum abstulit; ingeminant abruptis imbribus ignes, excutiuntur cursu, et cæcis errant in undis : ipsi peritissimi nautæ, quodammodo marinorum fluctuum domestici, diem noctemque negant in unda : tres adeo incertos soles errant pelago, totidem sine sidere noctes : quarto terra die primum se attollere visa est, et aperire procul montes et volvere fumum ; vela cadunt, insurgunt quantocius nautæ, et adnixi torquent spumas et cærula verrunt.

CAPUT XLI.

Ubi per varia loca ductus episcopus, et jam spe videndi sepulcrum Domini frustratus, tandem consilio Laodicensis episcopi mœstus revertitur.

Dum pontificem cum suis omnibus servatum ex undis littora Cypri accipiunt, quem princeps illius insulæ, quem Ratapant, hoc est secundum dominum, vocant, timens ne in manus paganorum incideret, a pridie Nonarum Julii usque ad pridie Kalendarum Augusti, detinuit, donec illa die, multo auro exitu vix impetrato, dum rursus marino itinere se crederet proficisci, fraude nautarum declinantium insidias paganorum Laodiciam relatus est; in quo loco dum rursus moras innecteret, nec spes ulla perficiendi vota superesset, remeantibus cum Laudunensi episcopo [*an.* Ingelranno]... (quoniam et ipse illis diebus ierat Hierosolymam) quampluribus et itineris difficultatem referentibus, tandem consilio Laodicensis episcopi redeundi iter mœstus arripuit.

CAPUT XLII.

Ubi imperator et rex Francorum componendæ pacis gratia conveniunt.

In regnis Lothariensium necnon Francorum simultationibus exortis quampluribus, imperator Henricus et rex Francorum Henricus ut eas sedarent ad colloquium convenerunt, sed imperfecta pace discesserunt. Nec multo post Henricus imperator præsente papa Victore, qui pro causis papatus per Romanos male tractatus, apud ipsum conquesturus venerat, diem clausit extremum. Post ejus mortem cum filio ejus Henrico et regina domno papa arbitro, sed et judicibus episcopis et principibus regni, A pro simultatibus quas contra patrem habuerat reconciliati sunt, uterque comes Balduinus, pater scilicet et filius. Cui placito interfuit domnus pontifex Lietbertus intonsus adhuc, sicut a peregrinatione rediens, ad suam civitatem nondum venerat, qui familiariter ipsum comitem ab exordio sui pontificatus dilexerat.

CAPUT XLIII.

Ubi domnus Lietbertus primo Novum-Castellum, deinde Cameracum venit.

Erat in animo ejus fixum non prius intrare Cameracum quam reviserit Novum-Castellum, sui principatus fidele municipium, quod ob sancti Andreæ memoriam diligentius excolebat. Quo perveniens domno comitatus Fulchero, cum cæteris familiæ suæ comitibus officiosissime suscipitur ab omnibus, susceptusque in templo Sancti Andreæ ducitur ad orationem. Prostratus solo non quæsivit in oratione lacrymas, quas semper familiarissimas habebat; dein surgens dedit benedictionem; quos potuit ex tempore exosculatus, processit palam, cunctisque refert quantos viæ pertulerit casus. Tunc domnus Fulcherus eo præsente procedit ad altare, narrat quæ quantave per suam benedictionem gloriosam sibi fecisset Dominus sancti Andreæ meritis et precibus, post capitis deditione, videntibus cunctis, sese sancto tradidit Andreæ, offerens super sanctum ejus altare duas uncias auri purissimi, utque in eodem loco ad honorem Dei et memoriam sancti Andreæ pro se perpes servitus esset, filium suum suo de nomine nominatum Fulconem tradidit ibidem; quo monacho facto, victualibus fratrum magna donaria contulit, quæ privilegiorum jure pontificis auctoritate firmavit. Omnibus rite peractis, venit domnus pontifex Cameracum, et gaudiis quibus oportuit a suis excipitur.

CAPUT XLIV.

Ubi Hugonem capellanum multa mala facientem excommunicavit.

Interea Hugo, Walteri capellani nepos, quem prænotavimus castellatura donatum, proficiebat ætate. Tempus instabat proximum quo Ansellus regimine ejus carere, et ipse bonum suum recipere debebat. Porro Ansello videbatur quia ad regendam castellaturam juvenis ille nondum esset idoneus, ideoque protelare volebat suæ custodiæ officium, si sibi permitteret episcopus; sed quamvis pontifex de imperfectione Hugonis idipsum sentiret cum Ansello, nolebat tamen ipsum fraudari a præfiniti temporis spatio, putans juvenem per disciplinam suam ad veritatis viam posse revocari, si cæcitatis suæ ignorantia a recto deviaret. Sic sic Ansellus nullatenus impetrare valuit prece vel pretio, quin Hugo castellaturam suam reciperet in die suo. Adepto itaque Hugo honoris sui gubernaculo, palam continuo fecit omnibus quod claudebat in animo ; antea enim quominus cognosceres eum, cum prohiberent simul ætas et magister : modo vero suæ potestatis compos, totius magisterii et disciplinæ contemptor, fasque nefasque confundens, post pravitates cordis sui et illicitas voluptates graditur sine respectu aliquo. Potestne respectum justitiæ tenere, qui in civitate domini sui meliores et ditiores contumeliis et injuriis afficiebat, alios indemnatos et injudicatos in cippo vilissimo includebat? Villicum et cubicularium ejus comprehensum alligavit catenis, prædam ejus cæterorumque civium, contradicente domino suo, violenter abduxit. Pro his et aliis hujusmodi sæpe correptus ab episcopo, et emendare nolens, sed in pejus corruens, excommunicatus est ab eo. At ille et hoc etiam contempsit, nullamque misericordiam quærens, ad comitem de Sancto Quintino abiit, ibique aliquandiu versatus est, quidquid mali potuit adversus episcopum et ejus Ecclesiam fecit.

CAPUT XLV.
Ubi viro Dei pro defunctis silenter oranti animæ defunctorum responderunt : Amen.

Erat domino pontifici consuetudo nocturnis horis civitatis ecclesias cum suis familiaribus clericis nudis pedibus circumire, et Dei clementiam pro se suisque suppliciter exorare. Contigit nocte quadam, quæ præcedebat sanctam diem Parasceves, solitas excubias peragere, ecclesias quoque et oratoria circumire, et lustratis aliis cum venisset ad oratoriolum quoddam intra civitatem constructum, intransque cœmeterium Deo commendaret animas ibi quiescentium et omnium fidelium defunctorum, licet silenter, licet secum, sicut ea nox habebat, id diceret, mira res! spiritus ibi sepultorum clara voce qui aderant audientibus super ejus benedictionem responderunt : Amen. Stupentibus cunctis, et rei novitate perterritis, silentio tegi pontifex petiit, quod pleniter impetrare non valuit.

CAPUT XLVI.
Qua de causa ecclesia Sancti Sepulcri a Gerardo episcopo constructa fuerit.

Illud oratoriolum qua de causa constructum fuerit, plenius exsequemur. Temporibus domni Gerardi, sanctæ memoriæ episcopi, hujus domni Lietberti prædecessoris, exorta fames Cameraci, sed et in regionibus circumquaque adjacentibus, adeo invaluit, ut morientium corpora capere non valerent cœmeteria Cameracensis urbis. Incidit igitur ipsi domno Gerardo rationabile consilium, ut extra muros civitatis fodere faceret polyandrium [*Id est*, cœmeterium], quod receptui foret tot corporibus condendorum pauperum : juxta quem locum ecclesiam postea in honore Dominici sepulcri constructam consecravit, ut propter reverentiam tanti nominis sepultura ibi esset pauperibus et peregrinis; quam temporum labente curriculo dum meliorare disponeret, diurno fessus senio defunctus est 14 Martii 1048 (8).

CAPUT XLVII.
Quod domnus Lietbertus, eadem intacta ecclesia, ampliori schemate [monasterium] construxerit.

Ipse vero domnus Lietbertus prædecessoris ac

(8) V. notas Colvenerii ad Chronic. Camerac., lib. III, cap. 65.

magistri tali ac tanto animatus exemplo, devotas ipsius primitias laboraturus intravit; et quoniam parva erat ecclesia, intactam reliquit, et juxta eam ampliori et meliori schemate monasterium sicut in præsenti cernitur ædificavit. Huic tanto operi exsequendo cooperatores et ministros constituit domnus pontifex eos quos in peregrinatione Hierosolymitani itineris adnotavimus fuisse socios, domnum Walcherum archidiaconum videlicet, et Erleboldum judicem civitatis et ministrum.

CAPUT XLVIII.
Comparatio Moysis et Lietberti, et cooperatorum eorumdum.

O Moysen sanctum! o Moysen super omnes homines qui habitant in terra mitissimum! o Moysen constitutum in foramine petræ per quod descendit sponsus in hortum suum, ut comedat fructum pomorum suorum! o Moysen fidelissimum in tota domo Domini sui, non qui componat tabernaculum quod circumferatur, sed qui ædificet domum supra petram quæ nullo turbine moveatur. Vocavit Dominus ad Moysen Beseleel et Ooliab eruditos in omni fabrorum et textricum scientia (*Exod*. xxxv, 2); dedit domno Lietberto Walcherum et Erleboldum, plenos fide et industria. Vocati sunt illi qui componant tabernaculam arcæ fœderis ex tabulis lapideis; dati sunt isti qui ædificent templum Christo et ejus Genitrici; illi sculpebant subtilis et acutis lapides inanimatos; isti componebant eleemosynarum largitate lapides vivos; ibi detrahebant pelles hircorum aut vitulorum, hic deponuntur lacrymis et compunctione cordis sordes peccatorum; ibi adolebantur calidi panes propositionis, hic apostolorum et martyrum redolet sanguis; ibi remanentes carnes voratarum pecudum tradebantur igni, hic inscrutabilia judicia Dei reservantur sancto Spiritui; ibi manna servabatur in testimonium perfidiæ Judæorum, hic sacrosanctum corpus Christi sumitur in salutem animæ et remissionem peccatorum. Cumque domnus pontifex ascivisset sibi viros prædictos cooperatores et consiliarios operis insumpti, tradidit illis non solum quæ habebat in domo et in civitate, sed et in omni possessione sua ad faciendum opus. Isti quoniam dominus eorum magnis pontificii causis erat implicitus, quotidie instabant operi, donec ipsorum sollicitudine, Deo qui verus est opifex, concedente (9).....

CAPUT XLIX.
Quod super dedicanda Sancti Sepulcri ecclesia sphæra lucis ignea de cœlo visa sit pependisse tota nocte; et quod xxii sanctorum corpora ibi sint allata.

Quod congregatis totius diœcesis suæ sanctorum corporibus martyrum, confessorum ac virginum in nomine Domini Jesu Christi et memoria sancti sepulcri ejus, et beatæ et gloriosæ semperque virginis Genitricis ejusdem Domini nostri Mariæ, et omnium sanctorum Dei consecravit xxv Octobris 1064, ædificatoque in claustro cum cæteris efficinis, quasi mulieres ad sepulcrum excubantes, abbatem et mo-

(9) Hic deest aliquid, ut *opus completum est*.

nachos eidem loco assignavit, non tantum mortuo, sed regnanti in coelis Christo, mystica orationum unguenta exhibituros. Huic sanctae consecrationi, ut se coelestis potentia in virtute sanctificationis liquesceret adfuisse, visibiliter demonstravit : per totum noctis spatium quae sanctae benedictionis praecedebat diem, super ipsum monasterium sphaera lucis in modum coronae coelitus emissae pependit, profecto jam significante Deo pro hoc laboris impendio Lietbertum pontificem misericordiae coronam accepturum. Hoc incredibile videbitur eis qui non credunt omnia possibilia credentibus; sed ne cui ad incredulitatem scrupulum moveat, testium veracium relatione defendor; ipsa quoque Veritas suis fidelibus promittit dicens : *Si quis mihi ministraverit, honorificabit eum Pater meus* (Joan. xii, 26), unde credimus ibi non defuisse Patris honorem, ubi tot sanctorum corpora conventa fuerant. Viginti et duo dicuntur adfuisse ; quorum nomina ne prolixitas fastidium generet, omittimus scribere, caeterum scire volentes a se ipsis poterunt colligere. Actum et consecratum Dominicae Incarnationis anno millesimo sexagesimo quarto, indictione secunda, anno quoque pontificatus domni nostri et patroni Lietberti xiv, Romae praesidente papa Alexandro.

CAPUT L.

Quod coenobium intra urbem muro inclusum, et supradicta ecclesia in honorem sancti Nicolai consecrata fuerit.

Et ne monasterium extra civitatis ambitum remaneret, studuerunt ampliare moenia, circumdantes omne illud monasterii aedificium vallo et fossa cum civitate tota. Quod duabus ex causis eos fecisse constat : ut civitas amplioribus aedificiis et plurimis habitatoribus nobilitaretur, et circum manentes ipsi loco civitatis firmitate munirentur. Ecclesiam vero, quam diximus mansisse intactam, postea multorum labente temporum cursu Walterus (10) abbas ejusdem loci, quoniam nimia vetustate decidebat, ampliare meliorando studuit, additisque Sanctorum pignoribus memoriam sanctissimi Nicolai ibidem constituit.

CAPUT LI.

Ubi filio regis Francorum coronando adesse postulatur Lietbertus.

Remis Philippus Henrici regis Francorum filius praesente concilio principum regni fuerat in regem benedicendus. Hanc benedictionem jure suo Gervasius archiepiscopus Remensis XLIII [*al.*, XLV] procurabat, vir omni bonitate conspicuus. Hic ut sui officii celebrius commendaretur auctoritas, tam regalibus quam suis quoque nuntiis domnum pontificem studuit invitare ; qui licet alias maximis causis occupatus teneretur, et maxime pro guerrarum tumultibus, quas parvipendebat insurgere, libenti tamen animo satis sese petentibus exhibuit ipso die Pentecostes xxiii. Maii 1059 regisque benedictioni sicut decebat interfuit. Ipsum profecto praedictus archiepiscopus omnimodis diligebat et super omnes metropolis suae episcopos venerabatur et colebat.

CAPUT LII.

Ubi in coena Domini ab archiepiscopo divina mysteria celebrare supplicatur.

Accidit in una quinta feria majoris hebdomadae quae sanctum Pascha praecedit, infulatus pontificalibus insigniis archiepiscopus dum procederet sacrosancta missarum solemnia celebrare, prospiciens vidit astantem domnum nostrum Lietbertum pontificem; quo viso substitit, retrorsumque rediens quibus erat infulatus insigniis exuitur, et quod celebraturus erat sacramentum suppliciter domnum Lietbertum rogat celebrare ; quod vix impetrare valuit : quae res cunctis qui aderant in eum magnae venerationis causa fuit.

CAPUT LIII.

Ubi Hugonis municipium Porgivallem subvertit.

Hoc temporum curriculo praedictus Hugo Cameracensi pago non longius a civitate quam decem milliaribus apud quemdam locum, Porgivallem dictum, municipium firmavit, in quod introiens cum satellitibus suis res vicinas devastabat episcopi. Hoc episcopus diu ferre non potuit, sed collectos equites et pedites illuc direxit : municipium assultu opprimitur, et igne succensum ad terram prosternitur : sicque locus ille a satellitibus emundatur. Hugo suorum spelunca praedicta [deest *diruta aut quid simile*] alibi divertit, praedasque et mala plurima in episcopum repetivit. His et aliis pluribus infortuniis non frangebatur miles Christi, sed patienter omnia ferens, meditabatur qualiter ipsius insolentiam contunderet : quod et fecit.

CAPUT LIV.

Ubi Hugo absolvi non meretur nisi prius faciat ea quae ab episcopo decernuntur.

Post haec Hugo quamdam puellam Adam [f. Alam vel Adelam] nomine, neptem videlicet Richeldis comitissae Montensis, coepit amare, eamque in conjugium sibi velle copulare ; sed quia excommunicatus erat, quomodo, quaque ratione id perficeret, nesciebat. Quid faceret ? Absolutionem non curabat magnopere ; quaerit tamen eam a domino episcopo per internuntios desiderio cupitae puellae. Porro episcopus, fatigatus multis injuriis ejus, absolvere eum nolebat, nisi prius dimissionem manu propria (quod et vulgo *werpire* dicitur) faceret ex omni beneficio quod infra ambitum Cameracenae civitatis habebat. Hugo vero, desiderio juvenculae inflammatus, fecit episcopo secundum optionem ejus : werpivit palam omnibus, praesente domino episcopo suisque militibus, praesente comitissa Richelde suisque principibus, quidquid habebat beneficii infra civitatem ipsam Cameraci. Sicque absolutus fidelitatem episcopo fecit de reliquis castellaturae bonis, et inde obsides

---

(10) Is fuit primus abbas S. Sepulchri, de quo Colvenerius in notis ad cap. 78 lib. III Hist. Balduini.

dedit. Haec autem fidelitas non diu est ab ipso Hugone observata; qua jurejurando promissa in natali sancti Andreae, infregit eam secunda feria post Palmas. In hac enim feria majoris hedomadae factam praedam super Cameracenses reddere noluit, sed in ipso absolutionis die qui est ante Parascevem, diffidentiam domino suo mandavit; postea Cameracum derelinquens, malum quod potuit sicut primitus facere instituit. Commonitus crebro sub nomine terrae et in fidelitate quam juraverat praesentibus comparibus suis ante conspectum domini sui, tandem venit, de quibuscunque interpellatus est rectum facere nolens, injustior quam venisset recessit. Unde compares ejus, et alii quamplurimi nobiles qui communi utriusque causa placito interfuere, reum judicantes eum, terram quam de episcopo tenebat ei abjudicavere.

CAPUT LV.

Ubi Hugo sanctum episcopum apud Buricellum capit, et apud Osiacam in custodia claudit.

Hugo autem ad municipium quod apud Osiacum sibi paraverat rediit, et malum adversus episcopum facere non cessavit. Episcopus tamen, patienter ferens haec omnia, abjecto timore parochiam suam circuibat, et ecclesias quae sacrandae erant benedicens, et caetera ministerii sui opera perficiens. Accidit ut dum hujus laboris exercitio ad quemdam villam Buricellum nomine deveniret, ecclesiamque villae consecrandam benediceret, et post consecrationem in chrismandis turbis fatigatus ibidem pernoctaret, praefatum Hugonem fama hujus rei non latuerit, qui acceptis secum complicibus suis ad domum illam pervenit, in qua jam lecto receptus episcopus lassata membra commendabat quieti; fractis domus ostiis et quibusdam resistentibus interfectis, pervenit ad cameram in qua pontifex cubitabat cum Wilboldo praeposito suo et capellanis suis. Sentiens Wilboldus et violentiam, ostio camerae quasi pro obice sese opposuit; sed unus pluribus resistere non valens, fracto ostio, ab ipso Hugone interemptus occubuit: denique episcopus sicut in lecto jacebat cum camisia tantum ille infamis homicida non timuit accipere, et ad municipium suum ita nudum asportare clausumque in custodia retinere.

CAPUT LVI.

Ubi Arnulfus episcopum cum honore ad urbem reduxit, et episcopus, destructo Osiaco municipio, Hugonem ab omni patria expulit.

Hac igitur fama Arnulfus comes Flandrensium et mater ejus Richeldis excitati, sumptis militibus suis, continuo ambo ad Osiacum venerunt, et requirentes episcopum, cum summa diligentia repertum reduxerunt Cameracum cum grandi gloria et honore, donaverunt insuper palliis et muneribus ecclesiam Sanctae Dei Genitricis Mariae, aliaque monasteria civitatis Cameracenae. His itaque digne et laudabiliter perfectis, Flandrensium comes cum matre sua laetus in patriam suam rediit. Episcopus vero, totis animi viribus Hugonem insecutus, non contraxit manum quoad usque destructo Osiaco municipio procul cum pelleret a Cameracensibus finibus: expulsus taliter siluit adversus episcopum de omni clamore, et vita ipsius, terra quoque requievit a facie malignitatis ejus.

CAPUT LVII.

Quae et quanta bona diversis ecclesiis et civitati propriae vir Dei fecerit.

Superveniente senio coepit episcopus corpore languescere, haereditatemque praeclaram, quam ab antecessoribus possidebat, ad mundi hujus gloriam transferre studuit ad nanciscendam aeternae vitae patriam. Tantum de haereditatibus et sui juris reditibus ad ecclesiam Sanctae Dei Genitricis Mariae Cameracensis sedis per chartarum instrumenta contulit, ut inde refectionem cibi et potus habeant canonici per omnes Dominicas totius anni, ita tamen ut in omnibus secundis feriis a congregatione generaliter missa celebretur pro anima ejus et pro fidelibus defunctis. In ecclesia Sancti Autberti clericos regulares constituit, abbatem eis praefecit quarta Maii 1066, ejectis prius quibusdam clericis ibidem negligenter nimis et inordinate servientibus. Altaria valde bona et possessiones praeclaras superaddidit; praebendas magnifice de suo proprio restauravit. Erleboldum, qui ecclesiam Sanctae Crucis aedificavit, et rebus et consilio multum juvit, et in eligendis et ponendis canonicis nimirum et electionem adhibuit. Ecclesiam Sancti Vedasti, quam restauravit idem Erleboldus, fecit consilio et auxilio ejus. Monasterio sancti Patris nostri Gaugerici episcopi hujus civitatis decimas dedit, et rebus aliis valde bonis locum ditare studuit; Novum-Castrum et abbatiam Sancti Andreae Apostoli, et coenobium Sancti Humberti semper fovit, semper meliorare studuit, semper exaltare non cessavit. Congregationi beatae Mariae Atrebatensis Debelrem tradidit. In monasterio Sancti Vindiciani apud montem Sancti Eligii clericos regulares constituit, et ejectis illis qui negligenter ibidem serviebant, multa de suis bonis ibi deservientibus superaddidit. Civitatem, quam episcopus factus pro guerrarum seditione desertam invenit, populosam et opulentam fecit. Nulli suorum civium nocuit, cum omnibus prodesse studuerit. Clericos suos et omnem ordinem ecclesiasticum diligebat, sicut gallina quae congregans pullos suos, fovet eos sub alis suis.

CAPUT LVIII.

Ubi Arnulfo comite apud Castellum interfecto, Robertus comes hanc patriam devastat.

Ea tempestate, audiens Robertus mortem fratris sui Balduini comitis, qui apud Hasnonium ecclesiam destruxit, factione majoris Flandrensium partis super Arnulfum comitem et matrem ejus Flandrias irrupit. Ad cujus violentiam refragandam praedicta Richeldis comitissa cum filio suo Arnulfo, cum quo, sicut praedictum est, dominum nostrum Lietbertum de captione Hugonis extraxerat, regem Franciae Philippum evocavit, ejusque auxilio apud Castellum bellare paravit: sed Flandrensibus, quorum dolo

Robertus ille Flandrias intraverat, dolose pugnantibus et terga vertentibus, ipse puer Arnulfus occiditur; quo mortuo, fugataque matre, totus marchionatus cessit Roberto. Hoc eventu belli nimis efferatus in tantam prorupit insaniam, ut dominatum Cameracenæ civitatis imperio præripere vellet imperiali et suæ submittere ditioni; unde collecto frequenti exercitu, villas civitati proximas depopulans, per cunctam viciniam bacchabatur. Quod dum non semel, sed bis annuatim faceret, totamque Cameracensem patriam penitus in solitudinem redigeret, domnus pontifex per internuntios cum sæpe commonebat, et ut ab. incœpto desisteret nunc prece, nunc pretio, sæpius orabat: sed ne quidem audire volens, fastu superbiæ sæcularis inflatus, minabatur non modo a devastatione regionis non cessare, sed ipsam quoque civitatem, nisi sibi eam redderet episcopus, ad nihilum redigere.

CAPUT LIX.

Ubi bonus pastor Lietbertus ægrotans in lecto gestatorio ad tentorium comitis urbem obsidentis se deferri jussit, et eum omnemque exercitum ejus gladio anathematis percussit, et sic eadem die obsidionem solvit.

Inter hos laboriosos vitæ mortalis sudores, inter præscripta sanctorum operum operta exercitia Deo dignus pontifex fatigatus, in infirmitatem decidit, quam per tres continuos annos mira patientia devicit, sustinuit; quem tyrannus ille audiens ægrotare, tanquam de pastoris absentia gratulabundus rursus infremit, rursus in caulas Dominici gregis insanit; collecto maximo exercitu velut ex improviso ad civitatem advolat tanquam expugnaturus eam. Quod factum domnus pontifex gravissime tulit, et ultra quam dici potest indoluit; præcepit quantocius ut in lecto gestatorio levaretur, et per medias acies bellatorum usque ad tentorium ipsius tyranni portaretur: tantis siquidem podagræ doloribus angebatur, ut nullo modo in pedes subsistere posset. Delatus ex sententia usque ad tentorium comitis, postquam vidit eum graviter infremuit, et cum magna severitate scelestos ausus præsumptionis ejus increpavit, utque de terra dominæ suæ Mariæ discederet, auctoritate pontificali commonuit: suus enim parochianus erat in quantum comitatus Atrebatensis sibi cedebat, quoniam Cameracensis et Atrebatensis Ecclesia tunc temporis uni pontifici parebat (14). Illo non curante, sed mente superba Pontificis objurgationes quasi quædam ludicra subsannante, pontifex manibus sese sustentans resumptis viribus in lecto resedit, ut sibi virga pastoralis cum stola sacerdotali porrigeretur imperavit, quibus acceptis inpræsentiarum protinus ipsum comitem cum omni exercitu ejus usque ad satisfactionem excommunicavit. Videns comes tantam in viro Dei mentis et justitiæ constantiam, reveritus ætatem et reveritus pontificis auctoritatem, quodque verius est, terrore divino percussus, cum esset hora diei nona, movit castra, et licet infrendens, licet minas ingeminans, quantum dies concessit, extra terram quæ sibi contradicebatur secessit. Cæteri quorum mens sanior fuit, priusquam recederent, prostrati solo coram pontifice veniam petunt, et quod deinceps hoc malum super Cameracensem Ecclesiam non iterarent, tactis sanctorum reliquiis juraverunt. Ponentes itaque singuli damnum quod intulerant, patriam depopulantes, absolutione suscepta læti redeunt, quoniam qui venerant armati furore bellico, recedebant gratificati timore divino. Ita liberata civitas ab obsidionis terrore studio sui pontificis, laudes refert Deo suæque gloriosæ Genitrici.

CAPUT LX.

Ubi commendatur constantia beati pontificis.

O gloriosum pontificem non armis sed fide pugnantem! *Mercenarius, qui non est pastor, videt lupum venientem et dimittit oves et fugit. Bonus pastor animam suam dat pro ovibus suis* (Joan. x, 12). Ecce libertatis præsidium, ecce pontificis officium Lietbertus ab hostilis invasionis oppressione liberat patriam: pontifex post redargutionem scelerum confitentibus implorat veniam, libertate nobilis animi sese viriliter ingessit hostibus, auctoritate pontificali redarguit tyrannorum rabiem, ne tam crudeliter ad animarum suarum periculum grassarentur in populorum deprædationibus, ascendit ex adverso opponens se murum pro domo Israel, hoc est pro Ecclesia sibi commissa, ut posset stare in prælio in die Domini. Ex adverso ascendere, est quibuslibet potestatibus prave agentibus libera rationis voce contraire, et in die Domini pro domo Israel in prælio stare; ac murum se opponere, est fideles innocentes contra perversorum injustitiam ex justitiæ auctoritate vindicare. Sed stare in periculum non potest, qui eo quod præest non oves diligit sed lucrum terrenum quærit; animæ pereunt, et ipse de terrenis commodis lætatur. Sed noster pastor per Dei gratiam bonus et libertas patriæ opponere se contra periculum non trepidavit, ne hoc quod diligebat amitteret; nec timuit cuneos intrare bellatorum, ne gregis sibi commissi sustineat detrimentum. *Justus ut leo confidit* (Prov. xxviii, 1); vere confidit qui comitis Flandriarum faciem non erubuit, qui inter gladios militum superbiam malignitatis ejus non siluit: postremo minas tyrannidis ejus non timuit: vere confidit qui comitem Flandriarum pontificaliter increpavit; et quia obedire nolebat, præsentem excommunicavit; perpetrata victoria, fugatis hostibus, libertas patriæ quo advectus fuerat lecto reportatur ad domum, necnon intra pontificale relocatur cubiculum.

CAPUT LXI.

Narratio afflictionum ejus.

Deficientibus corporis viribus augmentabatur infirmitas, et de die in diem multis incommodis molestabatur senilis ætas; et quoniam diutino languore

---

(14) Urbanus III in conc. Claromontano anno 1094 proprium utrique Ecclesia episcopum assignavit.

jacuerat, etsi putrescente carne pene membris omnibus deflueret humor, nusquam tamen cilicium quo a diebus suæ ordinationis semper usus est, mutare voluit, neque lecti duritiem a proposito religionis rigore molliri permisit. Laborabat in gemitu suo, lavabat per singulas noctes lectum suum, lacrymis stratum suum rigabat (*Psal.* VI, 7). Quoad vixit, panis hordeaceus victus ejus fuit assiduus; nec eum nisi dies solemnis levabat; quem sic sollicite, sic honeste anteponi mandaverat inter epulas pontificales, ut a nullo convivantium percipi posset; epulæ quidem carnium sufficienter apponebantur, sed panis et aqua disciplinaliter sumebantur. Inter convivantes jejunus, inter jucundos sobrius erat; mensis ipsius pauperes nunquam deerant, quibus diurnam annonam sicut domesticis suis constituerat; inter quos si leprosus venisset, scyphus ei pontificalis præbebatur, et tanquam calix Domini præclarus iterum pontifici præsentabatur. Psalmos pœnitentiales diebus infirmitatis suæ intuebatur et legebat, et ubertim ac jugiter dolebat, et ne intentio ejus a quoquam impediretur, religiosis et ecclesiasticis viris utebatur, quorum consolatione passiones carnis et animæ relevabat.

CAPUT LXII.

Ubi ægrotus lecto decubans ad requiem supernam anhelabat, et subjectis monita pariter et exempla salutis exhibebat.

O irrecusabilis necessitas mortis! o inevitabilis conditio quæ nulli parcit! noster siquidem pontifex, tam senectute quam morbo confectus, diem suæ vocationis ultimum exspectabat, et sicut cervus sitiens ad fontes aquarum, ad spem æternæ quietis anhelabat. Qui nimirum in lecto decubans, licet fractis viribus deliquescens, morbos tamen et annos mentis fortitudine vincens, sanctis monitis ad hæreditatem cœlestis patriæ cunctos invitabat; imitator quippe fiebat magistri sui, de quo dicitur : *Cœpit Jesus facere, et docere* (*Act.* I, 1). Insinuabat mansuetudinem et misericordiam, largitatem in pauperes Christi quam semper exercuerat, docens quantam apud Deum confidentiam pro hac qui exercent consequerentur, ut eos in eo die periclitantes in æternum suum tabernaculum [*deest reciperet vel quid simile*]. Compleverat et ipse mandatum evangelicum quod dicit : *Vende quæ habes, et da pauperibus, et habebis thesauros in cœlo* (*Matth.* XIX, 21). Vendidit sua, sed Deo; quoniam de cunctis quæ juris sui erant sponsam Christi Domini sui, sanctam videlicet Ecclesiam, subarrhaverat; pluribusque locis, sicut supra taxavimus, Christi pauperes alebat, et exoptans toto mentis affectu proficere de virtute in virtutem, cunctos sibi commissos hortabatur ut poterat præsentes postponere præsentis sæculi desideria et amare cœlestia.

CAPUT LXIII.

Cumque de imminenti ejus exitu conquerentes alterutrum lamentarentur, dicebat : « Nolite arbitrari, mei charissimi filii, me velle quasi decurso spatio ad carceres a cella revocari. Quid enim habet vita humana jucundi? quid non potius laboris? Non libet enim mihi deplorare vitam quomodo multi et indocti faciunt, neque me vixisse pœnitet, quoniam ita vixi ut non frustra me natum existimem; et ex vita discedo ita tanquam ex hospitio, non tanquam e domo. Commorandi naturæ auctor Deus nobis diversorium, non habitandi dedit. Moriendum certe est, et id incertum an eo ipso die : omnia vero quæ secundum naturam fiunt, sunt habenda in bonis. Quid est autem tam secundum naturam quam senibus emori? Horæ quidem cedunt et dies, et menses, et anni; nec præteritum tempus unquam revertitur, nec quid sequatur sciri potest : quod cuique temporis ad vivendum datur, eo debet esse contentus : tantum remanet quod recte factis et virtute consecutus sis, sed vivendi finis est optimus cum integra mente certisque sensibus opus ipse suum qui coagmentavit, dissolvit, et ædificium idem facillime destruit, qui construxit ; sic hominem eumdem optime qui conglutinavit Deus, dissolvit. Mortem igitur omnibus horis impendentem meditemur ; nam dum sumus in his compagibus corporis, quodam necessitatis et gravi opere perfungimur : sed ipse Deus auctor immortalitatis ut finem imponeret necessitati, terminum vitæ carnali dedit, volens nos venire ad ipsum munus immortalitatis; unde ne censeatis lugendam mortem quam immortalitas consequitur. *Si enim credimus quod Jesus mortuus est et resurrexit, ita et Deus eos qui dormierunt per Jesum adducet cum eo* (I *Thessal.* IV, 15).»

CAPUT LXIV.

Ubi, percepto viatico corporis et sanguinis Domini, spiritum tradidit.

Inter hæc flante austro lilium sensim in pallore migrabat, quia videlicet *omnis caro fenum, et omnis gloria ejus quasi flos feni* (*Isa.* XL, 6). Quod animadvertentes qui aderant, sacrosancti Evangelii deferunt codicem, quatenus recedenti de sæculo Dominicæ passionis supplicia quæ pro nostra redemptione sustinuit recitarentur, et dæmonum spiritus tantæ lectionis ventilabro repellerentur. Cumque a circumstantibus interrogaretur an intenderet his quæ legebantur, respondit recitari passionem Christi secundum Evangelium Joannis. Postquam ventum est ad id : *Cum ergo accepisset Jesus acetum, dixit : Consummatum est* (*Joan.* XIX, 50), percipiens et ipse viaticum corporis et sanguinis Christi, inter manus plangentium, Deo, cui omnia vivunt, et cui non pereunt moriendo corpora nostra, sed mutantur in melius, suum tradidit spiritum vicesimo sexto ordinationis suæ anno felix episcopus, senex emeritus, vetus hospes, plenus dierum, dans pacem filiis, et vale dicens ultimum, vinculis carnis absolutus, feliciter decimo Kalendas Julii, decedente sole, migravit ad Christum.

CAPUT LXV.

De quibusdam miraculis in ejus obitu ostensis.

Testati sunt qui interfuerunt, post emissum spiritum capillorum ipsius albedinem in pristinum rediisse colorem juventutis. Testatur etiam religiosorum virorum contubernalis veritas, quod per decennium priusquam vita decederet a tactu genitalium membrorum penitus abstinuerit, sed si necessitas naturalis vel in equitando vel in procinctu quolibet alio tangere compulit, vel pallio, vel camisia manus obvolvit. Dum vero corpus ejus mortuum nudaretur ad lavandum, ut monstraret Deus quod pudorem castitatis servaverat, ea membra cancellatis manibus sibi texit, sicque donec reindueretur jacuit, lotus aqua, vinoque perfusus postquam femoralibus reindutus complosas manus dissolvit, sicque quasi rursus mortuæ reciderunt. Qui aderant glorificaverunt Deum, qui facit res mirabiles; et funeris exsequias explentes levaverunt corpus feretro, quod deferentes locaverunt in ecclesia Sanctæ Dei Genitricis et perpetuæ virginis Mariæ, vigiliasque noctis illius cum psalmis et orationibus cum luctu et mœrore maximo, peregerunt.

CAPUT LXVI.

Quod in ecclesia Sancti Sepulcri, quam ipse ædificare et dedicare meruit, ante quinquennium sibi sepulcrum effodi fecerit, in quo et sepultus requiescit.

Mane facto, detulerunt illud ad monasterium Sancti Sepulcri quod a fundo sicut est ædificaverat, et ordinato abbate et monachis locum possessionibus et rebus commodis sicut hactenus cernitur honoraverat. Ibi quoque ante quinquennium quam vita decederet effodi sepulcrum sibi fecit, quod certis diebus revisens, et primo quidem desuper incumbens lacrymis et gemitibus fossam perfundebat, deinde pane vel carne, vel aliis cibariis implebat, quæ pauperibus erogari mox faciebat. Sepultus est autem cum gloria et honore pontificali anno pontificatus sui vicesimo sexto (12), nono Kalendas Julii, Dominicæ Incarnationis 1076, temporibus Gregorii septimi papæ, regnante Domino nostro Jesu Christo, cui est honor et gloria in sæcula sæculorum. Amen.

(Quæ sequuntur ab alio auctore scripta esse constare videtur ex c. 2 supra.)

Decimo Kalendas Julii obiit domnus Lietbertus episcopus Cameracensis atque Atrebatensis tricesimus primus, anno Dominicæ Incarnationis 1076, quarto Kalendas Octobris. Translatio ejus anno Dominicæ Incarnationis 1211. Ab obitu usque ad translationem ejus 135; a translatione prima usque ad secundam anni 61, quæ facta est octavo Idus Junii

---

Epitaphium domini Lietberti Cameracensis episcopi, ecclesiæ Dominici Sepulcri fundatoris.

Clauderis hoc titulo lapidum, Lietberte sacerdos
    Spes et amor patriæ, laus, decus Ecclesiæ.
Hancque domum Christi spe felix instituisti,
    Rursus ut octava luce fruaris ea.
Clauditur incessu Cancri, solisque recessu
    Orbi sexta dies, quæ tibi sit requies.

LIETBERTI CHARTA

De constituendis canonicis regularibus in ecclesia S. Autberti Cameracensi.

(Anno 1066.)

(Actes de la province ecclésiastique de Reims, II, 77.)

LIETBERTUS, Dei gratia Cameracensium episcopus, successoribus suis episcopis, et cæteris Christi fidelibus sempiternam gloriam.

Est quoddam monasterium infra muros Cameracæ civitatis, in honore sanctorum apostolorum Petri et Pauli, sanctique Autberti confessoris, ejusdem civitatis episcopi, ibidem corpore quiescentis, consecratum, ubi retro deserviebatur officio canonicorum : quibus injunctam servitutem negligentibus, cœpit locus ille vilescere, et in dies a prioris honorificentiæ statu declinare. Hoc ego considerans condolui, cœpique animo volvere qualiter melius ad divinum cultum possem relevare. Tandem zelo Dei animatus et fidelium nostrorum consilio roboratus,

---

(12) Imo 289 siquidem anno 1048 Gerardo successit, ex cap. 46, interfuitque jam episcopus Philippi regis coronationi anno 1049, ex cap. 51.

regulares canonicos, de communi viventes, et nihil proprium habentes, et ejusdem professionis et ordinis abbatem eo in loco constitui; restauratis et alibi restitutis præbendis canonicorum illorum, qui proprium retinentes, illic communiter vivere noluerunt. Ædilitatem vero et præposituram, quæ mei juris erant, præter antiqua bona hujus loci, per consilium archidiaconorum, et canonicorum, et cæterorum fidelium nostrorum, huic ecclesiæ contuli, et insuper potestatem donandi præbendas abbati concessi

Signum Henrici (IV) regis. Sigisbardus cancellarius, vice Sigifridi archicancellarii, recognovi. Data anno Dominicæ Incarnationis 1066, indict. IV, anno autem ordinationis Henrici (IV) regis XIII, regni vero X.

Actum Triremundi.

POST MEDIUM SÆCULUM.

ROGERIUS.

NOTITIA HISTORICA IN ROGERIUM.

(FABRIC., *Biblioth. med. et inf. Lat.* VI, 121.)

Rogerius, aliis, corrupte, *Frigerius*, Italus jurisconsultus, sæc. XI, qui primus in eam Pandectarum partem quam *Infortiatum* vocant glossas emisit, primus etiam *Summam* sive *Compendium juris* composuit. Reliqua illius in obscuro sunt. Pancirollus *De claris legum interpretibus* II, 18. *Compendium* ejus sive *Summa*, necnon *Dialogus de præscriptionibus*, exstant in *Tractatu tractatuum*, tom. IX, fol. 135, 136.

ROGERIUS
DE DIVERSIS PRÆSCRIPTIONIBUS.

(*Tractatus tractatuum*, tom. XVII, folio 48.)

SUMMARIUM.

1. Præscriptio dicitur quælibet exceptio essentiam capiens ex tempore
2. Exceptio solo comparata favore, quæ dicatur.
3. Exceptio nec favore nec odio comparata, quæ sit. Actiones, ut plurimum, terminantur anno,
4. Præscriptio quædam triduo compleri potest.
5. Appellanti quando obstet præscriptio anni.
6. Præscriptio duorum mensium actioni ex stipulatu potest opponi.
7. Redhibitoria actio quanto præscribatur tempore. Æstimatoria actio præscribitur anno
8. Prætoriæ actiones anno utili præscribuntur.
9. Actio furti manifesti perpetua est.
10. Petitioni hæreditatis præscribitur quinquennio
11. Fiscus quadriennali præscriptione gaudet conventus pro re aliena quam, ut suam, vendidit.
12. Actiones criminales (injuriarum dempta) viginti annorum tolluntur præscriptione.
13. Præscriptio anni utilis vel centum dierum obest ei qui prætorio jure vult succedere.

CAPITULUM PRIMUM.

Omnium præscriptionum viam ita posse facile percipi opinamur, si ipsarum varietates prius diligenter exposuerimus.

1. Est ergo præscriptio omnis exceptio ex tempore essentiam capiens; alias abusive, quælibet exceptio, etiam fori, præscriptio vocatur. Sunt autem exceptiones tales, aut favore, aut odio solo, aut utroque neutro comparatæ.

2. Favore solo comparata est centum dierum vel anni præscriptio, quæ bonorum possessori objicit. Hæc enim, nec primi gradus odio, cui objicit, nec sequentis favore, cui competit, sed creditorum gratia, ut cito quod convenerunt, habeant, et ipsius maxime defuncti causa, ne ejus bona tanquam prodigi et inopis possideant, est a prætore inventa. Huic similis vero quinquennii præscriptio, defuncti statum juvans, ut *Insti. de bono pos.* § ult. *Licet non semper comparata est longissimi temporis præscriptio sive usucap.*

3. Neutro igitur nec odio nec favore, ut præscriptio annalis, quæ actionibus prætoriis et pœnalibus plerumque objicitur, quæ nec actoris odio, nec rei

favore introducta est. Sed quia prætoris imperium annuum erat, idcirco et a prætore inventa est. Actiones plerumque anno finiunt, ut injuriarum actio et rescissoria, et aliæ multæ, ut in tit. *De perpetua et temporali actione*, in princ., *Sed ex tempore oriantur, quando non semper perœque computantur*. Singularum præscriptionum tempora enume rare non sit tædiosum ; sunt enim præscriptiones, nunc 30, seu 40, nunc 10, sive 20 annorum, nunc minoris temporis, quas ut minus frequentes statim transcurramus.

4. Est ergo quædam præscriptio, quæ triduo completur, ut illa quæ clientis patrono errorem corrigere volenti objicitur, ut cap. *De er., advo.* lib. ult. Sicut et illa 10 dierum silentio ex die scientiæ nascitur, quæ appellare volenti opponitur, ut in auth. *de appell. et intra quæ tempus*, § 1, col. 4 ; proinde huic si intra decem dies appellasset, 30 dierum obstaret præscriptio, si apostolos petere neglexisset, qui dies sententiæ recitatione numerant, ut cap. *De appel.* l. *Judicibus*

5. Appellatori quoque qu. non ad principem appellavit, si causam exsequi differat, anni præscriptio obstat, aut biennii, si justa causa impeditur primo anno exsequi appellationem, ut in auth. *de appella.*, § 2, et auth. *De his qui nigre ad appel. Statim post princip*. Illi quoque qui volens appellare, seu apostolos petere, non est auditus, statuta sunt tempora anni spatii, vel sex mensium, sive quatuor pro judicis qualitate, a quo vel ad quem provocatur, ut cap. *De appel.*, l. *Si appellationem*.

6. Actioni quoque ex stipulatu objicitur quoque duorum mensium præscriptio, veluti cum quis in causa privata sine scriptis fide jubens, personæ exhibitionem pure promittit, ut cap. *De fidejus*, l. penul. ; redhibitoria quoque sex mensium præscriptione ex ordine, casu vero duobus mensibus tollitur, veluti cum pro cautione quæ edicto ædilium continentur, non præstita ea actione agatur, vel si convenerit, ut redhiberetur res, si displiceret, quacunque ex conventione est perpetua, ut cap. *De ædili. act.*, l. *Si apud*, et l. penult. ff. eo l. *Si venditor*.

7. Æstimatoria quoque annalis præscriptio est impedimento ex ordine, et cum pro non præstita cautione intenditur, sex mensium præscriptione tollitur. Cedunt autem tempora quæ cum ædilitias actiones præscriptiones pariunt ex venditionis die, vel ex quo rei venditæ cognosci potuit latens vitium, ut ff. eo l. *Si venditor*, et l. *Quod si nolit*. § *Qui mancipia*, l. *Ædiles aiunt*, et l. *Cum sex*.

8. Prætoriæ quoque pœnales actiones ex ordine anni utiles præscriptione exstinguuntur. Rescissoria rei persecutoria cum sit, quia cum jus civile datur, cadem præscriptione tollitur : si quæ vero pœnam et rem persequitur, quo ad rem perpetua, quo ad pœnam annalis est.

9. Actio vero furti manifesti, licet pœnalis præto-

riaque sit, perpetua est, et ea quæ pro ejecto et effuso competit, et si quæ similes inveniuntur, ut ff. *de action. et obligatio*. l. *In honorariis actionibus*. ff. *Vi bono rapt.*, l. 11, § fi., et *Instit. de temp. et per act. circa prin.* ff., *de vi et vi arma*. ff. *De his quæ deject. vel effu.*, l. *Si vero*. § *Præter* § fi. Actioni vero de dolo continui biennii exceptio objicitur, ut cap. *De dolo.*, l. *Optimum*.

10. Petitio quoque hæreditatis quocunque sub inofficiosi colore intenditur, quinquennali præscriptione tollitur, quia præscriptio tuetur etiam statum defuncti, qui communi opinione non in fugam conversus atque latitans, nec passus status controversiam mortis tempore ut civis Romanus vixit, ut cap. *De inoffici. testamen.*, l. *Si quis*. cap. *Ne de stat. defuncto pro quin. quæ ll. si mater, et pater, repetitio*.

11. Quadriennii quoque præscriptio tuetur fiscum ab actione utili, qua convenitur. Cum rem alienam vendidit ut suam, hæc quoque præscriptio fisco opponitur quandoque, veluti cum de bonis vacantibus fisco nundum nuntiatis, quis bona fide emerit. Alias autem ex ordine fiscus 20 annorum præscriptionem timet, nisi adversus eam sint statuta minora tempora, ut cap. *De quadriennii præscript.* l. 1 et 11, ff. *de divers. et tempor. præscript.*, l. *Intra quatuor*, et l. *In omnibus*, ff. *de requi. re, et ab. dam.* l. 11 ; in casu vero quodam cum nulla currit præscriptio, ut cap. *Ne rei. don.*, vel *temp. vend*.

12. Criminales actiones 20 annorum præscriptione exstinguuntur, excepta injuriarum actione quæ anno terminatur, et adulterii simplici accusatione, quæ contra adulterum quinquennio continuo sopitur, ut cap. ad l. *Corne. De fal.*, l. *Querelæ*, et cap, ad *leg. Jul. de adulter.*, l. *Adulter.*, ff. *ad legem Jul. de adult.*, l. *Miles*, et l. *Vim passam*.

13. Volenti quoque jure prætorio succedere centum dierum vel anni utilis præscriptio obest, qui dies computantur utiles, ex quo quis cognatum mortuum sesceque ad successionem vocatum scivit, aut scisset nisi jus ignorasset, ut ff. *De bonorum possessio.*, cap. *De jur. et fact. ignor.* l. 111.

SUMMARIUM.

1. Præscriptio longi temporis quando inchoetur. Præscriptionem longi temporis quæ inducere possint.
2. Titulus quid sit.
3. Usucapere non potest qui titulum non habet.
4. Error in facto alieno toleratur.
5. Bona. fides quæ requiratur in præscriptione longi temporis.
6. Personæ adminiculum in præscriptione longi temporis est necessarium.
7. Præscriptio ut initium capiat, quid necessario spectari debeat.
8. Præscriptio longi temporis qualiter sit continuanda.

Præscriptio longi temporis quibus, seu per quæ impediri possit.
9. Privilegium rei præscriptionem impedit.
10. Vitium fundi impedit præscriptionem.
11. Præscriptio post sicut ab initio impediri potest.
12. Præscriptionis longi temporis quid sit effectus.
13. Præscriptio longi temporis solas in rem actiones tollit.

CAPUT II.
De longi temporis præscriptione.

Restat ut longi ac deinde longissimi temporis præscriptionem videamus. Est ergo videndum quando hæc præscriptio inchoetur; causæ quoque videndæ sunt quæ deficiunt vel impediunt ab initio, vel postea ; effectus ejus tandem liquebit.

1. Inchoatur autem hæc præscriptio in rem alienam a non domino quam ex compto vel simili causa acceperas. Inducunt autem præscriptionem hanc imprimis titulus justus, fides bona, cum personæ apprehendentis adminiculo, quod sibi possit acquirere; ac tandem possessionis statuto tempore continuatio per adversariorum silentium roborata.

2. Titulus est omnis acquirendi dominii causa justa, ex qua nostrum fiat, quod non erat nostrum ; horum titulorum quidam aliena, quidam solius juris nituntur auctoritate. Et qui aliena auctoritate nituntur, plerumque, propria nomina habent, puta pro emptore, pro donato , pro dote, pro legato, pro derelicto, pro hærede, pro soluto. Qui vero solius juris auctoritate gaudent, uno generali nomine illi pro suo utuntur, quo solo titulo nostra fiunt omnia, quæ mari, terra, cœloque capimus, quæ de rebus nostro dominio subjectis nascuntur, et ea quæ fluminis, jure, agris nostris accrescunt, vel occupatione, vel specificatione, vel simili jure nobis obveniunt, et sic istis titulis nostrum fit ; tum vero et traditione, quod a veris dominis, vel perceptione quod de re nostra percepimus, ita si credimus dominos, licet non sint, qui nobis tradunt, vel ancillam nostram ex qua partum percepimus, præscriptionem servi usucapione inchoamus.

3. Sin autem verus titulus deest, licet ipsum te crederes hæredem, non usucaperes, nisi probabili errore facti deceptus esses, uti de eo dicitur qui ad emendum aliquid suo mandavit procuratori , quod cum non emerit, se emisse persuasit, atque ita tradiderit, magis est ut dominus qui tali deceptus errore accipit, pro emptore præscribat licet nulla fuerit emptio.

4. Error non in alieni facti ignorantia, quia plerumque prudentissimo fallit, est tolerabilis, ideoque præscriptio prodest, ut ff. *De usucap.*, l. *Celsus*, et l. *Nunquam*, ff. *pro empto*, l. *Quod vulgo*, ff. *pro suo*, l. ult. et l. 1 et 11, ff. *de usucap.*, l. *Potest*. Nulla bona fides ex accipientis parte desideratur, et ex dantis, nisi verus dominus jus suum et alienationem factam ignoret.

5. Et est fides bona quantum ad hanc præscriptionem si is qui accepit dantem arbitretur alienandi eo modo jus hæreditate. Item et in dantem, et hanc fidem ut pro emptore præscriptio inchoetur, oportet interesse et venditionis et traditionis tempore; in aliis autem sufficit eam adesse traditionis tempore, vel quo initium sumet præscriptio, ut ff. *pro empto* 11, et l. *Qui fundum*, § *Promittatur*, et in *Authent. ut sponsa. larg.*, § *Rursus*, *collatio* ix, *constit.* 11.

6. Personæ adminiculum in hac præscriptione desideratur, ut cum exordium capere debeat, sic sit persona quæ suum aliquid possit habere; quæ si desit, præscriptionis cessat initium. Inde est quod si quid servo hæreditario detur, ante, nec ejus usucapio, nec præscriptio inchoabitur, quam si hæreditas fuerit adita : sic ut inchoetur hæc præscriptio personam desiderat. Ut autem postquam est inchoata, continuaverunt eam, nec bona fides, ita nec personæ desideratur adminiculum ; nam, nec ex posteriore rei alienæ scientia interrumpitur et per hæreditatem vacantem completur, ut cap. *De usucap. non trans.*, l. *Usucap.*, ff. *de usucap. Nunquam justo. præscriptio, possessio*, et l. *Hæres*.

7. Sed titulus justus, fides bona, personæ adminiculum, ut initium præscriptio capiat, spectantur; ut vero consummationis finem capiat; possessionis continuatio per decem annos inter præsentes, vel viginti inter absentes est necessaria, si præsentes sunt, qui in eadem provincia domicilium habent, absentes qui in diversis.

8. Continuatur autem hæc præscriptio sic, si nec civiliter, nec naturaliter ejus cursus fuerit interruptus. De qua re etiam latius videbimus, ut cap. *De præscrip. long. temp.*, lib. 1, 11 et ulti. Cum ergo ea adsunt, quæ nunc notavimus, curret præscriptio, si quoque absint ea quæ eam impediunt. Impediunt autem eam domini persona, res, necnon et actionis genus, nam contra personalem actionem hæc præscriptio non currit, ut cap. *Qui non obstat long. tempore præscrip.*, l. *Neque mutui*, *neque domini persona*. Hanc præscriptionem impedit ut si minor 25 annis, vel furiosus, vel collegium divinum rei præscribendæ sit dominus, ut cap. *Qui non ob long. temp. præscrib.*, l. *Non est*, et cap. *Qui cau. in inte. resti. non est ne.* l. *ut et in authent. de Eccle.* tit. § *pro temporalibus*. Res quoque multis modis præscriptioni obest, nunc ipsius rei privilegio, nunc vitio.

9. Rei privilegium præscriptionem impedit, quod a commercio, sive dominio nostro vel jure eam eripuit. Natura a commercio hominem liberum eximit, ideoque nullo tempore præscribitur. Jus autem rem sacram, sanctam, et similem a commercio et a præscriptione eximit, nec non et fundum dotalem dummodo matrimonium duret, et sit vir solvendo.

10. Fundi quoque vitium præscriptionem impe-

dit, ut si sit vi possessus ; tunc enim nec ab invasore, quoniam mala fide, et sine titulo possidet, nec ab emptore etiam bonæ fidei præscribi potest, antequam possessione ad dominum reversa fuerit rei vitium purgatum.

11. Et sicut præscriptio obstat ab initio sic et post, et interruptio civilis aut naturalis, quæ non ob id solum contingit, quia possessor post præscriptionis initium rem esse alienam cognoscit, ut cap. *de long. tem. præ. q. pro.* li. 1. ult. et ff. *de usucap*, 1. *Usucapionem*, et 1. *Sequit*, § *Quod autem* et 1., *Non solum*, et 1. *Quare*, et 1. *Cum vir.* ff. *de fun. do.*, 1. *Si fundum*. cap. *De jure do.*, 1. pen. et cap. *De usuc. pro emp.*, 1. *Si partem*, et cap. *De long. temp. præscri.* l. 11.

12. Est autem præscriptionis cujusvis effectus ut actionem per exceptionem tollat, et suum quosdam ut etiam dominium transferat, et possessori cum actorem in rem defensionem pariat, dummodo possideat, eidem quoque saltem utilem dabit vindicationem, si a possessione ceciderit.

13. Solæ vero an in rem actiones, sive directæ, sive utiles, hac præscriptione tolluntur, nec non quod metus causa actio, sive hæreditatis petitio, quoniam cum bonæ fidei emptorem competunt, et hoc illo quia vindicationis loco dantur, et ut rei corporalis vindicatio tali præscriptione tollatur, supradicta desiderantur; ut autem rei incorporalis, id est servitutis vindicatio tollatur ex ordine satis est si prædicto tempore servitute non fuerit usus, qui eam poterat vindicare, si restitutionis jure omnino careat, ut cap. *De præscr.* 30 vel 40 *ann.*, 1. *Si quis.*, et cap. *Qui. non. ob. lon. tem. præ.*, 1. *Neque* et cap. *De his quæ vi.*, cap. *De edit. divi Adri. tol.* ff., et cap. *De servi.*, 1. *Sicut*, ff. *de servi. ur. præ.*, 1. *Hæc autem.*, cap. *De se. re. pu.*, 1. *Attilicinus*.

SUMMARIUM.

1. Præscriptio longissimi temporis quando necessaria sit.
2. Præscriptio longissimi temporis sive tricennalis quibus prosit, aut obsit.
3. Jus quot modis quem petere prohibeat.
4. Dos mulieri debita matrimonio constante non potest repeti.
5. Præscriptio tricennalis duntaxat contra desides locum habet.
6. Præscriptio tricennalis quando contra actionem personalem nascatur.
7. Præscriptio tricennalis per quæ impediri possit.
8. Præscriptio triginta annorum impeditur propter actoris impuberis personam.
9. Præscriptio 40 annorum in quibus locum habeat.
10. Præscriptionis tricennalis, et quadragenalis effectus qualis.

CAPUT III.
De longissimi temporis præscriptione.

1. Nunc de longissimi temporis præscriptione videndum est, quæ alias ex 30, alias ex 40 ann. cur riculis completur, et a superioris præscriptionis tractatu longe lateque abest. Porro cum tricennalis præscriptio sit frequentior, primum de tricennali, deinde de quadragenali in ejus defectu comperta videbimus. Videnda sunt itaque quæ eam inducant, vel impediant eam, et quis sit ejus effectus; et primum quando hæc præscriptio sit necessaria, et quare sit inventa.

1. Est autem hæc præscriptio tunc demum necessaria, cum longi temporis præscriptio deficit, quod contingit, ut et supra diximus, sive reus personali actione perpetua convenire possit, sive in rem, et titulum, aut bona fide careat, aut si sit res vitiosa; habet autem præscriptio hæc nec titulum nec fidem bonam, sed rei vitium, sicuti nec actionis genus, nec actoris sive rei personam omnino distinguit.

3. Fures neque et invasores hæc præscriptio munit. Imo vero propter milites, adultos, mulieres, et absentes, a junioribus divis principibus est ideo inventa, et quia ante, perpetuæ constitutæ fuerant actiones, certo fine taxarentur, et cum sit odiosa hæc præscriptio, inducunt eam propter personalis actionis desidiam, et propter vendicationem illius longam, et inconcussam detentationem; ut nil personaliter quis obligatus est, statim ex quo quis cum effectu convenire cum creditore potest, et cessat, ita ut nil faciat pro suo in re conservando, initium talis præscriptio capit, et ideo donec actorem agere prohibet, nequit inchoari.

5. Prohibet autem jus quem petere, nunc ipsius actionis, quæ interdici debet, natura, nunc creditoris persona. Actionis natura tum impeditur creditor agere, et ideo contra eum non oritur præscriptio cum debitum quod in obligatione vertitur non sit purum, sed aut conditionem, aut temporis dilatione suspenditur, ut si promittatur vel legetur aliquid in diem vel sub conditione.

4. Idem est et in dote mulieri debita, quam ante solutum matrimonium ex ordine repetere vetatur, ideoque ante contra eam currere non incipit præscriptio. Actoris persona prohibet jus ipsum cui quid debetur petere, et ideo hujus præscriptionis cessat initium, ut si quid debeatur filiofamilias, propter quem ideo non currit præscriptio, quia in judicio, communi jure, sine patris voluntate nequit consistere.

5. Quamobrem si non judicatur deses, nec desidiæ pœnam debet pati, et hæc præscriptio contra deses duntaxat locum habet. Amplius sicut illi qui non egit, quia non potuit non currit præscriptio; sic nec creditori qui ideo suum debitorem non convenit, quod annis singulis ei solvit usuras; idem in cohærede, sive socio, contra quos ideo famil. ercisc., seu com. divi. actio ei non competit, quia cum eo similiter possidendo semper de re tanquam communi; obventionem percepit tali enim facto, licet quidam quorum sententiam inanem probavimus consentiant, non minus actio servatur incorrupta quam si fuisset in judicium deducta, ut

Instit. de perpet. et temp. act., et cap. *Non ob.*, l. 1, p. l. *Neque*, cap. *Unde vi*, l. ulti., et cap. *De præscri.* 50 *vel* 40 *an.*, l. *sicut* et *Cum notissimi*, et l. *Si quis*, et cap. *De an. except.* l. 1, § fi., cap. *De jure do.*, l. *In rebus, et in auctor. ut sponsa lar.*, § *Rursus*, col. 9, *constit.* 2.

6. Sed quidem sancitum est hic ut contra personalem actionem nascatur talis præscriptio; ut vero contra venditorem initium capiat, et petitorem ex quo agere possit silere convenit et ipsum reum possidere non corporaliter, sed tamen civiliter quandoque pro suo. Ideoque nec colonum, nec emphyteutam in dominii quæstione, dum productionis nomine possidetur, cum domum tuebitur talis præscriptio. Idem et in creditore, dum hypothecæ jure pignori inhæreat, licet quidam contradicant, ut cap. com. *De usucap.* 1, et cap. *De præscr.* 30 *vel* 40 *an.* l. *Male agitur.*, et, cap. eod l. *Cum notissimi*, § *Sed cum.*

7. Et licet hujus præscriptionis facilis sit ingressus, sunt tamen præterea quæ supra diximus, quæ eam impediunt ab initio, aut post. Ab initio impeditur hæc, id est 30 an. præscriptio nunc propter rem, nunc propter actoris personam, nunc propter rei personam, et actionis genus. Rei ratio hanc præscriptionem impedit, ut si sit liber homo, aut sacrum quod possidetur, aut tale cujus non sit propria et continua possessio, quorum numero sunt omnes servitutes rusticæ præter aquæductum, hic enim quæ ejus possessio sit quasi continua, rerum immobilium exemplo præscribitur. Idem est in urbanis servitutibus; in superficie consistentibus, ut tigni immitendi, et stillicidii, fiscalibus quoque functionibus; quoniam eis parere convenit omnes prædiorum possessores, sicuti curiali, colonariæve, seu ascriptitiæ conditioni minime præjudicat hujus præscriptionis adminiculum, ut cap. *De servit. et aqua.*, l. *Si aquam.* et ff. *de mor. inf.* cap. *De agric. et censi.* l. *Cum satis* l. 11, et cap. *De præscrip.* 30 *annorum*, l. *Præscriptionem*, et l. *Competit.*

8. Propter actoris personam impeditur talis præscriptio, si sit actor impubes. Ei non curret præscriptio, antequam pubertatis annos ingrediatur, sicuti nec contra locum venerabilem, nec contra civitatem, ut cap. *De præscrip.* 50 *anno.* l. *Sicut*, et l. *Cum notissimi*, et in *auth. de Eccles. rit.*§ *Pro temporalib.*, cap. *De sacrosan. Eccl.*, l. *Ut inter.* Rei persona ac actionis genus ab initio hanc præscriptionem impedit, ut si creditori pro pignore quod debitor vel debitore vivo secundus creditor possidebat, hypothecaria competat actio, ut cap. *De præscript* 50 *an.* l. *Sicut.* et l. *Cum notissimi*, § *Sed cum.* Ex post facto quoque, scilicet jam sit cœpta ab initio, ne inchoetur, huic præscriptioni obest litis contestatio, vel conventio judicialis, quæ rem litigiosam facit, ut cap. *De* 30 *anno. præscrip.*, l. *Cum notissimi* et l. *Sæpe.* cap. *De anna. excep.*, l. 1. Illis cessantibus, quæ præscriptioni huic obstare notavimus, si cœpta fuerit, effectum sortiretur præscriptio, si

non, ante ejus consummationem interrumpitur legitime. Modos vero interrumpendi eam melius ostendemus.

9. Ad hæc notandum in quibusdam 40 annorum præscriptionem subrogari, in quibus tricennalem cessare diximus, ut in actione hypothecaria contra debitorem, vel secundum creditorem primo creditori competente, sicut et contra locum venerabilem tunc locum habet, cum ei talis competit actio, quæ si privato competeret, 10 vel 20, vel 30 annorum præscriptione tolleretur, sed ubi aliqua præscriptio judicii continuatione est interrupta; et hæc, id est 40 annorum præscriptio locum habet, et ex eo tempore incipit currere ex quo ultima procedunt litigia, ut cap. *De præscrip.* 30 *anno.*, l. *Omnes.*, et l. *Cum notissimi*, l. *Sæpe*, et cap. *De anna. except.*, l. 1, et in *authen. de ecclesia* tit. § *Pro temporalibus.*

10. Harum duarum præscriptionum, cum fuerint perfectæ, varius est effectus; nam debitorem contra personalem actionem perpetua muniunt exceptione. Cui, si solverit, non dant condictionem, quoniam sunt comparatæ creditoris odio; possessorem vero, qui venditorem poterat convenire, perpetua, dum possideat, tuentur exceptione, et si bonæ fidei possessor, præscriptione finita, cadat de possessione, dant ei utilem in rem actionem, quæ malæ fidei possessori denegaretur, si de possessione sine alterius violentia quanquam re jam præscripta caderet. Sed cum verus possessor rem vindicare non valeat, quam mala fide præscripserat, rei domino vel creditori, cui ea res fuerat obligata, datur ejus rei vindicatio, licet invasor, si nunc possideret, eos, scilicet dominum vel creditorem, ab agendo hac præscriptione repelleret, ut cap. *De præs.* 30 *ann.*, l. *Sicut*, et l. *Si quis.* ff. *de condi. ind.*, l. *Exceptionem.*

SUMMARIUM.

1. Præscriptio longissimi temporis quomodo naturaliter interrumpitur.
2. Præscriptio longissimi temporis litis contestatione civiliter interrumpitur.
3. Actor quando possit præsidem adire et præscriptionem interrumpere.
4. Præscriptiones quæ omnes tollant actiones.
5. Præscriptiones minores non currunt contra minores viginti quinque annorum.
6. Præscriptio opposita non numeratæ pecuniæ quibus infringatur modis.

CAPUT IV.
De interruptionibus præscriptionum.

Sed quoniam istæ et aliæ præscriptiones, ne consummationis finem capiant, interrumpuntur frequentissime, ideo interruptionum modos hoc in loco numerandos diximus, ac de modis 30 et 40 an. præscriptiones interrumpendi primum videndum est.

1. Interrumpitur autem hæc præscriptio naturaliter veluti si possessor, cœpta jam præscriptione, aliquo casu possessionem amittat, si vi, vel fluminis

impetu, vel sponte propria, vel aliis multis modis, ut ff. *De usuca.*, l. *Naturaliter*, et l. *Ei a quo* ff. *de acqui. pos.*, l. *Qui universas*; cap. *De acqui. pos.* l. ante penul. Hic autem interruptionis modus solis vindicationibus, ut perpetuentur, prodest.

2. Civiliter vero interrumpitur præscriptio litis contestatione, quæ fit cum cœperit judex audire negotii summam per partium narrationem hinc inde factam; fit quoque interruptio sola conventione reo declarata, vel ejus saltem domni per judicis exsecutorem. Si debitor in suum creditorem novat vel emittat cautionem, aut etiam usurarum faciat solutionem, sive creditor, sive vi pignoris nanciscatur possessionem : tali enim facto, 40 an. præscriptio, quæ contra hypothecariam, et tricennalis, quæ contra actionem personalem currere cœperat, interrumpetur.

3. Sed et cum eum convenire difficile sit, eo quod absit, vel sit potens, vel infans tutore carens, vel furiosus curatorem non habens, potest actor adire provinciæ præsidem, vel procuratorem mittere, absque litis contestatione vel judiciaria conventione præscriptionem interrumpere, si saltem in scriptis apud eum a se factam deponat querelam; sed si præsidem adire nequeat, apud episcopum, vel defensorem civitatis, in scriptis querelam deponendo id consequetur. Si vero præses et episcopus, et defensor defuerit, licet actori publice, et cum tabellionum, vel saltem trium testium subscriptione, si civitas illa careat tabellionibus, querimoniam proponere, ubi reus habet domicilium, ut sic præscriptionis interrumpatur cursus, ut et tunc differt cum pupillaris ætas intervenit, puta cum majorem tali cœpta præscriptione et nondum completa eum decessisse, eique pupillum successisse. In hoc enim casu juxta pubertatis tempus differtur præscriptionis cursus.

4. Hæ præscriptionis omnes actiones tam in rem quam in personam tolluntur, et postquam sunt perfectæ cum in sequit. (1), denegatur omnis restitutio, ut cap. *De præscript.* 50 an., l. *Cum notissimi*, et l. *Sæpe.* cap. *Ex quibus. Cum in integ. resti. non est neces.*, l. ulti. cap. *De anna. except.*, l. I et II.

(1) Locus mutilus.

Hisdem modis 20 et 30 annorum præscriptio quæ usucapio vocatur, quatuor vel etiam quinque annorum præscriptione, et si qua minor sit, interrumpitur, quibus 30 vel 40 annorum præscrip. interrumpi diximus, excepta biennii continui præscriptione, quod de dolo actioni objicitur, et quadriennii continui exceptione, quæ postulanti in integrum restitutionem opponitur, hæ enim duæ præscriptiones nec litis constitutione interrumpuntur, ut cap. *De dol.* l. *Optimum*, et cap. *De temp. in integ. resti.*; l. *Ea quæ*, et l. *Petendæ*, l. *Supervacuum*.

Hoc amplius contra minores 25 annorum, ipso jure non currunt istæ minores, scilicet 10 vel 20 annorum aut rescissoris temporis præscriptiones, excepta quinquennii præscriptione defuncti statutum defendente. Contra majores quoque quandoque, aut ipso jure defenduntur, aut in integrum restitutione eliduntur, puta cum auctor jam intra statuta præscriptionum tempora jus suum exsequi ex probabili causa fuerit impeditus. Quorum numero sunt re publica bona fide absentes, vel etiam alibi studiorum causa agentes et similes, ut cap. *De qui. in integ. resti. non est nec.*, l. ult. et ff. *Ne de sta. de p. q.* l. *Non esse*, cap. q. n. ob., l. I, p., l. I, II et III, et in *auth. ut sponsa tar. spe. s. com.* § *De præscriptione vero*, ff. *ex quib. cau. maj.* 25. l, 1.

6. Præscriptio quoque, quæ non numeratæ pecuniæ exceptioni opponitur, modis supra dictis infringitur, et præterea in scriptis facta extra judicium denuntiatione interrumpitur. Præscriptiones quoque annuæ, seu minoris temporis, interrumpuntur etiam per solam precum oblationem, principi factam, si ad eas principes rescribant, ut cap. *De non me. pec.* l. ult., cap. *Quan. libel. prin. da. lit. con.* l. I et II. Sed quoniam sunt quædam species in quibus paulo ante præscriptionem currere negavimus, quod ab aliis affirmatur, ideo quemadmodum contrariam sententiam infirmet jurisprudentia ab ipsa exspectemus, quod quidem ita liquebit, si in questionum modos adversariorum allegationes et jurisprudentiæ responsa, quæ ab ipsa percepimus, inseramus.

ROGERII DE PRÆSCRIPTIONIBUS DIALOGUS.

SUMMARIUM.

1. Actio pignoratitia quare post annos quadraginta concedatur debitori solvere parato.

2. Præscriptio quando oriri dicatur.

3. Jus solvendi vel offerendi per quadraginta annorum lapsum non potest auferri.

4. Jus petendi et agendi quid requirat, ut contra aliquem currere possit.

5. Præscriptio quadragenalis quid requirat, ut contra aliquem currere possit.

6. Filiusfamilias suo nomine utiles potest actiones intendere.

7. Præscriptiones pœnales molliendæ sunt, non exagerandæ.

8. Deses per omnia nemo judicari potest.

9. Creditor qua ratione pignus debitori reddere compellatur.

10. Creditor secundus quam præscriptionem primo creditori opponere possit.

11. Jus quodlibet cuique competens an possit annis 40 tolli.

12. Jus offerendi non tollitur præscriptione, licet actio hypothecaria elidatur.

13. Actiones familiæ erciscundæ, communi divi-

dendo, sive pro socio an tollatur sociis in communi A longissimo tempore possidentibus.

14. Actiones familiæ erciscundæ, communi dividendo, et pro socio quando competant

15. Socius, dum in possidendo communiter fructus communes percipit, actionem incorruptam, perinde ac si consortium judicio vexaret retinere dicitur.

16. Res communiter possessa annis 59 an maneat communis, actione pro divisione sublata.

17. Actiones pro socio, familiæ erciscundæ, et communi dividendo quando præscriptione tolli possint.

18. Præscriptio consociis contra suas actiones currit altero, velut propriam, rem possidente.

19. Consuetudinis cujus timeri debet interpretatio.

PERSONÆ.
ROGERIUS ET JURISPRUDENTIA

1. ROGERIUS. Quæro cum omne jus 50 vel 40 ann. præscriptione tollatur, quare post annos 40 debitore solvere parato concedatur actio pignoratitia?

JURISPRUDENTIA. Hoc ideo concedo quoniam, antequam solvat vel offerat quod debetur, ut quidam minus recte dicunt, pro recipiendo pignore debitori non nascitur actio pignoratitia. Tunc enim demum pro recuperando pignore suæ actio debitori competit ex ordine, cum solvere saltem paratus fuerit.

2. Cum ergo ante non possit intendi, merito ante contra eam non oritur præscriptio, quæ tunc demum oritur, cum actor nullo jure petere impeditus, desidiæ negligentiæve deditus, quod ei etiam statim jus concedit, petere contemnit; ei nempe soli cum non egerit et merito imputatur, cui nihil, quominus ageret, obfuit, ut cap. *De præscrip.* 30 ann. 1. Sicut et l. *Cum notissimi*, cap. *De anna. except.* l. 1.

ROGER. At qui potuit debitor ante quod debebat offerre, et sic pignoratitiam habere, quare licet his an. 40 pignoratitia non sit sublata, eo quod nondum erat nata, non tamen ultra valet intendi, etiam debitore solvere parato, quia offerendi jus, quod pignoratitiæ sit præparatorium, est causa annorum 40 præscriptione ablatum?

3. JURISPR. Annorum etiam 40 lapsu solvendi sive offerendi, jus debitori non potest auferri, et sic nec pignoratitiam tali præscriptione adhuc potest perdere, quia nondum ei competit nec offerendi jus, quod actori præstat aditum.

ROGER. Atqui omne jus 40 ann. præscriptione tollitur?

4. JURISPR. Minime quod assumis verum est, solum enim petendi agendive jus, quod ad actorem pertinet, tali præscriptione tollitur, ut solvendi sive offerendi cum agendi petendive jure nil commune habet, nec ad actorem juvandum, contra quem sunt præscriptiones istæ inventæ, sed ad rem liberandum, pro quo defendendo sunt comparatæ, pertinet ut sic quidem rectius dicamus post annos etiam 40 cum adhuc saltem naturaliter sit obligatus, debitorem posse et se ei pignus suum solvendo liberare.

ROGER. Sed cum debitor potuit solvere, et sic pignoratitiam actionem quærere, miror quare contra eum quasi desidem non currat talis præscriptio.

5. JURISPR. Ut contra te currat talis præscriptio, satis est quod aliquid facere potuisti, quo facto actio- B nem cum effectu quæreres. Nam et filiofamilias actionem aliquam habenti, licet ut sibi agere permitteretur facile posset a patre impetrare, non currit tunc hæc præscriptio, cui rectius si quod allegasti intueamur quod non egerit, quam debitori quod non solverit, ut sic actionem pignoratitiam haberet potest imputari.

6. Nempe et filiusfamilias, et suo nomine utiles posset intendere actiones, veluti cum absit pater, vel sit vitæ suspectæ, et sæpe facillimum ei est a patre consequi, ut vel ipse pater agat, aut sibi agere permittat quod etiam quandoque facere cogitur, ut cum hæreditatem sibi delatam patre repudiante adeat; debitori vero sæpius gravissima est debiti solutio, et cum filio non currat, vel cui sit latior agendi via, satis minus debitori in casu curret cum sit ei multo angustior.

7. Et in summa præscriptiones istæ etiam pœna cum desides sunt inventæ, et ideo non legum interpretatione exagerandæ, sed minuendæ sunt. Inde est ut si quædam contra actorem quasi desidem videantur laborare, quædam vero vel pauciora pro eo a desidiæ pœna excusando, faciant semper mitiora, id est quæ non puniunt eligantur. Ut tunc dicitur cum ex causis variis habeas obnoxium, et cum convenias non pro singulis causis nominatim, sed cum adversus eumdem personalem et hypothecariam actionem habeas, alteram duntaxat intendas.

8. Nam tum dicitur cum omnem præscriptionem interruptionem factam, quia non possis per omnia deses judicari. Similiter et contra filiumfamilias creditorem, hic, ut sit deses, et sic cum eum currat præscriptio, hæc faciunt quando actionem habet etiam utilem, quandoque suo nomine, et quidem in judicio, si pater permittat, qui etiam hoc permittere quandoque cogitur, potest sistere, et agere quacumque etiam directa actione; hoc vero solum pro filiofamilias faciens contra omnia a desidiæ quoque pœna eum excusat. Quod pater, cum esset vitæ suspectæ, posset eum ne ageret prohibere, eo quod ad eum ususfructus nomine actionis commodum pertinet jure communi. Cum ergo hic a præscriptione excusetur, qui etiam actionem, uti dixi, habuit agendique facultatem habere potuit, non difficulter cuique volenti agere per judicis officium consentire compellitur, quamque genitor multo magis debitor

excusabitur, qui nec actionem habuit, nec ut eam haberet, fuit ei satis facile, ut cap. *De bo. quæ si*, l. ult § 1 et in *auth. de nup.* § *sed quod sancitum est*, et cap. *De anna. except.* l. 1. ff. *De act. et obli.* 6 *filiusfamilias*, et l. *In factum*, ff. *de injur.* l. *Sed si unius*, § *filiofamilias*, ff. *de proc.* l. *Filiusfam.*

9. Est et alia ratio multo validior, quæ creditorem, licet diutissime inhæserit, debitori solvere parato, pignus reddere compellit; quia creditoris possessio ad præscriptionem generandam, non ei sed debitori prodest, licet enim creditor sibi non tamen pro suo possidet, et ideo rem pignoratam nequit præscribere, sed ei, quo ad præscriptionem possidet, a quo possidendi causam dent, cujusque tenet imaginem.

10. Inde est quod secundus creditor, quia debitoris nomine videt possidere, primo creditori debitore superstite eam solam præscriptionem, quam et debitor, valet opponere. Nam cum eam secundus creditor possidet, ipse debitor tenere videtur, ideo in codice dicitur 40 demum annor. præscr. secundum cum primum, ad ipsius debitoris similitudinem se posse defendere, et cum dicitur ubi creditor primus teneat, et secundus offerendo velit sibi pignoris eam confirmare. Esset quidem ultra modum absurdum, cum creditoris possessio debitori, ut ejus propriam præscriptionem pariat ad rem defendendam, si foret aliena, et eamdem cum ipsum, ut re careat, similiter præscriptionem pareret, ut sic, dum debitor possideat, etenim per creditorem in hoc casu possidet, cum eum quanquam possessionem perdat, currat præscriptio, quod nunquam invenitur, et eadem est rem habeat, et cum eum ut re careat, et sic contrariam operetur, præscriptionem inducat possessio, quod non posse dici suadet ipsa ratio, uti de solutione dicitur facta ab eo qui civiter tum tenebatur ut in illa solutio contrarium operetur, non poterit debitori liberationem et obligationem parere, sic nec creditoris intentio debitori et cum eumdem præscriptionem pariet, ut ff. *De solu*. l. *Qui decem in fi.* ff. *De usu* cap. l. *Pignori* et cap. *De 50 an. præscript. locum notissimi*.

Roger. Intellexi, jus 40 anno. non concedes tolli?

11. Jurispr. Nequaquam.

Roger. At creditor secundus, ne priori offerendo, sibi pignus confirmet, aliorum 40 annorum præscriptione removeatur?

12. Jurispr. Licet hoc sit verum, non eo pertinet ut offerendi jus præscriptione sit sublatum. Sed ut actio hypothecaria, quæ ei, cum primum creditorem cum obligationis replicatione competit, illa præscriptione sit elisa, namque tanto tempore ab actione excluditur, ideo et id auxilium ei denegatur, quod actioni opitularetur, item obligationis replicatio, ut ff. 7, *p°. in pig. ha.* l. *Potior*. cap. *De præs. 50 an*. l. *Cum notissi i*.

13. Roger. Et auctoritate et argumentis convictus hoc fateor, sed cur sociis, cohæredibus vel in commune 50 vel 40 ann. possidentibus, fam. ercisc., communi dividundo, sive pro socio actionem non tolli dicas, moveor; hic enim et actio competit, intendique potest, ex quo res cœpit esse communis, lex quoque has actiones 50 ann. præsc. tolli dicit.

14. Jurispr. Licet quod proponis fateor; non tamen dum communiter possident, actio divisoria, sed nec prætoria eorum cuilibet præscriptione tolletur, et quod dicitur præscriptione has tolli actiones, tunc cum alter pro solido rem communem teneat, locum habet, ut tunc demum actioni communi dividundo seu familiæ erciscundæ præscribatur, cum et a suæ partis vindicatione excludatur; nam dum suæ partis vindicationem et ad dividendum actionem retinet, adeo ut nec pacto de dividendo facto, et multominus communis detentionis præscriptione vendere posset eam, ne res absurda eveniat, ut quod peti possit, dividi non possit, ut ff. *commun. divi.* L *in hoc judicio*.

Roger. An hæ actiones, statim ut incipit res communis, esse competant?

Jurispr. Nequaquam, nec enim omnino lucem noscunt, qui eas tunc nasci dicunt, cum alteri sibi placeat a communione discedere.

Roger. Quare ergo contra eas, licet communiter socii possideant, non currit præs.

Jurispr. Ut cum te talis currat præscriptio, non est satis quod actionem habeat, quam possis statim intendere, et cesses, sed oportet te sic in actione intendendo cessare, ut nil facias quod tuum jus quasi nec deses, nec negligens conservare videaris.

15. At socius, dum communiter possidendo rem, communes fructus percipit, tali facto non minus actionem incorruptam retinet, quam si consortem judicio vexasset; nec non majori diligentia jus, quod in re communi habet, potest conservare quam rem jugiter tenendo ejus fructus pro sua parte capere, quando enim hoc facit, sui juris contemptor vel deses non recte judicat; sicut creditor tum recte deses non potest dici, ideoque cum eum non currit præscriptio, cum debitorem judicio non convenit, qui in usurarum solutione exstitit denotatus: nam sicut illi pro debito usuras capiendo, sic et hic pro re communi percipiendo fructus, actiones suas vigilando perpetuat. Et sicut illi, qui devotum debitorem non exigit, sic huic, quia concordante socio non recessit, non potest imputari. Hoc amplius pro socio, ne ei occurrat præscriptio facit, quod nec post communem jugem, tricennalemque possessionem, quod sic possessum est, aliquo jure desinat esse commune. Imo si alterius tantum esset effecta communis, tunc tanto spatio, fieret ut de his actionibus potius prodesse quam obesse tricennalis communis detentio deberet.

16. Roger. Rem communem manere, quantumvis

communiter annis sit possessa, 40 fateor; sed actionem pro divisione tolli dico, ut sic in posterum communioni stare per hanc præscriptionem arceatur socius, quemadmodum hucusque steterat.

Jurispr. Eadem ratione dices quod si per an. 40 solas usuras accepit creditor, ut nec sortem, nec pignus possit petere, sed pro usuris duntaxat litiget, ut ei in futurum præstarentur, ut sunt retro præstitæ, ne quid aliud ultra petere valeat, quod nec tu, ut reor, concedis. Non ergo tali præscriptione quem invitum communioni stare dicis, sicut nec invitum creditorem usurarum quæstui stare compelleres, ut cap. *Commu. divi.* l. ult. et cap. *De 30 an. præs.* l. *Si quis emptionis.*

17. Sed tunc tum præscriptiones has actiones tolli dicas. Cum alter socius solus per rem, velut propriam, tenuerit. Hoc nempe in casu non est quærendum ultra de re, an communis fuerit, ideoque communi dividendo actio tollitur, sed solum hoc, an alter tanto tempore, pro suo rem tenuerit, et quando etiam alias obtinet, et an tunc præscriptio locum habeat, cum auctor in quæstionibus præjudicet. At cum ambo et communiter possident, et de re veluti communi fructus percipiant, sicuti super re tanquam communi per actionem divisoriam quæri potest, ut alter in eam solus impendat, delinquat, vel de ea quidem solus percipiat, sic, quod ad divisionem pertinet, per easdem actiones quæri posse non desiit, nec eadem, acto tempore, quantum ad rem principalem, pereat, quod accessiones, licet pro re principali sublata post duret, quod esset absurdum.

18. Roger. Tunc cur actiones dicis eis currere præscriptionem, cum alter solus velut rem propriam possideat?

Jurispr. In quam?

Roger. Nunquam fuit de hac re hæsitatio.

Jurispr. Has actiones nullo tempore finiri, etiam altero solo possidente, putabatur; quia sæpius nasci videbantur. Credebatur nempe quoties socius solus de communi re capiat, vel in eam impendebat, seu delinquat; has enasci actiones, eo quod pro omnibus his prout eveniunt, socio obligatur socius. Idem in actione furti dicetur, eo etenim quod assidua contrectatio ne fur semper furtum faciat, quasi sæpius renascendo, dicebatur, donec rem possideret, nullius temporum lustris furti actionem expirare, et ad has tollendas similis de familiæ erciscundæ, communi dividendo, pro socio, furti actione locuta est constitutio, ut annorum 30 præscriptione tolleret; licet etenim assidue contrectando fur furtum faciat; verumtamen quia in se revolvitur fur *furtum*, sicque pro eo una sola semelque, tum furti actio, sive condictio nascitur, et ideo unius trecennii præscriptione tollitur. Sic quoque licet de communi percipiendo, vel in eam impendendove, socius obligetur, seu sibi alterum obliget, non tamen plures famil. ercis. seu communi dividendo actiones, sed una semelque tunc nata est inter eos actio, ut sic una possit præscriptione tolli, nam sicuti ipsa communio rerum, sic quando ea noscat una sola actio est.

Roger. Et rationes exempla proposita retinet interpretatio.

Jurispr. 19. Ejus solis consuetudinis timenda fit interpretatio, quæ errore vacua, legibus ronique ostendetur contraria. Quincunque sit ergo, cui plus placeat, Capito an Labeo, præmissas distinctiones tot rationibus comprobatas, æquitati legum ac sensu commendabit, legumque argumentis tanto fortioribus, comprobabit quanto sibi faciliora esse majora non diffidat.

CATALOGUS PRÆSCRIPTIONUM D. ROGERII.

Est præscriptio trium dierum, ut in advocato, cui licet infra triduum errorem corrigere, ut cap. *De erro advoc.*

Est 10 dierum, ut de appellationibus hodie, ut in *authen. de ap. in prin.* et ff. *de iti. actuque pri.* l. I.

Est 15 dierum, ut cum testes producuntur, ut cap. *De test.*, l. *Si quando.*

Est 20 dierum in eo qui vult litem contestari, ut in *auth. de exhi. et intro re.* § *illud quoque.*

Est 50 dierum, ut de creditore qui scripsit se accepisse creditum, ut cap. *De non ms. pec.* l. *In contractibus* § *super cœteris.*

Est quinquaginta dierum quæ datur tutori ad excusandum, ut *Instit. de excusa.* § *qui autem.*

Est 60 dierum, cum quis emit ita, ut si displiceret, esset res inempta, ut ff. *de œdil. edic.* l. *Quod si notit,* § *si quis venerit.*

Est 80 dierum quæ marito objicitur jure mariti accusare volenti, ut cap. *ad jul.*, l. *Jure mariti.*

Est centum dierum ad petendam bonorum possessionem, ut cap. *Qui admit. ad bo. poss.* l. *Si bonorum.*

Est duorum vel quatuor mensium, si promisisti te exhibiturum sine scriptis, ut ff. *De re judic.* l. *Debitoribus.*

Est sex mensium, ut redhibitoria; cap. *De œdil. edic.* l. II.

Est octo mensium ad faciendum inventarium, ut cap. *De jure del.* l. *Scimus.*

Est annua, ut æstimatoria, et rescissoria, et quanto minoris, ut ff. *De œdil. edic.* l. *Sciendum,* § *ulti.*

Erat olim annua, bima, trima die, quæ hodie per ex stipulatu actionem est sublata, ut cap. *De rei uno. acti.* § *cum autem.*

Est annua quæ datur parentibus, et liberis ad petendam bonorum possessionem, ut cap. *Qui admit. ad bono pos. emancipata.*

Est biennalis, ut de dolo, et de debitore qui rescripsit accepisse pecuniam, ut cap. *De non. nu. pec.*, l. *In contractibus, in prin.*

Est biennii vel quadriennii, qua creditores in bonorum possessionem missi ab aliis se defendunt, ut cap. de *bo. auth. ju. pos.* l. *Cum apud.*

Est triennii in usucapione mobilium rerum, in *instit. de usu*, cap. *in prin.*

Est quadriennii quæ datur ad implendam restitutionem post minorem ætatem, quæ etiam datur utili anno hodie, ut cap. *De tempor. in inte. resti.* l. ultim.

Est quadriennii, ne adversus sacrum ærarium agatur, ut cap. *De quadrien. præscript.* lib. 1.

Est quinquennii ut de inofficiosi querela, et de donatione facta ab administratore, ut cap. *De inoffi. test.* l. *Si quis filium.*

Est quinquennii, ut ne post quinquennium de statu defunctorum quæratur, ut cap. *Ne de sta. defunc.* p. q. q.

Est quinquennii ne adulter post quinquennium quo commissum adulterium dicitur, quod continuum numeratur, accusetur ut cap. *ad lib. jul. de adult.* l. *Adulter*

Est septem annorum, cum quæritur utrum fuerit infans neque, ut proinde habeat effectum, ut cap. *De jur. deliber.* l. *Si infanti.*

Est decem, et viginti, et triginta, et quadraginta annorum, ut cap. *De præscripr.* l. 1 et *De præscip.* 30 *annorum.*

Est 12 vel 14 annorum cum quæritur pubes vel impubes quis sit, ut pro inde testetur, ut cap. *Qui test. fa. pot. loc. si frater.*

Est quatuordecim annorum ut currat præscriptio triginta vel quadraginta annorum.

Est 17 annorum cum quæritur an quis postulare possit, ut ff. *de postu.* l. 1, § *initium autem.*

Est 17 annorum præsc. cum quæritur an manum mittere quis possit, ut insti. qui et ex qui. cau. ma.

Est 18 annorum ut si mulier veniam ætatis impetret, ut cap. *De his qui ve. æta. impe.*, l. *Ulti.*

Est 18 an. cum quæritur an quis adoptare possit, ut ff. *de adop.*

Est 25 annorum, ut exinde major, et legitime sit ætatis.

Sunt et aliæ præscriptiones, quæ objiciunt volentibus adipisci honorem, ut in magistratib. et sacerdotio a summo usque ad minimum.

Sunt et aliæ quæ longum tempus non habent expressum, ut in usuris, ut de ea dictum est, quæ longo tempore stetit, quæ non capit certam formam, nisi in libertate, ut ff. *De usur.* l. *Cum in rem verso.*

ANNO DOMINI MLXXVI.

GUIDO

AMBANENSIS EPISCOPUS.

NOTITIA HISTORICA.

(*Gallia Christiana*, nov. edit., t. X.)

Ingelranni I comitis Pontivi filius Guido, Hugonis II etiam comitis et Fulconis abbatis Forestmonasterii frater, patruus autem Guidonis comitis, Angelranni abbatis Centulensis in studio litterarum discipulus fuit, cujus epitaphium scripsit. Ambianensis erat archidiaconus an. 1049 cum a Fulcone episcopo Romam missus est, abbatem Corbeiensem apud summum pontificem accusaturus. Factus est autem post Fulconem episcopus anno 1058 qui componitur cum primo ordinationis ejus anno in lamina plumbea inventa in capsa sancti Ratberti Pascasii Sept. 1710, ibidem inclusa in monimentum translationis hujus sancti factæ iv Idus Julii 1058, auctore Guidone præsule Ambianensium. Anno eodem subscripsit die v Aug. donationi factæ ab Henrico I rege abbatiæ Basmoniensi. Remis interfuit x Kal. Junii 1059, sacro Philippi I. Sigillum apposuit, an. 1060, diplomati Henrici I pro restitutione Sancti Martini a Campis. Paulo post Guido qui, cum esset archidiaconus, auctor fuerat Fulconi episcopo, ut privilegia Corbeiensis Ecclesiæ impugnaret, in ejusdem locum subrogatus, nihil non aggressus est, ac primo altaria ad monasterium pertinentia aliis contulit nec dato ab abbate pretio reddidit. 2° Clericos Corbeienses Ambianos convocavit, et detrectantes excommunicavit. 3° Conventione apud Curtracum coram comite Balduino, multisque abbatibus et clericis spreta, abbatem ipsum ad synodum vocat, ire præ infirmitate non valentem excommunicat. 4° Re ad metropolitam delata, uterque ad auditorium archiepiscopi invitatur, cui momenti injuste prolatam excommunicationem non solum non acquievit Guido, sed etiam abbatem rursus excommunicavit. 5° Quinimo interdictionem ab officio durius minanti Alexandro II summo pontifici, apud quem abbas conquestus fuerat, obsecutus non videtur Guido, nec ab inquietudine monasterii destitisse, priusquam villa *Navres* cum appendiciis ipsi ad vitam concessa fuerit vi Kal. Septembris, anno 1064. Insequenti Guido subscripsit factæ in conventu Corbeiensi a Philippo rege confirmationi bonorum Ecclesiæ Hasmoniensis, diplomati regis ejusdem duo altaria Sancto Martino confirmantis, et pro S. Memmio Catalaunensi, et factæ a Gauzberto milite Hugoni abbati Floriacensi donationi ecclesiæ et burgi de Cadelata in pago Wustinensi. Anno 1066, instituit canonicos in ecclesia Sancti Martini in castro Pinconii. Eodem anno, videns ecclesiam Corbeiensem principis apostolorum aliorumque sanctorum miræ virtutis patrociniis præditam, eamque pro modulo suo augmentare cupiens,

Fulconi abbati altare Ciriciaci ob indulgentiam suæ transgressionis concessit, ea lege ut presbyterorum alter bis quotannis ad synodos diœcesanas accederet. Eodem subscripsit diplomati Flandriæ comitis pro fundatione Sancti Petri Insulensis, et dedicavit ecclesiam 2 Aprilis. Eodem memoratur in placito Philippi I pro cœnobio Sancti Medardi adversus Albericum Cociacensem, eique subscripsit. Anno 1067, præsens memoratur donationi factæ majori monasterio a Roberto de Sablolio vii Idus Aug. Adfuit dedicationi ecclesiæ Sancti Quintini Bellovacensis. Eodem anno Guidonis suasu Rodulfus comes Ambianensis dimisit Ecclesiæ Ambianensi omnia jura quæ comes ejusque vicecomites in terris ipsius ecclesiæ a castello de Conteio dependentia habebant, anno 1071 sigillum apposuit privilegio ecclesiæ Corbaliensi a Philippo rege concesso. Anno 1075, in loco oratorii ædificati ad portam Ambianensem, ubi sanctus Martinus chlamydis partem pauperi dedit, Guido ecclesiam construxit, ubi sacrarum virginum loco clericos instituit, quibus omnium novalium episcopalium decimas largitus est, necnon annualia præbendarum vacantium Ecclesiæ Ambianensis concessit diplomate, in quo se præsulem et procuratorem reipublicæ Ambianensis nuncupat, quia post mortem Rodulphi de Crespiaco comitis, circa annum 1066, Simone ejus filio minorenni, procuratio seu administratio comitatus spectabat ad episcopum, in cujus clientela erat. Anno eodem Drogo Morinensis episcopus amicitia cum Guidone conjunctissimus qui cum sub disciplina Angelranni abbatis Centulensis adoleverat, ecclesiam Sancti Nicolai in claustro Ambianensi construxit. Anno 1075, Guido subscripsit confirmationi bonorum ecclesiæ Compendiensis in concilio Parisiensi male revocato in Spicilegio ad annum 1091. Eodem quo Gervinus abbas Centulensis, anno obiit Guido Ambianensis episcopus, nostri loci amator præcipuus, inquit auctor Chronici hujus monasterii. Obitum habet mense Decembri in ecclesia Ambianensi notatum his verbis : « Obitus Guidonis hujus ecclesiæ præsulis, egregii moribus et doctrina, cui cum obvenisset jure hæreditario comitatus Pontivi, dedit capitulo hujus ecclesiæ xii molendina quæ habebat in civitate ista super fluvium Somonæ, successoribus vero suis episcopis dedit iv molendina quæ habebat super fluvium Arnæ. Procuravit etiam Guido ut Drogo Bovensis dimitteret ecclesiæ Ambianensi totam advocaciam et comitatum villæ Costeneii. Abbatiæ quoque Centulensi duo dedit altaria, ut ad Ecclesiam Amb. transmitteretur amictus auro et lapide pretioso mirifice decoratus quem Gervino abbati dederat Edith Hetguardi Angl. regis uxor. »

Virum fuisse poeseos amantem Guidonis opera testantur, quem Guillelmus Gemeticensis lib. vii, Hist. c. 44, elucubrasse dicit de expugnatione Angliæ ann. 1066 a Guillelmo conquestore Normanniæ duce opus non contemnendum heroico metro exaratum (1). Ordericus Vitalis, lib. iii Hist. de eo sic habet : « Guido metricum carmen edidit, quo Maronem et Papinium gesta heroum pangentes imitatus, Senlacium bellum descripsit, Heraldum vituperans et condemnans, Guillelmum vero collaudans et magnificans. » Ordericus idem describens, lib. iv, pag. 516, accessum Mathildis reginæ uxoris Guillelmi Conquestoris in Angliam an. 1068, ait : « In clero qui ad divina ei ministrabat, celebris Guido Ambianorum præsul eminebat, qui jam certamen Heraldi et Guillelmi versifice descripserat. »

(1) Deperditum.

NOTITIA LITTERARIA

(*Histoire littéraire de la France*, tom. VIII pag. 51.)

Guillaume de Poitiers, historien de Guillaume le Conquérant, dit en parlant des prodiges de valeur que ce prince fit à la journée d'Hastings, qui fut suivie d'une victoire complète sur Harold et de la conquête de l'Angleterre, que les auteurs de la Thébaïde et de l'Énéide y auraient trouvé un sujet d'autant plus digne de leur muse, qu'il leur aurait fourni des événements plus vrais. Gui, qui aimait la poésie, entreprit de traiter ce sujet; et Orderic Vital (l. iii, p. 504), saisissant la pensée de Guillaume de Poitiers, temoigne qu'il y avait imité Stace et Virgile; qu'il y relevait autant les actions héroïques de Guillaume qu'il y blâmait et rabaissait celles d'Harold son compétiteur. Guillaume de Jumiéges (l. vii, c. 44), auteur contemporain, renvoyant à ce poëme de l'évêque Gui, et à l'Histoire de Guillaume de Poitiers, ceux qui souhaiteraient de savoir en détail la Vie de Guillaume le Conquérant, dit qu'il était écrit en vers hexamètres, et que l'ouvrage avait son mérite : *opus non contemnendum*. Quelque modeste que soit ce témoignage, il est avantageux pour le poëme, puisqu'aux termes de cet écrivain on y trouvait la vérité de l'histoire.

Au reste on ne saurait dire de quelle manière notre prélat a exécuté son dessein. Il n'est pas possible d'en juger par l'ouvrage même, qui semble perdu. Duchesne, remarque le P. le Long avec une inexactitude dans sa sitation (Le Long, *Bib. Fr.* p. 747), le cite comme manuscrit, mais sans indiquer l'endroit où il se trouve. Nous l'avons cherché inutilement dans cette infinité de manuscrits dont nous avons les titres dans le *Bibliotheca bibliothecarum* de Dom de Montfaucon. Tout ce que l'on peut dire est que le xie siècle, quoique fécond en versificateurs, n'a cependant produit aucun bon poète. D'ailleurs, s'il faut juger du poëme de l'évêque Gui par d'autres vers qui nous restent de lui, il n'avait rien au-dessus des autres pièces de poésie du même temps. Il est néanmoins vrai que la matière étant riche, élevée et animée par elle-même, pouvait avoir communiqué quelques traits de ces caractères à la muse de notre évêque. Il avait fini cet ouvrage lorsqu'en 1068 il passa la mer en la compagnie de la duchesse Mathilde (Ord. Vit. l. iv, p. 510). De sorte qu'il y avait travaillé aussitôt après la bataille de Hastings, qui se donna en octobre de l'année 1066.

Les autres morceaux de versification qu'on nous a conservés de ce prélat, consistent en l'épitaphe de l'abbé Enguerran son maître, telle que nous l'avons rapportée à la fin de son éloge, et qu'Hariulfe l'a insérée dans sa Chronique (*Cent. Chr.* c. 17, p. 569). On lui attribue aussi les trente-deux vers sur le même abbé qui suivent l'épitaphe, et que les premiers successeurs de Bollandus et Dom Mabillon ont réimprimés à sa suite, après les avoir tirés de la même chronique, où ils sont insérés.

Jean de la Chapelle, autre chroniqueur de Saint-Riquier, qui écrivait en 1492, ajoute que l'évêque Gui composa plusieurs autres écrits en prose depuis li mort d'Enguerran. Mais cet auteur ne nous en fait connaître aucun en particulier. Peut-être serait-on fondé, sur ses propres expressions, *ex transitu sui magistri Ingeranni*, de mettre de ce nombre la Vie du même abbé (*Cent. Chr.* l. III, c. 32, p. 544), dont nous avons dit ailleurs un mot d'après Hariulfe. Ce chroniqueur, il est vrai, la croyait de quelqu'un de ses frères, parce qu'elle ne portait pas le nom de son auteur; mais il aurait pu se tromper ou avoir été trompé par d'autres sur ce point de critique.

EPISTOLA GUIDONIS

AMBIANENSIS EPISCOPI

AD FULCONEM ABBATEM CORBEIENSEM

Ut synodo mox celebrandæ intersit.

Anno 1061.

(*Actes de la province ecclésiastique de Reims*, II, 75.)

FULCONI Corbeiæ abbati, GUIDO divino præsagio sibi datus episcopus modeste sapere et superflua devitare (2).

Quoniam ad ecclesiasticæ eruditionis utilitatem synodales conventus Patres legimus instituisse, decet et nos, qui eorum laboribus, licet virtutibus impares, successimus, in præsignatis vestigiis prout mundana tempestas ignoscit, gressus infigere. Quapropter vestram columbinam sagacitatem nostris usibus profuturam, synodo quam III nonas Julii celebraturi sumus, vos interesse invitatum decrevimus; Balduinum vero monachum vobiscum adducere atque ibidem nostris visibus præsentari curate. Si autem, illicitis excusationibus oppositis, prædicto concilio vos subtraxeritis, vinculis anathematis sine dilatione vinciamini. Vale.

CHARTA GUIDONIS

EPISCOPI AMBIANENSIS

ABBATIÆ CORBEIENSI CONCESSA.

Anno 1066.

(*Actes de la prov. ecclés.*, etc., II, 78.)

GUIDO, divinæ providentiæ clementia Ambianensis episcopus, omnibus in Christo regeneratis tam præsenti aura fruentibus quam successuris, in summo opifice perfectionem et salutis æternæ retributionem.

Cum cœlestis gratiæ pietas ad hoc operis humilitatem nostram pontificali dignitate sublimaverit, ut ea quæ sanctis Patribus stabilita esse cognoscimus, non solum non infirmare, verum etiam auctoritate nobis collata sancire debeamus, summopere nos satagere oportet, ut vestigiis eorum bona imitando adhæreamus. Quapropter Corbeiensis cœnobii principalem ecclesiam principis apostolorum aliorumque miræ virtutis sanctorum patrociniis videntes præditam, et antecessorum præsidiis amplificatam, dilectionem vestram cognoscere volumus in quantum et nos ipsius ecclesiæ facultates pro modulo nostræ parvitatis augmentamus. Fulco igitur prælibati monasterii abbas paternitatem nostram mansueto affectu adiit, atque ardenti charitate exoratus fuit, quatenus altare vici qui dicitur Ciriciacus (*Querrieux*), exteriora enim loci ejus beneficia possidebat, præfatæ ecclesiæ conferremus et ob indulgentiam nostræ transgressionis concederemus. Cujus postulationibus assensu Roberti archidiaconi acquiescere decrevimus, ita tamen ut illud altare duo clerici, scilicet Robertus et Oltricus personaliter susciperent; quibus hominem exuentibus, alii eodem numero atque æquali conditione gratis subrogentur: verum pro honoris dignitate nobis vel nostris suc-

(2) Fulco ad apostolicam sedem de quodam jurisdictionis episcopalis excessu appellaverat. Inde Guidonis epistolæ acrimonia.

cessoribus triginta solidi tribuantur. Sed quia canonum auctoritate didicimus episcopales sententias irritas haberi, nisi præsentia clericorum suorum contigerit eas roborari, ut rata atque insolubilis æternaliter hæc chartula permaneat, prius signum nostræ paternitatis inseruimus, et exinde datis canonicis nostris duobus modiis vini pro numero personarum, ut mos exigit, manibus eorum confirmandum tradidimus.

Signum Guidonis pontificis. Signum Roberti archidiaconi et thesaurarii. Signum Balduini Pontiviensis archidiaconi et præpositi. Signum canonicorum : Guidonis decani, Salomonis sacerdotis, Nantaurli sacerdotis, Guicardi sacerdotis, Berengarii sacerdotis, Adelelmi sacerdotis, Werenfridi diaconi, Hugonis diaconi, Rotberti diaconi, Petri diaconi, Roriconis diaconi, Rotberti diaconi, Odonis diaconi, Bavonis diaconi, Widonis subdiaconi, Rotberti subdiaconi, Rammandi subdiaconi, Rothberti subdiaconi, Johannis subdiaconi, Rotgeri subdiaconi, Arnulfi subdiaconi, Roriconis acolythi, Andreæ acolyti, Rotberti acolythi, Clari acolythi, Geroldi acolyti. Signum laicorum : Veremundi vicedomini, Drogonis Turrensis.

Actum Ambianis infra ecclesiam beatæ Mariæ semper virginis, ante altare sancti Petri apostolorum principis, anno ab incarnatione Domini MLXVI, indictione IV. Gonfridus cancellarius legit et perfecto subscripsit.

EPITAPHIUM ANGELRANNI

ABBATIS CENTULENSIS

AUCTORE GUIDONE EPISCOPO AMBIANENSI.

(MABILL., Act. SS. Bened., VI, 507.)

Quem tegit hic tumulus lectissimus *Angelirannus*
Hujus cœnobii pastor et abba fuit :
Dux gregis Ecclesiæ, monachum spes inclita vitæ,
Vixit et in mundo mundus, et in Domino.

EJUSDEM GUIDONIS VERSUS DE EODEM.

Abba *Angelrannus* loculo quæ paucula nostro
Contulit, hic retinet scriptus qui cernitur albus.
Sancti Vincenti, necnon Sancti Benedicti
Ecclesiam struxit, cellam infirmisque paravit.
A fundamentis instauravit paradisum :
Altaris Petri tabulam componere fecit :
Thuribula ex argento etiam conflare gemella.
Librum Evangelii, sancti Vitamque Richari
Ipsius studium mero argento decoravit.
Est et Episto-liber-larum atque Evangeliorum
Ipsius argento quem industria nempe paravit.
Ipsius atque calix studio præclarus haberi
Cernitur adjuncta sibimet cum lance decenti.
Præter et hunc alius quem in missis semper habebat :
Unum dorsale, et tria pallia quam pretiosa.
Terras servavit pervasas, atque redemit :
Sicut Noguerias, Gaspannas, et Drusiacum;
Guibrentri ecclesiam, Froocort, montisque Rochonis;
Ecclesiam Sacri Campi, discrimine diro
Dum plures trahitant, ut pars contraria vincat,
Detractus multis multa et perpessus iniquis,
Quæ supra retuli, necnon quamplura peregit,
Actum sic ut sit Domini scientia novit;
Excedunt libri numerum quos ipse novavit.

Insuper excedunt numerum quos ipse refecit.
Talibus atque aliis cœlestis præmia regni,
Ut spes est, meruit. Lector, quod posse monemus.
Ultimus ipsius fuit hic finis studiorum.
Ecclesiam sanctæ reficit moriendo *Mariæ :*
Cujus apud Dominum nobis suffragia prosint.
Ergo horum revocatori sint præmia vitæ.
Damnetur, cujus studio hæc neglecta peribunt.

ORDO RERUM
QUÆ IN HOC TOMO CONTINENTUR.

OTHLONUS, PRESBYTER ET MONACHUS CŒNOBII S. EMMERAMMI RATISBONENSIS. 9

De vita et scriptis Othloni disquisitio. 9
OTHLONI LIBELLUS DE SUIS TENTATIONIBUS, VARIA FORTUNA ET SCRIPTIS. 25
Monitum 27
Pars prima. 29
Pars secunda. 51
Dialogus de tribus quæstionibus. 61
Prologus. 61
Caput primum. — In divinis Scripturis homo abunde docetur quæ scitu ad salutem necessaria sunt. 61
Cap. II. — Quomodo misericordia plena dicatur terra, cum tot malis affligantur homines. 63
Cap. III. — Deus singulari quadam pietate permisit ut homo in bono et gratia non esset stabilis. 64
Cap. IV. — In damnatione angelorum apostatorum justum Dei judicium; in reparatione hominis la si divina pietas apparet. 66
Cap. V. — In peccato originali facto hominis meritum; in dimisso divinæ pietatis donum probatur. 68
Cap. VI. — Divina pietas et severitas sunt duo retia quibus Deus salvandus ad se trahere consuevit. 69
Cap. VII. — Afferuntur ex Veteri Testamento divinæ pietatis et severitatis exempla. 61
Cap. VIII. — In Veteri Testamento Dei judicium, in Novo gratia, ejusdem pietas speciali quodam modo intelligitur. 70
Cap. IX. — Ex quotidiana etiam vita ostenditur mira divinæ severitatis pietatisque conjunctio, qua hominis salus consistit. 71
Cap. X. — In æternis damnatorum suppliciis et beatorum gaudiis eadem Dei severitas et pietas relucet. 72
Cap. XI. — Quomodo unius hominis culpa totum genus humanum perierit. Difficultas quæstionis. 75
Cap. XII. — Deus severitate improbos et superbos compescit; lenitate humiles in spem erigit. Ostenditur id pluribus exemplis. 74
Cap. XIII. — Eadem doctrina Novi Testamenti exemplis confirmatur. Quomodo dæmonum tentationibus resistendum, *etc.* 76
Cap. XIV. — Contra pravam divinæ Scripturæ interpretationem, et avaritiam rapacitatemque clericorum. 77
Cap. XV. — Divinæ pietatis est virtutum et vitiorum exemplis recta docere. 78
Cap. XVI. — Ostenditur exemplo Christi per faciliora et planiora ad difficiliorum et obscuriorum cognitionem progrediendum esse. 80
Cap. XVII. — Proponitur quæstio de quatuor speciebus divinorum judiciorum. 81
Cap. XVIII. — Quæ inter homines sint justa et necessaria, occulta, vel manifesta, *etc.* Quæ in Deo. 82
Cap. XIX. — Exempla primæ speciei divinorum judiciorum, quæ dicuntur justa. 84
Cap. XX. — Deus in quibusdam manifestis judiciis ostendit quam in occultis juste judicet. 86
Cap. XXI. — De secunda specie divinorum judiciorum, quæ dicuntur necessaria. 87
Cap. XXII. — Labor infidelium fidelibus proficit et prodest. 89

Cap. XXIII. — Quæ quam sint illa Dei judicia, quæ justa simul et necessaria dicuntur? 89
Cap. XXIV. — Evæ exemplo data doctrina confirmatur. 91
Cap. XXV. — Exemplo Judæ proditoris idem roboratur et declaratur. 92
Cap. XXVI. — De quarta specie divinorum judiciorum, quæ dicuntur occulta. 95
Cap. XXVII. — Qua ratione et quot modis gratia Dei humana merita excedat. 94
Cap. XXVIII. — Resolvitur quæstio de universali hominum interitu, capite 11 proposita. 95
Cap. XXIX. — Expediuntur reliqua, quæ ad quæstionem præmissam penitus dissolvendam faciunt. 97
Cap. XXX. — Quæstio num homini suppetat facultas superandi difficultatem bene agendi et quomodo illa obtineatur. 98
Cap. XXXI. — Quid sit hominis meritum. Homo tot modis bene potest agere quod modis male. 100
Cap. XXXII. — De interiori hominis bene maleve agendi facultate, et de circumcisione cordis. 100
Cap. XXXIII. — Deus in hac vita idcirco quædam nobis obscura, difficilia et adversa relinquit ut nobis occasio sit fidem, spem et charitatem probandi. 101
Cap. XXXIV. — De mysteriis numerorum, in primis unitatis et ternarii; quomodo sanctissimæ Trinitatis et Unitatis cognitionem deducant. 103
Cap. XXXV. — Quomodo, ex numero primo et secundo, fite possit percipi quod Deus Pater sit ingenitus, Deus vero Filius genitus, et quod per huma omnia facta sunt. 105
Cap. XXXVI. — Sicut numerus tertius a primo et secundo est, ita Spiritus sanctus a Patre et Filio non generatur, sed procedit. 107
Cap. XXXVII. — Exempla quibus docetur quomodo trinitas in unitate et unitas in trinitate sit intelligenda. 109
Cap. XXXVIII. — Sanctæ crucis signum in summa Trinitate reperitur et quomodo. 111
Cap. XXXIX. — De mystico numeri binarii, ternarii, quaternarii et quinarii significatu. 112
Cap. XL. — Quid mystice numeri a senario usque ad denarium significent. 114
Cap. XLI. — De numero denario ejusque mystico significatu. Divisio numerorum in eos qui ad se dicuntur, et in eos qui relative ad alterius numeri consonantiam dicuntur juxta musicam. 117
Cap. XLII. — Quid mystice significent numeri qui ad se dicuntur? Quid ii qui ad aliud referuntur? 119
Cap. XLIII. — Quam mirifica sit in corporis membris, in artibus tum liberalibus tum mechanicis, denique in regionum proventibus, ipsisque diversis virtutibus harmonia. 119
Cap. XLIV — Qualis et quanta reperiatur harmonia inter vitam monasticam et sæcularem, Vetus et Novum Testamentum, corpus et animam, diversorumque hominum status? 121
Cap. XLV. — De harmonia, quæ in beatis obtinet. 123
Cap. XLVI. — De diversis diei et noctis mysteriis et significationibus. 124
Cap. XLVII. — Quid sensu mystico innuant languor et medicina corporalis, quid copia et penuria rerum? *etc.* 127

Cap. XLVIII. — Elementa rerum, quæ per civium nominis invocationem consecrantur, non solum mystica, sed et sancta et salutaria sunt. Hæc ad altaris mysterium congrue ac apte assumpta sunt, etc. 127
Cap. XLIX. — Exponit Othlonus qua ratione ad hæc latius exponenda delatus sit, pluraque de fidei efficacia subjungit. 129
Cap. L. — Moralia, metra et sententiæ. 151
Othloni summa dictorum de mysteriis numeri ternarii. 153

EPISTOLA DE PERMISSIONIS BONORUM ET MALORUM CAUSIS. 157
LIBER DE CURSU SPIRITUALI. 159
Prologus. 159
Caput primum. — Quid sit stadium et cursus spiritualis. 141

Cap. II. — Quot sint currentium species, et quo modo cuilibet currendum sit, si recte currat. 143
Cap. III. — Quomodo cursum suum instituant qui sacrarum litterarum scientiam consecuti sunt. 145
Cap. IV. — Quot et quam efficacia bene currendi documenta et exempla in Davide ejusque Psalterio reperiantur. 147
Cap. V. — Alia documenta et medicamenta pro diversis morbis et vitiis animi ex psalmis depromenda. 151
Cap. VI. — De mysteriis incarnationis, resurrectionis, ascensionis, etc., Domini nostri Jesu Christi, a Davide in psalmis prænuntiatis. 156
Cap. VII. — De mysteriis passionis Dominicæ in psalm s præmonstratis, et de mutatione personarum in uno eodemque psalmo loquentium. 159
Cap. VIII. — Eadem mutatio personarum in eodem psalmo aliis exemplis ostenditur, duceturque quam hæc doctrina ad psalmos recte intelligendos necessaria sit, quam vera et justa sint Dei judicia secundum psalmi xviii, v. 10. 164
Cap. IX. — Amplius divinorum judiciorum quorumcunque veritas et justitia probatur. Adhortatio ad diligentem divinarum Scripturarum lectionem, etc. 167
Cap. X. — Varia moralia documenta ex diversorum psalmorum versibus collecta. 171
Cap. XI. — Quam uberes in psalmis sententiæ occurrant quæ tribulatis solatio sint, quamque Psaltes divinus omnibus omnia factus fuerit. 174
Cap. XII. — Quibus psalmorum peccatores terreantur, 178
Cap. XIII. — Divina justitia et clementia ex oppositorum natura ostenditur, et selectis psalmorum sententiis eadem doctrina confirmatur. 182
Cap. XIV. — Sententiæ psalmorum, quibus omnes generatim fideles ad studia sanctitatis incitentur. 186
Cap. XV. — Quæ sit confessio pœnitentiæ, quæ laudis? documenta moralia ex libris Salomonis, Job, Isaiæ, Jeremiæ, etc. 190
Cap. XVI. — Documenta moralia ad recte currendum necessaria ex dictis et gestis Christi in quatuor Evangeliis relatis, excerpta et explicata. 194
Cap. XVII. — Alia ejusdem generis documenta ex sacrosanctis Evangeliis. 199
Cap. XVIII. — In quibus Evangeliorum locis perpetuo vigilare, fraudulentis cogitationibus resistere, semper proficere jubeamur, et quid prosit baptizatis parvulis fides offerentium. 202
Cap. XIX. — Exhortatio ad divites, rerum divinarum incurios, imprudentes Ecclesiarum pastores, intemperantes et divinæ vocationis contemptores. 206
Cap. XX. — Adversus splendidas mensas et vestes, rapinam, superbiam, pusillanimitatem, etc. 211
Cap. XXI. — Narrat auctor quæ tentationes et facta in conversionis et cursus sui spiritualis initio sibi obvenerint. 214
Cap. XXII. — Unde ac quomodo incitatus ad scribendum fuerit Othlo, quasque consolationes in animo perceperit et divinas inspirationes fervente tentatione. 218
Cap. XXIII. — Plures cœlestes doctrinæ, quibus auctor imbutus ad vincendas tolerandasve tentationes excitatus fuit. 225
Cap. XXIV. — Cur Deus omnem creaturam rationalem tentari permiserit, et quanta tum Veteris tum Novi Testamenti Patres pertulerint, antequam in arcem perfectionis evaderent. 231
Cap. XXV. — Varia tentatorum, præsertim a Spiritu luxuriæ exempla. Quanta humiliandi nos necessitas sit, etc. 234
Cap. XXVI. — Quid omnibus universim hominibus necessarium sit ad hoc, ut recte ad patriam currant. 236
Narratio Othloni de miraculo quod nuper accidit cuidam laico. 242

LIBER DE ADMONITIONE CLERICORUM ET LAICORUM. 243
Prælatio. 245
Caput primum. — Maxima necessitas et causa homines officii commonendi neglectus religionis, persecutio Ecclesiæ, devastatio monasteriorum, etc. 245
Cap. II — Quomodo in solis imagine sacratissimæ Trinitatis mysterium reluceat. 247
Cap. III. — Idem argumentum uberius pertractatur, pluresque e creatis figuræ Trinitatis offeruntur. 249
Cap. IV. — Proponuntur clericis diversæ evangelicæ parabolæ, quarum meditatione diversis eorum vitiis medicina paretur. 251
Cap. V. — Aliæ parabolæ, et documenta proferantur ex Novi Veterisque Testamenti libris, quibus clerici ad persananda vitia tum in se, tum in aliis utantur. 255
Cap. VI. — Docentur clerici quæ laicis prædicent, ut frugi sint. 255
Cap. VII. — Qua ratione laici a clericis ex universi hujus ornatu ad Creatoris amorem provocandi sint. 257
Cap. VIII. — Docendi a clericis laici, unde origo adversitatum, et quomodo Deus has accidere permittat in hominis commodum, etc. 258
Cap. IX. — Quid boni spiritualis laicos docere possit varietas temporum, copia vel penuria rerum, etc. 260
DE DOCTRINA SPIRITUALI LIBER METRICUS. 263
Prologus. 263
Incipiunt capitula. ibid.
Cap. tulum primum. — Incipit libellus de doctrina spirituali. 265
Cap. II. — De fide sanctæ Trinitatis et Dominicæ incarnationis. ibid.
Cap. III. — Quia debeamus credere Deo dignum aliquid nec dici nec excogitari posse. 266
Cap. IV. — Cur Deus, cum sit incorporeus atque ineffabilis, rerum corporalium designetur vocabulis. ibid.
Cap. V. — Quod fides sine operibus mortua sit. 267
Cap. VI. — De spe cœlesti. ibid.
Cap. VII. — De dilectione Dei et proximi. 268
Cap. VIII. — De humilitate. ibid.
Cap. IX. — De patientia. ibid.
Cap. X. — De orationis modo. 269
Cap. XI. — De libris gentilium vitandis et de studio sacræ lectionis. ibid.
Cap. XII. — De spirituali Scripturæ sacræ intelligentia. 271
Cap. XIII. — Admonitionis sermo ad clericos : prius quidem ad illos qui in pastorali degunt regimine; deinde vero ad eos qui studio adhærent sæcularis tantum modo scientiæ. 273
Cap. XIV. — De casuum meorum relatione, quam hic adjeci ad compescendam pertinaciam cler. 277
Cap. XV. — Qualiter post ægritudinis variæ flagella ad monasticæ professionis redii vota. 280
Cap. XVI. — Quia non solum palam professus, sed etiam quovis occulte mundo renuntians illicite mundana repetat. ibid.
Cap. XVII. — Quanta pericula tentationis in initio perulerim conversionis. 281
Cap. XVIII. — Quod hæc cuncta ad clerum dicta non liter a me nisi compatientis amore sint prolata. 283
Cap. XIX. — Admonitio etiam facta ad laicos. 283
Cap. XX. — Quia nil æternæ saluti præponendum sit. 284
Cap. XXI. — De cibi potusque parcitate servanda. ibid.
Cap. XXII. — De somni quiete temperanda. ibid.
Cap. XXIII. — De abjiciendo pretiosæ et superfluæ vestis cultu. 285
Cap. XXIV. — De vana gloria fugienda. ibid.
Cap. XXV. — De obedientia. ibid.
Cap. XXVI. — Quod pro rebus dubiis, quas nil prodest scire, non sit quæstio facienda. ibid.
Cap. XXVII. — Quia facile in re notissima et aperta erretur, nisi bonis operibus veritatis scientia confirmetur. 285
Cap. XXVIII. — De concupiscentiæ carnalis tentatione superanda. 286
Cap. XXIX. — De honoris et primatus ambitione fugienda. ibid.
Cap. XXX. — Quod licet homines potentia abutantur, potestates tamen a Domino juste tradantur. ibid.
Cap. XXXI. — Quomodo ad potestatem quisque promoveri, etsi iterum eadem debeat relinqui. ibid.
Cap. XXXII. — Quali cura et se et commissos rector unusquisque debeat custodire. 287
Cap. XXXIII. — De discretionis virtute. 289
Cap. XXXIV. — Quod nullus, quantalibet sapientia vel virtute ditetur, se in præsenti vita securum perfectum-

Patrol. CXLVI. 48

que arbitretur. 290
Cap. XXXV. — De orationis instantia, et quia nemo diffidere debeat de Dei misericordia. 291
Cap. XXXVI. — Quod conversationis sanctae initium sit difficile, sed jurante Christo labor levigetur perseverantiae. ibid.
Cap. XXXVII. — Quia nulli debeat incongruum vel mirum videri quod tantus labor agatur pro vita perenni. 292
Cap. XXXVIII. — Ut divinum opus cum spe retributionis aeternae fideliter agendum sit. ibid.
Cap. XXXIX. — Exhortatio generalis pro labore regni coelestis. 295

LIBER PROVERBIORUM. 299
Prologus. 299
SERMO IN NATALI APOSTOLORUM. 337
LIBER VISIONUM TUM OTHLONI, TUM ALIORUM. 341
Prologus Othloni. ibid.
Visio prima. — Spes et promissio peculiaris vitae aeternae Othlono a Deo facta. 343
Visio secunda. — Negligentia clericorum in divinis a Deo reprehensa et objurgata. 344
Visio tertia. — Othloni ad vitam monasticam conversio, flagellis divinitus impactis promota. Prudentia et moderatio in castigandis puerorum erratis eidem ostensa. 347
Visio quarta. — Daemonibus ad desperationem et perfidiam incitantibus, angelico monitu Othlonus in spe ac fide roboratur. 355
Visio quinta. — Quam detestandus in clericis luxus vestium sit cuidam ostensum. 357
Visio sexta. — Injusta bonorum alienorum exactio et direptio quanta in purgatorio poena castigetur. 359
Visio septima. — Exemplum sacrilegi monasticorum bonorum direptoris in altera vita puniti. 360
Visio octava. — Conflagratio monasterii Tegernseensis futura cuidam ostensa. 361
Visio nona. — Negligentia abbatis Ellingeri a defuncto clerico reprehensa et castigata. 362
Visio decima. — De S Emmerammi monasterio. Diversa visa et dicta Adalberti monachi Emmerammensis morituri. 363
Visio undecima. — Visio cujusdam mendici de Henrico III Caesare, Gebehardo episcopo Ratisponensi, etc. 365
Visio duodecima. — Perjurium quanta poena maneat. 366
Visio decima tertia. — Obstinati Judaei sempiterna damnatio. 368
Visio decima quarta. — Quorumdam etiam sanctorum purgatorium beati Guntheri discipulo Isaaco revelatum. ibid.
Visio decima quinta. — De Caesare Henrico III. Quomodo ejus in audiendis pauperum causis et precibus negligentia a Deo punita fuerit. 370
Visio decima sexta. — Fuldensis monachus ob negatam in defuncti gratiam praebendam seu eleemosynam flagellis divinitus caesus. 371
Visio decima septima. — Theophaniae imperatricis ob luxum vestium in purgatorio poenae. 372
Visio decima octava. — Suspensus in patibulo mirabiliter a filiis in vita servatus et nutritus. 373
Visio di cima nona. — S. Bonifacii episcopi et martyris epistola de dictis et visis cujusdam monachi redivivi. 375
Visio vicesima. — Poenae damnatorum et purgandorum, uti et gaudia beatorum cuidam ostensa. Ex Beda. 382
Visio vicesima prima. — Quidam ob dilatam nimium poenitentiam aeternis tormentis addictus. Ex eod. 383
Visio vicesima secunda. — Scelestae vitae monachus aeternum damnatus. Ex eod. 384
Visio vicesima tertia. — Ecclesiasticis bonis vi vel fraude direptis daemon ditatur et delectatur. 385
Fragmentum Relationis de translatione S. Dionysii e Francia in Germaniam ad monasterium S. Emmerammi. Monitum. 387

VITA S. WOLFKANGI EPISC. RATISBONENSIS. 389
Monitum. 389
Prologus in Vitam S. Wolfkangi. 391
Incipit Vita S. Wolfkangi episc. 395
Vita rhythmica ejusdem. 421
Monitum. 421
VITA S. BONIFACII EPISCOPI MOGUNTINI. 427
PRECATIO THEODISCA. ibid.
Paraphrasis Latina in praecedentem precationem. 429

ADAMUS CANONICUS BREMENSIS.
Notitia historica et bibliographica. 455

MAG. ADAMI GESTA HAMBURGENSIS ECCLESIÆ PONTIFICUM, edente V. Cl. Joann. Lappenberg, reipublicae Hamburgensis tabulario. Capitula. 451
Liber primus. 451
Liber secundus. 501
Liber tertius. 557
DESCRIPTIO INSULARUM AQUILONIS. 619
Appendix. — Chronicon breve Bremense. 661
Incipit series Bremensium et Hamburgensium episcoporum. 663

S. JOANNES GUALBERTUS ABBAS ET WALLUMBROSANÆ CONGREGATIONIS PRIMUS INSTITUTOR.
S. Joannis Gualberti Vita. 667
Observationes praeviae. 667
Incipit Vita. 671
De sancto Joanne Gualberto abbate ordinis Vallumbrosani fundatore in monasterio Passiniano in Etruria Commentarius. 705
§ I. Sancti patria, nomen et stemma. ibid.
§ II. Clementia sancti erga hostem, prodigiosa Crucifixi inclinatio, et ejus descriptio. 710
§ III. Quinam auctores S. Joannis Gualberti Vitam scripserint, et quorumnam scripta a nobis sint edenda. 714
§ IV. De monasterio S. Miniatis, quod S. Joannes Gualbertus ingressus est, quare illud deseruerit. 719
§ V Ordinis Vallumbrosani institutio, incrementum, privilegia ac laudes. 724
§ VI. S. Joannis Gualberti scripta et preces. 730
§ VII. Gesta S. Joannis contra Simoniacos. ibid.
§ VIII. Quid sentiendum sit de miraculo quo Gregorio VII, S. Joannem Gualbertum reprehendere volenti, contigisse narratur. 735
§ IX. De serie chronologica Vitae S. Joannis Gualberti referuntur variae opiniones, et manifesti errores refelluntur. 739
§ X. An, admissa Mabillonii aliorumque sententia circa seriem chronologicam S. Joannis Gualberti, potuerit idem Sanctus cum S. Romualdo agere in eremo Camaldulensi. 745
§ XI. Canonizatio S. Joannis Gualberti. 750
§ XII. S. Joannis Gualberti cultus, reliquiae et gloria posthuma. 758

S. Joannis Gualberti Vita, auctore beato Andrea abbate Strumensi. 765
Caput primum. — S. Joannis Gualberti natales, ingressus in monasterium, Simoniaci abbatis dereliclio, et in vallem Umbrosam adventus. 765
Cap. II. — S. Joannes Gualbertus varios discipulos pietate illustres sibi adsciscit, novosque rigide exercet, a quibus ob eximiam virtutem abbatis officium acceptare cogitur. 771
Cap. III. — S. Joannes factus abbas exacte regulas observari jubet, et, discipulorum numero aucto, varia monasteria aedificat et pia opera exercet. 775
Cap. IV. — Varia miracula quae S. Joannes Gualbertus in vita patravit. 780
Cap. V. — Alia ejusdem Sancti miracula. 784
Cap. VI. — Cordis arcana cognoscit, aliaque praebet sanctitatis argumenta. 789
Cap. VII. — S Joannes Gualbertus alios excitat ad exstirpandam Simoniacam haeresim. 792
Cap. VIII. — Epistola cleri et populi Florentini ad Alexandrum pontificem data, qua prodigiosa ignis probatio contra Simoniacos facta exponitur. 797
Cap. IX. — Zelus ejus pro catholica fide ac fraterna charitate; pia mors et sepultura; varia monasteria post obitum ejus aedificata. 803
Cap. X. Varia miracula maxime post obitum ejus patrata. 807

S. Joannis Gualberti Vita altera, auctore beato Attone abbate Vallumbrosano, et postea episcopo Pistoriensi. 811
Miracula S. Joannis Gualberti, auctore Hieronymo Radiolensi monacho Vallumbrosano. 811
Prologus. 811
Liber primus. 813
Liber secundus. 890
Proœmium ad eumdem. 929
Liber tertius. 931
Appendix de translatione crucifixi qui S. Joanni Gualberto caput inclinavit. 961
S. JOANNIS GUALBERTI PRECES. 969
S. JOANNIS GUALBERTI EPISTOLA AD FRATRES. 969

GUNDECHARUS EICHSTETTENSIS EPISCOPUS.
Notitia historica et litteraria. ibid.

QUÆ IN HOC TOMO CONTINENTUR.

GUNDECHARI LIBER PONTIFICALIS ECHSTETTENSIS. 985
Ottonis et aliorum continuationes. 999
APPENDIX AD GUNDECHARUM. 1003
Anonymus Haserensis de episcopis Eichstetensibus. — Monitum. 1005

LAMBERTUS HERSLFELDENSIS.

Prooemia ad Lamberti Hersfeldensis Annales. 1027
LAMBERTI ANNALES. 1035

PETRUS MALLEACENSIS MONACHUS.

Notitia historica. 1247
DE COENOBIO MALLEACENSIS INSULÆ, 1247
LIBER PRIMUS. 1249
§ I. ibid.
§ II. — Natus est Willermus cognomento FERA BRACEIA. 1252
§ III. — Qualiter fundata est ecclesia de Lihec. 1254
§ IV. — De ecclesia Sancti Pientii. 1255
§ V. — Willelmus dux et Emmelina conjux iterum irascuntur. ibid.
§ VI. — Qualiter fuit bellum inter Bosonem comitem Marchiæ et Guillelmum ducem Pictaviæ, et qualiter Adalmodis comitissa fuit uxorata dicto Guillelmo duci, mortuo ejus marito. 1256
§ VII. De Theodelino abbate sancti Petri Veteris. 1258
LIBER SECUNDUS. 1259
§ I. Qualiter abbas Theodelinus rexit suos monachos, apud Sanctum Petrum, et qualiter erat primus de consilio Guillelmi comitis. 1261
§ II. Qualiter Guillelmus dux acquiescens ad requestam Theodelini abbatis, dedit castrum cum tota insula, at in dictum castrum transferretur coenobium, quod tunc temporis erat apud S. Petrum. 1262
§ III. Qualiter fuit castrum destructum et coenobium astructum. 1264
§ IV. Qualiter, et a quibus personis, et a quibus locis, et quæ miracula facta sint, et quo loco translatum est corpus sancti Rigomeri. 1266

ALEXANDER II PAPA.

Notitia historica in Alexandrum II. 1271
Notitia altera. 1275
Notitia diplomatica. 1277
ALEXANDRI II EPISTOLÆ ET DIPLOMATA. 1279
EPISTOLA I. — Ad Mediolanenses conterraneos suos. — Excitat eos ad virtutum exercitia. 1279
EPIST. II. — Ad Landulfum et Arialdum clericos. — Non ita esse indulgendum perjuris ut perjurandi detur occasio. 1281
EPIST. III. — Ad Haraldum Norvegiæ regem. — Hortatur eum ad obediendum Adalberto Hamburgensi archiepiscopo. ibid.
EPIST. IV. — Ad episcopos Daniæ. — Praecipit ut Edbertum, episcopum Farriensem, ab Adalberto, archiepiscopo Hamburgensi, per triennium ad synodum vocatum, inducere ad inobedientiam desistant. ibid.
EPIST. V. — Pro stabilitate bonorum Rivipollensis monasterii contra cujuscunque personæ infestationem. 1282
Epist. VI. — Ad Suenonem regem Danorum. — Exigit censum a Suenone Danorum rege, quem majores ejus persolvere consueverant. 1283
Epist. VII. — Ad Gervasium Remensem archiepiscopum, mandat ut monasterium Corbeiense a Guidonis Ambianensis injuriis tueatur. ibid.
Epist. VIII. — Confirmat canonicam in Pisana ecclesia erectam, et bona ad eam pertinentia. ibid.
Epist. IX. — Pro ecclesia Sancti Donati Luccensi. 1284
Epist. X. — Ad Burchardum Halberstadensem episcopum. — Laudes ejus commendat, et pallium pro merito concedit. 1286
EPIST. XI. — Monasterium Fructuariense sub apostolicæ sedis protectione recipitur; confirmaturque permutatio terræ cujusdam inter abbatem, et Albertum Ypporegiensem episcopum inita. 1288
EPIST. XII. — Synodica ad omnes episcopos de rebus in synodo Romana i gestis. 1289
EPIST. XIII. — Privilegium pro monasterio Vindocinensi. 1291
EPIST. XIV. — Ad Hugonem abbatem Cluniacensem. — Quod nemo sine apostolico judicio potest excommunicare monachos Cluniacenses, nec interdicere. 1293
EPIST. XV. — Ad archiepiscopos Galliæ. — Mandat ut Petro Damiano Ostiensi episcopo, legato sedis apostolicæ, in omnibus fidem habeant et debite obediant. 1295
EPIST. XVI. — Ad Gervasium Remensem archiepiscopum. Prohibet ne consecret Josselinum Suessionensem episcopum de Simonia convictum. Belvacensem episcopum corrigi, et Ambianeusem, ob injuriam Corbeiensi abbati illatam, ad satisfactionem adigi praecipit. 1296
EPIST. XVII. — Ad Josselinum archidiaconum Parisiensem. — De eo qui episcopatum per Simoniam et homicidium acquisiit. 1297
EPIST. XVIII. — Ad Widonem episcopum Ambianeusem. — Jubet ut desistat ab inquietatione abbatis et monasterii Corbeiensis; alioquin suspendit ipsum ab officio, et excommunicat, donec abbati coram archiepiscopo. Remensi satisfaciat. 1297
EPIST. XIX. — Ad Gervasium archiepiscopum Remensem, de Cadaloi pseudopontificis vinculis, et de Simoniacis exstirpandis. 1298
EPIST. XX. — Lanfranci abbatis monasterium; quod Cadomi construitur, tuendum suscipit. 1299
EPIST. XXI. — Confirmat donationes et privilegia Conventriensi coenobio ab Edwardo rege concessa. ibid.
EPIST. XXII. — Ad Gervasium Remeusem archiepiscopum ejusdemque suffraganeos. — Excommunicationis sententiam in Reginaldum monasterii Sancti Medardi invasorem a Petro Damiani latam confirmat, eamque exsecutioni mandari praecipit. 1300
EPIST. XXIII. — Ad Gervasium Remensem archiepiscopum. — De amoto Carnotensis Ecclesiæ Simoniaco invasore Gervasio ei regi gratias agit; Aurelianensem eadem de causa amoveri petit. ibid.
EPIST. XXIV. — Privilegium Alexandri II papæ pro monasterio Salvatoris et S. Bonifacii Fuldensis. 1301
EPIST. XXV. — Concedit privilegium monasterio Sancti Miniatis. 1303
EPIST. XXVI. — Constitutio pro monasterio Sancti Petri Perusini. 1304
EPIST. XXVII. — Alexandri privilegium pro abbatia Sancti Dionysii. 1306
EPIST. XXVIII. — Ad Gervasium Remensem archiepiscopum. — Privilegia monasterio Sancti Dionysii a praedecessoribus contra Parisiensem episcopum concessa confirmat. 1309
EPIST. XXIX. — Ad clerum Velitrensem. ibid.
EPIST. XXX. — Privilegium pro monasterio Dervensi. 1310
EPIST. XXXI. — Pro monasterio Gellonensi. 1311
EPIST. XXXII. — Monasterium S. Michaelis Siegburgense munimine apostolico confirmat. 1312
EPIST. XXXIII. — Sanctæ Priscæ monasterii donatio Vindocinensibus facta. 1313
EPIST. XXXIV. — Ecclesiæ Cremonensis possessiones et jura confirmat. 1314
EPIST. XXXV. — Monasterii Gellenensis totam ordinationem et dispositionem abbati et congregationi Anianensi asserit. 1315
EPIST. XXXVI. — Ad clerum Cremonensem. ibid.
EPIST. XXXVII. — Ad Gervasium Remensem archiepiscopum. — Compatitur afflicto statui Ecclesiæ Remensis, illatamque injuriam legitime vindicandam pollicetur. 1316
EPIST. XXXVIII. — Ad Gervasium Remensem archiepiscopum. — Condolet necessitatibus Ecclesiæ Remensis, eique auxilium pollicetur. 1317
EPIST. XXXIX. — Ad Gervasium Remensem archiepiscopum. — Monet iterum ut duorum clericorum Remensium causam terminet. 1318
EPIST. XL. — Ad Gervasium Remensem archiepiscopum. — Hortatur ut in causa abbatissæ e Laudunensi monasterio injuste ejectæ cognoscenda, Elinando Laudunensi episcopo, juxta tenorem commissionis apostolicæ, consilio as-istat. 1319
EPIST. XLI. — Ad Gervasium Remensem et ad Senonensem, archiepiscopos, eorumque suffraganeos. — Causam divortii inter Radulfum comitem ejusque uxorem, utrique dijudicandam committit. 1319
EPIST. XLII. — Ad Gervasium archiepiscopum Remensem. — Ut corpus sancti Menni, ab ecclesia sua indebite per Catalaunensium episcopum translatum, ad propriam ecclesiam comminatione censurarum ecclesiasticarum referatur. 1320
EPIST. XLIII. — De episcopis duobus depositis. ibid.
EPIST. XLIV. — Ad Gervasium Remensem archiepiscopum. — Blandinensis et alterius coenobii invasores, nisi rationi acquiescant, excommunicari jubet. 1321
EPIST. XLV. — Ad eumdem. — Cur monasterium Corbeiense ab episcopo exemerit. ibid.
EPIST. XLVI. — Ad eumdem. — Monet ut controversiam quae est inter clericos citra affectum componat. Significat comitibus esse scriptum ut Ecclesiæ læsæ satisfaciant, vel ad synodum futuram Romæ compareant. 1322

Epist. XLVII. — Ad Petrum Antibarensem episcopum. 1523

Epist. XLVIII. — Privilegium pro ecclesia S. Petri Insulensi. 1525

Epist. XLIX. — Bulla pro monasterio Casinensi. 1525

Epist. L. — Parthenonem S. Petri Florentinum confirmat. 1550

Epist. LI. — Privilegium pro monasterio SS. Dionysii, Rustici et Eleutherii Remensis. ibid.

Epist. LII. — Privilegium pro monasterio S. Nicasii Remensis. 1532

Epist. LIII. — Privilegium pro monasterio S. Sylvestri Nonantulani. 1533

Epist. LIV. — Ecclesiæ Salernitanæ bona, a Guillelmo filio Tancredi, in episcoporum et abbatum, et aliorum fidelium conventu restituta, confirmat. 1535

Epist. LV. — Ecclesiæ Salernitanæ jura possessionesque, Alphani archiepiscopi rogatu, confirmat. 1537

Epist. LVI. — Ad Joannem Abrincensem episcopum. 1539

Epist. LVII. — Monasterium S. Stephani Cadomense tuen lum suscipit privilegiisque ornat, Lanfranco abbate petente. ibid.

Epist. LVII bis. — Ad Petrum abbatem Gellonis, quo monasterium Gellonicum sub defensione sedis apostolicæ suscipit. 1541

Epist. LVIII. — Ad Udonem Trevirensis Ecclesiæ archiepiscopum. 1542

Epist. LIX. — Arnaldo archiepiscopo Acheruntino pallii usum tribuit. 1543

Epist. LX. — Ecclesiæ S. Mariæ Magdalenæ Virdunensis protectionem suscipit bonaque confirmat. 1544

Epist. LXI. — Canonicorum Ferrariensium patrocinium suscipit et possessiones confirmat. 1545

Epist. LXII. — Privilegio di Alessandro II conceduto ai canonici regolari di S. Frediano di Lucca, col quale mette sotto la difesa e protezione della santa sede i beni che essi possedono nelle Maremme. 1546

Epist. LXIII. — Episcopum Clusinum, in consilio Romano Simonia accusatum, cum causa et Lucæ et Clusii tractata esset, absolutionem a sese impetrasse testatur. 1547

Epist. LXIV. — Ad Rumoldum Constantiensem episcopum. — De abbate cujus servus fustis uno ictu ab ipso percussus, post sex menses mortuus est. 1549

Epist. LXV. — Ad Rumoldum Constantiensem episcopum. 1550

Epist. LXVI. — Ad Willelmum marchionem. — Excommunicatus alium excommunicare ne possit. ibid.

Epist. LXVII. — Canonicam S. Mariæ Spoletinam tuendam suscipit et bona ejus confirmat. 1551

Epist. LXVIII. — Ecclesiæ Narniensis canonicorum bona confirmat. 1552

Ep.st. LXIX. — Monasterii S. Petri Cœli Aurei Papiensis privilegia confirmat. ibid.

Epist. LXX. — Ad Lanfrancum. 1555

Epist. LXXI. — Confirmat Harlebecani collegii cano. icorum institutionem. ibid.

Epist. LXXII. — Ad Gebehardum Salzburgensem archiepiscopum. — Concedit ut episcopatum unum in sua parochia constituat. 1554

Epist. LXXIII. — Ecclesia collegiata S. Mariæ de Belliloco in diœcesi Matisconensi, in protectionem apostolicæ sedis recipitur, eique bona omnia et privilegia confirmantur. 1555

Epist. LXXIV. — Confirmat privilegia abbatiæ Sancti Benigni Fructuariensis. 1556

Epist. LXXV. — Ecclesiæ Aretinæ possessiones, petente Constantino episcopo, confirmat. 1557

Ep.st. LXXVI. — Privilegium pro monasterio S. Mariæ de Florentia. 1558

Epist. LXXVII. — Privilegium pro Lucensibus episcopis. 1530

Epist. LXXVIII. — Recipit in clientelam abbatiam Sancti Rigaldi, et tribuit facultatem fratribus eligendi abbatem secundum regulam S. Benedicti. 1561

Epist. LXXIX. — Clero Mediolanensi. — De archiepiscopo Simoniaco. 1562

Epist. LXXX. — Monasterii S. Joannis Pinnensis, præsente Hugone Candido presbytero cardinali a Sancio His, aniæ rege cum cæteris monasteriis B. Petro abbati, protectionem suscipit et privilegia instituit. 1563

Epist. LXXXI. — Monasterium S. Edmundi sub protectione sedis apostolicæ recipitur, ejusque bona omnia confirmantur. 1563

Ep.st. LXXXII. — Pallium Eboracensi archiepiscopo concedit. 1564

Epist. LXXXIII. — Ad Willelmum regem Anglorum. — Fidem laudat eique ecclesiasticarum personarum defensionem et Lanfranci causam commendat. 1565

Epist. LXXXIV. — Ad Wratizlaum Bohemiæ ducem, Ut concordiam et pacem cum fratre quamprimum ineat, cujus causa se legatos missurum spondet. 1566

Epist. LXXXV. — Privilegium pro ecclesia Sanctæ Mariæ Florentinæ. 1567

Epist. LXXXVI. — Privilegium pro ecclesia Petri Damiani. 1569

Epist. LXXXVII. — Ecclesiam Furconiensem tuendam suscipit ejusque possessiones confirmat, petente Ragnerio episcopo. ibid.

Epist. LXXXVIII. — Privilegium pro monasterio Sancti Prosperi Regiensis (nunc vero S. Petri). 1570

Epist. LXXXIX. — Approbatio congregationis monachorum eremitarum Camaldulensium, alias Campi Amabilis, ordinis Sancti Benedicti. 1573

Epist. XC. — Concessio privilegiorum monasterii Floriacensis, bonorumque ad illud spectantium confirmatio. 1575

Epist. XCI. — Litteræ Alexandri II papæ in gratiam Ecclesiæ Cabilonensis, quas Roclenus episcopus ab aliis postea curavit episcopis subscribi et confirmari. 1577

Epist. XCII. — Ad episcopos, clericos et judices Italiæ. — Quomodo computandi gradus consanguinitatis. 1579

Epist. XCIII. — Clero Mediolanensi. — De Simoniacis et presbyteris diaconis qui feminis abutuntur. 1583

Epist. XCIV. — Populo Mediolanensi. — De presbyteris Simoniacis et fornicatoribus. ibid.

Epist. XCV. — Philippo regi Francorum. — Quod Romanæ sedis decreta tanquam regulæ canonum admittenda sunt. ibid.

Epist. XCVI. — Reibaldo Arelatensi archiepiscopo. ibid.

Epist. XCVII. — Pro Geraldo Tricastinensis et Arausicæ civitatis episcopo. 1584

Epist. XCVIII. — Qua Geraldum episcopum utriusque simul Ecclesiæ Tricastinensis et Arausicæ tuetur et confirmat. 1585

Epist. XCIX. — Ad abbatem et congregationem Aniamensem. — Ut episcopo Magolonensi pareant. ibid.

Epist. C. — Ad Guillelmum Petracoricensem et Durannum Tolosanum episcopos, et Hugonem abbatem. — Præscribit modum pœnitentiæ ab eo peragendæ qui fraterni cædis nolens causa fuerat. 1586

Epist. CI. — Ad omnes episcopos Hispaniæ (al., Galliæ). — Quod Judæi servari debeant, non occidi. ibid.

Epist. CII. — Berengario Narbonensi vicecomiti. — Non esse occidendos Judæos. 1587

Epist. CIII. — Wifredo Narbonensi episcopo. — De eodem. ibid.

Epist. CIV. — Guillelmo de Monstrolio (al., Monasteriolo). — Nisi coram Ecclesia consanguinitate probata, uxorem dimittere non licet.

Epist. CV. — Ad clerum et populum Lucensem. — Contra sacras ordinationes et beneficiorum collationes Simoniacas. 1588

Epist. CVI. — De Ecclesiæ Lucensis muneribus in probos doctrinaque instructos viros conferendis leges condit. 1591

Epist. CVII. — Privilegium pro ecclesia Lucensi. — Bona ejus alienari vetat. 1593

Epist. CVIII. — Desiderio abbati Casinensi abbatiam SS. Sebastiani et Zozimi, quæ Palaria vocatur, tribuit, recepto cœnobio S. Hierusalem. 1595

Epist. CIX. — Monasterio Sancti Salvatoris de Majilla (al., Majella), ejusque ecclesiis ac bonis exemptionem ac libertatem asserit perpetuam. ibid.

Epist. CX. — Episcopatum Trojanum, petente Stephano episcopo, confirmat. 1400

Epist. CXI. — Contra malefactores ecclesiæ S. Clementis. 1401

Epist. CXII. — Ad Landolphum. — Respondet quod non aliter quam cum consensu uxoris suæ monasticam vitam ingredi et votum continentiæ emittere possit. 1402

Epist. CXIII. — Ad clericos Neapolitanos. — Quomodo gradus consanguinitatis computandi sint. ibid.

Epist. CXIV. — Ad Constantinum Aretinum episcopum. — Ut qui concubinæ suæ consanguineam, alteri desponsatam, uxorem duxit, eam sponso restituat. 1403

Epist. CXV. — Ad Amalgerium Civitatensem episcopum. — De pœnitentia presbyteri qui presbyterum occidit. 1404

Ep.st. CXVI. — Ad clerum Vulturniensem. — De pœnitentia ejus qui presbyterum in se armis irruentem interfecerit. ibid.

Epist. CXVII. — Ad Wltinensis ecclesiæ clericos. — Quam imposuit pœnitentiam Theodorico qui filium non sponte occidit. 1405

Ep.st. CXVIII. — Dominico Gradensi patriarchæ. —

De presbyteris, diaconis, subdiaconis caste non viventibus. 1405
EPIST. CXIX. — De episcopo Simonioco et fornicatore. 1406
EPIST. CXX. — Clero et populo Florentino. — Monachi intra claustra morentur, et a prædicatione abstineant, non ministrent. *ibid.*
EP ST. CXXI. — Mangiso Venetensi episcopo. — Nullis eleemosynis redimi posse, quin consanguinei separentur. *ibid.*
EPIST. CXXII. — Ad Romaldum Cumanum episcopum. *ibid.*
EPIST. CXXIII. — (Heliseo) episcopo Mantuano mandat u Leonis IX de corpore Simeonis eremitæ (Padilironensis) præceptum una cum Ferrariensi et Veronensi episcopis exsequatur. 1407
EPIST. CXXIV. — Episcopis et regi Dalmatiarum. — De auctoritate Mainardi episcopi et Johannis archiepiscopi. *ibid*
EPIST. CXXV. — E iscopis et regi Dalmatiarum. — De epis opis, presbyteris, diaconis feminam accipientibus et retinentibus. *ibid.*
EPIST. CXXVI — Ad Gebonardum Viennensem archiepiscopum. — De presbytero qui caduco morbo laborabat. *ibid.*
EPIST. CXXVII. — Berengario Basilcensi episcopo. — De pœnitentia ejus qui filium patrui corruperat. 1408
EPIST. CXXVIII. — Wifredo Constantiæ episcopo. — De misericordia impendenda his qui homicidio supervenientes, nec voluntate, nec actione perpetraverint. *ibid.*
EPIST. CXXIX. — Qua Adalberonem episcopum Herbipolensem hortatur ut ab iniqua venatione, qua Ecclesiam Fu lensem affligebat, in posterum abstineat. *ibid.*
EPIST. CXXX. — Ad Sigifridum archiepiscopum Moguntinum. — Illum reprehendit quod, neglectis adhortationibus suis, monasterio Fuldensi injurias inferre perrexerit. 1409
EPIST. CXXXI. — Qua Widerado Fuldensi abbati fuse expo it quæ et quanta pro tuitione jurium ejus Ecclesiæ egerit. *ibid.*
EPIST. CXXXII. — Quot missas in die sacerdoti celebrare liceat. 1410
EPIST. CXXXIII. — Consecretur qui electus est ab Ecc'esia, et est altero dignior, licet filius sacerdotis. *ibid.*
EPIST. CXXXIV. — Fratrem aut sororem uxoris æquivoce tantum dici cognatos. 1411
EPIST. CXXXV. — Responsio ad episcopi cujusdam inquisi'a. *ibid.*
EPIST. CXXXVI. — Nisi canonice judicatum episcopum qui comprehenderit laicus excommunicetur. 1412
EP ST. CXXXVII. — Ad Adelardum Suessionensem episcopum. 1415
EPIST. CXXXVIII. — De canonizatione Sancti Theobaldi. *ibid.*
EPIST. CXXXIX. — Ad Willelmum egem Anglorum, pro exactione denarii sancti Petri. *ibid.*
EPIST. CXL. — Ad Udonem Treviremsem et Theodoricum Virdunensem episcopos. — Ut qui in morbo monachum se futurum promiserat, et beneficia abdicaverat, si deinde convalescens monachus fieri nolit, beneficia illi restituantur. 1414
EPIST. CXLI. — Ad Udonem archiepiscopum Treviremsem. — De pœnitentia sacerdotis incestuosi perpetua. *ibid.*
EPIST. CXLII. — Ad Lanfrancum Cantuariensem archiepiscopum. — Prædecessorum suorum decreta confirmat, ut monachis ecclesias cathedrales obtinere liceat. 1415
EPIST. CXLIII. — Ad Lanfrancum Cantuariensem archiepiscopum. — Monet ut monasterii Wintoniensis statum tueatur. 1416
EPIST. CXLIV. — Ad congregationem monasterii Wintoniensis. *ibid.*
EPIST. CXLV. — Privi'egium pro ecclesia ab Altmanno, Patavinsi episcopo, ad regularem canonicorum vitam æ ilicata. 1417
EPIST. CXLVI. — Privilegium pro ecclesia Sanctæ Mariæ M: gdalenæ Vezontionensi. 1418
EPIST. CXLVII. — Ad Liemarum Hamburgensem archiepiscopum. — Illi pallium mittit et privil.gia Ecclesiæ ejus confir ʇnat. 1419
EPIST. CXLVIII. — Privilegium pro monasterio S. Salvatoris et S. Juliæ Brixiensis. *ibid.*
EPIST. CXLIX. — Confirmat omnia privilegia et jura monasterii sacrarum virginum Ti inensium, quod appellatur Senatoris. 1421
EP ST. CL. — Privilegium pro ecclesia S. Salvator s Wissegradensi, a Wr tisla duce condita. 1425
EPIST. CLI. — Privilegium pro abbatia Montis Casini. 1425

EPIST. CLII. — Confirmat bona monasterii S. Severi in Classe. 1426
EPISTOLÆ SIGREFI EPISCOPI MOGUNT NI AD ALEXANDRUM II. 1429
EPISTOLA PRIMA. — Regi Henrico se in faciem restit'sse ait, et minitatum esse excommunicationem; indictum tamen a coepiscopis suis, ad rem disceptandam ac definiendam, Moguntinum concilium. Ad extremum, pontificem rogat ut aliquos de latere suo mittat qui huic concilio præsint. *ibid.*
EPIST. II. — De Carolo Constantiensi episcopo designato. 1432
EPIST. III. — Alexandrum rogat ut canonice ulciscatur et severissime puniat nefandam Cunonis archiepiscopi Trevirensis cædem, et ut de latere suo homines mittat qui synodo congregandæ præsint. 1435
HUGO I TRECENSIS EPISCOPUS.
Notitia historica. 1435
EPISTOLA HUGONIS AD BARTHOLOMÆUM ARCHIEPISCOPUM. — De cella Credonensi in concilio Romano sub Nicol o papa Vindocinensibus monachis asserta. *ibid.*
DEODUINUS LEODIENSIS EPISCOPUS.
Notitia historica. 1437
DEODUINI AD HENRICUM REGEM CONTRA BRUNONEM ET BERENGARIUM EPISTOLA. 1439
EPISTOLA D EPISCOPI AD I. EPISCOPUM. — Gratias agit de munere, exponitque ei triumphum S Remacli de adversariis. 1441
DEODUINI LEODIENSIS PRIVILEGIUM PRO COLLEGIATA B. MARIÆ ECCLESIA HOIENSI. — Ampissimam ei facit donationem in ipsius dedicatione, eamque eligit pro sepulturæ loco. 1443
DEODUINI DIPLOMA quo in ecclesia Hoiensi seu Hiensi quindecim canonicos instituit. 1445
SANCTUS LIETBERTUS CAMERACENSIS EPISCOPUS.
Notitia historica. 1447
VITA SANCTI LIETBERTI, auctore Rodulpho, abbate S Trudonis. 1449
CAPUT PRIMUM. — De Ottone et Henrico imperatoribus. *ibid.*
CAP. II. — De Girardo episcopo Cameracensi. *ibid.*
CAP. III. — De ortu domni Lietberti, et de profectu ejus in studio litterarum. 1450
CAP. IV. — Ubi scientiæ merito archiscolus efficitur. 1451
CAP. V. — Ubi procurator domus episcopi constituitur. *ibid.*
CAP. VI. — Ubi cum præpositura honor ei archidiaconatus tribuitur. *ibid.*
CAP. VII. — Quam sancte et religiose in his officiis se habuerit. *ibid.*
CAP. VIII. — De Waltero Cameracensi castellano, et Joanne Atrebatensi advocato. 1453
CAP. IX. — Quam strenue et prudenter Lietbertus Novum-Cas ellum custodierit. *ibid.*
CAP. X. — De morte Gerardi et electione Lietberti archidiaconi. 1454
CAP. XI. — Electus cum aliis personis Cæsarem adit. 1455
CAP XII — De Guone ejus adversario. 1456
CAP. XIII. — Ubi electio domni Lietberti ab Augusto et cunctis principibus confirmatur. *ibid.*
CAP. XIV. — Ubi Joannes eccl siam S. Mariæ et aulam episcopi invadit, et extra portas urbis eum claudit. 1457
CAP. XV. — Ubi comes Flandriæ electum episcopum a Cas'e'lo usque ad urbem secum deducit. *ibid.*
CAP. XVI. — Ubi a metropolitano et comprovincialibus episcopis ejus electio approbatur. *ibid.*
CAP. XVII. — Ubi ab episcopo Catalaunensi probatur ordinatus 1458
CAP. XVIII. — Ubi episcopus consecratur, et tale prognosticum revertitur : *Hic est Filius meus, in quo,* etc. 1459
CAP. XIX. — Quod in eodem conventu regis Francorum uxor desponsata et coronata fuit. *ibid.*
CAP. XX. — Comparatio sponsæ regi Francorum conjunctæ et Ecclesiæ præsuli Lietberto commissæ. *ibid.*
CAP XXI. — Ubi Laudunum veniens cum honore suscipitur. 1460
CAP. XXII. — Ubi ab urbe propria cum lætitia et gloria suscipitur. *ibid.*
CAP. XXIII. — Quod eadem die orans in ecclesia omnes ad affectum devotionis commovit. *ibid.*
CAP. XXIV. — Quod post orationem verbum fecit ad populum. 1461

Cap. XXV. — Qualem se in episcopatu verbo et exemplo exhibuerit. 1461
Cap. XXVI. — Quod in operibus et passionibus Christi meditabatur. 1465
Cap. XXVII. — Quod his meditationibus compunctus, concipit desiderium pergendi Hierosolymam. *ibid.*
Cap. XXVIII. — De Hugone puero, et custode illius Ansello. 1464
Cap. XXIX. — Ubi cognito episcopi proposito dissuadent plurimi. *ibid.*
Cap. XXX. — Ubi confirmato consilio fœderantur viæ comites. 1465
Cap. XXXI. — Ubi egrediens a Cameraco Hierosolymam pergit. *ibid.*
Cap. XXXII. — Ubi a rege Pannoniæ reverenter excipitur. *ibid.*
Cap. XXXIII. — Ubi socios metu barbarorum exterritos hortatur ne paveant. 1466
Cap. XXXIV. — Ubi optat aut ab eis occidi aut captivari pro Christo. 1467
Cap. XXXV. — Ubi ecclesiam Dominici sepulcri a rege Babyloniæ obseratam audivit. *ibid.*
Cap. XXXVI. — Ubi Fulcherum ægrotantem Deo et Matri ejus committens, iter cœptum exsequitur. 1468
Cap. XXXVII. — Ubi Fulcherus moriens duos dæmones sibi insistentes vidit. 1469
Cap. XXXVIII. — Ubi Virgo Maria cum Andrea apostolo Fulcherum visitans dæmones increpat. *ibid.*
Cap. XXXIX. — Ubi Fulcherus, effectus sospes, eadem die episcopum subsequitur. 1470
Cap. XL. — Ubi, inopinate recepto comite, episcopus navem ascendit. 1471
Cap. XLI. — Ubi per varia loca ductus episcopus, et jam spe videndi sepulcrum Domini frustratus, tandem consilio Laodicensis episcopi mœstus revertitur. *ibid.*
Cap. XLII. — Ubi imperator et rex Francorum componendæ pacis gratia conveniunt. *ibid.*
Cap. XLIII. — Ubi domnus Lietbertus primo Novum-Castellum, deinde Cameracum venit. 1472
Cap. XLIV. — Ubi Hugonem capellanum multa mala facientem excommunicavit. *ibid.*
Cap. XLV. — Ubi viro Dei pro defunctis silenter oranti animæ defunctorum responderunt: Amen. 1473
Cap. XLVI. — Qua de causa ecclesia Sancti Sepulcri a Gerardo episcopo constructa fuerit. *ibid.*
Cap. XLVII. — Quod domnus Lietbertus, eadem intacta ecclesia, ampliori schemate (monasterium) construxerit. *ibid.*
Cap. XLVIII. — Comparatio Moysis et Lietberti, et cooperatorum eorumdem. 1474
Cap. XLIX. — Quod super dedicanda Sancti Sepulcri ecclesia sphæra lucis ignea de cœlo visa sit pependisse tota nocte; et quod XXII sanctorum corpora ibi sint allata. 1474
Cap. L. — Quod cœnobium intra urbem muro inclusum, et supra dicta ecclesia in honorem sancti Nicolai consecrata fuerit. 1475

Cap. LI. — Ubi filio regis Francorum coronando adesse postulatur Lietbertus. *ibid.*
Cap. LII. — Ubi in cœna Domini ab archiepiscopo divina mysteria celebrare supplicatur. 1476
Cap. LIII. — Ubi Hugonis municipium Porgivallem subvertit. *ibid.*
Cap. LIV. — Ubi Hugo absolvi non meretur nisi prius faciat ea quæ ab episcopo decernuntur. *ibid.*
Cap. LV. — Ubi Hugo sanctum episcopum apud Buricellum capit, et apud Osiacam in custodia claudit. 1477
Cap. LVI. — Ubi Arnulfus episcopum cum honore ad urbem reduxit, et episcopus destructo Osiaco municipio, Hugonem ab omni patria expulit. *ibid.*
Cap. LVII. — Quæ et quanta bona diversis ecclesiis et civitati propriæ vir Dei fecerit. 1478
Cap. LVIII. — Ubi Arnullo comite apud Castellum interfecto, Robertus comes hanc patriam devastat. *ibid.*
Cap. LIX. — Ubi bonus pastor Lietbertus ægrotans in lecto gestatorio ad tentorium comitis urbem obsidentis se deferri jussit, et cum omnemque exercitum ejus gladio anathematis percussit, et sic eadem die obsidionem solvit. 1479
Cap. LX. — Ubi commendatur constantia beati pontificis. 1480
Cap. LXI. — Narratio afflictionum ejus. *ibid.*
Cap. LXII. — Ubi ægrotus lecto decumbans ad requiem supernam anhelabat, et subjectis monita pariter et exempla salutis exhibebat. 1481
Cap. LXIII. — *ibid.*
Cap. LXIV. — Ubi, percepto viatico corporis et sanguinis Domini, spiritum tradidit. 1482
Cap. LXV. — De quibusdam miraculis in ejus obitu ostensis. 1483
Cap. LXVI. — Quod in ecclesia Sancti Sepulcri, quam ipse ædificare et dedicare meruit, ante quinquennium sibi sepulcrum effodi fecerit, in quo et sepultus requiescit. 1484
Epitaphium Lietberti. *ibid.*
LIETBERTI CHARTA de constituendis canonicis regularibus in ecclesia S. Auberti Cameracensi. *ibid.*

ROGERIUS JURISCONSULTUS ITALUS.
Notitia historica. 1485
DE DIVERSIS PRÆSCRIPTIONIBUS. *ibid.*
Caput primum. *ibid.*
Cap. II. — De longi temporis præscriptione. 1489
Cap. III. — De longissimi temporis præscriptione. 1491
Cap. IV. — De interruptionibus præscriptionum. 1494
DE PRÆSCRIPTIONIBUS DIALOGUS. 1495
Catalogus præscriptionum D. Rogerii. 1501

GUIDO AMBIANENSIS EPISCOPUS.
Notitia historica. 1503
Notitia litteraria. 1505
Epistola ad Fulconem abbatem Corbeiensem. 1507
Charta abbatiæ Corbeiensi concessa. 1507
Epitaphium Angelranni. 1509
Versus de eodem. 1509

FINIS TOMI CENTESIMI QUADRAGESIMI SEXTI.

Petit-Montrouge. — Imprimerie de M. L. MIGNE

www.ingramcontent.com/pod-product-compliance
Lightning Source LLC
Chambersburg PA
CBHW060902300426
44112CB00011B/1301